中国科学技术协会
年　鉴
2022

中国科学技术出版社
·北　京·

图书在版编目（CIP）数据

中国科学技术协会年鉴. 2022 / 中国科学技术协会组织编写. -- 北京 : 中国科学技术出版社, 2023.1

ISBN 978-7-5046-9873-5

Ⅰ. ①中… Ⅱ. ①中… Ⅲ. ①中国科学技术协会—2022—年鉴 Ⅳ. ①G322.25-54

中国版本图书馆 CIP 数据核字（2022）第 210842 号

责任编辑 韩 颖
装帧设计 中文天地
责任校对 吕传新 焦 宁 邓雪梅 张晓莉
责任印制 李晓霖

出　　版 中国科学技术出版社
发　　行 中国科学技术出版社有限公司发行部
地　　址 北京市海淀区中关村南大街16号
邮　　编 100081
发行电话 010-62173865
传　　真 010-62179148
网　　址 http://www.cspbooks.com.cn

开　　本 889mm×1194mm 1/16
字　　数 3058千字
印　　张 84.75
彩　　插 98
印　　数 1—1600册
版　　次 2023年1月第1版
印　　次 2023年1月第1次印刷
印　　刷 北京华联印刷有限公司
书　　号 ISBN 978-7-5046-9873-5 / G·989
定　　价 150.00元

编辑说明

一、《中国科学技术协会年鉴》是一部综合性资料性工具书，由中国科学技术协会主办，2001 年创刊，每年出版一卷，旨在全面、系统地反映中国科协系统为科技工作者服务、为创新驱动发展服务、为提高全民科学素质服务、为党和政府科学决策服务等各项事业发展变化的基本情况和发生的大事、要事、新事及有影响的事，为各方面了解中国科协提供信息和资料。

二、《中国科学技术协会年鉴》采用分类编辑法，主体内容设类目、分目、条目三个结构层次，以条目为表现内容的基本形式，全书条目的标题统一用黑体加【 】表示。

三、《中国科学技术协会年鉴（2022）》着重反映 2021 年中国科协系统的基本情况。全书设中央领导同志贺信讲话、中国科协主席党组书记讲话文章、重要文件、党史学习教育、中国科协十大专题、主要活动和重要事件、人物、表彰奖励、统计公报、全国学会（协会、研究会）简况、省（自治区、直辖市，新疆生产建设兵团）科协简况、大事记、附录 13 个类目。

四、本年鉴配备双重检索系统，书前刊有目录，书后配有索引。索引采用主题分析法，款目按汉语拼音字母顺序排列。

五、本年鉴的编辑出版工作得到各撰稿单位的通力合作，谨此致谢。本卷疏漏之处，敬请批评指正。

《中国科学技术协会年鉴（2022）》编辑委员会

《中国科学技术协会年鉴（2022）》编辑部

（编辑部设在中国科协信息中心）

目　　录

中央领导同志贺信讲话

中国科协主席党组书记讲话文章

重要文件

党史学习教育

中国科协十大专题

中国科协 2021 年主要活动和重要事件

人 物

表彰奖励

中国科协2021年度事业发展统计公报

全国学会、协会、研究会（含受委托管理的学会）简况

省、自治区、直辖市科协，新疆生产建设兵团科协简况

大事记

附　录

索 引

中国科学技术协会章程

（中国科学技术协会第十次全国代表大会部分修改，2021年5月30日通过）

第一章　总　则

第一条　中国科学技术协会是中国科学技术工作者的群众组织，是中国共产党领导下的人民团体，是党和政府联系科学技术工作者的桥梁和纽带，是国家推动科学技术事业发展、建设世界科技强国的重要力量。

第二条　中国科学技术协会坚持以下宗旨：

高举中国特色社会主义伟大旗帜，坚持以马克思列宁主义、毛泽东思想、邓小平理论、“三个代表”重要思想、科学发展观、习近平新时代中国特色社会主义思想为指导，增强“四个意识”、坚定“四个自信”、做到“两个维护”，按照“五位一体”总体布局和“四个全面”战略布局，坚持科学技术是第一生产力，坚持把创新作为引领发展的第一动力，把人才作为支撑发展的第一资源，坚持面向世界科技前沿、面向经济主战场、面向国家重大需求、面向人民生命健康，充分发挥作为国家创新体系重要组成部分的作用。

牢牢把握增强政治性、先进性、群众性要求，建设开放型、枢纽型、平台型科协组织，坚持为科技工作者服务、为创新驱动发展服务、为提高全民科学素质服务、为党和政府科学决策服务，促进科学技术的繁荣和发展，促进科学技术的普及和推广，促进科技人才的成长和提高，促进科技智库作用的发挥和彰显。坚持面向世界、面向未来，增进对国际科技界的开放、信任、合作，为推动构建人类命运共同体作出更大贡献。

坚定不移走中国特色社会主义群团发展道路，最广泛地把广大科技工作者团结凝聚在党的周围，自觉履行高水平科技自立自强的使命担当，为全面建设社会主义现代化国家、实现中华民族伟大复兴的中国梦而努力奋斗。

第三条　中国科学技术协会由全国学会、协会、研究会（以下学会、协会、研究会简称学会），地方科学技术协会及基层组织组成。

地方科学技术协会由同级学会和下一级科学技术协会及基层组织组成。

第四条　中国科学技术协会党组发挥领导作用，把方向、管大局、保落实，加强对业务工作和党的建设的领导，确保党的理论和路线方针政策的贯彻落实。

第五条　中国科学技术协会倡导尊重劳动、尊重知识、尊重人才、尊重创造的风尚，弘扬科学家精神，坚持独立自主、民主办会的原则和“百花齐放、百家争鸣”的方针，依法依章程开展工作。

第六条　中国科学技术协会高举爱国主义旗帜，加强与香港特别行政区、澳门特别行政区和台湾地区的科学技术交流，维护民族团结，促进祖国统一。

第七条　每年5月30日为“全国科技工作者日”。

第二章　任　务

第八条　引导科技工作者学习贯彻习近平新时代中国特色社会主义思想，宣传党的路线方针政策，密切联系科技工作者，反映科技工作者的建议、意见和诉求，维护科技工作者的合法权益，建设有温度、可信赖的科技工作者之家。

第九条　开展学术交流，活跃学术思想，倡导学术民主，优化学术环境，促进学科发展，协同组织推进世界一流科技期刊培育建设，推进国家创新体系建设。

第十条　组织科技工作者开展科技创新，开展科技志愿服务，参与科学论证和咨询服务，坚定创新自信，着力攻克关键核心技术，加快科学技术成果转化应用，助力创新发展，促进科技创新与经济社会发展深度融合。

第十一条　弘扬科学精神，普及科学知识，推广先进技术，传播科学思想，倡导科学方法，捍卫科学尊严，提高全民科学素质。

第十二条　健全科学共同体的自律功能，推动建立和完善科学研究诚信监督机制，促进科学道德建设，加强科技伦理建设，涵养优良学风，宣传优秀科技工作者，培育科学文化，践行社会主义核心价值观。

第十三条　组织科技工作者参与国家科技战略、规划、布局、政策、法律法规的研究、咨询和制定，参与国家事务的政治协商、科学决策、民主监督工作，建设中国特色高端科技创新智库。

第十四条 组织学会有序承接科技评估、工程技术领域职业资格认定、技术标准研制、国家科技奖励推荐等政府委托工作或转移职能。支持地方科学技术协会承接政府的科技类公共服务职能。

第十五条 注重激发青少年科技兴趣，推进科技人才队伍建设，造就更多国际一流的科技领军人才和创新团队，培养具有国际竞争力的青年科技人才后备军。表彰奖励优秀科技工作者，举荐科技人才。

第十六条 开展民间国际科学技术交流活动，促进国际科学技术合作，支持学会等加入国际科技组织，推动设立国际科技组织或分支机构，参与国际科技事务和全球科技治理。加强中国工程师联合体建设，扩大与国际工程师组织合作。支持科技工作者在国际科技组织和重大国际科技议程中发挥积极作用。发展同国（境）外科学技术团体和科技工作者的友好交往，为国际科技组织和海外科技人才来华交流合作、创新创业提供服务。

第十七条 兴办符合中国科学技术协会宗旨的社会公益性事业。

第三章 会 员

第十八条 中国科学技术协会实行团体会员制。

学会和基层组织，符合条件的，经批准可成为同级科学技术协会的团体会员。

学会和基层组织发展个人会员。支持学会发展港澳台和外籍会员，吸纳港澳台和外籍科学家在学会任职。

第十九条 会员的权利和义务：

团体会员可推选代表参加科学技术协会代表大会，享有选举权、被选举权和监督权；参加科学技术协会的活动，对科学技术协会的工作提出建议和批评并进行监督。

团体会员须遵守本章程，接受科学技术协会的领导，执行科学技术协会的决议和决定，开展符合本章程规定的各项活动，承担科学技术协会委托的工作任务。

个人会员的权利和义务由学会和基层组织章程规定。

第四章 全国领导机构

第二十条 全国代表大会和它选举产生的全国委员会是中国科学技术协会全国领导机构。

全国代表大会常务委员会是全国代表大会的常设机构。

第二十一条 全国代表大会每五年举行一次，由全国委员会召集。特殊情况下，可以提前或延期举行。

第二十二条 全国代表大会的代表名额和选举办法由常务委员会决定，其代表经全国学会和省、自治区、直辖市科学技术协会及有关方面民主协商，选举产生，实行任期制。

第二十三条 全国代表大会行使下列职权：

一、决定中国科学技术协会的工作方针和任务；

二、审议和批准全国委员会的工作报告；

三、制定和修改中国科学技术协会章程；

四、选举产生全国委员会；

五、决定其他重大事项。

第二十四条 全国委员会会议每年举行一次，由常务委员会召集。

第二十五条 全国委员会行使下列职权：

一、执行全国代表大会的决议；

二、选举主席、副主席和常务委员会委员；

三、审议中国科学技术协会年度工作报告；

四、决定授予荣誉职务；

五、决定其他重大事项。

第二十六条 全国委员会闭会期间，常务委员会领导中国科学技术协会的工作，实施全国委员会确定的任务，批准全国委员会委员的变更、增补或撤销，会员的接纳、退出或处理；决定常务委员会委员、全国委员会副主席的调整，并提交全国委员会会议批准。

常务委员会会议一般每半年举行一次，由主席召集，也可由主席委托副主席召集。

第二十七条 常务委员会下设书记处。书记处由第一书记和书记若干人组成，人选由主席提名，经常务委员会通过。书记处在常务委员会领导下主持中国科学技术协会的日常工作。

第二十八条 常务委员会设置若干工作委员会和专门委员会，协助审议需经常务委员会审定的有关事项。

第二十九条 常务委员会根据需要，聘请成就卓著的科学家为中国科学技术协会顾问。

第三十条 全国委员会委员和常务委员会委员应珍惜荣誉，遵守纪律，认真履职。全国委员会委员连续两次无故缺席全国委员会会议，没有正常履职的，一般应辞去全国委员会委员职务；常务委员会委员三次无故缺席常务委员会会议，没有正常履职的，一般应辞去常务委员会委员职务。

因为严重违纪受到查处或受到刑事处罚的，撤销委员职务，同时终止全国代表大会代表资格。

第五章 全国学会

第三十一条 本章程所称全国学会是按自然科学、技术科学、工程技术及相关科学的学科领域组建或以促进科学技术发展和普及为宗旨的社会团体。

第三十二条 加入中国科学技术协会的全国学会须满足以下基本条件：

一、承认并遵守中国科学技术协会章程；

二、按照社会团体登记管理规定依法登记；

三、学会负责人应在相关领域有重要影响，个人会员达到1000名以上；

四、有健全的党组织，能正常开展党的工作；

五、经常开展国内外学术交流活动，具有较强的服务科技创新、决策咨询和科学技术普及能力，编辑出版科学技术或科学普及刊物，原则上应设有科学技术奖项；

六、有实体办事机构、固定办公场所和专职工作人员。

第三十三条 符合本章程第三十二条规定的全国学会，向中国科学技术协会提出申请，经常务委员会批准，即为中国科学技术协会的团体会员。

第三十四条 加入中国科学技术协会的全国学会接受中国科学技术协会的领导，执行中国科学技术协会的决议，承担并完成中国科学技术协会委托的任务，选举代表参加中国科学技术协会全国代表大会。

全国学会退出中国科学技术协会，须经中国科学技术协会常务委员会批准。

第三十五条 全国学会会员代表大会每四至五年举行一次，决定学会的工作方针和任务，审议和批准学会理事会的工作报告和财务报告，制定、修改学会章程，选举新的理事会、监事会。

全国学会办事机构在理事会领导下开展工作。

第三十六条 全国学会可根据学科发展需要组建学会联合体，有条件的学会联合体应设立党的工作机构。学会联合体为非法人社团组织，其成立或解散须经中国科学技术协会常务委员会批准。

第三十七条 全国学会有下列情形之一的，经中国科学技术协会批准，给予限期整改、警告、撤销团体会员资格等处理：

一、履职不力、组织涣散的，责令限期整改；

二、限期整改后仍无明显改进的，经批准，给予警告；

三、违反国家法律法规，或严重违反中国科学技术协会章程，造成严重不良后果的，经常务委员会批准，撤销团体会员资格。

第六章 地方科学技术协会

第三十八条 本章程所称地方科学技术协会指省（自治区、直辖市）科学技术协会，市（地、州、盟）科学技术协会和县（市、区、旗）科学技术协会。地方科学技术协会是中国科学技术协会的地方组织，是地方同级党委领导下的人民团体。

第三十九条 地方科学技术协会一般应设立党组。地方科学技术协会应在同级党委领导和上级科学技术协会指导下，结合本地实际履行职责，定期向同级党委和上一级科学技术协会报告工作。

省级以下（含省级）学会接受同级科学技术协会领导，业务上受相应的上级学会指导。

第四十条 地方科学技术协会执行中国科学技术协会的章程和决议，推选代表参加上级科学技术协会代表大会。

第四十一条 地方各级科学技术协会代表大会和它选举产生的地方科学技术协会委员会是地方科学技术协会的领导机构，每届任期五年。市（县）级及以下科学技术协会应注重吸纳教育、医疗卫生、农业技术推广等领域的机构负责人进入领导机构。

地方科学技术协会代表大会每五年举行一次，决定本地区科学技术协会的工作方针和任务，审议地方科学技术协会委员会的工作报告，选举地方科学技术协会委员会。上一级科学技术协会负责人一般应到会指导。

地方科学技术协会委员会会议每年举行一次，由同级科学技术协会常务委员会召集。

地方科学技术协会委员会闭会期间，由地方科学技术协会常务委员会领导地方科学技术协会工作。

地方科学技术协会常务委员会会议一般每半年举行一次，由主席召集，也可由主席委托副主席召集。

地方科学技术协会主席、副主席选举结果应报上一级科学技术协会备案。

第七章 基层组织

第四十二条 中国科学技术协会的基层组织，在本单位同级党组织的领导和地方科学技术协会的指导下，依照本章程开展活动。

科技工作者集中的高等学校、科研院所、医院、企业、园区等单位，经党组织隶属关系所在地的科学技术协会审批，可以建立科学技术协会（科学技术普及协会）等基层组织。

乡镇（街道）、村（社区）可以建立科学技术协会（科学技术普及协会、农村专业技术协会）等基层组织。

第四十三条 中国科学技术协会和地方科学技术协会可依规模和影响发展符合条件的基层组织作为团体会员。

第四十四条 基层组织应立足自身特点，动员和组织科技工作者开展学术交流，普及科学技术，推广实用技术，助力创新驱动，服务大众创业、万众创新，发挥在社会治理中的作用。

第四十五条 基层组织应大力发展个人会员，及时准确反映基层科技工作者的建议、意见和诉求，建好科技工作者之家、广交科技工作者之友。

第八章 工作人员

第四十六条 各级科学技术协会按照信念坚定、为民服务、勤政务实、敢于担当、清正廉洁的标准，加强对工作人员的管理，建设一支忠诚干净担当的高素质、专业化干部队伍。

第四十七条 各级科学技术协会工作人员应热爱科学技术协会的事业，牢固树立为科技工作者服务的思想，持续改进工作作风，深入实际和基层，密切联系和真诚服务科技工作者，不断提高政策水平、专业技能和社会服务能力。

第四十八条 各级科学技术协会要加强对工作人员的培养和教育，有计划有组织地开展培训工作，提高工作人员的政治和业务素质。

第四十九条 各级科学技术协会及所属团体工作人员应自觉加强纪律和道德约束，共同维护科学技术协会作为科技工作者之家的良好形象，不得肆意贬损诋毁。如有违犯者，视情节轻重给予处理。

第九章 经费及资产管理

第五十条 经费来源：

一、财政拨款；

二、资助；
三、捐赠；
四、会费；
五、企事业收入；
六、其他收入。

第五十一条 建立学术交流、科学技术普及、人才举荐和奖励等专项基金。

第五十二条 建立常务委员会领导下的民主理财管理体制。

第五十三条 各级科学技术协会的经费、资产及国家和地方拨给科学技术协会的不动产受法律保护，任何单位和个人不得侵占、挪用和任意调拨；各级科学技术协会所属企业、事业单位的资产隶属关系不得随意改变。

第十章 会 徽

第五十四条 中国科学技术协会会徽由古天象仪、航天器、齿轮、麦穗、蛇杖以及中文和英文标出的中国科学技术协会名称组成。

第五十五条 中国科学技术协会会徽可在办公地点、活动场所、会议会场悬挂，在出版物上印制，也可制作成徽章佩戴。

第十一章 附 则

第五十六条

中国科学技术协会简称中国科协。

中国科学技术协会会址设在北京。

中国科学技术协会的英文全称是 CHINA ASSOCIATION FOR SCIENCE AND TECHNOLOGY，缩写为 CAST。

科学技术工作者简称科技工作者。

第五十七条 全国委员会依照本章程制定《全国学会组织通则》。

第五十八条 全国学会依据有关社会团体登记管理规定、本章程制定学会章程。

地方科学技术协会可根据本章程制定实施细则。

第五十九条 本章程解释权属中国科学技术协会。

第六十条 本章程经中国科学技术协会全国代表大会通过实施。

中国科学技术协会会徽

中国科学技术协会会徽由古天象仪、航天器、齿轮、麦穗、蛇杖以及中文和英文标出的中国科学技术协会名称组成。

中国科学技术协会会徽可在办公地点、活动场所、会议会场悬挂，在出版物上印制，也可作为徽章佩戴。

中国科学技术协会标识

中国科学技术协会标识图案为双面拓扑图形，造型富于变化，富有动感。舞动的丝带寓意中国科协是党和政府联系广大科技工作者的桥梁和纽带，象征科协组织具有蓬勃的生命力和创造力。

中国科学技术协会简介

一、历史沿革

中华人民共和国成立前夕，党中央为团结科技工作者，为新中国建设事业贡献力量，邀请科技界派代表参加中国人民政治协商会议，批准由中国科学社、中华自然科学社、中国科学工作者协会和东北自然科学研究会等 4 个科学团体共同发起，筹备召开中华全国自然科学工作者代表会议（简称科代会）。1949 年 7 月，科代会筹备会议在北平召开，选出正式代表 15 人和候补代表 2 人参加中国人民政治协商会议。1950 年 8 月，科代会在北京举行，决定成立“中华全国自然科学专门学会联合会”（简称全国科联）和“中华全国科学技术普及协会”（简称全国科普），推举地质学家李四光为全国科联主席、林学家梁希为全国科普主席。

1958 年 9 月，经党中央批准，全国科联和全国科普合并，正式成立全国科技工作者的统一组织——中国科学技术协会。至今，中国科协先后召开十次全国代表大会，李四光、周培源、钱学森、朱光亚曾分别担任第一、二、三、四届全国委员会主席，周光召为第五、六届全国委员会主席，韩启德为第七、八届全国委员会主席，2016 年 6 月，万钢当选为第九届全国委员会主席。2021 年 5 月，万钢当选第十届全国委员会主席。1991 年 1 月，全国政协七届十二次常委会议决定，恢复中国科协为全国政协组成单位。

二、宗旨任务

1. 宗旨

高举中国特色社会主义伟大旗帜，坚持以马克思列宁主义、毛泽东思想、邓小平理论、“三个代表”重要思想、科学发展观、习近平新时代中国特色社会主义思想为指导，增强“四个意识”、坚定“四个自信”、做到“两个维护”，按照“五位一体”总体布局和“四个全面”战略布局，坚持科学技术是第一生产力，坚持把创新作为引领发展的第一动力，把人才作为支撑发展的第一资源，坚持面向世界科技前沿、面向经济主战场、面向国家重大需求、面向人民生命健康，充分发挥作为国家创新体系重要组成部分的作用。

牢牢把握增强政治性、先进性、群众性要求，建设开放型、枢纽型、平台型科协组织，坚持为科技工作者服务、为创新驱动发展服务、为提高全民科学素质服务、为党和政府科学决策服务，促进科学技术的繁荣和发展，促进科学技术的普及和推广，促进科技人才的成长和提高，促进科技智库作用的发挥和彰显。坚持面向世界、面向未来，增进对国际科技界的开放、信任、合作，为推动构建人类命运共同体作出更大贡献。

坚定不移走中国特色社会主义群团发展道路，最广泛地把广大科技工作者团结凝聚在党的周围，自觉履行高水平科技自立自强的使命担当，为全面建设社会主义现代化国家、实现中华民族伟大复兴的中国梦而努力奋斗。

2. 任务

一是引导科技工作者学习贯彻习近平新时代中国特色社会主义思想，宣传党的路线方针政策，密切联系科技工作者，反映科技工作者的建议、意见和诉求，维护科技工作者的合法权益，建设有温度、可信赖的科技工作者之家。二是开展学术交流，活跃学术思想，倡导学术民主，优化学术环境，促进学科发展，协同组织推进世界一流科技期刊培育建设，推进国家创新体系建设。三是组织科技工作者开展科技创新，开展科技志愿服务，参与科学论证和咨询服务，坚定创新自信，着力攻克关键核心技术，加快科学技术成果转化应用，助力创新发展，促进科技创新与经济社会发展深度融合。四是弘扬科学精神，普及科学知识，推广先进技术，传播科学思想，倡导科学方法，捍卫科学尊严，提高全民科学素质。五是健全科学共同体的自律功能，推动建立和完善科学研究诚信监督机制，促进科学道德建设，加强科技伦理建设，涵养优良学风，宣传优秀科技工作者，培育科学文化，践行社会主义核心价值观。六是组织科技工作者参与国家科技战略、规划、布局、政策、法律法规的研究、咨询和制定，参与国家事务的政治协商、科学决策、民主监督工作，建设中国特色高端科技创新智库。七是组织学会有序承接科技评估、工程技术领域职业资格认定、技术标准研制、国家科技奖励推荐等政府委托工作或转移职能。支持地方科学技术协会承接政府的科技类公共服务职能。八是注重激发青少年科技兴趣，推进科技人才队伍建设，造就更多国际一流的科技领军人才和创新团队，培养具有国际竞争力的青年科技人才后备军。表彰奖励优秀科技工作者，举荐科技人才。九是开展民间国际科学技术交流活动，促进国际科学技术合作，支持学会等加入国际科技组织，推动设立国际科技组织或分支机构，参与国际科技事务和全球科技治理。加强中国工程师联合体建设，扩大与国际工程师组织合作。支持科技工作者在国际科技组织和重大国际科技议程中发挥积极作用。发展同国（境）外科学技术团体和科技工作者的友好交往，为国际科技组织和海外科技人才来华交流合作、创新创业提供服务。十是兴办符合中国科学技术协会宗旨的社会公益性事业。

三、职责定位

坚持为科技工作者服务、为创新驱动发展服务、为提高全民科学素质服务、为党和政府科学决策服务的职责定位，推动开放型、枢纽型、平台型科协组织建设，接长手臂，扎根基层，团结引领广大科技工作者积极进军科技创新，组织开展创新争先行动，促进科技繁荣发展，促进科学普及和推广，真正成为党领导下团结联系广大科技工作者的人民团体，成为科技创新的重要力量。

四、组织状况

中国科学技术协会由全国学会、协会、研究会和地方科学技术协会组成。地方科学技术协会由同级学会、协会、研究会和下一级科学技术协会及基层组织组成。全国学会、协会、研究会是中国科学技术协会的团体会员。各级地方学会、协会、研究会是同级地方科学技术协会的团体会员。县级以上科学技术协会发展团体会员。基层组织发展个人会员。

中国科学技术协会全国代表大会和它选举产生的全国委员会是中国科学技术协会全国领导机构。全国委员会闭会期间，常务委员会领导中国科学技术协会的工作。常务委员会下设书记处，设置若干专门委员会。书记处在常务委员会的领导下主持中国科学技术协会的日常工作。

A Brief Introduction to the China Association for Science and Technology

As the largest non-governmental organization of scientific and technological professionals in China, the China Association for Science and Technology (CAST) serves as a bridge that links the Communist Party of China and the Chinese government to the country's science and technology community. Through its 210 national member societies and local branches all over the country, CAST maintains close ties with millions of Chinese scientists, engineers and other professionals working in the fields of science and technology.

The history of CAST can trace back to the eve of the founding of the People's Republic of China in 1949 when a number of the nation's primary scientific and technological organizations gathered at a meeting to call upon the country's science and technology community to dedicate all their efforts to the building of New China. The meeting led to the birth in 1950 of two new national organizations — the All-China Federation of Natural Science Societies and the All-China Association for Science Popularization. In September 1958, the two organizations decided at their joint congress to merge into a unified single organization — the China Association for Science and Technology.

Since its inauguration, CAST has made significant contributions to the prosperity and development of science and technology, to the popularization of science and technology among the public, to the emerging of large numbers of professional talents, and to the overall economic and social development in China.

As the bridge linking Chinese science and technology community with the Communist Party of China and the Chinese government, CAST is a constituent member of the country's top political advisory body — the Chinese People's Political Consultative Conference (CPPCC), where it joins all the political parties and other social groups in the state affairs through political consultation, policy-making and democratic supervision.

CAST maintains cooperative relations with scientific and technological organizations of many countries and, as the representative of the Chinese science and technology community, is the national members of ICSU, WFEO and many other international scientific and technological organizations. In 2004, CAST was granted consultative status with the Economic and Social Council of the United Nations.

The highest leading organ of CAST is the National Congress that meets every five years and the National Committee elected by it. The President of the current National Committee is Prof. Dr. Wan Gang. The Secretariat appointed by the National Committee is responsible for the daily operation of CAST.

Major tasks of CAST include:

1) to carry out academic exchanges, activate academic thinking, promote the development of all scientific disciplines, and stimulate independent innovation.

2) to organize scientific and technological professionals to contribute to the establishment of a technological innovation system that takes enterprises as the main body and can significantly enhance the enterprises' innovation ability.

3) to carry forward the scientific spirit, popularize scientific knowledge and disseminating scientific ideas and methods according to the Law of the People's Republic of China on Science and Technology Popularization; uphold the dignity of science, promote the application of advanced technologies, encourage and organize science educational activities among children and youth, and improve the scientific literacy of all citizens.

4) to reflect suggestions, opinions and demands of scientific and technological professionals, and safeguard their legitimate rights and interests.

5) to push forward the establishment and improvement of a research integrity supervision mechanism, and promote the construction of scientific ethics and a fine style of study.

6) to organize scientific and technological professionals to participate in the making of science and technology-related policies and laws; organize scientific and technological professionals to participate in the political consultation, scientifically informed decisions and democratic supervision of state affairs.

7) to recognize and reward outstanding scientific and technological professionals, and recommend scientific and technological talents.

8) to provide scientific augmentation and consulting services, and policy advice, facilitate the transformation of research results; undertake project evaluation and appraisal, participate in the formulation of technical standards, professional qualification accreditation.

9) to organize international science and technology exchange programs, promote international scientific and technological cooperation, and develop cooperative relations with scientific and technological organizations and personnel worldwide.

10) to carry out continuing education and training programs.

11) to develop social and public welfare institutions cohering to the aim of the China Association for Science and Technology.

中央领导同志贺信讲话

在中国科学院第二十次院士大会、中国工程院第十五次院士大会、中国科协第十次全国代表大会上的讲话

5 月 28 日，中国科学院第二十次院士大会、中国工程院第十五次院士大会和中国科学技术协会第十次全国代表大会在北京人民大会堂隆重召开。中共中央总书记、国家主席、中央军委主席习近平出席大会并发表重要讲话。

各位院士，同志们，朋友们：

今天，中国科学院第二十次院士大会、中国工程院第十五次院士大会和中国科协第十次全国代表大会隆重开幕了。这是我们在“两个一百年”奋斗目标的历史交汇点、开启全面建设社会主义现代化国家新征程的重要时刻，共商推进我国科技创新发展大计的一次盛会。

首先，我代表党中央，向大会的召开表示热烈的祝贺！向在各个岗位辛勤奉献的科技工作者致以诚挚的慰问！5 月 30 日是第五个全国科技工作者日，我向全国广大科技工作者致以节日的问候！

今年是中国共产党成立一百周年。在革命、建设、改革各个历史时期，我们党都高度重视科技事业。从革命时期高度重视知识分子工作，到新中国成立后吹响“向科学进军”的号角，到改革开放提出“科学技术是第一生产力”的论断；从进入新世纪深入实施知识创新工程、科教兴国战略、人才强国战略，不断完善国家创新体系、建设创新型国家，到党的十八大后提出创新是第一动力、全面实施创新驱动发展战略、建设世界科技强国，科技事业在党和人民事业中始终具有十分重要的战略地位、发挥了十分重要的战略作用。

党的十九大以来，党中央全面分析国际科技创新竞争态势，深入研判国内外发展形势，针对我国科技事业面临的突出问题和挑战，坚持把科技创新摆在国家发展全局的核心位置，全面谋划科技创新工作。我们坚持党对科技事业的全面领导，观大势、谋全局、抓根本，形成高效的组织动员体系和统筹协调的科技资源配置模式。我们牢牢把握建设世界科技强国的战略目标，以只争朝夕的使命感、责任感、紧迫感，抢抓全球科技发展先机，在基础前沿领域奋勇争先。我们充分发挥科技创新的引领带动作用，努力在原始创新上取得新突破，在重要科技领域实现跨越发展，推动关键核心技术自主可控，加强创新链产业链融合。我们全面部署科技创新体制改革，出台一系列重大改革举措，提升国家创新体系整体效能。我们着力实施人才强国战略，营造良好人才创新生态环境，聚天下英才而用之，充分激发广大科技人员积极性、主动性、创造性。我们扩大科技领域开放合作，主动融入全球科技创新网络，积极参与解决人类面临的重大挑战，努力推动科技创新成果惠及更多国家和人民。

2016 年我们召开了全国科技创新大会、两院院士大会和中国科协第九次全国代表大会，2018 年我们召开了两院院士大会。几年来，在党中央坚强领导下，在全国科技界和社会各界共同努力下，我国科技实力正在从量的积累迈向质的飞跃、从点的突破迈向系统能力提升，科技创新取得新的历史性成就。

——基础研究和原始创新取得重要进展。基础研究整体实力显著加强，化学、材料、物理、工程等学科整体水平明显提升。在量子信息、干细胞、脑科学等前沿方向上取得一批重大原创成果。成功组织了一批重大基础研究任务，“嫦娥五号”实现地外天体采样返回，“天问一号”开启火星探测，“怀柔一号”引力波暴高能电磁对应体全天监测器卫星成功发射，“慧眼号”直接测量到迄今宇宙最强磁场，500 米口径球面射电望远镜首次发现毫秒脉冲星，新一代“人造太阳”首次放电，“雪龙 2”号首航南极，76 个光子的量子计算原型机“九章”、62 比特可编程超导量子计算原型机“祖冲之号”成功问世。散裂中子源等一批具有国际一流水平的重大科技基础设施通过验收。

——战略高技术领域取得新跨越。在深海、深空、深地、深蓝等领域积极抢占科技制高点。“海斗一号”完成万米海试，“奋斗者”号成功坐底，北斗卫星导航系统全面开通，中国空间站天和核心舱成功发射，“长征五号”遥三运载火箭成功发射，世界最强流深地核天体物理加速器成功出束，“神威·太湖之光”超级计算机首次实现千万核心并行第一性原理计算模拟，“墨子号”实现无中继千公里级量子密钥分发，“天鲲号”首次试航成功，“国和一号”和“华龙一号”三代核电技术取得新突破。

——高端产业取得新突破。C919 大飞机准备运营，时速 600 公里高速磁浮试验样车成功试跑，最大直径盾构机顺利始发。北京大兴国际机场正式投运，港珠澳大桥开通营运。智能制造取得长足进步，人工智能、数字经济蓬勃发展，图像识别、语音识别走在全球前列，5G 移动通信技术率先实现规模化应用。新能源汽车加快发展。消费级无人机占据一半以上的全球市场。甲醇制烯烃技术持续创新带动了我国煤制烯烃产业快速发展。

——科技在新冠肺炎疫情防控中发挥了重要作用。科技界为党和政府科学应对疫情提供了科技和决策支撑。成功分离出世界上首个新冠病毒毒株，完成病毒基因组测序，开发一批临床救治药物、检测设备和试剂，研发应用多款疫苗，科技在控制传染、病毒溯源、疾病救治、疫苗和药物研发、复工复产等方面提供了有力支撑，打了一场成功的科技抗疫战。

——民生科技领域取得显著成效。医用重离子加速器、磁共振、彩超、CT 等高端医疗装备国产化替代取得重大进展。运用科技手段构建精准扶贫新模式，为贫困地区培育科技产业、培养科技人才，科技在打赢脱贫攻坚战中发挥了重要作用。煤炭清洁高效燃烧、钢铁多污染物超低排放控制等多项关键技术推广应用，促进了空气质量改善。

——国防科技创新取得重大成就。国防科技有力支撑重大武器装备研制发展，首艘国产航母下水，第五代战机歼 20 正式服役。东风 -17 弹道导弹研制成功，我国在高超音速武器方面走在前列。

实践证明，我国自主创新事业是大有可为的！我国广大科技工作者是大有作为的！我国广大科技工作者要以与时俱进的精神、革故鼎新的勇气、坚忍不拔的定力，面向世界科技前沿、面向经济主战场、面向国家重大需求、面向人民生命健康，把握大势、抢占先机，直面问题、迎难而上，肩负起时代赋予的重任，努力实现高水平科技自立自强！

各位院士，同志们，朋友们：

当今世界百年未有之大变局加速演进，国际环境错综复杂，世界经济陷入低迷期，全球产业链供应链面临重塑，不稳定性不确定性明显增加。新冠肺炎疫情影响广泛深远，逆全球化、单边主义、保护主义思潮暗流涌动。科技创新成为国际战略博弈的主要战场，围绕科技制高点的竞争空前激烈。我们必须保持强烈的忧患意识，做好充分的思想准备和工作准备。

当前，新一轮科技革命和产业变革突飞猛进，科学研究范式正在发生深刻变革，学科交叉融合不断发展，科学技术和经济社会发展加速渗透融合。科技创新广度显著加大，宏观世界大至天体运行、星系演化、宇宙起源，微观世界小至基因编辑、粒子结构、量子调控，都是当今世界科技发展的最前沿。科技创新深度显著加深，深空探测成为科技竞争的制高点，深海、深地探测为人类认识自然不断拓展新的视野。科技创新速度显著加快，以信息技术、人工智能为代表的新兴科技快速发展，大大拓展了时间、空间和人们的认知范围，人类正在进入一个“人机物”三元融合的万物智能互联时代。生物科学基础研究和应用研究快速发展。科技创新精度显著加强，对生物大分子和基因的研究进入精准调控阶段，从认识生命、改造生命走向合成生命、设计生命，在给人类带来福祉的同时，也带来生命伦理的挑战。

经过多年努力，我国科技整体水平大幅提升，我们完全有基础、有底气、有信心、有能力抓住新一轮科技革命和产业变革的机遇，乘势而上，大展宏图。同时，也要看到，我国原始创新能力还不强，创新体系整体效能还不高，科技创新资源整合还不够，科技创新力量布局有待优化，科技投入产出效益较低，科技人才队伍结构有待优化，科技评价体系还不适应科技发展要求，科技生态需要进一步完善。这些问题，很多是长期存在的难点，需要继续下大气力加以解决。

党的十九大确立了到2035年跻身创新型国家前列的战略目标，党的十九届五中全会提出了坚持创新在我国现代化建设全局中的核心地位，把科技自立自强作为国家发展的战略支撑。立足新发展阶段、贯彻新发展理念、构建新发展格局、推动高质量发展，必须深入实施科教兴国战略、人才强国战略、创新驱动发展战略，完善国家创新体系，加快建设科技强国，实现高水平科技自立自强。

第一，加强原创性、引领性科技攻关，坚决打赢关键核心技术攻坚战。科技立则民族立，科技强则国家强。加强基础研究是科技自立自强的必然要求，是我们从未知到已知、从不确定性到确定性的必然选择。要加快制定基础研究十年行动方案。基础研究要勇于探索、突出原创，推进对宇宙演化、意识本质、物质结构、生命起源等的探索和发现，拓展认识自然的边界，开辟新的认知疆域。基础研究更要应用牵引、突破瓶颈，从经济社会发展和国家安全面临的实际问题中凝练科学问题，弄通“卡脖子”技术的基础理论和技术原理。要加大基础研究财政投入力度、优化支出结构，对企业基础研究投入实行税收优惠，鼓励社会以捐赠和建立基金等方式多渠道投入，形成持续稳定的投入机制。

科技攻关要坚持问题导向，奔着最紧急、最紧迫的问题去。要从国家急迫需要和长远需求出发，在石油天然气、基础原材料、高端芯片、工业软件、农作物种子、科学试验用仪器设备、化学制剂等方面关键核心技术上全力攻坚，加快突破一批药品、医疗器械、医用设备、疫苗等领域关键核心技术。要在事关发展全局和国家安全的基础核心领域，瞄准人工智能、量子信息、集成电路、先进制造、生命健康、脑科学、生物育种、空天科技、深地深海等前沿领域，前瞻部署一批战略性、储备性技术研发项目，瞄准未来科技和产业发展的制高点。要优化财政科技投入，重点投向战略性、关键性领域。

创新链产业链融合，关键是要确立企业创新主体地位。要增强企业创新动力，正向激励企业创新，反向倒逼企业创新。要发挥企业出题者作用，推进重点项目协同和研发活动一体化，加快构建龙头企业牵头、高校院所支撑、各创新主体相互协同的创新联合体，发展高效强大的共性技术供给体系，提高科技成果转移转化成效。

现代工程和技术科学是科学原理和产业发展、工程研制之间不可缺少的桥梁，在现代科学技术体系中发挥着关键作用。要大力加强多学科融合的现代工程和技术科学研究，带动基础科学和工程技术发展，形成完整的现代科学技术体系。

第二，强化国家战略科技力量，提升国家创新体系整体效能。世界科技强国竞争比拼的是国家战略科技力量。国家实验室、国家科研机构、高水平研究型大学、科技领军企业都是国家战略科技力量的重要组成部分，要自觉履行高水平科技自立自强的使命担当。

国家实验室要按照“四个面向”的要求，紧跟世界科技发展大势，适应我国发展对科技发展提出的使命任务，多出战略性、关键性重大科技成果，并同国家重点实验室结合，形成中国特色国家实验室体系。

国家科研机构要以国家战略需求为导向，着力解决影响制约国家发展全局和长远利益的重大科技问题，加快建设原始创新策源地，加快突破关键核心技术。

高水平研究型大学要把发展科技第一生产力、培养人才第一资源、增强创新第一动力更好结合起来，发挥基础研究深厚、学科交叉融合的优势，成为基础研究的主力军和重大科技突破的生力军。要强化研究型大学建设同国家战略目标、战略任务的对接，加强基础前沿探索和关键技术突破，努力构建中国特色、中国风格、中国气派的学科体系、学术体系、话语体系，为培养更多杰出人才作出贡献。

科技领军企业要发挥市场需求、集成创新、组织平台的优势，打通从科技强到企业强、产业强、经济强的通道。要以企业牵头，整合集聚创新资源，形成跨领域、大协作、高强度的创新基地，开展产业共性关键技术研发、科技成果转化及产业化、科技资源共享服务，推动重点领域项目、基地、人才、资金一体化配置，提升我国产业基础能力和产业链现代化水平。

各地区要立足自身优势，结合产业发展需求，科学合理布局科技创新。要支持有条件的地方建设综合性国家科学中心或区域科技创新中心，使之成为世界科学前沿领域和新兴产业技术创新、全球科技创新要素的汇聚地。

第三，推进科技体制改革，形成支持全面创新的基础制度。要健全社会主义市场经济条件下新型举国体制，充分发挥国家作为重大科技创新组织者的作用，支持周期长、风险大、难度高、前景好的战略性科学计划和科学工程，抓系统布局、系统组织、跨界集成，把政府、市场、社会等各方面力量拧成一股绳，形成未来的整体优势。要推动有效市场和有为政府更好结合，充分发挥市场在资源配置中的决定性作用，通过市场需求引导创新资源有效配置，形成推进科技创新的强大合力。

要重点抓好完善评价制度等基础改革，坚持质量、绩效、贡献为核心的评价导向，全面准确反映成果创新水平、转化应用绩效和对经济社会发展的实际贡献。在项目评价上，要建立健全符合科研活动规律的评价制度，完善自由探索型和任务导向型科技项目分类评价制度，建立非共识科技项目的评价机制。在人才评价上，要“破四唯”和“立新标”并举，加快建立以创新价值、能力、贡献为导向的科技人才评价体系。要支持科研事业单位探索试行更灵活的薪酬制度，稳定并强化从事基础性、前沿性、公益性研究的科研人员队伍，为其安心科研提供保障。

科技管理改革不能只做“加法”，要善于做“减法”。要拿出更大的勇气推动科技管理职能转变，按照抓战略、抓改革、抓规划、抓服务的定位，转变作风，提升能力，减少分钱、分物、定项目等直接干预，强化规划政策引导，给予科研单位更多自主权，赋予科学家更大技术路线决定权和经费使用权，让科研单位和科研人员从烦琐、不必要的体制机制束缚中解放出来！

创新不问出身，英雄不论出处。要改革重大科技项目立项和组织管理方式，实行“揭榜挂帅”“赛马”等制度。要研究真问题，形成真榜、实榜。要真研究问题，让那些想干事、能干事、干成事的科技领军人才挂帅出征，推行技术总师负责制、经费包干制、信用承诺制，做到不论资历、不设门槛，让有真才实学的科技人员英雄有用武之地！

第四，构建开放创新生态，参与全球科技治理。科学技术具有世界性、时代性，是人类共同的财富。要统筹发展和安全，以全球视野谋划和推动创新，积极融入全球创新网络，聚焦气候变化、人类健康等问题，加强同各国科研人员的联合研发。要主动设计和牵头发起国际大科学计划和大科学工程，设立面向全球的科学研究基金。

科技是发展的利器，也可能成为风险的源头。要前瞻研判科技发展带来的规则冲突、社会风险、伦理挑战，完善相关法律法规、伦理审查规则及监管框架。要深度参与全球科技治理，贡献中国智慧，塑造科技向善的文化理念，让科技更好地增进人类福祉，让中国科技为推动构建人类命运共同体作出更大贡献！

第五，激发各类人才创新活力，建设全球人才高地。世界科技强国必须能够在全球范围内吸引人才、留住人才、用好人才。我国要实现高水平科技自立自强，归根结底要靠高水平创新人才。

培养创新型人才是国家、民族长远发展的大计。当今世界的竞争说到底是人才竞争、教育竞争。要更加重视人才自主培养，更加重视科学精神、创新能力、批判性思维的培养培育。要更加重视青年人才培养，努力造就一批具有世界影响力的顶尖科技人才，稳定支持一批创新团队，培养更多高素质技术技能人才、能工巧匠、大国工匠。我国教育是能够培养出大师来的，我们要有这个自信！要在全社会营造尊重劳动、尊重知识、尊重人才、尊重创造的环境，形成崇尚科学的风尚，让更多的青少年心怀科学梦想、树立创新志向。“栽下梧桐树，引来金凤凰。”要构筑集聚全球优秀人才的科研创新高地，完善高端人才、专业人才来华工作、科研、交流的政策。

科技创新离不开科技人员持久的时间投入。为了保证科研人员的时间，1961 年中央就曾提出“保证科技人员每周有 5 天时间搞科研工作”。保障时间就是保护创新能力！要建立让科研人员把主要精力放在科研上的保障机制，让科技人员把主要精力投入科技创新和研发活动。各类应景性、应酬性活动少一点科技人员参加，不会带来什么损失！决不能让科技人员把大量时间花在一些无谓的迎来送往活动上，花在不必要的评审评价活动上，花在形式主义、官僚主义的种种活动上！

各位院士，同志们，朋友们：

中国科学院、中国工程院是国家科学技术界和工程科技界的最高学术机构，是国家战略科技力量。要发挥两院作为国家队的学术引领作用、关键核心技术攻关作用、创新人才培养作用，解决重大原创的科学问题，勇闯创新“无人区”，突破制约发展的关键核心技术，发现、培养、集聚一批高素质人才和高水平创新团队。要强化两院的国家高端智库职能，发挥战略科学家作用，积极开展咨询评议，服务国家决策。

中国科协要肩负起党和政府联系科技工作者桥梁和纽带的职责，坚持为科技工作者服务、为创新驱动发展服务、为提高全民科学素质服务、为党和政府科学决策服务，更广泛地把广大科技工作者团结在党的周围，弘扬科学家精神，涵养优良学风。要坚持面向世界、面向未来，增进对国际科技界的开放、信任、合作，为全面建设社会主义现代化国家、推动构建人类命运共同体作出更大贡献。

院士是我国科学技术方面和工程科技领域的最高荣誉称号。两院院士是国家的财富、人民的骄傲、民族的光荣。党的十八届三中全会以来，我们改革院士制度，取得积极成效。党的十九届五中全会提出深化院士制度改革，让院士称号进一步回归荣誉性、学术性。在院士评选中要打破论资排辈，杜绝非学术性因素的影响，加强社会监督，维护院士称号的纯洁性。

这里，我给院士们提几点希望。

——希望广大院士做胸怀祖国、服务人民的表率。在中华民族伟大复兴的征程上，一代又一代科学家心系祖国和人民，不畏艰难，无私奉献，为科学技术进步、人民生活改善、中华民族发展作出了重大贡献。新时代更需要继承发扬以国家民族命运为己任的爱国主义精神，更需要继续发扬以爱国主义为底色的科学家精神。广大院士要不忘初心、牢记使命，响应党的号召，听从祖国召唤，保持深厚的家国情怀和强烈的社会责任感，为党、为祖国、为人民鞠躬尽瘁、不懈奋斗！

——希望广大院士做追求真理、勇攀高峰的表率。科学以探究真理、发现新知为使命。一切真正原创的知识都需要冲破现有的知识体系。“善学者尽其理，善行者究其难。”广大院士要勇攀科学高峰、敢为人先、追求卓越，努力探索科学前沿，发现和解决新的科学问题，提出新的概念、理论、方法，开辟新的领域和方向，形成新的前沿学派。要攻坚克难、集智攻关，瞄准“卡脖子”的关键核心技术难题，带领团队作出重大突破。

——希望广大院士做坚守学术道德、严谨治学的表率。诚信是科学精神的必然要求。广大院士要做学术道德的楷模，坚守学术道德和科研伦理，践行学术规范，让学术道德和科学精神内化于心、外化于行，涵养风清气正的科研环境，培育严谨求是的科学文化。人的精力是有限的，院士们要更加专注于科研，尽量减少兼职，更加聚焦本专业领域。

——希望广大院士做甘为人梯、奖掖后学的表率。“江山代有才人出”“自古英雄出少年”。广大院士要在创新人才培养中发挥识才、育才、用才的导师作用。“才者，材也，养之贵素，使之贵器。”要言传身教，发扬学术民主，甘做提携后学的铺路石和领路人，大力破除论资排辈、圈子文化，鼓励年轻人大胆创新、勇于创新，让青年才俊像泉水一样奔涌而出。

各级党委和政府要充分尊重人才，对院士要政治上关怀、工作上支持、生活上关心，认真听取包括院士在内的广大科研人员意见，加强对科研活动的科学管理和服务保障，为科研人员创造良好创新环境。

各位院士，同志们，朋友们：

全面建设社会主义现代化国家新征程已经开启，向第二个百年奋斗目标进军的号角已经吹响。让我们团结起来，勇于创新、顽强拼搏，为建成世界科技强国、实现中华民族伟大复兴不断作出新的更大贡献！

习近平向第32届国际航空科学大会致贺信

9月6日，国家主席习近平向第32届国际航空科学大会致贺信。

习近平指出，航空科技是20世纪以来发展最为迅速、对人类生产生活影响最大的科技领域之一。当今世界正经历深刻的科技革命和产业变革，航空科技面临前所未有的发展机遇，开展全球航空科技合作十分必要、大有前途。希望本届大会为促进全球航空科技合作发挥积极作用，给世界各国人民带来更多福祉。

第32届国际航空科学大会于当日在上海举行，由国际航空科学理事会主办、中国航空学会承办。

充分发挥人力人才资源优势
依靠科技创新提高发展质量效益
——在两院院士大会、中国科协第十次
全国代表大会第二次全体会议上的讲话

5月28日下午，两院院士大会、中国科协第十次全国代表大会第二次全体会议在人民大会堂举行。中共中央政治局常委、国务院总理李克强发表重要讲话。

李克强说，今天上午，习近平总书记发表了重要讲话，系统总结了我国科技事业取得的新的历史性成就，对加快建设科技强国提出明确要求，要认真学习领会、抓好贯彻落实。

李克强指出，去年疫情发生以来，在以习近平同志为核心的党中央坚强领导下，各地区各部门认真贯彻落实党中央、国务院决策部署，扎实做好“六稳”工作、全面落实“六保”任务。我们直面市场主体创新和实施宏观政策，全国上下艰辛努力，我国经济在多重罕见冲击中展现出坚强韧性，实现稳定恢复。广大科技工作者克难攻坚，为疫情防控、新动能成长壮大和经济社会发展作出了重要贡献。

李克强说，当前我国经济继续稳中加固、稳中向好，但国内外环境复杂严峻，不确定性增加。要正视经济运行中存在的困难和挑战，立足我国仍是世界最大发展中国家的基本国情，着力办好自己的事。要以习近平新时代中国特色社会主义思想为指导，坚持稳中求进工作总基调，准确把握新发展阶段、深入贯彻新发展理念、加快构建新发展格局，立足当前、着眼长远，围绕激发市场主体活力、增强发展内生动力，持续深化改革，保持宏观政策必要支持力度，注重用市场化办

法解决大宗商品价格上涨等经济运行中的突出问题，大力推动科技创新，扩大内需与对外开放互促并进，在发展中保障和改善民生，保持经济运行在合理区间和就业稳定，推动高质量发展。

李克强指出，近年来，我国科技实力跃上新的大台阶，在关键领域取得一批重大科技成果。新形势下，要充分发挥我国人力人才资源丰富的优势，增强科技创新对经济社会发展的引领带动作用。强化基础研究，筑牢科技创新的基石。注重战略引领，推动关键领域取得更多创新突破。激发企业创新活力，落实好提高制造业企业研发费用加计扣除比例等政策，促进产业升级。推进科技体制改革，为科研人员减负松绑，营造良好环境。弘扬科学精神，加强知识产权保护，激励科研人员特别是青年人才矢志攻关。加强国际科技合作，在开放中提升自主创新能力。

李克强说，两院院士是我国科技工作者的杰出代表，希望大家继续为我国科技进步、人才培养、经济社会发展作出贡献。中国科协要广泛团结科技工作者服务党和国家工作大局，全面提升公众科学文化素质。各级政府要继续关心和支持广大科研人员，努力为他们创造更好的工作与生活条件。

科技工作者要当好科技自立自强的排头兵——在中国科协第十次全国代表大会第三次全体会议上的致辞

5月29日，中国科协第十次全国代表大会第三次全体会议在北京人民大会堂举行。中共中央政治局常委、中央书记处书记王沪宁到会祝贺，代表党中央作题为《科技工作者要当好科技自立自强的排头兵》的致辞。

各位代表，同志们：

中国科协第十次全国代表大会，是在“十四五”开局之年、我们党成立一百周年之际召开的，是科协系统和科技界的一次盛会。我受党中央和习近平总书记委托，对大会的召开表示热烈的祝贺！向全国各条战线广大科技工作者致以崇高的敬意！

昨天上午，习近平总书记出席两院院士大会、中国科协第十次全国代表大会并发表重要讲话。讲话站在时代发展前沿，统筹中华民族伟大复兴战略全局和世界百年未有之大变局，科学分析当今世界科技革命和产业变革发展大势，深入总结党领导下我国科技发展的百年历程和辉煌成就，深刻阐明了新发展阶段实现我国科技自立自强的一系列重大问题。讲话视野宏阔、内涵丰富、思想深刻，具有很强的政治性、思想性、战略性、指导性，为加快发展我国科技事业、建设世界科技强国指明了方向、提供了根本遵循，我们要深入学习领会、抓好贯彻落实。

党的十八大以来，以习近平同志为核心的党中央高度重视科技工作、重视发挥科技工作者作用，把科技创新摆在国家发展全局的核心位置，作出战略谋划和系统部署。习近平总书记高瞻远瞩、审时度势，围绕加快推进科技创新、建设世界科技强国提出一系列新思想、新观点、新论断、新要求。广大科技工作者认真学习贯彻习近平总书记重要论述，矢志奋斗拼搏，聚力科技攻关，勇于创新创造，推动我国科技事业取得历史性成就。一大批重大创新成果竞相涌现，一些前沿领域开始进入并跑、领跑阶段，科技实力正在从量的积累迈向质的飞跃、从点的突破迈向系统能力提升，对促进经济社会发展、提高国家综合实力、满足人民日益增长的美好生活需要的支撑作用显著增强。特别是在抗击新冠肺炎疫情和打赢脱贫攻坚战中，广大科技工作者迎难而上、攻坚克难，作出了重大贡献。

中国科协九大以来，中国科协和各级科协组织认真履职尽责，在加强科技工作者思想政治引领、做好联系服务工作、推动创新驱动发展、提高全民科学素质、服务党和政府科学决策等方面做了大量富有成效的工作，在加强党的领导和党的建设、深化科协组织改革、改进工作作风等方面不断取得新的进展，科协组织和科协工作的政治性、先进性、群众性显著增强，有力服务了党和国家工作大局。

习近平总书记指出，科学技术从来没有像今天这样深刻影响着国家前途命运，从来没有像今天这样深刻影响着人民生活福祉，强调中国要强盛、要复兴，就一定要大力发展科学技术，努力成为世界主要科学中心和创新高地。进入新发展阶段，实现“十四五”时期经济社会发展目标，开启全面建设社会主义现代化国家新征程，对加快科技创新提出了更为迫切的要求。广大科技工作者要把思想和行动统一到习近平总书记重要讲话精神上来，把智慧和力量凝聚到落实党中央关于科技自立自强的决策部署上来，努力在新征程中勇立新功。

——希望广大科技工作者坚定理想信念，自觉践行科技报国之志。习近平总书记指出，广大科技人员特别是青年科技人员，要始终把国家和人民放在心上，增强责任感和使命感，勇于创新，报效祖国，把人生理想融入为实现中华民族伟大复兴中国梦的奋斗中。广大科技工作者要深入学习领会习近平新时代中国特色社会主义思想，深入学习领会习近平总书记关于科技创新的重要论述，进一步感悟思想伟力，坚定中国特色社会主义道路自信、理论自信、制度自信、文化自信，增强在党的领导下建设世界科技强国的信心和决心。要始终心怀“国之大者”，自觉从党和国家工作大局着眼，维护国家和民族根本利益，把论文写在祖国大地上。要认真学习党史、新中国史、改革开放史、社会主义发展史，从党的百年奋斗历程中汲取奋进力量，坚定不移听党话、跟党走，不断砥砺科技报国的初心和使命。

——希望广大科技工作者坚持“四个面向”，为开局“十四五”、开启新征程贡献科技力量。习近平总书记指出，我国经济社会发展和民生改善比过去任何时候都更加需要科学技术解决方案，都更加需要增强创新这个第一动力，强调构建新发展格局最本质的特征是实现高水平的自立自强，必须全面加强对科技创新的部署；强调实践证明，我国自主创新事业是大有可为的！我国广大科技工作者是大有作为的！广大科技工作者要肩负起时代赋予的重任，坚持面向世界科技前沿、面向经济主战场、面向国家重大需求、面向人民生命健康，聚焦立足新发展阶段、贯彻新发展理念、构建新发展格局，聚焦党和国家重大发展战略和部署，更好确定科技创新的目标任务和主攻方向，更好推动科技创新与经济社会发展深度融合。要贯彻以人民为中心的发展思想，把惠民、利民、富民、改善民生作为科技创新的重要方向，加强高质量科技供给特别是公共科技供给，让更多科技创新成果造福人民、造福社会。

——希望广大科技工作者增强创新自信，全力打好关键核心技术攻坚战。习近平总书记强调，自主创新是我们攀登世界科技高峰的必由之路，要从国家急迫需要和长远需求出发，努力实现关键核心技术自主可控，把创新主动权、发展主动权牢牢掌握在自己手中。广大科技工作者要树立敢为天下先的雄心壮志，直面问题，迎难而上，敢于探索科学"无人区"，勇于挑战最前沿的科学问题，力争在重要科技领域成为领跑者、在新兴前沿交叉领域成为开拓者，抢占世界科技发展的制高点。要把提升原始创新能力摆在突出位置，持之以恒加强基础研究，推出更多国际领先的原创性成果，努力实现更多"从0到1"的突破。要以国家重大科学平台和项目为依托，加强原创性、引领性科技攻关，坚决打赢关键核心技术攻坚战，突出关键共性技术、前沿引领技术、现代工程技术、颠覆性技术创新，着力攻克一批"卡脖子"的关键核心技术，提高科技成果转移转化成效，创造出更多属于我们自己的"国之重器"，努力实现高水平科技自立自强。

——希望广大科技工作者弘扬科学家精神，推动形成有利于创新创造的良好风尚。习近平总书记强调，科学家精神是科技工作者在长期科学实践中积累的宝贵精神财富，要大力弘扬胸怀祖国、服务人民的爱国精神，追求真理、勇攀高峰的创新精神，坚守学术道德、严谨治学的求实精神，甘为人梯、奖掖后学的育人精神。广大科技工作者要按照习近平总书记的要求，继承和弘扬老一辈科学家的优良传统，自觉践行社会主义核心价值观，坚守国家使命和社会责任，把爱国之情、报国之志转化为创新创造的实际行动。要肩负起历史赋予的科技创新重任，始终保持对科技事业的热爱和专注，不慕虚荣、不计名利，不断追求"干惊天动地事，做隐姓埋名人"的高远境界。要弘扬优良学风，坚守科技伦理、学术道德、学术规范，提升道德自制力，营造良好学术生态。要言传身教、识才育才用才，甘做提携后学的铺路石和领路人。青年科技工作者要虚心学习、勇于探索，在继承前人的基础上不断实现新的突破和超越。

科协是科技工作者的群众组织，是党领导下的人民团体，是党和政府联系科技工作者的桥梁和纽带。要坚持不懈深化理论武装，在学懂弄通做实习近平新时代中国特色社会主义思想上下功夫，引导科技工作者和科协干部增强"四个意识"、坚定"四个自信"、做到"两个维护"，自觉在思想上政治上行动上同以习近平同志为核心的党中央保持高度一致，牢牢把握增强政治性、先进性、群众性要求，最广泛地把广大科技工作者团结凝聚在党的周围，为推动党和国家事业发展汇聚磅礴的科技力量。要增强服务大局的意识和能力，认真落实中国科协事业发展"十四五"规划，聚力重大科技项目攻关，加强科技普及推广，促进国际科技交流合作。要健全联系广泛、服务科技工作者的科协工作体系，加强对科技领军人才、青年科技骨干、海外科技人才和广大基层科技工作者的服务，积极为他们办实事解难事，使科协组织真正成为有温度、可信赖的科技工作者之家。要深化科协组织改革，加快建设世界一流科技期刊。要全面加强党的领导和党的建设，贯彻落实全面从严治党部署要求，以党的政治建设为统领抓好党的建设各项工作，建设高素质专业化科协干部队伍，把科协组织建设得更加充满活力、更加坚强有力。

各级党委和政府要认真贯彻党中央关于科技创新的决策部署，落实好创新驱动发展战略，对科技工作者政治上关怀、工作上支持、生活上关心，为他们投身创新创造提供有力保障。要把科协工作摆上重要位置，帮助解决科协组织改革发展中的困难和问题，支持科协组织开展工作。

各位代表，同志们：

实现科技自立自强、建设世界科技强国，广大科技工作者责任重大、使命光荣。让我们更加紧密地团结在以习近平同志为核心的党中央周围，坚持走中国特色自主创新道路，锐意开拓进取、勇于攻坚克难，为夺取全面建设社会主义现代化国家新胜利、实现中华民族伟大复兴的中国梦不懈奋斗！

预祝中国科协第十次全国代表大会圆满成功！

在2021世界新能源汽车大会上的致辞

9月16日，中共中央政治局常委、国务院副总理韩正在北京以视频方式出席2021世界新能源汽车大会并发表致辞。

韩正指出，随着全球新一轮科技革命和产业变革蓬勃发展，汽车与能源、交通、信息通信等领域有关技术加速融合，新能源汽车已经成为全球汽车产业转型发展的主要方向。中国作为全球最大的汽车生产国和消费国，深入实施发展新能源汽车国家战略，新能源汽车产业发展取得积极成效，产销量连续六年位居全球第一，关键零部件技术水平居于世界前列，形成了上下游有效贯通的新能源汽车产业链。

韩正表示，当前新能源汽车已进入加速发展新阶段，既面临重大机遇，也面临技术、市场等诸多挑战。要坚持创新驱动，充分发挥企业的创新主体作用，加快突破关键核心技术，攻克燃料电池技术瓶颈，加快车用芯片、操作系统等关键技术研发和产业化。要坚持跨界融合，协同构建新型产业生态，推动网联化、智能化与电动化技术齐头并进，加快汽车产业与新一代信息通信、新能源、新材料、人工智能、大数据等新兴产业的深度融合。要坚持市场主导，完善产业管理和支持政策，加快基础设施建设，促进公共领域和私人领域新能源汽车消费，持续扩大新能源汽车应用规模。要坚持开放合作，充分利用多边和双边国际合作机制，深入推进政策协同、技术创新等合作，积极融入全球产业链和价值链体系。

中国科协主席党组书记
讲话文章

在2021年世界工程日中国庆祝活动暨中国工程师联合体成立仪式上的讲话

（2021年3月18日）

万 钢

女士们，先生们，朋友们：

今天，我们以“工程服务健康和可持续的世界”为主题，举行2021年世界工程日中国庆祝活动暨中国工程师联合体成立仪式。我们在北京主会场，与云端参会的同人一起共同庆祝这个属于工程师的节日。在此，我谨代表中国科协向活动的召开表示热烈祝贺！向现场及云参会的各位嘉宾、各界人士以及媒体朋友们表示诚挚的欢迎！特别对长期致力于工程事业，为可持续发展作出卓越贡献的工程师们表示崇高的敬意！

发展科学技术是人类应对全球挑战、实现可持续发展的战略选择。工程科技对经济社会发展的主导作用更加突出，习近平主席近日在《求是》杂志撰文指出，“工程科技是推动人类进步的发动机，是产业革命、经济发展、社会进步的有力杠杆”。“促进可持续发展世界工程日”的设立，就是为了提升公众对工程技术重要作用的认知，更好地发挥工程科技和工程师在促进全球可持续发展中的重要作用。

中国拥有4200多万人的工程科技人才队伍，这是中国开创未来最宝贵的资源。工程科技人才是推动人类文明和社会进步的中坚力量，肩负着工程科技进步和创新创业创造的重要使命。十三届全国人大四次会议审议通过的《“十四五”规划和2035年远景目标纲要》提出，要“壮大高水平工程师和高技能人才队伍”。今天，中国工程师联合体正式宣告成立，将更好地助力工程科技人才实现价值，服务经济社会发展，推动中国与国际工程界的交流与合作，为促进全球可持续发展目标实现、构建人类命运共同体贡献更多的“中国智慧”和“中国力量”。

在此，我想提出三点期望与各位工程界朋友共勉。

一是工程要服务可持续发展。工程技术对于实现联合国确定的2030年可持续发展目标，特别是清洁水、清洁能源、韧性基础设施和应对气候变化等，都至关重要。联合国可持续发展目标为我们描绘了理想的蓝图，工程师的职责就是将蓝图变为现实。期待即将成立的中国工程师联合体能够搭建更多线上线下平台，促进全球工程科技人才交流合作，共同维护全球产业链、创新链安全稳定，加速形成以国内大循环为主体、国内国际双循环相互促进的新发展格局，让工程成果惠及更多国家和人民，为疫后世界经济复苏与可持续发展汇聚动力。

二是深化国际合作，应对共同挑战。在全球一体化的背景下，能源危机、气候变化、生态退化、国家间发展不均衡已成为人类社会发展面临的共同挑战，没有国家可以独善其身，也没有国家可以独自应对。因此，迫切需要全世界的工程师和工程组织建立无障碍、无歧视的工程共同体，坚持尊重科学、尊重事实、增进互信的理念，为各国工程师之间的自由交流创造条件、凝聚力量、搭建桥梁，推动全人类共商共建、共同探索、共同解决。

三是创新教育机制，培育工程后备人才。工程师具有严谨周密的思维方式、脚踏实地的实干精神、突破常规的创新思想，这些优秀的素质让工程师成为人类文明的有力传承者，让工程人才成为国家发展的重要基础性支撑。中国工程科技界要和各国工程组织协同联动，促进科学、技术与工程建设融合，创新工程教育机制，培育新时代工程科技人才。特别要重点关注青年工程师和女性工程师的培养，建设一支更具成长性和包容性的工程师大军，为世界的健康和可持续发展增添不竭动力。

女士们，先生们，朋友们：

面临全球疫情、经济衰退、气候变化等前所未有的共同挑战，我们呼吁世界各国工程组织加强交流合作、携手应对挑战，为疫情后经济复苏凝聚工程界力量，以科学探索未来、以技术改造世界、以工程造福人类，为建设一个更加包容、公平、可持续的美好未来作出新的更大贡献！

谢谢大家！

在第五届世界智能大会上的讲话

（2021 年 5 月 20 日）

万　钢

各位来宾，女士们，先生们：

大家上午好!

时隔一年，我们再次相聚天津，共同参与第五届世界智能大会。本届大会以“智能新时代：赋能新发展、智构新格局”为主题，致力于推动全球智能领域的学术交流、展览展示、开放创新、深化合作。在此，我谨代表全国政协和中国科协向大会的召开表示热烈的祝贺！向出席会议的国内外专家学者、企业家、新闻界媒体人士表示诚挚的欢迎！

自国务院颁布《新一代人工智能发展规划》以来，各部门、地方和领军企业在基础设施、产业和供应链以及医疗健康、城市治理等领域布局建设了一批人工智能开放创新平台、科技创新项目和产业发展基地。通过平台、项目和基地，聚集了创新人才，开展了国际合作，加强了基础研究，推动了产学研融合的技术创新，促进了各应用领域的系统集成、跨界协同，构筑起生态赋能产业的发展格局，从而有效带动全社会共创智能发展新时代、共享智能发展新成果。

在此，我想和大家分享三点新的体会。

一、新一代人工智能发展呈现新态势

一是从单项技术向集成技术发展。最常见的是语音、图像、视频识别等先行技术已经广泛地集成应用于手机、汽车、机器人以及商业和社会服务等领域，智能化的终端设备实现环境感知、语义理解、行为交汇。作为核心感知媒介的传感器和通信技术助力万物互联。从单项技术向集成系统发展，不仅整合各单项技术的优势，还可以优化和催生新技术、新产品，突破日益复杂多变的应用环境约束，提升单体系统智能化质量和水平。

二是从单体智能向群体智能演进。随着单体智能产品的广泛应用，集群协同成为发展的必然。在人们观赏上千台无人机所演示的梦幻夜景的同时，在实体经济中，数百台智能机器人所组成的生产线正在完成灵活多变的柔性制造。通过网络深度互联和大数据驱动，群体智能系统能够吸引、汇集以及管理大规模的参与单体，以竞争、合作、博弈等多种协同方式高质量地完成任务。

三是从数据驱动向场景牵引拓展。我们看到城市智能交通系统通过传感和网络集聚的大数据，不仅在缓解交通拥堵中发挥作用，还可以在大型文体活动等场景或者台风、大雨等气象事件到来之前做好动态纾解预案。政府各部门大数据的联动，不仅便利居民办事，也服务于新冠肺炎疫情防治、中小企业纾困、创新创业就业，系统提升社会服务和治理能力。在各类产业领域中，应用场景的识别与发现以及对场景的智能解决方案研究中，人工智能与大数据密切关联、交互和融合，带动关键技术更新迭代，全方位、多层次、多维度的场景化数据使人工智能技术能够更深更广更好地得以推广应用；而人工智能深度应用的同时又会产生更加精准、高质量的场景化数据，为数字模型的持续优化和应用产业的升级革新提供有利条件。海量数据和丰富应用场景叠加的优势促进了数字技术与实体经济深度融合，不断赋能传统产业转型升级，催生新产业新业态新模式。

各位来宾：

自实施新一代人工智能规划以来，这些技术进步在逐步地、渐进地渗透和赋能于各行各业。但从近5年的跨度来看，有必要总结提升，按照总书记的要求，使人工智能技术持续地推动科技跨越发展、产业优化升级、生产力整体跃升。为此，中国科协每年开展调研和专家研讨会，分享经验，汇聚智慧。

首先，新一代人工智能正在逐步从感知智能走向认知智能。感知智能使机器具备视觉、听觉、触觉等感知能力，将多源异构的数据结构化，并用人类熟悉的方式相互沟通和互动。认知智能则是从类脑研究、认知科学中汲取灵感，并结合跨领域知识图谱、因果推理、持续学习等，为机器赋予类似于人类的思维逻辑和认知能力，特别是理解、归纳和运用知识的能力。

例如，新能源智能汽车除了运用系统感知智能实现对周围环境的感知和处理、实现自主运行功能的单车智能外，还要通过车网协同、车路协同获取超越感知的地理、交通、路况、信号、气象等实时信息及与周边车辆的交互信息，实现更加安全、便捷、高效的智能出行，还可以通过智能充电设施实现能源获取和输出的双向互动，即车能协同。

感知智能和认知智能正在通过系统交汇、跨界协同进一步提升智能装备的质量和效益，改善社会服务和治理能力。因此，要更加重视类脑研究和认知科学的基础知识，研究系统和行为科学的新规律，用新的理论指导新发展。

其次，人工智能领域还需要突破若干前沿科学和关键技术，即加强感知、识别、控制和操作等功能协调和系统集成，提高单体智能在复杂环境中的鲁棒性；通过集群智能结构理论、学习方法、衍进机理、通用计算范式等研究，提高在综合任务下的协同性；通过多智能体在数字空间、物理空间和智慧能力交互协作的理论研究和技术研发，提升智能系统在复杂应用场景中的可信性，等等。在此基础上，要继续推动人工智能算法创新和集成电路研发，进一步加强信息安全。

第三，要构建综合性科研设施和实验场景。针对人工智能系统未来所面向的复杂环境和特殊场景，理论研究需要实验验证。当前，仍然缺乏相应的实验手段对人工智能中的自主与协同、认知与推理、安全与交互等科学机理进行全面揭示。对复杂外界环境影响下的单体和集群反应，对开放、动态、对抗环境下协同过程的精准实验等都需要构建新型科学实验设施。对于群体机器人所构成的制造系统，更需要快速高效的在线检测手段，以避免单体机器人的误差在后续制造环节中的积累和放大。与实体试验设施建设同步，还应构建数字孪生模型与流程，不断优化数字模型和实体运行的一致性和可靠性。

二、加强新一代人工智能领域的高水平开放合作

新一代人工智能的开发和应用是一场跨国界、跨学科的科学探索工程，需要全球各界共同参与、开放合作。我们将充分发挥中国的制度优势和市场优势，加强新一代人工智能领域的高水平开放合作。

一是提高开放合作的水平。随着《新一代人工智能发展规划》的深入实施，中国不断强化战略导向，形成适应人工智能发展的制度安排和开放生态，部署人工智能重大科技项目群，统筹推进人工智能领域的创新基地和平台建设，加快建设国家新一代人工智能创新发展试验区，通过制度供给和成果供给激发区域发展新动能，有效地将科技优势和产业优势相结合，构筑知识群、技术群、产业群互动融合和人才、制度、文化相互支撑的高水平开放创新的生态系统。

二是发挥中国的市场优势。今天的中国已成为全球最大的制造业和互联网产业市场，市场的需求必将催生出创新的科技、创新的产品，也将创造更多的人工智能应用场景。城市大脑、产业集群等综合应用的社会场景以及各领域丰富的行业场景为人工智能技术创新与快速商业化创造了广阔空间和良好环境，促进产学研用各创新主体共创共享，并且为全球人工智能技术发展贡献具有中国特色的样本和方案。

立足中国的开放环境和市场优势，我们要坚持全球胸怀和创新自信，更加积极地融入国际人工智能创新生态，倡导开源共享理念，参与人工智能全球研发与应用，在参与全球产业分工中分享人工智能技术，共同维护全球产业链、供应链的稳定、完善与发展。共同面对疾病防控、气候变化等全球挑战，让人工智能技术为低碳发展、人类健康作出贡献。

三、重视新一代人工智能领域的人才培育

新一代人工智能的发展对人才规模、结构、素质的要求越来越高，从模型、架构到算法以及软硬件、算力、孵化、产业等各方面，新发展态势对人才的需求更加旺盛。

我们要把高水平人才队伍建设作为人工智能发展的重中之重，以价值为引领、以需求为导向，面向国际国内进一步加强引进高水平人才、聚集骨干力量、培育青年人才，创新人才培养机制。要在科学研究、产业升级、国际合作中聚集、发现和造就人才，在创新实践中壮大人才队伍。

要进一步强化人工智能学科建设，理顺高校、科研院所与企业等机构之间交流合作的渠道，以应用为导向，拓宽人工智能专业教育内容，重视人工智能与其他相关学科专业教育的交叉融合，形成专业学科建设和协同培养互为补充的人工智能人才培养生态。

要重视人工智能的伦理研究和教育。协同推进人工智能伦理、道德、标准、法规研究，形成自律、他律和法律的社会生态。面向社会关切解疑释惑，坚持守正创新，弘扬科学精神，传播科学知识，推广新兴技术，提升全民科学素质水平，努力消除知识鸿沟、数字鸿沟、智能鸿沟。

女士们，先生们，各位来宾：

世界智能大会已经在天津市成功举办了四次，取得了一系列丰硕成果，成为人工智能领域中标杆性的大会。近年来，天津市全面推动新一代人工智能产业战略布局，集聚高端要素，拓展应用场景，用科技造福人民群众生活，让智能日益成为生活元素。相信在天津市委市政府的领导下，天津智能产业会有更大的发展，政府治理和服务水平有更大的提升。

世界是紧密联系在一起的，中国的发展也是全球的发展，我们将始终坚持开放发展的理念，与全球共同分享发展的经验和创新的成果，共同构建人类命运共同体。我们衷心希望中国人工智能领域的科学家、企业家、管理者与各国同行一起，围绕新时代发展的主题，把握好发展的机遇，瞄准智能科技发展的重大需求，秉承融合、共享、普惠的理念，加强多学科、多领域的交流，在交流中迸发创新的火花，在合作中实现科技的突破，使国际合作成为国内国际经济双循环的连接点，让各国人民共享科技进步和智能发展新成果。

祝愿本次大会圆满成功！

谢谢大家！

在"科创中国"2021峰会上的致辞

（2021年7月6日）

万　钢

各位来宾，女士们，先生们，朋友们：

大家好！在全国上下热烈庆祝中国共产党成立一百周年之际，我们齐聚中国共产党的诞生地和"红船精神"的发源地浙江嘉兴，隆重举行"科创中国"2021峰会。在此，我谨代表中国科协向与会的各位嘉宾和社会各界人士表示热烈的欢迎并致以诚挚的问候！

在庆祝中国共产党成立一百周年大会上，习近平总书记代表党和人民庄严宣告，我们实现了第一个百年奋斗目标，在中华大地上全面建成了小康社会，正在意气风发向着全面建成社会主义现代化强国的第二个百年奋斗目标迈进。总书记在两院院士大会、中国科协"十大"的重要讲话中明确要求，要深入实施科教兴国战略、人才强国战略、创新驱动发展战略，完善国家创新体系，加快建设科技强国，实现高水平科技自立自强。

奋斗百年路，启航新征程。我们应当立足新发展阶段，完整、准确、全面贯彻新发展理念，构建新发展格局，以"科创中国"品牌团结广大科技工作者投身科技经济融合，集聚创新要素赋能地方高质量发展，持续推进高水平科技自立自强。

经过一年多的努力，"科创中国"在建平台、解难题、助转化、促创业等方面取得了积极进展和显著成效。国务院常务会议研究部署"十四五"时期纵深推进大众创业万众创新，将"科创中国"公共技术服务与交易平台及其三大功能纳入其中，为"双创"提供服务支撑。鉴此，我们要在更高起点、更高层次、更高目标上推进"科创中国"建设，创新组织机制，提升服务效能，引导广大科技工作者争当高水平科技自立自强的排头兵，把科技工作者个人价值融入为实现中华民族伟大复兴中国梦的奋斗中。

一是强化政治引领，建设有温度、可信赖的科技工作者之家。"科创中国"要持续激发科技工作者服务创新发展的使命感，引领科技工作者特别是青年科技工作者投身创新、创业、创造，破解产业升级和区域发展难题，增强奋进新征程的责任感。要持续增强科技工作者自身成长发展的获得感，帮助科技工作者最大程度实现自身价值。

二是要大力推进科技经济融合，实现高水平科技自立自强。"科创中国"要发挥国家作为重大科技创新组织者的作用，以平台为纽带，激励国家战略科技力量自觉履行高水平科技自立自强的使命担当，立在深入基础研究，强在提升原始创新能力，持续推动高水平开放合作，促进"双创"工作向更大范围、更高层次和更深程度推进。要强化重点区域赋能，进一步优化试点城市布局，以柔性网络推动科研力量和创新要素优化配置，支撑地方经济社会高质量发展。

三是加强开放合作和价值引领，打造全球科技共同体。“科创中国”建设要围绕“一带一路”目标，推动多边与双边工作相结合，构建开放创新生态，推进国际科技交流合作。要不断拓展朋友圈，不断增强国际传播能力，以交流互动推动构建互惠合作机制，增进国际科技界的开放、信任、合作，为推动构建人类命运共同体作出更大贡献。

同志们：

百年奋斗铸就百年辉煌。面向新的百年，推进中华民族伟大复兴的历史进程，科技工作者重任在肩。广大科技工作者要把创新创业创造的热情转化为攻坚克难的实绩实效，矢志不渝建设世界科技强国，为实现中华民族伟大复兴的中国梦作出新的更大贡献！

谢谢大家！

在第32届国际航空科学大会上的致辞

（2021年9月6日）

万　钢

尊敬的铃木信二主席、乔奥·阿泽维多主席、
阿克塞尔·普罗布斯秘书长、林左鸣理事长、
女士们，先生们，朋友们：

大家上午好！

今天，来自全球40多个国家的近800名航空科技工作者通过线上线下的方式共同聚焦中国上海，隆重召开第32届国际航空科学大会，我谨代表中国科协对出席本次大会的各位嘉宾和代表表示热烈欢迎！

本次大会由国际航空科学理事会（ICAS）主办、中国航空学会承办，时隔29年后，国际航空科学大会再次来到中国，习近平主席特致贺信，尤为振奋人心。航空是人类认识和改造自然进程中最活跃、最有影响的科技领域之一，也是人类文明高度发展的重要标志。当前，新冠肺炎疫情起伏反复，病毒频繁变异，国际航空运输业遭遇了前所未有的冲击，迫切需要航空科技领域加强高水平开放合作、贡献高质量创新成果、提供系统性解决方案。我们汇聚航空科技界的顶尖人才协作共商、凝聚共识，正是有力回应了世界各国人民和全球航空运输业的共同关切。

在此，我希望同各位与会的朋友分享三个观点。

一是坚持包容性创新。新冠肺炎疫情正在倒逼航空领域加速技术升级和产业转型，数以千万计的智能检测和生物识别设备正在协作追踪病毒的传播途径，实现了值机过程的完全无接触，保护了旅客安全，改善了旅行体验，提高了运营效率；无人机作为数据驱动的空中移动智能平台，在交通物流、安防巡检、智慧农业等领域的应用中展现了全覆盖及灵活性优势，将成为通用航空发展的重要驱动力。

我们要适应新形势新需求，以包容性创新为引领，打造智慧、高效、安全的现代化航空体系，不断增强航空运输系统的韧性。

二是坚持可持续发展。航空运输业的发展对全球气候变化的影响愈加明显，我们要准确把握航空科技的发展趋势和特征，前瞻思考航空科技革命所面临的生态环境挑战，完善制度规范，健全治理机制。碳达峰碳中和正在全球范围内获得越来越多的共识，更离不开航空科技界的积极参与。我们将与各国一道推动航空能源向高效、清洁、多元化发展，助力航空业节能减排，落实联合国2030年可持续发展议程。

三是坚持高水平开放。航空是国际交流的重要渠道，科技是文明互鉴的关键领域，航空科技发展对政治、经济、文化产生广泛而深远的影响。国际航空科技界应当倡导无国界、无障碍、无歧视的精神与合作理念，在民用航空发动机关键技术研发、航空工程师培育认证、航空基础设施建设等领域加速实现共建共享、互联互通、互惠互利，以高水平开放合作的有效

行动共同推动构建人类命运共同体。

女士们，先生们，朋友们：

国际航空科学理事会始终致力于为世界各国航空领域的科学家、工程师、技术人员、管理者搭建一个国际化交流平台，发布前沿科技成果，促成国际开放合作，日益彰显自身的影响力和凝聚力。经过多年的发展，中国航空科技与工业进步成就斐然，受到世界瞩目。热切地希望各国参会代表、各国航空领域从业人员，通过本次大会能够更多了解中国航空工业发展的理念和取得的成果，更多了解中国航空科技工作者为世界航空发展贡献力量的美好愿望。

女士们，先生们，朋友们：

当前，世界多极化、经济全球化、文化多样化、社会信息化深入发展，以科技创新推动人类文明可持续发展是我们的共同愿景。衷心祝愿各国嘉宾通过本次大会加强交流沟通、拓展开放合作、凝聚发展共识，共同为国际航空事业可持续发展、为人类文明进步贡献智慧和力量。通过国际同行的共同努力，我们有信心看到更加洁净的天空越来越美、越变越蓝。

预祝第 32 届国际航空科学大会取得圆满成功！

谢谢大家！

在第三届世界科技与发展论坛上的致辞

（2021 年 11 月 6 日）

万　钢

尊敬的各位来宾、各位朋友：

大家好！

值此第三届世界科技与发展论坛开幕之际，我谨代表中国科协向出席论坛的国内外知名专家、业界领军人物表示诚挚的欢迎！向长期以来关心和支持论坛的各界人士表示由衷的感谢！

当前，新冠肺炎疫情起伏反复，病毒频繁变异，国际经济社会发展遭遇了前所未有的冲击。同时，新一轮科技革命和产业变革方兴未艾，共同应对新冠肺炎疫情、气候变化，实现碳中和正在成为全球共识。

正如习近平主席在 20 国集团领导人第 16 次峰会上所强调的，创新是推动经济社会发展、应对人类共同挑战的决定性因素。应对事关全人类共同命运的挑战，需要全球科技界积极倡导无国界、无障碍、无歧视的开放科学精神与理念，加强科学知识交流和技术创新合作，以高水平开放合作的有效行动提供系统性、高质量的解决方案，有效回应世界各国人民的共同关切。

中国科协、中国科学院、中国工程院以及联合国教科文组织、国际科学理事会、世界工程组织联合会等世界科技共同体组织共同举办世界科技与发展论坛，搭建国内外科技组织和科学家有效合作的平台，探讨全球科技创新、科技治理与科学文化，凝聚全球科技共同体智慧和力量，促进经济社会可持续发展。

在此，我向国内外科技界提出三点期望。

一是凝聚创新共识。人类已进入互联互通的数字时代，各国利益休戚相关、命运紧密相连。全球科技界应当共担数字时代的责任，坚持相互尊重、求同存异的原则，秉持开放包容、互惠共享的理念，在充分参与、广泛共识的基础上制定治理规则，创新合作机制，拓展交流途径，推动互信互鉴，共同建设理念相通、要素融通、设施联通、交流畅通的科技创新共同体，合力挖掘创新增长潜力，为创新驱动发展营造良好生态。

二是构筑开放网络。我们应积极倡导开放科学理念，建立跨界、多元、有效的交流机制，营造开放、合作、共享的科学文化，促进知识、数据、成果等资源在全球范围内流动。聚焦前沿科技领域，推动成立国际科技组织，建设开放共享的国际创新合作网络，构建开放创新生态。组织实施国际大科学计划和工程，推动大科学设施开放共享，汇聚各国科学家智慧，围绕基础前沿和全球性重大问题共同开展科学研究。

三是合作应对挑战。应对新冠肺炎疫情、全球气候变化、碳达峰碳中和等全球性挑战是全人类的共同使命。面对挑战，我们要以包容性创新为引领，拓展更广范围、更宽领域、更深层次的科技开放合作格局，加强在抗疫和疫苗、气候变化和绿色发展、数字经济、互联互通、科技伦理等领域的全方位合作，加快落实联合国2030年可持续发展议程，以科技创新增进人类福祉，实现更加强劲、绿色、健康的全球发展。

各位来宾，各位朋友：

衷心期待全球科技界能够加强高水平开放交流与合作，充分发挥科技的力量，加强科技与经济、社会、生态的融合，积极营造包容、开放、协作的创新环境，破解人类社会面临的共同挑战和世界性重大科学难题，为全球可持续发展注入更多新动能，携手构建人类命运共同体。

最后，预祝第三届世界科技与发展论坛圆满成功！

谢谢大家！

为全面建设社会主义现代化国家贡献科技力量

中国科协党组书记、常务副主席、书记处第一书记　怀进鹏

当今世界正经历百年未有之大变局，我国发展面临的国内外环境发生深刻复杂变化，“十四五”时期以及更长时期的发展，对加快科技创新提出了更为迫切的要求。党的十九届五中全会指出，坚持创新在我国现代化建设全局中的核心地位，把科技自立自强作为国家发展的战略支撑，这充分体现了以习近平同志为核心的党中央对科技创新的高度重视。科技界要坚定创新自信，准确把握新发展阶段，坚持以新发展理念为指导，主动服务构建新发展格局，积极推动科技共同体建设，为全面建设社会主义现代化国家贡献科技力量。

勇担时代使命

新冠肺炎疫情全球大流行使世界百年未有之大变局加速演进，也对科技发展模式产生了深刻影响。习近平总书记强调：“坚持面向世界科技前沿、面向经济主战场、面向国家重大需求、面向人民生命健康，不断向科学技术广度和深度进军。”习近平总书记的重要论述赋予科技发展新内涵，为科技创新指明了方向。应对人类面临的能源与粮食危机、全球气候变化、重大传染性疾病等全球性挑战，坚持把创新作为引领发展的第一动力，统筹发展和安全，都迫切要求推进科技创新。这不仅需要科学家个体发挥聪明才智，更需要科技共同体勇担使命。

筑牢科技发展基石。科技的使命在于永无止境地探索和创新。“十三五”时期，我国科学家在量子信息、铁基超导、中微子、干细胞、脑科学等基础科学前沿领域取得一批标志性、引领性重大原创成果，为丰富人类知识宝库作出重要贡献。主动适应新发展阶段、贯彻新发展理念、服务构建新发展格局，要求科技界持续强化基础研究，更加注重原始创新，聚焦前沿、独辟蹊径，敢为人先、勇攀高峰，不断开拓知识新疆域，以自立自强筑牢科技发展基石。

蓄积经济发展势能。畅通国内大循环，塑造我国在国际大循环中的主动地位，迫切需要科技发挥蓄势储能的关键作用。我国科学家在5G移动通信、超级计算、特高压输变电等领域取得重大突破，有力促进了相关产业转型升级和新兴产业发展。科技界要善于从产业实践中提炼和解决科学问题，促进科技成果转化，推动数字经济与实体经济深度融合，打通从科技强到产业强、经济强、国家强的通道。

强化服务大局导向。深化供给侧结构性改革、有效扩大内需，迫切需要科技支撑供给创造并引领需求。我国科学家在“天问一号”“嫦娥五号”“奋斗者”号等科学探测中作出重要贡献，有力保障了国家相关重

大工程的组织实施。要体现国家战略意志，健全社会主义市场经济条件下新型举国体制，提升国家创新能力，以科技保障国家安全。科技工作者要想国家之所想、急国家之所急，勇于化解“卡脖子”的风险，在服务国家发展大局中不断创新创造。

佑护人民生命健康。满足人民对生命安全和身体健康的更高要求、更多期待，是科技共同体的重要职责。在全球抗击新冠肺炎疫情的斗争中，我国科技界发挥了重要作用。同时，从病毒全基因组序列信息公开、药物与疫苗研发合作，到成果交流平台建设，各国科学家扎紧团结信任的纽带，架设跨越国界的桥梁，搭建分享经验、相互借鉴的平台，见证了共建人类卫生健康共同体的力量。疫情启示我们，要坚守人民至上、生命至上理念，更加重视围绕人的生命安全和身体健康推进科技创新。

创新是引领发展的第一动力，科技是战胜困难的有力武器。当前国内外形势变化和我国经济社会发展对高质量科技供给的需要更为迫切，无论是筑牢科技发展基石、蓄积经济发展势能，还是强化国家需求导向、佑护人民生命健康，都需要广大科技工作者勇担使命。在新发展阶段积极推动科技共同体建设，要立足新的历史方位、明确发展方向、服务国家发展大局，真正发挥科技共同体的平台作用、激励作用，让科技创新的强大动能在交流碰撞中竞相迸发。

凝聚开放、信任、团结的价值共识

习近平总书记强调：“我们要更加主动地融入全球创新网络，在开放合作中提升自身科技创新能力。越是面临封锁打压，越不能搞自我封闭、自我隔绝，而是要实施更加开放包容、互惠共享的国际科技合作战略。”我们要充分发挥科技共同体开放型、枢纽型、平台型组织优势，坚持开放而不是封闭、信任而不是猜忌、团结而不是分裂，凝聚开放、信任、团结的价值共识。

秉持开放理念。习近平总书记指出：“世界正在经历百年未有之大变局，新一轮科技革命和产业变革迅猛发展。人类面临的共同挑战需要各国携手应对。没有一个国家可以成为独立的创新中心，或独享创新成果。创新成果应惠及全球，而不应成为埋在山洞里的宝藏。”科学在开放中发展，开放是科学的基因，也是科学进步的动力之源。应对全球性挑战需要全人类的共同智慧，开放的科学精神应成为时代的鲜明标识。开放科学、共享技术是人类智慧的体现，是文明互鉴价值的彰显。科技史上每一次开放，都会推动人类文明进步。科学交流应当无国界、无障碍、无歧视。

筑牢信任基石。信任是合作的基础。科学家之间需要相互信任，科技共同体内部要建立健全基于信任的互动交流机制，坚守科研诚信，不断促进科技事业健康发展。同时，社会对科学的信任也是科学发展的重要基础。科学研究是永无止境的探索过程，在一次又一次挑战人类认知极限中让公众领略科学的巨大威力。历次科技革命与工业革命的发展使科技不断造福人类，增强了公众对科学的信任。要加强科学与公众之间的互动，促进全社会尊崇和弘扬科学精神。

增进团结合作。习近平总书记指出：“国际科技合作是大趋势。我们要更加主动地融入全球创新网络，在开放合作中提升自身科技创新能力。”回望人类科技发展进程，科技共同体始终坚持团结合作、共同应对挑战。当前，人类处在一个挑战层出不穷、风险日益增多的时代，全球科技界应在共同应对挑战中增进团结合作，以团结合作树立理性与科学的权威，以团结合作彰显科技共同体的价值。

中国科协始终坚持开放、信任、团结，不断拓展开放交流合作渠道。210 个全国学会每年举行 3 万余场学术活动，促进国内公众理解科技，并与 367 个国际科技组织密切互动。每年举办世界科技与发展论坛、世界公众科学素质促进大会、世界青年科学家峰会等 30 多个国际品牌会议，拓展对话平台和空间。汇聚科技共同体智慧，持续组织遴选具有创新性、前瞻性的前沿科学和工程技术问题，利用国际会议研讨交流并发布。加快世界一流科技期刊建设，23 个全国学会面向全球创设英文期刊，拓展开放交流新平台。创建“科创中国”服务品牌，依托科技共同体公共服务新机制，推进产学研深度融合，建设开放联动的技术交易市场。科技共同体要聚焦共同关切，以开放交流为桥梁，在合作实践中不断凝聚开放、信任、团结的价值共识。

携手推进科技共同体建设

习近平总书记强调：“加快科技创新是顺利开启全面建设社会主义现代化国家新征程的需要。”面向未来，科技界要坚持面向世界科技前沿、面向经济主战场、面向国家重大需求、面向人民生命健康，在更高起点、更高层次上推进科技共同体建设。

坚持以人民为中心。习近平总书记指出:“人民是历史的创造者，是决定党和国家前途命运的根本力量。”纵观人类文明发展史，各种科技成就、文明成就从根本上说是人民创造的，彰显了人的思想道德素质、科学文化素质、身心健康素质的全面提升；同时，各种科技成就、文明成就又是为了人民，促进了人的全面发展。科技共同体要把追求真理、造福人类作为共同的价值追求，始终坚持以人民为中心，努力推进科技创新，积极构建合作网络，大力加强科技交流，为促进人的全面发展和人类文明进步贡献智慧。

弘扬科学家精神。习近平总书记指出:“科学成就离不开精神支撑。科学家精神是科技工作者在长期科学实践中积累的宝贵精神财富。”具有崇高精神风范的科学家群体是标杆人物，能够为科技健康发展引领航向。科技共同体要大力弘扬科学家精神，坚守科研诚信，共商共建科技治理规则，推动多边、双边、区域等层面科技治理规则相协调，加强科技伦理建设。

加强合作交流。科技在促进社会生产力解放、改变人类生产生活方式和思维方式的同时，也不断展现人类理性的力量。科技共同体要传承弘扬基于理性与实证的科学传统，充分讨论、平等争鸣，激发“头脑风暴”，为科学研究提供广阔空间，为追求真理营造良好氛围，以合作交流提升科学研究水平和人才培养质量。打造更多合作交流平台，推动开源技术发展，弥合知识鸿沟、数字鸿沟、发展鸿沟，利用科技打造文明交流互鉴之桥。

当今世界正经历百年未有之大变局，科技创新是其中一个关键变量。我们要坚持自立自强、深化国际合作、凝聚价值共识、扎牢信任纽带，在开放中创造机遇，在团结中应对挑战，在合作中破解难题，共创人类美好未来。

来源:《人民日报》(2021 年 2 月 2 日第 9 版)

凝聚起实现高水平科技自立自强的智慧力量

中国科协党组书记、常务副主席、书记处第一书记　怀进鹏

在喜迎中国共产党百年华诞之际，在开启全面建设社会主义现代化国家新征程、向第二个百年奋斗目标进军的关键时刻，习近平总书记出席中国科学院第二十次院士大会、中国工程院第十五次院士大会和中国科协第十次全国代表大会并发表重要讲话。习近平总书记的重要讲话温暖人心、凝聚人心、振奋人心，为科技界指明了前进方向。科协组织要深入学习贯彻习近平总书记重要讲话精神，坚定履行团结引领科技工作者听党话、跟党走的政治使命，更广泛地凝聚起加快建设科技强国、实现高水平科技自立自强的磅礴力量。

增强实现高水平科技自立自强的责任感紧迫感

自力更生是中华民族自立于世界民族之林的奋斗基点，自主创新是我们攀登世界科技高峰的必由之路。习近平总书记的重要讲话着眼“两个大局”，从历史纵深系统总结我国科技事业发展重大成就，用战略眼光分析新一轮科技革命和产业变革演化趋势，以系统思维部署加快建设世界科技强国的战略任务，以全球视野谋划科技支撑构建人类命运共同体的战略路径，向科技界发出实现高水平科技自立自强的动员令，是当前和今后一个时期我国科技事业、科协事业发展的根本遵循。

习近平总书记指出：“科技立则民族立，科技强则国家强。”国家使命召唤，科技界重任在肩。我们要深刻认识世界百年未有之大变局给科技事业、科协事业发展带来的新机遇新挑战，深刻认识坚持创新在我国现代化建设全局中的核心地位的重要性和必要性，切实增强实现高水平科技自立自强的责任感紧迫感。科协组织要不断提高政治判断力、政治领悟力、政治执行力，团结引导广大科技工作者增强“四个意识”、坚定“四个自信”、做到“两个维护”，肩负起党和政府联系科技工作者桥梁和纽带的职责，把科技界思想和行动统一到习近平总书记重要讲话精神上来，勇担国家使命，切实把人才潜能转化为发展动能，把组织优势转化为治理优势，把自身发展优势转化为开放合作优势。

充分认识党领导科技事业取得的历史性成就

习近平总书记指出：“在革命、建设、改革各个历史时期，我们党都高度重视科技事业。”100年来，我们党始终高度重视科技事业、关心关爱科技人才、领导推动科技组织发展。科技工作者始终与党同心同德，谱写了科学救国、科教兴国、科技强

国的历史华章。党的十八大以来，以习近平同志为核心的党中央加强对科技事业的全面领导，推动我国科技事业发生历史性、整体性、格局性重大变化，探索出一条中国特色自主创新道路。习近平总书记的重要讲话从基础研究和原始创新取得重要进展、战略高技术领域取得新跨越、高端产业取得新突破、科技在新冠肺炎疫情防控中发挥了重要作用、民生科技领域取得显著成效、国防科技创新取得重大成就六个方面，系统总结了近年来我国科技创新取得的新的历史性成就。习近平总书记的重要讲话深入总结了坚持党对科技事业的全面领导、牢牢把握建设世界科技强国的战略目标、充分发挥科技创新的引领带动作用、全面部署科技创新体制改革、着力实施人才强国战略、扩大科技领域开放合作等推动科技事业发展的宝贵经验。

习近平总书记强调："实践证明，我国自主创新事业是大有可为的！我国广大科技工作者是大有作为的！"这必将激励广大科技工作者勇担时代重任，在"四个面向"中加快实现高水平科技自立自强，矢志建设世界科技强国。传承历史才能开创未来，以实践创造和历史经验启迪智慧、砥砺品格，才能走好新的长征路。科协组织要团结引领广大科技工作者从党的百年奋斗历程中感悟信仰的力量，汲取党领导科技事业发展的宝贵经验，以与时俱进的精神、革故鼎新的勇气、坚忍不拔的定力建功"十四五"、奋进新征程。

加快提升自主创新能力

当今世界百年未有之大变局加速演进，科技创新广度显著加大、深度显著加深、速度显著加快、精度显著加强。习近平总书记指出："经过多年努力，我国科技整体水平大幅提升，我们完全有基础、有底气、有信心、有能力抓住新一轮科技革命和产业变革的机遇，乘势而上，大展宏图。"同时，习近平总书记也提出了我国原始创新能力还不强、创新体系整体效能还不高、科技创新资源整合还不够、科技创新力量布局有待优化、科技投入产出效益较低、科技人才队伍结构有待优化、科技评价体系还不适应科技发展要求、科技生态需要进一步完善八个方面问题。对此，我们必须保持强烈的忧患意识，加快补齐短板不足。近代以后，由于各种原因，我国几次与科技革命失之交臂。新一轮科技革命是我国真正意义上完整参与并有望在某些领域实现引领的一场科技革命。深入实施科教兴国战略、人才强国战略、创新驱动发展战略，充分发挥新型举国体制的优势，充分发挥人才济济、组织有序的优势，我国完全有可能抓住机遇、乘势而上，在危机中育先机、于变局中开新局。

形势逼人、挑战逼人。习近平总书记提出的"加强原创性、引领性科技攻关，坚决打赢关键核心技术攻坚战""强化国家战略科技力量，提升国家创新体系整体效能""推进科技体制改革，形成支持全面创新的基础制度""构建开放创新生态，参与全球科技治理""激发各类人才创新活力，建设全球人才高地"五大战略任务，指明了加快建设科技强国的主攻方向，是实现高水平科技自立自强、提高自主创新能力的战略选择。科协组织要团结引领科技工作者牢记初心使命、坚定信仰信念信心、增强机遇意识和忧患意识，把握大势、抢占先机、直面问题、迎难而上，为应对各种挑战做好充分的思想准备和工作准备。要突出"四个面向"战略导向，强化基础研究，坚持问题导向，推动科技攻关，打好关键核心技术攻坚战。促进国家实验室、国家科研机构、高水平研究型大学、科技领军企业发展，充实国家战略科技力量，提升国家创新体系整体效能。特别要发挥科技共同体的作用，坚持科技创新与制度创新相结合，强化产学研融合的创新生态建设，推动完善项目评价和人才评价制度，发挥民间科技交流渠道优势，构建开放、信任、合作的科技共同体，充分用好全球创新资源，提升我国自主创新能力。

构筑有效集聚全球优秀人才的科研创新高地

习近平总书记指出："我国要实现高水平科技自立自强，归根结底要靠高水平创新人才。"培养创新人才，要更加重视人才自主培养，更加重视科学精神、创新能力、批判性思维的培养教育，更加重视青年人才培养，更加重视构筑有效集聚全球优秀人才的科研创新高地。科协组织作为团结服务科技人才的组织，要坚持以会兴业、以业聚才、以才引才，推动完善评价奖励制度，加强人才培养举荐，构建海内外人才发挥作用的平台渠道，发掘人才第一资源的潜力，有效集聚科技人才、组织与资源，将其转化为服务高质量发展的强大动能，以高水平人才支撑保障高水平科技自立自强。

科技创新离不开科技人员大量的时间投入。习近平总书记指出："保障时间就是保护创新能力！"科技体制改革的根本目的之一就是要把人才从各种体制机制束缚中解放出来，心无旁骛地创新创造，真正激发创新动力活力。我们要大力营造创新环境，务实建设科技工作者的组织之家、事业之家、精神之家、服务之家，坚决杜绝形式主义、官僚主义的种种活动，共同完善让科研人员把主要精力放在科研上的保障机制。

科技成就离不开国家使命感召和精神支撑。习近平总书记勉励广大院士做"胸怀祖国、服务人民的表率""追求真理、勇攀高峰的表率""坚守学术道德、严谨治学的表率""甘为人梯、奖掖后学的表率"，这也是对广大科技工作者的期待。科协组织要积极开展科学家精神弘扬、学风传承行动，培育优良学风作风，强化价值引领，共同建设矢志爱国奋斗、勇于创新创造的优秀科技人才队伍。

在履行职责中团结引领科技工作者自立自强、创新争先

习近平总书记的重要讲话对新发展阶段科协工作提出新要求，进一步明确了科协系统改革方向和发展目标，丰富和拓展了科协组织在现代化建设全局中的战略定位，是新发展阶段科协事业创新发展的行动指南。我们要从党和国家事业发展全局的高度，深刻把握新时代拓展中国特色社会主义科技群团发展道路、开辟科协组织改革发展新局面、服务构建人类命运共同体的新要求新使命，不断开创科协事业发展新局面。团结引领广大科技工作者共同创造高水平科技自立自强、建成世界科技强国的价值与荣耀，是科协组织的时代主题。

坚持政治引领，切实担负起党和政府联系科技工作者的桥梁和纽带职责。坚持以习近平新时代中国特色社会主义思想为指导，始终把保持和增强政治性、先进性、群众性作为事业发展的基点，努力建设让党中央放心、科技工作者满意、人民群众认可的中国特色社会主义科技群团。持续强化党的创新理论武装，引导科技工作者从党的百年奋斗历程中感悟思想伟力、汲取奋进力量，大力弘扬科学家精神，涵养优良学风作风，争当高水平科技自立自强的排头兵。

以"自立自强、创新争先"行动为抓手，全面提升服务效能。坚持为科技工作者服务，践行党的群众路线，打造有温度、可信赖的"科技工作者之家"，提升科协组织凝聚力。坚持为创新驱动发展服务，以"科创中国"促进产学研融合，更紧密连接创新主体，更精准针对经济发展的难点、重点和"卡脖子"难题发力，构建合作网络和创新生态，让科技创造新的价值。坚持为提高全民科学素质服务，以"科普中国"聚力打造国家科普服务新平台，夯实现代化国家的公众科学素质基础。坚持为党和政府科学决策服务，以"智汇中国"建设高端科技创新智库，更好服务国家治理体系和治理能力现代化。

以推动构建人类命运共同体为目标，全面提升开放创新能力。以更加开放的姿态践行科学无国界的理念，让信任、合作成为科技界永恒的基因，让科学增进人类福祉。积极融入全球创新网络，为应对全球性挑战、完善国际创新治理体系贡献更多中国智慧、中国力量。

来源:《人民日报》(2021 年 6 月 17 日第 13 版)

以党史学习教育为契机
凝聚众心向党、自立自强的科技力量

中国科协党组书记、常务副主席、书记处第一书记　怀进鹏

在“两个一百年”奋斗目标交汇节点，在庆祝建党百年的重要时刻，面向全党开展党史学习教育，是以习近平同志为核心的党中央统揽全局、着眼长远作出的重大决策。我们要深入学习领会习近平总书记关于党的历史的重要论述，坚持学史明理、学史增信、学史崇德、学史力行，紧密结合学习贯彻习近平总书记在两院院士大会、中国科协第十次全国代表大会上的重要讲话精神，把学党史、悟思想、办实事、开新局的总目标落实到自立自强、创新争先的生动实践中，更好发挥团结引领作用，把党史学习教育成果转化为创新驱动发展的动力和成效，把广大科技工作者凝聚到实现科技自立自强、全面建设社会主义现代化国家的伟大事业中来。

一、永葆百年初心，铭记党支持推动科技创新、关心关爱科技人才的历史征程

世界正面临百年未有之大变局，科技革命与产业变革方兴未艾。在风云变幻的复杂国际环境中走向大国崛起、民族复兴，机遇与挑战前所未有。党的十九届五中全会擘画国家未来发展宏伟蓝图，坚持创新在国家现代化建设全局中的核心地位，把科技自立自强作为国家发展的战略支撑，为中国特色自主创新道路锚定新坐标。实现“十四五”及2035年远景目标，党和人民对科技界寄予殷切期望。要树立正确党史观，把握历史发展规律和大势，牢记初心使命，坚定信仰信念，准确把握新发展阶段，深入贯彻新发展理念，加快构建新发展格局，在面向世界科技前沿、面向经济主战场、面向国家重大需求、面向人民生命健康的创新创造实践中勇于担当推动高水平科技自立自强的责任使命。

党的百年历史，是党支持依靠科技进步、关心关爱科技人才、领导推动科技组织发展的历史，是党的领导下科技工作者矢志科学救国、科教兴国、科技强国的奋斗史。一百年来，我们党始终站在时代潮流最前列，始终代表着中国先进生产力的发展要求，始终深刻认识到科技的重要性。追溯至革命初期，中华苏维埃共和国临时政府高度重视知识分子工作，在面临军事“围剿”、经济封锁等艰苦条件下，仍面向人民广泛宣传科技知识，瑞金红井不仅让百姓喝上甘甜之水，倡导了一种新的生活方式，更让我们饮水思源，铭记科技为民的初心。延安时期，党领导建立的“边区国防科学社”“陕甘宁边区自然科学研究会”等科技社团广泛开展科技活动。中华人民共和国成立伊始，党中央发出“向科学进军”的号召，凝聚海内外科技工作者奋斗报国。党中央批准全国科联与全国科普合并，正式成立全国科技工作者的统一组织——中国科学技术协会。改革开放后，邓小平同志提出“科

学技术是第一生产力”的重要论断，中华民族迎来了“历史上最灿烂的科学的春天”。在科教兴国战略、人才强国战略、创新驱动发展战略等指引下，我国科技事业突飞猛进。特别是党的十八大以来，习近平总书记强调“发展是第一要务，人才是第一资源，创新是第一动力”，以习近平同志为核心的党中央加强对科技事业的全面领导，推动我国科技创新发生历史性、整体性、格局性深刻变化，以深化科技体制改革为动力，探索出一条中国特色自主创新道路。

党的百年征程，凝聚着党领导下科技工作者的爱国之情、报国之志，记载着科技工作者牢记嘱托、不负重托的创新拼搏，镌刻着科技工作者彪炳史册的重大贡献。科技工作者奋力创新创造，新中国科技事业在一穷二白的基础上不断发展，取得了“两弹一星”、载人航天与探月、北斗导航、载人深潜等一系列举世瞩目的成就。近年来，在量子信息、铁基超导、中微子、干细胞、脑科学、药物与疫苗研制等基础研究领域，5G移动通信、超级计算、特高压输变电等高新技术领域创新成果迭出，“天问一号”“嫦娥五号”“奋斗者”号等科学探测实现突破，首个空间站天和核心舱成功发射，我国科技实力正在从量的积累迈向质的飞跃、从点的突破迈向系统能力提升。一批批科技工作者以身许国，铸就了中国科技历史长河中的无上荣光，“两弹一星”精神、“西迁精神”、载人航天精神、抗疫精神、科学家精神等永载党的革命精神谱系，激励新时代科技工作者以科技自立自强支撑国家发展的信心和决心，在全面建设社会主义现代化国家新征程中砥砺前行、再铸辉煌。

二、明理、增信、崇德、力行，从党的百年奋斗中感悟思想伟力、汲取丰厚滋养

在百年奋斗中，我们党坚持解放思想与实事求是相统一、固本培元与守正创新相统一，不断开辟马克思主义新境界，产生了毛泽东思想、邓小平理论、“三个代表”重要思想、科学发展观，产生了习近平新时代中国特色社会主义思想，为伟大事业提供了科学理论指导。从党的历史中感悟思想伟力，要突出学习领会习近平新时代中国特色社会主义思想这个马克思主义中国化的最新成果，丰富“众心向党、自立自强”的实践载体，团结引导广大科技工作者增强对党的创新理论的政治认同、思想认同、理论认同、情感认同。

突出明理增信，坚定信仰信念信心。习近平总书记强调，学史增信就是要增强信仰、信念、信心，这是我们战胜一切强敌、克服一切困难、夺取一切胜利的强大精神力量。要增强对马克思主义、共产主义的忠实信仰。党的百年奋斗史昭示着信仰的伟力。新中国成立之初，一大批科技工作者在举国思变图强的感召下辗转回国。“我的事业在中国、我的成就在中国、我的归宿在中国”成为钱学森等老一辈科学家的共同心声。要增强对中国特色社会主义的坚定信念。深刻理解中国特色社会主义是发展中国的必由之路、是经过实践检验的科学真理，其最鲜明特色是理论创新和实践创新、制度自信和文化自信的紧密结合，在推动发展上拥有强大的政治优势、理论优势、制度优势、文化优势。要增强对实现中华民族伟大复兴的必胜信心。从自力更生到自主创新，再到科技自立自强，我们党对科技发展的战略指引一脉相承。中国科技事业的历史性成就正是科技工作者在党的领导下卧薪尝胆、砥砺奋斗的结果。凭着对共圆中国梦的坚定信心，中国科技界逐步树立创新自信，日益走向世界科技舞台中央，也必将创造无愧新时代的历史功绩。

突出崇德力行，推动立根铸魂。百年非凡历程构筑起了中国共产党人的精神谱系。坚定主心骨、汇聚正能量、振奋精气神，激励科技工作者报国为民，是赓续精神血脉的必然要求。当前，我国还存在诸多“卡脖子”问题，实现碳达峰、碳中和的目标任务极其艰巨，精神强大则攻无不克，精神懈怠则一事无成。要从党的历史中传承宝贵精神财富、发扬革命精神，更好弘扬科学家精神，即“胸怀祖国、服务人民的爱国精神，勇攀高峰、敢为人先的创新精神，追求真理、严谨治学的求实精神，淡泊名利、潜心研究的奉献精神，集智攻关、团结协作的协同精神，甘为人梯、奖掖后学的育人精神”，真正把论文写在祖国的大地上、把科技成果应用在实现现代化的伟业中。

党的历史是一部丰富、生动、厚重的政治引领教科书，是团结动员科技工作者建设科技强国的智慧和力量源泉。中国科协系统党史学习教育要做好“五个团结引导”：团结引导广大科技工作者从党的非凡历程中感悟马克思主义的真理力量和实践力量，始终做到初心如磐、使命在肩；团结引导广大科技工作者胸怀“两个大局”，探究历史规律，推动科技自立自强，服务构建新发展格局，矢志建设世界科技强国；团结引导广大科技工作者深刻认识党的性质宗旨，始终把人民放在心中最高位置、把人民对美好生活的向往作为科技创新的奋斗目标；团结引导广大科技工作者大力发扬红色传统、传承红色基因，赓续精神血脉、砥砺爱国奋斗，鼓起迈进新征程、奋进新时代的精气神；团结引导广大科技工作者心怀“国之大者”，坚定听党话、跟党走的意志，凝聚众心向党、爱国奋斗、自立自强、创新创造的奋进力量。

三、牢记奋进使命，以高水平科技自立自强支撑构建新发展格局

习近平总书记强调，“科技立则民族立，科技强则国家强”“构建新发展格局最本质的特征是实现高水平的自立自强”“科技自立自强成为决定我国生存和发展的基础能力”。我国进入新发展阶段，经济发展环境变化使科学技术的重要性全面上升，推动科技自立自强是应对世界百年变局、支撑新发展格局、全面塑造发展新优势的关键。我们要不断提高政治判断力、政治领悟力、政治执行力，增强“四个意识”、坚定“四个自信”、做到“两个维护”，聚焦政治引领靶心，围绕中心服务大局，以高水平科技自立自强铸就国家现代化航船的钢筋铁骨。

强化政治引领，建设有温度、可信赖的科技工作者之家。更广泛、更紧密团结引领科技工作者创新创造是科协工作“最大的政治”，是科协系统党建的最大价值。科协组织要发扬党的优良传统，充分发挥桥梁纽带作用，通过做实“科技工作者之家”，强信心、暖人心、筑同心。一是建实事业之家。遵循人才成长和科技创新规律，广泛搭平台、拓渠道、筑生态，通过人才举荐与培养、学术交流与一流期刊建设、科技志愿服务与科技成果转化、建言献策、国际合作等助力科技工作者价值实现。二是建实组织之家。发挥人才济济、组织有序的优势，不断提升组织力，以组织创新凝聚价值共识，提升团结引领的效能，构建以理服人的学术共同体、以德服人的价值共同体、以人为本的命运共同体。三是建实精神之家。大力弘扬科学家精神、科技志愿服务精神，引导科技工作者践行科技为民，把自身价值实现融入国家发展。建设中国科协会史陈列馆，携手全国学会和地方科协共建网上会史馆，体现中央关怀、凝结历史成就、传承奋斗精神。四是建实服务之家。科协干部要做到懂科技、懂人才，有针对性、高效率地做好服务，真正当好桥梁纽带。加强网上科技工作者之家建设，推动数字化组织赋能。通过办实事、提供有温度的服务，共同建设矢志爱国奋斗、勇于创新创造的优秀科技人才队伍。

倡导“爱科学”做优“科普中国”，助力社会文明程度新提升。把增强人民群众科学素质作为科技自立自强的基础工程，厚植创新文化沃土，做优“科普中国”品牌。突出科普价值引领，建立科普工作与组织建设融通贯通机制，加强科普队伍建设，深化科普供给侧改革，提升科普服务社会化、信息化、国际化水平。广泛开展碳达峰、碳中和等科普宣传。守护好奇心天性，让更多青少年心怀科学梦想、树立创新志向。全面提升科普服务境界，在知识传播中提升科学方法、弘扬科学精神和科学家精神，全面彰显科普时代价值。稳步推进全域科普，推动科技志愿服务更好融入新时代文明实践中心、党群服务中心、社区服务中心建设。

推动“用科学”做强“科创中国”，服务和融入新发展格局。围绕深化供给侧结构性改革、打通国内大循环和国内国际双循环堵点的战略需要，准确把握产业数字化、现代产业体系升级的机遇，以打造国家公共技术服务与交易平台为重点，做强“科创中国”品牌。着力建设供需精准对接的信息平台、技术交易与服务的运营平台、人才与技术的赋能平台，注重规模化、规范化、市场化、协同化，促进创新生态和营商环境优化。集合资源、聚合人才，提升科技服务团落地服务实效。突出学会主体，打造一流科技社团方阵，推进一流期刊建设。不断完善科技共同体公共服务供给机制，发挥科技自立自强的战略支撑作用，为加快构建新发展格局作出独特贡献。

促进“讲科学”做精“智汇中国”，支撑国家治理现代化。坚持科技创新与制度创新协同、服务科学的政策与服务政策的科学并举，围绕以科学咨询支撑科学决策、以科学决策引领科学发展，做精“智汇中国”品牌。探索创新发展规律、科技管理规律、人才成长规律，着力打造人才、组织与创新发展的开放平台，构建跨界集智、开放融合的科技创新智库体系。拓展高校智库合作，聚集跨学科协同研究力量和人才队伍，打造服务国家科技治理的高水平研究网络。建立与国际知名科技智库的交流合作机制，拓展全球智库网络。

坚持开放发展，深度参与全球创新治理。习近平总书记叮嘱我们坚持面向世界、面向未来，增进对国际科技界的开放、信任、合作，推动构建人类命运共同体。要巩固深化与国际科技组织的合作关系，加强“一带一路”创新之路建设。支持我国科技社团发起成立国际科技组织，吸引国际科技组织总部落户中国，加大科学家在国际科技组织任职的组织保障和履职服务力度，加强国际组织人才培养和多边科技治理能力建设。要让科技文明交流互鉴、基于信任团结的高水平合作成为应对全球挑战的有力武器，为服务构建人类命运共同体作出切实贡献。

百年奋斗铸就百年辉煌，党领导科技工作者绘就了爱国创新的历史华章。面向新的百年，从党史学习中汲取力量，推进中华民族伟大复兴历史进程，科技工作者重任在肩。我们要更加紧密地团结在以习近平同志为核心的党中央周围，深入开展党史学习教育，把广大科技工作者焕发出来的创新创造热情转化为攻坚克难的实绩实效，矢志不渝建设世界科技强国，共圆中华民族伟大复兴的中国梦。

来源:《机关党建研究》(2021 年第 6 期)

为高水平科技自立自强作出科协组织的扎实贡献

中国科协党组书记、分管日常工作副主席、书记处第一书记　张玉卓

党的历史是最生动、最有说服力的教科书。习近平总书记在庆祝中国共产党成立100周年大会上的重要讲话，回顾我们党百年奋斗的光辉历程，展望中华民族伟大复兴的光明前景，是一篇马克思主义纲领性文献，是新时代中国共产党人不忘初心、牢记使命的政治宣言，特别是以史为鉴、开创未来的“九个必须”，为奋进新时代、走好新征程进一步指明了前进方向、提供了根本遵循。习近平总书记在两院院士大会、中国科协十大上发表的重要讲话，站在百年历史新起点，发出了实现高水平科技自立自强的时代号召，系统部署科技创新战略任务，为深化科技创新体制改革和国家创新体系建设指明方向。特别是习近平总书记关于科协工作的重要指示精神，进一步为面向世界、面向未来的中国特色社会主义科技群团发展提供了根本遵循。

中国科协是党领导下的人民团体，经历了63年的风雨征程，日益展现出蓬勃的朝气。面对新形势、新任务、新要求，我们要回答好新的时代答卷，就必须以与时俱进的精神、守正创新的勇气、坚忍不拔的定力，奋力开创新时代中国特色社会主义科技群团发展道路新境界，为实现高水平科技自立自强作出科协实实在在的贡献。

第一，必须深刻领会党的全面领导是科协组织开创未来最大的政治优势、组织优势，坚决走好中国特色社会主义科技群团发展道路。办好中国的事情，关键在党。科协组织最大的特色和优势就在于党的领导，体现在承担引导科技工作者听党话、跟党走的政治任务，为夯实党执政的阶级基础和群众基础作出贡献上。这一点，任何时候都不能忽视，更不能淡化或遗忘。我们要永远铭记从哪里来、到哪里去，任何时候、任何情况下都必须把自己置于党的领导之下，自觉坚持党对科协的政治领导、思想领导、组织领导，以党的旗帜为旗帜、以党的方向为方向、以党的意志为意志，牢牢把握正确的政治方向。

我们要坚决地担负起党和政府联系科技工作者的桥梁纽带职责，更加自觉地将团结引领科技工作者听党话、跟党走作为践行“两个维护”的首要标准，把学习贯彻习近平总书记重要讲话精神作为政治引领的根本着力点，在科技界坚定主心骨、弘扬主旋律，进一步密切党同广大科技工作者的情感交流和血肉联系，不断增强“四个意识”、坚定“四个自信”、做到“两个维护”。

我们要坚持深学细悟，做到常习常新，增强用习近平新时代中国特色社会主义思想这一科学理论指导实践、拓展新局的眼界和能力，善于用马克思主义的世界观、方法论观察时代、解读时代，指导科协改革发展实践，不断增强在百年未有之大变局中开展群

团发展理论创新、实践创新的能力。要坚持润物无声，善于用学术语言、群众语言讲好党的创新理论，面向科技领军人才做细高端引领，面向企业科技工作者和青年学者做精方向引领，面向基层科技人员做实大众引领，面向国际舞台做好开放引领，切实增强科技工作者在党的领导下建设世界科技强国的信心和决心，推动习近平新时代中国特色社会主义思想在科技界深入转化和生动实践。

第二，必须牢牢把握中华民族伟大复兴这一主题，团结动员广大科技工作者争做高水平科技自立自强排头兵。一百年来，中国共产党团结带领中国人民进行的一切奋斗、一切牺牲、一切创造，归结起来就是一个主题：实现中华民族伟大复兴。这也是科协组织以史为鉴，在新征程上做好团结科技工作者这篇大文章的根本责任。我们要深刻理解习近平总书记对世界百年未有之大变局的战略判断，深刻理解党的十九届五中全会提出的坚持创新在我国现代化建设全局中的核心地位，把科技自立自强作为国家发展的战略支撑。清醒认识新发展阶段的科协时代重任，团结动员科技工作者自立自强、创新争先，充分发挥开放型、枢纽型、平台型组织优势，顺应创新链产业链深度融合大趋势，着力打造围绕中心、服务大局、广泛团结、有效动员的新优势，以更加符合时代要求的新组织新方式，谋划好科协的应为之责、当为之责，动员广大科技工作者积极投身服务新发展格局的主体实践，以创新争先的新业绩助力国家高质量发展。

科学成就离不开精神的支撑，团结的力量源于价值的引领。我们要坚持守正创新，用好科学家精神这一工作品牌，通过生动阐释和大力弘扬，把习近平总书记关于科技创新的重要论述持续转化为科技界爱国创新的理想信念、求实奉献的价值使命、协同育人的实践品格。以强大的精神力量和优良的学风保障，引导广大科技工作者不断砥砺初心使命，为开局“十四五”、开启新征程贡献智慧和力量。要深刻理解习近平总书记鲜明指出的中国科协要坚持面向世界、面向未来的殷切嘱托，以开放信任合作的交流理念塑造科协组织服务国家外交大局新优势，广交朋友、广聚人才，在服务人类命运共同体建设中迈出新步伐。

第三，必须始终以人民为中心，着力建设更加朝气蓬勃的科协组织。江山就是人民、人民就是江山。科协是党领导下的人民团体、科技工作者的群众组织，为科技工作者服务是科协组织的职责。新时代催生新使命，新使命开启新征程，科协组织工作内容、工作形式必然会有所变化，但无论怎么变，以人民为中心的根本立场不会变，贯彻党的群众路线、为科技工作者服务的宗旨理念不会变。

我们要紧扣民心这个最大的政治，始终坚持为科技工作者服务，以“为群众办实事”活动为抓手，聚焦科技工作者反映突出的急难愁盼问题，既积极整合社会资源，又充分挖掘自身潜能，把科协系统力量和服务资源向基层倾斜，真正办成一批好事实事、解决一些困难问题，把党的关怀送到科技工作者中去。

我们要坚持眼睛向下、大抓基层建设，深化科协系统改革，聚焦基层组织薄弱、工作水平不高等问题，主动创新基层组织形态和工作方法，通过组织化、社会化、扁平化的方式对科技工作者有效服务、广泛动员，真正形成联系广泛、服务科技工作者的科协工作体系。要敏锐把握、及时感知人民群众对科学技术的现实需求，善于借船出海，用好新时代文明实践中心和党群服务中心等工作平台，织密节点，丰富党建带群建的工作模式，激励广大科技工作者践行“研当以报效国家为己任，学必以服务人民为荣光”的科技志愿服务精神，不断提升科技为民的广度、深度和精度，努力使人民群众更加直接地感受到党的关怀和科技为民的力量，绘好众心向党同心圆。

不断增强走好新时代党的群众路线的本领，是科协工作者的必修课。科协系统每位党员干部都要牢固树立群众观念，更多关注、关心、关爱普通科技工作者，进万家门、访万家情、结万家亲，经常同科技工作者面对面、手拉手、心贴心地零距离接触，促进科协干部和科技人员关系紧密融合。要增强自我革新勇气，坚持问题导向、刀刃向内、攻坚克难，注重把前人的智慧经验转化为我们解决实际问题的能力水平，以改革的精神研究问题、以创新的实招破解难题，推动科协系统组织治理、系统改革、联系服务迈上新的台阶。

加快建设科技强国的征程已经开启，实现高水平科技自立自强的号角已经吹响。面向未来，科协工作大有可为，也必将大有作为。我们要更加紧密团结在以习近平同志为核心的党中央周围，全面塑造团结引领能力，更好凝聚广大科技工作者，为建设世界科技强国、推进国家现代化贡献智慧力量。

来源:《人民日报》(2021 年 9 月 3 日第 10 版)

广泛凝聚人才第一资源　服务新时代人才强国建设

中国科协党组书记、分管日常工作副主席、书记处第一书记　张玉卓

中央人才工作会议 9 月 27 日至 28 日在北京召开。中共中央总书记、国家主席、中央军委主席习近平出席会议并发表重要讲话，强调要坚持党管人才，坚持面向世界科技前沿、面向经济主战场、面向国家重大需求、面向人民生命健康，深入实施新时代人才强国战略，全方位培养、引进、用好人才，加快建设世界重要人才中心和创新高地，为 2035 年基本实现社会主义现代化提供人才支撑，为 2050 年全面建成社会主义现代化强国打好人才基础。这为我国夯实创新发展人才基础，积蓄人才资源竞争优势，加快建设科技强国、实现高水平科技自立自强进一步指明了发展方向，提供了根本遵循。科协组织肩负着党和政府联系科技工作者的桥梁和纽带职责，要保持和增强政治性、先进性、群众性，切实发挥开放型枢纽型平台型的组织优势，广泛团结凝聚科技人才，充分激发人才的创新创造活力，加快建设国家战略人才力量，为建设世界科技强国打好人才基础。

团结凝聚人才第一资源，服务国家发展大局

习近平总书记强调，要为各类人才搭建干事创业的平台，构建充分体现知识、技术等创新要素价值的收益分配机制，让事业激励人才、让人才成就事业。人才是第一资源，创新是第一动力。要把发现科技人才、培育科技人才、挖掘人才潜能摆在重要战略位置，团结引导科技工作者坚定不移听党话、矢志不渝跟党走，服务科技工作者当好高水平科技自立自强的排头兵，不断增强科技工作者事业上的成就感、精神上的获得感、政治上的认同感，夯实党在科技界的执政基础。

为科技工作者服务、为创新驱动发展服务、为提高全民科学素质服务、为党和政府科学决策服务是科协组织的重要使命。要坚持党管人才，贯彻新时代党的组织路线，坚定不移推进实施新时代人才强国战略，主动对标中央人才工作会议精神，着力凝聚爱国奉献的各方面优秀科技人才。为科技工作者服务的重要前提，是懂科技工作者，了解他们的所思所想所盼，满腔热情地帮助解决好他们的操心事、烦心事、揪心事，为科技人才办实事、解难题。当前，要着力推动科技人才评价改革，形成并实施有利于科技人才潜心研究和创新的评价体系，让科技人才从繁杂琐碎的应景、应酬等事务中解脱出来，心无旁骛，砥砺创新创造。团结凝聚科技工作者坚持“四个面向”，服务创新驱动高质量发展，把论文写在祖国的大地上，把科技成果应用在实现现代化的伟大事业中。充分认识科学普及与科技创新同等重要，团结凝聚科技工作者践行科技为民，服务全民科学素质提升，营造讲科学、爱科学、

学科学、用科学的良好社会氛围。团结凝聚科技工作者集思汇智，服务党和政府科学决策，为国家治理体系和治理能力现代化贡献力量。

大力弘扬科学家精神，营造崇尚科学、尊重科学家的社会氛围

习近平总书记强调，广大人才要继承和发扬老一辈科学家胸怀祖国、服务人民的优秀品质，心怀“国之大者”，为国分忧、为国解难、为国尽责。胸怀祖国、服务人民的爱国精神，勇攀高峰、敢为人先的创新精神，追求真理、严谨治学的求实精神，淡泊名利、潜心研究的奉献精神，集智攻关、团结协作的协同精神，甘为人梯、奖掖后学的育人精神，是我国科技工作者在长期科学实践中积累的宝贵精神财富。科学家精神是中国共产党人精神谱系的重要组成部分，是科技界广泛认可、共同遵循的价值理念，是科技工作者追求真理、勇攀高峰的精神动力。

为新时代科技共同体立根铸魂，就要坚持弘扬科学家精神，在时代的召唤中树立典范楷模，加大先进典型宣传力度，让默默耕耘、潜心求索的科技工作者获得应有的荣誉与认可。培育传承科学家精神，要持续打造“老科学家学术成长资料采集工程”“科学大师名校宣传工程”等品牌，广泛宣传战略科学家、科技领军人才、青年科技人才、基层一线科技工作者等，鼓励科学大师进校园与青少年开展“大手拉小手”面对面交流，倡导爱国情怀、责任使命。充分发挥全国学会的引领作用，扎实开展科学道德和学风建设宣讲，涵养优良学风，营造风清气正的科研环境。崇尚学术民主，恪守科研诚信和科技伦理，旗帜鲜明反对“圈子文化”，对违背科学家精神的行为零容忍，荡涤学术不端，培育良好学术生态。科学是社会之光，优秀科学家是社会文明的灯塔。要用科学家精神引领社会文明新风尚，进一步在全社会营造尊重劳动、尊重知识、尊重人才、尊重创造的社会氛围。

坚持开放信任合作，加快建设世界重要人才中心和创新高地

习近平指出，加快建设世界重要人才中心和创新高地需要进行战略布局。科学技术是世界性的、时代性的，科技人才应当在应对全球面临的共同挑战、增进全人类福祉等方面有所建树。建设世界重要人才中心和创新高地，需要全方位培养、引进、用好人才，调动全球科技人才积极性，为中国的科技人才创造与领域内的权威专家交流互动的平台，为国家战略人才力量创造建功立业的环境条件，倡导平等争鸣、质疑批判，在思维碰撞与交流中共同研究新问题、发现新现象、探索新规律、开发新技术。

开放是科学的天性，基于信任的合作是推动科学进步的必然要求。全球科技共同体承担着共同探索解决重要全球性问题、应对时代挑战、以科学促进人类和平与发展崇高事业的责任使命。要发挥民间科技人文交流的独特优势，拓展开放程度、扎紧信任纽带、提升合作成效，更紧密连接世界各国科技人才与科技组织，共同推进全球创新链、价值链、产业链与人才链系统重塑，共同构建全球科技治理新格局。举办高水平国际学术会议（论坛），在重点城市打造以才汇才聚才高端平台，打造凝聚人才强磁场，聚天下英才而用之。推动国际科技组织落户中国，为国际科技组织发展创造新的机遇和条件，深化“一带一路”沿线国家科技人文交流合作。发挥中国工程师联合体作用，构建工程师职业成长服务体系，加快拓展工程能力国际互认，提升我国工程师职业化、国际化水平，推动中国工程师能力标准走向世界。拓展我国科技工作者、科技组织参与国际科技治理渠道，深度参与全球科技治理，贡献中国智慧，让中国科技为推动构建人类命运共同体作出更大贡献。

来源:《光明日报》(2021 年 10 月 31 日 04 版)

为世界可持续发展贡献中国力量 以高水平科技自立自强助力“双碳”目标实现

中国科协党组书记、分管日常工作副主席、书记处第一书记，
中国工程院院士　张玉卓

2020年9月22日，习近平主席在第七十五届联合国大会一般性辩论上郑重宣布：“中国将提高国家自主贡献力度，采取更加有力的政策和措施，二氧化碳排放力争于2030年前达到峰值，努力争取2060年前实现碳中和。”如期实现碳达峰碳中和目标是以习近平同志为核心的党中央作出的重大战略决策。践行习近平生态文明思想，把握新一轮科技革命和产业变革的时代机遇，以高水平科技自立自强推动“双碳”目标如期实现，对于推动经济社会高质量发展、实现第二个百年奋斗目标具有重大现实意义和深远历史意义。

达成“双碳”目标是人类可持续发展的中国新贡献

数百年的工业化、城市化进程广泛深刻地影响和改变了人类的生存环境，全球性的气候变化已成为21世纪人类共同面临的重大挑战。为了避免极端气候和生态危害，若全球气温升温控制在1.5℃以内，则需要全球在2050年左右实现碳中和；若全球气温升温控制在2℃以内，则需要全球在2070年左右实现碳中和，这一国际共识和目标的实现将直接决定人类可持续发展的未来走向。

1992年，中国成为最早签署《联合国气候变化框架公约》的缔约方之一，并以务实的努力为减缓气候变化作出积极贡献。2016年，全球178个缔约方共同签署《巴黎协定》，提请所有缔约方在2020年前提交21世纪中叶长期温室气体低排放发展战略，以推动全球尽早实现深度减排。目前，全球已有54个国家的碳排放实现达峰，占全球碳排放总量的40%。2020年，排名前十五位的碳排放国家中，美国、俄罗斯、日本、巴西、印度尼西亚、德国、加拿大、韩国、英国和法国已经实现碳排放达峰。到2021年年初，全球已有28个国家实现或承诺碳中和目标。

我国提出2060年实现碳中和的目标，高度契合《巴黎协定》的要求，是全球实现1.5℃温控目标的关键。这是我国向世界承诺必须完成的任务。工业发达国家在工业化进程中已用掉了一半以上的温室气体排放指标，留给其他国家的指标和窗口时间已经很少。我国面临着能源消费总量、碳排放总量仍处在“双上升”发展阶段的巨大减排压力，同时总体能源利用效率偏低，单位GDP能耗比发达国家高出150%，是世界平均水平的1.4～1.5倍，这一严峻挑战给我国如期实现“双碳”目标提出了十分艰巨的任务。

中国承诺实现“双碳”目标是对加快经济绿色发展转型升级坚定信心的宣示，也是面向人类可持续发展未来体现大国担当的战略抉择。正如习近平主席在多个国际重要场合上阐释的，中国将提高国家自主贡献力度，强调“我们将说到做到”“中国言出必行，

将坚定不移加以落实”，彰显了大国领袖的战略定力，并向世界展示了构建人类命运共同体的美好前景，受到国际社会广泛认同和高度赞誉。

以“双碳”目标引领我国发展方式和经济结构的战略性转变，是一项极其复杂的系统工程

作为最大的发展中国家，中国如期实现“双碳”目标面临系统压力。未来9年的碳达峰期并非允许碳排放的“冲刺期”，相比美欧，中国实现碳中和时间紧、难度大。美国、欧盟等发达经济体从碳达峰到碳中和有50～70年过渡期；我国从碳达峰到碳中和仅有30年时间，碳达峰后需要快速下降，走向碳中和，面临着更大的挑战。

一是清洁能源电力系统转型面临挑战。在替代能源方面，光伏、风电、水电等间歇能源的分散性和不稳定性特点限制了其大规模的并网。在基础设施方面，清洁能源电力系统施工设备革新相对滞后，如海上船机等施工资源不足是海上风电的最大瓶颈。在储能方面，国家在政策层面出台了《关于促进我国储能技术与产业发展的指导意见》等文件，但在技术和成本上尚未得到实质性突破。此外，清洁能源系统智能化发展则受芯片、算力等影响。

二是碳捕集及资源化相关技术滞后。我国二氧化碳捕集及资源化、市场化起步晚，行业间合作瓶颈尚未突破，年减排量与发达国家相比存在较大差距。其中在大规模、低能耗二氧化碳分离与捕集技术，安全高效二氧化碳输送工程技术，大规模、低成本二氧化碳利用技术，安全可靠的二氧化碳封存技术，大规模二氧化碳捕集、利用与封存技术集成与示范等方面亟须突破经济技术卡口。

三是碳汇技术突破难度高。实现碳中和目标，除了需尽可能降低碳排放总量外，还需要与碳排放水平相匹配的碳汇能力。目前对于二氧化碳的吸收主要包括自然碳汇（森林、草地、海洋等）及人工碳汇（碳捕获与碳移除技术等）。实现碳中和关键在于实现人工碳汇技术的大规模部署与商业化推广利用，需要开发出经济、安全且高效的颠覆性碳汇技术。

以“双碳”目标倒逼绿色发展技术系统升级换代，开辟高质量发展新空间

当前，我国经济已由高速增长阶段转向高质量发展阶段，贯彻“创新、协调、绿色、开放、共享”的新发展理念成为实现高质量发展的首要任务。实现“双碳”目标是衡量高质量发展成效的重要标尺，也必将开辟高质量发展的广阔空间。

第一，低碳发展将促进构建更高水平的供需动态平衡。低碳发展将促进新发展理念在经济、社会系统中的深入实践，创造出更多新的增长点，进而形成生产、消费的新增长极，并在新格局中融通生产、分配、流通、消费各个环节，推动供给需求在更高层次、更高水平上实现动态均衡。

第二，低碳发展将成为新一轮产业变革的强大牵引。从蒸汽到电气时代，能源动力创新始终是工业革命历史舞台的主角。在以“硅基”创新为核心的信息化快速发展后，“双碳”之路无疑将开辟以“碳基”创新为核心的新一轮产业变革的新赛场。其中，能源、信息、生物、纳米等技术的深度交叉融合形成的汇聚技术将持续引领产业变革、推动社会生产力的新跃升。

第三，低碳发展将以绿色智能赋能社会形态实现新跨越。实现碳中和愿景，转变发展方式、驱动经济结构性变革是核心，降低碳排放是根本。低碳、节能赋予制造生产方式新内涵，进而带动绿色智能新技术群的涌现，推动人类社会从工业化、信息化社会向智能社会进行历史跨越，是促进人类文明向前发展的又一重大变革。

有序实现“双碳”目标下的经济社会全面绿色转型

“双碳”目标是国之大计。正如习近平总书记强调的，实现碳达峰碳中和是一场广泛而深刻的经济社会系统性变革，要把碳达峰碳中和纳入生态文明建设整体布局，拿出抓铁有痕的劲头，如期实现2030年前碳达峰、2060年前碳中和的目标。

加快与“双碳”目标相适应的生态文明建设。党的十八大把绿色发展、循环发展、低碳发展作为实现生态文明建设目标的重要路径。要以“双碳”目标为引领，建立健全以生态价值观念为准则的生态文化体系，以绿色低碳循环发展为主体的经济体系，以改善生态环境质量为核心的目标责任体系，以国家治理体系和治理能力现代化为保障的生态文明制度体系，以生态系统良性循环和环境风险有效防控为重点的生态安全体系，并依此形成节约资源、保护环境、防控污染、追求低碳的产业结构、空间格局、科技体系、政

策保障和制度支撑。

牢牢抓住经济结构转型和能源结构调整这一核心，依法依规依标推动落后产能退出。加大工业低碳技术研发推广，推动制造业发展的信息化、智能化，并向低碳、脱碳纵深升级，带动绿色低碳工业产品的有效供给。加大工业企业与上下游企业协同共生、耦合发展，培育一批具有生态主导力的产业链领航企业。逐步降低化石能源使用量，着力推动能源结构清洁化，科学制订煤炭消费减量的时间表，减少石油能源燃料产出，推动石油尽可能向精细化工转型，加大煤化石燃料转化为氢燃料的份额，不断强化我国在煤化工自主技术的领先优势和产业化规模地位。推动风、光、氢等能源发展，推动能源结构深刻转型。

支持绿色低碳技术研发和新能源产业发展。推动新技术快速大规模应用和迭代升级，前瞻部署前沿技术研究，完善产业技术创新体系，强化科技自立自强对低碳转型的支撑作用。以市场为导向，提高工业低碳技术创新资源利用效率，组织开展工业低碳工艺、技术、装备、产品等共性、关键和战略性前沿技术协同研发，实施一批节能减碳、基础零部件、基础工艺、关键基础材料研究项目。加大先进适用低碳技术推广应用，定期编制发布低碳技术、装备、产品目录，鼓励企业加强设备更新和新产品规模化应用。

加强区域战略协同与合作联动。鼓励和促进一部分具备条件的地区和一些重点行业、重点企业率先达峰，推进各地区围绕实现“双碳”目标的全方位深化合作，避免地方在“双碳”规划上的割裂。把“双碳”目标的实现纳入国家空间治理框架，宏观布局重大项目，统筹产业链、供应链、创新链布局，确保自主可控与绿色发展的协同。加强地区间在能源结构转换、产业结构调整、生态补偿机制建设、资源利用利益平衡机制建设、排污权用能权管理、碳交易市场建设等重要方面的合作，协同做好制度设计、政策制定、技术交流和项目建设。

发挥科技共同体独特作用，促进“双碳”目标实现

第一，推进全球气候治理的科技合作。低碳标准和规则制定成为国际合作的关键领域。我国应把握当前全球应对气候变化领域科技发展机遇期，充分利用低碳转型战略窗口期，广泛与碳中和路径清晰的国际科技组织在技术创新、产业升级、能源转型、气候政策方面开展交流与合作，促进低碳技术研发、共享、转移和应用，提升中国低碳技术的国际竞争力。加大与国际科技界的开放信任合作，学习借鉴发达国家在碳减排、碳中和方面的先进理念、技术、路径和管理方法，深化在碳减排技术和科研等方面的国际交流合作；通过积极参与国际相关规则的制定和调整，增强中国的话语权和影响力，并通过不断交流合作与世界各国密切协调，为共同应对全球气候变化挑战作出贡献。

第二，汇智聚力打造高端环境智库。环境智库成为全球气候治理话语权、领导力博弈的一个新领域，是国家参与全球气候谈判合作与竞争的新发力点。特别是《巴黎协定》通过以来，全球气候治理主体从政府向国际组织、大型企业、环境智库等延伸。建设高水平的环境智库是展现中国推进可持续发展、绿色低碳转型的重要平台，对讲好全球气候治理的中国方案、中国故事不可或缺，在提升谈判的专业性，推动形成更加科学、合理和公正的全球气候治理体系等方面都将发挥重要作用。

第三，强化新技术标准引领。推动与国际伙伴在低碳发展中建立互信，在标准和规范指导下对排放量进行有效核查，客观评估实际排放量，确保碳核查工作的规范性和公正性。同时，以标准为抓手，促进产业链的碳减排，完善碳足迹核算工作，实施碳标签制度，推动单位产品（服务）碳排放限额工作。通过建立标准，推动低碳技术成果转化和应用。

时间属于奋进者。中国科技界将牢牢抓住新一轮科技革命和产业变革的机遇，迎难而上，应能源转型这一世界大势所趋，坚定不移地把创新作为发展的第一动力，以高水平科技自立自强引领支撑“四化”同步，开启一场经济社会发展的系统深刻转型，以“双碳”目标的如期实现，进一步为人类可持续发展作出扎实的中国贡献。

来源：《人民论坛》（2021 年 9 月 30 日）

推进以科技创新为核心的全面创新

中国科协党组书记、分管日常工作副主席、书记处第一书记　张玉卓

党的十八大以来，习近平总书记以“思接千载、视通万里”的政治眼界和历史思维，立足时代之基、洞察时代之变、回答时代之问，坚持把创新摆在我国现代化建设全局中的核心地位，把科技自立自强作为国家发展的战略支撑，推进以科技创新为核心的全面创新，提出一系列具有开创性意义的新思想新论断，擘画了我国在新的历史起点上建设科技强国的战略路径，为我们紧握创新这一发展的根本之钥、驾驭科技创新时代变革浪潮提供了航标。

以深邃的历史视野和强烈的时代担当，肩负起以创新谋复兴的历史使命

习近平总书记放眼人类发展长河，透视历史运动本质和时代发展方向，鲜明指出中国实现现代化是人类历史上前所未有的大变革，创新始终是一个国家、一个民族发展的重要力量，也始终是推动人类社会进步的重要力量；并以居安思危的政治清醒告诫全党，只有把关键核心技术掌握在自己手中，才能从根本上保障国家经济安全、国防安全和其他安全；更以坚如磐石的战略毅力激励全党，我们从来没有像今天这样离实现中华民族伟大复兴的目标如此之近，必须牢牢抓住这一重要历史机遇，充分用好科技这一国之利器建设世界科技强国。

重大战略判断指引新一轮科技革命和产业变革发展方向。习近平总书记深刻洞悉国际格局演变的规律，准确把握世界潮流浩荡脉动，从广度、深度、速度、精度四个方面高度概括新一轮科技革命和产业变革的时代特征，从宏观至微观纵览当今世界科技发展最前沿新图景，从深海、深空、深地细察人类认识自然视野新拓展，从时间、空间、认知前瞻万物智能互联时代的新演进，从合成、设计生命变革警示伦理新挑战，为我们准确把握百年未有之大变局的科技创新动因和走向提供了方法论。

坚定创新自信，实现高水平科技自立自强。习近平总书记强调，只有创新才能自强、才能争先。广大科技工作者要坚定不移走自主创新道路，坚持“四个面向”，努力实现高水平科技自立自强。从自主创新到高水平科技自立自强，一以贯之体现着习近平总书记坚持运用辩证唯物主义和历史唯物主义观察世界、指导实践的远见卓识。我们要深刻理解高水平科技自立自强对国家发展全局和构建新发展格局的重大意义，团结广大科技工作者坚定创新自信，以一往无前的奋进姿态向着科技强国建设的雄关漫道前进，不断开辟中国特色自主创新道路的新境界。

“三个第一、一个核心”阐明科技创新和人才的科

学定位。“我国自主创新事业是大有可为的！我国广大科技工作者是大有作为的！”体现着习近平总书记对科技工作的高度重视和对科技人才的关心关爱。他多次强调，发展是第一要务，人才是第一资源，创新是第一动力。要把创新摆在国家发展全局的核心位置，深化了科技是第一生产力的思想，科学回答了党领导和推动发展所必须牢牢把握的最活跃、最革命的关键要素和依靠力量，为科技工作者赋予时代重任，为全面深化科技体制改革、建设富有活力的国家创新体系提供了总纲。

以人民至上的深厚情怀感召人才，营造万类霜天竞自由的创新生态

人民的需要和呼唤是科技创新的时代声音。习近平总书记的人民情怀时刻激励着广大科技工作者为人民创新、为人民创造，勇做胸怀人民、把论文写在祖国大地上的先锋。

人才是实现民族振兴、赢得国际竞争主动的战略资源。济济多士，乃成大业；人才蔚起，国运方兴。习近平总书记始终强调人才的极端重要性，指出实现高水平科技自立自强归根结底要靠高水平创新人才。要聚天下英才而用之，加快建设人才强国。要把科学普及放在与科技创新同等重要的位置，建立起宏大的高素质创新大军。

大力弘扬科学家精神。习近平总书记指出，科学成就离不开精神支撑，新时代更需要继续发扬以爱国主义为底色的科学家精神。他勉励广大科技工作者要大力弘扬胸怀祖国、服务人民的爱国精神，勇攀高峰、敢为人先的创新精神，追求真理、严谨治学的求实精神，淡泊名利、潜心研究的奉献精神，集智攻关、团结协作的协同精神，甘为人梯、奖掖后学的育人精神，绘就了新时代科技工作者以高水平科技自立自强报效国家、服务人民无上荣光的精神坐标。

善于把握规律，改革人才培养使用机制。习近平总书记要求全党深化对创新发展规律、科技管理规律、人才成长规律的认识，解决人才队伍结构性矛盾，培养造就一大批具有国际水平的战略科技人才、科技领军人才、青年科技人才和创新团队。习近平总书记高度重视青年科技人才成长，号召广大院士发扬学术民主，甘做提携后学的铺路石和领路人，大力破除论资排辈、“圈子文化”，让青年才俊像泉水一样奔涌而出。我国人才管理制度还不适应科技创新要求、不符合科技创新规律，“四唯”现象仍然严重，要建立健全以创新能力、质量、贡献为导向的科技人才评价体系，为我们不断提高人才工作的科学化水平指明了方向。

激发各类人才创新活力，建设全球人才高地。得人之要，必广其途以储之。习近平总书记指出，创新不问“出身”。要面向世界汇聚一流人才，构筑集聚全球优秀人才的科研创新高地，构建有效的引才用才机制，让人才的创造活力竞相迸发、聪明才智充分涌流，形成天下英才聚神州、万类霜天竞自由的创新局面。

坚持系统观念优化体制机制，形成全面创新的社会动员

习近平总书记深刻把握新发展阶段的时代特征，以新发展理念统领高质量发展，围绕关键领域实现自主可控，提高产业链、供应链自主性稳定性和现代化水平，系统部署科技创新改革任务，从创新动员的体制机制、政策环境协同发力，全面提升国家创新体系整体效能。

完善关键核心技术攻关的新型举国体制。加快健全社会主义市场经济条件下新型举国体制，是实现高水平科技自立自强的制度保证。习近平总书记着眼未来整体优势的形成，战略谋划国家作为重大科技创新组织者的作用，通过抓系统布局、系统组织、跨界集成，把政府、市场、社会等各方面力量拧成一股绳，形成推动技术攻关和经济发展的强大合力。

坚持“两个围绕”部署布局创新这一系统工程。习近平总书记基于对创新链、产业链、资金链、政策链相互交织、相互支撑演化特征的深刻把握，指出创新链、产业链、价值链整合能力越来越成为决定成败的关键。围绕产业链部署创新链、围绕创新链布局产业链，打通技术突破、产品制造、市场模式、产业发展一条龙转化的瓶颈，实现以系统之治破解产学研协同创新的制约，为我们在跨界交叉集成创新的时代，通过要素流动融通创新、推进科技经济融合发展提供了新的视界和理论源泉。

深化改革，构建支持全面创新的基础管理制度。习近平总书记把改革形象地比作点燃科技创新这一新引擎必不可少的点火系，要在科技、经济社会两个方面同向发力。这一创新的系统观不断引领科技改革向深水区全面推进。习近平总书记明确要求，科技管理职能要向定战略、定方针、定政策和创造环境、搞好服务转变。要通过“揭榜挂帅”“赛马”等制度，加速中小企业、高技术企业、年轻人成长，拆除产业化的“篱笆墙”，疏通应用基础研究和产业化连接的快车道，全面准确评价科技成果的科学、技术、经济、社会、文化价值。这一系列科技创新全面改革的组合拳，为最大限度解放和激发第一生产力和第一资源的活力潜能提供了坚实保障。

真正使企业成为技术创新的主体。习近平总书记对企业创新主体建设给予高度重视，将其作为全面深化改革的重要方向，极大地激励着各类企业创新创造的积极性。他多次强调要推动创新要素向企业集聚，发挥市场对技术研发方向、路线选择、要素价格、各类创新要素配置的导向作用，实现科技创新和制度创新“双轮驱动”。在实践载体、制度安排、政策保障、环境营造上下功夫，在创新主体、创新基础、创新资源、创新环境等方面持续用力，为我们整体把握国家创新体系建设提供了关键抓手。

以开放、信任、合作的胸怀联结世界，
为构建人类命运共同体贡献中国科技力量

习近平总书记深刻指出，新一轮科技革命和产业变革不断推进，科技同经济、社会、文化、生态深入协同发展，对人类文明演进和全球治理体系发展产生深刻影响。中国科技要更多服务人类命运共同体建设，以科技创新推动可持续发展。

在开放创新中融入全球创新网络。不拒众流，方为江海。习近平总书记多次强调，发展科学技术必须具有全球视野。自主创新是开放环境下的创新，绝不能关起门来搞，而是要聚四海之气、借八方之力；在更高起点上推进自主创新；在开放合作中提升自身科技创新能力。这些重要论述，彰显了中国与世界各国携手推动人类科技、文明繁荣发展的开放胸怀，为我们准确把握高水平科技自立自强的核心要义和实现路径提供了战略遵循。

向善立信，提升科技治理水平。习近平总书记深刻把握科技的社会功能发展规律，指出科技是发展的利器，也可能成为风险的源头。要前瞻研判科技发展带来的规则冲突、社会风险、伦理挑战，完善相关法律法规、伦理审查规则及监管框架。要深度参与全球科技治理，贡献中国智慧，塑造科技向善的文化理念，让科技更好增进人类福祉，让中国科技为推动构建人类命运共同体作出更大贡献。把科技治理摆在与科技发展同等重要的位置，将科技这一快变量有机嵌入国家治理体系和治理能力这一整体，标志着我们党对治国理政和人类社会发展规律的认识达到了新的高度。

积极架设不同文明互学互鉴的科技桥梁。面对百年未有之大变局，人类再次站在了历史的十字路口。习近平总书记以政治家的远见卓识，强调要实施更加开放包容、互惠共享的国际科技合作战略，同各国携手打造开放、公平、公正、非歧视的科技发展环境。在开放、信任、合作理念的指引下，中国科技界一定能够更多地发挥科技交流使者的作用，为全球化的持续健康发展架设起不同文明互学互鉴的桥梁。

来源：《学习时报》（2021 年 10 月 29 日 A1 版）

科技工作者要为乡村振兴谱写新篇章

中国科协党组书记、分管日常工作副主席、书记处第一书记　张玉卓

习近平总书记指出:“脱贫攻坚取得胜利后，要全面推进乡村振兴，这是‘三农’工作重心的历史性转移。”

实施乡村振兴战略，是实现“两个一百年”奋斗目标和中华民族伟大复兴中国梦的必然要求，也是加快推进农业农村现代化、实现共同富裕、提高农民幸福感和获得感的必由之路。

广大科技工作者要在全面推进乡村振兴进程中，奋力当好科技自立自强的排头兵，持续发挥科技创新的关键作用，支撑引领农业农村现代化，全面提升农民科学素质，让广大农民过上更加美好的生活。

科技工作者要勇担重任，增强乡村振兴的责任感使命感

全面建设社会主义现代化国家，实现中华民族伟大复兴，最艰巨最繁重的任务和最广泛最深厚的基础依然在农村。

科技工作者是科技创新、科学普及、实现国家科技自立自强的主力军。

在打赢脱贫攻坚战的征程中，广大科技工作者迎难而上、攻坚克难，积极贡献智慧力量。

与脱贫攻坚相比，乡村振兴工作目标更高远、任务更艰巨、工作更具挑战性，科技工作者要始终心怀“国之大者”，不断提高责任感使命感，以担国家之责、民族之任为使命，矢志不渝、接续奋斗，聚力科技攻关，勇于创新创造，在希望的田野上干好充满希望的事业，真正把论文写在祖国大地上，把科技成果应用在实现现代化的伟大事业中。

积极投身科技创新，驱动乡村振兴发展

进入乡村振兴发展阶段，我国农业农村经济发展的方向和任务发生了深刻变化，农业发展已由增产导向转向提质导向，亟需科技创新提供强有力的支撑。

广大科技工作者要持续提升创新能力和服务“三农”能力，支持巩固脱贫攻坚成果。

深入开展农业发展关键核心技术研发和攻关，解决制约农业农村现代化进程的“卡脖子”问题。

积极推广科技创新成果以及新兴技术的应用，为培育农村经济发展增添新动力，让农民更多获得产业增值收益。

加强产业帮扶，充分发挥科技工作者及其团队的技术、管理、资源、信息等优势，切实将创新成果落地生根，转化成产业发展、经济结构调整的强大动力。

科协系统要深刻把握促进共同富裕的丰富内涵，

充分发挥好党和政府联系科技工作者的桥梁纽带作用，为广大科技工作者扎根基层、服务“三农”发展搭平台建桥梁，用好“科创中国”平台，为乡村振兴发展贡献科技力量。

大力加强科学普及，为乡村振兴夯实科学根基

一直以来，农村是整个科普工作的薄弱环节，需要格外关注，尤其是进入乡村振兴发展阶段，全面加强农村科普工作是提升全民科学素质的重要组成部分。

进入新发展阶段，科普工作要从知识普及向素质提升转变。

广大科技工作者要继续深入基层指导农业生产，传授农业技术和操作经验，利用新媒体加强技术交流互动，多渠道帮助解决农业生产和科技成果转化过程中的实际问题。

广泛开展各类科学技术培训和科普宣传活动，把科普和农技培训课堂搬到田间地头，提高农民生产技能和科学素质，激发农村高质量发展内生动力。

科协系统要为科技工作者走进人民群众、开展科技志愿服务搭建平台、架起桥梁。

持续开展实施科普服务乡村振兴行动，不断完善农村科普基础设施建设和公共服务配套，实现流动科普服务全覆盖。

加强农村科普组织建设，支持农村专业技术协会发展，提升科技小院科普服务能力。

健全优化服务“三农”平台体系，利用“科普中国”的信息化手段，支持“三农”类优秀科普文化艺术作品创作，打造乡村振兴战略科普惠农系列出版物。

加强农村留守老人和儿童科学素质服务，力争做到在提高全民科学素质的实施过程中不落一人。

民族要复兴，乡村必振兴。

在向第二个百年奋斗目标迈进的历史关口，中国科协将团结引领广大科技工作者接续奋斗，把习近平总书记的重要指示精神、党中央重大决策部署转化成科技界的自觉行动，有效集聚科技人才组织与资源势能，为巩固拓展脱贫攻坚成果、全面推进乡村振兴、推进高水平科技自立自强释放磅礴动能。

来源:《科技导报》(2021 年第 23 期)

以高水平科技自立自强开辟中国道路和人类文明发展新境界

中国科协党组书记、分管日常工作副主席、书记处第一书记，
中国工程院院士　张玉卓

［编者按］ 党的十九届六中全会是在“两个一百年”奋斗目标历史交汇关键节点上召开的一次重要会议，全会提出的“两个确立”对新时代党和国家事业发展、对推进中华民族伟大复兴历史进程具有里程碑式的重要意义。为全面阐释、深入解读以上会议精神，本刊策划、编发本期笔谈，邀请五位知名学者，从科技自立自强、推进共同富裕、党的经济思想体系构建、理论创新推动高质量发展、区域协调发展等方面撰文，研究阐释中国共产党取得百年奋斗重大成就的重要历史经验，为深入理解党的十九届六中全会精神提供有益的理论启示。

政党、国家、民族的历史自信，源于其全体参与者的共同理想和信仰，以及在奋斗历程中的拼搏和奉献。中国共产党带领人民百年奋斗，开创了中国现代化道路，创造了人类文明的新形态。党的十九届六中全会审议通过的《中共中央关于党的百年奋斗重大成就和历史经验的决议》（以下简称《决议》）回顾总结百年奋斗历程的重大成就和历史经验，阐释党的十八大以来的历史性成就和历史性变革，吹响了进军第二个百年奋斗目标的集结号。这一马克思主义的纲领性文献，为全党全国人民投身全面建设社会主义现代化国家新征程举旗定向，意义重大而深远。在党的百年奋斗成绩单上，“四大创造”鲜明标识了中国道路的历史和未来，充分体现了党在不断把握“十个坚持”中推动社会主义物质、政治、精神、社会和生态文明协调发展的清醒和成就。与时俱进推动科技生产力的解放和发展，集中展现了党把握执政规律、社会主义建设规律、人类社会发展规律的变革精神和高度自信。站在“两个一百年”奋斗目标历史交汇的起点，以习近平同志为核心的党中央观察时代、把握时代、引领时代，推动以科技创新为核心的全面创新，擘画了实现高水平科技自立自强的宏伟蓝图。这一战略思想必将有力指引我们把握百年未有之大变局，以新的伟大成就赢得主动、赢得优势、赢得未来，不断开辟中国道路和人类文明发展的新境界。

一、科技自立自强集中体现了中国道路百年历程的实践和历史逻辑

在绵延5000多年的文明发展进程中，中华民族创造的闻名于世的科技成果对人类社会发展产生了深刻影响。正如马克思指出的，这些成果变成了科学复兴的手段，变成了对精神发展创造必要前提的最强大的杠杆。近代以来，科技的迅猛发展对人类社会文明进步和国家兴衰的影响之广、关联之深，超出之前的任何时期。由于各种原因，我国屡次与科技革命失之交臂，留下深刻教训。中国共产党登上政治舞台，将实现民族复兴和推动科技发展的使命系于一身，彻底改

变了科技革命与中国无缘的历史循环，赋予了中国道路强大的不竭动力。

科技自立自强贯穿于中华民族从站起来、富起来到强起来伟大飞跃的全过程。从“吃水不忘挖井人”的科技为民情怀，到“向科学进军”“12年规划”和“10年规划”战略布局科学技术发展，党带领人民在“一穷二白”的基础上创造了以“两弹一星”为代表的重大成就，更以自力更生的奋斗精神和举国体制的自强胆略打赢了新中国科技立国的攻坚战，奠定了中华民族昂然屹立于世界民族之林的深厚基础。改革开放以来，党深刻把握国际国内形势，解放和发展科技第一生产力，深入实施科教兴国战略、人才强国战略、创新驱动发展战略。进入新时代，党进一步把创新摆在国家发展全局的核心位置，不断激发人才第一资源的创新创造活力，以滚石上山的韧劲深化改革，打造现代化强国建设的科技创新体系化能力，向着高水平科技自立自强迈出坚实步伐。

科技自立自强是党执政兴国的秘诀和法宝。从自力更生、自主创新到自立自强，中国发展不断跨越雄关漫道、中国道路越走越宽广的根本在于党对科技发展的坚强领导，在于始终坚持以人民为中心的逻辑原点，胸怀天下、团结凝聚人才于民族复兴伟业，始终把解放和发展第一生产力作为改革首要，以自我革命的胆魄紧跟时代步伐，大力推进理论和实践创新，不断释放第一生产力的系统动能，推进中国现代化巨轮破浪前行，创造出中国特色社会主义道路的蓬勃生机和灿烂前景。

科学家精神赋予高水平科技自立自强以鲜明的时代标识。百年来，中华民族从磨难中奋起昂扬斗志，在伟大民族精神的涵养中激发追梦的动力，从科学救国到科教兴国、再到科技强国，一代代中国科学家矢志报国、前赴后继，书写的科技发展成就深深镌刻于人类科技文明的历史丰碑，更以爱国、创新、求实、奉献、协同、育人的科学家精神，为中华民族的伟大精神殿堂增添了生动的时代观照、焕发出熠熠光辉。科学家精神作为党的革命精神谱系的重要组成部分，彰显着广大科技工作者与党同心同德，国家至上、人民至上的坚定信念，展现了以高水平科技自立自强奋进新时代的精神风格。

科技自立自强的历史逻辑贯穿于百年奋斗的伟大实践，也必将为新时代中国现代化巨轮驾驭变革浪潮奋进前行确立清晰航标。党的十八大以来，以习近平同志为核心的党中央立足复杂多变的国际竞争环境，以发展为第一要务，把创新摆在现代化建设全局中的核心地位，开启了以创新谋复兴的崭新篇章。科技自立自强作为一条鲜明主线，系统贯穿于习近平新时代中国特色社会主义思想体系之中，为我们紧握创新这一发展的根本之钥、开创中国道路新境界提供了战略指针。

二、围绕新征程强国目标，构建高水平科技自立自强的战略支点和制度体系

党带领人民开创的中国特色社会主义现代化道路，使中华民族伟大复兴进入不可逆转的历史进程。国运系于科技，强国之路的动力在于科技的全面崛起，必须在精神、物质和制度保障上充分动员、打牢基础。

以强大的创新自信奋进科技自立自强新征程。科学成就离不开精神的支撑，创新自信是科技界坚定“四个自信”的集中体现，是进军科技强国征程的不竭动力。一是广泛弘扬以爱国创新为鲜明底色的科学家精神，在中华民族伟大精神特别是伟大创造精神中汲取动力，绘好科技界众心向党同心圆，为实现科技自立自强立根铸魂。二是充分激励科技工作者卧薪尝胆，以“敢为天下先”的胆略摆脱“跟踪模仿陷阱”，勇闯创新“无人区”，在“四个面向”中创新创造，切实担负起第一资源的时代责任。三是全面加强党对科技创新的领导，全面落实新发展理念，强化创新在构建新发展格局、推动高质量发展中的第一动力作用，以科技普惠为民实现共同富裕，以咬定青山不放松的行动自觉加快实现高水平科技自立自强。

建立完善新型举国体制，为实现科技自立自强提供组织保障。实现高水平科技自立自强是一场深刻的发展理念和方式变革，必须以强有力的国家战略意志和体制机制做保障，把社会主义集中力量办大事的制度优势和发挥市场在资源配置中的决定性作用有效结合，不断完善具有中国特色的新型举国体制。一是强化国家战略意志。聚集战略、规划、政策资源，打造科技自立自强的战略支点，为企业发挥创新主体功能提供引导、搭建平台，促进网络化协同创新。二是三链协同提升自主可控能力。以产业链供应链自主可控为目标，深化产学融合，打造具有强大应急应变能力、安全可靠的创新链。密切上下游企业的创新伙伴关系，以集群化创新结船出海提高应对风险能力。三是拓展国家区域创新战略纵深。以高水平自立自强为牵引，强化国家战略区域的创新引领功能，打造纵横交错、资源互补、有效协同的创新经济地理新空间，大胆突破制约创新的体制和政策藩篱，构筑以国内大循环为主体、国内国际双循环相互促进发展格局的创新特区和枢纽高地，为创新驱动高质量发展、生态文明建设、共同富裕探路先行。

全面改革提升科技创新体系化能力，为实现科技自立自强提供制度保障。当代创新日益呈现多循环往复、多组织交叉的特点，创新体系演化为超越组织和国家层面的复杂系统，创新竞争成为全域系统之争。一是要强化创新主体互动提升系统效能。因应学科交叉融合、集成创新重塑科研场景引发创新组织方式深刻变革的趋势，以数据和智能化驱动知识的生产、流动。催化产学研新联系，在重大方向的识别、重大任务的确立和重大项目的组织实施上系统布局、系统组织、跨界集成，实现人才、技术、资本的充分流动和高效配置，以科研活动效率和创新活动效率的同步提升实现科技创新体系化能力的不断跃升。二是要加快布局国家战略科技力量。充分发挥党和国家作为重大创新领导者、组织者作用，以改革为动力，重构科技力量战略布局，夯实驾驭新一轮科技革命和产业变革的基础能力，全面增强新竞争态势下的应急应变和处突能力。强化国家实验室体系的使命驱动和任务导向，突出交叉集成和平台整合功能，发挥高水平研究型大学策源思想、立德育人的全社会创新孵化功能，凸显国家科研机构抢滩前沿领域的尖兵功能，壮大科技领军企业和新型研发机构群体成为产业变革的领跑者。

海纳百川凝聚培养创新人才，筑牢科技自立自强根基。千军易得、一将难求，创新型人才特别是领军人才决定着国力消长和国家竞争优势转换的天平。一是要深刻领会习近平总书记关于人才工作“八个坚持”的重要论断，把科学的评价导向作为识才的关键，把信任作为用才的关键，更加重视创新能力、批判性思维的培养培育，不做“球磨机”，鼓励各类人才特别是青年人才像泉水一样奔涌而出。二是要牢牢抓住现代化的核心是人的现代化这一根本，让科技创新和科学普及两翼齐飞，在全社会深刻融入崇尚科学、崇尚创新这一社会文明的重要标志和国家发展的重要文化基因，夯实进军世界科技强国的社会基础、人才塔座。三是要不断优化创新生态，以最优的创新创造环境吸引、汇聚、培育一流人才，努力实现人才的充分流动和优化配置，使中国的创新发展形成对全球人才的强大吸引力和感召力，营造“万类霜天竞自由”的人才涌现局面。

把开放创新作为实现科技自立自强的关键路径。开放创新是改革开放的鲜明标识，是贯通以国内大循环为主体、国内国际双循环的必经之路。一是紧紧围绕把现代化目标建立在强大的开放基础之上，寻找各国共同发展的战略默契点，主动创造、构建、引领全球化对中国发展的新机遇，成为全球价值链塑造的重要推动者、主导者和有效治理者。二是努力赢得未来全球化新优势并成为引领全球化的重要力量，适应世界互鉴、共存、多维的发展潮流，以开放胸怀广聚人才，以开放、信任、合作的理念参与全球创新体系建设。三是胸怀天下推动中国科技发展成为人类文明进步的更大贡献者，把中国现代化作为全人类现代化的重要组成部分，为人类命运共同体构建注入强劲动力，使不断强起来的现代化中国成为推进世界现代化和人类文明进步的重要力量。

三、中国道路将在不断创造先进文明新形态中为人类全面发展作出新贡献

迅猛发展的科技创新正以前所未有的程度深刻影响人类文明形态和走向。历经工业化、信息化的快速发展，人类社会正大步迈向万物互联的智能化时代，展现出不同文明交流互鉴、携手跨越的新图景。中国共产党的百年奋斗，将14亿人民带入现代化的康庄大道，不仅深刻改变了国家命运，更创造了人类发展的奇迹。新时代的中国现代化道路，以人民为中心的发展理念将更深融入人类命运共同体建设中，高水平科技自立自强不仅意味着中国将以新的奋斗创造生产力发展新成就，更将展现当代中国胸怀天下，在开放、信任、合作中架设中国与世界文明互鉴之桥的自信担当。

推动科技向善、践行科技为民，彰显中国道路促进人类全面发展的核心价值。人民至上的中国道路从生生不息的中华文化中汲取深沉力量，更以革故鼎新的创新气魄开启科技塑造人类文明新形态的壮阔进程。坚持科技向善，加强科技伦理建设，倡导负责任的科研，鲜明提出中国科技界的创新主张和道义坚守。把面向人民生命健康作为科技创新的重要目标，把提高公众科学文化素质作为现代化建设的基础，让现代科技走进广大人民群众的生产，用科技创造美好生活，是新时代科技发展的重大使命。在不断增进与国际科技界的开放、信任、合作中，中国科技界将以高水平的自立自强肩负起科技为民的天赋人责，使包括中国人民在内的全世界人民共享现代科技文明、拥抱现代化发展，携手创造人类社会的美好未来。

以“双碳”目标引领生态文明新发展，为世界可持续发展贡献中国力量。我国以对人类社会可持续发展的强大担当，作出了2030年前实现碳达峰、2060年前实现碳中和的郑重承诺。这是继以能源动力革命为内核的工业化、以“硅基”创新为引擎的信息化之后，以“碳基”创新为核心的广泛而深刻的经济社会系统变革。低碳发展开辟高质量发展的广阔空间，绿色智能更将不断赋能社会形态新跨越、促进人类文明进步。“双碳”目标这一国之大计，将有效引领生态文明建设，中国将在深入参与相关国际规则制定和调整中加强与各国的协同行动，积极构建服务可持续创新的全球伙伴关系，推动形成更加科学、合理和公正的全球气候治理体系，为世界可持续发展提供更多的中国方案和中国经验。

在开放信任合作中架起科技共荣、文明互鉴的桥梁。科技是发展的利器，也是风险的源头。中国倡导开放、信任、合作的科技人文交流理念，符合当代科技与文明繁荣发展的时代潮流，顺应民心民意所向。以此为遵循，全面构建各国广泛参与且以国际协议为基础的科技治理框架，寻求包容分歧差异的最大公约数，是共同识别科技的风险挑战、共同解决人类全面发展共同难题的根本出路。大道不孤，天下一家。人类命运共同体的思想为世界提供了极具智慧和创造性的共同行动框架。在百舸争流的科技革命和产业变革浪潮中，开放创新作为高水平科技自立自强的鲜明时代特征，将持续推动中国道路以更宏大的格局联结世界，为人类文明进步和全面发展贡献强大的中国力量。

来源:《经济管理》(2021 年第 12 期)

在中国科协信息化工作领导小组2021年第一次会议上的讲话

（2021年11月29日）

张玉卓

今天是中国科协信息化工作领导小组第一次会议，也是中国科协信息化建设和数字化转型工作的动员部署会。一个多月以来，信息化工作推进迅速、成效明显。党组、书记处同志靠前指挥，听取访谈、专题研讨；各域组建了专班，建立了工作机制；开展了业务培训和思想动员，形成了阶段性成果。通过调研，在较短的时间内梳理了科协业务的现状，盘点了家底，总结归纳了问题，对“烟囱”林立、共享性不够、用得不好等必须面对和解决的问题提出了改进建议，为数字化转型和改革的方向提供了思路。下面，我对科协数字化转型工作谈几点意见。

一、进一步提高对数字化转型工作重要性和紧迫性的认识

以习近平同志为核心的党中央高度重视数字化工作，“十四五”规划明确要“加快数字化发展”，提出了“数字中国”战略，要求以信息化推进国家治理体系和治理能力现代化，更好地用信息化手段感知社会态势、畅通沟通渠道、辅助科学决策，实现决策科学化、社会治理精准化、公共服务高效化。这是国家战略，也是中央对新时代群团工作的要求。

建设网上科协是党中央交给中国科协的一项重要任务，需要我们加快数字化转型，主动融入“数字中国”战略大局，持之以恒地推动。这是深入贯彻落实习近平总书记关于科技创新和群团改革的指示精神的要求，是动员广大科技工作者建功新时代的迫切需要，也是科协系统服务科技工作者的质量变革、效率变革、动力变革的内生需求。我们要勇立潮头，领数字化转型之先，按照数字化、网络化、智能化要求开创网上群团建设新格局。目前，很多政府部门、中央企业、金融机构的数字化转型工作成为新发展阶段提升工作能力、实现治理体系和治理能力现代化的重要抓手，形成了一些成功案例和经验示范，为我们加快建设提供了借鉴。

我们要把数字化转型作为推动科协系统深化改革发展的先导性、战略性和基础性工程。一要开展战略顶层设计，这是自上而下和自下而上结合的一个系统工程，只有通过顶层设计把总体架构的基础打牢了，数字化业务的大楼才能越盖越高。二要提升数字服务和治理水平，要将科学普及、决策咨询、技术服务、人才举荐、学术交流、科技志愿等业务场景有机嵌入，实现科技工作者的一站式链接，构筑数字化时代服务科技工作者的新模式，打造“以科技工作者为中心的科技服务和内容生产综合运营平台”。三要深化改革，实现组织重构和流程再造，打破时空限制、整合服务场景、延伸业务链条、创新工作业态、重塑科协品牌、推动跨界发展，实现科协工作手段信息化、组织体系网络化、治理方式现代化，建设符合新时代要求的网上群团组织。

二、从深化群团组织改革的角度推动数字化转型工作

数字化转型不是传统的信息化建设，而是一项复杂的系统工程，更是一项重大集成创新的改革，是硬骨头。经验告诉我们，难点不在于技术和架构设计，而在于打破组织和机制壁垒，实现高效的协同和运营，要把“条块不通、条块矛盾”转变为“条块结合、条抓块统”，用条来抓，用块来统。这就需要组织重构、流程再造、业务整合、管理升级，这就是深化改革，也是我们以“业务域”为单位开展转型工作的原因。

经过近几年“智慧科协”建设，科协信息化工作已经具备了一定基础，骨架不错，只是协同还不够，现在到了需要统筹谋划、统一推动，按一种标准、一张蓝图开展数字化转型的新阶段，可以叫“智慧科协2.0”阶段。

我们要从战略发展全局和新时代深化群团组织改革的角度来看待这次数字化转型工作。党组和书记处同志要作为头号工程亲自抓，这不再是简单地通过信息化手段把业务搬到网上的问题，而是涉及大量的管理变革、组织变革、流程再造，需要破除阻碍来推动改革。凡是以“自己不方便”“自己习惯了”为借口不推进改革的，都需要加强学习、提升思想认识。

我们要以与时俱进的精神、革故鼎新的勇气、坚忍不拔的定力，通过深化改革来保障本次工作的实施，破除影响数字化转型的痛点、堵点，统筹运用数字化技术、数字化思维、数字化认知，全面提升科协系统的治理水平和治理能力。

三、坚持目标导向打造数字化转型的四种能力

数字化转型不是一蹴而就，需要不断迭代。我们要把有温度、可信赖的科技工作者之家建设作为总目标，在数字化转型中实现“价值引领、联系服务、品牌运营、数据治理”四种能力。

实现四种能力和七个业务域是有机统一的。价值引领能力主要体现在党建域，要团结引领广大科技工作者把思想和行动统一到中央交给科协的改革任务上；联系服务能力依靠组织系统域，打造科协人才资源库，构建联系服务广大科技工作者的工作体系。按照总书记“聚天下英才而用之”的思想，人才库建设不但要服务中国人才，也要服务全世界英才，尤其是重点做好战略科学家、一流科技领军人才和创新团队、青年科技人才队伍、卓越工程师等“四类人才库”的建设；品牌运营能力要落实到“做强科创中国、做优科普中国、做精智汇中国”建设中，形成线上线下融合的品牌体系；数据治理能力虽然表现在数据资源域，但它是广义和深层次的，是科协系统治理能力水平和管理创新变革的体现，涉及组织流程、业务标准、运营统筹、队伍建设等全过程、全领域的治理，需要领导带头、人人参与、群策群力。

我们要形成“智慧科协2.0”的顶层设计，形成跨业务、跨系统、跨层级、跨部门、跨地域的协同管理体系。七个业务域不能各自为战，在技术层面要实现网络通、系统通、业务通、数据通；在工作层面要实现品牌、机制、运营和管理等联动；在组织层面要实现机关部门、直属单位、业务域、科协系统内部、对外合作的协同。

我们要坚定信心、系统谋划、有序推进，制订时间表、路线图，建立责任清单，以钉钉子精神做实做细做好。在充分吸收借鉴中央企业、金融单位成功经验的基础上，缩短时间、缩短路径、缩短差距，让数字化转型工作尽快见效。

四、下一步工作要求

数字化转型是深化改革、实现数字治理的全局工作，要坚持一张蓝图绘到底，努力构建起组织驱动、集成统一、长短兼顾、样板先行的数字化转型新格局。

一要强化改革意识。要统一思想、提高认识，把数字化转型作为各部门、各单位的“一把手”工程，一把手要带头攻坚克难，主动思考研究本部门、各单位的数字化转型方案，不要有畏难情绪。党组、书记处同志要加强指导协调；实行分管领导下的域长负责制，按照集成统一策略尽快形成工作机制、完善实施方案；各部门、各单位要主动思考，找准在数字化转型中的定位，形成业务数字化和数字化业务的方案。要完善工作和激励机制，营造比学赶超的工作氛围，要给各部门、各单位信息化建设工作打分排队，要请各单位的一把手亲自讲“你是怎么考虑的，你是怎么用的”。要建立领导小组办公室内部联动、各个域工作联动、与全国学会和地方科协联动、与外部团队联动的“四联动”工作机制。选择一些基础好、有能力的全国学会和地方科协参与进来，先行先试，形成样板效应。

二要处理好总体和局部的关系。数字化转型要对标领先实践，建设目标是具有一定高度和前瞻性的。要兼顾总体设计和阶段性实施的工作方案，在建立“统一规划、统一标准、统一预算、统一建设、统一管理、统一运维”工作机制的基础上，尽快推动党建信息化、办公自动化和组织人才库的建设，形成工作示范。如办公自动化域，明年一季度末要基本实现机关无纸化办公。

三要积极主动开展工作。当前七个域的建设进度、所处阶段不同，但都需要集成与整合，针对系统过散、“品牌”过多等问题，不能等靠，不要有依赖思想，要从本业务域、本部门、本单位做起，尽快拿出整合方案，层层拆“烟囱”、层层合并同类项。绝不能把数据部门化，绝不能以数据安全为由拒绝共享，这要成为一个原则、一条纪律。根据前一段工作的基础，领导小组办公室要按照财政部门要求履行好政府采购程序，尽快遴选出实力过硬的团队；要进一步发挥顶层规划、协同调度、统筹推进的作用，制订工作策略、实施路线图、规章制度，让各个域在推动工作过程中有目标、有方略、有抓手；要做好培训和宣讲，解答共性问题，解决难点问题，凝练共识方案。特别强调，领导小组办公室要抓好培训，培训点面要进一步扩大，每一位科协机关、事业单位的同志都要参加，不只要培训一次，要多走出去看看先进经验，主动提出需求，树立和提升数字化理念，最好每一个人能提出自己的业务想法。党组理论学习中心组也要安排这方面的学习内容。

四要谋划适应数字化转型的管理创新方案。数字化转型是一项系统工程，涉及体制机制改革、组织业务重构、流程机制再造、技术手段革新等一系列工作。为了保障转型工作的顺利实施，相关的管理模式创新、科协事业单位改革等工作要配合新一代信息化建设工程，提前谋划、贯穿始终，用强有力的组织推动保证转型工作真正落实到位。

重要文件

中国科协　科技部关于开展2021年“全国科技工作者日”活动的通知

各省、自治区、直辖市科协、科技厅（委、局），新疆生产建设兵团科协、科技局，中国科协所属各全国学会、协会、研究会，有关高校科协、企业科协：

2021年是中国共产党成立100周年，是开启全面建设社会主义现代化国家新征程之年，为深入学习贯彻习近平新时代中国特色社会主义思想，贯彻落实习近平总书记给25位科技工作者代表回信精神，团结引领广大科技工作者为开局“十四五”、构建新发展格局作出更大贡献，为建设世界科技强国、实现中华民族伟大复兴中国梦不懈奋斗，中国科协、科技部决定于2021年5月30日第5个“全国科技工作者日”前后，在全国范围内组织开展系列活动，以实际行动为科技工作者献上诚挚的节日祝福，增强科技工作者自豪感、获得感、认同感，以优异的成绩迎接中国共产党成立100周年。现将有关事项通知如下。

一、活动主题

众心向党、自立自强

二、活动时间

2021年5月中上旬—6月下旬

三、目标成效

（一）与庆祝中国共产党成立100周年、党史学习教育紧密结合。要紧紧围绕、始终贯穿建党百年主题，深入学习贯彻习近平总书记在党史学习教育动员大会上的重要讲话精神，引领科技界学党史、悟思想、办实事、开新局，推动党史学习教育在5月30日前后取得重要阶段性进展，掀起“七一”之前科技界庆祝建党百年的活动高潮。

（二）与中国科协第十次全国代表大会紧密结合。紧紧围绕中国科协“十大”召开，宣传“九大”以来科协系统全面深化改革成效，总结推广可复制的好经验好做法，展现“九大”代表委员履职风采，宣传“十大”代表委员风采，引领科协系统、科技界深入学习领会、宣传贯彻“十大”会议精神，将节日氛围推向高潮。

（三）与2021年全国科技活动周紧密结合。回顾党领导下的科技发展历程，进一步坚定科技自立自强的信心和决心，大力弘扬科学家精神和科技志愿服务精神，推动科技创新成果和科学普及活动惠及于民，举办青少年科技创新活动，激发青少年好奇心。

四、工作要求

（一）广泛凝聚合力。与相关部门、单位联合开展活动，纳入党委和政府工作大局，争取支持、形成合力；动员相关国有企业、民营企业、社会组织、民间机构积极开展活动，形成较强的社会自发效应，进一步贴近大众。

（二）广泛开展宣传。充分利用主流媒体、新媒体和科技系统、科协系统宣传平台，组织动员各类新闻媒体记者深入节日各项活动、深入科技工作者、深入基层，发挥各自优势开展主题宣传，形成“百花齐放”“一呼百应”的宣传态势，在5月、6月形成节日的宣传高峰。

（三）力求务实节俭。严格执行中央八项规定精神，发扬艰苦奋斗、勤俭节约作风，注重活动实效。务求既隆重热烈、又朴素大方，力戒铺张浪费、形式主义。

（四）做好总结评估。请各有关单位认真总结活动开展情况和工作成效，梳理总结典型经验，提出意见建议，于6月底前报送文字信息、影像资料等。各省级科协、全国学会、高校科协、企业科协报送中国科协组织人事部，各省级科技厅（委、局）报送科技部科技人才与科学普及司。

五、联系方式（略）

中国科协　科技部
2021年4月30日

中国科协　中央文明办关于举办首届科技志愿服务项目征集展评交流活动的通知

科协函普字〔2021〕95号

各全国学会、协会、研究会，各省、自治区、直辖市、副省级城市科协、文明办，新疆生产建设兵团科协、文明办：

为深入贯彻落实习近平总书记对弘扬新时代雷锋精神、发展志愿服务事业作出的一系列重要指示精神，加强社会主义精神文明建设，推动科技志愿服务制度化、规范化、常态化发展，中国科协、中央文明办联合举办首届科技志愿服务项目征集展评交流活动。现就有关事项通知如下。

一、活动主题

开展“智惠行动”，弘扬志愿精神

二、活动时间及地点

时间：2021年8—10月

地点：浙江省湖州市

三、组织架构

主办单位：中国科协、中央文明办

承办单位：中国科协科学技术普及部、中国科协农村专业技术服务中心、浙江省科协、浙江省文明办

协办单位：浙江省湖州市科协、浙江省湖州市文明办

四、活动内容

（一）项目申报

1. 申报范围：面向社会各领域近两年来实施的科技志愿服务项目。项目要致力于传播科技创新，践行法律法规，促进社会进步，弘扬志愿精神，自愿向社会和他人提供服务，且申报当年项目正在实施。

2. 申报类别：助力全面乡村振兴、助力新时代文明实践中心建设和其他等3类。

3. 申报渠道及数量：省级科协推荐报送或全国学会推荐报送。原则上每单位报送数量不超过4个，其中同类项目数量不超过2个。

4. 申报要求：参与申报的科技志愿服务项目，其组织应在科技志愿服务信息平台（www.stvs.org.cn）进行注册且通过审核，组织团队相对稳定，志愿者人数不少于10人，经常性、连续性开展科技志愿服务活动；服务内容切合群众实际需求，能够解决经济社会发展面临的现实困难；项目管理规范有序，在人员培训、服务管理、记录认证、激励保障、宣传推广等方面有一定的探索创新；活动经费预算合理，支出款项符合规范，资金管理公开透明，运营模式清晰；注重传统媒体和新媒体宣传，传播广泛，社会各界反响良好，具有较强的社会影响力和公信力。

（二）专家评审

1. 初评。通过专家阅评材料、集中讨论等方式，按照公平公正、客观透明、统筹兼顾的原则，初步评选30个项目，每类项目10个。

2. 终评。9—10月，组织通过初评的30个项目的负责人进行现场路演和内容答辩，专家择优遴选10个科技志愿服务项目进行重点推介。重点推介项目列入2021年科技志愿服务项目先进典型名单。

（三）展示交流

在全国新时代文明实践志愿服务展示交流活动中，对参与终评的30个科技志愿服务项目实施方式、机制、成效进行集中展示。

五、有关要求

（一）高度重视，广泛发动。各有关单位要充分认识举办此次活动的重要性，精心组织、层层动员、广泛宣传，发动科技志愿服务组织、科技志愿者参与到此次活动中来。请各有关单位于8月31日前将项目推荐表（见附件）报送至中国科协农村专业技术服务中心。

（二）注重宣传，营造氛围。充分运用传统媒体与新媒体形式对活动进行全方位、立体化、全流程宣传，营造声势，践行科技为民服务的理念，扩大活动的社会影响力和覆盖面。

（三）防范疫情，加强管理。各单位根据新冠肺炎疫情最新形势，做好活动期间参加项目路演及展示交流的人员健康管理，制定防控措施和救治预案。同时制定线上展示交流、路演答辩活动预案，因时制宜确保活动顺利开展。

附件：科技志愿服务项目推荐表（略）

中国科协　中央文明办

2021年7月31日

中国科协等13部门关于举办2021年全国科普日活动的通知

科协发普字〔2021〕28号

2021年是中国共产党建党100周年，是“十四五”开局之年，也是全面建设社会主义现代化国家新征程开启之年。2021年全国科普日以习近平新时代中国特色社会主义思想为指导，深入贯彻党的十九大和十九届二中、三中、四中、五中全会精神，贯彻落实习近平总书记在两院院士大会和中国科协第十次全国代表大会上的重要讲话精神，弘扬科学精神、普及科学知识，激发科学梦想和科学志向，推动形成崇尚科学的风尚，助推全民科学素质全面提升，为高水平科技自立自强提供坚强支撑，为建成世界科技强国、实现中华民族伟大复兴作出更大贡献。

一、时间和主题

2021 全国科普日主题为：百年再出发，迈向高水平科技自立自强。定于 9 月 11—17 日在全国各地集中开展。各地各部门可根据全国活动主题，结合工作实际拟定活动副主题，主题宣传活动贯穿全年。

二、活动内容

（一）围绕建党百年，回望创新发展。围绕建党百年，结合党史学习教育，回顾科技创新、科学普及在党和国家事业发展、社会文明进步和人民生活水平提升等方面取得的辉煌成就，立足新起点，展望和谋划科普服务高质量发展的新征程。

（二）弘扬科学精神，激发科学梦想。弘扬科学精神、传播科学知识、激发科学梦想、涵养创新生态，在全社会营造热爱科学、尊重创新的环境，推动形成崇尚科学的风尚，为实现高水平科技自立自强提供基础支撑。

（三）倡导绿色发展，服务生态建设。围绕碳达峰碳中和目标，普及生态文明知识，倡导简约适度、绿色低碳的生活方式，引导广大公众增强节约意识、环保意识、生态意识，把建设美丽中国转化为自觉行动。

（四）立足全面小康，助力乡村振兴。立足全面建成小康社会的新起点，围绕巩固拓展脱贫攻坚成果同乡村振兴有效衔接，引导先进技术服务农业、科技成果惠及农民、科学文明深入农村，带动树立科学生产、健康生活、协调发展的理念，提升乡风文明、助力乡村振兴。

（五）开展志愿服务，深化文明实践。立足新时代新征程，充分调动科技和科普工作者积极性，以新时代文明实践中心为阵地，广泛开展形式多样、内容丰富的科技志愿服务，推动“智惠行动”全面融入科普日活动，服务社会文明程度提升。

（六）宣传科学素质纲要，推动贯彻实施。结合全国科普日活动组织开展，认真做好《全民科学素质行动规划纲要（2021—2035 年）》（以下简称《科学素质纲要》）的宣传解读，调动全社会参与科学素质建设的积极性、主动性和创造性，推动《科学素质纲要》重点任务落地见效。

三、主要活动

立足面向基层、服务发展、惠及群众，着力组织好 2021 年全国科普日北京主场活动、部委主场活动、省级主场活动、系列联合行动、“云上科普日”活动。同时结合党史学习教育“我为群众办实事”实践活动，广泛开展社会需要、群众喜欢、影响力大、服务面广的系列科普活动。

（一）北京主场活动。围绕活动主题，在中国科技馆和北京科学中心举办北京主场活动，集成联合主办单位、中国科协、全国学会、地方科协、中国公众科学素质促进联合体成员单位等的重点活动，通过多方主体联合、线上线下融合、优质资源整合的方式，打造内容丰富、趣味性强的主场科普活动。

（二）部委主场活动。2021 年全国科普日联合主办单位和全民科学素质行动规划纲要实施工作办公室成员单位，结合自身职能和优势，开展全国科普日部委主场活动，通过示范引领，充分带动本系统相关单位重视科普工作、开展科普活动，形成上下联动的协同合力。

（三）省级主场活动。结合本地经济社会发展，按照“一省一策一特色”理念，开展全国科普日省级主场活动，邀请党政领导出席活动，带动辖区内各地掀起科普活动热潮。

（四）系列联合行动。在全国科普日活动期间，集中动员组织社会各界，依托新时代文明实践中心（所、站）、党群服务中心等阵地，深入农村、社区、企业、学校，开展形式多样、内容丰富的系列科普联合行动。

1. 碳达峰碳中和科普联合行动。面向社会公众开展碳达峰碳中和科普活动，传播生态文明知识，倡导“绿水青山就是金山银山”的生态文明理念，引导公众增强节约意识、环保意识、生态意识，推动生态文明建设。

2. 青少年科技教育联合行动。联合教育部门，积极动员各类教育、科研单位，在校内外开展丰富多样的青少年科技教育活动，激发青少年科学梦想和科学志向。

3. 科技资源科普化联合行动。联合科技部门，发动科研院所科技工作者、科研项目承担团队等将相关的科技项目成果进行科普化展示，推动科技资源科普化。

4. 核科普联合行动。联合核工业部门，围绕“两弹一星”精神传承、“华龙一号”等大国重器研制、核技术造福国计民生等方面，开展全国核科普视频征集大赛、公众参观、线上展示等科普活动和科普宣传，提升公众对核工业的科学理性认识。

5. 水利科普联合行动。联合水利部门，普及水科学知识，开展以节水知识、水资源保护、水污染防治等主题的科普活动，提高公众护水意识和水科学素养。

6. 乡村振兴科普联合行动。联合农业农村部门，面向农村、针对农民开展乡村振兴农民科学素质提升行动，开展农民科学素质网络竞赛，推动各级学会、农业科研院校、科技小院、农技协开展农村科普活动。

7. 卫生健康科普联合行动。联合卫生健康部门，聚焦健康文明生活方式、科学防疫、生命安全、儿童青少年健康、老年健康等主题，开展科普活动和科普宣传。

8. 应急科普联合行动。联合应急管理部门，普及与人民群众生产生活息息相关的安全风险防范、隐患排查、应急处置和自救互救等安全常识，提升公众安全意识和防灾避险能力。

9. 企业科普联合行动。动员组织企业通过开放参观、交流体验、专家讲解等形式，传播科学知识，诠释技术应用，宣传推介“科创中国”，扩大优质科普资源供给。动员中国公众科学素质促进联合体的企业成员单位举办公众科普活动。

10. 学会科普联合行动。发动各级学会通过科技讲座、学术活动、科普服务、学会科普基地开放等形式，面向公众深入开展高质量科普，打造各级学会科普日品牌活动。

11. 科普阵地联合行动。发动科技馆体系开展科普活动、联合巡展。推动基层公共服务、文化设施等与科普阵地联合联动，动员科技文化馆联合体、各级各类科普基地开展科普活动。举办全国青年科普创新实验暨作品大赛、第七届全国科技馆辅导员大赛、第二届全国科技馆展览展品大赛、建党100周年科技成就科普展等系列展赛。鼓励各地印制科普阵地免费通票。

（五）“云上科普日”活动。线上与线下统筹推进、深入融合，推出话题互动、直播、短视频征集等网络科普活动。开展点赞科技志愿、“点亮好奇心”短视频征集、“公众科学素质促进开放日”等针对不同群体的线上活动，形成网络科普传播热潮。

四、工作要求

（一）提高站位，服务大局。各单位和部门要高度重视，把全国科普日作为激发创新意识、服务高水平科技自立自强的重要工作，加强组织领导，强化协同配合，充分发挥全国科普日平台作用，彰显科普服务经济、政治、文化、社会、生态建设的价值。

（二）强化服务，营造氛围。各单位和部门要注重发挥科技工作者作用，为科技工作者开展科普做好服务保障。统筹各级各类宣传渠道，通过线上线下结合、传统媒体与新媒体融合的方式，开展全方位、多角度宣传推介，营造人人做科普、科普为人人的良好氛围。

（三）注重创新，普惠群众。各单位和部门要紧紧围绕科普日活动主题，聚焦公众所需所盼，以喜闻乐见的形式、丰富多样的内容、常有常新的活动，推动科普日活动“接地气、聚人气”，深入基层、服务群众，切实提升广大群众的幸福感和获得感。

（四）精心组织，务求实效。各单位和部门要认真贯彻落实中央八项规定精神，坚决防止形式主义、官僚主义，杜绝走过场、搞形式，精心组织安排，厉行勤俭节约，严禁铺张浪费，确保活动务实高效。

（五）加强风险研判，做好疫情防控。各单位和部门要把做好疫情防控摆在首要位置，坚决贯彻落实党中央、国务院关于疫情防控决策部署，严格遵守所在地疫情防控要求。按照“谁举办、谁负责”原则，严格落实活动举办单位、举办地主体责任，做好风险评估，因时因地合理确定举办方式。线下活动要制定疫情防控工作方案，提高应急处置能力，控制人员数量，严格人员管理，避免人员聚集，从严从紧从细落实各项防控措施，确保活动安全有序。

五、有关事项

（一）登记填报。请各活动举办单位于2021年8月16日—9月24日注册并登录全国科普日网站（www.kepuri.cn）或下载科普中国客户端（http://mtw.so/5Mzxm1），填报活动信息。鼓励活动举办单位通过全国科普日网站或科普中国客户端将活动信息提前向社会发布，方便公众查询了解、积极参与、反馈评价。请各全国学会、省（自治区、直辖市）科协做好动员工作，通过全国科普日网站进行管理。各类线上线下科普活动须突出活动品牌，采取适当方式标注“2021年全国科普日活动”，并统一使用全国科普日和科普中国标识。

（二）信息完善。请各活动举办单位于2021年10月22日前通过全国科普日网站或科普中国客户端及时补充完善活动信息和进展成果，包括活动图片视频、新闻报道链接等。如开展网络活动，须提供活动网址信息，以便全国科普日网站运营机构配合各单位向社会进一步宣传报道。

（三）工作总结。请各活动举办单位于2021年10月22日前在全国科普日网站提交科普日活动总结材料。各全国学会、省（自治区、直辖市）科协于10月29日前在全国科普日网站完成优秀组织单位、优秀活动推荐工作。主办单位将开展全国科普日活动工作总结，按照活动的组织动员、数量规模、活动宣传、效果亮点、开展科技志愿、联合行动、网络活动情况等指标，对工作扎实、成绩突出的单位和特色鲜明、实效显著的活动予以表扬。

中国科协　中央宣传部　教育部　科技部
国家原子能机构　自然资源部　生态环境部
水利部　农业农村部　国家卫生健康委
应急管理部　中国科学院　中国工程院
2021年8月16日

中共中央组织部　人力资源社会保障部 中国科协　共青团中央关于开展 第十七届中国青年科技奖候选人提名 工作的通知

各省、自治区、直辖市及新疆生产建设兵团党委组织部、政府人力资源社会保障厅（局）、科协、团委，中国科协所属各全国学会、协会、研究会，中国青年科技工作者协会，各有关高校科协，各有关企业科协：

为深入贯彻习近平新时代中国特色社会主义思想，贯彻落实中央人才工作会议精神，坚持面向世界科技前沿、面向经济主战场、面向国家重大需求、面向人民生命健康，表彰在国家经济发展、社会进步和科技创新中作出突出贡献的青年科技人才，激发创新创业创造热情，培养造就规模宏大的青年科技人才队伍，打造大批一流科技领军人才和创新团队，为加快建设世界重要人才中心和创新高地、实现高水平科技自立自强贡献智慧和力量，中共中央组织部、人力资源社会保障部、中国科协、共青团中央决定开展第十七届中国青年科技奖候选人提名工作。现将有关事项通知如下。

一、奖项名额

本届中国青年科技奖获奖者不超过100名；由当届获奖者中产生中国青年科技奖特别奖获奖者不超过10名。往届获奖者不重复授奖。

二、评选条件

（一）思想政治坚定，热爱祖国，遵纪守法，拥护党的路线、方针、政策，增强“四个意识”、坚定“四个自信”、坚决做到“两个维护”，学风正派，积极践行科学家精神。

（二）中国青年科技奖评选符合以下条件之一：

1. 在自然科学研究领域取得重要的、创新性的成就和作出突出贡献；

2. 在工程技术方面取得重大的、创造性的成果和作出贡献，并有显著应用成效；

3. 在科学技术普及、科技成果推广转化、科技管理工作中取得突出成绩，产生显著的社会效益或经济效益。

（三）中国青年科技奖特别奖评选符合以下条件：

在科学研究或工程技术等方面取得重大成就或作出突出贡献、具有较大发展潜力、堪为遵守科学道德典范的优秀青年科技领军人才。

（四）中华人民共和国公民。男性候选人不超过40周岁（1981年1月1日及以后出生），女性候选人不超过45周岁（1976年1月1日及以后出生）。

三、提名渠道和名额

（一）单位提名

1. 各省、自治区、直辖市及新疆生产建设兵团科协开展提名工作，在征求党委组织部、人力资源社会保障厅（局）、团委意见后，可提名本地区候选人15名；

2. 教育部、国务院国资委、中国科学院可分别提名候选人30名，科技部、工业和信息化部、农业农村部、国家卫生健康委可分别提名候选人10名，中国工程院、自然科学基金委可分别提名候选人5名，其他有关中央和国家机关可分别提名候选人2名；

3. 国防科技领域，中央军委政治工作部可提名军队系统候选人30名，国家国防科工局可提名候选人30名；

4. 中国科协所属各全国学会、协会、研究会可提名本学科领域候选人2名，中国青年科技工作者协会可提名候选人15名；

5. 香港、澳门特别行政区有关机构可分别提名本地区候选人15名，提交前须报经中联办审核；

6. 各有关高校科协、企业科协可提名候选人2名。

（二）专家提名

1. 提名规则

中国科学院院士和中国工程院院士可作为提名专

家。每位提名专家可提名候选人 1 名，候选人须获得 3 名提名专家提名方为有效，其中本学科领域的提名专家应不少于 2 名。

2. 责任与义务

（1）提名专家应承担提名、异议答复等责任，并对相关材料的真实性和准确性负责；

（2）提名专家签署提名意见应严格遵守保密规定。

（三）注意事项

军队系统候选人由中央军委政治工作部统一提名，不得从其他渠道提名；其他候选人均应通过上述提名渠道产生。

四、提名工作要求

（一）坚持“公开、公正、公平、择优”原则，拓宽提名渠道，严格评选条件，坚持以创新价值、能力、贡献为导向的科技人才评价标准，克服唯论文、唯职称、唯学历、唯奖项倾向，保证评选质量。

（二）候选人的科技成果应以在国内作出的成果为主，候选人应作为主要完成人或主要贡献者。人选提名要注重向长期工作在科研与生产第一线和西部地区艰苦行业的优秀青年科技工作者倾斜。

（三）各省、自治区、直辖市及新疆生产建设兵团拟提名的候选人，由省级人才工作领导机构统一汇总审核后提名上报。

（四）候选人提名材料是中国青年科技奖评审的主要依据，应简明扼要，要重点突出创新价值、能力、贡献。非学术性报纸刊物的有关报道不作为证明材料。

（五）提名单位和候选人要自觉恪守科学道德和学术规范，提名材料要客观、准确、完整，对于提名材料填报不实的，实行“一票否决”。如候选人被投诉，提名单位及候选人所在单位应进行调查核实，并提供书面调查材料和结论性意见。

（六）候选人须按干部管理权限征求干部管理、纪检监察部门意见。候选人为企业负责人的，还需按照《企业负责人征求意见表》征求有关部门意见。相关工作应由提名渠道统一组织，专家提名的应由候选人所在单位组织，不得由候选人个人办理。

（七）候选人提名材料不得涉及国家秘密，候选人所在单位应对提名材料（含附件）进行保密审查并出具保密审查证明。违反保密规定的，取消被提名资格。

（八）候选人获奖后，提名渠道和所在单位应为获奖者搭建培养和用好人才的平台。获奖者应积极参加中国科协组织的国情研修、座谈交流、科技服务等活动。

五、提名材料报送要求

（一）电子材料报送要求

请各提名单位根据分配的提名单位用户名、密码登录智慧科技人才评审系统（http://kecaihui.cast.org.cn/），根据要求组织候选人用“推荐码”注册并登录后填报电子材料。提名单位用户名、密码、推荐码另行发送。

附件材料只需要在系统中上传 PDF 格式的电子文件，无须再提供纸质材料。附件材料应提交代表性成果，主要包括：

（1）公开发表的主要论文及专著（论文限 3 篇、专著限 1 本）；

（2）技术鉴定证书及知识产权证明材料；

（3）技术应用证明材料；

（4）获得表彰奖励证明材料；

（5）其他成就和贡献证明材料；

（6）候选人所在单位出具的保密审查证明。

请于 2022 年 3 月 21 日前在线填报候选人电子材料。上传成功后，材料不能更改。

（二）书面材料报送要求

候选人电子材料填报成功后，使用智慧科技人才评审系统下载打印《提名表》，电子版材料与纸质材料须保持一致。

书面材料包括：

1. 提名情况报告 1 份。内容包括候选人产生方式、专家评审情况、提名单位评审组专家名单以及确定提名的人选等。提名情况报告电子版通过智慧科技人才评审系统上传。如为专家提名，则不需要提交提名情况报告。

提名情况报告须加盖提名单位公章，其中：中央和国家机关提名的，加盖有关司局公章；地方提名的，应征求党委组织部、人力资源社会保障厅（局）、团委意见，加盖省级科协公章；学术团体提名的，加盖学术团体公章。

2.《第十七届中国青年科技奖提名表》原件一式 5 份。提名表中候选人所在单位提名意见中需对候选人政治表现、廉洁自律、道德品行，以及材料的真实性、准确性及涉密情况出具明确意见；提名渠道提名意见中需对候选人在创新价值、能力、贡献和学风道德等方面作出评价。

3.《中国青年科技奖人选征求意见表》一式 3 份，

候选人所在单位为机关事业单位、国有企业的须提供此表。

4.《企业负责人征求意见表》一式3份，候选人为企业负责人的须提供此表。

（三）书面材料报送时间和方式

书面材料由提名渠道于2022年3月25日前（以当地邮戳为准）邮寄至中国科协培训和人才服务中心，逾期无效，其他方式报送的材料原则上不予接收。因报送材料方式不符合要求造成逾期的，责任由提名渠道承担。谢绝候选人本人报送材料。

六、组织领导

中国科协牵头，会同中共中央组织部、人力资源社会保障部、共青团中央联合设立中国青年科技奖领导工作委员会，负责中国青年科技奖评选表彰工作的组织领导。设立监督委员会，监督评审工作，对评审期间收到的举报和投诉进行研究，提出处理意见。中国科协负责评选表彰工作的组织实施，设立领导工作委员会办公室，负责评选表彰日常工作，办公室设在中国科协组织人事部。

各提名单位要高度重视，加强组织领导，建立工作机构，高质量完成第十七届中国青年科技奖提名工作。

七、联系方式（略）

中共中央组织部　人力资源社会保障部
中国科协　共青团中央
2021年12月21日

中国科学技术协会　中华全国妇女联合会 中国联合国教科文组织全国委员会关于开展第十八届中国青年女科学家奖和2021年度未来女科学家计划候选人提名工作的通知

各省、自治区、直辖市及新疆生产建设兵团科协、妇联，中国科协所属各全国学会、协会、研究会，有关高校和企业科协，各有关单位：

为深入学习贯彻习近平新时代中国特色社会主义思想，贯彻落实中央人才工作会议精神，表彰面向世界科技前沿、面向经济主战场、面向国家重大需求、面向人民生命健康，在相关科技创新领域作出突出贡献的青年女科技工作者和团队，激发广大女科技工作者的创新创业创造热情，大力弘扬科学家精神，为加快建设世界重要人才中心和创新高地、实现高水平科技自立自强贡献智慧和力量，现开展第十八届中国青年女科学家奖和2021年度未来女科学家计划候选人提名工作。有关事项通知如下。

一、第十八届中国青年女科学家奖

（一）奖项设置

中国青年女科学家奖奖项设置个人奖和团队奖。

（二）评选条件

1. 中国青年女科学家奖个人奖

（1）思想政治坚定，热爱祖国，遵纪守法，拥护党的路线、方针、政策，增强“四个意识”、坚定“四个自信”、坚决做到“两个维护”，学风正派，积极践行科学家精神。

（2）在基础科学、生命科学、计算机与信息等领域取得重大科技创新成果，具有发展潜力的青年科技领军人才，特别注重提名创新团队中的领军人才。

（3）年龄不超过45周岁（1976年1月1日及以后出生）的中国籍女性科技工作者。

2. 中国青年女科学家奖团队奖

（1）团队负责人须符合中国青年女科学家奖的评选条件，团队结构稳定、合理，主要成员须有女性科技工作者。

（2）团队承担国家基础科学、生命科学、计算机与信息等领域重大科研任务，取得创新性和系统性的重大科技成果。

（3）团队有明确的研发目标和发展规划，并具有持续创新能力和较好的发展前景。

（三）组织提名

1. 各省、自治区、直辖市及新疆生产建设兵团科协开展提名工作，在征求妇联意见后，可提名本地区候选人5名、候选团队2个。

2. 各有关中央和国家机关部门可提名候选人3名、候选团队1个。

3. 国防科技领域，其中中央军委政治工作部可提名军队系统候选人10名、候选团队4个；国家国防科工局可提名候选人10名、候选团队4个。

4. 中国科协所属各有关全国学会、协会、研究会可提名本学科领域候选人3名、候选团队1个。中国女科技工作者协会可提名候选人10名、候选团队4个。

5. 香港、澳门特别行政区有关机构可分别提名本地区候选人5名、候选团队2个，提交前须报经中联办审核。

6. 各有关高校科协和企业科协可提名本单位候选人2名、候选团队1个。

（四）专家提名

1. 提名规则

中国科学院院士和中国工程院院士可作为提名专家。每位提名专家可提名本学科专业（一级学科）范围内中国青年女科学家奖候选人1名，候选团队1个；候选人、候选团队须获得3名提名专家提名方为有效。

2. 责任与义务

（1）提名专家应承担提名、异议答复等责任，并对相关材料的真实性和准确性负责。

（2）提名专家签署提名意见应严格遵守保密规定。

二、2021年度未来女科学家计划

（一）评选范围和条件

1. 热爱祖国、遵纪守法、诚实守信、勤奋学习、刻苦钻研，具有良好的学风和道德品质。

2. 从事基础科学、生命科学或计算机与信息等领域研究工作，表现出较强的科研能力和发展潜力。研究项目涉及动物（如实验用脊椎动物）和化妆品研究的不在此列。

3. 年龄不超过35周岁（1986年1月1日及以后出生）的中国籍女性在读博士生或在站博士后（候选人学籍关系或工作关系应在国内，在读博士生应为全日制）。

4. 具有拟利用本计划资助开展的科研项目，且获得资助后该项目研究的持续时间不少于12个月。

（二）组织提名

1. 各省、自治区、直辖市及新疆生产建设兵团科协开展提名工作，在征求妇联意见后，可提名本地区候选人3名。

2. 中央军委政治工作部可提名军队系统候选人6名。

3. 中国科协所属各有关全国学会、协会、研究会可提名本学科领域候选人2名。

4. 香港、澳门特别行政区有关机构可分别提名本地区候选人3名，提交前须报经中联办审核。

5. 各有关高校科协和企业科协可提名本单位候选人1名。

（三）专家提名

1. 提名规则

中国科学院院士和中国工程院院士可作为提名专家。每位提名专家可提名本学科专业（一级学科）范围内的未来女科学家计划候选人1名，候选人须获得3名提名专家提名方为有效。

2. 责任与义务

（1）提名专家应承担提名、异议答复等责任，并对相关材料的真实性和准确性负责。

（2）提名专家签署提名意见应严格遵守保密规定。

三、提名工作要求

（一）军队系统候选人或团队由中央军委政治工作部统一提名，不得由其他提名渠道（包括组织提名和专家提名）进行提名。

（二）每位被提名人须明确参评中国青年女科学家奖个人奖、团队奖（负责人）或未来女科学家计划中的一项。

（三）坚持“公开、公正、公平、择优”原则，拓宽提名渠道，严格评选条件，坚持以创新价值、能力、贡献为导向的科技人才评价标准，克服唯论文、唯职称、唯学历、唯奖项倾向，保证评选质量。

（四）人选提名要注重向长期在科研和生产一线以及西部地区艰苦行业工作的优秀青年女科技工作者倾斜，注重关注在科普、智库、扶贫、民间科技外交等领域的科技服务情况，注重关注中国科协青年人才托举工程项目入选者。提名表中所列成果贡献应以在国内作出的为主，候选人（团队）应为该成果的主要贡献人或主要完成人。

（五）候选团队的研究方向应符合国家、行业重点发展需求，结构合理，具有良好的持续发展和服务能力。

（六）未来女科学家计划候选人既要注重目前已承担的科研工作取得的成果及表现出的科研潜力，也要注重拟申请资助项目的创新性。

（七）提名单位和候选人、团队要自觉恪守科学道德和学术规范。提名材料要简明扼要、突出重点，客观、准确、完整。对于材料不实或有其他学术不端行为者，经查实，均按程序取消评选资格或撤销获奖和资助资格。如候选人或团队被投诉，提名单位及候选人或团队所在单位应进行调查核实并提供书面调查材料和结论性意见。

（八）中国青年女科学家奖候选人或团队负责人须按干部管理权限征求干部管理、纪检监察部门意见。中国青年女科学家奖候选人或团队负责人为企业负责人的，还须按照《企业负责人征求意见表》征求有关部门意见。相关工作应由提名渠道统一组织，如专家提名的由候选人所在单位组织，不得由候选人或候选团队办理。

（九）提名材料不得涉及国家秘密，并由候选人所在单位出具保密审查证明。违反保密规定的，取消被提名资格。

（十）候选人获奖后，提名渠道和所在单位应为获奖者搭建培养和用好人才的平台。获奖者应积极参加中国科协组织的国情研修、座谈交流、科技服务等活动。

四、材料报送要求

（一）电子材料报送要求

请各提名单位根据分配的提名单位用户名、密码登录智慧科技人才评审系统（http://kecaihui.cast.org.cn/），根据要求组织候选人用“推荐码”注册并登录后填报电子材料，其中包括《第十八届中国青年女科学家奖候选人提名表》（见附件 1）和有关附件材料等。提名单位用户名、密码、推荐码另行发送。

附件材料只需要在系统中上传 PDF 格式的电子文件，无须再提供纸质材料。附件材料应提交代表性成果，主要包括：

（1）公开发表的主要论文及专著（论文限 3 篇、专著限 1 本）；

（2）技术鉴定证书及知识产权证明材料；

（3）技术应用证明材料；

（4）获得表彰奖励证明材料；

（5）其他成就和贡献证明材料；

（6）候选人所在单位出具的保密审查证明。

请于 2022 年 3 月 21 日前在线填报候选人电子材料。上传成功后，材料不能更改。

（二）书面材料报送要求

候选人电子材料填报成功后，使用智慧科技人才评审系统下载打印《提名表》，电子版材料与纸质材料须保持一致。

书面材料包括：

1. 提名工作材料

提名情况报告 1 份，仅组织提名报送。内容包括候选人或团队产生方式、专家评审情况以及确定提名的人选等。提名情况报告电子版通过智慧科技人才评审系统上传。如为专家提名，则不需要提交提名情况报告。

提名情况报告须加盖提名单位公章，其中：中央和国家机关提名的，加盖有关司局公章；地方提名的，应征求妇联意见，加盖省级科协公章；学术团体提名的，加盖学术团体公章。

2. 中国青年女科学家奖候选人材料

（1）《第十八届中国青年女科学家奖候选人提名表》5 份原件（请勿另附封面）。

（2）《中国青年女科学家奖人选征求意见表》一式 3 份，候选人所在单位为机关事业单位、国有企业的须提供此表。

（3）《企业负责人征求意见表》一式 3 份，候选人为企业负责人的须提供此表。

3. 中国青年女科学家奖候选团队材料

（1）《中国青年女科学家奖团队奖候选团队提名表》5 份原件（请勿另附封面）。

（2）《中国青年女科学家奖人选征求意见表》一式 3 份；候选团队负责人所在单位为机关事业单位、国有企业的须提供此表。

（3）《企业负责人征求意见表》一式 3 份，候选团队负责人为企业负责人的须提供此表。

4. 未来女科学家计划候选人材料

（1）《2021 年度未来女科学家计划候选人提名表》5 份原件（请勿另附封面）。

（2）博士生请提供研究生院出具的在读证明，需写明专业及拟毕业时间；在站博士后请提供博士学位证书及工作协议。

（三）书面材料报送时间和方式

书面材料由提名渠道于 2022 年 3 月 25 日前（以当地邮戳为准）邮寄至中国科协培训和人才服务中心，逾期无效，其他方式报送的材料原则上不予接收。因报送材料方式不符合要求造成逾期的，责任由提名渠道承担。谢绝候选人本人报送材料。

（四）材料接收单位

网上系统填报指导及材料接收工作由中国科协培训和人才服务中心负责。

五、联系方式（略）

附件 1：第十八届中国青年女科学家奖候选人提名表（略）

附件 2：第十八届中国青年女科学家奖团队奖候选团队提名表（略）

附件 3：2021 年度未来女科学家计划候选人提名表（略）

附件 4：中国青年女科学家奖人选征求意见表（略）

附件 5：企业负责人征求意见表（略）

中国科学技术协会　中华全国妇女联合会

中国联合国教科文组织全国委员会

2021 年 12 月 22 日

关于开展2021年“全国科学道德和学风建设宣传月”活动的通知

各省、自治区、直辖市宣讲教育领导小组、教育厅（教委），新疆生产建设兵团宣讲教育领导小组、教育局，部属各高等学校、部省合建各高等学校，有关科研院所：

为深入学习贯彻习近平总书记在庆祝中国共产党成立100周年大会以及在两院院士大会和中国科协第十次全国代表大会上的重要讲话精神，全面落实习近平总书记关于科研作风学风建设的重要指示精神，大力弘扬科学家精神，涵养优良学风，中国科协联合教育部继续依托全国科学道德和学风建设宣讲教育领导小组成员等单位，组织开展2021年“全国科学道德和学风建设宣传月”活动，主要安排如下。

一、活动宗旨

为贯彻落实习近平总书记关于学风建设和科研诚信建设工作以及研究生教育工作指示精神，引导广大师生和科技工作者弘扬科学家精神，增强科研诚信和科研伦理意识，营造风清气正、求真务实的良好学术生态，在全社会形成尊重知识、崇尚创新、尊重人才、热爱科学、献身科学的浓厚氛围，组织开展2021年“全国科学道德和学风建设宣传月”活动。

二、主办单位

中国科协、教育部、中宣部、科技部、国家卫健委、中科院、社科院、工程院、自然科学基金委。

三、活动安排

围绕弘扬科学家精神、涵养优良学风的主题，采取渐进式、多元化引导模式，9月开始陆续开展有关活动，10—11月在全国各地集中开展，最大化强化主题传播效果，推动全社会增强科研诚信意识，形成风清气正、求真务实的优良科研风气。

（一）举办科学道德与学风建设宣讲教育报告会

深入贯彻落实习近平总书记关于科学家精神和学风建设的重要讲话精神，举办科学道德与学风建设宣讲教育报告会。

（二）“中国科学家精神宣讲团”成立仪式

在中宣部指导下，中国科协、教育部、科技部、中科院、社科院、工程院和国防科工局共同成立“中国科学家精神宣讲团”。

（三）组织弘扬科学家精神系列活动

1. 开展“共和国的脊梁——科学大师名校宣传工程”2021年度河南会演。组织北京交通大学、天津大学、南开大学、南京航空航天大学分赴郑州、洛阳等地面向大中小学生和社会公众演出科学家主题剧目。

2. 科学家精神进澳门系列活动。会同中宣部、澳门中联办等开展“党领导下的中国科学家”主题展进澳门筹备工作，协调上海交通大学、中国地质大学（武汉）赴澳门高校演出科学家主题话剧。

3. 科学家主题话剧走进中小学。针对青少年打造系列科学家主题短剧，以北京为试点，推动科学家主题话剧走进中小学。

4. “最美科技工作者”评选发布。中宣部、中国科协、科技部、中科院、工程院、国防科工局等6部门联合评选2021年“最美科技工作者”并向全社会发布。

5. 科学家精神耀天山。组织高校师生赴新疆开展“舞台走向大地”主题社会实践活动，深入边疆科研一线与优秀科技工作者面对面深入交流，坚定青年学生全面建设社会主义现代化国家的信心决心，强化爱国之志，激发爱国之情。

6. “最美科技工作者”进校园、进院所。在全国范围内组织100位“最美科技工作者”走进高校院所，为当地青年学生讲述科研报国故事、创新创业故事、青春奋斗故事。

7. 依托“网上科技工作者之家”继续办好“科学家面对面”“科学家真人秀”“全景科学家直播间”等网络互动栏目，为青年人才提供与知名科学家面对面交流的在线平台。

8. 科技类社会团体组织开展系列职业道德和学风教育。

各地各单位根据实际情况，充分利用各类资源，结合校园文化和团队文化建设等创造性开展有关活动。

（四）组织开展学风传承系列活动

1. 持续推进中国科协、教育部、共青团中央、中科院、社科院、工程院联合实施的“学风建设资助计划”。

2. 举办首届学风传承论坛暨涵养学风优秀作品展播活动。

3. 建立一批“学风涵养工作室”。

4. 推动高等学校、科研院所结合本单位查处的科研诚信案件开展警示教育。

各地各单位可结合实际积极参与，策划实施丰富灵活的学风传承系列活动，形成常态化教育机制。

（五）科学道德和学风建设研讨活动

1. 联合光明日报围绕“青年科研人员关注的学风问题”开展调研采访。

2. 组织召开科技界与文艺界座谈交流会，引导支持文艺工作者运用微视频、戏剧、漫画等多种形式讲好科技工作者科技报国故事。

3. 联合科技日报围绕科研作风学风建设，加强“大家小事”、深度理论等栏目的建设和宣传。

各地各单位各有关学会可结合实际组织相关领域的交流研讨活动，展示近年来科研作风学风建设的积极成效，向全社会宣传我国科技界教育界加强科研作风学风建设的坚定决心。

（六）科学道德与学风建设宣传作品推广活动

1. 充分利用“网上科技工作者之家”等平台以及B站等短视频平台的传播力和影响力，集中推送优质科学道德和学风建设宣传作品。科学选取素材，如科学家授课精彩片段、科学实验精彩展示、科学冷知识热读等内容，加大对典型人物、典型事迹的集中宣传力度。

2. 开展“开学第一课”活动。精心打造“永远跟党走”专题节目，充分展示我国优秀科学家在建设世界科技强国伟大进程中严谨治学、奋力拼搏的精神风貌。

各单位可因地制宜、结合实际开展丰富多彩的主题活动，活动形式包括但不限于以上6项，特别要注重与年度重点工作有机结合。

四、组织要求

（一）统筹部署。全国科学道德和学风建设宣讲教育领导小组各成员单位和各省区市宣讲教育领导小组要按照统一部署和职责分工，做好活动设计策划和统筹安排，加强与各相关单位的协同配合，统筹安排好宣传月活动与年度重点工作和活动的协调和衔接，丰富活动内容形式，实现“同频共振”效果。

（二）融合宣传。全国科学道德和学风建设宣讲教育领导小组各成员单位和各省区市宣讲教育领导小组要重视宣传工作，充分发挥各自宣传资源、平台等优势，紧扣宣传主题，讲好科学家故事，传播优良学风，密切融合，强化协同，形成各单位之间、各种媒介载体之间的联动机制，实现宣传效果的聚变效应，不断扩大活动的覆盖面和影响力。主流媒体要在黄金时段和版面设立专栏专题，加大宣传阵地建设。要树立舆情监测意识，活动中做好舆情研判和引导处置工作。

（三）集中展示。全国科学道德和学风建设宣讲教育领导小组各成员单位和各省区市宣讲教育领导小组要做好活动的集中展示工作筹备，做好优秀案例、典型人物和成功经验等具有推广价值成果的收集，适时在相关平台集中展示推广，以带动全国科学道德和学风建设宣传教育工作的发展。各单位要及时登录“学风传承网”（https://xuefeng.scimall.org.cn），宣传展示宣传教育工作，全国科学道德和学风建设宣讲教育领导小组办公室将对特色活动进行重点推广。

（四）经验总结。全国科学道德和学风建设宣讲教育领导小组各成员单位和各省区市宣讲教育领导小组在活动结束后，要认真总结活动开展情况和工作成效，梳理总结典型经验，提出意见建议，通过“学风传承网”提交经验总结资料，为今后更好地开展科学道德和学风建设宣讲教育活动提供借鉴。

全国科学道德和学风建设宣讲教育领导小组办公室
教育部学位管理与研究生教育司
2021年10月25日

中国科协关于印发《中国科学技术协会事业发展“十四五”规划（2021—2025年）》的通知

各全国学会、协会、研究会，各省、自治区、直辖市、副省级城市科协，新疆生产建设兵团科协：

中国科协第十次全国代表大会审议通过了《中国科学技术协会事业发展“十四五”规划（2021—2025年）》，现印发给你们。请结合本学会、本地区科协组织实际，认真贯彻实施。

中国科协
2021年8月27日

中国科协关于印发《“十四五”时期推进科协系统深化改革重点任务工作方案》的通知

各全国学会、协会、研究会，各省、自治区、直辖市、副省级城市科协，新疆生产建设兵团科协，中国科协机关各部门、各直属单位，各有关单位：

为深入贯彻落实习近平总书记关于群团改革的重要指示精神，经中国科协党组、书记处同意，现将

《“十四五”时期推进科协系统深化改革重点任务工作方案》印发给你们。请结合本学会、本地区科协组织实际，认真贯彻落实。

中国科协
2021 年 10 月 14 日

“十四五”时期推进科协系统深化改革重点任务工作方案

为深入贯彻落实习近平总书记关于群团工作的重要指示精神，在全面评估中共中央办公厅印发的《科协系统深化改革实施方案》实施情况的基础上，根据中央书记处关于深化“十四五”时期群团改革的总体部署和要求，制定“十四五”时期推进科协系统深化改革重点任务工作方案。

一、背景形势

自《科协系统深化改革实施方案》实施以来，中国科协坚持以习近平新时代中国特色社会主义思想为指导，深入贯彻习近平总书记关于科技创新和群团改革的重要论述精神，保持和增强政治性、先进性、群众性，扎实履行为科技工作者服务、为创新驱动发展服务、为提高全民科学素质服务、为党和政府科学决策服务的职责，尊重基层首创、试点示范带动，不断推动系统改革向纵深推进，开放型枢纽型平台型组织建设迈上新台阶，改革主体任务落实取得全面扎实进展，科协事业发展呈现新活力新气象。

“十四五”时期是全面建设社会主义现代化国家的关键阶段。科协组织必须以走好新的赶考之路的昂扬奋斗姿态，全面落实习近平总书记“七一”重要讲话精神，团结广大科技工作者响应高水平科技自立自强的动员令。面临新形势新任务，联系广泛、服务科技工作者的科协工作体系有待健全，对科技工作者思想政治引领的广度深度精度不够，组织覆盖不到不全，联系渠道不广泛，服务手段和方法不多，服务基层“最后一公里”有梗阻，学会创新发展活力不足，面向世界、面向未来的开放合作能力亟待加强，必须以与时俱进的精神、革故鼎新的勇气、坚忍不拔的定力扎实推进“十四五”时期改革创新发展。

二、总体要求

1. 指导思想。坚持以习近平新时代中国特色社会主义思想为指导，加强党的全面领导，深入贯彻党的十九大和十九届二中、三中、四中、五中全会精神，认真落实习近平总书记在两院院士大会、中国科协第十次全国代表大会和中央人才工作会议上的重要讲话精神，增强“四个意识”、坚定“四个自信”、做到“两个维护”，立足新发展阶段、贯彻新发展理念、构建新发展格局，推动高质量发展，坚持“四个面向”，深入实施新时代人才强国战略，以有效增强政治性、先进性、群众性为目标，以健全联系广泛、服务科技工作者的科协工作体系为主线，以提升服务高水平科技自立自强能力、夯实科协组织基层基础为着力点，推动改革向纵深拓展、向基层延伸，激发科协组织活力，充分发挥桥梁和纽带作用，建设有温度、可信赖的科技工作者之家，最广泛地把广大科技工作者团结凝聚在党的周围，为推动党和国家事业发展汇聚磅礴科技力量。

2. 基本原则。

——加强党的领导。坚定不移走中国特色社会主义群团发展道路，提高政治判断力、政治领悟力、政治执行力，自觉承担起引领科技工作者听党话、跟党走的政治任务。

——聚焦主责主业。加强对科技工作者的思想政治引领，改革创新学术、科普、智库服务供给机制，增强围绕中心、服务大局的意识和能力。

——强化问题导向。着力破解长期制约科协事业发展的深层次体制机制问题，加快补短板、强弱项，鼓励基层首创和试点示范，建机制、强功能，增强改革实效。

——突出学会主体。围绕增强学会发展活力和服务科技创新能力，全面推进学会组织方式、运行机制和党建工作创新，强化对学会的服务和分类指导，深入推进中国特色一流学会建设。

——坚持赋能基层。眼睛向下、重心下移，着力推动改革向纵深拓展、向基层延伸。建立完善纵横协同的系统联动机制，统筹全国学会、地方科协改革，汇聚改革合力。

三、重点举措

“十四五”时期，在持续落实中共中央办公厅印发的《科协系统深化改革实施方案》的基础上，重点抓好以下改革举措。

1. 加强和改进科协系统政治思想建设。健全贯彻落实习近平总书记重要指示精神和党中央决策部署的工作制度。建立完善科协系统政治学习制度。完善科协党校体系，引领科技工作者当好科技自立自强的排头兵。建立学会党建工作指导委员会工作机制，充分发挥学会理事会党委作用，深入实施“党建强会计划”。建立各级科协领导机构成员直接联系学会制度。坚持弘扬科学家精神，完善学风建设机制。加强对“最美科技工作者”等基层一线典型宣传，组建科学家精神报告团，建设一批科学家精神教育基地，扩大学风传承行动覆盖面。完善科技志愿服务机制，深度融入基层党建工作。强化思想文化阵地意识，压实意识形态责任制。

2. 全面加强科协组织体系建设。完善党建带群建工作机制，推动构建完善省域统筹、市域中心、县域重点的组织协同和联动机制，强化科协组织基层治理，强化跨区域、跨领域的协同合作。推动大型国企、民营企业、科技园区建立科协组织，全面加强对新经济组织、新业态领域科技工作者的联系服务。完善高校科协组织体制、运行机制和活动方式，建立高校科协联盟。探索建设新型产学融合组织。广泛吸纳基层教育、医疗卫生、农技推广等领域的业务骨干进入基层科协领导班子，扩大对基层科技工作者的有效覆盖。进一步提高各级科协领导机构基层科技工作者代表比例。改革中国科协机构设置，提升服务效能。打造高素质专业化科协干部队伍，提升群众工作能力。

3. 推进世界一流科技期刊建设。完善机制营造生态，助推更多优秀期刊冲击世界一流，促进建立完善科技人才评价体系。推动期刊出版资源集约运营，提高数字化、国际化办刊水平，促进科研论文和科学数据汇聚共享，提升科学知识传播服务能力。发挥全国学会学术引领作用，分领域发布高质量科技期刊分级目录，完善全面、客观反映期刊水平的评价标准，推进中外期刊同质等效应用，吸引高水平成果在国内期刊发表。建设临床医学、工程科学、科学仪器等领域案例成果发表平台和公共知识库，提升基层科技工作者的能力与水平，推进科技人才评价改革。探索建立国家科技期刊中心，支撑科技期刊高质量发展和自主评价体系建设。

4. 推动学会深度融入国家创新体系。完善集思汇智聚能机制，引导科技工作者聚焦“卡脖子”、强基础等重大问题和需求，提升服务党和政府科学决策能力。加快建设“科创中国”，提升学会服务产业升级、区域创新和人民健康的能力，促进科技成果转化，提升青年科技人员和大学生创新创业就业能力。发挥学会在项目评价和人才评价中的作用，推动建立符合科研活动规律的评价制度，不断完善以创新价值、能力、贡献为导向的科技人才评价体系。搭建学会第三方评估评价的服务平台，加强部委联动，支持学会参与国家重大科技项目评审、重点研发项目指南编报等工作。搭建技术服务与交易人才培养平台，持续开展技术经理人培训、职业标准研制等工作。搭建社会团体标准孵化平台，指导学会设立专门机构制订发布团体标准，鼓励学会与国际组织联合发布团体标准。

5. 调整优化学会布局。建立动态调整和更新机制，加强前沿新兴交叉等学科领域学会组织建设，发起成立中国科技伦理学会等科技社会组织。建立学会创新影响力排行机制，激励学会比学赶超、争创一流。完善对长期软弱涣散学会、不适应科技发展趋势学会的退出机制。加强吸纳境外会员，探索吸纳外籍及港澳台科学家在学会任职。支持学会设立具有广泛公信力和国际影响力的科学技术奖项。健全学会理事长选任、秘书长聘任机制，完善学会分支机构管理机制，加强学会办事机构队伍建设，推动建立职级评价体系。

6. 深化科普公共服务供给侧改革。推动建立全社会支持科普工作机制，广泛吸纳社会资源投入科普，广泛动员科技工作者和社会力量参与科普。强化政策法规保障，创新科普组织动员机制，构建科普能力培训体系。推动将科学精神贯穿科普创作与传播，推动科普内容、形式和手段等创新提升，打造社会化协同、智慧化传播、规范化建设和国际化合作的科普生态。建立科普作品和传播活动的政治性、科学性审核把关机制。健全应急科普协调联动机制，完善平战结合应急科普体系。提升全国科普示范县（市、区）创建水平，扩大“全域科普”试点。

7. 增进对国际科技界的开放信任合作。推动国际科技组织落户中国。拓展我国科技工作者、科技组织参与国际科技治理渠道，加强国际科技组织人才推送工作，完善服务保障机制，提升中国科技的国际话语权和影响力。深入推动与港澳台科技组织和人员的交流合作。加强与创新型国家重要对口科技组织的务实合作，深化“一带一路”沿线国家科技人文交流合作。支持学会设立对外联系服务机构、境外分支（代表）机构。牵头或联合举办国际学术会议（论坛）。发挥中国工程师联合体作用，拓展工程能力国际互认。

8. 全面增强团结联系服务能力。加强集成融合，全面提升“科普中国”“科创中国”“智汇中国”平台服务能力，建设网上科技工作者之家。建设科技人才基础信息平台，加强对科技领军人才、青年科技骨干、海外科技人才和广大基层科技工作者的联系服务。优化“科情在线”调查平台，健全面向基层一线科技工作者的快速调查和信息获取机制，准确把握科技界思想动态和政策诉求。聚焦人才培养举荐、成果评价、为人才松绑、营造创新生态等利益关切，完善为科技工作者办实事的常态化长效化机制，推动全方位培养、引进、用好人才。

四、保障措施

1. 加强组织领导。切实加强党对科协系统深化改革工作的全面领导。科协系统各级党组织要切实担负起推动改革的政治责任，强化“一把手”抓改革的使命担当。各级科协组织及所属学会要加强领导，统一认识，强化顶层设计，明确责任，将改革工作纳入重要日程，结合各自实际制定工作方案，以钉钉子精神落实改革任务，解决实际问题，促进事业发展。

2. 加强配合协同。各级科协组织及所属学会要及时向党委、政府汇报，主动争取支持。加强统筹协调，争取有关部门支持配合，完善改革配套政策，协同推进改革，形成改革合力，增强改革的系统性整体性协同性。

3. 强化评估督导。加强改革进展动态评估，将改革实施情况纳入各级科协组织及所属学会的年度考核。支持试点示范，及时总结经验，推广典型，推动改革落地生根。

中国科协关于印发《中国科协决策咨询发展“十四五”规划（2021—2025年）》的通知

各全国学会、协会、研究会，各省、自治区、直辖市、副省级城市科协，新疆生产建设兵团科协：

为深入贯彻落实《中国科学技术协会事业发展“十四五”规划（2021—2025年）》《“十四五”时期推进科协系统深化改革重点任务工作方案》，现将《中国科协决策咨询发展“十四五”规划（2021—2025年）》印发你们。请结合本学会、本地区科协组织实际，认真贯彻实施。

中国科协

2021年11月11日

中国科协决策咨询发展“十四五”规划（2021—2025年）

以习近平新时代中国特色社会主义思想为指导，依据中办、国办印发的《关于加强中国特色新型智库建设的意见》，以及《中国科学技术协会章程》《中国科学技术协会事业发展“十四五”规划（2021—2025年）》《“十四五”时期推进科协系统深化改革重点任务工作方案》，编制本规划。

一、序言

“十三五”时期，中国科协深入贯彻习近平总书记关于科技创新和科协工作的重要讲话精神，全面落实党中央关于建设中国特色高端智库的重大部署，把决策咨询作为履行科协组织桥梁和纽带职责的重要途径，发挥科技群团柔性智库优势，集聚科技工作者群体智慧的格局进一步形成，科协智库网络体系初具雏形，与高校共建智库机制不断完善，智库国际化、信息化加快推进，科技评估工作取得积极进展，服务党和政府科学决策取得新成效。顺应科技工作者的期待，对照党和政府科学决策的要求，科协组织决策咨询工作仍然存在工作体系不够完善、集思汇智聚力资政能力不足、支撑保障条件有待加强等主要问题。

“十四五”时期是开启全面建设社会主义现代化国家新征程、向第二个百年奋斗目标进军的第一个五年。科协决策咨询工作必须站在新的更高起点上，找准新定位、塑造新优势、展现新作为，必须面对百年未有之大变局、纷繁复杂的新形势，因势而谋、应势而动、顺势而为，团结引领广大科技工作者把思想和行动统一到习近平总书记重要讲话精神上来，把智慧力量凝聚到落实党中央关于高水平科技自立自强的决策部署上来，资政建言，为服务党和政府科学决策、服务国家治理体系和治理能力现代化、服务构建人类命运共同体，为建设世界科技强国、全面建设社会主义现代化国家勇立新功。

二、指导思想和发展目标

（一）指导思想。坚持以习近平新时代中国特色社会主义思想为指导，深入贯彻党的十九大和十九届二中、三中、四中、五中全会精神，立足新发展阶段、贯彻新发展理念、构建新发展格局、推动高质量发展，发挥桥梁纽带作用，团结凝聚科技工作者，以高质量服务党和政府科学决策为目标，着力健全决策咨询工作体系，着力提升集思汇智聚力资政能力，着力建设决策咨询战略人才队伍，着力强化决策咨询支撑条件保障，为实现高水平科技自立自强、推进国家治理体系和治理能力现代化、建成世界科技强国、全面建设社会主义现代化国家、推动构建人类命运共同体、实现中华民族伟大复兴的中国梦汇聚智慧力量。

（二）基本原则。

——坚持党的领导。加强党对决策咨询工作的全面领导，把广大科技工作者紧紧团结在党的周围，把思想和行动统一到党和政府的重大战略和决策部署上来。

——心系“国之大者”。胸怀“国之大者”，思党和政府之所思，想人民群众之所想，急人民群众之所急，着力为实现高水平科技自立自强、建设世界科技强国建言献策。

——集思汇智聚力。发挥科技群团优势，集思广益，群策群力，海纳百川，聚贤汇智，汇聚科技工作者群体智慧，形成服务党和政府科学决策的强大合力。

——资政报国为民。发挥科协组织参与政治协商、参政议政、民主监督的职责，为国家科技战略、规划、政策、法律法规等制定提供决策依据，实现科技工作者报效祖国、服务人民的价值。

（三）发展目标。到2025年，科协系统服务党和政府科学决策的质量水平和能力显著提升，科协决策咨询战略人才队伍结构进一步优化，系统协同、开放合作的科协决策咨询工作体系基本形成，集思汇智聚力资政的科协决策咨询生态进一步优化，支撑保障条件进一步完善。

三、重点任务

“十四五”时期，聚焦服务党和政府科学决策目标，紧紧围绕服务高水平科技自立自强的使命要求、科协组织决策咨询工作面临的重大问题，强化重大任务和关键措施的部署。

（一）开展重大战略决策咨询研究。紧紧围绕国家战略布局、科技创新、高水平科技自立自强等中央决策部署要求，开展世界科技强国建设、原创性引领性科技攻关等重大问题战略咨询研究。紧紧围绕建设完善支持全面创新的基础制度，开展科技体制改革、开放创新生态构建、各类人才创新活力激发等重要方面政策咨询研究。紧紧围绕强化国家战略科技力量和科技创新人才队伍建设，提升国家创新体系整体效能，开展创新发展规律、科技管理规律、人才成长规律等咨询基础研究。紧紧围绕联系服务科技工作者，组织开展科技工作者状况调查，扩大调查覆盖面，创新调查方式，及时精准了解科技工作者的意见建议和诉求。紧紧围绕创新活动、科技人才、科技组织等发展战略（政策、规划、项目），组织开展咨询评估评价。紧紧围绕完善国家治理现代化相关法律法规、伦理审查规则及监管框架，开展科技伦理挑战、风险防范、安全保障、冲突化解等前瞻性决策咨询研判。紧紧围绕学科（领域）以及行业、区域发展，开展跨专业、跨学科、跨行业、跨区域等重大关键问题咨询研究。

（二）开展全球科技治理对策研究。围绕碳达峰碳中和、气候变化、生命科学与人类健康、信息与通信技术、能源与环境以及灾害风险等全球科技治理问题，发挥中国科协联合国特别咨商地位作用，参与规则制定、议程设置等，提供咨询建议。围绕共建“一带一路”倡议，开展沿线主要国家和区域的国际组织与国别组织及其科技政策研究，以及双边和多边交流合作，提供互鉴共享的咨询方案。聚焦化学、材料、物理、工程领域等重大学科发展问题，开展设立国际大科学计划和大科学工程咨询研究和交流。

（三）开展科协发展与改革重大问题研究。围绕建设中国特色社会主义科技群团，开展科协组织和科技社团发展史以及发展理论研究。围绕科协组织主责主业，组织开展学术交流、科学普及、决策咨询等科技类社会化公共服务创新发展对策研究。围绕完善工作体系、扩大组织覆盖等科协系统深化改革中的重大问题，开展相关配套政策研究。围绕各类科协组织反映最强烈的问题，组织开展科协系统深化改革创新试点，探索破解长期制约科协事业发展的深层次体制机制问题。

（四）构建柔性科技群团智库网络。发挥中国科协战略发展部门顶层设计、统筹协调的职责，以及中国科协创新战略研究院、中国科普研究所等研究支撑作用，组织引导科协系统做好决策咨询工作。发挥全国学会决策咨询主体作用，建立完善工作机构，推动以三级以上学科（专业、领域、行业）为单元组建决策咨询战略专家团队，领衔组织开展决策咨询活动。发挥地方科协决策咨询特色优势，支持由实力较强的地方科协牵头建立跨区域决策咨询研究基地，围绕区域重大战略开展决策咨询活动。发挥科研院所、高校、企业等专业资源优势，共建智库，开放合作，开展跨学科、跨学界、跨行业的决策咨询研究。发挥科协组织对外民间科技人文交流独特作用，开展与国际著名科技智库、高校、研究机构等的决策咨询合作交流。

（五）建设完善决策咨询研究机制。坚持问题导向，聚焦战略重点、科技前沿以及行业和区域发展重大问题，建立完善“党政出题、问题为题、超前设题、征集选题”的科协系统决策咨询选题机制。坚持能者上、智者上、谁有本事谁上，借鉴“揭榜挂帅”“赛马”等机制，采取决策咨询项目方式实施推进，完善科协系统决策咨询答题机制。坚持战略与战术、日常与应急相结合的决策咨询研究策略，建立完善突出重点、见诸日常、谋于未然、快速响应决策咨询的平战结合机制。坚持围绕决策咨询服务产品供给，完善以价值链、生产链、创新链、产品谱、供应链为核心的决策咨询“呈果”机制。实施重大战略咨询计划，组织开展决策咨询活动，促进将学术交流中的新理论、新学说、新观点、新方法、新方案等成果整理、提炼、转化为决策咨询意见建议，打造科技群团决策咨询品牌。实施科技智库青年人才计划，支持青年科技人才积极开展决策咨询研究，为党和政府科学决策建言献策，促进青年咨询人才队伍培养。

（六）建立完善资政建言呈报机制。办好《科技工作者建议》等专刊，汇聚科技工作者群体智慧和建言献策成果，及时向党和政府反映科技工作者关于我国经济社会发展和科技进步等方面的重大建议。办好《科技界情况》等刊物，集中展现科技工作者状况调查工作成果，及时准确反映科技工作者队伍面临的困难和问题、意见和诉求，为党和政府制定、调整科技政策和科技人才政策提供依据。发挥科协组织参与民主协商作用，密切与政协各专门委员会的联系，推动决策咨询成果以政协科协界委员提案等形式进入决策工作程序。发挥科技群团优势，组织科技工作者参与国家科技战略、规划、布局、政策、法律法规的研究、咨询和制定，推动决策咨询成果以建议等形式进入人大立法工作程序。

（七）建立完善决策咨询传播体系。广泛汇聚转化重大战略决策咨询、全球科技治理对策、科协改革重大问题等研究成果，以及科技界关于科技创新、科技人才、科技组织等新思想、新观点，面向未来社会、面向未来世界，编制发布系列智库报告。广泛汇聚转化学科、领域、行业、产业以及区域决策咨询研究成果以及业界思想观点，面向学科前沿、面向行业发展、面向区域发展，编制发布业界（区域）智库报告。围绕人类面临的共同挑战创设议题，组织举办中国科协年会、世界科技与发展论坛、世界数字经济论坛、世界新能源汽车大会、世界青年科学家峰会、世界公众科学素质促进大会、科幻大会等活动，广泛凝聚共识，服务科学决策，引领社会思潮。

（八）建设“智汇中国”服务平台。基于科协系统智库战略研究资源，秉承“集思汇智聚力，服务国之大者”宗旨，构建跨界集智、开放融合的分布式“智汇中国”服务平台。推进科协系统决策咨询信息共建共享、互联互通，建设完善选题库（问题库）、专家库、成果库、文献库，丰富决策咨询研究支撑服务场景，为决策咨询产品发布和成果传播提供渠道和平台。坚持移动优先策略，建立完善科协组织决策咨询“两微一端”传播矩阵，及时面向社会发布最新决策咨询研究成果。建设完善科技工作者在线调查系统，开展科技工作者状况在线调查，实时了解科技界所急所需所盼所研，为党和政府制定科技、产业等政策、科协组织适时精准服务科技工作者等提供依据。建设完善科协组织智慧统计系统，开展全国科协系统综合统计调查，及时反映科协事业发展状况。

四、保障措施

（一）强化政治担当，加强组织领导。各全国学会、各级各类科协组织要坚持中国特色社会主义科技群团的智库立场，把服务党和政府科学决策作为科协组织应尽职责，纳入重要日程。要主动争取党委和政府的支持，要加强组织领导，制定规划计划，落实项目和责任分工，确保工作落实并取得实效。

（二）建立完善机构，加大投入力度。各全国学会、各级各类科协组织要因会制宜、彰显优势、突出特色、明确定位，建立完善决策咨询工作机构以及专家团队。要积极争取财政、科技、民政等部门的投入，完善项目实施管理，提高实施绩效。充分利用社会力量和市场机制，探索建立决策咨询经费多元投入保障机制，推动落实鼓励决策咨询事业发展的税收优惠等相关政策。

（三）加强评估监督，完善激励机制。明确专项规划目标任务的分解分工，督促各全国学会、各级各类科协组织将专项规划任务落实在年度重点工作任务中。开展决策咨询工作交流，总结推广经验。开展科协系统年度决策咨询工作总结和工作考核，评选优秀智库报告，围绕智库人才、智库机构、智库产品等发布榜单。组织开展专项规划实施的中期评估、终期评估。

中国科协关于印发《现代科技馆体系发展“十四五”规划（2021—2025年）》的通知

科协发普字〔2021〕56号

各全国学会、协会、研究会，各省、自治区、直辖市、副省级城市科协，新疆生产建设兵团科协：

根据《中华人民共和国科学技术普及法》《全民科学素质行动规划纲要（2021—2035年）》《中国科学技术协会事业发展“十四五”规划（2021—2025年）》《中国科协科普发展规划（2021—2025年）》，为充分发挥现代科技馆体系服务全民科学文化素质提升的作用，打造支撑高质量科普服务体系的核心阵地，中国科协研究制定《现代科技馆体系发展“十四五”规划（2021—2025年）》，现印发给你们。请结合实际，认真贯彻落实。

中国科协

2021年12月17日

现代科技馆体系发展“十四五”规划（2021—2025年）

为深入贯彻《全民科学素质行动规划纲要（2021—2035年）》精神，落实《中国科学技术协会事业发展“十四五”规划（2021—2025年）》和《中国科协科普发展规划（2021—2025年）》要求，充分发挥现代科技馆体系服务全民科学文化素质提升的作用，打造支撑高质量科普服务体系的核心阵地，特制定本规划。

一、序言

2012年11月底，中国科协贯彻党的十八大精神，针对我国科技馆发展不平衡不充分的问题，研究提出建设现代科技馆体系。面向“十四五”，现代科技馆体系（简称科技馆体系）以实体科技馆为依托，统筹流动科技馆、科普大篷车、农村中学科技馆、数字科技馆等协同发展；发挥社会主义制度优势，中国科学技术馆做好科技馆体系顶层设计，按照“省域统筹政策与资源、市域集散调配资源、县域组织落实”的发展思路构建省级科技馆体系，形成全国科技馆体系的发展合力，实现格局重塑、功能扩展、融合发展；打造科学家精神教育基地、前沿科技体验基地、公共安全健康教育基地和科学教育资源汇集平台（简称“三基地一平台”），有效构建高质量科普公共服务核心阵地。

“十三五”期间，科技馆体系建设总体态势良好。全国实体科技馆数量增加了169座，新增建筑面积137.6万平方米，全国科技馆累计接待观众超过3亿人次；流动科技馆配发345套，巡展3035站，服务公众9269万人次；科普大篷车配发657辆，行驶里程1565万千米，服务公众9610万人次；农村中学科技馆立项以来建成1112所，服务公众1020万人次；中国数字科技馆总用户接近1500万，资源总量达16.32TB，微信公众号和微博粉丝数超过1000万。科技馆体系为提高全民科学素质、推动科普公共服务公平普惠作出重要贡献。

与此同时，科技馆体系也存在一些问题，主要表现在：省级科技馆体系发展不完善；实体科技馆建设和发展不平衡，中小科技馆服务能力相对薄弱；科学精神和科学家精神的弘扬不够充分；科技馆优质科普资源有效供给不足；全国科技馆资源共享不足，协同发展相对欠缺；运行机制不完善；人才队伍建设存在短板等。

“十四五”时期是我国全面建设社会主义现代化国家的第一个五年。新发展理念和新发展格局对科普事业提出新的要求，科技馆体系必须顺应时代要求、寻求创新与提升之道。一是新时代对科技馆体系在促进人的全面发展方面有更高要求。科技馆体系要遵循高质量发展要求，深化供给侧改革，以更好地满足公众更高的科普需求。二是新时代的科技馆体系在价值引领方面有更高追求。科技馆体系要进一步加大科学精神、科学家精神、科学思想和科学方法的传播力度，助力形成热爱科学、崇尚创新的社会氛围。三是新时代的科技馆体系在服务国家发展和社会进步方面有更高目标。科技馆体系建设要坚持“四个面向”，为高水平科技自立自强和全面建设社会主义现代化国家贡献力量。

二、指导思想和发展目标

（一）指导思想

以习近平新时代中国特色社会主义思想为引领，全面贯彻党的十九大和十九届二中、三中、四中、五中、六中全会精神，深入践行习近平总书记关于科技创新和科学普及的系列重要讲话精神，以弘扬科学精神和科学家精神为价值引领，以推动供给侧改革为重点，加快构建多元主体参与的开放体系，提升科技馆体系的制度化、标准化、信息化、社会化、国际化水平，建设“三基地一平台”，更好地满足公众精神文化生活新期待，助力提高人民思想道德素质、科学文化素质和身心健康素质。

（二）基本原则

——坚持价值引领。在社会主义核心价值观引领下，以普及科学知识、传播科学思想和科学方法为基础，将弘扬科学精神和科学家精神贯穿到科技馆体系发展的全领域、全过程，营造良好的创新生态。

——聚焦格局重塑。在地方党委、政府的支持下，推动构建省级科技馆体系，打通基层科普服务的节点，构建“纵向一体、横向协同”的科技馆体系新型网状发展格局。

——注重规范管理。健全制度保障，发挥标准引领作用，对基础设施、科普产品及服务等重点领域进行规范，支撑科普高质量发展。

——致力融合发展。增强科技馆体系的开放性和社会协同，支持多元主体参与科技馆建设，形成多方协同推进的科技馆体系发展态势。

（三）发展目标

到 2025 年，围绕打造“三基地一平台”，致力于实现以下目标：

——科技馆基础设施建设日益坚实。优化布局，推动每个地级市建有 1 座科技馆；培育 5 ～ 10 家卓越科技馆；中小科技馆科普服务能力大幅提升；创新流动科普设施运行机制，提高资源使用效能。

——科技馆体系运行机制不断完善。全国科技馆联动共享机制基本建立，实现资源连接、活动连接、智慧连接；各省级科技馆体系初具规模，运行管理机制逐步健全；社会协作机制不断完善，多元主体参与的开放体系初步形成。

——人才队伍发展壮大。专职人员能力显著提升，兼职人员形成有效补充，科普志愿服务蓬勃发展。

三、重点任务

（一）加强科技馆体系基础设施建设

推动场馆建设均衡发展。努力培育一批卓越科技馆，围绕“四个面向”深化供给侧改革，夯实科技馆科普服务基础。

——促进全国科技馆均衡发展。推动有条件的地级市因地制宜建设科技馆，支持社会力量参与县级科技馆建设，鼓励中西部地区和革命老区、少数民族地区、边疆地区、欠发达地区科技馆的建设发展。积极创新科技馆建设模式，探索与博物馆、图书馆、文化馆、新时代文明实践中心等共建共享。鼓励专题特色科技馆建设，突出本地科技人物和科技成果。流动科技馆常规巡展展览资源新增不少于 100 套、巡展不少于 1500 站，区域换展展览资源新增不少于 90 套、县级轮转站点总数突破 150 个。科普大篷车区域资源共享中心覆盖不少于 30 个地市级区域。新建农村中学科技馆不少于 200 座，持续提升覆盖率和利用率。

——实施卓越科技馆培育计划。设立“卓越科技馆培育专项”，建立相应考核评价机制，选拔并重点培育 5 ～ 10 家科技馆，在展览展品研发、教育活动实施等方面加大支持力度，提升科普服务水平、增强自主创新能力、发挥引领示范作用，为建设世界一流科技馆打牢基础。

——深化科普资源供给侧改革。坚持价值引领，将弘扬科学精神和科学家精神贯穿于科技馆科普产品生产全过程。拓展科技馆“三基地一平台”的功能定位，围绕“四个面向”，坚持需求导向，着眼于满足公众对高质量科普的需求，突出科普资源供给的引领性、精准性、服务性，创新科普内容、形式和手段。实体科技馆加强展览展品研发，提高展品的原创性、探究性和生动性，策划推出高水平的常设展览及短期展览。建立流动科普资源库，开发多主题、模块化、菜单式的流动主题展览不少于 40 个，研发精准性高、实用性强的科普大篷车主题车载资源不少于 20 个，满足不同地区、不同人群的多样化需求。开发农村中学科技馆资源不少于 12 套，形成“1+1+N”的模块化科普资源配置模式。

——推动全国科技馆智慧化建设。各地新建科技馆时，要同步开展数字孪生工作。注重展览展品和教育活动开发的数字化技术运用，提升科技馆内容建设智慧化水平。鼓励运用智慧化手段开展导览、预约、个性化推荐等观众服务，提升参观体验。运用信息化技术实现数据自主采集分析、决策辅助，提升场馆运行管理的智慧化水平。

（二）强化全国科技馆联动共享

以“连接 · 共享 · 服务”为理念，通过信息化手段实现资源连接、活动连接、智慧连接，促进全国科技馆科普资源共建共享，提升科技馆科普服务能力。

——加强资源连接。建强做优中国科学技术馆，持续打造科技馆体系“中央厨房”。推动展览资源连接，搭建全国主题巡展共建共享平台，推动主题巡展资源供需对接，盘活科技馆展览资源。加强科学教育资源连接，建设科学教育资源汇集平台，开发和汇集面向中小学校的优质科学教育资源，形成优质高效的融媒体资源库。推动影视资源连接，鼓励各地科技馆创作科普影视资源，扩大科普影视资源共享放映的规模和覆盖面。加强虚拟现实资源连接，搭建虚拟现实共建共享平台，为公众提供相关科普资源。

——开展活动连接。依托“中国空间站科创体验基地”等开展“科技馆里的科学课”系列科普活动，鼓励各地科技馆、全国“馆校结合基地校”、农村中学科技馆师生共同参与。围绕全国科技工作者日、全国科普日等重要节日开展科普活动。动员各地科技馆和科技工作者加入“百馆千场万人科学家精神宣讲团”。深入开展“进学校、进农村、进工厂、进社区、进养老院”科学素质提升“五进”行动。支持“老年科技大学”建设。

——实现智慧连接。发挥中国数字科技馆在体系建设中的信息枢纽作用，建设科技馆体系数据中心和管理平台，提升数字化水平。以满足公众参观需求为出发点，搭建并鼓励各地科技馆入驻“手机应用服务中心”等，实现“智慧服务”；搭建共建共享平台，推进“展品信息管理系统”等应用软件共享和复用，推动优质展览展品数字化转化，开发网络科普资源，实现“智慧共享”；加强业务中心和数据中心建设，促进对科技馆业务和数据的高效运维，实现“智慧管理”。

（三）推动省级科技馆体系创新升级

进一步发挥省级科技馆的能动性，统筹省内科技馆联动共享，扶持中小科技馆建设发展，协调推进各省科技馆体系建设。

——推动构建省级科技馆体系。在地方党委、政府的支持下，为省级科技馆赋权赋能，使其成为带动各方力量参与本省科技馆体系建设的组织者和主责者。推动各省科技馆主管单位赋予省级科技馆履行本省科技馆体系建设、发展的统筹职能，明确其统筹省内实体科技馆、流动科普设施、数字科技馆等协同建设和运行管理的职责，并配备必要的人员和经费。省级科技馆应统筹好省内科技馆联动共享活动、科普资源共建共享工作，促进科普资源优化配置，形成全国科技馆体系的发展合力。

——实施中小科技馆能力提升计划。加大对中小科技馆发展的扶持力度和政策支持。由省级科技馆主导，重点面向中小科技馆提供常设展览更新改造、短期展览巡回展出、教育活动等方面的支持；通过捐赠、共建、集成等方式，解决中小科技馆展教资源匮乏陈旧、无力更新等问题；通过专业培训等方式增强中小科技馆人才队伍建设和科普服务能力，使其成为全国科技馆联动共享的有生力量。

——创新科技馆体系运行模式和机制。结合各地经济、社会、资源现状及相关发展规划，因地制宜构建各省科技馆体系组织架构和运行模式。按照“省统筹、市调配、县落实”的思路，扩大流动科技馆区域换展实施范围，引导地方加大资源投入和经费匹配力度，以此推动县级科技馆建设；建设科普大篷车区域资源共享中心，形成车载资源共享互换机制。

（四）促进科技馆体系融合发展

加快构建多元主体参与的开放体系，推进科技馆体系开放共享和资源融通，优化科技馆体系发展生态。

——配合国家“双减”政策，加强与教育主管部门、中小学校合作，探索建立“馆校结合”长效机制。鼓励中小学校组织学生定期、就近到科技馆参加科学课，加强科普研学项目建设及规范化管理。鼓励科技馆资源以校园科技节、科学表演、科学资源包等不同形式进入中小学校，更好地满足课堂教学和课后服务需求。依托科学教育资源汇集平台等，为学校和教师提供资源。组织开展系列化、专题化的中小学教师培训，形成一批具有较高科学素质的学校教师队伍。开展“馆校结合”区域试点，并逐步向全国示范推广。

——成立中国科技文化场馆联合体，推动科技场馆和文化场馆在资源开发共建、学术研究、人才培养等方面加强合作。盘活存量资源，引入一批文化场馆精品展览，增加科技场馆的文化内涵和文化元素。联合开展科技文化专题展览和教育活动，不断满足公众科学文化需求。开发增量资源，鼓励科技场馆与文化场馆联合开发科技文化展教资源，打造有影响力、有代表性的品牌。加强科技馆文化建设，强化品牌形象和文化软实力。

——联合社会力量，探索多元主体参与科技馆体系建设的合作机制。依托科技馆体系，动员、引导和鼓励科技工作者开展创作、教育、传播、宣传等工作，为科技工作者服务全民科学素质提升搭建平台。推进科技资源科普化，鼓励支持全国学会、科研院所、高校、企业等利用自身科技资源服务科技馆体系建设。通过委托管理、购买服务等方式，鼓励企业等社会力量参与科技馆体系建设和运行。鼓励企业积极投入科普产品的研发、创作、生产和推广，创新科普产业技术，探索科普产品全产业链建设。支持科技馆在短期展览、科技培训、特效电影、科普文创等非基本科普公共服务方面与社会力量开展合作，推动科普产品多元供给。

——探索建立科技馆体系国际合作长效机制。学习借鉴世界一流科技馆的发展经验，与世界知名科普企业开展合作，学习吸收其研发技术及巡展经验。推动流动科技馆“一带一路”国际巡展，探索长期合作的有效路径。依托中国自然科学博物馆学会及地方社会组织等开展国际学术交流和培训活动，促进科技馆从业人员在展教资源建设、科学教育、科学传播等方面提升能力。积极参与相关国际组织的活动和工作，高度重视并充分发挥任职、履职作用，逐步增强国际话语权。通过科技馆体系国际交流与合作，讲好中国的科普故事，持续扩大中国科普的国际影响力，助力增强国家文化软实力。

（五）加强科技馆体系人才队伍建设

丰富科技馆体系人力资源，加强培训，完善激励机制，造就一支总量充足、素质优良、专兼并重的人才队伍。

——加大专职人才队伍建设力度。大力发展展览展品设计、教育活动开发实施、数字化科普、运行管理等领域专职人才队伍。加大培训力度，推动科技馆体系从业人员科普能力普遍提升。鼓励有条件的地方制定科技馆相关专业技术职称评定办法，制定推广科技馆科学教育职称标准及评定办法，拓宽职业发展通道。发挥中国自然科学博物馆学会及其科技馆专委会、中国科技馆发展基金会的行业组织作用，重点依托专业赛事、行业培训、学术交流等项目持续提升科技馆专职人员能力水平。

——丰富科技馆体系兼职人才队伍。鼓励支持科技工作者积极参与展览展品研发、教育活动开发、人才培训等，支持中小学科学教师依托科技馆体系资源开展科学课程教学与实践，鼓励相关高校学生开展科普实践活动，充实科技馆体系建设的专业队伍。

——拓展科技馆体系科普志愿队伍。探索形成规范化、专业化、社会化的科技馆志愿服务工作体系，建设一支优良的科普志愿者队伍。探索形成科技馆体系志愿服务行业规范。加强各地科技馆与学会组织、社会组织的协作力度，积极推进志愿服务资源的共建共享，培育一批全国科技馆志愿服务活动品牌。

四、保障措施

（一）加强制度保障和统筹管理

全面落实《中华人民共和国科学技术普及法》和《中华人民共和国公共文化服务保障法》，支持各级政府将科技馆体系纳入当地公共文化服务体系建设。推动制定《科技馆条例》。从制度层面推动将科技馆体系建设成效纳入“文明城市评比”及《全民科学素质行动规划纲要（2021—2035年）》的考核内容，提高各级政府对科技馆体系建设的重视程度。依托现代科技馆体系数据采集系统，完善科技馆年报制度，统计汇总全国科技馆年度工作情况。制定以科普展教效果为核心的科技馆评估办法和指标体系，逐步建立科技馆定期评估制度。

（二）提高标准化水平

依托全国科普服务标准化技术委员会，加强科技馆体系标准化建设。推进科技馆体系技术、服务、管理等领域亟需标准的预研与编制工作。实施标准预研和编制专项，鼓励各地科技馆联合标准化科研机构等共同开展标准预研和编制工作，构建国家标准、行业标准、地方标准、团体标准、企业标准和标准性文件等多维标准体系。开展科技馆体系标准化成果应用和推广示范。

（三）保障发展经费

依据相关法律法规，进一步明确科技馆公共文化服务职责，提高对公益科普事业的重视程度，加大科技馆经费投入。鼓励地方财政设立专项资金用于支持科技馆体系建设发展，建立合理的经费投入与预算支付政策，保障科技馆经费随事业发展同步增长。做好全国科技馆免费开放工作，推动建立健全补助资金动态调整机制。重点为欠发达地区的新建和改扩建科技馆提供展教资源建设经费资助。鼓励社会力量以投资、捐赠、资助等方式参与科技馆体系建设与发展，吸引社会资金投入，建立多元经费筹措机制。发挥中国科技馆发展基金会在吸引社会捐赠方面的作用。

中国科协关于印发《中国科协对外民间科技人文交流“十四五”规划（2021—2025年）》的通知

各全国学会、协会、研究会，各省、自治区、直辖市、副省级城市科协，新疆生产建设兵团科协，各有关单位：

为贯彻落实习近平新时代中国特色社会主义思想，按照《中华人民共和国国民经济和社会发展第十四个五年规划和2035年远景目标纲要》《中国科学技术协会事业发展“十四五”规划（2021—2025年）》的总体部署，中国科协研究制定了《中国科协对外民间科技人文交流“十四五”规划（2021—2025年）》，现印发给你们，请结合本学会、本地区科协组织实际，认真贯彻实施。

中国科协

2021年11月11日

中国科协对外民间科技人文交流“十四五”规划（2021—2025年）

“十四五”时期是我国开启全面建设社会主义现代化国家新征程的第一个五年，是我国在变局中开新局、妥善应对外部风险挑战、抓住机遇走近世界舞台中央的第一个五年。为贯彻落实习近平新时代中国特色社会主义思想、党的十九大精神和十九届二中、三中、四中、五中全会精神，按照中央对新时代科技外交和群团改革的总体要求，实现《面向建设世界科技强国的中国科协发展规划纲要》总体目标，按照《中华人民共和国国民经济和社会发展第十四个五年规划和2035年远景目标纲要》《中国科学技术协会事业发展“十四五”规划（2021—2025年）》的总体部署，编制本规划。

一、序言

（一）“十三五”中国科协对外民间科技人文交流的现状

“十三五”以来，中国科协贯彻落实习近平新时代中国特色社会主义思想，服务国家外交大局、服务国家治理体系和治理能力现代化建设，结合工作实际，多项工作取得了较好的成效。一是充分运用国际组织平台资源，形成了通过我国科学家履职任职带动与国际科技组织深度合作、有效参与全球科技治理的新模式。二是服务国家战略，通过“一带一路”国际科技组织合作平台建设，开展与相关国家科技组织的务实有效合作。三是以工程师标准现代化建设为抓手，积极推动工程师资格国际互认，引导现代工程师治理体系的建设，并以此推动中国国内工程师制度的改革。四是主动设置科技议题、搭建对话平台，逐步形成了面向美国、俄罗斯、日本、瑞典、德国等科技创新强国的中外科技交流对话机制。推动全国学会、地方科协积极开展机制性双边科技交流，逐步形成了点线面相结合的双边科技人文交流机制。五是持续加强与港澳台科技团体和组织的交流合作，推动与港澳台科技团体和组织高层互访，促进与港澳台科技交流合作常态化与制度化，加强港澳台科技交流活动品牌化建设。六是同海外科技团体及科技工作者加强联系，动员、团结和组织广大海外科技工作者为促进科技创新、推动科技与经济融合发展和社会高质量发展贡献智慧和力量。

目前，科协系统已经初步构建了对外民间科技人文交流的合作网络，但在有效促进和推动科协系统国际化方面仍存在一定差距。主要包括：体制机制亟待完善，系统谋划与前瞻布局尚不清晰；人才队伍建设滞后、经费保障有待提升，相关政策瓶颈亟待突破；全国学会与地方科协能力建设不足，“一体两翼”间尚未形成有效协同。

（二）“十四五”对外民间科技人文交流面临的总体形势

开展多元化、多层次、体系化的对外民间科技人文交流，是增进各国人民友谊、促进国家发展的基础性工作，是国家科技外交及国际科技合作的重要组成部分，也是我国积极参与全球治理、融入全球创新网络的重要途径。“十四五”期间，随着我国全方位科技外交布局的深入开展、人类命运共同体理念的深入人心，科协系统需要更加积极主动地开展对外民间科技人文交流。

从国际态势看，当今世界正经历百年未有之大变局，新一轮科技革命和产业变革深入发展，国际力量对比深刻变化，和平与发展仍然是时代主题，人类命运共同体理念深入人心，同时国际环境日趋复杂，不稳定性不确定性明显增加，新冠肺炎疫情影响广泛深远，单边主义、保护主义、霸权主义对世界和平与发展构成威胁，国际经济、科技、文化、安全、政治等格局都在发生深刻调整。科技创新在构建人类命运共同体中肩负着重大使命，加强科技领域务实高效的交流合作成为世界各国应对全球性挑战的共同选择。从国内发展看，“十四五”时期恰逢“两个一百年”历史交汇期，落实党的十九届五中全会提出的新发展理念，加快构建以国内大循环为主体、国内国际双循环相互促进的新发展格局，贯彻科技体制改革和群团改革的精神和举措，都对对外民间科技人文交流提出了新的要求。

二、指导思想和发展目标

（一）指导思想

坚持以习近平新时代中国特色社会主义思想为指导，服务国家外交和港澳台工作大局，发挥科协系统“一体两翼”组织优势，服务学术、科普、智库“三轮”驱动，着力拓展对外民间科技交流合作渠道，切实发挥科协系统民间科技人文交流主渠道作用，面向世界、面向未来，充分调动海内外科技工作者主动性、创造性，增进对国际科技界的开放、信任、合作，以高水平的科技自立自强为建设科技强国、社会主义现代化国家、推动构建人类命运共同体、实现中华民族伟大复兴的中国梦作出更大贡献。

（二）基本原则

——围绕中心。围绕党和国家工作大局，坚持面向世界科技前沿、面向经济主战场、面向国家重大需求、面向人民生命健康，服务世界科技强国建设，服务国家外交大局，服务科技经济深度融合发展。

——聚焦靶心。坚持问题导向，实施开放包容、互惠共享的国际科技合作战略，加强联系服务海内外科技工作者，着力营造开放创新生态，打造全球科技开放合作的广阔舞台。

——凝聚人心。用好国际国内两种资源、政府市场两种机制、线上线下两种渠道，推动共建共治共享，助力我国科技工作者积极参与全球科技治理，不断增强科协组织对海内外科技工作者的影响力、吸引力、凝聚力。

（三）发展目标

1. 总体目标

——成为全球科技治理的重要贡献者。顺应国际科技合作大趋势，主动融入全球创新网络，对标以联合国为主导的国际治理体系，发挥国际组织在国际社会的协同作用，推动民间与政府科技交流与合作，不断提升自主创新能力，为推动共建人类命运共同体作出突出贡献。

——成为科技交流与合作的推动者。充分发挥民间科技交流渠道作用，以更加开放的思维和举措推进国际科技交流合作，搭建具有中国特色、世界水平的多边和双边创新对话与协商合作交流平台，聚焦气候变化、人类健康等共性问题，务实推进国际科技交流与合作。

——成为科学文化的传播者。弘扬科学精神，普及科学知识，推动不同地区、不同文化、不同文明之间的交流合作，通过科技共享、文明共享、知识共享促进科学文化交流，共同为人类社会的进步作出科技界的贡献。

2. 具体目标

——科协系统的国际化工作能力显著提升。

——对外民间科技交流合作机制建设取得新成效。

——对外科技人文交流影响力进一步增强。

——参与全球科技治理的能力显著提高。

三、重点任务

（一）实施科技外交助力行动

1. 全面融入全球科技治理体系。通过国际组织平台，积极开展规则制定、议程设置、舆论宣传，深度参与全球科技治理。利用中国科协联合国咨商地位，围绕全球气候变化、防灾减灾、网络安全、人类健康等全球共同关注的重大科学问题开展研究，通过民间科技交流渠道服务以联合国为核心的多边治理体系。加强与重要国际科技组织的合作，支持条件成熟的全国学会发起成立国际科技组织，与“一带一路”共建国家科技组织联合发起区域性国际组织/联盟，吸引国际科技组织在华设立总部或分支机构。

2. 开展“一带一路”科技人文交流。继续扩大“一带一路”科技人文交流工作的覆盖面，持续实施科普共享、学术交流、共建国际组织、开展人才培训、推动工程能力互认和加强民间智库建设等项目，推动与共建国家科技组织开展务实合作。力争在发起培育国际科技联盟、与国外科技组织共建培训/研究中心等方面开展长效合作，逐步实现智力聚合、价值认同和科技成果输出。

3. 完善全球科技伙伴关系网络。推进多层次对美交流合作，构建多维度对俄科技交流体系，推动发展稳定均衡的大国关系。深化与欧亚创新型国家在科学传播、技术服务、科技创新等方面的交流合作，扩大与欧亚科技界利益交汇点。通过政策引导和资金支持，推动与发展中国家务实合作，加强同周边国家睦邻友好关系。

（二）实施国际学术引领行动

4. 打造世界一流学术品牌。联合有关部门和国际科技组织持续打造世界机器人大会、世界交通运输大会、世界生命科学大会、世界新能源汽车大会、世界智能大会等高端主场国际学术交流活动品牌。组织动员全国学会在华举办高级别、高水平系列国际科技会议，在前沿大学科交叉融合领域以及国家战略发展的关键技术领域形成示范品牌。深化学术出版领域国际科技交流与合作，推动建设世界一流科技期刊。鼓励全国学会和地方科协不断提升科技奖项国际影响力，探索设立国际科技奖项，推送更多中国科学家参与国际科技奖项评选。

5. 搭建世界一流技术服务平台。组织动员学会和地方科协服务各类园区、企业与国际优质科技创新资源双向对接。推动建设开放式、国际化的技术交易平台，构建技术项目、技术成果大数据，深入挖掘技术成果交易增值服务。鼓励学会与国际组织合作，参与制定世界一流的标准化工作，帮助我国企业参与国际标准化活动，提升公众对国际标准化工作的认识，推广国际标准应用，培养国际标准化人才。

（三）实施高水平人才队伍建设行动

6. 推动科学家参与高水平国际交流。通过推动科技体制深化改革，提升科技人员参与国际交流和全球科技治理的主动性和积极性，支持我国战略科学家和顶尖科学家团队积极与世界各国优秀科技人才及团队开展交流合作，共同探索解决重要全球性问题，应对时代挑战，以科学促进人类和平与发展，拓展开放程度、扎紧信任纽带、提升合作成效，推动科技界形成“平等合作、互惠共赢”的价值观共识。

7. 开展国际组织人才队伍建设。支持中国科学家在国际组织任职履职，向国际组织各级任职岗位输送优秀人才，搭建任职人员梯队。资助国际组织任职科学家及后备人员出国参加各类学术会议和国际组织工作会议。推动组建国际组织中委会，为任职专家提供支撑。持续开展国际组织任职和后备人才培养培训工作，提升我国科技人员参与国际组织事务和国际科技治理能力与水平。

8. 加快工程师队伍国际化建设。在加入《华盛顿协议》基础上，继续开展双边互认试点和多边互认谈判工作。探索解决我国工程技术人员海外从业资格和工程师国际流动等问题，推动建立完善国内工程能力认证评价标准及认证体系，提升我国工程师职业化、国际化水平，推动中国工程师能力标准走向世界。

（四）实施科普开放合作促进行动

9. 开展青少年科技教育国际活动。打造青少年科技教育国际论坛，推动全国青少年科技创新大赛、中国青少年机器人竞赛等重大竞赛活动的国际化。做好国际奥林匹克学科竞赛选拔、培训及组队参赛工作，参与国际科学与工程大奖赛等重点国际青少年科技交流活动。

10. 开展世界公众科学素质促进系列活动。推动形成世界公众科学素质建设长效合作机制，筹划发起成立世界公众科学素质促进组织。开展科学素质国际调查，发布世界公众科学素质报告，共享各国公众科学素质建设的有效模式和经验。

11. 推进科普资源国际共建共享。探索建立“一带一路”科普场馆国际合作长效机制，促进从业人员能力提升。积极参与科普相关国际组织工作并充分发挥作用，逐步增强国际话语权。

（五）实施科技外交智库建设行动

12. 举办中国科技峰会系列活动。发挥中国科协智库体系优势，举办全球科技智库高峰论坛、国际创新战略与科技政策论坛、全球科技发展与治理国际论坛、世界科技与发展论坛等，提出促进科技创新、应对经济社会发展重大挑战、社会可持续发展等相关政策建议。

13. 推动高端国际科技智库建设。聚集国内外一流学者开展高水平研究，形成有影响力的国际化智库平台。开展国际智库伙伴计划，联合国内外高校和智库机构共建高端国际科技智库，聚焦新时期国家创新体系、创新区域与产业集群、科学技术工程指标、科技外交、国际技术贸易等重大问题开展研究。

（六）实施国际人才服务行动

14. 搭建海外人才服务平台。优化海外智力为国服务行动计划运行机制和管理模式，打造境外科技人员向中国境内流动的跨境的、高质量的“人才高速公路网”。拓展海外引才引智渠道，优化海智基地布局，加强区域协作，推动海智工作东西部平衡发展。

15. 加强科技人才交流互访。继续办好世界青年科学家峰会，打造高端人才交流平台。持续支持中外科学家特别是优秀青年科技人才开展交流互访，组织海外人才中国行活动。

（七）实施深化港澳台科技人文交流行动

16. 加强与港澳台科技交流合作。探索建立和完善与港澳台科技机构交流合作机制，深化巩固与港澳台地区科技机构的合作关系，进一步拓展和扩大交流合作渠道。强化在科普、学术、人才、“双创”等领域的交流，打造活动品牌。组织动员全国学会和地方科协开展对港澳台交流合作，推动科技人员深度交往。

17. 深入开展对港澳台青少年交流。持续开展当代杰出华人科学家公开讲座、港澳台大学生暑期实习活动、海峡两岸青年学子科技交流活动、海峡两岸大学生辩论赛、科学大师名校宣传工程等品牌活动，搭建海峡两岸暨港澳青少年交流平台，增进港澳台青少年对祖国的了解和认知，引导和培育港澳台青少年对中华民族的认同感、自豪感。

（八）实施服务科技经济融合发展行动

18. 开展科技经济融合领域国际交流合作。围绕服务“科创中国”建设，充分利用国际科技组织、对口国别组织和相关机构资源，增强信息共享，开展国际技术贸易合作，促进国际会议、双边会议资源和成果转化。面向不同类型国家建立相应合作机制，通过实施合作项目、举办高层对话、创新论坛等方式，围绕成果转化、技术转移和产业化等方面开展合作交流。

19. 推动海智计划服务科技经济融合发展。优化匹配国际资源与地方产业需求，动员海智基地等海智计划参与单位通过组织创新创业比赛、网络路演等活动推介境外优秀企业和技术，推动境外项目和成果有效落地，服务境内优秀企业、产品和技术走出去。

20. 推进海峡两岸暨港澳协同创新。聚焦京津冀、长三角、粤港澳大湾区、黄河流域等重点区域，整合资源，搭建多形式、多渠道的产学研共享平台，服务海峡两岸暨港澳科技经济融合发展。

四、保障措施

（一）加强顶层设计、统筹协调，推动构建“一体两翼”协同机制

加强对科协系统外事工作的统一领导，分类指导全国学会和地方科协外事工作，强化科协系统外事工作协同联动，抓好重点工作的推进、检查、督办。

（二）完善制度建设，强化底线思维，防范化解外事领域风险

完善科协系统外事工作体制机制，健全科协系统外事管理制度，加强外事工作纪律建设，强化风险防范意识，切实维护涉我核心利益。

（三）强化工作经费保障，加强人才队伍建设，协调完善配套政策

积极争取各级党委、政府支持，切实加强对外民间科技交流工作的经费和政策保障。加强外事工作队伍建设，建立健全外事人才培养、推送及管理机制。协调相关部门进一步完善因公出国（境）分类管理政策，推动落实国际组织任职人员配套激励政策。

（四）强化战略研究，探索开展科协系统外事工作能力与绩效监测评估

面向发达国家、新兴经济体、发展中国家等，有针对性地开展国际科技创新合作战略研究。探索开展科协系统外事工作能力与绩效监测评估。

中国科协关于印发《中国科协学会学术创新发展“十四五”规划（2021—2025年）》的通知

各全国学会、协会、研究会，各省、自治区、直辖市、副省级城市科协，新疆生产建设兵团科协，各有关单位：

根据《中国科学技术协会事业发展“十四五”规划（2021—2025年）》，为进一步推动学会学术高质量发展，中国科协研究编制了《中国科协学会学术创新发展“十四五”规划（2021—2025年）》，现印发给你们，请结合实际认真组织实施。

中国科协
2021年11月15日

中国科协学会学术创新发展“十四五”规划（2021—2025年）

依据《中国科学技术协会事业发展“十四五”规划（2021—2025年）》，为进一步推动学会学术创新发展，制定本规划。

一、序言

“十三五”时期，中国科协学会学术工作圆满完成各项既定目标，重点工作取得突破性进展。坚定引导科技工作者听党话、跟党走，实现党的组织和党的活动“两个全覆盖”；学会治理体系不断完善，一批学会进入世界前列，被誉为全国社会组织创新发展主力舰；世界一流科技期刊建设成效显著，学科排名进入国际前5%的期刊达25种，3种进入全球百强，实现零的突破；搭建世界科技与发展论坛等系列高端学术交流平台，构建重大科学问题和工程技术难题等前瞻研判发布体系，国际学术影响力持续扩大；联动推

进“科创中国”科技经济融合行动，130个科技服务团为65个试点城市270个产业提供服务支撑，促进科技创新能力全面提升；工程师水平评价国际互认取得实质性突破，学会公共服务能力明显加强；深入开展国际抗疫合作，务实推进科技交流互鉴，国际科技治理参与度不断扩展。

当前，全球科技革命加速演进，人才国际竞争日趋激烈。创新呈现多点突破、群发突破态势，科技工作者对学科趋势方向研判、塑造更多先发优势更加期待。新一代信息技术不断重构交流和传播模式，科技工作者对便捷信息获取和多元知识服务更加期待。我国经济由高速增长转向高质量发展，科技工作者对参与现代产业体系建设、加快科技经济深度融合更加期待。疫情防控、国际科技竞争等风险明显加剧，科技工作者对拓宽国际合作渠道、融入全球创新网络更加期待。面对新形势、新要求，学会学术工作还存在一定差距：学会发展不均衡，学科布局有待优化，联系服务各类科技人才的方式手段比较单一；科技期刊多而不强，有国际影响力的一流期刊方阵尚未成形；对数字技术下的科研范式、交流方式等研究不够，应对不足；“科创中国”数字平台资源集成水平不高，创新创业带动高质量就业着力还不准。

“十四五”时期是开启全面建设社会主义现代化国家新征程的第一个五年，也是实现高水平科技自立自强、加快建设世界重要人才中心和创新高地的关键时期。学会学术工作必须牢牢把握正确的政治方向，推进学会治理改革，提升学会发展质量；强化学术引领，推动科技攻关，深化科技经济融合；把培育创新人才摆在突出位置，搭建服务平台，激发创新活力；推进开放合作，凝聚国际共识，构建开放创新生态，全面开创学会学术创新发展新局面，持续拓展中国特色社会主义科技群团发展新境界。

二、指导思想和发展目标

（一）指导思想

以习近平新时代中国特色社会主义思想为指导，深入贯彻党的十九大和十九届二中、三中、四中、五中、六中全会精神，全面落实习近平总书记关于群团工作、科技创新和人才工作的重要论述和指示精神，紧扣“四个面向”，强组织、建品牌、育人才、促开放，以学术引领广泛凝聚人心，以优化布局增强服务效能，以产学融合助力建功立业，以开放合作增进国际互信，团结引领广大科技工作者为加快建设世界科技强国、实现中华民族伟大复兴的中国梦作出更大贡献。

（二）基本原则

——加强党的领导。坚持党对学会学术工作的全面领导，用学术语言、群众语言讲好党的创新理论，把科技工作者最广泛、最紧密地团结在党的周围。

——坚持学术引领。加强基础前沿领域学术交流，围绕国家急需推动原创性、引领性科技攻关。坚定创新自信，弘扬科学家精神，营造勇于探索、协同攻关、开放融合的创新生态。

——深化组织变革。以增强发展活力为目标，破解发展难题，扩大学会数量，重构期刊体系，创新活动载体，推动数字赋能，全面提升高质量服务能力。

——强化科技支撑。坚持需求导向，发挥人才组织优势，增进创新资源协同互动，加速产业链创新链融合，推动建设区域创新枢纽和高水平人才高地。

（三）发展目标

到2025年，一流学会、一流期刊国际影响力显著提升，高端学术引领能力更加突显，推动高水平科技自立自强组织动员能力持续提高，支撑创新创业公共服务能力明显增强。

——一流学会建设成效显著。推动在前沿交叉领域新成立一批学会，学会学科布局进一步优化，20个学会率先达到世界一流水平。

——一流科技期刊形成矩阵。科技期刊学术组织力、人才凝聚力、创新引领力、国际影响力全面提高，开放创新、协同融合的期刊发展体系基本建立，10种科技期刊进入全球百强。

——学术交流质量明显提升。科技前瞻研判能力不断增强，围绕关键核心技术开展学术研讨的机制不断完善，形成具备国际影响力的十大学术活动品牌。

——促进科技经济融合扎实有效。凝聚一大批富有创新活力的科技工作者，聚集一大批跨界创新主体，集成一大批产学研供需资源，推出一大批科技经济融合发展典型模式。

三、重点任务

（一）优化组织架构，筑牢创新发展深厚根基

1. 完善学会学科布局。围绕做好增量，聚焦战略关键领域、新兴交叉领域，推动成立一批新学会，遴选分支机构培育一批学会后备队。围绕盘活存量，明确“僵尸学会”“口袋学会”退出机制，推动部分学会通过重组、“借壳”实现优化更新。围绕做大变量，择优吸纳国家级学会成为中国科协团体会员，扩大学

会覆盖面。加强全国学会与地方科协、地方学会交流合作，在组织创新、学术引领、会员发展、产学融合等方面形成联动。

2. 打造科技期刊发展中心。协同开展科学传播、成果评价、智库咨询和办刊人才培训，推动建立世界一流期刊共识标准，引领我国科技期刊提升国际传播能力、资源整合能力和市场服务能力。联合国内外科技社团和出版机构，发起成立全球科技期刊联盟。开展科技期刊发展战略研究，持续编制《中国科技期刊发展蓝皮书》。

3. 织密创新协作网络。强化“科创中国”联合体示范带动作用，建设一批区域产业联合体、重点产业联合体等新型融合组织。在省市两级设立联合实验室、产业技术研究院等落地载体，织密产业创新协作网络。推动成立学科交叉、跨界融合、开放合作的学会联合体，支持学会联合体参与国家重点实验室评估、建设专业领域高端智库。

4. 加强企业科协组织建设。推动一批国有企业、重点民营企业、专精特新“小巨人”企业成立科协。持续强化园区科协建设，扩大对非公有制企业和高新技术企业的组织和服务覆盖。鼓励省、市、县各级成立企业科协联合机构，推动重点行业成立企业科协联合组织，适时成立全国企业科协联合会。在未建立科协组织的企业、园区设立企业科协工作联络员。

（二）做强系列品牌，打造服务创新示范高地

1. 深化“中国科技期刊卓越行动计划”，做大一流期刊矩阵，深入实施“中国科技期刊卓越行动计划”，扩大领军期刊方阵，做强后备期刊梯队，加大高起点新刊创办力度，推动更多优秀期刊进入世界一流行列。启动实施“全国学会期刊出版能力提升计划”，培育一批学术共同体主导的品牌学术期刊。加快科技期刊集群化改革和数字化发展，培育若干具有市场竞争力的出版机构。建立自主可控、面向国际的数字出版服务平台和开放获取资源平台，促进科研论文和科学数据汇聚共享。举办中国科技期刊发展论坛等系列交流活动。

2. 优化中国特色一流学会专项，促进学会高质量发展。聚焦提升学会组织凝聚力、学术引领力、社会公信力、国际影响力，实施中国特色一流学会专项，建立学会创新系列排行榜。落实学会党组织政治把关机制，提升学会依法依章治理的现代化规范化水平。充分发挥战略科学家作用，重点吸纳青年、企业和海外会员。支持海外知华友华科学家及港澳台科学家到学会任职，鼓励学会设立国际分支或代表机构。丰富科技人才学术成长系列服务产品，设立国际科技奖项，举荐专家担任国际组织职务并提供稳定支持，参与国际标准研制发布。健全学会理事长选任、秘书长聘任机制，选拔热心奉献、公正担当、学术威望高、社会影响力强的专家担任学会负责人。

3. 完善重大问题难题研判发布机制，强化学术引领。联合国内外科技组织，持续研判发布重大科学问题、工程技术难题，为国家创新布局、项目立项、揭榜挂帅、集智攻关提供决策参考。着眼实现联合国可持续发展目标，研判全球重大问题与挑战，发布年度人类社会发展十大问题。开展重点产业关键核心技术路线图研究，引领科技界、产业界联合攻关，推动破解“卡脖子”问题。支持全国学会建立面向行业的问题难题遴选发布机制，动员高层次专家深度参与。弘扬科学精神和科学家精神，大力营造大胆创新、勇于创造、自由平等、争辩质疑的良好学术氛围。

4. 做实“科创中国”，建设国家公共技术服务与交易平台。促进“科创中国”与“双创”深度融合，推动“科创中国”从创品牌向求实效、从搭平台向植内涵、从扩面向提质、从提供场景向营造生态转变，有力支撑高水平创新创造、高质量创业就业。扩展“科创中国”数字平台服务功能，增设面向公众的科学普及和创业就业服务内容，分级、分类建设一批合作站点，统筹高质量线下服务和智能化线上服务，做好“双创”活动周线上支撑。持续发布“科创中国”系列榜单，开展技术路演和对接落地服务，举办“科创中国”产学融合会议等系列活动，引导创新主体开展跨国、跨域和跨界合作。深化试点城市建设，动态开展需求诊断，迭代重点支持产业，按需匹配服务团，导入人才技术资源，形成常态化服务机制。支持学会开展科技评价评估，开展技术经理人培训及职业标准研制，搭建社会团体标准孵化平台。

（三）搭建服务平台，激发各类人才创新动能

1. 团结一批战略科学家。搭建世界科技与发展论坛等高端平台，开展跨地域、跨学科研讨交流，研判学科发展趋势，探讨重大科技、经济、文化、社会、生态等问题，打造创新思想策源高地，发现培育具有战略

科学家潜质的复合型人才，聚集一批学养深厚、学风严谨，具备前瞻判断力、跨学科理解力、大兵团作战组织力的高层次科学家。

2. 带动一批科技领军人才。举办高层次专家研讨会、全国学会理事长沙龙、中国科技峰会等，突出科技领军人才和创新团队主导作用，围绕国家重点产业共性技术、“卡脖子”技术和社会关注科技热点等汇聚智力、提供对策，打造具有战略洞察力、科技支撑力、政策推动力的智库平台。

3. 培养一批青年科学家。举办系列青年科学家沙龙、青年前沿科技论坛等活动，扩大青年人才托举工程领域和规模，为有创新潜能的杰出青年科技人才以及青年创新团队搭建跨界交流平台，引导青年科技人才主动发挥所长，挑大梁、当主角，把创新创造活力转化为服务国家发展的能力。

4. 吸引一批海外科学家。持续吸纳外籍和港澳台科学家加入学会，参与学会治理运营，打造国际人才汇聚平台，提升开放合作能力。支持期刊吸纳国际顶尖科学家担任共同主编、编委和审稿人，扩大国际学术交流网络，强化期刊发展智力支撑。

5. 服务一批企业创新人才。依托全国学会、科技服务团、企业科协等，面向企业科技人员开展前沿及适用技术培训、举办中国创新方法大赛、开展知识产权宣讲等，支持企业科技人才参与“科创中国”平台需求挖掘、技术推介、揭榜挂帅等各项活动，增强企业科技人员创新创业能力，培育卓越工程师。

（四）拓宽交流渠道，涵养开放创新良好生态

1. 深化高端综合系列国际交流。举办世界科技期刊论坛、世界科技社团发展与治理论坛、世界数字经济论坛等一批高端交流活动，推动全球科技治理体系创新变革。联合有关部委和地方政府举办世界机器人大会、世界新能源汽车大会等一批国际综合会议，引领科技创新时代潮流。聚焦战略领域和区域发展，举办中国科协年会。面向学术前沿、学科热点和交叉融合领域，支持全国学会举办一批具有世界影响力的专业性学术会议。

2. 建立面向全球的科技评价体系。支持全国学会联合国际科技团体，分领域编制科技期刊分级目录，推动目录成果在各类科技评价活动中广泛应用，实现中外期刊同质等效。依托专业评价机构研制全面反映科技期刊影响力的评价方法，以我为主构建全球科技期刊评价新坐标。依托临床医学、实验仪器、工程技术等领域全国学会，挖掘科技工作者业绩成果，建设推广案例成果数据库，推动建立基于实绩贡献的人才评价机制。编制《重要学术会议指南》，为科技工作者参与学术交流提供评价依据。

3. 拓展国内外创新要素对接通道。支持学会联合有条件的“科创中国”试点城市，将海智计划引进人才，与向国际组织推荐人才相结合；将面向国内的国际技术路演，与面向国际的“双创”海外活动周相结合；将吸引境外机构参与“科创中国”联合体，与支持我国优秀科技企业进入国际科技组织相结合；将开展团体标准行业服务，与组织国内优秀企业参与国际标准制定相结合，吸引创新要素国际国内双向流动。

四、保障措施

（一）加强组织领导

把坚持党的全面领导贯穿学会学术工作全过程，强化学会学术工作就是政治工作的意识，实施中央重大决策部署和指示批示台账清单督办制度。发挥“一部两中心一社”核心作用，优化联系全国学会机制、服务科技工作者机制、“一体两翼”协调机制、“三级多方”联动机制等，推动各项任务目标落实落地。

（二）加强调查研究

坚持高端站位、国际视野，研究新形势下学会布局、学术交流、科技创新和科技经济融合新特点、新问题。深入调查一线科技工作者急迫需求和全国学会分支机构与地方学会现实困难，总结实践首创经验，推动形成新机制新举措。

（三）加强信息化建设

以“科创中国”数字平台为依托，加强“科创中国域”信息化建设，打通与全国学会、地方科协、有关部委等信息共建共享通道，提高工作效率、管理效能和服务水平。

（四）加强评估激励

做好规划实施的动态监测和绩效评估，将评估结果纳入学会排行等考核指标，用好经验好做法正向激励，用突出问题和存在差距反向倒逼，以评促改、以评促建。加强规划与年度计划、重大专项协调衔接，确保规划各项任务目标有序实施、分步实现。

（五）加强队伍建设

培育高质量、专职化学会运营团队，推动建立社团职级标准和评价体系，加快数字化服务管理进程。培育国际化、复合型期刊编辑出版人才。强化科技联

络员、技术经理人培训，培育科技经济融合专业服务团队。

中国科协关于印发《中国科协科普发展规划（2021—2025年）》的通知

科协发普字〔2021〕52号

各全国学会、协会、研究会，各省、自治区、直辖市、副省级城市科协，新疆生产建设兵团科协，各有关单位：

根据《中华人民共和国科学技术普及法》《全民科学素质行动规划纲要（2021—2035年）》《中国科学技术协会事业发展“十四五”规划（2021—2025年）》，为提高全民科学素质，构建高质量科普服务体系，更好服务于世界科技强国和社会主义现代化国家建设，中国科协研究制定《中国科协科普发展规划（2021—2025年）》，现印发给你们，请结合实际认真贯彻落实。

中国科协

2021年11月17日

中国科协科普发展规划（2021—2025年）

根据《中华人民共和国科学技术普及法》《全民科学素质行动规划纲要（2021—2035年）》（以下简称《科学素质纲要》）、《中国科学技术协会事业发展“十四五”规划（2021—2025年）》，为提高全民科学素质，更好服务于世界科技强国和社会主义现代化国家建设，特制定本规划。

一、前言

习近平总书记指出：“科技创新、科学普及是实现创新发展的两翼，要把科学普及放在与科技创新同等重要的位置。没有全民科学素质普遍提高，就难以建立起宏大的高素质创新大军，难以实现科技成果快速转化。”这是新发展阶段科普事业发展的根本遵循。

“十三五”时期，各级科协和学会组织在以习近平同志为核心的党中央坚强领导下，切实履行全民科学素质行动实施牵头职责，会同有关部门和各级政府协同推进公民科学素质建设，全面完成“十三五”时期的各项目标任务，科学技术教育、传播与普及事业发展取得显著成效。2020年我国公民具备科学素质的比例达到10.56%，科普信息化水平快速提升，科技传播能力大幅提高，现代科技馆体系稳步发展，惠民服务水平不断提升，青少年科技教育活动蓬勃开展，科普人才队伍不断壮大，科普社会化发展开创新局面，科普国际交流取得新突破，为创新发展营造了良好社会氛围，为确保如期打赢脱贫攻坚战、确保如期全面建成小康社会作出了积极贡献。

当今世界百年未有之大变局加速演进，国际国内形势发生深刻复杂变化，对标新发展阶段的使命要求，科普工作还存在一定差距，科学精神弘扬不够，科技工作者参与科普的积极性和能力有待提高，科普有效供给不足，基层基础仍显薄弱，科普标准和评价体系亟需完善，科普开放合作水平有待提升。“十四五”时期，面向世界科技强国和社会主义现代化国家建设，要求科普始终围绕服务人的全面发展、服务创新发展、服务国家治理体系和治理能力现代化、服务推动构建人类命运共同体，实现从知识普及向素质提升转变，彰显科普的政治、经济、文化、社会和生态文明价值，促进实现高水平科技自立自强，促进社会文明进步。

二、指导思想和目标

（一）指导思想

深入贯彻落实党的十九大和十九届二中、三中、四中、五中、六中全会精神，以习近平新时代中国特色社会主义思想为指导，切实履行党和政府联系科技工作者的桥梁和纽带职责，立足新发展阶段，树立大科普理念，推动科普工作与科技创新、经济社会发展深度融合，大力弘扬科学精神，坚持以《科学素质纲要》实施为主线，以“科普中国”品牌为引领，以搭建各类科普服务平台为重点，以深化科普供给侧改革为动力，以构建科普工作与组织建设融通贯通机制为突破，以科普队伍和阵地建设为支撑，构建品牌、平台、改革、机制、队伍、阵地六位一体的高质量科普服务体系，为推动高质量发展厚植公民科学素质基础。

（二）原则

——聚焦主责主业。强化对科技工作者的思想政治引领，践行社会主义核心价值观，弘扬科学家精神，团结引领广大科技工作者践行科技为民服务，促进科学文化建设。

——深化科普供给侧改革。强化价值引领，将弘扬科学精神贯穿于科普工作全链条，突出精准性、通俗性、融合性，推动科普内容、形式和手段创新提升，充分调动社会力量广泛参与科普工作，全面提高科普公共服务能力和水平，以高质量的科普供给服务高质量发展。

——服务基层发展。强化赋能基层导向，推动科普资源下沉和重心下移，充分发挥科协系统“一体两翼”优势，推动基层科普与教育、卫生、文化、体育、旅游等融合发展，服务基层社会治理体系治理能力现代化。

——扩大开放合作。坚持开放包容，开展更大范围、更高水平、更加紧密的科普对外交流与合作，增进开放互信，服务可持续发展和推动构建人类命运共同体。

（三）目标

到 2025 年，“科普中国”品牌影响力、组织动员力和基层服务能力显著提升，优质科普内容供给和智慧化传播水平进一步提高，建立起规范化发展的科普标准和评价体系，科普社会化协同机制不断深化，对外交流合作取得新进展，服务科技工作者的能力和服务公民科学素质提升的能力显著增强，以人民为中心，普惠共享、规范发展的高质量科普服务体系进一步完善，推动形成全社会共同参与的大科普格局，为实现我国公民具备科学素质的比例超过 15% 的目标提供坚实支撑。

三、重点工程

1. 科普信息化提升工程

——提升“科普中国”品牌引领力。按照“品牌引领、内容为王、共建共享、培育生态”的理念，统筹推进内容库、专家库、团队库和品牌矩阵、渠道矩阵、活动矩阵建设。充分调动广大科技工作者和科普工作者的积极性，更加广泛集聚社会各界力量共建共享“科普中国”品牌，协同建设科普中国生态圈。

——强化优质科普内容供给能力。坚持正确的价值导向，建立关键词库、案例库，推动建立科普内容的政治性和科学性审核把关机制。实施科普中国创作出版扶持计划，聚拢科技工作者和优质科普团队，支持面向世界科技前沿、面向经济主战场、面向国家重大需求、面向人民生命健康等重大题材开展科普创作，创新科普内容表达方式，加强科技前沿、食品安全、医疗健康、防灾减灾、绿色环保、气候变化与碳达峰碳中和等方面的科普精品内容产出。聚焦社会热点和公众需求，联合主流新闻媒体、有关应急管理机构等，及时进行科普解读。

——建设完善科普中国传播矩阵。立足科普中国信息化平台，打造优质科普内容汇聚和分发枢纽，逐步加强信息汇聚、数据分析、应用服务和决策参考，提升专业化科普服务水平。通过栏目共建、内容共享、团队入驻等方式，强化与主流媒体和网络平台的深度合作，拓展传播领域，为科技工作者搭建科普服务和展示平台。加强科普中国新媒体建设，提升用户活跃度和在各大网络媒体的传播力。完善科学辟谣机制，通过联合发榜、活动、宣传等方式形成有社会影响力的辟谣矩阵。

——强化科普中国落地应用。办好“典赞·科普中国”年度活动，宣传展示年度科普人物和科普作品。创新科普中国精准化服务模式，建好用好科普中国信息员队伍，加强科普中国内容资源对重点人群和重点地区的精准推送。支持全国学会、地方科协以及相关社会机构开展科普中国品牌宣介活动，鼓励各地用好科普中国内容资源，开展全国学会和省级科协的科普信息化评价工作。

专栏 1：实施科普中国平台建设项目
围绕资源荟萃、渠道矩阵、品牌建设、运营保障等四大方面，提升科普中国信息化平台内容品质和服务水平，强化科普人才培育和科普团队扶持，完善科普中国传播矩阵，建立完善科普中国运营保障机制，提升科普中国品牌影响力。

2. 科普基础设施工程

——深化中国特色现代科技馆体系建设。充分发挥科技馆科普服务资源、队伍、平台等优势，依托实体科技馆，统筹流动科技馆、科普大篷车、农村中学科技馆、数字科技馆协同发展，提升展览体验服务质量，组织开展科技志愿服务，建设科学家精神教育基地、前沿科技体验基地、公共安全健康教育基地和科学教育资源汇集平台，打造支撑高质量科普服务体系的核心阵地。

——提高科技馆建设服务水平。推动修订发布《科学技术馆建设标准》。推动科技馆行业标准体系建设，完善科技馆年报制度，做好科技馆免费开放工作。推动全国科技馆优化布局、均衡发展，实施卓越科技馆培育计划和中小科技馆能力提升计划，到2025年，推动每个地级市建有1座科技馆，鼓励有条件的县级区域因地制宜建设科技馆，鼓励专题特色科技馆建设。加强全国科技馆联动共享，搭建全国科技馆主题巡展共建共享平台，建立流动科普资源库，建设科普大篷车区域资源共享中心，持续提升农村中学科技馆覆盖率和利用率，推进科技馆影视资源共享。发挥中国数字科技馆的枢纽作用，加强科技馆体系信息化建设，实现智慧连接。推动成立中国科技文化场馆联合体，构建科技文化跨界平台。

——深入开展全国科普教育基地创建活动。制定出台全国科普教育基地创建认定标准和管理办法，到2025年，全国科普教育基地达到2000个。加强示范推广和交流培训，提升基地科普服务能力，探索建立区域和行业科普教育基地联盟，鼓励和支持高校、科研院所、企业、科学共同体和社会组织等各行业和领域建立科普教育基地或专门科普场所。支持各省（自治区、直辖市）开展本地区科普教育基地的创建认定工作。

专栏2：实施科技馆体系建设项目
完善科技馆体系运行机制，推进科技馆展览展品和教育活动研发与实施，建设科技馆展品创意和研发平台，制作科普影视资源，发挥示范引领作用。推进科技馆展教共享服务，建立流动科技馆展览资源库，开发多主题的流动展览（不少于40个），研发科普大篷车主题车载资源（不少于20个），开发农村中学科技馆模块化资源（不少于12套），新建农村中学科技馆不少于200座。依托中国数字科技馆，建设科技馆体系数据中心和管理服务平台。

3. 科技教育能力提升工程

——推进校内外协同的科技教育体系建设。围绕落实《关于进一步减轻义务教育阶段学生作业负担和校外培训负担的意见》，积极发挥科协系统组织和资源优势，加强学生科技教育。面向学校课后服务需求，动员组织科技工作者和科技馆体系、科普教育基地等科普阵地设施，积极提供研究性学习课程、实践体验活动等科技教育服务，着力培养学生科学兴趣、创新意识和创新能力。加强校外科技教育相关规范、标准研究，探索建立科技辅导员专业水平认证工作机制。促进科学家和教育工作者协同合作，探索建立中小学生科技教育体系，组织推荐优秀科技工作者积极参与中小学基础学科教师培养培训，推动教师提升自身科学素质和教学能力，带动提高学生科学素质。

——深化青少年科技创新后备人才培养。以培养具备科学家潜质的青少年为目标，深入实施中学生科技创新后备人才培养计划（“英才计划”），到2025年累计培养中学生5000人以上，开展科技创新后备人才成长规律研究，建设科技创新后备人才成长数据库，鼓励支持各地开展科技创新后备人才培养工作。深化全国青少年科技创新大赛、全国中学生五项学科竞赛等竞赛活动改革，建立健全竞赛协调和监督工作机制，加强对青少年的科研诚信教育，扩大和提升竞赛活动覆盖面和影响力，到2025年累计参赛5000万人次以上。

——加强青少年科技创新实践阵地建设。广泛组织开展青少年科学节、科普报告、调查体验、航空航天、科学影像节等活动，持续提升高校科学营活动质量和内涵。建设全国青少年科技创新服务云平台。建设英才基地、科学营地和青少年科学工作室，推动重点高校、科研院所、科技型企业的优质科教资源向中学生开放。组织开展科技教育乡村行活动，每年服务乡村地区百县千校。完善国家、省级和基层三级科技辅导员培训体系，深入开展“送培到基层”活动，以中小学校长、农村科学教师和辅导员为重点，每年培训科学教师10万人次。

专栏3：实施青少年科技创新行动项目
举办全国青少年科技创新大赛、全国中学生五项学科竞赛、“英才计划”等活动；开展青少年高校科学营等主题性、示范性科学教育项目，建设英才基地、科学营地和青少年科学工作室，联合主流媒体推出有影响力的青少年科普节目，打造青少年科普活动平台矩阵；建设科技创新后备人才成长数据库，开展科技创新后备人才成长规律研究；实施青少年科学教育国际及港澳台拓展计划，吸引更多国际及港澳台青少年参加科技竞赛与交流活动；推广应用“科创筑梦”全国青少年科技创新服务云平台，开展教师、科技辅导员培训交流活动。

4. 基层科普服务能力提升工程

——加强应急科普工作。联合相关部门建立应急科普宣教协同机制，坚持经常性宣传教育与集中式应急宣传相统一，推动纳入各级突发事件应急工作整体规划和协调机制。推进国家科普中心建设。储备和传播优质应急科普内容资源，开展应急科普主题活动，推动建立应急科普专家队伍。

——构建基层科普组织动员体系。推动各级科协工作重心下移，构建省域统筹政策和机制、市域构建资源集散中心、县域组织落实，以新时代文明实践中心（所、站）、党群服务中心、社区服务中心（站）等为阵地，以志愿服务为重要手段的基层科普组织动员体系。以“三长”（基层教育、医疗卫生、农技推广等领域的机构负责人和业务骨干）带“三会”（基层教育、医疗卫生、农技推广等领域的学术团体），推进科普与基层组织建设融通发展。发挥县域科普示范引领作用，分批次认定500个全国科普示范县（市、区），建立全国科普示范县（市、区）年度工作报告等制度。支持各省（自治区、直辖市）开展本地区科普示范县（市、区）的创建认定工作。深入实施“基层科普行动计划”。以市域为重点，鼓励有条件的地区因地制宜开展全域科普工作。

——实施科普服务乡村振兴行动。围绕乡村产业、人才、文化、生态和组织振兴，着力提升农民文明生活、科学生产、科学经营等能力，利用农村科普设施、文化设施等阵地，以“科普+”“+科普”等方式，探索农村科普与教育、卫生、文化、旅游、体育等融合服务新模式、新手段、新机制，推动各级学会资源与县域科普需求对接。加强乡（镇、街道）、村（社区）科普组织建设，支持农村专业技术协会发展，提升科技小院科普服务能力。组织开展高素质农民研修、农民科学素质网络知识竞赛等系列活动，建设智慧农民平台，强化农村重点人群培训。

——实施城镇社区科普提质行动。围绕社区居民教育、健康、安全等实际需求，重点面向老年人和青少年群体，鼓励有条件的社区建设科普设施阵地，经常性开展科普服务。利用社区科普馆、社区书苑、文化中心、活动中心、公园科普长廊等基层阵地和设施，推动科普服务融入基层管理服务平台。动员社会各方力量实施“智慧助老行动三年计划”，推动各地依托科技馆等设施建设老年科技大学，服务提升老年人信息素养和健康素养。

——广泛开展群众性示范科普活动。持续打造全国科普日活动大平台。发动全国学会、地方科协和社会各界积极开展科技活动周、防灾减灾日、食品安全宣传周、全国低碳日等主题活动，增进公众对科技发展的了解和支持，积极营造崇尚创新和科学理性的社会氛围。

专栏4：实施科普服务乡村振兴行动项目
充分发挥全国学会和地方科协优势，组织开展科技助力乡村振兴活动。实施科普惠民服务专项，开展科普活动、技能培训、技术指导等，助力提升定点帮扶县、脱贫地区、新疆和西藏等地区自我发展能力，大力提高农民科学文化素质。实施“智惠行动”，开展学会科技志愿服务基层行等活动。

5. 科技资源科普化助力工程

——推动科技资源科普化机制建设。促进科研科普融合，开展科技创新主体、科技创新成果科普服务评价，支持和引导具有高质量科技资源的高校、科研机构、企业、科学共同体等开展科普工作。支持中国公众科学素质促进联合体发展，开展联合体乡村振兴公益行动、公众开放日等活动，充分发挥联合体成员单位在科普工作中的重要作用。推动设立科普发展奖项，激发社会多元主体的参与活力。

——加强学会科普能力建设。制定新时代加强学会科普工作的意见，推动将学会科普纳入科协总体科普工作中，同谋划、同部署、同实施，将科普作为中国特色一流学会创建的重要内容纳入工作考核。围绕品牌、平台、队伍、科普专项、激励奖励、科普阵地六位一体构建学会科普服务体系。实施学会科普品牌建设计划，支持学会结合重大科技事件、科研成果、社会热点和重要节点，打造特色科普品牌。加强科学传播专家团队建设，搭建为科技工作者服务的科普工作平台。分类制定科技资源科普化工作指南，指导学会将学术资源转化为科普资源。建立完善学会科普激励机制，推动学会设立科普奖项。

——促进科普产业发展。办好中国科幻大会，加强会地合作，搭建高水平科幻交流合作平台，推动社会力量组建科幻产业联合体、设立科幻奖项和产业基金，培育科幻人才，推动构建良好科幻发展生态。推进科技传播与影视融合，建立科幻电影科学顾问库，组建全国科幻科普电影放映联盟。推动出台促进科普产业发展的相关政策。办好中国（芜湖）科普产品博览交易会，鼓励地方科协、学会和企业举办科普产品和服务交易展示活动，推动科普产品研发与创新。

专栏5：实施学术资源科普化项目
着力推动提升学会科普能力，举办学会科普交流活动，支持学会开展品牌科普活动，建设科学传播专家工作室。加强科技成果宣传，支持高校、科研院所、企业等科技创新主体利用科技资源开展科普工作，充分发挥科技设施科普功能，提升科技工作者科普能力。支持科普科幻精品创作与传播。

6. 科普规范化建设工程

——建设科普中国“百人会”高端智库。以国家战略需求为导向，依托中国科普研究所，汇聚学、研、政、产专家力量，以项目为载体，按照“核心—平台—基地”模式，围绕科普理论研究和实践探索，通过举办品牌智库活动、组织热点问题研讨、推出有影响力的智库产品，构筑新观点新思想新理论生产和传播平台，搭建连接型、合作型科普智库网络体系，以高水平科普政策建议服务科普事业高质量发展。

——加强科普服务规范指导。开展科普规范化战略研究，加强顶层谋划和项目引导，编制发布中国科协科普标准制修订计划，鼓励支持各级科协和学会组织加强科普工作相关标准研究和应用。充分发挥全国科普服务标准化技术委员会等平台作用，推进国家标准、行业标准、地方标准、团体标准、企业标准和标准性文件等科普标准的研究制定，形成一批可推广、可复制、实践指导性强的科普标准化成果，推动科普标准规范的宣贯应用。

——进一步完善监测评估体系。按照《科学素质纲要》对新时期科学素质建设的要求，突出科学精神的价值引领作用，以科学知识和科学方法为基础，强化对公民应用科学解决实际问题能力的要求，形成一套全面、系统监测评估公民科学素质的评价指标和测评工具。研究建立科学素质建设能力评价指标和评估体系。定期开展公民科学素质调查，监测评估科学素质建设情况，为全国和地方科学素质建设提供决策参考和对策建议。

专栏6：实施科普创新与科学素质研究项目
搭建高端智库合作平台，围绕科学素质测评体系建设等重大战略方向以及全民科学素质行动实施重点工作，深入开展科普理论与实践研究；支持建设系列基层联系点，建设智库基础数据库、基本案例库和人才数据库，打造智库产品生产平台，提供解决方案和实施路径。

7. 科普队伍建设工程

——加大科普队伍建设力度。强化价值引领，加强宣传引导和规范指导，提高专兼职科普人才的政治意识和社会责任意识，传播科普正能量。大力发展科普场馆、科普教育基地、科技出版、新媒体科普、科普研究等领域专职科普人才队伍。鼓励企业、科研机构、高校设立科普岗位。加大培训力度，推动科技工作者和媒体从业人员科普能力提升。推进高层次科普人才培养。完善评价激励机制，支持将科普工作业绩作为职称评定和考核评价的重要参考或加分项，推动各地各有关部门对科普专业技术人才的评价认可和职称评定。

——推进科普创作队伍发展。联合教育、传播等领域权威机构和专业科研机构，推动建立科普中国星空学院，为科技工作者做科普提供提能、培训、宣传等服务，搭建团结服务科技工作者的科普工作平台。以服务科普创作者和传播者为目标，实施科普中国星空计划，举办中国科普创作大会和科普中国星空大会。

——推进科技志愿者队伍开展科普服务。鼓励支持全国学会和地方科协建立科技志愿服务队，组织动员知名专家和广大科技工作者深入乡村、社区等开展科技志愿服务。发展壮大老年志愿者队伍，充分发挥老科技工作者在决策咨询、科学普及等方面的作用。

专栏7：实施推动全民科学素质行动项目
做好《科学素质纲要》实施综合协调与服务。实施基层科普服务能力提升专项，加强试点探索、培训交流、案例推广和调查研究，推动构建基层科普服务体系，组织举办送科技下基层、农民科学素质竞赛等群众性科普示范活动。组织开展全国科普日系列活动。实施科普教育基地示范专项，建设全国科普教育基地公共服务平台，组织开展基地联合科普服务活动，打造具有持续影响力和示范性的基地典型项目。组织推进科普服务规范化建设。组织和支持开展科普交流合作展示活动。加强科普人才培养和培训。

8. 科普对外交流合作工程

——搭建科普开放合作的国际平台。贯彻落实习近平总书记致世界公众科学素质促进大会的贺信精神，依托世界公众科学素质组织筹备委员会等组织架构，积极倡导提升公众科学素质共同价值理念，不断扩大科普国际朋友圈。实施世界公众科学素质促进行动，定期召开世界公众科学素质促进大会，开展公民科学素质研究与测评、科技场馆建设和科普资源开发与共享等领域项目合作，深化科技竞赛、展览、互访等双边、多边活动交流，探索制定科普相关国际标准，建立常态化科普对外交流合作机制。

——拓展全国学会和地方科协的科普对外交流合作。鼓励支持学会充分利用国际及港澳台交流合作机制，积极参与相关国际组织的活动和工作，拓展科普交流渠道，促进各学科领域的科技人文交流。鼓励各地发挥自身特色优势，积极开展科普展会、科技交流、科技体验营等对外交流活动。

——深化国际及港澳台青少年科技教育交流。充分发挥“一带一路”国际科学教育协调委员会机制作用，做大做强“一带一路”青少年创客营与教师研讨活动品牌，深化“一带一路”虚拟科学中心建设，到2025年累计受益的国内外师生超过3000万人次。加强青少年科技交流、科学教师培训、科教资源推广与引进等方面合作，组织青少年参加国际科技交流活动。开展港澳台大学生实习体验交流等活动。

专栏8：实施世界公众科学素质促进行动项目
推进世界公众科学素质组织建设，召开世界公众科学素质促进大会，深入开展双边、多边常态化交流合作，促进公众科学素质建设产品和服务的国际标准建设。

四、保障措施

（一）加强组织领导

——切实履行好《科学素质纲要》实施牵头职责。加强科学素质建设综合协调与服务，会同各地和相关部门密切配合、形成合力，将各项目标任务落在实处。强化用法治思维推动科普发展，推动修订《中华人民共和国科学技术普及法》，推动各地制修订科普条例、出台实施细则，推动建立更加有利于科普事业发展的相关政策体系。

——积极争取党委政府的领导和支持。各级科协要加强对科普工作的谋划和统筹，推动将科普工作和公民科学素质建设的目标任务纳入国家、地方、部门发展规划和工作计划。各级学会要把科普作为学会改革和服务能力提升的重要方面，将学术交流、党建活动与科普服务紧密结合，为会员参与科普活动提供更多途径和机会。

（二）完善机制保障

——建立健全激励机制。充分调动专兼职科普人才和志愿者积极性，对在科学素质建设中作出突出贡献的集体和个人给予奖励和表彰。

——加强示范引导。鼓励和支持学会和基层科协按照实际情况创造性开展工作，加强交流，选树典型，及时总结、适时推广基层好经验、好做法。

（三）加大科普投入

——积极争取财政投入。各级科协组织要按照《科技领域中央与地方财政事权和支出责任划分改革方案》等相关要求，积极争取政府及相关部门对科普工作的政策扶持、条件支持和项目投入，逐步提高科普经费的投入水平，注重加强科普经费使用情况的绩效评价，确保专款专用和使用效果。

——拓展科普资金来源渠道。探索发挥市场在科普资源配置方面的重要作用，鼓励引导社会机构、企业、个人投入科普事业。

中国科协关于印发《中国科协关于新时代加强学会科普工作的意见》的通知

科协发普字〔2021〕61号

各全国学会、协会、研究会，各省、自治区、直辖市科协，新疆生产建设兵团科协：

根据《全民科学素质行动规划纲要（2021—2035年）》《中国科学技术协会事业发展“十四五”规划（2021—2025年）》的有关要求，为推动新时代学会科普工作高质量发展，现将《中国科协关于新时代加强学会科普工作的意见》印发给你们，请结合实际认真贯彻落实。

中国科协

2021年12月24日

中国科协关于新时代加强学会科普工作的意见

科技创新、科学普及是实现创新发展的两翼，要把科学普及放在与科技创新同等重要的位置。党的十八大以来，学会科普工作取得显著成效，打造活动品牌，搭建工作平台，发展工作队伍，设立科普专项，开展科普奖励，建设科普阵地，在团结服务科技工作者促进科技创新、开展科学普及、提升全民科学素质等方面发挥了不可替代的重要作用。进入新时代，需要进一步提高对学会科普工作的认识，明确学会科普工作的职责定位，完善服务体系，加强条件保障，充分调动广大科技工作者参与科普工作的积极性，推动学会科普工作高质量发展，营造良好创新生态。为加强学会科普工作提出如下意见。

一、指导思想

以习近平新时代中国特色社会主义思想为指导，深入贯彻党的十九大和十九届历次全会精神，坚持党的全面领导，践行社会主义核心价值观，弘扬科学精神和科学家精神，把科学普及放在与科技创新同等重要的位置，完善学会科普服务体系，促进学会科普工作高质量发展，团结引领广大科技工作者在服务全民科学素质提升中建功立业。

二、工作内容

（一）履行新时代学会科普工作的重要使命。科普工作是学会主要业务工作之一，一流学会必须要有一流科普。积极普及推广科研成果，开展公益科普服务，为本专业领域发展营造良好氛围。树立大科普理念，把科普融入学术交流和智库建设，完善品牌、平台、队伍、专项、奖励、阵地“六位一体”的高质量学会科普服务体系。

（二）强化学会科普工作职责。进一步明确科普工作职责，制定科普工作规划、计划，将科普工作纳入重要议事日程和重点工作安排，确保学会科普工作有研究、有谋划、有部署、有考核。

（三）彰显科普价值引领作用。大力弘扬科学精神和科学家精神，深入开展科学道德和学风建设宣讲活动，着力宣传优秀科技工作者成长经历与成就。加强科普内容政治性、科学性审核把关，营造崇尚科学的良好社会氛围，提升社会文明程度。

（四）打造特色科普品牌。充分发挥学会组织优势、人才优势和动员优势，开发本领域科普资源，丰富优质科普供给，打造科普品牌，推动学会科普工作进学校、进乡村、进社区、进机关、进企业、进家庭。聚焦国家战略需求，开展“双碳”、食品安全及“双减”、应急、乡村振兴等科普工作。积极开展科学辟谣，回应社会关切。

（五）搭建科普工作平台。注重采用新媒体科普形式，建设线上线下结合、传统新兴融合的学会科普工作平台。充分利用年会、交流研讨会、论坛等同步开展科普工作。围绕“四个面向”以及社会热点和重大科技事件开展科普工作。组织科技工作者积极参与“科技工作者日”“全国科普日”等活动。充分利用“科普中国”平台，提升学会科普工作传播力和影响力。依托现代科技馆体系，组织科技工作者参与展览设计和展教活动。用好科创筑梦·全国青少年科技创新服务云平台，拓展学会服务青少年科普的渠道。积极与其他学会联合开展科普活动、共享资源及平台。

（六）发展壮大科普工作队伍。有条件的学会设置独立的科普工作部门，增加专职科普人员配备，设立科普工作专门委员会。学会理事长（会长）、秘书长带头开展科普工作。建设科普专家库、科普专家团队、科普专家工作室等，凝聚团队智慧，发挥传帮带作用。加强科技志愿者队伍建设，规范科技志愿者管理。

（七）组织实施学会科普工作专项。有条件的学会设立科普专项经费，加大重点科普项目及科普能力建设投入，促进科普经费持续增长。在学术活动中统筹安排科普工作、列支科普经费。积极探索通过多元主体筹集科普经费，争取社会资金、公益机构等支持学会科普工作。

（八）加大科普表彰奖励力度。根据国家有关规定，有条件的学会开展科普表彰奖励，完善科普动员激励机制。推荐优秀团队、个人以及科普成果参加国家、地方表彰奖励。

（九）抓好科普阵地建设。加强科普教育基地建设，发动会员单位开放科技基础设施、建设科普场馆和网上展馆，配套开展科普活动。择优推荐科普教育基地创建全国科普教育基地。

（十）加强科普规范化建设。研究和制定各专业领域科普宣传大纲、科普工作指南等，分级分类制定科普产品和服务的标准规范，开展本领域标准规范宣贯工作，探索开展科普成效评价。积极承担第三方科普评估任务。

（十一）开展科普国际及港澳台交流合作。充分发挥科学共同体优势，利用国际及港澳台交流合作机制，拓展科普交流渠道。聚焦卫生健康、能源安全、灾害风险、气候变化等领域开展科技人文交流。不断扩大科普领域交流合作，讲好中国故事。

三、保障措施

（一）加强对学会科普工作的指导和服务。要将学会科普工作纳入科协整体科普工作中，同谋划、同部署、同推进。设立学会科普工作专项，动员社会力量支持学会和科技工作者开展科普工作，促进学会科普工作深入发展。将科普作为一流学会建设的重要内容纳入工作考核，开展学会科普工作年度考核。

（二）依托学会开展相关领域的高质量科普工作。与学会共建科普培训平台，指导和培育科技工作者开展科普创作，加大优质科普内容供给。主动联系对接学会，充分利用科普工作会、交流会、培训活动等，搭建科协与学会交流的平台，引导学会优质资源服务基层。围绕“双碳”、食品安全、心理健康、青少年科技教育等重点领域，充分依托学会力量，共同推动科普工作。

（三）加大对科普工作成效突出学会的宣传力度。开展学会科普工作示范与试点工作，建设科普特色学会，积极选树学会科普工作先进典型，加大宣传推广力度，激发学会和广大科技工作者投身科普工作的内生动力。

（四）各地方科协结合本地区、本单位实际情况支持所属学会开展科普工作。

中国科协关于命名2021—2025年度第一批全国科普示范县（市、区）的决定

各省、自治区、直辖市科协，新疆生产建设兵团科协：

为显著提升基层科普工作能力，推动《全民科学素质行动规划纲要（2021—2035年）》的贯彻落实，团结引领广大科技工作者和科普工作者，促进县域经济社会全面协调可持续发展，中国科协启动了2021—2025年度第一批全国科普示范县（市、区）认定工作。

认定工作开展以来，各有关县（市、区）积极申报，加强组织领导，完善工作机制，以申报工作为契机，初步形成科普工作大联合大协作的良好工作局面。各有关市级科协积极审核申报材料的真实性和完整性，注重指导和服务。各省级科协强化责任意识，注重联合协作，会同省级纲要办成员单位组织测评，赴申报单位开展实地检查，并召开科协党组会议研究，共向中国科协推荐53个县（市、区）。

中国科协会同纲要办成员单位对各县（市、区）材料进行了复核，并赴部分地区进行实地抽查，53个县（市、区）全部符合有关要求。中国科协决定命名北京市西城区等53个县（市、区）作为2021—2025年度第一批全国科普示范县（市、区）（名单见附件），示范期为5年。

希望被命名的全国科普示范县（市、区）以习近平新时代中国特色社会主义思想为指导，认真贯彻落实党的十九大和十九届二中、三中、四中、五中全会精神，发扬成绩，再接再厉，推进新时代基层科普工作模式转型升级，不断提升基层科普公共服务能力，加强科学精神、科学方法和科学家精神在县域的宣传，着力构建以县域为重点，以街道乡镇和村、社区为主阵地的科普体系，为全面建设社会主义现代化强国提供基础支撑，为推动构建人类命运共同体作出积极贡献。

附件：2021—2025年度第一批全国科普示范县（市、区）名单

中国科协

2021年9月1日

2021—2025年度第一批全国科普示范县（市、区）名单

省　份	全国科普示范县（市、区）
北京市（2）	西城区、朝阳区
天津市（2）	南开区、津南区
河北省（1）	邯郸市馆陶县
山西省（1）	临汾市蒲县
内蒙古自治区（1）	鄂尔多斯市鄂托克前旗
辽宁省（1）	沈阳市和平区
吉林省（1）	吉林市桦甸市
黑龙江省（1）	哈尔滨市南岗区
上海市（2）	闵行区、宝山区
江苏省（3）	南京市江宁区、无锡市江阴市、苏州市张家港市
浙江省（2）	宁波市鄞州区、嘉兴市海盐县
安徽省（3）	合肥市蜀山区、合肥市肥东县、安庆市桐城市
福建省（3）	福州市鼓楼区、泉州市晋江市、宁德市福安市
江西省（2）	南昌市南昌县、九江市修水县
山东省（3）	济南市槐荫区、青岛西海岸新区（黄岛区）、枣庄市滕州市

续表

省　份	全国科普示范县（市、区）
河南省（2）	平顶山市舞钢市、南阳市方城县
湖北省（3）	武汉市洪山区、武汉市江夏区、仙桃市
湖南省（2）	长沙市浏阳市、常德市武陵区
广东省（3）	广州市越秀区、深圳市宝安区、汕头市金平区
广西壮族自治区（1）	贵港市港北区
海南省（1）	白沙黎族自治县
重庆市（1）	江北区
四川省（1）	成都市金堂县
贵州省（1）	遵义市仁怀市
云南省（2）	昆明市安宁市、曲靖市麒麟区
西藏自治区（1）	日喀则市仁布县
陕西省（1）	西安市新城区
甘肃省（1）	张掖市高台县
青海省（1）	海北藏族自治州祁连县
宁夏回族自治区（1）	银川市兴庆区
新疆维吾尔自治区（2）	博尔塔拉蒙古自治州博乐市、塔城地区乌苏市
新疆生产建设兵团（1）	石河子市

教育部办公厅　中国科协办公厅
关于利用科普资源助推“双减”工作的通知

教基厅函〔2021〕45 号

各省、自治区、直辖市教育厅（教委）、科协，新疆生产建设兵团教育局、科协，各全国学会、协会、研究会，相关高校科协：

为认真贯彻落实中共中央办公厅、国务院办公厅印发的《关于进一步减轻义务教育阶段学生作业负担和校外培训负担的意见》，发挥科协系统资源优势，有效支持学校开展课后服务，提高学生科学素质，促进学生全面健康发展，教育部、中国科协决定充分利用科普资源助推“双减”工作。现将有关事项通知如下。

一、引进科普资源到校开展课后服务。各地各校要以“请进来”的方式，引进一批优秀科普人才和相关科普机构，有效开展科普类课后服务活动项目。科协组织要会同当地教育部门遴选推荐一批思想品质优秀、热爱教育事业、科普经验丰富的科学家、两院院士及科技人才、科普工作者，以及符合学校需求的科技馆、科普教育基地，按照“双向选择”的原则，由学校自主选聘为科技辅导员或合作机构，并参与学校课后服务。选聘的科技辅导员和合作机构应充分发挥专业优势，积极遴选、开发、引入优质科普资源，通过作科学报告、讲述科学故事、开设线上线下科普课程、指导学生科技社团和兴趣小组活动等多种方式，加强学生科技教育，培养学生科学兴趣、创新意识和创新能力。

二、组织学生到科普教育基地开展实践活动。各地各校要以“走出去”的方式，有计划地组织学生就近分期分批到科技馆和各类科普教育基地（天文馆、科技园、动植物园、农业示范园、高校、科研院所等），加强场景式、体验式、互动式、探究式科普教育实践活动。科协组织要指导支持科技馆、科普教育基地优先保障学校开展课后服务需要，开发精品科普课程，安排专职人员进行讲解指导，切实增强科普课程的科学性、系统性、适宜性和趣味性。教育部门、科协组织要指导学校加强与科技馆、科普教育基地工作对接，共同做好课后科普实践活动计划，保障活动有效实施。鼓励科技馆、科普教育基地利用节假日安排学生专场和家庭亲子科普教育活动，向中小学生优惠或免费开放，积极吸引学生参加。支持有条件的科技馆和科普教育基地开发研究性学习课程，组织有关专家指导有兴趣的学生长期、深入、系统地开展科学探究与实验。鼓励科技馆和科普教育基地招募中小学生志愿参加科普讲解导览等服务活动。

三、联合加强学校科学类课程教师培训。教育部门要会同科协组织将遴选推荐的有关科学家、两院院士及科技人才、科普工作者纳入教师培训专家资源库，支持开展中小学科学类课程教师培训。统筹制订科学类课程教师培训计划，创新培训方式，注重依托科技馆和科普教育基地，精心设计培训课程，突出世界科技前沿、科学发展规律、科技创新成果和科学精神、思想方法等方面的培训，开阔教师科学视野，提高教师科学素养和教育教学水平。教育部在“国培计划”示范项目中专门设置中小学科学类课程教师培训项目，引领带动各地加强中小学科学类课程教师培训。教育部和中国科协组织有关专家开发研制与学校科学课程相适应的体系化配套课程资源，通过国家中小学网络云平台向学校免费提供，为教师教学提供专业支持。

四、发挥科协组织在规范校外培训中的作用。科协组织要加强科学素质类校外培训机构设置管理研究，积极研制有关专业标准和工作指南，为有关管理部门加强科学素质类校外培训机构规范管理提供专业支持。要以举办相关专业培训或论坛活动、开展监测评估研究等为载体，积极引导科学素质类校外培训机构提高管理水平和专业能力，配合有关部门规范整治各类传播“伪科学”的校外培训活动。

五、建立健全工作协同推进机制。各地教育部门和科协组织要明确具体责任部门和专门人员，建立工作专班，加强日常工作沟通，定期对接双方需求，加大对薄弱学校、农村学校的支持力度，形成协同推进的长效工作机制。对到校参与课后服务的校外科技辅导员，补助经费纳入课后服务经费保障机制。要将利用科普资源助推“双减”工作成效纳入教育部门、科协组织的年度绩效考核和“双减”工作督导检查，对作出突出成绩的有关单位和个人给予表扬宣传。定期评选推介科普类课后服务典型案例和精品科普课程资源，积极推广典型经验，营造良好教育生态。

教育部办公厅　中国科协办公厅

2021 年 11 月 25 日

中国科协办公厅　教育部办公厅等 5 部门关于联合开展 2021 年“共和国的脊梁——科学大师名校宣传工程”工作的通知

各省、自治区、直辖市科协、教育厅（教委）、团委，新疆生产建设兵团科协、教育局、团委，中国科学院各分院：

为全面贯彻落实党的十九大和十九届二中、三中、四中、五中全会精神，结合贯彻落实《中共中央关于制定国民经济和社会发展第十四个五年规划和二〇三五年远景目标的建议》和《中共中央办公厅　国务院办公厅关于进一步弘扬科学家精神加强作风和学风建设的意见》等有关文件要求，以弘扬科学家精神为引领，以加强学风建设为手段，在青年群体中扎实开展深入生动的爱国主义教育，提升思想政治工作质量，着力培养担当民族复兴大任的时代新人，中国科协、教育部、共青团中央、中国科学院、中国工程院将联合开展 2021 年“共和国的脊梁——科学大师名校宣传工程”（以下简称“宣传工程”），现将有关工作通知如下。

一、目的意义

以习近平新时代中国特色社会主义思想为指导，全面贯彻党的十九大和十九届二中、三中、四中、五中全会精神，增强“四个意识”、坚定“四个自信”、做到“两个维护”，紧紧扭住“举旗帜、聚民心、育新人、兴文化、展形象”使命任务，着力培育和弘扬社会主义核心价值观，大力宣传新时代中国科学家精神，持续丰富提升高校思想政治工作的吸引力和实效性，培育壮大思政教师队伍，切实加强青少年理想信念教育，培养担当民族复兴大任的时代新人。

二、主要安排

1. 开展 2021 年演出季。利用好高校新生入学季，动员所有参与高校组织校内演出，重点面向大一、研一入校新生连续演出多场，帮助广大青年学生扣好人生第一颗纽扣，树立正确的理想信念。进一步扩大“宣传工程”参与面与覆盖面，支持指导更多高校创排科学家主题剧目，尝试推动科学家主题剧目走进中小学。鼓励地方科协、教育厅（教委）、团委，以各种形式支持推荐一批校园优秀科学家主题剧目，推动形成弘扬科学家精神的良好社会氛围。

2. 开展“党旗下的新时代学人”系列活动。结合庆祝建党百年，面向全国高校师生，广泛征集优秀科学家主题作品并进行集中展播展示，讲好中国科技自立自强的创新故事，传承党的革命精神，唱响新时代跟党走的青春之歌。支持 100 所高校牵头开展丰富多彩的校际交流，结合校史讲党史，结合校风讲学风，丰富青年思政教育载体，引领广大青年学生听党话跟党走，推动科学家精神进校园、进课堂、进头脑。鼓励各科研院所结合弘扬科学家精神组织开展主题党日活动，将传承优良学风与本单位党建工作相结合，鼓励大师名师讲党课，强化青年研究人员的思想引领。

3. 持续开展学风传承行动。继续实施学风建设资助计划，围绕“一流学科、一流学风、一流人才”，支持一批高校院所青年学生开展形式多样的主题创作，选树一批优良学风传承人，从青年视角讲述学风传承，用身边故事体现学风建设，以实际行动坚决反对学术不良习气。发挥青年学生在思想政治教育中的主体作用，打造一批学风传承示范基地，鼓励高校院所广泛建立一批学生社团、主题工作室，激发学习兴趣。

4. 开展“最美科技工作者进校园、进院所”系列活动。由地方科协牵头，在全国范围内组织100位“最美科技工作者”走进高校院所，为当地青年学生讲述科研报国故事、创新创业故事、青春奋斗故事。支持地方科协通过组织科技工作者先进事迹报告、担任校外辅导员、指导实习实践等多种形式，以新时代科学家精神引领青年学生把个人学习奋斗目标同民族伟大复兴结合起来，努力成为社会主义事业的接班人和建设者。

5. 开展“舞台走向大地，青春筑梦未来”主题实践。利用寒暑假时间，组织高校师生开展科学家精神主题社会实践活动，开展优秀大学生社会实践报告评选，深入调研我国科技发展取得的重大成就，坚定全面建设社会主义现代化国家的信心决心，强化爱国之志，激发爱国之情。鼓励支持青年学生深入科研一线与优秀科技工作者代表面对面深入交流，引导青年学生在为人民服务中茁壮成长、在艰苦奋斗中砥砺意志品质、在社会实践中增长本领。

6. 建好弘扬科学家精神的网络阵地。持续完善“弘扬科学家精神云端剧院”，坚持“致敬科学大师，照亮青春花路”理念，以年轻人易于接受的互联网传播形式开展线上演出。充分发挥中国科协、共青团中央的群众团体优势，以现有工作为基础，聚焦弘扬科学家精神、建设优良学风，精心打造优质的互联网社交媒体平台，为青年群体提供交流、研讨、分享的虚拟广场，让青年人真正成为学习主体、传播主体、实践主体。

三、工作要求

1. 加强组织领导。要切实负起政治责任和领导责任，压紧压实意识形态工作责任制，把弘扬科学家精神、加强作风和学风建设作为培育和践行社会主义核心价值观的重要工作摆上议事日程，协同抓好各项任务落实。要加强沟通、密切配合、齐抓共管，推动工作任务落实落地。要充分动员各高校、院所的积极性主动性创造性，创新工作模式和方法，创造性做好“宣传工程”各项工作。地方科协、教育厅（教委）、团委要充分利用自身优势发挥好领导、组织、动员、引领等作用，在各自系统工作范围的框架内调动资源，集中力量在建党百年之际将“宣传工程”工作推向新的高度。

2. 注重宣传推广。要深入宣传阐释科学家精神，讲好科技工作者科学报国故事，凝练梳理宣传高校思政工作的好经验、好做法、好成果。要利用好各系统所属媒体平台，在传递党中央方针政策的同时宣传好基层单位的典型案例，用身边人、身边事感染人、教育人，潜移默化开展思政和党建工作，创新宣传方式和手段，增强宣传效果，扩大传播范围。

3. 做好经费支撑。中国科协根据实际任务量提供财政经费资助，地方科协结合各自工作通过立项支持大力引导高校、院所进行经费投入，撬动社会机构和资金参与文化产品创作和传播，共同营造尊重人才、尊崇创新的社会风气。

4. 切实保障安全。要把全体人员生命安全和身体健康放在第一位，严格遵守各地各单位疫情防控政策，确保工作安全有序进行。鼓励各类以弘扬科学家精神、学风作风建设和新时代爱国主义教育为主题的网上直播、线上活动和网络宣传，充分利用各方平台优势汇聚壮大网上正能量。

5. 做好经验提炼。地方科协要发挥好牵头单位的作用，全面协调，有力保障，及时凝练典型经验，坚持“宣传工程”各项工作落实到位。中国科协将全面做好保障协调，组织编印各地区、各单位相关工作动态，对于实践中发现的好经验好做法，积极向相关中央和国家机关推送，通过座谈交流、现场研讨等形式做好交流推广。请各地方教育厅（教委）、团委于2021年11月15日梳理完成工作情况，地方科协于11月30日前将汇总整理后的材料报送中国科协。

中国科协办公厅　教育部办公厅　共青团中央办公厅
中国科学院办公厅　中国工程院办公厅
2021年3月4日

中国科协办公厅　中国科学院办公厅关于印发《2021年度科普中国创作指南》的通知

科协办函普字〔2021〕86号

各全国学会、协会、研究会，各省、自治区、直辖市科协，新疆生产建设兵团科协，中国科学院院属各单位，各有关单位：

为深入学习贯彻习近平新时代中国特色社会主义思想，全面贯彻落实党的十九大和十九届二中、三中、四中、五中全会精神，推进落实“科技创新、科学普及是实现创新发展的两翼，要把科学普及放在与科技创新同等重要的位置”的指示精神，中国科协和中国科学院以坚持面向世界科技前沿、面向经济主战场、面向国家重大需求、面向人民生命健康为工作导向，研究制定《2021年度科普中国创作指南》（以下简称《指南》）。

现印发你们，请结合工作实际贯彻执行，加强宣传，引导和调动各方力量坚持“四个面向”，弘扬科学精神和工匠精神，广泛开展科学普及活动，形成热爱科学、崇尚创新的社会氛围，提高全民科学素质。

中国科协办公厅　中国科学院办公厅

2021年5月18日

2021年度科普中国创作指南

一、背景意义

今年是中国共产党建党100周年，是“十四五”开局、全面建设社会主义现代化国家新征程开启之年。2016年，习近平总书记在“科技三会”上指出，“科技创新、科学普及是实现创新发展的两翼，要把科学普及放在与科技创新同等重要的位置”。《中华人民共和国国民经济和社会发展第十四个五年规划和2035年远景目标纲要》提出，“要弘扬科学精神和工匠精神，广泛开展科学普及活动，提高全民科学素质”。

《指南》以弘扬科学精神和科学家精神为价值导向，以提高全民科学素质和激发青少年好奇心为目的，以面向世界科技前沿、面向经济主战场、面向国家重大需求、面向人民生命健康为工作导向，旨在通过提炼深化科普选题导向、重点科技事件和领域、创作建议等有关内容，为全社会科普创作和传播提供参考。

二、选题导向

（一）面向世界科技前沿

跟踪世界科技发展动向，瞄准科学技术中的前瞻性基础研究，重视原创性科研成果及创新性研究进展，准确解读相关成果及进展，挖掘勇攀高峰、敢为人先的科学家精神，引领公众拓展认知边界，激发公众对科学技术的兴趣。

（二）面向经济主战场

科技发展为经济发展提供原动力。关注科技创新产业链、服务国家经济社会发展的科研成果和已经产业化的科技成果，深入展现背后的科学内涵，挖掘科学家将自身科研实践和国家发展相结合的奉献精神与现实情怀，引导公众正确认识科技创新的力量。

（三）面向国家重大需求

聚焦国家发展和安全的重大难题、战略性需求，围绕关键核心技术、重大工程与计划、自主创新技术等方面开展创作，科学诠释相关成果及技术，挖掘胸怀祖国、服务人民的科学家精神，回应公众对国家科技发展及战略布局的关切。

（四）面向人民生命健康

人民健康是民族昌盛和国家富强的重要标志。深入解读健康中国战略，普及应对重大疾病防控、食品药品安全、人口老龄化等问题的科学知识与方法，融入对生命的尊重和对人民的关怀，挖掘科学家济世安民、造福人类的奉献精神与科学品质，为人民生命健康保驾护航。

此外，针对公众关注的其他领域及热点事件，及时开展科学解读，诠释科技问题和科技现象，挖掘背后的科学人文价值，融入科学方法和科学精神，提高公众科学素质。

三、年度重点关注事件和领域

（一）2021年度重点关注事件（包括但不限于）

序号	事件
1	中国共产党成立100周年
2	国民经济和社会发展第十四个五年规划
3	“天问一号”火星探测和“机智号”无人机火星首飞
4	嫦娥五号任务月球样品研究
5	“奋斗者”号应用性试验
6	中国“天宫”空间站建设
7	2021年联合国气候变化大会和联合国生物多样性大会
8	第二次青藏高原综合科考研究
9	2022年北京冬季奥运会等重大体育赛事
10	国家科学技术奖、诺贝尔奖等重大科技奖项
11	全国科技工作者日等重大科技活动

（二）2021 年度重点关注领域（包括但不限于）

序号	类别	领域
1	科技前沿领域	新一代人工智能、量子通信、量子计算、超级计算、光子与微纳电子、脑科学与类脑研究、生物育种、基因组学研究应用、合成生物技术、创新药物、先进诊疗技术、生物安全关键技术、临床医学与健康、深空深地深海和极地探测
2	基础研究领域	系外行星及地外生命探测、动物传染病、植物生理、神经系统疾病、肿瘤相关基础研究、有机合成、生物降解材料、凝聚态物理、高性能光学、深度学习、重大科技基础设施、DNA 纳米技术
3	经济社会发展领域	碳中和、制造业高端化智能化绿色化、新型基础设施建设、现代能源体系构建、水利基础设施建设、关键数字技术创新应用及产业化、工业互联网平台打造、区块链技术创新及服务平台建设、智慧城市和数字乡村建设、现代农业科技、智慧农业及水利、东北黑土地保护利用、海洋经济发展
4	服务人民生命健康	新冠疫苗宣传普及和新冠疫情常态化防控、食品安全、公共卫生体系构建、疾病预防控制、医药卫生健康、全民健身运动、膳食营养、自然灾害风险防控、安全生产、安全教育
5	关注社会生活热点	全球气候变化、中华文明考古新发现、科普科幻类影视文学作品

四、创作建议

请各有关机构重点围绕《指南》，紧扣“见物见人见精神”的创作宗旨，积极创新作品内容与形式，将科学精神和科学家精神融入创作，生产传播紧跟时代潮流、回应公众关切、兼具人文关怀的优秀科普作品。同时，密切关注最新科技成果与突发热点事件，及时开展科普创作与传播，加强科普与公众、社会之间的联系。具体创作建议如下。

（一）解读国家政策类

语言严谨准确，从科技科普和公众关切角度，通过科学视角来解读乡村振兴、“一带一路”倡议、京津冀协同发展、长江经济带发展、黄河流域生态保护和高质量发展、制造强国、健康中国等国家重大战略，引导公众科学参与社会公共事务。

（二）解读科技成果类

语言通俗易懂，表述严谨准确，不夸大、不自贬、不误导；融入科学思维与科学方法，特别是创新思维；注重体现所解决问题的难度和重要性、对国家与学科发展的意义，引导公众正确认识国家科技战略布局，及时了解前沿科学的飞速发展。

（三）跟踪社会热点类

语言通俗准确、生动有趣，开篇直入主题；从公众的关切出发，从科学视角看热点事件，以热点为载体普及科学知识，帮助公众形成科学思维能力。从公众的日常生活出发，提出大家熟悉但不了解的问题，进行科学地回答，注重体现生活中处处有科学和科学的趣味。

（四）宣传科学人物类

语言富有感染力，内容科学准确；重点挖掘科学家与科学事件所蕴含的新时代科学家精神与科学精神，引导公众特别是青少年感受科学和科学家的风采，让科技工作者成为被尊崇和向往的职业。

（五）普及应急知识类

语言直白生动，内容准确翔实；结合具体案例，创新表现手法，注重实用性与易懂易记性，增强公众的安全意识以及自救互救知识。

关于印发中国科协机关各部门内设机构主要职责和人员编制方案的通知

科协党组发〔2021〕63 号

机关各部门，各直属单位：

根据中央办公厅《关于调整中国科学技术协会机关职能配置、内设机构和人员编制的通知》（厅字〔2021〕1 号）和中央编办《关于中国科协机关“三定”规定实施方案备案审核意见的函》（编综函字〔2021〕406 号），经研究，现将中国科协机关各部门内设机构主要职责和人员编制方案印发给你们。

附件：中国科协机关各部门内设机构主要职责和人员编制方案

中国科协党组
2021 年 8 月 9 日

附件

办公厅
内设机构主要职责和人员编制方案

一、内设机构设置

办公厅内设 7 个处：秘书处、预算管理处、督查协办处、机要处（值班室）、信息处（档案处）、财务资产处、综合处（信访办公室）。

二、内设机构主要职责

（一）秘书处

1. 承办向党中央、全国人大、国务院、全国政协报送请示报告及与有关部门、地方党委、政府的联系沟通工作。

2. 承担中国科协名誉主席、主席、副主席、荣委、常委、全委和党组、书记处同志、老领导、著名科学家的联系服务工作。

3. 负责中国科协全国委员会、常务委员会、党组、书记处等重要会议活动的组织协调和服务工作。

4. 负责与中国科协常委会各专门委员会办公室的联系服务和协调。

5. 拟订党组工作规则、机关工作规则等规章制度。

（二）预算管理处

1. 研究拟订预算编制、绩效评价等制度。

2. 组织编制中国科协年度部门预算，开展预算绩效评价管理。

3. 组织开展国有资本经营预算等的管理。

4. 指导机关部门、事业单位开展政府采购活动。

5. 指导基本建设工程项目管理。

（三）督查协办处

1. 承担中央重大决策部署、中央领导同志指示批示贯彻落实情况的督促检查工作。

2. 承担中国科协重点工作和党组、书记处指示批示落实情况的督促检查。

3. 承办中国科协与地方合作事项的统筹协调工作。

4. 组织办理全国人大代表建议和全国政协委员提案工作，承办与全国政协科协界委员的联络服务工作。

（四）机要处（值班室）

1. 承办以中国科协党组、中国科协及中国科协办公厅名义公文的核稿印发。

2. 承办党中央、全国人大、国务院、全国政协及有关部门、地方党委、政府等来文来电、机要文件和内部公文运转管理，指导直属单位公文运转管理。

3. 承担机关值班、保密等工作，指导直属单位值班、保密等工作。

4. 承担中国科协印章、证照管理，指导直属单位印章、证照管理。

（五）信息处（档案处）

1. 负责科协系统政务信息收集、整理和报送工作。

2. 统筹电子政务内网和办公自动化工作。

3. 负责机关文书、声像、实物等档案管理工作，指导直属单位档案工作，推进档案管理机构建设。

4. 组织开展史、志、鉴的研究编纂工作。

（六）财务资产处

1. 拟订财务内控制度，指导机关部门、直属单位、全国学会财务内控建设。

2. 拟订财务资产管理制度，指导直属单位、全国学会的财务资产管理，指导直属企业改制工作。

3. 负责机关经费收支的会计核算和资产的价值管理，指导直属单位会计核算。

4. 组织编制中国科协各项财务、决算、资产报告，审核汇总全国学会、地方科协财务信息。

5. 负责机关和直属单位财会队伍建设。

（七）综合处（信访办公室）

1. 统筹协调中国科协机关行政事务，承担中国科协信访、国家安全、法律事务、风险防控、会议计划、会徽标识管理等工作。

2. 负责部门文秘、公文、档案、机要、人事、经费、保障等综合协调管理工作。

3. 承担部门工作计划、工作总结等文稿起草，拟订部门内部相关管理制度。

三、人员编制

办公厅人员编制为 28 名，其中：局级领导职数 4 名（主任 1 名，副主任 3 名）；秘书处 4 名，预算管理处 4 名，督查协办处 3 名，机要处（值班室）3 名，信息处（档案处）3 名，财务资产处 3 名，综合处（信访办公室）4 名。

处级领导职数 10 名，其中：

秘书处	处长 1 名、副处长 1 名
预算管理处	处长 1 名、副处长 1 名
督查协办处	处长 1 名
机要处（值班室）	处长 1 名
信息处（档案处）	处长 1 名
财务资产处	处长 1 名
综合处（信访办公室）	处长 1 名、副处长 1 名

组织人事部
内设机构主要职责和人员编制方案

一、内设机构设置

组织人事部内设 6 个处：干部处、直属单位人事处、人才工作处、组织处、教育培训处、综合处（干部监督处）。

二、内设机构主要职责

（一）干部处

1. 研究拟订机关干部管理制度，提出加强机关和直属单位领导班子建设的意见方案。

2. 研究拟订中国科协机关及内设机构的主要职责、机构编制规定，承办中国科协议事协调机构报批管理工作。

3. 承办机关干部和直属单位领导班子成员选拔任用、考核奖惩、辞职辞退、免职退休、交流调配、挂职兼职等工作。

4. 承担机关干部公开招录、遴选和选调等工作。

5. 承办中国科协中管干部的有关具体工作。

（二）直属单位人事处

1. 研究拟订事业单位改革和人事管理制度，提出事业单位岗位设置指导意见。

2. 研究拟订事业单位的主要职责、机构编制规定，承办事业单位登记管理。

3. 按照干部管理权限，负责事业单位人员选拔聘任、考核奖惩、招聘调配、解聘退休、挂职兼职、人事争议处理等有关工作。

4. 负责专业技术岗位评聘、政府特殊津贴人选推荐等相关工作。

5. 指导直属企业相关人事管理工作。

（三）人才工作处

1. 统筹协调科协系统人才工作，参与推动科技人才队伍建设。

2. 组织开展科技人才理论研究，拟订科协人才工作规划、制度体系等。

3. 承担中国科协评比达标表彰管理，组织开展全国创新争先奖等人才奖项评选表彰，指导全国学会和地方科协开展科技奖励工作。

4. 承办科技人才举荐工作，组织实施推荐（提名）两院院士候选人，协调开展国内外重大科技奖项、重要人才项目的推选工作。

5. 承担高水平科技创新人才的联系服务工作，组织开展科技人才信息资源服务，指导全国学会和地方科协开展科技人才联系服务工作。

（四）组织处

1. 统筹协调科协系统组织建设工作。

2. 开展科协组织建设理论研究，拟订组织建设改革发展规划、制度体系等。

3. 负责推动全国代表大会的组织工作，协调闭会期间全委、常委和副主席的变更等事项。

4. 指导地方科协组织建设，指导省级科协召开代表大会，负责地方科协主席、副主席选举结果备案工作。

5. 统筹推进科协基层组织建设和科技创新组织建设，构建科协系统组织网络体系。

（五）教育培训处

1. 承担中国科协党校体系建设管理。

2. 拟订中国科协教育培训规划和年度工作计划，组织协调教育培训课程、教材、师资等建设。

3. 组织开展机关和直属单位干部教育培训，提出组织调训学习安排及人选建议。

4. 组织开展科技人才研修、培训等服务工作。

5. 承担网上科技工作者之家建设。

（六）综合处（干部监督处）

1. 负责机关在职人员工资、福利、保险、考勤等工作，承担事业单位工资绩效管理和企业工资总额管理，办理享受医疗照顾、提高医疗待遇有关报批工作。

2. 负责对干部选拔任用工作的监督检查，承担对设党委的直属单位“一报告两评议”工作。

3. 承担领导干部个人有关事项报告工作。按照干部管理权限，负责因私出国（境）证件管理、审批、备案工作。

4. 按照干部管理权限，负责干部人事档案管理。

5. 负责部门文秘、公文、档案、机要、人事、经费、保障等综合协调管理工作。

6. 承担部门工作计划、工作总结等文稿起草，拟订部门内部相关管理制度。

三、人员编制

组织人事部人员编制为25名，其中：局级领导职数3名（部长1名，副部长2名）；干部处4名，直属单位人事处3名，人才工作处4名，组织处4名，教育培训处3名，综合处（干部监督处）4名。

处级领导职数10名，其中：

干部处	处长1名、副处长1名
直属单位人事处	处长1名
人才工作处	处长1名、副处长1名
组织处	处长1名、副处长1名
教育培训处	处长1名
综合处（干部监督处）	处长1名、副处长1名

宣传文化部
内设机构主要职责和人员编制方案

一、内设机构设置

宣传文化部内设4个处：理论宣传处、文化建设处、科学文化处、综合处（学风建设处）。

二、内设机构主要职责

（一）理论宣传处

1. 向科技工作者宣传阐释党的理论和路线方针政策，拟订中国科协宣传管理制度和工作规划，指导全国学会和地方科协宣传工作。

2. 弘扬科学家精神，宣传优秀科技工作者和团队，组织全国科技工作者日活动。承担中国科协会史馆建设相关工作。

3. 组织中国科协重点工作、重大活动新闻宣传，承担中国科协新闻发言人相关工作，指导中国科协网站等宣传平台建设。

4. 承担党组理论学习中心组学习秘书有关工作。

5. 承担意识形态工作责任制落实工作，开展科技界舆情监测与应对工作。

（二）文化建设处

1. 组织开展科学文化建设理论研究，向党和政府有关部门提出建议。

2. 组织开展科技志愿服务工作，推进相关理论研究，参与推动新时代文明实践中心建设。

3. 指导全国学会和地方科协宣传队伍建设，开展宣传能力提升工作。

4. 承担科技传播专家库和科协系统宣传资源库建设。

（三）科学文化处

1. 组织科技界面向重点人群传播科学文化、弘扬科学精神。

2. 指导中国反邪教协会和中国关爱协会开展日常工作。

3. 指导中国关爱协会开展科学文化国际交流。

（四）综合处（学风建设处）

1. 承担科技伦理、科学道德和学风建设工作。

2. 组织开展维护科技工作者合法权益相关工作。

3. 负责部门文秘、公文、档案、机要、人事、经费、保障等综合协调管理工作。

4. 承担部门工作计划、工作总结等文稿起草，拟订部门内部相关管理制度。

三、人员编制

宣传文化部人员编制为18名，其中：局级领导职数3名（部长1名，副部长2名）；理论宣传处4名，文化建设处3名，科学文化处4名，综合处（学风建设处）4名。

处级领导职数7名，其中：

理论宣传处	处长1名、副处长1名
文化建设处	处长1名
科学文化处	处长1名、副处长1名
综合处（学风建设处）	处长1名、副处长1名

科学技术创新部
内设机构主要职责和人员编制方案

一、内设机构设置

科学技术创新部内设6个处：学会发展处、科技期刊处、学术交流处、创新融合处、科创平台处、综合处。

二、内设机构主要职责

（一）学会发展处

1. 组织推进学会改革和世界一流学会建设工作。

2. 承担中国科协主管学会的监督管理工作。

3. 承担学会组织建设和会员服务的管理工作。

4. 承办学会发展重点项目资助管理工作。

（二）科技期刊处

1. 推进世界一流科技期刊培育建设，承担有关科技期刊的业务指导和管理工作。

2. 承担中国科协主管的科技出版单位的管理监督和业务指导。

3. 承办科技期刊重点项目资助管理工作。

4. 指导地方科协科技出版工作。

（三）学术交流处

1. 指导开展学术交流活动，促进科学发现和工程技术创新。

2. 组织协调中国科协综合性重点学术交流与合作工作。

3. 组织科技工作者提出重大科技问题工作。

4. 承办科技交流活动重点项目资助管理工作。

（四）创新融合处

1. 推进有关产学研深度融合工作。

2. 承担大众创业万众创新相关协调推进工作。

3. 指导学会为企业服务，推动科技成果转化有关工作。

4. 指导科协系统企业科协组织建设。

5. 承办相关创新融合重点项目资助管理工作。

（五）科创平台处

1. 协调科技工作者创新创业创造合作平台建设，组织推进有关创新创业创造联合体建设工作，引导创新资源融入产业链。

2. 协调组织学会开展社会化公共服务工作。

3. 承办相关创新创业创造平台重点项目资助管理工作，组织实施青年人才托举工作。

4. 开展相关科技信息分析与服务工作。

（六）综合处

1. 负责联系地方科协科学技术创新有关部门，指导地方学会改革发展工作。

2. 负责部门文秘、公文、档案、机要、人事、经费、保障等综合协调管理工作。

3. 承担部门工作计划、工作总结等文稿起草，拟订部门内部相关管理制度。

三、人员编制

科学技术创新部人员编制为 25 名，其中：局级领导职数 3 名（部长 1 名，副部长 2 名）；学会发展处 4 名，科技期刊处 4 名，学术交流处 4 名，创新融合处 3 名，科创平台处 3 名，综合处 4 名。

处级领导职数 10 名，其中：

学会发展处	处长 1 名、副处长 1 名
科技期刊处	处长 1 名、副处长 1 名
学术交流处	处长 1 名、副处长 1 名
创新融合处	处长 1 名
科创平台处	处长 1 名
综合处	处长 1 名、副处长 1 名

科学技术普及部
内设机构主要职责和人员编制方案

一、内设机构设置

科学技术普及部内设 5 个处：纲要处、基层工作处、科普信息化处、基础设施处、综合处（乡村振兴工作办公室）。

二、内设机构主要职责

（一）纲要处

1. 承办协助政府有关部门制定科普工作政策和规划。

2. 承担《科学素质纲要》实施的综合协调工作，推动实施《科学素质纲要》中科技资源科普化工程、科学素质国际交流合作工程等重点任务。

3. 协调参加全国科技活动周等部委联合活动。

4. 指导主管学会的科普工作。

5. 指导科协系统科普理论研究工作。

（二）基层工作处

1. 指导地方科协科普工作，指导城乡社区科普工作。

2. 指导开展基层科普活动，推动科普示范工作。

3. 组织开展全国科普日活动、中国科协年会科普活动等重点科普活动。

4. 推动实施《科学素质纲要》中农民科学素质行动、基层科普能力提升工程等重点任务。

（三）科普信息化处

1. 承担“科普中国”信息化平台建设，组织实施科普信息化建设工程，推动实施《科学素质纲要》中科普信息化提升工程等重点任务。

2. 指导开展网络科普活动，组织开展科学辟谣工作，指导科协系统科普全媒体传播。

3. 推动科普工作队伍建设。

4. 推动应急科普宣教协同机制建设。

5. 指导科普创作繁荣。

（四）基础设施处

1. 指导科协系统科普设施、场所的规划、建设和管理工作。

2. 指导开展青少年科技教育活动，推动实施《科学素质纲要》中青少年科学素质提升行动、科普基础设施工程等重点工作任务。

3. 指导中国公众科学素质促进联合体建设，推动构建社会化大科普工作平台。

4. 指导和促进科普工作规范化建设。

5. 推动科普事业与科普产业并举，促进科幻创作与产业发展。

（五）综合处（乡村振兴工作办公室）

1. 协调组织实施科协系统定点帮扶和乡村振兴、援藏援疆工作。

2. 拟订科协系统科普工作规划和年度计划，负责科普信息与统计工作。

3. 负责部门文秘、公文、档案、机要、人事、经费、保障等综合协调管理工作。

4. 承担部门工作计划、工作总结等文稿起草，拟订部门内部相关管理制度。

三、人员编制

科学技术普及部人员编制为21名，其中：局级领导职数3名（部长1名，副部长2名）；纲要处3名，基层工作处3名，科普信息化处4名，基础设施处4名，综合处（乡村振兴工作办公室）4名。

处级领导职数8名，其中：

纲要处	处长1名
基层工作处	处长1名
科普信息化处	处长1名、副处长1名
基础设施处	处长1名、副处长1名
综合处（乡村振兴工作办公室）	处长1名、副处长1名

战略发展部
内设机构主要职责和人员编制方案

一、内设机构设置

战略发展部内设4个处：战略咨询处、规划发展处（改革协调处）、调查研究处、综合处（统计处）。

二、内设机构主要职责

（一）战略咨询处

1. 承担组织开展科技领域中央关注重大问题研究工作，提出决策咨询意见建议。

2. 研究拟订科协系统决策咨询工作规划和计划，编制科协系统智库产品目录与标准，组织开展决策咨询能力培训。

3. 指导科协系统智库体系建设，组织开展科技智库国际合作交流。

4. 组织开展重大战略研究成果汇聚、交流、评选和发布，编发《科技工作者建议》。

5. 承办组织开展对国家有关法律法规、战略规划等提出意见建议，参与推动制定有关科技创新政策和法律法规。

（二）规划发展处（改革协调处）

1. 研究拟订中国科协事业发展规划，指导科协系统事业发展规划编制，组织开展规划实施的督促检查和评估工作。

2. 研究拟订中国科协年度工作要点和项目计划。

3. 统筹协调科协事业发展重大战略研究选题，组织开展研讨交流。

4. 组织拟订科协系统深化改革实施方案，牵头推进科协系统改革工作。

5. 协调解决改革中的突出问题，推动相关配套政策的制定和落实。

（三）调查研究处

1. 拟订中国科协工作重大调研计划和选题，组织开展重大调研工作。

2. 负责组织研究起草有关重要文件和中国科协主要领导同志有关重要文稿。

3. 组织开展科技工作者状况调查，及时反映科技工作者的建议、意见和诉求。

4. 承担科协系统各类政策、规范性文件发布前的合法合规性审核。

（四）综合处（统计处）

1. 组织开展科协系统综合统计，指导机关部门和直属事业单位专项统计调查。

2. 组织开展“智汇中国”服务平台建设，协调决策咨询支撑服务。

3. 负责部门文秘、公文、档案、机要、人事、经费、保障等综合协调管理工作。

4. 承担部门工作计划、工作总结等文稿起草，拟订部门内部相关管理制度。

三、人员编制

战略发展部人员编制为17名，其中：领导职数3名（部长1名，副部长2名）；战略咨询处4名，规划发展处（改革协调处）4名，调查研究处3名，综合处（统计处）3名。

处级领导职数6名，其中：

战略咨询处	处长1名、副处长1名
规划发展处（改革协调处）	处长1名、副处长1名
调查研究处	处长1名
综合处（统计处）	处长1名

国际合作部（港澳台办公室）内设机构主要职责和人员编制方案

一、内设机构设置

国际合作部（港澳台办公室）内设5个处：国际组织处、双边处、港澳台处、海智处、综合处。

二、内设机构主要职责

（一）国际组织处

1. 承担中国科协与国际组织的联络和交流，组织实施有关合作交流项目，指导科协系统的国际组织工作。

2. 承办科协系统申请加入国际组织、申请在华成立国际科技组织、申请中国科协作为境外非政府组织在华办事机构业务主管单位等审核报批。

3. 承担科技工作者在国际组织任职、履职的服务工作，开展国际组织任职人员、后备人员的培养和推送工作。

4. 承办中国科协有关因公临时出访任务的审核报批。

5. 承担中国科协领导相关出访活动和国际组织来访接待工作。

（二）双边处

1. 承担中国科协与相关国家和地区对口组织的合作交流，组织实施有关合作交流项目，指导科协系统对外双边工作。

2. 承担中国科协与有关重点国家对口组织的高层会议、对话和交流活动。

3. 承办中国科协有关因公临时出访任务和出国培训项目等审核报批。

4. 承担中国科协领导相关出访活动和有关国家对口组织人员来访接待工作。

（三）港澳台处

1. 承担与港澳台地区科技团体和科技工作者联系服务，组织实施有关交流项目，指导科协系统与港澳台地区合作交流工作。

2. 承办中国科协与港澳台地区有关因公临时出访任务、合作交流项目和活动等审核报批。

3. 承担中国科协领导相关出访活动和港澳台地区有关机构人员来访接待工作。

（四）海智处

1. 组织实施中国科协海外智力为国服务行动计划，指导科协系统开展海智计划相关工作。

2. 承担与海外科技团体、科技工作者的联系，组织实施有关合作交流项目和宣传推介活动。

3. 承担海外科技人才来华创新创业服务工作。

4. 承办中国科协海智基地、合作机构、特聘专家等审核报批。

（五）综合处

1. 组织拟订中国科协外事计划，负责外事信息统计工作，组织开展外事业务培训。

2. 承办出国（境）批件，申办和管理因公出国（境）人员的护照（通行证）和签证（签注）。

3. 承担中国科协和全国学会在华举办国际会议和涉外展览会的审核报批。

4. 负责部门文秘、公文、档案、机要、人事、经费、保障等综合协调管理工作。

5. 承担部门工作计划、工作总结等文稿起草，拟订部门内部相关管理制度。

三、人员编制

国际合作部（港澳台办公室）人员编制为19名，其中：局级领导职数3名（部长1名，副部长2名）；国际组织处4名，双边处3名，港澳台处3名，海智处3名，综合处3名。

处级领导职数6名，其中：

国际组织处	处长1名、副处长1名
双边处	处长1名
港澳台处	处长1名
海智处	处长1名
综合处	处长1名

机关党委（学会党建办公室）内设机构主要职责和人员编制方案

一、内设机构设置

机关党委（学会党建办公室）内设4个处：办公室、学会党建处、巡视监督室（审计室）、纪律检查室（纪委办公室）。

二、内设机构主要职责

（一）办公室

1. 负责部门日常综合行政工作，研究拟订机关和直属单位党的建设相关制度，承担机关党委会议、机关党委书记办公会议的组织服务工作。

2. 承担机关和直属单位党的政治建设、思想建设和宣传工作，承担党组民主生活会和党组理论学习中心组秘书有关工作。

3. 承担机关和直属单位党的组织建设，承担机关党的代表大会有关组织工作。

4. 承担机关和直属单位工会、共青团、妇女儿童等群团工作、精神文明建设工作和党的统一战线工作。

（二）学会党建处

1. 研究拟订学会党建工作规划、年度要点和工作制度。

2. 承担推进学会党的政治建设，督促学会党委强化政治引领、加强政治监督和纪律监督检查。

3. 承担推进学会党的组织建设，承办学会党委成立、调整、换届的审查工作。

4. 承担推进学会党建与业务工作融合发展，促进学会提高治理能力。

5. 组织开展科协系统学会党建工作调研，指导地方科协的学会党建工作。

（三）巡视监督室（审计室）

1. 承担党组巡视的组织协调工作，承担中央巡视组对中国科协党组巡视的协调服务，指导检查机关、直属单位和直属学会开展巡视整改。

2. 组织开展机关、直属单位、全国学会的财务监督，组织开展机关和直属单位的政府采购监督。

3. 负责直属单位和直属学会审计工作。

4. 负责机关和直属单位处级及以下党员违纪案件的审理。

5. 研究拟订党组巡视、内部审计、财务监督、政府采购监督等制度。

（四）纪律检查室（纪委办公室）

1. 负责机关纪委的日常行政工作，承担机关纪委会议、机关纪委书记办公会议的组织服务工作。

2. 承担机关和直属单位党的作风建设和纪律建设，指导机关部门和直属单位党组织推进党风廉政建设和反腐败工作。

3. 承办机关和直属单位处级及以下党员干部的信访举报、违纪案件调查等工作。

4. 承办机关和直属单位处级及以下党员干部的廉政审查，开展机关和直属单位基层党组织和党员领导干部的问责。

5. 研究拟订机关和直属单位党的作风建设、纪律建设、党员权利保障等制度。

三、人员编制

机关党委（学会党建办公室）人员编制为 16 名，其中：局级领导职数 3 名（机关党委常务副书记、学会党建办公室主任 1 名，机关党委副书记、机关纪委书记 1 名，机关党委副书记 1 名）；办公室 4 名，学会党建处 3 名，巡视监督室（审计室）3 名，纪律检查室（纪委办公室）3 名。

处级领导职数 5 名，其中：

办公室	主任 1 名、副主任 1 名
学会党建处	处长 1 名
巡视监督室（审计室）	主任 1 名
纪律检查室（纪委办公室）	主任 1 名

机关离退休干部办公室
内设机构主要职责和人员编制方案

一、内设机构设置

机关离退休干部办公室内设 2 个处：综合处（党委办公室）、服务处。

二、内设机构主要职责

（一）综合处（党委办公室）

1. 负责部门日常综合行政工作，研究拟订部门内部有关管理制度。

2. 承担机关离退办党委相关党务工作。

3. 承担向离退休干部宣传党的路线方针政策等政治引领工作。

4. 承担直属老科协秘书处工作，组织离退休干部开展科普、建言献策等工作。

5. 指导直属单位离退休干部工作。

（二）服务处

1. 承担离退休干部生活待遇落实工作，协调联系离退休干部医疗服务保障工作。

2. 牵头组织离退休干部重要纪念日、重大庆典等重要节假日的走访慰问和生病住院看望等工作。

3. 负责离退休干部活动站、老年大学等文化建设，承办离退休干部参观学习、健康休养等工作。

4. 承担安老基金执委会办公室有关工作，负责高龄、重病、失能等离退休干部的关怀帮扶工作。

5. 负责离退休干部来信来访等工作。

三、人员编制

机关离退休干部办公室人员编制为9名，其中：局级领导职数1名（主任1名）；综合处（党委办公室）4名，服务处4名。

处级领导职数4名，其中：

综合处（党委办公室）处长1名、副处长1名

服务处　　　　　　　处长1名、副处长1名

中国科协办公厅关于申报中国特色一流学会建设项目的通知

各有关全国学会、协会、研究会：

根据《中国科学技术协会事业发展“十四五”规划（2021—2025年）》要求，在连续实施三期学会能力提升专项并取得显著成效的基础上，拟实施第四期学会能力提升专项“中国特色一流学会建设项目”，支持引导学会全面深化改革、促进能力提升，进一步打造一批中国特色一流学会样板，示范带动学会工作整体提升，更好地团结科技工作者为加快建设世界科技强国、全面建设社会主义现代化国家建功立业。现将项目申报相关工作通知如下。

一、建设内容

围绕新时代科技社团的使命和职责，增强全国学会围绕中心、服务大局的意识和能力，面向世界科技前沿、面向经济主战场、面向国家重大需求、面向人民生命健康，聚焦中国特色一流学会建设的“四大能力”（组织凝聚力、学术引领力、社会公信力和国际影响力），推动学会向中国特色一流学会目标迈进。

（一）组织凝聚力

坚持党对学会的全面领导，坚定不移走中国特色科技社团发展道路，下沉基层、服务群众，最广泛地把科技工作者团结凝聚在党的周围。

1. 党建工作。学习贯彻党中央重大决策部署及时准确，政治把关机制严密科学，意识形态责任制落实到位，政治核心作用充分发挥。三级党组织健全、运行良好，创建符合科技社团特点、面向基层一线的党建强会品牌活动，充分发挥党员先锋模范作用。

2. 价值引领。弘扬科学家精神，积极选树宣传学会优秀典型。坚守诚信自律，恪守科研诚信，引领学术生态建设，宣传科学价值观和学会核心文化。

3. 会员发展。会员服务机构及制度完备，面向学科领域科技工作者联系渠道多样、方式多元，会员来源广泛、构成完整、活跃度高，具有创新性的会员服务产品。

4. 人才凝聚。加快建设人才创新高地，建立符合科技人才学术成长、职业发展需求的培育、服务、举荐体系，搭建各级各类、功能完备的服务平台，特别是面向青年人才的培养、服务平台和项目。

（二）学术引领力

学术交流充分满足科技工作者需求，智库成果政策推动力强，科普影响面广，有效促进科技经济融合。

1. 期刊建设。学会主办期刊在学科领域具有高影响力，原创高水平成果首发多，传播推广迅速有效，主编、编审及编辑队伍实现专业化、国际化。

2. 学术活动。学术交流活动品牌影响力大，科技工作者参与度、认可度高。主动研判重大科学问题难题，及时发布学科领域最新进展、技术趋势。

3. 决策咨询。开展立法咨询、专业报告、政策解读等，引导科技工作者研究方向，支撑服务党和政府科学决策，科技工作者建议、行业报告等采纳率高。

4. 科学普及。科普工作体系健全，科学传播专家团队专业化水平高，着重打造科普活动品牌，科普产品系列化、数字化，对社会关注的热点舆论问题及时发声。

5. 产学融合。汇集政产学研金服用等各类资源，组建科技服务团队，建设新型产业协同组织，建立科技成果转移转化平台，有效服务科技工作者创新创业创造活动，促进科技经济融合，服务区域产业转型升级。

（三）社会公信力

发挥专业价值，积极提供公共服务，学会治理有序、运营规范，形象公正可信赖，获得社会广泛认可。

1. 公共服务。开展专业技术人员水平评价，参与专业技术人才知识更新工程，推动工程技术人员国际互认。积极开展技术标准、规范研制发布，得到行业社会和政府部门认可采纳。

2. 民主治理。学会章程根据发展需要及时修订完善，贯彻落实到位。会员（代表）大会、理事会、监事会、办事机构职责明晰、制度完善，民主决策、民主监督机制健全，协同运行有效。理事长、监事长依

章履职到位，秘书长专职化管理服务。学会信息公开透明。

3. 管理运营。拥有高质量、专职化运营团队。资金筹集和运营能力高，获得政府部门专项支持多，提供服务收入占比高，可持续竞争力强。

4. 数字化建设。学会管理服务数字化程度高，实时互动、精准便捷。数字化服务产品质量高、影响力大、社会认可度高。

（四）国际影响力

以全球视野谋划和推动学会创新，全方位加强国际及港澳台地区科技合作，深度参与国际科技治理。

1. 组织发展。推动建设国际分支或代表机构，设立外事工作机构与对外传播平台，成立国际或区域性科技组织机构。与境外重要科技组织建立会员互认。

2. 人才交流。积极吸纳海外知华友华科学家及港澳台科学家到学会任职，开展海外智力引进和推送。举荐专家进入国际组织并担任职务，为专家发挥作用提供支撑。

3. 互信合作。推动跨国界组织学术交流合作，发起或参与创新议题、联合项目和科学计划，为全球化热点问题解决提供专业方案。设立领域内具有国际影响力的奖项，具有向全球知名科技奖项推举候选人的渠道。在开放科学、数字治理、科学伦理等方面积极发声，参与国际规则制定。建立与港澳台地区科技组织、人员的合作机制，服务海峡两岸暨港澳经济社会融合发展。

二、建设方式

通过专家评审，遴选确定50个优秀学会进行中国特色一流学会建设，项目实施周期为3年，分3档进行支持。

——遴选10个综合能力强、工作基础好、有一定国际影响力的学会进行支持，到2023年学会发展活力、服务科技创新能力、服务国家战略决策能力显著增强，学会组织方式、运行机制和现代化治理能力显著提高，学会国际话语权和影响力显著提升。

——遴选15个综合能力较强、工作基础好、具有发展潜力的学会进行支持，到2023年学会改革向纵深拓展，综合能力显著提高，服务科技创新能力、服务国家战略决策能力得到加强，高端学术交流品牌建设取得明显成效。

——遴选25个工作基础较好、特色鲜明、优势突出的学会进行支持，到2023年建成一批国内一流、有一定国际影响力的学会工作品牌，学会综合能力和影响力稳步提升。

三、申报资格

中国科协以学会年检、中国科协统计年鉴数据、中国科协业务部门评价数据以及公开可获取的大数据为基础，形成申报学会建议名单（附件1）。此外，鼓励特色突出、有申报意愿的其他学会进行申报。其中，有下列情形之一的学会，取消申报资格：

1. 党的组织机构不健全；

2. 年检结论最近一次为“不合格”或最近两年连续为“基本合格”；

3. 近三年有违纪违法行为、违反国家相关规定受到相关部门通报批评或处罚；

4. 未按要求完成中国科协一流学会建设有关项目的。

四、申报程序

（一）提交申报材料：2021年11月11日前，各申报学会将电子版申报材料（附件2）word版和盖章PDF版发送至项目申报邮箱（SJYL@cast.org.cn）。签字盖章的纸质版申报材料一式15份，报送至中国科协学会服务中心改革服务处（北京市海淀区学院南路86号西511室）。

（二）注册信息：申报学会请登录“智慧计财服务平台”，在“项目申报”栏目完成供应商账号注册（附件3），已注册学会无须再次注册。智慧计财服务平台：http://nk.cast.org.cn/。

（三）组织答辩：申报学会准备答辩材料，根据中国科协通知要求参加答辩评审，答辩要求和时间安排另行通知。

（四）发布结果：评审结果将在中国科协官网（http://www.cast.org.cn）公示。

五、申报要求

（一）各学会要高度重视，加强对项目申报工作的组织领导，按照通知要求组织项目申报。

（二）报送材料要结合学会自身发展状况和优势，围绕中国特色一流学会建设的“四大能力”，制定中国特色一流学会建设三年工作规划，明确建设目标和路径，确定实施步骤和建设成效。重点制定第一年度中国特色一流学会建设方案，确定重点工作内容、实施步骤和成效，注明经费预算。内容要客观真实，不得弄虚作假。

（三）项目经费预算要符合《中国科协财政项目管理办法（修订）》的有关规定，并详列测算依据。

六、联系方式（略）

附件 1：申报学会建议名单

附件 2：中国特色一流学会建设项目申报书（模板）（略）

附件 3：供应商账号注册流程（略）

中国科协办公厅

2021 年 11 月 2 日

附件 1

申报学会建议名单

序号	编码	学会名称
1	A–01	中国数学会
2	A–02	中国物理学会
3	A–03	中国力学学会
4	A–06	中国化学会
5	A–10	中国地质学会
6	A–11	中国地理学会
7	A–18	中国动物学会
8	A–23	中国细胞生物学学会
9	A–25	中国生物物理学会
10	A–27	中国心理学会
11	A–28	中国生态学学会
12	A–29	中国环境科学学会
13	A–33	中国岩石力学与工程学会
14	A–35	中国系统工程学会
15	B–01	中国机械工程学会
16	B–02	中国汽车工程学会
17	B–03	中国农业机械学会
18	B–04	中国农业工程学会
19	B–05	中国电机工程学会
20	B–06	中国电工技术学会
21	B–07	中国水力发电工程学会
22	B–08	中国水利学会
23	B–09	中国内燃机学会
24	B–12	中国制冷学会
25	B–14	中国自动化学会
26	B–15	中国仪器仪表学会

续表

序号	编码	学会名称
27	B–19	中国电子学会
28	B–20	中国计算机学会
29	B–21	中国通信学会
30	B–23	中国测绘学会
31	B–24	中国造船工程学会
32	B–25	中国航海学会
33	B–26	中国铁道学会
34	B–27	中国公路学会
35	B–28	中国航空学会
36	B–29	中国宇航学会
37	B–30	中国兵工学会
38	B–31	中国金属学会
39	B–32	中国有色金属学会
40	B–35	中国化工学会
41	B–36	中国核学会
42	B–38	中国煤炭学会
43	B–39	中国可再生能源学会
44	B–42	中国建筑学会
45	B–43	中国土木工程学会
46	B–45	中国纺织工程学会
47	B–49	中国材料研究学会
48	B–50	中国食品科学技术学会
49	B–51	中国粮油学会
50	B–52T	中国职业安全健康协会
51	B–63	中国复合材料学会
52	B–66	中国人工智能学会
53	B–71	中国指挥与控制学会
54	B–72T	中国光学工程学会
55	B–75T	中国大坝工程学会
56	B–76T	中国卫星导航定位协会
57	C–01	中国农学会
58	C–02	中国林学会
59	C–04	中国水产学会
60	C–05	中国园艺学会
61	C–06	中国畜牧兽医学会
62	C–09	中国作物学会

续表

序号	编码	学会名称
63	C-13	中国茶叶学会
64	D-01	中华医学会
65	D-02	中华中医药学会
66	D-04	中国药学会
67	D-05	中华护理学会
68	D-08	中国生物医学工程学会
69	D-09	中国病理生理学会
70	D-10	中国营养学会
71	D-11	中国药理学会
72	D-12	中国针灸学会
73	D-13	中国防痨协会
74	D-16	中国抗癌协会
75	D-17	中国体育科学学会
76	D-19	中国康复医学会
77	D-21	中华预防医学会
78	D-23T	中华口腔医学会
79	D-28W	中国卒中学会
80	E-09	中国城市科学研究会
81	E-27T	中国城市规划学会
82	E-30T	中国发明协会

中国科协办公厅关于开展第七届中国科协青年人才托举工程项目申报工作的通知

各全国学会、协会、研究会：

为认真落实习近平总书记在两院院士大会、中国科协“十大”上的重要讲话精神，创新青年科技人才选拔培养机制，促进优秀青年科技人才脱颖而出，按照中国科协 2021 年工作安排，现将第七届（2021—2023 年度）中国科协青年人才托举工程项目（以下简称本届项目）申报工作有关事项通知如下。

一、资助对象

坚持面向世界科技前沿、面向经济主战场、面向国家重大需求、面向人民生命健康，提升代表性和针对性，重点关注在关键共性技术、前沿引领技术、现代工程技术、颠覆性技术、关键核心技术等方面潜心研究、守正创新的青年科技工作者；积极投身国家重大战略部署的青年科技工作者；为推动科技与经济融合发展作出积极贡献的青年科技工作者；在国内开展学术研究取得突出成绩、在国内期刊发表高水平研究成果等的青年科技工作者。

本届项目拟资助培养不超过 400 名 32 岁（1989 年 6 月 30 日以后出生）以下青年科技工作者（以下简称被托举人）。

其中，中国科协通过全国学会、协会、研究会（以下简称全国学会）和学会联合体选拔资助 200 名，给予每人每年 15 万元资助；全国学会和学会联合体按照《实施管理细则》相关要求，通过自筹资金的方式选拔资助的人数不超过 200 名，资助金额不低于每人每年 15 万元。资助周期均为 3 年。

人力资源和社会保障部博士后创新人才支持计划、留学回国人员创业启动支持计划入选者和其他国家级人才计划入选者，不作为资助对象。

二、申报对象

1. 全国学会。曾获第六届青托项目立项的全国学会，申报名额原则上不超过第六届获得科协立项资助的名额；其他学会申报名额原则上不超过 2 个。

2. 学会联合体。曾获第六届青托项目立项的学会联合体，申报名额原则上不超过第六届获得科协立项资助的名额；其他联合体申报名额原则上不超过本联合体参与申报学会数量的 2 倍。

三、申报方式

1. 注册。申报单位须在青年人才托举工程人才培养跟踪服务平台（网址：http://qingtuo.36ve.com）注册。注册时应先选择用户类别（全国学会用户、学会联合体用户等），使用项目联络人手机号码作为用户名，注册成功后即可登录账户进行项目申报。曾获青年人才托举工程立项的单位，可使用已有管理员账户直接登录，进行网上申报。

2. 申报。申报单位在网上完成《中国科协青年人才托举工程项目申报书》（以下简称《项目申报书》，样本见附件，以申报平台内版式为准）填写，并下载打印带有自动生成二维码的《项目申报书》，将《项目申报书》（一式 2 份）及其相关证明材料按要求签字盖章后，报送至中国科协培训和人才服务中心科技人才服务处，并在信封上注明“青年人才托举工程项目申报”字样。报送截止时间为 2021 年 10 月 8 日 17:00（邮寄以邮戳时间为准），申报平台同时关闭，逾期不予受理。

四、步骤安排

1. 项目申报。各全国学会和学会联合体根据本通知要求，严格按照《中国科协青年人才托举工程实施管理细则》中的申报条件自愿申报。鼓励各申报单位建立青年人才专门工作机构和青年人才储备库。

2. 项目评审。评审采取现场答辩、专家评议和无记名投票等方式组织。通过评审评选出拟定立项单位名单及资助名额分配方案。具体评审工作安排另行通知。

3. 项目公示。拟定立项单位名单及资助名额分配方案在中国科协官方网站、官方微信平台公示 5 个工作日。公示无异议的申报单位，经中国科协审议通过后，正式确定为立项单位，并给予相应的资助名额。

4. 人才选拔。立项单位在立项后 1 个月内，严格按照《实施管理细则》及相关工作要求，制定项目实施方案和培养方案，完成人才遴选工作，按要求报送中国科协。

5. 组织实施。立项单位按照项目实施方案和培养方案要求，开展被托举人培养工作，做好被托举人成长过程的跟踪记录，接受中国科协的监督指导。自筹资金的立项单位须按照中国科协总体要求和工作进度统一组织实施。

6. 验收和结项。中国科协对项目经费实际使用情况和被托举人培养工作进行年度检查，在项目结束前发布结项验收通知，组织开展财务验收和业务验收。

五、有关要求

1. 以学会联合体形式申报本届项目，须征得全体成员学会同意，并指定责任学会专门负责申报及组织实施等工作。凡以学会联合体形式参与申报的，联合体成员学会不能再以学会形式单独申报；同时加入多个学会联合体的学会，只能选择参与一个学会联合体的申报；联合体成员学会同时申请自筹资金资助的，由所在学会联合体统一申报。

2. 科协立项资助与自筹资金资助同等管理。统一开放申报、统一专家评审、统一选拔标准、统一经费管理、统一托举支持。通过自筹资金资助被托举人的申报学会，须面向本学科领域开放申报，不得将自筹资金来源与资助名额、人选直接挂钩，不得限定自筹资金的资助方向；自筹资金必须由学会建立专账管理，从学会账户拨出或通过学会专账报销；鼓励学会合法合规募集社会资金，促进资助资金来源多元化、资助对象开放化、管理统一化、使用规范化。

3. 特殊科技领域的青年人才托举工程申报和全国创新争先奖获奖团队推荐青年成员的工作安排另行通知。

六、联系方式（略）

附件：中国科协青年人才托举工程项目申报书（样本）（略）

中国科协办公厅
2021 年 9 月 23 日

中国科协办公厅关于公布第七届中国科协青年人才托举工程项目立项结果的通知

各全国学会、协会、研究会：

按照《中国科协青年人才托举工程实施管理细则（修订）》（科协创函会字〔2021〕30 号，以下简称《管理细则》）有关要求，经有关单位自愿申报、专家评审、社会公示，确定中国物理学会等 65 个学会和学会联合体为第七届（2021—2023 年度）中国科协青年人才托举工程（以下简称青托工程）项目立项单位。现对立项单位名单及资助名额予以公布（见附件 1）。为做好第七届青托工程实施工作，现将有关事项通知如下。

一、认真开展被托举人遴选工作

各立项单位要严格按照《管理细则》要求，成立专门工作机构，制定遴选办法，严格遴选条件，明确遴选程序，坚持正确选人导向，在注重青年人才专业素养的同时，要严把政治关和学术道德关，根据资助名额，认真开展被托举人遴选工作。要坚持科协资助与自筹资金资助名额统一遴选，统一开放申报、统一专家评审、统一选拔标准、统一经费管理、统一托举支持。通过自筹资金资助被托举人的申报学会，须面向本学科领域开放申报，不得将自筹资金来源与资助名额、人选直接挂钩，不得限定自筹资金的资助方向。

各单位遴选确定的被托举人推荐人选有关信息（人选姓名、年龄、研究领域、工作单位、对应的推荐专家或机构）和遴选专家信息（姓名、研究领域、工作单位）要严格按要求通过本单位官方网站、官方微信平台等面向社会公示，自觉接受社会监督。公示无异议后，报中国科协审核确认。

二、强化对青年人才的团结引领和托举培养

各立项单位要坚持面向世界科技前沿、面向经济主战场、面向国家重大需求、面向人民生命健康，研究青年人才成长规律，加强对青年人才的联系服务，了解青年人才实际需求，优化青年人才托举工作方案。要完善培养机制，拓宽培养渠道，搭建青年人才创新创造平台，支持青年人才潜心研究，强化青年人才国际交流合作，推动青年人才坚定创新自信，促进青年人才脱颖而出，团结引领青年人才在助力科技自立自强、服务科技强国建设中实现自身价值。要认真总结青年人才托举工作的好做法、好经验，凝练形成可推广、可复制的科技共同体选拔培养人才的先进机制和模式，加大对青托工程的宣传力度，将青托工程打造成团结引领青年人才听党话、跟党走的品牌工程。

三、有关工作要求及说明

1. 请各项目立项单位于 2022 年 1 月 28 日前完成被托举人的遴选工作，在青年人才托举工程人才培养跟踪服务平台（网址：http://qingtuo.36ve.com）上使用项目申报账号登录，完成项目基本信息和人才库填写，并导出打印被托举人推荐人选登记表（见附件 2）和被托举人推荐人选名单（见附件 3），一式 1 份报送至中国科协培训和人才服务中心科技人才服务处。所有材料须加盖学会公章，学会联合体立项的由牵头学会负责填写并代章。

2. 立项单位应客观真实填报有关材料。如发现存在信息不实或虚报现象，将按照有关规定取消立项资格。

3. 特殊科技领域青年人才托举工程相关工作另行安排。

4. 本通知及相关附件可从中国科协网站主页“通知公告”栏下载，网址为 http://www.cast.org.cn。

四、联系方式（略）

附件 1：第七届中国科协青年人才托举工程项目立项单位名单及资助名额

附件 2：第七届中国科协青年人才托举工程被托举人推荐人选登记表（样本）（略）

附件 3：第七届中国科协青年人才托举工程被托举人推荐人选名单（样本）（略）

中国科协办公厅

2021 年 12 月 31 日

附件 1

第七届中国科协青年人才托举工程项目立项单位名单及资助名额

序号	单位编号	申报单位	中国科协资助名额（人）	自筹资金资助名额（人）
1	A–2	中国物理学会	1	0
2	A–3	中国力学学会	4	0
3	A–4	中国光学学会	1	1
4	A–5	中国声学学会	2	2
5	A–6	中国化学会	4	0
6	A–9	中国空间科学学会	2	2
7	A–10	中国地质学会	2	2
8	A–12	中国地球物理学会	2	2
9	A–27	中国心理学会	2	0
10	A–28	中国生态学学会	2	0
11	A–33	中国岩石力学与工程学会	1	8
12	A–46G	国际动物学会	2	0
13	B–1	中国机械工程学会	4	6
14	B–2	中国汽车工程学会	2	6
15	B–5	中国电机工程学会	2	6
16	B–6	中国电工技术学会	2	6
17	B–8	中国水利学会	2	0
18	B–14	中国自动化学会	2	8
19	B–16	中国计量测试学会	1	2
20	B–19	中国电子学会	3	15
21	B–20	中国计算机学会	2	0
22	B–21	中国通信学会	2	10
23	B–22	中国中文信息学会	0	2
24	B–26	中国铁道学会	2	14
25	B–27	中国公路学会	1	0
26	B–37	中国石油学会	2	0
27	B–38	中国煤炭学会	3	7
28	B–39	中国可再生能源学会	2	2
29	B–40	中国能源研究会	0	2
30	B–50	中国食品科学技术学会	2	0
31	B–51	中国粮油学会	2	2
32	B–56	中国振动工程学会	0	1
33	B–60	中国惯性技术学会	2	1

续表

序号	单位编号	申报单位	中国科协资助名额（人）	自筹资金资助名额（人）
34	B-65	中国图象图形学学会	2	0
35	B-66	中国人工智能学会	2	6
36	B-71	中国指挥与控制学会	2	0
37	B-73T	中国微米纳米技术学会	0	2
38	B-74	中国密码学会	2	0
39	B-75T	中国大坝工程学会	2	2
40	B-76T	中国卫星导航定位协会	1	0
41	C-1	中国农学会	4	0
42	C-2	中国林学会	2	2
43	C-3	中国土壤学会	2	0
44	C-4	中国水产学会	2	1
45	C-6	中国畜牧兽医学会	1	0
46	C-7	中国植物病理学会	2	1
47	C-8	中国植物保护学会	2	0
48	C-9	中国作物学会	2	0
49	C-15T	中国植物营养与肥料学会	1	0
50	D-2	中华中医药学会	2	2
51	D-4	中国药学会	2	0
52	D-12	中国针灸学会	2	0
53	D-15	中国心理卫生协会	1	0
54	D-18	中国毒理学会	1	1
55	D-19	中国康复医学会	0	1
56	D-23T	中华口腔医学会	2	2
57	D-27W	中国睡眠研究会	0	1
58	E-7	中国科学技术情报学会	2	0
59	E-9	中国城市科学研究会	2	0
60	E-23	中国土地学会	2	0
61	E-26	中国科学探险协会	1	0
62	E-29T	中国知识产权研究会	1	0
63	L-1	中国科协生命科学学会联合体	33	6
64	L-2	中国科协创新融合学会联合体	32	58
65	L-6	中国科协先进材料学会联合体	25	45
合　计			200	237

中国科协办公厅关于组织推选2021年中国科学院和中国工程院院士候选人的通知

科协办发组字〔2021〕2号

各有关全国学会、协会、研究会，各省、自治区、直辖市科协，新疆生产建设兵团科协：

为做好2021年院士候选人推荐（提名）工作，根据中央关于改进和完善院士制度的工作部署和要求，受中国科学院、中国工程院委托，中国科协开展院士候选人推荐（提名）工作。现结合疫情防控常态化下工作要求，就有关事项通知如下。

一、推选单位和名额

（一）推选单位

1. 根据中国科学院、中国工程院有关规定，同一院士候选人可同时通过院士推荐（提名）和中国科协组织学术团体推荐（提名）。

2. 中国科协推荐（提名）的院士候选人由中国科协所属有关全国学会、协会、研究会（以下简称有关全国学会）和省、自治区、直辖市及新疆生产建设兵团科协（以下简称省级科协）推选。不受理院士候选人本人申请。

3. 有关全国学会可推选中国科学院院士候选人和中国工程院院士候选人；省级科协可推选中国工程院院士候选人。同一院士候选人可同时通过有关全国学会和省级科协推选。

（二）推选名额

有关全国学会和省级科协的推选名额不作限制，但应该严格坚持标准，宁缺毋滥。

二、院士候选人的标准和条件

有关推选单位推选院士候选人应严格执行中国科学院、中国工程院关于院士的标准和条件，以及学术团体推荐（提名）院士候选人的有关要求。

（一）中国科学院院士候选人的标准和条件。遵守宪法和法律，热爱祖国、品行端正、学风正派的中国公民，在科学技术领域取得系统性和创造性的重要成就，并为中国科学技术事业或人类文明进步作出突出贡献，可被推荐为院士候选人。被推荐人应从事自然科学、技术科学和工程科学方面的研究工作。

（二）中国工程院院士候选人的标准和条件。在工程科学技术方面作出重大的、创造性的成就和贡献，热爱祖国、学风正派、品行端正、具有中国国籍的正高级工程师、研究员、教授或具有同等职称的专家，可被提名为院士候选人。

（三）院士候选人年龄不得超过 65 周岁（1956 年 7 月 1 日以后出生）。

（四）凡 2015 年、2017 年、2019 年已被推荐至中国科学院或被提名至中国工程院的有效候选人，两院合计连续 3 次的，2021 年停止 1 次院士候选人资格。

（五）推荐中国科学院院士，公务员和参照公务员法管理的党政机关处级及以上领导干部原则上不推荐为院士候选人。提名中国工程院院士，公务员和参照公务员法管理的党政机关处级以上领导干部原则上不作为候选人，公安机关任警务技术职级、国家安全机关任专业技术职级的除外；军队行政干部不作为候选人，兼任专业技术职务的除外。

（六）香港、澳门特别行政区和台湾省以及侨居他国的中国籍学者、专家，不在推选范围。

三、推选工作程序

根据中国科协推荐（提名）院士候选人工作有关规定，结合新冠肺炎疫情防控情况，推选工作程序如下：

（一）成立机构。推选单位须成立如下机构：推选专家委员会，负责评审工作，由相关领域具有学术权威性和学术影响力的研究员、教授、正高级工程师或同等职称的知名专家组成，人数应不少于 11 人，专家应具有广泛代表性，且应包含一定数量的院士；材料审核小组，由相关专家组成，负责对被推选人材料中主要成就和贡献的真实性把关；推选院士候选人工作小组，由推选单位有关负责人及工作人员组成，负责日常组织工作。

（二）制定工作方案。推选单位根据本通知要求，结合工作实际研究制定工作方案，明确组织领导，规范工作程序，开展推选工作。全国学会、省级科协的工作方案和推选专家委员会、材料审查小组组成原则，须分别经全国学会理事长（会长）办公会、省级科协党组会议审议通过，相关会议可采用通讯方式召开，推选结果须向全国学会理事长（会长）办公会、省级科协党组会议报告。

（三）推选人选。全国学会和省级科协分别面向本行业领域或本行政区域发布推选信息，通过具有推选资格的机构进行推选。全国学会具有推选资格的机构为分支机构、会员单位、省级学会。省级科协具有推选资格的机构为省级科协所属学会以及有关基层组织，具有推选资格的基层组织由省级科协确定。被推选人应由三名或三名以上同一学科（专业）具有正高级职称的专家进行评议并获得同意推选，材料上需专家签名。

（四）审核材料。被推选人所在单位须对材料的真实性以及被推选人的政治表现、廉洁自律、道德品行和材料涉密等情况进行审核，并加盖单位公章。推选单位负责学术审核，审查被推选人材料的完整性，对被推选人材料中主要成就和贡献的真实性进行把关。

（五）组织评审。由推选专家委员会采取会议或通讯方式进行评审，投票确定被推选人。参加投票的专家应超过推选专家委员会人数的三分之二。获得赞成票不少于投票人数三分之二的人选，方有资格向中国科协推选。

（六）进行公示。通过审核和评审后，在被推选人所在单位和推选单位进行公示，公示时间为 5 个工作日。公示期内仅受理书面实名投诉，投诉人应提供具体联系方式。如被推选人被投诉，推选单位及被推选人所在单位应进行调查核实，提出书面调查材料及结论性意见，加盖单位公章，在规定时间内报送中国科协推荐（提名）院士候选人工作办公室（设在中国科协组织人事部）。

（七）报送结果。推选结果报送中国科协推荐（提名）院士候选人工作办公室。

四、推选工作要求和说明

（一）推选单位要以高度的政治责任感，强化纪律意识，按照中国科学院、中国工程院关于增选工作的有关通知和实施细则要求，制定切实可行的推选工作实施方案，高标准严要求开展好推选工作。工作中应坚持学术导向，坚持客观公正，坚持专家主导，倡导科学家精神，避免“唯论文、唯职称、唯学历、唯奖项”倾向，确保科学性、权威性和公信力。

（二）注重发现和举荐新兴学科领域、交叉学科领域优秀人才，关注和举荐优秀中青年专家。在推选中国工程院院士候选人中，注重对在西部地区的贵州、云南、广西、甘肃、青海、宁夏、西藏、新疆、内蒙古 9 个省、自治区和新疆生产建设兵团工作累计 20 年（含）以上的专家的推选，注重对长期工作在工程科技一线及民营企业专家的推选，注重对尚无院士和院士人数较少的学科、行业、地区专家的推选。

（三）推选单位应充分了解掌握本行业本行政区域内符合条件的优秀人才状况，全面做好深入细致的组织服务工作。全国学会要在人才发现和选拔中充分听取所联系的中央国家机关部委人事人才有关司局和多方面专家意见，拓宽渠道、扩大视野。省级科协要主动联系沟通省（自治区、直辖市）党委人才工作有关部门争取支持，充分动员本行政区域内高等院校、科研院所、大型国有企业、民营企业举荐优秀人才。

（四）推选单位和被推选人所在单位要严把法律和社会道德关，在被推选人的政治立场、廉政建设和学风道德方面切实负起责任，全面综合考察被推选人学术水平和学风道德，对被推选人材料中主要成就和贡献的真实性进行把关。

（五）报送的所有材料均不得涉及国家秘密。

五、报送材料内容和要求

（一）推选工作材料

推选单位应提交如下推选工作材料，每份纸质材料须加盖单位公章：

1. 推选院士候选人工作实施细则纸质件 1 份（如已在中国科协备案且无修改则不必提交）。

2. 2021 年推选工作方案纸质件 1 份。

3. 推选工作组织机构成员名单一览表（格式见附件 1）纸质件 1 份。

4. 推选院士候选人名单一览表（格式见附件 2）纸质件 1 份。

5. 推选院士候选人工作情况报告（须按照“推选工作要求和说明”，详细说明工作思路、针对性举措、落实情况及公示情况等）纸质件 1 份。

6. 光盘 1 张，内容为以上材料电子文件。

（二）候选人材料

推选单位应根据中国科学院、中国工程院的要求，提供被推选人材料纸质件及电子文件。报送的所有材料如涉及国家秘密需进行脱密处理。报送材料违反保密规定的，取消被推选人的被推荐（提名）资格。

1. 中国科学院院士候选人材料

（1）《中国科学院院士候选人推荐书（学术团体推荐用）》（以下简称《推荐书》）纸质件 5 份，其中原件 3 份。

（2）《中国科学院院士增选被推荐人附件材料》（以下简称《附件材料》）附件 1 纸质件 5 份，其中原件 3 份。

（3）《附件材料》附件 2 至附件 6 纸质件 1 套。

（4）《关于附件材料真实性的确认函》纸质件 2 份。

（5）《关于附件材料的保密审查证明》（由被推选人所在单位出具）纸质件 2 份。

（6）U 盘 1 个，存储内容为《推荐书》和《附件材料》附件 1 的 word 格式电子文件，《附件材料》附件 1 至附件 6、《关于附件材料真实性的确认函》和《关于附件材料的保密审查证明》等材料的 PDF 格式电子文件（文件大小不应大于 100 兆）。

以上材料模板请登录中国科学院网站（www.casad.cas.cn）下载、查询。

（7）同行专家评议表（格式见附件 3）纸质件 1 份。

2. 中国工程院院士候选人材料

（1）《中国工程院院士候选人提名书（中国科协提名用）》（以下简称《提名书》）纸质件 8 份，其中原件 6 份。原件由被推选人签名，被推选人所在单位负责审核，并加盖单位公章。

（2）《提名书》附件材料纸质件 1 套，包括科技奖项获奖证书复印件（不超过 5 项），发明专利证书复印件及其实施情况证明材料（不超过 5 项），论文和著作原件或复印件等材料（不超过 10 篇、册），工程设计、建设、运行、管理方面的重要成果原件或复印件（不超过 5 篇、册）。

（3）光盘 1 张，内容为由中国工程院院士候选人提名系统生成的 mdb 格式数据文件、word 格式《提名书》和附件材料电子版（PDF 格式）。

中国工程院院士候选人提名系统及使用说明书、中国工程院院士增选工作有关文件请登录中国工程院网站（www.cae.cn）下载、查询。

（4）关于《提名书》、附件材料的保密审查证明（由被推选人所在单位盖章出具）纸质件 2 份。

（5）被推选人签字的《中国工程院关于严肃院士增选纪律的“八不准”》纸质件 2 份。

（6）同行专家评议表（格式见附件 3）纸质件 1 份。

（三）报送材料要求

1. 所有推选工作材料和被推选人材料应由推选单位报送，谢绝被推选人本人报送材料。

2. 材料需完整报送，且所有材料纸质件必须与相应电子文件完全一致。

3. 报送材料前，推选单位需注册、登录“网上科技工作者之家”（https://www.scimall.org.cn/），点击“人才评奖”，使用分配的“推选单位用户名、密码”进入“中国科协专家服务平台与远程评审系统”，根据要求在线填写提交相关信息，所填信息需与正式提交的材料保持一致。登录“中国科协专家服务平台与远程评审系统”所需用户名和密码，将通过中国科协公文发布系统发送。

4. 材料请报送至中国科协培训和人才服务中心（仅限邮寄方式报送），请严格按照邮寄地址信息填写，时间以当地邮戳为准，于3月2日前寄出。公示情况可推迟至3月7日前提交。

六、联系方式（略）

附件1：推选工作组织机构成员名单一览表（略）

附件2：推选院士候选人名单一览表（略）

附件3：同行专家评议表（略）

中国科协办公厅

2021年1月8日

中国科协办公厅关于印发《2021年“全国科技工作者日”活动实施方案》的通知

各全国学会、协会、研究会，各省、自治区、直辖市科协，新疆生产建设兵团科协，有关高校科协、企业科协：

2021年5月30日是第5个“全国科技工作者日”。中国科协制定了《2021年“全国科技工作者日”活动实施方案》（以下简称《实施方案》），现印发你们，请结合工作实际认真贯彻落实，并指导下级科协组织深入开展好节日相关活动。

中国科协办公厅

2021年4月23日

2021年“全国科技工作者日”活动实施方案

一、指导思想

以习近平新时代中国特色社会主义思想为指导，紧紧围绕庆祝中国共产党成立100周年、党史学习教育和中国科协第十次全国代表大会（以下简称“十大”）召开等主题主线，聚焦保持和增强政治性先进性群众性，团结引领广大科技工作者增强“四个意识”、坚定“四个自信”、做到“两个维护”，把广大科技工作者更加紧密地团结在以习近平同志为核心的党中央周围，为开局“十四五”、全面建设社会主义现代化国家而努力奋斗，以优异成绩迎接建党100周年。

二、节日主题

众心向党，自立自强

三、基本架构

引领各级各类科协组织参照“团结引领”“建家办事”“为民服务”“开放合作”“表彰发布”五大模块开展一批有亮点、有特色、有影响的活动，面向科技工作者，提升组织凝聚力，增强自豪感；面向社会公众，提升宣传动员力，增强获得感；面向海外同行，提升合作影响力，增强认同感。

（一）团结引领

聚焦庆祝中国共产党成立100周年，牢牢把握科协组织作为“党领导下团结联系广大科技工作者的人民团体”这一政治属性，采用调研座谈、展览展示、宣讲报告、走访慰问等多种形式，搭建党和政府联系服务科技工作者的平台，大力弘扬科学家精神，充分传达传递党中央关心关怀。

（二）建家办事

聚焦建设“科技工作者之家”，广泛开展线上线下融合互动的建家活动，通过“活动建家、组织强家、服务暖家、精神润家”，打造科技工作者的“事业之家、活动之家、精神之家、服务之家”，使科技工作者切实感受到“家”的温暖和“节”的温馨，为科技工作者解难题、谋好事、办实事、维权益，增强科技工作者的认同感归属感获得感。

（三）为民服务

聚焦弘扬科技志愿服务精神，以基层新时代文明实践中心和党群服务中心为基点深入开展科技志愿服务，普及科学知识、推广科学技术、倡导科学方法、服务科学决策、传播科学思想、弘扬科学精神。

（四）开放合作

紧密结合中国科协“开放发展年”主题，以节日为契机大力推动科技人才开放交流、科技创新开放合作，主动融入全球创新发展格局。办好一批国际学术交流活动，畅通中外科学家交流交往渠道，推动建立开放信任团结的科技共同体。

（五）表彰发布

聚焦总结动员，以奖项、荣誉称号评选表彰为抓手，加大对科技工作者奖励力度，广泛宣传先进事迹；通过典型宣传、通报表扬等方式，总结推广本系统本行业本领域本地域本单位优秀组织、案例经验做法，积极推动科协系统全面深化改革；发布科协组织重大成果、平台、标准，推进科协系统重大工作项目。

四、阶段性安排

自5月10日至6月底，划分三个阶段，侧重不同重点，参照“五大模块”组织开展好各项特色亮点活动，择优上传至“科技工作者之家”，并积极组织动员科技工作者、大中小学生登录收看，为科技界、全社会献上一场节日精神盛宴。

（一）第一阶段（5月10—25日）。与迎接“十大”紧密结合，广泛宣传科协系统深化改革成效、党史学习教育阶段性成果，展示代表委员等科技工作者风采等。

（二）第二阶段（5月26日—6月5日）。与“十大”召开紧密结合，深入学习领会“十大”会议精神，展现科技界“众心向党、自立自强”的精神风貌。

（三）第三阶段（6月6—30日）。与迎接建党百年紧密结合，广泛宣传贯彻“十大”精神，开展好各项主题庆祝活动，献礼中国共产党成立100周年。

五、特色亮点活动上传方式

登录中国科协官网，进入“科技工作者之家”（https://www.scimall.org.cn/），依据网页弹出的提示链接上传，经遴选、审核后正式发布。

六、有关要求

中国科协将于5月中上旬至6月下旬，在“科技工作者之家”平台分三个阶段线上线下开展节日主题活动。请各全国学会、省级科协、高校科协、企业科协按照《实施方案》统筹制定工作方案，并于5月10日前择优精选约3项特色亮点活动（原则上每个阶段1项）筹备方案报送中国科协（word版和盖章PDF版），并于6月底前提交该特色亮点活动的总结报告（合计2000字以内，word版和盖章PDF版）。中国科协将继续评选优秀组织单位和积极贡献单位，予以通报表扬。

七、联系方式（略）

中国科协办公厅关于印发《中国科协2021年科普工作要点》的通知

科协办函普字〔2021〕47号

各全国学会、协会、研究会，各省、自治区、直辖市、副省级城市科协，新疆生产建设兵团科协：

为认真贯彻落实党的十九届五中全会精神，落实中央书记处和国务院对科协工作和科普工作的一系列重要指示精神，积极服务党和国家中心工作，构建科普高质量发展工作体系，现将《中国科协2021年科普工作要点》印发你们，请结合实际认真贯彻落实，切实做好2021年的科普工作。

中国科协办公厅

2021年4月8日

中国科协2021年科普工作要点

2021年是中国共产党成立100周年，中国科协科普工作将以习近平新时代中国特色社会主义思想为指导，深入贯彻落实党的十九届五中全会精神，积极服务党和国家中心工作，立足新发展阶段，贯彻新发展理念，结合中国科协“开放发展年”主题，大力弘扬科学精神和科学家精神，围绕深化科普供给侧改革，做优“科普中国”品牌，着力强化组织支撑，着力提升服务科技工作者能力和服务公众提升科学文化素质能力，构建科普高质量发展工作体系，促进社会文明进步。

一、开展庆祝建党百年科普宣传教育

围绕庆祝中国共产党百年华诞，突出“党的盛典、人民的节日”主基调，弘扬科学精神和科学家精神，会同各地各有关单位，联动开展“科普中国·走进红色教育基地”“科普中国·高校辟谣联合行动”“科技托起强国梦”“红船再出发·科普新征程”等系列主题活动。挖掘中华苏维埃共和国科普史，面向青少年开播一堂科普课。组织举办“人民情怀 科普百年——中国共产党建党百年科普展”“科创百年——建党100周年科技成就科普展”“伴党成长——1921年出生科学家风采”等主题展览和建党100周年主题全国科技馆联合巡展，广泛宣传百年来中国共产党领导下的科普工作在救国、兴国、富国、强国等不同历史时期所发挥的重要作用，展示中国共产党用科学为人民谋福利、求发展的光辉业绩和生动实践。

二、部署实施“十四五”全民科学素质行动

推动《全民科学素质行动规划纲要（2021—2035年）》（以下简称《科学素质纲要》）颁布实施。召开全民科学素质工作电视电话会议，部署“十四五”重点工作。举办专题培训会，组织开展系列宣传解读，为《科学素质纲要》颁布实施营造良好舆论氛围。推动各地出台全民科学素质工作“十四五”实施方案。

完善《科学素质纲要》实施机制。强化部门合作，联合相关部委开展专项科学素质提升行动，出台加强水利科普工作的意见等文件。深入实施健康、防灾减灾、食品安全和碳达峰碳中和等主题知识普及行动。在省会合作中，明确科学素质建设目标和任务举措。开展“十三五”全民科学素质工作先进集体和先进个人表彰活动。

三、强化连接融通，为科技工作者服务提升全民科学素质搭建广阔平台

强化科普社会化动员机制。支持中国公众科学素质促进联合体发展，开展联合体乡村振兴公益行动、公众开放日等活动，推动设立科普发展奖项，召开中国公众科学素质促进高峰论坛，探讨新时代科普工作协同创新和高质量发展。启动创建2021—2025年度第一批全国科普教育基地，组织动员地方科协、全国学会、企业、科研院所等多元主体参与，拓宽科普传播载体，打造融通平台。贯彻落实“科幻十条”，建设国家级科幻电影科学顾问库，推动成立全国科幻科普电影放映联盟，探索联合相关研究机构、企业和社会组织等组建促进科幻发展联合体，加强会地合作，办好2021中国科幻大会，搭建高水平科幻发展平台。办好中国（芜湖）科普产业博览交易会、黄石地矿科普大会，鼓励地方科协、学会和企业举办科普产品交流交易展示活动。

创新升级科普中国信息化平台。按照“品牌引领、内容为王、共建共享、培育生态”的工作理念，着力打造内容库、专家库、团队库和品牌矩阵、渠道矩阵、活动矩阵，加大内容生产和传播渠道的统筹力度。深入开展“典赞·2021科普中国”活动，做好年度科普人物和科普作品的宣传展示，树立科技工作者科普工作典范。完善科普中国品牌管理制度，通过活动授权、产品认证等方式聚拢优质科普团队和科普内容。举办科普中国星空大会，打造科普创作者年度盛典。实施科学辟谣平台“升舱行动”，通过联合发榜等方式搭建辟谣矩阵，加强二次加工和深度解读。

推进科普服务标准化建设。制定《“十四五”科普服务标准修订指南》，研究出台《关于开展科普服务标准化工作的指导意见》，编制科普服务标准汇编，鼓励全国学会和地方科协研究制定科普相关服务标准，促进构建包括国家标准、行业标准、地方标准、团体标准和企业标准的多维标准体系。深化公民科学素质监测评估研究，研究制定适应新发展阶段的科学素质测评体系。

深化国际科技交流合作机制。召开2021年世界公众科学素质促进大会，实施科学素质交流合作项目，开展公众科学素质评价等国际合作研究，推动世界公众科学素质组织筹委会常态化开展工作。做强“一带一路”青少年创客营与教师研讨活动品牌，加强虚拟科学中心资源建设和推广使用，巩固“一带一路”国际科学教育协调委员会伙伴关系网络。深化与“一带一路”沿线国家科普机构的交流合作，举办第二届中国国际科普作品大赛，搭建国际科普作品开放合作平台。鼓励全国学会发挥各学科领域优势积极开展科普国际交流合作。

建设科普中国“百人会”智库平台。聚合政府、学界、业界专家力量，组建“小核心，大外围”专兼职智库队伍，打造具有权威影响力的科普研究共同体，推出指导和服务科普实践的智库产品。推动有关高校、科技馆成立高端科普人才培养联盟，加强科普人才培养课程、教材和学科建设。研究推进科普人才职称评定工作，推动建立科普人才评价标准。

实施学会科普能力提升工程。制定加强学会科普工作的意见，支持全国学会突出学科领域特色和组织优势，建设科普教育基地和科学传播专家工作室，建立科技志愿服务队，开展品牌科普活动，推动学术资源转化为科普资源，加强科技成果的信息披露和传播，遴选推出一批学会科普工作优秀案例。

广泛开展群众性示范科普活动。进一步创新组织形式，强化协同联动，打造全国科普日活动大平台。发动全国学会、地方科协深入开展科技活动周、防灾减灾日、食品安全宣传周、全国低碳日、世界环境日和全国营养科普大会、世界无烟日、全国预防接种科普大赛等主题科普活动，积极营造崇尚创新的社会氛围。

四、突出价值引领，深入推进科普供给侧改革

强化科普作品价值导向。将弘扬科学精神贯穿于科普服务全链条，实施科普创作精品资助计划，加大科普原创精品创作支持力度，组织动员科技工作者面向重大题材开展以原创图书为主的科普创作，支持遴选和推介宣传一批优秀科普原创作品，做大做强“中华优秀科普图书榜”，不断增强科普供给源头活力。

打造高质量发展的新时代中国特色现代科技馆体系。建设科学家精神培育基地、前沿科技体验基地、公共安全健康教育基地和科学教育资源汇集平台。发起成立中国科技文化馆联合体，推动科技类场馆、文化类场馆、科学文化领域社会组织和研究机构跨界合作与融合发展。建立流动科普展览资源库和科普大篷车区域资源共享中心，推动流动科技馆区域常态化巡展，依托中国数字科技馆加强科普资源共建共享平台建设，继续实施“共襄战疫　共享未来”抗疫主题展览巡展，加强优质短期展览资源共享。举办全国科技馆展览展品大赛、辅导员大赛和全国青年科普创新实验暨作品大赛等品牌活动。做好全国科技馆免费开放实施工作，推动出台有关补助资金管理使用办法。

深化青少年科技竞赛改革。以完善赛制规则、改革评价和治理为重点，推进全国青少年科技创新大赛和学科竞赛改革。做优“英才计划”，做精“高校科学营”，深入实施“明天小小科学家”奖励活动、青少年科学调查体验等品牌科技活动，加强科技创新后备人才成长规律研究。建设“科创筑梦”全国青少年科技创新服务云平台。

推动科技志愿服务专业化、规范化、常态化发展。加强科普业务工作与组织建设融通贯通，实施科技志愿服务“智惠行动”，开展学会科技志愿服务基层行、科技志愿优秀项目展评、科技志愿工作骨干培训交流、先进典型评选等活动。建立健全科技志愿服务记录和激励机制，完善科技志愿服务信息平台。推动各级科协和学会策划实施主题鲜明、富有特色的科技志愿服务项目，充分发挥基层“三长”作用，探索依托新时代文明实践中心（所、站）、党群服务中心、社区服务中心（站）对接优质科技志愿服务项目与群众需求的有效机制。

五、聚焦落地赋能，提升基层科普服务能力

探索分级分类、城乡并进的新时代基层科普服务体系建设路径。推动省域加强政策和机制建设。编制基层科普工作参考手册（在线版），汇集国家和省级科普政策制度、机制平台、工作抓手、典型案例等相关内容，指导基层科普工作。稳步推进全域科普工作，继续支持天津、深圳等地区做深做实全域科普试点工作，鼓励有条件的市县在当地党委政府支持下开展全域科普试点实践，探索市域调配科普资源、县域抓好组织落实的工作机制。

深入创建全国科普示范县（市、区）。完成2016—2020年度科普示范县工作总结评估，分批次认定2021—2025年度科普示范县，开展科普示范县年度工作总结，推动省市级科协在政策、项目、经费、活动等方面加大对创建中和认定后的科普示范县的支持。

加强农村科普工作。深化落实《乡村振兴农民科学素质提升行动实施方案（2019—2022年）》，组织开展全国农民科学素质网络知识竞赛、“乡村振兴，科教赋能”青少年科技活动乡村行、“智爱妈妈”等活动，推动各级科协和学会集中打造一批服务乡村振兴的品牌活动。以中国农技协科技小院联盟为抓手，带动区域主导产业、特色产业发展，促进农技协组织发展。深入实施“基层科普行动计划”，集聚科普资源和服务向农村倾斜，提炼总结和宣传推广典型经验和特色亮点。

巩固提升城镇社区科普工作水平。开展社区科普馆流动运营试点，研究编制社区科普展品目录，探索定制化流动科普设施落地社区、资源共享、服务群众的有效模式。推动各级科协依托社区综合服务设施、社区服务中心（站）、社区图书馆、社区书苑、社区大学等平台加强科普设施建设，拓展科普服务功能。

切实做好新冠肺炎疫情防控常态化下应急科普工作。协同构建国家级应急科普宣教平台，加强应急科普资源生产和传播。落实国务院联防联控机制《关于新冠肺炎疫情防控常态化下进一步加强健康教育工作的指导意见》，以及中国科协、中央宣传部、科技部、国家卫生健康委、应急管理部《关于进一步加强突发事件应急科普宣教工作的意见》，建立健全“平战结合”的应急科普协同联动长效机制，宣传推广地方优秀工作典型。

深化“科普中国”落地应用。建好用好“科普中国”服务云平台，持续发布科协系统科学传播榜单，加强激励引导，推进“科普中国”信息员队伍建设，鼓励各地探索利用“科普中国”服务云资源加强与地方融媒体中心建设相结合，促进科普资源共享和传播互惠。

中国科协办公厅
关于加强科普标准化工作的通知

科协办函普字〔2021〕240号

各全国学会、协会、研究会，各省、自治区、直辖市、副省级城市科协，新疆生产建设兵团科协：

为贯彻落实《全民科学素质行动规划纲要（2021—

2035年)》《中国科学技术协会事业发展“十四五”规划(2021—2025年)》《中国科协科普发展规划(2021—2025年)》,强化标准对科普供给侧改革的基础支撑作用,充分发挥科协系统“一体两翼”组织优势,加强对科普服务的指导引导,建立规范化发展的科普标准和评价体系,现就新时期做好科普标准化工作有关事项通知如下。

一、充分认识开展科普标准化工作的重要意义

标准是可量化、可监督的规范,是优化资源配置、提高工作效率、推进治理体系现代化的工具。科普标准化工作是关系我国科普工作可持续发展的基础性工程,新时期推动科普高质量发展,迫切需要加强科普标准化工作。各级科协和学会组织要深刻理解、准确把握标准化对科普工作的重要支撑作用,把科普标准化工作列入重要议程,不断增强标准意识,创新标准观念,积极主动作为,不断提升运用科普标准的能力和水平,使标准化工作成为构建高质量科普服务体系的重要抓手。

二、构建系统全面的科普标准体系

科普标准是科普领域需要统一的规范,包括国家标准、行业标准、地方标准、团体标准、企业标准和标准性文件。标准性文件是指除国家标准、行业标准、地方标准、团体标准、企业标准之外,由各级机关、团体、组织等制定的具有约束性和适用性,且在一定管理范围和时间内相对稳定的具有标准属性的文件的总称。“十四五”期间,中国科协将按照“基础先立、上层先立、急用先立”的原则,发布科普标准制修订计划,设立科普标准化专项,支持全国学会、地方科协以及高校、科研院所、企业和社会团体等开展不同类型科普标准的研究编制和推荐备案工作,逐步构建包括科普基础通用标准、科普服务提供标准、科普服务资源标准、科普设施设备标准、科普信息化标准、科普评价标准的科普标准体系。

三、加快重点领域标准编制

全国学会和各地科协要围绕《中国科协科普标准制修订计划(2021—2025年)》(见附件1)提出的青少年科普服务、应急科普、阵地条件等重点领域,立足自身科普实践,坚持需求导向、明确应用场景,主动领题、积极选题,按照标准编制相关规则规定和《中国科协科普标准化项目编制实施办法(试行)》(见附件2)等工作要求,积极开展相关标准研究,将科普发展的典型实践提炼总结成可复制、可推广的经验,形成正式标准或标准性文件并向社会发布。到2025年,在重点领域形成一批具有可推广、可复制、实践指导性强的科普标准化成果,引导相关科普领域规范化发展,提升科普服务质量。地方科协要充分发挥组织和阵地优势,把科普标准编制与促进地方科普事业高质量发展有机结合,动员广大科技工作者积极开展科普标准研究,推动科普相关地方标准、行业标准的研究编制和应用。全国学会要充分发挥专业领域优势,积极开展科普标准化工作,参与重点领域科普标准的咨询研究和论证,组织会员深入开展跨行业、高层次研究,联合有关企业根据自身实际制定高要求、高质量的团体标准、企业标准和标准性文件。

四、加强科普标准规范的宣贯应用

各级科协和学会组织要积极开展科普标准的宣贯和应用推广,加强行业标准、地方标准、团体标准、企业标准和标准性文件备案工作,加大科普标准公开力度,引导全社会重视和支持科普标准化工作。要探索开展相关科普标准第三方评估,建立科普标准实施信息反馈和评估机制,根据反馈和评估情况对不适应科普发展实践的及时推动进行修订、更新或废止,确保科普标准紧跟形势、切实可行。要选择和支持有条件的地区和单位开展科普标准化示范试点工作,及时总结和推介好经验、好做法,发挥示范引领作用,推动形成有标准、可评价、能反馈的科普标准化工作新局面。

五、强化服务保障

充分发挥全国科普服务标准化技术委员会的引领作用,建设科普标准库,搭建科普标准交流服务平台,建立标准化工作专家队伍,加强科普标准化工作交流培训,围绕科普标准化工作的重点任务和关键环节,建立健全长效机制,加强协同联动,加大经费保障,鼓励支持社会各方参与和开展科普标准的研究编制和应用推广,形成推进科普标准化工作的有效合力。

附件1:中国科协科普标准制修订计划(2021—2025年)

附件2:中国科协科普标准化项目编制实施办法(试行)

中国科协办公厅

2021年12月16日

附件 1

中国科协科普标准制修订计划（2021—2025 年）

为贯彻落实《全民科学素质行动规划纲要（2021—2035 年）》和《中国科协科普发展规划（2021—2025 年）》中关于加强标准化建设的相关要求，切实发挥标准对科普工作组织、实施、评价等方面的指导作用，做好“十四五”期间科普标准制修订工作，特制定本计划。

一、总体要求

坚持系统观念。建立系统、全面的科普标准体系，在标准体系框架内，按照“基础先立、上层先立、急用先立”的原则，有步骤、有计划地推进科普标准制修订工作。

明确标准应用场景。基于科普领域的相关实践，聚焦亟待标准化的突出问题，明确标准化对象、应用场景、使用人群，通过标准制修订规范科普领域发展，提升工作效率和科普效果。

注重标准使用效果。以提升全民科学素质为根本目标，适应科普内涵、理念、机制、方法等的变化，服务于推进科普供给侧改革，发挥标准前瞻作用和引领作用，提升科普的针对性、适用性和有效性。

二、科普标准体系框架

“十四五”期间，科普标准体系拟划分为科普基础通用标准、科普服务提供标准、科普服务资源标准、科普设施设备标准、科普信息化标准、科普评价标准 6 大领域，如图 1 所示。

1. 科普基础通用标准

基础通用标准是科普工作中最普遍、最通用的标准集合，包括术语标准、图形符号标准、分类代码标准、工作指南 4 个标准子领域。基础通用标准一方面直接规定了术语、图形符号、分类代码等科普活动基本内容的相关要求，发挥着约束、规范作用；另一方面亦为其他科普标准的制定提供了统一依据和技术基础，对于科普标准化工作具有普遍的指导意义。

2. 科普服务提供标准

服务提供标准是直接针对服务接触面的标准集合，包括设施服务标准、网络服务标准、科普活动服务标准 3 个标准子领域。服务提供标准主要对科普服务过程中与服务对象直接接触或间接接触的内容与事项进行规范，根据不同的服务主体、服务形式和服务对象，从服务的流程、服务管理等方面提出基本要求，旨在实现科普服务的规范化运作，提高科普服务质量和效果，提升科普受众的满意度。

3. 科普服务资源标准

科普服务资源标准是规范科普服务活动中各要素，如服务机构、服务人员、科普产品（不包括展教装备）等的标准集合，不包括科普信息资源，不直接规范服务行为和服务接触面，包括服务机构标准、服务人员标准、科普产品标准、科普内容标准 4 个标准子领域，旨在推动科普资源内容和形式、开发制作要求等标准的研究和编制，对提升科普资源的质量、促进科普服务供给侧改革发挥重要作用。

4. 科普设施设备标准

科普设施设备标准是规范各类科普设施设备功能定位、建设、管理、运行、维护等方面标准的集合，包括科普设施标准、展教装备标准 2 个标准子领域，旨在规范和促进各类科普基地、科普场馆、基层科普设施等的建设和发展，提升各类展教装备的设计、制作和资产管理水平。

5. 科普信息化标准

科普信息化标准是科普信息资源开发和传播、信息化平台建设和管理，以及以信息化为技术手段支撑科普活动开展等方面标准的集合，包括信息设施标准、信息资源标准、应用支撑标准 3 个标准子领域，旨在规范和统一科普信息化设施建设和管理，科普资源的信息化描述，科普信息资源的制作、加工、存储、传播和使用等方面，为科普信息化工作提供基本遵循。

6. 科普评价标准

科普评价标准是对科普工作各要素进行评定、评估的标准集合，包括服务质量评价标准、科学素养测评标准 2 个标准子领域，对整个科普工作起着可持续的提升作用，有助于形成管理闭环，促进科普水平、效果和成果的螺旋式上升。

三、标准制修订明细表

根据“十四五”期间科普工作的相关规划和要求，立足科普标准化工作的现实需求，按照科普标准体系中的 6 大领域，全面梳理各领域亟待制定的标准共 69 项，明确标准类别，包括国家标准、行业标准、团体标准和标准性文件 4 大类别，如表 1 所示。

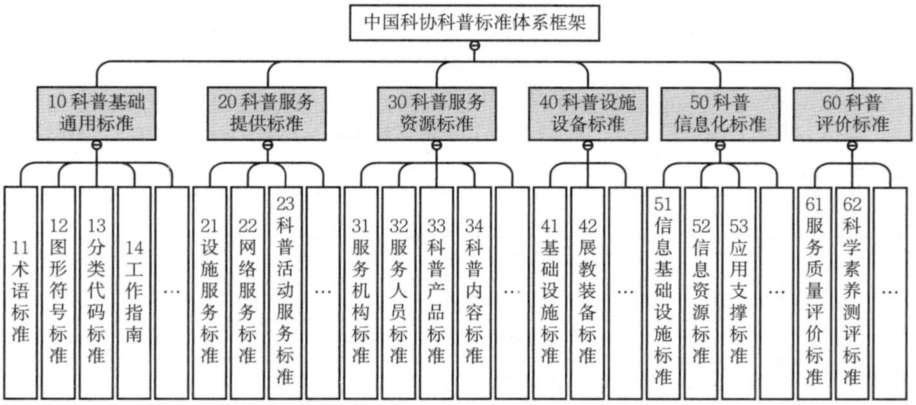

图 1 “十四五”时期中国科协科普标准体系框架图

表 1 科普标准制修订明细表

分领域	子领域	编号	名称	约束力	状态	标准类别
10 基础通用标准	11 术语标准	11.1	科普服务基本术语	推荐性	待制定	国家标准
		……				
	12 图形符号标准	12.1	科普服务符号与标识	推荐性	待制定	国家标准
		……				
	13 分类代码标准	13.1	科普服务分类与代码	推荐性	制定中	国家标准
		13.2	科普资源分类与代码	推荐性	现行有效	国家标准
		……				
	14 工作指南	14.1	科普服务标准化工作指南	推荐性	待制定	国家标准
		14.2	高等学校科普服务指南	推荐性	待制定	标准性文件
		14.3	科技工作者开展科普服务指南	推荐性	待制定	标准性文件
		14.4	老年人科普服务指南	推荐性	待制定	团体标准
		14.5	基层科普工作指南	推荐性	待制定	团体标准
		……				
20 服务提供标准	21 设施服务标准	21.1	科普场馆服务基本要求	推荐性	预研中	国家标准
		21.2	科普教育基地服务基本要求	推荐性	预研中	国家标准
		21.3	科技馆展览教育服务规范	推荐性	现行有效	国家标准
		21.4	流动科技馆科普服务规范	推荐性	待制定	标准性文件
		21.5	科普大篷车科普服务规范	推荐性	待制定	标准性文件
		21.6	科普志愿服务规范	推荐性	预研中	国家标准
		……				
	22 网络服务标准	22.1	网络科普服务指南	推荐性	待制定	国家标准
		22.2	媒体科普服务指南	推荐性	待制定	国家标准
		……				
	23 科普活动标准	23.1	线下科普活动基本要求	推荐性	制定中	国家标准
		23.2	培训类科普活动基本要求	推荐性	待制定	标准性文件
		23.3	宣讲类科普活动基本要求	推荐性	待制定	标准性文件
		23.4	竞赛类科普活动基本要求	推荐性	待制定	标准性文件
		……				

续表

分领域	子领域	编号	名称	约束力	状态	标准类别
30 服务资源标准	31 服务机构标准	31.1	科普服务机构基本要求	推荐性	待制定	国家标准
		31.2	科学素质类校外培训机构基本要求	推荐性	待制定	标准性文件
		31.3	科普研学基地基本要求	推荐性	待制定	标准性文件
		……				
	32 服务人员标准	32.1	科普人员基本服务要求	推荐性	待制定	国家标准
		32.2	青少年科技辅导员专业水平认证	推荐性	待制定	标准性文件
		32.3	科普场馆科技辅导员服务基本要求	推荐性	待制定	标准性文件
		32.4	科技志愿者管理基本要求	推荐性	待制定	标准性文件
		32.5	科技志愿服务队建设指南	推荐性	待制定	标准性文件
		……				
	33 科普产品标准	33.1	科技资源科普化指南	推荐性	待制定	标准性文件
		33.2	科普影视作品开发指南	推荐性	待制定	标准性文件
		……				
	34 科普内容标准	34.1	公共安全科普内容指南	推荐性	预研中	标准性文件
		34.2	健康科普内容指南	推荐性	预研中	标准性文件
		34.3	碳达峰碳中和科普内容指南	推荐性	预研中	标准性文件
		34.4	汽车科普内容指南	推荐性	预研中	行业标准
		……				
40 科普设施设备标准	41 科普设施标准	41.1	科学家精神教育基地建设指南	推荐性	待制定	标准性文件
		41.2	科学技术馆建设标准（建标 2007-101）	推荐性	修订中	行业标准
		41.3	科技馆项目规范	强制性	制定中	行业标准
		41.4	科技馆功能配置指南	推荐性	制定中	国家标准
		41.5	绿色科技馆评价标准	推荐性	现行有效	团体标准
		41.6	流动科技馆功能与内容配置规范	推荐性	待制定	团体标准
		41.7	科普场馆特效影院运行管理规范	推荐性	制定中	团体标准
		41.8	科普场馆球幕影院功能配置与放映技术要求	推荐性	制定中	团体标准
		41.9	社区科普设施建设指南	推荐性	待制定	团体标准
		……				
	42 展教装备标准	42.1	科普展品安全要求	强制性	预研中	国家标准
		42.2	科普展品环保要求	强制性	待制定	国家标准
		42.3	科普设备设施资产管理规范	推荐性	待制定	国家标准
		42.4	科技馆展品设计通用标准	推荐性	预研中	国家标准
		42.5	科技馆常设展览建设通用流程	推荐性	预研中	国家标准
		42.6	科普展品说明书	推荐性	制定中	团体标准
		42.7	流动科技馆展品机械结构设计要求	推荐性	制定中	团体标准
		42.8	科普场馆展品运行管理规范	推荐性	预研中	标准性文件
		……				

续表

分领域	子领域	编号	名称	约束力	状态	标准类别
50 信息化标准	51 信息基础设施标准	51.1	科普信息系统软硬件选型指南	推荐性	待制定	标准性文件
		51.2	科普多媒体设备管理规范	推荐性	待制定	标准性文件
		……				
	52 信息资源标准	52.1	科普服务核心元数据	推荐性	预研中	国家标准
		52.2	科普中国平台资源标准	推荐性	预研中	标准性文件
		52.3	科普人力资源元数据	推荐性	预研中	国家标准
		52.4	科普信息资源唯一标识符	推荐性	现行有效	国家标准
		52.5	数字科普资源质量要求	推荐性	制定中	国家标准
		52.6	科普视频制作规范	推荐性	待制定	标准性文件
		……				
	53 应用支撑标准	53.1	科普云平台架构	推荐性	待制定	标准性文件
		53.2	实物科普资源唯一标识符	推荐性	待制定	标准性文件
		……				
60 服务评价标准	61 服务质量评价标准	61.1	科普服务评价	推荐性	待制定	国家标准
		61.2	全国科普教育基地创建与认定	推荐性	预研中	标准性文件
		61.3	全国科普示范县标准与评价	推荐性	待制定	标准性文件
		61.4	科技馆等级划分与评定	推荐性	预研中	标准性文件
		61.5	科技馆免费开放项目绩效评价	推荐性	预研中	标准性文件
		……				
	62 科学素养测评标准	62.1	全民科学素质测评流程	推荐性	待制定	国家标准
		62.2	全民科学素质测评指标	推荐性	待制定	国家标准
		……				

四、标准制修订路线图

以“急用先立、重要先立、上层先立”为指导原则，切实推进“十四五”期间科普重点领域标准制修订工作。以我国科普工作现实需求为基础，综合考虑上述原则，提出“十四五”时期科普标准制修订路线图（2021—2025 年），明确标准制修订优先级，如表 2 所示。

表 2　科普标准制修订路线图（2021—2025 年）

序号	立项年度	标准名称
1	2021 年	科普教育基地服务基本要求
2		科普场馆服务基本要求
3		科普志愿服务规范
4		科普服务核心元数据
5		全国科普教育基地创建与认定

续表

序号	立项年度	标准名称
6		科技馆免费开放项目绩效评价
7		科普中国平台资源标准
8		碳达峰碳中和科普内容指南
9		公共安全科普内容指南
10		健康科普内容指南
11		汽车科普内容指南
12		……
13	2022 年	科普服务基本术语
14		科普服务标准化工作指南
15		科普服务机构基本要求
16		科普研学基地基本要求
17		科学素质类校外培训机构基本要求
18		科普设备设施资产管理规范

续表

序号	立项年度	标准名称
19	2022 年	青少年科技辅导员专业水平认证
20		科普视频制作规范
21		网络科普服务指南
22		科技工作者开展科普服务指南
23		……
24	2023 年	科普服务符号与标识
25		科普服务评价
26		流动科技馆科普服务规范
27		全国科普示范县标准与评价
28		老年人科普服务指南
29		科技志愿者管理基本要求
30		培训类科普活动基本要求
31		宣讲类科普活动基本要求
32		科普大篷车科普服务规范
33		……
34	2024 年	科普人员基本服务要求
35		科技志愿服务队建设指南
36		科学家精神教育基地建设指南
37		媒体科普服务指南
38		全民科学素质测评指标
39		高等学校科普服务指南
40		科普影视作品开发指南
41		科普展品环保要求
42		科普场馆科技辅导员服务基本要求
43		基层科普团队建设规范
44		……
45	2025 年	全民科学素质测评流程
46		科技资源科普化指南
47		实物科普资源唯一标识符
48		科普云平台架构
49		科普多媒体设备管理规范
50		基层科普工作指南
51		社区科普设施建设指南
52		竞赛类科普活动基本要求
53		科普场馆展品运行管理规范
54		……

注：标准项目研编周期一般为 1 ～ 2 年，跨年滚动实施。

五、工作机制

实施标准编制专项，动员社会多元主体积极参与。探索建立社会化工作机制，鼓励地方科协、全国学会、高等院校、科研院所、科普企业等相关单位承担科普标准化预研和编制项目。

建设科普标准化工作平台，汇集相关科普标准，实现相关资源的“一站式”检索和查询，促进科普标准共建共享和实施应用。

建立动态调整机制。按照科普发展需要，适时对“十四五”期间科普标准体系表和制修订路线图进行调整和优化。

附件 2

中国科协科普标准化项目编制实施办法（试行）

第一章　总　则

第一条　以习近平新时代中国特色社会主义思想为指导，深入贯彻落实“科学普及与科技创新同等重要”的制度安排，推进科普供给侧改革，提升科普质量，促进科普事业的可持续发展和全民科学素质的有效提高，根据《中华人民共和国科学技术普及法》《中华人民共和国标准化法》《全民科学素质行动规划纲要（2021—2035 年）》，依据《中国科协财政项目管理办法（修订）》，结合科普工作实际制定本办法。

第二条　本办法所称的项目是指纳入中国科协科普标准化工作范围的标准、规范、指南等相关标准性文件（以下简称标准）的研究或编制项目。科普标准化工作中涉及的国家标准、行业标准、地方标准、团体标准、企业标准的研究或编制均按照现行有关规定执行。

第三条　编制科普标准应遵循“急用先立、重要先立、上层先立”的原则，在广泛研究和总结实践经验的基础上，深入调查论证，广泛征求意见，保证标准的科学性、适用性、时效性，提高标准质量。

第四条　鼓励科研机构、高等院校、社会团体和企业等参与科普标准化项目的编制工作。

第五条　中国科协科普部是中国科协科普标准化工作的主管部门（以下简称主管部门），组织制定科普标准化工作的政策制度和发展规划，指导科普标准的编制与宣贯实施。全国科普服务标准化技术委员会秘书处是中国科协科普标准化项目的管理机构（以下简称管理机构），组织制定科普标准化项目年度计划，开展标准编制的项目管理与宣贯实施等。

第二章　标准申报及立项

第六条　管理机构结合业务需要，组织制定科普标准化项目年度编制计划，报主管部门审核批准后发布项目申报通知。

第七条 相关单位根据主管部门发布的项目申报通知，按照相关要求申报科普标准化项目，填报《中国科协科普标准化项目申报书》（见附件1），第一申报单位为标准主编单位。

第八条 标准主编单位应是科普或标准领域内具有领先技术水平的法人单位，具备标准编制所需的人员、设备及相关条件。

修订类标准应优先选择原标准主编单位。

第九条 标准第一起草人应具有副高及以上专业技术职称，具有较高的专业技术水平和丰富的实践经验，熟练掌握标准编写的有关规定，有较强的组织协调能力，能够解决标准编制工作中的重大技术问题。

第十条 管理机构根据各主编单位提交的项目申报书，组织专家成立评审小组，评审结果由主管部门公开发布。

第十一条 经评审通过的标准化项目方可立项，并签订合同。

第十二条 对未纳入当年年度计划但属当前工作急需的标准，由管理机构在广泛调研的基础上提出书面建议，经主管部门审核批准后履行立项程序。

第三章 标准编制

第十三条 科普标准化项目立项后即进入标准编制过程，标准编制过程分为起草、征求意见、审查和报批四个阶段。

标准编制周期原则上不超过1年。

第十四条 标准起草阶段主要工作包括：

（一）主编单位组织召开标准项目编制启动会，组织开展标准起草工作；

（二）主编单位填写《中国科协科普标准化项目建议书》（见附件2），编写标准征求意见稿及其编制说明（见附件3）；

（三）管理机构组织评审，主编单位根据评审意见对以上文件进行修改完善。

第十五条 标准征求意见阶段主要工作包括：

（一）主编单位通过信函、会议、网络公开等多种方式征求意见，征求意见时间不少于1个月；

（二）主编单位对反馈意见进行汇总处理，形成送审稿及其编制说明、征求意见汇总处理表（见附件4）等送审材料，必要时应附专题报告，修订类标准应提供新旧条款对比说明；

（三）主编单位向管理机构提交以上材料。

第十六条 标准审查阶段主要工作包括：

（一）主编单位组织召开送审稿审查会；

（二）审查内容主要包括：与国家有关法律法规、方针政策以及相关正式标准的协调一致性，标准技术内容的必要性、成熟性和可操作性，关键技术指标的来源和依据的准确性和合理性等；

（三）主编单位根据审查意见修改完善送审材料，形成报批稿及其编制说明、审查会纪要等报批材料；

（四）主编单位向管理机构提交以上材料。

第十七条 审查会应成立专家组，实行专家负责制。相关要求如下：

（一）专家应具有副高及以上专业技术职称和相应的业务能力，且有从事相关标准的编制或审查经验；

（二）专家选取应遵循回避原则；

（三）专家组一般由5人或7人组成；

（四）标准审查会鼓励邀请科普行业外相关专业领域专家参加。

审查会应遵照协商一致、共同确定的原则，客观、公正、恰当地给予评价。对有争议的问题，应充分讨论和协商，并提出结论性意见，须有不少于三分之二的专家同意方可视为通过。审查会应设专人记录，并形成有明确结论的审查意见。

第十八条 标准报批阶段主要工作包括：

（一）管理机构组织召开报批稿终审会；

（二）主编单位根据终审会意见修改完善报批材料；

（三）主管部门履行报批发布程序。

第十九条 标准编制过程实行重大变更报告制度。标准名称、主要内容、编制单位、主要起草人、编制进度等发生变更时，主编单位应提交《中国科协科普标准化项目重大变更申请表》（见附件5），报送主管部门审批。

涉及经费执行变更的事项应按照财务有关规定执行。

第四章 标准宣贯实施

第二十条 鼓励各有关部门和单位开展科普标准的宣传培训、贯彻实施和业务交流等活动。

第二十一条 鼓励参与制定和科学借鉴国际标准，积极探索科普标准外文版翻译出版工作以及与国外标准间的转化运用。

第五章　附　则

第二十二条　本办法自发布之日起施行。

第二十三条　本办法由中国科协科普部负责解释。

附件 1：中国科协科普标准化项目申报书（略）
附件 2：中国科协科普标准化项目建议书（略）
附件 3：《 ×××× 》编制说明（略）
附件 4：《 ×××× 》征求意见汇总处理表（略）
附件 5：中国科协科普标准化项目重大变更申请表（略）

中国科协办公厅关于开展 2021—2025 年度全国科普教育基地创建工作的通知

各全国学会、协会、研究会，各省、自治区、直辖市科协，新疆生产建设兵团科协，全民科学素质纲要实施工作办公室成员单位，各相关单位：

为贯彻落实《全民科学素质行动规划纲要（2021—2035 年）》，加强科普基础设施建设，推进全国科普教育基地发展，根据《全国科普教育基地创建与认定管理办法》（以下简称《办法》），2021 年中国科协将开展 2021—2025 年度全国科普教育基地认定工作。现将有关事项通知如下。

一、全国科普教育基地的申报和认定

（一）申报对象和条件

凡符合《中华人民共和国科学技术普及法》规定负有科普义务的单位、自愿为社会和公众提供科普服务，且具备相应工作条件，科普工作成效显著，具有示范带动作用，并获得全民科学素质纲要实施工作办公室成员单位、全国学会（协会、研究会）、省（自治区、直辖市）科学技术协会其中一家推荐的法人单位及其所属机构，可申报全国科普教育基地。

（二）申报认定程序

1. 推荐。全民科学素质纲要实施工作办公室成员单位负责组织推荐本单位系统内所管理的单位，全国学会（协会、研究会）负责组织推荐本学会专业领域内的单位，省（自治区、直辖市）科学技术协会负责组织推荐本地区的单位。申请全国科普教育基地认定的单位或机构可选择相应推荐单位中的一家提交申请，经推荐单位审核推荐后方可参评全国科普教育基地。各推荐单位负责按照推荐名额（附件 1）和《办法》所附《认定申请条件》对申请单位进行遴选推荐。

2. 初评。中国科协依据《办法》对被推荐的申请单位（机构）情况进行初评和实地抽检。

3. 终评。中国科协组建全国科普教育基地认定专家委员会，按照《办法》评议确定全国科普教育基地认定建议名单。

4. 公示和命名。建议名单经公示无异议后，由中国科协予以认定命名 2021—2025 年度“全国科普教育基地”，颁发证书和牌匾。

二、有关要求

（一）落实推荐责任。各推荐部门单位要高度重视、认真部署，组织本部门、本专业领域、本地区符合条件的基地申报，择优推荐，在审核申报材料的同时，要更加着重于相关单位平时的科普工作成效。

（二）严格认定标准。拟申报单位要主动联系各推荐部门单位，了解相关要求，对照《办法》改进科普工作，制定科普工作发展规划和有关管理制度，深入挖掘本单位科普资源，积极组织策划各种科普活动，拓展科普功能。各推荐部门单位要以认定 2021—2025 年度全国科普教育基地为契机，引导本部门、本专业领域、本地区的科普教育基地着重结合本区域的工作实际，创新开展基层科普工作，鼓励差别化的试点探索，推动形成可复制、可借鉴的基层科普工作模式和样板，提升全国科普教育基地发展质量，提高全国科普教育基地品牌的影响力。

（三）及时推荐报送。各推荐部门单位请于 10 月 25 日前将《推荐单位联系人信息采集表》（附件 2）反馈至全国科普教育基地电子邮箱。中国科协将据此为推荐单位在申报平台（网址：http://kpjd.cast.org.cn）上开通推荐管理账户。推荐单位可使用用户名和初始密码（另行告知）登录申报平台，生成“申报邀请码”发给有关申报单位，并督促申报单位按要求及时在平台填写申报材料。各推荐单位请于 11 月 10 日前通过申报平台完成推荐工作。逾期未报，将按自愿放弃办理。

（四）加强日常管理。中国科协将对已命名的全国科普教育基地进行年度科普绩效评估和终期考核，设立科普专项支持其开展特色科普活动，鼓励进一步开发开放优质科普资源，持续发挥科普教育功能，面向公众提供更多更好的科普公共服务。终期考核结果为“优秀”的基地，可直接认定为下一批次全国科普教育基地；终期考核结果为“合格”的基地，可直接进入下一批次全国科普教育基地申请认定的终评程序；终期考核结果为“不合格”的基地，不得参与下一批次全国科普教育基地认定申请。

（五）2020年及之前到期的全国科普教育基地需重新申报。

三、联系方式（略）

附件1：2021—2025年度全国科普教育基地推荐名额分配表

附件2：2021—2025年度全国科普教育基地推荐单位联系人信息采集表（略）

附件3：全国科普教育基地创建与认定管理办法

中国科协办公厅

2021年10月11日

附件1

2021—2025年度全国科普教育基地推荐名额分配表

推荐单位	推荐名额
全民科学素质纲要实施工作办公室成员单位	每个单位不超过10个名额
全国学会（协会、研究会）	每个学会不超过10个名额
省（自治区、直辖市）科学技术协会	每个省级科协不超过30个名额

附件3

全国科普教育基地创建与认定管理办法

第一章　总　则

第一条　根据《中华人民共和国科学技术普及法》《全民科学素质行动规划纲要（2021—2035年）》，经全国评比达标表彰工作协调小组批准，为做好全国科普教育基地创建工作，动员鼓励社会多元主体广泛参与、提升科普公共服务质量，制定本办法。

第二条　全国科普教育基地主要是指由科技、教育、文化、卫生、农业、安全、自然资源、旅游等领域机构兴办，面向社会和公众开放，具有科普和教育功能的示范性场所。包括以下六类：

（一）科技场馆类科普教育基地，是指专门建设用于面向社会和公众开展科学技术普及活动、科技文化教育与传播的公共场所，包括但不限于科技馆、自然博物馆、专业领域科普场馆、青少年科技场馆。

（二）教育科研与重大工程类科普教育基地，是指依托国家科技资源、科技成果面向社会和公众提供科普服务的教育、科研机构、大科学装置、重大工程以及医疗机构的场所和设施，包括但不限于教育、科研机构等内设的科普场馆、实验室、工程中心、科学观测台（站）等。

（三）“三农”类科普教育基地，是指依托先进农业技术和成果、农业教育科研设施、农业试验示范基地等服务农业、农村发展、提高农民科学素质的科普场所，包括但不限于各类农业种养殖繁育基地、综合试验示范基地、农业创业创新基地、现代农业科技产业园、农技培训基地、农业观光体验园等。

（四）企业类科普教育基地，是指企业依托科技成果、研发资源、生产设施、产品等面向社会和公众提供科普服务的场所，包括但不限于产业园区、科技园区、具有科普功能的企业展厅、研发设施、生产制造设施等。

（五）自然资源类科普教育基地，是指利用动植物、生态、地质地貌等自然资源面向社会和公众提供科普服务的园区和场所，包括但不限于国家公园、自然保护区、动物园（海洋公园）、植物园、主题公园、森林、湿地、地质公园、自然遗产等。

（六）其他类科普教育基地，是指利用人文、历史、艺术等资源面向社会和公众提供科普服务的公共场所，包括但不限于文博展馆、图书馆、美术馆、纪念馆、文化馆、书院、历史文化遗产等。

第三条　全国科普教育基地享有开展科普活动的权利，享受国家给予公益性科普事业的相关优惠政策。

第二章　创建与认定

第四条　全国科普教育基地创建以促进全民科学素质提升和社会文明程度提高为目标，旨在组织、鼓励各类机构参与科普活动，按照新发展阶段科普高质量发展的要求，依托各地域和各领域的资源禀赋、基础条件等资源要素，通过深化科普供给侧改革，不断提升全社会科普公共服务能力和质量。

第五条　为社会和公众提供科普服务的各类法人单位均可自愿按照《全国科普教育基地认定申请条件》（以下简称《认定申请条件》，后附）开展创建工作，适时申请全国科普教育基地认定。

第六条 全国科普教育基地认定由《全民科学素质行动规划纲要（2021—2035年）》实施成员单位、全国学会（协会、研究会）、省（自治区、直辖市）科学技术协会三类单位负责推荐。推荐单位负责组织动员、指导具备一定条件的机构开展全国科普教育基地创建工作，按照《认定申请条件》推荐符合条件的机构进行认定申请。

第七条 申请认定程序。

（一）推荐。申请全国科普教育基地认定的机构可任选第六条规定的三类推荐单位中的一家提交申请，经推荐单位审核推荐后方可参评全国科普教育基地。每个推荐单位按照推荐名额和《认定申请条件》对申请单位进行遴选，确定推荐顺序。

（二）初评。中国科协依据《认定申请条件》对被推荐的申请单位（机构）情况进行初评，对申请单位（机构）实地抽检。

（三）终评。中国科协组建全国科普教育基地认定专家委员会，按照《认定申请条件》评议确定全国科普教育基地认定建议名单。

（四）公示和命名。建议名单经公示无异议后，由中国科协予以认定命名“全国科普教育基地”，颁发证书和牌匾。

第八条 全国科普教育基地每五年认定一批。期间视创建情况进行补充认定。全国科普教育基地认定有效期从认定命名年份起截止至该批次结束年份。

第三章 管理与服务

第九条 中国科协是全国科普教育基地的认定管理和宏观指导部门，全国科普教育基地推荐单位承担对全国科普教育基地日常工作的指导职责。全国科普教育基地应自觉接受推荐单位和中国科协工作指导与考核，主动及时报告科普绩效自评报告等资料。

第十条 中国科协和全国学会、各级科协、各有关部门要为全国科普教育基地开展科普工作创造必要条件、提供必要支持，不断提升全国科普教育基地的发展建设水平和公共服务能力。鼓励全国科普教育基地的推荐单位将科普教育基地工作纳入系统内业绩认定范围，对科普业绩突出、表现优异的单位和个人给予宣传推介。

（一）中国科协组织相关专家调研考察全国科普教育基地，对基地创建和发展提出指导意见。开展科普实践案例和标准研究，为全国科普教育基地规范发展提供理论支撑。

（二）中国科协建设全国统一的全国科普教育基地信息化平台，服务各级各类科普教育基地管理，汇聚共享基地数字科普资源，促进科普公共服务智能泛在、资源共享。

（三）建立科普教育基地定期交流培训机制，跨类别跨领域举办交流培训，提升专兼职科普人员业务能力和管理水平。

（四）支持科普教育基地跨界跨地域联合开展主题行动（活动），整合资源，打造具有号召力、影响力和示范性的科普教育基地活动品牌。

第十一条 加强全国科普教育基地绩效管理。全国科普教育基地负责开展年度科普绩效自评，自评报告须在基地单位网站（或新媒体平台）、全国科普教育基地信息化平台等向社会公开。中国科协负责组织年度自评报告抽样检查和定期调研评估等工作，检查评估结果作为终期考核的重要依据之一。

第十二条 中国科协组织对全国科普教育基地开展终期考核，终期考核结果分为“优秀”“合格”“不合格”三个等级，“优秀”比例原则上不超过20%，考核结果向社会公布。终期考核结果为“优秀”的基地，经相关程序可直接认定为下一批次全国科普教育基地；终期考核结果为“合格”的基地，可直接进入下一批次全国科普教育基地申请认定的终评程序；终期考核结果为“不合格”的基地，不得参与下一批次全国科普教育基地认定申请。

第十三条 全国科普教育基地有下列情况之一的，中国科协可在有效期内撤销其“全国科普教育基地”认定命名：

（一）单位（机构）严重违法违纪、严重损害公众利益或造成严重社会不良影响；

（二）宣传邪教、封建迷信，从事反科学、伪科学活动；

（三）不具备全国科普教育基地创建、认定基本条件或不能履行全国科普教育基地职责；

（四）不参加终期考核或连续两年不参加科普绩效自评。

第四章 附 则

第十四条 本办法由中国科协负责解释，自发布之日起施行。《全国科普教育基地认定与管理试行办法》（科协办发普字〔2014〕39号）同时废止。

附件：全国科普教育基地认定申请条件

附件

全国科普教育基地认定申请条件

一、基本条件

1. 提供公共科普服务的法人单位，或以法人单位为依托的内设（下属）机构。

2. 具有明确的科普服务宗旨、开放服务和安全管理等制度。

3. 具备开展科普公共服务的室内外场所条件，积极开展青少年科技教育等形式多样的科普服务，大力弘扬科学精神和科学家精神，培育公众创新思维和能力，积极营造热爱科学、崇尚创新的社会氛围。

4. 每年全国科普日、全国科技活动周、全国科技工作者日等重要主题日期间举办主题科普活动。

5. 通过网络媒体平台向公众公布开放信息、科普教育活动信息、展教资源更新情况等公共科普服务信息。

6. 有稳定的科普经费投入或专项科普经费，专兼职科普人员科普教育工作成效纳入本单位个人绩效考评或表彰奖励范围。

7. 开展科技志愿服务活动。

8. 原则上已持续提供科普公共服务满三年。

二、分类别基本条件

（一）科技场馆类

1. 设施条件

（1）室内展教展示区域面积不少于1000平方米。

（2）科普展教设施设备形式多样，包括展品、展板、说明牌等基本展教设施，以及多媒体、数字化、互动体验类展教设备等，并根据科技前沿发展和社会热点定期更新扩展内容。

2. 科普服务

（1）常年对公众开放，每年实际服务公众天数不少于200天。

（2）开展进社区、进校园、进乡村等“走出去”的科普活动。

（3）针对热点科技问题组织公众科普报告、科学家科普讲坛等活动每年不少于8次。

（4）以场馆特色科普资源为基础，举办青少年科技夏（冬）令营或承接青少年科普研学、社会实践等青少年科普活动每年不少于5次。

（5）每年开展中小学教师科技培训或研修实践活动不少于2次。

（6）利用新技术手段提供互动讲解或线上虚拟展示等服务。

（7）建有专门的科普网站。通过各种媒介持续传播科普图文、视频、书籍、课程、展教器具等，具有一批质量好、传播广的优质原创科普资源。

3. 人员保障

（1）专兼职科普人员不少于100人。

（2）每年开展专职科普人员业务培训不少于2次，兼职科普人员业务交流或培训不少于1次。

（二）教育科研与重大工程类

1. 设施条件

（1）具有公共科普服务功能的区域面积不少于300平方米。

（2）科普设施设备形式多样，包括展品、展板、说明牌以及多媒体等，并根据本单位最新科研、重大科技工程成果、国内外科技前沿发展以及经典科学技术知识及时更新扩展内容。

2. 科普服务

（1）每年向社会公众开放本单位科教资源，能够提供团队预约科普服务（包括外出服务）。

（2）积极开展科普活动，及时普及重大科技成果，大力弘扬科学家精神，加强科研诚信和科技伦理建设，展示科技界优秀典型、生动实践和成就经验，培育公众特别是青少年的科学思维和工程思维，宣传高水平科技自立自强的重大意义，涵养优良学风。

（3）以本单位特色优势科技资源为基础，举办青少年科技夏（冬）令营或承接科普研学、社会实践等活动每年不少于3次。

（4）每年开展中小学教师科技培训或研修实践活动不少于1次。

（5）利用本单位特色优质科教资源，开发多种形式的高质量原创科普图文、视频、书籍、课程等科普资源，并利用各种媒体广为传播。

3. 人员保障

（1）有公共科普服务联络人或负责人，参与本基地科普工作的科研人员不少于15人。

（2）每年开展专兼职科普人员业务交流或培训不少于1次。

（三）“三农”类

1. 设施条件

（1）具有公共科普服务功能的区域面积不少于2000平方米。

（2）科普设施设备形式多样，包括展品、展板、说明牌等，并根据最新农业科技成果、农业科技前沿发展和相关社会热点及时更新扩展内容。

2. 科普服务

（1）每年实际服务公众天数不少于 50 天，能提供团队预约科普服务（包括外出服务）。

（2）服务乡村振兴战略，积极开展科普活动，大力弘扬劳动精神，树立相信科学、和谐理性的思想观念，推广普及农业科研成果，培育健康文明乡风，培养农民群众文明生活、科学生产和科学经营能力。

（3）开展进乡村等“走出去”的科普活动。开展针对欠发达地区农民群众的科普活动每年不少于 2 次。

（4）每年承接青少年农业实践（实习）等活动不少于 2 次。

（5）制作并传播高质量农业科技、农耕文化、农民生活、农村环境相关的科普图文、视频、书籍、课程等科普资源。

3. 人员保障

（1）有公共科普服务联络人或负责人，专兼职科普人员不少于 10 人。

（2）每年开展专兼职科普人员业务交流或培训不少于 1 次。

（四）企业类

1. 设施条件

（1）具有公共科普服务功能的室内区域面积（不含厂房）不少于 300 平方米。

（2）科普设施设备形式多样，包括互动体验设备、展品、展板、说明牌、多媒体等，并根据企业科技创新成果、企业或行业装备和技术升级迭代历史及时更新扩展展教内容。

2. 科普服务

（1）每年向社会公众开放本单位科教资源，能够提供团队预约科普服务（包括外出服务）。

（2）积极开展科普活动，大力弘扬创新创业精神和工匠精神，展示先进科学技术的应用场景，推广现代化生产技术与工艺，传播先进的管理思想，展示工业遗产文化，营造劳动光荣的社会风尚、精益求精的敬业风气和勇于创新的文化氛围。

（3）以本单位特色优势科技资源为基础，承接大学生专业实习、中小学学生职业体验、研学、社会实践等活动每年不少于 3 次。

（4）每年承接职业教育教师、中小学教师科技培训或研修实践不少于 1 次。

（5）围绕行业和企业创新成果、科技前沿，制作并传播高质量的科普图文、视频、书籍、课程等原创科普资源。

3. 人员保障

（1）有公共科普服务联络人或负责人，专兼职科普人员不少于 15 人。

（2）每年开展专兼职科普人员业务交流或培训不少于 1 次。

（五）自然资源类

1. 设施条件

（1）具有公共科普服务功能的区域面积不少于 2000 平方米。

（2）科普展教设施设备形式多样，包括但不限于展品、展板、专业说明牌、多媒体等。结合本单位自然生态资源特色、季节变化等及时更新扩展科普内容。

2. 科普服务

（1）常年对公众开放，每年实际服务公众天数不少于 200 天。

（2）积极开展科普活动，充分利用自然资源禀赋，促进公众理解人与自然和谐共生的理念，培养公众特别是青少年保护自然资源、生态环境的意识和行为习惯。

（3）开展进社区、进校园、进乡村等“走出去”的科普活动。

（4）以本单位特色科普资源为基础，组织青少年科技夏（冬）令营或承接青少年科普研学、社会实践等活动每年不少于 5 次。

（5）开展中小学教师科技培训或研修实践活动不少于 1 次。

（6）有专门的公共服务网站或自媒体宣传平台，结合自然资源特色制作并传播原创科普图文、视频、书籍、课程等科普产品。

3. 人员保障

（1）有专职科普人员，专兼职科普人员不少于 50 人。

（2）每年开展专职科普人员业务培训不少于 1 次，兼职科普人员业务交流或培训不少于 1 次。

（六）其他类

1. 设施条件

（1）具有科普内容的展教区域面积不少于 300 平方米。

（2）科普展教设施设备形式多样，包括展品、展板、说明牌、多媒体等。展教内容具有科普价值，体现出文化、历史、艺术资源禀赋中蕴藏的科学思想、科学方法和科学知识，并根据科技文化热点定期更新扩展内容。

2. 科普服务

（1）常年对公众开放，每年实际服务公众天数不少于200天。

（2）科普活动充分利用资源禀赋，促进公众理解科学与文化、历史、艺术等共同的创新智慧，宣传中外历史中的杰出科学家，提高公众科学文化素质和文化传承保护意识。

（3）开展进社区、进校园、进乡村等“走出去”的科普活动。

（4）以本单位特色科普资源为基础，组织青少年科技夏（冬）令营或承接青少年科普研学、社会实践、专业实习等活动每年不少于5次。

（5）每年开展中小学教师科技培训或研修实践活动不少于1次。

（6）有专门的公共服务网站。制作科技与文化、艺术、历史等交叉融合的高质量原创科普图文、视频、书籍、课程等科普资源，并利用各类媒体广为传播。

3. 人员保障

（1）有公共科普服务联络人或负责人，专兼职科普人员不少于50人。

（2）每年开展专职科普人员业务培训不少于1次，兼职科普人员业务交流或培训不少于1次。

中国科协办公厅关于做好新冠肺炎疫情防控常态化下应急科普工作的通知

各全国学会、协会、研究会，各省、自治区、直辖市科协，新疆生产建设兵团科协：

近日，国务院应对新型冠状病毒肺炎疫情联防联控机制综合组印发了《关于新冠肺炎疫情防控常态化下进一步加强健康教育工作的指导意见》（联防联控机制综发〔2021〕9号），明确指出科协会同卫生健康等相关部门建立健全应急科普联动协调机制。为进一步巩固抗疫成果，持续提升公众疫情防控的意识和能力，切实做好新冠肺炎疫情防控常态化下应急科普工作，现将有关事项通知如下。

一、高度重视，不容松懈

当前，我国疫情防控工作已从应急状态转为常态化。但是，境外疫情持续蔓延，我国局部地区聚集性疫情和零星散发病例不断出现，落实好“外防输入、内防反弹”的防控工作任务依然艰巨。

各全国学会、省级科协要高度重视、切实担当，不麻痹、不厌战、不松劲，毫不放松抓紧抓实抓细疫情防控和应急科普工作。

要坚持人民至上，把人民群众生命安全和身体健康放在第一位，持续引导公众建立正确健康观，提升科学素质，形成健康的生活方式。要及时掌握疫情防控信息，根据各地疫情变化适时调整应急科普工作内容和方式，确保“疫情不解除，科普不掉线”。

二、协同联动，完善机制

各省级科协要认真落实《中国科协　中央宣传部　科技部　国家卫生健康委　应急管理部关于进一步加强突发事件应急科普宣教工作的意见》，会同卫生健康等相关部门，建立健全应急科普联动协调机制，统筹推动疫情防控常态化下科普宣传工作，在政府相关主管部门通过官方主渠道发声后，积极协调其他机构和媒体平台协同跟进，做好政策解读和知识普及。积极争取党委政府的领导和支持，结合本地区实际，牵头制定相应的应急科普机制和工作计划，争取纳入本级应对新型冠状病毒肺炎疫情联防联控机制。

科普中国平台联合有关部门和权威媒体，持续加强新冠肺炎疫情应急科普内容资源建设，在科普中国网、科普中国客户端等渠道设立专题页，以图文、视频、专题、话题、挂图等多媒体形式，从心理疏导、冷链传播、春节防疫、科学辟谣、疫苗接种等方面开展宣传，引导公众在防控常态化下科学应对疫情。目前，已向河北、北京、吉林等地提供应急防疫科普视频并在广电渠道播放，下一步将为各省级科协继续做好内容服务。

科普中国客户端开通应急科普和一键上报功能，将向疫情中高风险地区的科普中国信息员专题推送相关信息和辟谣内容，鼓励信息员在社区微信群等渠道进行传播。

三、平战结合，深入宣传

各全国学会、省级科协要根据本地区实际情况，加强新冠肺炎疫情防控政策宣传与解读，引导公众主动从健康中国、科普中国等权威机构获取防疫知识。

通过报刊电视等传统媒体以及微信、微博、抖音等网络新媒体进行分类、精准传播，提升公众预防意识和能力，积极回应社会关切。

要强化个人承担传染病防控社会责任的意识和行为，特别要针对农村地区防疫短板，积极动员科技志愿者深入基层做好疫情防控常态化下防护、返乡、饮食等方面的科普宣传，引导群众养成良好的卫生习惯和生活方式，持之以恒落实好戴口罩、勤洗手、不聚集、保持社交距离等常态化防控要求。

要灵活运用群众喜闻乐见、通俗易懂的宣传手段，提高社会参与的广度和深度，持续全面倡导文明健康、绿色环保的生活方式，保持乐观心态、合理膳食、使用公筷、科学就医等。

中国科协办公厅

2021 年 2 月 7 日

党史学习教育

中国科协党组传达学习中央重要精神研究部署党史学习教育

2月26日，中国科协召开2021年第六次党组会议，传达学习习近平总书记在党史学习教育动员大会、全国脱贫攻坚总结表彰大会、中央全面深化改革委员会第十八次会议、2021年春节团拜会，以及在会见探月工程嫦娥五号任务参研参试人员代表并参观月球样品和探月工程成果展览上的重要讲话精神，研究审议《科协系统开展党史学习教育工作方案》。会议由中国科协党组书记怀进鹏主持。

会议指出，习近平总书记深刻阐明开展党史学习教育的重大意义、工作重点和工作要求，对党史学习教育进行了全面动员部署，为我们开展好党史学习教育指明了方向、提供了根本遵循。要切实把思想和行动统一到习近平总书记重要讲话精神上来，聚焦加强团结引领，引导广大科技工作者增强“四个意识”、坚定“四个自信”、做到“两个维护”，学党史、悟思想、办实事、开新局，以昂扬姿态奋力开启全面建设社会主义现代化国家新征程，以优异成绩迎接建党一百周年。

会议强调，在全党开展党史学习教育，是党中央立足党的百年历史新起点、统筹中华民族伟大复兴战略全局和世界百年未有之大变局、为动员全党全国满怀信心投身全面建设社会主义现代化国家而作出的重大决策。科协各级党组织要高度重视，切实提高政治站位，把庆祝建党百年、开展党史学习教育作为一项重大政治任务，统筹安排部署，精心组织实施。深入学习好领会好总书记在党史学习教育动员大会上的重要讲话精神，深刻理解蕴含其中的政治意义和现实意义。深入贯彻落实党中央对建党百年的重要部署和任务安排，将推动党史学习教育与庆祝建党百年重大活动紧密结合、与年度重点工作深度融合、与梳理研究科技史和学会史相贯通，进一步拓展政治引领的覆盖面和工作平台，切实将党史学习教育成果转化为推动科协高质量发展的动力。

会议指出，要充分发挥科协“一体两翼”组织优势和科技群团的特色优势，注重方式方法创新，用好科协党校和“科普中国”“科创中国”“智汇中国”“科技工作者之家”平台，深入开展“众心向党、自立自强”宣讲活动，举办“党领导下的中国科学家”等系列主题展览，开展“我为群众办实事”实践活动，组织线上线下各类专题学习培训，切实凝聚人心、汇聚力量。加强顶层设计，坚持因地制宜，加强分类指导，动态优化调整方案，明确具体任务和推进措施，压紧压实责任，做到各尽其职、密切配合、一体推进。以效果为导向，严格落实意识形态责任制，加强督促指导和跟踪问效，力戒形式主义和走过场。牢固树立安全意识，统筹疫情防控和开展群众性活动，加强安全管理。加强宣传报道，用好各类媒体平台，深入挖掘、及时报道典型案例、典型人物，更好激发广大科技工作者的创新创造动力活力。

会议指出，要认真学习贯彻习近平总书记在全国脱贫攻坚总结表彰大会和中央全面深化改革委员会第十八次会议上的重要讲话精神，提高领悟力，完整、准确、全面贯彻新发展理念，聚焦靶心、服务中心，胸怀“国之大者”。提高执行力，主动学、主动做，加强科协服务品牌建设，统筹巩固、发展、突破，统筹近、中、远期部署，持续推动深化改革，把责任扛在肩上，知信行相统一，把党中央决策部署转化为科协实践，把科协部署转化为岗位实践。提高领导力，不仅做到机关带头示范干，还要联合全国学会和地方科协、动员社会一起干，充分发挥科技共同体价值引领作用。

会议还研究了其他事项。

党组副书记徐延豪，党组成员束为、宋军、吕昭平、王守东、殷皓出席会议。书记处书记孟庆海、中央纪委国家监委驻科技部纪检监察组同志、中国科协机关和直属单位主要负责同志列席会议。

中国科协党组关于印发《科协系统开展党史学习教育工作方案》的通知

中国科协机关、直属单位各级党组织，各全国学会、协会、研究会党委：

2021 年是中国共产党成立 100 周年。为从党的百年伟大奋斗历程中汲取继续前进的智慧和力量，团结引领广大科技工作者更加紧密地团结在以习近平同志为核心的党中央周围，凝聚全面建设社会主义现代化国家的磅礴力量，按照党中央统一部署，中国科协党组研究制定了《科协系统开展党史学习教育工作方案》。

现印发你们，请结合实际贯彻落实，有关情况及时上报。

中国科协党组

2021 年 3 月 8 日

科协系统开展党史学习教育工作方案

一、指导思想

坚持以马克思列宁主义、毛泽东思想、邓小平理论、“三个代表”重要思想、科学发展观、习近平新时代中国特色社会主义思想为指导，深入学习贯彻党的十九大和十九届二中、三中、四中、五中全会精神，紧紧围绕学懂弄通做实党的创新理论，坚持学习党史和学习新中国史、改革开放史、社会主义发展史相贯通，聚焦对科技工作者的政治引领，做到学史明理、学史增信、学史崇德、学史力行，引导广大科技工作者增强“四个意识”、坚定“四个自信”、做到“两个维护”，不断提高政治判断力、政治领悟力、政治执行力，实现学党史、悟思想、办实事、开新局，以昂扬姿态奋力开启全面建设社会主义现代化国家新征程，以优异成绩迎接建党 100 周年。

二、学习内容

1. 深刻铭记中国共产党百年奋斗的光辉历程。通过学习，进一步感悟思想伟力，增强用党的创新理论武装全党的政治自觉。深刻铭记我们党走过的光辉历程、付出的巨大牺牲、展现的巨大勇气、彰显的巨大力量，深刻认识中国共产党的领导、中国特色社会主义道路是历史的选择、人民的选择，不断增强继往开来走好新时代长征路的自觉性坚定性。

2. 深刻认识中国共产党为国家和民族作出的伟大贡献。通过学习，进一步把握历史发展规律和大势，始终掌握党和国家事业发展的历史主动。牢牢铭记我们党为实现国家富强、民族振兴、人民幸福和人类文明进步事业作出的伟大历史贡献，深刻认识中国共产党是中国人民和中华民族的主心骨，没有中国共产党就没有新中国，就没有中国特色社会主义，就没有中华民族的伟大复兴。

3. 深刻感悟中国共产党始终不渝为人民的初心宗旨。通过学习，进一步深化对党的性质宗旨的认识，始终保持马克思主义政党的鲜明本色。始终牢记为了谁、依靠谁、我是谁，牢记人民是真正的英雄、是我们党执政的最大底气，自觉坚持人民立场、践行群众路线，永远和人民群众同呼吸、共命运、心连心，不忘初心、牢记使命、永远奋斗。

4. 系统掌握中国共产党推进马克思主义中国化形成的重大理论成果。通过学习，进一步总结党的历史经验，不断提高应对风险挑战的能力水平。深刻认识马克思主义是我们立党立国之本，在当代中国坚持和发展习近平新时代中国特色社会主义思想就是真正坚持和发展马克思主义，必须坚持不懈用党的创新理论武装头脑、指导实践、推动工作。

5. 学习传承中国共产党在长期奋斗中铸就的伟大精神。通过学习，进一步发扬革命精神，始终保持艰苦奋斗的昂扬精神。始终牢记革命理想高于天、崇高精神永不过时，高度珍视精神财富，自觉继承革命传统、传承红色基因、补足精神之钙，在具有许多新的历史特点的伟大斗争中不断书写中国共产党人新的精神史诗。

6. 深刻领会中国共产党成功推进革命、建设、改革的宝贵经验。通过学习，进一步增强党的团结和集中统一，确保全党步调一致向前进。充分认识中国共产党为什么“能”、马克思主义为什么“行”、中国特色社会主义为什么“好”，深刻汲取我们党坚持真理、修正错误的经验教训，统筹中华民族伟大复兴战略全局和世界百年未有之大变局，认清形势、把握规律、抓住机遇、应对挑战，为实现第二个百年奋斗目标而接续奋斗。

三、工作安排

党史学习教育贯穿2021年全年，突出学党史、悟思想、办实事、开新局，注重融入日常、抓在经常。各级科协党组织要以县处级以上党员领导干部为重点，面向全体党员，广泛深入开展学习教育。

从2021年2月20日党中央召开党史学习教育动员大会到“七一”庆祝中国共产党成立100周年大会，重点学习习近平总书记在党史学习教育动员大会上的重要讲话精神，全面深入学习党史，深化对马克思主义中国化成果特别是习近平新时代中国特色社会主义思想的理解，全面启动“我为群众办实事”实践活动，并以5月30日全国科技工作者日为重要时间节点，组织开展形式多样、内容丰富的学习教育活动。

从“七一”庆祝大会到党中央召开总结大会，重点学习习近平总书记在庆祝中国共产党成立100周年大会上的重要讲话精神，并以此为指导不断深化对党的历史的系统把握，持续深入开展学习教育活动，明确继承传统、立足当前、开创未来的实践要求。

（一）开展专题学习

1. 党组（党委）以上率下带头学习。将党史学习作为党组（党委）理论学习中心组重要内容，邀请党史专家作专题报告。党组（党委）书记带头，党组（党委）成员撰写1～2篇学习体会和理论文章。

2. 讲专题党课。“七一”前后，党组（党委）书记带头讲一次专题党课，党组其他同志在分管部门讲党课。各全国学会组织本领域知名党员科学家，面向学会会员、面向青年科技工作者带头讲党课。基层科协党组织书记、先进典型在所在单位讲党课。

3. 开展形式多样的学习活动。开展科协青年党史学习小组演讲比赛。各级科协要层层发动、择优推荐，引导广大青年学有所思、学有所得。科协基层党组织要采取“三会一课”和主题党日等形式，围绕党史重要事件、活动和重要遗址旧址等，结合实际开展主题突出、特色鲜明、形式多样的学习活动。

（二）加强政治引领

1. 组织“众心向党、自立自强”宣讲活动。各地科协和全国学会要充分利用革命精神谱系的教育元素，组织动员各地区、各领域党员科技工作者，开展丰富多彩的宣讲，立体式呈现庆祝建党百年的科技篇章，引导广大科技工作者重温初心使命，从中汲取自立自强的强大动力。

开展“科学家精神进校园”“百馆千场万人”科学家精神宣讲、“大手拉小手科普报告汇”活动，深入学校、院所、企业、社区开展宣讲。宣讲要突出思想内涵、融入时代元素，讲好党领导下科技事业蓬勃发展的历史壮举，讲好以习近平同志为核心的党中央对科技工作者的关心关爱，讲好科技工作者报国为民的感人故事。

2. 举办系列座谈会。举办“众心向党、自立自强”——百名科学家、百名工程师学习贯彻习近平新时代中国特色社会主义思想座谈会。2021年5月30日前后，组织百名科学家、百名工程师代表，围绕学习贯彻习近平新时代中国特色社会主义思想，特别是总书记在“科技三会”、两院院士大会、科学家座谈会和党的十九届五中全会上的重要讲话精神进行交流研讨，团结引领科技工作者大力弘扬科学家精神，进一步增强“四个意识”、坚定“四个自信”、做到“两个维护”，为构建新发展格局汇聚澎湃科技力量。

召开科技工作者代表学习习近平总书记建党百年庆祝大会重要讲话精神座谈会。“七一”庆祝中国共产党成立100周年大会召开后，及时组织召开科技工作者代表座谈会，深入学习习近平总书记在大会上的重要讲话精神，面向全国科技工作者发出倡议，引导广大科技工作者紧跟共产党、建功新时代。

举办“百年学会与党同行座谈会”。邀请百年学会理事长及老、中、青科技工作者会员代表，在中国科技会堂举办“百年学会与党同行座谈会”，回顾百年学会在党的领导和关怀下成长发展的历程，展示团结凝聚科技工作者听党话跟党走的生动实践，讲述百年学会创新奉献、自立自强的故事，并围绕新时代建设中国特色世界一流科技共同体、建设开放信任合作的国际科技创新网络开展专题研讨。

3. 举办“党领导下的中国科学家”等系列主题展览。联合科技部、中科院、工程院、国防科工局、国家博物馆等单位，5月下旬在国家博物馆共同主办“党领导下的中国科学家”主题展览，充分展现党中央对科技工作者的关心关怀，展现在党的领导下中国科技事业取得的辉煌成就，展现中国科学家群体崇高的精神风貌和感人至深的人格魅力。精心组织在京科技工作者、学校师生参观展览，同步建设网上展馆，择机启动全国巡展。

在中国科技馆举办“科创百年——建党100周年科技成就科普展”。选取百年来代表我国科技发展自主创新、战略需求、前沿领先、重大工程等重要领域的重大科技成就，从科学普及的视角结合科技馆互动体验特点，诠释科技成就的重要意义，揭示其背后的科学原理、发展历程、技术应用，见物、见人、见事、见精神。组织开展建党100周年主题全国科技馆联合巡展。

在中央党校举办“人民情怀——中国共产党建党百年科普展”。梳理建党百年来促进科学普及的历程，重点展示党在井冈山、瑞金、延安、晋察冀、东北解放区等主要根据地以及新中国成立后的科普理念、政策、举措和成效，讲好党领导下科技工作者通过科学普及促进生产力发展、提升人民素质的故事。

4. 开展“最美科技工作者”学习宣传活动。各全国学会、地方科协要组织近年来全国和本地区、本领域“最美科技工作者”深入基层开展宣讲，讲好与党同心同德、创新前行的故事。做好2021年“最美科技工作者”遴选宣传工作，引导广大科技工作者学习最美、争当最美，以饱满的精神状态和昂扬的奋斗姿态迎接新时代、踏上新征程。

5. 在主流媒体开设专栏专题开展宣传。在《人民日报》开设《传承·大力弘扬科学家精神》专栏，讲好老中青科学家在党的领导下爱国创新的故事。在《光明日报》开设《追寻科学家精神》专栏，讲述老一辈科学家爱党爱国、奉献拼搏的故事。在中央电视台开设“走近中国科学家”专题。

6. 创作推出一批优秀宣传产品。在中央党史文献研究院指导下，出版党的革命精神谱系丛书之《科学家精神》，作为向党的百年献礼书系。在中宣部宣教局指导下制作“感人瞬间”之科学家精神主题微视频，于5月30日前后在新闻媒体、户外媒介、交通工具广泛传播。出版《见证百年的科学经典》，结合“诵读科学经典弘扬科学精神”党建活动，开发便于公众参与诵读活动的交互入口。深入挖掘老科学家学术成长资料采集工程珍贵资料，出版《共和国脊梁》科学家绘本丛书（第二辑）和老科学家书信集、传记等系列出版物。制作“千秋伟业　百年风华——科技工作者心向党”系列音频，用声音传递科协组织、科技工作者对党的深厚情感。广泛动员各高校和科研机构深度开发学风传承行动成果，开展百部学风传承视频网络展播。

7. 组织形式多样的文艺活动。组织“共和国的脊梁——科学大师名校宣传工程”17所参与高校的18个剧目，立足本地区开展演出，适时组织集中演出，打造“众心向党”大型文艺专题节目。推动有条件的剧目走出校园、走向社会，搭建全媒体传播平台，扩大精品剧目传播力影响力。动员广大学会会员开展山歌传唱活动，制作推出相关快闪视频，接力推送，形成共唱党的颂歌热潮。适时组织全国学会文艺会演，动员广大会员排演创作多种形式的文艺节目，集中展示党史学习成果，展现新时代科技工作者的精神风貌。

（三）组织专题培训

1. 依托各级科协党校开展系统培训。将党史学习教育作为2021年中国科协党校（科技人才学院）培训重点任务，面向科协系统干部和科技人才，设计实施全年重点班次和国情研修活动。用好习近平《论中国共产党历史》《毛泽东、邓小平、江泽民、胡锦涛关于中国共产党历史论述摘编》《习近平新时代中国特色社会主义思想学习问答》《中国共产党简史》《中国共产党的100年》《党的革命精神谱系丛书》《中华人民共和国简史》《改革开放简史》《社会主义发展简史》等学习教材。发挥科协党校平台作用，充分用好红色资源，依托科协党校所在地区形成发展的革命精神，以及革命遗址遗迹、革命博物馆、纪念场馆，结合党史重大事件，精心打造精品课程、设计主题实践线路，擦亮科协党校品牌，建立科协党校体系，打造凝聚海内外科技工作者的精神家园。

2. 开展线上学习。运用中国科协党校（科技人才学院）的线上平台开发汇聚微党课网课，建立学时档案。在科协网上会史馆开辟“学党史、续会史”专区，动员引导各全国学会结合党史学习，深入梳理党领导下的学会发展史，牢记科技群团初心使命。

（四）开展“我为群众办实事”实践活动

1. 各全国学会根据需求优化科技服务团资源供给配置，组织科技服务团深入“科创中国”各试点城市（园区）开展产学对接，重点面向地级市产业集群，惠及更多中小企业，助力破解发展难题，推动科技、人才、资本要素融入产业链供应链，服务高质量发展；通过技术咨询、项目对接、专题讲座、人才培训等多种方式，开展各具特色的科技志愿服务，以党建带群建拓展服务新空间。

2. 以基层新时代文明实践中心和党群服务中心为节点，完善推广群众点单、社区派单、部门领单、志愿组织接单的“订单认领”模式，与“科创中国”平台相融互促，提高科技志愿服务的精准性和有效性。各全国学会、地方科协组织发动科技志愿者，及时解答本领域、本地区广大群众关于卫生健康、科学种植养殖、膳食营养、心理健康、合理用药、防灾减灾等生活生产问题，深入农村、社区、厂矿、企业开展健康咨询、技术帮扶、农技推广、专题讲座等科技志愿服务活动。建立“心心相通”的服务管道，助力乡村振兴和公众科学文化素质提升，把党的关怀送到群众身边。

3. 组织开展系列青年科学家沙龙，聚焦国际科技前沿、共性基础研究、产业链现代化、区域高质量发展、全球创新合作等议题，搭建青年科学家、企业家、企业科技工作者的跨界交流平台，激发青年科技人才创新创业创造活力，培育领军人才后备梯队，促进青年科技人才脱颖而出，成为科技创新主力军。

4. 加快临床案例成果数据库应用推广，面向临床医生开展病例撰写培训和优秀病例征集评选活动，通过案例库汇聚各种类型的病例报告，加强知识挖掘与发现、知识关联与重组，实现病例智能检索和同案比对，为临床医生特别是偏远地区的基层医生提供生动直接的诊疗辅助资料，提高疾病辨识能力和诊治能力。推动案例成果纳入临床医生代表作，服务科技人才评价体系改革，切实减轻临床医生群体发表论文负担。

（五）召开专题民主生活会和专题组织生活会

1. 各级科协党组织要及时召开专题民主生活会，在深入开展党史学习教育的基础上，围绕树立正确党史观、切实为群众办实事解难题，深入开展谈心谈话，认真查摆问题、剖析思想根源，及时进行问题整改，作为领导班子和党员领导干部守初心、担使命、找差距、抓落实的一次政治体检，作为检验党史学习教育成效的一项重要内容。

2. 各级科协党组织要及时召开严肃认真、形式多样的专题组织生活会，开展党性分析，交流学习体会。党组（党委）领导同志要严格执行双重组织生活会制度，以普通党员身份参加所在支部组织生活，一起学习讨论、一起交流心得、一起接受思想教育，确保取得扎实成效。

四、组织领导

1. 成立领导机构。中国科协成立党史学习教育领导小组，由党组书记怀进鹏同志担任组长，党组副书记徐延豪、党组成员束为同志担任副组长，党组其他同志为领导小组成员。领导小组下设办公室，办公室设在调研宣传部，具体负责日常工作。领导小组办公室成员单位包括办公厅、组织人事部、学会学术部、科学技术普及部、机关党委、学会服务中心、科技社团党委、培训和人才服务中心、科普出版社，各成员单位1名相关负责同志为办公室成员，并确定1名处级干部担任联络员。

各全国学会、地方科协党组（党委）要结合实际成立党史学习教育领导机构和工作机构，建议由宣传部门具体负责日常工作，并确定1名联络员。

2. 压紧压实责任。各级科协党组（党委）要把党史学习教育作为一项重大政治任务，统筹安排部署，精心组织实施，将推动党史学习教育与庆祝建党百年重大活动紧密结合、与年度重点工作深度融合，进一步拓展政治引领的覆盖面和工作平台，切实将党史学习教育成果转化为推动科协高质量发展的澎湃动力。坚持因地制宜、加强分类指导，明确具体任务和推进措施，做到各尽其职、密切配合、一体推进。以效果为导向，严格落实意识形态责任制，力戒形式主义和走过场。牢固树立安全意识，统筹做好疫情防控和群众性活动组织工作，加强对活动场所和集中性活动的安全管理，确保各项活动安全有序、隆重热烈。

3. 加强督促指导。中国科协党史学习教育领导小组组建指导组，采取巡回指导、随机抽查、调研访谈等方式开展督导，推动交流互鉴，具体工作由机关党委牵头开展。各地方科协党组要派出巡回指导组，加强对本地区的督导。

4. 把握正确导向。坚持马克思主义历史观，牢牢把握党的历史发展的主题和主线、主流和本质，以两个历史决议等中央文件精神为依据，正确认识党史上的重大事件、重要人物、重要会议等，旗帜鲜明反对历史虚无主义，坚决抵制歪曲和丑化党的历史的错误倾向，引导广大科技工作者树立正确的历史观、民族观、国家观、文化观。

5. 做好宣传报道。建立科协党史学习教育简报报送交流工作机制。各全国学会、地方科协，中国科协机关各部门、各直属单位要及时将学习教育中发现的典型案例、先进经验、优秀人物及时报送中国科协党史学习教育领导小组办公室，由专班负责做好简报编发工作，促进经验交流、成果展示，及时向中央党史学习教育领导小组办公室报送相关情况。

建立科协系统党史学习教育宣传中央厨房。对报送的素材进行遴选加工，在中国科协各宣传平台展示“一体两翼”亮点活动，择优向主流媒体推荐。

各全国学会、地方科协要充分用好所属的各类网络宣传平台，广泛宣传学习教育的好做法好经验好成果，中国科协将对相关网络平台进行监测，定期发布科协系统网络平台宣传评价榜单。

各全国学会、地方科协要结合实际认真研究制定党史学习教育工作方案，于 3 月 20 日前报送中国科协党史学习教育领导小组办公室，于 11 月底前报送工作总结。相关材料请发至 xuanchuanchu@cast.org.cn。中国科协党史学习教育领导小组将对学习教育组织有序、报送及时、效果突出的单位进行通报表扬。

中国科协党史学习教育领导小组召开第一次会议

3月12日，中国科协党史学习教育领导小组召开第一次会议，贯彻落实习近平总书记关于党史学习教育重要指示精神和中央书记处指示要求，审议中国科协党史学习教育领导小组工作职责，研究部署党史学习教育工作。领导小组组长怀进鹏主持会议并讲话。

会议指出，开展党史学习教育是以习近平同志为核心的党中央立足党的百年历史新起点、统筹“两个大局”作出的重大决策，正当其时、十分必要。科协系统要提高政治站位，充分认识开展党史学习教育的重大意义，把思想和行动统一到党中央决策部署上来，认真贯彻落实好习近平总书记强调的“六个进一步”要求，迅速动员、尽早启动，在科协系统和科技界掀起党史学习教育的热潮。

会议强调，党史学习教育时间紧、任务重、要求高，必须守正创新、务求实效。要抓紧完善领导小组和办公室工作制度，建立简报交流、动态评估、资源共享、巡回督导、风险防控等机制，组建工作机构、配强工作力量，及时跟踪了解中央最新部署要求，不断调整优化工作方案，真正做到吃透最新精神、抓实各项任务、展现学习成效。要加强督促指导，针对各学会各地方各部门各单位的不同特点分级分类开展指导，区分不同层级、不同领域、不同对象，明确具体任务和推进措施，确保学习教育不踩空、不挂空，切实提高学习教育的质量成效。要始终强调融入日常、抓在经常，把学用结合贯穿始终，做到与年度重点工作紧密结合、同推进科技自立自强紧密融合，推动科技、科协事业高质量发展。

会议要求，党史学习教育要突出重点、抓出特色。要充分发挥科协党校学习平台作用，建立“一体两翼”协同机制，高质量做好专题教育培训，强化学习教育交流互鉴，引导科协系统党员干部和广大科技工作者树立正确党史观，坚定听党话、跟党走的意志。要加快建设“网上会史馆”，搭建“一体两翼”自主展示风采亮点平台，引导全国学会和地方科协积极创新内容、形式和方法，用足用好本地区本领域红色资源，形成对科技界的向心力凝聚力，推动科协系统党史学习教育热在基层、取得实效。要以开展“我为群众办实事”实践活动为重要抓手，广泛征求意见建议，切实为推动学会和地方科协发展办一批实事，为广大科技工作者办一批好事，带领科技工作者为基层群众解决一些烦心事，真正把学习成果转化为发展的动力、工作的业绩。

领导小组副组长徐延豪、束为，领导小组成员宋军、吕昭平、王守东、殷皓出席会议，领导小组办公室有关成员列席会议。

中国科协召开党史学习教育动员大会暨科协系统党校2021年开学典礼

3月15日，中国科协召开党史学习教育动员大会暨科协系统党校2021年开学典礼，认真学习贯彻习近平总书记在党史学习教育动员大会上的重要讲话精神，部署开展科协系统党史学习教育。中国科协党组书记、党校校长、党史学习教育领导小组组长怀进鹏出席会议并做动员讲话。

会议指出，在全党开展党史学习教育，是以习近平同志为核心的党中央立足党的百年历史新起点、统筹中华民族伟大复兴战略全局和世界百年未有之大变局、为动员全党全国满怀信心投身全面建设社会主义现代化国家而作出的重大决策。习近平总书记的重要讲话为开展党史学习教育指明了方向、提供了根本遵循。要深刻认识到，开展党史学习教育是推动科技自立自强、建设世界科技强国的战略需求，是团结引领科技工作者听党话跟党走的迫切需要，是纵深推进科协系统全面从严治党、不断提升党建质量的内在要求。科协系统广大党员干部要增强“四个意识”、坚定“四个自信”、做到“两个维护”，不断提高政治判断力、政治领悟力、政治执行力，切实把思想和行动统一到习近平总书记重要讲话精神和党中央决策部署上来，增强开展党史学习教育的政治自觉、思想自觉、行动自觉。

会议强调，要准确把握中央要求，突出党史学习教育“六个进一步”重点内容。团结引导广大科技工作者从党的非凡历程中领会马克思主义是如何深刻改变中国、改变世界的，感悟马克思主义的真理力量和实践力量。团结引导广大科技工作者胸怀“两个大局”，探究历史规律，推动科技自立自强，服务构建新发展格局，矢志建设创新型国家和世界科技强国。团结引导广大科技工作者深刻认识党的性质宗旨，坚持一切为了人民、一切依靠人民，始终把人民放在心中最高位置、把人民对美好生活的向往作为奋斗目标。团结引导广大科技工作者大力发扬红色传统、传承红色基因，赓续精神血脉、砥砺爱国奋斗，鼓起迈进新征程、奋进新时代的精气神。团结引导广大科技工作者心怀“国之大者”，服务国家发展，坚定听党话、跟党走的决心和意志，不断夯实党在科技界执政基础。

会议要求，科协系统要高标准高质量推进党史学习教育。要通过学史明理、学史增信、学史崇德、学史力行，领悟创新理论伟力，增强“两个维护”自觉，坚定自信自立自强，聚焦政治引领主责，砥砺创新创业创造，服务国家发展大局。坚持学党史、悟思想，从党的百年光辉历程中感受真理的伟力，把学习党史同了解中国科技史、续写中国科技社团史结合起来，把建党百年与科技事业发展进步百年、科技工作者成长贡献百年结合起来，深入挖掘宣传科技工作者与党心心相印的历史题材，增强赓续荣光、接续奋斗的思想自觉和行动自觉。坚持学党史、办实事，深入贯彻发展是第一要务、人才是第一资源、创新是第一动力的战略思想，把握创新发展规律、人才成长规律、科技治理规律，将助力科技工作者最大程度地实现自身价值作为科协组织最大价值，突出谋事要实、干事要实、建家要实，把竭诚为科技工作者服务落到实处。坚持学党史、开新局，聚焦“国之大者”，立足新发展阶段，贯彻新发展理念，通过做强“科创中国”品牌、做优“科普中国”品牌、做精“智汇中国”品牌、深化系统改革，推动以科技自立自强构建新发展格局。

会议指出，要严格落实党史学习教育各项工作安排。把党史学习教育同庆祝建党百年宣传教育紧密融合，同科协“开放发展年”的重点部署、召开科协“十大”等重大事项紧密结合，发挥“一体两翼”组织优势，充分发挥科协党校学习平台作用，带动科协系统和科技界兴起学习教育热潮，结合开展“众心向党、自立自强”宣讲活动，把建党百年宣传教育“科技篇”做实、做细、作出成效。坚持守正创新、务求实效，以高度的政治自觉投入党史学习教育，加强组织领导、加强宣传引导，突出学习实效、力戒形式主义，确保取得扎扎实实的成效，走好党史学习教育第一方阵。

会议以视频形式召开。中国科协党组副书记、党史学习教育领导小组副组长徐延豪主持会议。中国科协党组、书记处全体同志，驻科技部纪检监察组、中组部干教局、中央和国家机关党校有关负责同志，中国科协机关和直属单位处级以上党员干部，全国学会理事会党委负责人代表，中国科协党校培训班学员代表参加会议。各省级科协通过视频分会场在线参加会议，各全国学会组织党员干部通过网络直播收看会议。

向党百年华诞献礼"众心向党　自立自强——党领导下的科学家"主题展

在喜迎中国共产党百年华诞、即将召开中国科协第十次全国代表大会和两院院士大会之际，5 月 24 日，中国科协牵头筹办的"众心向党　自立自强——党领导下的科学家"主题展在国家博物馆展出。

该展览由中国科协、科技部、中国科学院、中国工程院、国防科技工业局、国家博物馆共同主办，中国航天科技集团有限公司、北斗航天卫星应用技术集团有限公司、清华大学、新华社等 47 家单位协办，中国科学技术出版社承办，是科技界在第 5 个全国科技工作者日到来之际向党百年华诞的共同献礼。

全国政协副主席、中国科协主席万钢出席并宣布展览开幕。中国科协党组书记、常务副主席、书记处第一书记怀进鹏出席并讲话。中国科学院副院长、党组副书记阴和俊，中央党史文献研究院副院长王志民，科技部副部长、党组成员李萌，国防科工局党组书记、局长张克俭，中国工程院党组成员、秘书长陈建峰，国家博物馆馆长王春法，中国药学会理事长、第十三届全国政协教科卫体委员会副主任孙咸泽，清华大学高等研究院教授、中国科学院院士王小云，中国中医科学院首席研究员、中国科学院院士仝小林，西安交通大学原党委书记潘季，河北农业大学教授郭素萍，"奋斗者号"总设计师、中船重工第 702 研究所副所长叶聪，"嫦娥五号""天问一号"科研团队代表，企业科技工作者代表，科普工作者代表 150 余人出席开幕仪式。阴和俊、仝小林、潘季、郭素萍致辞，杨振宁先生视频致辞。开幕式由中国科协党组副书记、副主席、书记处书记徐延豪主持。

怀进鹏在讲话中指出，百年以来，科技工作者始终与党同心同德、同向同行，共同绘就了科学救国、科教兴国、科技强国的奋斗篇章。众心向党，自立自强，爱国奋斗，创新创造，是新时代赋予广大科技工作者的历史使命。当前，世界百年未有之大变局进入动荡变革期，国内外环境发生深刻复杂变化，科技工作者需要更加紧密地团结在以习近平同志为核心的党中央周围，用科学家精神铸就新时代国家脊梁，把论文写在祖国广袤的大地上，向党、向祖国、向人民交出优秀答卷，让"跟党走、为人民"成为科技界的时代最强音。

开幕式上，全体出席人员集体肃立，共同为刚刚逝去的袁隆平、吴孟超院士默哀一分钟。开幕式现场，视频连线了浙江杭州同期举办的中国科协科学家精神培育基地（群落）揭牌仪式。正式启动了"众心向党　自立自强"——中国科协党史学习教育专题页面和"党领导下的科学家"主题展云上展。来自北京大学、清华大学、北京航空航天大学、中国科学院大学、中国农业大学的学生代表联合向广大青年科研工作者发出"传承精神火炬　勇作创新先锋"的学风传承倡议。

据了解，本次展览以中国共产党的坚强领导和伟大指引为主线，以科学家精神内涵为框架，设立以爱国、创新、求实、奉献、协同、育人为主题的六部分展区和

“众心向党　走向复兴”专题。展览将“两弹一星”精神、西迁精神、载人航天精神、抗疫精神、探月精神等革命精神融汇贯穿其中，立体呈现百年来在党的坚强领导下，科技工作者投身科学救国、科技报国、科教兴国、科技强国伟大事业的感人故事，特别是着力呈现了党的十八大以来广大科技工作者紧密团结在以习近平同志为核心的党中央周围，肩负起历史重任，迎着新一轮科技革命和产业变革的潮头奋力前行的时代壮歌。

展览含图片 260 余张（含报照、文字版、表格）、实物 190 件套（含科学家书信、手稿、文献、档案以及 100 位科学家的入党申请书）、多媒体（含视频与互动）11 个，讲述了 180 余位科学家的故事。所展出实物中，有多件为首次展出的展品，如首批国家中医医疗队全体队员签名的防护服、20 世纪 50 年代归国留学生签字明信片、屠呦呦获得的诺贝尔奖章等，钱学森等 100 位科学家的入党申请书也在展览中首次集体亮相。观众还能在展览中观摩“嫦娥五号”采回的月壤样品，以及中华全国自然科学工作者代表会议开幕典礼纪念签名旗、数学家吴文俊首次用手算验证“吴方法”的部分手稿等具有重要历史意义的珍贵展品。

观众可在现场通过多媒体大屏进行互动查询，扫描二维码了解展览的补充内容和更多精彩故事。展览在人民网设立了云上展，公众可在网上浏览更多精彩故事。

展览于 5 月 24 日—6 月 23 日在国博展出，随后开展全国巡展。

“众心向党　自立自强”科学家精神宣讲报告会

为深入贯彻落实习近平总书记在两院院士大会和中国科协第十次全国代表大会上的重要讲话精神、大力弘扬科学家精神、开展科协系统党史学习教育，中国科协于5月30日全国科技工作日举办“众心向党　自立自强”科学家精神宣讲报告会。共和国勋章获得者、中国工程院院士钟南山，“神舟号”飞船首任总设计师、中国工程院院士戚发轫作报告。中国科协党组成员、书记处书记宋军主持报告会。

钟南山院士是著名呼吸病学专家、国家呼吸系统疾病临床医学研究中心主任、国家卫健委高级别专家组组长、第二届全国创新争先奖牌获奖团队带头人，他报告的题目是《中国新冠防控策略及疫苗研发》。他结合新冠肺炎疫情对国际政治生态和经济、民生造成的严重影响，简要回顾了在习近平总书记的坚强领导下，在科技工作者的奋力攻关下，迅速打响抗疫阻击战、捍卫人民健康、实现新冠疫苗的成功研发、推进社会秩序和国民经济快速恢复的艰辛历程。他详细介绍了我国在抗击新冠肺炎疫情方面取得的重要成就，诠释了人民至上的价值理念，彰显了生命至上的使命担当，增强了我们战胜疫情的信心与决心。

戚发轫院士是著名空间技术专家，也是航天科普专家，他报告的题目是《中国航天与航天精神》。他结合自身的科研经历回顾了中国航天事业60多年的发展历程，讲述了我国老一辈航天人在一穷二白且面临技术封锁的严峻形势下，咬紧牙关，坚持自主研发，攻克了众多难以想象的难关，从第一发导弹、第一枚运载火箭、第一颗卫星、第一艘试验飞船到第一艘载人飞船，生动诠释了航天精神、“两弹一星”精神、载人航天精神的深刻内涵和时代价值，诠释了航天精神的真谛。他以自身幼年经历为例，勉励广大科技工作者积极响应建设世界科技强国的号召，以高水平的科技自立自强坚决肩负起新时代的历史重任，为实现中华民族伟大复兴不懈奋斗。

报告会在北京人民大会堂大礼堂举行，在京的1389名中国科协第十次全国代表大会全体代表参会，形成了全国各地不同领域科技工作者共同学习党史、学习科技发展史的盛况。

党史学习教育中央指导组赴中国科协开展指导工作

按照党中央开展党史学习教育整体安排和中央党史学习教育领导小组部署要求，党史学习教育中央指导组来科协开展指导工作，并于6月3日召开见面对接会。中央指导组组长段余应介绍有关情况并讲话。中国科协党组书记、党史学习教育领导小组组长怀进鹏，中国科协党组副书记、党史学习教育领导小组副组长徐延豪汇报科协系统党史学习教育进展情况。会议由徐延豪主持。

段余应指出，开展党史学习教育，是以习近平同志为核心的党中央统揽全局、着眼长远作出的重大决策，是我们党牢记初心使命、增强历史自觉、奋发开拓未来的重大战略举措。为深化党史学习教育、确保学习教育高质高效，党中央决定在党史学习教育持续推进的重要时刻派指导组及时开展指导工作。习近平总书记对党史学习教育指导工作高度重视，作出重要指示，为我们的工作提供了根本遵循。段余应传达了党史学习教育中央指导组培训会议精神，介绍了中央指导组的职责任务和工作方式。他指出，党史学习教育开展以来，中国科协认真贯彻习近平总书记重要讲话精神，按照党中央部署要求，及时成立领导小组和工作机构，加强组织领导，周密安排部署，规定动作扎实推进，自选动作特色鲜明，全科协系统党史学习教育开局良好，取得了初步成效。指导组将紧紧依靠中国科协党组开展工作，深入实际调查研究，认真履行各项职责，推进党史学习教育走深走实。

怀进鹏表示，中国科协党组高度重视党史学习教育工作，按照习近平总书记在党史学习动员大会上的重要讲话精神和中央决策部署，聚焦“众心向党、自立自强”主题迅速开展全系统学习教育，坚定不移把厚植党执政的群众基础作为首要政治任务，把发挥桥梁纽带作用、团结引领科技工作者服务国家发展作为“最大的政治”和“重要的大局”，强化政治引领和政治吸纳，增强“四个意识”、坚定“四个自信”、做到“两个维护”。中央指导组来科协督导指导，帮助我们发现问题、补齐短板、增添措施，对于引导科协系统各级党组织和广大科技工作者更好学党史、悟思想、办实事、开新局起到重要的促进和推动作用。我们一定要进一步深入学习贯彻习近平总书记重要指示精神和党中央决策部署，扎实深入开展党史学习教育，将广大科协工作者和科技工作者紧密团结在以习近平同志为核心的党中央周围，大力弘扬科学家精神，涵养优良学风，坚持“四个面向”，勇于创新争先，让“跟党走、为人民”成为科技界的底色与时代最强音，向党、向祖国、向人民交出优秀答卷。

党史学习教育中央指导组副组长林子坚及指导组成员，中国科协党组成员、党史学习教育领导小组成员王守东参加汇报会。中国科协党史学习教育领导小组办公室成员王进展、郭哲、李坤平、刘兴平、周文标、刘亚东、郑凯、秦德继列席。

党史学习教育中央第二十五指导组调研中国科协所属学会党史学习教育开展情况

按照党中央开展党史学习教育工作的部署安排，6月22日，党史学习教育中央第二十五指导组赴中国科协开展调研座谈，了解中国科协所属全国学会党史学习教育工作开展情况。中央第二十五指导组组长段余应、副组长林子坚及中国科协党组成员、党史学习教育领导小组成员王守东出席会议。本次座谈会共设两个会场，分别由中国科协机关党委（学会党建办公室）常务副书记李志刚和中国科协科技社团党委副书记刘桂荣主持。

指导组分别听取了中国岩石力学与工程学会、中国机械工程学会、中国作物学会、中华中医药学会、中国药学会和中国康复医学会等六家中国科协所属全国学会党史学习教育工作进展情况的汇报。各全国学会党组织在中国科协党组的领导下，结合学会实际认真制定方案，认真学党史、悟思想，深入推动“百名科学家讲党史党课”，利用学会人才资源优势开展形式多样的“为群众办实事”活动，在办实事、开新局上取得初步成效。座谈会还就各学会在党史学习过程中所取得的经验以及存在的困难进行了深入探讨。

指导组对全国学会党史学习教育工作情况和取得的成效给予充分肯定。段余应指出，一是认识到位，组织引领好。中国科协党史学习教育注重发挥“一体两翼”的组织优势，出台了一系列举措，以党史学习教育为重要契机，推动全国学会党建工作；各学会贯彻有力，党史学习教育融入学会全年重点工作。二是结合学会特点，活动开展好。各学会党组织发挥优势，注重将百年党史、百年科技史、百年学会史充分结合，彰显科学家精神，涌现出许多好的经验做法。三是发挥职能优势，办实事做得好。各学会一方面围绕国家重点战略、围绕卡脖子问题，引领行业科技创新与发展；一方面深入基层、深入老区红色地区开展决策咨询、科普传播、义诊捐赠，切实为群众办实事解难题。

在研讨中，段余应对中国科协推进全国学会党史学习教育提出进一步要求。一是党史学习教育不能放松，这是持续全年的学习教育工作，要不断总结党史学习教育对学会发展的推动作用。二是办实事不能松懈，在总结经验的基础上要形成长效机制；继续认真贯彻落实中国科协第十次全国代表大会精神，围绕党中央关于加强高水平科技自立自强的重大部署继续大有作为。

党史学习教育中央第二十五指导组到中国科协调研指导

10月12日，党史学习教育中央第二十五指导组到中国科协调研指导工作。中国科协党组书记、党史学习教育领导小组组长张玉卓与党史学习教育中央第二十五指导组组长段余应座谈。

段余应同志传达了黄坤明同志在党史学习教育中央指导组座谈会上的讲话精神。黄坤明同志强调，要认真学习领会习近平总书记重要讲话精神，更好指导推进党史学习教育；要强化分类指导，确保党史学习教育全覆盖、贯到底；要指导抓好“我为群众办实事”实践活动，着力解决好人民群众的急难愁盼问题；要坚持两不误、两促进，推动党史学习教育与做好中心工作同频共振、融合联动；要坚持严细深实，高标准高质量抓好指导工作。

段余应同志高度评价了中国科协党史学习教育工作，认为中国科协深入贯彻落实党中央各项部署要求，把党史学习教育作为一项重大政治任务来抓，形成了一系列有特色的好做法、好经验，学习教育显露良好成效。领导有力、安排科学，党史学习教育在科协系统全面开展；注重“三个结合”，学习教育有声有色、扎实生动；严督实导，专题组织生活会开出质量；聚焦三个重点，发挥平台优势，将办实事成效直达基层一线。

段余应同志对中国科协党史学习教育提出了进一步要求。党史学习教育是贯穿全年的重大任务，中国科协要再接再厉抓好学习教育各项工作。要持续深入学习和贯彻落实习近平总书记“七一”重要讲话精神，做到跟进贯通学、拓展创新学、联系实际学、深入持久学，引导广大党员将学习党史作为终身任务，不断提升明理、增信、崇德、力行的思想境界。要着力推进“我为群众办实事”实践活动。进一步明确办实事的目标要求，既要扎扎实实完成好项目清单上的各项任务，也要让广大党员在实践活动中增进党群关系、转变工作作风。要突出重点，把关系国计民生的重大项目、人民群众和科技人员及干部职工普遍关心的急难愁盼问题作为重点任务。要把握好进度和力度，能做到的事情抓紧做，一时完成不了的要作出安排，争取有年度阶段性成果。要强化组织动员，在抓好科协机关办实事的同时，还要组织动员全国学会、地方科协和广大科技人员广泛参与。注意总结经验、宣传典型，提高认识，扩大影响。要推动党史学习教育与做好中心工作同频共振，使党史学习教育之年成为团结引领广大科技工作者、推动科技事业发展的大丰收之年。要加强分类指导，环环压实责任，防止先紧后松，确保党史学习教育善始善终，并通过党史学习教育进一步加强基层党组织建设。

张玉卓对中央第二十五指导组的关心和指导表示感谢。他表示，中国科协将深入学习领会习近平总书记“七一”重要讲话精神，按照中央关于党史学习教育的部署要求，在第二十五指导组的指导下，进一步贴近基层需求和一线科技人员关切，切实抓好“办实事”项目清单落实，拿出更多破解问题的新招硬招，确保学习教育与中心工作贯通融合。继续在“深入”上下功夫，层层传导压力，以“我为群众办实事”实践活动作为践行党史学习教育、验证学习教育成果的“试金石”，切实在办实事、开新局上取得明显成效。

中央指导组同志在座谈后，就中国科协开展“我为群众办实事”实践活动情况开展调研，与相关同志进行深入交流，提出了具体指导意见建议。与会同志表示，将坚决贯彻中央指导组要求，认真梳理分析存在问题，抓好落实，巩固成果，更好推动各项工作如期完成。

党史学习教育中央第二十五指导组全体成员，中国科协党组副书记徐延豪、党组成员兼机关党委书记王守东、有关部门和单位主要负责同志参加座谈和调研。

中国科协离退休干部党务工作者、老干部工作人员党史学习教育培训班

为扎实开展党史学习教育，学习贯彻习近平总书记在两院院士大会、中国科协第十次全国代表大会上的重要讲话精神，6月16—18日，机关离退办在绿化基地举办离退休干部党务工作者、老干部工作人员党史学习教育培训班。中国科协党组成员、机关党委书记王守东出席开班式并作动员讲话。

王守东首先代表党组向离退休干部党务工作者、老干部工作人员表示慰问和感谢。王守东指出，过去的一年，机关离退办贯彻落实习近平总书记关于离退休干部工作的重要论述，落实党组书记处的指示要求，为老同志做好各项服务，得到广大老同志的好评。

王守东强调，离退休干部工作部门要认真贯彻落实党中央关于党史学习教育的部署要求，学习好科协“十大”精神，落实习近平总书记的重要讲话精神，扎实开展好各项工作。一是要深入学习领会习近平总书记在党史学习教育动员会上的重要讲话精神，做到“两个维护”。二是要认真学习领会习近平总书记群团改革、科技创新、科协工作以及离退休干部工作的重要指示批示精神，把习近平总书记的重要指示、党中央决策部署转化为离退休干部工作的生动实践。三是要按照党组书记处的指示要求，聚焦主责主业，扎实做好新时代离退休干部工作。

培训班邀请中国科协原党组成员、机关党委原书记王延祜传达科协“十大”精神，并围绕贯彻落实习近平总书记大会讲话精神作了“党领导下的中国科协发展历程”专题辅导；机关离退办党委副书记崔建平开讲“党的关怀与科协发展”专题党课；中央党史和文献研究院研究员吴伟锋作了“中国共产党百年的历史贡献”专题报告。围绕加强离退休干部党建工作，离退办党委作了专题部署，各单位开展了经验交流。培训班还专门安排两个晚上展播红色经典影片，并编印学习资料供延展学习和工作参考。

机关离退办党委全体委员，机关和直属单位各离退休干部党支部书记、委员，老干部工作人员共49人参加培训班。

“与党同心　百年同行”全国学会访谈录活动

9月25日，“与党同心　百年同行”全国学会访谈录活动在北京举办。中国科协党组书记、分管日常工作副主席、书记处第一书记张玉卓出席活动并致辞。党史学习教育中央第二十五指导组组长段余应，民政部党组成员、副部长詹成付，中国科协党组成员、书记处书记吕昭平以及全国学会有关负责人、老中青科技工作者代表100余人出席活动。

张玉卓表示，全国学会是中国科协的组织基础。在百年党史的伟大征程中，全国学会百年来奋斗历程也熠熠生辉。从抗战时期为科学救国而奔走呼号，到新中国建立后团结广大科技工作者向科学进军；从改革开放迎来科学的春天，到新时代引领广大科技工作者服务高水平科技自立自强，全国学会始终是党和政府联系科技工作者的桥梁和纽带，在国家科技事业发展中发挥了独特作用。百年以来，党始终支持推动全国学会发展、关心关爱科技工作者，全国学会始终与党同心同德、同向同行，绘就了科学救国、科技报国、科教兴国、科技强国的奋斗篇章。

张玉卓指出，全国学会要牢记“国之大者”，主动担当作为，奋力开创中国特色社会主义科技社团发展新境界。要当好桥梁纽带，自觉承担团结科技工作者听党话、跟党走的职责使命，不断提升组织凝聚力、学术引领力、社会公信力和国际影响力，在科技界坚定主心骨、弘扬主旋律，进一步密切党同广大科技工作者的情感交流和血肉联系。要围绕中心大局，找准学会服务高水平科技自立自强的切入点，坚持“四个面向”，着力凝聚科技人才、促进学科发展、优化创新生态、推动开放合作，为科技进步和经济社会发展作出实实在在的贡献。要创建一流学会，打造有温度、可信赖的科技工作者之家，用心用情服务科技工作者，帮助解决急难愁盼的问题，为科技工作者办实事，提升科技工作者的获得感、认同感，绘好众心向党同心圆。

活动分为序篇、众心向党、与党同心、砥砺同行、党建强会、新时代新征程六个篇章，通过情景短剧、讲述、访谈、朗诵、合唱等形式展现了高士其先生身残志坚献身中国科普事业、李四光先生领导中国地质学会推动实施国家石油开采重大战略、中国植物保护学会提出紧急建议开创科技团体建言献策先河、中国药学会《药学学报》刊发屠呦呦先生原创成果、医科学会响应党中央号召积极抗疫的生动实践。

中国岩石力学与工程学会理事长、中国科学院院士何满潮现场讲述了学会以党建增强凝聚力的实践案例。中国惯性技术学会名誉理事长、中国工程院院士陆元九，中国电机工程学会理事长、国际电工技术委员会主席、中国工程院院士舒印彪发来视频寄语。中国水利学会和国际水利学会会员、清华大学副教授徐梦珍代表青年科学家表达心声。活动现场气氛庄重热烈，展示了百年以来全国学会组织动员广大科技工作者听党话跟党走、服务“国之大者”的感人故事，激励全国学会更好地发挥科技共同体作用，团结广大科技工作者为全面建设社会主义现代化国家、实现中华民族伟大复兴作出新的更大贡献。

活动期间还举办“百年学会展”，中国地理学会、中国心理学会等9家百年学会的理事长及有关负责人向观展人员讲解学会在党的领导下创新奉献、自立自强的发展历程。

活动由中国科协主办，中国科协科学技术创新部、科学技术传播中心承办，中国地理学会、中国心理学会、中国土木工程学会、中国农学会、中国林学会、中华医学会、中国药学会、中华护理学会、中国解剖学会协办。

中国科协“自立自强　青春向党”青年演讲大赛展演暨颁奖活动

10月15日，中国科协“自立自强　青春向党”青年演讲大赛展演暨颁奖活动在北京举办。本次大赛是贯彻落实习近平总书记“七一”重要讲话精神和在两院院士大会、中国科协“十大”上的重要讲话精神、推动党史学习教育走深走实的重要举措，也是首次面向全科协系统和科技界举办的群众性精神文化活动。大赛涵盖打造“国之重器”的航空、航天科技工作者，科技护航美丽乡村的农业科研人员，海外归国的专家，白衣执甲的抗疫英雄，基层一线计量科技工作者，驰骋牧区的草原科普轻骑兵，助力实现“双碳”目标的环保志愿者等，共计2000余名科技人才和科协干部积极参与。

中国科协党组书记、分管日常工作副主席、书记处第一书记张玉卓出席活动。张玉卓表示，科技增强国力，青年开创未来。大赛集聚一批献身科技、献身科普、献身基层的青年科技工作者和科协青年干部，用精彩表现展示了“自立自强　青春向党”的精神风貌，充分说明青年人才是可以信得过、靠得住、能当好顶梁柱的新时代青年。他强调，科协是科技工作者的群众组织，是科技工作者之家，于科协组织而言，“为人民服务”就是要“为科技工作者服务”，“以人为本”就是要“以科技工作者为本”。科协系统要以此次大赛为契机，深入学习贯彻习近平新时代中国特色社会主义思想，深化党史学习教育活动，持续弘扬科学家精神，引导广大科技工作者听党话跟党走，谱写高水平科技自立自强和建设世界科技强国新篇章，共创中华民族伟大复兴美好未来。

中央和国家机关工作委员会副书记任正晓，北京航空航天大学教授、中国工程院院士王华明，中国探月与航天工程中心总设计师张荣桥，著名朗诵艺术家瞿弦和，国家一级演员张光北，中央宣传部、科学技术部、国家卫生健康委员会、中国科学院、中国工程院、国防科技工业局等部委有关负责同志，大赛优秀组织单位代表、获奖代表、全国学会及中国科协机关和直属单位代表、媒体代表等400余人参加活动。活动通过新华网、人民网、网上科技工作者之家、科普中国等平台进行在线直播。

中国科协“党在我心中”党史知识竞赛决赛

为庆祝中国共产党成立100周年，深入推进党史学习教育，丰富党史学习形式，提升党史学习效果，推动中国科协广大党员干部学党史、悟思想、办实事、开新局，做到学史明理、学史增信、学史崇德、学史力行，6月28日，中国科协“党在我心中”党史知识竞赛在北京中国科技会堂成功举办。党组副书记徐延豪出席活动，党组成员、机关党委书记王守东出席并致辞。

王守东在致辞中指出，党史学习教育开展以来，科协系统充分发挥“一体两翼”组织优势，挖掘科技群团特色资源，举办了一系列特色鲜明、形式丰富的党史学习教育活动，推动党史学习教育在科技界深化拓展，取得了很好的效果。这次党史知识竞赛办得很及时、很有意义，是对科协系统广大党员干部党史学习教育成果的集中检验和展示，是对下一阶段继续深化学习的鼓舞和激励。他对党员干部特别是青年干部提出三点希望，一是坚定理想信念，从百年党史中汲取坚持真理、坚定理想的精神之力，自觉做共产主义远大理想和中国特色社会主义共同理想的坚定信仰者和忠实实践者；二是感悟思想伟力，结合党史学习教育加强党的创新理论学习，更加自觉地用以武装头脑、指导实践、推动工作；三是筑牢奋进底气，以此次知识竞赛为契机，进一步深化党史学习，把学习教育成果转化为创新驱动发展的动力和成效，赓续传承党的光荣传统和优良作风，以更加优异的成绩向党的百年华诞献礼。

决赛分为三个环节，设置了勇攀高峰必答题、狭路相逢抢答题、绝地反击风险题。经过近两个小时的激烈比拼，中华护理学会代表队、中国科协培训和人才服务中心代表队、中国康复医学会代表队脱颖而出，分别获得冠、亚、季军。活动评选出9名“学习标兵”、6个“个人优胜奖”，中华护理学会、中国康复医学会、中国病理生理学会、中国热带作物学会、中国科协学会服务中心、科技导报社6个单位荣获“优秀组织奖”。

机关党委、科技社团党委和部分直属单位、全国学会有关负责同志参加活动。来自机关、直属单位及全国学会的12支参赛代表队及观赛团共计200余人参加活动。

本次比赛由中国科协机关党委（学会党建办公室）主办，科技社团党委和机关团委共同承办，中国科协22个机关部门、直属单位及131家全国学会的4000余名党员干部、学会会员参与知识竞赛活动，有效创新了党史学习教育形式，持续激发了党员干部学习积极性，充分展示了党员干部积极向上、勤学善思、奋勇争先、锐意进取的精神风貌，推动形成了“以赛促学、以学促行”的良好氛围。

党史学习教育延安示范活动暨“科创中国·智惠延安”能源化工高质量发展论坛

为进一步贯彻落实习近平总书记在庆祝中国共产党成立100周年、两院院士大会、中国科协“十大”上的重要讲话精神，深入推动党史学习教育，树立典型示范，形成良好示范效应，充分调动广大学会党组织的积极性，“追寻红色足迹，科技为民服务”党史学习教育延安示范活动暨“科创中国·智惠延安”能源化工高质量发展论坛于7月20日在陕西省延安市开幕。中国科协学会党建工作指导委员会委员，中国岩石力学与工程学会党委书记、理事长，中国科学院院士何满潮；中国科协学会党建工作指导委员会委员、中国科协党组成员兼机关党委书记王守东；延安市委常委、组织部部长杜金根；院士专家代表宋振骐、赵阳升、李术才、吴宜灿、伍法权、吴立新；中国科协学会党建办公室有关同志、陕西省科协有关同志、中国岩石力学与工程学会有关代表和有关全国学会代表等200余人参加活动。

王守东指出，中国科协认真贯彻落实习近平总书记“七一”重要讲话和在两院院士大会、中国科协“十大”上的“动员令”，通过实干来践行和回应号召，将党史学习教育“我为群众办实事”落实到科协“众心向党、自立自强”主题实践系列活动全过程，深入开展“追寻红色足迹，科技为民服务”活动。举办本次活动的目的是总结提炼各学会开展活动的实践经验，选树科技为民服务、助力革命老区经济社会高质量发展的典型样板，在全国学会中再掀学党史、悟思想、办实事、开新局的新高潮，引领全国学会切实把党史学习教育激情热情转化成干事创业的动力。

王守东要求，全国学会党组织要继续深入开展好党史学习教育，一是突出发挥政治功能，团结凝聚广大科技工作者众心向党、自立自强；二是以高质量党建引领学会服务国家发展大局，推动各项事业“共赢发展”；三是充分发挥党的组织功能，激励广大科技工作者当好科技自立自强排头兵。

何满潮院士作题为“双碳战略目标下延安煤炭能源开采未来”的主题报告，从国家发展战略、地方需求和世界一流的最新技术等方面系统介绍了中国岩石力学与工程学会在科技精准帮扶延安地方经济发展过程中的具体举措和贡献，提出下一步将带领所在学科领域科技工作者继续开拓创新、解决“卡脖子”问题，更好地让科技创新成果造福人民、造福社会，为地方经济发展做贡献。

赵阳升、吴宜灿、李术才、伍法权等4位院士和吴立新研究员分别围绕“油页岩原位注热开发技术与丝路延伸”“地下中子能电站研发与应用前景”“地下工程施工运行中水害控制和水资源及周边环境保护”“延安新区黄土工程造地实践”“双碳目标下煤炭行业发展思考”5个主题作报告，为延安能源产业高质量发展建言献策。

王守东赴“N00工法科学试验基地”进行调研，了解中国岩石力学与工程学会结合延安当地需求科技为民服务的开展情况。他希望学会继续落实好党史学习教育要求，始终把国家战略发展需要和科技自立自强摆在首位，不断攻坚克难，为科技经济发展作出更大贡献。

交流座谈会上，中国科学院院士宋振骐、在陕西的老中青中国科协“十大”代表、延安科技工作者代表和全国学会党组织代表围绕学习习近平总书记在庆祝中国共产党成立100周年、两院院士大会、中国科协“十大”上的重要讲话精神进行学习体会交流。各位代表一致认为，习近平总书记以深邃的历史眼光、深厚的为民情怀、强烈的担当精神向全党发出号召，要以史为鉴、开创未来，牢记九个“必须”，要立足岗位职责，继承和发扬伟大建党精神，不忘初心、砥砺前行，团结带领广大科技工作者为加快建设科技强国、实现高水平科技自立自强贡献智慧和力量。中国岩石力学与工程学会、中国航空学会等学会代表还分享了党史学习教育工作开展经验和感悟。

在地方需求对接会和实地考察洽谈环节，何满潮、吴宜灿、赵阳升、李术才和伍法权院士和吴立新研究员分别与延安高新区管委会、延安新区管委会、延安能化等单位开展了深入对接交流，洽谈合作事宜。

“追寻红色足迹，科技为民服务”党史学习教育延安示范活动暨“科创中国·智惠延安”能源化工高质量发展论坛由中国科协学会党建办公室、延安市人民政府、陕西省科学技术协会、中国岩石力学与工程学会主办，延安市委人才办、延安市科学技术协会、中国矿业科学协同创新联盟、中国矿业知识产权联盟、陕西省岩石力学与工程学会承办。

“百年党史　百家学会”北斗自然乐跑党史知识竞赛启动仪式暨首场赛事

为庆祝中国共产党成立100周年，根据中国科协党组关于《科协系统开展党史学习教育工作方案》及机关党委具体工作安排，科技社团党委面向全国学会党组织开展“百年党史　百家学会”北斗自然乐跑党史知识竞赛。4月29日，竞赛启动仪式暨首场赛事在北京西山国家森林公园举办。中国科协党组成员、机关党委书记王守东出席活动并在启动仪式上致辞。科技社团党委负责人，获得“庆祝建党100周年”全国学会征文、影像作品及节目征集活动优秀组织单位的学会党组织负责人，以及参赛队员近120人参加活动。

王守东在致辞中指出，党史学习教育开展以来，科协系统“一体两翼”充分发挥组织优势，挖掘科技群团的特色资源，举办了一系列特色鲜明、形式丰富的党史学习教育活动，迅速掀起了党史学习教育的热潮。“百年党史　百家学会”北斗自然乐跑大赛借助北斗卫星导航技术，将党史学习融入自然体验智慧场景，创新了学习形式、丰富了教育载体、彰显了科技特色，有力推动了全国学会党史学习教育落地见效。正值第五个“全国科技工作者日”到来之际，恰逢中国科协“十大”召开，希望学会党组织坚持以政治建设为统领，团结引领广大科技工作者学党史、悟思想、办实事、开新局，扎实推动学会党建工作高质量发展，以优异成绩迎接建党100周年。

王守东宣布“百年党史　百家学会”自然乐跑党史知识竞赛首场赛事正式启动，参赛选手们纷纷迈着矫健的步伐你追我赶、奋勇争先，依托北斗卫星导航，通过寻找“打卡点”、答题闯关、完成线下任务获得积分。经过激烈角逐，来自中国药学会的王磊等10位同志获得了首场赛事的优胜奖。启动仪式上，为“庆祝建党100周年全国学会征文、影像作品及节目征集活动”优秀组织单位颁发了奖牌。启动仪式前，全体人员到西山国家森林公园无名英雄纪念广场瞻仰了无名英雄纪念碑、敬献了花篮、重温了入党誓词，表达对革命烈士的崇高敬意和深切缅怀。

本次活动由中国科协科技社团党委主办，中国林学会、爱自然基金会承办。

聚焦“众心向党、自立自强”主题 扎实开展党史学习教育

2021年，科协系统“一体两翼”联动，聚焦“众心向党、自立自强”主题，扎实开展党史学习教育。将党史学习教育作为中国科协党校培训重点任务，开发40余门特色在线课程，建立学时档案，分期分批开展系统培训。及时反映科协党史学习教育特色，向中宣部报送60期简报。建设专题网页和“学党史、续会史”交流展示平台，定期发布党史学习教育活跃度排行，形成“比学赶帮”浓厚氛围。组织“与党同心、百年同行”全国学会访谈录活动，充分挖掘中华医学会等9家百年学会历史，用杰出科学家的感人故事讲述党史、科技社团史。浙江、上海、河北、重庆、江西等地科协深挖红色资源，开展形式多样的宣讲活动，如重庆开展“从中国共产党领导科技创新的伟大实践中学史明理”主题宣讲920场次、覆盖26万余人次。中央党史学习教育简报6次刊发科协的经验做法，中央第二十五指导组多次给予肯定。落实全面覆盖、有效覆盖要求，绘好众心向党同心圆。把党史学习教育同庆祝建党百年宣传教育紧密融合，团结引领科技工作者传承伟大建党精神、赓续红色血脉。在国家博物馆举办“党领导下的科学家”主题展，并在新疆等多地巡展，“钱学森的入党申请书”微博话题阅读量2.5亿人次。“党领导下的百年科普展”集中展现科技为民的百年韶华，“科创百年——庆祝建党100周年科技成就科普展”“赤子丹心——与党同龄的科学家”等主题展览引发社会广泛关注，在中组部“共产党员”微信公众号、新华网等媒体推出10集“党史里的科学家”节目，单集播放量超百万。着眼解决“急难愁盼”问题，开展“我为群众办实事”实践活动。中国科协层面46项为群众办实事清单已完成38项，其余8项为长期工作持续推进，带动科协系统为群众办实事3900余项，形成“一懂两爱”（懂农业、爱农村、爱农民）科技服务团、银龄跨越数字鸿沟、天府科技云、科技搭桥行动、河南特大汛情应急科普等一批典型案例。聚焦科技工作者关切，与中办督查室联合开展科技工作者思想政治状况调研，推动人才评价改革。面向青少年，利用科普资源助推“双减”，动员全国科技场馆、中小学校等集成教育资源1000余项。70余家全国学会组织服务团开展“追寻红色足迹、科技为民服务”“智惠行动·百会百县乡村行”等行动，将科技资源和服务送入基层。

中国科协十大专题

中国科学技术协会第十次全国代表大会综述

5月28—30日，中国科学技术协会第十次全国代表大会在北京人民大会堂隆重召开。这次大会与两院院士大会同期召开，是在世界百年未有之大变局加速演进、我国全面开启社会主义现代化国家建设新征程的重要时刻召开的一次盛会，习近平总书记出席第一次全体会议并发表重要讲话，李克强总理出席第二次全体会议并发表重要讲话，王沪宁同志出席第三次全体会议并代表党中央致辞。科技部部长王志刚和全国总工会书记处第一书记陈刚分别代表科技界和人民团体致辞。

大会的主题是：坚持以习近平新时代中国特色社会主义思想为指导，深入贯彻落实党的十九大和十九届二中、三中、四中、五中全会精神，全面增强政治性、先进性、群众性，立足新发展阶段、贯彻新发展理念、构建新发展格局，坚定不移走中国特色社会主义群团发展道路，坚持面向世界科技前沿、面向经济主战场、面向国家重大需求、面向人民生命健康，发挥科技自立自强战略支撑作用，深化开放型、枢纽型、平台型组织建设，坚持为科技工作者服务、为创新驱动发展服务、为提高全民科学素质服务、为党和政府科学决策服务、为构建人类命运共同体服务，团结引领广大科技工作者听党话跟党走，为推动科技事业高质量发展、全面建设社会主义现代化国家作出更大贡献。

大会的主要议程是：中央领导同志作重要讲话，审议《中国科协第九届全国委员会工作报告》《中国科学技术协会章程（修改草案）》和《中国科学技术协会事业发展“十四五”规划（2021—2025年）（草案）》，选举中国科协新一届领导机构，组织代表参观“众心向党、自立自强——党领导下的科学家”展览，邀请钟南山、戚发轫院士为大会代表作科学家精神报告，面向全国科技工作者发布《关于开展“自立自强　创新争先”行动的倡议》。

49个代表团的1389名正式代表，以高度负责的精神，发扬民主、集思广益，依法依章履行代表职责。大会认真学习了中央领导同志讲话，选举产生了科协“十大”全委会委员及主席、副主席、常委，通过了关于中国科协第九届全国委员会工作报告的决议、关于《中国科学技术协会章程》的决议、关于《中国科学技术协会事业发展“十四五”规划（2021—2025年）》的决议，关于开展“自立自强　创新争先”行动的倡议，圆满完成各项预定任务。

大会审议通过的《中国科协第九届全国委员会工作报告》，系统总结中国科协过去五年全面贯彻落实习近平新时代中国特色社会主义思想，推进事业改革发展的探索和实践，全面分析未来五年国际国内形势的深刻变化和机遇挑战，突出政治性，以习近平总书记关于科技创新和群团发展重要论述为指针，大力弘扬科学家精神，着力涵养自立自强，着力推动创新发展，着力推进协同治理，着力拓展开放融合，在深化开放型、枢纽型、平台型组织建设基础上，提出把立足新发展阶段、贯彻新发展理念、服务新发展格局作为未来五年的主攻方向，使科协事业发展紧跟时代步伐，与全面建设社会主义现代化国家同频共振。进一步明确科协组织在国家治理体系和治理能力现代化中的重要作用，以深化科协系统改革为动力，全面强化科普、学术、智库等工作手段对科技工作者的政治引领功能，并在服务构建人类命运共同体方面拓展新的空间，更广泛地团结引领科技工作者为建设世界科技强国、全面建设社会主义现代化国家建功立业。

过去五年，在党中央的坚强领导下，坚持增强政治性、先进性、群众性，聚焦政治引领主责，坚持围绕中心、服务大局，壮大科普、学术、智库主业，拓展“四服务”工作空间，圆满完成科协“九大”确立的重点任务。一是立根铸魂，科协组织政治建设全面加强。坚持学懂弄通做实习近平新时代中国特色社会主义思想，聚焦政治建设靶心设计系统工作格局，弘扬新时代科学家精神，引导科技界筑牢意识形态阵地，夯实科协系统党建保障。二是锐意创新，全面拓展“四服务”事业发展新空间。坚持在联系服务科技工作者“亲”和“紧”上下功夫，推出“科创中国”品牌，推动科普协同化、信息化、国际化转型，打造系统联动的科协智库体系。三是团结合作，开放型枢纽型平台型组织建设迈出坚实步伐。坚持以会兴业、以业聚才、以才引才，打造一批国际化跨界开放交流平台，协同各类新型组织不断拓展服务发展的新空间，积极参与全球科技治理。四是担当有为，改革创新彰显事业发展根本动力。坚持党建带群建赋予基层组织新活力，强化学会改革主体地位，一流期刊建设取得新突破，全力打造网上“科技工作者之家”。

当今世界面临百年未有之大变局、进入动荡变革期，国际力量对比发生深刻调整，引发全球治理体系新变革，人类命运共同体理念深入人心。我国已转向高质量发展阶段，人民对美好生活的向往就是科技创新追求的目标。党中央坚持创新在现代化建设全局中的核心地位，把科技自立自强作为国家发展的战略支撑，对科协组织准确把握新发展阶段、深入贯彻新发展理念、加快构建新发展格局、最广泛团结动员科技工作者建功新时代提出了新的更高的要求。我们要胸怀“两个大局”，拓展科协组织服务构建人类命运共同体的战略空间。我们要服务新发展格局，谱写科技群团现代化发展新篇章。

科协事业发展的根基在于坚持以习近平新时代中国特色社会主义思想为指引，始终保持党领导下人民团体的政治本色；活力在于始终围绕党和国家事业发展大局，以科技工作者为中心，与时俱进地确立工作重心；动力在于顺应世界科技发展大势，坚持不懈深化改革、扩大开放。未来五年，立足新发展阶段，贯彻新发展理念，科协组织必须不断提高政治判断力、政治领悟力、政治执行力，团结科技工作者主动融入构建新发展格局的历史进程中。坚定理想信念，团结汇聚建设现代化国家的科技力量；坚持汇智聚力，建设支撑国家治理体系和治理能力现代化的科协创新智库；坚持学会主体，建设中国特色世界一流科技社团；坚持科技为民，构建高质量科普服务体系；坚持创新创造，打造促进产学研融合的协同创新平台；坚持群众路线，建设富有情感温度的科技工作者之家；坚持开放发展，积极参与全球创新治理；坚持党对科协工作的全面领导，建设朝气蓬勃的人民团体。

根据新形势下党中央对科协的新任务新要求，结合五年来组织事业发展的创新经验，5 月 30 日全体代表会议审议通过了《中国科学技术协会章程》。

《章程》修改的主要原则：一是坚持以习近平新时代中国特色社会主义思想为指导，深入贯彻落实党的十九大和十九届二中、三中、四中、五中全会精神，坚持“党是领导一切的”政治原则，充分体现中央关于群团工作、科技工作和科协工作的新要求新部署。二是坚持与现行国家法律和党内法规保持一致，严格依照《中国共产党章程》《中华人民共和国宪法》《中共中央关于加强党的政治建设的意见》《中国共产党党组工作条例》等有关规定，表述《章程》中相关内容。三是坚持从新时代科协组织面临的新任务新形势出发，立足新发展阶段、贯彻新发展理念、构建新发展格局，将党和国家的重大战略安排确立为科协系统的奋斗使命，充分吸收中国科协“九大”以来科协系统深化改革、围绕服务党和国家工作大局取得的重要理论和实践创新成果。四是坚持《章程》的连续性、稳定性、权威性，在保持《章程》整体架构稳定的前提下，对内容进行修改调整，突出政治性的重大关键问题应当予以修改，可改可不改的原则上不改，做到既顺应科协事业改革发展要求，又遵循《章程》发展规律。

《章程》修改的主要内容：一是聚焦增强科协组织政治性。强化习近平新时代中国特色社会主义思想的引领作用，坚持“党是领导一切的”政治原则，坚持正确的政治方向。把发挥中国科协党组的领导作用写入总则，明确中国科协党组在科协组织体系中的领导地位和重要职责，提出全国学会、地方科协、基层组织加强党的建设的制度设计，更好地团结引导广大科技工作者听党话跟党走。二是聚焦增强科协组织先进性。把中国科协是“是国家推动科学技术事业发展、建设世界科技强国的重要力量”写入总则，把“坚持‘四个面向’，坚持创新在我国现代化建设全局中的核心地位，把科技自立自强作为国家发展的战略支撑”写入宗旨，把弘扬科学家精神、协同组织推进世界一流科技期刊培育建设、加强科技伦理建设、参与国际科技事务和全球科技治理等内容纳入科协组织的任务。提出支持学会发展港澳台和外籍会员、吸纳港澳台和外籍科学家在学会任职，打造开放、信任、合作的科学共同体。三是聚焦增强科协组织群众性。把“每年5月30日为全国科技工作者日”写入总则，增强广大科技工作者的认同感、归属感。进一步固化提升科协组织力改革实践中形成的有效机制，把促进科技创新与经济社会发展深度融合、开展科技志愿服务等内容写入中国科协任务，健全联系广泛、服务群众的科协工作体系。完善地方科协、全国学会组织制度和运行机制，加强上级科协对下级科协的指导，夯实科协系统组织体系。接长手臂、扎根基层，坚持党建带群建，加强基层科协建设，推动市（县）级及以下科协吸纳教育、医疗卫生、农业技术推广等领域的机构负责人等进入科协领导机构，强化对基层组织的分类指导，筑牢科协系统组织基础。

闭幕会上，“十大”代表通过了《中国科学技术协会事业发展“十四五”规划（2021—2025年）》，规划文本分为四大板块，全文1.2万字。

第一板块为序言。主要总结了“十三五”时期科协组织取得的成就，分析了当前和今后一段时期科协组织面临新的发展形势、新的发展要求以及科协组织存在的问题短板，明确了科协组织未来五年发展的努力方向。

第二板块为总论。明确了科协组织未来五年发展的指导思想：坚持以习近平新时代中国特色社会主义思想为指导，坚定不移走中国特色社会主义群团发展道路，立足新发展阶段、贯彻新发展理念、构建新发展格局、推动高质量发展，切实增强“三性”，以改革创新、合作发展为动力，健全联系广泛、服务科技工作者的科协工作体系，以政治引领、公共服务、组织赋能为着力点，切实为科技工作者服务、团结引领广大科技工作者为创新驱动发展服务、为提升全民科学素质服务、为党和政府科学决策服务，以高水平科技自立自强，为全面建设社会主义现代化国家、推动构建人类命运共同体作出更大贡献。

明确了科协组织未来五年发展的基本原则：坚持党的领导，聚焦靶心；坚持围绕中心，服务大局；坚持自立自强，开放融合；坚持系统集成，高效协同；坚持守正创新，深化改革。

明确了科协组织未来五年的发展目标：到2025年，联系广泛、服务科技工作者的科协工作体系建设取得显著成效，科技类社会化公共服务产品供给能力显著提升，团结引领科技工作者创新创造的能力显著增强。

第三板块为任务措施。提出了强化思想政治引领、实施科技经济融合行动、构筑学术交流新高地、推动科普服务高质量发展、加强群团特色科技高端智库建设、开展高水平对外民间科技人文交流合作、全面深化科协系统改革等7个方面任务34条措施；谋划了实施“科普中国”“科创中国”“智汇中国”等一批重大平台、重大项目、重大工程以及系列创新机制。

第四板块为保障措施。提出了加强规划实施的组织领导、加强科协组织人员队伍建设、加强规划实施的条件保障、加强规划实施的评估考核等4条保障措施。

大会选举了中国科协新一届全国委员会委员390名。十届全委会第一次全体会议投票产生1位全国委员会主席、18位副主席和56位常委会委员。万钢同志当选十届全国委员会主席。

十届常委会第一次会议通过书记处第一书记、书记名单，怀进鹏同志任第一书记。会议同时通过常委会专门委员会设置方案。

两院院士大会、中国科协第十次全国代表大会在北京召开 习近平发表重要讲话

5月28日上午，中国科学院第二十次院士大会、中国工程院第十五次院士大会和中国科学技术协会第十次全国代表大会在北京人民大会堂隆重召开。中共中央总书记、国家主席、中央军委主席习近平出席大会并发表重要讲话强调，坚持把科技自立自强作为国家发展的战略支撑，立足新发展阶段、贯彻新发展理念、构建新发展格局、推动高质量发展，面向世界科技前沿、面向经济主战场、面向国家重大需求、面向人民生命健康，深入实施科教兴国战略、人才强国战略、创新驱动发展战略，把握大势、抢占先机，直面问题、迎难而上，完善国家创新体系，加快建设科技强国，实现高水平科技自立自强。

中共中央政治局常委、国务院总理李克强主持大会。中共中央政治局常委栗战书、汪洋、王沪宁、赵乐际、韩正出席。

上午10时，大会开始。全场起立，高唱国歌。

在热烈的掌声中，习近平发表重要讲话。他指出，中国科学院第二十次院士大会、中国工程院第十五次院士大会和中国科协第十次全国代表大会，是我们在“两个一百年”奋斗目标的历史交汇点、开启全面建设社会主义现代化国家新征程的重要时刻，共商推进我国科技创新发展大计的一次盛会。习近平代表党中央，向大会的召开表示热烈的祝贺，向在各个岗位辛勤奉献的科技工作者致以诚挚的慰问。5月30日是第五个全国科技工作者日，习近平向全国广大科技工作者致以节日的问候。

习近平强调，在革命、建设、改革各个历史时期，我们党都高度重视科技事业，科技事业在党和人民事业中始终具有十分重要的战略地位、发挥了十分重要的战略作用。党的十九大以来，党中央全面分析国际科技创新竞争态势，深入研判国内外发展形势，坚持把科技创新摆在国家发展全局的核心位置，全面谋划科技创新工作。我们坚持党对科技事业的全面领导，观大势、谋全局、抓根本，形成高效的组织动员体系和统筹协调的科技资源配置模式。我们牢牢把握建设世界科技强国的战略目标，以只争朝夕的使命感、责任感、紧迫感，抢抓全球科技发展先机，在基础前沿领域奋勇争先。我们充分发挥科技创新的引领带动作用，努力在原始创新上取得新突破，在重要科技领域实现跨越发展。我们全面部署科技创新体制改革，出台一系列重大改革举措，提升国家创新体系整体效能。我们着力实施人才强国战略，聚天下英才而用之，充分激发广大科技人员积极性、主动性、创造性。我们扩大科技领域开放合作，积极参与解决人类面临的重大挑战，努力推动科技创新成果惠及更多国家和人民。

习近平指出，几年来，在党中央坚强领导下，在全国科技界和社会各界共同努力下，我国科技实力正在从量的积累迈向质的飞跃、从点的突破迈向系统能力提升，科技创新取得新的历史性成就。基础研究和原始创新取得重要进展，战略高技术领域取得新跨越，

高端产业取得新突破，科技在新冠肺炎疫情防控中发挥了重要作用，民生科技领域取得显著成效，国防科技创新取得重大成就。实践证明，我国自主创新事业是大有可为的，我国广大科技工作者是大有作为的。我国广大科技工作者要以与时俱进的精神、革故鼎新的勇气、坚忍不拔的定力，肩负起时代赋予的重任，努力实现高水平科技自立自强。

习近平强调，要加强原创性、引领性科技攻关，坚决打赢关键核心技术攻坚战。基础研究要勇于探索、突出原创，拓展认识自然的边界，开辟新的认知疆域。科技攻关要坚持问题导向，奔着最紧急、最紧迫的问题去，从国家急迫需要和长远需求出发。要增强企业创新动力，发挥企业出题者作用，加快构建龙头企业牵头、高校院所支撑、各创新主体相互协同的创新联合体，提高科技成果转移转化成效。要大力加强多学科融合的现代工程和技术科学研究，带动基础科学和工程技术发展，形成完整的现代科学技术体系。

习近平指出，要强化国家战略科技力量，提升国家创新体系整体效能。国家实验室、国家科研机构、高水平研究型大学、科技领军企业都是国家战略科技力量的重要组成部分，要自觉履行高水平科技自立自强的使命担当，多出战略性、关键性重大科技成果，着力解决影响制约国家发展全局和长远利益的重大科技问题，加快建设原始创新策源地，加快突破关键核心技术。高水平研究型大学要发挥基础研究深厚、学科交叉融合的优势，成为基础研究的主力军和重大科技突破的生力军。科技领军企业要发挥市场需求、集成创新、组织平台的优势，提升我国产业基础能力和产业链现代化水平。各地区要立足自身优势，结合产业发展需求，科学合理布局科技创新。

习近平强调，要推进科技体制改革，形成支持全面创新的基础制度。要健全社会主义市场经济条件下新型举国体制，充分发挥国家作为重大科技创新组织者的作用。要重点抓好完善评价制度等基础改革，坚持质量、绩效、贡献为核心的评价导向，全面准确反映成果创新水平、转化应用绩效和对经济社会发展的实际贡献。要拿出更大的勇气推动科技管理职能转变，按照抓战略、抓改革、抓规划、抓服务的定位，转变作风，提升能力，强化规划政策引导，给予科研单位更多自主权，赋予科学家更大技术路线决定权和经费使用权，让科研单位和科研人员从烦琐、不必要的体制机制束缚中解放出来。要改革重大科技项目立项和组织管理方式，实行“揭榜挂帅”“赛马”等制度，做到不论资历、不设门槛，让有真才实学的科技人员英雄有用武之地。

习近平指出，要构建开放创新生态，参与全球科技治理。科学技术具有世界性、时代性，是人类共同的财富。要统筹发展和安全，以全球视野谋划和推动创新，积极融入全球创新网络，聚焦气候变化、人类健康等问题，加强同各国科研人员的联合研发。要深度参与全球科技治理，贡献中国智慧，让科技更好增进人类福祉，让中国科技为推动构建人类命运共同体作出更大贡献。

习近平强调，要激发各类人才创新活力，建设全球人才高地。当今世界的竞争说到底是人才竞争、教育竞争。要更加重视人才自主培养，努力造就一批具有世界影响力的顶尖科技人才，稳定支持一批创新团队，培养更多高素质技术技能人才、能工巧匠、大国工匠。我国教育是能够培养出大师来的，我们要有这个自信！要构筑集聚全球优秀人才的科研创新高地，完善高端人才、专业人才来华工作、科研、交流的政策。要让科技人员把主要精力投入科技创新和研发活动，决不能让科技人员把大量时间花在一些无谓的迎来送往活动上，花在不必要的评审评价活动上，花在形式主义、官僚主义的种种活动上。

习近平指出，中国科学院、中国工程院是国家科学技术界和工程科技界的最高学术机构，是国家战略科技力量。要发挥两院作为国家队的学术引领作用、关键核心技术攻关作用、创新人才培养作用，解决重大原创的科学问题，勇闯创新“无人区”，突破制约发展的关键核心技术，发现、培养、集聚一批高素质人才和高水平创新团队。要强化两院的国家高端智库职能，发挥战略科学家作用，积极开展咨询评议，服务国家决策。

习近平强调，中国科协要肩负起党和政府联系科技工作者桥梁和纽带的职责，坚持为科技工作者服务、为创新驱动发展服务、为提高全民科学素质服务、为党和政府科学决策服务，更广泛地把广大科技工作者团结在党的周围，弘扬科学家精神，涵养优良学风。要坚持面向世界、面向未来，增进对国际科技界的开放、信任、合作，为全面建设社会主义现代化国家、推动构建人类命运共同体作出更大贡献。

习近平指出，两院院士是国家的财富、人民的骄傲、民族的光荣。要深化院士制度改革，让院士称号进一步回归荣誉性、学术性，维护院士称号的纯洁性。希望广大院士做胸怀祖国、服务人民的表率，追求真理、勇攀高峰的表率，坚守学术道德、严谨治学的表率，甘为人梯、奖掖后学的表率。广大院士要不忘初心、牢记使命，响应党的号召，听从祖国召唤，敢为人先，追求卓越，坚守学术道德和科研伦理，甘做提携后学的铺路石和领路人，为党、为祖国、为人民鞠躬尽瘁、不懈奋斗。

习近平强调，各级党委和政府要充分尊重人才，对院士要政治上关怀、工作上支持、生活上关心，认真听取包括院士在内的广大科研人员意见，加强对科研活动的科学管理和服务保障，为科研人员创造良好创新环境。

李克强在主持大会时指出，习近平总书记的重要讲话，回顾了我们党在各个历史时期对科技事业的高度重视，总结了我国科技事业取得的新的历史性成就，分析了新一轮科技革命和产业变革的演化趋势，明确了加快建设科技强国的重点任务，对更好发挥两院院士和中国科协作用提出殷切希望，具有很强的思想性、指导性、针对性。要认真学习领会，深入贯彻落实。要更加紧密团结在以习近平同志为核心的党中央周围，以习近平新时代中国特色社会主义思想为指导，增强“四个意识”、坚定“四个自信”、做到“两个维护”，以优异成绩庆祝中国共产党百年华诞，为把我国建设成为富强民主文明和谐美丽的社会主义现代化强国、实现中华民族伟大复兴的中国梦不懈奋斗。

部分中共中央政治局委员，中央书记处书记，全国人大常委会、国务院、全国政协有关领导同志出席大会。

中央党政军群有关部门主要负责同志、两院院士、部分外籍院士、中国科协十大会议代表等约 3000 人参加大会。

两院院士大会、中国科协第十次全国代表大会第二次全体会议举行 李克强发表重要讲话

5月28日下午，两院院士大会、中国科协第十次全国代表大会第二次全体会议在北京人民大会堂举行。中共中央政治局常委、国务院总理李克强发表重要讲话。

李克强说，今天上午，习近平总书记发表了重要讲话，系统总结了我国科技事业取得的新的历史性成就，对加快建设科技强国提出明确要求。要认真学习领会，抓好贯彻落实。

李克强指出，去年疫情发生以来，在以习近平同志为核心的党中央坚强领导下，各地区各部门认真贯彻落实党中央、国务院决策部署，扎实做好“六稳”工作、全面落实“六保”任务。我们直面市场主体创新和实施宏观政策，全国上下艰辛努力，我国经济在多重罕见冲击中展现出坚强韧性，实现稳定恢复。广大科技工作者克难攻坚，为疫情防控、新动能成长壮大和经济社会发展作出了重要贡献。

李克强说，当前我国经济继续稳中加固、稳中向好，但国内外环境复杂严峻，不确定性增加。要正视经济运行中存在的困难和挑战，立足我国仍是世界最大发展中国家的基本国情，着力办好自己的事。要以习近平新时代中国特色社会主义思想为指导，坚持稳中求进工作总基调，准确把握新发展阶段、深入贯彻新发展理念、加快构建新发展格局，立足当前，着眼长远，围绕激发市场主体活力、增强发展内生动力，持续深化改革，保持宏观政策必要支持力度，注重用市场化办法解决大宗商品价格上涨等经济运行中的突出问题，大力推动科技创新，扩大内需与对外开放互促并进，在发展中保障和改善民生，保持经济运行在合理区间和就业稳定，推动高质量发展。

李克强指出，近年来，我国科技实力跃上新的大台阶，在关键领域取得一批重大科技成果。新形势下，要充分发挥我国人力人才资源丰富的优势，增强科技创新对经济社会发展的引领带动作用。强化基础研究，筑牢科技创新的基石。注重战略引领，推动关键领域取得更多创新突破。激发企业创新活力，落实好提高制造业企业研发费用加计扣除比例等政策，促进产业升级。推进科技体制改革，为科研人员减负松绑营造良好环境。弘扬科学精神，加强知识产权保护，激励科研人员特别是青年人才矢志攻关。加强国际科技合作，在开放中提升自主创新能力。

李克强说，两院院士是我国科技工作者的杰出代表，希望大家继续为我国科技进步、人才培养、经济社会发展作出贡献。中国科协要广泛团结科技工作者服务党和国家工作大局，全面提升公众科学文化素质。各级政府要继续关心和支持广大科研人员，努力为他们创造更好的工作与生活条件。

刘鹤、曹建明、陈竺、丁仲礼、武维华、肖捷、张庆黎、万钢和桑国卫、宋健、王志珍、韩启德出席会议。

中央党政军群有关部门主要负责同志、两院院士、中国科协十大会议代表等参加会议。

中国科学技术协会第十次全国代表大会举行第三次全体会议 王沪宁到会祝贺并代表党中央致辞

5月29日，中国科学技术协会第十次全国代表大会第三次全体会议在北京人民大会堂举行。中共中央政治局常委、中央书记处书记王沪宁到会祝贺，代表党中央作了题为“科技工作者要当好科技自立自强的排头兵”的致辞。

王沪宁在致辞中说，习近平总书记在两院院士大会、中国科协十大上的重要讲话，科学分析当今世界科技革命和产业变革发展大势，深入总结党领导下我国科技发展的百年历程和辉煌成就，深刻阐明新发展阶段实现我国科技自立自强的一系列重大问题，为加快建设世界科技强国指明了方向。我们要认真学习领会，自觉贯彻到工作实践中。

王沪宁表示，党的十八大以来，在以习近平同志为核心的党中央坚强领导下，广大科技工作者矢志奋斗拼搏、聚力科技攻关、勇于创新创造，推动我国科技事业取得历史性成就。中国科协九大以来，各级科协组织在加强思想政治引领、推动创新驱动发展、提高全民科学素质、深化自身改革等方面做了大量富有成效的工作。

王沪宁表示，希望广大科技工作者深入学习领会习近平总书记关于科技创新的重要论述，始终心怀“国之大者”，坚持面向世界科技前沿、面向经济主战场、面向国家重大需求、面向人民生命健康，从党的百年奋斗中汲取奋进力量，弘扬科学家精神，全力打好关键核心技术攻坚战，在全面建设社会主义现代化国家新征程上勇立新功。科协组织要加强党的领导和党的建设，更好地把广大科技工作者团结凝聚在党的周围。

科技部部长王志刚和全国总工会书记处第一书记陈刚分别代表科技界和人民团体致辞。

中国科协第九届全国委员会主席、大会主席团执行主席万钢主持会议，代表第九届全国委员会作工作报告，总结过去五年科协工作，对今后五年科协工作提出建议。

丁薛祥、刘鹤、杨晓渡、陈希、郭声琨、黄坤明、尤权、曹建明、肖捷、张庆黎和韩启德、苗华出席会议。

中国科协十大会议代表、列席及特邀代表等参加会议。

在中国科学技术协会第十次全国代表大会上的致辞

（2021 年 5 月 29 日）

科技界代表、科技部部长　王志刚

各位代表、同志们：

在全党全国喜迎党的百年华诞之际，中国科学技术协会第十次全国代表大会隆重举行。这对凝聚科技自立自强力量、加快建设科技强国步伐具有重大而深远的意义。我谨代表科技界，向大会的胜利召开表示热烈祝贺！向出席大会的各位代表和广大科技工作者致以崇高敬意！

昨天，习近平总书记出席两院院士大会、中国科协第十次全国代表大会并发表重要讲话，对全国科技界和广大科技工作者提出明确要求、寄予厚望，强调抢抓新一轮科技革命和产业变革的重大机遇，坚定实施创新驱动发展战略，加快科技自立自强，奋力建设科技强国，为新时代我国科技事业发展进一步指明了前进方向、提供了根本遵循。全国科技界深受鼓舞、倍感振奋，我们必须深入学习领会习近平总书记重要讲话精神，全面贯彻到科技改革发展的创新实践中。

党的十八大以来，以习近平同志为核心的党中央高度重视科技创新，准确把握世界科技创新发展大势，坚持中国特色自主创新道路，采取有力措施推动我国科技事业取得历史性成就、发生历史性变革。全国科技界认真学习贯彻习近平总书记关于科技创新的重要论述和指示精神，主动识变应变，因时因势而动，聚焦国家当前和长远的急迫需求，坚持“四个面向”的战略方向，坚持科技创新与体制机制创新“双轮驱动”，打造国家战略科技力量，着力提升科技攻坚和应急攻关的体系化能力。我们坚持问题导向和目标导向，统筹布局基础研究和关键核心技术攻关，发挥新型举国体制优势，在基础前沿和战略必争领域取得一批标志性引领性重大原创成果。我们大力推动科技与经济社会深度融合，促进创新链与产业链、资金链有机衔接，为高质量发展注入源源不断的内生动力。我们坚持人民至上、生命至上，面对突如其来的新冠肺炎疫情，迅速组建科研攻关组，聚焦五大主攻方向持续开展攻关，以科技创新筑牢了疫情防控的雄关铁壁，中国疫苗已成为全球抗疫的关键利器。我们积极拓展科技对外开放新空间，在推动构建人类命运共同体中践行科技创新使命，为国际创新治理、解决全球性挑战贡献越来越多的中国智慧。我们大力弘扬科学家精神，提出“五个倡导”，推动作风学风转变，科技界的创新生态和学术环境明显改观。在科技强国建设中，科协组织主动肩负起历史重任，充分发挥自身独特优势，推动全民科学文化素质迈上新台阶，建设有温度的科技工作者之家，助力科技工作者建设创新型国家、服务创新驱动发展，奏响了科技报国、创新济民的时代强音。

进入全面建设社会主义现代化国家、向第二个百年奋斗目标进军的新发展阶段，党中央把创新摆在我国现代化建设全局的核心位置，把科技自立自强作为国家发展的战略支撑，为全国科技界和广大科技工作者勇攀科技高峰、矢志创新发展指明了方向、提供了广阔空间和舞台。全国科技界将坚持以习近平总书记重要讲话精神为指引，牢记初心使命，心怀“国之大者”，聚焦“四个面向”，砥砺创新创造，继承发扬老一辈科学家的优良传统，在科学前沿领域大胆探索，全力打好关键核心技术攻坚战，系统推进科技体制机制改革，构建中国特色的国家创新体系，加快走出一条从人才强、科技强到产业强、经济强、国家强的创新发展新路径，加快建设科技强国的步伐，以科技创新的主动赢得国家发展的主动，以高水平的科技自立自强塑造国家未来发展新优势。

各位代表、同志们！

千山跋涉凌峰顶，万里扬帆再起航。立足新发展阶段、贯彻新发展理念、构建新发展格局，迫切需要充分发挥科技创新在世界百年未有之大变局中的关键变量作用、在中华民族伟大复兴战略全局中的支撑引领作用。让我们更加紧密地团结在以习近平同志为核心的党中央周围，凝心聚力，主动作为，攻坚克难，为夺取全面建设社会主义现代化国家新胜利、实现中华民族伟大复兴的中国梦作出新的更大贡献！

最后，祝本次大会取得圆满成功。

在中国科学技术协会第十次全国代表大会上的致辞

（2021 年 5 月 29 日）

人民团体代表、全国总工会副主席　陈　刚

各位代表、同志们：

在中国共产党即将迎来百年华诞之际，中国科学技术协会第十次全国代表大会隆重举行。这是我国科技界的盛会，也是人民团体事业发展中的一件大事。在此，我谨代表中华全国总工会、中国共产主义青年团、中华全国妇女联合会、中国文学艺术界联合会、中国作家协会、中华全国归国华侨联合会、中华全国台湾同胞联谊会、中国残疾人联合会，对大会的召开表示热烈的祝贺！向出席大会的各位代表和广大科技工作者致以崇高的敬意！

党的十八大以来，以习近平同志为核心的党中央高度重视科技创新，习近平总书记作出一系列重要论述、提出一系列明确要求，为科技事业发展指明了方向。过去五年，在习近平新时代中国特色社会主义思想指引下，广大科技工作者坚持面向世界科技前沿、面向经济主战场、面向国家重大需求、面向人民生命健康，砥砺创新创造，取得了举世瞩目的辉煌成就，推动我国科技事业发生历史性重大变化。特别是新冠肺炎疫情发生后，广大科技工作者响应党中央号召，积极投身疫情防控一线，用科技护佑人民健康、传递中国力量，展现了人民至上、生命至上的坚定信念和心有大我、至诚报国的深厚情怀。伟大成就离不开伟大精神的支撑。广大科技工作者以爱国之情、报国之志，生动诠释了科学家精神的时代内涵，奋力谱写了建设创新型国家的新篇章。

中国科协是党领导下团结联系科技工作者的人民团体，是推动科技创新的重要力量。五年来，中国科协深入贯彻落实习近平总书记关于科技创新和科技工作的重要论述，始终聚焦政治引领靶心，保持和增强政治性、先进性、群众性，团结带领广大科技工作者坚定不移听党话、感党恩、跟党走。紧紧围绕党和国家工作大局，深化开放型、枢纽型、平台型组织建设，扎实履行“四服务”职责定位，活跃在全面建成小康社会、脱贫攻坚、产学研融合等领域的前沿一线，展现了科技群团的时代担当。拓展国际合作，以科技支撑服务构建人类命运共同体。勇立改革潮头，以高度的政治自觉推动组织创新，延伸手臂、扎根基层，探索了科技志愿服务、“三长”制等鲜活经验，科协的组织力、动员力、凝聚力不断增强，为促进科技繁荣发展，促进科学普及和推广，推动建设创新型国家、建设世界科技强国发挥了重要作用。

当今世界正经历百年未有之大变局，我们正处在“两个一百年”奋斗目标的历史交汇点，在风云变幻的复杂国际环境中走向民族复兴，机遇与挑战前所未有。昨天，习近平总书记出席两院院士大会、中国科协第十次全国代表大会并发表重要讲话，对广大科技工作者和科协组织提出明确要求、寄予厚望。我们相信，科协组织一定能够不负党中央重托，勇担时代使命，积极发挥科技群团优势，继续保持和增强政治性、先进性、群众性，不断提高政治判断力、政治领悟力、政治执行力，全面深化开放型、枢纽型、平台型组织建设，最广泛地团结引领广大科技工作者奋力创新创造，努力成为科技自立自强的推动者、国家创新体系的建设者、科技支撑社会治理的参与者、构建新发展格局的贡献者。

群团事业是党的事业的重要组成部分。长期以来，各人民团体坚决贯彻落实党中央关于群团工作的部署要求，相互支持、携手并进，共同构建联系广泛、服务群众的群团工作体系，中国特色社会主义群团发展道路越走越宽广。面向未来，我们要一如既往地加强合作、紧密配合，深入学习贯彻习近平新时代中国特色社会主义思想，增强“四个意识”、坚定“四个自信”、做到“两个维护”，始终在思想上政治上行动上同以习近平同志为核心的党中央保持高度一致。要持续深化改革创新，努力成为推进国家治理体系和治理能力现代化的重要力量。要进一步增强群众工作本领，把亿万群众更加紧密地团结在党的周围，夯实党长期执政的阶级基础和群众基础。要牢记初心使命、心系“国之大者”，认真履行新时代群团组织职责任务，广泛团结动员各自联系的群众，在实现中华民族伟大复兴中国梦的伟大事业中建功立业。

各位代表、同志们！

和衷共济扬帆起，劈波斩浪万里航。准确把握新发展阶段，深入贯彻新发展理念，加快构建新发展格局，群团组织使命在肩。让我们更加紧密地团结在以习近平同志为核心的党中央周围，锐意进取、顽强拼搏，引导广大群众与党同心同德、同向同行，鼓起迈进新征程、奋进新时代的精气神，携手并肩、万众一心，为全面建设社会主义现代化国家作出新的更大贡献！

预祝中国科协第十次全国代表大会圆满成功！

贯彻新发展理念　服务新发展格局　团结引领广大科技工作者为全面建设社会主义现代化国家而努力奋斗

——在中国科协第十次全国代表大会上的工作报告

万　钢

各位代表：

现在，我代表中国科协第九届全国委员会向大会作工作报告。

中国科协第十次全国代表大会，是在我国开启全面建设社会主义现代化国家新征程、向第二个百年奋斗目标迈进的关键时期召开的一次大会。会议主题是：坚持以习近平新时代中国特色社会主义思想为指导，深入贯彻落实党的十九大和十九届二中、三中、四中、五中全会精神，全面增强政治性、先进性、群众性，立足新发展阶段、贯彻新发展理念、构建新发展格局，坚定不移走中国特色社会主义群团发展道路，坚持面向世界科技前沿、面向经济主战场、面向国家重大需求、面向人民生命健康，发挥科技自立自强战略支撑作用，深化开放型、枢纽型、平台型组织建设，坚持为科技工作者服务、为创新驱动发展服务、为提高全民科学素质服务、为党和政府科学决策服务、为构建人类命运共同体服务，团结引领广大科技工作者听党话跟党走，为推动科技事业高质量发展、全面建设社会主义现代化国家作出更大贡献。

今年适逢党的百年华诞。百年以来，党始终支持依靠科技进步、关心关爱科技人才、领导推动科技组织发展。科技工作者始终与党同心同德，绘就了科学救国、科教兴国、科技强国的奋斗篇章。追溯至党的革命初期，中华苏维埃政府就对培养科技人才并充分发挥作用给予高度重视，在面临军事“围剿”、经济封锁等艰苦条件下，仍面向人民群众广泛宣传科技知识，瑞金红井不仅让百姓喝上甘甜之水，倡导了一种新的生活方式，更让我们饮水思源，铭记科技为民的初心。延安时期，党领导建立的“边区国防科学社”“陕甘宁边区自然科学研究会”等科技社团广泛开展科技活动。中华人民共和国成立伊始，党中央发出“向科学进军”的号召，凝聚海内外科技工作者奋斗报国，十二年科学技术发展远景规划推动我国科技事业蓬勃发展。改革开放后，小平同志提出“科学技术是生产力”的重要论断，中华民族迎来了历史上最灿烂的科学的春天。在科教兴国战略、人才强国战略、创新驱动发展战略的指引下，我国科技事业突飞猛进，推动中国特色社会主义航船破浪前行。党的十八大以来，以习近平同志为核心的党中央加强对科技事业的全面领导，推动我国科技创新发生历史性、整体性、格局性深刻变化，探索出一条中国特色自主创新道路。在中华民族伟大复兴的壮阔进程中，广大科技工作者响应建设世界科技强国的号召，以高水平的科技自立自强坚决肩负起新时代的历史重任，迎着新一轮科技革命和产业变革的潮头奋力前行。

各位代表、同志们！

百年历程凝聚着党领导下科技工作者的爱国之情、报国之志，镌刻着科技工作者彪炳史册的重大贡献。科技工作者以身许国，党和人民不会忘记，共和国不会忘记。一批批科技工作者优秀代表获授勋奖励，铸就了中国科技时空中的历史丰碑，“两弹一星”精神、“西迁精神”、载人航天精神、科学家精神等永载党的革命精神谱系，激励着亿万科技工作者立足新发展阶段，以自立自强支撑国家发展的信心和决心，在全面建设社会主义现代化国家新征程中砥砺前行、再续辉煌。

科技是第一生产力，人才是第一资源，创新是第一动力。当前和今后一个时期，我国发展仍然处于大有可为的重要战略机遇期。我们要准确把握中华民族伟大复兴战略全局和世界百年未有之大变局的深刻内涵，清醒认识错综复杂的国际环境带来的新矛盾新挑战，清醒认识我国社会主要矛盾变化带来的新特征新要求，准确识变、科学应变、主动求变，坚决肩负起团结科技工作者听党话跟党走的政治使命，最广泛地凝聚起创新创造的强大力量，朝着全面建设社会主义现代化国家、实现中华民族伟大复兴的宏伟目标阔步前进。

过去五年的主要工作和改革创新

过去五年，是党和国家发展进程中极不平凡的五年。面对错综复杂的国际形势、艰巨繁重的国内改革发展稳定任务，特别是新冠肺炎疫情的严重冲击，以习近平同志为核心的党中央团结带领全党全国各族人民砥砺前行、开拓创新，如期打赢脱贫攻坚战，全面建成小康社会取得决定性成就，开启了全面建设社会主义现代化国家新征程。

过去五年，是科技工作者砥砺奋进的五年。广大科技工作者面向世界科技前沿、面向经济主战场、面向国家重大需求、面向人民生命健康，奋力创新创造，积极投身短板攻坚、前沿探索、转化创业、普及服务。在量子信息、铁基超导、中微子、干细胞、脑科学、药物与疫苗研发等基础研究领域，5G移动通信、超级计算、特高压输电等高新技术领域创新成果迭出，“天问一号”成功着陆火星，“嫦娥五号”、“奋斗者”号等科学探测实现重大突破，中国空间站天和核心舱成功发射。铸造“天眼”的南仁东，探测深地的黄大年，扎根高原的钟扬，“太行新愚公”李保国，“农民院士”朱有勇，“共和国勋章”获得者于敏、孙家栋、袁隆平、黄旭华、屠呦呦、钟南山，“全国脱贫攻坚楷模”李玉、赵亚夫……科技工作者把论文写在祖国大地上，生动诠释了心有大我、至诚报国的浓烈情怀。在党中央的坚强领导下，广大科技工作者与人民群众勠力同心，以智志双扶的生动实践，共同完成了近亿人脱贫的人类壮举，为全面建成小康社会奠定坚实基础。面临西方技术封锁等严峻挑战，更以坚韧不拔的意志持续攻坚“卡脖子”技术，展示中国科技界的勇气和毅力。

过去五年，是科协事业改革创新的五年。在党中央的坚强领导下，中国科协在深化改革中不断增强政治性、先进性、群众性。聚焦政治引领主责，扎实推动习近平新时代中国特色社会主义思想在科技界深入实践。坚持围绕中心、服务大局，不断提升依章办会的工作能力，壮大科普、学术、智库主业，拓展“四服务”工作空间，圆满完成科协“九大”确立的重点任务。接长手臂、扎根基层，畅通联系渠道、织密组织网络，开放型、枢纽型、平台型组织优势持续转化为服务高质量发展的新动能，把广大科技工作者紧紧团结在以习近平同志为核心的党中央周围，为全面建成小康社会、建设世界科技强国作出积极贡献。

一、立根铸魂，科协组织政治建设全面加强

坚定不移把厚植党执政的群众基础作为首要政治任务，把发挥桥梁纽带作用、团结引领科技工作者服务国家发展作为“最大的政治”和“重要的大局”，弘扬科学家精神，强化政治引领和政治吸纳，增强“四个意识”、坚定“四个自信”、做到“两个维护”。

紧紧把握学懂弄通做实习近平新时代中国特色社会主义思想，深入学习贯彻党的十八大、十九大精神。抓好“关键少数”理论武装，在《人民日报》《求是》等发表理论文章，深入解读总书记思想和关于科技创新、群团发展的重要论述。建立中国科协党组成员、全国学会理事长、知名科学家讲党课常态化机制，开展习近平科技创新论述摘编，用党的创新理论指导科协发展实践，聚焦新时代政治建设靶心设计科协系统工作格局，走好“两个维护”第一方阵。创办中国科协党校，面向科技领军人才、科协系统干部、海外科技人才开展理想信念教育、专题研修、国情调研，推动设立“全国科技工作者日”并广泛开展系列活动，强化全国创新争先奖、中国青年科技奖等激励导向，引导科技工作者时刻牢记总书记嘱托、奋力创新争先，持续打造没有围墙的思想引领阵地。我们总结回顾改革开放40年和科协事业60年发展历程，召开“双百”座谈会，组织百名科学家和百名基层科技工作者深入学习习近平总书记关于科技创新重要指示精神，进一步凝聚创新发展的强大力量。建设中国科协会史陈列馆，携手全国学会和地方科协共建网上会史馆，体现

中央关怀、凝结历史成就、传承奋斗精神。编制并在海内外广泛传播《跟着总书记学科技》《嘱托》《佑护》等文化作品，推进思想政治引领空间深化拓展，润物无声凝心聚力，不断筑牢科技界团结奋斗的共同思想基础。

弘扬新时代科学家精神。深入贯彻总书记关于科技创新重要论述，全面阐释胸怀祖国、服务人民的爱国精神，勇攀高峰、敢为人先的创新精神，追求真理、严谨治学的求实精神，淡泊名利、潜心研究的奉献精神，集智攻关、团结协作的协同精神，甘为人梯、奖掖后学的育人精神。中办、国办印发《关于进一步弘扬科学家精神加强作风和学风建设的意见》，科学家精神纳入党的革命精神谱系。研编《爱国奋斗精神学习读本》。全国科学道德和学风建设宣讲深入高校师生，科学家精神宣讲团、科学家精神教育基地、学风传承行动、中国科学家博物馆全方位建设科技工作者的精神家园。引领青年学子接力精神火炬，科学大师名校宣传工程深耕高校，“英才计划”“高校科学营”等机制实现科教协同育人。探索人才成长规律，老科学家学术成长资料采集工程深入挖掘500余位杰出科学家成长历程，展示科学家群体精神气质。“科学家精神”话题引发科技界广泛共鸣，社会辨识度、认同感显著增强，科学家精神引领时代风尚的底色更加浓厚。

引导科技界筑牢意识形态阵地。落实意识形态责任制，前瞻研判科技危机事件可能引发的意识形态风险，在美对我科技企业密集打压封锁之际，组织十家全国学会就“IEEE审稿门”事件面向国际学术界联合发声。第一时间引导科技界应对“基因编辑婴儿”事件，抢占舆论先机，快速启动专题研究服务中央决策，推动组建国家科技伦理委员会。中国化学会对《德国应用化学》刊发不当论文事件有效反制。科协组织针对重大科技事件的宣传能力和舆论斗争本领不断增强。

夯实科协系统党建保障，破冰学会党建难题。深入贯彻新时代党的建设总要求，推进党建与业务深度融合。完成全国学会党的组织和党的工作“两个全覆盖”，在197个全国学会建立理事会党委，发挥政治引领作用，推动207个全国学会全面实现将“习近平新时代中国特色社会主义思想”“坚持党的全面领导”“党的建设”等载入章程。积极探索在学会理事会层面开展党建工作，旗帜鲜明加强党对学会工作的全面领导，切实发挥党组织的政治领导作用和战斗堡垒作用。

巩固主题教育成果，系统推进党史学习教育。扎实推进“两学一做”学习教育，党组、书记处坚持学在前、干在前，深入科研院所和企业调研，共同研究破解科协组织面临的重点难点问题，带动机关和科协系统对标党章找差距、补短板，自觉用习近平总书记系列重要讲话精神武装思想、指导行动。深入开展“不忘初心、牢记使命”主题教育，紧紧围绕学习贯彻习近平新时代中国特色社会主义思想这条主线，结合党中央重大部署，进一步提高调查研究的针对性和破解改革发展难题的能力，不断强化科技为民的初心，牢记党领导下人民团体的政治使命。当前，我们团结广大科技工作者按照学党史、悟思想、办实事、开新局的总目标，正在扎实开展党史学习教育，这是广大科技工作者以实际行动献礼建党百年的科技篇章。我们要从党的百年奋斗历程中汲取奋进力量，走好党史学习教育第一方阵，进一步提升聚焦靶心、团结引领的政治能力，把习近平新时代中国特色社会主义思想武装到每一名党员，进一步提升服务科技工作者和广大群众的能力，营造众心向党、自立自强的浓厚氛围。

以两轮中央政治巡视为契机，持续推进全面从严治党向纵深发展。全面接受政治“体检”，把配合巡视和抓好整改作为重大政治任务，系统谋划、统筹推进，即知即改、立行立改，切实担负起巡视整改主体责任。在中央纪委国家监委驻科技部纪检监察组指导下，建立会商协同、调度通报、专事专办、信息发布等传压导责机制。举一反三、综合运用，巩固拓展“不忘初心、牢记使命”主题教育成果，加强政治纪律和政治规矩建设。严格落实中央八项规定精神，自觉克服形式主义、官僚主义，营造风清气正的政治生态。

二、锐意创新，全面拓展“四服务”事业发展新空间

把以人民为中心的发展思想贯穿到科协事业发展全过程，紧扣时代主题，聚力打造科普、学术、智库“三轮驱动”服务品牌，实现科协优势资源战略重组和服务流程再造，为科技工作者创新创造、实现价值搭建广阔舞台。

坚持在联系服务科技工作者“亲”和“紧”上下功夫。发挥中国科协和全国学会、地方科协“一体两翼”组织优势系统联动，为科技工作者提供有温度的服务。推动完善评价奖励制度，强化学会对科技人才尤其是青年人才的培养和举荐，青年人才托举工程支持1700余名青年科研人员成长。网上“科技工作者之家”连接14万基层组织，为科技工作者提供一站式服务。持续加强与港澳台科技组织的交流合作，团结服务港澳台科技工作者融入国家发展、民族复兴大局。把在华工作外国专家纳入联系服务范围，组织开放创新沙龙，促进国际科技共同体信任与合作。零距离听取科技工作者诉求呼声，建设“科情在线”调查系统，连接覆盖全国的645个机构调查节点近400万调查员，形成快速调查和信息获取机制，网上联系服务、引领动员能力进一步增强。坚持从群众中来、到群众中去，充分发挥中国科协“九大”代表联系服务一线科技工作者的桥梁作用，有效接长了科协组织手臂。代表们提出的500余份建议很多被纳入科协和科技事业发展的规划和政策中。

全面提升战略支撑力，强机制、建基地、筑生态，促进产学研融合。优化升级创新驱动助力工程，推出“科创中国”服务品牌，打造产学研供需对接的信息平台、技术服务与交易的运营平台、人才与技术的赋能平台。以省级为统筹、地市为中心，共建26个创新枢纽城市（园区）。疫情期间，千场项目路演和技术推介快速构建“互联网+技术服务与交易”动员机制，科技服务团组织科技人员响应企业需求“揭榜挂帅”。建立科技、产业、金融界领军人物参与的“科创中国”咨询委员会，政产学研金服用多主体联动形成要素汇聚涌流的创新联合体。长三角助力创新联盟、国际技术交易联盟等近200个各类新型协同创新组织快速发展。在“科创中国”试点工作中不断强化组织创新，大力营造科技经济深度融合发展的良好生态。

深入落实科学普及与科技创新同等重要的战略思想。准确把握科普内涵之变，既注重科学知识传播，更加强科学方法传授，不断强化科学精神、树立创新自信，推动科普协同化、信息化、国际化转型。连续举办3届世界公众科学素质促进大会，成立世界公众科学素质组织筹委会，打造以全球科学素质提升服务人的全面发展的开放高地。全国科普日期间，各地3.7万余项科普活动深入农村、社区和企业。牵头落实《全民科学素质行动计划纲要（2006—2010—2020年）》，协同化机制广聚百川势能共塑社会化动员新格局，中国公众科学素质促进联合体有效调动高校、科技企业、全国学会力量，搭建多主体参与、共享共建的枢纽平台。扎实推动基层科普设施建设，5年新增达标实体科技馆158座、累计达345座，流动科技馆、科普大篷车、农村中学科技馆助推基本公共服务均等化，中国特色现代科技馆体系线下服务公众超4亿人次。2020年公民具备科学素质比例达到10.56%，全民科学素质建设迈上新台阶。天津、陕西、深圳等地全域科普迈出实质性步伐。举办中国科幻大会，与北京市共同建设开放合作高地、创意创造高地、创投创业高地、人才集聚高地，推进科幻产业集聚发展。

突出科技治理特色，打造系统联动的科协智库体系。建立持续研判机制，引导科技工作者聚焦国家战略，强化自主创新的使命导向，加强科技、产业等重大问题战略研究，上报600余期决策咨询报告，一些建议得到中央采纳。完善学会主导、科学家领衔、科技界广泛参与、国际科技组织联合支持的工作机制，持续发布重大科学问题和工程技术难题，探索跨界研判“卡脖子”瓶颈的工作机制，激发科技工作者坚持“四个面向”拓展科技广度深度的主动性。协同高校、地方和社会智库形成开放研究平台，会地合作建设战略区域智库。围绕数字经济、公共卫生、成渝双城经济圈建设、黄河流域生态保护和高质量发展等重大问题，会同天津、湖北、重庆、山东等地共建智库。拓展全国学会等专业力量参与立法咨询渠道，形成持续服务国家科学立法的科协品牌。积极配合政府部门开展第三方评估，大众创业万众创新评估、全面创新改革试验评估等受到广泛好评。

三、团结合作，开放型枢纽型平台型组织建设迈出坚实步伐

因应科技经济社会深度融合、创新主体协同发展的时代趋势，把握科技工作者思想动态、规模分布等新特点，探索新时代“三型”科技群团发展的新机制新模式。

坚持以会兴业、以业聚才、以才引才，持续打造团结引领的价值平台。打造世界机器人大会、世界生命科学大会、世界科技与发展论坛、世界青年科学家峰会等国际交流平台，中国主场影响力持续提升。紧扣变革时代的发展主题，主动发起全球话题，广泛汇聚全球智慧。仅2020年，世界科技与发展论坛国内直播观看达2800万人、海外13万人观看英文直播，世界公众科学素质促进大会直播观看超2000万人。全国学会和地方科协推出数以万计的精品会议，机制化联系200多个国际组织，形成学科领域广泛交叉、产学研深度融合、思想碰撞交流的重要阵地。

强化枢纽功能，提高汇聚联结的服务水平。围绕产学研协同创新，促进人才、技术等创新资源集聚，搭建供需对接的桥梁枢纽。学会联合体、产业协同创新共同体不断提升学会跨界联系的枢纽功能。动员137家全国学会、279家地方科协，跨领域组建由院士领衔、3946位专家学者参加，涵盖产学研等创新主体的105个科技服务团，形成学会服务企业和区域创新发展的新模式。以枢纽带节点，推动跨界创新组织发展，区域创新联盟、技术和企业联合体等新型服务组织不断拓展科协发展的新空间。

发挥国际民间科技交流主渠道作用。以全球视野系统谋划科普、学术、智库国际化，以有效的开放合作引领科技工作者共同应对国际复杂变局。积极参与全球科技治理，代表中国科技界加入372个国际科技组织，推荐中国科学家就任执委以上职务380人。积极参加联合国与重要国际科技组织联合发起的大科学计划。推动联合国教科文组织将每年3月4日设立为世界工程日。保持与美国科学促进会等美主要民间科技组织及资深科学家的良性互动，成功组织中俄科技创新年系列活动，与德、瑞、日、韩、新等国科技对话合作进一步加强。积极开展“一带一路”科技人文交流合作平台建设，支持建立或筹建18个区域科技组织或联盟、26个国际科技组织联合研究或培训中心、5个国别或区域科技问题研究中心。推进工程能力标准和工程师资格国际互认。持续实施“海智计划”，累计与102个海外科技团体建立合作关系，设立120个各类海智基地，以多种形式开展引才引智工作，2019年以来3位海智专家获“中国政府友谊奖”。

四、担当有为，改革创新彰显事业发展根本动力

全面落实中央关于群团改革的重大部署，以不断增强科协组织的政治性、先进性、群众性为标尺，针对与科技工作者不亲不紧、学会治理能力不足、基层组织建设薄弱等突出问题，坚持不懈将科协系统改革引向深入。

强化改革的系统性整体性协同性。加强改革顶层设计和问题导向，同步推进学会和地方科协改革，同步推进党建和业务发展，同步推进科协内部治理能力和对外开放拓展能力提升，同步推进改革任务落实和未来前瞻谋划，地市级科协全部出台改革方案，县级科协改革方案整体出台率达到86%。

党建带群建赋予基层组织新活力。推动组织与业务融通发展，集成科普、学术、智库资源协同下沉，进入基层党建平台，融入社会治理网络，增强科协组织服务发展的能力。构建省域统筹政策机制、市域构建资源中心、县域着重组织落实、各级学会协同联动的工作体系，以新时代文明实践中心、党群服务中心为阵地，推动建立科技志愿服务工作机制。全国实名注册科技志愿者达104万人。服务美丽乡村建设，突出智志双扶助力脱贫攻坚，组织1.2万个农技协（科技组织）、19万名科技专家帮助390万人脱贫。赋能基层“三长”（医院院长、学校校长、农技站站长），有效延长科普服务链，拓宽科普惠民覆盖面。全国市、县、乡三级科协兼职挂职副主席中“三长”达4万余人，基层组织力不断增强。

强化学会改革主体地位。以治理结构和治理方式现代化为目标深化学会治理改革，加快建设世界一流学会，研究探索“僵尸学会”“口袋学会”退出机制，与民政部联合印发《关于进一步推动中国科协学会创新发展的意见》，支持学会有序发展港澳台会员和外籍会员，探索吸纳港澳台及海外知华友华科学家在学会任职，拓展社会组织，发展国际视野。

一流期刊建设取得新突破。联合出台《关于深化改革培育世界一流科技期刊的意见》，大力实施中国科技期刊卓越行动计划，建立动态监测和季度报告制度，有效推动22种领军期刊冲击世界一流，8种期刊学科排名跻身国际前5，10种期刊跻身国际前5%。建设临床案例成果数据库，汇聚5.5万余篇病例报告向社会开放，为临床医生评价制度改革提供支撑。首次发布科技期刊自主评价体系，集成95个国家（地区）、38个语种共1.4万余种科技期刊构建“世界引文库”，形成面向世界的自主评价体系。与全球最大同行评议文献数据库Scopus共建选刊推荐机制，持续布局高起点新刊，推进出版集约化、数字化转型，聚力打造具有国际竞争力的科技期刊出版集团。

全力打造网上“科技工作者之家”。服务国家大局，围绕科技工作者所需所盼，持续加强建家交友的工作能力。落实党中央统筹疫情防控和经济社会发展战略部署，“科创中国”汇聚产学研力量，服务科技工作者创新创造。“科普中国”持续营造科普产品创作、传播的生态环境，品牌影响力和传播力明显提升，2020年全年保持《人民日报》人民号政务榜“榜首”。“智汇中国”持续把学术共同体人才荟萃、智力密集的优势转化为服务党和政府科学决策的优势。科普、学术、智库三大平台资源的高效集成和广泛传播，塑造了科协组织作为“科技工作者之家”的鲜明特色，为构建联系广泛、服务群众的科协工作体系奠定了坚实基础。以“互联网+”促进组织变革，集成科协优势资源，提升网上群众工作能力。

特别是面对新冠疫情大考，科协组织迅速动员，用伟大抗疫精神凝聚科技抗疫力量。连续发布5封倡议，传递习近平总书记关爱嘱托，传达党中央决策部署，启动应急科普机制。191个全国学会、32个省级科协、3500个省级学会和1.5万个科技志愿服务组织、513万名“科普中国”信息员迅速行动。及时落实中央领导同志对应急科普等工作的14次重要批示，推出新冠肺炎防控知识挂图下沉基层。357家科技馆开展“科学实验挑战赛”，万余件参赛作品线上展示创意，全网覆盖量近5亿。“科普中国”平台及时上线最新科研进展和防控知识，浏览量超过133亿人次，以“科学辟谣平台”阻击“疫情谣言”。中国数字科技馆“空中课堂”等科普资源总传播量达22.5亿。中国心理卫生协会、中国心理学会等积极行动，向社会提供心理援助服务。应疫情之变打造服务决策的动员机制，3万余场各类学术会议汇聚各领域科技工作者智慧，形成169项相关规范指南和专业建议，抗疫和复工复产专刊调动科技工作者积极建言献策。联合中宣部等提出加强应急科普宣教工作的意见，推动形成平战结合的科普协同联动长效机制。

坚持开放、信任、团结的理念，共建人类卫生健康共同体。组织167个全国学会与254个对口国际科技组织建立信息分享机制，在第16届世界公共卫生大会开设中国专场卫星会，积极深化科技抗疫国际合作，推动200多种期刊迅速向世界卫生组织提交授权书参与COVID-19数据库建设。中欧科技创新合作发展论坛推动双方企业、科研机构共同支持科学有序复工复产，为中欧关系发展大局注入新内涵。在这场同疫情的较量中，广大科技工作者以强大的使命担当接力科学家精神火炬，与伟大抗疫精神交相辉映，谱写了爱国奋斗的新篇章。

五年来，我们深刻体会到，做好科协工作的根本在于坚持以习近平新时代中国特色社会主义思想为指导，必须始终毫不动摇坚持党的领导，把做到“两个维护”作为政治引领首要，团结科技工作者坚定不移听党话跟党走，夯实党执政治国的群众基础。必须牢牢把握中央关于群团改革的正确方向，保持和增强政治性、先进性、群众性，强化目标导向和问题导向，坚持系统观念，把握群团发展规律，不断构建联系广泛、服务群众的工作体系。必须坚持围绕中心、服务大局，不断提高政治判断力、政治领悟力、政治执行力，勇于担当、善于担当。必须发挥科技工作者主体作用，服务科技工作者创新创造和价值实现。

过去五年的改革创新奠定了科协事业面向未来的坚实基础。立足新发展阶段，我们清醒地认识到，对标中央要求和科技工作者期待，科协工作仍存在许多短板。团结引领科技工作者的能力有待进一步加强。拓展联系服务广度深度、聚焦政治引领主责的能力有待进一步提升。围绕党和国家工作大局，推动创新发展的空间仍需进一步拓展。深化改革创新，建设中国特色世界一流科协组织仍需不懈努力。我们必须以更加锐意进取的精神，攻坚克难、久久为功，努力跑出科协事业发展加速度，展现党领导下人民团体的新作为。

各位代表、同志们!

党的创新理论是科协事业永葆生机活力的源泉和基础。党的十八大以来，习近平总书记对党的群团工作和群团改革作出一系列重要论述，为群团事业发展指方向、定方针、交任务、提要求。我们要深刻领会习近平总书记重要指示精神，在党的群团工作大局中不断增强使命担当。一是在指导思想上，要深入学习贯彻习近平新时代中国特色社会主义思想，在学懂弄通做实上下功夫，不断增强对党的基本理论、基本路线、基本方略的政治认同、思想认同、情感认同。二是在方向道路上，要毫不动摇坚持党的领导，坚定不移走中国特色社会主义群团发展道路，增强“四个意识”、坚定“四个自信”、做到“两个维护”，始终在政治立场、政治方向、政治原则、政治道路上同党中央保持高度一致。三是在地位作用上，要牢记群团事业是党的事业的重要组成部分，群团组织是党联系人民群众的桥梁和纽带，必须从巩固党在科技界执政基础的政治高度抓好科协工作，使科协组织成为推动科技自立自强、建设科技强国的重要力量，成为推进国家治理体系和治理能力现代化的重要力量。四是在政治责任上，要加强思想政治引领，聚焦主责，自觉承担起团结引领科技工作者听党话跟党走的政治任务，把科技工作者最广泛最紧密地团结在党的周围。五是在根本要求上，要深刻把握加强和改进新形势下党的群团工作最重要的是保持和增强政治性、先进性、群众性，深刻认识政治性是科协组织的灵魂、先进性是科协工作的重要着力点、群众性是科协组织的根本特点。六是在时代主题上，要牢牢把握为实现中华民族伟大复兴而奋斗的时代主题，把围绕中心、服务大局作为工作主线，致力于充分发挥人才第一资源作用，组织动员广大科技工作者在全面建设社会主义现代化国家新征程中建功立业。七是在工作导向上，要坚持以人民为中心的发展思想，把联系和服务科技工作者作为科协工作生命线，走好网上群众路线，积极为科技工作者排忧解难，不断增强他们的获得感。八是在群团改革上，要坚持问题导向，克服“机关化、行政化、贵族化、娱乐化”倾向，健全联系广泛、服务科技工作者的工作体系，树立大抓基层的鲜明导向，把科协组织建设得更加充满活力、更加坚强有力。九是在敢于斗争上，要自觉成为在群众中、在基层凝聚人心、坚守前哨、冲锋陷阵的战斗队工作队，高举旗帜、巩固阵地、争取人心，对模糊认识进行引导，对错误言论进行驳斥，坚决抵制各种错误思潮侵袭。十是在队伍建设上，要培养高素质专业化群团干部队伍，不断改进完善符合科技群团组织特点的干部管理方式，防止形式主义、官僚主义，加强对干部教育管理监督，不断增强做群众工作的本领。

各位代表、同志们!

我们已站在向第二个百年奋斗目标进军的历史起点。世界面临百年未有之大变局、进入动荡变革期，国际力量对比发生深刻调整，引发全球治理体系新变革，人类命运共同体理念深入人心。我国已转向高质量发展阶段，人民对美好生活的向往对科技创新和国家治理体系和治理能力现代化提出新的更高要求。党中央准确把握国际形势和我国发展的新特征新要求，确立了加快构建以国内大循环为主体、国内国际双循环相互促进的新发展格局的战略部署，把创新摆在我国现代化建设全局的核心地位，把科技自立自强作为国家发展的战略支撑，开启了全面建设社会主义现代化国家的新征程。我们要从历史和现实、理论和实践的角度，全面把握新发展阶段，团结科技工作者投身构建新发展格局这一系统性、深层次变革中，主动作为、善于作为，不断作出科协组织围绕中心、服务大局的新贡献。

胸怀“两个大局”，拓展科协组织服务构建人类命运共同体的战略空间。新一轮科技革命和产业变革方兴未艾，不断拓宽全球科技治理的新空间，直接引发国际科技创新格局的重塑。我们要充分估量全球化的新趋势新挑战，把科技支撑新发展格局摆在突出位置，主动接入全球创新网络，在参与全球治理中有更大作为。要把握科技经济社会融合、产学研深度协同的时代走势，坚持开放、信任、团结，携手国际科技界共同应对人类社会发展的重大挑战，增进互信、合作，维护负责任的大国形象，通过民间科技交流通道的不断拓展，架起中国科技界服务构建人类命运共同体的桥梁。

服务新发展格局，谱写科技群团现代化发展新篇章。构建新发展格局是我国面向新发展阶段的主动布局与战略选择，是推动高质量发展的关键先手棋。统筹国内国际两个市场两种资源，提高在全球配置资源能力，重塑新竞争优势，产学研协同创新、开放融合创新、跨国合作创新成为常态。现代化科技类社会组织扮演着催化、桥接技术、资本、人才等要素，促进其高效配置和充分流动的重要角色，是推动跨国创新网络快速迭代、现代产业体系全球范围重构的载体和平台，在连接政府与市场、推动科技经济融合中发挥重要作用。科协组织要响应党中央号召，强化服务“国之大者”的使命担当，顺应科技工作者期盼，坚定勇于自我变革的底气和决心，以时不我待的紧迫感，努力向更高水平的现代化组织迈进，更紧密地把广大科技工作者团结起来，在创新创造中建功立业。

未来五年的工作建议

科协事业发展的根基在于坚持以习近平新时代中国特色社会主义思想为指引，始终保持党领导下人民团体的政治本色；活力在于始终围绕党和国家事业发展大局，以科技工作者为中心，与时俱进地确立工作重心；动力在于顺应世界科技发展大势，坚持不懈深化改革、扩大开放。未来五年，立足新发展阶段，贯彻新发展理念，科协组织必须不断提高政治判断力、政治领悟力、政治执行力，以更加广阔的视野、更强有力的历史担当，团结科技工作者主动融入构建新发展格局的历史进程中。

着力涵养自立自强。加快科技自立自强是支撑新发展格局、培育新形势下我国参与国际合作和竞争新优势的关键，要弘扬科学家精神，涵养优良学风，团结引导科技工作者坚定创新自信，坚持“四个面向”，打好关键核心技术攻坚战，不断拓展科技创新的深度和广度，充分发挥科技自立自强的战略支撑作用，以自主创新铸就国家现代化航船的钢筋铁骨。

着力推动创新发展。充分发挥创新引领发展的第一动力作用，释放人才第一资源的强大活力。要把增强人民群众科学素质作为科技自立自强的基础工程，涵养科技创新的文化沃土，推动人的全面发展和社会全面进步。推动人才培养理念变革，以完善科技创新体制机制包容激励创新创造、激活社会组织网络、塑造科技创新良好氛围，为科技强国提供不竭动力。

着力推进协同治理。围绕服务国家治理体系和治理能力现代化，着力推动科协系统改革向纵深拓展、向基层延伸，以党建带群建增强基层组织活力和参与社会治理的能力。提高运用现代科技工具提升治理水平的能力，增强机遇意识和风险意识，树立底线思维，把组织优势、创新优势有效转化为服务高质量发展优势，加快建设与现代化相适应的科技治理体系，占领未来竞争制高点。

着力拓展开放融合。把握时代融合发展大势，服务实施更大范围、更宽领域、更深层次对外开放。要促进学科交叉融合、科学技术与工程融合、科技与经济社会融合，以汇聚创新资源推动更多的科学中心、创新高地、人才枢纽和治理中心建设，积极参与全球创新治理。保持和拓展科技与人才交流合作战略通道，增进相互理解、信任与合作，为构建人类命运共同体提供科技支撑。

第一，坚定理想信念，团结汇聚建设现代化国家的科技力量

全面建设社会主义现代化国家的号角已经吹响。科协组织要自觉把党和人民的期待和呼唤当作科技进步和创新的时代强音，坚定主心骨、汇聚正能量、振奋精气神，发挥桥梁纽带作用，团结引领广大科技工作者心怀大我、报国为民，奋力开启新发展阶段科技自立自强新征程。

高擎精神火炬。牢固树立“四个意识”、坚定“四个自信”、做到“两个维护”，始终以习近平新时代中国特色社会主义思想武装头脑、指导行动。大力弘扬科学家精神，激励科技工作者牢记报国为民的光荣使命，奋力创新创造，坚定不移地听党话跟党走，始终在国家现代化征程中走在前列。

砥砺优良学风。坚持激浊扬清，抓住学风建设不放松，引导科技工作者行为世范，带头践行社会主义核心价值观，甘为人梯、奖掖后学，托举青年人才健康成长。扩大学风传承行动覆盖。坚守科学伦理和学术道德，推动科技界作风学风实质性改观。

广泛凝心聚力。提升对习近平新时代中国特色社会主义思想的传播转化能力，创造理论阐释精品，丰富理论学习内容，推进理论创新，形成成果品牌。扩大科协系统党校覆盖。强化与港澳台地区科技人文交流合作，服务海峡两岸暨港澳科技工作者人心相通、协同创新。坚持内外宣相结合，拓展与在华工作外国专家联系渠道，活跃开放创新沙龙平台，增强对海外科技人才的感召力。

坚定创新自信。引导科技工作者坚持“四个面向”，以敢为人先的勇气进军科技创新“无人区”，不断拓展科技创新的广度和深度，努力为世界科技发展和人类文明进步作出中国科技界的贡献。

第二，坚持汇智聚力，建设支撑国家治理体系和治理能力现代化的科协创新智库

“谋先事则昌，事先谋则亡”。服务构建新发展格局，必须有识变之智、应变之策、求变之勇。要充分发挥科协系统智力密集优势，坚持以研为用，服务“国之大者”。遵循创新发展规律、科技管理规律、人才成长规律，集智动员做精“智汇中国”品牌，打造科协特色的国家高端科技创新智库，更好地服务党和政府科学决策。

彰显跨界集智优势。突出学会主体力量，强化对科技发展重大问题的前瞻研判能力。拓展高校智库合作，聚集跨学科协同研究力量和人才队伍，打造服务国家科技治理的高水平研究网络。协同会地资源，服务国家区域战略，提升区域共建智库的战略站位。

坚持人才驱动。增强对优势学科和领军人才的吸引力组织力，以科学家、战略专家为依托力量，跨界建立和完善多层次的科技信息专家制度，凝聚战略领军人才，培养青年智库人才，吸纳国际专家队伍，促进创新思想碰撞交流，打造科协系统智库创新团队，构建核心竞争力。

接入全球智库网络。以开放、系统、联结、融合的思维和方法，集全球智慧解发展难题，建立与国际知名科技智库的交流合作机制。打造资源共享、方法互鉴、优势互补、互联互通的“智汇中国”平台。

第三，坚持学会主体，建设中国特色世界一流科技社团

学会是科协事业的主体，是联系服务科技工作者的重要纽带。要以改革创新精神推进中国特色世界一流科技社团建设，繁荣学术交流、跨界汇聚思想、促进开放合作、涵养创新生态，共建积极参与全球科技发展与治理的科技共同体。

面向强国建设，打造一流学会。坚持党建强会、依章治会、学术立会、人才兴会，推动学会组织扩大边界融合发展，依照有关规定有序发展港澳台会员和外籍会员，设立对外联系服务机构、境外分支（代表）机构，建立与对口国际、国别科技组织的常态化交流合作机制。构建引领未来的学术前瞻研判体系，强化全球性创新议题创设能力，引领科技发展方向。

推进一流期刊建设“百年大计”。推动开放科学，持续深入实施中国科技期刊卓越行动计划，全力推进数字化、专业化、集团化、国际化办刊。建立具有国际水平的数字出版服务平台，推广临床案例成果数据库等开放知识库，促进科研论文和科技信息汇聚共享，为科技自立自强和经济社会高质量发展提供坚实支撑。构建立足中国、面向世界的科技期刊自主评价体系，推进中外科技期刊同质等效。

优化学会内部治理。突出发展个人会员，构建分级分类的会员管理服务体系，强化对青年科技工作者、企业科技工作者、非公领域科技工作者、高校学生等的吸纳联系。推进党委政治把关、理事会决策、监事会监督、办事机构执行、分支机构协同的中国科技社团治理体系，扩大理事会中基层一线和中青年人员比例，打造运转高效、规范有序的实体化办事机构。

第四，坚持科技为民，构建高质量科普服务体系

现代化的根本在于人的现代化，科普是建设现代化强国的基础支撑。要把快速增强亿万人民的科学文化素质作为科技自立自强的基础工程，协调推进《全民科学素质行动规划纲要（2021—2035年）》实施，坚持以人民为中心，突出科普价值引领，大力弘扬科学精神，做优做强“科普中国”品牌，搭建各类科普工作平台，建立科普工作与组织建设融通贯通机制，加强科普队伍建设，深化科普供给侧改革，抓好科技馆体系和基层阵地建设，服务和融入新发展格局，提升社会文明程度，厚植现代化国家的人才基础。

协同化推进科技资源科普化。积极构建党政支持、市场和社会力量等多方参与联合协同的工作格局。推动在国家科技计划、科技奖项评定中列入科普工作指标。建立健全应急科普协调联动机制，培育应急科普专家队伍。推动高校、科研院所、企业等把科普工作纳入科技人员考评体系，扶持科普科幻创作人才成长，丰富科普产品供给。

信息化升级科普服务质量。秉持创新、提升、协同、普惠的理念，构建层次丰富、良性循环、持续发展的科普生态，持续打造科学权威、开放融合、互动共享的“科普中国”品牌。加大科学教育资源向革命老区、民族地区、边疆地区、脱贫地区、农村地区倾斜力度。创新科普服务提供机制与方式，打造引人入胜的网络视频、电视广播节目、游戏、动漫、图书等科普精品。

国际化实现科普开放提升。积极倡导和参与国际通用的标准化公民科学素质测评指标体系研究制定，发起建立相关国际组织，搭建科普领域全球化、综合性、高层次的交流合作平台。定期举办世界公众科学素质促进大会，深化与“一带一路”沿线国家科普机构的交流合作，借鉴国际有益经验，发挥科普对推动构建人类命运共同体的重要作用。

着力推进科普基础设施建设。打造高质量发展的新时代中国特色现代科技馆体系，建设科学家精神培育基地、前沿科技体验基地、公共安全健康教育基地和科学教育资源汇集平台。推动科技类场馆、文化类场馆、科学文化领域社会组织和研究机构跨界合作与融合发展。推动高校、科研院所、科技型企业和科普场馆等面向公众开放，促进跨区域科普资源共建共享。

建设面向未来的青年科技英才队伍。遵循青少年人才成长规律，深化竞赛遴选等制度改革，将科学精神培育和科学方法养成贯穿于人才发现、培养全过程。鼓励科技工作者积极参与产业职业科普教育，夯实中国制造的人才基础。深化科技创新后备人才培养的理念、方式、内容、师资保障机制等改革，建立校内外科学教育资源有效衔接的机制，营造有利于培育具备科学家潜质青少年的良好生态。

实施科技助力乡村振兴工程。开展科技助力乡村振兴定点帮扶，巩固拓展脱贫攻坚成果同乡村振兴有效衔接。动员科技组织、广大科技工作者参与科技助力乡村振兴工作，积极开展乡村振兴特色人才培训、特色产业技术推广等帮扶活动。开展科协系统对口援藏援疆工作，支持西藏、新疆开展科技培训、科技交流、科普活动。

第五，坚持创新创造，打造促进产学研融合的协同创新平台

进一步发挥科协组织在促进科技经济融合中的协同枢纽作用，搭建有效平台，激励科技工作者创新创造，投身现代化经济体系建设，把论文写在祖国大地上。通过不断提升“科创中国”品牌的服务效能和社会影响力，汇聚创新主体和创新资源，营造融通生态，健全纵横无界、节点有序的创新网络。

丰富发展创新主体紧密联系新机制。以推动产学研深度融合为着力点，围绕产业链创新链的协同发展，扩大“科创中国”城市、园区覆盖面，强化学会科技服务团的科技供给能力，围绕一线创新需求“揭榜挂帅”，开展供需对接，服务企业技术创新和现代化经济体系建设。

创造跨界融合的组织新形态。联合政府部门、科研机构、企业、金融机构等，建设专业性、区域性新型产学研协同组织，畅通科技资源下沉渠道。支持京津冀、长三角、粤港澳大湾区、成渝双城、东北老工业基地等地区建立区域协同机制或合作平台，构建推进产学研深度融合的创新联合体，推动各领域机构跨界联合，培育新的经济增长点。

打造链接创新要素的服务新平台。优化国家公共技术服务与交易平台，丰富标准和制度体系，促进平台规范化、可持续发展，汇聚海内外创新资源和企业需求，促进各类机构入驻并在线对接、精准匹配。

营造协同创新创造新生态。构建产业枢纽城市网络，畅通跨境产业技术交流渠道，建立面向全球的国际技术交易促进协作机制，促进技术所有者、技术需求者、技术服务者和资本拥有者共同营造良好市场环境，助力提升产业链供应链现代化水平。

第六，坚持群众路线，建设富有情感温度的科技工作者之家

紧紧围绕强“三性”深化科协工作体制机制改革，拓展联系服务渠道，建设网上科协，增强科协基层组织发展活力和动力，不断完善联系广泛、服务科技工作者的科协工作体系。

擦亮服务品牌，壮大网上“科技工作者之家”。全面加强网上服务能力，纵向打通各级科协组织和学会学术团体，横向拓展跨界协同网络，对外连接国际组织，打造跨越性、无边界的网上“科技工作者之家”。持续打造“科普中国”“科创中国”“智汇中国”平台，全面建设事业之家、组织之家、精神之家、服务之家，以品牌凝聚人才、以服务温暖人心、以价值引领人才，为科技工作者创新创造搭建广阔舞台。

赋能基层组织，巩固基层基础。持续强化对基层、一线的优质资源下沉，着力扩大对高校、企业（园区）、乡镇（街道）以及“两新”组织的工作覆盖和组织覆盖，推动科协基层组织建立党的组织。拓宽“三长”工作覆盖面，广泛吸纳基层模范人物、致富能手、创业带头人、先进志愿者等优秀人才，推动科协资源与新时代文明实践中心、基层党群服务中心深度融合，深入开展科技志愿服务等活动，为提高基层治理能力注入强大科技动能。

激发科技人才创新创造内在动力。发挥好全国创新争先奖等品牌奖项的激励引导作用和世界青年科学家峰会等学术平台的引才聚才作用，持续加大对青年科技人才的支持。完善“科情在线”平台，努力建成广泛覆盖科技工作者的双向交流平台。

第七，坚持开放发展，积极参与全球创新治理

畅通服务新发展格局的战略通道，发挥社会组织广泛联系渠道作用，主动作为、善于作为，有效搭建科学家交流思想、分享知识的平台，促进各国相互理解和信任，弥合文化鸿沟，扎紧团结信任的纽带。

倡导开放、信任、团结的理念。“物之不齐，物之情也”。文明因互鉴而丰富、因交流而多彩。我们要以海纳百川的胸怀，大力倡导科技为民的理念，推动各国科技界共同在坚守科学真理和道义中展示“以德服人”价值共同体、“以理服人”学术共同体的责任担当，携手推进人类卫生健康共同体、人与自然生命共同体建设，让科技文明交流互鉴、基于信任团结的高水平合作成为应对人类共同挑战的有力武器，为服务构建人类命运共同体作出切实贡献。

打造服务新发展格局的合作枢纽。以开放创新不断拓展海外科技交流渠道，不断释放“组织 +”的合作优势，以会兴业、以业聚才、以才引才。提升科协组织学术交流等联系平台的国际影响力和海外传播力。探索与欧盟、美国、日本、英国等技术合作新机制，加强各类产业创新协同机制或合作平台建设，在气候变化、人口健康、碳达峰碳中和、青年人才合作等方面积极作为，推动跨国合作研发、共同探索，建立立足国情、面向全球的开放创新体系。

深度参与全球创新治理。深化与国际科技组织的合作关系，与“一带一路”沿线国家建立友好联系，支持我国科技社团发起成立国际科技组织，吸引国际科技组织总部落户中国，加大科学家在国际科技组织任职的组织保障和履职服务力度，加强国际组织人才培养和多边科技治理能力建设，参与国际技术标准研制和认证，扩大国际科技界“朋友圈”，织密民间科技人文交流网络。

第八，坚持党对科协工作的全面领导，建设朝气蓬勃的人民团体

坚持党的领导是中国特色群团事业蓬勃发展的根

本保证。我们要始终把保持和增强政治性、先进性、群众性作为事业发展的基点，不断破解社会组织党建难题，建设让党中央放心、科技工作者满意、人民群众认可的中国特色社会主义科技群团。

旗帜鲜明讲政治。坚持把党的政治建设摆在首位，深化“大党建”工作格局，紧紧围绕党的中心工作部署推进科协事业发展的重点工作，不断强化政治引领和政治机关建设，形成“一体两翼”系统推进政治建设的保障体系。

建设高素质干部队伍。充分发挥党组理论学习中心组示范带头作用，强化青年理论学习，增强干部与时俱进坚持原则、谋划工作本领。坚持党管干部原则，树立重实干重实绩的鲜明用人导向，让想干事、肯干事、能干成事的干部更有用武之地。

持之以恒正风肃纪。深入贯彻落实中央八项规定及其实施细则精神，持续纠正“四风”，力戒形式主义、官僚主义顽瘴痼疾。坚定不移深化政治巡视，发挥巡视标本兼治的战略作用。加强警示教育、纪律教育，提高广大党员干部遵规守纪意识。完善监督执纪问责工作体系，持续深入推进反腐败斗争，一体推进不敢腐不能腐不想腐，积极营造全身谋事、干事创业的文化氛围。

防范化解重大风险。完善研判和应对意识形态风险机制，在大是大非面前立场坚定、旗帜鲜明。强化意识形态阵地意识、学会主体意识、领导干部责任意识，全面提升处置科技危机事件的工作能力。健全重大风险预判与防控机制，加强对热点问题和突发事件的引导处置。

各位代表、同志们！

百年大潮风云激荡，党领导科技工作者绘就了爱国奋斗的历史华章。新的百年，实现中华民族的伟大复兴，期待着科技工作者以更加丰硕的创新创造成果报效国家、服务人民，书写新时代的无上荣光。周虽旧邦，其命维新。新征程上，科协组织必将以昂扬奋进的姿态最广泛地凝聚广大科技工作者更加紧密地团结在以习近平同志为核心的党中央周围，众心向党、自立自强，向着实现第二个百年奋斗目标的宏伟蓝图不断前进！

中国科学技术协会第十次全国代表大会闭幕

5月30日，中国科协第十次全国代表大会在北京人民大会堂闭幕。全国政协副主席、中国科协主席万钢发表讲话。中国科协党组书记、常务副主席、书记处第一书记怀进鹏主持闭幕式。

中国科协第十次全国代表大会期间，选举产生了中国科协新一届领导机构。万钢当选中国科协第十届全国委员会主席。怀进鹏担任中国科协书记处第一书记。马伟明、尤政、邓秀新等18人当选中国科协第十届全委会副主席。王博、王合清、王进展等56人当选中国科协常委。

万钢表示，中国科协第十次全国代表大会全体代表深入学习领会习近平总书记等中央领导同志的重要讲话精神，更深刻地认识到新一轮科技革命与产业变革突飞猛进给科协事业发展带来的机遇挑战，更深入地理解创新在国家现代化建设中的核心地位，更真切地感受到实现高水平科技自立自强的重大使命，进一步增强了政治判断力、政治领悟力、政治执行力。

万钢说，过去五年，中国科协在中央书记处的领导下，政治建设全面加强，服务科技工作者实现价值的舞台不断丰富，开放型、枢纽型、平台型组织特色更加鲜明，围绕中心、服务大局的能力显著增强，参与全球创新治理的视野更加开阔，为科协事业未来发展奠定了坚实基础。

万钢强调，站在"两个一百年"奋斗目标的历史交汇点上，中国科协第十届全国委员会将坚持以习近平新时代中国特色社会主义思想为指导，深入贯彻落实党的十九大和十九届二中、三中、四中、五中全会精神，认真学习贯彻习近平总书记重要讲话精神，增强"四个意识"、坚定"四个自信"、做到"两个维护"，最广泛地汇聚科技界的智慧力量，为加快建设科技强国、实现高水平科技自立自强作出新贡献。

闭幕会上，中国科协第十次全国代表大会代表表决通过了《中国科学技术协会第十次全国代表大会关于中国科协九届全委会工作报告的决议》，通过了中国科学技术协会第十次全国代表大会《关于〈中国科学技术协会事业发展"十四五"规划（2021—2025年）（草案）〉的决议》。

中国科协向马林、王曦、王永志等30名同志颁发了中国科协荣誉委员证书；发布了中国科协第十次全国代表大会向全国科技工作者发出的《关于开展"自立自强　创新争先"行动的倡议》；向"科创中国"创新城市、平台等授牌。

中国科学技术协会第十次全国代表大会关于第九届全国委员会工作报告的决议

（2021 年 5 月 30 日中国科学技术协会第十次全国代表大会通过）

中国科学技术协会第十次全国代表大会认真审议了万钢主席代表第九届全国委员会所作题为“贯彻新发展理念　服务新发展格局　团结引领广大科技工作者为全面建设社会主义现代化国家而努力奋斗”的工作报告，认为工作报告对过去五年的工作总结实事求是，对形势的分析深入透彻，对今后五年的工作建议切实可行，决定通过第九届全国委员会工作报告。

中国科学技术协会章程

（中国科学技术协会第十次全国代表大会部分修改，2021年5月30日通过）

第一章 总 则

第一条 中国科学技术协会是中国科学技术工作者的群众组织，是中国共产党领导下的人民团体，是党和政府联系科学技术工作者的桥梁和纽带，是国家推动科学技术事业发展、建设世界科技强国的重要力量。

第二条 中国科学技术协会坚持以下宗旨：

高举中国特色社会主义伟大旗帜，坚持以马克思列宁主义、毛泽东思想、邓小平理论、“三个代表”重要思想、科学发展观、习近平新时代中国特色社会主义思想为指导，增强“四个意识”、坚定“四个自信”、做到“两个维护”，按照“五位一体”总体布局和“四个全面”战略布局，坚持科学技术是第一生产力，坚持把创新作为引领发展的第一动力，把人才作为支撑发展的第一资源，坚持面向世界科技前沿、面向经济主战场、面向国家重大需求、面向人民生命健康，充分发挥作为国家创新体系重要组成部分的作用。

牢牢把握增强政治性、先进性、群众性要求，建设开放型、枢纽型、平台型科协组织，坚持为科技工作者服务、为创新驱动发展服务、为提高全民科学素质服务、为党和政府科学决策服务，促进科学技术的繁荣和发展，促进科学技术的普及和推广，促进科技人才的成长和提高，促进科技智库作用的发挥和彰显。坚持面向世界、面向未来，增进对国际科技界的开放、信任、合作，为推动构建人类命运共同体作出更大贡献。

坚定不移走中国特色社会主义群团发展道路，最广泛地把广大科技工作者团结凝聚在党的周围，自觉履行高水平科技自立自强的使命担当，为全面建设社会主义现代化国家、实现中华民族伟大复兴的中国梦而努力奋斗。

第三条 中国科学技术协会由全国学会、协会、研究会（以下学会、协会、研究会简称学会），地方科学技术协会及基层组织组成。

地方科学技术协会由同级学会和下一级科学技术协会及基层组织组成。

第四条 中国科学技术协会党组发挥领导作用，把方向、管大局、保落实，加强对业务工作和党的建设的领导，确保党的理论和路线方针政策的贯彻落实。

第五条 中国科学技术协会倡导尊重劳动、尊重知识、尊重人才、尊重创造的风尚，弘扬科学家精神，坚持独立自主、民主办会的原则和“百花齐放、百家争鸣”的方针，依法依章程开展工作。

第六条 中国科学技术协会高举爱国主义旗帜，加强与香港特别行政区、澳门特别行政区和台湾地区的科学技术交流，维护民族团结，促进祖国统一。

第七条 每年5月30日为“全国科技工作者日”。

第二章 任 务

第八条 引导科技工作者学习贯彻习近平新时代

中国特色社会主义思想，宣传党的路线方针政策，密切联系科技工作者，反映科技工作者的建议、意见和诉求，维护科技工作者的合法权益，建设有温度、可信赖的科技工作者之家。

第九条 开展学术交流，活跃学术思想，倡导学术民主，优化学术环境，促进学科发展，协同组织推进世界一流科技期刊培育建设，推进国家创新体系建设。

第十条 组织科技工作者开展科技创新，开展科技志愿服务，参与科学论证和咨询服务，坚定创新自信，着力攻克关键核心技术，加快科学技术成果转化应用，助力创新发展，促进科技创新与经济社会发展深度融合。

第十一条 弘扬科学精神，普及科学知识，推广先进技术，传播科学思想，倡导科学方法，捍卫科学尊严，提高全民科学素质。

第十二条 健全科学共同体的自律功能，推动建立和完善科学研究诚信监督机制，促进科学道德建设，加强科技伦理建设，涵养优良学风，宣传优秀科技工作者，培育科学文化，践行社会主义核心价值观。

第十三条 组织科技工作者参与国家科技战略、规划、布局、政策、法律法规的研究、咨询和制定，参与国家事务的政治协商、科学决策、民主监督工作，建设中国特色高端科技创新智库。

第十四条 组织学会有序承接科技评估、工程技术领域职业资格认定、技术标准研制、国家科技奖励推荐等政府委托工作或转移职能。支持地方科学技术协会承接政府的科技类公共服务职能。

第十五条 注重激发青少年科技兴趣，推进科技人才队伍建设，造就更多国际一流的科技领军人才和创新团队，培养具有国际竞争力的青年科技人才后备军。表彰奖励优秀科技工作者，举荐科技人才。

第十六条 开展民间国际科学技术交流活动，促进国际科学技术合作，支持学会等加入国际科技组织，推动设立国际科技组织或分支机构，参与国际科技事务和全球科技治理。加强中国工程师联合体建设，扩大与国际工程师组织合作。支持科技工作者在国际科技组织和重大国际科技议程中发挥积极作用。发展同国（境）外科学技术团体和科技工作者的友好交往，为国际科技组织和海外科技人才来华交流合作、创新创业提供服务。

第十七条 兴办符合中国科学技术协会宗旨的社会公益性事业。

第三章　会　员

第十八条 中国科学技术协会实行团体会员制。

学会和基层组织，符合条件的，经批准可成为同级科学技术协会的团体会员。

学会和基层组织发展个人会员。支持学会发展港澳台和外籍会员，吸纳港澳台和外籍科学家在学会任职。

第十九条 会员的权利和义务：

团体会员可推选代表参加科学技术协会代表大会，享有选举权、被选举权和监督权；参加科学技术协会的活动，对科学技术协会的工作提出建议和批评并进行监督。

团体会员须遵守本章程，接受科学技术协会的领导，执行科学技术协会的决议和决定，开展符合本章程规定的各项活动，承担科学技术协会委托的工作任务。

个人会员的权利和义务由学会和基层组织章程规定。

第四章　全国领导机构

第二十条 全国代表大会和它选举产生的全国委员会是中国科学技术协会全国领导机构。

全国代表大会常务委员会是全国代表大会的常设机构。

第二十一条 全国代表大会每五年举行一次，由全国委员会召集。特殊情况下，可以提前或延期举行。

第二十二条 全国代表大会的代表名额和选举办法由常务委员会决定，其代表经全国学会和省、自治区、直辖市科学技术协会及有关方面民主协商，选举产生，实行任期制。

第二十三条 全国代表大会行使下列职权：

一、决定中国科学技术协会的工作方针和任务；

二、审议和批准全国委员会的工作报告；

三、制定和修改中国科学技术协会章程；

四、选举产生全国委员会；

五、决定其他重大事项。

第二十四条 全国委员会会议每年举行一次，由常务委员会召集。

第二十五条 全国委员会行使下列职权：

一、执行全国代表大会的决议；

二、选举主席、副主席和常务委员会委员；

三、审议中国科学技术协会年度工作报告；

四、决定授予荣誉职务；

五、决定其他重大事项。

第二十六条 全国委员会闭会期间，常务委员会领导中国科学技术协会的工作，实施全国委员会确定的任务，批准全国委员会委员的变更、增补或撤销、会员的接纳、退出或处理；决定常务委员会委员、全国委员会副主席的调整，并提交全国委员会会议批准。

常务委员会会议一般每半年举行一次，由主席召集，也可由主席委托副主席召集。

第二十七条 常务委员会下设书记处。书记处由第一书记和书记若干人组成，人选由主席提名，经常务委员会通过。书记处在常务委员会领导下主持中国科学技术协会的日常工作。

第二十八条 常务委员会设置若干工作委员会和专门委员会，协助审议需经常务委员会审定的有关事项。

第二十九条 常务委员会根据需要，聘请成就卓著的科学家为中国科学技术协会顾问。

第三十条 全国委员会委员和常务委员会委员应珍惜荣誉，遵守纪律，认真履职。全国委员会委员连续两次无故缺席全国委员会会议，没有正常履职的，一般应辞去全国委员会委员职务；常务委员会委员三次无故缺席常务委员会会议，没有正常履职的，一般应辞去常务委员会委员职务。

因为严重违纪受到查处或受到刑事处罚的，撤销委员职务，同时终止全国代表大会代表资格。

第五章　全国学会

第三十一条 本章程所称全国学会是按自然科学、技术科学、工程技术及相关科学的学科领域组建或以促进科学技术发展和普及为宗旨的社会团体。

第三十二条 加入中国科学技术协会的全国学会须满足以下基本条件：

一、承认并遵守中国科学技术协会章程；

二、按照社会团体登记管理规定依法登记；

三、学会负责人应在相关领域有重要影响，个人会员达到1000名以上；

四、有健全的党组织，能正常开展党的工作；

五、经常开展国内外学术交流活动，具有较强的服务科技创新、决策咨询和科学技术普及能力，编辑出版科学技术或科学普及刊物，原则上应设有科学技术奖项；

六、有实体办事机构、固定办公场所和专职工作人员。

第三十三条 符合本章程第三十二条规定的全国学会，向中国科学技术协会提出申请，经常务委员会批准，即为中国科学技术协会的团体会员。

第三十四条 加入中国科学技术协会的全国学会接受中国科学技术协会的领导，执行中国科学技术协会的决议，承担并完成中国科学技术协会委托的任务，选举代表参加中国科学技术协会全国代表大会。

全国学会退出中国科学技术协会，须经中国科学技术协会常务委员会批准。

第三十五条 全国学会会员代表大会每四至五年举行一次，决定学会的工作方针和任务，审议和批准学会理事会的工作报告和财务报告，制定、修改学会章程，选举新的理事会、监事会。

全国学会办事机构在理事会领导下开展工作。

第三十六条 全国学会可根据学科发展需要组建学会联合体，有条件的学会联合体应设立党的工作机构。学会联合体为非法人社团组织，其成立或解散须经中国科学技术协会常务委员会批准。

第三十七条 全国学会有下列情形之一的，经中国科学技术协会批准，给予限期整改、警告、撤销团体会员资格等处理：

一、履职不力、组织涣散的，责令限期整改；

二、限期整改后仍无明显改进的，经批准，给予警告；

三、违反国家法律法规，或严重违反中国科学技术协会章程，造成严重不良后果的，经常务委员会批准，撤销团体会员资格。

第六章　地方科学技术协会

第三十八条 本章程所称地方科学技术协会指省（自治区、直辖市）科学技术协会，市（地、州、盟）科学技术协会和县（市、区、旗）科学技术协会。地方科学技术协会是中国科学技术协会的地方组织，是地方同级党委领导下的人民团体。

第三十九条 地方科学技术协会一般应设立党组。地方科学技术协会应在同级党委领导和上级科学技术协会指导下，结合本地实际履行职责，定期向同级党委和上一级科学技术协会报告工作。

省级以下（含省级）学会接受同级科学技术协会领导，业务上受相应的上级学会指导。

第四十条 地方科学技术协会执行中国科学技术协会的章程和决议，推选代表参加上级科学技术协会代表大会。

第四十一条 地方各级科学技术协会代表大会和它选举产生的地方科学技术协会委员会是地方科学技术协会的领导机构，每届任期五年。市（县）级及以下科学技术协会应注重吸纳教育、医疗卫生、农业技术推广等领域的机构负责人进入领导机构。

地方科学技术协会代表大会每五年举行一次，决定本地区科学技术协会的工作方针和任务，审议地方科学技术协会委员会的工作报告，选举地方科学技术协会委员会。上一级科学技术协会负责人一般应到会指导。

地方科学技术协会委员会会议每年举行一次，由同级科学技术协会常务委员会召集。

地方科学技术协会委员会闭会期间，由地方科学技术协会常务委员会领导地方科学技术协会工作。

地方科学技术协会常务委员会会议一般每半年举行一次，由主席召集，也可由主席委托副主席召集。

地方科学技术协会主席、副主席选举结果应报上一级科学技术协会备案。

第七章　基层组织

第四十二条 中国科学技术协会的基层组织，在本单位同级党组织的领导和地方科学技术协会的指导下，依照本章程开展活动。

科技工作者集中的高等学校、科研院所、医院、企业、园区等单位，经党组织隶属关系所在地的科学技术协会审批，可以建立科学技术协会（科学技术普及协会）等基层组织。

乡镇（街道）、村（社区）可以建立科学技术协会（科学技术普及协会、农村专业技术协会）等基层组织。

第四十三条 中国科学技术协会和地方科学技术协会可依规模和影响发展符合条件的基层组织作为团体会员。

第四十四条 基层组织应立足自身特点，动员和组织科技工作者开展学术交流，普及科学技术，推广实用技术，助力创新驱动，服务大众创业、万众创新，发挥在社会治理中的作用。

第四十五条 基层组织应大力发展个人会员，及时准确反映基层科技工作者的建议、意见和诉求，建好科技工作者之家、广交科技工作者之友。

第八章　工作人员

第四十六条 各级科学技术协会按照信念坚定、为民服务、勤政务实、敢于担当、清正廉洁的标准，加强对工作人员的管理，建设一支忠诚干净担当的高素质、专业化干部队伍。

第四十七条 各级科学技术协会工作人员应热爱科学技术协会的事业，牢固树立为科技工作者服务的思想，持续改进工作作风，深入实际和基层，密切联系和真诚服务科技工作者，不断提高政策水平、专业技能和社会服务能力。

第四十八条 各级科学技术协会要加强对工作人员的培养和教育，有计划有组织地开展培训工作，提高工作人员的政治和业务素质。

第四十九条 各级科学技术协会及所属团体工作人员应自觉加强纪律和道德约束，共同维护科学技术协会作为科技工作者之家的良好形象，不得肆意贬损诋毁。如有违犯者，视情节轻重给予处理。

第九章　经费及资产管理

第五十条 经费来源：

一、财政拨款；

二、资助；

三、捐赠；

四、会费；

五、企事业收入；

六、其他收入。

第五十一条 建立学术交流、科学技术普及、人才举荐和奖励等专项基金。

第五十二条 建立常务委员会领导下的民主理财管理体制。

第五十三条 各级科学技术协会的经费、资产及国家和地方拨给科学技术协会的不动产受法律保护，任何单位和个人不得侵占、挪用和任意调拨；各级科学技术协会所属企业、事业单位的资产隶属关系不得随意改变。

第十章　会　徽

第五十四条 中国科学技术协会会徽由古天象仪、

航天器、齿轮、麦穗、蛇杖以及中文和英文标出的中国科学技术协会名称组成。

第五十五条 中国科学技术协会会徽可在办公地点、活动场所、会议会场悬挂，在出版物上印制，也可制作成徽章佩戴。

第十一章 附 则

第五十六条

中国科学技术协会简称中国科协。

中国科学技术协会会址设在北京。

中国科学技术协会的英文全称是CHINA ASSOCIATION FOR SCIENCE AND TECHNOLOGY，缩写为CAST。

科学技术工作者简称科技工作者。

第五十七条 全国委员会依照本章程制定《全国学会组织通则》。

第五十八条 全国学会依据有关社会团体登记管理规定、本章程制定学会章程。

地方科学技术协会可根据本章程制定实施细则。

第五十九条 本章程解释权属中国科学技术协会。

第六十条 本章程经中国科学技术协会全国代表大会通过实施。

中国科学技术协会第十次全国代表大会关于《中国科学技术协会章程》的决议

（2021 年 5 月 30 日中国科学技术协会第十次全国代表大会通过）

中国科学技术协会第十次全国代表大会审议并同意第九届全国委员会提请审议的《中国科学技术协会章程（修改草案）》，自通过之日起生效。

中国科学技术协会事业发展“十四五”规划（2021—2025年）

（2021年5月30日中国科学技术协会第十次全国代表大会通过）

目　录

以习近平新时代中国特色社会主义思想为指导，根据《中华人民共和国国民经济和社会发展第十四个五年规划和2035年远景目标纲要》《国家中长期科学和技术发展规划（2021—2035年）》，依据《中国科学技术协会章程》《面向建设世界科技强国的中国科协规划纲要》，编制本规划。本规划主要明确全国科协系统的重点任务，是各级科协组织及所属学会的行动指南，是制定年度工作计划的依据。

一、开创新发展阶段科协事业新局面

“十三五”时期科协事业发展取得重大成就。五年来，各级科协组织及所属学会不断保持和增强政治性、先进性、群众性，深化系统改革，对科技工作者的吸引力凝聚力进一步增强。坚持把团结引领广大科技工作者作为主责，弘扬科学家精神，加强创新文化生态建设，科协组织在党和政府联系科技工作者中的桥梁和纽带作用进一步发挥，“科技工作者之家”建设线上线下系统联动推进。坚持把学术交流作为“立家之本”，在推动世界一流科技期刊和世界一流学会建设、促进科技创新能力提升、服务科技经济融合发展等方面迈出新步伐。坚持把科学普及作为“看家之本”，推动实施全民科学素质行动计划，我国公民具备科学素质的比例由2015年的6.20%提高到2020年的10.56%，为经济社会发展奠定坚实基础。坚持把决策咨询作为“强家之本”，发挥科技群团特色柔性智库优势，服务党和政府科学决策、回应重大社会关切等取得新成效。坚持把对外民间科技交流合作作为重要任务，积极参与全球科技治理，开展“一带一路”民间交流，服务国家外交大局、对港澳台工作取得新成绩。

科技创新是百年未有之大变局的关键变量。立足新发展阶段、贯彻新发展理念、构建新发展格局、推动高质量发展，迫切要求科协组织充分发挥人才第一资源的作用，充分发挥党和政府联系科技工作者的桥梁和纽带作用，充分发挥推动科技事业发展、建设世界科技强国重要力量的作用。对标新发展阶段赋予的使命，科协组织还存在较大差距。主要是：联系广泛、服务科技工作者的科协工作体系尚未健全，组织覆盖不到不全、基层“最后一公里”不畅；科技类社会化公共服务供给质量水平不高，不能很好满足党和政府、科技工作者以及社会的需求；网上服务、精准服务、泛在服务的能力不强。

构建新发展格局的最本质特征是实现高水平的自立自强。“十四五”时期是开启全面建设社会主义现代化国家新征程、向第二个百年奋斗目标进军的第一个五年。科协组织必须站在新的更高起点上，找准新定位、塑造新优势、展现新作为，团结引领广大科技工作者把思想和行动统一到习近平总书记重要讲话精神上来，把智慧和力量凝聚到落实党中央关于科技自立自强的决策部署上来，面向世界科技前沿、面向经济主战场、面向国家重大需求、面向人民生命健康，积极投身关键核心技术攻坚战，争当科技自立自强的排头兵，努力在新征程上勇立新功。这要求科协组织在深化系统改革向纵深发展、向基层延伸，建立健全联系广泛、服务科技工作者的科协工作体系上取得新进展，在团结引领科技工作者、弘扬科学家精神、营造良好科学文化氛围、促进人才成长上取得新实效，在推动学术交流、科学普及、决策咨询等科技类社会化公共服务高质量供给上迈上新台阶，在促进高水平对外民间科技人文交流合作、推动构建人类命运共同体上取得新突破，开创科协服务高水平科技自立自强的新局面。

二、指导思想和发展目标

（一）指导思想

坚持以习近平新时代中国特色社会主义思想为指导，深入贯彻落实党的十九大和十九届二中、三中、四中、五中全会精神，增强“四个意识”、坚定“四个自信”、做到“两个维护”，坚定不移走中国特色社会主义群团发展道路，履行党和政府联系科技工作者桥梁和纽带的职责，立足新发展阶段、贯彻新发展理念、构建新发展格局、推动高质量发展，切实增强政治性、先进性、群众性，以改革创新、合作发展为动力，健全联系广泛、服务科技工作者的科协工作体系，建设有温度、可信赖的科技工作者之家，切实为科技工作者服务、为创新驱动发展服务、为提高全民科学素质服务、为党和政府科学决策服务，弘扬科学家精神，涵养优良学风，面向世界、面向未来，增进对国际科技界的开放、信任、合作，以高水平的科技自立自强为建设科技强国、全面建设社会主义现代化国家、推动构建人类命运共同体、实现中华民族伟大复兴的中国梦作出更大贡献。

（二）基本原则

——坚持党的领导，聚焦靶心。着力加强党的领导和党的建设，着力强化思想政治引领，充分发挥桥梁和纽带作用，把广大科技工作者紧密团结在党的周围，为建设科技强国、实现高水平科技自立自强建功立业。

——坚持围绕中心，服务大局。紧扣党和国家中心工作，心怀“国之大者”，坚持科技工作者为本，充分激发科技工作者创新活力、实现创新价值，肩负起时代赋予的重任。

——坚持自立自强，开放融合。坚持把创新摆在核心地位，切实增强科技工作者创新自信，坚持高水平开放合作、融合发展，着力营造开放创新生态，积极参与全球科技治理。

——坚持系统集成，高效协同。坚持目标引领、任务牵动、大联合大协作，兴组织、建机制、强功能、增实效，建设更加充满活力、坚强有力、各级科协组织及所属学会“一盘棋”的组织体系。

——坚持守正创新，深化改革。遵循科技群团发展规律，适应新形势新要求，党建带群建，创新科协组织设置，建强工作阵地，丰富活动载体，推动科协系统改革向纵深发展、向基层延伸。

（三）发展目标

总体目标：

到2025年，科协组织作为党和政府联系科技工作者桥梁和纽带的作用进一步凸显，联系广泛、服务科技工作者的科协工作体系建设取得显著成效，科技类社会化公共服务产品供给能力显著提升，团结引领科技工作者创新创业创造的能力显著增强。

具体目标：

——科协组织思想政治引领能力进一步增强。党的路线方针政策在科技界得到全面贯彻落实，服务高水平科技自立自强格局基本形成，科技工作者创新自信进一步增强、创新激情进一步迸发，科学道德和学风建设取得明显成效。

——服务科技经济融合成效显著。“科创中国”服务能力进一步提升，产学研协同组织体系进一步完善，科技工作者服务现代产业体系构建和推动高质量发展的作用进一步发挥。

——世界一流科技期刊和一流学会建设取得新进展。跻身世界一流阵营的科技期刊数量明显增加，中外科技期刊同质等效、分类评价的学术成果评价机制进一步完善，学会治理结构进一步优化、服务水平质量进一步提升，学术交流服务科技创新的能力进一步提高。

——促进全民科学文化素质提高取得新突破。以人民为中心，普惠共享、规范发展的高质量科普服务体系进一步完善，“科普中国”品牌影响力、组织动员力和基层服务能力显著提升，我国公民具备科学素质比例超过15%。

——服务党和政府科学决策能力显著提升。服务国家战略决策咨询能力显著提升，柔性科技智库网络体系建设取得新进展，科协组织发展理论和战略的研究能力明显提升，“智汇中国”服务能力进一步提高。

——对外民间科技人文交流开拓新局面。对外民间交流合作渠道进一步拓宽，我国科技界“朋友圈”进一步扩大，参与全球科技治理的广度深度进一步拓展，推动构建人类命运共同体能力显著提升。

——科协系统全面深化改革取得实质进展。科协组织基层基础进一步夯实、服务手臂进一步接长，学会服务能力进一步提升，网上科协生态体系进一步形成、数字化水平进一步提高，联系服务科技工作者的渠道进一步拓宽、覆盖面进一步扩大，对科技工作者的凝聚力进一步增强。

三、强化思想政治引领

着力强化思想政治引领，着力服务党和国家工作大局，着力深化群团改革，着力加强党的领导和党的建设，增强科技工作者对党的基本理论、基本路线、基本方略的政治认同、思想认同、情感认同，坚定不移听党话、跟党走，胸怀祖国，勇攀高峰，把论文写在祖国大地上，筑牢党在科技界执政之基。

1. 全面宣传贯彻党的路线方针政策。全面深入学习宣传贯彻习近平新时代中国特色社会主义思想，坚持党建与业务同谋划、同部署、同推进、同考核，大力宣传党的路线方针政策。完善科协系统党校建设，面向科技领军人才、青年科技骨干、海外科技人才、广大基层科技工作者以及科技群团干部开展研修、培训、调训、轮训等教育培训。实施党建强会计划，积极探索党建引领和促进科协组织特别是学会创新发展的新途径新模式，发挥科协基层党组织的战斗堡垒作用和党员的先锋模范作用。

2. 弘扬科学精神和科学家精神。开展“自立自强　创新争先”行动，开展创新争先奖、杰出工程师奖等评选奖励活动，大力弘扬科学家精神，激励和引导广大科技工作者争做重大科研成果的创造者、建设科技强国的奉献者、崇高思想品格的践行者、良好社会风尚的引领者。开展科学道德和学风建设宣讲等活动，传承优良学风，崇尚学术民主，倡导批判性思维，坚守诚信底线，严守科技伦理规范和学术道德，反对浮夸浮躁、投机取巧，反对“圈子”文化。发挥科技社团自律自净作用，营造风清气正的科研环境。积极参与实施知识更新工程、技能提升行动，开展企业“创新达人”宣讲活动，树立典范，激发技术技能人员的创新创造活力。建设中国科学家博物馆，开展老科学家学术成长资料采集工程、科学大师名校宣传工程、最美科技工作者学习宣传等活动，推动建设一批科学家精神教育基地，在全社会形成尊重劳动、尊重知识、尊重人才、尊重创造的风尚。

3. 支持科技工作者参与国家和社会治理。组织科技工作者参与国家科技战略、规划、政策、法律法规的咨询，参与国家重大政策、重大决策等咨询工作，及时反映科技工作者的意见建议。搭建科学家与党政领导干部交流平台，持续打造“中国科技会堂论坛”品牌。充分发挥科技工作者在维护科技安全以及利用高新技术防范化解重大风险方面的作用。支持人大代表和政协委员中的科技工作者参与政治协商、参政议政、民主监督。

4. 维护科技工作者权利和权益。创新完善科技工作者状况调查机制，延伸基层调查触角，充分了解科技工作者的所思所想所盼。深入持续开展“我为科技工作者办实事”活动，及时了解和推动解决科技工作者职业发展中最关心、最直接、最现实的重大问题，积极为科技工作者办实事解难事，推动建立让科技工作者把主要精力放在业务上的保障机制和政策措施的落实。推动各级科协组织及所属学会加强对科技工作者的维权服务，完善服务机制。

5. 开展科协奖励提升行动。建立完善科协系统系列奖项，以创新价值、能力、贡献为导向，加强对战略科技人才、科技领军人才、青年科技人才和高水平创新团队等褒奖力度。各级科协组织及所属学会依法积极有序开展科技表彰奖励活动，提升奖励活动质量水平。广泛开展获奖创新人才、创新团队典型事迹宣传，激发广大科技工作者的创新热情。

6. 实施科技人才托举工程。以创新能力、质量、实效、贡献为导向，推动建立健全科协系统评价体系，充分发挥青年人才托举工程作用，加大对青年人才成长的支持力度，支持探索创新青年科技人才选拔培养机制，资助有基础有潜质的基层一线优秀青年科技工作者，激励更多劳动者特别是青年人技能成才、技能报国。完善科协组织推荐（提名）两院院士候选人工作机制。

7. 建设“科技工作者之家”服务平台。秉承“科协在身边”宗旨，通过“活动建家、组织强家、服务暖家、精神润家”，建立完善动态科技人才数据库，广泛开展线上线下融合互动的建家活动，建设完善“永不落幕、永不打烊、永远服务”的网上科技工作者精神家园。开展“全国科技工作者日”活动，宣传优秀科技工作者，展现科技工作者风采。

四、实施科技经济融合行动

组织动员广大科技工作者围绕国家产业链供应链自主可控重大战略部署，依托“科创中国”服务平台，构建产学研融合创新联合体，解难题、促转移、促转化、助创业、增实效，增进各类创新资源协同互动，为加快创新链产业链融合、建设现代产业体系、推动高质量发展作出贡献。

8. 构建创新枢纽试点城市网络。围绕区域重大战略、区域协调发展战略等国家部署要求，开展试点城市（园区）建设，形成一批产业聚集程度高、带动力强的创新枢纽城市。聚焦重点产业领域，发挥枢纽城市龙头企业出题者作用，对接跨界科技资源，形成区域发展的核心动力。分区域、分行业、分类别开展特色模式示范推广，形成辐射带动。开展科研仪器、生产设备的共享服务，促进资源共享。

9. 建立完善产学研协同组织网络体系。推动建立以企业为主体的产学研融合创新联合体和共性技术供给体系，形成全产业链创新枢纽，增强共性技术供给，提高科技成果转移转化成效。推动省市两级加强科技经济融合，建立完善区域合作网络。全国学会探索建设一批高端智库、专业评估等机构，开展面向市场的专业服务。推动组建跨界、跨学科、跨领域专业科技服务团，促进技术扩散。全国学会、地方科协、高校科协、企业科协等发挥技术转移转化信息沟通的纽带作用，促进产学研金服用融合。推动建立技术经理人联合组织，培育技术服务与交易专业人才。

10. 组织开展创新创业创造活动。组织开展创新创业大赛，办好年度全国大众创业万众创新活动周和“创响中国”系列活动，举办创新创业成果交易活动，展示最新创新创业成果，推介优秀创业团队。持续开展双创示范基地年度评估。依托国家科技传播中心，组织开展前沿成果、科技信息、科学文化等发布、传播和交流活动，促进科技成果转移转化。组织开展知识产权保护服务行动，促进知识产权快速向现实生产力转化。

11. 实施科技助力乡村振兴工程。开展科技助力乡村振兴定点帮扶，巩固拓展脱贫攻坚成果同乡村振兴有效衔接。动员科技组织、广大科技工作者参与科技助力乡村振兴工作，积极开展乡村振兴特色人才培训、特色产业技术服务等帮扶活动。组织开展专题研讨，推动解决乡村振兴科技难题。开展科协系统对口援藏援疆工作，支持西藏、新疆开展科技培训、科技交流、科普活动。

12. 建设"科创中国"服务平台。秉承"让企业插上创新翅膀"宗旨，打造要素集成、开放融通的国家公共技术服务与交易平台，建设运营"问题库""项目库""开源库"，推动政产学研金服用等创新要素精准对接，构建具有科协组织特色的创新生态系统。推出"科创中国"先导技术、引领人物、新锐企业、产学融通组织系列榜单，集中推介、转移转化技术成果，打造产业技术创新的风向标。支持有条件的地方政府设立技术交易服务中心。

五、构筑学术交流新高地

把建设世界一流科技期刊和世界一流学会作为科协深化改革的重点，建立健全有利于激发创新的学术同行评价机制和重大科学问题凝练机制，建立科技为民、把论文写在祖国大地上的激励机制，夯实支撑国家战略科技力量、实现高水平科技自立自强的基础。

13. 实施一流科技期刊建设工程。实施中国科技期刊卓越行动计划，支持领军期刊建设和优秀梯队培育，建设具有国际竞争力的高水平刊群。推广临床案例成果数据库等开放共享知识库，推动科研仪器、工程技术领域案例库建设，支撑人才分类评价。分领域发布科技期刊分级目录，完善全面、客观反映期刊水平的评价标准，推进中外科技期刊同质等效应用。建立具有国际水平的数字出版服务平台，促进科研论文和科学数据汇聚共享。探索建立国家科技期刊中心，为我国一流期刊建设提供服务支撑。

14. 实施一流学会创建工程。坚持党建强会、依章治会、学术立会、人才兴会，深化治理改革，强化分类指导，深入推进中国特色世界一流学会建设。完善以会员为中心的联系服务机制，不断扩大对科技领军人才、青年科技骨干、海外科技人才和广大基层科技工作者的引领吸纳，积极为他们办实事解难事。支持学会"引进来"，依照有关规定发展港澳台和外籍会员，探索吸纳港澳台及海外科学家在学会任职。面向产业和区域拓展团体标准制定、科技成果评审、专业技术人员水平评价、科研机构评估、国际知名奖项举荐等社会化公共服务领域。围绕前沿技术、颠覆性技术、战略性新兴产业、关键共性技术等领域，推动建立学会、学科、产业协同机制或合作平台，推动联合协作和交叉融合。

15. 实施学术交流引领引导专项行动。围绕加强原创性、引领性科技攻关，组织开展基础研究领域发展研讨交流，服务打赢关键核心技术攻坚战。围绕最紧急、最急迫的关键核心技术和前沿领域，组织开展学术交流，推动建立有效合作机制。面向世界科技前沿，遴选发布重大科学问题、工程技术难题和产业发展问题，开展学科发展研究。面向国家重大需求，紧扣"卡脖子"技术领域，组织开展高层研讨和沙龙，汇聚推动开放合作与解决"卡脖子"问题的智慧。面向经济主战场，开展产学融合系列论坛，组织研究产业与技术发展路线图，助力破解科技创新转化为生产力的问题难题。面向人民生命健康，聚焦重大民生问题，开展学术研讨交流，促进卫生健康公共服务水平提高。

16. 构建国际科技交流合作平台。举办中国科协年会，支持开展世界科技与发展论坛、世界数字经济论坛、世界新能源汽车大会、世界青年科学家峰会等高端交流活动，围绕人类面临的共同挑战创设议题，凝聚科技共同体发展共识。支持全国学会举办专业性高端学术会议，推动学术交流活动方式创新。

六、推动科普服务高质量发展

协调推进《全民科学素质行动规划纲要（2021—2035 年）》实施，以"科普中国"品牌为引领，搭建各类科普工作平台，建立科普工作与组织建设融通贯通机制，加强科普队伍建设，深化科普供给侧改革，抓好科技馆体系和基层阵地建设，构建品牌、平台、机制、队伍、改革、阵地六位一体的高质量科普服务体系。

17. 实施科技资源科普化助力工程。促进科学与文化艺术融合，创新科普表达和传播方式，增强科普作品的传播力和实效性。制定实施加强学会科普工作的意见，着力推动提升学会科普能力，支持全国学会突出学科领域特色和组织优势，推动学会依法设立科普奖项，建设科普教育基地，以院士、知名科学家命名科普和科学传播专家工作室，践行科技志愿服务精神，开展品牌科普活动。发挥公众科学素质促进联合机制作用，激发高校、科研院所、企业、社会团体等社会多元主体的科普服务活力。推动将学术资源转化为科普资源，加强科技成果的信息披露和传播。举办科幻大会，建设国家级科幻电影科学顾问库，推动成立全国科幻科普电影放映协同机制，促进科幻发展生态建设。办好中国（芜湖）科普产业博览交易会，举办科普产品交流交易展示活动。

18. 实施科普规范化建设工程。制定“十四五”科普服务标准修订指南，制定实施科普服务标准化工作指导意见，促进构建包括国家标准、行业标准、地方标准、团体标准和企业标准的多维标准体系。鼓励全国学会和地方科协研究制定科普相关服务标准。建设科普中国“百人会”智库平台，打造具有权威影响力的科普研究共同体。加强科普理论研究，完善适应新发展阶段要求的科学素质测评体系。

19. 实施平战结合科普能力提升工程。推进国家科普中心建设，建立应急科普专家委员会，协同构建国家级应急科普宣教平台，加强应急科普资源生产和传播。构建省域统筹政策和机制、市域构建资源集散中心、县域组织落实，以新时代文明实践中心（所、站）、党群服务中心、社区服务中心（站）等为阵地，以志愿服务为重要手段的基层科普服务体系。实施全国科普示范县（市、区）创建活动。深化全域科普工作试点。加强科普服务乡村振兴，深入实施基层科普行动计划，广泛开展农村科普活动，集聚科普资源和服务向农村倾斜。打造全国科普日活动大平台，开展科技活动周、防灾减灾日、食品安全宣传周、全国低碳日等主题活动。

20. 实施科普基础设施工程。打造高质量发展的新时代中国特色现代科技馆体系。建设科学家精神教育基地、前沿科技体验基地、公共安全健康教育基地和科学教育资源汇集平台。发起成立科技文化馆联合体，促进馆际展教资源共建共享。推进符合条件的科技馆免费开放，加大对市、县等基层科技馆免费支持力度。促进跨区域科普资源共建共享。深入开展全国科普教育基地创建活动，推动高校、科研院所、企业等的科普场馆面向公众开放。各级科协依托社区综合服务设施、社区服务中心（站）、社区书苑、社区大学等加强科普设施建设，拓展科普服务功能。

21. 实施科普队伍建设工程。推动建立科普人才评价标准，加强科普场馆、科普基地、科技出版、新媒体科普、科普研究等领域专职科普人才队伍建设，完善培训使用与评价激励机制。鼓励企业、科研机构、高校设立科普岗位。推动科技教师和科技辅导员队伍建设。加强科普人才培养课程、教材和学科建设，推动设立科普专业，推动高端科普人才培养。加强科技志愿者队伍建设，充分发挥包括老科技工作者在内的科技志愿者作用。

22. 实施科技教育能力提升工程。激发青少年科学兴趣，呵护青少年科学好奇心，深化青少年科技竞赛改革，创新提升青少年科技创新大赛、高校科学营、中学生“英才计划”等活动品质。开展校内外融合青少年科技教育活动，拓展青少年体验和参与科技创新实践的平台和渠道。加强科技创新后备人才成长规律研究。建设青少年科技创新服务云平台。

23. 建设完善“科普中国”服务平台。按照“品牌引领、内容为王、共建共享、培育生态”的工作理念，统筹推进内容库、专家库、团队库以及品牌、渠道、活动等建设。实施科普创作精品资助计划，将弘扬科学精神贯穿于科普服务全链条，加大科普原创精品创作力度。完善科学辟谣机制，及时还公众以科学真相。深入开展“典赞·科普中国”宣传推选活动，提升科普传播的品牌影响力。强化落地应用，发展壮大“科普中国”信息员队伍，探索利用“科普中国”服务云资源加强与地方融媒体中心建设相结合，促进科普资源共享和传播互惠。

七、加强科技群团高端智库建设

发挥科协组织科技共同体、学术专业、组织网络等独特优势，聚焦人才、组织、创新等政策研究，汇聚广大科技工作者群体智慧，为党和政府科学决策服务。

24. 加强重大战略决策咨询研究。紧紧围绕中央决策部署，从科技创新、高水平自立自强等国家发展战略和科技治理重大问题中选题，开展战略咨询研究。紧紧围绕建设完善支持全面创新的基础制度，深入调查研究，提出推进科技体制改革、构建开放创新生态、激发各类人才创新活力等方面的政策建议。紧紧围绕强化国家战略科技力量，开展创新发展规律、科技管理规律、人才成长规律研究，为提升国家创新体系整体效能提供咨询建议。紧紧围绕科技发展带来的规则冲突、社会风险、伦理挑战，开展前瞻性研判，为推动完善相关法律法规、伦理审查规则及监管框架提供咨询建议。针对经济社会发展以及行业、区域发展的重大关键问题，研究提出决策咨询意见和解决方案。积极承接重大科技创新战略、政策、规划等咨询评估。

加强重大战略研究成果汇聚交流、凝练转化、发布传播，提高为党和政府科学决策服务的质量水平。

25. 加强科技群团发展战略研究。开展科协组织和科技社团的发展规律研究。加强科技群团发展史研究，充实科协会史馆。围绕科协组织主责主业，组织开展科技类社会化公共服务创新发展战略和对策研究。围绕科协系统深化改革、治理体系和治理能力现代化、深度参与全球科技治理中的战略理论和实践问题，开展对策研究，组织研讨交流。

26. 构建完善柔性科技智库网络体系。建立决策咨询专家团队（学会联合体、研究院所、专家服务团），组织动员具有较高学术造诣和决策咨询能力的专家领衔凝练决策咨询议题、组织开展决策咨询活动、揭榜研究课题、参与第三方评估等。依托地方科协和学术机构建设一批区域决策咨询研究基地，围绕国家区域重大战略，由区位优势明显、决策咨询能力较强的地方科协牵头，建设跨区域的创新战略研究基地，为区域发展战略提供决策支撑。实施学会决策咨询资助计划，积极开展决策咨询活动，促进学术交流成果转化为决策咨询建议，打造学会决策咨询品牌。创新决策咨询项目管理方式，探索实行“揭榜挂帅”“赛马”等制度。设置科学与技术，科技与经济、社会、文化、生态深入融合，以及促进科技创新、人才成长、应对经济社会发展重大挑战、社会可持续发展等相关议题，举办中国科技峰会系列活动。开展科技智库国际研讨交流，推动建设国际科技智库合作伙伴网络。

27. 建设“智汇中国”服务平台。秉承“集思汇智聚力，服务国之大者”宗旨，整合和协同智库战略研究资源，构建跨界集智、开放融合的柔性智库服务平台。建设完善选题库、数据库、专家库、成果库，形成具有科协特色的决策咨询信息共建共享、互联互通的开放共享智库生态，为科技群团决策咨询提供服务支撑，为科技群团决策咨询产品的发布和传播提供服务支撑。

八、开展高水平对外民间科技人文交流合作

积极融入全球创新网络，支持我国科技界深度参与全球科技治理，贡献中国智慧，塑造科技向善的文化理念，让科技更好地增进人类福祉。拓宽对外民间交流合作渠道，扩大科技界“朋友圈”，构建开放创新生态，推动构建人类命运共同体。

28. 积极参与全球科技事务。建设具有国际视野、通晓国际规则、高素质专业化的科协组织外事人才队伍。支持科技工作者、科技组织积极主动参与国际组织事务。支持推介科学家担任重要国际组织领导职务。支持在我国境内设立国际科技组织。发挥中国工程师联合体作用，拓展工程能力国际互认工作，重点推进与共建“一带一路”国家工程师资格国际互认。发挥中国科协联合国咨商地位作用，积极参与全球科技治理中的规则制定、议程设置、统筹协调以及治理改革，讲好科协组织在中国式民主中发挥的作用，为推动构建开放创新生态、维护科技伦理贡献中国力量和智慧。探索支持设立面向全球的科学研究基金，积极参与或牵头组织国际大科学计划和大科学工程。探索支持社会力量设立国际科技奖项，面向全球表彰对人类科技进步和交流合作作出重大贡献的人士。

29. 深入开展对外科技人文交流合作。推进构建多层次、多渠道科技交流合作体系。深化与主要创新型国家的重要对口组织的务实合作。深入推进与共建“一带一路”沿线国家科技人文交流合作，加强同发展中国家和周边国家睦邻友好关系，拓展合作领域和渠道。办好世界公众科学素质促进大会。宣传我国知识产权保护成就，积极参与知识产权国际规则和标准制定。推动深入实施“海智计划”，促进海外人才来华创新创业。

30. 深化港澳台科技人文交流合作。推动内地与港澳台地区在科普、学术、智库、人才等领域深度交流合作，增进港澳台科技工作者和青少年对祖国的了解和认知。聚焦京津冀、长三角、粤港澳大湾区、成渝双城经济圈等重点区域，搭建多形式多渠道的产学研共享平台，促进海峡两岸暨港澳协同创新和经济社会融合发展。

九、全面深化科协系统改革

加强“十四五”科协系统深化改革顶层设计，聚焦主责主业，建立完善联系广泛、服务科技工作者的科协工作体系，不断增强政治性、先进性、群众性，推动改革向纵深发展、向基层延伸，使科协组织真正成为有温度、可信赖的科技工作者之家，筑牢科技界自立自强、团结奋进的共同思想基础。

31. 深入推进科协组织治理现代化。坚持和加强党的全面领导，切实增强科协组织的政治性、先进性、群众性。扩大对科技工作者的联系面和服务面，组织与业务匹配对应，需求和服务精准对接，建立完善“哪里有科技工作者，科协工作就做到哪里；哪里科技工作者集中，科协组织就建到哪里；哪里建立了科协组织，建家交友活动就开展到哪里”的组织布局。推动构建完善省域统筹、市域中心、县域重点的组织协同和联动机制，强化科协组织基层治理，强化跨区域、跨领域的协同合作。开展科协系统深化改革试点和示范，探索科协组织改革路径，总结推广成功经验模式。做好中国科协机关内设机构优化设置、职能细化配置工作，研究推进直属单位改革。

32. 切实增强对科技工作者凝聚力。坚持和加强对科技工作者的团结引领，切实增强归属感、认同感、获得感。遵循创新发展规律、科技管理规律、人才成长规律，加强对科技人才特别是青年人才培养成长机制研究，为科技人员在现代化建设中发挥作用营造良好氛围。建设科技工作者事业之家，通过人才举荐、学术交流、志愿服务、建言献策、国际合作等，搭建干事创业舞台，实现为国服务价值。建设科技工作者组织之家，构建以理服人的学术共同体、以德服人的价值共同体、以人为本的命运共同体，展现世界尊重的中国科技共同体和支撑构建人类命运共同体的新担当。建设科技工作者精神之家，弘扬科学精神和科学家精神，培植科学传统，倡导科学方法，建设科学文化，提升众心向党、自立自强、创新争先的精神感召力。建设科技工作者服务之家，拓展联系服务渠道，建设网上科协，推动数字赋能，为科技工作者学术成长和事业发展保驾护航。

33. 推动科协组织改革向基层延伸。坚持党建带群建，工作重心下移、资源下沉，接长手臂、夯实科协组织基层基础，扩大联系服务基层科技工作者的覆盖面。建立完善高校（科研院所）、企业（园区）、新经济组织、社会组织、新型研发机构中的科协基层组织，增强科协组织联系服务基层科技工作者的覆盖面和到达率。建立完善城乡社区科普协会、科技志愿组织、企业科协、农技协、“科技小院”等组织载体，依托新时代文明实践中心和基层党群服务中心发挥“三长”作用，增强科协组织服务“三农”、城镇社区居民的能力和实效。开展基层科协组织力建设试点，坚持立足基层、因地制宜、试点先行、经验推广的原则，建机制、强功能、增实效，把城乡社区和互联网建成坚强阵地，把力量和资源充实到基层科协，打通科协组织服务科技工作者和服务群众的“最后一公里”。

34. 深化科技类社会化公共服务供给侧改革。坚持开放合作和高质量发展，紧扣时代脉搏，服务和融入新发展格局。建立完善中外科技期刊同质等效、分类评价的学术评价机制，使科技工作者的创新价值得以充分展现。深化学会改革，加强分类指导，创新组织载体，提升学会服务能力，建立完善现代化治理结构，促进学科（行业、领域）交叉融合，推动中国特色世界一流学会建设。深化科普服务供给侧改革，发挥科普价值引领作用，推动科普内容、形式和手段等创新提升，充分调动社会力量广泛参与科普工作，引领广大科技工作者践行科技为民服务，促进科学文化建设，满足全社会高质量科普需求。

十、强化规划实施保障

坚持党的全面领导，健全规划实施保障机制，激发各级科协组织及所属学会、广大科技工作者的活力和创造力，凝聚共识，形成合力，确保规划实施取得实效。

35. 全面加强党的领导和党的建设。坚决贯彻落实全面从严治党部署要求，以党的政治建设为统领抓好党的建设各项工作。把党的领导贯穿到规划实施的各领域和全过程，不断提高政治判断力、政治领悟力、政治执行力，建立完善上下贯通、落实有力的工作体系，确保党中央重大决策部署贯彻落实。激发全社会参与规划实施的积极性，最大限度凝聚广大科技工作者的智慧力量。建设高素质专业化科协和学会干部队伍，推进学会秘书处实体化、秘书长职业化等改革，建立健全科协系统教育培训体系，开展业务培训和实训锻炼，强化作风建设，提高各级科协组织及所属学会干部适应新时代新要求抓改革、促发展、保稳定的政治能力和专业化水平。

36. 加强规划实施的组织领导。全国学会要在本规划的指引下，结合本学科、本行业、本领域特点，研究制定实施本学会事业发展规划，有序推动新发展阶段学会创新发展。各级科协要结合当地实际，研究制定实施本地区科协组织事业发展规划，做好与相关区域、行业发展规划的衔接，加强与相关部门的协同配合，积极争取把规划确定的重点任务纳入当地党委和政府的工作规划计划，统筹协调落实。

37. 加强规划实施的条件保障。推动制定完善支持科协组织发展的法律法规和政策措施，加强规划实施与预算的衔接，鼓励支持兴办符合科协组织宗旨的社会公益性事业。充分发挥社会力量和市场机制的作用，探索建立科协事业发展多元供给的支撑保障机制。建立健全重大目标任务、重大项目、重大活动等牵引机制。推动落实鼓励科普事业发展的税收优惠等相关政策，完善科普经费投入保障机制。

38. 加强规划实施的评估考核。开展对规划的解读和宣传。对规划目标和任务进行分解与分工，将规划具体任务相应落实在各级科协组织及所属学会的年度重点工作任务中。开展规划实施的监督检查，将规划实施情况纳入各级科协组织及所属学会的年度工作总结和考核，组织开展规划实施的中期评估、终期考核评估，将总结评估结果纳入工作绩效、干部评价考核。

中国科学技术协会第十次全国代表大会关于《中国科学技术协会事业发展“十四五”规划（2021—2025年）》的决议

（2021年5月30日中国科学技术协会第十次全国代表大会通过）

中国科学技术协会第十次全国代表大会认真审议了《中国科学技术协会事业发展“十四五”规划（2021—2025年）》，认为规划目标明确、重点任务突出，符合科协实际，决定予以通过。

中国科学技术协会第十次全国代表大会闭幕词

（2021 年 5 月 30 日）

万　钢

各位代表、同志们、朋友们：

在党中央的亲切关怀下，在全体代表的共同努力下，中国科协第十次全国代表大会圆满完成了各项议程，即将落下帷幕。在会议期间，全体代表认真学习习近平总书记、李克强总理的重要讲话和王沪宁同志代表党中央致辞的精神，以高度的政治责任感和优良的学风、作风、会风，面向未来谋划科协事业的高质量发展，凝心聚力共绘科协组织创新发展蓝图，使大会成为科协事业发展的又一重要里程碑。

这是一场政治动员的大会。全体代表深入学习领会习近平总书记等中央领导同志的重要讲话精神，更深刻地认识到新一轮科技革命与产业变革深度演化给科协事业发展带来了机遇和挑战，更深入地理解创新在国家现代化建设中的核心地位，更真切地感受到实现高水平科技自立自强的重大使命，进一步增强了政治判断力、政治领悟力、政治执行力，必将激励全体代表和广大科技工作者增强“四个意识”、坚定“四个自信”、做到“两个维护”，把思想和行动统一到习近平总书记重要讲话的精神上来，统一到党中央重大决策部署上来，心怀“国之大者”，建功“十四五”，奋进新征程。

这是一场组织动员的大会。大会经过充分的民主讨论，审议通过中国科协第九届全国委员会的工作报告、中国科协章程和中国科协事业发展的“十四五”规划，将过去五年科协组织深化改革的成功经验进一步凝练和固化，鲜明地提出了未来五年推动习近平新时代中国特色社会主义思想在科技界转化深化的政治建设方向和组织保障。各级科协组织要进一步聚焦靶心、突出重心，围绕中心、服务大局，充分发挥开放型、枢纽型、平台型组织优势，切实将我们的组织优势转化为服务国家现代化建设的新动能。

这是一场行动动员的大会。大会贯彻落实习近平总书记重要指示精神，动员科技工作者开展“自立自强创新争先”的行动，倡导明理增信、崇德力行，从党的百年征程中感悟信仰的力量，筑牢信念信心；胸怀祖国、服务人民，当好科技自立自强的排头兵；创新创造、勇攀高峰，向科学技术的广度和深度进军；扎根大地、自觉奉献，把论文写在祖国的大地上；面向世界、开放合作，为构建人类命运共同体贡献智慧和力量，以实际行动为建党百年献礼。

各位代表、同志们！

过去的五年，中国科协在中央书记处的直接领导下，政治建设全面加强，服务科技工作者实现价值的舞台不断丰富，开放型、枢纽型、平台型组织特色更加鲜明，围绕中心、服务大局的能力显著增强，参与全球创新治理的视野更加开阔，为科协事业未来的发展奠定了坚实基础。科协系统改革提升了科协干部队伍的精气神，激发了科技工作者的新活力，展现了科协事业的新气象。改革经验凝聚了全体代表的共同智慧和心血，是科协组织面向未来传承创新的宝贵财富。

在此，我谨代表中国科协十大全体代表，向九届全委会全体委员对科协事业发展所付出的辛勤努力、所作的卓越贡献致以崇高的敬意！向关心科协工作的广大科技工作者和社会各界人士表示衷心的感谢！

本届全委会选举我继续担任中国科协主席，衷心感谢与会代表的支持和信任，我将不负重托、不辱使命、认真履责，和新一届领导机构、本届常委会和全委会同心协力，坚持党的领导，全面加强委员队伍建设，着力提升整体素质和履职本领，担负新的使命，铸就新的光荣。衷心期待各位代表、各位委员、广大科技工作者继续关心、支持、帮助科协工作，为推动科协事业的高质量发展而不懈努力！

各位代表、同志们！

站在“两个一百年”奋斗目标的历史交汇点上，科协事业正面临着前所未有的发展机遇，同样也面临着前所未有的艰巨使命。中国科协第十届全国委员会将坚持以习近平新时代中国特色社会主义思想为指导，深入贯彻落实党的十九大和十九届二中、三中、四中、五中全会精神，认真学习贯彻习近平总书记重要讲话精神，最广泛地凝聚科技界的智慧和力量，为推动创新驱动发展、实现高水平科技自立自强作出新的贡献。

——进一步聚焦政治思想引领靶心，坚决担负起团结引领广大科技工作者听党话跟党走的政治任务。毫不动摇地坚持党对科协事业的全面领导，坚定不移地以习近平新时代中国特色社会主义思想武装头脑、指导实践。始终牢牢把握中央关于群团改革的正确方向，持续推进新发展阶段科技界的政治建设。聚焦保持和增强科协组织的政治性、先进性、群众性，认真履行党和政府联系科技工作者桥梁和纽带的职责，更广泛地把广大科技工作者团结在党的周围，牢记初心使命，弘扬科学家精神，涵养优良学风，不断夯实科技界团结奋斗的共同思想基础。

——进一步围绕中心、服务大局，激励广大科技工作者在“四个面向”中建功新发展格局。团结引领科技工作者紧紧围绕立足新发展阶段、贯彻新发展理念、构建新发展格局，坚持“四个面向”，拓展科学技术的广度和深度。切实增强建设世界科技强国的必胜信念，自觉担负起第一动力和第一资源的使命，以不屈之心、不挠之志，抢占关键核心技术创新高地，坚定不移地把论文写在祖国大地上，努力实现高水平科技自立自强。深化科协系统改革，接长手臂、扎根基层，深入推进党建带群建，增强基层组织活力。坚持学会主体，打造一流期刊，建设中国特色的一流科技社团。

——进一步服务构建创新生态、激发创新活力，提升建家交友的能力。坚持为科技工作者服务，走好群众路线，打造联系广泛、有温度、可信赖的“科技工作者之家”，有效提升科协组织凝聚力和战斗力。始终围绕着新发展格局的重大任务，以“科创中国”促进产学研融合，推进成果转化和创新创业，为高质量发展增添新动能。始终围绕着提高全民科学文化素质，以“科普中国”聚力打造国家科普服务的新平台，夯实现代化国家的公众科学素质基础。始终围绕着国家治理体系和治理能力现代化的中心任务，以“智汇中国”建设高端科技创新智库，不断地提升服务党和政府科学决策的能力。坚持面向世界、面向未来，增进对国际科技界的开放、信任与合作，为应对全球性挑战、推动构建人类命运共同体发挥更大的作用。

各位代表、同志们！

栉风沐雨来时路，劈波斩浪越百年。百年以来，广大科技工作者始终与党同心同德，共同谱写爱国奋斗、创新创造的历史华章。新的百年，众心向党、自立自强，科技界必将铸就新时代的辉煌。新征程上，让我们更加紧密地团结在以习近平同志为核心的党中央周围，凝心聚力、锐意进取，在新起点上进军世界科技强国，为全面建设社会主义现代化国家奋勇搏击，共同创造中华民族伟大复兴的光明前景！

感谢各位代表！

中国科学技术协会第十次全国代表大会代表名单

全国学会第一代表团（34 人）

田　刚	郭良栋	杨春晖（女）	王守东	王　波	申金升	冯新斌
朱立新	仲佳勇	许琛琦	纪建伟	杨志明	肖冬梅（女）	张丽萍（女）
张　然（女）	武　强	林明森	欧阳竹	周伟奇	胡彩萍（女）	钟林生
种　康	娄智勇	姚檀栋	袁亚湘	顾红雅（女）	顾　瑛（女）	徐　涛
郭立新（女）	梁旭蒋	澄　宇（女）	景益鹏	焦　勇	翟天瑞	

全国学会第二代表团（33 人）

龚旗煌	薛勇彪	赵晓丽（女）	丁志峰	王秀杰（女）	方　忠	任宏利
刘光慧	刘鞾韬（女）	池　宏	孙　超（女）	李春红	杨晓光	沈　岩
张会平	张庆富	张　杰	张国友	张春华	陆日宇（朝鲜族）	
陈天禄	陈发虎	陈晔光	罗洪刚	周素红（女）	周　鹏	项延训
郝卫东	高吉喜	曹　荣	康　乐	雷荔傈（女）	詹仁斌	

全国学会第三代表团（29 人）

郑晓静（女）	吴　季	郑素萍（女，壮族）		丁奎岭	王　凡	王　博
方　方	方岱宁	成升魁	刘建军	杨　越	何满潮	张　旭
张　闯	张德清	陈义华	底青云（女，回族）		宗兆云	胡蓉蓉（女）
姜鲁光	秦　川（女）	徐建国	高　松	唐威华（女）	傅小兰（女）	詹祥江
戴兰宏	戴彧虹	魏辅文				

全国学会第四代表团（37人）

舒印彪	王一然	冯慧华	王小云（女）	王小军	王应宽	王奇慧（女）
包为民	朱美芳（女）	华 炜（女）	刘乃金	刘昌胜	苏日新（女）	李元元
李 洪	李晓刚	李静海	杨汉春	杨 伟	杨晓静（女，土家族）	
吴伟仁	张 辉	陆 超	陈伟明	陈维江	范文慧	金东寒
屈 强	赵方庆	胡海岩	徐建鸿	高鸿钧	高 福	黄路生
梅永丰	谭天伟	戴厚良				

全国学会第五代表团（43人）

赵玉沛	唐旭东	田贵华（女）	王 刚	王 宇	王国辰	王 振
王 健	王 琳（女）	王 琛（女）	王景信	申 乐	仝小林	包大鹏
冯连世	成诗明（女）	朱海燕（女）	乔 杰（女）	刘 玲（女）	杜 青（女）	李国勤
李 萍（女）	沈 骥	张 丹（女）	张幼怡（女）	张抒扬（女）	张澍田（回族）	陈香美（女）
范永升	周德山	赵 颖（女）	侯 刚	姜永茂	贾振华	徐 军
郭伟华（女）	郭 姣（女）	曹 玮（女）	彭明强	曾 芳（女）	樊 嘉	薛华丹（女）
魏 伟						

全国学会第六代表团（26人）

武向平	曹淑敏（女）	姜恩来	于小晗	王延祜	王红阳（女）	付巧妹（女）
乔 健（女）	向 巧（女，苗族）		刘 峰	李 娜（女）	杨焕明	张福锁
陈十一	陈 丹（女）	陈 鹏	欧建成	季 林	周晋峰	孟至和
胡所亭	饶 权	徐 颖（女）	崔 鹏	韩喜球（女）	谢小勇	

全国学会第七代表团（38人）

戴琼海	雷增光	马爱文	马福海	王进展	王新江	卢春房
冯晓娟（女）	兰晓莉（女）	朱国森	刘大可（女）	刘 英（女）	李红霞（女）	李 俏（女）
杨庆新	何华武	沈 清	张延川	张 彤（女）	张青松	陆大明
陆冬青	陈山枝	林 松	林忠钦	胡承森	胡勇胜	秦永明
秦继荣	高克立	高 翅	高瑞平（女）	黄 刚	曹春昱	彭木根
韩 毅	谢征宇（女）	臧兰兰（女，满族）				

全国学会第八代表团（37人）

尤 政	徐晓兰（女）	张 楠（女）	于小虎	马 歆（女）	王飞跃	王元卓
王俊利	王 桓	王新蕊（女）	王耀南	伏广伟	任红军	刘学波
刘敦楠	刘 鹏	孙正运	李春明	余文科	邹 丽（女）	怀进鹏
张宝晨	张树林	张剑武	张 莉（女）	陈 英	陈海生	邵 薇（女）
罗 格	季向阳	赵巍胜	姜文波	贾金生	徐敏义	唐卫清

崔　鹏	覃小红（女）					

全国学会第九代表团（32 人）

项昌乐	贾明星	王宴滨	于明祥	于欣丽（女）	万　钢	王　芳（女）
王时伟	尹　波	朱庆山	刘文杰	刘　诚	孙　乐	李　军
李炎军	李晓虎	沈　俊（女）	张广军	张进华	张劲泉	张　娟（女）
陈文涛	陈志强	陈　亮	周守为	郝立敏（女）	修　龙	聂　红（女）
晏志勇	徐德鸿	高焕芝（女）	雷定演			

全国学会第十代表团（30 人）

侯　晓	赵　罡	徐梦珍（女）	卞永明	方以坤	方宪法	吕昭平
刘正雷	刘兴平	刘　峰	汤鑫华	孙立宁	杨占峰	吴拥政
宋延林	宋超智	张荣桥	尚春明	庞　静（女）	胡　鹏	洪家光
姚俊臣	索　涛	唐　忠	黄光群	程晓丽（女）	谢剑平	樊　慧（女）
燕　琴（女）	魏山忠					

全国学会第十一代表团（31 人）

万建民	陈幸良	莫广刚	马　晶（女）	王克剑	邓秀新	白由路
刘世荣	江用文	许世卫	杨礼富	吴孔明	沈玉君（女，回族）	
张志强	张英俊	张佳宝	张海林	陆宴辉	陈　军	陈剑平
周文彬	周学红（女）	胡义萍	勇　强	秦　伟	曹金珍（女）	崔利锋
商建英（女）	彭友良	谢潮添	廖森泰			

全国学会第十二代表团（43 人）

黄璐琦	黄　波	刘　霞（女）	丁丽霞（女）	于忠山	卫　彦（女）	马　超
马瑜婷（女）	王拥军	王　瑛（女）	王　韵（女）	卞　倩（女）	曲爱娟（女）	向雪松
刘存志	刘保延	刘章锁	池　慧（女）	孙咸泽	李文庆	李庆印（女）
李宗浩	李淑娟（女）	李葆华（女）	吴玉章	吴安华	吴欣娟（女）	吴　晶（女）
吴　慧（女）	何忠虎	张福仁	周平坤	周　洲	郑海荣（回族）	郝海平
胡志斌	徐延豪	高　远（女）	郭传瑸	黄志力	常翠青（女）	樊代明
潘美儿（女）						

全国学会第十三代表团（29 人）

穆荣平（回族）	张知彬	张　帆	才大颖	王长林	王建华	牛东晓
石　勇（苗族）	石　楠	朱　莎（女）	刘军萍（女）	孙小淳	孙晓洲	何鸣鸿
张亚雷	张晓玲（女）	陈志刚	金灿荣	胡　洁	袁　利	夏方舟
夏　扬	黄　晶	崔恒建	梁小虹	谢　植	薛　澜	戴国强（蒙古族）

魏均民

北京市科协代表团（41人）

刘德培　马　林　苏国民　于德明　王　立（女）　王旭东（满族）　王志良
王建东　方维海　艾　渤　田法德　白　琳　司马红（女）　任会东（满族）
刘建宾　刘嘉麒（满族）　刘慧琳（女）　许　炜　孙宝国　孙素芬（女）　孙　毅（女）
李久林　李海燕（女）　宋　军　张　莹（女）　张　琦　张　鹊　武发德
金光泽（朝鲜族）　孟凡刚　胡　俊　聂建国　徐明波　徐　圆（女）
唐俊杰（女）　陶　飞　黄　如（女，回族）　黄绵松（回族）　董　虹（女）　程大庆
程　静（女）

天津市科协代表团（28人）

陆为民　陈　军　周　明　于学凤（女）　王　敏（女）　王　斌　白学军
冯景华　朱　涛　任　怡（女，满族）　刘国旺　刘　霏　关　静（女）
李志华（女）　张晓丹（女）　张　磊　陈冠益　周瑞平　段玉环（女）　姜志云（女）
贺维国　顾　清　常　津　蒋　寅（土家族）　雷　平　裴连军
薛永安　戴建良

河北省科协代表团（29人）

段惠军　刘纪雷　郭　毅　王义刚　王贵英（女）　王莉菲（女）　王智森
卢怀玉　刘秀玲（女，回族）　刘金铜　江志超（女）　安　娜（女）　孙增军
杨绍普　杨晓江　杨澜波　张德强　周　萍（女）　赵治海　赵　郡（女）
胡志富　骆德新　贾　伟（女）　高子阳　高英杰　郭素萍（女）　席照平
梁希才（满族）　廖智慧（女）

山西省科协代表团（22人）

冯志君　温万一　张秀亲（女）　王　飞（女）　王天翔　王兴亮
方敬爱（女，朝鲜族）　孙　艳（女）　李迎春（女）　李照勇　肖艳红（女）　张　军
张京玲（女）　张俊平　陈　平　金智新（满族）　周　然　柴志凯　常明昌
颉晓伟　程继堂　温俊卿（女）

内蒙古自治区科协代表团（20人）

麻　魁（蒙古族）　赵　吉　张　宇　于晓波（女）　田淑华（女）　白金香（女）
白树森（蒙古族）　吉日木图（蒙古族）　刘俊辰　李　平　李喜和
李筱贺　吴铁宏（蒙古族）　张建华　林镇南　周建涛（女，满族）
胡文鑫（满族）　俞海明　宫　箭（蒙古族）　塔　娜（女，蒙古族）

辽宁省科协代表团（36 人）

郭东明　张春英（女）　胡琨元　丁仁彧　于虎元　于晓丽（女）　马忠威
王　博　巨海燕（女）　左远鸿（女）　冯夏庭　朱蓓薇（女）　齐　欣（女，回族）
祁兴顺　许彦平（满族）　孙小平　孙东明　孙占祥（满族）　李国君　李轶军
李颂华　李静军　杨代刚　吴智丰（满族）　张海珊（满族）　赵建宇（女）
胡跃华（女，满族）　姜　妍（女，满族）　姜周华　姜福茂　费建民
耿　爽（女）　黄延强　康　壮　梁辉南　鞠丽娜（女）

吉林省科协代表团（27 人）

林　天　贾　平　韩宇鸿（满族）　于吉红（女）　王贵满　冯守华　吕爱辉（女）
刘　宝　刘锝金　许建国　孙彦鹏　李　冰（女）　李　晓　杨小牛
杨华民　冷向阳　沙　淼　宋俊玉（女）　张明耀　张海波（女）
金桂英（女，朝鲜族）　查　敏（女）　钟　兴　秦彦国　高宏斌　梁荣罡
董英山

黑龙江省科协代表团（29 人）

庞　达　张晓燕（女）　刘延刚　于春友　马玉杰（女）　尹训河　石国辉
白　卉（女，蒙古族）　吕智强　刘玉华（女）　刘　萱（女）　刘　微（女，回族）
李占军　杨　谦　吴雪弘（女）　宋晓慧（女）　陈俊山　周　玉　赵弘韬
胥　军　贺玉斌　贺茂盛　徐　闯　殷敬伟　高会军　黄静姝（女）
康为民　彭　太　蔡宏伟（女）

上海市科协代表团（42 人）

马兴发　陈　丽（女）　潘　祺（女）　王二涛　王　奕（女）　王　焱（女）　王寒梅（女）
卢万成　刘小玲（女）　刘如溪　刘新宇　关新平（满族）　孙　蕾（女）
李　申（女，回族）　李亚纯（女）　李党生　李　敏（女，上海交通大学医学院附属仁济医院）
李　敏（女，上海紫竹高新区（集团）有限公司）　连　珍（女，回族）　吴　凡（女）　吴晓童
张宏洲（满族）　武　愕（女）　拓西梅（女）　林　伟　易德平　郑　冰（女）　孟祥生
柯勤飞（女）　顾伟华　徐建光　高　峰　涂善东　黄永华　章　嵘
葛梅琴（女）　童小华　曾惠丹（女）　鲍丽丽（女）　蔡东升　翟金国　潘永俭

江苏省科协代表团（35 人）

陈　骏　孙春雷　吕　凌　王立华（女）　王　欢（女，满族）　王建明
王　琴（女）　朱　军　朱　艳（女）　朱　焱　任洪强　庄德宁　刘双丽（女）
刘　庄　刘志红（女）　芮筱亭　严　伟　杜海鹏　杨国华　杨保东
沈玉阳　沈洪兵　陆　军　陈晓华　易中懿　金　磊（女）　周振程
庞　伟　俞晓磊（满族）　高裕弟　谈昆伦　常　进　崔铁军　程　波（女）

赖文勇

浙江省科协代表团（36人）

谢志远	李小年	陆　锦	王立平	王　猛	王慧波（女）	仇　旻
田　梅（女）	付彩云（女）	包　刚（满族）	朱　瑾（女）	刘湘雯（女）	杨　波（女）	吴吉义
何　勇	汪希燕（女）	忻　皓	张荣社	陈昕昳	陈　思（女）	陈　亮
范　渊	罗方赞	周　强	郑宇化	郑志源	郑健波	孟　红（女）
胡　强	施一公	施英（女）	高峰莲（女）	高超（土家族）	董黎明	赖　颖
管志强						

安徽省科协代表团（29人）

韩　军	王　洵	王毓江	王玉叶（女）	朱恒银	朱　艳（女）	朱　颜（女）
刘庆峰	刘兴荣	刘　丽（女）	刘国英（女，蒙古族）		刘晓平	李志菊（女）
肖桂然（女）	吴志辉	汪　杰	汪香婷（女）	陈　军	陈　君（女）	罗喜胜
俞书宏	秦玲玲（女）	袁　亮	柴培钰（回族）	彭　寿	彭春斌	董天放
韩明锋	潘建伟					

福建省科协代表团（27人）

郑兰荪	曾能建	兰思仁（畲族）	丁韵芳（女）	王长平	尤典真	付贤智
朱明生	朱凌波	朱鹏立	刘建平	李诗勤	肖维军	吴丹丹（女）
宋久鹏	张艳璇（女）	张铭华	陈晓春	陈肇坤	郑　志	
钟昌穗（女，畲族）		聂泳忠	徐爱聪（女，回族）		陶　静（女）	章金良
谢宝缘（女）	鲍红丽（女）					

江西省科协代表团（25人）

史　可	曾　萍（女）	谢慧（女）	万芬芬（女）	文伟峰	龙卫球	占　萍（女）
冯青松	刘文峰	刘智艺	刘智辉	李　静（女）	何敏奇（女）	余云霞（女）
邹玉萍（女）	张金艳（女，蒙古族）		林庆星	罗旭彪	周光灿	郑馨贵（瑶族）
郭海峰	黄才发	童宏华	虞萍（女）	鲍敏丽（女，蒙古族）		

山东省科协代表团（34人）

王恩东	王春秋	纪洪波	王文娟（女）	王　师	王　建	王　涛（女）
卞　军（女）	孔令让	史本康	朱俊科	刘长文	孙晓非	李　川
李术才	李艳华（女）	杨美红（女）	辛华龙	张广勇	张秀峰（女）	张　勇（回族）
张　静	陈培敦	宛　斌（回族）	孟庆海	贾新华	夏江宝	徐勤夫
梁建英（女）	傅文韬	谢士江	甄爱华（女）	臧新宇	戴彩丽（女）	

河南省科协代表团（31 人）

谈朗玉（女） 张新友 于　滔（女） 于为民 王小星 王杜娟（女） 王宗敏
王复明 王俊杰 尹新明（女） 石素月（女） 白红菊（女） 白瑞娟（女） 冯淑霞（女）
刘　峰 祁兴磊 李志伟 李连成 李　剑 杨　兵 吴予红（女）
张金良 张善伟 陈广文 陈建立 郑　玲（女，回族） 宛　磊（回族）
赵　辉（女，满族） 徐振方 郭会芳（女） 靳　林

湖北省科协代表团（34 人）

叶贤林 陈光勇 杨亚东 万美萍（女） 马亚楠（女，回族） 王　宇
石召华 田习姣（女） 光振雄 朱志强 向子明（土家族） 刘国元
刘学新 刘秋香（女） 江波涛 李莉莉（女） 吴世英（女） 吴　杰（女）
佘克先（女，土家族） 宋泽啟 张从艳（女） 陈　蓉（女） 柳晓军 段晋宁（女）
姜德生 姚江林 姚宜斌 徐双艳（女） 徐恭义 黄天骥 黄　立
曹　锋 游艾青 赖旭龙

湖南省科协代表团（28 人）

刘小明 柏连阳 周后德 文兴忠（土家族） 邓述东 冯江华
向建军 刘　佳（土家族） 刘激扬（女） 孙小琴（女） 李范坤 李艳群（女）
杨　银（女） 肖　涛 肖尊湖 张　玲（女） 陈　伟（土家族） 段美娟（女）
柴立元 高　尚（女） 唐　君（女） 黄名勇 梁红文 彭　英（女） 蒋晓云（女）
綦恒柏 廖寄乔 翦爱华（女，维吾尔族）

广东省科协代表团（37 人）

陈　勇 郑庆顺 刘治民 王蓓（女） 王　磊 韦如萍（女，壮族）
匡　铭 成守珍（女） 刘学华 刘桂雄 孙炳刚 李向阳（女）
李德波（土家族） 杨　洲 吴泽文 何　晖（女） 余中翠（女） 汪永红
张春扬 陈丕立 陈宏淡 陈贤帅（壮族） 陈振明 陈湘生 林　祥
罗光华 郑李娟（女） 洪祥武 费　霞（女） 徐义刚 徐天平 徐玉娟（女）
崔　岩 蒋宇扬 詹文河 蔡卓平 薛其坤

广西壮族自治区科协代表团（21 人）

黄日波（壮族） 纳　翔（满族） 黄星华（瑶族） 王龙林 邓国富 田芳颖（女，壮族）
孙希延（女） 苏秀清（女） 李月葵（女） 汤章旗 范琼瑛（女） 林铁坚 周　柯
袁育林 袁智军 俸文英（女） 梁小霞（女） 韩林海 蓝江培（壮族） 廖雪萍（女）
廖善宗（壮族）

海南省科协代表团（17人）

胡月明　骆清铭　林明才　白先权（苗族）　邢　巧（女）　邢福甫　刘立武
许心立（女）　杨小锋　陈传佳　钟　芳（女）　秦　陈　徐　静（女）　黄东勉（女）
蔡　敏　廖道龙　戴好富

重庆市科协代表团（27人）

王合清　刘宴兵　吕春燕（女）　王丽丹（女）　卞修武　石维娜（女）　史浩飞
代方银（土家族）　任其亮　刘敢新　严　涛　李　彦　李　婷（女）
束　为　陈　娟（女）　罗　阳　罗重生　周迎春　赵景宏（女）　段绍建
高新波　唐文革　黄　莹（女）　龚素华（女，苗族）　韩　鹏　舒　畅
赖薪郦（女）

四川省科协代表团（42人）

李言荣　罗　蓉（女）　鲁　燕（女）　丁　兆　万居易　万　强　王秀全
王　健　王　涛　毛大付　方　宇　尹晓辉（女）　孔新海　冯秋红（女）
冯　琳（女）　朱福兴　刘明侦（女）　刘新民　孙　群（女）　李　华　李　纯（女）
李　骞　杨丽琳（女）　杨昌林（土家族）　杨　斌（彝族）　张　怡（女）　陈绍泉
赵　川　赵晓明　莫则尧　徐开凯　徐　凤（女）　徐　澜（女）　郭　璐（女）
唐利军　勒乌戈（藏族）　黄邓萍（女）　彭　玺　蒋　艳（女）　韩振宇　雷　伟
魏荷琳（女）

贵州省科协代表团（20人）

向虹翔（苗族）　宋宝安　刘作东（苗族）　邓　笑（女，苗族）　史廷昌（仡佬族）刘　彦（女）
杨家辉　杨　菲　肖政华（回族）　吴宽斌　邱　伟　张　胤（女，彝族）
陆永江（女，侗族）　姜　鹏　钱　岩（女）　徐颖键　闾　硕　展茂魁
常　芮（女）　景亚萍（女）

云南省科协代表团（19人）

朱有勇　马宇梅（女）　彭寿才　于　黎（女）　王庆慧（女）　王星云　刘光华
那　靖　李　超（傣族）　杨　洁（女）　杨祚璋　沐华斌（回族）　张　云（女，藏族）
和培铖（纳西族）　耿嘉蔚（女）　葛元靖　董弋萱（女）　普诺·白玛丹增（藏族）
谢　俊

西藏自治区科协代表团（12人）

程四曲（藏族）　图登克珠（藏族）　尼玛次仁（藏族）　王文峰　扎　西（藏族）
巴桑旺堆（藏族）　多　杰（藏族）　拉　琼（女，藏族）　格桑罗布（藏族）　格桑措姆（女，藏族）

桑　布（藏族）　隆宇辉（女）

陕西省科协代表团（33 人）

蒋庄德　李豫琦　闫锡林　丁震霞（女）　丁德科　王莹莹（女，达斡尔族）
王彬文　王　震　邓红兵　史　今（女）　任　远　刘　敏（女，回族）
刘鸿娟（女）　李建峰　李肇娥（女）　李　赞（女）　杨　勇　吴善超　吴群英
张玉莲（女）　张　扬（女，蒙古族）　张应龙　陈镱文（女）　罗品芝（女）　赵政阳
赵祥模　郝　伟　耿占军　党　莉（女）　高　岭　郭烈锦　董红梅（女）
管晓宏

甘肃省科协代表团（25 人）

陈炳东　李凤奇　张兴中　马　鹏（回族）　王文龙　车宗贤
付　燕（女，土家族）　华　燕（女）　刘　蔚（女）　贡　力　严纯华　李　广
张永胜　张虎胜　陈　馨（女）　拉毛吉（女，藏族）　周　强　莫尊理
徐淑贤（女）　郭　哲　郭清毅（女）　路境明　窦晓利（女）　漆新平　翟政娇（女）

青海省科协代表团（18 人）

尤伟利　王　彤（女）　肖　宏　马　莲（女，回族）　马恩波（回族）　王振海（藏族）
牛豫娟（女）　公保才旦（藏族）　年洪恩　李坤平　杨希娟（女）　杨其恩
杨鸿海　杨森林　张　强　林鹏程　赵海兴　鄂小芹（女，土家族）

宁夏回族自治区科协代表团（18 人）

陈红缨（女）　李　星　周东海　丁茂生（回族）　马玉山　王　冰　王晓平（女）
白　静（女）　孙鸿睿（女）　杨正军（回族）　杨　怡（女，回族）　姚　敏　徐利岗
曹有龙　梁玉斌　彭　凡　鲁　玮（回族）　蔡进军

新疆维吾尔自治区（含新疆生产建设兵团）科协代表团（20 人）

丁有明　吕学强　帕提曼 · 阿布力肯（女，维吾尔族）　王天雨　王　娜（女）
木胡牙提（哈萨克族）　孔宪辉　邓铭江　艾先涛　卢秀梅（女）
刘　浪（女）　肖文交　宋晓玲（女）　张红艳（女）　张　锐（女）
阿吉艾克拜尔 · 艾萨（维吾尔族）　凯赛尔 · 阿不都克热木（维吾尔族）　罗　晖（女，白族）
姚　强　银　波

企业第一代表团（28 人）

杨金成　吴曼青　郝晓东　马丽群（女）　勾宪芳（女）　叶　聪　宁允展

孙　滔	李正茂	李自刚	李　智	杨晓明（藏族）	吴礼军	张　尼
张继军	张晶波（女）	陈学东	罗　琦	周时莹（女）	郑　晔	郑晨焱
郝小明	聂义宏（女）	殷　皓	高凤林	黄　莹（女）	梁权伟	谢在库

企业第二代表团（37 人）

严建文（回族）	张竞（女）	陈力翃（女）	王正志	王学通	王宝龙	王宪朝
方　毅	付英波	司留启	朱琳琳（女，羌族）		刘志硕	刘丽君（女）
刘若鹏	刘　琼	许泽玮	严望佳（女）	李艳飞（女）	杨少毅	吴泽源
汪旭东	张可朋（回族）	张丽娟（女）	张晓辰	陈明志	林海青	周　源
钟春燕（女）	高攀亮	唐忆鲁（女）	葛　群	喻　玺	程　磊	谢应波
廉正刚	管新飞	薛　驰				

解放军和武警部队代表团（20 人）

马伟明	吕跃广	陈　薇（女）	余晓刚	王守杰	孔志印	史　辉（女）
付小兵	任向红（女）	关　欣（女，满族）		杨长风	杨必武	杨　倩（女）
吴升艳（女）	何卫锋	陈　瑾（女）	姜秋喜	唐志共	黄　锦（女）	韩益亮

中国科学技术协会第十次全国代表大会主席团组成人员名单

（共 127 名，按姓氏笔画排序）

丁有明	万 钢	万建民	马伟明	马兴发
马 林	王 博	王小兰（女）	王合清	王守东
王进展	王恩东	尤 政	尤伟利	方 新（女）
巴桑旺堆（藏族）	邓中翰	邓秀新	卢怀玉	叶 聪
叶玉如（女）	叶贤林	田 刚	史 可	付巧妹（女）
白春礼（满族）	包为民	冯志君	宁允展	吕昭平
吕智强	朱有勇	朱蓓薇（女）	乔 杰（女）	
向 巧（女，苗族）	向虹翔（苗族）	刘小明	刘庆峰	刘若鹏
刘明侦（女）	刘德培	齐 让	严建文（回族）	李 华
李 洪	李元元	李言荣	李党生	李静海
杨 伟	杨 劼（女，蒙古族）		杨玉良	杨金成
束 为	吴 跃	吴孔明	吴伟仁	吴曼青
何华武	沈 岩	沈爱民	怀进鹏	宋 军
宋永华	张 杰	张进华	张荣桥	张桃林
陆为民	陈 勇	陈 骏	陈 薇（女）	陈红缨（女）
陈学东	陈炳东	陈维江	陈惠娟（女）	陈赛娟（女）
武向平	林 天	欧阳竹	罗 琦	周守为
凯赛尔·阿不都克热木（维吾尔族）		庞 达	郑兰荪	郑晓静（女）
孟 红（女）	孟庆海	项昌乐	赵玉沛	赵巍胜

胡月明	段惠军	侯　晓	施一公	袁亚湘
莫则尧	夏　强	徐延豪	徐晓兰（女）	殷　皓
高　松	高　福	高鸿钧	郭东明	谈朗玉（女）
黄日波（壮族）	黄璐琦	曹淑敏（女）	龚　克	龚旗煌
麻　魁（蒙古族）	蒋庄德	韩　军	韩启德	韩喜球（女）
程东红（女）	程四曲（藏族）	舒印彪	谢志远	雷增光
潘建伟	薛　澜	薛其坤	穆荣平（回族）	戴琼海

中国科学技术协会第十次全国代表大会常务主席团组成人员名单

（共51名，按姓氏笔画排序）

万　钢	万建民	马伟明	王恩东	尤　政
邓秀新	田　刚	包为民	朱有勇	乔　杰（女）
向　巧（女，苗族）	刘德培	李　华	李　洪	李言荣
李静海	杨　伟	何华武	沈　岩	怀进鹏
陈　勇	陈　骏	陈　薇（女）	陈学东	武向平
周守为	庞　达	郑兰荪	郑晓静（女）	孟庆海
项昌乐	赵玉沛	段惠军	侯　晓	施一公
袁亚湘	莫则尧	徐延豪	高　松	高鸿钧
郭东明	黄日波（壮族）	黄璐琦	龚旗煌	蒋庄德
韩　军	韩启德	舒印彪	潘建伟	穆荣平（回族）
戴琼海				

中国科学技术协会第十次全国代表大会
秘书长、副秘书长名单

秘 书 长：怀进鹏

副秘书长：王守东　王进展　吕昭平　束　为　宋　军　孟庆海
徐延豪　殷　皓

中国科学技术协会第十届全国委员会主席、副主席、常务委员、委员名单

一、中国科学技术协会第十届全国委员会主席

万　钢

二、中国科学技术协会第十届全国委员会副主席（共 18 人，按姓氏笔画排序）

马伟明	尤　政	邓秀新	包为民	乔　杰（女）
向　巧（女，苗族）		杨　伟	怀进鹏	陈　薇（女）
陈学东	孟庆海	施一公	袁亚湘	莫则尧
高　松	高鸿钧	黄璐琦	潘建伟	

三、中国科学技术协会第十届全国委员会常务委员会委员（共 56 人，按姓氏笔画排序）

万　钢	马伟明	王　博	王合清	王进展
王恩东	尤　政	巴桑旺堆（藏族）	邓秀新	卢怀玉
叶　聪	叶玉如（女）	付巧妹（女）	包为民	宁允展
吕昭平	吕智强	朱蓓薇（女）	乔　杰（女）	
向　巧（女，苗族）		刘庆峰	刘若鹏	刘明侦（女）
李元元	李党生	杨　伟	束　为	吴孔明
吴曼青	怀进鹏	宋永华	张　杰	张进华
张荣桥	陈　勇	陈　薇（女）	陈红缨（女）	陈学东
陈维江	武向平	罗　琦	凯赛尔·阿不都克热木（维吾尔族）	
孟庆海	赵巍胜	施一公	袁亚湘	莫则尧
殷　皓	高　松	高鸿钧	黄璐琦	龚旗煌

韩喜球（女）	潘建伟	薛　澜	薛其坤	

四、中国科学技术协会第十届全国委员会委员名单（共 390 人，按姓氏笔画排序）

丁有明	丁志峰	丁茂生（回族）	丁奎岭	于　黎（女）
于小虎	于吉红（女）	于明祥	于忠山	于欣丽（女）
万　钢	万芬芬（女）	万建民	马　超	马　歆（女）
马伟明	马兴发	马爱文	马福海	王　凡
王　刚	王　奕（女）	王　洵	王　娜（女）	王　健
王　涛（女）	王　涛	王　博	王　韵（女）	王二涛
王小云（女）	王飞跃	王正志	王延祜	王合清
王守东	王红阳（女）	王进展	王时伟	王国辰
王建华	王春秋	王俊利	王恩东	王彬文
王新江	王耀南	尤　政	尤伟利	巨东英
牛东晓	毛大付	毛大庆	卞永明	方　方
方　忠	方　毅	方岱宁	方宪法	巴桑旺堆（藏族）
邓秀新	艾先涛	石　勇（苗族）	石　楠	龙卫球
卢怀玉	卢春房	叶　聪	叶玉如（女）	叶贤林
申金升	田　刚	田　梅（女）	付巧妹（女）	
白　卉（女，蒙古族）		白由路	仝小林	包为民
冯志君	冯连世	冯夏庭	冯淑霞（女）	冯新斌
宁允展	尼玛次仁（藏族）	匡　铭	成升魁	成诗明（女）
吕学强	吕昭平	吕爱辉（女）	吕跃广	吕智强
朱　莎（女）	朱立新	朱有勇	朱庆山	朱蓓薇（女）
乔　杰（女）	伏广伟	向　巧（女，苗族）	向虹翔（苗族）	刘　丽（女）
刘　彦（女）	刘　峰（中国煤炭工业协会）		刘　峰（中国档案学会）	
刘　敏（女，回族）		刘大可（女）	刘小明	刘文杰
刘文峰	刘正雷	刘世荣	刘庆峰	刘兴平
刘军萍（女）	刘纪雷	刘志红（女）	刘志硕	刘丽君（女）
刘秀玲（女，回族）		刘若鹏	刘明侦（女）	刘保延
刘章锁	关　静（女）	江用文	池　宏	池　慧（女）
汤鑫华	许泽玮	孙　乐	孙　滔	孙小淳
孙正运	孙东明	孙立宁	孙春雷	孙咸泽
芮筱亭	严纯华	严建文（回族）	严望佳（女）	苏秀清（女）
李小年	李元元	李正茂	李红霞（女）	李连成

李言荣	李坤平	李宗浩	李党生	李晓刚
李晓虎	李海燕（女）	李喜和	李豫琦	杨　伟
杨小锋	杨占峰	杨礼富	杨庆新	杨希娟（女）
杨晓光	杨晓江	杨焕明	束　为	肖艳红（女）
吴　季	吴升艳（女）	吴孔明	吴玉章	吴安华
吴欣娟（女）	吴泽源	吴建平	吴曼青	吴善超
岑浩璋	何卫锋	何鸣鸿	何满潮	沈　清
怀进鹏	宋永华	宋延林	宋宝安	宋超智
张　旭	张　杰	张　莹（女）	张　辉	张广军
张幼怡（女）	张延川	张进华	张志强	张抒扬（女）
张丽萍（女）	张英俊	张佳宝	张金良	张宝晨
张春华	张春英（女）	张荣桥	张树林	张晓玲（女）
张晓燕（女）	张福仁	张福锁	张德清	陆大明
陆日宇（朝鲜族）		陆为民	陈　军	陈　英
陈　勇	陈　娟（女）	陈　骏	陈　蓉（女）	陈　鹏
陈　薇（女）	陈　馨（女）	陈十一	陈山枝	陈文涛
陈发虎	陈伟明	陈红缨（女）	陈志强	陈幸良
陈明志	陈学东	陈香美（女）	陈剑平	陈炳东
陈振明	陈晔光	陈海生	陈维江	邵　薇（女）
纳　翔（满族）	武　强	武向平	范　渊	范文慧
林　天	林明森	林忠钦	欧建成	尚春明
罗　格	罗　晖（女，白族）	罗　琦	凯赛尔·阿不都克热木（维吾尔族）	
季　林	金东寒	金灿荣	金智新（满族）	周　源
周平坤	周伟奇	周时莹（女）	周德山	底青云（女，回族）
郑兰荪	郑庆顺	郑李娟（女）	郑素萍（女，壮族）	屈　强
孟庆海	赵　罡	赵魏胜	郝卫东	胡　洁
胡义萍	胡月明	胡文鑫（满族）	胡所亭	胡承淼
胡海岩	柏连阳	钟林生	种　康	修　龙
侯　晓	饶　权	施一公	姜文波	姜恩来
娄智勇	姚宜斌	姚俊臣	姚檀栋	骆清铭
秦　川（女）	秦继荣	袁　利	袁亚湘	袁智军
聂建国	莫则尧	贾明星	贾金生	夏　扬
顾　瑛（女）	晏志勇	钱　岩（女）	徐　涛	徐　颖（女）

徐延豪	徐明波	徐建光	徐建国	徐德鸿
殷　皓	高　松	高　翅	高吉喜	高会军
高焕芝（女）	高鸿钧	高裕弟	高瑞平（女）	高新波
郭　哲	郭东明	郭立新（女）	郭传瑸	郭良栋
郭素萍（女）	唐卫清	唐威华（女）	陶　静（女）	黄　莹（女）
黄　晶	黄才发	黄路生	黄璐琦	曹　荣
曹春昱	龚旗煌	常翠青（女）	崔　鹏	崔世平
崔利锋	崔恒建	麻　魁（蒙古族）	康　乐	梁建英（女）
彭　寿	彭友良	彭明强	葛　群	蒋　艳（女）
蒋庄德	蒋宇扬	蒋晓云（女）	蒋澄宇（女）	韩振宇
韩喜球（女）	景益鹏	程四曲（藏族）	舒印彪	童小华
曾　萍（女）	曾能建	谢小勇	谢志远	谢剑平
谢潮添	詹仁斌	詹祥江	廖森泰	谭天伟
樊代明	潘建伟	薛　澜	薛其坤	穆荣平（回族）
戴国强（蒙古族）		戴厚良	戴彧虹	戴琼海
魏　伟	魏山忠	魏均民	魏辅文	

中国科学技术协会第十届书记处第一书记和书记名单

一、中国科学技术协会第十届书记处第一书记

怀进鹏

二、中国科学技术协会第十届书记处书记

孟庆海　　束　为　　吕昭平（挂职）　　殷　皓　　王进展

中国科学技术协会第十届常务委员会专门委员会组成及职责

组织建设专门委员会

主　任

张玉卓

常务副主任

束　为

副主任（5 人，以姓氏笔画为序）

王合清　王守东　李元元　吴孔明　吴曼青

委　员（16 人，以姓氏笔画为序）

丁奎岭　王正志　王春秋　许泽玮　芮筱亭　严望佳　李坤平　张　旭　陈十一　金东寒　赵　罡　骆清铭　徐　涛　麻　魁　蒋庄德　童小华

工作职责

1. 审议提交常委会会议研究、讨论和决定的关于科协组织建设的报告和建议；

2. 审议科协系统组织建设有关的章程、条例、规范、制度、通则等制度规范文件；

3. 审议中国科协团体会员接纳、退出或处理工作；

4. 审议科协系统组织建设重点工作目标、任务和计划，听取组织建设有关重点工作情况汇报；

5. 制订专门委员会年度工作计划，年末向常委会提交年度工作报告，届期内至少向常委会作一次专题汇报；

6. 指导、协调、促进学会改革发展和学会组织建设工作，贯彻常委会关于学会工作的指示精神，推进学会工作；

7. 指导、协调、推动地方科协和基层组织建设以及在华成立国际科技组织相关工作；

8. 开展专题调查研究，提出科协系统组织建设相关意见建议，研究提出常委会内设机构优化调整的意见建议；

9. 完成常委会交办的其他任务。

办公室

设在组织人事部。

人才工作专门委员会

联席主任

袁亚湘　　杨　伟

常务副主任

束　为

副主任（3 人，以姓氏笔画为序）

王　博　　巴桑旺堆　　罗　琦

委　员（19 人，以姓氏笔画为序）

于吉红　　马兴发　　王小云　　王光强　　王彬文　　巩金龙　　吕跃广　　麦立强　　李正茂　　李言荣
李坤平　　吴德胜　　何元智　　陈海生　　罗　格　　郑　凯　　赵　刚　　姚宜斌　　梁建英

工作职责

1. 审议提交常委会会议研究、讨论和决定的关于人才工作的报告和建议；

2. 审议促进科技人才成长与发展的重点工作目标、任务和计划并指导实施，听取人才工作有关重点工作情况汇报；

3. 制订专门委员会年度工作计划，年末向常委会提交年度工作报告，届期内至少向常委会作一次专题汇报；

4. 指导全国学会、地方科协和基层组织等推进人才工作；

5. 开展专题调查研究，为科协人才工作制度体系、世界青年科学家峰会、两弹一星论坛、科技人才信息库、科技人才理论研究等工作提出意见建议；

6. 协助中国科协开展表彰奖励举荐工作；

7. 积极反映广大科技人才的意见、建议和诉求；

8. 完成常委会交办的其他任务。

办公室

设在组织人事部。

学风道德建设专门委员会

主　任

高　　松

常务副主任

徐延豪

副主任（3 人，以姓氏笔画为序）

刘庆峰　　陈　勇　　薛其坤

委　员（12 人，以姓氏笔画为序）

方　忠　　方岱宁　　王新会　　张抒扬　　严纯华　　何鸣鸿　　陈　骏　　陈　鹏　　吴玉章　　郭　哲
郭传瑸　　程四曲

工作职责

1. 审议提交常委会会议研究、讨论和决定的关于学风道德建设的报告和建议；

2. 审议科协系统学风道德建设重点工作目标、任务和计划并指导实施，听取学风道德建设有关重点工作汇报；

3. 制订专门委员会年度工作计划，年末向常委会提交年度工作报告，届期内至少向常委会作一次专题汇报；

4. 指导全国学会、地方科协和基层组织等深入贯彻落实《关于进一步弘扬科学家精神　加强作风和学风建设的意见》，推进科协系统大力弘扬科学家精神，涵养优良学风；

5. 深入全国学会和高校院所开展调查研究，指导开展学风传承创建活动；

6. 指导科协系统开展科技伦理治理，深化科技伦理国际交流合作，推动形成更具有适用性、广泛性和共识性的认知、规范与标准；

7. 完成常委会交办的其他任务。

办公室

设在宣传文化部。

学术交流与期刊出版专门委员会

联席主任

高鸿钧　　包为民

常务副主任

吕昭平

副主任（3 人，以姓氏笔画为序）

李党生　　凯赛尔·阿不都克热木　　赵巍胜

委　员（21 人，以姓氏笔画为序）

于小虎　田　刚　田　伟　刘　峰　刘文杰　刘亚东　刘兴平　孙春雷　李　军　李晓刚
何满潮　张　莹　陈炳东　陈晔光　林　天　胡海岩　徐　颖　徐梦珍　康　乐　董尔丹
魏均民

工作职责

1. 审议提交常委会会议研究、讨论和决定的关于学术交流与期刊出版的报告和建议；

2. 审议学术交流与期刊出版重点工作目标、任务和计划并指导实施，听取学术交流与期刊出版有关重点工作情况汇报；

3. 制订专门委员会年度工作计划，年末向常委会提交年度工作报告，届期内至少向常委会作一次专题汇报；

4. 指导、协调和监督有关学术交流业务工作；

5. 审议学术交流重大研究课题和重要学术交流成果，组织开展重大学术活动调查研究，并提出建议；

6. 负责对中国科协科技出版工作提出指导性和政策性意见和建议；

7. 审议科技期刊发展重大研究课题，指导和促进科技期刊学术交流，并对提高科技期刊学术质量等相关工作进行引导和咨询；

8. 对科技期刊发展的重大问题、学术观点或存有异议的其他重要问题提出论证意见；

9. 完成常委会交办的其他任务。

办公室

设在科学技术创新部。

科技经济融合专门委员会

联席主任

尤　政　　陈学东

常务副主任

吕昭平

副主任（3 人，以姓氏笔画为序）

王恩东　　吕智强　　张进华

委　员（18 人，以姓氏笔画为序）

王海峰　王新江　毛大付　毛大庆　方　毅　叶贤林　吕学强　伏广伟　刘兴平　刘志硕
苏小军　杨庆新　张　楠　张福锁　陈山枝　金智新　侯　晓　徐明波

工作职责

1. 审议提交常委会会议研究、讨论和决定的关于科技经济融合的报告和建议；

2. 审议科技经济融合重点工作目标、任务和计划并指导实施，听取科技经济融合有关重点工作情况汇报；

3. 制订专门委员会年度工作计划，年末向常委会提交年度工作报告，届期内至少向常委会作一次专题汇报；

4. 指导全国学会、地方科协以及基层组织等开展科技经济融合工作，提升服务科技经济融合发展能力；

5. 开展科技经济融合专题调查研究，提出工作建议；

6. 完成常委会交办的其他任务。

办公室

设在科学技术创新部。

科学技术普及专门委员会

联席主任

孟庆海　潘建伟

常务副主任

殷　皓

副主任（3 人，以姓氏笔画为序）

卢怀玉　张　杰　武向平

委　员（15 人，以姓氏笔画为序）

王　挺　王　健　朱立新　孙宝国　李豫琦　辛　兵　陆为民　纳　翔　季　林　周　源
胡义萍　姚俊臣　顾　斌　钱　岩　戴彧虹

工作职责

1. 审议提交常委会会议研究、讨论和决定的关于科普工作的报告和建议；

2. 审议科协系统科普重点工作目标、任务和计划并指导实施，听取有关科普重点工作情况汇报，从宏观上推动科普事业发展；

3. 制订专门委员会年度工作计划，年末向常委会提交年度工作报告，届期内至少向常委会作一次专题汇报；

4. 开展调查研究，针对科普工作急需解决的问题，提出加强和改进的意见和建议；

5. 指导和监督中国科协科普战线相关部门单位、全国学会、地方科协等贯彻落实《中华人民共和国科学技术普及法》《全民科学素质行动规划纲要（2021–2035 年）》，推进科普工作，促进科普事业发展；

6. 指导、协调、推动发挥社会力量作用，搭建社会化科普服务平台，推进科普工作法制化和制度化建设；

7. 指导、协调、推动科普资源的开发，针对促进科普阵地规划、建设和发展提出意见建议；

8. 完成常委会交办的其他任务。

办公室

设在科学技术普及部。

决策咨询专门委员会

联席主任

马伟明　邓秀新

常务副主任

徐延豪

副主任（4 人，以姓氏笔画为序）

王进展　　张荣桥　　陈维江　　薛　澜

委　员（17 人，以姓氏笔画为序）

马　超　　石　勇　　龙卫球　　申金升　　任福君　　向虹翔　　刘志红　　池　宏　　杨文志　　吴善超
沈　洁　　沈　清　　张　辉　　金灿荣　　郝卫东　　蒋宇扬　　穆荣平

工作职责

1. 审议提交常委会会议研究、讨论和决定的关于决策咨询的报告和建议；

2. 审议科协系统决策咨询重点工作目标、任务和计划并指导实施，听取决策咨询有关重点工作情况汇报；

3. 制订专门委员会年度工作计划，年末向常委会提交年度工作报告，届期内至少向常委会作一次专题汇报；

4. 指导和协调开展重大战略研究工作，提出和审议决策咨询重大选题建议，参与重大问题科学论证和建言献策；

5. 参与国家科技战略、规划、布局、政策、法律法规的研究、咨询和制定工作；

6. 指导参与科技工作者建议的科学依据、立场观点或存异存疑等重要问题的论证和审核工作，参与决策咨询研讨交流活动；

7. 完成常委会交办的其他任务。

办公室

设在战略发展部。

国际合作与对外联络专门委员会

主　任

施一公

常务副主任

王进展

副主任（4 人，以姓氏笔画为序）

刘明侦　　宋永华　　高　福　　龚旗煌

委　员（22 人，以姓氏笔画为序）

才　让　　万建民　　王庆林　　王　韵　　司马红　　巨东英　　孙小淳　　刘保延　　吴建平　　李建保
张知彬　　岑浩璋　　郑庆顺　　罗　晖　　郑素萍　　胡月明　　姚檀栋　　唐威华　　崔世平　　舒印彪
曾能建　　穆荣平

工作职责

1. 审议提交常委会会议研究、讨论和决定的关于中国科协国际合作与对外联络的报告和建议；

2. 审议科协系统国际合作与对外联络重点工作目标、任务和计划并指导实施，听取国际合作与对外联络有关重点工作情况汇报；

3. 制订专门委员会年度工作计划，年末向常委会提交年度工作报告，届期内至少向常委会作一次专题汇报；

4. 指导协调全国学会、地方科协和基层组织开展国际合作与对外联络工作；

5. 审议中国科协国际合作与对外联络重大项目的组织方案；

6. 讨论中国科协国际合作与对外联络工作中的重大、热点问题；

7. 研究国际组织任职及后备人才培养、海外及港澳台地区科技人才工作、科协系统外事队伍建设等重点工作；

8. 根据国际科技发展情况提出相关调研课题并指导实施；

9. 完成常委会交办的其他任务。

办公室

设在国际合作部（港澳台办公室）。

青年科技工作者专门委员会

联席主任

陈　薇　　莫则尧

常务副主任

束　为

副主任（4 人，以姓氏笔画为序）

叶　聪　　付巧妹　　宁允展　　刘若鹏

委　员（16 人，以姓氏笔画为序）

王　洵　　王　猛　　尤伟利　　方　方　　刘光慧　　孙　滔　　李坤平　　余晓刚　　吴　南　　郑　凯
段海滨　　娄智勇　　徐　闯　　高裕弟　　谢志远　　谢潮添

工作职责

1. 审议提交常委会会议研究、讨论和决定的关于青年科技人才的报告和建议；

2. 审议科协系统促进青年科技人才成长与发展的重点工作目标、任务和计划并指导实施，听取有关青年科技人才重点工作情况汇报；

3. 制订专门委员会年度工作计划，年末向常委会提交年度工作报告，届期内至少向常委会作一次专题汇报；

4. 指导全国学会、地方科协和基层组织等围绕青年科技人才开展学术交流、科技经济融合、科学技术普及和科技志愿服务等活动；

5. 推动科协系统青年科技人才的组织建设，为加强青年科技人才队伍凝聚力建设服务；

6. 协助中国科协表彰奖励举荐优秀青年科技工作者，广泛宣传优秀青年科技人才；

7. 维护青年科技工作者合法权益，积极反映广大青年科技工作者的意见、建议和诉求；

8. 开展青年科技工作者状况调查，提出促进青年科技人才成长和发展的相关意见建议；

9. 完成常委会交办的其他任务。

办公室

设在组织人事部。

女科技工作者专门委员会

联席主任

向　巧　　乔　杰

常务副主任

束　为

副主任（4 人，以姓氏笔画为序）

叶玉如　　朱蓓薇　　陈红缨　　韩喜球

委　员（18 人，以姓氏笔画为序）

于欣丽　　王红阳　　邓　芳　　田　梅　　吕爱辉　　朱　莎　　杨　倩　　张丽萍　　张晓燕　　邵　薇
罗　晖　　周时莹　　郑　凯　　郑李娟　　秦　川　　高瑞平　　曾　萍　　解　欣

工作职责

1. 审议提交常委会会议研究、讨论和决定的关于女科技工作者的报告和建议；

2. 审议促进女科技工作者成长与发展的重点工作目标、任务和计划并指导实施，听取有关女科技工作者重点工作情况汇报；

3. 制订专门委员会年度工作计划，年末向常委会提交年度工作报告，届期内至少向常委会作一次专题汇报；

4. 指导全国学会、地方科协和基层组织共同支持女科技工作者团体实施科技创新巾帼行动，为女科技工作者提高学术水平、展示才华、建言献策、服务社会、建功高水平科技自立自强搭建平台；

5. 推动科协系统女科技工作者团体的组织建设，为加强女科技工作者队伍凝聚力建设服务；

6. 协助中国科协表彰奖励举荐优秀女科技工作者，广泛宣传优秀女科技工作者；

7. 维护女科技工作者合法权益，反映女科技工作者的建议、意见和诉求；

8. 开展女科技工作者状况调查，提出促进女科技工作者成长和发展的相关意见建议；

9. 完成常委会交办的其他任务。

办公室

设在培训和人才服务中心。

老科技工作者专门委员会

主　任

黄璐琦

常务副主任

徐延豪

副主任（4 人，以姓氏笔画为序）

王进展　王延祜　齐　让　宋　军

委　员（16 人，以姓氏笔画为序）

王建华　方　新　方宪法　石　楠　申金升　仝小林　冯志君　刘世荣　王海龙　池　慧
孙咸泽　李志刚　李　芳　张国梁　徐　强　常翠青

工作职责

1. 审议提交常委会会议研究、讨论和决定的关于老科技工作者的报告和建议；

2. 审议中国科协有关老科技工作者的重点工作目标、任务和计划并指导实施，听取有关老科技工作者的重点工作情况汇报；

3. 制订专门委员会年度工作计划，年末向常委会提交年度工作报告，届期内至少向常委会作一次专题汇报；

4. 指导全国学会、地方科协和基层组织共同支持老科技工作者工作，为老科技工作者发挥优势特长，在决策咨询、科技创新、科学普及、推动科技为民服务等方面更好发光发热搭建平台；

5. 推动科协系统老科技工作者团体组织建设，为加强老科技工作者队伍凝聚力建设服务；

6. 支持组织老专家参与国家和地方经济、科技与社会发展规划的编制等，积极向政府部门提出决策咨询建议和意见；

7. 推广普及信息和健康知识，提升老科技工作者科学素质；

8. 开展老科技工作者状况调查，反映老科技工作者的意见、建议和呼声；

9. 完成常委会交办的其他任务。

办公室

设在创新战略研究院。

关于授予中国科学技术协会荣誉委员职务的决定

为深入贯彻落实中共中央批准的《科协系统深化改革实施方案》，根据《中国科学技术协会章程》关于授予中国科协荣誉职务的规定，按照中国科学技术协会第十次全国代表大会主席团第三次会议通过的《关于授予中国科协荣誉职务的原则》，决定授予下列30名同志中国科学技术协会荣誉委员职务（按姓氏笔画排序）：

马　林	王　曦	王永志	王启民	王春法
李　华	李　洪	李静海	杨金成	吴伟仁
吴海鹰（女，回族）		何华武	沈　岩	宋　军
陈左宁（女）	欧阳竹	周守为	郑哲敏	郑晓静（女）
项昌乐	赵玉沛	钟南山	姚建年	钱七虎
徐晓兰（女）	高　福	曹淑敏（女）	曾益新	谢和平
雷增光				

中国科学技术协会第十次全国代表大会文件起草工作委员会、组织工作委员会、代表资格审查委员会职责及组成人员名单

（2021 年 5 月 27 日中国科学技术协会九届全委会第八次会议通过）

文件起草工作委员会

职责：

一、根据中央的有关指示精神，在第十次全国代表大会筹备和召开期间，指导文件组修改《中国科学技术协会章程》，起草《中国科协第九届全国委员会工作报告》《中国科学技术协会事业发展“十四五”规划（2021—2025年）》等大会相关文件；

二、以多种形式听取对上述文件的意见；

三、提出对文件的修改意见。

主　任：万　钢

副主任：袁亚湘　　徐延豪　　宋　军

委　员（按姓氏笔画排序）：

吴孔明　　武向平　　赵玉沛　　殷　皓

秘　书：郭　哲

组织工作委员会

职责：

一、负责“十大”筹备和大会期间的组织工作事项；

二、对提名为十届全国委员会委员的候选人进行审核；

三、按照中央书记处的指示精神，在中央组织部的领导下，酝酿提出全国委员会主席、副主席、常务委员候选人人选；

四、负责提出授予荣誉职务的原则及建议名单；

五、向全体代表预备会议、全国委员会会议、常务委员会会议、主席团会议和常务主席团会议汇报有关组织工作情况；

六、负责其他需组织工作委员会承办的事项。

主　任：怀进鹏

副主任：孟庆海　　　束　为

委　员（按姓氏笔画排序）：

王进展　　　吕昭平　　　项昌乐　　　曹淑敏（女）　　　龚旗煌

秘　书：李坤平

代表资格审查委员会

职责：

一、根据《中国科学技术协会选举工作条例》，按照中国科协“十大”代表选举工作方案，审查选举产生的代表是否符合代表条件；

二、审查选举单位（中国科协全国学会、协会、研究会，各省、自治区、直辖市科协，新疆生产建设兵团科协，中央统战部，国务院国资委，中央军委政治工作部，全国工商联，中国科协机关、中国科协常委会有关专门委员会等）选举产生的代表是否符合民主程序；

三、对不符合代表条件或不符合民主程序产生的代表，提出取消其代表资格或要求选举单位重新进行选举产生人选的意见；

四、向九届八次全委会议作代表资格审查的报告。

主　任：李静海

副主任：沈　岩　　　王守东

委　员（按姓氏笔画排序）：

施一公　　　高　松　　　黄璐琦　　　雷增光

秘　书：谭华霖

关于开展“自立自强　创新争先”行动的倡议

新一轮科技革命和产业变革突飞猛进，世界百年未有之大变局加速演进。科学技术从未像今天这样深刻影响着国家前途命运、深刻影响着人民生活福祉。站在“两个一百年”奋斗目标的历史交汇点，我们深刻领会习近平总书记和党中央的殷切期望，深切感受科技自立自强的时代呼唤。在第五个全国科技工作者日到来之际，中国科协第十次全国代表大会向全国科技工作者倡议开展“自立自强创新争先”行动。

明理增信、崇德力行。从党的百年奋斗中感悟信仰的力量，筑牢信念信心，牢记初心使命，坚定不移听党话、跟党走。立足新发展阶段，贯彻新发展理念，构建新发展格局，把人生理想融入全面建设社会主义现代化国家的伟业中。

胸怀祖国、服务人民。胸怀“两个大局”，心系“国之大者”，矢志爱国奋斗，当好高水平科技自立自强的排头兵，构筑国家永续发展、持久安全的科技长城，共同书写建设世界科技强国的精彩篇章。

创新创造、勇攀高峰。坚持“四个面向”，不断向科学技术广度和深度进军，以与时俱进的精神、革故鼎新的勇气、坚忍不拔的定力，勇闯创新“无人区”，抢占关键核心技术制高点。

扎根大地、自觉奉献。践行科学家精神，严谨治学，全心投入，做清新学风、清正作风的营造者。甘当人梯、奖掖后学，协力托举人才成长。主动投身科技志愿服务，弘扬科学精神，普及科技新知，倡导科学方法，助力乡村振兴，把论文写在祖国大地上。

面向世界、开放合作。深度参与全球科技治理，塑造科技向善的文化理念，让科技更好增进人类福祉。增进对国际科技界的开放、信任、合作，为构建人类命运共同体贡献智慧力量。

自主创新事业大有可为，科技工作者大有作为。让我们更加紧密地团结在以习近平同志为核心的党中央周围，众心向党、自立自强，为建成世界科技强国、实现中华民族伟大复兴而努力奋斗！

2021 年 5 月 30 日

努力实现高水平科技自立自强

（2021年5月30日）

人民日报评论员

科技立则民族立，科技强则国家强。在“两个一百年”奋斗目标的历史交汇点、开启全面建设社会主义现代化国家新征程的重要时刻，中国科学院第二十次院士大会、中国工程院第十五次院士大会和中国科协第十次全国代表大会隆重开幕，这是共商推进我国科技创新发展大计的一次盛会。

习近平总书记在大会上发表重要讲话，回顾了我们党在各个历史时期对科技事业的高度重视，总结了我国科技事业取得的新的历史性成就，分析了新一轮科技革命和产业变革的演化趋势，明确了加快建设科技强国的重点任务，对更好发挥两院院士和中国科协作用提出殷切希望，具有很强的思想性、指导性、针对性，对于我们实现高水平科技自立自强、向第二个百年奋斗目标胜利进军具有重大意义。

今年是中国共产党成立一百周年，我们党始终高度重视科技事业，科技事业在党和人民事业中始终具有十分重要的战略地位、发挥了十分重要的战略作用。党的十九大以来，以习近平同志为核心的党中央坚持把科技创新摆在国家发展全局的核心位置，坚持党对科技事业的全面领导，牢牢把握建设世界科技强国的战略目标，充分发挥科技创新的引领带动作用，全面部署科技创新体制改革，着力实施人才强国战略，扩大科技领域开放合作。几年来，我国科技实力正在从量的积累迈向质的飞跃、从点的突破迈向系统能力提升，基础研究和原始创新取得重要进展，战略高技术领域取得新跨越，高端产业取得新突破，科技在新冠肺炎疫情防控中发挥了重要作用，民生科技领域取得显著成效，国防科技创新取得重大成就。我国科技创新取得新的历史性成就充分证明，我国自主创新事业是大有可为的！我国广大科技工作者是大有作为的！

察势者智，驭势者赢。当今世界百年未有之大变局加速演进，不稳定性不确定性明显增加，我国发展面临的国内外环境发生深刻复杂变化。科技创新成为国际战略博弈的主要战场，围绕科技制高点的竞争空前激烈。习近平总书记深刻指出：“我们必须保持强烈的忧患意识，做好充分的思想准备和工作准备。”要深刻认识到，当前新一轮科技革命和产业变革突飞猛进，科技创新广度显著加大、深度显著加深、速度显著加快、精度显著加强。我国“十四五”时期以及更长时期的发展对加快科技创新提出了更为迫切的要求，现在，我国经济社会发展和民生改善比过去任何时候都更加需要科学技术解决方案，都更加需要增强创新这个第一动力。形势逼人，挑战逼人，使命逼人。我国广大科技工作者唯有以与时俱进的精神、革故鼎新的勇气、坚忍不拔的定力，面向世界科技前沿、面向经济主战场、面向国家重大需求、面向人民生命健康，把握大势、抢占先机，直面问题、迎难而上，才能肩负起时代赋予的重任。

科技自立自强是促进发展大局的根本支撑，成为决定我国生存和发展的基础能力，构建新发展格局最本质的特征是实现高水平的自立自强。我们国家进入科技发展第一方阵要靠创新，必须加快科技自立自强步伐。党的十九大确立了到2035年跻身创新型国家前列的战略目标，党的十九届五中全会提出了坚持创新在我国现代化建设全局中的核心地位，把科技自立自强作为国家发展的战略支撑。立足新发展阶段、贯彻新发展理念、构建新发展格局、推动高质量发展，必须深入实施科教兴国战略、人才强国战略、创新驱动发展战略，完善国家创新体系，加快建设科技强国，实现高水平科技自立自强。

一代人有一代人的奋斗，一个时代有一个时代的担当。全面建设社会主义现代化国家新征程已经开启，向第二个百年奋斗目标进军的号角已经吹响。在新时代的伟大征程上，砥砺“以身许国，何事不可为”的勇毅担当，激扬“敢为天下先”的创造豪情，勇于创新、顽强拼搏，我们一定能为建成世界科技强国、实现中华民族伟大复兴不断作出新的更大贡献。

实现高水平科技自立自强

（2021年5月30日）

光明日报评论员

5月28日上午，中国科学院第二十次院士大会、中国工程院第十五次院士大会和中国科学技术协会第十次全国代表大会在京召开。习近平总书记出席大会并发表重要讲话强调，我国广大科技工作者要以与时俱进的精神、革故鼎新的勇气、坚忍不拔的定力，肩负起时代赋予的重任，努力实现高水平科技自立自强。

党的十九大以来，我国科技事业发展迅猛、成绩斐然，基础研究和原始创新取得重要进展，战略高技术领域取得新跨越，高端产业取得新突破，科技在新冠肺炎疫情防控中发挥了重要作用，民生科技领域取得显著成效，国防科技创新取得重大成就。我国科技创新取得新的历史性成就，这一切的关键就在于以习近平同志为核心的党中央精心统筹、谋划大局、深化改革、全面发力。

天问一号成功着陆火星传回中国第一张火星照片、国药新冠疫苗列入世卫组织紧急使用清单、嫦娥五号返回器携带月球样品成功着陆、"九章"计算机助力中国首次实现"量子计算优越性"、"奋斗者"号全海深载人潜水器成功完成万米海试并胜利返航……这一系列重大科技创新成果无一不是我国科技工作者自立自强、刻苦钻研、潜心研究的成果。世界科技强国能的，我们也能；世界科技强国仍在探索的，我们已然抢先一步。实践证明，我国自主创新事业是大有可为的，我国广大科技工作者是大有作为的。

当前，我国正处在开启全面建设社会主义现代化国家新征程、向第二个百年奋斗目标进军的重要阶段，但世界面临百年未有之大变局，国际国内形势复杂多变。科技事业发展必须立足新发展阶段，面向世界科技前沿、面向经济主战场、面向国家重大需求、面向人民生命健康，坚持把科技自立自强作为国家发展的战略支撑。这就要求广大科技工作者必须坚持问题导向，科技攻关奔着最紧急、最紧迫的问题去，科研方向从国家急迫需要和长远需求出发，坚决打赢关键核心技术攻坚战。

"两院院士是国家的财富、人民的骄傲、民族的光荣。"多年来，大批两院院士立足国家重大战略需求，围绕"人工智能2.0""颠覆性技术""战略性新兴产业""制造强国""能源战略""新材料""生态文明"等重大方向，为国家制定重大政策提供了强有力的科技支撑。我们要发挥两院作为国家队的学术引领作用、关键核心技术攻关作用、创新人才培养作用，发挥好中国科协所肩负党和政府联系科技工作者桥梁和纽带的职责。加强原创性、引领性科技攻关，强化国家战略科技力量，提升国家创新体系整体效能，推进科技体制改革，形成支持全面创新的基础制度，激发各类人才创新活力，建设全球人才高地。

新一轮科技革命和产业变革的演化趋势已然清晰，加快建设科技强国的重点任务已然明确，我们必须把握大势、抢占先机，直面问题、迎难而上，完善国家创新体系，加快建设科技强国，实现高水平科技自立自强，以优异成绩庆祝中国共产党百年华诞，为把我国建设成为富强民主文明和谐美丽的社会主义现代化强国、实现中华民族伟大复兴的中国梦不懈奋斗。

以高水平自立自强全面推进科技强国建设

（2021年5月29日）

科技日报社论

历史总在波澜变革中书写新篇章。5月28日，中国科学院第二十次院士大会、中国工程院第十五次院士大会、中国科学技术协会第十次全国代表大会“三会聚首”，在人民大会堂隆重召开。这是我们在“两个一百年”奋斗目标的历史交汇点、开启全面建设社会主义现代化国家新征程的重要时刻，共商推进我国科技创新发展大计的一次盛会。习近平总书记在会上发表重要讲话强调，坚持把科技自立自强作为国家发展的战略支撑，加快建设科技强国，实现高水平科技自立自强。

行棋当善弈，落子谋全局。在革命、建设、改革各个历史时期，我们党都高度重视科技事业，科技事业在党和人民事业中始终具有十分重要的战略地位、发挥了十分重要的战略作用。党的十九大以来，党中央全面分析国际科技创新竞争态势，深入研判国内外发展形势，坚持把科技创新摆在国家发展全局的核心位置，全面谋划科技创新工作。几年来，在党中央坚强领导下，在全国科技界和社会各界共同努力下，我国科技实力正在从量的积累迈向质的飞跃、从点的突破迈向系统能力提升，科技创新取得新的历史性成就。

纵观人类发展历史，创新始终是一个国家、一个民族发展的重要力量，也始终是推动人类社会进步的重要力量。当下，中国正处于谋求高质量发展关键时期，在完成“十三五”规划全面建成小康社会的基础上，“十四五”规划全面展开，各项改革进入攻坚阶段，经济社会发展对科技创新提出更高要求；放眼全球，当今世界正经历百年未有之大变局，新冠肺炎疫情全球大流行推动这个大变局加速演化，新一轮科技革命和产业革命深入发展，国际格局发生深刻变化。站在新的历史起点上，统筹中华民族伟大复兴战略全局和世界百年未有之大变局，深刻认识我国社会主要矛盾变化带来的新特征新要求和错综复杂的国际环境带来的新矛盾新挑战，立足新发展阶段、贯彻新发展理念、构建新发展格局、推动高质量发展，党的十九届五中全会提出了坚持创新在我国现代化建设全局中的核心地位，把科技自立自强作为国家发展的战略支撑。

加快建设科技强国，实现高水平科技自立自强，要加强原创性、引领性科技攻关，坚决打赢关键核心技术攻坚战；要强化国家战略科技力量，提升国家创新体系整体效能；要推进科技体制改革，形成支持全面创新的基础制度；要构建开放创新生态，参与全球科技治理；要激发各类人才创新活力，建设全球人才高地。习近平总书记提出的这五大重点任务，立足当下，着眼长远，有着强烈的问题意识和鲜明的价值导向，是新时期推动科技创新的行动指南。

全面建设社会主义现代化国家新征程已经开启，向第二个百年奋斗目标进军的号角已经吹响，科技界要更加紧密团结在以习近平同志为核心的党中央周围，以习近平新时代中国特色社会主义思想为指导，以与时俱进的精神、革故鼎新的勇气、坚忍不拔的定力，面向世界科技前沿、面向经济主战场、面向国家重大需求、面向人民生命健康，把握大势、抢占先机，直面问题、迎难而上，肩负起时代赋予的重任，自觉履行高水平科技自立自强的使命担当，发动科技创新的强大引擎，让中国这艘航船向着世界科技强国不断前进，向着中华民族伟大复兴不断前进，向着人类更加美好的未来不断前进。

5 月 27—30 日，中国科协第十次全国代表大会在北京隆重召开

全国政协副主席万钢出席中国科协第十次全国代表大会

颁发中国科协荣誉委员证书

向全体科技工作者发出关于开展“自立自强　创新争先”行动的倡议

中国科协第十次全国代表大会常务主席团会议

大会代表

与会代表在国家博物馆参观“众心向党　自立自强——党领导下的科学家”主题展

大会举行“众心向党　自立自强”科学家精神宣讲报告会，
共和国勋章获得者、中国工程院院士钟南山，神舟飞船首任总设计师、中国工程院院士戚发轫作报告

5 月 31 日，中国科协党组理论学习中心组 2021 年第四次集体学习扩大会议召开，
深入学习领会习近平总书记在两院院士大会、中国科协第十次全国代表大会上的重要讲话精神

6 月 25 日，中国科协贯彻落实习近平总书记在中国科协“十大”重要讲话精神干部大会在北京召开

7 月 27 日，第二十三届中国科协年会在北京开幕，全国政协副主席、中国科协主席万钢出席开幕式并致辞

7 月 12 日，2021 重大科学问题、工程技术难题和产业技术问题终选会
在北京召开，中国科协名誉主席、中国科学院院士韩启德主持会议

5 月 27 日，中国科协第九届全国委员会第八次会议在北京召开

2 月 5 日，中国科协第九届全国委员会常务委员会第十二次会议在北京召开

5 月 27 日，中国科协第九届全国委员会常务委员会第十三次会议在北京召开

5 月 30 日，中国科协第十届全国委员会第一次会议在北京召开

5 月 30 日，中国科协第十届全国委员会常务委员会第一次会议在北京召开

8 月 13 日，中国科协第十届全国委员会常务委员会第二次会议在北京召开

1月6日，中国科协党组书记、常务副主席、书记处第一书记怀进鹏（左二）在中国热带作物学会调研

3月15日，中国科协党组书记、常务副主席、书记处第一书记怀进鹏出席在北京举办的中国科协党史学习教育动员大会暨科协系统党校2021年开学典礼并讲话

7月26日，中国科协党组书记、常务副主席、书记处第一书记怀进鹏出席在北京举办的第二十三届中国科协年会世界科技社团发展与治理论坛并致辞

9月10日，中国科协党组书记、分管日常工作副主席、书记处第一书记张玉卓出席在北京举办的2021世界机器人大会开幕式并致辞

9月17—18日，中国科协党组书记、分管日常工作副主席、书记处第一书记张玉卓在山西省岚县调研中国科协定点帮扶工作

9月29日，中国科协党组书记、分管日常工作副主席、书记处第一书记张玉卓在中国科协－北京大学科学文化研究院调研，并拜会中国科协名誉主席、中国科学院院士、科学文化研究院创始院长韩启德

5 月 24 日，中国科协党组副书记、副主席、书记处书记徐延豪
主持在北京举办的“众心向党　自立自强——党领导下的科学家”主题展开幕式

11 月 30 日，中国科协专职副主席、书记处书记孟庆海
出席在北京举办的 2021 世界公众科学素质促进大会并在全体大会闭幕式上致辞

11 月 13 日，中国科协党组成员、书记处书记束为主持在浙江省温州市举办的 2021 世界青年科学家峰会

5 月 19 日，中国科协党组成员、书记处书记宋军
主持在北京举办的碳中和目标下的新能源汽车及新出行概念论坛

1 月 18 日，中国科协党组成员、书记处书记吕昭平主持在北京举办的 2020“科创中国”年度工作会议

6 月 27 日，中国科协党组成员、书记处书记殷皓
主持在北京举办的“科创百年——建党 100 周年科技成就科普展”开幕式

7 月 27 日，中国科协党组成员、书记处书记王进展
出席第二十三届中国科协年会港澳台科技工作者代表座谈会并讲话

6 月 28 日，中国科协党组成员、机关党委书记王守东
出席在北京举办的中国科协职工“砥砺奋进新时代　喜迎建党 100 年”书画摄影作品展开幕式并参观展览

3 月 18 日，2021 年世界工程日中国庆祝活动暨中国工程师联合体成立仪式在北京举办

11 月 13 日，2021 世界青年科学家峰会在浙江省温州市开幕

3月16日，中国科协提名中国工程院院士候选人评审会全体会议在北京召开

3月16日，中国科协推荐中国科学院院士候选人评审会全体会议在北京召开

9月3日，2021年“最美科技工作者”集中遴选会议在北京召开

9 月 30 日，中国科协在北京召开青年科技人才代表学习贯彻中央人才工作会议精神座谈会

12 月 17 日，全国科学道德和学风建设宣讲教育十周年工作座谈会在北京召开

7月13日，传承"两弹一星"精神中国青年英才论坛
在青海省西宁市开幕，开幕式上举行青海省人民政府与中国科协全面战略合作协议签约仪式

9月1日，国家林业和草原局与中国科协全面战略合作协议签署仪式在北京举行

9 月 22 日，中国科协与清华大学全面战略合作协议签署仪式在北京举行

10 月 11 日，中国科协与中国石油化工集团公司在线上举行全面战略合作协议签署仪式

11 月 13 日，浙江省人民政府与中国科协全面战略合作协议签约仪式在浙江省温州市举行

12 月 14 日，中国科协与国家管网集团全面战略合作协议签约仪式在北京举行

12 月 16 日，中国科协与中国银行股份有限公司战略合作协议签约仪式在北京举行

12 月 20 日，山东省人民政府与中国科协全面战略合作协议签约仪式在山东省威海市举行

1月18日，2020“科创中国”年度工作会议在北京召开

7月6日，“科创中国”2021峰会在浙江省嘉兴市开幕，开幕式上举行“科创中国”青年百人会成立仪式

12月23日，“科创中国”创新创业投资大会暨大湾区科技大会在广东省深圳市举办

5 月 19 日，由中国科协和德国“中国之桥”协会共同主办的中德碳中和目标下的新能源汽车及新出行概念论坛以视频会议形式召开

6 月 8 日，2021 灾害风险综合研究国际会议开幕式在北京举办

9 月 10 日，2021 世界机器人大会开幕式在北京举办

9 月 15—17 日，2021 世界新能源汽车大会以线上线下结合的形式在海南省海口市举办

11 月 6—7 日，第三届世界科技与发展论坛以线上线下结合的形式在北京举办

4 月 20 日，中国科技期刊卓越行动计划工作交流推进会在北京召开

7 月 28 日，第四届世界科技期刊论坛在北京举办

第二十三届中国科协年会

7 月 27—28 日，第二十三届中国科协年会在北京召开。本届年会以“创新引领、自立自强——共筑新发展格局”为主题，设立开幕式、闭幕式，以及“科技共同体担当新时代使命”“迈出‘科创中国’新步伐”“开启国际交流新模式”“注入创新发展新活力”4 大系列 25 项专题活动。4900 余名国内外专家、学者通过线上线下形式参会交流互动。

7 月 27 日，第二十三届中国科协年会开幕式在北京举行

7 月 28 日，世界顶尖科学家与青年科学家对话在北京举行

7 月 28 日，第二十三届中国科协年会闭幕式在北京举行

4月20日，中国科协在北京组织召开开放科学高层次研讨会

4月21日，中国科协在北京组织召开关键核心技术“卡脖子”问题高层次研讨会

5月6日，中国科协在北京组织召开人工智能产业发展高层次研讨会

7月2日，中国科协在北京组织召开“碳达峰、碳中和”高层次研讨会

9月9日，中国科协在北京组织召开新能源发展高层次研讨会

10月15日，中国科协在北京组织召开生物安全高层次研讨会

4月17日，以“疫苗、疾控与人类健康”为主题的第八期中国科技会堂论坛在北京举办

8月21日，以“核——国家安全基石”为主题的第十二期中国科技会堂论坛在北京举办，中国科协党组书记、书记处第一书记张玉卓为主讲嘉宾颁发荣誉证书

10月16日，以“病毒变异与疫苗有效性”为主题的第十四期中国科技会堂论坛在北京举办，中国科协副主席、中国工程院院士、军事科学院研究员、“人民英雄”国家荣誉称号获得者陈薇作主题报告

2021 年全国科普日

9 月 11—17 日，以“百年再出发，迈向高水平科技自立自强”为主题的 2021 年全国科普日北京主场活动在中国科学技术馆和北京科学中心举行。北京主场活动包括自立自强建新功、科普科创立伟业、生态文明创未来三大板块的展示和“与公众面对面”科技志愿活动、科学家精神主题展等。通过互动展品、实物模型、多媒体、图文展板等形式，展现党领导下的科学普及和科技创新工作发展历程。

9 月 13 日，中国科协党组书记、分管日常工作副主席、书记处第一书记张玉卓，北京市委副书记、市长陈吉宁共同启动信仰的高光——科学家精神主题展

9 月 13 日，观众在北京科学中心参加全国科普日北京主场活动

9 月 14 日，观众在中国科学技术馆参加全国科普日北京主场活动

11 月 30 日，2021 世界公众科学素质促进大会以视频会议形式在北京举办

12 月 7 日，2021 年全民科学素质工作会议在北京召开，
会上为全民科学素质工作先进个人和先进集体代表颁发证书和奖牌

9 月 28 日，中国科幻大会开幕式在北京举行

1 月 10 日，“典赞·2021 科普中国”揭晓盛典特别节目在北京中央电视台录制并于 2 月 14 日在 CCTV10 科教频道播出

3 月 25 日，“100+”高校科学辟谣联合行动启动仪式在北京举行

4月29日，“奇迹天宫　荣耀见证”中国航天日主题教育活动在北京举行

6月27日，“科创百年——建党100周年科技成就科普展”在北京开展

7月18日，2021年青少年高校科学营全国开营式暨“开营第一课”在北京举办

7月19日，“明天小小科学家”奖励活动20周年暨第20届庆典活动在北京举行

7月22日，第七届全国青年科普创新实验暨作品大赛全国总决赛在北京举行

9月6日，中国空间站科创体验基地启动仪式在北京举行

12 月 9 日，“天宫课堂”第一课开讲，青少年在中国科技馆聆听由“太空教师”翟志刚、王亚平、叶光富在中国空间站讲授的太空科普课

11 月 22 日，中国科技文化场馆联合体成立大会暨首场活动在北京举行

12 月 27 日，中国企业公益科普联合倡议仪式暨颁奖典礼在北京举行

5 月 18 日，全国政协副主席、中国科协主席万钢
应邀与博世集团董事会主席沃尔克马尔・邓纳尔进行线上会谈

5 月 25 日，全国政协副主席、中国科协主席万钢
与大众汽车集团管理董事会主席赫伯特・迪斯进行线上会谈

中国科学技术协会

3 月 15 日，中国科协党史学习教育动员大会
暨科协系统党校 2021 年开学典礼在北京举行，各省级科协通过视频分会场在线参加会议

3 月 22 日，2021 年中国科协党风廉政建设和反腐败工作会议在北京以电视电话会议形式召开

6月25日，中国科协学会党建工作指导委员会成立大会
暨学会党建工作先进表彰大会在北京召开，会上为50个受表彰的学会颁奖

9月23—25日，中国科协党校科协系统领导干部学习贯彻
习近平总书记“七一”重要讲话精神专题研修班以线下线上结合方式在北京举办

5月24日，“众心向党 自立自强——党领导下的科学家”主题展在北京国家博物馆开幕

6月16日，中国科协“光荣在党50年”纪念章颁发仪式在北京举行

6月28日，中国科协“党在我心中”党史知识竞赛决赛在北京举行

6月30日，中国科协职工红色经典诵读会决赛在北京举行

7月23日，中国科协庆祝中国共产党成立100周年表彰大会暨党组书记讲党课活动在北京举行

10月15日，“自立自强　青春向党”青年演讲大赛展演暨颁奖活动在北京举行

3月10日，中国科协改革发展重大战略研究方案研讨会在北京召开

4月2日，中国科协深改领导小组会议、2021年第一次重大任务调度会暨机关“三定”调整实施工作动员部署会在北京召开

9月23日，中国科协在北京组织召开省（区、市）科协党组书记座谈会

中国科协 2021 年
主要活动和重要事件

中国科协 2021 年工作概况

2021 年是中国共产党成立一百周年，在党和国家历史上具有里程碑意义，我国顺利实现第一个百年奋斗目标，开启向第二个百年奋斗目标进军新征程。习近平总书记出席中国科协“十大”并发表重要讲话，面向科技界发出推动高水平科技自立自强的动员令，对做好中国科协工作提出明确要求，充分体现了以习近平同志为核心的党中央对科技事业、科协工作的高度重视和对广大科技工作者的关心关爱，科技界深受鼓舞。

一年来，中国科协坚持以习近平新时代中国特色社会主义思想为指导，深入贯彻落实党的十九大和十九届历次全会精神，在科协系统和科技界扎实开展党史学习教育，增强“四个意识”、坚定“四个自信”、做到“两个维护”，切实履行桥梁纽带职责，充分发挥人才第一资源优势，聚焦靶心、围绕大局，将“强三性”融入“四服务”，深化改革提升活力，开放合作增进信任，强化党建固本强基，团结引领广大科技工作者立足新发展阶段、贯彻新发展理念、构建新发展格局、推动高质量发展，勇做高水平科技自立自强排头兵。

一、着力强化思想政治引领，筑牢科技界团结奋斗的共同思想基础

中国科协党组坚决扛起政治责任和使命担当，把深入贯彻习近平新时代中国特色社会主义思想作为首要任务，把弘扬科学家精神作为思想政治引领的有力抓手，深入开展党史学习教育，润物无声做细人心工作，引导科技工作者听党话、跟党走。

一是持续强化理论武装，推动习近平新时代中国特色社会主义思想深入转化。党组以上率下，及时用党的创新理论武装头脑、指导实践。全年召开 39 次党组会议和 12 次党组理论学习中心组集体学习，及时传达学习习近平总书记重要讲话和指示批示精神。将学习贯彻总书记“七一”重要讲话、对党的群团工作的十方面重要论述、在中国科协“十大”上的重要讲话与落实党的十九届六中全会精神、中央人才工作会议精神等一体贯通，精心设置学习议题，围绕“从百年历史汲取前进动力”“十个坚持的深刻内涵”“科技自立自强”等专题研讨，不断提高政治判断力、政治领悟力、政治执行力。完善落实重要指示批示精神的督办机制，围绕总书记科协“十大”重要讲话、对第 32 届国际航空科学大会的贺信等提出落实举措。抓住“关键少数”，带动科协系统学习。巩固党组成员、全国学会理事长、知名科学家讲党课常态化机制，面向全国学会理事长、秘书长和地方科协主席、党组书记组织系列学习研修班，全国学会广泛开展“科学家讲党课”活动，把政治与业务有机融合。完善党组、书记处成员直接联系服务全国学会和地方科协机制，深入基层调研，与科技工作者贴心交流，宣传党的路线方针政策。在中央党史和文献研究院指导下编印《习近平关于科技创新论述摘编》，推动科技界率先学习。梳理摘编党的十八大以来习近平总书记关于科技工作者思想政治工作的重要论述，制定加强和改进思想政治工作的实施方案。在《人民日报》《光明日报》等发表理论文章，持续通过“学而时习之”“嘱托”等专题栏目，开展理论宣传阐释。依托科协党校，打造价值引领高地。举办高层次科技领军人才专题研修班、战略科学家国情考察活动，增强制度自信和创新自信。依托嘉兴南湖革命纪念馆、青海“两弹一星”理想信念教育学院建设中国科协党校教育基地，面向青年科技领军人才开展国情研修，举办“自立自强、青春向党”演讲大赛等，引导青年科技人才坚定理想信念。广大科技工作者对全面建成小康社会高度认同，对以高质量发展促进共同富裕充满信心。与中国日报社开展战略合作，共建国际科技传播研究院。组织海外科技人才中国行活动，用好世界科技与发展论坛、世界青年科学家峰会等交流平台，增进国际科技界对我国的认同。

二是以贯彻落实中国科协“十大”精神为契机，凝聚科技界奋进新时代的磅礴力量。深入贯彻落实习近平总书记重要讲话精神，落实中央书记处指示，找准科协组织在现代化建设全局中的工作定位，明确科协系统改革方向和发展目标，修订《中国科学技术协会章程》，制定实施《中国科协事业发展“十四五”规划（2021—2025 年）》，擘画未来蓝图，开启科协服务高水平科技自立自强新征程。传递总书记关爱重托，中国科协“十大”期间向全国科技工作者发出倡议，号召开展“自立自强、创新争先”行动，钟南山、戚发轫院士为科协“十大”代表宣讲科学家精神，引起共鸣。系统联动庆祝全国科技工作者日，累计举办 1 万余场活动、总传播量 2.79 亿次，增强科技工作者的归属感、荣誉感和认同感。“科技自立自强，奋斗有我巾帼”活动引领女性科技工作者创新建功，点击量超1100万人次。聚焦培育战略人才力量，做细人心工作，发挥各级科协常委、全委、代表，各级学会理事长、秘书长以及基层“三长”（医院院长、学校校长、农技站站长）作用，密切对科技界的联系。通过“科情在线”平台等，及时掌握队伍状况和诉求。落实中央人才工作会议精神，突出实践标准，做好两院院士候选人推荐（提名）等工作，有意识地发现一批具有战略科学家潜质的人才，强化正确激励导向，优化升级中国青年科技奖、杰出工程师奖等奖项遴选机制，举荐一批科技领军人才和创新团队。加大青年科技人才托举力度，培育国家战略人才后备军。健全工程师成长服务体系，中国机械工程学会等18个全国学会参与559个工程教育专业认证，中国公路学会等全国学会以及江苏、广东等地方工程师学会积极推进工程能力评价，助力打造中国特色、世界水平的卓越工程师队伍。

三是聚焦“众心向党、自立自强”主题，扎实开展党史学习教育。“一体两翼”联动，谱写建党百年宣传教育“科技篇”。将党史学习教育作为中国科协党校培训重点任务，开发40余门特色在线课程，建立学时档案，分期分批开展系统培训。及时反映科协党史学习教育特色，向中宣部报送60期简报。建设专题网页和“学党史、续会史”交流展示平台，定期发布党史学习教育活跃度排行，形成“比学赶帮”浓厚氛围。组织“与党同心、百年同行”全国学会访谈录活动，充分挖掘中华医学会等9家百年学会历史，用杰出科学家的感人故事讲述党史、科技社团史。浙江、上海、河北、重庆、江西等地科协深挖红色资源，开展形式多样的宣讲活动，如重庆开展“从中国共产党领导科技创新的伟大实践中学史明理”主题宣讲920场次、覆盖26万余人次。中央党史学习教育简报6次刊发科协的经验做法，中央25指导组多次给予肯定。落实全面覆盖、有效覆盖要求，绘好众心向党同心圆。把党史学习教育同庆祝建党百年宣传教育紧密融合，团结引领科技工作者传承伟大建党精神、赓续红色血脉。在国家博物馆举办“党领导下的科学家”主题展，并在新疆等多地巡展，“钱学森的入党申请书”微博话题阅读量2.5亿人次。“党领导下的百年科普展”集中展现科技为民的百年韶华，“科创百年——庆祝建党100周年科技成就科普展”“赤子丹心——与党同龄的科学家”等主题展览引发社会广泛关注，在中组部“共产党员”微信公众号、新华网等媒体推出10集“党史里的科学家”节目，单集播放量超百万。着眼解决急难愁盼问题，开展“我为群众办实事”实践活动。中国科协层面46项为群众办实事清单已完成38项，其余8项为长期工作持续推进，带动科协系统为群众办实事3900余项，形成“一懂两爱”（懂农业、爱农村、爱农民）科技服务团、银龄跨越数字鸿沟、天府科技云、科技搭桥行动、河南特大汛情应急科普等一批典型案例。聚焦科技工作者关切，与中办督查室联合开展科技工作者思想政治状况调研，推动人才评价改革。面向青少年，利用科普资源助推“双减”，动员全国科技场馆、中小学校等集成教育资源1000余项。70余家全国学会组织服务团开展“追寻红色足迹、科技为民服务”“智惠行动·百会百县乡村行”等行动，将科技资源和服务送入基层。

四是大力弘扬科学家精神，强化精神引领和思想保证。推动科学家精神进入中国共产党人精神谱系，为科技工作者建功新时代注入强大精神动力。依托钱学森、竺可桢、严济慈、苏步青、谈家桢、屠呦呦6位科学家故居（旧居）建设科学家精神培育基地，打造红色科学家群落成为网红打卡地。推动青年一代自觉传承优良学风，“科学大师名校宣传工程”深耕高校，深受青年学子喜爱，演出季活动中30余场演出吸引2万余名师生现场观看，南开大学、天津大学等4所高校赴河南高校集中巡演。联合教育部等开展“全国科学道德和学风建设宣传月”活动，对标总书记“全覆盖、制度化、重实效”重要指示要求，系统总结10年经验，提升服务精度。聚焦青年思政工作需求，支持163家高校院所建立“涵养学风工作室”，打造“风启学林”主题社区，学风传承活动网上覆盖近4亿人次，推动涵养优良学风成为青年人才的自觉追求。出台《青少年科技实践活动规范指南》，帮助青少年系好科研诚信“第一粒扣子”。推动科学家精神走向社会，与主流媒体共建宣传机制，推出《感人瞬间》《唱支山歌给党听》等科学家系列短视频、微视频和纪录片，编印典型科技人物单行本，生动讲述科学家爱国奋斗故事。“袁隆平生前给青少年的寄语”微博话题阅读量超3亿人次。挖掘宣传6000余名把论文写在祖国大地上的“最美科技工作者”，新华网点赞量3亿人次。中国科学家精神宣讲团进院所、进高校、进企业，推动基层一线学习贯彻科学家精神。“科学家精神”话题微博和抖音平台点击总量超 245 亿人次，社会辨识度和价值认同感大幅提升。

二、着力服务党和国家工作大局，开启以科技自立自强支撑现代化建设新征程

贯彻党中央重大决策部署，找准主攻方向，提升“科普中国”“科创中国”“智汇中国”平台服务能力，着力强化“四服务”，面向世界，面向未来，增进对国际科技界的开放信任合作，激励科技工作者为实现第二个百年奋斗目标做贡献。

一是依托“科创中国”平台融入国家创新体系，提升服务创新驱动发展的实效。助力打造国家战略科技力量，制定《中国科协关于支撑构建新发展格局的意见》，强化科协组织广泛联系的枢纽平台功能，提升创新体系整体效能。深化与中石化、中国银行、三峡集团等中央企业的创新战略合作，推动融通创新，服务产业链、供应链自主可控。深度融入国家战略区域布局，围绕生态文明、高质量发展、共同富裕等示范区建设，深化会省合作。组织 130 个科技服务团、100 余名院士挂帅、5000 余名科技工作者深入 65 个“科创中国”试点城市（园区），聚焦新一代信息技术等九大产业领域开展对接服务。围绕国际技术转移等举办 150 场系列技术路演，“企业云课堂”面向企业各类创新人才开展培训 1100 多万人次。支持引导科技工作者投身大众创业万众创新，搭建“科创中国”公共技术服务与交易平台，被列入国务院“十四五”时期“双创”重点任务。承办全国大众创业万众创新活动周，1400 多场活动吸引 8000 万人次参与，212 个全国“双创”示范基地开展 878 场“创响中国”活动，举办中国创新创业成果交易会、中国创新方法大赛，为高质量创新创造、高水平创业就业做贡献。高端交流促进产学研融合的效应进一步彰显，会同科技部等出台指导意见，促进科技领域学术会议繁荣发展，用好中国科协年会、世界新能源汽车大会等平台，联合相关部委和北京、天津、上海、重庆等地方政府举办世界智能大会等系列会议，世界机器人大会成为全球机器人领域发展的风向标。支持全国学会开展学术年会等品牌活动，促进中央科技力量和区域科技力量有机结合。

二是以“科普中国”品牌为引领构建高质量科普服务体系，夯实强国建设的公民科学素质基础。全民科学素质行动深入实施。履行全民科学素质行动牵头单位职责，联合 34 家单位编制《全民科学素质行动规划纲要（2021—2035 年）》并以国务院文件印发，制定任务分工，完善协同机制，推动各地出台实施方案。配合全国人大修订《科普法》，推动天津、广东、广西等地修订或出台科普条例。发布《科普信息资源唯一标识符》《科技馆展览教育服务规范》等国家标准，扎实开展全国科普示范县（市、区）创建和全国科普教育基地认定工作。社会化科普平台不断拓展。完善中国公众科学素质促进联合体工作机制，以 125 家成员单位为龙头，产学研用商全领域联动，实施科普公益行动。组建中国科技文化场馆联合体，促进跨界融合。“科普中国”平台汇聚 847 万信息员、52TB 优质科普资源，累计传播量超 410 亿人次，首次获得人民日报最佳政务奖，被纳入互联网新闻信息稿源单位名单，入选走好网上群众路线百个成绩突出账号。“科学辟谣”平台传播量超 25 亿人次。全国科普日吸引 70 万科技工作者直接参与，开展 6.27 万余项活动，较上一年度增长 67%，2.8 亿人次受益。“碳达峰、碳中和”专题科普展览受到好评，中国科幻大会、芜湖科普产业博览会等平台的品牌效应逐渐凸显。现代科技馆体系服务覆盖逐步扩大。推动 270 家科技馆免费开放，流动科技馆、科普大篷车、农村中学科技馆服务基层公众超 5000 万人次，中国数字科技馆总资源量超 16TB、科技场馆虚拟漫游场景 6268 个、日均访问量超 550 万人次。为青少年的梦想插上科技翅膀。搭建科技工作者与青少年交流平台，推动科教融合，深入实施“英才计划”，厚植创新后备人才成长沃土。突出激发科学兴趣和想象力，改革全国中学生五项学科竞赛、全国青少年科技创新大赛等运作机制，全国青少年科技创新大赛服务平台传播量超 3 亿人次。联合中国载人航天工程办公室、央视等组织“天宫课堂”，神舟十三号航天员翟志刚、王亚平、叶光富进行太空授课，24 小时内全网总点击量超 21 亿人次，成为年度最热科普教育活动。面向青少年讲好科学家故事，“科普中国・繁星追梦——我眼中的中国科学家”活动传播量超 4.7 亿人次，引领青少年的科学梦想和人生追求。引导科技工作者服务乡村振兴。优化服务“三农”平台体系，加强科技帮扶，巩固拓展脱贫攻坚成果。加强农村留守老人和儿童的科学素质服务，促进乡村人才振兴和文明素质提升。推进中国农技协科技小院联盟建设，广西、四川等新建 76 个科技小院，为科研人员和大学生服务基层搭建平台。超额完成定点帮扶任务，联合国家能源集团，将山西岚县纳入全国整县（市、区）光伏开发范围，引进帮扶资金1亿元，是2020年中国科协定点帮扶引进资金的17倍。

三是做精“智汇中国”平台，服务党和政府科学决策。及时回应中央重大关切。全国学会牵头、龙头企业参与，组建高层次研究团队，挖掘和辨识制约发展的“卡脖子”技术。完善科技前瞻研判体系，持续发布重大科学、工程技术和产业技术问题，在电子信息等5个关键领域、航天等13个重点产业领域形成技术路线图，推动生物医学等14个战略前沿领域开展学科发展研究，引导前沿攻关。组织能源企业和院士专家持续开展科技支撑“双碳”目标的战略研究，关于煤化工消纳可再生能源以及原料煤不纳入能耗统计的建议被纳入中央经济工作会议部署。建设海南高速磁浮示范运营线的建议进入发展改革委研究论证阶段。跟踪国外疫情研究动向、有序推进疫苗研制等建议得到中央领导同志批示。搭建顶尖科学家与党政领导干部交流平台，举办9期中国科技会堂论坛，服务中管干部400人次，成为科技界有影响力的“百家讲坛”和联系战略科学家的有效抓手。推进决策科学化、民主化。举办中国科技政策论坛等，组织开展科技进步法、乡村振兴促进法、野生动物保护法等立法咨询60多次。

四是保持和拓展对外科技合作交流通道，构建开放创新生态。积极参与全球科技治理。在新兴空白或具有自身优势的科技领域推动发起成立国际氢能燃料电池协会、国际智能制造联盟、世界机器人合作组织、亚洲仿真联盟和国际介科学组织5个国际科技组织，把握战略机遇期，抢占未来竞争制高点。围绕气候变化、灾害风险等领域，支持我国科学家发起和实施国际大科学计划，主动分享抗疫数据成果，获得国际科技界高度认可。发挥联合国经社理事会咨商地位作用，在联合国大会或边会上发出中国声音、提出中国方案。中国科协及所属全国学会共加入372个国际科技组织，399位中国科学家担任执委以上职务，我国科技界的国际话语权逐步提升。中国有色金属学会等一批学会积极成立国际标准组织、召开国际会议、开展对口交流，扩大影响力。以高端交流平台广泛凝聚共识。会同联合国有关机构、国际组织等举办学术会议，深入研讨人类社会发展共同问题。世界科技与发展论坛汇聚260家国内外科技共同体发布开放信任合作倡议，世界公众科学素质促进大会发布《公众科学素质测评指标框架》，世界顶尖科学家论坛汇聚130余位诺贝尔奖得主和顶尖科学家共议可持续发展，世界青年科学家峰会为来自50多个国家（地区）和国际组织的青年人才架起沟通桥梁。巩固拓展全球伙伴关系。主动应对中美科技合作困境，加强与美科技组织、科技型企业的联系，推动中美科学家高层对话进入项目合作阶段，组织学会在基础学科等非敏感领域对口交流，维护国家科技利益。围绕航空航天、信息通信、生物医学、交通走廊建设等领域，全方位构建中俄合作体系。持续开拓对欧交流渠道，围绕新能源汽车、绿色低碳主题加强对德务实合作，助力建设中欧绿色伙伴关系。持续搭建“一带一路”国际科技组织合作平台，辐射130多个国家、426个国别组织、80多个国际组织，彰显大国担当。稳步推进工程能力国际互认。发起成立中国工程师联合体，组建国际互认工程师队伍，修订《工程能力评价通用规范》团体标准。与英国等国的工程师组织签署合作备忘录，加强工程师能力建设。助力港澳台人心回归。在中宣部指导下，赴港举办“时代精神耀香江”之百年中国科学家主题展，吸引超过3万名香港市民、约150个团体前来参观，有效提升香港民众特别是青少年对国家的认同感。“青少年高校科学营”吸引港澳台地区1.2万余名中学生、1200余名带队教师参与。持续搭建协同创新论坛、中国科技峰会、青年创新创业训练营等平台，在横琴粤澳深度合作区举办2021大湾区工程师论坛，支持港澳工程师内地执业。

三、着力深化科协系统改革，全面增强团结联系服务能力

认真盘点评估改革进展，谋划推进“十四五”时期科协系统改革的思路和举措，在持续落实2016年中办印发的《科协系统深化改革实施方案》基础上，以健全联系广泛、服务科技工作者的科协工作体系为主线，抓好思想政治引领、组织体系建设、世界一流科技期刊建设、学会改革、增进对国际科技界的开放信任合作等8项重点任务，提升改革综合效能。

一是一流期刊建设新突破提振科技界创新自信，助力科技人才评价改革。多种期刊跻身世界一流，《镁合金学报》等7种期刊学科排名第一，比2018年增加6种；《细胞研究》《电化学能源评论》《信息材料》

3 种期刊影响因子超过 20，进入全球百强。深入实施“中国科技期刊卓越行动计划”，遴选 30 种高起点新刊，带动一批后备梯队期刊整体向高峰迈进。抢发高水平稿件，支持期刊通过定向约稿、组织专刊专栏、举办学术会议等措施吸引优秀稿源。中外期刊同质等效迈出新步伐，发布 23 个学科领域高质量科技期刊分级目录，涵盖国内外期刊 4202 种，被更多科研机构纳入评价指标，引起国际科技界关注。临床案例成果纳入代表作类型在职称评价中试点应用，临床案例成果库入库病例总量 8 万余篇、下载量 87 万、阅读量 800 万，同步开发中医药案例库和科研仪器案例库，为更多领域的应用技术人才评价改革提供支撑。

二是深化学会改革，抢抓科技发展战略机遇。优化学会学科布局，围绕“四个面向”抓前沿、抓交叉、抓集成、抓融合，在信息、能源、新材料、先进制造、生命科学等前沿交叉领域加快布局一批新型学会，动态完成对重大领域方向的覆盖，持续构筑国际科技交流合作网络和高水平科技自立自强的战略支点。吸纳中国高等教育学会、詹天佑科学技术发展基金会成为中国科协团体会员。对 211 个全国学会开展全面评估，引导学会争创一流。探索吸纳外籍及港澳台科学家在学会任职，与民政部、国务院港澳办、香港中联办、澳门中联办紧密协作，推动政策落地，中国化学会吸纳 100 余名外籍会员，中国认知科学学会吸纳香港科学家担任学会副理事长。完善学会公共服务供给机制，加强与部委的联动，搭建学会第三方评估评价的服务平台，支持中国复合材料学会、生命科学学会联合体等参与国家重大科技项目评审、重点研发项目指南编报，中华中医药学会、中华口腔医学会、中国生物医学工程学会、中国公路学会、中国纺织工程学会等 80 个学会累计发布 2026 项团体标准，中国汽车工程学会、信息科技学会联合体等编制新一代信息技术和“双碳”系列丛书，中国抗癌协会组织 672 位知名专家编写 620 万字《整合肿瘤学》。

三是全面加强组织体系建设，推动改革向纵深发展、向基层延伸。强化组织覆盖。以中国电信等科技工作者集中的大型国企以及民营企业、新经济组织、科技园区、高校院所等为重点，扩大基层组织节点，加强基层组织建设。以科技志愿服务机制建强阵地、丰富载体。健全基层“三长”工作机制，依托新时代文明实践中心、党群服务中心和科技文化场馆，联合农业农村部、科技部、国家乡村振兴局、中华全国供销合作总社等以及石化、金融、电信、邮政等系统，共建共享基层工作阵地，破解“四缺”难题。依托 500 个新时代文明实践中心试点县，注册科技志愿者 178 万人、科技志愿组织 4 万个，发布志愿服务活动 10.7 万项。联合教育部、共青团中央支持大学生科技志愿服务。系统推广科技志愿服务新模式，组织成网、示范先行，快速响应、服务入户，一呼百应、立信于民，提升县级科协服务效能。树立大抓基层的鲜明导向。指导 61 个地级市（覆盖 28 个省份）开展改革试点探索，围绕党建带群建、改革联系服务科技工作者体制机制等进行探索实践，凝练推广一批典型案例经验。建设网上科技群团。以科技工作者为主体，以学术交流、创新转化等科技社交场景为依托，构建广泛联系、高效服务、资源互通的信息平台，增强互联网时代做好群众工作的能力和水平，走好网上群众路线。

四、着力加强党的领导和党的建设，推进全面从严治党迈出新步伐

坚持党的全面领导，不断提高政治判断力、政治领悟力、政治执行力，压实全面从严治党主体责任和监督责任，为推动科协事业发展提供坚强保障。

一是坚决贯彻落实中央部署，扛起全面从严治党“两个责任”。全面加强党的政治建设，提高政治站位，狠抓理论武装，深化政治机关建设，确保党中央决策部署在科协系统和科技界深入贯彻落实，争当“三个表率”，走好第一方阵。深入推进全面从严治党，制定进一步落实全面从严治党主体责任的工作举措，出台加强对“一把手”和领导班子监督落实方案，印发加强机关纪委建设的工作方案。深入推进党风廉政建设和反腐败工作，层层压实责任，与中央纪委国家监委派驻纪检监察组就全面从严治党开展专题会商。突出政治监督，组织开展中央巡视整改落实情况“回头看”，完善常态化长效化整改机制，完成对直属单位内部巡视的全覆盖。做细日常监督，加强对两院院士推荐、中国青年科技奖评选等重大工作和活动的监督。持之以恒落实中央八项规定精神，深化作风建设专项整治，坚决整治形式主义、官僚主义，打造高素质专业化科协干部队伍，营造风清气正政治生态。

二是坚决筑牢意识形态阵地，不断增强斗争本领。严格落实意识形态责任制，纳入党组巡视、年度考核和监督执纪范围。针对科技伦理治理等敏感问题，加强舆情研判，敢于发声亮剑，积极稳妥做好重大突发事件和热点敏感问题的舆论引导。加强风险防控，完善对国内国际学术会议、论坛、期刊和活动等的意识形态把关机制，旗帜鲜明反对和抵制各种错误观点。排查网络阵地风险，会同网信办开展“清朗行动”，建立联合审查与培训机制，专项治理网络科普生态，“科普中国”平台累计清理相关敏感信息 202 条，处置禁用“回形针”等 3 个违规高风险账号。

三是努力破解学会党建难题，促进党建工作与学会业务融合。完善学会党建工作机制，成立学会党建工作指导委员会及执委会，印发工作规则，明确学会党委职责任务清单和“负面”清单，邀请钱七虎、袁亚湘等著名院士专家参与学会党建工作研究决策。挖掘学会党建典型，推动学会党建从有形覆盖向有效覆盖转变。

做好科协工作的根本在于坚持以习近平新时代中国特色社会主义思想为指导，必须始终毫不动摇坚持党的领导，把做到“两个维护”作为政治引领的首要任务，大力弘扬科学家精神，团结科技工作者坚定不移听党话跟党走，夯实党执政治国的群众基础。必须牢牢把握党中央关于群团改革的正确方向，保持和增强政治性、先进性、群众性，深化改革创新，不断构建联系广泛、服务科技工作者的科协工作体系，切实肩负起党和政府联系科技工作者的桥梁和纽带职责。必须坚持围绕中心、服务大局，不断提高政治判断力、政治领悟力、政治执行力，勇于担当、善于担当，服务科技工作者创新创造和价值实现，引导科技工作者当好科技自立自强排头兵。

面向新征程，与党中央要求和科技工作者期待相比，科协工作还存在很多弱项。团结引领科技工作者的能力有待进一步加强。针对“卡脖子”等关键问题整合创新资源的力度不够，深度融入国家创新体系、支撑高水平科技自立自强存在差距。参与社会治理的手段不多，科技界浮躁、“圈子”文化等学风问题影响创新生态和青年科技工作者成长成才。联系服务科技工作者“最后一公里”问题仍未彻底解决，特别是民营企业科技工作者归属感和使命感不强。全国学会参与国际科技治理的能力不足，我国科学家在国际科技事务中的话语权有待提升。这些问题需要引起高度重视，并在改革发展中加快解决。

综　合

【中国科协第九届全国委员会第八次会议】 5月27日，中国科协第九届全国委员会第八次会议在北京召开。全国政协副主席、中国科协主席万钢出席会议并讲话。中国科协党组书记、常务副主席、书记处第一书记怀进鹏主持会议。中国科协副主席王曦、李华、李静海、孟庆海、施一公、袁亚湘、徐延豪、高松以及中国科协九届全委会委员等出席会议。

万钢在讲话中对《中国科协第九届全国委员会工作报告》《中国科学技术协会章程（修改草案）》和《中国科学技术协会事业发展“十四五”规划（2021—2025 年）（建议草案）》等文件作了简要说明，并回顾了中国科协九届全委会的各项工作。

万钢指出，过去五年，中国科协聚焦政治引领主责，扎实推动习近平新时代中国特色社会主义思想在科技界生动实践。坚持围绕中心、服务大局，不断提升依章办会的工作能力，壮大科普、学术、智库主业，拓展“四服务”工作空间，圆满完成“九大”确立的重点任务。接长手臂、扎根基层，畅通联系渠道、织密组织网络，开放型、枢纽型、平台型组织优势持续转化为服务高质量发展的新动能，团结广大科技工作者听党话跟党走，为全面建成小康社会、建设世界科技强国作出了积极贡献。未来五年的科协发展要深刻领会习近平总书记的重要指示精神，团结引领广大科技工作者牢固树立“四个意识”、坚定“四个自信”、做到“两个维护”，努力在涵养自立自强、推动创新发展、推进协同治理、拓展开放融合中，在党的群团工作大局中，不断增强使命担当，大力弘扬科学家精神，团结汇聚建设现代化国家的科技力量。要进一步围绕党和国家的中心大局，坚持汇智聚力，建设支撑国家治理体系和治理能力现代化的科协创新智库。坚持学会主体，建设中国特色世界一流科技社团。坚持科技为民，构建高质量科普服务体系。坚持创新创造，打造促进产学研融合的协同创新平台。坚持群众路线，建设富有情感温度的科技工作者之家。坚持开放发展，积极参与全球创新治理。坚持党对科协工作的全面领导，建设朝气蓬勃的人民团体。

会议通过了《中国科协第九届全国委员会工作报告》《中国科学技术协会章程（修改草案）》和《中国科学技术协会事业发展“十四五”规划（2021—2025年）（建议草案）》，审议了中国科学技术协会第十次全国代表大会主席团组成原则及组成人员建议名单，中国科学技术协会第十次全国代表大会秘书长、副秘书长建议名单；通过了中国科学技术协会第十次全国代表大会文件起草工作委员会、组织工作委员会、代表资格审查委员会职责及组成人员建议名单，通过了《中国科学技术协会第十届全国委员会常务委员会组成原则》《关于授予中国科学技术协会荣誉职务的原则》。

会议听取了李静海所作的《关于中国科学技术协会第十次全国代表大会代表资格审查报告》，并通过了关于中国科学技术协会第十次全国代表大会代表资格的决议。

【中国科协第九届全国委员会常务委员会第十二次会议】 2月5日，中国科协第九届常委会以电视电话形式召开第十二次会议，全国政协副主席、中国科协主席万钢主持会议。

会议传达学习了中国共产党十九届五中全会、中央书记处有关重要指示和中央文明委第四次全体会议等重要精神。会议指出，这次常委会议是在全党全国上下深入学习贯彻党的十九届五中全会背景下召开的，意义重大。会议强调，科协系统要把学习贯彻五中全会精神不断引向深入，把握新发展阶段、贯彻新发展理念、构建新发展格局，聚焦主责主业，强化思想政治引领，团结带领广大科技工作者建功新时代，坚决把党中央各项决策部署转化为科协的生动实践。

会议审议通过了《中国科学技术协会第十次全国代表大会代表选举和委员候选人推选工作方案》，审议并同意接纳中国高等教育学会加入中国科协团体会员。会议听取了中国科协第十次全国代表大会文件起草情况、《全民科学素质行动规划纲要（2021—2035年）》编制情况、人才与继续教育专门委员会和企业自主创新专门委员会工作情况、《中国科协 2021 年工作要点》起草情况的汇报，书面审阅了组织建设专门委员会、科学技术普及专门委员会、决策咨询专门委员会、老科技工作者专门委员会、青年科技工作者专门委员会、国际合作和对外联络专门委员会工作报告以及各专门委员会2020年工作总结和2021年工作计划。

会议强调，中国科协要以习近平新时代中国特色社会主义思想为指导，深入贯彻落实中央书记处的重要指示精神，围绕职责定位，聚焦主责主业，扎实推进各项工作，筹备组织好科协“十大”。要继续发挥联系广泛、人才聚集的优势，广泛团结动员科技工作者，紧扣统筹推进疫情防控和经济社会发展履职尽责、建言献策，为推动高质量发展作出积极贡献，以优异的成绩庆祝建党 100 周年。

马林、马伟明、邓秀新、卢怀玉、吕昭平、朱蓓薇、刘若鹏、李华、李洪、杨金成、束为、何华武、怀进鹏、沈岩、宋军、张杰、陈左宁、陈维江、欧阳竹、周守为、郑晓静、孟红、孟庆海、项昌乐、赵玉沛、施一公、姚建年、袁亚湘、徐延豪、徐晓兰、高松、黄维、黄璐琦、曹淑敏、龚旗煌、韩喜球、谢和平、雷增光、潘建伟等40位常委出席会议。中国科协党组成员王守东、殷皓，驻科技部纪检监察组有关同志和中国科协有关部门单位负责同志列席会议。

会前，全体人员默哀 1 分钟，向 2020 年不幸因公殉职的中国科协常委、西藏农牧科学院院长尼玛扎西同志表示深切哀悼。

【中国科协第九届全国委员会常务委员会第十三次会议】 5月27日，中国科协第九届全国委员会常务委员会第十三次会议在北京召开。会议由全国政协副主席、中国科协主席万钢主持。中国科协党组书记、常务副主席、书记处第一书记怀进鹏传达了中央书记处听取中国科协汇报后中央领导同志讲话要点，以及对中国科协“十大”筹备工作的指示精神。

会议审议并通过中国科协九届全委会第八次会议议程；听取关于中国科协“十大”代表选举和十届委员候选人推选情况的报告，审议并通过《中国科协第十次全国代表大会文件起草工作委员会、组织工作委员会、代表资格审查委员会职责及组成人员建议名单》；审议并通过《中国科协第九届全国委员会工作报告》和《中国科学技术协会事业发展“十四五”规划（2021—2025 年）（建议草案）》；听取关于修改《中国科学技术协会章程》的情况报告，审议《中国科学技术协会章程（修改草案）》；审议并通过《中国科学技术协会第十次全国代表大会主席团组成原则和组成人员建议名单》《中国科学技术协会第十次全国代表大会秘书长、副秘书长建议名单》《中国科协第十届全国委员会常务委员会组成原则》和《关于授予中国科协荣誉职务的原则》。

会上，常委们围绕各项议题进行了充分讨论，议定了相关事项。万钢要求书记处根据常委提出的意见和建议对相关事项作进一步修改，并提交中国科协九届全委会第八次会议审议。

中国科协副主席马伟明、邓秀新、李华、李静海、何华武、沈岩、陈左宁、周守为、郑晓静、孟庆海、赵玉沛、施一公、袁亚湘、徐延豪、高松，常委王春法、卢怀玉、宁允展、吕昭平、朱蓓薇、向巧、刘若鹏、李元元、杨金成、束为、吴孔明、吴伟仁、吴海鹰、宋军、张杰、陈维江、武向平、欧阳竹、孟红、高福、黄维、黄璐琦、曹淑敏、龚旗煌、韩喜球、谢和平、雷增光等出席会议。

中国科协党组成员、机关党委书记王守东，中国科协党组成员、中国科技馆馆长殷皓，中央纪委国家监委驻科技部纪检监察组有关负责同志，科协机关有关部门负责同志列席会议。

【中国科协第十届全国委员会第一次会议】 5月30日，中国科协第十届全国委员会第一次会议在北京召开。中央组织部副部长曾一春作中国科协第十届全国委员会主席、副主席人选和常务委员会组成的说明。会议由中国科协党组书记、中国科协第十次全国代表大会执行主席、大会秘书长怀进鹏主持。

会议通过了《中国科协十届全委会主席、副主席、常务委员会委员选举办法》，通过总监票人、监票人人选。经过无记名投票，中国科协第十届全委会主席候选人1名、副主席候选人18名和常务委员会委员候选人56名，均获得到会全委会委员半数以上票数，全部当选。万钢当选主席。

【中国科协第十届全国委员会第二次会议】 8月13—19日，中国科协第十届全国委员会第二次会议以通讯方式表决《关于变更张玉卓同志为中国科协第十届全国委员会副主席、常务委员会委员的决议》，390位全委会委员均表示同意。会议批准张玉卓同志担任中国科协第十届全国委员会副主席、常务委员会委员。怀进鹏同志不再担任中国科协第十届全国委员会副主席、常务委员会委员职务。

【中国科协第十届全国委员会常务委员会第一次会议】 5月30日，中国科协第十届全国委员会常务委员会第一次会议在北京召开。会议提名并通过了中国科协第十届书记处第一书记和书记人选，怀进鹏担任中国科协第十届书记处第一书记。

中国科学技术协会第十届书记处第一书记和书记名单

一、中国科学技术协会第十届书记处第一书记

怀进鹏

二、中国科学技术协会第十届书记处书记

孟庆海　束　为　吕昭平（挂职）　殷　皓　王进展

【中国科协第十届全国委员会常务委员会第二次会议】 8月13日，中国科协第十届全国委员会常务委员会第二次会议在北京召开。会议围绕深入学习贯彻习近平总书记“七一”重要讲话精神进行交流研讨。全国政协副主席、中国科协主席万钢出席并主持会议。

会议听取了科协系统学习贯彻落实习近平总书记“七一”重要讲话精神工作举措的报告。包为民、乔杰、宁允展、叶聪、叶玉如、李元元等围绕学习贯彻“七一”重要讲话精神畅谈体会。与会委员一致认为，习近平总书记在庆祝中国共产党成立100周年大会上的重要讲话，回顾我们党百年奋斗的光辉历程，展望中华民族伟大复兴的光明前景，是马克思主义中国化的纲领性文献，是新时代中国共产党人不忘初心、牢记使命的政治宣言，特别是以史为鉴、开创未来的“九个必须”为新征程上党和国家各项事业明确了发展方向。科协组织作为党和政府联系科技工作者的桥梁纽带，重任在肩、使命光荣。要以学习习近平总书记“七一”重要讲话精神为统领，充分发挥科协组织的思想引领作用，团结科技界响应总书记伟大号召，在建家交友上迈出新步伐、取得新成绩。

会议指出，科协系统党史学习教育已进入新的阶段。各级科协组织要坚持以习近平总书记“七一”重要讲话精神为指引，进一步落实总书记在中国科协“十大”上的重要讲话精神，力争在前一阶段深学细悟的基础上，深化学习研讨和广泛宣讲，扎实做好理论阐释，大力弘扬科学家精神，涵养优良学风，践行科技为民，扎实开展“我为群众办实事”实践活动，在办实事上见更大成效，在开新局上有新突破，把对习近平总书记“七一”重要讲话精神的深入学习持续转化为开拓科协工作发展新局面的改革动力。

会议选举张玉卓同志担任中国科协第十届全国委员会常务委员会书记处第一书记。

【中国科协与天津市政府续签全面战略合作协议】 5月19日，中国科协与天津市政府在天津市签署新一轮全面战略合作协议，这也是第五届世界智能大会的重要成果之一。天津市委书记李鸿忠，中国科协党组书记、常务副主席、书记处第一书记怀进鹏，天津市委副书记、市长廖国勋，工业和信息化部副部长王志军出席。天津市副市长王卫东主持。

根据协议，双方将围绕深入实施创新驱动发展战略和京津冀协同发展重大国家战略开展六个方面的合作。一是推进全域科普向纵深发展，加快提升公民科学素质。深化全域科普天津试点工作，推动全域科普工作向纵深发展，确保到2025年天津市公民具备基本

科学素质的比例超过 23%。二是汇聚优质创新资源，扎实推进“科创中国”试点城市建设。举办世界智能大会，打造“科创中国”天津服务平台，共建京津冀数字经济联盟，开展服务科技经济融合发展行动。三是凝聚科技共同体智慧，大力推进科技智库建设。开展重点决策咨询项目研究，加大中国科协、天津市政府、南开大学数字经济研究中心建设投入力度，共同打造国内一流智库，服务国家战略发展决策。四是激发国内外学术交流活力，营造优良科技创新生态。举办全国性、国际性高水平学术交流和科技展览活动。大力弘扬科学家精神，建设科学家精神培育基地和数字化传播阵地，营造良好创新生态。五是提升科技创新人才队伍建设水平，实施高端亟需科技人才培养计划。深化天津市海外人才离岸创新创业基地建设。建立前沿先进技术继续教育联合培训机构，培养重点领域亟需的高端科技创新人才。六是深化科协系统改革，推进科协事业高质量发展。加强对天津市科协工作的指导，推动科协系统提升改革综合效能，实施科技社团能力提升工程，加强基层科协组织力建设，推动天津市科技工作者之家服务体系建设落地落实。

2018 年 5 月 16 日第二届世界智能大会期间，双方曾签署首轮全面战略合作协议，双方经过努力，在建设中国科协·天津创新创业平台、推动天津市数字经济发展示范区建设、实施新一代信息技术人才培养计划、创建全域科普模式、提升基层科协组织力等方面取得了丰硕成果。天津市领导马顺清、金湘军、连茂君和天津市政府秘书长孟庆松参加。

【中国科协与浙江省政府签订新一轮省会战略合作协议】 11 月 13 日，中国科协与浙江省政府在温州市签订新一轮省会战略合作协议。

中国科协党组书记、分管日常工作副主席、书记处第一书记张玉卓，浙江省委副书记、代省长王浩，省委常委、温州市委书记刘小涛出席并见证签约。中国科协党组成员、书记处书记束为和浙江省副省长卢山代表双方签署协议。浙江省政协原副主席、省科协主席姚克，省政府秘书长陈新出席。省政府副秘书长蒋珍贵主持仪式。

2018 年，浙江省政府与中国科协签订了省会战略合作协议，双方发挥各自优势，在创新驱动发展、科技人才培育、学术繁荣发展、科学技术普及和群团改革发展等方面开展了扎实有效的合作，取得了显著成效。特别是在共同举办世界青年科学家峰会、开展“科创中国”试点、集聚科技人才创新资源等方面取得了一批具有影响力的成果。新一轮协议围绕浙江经济、科技和社会发展的重大需求，突出浙江人才强省、创新强省首位战略，聚焦高水平科技自立自强主题，重点在提升公民科学文化素质、推进“科创中国·浙江”高质量发展、实现碳达峰碳中和与绿色转型发展、培育集聚科技领军人才等方面开展更加深入的合作。

中国科协办公厅、组织人事部、培训和人才服务中心负责人，浙江省科协、温州市政府等有关负责人参加签约仪式。

【中国科协与山东省政府签署战略合作协议】 12 月 20 日，中国科协与山东省人民政府在威海市签署全面战略合作协议。中国科协党组书记、分管日常工作副主席、书记处第一书记张玉卓，山东省委副书记、省长周乃翔出席签约仪式。中国科协党组成员、书记处书记王进展，山东省副省长凌文分别代表双方在协议上签字。山东省政府党组成员、秘书长宋军继主持仪式。

根据协议，双方将围绕创新驱动发展、黄河流域生态保护和高质量发展等重大战略实施以及山东经济、科技和社会发展的重大需求，聚焦高水平科技自立自强主题，重点在提升全民科学素质，推进“科创中国·山东”高质量发展、科技人才培养等方面加强合作，助力山东推动科技创新和高质量发展。

双方将发挥“科普中国”品牌优势，加快推进全域科普试点，加强基层科普人才培训、海洋虚拟现实科普工程实施，开展基层“三长”工作深化试点，确保到 2025 年山东省全民具备科学素质比例达到 16% 的目标。发挥“科创中国”平台与人才优势，开展“科创中国”全域化试点，围绕重点产业需求建设协同创新组织，组织全国学会和院士专家开展技术咨询、技术攻关、成果转化等工作，打造产学研融通高地。中国科协还将组织院士专家围绕黄河流域生态保护和高质量发展开展院士专家“齐鲁行”活动，支持山东建设黄河国家战略研究院，举办黄河流域生态保护和高质量发展、世界海洋科技大会等高端会议，支持山东培育引进高层次科技人才，在青年科技人才举荐、表彰和创设成长成才舞台等方面给予支持。

中国科协、山东省政府、山东省威海市、山东省科协等有关负责人参加活动。

【中国科协与清华大学签署全面战略合作协议】 9 月 22 日，中国科协与清华大学全面战略合作协议签署仪式在清华大学举行。中国科协党组书记、分管日常工作副主席、书记处第一书记张玉卓与清华大学党委书记陈旭共同见证签约仪式，并进行座谈交流。

中国科协党组副书记徐延豪、清华大学副校长尤政等参加签约仪式。中国科协党组成员、书记处书记束为，清华大学副校长曾嵘代表双方签署协议。

张玉卓表示，清华大学是培养学术大师、兴业之士、治国之才的重要基地，是国家战略科技力量的重要支撑。中国科协是科技共同体的组织，是党和政府联系科技工作者的桥梁和纽带。中国科协与清华大学签署全面战略合作协议，是深入学习贯彻落实习近平总书记在清华大学建校110周年前夕视察时的重要讲话精神，在两院院士大会、中国科协第十次全国代表大会上重要讲话精神的务实举措。双方要共同携手，更好团结凝聚科技工作者，胸怀“两个大局”，牢记“国之大者”，涵养立根铸魂、立德树人新风正气，建设国家战略科技力量，努力实现高水平科技自立自强。要推动资源共享、优势互补，在学风建设、学术交流、科学普及、决策咨询、国际交流、组织建设等领域拓展务实合作新空间。

陈旭介绍了清华大学贯彻落实习近平总书记重要讲话精神、建设一流高校和培养高水平创新人才等方面的情况。她表示，清华大学与中国科协有较为深厚的合作基础，今后将继续发挥自身优势，在弘扬科学家精神、一流科技期刊建设、科技传播与普及、科技发展与治理等方面加强合作，开启会校合作服务国家发展新篇章。

按照协议，双方将发挥各自优势，围绕高校立德树人根本任务，履行科协桥梁纽带职责，在弘扬科学家精神、学术交流、科学普及、决策咨询、国际科技合作等方面深化合作，激发科技人员创新创业创造活力，培育国家战略科技力量，服务高水平科技自立自强。

中国科协、清华大学有关负责人参加签约仪式。签约仪式后，张玉卓出席了清华大学碳中和研究院成立仪式。

【中国科协与中国石化集团公司签署全面战略合作协议】 10月11日，中国科协与中国石化集团公司在线上举行全面战略合作协议签署仪式。中国科协党组书记、分管日常工作副主席、书记处第一书记张玉卓，中国石化集团公司总经理、党组副书记马永生出席仪式并代表双方签署协议。

张玉卓在致辞中指出，中国科协与中国石化签署战略合作协议，是深入贯彻落实习近平总书记关于深入实施新时代人才强国战略等重要论述精神的务实举措。双方将围绕中心大局，服务“国之大者”，聚焦新能源、新材料、新经济等领域，在学术交流、科学普及、决策咨询、组织建设等方面深化务实合作，为科技工作者搭建广阔奋斗舞台，为推动高水平科技自立自强贡献智慧力量。

马永生致辞强调，中国石化将围绕“两个大局”，顺应科技革命与产业变革趋势，着眼更宽领域、更深层次、更高水平，与中国科协深化会企合作与协同创新。双方将共同开展学术交流，打造特色科普品牌活动，建设开放平台，强化核心技术攻关，促进能源化工科技与产业发展，为保障国家能源安全提供高质量咨询服务，为构建新发展格局、推动高质量发展作出应有贡献。

按照协议，双方坚持资源共享、优势互补、合作共赢，围绕石油化工技术创新领域，聚焦新能源新材料，在搭建科技人才创新创业交流平台、开展能源化工科学普及、建设世界一流学会和科技期刊、拓展国际科技交流等方面加强合作，促进产学研深度融合，提升企业技术创新能力，为实现高水平科技自立自强、建设科技强国奠定坚实基础。

中国科协党组副书记徐延豪、中国石化集团公司党组副书记赵东，双方有关部门负责人参加签约仪式。

【中国科协与国家管网集团签署全面战略合作协议】 12月14日，中国科协与国家管网集团在北京签署全面战略合作协议。中国科协党组书记、分管日常工作副主席、书记处第一书记张玉卓，国家管网集团董事长、党组书记张伟出席有关活动。

张玉卓指出，中国科协与国家管网集团签署全面战略合作协议，是深入贯彻习近平总书记关于科技创新重要论述以及在中国科协“十大”重要讲话精神的务实举措和有力抓手。中国科协将发挥智库咨询和学术组织等优势，在学术交流、期刊建设、科学普及等方面与国家管网集团深化合作，共同推动清洁能源、可再生能源等行业发展，加快输氢管道等领域的技术研发、设计和建设，发挥规模化示范效应，应对“双碳”挑战，建设美丽中国。

张伟表示，此次签约标志着双方开启了协同创新、合作共赢的新篇章，国家管网集团将与中国科协一道，深入贯彻落实习近平总书记“四个革命、一个合作”能源安全新战略，在搭建储运技术学术交流平台、打造特色科普品牌、探索新能源储运技术研究和基础设施布局建设等方面开展深入合作，为油气行业高质量发展、保障国家能源安全、助力国家实现“双碳”目标作出更大贡献。

中国科协党组成员、书记处书记吕昭平，国家管网集团公司副总经理、党组成员刘中云代表双方签约。按照协议，双方将发挥各自优势，围绕国家能源安全新战略，在搭建创新创业交流平台、加强科学普及、共建学会和期刊、开展国际科技交流等方面加强合作，促进产学研用深度融合，提升企业技术创新能力，增强科技工作者创新创造活力，为实现高水平科技自立自强奠定坚实基础。

张玉卓一行还调研了国家管网集团在业务发展、技术创新等方面的重要成果。

中国科协、国家管网集团有关负责人参加活动。

【中国科协与中国银行签署战略合作协议】 12月16日，中国科协与中国银行股份有限公司（以下简称中国银行）在北京签署战略合作协议。中国科协党组书记、分管日常工作副主席、书记处第一书记张玉卓，中国银行党委书记、董事长刘连舸出席有关活动。

张玉卓指出，中国科协与中国银行签署战略合作协议，是深入贯彻习近平总书记关于科技创新重要论述以及在中国科协“十大”重要讲话精神的务实举措和有力抓手。中国科协将发挥学术交流和科学普及等优势，在科技创新、科学普及、国际交流合作、决策咨询等方面与中国银行开展全面合作，建立健全三大工作机制，推动合作内容的实施，服务创新驱动发展。

刘连舸对中国科协一直以来的信任和支持表示感谢，介绍了近年来中国银行在金融支持科技创新方面所做的相关工作。他表示，中国银行始终以服务国家战略为己任，高度重视金融支持服务科技创新。今年年初，在集团“十四五”规划中，中国银行将科技金融放在“八大金融”首位，力争成为科技金融的全要素整合者、全链条创新者、全周期服务者。此次签约标志着双方开启了协同创新、合作共赢的新篇章，中国银行将与中国科协一道，围绕全民科普教育、科创产业发展、渠道平台建设等领域开展深入合作，为实现高水平科技自立自强作出新的更大贡献。

中国科协专职副主席、书记处书记孟庆海，中国银行党委副书记、行长刘金代表双方签约。按照协议，双方将发挥各自优势，在推动科创产业发展、支持全民科普教育、共建共享渠道平台等方面加强深化合作，建立高层领导会晤机制，创建联合工作对接机制，建立系统性合作体系，促进金融科技深化发展，支撑国际学术交流合作，增强科技工作者创新创造活力，为实现高水平科技自立自强奠定坚实基础。

张玉卓一行还参观了中国银行行史馆。中国科协、中国银行有关负责人参加活动。

【中国科协与科技部工作会商会】 7月15日，中国科协与科技部在北京召开工作会商会。全国政协副主席、中国科协主席万钢，科技部党组书记、部长王志刚出席并讲话。会议由中国科协党组书记、常务副主席、书记处第一书记怀进鹏主持。

会议围绕贯彻落实中央领导批示精神，进一步发挥科技共同体在创新生态建设中的重要作用，加强科普工作等进行了交流研讨。大家一致认为，习近平总书记在两院院士大会和中国科协第十次全国代表大会上的重要讲话，为加快实现高水平科技自立自强进一步指明了前进方向、提供了根本遵循。中国科协与科技部工作契合度高，近年来双方在推动全民科学素质提高、科技评价和奖励改革、及时推进抗疫科研成果全球交流共享等方面开展了一系列卓有成效的工作。下一步，要以习近平新时代中国特色社会主义思想为指引，围绕贯彻落实习近平总书记“七一”重要讲话精神和关于科技创新等重要论述，牢牢把握国家重大战略需求，发挥部会合作优势，在充实国家战略科技力量、推进科技评价和奖励改革、加强学风作风和科研诚信建设、提升全民科学素质、构建开放科学新范式、推动科技智库体系化国际发展方面继续强化协同合作，为落实好国家科技创新规划、加快实现高水平科技自立自强贡献力量。

王志刚表示，这次会商双方取得很多共识，这为进一步落实好习近平总书记关于科技创新的重要论述和实现高水平科技自立自强的重要指示打下了坚实基础。立足新发展阶段，在以科技创新引领高质量发展的新时代，双方要充分发挥党建政治引领作用，强化优势互补，在科学普及、作风学风和科研诚信建设、科技评价等方面进一步加强合作，尽可能拓宽合作领域、拓展合作深度，推动合作走深走实。

万钢对中国科协与科技部近年来加强合作取得的成效给予高度肯定。他指出，党的十八大以来，党中央高度重视科技创新工作，科技寄托着国人的希望。要充分认识新时代科普工作新要求，统筹科技创新与科学普及，做强“科普中国”，以青少年为重点，围绕生活中的科学，广泛动员全社会开展科普。要积极推动青年科学家参与国际交流与合作。要扎实推进科技评价体制改革，探索将临床案例库建设列入评价体系，把“破五唯”要求落到实处。

科技部党组成员、副部长李萌，党组成员陆明，副秘书长贺德方，中国科协党组、书记处徐延豪、孟庆海、束为、吕昭平、王守东，以及科技部相关司局、中国科协相关部门负责同志参加会议。

【万钢到国药集团中国生物北京生物制品研究所调研】 3月18日，全国政协副主席、中国科协主席万钢到国药集团中国生物北京生物制品研究所调研新冠灭活疫苗科研生产。中国科协党组书记、常务副主席、书记处第一书记怀进鹏，国务院国资委副秘书长庄树新，国药集团董事长、党委书记刘敬桢共同调研。

万钢一行详细了解企业发展历程、主要业务板块和产品研发情况，并围绕疫苗质量管控、产能建设、海外临床试验与应对病毒变异等交流研讨，充分肯定国药集团积极响应党中央号召，迎难而上，勇挑重担，率先研发出新冠灭活疫苗，为维护人民生命健康和全球抗疫提供了有力武器，向世界展示了中国科技力量。

万钢强调，要深入贯彻习近平总书记重要指示精神，坚决落实党中央、国务院决策部署，把企业发展同党和国家事业紧密结合起来，积极主动承接国家重大战略任务，高质量高标准完成疫苗研发生产供应任务，为实现中国新冠疫苗作为全球公共产品提供有力支撑。要进一步加大科研投入和创新力度，继续加强以企业为主体的创新体系平台建设，向跨体系、跨学科、跨行业等方向挖掘更多可能性。要探索医疗卫生体系多领域合作，探讨企业研发平台和产业联盟贯通协作的研发模式。要精心做好宣传工作，弘扬科学家精神，努力向世界讲好中国故事、传播好中国声音。

怀进鹏表示，面对新冠肺炎疫情的大战大考，国药集团切实担当起大国重器的责任，始终把人民生命安全和身体健康放在第一位，围绕“四个面向”坚持科技自立自强，发挥企业文化引领作用，锐意进取，攻坚克难，出色地完成了党和国家赋予的各项任务，夺取了疫情防控和生产经营“双胜利”。

中国科协副主席、中国科学院院士赵玉沛，中国科协常委、中国工程院院士黄璐琦，国药集团党委副书记杨柳、总工程师杨晓明等参加调研。

【中国科协主席与北京高校大学生见面会】 7月26日，中国科协主席与北京高校大学生见面会在北京科技大学举行。全国政协副主席、中国科协主席万钢同来自北京大学、清华大学、北京航空航天大学、北京理工大学和北京科技大学的200余名青年学子进行了面对面交流。

作为中国科协年会重点活动之一，本次见面会以“青年 · 科技 · 未来”为主题，万钢与大学生们围绕如何实现科技报国和人生理想、怎样处理科研工作和生活的关系、如何实现高校科研成果转化、如何在创新创业实践中找到真正的市场以及怎样面对人生挫折和失败等问题进行了亲切交流，与大家分享了在科研攻坚、出国留学、报效祖国等方面的人生经历，给予大家悉心指导、殷切期待和热情鼓励。

万钢指出，今年是中国共产党百年华诞，是我国实现第一个百年奋斗目标、向第二个百年奋斗目标迈进的重要历史节点。老一辈科学家们已经完成了科技救国的历史使命，新一代的青年学子们要接好接力棒，积极响应习近平总书记在庆祝中国共产党成立100周年大会发出的号召，以实现中华民族伟大复兴为己任，勇攀科技高峰，矢志建设科技强国，牢记“祖国的呼唤就是使命”，增强做中国人的志气、骨气、底气，不负时代，不负韶华，不负党和人民的殷切期望。高校要更加重视青年人才培养，为学生成长提供一切可用资源，鼓励他们坚定自信、心怀梦想、开拓进取、求实鼎新，展现新气象，砥砺新作为。

关于大学生的职业生涯规划问题，万钢表示，立报国之志是大学生的心之所向。面对多元化的就业形式，学子们要抵挡住诱惑，注重夯实基础、增强能力、拓宽视野。要学深学透，培养自己独立思考、独立工作的能力，未来学习任何一个专业、从事任何一个职业都会受益一生。

对于同学们提出的科技成果转化、创新创业问题，万钢表示，当大学生拿着毕业证书走向社会，把所学的知识用到工作岗位上，这就是第一次将知识转化为实践。对有志于投身科技创新的大学生而言，应先夯实专业基础，将核心的理论性知识研究明白，再聚焦根本性的问题，努力作出颠覆性的、影响未来社会主流技术发展的创新。同时，青年学子们还要多接触社会，增加人生阅历，为创新创造涵养灵感。

万钢还结合自身的科研经历，为同学们“因论文投稿被拒而导致自信心受挫”问题解疑释惑。他指出，每一次做科研、写论文可能都会面对失败，认真总结失败的教训，找出原因、不断改进，这就是最大的成果。年轻人最大的优势是年龄，有的是时间，有的是机会，每一次挫折都会为未来发展积累经验，不要灰心，努力一定成功！

见面会前，万钢参观了北京科技大学校史馆以及北京科技大学创新成果展。

中国科协党组成员、书记处书记吕昭平，北京市人民政府副秘书长刘印春，北京科技大学校长杨仁树等出席见面会。

【2021 年“最美科技工作者”遴选会议】 9 月 3 日，2021 年“最美科技工作者”遴选会议在北京召开。全国政协副主席、中国科协主席万钢出席会议并讲话。中国科协党组副书记徐延豪、国防科技工业科学技术委员会副主任刘东奎等出席会议。中宣部、科技部、中科院、工程院等有关主办单位相关负责人，由相关领域科学家、科技媒体负责人、科技企业负责人、文艺和社科领域专家等 50 余人组成的遴选专家委员会和监督委员会委员出席会议。

万钢指出，学习和宣传“最美科技工作者”是贯彻习近平新时代中国特色社会主义思想、弘扬科学家精神、坚持价值引领、把握主基调、唱响主旋律、筑牢科技界共同思想基础的一项重要举措，对于立根铸魂科学家精神，营造尊重劳动、尊重知识、尊重人才、尊重创造的良好氛围，引领广大科技工作者把科技成果应用在实现国家现代化的伟大事业中，推动实现高水平科技自立自强、建设世界科技强国，具有重要而深远的意义。

万钢强调，科学家精神是科技工作者在长期科学实践中积累的宝贵精神财富，要大力弘扬科学家精神，广泛宣传科技工作者勇于探索、献身科学的生动事迹，把胸怀祖国、服务人民的爱国精神和追求真理、勇攀高峰的创新精神摆在更加突出的位置，引导广大科技工作者把论文写在祖国的大地上，把科技成果应用在实现现代化的伟大事业中。

按照 2021 年“最美科技工作者”遴选办法，专家分为面向世界科技前沿组、面向经济主战场组、面向国家重大需求组、面向人民生命健康组、社会服务组、重大工程组六个组进行遴选，从 484 位有效候选人中最终产生 10 位“最美科技工作者”建议人选。

自 2021 年“最美科技工作者”学习宣传活动启动以来，全国学会、地方科协等精心组织、积极动员，面向本领域、本区域广泛开展学习宣传活动。截至 7 月 20 日，各级科协组织推选先进典型 6026 人次，参与活动单位 23483 家。中国科协开设了“最美科技工作者”专题学习网页，图文并茂展示“最美科技工作者”风采。截至 8 月 31 日，点赞页面总访问量达 4600 万，总点赞量近 3 亿人次，在全社会引起强烈反响。

【科学大师名校宣传工程】 2021 年，组织开展“科学大师名校宣传工程”2021 年演出季活动，校内外现场演出 30 余场，2 万余名师生观看，4000 万人次在“云端剧院”观看话剧。北京交通大学等 4 所高校分赴河南省高校集中巡演，成为河南省科普日的重头戏。注重衍生产品传播，联合人民数字开发制作系列主题视频，覆盖人群超 1 亿人次，其中“寻找赛先生”短视频累计播放量 4 万余次，引发光明日报等主流媒体持续关注。大力推动科学家精神舞台剧走进中小学。广西壮族自治区科协依托广西艺术学院组织师生排演话剧《少年黄大年》，全自治区范围内超 600 万人次中小学生观看线上直播。安徽省科技馆编排了话剧《邓稼先爷爷故事》，走进合肥四中等 10 余所中小学演出。

【纪念钱学森同志诞辰 110 周年座谈会】 12 月 13 日，由中国科协主办的纪念钱学森同志诞辰 110 周年座谈会在北京召开。中国科协党组书记、分管日常工作副主席、书记处第一书记张玉卓出席座谈会并讲话。中国科学院党组成员、副秘书长、直属机关党委常务副书记李和风，国防科工局总工程师刘永德出席座谈会并致辞。中国科协党组副书记徐延豪主持座谈会。

张玉卓指出，钱学森同志作为中国科技界的一面旗帜，终其一生都在践行以“爱国、创新、求实、奉献、协同、育人”为核心的科学家精神，堪称为党和国家科技事业努力奋斗、建功立业的典范。钱学森同志担任中国科协副主席、主席、名誉主席期间，对中国科协的组织建设、工作布局和科协事业发展进行了深入思考和不懈探索，始终坚持科协的政治属性和为科技工作者服务宗旨，履行党和政府的桥梁纽带职责；丰富和发展科普工作内涵，为提高全民科学素质服务；倡导发挥科协“专家群体”优势，积极开展决策咨询工作；重视科协的学术组织建设，身体力行倡导发扬学术民主；重视人才队伍建设，竭力培养举荐优秀科技人才，为推动科协组织的改革与发展作出卓越贡献，留下了弥足珍贵的科学精神，对我们今天的工作仍具有现实指导意义。

张玉卓表示，面临百年未有之大变局，应对创新的复杂性和全球性问题，必须进一步彰显科学精神、科学思想、科学方法、科学知识对时代进步、人的全面发展的终极关怀，以历史纵深和整体视角，焕发精神力量的时代感召力、引领力。广大科技工作者要以钱学森等老一辈科学家为榜样，自觉肩负起党和人民的期待和重托，发力主战场、打赢攻坚战，勇闯无人区、开拓新赛场，争做高水平科技自立自强排头兵。中国科协要坚持以习近平新时代中国特色社会主义思想为指引，将弘扬科学家精神作为加强科技界思想政治引领的有力抓手，坚持立根铸魂、价值引领、实践育人，将广大科技工作者紧密团结在以习近平同志为核心的党中央周围，接力精神火炬，奋进新的长征，为建设世界科技强国、推进国家现代化贡献智慧力量。

李和风表示，钱学森同志身上所体现出的感人家国情怀、强烈的学术自尊心和学术骨气、无私的奉献精神等是我国科技事业发展壮大的精神密码，也是我们建设世界科技强国的动力源泉。广大科技工作者要学习钱学森同志坚定的理想信念、炙热的爱国情怀，不忘初心，牢记使命，秉持国家利益和人民利益至上，坚持创新科技、服务国家、造福人民，把自己的科学追求融入建设社会主义现代化国家的伟大事业中去，肩负起历史赋予科技创新的重任。要学习钱学森同志围绕国家战略需求开展科技攻关的使命感、责任感，胸怀“国之大者”，从国家急迫需要和长远需求出发，扭转关键核心技术受制于人的局面，保障国家产业链、供应链自主可控。要继承和弘扬钱学森同志勇于开拓、敢于创新的科学精神，加快推进使命驱动基础研究，把围绕国家战略需求和科学前沿重大问题的定向性、体系化基础研究作为主要任务，为高质量发展和科技自立自强提供坚实的基础理论支撑，在日益激烈的科技竞争中占得先机、赢得主动。要学习钱学森同志淡泊名利、甘为人梯、虚怀若谷的大家风范，把个人理想自觉融入国家发展伟业，矢志爱国奋斗，勇担时代重任，在新时代新征程上更好履行国家战略科技力量使命担当。

刘永德表示，今年是建党100周年，也是人民军工创建90周年和我国航天事业创建65周年，站在新的起点，纪念钱学森同志诞辰110周年意义重大。我们要深入学习钱学森精神并薪火相传，奋力推进先进国防科技工业体系建设。要坚持科技自立自强，发展创新技术，提升攻坚能力，推进国防科技工业体系数字化、网络化、智能化转型升级，加快新技术转化应用。探索新业态，重塑新体系，探索产业升级由投资驱动向创新驱动、数据驱动转型，深化有效市场和有为政府的结合。打造人才高地，培育航天新传人，优化航天人才梯队建设。耕耘创新沃土，激发创造活力，持续支持钱学森实验室、钱学森学校等创新基地建设，设立钱学森奖金奖项等物质激励，为人才创新保驾护航。要坚定航天强国信念，投身习近平总书记关于“探索浩瀚宇宙，发展航天事业，建设航天强国，是我们不懈追求的航天梦”伟大号召，以赓续奋斗加速迈向航天强国。

座谈会上，中国力学学会理事长、中国科学院院士方岱宁，中国科协原副主席刘恕，钱学森之子、钱学森图书馆馆长钱永刚，中国系统工程学会理事长杨晓光，中国遥感应用协会理事长罗格，中国宇航学会副理事长兼秘书长王一然，中国自动化学会副理事长王成红，中国空间技术研究院科技委主任李明，上海交通大学学生代表许左做了交流发言。

中国人民解放军国防大学原副政委李殿仁，中国农业科学院原党组书记薛亮，马兰基地原政委、“两弹一星”历史研究会副理事长孔令才，原总装备部某试验基地政委王建俊，以及钱学森同志生前工作过的有关全国学会、科研院所负责同志，教育界、出版界、新闻界代表等50余人出席座谈会。

【中国科协党组、书记处同志慰问科学家】 春节前夕，中国科协党组书记、常务副主席、书记处第一书记怀进鹏及党组、书记处其他同志分别以电话等方式慰问了中国科协名誉主席周光召、韩启德，袁隆平、钟南山、赵忠贤、栾恩杰、叶培建等著名科学家，李振声、赵沁平等中国科协荣誉委员，孙斌勇等青年科学家代表，代表中国科协向他们致以诚挚的节日问候，衷心祝愿他们新春快乐。

科学家们感谢中国科协的问候与祝福，表示科协组织始终以坚持服务科技工作者为己任，高度重视同广大科技工作者的联系，工作成绩显著。希望在新的一年，中国科协继续团结好广大科技工作者，齐心协力，奋勇拼搏，为推动我国科技事业发展作出更大贡献。

【张玉卓看望顾诵芬并出席顾诵芬图书馆启用仪式】 11月30日，中国科协党组书记、分管日常工作副主席、书记处第一书记张玉卓与中国航空工业集团党组书记、董事长谭瑞松，党组成员、副总经理郝照平赴航空总医院看望2020年度国家最高科学技术奖获得者、两院院士顾诵芬，表达中国科协和航空工业集团对我国老一辈科学家的关怀和慰问，并陪同顾诵芬院士在北京以视频形式出席“顾诵芬图书馆”启用仪式。

顾诵芬院士寄语年轻一代航空科研人员，勉励大家学习徐舜寿、黄志千等前辈刻苦钻研、不停学习先进技术的精神，在未来能够成为航空工业的栋梁之材和建设航空强国的主要力量，为国防和军队现代化建设作出更大贡献。“顾诵芬图书馆”设立在航空工业沈阳所，是弘扬科学家精神和“航空报国”精神，激励广大航空科研人员勤奋学习、刻苦钻研、继承老一辈光荣传统的重要场所。中国工程院院士李明、杨凤田等在沈阳会场出席仪式并为图书馆揭幕。

随后，张玉卓同志到航空工业集团总部调研并座谈交流。他指出，中国科协是党和政府联系科技工作者的桥梁和纽带，担负着团结引领科技工作者积极实施科技创新、推动习近平新时代中国特色社会主义思想在科技界深入转化和生动实践的职责。航空工业作为国防工业事业的重要力量，在“十三五”期间取得了巨大成就，为和平天空增光添彩，令人心潮澎湃、备受鼓舞。希望双方在科技创新、科普教育、决策咨询等方面深化合作交流，共同为实现高水平科技自立自强作出新的贡献。

谭瑞松表示，中国科协是科技工作者之家，是推动国家科学技术事业发展的重要力量，航空工业愿进一步与中国科协加强交流对接、深化务实合作。希望航空工业能够借助科协平台优势多发声，增强航空工业在国内的科技地位和影响力；发挥航空工业自身优势，与科协共同开展航空科普工作；加强人员和学术交流，增强航空科技人才与技术研究能力。

中国科协党组成员、书记处书记吕昭平，航空工业集团党组成员、总会计师张民生，党组成员、副总经理杨伟、郝照平、何胜强，中国工程院院士、中国航空研究院院长孙聪等参加座谈。中国科协办公厅、科学技术创新部、组织人事部以及航空工业集团综合管理部、党组干部部（人力资源部）、科技与信息化部等相关负责同志参加活动。

【2021年度科协系统宣传思想工作会议暨宣传干部培训班】 3月30日—4月1日，2021年度科协系统宣传思想工作会议暨宣传干部培训班在浙江省嘉兴市举办。中国科协党组副书记、副主席、书记处书记徐延豪出席会议并讲话。

徐延豪表示，2020年中国科协党组坚持以习近平新时代中国特色社会主义思想为指导，全面贯彻中央书记处指示要求，牢牢把好宣传思想工作正确方向导向，与党和国家大局、与科协事业发展同向同行，科协系统宣传思想工作在围绕中心、服务大局中展现新作为，在守正创新、攻坚克难中焕发新气象。

徐延豪指出，在全党开展党史学习教育是以习近平同志为核心的党中央作出的重大决策。科协系统宣传思想干部要牢牢把握庆祝建党百年、深入开展党史学习教育这一贯穿全年的工作主线，聚焦宣传思想主责主业，顺时应势、主动作为，把握规律、守正创新，化危为机、勇开新局，推动习近平新时代中国特色社会主义思想在科技界深化转化，团结引领广大科技工作者众心向党、自立自强，在新时代新阶段新征程中作出新的更大贡献。

徐延豪强调，要牢牢把握科协开展党史学习教育的基本原则，突出学史明理、学史增信、学史崇德、学史力行，注重融入日常、抓在经常。要接长手臂、俯下身子，多关注、挖掘、宣传基层一线科技工作者，讲好以习近平同志为核心的党中央对科技事业的关心、对科技工作者的关怀故事，以高水平宣传实现高水平教育，写好党史学习教育的科技篇。

会议以主会场和视频直播相结合形式召开，来自中国科协机关和直属单位、地方科协和全国学会的140余位代表线下参加会议，科协系统13000余人线上参会。与会同志汇报了本单位党史学习教育的特色亮点活动，并进行了深入交流研讨。会议期间，还对科协系统党校和全国学会开展党史学习教育进行了工作部署，邀请专家进行针对性专题辅导，组织重走“一大”路、感悟红船精神现场教学。

【“2020年度科协十大事件”揭晓】 2020年是极不平凡的一年，党和国家带领人民众志成城、合力抗疫，取得举世瞩目的成绩。一年来，中国科协以习近平新时代中国特色社会主义思想为指导，深入贯彻党的十九大和十九届二中、三中、四中、五中全会精神，聚力“合作发展”，在思想政治引领、疫情科学防控、科技经济融合、科普惠民服务、决战脱贫攻坚、一流期刊建设、拓展开放合作空间等领域持续发力，扎实推进科协系统深化改革，各项事业蒸蒸日上。经社会公众投票和专家评审，面向社会发布“2020年度科协十大事件”（排名不分先后）。

1. 贯彻习近平总书记重要回信精神，产学融合服务高质量发展

贯彻落实习近平总书记给袁隆平、钟南山、叶培建等25位科技工作者代表的重要回信精神，统筹疫情防控和经济社会发展战略部署，服务构建新发展格局，推出“科创中国”平台。遴选26个创新枢纽城市（园区），组建105个科技服务团进军主战场。“联盟+集群”促进产业链上下游协同，“长三角”区域创新联盟、国际技术交易联盟等近200个各类新型协同创新组织快速发展。“科技工作者之家”线上连接14万各级科协和各类创新组织，形成面向科技工作者的一站式服务平台。

2. 突出铸魂塑形，科学家精神引领时代风尚底色更加浓厚

持续打造“最美科技工作者”品牌，颁发第二届全国创新争先奖，树立把论文写在祖国大地上的时代榜样。加大科学道德宣讲，把一场报告会拓展为学风宣传月。学风传承行动丰富高校思政载体，科学大师名校宣传工程持续扩大对高校覆盖。科学家精神报告团深入中小学宣讲百场，“我和我的祖国”主题展启动全国巡展，首个“科学家精神培育基地”在中国科技馆挂牌，与人民日报等主流媒体共建科学家精神宣传机制，春风化雨做好价值引领，坚定科技界创新自信。

3. 应急科普服务抗疫主战场

新冠肺炎疫情暴发以来，中国科协第一时间启动应急科普响应机制，连续发出5封倡议书，组织科技界投身科学防治阻击战。全国3500余个学会融入群防群治网络，3万余名基层“三长”、500余万科普信息员积极行动，开展科普服务和心理咨询，稳定人心，传递科学力量。疫情期间，“科普中国”保持政务榜“榜首”，“科学辟谣”传播量超20亿人次。联合印发《关于进一步加强突发事件应急科普宣教工作的意见》，推动应急科普纳入国务院联防联控机制。

4. 世界一流期刊建设取得突破

集中优势资源实施卓越行动计划，推动22种领军期刊冲击世界一流，实现新突破。8种进入学科前5名，《园艺研究》登顶学科榜首，《国家科学评论》《光：科学与应用》《镁合金学报》《畜牧与生物技术》位居学科前三。10种进入国际学科排位前5%，14种进入前10%。《细胞研究》影响因子突破20，跻身全球百强，持续蝉联生命科学领域亚洲第一。首次发布科技期刊自主评价体系，构建“世界引文库”，涵盖95个国家地区、38个语种、1.4万余种科技期刊。

5. 智库快速反应机制服务抗疫复产复工大局

完善跨界协同智库研判机制，发布“2020重大科学问题和工程技术难题”、《中国科技人力资源发展研究报告（2018）》等研究成果。形成快速调查和信息获取机制，“科情在线”调查系统连接全国590个调查节点380万名调查员，上报210期决策咨询报告，把人才荟萃智力密集优势转化为服务国家决策优势。围绕数字经济、公共卫生等领域和成渝双城经济圈等区域，与天津、湖北、重庆等共建特色研究中心，联合9省区启动黄河国家战略研究院建设，会省合作构建服务区域发展战略的智库格局初步建立。

6. 科技助力精准扶贫圆满收官

作为全国率先开展扶贫工作的10个部委之一，中国科协突出智志双扶的科技优势，举全系统之力，深耕吕梁35年，助力吕梁定点扶贫目标全面实现。2016年以来，共支持建设1956个农技协联合会、12527个农技协（科技组织），组织18.99万名科技专家参与科技助力精准扶贫工作，助力390.38万人脱贫，为决战脱贫攻坚、决胜全面建成小康社会作出重要贡献。

7. 重要国际论坛峰会凝聚价值共识

2020世界青年科学家峰会发布《温州宣言》，联合国秘书长安东尼奥·古特雷斯向全体参会者致信。第二届世界科技与发展论坛围绕数字经济、科技伦理与治理等议题深度对话交流，发布人类社会发展十大科学问题等4项创新成果。世界公众科学素质促进大会成立世界公众科学素质组织筹委会，“科学素质与全球挑战”电视专题论坛落地174个国家和地区。组织“中俄科技创新年”系列活动，举办第四届“一带一路”青少年创客营，凝聚“开放、信任、团结”的价值共识。

8. 开放合作助力抗疫外交打开新局面

召开全球科技发展与治理国际研讨会，搭建“中国科协联合国咨商专委会新型冠状病毒肺炎（COVID-19）知识与数据信息系统”中英文版，推动170多家科技期刊参与世界卫生组织新冠论文数据库建设，及时展示中国科技界抗疫研究成果。建立中瑞抗击新冠肺炎疫情联合行动机制，设立“中国-瑞典抗击新冠肺炎疫情联合行动计划”。组织167个全国学会与254个对口国际科技组织建立信息分享机制，举办近1000场疫情防控学术会议，共建人类卫生健康共同体。

9. 协同化科普助力全民科学素质提升

2020年全国科普日开展各类科普活动3.7万项，线下活动参与超2亿人次，线上浏览超10亿次。培育科幻生态，与北京共建科幻基地，举办2020中国科幻大会，与国家电影局联合发布《关于促进科幻电影发展的若干意见》。支持天津、深圳开展全域科普，把科普工作和基层组织建设一体推进。联合央视推出“院士说科技”“一问到底”专题节目，有效回应公众关切，正确引导社会舆论。科普大篷车坚持服务基层20年，打通科普工作“最后一公里”。据2020年第十一次中国公民科学素质抽样调查，我国公民具备科学素质的比例达到10.56%。

10. 第二十二届中国科协年会彰显“一体两翼”组织赋能优势

8月10—15日，第二十二届中国科协年会在山东省成功举办。本届年会以“改革开放　创新引领——科技赋能　合作发展”为主题，全面创新举办模式，深化跨界协作和组织赋能，推动年会成果落地生根，着力打造技术经济融合的山东样板间，形成以青岛为核心、京鲁互动、覆盖山东、辐射全国的总动员。

【2021中国科技智库论坛】 7月27日，第二十三届中国科协年会中国科技峰会——2021中国科技智库论坛在北京举办。本次论坛以“推动科技经济深度融合　为创新发展注入新动能”为主题，由中国科协与北京市人民政府共同主办。中国科协党组书记、常务副主席、书记处第一书记怀进鹏出席论坛，中国科协党组副书记徐延豪致辞。论坛由中国科协调研宣传部部长郭哲主持。

徐延豪指出，智库是国家软实力的重要组成部分，是建设世界强国的重要保证。高水平科技智库在服务国家战略科技发展和核心技术攻坚战；服务科技与经济深度融合，促进区域经济社会高质量发展；服务双循环发展，为推动构建人类命运共同体贡献智慧和力量等方面发挥着重要作用。建设高水平科技智库要注重加强高水平科技智库与决策机构的沟通渠道建设；注重跨界集智、交叉融合；注重科技智库人才聚集和培养。通过中国科技智库论坛，围绕国家高质量发展新战略新形势新需求，碰撞思想火花、凝聚发展共识，为解决国家发展、改革热点难点问题建言献策。

本次论坛作为第二十三届中国科协年会的重要组成部分，聚焦国内外科技经济融合发展趋势、科技创新服务体系建设、“科创中国”实践经验等重大议题进行深度探讨，集中展示智库研究成果，提高科技成果转移转化成效，促进创新链产业链融合发展，助力构建双循环新发展格局，服务世界科技强国建设。论坛中5位嘉宾应邀发表主旨演讲。第十三届全国人大常务委员会委员、清华大学公共管理学院院长江小涓分享探讨了数字时代中的开源技术体系、开放科学体系、全球创新网络的发展趋势。四川省委常委、成都市委书记范锐平回顾了近年来成都市践行新发展理念的公园城市示范区建设的经验，为未来理想城市形态探索了新路、提供了新的愿景。中国国际经济交流中心常务副理事长、国家发展和改革委员会原副主任张晓强就促进我国创新链产业链融合发展、实现科技支撑经济社会高质量发展提出了发展建议。中国城市科学研究会理事长、住房和城乡建设部原副部长仇保兴围绕如何提升城市科创动能提出了对策建议。华东师范大学校长、中国工程院院士钱旭红强调了首席技术官的重要性，为探索培养可推广可复制的中国特色高技术转化产业化领袖英才提出了建议。7月28日，还有12位来自国内知名智库、高校、研究机构、科协系统的专家、学者、企业家围绕“学会服务科技经济融合的功能与机制”和“地方科技经济融合的需求与实践”2个议题开展对话交流。

本次论坛由中国科协创新战略研究院承办，中国科学学与科技政策研究会协办。

【中国科协机关机构改革顺利完成】 2021年2月，中共中央办公厅正式印发了关于调整中国科学技术协会机关“三定”的通知，对中央2002年3月批复的、已执行了18年的机关“三定”方案进行全面修订。新的“三定”方案，重点对中国科协机关的职责进行了大幅度充实调整，同时对内设机构和人员编制进行了适当优化。习近平总书记提出的“四个服务”职责定位首次写入主要职责，作为科协履职的根本遵循；增加了中国科协“是国家创新体系的重要组成部分”的表述；坚持以科技工作者为中心的基本理念，进一步聚焦主责主业。在具体职责表述上，与2002年的职责相比，强化了思想政治引领职能，加强了组织建设和人才工作职能，拓展了服务创新驱动职能，转变了新时代科普职能，突出了科技智库建设职能，深化了国际合作职能。

新的“三定”方案对机关部门进行整体性重构和系统性调整：新组建2个部门，更名2个部门，优化5个部门。调整后，机关内设办公厅、组织人事部、宣传文化部、科学技术创新部、科学技术普及部、战略发展部、国际合作部（港澳台办公室）、机关党委（学会党建办公室）、机关离退休干部办公室等9个部门。机关行政编制184名、局级领导职数27名，与原有编制配置保持一致。

为贯彻落实中央印发的机关新“三定”方案，中国科协党组积极采取措施分步推动机关机构改革落地。一是研究制定机关各部门“小三定”方案，主要职责细化分解到调整后的各部门，确保职责落实到位、边界划分清晰、职能配置科学。二是根据新“三定”方案确定的部门设置及其职能要求，对各部门的内设处室进行调整和重构，进一步理顺内部职能关系。三是根据调整后的部门和各处室设置，对机关现有干部岗位重新安排，优化配备。四是对党组织、经费资产、办公场所、档案印章等相关工作开展相应的配套调整。8月9日，中国科协党组印发机关各部门内设机构主要职责和人员编制方案。8月中旬，机关各部门转隶调整到位，机关机构改革完成。

【中国科协改革发展重大战略研究方案研讨会】 3月10日，中国科协改革发展重大战略研究方案研讨会在北京召开。中国科协党组书记、常务副主席、书记处第一书记怀进鹏主持会议。会议听取了“科创中国”数字平台建设情况和科协改革发展重大战略研究建设方案的汇报，与会人员围绕战略研究选题和数字平台建设进行讨论。

怀进鹏指出，要深刻认识开展中国科协战略研究的重大意义，切实增强工作主动性，坚持需求导向、问题导向、目标导向，紧扣职责使命，围绕国家发展重大战略需求和科协改革发展中的重大问题精准选题，聚焦创新、人才、组织建设加强战略研究，强化“三国一家一体”平台建设的理论基础和战略支撑。要有效整合科协内部的研究资源，组建跨部门的研究中心或联合研究团队，培育特色鲜明的研究方向，构建统一指挥、大力协同的合作机制，搭建学术成果有效转化平台，形成一批有针对性、实效性的高质量政策建议，打造国内一流国际知名的科技高端智库。

怀进鹏强调，要认真研究“科创中国”数字平台运营优势、现行标准和实现机制，切实加强平台建设顶层设计和统筹协调，充分发挥科协资源调度能力，广泛汇聚各类创新要素，着力夯实平台问题库、项目库、人才库建设，促进技术服务与交易网上直接对接。要进一步提升数字平台服务能力，明确平台建设阶段性目标和考核内容，深入研究挂点组工作机制，选准小切口激活大功能，发挥好“科创中国”建设榜单激励引导作用，迭代提升平台的针对性、可用性和用户黏性，不断提高大数据分析能力和平台专业化运营能力，逐步激励用户从“浏览”到“互动”、最终实现深度应用，从而推动科技界和产业界对接、助力经济社会高质量发展。

办公厅、计划财务部、组织人事部、调研宣传部、学会学术部和创新战略研究院、中国科普研究所、学会服务中心、企业创新服务中心、中国国际科技交流中心、培训和人才服务中心、中国科学技术出版社有限公司负责人参加会议。

【中国科协召开深改领导小组会议、2021年第一次重大任务调度会暨机关“三定”调整实施工作动员部署会】 4月2日，中国科协召开深改领导小组会议、2021年第一次重大任务调度会暨机关“三定”调整实施工作动员部署会。中国科协党组书记、常务副主席、书记处第一书记怀进鹏主持会议并讲话。

会议听取了办公厅关于中国科协2021年工作要点分解和重大任务情况及督查思路的汇报，听取了调宣部、计财部、学会部和组人部关于“‘众心向党、自立自强’科协党史学习教育工作”“加强中国科协预算绩效一体化管理”“做强‘科创中国’品牌”“中国科协机关‘三定’方案调整实施”等重大任务推进情况的汇报。党组、书记处同志分别点评相关工作。

会议指出，要紧紧抓住深化改革这条主线，通过深化改革推进重大任务。一是要大力弘扬科学家精神，以“科普中国”服务全民科学素质提升，以“科创中国”服务科技经济融合和高质量发展，以“智汇中国”服务党和政府科学决策，持续打造工作品牌，为科技工作者和全社会提供优质公共服务产品。二是要通过谋改革推动开放发展，把改革作为一种信仰、工作习惯和组织文化，通过办活动、搭平台、强组织、建机制，促进“一体”向“两翼”开放，向社会各界开放，向国际同行开放，提升科协组织治理效能和工作境界。三是要把重实效的要求贯穿始终，将任务进度、经费执行、落实成效、工作作风一体谋划设计、调度推进、督查督办，健全激励能干事、善干事、干成事的选人用人机制。

会议强调，中央印发的中国科协机关新“三定”方案是对中国科协职能职责的重大调整，是对科协改革实践成果的全面吸纳总结，是推动科协系统深化改革的重要举措。贯彻落实好新“三定”方案是中国科协当前的一项重要政治任务。中国科协上下要充分认识“三定”方案调整的重要意义，坚决贯彻落实党中央决策部署。要深刻领会和准确把握新“三定”方案的精神实质，把坚持党的领导、加强政治引领放在首要位置，把推动科学技术创新放在重要位置，把为科技工作者服务放在主体位置，进一步聚焦科协主责主业，突出科协组织的政治性、先进性、群众性，体现优化协同高效的改革原则，着力构建履职更加顺畅的工作体系。

会议强调，今年是“十四五”开局之年，是建党 100 周年。中国科协即将召开第十次全国代表大会，谋划推进“十四五”发展和科协系统改革，要围绕立足新发展阶段、贯彻新发展理念、构建新发展格局，把“强三性”融入“四服务”，充分发挥“三型”组织优势，进一步提高政治判断力、政治领悟力、政治执行力，不折不扣地把新“三定”方案实施到位，取得扎扎实实的成效，推动机构改革从“物理变化”向“化学反应”转变，把中央的指示方向转化为科协的工作方法、细化为具体的工作方案，让党中央满意、让科技工作者满意、让社会满意，把科协打造成受人尊敬的科技共同体的组织。

会议以视频形式召开，党组、书记处同志，中央纪委国家监委驻科技部纪检监察组有关同志，机关全体干部，各直属单位处级以上干部参加会议。

【中国科协专题研究“十四五”时期科协系统深化改革工作】 8 月 24 日，中国科协召开深化改革领导小组 2021 年第 3 次会议，研究“十四五”时期科协系统深化改革实施方案。会议由中国科协党组书记、分管日常工作副主席、书记处第一书记、深化改革领导小组组长张玉卓主持。

会议认为，制定实施《“十四五”时期科协系统深化改革实施方案》是深入贯彻落实习近平总书记关于群团改革和群团工作的重要指示精神、落实中央书记处关于深化“十四五”群团改革的总体部署和要求、接续实施中共中央办公厅印发《科协系统深化改革实施方案》的具体举措。

会议指出，改革是科协事业发展的不竭动力，“十四五”时期科协系统改革，要在继承中发展、发展中创新，要围绕立足新发展阶段、贯彻新发展理念、构建新发展格局、推动高质量发展，以有效增强政治性、先进性、群众性为目标，紧扣健全联系广泛、服务科技工作者的科协工作体系这条主线，建设有温度、可信赖的科技工作者之家，推动改革向纵深拓展、向基层延伸。

会议强调，深化“十四五”时期科协系统改革，要始终坚持党的领导、聚焦主责主业、强化问题导向、突出学会主体、坚持系统推进、坚持赋能基层。要把党中央放心不放心、科技工作者满意不满意作为衡量改革目标的标准。要大抓基层科协工作，重心下移，强化科普工作，让更多优质科普资源流向基层。要坚持目标导向和问题导向，抓纲带目，突出改革重点和可操作性。

会议原则通过《“十四五”时期科协系统深化改革实施方案》，要求对“十三五”时期科协系统深化改革实施情况进行认真评估，作为接续制定实施“十四五”时期科协系统深化改革实施方案的依据和基础。

在京中国科协党组、书记处同志以及机关有关部门主要负责同志参加会议。

【中国科协深化改革领导小组专题研究部署落实“十四五”时期改革工作】 9 月 29 日，中国科协召开深化改革领导小组 2021 年第 4 次会议，传达学习中央书记处在听取“十四五”时期科协系统深化改革重点任务工作方案汇报时的指示精神，并审议《重庆打造全国地方科协综合改革示范区实施方案（2021—2025 年）》。会议由中国科协党组书记、分管日常工作副主席、书记处第一书记、深化改革领导小组组长张玉卓主持。

会议强调，按照中央书记处关于深化群团改革的指示精神，修改完善“十四五”时期推进科协系统深化改革重点任务工作方案，按程序报批。会议明确，要在持续落实中共中央办公厅印发的《科协系统深化改革实施方案》的基础上，重点抓好八大方面改革举措，明确时间表、路线图和责任链，同时，加快破解中央关注的国际科技组织成立、一流期刊建设、人才评价改革、优化学会布局、工程师认证、科普法修订等改革难题。

会议原则通过《重庆打造全国地方科协综合改革示范区实施方案（2021—2025 年）（审议稿）》，对重庆积极作为、主动谋划和推动改革表示充分肯定和鼓励支持，希望重庆市科协对标中央改革要求，在重庆市委、市政府的领导支持下，优化综合改革示范路径，完善改革配套政策，形成一批可复制、可推广的制度成果。

【中国科协专题研究部署“十四五”时期科协系统深化改革任务细化分工】 10 月 25 日，中国科协召开深化改革领导小组2021年第5次会议，研究部署“十四五”时期科协系统深化改革任务细化分工。会议由中国科协党组书记、分管日常工作副主席、书记处第一书记、深化改革领导小组组长张玉卓主持。

会议认为，科协系统深化改革是党中央交办的一项重要政治任务，要从讲政治的高度认识和推进改革，坚定践行“两个维护”，创造性地开展工作，坚定不移推动改革措施落地，以实际行动体现忠诚和担当。《科协系统深化改革实施方案》持续推进任务分解表和《“十四五”时期推进科协系统深化改革重点任务工作方案》任务分解表要持续同步推进。

会议强调，要加强组织领导，严格按照任务分解表中明确的时间表、任务图、责任链分解任务、压实责任。党组、书记处同志要切实发挥好指挥调度、督促协调作用；机关主责部门要牵好头，加强统筹组织、抓总推动，把控好改革进度、质量，做好问题汇总梳理，及时向分管领导汇报；参与部门单位要积极配合、做好落实，不折不扣、有力有序地推进改革任务落地。要强化协同配合，主责部门要加强与相关部委、地方党委政府有关方面沟通，努力争取多方支持，形成推进改革合力。要注重加强对全国学会和地方科协改革工作的联络指导，带动“两翼”共同推进改革向纵深拓展、向基层延伸。

会议原则通过《科协系统深化改革实施方案》持续推进任务分解表和《“十四五”时期推进科协系统深化改革重点任务工作方案》任务分解表，下一步将印发实施。

中国科协党组、书记处有关同志以及机关各部门、各直属单位主要负责同志参加会议。

【中国科协信息化工作领导小组2021年第一次会议召开】 11月29日，中国科协信息化工作领导小组召开2021年第一次会议。中国科协党组书记、分管日常工作副主席、书记处第一书记、中国科协信息化工作领导小组组长张玉卓主持会议。

会议听取了信息化工作领导小组办公室工作情况汇报，肯定了近期取得的阶段性成效，研究分析了科协数字化转型面临的问题和挑战，并对下一阶段工作任务进行了部署。

会议认为，建设网上科协是以习近平同志为核心的党中央交给中国科协的一项重要任务，需要我们加快数字化转型，主动融入“数字中国”战略大局，持之以恒地推动。经过近几年实施“智慧科协”建设工程，科协信息化工作已经到了需要统筹谋划、统一推动，按一种标准、一张蓝图开展数字化转型的“智慧科协2.0”新阶段。

张玉卓要求，科协干部职工要从战略发展全局和新时代深化群团组织改革的角度认识数字化转型工作，推动工作手段信息化、组织体系网络化、治理方式现代化，实现科技工作者的一站式链接，构筑服务科技工作者的新模式，建设符合新时代要求的数字化网上群团，成为有温度、可信赖的科技工作者之家。

张玉卓强调，数字化转型是一项复杂的系统工程，在转型过程中要有效提升“价值引领、联系服务、品牌运营、数据治理”四种能力，打破阻碍协同的组织机制壁垒，通过实施以组织重构、流程再造、业务重塑、运营统筹以及专业队伍建设等为代表的内部治理，实现高效的协同运转。要更大范围、更多频次地开展信息化专题培训和宣讲，提升科协系统每位同志的信息素养和数字思维。

会议要求，各部门单位要坚定信心、强化改革意识，“一把手”要带头攻坚克难，不能有畏难情绪，先期做好本业务域内的整合集成工作。要处理好总体和局部的关系，尽快推动党建信息化、办公自动化和组织人才库的建设。要加强数据互联互通，不允许把数据部门化。要完善工作和激励机制，营造比学赶超的工作氛围。要提前谋划适应数字化转型的管理创新方案。

中国科协党组、书记处全体同志参会，机关各部门、直属单位主要负责人列席会议。

【科技志愿服务工作扎实推进】 结合党史学习教育，在全国范围广泛开展以科技惠民、科学普及等为主要内容的科技志愿服务。

健全完善科技志愿服务组织体系。截至11月30日，正式注册科技志愿者已达169万人，注册科技志愿组织4万个，发布活动信息10.7万条；推动500个新时代文明实践中心试点县注册并成立科技志愿服务队，已有499个新时代文明实践中心试点县注册并成立科技志愿服务组织。

重视建好信息化服务平台。建成并同步运行“一网”（科技志愿服务门户网站）、“一号”（微信公众号）、“一端”（科技志愿App）和“一后台”（后台管理系统）的信息化管理体系，平台发布各类科技志愿服务活动10.7万项，科技志愿服务微信公众号累计订阅用户已达77万人，发布104期803篇文章，累计阅读量超75万人次。

组织开展科技志愿品牌项目。为推动科技志愿与“我为群众办实事”实践活动紧密结合，围绕服务乡村振兴，组织开展了“智惠行动·百会百县乡村行”活动，遴选组织16个全国学会、11个省级学会与49个县级科协结对开展乡村行科技志愿服务活动，通过全国学会科技志愿服务优质资源与基层群众科技需求精准对接，为农村地区提供科技培训、科普讲座、技术指导、增收致富、文明生活、卫生健康等科技志愿服务，提升农民科技文化素质和身心健康素质。联合教育部、中央文明办、团中央推动开展大学生科技志愿服务工作。按照中央书记处领导有关指示精神，联合“美团”等互联网平台企业，面向新型无工作群体开展科技志愿服务。经调研梳理，总结形成科技志愿服务“兰考模式”和“河南经验”。

组织开展科技志愿服务典型事迹推选工作。面向全国学会和省级科协开展科技志愿服务典型事迹推选工作活动。经选拔推荐、专家评审，共评选出优秀科技志愿者30个、科技志愿服务队事迹30个、科技志愿服务点（社区或村）10个。联合中央文明办举办首届科技志愿服务项目征集展评交流活动，确定遴选助力新时代文明实践中心建设等30个项目，进行路演答辩、重点推介和展示交流。从中择优向中宣部、中央文明办报送“四个100”志愿服务先进典型。

【张玉卓赴山西省吕梁市调研定点帮扶工作】 9月17—18日，中国科协党组书记、分管日常工作副主席、书记处第一书记张玉卓深入山西省吕梁市岚县、临县调研中国科协定点帮扶工作，调查了解定点帮扶县脱贫攻坚、巩固脱贫成效与乡村振兴工作进展情况，部署安排中国科协定点帮扶工作。

在岚县东村镇店上村和临县城庄镇程家塔村，张玉卓听取了高粱和玉米新品种示范种植情况、美丽乡村建设情况、基层党建情况汇报，深入村民家中了解村民生活、生产、收入等情况，检查中国科协基层党组织结对帮扶成效，看望慰问中国科协派驻岚县、临县挂职干部。

张玉卓调研考察了岚县康农薯业有限公司、王狮乡蛤蟆神村沙棘良种繁育基地和临县白文镇庙坪村山西茗玥茶叶有限公司，了解马铃薯、沙棘、红枣产业发展现状。在临县临泉镇黄白塔村晋泰易地扶贫小区，张玉卓深入吕梁天美科技有限公司扶贫车间，考察特色产业解决异地搬迁农户就业问题。在临县高级中学科技馆，张玉卓听取临县青少年科普教育工作情况汇报，与青少年亲切交流、一同体验科普教具，了解当地科学课程设置及学生反响情况。

张玉卓充分肯定了定点帮扶县坚持党建引领，开展产业扶贫取得的成果。他指出，要深入贯彻落实习近平总书记关于巩固脱贫攻坚成果、全面推进乡村振兴的重要指示精神，积极贯彻落实党中央关于推动区域协调发展的有关工作部署，坚持以人民为中心的发展思想，坚持和完善定点帮扶工作，为促进共同富裕交出科协答卷。他强调，中国科协要把定点帮扶纳入重要日程，充分发挥人才和组织优势，搭建学会服务企业平台，促进吕梁经济社会发展转型升级，巩固拓展脱贫攻坚成果，全面推进乡村振兴。围绕吕梁马铃薯、红枣、沙棘等特色产业，实现农产品深加工，提升产品附加值，打造品牌、扩大宣传、提高销量，促进农民增收。继续加强科普工作，重视青少年科普，用好科技馆进校园、科普e站、科技小院等平台渠道，着力提升当地公民科学素质。

张玉卓一行还到中央后委临县展览馆进行党史学习教育，深入了解中央后委驻临县期间的革命岁月。

中国科协、中国石化、山西省政府、山西省科协、吕梁市委、吕梁市科协等有关负责人参加调研。

【张玉卓：通过产业升级加快实现吕梁乡村振兴】 10月15日，中国科协党组书记、分管日常工作副主席、书记处第一书记张玉卓在北京会见山西省吕梁市委副书记任凯一行。双方就吕梁市岚县、临县的乡村振兴工作进行深入交流。

张玉卓对任凯一行的来访表示欢迎，并对吕梁市委、市政府在乡村振兴方面取得的成效给予肯定。他指出，中国科协要深入贯彻落实习近平总书记关于巩固脱贫攻坚成果、全面推进乡村振兴的重要指示精神，充分发挥人才和组织优势，梳理和发挥岚、临两县现有资源和主体作用，夯实光伏发电，主抓消费扶贫，加强技术引进，围绕吕梁马铃薯、红枣、沙棘等特色产业提升产品附加值、促进农民增收。吕梁市要抢占先机，迅速推广光伏、风能发电技术，推进可再生能源发展，通过产业升级加快实现乡村振兴。

任凯代表吕梁市委、市政府对中国科协36年来的定点帮扶表示感谢，并就吕梁市乡村振兴和灾后重建等方面工作作了介绍。他表示，吕梁市委、市政府将继续与中国科协保持密切联系，做好岚、临两县定点帮扶的配合落地工作，聘请行业专家，拓展经营范围，引进新技术新品种，改善农副产品销售渠道，促进吕梁经济社会发展转型升级，巩固拓展脱贫攻坚成果，全面推进乡村振兴。

中国科协、吕梁市委、吕梁市政府和吕梁市科协等有关负责人参加会见。

【张玉卓：持续深化合作　集系统之力做好援疆工作】 9月22日，中国科协党组书记、分管日常工作副主席、书记处第一书记张玉卓在北京会见新疆科协党组书记王光强，新疆生产建设兵团科技局党组成员、科协专职副主席吕学强一行，围绕援疆工作进行深入交流。

张玉卓指出，党中央历来高度重视新疆工作，习近平总书记多次对援疆工作作出重要指示批示。要坚决贯彻落实习近平总书记在第三次中央援疆工作座谈会上的重要讲话精神，进一步深化与新疆维吾尔自治区和新疆生产建设兵团的合作，集系统之力做好援疆工作。要在人、财、物三方面向援疆工作倾斜，加大援助力度，加强科学谋划，制订工作计划，适时召开全国科协系统援疆工作会议，部署推进新时期科协系统援疆工作，努力开创援疆工作新局面。

张玉卓强调，对口援疆是国家战略，援疆工作既是光荣的历史使命，也是严肃的政治任务。援疆干部要讲政治、顾大局，认真学习领悟习近平总书记关于新疆工作的重要讲话和重要指示精神，坚决把党中央要求贯彻落实到行动中。既要敢担当、善作为，加强沟通联系，发挥桥梁纽带作用，把科协组织优势和人才优势转化为推动地方经济社会发展优势，又要注意身体健康和安全。相关部门要落实援疆干部各项工作生活待遇，帮助解决实际困难，及时将组织关爱落实到位。

王光强、吕学强对中国科协长期以来的支持表示感谢，并就新疆科协和新疆生产建设兵团科协在基层科普、乡村振兴、"三长制"建设和"科创中国"试点建设等方面工作作了汇报，希望中国科协继续加大对新疆科技创新人才培养和科普教育等有关工作的指导和支持。

中国科协、新疆科协和新疆生产建设兵团科协相关负责人，中国科协援疆干部刘洪岩、张伟参加会见。

【怀进鹏：加强科学谋划　持续做好科协系统援藏工作】 3月30日，中国科协党组书记、常务副主席、书记处第一书记怀进鹏在北京会见西藏自治区政府党组成员、副主席孟晓林一行，双方就科协系统援藏工作进行深入交流。

怀进鹏对孟晓林一行表示欢迎。他指出，西藏自治区党委、政府深入贯彻落实习近平总书记关于西藏工作的重要指示精神，西藏地区在经济社会稳定发展、民族融合团结、生态文明建设等方面取得了较大成绩。他表示，中国科协坚决贯彻落实习近平总书记在中央第七次西藏工作座谈会上的重要讲话精神，进一步深化与西藏自治区合作，继续做好科协系统援藏工作。他强调，一是要突出重点、科普先行，全面推进乡村振兴，选好适合西藏的特色项目，组织动员全国科协系统积极开展援藏工作。二是要充分发挥基层科协"三长"作用，开展专业技术人才培训，加强西藏科技人才培养。三是要加强科学谋划，制订详细工作计划，今年适时召开全国科协系统援藏工作会议，部署推进新时期科协系统援藏工作，努力开创援藏工作新局面。

孟晓林介绍了西藏自治区经济社会发展和科技创新工作情况，代表自治区党委、政府对中国科协长期以来对西藏工作的大力支持表示感谢，希望中国科协继续加大对西藏科技创新人才和科普教育等有关工作的指导和支持。他表示，将根据中国科协意见建议，认真谋划提出西藏重点帮扶需求，筹备好全国科协系统援藏工作会议和其他相关工作，共同推进"十四五"科协系统援藏工作。

中国科协党组成员、书记处书记宋军，中国科协办公厅、计划财务部和西藏自治区政府办公厅、科协等部门负责人参加会见。

【科协系统脱贫攻坚代表座谈会】 2月25日，中国科协党组书记、常务副主席、书记处第一书记怀进鹏主持召开科协系统脱贫攻坚代表座谈会，学习贯彻习近平总书记在全国脱贫攻坚总结表彰大会上的重要讲话精神，总结交流和宣传科协系统脱贫攻坚成绩和典型事迹，征求对科协系统巩固拓展脱贫攻坚成果同全面推进乡村振兴有效衔接工作的意见建议。中国科协党组成员、书记处书记宋军出席会议。

怀进鹏指出，习近平总书记在全国脱贫攻坚总结表彰大会上的重要讲话，充分肯定了我国脱贫攻坚取得的伟大成绩，深刻总结了脱贫攻坚的光辉历程和宝贵经验，深刻阐述了伟大脱贫攻坚精神，吹响了全面推进乡村振兴、巩固拓展脱贫攻坚成果的集结号和冲锋号，是科协组织团结凝聚广大科技工作者积极投身全面乡村振兴的根本遵循和行动纲领。科协组织要全面深入学习贯彻落实习近平总书记重要讲话精神，进一步提高政治站位，深刻认识全面推进乡村振兴、巩固拓展脱贫攻坚成果的重要性和新要求，切实增强科协组织使命感、责任感，总结好过去、规划好未来，站高一点、看远一点，系统性地统筹乡村振兴工作。

怀进鹏强调，科协组织要发挥科协群团优势，启动实施科技助力全面乡村振兴工程，把产业振兴、人才振兴与乡村发展有机结合起来，把全国学会乡村振兴组织建设工作与文明实践中心建设有机结合起来，确定一批有效的乡村振兴重点帮扶项目，切实把乡村产业振兴和人才振兴在发展中、实践中落实好。要从过去点对点的帮扶走向整体乡村振兴，探索新机制、新方法，突出精准帮扶特色，以脱贫地区为重点，系统推进乡村振兴科技支撑。要加强开放合作，凝聚多方力量，充分借助“科创中国”“科普中国”“智汇中国”品牌，形成科协系统全面推进乡村振兴、巩固拓展脱贫攻坚成果的合力。要充分发挥科协组织“三长”作用，为“田秀才”“土专家”等能人强人搭建平台，完善推广农技协、科技小院、科技小镇等工作模式，为乡村振兴更好提供科技支撑。

怀进鹏要求，要深入贯彻落实党中央、国务院关于乡村振兴的战略部署，立足新发展阶段、贯彻新发展理念、构建新发展格局，相关部门要尽快细化相关方案、健全工作机制，全力推进乡村振兴工作。

荣获中共中央、国务院“全国脱贫攻坚先进个人”“全国脱贫攻坚先进集体”表彰的代表王斌、戴建良、张乐，以及科协系统科技助力精准扶贫代表刘洋、刘文杰、陈幸良、应岚等同志出席座谈并发言。中国科协办公厅、计划财务部、调研宣传部、机关党委、农技中心主要负责同志出席会议。

【中国科协定点帮扶工作座谈会】 5 月 17 日，中国科协与山西省吕梁市定点帮扶工作座谈会在北京召开。中国科协党组成员、书记处书记、乡村振兴工作领导小组副组长宋军主持会议并讲话。山西省吕梁市委书记孙大军，吕梁市科协、临县、岚县主要负责人，以及中国科协相关部门、“科创中国”吕梁挂点组负责人出席会议。

会议指出，坚持和完善定点帮扶工作是党中央着眼推动区域协调发展、促进共同富裕作出的重大决策，是中国共产党领导和我国社会主义制度政治优势的生动体现，是党中央交给中央和国家机关的重要政治任务。要高度重视吕梁定点帮扶工作，始终把定点帮扶纳入重要日程，积极帮助吕梁市、临县、岚县实现高质量转型发展，巩固拓展脱贫攻坚成果，全面推进乡村振兴。

会议强调，要紧紧围绕党中央关于定点帮扶工作的指示要求，健全帮扶机制、完善帮扶举措。一是发挥科协人才和组织优势，帮助推荐和引进转型发展项目和相关人才，促进吕梁经济社会发展转型升级。二是加大对环保领域的支持力度，围绕碳达峰碳中和、固废处理等关键领域开展科技服务和试点建设工作，实现节能减排和绿色发展。三是围绕吕梁马铃薯、红枣、食用菌、核桃等特色产业，突破关键技术，提升产品附加值。四是强化智力支撑，开展先进实用技术培训，加快培养农村科技人才、农业生产经营人才、农村二三产业发展人才等，着力推动人才振兴。五是继续加强科普工作，发挥科协组织优势和“科普中国”“科创中国”等平台赋能作用，促进吕梁全民科学素质进一步提升。

会议要求，要把定点帮扶工作与“科创中国”工作有机结合起来，最大限度发挥科协的人才和组织优势，助力吕梁实现高质量发展。一是要认真学习，深刻认识新发展阶段帮扶工作的重大意义，把做好定点帮扶工作作为转变作风、锻炼干部、坚持群众路线、密切同人民群众联系的途径方法。二是要加强领导，完善帮扶工作机制，加强与定点帮扶县、地方科协、相关学会的联系，形成工作合力。三是要科学谋划，围绕当地经济持续健康发展、生态文明建设、乡村人才振兴等方面，突出重点，实现科技支撑与人才支撑。四是要深入开展定点帮扶工作调研，察实情、访民意，与定点帮扶县一起分析发展现状、理清发展思路、明确发展方向，突出重点，推动帮扶举措和工作体系平稳过渡。五是要选优派强帮扶干部，积极稳妥做好干部轮换，确保不脱节不断档。六是要坚持问题导向和结果导向，找准落脚点，一切从人民利益出发，全面提高吕梁人民的幸福感和获得感。

【王进展赴中国科协定点帮扶县调研】 6 月 21—22 日，中国科协党组成员、书记处书记王进展一行深入定点帮扶县山西省吕梁市岚县、临县，就巩固脱贫攻坚成果同乡村振兴有效衔接工作情况实地调研。山西省科协党组书记冯志君，吕梁市委副书记、政法委书记任凯参加调研。

调研组一行先后赴岚县康农薯业有限公司、河口乡王家村、东村镇店上村以及临县的城庄镇程家塔村、吕梁天美科技有限公司、茗玥茶业有限公司、安业乡前青塘村，通过实地考察、互动交流等方式，详细了解岚县、临县巩固脱贫攻坚成果同乡村振兴有效衔接工作情况。随后分别在岚县、临县召开座谈会，听取两县主要领导及相关单位负责人对巩固脱贫攻坚成果同乡村振兴有效衔接工作情况汇报，看望并与中国科协派出的2位挂职副县长、2位驻村第一书记深入交流。大家聚焦产业振兴和人才振兴提出了建议。

王进展指出，岚县和临县在巩固拓展脱贫攻坚成果方面做了大量卓有成效的工作，健全了动态监测机制和后续帮扶机制，围绕传统产业绿色发展进一步增加群众收入、提升了获得感。与脱贫攻坚相比，乡村振兴工作目标更高远、任务更艰巨、工作更具挑战。他要求，两县要不断提高政治站位，切实把思想和行动统一到总书记、党中央决策部署上来。一是中国科协和吕梁市共同为科技工作者服务定点帮扶县、服务吕梁、服务国家、服务社会搭建平台；二是坚持需求为导向，把定点帮扶县需求和科协优势精准对接，务实开展各项工作，细化各类举措，让各级各类科技组织和科技人才助力定点帮扶县发展；三是希望定点帮扶县的干部群众能够与时俱进，转变思想，聚焦产业振兴和人才振兴，培育创新生态，优化营商环境，全面推进乡村振兴工作。

王进展表示，中国科协作为党领导下的人民团体，积极团结引领广大科技工作者投身全面推进乡村振兴工作，既为科技工作者服务三农、报效祖国提供平台和实践机会，又为脱贫地区发展提供人才和科技支撑。中国科协与岚县、临县有着36年的合作基础和深厚感情，会一如既往支持岚县、临县起好步、开好局。

中国科协党组、书记处高度重视定点帮扶工作，按照党中央部署，将定点帮扶作为重要政治任务列入年度工作重点，及时调整成立了中国科协乡村振兴领导小组，由党组书记、常务副主席、书记处第一书记怀进鹏担任组长，集全科协之力落实帮扶要求、细化帮扶举措，全面开展定点帮扶工作。

【中国电信集团公司科协成立大会】 12月16日，中国电信集团公司科学技术协会（以下简称中国电信科协）成立大会在北京召开。中国科协党组书记、分管日常工作副主席、书记处第一书记张玉卓出席会议并讲话。中国电信集团公司党组书记、董事长柯瑞文，科学技术部、工业和信息化部、国务院国资委、北京市科协相关负责同志出席会议，共同为中国电信科协成立揭牌。会议由中国电信集团公司党组副书记、总经理李正茂主持。

张玉卓在讲话中充分肯定了中国电信“崇尚科技”的红色电信精神与近年来在推动云改数转和数字中国建设方面取得的重要进展。张玉卓指出，成立中国电信科协是一种重要的组织机制创新，必将为中国电信的高质量发展注入新的动能。要强化政治引领，引导电信科技工作者坚定不移听党话、跟党走；服务国家发展，引导电信科技工作者坚持“四个面向”，突破网络与信息安全等关键核心技术；深化组织创新，协同上下游、助力中小微、连接产学研，将中国电信打造为人才高地、创新高地。中国科协将全力支持中国电信科协的工作，欢迎中国电信参与“科创中国”等品牌建设，在凝聚人才、推动创新、营造生态等方面共同努力。

柯瑞文强调，中国电信科协要凝聚广大科研人员，服务企业高质量发展；举荐科技人才，成就科技工作者之家；坚持开放共享，构建开放融通的创新生态。柯瑞文表示，中国电信集团公司党组将全力支持中国电信科协融入中国科协组织的大家庭，充分发挥科协组织在助力中国电信成为自主掌控关键核心技术的科技型企业中的积极作用。

中国科协有关部门和单位负责同志，中国电信集团公司党组副书记邵广禄，党组成员、副总经理刘桂清及相关部门负责人参加会议。

【中国科学技术协会与上海证券交易所签署《战略合作备忘录》】 为充分发挥资本市场的资源配置功能，服务科技自立自强，以“科创中国”品牌为引领，助力科技成果转化，助推科技型企业成长，5月19日，中国科协与上海证券交易所就共同推进资本市场更高质量服务科技创新工作达成合作意向，举办《战略合作备忘录》签约仪式。这也是第十八届长三角科技论坛的重要合作项目之一。中国科协党组成员、书记处书记吕昭平，上海证券交易所党委副书记、总经理蔡建春，上海市科协党组书记马兴发等出席并见证签约。

依托此次签约，双方将按照“顶层设计、上下联动、资源共享、优势互补”的原则，坚持专业化、市场化、法治化，围绕科技企业融资服务、科创板内涵提升、科技成果转移转化、科技创新智库建设等方面开展全面、深入、长期的合作。通过组织科技评价、人才培训、平台资源互通，促进科技创新与资本市场有效对接，提升资本市场服务科技创新的能力和水平，支持科技企业成长，提升科创板的科技内涵，降低科技企业融资成本，共同营造良好的创新生态，为加快建设世界科技强国贡献智慧和力量。

人　才

【科协系统领导干部学习贯彻习近平总书记“七一”重要讲话精神专题研修班】 9 月 23—25 日，中国科协党校在北京举办科协系统领导干部学习贯彻习近平总书记“七一”重要讲话精神专题研修班，全国学会理事长、省（区、市）科协党组书记以及中国科协机关和直属单位主要负责同志共计 156 人参加。

本次研修班将党情、国情、世情、科情教育相融合，党史学习教育中央宣讲团成员谢春涛、吴德刚作党史学习教育辅导报告，中国科学院原院长白春礼作世界科技前沿报告，清华大学公共管理学院院长江小涓、中国工程院副院长王辰、中国公共外交协会副会长罗林泉分别围绕数字经济、卫生健康与可持续发展、国际形势与外交作报告，中国科协副主席、书记处书记孟庆海作新时代科普工作和《全民科学素质行动规划纲要（2021—2035 年）》解读报告。学员论坛环节，中国岩石力学与工程学会理事长何满潮、中国生态学学会理事长欧阳志云、中国建筑学会理事长修龙、浙江省科协党组书记谢志远 4 位学员围绕学会党建、智库建设、社会组织设奖、国际科技交流等作交流发言。研修班期间，中国科协党组书记处同志与省（区、市）科协党组书记座谈交流，共同研究谋划推动地方科协工作的思路举措。

中国科协党组书记、分管日常工作副主席、书记处第一书记张玉卓出席研修班结业式并作题为“赓续伟大建党精神，为实现高水平科技自立自强贡献智慧力量”的报告。

张玉卓强调，科协系统干部要把学习贯彻习近平总书记“七一”重要讲话精神和总书记在两院院士大会、中国科协“十大”上的重要讲话精神作为重要政治任务，全面领会伟大建党精神的深刻内涵和时代价值，充分发挥科学精神和科学家精神在科技界的立根铸魂作用，团结引领广大科技工作者坚定信仰信念信心，弘扬光荣传统、赓续红色血脉，坚持“四个面向”，砥砺创新创造，为建设世界科技强国汇聚智慧力量。

张玉卓指出，中国科协作为党领导下的人民团体，要深刻把握我国科技创新面临的形势和高水平科技自立自强的战略使命，正确认识我国科技事业发展的短板制约，围绕习近平总书记提出的战略任务部署，发挥科协组织和科技共同体作用，履行党和政府联系科技工作者的桥梁和纽带职责，聚焦“四服务一体”主业，构建学术、科普、智库工作新格局，服务科技自立自强和科技强国建设。

张玉卓要求，各级科协组织要当好桥梁纽带，把中国科协“十大”绘就的宏伟蓝图变成新征程的“施工图”，落实好《全民科学素质行动规划纲要（2021—2035）》《中国科学技术协会事业发展“十四五”规划（2021—2025 年）》，推动科协系统深化改革向纵深拓展、向基层延伸，健全联系广泛、服务科技工作者的科协工作体系，打造有温度、可信赖的科技工作者之家。各级科协领导干部要当好“施工队队长”，强化使命担当，推动科协事业高质量发展。

研修班作为科协系统开展党史学习教育的重要内容，部分专题报告同步向全国学会、省（区、市）科协和中国科协机关和直属单位干部直播，约 2000 人次通过在线方式参与学习，推动科协系统党史学习教育持续走深走实。

【全国科学道德和学风建设宣讲教育十周年工作座谈会】 12 月 17 日，全国科学道德和学风建设宣讲教育十周年工作座谈会在北京召开。中国科协党组书记、分管日常工作副主席、书记处第一书记张玉卓主持座谈会并讲话，中国科协党组成员、书记处书记束为作十年工作总结报告。中国科协、教育部、科技部、中国科学院、中国社会科学院、中国工程院、国家自然科学基金委员会等全国宣讲教育领导小组成员单位及部分省科协有关负责同志出席座谈会。

张玉卓指出，加强科学道德和学风建设是推动科技事业健康发展、建设世界主要科学中心、重要人才中心和创新高地的基础工程，是实现高水平科技自立自强、建成科技强国的必然要求。十年来，全国宣讲教育领导小组会同各方面以习近平总书记的重要指示批示为根本遵循，坚持不懈，一以贯之，久久为功，扎实推进宣讲教育成为弘扬科学家精神、倡导科研诚信、涵养优良学风的一项社会性示范工程。召开全国科学道德和学风建设宣讲教育十周年工作座谈会，系统总结“全覆盖、制度化、重实效”重要指示要求的落实情况，谋划推进新时代宣讲教育，是学习贯彻党的十九届六中全会精神，以实际行动增强“四个意识”、坚定“四个自信”、做到“两个维护”、坚决拥护“两个确立”的具体举措。

张玉卓强调，立足新发展阶段，科技界、教育界要围绕习近平总书记系列重要指示批示精神，以弘扬科学家精神立根铸魂、成风化人，聚焦青年师生和科技工作者群体，深入开展学风传承创建行动，坚持树立“高线”、划清“底线”，以正面引导和反面警示教育相结合，常态化、长效化引领广大师生和科技工作者更好地弘扬光荣传统、赓续红色血脉，汇聚奋斗新时代、开启新征程的强大科技力量，为实现高水平科技自立自强、建设世界重要人才中心和创新高地再立新功。

座谈会上，宣讲教育专家代表中国工程院原副院长、中国工程院院士杜祥琬，中国航天科技集团有限公司科技委顾问、中国工程院院士戚发轫，中国科协常委会学风道德建设专委会主任、中山大学校长、中国科学院院士高松，中国自然辩证法研究会理事长何鸣鸿等，以及宣讲教育组织工作代表和曾参与宣讲教育活动的高校教师、青年学生代表作了交流发言。杜祥琬分享了自身工作经历和体会，倡导在新的历史条件下传承老一辈科学家“做老实人、说老实话、办老实事，严格、严密、严谨、严肃”的优良作风。戚发轫强调科学研究“来不得半点虚假”，号召青年师生弘扬科学家精神，自觉肩负科技强国使命。高松介绍了开展杰出校友访谈实录的工作体会，强调坚持科学的态度、科学的精神、科学的责任，并对科技评价体制改革提出意见建议。大家纷纷表示，要牢记习近平总书记对弘扬科学家精神、加强作风学风建设的谆谆教诲、殷殷嘱托，持续深入推进新时代宣讲教育，培育优良的学术生态，为实现高水平科技自立自强贡献力量。

其间，杜祥琬、戚发轫作为专家代表向与会师生赠送《大家讲学风》图书，勉励青年师生传承优良学风、矢志爱国奋斗。

2011 年以来，中国科协联合教育部（后增加中科院、社科院、工程院、自然科学基金委）等部门持续深入推进科学道德和学风建设宣讲教育，连续十年举办全国科学道德和学风建设宣讲报告会，先后邀请了师昌绪、袁隆平、郑哲敏、黄旭华等近 30 位德学双馨的院士专家为青年师生作报告，通过线上线下广泛宣传，形成“千万师生同上一堂学风课”的热潮，示范带动各地、各高校举办各类科学道德宣讲教育活动 14.8 万余场，宣讲教育受众累计达到 3254 万人次，有力促进弘扬科学家精神、引领爱国奋斗的社会风尚。

【2021 世界青年科学家峰会】 11 月 13 日，2021 世界青年科学家峰会在浙江省温州市开幕。中国科协党组书记、分管日常工作副主席、书记处第一书记张玉卓，浙江省委副书记、代省长王浩，省委常委、温州市委书记刘小涛，副省长卢山，省政协副主席蔡秀军，省科协主席姚克等领导和金东寒、樊代明、李校堃等中国科学院院士、中国工程院院士，有关部委领导，有关使领馆代表、国际科技组织代表、国内外知名高校代表等科学家、企业家、艺术家、青年科技人才代表参加开幕式。

因受疫情影响，本次峰会以线上线下结合、境内境外互动的方式进行。峰会得到了全球知名科学家、院士和青年科学家的大力支持，共有来自 50 多个国家、地区和国际组织的 13 位诺贝尔奖、图灵奖获得者，118 名国内外院士，千余名青年科学家代表参加。开幕式分两个阶段举行。

张玉卓、王浩、刘小涛为峰会开幕致辞。国际科学理事会主席彼得·格拉克曼，共和国勋章获得者、中国工程院院士钟南山为开幕视频致辞。中国科协党组成员、书记处书记束为主持开幕式第一阶段致辞环节。

张玉卓指出，世界青年科学家峰会举办两年来，我们深入贯彻习近平主席重要贺信精神，架起科技人才的开放之桥、信任之桥、合作之桥，峰会的国际影响力不断提升，各国青年人才的友谊基石更加牢固。当今世界，科技创新对人类可持续发展的重要作用日益凸显，共创人类命运共同体发展的新未来，呼唤青年科技人才展示新担当。应对挑战是青年人才的共同使命，开放合作是青年人才的共同选择，科技向善是青年人才的共同价值。科技共同体承担着以科学促进人类和平与发展的责任。我们要深入贯彻落实党的十九届六中全会精神和中央人才工作会议精神，致力于帮助青年人才顺应时代潮流、把握时代脉搏，为应对全球挑战提供指导，激励青年一代创新创造，为构建人类命运共同体贡献青春、灵动、多元的智慧力量；致力于为来自不同国家、拥有不同背景、钻研不同领域的青年学者提供开诚布公的交流机会、涵养互惠共享的创新生态，培育开放、互信、包容的青年科技创新共同体；致力于塑造科技向善的文化理念，弘扬科学精神、科学家精神，恪守科研诚信与科技伦理，尊重文化与研究的多样性，引导青年科技人才以科学理性和人文关怀温暖世界、光耀人类文明。

王浩表示，当前，浙江正承担着建设“重要窗口”的历史重任，肩负着高质量发展建设共同富裕示范区的重大使命，比历史上任何时期都更加需要创新，比历史上任何时期都更加渴望人才。我们要深入学习贯彻党的十九届六中全会精神和习近平主席关于人才和科技创新工作的重要论述精神，把科技自立自强作为战略支撑，聚焦“互联网 +”、生命健康、新材料三大科创高地建设，加快建设以杭州城西科创大走廊为引领的重大科研平台，加强关键核心技术攻关，加速发展高新技术产业，着力建设全球人才蓄水池，全面优化创新创业创造生态，努力打造全国有影响力的科技创新中心，为高质量发展建设共同富裕示范区提供强大动力。

彼得·格拉克曼在视频致辞中表示，新冠病毒已经向世界证明全球在方方面面都是紧密联系在一起的。技术将会影响我们发展的方式、交互的方式，影响人际关系和生活运作方式、国家运作方式。科学需要更好地融入社会、融入政策的制定，需要更多更开放的国际交流合作。

刘小涛在推介发言中说，温州牢记习近平主席寄予温州“续写创新史”的殷殷嘱托，深入实施创新首位战略，以峰会为支点撬动高质量发展，拓宽市场主体转为创新主体的通道，拓宽科研成果转为创新动能的通道，拓宽创新要素转为创新生态的通道，创新能级实现“系统提升”，新兴动能加速“乘数倍增”，人才集聚彰显“环境引力”。

钟南山在视频致辞中表示，疫情不会阻止世界青年科学家交流和合作，不会阻挡有责任、有担当的青年一代为“共同创造人类美好未来”这一目标进行不懈的探索和努力。

在对话和主旨报告阶段，樊代明院士与五位青年学者进行对话。西湖大学副校长、国家杰出青年基金获得者仇旻主持主旨报告环节。中国工程院院士、天津大学校长金东寒，第二十四届世界杰出女科学家奖获得者、浙江大学教授胡海岚现场作主旨报告。能源专家、诺贝尔奖获得者 Dan Kammen，国际纯粹与应用物理学联合会主席、欧洲核子研究中心和社会基金会主席 Michel Spiro 作视频主旨报告。

本届峰会延续“汇聚天下英才、共创美好未来”主题，以“责任、创新、合作——青年为人类可持续发展行动”为年度议题，围绕联合国 2030 可持续发展目标和“一带一路”倡议、共同富裕等国家重点战略，聚焦气候变化、生命健康、数字经济、智能计算、未来技术、碳达峰碳中和、新材料等前沿科学领域开展深度研讨。

11 月 13—14 日，峰会在线下举办了全球青年科技领袖圆桌会、大健康论坛、脑健康与功能康复国际论坛、中国眼谷眼视光创新发展国际论坛、国际急救与灾难医学高峰论坛、国际数字科技峰会第三届数字经济标准创新论坛等 6 项活动。同期还以线上 + 线下方式举办科学分享、科学之夜（菠萝科学奖）、营养研究与人群健康国际学术研讨会、2021 国际环境研究大会、“科创中国”硬科技创新创业投融资对接会等 5 项活动。本届峰会还开展包括生物多样性保护及生物技术国际论坛、2021 韧性城市国际研讨会等在内的 47 场线上线下系列活动。

【传承“两弹一星”精神中国青年英才论坛】 7 月 13—14 日，由中国科协、青海省委省政府共同主办的传承“两弹一星”精神中国青年英才论坛在青海省西宁市、海北藏族自治州举办。中国科协党组书记、常务副主席、书记处第一书记怀进鹏，青海省委书记、省人大常委会主任王建军出席开幕式并致辞。青海省委副书记、省长信长星，中国科协党组成员王守东，青海省委常委、秘书长于丛乐，青海省委常委、省总工会主席马吉孝，青海省政府副省长、党组成员张黎出席开幕式。青海省委常委、组织部部长王宇燕主持开幕式。中国工程院院士、中国工程院原副院长杜祥琬，中国工程院院士、2021 年“七一”勋章获得者吴天一分别作主旨报告。论坛以“传承·奉献·创新——新时代新征程新担当”为主题，全国各地近 300 名参与“两弹一星”研制工作的亲历者、青年科技领军人才代表、部分高校师生和相关代表参加论坛。

怀进鹏在致辞中指出，中国科协和青海省委省政府在“两弹一星”精神的主要发祥地共同举办青年英才论坛，是贯彻落实习近平总书记“七一”重要讲话及相关重要指示批示精神、传承红色基因、凝聚科技英才服务国家发展的重大举措。希望共同努力，把论坛打造为加强党性教育的重要品牌、传承红色基因的精神高地，以使命感召、精神激励、榜样示范，凝聚科技强国力量，吸引海内外英才扎根青海创新创业，让美丽的金银滩镌刻下红色基因的鲜明标识，让青年英才论坛成为弘扬科学家精神的靓丽名片。

怀进鹏强调，进入新发展阶段，党中央把创新摆到前所未有的战略高度，实现科技自立自强、建设科技强国为科技工作者实现人生理想提供了无比广阔、大有作为的奋斗舞台。一代人才、一代使命，期待青年科技人才牢记“国之大者”，坚定不移听党话、跟党走，以史为鉴、开创未来；一代人才、一代事业，期待青年科技人才坚持“四个面向”，树立敢为天下先的志向和信心，在科技竞争新赛场上创新争先；一代人才、一代辉煌，期待青年科技人才传承“两弹一星”精神，聚焦青藏高原生态环境保护、全面绿色低碳转型等国家需求，砥砺创新创造，当好高水平科技自立自强的排头兵。

王建军表示，要传承伟大的事业，既要缅怀铸就“两弹一星”精神的先驱们，更要赞美为党、为祖国、为人民、为民族复兴不懈奋斗的所有奋斗者。英才因时代而生、为奋斗而名，时代和奋斗是英才的名片，不能辜负了时代，也不能懈怠了奋斗，为时代奋斗的英才最可爱。要奉献伟大的祖国。人世间有许多美好，所有的美好都比不上祖国的神圣和崇高。人类繁衍进步孕育出许多精神，所有的精神都比不上爱国的情怀和担当。青年英才是祖国的骄子、人民的希望、民族的脊梁，要在奉献伟大祖国的征程中书写人生的华章、交上奉献的答卷。要创新伟大的实践。“两弹一星”精神是实践的产物，也将伴随实践不断绽放出新时代的光芒。教育让青年英才懂得了为人在世的道理，把所有的道理转化为躬身的实践，青年英才成长道路才会越走越宽广。拜实践为师，在实践中创造，为历史存正气，为时代弘美德，为自身留清名，应当成为青年英才不懈的价值追求。

开幕式上，怀进鹏与信长星签署《青海省人民政府 中国科学技术协会全面战略合作协议》。论坛期间，怀进鹏、王守东、王宇燕、马吉孝等前往理想信念教育学院共同为中国科协党校“两弹一星”教育基地揭牌。

【中国科技会堂论坛（第六至十四期）】 由中国科协主办的中国科技会堂论坛聚焦全球科技发展大势和科技前沿领域，着力搭建顶尖科学家与党政领导干部交流平台，为领导干部提升科学素养提供权威渠道，为科学决策提供战略咨询，致力于打造科技界有影响力的“百家讲坛”。

1月16日，第六期中国科技会堂论坛在北京举办。论坛主题为“海洋强国与海洋科技”，共同探讨如何发展海洋科技、建设海洋强国、维护国家主权安全和发展利益。中国科协副主席、中国工程院院士周守为担任主讲嘉宾。中国人民大学教授金灿荣、国家海洋技术中心原主任罗续业、国家海洋卫星应用中心主任林明森和中国船舶集团有限公司第七〇二所副所长叶聪作为互动嘉宾参与分享讨论。中国科协党组成员、书记处书记束为、宋军出席论坛，宋军为主讲嘉宾颁发荣誉证书和纪念章。

3月27日，第七期中国科技会堂论坛在北京举办。论坛以“种业资源与粮食安全”为主题，共同探讨我国种业的现状、挑战以及如何打好种业翻身仗等问题。中国作物学会理事长、中国工程院院士万建民担任主讲嘉宾。北京大学中国农业政策研究中心主任黄季焜、中国农业科学院作物科学研究所副所长刘录祥、北京市农林科学院玉米研究中心主任赵久然作为互动嘉宾参与讨论。中国科协党组书记、常务副主席、书记处第一书记怀进鹏出席，并代表主办方为主讲嘉宾颁发荣誉证书。党组成员、书记处书记束为、宋军出席论坛。万建民表示，种业是农业的“芯片”，种业发展对于保障粮食安全非常重要。党的十八大以来，我国种业发展取得明显成效。目前，农作物良种覆盖率在96%以上，自主选育品种面积占比超过95%。总体上，我国农业生产用种安全有保障，风险在可控范围内。与此同时，我国种业面临的挑战不容忽视：当前我国农业生物基础研究原创不足，前沿技术创新短板依然明显，重大新品培育不够深入，人工智能、大数据信息技术和生物育种技术有待进一步融合。万建民院士和与会专家建议，科技自立自强是打赢种业翻身仗的关键，应从设计布局科技重大项目、构建现代化种业科技创新体系、加大多元化资金投入、增强知识产权保护四个方面来打好种业翻身仗。

4月17日，第八期中国科技会堂论坛在北京举办。论坛以“疫苗、疾控与人类健康”为主题。浙江大学传染病诊治国家重点实验室主任、中国工程院院士李兰娟，国药集团总工程师、首席科学家、国家联合疫苗工程研究中心主任杨晓明作专题报告。中国疾病预防控制中心流行病学前首席科学家曾光、国家卫生健康委医药卫生科技发展研究中心主任郑忠伟等就相关话题进行互动讨论。中国科协党组书记、常务副主席、书记处第一书记怀进鹏出席论坛并为主讲嘉宾颁发荣誉证书和纪念章。中国科协党组成员、书记处书记束为出席论坛。李兰娟作题为“重大传染病与人类健康”的主题报告。详细阐释了防治传染病有五大经验：健全疫情防控体系，坚决遏制疫情蔓延势头；完善救治体系，提升救治能力，降低病死率；加快科技研发，打赢科技抗疫攻坚战；运用大数据、人工智能，支撑疫情防控；加强常态化疫情防控，促进经济发展。李兰娟建议，坚持预防与应急相结合、科研与救治防控相结合，进一步加强公共卫生体系建设，更好地为科学防控服务。杨晓明作题为“疫苗与人类健康”的主题报告。他表示，疫苗与人类健康密切相关，直到人类有了疫苗以后，才掌握了与传染病斗争的主动权。对于疾病来说，治疗和隔离是被动的，有意识主动预防传染病就是靠疫苗。杨晓明介绍了新冠疫苗不同技术路线的方法和原理以及生产状况、质量控制、临床应用，特别是我国疫苗作为全球公共卫生产品情况。

5月15日，第九期中国科技会堂论坛在北京举办。论坛以“高能量密度科学与大科学工程”为主题。中国工程物理研究院原副院长、中国科学院院士张维岩作专题报告。中国科学院上海高等研究院院长、上海科技大学党委书记、中国科学院院士李儒新，清华大学教授、国家杰出青年科学基金获得者鲁巍，北京大学科研部副部长、国家杰出青年科学基金获得者乔宾等就相关话题进行互动讨论。中国科协党组成员、书记处书记束为出席论坛并为主讲嘉宾颁发荣誉证书和纪念章。张维岩围绕“高能量密度科学与大科学工程”主题作专题报告，详细阐释了高能量密度科学的内涵和意义、我国激光聚变研究的态势及辐射带动作用，并结合实际，从“必须自主探索中国大科学研究之路，必须坚持自力更生发展核心技术，继续探索实践有组织、重结果的科研攻关模式，必须高度重视和发挥领军人才的作用”四个方面分享对大科学工程与科技创新的体会与认识。

6月19日，第十期中国科技会堂论坛在北京举办。论坛以“碳达峰与碳中和”为主题。中国科协党组书记、常务副主席、书记处第一书记怀进鹏出席论坛并为主讲嘉宾颁发荣誉证书和纪念章。中国科协党组成员、书记处书记束为、王进展出席论坛。生态环境部环境规划院院长、中国工程院院士王金南作专题报告。国家应对气候变化战略研究和国际合作中心学术委员会主任李俊峰、生态环境部应对气候变化司司长李高、清华大学气候变化与可持续发展研究院常务副院长李政等参与相关话题互动讨论。王金南围绕“中国碳达峰碳中和的路径及其对策”主题作专题报告，阐释近百年来地球经历的气候变化和全球应对气候变化进程、中国应对气候变化的历程与成效以及中国碳达峰碳中和战略，结合实际，从研究角度提出促进碳达峰碳中和的相关举措。

7 月 17 日，第十一期中国科技会堂论坛在北京举办。论坛以“航天强国建设的挑战”为主题。中国科协副主席、中国航天科技集团有限公司科技委主任、中国科学院院士包为民作专题报告。中国航天科技集团有限公司科技委副主任、探月工程副总设计师于登云，中国运载火箭技术研究院长征五号系列运载火箭总设计师李东，中国空间技术研究院载人航天工程空间站系统总设计师杨宏参与话题互动环节。中国科协党组副书记徐延豪出席论坛并为主讲嘉宾颁发荣誉证书和纪念章。中国科协党组成员、书记处书记束为、王进展出席活动。包为民作主题报告《航天强国建设的思考》，介绍了进出空间、利用空间、探索空间、管控空间等人类认识宇宙的必备条件，回顾了中国航天事业的发展历程、取得的成绩和面临的挑战，并就航天强国建设提出了相关建议。包为民院士还就加强基础研究和人才队伍建设、强化资源共享等提出意见建议。

8 月 21 日，第十二期中国科技会堂论坛在北京举办。论坛以“核——国家安全基石”为主题。中国科协党组书记、书记处第一书记张玉卓出席论坛并为主讲嘉宾颁发荣誉证书和纪念章。中国核学会理事长、中核集团原党组书记、董事长王寿君，中核集团科技委主任、中国原子能科学研究院党委书记、中国工程院院士罗琦作主题报告。中国核学会副理事长赵军，全国核安全标准化技术委员会主任委员、国家核安全局原副局长郭承站等就相关话题进行互动讨论。中国科协党组成员、书记处书记束为、王进展出席论坛。王寿君围绕加快我国由核大国向核强国跨越作专题报告，重点阐释了“两弹一星”精神及核工业精神、我国核工业发展历程、世界主要国家核工业发展态势以及核大国向核强国跨越的若干思考。罗琦院士围绕特种核动力发展分析研究作专题报告，重点介绍了国际特种核动力发展情况、未来发展趋势，并从技术、教育、政策三方面交流了发展特种核动力研究的思考。

9 月 25 日，第十三期中国科技会堂论坛在北京举办。论坛以“世界科技前沿发展态势与高水平科技自立自强”为主题。中国科协党组书记、分管日常工作副主席、书记处第一书记张玉卓出席论坛并为主讲和互动嘉宾颁发荣誉证书和纪念章。中国科学院原院长、党组书记、“一带一路”国际科技组织联盟主席白春礼院士作主题报告。中国科学院副院长周琪院士、国家天文台台长常进院士、中国科学技术大学教授陆朝阳等就相关话题进行互动讨论。中国科协党组副书记徐延豪，中国科协党组成员、书记处书记束为出席论坛。白春礼围绕世界科技前沿与发展趋势作专题报告，结合新一轮科技革命和产业变革的趋势特点，从宏观、中观、微观三个层面，结合大量案例和数据，对基础前沿、信息科技、生命健康等重点领域的当前最新进展和未来发展趋势进行分析，并对我国科技创新的成就和短板、我国科技创新的未来趋势展望进行解读。

10 月 16 日，第十四期中国科技会堂论坛在北京举办。论坛以“病毒变异与疫苗有效性”为主题。中国科协党组书记、分管日常工作副主席、书记处第一书记张玉卓出席论坛并为主讲嘉宾颁发荣誉证书和纪念章。中国科协副主席、军事科学院研究员、“人民英雄”国家荣誉称号获得者陈薇院士作主题报告。中华预防医学会副会长、暨南大学疫苗产业研究院院长梁晓峰，中国疾控中心免疫规划中心主任尹遵栋，江苏省疾病预防控制中心副主任朱凤才等专家就相关话题进行互动讨论。中国科协党组成员、书记处书记束为、王进展出席论坛。陈薇结合埃博拉、新冠肺炎等重大传染病应对和疫苗研发的亲身经历，通过大量案例和数据，从维护国家生物安全、疫苗研发科技创新、加强后备人才储备等方面进行分析讲解。在互动环节，专家们围绕生物安全防控和治理、建立免疫屏障、疫苗研发如何应对病毒变异、加强疫情防控国际合作、如何确定疫苗推广顺序等话题进行互动交流。

【中国科协青年干部座谈会】 为深入学习贯彻习近平新时代中国特色社会主义思想和党的十九届五中全会精神，进一步激励青年干部敢担当善作为，1 月 15 日，中国科协召开以“以新发展理念履行创新使命、勇担科协新发展时代责任”为主题的青年干部座谈会，听取青年干部代表参与科协重大任务的收获和体会，对服务构建新发展格局、推动科协事业高质量发展的思考及意见建议，中国科协党组书记、常务副主席、书记处第一书记怀进鹏出席会议并讲话。按照 2020 年度中国科协党组民主生活会工作方案，同时听取青年干部代表对党组领导班子和党组成员的意见建议。

怀进鹏指出，参会青年干部代表站在不同角度，结合参与“科普中国”“科创中国”“智汇中国”“科技工作者之家”、世界公众科学素质促进大会、世界科技与发展论坛等重大任务，提出了很好的意见建议，有高度、有力度、有深度，充分体现了科协广大青年干部昂扬向上的进取心和干事创业的精气神。

怀进鹏勉励青年干部，一是要持续提升科协品牌价值。近年来科协把“四服务”具象为三大公共服务产品，通过科普、学术和智库的建设提高了科协组织力、社会影响力和品牌锻造力。要持续把组织优势转化为发展优势、把制度优势转化为人才集聚优势。二是要找准科协的定位。在时代变革中进一步明晰科协组织的使命和责任，把个人成长和价值实现与组织发展紧密结合，在组织的发展中彰显科协人的价值，推动事业的发展。三是要对科技心怀敬畏之心。人工智能、大数据、生命科学等前沿技术的发展融合可能会创造一个完全不同的时代。科协人要认识到科技创新的极端重要性，关注、了解科技的发展方向和下一步面临的变革。

怀进鹏强调，广大青年干部是科协事业发展的基石，是科协事业的未来。他对青年干部提出了四点要求：一是青年干部要对党忠诚，坚定理想信念。要严守政治纪律和政治规矩，自觉做政治上的明白人、老实人，带头把“两个维护”落到实处。二是青年干部要加强学习，提升眼界和格局。要懂科技、懂人才、懂组织，练好办会办文办事的基本功，在解决问题破解难题中不断提高“七种能力”。三是青年干部要有激情，敢干实干。要把定下的事做好，做改革的先锋、实干的标兵，在推进科技自立自强中作表率。四是青年干部要清正廉洁，锤炼过硬作风。要把住底线、拒绝诱惑，规规矩矩做人、踏踏实实做事，做经济上的规矩人、个人操守的清醒人。

党组成员、书记处书记束为出席会议，党组成员、机关党委书记王守东主持会议，办公厅、组织人事部、机关党委负责人参加会议，机关、直属单位 16 位青年干部代表在会上发言。

【世界顶尖科学家与青年科学家对话活动】 7 月 28 日，世界顶尖科学家与青年科学家对话（以下简称对话）活动在北京举办。本次对话活动以“开放、合作、共享”为主题，由中国科协与北京市人民政府共同主办。中国科协党组书记、常务副主席、书记处第一书记、中国科学院院士怀进鹏出席活动并致辞。

中国科协党组成员、书记处书记王进展出席活动。对话活动由中国科学院院士、美国工程院外籍院士杨卫主持。

怀进鹏在致辞中指出，世界顶尖科学家是人类智慧的灯塔，他们以鼓舞人心的成果领跑前沿，以理性与谦逊、思想与美德为年轻一代指引方向。青年科学家是必然要成长起来的生力军，应以顶尖科学家为榜样，在不断的探索中持续拓宽国际视野、提升创造与沟通能力、增强多元包容力。应对人类面临的共同挑战，需要全人类的共同智慧，尤其需要科技共同体的责任担当。一是坚守科学家精神。科学的宿命是永无止境的探索，增进人类福祉是科技共同体永恒的目的。二是坚持人才培养。一代人才、一代事业，奖掖后学、薪火相传是科学可持续发展的关键。三是坚守价值共识。面对挑战，科学还存在局限，但科技共同体的价值共识却是指导解决问题的方向。面向未来，要让开放、信任、合作成为科技共同体的基本禀赋，成为创新创造的内在动力，并融入科技人才交流的实践。

本次对话活动邀请了1979年诺贝尔物理学奖获得者谢尔顿·李·格拉肖、2013年诺贝尔生理学或医学奖获得者兰迪·谢克曼、2016年京都先进技术奖获得者金出武雄三位世界顶尖科学家，他们分别以“国际合作对科学研究与培训的重要性”“合作是解决棘手问题的关键”“如何保证有品质的研究”等为题做了主题演讲。三位科学家与来自生物、物理、信息、经济金融等领域的15名中国青年科技奖获得者和杰出青年科学家代表围绕开放、合作、共享等议题进行了交流。

对话活动是第二十三届中国科协年会的重要活动之一，旨在为青年科学家和世界顶尖科学家搭建跨界、多元、多样的交流平台，助力更多青年学者勇攀科学高峰。对话活动包括主题演讲、对话环节，通过新媒体线上和线下相结合的方式进行，来自有关科研院所、高校、全国学会、协会、地方科协以及政府机构等的专家、学者、科技工作者近千人参加活动。

【青年前沿科技论坛】 11月6日，青年前沿科技论坛在北京召开。中国科协党组成员、书记处书记束为出席论坛并致辞。中国岩石力学与工程学会理事长、中国科学院院士何满潮出席论坛并作成长经历分享报告。论坛由第四届中国科协青年人才托举工程人选者、北京师范大学全球变化与公共健康研究中心主任田怀玉主持。

束为在致辞中指出，中国科协历来高度重视青年科技人才的联系服务，始终将培育、扶持青年科技人才成长作为推动科技自立自强的重要工作内容，通过中国青年科技奖、中国青年女科学家奖、青年人才托举工程等多种方式，为青年人才成长搭建平台、创造条件、构筑生态，努力培养造就一支进入世界科技前沿的高水平青年科技人才队伍，为加快建设世界重要人才中心和创新高地贡献科技共同体应有的力量。他希望，广大青年科技工作者要不负时代、不负韶华、不负党和人民的殷切期望，争当勇担历史重任的有为青年、勇攀科技高峰的探索者、国际科技交流的推动者、科学家精神的传承者。他表示，中国科协作为联系科技工作者的桥梁和纽带，将一如既往地为青年人才搭建交流学术、分享成果、了解政策、开阔视野的平台，创造展示风采的机会，为青年人才实现人生价值厚植创新沃土、营造良好生态。

何满潮院士介绍了中国岩石力学与工程学会开展青年科技人才培养工作的经验和做法，分享了自己60多年来的学习、工作、创新历程。他总结自己前30年是学习、学习、再学习，后30年是创新、创新、再创新。他指出，年轻人最富有创新活力和创造热情，要珍惜时机努力提升自身的能力和水平。他希望广大青年科技工作者能够专注自己的科研事业，勤奋钻研，不睦虚荣，不计名利，大力弘扬科学家精神，继承和发扬老一辈科学家胸怀祖国的爱国之情，肩负起实现高水平科技自立自强的时代重任。

青年前沿科技论坛是专门为中国科协青年人才托举工程入选者量身打造，旨在为青年科技工作者搭建开阔视野和了解前沿的平台，打造学术交流和成果分享的舞台，创造与政策制定者、产学界大咖对话的交流机会，促进学科交叉和科研合作，服务青年科技人才成长。

本届论坛以“前沿·交叉·融合”为主题，邀请教育部人事司、自然科学基金委工程与材料科学部、科技部资源配置与管理司有关同志围绕青年科技工作者关心的问题进行政策解读辅导。论坛设立5个分论坛，邀请毛明院士、吕达仁院士等30余位知名专家作为点评嘉宾，为青年人才学术成长指引方向。

本届论坛以线上线下相结合的方式举办，50名在京第四届青年人才托举工程入选者线下参加活动，包括往届青年人才托举工程入选者在内的20余万名青年科技工作者在线观看论坛网络直播。论坛期间，设立专区展示部分第四届青年人才托举工程入选者的最新学术成果。

本届论坛由中国科协科学技术创新部主办，中国科协培训和人才中心承办，中国声学学会、中国空间科学学会、中国机械工程学会、中国公路学会、中国金属学会、中国煤炭学会、中国图象图形学学会、中国农学会、中国解剖学会、中国卒中学会协办。

中国科协科学技术创新部、培训和人才中心及有关全国学会负责人参加活动。

【2021年中国（武汉）海外人才创新创业项目大赛】 10月12—13日，2021年中国（武汉）海外人才创新创业项目大赛决赛在湖北省武汉市东湖新技术开发区举行。中国科协党组成员、机关党委书记王守东，湖北省副省长肖菊华出席10月13日上午举办的颁奖典礼并致辞。湖北省科协主席郭生练，中国科学院院士、中国工程院院士李德仁，中国科协海智计划专家、海内外知名投资人、金融机构代表以及中国光谷“3551人才”代表、创新创业团队代表等300余人参加大赛颁奖典礼，共计颁发一等奖3项、二等奖6项、三等奖9项、优胜奖12项、优秀组织奖9项，以及最佳人气奖、最佳投资价值奖、最具科技创新奖各1项。

王守东在致辞中表示，中国科协积极贯彻落实习近平总书记在庆祝中国共产党成立100周年大会和两院院士大会、中国科协第十次全国代表大会上的讲话精神和在中央人才工作会议上的讲话精神，立足新发展阶段、贯彻新发展理念，服务构建新发展格局，坚持守正创新，找准服务和融入新发展格局的切入点，推进“十四五”时期高水平科技自立自强。中国科协以创建“科创中国”品牌为契机，努力搭建产学研政金对话沟通、融通合作的桥梁，服务包括海外科技工作者在内的广大科技工作者创新创业，推动科技经济融合发展。中国海外人才创新创业项目大赛是中国科协为更好服务“聚天下英才而用之”的目标而创办的海外人才创新创业和科技成果转化平台，是中国科协海智计划品牌活动。本届大赛选择在武汉市举办，旨在通过这次大赛活动加速湖北疫后发展、推进长江中部地区经济新增长，为以武汉为中心的中部地区创新发展、中国光谷崛起成为世界级人才高地提供更多的优秀创业种子和更强的创新动力，充分利用湖北的资源和政策优势为各类人才创新创业提供广阔舞台。

颁奖典礼上，李德仁院士，风脉能源董事长、东科创星创始人、湖北欧美同学会常务理事叶毅，中关村天使投资联盟秘书长、天使成长营发起人和执行院长徐勇分别作为专家、海归创业者、投资人代表就“新时期的创新创业”主题分享观点。6个代表性参赛项目进行路演，并由观众现场投票评选出最佳人气奖、最佳投资价值奖、最具科技创新奖各1项。

签约仪式环节中，武汉东湖新技术开发区与大赛获奖项目代表邀请创业人才落户光谷进行签约，8组创业项目代表和创投资本进行签约。

本次大赛自5月启动以来，在美国、欧洲、日本等海外赛区及中国赛区掀起高潮，共有来自29个国家和地区的577个项目参与角逐，数量为历届最高。经海选、初赛等环节，共有“智能穿戴和数字健康先进技术及产业化”等83个项目进入武汉决赛，竞争30个奖项名额。决赛项目聚焦电子信息、装备制造、大健康等产业方向，不少创业者拥有全球视野、广阔资源和跨文化沟通能力，受到国内外评委们的一致好评。

本次大赛探索“项目创新+政府引导+市场主体+风投基金”一体化全链条项目服务，尤其注重创新创业与创投相结合，邀请多家国内外具有影响力的知名资本方参与项目评审和培训，资本方直接对潜力项目交流，力求精准对接，为海外优质技术项目发掘、转移、合作提供专业平台。武汉光谷计划每年拿出地方一般公共预算支出的5%用于支持人才创新创业，并重点汇聚顶尖科学家、领军人才、高层次人才、高端服务人才、优秀青年人才五类人才。本次大赛中落地东湖高新区的获奖项目将直接免评审纳入“3551光谷人才计划”，按照“3551光谷人才计划”标准进行资助。

决赛期间，第六届中国光谷3551国际创业大赛同步启动，该项赛事致力于面向全球寻找优质项目，并为项目落户中国光谷提供全方位支持，多次被列入国家人力资源和社会保障部的“海外赤子为国服务计划”。

【中国科协青年人才托举工程入选者庆祝建党100周年主题活动】 6月17—19日，由中国科协学会学术部主办，中国科协培训和人才服务中心、中国航空学会承办的中国科协青年人才托举工程入选者庆祝建党100周年主题活动在延安和西安两地顺利举行。中国科协学会学术部副部长程伟，中国航空学会秘书长姚俊臣、副秘书长周竞赛全程出席活动，来自清华大学等27个单位的30余位中国科协青年人才托举工程入选者参加了本次活动。

全体代表在延安进行了党史学习教育培训。先后参观枣园革命旧址、杨家岭革命旧址及梁家河村，回顾党的七大、大生产运动、整风运动等历史，聆听《重温党的七大 增强忠诚意识》的现场教学。在梁家河村，全体参会代表深入学习了习近平总书记当年如何带领梁家河的乡亲们打坝、挖井、修公路、建沼气池，在村里建起铁业社、缝纫社、代销社等，为改变梁家河贫穷落后的面貌付出艰辛的劳动和汗水。

全体代表参观了中国飞机强度研究所和中国飞行试验研究院。院所领导与相关专业的青年人才进行了技术交流，参会代表全面了解了我国航空科技取得的重大突破，感受了广大一线科技工作者面向国家重大需求不断攻坚克难、勇于开拓创新的奋斗精神，并就有关科研攻关技术需求进行了对接。

全体参会代表实地调研了西安高新区的陕西华秦科技实业股份有限公司、西安翔腾微电子科技有限公司和西安天瑞达光电技术股份有限公司，在进一步明确成果转化最新案例的同时，了解产品研发遇到的难题，并与企业专家面对面进行技术需求对接，为后续凝练一批产学研项目、结合实际需求联合开展科研攻关搭建了平台、创造了机会。

活动还邀请空军工程大学国家重点实验室主任李应红院士、西安高新区硬科技创新局副局长蒋仁国、西北工业大学原副校长翁志黔教授、原总政宣传部外宣局副局长孟彦、航空工业第一飞机设计研究院副院长宁宇、中国飞机强度研究所副所长刘小川、陕西省航空学会副理事长兼秘书长向河、西安翔腾微电子科技有限公司总经理田泽、西安天瑞达光电技术股份有限公司董事长魏农、陕西华秦科技实业股份有限公司总经理黄智斌、西安科为集团成果转化公司副总经理雷攀及西咸新区、陕西省科协代表座谈。青年人才积极踊跃发言，就如何保持科研初心、如何高效实现需求对接、如何进行科研成果转化、如何更好投身科技经济融合主战场等问题与到会专家、学者、企业家等进行了充分讨论与交流。中国科协学会学术部副部长程伟对本次主题活动进行了总结，对青年人才托举工程入选者提出深入加强党史学习、自觉肩负科技自立自强责任、积极参加“科创中国”建设等希望。

青年人才纷纷表示收获满满，既学习了党史又锤炼了党性，既有科学精神传承又有现场参观体验，在科技支撑产业发展和成果转化落地方面更是开阔了新思路、扩展了新合作。

【全国学会40个项目入选国家专业技术人才知识更新工程年度计划】 4月，中国科协提出“科创中国”三年培养万名专兼职技术经理人的任务目标。7月，在人力资源和社会保障部支持下，相关工作纳入国家技术人才知识更新工程计划范围，30家全国学会获批并举办了40期技术转移转化高级研修项目，高校院所、地方政府部门、企业研发人员、产业园区管理人员及技术创新服务人员共3300余人参加研修并获得证书，初步形成具有科技社团特色的技术转移转化课程体系、评价标准和科技服务人才培育长效机制。

【中国科协党校举办第二十九期新进人员初任培训班】 10月25—28日，第二十九期新进人员初任培训班在北京市科技教育中心举办，2021年新进中国科协机关和直属单位的58名学员参加培训。新进人员初任培训是科协干部教育的重要组成部分，自20世纪80年代至今，已举办了29期，旨在帮助新进人员熟悉科协基本知识、增强对科协了解、强化对科协组织归属感、扣好进入科协的“第一粒扣子”。

中国科协党组成员、书记处书记束为出席开班式并为学员授课，他从“科协是什么”“科协干什么”和“科协怎么干”三个方面阐释了新时代科协的职责和使命。束为强调，科协是科技工作者的群众组织，是党领导下的人民团体，是国家推动科学技术事业发展、建设世界科技强国的重要力量。要深入学习贯彻习近平总书记在中国科协“十大”上的重要讲话精神，正确理解习近平总书记对科协职责定位的重要要求，充分认识新时代科协的主责是做实党和政府联系科技工作者桥梁和纽带，主业是做好“四服务”、弘扬科学家精神，增进面向国际科技界的开放、信任、合作。要将服务人才、赋能组织、锻炼队伍作为工作的出发点和落脚点，助力科技工作者增强事业上的成就感、精神上的获得感，从而获得组织上的归属感、价值上的认同感。

本期培训班上，中央党校教授陈宇学、北京市委党校教授王昊分别解读了习近平总书记在中国科协“十大”上的重要讲话精神和习近平总书记对年轻干部的要求。中国科协科学技术创新部、科学技术普及部、战略发展部等部门主要负责人为学员们讲授了科技经济融合及学术学会、科普服务高质量发展及科普工作、科技群团智库建设等方面的课程，机关纪委负责人进行了纪检廉政教育。培训班组织学员参观了中国共产党历史展览馆，开展了以“增进友谊、磨炼意志”为主题的拓展训练。

【中国科协首次开展及时奖励工作】 为进一步激励科协干部担当作为，根据《公务员法》《公务员奖励规定》，中国科协党组对在中国科协第十次全国代表大会（以下简称中国科协“十大”）组织工作中作出突出贡献的机关工作人员和集体给予了及时奖励。

按照中组部公务员三局审核确定的中国科协“十大”组织工作及时奖励实施方案，中国科协“十大”筹备办组织各专项工作组分别推荐产生相应奖励人选和集体。中国科协组织人事部会同办公厅、机关党委、机关纪委对推荐产生的奖励人选和集体进行研究审核，经中国科协党组会议审议，共确定个人记三等功3人、个人记嘉奖9人、集体嘉奖2个（名单附后）。

本次及时奖励注重把政治标准放在首位，突出功绩导向，严格标准条件，规范奖励程序，注重听取群众意见，重点向基层一线干部倾斜，评选出的奖励个人均为处级及以下干部。通过开展及时奖励，切实发挥了先进典型的示范引领作用，极大地鼓舞了广大科协干部的工作干劲和工作热情，有效营造了干事创业的良好氛围。

奖励名单

一、集体嘉奖（共2名）

办　公　厅　　秘书处
组织人事部　　组织处

二、机关记三等功（共3名）

组织人事部　　杨彩虹
宣传文化部　　孟令耘
国际合作部　　王保辉

三、直属单位记功（共11名）

创新战略研究院　　杨宝龙
中国科普研究所　　谢小军
学会服务中心　　田若松
信息中心　　李　森
中国科技馆　　高　超
青少年科技中心　　李春雨
农村专业技术服务中心　　陈韶光
机关服务中心　　夏　蔚　景亚岚　王惠庭
中国科学技术出版社有限公司　　何永贞

四、机关嘉奖（共9名）

办　公　厅　　王　悦
组织人事部　　齐晓楠　王伊琨　苏　海
宣传文化部　　尚少鹏
战略发展部　　马晓琨　张屹南
国际合作部　　马　鑫
机关党委　　韩金升

五、直属单位嘉奖（共45名）

创新战略研究院　　张珩旭　梁　帅　黄　辰
中国科普研究所　　石　尚　曹　金　黄乐乐
学会服务中心　　刘东霞　刘朋阳　刘　莹　丁天平　马睿乾　熊　玮
科技社团党委　　李鹏超
信息中心　　蔡　钢　张立静　王以芳　孙艳鹏　陆宇豪　吴俣桐
中国科技馆　　饶荣亮　刘　渤　郭　颖　王　雨　李　莹　张志坚
青少年科技中心　　施　泽
企业创新服务中心　　张冠宇　傅秋生　李文杰
国际科技交流中心　　王海洋　崔馥娟　谢　华
新技术开发中心　　孟柱宿
科学技术传播中心　　王　瑞　张　萌　王　静　李　艳
培训和人才服务中心　　徐亚芳　杨志国　周　磊
机关服务中心　　姜　华　刘梦圆　许　磊　邵　旭
中国科技会堂　　邵长顺

学术交流与学会建设

【2021世界新能源汽车大会】 9月16日，2021世界新能源汽车大会在海南国际会展中心开幕。中共中央政治局常委、国务院副总理韩正在北京以视频方式出席大会并致辞。全国政协副主席、中国科协主席、世界新能源汽车大会主席万钢作主旨报告。海南省委书记、海南省委深化改革委员会（自由贸易港工作委员会）主任沈晓明致辞。联合国气候变化框架公约第26届缔约方会议（COP 26）候任主席阿洛克·夏尔马和联合国工业发展组织总干事李勇为大会视频致辞。中国科协党组书记、分管日常工作副主席、书记

处第一书记张玉卓主持开幕式。

韩正指出，随着全球新一轮科技革命和产业变革蓬勃发展，汽车与能源、交通、信息通信等领域有关技术加速融合，新能源汽车已经成为全球汽车产业转型发展的主要方向。中国作为全球最大的汽车生产国和消费国，深入实施发展新能源汽车国家战略，新能源汽车产业发展取得积极成效，产销量连续六年位居全球第一，关键零部件技术水平居于世界前列，形成了上下游有效贯通的新能源汽车产业链。

韩正表示，当前新能源汽车已进入加速发展新阶段，既面临重大机遇，也面临技术、市场等诸多挑战。要坚持创新驱动，充分发挥企业的创新主体作用，加快突破关键核心技术，攻克燃料电池技术瓶颈，加快车用芯片、操作系统等关键技术研发和产业化。要坚持跨界融合，协同构建新型产业生态，推动网联化、智能化与电动化技术齐头并进，加快汽车产业与新一代信息通信、新能源、新材料、人工智能、大数据等新兴产业的深度融合。要坚持市场主导，完善产业管理和支持政策，加快基础设施建设，促进公共领域和私人领域新能源汽车消费，持续扩大新能源汽车应用规模。要坚持开放合作，充分利用多边和双边国际合作机制，深入推进政策协同、技术创新等合作，积极融入全球产业链和价值链体系。

万钢表示，全球范围内，新能源汽车市场占比快速提升，特别是在以欧盟、中国为代表的国家和地区，新能源汽车迎来全面市场化突破拐点。随着新一轮科技革命和产业变革的影响不断加深，跨界协同成为产业发展的必然趋势，“车能融合”“车路协同”“车网互联”聚合赋能，为新能源汽车产业高质量发展注入新动能。

万钢强调，要共同构建良好产业发展环境，突破发展瓶颈，加强跨界协同，持续扩大新能源汽车应用规模，全面推动新能源汽车全生命周期、全产业链绿色低碳发展。

沈晓明表示，海南坚持“三区一中心”的战略定位，以发展新能源汽车作为打造国家生态文明示范区的标志性工程，基本完成公共服务领域车辆清洁能源化，将以举办世界新能源汽车大会为契机，先行先试，加快打造新能源汽车全域推广示范区、新能源汽车先进制造集群和智慧绿色出行生态体系。

海南省省长冯飞，中国科学院院士、科学技术部原部长徐冠华，中德友好协会会长、中国驻德国原大使史明德，中国科协党组成员、机关党委书记王守东出席会议。

会上，工业和信息化部副部长辛国斌，科技部副部长相里斌，重庆长安汽车股份有限公司总裁王俊，大众汽车集团管理董事会主席赫伯特·迪斯，上海汽车集团有限公司总裁王晓秋，国家电网有限公司董事长辛保安，宝马集团董事（负责研发）韦博凡，中航锂电科技有限公司董事长刘静瑜等专家围绕碳中和愿景下的新能源汽车全面市场化战略作专题演讲。

大会期间，发布了《2021 世界新能源汽车大会共识》和“2021 全球新能源汽车前沿及创新技术”评选结果。

本次大会由中国科协、海南省人民政府、科学技术部、工业和信息化部、生态环境部、住房和城乡建设部、交通运输部、国家市场监督管理总局、国家能源局主办，中国汽车工程学会、中国电动汽车百人会、海南省工业和信息化厅、海南省科协、海口市人民政府承办，大会特别邀请英国作为主宾国。来自 15 个国家和地区的 1000 余名专家、学者围绕“全面推进市场化、加速跨产业融合、携手实现碳中和”主题，就“碳中和愿景下的新能源汽车全面市场化战略”“碳中和愿景下的新能源汽车与能源协同发展”“智能网联赋能新能源汽车发展”等议题，通过线上线下结合方式开展交流研讨。

据统计，2020 年，全球主要国家新能源汽车销量超过 320 万辆，其中中国销量达到 136.7 万辆，占中国新车销售比例的 5.4%。截至 2020 年年底，全球新能源汽车累计销量突破 1000 万辆，中国占比 50% 以上。

附：

2021 世界新能源汽车大会共识

2021 年 9 月，全球汽车产业主要相关方聚首中国海南，共议碳中和愿景下汽车产业全面电动化及低碳绿色发展，与会各方达成以下共识：

一、面向碳中和加快汽车产业绿色低碳转型

应对气候变化，推进绿色低碳发展，实现碳中和，已成为普及新能源汽车、加快全球汽车产业低碳转型的主要驱动力。实现碳中和是一场广泛而又深刻的经济社会系统性变革，各方将加快低碳技术研发推广，加强汽车全生命周期、全产业链节能减排，共同探讨和推动汽车碳管理机制及政策工具创新，推动市场准入等相关法规标准的国际协同及低碳产品互认。

二、以用户为中心全面提升新能源汽车产品竞争力

新能源汽车已进入用户需求为导向的全面市场化攻坚期，各方将积极响应多元化的市场需求，加大科技创新力度，为用户提供更加安全舒适、环境适应性更好、性价比更高的新能源汽车产品；各方将协同推进能源补给基础设施建设和运营，为用户提供更经济、更便捷的充电、加氢服务体验，显著提升新能源汽车的市场优势。

三、高度重视和大力推进商用车低碳发展

加速商用车，特别是中重型商用车低碳化发展是如期实现汽车产业碳中和的重要保障。各方将进一步加大商用车低碳、零碳技术研发投入，积极探索适合不同应用场景的电动汽车特别是氢能燃料电池汽车等多样化低碳技术方案，加快推进商用车电动化转型。

四、以更加开放的态度推动跨界协同合作

以电力驱动、智能网联、共享出行为特征的汽车产业变革离不开汽车与能源、交通及信息通信等行业的相互赋能、融合发展。各方将加快电网能量互补技术的推广应用，提升绿电、绿氢的应用比例，充分发挥新能源汽车用能储能特性，有效支撑智能电网建设，促进可再生能源发展；同时，各方将加快人工智能、大数据和信息通信技术的创新应用，构建“人－车－路－网”协同基础设施，以智能网联技术显著提升新能源汽车产品安全性、适用性和舒适性，为用户提供安全、绿色、高效、便捷的智慧交通出行体验。

五、携手共促全球汽车产业链安全稳定

智能新能源汽车将催生汽车产业新生态，重构全球产业链。在碳中和愿景及后疫情时代，各方亟需强化国际交流与合作，加强上下游产业链协同，加强动力电池回收利用，共同应对动力电池和车规级芯片的研发、生产、供应和资源短缺等挑战。

【2021 世界机器人大会】 9 月 10 日，2021 世界机器人大会在北京经济技术开发区开幕。中共中央政治局委员、北京市委书记蔡奇，全国政协副主席、中国科协主席万钢出席开幕式并参加启动仪式。中国科协党组书记、分管日常工作副主席、书记处第一书记、中国工程院院士张玉卓，北京市市长陈吉宁，工业和信息化部副部长辛国斌出席开幕式并致辞。北京市委常委、副市长殷勇主持开幕式。

张玉卓在致辞中说，以机器人为代表的智能科技产业正在为经济高质量发展注入新动能、激发新活力，开放包容、互学互鉴的全球机器人生态体系不断完善。世界机器人大会已成为机器人领域创新策源、产品发布、产业合作的重要开放平台。未来机器人科技与产业发展要强化基础研究和技术攻关，提升原创能力，不断拓展机器人创新的广度、深度、速度、精度。要进一步强化企业创新主体地位，推动产学研等环节相融互促，加强科技资源科普化，营造产业健康发展的社会氛围。要深化开放合作，共创人类科技文明。我们愿与全球科技界、产业界一道，抢抓智能产业发展先机，深化实质性创新合作，为科技支撑人类命运共同体建设作出贡献。

陈吉宁在致辞中表示，北京正在加快建设国际科技创新中心，机器人产业是重点领域之一。北京将发挥科技优势，支持企业开展机器人研发和产业化，推动机器人企业与智能制造产业链协同发展，持续打造机器人产业发展良好生态；以市场化机制聚集各类创新要素，激发创新创造活力，培育单项冠军和行业龙头企业；支持构建联合技术攻关平台，打造国际一流的机器人产业创新和交流合作平台，建设完善测试验证平台；培育机器人创新应用的广阔市场，促进技术创新加速和迭代升级，赋能传统产业，催生新业态新模式，构建机器人创新应用高地。

辛国斌在致辞中说，中国政府高度重视机器人产业高质量发展，工业和信息化部将深入贯彻落实习近平总书记重要指示批示精神，按照党中央、国务院决策部署，坚持创新驱动、应用牵引、基础提升、融合发展，从夯实产业基础、增强产品供给、拓展市场应用和优化产业生态四方面着力，推动机器人产业高质量发展。

开幕式上，航天员聂海胜、刘伯明、汤洪波从中国空间站发来视频祝福。中国科学院外籍院士、电气与电子工程师协会前任主席福田敏男代表国际支持机构视频致辞。活动后，与会领导参观了工业机器人及核心零部件、物流机器人等展区。

世界机器人大会自 2015 年至今已成功举办五届，

由北京市政府、工业和信息化部、中国科协共同主办，中国电子学会、北京市经济和信息化局、北京经济技术开发区管委会承办，是中国机器人领域规模最大、规格最高、国际元素最丰富的行业盛会。

本届大会以“共享新成果，共注新动能”为主题，包括论坛、博览会、机器人大赛等活动。论坛由 3 天主论坛、20 余场专题论坛及开闭幕式组成。博览会按照“3+C”体系布局：“3”是工业机器人、服务机器人、特种机器人三大展区，“C”是创新展区，重点展示机器人本体、关键零部件、产业链上下游及关联领域尖端成果和首发新品，110 余家企业和科研机构携 500 多款产品参展。机器人大赛设共融机器人挑战赛、BCI 脑控机器人大赛、机器人应用大赛、青少年机器人设计大赛四大赛事，近千名参赛者现场展开竞技。

相比上届，本届大会博览会医疗专区面积增加一倍，有手术机器人、康养机器人等机器人亮相，还展示有新一代仿人形机器人，脑机接口技术在机器人控制、字符拼写、智能认知等领域应用。场馆内新增智能导引机器人、智能清扫机器人、智能巡检机器人。

中国科协党组成员、书记处书记吕昭平，北京市委常委、市委秘书长张家明，北京市副市长、市政府秘书长靳伟，中国科学院院士、国家自然科学基金委员会副主任陆建华，中国工程院院士、中国科学院沈阳自动化研究所机器人技术国家工程研究中心主任王天然，中国科学院院士黄维，中国电子学会理事长张峰，中国职业技术教育学会会长鲁昕，十三届全国政协文化文史和学习委员会副主任阎晓宏出席开幕式。中外专家学者、企业家和相关国际机构代表等分别通过线上线下方式参加。

【2021 中关村论坛全体会议】 9 月 25 日，2021 中关村论坛召开全体会议。中共中央政治局委员、北京市委书记蔡奇讲话并颁发北京市科学技术奖突出贡献中关村奖。科技部部长王志刚，中国科学院院长侯建国，中国工程院院长李晓红，中国科协党组书记、分管日常工作副主席、书记处第一书记张玉卓，北京市委副书记、市长陈吉宁，中国气候变化事务特使解振华出席。

蔡奇向获得突出贡献中关村奖的邵峰院士及其他获奖者表示祝贺，向关心支持北京建设发展的各界人士表示感谢。他指出，习近平总书记在 2021 中关村论坛上的视频致贺，明确提出支持中关村开展新一轮先行先试改革、加快建设世界领先的科技园区，这为北京高质量发展注入了新的强大动力。我们要认真全面抓好贯彻落实。

蔡奇强调，北京是全球科教资源最密集、创新最活跃的区域之一。要发挥科技智力资源优势，用好重大政策红利，坚持首善标准，瞄准国际一流，立足中关村国家自主创新示范区主阵地，加紧建设国际科技创新中心。要加紧制定中关村新一轮先行先试改革实施细则和试点方案，围绕做强创新主体、集聚创新要素、优化创新机制等方面进一步深化改革，努力建设世界领先科技园区和创新高地。持续优化营商环境，完善全链条创新创业生态体系，加强知识产权保护，为科技创新型企业做好服务。激发各类人才创新活力，努力打造世界人才高地。欢迎全球创新人才到中国、到北京、到中关村创新创业，演绎精彩创新故事。

蔡奇指出，破解和应对全球性发展难题和挑战，更加需要开放包容、互惠共享的国际科技创新交流。中关村论坛是中国面向全球科技创新交流合作的国家级平台，期待嘉宾朋友们深入参与这个国际科技盛会，充分交流创新思想、探讨前沿科技，以推动科技创新更好服务各国人民对美好生活的追求，为促进全球科技创新交流合作作出新贡献。

王志刚致辞说，中国政府坚持“四个面向”，推动基础研究、应用基础研究和技术创新一体化布局，着力构建良好的法律、政策、文化、制度环境，打造高效顺畅的国家创新体系。科技部与北京市密切协作，努力推动北京市特别是中关村在创新驱动发展方面先行先试，发挥“试验田”和“排头兵”作用；不断提高中关村论坛影响力、辐射力，打造国际科技交流合作的有效平台。我们愿意与世界各国开展对话交流，形成更多国际科技治理共识；也希望学习借鉴更多国际先进经验，向世界分享更多中国科技成果。

张玉卓致辞说，中关村论坛已成为国内外科技界、产业界引领社会文明的一座灯塔。科技变革世界，创新决胜未来。我们倡导支撑高质量发展的科技创新，坚守真正以人为本的科技创新，期待全球携手共赢的科技创新。中国科协是中国科技共同体的组织，是科技工作者之家，与北京市合作密切。面向世界、面向未来，中国科协将更好汇聚科技共同体的智慧，不断增进与国际科技界的开放交流，构建互信合作的创新生态圈，共同为首都高质量发展谱写新篇章，为科技支撑中国式现代化和人类命运共同体建设作出新贡献。

侯建国致辞说，中国科学院始终秉持“创新科技、服务国家、造福人民”的科技价值观，致力于促进人类可持续发展和有效满足国家经济社会发展重大科技需求。中关村是我国创新驱动发展的一面旗帜，也是中科院改革创新发展的沃土。我们期望通过中关村论坛这一全球性科技交流合作平台，与海内外各大创新机构建立更加密切的合作关系，共同探求科技前沿发展新趋势、产业变革新方向、科技引领高质量发展的新路径，为推动全球创新发展作出新的更大贡献。

李晓红致辞说，中国工程院作为国家战略科技力量，将聚焦中关村论坛主题，做好三方面工作，助力中关村论坛行稳致远。一是面向智慧社会建设，用无限创新绘制数字中国壮美蓝图。二是面向人民生命健康，用真心真情谱写健康中国动人乐章。三是面向生态文明建设，用绿色低碳画笔描绘美丽中国恢宏诗篇。大道致远，携手远航。我们愿同大家一道，以科技创新推动全面创新，为首都北京、为中国、为世界命运共同体构建作出更大贡献。

陈吉宁致辞说，习近平总书记在2021中关村论坛上的视频致贺，为中关村开展新一轮先行先试改革、促进国际科技创新交流合作指明了方向。我们将立足首都城市战略定位，坚决担负起建设国际科技创新中心的重大历史责任，坚持创新核心地位，加强战略布局，加快形成以创新为引领的高质量发展新模式。要着力打造国家战略科技力量，加强新型研发机构建设，探索体制机制创新，充分激发创新创造活力。聚集创新要素，完善创新生态，全力推进底层技术创新突破，促进科技成果造福人民。围绕数字经济、生命健康、气候变化等重点领域，加强基础研究和原始创新，深入推进开放包容、互惠共享的国际科技合作，持续优化创新服务，努力取得更多高水平创新成果。

会上发布5项重大科技成果，宣读了《2020年度北京市科学技术奖颁奖决定》。国际创新组织、机构代表视频致辞。中国科协党组成员、书记处书记吕昭平，中国科协相关部门负责人参加全体会议。

2021中关村论坛以“智慧·健康·碳中和”为年度主题，由科技部、中科院、工程院、中国科协、北京市政府共同主办。论坛期间，中国科协及有关全国学会邀请了19个国际组织在线参会，主办了开源创新发展平行论坛，在技术交易大会期间组织了专场国际技术路演活动。

【2021中关村论坛开源创新发展论坛】 9月24日，2021中关村论坛——开源创新发展论坛在北京举办。论坛由中国科协、北京市人民政府共同主办。中国科协党组书记、分管日常工作副主席、书记处第一书记张玉卓，世界工程组织联合会主席、“科创中国”开源创新联合体理事长龚克，北京市政协副主席、市工商联主席燕瑛出席活动并致辞。中国科协党组成员、书记处书记吕昭平主持开幕式和发布环节。

张玉卓在致辞中强调，要深入贯彻落实习近平总书记在中关村论坛开幕式上的重要指示精神，把握战略机遇，坚定创新自信，涵养自立自强，拓展开放融合，更好服务和融入新发展格局，推动高质量发展，共创中国开源创新与数字经济发展的美好未来。他指出，开放是科学的天性，是创新的本质与发展趋势。2021年5月，中国科协成立“科创中国”开源创新联合体，今后愿与各方携手，汇聚创新资源，构建信任网络，推动跨界合作，共筑开源生态。他对下一步工作提出三点意见：一是要倡导开源理念，以开放科学和开源技术为路径，大力营造开放创新环境，促进全球创新要素高效流动；二是要推动基础建设，加强“科创中国”开源创新联合体的资源整合，汇聚试点城市和专家服务团资源，加强开源库建设；三是要营造开源生态，鼓励各类开源开放平台和科技社会组织发展，探索开源社区实体化、社会化、生态化运行模式，创新合作机制，拓展合作途径，主动融入全球创新网络。

龚克在致辞中指出，开放科学和开源技术为促进人类进步和促进知识社会的深度交流融合提供机会和潜力，联合国教科文组织即将通过关于开放科学建议，要为开放科学和开源创新提供政策和实践方面的国际框架，促进国际和多利益攸关方的合作。

燕瑛在致辞中表示，构建开源生态，关键在于构建良好的发展环境。北京市已为数字经济和开源生态发展做好了基础环境和制度支撑，未来将进一步发挥积极作用，为科技强国、数字中国建设作出贡献。

中国工程院院士、“科创中国”开源创新联合体荣誉理事长倪光南通过视频连线方式以“中国要从开源大国走向开源强国”为题作主旨报告，提出“开源”是开放科学的核心精神在信息领域的体现，已经成为全球信息技术发展的强大推动力。图灵奖得主、RISC-V国际开源实验室主任、加州大学伯克利分校教授大卫·帕特森通过视频连线方式以“构建RISC-V新生态”为题作主旨报告，介绍了RISC-V的起源、优势和发展历程，呼吁更多的国家和组织参与到开源创新的国际合作中。

中国科学院软件研究所所长、“科创中国”开源创新联合体副理事长赵琛，Linux 基金会亚太区策略规划总监陈泽辉，OpenInfra 开源基础设施基金会执行董事傅兰石，开放原子开源基金会秘书长杜玉杰，麒麟软件执行总裁韩乃平，中国科学院东方科仪控股集团有限公司董事长王戈，北京旷视科技有限公司联合创始人杨沐等 7 位国内外开源界知名专家、学者和企业家代表通过线下和线上方式围绕开源文化传播、开源生态构建、开源产业发展等内容作专题报告。

圆桌对话环节，北京中关村软件园发展有限公司总经理张金辉，中国开发者社区总裁蒋涛，麒麟软件副总裁李震宁，开源社联合创始人、微软亚洲工程院 AI 资深产品经理陈阳，Ceph 基金会大使、木兰开源社区运营负责人耿航，OIF 基金会董事、易捷行云 EasyStack 开源社区负责人郭长波，平凯星辰联合创始人、CTO 黄东旭等 7 位来自开源基金、开源社区、开源项目的企业家代表，围绕中国开源生态发展的挑战与新机遇展开深入的对话交流和探讨，提出了加快构建中国开源发展生态、促进开源产业发展的观点意见。

论坛期间，启动了 2021 年度“科创中国”开源创新榜单评选活动，将在年底前评选发布年度优秀开源产品 50 个、年度优秀开源社区 10 家、年度突出贡献开源机构10家；发布了“科创中国”青年创业榜单-中关村 U30，30 名青年才俊入选年度青年创业榜单。

本次论坛主题为“开源共享·融金服产”，旨在聚焦开源基金会建设和开源生态打造，搭建海内外高校院所、科技企业、社会组织沟通交流的平台，推动开源技术创新、开源基金筹建、开源文化形成，加强国内外开源领域合作交流，实现人才聚合、技术集成、服务聚力，构建“共商、共建、共享、共生、共赢”科技共同体。来自“科创中国”开源创新联合体成员单位和全国开源领域科研院所、高校、企业的代表参加现场活动。活动通过相关网络平台进行网络直播，国内外数万名开源领域的专业人士在线收看。论坛由“科创中国”开源创新联合体、中国科协科学技术传播中心、中国电子学会、中国通信学会、北京市科委、中关村管委会、北京市科学技术协会联合承办。

【第三届世界科技与发展论坛】 11 月 6 日，第三届世界科技与发展论坛在北京开幕。本届论坛以“开放、信任、合作”为主题，由中国科学技术协会、中国科学院、中国工程院主办，联合国教科文组织、国际科学理事会、世界工程组织联合会协办，围绕“科学：人类社会共有财富”“创新：可持续发展之道”“信任：包容发展治理之基”“合作：风险挑战应对之策”等议题，设立主论坛及世界数字经济论坛、开放科学与开源创新发展论坛、中小企业国际创新合作发展论坛、女科学家论坛 4 个主题论坛和系列青年前沿科技论坛，线上线下同步进行。

全国政协副主席、中国科协主席万钢出席开幕式并致辞。中国科协党组书记、分管日常工作副主席、书记处第一书记、中国工程院院士张玉卓主持开幕式。联合国副秘书长刘振民，中国科学院院长侯建国，中国工程院院长李晓红，联合国教科文组织驻华代表处主任夏泽翰，世界工程组织联合会主席龚克，国际科学理事会主席彼得·格鲁克曼爵士分别致辞。来自全球科技、教育、产业等领域的嘉宾通过开幕式、主题报告、高端对话、发布活动、闭幕式等活动进行研讨交流。

万钢指出，应对事关全人类共同命运的挑战，需要全球科技界积极倡导无国界、无障碍、无歧视的开放科学精神与理念，加强科学知识交流和技术创新合作，以高水平开放合作的有效行动提供系统性、高质量的解决方案，有效回应世界各国人民的共同关切。为凝聚全球科技共同体智慧和力量，促进经济社会可持续发展，万钢提出三点期望：一是凝聚创新共识，创新合作机制，拓展交流途径，推动互信互鉴，共同建设理念相通、要素融通、设施联通、交流畅通的科技创新共同体；二是构筑开放网络，建立跨界、多元、有效的交流机制，营造开放、合作、共享的科学文化，促进知识、数据、成果等资源在全球范围内流动；三是合作应对挑战，以包容性创新为引领，拓展更广范围、更宽领域、更深层次的科技开放合作格局，加强在抗疫和疫苗、气候变化和绿色发展、数字经济、互联互通、科技伦理等领域的全方位合作。

开幕式主旨报告由中国科协副主席、北京大学常务副校长、中国工程院院士乔杰主持。中国疾病预防控制中心主任、中国生物工程学会理事长、中国科学院院士高福，国际热核聚变实验堆计划组织总干事伯纳德·比戈，诺贝尔物理学奖获得者、曼彻斯特大学英国皇家钦定教授安德烈·海姆爵士，美国麻省理工学院福特经济学教授、《美国创新简史》作者乔纳森·格鲁伯，国际电工委员会主席、中国电机工程学会理事长、中国工程院院士舒印彪，德国弗劳恩霍夫协会系统与创新研究所执行所长、英国曼彻斯特创新研究所创新政策与战略教授、德国国家科学与工程院院士雅各布·埃德勒作主旨报告。世界工程组织联合会主席龚克，诺贝尔物理学奖得主、中国科学院外籍院士丁肇中，中国科学院高能物理研究所所长、中国科学院院士、俄罗斯科学院外籍院士、发展中国家科学院院士王贻芳，中国免疫学会理事长吴玉章，西湖大学讲席教授、加拿大工程院院士默罕默德·萨万，英国物理学会 CEO 保罗·哈达克进行高端对话，共同探讨基础学科前沿与科技共同体合作议题。

本次论坛为期 2 天，举办主论坛和世界数字经济论坛、开放科学与开源创新发展论坛、中小企业国际创新合作发展论坛、女科学家论坛等 4 场主题论坛以及系列青年前沿科技论坛，共安排 35 场主题报告、6 场高端对话，来自 19 个国家和地区的 205 位演讲嘉宾出席论坛相关活动，分享最新思考，贡献卓越智慧。

11 月 7 日，第三届世界科技与发展论坛在北京闭幕。中国科协党组书记、分管日常工作副主席、书记处第一书记、中国工程院院士张玉卓等参加闭幕式。中国科协党组成员、书记处书记吕昭平主持闭幕式。

中国科学院副院长周琪，国际科学理事会主席彼得·格鲁克曼爵士，世界艺术与科学院主席兼首席执行官加里·雅各布斯围绕“信任：包容发展治理之基”“合作：风险挑战应对之策”两大议题分别作报告《新兴科技与科技伦理体系建设》《国际科学合作促进可持续发展》《人类发展挑战与全球科技合作》。

粤港澳大湾区数字经济研究院创院理事长、美国国家工程院外籍院士、英国皇家工程院外籍院士沈向洋，中国医学科学院 / 北京协和医学院生命伦理学研究中心执行主任翟晓梅，复旦大学哲学学院教授王国豫，京东集团高级副总裁周伯文，法国巴黎塞纳河生物研究所神经科学实验室主任、联合国教科文组织国际生物伦理委员会主任赫维·奇奈维斯，联合国秘书处前高级参赞、全球契约办公室前高级顾问杜晖贤围绕“科技伦理治理与信任合作”进行高端对话。

世界科技与发展论坛积极倡导全球科技界开放包容、信任合作、创新发展，中国科协与中国科学院、中国工程院、联合国教科文组织等 260 家国内外科技共同体共同发布开放、信任、合作倡议，凝聚全球科技共同体共识，推动科技为全世界人民所及、所享、所用，为人类文明的可持续发展作出贡献。倡议由中国科协副主席、中国航天科技集团科技委主任、中国科学院院士包为民发布。

在论坛发布环节，可持续发展大数据国际研究中心主任、中国科学院院士郭华东，英国工程技术学会主席朱利安·杨以及《交叉科学》主编斯蒂法诺·通扎尼共同发布“2021 年度人类社会发展十大科学问题”，中国化学会副理事长帅志刚发布化学领域十大新兴技术。

【第三届世界科技与发展论坛主题论坛：世界数字经济论坛】 11 月 7 日，世界数字经济论坛在北京开幕。本届论坛以“数字化转型与可持续发展”为主题，由中国科协、中国科学院、中国工程院主办，中国科协学会服务中心、中国通信学会承办，中国信息通信研究院、中国科学学与科技政策研究会、中国计算机学会联合协办。论坛围绕“数字经济与可持续发展”“数字合作共生与绿色发展”“数字科技创新与数字转型”“数字经济时代的数字伦理问题”等 4 个议题展开交流研讨。来自全球数字技术、经济、产业等领域的专家学者和近百位嘉宾现场参与研讨交流，75 万余人通过网络同步直播“云参会”。

中国科协党组书记、分管日常工作副主席、书记处第一书记、中国工程院院士张玉卓出席开幕式并致辞。中国科学院院士、中国计算机学会理事长、世界数字经济论坛专家委员会主席梅宏，联合国科技促进发展委员会主席彼得·梅杰分别致辞。中国科协党组成员、书记处书记吕昭平主持开幕式。

张玉卓在致辞中指出，人类社会正加速迈入数字经济时代，数字技术引领新一轮科技革命和产业变革，正成为改变全球竞争格局的关键力量，在应对新冠疫情冲击、拉动世界经济复苏方面作用凸显。数字经济在快速发展的同时，也面临全球治理规则重塑的挑战，破解数据跨境流动、数据共享、数据安全、数字伦理等难题，亟需各国政府在充分参与、广泛共识的基础上探讨制定反映各方意愿、尊重各方利益的数字治理国际规则。中国科协愿同各方加强沟通合作，推动数字技术创新发展，促进数字经济社会治理深入协同，共创全球数字经济发展新格局。为此，提出几点建议：一是积极构建数字科技创新生态。各国科学家、工程师、企业家应携手合作，构建数字科技共同体，推动数字经济领域的基础性难题攻关，携手解决全面产业数字化难题，以数字化赋能企业创新创造，共同促进经济复苏，构建包容性、可持续的数字经济与全球贸易新生态。二是持续加强数字领域国际合作。将普惠共享作为核心价值取向，打造数字经济合作伙伴关系，推动数字经济向着更加开放、更加包容的方向发展，让信任的阳光照亮数字世界，让数字经济造福各国人民。三是共建数字治理国际规则。共同构建开放、透明、公平、公正、安全、可靠的数字治理体系。

梅宏在致辞中强调，在推动数字经济发展的研究实践中，科技群团、学会组织在其中扮演着不可或缺的角色。希望能将世界数字经济论坛打造成为数字经济理论成果和实践经验交流分享的平台，成为数字经济重要的思想策源地，成为世界数字经济领域的“旗帜风帆”，共谋数字经济发展，为推进数字技术的进步与发展，加快数字产业化、产业数字化进程，使数字技术更好地赋能产业、赋能社会、赋能人类生活，共建共享人类数字文明新时代作出积极的贡献。

彼得·梅杰从联合国的角度阐述了数字经济的发展对经济社会和生态环境的影响。他表示，这次疫情全球大流行期间，数字技术以前所未有的力量和前景催生众多新业态、新模式。发展数字经济是各国推动经济尽快复苏的关键举措，已成为世界经济增长潜力所在。同时，数字经济也带来了全球挑战，全球不同地区在数字经济发展水平上存在较大差距，各国发展经验也存在显著差异。后疫情时代，世界各国更加迫切地需要团结起来，携手应对数字化挑战，缩小数字鸿沟，让更多国家和地区、更多人享受到数字红利，让世界尽快从疫情中恢复经济社会发展。

在主旨演讲环节，中国工程院院士周济，中国科学院院士、中国计算机学会理事长梅宏，清华大学经济管理学院院长白重恩，诺贝尔经济学奖得主、芝加哥大学经济学和法律学教授、美国国家科学院院士、巴西科学院通讯院士詹姆斯·赫克曼，中国电信集团有限公司董事、总经理、党组副书记李正茂，腾讯副总裁、腾讯智慧工业和服务业总裁李强，中科寒武纪科技股份有限公司联合创始人、执行总裁王在，国家信息化专家咨询委员会原常务副主任周宏仁，上海交通大学致远讲席教授、欧洲科学院院士徐雷，复旦大学教授、加拿大国家工程院院士宋梁，英国牛津大学技术与管理发展研究中心主任、英国社会科学院院士傅晓岚，德中文化经济交流协会会长、德国莱比锡大学教授墨轲分别作主旨报告。

央视《对话》环节，世界工程组织联合会主席龚克，中国工程院院士、阿里云创始人王坚，清华大学苏世民书院院长薛澜，360 公司创始人、董事长兼 CEO 周鸿祎围绕“数字经济时代的数字伦理问题”进行了深入对话和探讨。

论坛以组委会名义发布了《世界数字经济论坛倡议》，提出了六点倡议：一是共建数字科技创新生态，二是共促经济数字化转型，三是共享智慧社会红利，四是共塑数据要素价值，五是共商数字治理方案，六是共拓全球数字合作。呼吁各方加快形成更多发展共识、达成更多务实合作，携手走向互惠互利、共生共赢的美好未来。

本届世界数字经济论坛是第三届世界科技与发展论坛的主题论坛之一，同时也是继 2020 年成功举办首届世界数字经济论坛之后的第二届。论坛立足中国、放眼国际，围绕共建人类命运共同体的目标，汇聚全球数字经济顶级智力资源，力争通过搭建开放共享合作信任的国际数字经济交流平台，引领培育数字经济新业态，构建数字经济新生态，倡导合作共赢的发展理念，切实推动实现联合国可持续发展目标，使每个人共享数字经济红利，共创全球发展、互惠共享的美好未来。

【第三届世界科技与发展论坛主题论坛：女科学家论坛】 科技改变世界，创新决定未来，面对全球抗疫斗争的严峻形势，团结合作是最有力的武器，其中女性的力量不可或缺。在 11 月 7 日召开的第三届世界科技与发展论坛——女科学家论坛上，“构建人类卫生健康共同体需要贡献更多女性智慧和力量”是 200 余位国内外女科学家代表形成的广泛共识。

作为第三届世界科技与发展论坛的主题论坛，女科学家论坛重点围绕人类生命健康与人工智能信息技术带来的挑战与对策、女科学家的社会责任、科技治理与评估评价的经验做法与思考等议题展开讨论。

十一届全国政协副主席、中国科学院院士、发展中国家科学院院士、中国科学院生物物理研究所研究员王志珍在致辞中表示，目前一大批女性科技工作者已经在全球化的科技舞台上展示了非凡的创造力和影响力，但是仍然要呼吁全社会应给予女性科技工作者更多的关注、支持和尊重，创造更多的平台和机会，赋予更多的资源和信任。希望通过今天的论坛，进一步增强中外女性科技工作者之间的互信和交流，让社会更加关注女性科技工作者在科学事业当中的作用和成果，让开放、信任和合作成为科技共同体持续发展的坚强基石。

受全国人大常委会副委员长、全国妇联主席沈跃跃委托，全国妇联党组书记、副主席、书记处第一书记黄晓薇出席论坛并致辞。她说，科技创新是人类文明进步的不竭动力，女性作用日益凸显，创新成果大放异彩。为深入贯彻落实习近平总书记重要讲话精神，今年4月，全国妇联与科技部、中国科协等7部门共同启动了“科技创新巾帼行动”，开展了一系列富有成效的工作。希望广大女科技工作者牢记习近平总书记的嘱托，坚持“四个面向”，大力弘扬伟大的科学家精神，坚持以人民为中心的发展思想，树立更加宽广的国际视野，把个人理想追求融入实现高水平科技自立自强的火热实践中，争做伟大事业的建设者、文明风尚的倡导者、敢于追梦的奋斗者，为保护人民生命安全和身体健康、为构建人类卫生健康共同体贡献更多女性智慧和力量。

中国科协党组书记、分管日常工作副主席、书记处第一书记、中国工程院院士张玉卓表示，全球女科技工作者撑起人类发展的半边天，以辛勤劳动和创新创造推动发展、温暖世界。中国科协将坚持推动出台有利于女科技工作者成长的政策措施，帮助解决困难和问题，表彰、奖励取得创新成果的优秀人才，举荐女科学家到国际科技组织任职，让崇尚科学成为青年女性的价值追求，为女性科技工作者施展才华厚植创新沃土。期待女性科技工作者担当文明互建的使者，深化民间科技人文交流，与各国科学家推进务实合作，增强信任与沟通，推动共建人类命运共同体。

在主旨报告和交流讨论环节中，王志珍院士及中国工程院院士、中国女科技工作者协会会长王红阳，贝鲁特美国大学健康科学学院流行病学教授、2020年欧莱雅联合国教科文组织杰出女科学家奖获得者（非洲和阿拉伯国家）梅西奥·西拜，墨西哥病毒学家、2012年欧莱雅联合国教科文组织杰出女科学家奖获得者苏珊·沙勒东等多位杰出代表作报告，分享科研成果、创新故事、独到见解，并用自身经历鼓励更多的女性投身到科技创新的伟大事业中，让国际科研环境更有温度、更开放、更信任。

特别值得注意的是，中外女科学家都重点提到了政权稳定、国力雄厚、政府支持是科技发展、科研攻坚的重要保障。中方科学家代表多次谈到我国政府对科学研究的高度重视、对女性科技人员发展的支持，以及性别友好程度越来越高的科研组织氛围等，这些都说明我国科技界正在以更加开放的方式欢迎女性的加入。

与会代表一致呼吁，当下全球正在经历百年未有之大变局，科技创新比过去任何时候都更加凸显其重要性。作为论坛承办方，中国女科技工作者协会在11月6日专门召开专题座谈会，围绕如何更好贯彻落实中央人才工作会议精神、进一步支持服务科技女性展开深入讨论，希望全社会给予女科技工作者更多的关注和平等的机会，鼓励广大科技女性发扬自尊、自信、自立、自强精神，在各自领域不断实现超越与突破。

此次主题论坛由中国科协联合中国科学院、中国工程院共同主办。

【第三届世界科技与发展论坛主题论坛：开放科学与开源创新发展论坛】 11月7日下午，开放科学与开源创新发展论坛在第三届世界科技与发展论坛期间举办。论坛由中国科协、中国科学院、中国工程院共同主办。中国科协党组成员、书记处书记束为出席论坛。世界工程组织联合会主席、“科创中国”开源创新联合体理事长、俄罗斯宇航科学院外籍院士龚克主持开幕式并作主旨报告。

“科创中国”开源创新联合体荣誉理事长、中国工程院院士倪光南在视频连线致辞中指出，要大力营造开源创新氛围、鼓励支持开源基金发展、加快推进开源教育工作，共建开放合作生态。联合国教科文组织国际创意与可持续发展中心首席顾问、联合国教科文组织前战略规划助理总干事汉斯·道维勒在视频连线致辞中呼吁全球共同努力，在科研方面共享信息、提高效率，进而提出可持续、创新的解决方案。

中国科学院院士刘嘉麒以“低碳发展：双碳背景下的全球气候变化”为题作主旨报告，阐释气候变化下“双碳”发展目标的全球视角和中国担当，提出要加强国际合作，协调好碳达峰和碳中和之间的关系，做应对气候变化的先驱者。

龚克以“开放科学：新时代的科学范式——参与全球科研治理、促进科研合作的契机”为题作主旨报告，指出开放科学是科学范式中公众行为管理模式的转变，要深化科研体制改革，融入全球科技治理体系。

中国科学院院士顾逸东以“开放共享：和平开发利用太空”为题，介绍了问天、梦天、巡天等中国空间科学重大计划实施情况，展望了开放科学背景下的空间科学领域未来科研合作愿景。

香港浸会大学副校长、英国皇家工程院院士、欧洲科学院院士郭毅可以“开放数据：全球数字经济命运共同体的战略基石”为题作主旨报告，分享香港科技界履行开放责任、推动信任合作的生动实践，提出未来共同合作的愿景和共享创新的范式。

中华医学会副秘书长姜永茂和清华大学软件学院院长、大数据系统软件国家工程实验室执行主任王建民分别以“共建共享：中国临床案例成果数据库助力临床实践能力提升”“数据共享：工业物联网数据库管理系统 Apache IoTDB 开源项目”为题介绍了中国在开放数据和开源项目领域的生动实践。

圆桌对话环节，天津大学副校长巩金龙、清华大学公共管理学院常务副院长朱旭峰、北京中关村软件园发展有限公司总经理张金辉等 5 位嘉宾围绕“推动开放治理，促进开源创新”开展对话交流，共商如何推动中国开放开源的发展。

发布环节，“科创中国”开源创新联合体开源教育工作委员会宣布成立，中国科协科学技术传播中心“蝌蚪众传”技术传播平台上线试运行，由中国科协科学技术传播中心等数十家机构共同发起成立的“双碳科技传播中心”正式揭牌。

在京开放科学、开源技术领域的科研院所、高校、企业代表参加现场活动，国内外数万名开放开源领域的专业人士在线收看论坛网络直播。论坛由“科创中国”开源创新联合体、世界工程组织联合会中国委员会、“科创中国”青年百人会、中国科协科学技术传播中心联合承办。

【第三届世界科技与发展论坛主题论坛：中小企业国际创新合作发展论坛】 11 月 7 日上午，中小企业国际创新合作发展论坛在中关村国家自主创新示范区展示中心线上线下举行。作为第三届世界科技与发展论坛的重要活动之一，本次论坛旨在深入贯彻习近平总书记在庆祝中国共产党成立 100 周年大会重要讲话精神和致首届世界科技与发展论坛贺信精神，汇聚国内外产业界、科技界、投资界嘉宾，围绕“开放 · 信任 · 合作”主题开展深入研讨，搭建开放包容、互惠共享的国际科技交流合作平台，促进产业科技投资跨界融合，助力中小企业国际创新合作，携手共同应对全球性风险和挑战，推动构建人类命运共同体。

中国科协党组成员、书记处书记王进展，工业和信息化部中小企业局局长梁志锋，中国工业经济联合会执行副会长路耀华出席论坛并致辞。王进展在致辞中强调，要激励创新创业、支持科技型中小企业创新发展，加快绿色转型、以新发展理念引领产业升级，深化开放合作、带动中小企业融入全球创新网络。梁志锋指出，为推动中小企业创新合作，工业和信息化部将拓展双多边合作机制，助力中小企业对接全球创新资源、参与数字经济国际合作、推进中外中小企业合作区建设。路耀华表示中国工业经济联合会将充分发挥行业协会的桥梁纽带作用，团结引领广大中小企业在第二个百年奋斗目标的新征程上砥砺奋斗、开拓创新。

中国科学院创新发展研究中心主任穆荣平，美国湾区委员会经济研究院高级总监肖恩 · 伦道夫，中国标准化研究院标准化理论与战略研究所所长王益谊分别作主旨报告《中小企业创新发展：机遇、挑战与政策取向》《旧金山湾区全球创新合作与发展》《标准化助力中小企业创新发展》。

商汤科技副总裁杨帆、安泰环境工程技术有限公司总经理顾虎、北京品驰医疗设备有限公司总经理李崇、北京国联万众半导体科技有限公司副总经理张志国、德中文化经济交流协会会长墨轲、华为企业 BG 全球能源业务部首席创新官埃德温 · 迪恩德、剑桥大学可持续领导力学院院长克莱尔 · 希恩、德国医谷 Convergence Holding Limited 执行董事丹尼尔 · 科佩尔卡姆等 8 位中外嘉宾就推动实现更高质量全球化、加快中小企业科技创新促进全球经济复苏、应对气候变化实现可持续发展目标等议题开展对话互动。

本次论坛由中国科协、中国科学院、中国工程院主办，中国科协企业创新服务中心、中关村产业技术联盟联合会承办，中国工业经济联合会、中国电子商会、中华全国工商业联合会经济部、中国机械工程学会、中国电子学会、中国仪器仪表学会协办。约 60 位各界代表现场参加论坛，通过“科创中国”平台线上观看直播人数近 50 万人次。

【第五届世界智能大会】 5 月 20 日，第五届世界智能大会在天津市开幕。大会以“智能新时代：赋能新发展、智构新格局”为主题，通过线上线下相结合的办会模式，形成“会、展、赛 + 智能体验”四位一体的国际化平台。

大会共举办 18 场高峰论坛和 12 场主题论坛，同时开设 6 个展览区域和 3 个室内室外体验区，涵盖科研与应用、智慧城市和交通、国际与区域创新、智慧生活、智能制造、信创产业等方面。参展企业和机构包括中国科学院、国家超算中心、华为、腾讯、阿里巴巴、浪潮、科大讯飞等。

大会期间，举办了世界智能驾驶挑战赛、中国（天津）工业App创新应用大赛、中国华录杯·数据湖算法大赛、国际智能体育大会、RoboCup机器人世界杯中国赛暨亚太机器人世界杯天津国际邀请赛等5项品牌赛事。

5月19日，中国科协新一代信息技术系列丛书发布会在世界智能大会期间举办。中国科协党组书记、常务副主席、书记处第一书记、中国科学院院士怀进鹏，天津市委副书记、市长廖国勋出席发布会并致辞。

5月19日，京津冀数字经济联盟在第五届世界智能大会期间举办揭牌仪式。为贯彻落实京津冀协同发展战略、促进京津冀三地数字经济发展，在中国科协的推动下，北京、天津、河北三地数字经济领域产学研金服用各界联合发起成立京津冀数字经济联盟。京津冀数字经济联盟联合政产学研金服用等各方力量，聚焦政策措施、技术标准、融合应用、数字安全等重点领域，促进相关主体之间的交流和深度合作，促进供需对接和知识共享，形成优势互补，有效推进京津冀数字经济发展，切实解决区域协同发展的数字经济现实问题，推动京津冀产业数字化、数字产业化、治理数字化快速健康发展。

5月19日，第五届世界智能大会开源创新与信创产业发展论坛在天津理工大学举办。怀进鹏，天津市委常委、市委组织部部长喻云林，世界工程组织联合会主席、“科创中国”开源创新联合体理事长、京津冀数字经济联盟轮值主席龚克出席论坛并致辞。“科创中国”开源创新联合体荣誉理事长、中国工程院院士倪光南，河北省数字经济联合会会长吴显国，中国科学院院士、南开大学副校长陈军等近300人现场参加活动。

围绕“构建开源开放新生态　共筑信创产业新格局”主题，倪光南院士作题为“把握开源机遇　构建开源领域命运共同体”主旨报告，中国科学院软件研究所所长赵琛、腾讯公司副总裁王巨宏、麒麟软件执行总裁韩乃平、天津市半导体集成电路人才创新创业联盟成员单位——天津理工大学研究生院院长王劲松、天津信息技术应用创新产业（人才）联盟副主席杨波分别作专题报告。论坛还平行举办了信创产业发展研讨会、半导体集成电路产业人才创新创业研讨会2场圆桌会议。“科创中国”科技服务团、开源创新联合体分别与天津信息技术应用创新产业（人才）联盟、天津市半导体集成电路人才创新创业联盟进行交流研讨和合作对接。

5月21日，第五届世界智能大会数字经济与新发展格局国际高峰论坛在天津市举办。中国科协党组副书记、副主席、书记处书记徐延豪，天津市政协副主席尚斌义，中国科学院院士、南开大学副校长陈军致辞。中国科学院院士、天津市科协主席饶子和主持开幕式。世界工程组织联合会主席、中国新一代人工智能发展战略研究院执行院长龚克主持论坛。

全国人大常委会常委、社会建设委员会副主任委员、清华大学公共管理学院院长、“科创中国”咨询委员会联席主席江小涓，英国皇家工程院院士、香港浸会大学副校长、英国帝国理工学院教授、欧洲科学院院士郭毅可，德国杜伊斯堡－埃森大学东亚研究所及其高级研究院院长、德国鲁尔都市孔子学院外方院长马库斯·陶伯教授（Markus Taube），华为公司高级副总裁、数字转型首席战略官车海平，联想集团副总裁、中国区战略及业务拓展副总裁阿不力克木·阿不力米提，《工业大数据》和《工业人工智能》作者李杰教授，挪威工程院院士、IEEE区块链联合主席、IEEE云计算协会主席、中国计算机学会区块链顾问容淳铭院士，中国新一代人工智能发展战略研究院首席经济学家、南开大学经济研究所所长、中国科协－天津市政府－南开大学数字经济研究中心主任刘刚教授等8名国内外高水平专家学者，围绕数字经济发展与经济发展新格局、欧洲数字指南战略、数字化转型与知识生产、新IT中国经济发展新动力、工业人工智能实现的方法和挑战、基于共享数字基础设施和区块链管理服务的联邦制造等专题发表演讲，为新一轮经济全球化和全球数字经济命运共同体的建设和发展提出意见和建议。刘刚还发布了《中国数字经济发展研究报告（2021年）》。

【2021世界人工智能大会】 7月8日，2021世界人工智能大会（WAIC 2021）在上海世博中心正式开幕。

首日上午的开幕式围绕大会“智联世界，众智成城”的主题展开，体现人工智能技术、产业和应用全球化发展的趋势。大会开幕式将引领性传递以人为本的城市数字化转型理念与体系，全局性演绎AI赋能经济、生活和治理的探索与实践，前瞻性探讨人类社会新的伦理与法治规范等。

当日下午的全体会议围绕“以人为本”的城市视

角和人工智能自身的进化视角，从产业和科学角度展开深入阐释。其中，城市视角将聚焦人在城市中的生产、生活、秩序三大需要；进化视角呈现人工智能进化带来的理念发展、产业繁荣、技术进步三大特征。

人工智能是上海落实国家战略部署、重点发展的三大先导产业之一，也是城市数字化转型的重要驱动力量。2021 世界人工智能大会由上海市政府与国家发展改革委、工信部、科技部、国家网信办、中科院、工程院、中国科协共同主办，会期为 7 月 8—10 日。

今年大会围绕"AI 赋能城市数字化转型"方向，探讨人工智能技术创新与产业落地的前沿进展，广泛传递城市数字化转型的理念与价值，推动相关治理和规范形成全球共识。大会继续坚持高端化、专业化、国际化、市场化、智能化的方针，塑造更人文、更开放、更活力的生态，实现活动质量、嘉宾分量、成果数量、观众流量、媒体声量进一步提升。

今年大会主要由会议论坛、展览展示、竞赛评奖、应用体验四大板块构成。会议论坛延续"1+2+11+X"总体架构，即 1 场开幕式、2 场全体会议、11 场主题论坛和若干场各具特色的论坛活动；展览展示规模进一步扩大，线下展览面积 4 万平方米，较往年翻番，还将升级云平台展览；竞赛评奖以"SAIL 奖"为引领，聚集算法大赛、AIWIN、青少年人工智能大赛、青年优秀论文评选等品牌赛事；应用体验将进一步丰富会场及周边智能化场景，展现数字化转型成果。

【2021 世界智能制造大会】 12 月 8—10 日，由江苏省人民政府、工业和信息化部、中国工程院、中国科协共同主办，江苏省工业和信息化厅、江苏省人民政府外事办公室、江苏省科学技术协会、中国工程科技发展战略江苏研究院、中国科协智能制造学会联合体、南京市人民政府联合承办的 2021 世界智能制造大会在南京开幕。工信部副部长辛国斌、中国工程院副院长钟志华、中国科协副主席陈学东、江苏省副省长胡广杰、南京市代市长夏心旻出席大会并致辞，国际电工委员会主席舒印彪通过视频致辞。江苏省工业和信息化厅厅长谢志成、副厅长池宇出席大会。

开幕式上，国家智能制造专家委员会、国际电工委员会智能制造系统委员会中国专家委员会正式成立，首届智能制造创新大赛举行了颁奖仪式。中国智能制造系统解决方案供应商联盟发布了智能制造标杆企业，中国信息通信研究院发布了智能制造公共服务网络，中国科协智能制造学会联合体发布了《2021 世界智能制造十大科技进展》《2021 中国智能制造十大科技进展》。中国工程院院士周济、中国中车集团有限公司总经理楼齐良、SAP 全球副总裁胡安德（Hube Andreas）、中兴通讯总裁徐子阳、西门子全球执行副总裁兼大中华区总裁肖松、霍尼韦尔安全与生产力解决方案集团总裁兼首席执行官吴振哲（John Waldron）、南京天加环境科技有限公司董事长蒋立发表主旨演讲。

本次大会围绕"数字化转型，智能化引领"主题，采取线上线下相结合的办会模式，除开幕式重磅发布和主旨演讲外，还围绕综合进展及产业前瞻、关键技术和创新、技术示范及产业应用、社会生态及产业合作等举办 14 场高质量分论坛，并同期举办"云上博览会"，打造集智能制造领域成果展示、趋势展望、经验交流、技术合作为一体的专业化、国际化品牌盛会。

【2021 中国国际智能产业博览会】 全国政协副主席、中国科协主席万钢在重庆出席中国 – 上海合作组织数字经济产业论坛、2021 中国国际智能产业博览会相关活动，并深入重庆高新区、石柱县调研。重庆市委书记陈敏尔，重庆市委副书记、市长唐良智会见万钢一行。重庆市委副书记吴存荣，重庆市政协副主席张玲，中国科协党组成员、书记处书记吕昭平，重庆市科协党组书记、常务副主席王合清等一同调研。

8 月 22 日，陈敏尔、唐良智会见万钢和出席中国 – 上海合作组织数字经济产业论坛、2021 中国国际智能产业博览会的重要嘉宾。万钢表示，重庆市委、市政府积极推动国家数字经济创新发展试验区、新一代人工智能创新发展试验区建设，持续用大数据智能化为经济社会发展赋能，取得显著成效。智博会已连续 3 年在重庆举办，影响力越来越大。此次中国—上海合作组织数字经济产业论坛、2021 中国国际智能产业博览会在重庆举办，必将进一步促进数字经济国际合作，推动数字经济发展更加出彩，为成渝地区双城经济圈建设增添新的动力。

8 月 23 日，万钢出席中国 – 上海合作组织数字经济产业论坛、2021 中国国际智能产业博览会开幕式，并以"加快推进新一代人工智能的系统性突破"为题作主旨演讲。

万钢认为，当前人工智能正释放着驱动产业变革的巨大能量，带动着数字经济的发展，要关注人工智能与各行业的融合发展。自 2017 年年初国务院出台《新一代人工智能发展规划》以来，我国人工智能的战略意义和发展定位愈加清晰。近五年人工智能发展取得显著成就，一是人工智能的技术发展水平不断进步，二是人工智能的行业应用广度日益拓展，三是人工智能的产业生态体系逐步完善。

万钢指出，把握新一代人工智能创新发展的方向和路径需要从三个方面着手：第一是要加速人工智能从单项技术向集成技术发展；第二是要着力推动人工智能从单体智能向群体智能演进；第三是要促进人工智能从数据驱动向场景牵引拓展。

万钢强调，加快新一代人工智能的系统性突破是当务之急。要实现系统性突破，需要攻克关键领域。要突破相关前沿科学和关键技术，在人工智能领域实现高水平科技自立自强；要围绕强化数字转型、智能升级、融合创新支撑，布局建设新型基础设施；要重视人工智能的伦理研究和科学普及；要加强人工智能领域的高水平开放合作。

万钢对重庆寄予厚望。他说，重庆肩负着国家数字经济创新发展试验区和国家新一代人工智能创新发展试验区建设的“双重使命”。希望重庆大力开展科技创新、改革试点、应用示范，积极推动产业培育和经济转型，成为内陆的智能产业和数字经济发展高地、高水平国际开放合作的聚集地。

【2021世界智能网联汽车大会】 经国务院批准，9月25—28日，2021世界智能网联汽车大会暨中国国际新能源和智能网联汽车展览会在北京·中国国际展览中心（新馆）召开。大会由北京市人民政府、工业和信息化部、公安部、交通运输部、中国科协共同主办。大会以“引新荟智　绿创未来”为主题，围绕产业再造、融合应用、和合共生三个篇章设置10个室内外展示专区，全方位呈现全球智能网联汽车产业多项前沿成果，引领产业发展新趋势。

本届大会设有1场开幕式、1场开幕论坛、1场主论坛（含1场高端对话）、7场主题峰会、6个特色专场和2场闭门会。大会的展览规模达5万平方米，依托全产业链，涵盖感知、算法、通信、执行和终端等环节，吸引了180余家企业参展。

智能网联汽车是一项具有战略意义的系统工程，离不开车、路、网、云、图、人的协同创新发展。大会设立室内、室外十大专业展区，包括“聪明的车”“智慧的路”“智能的芯”等多个主题。“云端看车”线上展览平台也同步上线，利用3D、AR/VR及其他新的技术手段打造一体化展览模式，线上展会为期30天。

作为世界智能网联汽车大会永久举办地，北京顺义聚焦发展新能源智能汽车，通过多年发展已形成研发设计、整车及核心零部件制造、无人驾驶等产业生态。近期，北京市顺义区第三批自动驾驶测试道路通过验收，双向共计408.78千米，成为北京市自动驾驶测试道路里程最长、场景最丰富的地区。北京市自动驾驶开放道路涉及6个区，总长超过1000千米。

【2021全球工业互联网大会】 10月17—18日，中国科协党组书记、分管日常工作副主席、书记处第一书记张玉卓到辽宁省沈阳市出席2021全球工业互联网大会并开展工作调研。

张玉卓在2021全球工业互联网大会开幕式致辞中指出，工业互联网作为第四次工业革命的重要引擎，有力推进网络技术与制造业深度融合，为赋能传统制造业转型升级、加快高质量发展提供了重要途径。要深入贯彻习近平总书记致2019工业互联网全球峰会贺信精神，坚持以新发展理念引领高质量发展，把握数字时代契机，探索赋能“双碳”新路径，加快制造业高质量发展。他表示，中国科协将积极发挥桥梁纽带作用，打造“科创中国”服务品牌，搭建产学研供需对接信息平台、技术服务与交易运营平台、人才与技术赋能平台，助力辽宁“数字蝶变”，为推动全球工业互联网发展作出积极贡献。

2021全球工业互联网大会由工业和信息化部、中国科协和辽宁省人民政府主办。中国科协与英国工程技术学会在开幕式上联合发布未来产业全球学术趋势研报（量子信息领域）。

开幕式前，辽宁省委书记、省人大常委会主任张国清会见张玉卓，对中国科协给予辽宁振兴发展的支持和帮助表示感谢，并共同出席中国科协与辽宁省政府全面战略合作协议签署仪式。未来双方将围绕推动创新资源和技术服务集成共享、建设“科创中国”试点城市、产学协同组织创新助力产业数字化赋能、搭建高水平科技智库、推动工业互联网创新发展、提升全民科学素质基础等方面继续加强合作。

【2021世界海洋科技大会】 10月26日，以“加快海洋科技创新，构建海洋命运共同体”为主题的2021世界海洋科技大会在山东省青岛市开幕。本届大会由山东省人民政府、中国科协主办，青岛市人民政府、山东省科学技术协会、中国海洋学会、中国海洋湖沼学会承办。中国科协党组成员、书记处书记吕昭平视频致辞。山东省委副秘书长赵晓晖，青岛市委常

委、副市长薛庆国出席开幕式并致辞。山东省科协党组书记、副主席王春秋主持开幕式。青岛市人大常委会副主任刘圣珍、市政协副主席赵铁军等领导出席开幕式。

中国工程院院士周守为、侯保荣、张联盟，英国皇家工程院院士黛博拉·格里夫斯，乌克兰国家科学院院士郭瑞·弗拉基米尔等专家以线上或线下方式出席大会并作报告。来自中国、美国、英国、德国、乌克兰、印尼、荷兰、挪威、意大利、韩国、日本、泰国等 12 个国家的百余位海洋科学家参加大会。

吕昭平在致辞中表示，在经略海洋得到全球重视的背景下，世界海洋科技大会旨在进一步聚集全球海洋人才、学术、产业资源，加强国际海洋科技领域交流，为山东海洋强省以及我国海洋强国建设提供智力支持。他强调，连续举办三年来，世界海洋科技大会已经成为海洋科技领域对外交流合作的重要渠道，中国科协愿与全球科技界、产业界一道抢抓海洋科技先机、深化创新合作，为构建人类海洋命运共同体作出切实贡献。

赵晓晖在致辞中希望院士专家借助世界海洋科技大会这个平台，在交流碰撞中结出丰硕成果，加快推动海洋科技进步。

本届大会旨在加强国际海洋科技领域交流，聚集全球海洋人才、学术、产业资源，搭建海洋学术交流、“双招双引”、海洋科技成果转化等平台，促进海洋强国建设。

大会为期 3 天，设置主题报告会、国际海洋腐蚀防护产业大会等 10 个分论坛、海洋成果转化暨“双招双引”对接会、海洋科技成果交易展等板块。

大会开幕式上发布 2021 年十大海洋科学问题和工程技术难题、2021 年海洋科技指数和中国海洋新兴产业指数。中国－上合组织国家国际技术交易联盟现场揭牌。

【2021 世界传感器大会】 11 月 1 日，2021 世界传感器大会在河南省郑州市开幕。中国科协党组书记、分管日常工作副主席、书记处第一书记张玉卓通过线上视频向大会致辞，河南省委常委、副省长费东斌出席大会并致辞。本届大会由中国科协、河南省人民政府主办，河南省科协、郑州市人民政府、河南省工业和信息化厅、河南省发展和改革委员会、河南省科学技术厅、中共河南省委外事工作委员会办公室、中国仪器仪表学会承办。

中国工程院院士、中国科学院上海技术物理研究所研究员方家熊，中国科学院院士、中国科学院大连化学物理研究所研究员张玉奎，中国工程院院士、哈尔滨工业大学教授赵连城，美国医学与生物工程院院士、俄罗斯工程院外籍院士、欧洲科学院院士、深圳大学副校长张学记，加拿大工程院院士、华中科技大学教授沈卫明，河南省科协党组书记王新会，郑州市市长侯红等出席大会。河南省政府副秘书长魏晓伟主持开幕仪式。

中国工程院院士、中国科学院计算技术研究所研究员倪光南，中国科学院院士、清华大学化学系教授李景虹，中国工程院院士、北京理工大学教授周立伟，中国科学院院士、南京大学教授都有为，中国科学院院士、西安交通大学电子信息工程学院院长管晓宏，国际欧亚科学院院士、北京邮电大学教授邓中亮，美国医学与生物工程院院士、西南大学洁净能源与先进材料研究院李长明，加拿大工程院院士、加拿大西安大略大学教授杨军在线上出席大会。

张玉卓在致辞中指出，世界传感器大会已在河南郑州成功举办两届，凝聚国内外知名专家、国际行业组织参会，促成重要项目签约，助推中国郑州智能传感谷建设，经济社会效益显著。本届大会以“感知世界·智创未来”为主题，展示创新成果，汇聚创新知识，将对传感器科技创新、产业发展产生深刻影响。

张玉卓表示，中国科协是中国科技工作者之家，支持和依靠科技人才开展学术、科普、智库服务，深度参与全球科技治理。近年来，中国科协组织科技工作者共建“科创中国”品牌，推动科技经济融合，服务创新创业。中国科协愿同各方深化战略合作，共同打造开放、信任、合作的科技创新共同体。期待世界传感器大会成为中国连接世界的战略节点和开放平台，汇聚共识，增进友谊，促进合作，共同塑造传感器未来发展新愿景，为科技增进人类福祉作出新贡献。

费东斌在讲话时表示，河南省委省政府高度重视传感器的产业发展，出台了《传感器产业发展的行动方案》和《产业链现代化提升方案》，建立了产业链“双长制”的工作机制，努力构建政产学研用服“六位一体”的协同化、专业化和精准化生态体系，着力推动智能传感器产业高质量发展。

会上，汉威科技集团股份公司被授予“河南省智能传感器产业链联盟会长单位”，河南昊博科技发展集团有限公司被授予“河南省智能传感器行业协会秘书长单位”，郑州市被授予“郑州·中国智能传感谷创新基地”。

受郑州市高新区委托，北京智源研究院产业知识计算引擎创新中心主任、北京上奇数字科技有限公司董事长孙会峰在会上发布“智能传感器产业大脑”平台。

本届大会为期3天，由传感器大会、传感器产业科技成果展、传感器创新大赛（一会一展一赛）三大板块组成。其中，大会包含1个主报告会和10个专题会议，邀请60余位院士、专家、产业界代表从不同角度对智能传感器发展进行主题演讲。成果展展示区面积近万平方米，来自全球10个国家170家企业展示新产品新技术。大会期间还将进行“中国（国际）传感器创新创业大赛”决赛评选。

【第四届世界科技社团发展与治理论坛】 7月26日，第四届世界科技社团发展与治理论坛在北京举办。本次论坛由中国科协、美国电气与电子工程师协会、英国工程技术学会共同主办，以“构建开放信任合作网络　加快建设国际科技共同体”为主题，围绕可持续发展与碳排放、国际科技奖励、国际科技治理、人类生命健康、人才成长与会员服务等议题开展主旨报告和高端对话研讨。中国科协党组书记、常务副主席、书记处第一书记怀进鹏，美国科学促进会首席执行官苏迪普·帕里赫（Sudip Parikh），英国工程技术学会首席执行官范纳杰（Nigel Fine）等出席论坛并致辞。

怀进鹏在致辞中指出，科技是人类文明进步的核心驱动力，始终把发现自然和增进人类福祉作为不懈追求已成为科技共同体的价值与信仰。如何超越局限、探索真理，如何应对当前挑战和未来之变，是科技共同体的重要使命。要坚守科学精神，坚持永无止境的探索，把增进人类福祉作为永恒的追求。要面对挑战，认识到科学不是万能的，但科技界的价值观却是指导解决问题的方向，让开放、信任、合作成为科技共同体的品质。

怀进鹏强调，开放是人类文明进步的标志，更是科技共同体的禀赋；信任是当代社会最珍贵、最稀缺的品质，更是科技进步的基石；合作是科学应对挑战的选择，更是创新创造的基础。要以科学求真创造知识，构建“以理服人”的学术共同体；以科技向善造福社会，构建“以德服人”的价值共同体；以科学臻美增进福祉，构建“以人为本”的命运共同体。

怀进鹏表示，要共筑全球合作网络，建立跨界、多元、多样的协同交流机制，建设开放共享的国际创新合作网络，推动数字转型与发展，推进开放科学，共同构建多元包容、开放合作的创新生态。要凝练共同挑战问题，共同应对人类挑战与冲突，以战略问题引导开放交流，塑造开放、信任的交流平台。要建立有效协商与沟通机制，期待科技为政策服务，期望政策支持科技发展，应对科技伦理以及科技界自律等重要问题，以开放互信合作提升全球科技治理能力。

中国科协副主席、书记处书记孟庆海为2021年开放合作品牌创建学会授牌。近年来，中国科协积极支持所属全国学会国际化发展，鼓励与国际同行深化互信交流与合作。2021年，中国科协特别设立开放合作示范专项，引导全国学会加快建设开放组织、开放平台和开放机制，不断提升开放合作能力。

中国科协党组成员、书记处书记王进展主持开幕式。美国科学促进会首席执行官苏迪普·帕里赫在致辞中提出，应对全球性问题需要大力发展科学技术，这是科技社团应对共同挑战的共识理念。信任是任何关系的基础要素，在国家内部和国家之间，我们要共同加强对科学的信任。美国和中国的科学家之间的同行关系对世界的未来至关重要，希望在诚信和尊重彼此及科学规范的基础上建立起信任关系，相互合作，为决策者带来解决方案。

英国工程技术学会首席执行官范纳杰表示，用工程让这个世界更美好，给不同学科、不同部门、不同关注点的人提供支持。英国工程技术学会与中国科协建立了非常成功的合作伙伴关系，在加强工程师专业能力建设、建设科技期刊和国际交流方面不断深化合作。

论坛发布了世界一流科技社团年度排行榜。中国科学学与科技政策研究会理事长穆荣平表示，自2018年以来，中国科协持续支持世界一流科技社团跟踪研究，对全球1100个科技社团开展组织力、凝聚力、引领力、影响力等多维度比较分析。今年的排行榜梳理了疫情背景下全球科技社团的年度发展趋势和规律，分析了科技社团的发展与挑战以及对未来的展望，发布了2021年世界一流科技社团综合评价五星级社团和其他各项领域的TOP50榜单，为科技社团创新发展提供参考，为一流学会建设提供坐标。

国际数字地球学会名誉主席、中国科学院院士郭华东主持主旨报告。清洁能源部长级会议秘书长丹·多纳（Dan Dorner），中国建筑学会理事长修龙，罗马俱乐部联合主席桑德琳·迪克森－德克勒夫

（Sandrine Dixson-Decleve），国际护士会首席执行官霍华德·卡顿（Howard Catton），美国电气与电子工程师协会亚洲区高级总监、中国代表处首席代表华宁等 5 位嘉宾围绕可持续发展与碳排放、国际科技奖励、国际科技治理、人类生命健康、人才成长与会员服务作了精彩报告。

中国化学会副理事长、中国科学院院士刘忠范，中国兵工学会副理事长、中国工程院院士邱志明，中国环境科学学会副理事长、中国工程院院士吴丰昌，国际动物学会主席张知彬，中国航空学会理事长林左鸣，中国科协部分全国学会理事长、秘书长、科技社团领域研究专家，民政部及中国科协相关部门负责人 200 余人参加现场会议。会议通过“科创中国”平台、中国科协年会平台、网易科技、今日头条、哔哩哔哩等平台在线直播，全球受众累计达 1130 余万人。

论坛期间，罗马俱乐部联合主席曼费拉·兰费尔（Mamphela Ramphele）、香港工程师学会会长钟国辉、北京化工大学特聘教授戴伟（David G. Evans）等 19 位学会负责人及专家参与，围绕科技共同体应对人类共同挑战的路径选择、疫情影响下的国际科技交流与数字化转型、科技社团如何服务会员和科技人才等话题开展了 3 场高端对话。

【第二十三届中国科协年会】 7 月 27 日，由中国科协和北京市人民政府共同主办的第二十三届中国科协年会在北京亦创国际会展中心开幕，会议主题为“创新引领　自立自强——共筑新发展格局”。中央政治局委员、北京市委书记蔡奇，第十二届全国政协副主席、中国科协名誉主席韩启德出席开幕式。全国政协副主席、中国科协主席万钢致开幕词，北京市委副书记、市长陈吉宁致欢迎词。开幕式由中国科协党组书记、常务副主席、书记处第一书记怀进鹏主持。

万钢在致辞中指出，习近平总书记在庆祝中国共产党成立 100 周年大会上的重要讲话为以史为鉴、开创未来指明方向，总书记在两院院士大会、中国科协第十次全国代表大会上发出推动高水平科技自立自强的动员令为加快建设世界科技强国指明了主攻方向。立足新发展阶段，广大科技工作者要完整、准确、全面贯彻新发展理念，找准服务和融入新发展格局的切入点，从党的光辉历史中汲取砥砺奋进的精神力量，当好新时代科技创新的排头兵，推进高水平科技自立自强。科技界要胸怀“两个大局”，强化战略导向和目标引导。科协组织要坚持守正创新，激发科技工作者创新创造活力，推动科技经济融合，助力构建新发展格局。面对新冠肺炎疫情等全球性挑战，要坚持开放、信任、合作，推动多边与双边国际合作相结合，构建人类命运共同体。北京作为国际科技创新中心，创新体制机制逐步完善，高精尖产业集群助力创新要素集聚。希望继续大胆创新、发挥引领作用，为京津冀协同发展提供有力支撑，做好科技创新发展的“模范生”和“领头羊”。

陈吉宁对年会召开表示祝贺，向中国科协及与会各方对北京工作的关心和支持表示感谢。他在致辞中说，2021 年是中国共产党成立 100 周年，也是“十四五”开局之年。在这一重要历史节点上，中国科协年会在北京举办，彰显了中国科协奋进新征程、服务科技自立自强的责任担当，也体现了对北京科创工作的重视和支持。北京作为我国科创资源最丰富的城市，认真学习贯彻习近平总书记关于科技创新的重要论述，把握首都城市战略定位，围绕国家重大战略需求，深入落实创新驱动发展战略，积极参与打造国家战略科技力量，深化探索科技创新模式，改革完善科技创新制度体系，加速聚集优秀科技人才，推动国际科技创新中心建设不断取得新成果。北京市将进一步加强与中国科协和国内外科技界、企业界等战略合作，共同为强化创新引领、支撑科技自立自强、构建新发展格局、推动高质量发展作出新的更大贡献。

开幕式上，中国科协副主席、中国科学院院士、中国科学技术大学常务副校长潘建伟，中国交通建设股份有限公司总工程师林鸣，中国农业科学院副院长、中国工程院院士万建民，中国疾病预防控制中心主任、中国科学院院士高福分别作主旨报告《新量子革命》《工程科技面向经济主战场建设世界一流工程》《发展生物育种，保障粮食安全》《疫苗研发给我们的启示与思考》。中国科协副主席、中国工程院院士、清华大学副校长尤政主持报告环节。

开幕式还设立了高端对话单元，中国女科技工作者协会会长、中国工程院院士王红阳，日本国立研究开发法人科学技术振兴机构名誉理事长冲村宪树，中国岩石力学与工程学会理事长、中国科学院院士何满潮，中国生态经济学会副理事长、中国工程院院士金涌，中国科协常委、中国科学学与科技政策研究会副理事长薛澜，中国科学学与科技政策研究会理事长穆荣平，中国科协常委、中国首次火星探测任务工程总设计师张荣桥畅谈新时代科技共同体的使命担当。该环节由世界工程组织联合会主席、中国电子学会副理事长龚克主持。

中国科学院院士、中国工程院院士等著名专家学者，来自一线的科技工作者，企业家代表，港澳台嘉宾，来自海外的专家学者、科技组织代表及媒体记者700余人参加线下开幕式。各分论坛、31个省（自治区、直辖市）科协分会场以及海内外代表线上参会。

7月28日，第二十三届中国科协年会闭幕式在北京亦创国际会展中心举办。中国科协党组书记、常务副主席、书记处第一书记怀进鹏出席并致辞。北京市副市长靳伟，湖南省副省长陈飞，中国科协党组、书记处有关领导，院士专家、企业家和一线科技工作者代表以及媒体记者300余人参加闭幕式。中国科协党组副书记徐延豪主持闭幕式。

怀进鹏表示，本届年会是团结动员科技共同体和科技工作者学习贯彻习近平总书记“七一”重要讲话精神、以史为鉴、开创未来的一次盛会，是科协组织贯彻落实习近平总书记在两院院士大会、中国科协第十次全国代表大会上重要讲话精神、砥砺科技自立自强的一次盛会，是深入谋划高水平科技自立自强的大展演，是广泛凝聚开放、信任、合作战略共识的大平台。本届年会体现出五方面特点：一是自立自强，勇担新发展阶段新使命；二是创新发展，展现科技共同体新担当；三是产学研融合，迈出“科创中国”新步伐；四是开放创新，拓展国际合作新空间；五是汇智聚力，激发创新创造新活力。

怀进鹏强调，科技界要以习近平新时代中国特色社会主义思想为指导，坚持团结服务，弘扬科学家精神和优良学风；坚定创新自信，展现高水平科技自立自强的使命担当；加强科技共同体建设，打造有温度、可信赖的科技工作者之家；秉持开放、信任、合作，推动构建人类命运共同体。

闭幕式上，中国科协发布了2021重大科学问题、工程技术难题和产业技术问题，共30个问题难题入选。其中，重大产业技术问题系首次发布。自2018年起，中国科协每年动员组织全国学会等科技共同体，面向广大科技工作者征集评选重大前沿科学问题和工程技术难题在中国科协年会上发布，三年共评选发布了100个问题难题，积极推动问题难题纳入国家科技规划、科研项目，引导科技共同体识别科技发展的挑战与机遇，打造研判趋势、思考问题的智慧灯塔。

闭幕式上，还授予连续4年参与重大问题难题推选活动的中国地理学会等43个全国学会“2018—2021年度优秀组织单位”；授予2021年推荐入选重大问题难题的中国环境科学学会等26个全国学会“2021年度优秀推荐单位”；授予2020年度组织撰写相关重大问题难题建议报告、得到中央领导批示的中国动物学会、中国植物保护学会、中华中医药学会“2020年度优秀成果单位”。

在闭幕式的主旨报告环节，中国科学院计算技术研究所副所长、研究员陈云霁，柔宇科技创始人、董事长兼CEO刘自鸿，长征五号系列火箭发射支持系统型号主管、中国航天科技集团公司第一研究院第十五研究所高级工程师孙振莲分别就“深度学习处理器”“柔性电子的创新之路”“胸怀报国志，共筑航天梦”等主题作主旨报告。

闭幕式上，徐延豪宣布第二十四届年会将在湖南省举办，北京和湖南两地代表进行了年会会旗交接。

本届年会设立了开幕式、闭幕式以及“科技共同体担当新时代使命”“迈出‘科创中国’新步伐”“开启国际交流新模式”“注入创新发展新活力”四大系列25项专题活动，搭建跨界、多元、开放的交流、交融、交汇平台，增进开放、信任与合作，共同探讨实现高水平科技自立自强的机遇、策略与路径，进一步汇聚创新资源，为助力北京国际科创中心建设、实现高水平科技自立自强贡献力量。4900余位国内外专家学者通过线上线下形式参会交流互动，仅开幕式线上直播观看总量就超过3000万人次。

【第二十三届中国科协年会学会创新发展论坛】 7月27日，第二十三届中国科协年会学会创新发展论坛在北京开幕。论坛以“聚力创新　转型发展”为主题，由中国科协、北京市人民政府主办，中国物理学会、中国力学学会、中国化学会、中国岩石力学与工程学会、中国自动化学会、中国通信学会、中国有色金属学会、中国科学学与科技政策研究会等学会承办，北京市工商业联合会协办，华为技术有限公司、京东科技控股股份有限公司联合支持。中国科协名誉主席、中国科协－北京大学科学文化研究院院长、中国科学院院士韩启德出席论坛并作大会报告。中国科协党组书记、常务副主席、书记处第一书记、中国科学院院士怀进鹏出席论坛并致辞。国际岩石力学学会副主席、清华大学教授杨强出席论坛并宣读国际岩石力学学会主席Resat Ulusay的致辞。美国化学会首席执行官Thomas M.Connelly. Jr. 通过视频致辞。论坛设开幕式暨大会报告、主旨报告、互动交流等环节，由中国有色金属学会理事长贾明星主持。

韩启德在《科学史视域下学会的历史、现状与未来》报告中，从科学史的视角阐述了学会的发展脉络、历史特质和时代变局下学会创新发展之路。他指出，新时代学会的改革发展目标是成为既符合现代组织运营规范，同时适应中国创新发展和治理现代化需求的现代科技社团。关于新形势下进一步激发学会活力，开拓一条既适合中国国情，又与国际接轨的学会创新发展道路，他提出四点思考：一是优化学会的行政管理，做到更加精准、更加高效，平衡好自治与管理之间的关系；二是改进学会的内部治理，更加高效地服务会员，提升会员的归属感和使命意识，为其开展科技创新活动提供保障；三是增强社会服务意识，更好地建立科学与科学家的公信力，树立品牌意识，塑造诚信形象，持续提升社会服务力；四是进一步提升国际化水平，加强国际科技交流合作。

怀进鹏在致辞中指出，如何在新时代构建新发展格局中发挥科技共同体的作用，把科技人才的优势转化为创新创造的优势，把学会组织的优势转化为高水平自立自强的优势，是科技界、科技共同体共同思考并推进的重要内容。当前新一轮科技革命和产业变革加速演进，科学范式正在深刻变革，科技与经济、社会、文化、生态文明加速融合渗透，科技已经是经济社会发展内变量、主变量，甚至是快变量。科技共同体既要涵养自立自强，更要倡导包容、信任、多元、合作、开放、共享，推动构建以理服人的学术共同体、以德服人的价值共同体、以人为本的命运共同体，在推进知识创造、知识传播与交流中为世界科技发展作出贡献，共同构建世界创新网络，推动全球共同议题设置，参与国际科技交流合作与治理，打造有温度、可信赖的世界科技工作者之家。

Resat Ulusay 在致辞中对论坛的召开表示祝贺，希望通过本次论坛的召开，进一步加强国际交流、促进合作、增进友谊，共同为科学技术事业发展作出贡献。Thomas M.Connelly. Jr. 在致辞中认为，内在驱动的创新创业精神是促进科学技术进步的基础，学术团体应当联合起来，共同促进科学技术的传播，推动跨行业、跨部门的国际合作。

中国物理学会理事长、中国科学院物理研究所研究员、上海交通大学教授、中国科学院院士张杰，中国自动化学会副理事长、中国空间技术研究院研究员、探月工程三期探测器系统总指挥兼总设计师、中国科学院院士杨孟飞，华为公司董事、战略研究院院长徐文伟，中国科学学与科技政策研究会副理事长、清华大学苏世民书院院长薛澜，全国科技振兴城市经济研究会理事长胥和平分别作主旨报告《〈美国创新与竞争法案〉对我国科技发展的挑战与机遇》《布局新时代学会创新发展，服务高水平科技自立自强》《开放创新，协同推动产业发展》《科技社团如何推进创新驱动发展》《更好发挥科技社团在科技治理中的基础性作用》。

学会创新发展论坛是中国科协年会“科技共同体担当新时代使命”板块首创的一项重要活动，旨在以全球视野、历史纵深透视学会的创新发展方向、组织机制和运行模式。与会嘉宾围绕新发展阶段学会面临的新机遇新挑战新使命展开深入探讨，充分碰撞智慧火花，广泛凝聚发展共识，既体现了时代性前沿性，又紧密结合学会工作实践，内容丰富，亮点纷呈。以本次论坛为开端，学会创新发展论坛将作为一项固定活动，形成常态化交流共享机制，围绕学会面临的机遇、挑战和发展趋势等进行交流，扎实推动学会创新发展。

【中国科协发布 2021 重大科学问题、工程技术难题和产业技术问题】 7 月 28 日，中国科协在第二十三届中国科协年会闭幕式上发布了 10 个对科学发展具有导向作用的前沿科学问题、10 个对工程技术创新具有关键作用的工程技术难题，并首次发布 10 个对产业发展具有引领作用的产业技术问题。

2021 年征集发布活动重点围绕数理化基础科学、地球科学、生态环境、制造科技、信息科技、先进材料、资源能源、农业科技、生命健康、空天科技等十大领域，共征集到 89 家学会、学会联合体和其他单位推荐的 472 个问题难题。2 万余名一线科技工作者和战略科学家参与推荐和研判。经过科技工作者初选、学科领域专家复选和终选预选、终选等环节，最终评选出 30 个重大问题难题。

2018 年以来，中国科协组织全国学会等科技共同体面向广大科技工作者征集评选重大前沿科学问题和工程技术难题，在中国科协年会上发布，四年共评选、发布了 130 个问题难题，130 余个学会积极参与推荐。2021 年首次向近年来积极参与征集发布活动并作出重要贡献的学会授牌。参与评选的院士认为，此项活动极大提升了科技共同体学术引领力、会员凝聚力和社会影响力，对于科技工作者特别是青年人才明确科研方向、聚焦关键核心问题集智攻关具有重要意义。

2021 年参与征集发布活动的科技工作者和国际组织显著提升，30 家全国学会联系了包括 IEEE、哈佛大学、国际能源署、世界自然基金会、世界海事大学联合会、伦敦大学学院材料研究实验室等 73 家国外组织及专家参与重大问题难题推荐工作，22965 名科技工作者参与网络初选，实名投票 90445 票，是 2021 年投票数的 180%。

中国科协积极推动构建重大问题难题研判品牌体系，践行科技共同体的价值使命，凝聚科技工作者共识，深化全球科技交流合作，不断研判科技发展趋势，识别关键核心技术，团结科技力量协同攻关，推动高水平科技自立自强。

10 个前沿科学问题为：

如何突破大尺寸晶体材料的制备理论和技术？

纳米尺度下高效催化反应的作用机制是什么？

农作物基因到表型的环境调控网络是什么？

中微子质量和宇宙物质－反物质不对称的起源是什么？

地球以外有统一的时间规则吗？

大脑中的记忆是如何产生和重现的？

以新能源为主体的新型电力系统路径优化和稳定机理是什么？

铝合金超低温变形双增效应的物理机制是什么？

如何揭示板块运动动力机制？

“亚洲水塔”失衡失稳对青藏高原河流水系的影响如何？

10 个工程技术难题为：

如何高效利用农业微生物种质资源？

如何解决三维半导体芯片中纳米结构测量难题？

如何开发比能量倍增的全固态二次电池？

如何发展我国自主超高分辨率立体测图卫星关键技术？

如何利用人工智能实现医疗影像多病种识别并进行辅助诊疗？

如何突破深远海航行装备制造与安全保障工程技术难点？

如何创建 5G+ 三早全周期健康管理系统？

如何通过重要生态系统修复工程构建精准高效的生态保护网络和恢复生物多样性？

如何构建我国生态系统碳汇扩增的技术体系？

如何制造桌面级的微小型反应堆电池？

10 个产业技术问题为：

如何实现面向大规模集成光芯片的精准光子集成？

如何开发针对老龄化疾病的医用人工植入材料？

如何开发融合软体机器人与智能影控集成技术的腔道手术机器人产品？

如何开发大规模低能耗液氢技术和长距离绿氢储运技术？

如何解决我国航空发动机短舱关键技术问题？

如何突破耕地重金属的靶向快速经济安全减污技术？

如何利用风光水加快实现“碳中和”目标？

如何攻克漂浮式海上风电关键技术研发与工程示范难题？

如何制备高洁净高均质超细晶高端轴承钢材料？

如何发展与 5G/6G 融合的卫星互联网络通信技术？

【种业振兴高层次研讨会】 为贯彻中央经济工作会议精神，1 月 20 日，中国科协组织召开种业振兴高层次研讨会，分析研判我国种业发展形势，助力解决种业发展突出问题，推动种业高质量发展。怀进鹏主持会议，中国工程院院士方智远、戴景瑞、朱有勇、万建民等 13 位院士专家出席会议，袁隆平院士提供了书面意见建议，农业农村部种业管理司负责同志参加会议。

会议认为，习近平总书记高度重视种业创新发展，为农业特别是种业科技自立自强和种业创新发展创造了前所未有的历史机遇。与会院士专家建议，要坚定创新自信，加大科技创新投入和政产学研合作，破解种业科技创新体制机制等问题；要加强国际间科技合作，推动国内外种业技术和人才交流，全面提升我国育种科技水平；出台农业生物育种产业化政策，构建现代种业可持续创新体系；建立健全种质资源保护制度，推动种质资源原始创新；注重培养青年种业科技人才，引导更多顶尖人才进入农业领域；发挥企业市场主体作用，培育大型种业企业。

【开放科学高层次研讨会】 4 月 20 日，怀进鹏主持召开开放科学高层次研讨会。国家自然科学基金委主任、国际科学理事会副主席李静海，世界工程组织联合会主席龚克，中国科学院空天信息创新研究院学术委员会主任、国际数字地球学会主席郭华东，世界科学院司库杨卫分别作主题发言。与会同志围绕促进开放科学发展、倡导国际交流合作、服务科技自立自强交流研讨。

与会专家认为，开放科学在全球快速发展，发达国家加快实施开放科学国家竞争力战略。与发达国家相比，开放科学在我国没有得到足够重视，缺乏顶层设计和统筹，科学数据治理体系不够完善，缺乏国际化开放科学平台，这些问题制约了我国开放科学发展。

与会专家建议，一要建立国家级开放科学统筹协调机制，成立开放科学行动联合体，将开放科学作为国家科技战略深入研判；二要支持并积极参与联合国框架下的开放科学行动，高举联合国可持续发展目标大旗，秉承科学为全人类共同利益主张，主动发出中国声音，促进全球开放合作，掌握全球话语权；三要以建设国际科学数据服务平台、汇聚具有全球竞争力的开放科学数据，支撑全球开放科学发展。

【关键核心技术“卡脖子”问题高层次研讨会】 4月21日，怀进鹏主持召开关键核心技术“卡脖子”问题高层次研讨会。来自大飞机、发动机、工业母机、芯片等重点领域专家和相关全国学会负责同志围绕制约相关领域发展的关键核心技术和破解路径研讨交流。

与会专家认为，我国工业门类齐全，但从整体看，无论是传统产业、新兴产业还是高新技术产业，甚至基础研究层面，都面临着短板问题。在推动关键核心技术攻关方面，存在科技创新投入不足、科技资源配置聚焦国家战略目标和关键产业发展不够、企业主体作用没有得到真正发挥、缺乏产学研用协同攻关有效模式、产业化能力和工业化水准不足等问题。

与会专家建议，一要加强顶层设计，探索建立新型举国体制，系统布局科技创新平台，久久为功，打好解决“卡脖子”问题持久战；二要围绕“卡脖子”问题特征、类型、状态和程度等建立研判标准，精准识别“卡脖子”问题；三要发挥科协系统组织优势和协同作用，开展跨学科、跨专业、跨领域的产业技术路线图研究，推动产业链与技术链融合，加速“卡脖子”问题有效解决；四要构建良好创新环境，推动科研绩效评价改革，完善产业政策、财税政策、金融政策等，营造有利于加快攻克关键技术解决“卡脖子”问题的良好创新环境。

【人工智能产业发展高层次研讨会】 5月6日，万钢主持召开人工智能产业发展高层次研讨会，怀进鹏参会。中国人工智能学会名誉理事长李德毅院士、北京智源人工智能研究院理事长张宏江、百度集团首席技术官王海峰等12位来自科研机构和领军企业的专家交流研讨。

与会专家认为，人工智能产业是赋能产业，我国拥有大规模持续更新的数据资产，是我国人工智能产业发展的重大机遇和难得机会。近年来，人工智能经历了从单向技术向集成技术发展、从单体智能向群体智能发展、从数据驱动向场景驱动发展等三个转变。针对我国人工智能产业面临的挑战，建议重视人工智能根技术培育，加强人工智能基础设施建设，统筹建立一批基于根技术路线的国家级人工智能计算中心；加强生态建设，实现从技术、产品、产业链到创新链、人才链、政策链的协同发展；强化人工智能标准体系和治理体系建设，逐步扩大国际影响力和话语权；加强人工智能高端和实用人才的培养和引进。

万钢强调，要以科技自立自强与高水平开放合作来推动人工智能产业发展，打破封闭和封锁，更好地参与全球竞争与合作、应对未来挑战，为国家发展做贡献。

【海南高速磁浮试验线建设战略调研报告专家研讨会】 5月21日，万钢主持召开海南高速磁浮试验线建设战略调研报告专家研讨会，怀进鹏参会。同济大学校长陈杰院士、石家庄铁道大学杜彦良院士、中国铁道学会副理事长郑健等13位来自相关部门、科研机构、高校和领军企业的院士专家交流研讨。

中国铁道学会、中车集团、海南省发展改革委汇报了围绕海南高速磁浮试验线建设开展的战略调研情况。与会专家认为，发展高速磁浮是推进多学科交叉融合、构建覆盖全速度段的立体交通体系、持续保持轨道交通国际领跑地位的重要举措，对于提升我国产业链供应链现代化水平、推动建设科技强国和交通强国具有重要意义。经过“十五”以来近20年重大专项研究，我国已掌握高速磁浮核心技术，具备推进工程化试验线建设的条件。建议对战略调研报告进一步完善，加强可靠性、安全性、经济性以及技术路线选择、示范线选址等方面论证，争取早日纳入国家规划，集中资源统筹推进高速磁浮试验线建设。

万钢强调，要充分认识发展高速磁浮技术的战略意义，加强从战略定位、技术原创性、科研前沿性、国际合作必要性等方面进行论证。中国科协将充分发挥智库作用，凝聚科技界共识，为国家统筹推动轨道交通技术发展提供决策支撑。

【“碳达峰、碳中和”高层次研讨会】 7月2日，怀进鹏主持召开“碳达峰、碳中和”高层次研讨会，叶奇蓁院士、郭剑波院士、王国法院士等14位来自科研院所和相关企业的专家交流研讨。

与会专家认为，全球应对碳达峰与碳中和的挑战与机遇共存，要充分认识到在一定时间内碳减排对我国经济运行、能源成本、物价就业、区域均衡协调发展等方面带来的巨大压力和严峻挑战。另一方面也要充分认识到，从历史进程看，统筹协同实现碳达峰碳中和目标对生态理念意识提升、加快经济能源转型、倒逼工业产业优化升级、构建绿色金融体系、拓展发展空间、构建生态安全格局、增进民生福祉等领域产生的重大机遇。

与会专家建议，实现碳达峰碳中和目标必须因势利导、顺势而为，制定切合实际的时间表、路线图和阶段目标，不能以延缓我国经济发展速度、损伤整体效益和降低人民生活水平为代价。要推动能源绿色智能化转型，发挥好核电等清洁能源作用，同时加快构建碳达峰碳中和法律规范体系。要在国家的总体框架下有序推进，确保国家供应链和产业链的安全。

怀进鹏指出，碳达峰碳中和问题不只是科学问题，更是社会发展的共识。科技共同体应该对这一重大问题进行深刻认识和有效思考，识别问题和挑战，通过跨学科交流和国际合作，形成国际社会的理解与共识，体现科技共同体的贡献和责任，为实现碳达峰、碳中和目标提出中国科技界的行动策略。

【“双碳目标下如何对待煤炭”专家研讨会】 9月23日，中国科协在北京召开“双碳目标下如何对待煤炭”专家研讨会，围绕学习贯彻习近平总书记在陕西榆林考察期间的有关重要讲话精神进行交流研讨。会议由中国科协党组书记、分管日常工作副主席、书记处第一书记张玉卓主持。

张玉卓指出，我国力争2030年前实现碳达峰、2060年前实现碳中和，是党中央经过深思熟虑作出的重大战略决策，事关中华民族永续发展和构建人类命运共同体。习近平总书记这次在榆林考察，关于煤炭产业对标实现碳达峰、碳中和目标任务作出了重要指示，指明了发展方向，对于新形势下立足新发展阶段实现煤炭产业转型升级具有重要意义。中国科协要深入学习领会总书记重要讲话精神，充分发挥桥梁纽带职责和智力密集优势，组织专家围绕煤炭产业如何进一步实现绿色发展、低碳发展，进一步研讨煤转化问题、布局和产业升级、重点示范的关键技术、生产要素中稀缺资源以及经济性等关键问题，提出促进煤炭产业实现转型发展的具体建议举措，服务党中央科学决策。

中国工程院原副院长谢克昌、中国石油化工股份有限公司副总工程师谢在库、中国石化炼化工程集团股份有限公司董事长孙丽丽等院士，国家能源集团党组成员、副总经理杨吉平，国家能源集团总经理助理张继明，中国石油和化学工业联合会副秘书长胡迁林，清华大学教授、中国动力工程学会常务理事李政，太原理工大学化学化工学院院长董晋湘，中国科学院大连化学物理研究所低碳催化与工程研究部副部长叶茂等积极发言，分别围绕高端材料及新过程、煤炭绿色发展和高效利用路径、煤油化新材料一体化示范项目、中国低碳发展转型战略等进行深入交流。

国家能源集团、中国石油和化学工业联合会、中国科协相关单位负责人参会。

【生物安全高层次研讨会】 10月15日，为积极贯彻落实习近平总书记关于加强我国生物安全建设的重要讲话精神，对生物安全建设的思路和举措、提高国家生物安全治理能力建言献策，中国科协召开生物安全高层次研讨会。会议由中国科协党组书记、分管日常工作副主席、书记处第一书记、中国工程院院士张玉卓主持。中国工程院院士、中国科协副主席、军事医学科学院生物工程研究所所长陈薇，中国工程院院士、中国农业科学院党组副书记、副院长吴孔明，中国科学院院士、清华大学化学系教授李景虹，国药集团中国生物技术股份有限公司总裁、党委书记、董事长杨晓明等11位高校、科研院所和企业的院士专家，中国科协党组成员、书记处书记吕昭平参加会议。

会上，张玉卓带领各位专家学习了习近平总书记在中央政治局第33次集体学习上关于生物安全的讲话精神。陈薇、吴孔明、李景虹、杨晓明等分别围绕生物技术的发展对生物安全的挑战、我国生物安全风险防控和治理体系的短板、建立我国生物安全科学试验标准化体系、推进生物科技创新和产业化应用进行了主题发言，与会专家从生物安全体系和机制建设、科技创新能力建设、国际合作、生物安全法的宣传普及等多个角度提出了建议。

张玉卓指出，要加强生物安全的统筹协调规划，对各种可能暴发的生物安全危机进行系统性和前瞻性的研究，以确保在出现重大生物安全事件时，能够针对具体情况迅速提出科学合理的应急方案；要提高生物安全监测与预警能力，增强忧患意识，坚持底线思维，进一步强化现有生物医学研究中的各种生物安全规范，构建起基于国家安全考量的生物安全监测体系，健全全国性疾病监测、预警及实时电子信息系统；要构建生物安全协同创新体系，加强生物安全领域基础研究，打造国家生物安全战略科技力量，健全生物安全科研攻关机制，严格科研项目伦理审查和科学家道德教育，加强对转基因、生物多样性、《生物安全法》、科技伦理等方面的科普宣传，为国家生物安全战略提供关键科学支撑的重要保障；要积极参与全球生物安全治理，加强与世界各国生物安全领域的合作，深度参与外来有害生物跨境传播防控进程，在国际标准、国际规则制定中增强中国声音。

张玉卓表示，与会专家提出的意见建议有深度、有水平，中国科协将认真梳理，形成系统化建议向中央和有关部门建言，为推进生物安全领域高水平科技自立自强作出贡献。

【规模储能技术高层次专家研讨会】 11月23日，中国科协召开规模储能技术高层次专家研讨会。中国科协党组书记、分管日常工作副主席、书记处第一书记、中国工程院院士张玉卓出席会议。中国科学院院士、美国工程院外籍院士、中国电力科学研究院名誉院长周孝信，中国工程院院士、中国科学院电工研究所研究员顾国彪，中国工程院院士、中国人民解放军防化研究院第一研究所研究员杨裕生，中国科学院院士、西安交通大学能源与动力学院教授何雅玲等12位科研院所、高校和企业的院士专家参加研讨会。会议由中国科协党组成员、书记处书记吕昭平主持。

张玉卓指出，中央高度重视可再生能源发展，积极推动实现碳达峰碳中和目标。规模储能技术是实现可再生能源稳定高效利用的重要保障，规模储能技术与可再生能源结合应用，对于推动新一轮能源革命、如期实现“双碳”目标具有战略意义。

张玉卓强调，中国科协要发挥全国学会和专家资源优势，开展可再生能源制氢、输氢、储氢等方面的技术科研攻关和战略咨询；积极推动储热、压缩空气储能等新型储能技术规模化应用，实现可再生能源的高效存储和转化；推动修订《中华人民共和国科学技术普及法》，落实《全民科学素质行动规划纲要（2021—2035年）》，加强碳达峰碳中和知识的科普宣传；围绕“科创中国”试点城市建设，积极为地方能源等相关产业发展开展咨询论证、建言献策。

与会专家围绕规模储能技术发展面临的安全性、标准一致性以及全产业链的健康安全快速发展等问题进行了深入交流和研讨，对我国规模储能技术和产业发展提出意见建议。

中国科协、科技部、工业和信息化部相关负责人参加座谈会。

【2021中国创新创业成果交易会】 12月10日，2021中国创新创业成果交易会在广东省广州市开幕。中国科协党组书记、分管日常工作副主席、书记处第一书记张玉卓视频致辞，广州市代市长郭永航现场致辞。中国科协党组成员、书记处书记王进展，九三学社中央副主席丛斌出席。

张玉卓表示，激发创新创造活力，关键是要改善科技创新生态。创交会自2015年以来已成功举办六届，成为营造创新生态、推动科技经济融合的重要平台。要推动组织创新，聚焦“四个面向”，构筑集约化展示、常态化对接、精准化服务、市场化运营的组织机制和平台载体，促进先进技术转化为现实生产力。要锻造服务品牌，紧扣时代主题和发展需求，探索“会展赛服+技术交易”新模式，以会兴业、以业聚才、以才引才，构筑粤港澳大湾区人才高地。要营造开放生态，引导资本、技术、人才等创新要素及创新政策向企业集聚，推动科技、产业、金融形成良性循环，以生态涵养赋能经济社会新发展。中国科协愿与各方深化战略合作，继续共建广州国际技术交易服务中心，共同促进科技人才创新创造创业，共绘粤港澳大湾区发展新愿景，更好融入和服务新发展格局。

陈新滋、吴硕贤、孙玉、谢先德、刘焕彬、陈飞勇、杜如虚、叶思宇等中外院士代表，九三学社中央社会服务部部长徐国权，中国科学院广州分院院长陈广浩，广东省科协党组书记郑庆顺，广州市委副书记陈向新、市人大常委会副主任唐航浩、副市长王东参加活动。

启动活动上还举办了国家海外人才创新创业离岸基地授牌仪式，发布了广州市科技成果产业化政策指引，成立中国创交会成果转化投融资联盟，王进展为基地授牌。启动活动后，与参会嘉宾参观了创新创业成果展览。

中国创新创业成果交易会由中国科协、国家发展改革委、中国科学院、中国工程院、九三学社中央、广东省政府、广州市政府共同主办。本届创交会主题为“赋能双循环、助力新发展”，于12月10—12日举办，共设立“一带一路”国际展区、院士成果展区、创新生态展区等20个展会展区和功能区，展出项目约5000项，并举办论坛峰会、成果拍卖、技术转让、项目路演等20场次专项活动。

【2021智慧海洋论坛】 7月27日，2021智慧海洋论坛在北京举办。论坛以“畅想未来海洋新基建 推动海洋产业高质量发展”为主题，邀请政产学研金服用各界专家学者共同探讨未来智慧海洋发展，支撑海洋强国建设。中国电子科技集团公司电子科学研究院名誉院长、中国工程院院士、“科创中国”咨询委员会联席主席王小谟，中国科协党组成员、书记处书记束为出席论坛并致辞。中国电子信息产业集团有限公司副总经理、党组成员陈锡明主持开幕式及主旨报告环节。

王小谟指出，21世纪是海洋的世纪，海洋经济将成为全球支柱产业之一。党的十八大以来，我国海洋强国建设不断取得新成就，要求我们要进一步关心海洋、认识海洋、经略海洋、敬畏海洋，希望“科创中国”咨询委员会充分发挥战略科学家、科技企业家、经济学家汇聚作用，跨界研究海洋问题，以“科创中国”建设为依托，积极探索智慧海洋共建共创的协作机制，以信息化、数字化技术提升智慧海洋产业能力，以“科创中国”生动实践助力高水平科技自立自强。

束为在讲话中表示，建设海洋强国意义重大、使命在肩，“科创中国”建设要紧盯当前最紧急、最紧迫的问题，聚焦国家急迫需要和长远需求，聚焦重点产业和关键核心技术，聚焦各类创新要素集成攻关。一是要推进创新链产业链融合，加快构建智慧海洋创新联合体；二是要整合集聚创新资源，有效提升我国智慧海洋产业基础能力和产业链现代化水平；三是要建设全球海洋人才高地，营造良好人才创新生态环境；四是要服务构建海洋命运共同体，加强国际互动交流，增强国际传播能力，推动构建互信机制。

主旨报告环节，中国电子科技集团公司首席科学家、中国工程院院士陆军，国家海洋技术中心副主任、正高级工程师彭伟，北京大学教授宋令阳分别就智慧海洋产业发展体系建设、国家业务化海洋感知体系建设、面向智慧海洋的物联网系统作主旨报告。

高峰对话环节以闭门会形式举行，王小谟院士主持闭门会。西北工业大学航海学院声学与信息工程系教授、中国工程院院士马远良，海军装备部原副部长、正高级工程师赵登平，中国科学技术法学会首席科学技术法学家、名誉会长段瑞春分别围绕海基通信网络建设的难点和主张、智慧海洋项目的认知和建议、大数据时代创新战略的思考作引导发言。与会代表就智慧海洋今后发展重点、存在问题、技术路线图等内容进行探讨。

2021智慧海洋论坛作为第二十三届中国科协年会的分论坛之一，由中国科协、北京市人民政府主办，“科创中国”咨询委员会、国家海洋信息产业发展联盟承办，中国海洋学会协办。

【2021年中国创新方法大赛颁奖仪式】 12月15日，2021年中国创新方法大赛颁奖仪式在天津市举办。天津市委书记李鸿忠，天津市委副书记、市长廖国勋会见中国科协党组书记、分管日常工作副主席、书记处第一书记张玉卓一行。张玉卓、廖国勋出席仪式并致辞，共同为获得一等奖的创新项目团队颁奖。科技部副部长邵新宇视频致辞。

李鸿忠在会见时表示，举办中国创新方法大赛是贯彻落实党的十九届六中全会精神和中央经济工作会议精神，营造良好创新生态、推进高水平自立自强的重要举措。天津将在中国科协、科技部大力指导、关心支持下，深入推进全域科普和“科创中国”试点城市建设，精心策划筹办第六届世界智能大会，以科技创新服务引领经济社会高质量发展。

张玉卓在致辞时说，发展独创独有的创新方法体系、掌握和运用创新方法是解燃眉之急、除心腹之患、筑自强之基的成功之道，是应对需求收缩、供给冲击、预期转弱三重压力和培育新动能、推动高质量发展的必然要求。自2016年举办以来，中国创新方法大赛已成为弘扬创新精神、传播创新方法、涵养创新文化、激发创新活力、提升创新能力的重要平台。要突出价值引领，涵养优良学风和扎实作风；倡导绿色发展，推动企业全面绿色转型发展；推进成果转化，促进产学研深度融合，塑造科技成果快速转化、快速迭代新优势；涵养创新生态，构筑创新合作网络，更好融入和服务新发展格局。

廖国勋在致辞时说，本届大赛以“激发创新活力，促进自立自强”为主题，将有力激发科技工作者创新热情、提升企业主体创新能力。天津坚定不移走科技创新引领高质量发展之路，实施高新技术企业倍增计划，一批关键核心技术攻关取得突破，正在成为各类企业创新发展、各类人才成就梦想的热土。我们敞开怀抱迎接各方英才，诚挚欢迎科技创新人才来津施展才干、建功立业。

邵新宇在致辞时说，近年来，大赛规模日益扩大，硕果不断涌现，成为展现创新方法应用成果的重要平台。科技部将进一步加大对创新方法工作的支持力度，以赛促学、以赛促用，在更大范围、更深层次推广应用创新方法，不断提升全社会创新能力和热情，为落实创新驱动发展战略提供更强有力的支撑，为实现高水平科技自立自强作出更大贡献。

仪式前，张玉卓、廖国勋等共同参观了《以方法之名　赴创新之约》主题展。在津期间，张玉卓一行考察了中芯国际集成电路制造（天津）有限公司、南开区博士创业园等项目。

本届大赛共有来自全国的 1712 家企业、4174 个项目参赛，涉及机械、电子、材料、化工、石油、生物、交通、建筑、新能源等 40 个行业，参赛项目和人员数量均创历史新高。

中国科协党组成员、书记处书记吕昭平，天津市领导连茂君、王庭凯和天津市政府秘书长孟庆松，中国科学院院士饶子和，中国工程院院士、“人民英雄”国家荣誉称号获得者张伯礼等出席相关活动。

【“科创中国”2021 峰会】 为深入学习贯彻习近平总书记在庆祝中国共产党成立 100 周年大会上的重要讲话精神和两院院士大会、中国科协“十大”重要讲话精神，全面部署深化“科创中国”试点工作，探索构建试点城市网络，系统推进国家公共技术服务与交易平台建设，7 月 6—7 日，“科创中国”2021 峰会在浙江省嘉兴市举办。全国政协副主席、中国科协主席万钢在峰会开幕式作视频致辞。浙江省人民政府副省长卢山，十三届全国人大常委会委员、清华大学公共管理学院院长、“科创中国”咨询委员会联席主席江小涓出席开幕式并致辞。中国科协党组成员、书记处书记束为、王进展，浙江省政协原副主席、浙江省科协主席姚克等出席峰会活动。“科创中国”咨询委员会委员、青年百人会成员、投资联合体成员代表，中国科协科技经济融合工作领导小组办公室成员单位主要负责人、挂点工作组同志，“科创中国”试点城市（园区）政府（管委会）有关负责同志、省市科协负责同志，有关全国学会负责同志等 400 余人出席峰会。

万钢指出，举办“科创中国”2021 峰会、推进“科创中国”试点建设是深入学习贯彻习近平总书记在庆祝中国共产党成立 100 周年大会上的重要讲话精神和两院院士大会、中国科协“十大”重要讲话精神的实际行动。一年多来，“科创中国”试点工作在建平台、解难题、助转化、促创业等方面取得了积极进展和显著成效。万钢强调，在向着全面建成社会主义现代化强国的第二个百年奋斗目标迈进的新征程中，要立足新发展阶段，完整、准确、全面贯彻新发展理念，构建新发展格局，以“科创中国”品牌团结广大科技工作者投身科技经济融合；强化政治引领，建设有温度、可信赖的科技工作者之家，引导广大科技工作者争当高水平科技自立自强的排头兵；强化“科创中国”平台作用，支撑服务地方高质量发展；加强开放合作和价值引领，打造全球科技共同体。

卢山表示，“科创中国”是发挥科学家品牌、集聚优质创新资源、实现会地无缝对接、促进地区交流合作的重要平台。浙江将以本次峰会召开为新的起点，进一步健全省会合作机制，加快推进“科创中国”样板间建设，为高水平创新型省份的建设提供有力支撑，为“科创中国”建设贡献浙江力量。

江小涓表示，“科创中国”咨询委员会将进一步聚焦“让城市更智慧、更绿色、更开放、更健康”年度工作主题，以数字应用为着力点，推动城市智慧发展；以低碳环保为着力点，推动城市绿色发展；以内联外通为着力点，推动城市开放发展；以大卫生为着力点，推动城市健康发展。进一步切实发挥咨询委员会汇聚跨界人才、研判发展趋势、导入科创资源、促进开放合作的高端智库作用。

开幕式举办三项国家公共技术服务与交易平台成果项目签约和四项“科创中国”科技服务团合作项目签约，发布成立“科创中国”青年百人会并向首批成员代表颁发聘书，首批成员共 30 人，组织举办了“科创中国”投资联合体入驻嘉兴创新基地仪式。

主旨报告环节，浙江大学校长、中国科学院院士吴朝晖和国务院参事、中国城市科学研究会理事长仇保兴等两位“科创中国”咨询委员会委员分别围绕“迎接智能增强时代，以数字治理赋能城市智慧发展”和“科创促进城市碳中和”作主题报告，为试点城市（园区）产业数字化转型，推动城市智慧发展、绿色发展等提出智库建议。

束为作工作报告，系统总结了一年来“科创中国”在融通平台、试点城市和创新组织等方面的工作成绩，强调下一步“科创中国”建设要充分发挥人才、技术、组织优势，持续完善面向经济主战场的“一体两翼”动员机制，为实现高水平科技自立自强汇聚智慧力量。

城市创新论坛环节，中国科学技术出版社有限公司党委书记、董事长秦德继作国家公共技术服务与交易平台推介宣讲。嘉兴市委书记张兵，天津市滨海新区区委常委、组织部部长、区委人才工作局局长、一级巡视员张弢分别代表嘉兴市、天津滨海新区作典型发言。高峰对话由优客工场董事长、共享际董事长、“科创中国”咨询委员会委员毛大庆主持，邀请清华大学苏世民书院院长薛澜、北京航空航天大学法学院院长龙卫球、中关村大河资本创始合伙人刘志硕等三位“科创中国”咨询委员会委员，以及银川市人民政府党组成员、副市长李全才，中关村软件园总经理张金辉等，围绕开放创新背景下“科创中国”试点城市网络建设开展圆桌讨论。

围绕试点城市网络建设、“科创中国”试点城市低碳发展战略及引领青年群体创新创业等主题，同期分别开展了城市创新论坛调研考察、“科创中国”咨询委员会专题调研、青年百人会论坛等活动。组织参会代表分批现场调研考察了嘉兴市“科创中国”试点案例和创新枢纽城市建设落地场景；咨询委员会委员围绕年度工作主题开展专题调研，对“科创中国”建设提出建议；青年百人会论坛组织青年科学家、企业家、创投家等作主旨分享和圆桌讨论，引领青年群体投身创新创业和科技经济融合发展；投资联合体成员与各试点城市（园区）互动，部分成员单位与有关试点城市（园区）达成投资意向；“科创中国”系列路演活动——新一代信息技术（嘉兴）专场专题推介嘉兴市科技创新政策，精选8个海内外项目组织路演，推进优质项目落地转化。

城市创新论坛经验交流活动邀请上海证券交易所发行上市服务中心区域主任刘卫、中国科协科技经济融合工作领导小组办公室分别围绕知识产权与科创板及“科创中国”试点城市（园区）平台建设作报告。温州市、成都市、泰安市、咸宁市和湖北省科协、宁夏回族自治区科协、浙江省科协等作典型发言。各试点城市（园区）和挂点工作组按片区分组座谈，深入分享经验体会，深度对接交流，统一思想，凝聚共识，进一步落实落细试点城市（园区）建设方案、推进第二批试点工作开好局、起好步。

峰会期间，举办了“科创中国”主题展览，系统展示“科创中国”创新枢纽城市建设成效和2020“科创中国”系列榜单；开展了“红船精神”党史学习教育活动，组织参会代表瞻仰南湖红船、参观南湖革命纪念馆等；在南湖革命纪念馆红船精神展示厅举办中国科协党校红船基地揭牌仪式。中国科协党校红船基地的建立进一步拓展了科协系统党校体系，旨在以“红船精神”为引领，强化对广大科技工作者和科协系统干部的党史教育和红色教育，打造没有围墙的价值引领高地。

“科创中国”2021峰会由中国科协、浙江省人民政府主办，中国科协科技经济融合工作领导小组办公室、“科创中国”咨询委员会、浙江省科协、中共嘉兴市委、嘉兴市人民政府承办。

【2020“科创中国”年度工作会议】 1月18日，中国科协召开2020“科创中国”年度工作会议。全国政协副主席、中国科协主席万钢出席会议并讲话。中国科协党组书记、常务副主席、书记处第一书记怀进鹏出席会议并为第二十三届中国科协求是杰出青年成果转化奖获奖者代表颁奖。国家最高科学技术奖获得者、中国工程院院士王小谟，中国工程院原院长、中国工程院院士周济，十三届全国人大常委会委员、社会建设委员会副主任委员、清华大学公共管理学院院长江小涓，中国科协党组、书记处全体成员出席会议。中国科协党组成员、书记处书记吕昭平主持会议。

会议以习近平新时代中国特色社会主义思想为指导，深入贯彻落实党的十九届五中全会精神，全面总结“科创中国”建设以来开展的各项工作，推介在促进科技经济融合实践中探索的新模式新经验，发布2020年“科创中国”系列榜单，颁发第二十三届中国科协求是杰出青年成果转化奖，公布新增补的四个首批“科创中国”试点城市（园区），宣布组建“科创中国”咨询委员会和“科创中国”联合体，并对未来三年“科创中国”建设的重点目标、核心任务进行了部署。会议多方位呈现了广大科技工作者积极投身经济高质量发展的新贡献，多角度展示了科技共同体凝聚创新创造合力服务新发展格局的新作为，对于提升国家创新体系效能、以科技创新支撑现代经济体系建设具有积极意义。

万钢在讲话中指出，一年来，中国科协积极推动“科创中国”建设，以科技工作者为根本依靠，以平台型组织为生态核心，以跨领域协作为破题之举，各项工作取得积极进展和显著成效。在“十四五”开局的关键时期，中国科协将继续坚守正确政治方向，引领广大科技工作者融入全面建设社会主义现代化强国的大局，紧扣经济发展主题，大力推进科技经济融合与创新驱动发展，坚持开放合作理念，不断拓展“科创中国”朋友圈，在更高起点、更高层次、更高目标上推进“科创中国”建设，实现“科创中国”“科普中国”“智汇中国”“科技工作者之家”相融互促、协同并进。

万钢为“科创中国”咨询委员会联席主席王小谟院士、江小涓研究员颁发聘书，为“科创中国”联合体理事长周济院士颁发证书，标志着“科创中国”最高层次的专家智库和协同组织正式组建。“科创中国”咨询委员会采用“双主席制”，由著名科学家和经济学家共同领衔，打造促进科技经济融合的人才汇聚高地、思想策源高地；“科创中国”联合体由 71 家政产学研金服用领军单位共同发起成立，以组织联结、服务联结、利益联结推动科技成果转移转化和产学研融通。

怀进鹏为第二十三届中国科协求是杰出青年成果转化奖获奖者三位在京代表张跃飞、陶晓明、林学春颁奖，七位京外获奖者马小飞、文华国、艾先涛、刘自鸿、吕凌、李少伟、康宇在各省分会场参会。从今年开始，该奖项将与“科创中国”深度对接，向在促进科技成果转移转化、服务科技经济深度融合方面取得突出业绩的创新人才倾斜，激励青年科技工作者成长，促进产业技术人才脱颖而出。

中国科协党组成员、书记处书记束为代表中国科协科技经济融合工作领导小组全面总结了“科创中国”团结组织广大科技工作者促进科技经济融合、服务区域产业创新取得的积极成效。迄今为止，中国科协围绕 19 个省（自治区、直辖市）区域产业需求，遴选建设了 26 个试点城市（园区），组建了百余个新型协同组织。“科创中国”主平台入驻高校、院所、企业、服务机构等千余家。由百余名院士挂帅，137 家全国学会、279 家地方科协联动组建 105 个“科创中国”科技服务团队，深入基层产业一线提供科技服务。

中共嘉兴市委书记张兵，湖北省科协党组书记、副主席叶贤林，中国机械工程学会常务副理事长张彦敏分别介绍了“科创中国”试点建设、组织创新、科技服务团方面的创新实践。会议期间，交流展示了参与“科创中国”建设有关单位机构总结形成的 32 个典型工作案例。增补四川成都、山东济南、内蒙古包头、重庆高新区为“科创中国”首批试点城市（园区），成都市副市长曹俊杰代表试点城市作表态发言。

会议发布了 2020 年“科创中国”系列榜单。榜单聚焦“科创中国”试点城市（园区）在电子信息、生物医药、装备制造、先进材料、资源环境五大领域的产业创新需求，众多科学家、企业家、投资人和专业服务机构负责人参与推荐遴选，最终推介 50 项先导技术、10 个新锐企业、10 个产学研融通组织。中国科协将持续推动榜单入选技术和相关资源在“科创中国”试点城市（园区）转化落地，辐射带动更大区域产业和经济发展。

受中国科协科技经济融合工作领导小组委托，中国科协学会学术部部长、企业工作办公室主任刘兴平发布了《“科创中国”三年行动计划（2021—2023 年）》，对其中建设一批创新枢纽城市、建设千个新型协同组织、培育万名技术经理人以及建立评估激励体系等十项核心任务进行了重点解读。希望联合各方创新力量奋发进取、开放创新，彰显科技共同体新担当新作为，举起科技界支撑新发展格局的引领旗帜。

中国科协有关部门、挂点工作组相关负责人，31 个省（自治区、直辖市）及新疆生产建设兵团科协负责同志、政府相关部门负责人，“科创中国”试点城市（园区）负责人、政府相关部门负责人，有关全国学会负责人、科技服务团专家代表、办事机构人员在主会场、视频分会场以线上线下方式参加会议。

【中国科协召开科技经济融合工作领导小组专题会议】 10 月 27 日，中国科协召开科技经济融合工作领导小组 2021 年第 6 次专题会议。中国科协党组书记、分管日常工作副主席、书记处第一书记张玉卓主持。

会议听取“科创中国”工作情况及下一阶段工作考虑汇报。与会人员围绕相关工作进展情况和经验体会进行深入交流，提出工作建议。

会议充分肯定“科创中国”建设一年半来的工作成效。强调要深入贯彻习近平总书记系列重要讲话以及在参观国家“十三五”科技创新成就展时的重要指示精神，落实李克强总理关于“科创”支撑“双创”的指示要求，紧紧围绕党中央、国务院关于促进产学研融合的系列重要部署，务实推进“科创中国”各项建设任务。

会议强调，要进一步发挥科协组织的人才优势，为大众创业万众创新注入科技力量，促进高水平创新创造、高质量创业就业。下一阶段，“科创中国”要从“创品牌”向“求实效”转变、从“搭平台”向“植内涵”转变、从“扩面”向“提质”转变、从“提供场景”向“营造生态”转变。要汇聚科协系统及有关单位合力，形成“联合参谋部”工作机制，扎实做好理论研究、现状调研、需求分析，聚焦重点，发挥所长，提升能力，务求实效。

会议要求，抓紧梳理年度工作任务，在保质保量完成工作目标基础上尽早谋划未来发展。一要开展“科创”带动“双创”的理论研究，强化理论指导实践；二要开展全国技术交易平台情况调研，摸清总体情况；三要对试点城市产业需求进行精准画像，诊断、研判适合科协组织重点服务的主导产业；四要加强科协组织体系和能力建设，机制化向地方导入人才和技术，营造激励人才创新创业创造的良好生态。

领导小组执行组长、中国科协党组成员、书记处书记吕昭平，领导小组各成员单位代表，“科创中国”试点城市挂点工作组组长参加会议。

【“科创中国”联合体成立大会】 4月30日，由88家单位共同发起的“科创中国”联合体成立大会在北京举办。中国科协党组书记、常务副主席、书记处第一书记、中国科学院院士怀进鹏出席会议并致辞。中国工程院院士周济当选“科创中国”联合体第一届理事会理事长并发表讲话。会议由中国科协党组成员、书记处书记吕昭平主持。

怀进鹏指出，为贯彻落实习近平总书记关于统筹疫情防控和促进经济社会发展、2020年全国科技工作者日给科技工作者回信等系列重要指示精神，中国科协聚焦促进科技经济融合推出“科创中国”品牌，打造公共技术服务与交易平台，构建以试点城市为节点的创新协作网络，促进各类创新主体的融通协作，推介了一批先导技术、新锐企业和产学融通组织，形成了一批可推广的典型模式和具有影响力的工作载体。怀进鹏强调，联合体是“科创中国”联系创新主体、汇聚创新资源、开展跨界合作、构建协作网络、营造创新生态的重要组织载体，要进一步强化跨界融合的枢纽连接，促进资源优化配置；构建灵活高效的协同机制，激发持久创新活力；构建开放的创新生态，优化科技创新支撑效能，在更高起点、更高层次上推进联合体高质量发展，为服务构建新发展格局提供科技支撑。

周济指出，新一轮科技革命和产业变革是百年未有之大变局的关键。进入新时代、贯彻新理念、构筑新格局，必须坚持创新在我国现代化建设全局中的核心地位，把科技自立自强作为国家发展的战略支撑。“科创中国”联合体各成员单位要优势互补，推动产学研深度融合；信息共享，畅通资政渠道；资源汇聚，营造创新生态；合作共赢，引领各地各行业创新。希望“科创中国”联合体能够有效团结引领广大科技工作者投身于创新驱动国家经济社会发展、创新引领中国现代化未来的伟大实践中去，为建设科技强国贡献力量。

会议表决通过了《“科创中国”联合体章程（草案）》《“科创中国”联合体理事会组建方案及第一届理事会建议名单》。

周济向“科创中国”联合体第一届理事代表颁发了证书。怀进鹏与“科创中国”开源创新联合体荣誉理事长、中国工程院院士倪光南及“科创中国”投资联合体联席秘书长兰宁羽分别为开源创新联合体、投资联合体揭牌。倪光南，江苏产业技术研究院院长刘庆，滴滴出行联合创始人兼CTO、滴滴自动驾驶公司CEO张博分别围绕“把握开源机遇，构建开源领域命运共同体”“产业技术创新体系与生态建设”和“产学融通促进交通科技创新”作专题报告。

“科创中国”联合体是在中国科协积极倡导下，由有关企业、科研机构、高等院校、产业园区、投融资机构等政产学研金服用各领域各类创新主体发起成立的开放性、非营利、非法人组织。联合体以“平等互利、合作共赢、资源共享、风险共担”为原则，推动跨界合作，营造创新生态，构建全链条技术服务与交易体系，探索加快创新成果转化应用的组织模式和运行机制，促进科技经济深度融合，服务区域产业转型升级和经济社会高质量发展。

“科创中国”联合体发起单位代表、中国科协科技经济融合工作领导小组成员单位有关负责人、部分试点城市挂点工作组组长及新闻媒体参加会议。

【“科创中国”科技创新助力医学强国建设研讨会】 4月16日，“科创中国”科技创新助力医学强国建设研讨会在北京召开。本次会议是中国科协首次指导召开的“科创中国”行业领域专题研讨会，由中国医学科学院与高瓴联合主办。中国科协党组书记、常务副主席、书记处第一书记怀进鹏，中国工程院副院长、中国医学科学院北京协和医学院院校长王辰，高瓴创始人张磊出席会议。有关全国学会负责人、院士代表、医药研发领军人物，以及在医疗创新和产业转化领域表现优异的投资界代表等30余人参加会议。

怀进鹏在致辞中指出，生命健康是人类的永恒主题，生命医学是人类文明发展的重要内容。习近平总书记强调坚持人民至上、生命至上，把面向人民生命健康作为科技创新“四个面向”之一。生命健康研究最具跨学科和交叉融合特征，是科技皇冠上的明珠，是对人类智慧极限的挑战。技术创新、产业发展与资本的结合将有效提升国家医学交叉创新能力，为人民健康和福祉保驾护航。

怀进鹏表示，中国科协将深入贯彻落实习近平总书记关于统筹疫情防控和经济社会发展的系列重要指示精神，与科学家、企业家、投资家一道做强“科创中国”品牌，针对“科创中国”试点城市（园区）有关医学与生命科学产业领域旺盛的创新需求，打造产学研供需对接的信息平台、技术服务与交易的运营平台、人才与技术的赋能平台，以学科交叉推动医学科技发展，以产学研融合提升健康产业创新能力，以开放合作共建人类卫生健康共同体。

王辰以“国家医学创新战略思考”为主题发表主旨演讲。与会专家围绕医产学研金各方在加速中国医药健康创新中更好协作、提升研究型医院等医疗机构临床研究水平等议题展开讨论，从加强基础研究、加速创新药研发、促进研究型医院建设、突破体制机制障碍、营造医药创新生态等方面提出意见建议。

【“科创中国”开源创新联合体成立】 5 月 19 日，“科创中国”开源创新联合体在第五届世界智能大会期间成立。

中国科协党组书记、常务副主席、书记处第一书记怀进鹏，天津市委常委、市委组织部部长喻云林，世界工程组织联合会主席、“科创中国”开源创新联合体理事长龚克，“科创中国”开源创新联合体荣誉理事长、中国工程院院士倪光南，河北省数字经济联合会会长吴显国，中国科学院院士、南开大学副校长陈军，天津市科协党组书记、常务副主席陆为民，北京市科协党组成员、副主席田文，河北省科协党组成员、副主席张建辉出席成立大会。中国科协、北京市科协、天津市科协相关部门负责人，“科创中国”开源创新联合体理事会成员、“科创中国”青年百人会成员代表，相关领域专家学者和天津理工大学师生等近 300 人现场参加活动。大会由中国科学院院士、天津市科协主席饶子和主持。

怀进鹏为“科创中国”开源创新联合体荣誉理事长倪光南，理事长龚克，副理事长陈英、赵琛、陈锐、王巨宏、韩乃平等颁发聘书。“科创中国”开源创新联合体、天津滨海高新区、中关村软件园三方签署了战略合作协议。京东、麒麟软件、北京科蓝等联合体理事单位在会上发布了开源项目。

“科创中国”开源创新联合体是“科创中国”联合体的子联合体，同时也是“科创中国”联合体理事单位，在中国科协积极倡导下，由“科创中国”试点城市北京、天津挂点工作组努力推动，中国科协科学技术传播中心、中国电子学会、腾讯、百度、麒麟软件等 36 家单位共同发起成立，旨在发挥中国科协组织和人才优势，推动我国开源产学研金政等各类创新主体加强团结协作和横向联系，广泛汇聚创新资源，打造技术创新跨界协作网络，培育本土开源创新生态，构建开源领域命运共同体，解决“卡脖子”技术难题和实现核心技术可控。秘书处设在中国科协科学技术传播中心。

【“科创中国”企业云课堂启动仪式暨走进企业直播第一课开课】 5 月 13 日，“科创中国”企业云课堂启动仪式暨走进中石油直播课在中石油创新科技园举办。中国科协党组副书记、副主席、书记处书记徐延豪，全国工商联党组成员、副主席李兆前，中石油集团公司党组副书记段良伟等参加启动仪式并致辞。约 200 位中石油员工代表参加现场活动。中国工程院院士侯立安受邀为大家作报告《中国企业家在新时代生态文明建设中的使命与担当》。

徐延豪指出，企业是创新的主体，国有企业特别是中央企业是科技创新的国家队。今年是建党百年，中国科协、全国工商联推出“科创中国”企业云课堂，是落实习近平总书记提出的“学党史、悟思想、办实事、开新局”的具体行动，是“科创中国”服务企业自主创新能力提升、促进企业融通创新、推动科技与经济深度融合的具体举措。

启动会后开始了云课堂进企业的第一课，“科创中国”平台企业云课堂在线直播间人数 35 万人，全网观看量达 225.32 万人。“科创中国”企业云课堂启动仪式由中国科协、全国工商联主办，中国科协学会学术部、全国工商联宣教部和经济部、中国科协企业创新服务中心、中国石油集团人力资源部、中油国际管道公司具体承办。

2021 年，“科创中国”企业云课堂立足新发展阶段、贯彻新发展理念、构建新发展格局，计划陆续推出系列精品课程，课程内容设置政策解读、绿色发展、精细管理、质量控制、创新方法、创意设计、知识产权运营与保护、创投与融资、数字化转型九大板块。除了传统的直播、录播等课程方式外，还将通过线上与线下相结合的方式，与企业和地方合作，推动云课堂走进“标杆企业”、走进“园区”、走进“科创中国”试点城市。

【“科创中国”科技创新企业家高峰论坛】 7月27日，第二十三届中国科协年会“科创中国”科技创新企业家高峰论坛在北京举办。论坛以“新兴产业与高质量发展”为主题，由中国科协和北京市人民政府共同主办，中国科协企业创新服务中心和中关村产业技术联盟联合会承办。中国科协党组成员、书记处书记吕昭平出席并致辞，美国旧金山湾区委员会主席兼首席执行官吉姆·旺德曼视频致辞。清华大学教授、清华科技园创始人、中关村产业技术联盟联合会理事长梅萌主持。中国工程院院士樊代明、中国工程院院士沈昌祥、国际科技园及创新区域协会副主席陈鸿波、中泽嘉盟投资有限公司董事长吴鹰等出席。来自科技界、产业界、投资界的160余位专家学者和全国学会代表现场参加。

吕昭平在致辞中指出，当前数字经济成为促进全球经济高质量发展的新动能，绿色产业发展成为推动全球经济复苏的新力量，融合发展新趋势催生企业创新范式深刻变革。本次论坛深入贯彻落实习近平总书记重要讲话精神，坚持包容可持续发展，把握科技创新机遇，围绕产业链部署创新链，围绕创新链布局产业链，构建以企业为主体的技术创新体系，不断提升企业科技创新能力，以开放信任合作推进科技进步实现价值共赢，以产学研深度融合构建科技创新体系新范式，顺应经济全球化潮流加强合作应对风险挑战。他强调，中国科协愿携手科技界、产业界、投资界，共同推进“科创中国”建设，努力搭建产学研政金对话沟通、融通合作的桥梁，共同服务企业创新发展，共同助力北京国际科技创新中心建设，共同推进京津冀协同发展，为加快构建新发展格局、推动经济高质量发展贡献力量。

吉姆·旺德曼在视频致辞中表示，企业、大学、科研机构、社会团体和政府应共同营造创新生态，政府要在基础研究上加大投资。开放交流、共享研发、人才自由流动将促进全球经济复苏，为各地区带来创新增长的机会。中国与美国有着重要的经济关系和共同的目标，建立以开放为基础的全球发展新格局需要两国企业家共同交流协作。旧金山湾区将为促进中美科技经济交流合作而努力。

樊代明、沈昌祥、陈鸿波、吴鹰分别作主旨报告《疫后医学发展的思考》《数字经济时代的机遇与挑战》《科技创新生态系统的构成与案例》《5G与人工智能》。樊代明强调，要用整体整合医学理念统领医学发展全局，使之成为应对突发公共卫生事件和重大医学难题的重要武器。沈昌祥表示，要积极构建网络安全主动免疫保障体系，严格落实等级保护要求，保障数字经济健康发展。陈鸿波认为，创新生态系统需社会各方共同建设，政府应围绕企业创新需求提供更加有效的精准服务。吴鹰表示，5G技术与人工智能密切融合，将对中国各行各业智能化、智能各行各业化带来巨大的机遇和挑战。

在论坛的高端对话环节，清控银杏创业投资管理（北京）有限公司创始合伙人兼董事长罗茁、首都医科大学附属北京佑安医院副院长蔡超、北京汇医慧影医疗科技有限公司创始人兼首席执行官柴象飞、北京天智航医疗科技股份有限公司副总经理刘铁昌、北京雅康博生物科技有限公司首席执行官许军普、Avirmax公司首席执行官刘胜江围绕“生物安全与生命健康”开展交流讨论。清华大学环境学院教授汪诚文、北京氢璞创能科技有限公司董事长欧阳洵、滨化集团股份有限公司董事长朱德权、源起科创（北京）基金管理有限公司合伙人张宏兵、华夏银行绿色金融中心主任张勇森、英国驻华大使馆国际贸易部中国区能源事业总监詹格之就“绿色发展与节能降碳”话题进行对话交流。中交科创科技有限公司总经理兰宁羽、优客工场创始人兼董事长毛大庆、北京旷视科技有限公司高级副总裁赵立威、华为技术有限公司中国战略Marketing产业发展总监侯勇、北航国家大学科技园董事长李军、瑞谷机器人有限公司总经理亚当·海格曼聚焦“人工智能与产学融合作”分享观点。

“科创中国”科技创新企业家高峰论坛是第二十三届中国科协年会重要活动之一，由中关村医疗器械产业技术创新联盟、中关村网络安全与信息化产业联盟等9家单位共同协办。

【“科创中国”数字平台与字节跳动签约仪式】 10月27日，“科创中国·院士开讲”栏目上线暨“科创中国”平台与北京字节跳动科技有限公司合作签约仪式在中国科技会堂举办，中国科协党组成员、书记处书记吕昭平出席活动并讲话。

吕昭平表示，“科创中国”是中国科协贯彻落实习近平总书记系列重要指示精神、发挥科技共同体优势、服务经济社会高质量发展的重要工作品牌。他指出，签订合作协议是双方良好合作的开端，也是更深层次、更广领域合作的起点。他希望，双方在合作中坚守正确的政治方向，讲好创新故事、弘扬创新精神，在全社会营造科技创新的浓厚氛围，引领广大科技工作者融入全面建设社会主义现代化强国的大局；要紧扣经济发展主题，坚持把宣传科学家精神与宣传科技成果案例紧密结合起来，构建科学创新传播新模式，充分发挥聚合传播效应，提升“科创中国”品牌知名度；要坚持开放合作理念，搭建科学创新传播新平台，拓宽“科创中国”的传播视野和传播领域，在推进科技经济融合与创新驱动发展中贡献传播力量。

北京字节跳动科技有限公司总编辑、副总裁张辅评说，抖音一直在努力成长为一个记录、传播和学习知识的平台。在过去的一年里，泛知识内容在抖音平台的播放量已经占到了 20%，在抖音上进行的泛知识直播超过了 100 万场，其中，科技创新类的内容强势崛起，成为平台用户们最喜爱的内容之一。他表示，将会用最优质的内部资源与中国科协、“科创中国”平台及各位院士合作，共同打造出一个精品知识类栏目。

会上，吕昭平与张辅评等共同启动“科创中国·院士开讲”栏目。

中国科协科学技术创新部、中国科学技术出版社主要负责人参加签约仪式。

【2021“科创中国”科学家企业家创新论坛】 7 月 27 日，2021“科创中国”科学家企业家创新论坛在北京举办。“科创中国”联合体理事长、中国工程院院士周济出席论坛，中国科协党组成员、书记处书记、中国科技馆馆长殷皓致辞。

殷皓在致辞中表示，2020 年中国科协响应党中央号召，创新推出“科创中国”品牌。“科创中国”以数字平台为支撑，以试点城市（园区）为依托，以组织创新为核心，持续构筑科技、经济相融合的发展生态。一年来，“科创中国”围绕“产学研供需对接的信息平台，技术服务与交易的运营平台，人才与技术的赋能平台”三大目标，已基本构建起覆盖全国的公共基础服务与交易平台，并广泛汇聚问题库、项目库、人才库，不断促进要素集成、开放融通、资源共享。

殷皓指出，“科创中国”在全国范围内选取 65 个试点城市和园区，积极组织 210 家全国学会按需组建科技服务团，不断带动人才、技术、成果下沉到企业和园区。通过持续打造创新驱动高质量发展的协同枢纽，不断助力高水平科技自立自强。

中国工程院院士、中国科学院计算技术研究所研究员倪光南，中国探月工程三期总设计师胡浩，中国上市公司协会会长、中国企业改革与发展研究会会长宋志平，青岛特锐德电气股份有限公司董事长于德翔等作主旨报告。

倪光南指出，“开源”是开放科学的核心精神在信息领域的体现，并已成为全球信息技术发展的强大推动力。胡浩介绍了我国探月工程的起源与发展历程。宋志平提出，科学的发现是发明的基础，技术的发明是企业创新的基础。于德翔表示，企业创新的核心问题是开天路、敢为人先、做别人做不到的。

多位与会嘉宾围绕“科技创新、企业创新和构建新型产学研融合生态圈”等话题展开讨论。论坛上，2021 年“科创中国”榜单活动正式启动。榜单聚焦“科创中国”试点城市（园区）在电子信息、生物医药、装备制造、先进材料、资源环境五大领域的产业创新需求，推介一批先导技术，优选一批支撑试点城市（园区）重点产业的新锐企业以及服务重点区域科技经济融合发展的产学研融通组织，引导探索技术服务与交易的新业态、新组织、新模式，激活创新引领的合作动能。

论坛由中国科协、北京市人民政府主办，中国科学技术出版社有限公司承办。政府机构工作人员、专家、学者、企业家和媒体代表等 400 余人参会。

【服务京津冀协同发展论坛暨第四届创新驱动发展大会】 7 月 27 日，主题为“协同发展　品质生活”的第二十三届中国科协年会服务京津冀协同发展论坛暨第四届创新驱动发展大会在河北省保定市举办。论坛设科学家专题座谈会、开幕式、主旨报告、分会场等 4 个板块活动。中国科协党组成员、机关党委书记王守东，河北省政协原副主席、省科协主席段惠军，中国科学院院士、中国科协生命科学学会联合体主席、河北大学校长康乐，保定市委书记党晓龙出席开幕式并讲话。保定市委、市政府相关领导同志，部分“科创中国”科技服务团代表，保定市园区企业代表共计 350 余人参加大会开幕式。

王守东在讲话中表示，本届年会为落实京津冀协同发展重大国家战略，结合京津冀地区产业发展实际需求和“科创中国”试点城市建设，分别在河北、天津举办不同主题分论坛活动，联动京津冀优势产业，构建会地联合创新体系，培育科技经济融合融通生态。推进“科创中国”保定试点城市工作要做强优势企业，利用好“科创中国”平台，切实为保定建设国家医疗基地和国家医疗区域中心提供有力科技支撑；要做好人才入园，以政策红利激活人才红利；要做好京津冀协同发展，建设科创走廊，推动京津冀产业链和创新链深度融合。

段惠军介绍了河北省正在实施的科技强链行动、重大科技成果转化行动和基础研究行动，提出保定市要组织主导产业、重点企业明确人才、技术、项目需求，与中国科协、全国学会和院士专家进行技术对接和点对点合作，让更多科研成果在河北省转化落地。

康乐表示，提高人民健康水平已经成为国家的重大社会命题之一，希望各位专家学者和企业家瞄准产业链需求，充分探讨生命健康、生物医药、医疗康养等产业链协同合作与创新发展的新思路、新方法，探索生物医药健康产业发展新路径、新模式，共同维护人民健康福祉。

党晓龙在致辞中介绍了保定的市情市貌和科技经济融合工作基本方向，并向大家发出了诚挚的邀请，希望继续深化与全国学会的战略合作，充分发挥院士专家服务中心和科技服务团作用，大力加强基础研究，广泛引入创新资源，激发创新内生动力。

开幕式上，中国电工技术学会秘书长韩毅、中国兵工学会副理事长兼秘书长于小虎、中国汽车工程学会副秘书长闫建来作为“科创中国”科技服务团代表作典型发言；举办“科创中国”保定试点城市揭牌仪式和保定市特聘专家证书颁发仪式。在国际医疗基地全球招商发布暨项目集中签约仪式环节，保定市委常委、市政府党组副书记张贵宝介绍国际医疗基地规划情况，保定市人民政府与首都部分医院8个国际医疗基地支撑体系项目完成签约，保定市发改委与有关企业签订10个国际医疗基地产业生态体系项目。

大会报告环节，中国科学院院士、中国科学院植物研究所研究员、中国植物学会原理事长匡廷云，中国科学院院士、复旦大学常务副校长金力，中国科学院院士、军事医学研究院研究员、国家生物医学分析中心主任张学敏，中国工程院院士、深圳湾实验室主任詹启敏，中国科协生命科学学会联合体秘书长王小宁，军事科学院军事医学研究院辐射医学研究所所长、研究员周钢桥，清华大学医院管理研究院常务副院长张宗久，北京大学医学部中西医结合研究院院长、终身教授韩晶岩等专家学者分别围绕生命科学领域相关前沿热点问题作主旨报告。

7月27日下午，中国电工技术学会等5家电力能源领域科技服务团赴雄安新区开展“科创中国”科技服务团雄安行交流考察活动，与会专家深入雄安新区市民服务中心和新区规划馆进行考察，围绕雄安新区电力能源发展规划、“双碳”能源建设等工作与国网雄安新区供电公司等企业进行交流研讨，并就下一步加强合作进行对接交流。

本次论坛由中国科协学会服务中心、河北大学、河北省科协、保定市人民政府、中国科协生命科学学会联合体共同承办。

【港澳科技界人士加入全国学会座谈会】 9月17日，由民政部、中国科协联合主办的港澳科技界人士加入全国学会座谈会在北京召开。会议旨在贯彻落实《中国科协 民政部关于进一步推动中国科协学会创新发展的意见》有关部署，更好地推动港澳科技界人士加入全国学会工作落地见效。民政部党组成员、副部长詹成付，中国科协党组成员、书记处书记吕昭平出席会议并致辞。国务院港澳办、香港中联办、中国科协有关部门负责同志，有关全国学会负责人、港澳科技界代表、有关新闻媒体共60余人参加会议。

詹成付指出，中国科协全国学会数量多、体量大，是科技类社会组织的主力舰和领航舰。下一步，民政部将立足大局，从四个方面全力支持中国科协做好吸纳港澳科技界人士加入全国学会工作，推动学会高质量发展：一是会同中国科协不断完善相关政策，建立健全与港澳科技界人士加入全国学会工作要求相适应的政策体系；二是支持符合条件的港澳科技界人士加入学会、参与学会治理运营，加强与港澳科技界的交流合作；三是支持学会完善内部治理、提升治理能力，建设具有更高对外开放水平的一流学会；四是支持学会更好发挥作用，做好沟通、联系和服务工作，支持港澳科技界人士参与内地科技活动，发挥港澳科技界的专业优势、组织优势和资源优势，共同提升我国参与全球科技治理的水平和能力。

吕昭平指出，中国科协深入贯彻落实党和国家港澳工作部署要求，积极搭建平台，加强对港澳科技界人士的联系服务，支持全国学会与港澳科技界建立良好的合作关系。港澳地区拥有良好的科技基础和高素质专业科技人才，粤港澳大湾区建设、香港国际创新科技中心建设为全国学会和港澳科技界深化合作、共创未来带来了新的机遇。中国科协期盼港澳科技界人士发挥独特优势，更广泛、更深入地参与到全国学会各项活动中来，通过更畅通的渠道、更广阔的空间加快学术成长、服务科技进步、参与国家治理实践，共建高质量科技社团，共促开放发展，共创美好未来。中国科协将会同有关部门及社会各界协同联动，共同做好港澳科技界人士加入全国学会的各项服务工作，创造更有利于港澳科技界人士发挥作用的良好环境，搭建内地与港澳科技界人士交流融合、互利共赢的桥梁，共同为港澳繁荣稳定注入科技新动能，为港澳融入国家发展大局作出新贡献。

会上，中国化学会副理事长、清华大学化学系教授帅志刚，中国机械工程学会副理事长兼秘书长陆大明，中国城市规划学会副理事长兼秘书长石楠介绍了学会开展港澳交流合作、发展港澳会员的实践案例与未来规划。香港中文大学（深圳）理工学院院长、中国科学院院士唐本忠，南方科技大学生命科学学院院长、中国科学院院士张明杰，香港大学教授、中国科学院院士任咏华，澳门大学校长宋永华通过视频作交流发言。

会议还设置了问答交流环节，全国学会有关负责人就香港科学家及媒体记者关心的问题进行了回答。

【第四届世界科技期刊论坛】 7 月 28 日，中国科协举办第四届世界科技期刊论坛，论坛以“推动开放科学：共享·共赢·可持续”为主题，围绕开放获取、开放数据、开放科研、开放评价以及科研诚信协同治理等热点话题进行了深入研讨。中国科协党组书记、常务副主席、书记处第一书记怀进鹏出席并讲话。中国科学院副院长、中国科协副主席高鸿钧院士，国家自然科学基金委员会秘书长韩宇出席论坛。中国科协党组成员、书记处书记吕昭平和中国科技期刊编辑学会理事长田伟院士分别主持颁奖签约仪式和报告会。

怀进鹏提出，推进开放科学建设，能够更好地促进科学惠及社会、惠及人类，意义十分重大。面对当前开放科学未来发展的不确定性，中国科技共同体要积极参与国际开放科学大活动，顺应开放科学发展大趋势，打造开放科学大平台，贡献中国力量，让开放、信任和合作成为科技界的名片。他表示，开放科学是全球科技发展大势所趋，随着当今世界新科技革命和产业数字化变革不断深化，各国相互依存相互影响更加密切，开放科学有利于建立更加透明、更加开放的世界协作网络。开放科学是未来发展的重要方向，而推进共享、共赢和可持续的科学研究是科技界共同的理想和目标。同时，开放科学带来创新与治理的深刻变革，对科学发现、人才培育和国际交流会产生深远影响，推动科技共同体未来合作交流、同行评议、人才激励、科技治理方式方法创新。他对全球合作共同探索开放科学的多元发展路径提出三点倡议：第一，着眼全球人类福祉，探索多元、多样的开放道路；第二，加快建设基础设施，有序有组织做强资源共享；第三，强化知识产权保护、科技伦理和科技共同体自律。

国际数字地球学会名誉主席郭华东院士，中国振动工程学会理事长胡海岩院士，联合国教科文组织欧敏行女士，欧盟委员会开放科学政策官员吉恩·弗朗索瓦先生，美国冷泉港预印本平台创始人约翰·英格里斯，中国科技出版传媒有限公司总经理彭斌作主旨报告。郭华东院士围绕“地球大数据科学工程”项目和可持续发展国际大数据研究中心建设，分析了科学数据开放共享对于推动全球科技合作的重要作用。胡海岩院士提出了在开放科学环境下，学术共同体开展期刊质量评价的新路径。欧敏行女士详细介绍了联合国教科文组织所倡导的广泛开放式开放科学的解决方案。吉恩·弗朗索瓦先生分析了开放科学对科学研究和科学出版所产生的重大影响，介绍了欧盟应对举措。约翰·英格里斯先生分享了近来生命和健康科学领域预印本的发展情况。彭斌总经理探讨了中国出版机构推动开放获取期刊和开放获取平台建设的具体举措。

在高端对话环节，与会代表分别就开放获取出版模式与新刊建设、科研诚信问题协同治理进行了对话和研讨。论坛期间还颁发了中国科技期刊卓越行动计划优秀期刊、编辑、审稿人证书，分别签署了中国科协与国际科技与医学出版商协会、威立出版集团的合作备忘录。

本次论坛于 29 日全天组织专题研讨，全球出版业同行围绕开放获取实施路线和开放科学基础设施建设等热点话题和难点问题开展深入交流，深化开放科学的国际合作。

本届论坛得到国际科技与医学出版商协会、英国工程技术学会、施普林格自然集团、爱思唯尔集团、威立出版集团的共同支持。来自世界一流科技期刊建设专家委员会成员、国内外科技期刊出版机构的代表以及中宣部、教育部、科技部、中国科学院等卓越行动计划联合实施部门和国家自然科学基金委的相关领导出席论坛。共有700余位代表线上或线下参加论坛。

【中国科技期刊卓越行动计划工作交流推进会】 4月20日，中国科技期刊卓越行动计划工作交流推进会在北京召开。中国科协党组书记、常务副主席、书记处第一书记怀进鹏院士，世界一流科技期刊建设专家委员会主任杨卫院士出席会议并致辞。专家委员会委员、北京理工大学党委常务副书记项昌乐院士，中国工程院党组成员、秘书长陈建峰院士，中国机械工业集团有限公司党委常委、副总经理、总工程师陈学东院士，鹏程实验室主任高文院士，中国期刊协会副会长李军出席会议。中国科协党组成员、书记处书记吕昭平主持会议。

会议以贯彻落实习近平总书记关于办好一流学术期刊的重要指示精神、推动科技期刊高质量发展为目标，回顾总结中国科技期刊卓越行动计划阶段性工作成效，挖掘推广先进办刊经验和创新探索，交流研讨发展新形势、新问题，助推入选期刊加快向世界一流水平迈进。

怀进鹏在致辞中指出，科技期刊是科技共同体不可或缺的学术交流平台，是高端人才的聚集地和青年人才的培养基地，是科技自立自强的重要支撑。在把我国建成世界主要科学中心和创新高地的征程中，科技期刊承载着重要使命。近年来，我国科技发展取得重大成就，但高影响力期刊在全球占比仍较低。当前，新一轮工业革命正在通过数字化、网络化、智能化推动社会生产方式和组织方式的重要变革，以开放科学为重要标志的新型学术交流正在重塑全球科技传播体系，给一流期刊建设带来了新的机遇和挑战。中国科技期刊要乘势而上、主动变革，提升学术品牌和国际竞争能力。要坚持“四个面向”，以服务科技强国建设为根本，努力争取高水平成果的首发权；要主动适应网络化、平台化、社交化等学术交流新特征，加快传统出版向知识服务、数字经济转型；要强化开放办刊理念，全面融入创新网络，扎根科技共同体，增强与产业界、媒体界的协同互动和与国际同行的交流合作；要始终把内容质量作为第一生命线，把人才建设作为根本保障，坚持出版伦理，做强办刊队伍。在“十四五”开局之年，在中国共产党百年华诞之际，科技期刊要从党史中汲取精神力量，敢于立下高远志向，勇于应对艰难险阻，善于抓住发展机遇，乘风破浪、奋发有为。

杨卫代表专家委员会发表致辞。他指出，拥有一批国际一流的科技期刊和具有国际影响力的科技传播平台是科技强国的重要标志之一。当前，世界一流的科技期刊主要集中在美国、英国、荷兰、德国等国家，国内期刊仍有较大差距。但我国飞速增长的学术产出为办出中国品牌的一流期刊增强了底气。中国科技期刊卓越行动计划实施以来，一批期刊在办刊理念、标准规范等方面正在快速与国际接轨，开放办刊也走出了坚实的步伐，刊物能够更加积极地融入学术共同体之中，组稿、约稿力度明显加大，传播服务能力明显提升，向上发展态势已经显现。要发挥我们的后发优势、执行力优势，抓住评价体系改革的契机，以“一万年太久，只争朝夕”的精神，加快建设具有世界影响力的高端学术交流平台，使科技期刊成为我们国家的战略科技力量。

会上，《工程》《国家科学评论》《细胞研究》《光：科学与应用》《中国电机工程学报》《电化学能源评论》等6种期刊代表分别做汇报发言，分享期刊在组建高水平编委和编辑团队，组约一流原创论文和顶尖综述，策划主题专刊和热点栏目，主办品牌学术会议、学术竞赛和作者分享会等方面的做法和经验。杨卫、项昌乐、陈建峰、陈学东、高文、李军等6位专家对各刊工作逐一进行了提问和点评，指导各刊立足不同功能定位练好内功，对标一流、加速追赶。

来自“中国科技期刊卓越行动计划”入选期刊的340余位参会代表分7个小组进行了讨论交流，包括领军、重点、梯队、高起点新刊在内的22种优秀期刊做分组汇报，围绕科技期刊质量提升、影响力提升、出版伦理规范建设、同行评议效能提升、人才队伍建设等进行发言互动。

中宣部、教育部、科技部、财政部、中国科学院、中国工程院、国家自然科学基金委、国家卫生健康委等单位分别派员参会。今日科协、科创中国等平台对全体会议同步进行了现场直播。

2019年，中国科协等七部门联合实施“中国科技期刊卓越行动计划”，遴选22种领军期刊及228种后备梯队重点建设，同时每年支持创办30种高起点新刊，建立动态监测、季度报告、专家点评、督导调研、培训交流以及检查评估等各项机制，推动期刊跨越式发展，两年来取得积极成效。已有29种期刊学科排名进入国际前 10%，12 种进入前 5%，8 种进入学科前 5。2020 年 ESI 顶尖论文全球排名前 100 的机构中，有 78 家机构在领军期刊发文共计 1965 篇，较 2019 年增长 39%。期刊出版集群化、数字化转型稳步推进，刊群联动、平台托举、融合发展、开放合作的良好生态初步形成。

【*Research* 第二届编委会成立大会暨世界一流科技期刊建设研讨会】 4 月 24 日，由中国科协和美国科学促进会共同创办的定位为国际化、高影响力、综合性、大型英文科技期刊 *Research* 第二届编委会成立大会暨世界一流科技期刊建设研讨会在北京召开。中国科协党组成员、书记处书记吕昭平出席会议。会议采用线上、线下相结合的方式进行。

吕昭平宣布 *Research* 第二届编委会成立。他说，国家"十四五"规划把坚持创新放在了我国现代化建设全局中的核心地位，把科技自立自强作为国家发展的战略支撑。目前，我国科技发展在很多领域取得不少重大成果，但科技期刊的发展却没能跟上科技发展的步伐，具有高影响力的科技期刊在全球占比较低，还不能很好地形成对我国科技发展的支撑。*Research* 第一届编委会在主编带领下开展了卓有成效的高起点创刊工作，为 *Research* 成为世界一流科技期刊的发展目标打下了坚实基础。中国科协党组、书记处非常关心 *Research* 的发展，对 *Research* 的未来寄予厚望。

吕昭平希望编委会和科技导报社要积极发挥自身的学术影响力和号召力，着力把 *Research* 打造成为国际化高水平学术交流平台，引领世界科技发展；要珍惜学术荣誉，坚决维护健康的期刊学术生态，为 *Research* 的未来发展营造出良好的环境；要做好服务保障，全力打造世界一流期刊。

吕昭平向 *Research* 主编（中国）、中国科学院院士、西北工业大学教授黄维颁发了聘书。黄维为现场参会的编委颁发了聘书，为 2020 年度 *Research* 优秀论文的获奖代表颁发了证书。

与会专家就如何办好期刊和下一步发展目标进行了研讨并提出意见建议。

Research 是中国科协与美国科学促进会于 2018 年共同创办的定位为国际化、高影响力、世界一流水平、综合性、大型 OA 科技期刊，是美国 *Science* 自 1880 年创刊以来第一本合作期刊。主要发表生命科学、新材料、新能源、人工智能、微纳米科学、环境科学、机械科学、机器人与先进制造 8 个具有巨大发展潜力的热点交叉领域突破性研究成果。第二届编委会由包括许宁生、高松、黄如、李兰娟、饶子和、俞书宏、崔铁军等国内外 33 位院士在内的 137 位编委组成，其中国外编委 49 人，占 37%。*Research* 已被 CAS、CNKI、CSCD、DOAJ、EI、ESCI、INSPEC、PMC、Scopus 数据库收录。

复旦大学校长、中国科学院院士许宁生，华南理工大学校长、中国科学院院士高松，北京大学副校长、中国科学院院士黄如等 26 位编委、合作伙伴 *Science* 代表、*Research* 优秀论文作者代表等现场出席会议。中国科学技术大学教授、中国科学院院士俞书宏，东南大学教授、中国科学院院士崔铁军等 18 位编委以在线形式参会。

【第二十三期中国科协科技期刊主编（社长）沙龙】 11 月 11 日，中国科协科学技术创新部举办第二十三期中国科协科技期刊主编（社长）沙龙，以"争取高水平成果首发权，加快建设世界一流科技期刊"为主题进行交流研讨。中国科协党组成员、书记处书记吕昭平出席沙龙并致辞。中国自动化学会理事长郑南宁院士，中国岩石力学与工程学会理事长、《岩石力学与工程学报》主编何满潮院士，中国科学院化学研究所研究员、《科学通报》副主编韩布兴院士以及国内有关科技期刊负责人等 20 余人参会交流。

吕昭平在致辞中指出，中央深改委第五次会议审议通过《关于深化改革　培育世界一流科技期刊的意见》，开启了我国科技期刊高质量发展的春天。几年来，中国科协会同中宣部、教育部等多个部门协同发力，以中国科技期刊卓越行动计划为牵引，大力推动我国科技期刊高质量发展。在科技界、期刊出版界共同努力下，我国科技期刊学术质量和国际影响力显著提升，呈现出蓬勃发展的大好态势。但是，与世界顶级期刊相比，我国科技期刊在重大创新成果发表量方面仍有较大差距，还须在增强内功上狠下功夫，加强内容策划和约稿组稿，提高审稿质量和编辑出版效率，赢得科研人员的信任和认可，吸引更多高水平论文。

会上，郑南宁院士介绍了中国自动化学会培育精品期刊、推进集团化办刊以及制定期刊分级目录方面的工作和成效。何满潮院士结合学会中、英文期刊争取国内外优质稿源的主要做法，指出组约高水平稿件是办好一流期刊的关键，提高审稿质量是办好一流期刊的保障。韩布兴院士以《科学通报》中文版为例，强调综合性期刊应注重学术与科普的有机结合，追踪前沿热点、加大专栏建设、拓展品牌栏目。《中国航空学报（英文版）》主编孙晓峰教授认为，国内科技期刊需要不断调整“专刊、专栏”组稿方式，精心设计带有“引导性”的专题，有目的性约稿邀稿。《工程》执行副主编延建林表示，专题组稿、编委约稿、队伍建设、流程控制是建设一流期刊的核心内容。《IEEE 智能车会刊》主编王飞跃教授认为，我国科技期刊要构建可追溯、自律、自洽的发展生态和发展机制。

《IEEE 神经网络与学习系统》候任主编宋永端、《人工智能评论》主编刘德荣、《自动化学报（英文版）》副主编韩清龙、《作物学报（英文）》执行主编徐云碧、《防务技术（英文）》执行主编栗保明、《畜牧与生物技术杂志（英文）》执行主编赖长华、*Research* 总编辑史永超等多位专家聚焦“组约高水平论文”和“提升审稿质量和出版时效”进行交流发言，分享办刊具体做法和有关思考。

中国科协科技期刊主编（社长）沙龙以鼓励创新、凝聚共识为目的，邀请优秀期刊主编（社长）围绕科技期刊共同关注的焦点与热点问题进行自由探究式的研讨交流，自 2014 年设立以来已开展系列研讨活动，为我国科技期刊高质量发展提供有益借鉴。本期沙龙由中国自动化学会承办，中国科协科学技术创新部有关负责人以及学会有关负责人参会。

【《中国科技期刊发展蓝皮书（2021）》定稿会】 9 月 29 日，《中国科技期刊发展蓝皮书（2021）》（以下简称《蓝皮书（2021）》）定稿会在北京召开。《蓝皮书（2021）》专家委员会主任、中国科学院院士、世界一流科技期刊建设专家委员会主任杨卫，编写委员会主任、中国科协党组成员、书记处书记吕昭平，中国期刊协会副会长李军，中宣部专职巡视组长刘建生，中国科学技术期刊编辑学会副理事长兼秘书长魏均民，《中国学术期刊（光盘版）》电子杂志社有限公司副总经理肖宏，清华大学教授、《光：科学与应用》执行主编孙洪波等专家委员会委员、编写委员会委员及编写组人员参加会议。

《蓝皮书（2021）》以“开放科学环境下的学术出版”为主题，呈现中国科技期刊整体发展概况，分析开放科学兴起与发展对学术出版的影响，探索开放科学环境下科技期刊面临的重大变革和未来趋势。本次会议听取了《蓝皮书（2021）》编制工作及各章编写情况，与会专家围绕书稿的总体情况和具体内容进行讨论，提出明确的修改意见。

杨卫院士肯定了《蓝皮书（2021）》的各项编制工作。他认为，2021 版蓝皮书内容全面、数据翔实，在我国首次对开放科学环境下的学术期刊出版的运行机制和进程数据进行了较深入的阐释，对未来相关方面的研究起到一定的奠基性作用。会议中，杨卫院士利用拓扑学和动力学的理论对开放科学进行刻画和描述，并从实现“共赢”的角度解读了开放科学发展的内在推动力。

吕昭平指出，《蓝皮书》自出版以来，忠实纪录中国科技期刊发展历程，紧扣我国科技期刊建设和广大科技工作者的需要，剖析关键问题、展望发展趋势。针对《蓝皮书（2021）》的编制工作，他提出，一是要有大局观，开放科学是系统性工程，涉及主体众多，在保证数据文献可靠性的基础上，应尽可能刻画出开放科学的全貌；二是要从建设世界一流科技期刊的初心出发，客观反映开放科学环境下学术出版的发展趋势，引领和推动我国科技期刊的高质量发展；三是要确保高质量出版，力争数据准确、重点突出，通过英文版的发行推介我国科技期刊发展理念和探索实践。

会后，编写组召开讨论会，针对专家提出的修改意见进行了详细分析、分解任务，按照会议精神修改书稿，确保图书按期出版。

《蓝皮书（2021）》由中国科协主编，中国科协学会服务中心组织编写工作，计划于 2021 年 11 月下旬在第十七届中国科技期刊发展论坛上发布。

【百年党史中的百年学会】 一百年来，中国共产党领导中国人民进行伟大奋斗，积累了宝贵的历史经验，开辟了实现中华民族伟大复兴的正确道路。在百年党史的伟大征程中，学会的百年奋斗历程也熠熠生辉。从抗战时期为科学救国而奔走呼号，到新中国建立后团结广大科技工作者向科学进军；从改革开放迎来科学的春天，到新时代引领广大科技工作者服务高水平科技自立自强，学会始终是党和政府联系科技工作者的桥梁和纽带，在国家科技事业发展中发挥了独特作用。

为系统回顾全国学会在党领导和关怀下的成长历程与发展成就，中国科协联合中华医学会、中国地理学会等 9 家百年学会共同举办“与党同心　百年同行”全国学会访谈录活动。中国科协党组书记、分管日常工作副主席、书记处第一书记张玉卓出席活动并致辞指出，举办“与党同心　百年同行”全国学会访谈活动是推动全国学会以史为鉴、开创未来、坚定不移走中国特色科技社团发展道路的实际行动，也是科技界共同开展党史学习教育、明理增信崇德力行的具体举措。让我们循着历史时间线，一起回顾全国学会组织动员广大科技工作者听党话跟党走的生动实践和感人故事，从百年历程中汲取继续前进的智慧和力量，继往开来，勇担使命。

峥嵘岁月，科学救国

鸦片战争后，我国先进知识分子纷纷开始学习西方以“自强”。以梁启超等为代表的有识之士主张维新变法、提倡兴办学会，将学会作为传播科学思想和知识的重要媒介。“今欲振中国，在广人才，欲广人才，在兴学会！”这是梁启超 1896 年对学会的著名论述，今天读来依然振聋发聩。

1907 年，留日学生王焕文、伍晟等发起成立中华药学会（中国药学会的前身），成为中国现代药学科技史上第一个学术团体。1911 年辛亥革命爆发后，时任中华药学会总干事伍晟组织留日医药学生红十字会返国为起义军服务。

1915 年，新文化运动的浪潮展开，“科技救国”“教育救国”成了有志青年的普遍追求。随后几年，一大批专业科技社团纷纷成立，通过出版期刊、召开会议等方式传播科学思想、促进学科发展与人才培养。

抗日战争爆发后，随着民族危机的日益加剧，“科学救国”呼声高涨。在解放区，成立了陕甘宁边区自然科学研究会等科技社团。科技社团将科研活动与革命战争和生产需要紧密结合，团结科技人员积极开展科学宣传、支援抗日、普及卫生知识等工作。

1938 年 2 月，由高士其、董纯才等 20 多位科技工作者共同发起的边区国防科学社在延安成立。边区国防科学社把科学作为战斗的武器，影响了一批又一批的青年学生。

1940 年 2 月 5 日，陕甘宁边区自然科学研究会成立，自然科学等各界代表一千多人参加，毛泽东、陈云等中央领导同志莅临盛会。

1941 年，中华护士学会（中华护理学会的前身）延安分会成立。在解放区护士代表大会召开之前，毛主席听取了中华护士学会延安分会的汇报，郑重写下“护士工作有很大的政治重要性”。1942 年，毛主席再次题词“尊重护士，爱护护士”。这两次题词成为中国护士的精神立柱。

战争期间，中华农学会（中国农学会的前身）还选派大量留美农科学生，为我国农学事业的发展培养了大批专业人才。学会专家提出的诸如《战时农业政策讨论纲要》等建议对保存我国农业技术力量、发展战时农业具有深远意义。

团结起来，向科学进军

1949 年新中国成立，结束了中华民族近百年的屈辱磨难，为科技发展孕育了希望的土壤。1949 年 9 月 21 日，中国人民政治协商会议第一届全体会议隆重开幕。参加会议的 662 名代表中，中华全国自然科学工作者代表会议筹备会推举的 17 位代表位列其间，共同参与了筹建新中国的大业。广大科技工作者认识到，团结起来，在中国共产党领导下，为新中国建设事业贡献力量是时代赋予的神圣职责。

1950 年 8 月，中华全国自然科学工作者代表会议在北京召开，成立了全国科联和全国科普。全国科联积极协助中国数学会、中国物理学会等多个学会重新登记，建立和发展新的组织。1956 年，党中央提出了“向科学进军”的号召。《人民日报》发表社论《发挥专门学会在科学进军中的作用》。全国学会积极响应号召，团结科技工作者服务国家建设。1957 年年底，全国科联领导的学会发展到 42 个，分会 758 个。

1958 年 9 月，全国科联和全国科普联合召开全国代表大会，决定两个团体合并，正式成立我国科技工作者统一的全国性组织——中国科学技术协会。从此，全国学会成为中国科协领导下的科技社团，成为党和政府联系科技工作者的桥梁和纽带，从各自专业视角为国家献计献策、聚力助力，推动科技为民服务。

建国伊始，百废待兴。当时，中国是贫油国的悲观论调压在国人心口，石油成为新中国建设的卡脖子问题。中国地质学会创始人之一、中国科协首任主席李四光经过研究，反对贫油论，并向毛泽东主席作出肯定回答。他在中国地质学会学术会议上传达和动员地质工作者积极勘探。1959 年国庆前夕，在松辽盆地发现工业油流。正好是国庆十周年，被称为大庆油田。

1962 年，中国植物保护学会成立。当时，三年困难时期刚刚结束，大旱蔓延黄河、淮河和整个长江流域，主产区粮食产量急剧下降，农作物的病虫害猖獗。面对严峻形势，刚当选的学会常务副理事长沈其益教授组织专家联名提出了“关于当前农作物病虫害防治工作的紧急建议”。毛主席看完建议后，十分重视并作出重要批示。后来，这份建议被列入中共八届十中全会的正式文件中。“紧急建议”得到党和国家领导人的高度重视，开创了科技社团为党和国家建言献策的先河。

1963年11月，中国科协在北京召开全国学会工作会议，主要就学会作用、学术活动、学会组织、党的领导等问题进行研讨。毛泽东等领导人接见与会代表，极大地鼓舞了全国学会和广大科技工作者。

新中国成立之初，中国被孤立于国际学术组织之外，为改变这种情况，全国学会开始了国际学术交流的破冰之旅。1957年，中国物理学会和日本物理学会签订《关于中日两国物理学界的学术交流备忘录》。1961年，中国物理学会应邀出席国际冷冻学会的学术会议。1964年，中国物理学会举办“北京科学讨论会”与“暑期物理讨论会”，共有44个国家和地区的511位物理学家参加，打破当时美苏对中国的孤立政策。1972年10月，中华医学会代表团前往美国进行访问。访问期间，美国总统尼克松在白宫接见了代表团，这是继“乒乓外交”后又一次重要的民间交流活动。

科学的春天，学会的春天

1978年3月，全国科学大会召开，周培源代表中国科协作了题为“科学技术协会要为实现四个现代化作出贡献”的发言。大会开启了科学的春天，也带来了学会的春天。大量科技社团相继成立，到1981年，三年间新成立全国学会53个，中国科协全国学会达到106个。在党和国家领导人的亲切关怀下，全国学会不断加强自身建设，举办多种学术活动，创建高质量学术期刊，加强国际交流合作，成为推动国家科技事业发展的重要力量。

1981年5月，中国药学会主办期刊《药学学报》刊登了一篇名为《中药青蒿化学成分的研究》的文章，成为向世界宣告中国科学家创新成就的重要标志。屠呦呦是这篇文章的第一贡献者，诺奖委员会正是引用这篇文章作为屠呦呦获奖的依据之一。

1998年，中国农学会倡导成立中国农业专家咨询团，汇聚当时我国农业科技界120余位院士和学科带头人，成为促进我国农业科技和产业发展的重要智库。

2003年，非典型肺炎（SARS）疫情暴发，医科学会围绕SARS的科研和防治积极开展工作。受当时卫生部委托，中华医学会与中华中医药学会组织专家总结修订《传染性非典型肺炎（SARS）诊疗方案》。2003年10月，方案由原卫生部、国家中医药管理局联合发文，作为全国防治工作的指南。

不忘初心谋发展，砥砺奋进谱新篇

党的十八大以来，科学技术的快速发展、国家加强和创新社会管理为全国学会的发展提供了重大历史机遇。全国学会坚持以政治性、先进性、群众性为统领，团结引领广大科技工作者围绕中心、服务大局，深入开展学术交流、科学普及、期刊出版、科技咨询等工作，为科技创新和经济社会高质量发展提供重要战略支撑，现代化、国际化科技社团创新发展之势生机盎然。

新冠肺炎疫情发生以来，全国学会及时开展应急科普，190多家全国学会发出倡议建言，170多种期刊向世界卫生组织提供抗疫最新研究元数据成果，与250多个国际组织密切互动，向世界传递了凝聚合作共识、联手抗疫的积极信号，为服务全球共同抗疫、维护人民生命健康作出重要贡献。

一个世纪的风雨兼程，一个世纪的开拓进取。无论是梁启超发起的中国林学会，还是詹天佑创立的中国土木工程学会，无论是革新地理学先驱创立的中国地理学会，还是诞生于医院实验室的中国解剖学会，从百年学会到学会百年，全国学会始终与党同心同德、同向同行，始终积极践行科技报国的初心使命，在强化团结引领、推动科技为民服务、服务科技自立自强等方面不断取得新的进展，支撑创新发展的时代特征更加鲜明，在国家创新体系中的地位更加凸显。

目前，中国科协全国学会共有210个，覆盖理科、工科、农科、医科和交叉学科五大门类，设立分支机构5500余个，个人会员604万余人。站在建党百年的历史新起点上，中国科协正在调整优化学会布局，围绕增强学会发展活力和服务科技创新能力，全面推进学会组织方式、运行机制和党建工作创新，不断强化对学会的服务和分类指导，深入推进中国特色一流学会建设，持续拓展中国特色社会主义科技社团发展新境界。

【中国科协全国学会理事长沙龙】 为深入贯彻落实习近平总书记在两院院士大会、中国科协第十次全国代表大会上的重要讲话精神，更好发挥科技共同体作用，推进学会高端智库建设与国际化引领，服务科技强国建设，为实现高水平科技自立自强提供支撑，中国科协设立“全国学会理事长沙龙”（Salon for Presidents of

National Societies，SPNS）。沙龙面向全国学会理事长，由顶级科学家主导、学会理事长领衔，坚持科技共同体视角，突出战略性、基础性、开放性，营造平等宽松、理性交流的学术氛围。沙龙聚焦世界科技发展趋势、国内外重大科技政策动向和当前科技热点难点问题组织研讨，旨在打造具有前瞻洞察力的高端智库平台、科技创新的政策支撑平台、全球科技创新网络的合作平台、引领科技共同体创新发展的交流平台。

6 月 23 日，第 1 期中国科协全国学会理事长沙龙在北京召开。本次沙龙以“《2021 美国创新与竞争法案》对我国科技发展的挑战与机遇”为主题。中国科协党组书记、常务副主席、书记处第一书记怀进鹏出席并致辞。本期沙龙由中国物理学会理事长、沙龙专家委员会轮值主席、中国科学院院士张杰领衔组织、主持并作重点发言。中国力学学会理事长、中国科学院院士方岱宁，中国数学会理事长、民盟中央副主席、北京国际数学研究中心主任、中国科学院院士田刚，中国化学会副理事长、九三学社中央副主席、北京市政协副主席、北京石墨烯研究院院长、中国科学院院士刘忠范，中国自动化学会副理事长、中国空间技术研究院副院长、中国科学院院士杨孟飞，中国生物物理学会理事长、中国科学院院士徐涛，中国生物工程学会理事长、中华医学会副会长、中国疾病预防控制中心主任、国家自然科学基金委副主任、中国科学院院士高福，中国计算机学会理事长、北京大学教授、中国科学院院士梅宏，中国光学学会理事长、中国物理学会副理事长、北京大学常务副校长、中国科学院院士龚旗煌，中国天文学会理事长、上海交通大学物理与天文学院院长、中国科学院院士景益鹏，中国化工学会理事长、中国石油天然气集团有限公司董事长戴厚良，中国材料研究学会理事长、西北工业大学教授、中国科学院院士魏炳波，中国能源研究会理事长、国家能源局原副局长史玉波，中国电子学会理事长、工业和信息化部原党组成员张峰，中国科学学与科技政策研究会理事长、中国科学院战略咨询研究院研究员穆荣平，中国科协党组成员、书记处书记吕昭平、王进展出席沙龙，并围绕主题进行研讨。

7 月 29 日，第 2 期全国学会理事长沙龙在北京召开。本次沙龙以“世界数字治理规则制定：机遇与挑战”为主题。中国科协党组书记、常务副主席、书记处第一书记怀进鹏出席并致辞。本期沙龙由中国计算机学会理事长、北京大学教授、中国科学院院士梅宏领衔组织、主持并作重点发言。中国物理学会理事长、中国科学院院士张杰，中国机械工程学会副理事长、陕西省科协主席、中国工程院院士蒋庄德，中国行政管理学会会长、清华大学公共管理学院院长、十三届全国人大社会建设委员会副主任委员江小涓，中国城市科学研究会理事长、住房和城乡建设部原副部长仇保兴，中国电子学会理事长、工业和信息化部原党组成员张峰，中国建筑学会理事长修龙，中国技术经济学会理事长、中国社会科学院数量经济与技术经济研究员李平，中国科学学与科技政策研究会理事长、中国科学院战略咨询研究院研究员穆荣平，中国社会治理研究会会长、民政部政策研究中心主任王杰秀，中国自动化学会监事长、中国科学院自动化研究所研究员王飞跃等出席沙龙并研讨。

10 月 23 日，第 3 期全国学会理事长沙龙在北京召开。本次沙龙以“智能产业与智慧经济”为主题。中国科协党组书记、分管日常工作副主席、书记处第一书记张玉卓出席并致辞。本期沙龙由中国自动化学会理事长、中国工程院院士郑南宁领衔组织并作重点发言。中国自动化学会副理事长、中国科学院院士杨孟飞主持。中国物理学会理事长、沙龙专家委员会轮值主席、中国科学院院士张杰，煤炭科学研究总院首席科学家、中国工程院院士王国法，中国电工技术学会理事长杨庆新，中国科学学与科技政策研究会理事长穆荣平，中国能源研究会理事长史玉波，中国国土经济学会理事长柳忠勤，中国自动化学会副理事长张剑武，中国自动化学会监事长王飞跃，北京师范大学教授万喆，中国科协党组成员、书记处书记吕昭平等出席沙龙并研讨。王飞跃围绕新的技术观与新的开发观作专题发言。

全民科学素质工作与科普活动

【2021 年全国科普日】 9 月 11 日，以“百年再出发，迈向高水平科技自立自强”为主题的 2021 年全国科普日活动在全国各地启动，活动持续到 9 月 17 日。2021 年全国科普日立足面向基层、服务发展、惠及群众，打造多级联动、广泛参与、“永不落幕”的系列科普活动。

2021 年全国科普日北京主场活动由中国科技馆区活动和北京科学中心区活动组成。中国科技馆主场活动包括“自立自强建新功”“科普科创立伟业”“生态文明创未来”三大板块的展览展示和“与公众面对面”科技志愿活动等。通过互动展品、实物模型、多媒体、图文展板等形式，展现党领导下的科普和科创工作发展历程、广大科技工作者和社会力量为提升公民科学素质所做的积极行动，以及科普工作在政治、经济、文化、社会、生态方面的复合价值。

全国范围内组织开展了碳达峰碳中和科普联合行动、青少年科技教育联合行动、科技资源科普化联合行动、核科普联合行动、水利科普联合行动、乡村振兴科普联合行动、卫生健康科普联合行动、应急科普联合行动、企业科普联合行动等系列科普活动。

全国科普日线上活动平台（https://www.kepuri.cn/）集中展示了全国各地、各领域的科普活动，通过现场直播、打卡互动、云游场馆、知识竞赛、科普课堂等多种形式，立体化共享各类科普资源，丰富公众的科普体验。

2021 年全国科普日活动由中国科协、中宣部、教育部、科技部、国家原子能机构、自然资源部、生态环境部、水利部等 13 部门联合举办。自 2004 年至 2021 年，中国科协连续 18 年举办全国科普日活动，各地各部门在全国科普日期间累计举办重点科普活动约 32.2 万场次。

9 月 13 日，第十一届北京科学嘉年华主场活动在北京科学中心举行。中国科协党组书记、分管日常工作副主席、书记处第一书记张玉卓，北京市委副书记、市长陈吉宁参加。

活动现场，张玉卓、陈吉宁观看了北京科学中心宣传片，张玉卓与正在录制首都科学讲堂“真菌和人类”科普讲座的中国科学院院士庄文颖视频连线并深入交流，勉励广大科技工作者在普及科学知识的同时，注重教授研究科学的方法和思维，激发全社会学习科学知识的热情，营造良好的科学传播文化氛围。

随后，张玉卓、陈吉宁共同启动“信仰的高光”——科学家精神主题展，通过视频、图片、实物等珍贵史料详细了解北京市科协原主席茅以升等老一辈科学家的研究成果，感受他们的信仰追求和精神之美。张玉卓、陈吉宁还参观了具象数学展、抽象物理展，观摩“院士专家讲科学——生物多样性”主题讲座，与现场讲授科学的院士专家、志愿讲解员深入交谈。

作为 2021 年全国科普日北京主场活动的重要组成部分，本届北京科学嘉年华以“百年再出发，迈向高水平科技自立自强”为主题，包括北京科学嘉年华主场活动、首都科普联合行动、北京国际科学传播交流周、北京云端科学嘉年华等四大板块，汇聚展览展示、互动体验、论坛交流、科普报告等 300 余项活动，近千名科技工作者参与。

中国科协副主席、书记处书记孟庆海，北京市副市长、市政府秘书长靳伟参加。

【2021 中国科幻大会】 9 月 28 日，2021 中国科幻大会在北京石景山区首钢园开幕。北京市委书记蔡奇宣布大会开幕。中国科协党组书记、分管日常工作副主席、书记处第一书记张玉卓，北京市委副书记、市长陈吉宁出席开幕会并致辞。

张玉卓说，科幻是孕育想象力的摇篮，是创新创造的催化剂，也是促进科技、经济、文化深度融合的创意之源。中国科协和北京市高度重视科幻产业发展，去年签署了促进北京科幻产业发展战略合作协议。一年来，围绕建立科幻产业联合体、设立科幻产业基金、设置科幻大奖等重点内容，双方紧密合作，在平台搭建、产业孵化等方面取得良好效果。面向未来，中国科协将继续服务支持科技工作者、科幻爱好者投身科幻事业，充实科技底蕴，提升科学内涵，让科幻真正成为传播科学思想、弘扬科学文化的重要载体，助力全民科学素质提升，服务高水平科技自立自强。

陈吉宁说，作为国家级科幻盛会，中国科幻大会是科技界、文化界和产业界相互交流、深化合作的重要平台。北京市积极推动科技创新和科幻产业融合发展，出台支持政策措施，规划建设产业集聚区，吸引一批创新型企业和项目在京落地。我们将探索科技创新支撑科幻产业发展的新路径，搭建更多平台，促进国内外科幻领域交流合作，服务创新型企业成长；强化机制建设，发挥政府引导作用，运用市场化机制引导社会力量参与、吸引高水平人才，为科幻产业发展提供有力保障；以“两区”建设为契机，持续优化营商环境，加速聚集各类创新要素，完善创新和产业生态，提升科幻产业发展能级。

开幕会现场，介绍了北京科幻产业基金、科幻产业联合体、中关村科幻产业创新中心成立情况，发布 2021 中国科幻产业报告，宣布成立全国科幻科普电影放映联盟，面向全球征集科幻大奖名称，向受聘为科幻电影科学顾问库专家的院士代表颁发聘书。本届科幻大会由中国科协和北京市政府共同主办，以“科学

梦想　创造未来”为主题，采取线上线下相结合方式举办硬核科幻展、科幻嘉年华、主题论坛等活动，既为科幻业界人士和企业搭建创作交流平台，也为普通观众提供近距离科幻体验平台。

中国科协副主席、书记处书记孟庆海，党组成员、书记处书记兼中国科技馆馆长殷皓，北京市领导张家明、靳伟，北京市政府秘书长戴彬彬出席。中央有关单位负责同志和科技界、科幻文学界、影视界、产业界代表参加。

【2021世界公众科学素质促进大会】 11月30日，以“提升科学素质　共建绿色家园”为主题的2021世界公众科学素质促进大会在北京举办，国际有关重要科技组织、机构的高级决策者、顶尖科学家、知名学者及有关代表等齐聚云端，围绕提升公众科学素质、促进绿色低碳转型等议题分享科学助力绿色发展的思想、成果和经验，探讨以科学素质全球合作促进可持续发展的对策方案，推动绿色发展成果共享，增进人类文明互鉴。

中国科协党组书记、分管日常工作副主席、书记处第一书记张玉卓和大会支持单位联合国教科文组织、国际科学理事会、世界工程联合会、发展中国家科学院的负责人以及联合国环境规划署驻华代表涂瑞和先后发表视频致辞。

《联合国气候变化框架公约》秘书处执行秘书帕特里西亚·埃斯皮诺萨，全球安全研究所联席所长、美国能源安全理事会高级顾问盖尔·鲁夫特，印度尼西亚科学院主席萨特里奥·苏曼特里·布罗乔内戈罗，土耳其科技研究委员会主席哈桑·曼达尔，中国科学院院士、清华大学教授雒建斌等中外嘉宾作主旨报告。开幕式由中国科协常委、中国科学院院士武向平主持。

张玉卓指出，绿色发展是人类发展理念和模式的一场深刻革命。实现绿色发展，离不开科技的支撑，离不开每个人环境意识的觉醒和环保能力的提升。中国高度重视生态文明建设，积极参与全球环境治理，切实履行气候变化、生物多样性等环境相关条约义务。张玉卓就提升公众科学素质、促进绿色发展发出三点倡议：增进理念相通，履行建设美丽地球的共同责任；深化务实合作，凝聚全球环境治理的整体合力；推动成果共享，促进全球绿色发展的均衡协调。

联合国教科文组织助理总干事沙米拉·奈尔·贝杜埃勒表示，提升公众科学素质是应对气候变化的有力工具，联合国教科文组织通过政府间和国际科学规划促进科学素质提升、谋求可持续发展。世界工程组织联合会主席龚克认为，我们要充分认识可持续发展对公众科学素质的新要求，希望携手促进世界公民科学素质发展。国际科学理事会主席彼得·格拉克曼强调科学传播的有效性，呼吁找到最优的传播方式和手段对开展科学普及、提升公众科学素质具有现实指导意义。发展中国家科学院执行主任罗曼·穆伦齐先生指出，科学素质对于个人、组织甚至全人类作出正确决策都非常重要，希望世界公众科学素质组织的成立和发展能进一步推动世界公众科学素质提升。

与会嘉宾围绕科学素质和绿色发展做了极具启发性的主旨分享。帕特里西亚·埃斯皮诺萨女士分享了第26届联合国气候变化大会关于应对气候变化的重要决议，强调在绿色发展中，科学素质对公共政策制定和公民理念行为转变十分重要，是激发《巴黎协定》施展潜能的关键要素。盖尔·鲁夫特教授指出，适应气候变化的重要性不亚于缓解气候变化，必须通过科学推动能源转型、应对气候变化等生态问题，在绿色转型中应秉持科学态度。萨特里奥·苏曼特里·布罗乔内戈罗主席强调，要提升公众科学素质，推动绿色发展中公众的社会参与。哈桑·曼达尔介绍了土耳其开展科学普及助力生态文明建设的经验，高度肯定《世界公众科学素质促进北京宣言》对于推进科学素质建设国际合作的现实意义，希望共同提升全球公众科学素质，促进绿色发展。雒建斌院士介绍了摩擦机制的研究和超级润滑的发展，强调超级润滑应用将激发全球节能潜力，呼吁公众认识其对于绿色发展的重要作用。

在国际合作交流成果展示板块，大会发布了世界公众科学素质组织筹委会2021形成的主要工作成果《公众科学素质测评指标框架》，旨在服务、指导不同国家和地区公众科学素质的科学测量和精准施策。同时，会上举办“公众科学素质促进”科普视频创作国际大赛颁奖典礼。大赛共收到世界各地4万余份投稿，中国科协党组成员、书记处书记兼中国科技馆馆长殷皓向获奖者代表颁发奖项。

全体大会闭幕式上，中国科协专职副主席、书记处书记孟庆海在致辞中向与会者表示感谢。他指出，世界公众科学素质促进大会发起召开4年来取得丰硕成果，呈现良好发展势头，希望各方携起手来，加快推动世界公众科学素质组织建设，进一步强化交流合作机制，切实促进全球公众科学素质提升。

世界公众科学素质促进大会由中国科协2018年发起并主办，致力于搭建科学素质领域全球性、综合性、高层次的交流合作平台，促进世界公众科学素质提升，更好应对科技与社会发展的全球共性问题，服务推动人类可持续发展。12月1—3日，举办2021世界公众科学素质促进大会六大专题论坛，聚焦全球公众科学素质建设的公平性、共建科普场馆的美好未来、青少年科技创新后备人才培养、公众科学素质建设与绿色发展、城市健康发展与公众科学素质、公众科学素质提升与科技创新等议题开展研讨交流。

【2021年全民科学素质工作会议】 12月7日，2021年全民科学素质工作会议在北京召开。中国科协党组书记、分管日常工作副主席、书记处第一书记张玉卓出席会议并讲话。中国科协党组、书记处全体领导同志和中央组织部、中央宣传部、发展改革委、教育部等34个全民科学素质纲要实施工作办公室成员单位有关负责同志，部分全国学会分管科普工作负责同志，纲要实施工作先进集体、先进个人代表在主会场参加会议。全国各学会、协会、研究会秘书处全体人员，各省区市科协主要负责同志，各地科协和纲要办成员单位代表等线上视频参会。中国科协党组副书记徐延豪宣读《中国科协关于表彰全民科学素质工作先进集体和先进个人的决定》。中国科协专职副主席、书记处书记孟庆海，党组成员、书记处书记殷皓分别主持会议第一阶段和第二阶段。

会议以习近平新时代中国特色社会主义思想为指导，全面贯彻党的十九大和十九届二中、三中、四中、五中、六中全会精神，总结“十三五”全民科学素质纲要实施工作，部署“十四五”全民科学素质工作，交流经验、表彰先进，推进国务院《全民科学素质行动规划纲要（2021—2035年）》实施落地落实。

会议指出，《全民科学素质行动计划纲要（2006—2010—2020年）》颁布实施15年来，探索出“党的领导、政府推动、全民参与、社会协同、开放合作”的建设模式，2020年公民具备科学素质比例达到10.56%。纲要实施各成员单位协同配合、优势互补、大联合大协作工作机制巩固提升，组织动员体系不断健全，科学教育与培训体系持续完善，科普传播能力大幅提升，科普基础设施得到加强，科普人才队伍不断壮大，政策法规体系持续发展，有效服务新冠肺炎疫情防控，为全面建成小康社会奠定了坚实基础。2021年6月，国务院正式印发《全民科学素质行动规划纲要（2021—2035年）》，为未来15年科学素质建设勾画新蓝图。

张玉卓在讲话中指出，习近平总书记深刻把握人类社会发展规律、传承党的百年奋斗宝贵历史经验，对科普和科学素质建设作出系列重要论述，为新时代科普和科学素质建设指明了前进方向、提供了根本遵循。要提高政治站位，进一步增强做好全民科学素质工作的责任感使命感，深入贯彻落实习近平总书记重要指示精神，坚定捍卫“两个确立”，把推动科学素质建设作为践行“两个维护”的实际行动。

张玉卓强调，要坚持目标导向、问题导向，推动“十四五”全民科学素质行动高质量发展。重点加强组织机制建设，在构建高质量科普服务体系上取得新进展；聚焦重点人群，在提升公众科学素质水平上取得新突破；强化价值引领，深化供给侧改革，在提升科普服务质量上取得新成效。要压实责任、强化协同，完善政策、激发活力，明确目标、精准实施，加强督导、细化考核，确保实现《新纲要》提出的“到2025年超过15%，到2035年达到25%”的公民科学素质水平硬指标，为长远发展奠定坚实基础。各级科协要服务并配合好纲要办各成员单位，共同答好公民科学素质建设这张时代考卷。

会议书面审议了《“十三五”全民科学素质工作情况报告》，生态环境部、中国农学会、浙江科协、广西科协代表作会议交流发言，向荣获全民科学素质工作先进个人和先进集体的代表颁发证书和奖牌，中国科普研究所负责同志作《新时代　新纲要　新使命》辅导报告。

【科普中国智库论坛暨第二十八届全国科普理论研讨会】 11月26日，以“汇智聚力谱新篇　落实《纲要》开新局”为主题的科普中国智库论坛暨第二十八届全国科普理论研讨会（以下简称“论坛”）在线上举办。中国科协党组书记、分管日常工作副主席、书记处第一书记、中国工程院院士张玉卓在论坛开幕式上致辞。中国科学院院士、南方科技大学校长薛其坤，全国政协委员、中国科学院院士、国家自然科学基金委员会副主任、中国疾病预防控制中心主任高福，全国政协委员、中国科学院院士、中国青少年科技辅导员协会理事长、中国科学院国家天文台研究员武向平在论坛上作主旨报告。

张玉卓指出，面对实现高水平科技自立自强、构建新发展格局、以高质量发展促进共同富裕等艰巨任务，科普工作的基础性、全局性、战略性地位和作用更加凸显，高质量科普已成为关乎国运、决胜未来的战略选择。科协系统需要根据不断变化的科普实践，总结新鲜经验，深化规律性认识，更好发挥科普理论对科普实践的先导作用。张玉卓祝贺科普中国智库成立，希望各位专家学者以习近平新时代中国特色社会主义思想为指引，围绕深化科普理论研究和实践探索，开展前瞻性战略研究、针对性政策研究，坚持法治思维、深化调查研究、营造平台生态，努力出思想、出实策、出人才，为推动科普高质量发展、加快提升全民科学素质、全面建设社会主义现代化国家贡献智慧力量。

薛其坤在题为“履行科学家科普责任　支持高水平自立自强”的主旨报告中表示，广大科技工作者肩负着建设世界科技强国、实现高水平科技自立自强的光荣使命。这就要求科学家们自觉履行科普社会责任，通过科普不断提升公众的科学素质，使我国拥有雄厚的高素质人力资源、具备广大的科技创新人才队伍。

高福在题为“生物安全与疾病防控”的主旨报告中结合新冠肺炎疫情防控工作，阐述了在疫情防控、生物安全领域的科技发展和创新态势，总结了抗疫向科学要答案、要方法的实践过程，同时也展现了应急科普在抗击疫情中发挥的重要作用。

武向平在题为“一个科技工作者眼中的科普和科学教育”的主旨报告中提出，不管是科学普及还是科学教育，都要传播科学知识、教授科学方法、培养科学思维、理解科学精神，提升青少年的科学素养，把青少年群体培养成为未来建设世界科技强国的主力军。

论坛高端对话环节由全国政协常委、中国科学院院士、中国科普作家协会理事长、中国科学院古脊椎动物与古人类研究所研究员周忠和主持，邀请中国科学院院士、华中科技大学同济医学院附属同济医院外科学系主任、国际肝胆胰协会中国分会主席陈孝平，中国老科学技术工作者协会常务副会长、中国科协原党组副书记、副主席齐让，中国女科技工作者协会名誉副会长、发展中国家科学院院士、中国科学院原党组副书记方新，新华网股份有限公司常务副总编辑周红军，腾讯公司副总裁王巨宏 5 位来自各领域的专业人士围绕“新形势下的新使命：激活科普高质量发展的内生动力”主题展开讨论。

学术报告环节邀请国内 4 名专家学者从不同角度探讨新时代我国科普发展的新使命、新思维和新路径。

科普中国智库以国家战略需求为导向，依托中国科普研究所，团结汇聚一批热心科普事业的战略科学家、科技领军人才和高水平科普专家，打造开放平台，搭建柔性连接型、合作型科普智库网络体系，围绕党和政府重大关切深化科普理论研究和实践探索，集思汇智聚力，为推动科普高质量发展和提升全民科学素质建言献策。

同时，论坛还发布了《中国科协科普发展规划（2021—2025 年）》《国家科普能力发展报告（2021）》《中国科普创作发展研究 2021》《中国科普互联网数据报告 2021》等智库成果，以及科普人才建设研究基地、应急科普智库、中国科协—清华大学科技传播与普及研究中心、科技文化智库中心 4 个首批科普中国智库合作研究基地。

【“百年韶华　科普为民——中国共产党领导下的百年科普展”主题展览】 9 月 10 日，由中国科协主办、中国科普研究所承办的“百年韶华　科普为民——中国共产党领导下的百年科普展”主题展览启动仪式在中国科学技术馆举行。中国科协党组书记、分管日常工作副主席、书记处第一书记、中国工程院院士张玉卓，中国科协副主席、书记处书记孟庆海，中国科协党组成员、书记处书记兼中国科技馆馆长殷皓及相关单位负责人出席活动。

展览分为线上展和线下展，包含四个篇章，通过大量历史图片、文献资料、珍贵视频、生动故事展示了“五四”运动后中国共产党自孕育诞生以来领导开拓科普事业的百年历程和普及科学、造福人民、推动发展的光辉业绩和生动实践，在不同历史时期发挥科普助力救国、服务兴国、促进富国、建设强国的重要作用。

【“科普中国”——2020 年度科普推选活动揭晓盛典】 2 月 4 日，“科普中国”——2020 年度科普推选活动揭晓盛典特别节目在 CCTV-10 科教频道播出，现场揭晓 2020 年度十大科学传播人物、十大科普作品、十大科学传播事件和十大科学辟谣榜。本次活动由中国科协、人民日报社、中央广播电视总台联合主办，由全民科学素质纲要实施工作办公室和中国公众科学素质促进联合体支持。

张伯礼、金涌、樊代明、包为民、周忠和等 5 位院士以及中国科协党组书记、常务副主席、书记处第一书记怀进鹏，人民日报编辑委员会委员、秘书长乔永清，中央广播电视总台编务会议成员薛继军，中国科协副主席、书记处书记孟庆海，中国科协党组成员兼中国科技馆馆长殷皓等有关领导出席活动。

2020 年十大科学传播人物（按姓氏笔画排序）：西藏自治区农牧科学院农业资源与环境研究所所长王文峰，中国疾病预防控制中心流行病学首席专家吴尊友，北京中医药大学附属中西医结合医院著名儿科专家张思莱，清华大学教授、中国工程院院士金涌，江苏省南京市浦口区乌江小学副校长郑爱东，湖南省卫生健康委副主任祝益民，自然资源部第二海洋研究所副研究员唐立梅，陕西省咸阳市长武县农业技术推广中心研究员梁增基，北京化工大学特聘教授戴伟（David G. Evans），中国科学院物理研究所研究员魏红祥。

2020 年十大科普作品（按首字母拼音顺序排序）：阿 U 抗疫科普动画系列宣传片；纪录片《八大作：官式古建筑营造技艺》；科普展览“大医精诚　无问西东——中西医结合抗击新冠肺炎疫情纪实展”；系列视频《科学的力量》；“聊天儿”系列科普数据新闻；“深海勇士号载人潜水器”科普展品；科普展览“首都科技创新成果展——人类与传染病的博弈主题展”；科普图书《细胞总动员》；《这里是中国》和《中国大科学装置出版工程（第三辑）》。

2020 年十大科学传播事件：科学家座谈会召开，引发科技界热议；嫦娥五号探测器圆满完成探月任务；中国新冠病毒疫苗上市；“奋斗者”号全海深载人潜水器成功完成万米海试；北斗三号全球卫星导航系统正式开通；我国量子计算机研究取得重大突破；钟南山等 4 人被授予共和国勋章、国家荣誉称号；海水稻首次在青藏高原柴达木盆地试种植；国内最大规模 5G 智能电网建成；华龙一号全球首堆并网发电成功。

2020 年十大科学辟谣榜：“吸烟能预防病毒感染”“吃抗生素能预防新型冠状病毒感染”“服用降压药会增加感染新冠病毒的风险”“心梗千万别放支架”“食用油吃的越少越好”“国产食盐里的亚铁氰化钾有毒”“儿童用药只要‘减半’就好”“戴眼镜会加深近视度数”“日常清洁消毒液浓度越高越好”“白内障只有老年人会得，年轻人不会”及相应的真相解读。

“典赞·2020 科普中国”宣传推选活动首次设立“科普中国最高荣誉奖”，授予 2020 年在抗击新冠疫情中作出突出贡献的钟南山院士、张伯礼院士和李兰娟院士。

2020 年 9 月，“典赞·2020 科普中国”通过全民科学素质纲要实施办公室成员单位、中国公众科学素质促进联合体成员单位、全国学会、省级科协等四大渠道征集年度科普人物和年度科普作品，累计收到 197 家单位推荐申报的 1006 个参评项目。通过专家分类评审、公示和专家终评，评选出年度十大科学传播人物、十大科普作品、十大科学传播事件和十大科学辟谣榜。通过盘点年度科学传播典范，融汇科学传播业界智慧，推动科学普及与科技创新协同发展。

【《科技馆展览教育服务规范》《科普信息资源唯一标识符》发布实施】 11 月 26 日，国家标准化管理委员会发布 2021 年第 14 号公告，由全国科普服务标准化技术委员会（以下简称“科普标委会”）归口上报的两项国家标准《科技馆展览教育服务规范》（GB/T 41131-2021）、《科普信息资源唯一标识符》（GB/T 41132-2021）正式发布实施。这是科普标委会组织编制并经国家标准委批准发布的第一批国家标准，具有重要的里程碑意义。同时，两项国家标准的编制和发布充分体现了科普服务标准化科学、实用和适度前瞻的原则，有助于提升科普资源和科普服务质量，对于推动科普供给侧改革、提升全民科学素质具有重要的引领作用。

科普标委会自 2017 年 6 月成立以来，着力夯实基础，狠抓标准预研，按照“基础先立、上层先立、急用先立”的原则逐步推进，将“命题式”与“开放式”有机结合、“研究性”与“成果性”统筹兼顾，创新项目征集方式，鼓励社会各界参与科普标准化工作。截至 2021 年年底，共征集 274 个标准预研项目，立项 42 项；在预研成果的基础上，择优向国家标准委提交 17 项国家标准立项建议，其中 6 项获得国家标准立项。在国家标准编制过程中，科普标委会认真组织标准起草组完成既定工作任务，严格把控标准编制每一个阶段的进度计划，多方协调起草组调研论证、征求意见等所需专家、资源和渠道等，组织召开多轮标准预审会及审查会，着力提升国家标准编制质量及未来实践适用性。

今后，科普标委会坚持将科普服务标准化工作融入国家标准化发展大局，贯彻落实《全民科学素质行动规划纲要（2021—2035 年）》中对标准化工作的相关要求，聚焦科普基础设施、科普产品、科普服务、科普信息化、科普评价等领域的标准化需求，不断拓展和完善现有标准体系，持续加大科普服务国家标准预研和编制力度，以标准化建设促进科普工作高质量发展。

【中国科协 2021 年地方科普工作会议】 4 月 12—13 日，中国科协 2021 年地方科普工作会议在湖南省长沙市召开。中国科协副主席、书记处书记孟庆海出席会议并讲话，中国科协党组成员、中国科技馆馆长殷皓主持会议。各省级科协分管科普工作的副主席和科普部部长、有关全国学会科普工作负责人参会。

会议的主要任务是深入贯彻落实党的十九届五中全会精神，落实中央书记处和国务院对科协工作和科普工作的一系列指示要求，积极服务党和国家中心工作，构建科普高质量发展工作体系，部署 2021 年公民科学素质建设和科普重点任务。

孟庆海指出，“十三五”时期，各级科协组织在以习近平同志为核心的党中央的正确领导下，切实履行全民科学素质行动牵头部门职责，会同有关部门和各级政府共同推进公民科学素质建设，科普能力建设成效显著，全面完成“十三五”时期的各项任务。五年来的成绩表明，以习近平同志为核心的党中央的坚强领导是科普事业发展的根本保证，各级党委、政府的大力支持是科普事业发展的重要支撑，各级科协、学会和广大科技工作者攻坚克难、奋勇向前是科普事业发展的核心力量，科协系统要总结经验、认清形势，准确把握科普工作新的历史方位。

孟庆海强调，进入新发展阶段，科普的内涵、理念、手段和机制已经发生深刻变化，进入了新的发展时期。面向世界科技强国和社会主义现代化建设，科普事业需要进一步满足人民对美好生活的新需求，识变应变求变，营造崇尚创新的社会氛围，以建设高素质创新大军支撑高质量发展，积极开展国际交流合作，更好地服务人的全面发展、服务创新发展、服务国家治理体系和治理能力现代化、服务构建人类命运共同体。

孟庆海要求，科协系统要坚决贯彻落实习近平总书记重要指示精神，牢牢把握科普高质量发展方向。一是学懂弄通做实习近平总书记对科普工作的指示要求，二是准确理解和贯彻习近平总书记对准确把握新发展阶段、深入贯彻新发展理念、加快构建新发展格局、统筹发展和安全、全力推动高质量发展的要求，彰显科普工作高质量发展的引领性、精准性、通俗性、服务性、融合性。推动主责主业融通贯通，实现对科技工作者的团结引领和对公众的价值引领，通过为科技工作者服务全民科学素质提升搭建平台，让科技工作者和公众在科普工作中有获得感，充分发挥科普的政治价值、文化价值、经济价值、社会价值、生态价值。

孟庆海对科协系统做好 2021 年重点工作、奋力实现“十四五”科普高质量发展开好局、起好步提出具体部署要求。

中国科协科学技术普及部部长白希作年度科普工作报告，中国科普研究所所长王挺作第十一次公民科学素质结果分析报告。中国科协科学技术普及部和各科普直属单位负责人就科普中国信息化平台创新升级、基层科普服务乡村振兴、科技馆体系创新升级、推进青少年竞赛改革、农技协科技小院联盟建设等重点工作进行专题部署交流。湖南省科协、河北省科协、广西壮族自治区科协、上海市科协、山东省科协和中国心理学会、中国气象学会等单位代表作交流发言。会议期间，邀请专家就全面推进乡村振兴进行针对性专题辅导，并结合科普融媒体建设、科普教育基地建设等进行了现场调研。

【首届“100+ 高校科学辟谣联合行动”】 3 月 25 日，为庆祝建党 100 周年，首届“100+ 高校科学辟谣联合行动”在北京启动，该活动是建党百年科普中国系列活动的首场活动。中国工程院院士、北京工商大学校长孙宝国，中国科协副主席、书记处书记孟庆海，中国科协科普部、中央网信办举报中心、工信部新闻宣传中心有关负责人，中国科学院、北京大学、南开大学、北京航空航天大学、中国疾控中心等单位的专家学者出席活动。

活动现场与 20 余所高校分会场进行视频连线，各地高校学子纷纷表达对科学辟谣的热烈响应和积极投入。孙宝国、孟庆海等共同点亮并宣布“100+ 高校科学辟谣联合行动”正式启动，孟庆海发布首条活动微博。随后，孙宝国为连线的高校师生和网民作院士科学课《正确认识食品添加剂，让人民吃得放心》，高校教师代表陈征、微博大 V 代表李永乐、高校学生代表王婧仪分别作演讲分享《让谣言止于物理》《让每个人感受科学之美》《点亮科学梦想》，相关领域专家就如何开展科学辟谣识谣、如何开展食品安全辟谣等进行圆桌讨论，与会嘉宾踊跃发言，现场气氛热烈。

首届“100+ 高校科学辟谣联合行动”由中国科协科普部、中央网信办举报中心、工业和信息化部新闻宣传中心共同指导，科普中国与新浪微博主办。活动持续到 6 月底，采用线上线下相结合的方式。调动清华、北大、北航等300余所高校官方微信公众号协同参与，鼓励高校官方微信公众号和学生辟谣打卡、分享辟谣真相知识。

活动期间，每周将针对重点谣言内容和真相知识进行收集汇总，并邀请高校教师、微博科普达人与学生共同参与#辟谣吧学生#等话题活动，结合实际每月定期发布#高校辟谣榜#，对表现优异的高校官方微信公众号和高校学生予以奖励。

本次活动旨在通过网络发动广大高校学生积极参与科学辟谣，带动提升高校学生以及广大青少年的网络安全和文明意识，共同营造清朗的网络空间，有效提升科普中国品牌影响力。

“科学辟谣平台”由中国科协、卫生健康委、应急管理部和市场监管总局等部门主办，中央网信办指导。自2019年8月上线以来，已汇聚各种谣言7400多条，辟谣资源3000余条，平台入驻专家1100余位，先后与中央网信办、国家卫生健康委员会、应急管理部、中国地震局、中国气象局等有关部门联合发布科学辟谣月榜、专榜24期。截至3月19日，全网用户突破560万，总传播量超过23亿。

【中国科技文化场馆联合体成立】 11月22日，中国科技文化场馆联合体成立大会在北京举行。在中国科协的倡导下，16家具有头部引领地位的科技文化场馆、科学文化领域的社会组织和研究机构发起成立中国科技文化场馆联合体，共同探索科技文化场馆跨界融合，助力社会文明繁荣发展的全新路径。

中国科协名誉主席韩启德出席会议并宣布联合体成立，中国科协党组书记、分管日常工作副主席、书记处第一书记张玉卓出席会议并致辞，中国国家博物馆馆长王春法代表16家发起单位致辞。成立仪式由中国科协专职副主席、书记处书记孟庆海主持。

张玉卓指出，科技、文化场馆是我国公共文化服务体系的重要载体，是普及科学、文化、艺术的重要阵地，承担着提升公众科学文化素质的重要使命。中国科技文化场馆联合体的成立是全面贯彻习近平总书记重要指示精神、深入落实党的十九届六中全会精神，主动肩负科学文化素质明显提升的目标任务、有效满足人民日益增长的科学文化需要的有益探索。他强调，要坚持立根铸魂，建强思想引领阵地，团结引领广大科技、文化工作者致力于提高公众科学文化素质；要坚持守正创新，提升公共服务质量，助力“双碳”目标实现、“双减”政策落地、服务“双创”发展；要坚持开放协同，推动人类文明互鉴，向世界讲好中国科技、文化故事，传播好中国声音，提升国家文化软实力、中华文化影响力、中华民族凝聚力，助力建设人类命运共同体。他希望，联合体运行好、发展好，不断在创新中求融合、在融合中谋发展，通过发挥跨界成果引领示范作用，营造融合发展、开放共享的科技文化新生态，谱写科学文化素质建设新篇章，共同致力于提高人民思想道德素质、科学文化素质和身心健康素质，为高水平科技自立自强提供基础支撑，为全面建设社会主义现代化国家贡献智慧和力量。

会议通过《中国科技文化场馆联合体规程（草案）》《中国科技文化场馆联合体组织机构设置方案（审议稿）》，推选韩启德为中国科技文化场馆联合体首任主席，孟庆海为常务副主席，王旭东、王春法、吴为山、殷皓为副主席。

成立大会上，各成员单位共同发布《关于推进科技文化场馆融合发展的倡议书》，倡议坚持以人民为中心，主动肩负社会责任；深入开展理论研究，巩固提高科研水平；推进跨界纵横合作，优势互补联合攻关；构建国家交流桥梁，助力文明交流互鉴；共同凝心聚力，为社会文明程度提高和科技强国、文化强国建设服务。

在首场活动——高端论坛上，中国科学院院士、西安交通大学电子信息工程学院院长管晓宏，清华大学美术学院院长鲁晓波，浙江大学艺术与考古学院教授严建强通过线上线下相结合的形式分享学术成果、开展学术交流。

中国科技文化场馆联合体是由中国科协倡导并组织成立，由故宫博物院、中国国家博物馆、中国美术馆、中国地质博物馆、中国科学技术馆、上海科技馆、敦煌研究院、北京自然博物馆、国家海洋博物馆、中国物理学会、中华医学会、中国自然科学博物馆学会、中国科协－北京大学（联合）科学文化研究院、中国科协生命科学学会联合体、中国公众科学素质促进联合体、世界公众科学素质组织筹备委员会等16家单位共同发起并自愿结成非独立法人的非营利组织。

【青少年科技创新后备人才培养建议专题研讨会】 1月7日，中国科学院院士、中国科协名誉主席韩启德牵头在北京召开青少年科技创新后备人才培养建议专题研讨会。中国科协荣誉委员、中国老科学技术工作者协会常务副会长齐让，中国科协副主席、书记处书记孟庆海，中国科学院院士、中国科学院古脊椎动物与古人类研究所所长、中国科普作家协会理事长周忠和，中国科学院院士、中国科学院国家天文台研究员、中国科学院大学天文与空间科学学院院长武向平，财政部教科文司原司长赵路，中央文史研究馆馆员、创新人才教育研究会会长、人大附中联合总校理事长刘彭芝出席会议。

面对建设世界科技强国对青少年科技教育工作的新要求，为加强人才成长规律研究，中国科协青少年科技中心于2020年联合北京师范大学、华东师范大学等研究机构开展了多项课题研究。北京师范大学教育学部教授、科学教育研究院院长郑永和作为代表汇报了相关研究成果。与会专家一致认为，亟需立足我国国情，找准现阶段科学教育存在的问题，通过提出若干建议的方式，推动中小学阶段科技拔尖人才培养体系的完善。

韩启德指出，应厘清中小学科技创新后备人才这一目标群体的相关概念，提出具有操作性的解决方案。有关建议应围绕中心、聚焦靶心、服务大局，及早发现具有科学家潜质的青少年，为我国科技创新发展厚植人才沃土。

齐让表示，有关建议首先要强调提升全社会对中小学科技创新后备人才培养必要性和重要性的认识，探索与国家其他中长期规划结合的可能性。要注重发挥地方相关方的力量。

周忠和提出，在提出建议时，应充分考虑必要性和可行性，例如建议选取试点地区，为青少年科技创新人才的成长建立专门通道，以点带面，平衡与现行升学制度的关系。同时，呼吁全社会加强对科学研究探索和失败的宽容度。

武向平提出，应重视科技教师的系统化培训，为其提供自我学习机会，可安排专项经费向农村科技教师培训倾斜。此外，还应让科学家的作用前移，科学家参与指导中小学科技教育教材和课程的安排设置。

赵路、刘彭芝等专家认为，应当在准确把握不同年龄段人才培养的规律的基础上提出具体建议，特别是要重视面向社会加强对拔尖人才培养的正面宣传。

教育部科技司、中国科协调研宣传部、中国科协青少年科技中心、北京师范大学有关人员参加会议。

【奇迹天宫，荣耀见证——中国空间站科创体验基地首场活动】 9月6日，由中国科技馆联合中国载人航天工程办公室共同主办的“奇迹天宫，荣耀见证——中国空间站科创体验基地首场活动”在中国科技馆举办。中国科协党组书记、分管日常工作副主席、书记处第一书记、中国工程院院士张玉卓，中国科协副主席、书记处书记孟庆海，中国科协党组成员、书记处书记兼中国科技馆馆长殷皓，中国载人航天工程办公室主任郝淳，中国航天科技集团有限公司总经理徐强，中国载人航天工程副总设计师、航天英雄杨利伟，中国航天科技集团有限公司五院院长林益明，中国载人航天工程空间站系统总指挥王翔，中国载人航天工程办公室、中国航天科技集团有限公司、中国科协办公厅、中国科技馆等单位负责人与现场300多名青少年代表共同参加活动。活动实况通过11家地方科技馆、102所馆校结合基地校以及362所农村中学科技馆同步播出。全媒体联动直播，通过科普中国、中国数字科技馆、科技日报、中国青年报、中国科技网、百度、今日头条、抖音等26个直播平台累计直播观看的人次达210.3万人次。

活动中，郝淳与殷皓共同签署中国空间站科创体验基地战略合作协议。张玉卓、郝淳、徐强与4名青少年代表共同为中国空间站科创体验基地揭牌。

揭牌仪式后，由航天员王亚平领衔的基地科普导师团首批成员正式亮相。在轨飞行的神舟十二号航天员聂海胜、刘伯明和汤洪波以视频形式发来寄语，在祝贺中国空间站科创体验基地成立的同时，鼓励青少年成长为新的航天力量。同时，三位在轨航天员发布了科学和科幻两个方向的首批实验孵化项目。青少年代表向航天员们赠送了自己创作的出舱行走科幻画，首飞航天员杨利伟代表航天员回赠寄语板并现场签名。随后，中国载人航天工程空间站系统总指挥王翔为全国青少年“同上一堂科学课”，详细介绍了中国空间站有关情况。

张玉卓在寄语中指出，建设中国空间站科创体验基地是积极落实习近平总书记在科学家座谈会上的讲话精神的重要举措，中国科技馆要继续以培养具备科学家潜质的青少年群体、呵护他们的好奇心为宗旨，在青少年心中埋下科学的种子，为他们插上科学翅膀。同时，将中国空间站科创体验基地建设成为科学家精神教育基地、前沿科技体验基地。希望广大青少年能够通过体验基地，走近航天科技、激发探索兴趣、展示科技创意，在理论和实践的结合中不断进步、健康成长，为实现高水平科技自立自强添砖加瓦。

此次活动以中小学生开学季为契机，旨在融合中国载人航天独特的科普资源与中国特色现代科技馆体系优势，开展形式多样的航天科普教育活动。

【中国企业公益科普联合倡议仪式暨颁奖典礼】 12月27日，“科学素质赋能　科技自立自强”中国企业公益科普联合倡议仪式暨颁奖典礼在北京举办。22家中国企业联合发出倡议，共同探索公益科普新合作，助力科学素质赋能，推动实现高水平科技自立自强。中国科协党组书记、分管日常工作副主席、书记处第一书记张玉卓，国务院国资委党委委员、副主任任洪斌，全国工商联专职副主席、中国民间商会副会长黄荣，第十三届全国人大常委会委员、财经委员会副主任委员、中国科技馆发展基金会理事长熊群力，中国电子科技集团有限公司董事、总经理、党组副书记吴曼青，中国科协专职副主席、书记处书记孟庆海，中国航空发动机集团有限公司副总经理、党组成员、中国科协副主席向巧，中国老科技工作者协会常务副会长、中国科技馆发展基金会顾问齐让，中国自然科学博物馆学会理事长程东红，北京有色金属研究总院名誉院长、中国科技馆发展基金会顾问屠海令，中国航天科技集团有限公司科技委副主任、中国探月工程副总设计师于登云，国务院参事室特约研究员、中国科技馆发展基金会顾问鲍红，中国农业发展集团有限公司副总经理曹恒真，中国科协党组成员、书记处书记兼中国科技馆馆长、中国科技馆发展基金会副理事长殷皓等出席活动。

张玉卓在讲话中表示，中国科协将与国务院国资委、全国工商联共同突出价值引领，铸强科普之翼，发挥各自优势，深化开放合作，以科学素质赋能高质量发展；围绕中心大局，紧扣乡村振兴、共同富裕、绿色发展等时代主题，履行社会责任，共享发展成果，吸引更多企业参与公益科普事业；塑造服务品牌，普惠社会公众，深化科普资源供给侧改革，为科普发展注入新动能，为社会赋予更多正能量。任洪斌表示，国务院国资委将指导推动中央企业把科技创新作为“头号任务”，把科学普及作为重要责任，助力提升全民科学素质。黄荣希望广大民营企业高度重视科普和科学素质建设，积极响应中国企业公益科普联合倡议与行动方案，积极参与公益科普活动。熊群力表示，中国科技馆发展基金会将携手中国企业为科普事业注入更多能量，搭建场馆共建平台、科普资源共享平台、赛事平台以及动员专业科技工作者力量、发挥科普工作者作用平台，做强科普之翼。

22家中央企业和民营企业共同发布了《“科学素质赋能　科技自立自强”中国企业公益科普联合倡议》。小米集团、河南济源钢铁（集团）有限公司、科大讯飞股份有限公司等3家倡议发起单位负责人接受了现场访谈，并由熊群力为河南济源（钢铁）有限公司负责人颁发了捐赠证书。

除《倡议》发布外，本次活动还为中国科技馆发展基金会第五届科技馆发展奖、第二届中国国际科普作品大赛获奖者颁奖。

《中国企业公益科普联合倡议》是在国务院国资委、全国工商联和中国科协指导下，由中国航天科技集团、中国电子科技集团、中国航空发动机集团、中国石油化工集团有限公司、中国机械工业集团有限公司、哈尔滨电气集团有限公司、有研科技集团有限公司、中国农业发展集团、小米集团、荣民控股集团、新奥集团、联想集团、内蒙古伊利实业集团、河南济源钢铁（集团）有限公司、复星集团、均瑶集团、科大讯飞股份有限公司、国维财富投资集团有限公司、北京天辰时代文化艺术发展有限公司、阿里巴巴集团、北京三快在线科技有限公司（美团）和中国科学技术出版社有限公司自愿发起的，旨在贯彻落实党的十九届六中全会精神，推动科普事业高质量可持续发展，为提高全民科学素质、建设创新型国家和世界科技强国、实现中华民族伟大复兴的中国梦贡献力量。

【中巴建交70周年青少年科学教育合作项目启动】 5月20日，中巴建交70周年青少年科学教育合作项目在北京启动，中巴双方采取线上线下相结合形式分别在北京和伊斯兰堡设立会场。中国科协副主席、书记处书记、世界公众科学素质组织筹委会主任孟庆海，巴基斯坦科学基金会主席沙希德·穆罕默德·拜格，巴基斯坦驻华大使馆政治参赞阿韦斯·阿赫迈德·汗，中国驻巴基斯坦大使馆一等秘书贾伟出席活动并致辞。中国科协国际联络部、中国科普研究所、巴基斯坦科学基金会和中国科协青少年科技中心相关负责人参加会议。

孟庆海表示，中国科协高度重视中巴科技与人文交流合作，在科技教育合作、工程能力互认、人才培训交流等方面取得丰硕成果。2020年年底，中国科协与巴基斯坦科学基金会等机构共同发起成立了世界公众科学素质组织筹委会，推动国际公众科学素质提升。中国科协青少年科技中心与巴基斯坦科学基金会签订三年合作计划，这将是中国科协与巴方开展人文科技交流的又一重要行动。他期望未来三年中巴双方在教师培训、科教资源共享、青少年科技教育活动等方面开展深入务实的交流与合作，为中巴科学教育可持续发展和共同繁荣作出贡献。

沙希德·穆罕默德·拜格表示，中巴关系源远流长，成果丰硕，在科学技术领域形成了许多影响深远的政策、文件和工程。巴基斯坦科学基金会乐于向中国科协青少年科技中心等友好合作伙伴汲取有益经验，促进本国科学技术事业发展；双方签署合作意向书，将开启中巴科学教育合作新篇章，有力促进科技发展成果惠及本国民众。

贾伟和阿韦斯·阿赫迈德·汗分别代表两国使馆对项目的意义给予肯定，表示将支持双方进一步开展深入合作。

中国科协青少年科技中心主任辛兵和巴基斯坦科学基金会主席沙希德·穆罕默德·拜格通过线上线下结合的方式签署科学教育合作意向书。双方聚焦巴基斯坦科学教育发展，启动科学教育三年合作项目，共同发布《中巴科学教育百校联盟合作倡议》，未来将培训千名当地教师、支持 400 所当地中学提升科学教育能力，推动双方合作行稳致远。

此次项目合作是献礼中巴建交 70 周年、落实中巴经济走廊建设的重要工作成果之一。中国科协青少年科技中心与巴基斯坦科学基金会以科学教育为纽带，深化双方合作基础，推进中巴民心相通，打造“一带一路”科技教育合作旗舰项目，服务“一带一路”高质量发展。

作为此次合作的重要内容，世界工程组织联合会主席龚克为中巴科技教师和青少年讲授了题为“融工程教育于可持续发展”的工程教育第一课。

【2021 年度科协系统青少年科技教育活动工作研讨会】 5 月 10—12 日，2021 年度科协系统青少年科技教育活动工作研讨会在山东省泰安市召开。中国科协副主席、书记处书记孟庆海，山东省副省长、中国工程院院士凌文出席会议并讲话。部分省级、副省级科协分管副主席出席会议。各省级、副省级科协科学技术普及部、青少年科技中心有关人员，全国学会有关负责人参会。

孟庆海指出，2020 年是极不平凡的一年，青少年科技教育活动工作推动活动变平台、平台变生态，进一步夯实了事业发展转型升级基础。青少年科技教育活动工作要着力弘扬科学家精神，加强青少年思想引领，提升青少年科学素质，着力培养青少年后备人才；着力加强青少年科技教育活动规律及人才成长规律研究，把习近平总书记关于“形成一大批具备科学家潜质的青少年群体”的重要指示精神落实到开展青少年科技教育活动的行动中；要准确把握新发展阶段、深入贯彻新发展理念，找准在构建新发展格局中的定位，坚定不移走青少年科技教育活动工作高质量发展之路，重塑品牌价值，把丰富多彩的科普科教活动变成广泛引领青少年科学兴趣的平台；要完善组织机制，用好三支队伍，建立业务与组织建设融通贯通的机制，组织引导广大科技工作者，吸纳社会力量共同构筑后备人才培养生态；要深化供给侧改革，共建活动阵地，构建品牌、平台、队伍、机制、改革、阵地“六位一体”青少年科技教育活动工作高质量发展服务体系，矢志为党和国家培养担当民族复兴大任的时代新人。

凌文表示，山东是经济大省、工业强省，要在“十四五”时期锚定“七个求突破”和“七个走在前列”“九个强省突破”，释放改革强大动力活力。希望山东省的同志以此为契机，进一步强化对习近平总书记关于科技创新重要思想的理解，尊重青少年科技教育活动工作，增强做好这项工作的使命感、责任感，共同为青少年成长成才、为科技创新工作、为实现中华民族伟大复兴的中国梦作出应有贡献。

会上，中国科协青少年科技中心主任辛兵作年度工作报告。中国科协青少年科技中心就青少年科技竞赛改革、科教资源建设、科技辅导员专业能力提升等重点工作进行专题部署，部分省级科协、全国学会作经验交流。会议还结合党史学习教育，在泰安革命烈士陵园开展主题党日活动。

1980 年 7 月，中国科协在泰安召开首次青少年科技工作会议。41 年后重回“出发地”召开青少年科技教育活动工作研讨会，旨在牢记初心使命，“重整行装再出发”。与会代表一致表示，要按照会议要求，旗帜鲜明突出青少年科技教育活动工作的政治性，坚持“厚植沃土润科学素养，立德树人育强国英才”，大胆探索、勇于创新，以优异成绩向建党百年献礼。

【“英才计划”2020 年度工作总结会暨专家咨询委员会第八次全体会议】 5 月 18 日，“英才计划”2020 年度工作总结会暨专家咨询委员会第八次全体会议在北京召开。中国科协副主席、书记处书记孟庆海，北京大学原校长、中国科学院原副院长、英才计划专家咨询委员会主任王恩哥院士，复旦大学原校长、英才计划专家咨询委员会副主任杨玉良院士，北京国际数学研究中心主任田刚院士，中国科学院副院长、党组成员李树深院士，中国科学技术大学校长包信和院士，浙江大学校长吴朝晖院士，中国科学院国家天文台研究员武向平院士，上海交通大学党委常委、常务副校长丁奎岭院士，以及其他专家咨询委员会委员和学科工作委员会代表，中国科协科普部部长白希，教育部高等教育司副处长郝杰等出席总结会。会议由中国科协青少年科技中心主任辛兵主持。

总结会上，孟庆海向各位专家、各参与单位和社会各界对“英才计划”的支持和帮助表示感谢。他指出，自2013年中国科协和教育部共同组织实施“英才计划”以来，通过八年的不断探索，培育了科技后备人才培养品牌，搭建了科教融合协同育人的平台，探索出各具特色的培养模式，形成了上下联动、多方协同的工作机制，汇聚了高质量的培养队伍，建立了科技创新后备人才培养阵地。

郝杰表示，教育部将坚持全方位谋划、全周期支持、全要素改革、全链条衔接，对基础学科拔尖人才培养工作进行总体部署和全面推进，并坚定支持“英才计划”高质量发展，进一步促进与“拔尖计划”的有效衔接。

“英才计划”专家咨询委员会第八次全体会议由委员会主任王恩哥院士主持。会议听取了数学、物理、化学、生物和计算机五个学科工作委员会所做的2020年度工作总结和2021年工作安排，讨论了英才培养基地建设、前置培养工作、与“拔尖计划”2.0衔接等内容。会议强调，专家咨询委员会要进一步增强培养科技创新人才的责任感和使命感，积极发挥智库作用，加强对青少年科技创新人才培养工作的调查研究，充分调动各种资源，努力推动“英才计划”工作发展。

总结会上，“英才计划”全国管理办公室对2021年的重点工作做了部署安排。“英才计划”导师代表、学生代表、中学代表、高校代表和有关省市代表分别介绍了经验做法和收获体会。有关专家作了科技创新后备人才培养的专题报告。

全国15个参与省市和4个试点省区市科协、教育主管部门有关领导和工作负责人，以及北京大学、清华大学等31所参与高校相关负责人，有关省区科协相关负责同志共100多名代表现场参会，安徽省、辽宁省相关代表和各省区市参与中学代表200多人视频参会。

“英才计划”由中国科协和教育部共同主办，旨在选拔一批品学兼优、学有余力的中学生走进大学，在自然科学基础学科领域的著名科学家指导下参加科学研究、学术研讨和科研实践，使中学生感受名师魅力、体验科研过程、激发科学兴趣、提高创新能力、树立科学志向，进而发现一批具有学科特长、创新潜质的优秀中学生，为“基础学科拔尖学生培养计划”输送后备力量，并以此促进中学教育与大学教育相衔接，建立高校与中学联合发现和培养青少年科技创新人才的有效模式，为青少年科技创新人才不断涌现和成长营造良好的社会氛围。

【2021年青少年高校科学营全国开营式】 7月18日，2021年青少年高校科学营全国开营式暨“开营第一课”在清华大学举办。中国科协党组成员、书记处书记兼中国科技馆馆长殷皓出席活动并宣布开营。世界著名数学家丘成桐院士和航天技术专家龙乐豪院士为青少年讲授“开营第一课”。

教育部科学技术与信息化司副司长张国辉、中国科学院科学传播局局长周德进和国务院国资委、国务院港澳办、国务院台办、北京市科协、北京市教委等单位相关负责人参加活动并向北京15个分营代表授予营旗。中国科协青少年科技中心、清华大学负责人以及清华大学线下营员和带队教师、北京市其他分营代表等共计200余人现场参加活动。

“开营第一课”上，丘成桐院士以“数学：基础科学的基础”为题作报告，从日常生活中的水、电、交通等方面引入，介绍了基础数学的发展和著名数学家的伟大成就，勉励广大青少年重视基础数学和基础科学，为民族复兴、人民幸福、人类文明进步作出贡献。

龙乐豪院士作主题为“走向航天强国”的报告，讲述了中国运载火箭的发展历程，勉励广大青少年树立科技报国的志向，努力成长为可堪重任的时代新人。

清华大学党委副书记过勇在致辞中表示，高校科学营是培养广大青少年科学兴趣和创新精神的生动园地和重要载体，是真正有价值、有长远意义的事情。清华大学连续十年举办科学营，充分调动育人资源，不断丰富育人形式，持续深化育人成效。希望广大营员把科学营活动作为一次重要的学习契机，学好科学知识，培养科学志趣，提升科学素养，树立科学精神，让科学成为认识世界的方式、对待生活的态度。

全国各分营以视频形式云端报到，万余名营员以线上收看直播的形式参加。大家共同观看了 2021 年青少年高校科学营宣传片，欣赏了清华大学原创歌曲《序》以及未来实验室墨甲机器人和学生艺术团民乐队同学联袂演奏的《紫竹调》。清华大学分营朱玥池同学作为营员代表发言，她表示一定会多学习、多记录、多思考、多交流，在活动中感悟科学、追逐梦想。

青少年高校科学营活动由中国科协、教育部共同主办，自 2012 年起，每年暑期组织海峡两岸暨港澳万余名品学兼优、对科学探究有浓厚兴趣的优秀高中生走进重点高校、知名企业和科研院所，参观国家重点实验室、聆听名家大师精彩报告、参加动手实践等科技与文化交流活动。2021 年青少年高校科学营有来自海峡两岸暨港澳的 12580 名高中生营员通过线上线下相结合的形式参加全国 71 个分营的活动。全国开营式暨“开营第一课”在云上科学营平台、新华网、人民网、抖音、B 站等平台面向广大青少年和社会公众全程直播，观看量超过 700 万人次。此外，在省级管理办公室的推动下，江苏、澳门等地推动相关单位开展了面向本地学生的省级高校科学营活动。

【“明天小小科学家”奖励活动 20 周年暨第 20 届庆典活动】 7 月 19 日，“明天小小科学家”奖励活动 20 周年暨第 20 届庆典活动在北京中国科技会堂举行。活动评审委员会主任、中国科学院大学副校长、中国科学院院士吴岳良，活动评审监督委员会主任、北京大学教授、中国科学院院士黎乐民，“科智公益大奖”评委、美国医学科学院外籍院士、北京大学原常务副校长柯杨，中国科协党组成员、书记处书记兼中国科技馆馆长殷皓，周凯旋基金会创办人周凯旋、董事张培薇，以及中国科学院、中国工程院、国家自然科学基金委员会等相关部门负责人出席活动。

周凯旋在致辞中表示，科学是想象未来的核心，只有不断质疑，才能推动知识的发展。基金会将继续在培养科技创新后备人才工作中发挥应有作用，加大对学生的后续支持培养力度，为青少年继续从事科研工作提供帮助。

殷皓在致辞中说，“明天小小科学家”奖励活动创办 20 年来，为选拔和培养青少年科技创新后备人才搭建了重要的平台，一批又一批热爱科学、勇于探索的“少年英才”在活动中脱颖而出，并在科学研究和创新创业领域崭露头角。他希望同学们永怀爱国之心，做中华民族伟大复兴的践行者；永葆好奇心，做科技创新的探索者；脚踏实地，精益求精，做科学精神的传承者。

本次庆典活动通过视频方式回顾了活动创立 20 年来在选拔和培养青少年科技创新后备人才方面所做的努力和取得的成效。此外，首届活动获奖者南开大学药学院教授孙涛、植物分类学者杨宗宗和第 2、第 3 届活动获奖者阿里巴巴集团达摩院 GraphScope 图计算项目首席科学家于文渊分别以“学长”的身份，与“学弟”“学妹”们分享了自己在科研求学或创业道路上的体会和收获。

第 20 届“明天小小科学家”奖励活动于 2020 年 9 月正式启动。2021 年 7 月 17—18 日，入围终评展示交流活动的学生以在线视频方式参加了专家评议、青年科学沙龙、西双版纳科学探秘、“明天小小科学家”同学会等展示交流活动。部分活动通过线上直播方式向公众开放，近 50 万人参与。来自国内重点高校和科研院所的数十位专家通过在线视频方式与入围学生进行评议交流，对他们的创新作品提出改进完善建议，勉励他们保持科学兴趣、增强科研信心、树立远大志向。

为鼓励更多女生参与科技创新活动，周凯旋基金会在本届活动特别设立“科智公益大奖”，奖励 1 名通过运用科学技术为人类面临的新兴社会挑战提供具有创新性和商业潜力解决方案的女生。最终，来自香港顺德联谊总会翁祐中学的蔡培琳同学获此殊荣。

“明天小小科学家”奖励活动创立于 2000 年，是一项面向国内高中生举办的科技创新后备人才选拔和培养活动，由中国科协、中国科学院、中国工程院、国家自然科学基金委员会和周凯旋基金会共同主办，中国科协青少年科技中心承办。经过 20 年的发展，活动社会影响力和公信力不断提升，日益受到社会各界的关注和肯定，已成为我国青少年科技创新人才培养领域的重要品牌活动。

【第七届全国青年科普创新实验暨作品大赛】 7 月 22 日，第七届全国青年科普创新实验暨作品大赛（以下简称“大赛”）全国总决赛在北京闭幕。中国科学院院士、中国科学院高能物理研究所研究员、我国大科学装置“中国散列中子源”工程总指挥陈和生，中国科协党组成员、书记处书记兼中国科技馆馆长、中国科技馆发展基金会副理事长殷皓，中国三星总裁黄得圭，中国青少年科技辅导员协会监事长李晓亮等出席颁奖仪式并为获奖选手颁奖。

本届大赛由中国科协主办，中国科技馆和中国科协青少年科技中心共同承办。作为教育部确定的2020—2021年度35项面向中小学生开展的全国性竞赛活动之一，本届大赛设置“创意作品”和“科普实验”2个单元，下设“智能控制”“未来教育”“生物环境”“风能利用”4个命题。大赛设28个赛区，来自全国2167所中学和604所大学的32848支队伍报名参赛，经过各分赛区激烈角逐，150支队伍晋级总决赛。

7月20—21日，全国总决赛在中国科技馆和北京科学中心同时开赛。智能控制大学组北京、江苏、广东赛区，智能控制中学组江苏、山西、北京赛区，未来教育内蒙古、广东、江苏赛区，生物环境重庆－湖北、安徽、黑龙江－吉林赛区，风能利用青海、山西、甘肃赛区的15个团队荣获一等奖。黑龙江省科学技术馆、安徽省科学技术馆、江西省科学技术馆、山东省科技馆、辽宁省科学技术馆作为赛区承办单位荣获优秀组织单位一等奖。

殷皓在总结讲话中向青年学子提出三点希望：一是要肩负历史使命，坚定前进信心；二是要坚持勤学实干，练就过硬本领；三是要勇于冲锋在前，矢志创新创造。他希望广大青年朋友们以本届大赛为契机，不忘探索未知的初心，树立创新创造的信心，坚定科学报国的决心，勇于实践、开拓进取，以青春激情、智慧才干和勇敢担当，为振兴科技事业、助力高水平科技自立自强、实现中华民族伟大复兴的中国梦贡献青春力量。

【“沿着奋斗百年路　激发科学好奇心”科技教育活动乡村行首发启动】 6月10日，由中国科协青少年科技中心、中国青少年科技辅导员协会主办的“沿着奋斗百年路　激发科学好奇心”科技教育活动乡村行首发式在红军长征的启程地、共和国科普事业的发源地——江西省瑞金市举行。中国科协副主席、书记处书记孟庆海出席首发式并为江西省大手拉小手科普演讲团授旗。长征系列运载火箭总设计师、中国工程院院士龙乐豪，国家天文台研究员、中国科学院院士、中国青少年科技辅导员协会理事长武向平出席首发式并作科普报告。教育部基础教育司、中国科协科学技术普及部、国家民委教育科技司、中科院科学传播局、江西省科协和赣州市、瑞金市有关同志出席首发式。

瑞金第一中学、瑞金红井小学的300多名师生代表现场参加首发式。江西、福建、湖南、广西、贵州、云南、四川、青海、甘肃、宁夏、陕西等11个省、自治区千余所学校组织师生通过央视频等网络直播平台同步收看首发式和大师报告。

首发式分为“砥砺奋进长征路”“科技点亮好奇心”“少年逐梦新长征”三个篇章。活动现场播放了宣传片，科技工作者和青少年一同朗诵诗歌《百年大党科技梦》。活动还组织学生参加以人工智能、红船模型、月球车模型、无人机等为主题的科技实践活动，让青少年在体验科技实践的过程中增进对科技的认识理解，引导青少年踊跃学习科学知识、积极投身科技事业。

首发式后，龙乐豪院士为青少年作题为“长征火箭与中国航天”的科普报告。报告结合长征系列运载火箭的发展，讲述我国航天事业的伟大征程，引发热烈反响，同学们纷纷举手向院士提问，表达出对科学领域求知的兴趣和探索的梦想。

在首发式延安分会场，武向平院士作题为“认识我们的宇宙”的科普报告，以通俗易懂的语言深入浅出地开启了一场探索宇宙的奥秘之旅。

在教育部基础教育司、中国科协科普部、国家民委教育科技司、中科院科学传播局的指导和支持下，科技教育活动乡村行将围绕“乡村振兴　科教赋能”主题，以“大师报告进乡村、科技实践进乡村、教师培训进乡村、科教资源进乡村”为主要内容，携手中国公众素质促进联合体成员单位，积极打造乡村科技教育服务平台。通过线上、线下相结合的方式，历时6个月，深入红军长征沿线11个省、自治区，把科教资源送进“百县千校”，带动地方设立乡村科技教育基地、乡村科技教育志愿者服务队，推动解决科技教育不平衡不充分问题，推动巩固脱贫攻坚成果同乡村振兴有效衔接。

【“天宫课堂”首次地面主课堂活动】 12月9日，由中国载人航天工程办公室联合中国科协、教育部、科技部、中央广播电视总台共同开展的中国空间站首个太空科教品牌——“天宫课堂”地面主课堂在中国科技馆举办。神舟十三号航天员翟志刚、王亚平、叶光富在中国空间站进行太空授课。本次活动采取天地互动方式进行，在中国科技馆（中国空间站科创体验基地）设置地面主课堂，在广西科技馆、四川省汶川县第一小学（科普大篷车进校园）、香港培侨书院、澳门科技馆分别设置4个分会场，共1420名中小学生代表参加。活动通过中央电视台、中央人民广播电台、中国国际广播电台、央视新闻新媒体等平台向全球直播。活动 24 小时之内，全网报道量 3 万余篇，总点击量 21.16 亿次，当晚新闻联播报道 3 分 46 秒。现场共有来自人民日报、新华社、光明日报、中国日报、北京日报、学习强国等 18 家主流媒体参与报道。

三位太空教师在轨介绍展示了中国空间站工作生活场景，演示了微重力环境下细胞学实验、物体运动、液体表面张力等科学实验，并与广大青少年开展天地对话。直播活动结合中国科技馆天和核心舱 1∶1 结构验证件、神舟一号返回舱实物、长征七号运载火箭等“大国重器”，与来自北京市 25 所中小学的 200 余名学生，在科技辅导员和中学物理老师带领下共同完成。为充分发挥科技馆体系联动效应和科学家精神教育基地的平台优势，中国科技馆动员全国科技馆体系的 29 个省（自治区、直辖市、兵团）的近 200 所实体科技馆、193 个流动科技馆站点、124 辆科普大篷车、850 所农村中学科技馆收看直播，并开展航天特色科普活动，受众超过 57 万人。

国际学术交流

【第 32 届国际航空科学大会】 9 月 6 日，第 32 届国际航空科学大会在上海市开幕。全国政协副主席、中国科协主席万钢出席开幕式，宣读习近平主席的贺信并致辞。

习近平指出，航空科技是 20 世纪以来发展最为迅速、对人类生产生活影响最大的科技领域之一。当今世界正经历深刻的科技革命和产业变革，航空科技面临前所未有的发展机遇，开展全球航空科技合作十分必要、大有前途。希望本届大会为促进全球航空科技合作发挥积极作用，给世界各国人民带来更多福祉。

万钢在致辞中强调，要深入贯彻习近平主席对本次大会的重要指示精神，抓住航空科技面临的前所未有的发展机遇，加大全球航空科技合作，给世界各国人民带来更多福祉。他指出，新冠肺炎疫情使国际航空运输业遭遇了前所未有的冲击，迫切需要航空科技领域加强高水平开放合作，贡献高质量创新成果，提供系统性解决方案。期望航空科技领域的同仁坚持包容性创新，打造智慧、高效、安全的现代化航空体系，不断增强航空运输系统的韧性；坚持可持续发展，推动航空能源向高效、清洁、多元化发展，助力航空业节能减排，落实联合国 2030 年可持续发展议程；坚持高水平开放，倡导无国界、无障碍、无歧视的精神与合作理念，在民用航空发动机关键技术研发、航空工程师培育认证、航空基础设施建设等领域加速实现共建共享、互联互通、互惠互利，以高水平开放合作的有效行动共同推动构建人类命运共同体。

国际航空科学理事会前主席铃木信二（Shinji Suzuki）、中国航空学会理事长林左鸣分别在开幕式上致辞。

第 32 届国际航空科学大会由国际航空科学理事会主办、中国航空学会承办。国际航空科学大会被誉为航空科技界的奥林匹克盛会。本次大会是时隔 29 年后再次在中国召开。来自 40 多个国家航空科技组织和机构的代表以及国内几乎所有重要航空企事业单位代表 800 余人通过线上线下相结合的方式参加大会。

【2021 年世界工程日中国庆祝活动暨中国工程师联合体成立仪式】 3 月 18 日，由中国科协、中国工程院、中国联合国教科文组织全国委员会共同主办的 2021 年世界工程日中国庆祝活动暨中国工程师联合体成立仪式在北京举办。全国政协副主席、中国科协主席万钢，中国工程院党组书记、院长李晓红，教育部党组成员、副部长、中国联合国教科文组织全国委员会主任田学军出席活动并致辞。中国科协党组书记、常务副主席、书记处第一书记怀进鹏，中国科协党组成员、书记处书记束为出席活动。联合国教科文组织自然科学助理总干事沙米拉・奈尔 - 贝杜埃勒线上致辞，世界工程组织联合会主席龚克作主旨报告。活动由中国科协党组成员、书记处书记宋军主持。

万钢在致辞中指出，工程科技创新和进步不仅是推动社会生产力发展和劳动生产率提升的关键因素，更是推动教育、文化、体育、卫生等事业发展的重要力量。“促进可持续发展世界工程日”的设立，提升了公众对于工程技术改善人类生活的认知，体现了工程师在促进全球可持续发展中的重要作用。中国工程师联合体的成立，将更好服务工程科技人才实现价值、助力经济社会发展、促进中国与国际工程界的交流与合作，有助于中国工程界为促进实现全球可持续发展目标、推动构建人类命运共同体贡献更多智慧和力量。同时，他对广大工程师提出三点期望：一是工程要服务可持续发展；二是要深化国际合作、共同应对挑战；三是要创新教育机制、培育未来人才。希望能够在国际工程界的共同努力下开启工程的“春天”。

李晓红表示，工程科技在应对人类健康危机、实现经济社会快速复原发展方面发挥着不可替代的作用。当前世界新冠肺炎疫情形势依然严峻，全球可持续发展仍面临诸多挑战，作为经济社会发展的主要驱动力，工程科技应大有可为。对此，他提出三点建议：一是面向人民生命健康提高科技供给能力；二是适应可持续发展需求加快创新步伐；三是践行人类命运共同体理念，加强国际科技合作。

田学军表示，中国正着力构建全球工程教育共同体，我们将把联合国可持续发展目标融入工程能力培养中，激励更多人才投身工程促进可持续发展的实践中。教育部及中国联合国教科文组织全国委员会将继续同各方携手努力，共同推动中国工程教育领域的高质量发展，为构建人类命运共同体、创造更加繁荣美好的世界作出贡献。

沙米拉·奈尔－贝杜埃勒代表联合国教科文组织向活动的成功举办表示祝贺。她表示，非常感谢中国能够举办世界工程日庆祝活动，联合国教科文组织与中国各机构共同推出的联合国教科文组织第二份工程报告对于全球工程界具有重要意义。联合国教科文组织希望继续与中国深化合作，通过工程服务联合国可持续发展目标。

龚克在主旨报告中指出，联合国教科文组织工程报告为各国政府、产业界、教育机构和工程组织推动可持续发展提供了有益参考，为工程领域的发展进步指明方向、提出任务，将成为全球工程发展的里程碑。希望中国工程界与全球工程组织更加紧密合作，为加快实现中国的现代化和全球可持续发展作出更大的贡献。

在中国工程师联合体成立仪式上，万钢、李晓红、怀进鹏、田学军、龚克等共同为中国工程师联合体标识揭幕，并向发起成员单位代表授牌。中国工程师联合体是在中国科协倡导下，由76家具有重要影响的全国学会、地方工程师学会、高校和企业共同发起成立，旨在凝聚工程科技界、产业界、工程科技社团等社会各方力量，构建工程师事业共同体、价值共同体、命运共同体。联合体成立得到了国际工程界的广泛关注，国际工程联盟等16个国际和国别工程组织发来贺信或寄语。

圆桌对话环节由龚克主持。联合国教科文组织国际工程教育中心主任吴启迪和英特尔全球副总裁、中国研究院院长宋继强分别作引导性发言《积极培养更多面向未来的工程人才》《开放合作，推动世界工程技术创新与教育》。世界工程组织联合会未来领袖委员会主席菲拉斯·博迪亚布，世界工程组织联合会工程女性委员会主席耶顿德·霍洛韦，中国医学科学院北京协和医学院客座教授、德国洪堡学者陈思邈，联合国教科文组织国际工程教育中心副主任兼秘书长王孙禺，北京市建筑设计研究院有限公司总建筑师吴晨，北京市信息资源管理中心数据管理部部长贾晓丰等嘉宾，围绕“工程服务健康和可持续的世界”主题，结合自身的工程实践经验开展对话交流。

本次活动通过宣传工程促进可持续发展理念，推动国际工程界加强交流合作，为实现联合国可持续发展目标贡献更多工程界的力量。来自中国工程师联合体发起成员单位、部分工科类全国学会、科研院所、高校、企业等代表共200余人现场出席。活动还通过新华网、世界工程日官网、今日头条、百度、抖音、斗鱼、虎牙等媒体平台进行网络直播，在线收看人数超过880万人次。

【第四届世界顶尖科学家论坛】 11月1日，第四届世界顶尖科学家论坛在上海市召开。全国政协副主席、中国科协主席万钢，上海市委常委、副市长吴清，世界顶尖科学家协会主席、2006年诺贝尔化学奖获得者罗杰·科恩伯格出席开幕式。中国科协党组副书记徐延豪主持开幕式。

万钢作了题为“面向全球化的科学、技术与创新”的主旨报告。他表示，中国科技界始终是全球开放合作的倡导者、科技治理的参与者、创新发展的贡献者，积极倡导无国界、无障碍、无歧视的开放科学精神与理念，以包容性创新为引领，落实联合国2030年可持续发展议程，加强科学知识交流和技术创新合作，以高水平开放合作的有效行动携手共建人类命运共同体。

第四届世界顶尖科学家论坛由中国科协与世界顶尖科学家协会共同主办，中国科学院和中国工程院共同指导。来自23个国家的131位世界顶尖科学奖项获得者、数十位中国两院院士、132位各国顶尖青年科学家、各界嘉宾代表和百位“小科学家”代表出席论坛活动。论坛的年度主题为“开放科学：构建开放创新生态”。

开幕式上，世界顶尖科学家协会副主席、2013年诺贝尔化学奖得主迈克尔·莱维特代表世界顶尖科学家协会向全球发布《开放科学：构建开放创新生态》倡议，倡导开放科学并鼓励支持开放科学的行动。会上还正式宣布创设“世界顶尖科学家协会奖”。

论坛期间，中国科协党组成员、书记处书记王进展出席有关活动，中国科协办公厅、青少年科技中心、国际科技交流中心等单位相关负责人一同出席。

【2021 中小企业数字经济全球论坛】 11 月 1 日，由中国科协主办，中国国际科技交流中心、上海市科委、上海市科协、上海市杨浦区人民政府承办的 2021 中小企业数字经济全球论坛（以下简称“论坛”）在上海市举办。全国政协副主席、中国科协主席万钢，上海市委副书记、市长龚正出席并致辞。中国科协党组副书记徐延豪主持开幕式。

万钢在致辞中指出，在新冠肺炎疫情以及新一轮科技革命和产业变革的影响相互叠加的背景下，加速数字化转型是中小企业生存发展的必由之路。全球产业界，特别是中小企业要坚持用包容发展、创新引领、开放合作的“金钥匙”破解当前数字化转型过程中面临的难题。中国科协将进一步加强科技界和产业界的交流合作、协同创新，推动新一代信息技术和实体经济的深度融合，助力中小企业为代表的各类市场主体加速实现数字化转型。

龚正在致辞中指出，当前，上海正在深入落实数字中国战略，全面推进城市数字化转型，更加主动地服务和融入新发展格局。“十四五”期间，上海将加快向具有世界影响力的国际数字之都迈进。大力发展数字经济，上海要努力打好关键核心技术攻坚战，推动数字经济与实体经济深度融合发展，持续完善包容开放、公平竞争的数字经济发展环境。期待各位嘉宾分享真知灼见，也欢迎更多企业投身上海数字经济，一起创造数字时代美好未来。

在主旨报告环节，2011 年诺贝尔经济学奖获得者托马斯·萨金特，德国国家工程院董事会主席、国家未来出行平台指导委员会主席孔翰宁，挪威工程院院士、IEEE 计算机协会区块链专委会主席容淳铭，日本工程院院士、中国科学院外籍院士福田敏男，中国工程院院士、德国工程院院士吴志强等 5 位科学家、经济学家、企业家以及国际组织负责人，分别作主旨报告《推动中小企业应用新型数字工具》《数字化协同创新的成功因素》《分布式的联邦产业链制造》《面向中小企业的人工智能和机器人》《未来城市赋能中小企业创新发展》。

在企业家峰会环节，德国管理学大师、“隐形冠军之父”赫尔曼·西蒙，施耐德电气全球执行副总裁、中国区总裁尹正，广智微芯联合创始人、CTO 崔东顺，声网 Agora 创始人、CEO 赵斌，万物新生集团爱分类爱回收 CEO 陈静晔等五位经济学家、企业家，围绕“中小企业如何加快融入数字化产业生态”“如何更好促进中小企业获取和使用数字技术”“如何推动中小企业获得更多‘高含金量’场景条件，以促进新兴技术和场景应用持续落地”“平台企业如何带动中小企业转型升级，以协同共创数字网络生态”“如何优化开放创新机制，提升中小企业的数字化升级能力，以消除数字鸿沟、扩大开放合作”等话题进行了对话和交流。

论坛中，由上海市杨浦区等五个“科创中国”试点城市（区）发起的“科创中国”长三角协同创新组织进一步扩员发布，并在此基础上宣布成立长三角中小企业数字经济共同体。

本次论坛包含 7 个分论坛，主题分别是：数字场景——全球产业创新、数实共生——协同运营效能、创投金融——赋能数字创业、转型跨越——数智中小企业、协同合作——推进开放创新、标准赋能——引领数字转型、数字之路——助力全球协作。

本次论坛面向全球进行直播。截至 11 月 1 日 18 点，共有来自全球的 2000 万用户通过央视网、Facebook 及 YouTube 等海内外平台参与收看，引起热烈反响和探讨。

【中德碳中和目标下的新能源汽车及新出行概念论坛】 5 月 19 日，由中国科协和德国中国之桥协会共同主办的中德碳中和目标下的新能源汽车及新出行概念论坛以视频会议形式召开。全国政协副主席、中国科协主席万钢，德国联邦议院副议长、德国中国之桥协会主席汉斯 - 彼得·弗里德里希出席论坛并致辞。论坛开幕式由中国科协党组成员、书记处书记宋军主持。

万钢表示，实现碳中和发展愿景是全球应对气候变化的共识，是一场广泛而又深刻的经济社会系统性变革。中德双方在汽车产业，特别是在新能源汽车领域具有长期、广泛和深入的合作，双方的科研机构和产业界可进一步加强交流，共同探讨汽车产业的碳中和发展路径。他建议，继续推动中德双方开展汽车行业碳减排联合研究，持续新能源汽车智能化和共享出行等方面的合作，支持中德在氢能和燃料电池汽车领域的合作，以推动中德双方在碳中和目标下的新能源汽车及新出行的协同发展，为全球绿色和可持续发展注入更多正能量。

弗里德里希表示，气候问题是国际合作的重要议题，也是中欧合作的核心话题。本次论坛聚焦碳目标下新能源汽车驱动技术、数字化技术、材料轻量化等话题，具有重要意义。中德双方在汽车领域合作基础深厚、合作项目广泛，希望双方未来能加强合作研究，共同攻克关键技术难题，利用数字化技术改善交通出行，促进新能源汽车产业的发展。

本次论坛主旨报告环节设置“碳目标下的电动汽车、氢燃料电池汽车技术和应用场景发展趋势”“碳目标下的智能网联汽车发展和新出行概念”“碳目标下的新能源汽车轻量化技术”三个议题。中国科学院院士欧阳明高、中国工程院院士毛新平、清华大学汽车安全与节能国家重点实验室主任李克强、德国联邦交通和数字基础设施部总干事克劳斯·邦霍夫、德国国家工程院董事会主席孔翰宁等多位中德专家作报告。

圆桌讨论环节以“碳目标下的新能源汽车产业发展趋势”为主题，由中国汽车工程学会顾问陈志鑫主持。国家智能型新能源汽车协同创新中心主任余卓平、北京汽车集团有限公司副总经理廖振波、北京亿华通科技股份有限公司董事长张国强、世界互联网大会高级别专家咨询委员会联合主席维纳·措恩、思爱普高级副总裁斯蒂芬·克劳斯、博世管理层成员和移动解决方案部主任斯蒂芬·哈通等专家学者进行了发言和交流。

为积极响应中德欧领导人打造中欧绿色合作伙伴的共识，中国科协与德国中国之桥协会共同举办本次论坛，为中德两国新能源汽车领域专家学者及企业界人士提供交流研讨平台，为中德绿色伙伴关系建设作出贡献。

中国驻德国大使馆、中国科协国际联络部、中国国际科技交流中心、中国汽车工程学会、海南省工业和信息化厅等单位相关负责人及代表出席论坛。

【世界工程组织联合会中国委员会全体会议】

2月1日，世界工程组织联合会中国委员会（WFEO-CHINA）全体会议在北京召开。中国科协荣誉委员、WFEO主席、WFEO-CHINA主席龚克，WFEO执委、创新技术委员会主席彭静，WFEO执委、亚太工程组织联合会主席黄维，WFEO执委、国家代表李若梅，以及WFEO-CHINA委员和秘书处成员共50余人出席本次会议。中国科协党组成员、书记处书记宋军出席会议并讲话。会议由龚克主持。

龚克指出，习近平总书记在出席世界经济论坛“达沃斯议程”对话会发表的特别致辞中强调，解决时代课题，必须维护和践行多边主义、推动构建人类命运共同体。习近平总书记在会上提出四项主张和五项承诺，是开展国际组织治理工作特别是WFEO治理与改革的重要遵循。WFEO-CHINA委员要抓住任职契机，积极履职，参与WFEO的各项活动和工作，发出中国声音，提供中国方案。WFEO将与联合国教科文组织密切合作，在3月4日筹办好第二届世界工程日相关庆祝活动，发布全球工程报告。

会上，龚克还介绍了WFEO近期工作及2021年工作考虑，彭静介绍了WFEO创新技术委员会2020年工作情况，王庆林介绍了WFEO-CHINA 2020年工作及2021年重点工作。会议还听取了中国工程师联合体筹备情况汇报。委员们围绕2020年履职情况及2021年WFEO-CHINA的重点工作进行了深入交流与探讨。

宋军在总结中对WFEO-CHINA在龚克主席领导下开展的工作予以充分肯定。他指出，中国科协参与WFEO工作已从任职竞聘过渡到深度参与治理阶段，要进一步发挥任职专家和团队作用，参与制订规则、设置议题，就全球工程界共同关心的问题开展研讨。中国科协将一如既往地支持WFEO任职专家和WFEO-CHINA各项工作，配合WFEO做好第二届世界工程日相关活动。

【中国科协国际科学理事会中国委员会全体会议】

1月25日，中国科协国际科学理事会中国委员会（ISC-CHINA）全体会议在北京召开。中国科协副主席、ISC-CHINA主席、国际科学理事会（ISC）副主席李静海，ISC-CHINA主席顾问吴国雄，以及ISC-CHINA委员和相关学会、科研院所代表、秘书处成员共60余人参会。中国科协党组成员、书记处书记宋军出席会议。会议由李静海主持。

会议宣布了关于ISC-CHINA委员调整的决定，宋军为新增委员颁发聘书，并对ISC-CHINA委员积极参与国际组织工作表示感谢。李静海在讲话中通报了ISC最新工作动态，介绍了在全球大疫情背景下ISC的全球战略、重要关切以及开展的系列工作。他指出，ISC致力于为全球科技界发声，ISC-CHINA应进一步加强与ISC的联系交流，积极参与其相关工作，充分利用国际组织平台加强话语权和影响力，推动实现更加开放包容、互惠共享的国际科技合作。

会议听取了ISC-CHINA 2020年工作总结及2021

年工作考虑、ISC 章程和议事规则修改有关情况的报告，以及三大国际科学计划“灾害风险综合研究计划”“未来地球计划”“城市健康与福祉计划”国内协调机构工作报告。

委员们围绕 ISC-CHINA 2021 年及未来工作进行了深入探讨，就推动中国科学家在国际组织任职履职以及全球疫情背景下国际科技交流与合作等议题展开交流。

会议对 ISC-CHINA 2020 年的工作表示充分肯定。与会人员一致认为，面对纷繁复杂的国际局势，下一步 ISC-CHINA 应当更加主动作为，统筹力量形成合力，进一步加强沟通协调，推动自然科学和社会科学融合发展，助力实现可持续发展目标。会议还围绕推荐我国科学家参与 2021 年 ISC 执委会选举、动员力量更好地参与国际组织事务和全球科技治理进行了研究和部署。

【2021 灾害风险综合研究国际会议】 6 月 8 日，2021 灾害风险综合研究国际会议在北京开幕。会议为期 3 天，在总结灾害风险综合研究计划（Integrated Research on Disaster Risk Programme，IRDR）十年研究与合作基础上，为未来特别是面向 2030 减少灾害风险的全球研究议程提出新规划。会议主题为“致力风险科学，推动发展安全——IRDR 十年之路：构建面向 2030 及未来的全球灾害风险研究议程”。大会由联合国减少灾害风险办公室、国际科学理事会和中国科协共同主办，中国科学院、中国社会科学院和发展中国家科学院支持举办。

联合国助理秘书长兼秘书长减灾事务特别代表水鸟真美、国际科学理事会当选主席彼得·格拉克曼和中国科协常务副主席、书记处第一书记怀进鹏院士出席开幕式并致辞。大会开幕式由中国科协灾害风险综合研究计划工作协调委员会、国际科学理事会中国委员会主席郭华东院士主持。

怀进鹏在致辞中指出，近十年来，中国坚持全面提高国家综合防灾减灾救灾能力，发挥制度优势建立应急救援体系，有效抵御自然灾害，取得应对新冠疫情的重大战略成果；践行“山水林田湖草是生命共同体”的系统思想，推动生产、生活和生态良性互动，把碳达峰碳中和纳入生态文明整体布局。中国大力推动防灾减灾和公共安全科技创新，支持科学家开展国际合作，在国际救灾合作中展现负责任大国形象。怀进鹏建议，深化系统研究，科学认识致灾规律与防灾减灾方法；拓展信任合作，提升全球灾害治理体系和治理能力；推动开放科学，共同构建人类命运共同体。

彼得·格拉克曼对 IRDR 十年成果表示赞赏，对中方所作的杰出贡献表示感谢。他表示，灾害是全人类共同面对的挑战，需要我们打破固有屏障，广泛征求全球伙伴意见，进一步深入研究，更好融合自然科学和社会科学，加强对风险的预测和评估，快速响应、稳妥应对出现的挑战。

水鸟真美对会议各方表示感谢，充分肯定 IRDR 在广泛动员各领域进行深入沟通、对话与交流，促成全球减灾研究议程出台和讨论方面所做贡献，呼吁继续强化全球合作，向更加安全、和平的未来社会努力。

本次会议是在快速深刻变化的全球灾害风险新格局下，全球科学界为应对全球减灾工作的机遇与挑战开展的重要研讨。会议将整体回顾 IRDR 十年来发展成就，同时启动全球减灾风险新研究议程。IRDR 现任科学委员会主席里扬蒂·贾兰特于开幕式上面向全球线上发布了《IRDR 工作汇编：科技减灾十年探索》。联合国和国际科学理事会系统相关合作机构、IRDR 13 个国家委员会、17 个国际卓越中心、IRDR 青年科学家代表以及来自 80 个国家和地区的 380 余名专家、学者和减灾工作者以线上线下方式参会。

IRDR 是由国际科学理事会（由原国际科学理事会和原国际社会科学理事会合并组成）和联合国减少灾害风险办公室（原联合国国际减灾战略）共同发起的一项为期十年的大型国际科学计划。2010 年，经中国科协、中国科学院、中国社会科学院争取，IRDR 国际项目办公室落户中国，是国际科学理事会国际大科学计划在亚洲地区设立的首个国际项目办公室。

【第二十届亚洲科学理事会大会】 5 月 13—15 日，第二十届亚洲科学理事会大会在广东省广州市召开。大会以“新材料时代：为可持续发展社会而创新”为主题，由亚洲科学理事会和中国科协主办。“一带一路”国际科学组织联盟主席、中国科学院原院长白春礼，广东省委副书记、广东省人民政府省长马兴瑞，中国科协党组成员、书记处书记宋军出席开幕式并致辞。亚洲科学理事会主席、中国科协副主席、广东省人民政府副省长王曦担任大会主席并主持开闭幕式。广东省委常委、广州市委书记张硕辅，广州市市长温国辉出席开幕式。钟南山、薛其坤、王恩哥、刘昌胜、汪卫华、姚建年、赵东元、张统一等院士专家出席开幕式并参加相关活动。

王曦表示，亚洲科学理事会一直致力于为亚洲各领域的科学家们搭建合作平台，近年来更是围绕联合国可持续发展目标开展了系列科学交流活动，推广可持续发展理念，强化科学引领作用。材料科学对人类文明发展影响深远，材料的创新和应用与人类社会息息相关。本次大会将围绕材料科学为社会可持续发展创新开展有意义的对话交流，为未来深化合作筑牢基础。

宋军指出，面对国际形势变化和疫情交织叠加，我们应更加聚焦可持续发展目标，凝聚亚洲科学力量、助力完善全球治理体系，构建亚洲科学协作机制、服务科技创新和区域发展，推动实现开放科学、促进多元文明共生并进，进一步激活亚洲科学力量，为推动亚洲和人类走向共同繁荣作出积极贡献。

大会分论坛围绕先进能源材料、材料设计前沿、绿色智能材料、信息功能材料、可持续性社会多样性和性别平等、农业与当地社区的智慧变革等主题开展交流讨论。

本次大会围绕可持续发展与材料创新，推动亚洲实现跨国界、跨学科、跨领域深入交流与合作，更好融入世界科学网络，共建全球科学发展共同体进行深入讨论。近 70 位中外科技界著名专家学者分享报告，21 个国家和地区的 400 余位专家学者通过线上线下相结合的方式参会。

大会期间还召开亚洲科学理事会管理委员会会议和全体会员大会，就亚洲科学理事会未来发展问题进行研讨。

第二十届亚洲科学理事会大会由中国科学院上海微系统与信息技术研究所、广东省科学技术厅、广东省科协、广州市人民政府承办，中国科协先进材料学会联合体协办。

亚洲科学理事会是中国科协代表我国作为成员机构加入的重要国际科技组织之一。该组织旨在为亚洲各国和地区的科学家提供科学交流与合作平台，利用科学技术促进社会可持续发展和人类生活水平提升。

【第四届虹桥国际经济论坛解读会】 7 月 27 日，在第四届中国国际进口博览会倒计时 100 天之际，第四届虹桥国际经济论坛解读会在国家会展中心（上海市）召开。会议邀请知名专家、学者围绕百天后举办的虹桥国际经济论坛主题开展研讨与展望。中国科协党组成员、书记处书记王进展线上参加会议并参与研讨。

全球化智库理事长、国务院参事王辉耀，中国国际贸易学会会长金旭，北京大学国家发展研究院党委书记、长江学者特聘教授余淼杰，欧莱雅北亚区总裁及中国首席执行官费博瑞，中国银行研究院资深研究员张兴荣等嘉宾，结合国内国际形势以及“十四五”规划和 2035 年远景目标，围绕疫后全球经济治理、开放型世界经济新体制、双循环新发展格局等议题，通过线上线下方式展开讨论和解读。第一财经总编辑杨宇东主持解读会。

王进展谈到，新一轮科技革命和产业变革加速演进，为经济全球化注入新动力，也对科技创新发展模式产生了深刻影响。当前，全球科技创新进入密集活跃期，交叉融合、协同联合、包容聚合的特征越来越明显，科技开放合作是大势所趋。中国的改革开放实践也已经充分证明，坚持开放的胸怀与理念，才能共同发掘、塑造和获取发展利益。中国科协作为中国最大的科技共同体组织，正积极推动科技经济深度融合。2020年，中国科协启动“科创中国”品牌建设 ·，通过搭建国家公共技术服务与成果转化交易平台，拓宽科技力量与市场力量的合作渠道，把基础研究、技术转化、市场服务、国际合作、人才培养和政策制度等要素聚合起来，在跨界协同中支持市场主体融入全球创新网络。

11 月 5 日，第四届虹桥国际经济论坛将与第四届进博会同期举办。本届论坛以“百年变局下的世界经济：后疫情时代全球经济合作”为主题，紧密围绕两个大局，聚焦全球经济治理、构建新发展格局、高水平对外开放、新一轮技术革命和产业变革等领域，围绕多边主义、气候议程与国际经贸规则、健康经济、消费新趋势、数字经济、智能科技、知识产权、农业贸易与发展、绿色金融、金融开放与合作等议题，邀请中外官产学媒知名人士共同深入探讨。

【第八届中俄工程技术论坛】 11 月 24 日，以“中俄携手、共创共赢”为主题的第八届中俄工程技术论坛通过线上方式举办。中国科协党组成员、书记处书记王进展，俄罗斯科学工程协会联合会（以下简称“俄罗斯科工联”）副主席、第一书记、俄罗斯工程科学院院士、俄罗斯自然科学院通讯院士德鲁卡连科·谢尔盖·彼得罗维奇发表视频致辞。

王进展表示，中国科协和俄罗斯科工联都是本国最重要的科技团体之一，应以世界眼光、更加开放的思维和举措在更高起点推动开展中俄科技交流合作，搭建人类命运共同体的科技之桥。他代表中国科协就两国进一步加强合作提出三点建议：第一，从人类命运共同体视角，在关乎全人类命运的重大科技问题上进一步拓展深化创新合作；第二，通过数据共享，进一步推动双方高水平科技人才双向流动；第三，进一步加强联委会工作机制，落实两国元首商定事项，指导促进创新合作，助力中俄两国关系迈上新台阶。

德鲁卡连科说，本届论坛聚焦航空航天、人工智能、材料科学、节能环保、生物医学以及教育领域的热点问题，希望借助本次论坛探索科技成果转化新模式，为技术、人才和市场搭建平台，共同推动一批重点项目落地，服务两国创新实力提升和民生持续改善，为两国人民谋福祉。他表示，希望论坛可以推动双方加强在前沿性、原创性科学研究方面的合作，关注技术突破、产品制造、市场模式、产业发展等各个环节，更加紧密地把两国的科学家、工程师、发明家和创新者联系在一起，为中俄两国的教育和科技进步作出贡献。

论坛主旨报告环节邀请中国工程院院士、国际欧亚科学院院士、亚太材料科学院院士吴锋，中国工程院院士、国际欧亚科学院院士、中国矿业大学（北京）教授武强，俄罗斯科学院院士、俄罗斯门捷列夫化工大学节能物流与技术创新国际研究所所长梅沙尔金・瓦列里・帕夫洛维奇，俄罗斯建筑科学院院士、俄罗斯联邦功勋科学家、别尔哥罗德国立技术大学建筑材料科学・产品与结构系主任瓦列里・斯坦尼斯拉沃维奇・列索维克，中国科学院院士、中国科学院地质与地球物理研究所研究员刘嘉麒，俄罗斯工程院院士、俄罗斯科工联克拉斯诺亚尔斯克边疆区主席、西伯利亚联邦大学空间与信息技术研究所信息学教研室教授科瓦列夫・伊戈尔・弗拉基米罗维奇等多位中俄资深专家进行分享。

中俄工程技术论坛作为中俄两国工程技术界开展技术交流和项目对接的重要平台，聚焦中俄两国共同关注的航空航天、地球科学、信息通信、生物医学以及新材料等领域设立议题，吸引各方人员参与，促进产学研结合，探索工程技术促进中俄两国经济与科技融合的路径。

本次论坛由中国科协与俄罗斯科工联联合主办。中国科协国际合作部、中国国际科技交流中心、中国灾害防御协会、中国兵工学会、辽宁省科协、江西省科协、沈阳市科协、鹰潭市科协、"一带一路"科学组织联盟、中国电子学会、中国宇航学会、北京国际技术交易联盟（筹）、国际技术转移协作网络等相关单位负责人及代表参加论坛。

【2021 年中俄数字经济高峰论坛】 12 月 28 日，2021 年中俄数字经济高峰论坛通过云会议形式在北京市、广东省深圳市、吉林省珲春市和俄罗斯莫斯科等地连线举办。本次论坛由中国科协和俄罗斯科工联共同主办，以"开放・创新・融合　驱动数字未来"为主题，是中俄科技创新年系列活动"中俄数字经济示范项目"的重要组成部分。中国科协书记处书记王进展、俄罗斯科工联第一书记德鲁卡连科发表视频致辞。

王进展表示，2020 年以来，中国科协与俄罗斯科工联共同推进的中俄数字经济示范项目已成为两国数字经济领域科技人文交流的标志性活动。该项目还将在今后两年持续开展，希望双方在推动人才高频互动、技术开源开放、产业融合发展等方面深化务实合作，为中俄新时代全面战略协作合作伙伴关系发展增添新内涵。

德鲁卡连科提出，数字技术的飞速发展惠及各个国家、企业和个人，两年来中俄在贸易、抗疫等方面取得了突出合作成效，数字技术的交流合作推广为金融以及建筑、汽车等行业发展注入了新动力。未来，希望在中俄数字经济项目的基础上，双方共同培养高端人才，以中俄双语发布科研成果，共促数字经济发展。

本次论坛设主旨报告和圆桌对话环节，世界工程组织联合会主席、中国新一代人工智能发展战略研究院执行院长、俄罗斯宇航科学院外籍院士龚克，中国科学院院士、俄罗斯科学院外籍院士郭华东，俄罗斯军事科学院院士、普列汉诺夫俄罗斯经济大学工业经济系教研室主任比斯特罗夫・安德烈・弗拉基米罗维奇，中国社科院俄罗斯东欧中亚研究所所长孙壮志，中俄数字经济研究中心俄方理事长、莫斯科大学副校长奥列格・卡拉肖夫，深圳北理莫斯科大学副教授斯科里普金・基里尔・格奥尔吉耶维奇等专家作主旨报告。

深圳北理莫斯科大学校长李和章，莫斯科大学经济信息学教研室主任卢卡乔夫・米哈伊尔・伊凡诺维奇，北京市长城企业战略研究所所长王德禄，莫斯科大学大数据中心国际关系发展部主任宓河力，中俄数字经济研究中心常务副主任余霄，启迪控股高级副总裁缪纯，斯科尔科沃驻中国代表处代表张淼等专家参与圆桌讨论。论坛由中国科协科学技术传播中心主任郑浩峻、副主任陈锐主持。

本次论坛旨在积极搭建中俄数字经济领域的学术、技术和产业交流合作高端平台，推动两国在数字经济领域的广泛深入交流，促进两国数字技术创新与产业发展。论坛由中国科协科学技术传播中心承办，吉林省科协、吉林省珲春市、深圳北理莫斯科大学、中俄数字经济研究中心、启迪科服、斯科尔科沃创新中心提供支持。论坛通过光明网等平台直播，在线收看人数达到 200 万人次。

2019 年 9 月，中国科协与俄罗斯科工联在中俄两国总理见证下签署《关于进一步加强科技人文交流与合作的谅解备忘录》。作为落实谅解备忘录的重要举措和中俄科技创新年的重要活动之一，“中俄数字经济示范项目”于 2020 年正式启动。中国科协广泛动员中俄相关单位，两年来已举办 35 场专项活动，117 位专家围绕数字经济开展技术交流，共有超过 400 万人次通过线上线下方式参与，有力推动了两国数字经济领域的交流合作。

【第二届中国 – 巴西创新周开幕式暨 2021 中国 – 巴西可持续发展论坛】 8 月 16 日，为庆祝中国 – 巴西建交 47 周年，第二届中国 – 巴西创新周开幕式暨 2021 中国 – 巴西可持续发展论坛在中国科技会堂、上海杨浦长阳创谷和巴西利亚、圣保罗同步举办。作为 2021 海外大众创业万众创新活动周的重点活动，同时也是巴西外交部 2021 创新外交计划的重点项目，本次活动由中国科协、巴西外交部、巴西农牧业和食品供给部指导，中国科协科学技术传播中心、巴西驻上海总领事馆、巴西出口投资促进局和北欧创新中心联合主办，世界工程组织联合会和金砖国家新开发银行特别支持。

世界工程组织联合会主席龚克，中国科协党组成员、书记处书记王进展，巴西驻华大使馆科技参赞范天阳等在北京会场出席活动；巴西驻上海总领事乐思哲，金砖国家新开发银行行长马科斯·特洛伊乔，北欧创新中心执行主任武洁，淡水河谷亚太区价值链总经理凯仕腾等在上海会场出席活动；巴西农牧业和食品供给部副部长费尔南多·卡马戈，巴西出口投资促进局主席奥古斯都·佩斯塔纳等在巴西线上出席活动。来自中巴两国龙头企业、科研院所、投资机构、商会的代表和巴西农业科技、碳中和解决方案的企业负责人等近 200 人线上参加开幕式。

第二届中国 – 巴西创新周围绕联合国可持续发展目标，聚焦农业科技和碳中和解决方案，探索中巴在科技创新、国际交流等领域深度合作，通过完善对话机制，实现共赢发展，打造双边合作的示范效应。本次创新周为巴西创新中心（上海）进行揭牌，巴西驻上海总领事乐思哲宣读了巴西农牧业和食品供给部部长特雷莎·克里斯蒂娜的贺信。

在高级别主旨演讲环节，龚克以《工程促进可持续发展：能力与合作》为题进行分享。他指出，工程对实现可持续发展目标至关重要，工程创新是实现可持续发展目标的加速器，能力建设是工程实现可持续发展目标的关键，协作是工程部门实现可持续发展目标的必要手段。马科斯·特洛伊乔、费尔南多·卡马戈、奥古斯都·佩斯塔纳也分别作了主旨演讲。

第二届中国 – 巴西创新周活动历时 3 天（8 月 16—18 日），包括庆祝中巴建交 47 周年交流会、第二届中国 – 巴西创新周开幕式暨可持续发展论坛、巴西可持续发展农业科技路演日、中巴可持续发展 – 碳中和路演日、中巴科创合作成果展 5 场活动。

【2021 年日本华侨华人博士协会年会暨博协成立二十五周年纪念活动】 12 月 18—19 日，2021 年日本华侨华人博士协会年会暨博协成立二十五周年纪念活动在日本东京举办，中国科协书记处书记王进展于 12 月 18 日上午通过视频方式在开幕式上致辞。

王进展向大会的召开表示祝贺。他指出，中日之间在科技领域优势互补、合作潜力巨大，中国科协愿以明年中日两国邦交正常化 50 周年为契机，同包括博协在内的日本科技团体深化合作，深入推动中日民间科技人文交流，为构建契合新时代要求的中日关系作出新的贡献。呼吁中日两国科技工作者携起手来，寻求共识，共同应对全球性挑战；共同搭建中日青年科技工作者之间交流合作的桥梁和平台，加大青年科技人员交流力度，促进青年科技工作者成长成才；在日华侨华人积极参与中国的创新发展，助力中国的现代化建设。

本次会议以“博采众长，协调发展”为主题，其间开展博协年度活动总结报告、博协会长论坛暨博协成立二十五周年纪念演讲等活动，邀请 20 多位中日两国相关领域的专家进行主题分享，交流最新科学研究成果，推动合作共赢。大会开幕式以线上线下相结合的形式举行，中国驻日本国大使馆公使衔参赞胡志平，中国政府友谊奖获得者、日本科学技术振兴机构特别顾问冲村宪树，江苏省科学技术协会党组书记、副主席孙春雷，留日同学总会会长汪先恩，日中科学技术文化中心理事长巨东英等出席活动并通过在线或视频方式致辞。国务院侨务办公室、陕西省政协、湖北省科协、上海市侨联、全欧华人专业协会联合会等 31 家机构和友好合作团体发来贺信。中国科协国际合作部有关负责同志线上出席了开幕式活动。

外事活动

【万钢与博世集团董事会主席邓纳尔举行会谈】 5 月 18 日，全国政协副主席、中国科协主席万钢应邀与博世集团董事会主席沃尔克马尔·邓纳尔进行线上会谈。双方就未来汽车动力总成发展和排放标准、新能源汽车发展相关技术问题及政策趋势、中国汽车工业绿色转型等议题深入交换意见。

万钢对博世集团在汽车与智能交通技术领域所取得的成就表示赞赏。他介绍了中国新能源汽车政策、市场及技术发展情况，特别是氢能燃料电池在推进中国汽车工业绿色转型和实现碳目标中的重要作用。他欢迎博世集团等德国企业在未来发展规划中增强电动汽车的标准、科研、应用等方面的对华合作，助力打造中欧绿色合作伙伴关系。万钢还邀请邓纳尔博士出席第三届世界新能源汽车大会并作报告。

邓纳尔博士感谢万钢对博世集团未来发展提出的建议，并就氢能燃料电池应用及汽车控制系统升级等问题与万钢交换意见。他表示，博世集团重视中国市场及在华技术研发，希望同中国科技企业开展合作，持续推动新能源汽车关键技术及研发系统的创新升级。

中国科协国际联络部和中国汽车工程学会有关负责人、博世集团中国区代表等参加会谈。

【万钢与大众汽车集团管理董事会主席赫伯特·迪斯举行会谈】 5 月 25 日，全国政协副主席、中国科协主席万钢与大众汽车集团管理董事会主席赫伯特·迪斯进行线上会谈。双方就新能源汽车产业发展现状及趋势、中德汽车工业绿色转型及实现碳目标等议题进行交流。

万钢对中国新能源汽车政策、市场及技术发展情况进行了介绍。他表示，现阶段是汽车产业发展的关键转折点，希望中德双方能共同科学开展汽车产业碳排放核算办法及碳中和路径研究，加强汽车与能源、交通、信息通信、城市规划等融合研究，进一步探讨“智慧运输”“智慧交通”“智慧出行”的未来发展，共同推进中德汽车工业绿色转型及实现碳目标。他指出，清洁能源、新材料应用和电池循环经济是未来实现碳目标、促进经济社会发展绿色转型的重要方向，中德双方应在上述领域开拓更广阔的合作空间。万钢介绍了中德碳中和目标下的新能源汽车及新出行概念论坛相关情况，还邀请迪斯博士出席 2021 世界新能源汽车大会并作报告。

迪斯博士对大众汽车集团的合作伙伴、技术发展、欧洲新能源汽车市场等方面的情况进行了介绍。他表示，实现碳中和目标也是大众集团的工作重点，目前集团已从生产环节、能源消耗、电池、材料循环利用等多角度进行技术研发与布局。他希望下一步能与中国合作伙伴加强对话沟通，巩固合作基础。

中国科协国际联络部和中国汽车工程学会有关负责人、大众汽车集团中国区代表等参加会谈。

【万钢会见特斯拉公司首席执行官埃隆·马斯克】 9 月 9 日，全国政协副主席、中国科协主席万钢与特斯拉公司首席执行官埃隆·马斯克进行线上会谈。双方就新能源汽车发展趋势、自动驾驶技术及汽车智能化、智慧城市建设与汽车产业发展等议题进行了交流。

万钢对特斯拉快速增长的销量和在中国市场取得的成果表示祝贺。他指出，提升新能源汽车市场占比是大势所趋，人们对以人工智能为主要驱动力的未来电动汽车发展充满期待。汽车智能化的前提是保证安全，汽车企业、交通部门等有关方面要共同努力，把汽车、智慧城市和智慧交通结合起来。

马斯克表示，电动汽车的发展得到了很多关注，但目前世界范围内生产的汽车中电动汽车占比依然很小，要实现汽车全面的电动化至少还需要二十年的时间。自动驾驶是汽车领域的一场深刻变革，未来应该与城市的智能化协同发展。

双方共同期待在世界新能源汽车大会上的交流，也期待着疫情好转后能够进行面对面的深入探讨。

【万钢在德国国际汽车工业年会上作视频报告】 10 月 13 日，全国政协副主席、中国科协主席万钢应邀以视频形式在德国第 25 届国际汽车工业年会上作报告，报告题目为《面向碳中和时代的新能源汽车》。万钢在报告中介绍了全球及中国新能源汽车发展的现状。他指出，绿色低碳已成为全球科技治理的共同使命，碳达峰碳中和正在全球范围内获得越来越多的共识，必将带来广泛而深刻的经济社会系统性变革，需要全球科技界的积极响应和深度参与。他希望新能源汽车产业把握全球低碳发展目标下的发展机遇，突破制约产业转型升级和高质量发展的瓶颈问题，推动产业跨界协同，实现“车能融合”“车路协同”“车网互联”，持续扩大新能源汽车市场应用规模，为实现新能源汽车制造和运行过程碳中和的发展愿景持续努力。

德国第25届国际汽车工业年会于10月12—13日在德国萨克森州茨维考市举办。年会以“汽车界的革命：新理念、新移动性、新方式”为主题，汇聚了德国及欧洲汽车产业界、科技界主要代表参会。

【万钢出席第十四届中德应用型高等教育研讨会】 10月28日，全国政协副主席、中国科协主席万钢在线出席第十四届中德应用型高等教育研讨会并讲话。研讨会由德国前总统克里斯蒂安·武尔夫主持，安徽省省长王清宪出席开幕式并致辞。

万钢指出，中德应用型高等教育研讨会致力于汇聚两国专家学者智慧和力量，围绕教育及经济社会发展的重要议题开展研讨，共同推动教育改革，畅通人文交流，促进人才培养与经济社会发展有效衔接，经过十余年的发展，已成为中德两国教育、科技、文化领域交流合作的重要平台。

万钢希望，在中德建交50周年来临之际，双方进一步加强教育、科技、文化领域的开放合作，充分凝聚共识，深化互利共赢。一要促进产业教育融合，加快发展现代化应用型高等教育，发挥中德两国的技术优势，提升实体经济综合竞争力；二要优化人才成长环境，加快构建开源开放的知识共享平台，进一步拓展两国青年的柔性、便捷学习通道，促进人员交流和创新创业；三要推动科技人文交流，带动经贸、产业合作，塑造面向未来社会发展的共同目标，使科技成果惠及更多国家和人民。

第十四届中德应用型高等教育研讨会由安徽省教育厅与德国下萨克森州科学与文化部主办。会前，万钢与武尔夫就中德双元制教育、新能源汽车推广、应对气候变化等议题进行了交流。

【中国科协与英国工程技术学会签署合作谅解备忘录】 3月，中国科协与英国工程技术学会正式签署合作谅解备忘录，中国科协党组成员、书记处书记吕昭平与英国工程技术学会行政长官兼秘书长奈杰尔·费恩代表双方在备忘录上签字。

中国科协与英国工程技术学会将重点围绕“科创中国”平台、科技期刊和国际学术交流三个方面深化合作。双方约定，畅通中欧科技与产业合作渠道，推进相关工程技术领域资源互通，共享创新研发、技术转移领域的科技成果，推动“科创中国”平台的国际化、开放化合作发展；分享在开放获取出版方面的经验，支持中国科技界更好地与国际同行在开放科学领域交流协作，加速打造工程技术领域世界一流科技期刊；发挥科技共同体价值优势，重点面向粤港澳大湾区创新需求，协力促进跨境产业技术交流与合作，共同研究产业技术发展方向，开发更多的途径加强跨境产业技术人才的培养和交流。

英国工程技术学会是工程技术领域的国际专业学术组织，在全球150个国家拥有16.8万名会员，总部位于英国伦敦，在工程技术研究领域和产业界具有广泛影响力，在世界范围内有1600多家企业合作伙伴，业务领域涉及电力、通信、控制、工业制造、交通运输、生命科学等十大行业。英国工程技术学会长期与中国科协等机构保持着紧密的合作关系。

【中国科协培训和人才服务中心与英国工程技术学会就加强工程师能力建设签署合作谅解备忘录】 1月20日，中国科协培训和人才服务中心与英国工程技术学会加强工程师能力建设合作谅解备忘录签字仪式在线上举行。中国科协党组成员、书记处书记宋军出席签字仪式并致辞，英国工程理事会理事会成员、国际咨询委员会委员格雷厄姆·伍德罗（Graham Woodrow）出席仪式，英国工程技术学会行政长官兼秘书长奈杰尔·费恩致辞。

宋军首先回顾了双方的友谊及近年合作情况，对双方在工程师资格认证和工程能力建设方面的工作成果表示肯定。他表示，面对新冠肺炎疫情，人类命运共同体理念的价值愈发凸显，全世界的工程师们在应对新冠肺炎疫情上发挥着不可替代的重要作用。中国科协是中国科技工作者的群众组织，汇集了大量工程科技人才，并正在推动成立中国工程师联合体。希望双方以此次签字仪式为契机，深化工程师能力建设领域的务实合作，共商两国在工程师资格认证方面的合作新模式和新路径，在促进工程师国际流动、参与工程领域全球治理等方面开展更深层次、更广泛、实质性的合作。

费恩回顾了双方在高层互访、国际期刊、国际会议、国际工程师标准认证等方面的合作成果，并表示此次签署备忘录是双方进一步深化合作的新起点，英国工程技术学会也将围绕备忘录中的合作条款，在完善工程能力评价体系、推进中英工程师评价标准互认、支持中国加入《国际职业工程师协议》等方面提供帮助。他对中国工程师联合体的筹建表示支持，并希望双方能进一步加强合作与互动，为中英工程师搭建交流平台，共同促进工程师国际流动，让工程技术为人类创造更多福祉。

中国科协培训和人才服务中心主任郑凯和费恩代表双方签署《加强工程师能力建设合作谅解备忘录》。这是继2014年中国科协与英国工程技术学会签署合作谅解备忘录以来双方在工程师领域的专项合作，对于提升双方工程师能力、推进工程师资格双边互认、推动中国加入《国际职业工程师协议》将起到积极作用。

交流环节中，双方围绕工程师国际流动、工程师对抗击新冠肺炎疫情的贡献、中国工程师联合体成立等进行讨论。

中国科协国际联络部、中国科协培训和人才服务中心、英国工程理事会、英国工程技术学会相关负责人出席仪式。

港澳台

【张玉卓率中国科协代表团赴澳门出席中国科技峰会等活动并进行工作访问】 为进一步推动内地与澳门科技交流合作，落实中国科协与澳门特别行政区政府合作框架协议，应澳门特别行政区行政长官贺一诚邀请，12月1—4日，中国科协党组书记、分管日常工作副主席、书记处第一书记张玉卓率代表团赴澳门特别行政区出席中国科技峰会、当代杰出华人科学家公开讲座、BEYOND国际科技创新博览会等活动并进行工作访问。中国科协党组成员、书记处书记王进展，办公厅主任周文标，科学技术创新部部长刘兴平，中国国际科技交流中心主任罗晖，港澳台办公室副主任王庆林等随团访问。

在中国科技峰会开幕式上，张玉卓指出，党的十九届六中全会深入总结重大成就和历史经验，进一步强调推进科技自立自强，为立足新发展阶段、贯彻新发展理念、构建新发展格局、以高质量发展促进共同富裕指明了方向。实现澳门持续繁荣，经济适度多元是必由之路。这必须依靠创新支撑和人才引领，加快科技创新要素对传统生产要素的变革和替代。他表示，中国科协将从四个方面积极支持澳门实现经济适度多元发展。一是以“科创中国”平台促进科技经济融合，支持澳门更好融入国家大局，为推动“一国两制”实践新示范注入新动能。二是发挥“科普中国”资源优势，支持澳门科技文化场馆建设，共同推动公众科学素质提升。三是鼓励澳门科技工作者加入全国学会，支持澳门全方位培养、引进、用好人才，为创新发展提供智力支撑和人才保障。四是积极拓展开放合作，协助澳门企业到海外设立研发机构和创新孵化基地，支持在澳设立国际科技组织或分支机构，为科技创新营造良好国际环境。

在当代杰出华人科学家公开讲座开幕式上，张玉卓指出，科学传播与普及是促进公众理解科学的重要途径。讲座在澳门播撒科学的种子，让澳门居民特别是青少年了解祖国科技成就，增强做中国人的志气、骨气、底气。他强调，国家科技事业蓬勃发展为澳门青年人才施展抱负提供了广阔舞台，以爱国主义为底色的科学家精神为澳门青年人才实现人生理想提供了不竭动力。他希望，中国科协与澳门科技界深化务实合作，把握以横琴粤澳深度合作推进“一国两制”实践新示范的战略机遇，大力提升澳门公众科学素养，服务澳门经济适度多元发展，拓展澳门未来发展新空间。

在BEYOND国际科技创新博览会开幕式上，张玉卓表示，中国科协将深入落实与澳门合作框架协议，支持内地与澳门深化科技创新合作与人才交流，培育以新技术、新产业、新业态、新模式为特征的新经济，助力澳门经济适度多元发展，更好融入国家发展大局。他强调，希望澳门科技界与祖国内地一道，携手国际科技界，共同应对挑战，提升开放交流、文明互鉴的正能量，建设理念相通、人才畅通、设施联通的科技创新共同体；围绕“一国两制”实践新示范，推动科普科创比翼齐飞，促进科技经济深度融合，营造创新环境和营商环境，让智本找到资本、科学家找到企业家、创业者找到创投者，以会兴业、以业聚才、以才引才，让科技为澳门经济适度多元化发展扬帆助力。

中国科技峰会、当代杰出华人科学家公开讲座、BEYOND国际科技创新博览会由中国科协与澳门特别行政区政府科技交流合作委员会共同商定、推动，是中国科协推进与澳门科技交流合作、支持澳门特别行政区政府科技创新、经济适度多元发展的重要举措。中国科技峰会由中国科协和澳门特别行政区政府共同主办，以“科技成果转化促进澳门经济适度多元”为主题，澳门特别行政区行政长官贺一诚出席开幕式并致辞，中央人民政府驻澳门特别行政区联络办公室副主任姚坚，粤港澳产学研各界科技工作者代表近200人参加。2021当代杰出华人科学家公开讲座由中国科协与澳门科学技术协进会共同主办，以中国航天为主题，邀请中国工程院院士、神舟飞船首任总设计师戚发轫，中国工程院院士、长征系列运载火箭总设计师龙乐豪作主旨报告，并赴澳门慈幼中学、教业中学、蔡高中学、培正中学开展航天专家走进校园活动，鼓励澳门公众特别是青少年了解科学、学习科学、投身科技事业、弘扬科学家精神，推动爱国教育。BEYOND国际科技创新博览会由中国科协支持、澳门科技总会主办，以“What's Next”为主题探讨与展望科技未来发展。作为博览会重要内容，由中国国际科技交流中心、澳门科技总会主办“未来科技赋能人类发展·创新技术发布活动”，分为“创新‘新科技’首发”和“中外知名理工高校前沿科技发布”两个板块，前者发布的优质项目来自科技创新型机构、科研院所、科创企业，后者则是为理工高校量身打造，旨在推动国内外高校科研工作与世界前沿科技接轨。

出访期间，张玉卓还率中国科协代表团与澳门特别行政区行政长官贺一诚进行了会谈，出席澳门科技界座谈会，调研澳门大学、澳门科技大学、澳门科学馆、芯耀辉科技有限公司、澳门青年创业孵化中心等机构，与澳门特别行政区政府、中央人民政府驻澳门特别行政区联络办公室有关负责人，澳门科技社团、高校、科技企业负责人，中国科协“十大”澳门特邀代表等各方，围绕澳门科技创新发展、科技助力澳门经济适度多元发展、横琴粤澳深度合作区建设等议题进行了深入交流，坚持“国家所需、澳门所长”，探讨与澳门科技界在更广领域、更深层次拓展学术、科普、智库及科创等交流合作，共同完善合作机制、提升合作水平，期望在共同服务澳门建设、服务国家发展大局中取得更加丰硕的成果。

【张玉卓出席2021大湾区工程师论坛】 12月5日，2021大湾区工程师论坛在横琴粤澳深度合作区举办。中国科协党组书记、分管日常工作副主席、书记处第一书记张玉卓，广东省副省长王曦，澳门特别行政区政府经济财政司司长、横琴粤澳深度合作区执委会主任李伟农，国务院港澳办交流司司长吴炜，香港特别行政区政府发展局局长黄伟纶等出席开幕式并致辞。中国科协党组成员、书记处书记王进展主持开幕式。

张玉卓指出，工程科技改变世界，是人类文明进步的重要动力。工程师承担着推动工程科技创新、促进世界可持续发展的重要使命。粤港澳大湾区是我国深化改革、扩大开放、加快制度创新和先行先试的新时代改革前沿阵地。推动大湾区打造高质量发展的典范，要靠广大工程师砥砺创新创造，促进民心相通，要靠工程师架设沟通交流桥梁。内地和港澳工程师要携起手来，扩大开放、增进信任、深化合作。一是推动工程科技创新，坚持“四个面向”，推动原创性、引领性科技攻关，努力突破关键核心技术“卡脖子”难题，促进重要工程科技领域跨越发展。二是壮大工程师队伍，弘扬科学精神和科学家精神，恪守科技和工程伦理规范，不断提升工程师应对全球挑战的可持续发展理念、知识与能力，不断提升把握工程前沿领航技术和专业技能，不断增进跨专业、跨领域、跨国界的协同合作能力，锻造新时代卓越工程师队伍。三是拓展工程开放合作，促进内地与港澳、中国与国际工程界更广范围、更宽领域、更高水平的创新合作，促进工程能力、工程师资格国际互认，增进对国际工程界的开放、信任、合作，为构建人类命运共同体贡献中国工程界的智慧力量。

王曦表示，广大工程师在工程技术创新、重大项目建设和产业转型升级中发挥了核心骨干作用，有力地推动了经济社会高质量发展。广东将继续抢抓粤港澳大湾区、深圳先行示范区“双区”建设和横琴、前海两个合作区建设重大历史机遇，以“湾区通”工程为抓手，加大力度推动粤港澳大湾区工程师职称互认、执业资格互认和备案执业，加强工程技术领域的学术交流、人才培养和水平评价，积极探索构建粤港澳大湾区工程师人才资源共建共治共享模式，进一步凝聚和壮大大湾区工程技术力量。

李伟农表示，大力促进粤港澳三地建筑规则在横琴衔接，积极为港澳建筑、规划、设计等领域专业人才和建筑类企业在横琴提供服务创造更便利条件。继续推动衔接内地与港澳相关法律法规，鼓励更多港澳企业参与横琴建设工程活动。

吴炜表示，大湾区工程师论坛的举办是近年来内地与港澳在工程技术领域交流合作的一件盛事，有利于粤港澳三地工程技术界的深度融合发展，一方面可以巩固和提升港澳的竞争优势，为两个特别行政区的长远发展注入新的动力；另一方面可以将港澳的优质高等教育和科研资源为国家所用，以港澳所长服务国家所需，同时为大湾区国际科创中心的建设搭建新的平台。国务院港澳办支持论坛的举办，并将与中央有关部门和地方一道继续为大湾区人才的便捷流动和科研生产要素的便捷流通创造条件，进一步推动粤港澳三地规则衔接和机制对接。

黄伟纶表示，香港的工程师具备国际视野，香港的工程标准也与世界最高标准接轨。通过彼此合作，持续推动粤港两地工程师资格互认，进一步促进工程技术人员的跨区域流动，为推动大湾区高质量发展注入新的能量。

作为论坛重要成果，在开幕式上，张玉卓和香港工程师学会会长钟国辉分别代表中国科协与香港工程师学会续签合作协议，钟国辉和广东省电机工程学会理事长李建设分别代表香港工程师学会与广东省电机工程学会签署电气工程师资格互认协议。

在主旨报告环节，世界工程组织联合会主席龚克作主题报告《工程促进可持续发展——大湾区要先行示范》，港珠澳大桥管理局总工程师苏权科作主题报告《跨越伶仃洋的国之重器》，欧洲科学院院士、英国皇家工程院院士、澳门大学校长宋永华作主题报告《科技创新赋能可持续发展——澳门大学的科创体系与人才培养之路》，中国科学院院士、香港理工大学校长滕锦光作主题报告《香港工程科技在大湾区建设中的角色》，中国工程院院士、广东省科协主席、广东省工程师学会会长陈勇主持。

2021 大湾区工程师论坛以“聚工程菁英　助湾区发展”为主题，由中国科协、广东省人民政府、世界工程组织联合会作为指导单位，中国工程师联合体主办，广东省科协、中国科协培训和人才服务中心及内地、港澳 35 家工程科技领域机构参与承办、联合承办、协办。论坛采取线下线上相结合形式，由 1 个主论坛 +2 个分论坛 +1 个座谈会组成，内容涉及工程支持可持续发展、大湾区工程技术界创新融合发展、工程领域科技成果转化、青年工程师职业规划与大湾区发展、粤港澳三地工程标准差异探讨、青年工程师培养与人才流动等 6 个方面。主会场设在横琴粤澳深度合作区，香港理工大学设置分会场，线上同步直播。

中国科协机关有关部门、相关直属单位负责人，广东省相关省直部门负责人，工程科技领域相关全国学会、知名企业等中国工程师联合体成员单位，北京、天津、重庆、江苏、江西、安徽、广西等省（自治区、直辖市）科协，以及内地和港澳工程领域科技社团、企业负责人和工程师代表，共约 500 余人通过线上线下方式参会。

【张玉卓出席香港科技界庆祝中华人民共和国成立七十二周年科技论坛并致辞】 9 月 25 日，香港科技界庆祝中华人民共和国成立七十二周年科技论坛在香港浸会大学举办。中国科协党组书记、分管日常工作副主席、书记处第一书记张玉卓以视频方式发表致辞。香港特别行政区政府财政司司长陈茂波、中央人民政府驻香港特别行政区联络办公室教科部副部长叶水球及香港科技界庆祝国庆筹委会主席团主席黄玉山、执委会主席卢伟国作为主礼嘉宾出席并致辞。

张玉卓表示，香港科技界每年举办庆祝国庆活动，展现了香港科技界爱国爱港的光荣传统，彰显了对未来创新发展的坚定信心，是团结引领之举、凝心聚力之为。在祖国日新月异的发展中，香港科技界始终具有科学报国、科技强国的真挚情怀，国家科技事业发展则为香港科技界同仁实现抱负、施展才华提供了最大舞台。

张玉卓指出，加快建设科技强国，推进高水平科技自立自强，科技界肩负重任。期待香港依托基础研究卓越、中西文化交汇、国际元素丰富、服务体系完备等独特优势，加快建设国际创新科技中心，在服务粤港澳大湾区和“一带一路”建设中发挥不可或缺的作用，更好地融入国家发展大局。

张玉卓强调，中国科协是中国科技共同体的组织，致力于建设有温度、可信赖的科技工作者之家。中国科协把加强与香港地区科技交流合作作为重点工作部署，与香港科技界始终保持密切合作。面向未来，聚焦学术、科普、智库，在着力提升“科创中国”“科普中国”“智汇中国”平台服务能力等方面，中国科协真诚期待与香港科技界深化务实合作，凝聚共识、汇聚力量，携手合作、协同创造，共同应对世界百年未有之大变局，共同迎接国内外风险挑战，让科技创新更好驱动香港经济社会高质量发展，为更好践行“一国两制”增添新动能、注入新动力。

论坛邀请中国工程院原副院长、中国工程院院士杜祥琬，香港浸会大学校长卫炳江，香港特别行政区政府创新及科技局副局长钟伟强分别作主旨演讲《实现“双碳”目标，建设美丽中国》《香港建设国际创新科技中心——大学应该担当的角色》《“十四五”规划带来创新科技的机遇》。

香港科研、科技管理机构，高校、科技社团、科技企业等负责人及香港科技界知名专家学者近300人通过线上、线下方式参加活动。

香港科技界庆祝国庆筹委会成立于1994年9月，是香港科技界人士自发组织的民间团体，旨在通过举办庆祝国庆活动团结凝聚香港科技界知名人士，增进大学学者、科技专业人士对国家的认同，促进业界沟通交流。

【中国科协与澳门特别行政区政府科技交流合作委员会第二次会议】 3月24日，中国科协与澳门特别行政区政府科技交流合作委员会（以下简称“委员会”）第二次会议在澳门特别行政区召开。中国科协党组成员、书记处书记宋军率工作团出席会议并讲话。中央人民政府驻澳门特别行政区联络办公室经济部副部长朱宏出席会议。

宋军指出，在过去两年，委员会务实合作、协同创新，在学术、科普、人才培养、创新创业、青少年科技教育等方面开展了广泛深入的交流合作，成果丰富，成效明显。他强调，“十四五”规划描绘了我国在新发展阶段的宏伟发展蓝图，澳门创新发展面临关键机遇期，科技支撑创新发展比以往任何时候都更加凸显，中国科协愿与澳门特别行政区政府构建更加紧密的合作关系，服务国家发展大局。

宋军表示，要聚焦团结引领，共同推动澳门科技人才培养，打造科技工作者之家，为澳门科技人才施展才华提供舞台和空间，服务澳门科技人才创新创业创造。要着眼国家区域发展战略布局，围绕澳门经济社会发展目标和新需求，共同打造“科普中国”“科创中国”“智汇中国”品牌在澳门落地，支持澳门经济适度多元发展、全面塑造竞争新优势。要突出开放发展，结合中国科协“开放发展年”主题，构建开放、信任、合作的新格局，发挥澳门在“一带一路”平台中的重要作用，发挥澳门在连接国内大循环和国际大循环中的战略枢纽作用，服务澳门更好融入国家发展大局。要完善保障机制，落实好委员会会商制度，每年定期开好工作例会，进一步凝聚共识、汇聚智慧、形成合力，切实推动工作落实。

会议对2019年、2020年委员会工作进行了回顾和总结，对2021年及2022年重点合作计划进行了充分讨论并予以确定。同时，会议商定了委员会工作机制、运行保障等事宜，由中国科协交流部与澳门特别行政区政府经济及科技发展局共同负责委员会工作运转，协调有关合作重大事项，澳门科学技术协进会负责委员会秘书处工作；审定了委员会双方部分委员调整事项。

会议采取线上线下相结合形式，中国科协调研宣传部、学会学术部、科学技术普及部，澳门经济财政司司长办公室、教育及青年发展局、经济及科技发展局、贸易投资促进局、澳门科学技术发展基金、澳门大学、澳门科学技术协进会、澳门科技大学、澳门科学馆等部门单位相关负责人参加现场会议；中国科协组织人事部、交流部、创新战略研究院、青少年科技中心、企业创新服务中心、中国科技馆、中国国际科技交流中心等部门单位相关负责人在北京参加线上会议。双方共约30人参加会议。

会后，宋军与澳门特别行政区政府经济财政司司长李伟农进行了会谈，围绕澳门特别行政区政府科技支撑创新发展、科技经济融合、经济适度多元可持续发展，更好融入粤港澳大湾区建设、融入国家发展大局，以及中国科协与澳门加强科技交流合作等事项进行了深入探讨，达成进一步合作共识。

宋军一行还出席了澳门科技界座谈会，与澳门科技界代表就加强内地与澳门科技社团在人才培养、科学普及、成果转化、创新创业、青少年教育等领域的合作交换意见、深入交流。宋军指出，面对澳门历史性的发展机遇，澳门科技界更应准确识变，更加深入了解世界发展大势、国家发展战略布局，抓住机遇，应对挑战，积极主动服务澳门融入国家发展大局。包括澳门工程师学会、澳门计算机学会、澳门电机及电子工程师学会、澳门药剂师学会、澳门科技创新教育学会、澳门国际科技产业发展协会、澳门微电子协会、澳门生物医学工程学会在内的近30位澳门科技团体代表参加座谈。座谈会由澳门科学技术协进会理事长邵汉彬主持。

在澳门期间，宋军率出访团拜访了中央政府驻澳门特别行政区联络办公室；出席了在澳门科技大学举办的大湾区“科创中国”创新论坛——生命科学与人工创能创新论坛开幕式并致辞；访问了澳门大学、澳门青年创业孵化中心、澳门科学馆等机构，共商科技交流合作事宜。

【宋军会见澳门科学技术发展基金代表团】 5月20日，中国科协党组成员、书记处书记宋军在北京会见由澳门科学技术发展基金行政委员会主席陈允熙率领的澳门科学技术发展基金代表团一行。双方围绕科技项目评审合作、拓展合作内容和领域、建立优化合作机制模式等内容进行交流探讨。

宋军指出,“十三五”以来，中国科协对澳门科技交流合作不断深化，合作项目扎实推进、成效明显。他表示，在巩固好以往合作的基础上，中国科协将继续发挥好人才、组织网络优势，以“科普中国”“科创中国”“智汇中国”为抓手，持续推动科普、科创、智库、人才等方面的交流合作，在新发展阶段挖掘新的合作点，拓展合作内容，完善合作机制，促进创新要素流通，推动内地与澳门科技人文交流合作不断深化，共同助力粤港澳大湾区繁荣发展。

陈允熙介绍了澳门科学技术发展基金运行管理、职能调整、科技项目委托评审等情况。他表示，双方合作基础深厚、合作项目广泛，澳门科学技术发展基金愿与中国科协一道，以科技基金资助为主轴，进一步探讨技术、科普、科技成果转化等领域的合作，理顺联络沟通机制，加强科研人员、青年科技工作者之间的交流，拓宽与深化合作领域，从而更好地扮演好国际化角色，促进科技人文交流，为国内国际双循环相互促进的新发展格局助力。

双方围绕加深和延展合作面、开展更广泛的联合资助项目、青年科技人才交流培养、项目评审机制优化、科技成果转化落地以及“科创中国”拓展合作等方面展开讨论。

中国科协交流部、企业创新服务中心相关负责人，澳门科学技术发展基金相关人员参加会见。

【2021 海峡科技专家论坛】 12 月 12 日，2021 海峡科技专家论坛主会场活动在福建省厦门市举办。中国科协党组成员、书记处书记王进展在主会场开幕式上发表视频致辞。论坛由福建省科协党组成员、副主席史斌主持。

王进展指出，论坛秉持深化两岸民间科技融合发展的宗旨，内容不断扩展、形式不断创新、层次不断提升，已经成为两岸科技交流的品牌，积累了较为深厚的成果基础。中国科协高度重视两岸科技交流合作、服务两岸科技人才成长发展，愿意为台湾科技工作者在大陆的学习、就业、创业提供帮助。他希望，两岸科技工作者能够携手并肩，面向世界科技前沿，服务科技经济融合，保障人民生命健康，构建开放创新生态，促进两岸互惠共享，携手创造中华民族更加美好的未来。

福建省人大常委会副主任袁毅、台湾人工智能发展协会理事长徐冠胜出席主会场活动并致辞。中国科学院院士林惠民、厦门大学特聘台籍教授高树基作主旨报告，与会人士共同分享两岸产业融合的故事。同期，还举办了闽台民间科技融合发展图片展。来自海峡两岸的 300 多位专家学者和企业家代表云端共话两岸科技融合。

2021 海峡科技专家论坛以“两岸新时代、科技新融合”为主题，由中国科协主办、福建省科协承办、两岸 52 家单位和社团共同协办。论坛聚焦两岸科技融合发展和高质量发展，设 1 个主会场和 11 个分会场，采用“线上 + 线下”相结合、“主会场 + 分会场”相结合的方式，于 6 月起在厦门、福州、泉州、三明等地陆续举办，共有海峡两岸科技专家、企业家代表 2100 多人参会，其中台湾代表 400 多人；征集两岸科技论文 430 多篇、两岸签约科技合作项目 9 项，是一届规模大、亮点多、高质量的两岸民间科技交流盛会。

【第二十届海峡两岸大学生辩论赛】 10 月 29 日，第二十届海峡两岸大学生辩论赛（以下简称“海辩赛”）以视频连线的方式在“云端”开赛。本届海辩赛主控场地设在福建省福州市，中国科协书记处书记王进展，台湾地区“中华青年交流协会”理事长黄荣护在开赛仪式上视频致辞。福建省科协主席、中国科学院院士郑兰荪视频致辞并宣布开赛。

王进展指出，二十年来海辩赛厚积薄发、锐意进取，成为两岸大学生深入思考、以辩会友、持久交流的稳固桥梁和两岸青年展现青春活力、传承中华文化的重要平台。希望两岸青年能够顺应历史的发展，携手并肩、凝聚共识，作为中华文化的传承者，为实现祖国统一和民族复兴集智聚力、接续奋斗，共同铭记中华文化辉煌的历史，携手创造中华民族更加美好的未来。

郑兰荪表示，希望两岸青年在海辩赛中，不仅能够共同感悟中华民族悠久历史和灿烂文化的独特魅力，更能在思辨互动中激发共鸣、在密切交融中建立信任、在多样包容中增进认同、在热络沟通中建立情感，成为相互理解、共同打拼、携手前行的好朋友好伙伴，成为两岸融合发展的推动者、贡献者和维护者。

本届海辩赛两岸各 8 所高校共 16 支代表队、80 多位辩手汇聚“云端”辩论。大陆 8 所高校在当地赛场参赛，台湾地区 8 所高校集中在台北赛场参赛。辩题聚焦当前科技、社会、青年新热点，围绕“少年壮志言愁否”“人类的‘火星移民计划’会否成为现实”“宅文化使生活更精彩还是更颓废”三道辩题展开为期 3 天的辩论交流。

本次海辩赛由中国科协支持，福建省科协牵头联合台湾地区“中华青年交流协会”、福建省教育交流协会，以及北京市、上海市、甘肃省、河南省、江苏省、宁夏回族自治区科协，福建省教育交流协会共同主办。参赛队分别来自清华大学、南京大学、华东师范大学、兰州大学、郑州大学、宁夏大学、福州大学、福建师范大学；台湾政治大学、台湾中山大学、东吴大学、世新大学、台北科技大学、辅仁大学、逢甲大学、彰化师范大学。

海辩赛至今已举办20届，累计参赛代表队318支（两岸各159支）、参赛选手1680多名，大陆26个省（自治区、直辖市）参与主办。因其赛制独创、辩题独特、思想独到，海辩赛已成为有基础、有影响、有创新、有意义的海峡两岸青年交流交往的特色品牌活动。

【第十四届海峡两岸科普论坛】 12月10日，第十四届海峡两岸科普论坛在河南省郑州市举办。中国科协党组成员、书记处书记王进展在开幕式上发表视频致辞。河南省科协党组书记王新会，福建省科协党组成员、副主席史斌出席开幕式并致辞。河南省科协主席吕国范主持开幕式。

王进展指出，十多年来，海峡两岸科普论坛取得了不凡的成果、得到了社会的充分认可，在提升两岸公民科学素质、厚植创新发展土壤方面发挥了重要作用，已成为两岸科普界常态化互动交流的特色品牌活动，成为两岸科普事业协同创新、融合发展的重要平台，成为两岸科普工作者交流情感、增进友谊、凝聚共识、携手同行的桥梁和纽带。他希望，面向新时代，两岸在科普领域能够进一步深化合作，汇聚科普新思路，开阔科普新视野，共同推动两岸公众科学素养进一步提升，促进两岸科技事业进一步发展；借助两岸科普论坛这个平台实现优势互补、资源共享，共同搭建起两岸科普合作、融合发展之桥，为增强国家自主创新能力和中华民族文化软实力贡献智慧和力量。

台湾科技产业协会常务副会长、百博智库荣誉主席王春源出席并致辞。周卫健、林建德、李国辉、雷占许、张玮尹等两岸院士专家代表出席论坛并作主旨报告，30余位两岸科普专家在平行主题论坛上作报告。

本届论坛由中国科协指导，河南省科协、福建省科协、《科学月刊》（中国台湾）杂志社等两岸17家单位共同主办，参与主办的省市区科协达到12家。论坛首次走进河南，以“数字时代与科普创新”为主题，采用“线上＋线下”相结合的形式进行。来自海峡两岸近百名科普专家学者参加线下活动，超过20万人观看线上直播。

【2021沪港科技合作研讨会】 10月21日，2021沪港科技合作研讨会以线上线下结合形式在上海青浦和香港特别行政区同步举办。本次会议由中国科协指导，上海市科协、香港工程师学会和上海市青浦区政府共同主办。中国科协党组成员、书记处书记王进展以视频方式发表致辞。上海市科协党组书记、副主席马兴发，香港工程师学会会长钟国辉，青浦区委副书记张权权、青浦区副区长张彦出席会议并致辞。开幕式由上海市科协党组成员陈丽主持。

王进展指出，上海和香港都是具有特殊地位和辐射功能的中心城市，深度融入长三角一体化发展、粤港澳大湾区建设等重大国家战略。中国科协将继续畅通和拓展内地与香港科技工作者的交流合作渠道，支持地方科协组织和全国学会与香港科技界加强交流，支持香港工程师学会厚植人才智力优势，拓展工程技术影响力，进一步提升内地与香港科技合作水平和效果，为推进高水平科技自立自强作出更大贡献。

本次会议以“新技术·新业态·新发展”为主题，旨在集聚业界专家学者开展广泛交流、深入研讨，达成理念共识和行动共识，推动重点领域智慧应用，发展基于物联网、大数据、人工智能的专业化服务，为长三角一体化发展和粤港澳大湾区建设建言献策，推动沪港科技创新、产业合作和经济共同繁荣。来自上海、香港、澳门、江苏吴江、浙江嘉善相关学（协）会、高校、科研院所、企业等机构的专家学者、企业界人士约300人参加会议。

上海市城乡建设和交通发展研究院院长、长三角交通一体化研究中心负责人、教授级高级工程师薛美根，香港特别行政区政府副政府资讯科技总监黄志光，澳门产学研合作促进会会长、芯耀辉科技联合创始人及联席CEO余成斌在主题报告中分别介绍了转型背景下的上海“十四五”综合交通规划、香港智慧城市蓝图2.0、横琴粤澳深度合作助推澳门科创发展。来自上海市、香港特别行政区、江苏省苏州市吴江区、浙江省嘉兴市嘉善县的21位报告人分别聚焦“绿色生态，创造舒适生活”“数字创新，赋能便利生活”作交流报告，内容涉及数字城市建设、交通运输创新技术、人工智能教育、生命健康科技、能源和环保技术等。

香港工程师学会是香港涵盖各工程界别的专业团体，致力于推动工程业界在创新科技上的交流和人才培育。1997 年 5 月，为迎接香港回归、促进沪港科技和经济的持续发展，上海市科协和香港工程师学会在上海创办沪港科技合作研讨会，并隔年分别在沪港两地共同主办，迄今已成功举办 13 届。该会议已成为沪港科技界、工程界交流合作的重要平台。

党　　建

【中国科协党组传达学习中央书记处关于科协工作的重要指示精神】 1 月 22 日，中国科协召开党组会议，传达学习中央书记处关于科协工作的重要指示精神，研究贯彻落实举措。会议由中国科协党组书记怀进鹏主持。

会议指出，中央书记处听取中国科协工作汇报，对 2020 年科协组织在加强党的建设、强化政治引领、服务抗疫斗争、助力经济社会发展等方面工作以及五年来深化改革成绩给予充分肯定，对 2021 年工作提出明确要求，充分体现了以习近平同志为核心的党中央对广大科技工作者的亲切关怀、对科协工作的高度重视，为当前和今后一个时期的科协发展指明了方向、提供了重要遵循。科协系统要认真学习领会中央书记处的重要指示精神，深入落实到年度工作和科协“十四五”规划中，确保党中央决策部署在科协落地见效。

会议强调，中国科协作为党领导下的人民团体，担负着团结引领广大科技工作者听党话跟党走的政治使命。各级科协组织要坚持以习近平新时代中国特色社会主义思想为指导，深入学习贯彻党的十九大和十九届二中、三中、四中、五中全会精神，学深悟透习近平总书记关于群团改革的重要论述精神，增强“四个意识”、坚定“四个自信”、做到“两个维护”，保持和增强政治性、先进性、群众性，提升政治引领能力，充分发挥人才第一资源作用，更好地把广大科技工作者紧紧团结在党的周围。

会议指出，2021 年是“十四五”规划开局之年，将迎来中国共产党百年华诞。科协系统党员干部要提高政治判断力、政治领悟力、政治执行力，立足新发展阶段，贯彻新发展理念，推动以科技自立自强支撑新发展格局。着力加强思想政治引领，精心组织建党百年宣传教育，着力围绕中心服务大局，全面提升“科普中国”“科创中国”“智汇中国”平台服务能力，着力深化系统改革，着力构建联系广泛、服务群众的工作体系，推动新时代科协事业高质量发展。要深入谋划推进“十四五”科协系统改革，建机制、强功能、增实效，突出问题导向，强化基层基础，提升改革综合效能，持续推进一流科技期刊建设。筹备好中国科协“十大”，把党中央决策部署转化为科技界自觉行动，在服务构建新发展格局中扛起新担当、展现新作为、作出新贡献，以优异的成绩庆祝建党 100 周年。

会议还研究了其他事项。

党组成员束为、宋军、吕昭平、王守东、殷皓出席会议。书记处书记孟庆海、中央纪委国家监委驻科技部纪检监察组同志、中国科协机关和直属单位有关部门主要负责同志列席会议。

【中国科协举办庆祝中国共产党成立 100 周年表彰大会】 为深入学习贯彻习近平总书记在庆祝中国共产党成立 100 周年大会上的重要讲话精神，深入贯彻落实总书记在两院院士大会和中国科协“十大”上的重要讲话精神，扎实推进党史学习教育，7 月 23 日，中国科协隆重举行庆祝中国共产党成立 100 周年表彰大会暨党组书记讲党课活动。中国科协党组书记、常务副主席、书记处第一书记怀进鹏讲党史学习教育专题党课，党组副书记徐延豪主持大会，党史学习教育中央第二十五指导组组长段余应、中央纪委国家监委驻科技部纪检监察组副组长玄洪云到会指导，党组、书记处领导同志孟庆海、束为、王守东、殷皓、王进展出席大会。

大会隆重表彰了 2020—2021 年受到中央有关部委表彰的先进个人和先进集体，中国科协优秀共产党员、优秀党务工作者和先进基层党组织，中国科协创建模范机关标兵单位和先进单位，中国科协 2020 年度考核优秀等次人员，中国科协青年学习标兵，2020 年度中国科协定点扶贫工作优秀单位。与会领导为获奖个人和集体颁发了荣誉证书和奖牌。优秀共产党员代表王素、优秀党务工作者林旦旦、先进基层党组织书记郑浩峻、2020 年度考核优秀人员吴善超先后作交流发言。

怀进鹏以“深学笃行总书记‘七一’重要讲话精神，凝心聚力推动高水平科技自立自强”为题，结合中国科协实际，深刻解读了习近平总书记“七一”重要讲话精神，深刻剖析了当前国内国际的形势变化，特别是在新的赶考路上科技界面临的挑战和机遇，系统阐述了科协系统团结引领服务广大科技工作者实现高水平科技自立自强的战略举措，对科协系统各级党组织和广大党员干部深入学习贯彻“七一”重要讲话精神、扎实落实科协“十大”精神、持续深入推进党史学习教育提出明确具体要求。

怀进鹏指出，习近平总书记“七一”重要讲话是一篇光辉的马克思主义经典文献，系统回答了中国共产党为了什么、做了什么、为什么能、怎样继续走向新胜利等一系列重大理论和实践问题，充分展现了马克思主义政治家的格局和气度，充分展示了中国人民的志气、骨气、底气，充分体现了强烈的历史担当和炽热的为民情怀，具有很强的时空穿透力、理论说服力、心灵震撼力。

怀进鹏强调，科协系统要把认真学习贯彻“七一”重要讲话与学习贯彻总书记在两院院士大会和中国科协“十大”上重要讲话精神贯通起来，深入领会“七一”重要讲话的重大意义，深入领会全面建成小康社会的历史性成就，深入领会党团结带领人民不懈奋斗的光辉历程和伟大成就，深入领会伟大建党精神的深刻内涵和时代价值，深入领会以史为鉴、开创未来的根本要求，深入领会习近平总书记代表党中央发出的伟大号召，深入领会科技创新取得的历史性成就和宝贵经验，悟精神、悟思想、悟方法，领任务、强能力、抓落实。

怀进鹏强调，要全面加强新时代科协组织建设，深刻认识桥梁纽带职责，全面塑造团结引领能力；深刻认识弘扬科学家精神、涵养优良学风的使命，在营造创新生态方面争取更大作为；深刻认识面向世界、面向未来的战略方向，在拓展开放、信任、合作、推动人类命运共同体建设方面作出更大贡献。要围绕中心、服务大局，打造科协系统人才平台、创新平台、组织平台等“新基建”，强化科协组织文化建设，不断提高贯彻新发展理念、构建新发展格局的能力和水平，为实现高水平科技自立自强、加快建设世界科技强国、全面建设社会主义现代化国家努力奋斗。

党史学习教育中央第二十五指导组成员、中央纪委国家监委驻科技部纪检监察组有关同志、受到表彰的同志、机关全体干部、机关离退办党委委员及所属党支部负责同志、木樨地办公区直属单位各级党组织书记和中层及以上干部、党组第五轮巡视组等共计近400人在主会场参加会议。魏公村、北辰、白家庄、陶然亭办公区的各直属单位各级党组织负责同志、中层及以上干部、党务工作者以视频方式参加会议。

【中国科协举行“光荣在党50年”纪念章颁发仪式】 在科协系统喜迎中国共产党成立100周年、深入学习贯彻两院院士大会、中国科协第十次全国代表大会精神之际，6月16日上午，中国科协举行庄重简朴、热烈喜庆的“光荣在党50年”纪念章颁发仪式，向老党员传递党的关心关爱，重温我们党的百年光辉历程和伟大成就，激励科协广大党员干部以更加昂扬姿态奋力开启全面建设社会主义现代化国家新征程。中国科协党组书记怀进鹏为老党员颁发纪念章并讲话，党组副书记徐延豪主持颁发仪式，党组成员束为、王守东出席仪式。获得纪念章的52名老党员代表、机关和直属单位部分党组织书记和青年党员代表共110余人参加仪式。

仪式在雄壮的国歌声中开始，束为宣读《中国科协“光荣在党50年”纪念章的老党员名单》，怀进鹏、徐延豪、束为、王守东共同为老党员代表逐一佩戴纪念章，青年党员代表向老党员鲜花。老党员中间，党龄最长的82年，有的参加过解放战争、为革命事业挥洒热血，有的始终心系青少年科技教育事业、耄耋之年依然情牵下一代，有的始终躬身科普战线、以个人名义捐赠百万元发起“科学文艺创作基金”，有的为科技创新不懈努力、荣获国家科技进步特等奖，有的在科普领域取得突出成就、获得联合国教科文组织颁发的“卡林加奖”。老党员代表、88岁高龄的中国科协学会学术部原部长林振申作了满怀深情的发言，回顾了自身工作经历，表达了对党的深厚情感、对获得荣誉的光荣自豪和继续为党的事业增光添彩的坚定决心。

怀进鹏代表党组向荣获“光荣在党50年”纪念章的老党员表示祝贺，向为党的事业、科技事业和科协事业发展作出贡献的老同志表示衷心感谢。他指出，以在座老党员为代表的广大老同志是中国科协的宝贵财富，大家的先进事迹、崇高精神、可贵品质激励着一代又一代科协人不断奋勇前进。他真诚希望老同志们珍惜荣誉，永葆本色，一如既往地关心支持中国科协的工作，继续为科协事业改革发展建言献策、发光发热。他强调，科协系统各级党组织要主动关心关爱老党员、老干部，牢记老同志的历史功绩，用心用情用力做好老干部工作，为老同志舒心生活、安享晚年、发挥作用创造良好条件，多办实事、好事。随后，怀进鹏带领全体与会同志重温入党誓词，进一步坚定初心使命、汲取奋进力量。

参加仪式的青年党员纷纷表示，亲身见证“光荣在党 50 年”纪念章颁发的历史时刻，深受教育、倍感振奋。大家决心要自觉接过前辈们的接力棒，不忘初心、牢记使命，传承红色基因，赓续共产党人精神血脉，走好新时代的长征路，以更加优异的成绩向党的百年华诞献礼。

举行颁发仪式是中国科协开展系列庆祝建党百年活动、推进党史学习教育的重要内容，中国科协首批获得“光荣在党 50 年”纪念章的老党员共有 130 人。根据中央统一部署，此后将作为一项经常性工作，每年“七一”前后组织发放。

【中国科协召开 2021 年党风廉政建设和反腐败工作会议】 3 月 22 日，中国科协召开 2021 年党风廉政建设和反腐败工作会议，深入学习贯彻习近平新时代中国特色社会主义思想和党的十九届五中全会、十九届中央纪委五次全会精神，贯彻 2021 年中央和国家机关党的工作暨纪检工作会议精神，落实与中央纪委国家监委驻科技部纪检监察组全面从严治党专题会商会意见，总结 2020 年全面从严治党、党风廉政建设和反腐败工作，部署 2021 年工作。中国科协党组书记、常务副主席、书记处第一书记怀进鹏，中央纪委国家监委驻科技部纪检监察组组长龚堂华出席会议并讲话。会议由中国科协党组副书记、副主席、书记处书记徐延豪主持。

龚堂华传达、解读了十九届中央纪委五次全会精神，指出五次全会是在“十四五”开局、全面建设社会主义现代化国家新征程顺利开启、我们党迎来建党 100 周年之际召开的一次重要会议，全会精神主要体现在习近平总书记的重要讲话以及赵乐际同志代表中央纪委常委会作的工作报告中。习近平总书记在五次全会上的重要讲话，深刻阐述了全面从严治党、党风廉政建设和反腐败斗争从政治上怎么看、讲政治怎么办的重大理论和实践问题，对以全面从严治党引领保障“十四五”时期重大战略任务落实见效作出部署，是推动全面从严治党向纵深发展的重要遵循。中国科协各级党组织要全面准确把握五次全会精神的丰富内涵和精髓要义，深刻领会习近平总书记作出的重大规律判断，充分发挥全面从严治党引领保障作用，推动科研领域新风正气不断充盈，确保党中央关于“十四五”时期科技创新目标任务落到实处。

怀进鹏指出，龚堂华同志对中央纪委五次全会精神进行了深入解读，对中国科协提出的意见建议针对性很强，各级党组织要认真学习领会、抓好贯彻落实。怀进鹏从深入贯彻十九届中央纪委五次全会精神，统一思想和行动做到“两个维护”；认真总结 2020 年全面从严治党工作，切实增强全面从严治党的责任感和紧迫感；不折不扣落实管党治党政治责任，引领保障“十四五”开好局起好步等方面，对中国科协 2020 年党风廉政建设和反腐败工作进行了总结回顾，对 2021 年工作作出全面部署。

中央纪委国家监委驻科技部纪检监察组有关同志，中国科协党组、书记处全体同志出席会议。中国科协机关部门全体党员干部、直属单位处级以上干部 500 余人参加会议。会议以电视电话会议形式召开，魏公村、北辰、白家庄、陶然亭办公区设分会场。

【中央纪委国家监委驻科技部纪检监察组与中国科协党组 2021 年第 1 次专题会商全面从严治党工作】 3 月 12 日，中央纪委国家监委驻科技部纪检监察组与中国科协党组召开 2021 年第 1 次全面从严治党专题会商会议，围绕“深入学习贯彻十九届中央纪委五次全会精神，研究中国科协机关 2021 年党风廉政建设和反腐败重点工作，切实发挥全面从严治党引领保障作用”主题进行沟通会商，共同推动中国科协全面从严治党高质量发展。中国科协党组书记、常务副主席、书记处第一书记怀进鹏出席并主持会议，驻科技部纪检监察组组长龚堂华出席会议并讲话。党组副书记、副主席、书记处书记徐延豪，副主席、书记处书记孟庆海，党组成员、书记处书记束为、宋军、吕昭平，党组成员王守东、殷皓出席会议并作表态发言。中央纪委国家监委第二监督检查室三处何哲文、驻科技部纪检监察组副组长玄洪云等同志出席会议。

会议听取了中国科协党组落实 2020 年第 2 次全面从严治党专题会商会商定事项落实情况，以及落实全面从严治党主体责任、推进党风廉政建设和反腐败工作情况汇报。

龚堂华传达了十九届中央纪委五次全会精神，他指出，习近平总书记在五次全会上的重要讲话是推动全面从严治党向纵深发展的重要遵循。要深刻领会习近平总书记关于全面从严治党首先要从政治上看的深远考量，强化政治监督的时代内涵，一刻不停推进党风廉政建设和反腐败斗争重大任务，毫不松懈纠治“四风”的决心定力，不断增强科技领域监督治理效能，以更高政治判断力、政治领悟力、政治执行力践行“两个维护”。龚堂华表示，2020 年中国科协党组认真学习贯彻习近平新时代中国特色社会主义思想，强化政治引领、坚持“一岗双责”、突出问题导向、持续改进作风，落实党中央重大决策部署和习近平总书记重要指示批示精神更加坚定，全面从严治党推进更加深入，中央巡视整改成效更加显现，监督执纪问责更加有力。但对标习近平总书记和党中央要求还存在一些差距和不足，集中表现在对全面从严治党首先从政治上看的认识把握还需进一步深化，在旗帜鲜明讲政治上还需进一步提高，统筹推进“惩、治、防”、建设风清气正的政治机关还需切实加大力度，强化监督体系建设、形成监督综合效能还需深入推进等。龚堂华强调，中国科协党组要深入贯彻落实十九届中央纪委五次全会精神，坚持旗帜鲜明讲政治，善于从政治上把握方向、分析问题、推动工作，把党史学习教育与坚持党的领导、推进全面从严治党结合起来，不断提高政治判断力、政治领悟力、政治执行力。要坚持“三不”一体推进，统筹把握“惩、治、防”辩证统一关系，紧盯管钱管人管项目和资源资金集中领域，用好“四种形态”，不断深化警示教育大会成果。要坚持纠“四风”树新风并举，时刻防范隐形变异问题，锲而不舍落实中央八项规定及其实施细则精神，从严从实从细做好领导干部配偶、子女及其配偶经商办企业规范清理工作。要持续推进中央巡视整改和党组巡视工作，充分发挥巡视利剑作用。要不断完善监督体系，严格落实主体责任，重大情况、突发事件及时沟通，加强对下级“一把手”和领导班子的监督，严肃换届纪律，抓好专题会商、纪检监察建议书整改落实，统筹发挥各级、各方面监督作用，切实提升监督效能。

怀进鹏指出，纪检监察组指出的问题见人见事，提出的意见建议精确中肯，党组照单全收，并认真研究贯彻落实。怀进鹏强调，中央纪委五次全会作出的重要部署、习近平总书记重要讲话精神为中国科协高质量推进全面从严治党工作提供了总的指导遵循。党组班子成员要自觉强化政治担当，认真研究全会精神和中央领导批示意见对科协党风廉政建设和反腐败工作的新要求，以系统施治、标本兼治的理念正风肃纪反腐，切实发挥全面从严治党的引领保障作用。党组班子成员聚焦指出问题，围绕学习贯彻五次全会精神、会商意见落实分别表态发言，一致表示要对标驻科技部纪检监察组要求，坚决履行“一岗双责”，以更高标准、更大力度抓好分管领域全面从严治党各项工作，为科协“十四五”开局起步、加快建设科技强国作出新的更大贡献，以优异成绩庆祝建党100周年。

驻科技部纪检监察组、中国科协办公厅、计划财务部、组织人事部、调研宣传部、机关党委、机关纪委等有关部门主要负责同志列席会议。

【中央纪委国家监委驻科技部纪检监察组与中国科协党组2021年第2次专题会商全面从严治党工作】

12月21日，中央纪委国家监委驻科技部纪检监察组与中国科协党组召开2021年第2次全面从严治党专题会商会。这次会商会主题是认真学习贯彻党的十九届六中全会精神，对照检查《中共中央办公厅关于印发〈党委（党组）落实全面从严治党主体责任规定〉的通知》和《中共中央关于加强对“一把手”和领导班子监督的意见》的落实情况，进一步压紧压实主体责任、抓紧抓实“一把手”和领导班子监督。中国科协党组书记张玉卓出席并主持会议，驻科技部纪检监察组组长龚堂华出席会议并讲话。中国科协副主席、书记处书记孟庆海，党组成员束为、吕昭平、王守东、殷皓、王进展出席会议。中央纪委国家监委第二监督检查室、驻科技部纪检监察组有关负责同志出席会议。

会议听取了中国科协党组落实2021年第1次专题会商会意见情况、贯彻落实《规定》和《意见》情况的汇报。

龚堂华同志围绕会商主题，交流了学习领会习近平总书记关于全面从严治党、落实主体责任重要论述的体会，深入解读了《规定》和《意见》的重大意义和重点内容，对照两份中央文件规定，指出中国科协在贯彻落实中存在的差距和不足，并提出了意见建议。

张玉卓在讲话中指出，纪检监察组既充分肯定了中国科协在全面从严治党方面取得的成效，又实事求是地指出了问题和不足。点问题精准客观，讲原因中肯全面，提要求政治站位高、紧密切合科协实际、针对性强，党组照单全收并认真研究整改落实。张玉卓强调，要深入学习贯彻党的十九届六中全会精神，再学习再认识《规定》和《意见》的重大意义，夯实全面从严治党思想基础、政治基础。中国科协是党联系服务科技工作者的桥梁和纽带，“一把手”和领导班子在“十四五”开局起步和贯彻党中央“三新一高”重大战略思想、战略部署中负有重任，唯有对党的事业高度负责、带头担当负责、带头接受监督，才能保障落实好党中央交给我们联系服务科技工作者听党话跟党走的核心职责。只有在对“一把手”和领导班子监督和责任落实上见实效，全面从严治党才会有更大说服力和更强震撼力，“三不”一体推进才能取得更多更大治理成效。要立足新发展阶段、贯彻新发展理念、构建新发展格局，再深化再落实《规定》和《意见》，充分发挥全面从严治党引领保障作用。要以贯彻落实《规定》和《意见》要求为抓手，紧盯“一把手”和领导班子等关键少数，围绕中心、服务大局，找准“四服务”的着力点，特别针对主责主业中的重点、难点工作，紧紧围绕“三新一高”战略思想，深化科协系统改革，加快完善科技类公共服务产品体系，创新组织机制和动员方式，大力弘扬科学家精神，用服务大局实绩检验科协工作成效。要不折不扣落实管党治党政治责任，深入贯彻落实《规定》《意见》再出发，推动科协事业高质量发展。要牢牢抓住落实主体责任这个“牛鼻子”，落实全面从严治党新要求，进一步提高政治站位、压实政治责任、深化政治监督，加大制度供给，选优配强干部，严肃正风肃纪，加强纪检队伍建设，打造廉洁科协亮丽名片，用全面从严治党引领和保障科协事业高质量发展，以优异成绩迎接党的二十大胜利召开。

科协党组、书记处成员围绕履行主体责任、落实《规定》《意见》分别发言，一致表示要认真贯彻落实党的十九届六中全会精神，对照纪检监察组要求，认真履行好全面从严治党主体责任，加强对分管部门和单位“一把手”和领导班子的监督，抓好分管领域全面从严治党各项工作，为科协事业高质量发展、推进高水平科技自立自强作出新的更大贡献。

驻科技部纪检监察组有关同志、中国科协各部门单位主要负责同志列席会议。

【中国科协党组理论学习中心组开展 2021 年第一次集体学习】 2月7日，中国科协党组理论学习中心组召开 2021 年第一次集体学习会议，深入学习贯彻党的十九届五中全会精神和中央书记处关于科协工作指示要求，结合学习贯彻习近平总书记在中央纪委五次全会上的重要讲话精神、在省部级主要领导干部专题研讨班上的重要讲话精神、关于厉行节约反对浪费重要指示批示精神、中央经济工作会议精神、中央农村工作会议精神、全国宣传部长会议精神，统筹谋划科协年度工作重点任务，进一步加强学习贯彻中央精神的系统性、整体性、协同性，自觉把思想和行动统一到中央决策部署上来。党组书记怀进鹏主持会议并作总结发言，党组、书记处同志分别结合分管工作从学习和实践两个角度深入开展交流研讨。

会议指出，要深入系统学习贯彻中央精神，用习近平新时代中国特色社会主义思想指导科协工作实践，确保科协工作聚焦靶心、服务大局。作为党领导下的人民团体，团结引领广大科技工作者听党话跟党走、服务党和国家工作大局，是科协工作的价值主轴、工作主线。科协组织必须始终把自身置于党的全面领导之下，始终心怀“国之大者”，紧紧围绕党中央重大决策部署，在大局下思考、在大局下行动。要紧密围绕“四服务”职责定位，落实“强三性”要求，找准靶心，找好工作切入点、结合点、着力点。科协领导干部既要懂科技，也要懂组织，还要善于把政治工作融入业务工作当中，在服务大局中提高政治能力和政治水平。

会议要求，要统筹谋划 2021 年重点工作，全面提升团结引领能力。坚持稳中求进工作总基调，紧扣高质量发展主题，立足新发展阶段、贯彻新发展理念、服务新发展格局，加强科协事业战略性、系统性、前瞻性研究谋划。聚焦靶心善引领，围绕中心抓服务，组织创新强基层，开放发展大合作，团结引领广大科技工作者坚持“四个面向”、坚定自信自立自强，为建设世界科技强国、推进国家现代化贡献智慧力量，确保“十四五”开好局，以优异成绩庆祝建党 100 周年。一是深入学习习近平新时代中国特色社会主义思想。要深刻理解领悟其哲学智慧，切实做到真学真懂真信真用其所蕴含的马克思主义思想方法和工作方法，不断提高解决实际问题的能力。二是深入开展党史学习教育。将党史学习教育同新中国史、改革开放史、社会主义发展史学习结合起来，设计符合科协特点的教育活动，教育引导党员干部正确认识党的历史，继承和发扬党的光荣传统和优良作风，坚定信心跟党走，在党史学思践悟中不断增强守初心、担使命的思想自觉和行动自觉，不断提高政治判断力、政治领悟力、政治执行力。三是深入推进科协改革工作。要总结评估“十三五”改革成效，形成案例，巩固推广。以强“三性”为标尺，研究制定“十四五”科协系统深化改革方案，以服务科技自立自强为主题，细化 2021 年重点改革任务，坚定改革信心，汇聚改革合力。要系统谋划好巩固传承、深化发展、创新突破的工作，向改革要动力、向改革要活力。四是聚焦主业，夯实基础。要建好党校，服务好“三支队伍”，做优“科普中国”、做强“科创中国”、做精“智汇中国”、做实“科技工作者之家”，构建开放、信任、团结的科技共同体。要加强连接、赋能、合作、沟通能力建设，不断加强科技类公共服务产品供给，让科技创新人才在服务国家重大任务中有认同感、获得感。五是认真做好科协“十大”筹备工作。做好《章程》修订工作，开好中国科协第十次全国代表大会，展现新阶段服务新格局下科协工作新生态新作为。六是强化党建保障。加强政治建设，全面落实新时代党的建设总要求，推动党建与业务相融互促，以创建模范机关、深化主题教育和中央巡视整改成果为抓手，不断推进全面从严治党向纵深发展。要加强文化建设，依托会史馆建设，塑造科协家风和文化，将科协建设成为受社会尊重、有影响力的组织，更好团结引领科技人才爱国奋斗。

会议强调，要强化工作落实，在构建新发展格局中实现科协事业高质量发展。一分部署、九分落实，要有重点、有步骤、有秩序抓好各项决策落地，让想法成为办法、办法成为做法、做法成为效果。一是谋划工作上坚持系统观念。在统筹设计科协工作中，要做到齐头并进、统一贯彻，不能单打独斗、顾此失彼。“三国一家”建设要加强关联和协同，不能孤立理解和认识。党组、书记处同志要履行“一岗双责”，带头到分管领域中倾听部门单位意见建议，了解班子状态，抓好班子带好队伍，推动一起思考、共同实践。二是推进工作中强化责任担当。要敢于正视矛盾和问题，明确责任，咬定青山不放松，不达目的不罢休。三是工作保障上健全组织机制。要把握规律性，把规律性认识稳定固化成推进工作的组织机制，形成制度成果，不断提高工作效率。

书记处书记孟庆海，机关各部门、各直属单位主要负责同志、部分青年理论学习小组组长列席会议。会议以电视电话会议形式召开，魏公村、北辰、白家庄、陶然亭办公区设分会场。

【中国科协党组理论学习中心组召开传达全国两会精神干部大会暨第二次集体学习扩大会议】 3月19日，中国科协党组理论学习中心组召开传达全国两会精神干部大会暨第二次集体学习扩大会议，深入学习习近平总书记在全国两会期间重要讲话和全国两会精神，研究贯彻落实举措。中国科协党组书记、常务副主席、书记处第一书记怀进鹏主持会议并作总结发言。参加两会的全国政协委员、天津市科协主席饶子和院士，全国政协委员、中国科协副主席袁亚湘院士，全国人大代表、中国科协党组副书记、副主席、书记处书记徐延豪，全国人大代表、中国科协副主席、书记处书记孟庆海分别围绕实施战略性基础研究、加强科技创新、高质量科普服务高质量发展、加强科研诚信建设等方面作专题报告，深入解读两会精神，分享提交提案建议、积极建言献策的心得体会。

会议强调，要紧密围绕两会重大部署，增强科协系统“一体两翼”协同落实能力。一是强化思想引领和政治动员，汇聚科技自立自强的磅礴力量。科协系统各级党员领导干部要始终做到胸怀“国之大者”，全面提高战略思维能力，准确把握历史发展规律和大势，始终把握好党和国家事业发展的战略主动，持续推动习近平新时代中国特色社会主义思想在科技界的转化实践，团结引领科技工作者紧紧围绕“四个面向”，以高水平的科技自立自强服务全面建设社会主义现代化国家。二是强化组织动员，推动高质量发展、服务新发展格局。要坚定不移地支持科学家从事基础研究，充分发挥基础研究对科技创新的重要支撑作用。要进一步发挥科协“三型”组织的动员优势，提升产学融合服务能力，提升社会协同科普服务能力，提升服务国家发展的集智动员能力。三是推动开放发展，不断提高应对风险挑战能力，有效拓展科技共同体服务人类命运共同体的新空间。发挥科协开放型组织的联系优势，围绕畅通新发展格局的国际战略通道，精心打造开放、信任、合作的国际交流平台。

会议要求，要推动两会精神贯彻落实与深化党史学习教育紧密结合。深入学习习近平总书记重要讲话精神，准确把握学党史、悟思想、办实事、开新局的总要求，突出“六个进一步”重点内容，面向科技界做好“五个团结引导”，学史明理、增信、崇德、力行。一是着力学党史、悟思想。在学习领悟中坚定理想信念、感悟思想伟力，增强“四个意识”、坚定“四个自信”、做到“两个维护”。二是着力学党史、办实事。谋事要实、干事要实、建家要实，建好事业之家、组织之家、精神之家、服务之家。三是着力学党史、开新局。要做强“科创中国”、做优“科普中国”、做精“智汇中国”、做实“科技工作者之家”，持续以深化改革增动力、添活力，推动开放发展，促进开放包容、互惠共享的国际科技合作与交流，服务构建人类命运共同体。

中国科协党组、书记处全体同志，驻科技部纪检监察组负责同志，全国学会代表，中国科协机关和直属单位副处级以上干部参加会议。会议以电视电话会议形式召开，魏公村、北辰、白家庄、陶然亭办公区设分会场，各全国学会通过网络直播收看会议。

【中国科协党组理论学习中心组召开第三次集体学习扩大会议】 4 月 2 日，中国科协召开党组理论学习中心组第三次集体学习扩大会议，围绕庆祝中国共产党成立 100 周年，深入开展党史学习教育，系统学习党的百年历史，深入学习领会习近平总书记关于学习党史的重要论述精神，从“党的历史学什么、党的历史如何学、如何组织学”三个方面研究科协系统高质量开展好党史学习教育的思路和举措。中国科协党组书记、常务副主席、书记处第一书记怀进鹏主持会议。会议邀请中央党史学习教育宣讲团成员、中央党史和文献研究院院长曲青山同志作专题宣讲报告。

曲青山紧紧围绕学习贯彻习近平总书记在党史学习教育动员大会上的重要讲话精神，系统全面梳理了习近平总书记关于党的历史的重要论述，深刻阐述了在全党开展党史学习教育的重大意义，全面回顾了 100 年来我们党团结带领人民走过的光辉历程、取得的辉煌成就，用大量生动的人物故事和党史案例对党史学习教育的内容作了重点讲解，并对在党史学习教育中进一步学懂弄通做实习近平新时代中国特色社会主义思想、增强“四个意识”、坚定“四个自信”、做到“两个维护”等方面进行了系统解读。

会议强调，科协系统学习党史要准确把握党的历史的主题主线、主流本质，全面把握党的一百年波澜壮阔历史的丰富内容，坚定党的历史自信，学习党的不懈奋斗史、学习党的理论探索史、学习党的政治锻造史。坚持正确党史观，将学懂弄通做实习近平新时代中国特色社会主义思想作为首要政治任务，团结引导广大科技工作者从党的百年征程中读懂强党之路、复兴之路、创新之路。一是坚持弘扬伟大精神。进一步加大科学家精神宣传力度，推出更多直指人心的宣传精品，推进科学家精神在科技界深入人心。坚持正确的政治方向，大力宣传百年非凡奋斗历程中涌现的科技界先进模范、形成的科学家精神，教育引导广大科技工作者从中汲取精神养分，赓续传承、发扬光大。二是坚持探索客观规律。要运用唯物辩证法和科学的历史思维，以我们党关于历史问题的两个决议和党中央有关精神为依据，探究党缔造科协组织、赋予科协组织职责使命的一系列史实，追根溯源寻找科协组织的初心，感悟党的初心使命的强大感召力，坚定历史自觉、筑牢信仰之基。三是坚持启迪改革实践。要通过学习党领导科技工作者科学救国、科学报国、科教兴国、科技强国的奋进历程，总结凝聚做好新时代党的科技工作者工作的重要经验，将中国特色科技群团工作经验有机融入新时代科技工作者的创新创造创业实践，团结引领科技工作者听党话跟党走，巩固科技界建设创新型国家和世界科技强国的共同思想基础。要带着问题学、联系实际学，准确把握新时代科协组织的新方位新使命，自觉在服务创新发展、构建新发展格局中找题目、做文章，在深化改革中彰显组织力引导力，在锤炼政治能力、增强“四个意识”、坚定“四个自信”、做到“两个维护”自觉性坚定性上见行动见成效。

会议要求，科协系统开展学习教育要充分发挥科协组织的广泛动员能力，注重守正创新，充分调动科协机关党员干部学习热情、充分调动一体两翼科协系统学习热情、充分调动科技界学习热情，扎实推动学习教育向纵深发展。一要坚持分类导学。对科协系统党员干部，要坚持与党建工作融合；对青年科技人员，要突出成就教育，引导树牢理想信念；对广大科技人员特别是科技领军人才，要突出形势政策教育，引导弘扬科学家精神、牢固树立创新自信，砥砺岗位建功的实际行动；对海外华人科技人员和在华外籍科技人员，要突出在密切交往联系中引导进一步了解党情国情，扩大科技界知华友华“朋友圈”。二要创新学习教育方式方法。要把学习党史同学习党支持推动科技创新与关心关爱科技人才成长的历史紧密结合起来，讲好科技工作者奋斗故事，讲好党关心关爱科技人才的生动故事，讲好科技共同体用爱国奋斗创造科技奇迹、书写中华民族现代科技史的历史故事。要创新方式方法，以科技工作者为中心，精心策划、广泛组织开展好群众性宣传教育活动，推动学习教育真正热在基层、热在群众。三要用好互联网这一学习教育主阵地。要进一步拓展网上会史馆功能，不断增强学习的吸引力，充分调动学会和地方的主动性，积极宣传好经验好做法，推动交流互鉴。

会上，党组成员、机关党委书记王守东结合自学研读和专题报告作重点发言，党组书记处其他同志作交流发言。中国科协机关全体党员、干部，直属单位副处级以上干部，驻科技部纪检监察组有关负责同志参加会议。会议以电视电话会议形式召开，210 个全国学会、32 个省级科协组织党员干部通过视频收看专题宣讲报告。

【中国科协党组理论学习中心组专题学习习近平总书记在两院院士大会、中国科协第十次全国代表大会重要讲话精神】 5月31日，中国科协党组理论学习中心组召开第四次集体学习扩大会议，深入学习领会习近平总书记在两院院士大会和中国科协第十次全国代表大会上的重要讲话精神，结合学习科协“十大”精神，准确把握科协组织新时代工作职责，统筹谋划当前和今后一个阶段重点工作任务，进一步聚焦靶心、突出重心，把思想、行动统一到习近平总书记重要讲话精神和中央统一部署上来，更好推动“十四五”时期科技创新、人才队伍建设和高质量发展。中国科协党组书记、常务副主席、书记处第一书记怀进鹏主持会议并作总结发言。党组、书记处成员徐延豪、孟庆海、束为、宋军、吕昭平、王守东、殷皓、王进展分别结合分管工作，就贯彻落实习近平总书记重要讲话精神和科协“十大”精神做重点发言。

会议强调，习近平总书记重要讲话进一步明确了科协系统改革方向和发展目标，丰富和拓展了科协组织在现代化建设全局中的工作定位，是新发展阶段科协事业创新提升的根本遵循和行动指南。科协系统要牢记总书记嘱托，强化党的全面领导，切实加强对科技工作者的政治引领，履行好党和政府联系科技工作者桥梁和纽带的职责。一要坚持旗帜鲜明讲政治，宣传引导科协“十大”精神在科技界入脑入心。各级科协组织要坚持把学习宣传贯彻习近平新时代中国特色社会主义思想和科协“十大”精神作为当前和今后一个时期的首要任务，推动党的创新理论在科技界入脑入心。要将习近平总书记关于科技创新的“五大任务”和对科协工作“157字”新要求与科协职责使命和中心工作相结合，逐条分析、逐条研究、逐条落实，将指示精神转化为具体举措，转化为加快建设科技强国、实现高水平科技自立自强的生动实践。二要以立根铸魂科学家精神为抓手，拓展政治引领广度深度。要广泛开展建党百年宣传教育活动，精心组织开展党史学习教育，大力弘扬新时代科学家精神，持续构筑科学家精神宣传阵地，打造“老科学家学术成长资料采集工程”“科学大师名校宣传工程”“最美科技工作者”等品牌，有温度地开展价值引领、事业引领、组织引领工作，引导科技工作者把科技成果应用在实现国家现代化的伟大事业中、把人生理想融入为实现中华民族伟大复兴的中国梦的奋斗中。要进一步加强作风和学风建设，扎实开展科学道德和学风建设宣讲和学风传承行动，营造风清气正的科研环境。三要聚焦主业夯实基层，锻造砥砺创新创造的服务平台。要做强“科普中国”、做优“科创中国”、做精“智汇中国”，努力建设有温度、可信赖的“科技工作者之家”，健全联系广泛、服务群众的组织体系，拓展党建带群建工作机制，赋能基层组织，培育基层社会治理新引擎。四要深化科协系统改革，完善群团工作体系。要总结评估“十三五”改革成效，制定发布“十四五”科协系统深化改革方案，启动新一轮科协系统改革。要突出学会主体，积极探索学会治理现代化的标准与路径，推动一流学会、一流期刊一体改革、一体发展。要坚持基层组织建设与业务赋能一体推进，深化“3+1”试点改革，巩固深化科技志愿服务成果，不断拓展服务内涵和覆盖。五要深入推动国际合作，构建开放、信任、合作的科技共同体。要积极践行总书记外交思想，着力构建以理服人的学术共同体、以德服人的价值共同体、以人为本的命运共同体，推动科技支撑人类命运共同体建设。要坚持以全球视野谋划推动科技创新，推动更开放、包容、务实的国际科技交流合作，构建全面融合的科技合作伙伴关系网络。要加大对海外人才的团结服务，精心打造国际创新开放合作网络，激活创新引领的合作动能。要深度参与国际科技治理，全面提升我国科技创新的国际化水平和影响力。

驻科技部纪检监察组负责同志，机关各部门、各直属单位主要负责同志，部分青年理论学习小组组长列席会议。会议以电视电话会议形式召开，魏公村、北辰、白家庄、陶然亭办公区设分会场。

【中国科协党组理论学习中心组深入学习习近平总书记“七一”重要讲话精神　谋划为高水平科技自立自强贡献科协组织力量】 8月10日，中国科协召开党组理论学习中心组第七次集体学习扩大会议，围绕深入学习习近平总书记“七一”重要讲话精神和在两院院士大会、科协“十大”上的重要讲话精神开展集中交流研讨，谋划科协党史学习教育开新局的工作思路。中国科协党组书记张玉卓主持会议并作总结发言。党组、书记处同志结合学习感悟，就深入贯彻中央精神、学党史、悟思想、办实事、开新局分别作了交流发言。

会前，张玉卓带领党组、书记处全体同志和机关直属单位主要负责同志一行50人赴中国共产党历史展览馆参观“‘不忘初心、牢记使命’中国共产党历史展览”，深刻感悟党的百年征程，从党的奋斗历史中汲取前进力量。在展厅现场，参观同志被丰富的历史文物、照片、视频深深吸引和感染。在党的科技事业和“科学家精神”“两弹一星”精神等展区，张玉卓等同志驻足仔细观看，认真听取讲解，不时进行交流。参观结束后，张玉卓带领全体同志面向鲜红的中国共产党党旗重温入党誓词并进行庄严宣誓。

张玉卓在总结讲话中指出，习近平总书记“七一”重要讲话回顾我们党百年奋斗的光辉历程、展望中华民族伟大复兴的光明前景，是马克思主义中国化的纲领性文献，是新时代中国共产党人不忘初心、牢记使命的政治宣言，特别是以史为鉴、开创未来的“九个必须”为新征程上党和国家各项事业明确了发展方向。习近平总书记在两院院士大会、中国科协“十大”上发表的重要讲话，站在第二个百年奋斗目标的新起点，发出了实现高水平科技自立自强的时代号召，系统部署科技创新战略任务，指明改革方向。特别是总书记关于科协工作的重要指示精神是我们工作的指针，必须深刻领会，结合实际抓好贯彻落实。

张玉卓强调，科协组织已历经一个甲子，面向世界、面向未来，面对新形势、新任务、新要求，必须以与时俱进的精神、革故鼎新的勇气、坚忍不拔的定力，奋力开创新时代中国特色科技群团发展道路新境界，在实现高水平科技自立自强的伟大进程中作出科协实实在在的贡献。

一是进一步以党的建设为统领，推动科协事业高质量发展。必须深刻领会党的全面领导是科协组织开创未来最大的政治优势、组织优势，坚决走好中国特色科技群团发展道路。政治性是科协组织的灵魂、是第一属性，科协组织必须不断提高政治站位、不断提升政治引领能力。科协干部必须增强政治能力、政治素质，不断提升政治判断力、政治领悟力、政治执行力。要牢牢把握好正确的政治方向，坚决担负起党和政府联系科技工作者的桥梁纽带职责，更加自觉地将团结引领科技工作者听党话跟党走作为践行“两个维护”的实际行动，把讲好总书记关心科技事业、关爱科技工作者的故事作为政治引领的根本着力点，在科技界坚定主心骨、弘扬主旋律，进一步密切党同广大科技工作者的情感交流和血肉联系，把他们紧密团结在以习近平同志为核心的党中央周围，不断增强“四个意识”、坚定“四个自信”、做到“两个维护”。

二是以实现民族伟大复兴为根本目标，把科协事业推向新高度。必须牢牢把握中华民族伟大复兴这一主题，团结动员广大科技工作者争做高水平科技自立自强排头兵。要准确把握科技创新作为全局之核心、发展之支撑的时代主题，清醒认识新发展阶段的科协时代重任，团结动员科技工作者勇攀高峰、创新争先、自立自强，攻克“卡脖子”难题。要大力弘扬科学家精神，通过生动阐释科学家精神内涵，把总书记关于科技创新的重要论述持续转化为科技界爱国创新的理想信念、求实奉献的价值使命、协同育人的实践品格。以强大的精神力量和优良的学风保障引导广大科技工作者不断砥砺初心使命，为开局“十四五”、开启新征程贡献智慧和力量。

三是落实以人民为中心的发展思想，建设朝气蓬勃的科协组织。科协是党领导下的人民团体，顺应新时代新使命新矛盾新要求，科协组织工作内容、工作形式会有所变化，但以人民为中心的根本立场不会变、为科技工作者服务的理念不会变。要紧扣民心这个最大的政治，深入基层，倾听学会和基层科技工作者的声音，聚焦科技工作者反映突出的急难愁盼问题，真正办成一批好事实事、解决一些困难问题，不断提升科技工作者的获得感、幸福感、安全感。要坚持眼睛向下、大抓基层，深化科协系统改革，聚焦基层组织薄弱、工作水平不高等问题，主动创新基层组织形态和工作方法，真正形成联系广泛、服务科技工作者的科协工作体系。要敏锐把握、及时感知人民群众对科学技术的现实需求，用好基层新时代文明实践中心和党群服务中心等工作平台，丰富党建带群建的工作模式，激励广大科技工作者践行科技志愿服务精神，不断提升科技为民的广度、深度和精度，努力使人民群众更加直接感受到党的关怀和科技为民的力量。

书记处书记孟庆海，驻科技部纪检监察组负责同志，机关各部门、各直属单位主要负责同志列席会议。

【中国科协党组理论学习中心组深入学习习近平总书记“七一”重要讲话精神】 9月23—25日，中国科协召开党组理论学习中心组第八次集体学习扩大会议，围绕学习贯彻习近平总书记“七一”重要讲话精神、在两院院士大会和中国科协“十大”上的重要讲话精神、在2021年秋季学期中央党校（国家行政学院）中青年干部培训班开班式上的重要讲话精神，交流经验体会，研讨科协系统改革发展路径，推动党史学习教育走深走实。中国科协党组书记、分管日常工作副主席、书记处第一书记张玉卓主持会议并作总结讲话。党组、书记处同志与全国学会理事长、地方科协党组书记开展集中交流研讨。

会议邀请党史学习教育中央宣讲团成员、中央党校（国家行政学院）副校（院）长谢春涛，党史学习教育中央宣讲团成员、中央党史和文献研究院原副院长吴德刚，中国科学院原院长白春礼，第十三届全国人大常务委员会委员、清华大学公共管理学院院长江小涓，第十三届全国政协常委、中国工程院副院长王辰，中国公共外交协会副会长罗林泉，中国科协副主席、书记处书记孟庆海等知名专家学者分别围绕学习党史、"七一"讲话精神、科技前沿、经济形势、疫情防控形势、国际形势、新时代科普等作专题报告。张玉卓以"赓续伟大建党精神，为实现高水平科技自立自强贡献科协力量"为题作主题报告。

会议认为，习近平总书记"七一"重要讲话视野宏阔、思想深邃、内涵丰富，贯通历史、现实、未来，具有很强的政治性、思想性、战略性、指导性，体现了高远的战略思维、强烈的历史担当、真挚的为民情怀，是一篇马克思主义纲领性文献，具有重大的政治意义、理论意义、实践意义。各级科协组织要把学习贯彻"七一"重要讲话精神作为重大政治任务，与学习总书记在两院院士大会、中国科协"十大"上重要讲话有机结合，深学细悟、融会贯通，努力做到知其言更知其义、知其然更知其所以然，切实做到悟思想、悟方法、领任务、抓落实，把学习贯彻习近平新时代中国特色社会主义思想与发挥桥梁纽带作用、履行"四服务一体"职责、构建学术科普智库工作格局、打造有温度可信赖的科技工作者之家的生动实践紧密结合起来，在实践中感悟思想伟力、在感悟中升华政治觉悟，不断增强政治判断力、政治领悟力、政治执行力。

张玉卓在总结讲话中强调，党中央为"十四五"科协事业发展绘就了宏伟蓝图，为新发展阶段科协组织的工作明确了方向和重点。科协系统要以《全民科学素质行动规划纲要（2021—2035 年）》和《中国科学技术协会事业发展"十四五"规划（2021—2025 年）》为指导，突出桥梁纽带主责，聚焦"四服务一体"主业，团结引领科技工作者胸怀"两个大局"、心系"国之大者"、坚持"四个面向"，在创新创造实践中展现报国为民的新作为。

一是持续强化政治引领，坚定履行好桥梁纽带主责。将团结引领科技工作者听党话跟党走作为践行"两个维护"的首要标准，通过大力弘扬科学精神和科学家精神，切实增强科技工作者创新自信，营造创新生态，激发创新活力，助力科技工作者绽放和实现自身价值，增强大局贡献度和国家发展支撑力。要春风化雨、润物无声开展政治引领，讲求实际效果，力戒形式主义。

二是围绕中心服务大局，锻造科协工作主业品牌。学术是科技自立自强的强基工程，科普是民族复兴的奠基工程，智库是国家治理现代化的咨政工程。各级科协组织要紧扣时代主题，围绕"四服务一体"的科协主业，充分发挥开放型、枢纽型、平台型优势，推动科协事业高质量发展。

三是锐意改革创新，为新征程上科协事业发展增添新动力。把握强"三性"、去"四化"的改革总取向，把握"抓重点、补短板、强弱项"的改革方法论，把握破立并举的改革大逻辑，大刀阔斧地"破"、稳妥有序地"破"、旗帜鲜明地"立"、统筹谋划地"立"。要突出建机制、强功能、增实效，在增强改革的系统性、整体性、协同性方面下更大功夫，加强各项改革的任务集成、措施集成、力量集成，强化科协系统改革的方案协同、落实协同、效果协同，推动发生"化学反应"，提高改革整体成效。

四是拓展开放合作，提升服务高质量发展的系统效能。要统筹对内对外开放，与社会结合做好"科普中国"、与经济结合做好"科创中国"、与治理结合做好"智汇中国"，加强"四服务一体"建设，拓展战略空间。要对内对外凝聚力量，以合作集成资源，强化上下联动、系统协同，以党建引领基层组织加强资源集成整合，主动拓展边界、开放合作。

五是夯实党建保障，推动科协干部队伍建设。要以党的政治建设为统领抓好党的建设各项工作，特别是建设高素质专业化科协干部队伍。要认真贯彻落实习近平总书记在 2021 年秋季学期中央党校（国家行政学院）中青年干部培训班开班式上的重要讲话精神，自觉在理论武装中提升修养，主动在真抓实干中锤炼本领，勇于在改革攻坚中砥砺品格，切实在自警自励中筑牢底线。

【中国科协党组理论学习中心组深入学习党的十九届六中全会精神】 11 月 12 日，中国科协党组理论学习中心组召开第十次集体学习扩大会议，深入学习党的十九届六中全会精神，研究部署科协系统学习宣传贯彻举措。中国科协党组书记、分管日常工作副主席、书记处第一书记张玉卓同志主持会议并作总结讲话。党组副书记徐延豪，党组成员王进展分别结合自身工作，就学习宣传贯彻全会精神作重点发言。党史学习教育中央第二十五指导组同志到会指导。

会议认为，党的百年历史，是党关心关爱科技人才、支持推动科技创新的历史，是科技界在党的领导下爱国奋斗、创新创业创造的历史。在党的坚强领导下，一代代科技工作者投身科学救国、科技报国、科教兴国、科技强国伟大事业，我国科技创新发生整体性、格局性、历史性深刻变化，为我国迎接并驾驭新一轮科技革命和产业变革、在日益激烈的国际竞争中把握主动奠定了坚实基础。科协系统要深入学习贯彻党的十九届六中全会精神，从党的百年奋斗历史经验中汲取前进的力量。一是坚决做到“两个维护”。坚持党的全面领导最根本是要做到“两个维护”。我们党确立习近平同志党中央的核心、全党的核心地位，确立习近平新时代中国特色社会主义思想的指导地位，反映了全党全军全国各族人民的共同心愿，一定要以实际行动坚决维护习近平同志党中央的核心，全党的核心地位，坚决维护党中央权威和集中统一领导。二是传承宝贵历史经验。全会提出的“十个坚持”是经过长期实践积累的宝贵经验，是党和人民共同创造的精神财富，必须倍加珍惜、长期坚持，并在新时代实践中不断丰富和发展。三是坚持创新支撑引领高质量发展。必须坚持创新在我国现代化建设全局中的核心地位，把科技自立自强作为国家发展的战略支撑，突出“四个面向”，深入实施科教兴国战略、人才强国战略、创新驱动发展战略，完善国家创新体系，加快建设科技强国。要夯实党在科技界的执政基础，必须以永远在路上的精神深化科技体制改革，破除政策藩篱，充分释放人才红利，激发人才创新活力，大力弘扬科学精神、普及科学知识，厚植创新人才沃土。四是充分发挥新型举国体制优势。要把打造科技战略力量、形成快速高效的科技创新动员能力作为建设新型举国体制的关键，使中国特色自主创新道路越走越宽广。五是推进高水平开放合作。要以世界眼光、更加开放的思维和举措在更高起点推动开展国际科技交流合作，搭建人类命运共同体的科技之桥。以海纳百川的胸怀和最优的创新创业生态，团结吸引海内外各类人才为国奋斗，在共同理想下汇聚民族伟大复兴的最大公约数。六是充分发挥科技群团组织的独特作用。要根据形势和任务发展变化，深化改革，不断增强政治性、先进性、群众性，围绕中心、服务大局，接长手臂、扎根基层，成为国家治理体系和治理能力现代化的重要力量，不断巩固党的执政基础。

会议强调，科协系统要积极响应党中央号召，团结广大科技工作者奋力实现高水平自立自强。要坚定履行党中央赋予科协的职责使命，发挥桥梁纽带作用，进一步强化对科技工作者的政治引领，坚定不移走中国特色科技群团发展道路，团结带领广大科技工作者服务党和国家工作大局，当好高水平科技自立自强排头兵。一是切实增强科技工作者服务国之大者的责任感、使命感。深刻把握我国科技创新面临的形势和高水平科技自立自强的战略使命，充分发挥科协组织作用，不断提高服务党和国家大局的能力。二是大力弘扬科学家精神，激发科技工作者创新创造活力，更好地弘扬光荣传统、赓续红色血脉。持续深入开展“最美科技工作者”学习宣传活动，发挥好中国科学家精神宣讲团的重要作用，激励科技工作者爱国奋斗、创新建功。要推动建设一批科学家精神教育基地，扩大学风传承行动覆盖面，立德树人。在全社会形成尊重知识、崇尚创新、尊重人才、热爱科学、献身科学的浓厚氛围。三是聚焦主责主业，以高水平人才支撑保障高水平科技自立自强。要认真贯彻落实新时代人才强国战略，建设世界重要人才中心和创新高地。要进一步深化对创新发展规律、科技管理规律、人才成长规律的认识，推动完善评价奖励制度，加强人才培养举荐，不断提高人才工作的科学化水平，通过持续打造科协工作品牌，不断增强对科技工作者的吸引力、凝聚力。要全面提升“科普中国”“科创中国”“智汇中国”平台服务能力，完善联系广泛、服务科技工作者的科协工作体系，建设有温度、可信赖的科技工作者之家，把广大科技人才紧紧团结在党中央周围，坚定不移听党话跟党走。

党组成员束为、吕昭平、王守东、殷皓出席会议。副主席、书记处书记孟庆海，驻科技部纪检监察组有关负责同志，机关各部门和各直属单位主要负责同志列席会议。

【中国科协召开学习贯彻党的十九届六中全会精神科学家座谈会】 11 月 24 日，中国科协召开学习贯彻党的十九届六中全会精神科学家座谈会，党组书记、分管日常工作副主席、书记处第一书记张玉卓主持会议。钱七虎、吴孔明、姚建年、冯西桥、杨月欣、俞光岩、孙小淳、赵巍胜、郭刚刚等9位院士专家和科协党组徐延豪、束为、吕昭平、王守东等同志出席座谈会。

座谈会上，应邀出席的9位老中青科学家代表先后发言，围绕“全面把握十个坚持的深刻内涵，为实现高水平科技自立自强不懈奋斗”主题，谈学习贯彻党的十九届六中全会精神的认识体会和感悟，并就加快一流科技期刊建设和一流学会建设、推动科技人才队伍建设、促进科学源头创新、提升科普水平、团结凝聚广大科技工作者服务国家重大战略、着力破解“卡脖子”难题等方面提出意见和建议。

国家最高科学技术奖获得者、中国工程院院士钱七虎表示，我们正处在中华民族伟大复兴战略全局和世界百年未有之大变局同步交织、相互激荡的重要历史时期，六中全会提出的“两个确立”是面对国家安全环境深刻变化的新时代要求，是实现中华民族伟大复兴的重要政治保障，反映了全党全军全国各族人民的共同信念。我们国防科技工作者一定要在以习近平同志为核心的党中央的领导下，大力弘扬科学家精神，为科技强军贡献智慧和力量。

农业农村部党组成员、中国农业科学院院长、中国工程院院士吴孔明表示，建设创新型国家，促进高水平科技自立自强，必须坚持党对科技事业的全面领导，必须不断加强科研院所党的建设，以高质量党建促进“四个面向”、建设“两个一流”，更好支撑乡村振兴和农业农村现代化。广大科技工作者肩负促进高水平科技自立自强、建设创新型国家的重任，必须深刻学习领会六中全会精神的核心要义，紧密团结在以习近平同志为核心的党中央周围，切实把思想和行动统一到党中央决策部署上来，努力抢占科技制高点、把握科技发展主动权、引领农业农村现代化，以科技创新实际行动践行“两个维护”。

中国化学会理事长、中国科学院院士姚建年表示，科技竞争已经成为当前国际竞争的焦点，科技创新要为国家战略服务。科技工作者必须敢为天下先、敢啃硬骨头，努力提升原创能力和引领能力，不但要重视科学研究的源头创新和原始创新，更应该着力补足短板、全面发展，打通政产学研用的“最后一公里”，为实现科技自立自强和服务国家战略需求贡献力量。

中国力学学会副理事长、清华大学教授冯西桥表示，要大力弘扬科学家精神，持续加强学风建设，坚持“四个面向”，贯彻落实“十个坚持”，全面提升学会服务能力，全面实现学会现代化及国际化，为国家重大需求服务，为国家经济建设作出更多贡献。

中国营养学会理事长杨月欣表示，要围绕加快建设世界重要人才中心和创新高地，从科技发展的整体层面出发，推动学会学科布局发展，大力培养战略科学家，发挥战略科学家在学科发展中的引领效应。

中华口腔医学会名誉会长、北京大学口腔医学院口腔颌面外科教授俞光岩表示，贯彻落实六中全会精神，要把人民健康放在医疗卫生行业工作的首位，贯彻落实健康中国战略，做好口腔健康科普工作、口腔医学人才培养工作和口腔设备器材研发工作，坚持科技创新。

中国科学技术史学会理事长、中国科学院大学人文学院常务副院长孙小淳表示，文化自信是国家发展中最基本、最深入、最持久的力量。中国古代文明把科技知识运用在国计民生，这是我们传统文化的特长和突出优势，是我们最深厚的文化软实力，要充分挖掘中华优秀传统文化中的精华，为我国科技事业的发展提供强大的精神支撑。

北京航空航天大学研究生院常务副院长赵巍胜表示，科技工作者是第二个百年“答卷”的主力军，要将智慧和力量凝聚到落实党中央关于科技自立自强的决策部署上，在科技攻关中着力加强基础研究和原始创新，在芯片领域勇于挑战“卡脖子”关键核心技术，力争产出更多重大原始创新成果，拓展全新发展空间，加快科技成果转化，从而实现更多从“0”到“1”的突破。

中国农业科学院作物科学研究所作物种质资源中心副主任郭刚刚表示，在保障国家粮食安全和国家安全方面，党中央对科技工作者提出了新的更高的要求，作为新一代种质资源人，要传承好老一代种质资源人胸怀“国之大者”、团结奋斗、甘为人梯的科学家精神，以“四个面向”为指引，立足农业和种业的实际需要，加速优质新种质创建，为加快推进种业振兴、实现种业科技自立自强、种业自主可控努力奋斗。

张玉卓与发言的每一位科学家进行了深入交流，回应大家提出的意见和建议。他表示，此次座谈会开得很及时很必要，科学家代表们作了很好的发言，提出了许多非常有价值的意见建议，科协同志们很受教育和鼓舞，请科协有关部门认真研究吸收，对于问题要积极主动地帮助解决。

张玉卓指出，科协作为党领导下的人民团体，积极响应党中央号召，坚定履行好桥梁纽带职责。中国科协、全国学会、地方科协要提高政治站位，精心组织学习宣讲和宣传阐释，要将学习贯彻六中全会精神作为党史学习教育的重中之重，与学习贯彻习近平总书记“七一”重要讲话精神和在中国科协“十大”上的重要讲话精神密切结合，与学习贯彻中央人才工作会议精神密切结合，切实把思想和行动统一到全会精神上来，不断推动中国科技迈向高水平自立自强。要引导科技工作者强化使命担当，持续强化理论武装，增强服务“国之大者”的责任感、使命感。要大力弘扬科学家精神，激发科技工作者创新创造活力。要聚焦主责主业，以高水平创新人才支撑保障高水平科技自立自强。

张玉卓表示，要深入学习贯彻党的十九届六中全会精神，强化党对科协工作的全面领导，加强对科技工作者的政治引领，不断作出科协组织服务国家发展大局的新实绩。要坚定强化政治引领，把强“三性”融入“四服务”，守正创新、守牢底线。要胸怀两个大局，围绕“四个面向”，适应新一轮科技革命和产业变革趋势，深度融入国家高质量发展大局。中国科协学会党建工作指导委员会要督促指导全国学会党委落实好团结引领广大会员和科技工作者学习贯彻全会精神的职责任务，持续推动实施“党建强会计划”，不断探索符合学会特点的党建工作模式，以高质量党建把牢正确政治方向、把握国家重大战略需求，为实现高水平科技自立自强提供政治保障。

会前，与会代表参观了中国农业科学院国家种质资源库、农科院展厅，共同感悟在以习近平同志为核心的党中央对种业问题高度关切下，农业科技创新的生动实践和民族种业取得的丰硕成果。

中国科协办公厅、组织人事部、宣传文化部、科学技术创新部、战略发展部、机关党委（学会党建办公室）、学会服务中心、科技社团党委等有关部门负责人参加会议。

【中国科协党组理论学习中心组开展党的十九届六中全会精神第二次专题学习】 11 月 26 日，中国科协召开党组理论学习中心组第十一次集体学习扩大会议，围绕“深入学习党的十九届六中全会精神，全面把握‘十个坚持’的深刻内涵”开展第二次专题学习研讨。中国科协党组书记、分管日常工作副主席、书记处第一书记张玉卓同志主持会议并作总结讲话。党组成员束为、王守东围绕如何深入理解、正确把握和贯彻落实“十个坚持”作重点发言，党组、书记处其他同志作交流发言。中央和国家机关工委宣传部副部长李晓东同志到会指导。

会议认为,《中共中央关于党的百年奋斗重大成就和历史经验的决议》高度浓缩了我们党一个世纪波澜壮阔的伟大征程，是一份深刻把握历史规律、掌握历史主动、总结历史智慧的政治宣言和行动纲领，充分彰显了百年大党高度的历史自信和高度的清醒成熟。《决议》开创性地提出“两个确立”的重大政治论断，旗帜鲜明确立了习近平新时代中国特色社会主义思想在马克思主义发展史、中华文化发展史上的重要地位，以“十个坚持”总结了党百年奋斗的宝贵历史经验。科协系统要系统学习、深刻理解《决议》中这些战略思想和创新理念，进一步深化对习近平新时代中国特色社会主义思想的理解和掌握，将其作为科协工作思想指引和根本遵循，贯彻到科协工作的各个方面、各个环节。要深刻领会“两个确立”对新时代党和国家事业发展、对推进中华民族伟大复兴历史进程的决定性意义，在思想上充分信赖核心、政治上坚决维护核心、组织上自觉服从核心、情感上深刻认同核心、行动上始终跟随核心，以实际行动坚决做到“两个维护”。

会议强调，要着眼展现科协组织新作为，理解把握“十个坚持”，突出理论指导实践的高度自觉。要立足于科技事业和科协工作实际，把党的成功经验传承好、发扬好，通过切实履行桥梁纽带职责，全面落实“十个坚持”，做到新时代党有号召、科技工作者有行动、科协组织有作为。一是强化党对科协工作的全面领导。要以学习宣传贯彻六中全会精神为契机，积极顺应、广泛呼应广大科技工作者爱党爱国爱人民的真挚情感。着力加强思想理论武装和国情教育，用学术语言、群众语言讲好党的创新理论。要把弘扬科学家精神作为政治引领的一面旗帜，把方方面面的科技人才紧紧团结在党的周围，夯实党在科技界的执政基础。二是坚定以人民为中心的科技创新理念，牢牢把握正确的政治方向。教育引导广大科技工作者始终坚持“四个面向”，始终恪守“创新推动发展，发展造福人民”的原则，把论文写在祖国大地上。坚持科技为民，为科技工作者投身科普事业和全民科学素质提升搭建平台，为科技工作者走进人民群众、开展科技志愿服务架起桥梁。三是聚焦主业，以高质量发展提升科协组织服务国家大局的贡献度。加快推进一流学会、一流期刊建设，搭建高水平学术交流平台。积极服务国家战略科技力量强化、科技人才引领和创新生态优化，尽快在信息、能源、新材料、先进制造、生命科学等前沿交叉领域加快布局一批新型学会，动态完成对重大领域全覆盖。聚力构建高质量科普服务体系，坚持用法治思维推进科普工作，筑强创新发展的科普之翼，全面提升全民科学素质。加快建设高端科技创新智库，团结引领科技工作者集思汇智聚力、资政报国为民。加快完善联系广泛、服务科技工作者的科协工作体系，真正建设有温度、可信赖的科技工作者之家。四是深化开放信任合作，拓展对外民间科技交流合作渠道。推动修订、出台相关政策法规，大力支持全国学会和顶尖科学家发起国际科技组织，吸引国际一流科学家在学会任职，使我国成为全球科技开放合作的广阔舞台。推动全球科技治理体系改革，积极参与制定科技治理规则，面向前沿科技领域抢抓发展机遇。五是持续推进全面从严治党，加强高素质干部队伍建设。要进一步压实主体责任，落实对“一把手”和领导班子监督，以系统施治、标本兼治的理念正风肃纪反腐，切实发挥全面从严治党的引领保障作用。要加强对学会的党建引领，通过“党建强会计划”把牢学会发展的政治方向。要进一步强化科协干部队伍理论武装，提高政治判断力、政治领悟力、政治执行力，增强做好新时代群众工作的意识和本领。

党组成员徐延豪、吕昭平、殷皓、王进展出席会议。副主席、书记处书记孟庆海，机关各部门和各直属单位主要负责同志、部分青年理论学习小组代表列席会议。会议以电视电话会议形式召开，魏公村、北辰、白家庄、陶然亭办公区设分会场。

【中国科协召开学习贯彻党的十九届六中全会精神宣讲报告会】 12月14日，中国科协党组理论学习中心组开展第十二次集体（扩大）第一阶段学习，持续深入学习党的十九届六中全会精神。会议邀请中央宣讲团成员、中央政策研究室主任江金权为科协系统党员、干部职工作辅导报告。中国科协党组书记、分管日常工作副主席、书记处第一书记张玉卓主持会议并作总结讲话。中央纪委国家监委驻科技部纪检监察组组长、科技部党组成员龚堂华，中国科协党组、书记处徐延豪、束为、吕昭平、殷皓、王进展、王守东参加会议。

报告会上，江金权运用生动案例、丰富史实、翔实数据，围绕学习贯彻习近平总书记在党的十九届六中全会上的重要讲话精神和《中共中央关于党的百年奋斗重大成就和历史经验的决议》，从十个方面深入解读了制定《决议》的重大意义和《决议》的显著特点，系统讲述了党百年奋斗的“四个历史时期”辉煌历程、实现的“四个伟大飞跃”和“三个理论飞跃”、取得的“十三个方面”历史性成就，深刻阐释了“十个明确”的丰富内涵、“两个确立”的决定性意义和党百年奋斗的“五个历史意义”“十条历史经验”，深入阐述了以史为鉴开创未来、走好新的赶考之路的根本要求。

张玉卓在总结讲话中指出，辅导报告内容丰富、逻辑严谨、精彩生动，深化了中国科协全体党员、干部职工对党的十九届六中全会精神的理解和把握，对各级科协组织和全国学会更有效发挥桥梁纽带作用具有很强的针对性、指导性和启发意义。他强调，深入学习贯彻党的十九届六中全会精神是科协系统当前和今后一个时期的重大政治任务，要认真学习领会辅导报告精神，切实把思想认识统一到习近平总书记重要讲话和全会精神上来，把力量汇聚到全会确定的各项任务上来，切实增强“四个意识”、坚定“四个自信”、做到“两个维护”，牢记“国之大者”，用全会精神凝聚共识、坚定信心、增强斗志，传承党的百年奋斗宝贵历史经验，运用好党史学习教育成果，坚定不移团结引领广大科技工作者筑牢共同奋斗的思想基础，为实现高水平科技自立自强、全面建设社会主义现代化国家、实现中华民族伟大复兴的中国梦不懈奋斗，以优异成绩迎接党的二十大胜利召开。

中国科协机关全体党员干部、木樨地办公区直属单位副处级以上党员干部列席会议。各全国学会、地方科协以及其他办公区直属单位党员干部约3300人以线上线下方式参会。

【中国科协党组理论学习中心组第三次专题学习党的十九届六中全会精神】 12月24日、27日，中国科协党组理论学习中心组开展第十二次集体（扩大）第二阶段学习，在第一阶段邀请专家作辅导报告基础上，以“深入学习党的十九届六中全会精神和中央经济工作会议精神，在科技自立自强中不断开辟中国道路新境界”为题进行第三次专题学习。中国科协党组书记、分管日常工作副主席、书记处第一书记张玉卓主持会议并作总结讲话，党组、书记处徐延豪、孟庆海、束为、吕昭平、殷皓、王进展、王守东参加会议。围绕“发挥‘三型’组织优势，服务新发展格局”“强化战略科技力量，增强科技创新体系化能力”“强化党建政治引领，激发人才和组织活力”，结合谋划 2022 年工作，党组、书记处同志分别作重点发言，机关各部门和各直属单位主要负责同志作交流发言。

会议指出，在党中央坚强领导下，2021 年科协系统聚精会神谋发展、创新开拓出实招，聚焦靶心、不断把拓展思想政治引领引向深度广度和精度，全面提升团结服务效能、着力解决科技人员和人民群众急难愁盼问题，服务中心大局、推动科协事业高质量发展，改革攻坚“最后一公里”、强化服务覆盖和基层赋能，全面加强党的建设、全面从严治党迈出新步伐，各方面工作取得了明显成效，团结服务科技工作者的能力明显增强。

会议强调，要服务构建新发展格局，为实现高水平科技自立自强提供支撑。发挥连接四方、智力汇聚优势，把国家实验室、国家科研机构、高水平研究型大学、科技领军企业等国家战略科技力量广泛联系起来，推动以人才为核心的跨界创新，以推动产业链供应链自主可控为目标深化与中央企业创新战略合作，以“科创中国”为抓手推动打造纵横交错、资源互补、有效协同的创新经济地理新空间，为创新驱动高质量发展、生态文明建设、共同富裕探路先行，夯实我国成为世界创新高地的基础。

会议强调，要海纳百川凝聚培养创新人才，筑牢高水平科技自立自强根基。搭建“独立客观、标准透明、开放获取”的第三方成果评价指标体系和公共服务平台，强化以科技创新质量、绩效、贡献为核心的评价导向，打造社会化协同、智慧化传播、法治化建设和国际化合作的科学素质建设生态，不断涵养优良学风、优化创新生态、强化科技伦理治理，使我国早日跻身全球人才中心行列。

会议强调，要坚持开放、信任、合作理念，架起科技共荣、文明互鉴的桥梁。用好国际组织等渠道，积极推动我国接入全球创新网络，提高主动设置议题能力，深入参与全球科技治理，加强与各国科技组织的协同行动，服务“双碳”目标实现，构建全球创新伙伴关系，为世界可持续发展提供更多的中国方案。

会议指出，以信息化的新理念建设智慧型科协，是科协组织跟上时代、引领时代、建设“三型”组织的现实之需，是团结联系亿万科技工作者走实走好网上群众路线的基础支撑，是科协治理模式变革、实现事业高质量发展的重要利器。要通过信息化手段，快速实现科协治理从线下向线下线上相结合的转变、从掌握少量“样本数据”向掌握“全体数据”转变，通过把科协组织的公共产品深度融入科技工作者的学术交流、创新转化等科技社交场景，更好地延长手臂、扎根基层，发挥“智慧科协”感知态势、畅通渠道、辅助决策的作用。

会议要求，2022 年将迎来党的二十大胜利召开，科协系统要进一步提高政治站位，以迎接党的二十大胜利召开为主线，坚持守正创新、紧扣靶心，不断增强对高水平科技自立自强的支撑力、贡献度，在全面服务党的事业中心大局中检验科协工作体系整体效能，以政治性、先进性、群众性的全面提升推进科协事业的高质量发展。

【中国科协学会党建工作指导委员会成立大会暨学会党建工作先进表彰大会】 在喜迎中国共产党百年华诞、深入推进党史学习教育之际，6 月 25 日，中国科协召开学会党建工作指导委员会成立大会暨学会党建工作先进表彰大会，深入学习贯彻习近平总书记在两院院士大会、中国科协第十次全国代表大会上的重要讲话精神，贯彻落实党中央关于加强社会组织党建工作的部署要求，加强党对学会的全面领导，激励广大科技工作者为实现高水平科技自立自强不懈奋斗。党组书记、常务副主席、书记处第一书记怀进鹏，2018 年度国家最高科学技术奖获得者钱七虎院士出席会议并讲话。党组副书记徐延豪主持会议，中国公路学会党委书记翁孟勇，中国岩石力学与工程学会党委书记何满潮，党组成员束为、吕昭平、王守东、殷皓、王进展出席会议。

钱七虎院士代表第一届学会党建工作指导委员会（简称学会党建委员会）讲话。他表示，学会党建委员会的成立是贯彻落实党中央关于加强社会组织党的建设工作部署的重要举措，充分体现了中国科协党组、中央有关部门对全国学会党建工作的高度重视。专门邀请科学家参与组织领导和监督管理是新时代加强科协组织建设、强化科技界政治引领的机制创新，必将鼓舞和振奋科技界参与科技创新治理的精气神。他指出，弘扬科学家精神是加强学会党建、强化价值引领的重要内容，推动学会事业全面融入国家发展大局是加强学会党建的重要任务，激励广大科技工作者当好科技自立自强排头兵是加强学会党建的重要使命，学会党建委员会将切实担负起引领广大科技工作者听党话跟党走的政治责任，全面提升学会党建工作质量。

怀进鹏代表中国科协党组对学会党建委员会成立和受表彰的先进典型表示祝贺，对中央有关部门长期以来对学会党建工作的指导支持表示感谢。他指出，中国科协认真贯彻习近平总书记关于加强社会组织党建工作的重要指示精神，坚持以党的政治建设为统领，不断强化学会党的领导和党的建设；成立学会党建委员会，就是要研究党建规律，推动中国特色世界一流学会建设，团结动员科学家共同谋划推动党建工作，探索把学会党建纳入科协系统“一体两翼”的集成机制。他强调，要以党史学习教育为契机，在明理增信、崇德力行中把握学会党建历史方位，引导科技工作者从百年党史中感悟思想伟力、在服务国之大者中创造价值，真正构建以理服人的学术共同体、以德服人的价值共同体，推动以人为本的命运共同体建设；要在围绕中心、服务大局中更好发挥学会党建的价值导向和团结引领作用，鼓励全国学会积极参与“科创中国”“科普中国”和“智汇中国”平台建设；要在鼎新革故、探索实践中推动学会党建高质量发展，聚焦人才、组织与创新等重大主题，发扬改革创新精神，探索党建工作规律，共同推动中国特色世界一流学会建设，为推动高水平科技自立自强贡献智慧和力量。

会上，怀进鹏为钱七虎、翁孟勇、何满潮等第一届学会党建委员会委员颁发聘书，束为宣读学会党建委员会组成人员名单，吕昭平发布2021年“科创中国”科技服务团名单，王守东宣读关于学会党建工作先进的表彰决定和获奖名单，与会领导、专家共同为50个受表彰的学会颁奖。中国药学会党委书记孙咸泽、中国航空学会党委书记林左鸣代表先进学会发言。

中央组织部组织二局、中央和国家机关工委协会党建部、民政部社会组织管理局、中央纪委国家监委驻科技部纪检监察组第四纪检监察室有关负责同志到会指导。在京全国学会党委书记、副书记和有关负责同志，中国科协机关和直属单位有关负责同志，学会党建执行委员会成员单位负责人共200余人参加会议。

【中国科协召开学会党建工作指导委员会2021年第一次会议】 10月11日，中国科协召开学会党建工作指导委员会2021年第一次会议，会议审议《中国科协学会党建工作指导委员会工作规则（审议稿）》，听取学会党建近期重点工作安排的汇报。会议由中国科协党组书记、分管日常工作副主席、书记处第一书记、学会党建工作指导委员会主任张玉卓主持。学会党建工作指导委员会主任钱七虎，学会党建工作指导委员会副主任、执委会主任徐延豪，委员会委员翁孟勇、樊代明、何满潮、束为、吕昭平、殷皓、王守东等出席会议。学会党建工作指导委员会执委会成员、学会党建办公室和科技社团党委等有关人员列席会议。

会议审议并原则通过了《中国科协学会党建工作指导委员会工作规则》及学会党建近期重点工作安排，就进一步加强科协学会党建工作、促进党建和业务融合等内容进行了讨论和交流发言。

钱七虎在讲话中指出，重视科技事业是贯穿我们党革命、建设、改革各个历史时期的一个重要任务。科协作为党领导下的人民团体，加强学会党建工作，团结带领广大科技工作者服务国家发展，实现高水平科技自立自强，既是职责所在也是走好新时代党的群众路线的一项重要任务，要把促进学会事业全面融入国家发展大局、推动实现科技自立自强作为指导学会提升党建工作水平的努力方向。

张玉卓对钱七虎等院士专家在百忙中抽出宝贵时间深入参与学会党建工作表示感谢。他表示，钱七虎院士的讲话充分体现了科学家的家国情怀和坚强党性，对科协和学会工作的奉献精神值得我们认真学习。他指出，中央书记处要求中国科协充分发挥政治引领作用，履行好党和政府联系科技工作者桥梁和纽带的职责。相对其他领域，社会组织党建工作起步晚、发展缓、难题多，学会普遍存在着组织结构相对松散、工作人员兼职多且流动快的特点，通过党建工作把学会建成有温度可信赖的会员之家、科技工作者之家是科协能否肩负起党中央赋予的职责使命的试金石。通过党建工作把牢学会发展的正确政治方向，为下一步大幅度增加交叉前沿学科学会创造有利的外部条件，是做好学会科学布局、抢占国际科技社团领域制高点、推动实现高水平科技自立自强的重要政治保障。

他强调，做好学会党建工作，要不断提升政治站位，“强三性、去四化”，不断探索符合学会特点的党建工作创新模式；要坚持党建和业务相融互促，破解党建和业务“两张皮”难题，以“党建强会”为引领，通过“学术立会、开放兴会、依章治会”牢牢把握国家重大战略需求，建设好世界一流科技期刊和世界一流学会；要坚持改革创新，不断增强走好新时代党的群众路线的本领，结合党史学习教育，积极为科技工作者说实话、办实事、解难题，引领广大科技工作者更加紧密地团结在以习近平同志为核心的党中央周围，为建设世界科技强国汇聚强大力量。

【中国科协系统党务干部培训班】 11 月 3—5 日，由中国科协机关党委（学会党建办公室）、科技社团党委共同组织的 2021 年中国科协系统党务干部培训班在全国对台干部培训中心举办。中国科协党组成员兼机关党委书记、中国科协学会党建工作指导委员会委员、执行委员会副主任王守东出席开班式作动员讲话。机关党委、学会服务中心、科技社团党委有关负责人出席开班式。共有来自中国科协机关、直属单位和驻京全国学会的 70 余名科协系统专兼职党务干部参加培训。

王守东在讲话中指出，在科协党组的坚强领导和院士专家的大力支持下，中国科协成立了学会党建工作指导委员会，科协系统党建工作迎来了创新飞跃的新阶段。学会党建工作体制机制的日臻完善，为党务干部的成长搭建了广阔平台，同时也对能力素质提出了新的更高要求。他对科协系统党务干部提升业务能力提出三点要求：一是要把坚定的理想信念作为向前奋进的风向标。作为一名科协系统党务干部，必须旗帜鲜明讲政治，以政治引领夯实信仰根基，自觉强化政治意识、加强政治历练、提升政治素养、严守政治纪律。二是要把强化理论武装作为引领事业创新发展的指南针。要把学习贯彻习近平新时代中国特色社会主义思想作为永恒的主题，重点学习习近平总书记在中央人才工作会议上的重要讲话精神，与学习总书记"七一"重要讲话、在两院院士大会和中国科协"十大"上重要讲话精神有机结合，深学细悟、融会贯通，不断增强政治判断力、政治领悟力、政治执行力。三是要把锤炼过硬本领作为勇担职责使命的压舱石。要对标党中央赋予科协组织的职责使命，不断丰富专业知识、提升专业能力、锤炼专业作风、培养专业精神，通过党建工作有效发挥"科技工作者之家"的作用，更广泛地把广大科技工作者团结在党的周围，引导支持科技工作者走好高水平科技自立自强之路，为打造创新高地汇聚智慧和力量。

机关党委常务副书记、学会党建办公室主任李志刚在指导发言中勉励科协系统党务干部特别是青年同志要深入学习贯彻习近平新时代中国特色社会主义思想，抓好理论学习，认真读原文、学原著，做到学深悟透、心领神会；要加强党建理论研究，聚焦建党百年的历史经验与伟大成就、党的"六大建设"等专题深入思考、调查研究，以问题为导向，助力破解学会党建工作中的困惑和问题，努力做科协系统党建工作的行家里手。

培训班邀请《求是》杂志社原研究员黄苇町讲授《习近平总书记"七一"重要讲话精神解读》、中央党校党史部教授陶元浩讲授《中国共产党百年光辉历程和伟大使命》、人民日报社媒体发展战略室主任薛贵峰讲授《变局视域下思想政治工作的改进与创新》、中央党校党建部教授郑琦讲授《加强基层组织建设》。同时创新培训形式，组织大家结合学习党史知识进行"团队破冰"素质拓展训练，赴中国共产党历史展览馆进行现场实践教学，身临其境感受百年党史波澜壮阔的历程。培训期间，机关党委办公室负责人专门就科协基层党组织建设工作与大家进行交流，学员对本单位、本学会党建工作经验以及参加培训的体会进行讨论。

【中国科协党组召开专题座谈会征求意见建议】 12 月 30 日，在党组民主生活会前，中国科协党组召开专题座谈会，分别征求机关部门和直属单位负责同志代表、青年干部代表对党组班子和党组成员的意见建议。中国科协党组书记、分管日常工作副主席、书记处第一书记张玉卓主持青年干部代表座谈会，党组副书记徐延豪主持机关部门和直属单位负责同志代表座谈会，党组成员、书记处书记束为和党组成员、机关党委书记王守东参加座谈交流。

张玉卓指出，与会代表提出的意见建议精准务实、源于工作实际、富有建设性，对高质量开好党组民主生活会大有帮助，希望科协干部职工不断提高政治素质、业务能力和工作标准。张玉卓强调，科协干部要坚定理想信念，始终对党忠诚，牢记中国科协是党领导下的人民团体，政治性是科协的第一属性。要在工作中不断学习、锻炼、提高能力，不断适应快速发展的时代和环境变化要求。要在工作中牢固树立勇站排头、争当第一的一流工作标准，全面优化工作流程，切实提高工作实效。张玉卓表示，科协党组要在政治上帮助、工作上支持、生活上关心广大干部职工，进一步为广大干部职工创造舒适工作条件、营造良好政治生态，特别是要帮助青年干部在政治上更加成熟，要从细节上关心每位干部职工的工作生活，努力为广大群众办好事、办实事。

徐延豪指出，组织召开座谈会是为了征求各方面代表对党组的意见建议，进而为下一步高质量开好党组民主生活会提供重要依据，同时借此机会了解大家对科协工作的思考和认识，进一步凝聚共识、坚定信心、服务发展。徐延豪表示，党组将认真研究分析与会代表提出的意见建议，欢迎广大干部职工通过各种方式对党组提出意见建议，共同为推进科协事业再上新台阶奠定坚实基础。

与会代表聚焦党组民主生活会主题，重点从带头深刻感悟“两个确立”的决定性意义、不折不扣落实党中央决策部署、带头践行以人民为中心的发展思想、敢于斗争善于斗争、履行全面从严治党责任、坚决同违规违纪违法现象作斗争等方面，对党组班子和党组成员提出意见建议。青年干部代表还汇报了承担科协重大项目和重点工作情况以及工作中的感受、体会和收获。参会代表一致认为，中国科协党组坚持以习近平新时代中国特色社会主义思想为指导，深入学习宣传贯彻党的十九届六中全会精神，按照“学史明理、学史增信、学史崇德、学史力行”和“学党史、悟思想、办实事、开新局”的目标要求，深刻感悟“两个确立”的决定性意义，牢记我们党是什么、要干什么这个根本问题，践行以人民为中心的发展思想，学习运用党在不同历史时期成功应对风险挑战的丰富经验，深刻汲取党史中正反两方面经验，履行全面从严治党责任，聚焦主责主业，扎实推进科协各项工作取得显著成绩。

中国科协办公厅、组织人事部、机关党委等部门负责同志列席会议。

人　物

中国科学技术协会第十届全国委员会主席、副主席

万钢，全国政协副主席，中国科协主席。

1952年8月出生，上海人。致公党中央主席。1969年4月参加工作，德国克劳斯塔尔工业大学机械系毕业，研究生学历，工学博士学位，教授。1969年至1975年为吉林省延吉县三道公社知青；1975年至1978年在东北林业大学道桥系学习；1978年至1979年任东北林业大学基础部物理教研室教师；1979年至1981年攻读同济大学结构理论研究所实验力学专业硕士研究生；1981年至1985年任同济大学数力系光测力学研究室教师；1985年至1991年攻读德国克劳斯塔尔工业大学机械系博士研究生；1991年至2001年任德国奥迪汽车公司技术开发部工程师，生产部、总体规划部技术经理；2001年至2004年任同济大学新能源汽车工程中心主任，同济大学校长助理、汽车学院院长，副校长（主持工作）；2004年至2006年任同济大学校长（副部长级）；2006年至2007年任致公党中央副主席，同济大学校长；2007年任科学技术部部长，致公党中央副主席；2007年至2008年任致公党中央主席，科学技术部部长；2008年至2013年任第十一届全国政协副主席，致公党中央主席，科学技术部部长；2013年至2016年任第十二届全国政协副主席，致公党中央主席，科学技术部部长；2016年至2018年任第十二届全国政协副主席，致公党中央主席，科学技术部部长，中国科协主席；2018至今任第十三届全国政协副主席，致公党中央主席，中国科协主席。

第十届全国政协委员，第十届全国政协三次会议增选为常务委员，第十一届、第十二届、第十三届全国政协副主席。

马伟明，中共中央委员，中国科协副主席，中国工程院院士。

1960年4月出生，江苏扬中人。1996年毕业于清华大学并获博士学位。海军专业技术少将军衔，专业技术一级，动力与电气工程专家，海军工程大学教授、博士生导师，海军工程大学舰船综合电力技术国防科技重点实验室主任。

长期致力于独立系统集成化发电、独立电力系统电磁兼容、电力电子应用技术等领域的教学与研究，获国家科技进步奖一等奖2项。全国十大“杰出专业技术人才”、十佳“全国优秀科技工作者”、“有突出贡献的中青年专家”，一等功荣立者、“八一勋章”获得者。

尤政，中国科协副主席，中国工程院院士。

1963年12月出生，江苏扬州人。机械电子专家，教授、博士生导师，现任华中科技大学党委副书记、校长（副部长级）。1981年考入华中工学院，先后获得工学学士、硕士、博士学位；1990年至1992年在清华大学光学工程博士后科研流动站从事研究；1992年博士后出站后在清华大学精密仪器系工作；1994年晋升教授；1998年至2000年任英国萨里大学空间中心访问教授；2005年至2007年任清华大学精密仪器系主任；2005年入选国家"新世纪百千万人才工程"；2007年至2012年任清华大学机械工程学院院长；2015年任清华大学党委常委、副校长。

长期从事微米纳米技术、智能微系统技术及其应用研究，在中国率先开展了微机电系统、微系统技术及其在高端装备中的应用研究，以及微纳航天器的技术创新与工程实践。

邓秀新，中国科协副主席，中国工程院院士。

1961年11月出生，湖南宜章人。果树学专家。中国共产党员，中国民主同盟盟员。第十一届、第十二届、第十三届全国人大常委会委员；第九届、第十届全国政协委员；民盟第十届、第十一届中央常委，第十二届中央副主席。1987年毕业于华中农业大学，获博士学位。曾任华中农业大学校长、中国柑橘学会理事长、国际柑橘学会主席。现任中国工程院副院长。

主要从事柑橘遗传改良和品种选育研究。将细胞工程、分子标记技术与常规育种有机结合，提高了柑橘育种效率，创造了40多个四倍体和10多个三倍体柑橘材料；培育出早红等多个柑橘新品种，并在生产中大面积推广应用。获国家科技进步奖二等奖1项、省部级科技进步奖及自然科学奖3项、2013年度何梁何利基金科学与技术进步奖以及2017年度湖北省科技突出贡献奖。主编《园艺植物生物技术》《柑橘品种图谱》和《柑橘学》著作3部。

包为民，中国科协副主席，中国科学院院士。

1960年3月出生，黑龙江哈尔滨人。制导与控制专家，国际宇航科学院院士，西安电子科技大学空间科学与技术学院院长，中国航天科技集团公司科技委主任，北京市科协副主席。1982年毕业于西北电讯工程学院（现西安电子科技大学）电子工程系信息处理专业，历任航天部一院十二所副主任、副所长、控制系统主任副总设计师，一院十所第一任所长。

主要从事飞行器设计研究，作为中国航天运载器总体及控制系统领域的学术带头人，为中国国防现代化建设解决了一系列技术难题，先后获得国家科技进步奖特等奖等多项殊荣，是国防科技工业有突出贡献中青年专家。

乔杰，中国科协副主席，中国工程院院士。

1964年1月出生，黑龙江安达人。生殖医学专家，美国人文与科学院外籍院士，北京大学党委常委、常务副校长、北京大学医学部主任，北京大学第三医院院长。1996年毕业于北京医科大学第三医院妇产科，获临床医学博士学位；2002年在斯坦福大学进行博士后研究；2001年6月任北京大学第三医院妇产科主任医师、教授；2000年10月至2018年7月任北京大学第三医院妇产科及生殖医学中心主任；2003年9月至2012年5月任北京大学第三医院党委副书记；2008年2月至2014年2月兼任北京大学第三医院工会主席；2012年5月任北京大学第三医院院长；2020年4月至2021年4月任北京大学医学部常务副主任；2021年4月至2021年5月任北京大学医学部主任；2021年5月任北京大学党委常委、常务副校长、医学部主任。

一直从事妇产及生殖健康相关临床与基础研究工作。以生殖调控相关的基础研究和不孕症相关疾病发病机制及诊疗新技术的研发为核心，在揭示人类配子、胚胎、原始生殖细胞发育过程的遗传和表观遗传调控规律、创建新型卵母细胞体外成熟体系和提高疑难不孕患者治疗成功率等方面作出突出贡献。

向巧，中国科协副主席，中国工程院院士。

1963年6月出生，重庆市彭水苗族土家族自治县人。航空发动机技术及工程管理专家。1983年毕业于南昌航空工业学院航空金属材料及热处理专业，获工学学士学位；2003年获四川大学管理学硕士学位；2010年毕业于北京航空航天大学材料物理与化学专业，获工学博士学位。历任航空工业部国营3207厂工艺员；中国人民解放军第5719工厂技术员，技术处副处长、处长，副总工程师兼新机工程办常务副主任，副厂长兼空军航空发动机修理研究所所长，厂长兼党委副书记，党委书记兼空军航空发动机再制造技术应用研发中心主任；中国航空发动机集团有限公司总经理助理、科技委副主任，副总经理、党组成员。国家科技重大专项航空发动机工程副总设计师，第十三届全国人民代表大会代表、环境与资源保护委员会委员。

长期从事航空发动机工程科技和工程管理研究。以第一完成人获国家科技进步奖二等奖1项、军队及省部级科技进步奖一等奖5项、国家及省部级管理创新类一等奖12项；授权发明专利29项；出版编著6部、译著1部。

杨伟，中国科协副主席，中国科学院院士。

1963年5月出生于北京，四川资中人。飞机器设计与飞行控制领域专家，中国航空工业集团有限公司党组成员、副总经理，航空工业科技委副主任，中国航空工业集团有限公司成都飞机设计研究所研究员。1985年毕业于西北工业大学飞行力学专业，获工学硕士学位。之后，进入航空工业成都所工作，历任航空工业成都所九室副主任、主任，航空工业成都所副所长兼九室主任兼副总师，航空工业成都所总设计师兼副所长，航空工业成都所常务副所长兼总设计师，航空工业成都所所长兼总设计师、党委副书记，航空工业成都所所长、党委副书记，中国航空工业集团公司副总工程师。

长期从事战斗机的设计与研发工作，先后担任歼-20等7型战斗机总设计师。

张玉卓，中共中央候补委员，中国科协副主席，中国工程院院士。

1962年1月出生，山东寿光人。1985年5月加入中国共产党，研究生学历，工学博士学位，研究员，现任中国科协党组书记、副主席、书记处第一书记。1997年1月任煤炭科学研究总院副院长；1998年2月挂职任兖州矿业（集团）有限责任公司副总经理；1998年7月任煤炭科学研究总院副院长，中煤科技集团公司董事、副总经理；1999年3月任煤炭科学研究总院院长，中煤科技集团公司董事长；1999年6月任煤炭科学研究总院院长、党委副书记，中煤科技集团公司董事长、党委副书记；2002年1月任神华集团有限责任公司副总经理兼中国神华煤制油有限公司董事长、总经理；2003年8月任神华集团有限责任公司副总经理、党组成员兼中国神华煤制油化工有限公司董事长；2008年12月任神华集团有限责任公司董事、总经理、党组成员；2009年7月兼任中国侨联副主席；2014年5月任神华集团有限责任公司董事长、党组书记兼中国神华能源股份有限公司董事长；2017年3月任天津市委常委、滨海新区区委书记；2018年5月兼任中国（天津）自由贸易试验区管理委员会主任；2020年1月任中国石油化工集团有限公司董事长、党组书记；2021年7月任中国科协党组书记；2021年8月任中国科协第十届全国委员会副主席（专职，分管日常工作）、书记处第一书记。中共十五大、十九大代表。

陈薇，中国科协副主席，中国工程院院士。

1966年2月出生，浙江兰溪人。生物安全专家，中国人民解放军军事科学院军事医学研究院生物工程研究所所长、研究员，专业技术二级，少将军衔，博士生导师。1988年毕业于浙江大学，获化学工程学士学位；1991年获清华大学工学硕士学位，同年4月特招入伍；1998年获军事医学科学院医学博士学位；2002年晋升为研究员；2006年7月任军事医学科学院微生物流行病研究所副所长；2011年12月任军事医学科学院生物工程研究所所长，同年获中国青年女科学家奖；2015年被授予专业技术少将军衔；2017年获何梁何利基金科学与技术进步奖；2020年被授予“人民英雄”国家荣誉称号。

长期从事生物防御新型疫苗和生物新药研究，研制出中国军队首个SARS预防生物新药“重组人干扰素 ω”、全球首个获批新药证书的埃博拉疫苗。

莫则尧，中国科协副主席。

1971年7月出生，湖南桃江人。现任中国工程物理研究院副院长，中国工程物理研究院高性能数值模拟软件中心主任、首席科学家，全国高性能计算专委会副主任。1992年毕业于国防科技大学，1997年获国防科技大学博士学位。1999年调入中国工程物理研究院。历任北京应用物理与计算数学研究所高性能计算中心副主任、主任，副所长、研究员、博士生导师。

曾获国家杰出青年科学基金资助，获得于敏数理科学奖、全国“五一劳动奖章”、冯康科学计算奖、求是杰出青年奖等奖项。

陈学东，中国科协副主席，中国工程院院士。

1964年8月出生，安徽铜陵人。特种设备设计制造与运行维护工程科技专家，中国机械工业集团有限公司党委常委、副总经理。1986年从浙江大学化工机械与设备专业毕业，之后进入合肥通用机械研究所工作；1994年至1996年任合肥通用机械研究所研究室（部）主任；1995年获浙江大学化工过程机械专业硕士学位；1996年至1997年任合肥通用机械研究所研究部主任；1997年至1999年任合肥通用机械研究所所长助理兼研究部主任；1999年至2008年任合肥通用机械研究所（院）副所（院）长；2003年任国家压力容器与管道安全工程技术研究中心主任；2004年获浙江大学化工工程机械专业博士学位；2008年任合肥通用机械研究院院长；2019年任中国机械工业集团有限公司党委常委、副总经理。

长期从事压力容器与管道安全工程技术的研究与应用，获国家科技进步奖一等奖1项、二等奖5项，授权发明专利20多项。

孟庆海，中国科协副主席。

1964 年 11 月出生，籍贯辽宁新宾。九三学社社员。研究生学历，工学博士学位，高级工程师。现任中国科协专职副主席、书记处书记。1989 年 7 月参加工作，曾在抚顺石化公司乙烯化工厂、设备研究所工作，1997 年 5 月任抚顺石化公司石油三厂设备研究所副所长，1998 年 2 月任抚顺石化公司设备研究所总工程师。1998 年 11 月任辽宁省科学技术委员会主任助理。2000 年 5 月起，先后任辽宁省科技厅厅长助理、副厅长，辽宁省科技创新工作领导小组办公室副主任（正厅级）。2017 年 7 月起，先后任九三学社辽宁省主委、九三学社中央常委。2018 年 1 月任辽宁省副省长。2018 年 9 月任中国科协书记处书记，当选中国科协第九届全国委员会副主席。2021 年 5 月当选中国科协第十届全国委员会副主席（专职）。

第十三届全国人大代表。

施一公，中国科协副主席，中国科学院院士。

1967 年 5 月出生，河南郑州人。结构生物学家，美国国家科学院外籍院士，美国艺术与科学院院士，欧洲分子生物学学会外籍会士。现任西湖大学校长，欧美同学会副会长。曾任清华大学生命科学学院院长。1985 年保送进入清华大学生物科学与技术系，1989 年获学士学位；1995 年获美国约翰·霍普金斯大学分子生物物理博士学位，随后在美国纪念斯隆－凯特琳癌症中心进行博士后研究；1998 年至 2008 年历任美国普林斯顿大学分子生物学系助理教授、副教授、教授；2008 年回清华大学工作；2015 年 8 月至 2018 年 4 月任清华大学副校长；2018 年 4 月当选西湖大学校长。

主要从事细胞凋亡的分子机制、重要膜蛋白以及细胞内生物大分子机器的结构与功能研究，曾获求是基金会杰出科学家奖、谈家祯生命科学终身成就奖、国际生物物理赛克勒奖、爱明诺夫奖、何梁何利基金科学与技术成就奖、全国创新争先奖章、陈嘉庚科学奖之生命科学奖等奖项。

袁亚湘，中国科协副主席，中国科学院院士。

1960 年 1 月出生，湖南资兴人。1981 年毕业于湘潭大学数学系，1986 年于英国剑桥大学获博士学位。数学家，发展中国家科学院院士，巴西科学院通讯院士，美国工业与应用数学会会士，美国数学学会首届会士。现为中国科学院数学与系统科学研究院研究员、全国政协常委。曾任中国科学院计算数学与科学工程计算研究所所长，中国科学院数学与系统科学研究院副院长等。全国政协第十三届全国委员会常务委员。

长期从事计算数学、应用数学、运筹学等领域的研究工作，在信赖域法、拟牛顿法、非线性共轭梯度法等方面取得重要成果，曾获国家自然科学奖二等奖、发展中国家科学院数学奖、中国数学会陈省身奖。

高松，中国科协副主席，中国科学院院士。

1964 年 2 月出生，安徽泗县人。无机化学家，发展中国家科学院院士。现任华南理工大学校长、党委副书记，中山大学校长（副部长级）、党委副书记。1981 年考入北京大学化学系，先后获得学士、硕士、博士学位；1988 年硕士毕业后留校任教，先后担任助教、讲师、副教授、教授；1995 年作为洪堡学者，前往德国亚琛工业大学无机化学研究所访问研究；2000 年起，先后任北京大学化学与分子工程学院党委副书记、副院长、院长、学术委员会主任；2004 年获第八届中国青年科技奖；2006 年任北京分子科学国家实验室（筹）副主任；2007 年当选英国皇家化学会会士；2012 年起，先后任北京大学党委常委、教务长、副校长、研究生院院长；2013 年获何梁何利基金科学与技术进步奖；2018 年 4 月任北京大学党委常委、常务副校长兼任教务长。

研究领域为磁性配位高分子的设计、合成、结构与磁性；高核分子的结构与磁性，纳米金属团簇的化学制备及磁性；多孔和有机-无机杂化分子固体材料的晶体工程与性质；多功能性分子材料的设计、合成和多功能性质间的相互作用。

高鸿钧，中国科协副主席，中国科学院院士。

1963 年 8 月出生，安徽怀远人。凝聚态物理学家，发展中国家科学院院士，中国科学院副院长，中国科学院大学物理科学学院院长，中国科学院物理研究所研究员。1987 年毕业于安徽教育学院物理系，获学士学位；1991 年获北京大学无线电电子学系硕士学位；1994 年获北京大学无线电电子学系博士学位。之后，在中国科学院北京真空物理实验室从事科研工作，历任副研究员、研究员、副主任、主任；2001 年 6 月任中国科学院物理研究所纳米物理与器件实验室研究员、实验室主任；2007 年 6 月任中国科学院物理研究所副所长；2012 年 10 月任中国科学院大学物理科学学院院长；2014 年 2 月任中国科学院大学副校长；2015 年 12 月任中国科学院前沿科学与教育局局长；2018 年 10 月任中国科学院副秘书长；2020 年 9 月任中国科学院副院长。

长期从事凝聚态物理实验研究。曾获茅以升北京青年科技奖、第七届中国青年科技奖、全球华人物理学会“亚洲成就奖”、发展中国家科学院物理奖、德国洪堡研究奖、何梁何利基金科学与技术进步奖、中国科学院杰出科技成就奖等奖项。

黄璐琦，中国科协副主席，中国工程院院士。

1968 年 3 月出生，江西婺源人。中药资源与分子生药学专家。中国中医科学院学部委员，中国中医科学院党委副书记、院长、研究生院院长，国家中医药管理局副局长、党组成员、直属机关党委书记。政协第十三届全国委员会常务委员。1989 年获江西中医药学院学士学位，1992 年获中国中医科学院中药研究所硕士学位，1995 年获北京医科大学（现北京大学医学部）博士学位。1997 年 11 月起，先后担任中国中医科学院中药研究所副所长、代所长、所长，中国中医科学院副院长。2012 年 12 月任中国中医科学院中药资源中心主任；2015 年 8 月任中国中医科学院党委常委、常务副院长兼中药资源中心主任；2018 年 12 月任中国中医科学院院长、研究生院院长。

长期从事中药资源学与分子生药学研究工作。组织实施第四次全国中药资源普查，摸清我国中药资源本底；牵头开展中药材产业扶贫，解决了贫困地区种什么、如何种、如何卖的难题；提出和发展了“分子生药学”学科和道地药材形成理论，建立了珍稀濒危常用中药资源五种保护模式。以第一完成人获国家科学技术进步奖二等奖 4 项。

潘建伟，中国科协副主席，中国科学院院士。

1970 年 3 月出生，浙江东阳人。发展中国家科学院院士，奥地利科学院外籍院士，中国科学技术大学常务副校长、未来技术学院院长，九三学社第十四届中央委员会副主席、九三学社安徽省第十二届委员会主任委员，政协第十三届全国委员会教科卫体委员会委员，欧美同学会第八届理事会副会长。1987 年至 1995 年就读于中国科学技术大学近代物理系，先后获学士、硕士学位；1999 年获维也纳大学博士学位；1999 年至 2001 年在维也纳大学实验物理所从事博士后研究。历任合肥微尺度物质科学国家实验室量子物理与量子信息研究部主任，中国科学技术大学校长助理、副校长、常务副校长。

在量子物理和量子信息研究领域取得重大科研成果，曾获国家自然科学奖一等奖、何梁何利基金科学与技术成就奖、求是杰出科学家奖、中国青年科学家奖和国际量子通信奖等。

2021年新当选的全国学会、协会、研究会理事长

（按中国科协团体会员序列排序）

吴季，中国空间科学学会理事长。

1958年4月出生，重庆潼南人。中国科学院国家空间科学中心研究员、学术委员会主任，国际宇航科学院院士，电气与电子工程师协会会士。曾任中国科学院国家空间科学中心主任，国际空间研究委员会副主席，中国科学院空间科学先导专项负责人、空间科学卫星工程常务副总指挥、“地球空间双星计划”应用系统总设计师，中俄联合探测火星计划——“萤火一号”科学实验卫星科学应用首席科学家，“嫦娥一号”“嫦娥三号”有效载荷总指挥，“子午工程”（Ⅰ期）建设总经理等。

国内干涉式综合孔径成像探测技术领域的开拓者，提出、设计并研制国内第一台机载综合孔径辐射计，使中国在该技术领域处于国际领跑地位。牵头组织开展中国空间科学发展规划研究，推动中国科学院空间科学战略性先导科技专项的立项并作为专项负责人组织实施。

陈连增，中国海洋学会理事长。

1956年5月出生，山东莱芜人。1987年6月至1989年1月任国家海洋局科技司副处长；1989年1月至1996年3月任国家海洋局科技司处长；1996年3月至1996年10月任国家海洋局管理司副司长；1996年10月至1997年4月任国家海洋局南海分局副局长；1997年4月至1999年1月任国家海洋局天津海水淡化与综合利用研究所所长；1998年12月至2016年8月任国家海洋局副局长、党组成员；2015年10月至今任中国海洋学会理事长；2018年5月至今任中国海洋学会党委书记。

长期组织实施和管理国家海洋重大科技项目和深远海调查项目、国家南极和北极科学考察项目及南极昆仑站、泰山站和北极黄河站建设，组织实施国家《南海及其周边海洋国际合作框架计划》和海洋国际合作与交流计划。主持撰写出版了《中国海岛志》《中国近海海洋图集》《中国近海海洋》《中国近海海洋基本现状》《中国海洋物种多样性》《中国海洋生物图集》《中国海洋科学技术发展70年》等图书。

冯新斌，中国矿物岩石地球化学学会理事长。

1968年2月出生，河南禹州人。现任中国科学院地球化学研究所所长、研究员，环境地球化学国家重点实验室主任。

主要从事重金属污染过程与环境效应、重金属污染修改和非传统稳定同位素地球化学研究。开展大气汞的区域分布特征和长距离传输规律研究，建立全球森林植被吸收大气汞清单，创建汞同位素“指纹”谱，开展汞生物地球化学循环过程汞同位素分馏特征研究；揭示水稻富集甲基汞的过程和机制，评估中国人群食用稻米甲基汞暴露的健康风险；建立汞矿区污染土壤修复技术体系，并指导土壤污染防治攻坚战。获贵州省科学技术进步奖一等奖3项、中国科学院王宽诚西部学者突出贡献奖等荣誉，被评为中国科学院优秀导师、全国优秀科技工作者等称号。

徐建国，中国微生物学会理事长，中国工程院院士。

1952年4月出生，山西平陆人。现任南开大学公共卫生与健康研究院院长，中国疾病预防控制中心传染病预防控制国家重点实验室主任。曾任中国疾病预防控制中心传染病预防控制所所长，国家“艾滋病和病毒性肝炎等重大传染病防治”科技重大专项技术副总师等。

从事新发、突发、不明原因性传染病疫情的病原学研究40余年，主持完成多项有较大影响的传染病疫情或事件的病原学调查，发现2种新发传染病和6种新的发生变异的具有重要公共卫生意义的病原体。近十余年，开展青藏高原野生动物微生物研究，先后提出行为生态传染病观点和反向病原学理论，发现命名50余种新的细菌和病毒。获国家科学技术进步奖二等奖、何梁何利基金科学与技术进步奖，被中共中央宣传部和国家卫生健康委授予“中国最美医生”称号，被科技部授予“全国科技系统抗击新冠肺炎疫情先进个人”称号。

徐涛，中国生物物理学会理事长，中国科学院院士，发展中国家科学院院士。

1970年8月出生，湖北宜昌人。现任广州实验室常务副主任，生物岛实验室主任，生物大分子国家重点实验室主任，中国人民政治协商会议第十三届全国委员会常务委员，中国科协第十届全国委员会委员。

主要从事超分辨成像技术和超灵敏检测研究。“长江学者奖励计划”、国家杰出青年科学基金、国家高层次人才特殊支持计划获得者。获中国青年五四奖章、国家自然科学奖二等奖、何梁何利基金科学与技术进步奖、谈家桢生命科学创新奖、全国创新争先奖等奖项，被授予“全国先进工作者”称号。

赵国祥，中国心理学会理事长。

1961 年 11 月出生，河南上蔡人。第十三届全国人大代表、第十届中共河南省委候补委员。历任河南大学副校长、常务副校长（正校级），河南师范大学党委书记。兼任教育部心理学科教学指导委员会委员、教育部普通高等学校大学生心理健康教育专家指导委员会委员、教育部中小学生心理健康教育专家指导委员会委员。

学术研究领域为组织管理心理学、心理健康。主持国家自然科学基金项目、教育部重大项目及国际合作项目等 11 项，获省部级以上教学科研成果奖 8 项。创办弱势人群身心健康国际学术交流高端论坛，在全国人大会议期间提交《关于建立突发公共事件心理援助体系》《关于建立社区社会心理服务机构》等议案。参加中共中央组织部《公开选拔党政领导干部考试大纲》、教育部《普通高等学校大学生心理健康教育指导意见》的起草、修改等工作。

王金南，中国环境科学学会理事长，中国工程院院士。

1963 年 5 月出生，浙江武义人，研究员。先后获清华大学学士、硕士和博士学位。现任生态环境部环境规划院院长，国家环境保护环境规划与政策模拟重点实验室主任。

长期从事环境规划和政策研究工作，先后担任国家大气污染成因与控制等 6 个专项总体组专家、国家生态环境保护专家委员会副主任、教育部环境科学与工程专业指导委员会副主任、国家环境损害鉴定评估专家委员会副主任、环球中国环境专家协会主席等 20 多个学术机构职务；担任《中国环境管理》等 8 个杂志的主编和编委；先后发表 300 多篇论文，出版《环境规划学》和《环境经济学》等 11 部专著。为中共中央直接联系专家、国家优秀科技工作者，获中国青年科技奖、绿色中国人物特别奖、地球（瑞典）奖、国家环境科技领军人物以及 22 项国家和部级科技奖。

郭良栋，中国菌物学会理事长。

1963 年 4 月出生，山东临朐人。1987 年毕业于山东大学，1990 年于中国科学院沈阳应用生态研究所获硕士学位，2000 年于香港大学获博士学位。中国科学院微生物研究所真菌学国家重点实验室副主任、研究员、博士生导师，《生物多样性》《菌物学报》副主编,《植物生态学报》《植物应用生态学报》编委。主持科技部国家重点研发计划重点专项项目、科技部科技基础性工作专项项目、国家自然科学基金委员会重点国际合作项目、中国科学院生物多样性先导专项 B 子课题、国家自然科学基金委员会面上项目等 18 项，参编著作 3 部，获授权国家发明专利 6 项，发表 SCI 论文 100 余篇。获西藏自治区科学技术奖一等奖等奖项。

Nils Chr. Stenseth，国际动物学会主席。

1949年7月出生，挪威人。欧洲科学院院士，法国科学学院院士，美国华盛顿国家科学院外籍院士，俄罗斯科学院外籍院士。奥斯陆大学数学与自然科学学院教授、战略顾问。全球顶尖生态学家，主要研究生态和进化过程，以数学建模的形式和分析历史数据的研究策略进行理论研究。致力于融合生态和进化思维，更好地理解生态和进化之间的反馈回路。20多年来，与中国科学家密切合作，揭示了影响鼠疫、登革热、出血热等重大生物灾害发生的关键因子，提升了中国对生物灾害的预警与防控能力。坚持打破学科间的界限，支持和指导有前途的年轻科学家，积极推动中国与欧洲等世界各地的国际合作与交流。

林忠钦，中国机械工程学会理事长，中国工程院院士。

1957年12月出生，浙江宁波人。1982年参加工作，现任上海交通大学校长、党委副书记。教育部“长江学者奖励计划”特聘教授、国家杰出青年科学基金获得者、国家重点基础研究发展计划首席科学家、国家自然科学基金委创新群体学科带头人。

主要从事薄板产品制造与质量控制研究，在汽车板精益成形技术、轿车车身制造质量控制、薄板产品数字化封样技术、复杂产品数字化设计等方面取得重要的理论和技术突破，为中国汽车车身设计与制造技术进步作出了重要贡献，其研究成果在钢铁、汽车、机车、飞机和重大装备等领域得到广泛应用。作为第一完成人获国家科学技术进步奖二等奖3项以及“长江学者成就奖”、何梁何利基金科学与技术创新奖、蒋氏科技成就奖、上海市科技精英、通用汽车中国科技成就奖一等奖等奖项，被授予“全国优秀科技工作者”荣誉称号。

张辉，中国农业工程学会理事长。

1964年9月出生，吉林松原人，研究员。历任农业农村部发展计划司副司长、农村社会事业发展中心主任。现任农业农村部规划设计研究院院长、党委副书记。

长期从事农业和农村经济发展战略研究、规划编制以及农业投资管理和示范区推进等工作。先后完成转变农业发展方式、提高农业综合生产能力、建立农业投入稳定增长机制等重大战略研究，具体牵头编制国务院印发的《全国现代农业发展规划（2011—2015年）》《全国农业现代化规划（2016—2020年）》等国家重要规划。组织开展全国现代农业示范区建设，为现代农业产业园创建谋划团队的核心成员。

张野，中国水力发电工程学会理事长。

1957 年 4 月出生，吉林舒兰人。毕业于武汉水利电力学院（现武汉大学）水工建筑专业。先后任中国水利水电第七工程局有限公司局长，中国葛洲坝集团公司董事长、总经理，南水北调中线干线工程建设管理局局长。2007 年 12 月至 2018 年 4 月任国务院南水北调工程建设委员会办公室副主任、党组成员；2016 年 11 月至 2021 年 12 月任中国水力发电工程学会第八届理事会理事长；2021 年 12 月起任中国水力发电工程学会第九届理事会理事长。

长期从事水利水电工程建设技术及组织管理工作。1997—1999 年连续三年被评为四川省重点建设先进个人；2000 年被评为第六届全国优秀建筑企业经理；2002 年被授予“湖北省劳动模范”称号；2004 年被评为第三届全国优秀创业企业家。2005 年主持开展的“三峡工程明渠截流施工关键技术研究与实践”项目获湖北省科学技术进步奖一等奖。

唐志共，中国空气动力学会理事长，中国科学院院士。

1965 年 5 月出生，广西桂林人。现任中国空气动力研究与发展中心研究员。长期从事高超声速空气动力学研究与应用，在新一代高超声速风洞试验系统研制、新型高超声速飞行器气动设计等方面取得系统性、创新性成果。提出高马赫数大尺寸喷管设计理论与方法，发明高稳态高品质电弧加热器，研制新一代高超声速风洞，构建高超声速气动力试验理论与技术体系。揭示多种复杂流动干扰影响机理和规律，提出相容设计和试验修正理论方法，成功应用于新型空天飞行器设计。获国家科学技术进步奖二等奖 6 项、省部委级科技进步奖一等奖 7 项、何梁何利基金科学与技术进步奖、全国创新争先奖、钱学森杰出贡献奖等奖项，被评为全国优秀科技工作者。

蒲长城，中国计量测试学会理事长。

1952 年 8 月出生，陕西绥德人。1968 年 12 月参加工作，1975 年从杭州大学外语系毕业，大学学历。1995—1996 年在美国印第安纳州立大学作访问学者。曾任共青团陕西省委书记、国家质量技术监督局办公室主任。2001 年任国家质量监督检验检疫总局党组成员、副局长。2013 年任第十二届全国人民代表大会环境与资源保护委员会委员。曾组织制定《中华人民共和国认证认可条例》《特种设备安全监察条例》《中华人民共和国工业产品生产许可证管理条例》《地理标志产品保护规定》等国家重要政策规章或行政法规；参与《中华人民共和国产品质量法》《中华人民共和国进出口商品检验法》《中华人民共和国进出口商品检验法实施条例》的调研工作。2013 年作为主要负责人组织《计量发展规划（2013—2020 年）》的起草工作。2021 年作为专家参与国务院《计量发展规划（2021—2035 年）》的制定工作。

金东寒，中国内燃机学会理事长。

1961年1月出生，浙江绍兴人。研究生学历，工学博士学位。现任天津大学党委副书记、校长。历任中共第十八届、第十九届中央委员会候补委员，第十届上海市政协委员，第十一届上海市委委员，第十一届全国政协委员，第十二届全国人大代表，上海市第十五届人民代表大会代表，天津市第十七届人民代表大会常务委员会委员。

长期从事斯特林发动机及其动力系统应用的研究与开发，先后主持上海市科技攻关、国家自然科学基金、国防重点预研、先期技术演示验证和重大型号研制等重大科研和工程项目20多项，其研究成果在重大装备上已批量应用，打破国外技术封锁，使中国该型装备跻身世界先进行列。作为课题组组长，主持中国工程院重大咨询项目“中国工程科技2035发展战略研究”领域研究课题“中国机械与运载工程科技2035发展战略研究”。获第六届中国青年科技奖、中国青年科技创新奖、何梁何利基金科学与技术进步奖，国家科学技术进步奖特等奖1项、一等奖1项，省部级科学技术进步奖一等奖3项，其他奖4项。被授予“全国五一劳动奖章”“上海市科技精英”“全国优秀科技工作者”“上海市科技功臣”等荣誉称号。

赵罡，中国图学学会理事长。

1972年1月出生，河北文安人。现任北京航空航天大学党委副书记、教授、博士生导师。国务院学位委员会第七届、第八届学科评议专家组（机械工程）成员，中国科协第九届、第十届全国委员会委员，国家智能制造标准化专家咨询组成员，教育部高等学校工程图学课程教学指导分委员会委员，科技部“增材制造与激光制造”重点专项总体专家组专家，航空高端装备智能制造技术工信部重点实验室主任。

长期从事几何造型、计算机辅助设计及制造、数控加工和飞机数字化装配等方面的研究工作。作为第一负责人获国家自然科学基金项目以及科技部国家高技术研究发展计划面上项目、重点项目等国家级和省部级科研项目支持近20项。在国内外期刊发表学术论文100余篇，获批专利30余项。2007年入选北京市科技新星计划，2009年入选教育部新世纪优秀人才支持计划。2014年“五轴数控钻铆托架及全自动钻铆工艺技术”获中国航空工业集团有限公司科学技术奖一等奖；2016年作为高效绿色数控加工工艺及装备创新团队负责人，被评为机械工业优秀创新团队。

刘烈宏，中国通信学会理事长。

1968 年 10 月出生，四川成都人。研究生学历，管理学博士学位。现任中国联合网络通信集团有限公司董事长、党组书记。曾任信息产业部电子第二研究所所长、党委书记，中国电子科技集团有限公司副总经理、党组成员，中国电子信息产业发展研究院院长兼北京赛迪信息产业集团公司总裁，中国电子信息产业集团有限公司董事、总经理、党组副书记，中国电子科技集团有限公司董事、总经理、党组副书记，中央网络安全和信息化委员会办公室副主任、国家互联网信息办公室副主任，工业和信息化部党组成员、副部长。第十二届全国政协委员。

方滨兴，中国中文信息学会理事长，中国工程院院士。

1960 年 7 月出生，黑龙江哈尔滨人。1989 年毕业于哈尔滨工业大学，获博士学位。曾在国防科技大学从事博士后研究工作。曾任北京邮电大学校长，国家计算机网络与信息安全管理中心主任兼总工程师。现任中国电子信息产业集团有限公司首席科学家，广州大学网络空间先进技术研究院荣誉院长。

长期从事信息网络与信息安全研究，主要研究方向是网络安全、信息内容安全、并行处理、互联网技术等。获国家科学技术进步奖一等奖 1 项、二等奖 3 项，省部级科学技术进步奖 10 余项，省、市青年科技奖 3 项，何梁何利基金科学与技术进步奖 1 项。出版著作 3 部，发表论文 400 余篇，先后培养硕士、博士研究生百余名。

宋超智，中国测绘学会理事长。

1957 年 9 月出生，陕西西安人。研究生学历，博士学位，高级工程师。原国家测绘地理信息局党组成员、副局长。曾担任陕西省测绘地理信息局第五测绘大队技术员，团委书记、局党委青年工作部部长、局开发经营办公室主任，副局长、党组成员，代局长、党组副书记，局长、党组书记。

主持制定和修订《国务院关于加强测绘工作的意见》《基础测绘条例》《地理管理条例》《中华人民共和国测绘法》，协助出台国务院办公厅《关于促进地理信息产业发展的意见》。所牵头的科研项目先后荣获陕西省科学技术进步奖二等奖、中国测绘学会测绘科技进步奖一等奖等奖项。

翁孟勇，中国公路学会理事长。

1955 年 7 月出生，浙江鄞县（现鄞州区）人，硕士研究生。第十三届全国人民代表大会常务委员会委员、环境与资源保护委员会委员。历任交通部上海航道局局长，中国港湾（集团）总公司上海航道局局长，交通部副部长、党组成员、副书记，交通运输部党组副书记、副部长。

长期从事交通运输发展战略、规划的研究与管理，在综合运输、现代物流、规划计划、发展政策等领域有着一定的研究和实践。主编《发展现代交通运输业》等专著，发表《推进综合交通发展的若干思考》等学术论文，直接组织和参与“十五”至“十三五”时期中国交通运输发展规划的研究，参与国家“十一五”“十二五”规划的编制和《交通强国战略研究》等一系列重大咨询和研究课题项目。

贾明星，中国有色金属学会理事长。

1963 年 3 月出生，陕西宝鸡人。毕业于北京航空航天大学，工学硕士学位，正高级工程师。现任中国有色金属工业协会党委常委、副会长兼秘书长。

长期从事有色金属工业科研、生产、技术、信息化等工作，参与国家“十一五”“十二五”“十三五”有色金属工业发展规划、《有色金属产业调整和振兴规划》《关于营造良好市场环境促进有色金属工业调结构促转型增效益的指导意见》《中国制造 2025》有色金属部分等文件的起草、制定工作，为国家有关部门制定有色金属行业宏观政策提供决策参考和专业支撑。主持完成国家有关部委委托的多项研究课题，荣获国家和行业科学技术进步奖一、二、三等奖共 12 项；主编专著、起草行业标准 30 余部，发表论文 20 余篇。

孙宝国，中国食品科学技术学会理事长，中国工程院院士。

1961 年 1 月出生，山东招远人，香料和食品风味化学专家。1984 年毕业于北京轻工业学院化工系，2003 年获清华大学化学工程博士学位。1984 年 7 月至 1999 年 6 月在北京轻工业学院工作，先后担任教师、主任、党委副书记、副院长等职务；1999 年 6 月至今在北京工商大学工作，先后担任党委副书记、副校长、校长等职务。现任北京工商大学党委副书记、校长，北京市科协副主席，北京工商大学第三届校友会会长。作为第一完成人获国家技术发明奖二等奖 1 项、国家科学技术进步奖二等奖 3 项以及 2019 年何梁何利基金科学与技术进步奖等奖项。主编学术著作 15 部，发表 SCI 收录论文 200 余篇，获授权发明专利 20 余项。

焦方正，中国石油学会理事长。

1962年10月出生，陕西三原人。教授级高级工程师，西南石油学院石油与天然气工程专业博士研究生毕业。现任中国石油天然气集团有限公司党组成员、副总经理，全国石油天然气标准化技术委员会主任委员、石油工业标准化技术委员会主任委员、国家能源页岩油研发中心第一届学术委员会副主任。曾任中国石油化工集团有限公司副总经理、党组成员、股份公司高级副总裁、石化油服董事长。

建立了以“特色理论创新、核心技术创新、工程管理创新”为核心内涵的“创新引领、三元联动”系统工程管理方法；建立了缝洞型油气藏开发理论和页岩油气“体积开发”理论；攻克了超大缝洞型储集体与超微纳米级孔喉系统、非达西流的油气藏开发系列关键核心技术。其研究成果应用于我国深－超深层海相油气、页岩油气勘探开发领域，主持建成了新领域三大标志性工程：我国最大的深层海相碳酸盐岩缝洞型塔河油田千万吨级勘探开发工程，我国最深的十亿吨级古生界海相碳酸盐岩顺北断溶体油田及开发工程，我国首个海相百亿方页岩气田——国家级涪陵页岩气田开发示范工程。

获国家科学技术进步奖一等奖2项，省部级科学技术进步奖一等奖7项、管理创新成果一等奖1项；出版专著3部，发表论文15篇；获评省部级“突出贡献科技和管理专家”等称号。

史玉波，中国能源研究会理事长。

1954年10月出生，河北枣强人。毕业于华北电力大学发电厂及电力系统专业，大学学历，教授级高级工程师。第十二届全国政协委员、人口资源环境委员会委员。1982年至1986年在石家庄供电局、河北省电力工业局工作；1986年至1988年任水利电力部计划司工程师；1988年至1993年任能源部综合计划司计划处副处长、处长；1993年至1998年历任电力部规划计划司计划处处长、规划计划司副司长，国家电力公司计划投资部副主任，国网山西省电力公司副总经理、党组成员；1998年至2002年任国家经济贸易委员会电力司副司长、司长；2002年至2013年任国家电力监管委员会副主席、党组成员、直属机关党委书记；2013年至2015年任国家能源局副局长（副部级）、党组成员；2015年12月至2021年3月任中国能源研究会第七届理事会常务副理事长、党委副书记；2021年3月至今，任中国能源研究会第八届理事会理事长、党委书记。

易军，中国土木工程学会理事长。

1960 年 12 月出生，湖南沅陵人。硕士研究生学历，教授级高级工程师，住房和城乡建设部原党组成员、副部长，中共十八大、十九大代表，第十二届全国政协委员。1982 年 8 月至 1987 年 2 月历任中建建筑承包公司技术员、工长、主任科员、副处长、处长；1987 年 3 月至 1988 年 5 月赴英国留学和工作，回国后任北京燕莎中心工程项目经理（该项目获 1992 年度中国建筑工程鲁班奖和国家优质工程奖）；1988 年 6 月至 1993 年 2 月任中建建筑承包公司（现中建国际建设有限公司）董事、总经理，中建总公司总承包部副经理；1993 年 3 月至 1996 年 6 月任中建总公司总承包部经理；1996 年 7 月至 2005 年 12 月历任中国建筑工程总公司副总经理、党组成员，中建国际建设有限公司董事长、总经理，中国建筑工程总公司总工程师；2006 年 1 月至 2010 年 5 月历任中国建筑股份有限公司总裁、中国海外集团有限公司董事局主席、中国建筑股份有限公司董事长；2010 年 5 月至 2015 年 4 月任中国建筑工程总公司董事长、党组书记；2015 年 4 月至 2021 年 2 月任住房和城乡建设部副部长、党组成员。

高福，中国生物工程学会理事长，中国科学院院士。

1961 年 11 月出生，山西应县人。病原微生物与免疫学家，中国疾病预防控制中心主任、国家自然科学基金委员会副主任，是研发全球首个临床获批使用的新冠病毒中和抗体和第一个获批使用的重组新冠病毒疫苗的先锋者。发展中国家科学院院士，美国国家科学院外籍院士。

主要从事病原微生物跨宿主传播、感染机制与宿主细胞免疫、抗病毒手段等研究以及公共卫生政策与全球健康策略研究，为新发突发传染病防控提供重要科技支撑。先后主持多项国家重大科研项目，并担任国家“973”计划项目首席科学家，国家自然科学基金委员会“创新研究群体”项目负责人。曾获第三世界科学院奖基础医学奖、日本“日经亚洲奖”、俄罗斯“Gamaleya 奖章”、香港求是科技基金会“求是杰出科技成就集体奖”等荣誉。

修龙，中国建筑学会理事长。

1957 年 5 月出生，黑龙江齐齐哈尔人，研究员。历任中国建筑科学研究院有限公司副院长，中国建筑设计研究院院长，中国建设科技集团股份有限公司党委书记、董事长。

徐进，中国电影电视技术学会理事长。

1965 年出生，教授级高级工程师。1984 年至 1989 年在北京工业大学无线电系学习。1989 年至 2003 年先后任中央电视台技术制作中心录制部工程师、副科长、副主任（1997—1998 年挂职任北京科学教育电影制片厂技术处副处长）；2003 年至 2010 年先后任中央电视台技术管理办公室信息通讯处副处长、处长；2010 年至 2019 年任中央电视台技术管理中心主任、党总支书记（2011—2015 年兼任中央电视台技术制作中心主任）；2019 年至 2020 年任中央广播电视总台技术局召集人；2020 年至今，任中央广播电视总台技术局局长、党委书记。

先后从事演播室直播 / 录像、电视节目前期拍摄和后期制作、信息网络系统运行和技术管理工作，曾获多项国家级和省部级科技创新奖。围绕中央广播电视总台“5G+4K/8K+AI”的全新战略格局，牵头建设中国首个 5G 媒体应用实验室，积极开展 5G 环境下的视频应用和产品创新，从节目生产、内容传播、终端呈现等技术方面全方位推进媒体融合技术发展，打造中央广播电视总台超清化、移动化、智能化技术体系。

刘进军，中国电源学会理事长。

1970 年 11 月出生，湖南安化人。博士研究生学历，现任西安交通大学教授、博士生导师、电力电子与工业自动化研究所所长、电力电子与新能源技术研究中心主任。教育部“长江学者奖励计划”特聘教授、电气与电子工程师协会会士、西安交通大学首批“领军学者”。

主要研究领域包括电力电子技术在电能质量控制及输配电系统中的应用，可持续能源及分布式发电中的电力电子技术，电力电子电路和系统的建模、仿真、分析和控制等。已出版专著 1 部，主编教材及参编教材各 1 部；发表 SCI 论文 80 篇、EI 论文 400 余篇；获授权发明专利 50 余项；获国家科学技术进步奖二等奖 1 项、省部级科学技术奖 2 项；获领域首要国际期刊 *IEEE Transactions on Power Electronics*2016 年、2021 年最佳论文奖。

段文晖，中国微米纳米技术学会理事长，中国科学院院士。

1967 年 1 月出生，湖南冷水江人。计算物理和计算材料学家。1981 年进入清华大学学习，1992 年博士毕业，1994 年进入清华大学工作。2000 年、2014 年两次获得国家自然科学奖二等奖，2013 年获叶企孙物理奖，2020 年获第二届全国创新争先奖。

长期致力于计算凝聚态物理和计算材料学领域的基础研究，即从原子、电子层次的理论计算出发，揭示凝聚态物质和材料的微观结构和宏观物性之间的内在联系，开展材料物性及其物理机制的理论预测和计算设计。在功能材料特别是低维材料及其器件中新奇物理现象的发现和新型量子材料第一性原理预测等方面作出了巨大贡献。

陈伟明，中国消防协会会长。

1957年3月出生，山东沂水人。1974年7月参加工作，大学本科学历。历任公安部五局干部、办公厅秘书，公安部边防局副处长、处长、副局长兼云南省公安边防总队总队长，公安部边防局局长，公安部消防局局长。2015年9月至今，担任中国消防协会第六届、第七届理事会会长。

通过人才举荐、学术交流、志愿服务、建言献策、国际合作等活动，扎实推进消防协会各项工作融合开展，发挥协会在消防学术交流、消防科技服务、消防科普宣传、国际民间交往、承接政府转移职能等方面的优势，营造风清气正的学术环境。2017年当选国际消防协会联盟执行委员及亚洲分会副主席，推动协会国际民间交往，保持和巩固与日本消防协会的交流合作以及加强中日韩三国消防协会联席会议机制建设。2017年和2019年推动与美国消防协会、法国消防协会签订合作协议，拓展协会对外业务交流合作领域。

张跃，中国体视学学会理事长，中国科学院院士。

1958年11月出生，湖南醴陵人。现任北京科技大学教授、前沿交叉科学技术研究院院长、北京市新能源材料与技术重点实验室主任，兼任教育部科学技术委员会国防学部常务副主任和材料学部副主任。英国皇家化学学会会士。国家重点研发计划“纳米科技”重点专项总体专家组成员，《国家科学进展（英文版）》（*National Science Open*）创刊主编，《自然科学基础研究（英文版）》（*Fundamental Research*）副主编。

长期从事低维半导体材料及其服役行为的研究，致力于将材料研究和国家重大需求相结合，在基础理论、制备技术和工程应用方面作出系统性、创新性重要贡献。作为第一完成人获国家自然科学奖二等奖1项、省部级科技奖一等奖3项、省部级教学成果奖一等奖2项，指导学生获全国优秀博士学位论文2篇。主持承担科技部、教育部、国家自然科学基金委员会等国家级和省部级科研项目100余项；发表论文450余篇，出版中文专著7部、英文专著5部；授权专利60余项。

赵玉沛，中华医学会会长，中国科学院院士。

1954年7月出生，吉林长春人。北京协和医院名誉院长，主任医师。一直工作在普通外科临床、科研和教学第一线，在胰腺癌早期诊断和综合治疗方面作系统性研究，曾获国家科学技术进步奖二等奖。

卞永明，中国工程机械学会理事长。

1965 年 12 月出生，江苏泰州人。教授，博士。同济大学机械工程学院院长，国家土建结构预制装配化工程技术研究中心副主任。立足于国家和地方重大工程建设施工的需要，结合结构智能设计、多场耦合建模分析方法和实时网络控制等先进技术，针对重大工程建设施工装备及其工艺等关键技术展开研究，在大型工程装备智能化设计、重大工程通用快速施工技术平台、重大工程装备智能化网络控制、故障诊断及风险评估等方面取得许多创新性成果。主持国家重点研发计划课题等各级课题 30 余项；主持完成 200 余项重大工程施工关键装备与技术的研究课题，其中包括韩国“世越号”沉船打捞工程、500 米口径球面射电望远镜钢结构安装、港珠澳大桥九洲航道桥主塔竖提安装等具有世界影响力的工程。发表论文 100 余篇，出版专著 2 部，编制国家标准 1 项，获国家发明专利 40 余项。获国家科学技术进步奖二等奖 1 项，省部级发明奖一等奖 2 项、二等奖 2 项，省部级科学技术进步奖一等奖 3 项、二等奖 4 项、三等奖 5 项。

于贤成，中国卫星导航定位协会会长。

1955 年 5 月出生，山东即墨人。中国人民大学哲学系毕业，大学本科学历。1973 年 1 月参加工作，历任中央纪委第一纪检监察室副处长、处长，中央纪委第一纪检监察室副局级检查员、监察专员，中央纪委第四纪检监察室副主任，中央纪委预防腐败室（国家预防腐败局办公室）副主任、正局级检查员、监察专员、国家预防腐败局新闻发言人，中央纪委驻国家食品药品监督管理总局纪检组组长、局党组成员，国家测绘地理信息局党组纪检组组长、党组成员，国家测绘地理信息局直属机关党委书记。2017 年 6 月至今，任中国卫星导航定位协会会长、理事会党委书记。

长期致力于引领协会发展及推动卫星导航定位技术与产业发展，为推广北斗在各行业广泛应用出谋划策，提出并制定推进产业发展的意见和对策，为北斗的普及应用及其产业化、规模化、国际化等作出巨大贡献。带领行业内专家顾问团队参与制定国家法律法规，制定并实施行规行约，为地方经济发展服务。

刘昌胜，中国生物材料学会理事长，中国科学院院士。

1967年6月出生，湖北黄石人。国家杰出青年基金获得者，教育部“长江学者奖励计划”特聘教授，国家自然科学基金委员会第八届全委会委员，国家“纳米科技”专项总体专家组成员，教育部科技委材料学部委员、国防学部委员。国际生物材料学会联合会会士，美国医学与生物工程院会士。2009年任华东理工大学材料学院院长；2015年任华东理工大学副校长；2019年任上海大学校长。

主要从事生物材料研究，申请发明专利69项，授权50项（美国专利4项）；发表SCI论文290余篇，出版中英专著4本；获国家自然科学奖二等奖、国家科学技术进步奖二等奖、何梁何利基金科学与技术创新奖、全国优秀科技工作者等荣誉。

邓秀新，中国园艺学会理事长，中国工程院院士。

1961年11月出生，湖南宜章人。华中农业大学教授、博士生导师，国家现代农业柑橘产业技术体系首席科学家，农业农村部果树专家指导组组长，国务院学位委员会委员。现任中国工程院副院长，中国科协副主席。

主持国家自然科学基金重点项目、国家“973”计划项目、农业农村部“948”计划项目等重大项目20余项；获国家杰出青年科学基金资助。选育“早红”等多个柑橘新品种进行产业推广，为中国柑橘产业实现周年供应作出积极贡献，获国家及省部级成果奖20余项；获美国园艺学会国际杰出园艺学家奖（2011年）、国际柑橘学会会士（2012年）、中华农业英才奖（2012年）、何梁何利基金科学与技术进步奖（2013年）以及湖北省科学技术突出贡献奖（2017年）等荣誉。

黄路生，中国畜牧兽医学会理事长，中国科学院院士。

1965年1月出生，江西上犹人。江西农业大学教授、博士生导师，发展中国家科学院院士。现任江西农业大学党委书记，科技部/江西省人民政府省部共建猪遗传改良与养殖技术国家重点实验室主任，国家畜禽遗传资源委员会主任。

长期从事基因组学及家猪育种新技术研究。系统研究欧美商业猪种及中国地方猪种生长、繁殖、抗病和肉质性状种质特性，并系统解析其遗传机制，是国际上发现并鉴别家猪质量性状及复杂数量性状因果基因及其因果突变最多的专家之一。在国际上率先发明多肋、肉色、系水力、优质猪肉选育以及抗仔猪断奶前腹泻等多项专利，创制达到国际领先水平的基因芯片“中芯1号”，在全国24个生猪主产省份推广应用，成为中国生猪种业破卡主流推广技术。

陈剑平，中国植物保护学会理事长，中国工程院院士。

1963 年 4 月出生，浙江宁波人，发展中国家科学院院士。1985 年本科毕业于浙江农业大学，1995 年获英国邓迪大学博士学位。1985 年至 2017 年在浙江省农业科学院工作，任浙江省农业科学院院长；2017 年 12 月任宁波大学植物病毒学研究所所长、省部共建农产品质量安全危害因子与风险防控国家重点实验室主任。

长期从事植物病毒基础和应用研究，在植物病毒种类鉴定、病毒与禾谷多黏菌介体关系、病毒致病和植物抗病分子机制、病害发生规律和防控技术、脱毒植物组织培养苗种产业化等方面作出大量创新性工作。针对中国“三农”问题的综合解决方案，创新性地提出现代农业综合体是区域现代农业发展的创新载体。发表论文 460 多篇（其中 SCI 300 余篇），主编著作 11 部；作为第一完成人获国家科学技术进步奖一等奖 1 项、二等奖 4 项。获“全国五一劳动奖章”等多项荣誉。

南志标，中国草学会理事长，中国工程院院士。

1951 年 10 月出生，河北曲阳人。现任兰州大学教授，草地农业生态系统国家重点实验室学术委员会主任。自 1969 年起，先后作为工人、草原技术员、科研与管理工作者在草地畜牧业生产与科研领域工作 50 余年，始终扎根西北偏远地区，奋战在草业研究、教学、生产一线，取得了一批有重要影响的研究成果，在示范推广、草畜产业化等方面取得显著成绩，对推动西部地区支柱产业——草地畜牧业技术的进步作出了突出贡献。获国家级教学成果奖特等奖，国家科学技术进步奖二等奖、三等奖，甘肃省科技进步奖一等奖等奖项。

张永祥，中国药理学会理事长。

1958 年 4 月出生，山东青岛人。本科毕业于青岛医学院医疗系，1991 年获军事医学科学院医学博士学位，1996 年获日本东京大学药学博士学位。现任抗毒药物与毒理学国家重点实验室主任、研究员、博士生导师，兼任国家“重大新药创制”科技重大专项总体组专家以及《中国药理学与毒理学杂志》主编等职位。曾任第十二届全国政协委员，中国科协第九届全国委员会委员，国务院学位委员会学科评议组（药学）成员，全国博士后管理委员会专家组（医学）成员，国际基础与临床药理学联合会执委（2010—2018）及国际基础与临床药理学联合会天然产物分会主席（2008—2018）等职。

主要从事神经、免疫药理学研究，中药复方现代研究，新药研发以及医药科技战略研究。

闵建雄，中国法医学会会长。

1957年6月出生，浙江湖州人。主任法医师，德国海德堡大学基础医学博士，公安部物证鉴定中心原副巡视员，公安部特邀刑侦专家，公安部二级英模。1977年参加工作，1982—1985年在浙江省嘉兴市公安局任职法医，曾担任刑警大队副大队长。1988年获同济医科大学法医学硕士学位后，在公安部物证鉴定中心（原公安部第二研究所）从事法医工作至2017年9月，其间任职公安部物证鉴定中心法医病理损伤鉴定处副处长、处长、副巡视员，兼任《中国法医学杂志》主编。

从事国内外重大疑难命案和群体性死亡案件的处置和检验鉴定工作，并承担国家和公安部级科研课题多项，发表学术论文60余篇，代表性著作有《法医损伤学》《命案现场重建概论》和《命案现场分析概论》。

郭传瑸，中华口腔医学会会长。

1964年2月出生，福建大田人。主任医师、教授、博士生导师。现任北京大学口腔医（学）院院长，国家口腔医学中心主任，口腔生物材料和数字诊疗装备国家工程研究中心主任，中国医师协会口腔医师分会会长，中国医院协会口腔医院分会主任委员，中国牙病防治基金会副理事长兼秘书长，国务院学位委员会第七届学科评议组成员（召集人），国际先进数字技术基金会共同主任等，为国家卫生和计划生育委员会有突出贡献的中青年专家。

主要从事口腔颌面肿瘤诊治及口腔癌转移机制研究、数字外科技术在颅底区肿瘤诊治的应用及颅颌面手术机器人的研发。主持完成国家级课题6项、省部级5项；近十年主持科技部“863”计划和北京市科学技术委员会资助的颅颌面机器人研发项目，研发出两个辅助手术机器人样机。迄今共发表论文213篇，其中86篇被SCI收录；发明专利3项，实用新型1项；获各种科技奖励10余项。

郭建华，中国现场统计研究会理事长。

1967年2月出生，山东东平人。博士，教授，博士生导师。现为国务院学位委员会学科评议组统计学科召集人，国家杰出青年科学基金获得者，教育部“长江学者奖励计划”特聘教授，教育部新世纪优秀人才，国家社会科学基金学科规划评议组成员，国家自然科学基金委员会数学学科会评专家，《美国统计学会会刊》和国内期刊《统计研究》等十几种期刊的编委。

主要从事因果推断、统计机器学习、生物统计学和生物信息学的方法论研究及其在各行各业的实际应用工作。在国内外著名期刊上发表SCI论文近百篇，获教育部科技进步奖二等奖、国家统计局科技进步奖一等奖各1项。

刘宁，中国工业设计协会会长。

1971 年 10 月出生，山东青州人。设计学博士，世界工业设计大会创始人，世界设计产业组织主席，国家智能制造工业设计研究院院长。1996 年至 2011 年任职于海尔集团，先后负责全球总部工业设计、技术研发、市场营销、互联网及大数据等工作。2011 年至今，任职于中国工业设计协会，历任秘书长、会长，致力于建设工业设计行业创新平台，服务国家创新驱动战略以及企业转型升级和经济社会高质量发展。发起创办世界工业设计大会、世界设计产业组织、国家智能制造工业设计研究院，组织承担全国工业设计领军企业家培训、全国工业设计人才能力水平认定等国家级、国际性重要工作，担任 2022 北京冬季奥运会重大装备“雪蜡车”研发设计组组长。作为课题负责人或主要研究人员，先后完成“863”计划、国家科技支撑计划以及国家发展改革委、工业和信息化部等近 30 项国家级课题及工作专项，参与《中国制造 2025》及国家“十三五”“十四五”规划纲要等国家战略规划和政策相关内容的调研、建议、咨询等工作，制定 4 项国际、国家标准，个人拥有专利 152 项，是中国第一个囊括全球五大设计奖项的设计师，在全球工业设计领域具有重要影响力。

田伟，中国科学技术期刊编辑学会理事长，中国工程院院士。

1959 年 2 月出生，北京人。骨外科专家，北京大学、清华大学教授，曾任北京积水潭医院院长，现任北京积水潭医院首席科学家、特级主任医师。法国国家医学科学院外籍院士，英国爱丁堡皇家外科学院名誉院士，国家手术机器人临床应用管理专家委员会主任委员，中国医师协会医学机器人分会会长，吴阶平医学基金会创新骨科学部主任委员，《中华骨科杂志》第九届总编辑，《骨科临床与研究杂志》总编辑等。

主要从事骨科诊疗精准化、微创化、智能化研究及应用，是中国骨科手术导航和机器人临床领域的奠基者和开拓者。主持制定国家卫生行业标准 3 项、国际指南 1 项、国内指南 5 项，主编专著 12 部；主持国家自然科学基金重点项目、“863”计划、国家重点研发计划等 37 项；发表论文 400 余篇（其中 SCI 161 篇），获国际专利 4 项、国内发明专利 15 项、实用新型专利 230 项。作为第一完成人获国家科学技术进步奖二等奖 1 项（2015 年）、北京市科学技术奖一等奖 2 项（2014 年，2018 年），作为第二完成人获北京市科学技术奖一等奖 1 项（2008 年），并获何梁何利基金科学与技术进步奖（2016 年）、全国创新争先奖奖章（2017 年）等荣誉。

吴朝晖，中国发明协会理事长，中国科学院院士。

1966 年 12 月出生，浙江温州人。浙江大学校长，发展中国家科学院院士，电气与电子工程师协会会士，中国计算机学会会士，中国人工智能学会会士，中国自动化学会会士，国家现代服务业领域总体专家组组长，兼任中国发明协会理事长、中国高等教育学会副会长，曾任“973”计划项目首席科学家、“863”计划信息领域专家等。

主要研究领域为计算机科学与技术。作为第一完成人获国家技术发明奖二等奖、国家科学技术进步奖二等奖、何梁何利基金科学与技术创新奖，研究成果入选 2016 年度“中国高等学校十大科技进展”项目名单。

熊群力，中国科技馆发展基金会理事长。

1956 年 11 月出生，重庆人。中央党校研究生学历，研究员级高级工程师。现任第十三届全国人大常委会委员、财政经济委员会副主任委员。历任中国电子科技集团公司第三十六研究所研究室副主任、主任、技术处处长、科技处处长、副所长、所长，信息产业部电子科学研究院副院长、党组成员，中国电子科技集团有限公司副总经理、党组成员，中国电子信息产业集团有限公司党组书记、董事长，中国电子科技集团有限公司总经理、党组副书记、党组书记、董事长。中共十八大、十九大代表。第十一届、第十二届、第十三届全国人大代表。

2021 年新当选的省、自治区、直辖市科协主席

葛会波，河北省科协第十届委员会主席。

1961 年 10 月出生，辽宁本溪人。九三学社成员。研究生学历，农学博士学位，教授。1985 年 7 月参加工作，沈阳农业大学园艺系果树专业毕业。第十一届全国政协委员，第十三届全国人民代表大会农业与农村委员会委员。现任河北省政协副主席，九三学社中央常委、河北省委主委，河北省科学院院长。

骆清铭，海南省科协第六届委员会主席，中国科学院院士。

1966 年 1 月出生，湖北蕲春人。博士研究生学历，工学博士学位。中国科协第十届全国委员会委员。现任海南大学校长、党委副书记、教授、博士生导师，中国医学科学院学部委员，武汉光电国家研究中心主任。首批教育部“长江学者奖励计划”特聘教授，曾获国家杰出青年科学基金资助、国家自然科学奖二等奖、国家技术发明奖二等奖、“庆祝中华人民共和国成立 70 周年”纪念章等荣誉，被评为全国优秀科技工作者、全国优秀教育工作者、全国优秀博士学位论文指导教师。

长期从事生物医学工程新兴交叉学科的研究。面向脑科学和蛋白质科学研究的重大需求，在神经光学成像和光学分子影像领域作出系统的创新性贡献，实现脑结构和功能以及活细胞分子信息获取原理与关键技术的突破，研制的全脑显微光学成像仪器成为国际脑科学研究中广泛应用的装备。

于吉红，吉林省科协第十届委员会主席，中国科学院院士。

1967 年 1 月出生，山东肥城人。发展中国家科学院院士，欧洲科学院外籍院士，瑞典皇家科学院外籍院士，中国化学会副理事长，美国化学会《美国化学会志》执行主编。1995 年获吉林大学博士学位，现任吉林大学教授、博士生导师、吉林大学未来科学国际联合实验室主任。担任国家重点基础研究发展计划首席科学家，入选国家“百千万人才工程”，获国家杰出青年科学基金资助。分别作为第一完成人和第二完成人获得国家自然科学奖二等奖 2 项，获国际纯粹与应用化学联合会化学化工杰出女性奖、中国青年科技奖、中国青年女科学家奖、首届高等学校青年教师奖等荣誉，被授予“全国模范教师”等称号。

在分子筛纳米孔材料的设计合成及其在能源、环境和新兴领域的应用方面取得了重要的创新性和突破性研究成果。在《科学》等期刊发表 SCI 收录论文 370 余篇，获授权专利 30 余项，出版著作 7 部。

陈骏，江苏省科协第十届委员会主席，中国科学院院士。

1954 年 11 月出生，江苏扬州人。历任南京大学地球科学系系主任，南京大学副校长、党委常委、常务副校长、校长。2009 年、2012 年分别被英国南安普敦大学和英国约克大学授予名誉博士学位。现任国务院学位委员会委员及第七届学科评议组成员、地质学组第一召集人，第六届教育部科学技术委员会委员、教育部教学指导委员会地质学类专业主任委员，《中国科学》《科学通报》理事会理事，《地质学报》《地质论评》《地球化学》等期刊编委。

长期从事地球化学的教学和研究工作，主持国家自然科学基金委员会国家杰出青年科学基金、创新研究群体科学基金、重点基金及科技部“国家重点基础研究发展计划”项目二级课题等多项科研任务，并取得一系列研究成果，发表论文 200 多篇，出版专著 4 部；获国家自然科学奖二等奖 1 项、高等教育国家级教学成果奖特等奖 1 项、教育部科技成果奖 5 项。

田红旗，湖南省科协第十一届委员会主席，中国工程院院士。

1959 年 12 月出生，河南平顶山人。中国铁路空气动力学和列车撞击动力学专家。1982 年 1 月参加工作，研究生学历，工学博士学位。现任中南大学校长、中南大学轨道交通安全教育部重点实验室主任，教育部“长江学者奖励计划”特聘教授。

在高铁空气动力学、列车撞击动力学、大风环境行车安全技术等方面取得系列原创性和工程应用成果。带领团队完成中国系列已投入运营的流线型列车外形设计，研建青藏铁路大风监测预警与行车指挥系统，建成国内首套列车气动特性动模实验系统以及国内的轨道车辆实车撞击实验系统。获国家科学技术奖 5 项，其中国家科学技术进步奖特等奖 2 项、二等奖 2 项，国家技术发明奖二等奖 1 项；获何梁何利基金科学与技术进步奖、詹天佑成就奖、光华工程科技奖、湖南光召科技奖等奖项。

2021 年去世的中国科协荣誉委员生平

教育家、农学家、农业管理专家、社会活动家，新中国天然橡胶事业奠基人，原农业部部长、党组书记何康同志，因病医治无效，于 2021 年 7 月 3 日在北京逝世，享年 99 岁。

何康同志，曾用名王相国，1923 年 2 月生于河北大名，祖籍福建福州。1938 年 1 月参加革命工作，1939 年 5 月加入中国共产党。曾受中共南方局、上海局领导，从事党的地下统战工作。新中国成立后，先后任华东军政委员会农林部副部长，林业部特种林业司司长，农垦部亚热带作物研究所所长，华南热带作物学院院长、党委书记等，致力于新中国天然橡胶及热带作物事业发展。1972 年起，历任广州军区生产建设兵团生产部副部长，广东农垦总局副书记、副局长。1978 年 1 月起，历任农林部副部长，国家农委副主任、党组成员兼农业部副部长、党组成员，农牧渔业部副部长、党组成员兼国家计委副主任。1983 年 5 月起，历任农牧渔业部部长、党组书记，农业部部长、党组书记。1986 年 6 月起，兼任中国科学技术协会第三届、第四届副主席。1999 年 1 月离休。

何康是中共十二大、十三大、十四大代表，中共第十二届、第十三届中央委员会委员，第三届、第八届全国人大代表，第八届全国人大常委会委员、财经委员会委员。

中国科学院院士、中国工程院院士、我国著名工程热物理学家与空间技术专家、中国空间技术研究院研究员闵桂荣同志，因病医治无效，于 2021 年 4 月 28 日在北京逝世，享年 88 岁。

闵桂荣同志于 1933 年 6 月 2 日生于福建莆田。1956 年毕业于南京工学院，1963 年获苏联科学院动力研究所副博士学位。1991 年当选中国科学院学部委员（院士）；1992 年当选国际宇航科学院院士；1994 年当选首批中国工程院院士。历任卫星总设计师、中国空间技术研究院院长、国家“863”计划航天领域专家委员会首席科学家等。全国政协第八届、第九届委员，中国科协第三届、第四届、第五届常委。

长期从事空间技术的研究和发展工作。在航天器热控制方面，负责完成了我国多种人造卫星的热控制任务，并在航天器热控制理论、方法和技术方面作出系统和创造性的成就。在卫星总体方面，作为主要技术负责人之一，领导完成我国第一颗人造卫星和多颗返回式卫星的研制和飞行工作，为国家建设作出了重大贡献。曾两次获国家科技进步奖特等奖。共发表论文 70 多篇、专著 4 册。

表彰奖励

中国科协关于表彰全民科学素质工作先进集体和先进个人的决定

科协发普字〔2021〕54号

各省、自治区、直辖市科协，新疆生产建设兵团科协，全民科学素质纲要实施工作办公室成员单位：

党的十八大以来，各地区各部门和广大科技工作者坚持以习近平新时代中国特色社会主义思想为指导，增强“四个意识”、坚定“四个自信”、做到“两个维护”，积极投身全民科学素质建设，深入实施国务院《全民科学素质行动计划纲要（2006—2010—2020年）》，开拓创新、拼搏奉献，担当作为、合力攻坚，推进全民科学素质工作取得显著成效，涌现出一大批先进典型。

为表彰先进、树立典型，进一步增强各地区各部门和广大科技工作者的荣誉感和干事担当的工作热情，中国科协决定授予北京市朝阳区科学技术协会等166个单位“全民科学素质工作先进集体”称号；授予龙华东等205名同志“全民科学素质工作先进个人”称号。希望受表彰的集体和个人珍惜荣誉、再接再厉，继续发挥模范表率作用，为全民科学素质建设和发展再立新功。

希望各地区各部门和广大科技工作者以受表彰的先进集体和先进个人为榜样，坚持以习近平新时代中国特色社会主义思想为指导，自觉践行社会主义核心价值观，不忘初心、砥砺前行，勇做新时代全民科学素质建设发展的奋斗者、开拓者、奉献者，服务世界科技强国建设，为全面建设社会主义现代化国家、实现中华民族伟大复兴的中国梦而不懈奋斗！

附件1：全民科学素质工作先进集体名单

附件2：全民科学素质工作先进个人名单

中国科协

2021年11月30日

附件1

全民科学素质工作先进集体名单

序号	工作单位
1	北京市朝阳区科学技术协会
2	北京学生活动管理中心自然教育部
3	北京科普发展与研究中心
4	天津市北辰区科学技术协会
5	天津市科学技术协会科学技术普及部
6	天津自然博物馆
7	河北省张家口市科技馆
8	河北省固安县科学技术协会
9	河北省科学技术协会科学技术普及部
10	河北省唐山科技馆
11	山西省长治市农业农村局
12	山西省吕梁市科学技术协会
13	山西省晋中市科技馆
14	山西省晋城市科学技术协会
15	内蒙古自治区呼伦贝尔市科学技术协会
16	内蒙古自治区科学技术协会科学技术普及部
17	内蒙古自治区通辽市科学技术协会
18	内蒙古自治区鄂尔多斯市科学技术协会

续表

序号	工作单位
19	辽宁省大连市科学技术协会科学技术普及部
20	辽宁省沈阳市科学技术协会科学技术普及部
21	辽宁省葫芦岛市南票区科学技术协会
22	辽宁省锦州市科学技术协会
23	辽宁省鞍山市科学技术协会
24	吉林省中医药学会
25	吉林省长光卫星技术有限公司
26	吉林省吉林市科学技术协会
27	吉林省科学技术协会科学技术普及部
28	黑龙江省齐齐哈尔市科学技术协会
29	黑龙江省林口县科学技术协会
30	黑龙江省知识产权局战略规划与合作处
31	黑龙江省哈尔滨市道外区科学技术协会
32	上海市长宁区科学技术协会
33	上海市科学技术协会科学技术普及部
34	上海市浦东新区科学技术协会
35	江苏省无锡市总工会
36	江苏省农业农村厅科技教育处
37	江苏省苏州市科学技术协会
38	江苏省南京市鼓楼区科学技术协会
39	浙江省宁波市鄞州区科学技术协会
40	浙江省台州市科学技术协会
41	浙江省环境科学学会
42	浙江省杭州市西湖区科学技术协会
43	浙江省金华市科学技术协会
44	安徽省地震学会
45	安徽省阜阳市教育局
46	安徽省肥西县科学技术协会
47	安徽省科学技术协会科普部
48	福建省科技馆
49	福建省科学技术协会科学技术普及部
50	福建省晋江市科学技术协会
51	福建省厦门市科学技术协会科学技术普及部
52	福建省福州市科学技术协会
53	江西省九江市科学技术协会
54	江西省林业科技推广和宣传教育中心

续表

序号	工作单位
55	江西省南昌市科学技术协会
56	江西省蚕桑茶叶研究所
57	山东省日照市科学技术协会
58	山东省青岛海洋科技馆
59	山东省济南市天桥区科学技术协会
60	山东省淄博市科学技术协会
61	山东省滨州市科学技术协会
62	河南省平顶山市科学技术协会
63	河南省全民科学素质工作领导小组办公室（河南省科普中心）
64	河南省许昌市科学技术协会
65	河南省郑州市科学技术协会
66	中国科学院武汉科学家科普团
67	湖北省宜都市科学技术协会
68	湖北省随县尚市镇净明小学
69	湖北省襄阳市科学技术协会
70	湖南广播影视集团有限公司《新闻大求真》栏目组
71	湖南省浏阳市科学技术协会
72	湖南省常德市科学技术协会
73	湖南省植物园
74	广东省广州市科学技术协会科学普及部
75	广东省农业科学院科技合作部
76	广东科学中心科普教育部
77	广东省深圳市宝安区科学技术协会
78	广东省普宁市消防救援大队
79	广西壮族自治区灵川县科学技术协会
80	广西壮族自治区柳州市科学技术协会
81	广西壮族自治区科学技术协会科技普及部
82	广西壮族自治区教育厅基础教育处
83	海南省妇女联合会妇女发展部
84	海南省健康宣传教育中心
85	海南省儋州市科学技术协会
86	重庆大学附属肿瘤医院
87	重庆市第一中学校
88	重庆科技馆
89	四川省成都市第七中学
90	四川省农业农村厅科技教育处

续表

序号	工作单位
91	四川省科学技术协会科学技术普及部
92	成都海关技术中心
93	贵州省毕节市科学技术协会
94	贵州省贵阳市云岩区科学技术协会
95	贵州省遵义市科学技术协会
96	贵州省黔西南州科学技术协会
97	云南省曲靖市科学技术协会
98	云南省砚山县科学技术协会
99	云南省保山市科学技术协会
100	云南省教育厅基础教育二处
101	西藏自治区农牧科学院畜牧兽医研究所
102	西藏自治区那曲市科学技术协会
103	西藏自治区科普工作队
104	西藏自然科学博物馆
105	陕西省甘泉县科学技术协会
106	陕西省宝鸡市科学技术协会
107	陕西省科学技术协会科学技术普及部
108	陕西省渭南市科学技术协会
109	甘肃省农村专业技术联合会
110	甘肃省金昌市科学技术协会
111	甘肃省临洮县科学技术协会
112	甘肃省嘉峪关市雄关街道昌盛社区
113	宁夏回族自治区科技厅创新体系建设处
114	宁夏回族自治区科学技术协会科学技术普及部
115	宁夏回族自治区盐池县科学技术协会
116	青海省气象学会
117	青海省西宁市科学技术协会
118	青海省海南藏族自治州科学技术协会
119	新疆维吾尔自治区气象学会
120	新疆维吾尔自治区乌苏市科学技术协会
121	新疆维吾尔自治区农村电影发行放映管理服务中心
122	新疆维吾尔自治区尉犁县科学技术协会
123	新疆生产建设兵团第五师农业科学研究所
124	新疆生产建设兵团第六师五家渠第三中学
125	中共中央组织部干部教育局一处
126	中共中央宣传部新闻局文化新闻处
127	国家发展和改革委员会创新和高技术发展司创新创业处

续表

序号	工作单位
128	中国石油大学（华东）地球科学与技术学院
129	中国农业大学科技小院团队
130	科技部农村科技司基层科技与扶贫处
131	中国信息通信研究院技术与标准研究所
132	国家民族事务委员会教育科技司科技处
133	国家康复辅具研究中心科研管理部（国际合作部）
134	人力资源和社会保障部专业技术人员管理司继续教育处
135	中国地质博物馆科普办
136	中国环境科学学会环境科普部
137	交通运输部科学研究院交通科技发展促进中心
138	中国水利学会学术交流与科普部
139	中央农业广播电视学校职业培训处（农业农村部农民科技教育培训中心办公室）
140	中国农学会科普处
141	农业农村部农产品质量安全中心科普与应急处
142	文化和旅游部科技教育司科学技术处
143	人民卫生出版社有限公司健康传播中心
144	国家卫生健康委员会宣传司健康促进处
145	应急管理部新闻宣传司宣传处
146	国家市场监督管理总局科技和财务司综合处
147	国家广播电视总局宣传司新闻宣传管理处
148	北京体育大学运动人体科学学院
149	国家统计局社会科技和文化产业统计司科技处
150	中国科学院计算机网络信息中心新媒体技术与应用发展部
151	中国科学院物理研究所科学传播协会
152	中国社会科学院图书馆文献中心建设部
153	中国工程院一局科学道德与院士监督处
154	中国气象局宣传与科普中心科普部
155	中国林学会科普部
156	中国文化遗产研究院中国世界文化遗产中心
157	国家自然科学基金委员会科学传播与成果转化中心科学传播部
158	中国地震局发展研究中心宣传科普室
159	浙江省杭州市总工会宣传教育部
160	中国青年科技工作者协会
161	中国儿童中心儿童探索馆
162	上海埃依斯航天科技有限公司
163	中华医学会科学普及部
164	中国科普研究所科学素质研究室

续表

序号	工作单位
165	中国核工业集团有限公司党群工作部宣传文化品牌处
166	中科数创（北京）数字传媒有限公司

附件2

全民科学素质工作先进个人名单

序号	姓　名	工作单位
1	龙华东	北京市科学技术委员会、中关村科技园区管理委员会
2	刘　燕（女）	北京城市气象研究院
3	李凌霄（女）	首都图书馆
4	杨晓伟	北京市科学技术协会
5	邹强军	北京市水生野生动植物救护中心
6	姜　辉	北京大学第三医院
7	高雅莉（女，满族）	北京市应急管理科学技术研究院
8	刘月升	天津市滨海新区大港教师进修学校
9	孙兆爽（女）	天津市津南区科学技术协会
10	李　娜（女）	天津市科学技术信息研究所
11	肖建中	天津市武清区农业发展服务中心
12	张　丽（女）	天津科学技术馆
13	张　蕾（女）	天津医科大学总医院
14	任嵘嵘（女）	东北大学秦皇岛分校
15	李增杰	河北省沧州市运河区科学技术协会
16	陈同法	河北省石家庄市藁城区科学技术协会
17	郑　翔	河北省微生物研究所有限公司
18	任鸿雁（女）	山西省科学技术协会
19	齐育红	山西省朔州市科学技术协会
20	孙美红（女）	山西农业大学
21	黄立坤（女）	山西省人民医院
22	代文宝（蒙古族）	内蒙古自治区科尔沁右翼前旗科学技术协会
23	辛剑南	内蒙古自治区包头市科学技术协会
24	张丹丹（女）	内蒙古自治区赤峰市科学技术协会
25	康振祥（蒙古族）	内蒙古自治区巴彦淖尔市科学技术协会
26	王　勇	辽宁省大连市旅顺口区科学技术协会
27	刘　彩（女）	辽宁省朝阳市双塔区科学技术协会
28	宋丽楠（女）	辽宁省铁岭市科学技术协会
29	张　宁（女）	辽宁省沈阳市和平区科学技术协会

续表

序号	姓　名	工作单位
30	高彦博	辽宁省总工会
31	马晓健	吉林省科技馆
32	王清博	吉林农业大学
33	刘　富	吉林大学
34	马云平	黑龙江省七台河市农业农村局动物检疫中心
35	李晓初	黑龙江省科学技术协会
36	姜国清	黑龙江省佳木斯市中心医院
37	蔡　蔚	哈尔滨理工大学
38	尤薪皓	上海市科学技术委员会
39	冉江海（女，土家族）	上海市静安区科学技术协会
40	汤海明	中国科学院上海天文台
41	肖　华	上海科技报社
42	宋琼芳（女）	上海市健康促进中心
43	张树民	上海市黄浦区五里桥街道办事处
44	王德平	江苏省扬州市科学技术协会
45	李国新	江苏省南通市通州区科学技术协会
46	殷素珍（女）	江苏省淮安市淮阴区科学技术协会
47	高水平	江苏省常州市武进区科学技术协会
48	高红兰（女）	江苏省盐城市第一人民医院
49	蒋辽远	江苏省预防医学会
50	王金文	浙江省松阳县科学技术协会
51	朱科良	浙江省舟山市科学技术协会
52	周坚红（女）	浙江大学医学院附属妇产科医院
53	洪　阳	浙江省宁波市科学技术协会科普发展中心
54	郭贝妮（女）	浙江省国际民间科技交流中心
55	陶思敏（女）	浙江省绍兴科技馆
56	董黎明	浙江省湖州市科学技术协会
57	王　薇（女）	安徽省科学技术馆
58	司永纯	安徽省人力资源和社会保障厅
59	张俊芳（女）	安徽省芜湖市镜湖区科学技术协会
60	周丽雅（女）	安徽省蚌埠市气象局公共气象服务中心
61	胡蓓蕾（女）	安徽省枞阳县人民医院
62	鲁炳贵	安徽省和县科学技术协会
63	杨以茸（女）	福建省漳州市龙文区科学技术协会
64	陈　泓（女）	福建省南平市建阳区科学技术协会

续表

序号	姓　名	工作单位
65	林捷兴	福建省厦门万舜文化产业投资发展有限公司
66	林膑雄	福建省莆田市荔城区科学技术协会
67	郑　志	福建省福安市科学技术协会
68	徐锦清	福建省龙岩市科学技术协会
69	曾竹花（女）	福建省三明市科技馆
70	张全市	江西省科学技术协会
71	周晓霖（女）	江西省寻乌县科学技术协会
72	柯婧江（女）	江西省上饶市科技馆
73	段国坤	江西省生态环境厅
74	王国晖	山东省科学技术协会
75	纪兆云	山东省应急管理厅
76	李　冲	山东省东明县科学技术协会
77	张继全	山东省临沂市科学技术协会
78	胡　毅	山东省疾病预防控制中心
79	韩盛涛	山东省泰安市科学技术协会
80	解　玲（女）	山东省青岛市科学技术协会
81	李　旭	河南省财政厅
82	张　强	河南省疾病预防控制中心
83	陈　刚	河南省洛阳市科学技术协会
84	武潇潇	河南省焦作市科学技术协会
85	方本文	湖北省罗田县科学技术协会
86	邓华彬	湖北省黄石市科学技术协会
87	邓自力（满族）	湖北省荆州市科学技术协会
88	李宜恩（土家族）	湖北省恩施土家族苗族自治州科学技术协会
89	陈海涛	武汉科技报社
90	蒋楚剑	武汉大学口腔医院
91	李健权	湖南省农业科学院
92	李密军	湖南省怀化市科学技术局
93	周贤斌	湖南省郴州市科学技术协会
94	胡　炜	湖南省双峰县科学技术协会
95	叶炎富	广东省广州市越秀区少年宫
96	许学猛	广东省第二中医院
97	李国宝	中共阳江市委宣传部
98	张　戈	广东省消防救援总队
99	陈志远	广东省深圳市科学技术协会

续表

序号	姓　名	工作单位
100	林伟秋	广东省饶平县农业技术推广中心
101	黄美健（女）	广东省珠海市斗门区第二实验小学
102	朱红祥	广西博世科环保科技股份有限公司
103	吴舒沁（女）	广西壮族自治区梧州市科学技术协会
104	欧祖权	广西壮族自治区贺州市八步区贺街镇人民政府
105	黄定日（壮族）	广西壮族自治区隆安县科学技术协会
106	王　全（黎族）	海南省琼中黎族苗族自治县蜂业协会
107	杨　娟（女）	海南省妇女联合会
108	杨馥祯（女）	海南省气象科学研究所
109	陈贤佳	海南省健康宣传教育中心
110	郭周艳（女，黎族）	海南省昌江黎族自治县青少年活动中心
111	田博文	重庆市巴蜀中学校
112	刘　斌（土家族）	重庆市石柱土家族自治县中益乡小学校
113	姚世衡	重庆市万州区科学技术协会
114	唐元华	重庆市巴南区农村专业技术联合会
115	李奋飞	四川省成都市科学技术协会
116	杨　浩	四川省巴中市巴州区东城街道大东社区居委会
117	胡　斌	四川科技馆
118	谢汶峰（女）	四川省南充市高坪区科学技术协会
119	杜　凌（土家族）	贵州省铜仁市科学技术协会
120	汪俊华（女）	贵州医科大学
121	张文斌	贵州省人力资源和社会保障厅考试院
122	黄国林	贵州省惠水县科学技术协会
123	徐卫华	云南省人民政府办公厅
124	郭　峰	云南省昆明市五华区科学技术协会
125	排金芬（女，景颇族）	云南省瑞丽市科学技术协会
126	黄殿荃	云南省屏边苗族自治县科学技术协会
127	尼玛群宗（女，藏族）	西藏自治区动物疫病预防控制中心（西藏自治区畜牧总站）
128	刘树峰	西藏自治区错那县农牧综合服务中心
129	次仁白珍（女，藏族）	西藏自治区拉萨市科学技术协会
130	张延丽（女）	西藏自治区日喀则市农业科学研究所
131	桑塔杰（藏族）	西藏藏医药大学
132	杨　惠（女）	陕西省咸阳市科学技术协会
133	贺　凯	陕西省汉中市科学技术协会
134	高　强	陕西省榆林市科学技术馆

续表

序号	姓　名	工作单位
135	管晓宏	西安交通大学
136	王玉安	甘肃省农业科学院林果花卉研究所
137	闫承杰（女）	甘肃省兰州市科学技术协会
138	李凤奇	甘肃省天水市科学技术协会
139	高建社	甘肃省庆城县科学技术协会
140	冯彦寅（回族）	宁夏回族自治区财政厅
141	李志廷	宁夏日报报业集团
142	杨　发	宁夏回族自治区农业农村厅
143	杨建军	宁夏医科大学
144	乌　仁（女，蒙古族）	青海省海西蒙古族藏族自治州科技局（科协）科普服务中心
145	吴世超	青海省农业农村厅信息中心
146	何永清（撒拉族）	青海省玉树藏族自治州气象灾害防御技术中心（三江源生态气象分中心）
147	曹承花（女）	青海省海东市互助土族自治县科学技术普及服务中心
148	吐尼亚孜·沙吾提（维吾尔族）	新疆维吾尔自治区老科技工作者协会
149	李雪源	新疆农业科学院
150	张晓生（女）	新疆维吾尔自治区乌鲁木齐市科学技术协会
151	罗　凯	新疆维吾尔自治区巴楚县第二中学
152	马　丽（女，回族）	石河子大学
153	甘尚权	新疆农垦科学院
154	杨志刚	新疆生产建设兵团第一师农业科学研究所
155	陈　冰（女）	中共中央组织部公务员二局
156	康昭阳	中共中央组织部干部教育局
157	朱　婧（女）	中共中央宣传部宣传教育局
158	张绍阳	国家发展和改革委员会创新和高技术发展司
159	宁焕生	北京科技大学
160	吴　超	中南大学
161	张　勇	北京林业大学
162	梁　进（女）	同济大学
163	赵新力	中国科学技术交流中心
164	张　翔	南京理工大学
165	石　莎（女）	中央民族大学
166	刘亚静（女）	民政部机关党委（人事司）
167	李瑞月（女）	人力资源和社会保障部专业技术人员管理司
168	黄　梅（女）	中国人事科学研究院
169	林　宁	国家海洋信息中心

续表

序号	姓　名	工作单位
170	陈　胜	生态环境部科技与财务司
171	梁　微（女）	中国交通报社有限公司
172	管玉卉（女）	水利部国际合作与科技司
173	张书义	全国畜牧总站
174	张金梅（女）	中国农业科学院作物科学研究所
175	曹建华	中国热带农业科学院橡胶研究所
176	虞　涛	农业农村部计划财务司
177	黄　静（女）	国家图书馆
178	王　璐（女）	国家卫生健康委员会规划发展与信息化司
179	王旭丹（女）	国家卫生健康委员会基层卫生健康司
180	李　莉（女）	中国健康教育中心
181	沈闰州	国家卫生健康委员会宣传司
182	胡春梓（女，满族）	应急管理部宣传教育中心
183	刘旭红（女）	中国计量科学研究院
184	罗引子（女）	国家广播电视总局宣传司
185	周敬滨	国家体育总局运动医学研究所
186	张启龙	国家统计局社会科技和文化产业统计司
187	王　原	中国科学院古脊椎动物与古人类研究所
188	李天达	中国科学院动物研究所
189	吴宝俊（蒙古族）	中国科学院大学
190	沙国河	中国科学院大连化学物理研究所
191	于海青（女）	中国社会科学院马克思主义研究院
192	郑召霞（女）	中国工程院一局
193	张　涛	国家气象中心
194	王秋丽（女）	中国林业科学研究院
195	孔祥芝（女）	国家文物局博物馆与社会文物司（科技司）
196	侯建民	中国地震台网中心
197	张　姿（女）	江苏省总工会
198	罗栋纬（蒙古族）	共青团中央青年发展部
199	樊代明	空军军医大学第一附属医院
200	刘　鑫	中国科学技术协会科学技术普及部
201	齐　欣（女，回族）	中国科学技术馆
202	纪红兵	中山大学惠州研究院
203	张　娜（女，满族）	中国食品科学技术学会
204	武向平	中国科学院国家天文台
205	梅　君	中国公路学会

中国科协 2021 年度事业发展统计公报

中国科协 2021 年度事业发展统计公报 *

2022 年 8 月

2021 年，在党中央的坚强领导下，中国科协坚持以习近平新时代中国特色社会主义思想为指导，深入贯彻落实党的十九大和十九届历次全会精神，切实履行桥梁纽带职责，团结科技工作者在党史学习教育中明理增信、崇德力行，坚决拥护“两个确立”、增强“四个意识”、坚定“四个自信”、做到“两个维护”，激励科技工作者心怀“国之大者”，勇当高水平科技自立自强排头兵，立足新发展阶段、贯彻新发展理念、构建新发展格局，推动高质量发展和共同富裕，在国家现代化新征程中建功立业。

一、组织建设

（一）科协组织建设

各级科协 3184 个，其中省级科协 32 个、市级科协 427 个、县级科协 2724 个。各级科协直属单位 1909 个。各级代表大会代表总人数 344976 人，其中委员会委员总人数 92953 人、常务委员会委员总人数 36420 人。

各级科协从业人员 40656 人，其中女性从业人员 17789 人。各级科协本年收入① 总额 159.7 亿元。

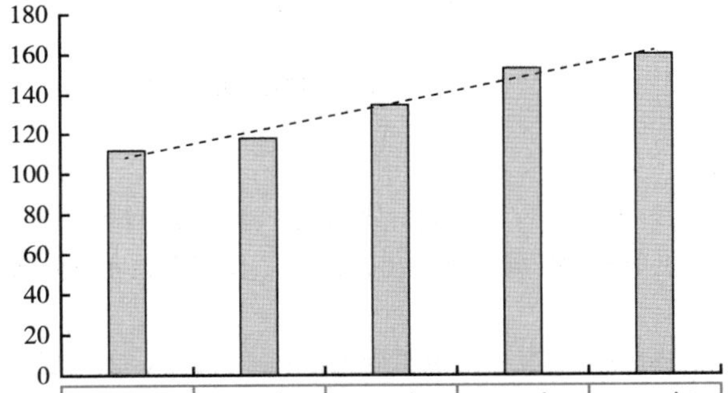

	2017年	2018年	2019年	2020年	2021年
各级科协总收入（亿元）	111.8	117.8	134.1	153.2	159.7

图 1　各级科协收入情况

* 本公报中各项统计数据均未包括香港特别行政区、澳门特别行政区和台湾地区。部分数据因四舍五入的原因，存在着与分项合计不等的情况。

公报中各种范围所表述的含义：

各级科协：指中国科协机关及直属单位、省级科协、市级科协、县级科协。

地方科协：指省级科协、市级科协、县级科协。

学会：指各级科协所属学会、协会、研究会。

两级学会：指全国学会、省级学会。

全国学会：指中国科协所属全国学会、协会、研究会。

省级学会：指各省级科协所属省级学会、协会、研究会。

市级学会：指各市级科协所属市级学会、协会、研究会。

县级学会：指各县级科协所属县级学会、协会、研究会。

基层组织：指经地方科协审批，在科技工作者集中的高等学校、科研院所、医院、企业、园区和乡镇（街道）、村（社区）等建立的科学技术协会（科学技术普及协会）。主要包括企业科协、高校科协、乡镇 / 街道科协、村 / 社区科协、农技协等。

① 各级科协本年收入：指本年度各级科协部门经费总收入，包括科协经费总收入和直属单位经费总收入。考虑到统计调查数据的时效性，公报中的财务类数据均按调查单位确定的时点数据或预计数上报。

企业科协[①]25692个，个人会员298.0万人。高校科协[②]1607个，个人会员79.7万人。乡镇（街道）科协[③]28750个，个人会员154.4万人。村（社区）科协[④]40710个，个人会员60.0万人。农技协[⑤]22664个，个人会员349.6万人。

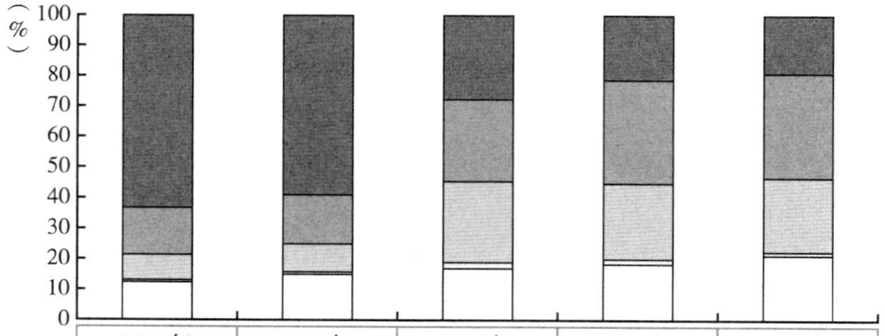

	2017年	2018年	2019年	2020年	2021年
农技协（个）	89856	78492	27575	24658	22664
村（社区）科协（个）	21590	22012	26637	39206	40710
乡镇（街道）科协（个）	11292	12184	26936	29380	28750
高校科协（个）	1181	1374	1437	1607	1607
企业科协（个）	18523	20312	17510	21849	25692

□企业科协（个） □高校科协（个） ▨乡镇（街道）科协（个） ▨村（社区）科协（个）
■农技协（个）

图2　科协基层组织基本情况

（二）学会组织建设

各级科协所属学会22477个，其中中国科协所属全国学会211个、省级科协所属省级学会3938个、市级科协所属市级学会8698个、县级科协所属县级学会9630个。全国学会理事会理事[⑥]3.0万人，省级学会理事会理事28.6万人。

两级学会从业人员66461人，其中全国学会从业人员3991人、省级学会从业人员62470人。

两级学会本年收入总额101.7亿元，其中全国学会本年收入总额46.5亿元。

两级学会个人会员[⑦]1260.6万人，团体会员36.9万个。其中全国学会个人会员621.5万人，团体会员6.9万个；省级学会个人会员639.1万人，团体会员30.0万个。

① 企业科协：含经地方科协审批，企业、园区等成立的科协基层组织。

② 高校科协：含经地方科协审批，高等学校、科研院所成立的科协基层组织。

③ 乡镇（街道）科协：指乡镇、街道成立的科协基层组织。

④ 村（社区）科协：指村、社区成立的科协基层组织。

⑤ 农技协：指经地方科协正式审批接纳或登记备案的农村专业技术协会以及各类农村专业技术研究会（农研会）等。

⑥ 理事会理事：指经学会会员代表大会选举产生的学会理事。

⑦ 学会个人会员：指在学会注册登记，并取得本学会会员资格的人员（包括外籍会员）。

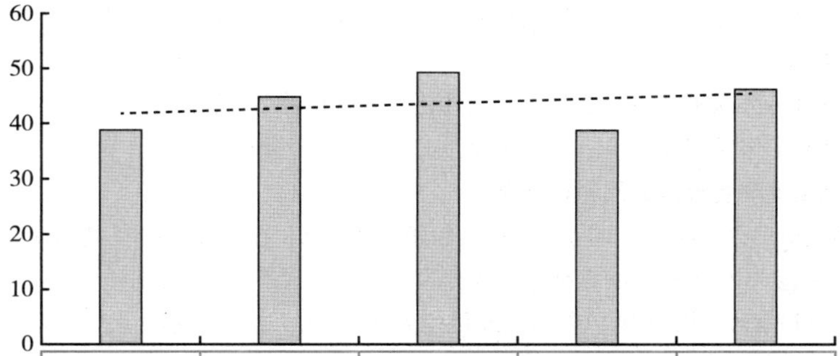

	2017年	2018年	2019年	2020年	2021年
全国学会总收入（亿元）	38.8	44.8	49.6	38.8	46.5

图 3　全国学会收入情况

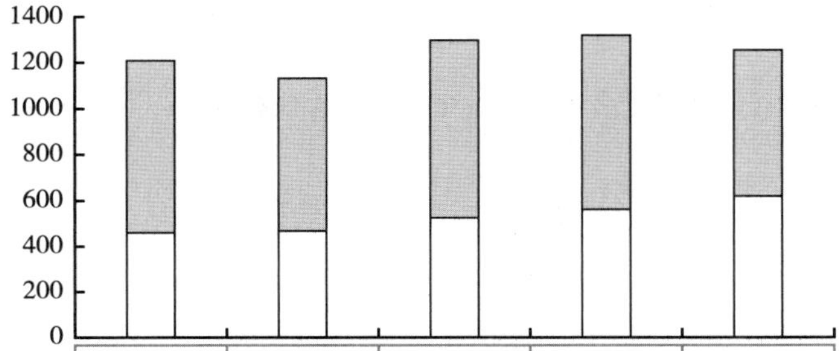

	2017年	2018年	2019年	2020年	2021年
省级学会（万人）	756.6	642.8	779.9	766.4	639.1
全国学会（万人）	453.7	466.9	522.7	557.9	621.5

□ 全国学会（万人）　■ 省级学会（万人）

图 4　全国学会和省级学会个人会员情况

二、为科技工作者服务

（一）思想政治教育及能力提升

开展科学道德与学风建设宣讲活动①9441 场次，宣讲活动受众人数 1303.3 万人次。

举办干部教育培训班 6301 次（期），共培训 50.0 万人次。

举办继续教育培训班 22114 场次，培训参训人数 1128.2 万人次。

（二）表彰举荐

各级科协和两级学会以科技奖项、人才计划（工程）等为载体，举荐人才 11989 人次，推荐项目数 5032 项。

设立科技奖项②1858 项，其中全国学会设立 331 项。表彰奖励科技工作者 16.0 万人次，其中女性科技工作者 4.2 万人次，45 岁以下科技工作者 9.1 万人次。青年人才托举工程③累计培育青年人才约 2100 人。

（三）媒体宣传

通过媒体宣传科技工作者 67.9 万人次，其中中央 / 省级媒体宣传科技工作者 13.0 万人次。宣传媒介呈多样化，

① 科学道德与学风建设宣讲活动：指各级科协和两级学会主办或牵头组织的宣讲科学精神、科学道德、科学伦理和科学规范的会议、培训及活动等。

② 科技奖项：指省级及以上科协组织和两级学会设立的科技奖项，涵盖人物奖和成果奖、科技奖和科普类奖项等。不包括一般的表扬鼓励和专门针对本单位工作人员的表彰奖励。

③ 青年人才托举工程：是指中国科协于 2015 年启动实施的一项青年人才培育计划，以每届重点支持 200 名左右 30 岁上下的青年科技人才为目标，发挥学会专业优势，创新青年人才选拔、培养机制，指导其在科研黄金期快速成长，打造国家高层次科技人才后备队伍，成为建设创新型国家、德才兼备的国家科技领军人才重要人力资源保障。

通过电视宣传 9.5 万人次，通过纸质媒体宣传 9.9 万人次，通过网络与新媒体宣传 53.6 万人次。

（四）志愿服务

在基层直接为公众提供科技攻坚、成果转化、人才培养、科技咨询、科学普及等方面专职科普工作者（科普工作时间占其全部工作时间 60% 以上的工作人员）8.7 万人，兼职科普工作者 137.6 万人，科技志愿者[①]337.9 万人。

三、国际及港澳台地区民间科技交流

各级科协和两级学会加入国际民间科技组织[②]903 个。在国际民间科技组织中任职专家 2446 人，其中担任主席、副主席、执委或相当职务的高级别任职专家 1265 人，其他一般级别任职专家 1182 人。

参加国际科学计划[③]131 项。参加境外科技活动 1.4 万人次，参加港澳台地区科技活动 0.4 万人次。接待境外专家学者 0.8 万人次。

四、学术交流

（一）推进创新创业服务活动

开展推进创新创业活动 3.3 万项，其中举办竞赛、论坛、展览等类型的活动 8353 项，开展咨询、教育、培训等类型的活动 1.9 万项，开展投融资、成果转化等类型的活动 3264 项。

（二）专家服务

各级科协指导组建专家工作站[④]8779 个，全年组织进站专家 8.4 万人次。组建专家服务团队[⑤]5041 个，参加服务团队专家 15.0 万人次。

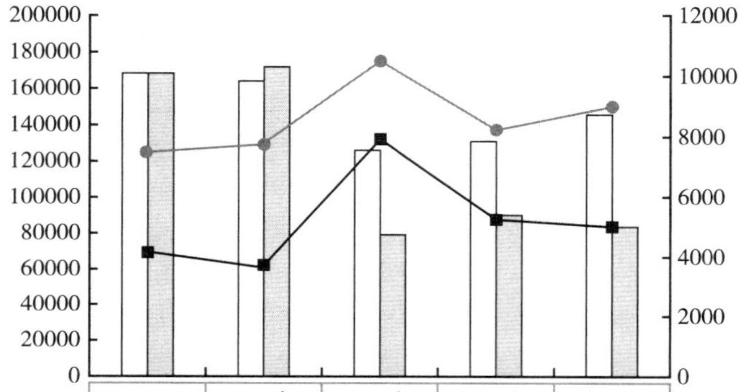

	2017年	2018年	2019年	2020年	2021年
专家工作站（个）	10120	9881	7627	7858	8779
专家服务团队（个）	10175	10321	4761	5435	5041
专家进（站、中心）人数（人次）	70142	61117	132007	87507	83725
参加服务团队专家人数（人次）	124755	129099	175152	136907	150192

专家工作站（个）　专家服务团队（个）
专家进（站、中心）人数（人次）　参加服务团队专家人数（人次）

图 5　各级科协指导组建专家工作站、专家服务团队情况

① 科技志愿者：指不以物质报酬为目的，利用自己的时间、科技技能、科技成果、社会影响力等，自愿为社会或他人提供公益性科技类服务的科技工作者、科技爱好者和热心科技传播的人士等。统计包括各级科协及学会登记注册的科技志愿者人数以及原注册科普志愿者。

② 国际民间科技组织：指各级科协和两级学会分别代表国家、地区或学科加入的，经所在国正式注册、具有法人资质的国际民间科技组织。

③ 国际科学计划：指各级科协和两级学会及所联系的专家参与国际民间科技组织发起或主导的国际科学计划。

④ 专家工作站：指各级科协组织和两级学会协同有关单位，为高层次专家直接参与经济建设和社会服务而组建的科技服务机构。

⑤ 专家服务团队：指各级科协和两级学会根据项目合作需要，按专业特点牵头组织的专家服务团队，主要承担科学普及、科技攻关、决策咨询、工程论证、技术指导、科技扶贫等相关合作项目。

（三）标准制定

两级学会研制技术标准①420 个、团体标准②2554 个。

（四）学术会议

各级科协和两级学会共举办学术会议 18740 场次，参加人数 4.0 亿人次，交流论文 80.8 万篇。

举办国内学术会议③17691 场次，其中举办学术年会 6780 场次。国内学术会议参加人数 3.9 亿人次，交流论文 71.5 万篇。

举办境内国际学术会议④944 场次，参加人数 1429.1 万人次，交流论文 8.6 万篇。

举办港澳台地区学术会议⑤105 场次，参加人数 5.2 万人次，交流论文 6760 篇。

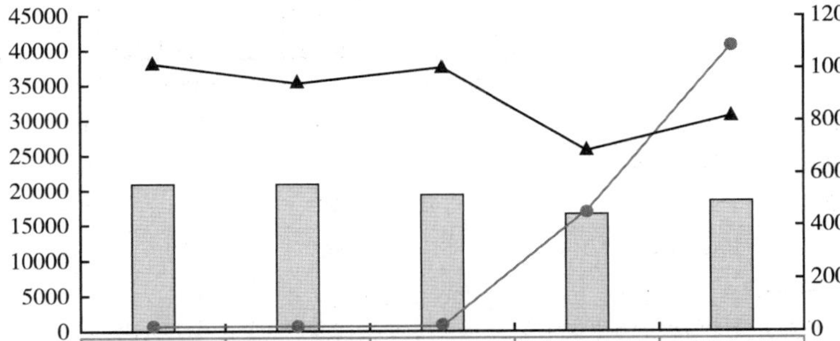

	2017年	2018年	2019年	2020年	2021年
学术会议（次）	21096	21096	19461	16442	18740
参加人数（万人次）	558.8	613	508	16759	40483
交流论文（千篇）	1008	935	995	682	808

学术会议（次）　参加人数（万人次）　交流论文（千篇）

图 6　各级科协和两级学会举办学术交流活动情况

（五）科技期刊

各级科协和两级学会主办科技期刊⑥1722 种。编委会成员人数 113776 人，编辑部总人数 11458 人。科技期刊总印数 4103.0 万册，发表论文、文章数 56.3 万篇。

五、科学技术普及活动

（一）科普基础设施建设

截至 2021 年年底，各级科协拥有所有权或使用权的科技馆⑦1004 个。总建筑面积 553.8 万平方米，展厅面积 296.6 万平方米。已实行免费开放的科技馆 937 个。科技馆全年接待参观人数 5092.4 万人次。流动科技馆 1054 个。科普活动站（中心、室）48478 个，全年参加活动（培训）人数 2784.4 万人次。科普画廊建筑面积（宣传栏、宣传

① 技术标准：指两级学会经公认机构批准的、非强制执行的、供通用或重复使用的产品或相关工艺和生产方法的规则、指南或特性的文件等。

② 团体标准：指两级学会按照团体确立的标准制定程序，自主制定发布、由社会自愿采用的标准。

③ 国内学术会议：指在我国境内由各级科协和两级学会主办或牵头主办的以学术交流为目的，由国内有关专家、学者及科技人员参加并提交学术论文的综合交叉性、专业性高端前沿等系列学术研讨会、交流会、报告会和论坛等。

④ 境内国际学术会议：指在我国境内由各级科协和两级学会主办或牵头主办以及受国际组织委托承办的以学术交流为目的，与会代表来自三个或三个以上国家或地区（不含港澳台地区）的研讨会、交流会、报告会和论坛等。

⑤ 港澳台地区学术会议：指由各级科协和两级学会与港澳台地区有关组织联合主办的以学术交流为目的，来自港澳台地区的与会代表人数占总参会人数三分之一以上的研讨会、交流会、报告会和论坛等。

⑥ 科技期刊：指由各级科协和两级学会主办或合办，具有固定刊名、刊期、年卷或年月顺序编号，以报道科学技术为主要内容的连续出版物，包括学术期刊、综合期刊、技术期刊、科普期刊和检索期刊等，不包括各类内部刊物。

⑦ 科技馆：指各级科协拥有所有权或使用权的具备展览教育、培训教育、实验教育等功能，面向公众常年开放的社会科技教育固定设施。

橱窗）142.5 万平方米，全年展示面积[1]312.5 万平方米。科普大篷车 1311 辆，全年下乡次数 4.1 万次。科普大篷车全年下乡行驶里程 732.5 万千米，受益人数 2589.3 万人次。

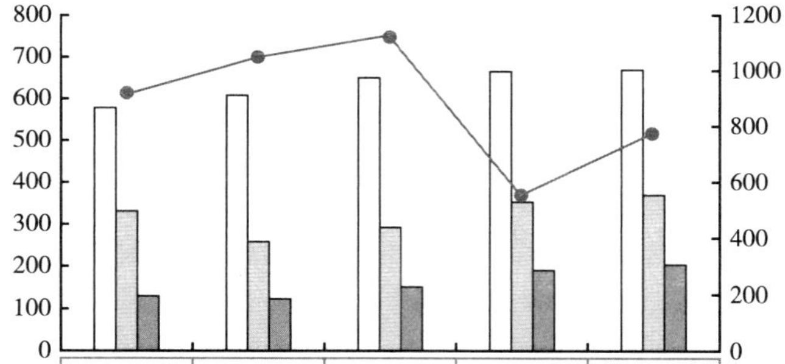

	2017年	2018年	2019年	2020年	2021年
科技馆（个）	867	909	978	1000	1004
建筑面积（万平方米）	499	383.5	434.2	526.5	553.8
展厅面积（万平方米）	194	187.1	231.1	284.1	296.6
全年接待参观人数（十万人次）	610	697.2	747.9	366.4	509.2

科技馆（个）　建筑面积（万平方米）
展厅面积（万平方米）　全年接待参观人数（十万人次）

图 7　各级科协科技馆建设基本情况

（二）科普宣讲活动

各级科协和两级学会举办科普宣讲活动[2]39.0 万场次，其中专家科普报告会 5.0 万场次、专题展览 1.3 万场次、科技咨询 11.2 万场次。科普宣讲活动受众人数 23.23 亿人次。举办实用技术培训 8.9 万次，接受培训人数 1539.3 万人次。推广新技术新品种 25520 种。各类科普活动覆盖村（社区）28.5 万个次。

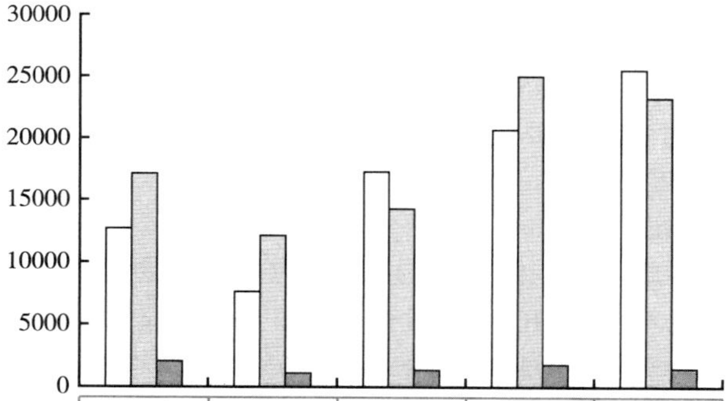

	2017年	2018年	2019年	2020年	2021年
推广新技术、新品种（项）	12180	7604	17243	20757	25520
科普宣讲活动受众人数（十万人次）	17099	12810	14406	24873	23232
实用技术培训人数（万人次）	2093	1111	1392	1874	1539

□ 推广新技术、新品种（项）　▨ 科普宣讲活动受众人数（十万人次）
■ 实用技术培训人数（万人次）

图 8　各级科协和两级学会科普活动情况

① 科普画廊展示面积：指各级科协和两级学会单独或牵头联合有关单位共同建设的科普画廊（宣传栏、橱窗）中展示科学技术信息图片、文字的实际面积。按实际展示面积计算，单面的计算单面面积，双面的计算双面面积。单个年展示面积 = 每次展示面积 × 展示次数。

② 科普宣讲活动：指各级科协和两级学会单独或牵头组织的以报告会、广播、电视、报刊、网络或其他形式举办的科普讲座和报告，以陈列实物及展示图片等形式举办的各类科普展览，组织相关专业专家组成智力团体，以科学技术为依据，向社会和公众提供的智力服务。

（三）青少年科技教育

各级科协和两级学会举办青少年科普宣讲活动 11.7 万场次，受众人数 3.6 亿人次。举办青少年科技竞赛 6136 次，参加竞赛的青少年 2915.7 万人次。举办青少年科学营[①]781 次，参加人数 9.6 万人次。编印青少年科技教育资料 2722 种，印数 580.9 万册。举办青少年科技教育活动和培训 40845 场次，参加培训人数 6747.2 万人次。通过中学生科技创新后备人才培养项目[②]培养学生 7.5 万人。

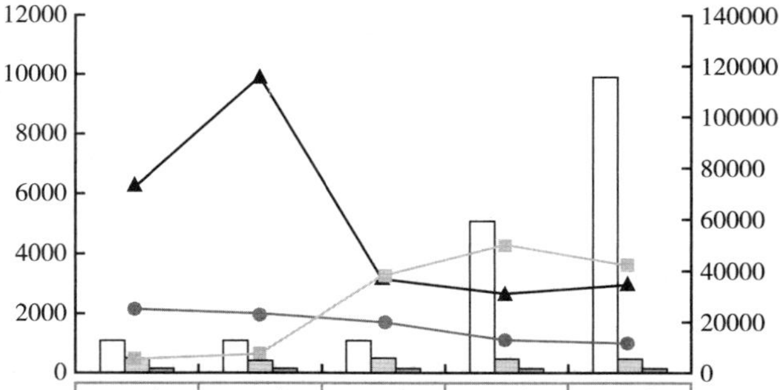

	2017年	2018年	2019年	2020年	2021年
举办青少年科普活动（次）	13408	12794	12794	60288	116994
举办青少年科技竞赛（次）	5834	4883	5680	5785	6138
举办青少年科学营（次）	1164	1094	1288	957	781
青少年科学营参加人数（百人次）	2078	1908	1600	1082	963
青少年科技竞赛参加人数（万人次）	6196	9905	3056	2626	2916
青少年科普宣讲活动受众人数（十万人次）	395	546	3224	4243	3572

举办青少年科普活动（次） 举办青少年科技竞赛（次）
举办青少年科学营（次） 青少年科学营参加人数（百人次）
青少年科技竞赛参加人数（万人次） 青少年科普宣讲活动受众人数（十万人次）

图 9　各级科协与两级学会举办的青少年科技教育活动情况

（四）科普传播

各级科协和两级学会编著科技图书 5866 种，印数 5681.6 万册。制作科普挂图 79024 种，印数 1181.4 万张。

制作科技广播影视节目总时长 4.5 万小时。播放科普动漫作品总时长 28.3 万小时。

主办科普传播类网站 1572 个，全年浏览量 143.3 亿人次。主办科普 App 247 个，下载安装 1333.6 万次。主办科普微信公众号 2767 个，关注数 9683.4 万个。主办科普微博 589 个，粉丝数 6.0 亿个。科普中国平台累计传播总量 410.34 亿人次，其中移动端 306.43 亿人次。

六、科技决策咨询

（一）科技决策咨询活动

各级科协和两级学会举办决策咨询活动 6250 场次，参与专家 7.3 万人次。开展科技评估[③]12647 次。组织参与立法咨询 525 次。组织政协科协界委员协商或调研活动 1813 场次。

（二）科技决策咨询成果

提供决策咨询报告 6974 篇，其中获上级领导同志批示的报告 1847 篇。反映科技工作者建议 9897 条，其中获

① 青少年科学营：指由各级科协和两级学会举办，包括中国科协和教育部举办，旨在充分利用大学的科技教育资源，激发青少年对科学的兴趣，培养青少年的科学精神、创新意识和实践能力的青少年科学营活动。

② 中学生科技创新后备人才培养项目：指各级科协和两级学会组织，包括中国科协和教育部组织，为落实"支持有条件的高中与大学、科研院所合作开展创新人才培养研究和试验，建立创新人才培养基地"的要求，以发现和培养一批具有科学创新潜质的中学生为目的，在专家指导下由中学生参加的科学研究项目、科技社团活动、学术研讨和科研实践等活动。

③ 科技评估：指各级科协和两级学会独立或牵头开展，遵循一定的原则、程序和标准，运用科学、公正和可行的方法，对科技活动有关的政策、计划、项目、成果、专有技术、产品机构、人才等进行专业判断的评估活动。

上级领导同志批示的建议 1061 条。答复人大、政协代表（委员）提案 982 件。组织政策解读活动 2315 场次。发布政策解读文章 1197 篇。

（三）科研队伍建设

建立合作关系或共同开展研究项目的企业、高校、科研院所等 6551 个。研究人员 16.2 万人，其中副高级以上职称 8.7 万人。开展研究项目 1.5 万个。

中国数学会

10 月 23 日，中国数学会 2021 年学术年会在云南省昆明市开幕，开幕式上为中国科学院院士、复旦大学教授陈恕行和浙江大学教授王斯雷颁发第十五届华罗庚数学奖

中国物理学会

6 月 23 日，首届全国学会理事长沙龙在北京举办

中国力学学会

10 月 18 日，第五届 COMAC 国际科技创新周在上海市开幕，开幕式上为中国力学学会实验力学专业委员会试飞中心服务站揭牌

中国光学学会

10月10日，2021亚洲光电子会议在江苏省南通市召开

中国声学学会

3月29日，中国声学学会2020—2021年学术年会在上海市开幕，开幕式上颁发2020年魏荣爵奖

中国化学会

4月19日，中国化学会第32届学术年会在广东省珠海市召开

中国天文学会

12月3日，中国天文学会2021年学术年会在四川省南充市开幕，开幕式上颁发第八届黄授书奖

中国气象学会

3月23日，2021年世界气象日纪念活动在北京启动

中国空间科学学会

9月16—18日，中国空间科学学会第十次全国会员代表大会在黑龙江省哈尔滨市召开

中国地质学会

7月24—25日，2021年上半年地质类工程教育专业认证结论审议会在新疆维吾尔自治区乌鲁木齐市召开

中国矿物岩石地球化学学会

11月16日，中国矿物岩石地球化学学会第十次全国会员代表大会在安徽省合肥市召开

中国海洋湖沼学会

9月24—25日，第二届水域生态牧场建设论坛在安徽省六安市召开

中国海洋学会

6月18日，中国海洋学会第九次全国会员代表大会在北京召开

中国地震学会

9月25—27日，中国地震学会第十七次学术大会暨中国地震科学实验场第三届学术年会在广西壮族自治区桂林市召开

中国动物学会

11月2—5日，亚欧两栖爬行动物多样性与保护国际学术大会暨中国动物学会两栖爬行动物学分会2021年度学术大会在四川省成都市召开

中国昆虫学会

10月13—15日，中国昆虫学会2021年学术年会在陕西省西安市召开，开幕式上颁发中国昆虫学会第十届青年科学技术奖

中国微生物学会

10月29日—11月2日，中国微生物学会第十二次会员代表大会暨2021年学术年会在云南省昆明市召开

中国生物化学与分子生物学会

11月25—28日，中国生物化学与分子生物学会2021年全国学术会议在云南省昆明市召开

中国细胞生物学学会

4月13—16日，中国细胞生物学学会2021年全国学术大会在重庆市召开

中国植物生理与植物分子生物学学会

7月26—29日，中国植物生理与植物分子生物学学会2021年全国学术年会在云南省昆明市召开

中国生物物理学会

7月23—26日，第十九次中国暨国际生物物理大会在安徽省合肥市召开，开幕式上颁发第七届贝时璋杰出贡献奖

中国遗传学会

12月19—22日，2021全国植物生物学大会在四川省成都市召开

中国生态学学会

9月18日，第四届中国生态文明大讲坛碳达峰碳中和主题科普进基层开幕式暨特邀报告会在浙江省杭州市举办

中国自然资源学会

6月18—21日，中国自然资源学会2020—2021年学术年会在四川省成都市召开，图为会旗交接仪式

中国感光学会

9月28日，中国感光学会辐射固化专业委员会2021第二十二届辐射固化年会在天津市召开

中国优选法统筹法与经济数学研究会

9月29日，第十一届中国优选法统筹法与经济数学研究会青年论坛青年学者成长沙龙在贵州省贵阳市举办

中国岩石力学与工程学会

10月22—24日，第十一届亚洲岩石力学大会在北京召开

中国实验动物学会

5 月 25 日，中国实验动物学会 2021 年全国科技活动周活动——科学传播校园行在北京工业大学附属中学十八里店分校举办

中国青藏高原研究会

10 月 15 日，孙鸿烈先生科研工作 70 年座谈会在北京召开，图为孙鸿烈先生（前排右四）与家人、学生合影

中国运筹学会

11 月 20—21 日，中国科协“应对突发状况的供应链优化和公共资源分配”青年科学家沙龙在北京召开

中国菌物学会

12 月 11 日，中国菌物学会第八次全国会员代表大会在北京召开

国际动物学会

1 月 13 日，国际动物学会 2021 动物监测技术研讨会在上海市召开

中国机械工程学会

12 月 26 日，中国机械工程学会第十二次全国会员代表大会在上海市召开

中国汽车工程学会

12 月 16 日，第三届国际汽车智能共享出行大会在广东省广州市召开

中国农业工程学会

12 月 18 日，中国农业工程学会第十一次全国会员代表大会在北京召开

中国电机工程学会

12 月 15 日，2021 中国电机工程学会年会在北京和广东省广州市同时举办

中国电工技术学会

9 月 25—26 日，中国电工技术学会成立 40 周年纪念大会暨第十六届中国电工技术学会学术年会在北京召开

中国水利学会

6 月 8—10 日，2021 中国水博览会暨第十六届中国（国际）水务高峰论坛在湖北省武汉市举办

中国内燃机学会

10 月 16 日，中国内燃机学会第九次会员代表大会暨 2021 学术年会在上海市召开

中国工程热物理学会

9月19—21日，2021年多相流与新能源青年学者论坛在江苏省徐州市召开

中国空气动力学会

9月11—12日，中国空气动力学会第八次全国会员代表大会在四川省绵阳市召开

中国制冷学会

5月26—28日，2021中国制冷学会（单位）会员大会在江西省南昌市召开

中国真空学会

5 月 26—28 日，2021 第十六届国际真空展览会在北京举办

中国计量测试学会

5 月 19 日，中国计量测试学会第八次全国会员代表大会在北京召开

中国图学学会

7 月 4 日，中国图学学会第八次会员代表大会在北京召开

中国计算机学会

12月16—18日，2021中国计算机大会在广东省深圳市召开，会上举行CCF计算机博物馆签约仪式

中国通信学会

3月26—27日，中国通信学会第九次全国会员代表大会在四川省成都市召开

中国中文信息学会

12月18—19日，中国中文信息学会第九次全国会员代表大会暨学会成立40周年学术年会在北京召开

中国测绘学会

10月17日，中国测绘学会第十三次会员代表大会在山东省青岛市召开

中国造船工程学会

12月4日，第四届水下无人系统技术高峰论坛在陕西省西安市召开

中国铁道学会

9月17日，轨道交通装备数字化智能化论坛暨第六届中国中车智能制造业务创新论坛在北京召开

中国公路学会

10月24日，中国公路学会第九次全国会员代表大会在北京召开

中国航空学会

9月6日，第32届国际航空科学大会在上海市开幕

中国宇航学会

10月20日，中比航天科技合作研讨会在北京召开

中国金属学会

7月6日，“科创中国”系列活动——新天钢钢铁集团技术研究院、中国金属学会服务站揭牌暨院士专家报告会在天津市举办

中国有色金属学会

12月22日，中国有色金属学会第八次全国会员代表大会在北京召开

中国稀土学会

7月28日，第二十三届中国科协年会——中韩先进能源和环境材料研讨会在北京召开

中国化工学会

9月25日，2021中国化工学会年会暨辽宁高端化工产业发展峰会在辽宁省沈阳市召开，开幕式上举行2021年度中国化工学会会士授予仪式

中国核学会

10月20日，中国核学会2021年学术年会在山东省烟台市召开，会上颁发中国核学会青年奖

中国石油学会

10月20日，中国石油学会第十次全国会员代表大会在北京召开

中国煤炭学会

6 月 4 日，第九次全国煤炭工业科学技术大会在北京召开

中国可再生能源学会

9 月 25 日，"科创中国"产学融合会议·2021 中国"双碳"高峰论坛在湖北省武汉市举办，会上举行"绿色低碳产业与绿色金融创新专家服务站"揭牌仪式

中国能源研究会

3 月 26 日，中国能源研究会第八次会员代表大会在北京召开

中国硅酸盐学会

10月22—24日，2021年全国玻璃科学技术年会在广西壮族自治区北海市召开

中国建筑学会

10 月 29 日—11 月 2 日，第 19 届亚洲建筑师大会在上海市举办

中国土木工程学会

9 月 27 日，中国土木工程学会 2021 年学术年会暨第十八届中国土木工程詹天佑奖颁奖大会在湖南省长沙市举办

中国生物工程学会

4月18日，中国生物工程学会第七次全国会员代表大会在北京召开

中国纺织工程学会

12月11日，第二届纺织科学技术学科未来发展论坛在江苏省无锡市召开

中国食品科学技术学会

10月26日，中国食品科学技术学会第七次全国会员代表大会在北京召开

中国职业安全健康协会

7 月 27—28 日，第四届中国职业安全健康高峰论坛暨第三届安全生产责任保险交流会在吉林省长春市召开

中国烟草学会

9 月 2 日，中国烟草学会第八届理事会第二次会议在北京召开

中国仿真学会

10 月 15—17 日，第三十三届中国仿真大会在北京召开

中国电影电视技术学会

8月23日，中国电影电视技术学会第九次全国会员代表大会在北京召开

中国动力工程学会

12月6日，“双碳目标下能源动力行业发展的机遇与挑战”青年科学家沙龙在陕西省西安市召开

中国电源学会

11月12—15日，中国电源学会第二十四届学术年会暨展览会在上海市召开，会上举行第七届中国电源学会科学技术奖颁奖仪式

中国复合材料学会

5月8—10日，第八届全国交通运输领域复合材料科技会议在浙江省桐乡市召开

中国消防协会

11月2日，中国消防协会第七次全国会员代表大会在北京召开

中国图象图形学学会

12月26—28日，第十一届国际图象图形学学术会议在海南省海口市召开

中国人工智能学会

6月5日，2021全球人工智能技术大会暨全球人工智能技术博览会启动仪式在浙江省杭州市举行

中国体视学学会

11月12日，中国体视学学会第八次全国会员代表大会暨八届一次理事会以视频会议形式召开

中国工程机械学会

12月26日，中国工程机械学会第六次会员代表大会暨第六届常务理事会第一次会议在上海市召开

中国遥感应用协会

4 月 23 日，第二届空间信息智慧应用助力新时代高质量发展峰会在江苏省南京市召开

中国指挥与控制学会

7 月 5—7 日，第九届中国指挥控制大会在北京召开

中国微米纳米技术学会

10 月 30 日—11 月 1 日，2021 海峡两岸暨港澳青年科学家智能可穿戴技术创新论坛在江苏省苏州市召开

中国密码学会

12月4—5日，2021第十四届中国密码学会年会在贵州省贵阳市召开

中国卫星导航定位协会

10月10日，中国北斗应用大会暨中国卫星导航与位置服务第十届年会在河南省郑州市召开，会上颁发2021年度卫星导航定位科技进步奖等奖项

中国生物材料学会

10月12日，2021中国生物材料大会在上海市召开

中国农学会

5月18日，2021中国（衢州）未来乡村大会在浙江省衢州市召开，会上举办2021青年农业科学家高端学术会暨青年科技奖颁奖活动

中国土壤学会

7月30日—8月2日，第一届国际土壤学联合会盐碱土改良会议暨中国土壤学会盐碱土专业委员会2021年度学术年会在吉林省长春市召开

中国水产学会

10月11—12日，首届渔药科技创新与产业发展大会在上海市举办

中国园艺学会

5月1—5日，第九届世界草莓大会（中国·盐城）分会场活动在江苏省盐城市举行，盐城获得第十届世界草莓大会举办权

中国畜牧兽医学会

12月26日，中国畜牧兽医学会第十五次全国会员代表大会在北京召开

中国热带作物学会

11月2—5日，2021年全国热带作物学术年会在海南省海口市召开

中国草学会

4月24—26日，2020中国草学会年会暨第十届会员代表大会在安徽省合肥市召开

中国植物营养与肥料学会

4月8日，中国植物营养与肥料学会2021年度工作会议在北京召开

中国农业历史学会

5月16日，农业文化遗产与乡村振兴高端论坛暨南京农业大学文化遗产专业建设研讨会在江苏省南京市召开

中华医学会

5月18日，中华医学会第二十六次全国会员代表大会在北京召开

中华中医药学会

12月28日，全国中医标准化技术委员会换届会议暨全国中医标准化技术委员会2021年年会在北京召开

中国中西医结合学会

10月10日，中国中西医结合学会成立40周年学术大会在北京召开

中国药学会

9 月 18 日，2021 年中国药学大会在浙江省杭州市开幕，开幕式上颁发第十六届中国药学会科学技术奖

中华护理学会

5 月 20 日，中华护理学会在线举办《专科护士培训大纲》发布仪式

中国解剖学会

12 月 11—13 日，2021 年“一带一路”国际解剖学联盟学术会议在广西壮族自治区南宁市召开

中国生物医学工程学会

6 月 26 日，中国生物医学工程学会授予中国医疗器械博物馆“中国生物医学工程学会科普教育基地”

中国营养学会

5 月 15 日，2021 年全民营养周暨“5·20”中国学生营养日主场启动仪式在北京举办

中国药理学会

12 月 26 日，中国药理学会第十二次全国会员代表大会在北京召开

中国抗癌协会

4月15—21日，全国肿瘤防治宣传周启动仪式在北京举行

中国毒理学会

10月20—23日，第九届亚洲毒理学大会暨中国毒理学会第八次中青年科技论坛在浙江省杭州市召开，会上颁发中国毒理学杰出贡献奖

中国免疫学会

10月21—24日，第十四届全国免疫学学术大会在四川省成都市召开，会上颁发第十届中国免疫学会学术奖、终身成就奖、杰出贡献奖和青年学者奖

中华预防医学会

10月15—16日，第三届中国环境与健康大会在四川省成都市召开

中国法医学会

5月25日，中国法医学会第六次全国会员代表大会在天津市召开

中华口腔医学会

10月18日，中华口腔医学会第六届全国会员代表大会在上海市召开

中国研究型医院学会

9月11日，2021中国研究型医院高峰论坛在北京召开，会上举行中国研究型医院建设指南发布仪式

中国卒中学会

7月9—11日，中国卒中学会第七届学术年会在北京召开

中国技术经济学会

12月18—19日，中国技术经济学会第二十八届学术年会在北京召开

中国现场统计研究会

11月27日，中国现场统计研究会第十一次全国会员代表大会在北京召开

中国未来研究会

9月19—20日，中国科学家教育家企业家论坛第十届大会在北京召开

中国工业设计协会

5月22日，中国工业设计协会第六次会员代表大会在北京召开

中国老科学技术工作者协会

9月27日，第33届科学健康圆桌会议在北京召开

中国城市规划学会

9月25日，2020/2021中国城市规划年会暨2021中国城市规划学术季在四川省成都市举办，开幕式上颁发中国城市规划学会科技进步奖

中国产学研合作促进会

7月25日，“担当新时代新使命　迈出产学研新步伐”企业家科学家座谈会在北京举办

中国知识产权研究会

7月21日，2021年全国知识产权研究会工作交流会在浙江省嘉兴市召开

中国发明协会

12月12日，第二十五届全国发明展览会——“一带一路”暨金砖国家技能发展与技术创新大赛在广东省佛山市举办，会上为第二十五届全国发明展“发明创业奖项目奖”金奖代表颁奖

中国检验检测学会

7月26日，第二十三届中国科协年会——国际检验检测互认助力贸易便利化论坛在北京召开

中国科技馆发展基金会

3月22日，中国科技馆发展基金会第六届理事会换届大会在北京召开

中国生物多样性保护与绿色发展基金会

8月18日，《“亚洲水塔”失衡失稳对青藏高原河流水系的影响》科学课题专家咨询座谈会在北京召开

詹天佑科学技术发展基金会

4月26日，百年京张铁路发展，弘扬詹天佑精神——纪念詹天佑先生诞辰160周年座谈会在北京召开

全国学会、协会、研究会（含受委托管理的学会）简况

中国数学会

学会建设 2021年，学会现有个人会员15276人，团体会员102个；个人会员较2020年增长7356人。

学会网站本年度累计浏览量109万次，累计访问人数35.1万人次。学会微信公众号关注人数达11.7万人次，较2020年增长1.3万人次，总阅读量77.7万次，单篇文章最高阅读量达3.47万次。学会申请并开通哔哩哔哩平台、抖音平台的官方账号，其中哔哩哔哩平台关注人数达4000余人，全年总播放量9万次，单支视频最高播放量达5.4万次。

学会召开党委工作会议2次、党委扩大会议1次、正副理事长秘书长会议4次、常务理事会议4次、理事会议1次。成立中国数学会秘书处指导委员会。审定并批准均匀设计分会、计算机数学专业委员会、奇异摄动专业委员会、组合数学与图论专业委员会的换届申请；审定通过《中国数学会党委工作制度》等制度文件；讨论并审议丝路数学中心的相关问题；审议通过《应用数学学报》签约事项；讨论并审议数学教育分会成立等重要事项。

根据工作要求，学会召开秘书处指导委员会会议1次，会上讨论并审定《中国数学会秘书处指导委员会工作职责》等制度文件；召开组织工作委员会会议3次，会议主要对分支机构的换届和设立进行初步审议，初步讨论会费的收取与使用，并针对如何进一步规范与加强对分支机构的管理进行讨论，拟定学科评价相关文件，组织并开展12个分支机构的年度考核工作。

12月，向中国科协申请中国特色一流学会建设项目（特色创新学会），围绕增强党组织凝聚力、提升品牌学术会议学术影响力、加强国际交流与合作、团结国内各省市级数学会和各高等院校、发展个人会员、加强科学普及工作、加强学会宣传工作及平台建设等方面开展工作，旨在进一步加强学会全面建设，最终获得项目资助。

青年人才托举工程 12月，学会向中国科协提交第六届（2020—2022年度）“青年人才托举工程”项目申报书。1月14日，召开项目立项评审会议，最终获得2个名额。根据《中国科协青年人才托举工程管理办法与实施细则》，经常务理事推荐，共收到4份被推荐人材料。经过投票，北京大学王振富、湘潭大学董晓靖2人入选。

主办期刊 学会主办期刊共9种，其中学术类期刊8种、科普类期刊1种。9种主办期刊中，有6种中文学术期刊是国内的核心期刊，2种英文学术期刊被SCI收录。同时，学会被中国科协评为“2021年全国学会期刊出版工作优秀单位”。期刊总印数约14万册，共发表论文1964篇。

《数学学报》(英文版）全年收稿836篇，录用174篇，发表120篇；获“卓越行动计划”梯队期刊项目支持，超额完成中期目标，并完成经费预算的执行；获“2021年度国际影响力优秀学术期刊”称号；发表的1篇研究论文入选“第六届中国科协优秀论文”。

《数学进展》《应用数学学报》（中、英文版）入选中国科协学会期刊出版能力提升计划项目。《数学进展》获得国家自然科学基金天元基金项目资助。

参与中国科协优秀科技论文遴选计划，组织专家进行论文推荐工作。学会秘书长巩馥洲担任2021年度中国科协优秀科技论文遴选计划的终审专家，并参加优秀科技论文遴选计划终审会。

学会承接并完成中国科协数学领域期刊分级项目，根据中国科协《分领域发布我国高质量科技期刊分级目录工作实施方案（试行）》，2019年5月学会负责牵头组织实施数学领域高质量科技期刊分级目录认定及发布工作。经前期充分调研、广大科技工作者参与、专家评议、结果公示等程序，向中国科协提交数学领域期刊分级目录、总结报告等材料。7月，通过学会网站正式对外发布《数学领域高质量科技期刊分级目录》以及期刊动态监测方案。

学科发展工程 学会承接科技部数学学科评价项目，并于10月召开相关会议，完成相关文件的初稿撰写工作。

学会向中国科协推荐工程技术难题“如何高效求解多相多组分精细油藏数值模拟问题”，以及前沿科学问题“大规模互联电网系统如何实现实时安全态势智能评估与广域协同主动防御”。

国际学术会议 2021年，学会举办2场国际学术会议，分别是丝路数学中心第四次学术活动——动力系统国际会议的第二部分和第十四届国际数学教育大会。总参会人数达2000余人次，作学术报告500余场。

3月12—13日，学会以线上线下结合的形式召开丝路数学中心第四次学术活动——动力系统国际会议的第二部分。会议邀请来自菲律宾、俄罗斯、美国、法国、尼泊尔、土耳其、波兰、印度尼西亚等国家的 19 名专家、学者作线上报告。

7 月 11—18 日，国际数学教育界的奥林匹克——第十四届国际数学教育大会在上海市召开。开幕式以线上线下相结合的方式进行，上海市委书记李强出席开幕式并致辞，中国科协党组书记怀进鹏通过视频致辞，教育部副部长翁铁慧出席并致辞，上海市委副书记于绍良等出席开幕式。大会为期 7 天，来自全球 129 个国家和地区的 2000 余名数学教育学者通过线上线下相结合的方式参与约 500 场学术会议和活动。

国内主要学术会议 学会举办国内学术会议 1 场，学会分支机构举办国内学术会议 3 场，总参会人数 1600 余人次，作学术报告 300 余场。

6 月 4—7 日，由学会计算机数学专业委员会主办、中国数学会协办、桂林电子科技大学计算机与信息安全学院及中国科学院数学机械化重点实验室承办的第十二届中国数学会计算机数学大会在广西壮族自治区桂林市召开。来自北京大学、中国科学院数学与系统科学研究院等全国 80 余所高校、科研院所和企业的 330 余名科研人员参加大会，来自全国各高校、科研院所和企业的近 70 名专家、学者作分组报告。

10 月 15—17 日，由学会奇异摄动专业委员会和河南理工大学联合主办、河南理工大学数学与信息科学学院承办的中国数学会奇异摄动专业委员会第十六届学术年会在河南省焦作市召开。来自中国科学院、上海交通大学、华中科技大学、中山大学、四川大学、国防科技大学、华东师范大学、科学出版社等 50 多个科研院所、高等院校和出版社的 130 余名奇异摄动领域的专家、学者参加大会。

10 月 16—18 日，由学会主办，宁夏大学、宁夏数学会和宁夏科学工程计算与数据分析重点实验室共同承办的第十届全国数学文化论坛学术会议在宁夏回族自治区银川市召开。中国科学院院士、会议学术委员会主任严加安，中国科学院院士、中国科学院数学与系统科学研究院院长席南华与全国近百所高校和科研院所的近 200 名专家出席会议。

10 月 22—27 日，中国数学会 2021 年学术年会在云南省昆明市召开，1000 余人参与会议。

科普活动 2021 年，联合中国工业与应用数学学会、中国运筹学会分别在 3 月 14 日国际数学日、5 月 30 日全国科技工作者日前后以及 6 月 18 日黄金分割日举办 5 场科普讲座，每场报告线上观看量均超过 1 万人次。3 月 14 日，中国科学院院士、中国大数据研究院鄂维南，中国大数据研究院研究员张林峰和郃骋分别作题为《数学与人工智能》《微观模拟背后的数学原理》《保护隐私的生物识别》的线上报告。5 月 26 日，中国科学院院士、中国科学院数学与系统科学研究院研究员袁亚湘到北京一〇一中学作主题为《好玩的数学》的科普讲座。6 月 18 日，美国斯坦福大学讲座教授叶荫宇作主题为《从 0.618 到数学规划》的报告讲座。

学会普及与传播工作委员会在学会学术年会期间组织召开数学文化与传播论坛，邀请中国科学院院士汤涛和教授曹一鸣、张文俊、林亚南、代钦在数学文化与传播论坛上作 5 场主题报告，并在学术年会期间举办 3 场科普讲座，学会理事长田刚、中国科学院院士袁亚湘和张平文前往昆明市中学和高校作科普报告。

7 月，第 62 届国际数学奥林匹克在俄罗斯圣彼得堡市举办。中国队以总分 208 分的成绩获得团体第 1 名，6 名参赛队员全部获得金牌并进入前 20 名。

表彰举荐优秀科技工作者 学会向中国科协推荐国家层面科技报道专家 20 人，向中国科协推荐中国科学院院士候选人 8 名。推荐中国科学院院士田刚、袁亚湘，教授肖冬梅、张然和焦勇为中国科协第十次代表大会代表。推荐田刚为中国科协第十届全国委员会委员候选人。组织并开展第十七届中国青年科技奖候选人、第十八届中国青年女科学家奖和 2021 年度未来女科学家计划候选人提名工作。

经评选，复旦大学陈恕行、浙江大学王斯雷获第十五届华罗庚数学奖；中国科学院数学与系统科学研究院田野、中国科学技术大学黄文获第十八届陈省身数学奖；浙江大学、希伯来大学曹培根，武汉大学陈洪葛，青海师范大学崔素平和比利时法语鲁汶大学高斌获第十五届中国数学会钟家庆数学奖。

经过学会的推荐，2022 年国际数学家大会邀请 14 名中国数学学者作为大会邀请报告和分组报告人。

党建强会 2021 年，学会共计召开党委工作会议 2 次、党委扩大会议 1 次，学习贯彻习近平总书记系列重要讲话精神 3 次，开展党建活动 4 次。

学会申报中国科协“党建强会计划”项目，依托项目举办科普活动、采集老科学家学术成长资料，以弘扬科学家精神、传播科学思想。

学会围绕建党百年和党史学习教育开展特色亮点活动。3 月，赴香山革命纪念馆开展党史学习教育。4 月、6 月，开展献礼中国共产党百年华诞诗朗诵活动

2次。10月，在学会党委书记巩馥洲的带领下前往柯渡镇开展爱国主义教育活动，持续学习并发扬伟大的红军长征精神和艰苦奋斗的革命精神。

【中国数学会2021年学术年会】 10月22—27日，中国数学会2021年学术年会在云南省昆明市召开，会议由学会主办、云南大学承办。学会第十三届理事会理事、中国科学院院士以及各高校与科研单位的专家、学者，以及编辑出版单位代表等1000余人参加会议。

大会开幕式以线上线下相结合的形式召开，中国科学院院士、中国科协副主席袁亚湘，学会理事长、中国科学院院士田刚，云南省委高等学校教育工作委员会副书记陈世波，中国科学院院士、云南大学校长方精云，中国科学院院士、国家自然科学基金委员会数理学部主任江松等人出席开幕式并致辞。

会议期间，邀请中国科学院数学与系统科学研究院研究员田野、北京大学教授范辉军、香港城市大学教授杨彤和巴黎大学教授麻小南作大会报告。来自各高校、科研单位的数百名数学学者在代数与数论、几何与拓扑、常微动力系统、偏微分方程、实分析和复分析、计算数学、概率和统计、运筹与控制、组合与计算机数学、数学教育等10个领域作分组邀请报告。

学术年会期间举办3场卫星会议，分别是医学数学卫星会议、组合图论卫星会议及计算数学卫星会议。其中，医学数学卫星会议邀请中国科学院院士马志明、陈润生等11名专家致辞和作报告，吸引全国近百名专家、学者线下参会，线上观众达2000余人次。组合图论卫星会议，邀请南京师范大学曹海涛等16名专家作报告。

学术年会期间举办3场论坛，分别是数学文化传播论坛、西部学者论坛及数学竞赛论坛。其中，中国科学院院士汤涛，教授曹一鸣、张文俊、林亚南和代钦在数学文化传播论坛上作主题报告，从不同角度讲述数学文化的美妙与博大。教授赵会江、穆春来、屈长征、唐年胜和李万同在西部学者论坛上针对数学学科建设和学科人才培养的实施工作上提出各高校的见解。

【第十四届国际数学教育大会】 7月11—18日，第十四届国际数学教育大会在上海市召开。大会由学会主办、华东师范大学承办。上海市委书记李强、中国科协党组书记怀进鹏、教育部副部长翁铁慧、上海市委副书记于绍良、国际数学联盟主席肯尼格、国际数学教育委员会主席梁贯成、学会理事长田刚和华东师范大学校长钱旭红、上海市委常委诸葛宇杰、华东师范大学党委书记梅兵等以线上或线下方式参加会议。

来自全球129个国家和地区的数学教育学者通过线上线下相结合的方式参与约500场学术会议和活动，分享最新研究成果，交流数学教育理论研究和实践探索经验，展望数学教育未来。

（撰稿人：孟雨晴）

中国物理学会

服务创新型国家和社会建设 2021年，学会对接仪器研制和应用方面的科学家与工程师，举办尖端科研仪器自立自强研讨会和医工结合创新合作对接交流会，并调研物理领域国产仪器设备在需求、使用、生产、研发等环节的现状，为搭建国产仪器设备对接平台进行预研。

在科技部的协调推动下，学会开展物理学科学术评价规范研究工作。10月13日，学会召开专家咨询研讨会议，广泛征求意见。

6月23日，学会承办首届全国学会理事长沙龙，沙龙主题为“《2021美国创新与竞争法案》对我国科技发展的挑战与机遇”，来自15家全国学会的理事长、中国科协相关负责人参加会议。会议讨论成果整理为政策建议上报国家相关部门。

根据中国科协关于全国科普教育基地创建工作的精神，学会开展“中国物理学会科普教育基地”创建认定工作，认定安徽大学物理与光电工程学院等22个单位为中国物理学会首批科普教育基地。

7月31日，学会主办的医工结合创新合作对接交流会在北京召开。大恒新纪元科技股份有限公司前副总裁宋菲君，清华大学物理系教授陈曦，北京友谊医院、北京天坛医院以及北京安定医院的骨科、消化科、神经外科、放射科、胸外科等临床科室医学专家，天津大学医学院教师代表，中电云脑（天津）科技有限公司技术专家，中国科学院物理所、中国科学院微电子所、北京理工大学的科研技术人员等25人出席会议。会议旨在进行医院技术需求、科研成果与产业技术的对接，推动高校、科研院所和企业创新成果与医疗技术需求的双向融通。北京友谊医院苏楠等医学专家分别作题为《人工智能与导航在脊柱外科的应用》《普外科智能机器人的应用》《神经外科的临床科研进展》《临床放射学科研进展》的报告，从临床实际情况出发，提出医疗过程中的切身需求；天津大学医学部教师代表对医学部的研究领域和研究成果进行介绍；中电云脑（天津）科技有限公司对其医疗产品以及创新技术进行介绍和展示。

学会完成第38届全国中学生物理竞赛的组织工作。全国共有880365名学生参加竞赛预赛，26576名学生参加复赛理论考试，6740名学生参加复赛实验考试。决赛于12月12—16日进行，首次采用“分省设立考场，线下集中阅卷”的模式举办。为保证竞赛工作的顺利开展和公平公正，组委会制订了细致的考务安排：对所有考场进行网络摄像和全程监督，保证每个考场无死角；每个考场除安排本地的监考和巡考人员，还安排1名第三方或外省的观察员进行现场监督；专门为中风险和高风险地区的考生单独设立考场。决赛在全国30个省、自治区、直辖市共设立考场33个，参赛考生483人，参加监考、巡考的人员共计215人。决赛共评出一等奖144名、二等奖168名、三等奖168名，以及总成绩最佳奖、理论成绩最佳奖、实验成绩最佳奖、女生成绩最佳奖4项单项奖。

学会建设 2021年，学会召开理事会议1次、常务理事会议2次，对常务理事会议事程序进行改革。在制度建设方面，学会起草和修订《中国物理学会组织机构组成及换届管理办法》《中国物理学会分支机构管理条例》和《中国物理学会信息宣传管理办法》。在队伍建设工作中，学会办公室新增1名专职工作人员。组织机构方面，学会新设分支机构软物质与生物物理专业委员会；粒子加速器分会等6个分支机构进行换届改选。

青年人才托举工程 学会入选第六届中国科协“青年人才托举工程”项目，制订《中国物理学会青年人才托举工程管理细则》，组建由9名专家组成的评审专家团队，从22名候选者中遴选出2名被托举人。

学会积极推荐优秀青年人才参加各类交流活动。7月28日，学会承办第二十三届中国科协年会世界顶尖科学家与青年科学家对话活动，被托举人孙永昊等3名青年物理学家与诺贝尔物理学奖获得者格拉肖等世界顶尖科学家直接对话交流。

主办期刊 学会主办的11种科技期刊完成出版和发行任务，其中《物理教学》入编《中文核心期刊要目总览》教育类核心期刊。

为加强期刊宣传，主办期刊《物理学报》《中国物理快报》《中国物理B》和《物理》联合推出“一路有理”系列活动，首场活动于10月10日在北京举办，邀请专家对2021年度诺贝尔物理学奖进行深度解读。10月22日，第三届中国物理学期刊专场报告会在线上举办。报告会上，中国科学院院士谢心澄和研究员曹则贤应邀作学术报告，5个主办期刊颁发年度优秀论文。

学科发展工程 学会开展重大科学问题、技术难题的遴选工作，向中国科协推荐5个重大科学问题和2个工程技术难题，其中“中微子质量和宇宙物质–反物质不对称的起源是什么”入选中国科协2021年度重大科学问题，学会被评为“2021年度优秀推荐单位”。围绕该入选问题，学会组织专家进行中微子研究方向文献计量的国际态势分析，并于9月14日召开专家咨询会议，研判学科前沿进展、未来发展趋势，形成《关于推动中微子质量和宇宙物质–反物质不对称的起源科学研究的建议》，从加强科研规划的顶层设计、尽快启动技术预研、加强专业人才培养等方面提出政策建议。

国际学术会议 2021年，学会及其所属分会、专业委员会参与组织量子材料表面界面研究进展国际研讨会、第十九届国际发光会议、相图与材料设计国际研讨会、第十六届国际核天体物理会议、第五届亚太等离子体物理大会、中英物理学会量子信息专题研讨会、中美物理学会能源与可持续发展专题研讨会、散裂中子源国际研讨会等国际学术会议，线下参会人数近1500人次。

10月23—24日，学会与美国物理学会联合举办“能源与可持续发展（Energy & Sustainability）”专题研讨会。会议采用线上视频会议的方式召开，并全程同步直播。来自世界各地的专家、学者为世界能源的可持续发展出谋献策，超过7500人次参与直播交流。

国内主要学术会议 2021年，学会及其所属分会、专业委员会组织学术会议60余个，采用线下会议、线上会议、线上线下相结合等多种方式召开。其中，第十八届全国电介质物理材料与应用学术会议、第十七届全国低温物理学术会议、第二十三届全国半导体物理学术会议、第八届全国掺杂纳米材料发光性质学术会议、全国电子显微学学术年会、第二十一届全国光散射学术会议等线下会议参加人数超过600人。中国物理学会秋季学术会议首次在线上召开，6050人注册参会，交流论文2230篇。

4月9—12日，由学会电介质物理专业委员会主办的第十八届全国电介质物理、材料与应用学术会议暨第二十届全国电子元件与材料学术大会在陕西省西安市举办。大会共设有电介质基础、薄（厚）膜材料与器件、柔性电子材料与器件、多铁性材料与器件、介质材料与器件、压电材料与器件、热释电材料与器件、热电材料与器件、未来移动通信关键材料、前沿与交叉方向等17个专题，来自全国高校、科研院所和企业单位的1100余人参加。

为更好地为青年物理学工作者服务，学会创建青年学术平台，并举办第一期活动：10月15—17日，在辽宁省大连市举办自旋量子态调控科技论坛，来自全国40余所高校和科研院所的近200名青年学者参加。

国际组织任职 在第30届国际纯粹与应用物理联合会（IUPAP）全体大会上，学会常务理事金奎娟当选IUPAP执委会副主席，学会推荐的15名专家入选IUPAP各专业委员会，其中金奎娟当选C13物理与发展专业委员会主任。

国际交往 中国物理学会积极参与多边合作，与国际主要国家物理学会共同起草了关于物理学在全球绿色经济中的作用的倡议书。此外，赵政国副理事长多次参加国际组织领导人圆桌会议。

7月11—16日，学会组织6人代表团参加在线上召开的第七届国际女物理工作者大会。会议共有来自70余个国家的600余名代表出席。学会代表团成员通过主持分会场专题研讨会、作专题报告、进行海报展示等方式，介绍中国女物理工作者的相关工作。

9月9日，中德物理学会座谈会通过视频方式召开。学会副理事长赵政国、德国物理学会主席Lutz Schröter等出席，双方就如何进一步加强科技交流和会员合作进行深入沟通。

10月14—22日，以学会副理事长赵政国为团长的中国物理学会（CPS）7人代表团参加在线上召开的第30届国际纯粹与应用物理联合会（IUPAP）全体大会，代表团成员包括：IUPAP北京联系人、CPS出版工作委员会主任吕力，CPS国际交流工作委员会主任沈肖雁，前IUPAP计算物理专业委员会主任林海青，IUPAP执行委员会副主席王恩哥，IUPAP物理与发展专业委员会副主任、CPS女物理工作者委员会主任金奎娟，以及CPS副秘书长王进萍。大会完成修订IUPAP章程、确定会费标准、组织百年庆祝活动等各项议程的审议决策。经过学会积极争取，大会决定第31届IUPAP全体大会计划于2024年在北京举办。同时，大会选举产生第30届IUPAP执行委员会和各专业委员会。

科普活动 5月6—10日，第八届中国物理学会女科学家巡回报告会在山西省举办。巡回报告团由来自13所高校和科研院所的16名女物理学工作者组成，先后在6所高校和2所中学作科普报告38场、召开座谈会8场，吸引2000多名师生参与。

为充分调动各方面科普资源，学会策划实施面向青少年和中小学科学教师的科普“蒲公英计划”以及旨在提升科学传播团队科普公共服务能力的科学传播专家工作室建设计划。2021年，以北京理工大学为试点，专家指导开发1门科普培训课和5门科学传播课，举办科学传播团队交流活动3场、“周末科学传播公开课”13场。

表彰举荐优秀科技工作者 学会评选颁发2020—2021年度物理奖，中国科学院物理所白海洋和吉林大学刘冰冰获得谢希德物理奖，南京大学缪峰和清华大学周树云获得黄昆物理奖，中国科学院上海技术物理所胡伟达和华东师范大学曾和平获得萨本栋应用物理奖，中国科学院物理所范桁和中国科学院大学乔从丰获得周培源物理奖。

10月22日，2021年中国物理学会物理奖颁奖大会在线上召开，方忠副理事长兼秘书长主持大会。颁奖大会为2020年度中国物理学会胡刚复、饶毓泰、叶企孙、吴有训、王淦昌物理奖的9名获奖者以及2020—2021年度谢希德物理奖、黄昆物理奖、萨本栋应用物理奖、周培源物理奖的8名获奖者颁奖，并播放颁奖视频。

经学会推荐，中国科学院物理所方辰和中国原子能科学研究院谌阳平获2021年度亚太物理学会协会杨振宁奖。

党建强会 2021年，学会党委组织开展党史学习教育，认真学习贯彻党的十九届六中全会精神，先后举办专题学习活动4次，并组织党委会议2次，前置审议学会重要事务。2月，学会官方网站全新升级改版党建频道，加强党建宣传工作。为庆祝党的百年华诞，学会与央视合作拍摄建党百年系列报道《光耀中华——中国物理学会九十年》。

12月29日，学会党委联合中国科学院青年创新促进会主办以“传承与担当，选择与坚持”为主题的演讲活动，邀请中国科学院院士、国家最高科技奖获得者、中国科学院物理所赵忠贤和中国科学院院士、中国科技大学封东来主讲。活动在北京、合肥、深圳三地同步进行，全程网络直播。作为优秀党员，两名主讲人分享各自的研究和求学经历，勉励青年学者将个人的事业与国家的发展结合起来，实现人生的价值。

会员服务 4月27日，学会官方微信公众号正式上线。公众号设置学会动态、会员服务、吾师、物语、视界、荐书以及前沿快讯等特色栏目。

微信公众号发表文章和推送信息130余篇，向全体会员电邮推送学会电子刊e-CPS共4期。同时，为提升会员服务品质，学会开展扩大会员规模、建立会士制度的专题调研，为制订实施方案提供依据。

【中国物理学会2020/2021秋季学术会议】 10月22—24日，由学会主办，兰州大学、甘肃省物理学会、中国科学院近代物理研究所、西北师范大学承办的中国物理学会2020/2021秋季学术会议以线上形式召开，注册人数达6050人，累计超过25万人次参加线上交流。

会议开幕式线下会场设在甘肃省兰州市，由兰州大学物理科学与技术学院院长罗洪刚主持，中国工程院院士、秋季学术会议组委会主席张杰院士，中国科学院院士、兰州大学校长严纯华分别致辞。中国科学院院士、中国科技大学杜江峰，中国科学院院士、中国科学院大学吴岳良，上海科技大学研究员陆卫，中国科学院物理所研究员韩秀峰应邀作大会报告。会议设21个分会场进行交流，共安排邀请报告450个、口头报告960个、张贴报告820个。会议同期组织中国物理学期刊专场报告会、中国物理学会物理教学委员会会议、与APS编辑面对面等专题会议。

【中国物理学会科普“蒲公英计划”】 为提升青少年和物理教师的科学素质，学会创立科普“蒲公英计划”。该计划主要通过学会专家以及遍布全国各地的会员单位，有效地组织全国各科研机构、高等院校以及各省、自治区、直辖市物理学会的科学资源和教育资源开展定向科普传播和培训活动，传播物理学思想方法、物理学前沿知识和科学家精神，提高中小学教师的业务素养和物理学教育水平，激发中小学生对物理学的兴趣，发现和培养优秀物理学人才，在全国范围内建立科普志愿者的培训机制、各单位科普工作的协作机制、科普资源生产和传播机制。2021年，“蒲公英计划”以北京、天津市、河南省和甘肃省为试点，参与开展公众开放日、科技活动周、科普进校园、科普进乡村等系列科普活动，共组织线下活动15场、线上活动6场，线上线下活动参与人次超过5万人次。

（撰稿人：胡兴华）

中国力学学会

服务创新型国家和社会建设 学会与中国商用飞机有限责任公司合作，联合设立中国力学学会实验力学专业委员会试飞中心服务站，总计开展20余场需求对接活动。10月18日，在第五届中国商用飞机有限责任公司国际科技创新周上为服务站揭牌。

3月12日，学会检测技术与仪器装备科技服务团赴浙江省衢州市龙游县中浙高铁轴承有限公司开展科技服务活动，明确未来将在智能轴承设计制造、轴承在轨监测等领域开展合作，助力企业高质量发展。

4月17日，学会流体控制工程专业委员会在浙江省嘉兴市举办产学研合作交流对接会。学会专家与来自嘉兴市科协、嘉兴市科技局、嘉兴宏丰机械有限公司、嘉兴市铸造协会、上海液压气动密封行业协会的领导、专家、学者和企业代表，围绕产学研的合作培养方式、科技成果转移转化工作推进和技术服务对接平台建设进行交流发言，针对企业技术需求和校企合作可能性进行探讨。

举办多尺度力学及其在工业中的应用讲习班、复杂流体流变学讲习班、实验流体力学研修班、冲击动力学云讨论班和等离子体物理实验及诊断暑期讲习班，累计培训2000余人次。

学会建设 2021年，学会个人会员增长到37250人，增幅2.6%；单位会员增加到54个，增幅超过14.9%。

学会第四次获民政部“全国先进社会组织”称号，被遴选为中国科协“中国特色一流学会建设”一类项目建设学会，被评为“2021年度全国学会科普工作优秀单位”“科协系统财务数据汇总工作优秀单位”。

编制“十四五”发展规划，明确“十四五”期间将围绕国家重大需求，坚持党的全面领导，加强学会能力建设，开展基础教育帮扶，加强青年人才培育，推动学会智库建设，实施中国科技期刊卓越行动计划，组建科研基地服务地方经济。

加强对分支机构的规范管理，对设立的专业组进行全面梳理和整合，对增设专业组的申请进行充分论证和严格审批。合并专业组6个，批准设立波动力学、水中爆炸动力学、冲击波与医学工程、数据驱动的计算力学方法、低温等离子体基础、工业等离子体、国防与热等离子体等7个专业组，以及新增力学通识教育工作组。

开展内控体系建设，先后制订《"三重一大"决策制度实施办法》《会议议事制度》《会议议事清单》《分支机构财务管理暂行办法》等制度，完成《学会内部控制手册》编制工作，进一步规范重大事项、重要人事任免、重大项目安排和大额度资金运作等决策程序。

青年人才托举工程 学会获批第七届（2021—2023年）"青年人才托举工程"项目立项，资助4名托举人才。

学会第三届"青年人才托举工程"项目托举人才、大连理工大学教授郝鹏获得2020年度国家科学技术发明奖二等奖（第三完成人）。

结合中国科协"青年人才托举工程"项目，学会启动"青年人才蓄水池"项目，择优支持具有潜力的青年力学人才，重点关注在关键共性技术、前沿引领技术、现代工程技术、颠覆性技术、关键核心技术等方面守正创新的青年科技工作者；积极投身国家重大战略部署的青年科技工作者；为推动科技与经济融合发展做出积极贡献的青年科技工作者；在国内开展学术研究取得突出成绩、在国内期刊发表高水平研究成果等的青年科技工作者。每年评选10名作为"青年人才蓄水池"的储备人才给予专项支持。其中，青年科技人才类不少于6人、海外引进人才类不多于4人。支持计划一般不超过3年，计划执行中每年进行阶段检查，视执行情况确定是否滚动支持。如在支持期间通过中国科协"青年人才托举工程"项目的遴选评审，则调整为中国科协"青年托举人才"。

主办期刊 学会主办的3个英文期刊*Acta Mechanica Sinica*、*Applied Mathematics and Mechanics*、*Acta Mechanica Solida Sinica*入选2021年"中国最具国际影响力学术期刊"；*Applied Mathematics and Mechanics*在第五届中国出版政府奖评选中获"期刊提名奖"；*Acta Mechanica Sinica*论文入选第六届"中国科协优秀科技论文遴选计划"。

强化科学家办刊，先后聘请1名国家自然科学基金杰出青年科学基金获得者、1名海外优秀青年科学基金获得者兼任*Acta Mechanica Sinica*、*Theoretical and Applied Mechanics Letters*编委会期刊编辑部主任，参与期刊国际稿件的组约稿、与国际编委沟通及国际化宣传工作。

*Acta Mechanica Sinica*变更为月刊，全年共刊发12期146篇文章。

《力学学报》开办"力学者说"系列学术论坛，传播优秀学术成果。

根据最新公布的影响因子，*Acta Mechanica Sinica*为1.975，*Applied Mathematics and Mechanics*为2.866，*Acta Mechanica Solida Sinica*为2.161，其中*Acta Mechanica Sinica*影响因子涨幅达到42.1%，入选中国科学院期刊工程技术类一区TOP期刊。

学科发展工程 学会组织分支机构面向国家重大需求、面向学科前沿和热点问题主动开展学科战略研讨，分别召开固体力学前沿研讨会、动力学与控制学科发展研讨会、爆炸与冲击动力学发展战略研讨会、服务"中部崛起"战略下实验力学的创新与挑战学术研讨会，就学科发展所面临的问题、未来发展思路、重点领域和发展举措以及青年人才激励培养机制等一系列问题进行交流与研讨。

国际学术会议 2021年，学会总计举办国际学术交流活动6次，线上线下参会人数2800余人次，交流报告816篇。

7月23—26日，由学会、中国振动工程学会和国家自然科学基金委员会联合主办，上海交通大学、机械系统与振动国家重点实验室、上海航天技术研究院和上海宇航系统工程研究所联合承办的第八届振动工程国际学术会议在上海市召开。会议主席为中国科学院院士、北京理工大学教授胡海岩，执行主席为学会动力学与控制专业委员会主任委员、上海交通大学讲席教授、上海航天技术研究院高级技术顾问孟光。大会以线下为主、线上为辅的形式进行，500余名振动工程领域学者到场参加会议，分享振动控制基础理论研究以及工程应用方面的新思想、新技术和新方法。

9月14—16日，第十九届国际流动显示会议通过Virtual Chair线上会议系统召开，200余名学者参加。该系列会议首次由中国大陆承办，大会主席为上海交通大学教授刘应征。

国内主要学术会议 2021年，学会举办国内学术交流活动57次，线上线下参会人数约15.5万人次，交流论文6189篇。主要会议有第十二届全国实验流体力学学术会议、第十八届全国非线性振动会议暨第十五届全国非线性动力学和运动稳定性学术会议、第十三届全国爆炸力学学术会议、第十六届全国实验力学大会暨重大装备实验力学与测试技术论坛、第十三届全国生物力学学术会议、第十六届全国物理力学学术会议（线上）、第十六届全国环境力学学术会议（线上）等。

学会为青年人才搭建交流平台，全年组织3期青年学术沙龙活动，举办第二届全国力学博士生论坛和首届全国先进结构工程科学博士生学术论坛等品牌活动；形成一批在线定期开展的交流活动，固体力学青年学术沙龙、流体力学青年学术沙龙、冲击动力学云讨论班、实验力学青年学术沙龙等一批在线交流活动已经形成系列，并定期举办。

国际组织任职 中国科学院院士、学会副理事长郑晓静当选发展中国家科学院性别咨询委员会第一届委员，代表亚洲－南亚－太平洋地区履行职责，任期3年。

国际交往 8月22日和25日，国际理论与应用力学联盟2021年全体大会在线上召开，中国5名任职理事出席会议。

9月10日，学会正式向国际流变学会提交第20届国际流变学大会申办书。

科普活动 学会组织第十三届全国周培源大学生力学竞赛，全国400余所高校的30369名学生参加。

在科学大院、今日头条等媒体平台发表《下届奥运会游泳观赛指南（力学篇）》等科普文章，总浏览量超过10万人次。邀请科普专家编写《玩具和魔术中的力学》《啄木鸟为什么不得脑震荡》等科普书籍。联合中国科普博览、中国科协青少年科技中心等单位推出《探秘科学实验室》等科普视频。

表彰举荐优秀科技工作者 学会开展第十二届周培源力学奖评选工作，中国科学院院士、中国科学院力学研究所研究员何国威获奖。

开展2020年度中国力学学会优秀博士学位论文评选工作，评选产生5篇获奖论文和5篇提名奖论文。

开展第七届中国力学学会科学技术奖评选工作，评选产生1项自然科学奖一等奖、2项自然科学奖二等奖、2项科技进步奖一等奖、3项科技进步奖二等奖、2项科普教育奖。

党建强会 学会印发《中国力学学会开展党史学习教育工作方案》，全年围绕党史学习教育多次开展主题实践活动。参加科技社团党委“百年党史　百家学会”北斗自然乐跑党史知识竞赛和“党在我心中”党史知识竞赛。组织参观“不忘初心、牢记使命”中国共产党历史展览馆主题展览。

2021年，学会共获得5项荣誉表彰，分别是中国科协党建工作先进学会、“党建强会计划”十佳品牌活动、党建强会特色活动优秀组织奖、“百年党史　百家学会”党史知识竞赛优秀组织奖、2021年度全国学会智慧党建建设优秀学会党组织。

4月11日，组织力学青年科技工作者赴中国科学院深海科学与工程研究所参观“海洋强国·探索创新”党员主题教育基地。中国科学院院士、学会副理事长何国威，副理事长曲绍兴，党委委员汤亚南带队，近80名力学科研工作者参加活动。

4月23日，在浙江省嘉兴市开展“追寻红色足迹，弘扬‘红船精神’”党史学习教育实践活动。学会党委书记、理事长方岱宁，学会党委委员、专职副秘书长汤亚南，副秘书长陈玉丽带队，来自实验力学专业委员会党小组、微纳米力学党小组、秘书处党支部的党员同志，以及北京航空航天大学、华中科技大学、江苏大学、兰州大学、天津大学、天津商业大学、西安交通大学、浙江清华柔性电子技术研究院等科研团队党支部的近30名青年党员参加。

7月18日，在河北省石家庄市正定县塔元庄村开展“深入学习党史、弘扬红色精神”党建强会特色活动。学会党委委员、副理事长杨绍普，学会党委委员、专职副秘书长汤亚南，学会女科技工作者委员会党小组书记孟庆国，学会副秘书长陈玉丽带队，组织30余名青年党员赴塔元庄村参观学习。

10月16日，在湖南省湘潭市韶山市开展以“追寻红色足迹，传承红色基因，凝聚奋进力量”为主题的“党建强会特色活动”培训班。来自全国20余所高校的60余名专家参加《故园请客话乡情》、毛泽东铜像广场、《毛家人的家国情怀》、毛泽东纪念馆、毛泽东故居、滴水洞的《滴水情深忆主席》6个培训课程。学会党委书记、理事长方岱宁，学会党委委员、副理事长戴兰宏和冯西桥，学会党委委员、专职副秘书长汤亚南，学会固体力学专业委员会党支部书记、主任委员周又和等领导同志参加。

会员服务 学会编纂2021年年报，向会员发布学会年度工作。通过学会官网、《中国力学学会会讯》《中国力学学会会员专刊》以及微博和微信公众号向广大会员提供学术资讯。

【第一届北京国际力学中心与意大利国际力学中心离散多相流研讨会】 3月2—5日，由北京国际力学中心（BICTAM）、意大利国际力学中心（CISM）、国际理论与应用力学联盟（IUTAM）、国家自然科学基金委员会、清华大学航天航空学院、中国科学院力学研究所和意大利乌迪内大学共同主办的第一届北京国际力学中心与意大利国际力学中心离散多相流研讨会在线上举办。来自中国、意大利、法国、瑞典、西班牙、奥地利、德国、以色列、日本、波兰、荷兰、英国12个国家的多所大学、研究机构的专家、学者共70余人在线参加研讨会。会议设置同步直播平台，吸引全球23个国家共1100余人次观看。会议主席由BICTAM主席、中国科学院院士李家春，CISM流体力学部主任、乌迪内大学教授Cristian Marchioli共同担任，清华大学教授赵立豪担任会议组委会主席。会议特别邀请中国科学院院士、西安电子科技大学郑晓静，奥地利维也纳工业大学教授Alfredo Soldati，浙江大学教授林建忠，荷兰代尔夫特理工大学教授Christian Poelma，中国科学院大学教授倪明玖，法国图卢兹南部比利牛斯联合大学教授Eric Climent，清华大学教授徐海涛和德国亚琛工业大学教授Wolfgang Schröder共8名专家、学者在大会上作主旨报告。会议还安排53个学术报告，其中国内学者25个、国外学者28个，内容涵盖湍流流动中颗粒、气泡、液滴的动力学，刚性及可变形颗粒悬浮两相流，非牛顿流多相流，液滴碰撞、聚集和破碎，以及相关实验和数值模拟方法的新进展等。

（撰稿人：刘　洋）

中国光学学会

服务创新型国家和社会建设　学会颜色光学专业委员会参加并完成全国颜色标准化技术委员会关于《城市色彩规划通则》《纺织品颜色表示方法》《城市色彩设计指南》等标准的审查和表决，完成国家强制性标准《GB17654—1999澳门特别行政区区旗》和《GB12983—2004国旗颜色标准样品》的复审征询表决工作。

由学会推荐的“如何实现面向大规模集成光芯片的精准光子集成”入选中国科协2021年十大产业技术问题。

学会举办培训活动3次，分别为第八届工业用激光器及系统使用安全培训班、激光智造大讲堂、第五届全国皮肤激光及微创技术继续教育学习班，受众达1200余人次。

学会建设　2021年，学会发展个人会员2424人，其中60%以上为高级会员，会员总数达到9776人。2021年成立学生分会6个，学生会员达700人。

学会八届九次常务理事会审议通过《中国光学学会财务管理办法》《中国光学学会现金管理办法》《中国光学学会固定资产管理办法》，会议要求参照中国科协相关规定执行。

学会获中国科协“2021年度全国学会科普工作优秀单位”称号。

4月17日，学会第八届常务理事会第九次会议以视频会议形式召开，32名常务理事及代表参加会议，学会监事长和2名监事列席会议。会议由中国科学院院士、学会理事长龚旗煌主持，听取学会近期工作汇报，包括会员服务工作、王大珩光学奖和光学优秀博士学位论文评选、2021年中国光学学会学术大会、Photonics Asia 2021会议、学会专业委员会主办学术会议、“国际光日”系列活动、两院院士候选人推选、中国科协第十次代表大会代表和第十届委员会委员候选人推选等事项。

7月28日，学会全息与光信息处理专业委员会换届会议在甘肃省兰州市召开。选举产生新一届专业委员会委员。赵建林当选主任委员，王钦华、谭小地、曹良才、刘娟当选专业委员会副主任委员，桑新柱当选副主任委员兼秘书长。

9月18日，学会第八届常务理事会第十次会议在广东省深圳市召开，32名常务理事及代表参加会议，学会监事会列席会议。会议由学会理事长龚旗煌主持，审议通过《中国光学学会第九次会员代表大会换届方案》，听取学会近期工作汇报，包括“国际光日”活动、2021年中国光学学会学术大会、Photonics Asia 2021会议、2021年学会会士遴选、2021年度中国光学学会光学科技奖评选、大学生光电设计竞赛、会员服务、《光学名词》出版、2021年“最美科技工作者”推选、中国科协十大产业技术问题推选等事项。

9月18日，学会第八届理事会第五次会议在广东省深圳市召开，111名理事及代表参加会议，学会监事会监事列席会议。会议由学会理事长龚旗煌主持，听取八届九次、八届十次常务理事会工作情况汇报，报告总结自八届四次理事会以来，学会在组织建设、会员服务、学术交流、国际合作、科普宣传、期刊建设、表彰奖励等方面的工作。会议审议通过《中国光学学会第九次会员代表大会换届方案》。

9月18日，学会生物医学光子学专业委员会换届会议在广东省深圳市召开。选举产生第三届专业委员会委员162名、青年委员129名。屈军乐当选主任委员，陈建新、丁志华、付玲、高峰、李步洪、刘丽炜、刘谦、杨思华等当选专业委员会副主任委员，朱苅当选副主任委员兼秘书长。

9月19日，学会空间光学专业委员会换届会议在广东省深圳市召开。选举产生第二届专业委员会委员62名，中国工程院院士龚惠兴当选主任委员，张学军、汶德胜、饶长辉当选副主任委员，陈晓丽当选秘书长。

青年人才托举工程 学会获批第七届中国科协“青年人才托举工程”项目资助名额2个。

主办期刊 学会现有12种学术期刊，其中中文期刊8种、英文期刊4种；被SCI收录的3种，被EI收录的9种（有部分期刊被SCI、EI同时收录）；中国科协主管的3种，中国科学院主管的8种，教育部主管的1种。

学会获中国科协“2021年全国学会期刊出版工作优秀单位”称号。

学会期刊《光：科学与应用》（英文版）入选中国科技期刊卓越行动计划领军期刊类项目；《高功率激光科学与工程》（英文版）入选重点期刊类项目；《中国光学快报》（英文版）、《光电子前沿》（英文版）入选梯队期刊项目；《中国激光》《光学学报》入选中文梯队项目。

《中国激光医学杂志》《光电工程》获得2021年度中国科协全国学会期刊出版能力提升计划项目支持。

《中国激光》《光学学报》《光电子前沿》（英文版）获“2021中国国际影响力优秀学术期刊”称号。

《光学学报》《中国激光》均入选第五届《中国精品科技期刊目录》、百种中国杰出学术期刊及华东区优秀期刊。

《高功率激光科学与工程》（英文版）、《中国光学快报》（英文版）、《光学学报》获“2021年中国最具国际影响力学术期刊”称号。

《光学学报》入选2021年首届“西牛奖”十佳精品中文期刊。

学科发展工程 学会承担并完成全国科学技术名词审定委员会的光学名词审定工作。《光学名词》经光学名词审定委员会审定、全国科学技术名词审定委员会批准，于4月正式公布，由科学出版社出版发行。《光学名词》内容包括28个部分，共4809条名词。

国际学术会议 2021年，学会及专业委员会主办、协办、承办各类国际线上线下学术会议9次，参与人数4898人次，交流论文1758篇。

12月12—13日，由学会与中国集成电路创新联盟、中国电子学会和材料创新联盟主办，中国科学院微电子研究所、季华实验室、广东省大湾区集成电路与系统应用研究院和佛山高新技术产业开发区管理委员会共同承办的第五届国际先进光刻技术研讨会以线上线下相结合的形式在广东省佛山市举办。来自中国、美国、德国、日本、荷兰等地的企业、科研机构、高校的300余名专家、学者参加大会，其中外籍参会人员30人。会议收录论文43篇并出版论文集。

国内主要学术会议 2021年，学会及专业委员会主办、协办各类国内线上线下学术会议28次，参会人数约53000人次，交流论文3155篇。

7月3—4日，第二届全国光量子科学与技术学术会议在江苏省南京市召开。会议由学会光量子科学与技术专业委员会主办、南京邮电大学承办，来自高校、科研院所、光电企业的科技人员和青年学子600余人参加会议。

学会探索产学研交流新模式，面向大湾区、长三角区域开展产学研对接，促进科技成果转化，拓展服务新空间。9月，在广东省深圳市，学会将两年一次的学术大会与中国国际光电博览会联合举办，1500余名光学学者、3000余家光学企业代表参加，参观人数近9万人次。活动还组织华为光通信与光成像论坛，来自全国的光学重点高校学者和华为技术有限公司等单位的技术人员进行交流。

10月，学会与南通市人民政府在江苏省南通市联合举办第二届长三角光电论坛。论坛以“搭建开放创新的交流平台、分享行业的前沿动态、聚合跨界行业经验、赋能光电产业升级”为主题，进一步推动南通乃至长三角地区光电领域的科技创新和产业融合。

国际组织任职 7月15日，亚太工程组织联合会（FEIAP）第29届全体大会在线上召开，中国科学院院士、学会常务理事黄维连任FEIAP主席。

9月13日，国际光学委员会（International Commission

for Optics，ICO）召开第25届全体会员大会，中国科学院院士、学会理事长龚旗煌连任ICO副主席，任期2021—2024年。

国际交往 学会获得2026年环太平洋地区激光和光电子会议（CLEO-PR）的主办权。

科普活动 学会积极参加公众开放日、科普周、科普日系列活动，举办形式多样的各种科普活动18次，联合北京大学、浙江大学、中国科学院光电技术研究所、中国科学院安徽光学精密机械研究所、中国科学院上海光学精密机械研究所、中国科学院微电子所等单位开展线上线下相结合的全国科普日活动，包括作科普报告、参观实验室、科技课堂、科普夏令营、科普大赛、物理文化节、科普展览、校园宣讲等，受众达500万余人次。

4—6月，“国际光日”院士科普大讲堂活动在线上开展。学会先后邀请中国工程院院士刘泽金、刘文清、姜会林作线上科普报告，平均单场报告直播观看人数超过1.2万人次。

光子学公开课自开播以来已经举办79期；光刻技术系列主题科普报告举办5期。

表彰举荐优秀科技工作者 学会评选出第十七届王大珩光学奖中青年科技人员光学奖获得者2人、高校学生光学奖获得者30人。学会八届十次常务理事会议审议修订王大珩光学奖评选与管理办法修改草案，扩充中青年科技人员光学奖名额，每次评选不超过4名，其中至少包含1名女科技工作者，以促进女性科技工作者的成长与发展。

评选出2019年度中国光学学会光学优秀博士论文5篇、提名优秀论文10篇；增选会士8人和外籍会士3人。

学会推选南京大学教授张旭苹为“最美科技工作者”候选人。向中国科协推荐中国科学院、中国工程院院士候选人3名，其中苏州大学研究员陈林森通过候选人评审。

先后组织第十四届光华工程科技奖、第十七届中国青年科技奖、第十八届中国青年女科学家奖等候选人推荐工作。

党建强会 学会联合中国仪器仪表学会组织开展“庆祝建党100周年党史学习专题活动——纪念王大珩院士逝世十周年系列活动”。5月16日，学会在吉林省长春市举办王大珩光学奖颁奖仪式，同期举办学术报告会，来自高校和科研院所的400余名光学领域科研人员、学生和企业代表参加。5月18日，学会党委联合中国仪器仪表学会党委共同开展主题党日活动，组织学会工作人员和王大珩光学奖获得者参观王大珩纪念园和王大珩故居。7月21日，学会联合中国仪器仪表学会、中科院长春光学精密机械与物理研究所、长春理工大学、哈尔滨理工大学、仪器信息网召开王大珩先生学术思想研讨会，追忆和传承王大珩先生的科学家精神，与仪器信息网合作制作的纪念王大珩先生专题网页同期上线，学会组织历届王大珩光学奖获得者撰写4篇纪念文章在网站发布。

4月17日，学会第八届常务理事会第九次会议集中学习习近平总书记在党史学习教育动员大会上的重要讲话，传达中国科协和学会党史学习教育工作安排和部署。

9月18日，学会第八届理事会第五次会议集中学习习近平总书记在中国科学院第二十次院士大会、中国工程院第十五次院士大会、中国科协第十次全国代表大会和习近平在庆祝中国共产党成立100周年大会上的讲话精神。

学会网站设立党建专栏，报道和转载党和国家领导人重要会议和讲话精神以及中国科协、学会党建的重要工作内容，转载央视建党百年系列报道:《科学脊梁——王大珩：用“光”改变中国和王大珩》《精密光学设备，助力国之利器探星辰大海》。

会员服务 为满足学会发展需要和增强对会员的服务能力，“中国光学学会”和“光学界”两个微信公众号分别报道学会近期开展活动和光学领域专家访谈及科技发展及相关资讯。截至2021年年底，两个微信公众号关注量均突破9000。每两周给会员发送一份学会活动简报。

【2021年中国光学学会学术大会】 9月18—20日，2021年中国光学学会学术大会在广东省深圳市召开。会议由学会、中国科学院信息技术科学部、中国工程院信息与电子工程学部主办，深圳大学、深圳技术大学、中国国际光电博览会、深圳市光学光电子行业协会联合承办。大会共设立22个专题，涵盖光学、光学工程领域近100个子专题。

学会理事长龚旗煌、深圳市科技创新委员会副主任方琳、深圳大学校长李清泉、深圳技术大学校长阮双琛出席开幕式并致辞。中国科学院院士、学会前任理事长郭光灿，中国科学院院士、学会副理事长顾瑛，中国工程院院士、学会副理事长刘文清，以及学会副理事长贾锁堂、任晓敏等出席。中国科学院院士祝世宁、黄维、崔铁军，中国工程院院士范滇元、方家熊出席开幕式。开幕式由学会秘书长刘旭主持。来自高校、科研院所、光学企业的专家、学者共1500余人参加。

开幕式上，龚旗煌、刘文清、贾锁堂分别为2019年、2020年光学科技奖获得者颁发证书；郭光灿、顾瑛为2018、2019年度中国光学学会光学优秀博士学位论文获奖者颁奖；龚旗煌、任晓敏为2021年成立的学生分会授旗，新成立的学生分会所在单位分别是电子科技大学、深圳大学、华中科技大学、河北工业大学、北京邮电大学、福建师范大学、中国科学院西安光学精密机械研究所、哈尔滨理工大学、清华大学、北京理工大学、中国科学院上海光学精密机械研究所、中国科学院长春光学精密机械与物理研究所、中国科学院光电技术研究所、上海理工大学。

颁奖典礼结束后，顾瑛主持大会邀请报告环节。中国科学院院士、东南大学崔铁军作题为《电磁空间的表征调控与电磁新基建》的报告，浙江大学教授戴道锌作题为《硅光集成：发展与挑战》的报告，华为技术有限公司唐晓军作题为《光通信未来十年关键技术发展趋势》的报告。

会议设置22个分会场，共交流731个口头报告，其中邀请报告247篇。张贴交流报告406个。

【2021年亚洲光电子会议】 10月10—12日，2021年亚洲光电子会议（Photonics Asia 2021）在江苏省南通市召开。大会由学会和国际光学工程学会联合主办，北京大学长三角光电科学研究院、南通创新区、南通科技局联合承办。大会共设立17个专题，涵盖光学及光学工程领域近100个研究方向，800余名来自高校、科研院所、光学企业的科研人员和青年学子参加会议。

10日，中国科学院院士、学会副理事长李儒新和南通市委书记王晖出席大会开幕式并分别致辞，国际光学工程学会主席David L. Andrews在线致辞。大会由学会副秘书长李焱主持。学会副理事长贾锁堂，副总裁王文杰，学会常务理事贾平、张新亮、孙真荣、黄翊东、祝宁华、刘伟伟、王慧田，学会监事丁大军、王涌天，学会理事赵建林、袁小聪，学会会士肖云峰等出席。开幕式与大会报告同步在线上直播。学会理事长龚旗煌、学会秘书长刘旭线上参与，直播参与人数8700余人次。

开幕式上，举办2021年中国光学学会会士授牌仪式，贾锁堂为国内会士颁发牌匾。

授牌仪式结束后，张新亮、黄翊东分别主持大会报告。大会邀请美国莱斯大学Rebecca Richards-Kortum、上海光学精密机械研究所研究员王文涛、北京大学研究员朱瑞、英国帝国理工学院Peter L. Knight作报告。

17个分会场共交流口头报告426个，其中邀请报告186篇，另有张贴报告389篇。同期，举办第二届长三角光电论坛。

（撰稿人：贾瑞卿）

中国声学学会

服务创新型国家和社会建设 3—8月，学会在进一步完善《中国声学学会科学技术成果鉴定办法》的基础上，首次开展成果鉴定工作。8月，召开线上评审会，组织鉴定韶关东阳光自动化设备有限公司、乳源东阳光机械有限公司、东莞东阳光科研发有限公司的两项技术成果。

3—9月，学会在云南省、青海省、山东省等地举办4场线下生物医学超声方向继续教育培训班，包括可视化镇痛技术培训班、超声可视化疼痛诊疗系列培训班、远程重症超声培训班以及肌骨超声诊断与介入培训班等。此外，各分会组织开展10余场线上专业培训，累计在线听众超过1000人、离线视频播放数量超过10000次。8月，学会联合深圳大学与哈尔滨工业大学（深圳）面向80名硕博研究生联合开展Microscale acoustofluidics and lab-on-chip方面的器件制备培训班。

3—11月，学会参与噪声方面多项国家法规及标准的制定。3—9月，学会参与制定《声学噪声烦恼度的评价和预测》《声学机器和设备发射的噪声测定工作位置和其他指定位置发射声压级的基础标准使用导则》等多项国家标准。11月，学会组织专家对《中华人民共和国噪声污染防治法修正案（草案）》进行认真讨论，并提出修改意见和建议反馈至业务主管部门。《中华人民共和国噪声污染防治法》由第十三届全国人大常委会第三十二次会议审议通过，待正式发布实施。

4—11月，组织专家参与中国科协“声学名词”项目的编撰工作，在已有声学名词基础上进一步扩充，完成2000余条声学名词词条的编撰工作，涉及声学一般术语、声学基础、电声学、声学仪器和设备、传声系统、振动和机械冲击、环境声学、建筑声学、线性声学、超声学与超声电子学、生理心理声学、语言声学、音乐声学、水声学等14个专业领域。

5—11月，参与2021年《国家先进污染防治技术目录》推荐工作，推荐的“波束成型定向扬声系统”入选。

学会建设 2021年，学会个人会员6073人、团体会员49个。

6月，为提升内部管理和人才队伍建设水平，聘请专职工作人员1名，负责学会学术相关工作。现有专职工作人员4名。

9月，学会召开秘书处年度工作会议，邀请中国化学会相关领导分享学会工作经验；总会及各分会秘书一起学习中国科协文件，讨论学会规章（印章及财务）及分会办事流程，研讨学会职业教育培训方案，进一步完善工作机制，促进与各分支机构的沟通协作。

青年人才托举工程 3月，经过遴选、公示，学会举荐4名青年人才为第六届中国科协“青年人才托举工程”项目候选人。

6月，开展2021年中国声学学会“青年人才托举工程”项目相关工作，通过各单位推荐、全国选拔，经材料初评，共有24名青年人才参与现场答辩。

9月，学会在江苏省常熟市召开中国声学学会“青年人才托举工程”项目交流评审会，经专家评审，共有10人入选并于会后进行公示。会上，学会推荐至中国科协的第五届3名被托举人应邀作结项报告，汇报3年来各自的研究进展和成果。3名被托举人均完成培养计划，达到预期培养目标。12月，获得第七届中国科协“青年人才托举工程”项目立项资格，学会已连续4年获得该项目立项资格。

国际学术会议 2021年，学会及所属分支机构共参与组织国际会议5个。

4—9月，学会参与组织World Chemistry 2021、2021 International Conference on Polymeric、Metallic and Composite Materials 4个国际会议。学会组织相关领域的专家参加会议，并作主旨报告及邀请演讲。

11月16—17日，由学会与会员单位联合举办的第三届中巴海洋信息论坛在黑龙江省哈尔滨市召开。会议采用“线上+线下+直播”“主会场+分会场+云上会场”的模式。中巴双方围绕海洋信息相关方面的理论基础研究和前沿技术合作等进行交流研讨，来自16所高校和研究机构的专家、青年学者和学生60余人参加会议，近300人在直播间观看。

国内主要学术会议 2021年，学会及所属分会共举办国内学术交流活动20次，参与人数36000余人次，交流论文、报告640余篇。学会所属分会召开17个专题会议，主要学术会议有2021年船舶与海洋工程学科高峰论坛、2020—2021全国声学大会的专题论坛检测声学分论坛及声频工程分会专题论坛、2021中国生物医学超声联合学术年会以及中国声学学会计算声学分会2021年学术交流年会等，累计线上直播观看人数突破2.25万人次，邀请9名院士，交流报告240余个，430余名专家、学者参与。

11月6—7日，由中国科协科学技术创新部主办、中国科协培训和人才服务中心承办、学会协办的第三届世界科技与发展论坛：青年前沿科技论坛在北京召开。学会牵头负责子论坛“基础前沿与先进材料”，来自声学、化学、数学与系统科学、原子能科学等领域的6名第四届青托人才作现场报告，还邀请外籍科技工作者Ali Reza Kamali和Tho N.H.T.Tran作视频报告。论坛现场，专家对青年学者的报告进行评价，并就学术难点和研究方向与青年学者进行探讨。

国际交往 11月，经国际超声大会（ICU）理事会投票达成协议，经多方协商与评估，由学会承办的2021 ICU（Beijing）延至2023年召开，原2023 ICU（Paderborn）延至2025年。大会主席、学会国际工作委员会主任委员王秀明及ICU会议筹备组多次与ICU理事会邮件沟通会议进展，暂定2021 ICU于2023年8月27—31日举办。

科普活动 2021年，学会及所属分支机构和会员单位开展科普活动40场，累计受益人数达300万人次，创作科普作品15件，持续参与运营科普自媒体平台3个。

4—9月，学会联合会员单位与中央广播电视总台央视科教频道、《北京青年报》等主流媒体举办线上直播科普活动3场，其中邀请“云访噪声与振动实验室”学会噪声与振动控制相关专家出席活动，并为线上观众讲解噪声的相关知识；“探索奇妙的声学微声世界”为线上观众讲解微声学世界的故事；2021年全国科普日大型科学实验直播秀——《奋进吧！科学少年》组织学会科普志愿者从“祝融号”火星车着陆切入，讲述火星上的故事。直播观看人数250万人次。

5月22日，学会联合会员单位开展主题为“百年复兴路　科学正当时”的第十七届公众科学日活动，主要包括科技成果展示、科普报告、科学实验、科普视频展映、趣味知识问答等内容。科普志愿者团队的青年科技工作者为现场1000余人带来《“奋斗者”号万米发声》《小孔中的声学大智慧》《意料之外与情理之中——有趣的气泡》《语音的奥秘》4场科普报告，策划科普相声《来自火星的“你好”》，同步在中国科普博览微博、北京青年报新媒体矩阵播出，观看量达98.7万人次。

5月，通过“请进来、走出去”的方式先后举办34场面向社会的系列科普活动，直接受众达2800余人次。在开展声学科普活动的同时，还开展声学科普与听力检测进社区活动，为120余名老人做听力检测。

表彰举荐优秀科技工作者　7—11月，学会开展2020和2021年度中国声学学会优秀博士学位论文评选工作。经过初评、函评、终评三个阶段，共评选出优秀博士学位论文10篇、优秀博士学位论文提名奖8篇。

8月，学会启动2021年中国声学学会魏荣爵奖的评审工作，陕西师范大学教授林书玉、南京大学教授梁彬获奖。

党建强会　3月，召开学会党委会议，对九届四次常务理事会议程进行前置审议，加强政治引领，把握学会发展政治方向，推动学会各项工作有序开展。

3—4月，学会联合支撑单位及会员单位，组织动员学会党委成员及常务理事围绕建党百年和党史学习教育开展“同学党史·共悟初心”主题实践活动13次，组织党的理论学习活动5次。共有433名党员参与相关活动。

11月，学会党支部联合支撑单位中国科学院声学研究所机关党支部共同学习党的十九届六中全会精神，共计40人参加。

会员服务　学会进一步梳理信息化工作流程，新建立的学会官网、会员系统、会议系统和微信移动端已经稳定运行3年。2—8月，对学会官网、会员系统、会议系统和微信移动端进行系统化升级，进一步完善分支机构对各自分会的会员管理和会议管理，实现全方位信息化管理，提升会员使用体验。

【2020—2021年全国声学大会】　3月29日，由学会主办、复旦大学承办的2020—2021年全国声学大会在上海市召开，学会理事长及副理事长出席会议。中国工程院院士杨士莪、王威琪、杨德森，复旦大学副校长徐雷，国家自然科学基金委员会数学物理科学部物理一处处长倪培根等应邀出席。大会作邀请报告4个、专题论坛报告63个，提交论文454篇，现场交流290篇。大会首次采用“线上＋线下”相结合的方式召开，790余名专家、学者前来参会交流，进行声学20个细分领域的报告与讨论。会议展示最新的声学科技研究成果，探讨相关热点问题，吸引1.3万余人次线上同步观看。现场90余名志愿者为大会提供服务保障。

【“声学”科学与技术前沿论坛】　3月28日，由中国科学院学部主办、学会协办的“声学”科学与技术前沿论坛在上海市召开。论坛执行主席由中国科学院院士张仁和担任，来自高等院校、科研院所的10名专家作报告。会上开展声学领域国内外研究现状和发展趋势调研，聚焦声学科技前沿和国家发展重大需求，提出声学及相关学科领域重大前沿科学问题和关键核心技术发展建议，主要涉及多维声镊构建及其生物效应、空间声技术及其相关问题、人工结构对声波的调控及其应用、储层声学与技术、水声技术发展若干问题、智能声场控制技术及应用、声学智能化等。中国工程院院士杨士莪、杨德森等国内声学领域专家、学者共60余人参加研讨。

（撰稿人：钟　平）

中国化学会

服务创新型国家和社会建设　7月，由学会助力建设的“科创中国”绿色分离与纯化技术开发平台在广州大学城健康产业产学研孵化基地揭牌成立，姜标、孟民杰、焦斌、陈强、周光远5名产学研委员会执行主任和副主任委员受聘为孵化基地创业导师。

学会整理推荐专家、成果和案例，入库“科创中国”专家46名，涵盖医药科技、中药科技、管理、科技金融等多个领域，入库科技成果8项、案例2项。

11月，由学会与中国生物工程学会、德阳市食品医药产业发展专班联合主办的2021年“科创中国”德阳食品产业科技需求对接会在线上举办。活动通过“科创中国”小程序和科技工作者之家、中国科学院“中国科讯”直播平台和中国知网在线教学平台等在线直播，累计22569人次观看。

11月27—29日，学会承办的“双碳”战略驱动制浆造纸产业链创新链转型融合青年科学家沙龙在江苏省溧阳市举办。共有100余名专家、学者通过线上、线下方式参与。基于前期调研和会议研讨，形成1篇制浆造纸行业转型升级与绿色发展的政策建议报告。

学会建设 2021年，学会新发展个人会员1.5万余人，会员总数9.1万余人；新发展外籍会员127人，外籍会员数达到172人；晋升高级会员626人，高级会员总数达到1196人。单位会员增加10个，单位会员总数达到170个；新成立专业委员会1个，下设40个学科/专业委员会；学术奖励推荐委员会委员增至551名。

学会严格按照《中国化学会学科/专业委员会管理办法》管理学会分支机构，批准设立4个新分支机构。

学会官网总浏览量约315万次，发布各类信息700余篇，会员邮件系统发信740万余封。微信公众号图文阅读总量108万余次，总发文量466篇，关注用户增加1.9万余人。

青年人才托举工程 2021年，学会在实施第五届、第六届“青年人才托举工程”项目的基础上，继续开展第七届项目的人才选拔工作。在中国化学会第32届学术年会期间召开“青年人才托举工程”项目交流会，在总结第四届项目的同时启动第六届项目。11月，启动第七届（2021—2023年度）“青年人才托举工程”项目，经初筛、函评、会评多轮评选，最终4人入选。学会已累计托举38名青年人才。

主办期刊 2021年，学会主办的期刊中有13种SCI期刊的影响因子实现增长，11种期刊影响因子超过2.0，7种期刊影响因子突破5.0。《化学学报》影响因子为2.668，为中文SCI期刊之最。

学会独立创办的旗舰新刊 *CCS Chemistry* 共出版12期，刊登246篇文章，全文下载量超过52万次，网站年度访问量近100万次。

学会与华南师范大学合作创办的新刊 *Renewables* 获得中国科技期刊卓越行动计划高起点新刊项目资助。刊物投审稿平台和网站搭建、CN号申请等各项工作正在进行中。

学科发展工程 9月，学会联合北京石墨烯研究院完成21.8万字的《石墨烯产业与技术发展路线图研究报告》，并结合研究报告提交推动产业发展的智库报告《我国石墨烯产业发展的关键问题与建议》。

学会继续参与中国科协2021前沿科学问题和工程技术难题推荐工作。在面向9万余名会员征集前沿科学问题和工程技术难题基础上，向中国科协提交“非传统发光的生色团所在”等10个前沿科学问题和“脱氢-聚合产业链的关键共性问题如何解决”等7个工程技术难题，被中国科协评为“重大科技问题难题征集发布2018—2021年度优秀组织单位”。

国际学术会议 7月，学会承办的第二十三届中国科协年会——中日韩科学仪器发展论坛在北京以“线上会议+线下会议+同步直播”的形式举办。来自中国、日本和韩国的17名科学仪器领域的专家和企业研发人员作专题报告并交流讨论，全球范围17.6万人次观看论坛直播。论坛以“仪器创新促进科技进步”为主题，围绕仪器分析的基础研究、科学仪器的集成开发、科学仪器的核心技术三个议题作学术报告和讨论交流。

11月27日，由学会联合美国化学会和中国国际科技交流中心主办的中美化学教育双边论坛在线召开，论坛主题为“面向未来的化学教育”。来自美国和中国的6名报告人分别作报告，并在多个平台进行同步直播，累计有6万余人次观看。

12月15—16日，由学会与英国皇家化学会共同主办的2021年中国化学会-英国皇家化学会青年化学家峰会在线上召开，多个平台同步直播。峰会邀请8名来自中国、美国、德国、瑞士的青年化学家分享前沿学术成果，吸引全球范围4.5万人次观看。

国内主要学术会议 2021年，学会召开国内学术会议30余场，参会人数达3.5万余人，交流论文2.3万余篇。其中，中国化学会第32届学术年会、中国化学会第20届全国催化学术会议和中国化学会2021年全国高分子学术论文报告会参与人数超过3000人。

经专家提名和评审，推荐中国化学会第二十一届全国有机分析及生物分析学术研讨会、中国化学会手性中国2021学术研讨会、中国化学会第21届全国分子筛学术大会、中国化学会第32届学术年会4个学术会议入选中国科协《重要学术会议指南（2021）》。

国际组织任职 2021年，经学会推荐在国际纯粹与应用化学联合会（IUPAC）任职的人数达到20人，其中学科/工作委员会高级别委员9人。学会副理事长帅志刚竞选成为IUPAC执委会委员，参与领导IUPAC审查委员会并牵头IUPAC化学学科发展和组织机构改革。

国际交往 4月，学会在年会期间与英国皇家化学会续签友好合作协议，联合发起第一届中国化学会–英国皇家化学会青年化学家峰会；学会与美国化学会联合发起中美化学教育双边论坛；学会与德国化学会以德国化学会学术年会为契机，尝试会员会籍互认，即学会会员参加德国化学会主办的学术活动可享有德国化学会会员同等待遇。

5月，应学会副理事长帅志刚邀请，法国化学会前任主席 Gilberte Chambaud，德国化学会主席 Peter Schreiner，英国皇家化学会主席 Tom Welton，美国化学会主席 H.N. Cheng、候任主席 Angela Wilson、前任主席 Luis Echegoyen 以及国际纯粹与应用化学联合会主席 Christopher Brett 等以“国际化学促进可持续发展社会”为主题，在《国家科学评论》（*National Science Review*，NSR）第5期发表系列观点文章，并总结与学会及中国化学领域不断深入交流与合作的情况。

9月，学会邀请国际纯粹与应用化学联合会（IUPAC）秘书长 Richard Hartshorn 参加2021年中关村论坛，增进国际组织对中国在推动全球科技创新合作等方面的了解。

11月，学会联合国际纯粹与应用化学联合会在第三届世界科技与发展论坛闭幕式上共同发布“2021年化学领域十大新兴技术”，IUPAC 主席 Christopher Brett 应邀作视频致辞。

科普活动 2021年，全国约有7万人参加学会举办的第35届中国化学奥林匹克（初赛），颁发一等奖1803名、二等奖6071名、三等奖7837名；初赛借助“网上阅卷”服务技术，采取两人同评、差异仲裁评卷机制在全国6省试点电脑在线评卷，在提高工作效率的同时保障活动的公平、公正性。学会主办的第35届中国化学奥林匹克（决赛）共有448位学生参赛，决赛决出一等奖136名、二等奖181名、三等奖121名。赛事首次采用“分省设置考场”的方式举办，在线同步实时监考。

7月25日—8月2日，第53届国际化学奥林匹克竞赛在日本大阪远程在线举办，中国代表队的赛场设在浙江大学，由学会和浙江省化学会共同组织实施，4名学生代表中国队参赛并包揽金牌前4名。

表彰举荐优秀科技工作者 2021年，学会启动中国化学会青年化学奖等4项奖励的评选工作。

学会共推荐中国科学院化学部院士，中国工程院化工、冶金与工程学部院士，中国工程院环境与轻纺工程学部院士候选人13名；共推荐第十七届中国青年科技奖、第十八届中国青年女科学家奖、2021年度未来女科学家计划候选人7名。

党建强会 为庆祝中国共产党成立100周年，学会党委与学会办事机构党支部组织集体朗诵《与党同心，与党同行》诗歌。诗歌由学会党委、党支部集体创作，诗歌文字及朗诵音频被《人民日报》等媒体转载。学会以官网和微信公众号为宣传主阵地开展“100天走过100年”系列党史学习教育，每日发布1则重要党史事件，连续发布100天，累计阅读1.4万余人次。

学会党委策划组织专题活动“化学路上，看我乘风破浪”庆祝“三八”妇女节网络高峰论坛，在全国化学及相关领域大力弘扬科学家精神，鼓励女性化学科技工作者投身科学研究工作。来自国内外的化学科研工作者、教育工作者和学生累计超过10万人次在线观看。

学会办事机构党支部组织党员前往中国共产党历史展览馆参观“不忘初心、牢记使命”中国共产党历史展览。组织参加“百年党史　百家学会”北斗自然乐跑党史知识竞赛。学会办事机构党支部与国家知识产权局专利局化学发明审查部党总支以及中国科学院化学研究所分子识别与功能党总支联合开展党建联学活动。学会党委被评为“2021年度全国学会智慧党建建设优秀学会党组织”。

会员服务 2021年，学会新发展外籍会员127位，外籍会员总数达到172位；晋升高级会员626位，高级会员总数达到1196位。10月27日，学会启动2021年会士候选人提名工作，产生第二届中国化学会会士。

学会编写2021年年报并通过邮箱发送给会员；继续为会员发送12期会员内刊《化学通讯》；升级网站会员数据库，便捷会员入会、续费和获取学会信息；在官网设立“云图书馆”专栏，建立多媒体学术资源集合平台，收录会议论文4.3万余篇、图书31本、音视频73个和图集53套。

学会陆续推出个性化、定制化的服务，如以贺卡形式为不同的会员群体送祝福；针对高级会员和会士定制专属个人主页、VIP证书和感谢信等。在第32届学术年会期间特设“中国化学会展区”并制作会员手册，为参会的会员等提供面对面服务。

5月30日，在全国科技工作者日期间，学会继续开展新注册会员免费入会体验一年活动，共吸纳 2157 名科技工作者入会。

【中国化学会第 32 届学术年会】 4 月 19—22 日，中国化学会第 32 届学术年会在广东省珠海市举办。年会以“赋能化学·赋能未来”为主题，中国科学院院士、中国科协副主席高松，中国科学院院士、学会理事长、年会主席姚建年，广东省科技厅副厅长郑海涛等出席大会。包括 70 余名中国科学院院士、中国工程院院士在内的 1 万余名化学科技工作者和学生参加会议并进行交流。

会上，颁发 2018 年度、2019 年度、2020 年度中国化学会青年化学奖等 8 个奖项，并宣布 2020 年度中法化学讲座奖获得者，宣读第二届中国化学会终身成就奖获得者名单。中国科学院院士、中国科学技术大学教授俞书宏，中国科学院院士、中国科学院理化技术研究所研究员吴骊珠，中国科学院院士、上海交通大学教授樊春海，加拿大皇家科学院院士、加拿大麦吉尔大学教授李朝军分别作题为《仿生材料的设计、合成与未来》、《光化学转换》、《探索微观世界的确定性基因》、*Inventing New Reactions for a Green Economy* 的大会特邀报告。

年会设立 57 个学术分会、8 个专题论坛，交流论文近 8500 篇。年会期间共安排大会特邀报告 4 个、分会主题报告 177 个、分会邀请报告 1477 个、分会口头报告 1874 个、墙报展讲 3924 个。年会同期设立新技术、新产品与新仪器大型成果展览，近 200 家单位在年会设立展台。

年会开幕式及大会特邀报告环节通过多个网络平台进行现场同步直播，累计超过 18 万人次在线观看。

（撰稿人：王以菲）

中国天文学会

服务创新型国家和社会建设 10—11 月，组织开展 2021—2025 年度全国科普教育基地申报推送工作。国家天文台沙河科普教育基地、中国科学院紫金山天文台紫金山园区、中国科学院国家授时中心、中国科学院紫金山天文台青岛观象台、明安图观测基地 5 家单位递送申报材料。

学会建设 2021 年，学会拥有单位会员 33 个、个人会员 3525 人，其中 556 人为国际天文学联合会会员。学会下设 8 个工作委员会、1 个工作组（基金）和 11 个专业委员会。

坚持民主办会制度，先后召开十四届五次、六次常务理事会议和五次、六次理事会议，落实完成会议各项决定，组织开展第十五届理事会、监事会换届前期筹备工作。

组织召开十四届三次组织工作会议，完成审核发展新会员工作，发展新会员 43 人。

新增团体会员单位 1 个（山东大学空间科学与物理学院），与山东天文学会新建立业务指导关系。

青年人才托举工程 完成第四届中国科协“青年人才托举工程”项目验收工作，同时申请第七届中国科协“青年人才托举工程”项目资格。

主办期刊 完成中国科协所属全国学会期刊出版情况调查工作。完成《天文爱好者》《天文学报》期刊社会效益评价、学会办刊情况调查及中国科协主管期刊 2020 年度审读工作。

学科发展工程 联合国家天文台组织开展“2020 年度十大天文科技进展”评选活动。

国际学术会议 10 月 25—29 日，万亿电子伏粒子天体物理会议在四川省成都市举办，来自欧洲、南北美洲、大洋洲、亚洲 28 个国家的 200 多名学者通过线上形式与现场来自国内 23 个大学及科研所的 90 多名学者进行交流。会议安排大会特邀报告，介绍国际粒子天体物理相关的大型实验研究最新进展及各研究方向的综述。分会报告环节内容包括暗物质、星系宇宙线来源、粒子物理、伽马射线及中微子等多个专题。

国内主要学术会议 2021 年，学会举办国内学术会议 9 次，其中综合性学术年会 1 次，全年学术会议参会人数达 2400 余人次，交流论文约 800 篇。会议包括中国天文学会 2021 年学术年会、中国天文学会第 23 届郭守敬学术研讨会暨 2021 年星系宇宙学前沿研讨会、中国天文学会第十三届张衡学术研讨会、中国天文学会机器学习在天文学中的应用研讨会、中国天文学会空间及地面光学红外望远镜定标系统研讨会、中国天文学会 2021 年射电天文前沿与技术研讨会、中国天文学会信息化工作委员会年度工作会议、中国天文学会第九届海峡两岸天文望远镜及仪器学术研讨会、中国天文学会 2021 年普及工作委员会工作会议。

5 月 14—17 日，中国天文学会第 23 届郭守敬学术研讨会暨 2021 年星系宇宙学前沿研讨会在浙江省杭州市召开。会议由学会星系宇宙学专业委员会主办、浙江大学－紫金山天文台联合天文研究中心承办。

5月19—22日，由学会恒星专业委员会主办的第十三届张衡学术研讨会在云南省大理市召开。会议重点讨论恒星演化、银河系结构、致密天体以及时域天文学等科学议题，促进相关领域专家、学者的交流合作。

国际组织任职 南京大学教授丁明德任IAU Division E Sun and Heliosphere秘书长，中国科学院国家天文台研究员崔辰州任IAU C.B2：Data & Documentation主席，中国科学院云南天文台研究员陈雪飞任IAU Commission G3 Stellar Evolution秘书长，任期均为2021—2024年。

国际交往 1月，学会积极响应IAU要求，联系联合国和平利用外层空间委员会中方成员，寻求其对2020年10月召开的Dark and Quiet Skies for Science and Society研讨会形成的会议文件的关注，并转达IAU征询其建议乃至共同签署文件意愿。

3月，联系学会普及工作委员会，建议其动员IAU中国OAD组织负责人与中国科学院国际合作局相关领导对接，以学会名义参与2022年国际基础科学年相关活动；12月，在中国天文学会2021年学术年会上，邀请中国科学院国际合作局研究员易志军作题为《2022基础科学促进可持续发展国际年：背景和任务》的大会特邀报告。

8月，根据《国际天文联合会2020—2030年战略计划》，IAU执行委员会成立Pro-Am Relations工作组，学会组织各省市级学会（小组）填报IAU业余天文协会的数据库，以加强中国业余天文协会与IAU专业天文学家之间的联系。

9月，中国科协推荐中国科学院院士郭华东参与国际科学理事会（International Science Council，ISC）副主席竞选，学会积极响应，向IAU推荐郭华东，争取其对郭华东的支持。

10月，学会积极协助中国科协科学技术创新部，邀请IAU对在第三届世界科技与发展论坛上发布“开放·信任·合作”的倡议提出修改建议和意见，并回函支持该倡议的发布。

11—12月，向IAU推荐IAU个人会员9名和IAU初级会员7名。

科普活动 学会举办第四届全国大学生天文创新作品竞赛。初赛作品征集与评审于4—6月开展，共收到有效参赛作品163项，作品作者来自68所高校，49项作品入围决赛。上海天文馆采用“选手线上答辩，评委线上＋线下评审”的方式，通过线上平台全程直播，最终评选出一等奖作品7项、二等奖作品16项、三等奖作品26项，另有1项作品在网络投票中获评最高人气奖。西华师范大学、广州大学与辽宁师范大学获最佳组织奖。

5月23日，学会在北京举办主题为“微观世界探秘之旅”的第十七届公众科学日系列活动。

8月，组织开展“典赞·2021科普中国”推荐工作，共推荐1名基层科普人物、2个基层科普团队、1名科研科普人物、3本科普图书、2项科普展览。其中，图书《时间的真相》、“中国古代导航展——从指南针到北斗”获得年度科普作品提名，中国科学院紫金山天文台青海观测站科普团队获得年度科普人物提名。

按照《关于举办2021年全国科普日活动的通知》（科协发普字〔2021〕28号）要求，学会普及工作委员会积极策划开展全国科普日活动，并上传全国科普日官方宣传平台进行展示。

按月出版《天文爱好者》杂志并开通微信公众号，对天文热点、基础知识进行科普。

表彰举荐优秀科技工作者 2021年，组织开展第八届黄授书奖评奖工作，北京大学田晖、中国科学院国家天文台闫宏亮获奖。组织开展第十六届张钰哲奖评奖工作。

组织开展中国科学院和中国工程院院士候选人推荐工作，推荐候选人徐烨、吴学兵。

组织学会专家参加第六届中国科协优秀科技论文遴选活动。

组织开展第十七届中国青年科技奖、第十八届中国青年女科学家奖、2021年度未来女科学家计划候选人推荐工作。中国科学院云南天文台王博、北京大学科维理天文与天体物理研究所邵立晶为中国青年科技奖候选人；北京大学科维理天文与天体物理研究所王然为中国青年女科学家奖候选人；中国科学院紫金山天文台ASO-S团队（封莉、李瑛、宿英娜等）为中国青年女科学家奖团队奖候选团队；北京大学科维理天文与天体物理研究所侯美存为2021年度未来女科学家计划候选人。

为弘扬中国科学家精神，组织各团体会员单位开展2021年“最美科技工作者”推荐工作，向中国科协推荐1名候选人（中国科学院国家天文台长春人造卫星观测站副研究员董雪）。

党建强会 2021年，学会召开党委会议2次（含党史学习教育专题学习会议1次），系统学习习近平总书记重要讲话精神、十九届五中全会精神等。学会党委发挥政治引领作用，参与“三重一大”事项前置审议，并开展党史学习教育专题学习；组织学会党委、领导、各分支机构、秘书处党员参加学习中国科协举办的专题党课、系统培训、观看直播等10次。

开展“我为群众办实事”实践活动，为广大科技工作者搭建高质量的学术交流平台——中国天文学会2021年学术年会，以专题讲座、科普报告的方式，深入高校开展特色科技志愿服务，并联合学会各工作、专业委员会组织开展多项学术活动。

通过学会微信公众号，定期围绕党史重要事件、老一辈爱党爱国故事、习近平总书记重要讲话精神等开展宣传学习活动。

【中国天文学会2021年学术年会】 12月3日，由中国天文学会主办，西华师范大学、南充市人民政府承办的中国天文学会2021年学术年会在四川省南充市召开。年会主题为“繁荣天文创新研究；加强天文学术交流；研讨天文教育、科普及相关人才培养；促进高校天文专业建设；推动川渝地区天文学科发展”。年会采取线上线下相结合的方式，1000余名专家、学者通过现场或线上的方式参加年会。

学会副理事长吴学兵主持大会开幕式。学会十四届理事长、中国科学院院士景益鹏，西华师范大学党委副书记、校长王元君分别致欢迎辞。开幕式上，北京大学教授田晖、中国科学院国家天文台副研究员闫宏亮被授予中国天文学会第八届黄授书奖。

年会为期3天，主要以大会特邀报告、高级科普报告、专题讲座和分会场报告等形式交流天文学各分支学科和相关交叉领域的研究，其中大会特邀报告13篇、专题讲座2场、高级科普报告2场，9个分会场交流报告379篇。

（撰稿人：谢　洁　宁宗军）

中国气象学会

服务创新型国家和社会建设 面向国家和社会需求积极推动科技智库体系建设，不断提高科技评估评价水平。学会获批中国科协十大代表2021年专项调研课题1项，完成咨询报告2篇，以《中国科协信息》的形式被中央相关部门采用。承接完成中国气象局局属图书报刊出版单位社会效益评估、中国气象局主管出版物审读工作。完成“江淮对流云增雨作业决策指挥技术研究与应用”“青藏高原多圈层地气相互作用综合观测系统及应用”“西藏综合交通气象灾害监测预警评估技术与应用”“中国台风巨灾模型2.0”“登陆台风引发广东沿海风雨精准预报研究”科技成果评价5项。

举办2021中国气象现代化建设科技博览会，促进科技成果转化。5月20—22日，由学会主办、旻生展览（上海）有限公司承办的主题为“相聚大湾区、共商新气象”的2021中国气象现代化建设科技博览会在广东省深圳市举办，近200家企业、1万人次参与，展出产品数千款。博览会集中展示气象现代化建设最新成果和发展趋势，为相关企事业单位提供交流展示最新科技产品的舞台、搭建产学研结合和科技成果转化平台。博览会同期举办第十三届中国气象科技与水文水资源技术装备展、第十五届中国防雷技术与产品展、2021年气象观测创新发展论坛等活动。

学会建设 学会秘书处自身能力建设进一步加强。完成2020年度省级先进气象学会秘书处评选工作。完成年度审计、统计、年检、年报、年鉴、资产清查、决算预算工作，获评2020年度中国科协系统财务数据汇总工作优秀单位、统计调查工作优秀单位、2021卷《中国科学技术协会年鉴》优秀组织单位。修订日常管理相关制度近10项，完善内部治理和风险管控。

青年人才托举工程 完成第六届中国科协“青年人才托举工程”项目候选人推荐遴选工作，中国科学院大气物理研究所副研究员成里京入选。依托中国科协“青年人才托举工程”项目，组织历届青年托举人才开展线上专题论坛，举办气象青年科技交流会暨2021年青年科学家论坛，加强青年气象人才培养，推动气象科技创新发展。

主办期刊 《气象学报》、*Journal of Meteorological Research*（JMR）坚持正确的出版方向、办刊宗旨和行业规范，共出版文章152篇，刊载量2200页，其国JMR出版专刊3期、组约策划专刊3期;《气象学报》组约策划专刊1期。两刊中宣部出版局科技期刊社会效益评价考核等级为优秀，均入选“中国国际影响力优秀学术期刊”。《气象学报》获得第五届中国出版政府奖期刊提名奖，获“2020年百种中国杰出学术期刊”称号，入选2021年度F5000论文1篇。

JMR SCI数据库影响因子为2.178，稳居国际大气科学/气象类期刊Q3区。获批中国科协2021年度全国学会期刊出版能力提升计划项目资助2项，协助完成第六届中国科协优秀论文地学领域文章推荐评审。持续优化期刊网站和文章排版制作系统功能，探索提升编辑出版效率的智能化技术。

学科发展工程 完成中国科协生态环境产学联合体“2020年度中国生态环境十大科技进展”遴选推荐工作，推荐的项目“第三次青藏高原科学试验——边界层与对流层观测”入选“2020年度中国生态环境十大科技进展”。

国内主要学术会议 依托云端气象科技论坛，组织线上学术交流活动。采集、整理并发布相关单位线上交流活动信息，对部分学术交流活动进行视频录制并发布到云端气象科技论坛专区，专区总浏览量达12.5万人次。

以线上线下相结合的形式组织完成全国各类区域性、专题性学术交流活动19场，涵盖天气预报、气候预测、城市气象、气象观测、气象服务业务等诸多领域。主办2021年全国重大天气过程总结和预报技术经验交流会、2021年气象观测创新发展论坛、第八届全国城市气象学术论坛；联合主办2021暴雨东湖论坛、第六届区域气候变化监测与检测学术研讨会、2021年气候预测与气候应用技术论坛、2021年全国决策气象服务业务技术交流会、第十五届雨雪冰冻灾害论坛；承办及支持举办第三届全国中尺度气象学论坛、北京气象学会专家论坛、第六届丝绸之路气象科技学术交流会暨新疆气象学会2021年学术年会、中国气象学会副热带气象委员会2021年学术年会等交流活动。

两岸交流 学会支持举办第十三届海峡论坛·第九届海峡两岸民生气象论坛，推动两岸气象科技交流。12月10日，第十三届海峡论坛·第九届海峡两岸民生气象论坛在福建省厦门市举办。海峡两岸气象界围绕“深化气象交流、惠泽两岸民生”主题，通过线上线下相结合的方式共享气象科技最新成果、共商气象服务民生大计、共促两岸气象融合发展。论坛交流研讨两岸气象防灾减灾技术、气象服务、科普工作等方面的经验，进一步推动海峡两岸气象融合发展。来自海峡两岸气象、海洋、环境、民航、高校、科研院所等单位的近百人参与大会交流研讨。

科普活动 学会获评中国科协2021年度全国学会科普工作优秀单位、全国科技工作者日十佳优秀组织单位、全国科普日活动优秀组织单位，3项活动被评为2021年全国科普日优秀活动。学会秘书长受邀参加中国科协2021年地方科普工作会议、第十届中国（芜湖）科普产品博览交易会青少年科学教育发展论坛并作大会交流发言。

围绕世界气象日、科技活动周、全国科普日、全国科技工作者日等主题，组织开展世界气象日纪念活动、第八届全国气象科普系列报告会、全国气象科普讲解大赛、校园气象科普嘉年华、气象知识有奖竞答等线上、线下科普活动近20项，覆盖约3000万人次。其中，第八届全国气象科普系列报告会期间，联合28个省、自治区、直辖市气象学会和9家综合类全国气象科普教育基地，动员50余名气象科普专家，举办气象科普走进中科馆大讲堂、“大手拉小手”气象科普进校园等活动70余场，受益人数近200万人次。

加强科学传播队伍建设，提升气象科学传播能力。科学传播专家团队新增专家14名。在中国科协青少年科技中心指导下，组建“大手拉小手”气象科普报告团，现有专家18名。继续做好学会科技志愿者总队建设工作，现有志愿者人数1547人，志愿者活动总时长4877小时，2021年活跃人数400人。开展第十三届防灾减灾宣传志愿者中国行、智惠行动·气象防灾减灾科学传播志愿者服务两项活动。

重视校园气象科学教育，完善和优化校园气象科普教育整体解决方案，完成首批气象教育特色学校评选。在北京交通大学附属中学第二分校开展课程38次，在中国农业科学院附属小学开展气象社团活动27次。组织校园气象科普嘉年华活动，举办校园气象科普教育论坛，开展气象防灾减灾开学第一课、第六届校园气象科学展评等活动。

发挥气象科普教育基地作用，在全国范围内联合开展气象科普活动。组织择优推荐具有标志性、代表性和行业特色的气象科普基地为中国科协全国科普教育基地，30余家入选。开展全国气象科普教育基地展区升级改造项目（2022—2024年）推荐工作，为气象科普教育基地升级改造提供支撑。

打造“小e气象”气象知识有奖竞答系统，开展冬奥气象知识专题竞赛等活动，面向全国各省学会开放端口，共有21个省、自治区、直辖市学会借助“小

e气象”平台开展气象知识竞赛活动。

首次尝试将科技前沿成果科普化。与“第三次青藏高原大气科学试验”项目合作，制作科普短视频《世界屋脊探秘——气壮山河－青藏高原大气科学试验》，该视频被评为科技部2020年度全国优秀科普微视频作品。与“第二次青藏高原综合科学考察研究——西风－季风协同作用及其环境效应”项目组合作拍摄科学纪录片。

表彰举荐优秀科技工作者 完成2021年中国科协组织的中国科学院院士、中国工程院院士候选人推荐（提名）工作，推荐（提名）中国工程院院士候选人1名。完成第十四届光华工程科技奖提名人选推荐工作，经中国科协专家评审，1人入选。

党建强会 深入学习贯彻党的十九届五中、六中全会精神以及总书记在两院院士大会和中国科协“十大”上的重要讲话精神，深入学习总书记在党史学习教育动员大会上的重要讲话精神和“七一”重要讲话精神。深刻认识气象事业的政治属性，结合总书记对气象事业的重要指示精神，切实推动党中央、中国科协党组和中国气象局党组重大决策和任务部署落地见效，以实际行动做到“两个维护”。

将党史学习教育作为年度重点任务。按照中国科协党组、中国气象局党组有关部署，通过集体学习与自学相结合、讲专题党课、唱红歌、参加党史知识竞赛、参观红色教育基地等多种形式，高标准高质量完成党史学习教育年度各项任务，积极开展庆祝建党百年活动。在中国科协庆祝建党100周年活动中被评为优秀组织单位，在中国科协党史知识竞赛中获优秀组织奖。

加强党支部标准化规范化建设，按要求落实各项学习计划、主题党日和“三会一课”等活动，支持青年理论学习小组各项活动，全年开展各类活动58次。加强党建业务融合，与学会理事单位、分支机构等开展联学联建活动。严格落实中央八项规定精神，组织反腐倡廉专题参观学习。落实意识形态工作责任制，强化意识形态监管。完成学会秘书处党支部换届工作，支部年度述职评议考核获评优秀。

会员服务 依托中国知网气象科技创新知识服务平台开展“气象行业知识服务季”公益活动，用户达3万人次。学会官网“云端气象科技论坛”浏览量达12.5万人次。完成中国科协“十大”代表提名推荐，推荐的3名气象行业代表当选第十次全国代表大会代表，其中1人当选中国科协第十届全国委员会委员。编发会讯3期、会员工作手册1本，发放《气象知识》杂志6期。通过微信公众号、交流群密切联系会员，及时向会员通报学会工作动态和活动信息。报送中国科协各类信息80余篇。

【2021年全国重大天气过程总结和预报技术经验交流会】 4月26日，由学会主办，国家气象中心、大连市气象局与学会天气学委员会联合承办的2021年全国重大天气过程总结和预报技术经验交流会在辽宁省大连市召开。会议重点围绕2020年发生的典型天气过程进行系统总结，交流最新预报技术和经验，分析查找预报中存在的问题和薄弱环节，研讨提高预报水平的思路和举措。来自全国气象部门、高等院校、民航系统等80余家单位的200余名专家参加交流。

会议邀请中国工程院院士丁一汇、国家气象中心研究员沈学顺和代刊、南京大学教授赵坤、中国气象科学研究院研究员吕伟涛、大连市气象台台长李燕作特邀报告，并进行同步网络直播。

会议强调要高度重视科研工作，通过科研业务融合持续推进研究型业务的发展；要重视天气过程总结和复盘工作，针对天气过程的实况特征、成因、预报重点难点等进行深入细致分析，形成可借鉴的预报经验，探索、梳理和解决预报业务服务中的技术难点，切实推动预报业务高质量发展；要重点做好灾害性天气预报技术研发和分析总结，提高灾害性天气监测预报预警的精细度和准确率，为预防和减轻气象灾害作出贡献；要加快预报员的转型发展，推动预报员从过于依赖数值预报向依靠科学分析、驾驭现代预报技术转变。

会议共收到投稿300余篇，参加交流报告105篇、墙报交流88篇，设有1个主会场、5个分会场，分别围绕暴雨暴雪、强对流天气、水文气象、天气预报技术、集合预报、数值预报产品释用、灾害天气等领域进行研讨。

【气象青年科技交流会暨2021年青年科学家论坛】 11月6—7日，学会在上海市举办气象青年科技交流会暨2021年青年科学家论坛。来自中国气象科学研究院、国家气象中心、中国科学院大气物理研究所、北京大学等80余家单位的青年气象科技工作者围绕中小尺度气象与高影响天气、天气气候变率及其预测、大气物理与大气环境、全球气候变化：过去和未来4个议题，以线上、线下形式展开交流与研讨。

论坛召集人分别为中山大学副教授杜宇，南京信息工程大学教授朱志伟、刘超，北京大学教授李婧，中国科学院大气物理研究所副研究员成里京。学会秘书长王金星出席论坛并致辞。论坛共安排线上报告交流49篇、墙报交流108篇，在线交流人数超过500余人次。

【2021年校园气象科普嘉年华】 5月27—28日，由学会主办、陕西省延安市气象局和延长县气象局承办的“2021年校园气象科普嘉年华”活动走进陕西省延长县七里村镇呼家川完全小学和雷赤镇南河沟小学。活动得到中国气象局人工影响天气中心、陕西省气象学会、延安市气象局、延安市气象学会以及中央和国家机关青年支教扶贫队、延长县气象局的大力支持。

嘉年华活动以“气候变化、低碳你我”为主题，引导青少年关注气候变化、倡导低碳生活，开展气象科普讲座、气象知识竞赛、气象拼图比赛、气象观测实践、气象演讲比赛和AR/VR体验等活动，200多名师生参与。来自学会、陕西省气象学会和延安市气象局等单位的代表向学生捐赠气象科普产品。

【2021年校园气象科普教育论坛】 8月12日，由学会主办，浙江省气象局和浙江省气象学会承办，温州市气象局、温州市气象学会协办的2021年全国气象科普教育论坛以线上直播的形式在北京和浙江省温州市举办。论坛得到100余所开展校园气象科普教育的中小学校长和科技老师的支持，20余人参与论坛交流，收看直播人数超过13200人次。学会秘书长王金星出席并主持北京分论坛交流。

论坛以“校园气象科普教育高质量发展”为主题，邀请中国青少年科技辅导员协会副理事长兼秘书长林利琴、北京师范大学中国基础教育质量监测协同创新中心副教授林静和中国气象局气象干部培训学院教授级高工陈正洪分别作特邀报告《汇聚科教资源、提升科技辅导员专业能力》《以气象议题促学生科学素养整体性发展》《历史视域气象科普的探索与启示》。

在温州市“校园气象科学教育特色与经验”分论坛中，来自温州市科协、温州市教育局、浙江省校园气象协会、温州市气象部门等单位的专家和中小学校园气象科普优秀校长分享了温州市校园气象科学教育特色、经验与具体做法。

（撰稿人：王　媛　刘文泉）

中国空间科学学会

服务创新型国家和社会建设　2021年，学会组织专家申报和承担中国科协“科创中国”项目，“空间科技创新助力区域高端装备制造业智能转型”项目入选并落地宁夏回族自治区银川市，针对地方经济和产业发展，特别是高端装备制造业，开展推动科技与经济深度融合的特色工作。学会组建产业科技专家服务团，协助企业完成煤矿机械关键部件绿色防腐关键技术、长距离－大步距智能化自移设备列车井下智能化控制等技术攻关，服务智慧矿山建设；组织多场专家与企业对接会、学术交流会；完成智库报告2份，并开展技术培训与科普宣传；与企业联合建立产学研协同创新组织，建立长效服务机制，长期为银川市企业开展服务等，促进地方科技经济深度融合，获得中国科协“2021年度科技公共服务优秀学会”称号。

学会完成中国工程院咨询研究项目“统筹我国空间科学、空间技术和空间应用协调发展战略研究”课题，形成战略研究报告、院士建议及研究论文等成果。院士建议已通过中国工程院上报中央，为中国航天高水平自立自强提供政策支撑与建议。

学会副理事长、空间生命专业委员会主任李莹辉作为2035航天强国论证委员会空间应用专家组专家，参与国家2035年航天强国规划论证编制。在载人登月关键阶段，月球探测科学研究与应用系统中心研究员龙勉和李莹辉牵头组织完成空间生命与长期生存科学目标论证报告。

学会建设　2021年，学会有个人会员4037人、单位会员142个。全年召开3次理事会议、3次常务理事会议和1次监事会议。

学会召开第十次全国会员代表大会，完成理事会、常务理事会和12个专业委员会、6个工作委员会的换届工作，选举产生第十届理事会理事138名、常务理事39名、学会负责人10名；选举产生由5名监事组成的第一届监事会，完善学会组织机构。

青年人才托举工程　学会开展“青年人才托举工程”项目的组织管理工作，完成第四届的总结和第五届的中期评估工作。资助期间，中国科学技术大学副教授高新亮等第四届的5名入选人才共发表论文76篇，申请专利33项和软件著作权7项，授权12项；申请或参与国家自然科学基金面上项目、中国科学院科技创新重点部署项目、中欧载人航天合作空间应用合作项目等25项；参加国际交流20余次。张佼佼晋升为项目研究员，高新亮、卢亮晋升为副教授、副研究员，张永海晋升为学院研究所副所长。高新亮入选“仲英青年学者”。

11月6—7日，在中国科协主办的第三届世界科技与发展论坛期间，学会作为牵头单位主办青年前沿科技论坛之空天科技前沿分论坛，第四届“青年人才托举工程”项目入选者张佼佼和刘雪峰作现场报告。

第五届中国科协“青年人才托举工程”项目入选者李文亚申请到中国科协青托沙龙项目“空间环境探测卫星数据处理与科学分析”。学会组织第二届火星空间物理研讨会，探讨“天问一号”环绕器等离子体载荷数据处理方法与实现、科学分析及合作模式。

学会开展第六届中国科协“青年人才托举工程”项目的遴选工作，2名青年人才入选；开展第七届“青年人才托举工程”项目的申请工作，获得2个科协资助名额和2个自筹名额。

主办期刊 2021年，学会主办期刊《空间科学学报》保质保量、按期出版6期正刊，刊发论文102篇（特约稿件19篇）。其中，第一期为《学会成立/学报创刊四十周年》专刊，刊载特约论文17篇，包含空间科学及相关技术领域、学科或研究方向40年来取得的重要成果，近年来取得的重要进展、重要成果，国内外发展趋势，重要理论及技术前沿的前瞻性综述及回顾性综述等内容。

为推动数字化出版建设，《空间科学学报》排版采编系统完成升级换代，XML融合出版平台已开始试运行。

学科发展工程 学会参加中国科协重大科学问题和工程技术难题征集活动，推荐“空间静电异常是大震来临的先兆信号吗”这一重大科学问题，获中国科协“重大科技问题征集发布2018—2021年度优秀组织单位”奖牌。

国际学术会议 学会大力推进国际学术交流与合作。作为支持单位，支持举办亚太物理学会等离子物理分会2021年会。

国内主要学术会议 学会推动各专业委员会开展学术交流活动，线下参会人数累计超过1600人次，线上超过5700人次。

4月27—30日，由学会空间物理学专业委员会等主办的第十九届全国日地空间物理学研讨会在海南省海口市召开。参会人数603人，收到论文507篇。

6月15—19日，由学会空间机电与空间光学专业委员会、空间智能专业委员会主办的2021年空间机电与空间光学暨第一届空间智能会议在西藏自治区林芝市召开，57家单位的220余名专家、学者参加会议。会议共作特邀报告9个，分会场交流论文76篇。

10月14—16日，由学会空间遥感专业委员会等主办的第六届全国成像光谱对地观测学术研讨会在浙江省宁波市召开。来自116家科研院所、高校和企业的590余名专家、学者、企业代表现场参加，5700余人次在线观看，设特邀报告11个、分论坛报告184个。

10月22日，由学会空间遥感专业委员会等主办的第二届水质高光谱遥感新技术交流研讨会在天津市召开。大会以“遥感技术助力智慧水务创新发展”为主题，设16个特邀报告，200余名专家、学者参加会议。

国际交往 学会加强与空间研究委员会等国际机构的交流与合作。双方将同中国科学院国家空间科学中心在第二届中国空间科学大会期间联合主办空间科学国际高峰论坛，已入选中国科协“全国学会开放合作示范专项”。论坛主题为“后疫情时代的空间科学国际合作”，将邀请中国、欧洲、俄罗斯、巴西等重要的国际组织与机构、主要空间国家的科学家和航天局官员，空间科学专家与管理专家等参与，探讨疫情形势下空间科学国际合作的挑战与应对，国际合作模式、机制、成功案例与经验，并拟就在全球背景下通过空间科学国际合作共同为人类知识进步做贡献，同时建立相应的战略合作机制。

学会空间生命专业委员会委员参加国际宇航联合会生命科学领域会议。在第四届空间技术和平利用（健康）国际研讨会上，学会空间生命专业委员会委员邓玉林作为空间技术与人类健康分论坛主席，召集来自6个国家和组织的院士、专家进行研讨交流。

学会空间智能专业委员会等举办空间系统与空间智能暑期学校，邀请英国、美国、荷兰、以色列等国专家就最新的人工智能研究成果进行学术交流，400余人次参与，就空间智能专业委员会国际委员事宜进行探讨，并一致同意在2022年成立空间智能国际委员会。

9月6日，由学会空间地球科学专业委员会名誉主任、联合国技术促进机制10人组成员郭华东担任主任的可持续发展大数据国际研究中心正式挂牌成立。

10月18—22日，学会空间生命起源与进化专业委员会参与线上召开的国际生命起源大会，推荐4名专家作邀请报告。

科普活动 2021年，学会深入开展科学普及工作，持续开展“星辰大海等着你”公益科普品牌活动，参与全国科技活动周、全国科普日，组织专家在桂林市、北京、杭州市、西安市、石家庄市、林芝市、哈尔滨市等地开展18场公益科普讲座，现场参与人数超6000人次。该品牌活动已入选中国科协“全国学会科普品牌专项”。

4月7—9日，学会与中国科技馆、广西壮族自治区科协联合主办的“同一片星空——小村庄的太空梦”新时代文明实践志愿服务流动科普联合行动暨2021年中国流动科技馆广西巡展活动走进广西壮族自治区桂林市龙胜各族自治县，开展系列科普活动。中国科学院国家空间科学中心研究员、空间科学传播专家工作室执行主任刘勇为3个小学的师生讲授“星辰大海等着你”系列科普讲座《太阳系、宇宙与航天》，活动被中国科普网、中新社等媒体报道。5月22日，组织专家巡讲团走进2021年河北省科技活动周，来自中国科学院、北京大学等科研院所、高校的20名科学家走进10所中小学开展“星辰大海等着你”系列科普讲座，为青少年讲述科学知识，并举办主题论坛。9月16日，为迎接全国科普日，组织包括两名副秘书长在内的4名空间科学领域专家走进黑龙江省哈尔滨市4所小学，同步开展“星辰大海等着你”公益科普活动。

空间科学传播专家工作室完成建设试点工作，进入常态化运行。在项目实施过程中，开发完成科普培训课程1门，开展科学传播团队交流活动2场，开展科普专家交流活动1次，开发5个科普课程（含慕课），开展科普讲座56场；完成10部科普视频，总播放次数超过3000万次。

学会组织各专业委员会专家薛永祺、赵玉芬、王赤、常进院士，焦维新教授，吴季、庞之浩、赵建福、邓玉林、雷晓华、郭金虎研究员等高水平专家，以科普讲座、电视节目、媒体访谈、科普书籍、科技夏令营等多种形式开展科学普及活动，广泛普及空间科学知识、弘扬航天精神。

学会获得中国科协“2021年度全国学会科普工作优秀单位”称号。

表彰举荐优秀科技工作者 学会2021年共推荐中国科学院院士、中国空间科学学会科技奖、最美科技工作者、第二十四届中国科协求是杰出青年成果转化奖等候选人6名。

报送北京大学教授宗秋刚作为中国科学院院士候选人至中国科协参加后续评选。

经评审和投票，确定第二届中国空间科学学会科技奖科学奖获得者为中国科学院上海光学精密机械研究所研究员刘亮，技术奖获得者为北京空间飞行器总体设计部研究员孙泽洲。

推荐中国科学院国家空间科学中心研究员范全林为学会2021年“最美科技工作者”，进行宣传并上报科协。

推荐中国科学院力学研究所研究员姜恒为学会第二十四届中国科协求是杰出青年成果转化奖人选并上报。

学会推荐的青年科技工作者、空间中心李文在中国科协主办的“自立自强　青春向党”青年演讲大赛中以《“鸿鹄”展翅高原，志在星辰大海》为题进行演讲，在2000余名参赛者中获三等奖。

党建强会 学会党委组织开展党史学习教育，学习贯彻习近平总书记“七一”重要讲话精神，认真学习宣传贯彻党的十九届六中全会精神，围绕建党百年和党史学习教育开展特色亮点活动，以召开党委扩大会议、组织党委书记讲专题党课、邀请院士专家作主题报告等多种形式弘扬科学家精神。

学会邀请理事长吴季作为党委书记，学会副理事长、中国工程院院士曹喜滨作为科研专家讲党课，解读航天精神，宣贯科技工作者在空间科学事业中的使命、责任和担当；邀请长期奋战在航天一线的专家崔吉俊司令员解读“两弹一星”和“载人航天”精神内涵。

9月17日，召开中国空间科学学会第十届理事会第一次常务理事党员大会。会上，吴季、孙丽琳、黄康平、曹晋滨、常进、高铭、黄江川、陆卫当选第十届理事会党委委员，吴季当选第十届理事会党委书记，孙丽琳当选第十届理事会党委副书记。在第十届理事会第二次常务理事党员大会上，曹喜滨增补为第十届理事会党委委员。

学会空间机电与空间光学专业委员会、空间智能专业委员会举办建党百年爱国主义教育活动，组织参观川藏线通麦十英雄纪念碑与扎木中心县委红楼。

会员服务 学会借助网站和微信公众号等平台为会员提供学术交流的平台，提供新进展、新动态信息服务；借助会员信息系统对会员进行数字化管理，不断提升服务、优化管理水平。

【中国空间科学学会第十次全国会员代表大会】 9月16—18日，中国空间科学学会第十次全国会员代表大会在黑龙江省哈尔滨市召开。中国科学院院士吕达仁、刘维民，学会第九届理事长吴季，学会副理事长、中国工程院院士曹喜滨，学会副理事长黄江川，以及常务理事、理事、会员代表近220人参加大会。

在大会开幕式上，中国科协党组成员、书记处书记吕昭平以视频方式致辞，希望学会在新一届理事会领导下深入学习习近平总书记在中国科协第十次全国代表大会上的重要讲话，团结广大空间科技工作者，听党话、跟党走，再上新台阶，打造中国特色一流社团，推动中国空间科技事业高质量发展。空间中心党委书记孟新代表学会挂靠单位致辞。

大会选举产生第十届理事会理事137人和第一届监事会监事5人。在之后举办的十届一次理事会议上，以无记名投票方式选举产生常务理事38人和学会负责人。吴季当选学会第十届理事会理事长，高铭、黄江川、陆卫、常进、李莹辉、曹晋滨、林杨挺当选第十届理事会副理事长，孙丽琳被聘任为第十届理事会秘书长。会议审议通过各专业委员会和工作委员会换届事宜。在一届一次监事会上，黄康平当选第一届监事会监事长，洪晓瑜、傅绥燕当选副监事长。在十届一次常务理事党员大会上选举产生第十届理事会党委委员、书记、副书记。

11月23日，在十届二次理事会议和十届二次常务理事党员大会上，曹喜滨增选为学会第十届副理事长、党委委员，各专业委员会全部完成换届。

（撰稿人：孙丽琳　管清风）

中国地质学会

服务创新型国家和社会建设　学会启动百年纪念活动的筹备工作。编制《百年华诞纪念活动总体方案》，在全行业内召开10余次专题研讨会，并向中国科协、自然资源部专门请示报告和报备。

开展地质文化村（镇）和天然富硒土地评选和认定工作。会同中国地质调查局有关部门拟定地质文化村（镇）星级评定试行标准，联合《中国矿业报》等媒体开展系列宣传工作，设计运行相关专题网页，并颁授牌匾。组织开展第二批地质文化村、天然富硒土地申报推荐工作。

开展重大科学问题和工程技术难题遴选工作。学会共收到各单位推荐的重大科学问题和工程技术难题68项，经专家推荐及委员会审议，最终向中国科协报送重大前沿科学问题、工程技术难题各9项。

申请中国特色一流学会建设项目1项、省部级研究项目5项、国家自然科学基金项目2项。

加强全民科学素养和地学研学体系建设，组织专题座谈，研讨推进地学科普基地及研学工作发展。组织开展首批精品地学研学路线、课程评选工作，地学研学体系初步建成。

推进工程师资格国际互认工作。学会作为工程师联合体发起单位，承担地学领域工程师资格国际互认工作，制定发布《地质工程类工程能力评价规范》，提出地质类工程能力评价委员会组建方案。

启动团体标准化建设工作。取得全国团体标准信息平台团体标准发布资格。编印《中国地质学会团体标准管理办法》，提出学会团体标准化委员会及专业技术委员会组建方案。组织完成18个专业点的认证申请审核、11个专业点的自评报告审核、9个专业点的进校考察和14个专业点的中期持续改进报告审核工作。

为应对河南省郑州市暴雨灾害，学会发挥建言献策职能，组织中国科学院院士彭建兵等院士专家编写《我国地质灾害防治存在的薄弱环节及对策建议》，通过中国科协上报中共中央办公厅并被采纳。

为地方区域经济发展提供咨询建议，帮助企业解决关键技术问题，促进科技成果和专利技术推广应用、转化为现实生产力。

4月24日，学会主办生态修复理论与实践培训研讨班。培训研讨班邀请院士专家围绕水循环与生态修复、中国土壤污染防治攻坚的若干问题、构建统一的自然资源调查监测体系全力支撑服务生态文明建设等主题进行讲解与分析。来自各省（自治区、直辖市）地勘局、地质调查研究院、环境监测总站等单位的300余人参加培训。

5月15—16日，学会主办地质灾害成灾机理与监测防治培训研讨班。邀请13名从事地质灾害调查、监测、防治工作的专家、学者为学员解读地质灾害基本情况和防治规划，讲解地质灾害成灾机理、风险评估、早期识别、监测预警、综合治理等方面的最新成果进展，分享防灾减灾关键技术方法，介绍典型地区地质灾害调查与防治经验。来自各省（自治区、直辖市）地勘局、地质调查研究院、环境监测总站等单位的 300 余人参加培训。

学会建设 2021 年，学会坚持依法民主办会，组织召开 12 次党委会议、15 次常务理事会议（通讯）、11 次秘书长会议、1 次全体理事会议和 1 次全国秘书长工作会议。

深化“三重一大”工作，防控风险，修订《中国地质学会财务管理办法》《中国地质学会劳务费管理办法》等，细化财务人员工作职责，完善重大事项决策和大额经费支出审批流程，形成相互制约机制。制订《中国地质学会差旅费管理办法》《中国地质学会互联网平台发布管理办法》，完善信息化和财务工作管理制度。

改革网站信息报送工作，提升信息质量。学会网站全年上传信息 400 余条，浏览量 110 余万人次。

组织起草《中国地质学会地质单位诚信评价工作管理办法（试行）》，并向行业地勘单位和省级地质学会广泛征求意见建议。

学会获中国科协“全国科普工作优秀单位”称号和“全国科普日优秀组织单位”称号；办事机构党支部分别获自然资源部、中国地质调查局、中国地质科学院三级党组织的“先进基层党组织”称号。

青年人才托举工程 学会组织开展第六届中国科协“青年人才托举工程”项目遴选工作，遴选 2 名候选人。完成第七届中国科协“青年人才托举工程”项目申报和答辩工作。组织完成最美科技工作者、光华工程科技奖成就奖候选人推荐工作。

主办期刊 学会主办期刊《地质学报》、《地质学报》（英文版）、《地质论评》三刊共出版正刊 18 期，包括“再论大陆动力学发展面临的重大挑战”“非洲国际合作地质调查”“盐湖沉积、钾锂成矿与开采技术”“行星地质与地球化学”“中国南海油气研究”等专辑。

组织召开《地质学报》（英文版）编辑部第 40 届编委会议，研究解决期刊发展中面临的问题，进一步巩固期刊国际影响力。

国内主要学术会议 4 月 12—15 日，由学会主办，学会工程地质专业委员会、中国科学院水利部成都山地灾害与环境研究所承办，西藏大学协办的第十三届全国工程地质高层论坛在西藏自治区林芝市召开。会议以“科技支撑川藏铁路建设与运营安全”为主题，针对科技支撑川藏铁路建设与运营安全、学科建设和人才培养中存在的问题进行讨论。来自中国科学院、中国地质环境监测院、中铁二院集团有限责任公司的院士、专家聚焦川藏铁路建设和运营期间的重大科学问题作学术报告并展开研讨。

4 月 24—25 日，由学会主办、学会青年工作委员会承办的第五届全国青年地质大会在贵州省贵阳市召开。大会共设置 40 余个研讨专题，专家、学者围绕地质工作服务城市发展与安全、城市地下空间智能探测与利用、基础地质研究进展、能源资源研究及勘查进展、矿产资源成矿理论研究、矿产资源勘查理论与技术进展、自然资源经济与管理、地质遗迹、地学科普、教育与旅游地学、现代地质分析技术及应用进展、地质大数据与信息服务等主题开展学术交流与研讨。来自全国 300 余家企事业单位、高校和科研院所的专家、学者参加大会。

7 月 30—31 日，由学会主办，学会勘探地球物理专业委员会、中国地质科学院地球物理地球化学勘查研究所、国家现代地质勘查工程技术研究中心、甘肃省地质调查院承办的勘探地球物理 2021 年学术年会在甘肃省兰州市召开。会议以“勘探地球物理技术协作交流，促进西部地区高质量发展”为主题，聚焦地勘行业发展政策、能源资源勘探、地下水资源探测、地质灾害调查评价、国家重大工程建设勘察、碳捕集利用与封存、矿山生态修复以及极地探测等热点领域和勘探地球物理科技前沿，邀请 11 名专家、学者作学术报告，开展勘探地球物理学术交流和发展战略研讨活动。全国 30 余家地勘行业单位、高校和科研院所的 100 余人参加会议。

科普活动 在全国秘书长工作会议期间组织专题座谈，研讨推进地学科普基地及研学工作发展。组织各省级学会、分支机构、理事单位、科普基地（营地）开展世界地球日、全国科普日等系列科普活动。

为提高地质类本科工程教育的质量，开展第二届地质类工程专业优秀本科毕业设计评选工作。

表彰举荐优秀科技工作者 会同中国土地学会、中国地矿经济学会共同组织完成 2020 年度国土资源科学技术奖的评选工作。完成 2021 年度院士候选人推荐工作，经初评、终评，推选何治亮、蒋少涌、唐辉明、张招崇、王涛、万渝生 6 人为中国科学院院士候选人，姜在兴、翟刚毅 2 人为中国工程院院士候选人。

党建强会 学会办事机构党支部受到自然资源部、中国地质调查局、中国地质科学院三级党组织的表彰，获 2020 年度“先进基层党组织”称号。学会支部组织开展一系列“学党史、促发展”主题党日、支委会议、支部大会、学习参观、干部职工“四态调查”等活动，“基层党员之家”建设取得新成效。

会员服务 学会完成青年人才基金章程、管理办法的编写工作。编制《中国地质学会省级会员服务中心建设指导意见》，推动构建组织融合、业务融合、管理融合的全国会员服务工作新局面，批复成立31个省级会员服务中心。

创新学会会员发展与管理方式，上线运行移动端“码上入会”程序，新增会员、续费人数、续费金额环比上升50%以上。

完成学会会士调研和《中国地质学会会士评选办法》的制订工作。

（撰稿人：李彬飚）

中国地理学会

服务创新型国家和社会建设 2015年，学会承担并启动《中国大百科全书》第三版（网络版）地理学科编写任务。《中国大百科全书》第三版《地理学卷》和《中国地理卷》启动6年，《世界地理卷》启动2年。经过总主编、分卷主编和专业主编的共同努力，2021年编撰工作取得重要进展，《中国地理卷》6000多词条接近尾声，1000多条已经完成内部上线；《世界地理卷》编写进展迅速，完成编写词条4600余条，从3月起审稿工作开始且推进顺利；《地理学卷》完成编写词条2300余条，完成审稿1200余条。

2021年年初，学会发布《关于规范全国高校地理学科机构名称的倡议书》，引领近10家高校地理机构重组和名称回归，分别更名为地理科学学院、地理与旅游学院等。

2021年，继续承办第23届中国科协年会区域协同发展论坛，提交《关于依靠科技创新驱动中国城市群高质量发展的几点建议》咨询报告；作为协办单位支持“中国国情与发展”论坛举办2次学术活动，发表（提交）智库报告21篇；围绕胡焕庸地缘战略思想举办第八届地理学与中国全球战略高层论坛。

学会建设 2021年，学会召开理事会议1次、常务理事会议2次。

2021年新发展个人会员1200多人，个人注册会员总数达到1.6万人。在学会下属专业委员会中，编辑出版工作委员会和湖泊湿地分会完成换届工作；批准成立行为地理专业委员会、陆地地表综合观测工作委员会、地理测年技术分会、树木年轮研究分会和研究生联合分会共5个分支机构以及人类世与湖泊生态工作组1个点。在数字化服务建设方面，实现会员管理系统数字化和会议系统数字化且达成两个系统间有机融合、实现学会信息发布信息化、会议手册数字化。同时，完善学会科技期刊方阵副媒体制作，学会19种科技期刊中的16种实现副媒体发布，推进科技期刊数字化。

青年人才托举工程 2021年，学会继续组织开展入选第五届中国科协“青年人才托举工程”项目被托举人才的培养工作。在教育与培训方面，举办主要面向国内青年地理学者的首届国产地理分析模型培训班、第十八届全国高校青年教师GIS技术研讨班和第十届全国大学生GIS应用技能大赛活动，并与亚洲地理学会青年地理学家工作组、国际地理联合会青年科学家工作组联合举办首届亚洲青年地理学家研讨会，为青年人才成长搭建平台，发挥人才培养与托举作用。

同时，组织开展第八届中国科协“青年人才托举工程”项目申请工作。

主办期刊 学会主办科技期刊在“中国特色一流学会建设项目”和中国科技期刊卓越行动计划支持下，聚焦科技创新“四个面向”，组织地理学理论与方法、地理科学进展与无人机应用、黄河流域高质量发展、Case Studies of Belt and Road Construction、第二次青藏高原综合科学考察研究、应对百年未有之大变局的中国经济、中美科技竞争与合作、新时代的城镇化与城乡融合发展、脱贫攻坚与乡村振兴有效衔接等特约专栏（辑）。《地理学报》（英文版）、《中国地理科学》（英文版）、《地理学报》、《经济地理》和《人文地理》5种期刊被评为中国最具国际影响力学术期刊（5%），《地理研究》《地理科学》《地理科学进展》《冰川冻土》和《遥感学报》被评为中国国际影响力优秀学术期刊（10%）。《地理学报》连续20年入选“百种中国杰出学术期刊”，《地理学报》刊文《中国新时代城乡融合与乡村振兴》被评为中国科协第六届优秀科技论文；围绕学会主办期刊发展，何书金等14人次被评为先进个人，其中何书金获第五届中国出版政府奖优秀出版人物奖等。

学科发展工程 在中国地理编辑出版年会上发布“2020年度中国地理科学十大研究进展”；联合西南大

学地理科学学院联合举办“地理科学十大经典读本”推介发布会；在第23届中国科协年会区域协同发展论坛上发布《中国城市群地图集》和《中美科技竞争力评估报告》；在2021年中国城市地理学术年会上发布《中国城市地理丛书》；在《地理学报》发表“地理科学学科体系”研究成果和中国地理学中长期发展规划成果。同时，连续4年组织参加中国科协重大科学问题和技术难题遴选，被评为“2018—2021年度优秀组织单位”。

国际学术会议 组织国内地理学者和学生68人线上参加第34届国际地理大会，成为主办国土耳其以外参会人数和报告人数最多的国家。为推动和扩大区域国际交流，与主导的亚洲地理学会联合南京师范大学等单位举办首届亚洲青年地理学家研讨会（线上）；联合俄罗斯地理学会在线举办中俄寒区生态环境保护与可持续发展双边国际研讨会；积极支持并参与主办2021年地理学与可持续性国际学术论坛。

国内主要学术会议 2021年，学会开展各类学术活动30多次。以线上线下相结合的形式举办中国地理学会经济地理专业委员会成立60周年和《经济地理》创刊40周年学术研讨会，来自全国150多所高校和科研院所的近600人参加会议。学会微站直播观看高峰达2.3万人次。为纪念吴传钧先生创建“人地关系地域系统”理论30周年，举办以“新时代人地系统交叉研究”为主题的前沿论坛活动。

各分支机构分别举办第二届全国地理建模与模拟论坛、第四届环境地理优秀青年学者论坛、第二届长江保护与绿色发展高端论坛、中国地理学会山地分会2021年学术年会、巩固拓展脱贫攻坚成果同乡村振兴有效衔接学术研讨会、2021年中国地理学会（西南地区）学术年会、2021中国城市与区域管理学术年会、2021年中国历史地理学国际学术研讨会、中国地理学会黄河分会2021年学术年会、中国地理学会地理模型与地理信息分析专业委员会2021年学术年会、第二届全国生物地理学大会、2021年中国水文地理学术年会、第七届文化地理学术研讨会、2021年全国地貌与第四纪学术研讨会、2021年中国地理学会发展地理学学术年会、2021年中国人口地理学术年会、第二届地理测年技术学术研讨会等活动，都是以线下为主、配合线上传播举办；2021年中国城市地理学术年会、首届中国行为地理学术年会等活动采取线上线下相结合的形式举办。

国际交往 8月，中国科学院院士、国际地理联合会（IGU）副主席傅伯杰参加在线上举办的第34届国际地理大会，并3次出席IGU执行委员会工作会议及IGU线上代表大会；由于国际冻土协会（IPA）执行委员会计划于2022年进行换届选举，学会开展推荐牛富俊研究员参加2022年IPA执委职位的竞选工作，以接替即将卸任的中国科学院院士、IPA执委赖远明。作为亚洲地理学会的依托单位，积极推进亚洲地理学会组织建设工作。

2021年，除了跟IGU、IPA、IAG保持联系，学会还重点负责亚洲地理学会（AGA）的运行，推动第五届亚洲地理大会筹备工作，发布2期Newsletter（时事通讯），该项工作覆盖与学会有合作关系的日本、韩国、印度和哈萨克斯坦的联系；结合法国地理学会成立200周年庆典活动，学会理事长陈发虎发贺信、录视频表示祝贺；组织国内学者线上观看俄罗斯2021年度颁奖典礼，联合俄罗斯地理学会在线举办中俄寒区生态环境保护与可持续发展双边国际研讨会，巩固和推进中俄双边友好与合作。另外，还与意大利地理学会、沙特阿拉伯地理学会、西班牙地理学会保持联系，为签署合作协议、开展双边交流做准备。同时，与沙特阿拉伯、缅甸取得联系，吸纳其加入亚洲地理学会。推动中日韩地理学国际学术研讨会国际协调委员会工作，并提高学会对IGU和IPA两个国际组织的会费标准。

积极推荐国内专家参与国际组织任职，注重与国际组织高层任职专家、国际知名科学家的交流与交往。除保持AGA主席、秘书长各1人，IGU副主席1人，IPA执委1人（即将竞选更换）外，邀请国际地理联合会主席Michael Meadows出席第四届中关村论坛，并为2021年中国科协年会、第三届世界科技与发展论坛和2021年中国地理学大会发来祝贺视频。学会派代表参加全球地理学会线上研讨会，与全球58个国家的地理学会联合发表应对气候与生物多样性危机的联合行动宣言；积极支持并参与主办2021年地理学与可持续性国际论坛和首届亚洲青年地理学家研讨会。支持德国发布《耶拿宣言》。

科普活动 《中国国家地理》除每年发行900万册纸媒期刊之外，还开展科普讲座43场、科普活动16场，参与人数7万余人次。开展大型科普展览1场、科普会议1场，涵盖和地理相关的考古、探险、历史等多个学科领域。面向专业院校推出地理大数据知识的系列传播讲座，“世界地理科学传播首席专家团队”在南开大学、江苏师范大学两所高校开展“地理大数据百校传播”线上报告会，共吸引1000余名师生参加。

积极建设集平面媒体、网络媒体、视频媒体、竞赛活动和科普活动于一体的地理科普系列品牌。围绕第18届国际地理奥林匹克竞赛活动，开展中国大陆地区选拔赛活动2次，选拔4名中学生选手组队参加并获得1银3铜的成绩。通过与相关企业合作，组织开展一系列面向青少年学生的竞赛活动。经教育部批准，举办“地球小博士”全国地理科普知识大赛，2020—2021年共有32万余名高中生参赛。举办2021全国地理研学方案设计大赛和地理研学社会调研大赛等活动，启动“新蚁族杯”第三届“映像·新知”研学摄影大赛。融合知名的《海底小纵队》形象，启动一系列关于祖国名山大川、历史风景名城的科普产品制作工作。围绕世界地球日、全国防灾减灾日、中国科学院第十七届公众科学日等节日，开展以科普讲座、微信公众号科普图文推广等形式的线下、线上科普活动。其中，“云上科普日”系列活动邀请张青松、李兆江分别作题为《可可托海的故事与联想》《以石为缘，行走天下》的线上科普报告，并与观众直播互动，此次活动被评为“科普日活动优秀项目”。面向少年儿童普及地理知识，组织编写《世界儿童地理百科》一套10本。在中国科协系统科普工作年度考核中获得优秀等级。

表彰举荐优秀科技工作者　2021年，学会组织开展中国科学院院士、中国工程院院士候选人遴选推荐工作，推荐6人到中国科协参加进一步遴选，其中方创琳、秦伯强、顾行发3人进入有效候选人名单。开展2020和2021年度中国地理学会科学技术奖终身成就奖评选工作，高俊、王家耀、李炳元、刘君德、刘南威、周一星6位地理学家获终身成就奖。推荐中国科学院院士秦大河参加IGU最高荣誉奖评选。启动2021年度中国地理学会科学技术奖青年科技奖评选工作。

党建强会　2021年，学会以“党史学习教育”和“党建强会”为引领，实现思想政治工作和业务活动组织的有机融合。围绕党史学习教育、“百年学会与党同行”和“百年同心与党同行”等党和国家以及中国科协的工作部署，学会党委多次召开线上线下会议，研究“党建强会”工作方案；先后为中国科协“科技社团党委云课堂——大视野”开展讲座3场；录制《地理百年，与党共进谱华章》科技工作者心向党音频1次；撰写《中国地理学会：传承奋斗基因　向世界一流迈进》等文章和报告近10篇，并在《中国科协官网》《今日科协》《科技导报》等媒体上播发。《中国科学报》《党史学习工作简报》等媒体多次发表学会党委成员学习体会，部分体会还被《求是》杂志摘发。

推动分支机构党组织建设，分别在编辑出版、农业地理与乡村发展、城市与区域管理、黄河分会4个分支机构建立党的工作小组。同时，为了宣传科技工作者先进事迹，通过微信公众号、官网等自媒体宣传当代和近现代优秀地理人物近20次。

学会党委组织策划特色党建活动，组建科技志愿服务团开展“科技志愿服务下基层”和“地理大数据百校传播”活动。2021年，科技志愿服务系列活动先后走进湖南文理学院、湖南师范大学、衡阳师范学院、西华师范大学、太原师范学院等高校进行党史、会史宣讲，并开展学术交流和学科发展咨询。此次活动被评为中国科协“党建强会计划”十佳品牌活动。同时，为巩固精准扶贫成果和助力新农村建设，开展优质地理产品生境保护和产品数据出版保护与产品宣介活动10多次。

会员服务　坚持会员在学会的主体地位，开展服务会员和广大地理科技工作者工作，构建会员管理与服务网络体系。打造不同类型的交流和展示平台，让会员感受到学术成长支撑和同行认可；通过制定政策，让会员感受到在学会组织体系内参加学术会议和在学会主办科技期刊发文的优先优惠待遇；通过完善信息化服务手段提升学会服务会员的能力，如学会官网、微信公众号、微博更新推送，特别是会员管理系统和会议系统的融合上线让会员享受到参会注册、交费及优惠等一站式服务。据统计，2021年度通过官网、微信公众号、微博等社交平台共发布文章400余篇次，学会中英文官网年访问量20万余人次；截至2021年年底，学会微信公众号关注人数达6万余人，年阅读量81万余次；微博账号关注人数2万余人，年阅读量100万余次。

【2021年中国地理学大会】　12月12—15日，由学会和福建师范大学联合主办的2021年中国地理学大会以线上线下相结合的形式举办，大会在福建省福州市设线下主会场。来自国内外300多所教学科研机构的专家、学者和学生2300余人参加会议，其中线下会场300余人。同时，大会进行网络直播，有近20个国

家和地区的16万余人次在线收看开幕式盛况和大会特邀报告。本届大会的主题是“时代挑战　理论创新社会实践”，设立开幕式、相关发布、特邀报告、平行论坛和展览展示等多个板块。

大会开幕式上，学会理事长、中国科学院院士陈发虎，学会监事长、中国科学院院士傅伯杰，国际地理联合会主席、欧洲科学院院士 Michael Meadows，中国工程院院士、自然资源部国家基础地理信息中心教授陈军，中国科学院院士、北京大学教授朴世龙，学会副理事长张国友、董治宝，以及福建师范大学校长王长平、副校长陈庆华等专家、学者和领导通过线上线下形式出席会议。陈发虎、王长平和 Michael Meadows 分别在现场或通过视频方式致辞。其间，举办中国地理学会、福建师范大学和人民网共建“全国高校地理学课程思政研究中心”揭牌仪式。

大会特邀傅伯杰、陈发虎、陈军、朴世龙以及国家自然科学基金委员会研究员熊巨华，福建师范大学教授杨玉盛，国际欧亚科学院院士、中国科学院地理科学与资源研究所研究员方创琳，国际旅游研究院会士、中山大学教授保继刚，英国社会科学院院士、香港大学教授何深静，华东师范大学教授殷杰等地理学领域专家和优秀青年学者先后作大会报告。报告主题内容突出前沿引领，运用地理科学的综合视角与科学工具分析和揭示复杂人地系统和可持续发展系统关系的内在机理；突出热点聚焦，瞄准正确认识和把握碳达峰碳中和，系统总结和展望面向全球变化的中国生态系统碳汇估算方法；突出学科建设，应对地理学发展的未来挑战，谋划中国地理科学学科体系优化与学科建设方向；突出经世致用，助力自然资源高质量发展的时空信息应用、“乡村振兴”战略实施中的地理学支撑减贫实践、城市防灾减灾的情景模拟和风险评估、促进社会基础设施公平的实践应用；突出国际交流，特别邀请美国弗吉尼亚理工大学教授隋殿志和意大利那不勒斯费德里克二世大学教授 Maria Paradiso 分别聚焦人类健康和气候变化等全球共性问题作学术报告。

大会开设48个线上专题分会场（论坛），议题重点聚焦地理学的科学问题和国家战略需求，内容涉及地理学基础研究、地理学综合研究、国家战略与科技支撑、全球变化与可持续发展、地理教育与学科建设等，还专门设置新技术应用板块和女性地理学家论坛、青年地理学家论坛等。参会者中共有761人次作口头学术报告，其中学生（包括博士后）405人次；各分会场最高参会人数累计3217人。

大会发布《中国地理学界碳中和科技行动福州宣言》。

【2021中国地理学会春季年会暨中国地理编辑出版年会】 5月28—30日，由学会、陕西师范大学主办，学会编辑出版工作委员会、旅游地理专业委员会和陕西师范大学地理科学与旅游学院联合承办的2021中国地理学会春季年会暨中国地理编辑出版年会在陕西省西安市举办。此次年会以“推动学科交叉融合　促进地理科学发展”为主题，来自全国主要地理科研教学单位的专家、学者、学生和有关科技期刊、出版社的主编、编辑等共1200余人参加会议。学会副理事长张国友、宋长青、贺灿飞、鹿化煜、董治宝，陕西师范大学党委常委、副校长任晓伟等领导和专家应邀出席开幕式。

大会特邀报告环节，陕西师范大学教授董治宝、中国科学院地理科学与资源研究所研究员刘彦随、北京师范大学教授周尚意、中国科学院地理科学与资源研究所研究员樊杰、中国科学院地球环境研究所研究员刘禹、北京大学教授贺灿飞、中国科技出版传媒股份有限公司编审彭斌、南京大学教授张捷、中国科学院地理科学与资源研究所研究员龙花楼、南京大学教授甄峰、北京师范大学教授宋长青分别作大会报告《火星风沙地貌的一些认识》《新时代城乡融合与乡村振兴地理学研究》《跨文化视角：外国人撰写的中国地理》《地域功能研究进展及应用》《气候变化与人类文明》《环境经济地理研究与展望》《中国地理研究与学术期刊》《中国旅游地理研究与国家战略需求服务》《土地利用转型研究的理论与实践》《数据驱动的城市空间治理》《碳中和的地理学贡献》。为精准对接中国科协的工作要求、对标世界一流学会建设，大会邀请西安交通大学教授孟凡蓉解读国际国内科技社团建设的最新动态，陕西师范大学地理科学与旅游学院教授周正朝介绍学院学科建设的最新进展。

此次年会的25个分论坛由学会主办期刊发起，共450人作专题报告。论坛主题包括“百年变局与世界地理研究”“新发展格局中的长江经济带与长三角一体化发展”“以‘碳中和’为目标的国土空间开发与生态保护修复”“数据出版与应用”“中国政治地理研究的学科命题与方法”“青藏高原环境变化与人类活动”“地理学与可持续性”“地域功能空间结构与中部区高质量发展”“环境经济地理学的创新与发展”“京津冀协同创新与引领发展”“人地系统与乡村振兴发展”“大数据和新方法在国土空间规划中的应用”“历史地理田野调查方法与研究”“新时代旅游地理学的转型与创新”“新时期粤港澳大湾区协同发展”“干旱生态系统对全球环境变化的响应”“乡村旅游与乡村振兴战略的衔接”“国土空间规划与旅游目的地建设”“生态文明建设与旅游地环境管理”“文旅融合发展与旅游产业政策”“黄河流域生态保护和高质量发展”“干旱区气候变化与区域生态环境”“跨学科视野下的治理研究与治理现代化”“行为地理学理论与方法”和“城市空间演化与创新发展”。

在5月30日第五个全国科技工作者日到来之际，学会副理事长张国友结合迎接建党百年，在年会上作《百年学会、与党同行》的主题报告。

会上，发布“2020年度中国地理科学十大研究进展”；学会领导为学会编辑出版工作委员会第七届委员会主任、副主任颁发聘书，为学会研学工作组揭牌并颁发聘书。

（撰稿人：张萱子）

中国地球物理学会

服务创新型国家和社会建设 4月22日，学会院士专家工作站（西藏珠峰资源分站）揭牌。考察中国地球物理重点实验室1家、科技推广试点单位3家。

按照《中国地球物理学会科学技术成果评价管理办法》，鉴定“南水北调工程安全稳定运行检测技术标准和评估方案”等17个项目。

按照《中国地球物理学会团体标准管理办法》，受理团体标准申请8项。

学会建设 2021年，学会新入会会员838人，总人数为22845人。按照单位会员管理条例，对单位会员进行调整，截至12月31日共有单位会员198个。

学会召开理事扩大会议1次、常务理事会议2次、秘书长会议2次、党委专题工作会1次、全国秘书长联席会1次、学会工作会议1次。

青年人才托举工程 由学会推荐的2人入选中国科协“青年人才托举工程”项目，分别为中国科学院地质与地球物理研究所副研究员王新、南方科技大学助理教授胡佳顺；学会自筹资金资助4人，分别为中国科学技术大学副研究员张全浩、吉林大学教授黄兴国、中国石油大学（华东）副教授曲英铭、中国石油大学（北京）讲师赵培强。

主办期刊 全年出版学术期刊5种，承担的中国科协分领域发布高质量科技期刊分级目录试点项目正在公示中。

地球物理科技期刊集群网络平台建设初见成效，期刊集群网络平台分手机版和电脑版，加盟期刊约40家，平台正在试运行阶段。期刊集群将整合现有期刊，实现平台统一、信息共享、数据积累和大数据分析等各项功能。通过数据的整合，形成和积累学会独有资源。

国际学术会议 7月17—19日，由学会地球电磁专业委员会与吉林大学、国家地球物理探测仪器工程技术研究中心、地球信息探测仪器教育部重点实验室主办的第十五届中国国际地球电磁学术研讨会议在吉林省长春市召开。600余名来自意大利等国家和地区的地球电磁学者参加会议。大会共收到中、英文学术论文400余篇。会议共设3个分会场，组织13个专题研讨，张贴报告230篇。

国内主要学术会议 2021年，学会组织召开学术会议33场，其中计划内会议15场、计划外会议17场，累计参加学术交流人数11310人次。

6月18—21日，由学会行星物理专业委员会主办，南京大学、中国科学技术大学、中国科学院比较行星学卓越创新中心及中国科学院大学共同承办的2021年全国行星科学大会在江苏省苏州市召开。参会专家、学者在各个行星科学专题领域开展学术交流讨论，展示中国行星科学研究的最新成果，探讨未来行星科学探测计划。

6月29—30日，由学会油气地球物理专业委员会主办的第四届油气地球物理学术年会在山东省青岛市举办。会议围绕“经济高效油气地球物理”主题，交流油气地球物理理论、方法及前沿技术的最新进展，促进非常规、深层与深水、海洋与山地等领域复杂油气藏的高效勘探开发。400余名专家、学者参加会议，设置1个主会场、8个分会场，共接收240余篇文章、录用205篇。

科普活动 2021年，学会将疫情防控、科学传播专家团队建设、科普信息化作为重点工作。结合世界地球日、防灾减灾日、科技周、世界海洋日、科普日等主题活动日，开展院士专家校园行和科学传播专家团队进校园、进社区等科普活动。创建科普教育基地

1个。学会被评为“全国学会科普工作优秀单位”。

学会现已组建科学传播专家团队8支，并组织各团队开展科普讲座、撰写科普文章等科普活动。多名专家开设有各具特色的讲座，并在全国各地宣讲普及，如中国地质调查局航空物探遥感中心教授周坚鑫的《海洋国土与海洋探宝》和《中国南海的生态岛礁建设》等海洋系列科普讲座，中国科学院上海天文台研究员杨志根的《人类探测外星智慧生命的历程》和《星星离我有多远——梦想从童年关注星空开始》等系列天文系列科普讲座，中国地质大学（北京）教授施光海的《地球·珠宝》科普讲座，上海市气象局研究员李永平的气象灾害系列科普讲座，中国地质调查局教授级高级工程师吴海成的《海洋的故事——介绍祖国的万里海疆》《垃圾分类我们一起来》科普讲座，中国地质调查局青岛海洋地质研究所研究员张训华《大海的故事》科普讲座，中国石油集团东方地球物理勘探有限责任公司教授级高级工程师何展翔的《地下深处的宝藏是怎么找到的》科普讲座等。各团队开展线上及线下科普讲座20余场。

4月22日，在世界地球日期间，学会联合中国地质调查局自然资源航空物探遥感中心、《知识就是力量》杂志社、今日头条举办线上科普活动“上天入地看世界”，活动阅读量达6962万次。

5月12日，在第13个全国防灾减灾日期间，学会在微信公众号发布“512再谈地震预警”专辑，回答广大公众关心的地震预警问题。

9月18—20日，由学会主办、南方科技大学承办的第七届全国大学生“创新杯”地球物理知识演讲大赛在广东省深圳市举办。28所高校的63支竞赛队伍共400余人参加大赛，其中重磁电勘探类队伍23支、地震测井勘探类队伍23支、固体地球物理类队伍17支。

9月25日，在全国科普日期间，学会联合青岛市市南区教育和体育局、科技前沿大师谈、新华科普、地质出版社、山东教育电视台举办“地球之肾 湿地‘碳’究——走进自然资源部北方滨海盐沼湿地生态地质野外科学观测研究站”大型科普直播活动。活动通过科普中国、新华网、地质出版社小黑马科学、山东教育电视台、微赞等平台面向全网直播，各平台总收看量达50万余人次。

表彰举荐优秀科技工作者 学会组织开展中国地球物理科学技术奖、中国地球物理学会地球物理工程奖、顾功叙地球物理科技发展奖等奖项的评选工作。

2021年，14个项目获得中国地球物理科学技术奖。其中，“计算地球动力学数值模拟关键技术及地震灾害领域应用”等3个项目获得一等奖，“海上中深层复杂油气藏宽频地震勘探技术创新”等10个项目获得二等奖，“双复杂地区地震数据采集及处理关键技术与规模化应用”项目获得三等奖。中国地质科学院吕庆田获得科学技术创新一等奖。

9个项目获得中国地球物理学会地球物理工程奖，“山西省阳高县－天镇县一带干热岩地热资源预可行性勘查地球物理勘探”项目获得金奖，“新建川藏铁路昌都至林芝段初测阶段航空物探”等7个项目获得银奖，“中国沿海绿色能源项目海域地球物理勘探成果综合研究”项目获得铜奖。

英国皇家工程院院士、英国帝国理工大学地球物理学院终身教授王仰华，中国石油集团东方地球物理勘探有限责任公司执行董事、党委书记苟量获顾功叙地球物理科技发展奖。

同济大学王本锋、吉林大学李静、中国科学技术大学胡岩、北京大学何建森、中国地质大学（北京）芦俊、北京大学地球与空间科学学院常燎、中国科学院精密测量科学与技术创新研究院储日升、中国科学技术大学胡峰、中国石油大学（华东）黄建平、同济大学赵峦啸10人获傅承义青年科技奖。

根据期刊检索系统对《地球物理学报》《应用地球物理》论文引用率的查询统计结果，4篇论文获陈宗器地球物理优秀论文奖，分别是《基于深度学习卷积神经网络的地震波形自动分类与识别》（赵明等）、《2019年6月17日四川长宁M_S6.0地震序列震源机制解与发震构造分析》（易桂喜等）、《深井换热技术原理及其换热量评估》（孔彦龙等）、《四川盆地龙马溪组页岩气储层各向异性岩石物理建模及应用》（刘喜武等）。

按照《中国地球物理学会优秀博士论文评选办法（草案）》，经函评、终评，5篇论文获2021年中国地球物理学会杰出博士学位论文奖，分别是《各向异性地层声速测井理论与应用研究》（许松）、《相驱动叠前地震概率化反演方法研究》（李坤）、《地球磁尾偶极化锋面的多尺度动力学》（刘成明）、《油气水三相流电学传感器组合测量方法研究》（王大阳）、《地球内磁层中等离子体波动的观测研究》（滕尚纯）；10篇论文获中国地球物理学会优秀博士学位论文奖，分别是《内磁层等离子体波动对太阳风动压脉冲的即时响应》（刘倪纲）、《基于空间大地测量的断裂耦合特征及机制研究》（李彦川）、《近地空间小尺度磁结构的观测研究》（姚淑涛）、《基于孔隙介质波传播理论及岩石物理模型的储层微观孔隙结构特征研究》（张琳）、《伴随磁场重联的多尺度结构研究》（钟志宏）、《裂隙参数对地震波传播影响分析和复杂裂隙介质模型构建》（帅达）、《黏弹地球的地震变形和负荷变形的理论研究》（唐河）、《大地震周期形变研究》（郭汝梦）、《致密砂岩核磁共振响应数值模拟及数据反演方法研究》（郭江峰）、《页岩岩石物理特征及储层脆性评价研究》（龚飞）。

党建强会 3月15日，学会党委及秘书处临时党支部组织党员干部在线参加中国科协党史学习教育动员大会暨科协系统党校2021年开学典礼。学会党委委员、临时党支部委员及党员干部参与学习。

学会党委及秘书处临时党支部组织党员干部开展主题为“众心向党 自立自强”的党史学习教育暨庆祝中国共产党成立100周年主题党日活动。5月26日，学会党委副书记、秘书处临时党支部书记郭建带领大家学习《习近平：努力成为世界主要科学中心和创新高地》讲话等，学会党委委员刘元生同志作题为《光荣在党50周年》的汇报。学会党委及秘书处临时党支部党员，各省（市）地方学会、各分支机构秘书长及代表、单位会员代表参加学习教育活动。

6月16日，学会秘书处临时党支部组织参观由中国科协等6家单位主办的“众心向党 自立自强 党领导下的科学家”主题展，支部部分党员和入党积极分子参加活动。

会员服务 2021年，出版印发4期《会讯》；组织开展会员职称评审工作，评定正高3人、副高11人、中级14人。截至12月31日，共为会员单位评审人才231人。

6月7—10日，由学会主办、山西省地球物理学会与山西省煤炭地质物探测绘院有限公司承办的2021年注册地球物理工程师考前培训班在山西省晋中市举办。

【中国地球物理学会第37届学术年会】 12月15日，由学会主办的中国地球物理学会第37届学术年会以线上与线下相结合的形式在河北省涿州市举办。中国科学院院士、学会理事长陈晓非，中国工程院院士、学会常务理事李术才，学会副理事长苟量、熊盛青，学会秘书长郭建等专家、学者及工作人员40余人现场参加会议，500余人线上参加会议。

年会邀请5名地球物理学领域的专家作前沿进展方面的报告，其中中国工程院院士、山东大学教授李术才作题为《隧道施工不良地质超前预报方法与技术》的报告，中国科学院精密测量科学与技术创新研究院教授倪四道作题为《地幔边界层的中小尺度结构特征》的报告，中国科学院大学教授孙文科作题为《球形地球模型的地震位错理论及其应用》的报告，中国地质科学院研究员吕庆田作题为《长江中下游成矿带深部结构、过程及对成矿的制约：综合探测的启示》的报告，中国地质大学（武汉）教授胡祥云作题为《三维电磁探测成像及应用》的报告。

年会期间还举办多场线上特色报告及论坛。12月13日，举办傅承义青年科技奖候选人线上报告会，王本锋等10名候选人作报告，400余人参加会议；12月17日，举办注册地球物理工程师学术论坛，周坚鑫、张建清、詹仕凡、许传建等17名注册地球物理工程师线上作报告，来自企事业单位、科研院所及大专院校的300余名专家、学者参加线上会议；12月17日，由学会青年工作委员会主办的青年地球物理论坛在线上举办，学会历届“青年人才托举工程”项目入选者和2021年学会优秀博士论文奖获得者共21人作报告，400余人参加线上会议。

（撰稿人：乔忠梅）

中国矿物岩石地球化学学会

服务创新型国家和社会建设 7月11日，学会与贵州省人民政府联合主办的喀斯特生态环境与资源利用主题论坛在贵州省贵阳市举办。贵州省人民政府副省长李睿，国家气候变化专家委员会主任刘燕华，学会名誉理事长、中国科学院院士刘丛强，学会第九届理事会理事长胡瑞忠，学会副理事长、中国科学院院士周卫健和常务理事、中国工程院院士吴丰昌等专家参加会议。论坛围绕喀斯特生态环境与资源利用主题，从全球视野、国家高度探讨喀斯特生态下的可持续发展战略。

学会建设 2021年，学会新增会员194人，会员总数达8074人，其中终身会员1715人。

1月，以通讯方式召开第九届理事会第五次会议，通报2020年工作情况，部署2021年工作。

8月28日，召开2021年度秘书长工作视频会议，学习习近平总书记“七一”重要讲话精神，并讨论全国科普日活动方案、第18届学术年会筹备情况及《第十届理事会换届方案（征求意见稿）》等事宜。

9月28日，美国地球物理联合会公布2021年度美国地球物理联合会会士名单，全球共59人入选，学会第二届监事长、中国科学院院士徐义刚入选。

11月，第九届理事会理事长胡瑞忠、副理事长邓军当选中国科学院院士。

青年人才托举工程 学会开展中国科协“青年人才托举工程”项目工作，12月底完成第四届中国科协“青年人才托举工程”项目。

主办期刊 学会共主办7种期刊。2021年，《古地理学报》出版6期，发表文章78篇；《地球化学》出版6期，发表文章54篇；《矿物岩石地球化学通报》出版6期，发表论文95篇；*Acta Geochimica* 出版6期，发表论文68篇；《岩石学报》出版12期，发表文章214篇；《地球与环境》出版6期，发表论文79篇；《矿物学报》出版6期，发表文章70篇。

《岩石学报》入选“中国最具国际影响力学术期刊”。*Acta Geochimica* 继续获得中国科技期刊卓越行动计划支持。

国内主要学术会议 5月15—17日，学会气体地球化学专业委员会主办的第三届全国气体同位素技术与地球科学应用研讨会在北京召开，共有来自170多家地学单位的700名专家、学者参加会议。大会共设置17个专题、大会报告20个、特邀和主题报告79个、专题及分组报告231个、展板报告28个，围绕气体同位素技术在油气地球化学、矿床地球化学、生态学、环境科学、水文科学、冰冻圈科学、考古学等学科领域进行讨论。

5月21—23日，由学会主办，南京大学地球科学与工程学院、内生金属矿床成矿机制研究国家重点实验室承办的首届矿物岩石地球化学十年进展论坛在江苏省南京市举办。32个报告人代表学会专业委员会进行汇报，回顾2011—2020年矿物学、岩石学、地球化学、沉积学、陨石学与天体化学、大数据地球科学等学科领域的研究进展。

7月2—5日，由中国科学院地球内部物质高温高压重点实验室、中国科学院地球化学研究所、学会实验矿物岩石地球化学专业委员会主办的第八届“从原子到地球”——高压科学与地球科学研讨会在贵州省贵阳市召开，国内55所高校和科研院所的150余名专家出席会议。

7月10—11日，学会青年工作委员会承办的第七届青年地学论坛在贵阳市召开。论坛设有20个主题、188个专题，共2000余个学术报告，来自全国高校和科研单位的3000余名青年科学家和研究生参加会议。

8月22—23日，由学会岩相古地理学等6个专业委员会主办的第十六届全国古地理学及沉积学学术会议以线上线下相结合的形式召开。会议设口头报告242个，包括大会报告22个、分会场报告220个。线下参与人数约150人，线上直播浏览量达到9万余人次。

国际组织任职 1月14日，在国际矿物学协会理事会和全体国家代表线上会议上，学会第九届常务理事、北京大学教授鲁安怀就任国际矿物学协会主席一职。

学会沉积学专业委员会主任委员、中国科学院院士王成善任国际沉积学家协会副主席。

学会会员、中国矿物大学（北京）教授赵蕾任国际有机岩石学会副主席。

科普活动 9月11—17日，学会以“百年再出发，地学科普永远在路上”为主题主办2021年全国科普日活动。活动在北京以及广东省广州市、江苏省南京市、贵州省贵阳市、湖北省武汉市等地理事单位同步启动，以线上线下相结合的方式举办。

9月12日，学会举办在线科普主题讲座。中国科学院国家天文台研究员郑永春和中国科学院地质与地球物理研究所研究员杨蔚分别作科普报告《火星，中国来了》和《月球土特产：从阿波罗11号到嫦娥5号》。报告介绍人类探测技术的进步和认识火星的历程、分析珍贵的月球样品的特征以及嫦娥五号月球返回样品为我们带来哪些新的认识，吸引30万人次观看直播。

学会多个专业委员会积极组织科普活动，先后组织科普讲座、野外考察、培训班等10余场，线上线下受众人数合计超过32万人次。活动通过抖音、腾讯会议、BiliBili平台直播等多种方式进行科普宣传，在BiliBili平台开展“云端”地学科普游，介绍矿物、化石标本。

表彰举荐优秀科技工作者 2月，以通讯方式召开2021年第一次理事长办公会议，审议《中国矿物岩石地球化学学会2021年度院士候选人推选工作方案》。学会推荐3名中国科学院院士人选且均通过中国科协评审。

党建强会　学会党建工作坚持以习近平新时代中国特色社会主义思想为指导，深入贯彻落实党的十九大和十九大历届全会精神及习近平总书记在庆祝中国共产党成立100周年大会上重要讲话精神，进一步加强学会党组织在学会建设发展中发挥政治核心、思想引领、组织保障的重要作用，不断完善学会党委的工作机制和工作制度。

4月23—24日，学会党支部开展“学党史　悟思想　办实事　开新局——迎接建党100周年”党史学习教育专题培训，增强支部的战斗堡垒作用。

10月11日，以通讯方式召开学会党委会议，前置审议学会“三重一大”事项，通过后的议题提交常务理事会审议。

11月29日，学会功能性党委及秘书处党支部迎接中国科协科技社团党委对学会进行的党建调研及工作指导。

会员服务　学会每两月一次将会刊《矿物岩石地球化学通报》寄送给会员。通过微信公众号和学会现有网站及时发布学会最新信息。

【中国矿物岩石地球化学学会第十次全国会员代表大会】　11月16日，中国矿物岩石地球化学学会第十次全国会员代表大会以线下主会场与线上视频会议相结合的形式召开，线下主会场设在贵州省贵阳市。来自全国70余个单位的170余名矿物学、岩石学、地球化学及沉积学领域的专家、学者参加会议。

大会审议通过《中国矿物岩石地球化学学会第九届理事会工作报告》《中国矿物岩石地球化学学会第九届理事会财务报告》《中国矿物岩石地球化学学会章程（修订草案）》，通过投票决定维持原会费标准，选举产生第十届理事会理事98名、第二届监事会监事7名。

11月16日，召开第十届理事会第一次会议，来自全国60余个单位的80余名理事参会，监事会、分支机构主任等列席会议。会议选举产生32名常务理事（含1名理事长和8名副理事长）。中国科学院地球化学研究所所长冯新斌当选理事长。中国科学院广州地球化学研究所所长、党委书记何宏平，中国科学院地球环境研究所研究员金章东，中国科学院院士、中国科学院地质与地球物理研究所李献华，中国地质科学院地质研究所研究员刘福来，中国工程院院士、中国地质科学院矿产资源研究所毛景文，中国石油天然气股份有限公司勘探开发研究院高级工程师魏国齐，中国地质大学（北京）教授赵志丹，中国地质大学（武汉）教授郑建平等8人当选为副理事长。会议审议决定聘任中国科学院地球化学研究所党委书记、副所长陈敬安为秘书长。理事长冯新斌从指导思想、发展目标两个方面提出第十届理事会任期内的目标设想。会议还讨论决定由中国地质大学（武汉）承办第19届学术年会。

十届常务理事和第二届监事会党员召开线上会议，约30人参加会议。会议选举产生5名学会功能性党委，冯新斌为党委书记，何宏平为党委副书记，纪律委员为中国科学院院士、中国科学院广州地球化学研究所徐义刚，党委委员为金章东和郑建平。

第二届监事会第一次会议在线召开，6人参加会议。通过在线无记名投票，徐义刚当选监事长，中国地质大学教授邓军和中国工程院院士、中国石油化工股份有限公司勘探开发研究院邹才能当选副监事长。会议讨论《监事会工作条例》和监事的职责，并明确各名监事的工作安排。

（撰稿人：商立海）

中国古生物学会

服务创新型国家和社会建设　6月5—6日，由教育部高等学校地质学类专业教学指导委员会主办、中国地质大学（武汉）承办、学会教育教学委员会协办的全国地学院校“古生物学与地史学”课程教学研修班召开，来自全国35所高校承担“古生物学”“地史学”“古生物地史学”“地层学”教学的121名专家和青年教师参加。学会教育教学委员会委员江大勇、孙柏年、齐永安和学会理事孙跃武作教学示范向青年教师展示如何讲授课程知识点，如何更新教学理念、使用先进的教学方法和手段等。

学会建设　2021年，学会召开1次理事会议和2次常务理事会议，讨论学会的日常工作与未来发展。

5月21—23日，中国古生物学会第十二届六次常务理事会议、第一届六次监事会议在云南省昆明市召开。学会常务理事、监事、秘书处以及云南大学部分领导、专家参加会议，听取并讨论中国古生物学会第三十届学术年会筹备情况，包括会议分会场的组织、野外考察路线以及大会特邀报告等基本情况；听取秘书处关于上半年工作汇报以及下半年工作计划，着重讨论青年古生物学奖开展情况、中国古生物学会全国科普教育基地考察流程等相关工作。

12月22日，中国古生物学会第十二届四次理事会、第十二届七次常务理事会、第一届七次监事会议在线上召开。会议听取宁夏地质博物馆、西北大学博物馆、山西地质博物馆、天柱山国家地质公园4家单位关于2021年度中国古生物学会全国科普教育基地的申请，并表决同意；听取4家单位2021年度的入会申请；听取2021年度中国古生物学十大进展评选工作的开展情况汇报；讨论中国古生物学会第三十届学术年会召开的时间；根据中国科协社团党委相关要求，组织全体与会理事学习习近平总书记“七一”重要讲话精神。

主办期刊 2021年，学会高质量完成《古生物学报》改版和出版工作。完成4期学报期刊的编校和出版工作；出版的1期寒武专辑由研究员赵方臣、殷宗军担任客座主编；进行约稿、组稿工作；编辑部配合编辑校对、后期出版工作。推进稿件的评审、返修、编校工作，维护编校系统正常运转。

《古生物学报》入选中国科学院中文期刊资助项目，编辑部按主编指示，严格执行项目书的相关内容，升级官网英文版本、补充完善官网文章数据库、启用国际化Trend MD大数据推广服务、升级编校软件、申请采购编校必需设备等，官网同步更新PDF供读者下载。组织《古生物学报》文章在中国知网的网络首发活动，提升文章发表效率。

《古生物学报》编辑部积极参加中国古生物学会地球生物学分会2021年学术年会，并组织现场宣传环节，与相关学者、读者进行交流，并赠阅最新一期《古生物学报》。编辑部访问云南大学古生物研究院，获得专家们对学报的有益建议，在赠阅期刊的同时进行约稿等工作。编辑部完成与国内40余家期刊的交换和赠阅期刊的邮寄工作。

学科发展工程 2021年，学会发布2020年度中国古生物学十大进展。宣传中国科技工作者在古生物学各个分支方向上所取得的具有国际影响力的高水平创新研究成果，促进古生物学的科学普及，推动古生物学研究、科学传播和化石保护工作。

国内主要学术会议 7月9—14日，由学会主办、吉林大学古生物学与地层学研究中心承办的中国古生物学会古植物学分会暨江苏省古生物学会2021学术年会在吉林省长春市召开。会议主题为“古植物学——绿色植被与深时环境”。来自20余所高校、10余个科研机构以及国家和省级地质博物馆、地勘单位及科学出版社等的近200名专家、学者和研究生参加学术会议。

为满足科研工作者对国际交流的需要，学会地球生物学分会组织地球生物学论坛，以便国内外地球生物学相关学者开展学术交流活动。从10月30日起，论坛已举办数期，共吸引来自国内外的数百名专家、学者参与。

科普活动 学会结合自身特点，联合相关单位组织一系列的古生物公益宣讲、地质古生物科普研学、恐龙科普活动以及新媒体制作和推广等活动，进一步强化公众特别是青少年对古生物化石（包括恐龙化石等）的科学认知，推广古生物科研成果，讲解地球演变历史，增强生命多样性演化与环境保护意识，推动新媒体与科普工作有机融合。

学会密切联系各科普教育基地，整合互联网加智能技术，在文创产品研发、联合办展、技术培训、出版科普图书和国际化石日等方面搭建运行良好、工作高效、务实合作、对外开放的科普工作新平台，加强全国科学科普基地的建设。

7月16—17日，由学会科普工作委员会、学会教育工作委员会、中国观赏石协会古生物化石专业委员会指导，中国科学院南京地质古生物研究所主办，化石网与天目地学博物空间合作承办，现代古生物学和地层学国家重点实验室、上海睿宏文化传播有限公司、卓谨信息科技（常州）有限公司协办的第九届全国化石爱好者大会在广西壮族自治区桂林市召开。大会以“化石——换个角度看山水”为主题，旨在将山水与地学相结合，从生命演化的角度，在欣赏山水的同时，借助化石解读生命演化，开展古生物学研究进展、地质山水与古生物、古生物与化石爱好、博物馆与古生物科普教育等系列讲座。来自全国各地近80余个单位和地区的专家、学者、化石爱好者、“我身边的化石”科普创作大赛获奖者等近200人参加大会。会议还为参会人员安排天目地学博物空间科普研学活动，赴桂林南边村泥盆系—石炭系国际辅助层型剖面开展野外考察。

表彰举荐优秀科技工作者 2021年，学会开展中国科学院、中国工程院院士候选人以及最美科技工作者候选人、第六届中国科协优秀科技论文推荐工作，推荐的论文《华南古生代中期地层界面的特征与大地构造意义》获得第六届中国科协优秀科技论文奖。

学会开展青年古生物学奖的评选工作，共有6名青年古生物学家获奖。

党建强会 2021年，为进一步加强党史教育的学习，学会功能型党委与办事机构党支部制订党史学习教育工作方案，加强学会层面的党史学习教育工作。

在中国科协“百名科学家讲党课”活动中，学会党委书记、理事长詹仁斌以《弘扬伟大长征精神 走好新时代长征路》为题讲授党课；詹仁斌参加中国科协组织的学习贯彻习近平总书记“七一”重要讲话精神专题研修班。

【中国古生物学会地球生物学分会2021年学术年会】 6月25—28日，由学会地球生物学分会主办的中国古生物学会地球生物学分会2021年学术年会在云南省腾冲市召开。来自中国地质大学（武汉）、西北大学、北京大学、中国科学院南京地质古生物研究所、中国科学院古脊椎动物与古人类研究所和中国科学院地质与地球物理研究所等23家单位的96人参加会议。中国科学院院士殷鸿福、周忠和，学会副理事长王永栋，学会地球生物学分会理事长谢树成、副理事长朱敏及张兴亮、秘书长曹长群参加会议。

会议以“生物与环境相互作用与协同演化”为主题，深入交流生物演化过程的地球生物学背景、生态环境过程与机制等内容。围绕主题，会议组织11个大会报告（含2个线上国际学术报告）。会议分两个会场作学术报告，28名报告人围绕各自的研究领域，结合新技术方法，探讨地表环境演化、地质微生物的识别及演化、古植物的演化历程及地质作用、分子生物学对微生物功能群的分布和演化、埋藏学及其对天体生物学研究的启示等。

（撰稿人：张玲芝）

中国海洋湖沼学会

服务创新型国家和社会建设 2021年，学会在科技评估领域开展工作，先后受中国科学院海洋研究所、常熟理工学院的委托开展2次成果水平鉴定工作，进一步推动承能工作的常态化开展。与福建一嘉海带苗业有限公司共建创新驱动服务站，成立核心工作专家团队，开展创新驱动助力合作工作，被福建省科协评为国家级学会创新驱动服务站。

学会建设 2021年，学会召开1次理事扩大会议、2次常务理事会议和2次分支机构秘书长会议；成立2个新的分支机构；完成2个分支机构的更名工作；完成第二届张福绥贝类学奖评选工作。

主办期刊 学会主办《海洋湖沼学报》（英文版）、《海洋与湖沼》、《水生生物学报》、《湖泊科学》4种科技期刊。《海洋湖沼学报》（英文版）、《湖泊科学》被评为“中国国际影响力优秀学术期刊”。《湖泊科学》获第三届江苏省新闻出版政府奖和“中国百种杰出学术期刊”称号。《水生生物学报》被Scopus国际数据库收录。

国际学术会议 3月9日，由学会藻类学分会主办，常熟理工学院、江苏省海洋水产研究所联合承办的经济海藻（紫菜）种质创新国际论坛在江苏省常熟市举办。来自国内外高校、研究院所等海藻领域的专家、青年学者40人参加论坛。论坛采用国内现场与海外视频连线交流的形式召开。与会专家、学者围绕紫菜模型系统研究、紫菜分类研究、条斑紫菜种质培育与评价方法研究、未来经济海藻种质资源收集及鉴定和利用、坛紫菜耐高温品种选育及高温胁迫应答机理、紫菜若干功能基因的挖掘与利用、紫菜研究与技术发展的新趋势、北美海藻产业的挑战及发展方向等作报告，共交流报告18个、交流论文31篇。

国内主要学术会议 6月14—16日，学会海洋生物技术分会联合中共鄂托克旗委员会、鄂托克旗人民政府共同主办的中国内蒙古螺旋藻高质量发展论坛在内蒙古自治区鄂尔多斯市召开，80余名专家、学者参加会议。会议围绕中国螺旋藻产业发展的历程及未来方向思考、微藻产业在内蒙古发展的思考、鄂尔多斯高原碱湖螺旋藻的发现研究及产业发展的思考、中国螺旋藻产业发展的历程及未来方向思考等内容作6个主题报告，交流论文13篇。

9月24—25日，由学会主办，中国科学院海洋研究所、中国科学院烟台海岸带研究所、安徽工业技术创新研究院协办，六安市科技局、安徽工业技术创新研究院六安院承办的第二届水域生态牧场建设论坛在安徽省六安市召开。论坛以“现代化水域生态牧场”为主题，采取线上线下相结合的方式进行。来自高校、科研院所和企业等单位的共120余名专家、学者在现场参加，200余名专家、学者线上参加。论坛特邀中国工程院院士、自然资源部第一海洋研究所研究员丁德文和中国科学院院士、中国科学院水生生物研究所研究员桂建芳分别作题为《人工生态系统生态学学科体系简介——以海洋牧场建设为例》和《生态净化渔业的由来与发展》的特邀报告。同时邀请16名专家、学者作主题报告，会上共交流论文40篇。

10月23—24日，由学会鱼类学分会主办、西南大学承办的中国海洋湖沼学会鱼类学分会换届大会暨2021年学术研讨会在重庆市举办。来自全国各地60余家科研单位和高校的400余名专家、学者和研究生参加会议。会议邀请中国科学院院士桂建芳等4名专家作大会报告。大会设置鱼类发育与遗传、鱼类多样性与保护、鱼类基因组与进化、鱼类生态与生理共4个分会场，33名专家作主题报告。会议还设置鱼类学青年研究生学术论坛，104名研究生进行报告交流，共交流论文100余篇。

10月24—25日，由学会、中国自然资源学会主办，中国自然资源学会海洋资源专业委员会、中国自然资源学会草原资源专业委员会、中国科学院海洋研究所协办，唐山海洋牧场实业有限公司承办的陆海统筹共建牧场学术研讨会在河北省唐山市召开。来自研究所、高校和企业等单位的60余人参加开幕式。会议采取线上线下相结合的方式进行，共有20余名专家、学者现场参加会议。学会副理事长（兼秘书长）杨红生等4名专家作主题报告，交流相关论文4篇。会议贯通草原、林场和水域三大生态系统，提出“生态、精准、智能、融合”是水域生态牧场重要的发展方向。

11月18日，由学会海洋生物技术分会主办，日照市海洋发展局、日照职业技术学院、山东省海洋与渔业专业指导委员会、山东省海洋与渔业职业教育集团承办的2021年中国海洋湖沼学会海洋生物技术分会海洋生物产业论坛暨日照海洋生物产业高质量发展论坛在山东省日照市举办。来自全国各地10余家科研单位和高校的100余名专家、学者参加。会议采取线上线下相结合的方式举办。中国工程院院士陈松林等9名专家作主题报告，交流论文20余篇。

科普活动　5月22日，学会与中国科学院海洋研究所联合举办主题为“百年复兴路，科学正当时”的公众科学日活动，共吸引1000余名青岛市民及中小学生前来参观。活动对外开放中国科学院海洋生物标本馆、海洋数据可视化演示系统、深海科考视频场馆、生物养殖实验室及海洋生物演化与环境适应实验室等，同时开展海洋湖沼科普知识和党史知识有奖问答活动、海洋科技互动小实验特色活动，组织海洋科普报告等。活动采用线上线下相结合的方式进行。

5月25日，中国海洋湖沼学会走进青岛第六十二中学开展“海洋科普进校园”活动，300余名学生参加活动。活动期间，学会向学校图书馆赠送《走向深海——西太平洋深海科考画册》科普读物。学会科普专家团队的徐奎栋和周慧分别以《走向深海，探潜海山》《我们的海洋强国梦》为题作海洋科普讲座。

5月27日，中国海洋湖沼学会组织党员、科普专家走进青岛西海岸新区海青镇中心小学，传播海洋湖沼科普知识和进行红色教育，组织党史知识与海洋湖沼科普知识有奖问答活动、海洋湖沼科普讲座活动。海青镇中心小学300余名师生参加活动。学会秘书处从“党史知识题库”和“海洋湖沼科普知识库”中精选30道问答题，举办党史知识与海洋湖沼科普知识有奖问答活动。中国科协首席科学传播专家李新正、青年科普专家郑萌分别作题为《走进神秘的海洋生物世界》《神奇的海洋微生物腐蚀现象》的海洋科普讲座。

9月16日，学会组织党员、科普专家走进青岛西海岸新区红军小学，开展红色教育，传播海洋湖沼科普知识。红军小学400余名师生参加活动。学会党委委员、常务副秘书长任建明，学会办公室常务副主任潘诚，学会秘书处党支部书记冯志纲、支部组织委员潘文静和学会秘书处人员等参加活动。活动前，组织参观红军小学红色展厅、红色长廊及各类特色课程专项教室。活动期间，学会向红军小学赠送《走向深海——西太平深海科考画册》。学会科普专家张鑫、特聘研究员周慧分别作题为《我们的海洋强国梦》《“发现”号机器人的深海探险》的海洋科普讲座，随后进行党史知识与海洋湖沼科普知识有奖问答环节。

党建强会　学会定期召开党委会议，开展党课培训班，组织党委委员讲党课；推进党史学习教育，制订《中国海洋湖沼学会党史学习教育工作方案》；集中收看学习中国共产党成立100周年大会和习近平总书记重要讲话、中国科协党史学习教育动员大会、中国科协党组理论学习中心组2021年度第三次集体学习扩大会议等；邀请青岛市委党校教授刘桂英作学习十九届六中全会《历史决议》精神专题报告；在“海湖大讲堂”活动中，国际欧亚科学院院士、学会党委书记兼理事长孙松以《以史为鉴，自立自强，共创学会未来》为题作专题党课报告。

在党建宣传方面，整合资源、拓宽渠道，通过网站、微信等方式与中国科协、科技社团党委进行党建学习宣传联动。利用微信公众号，及时将中国科协科技社团党委的最新党建信息转发至学会党建工作微信群；通过微信公众号连续推送习近平总书记的重要讲话精神、十九届六中全会精神学习文件等，累计推送党建知识等信息50余条，总阅读量超过10万余次。

学会将党建强会活动与特色科普活动相结合，在“科普进校园”活动中增加党史学习教育知识问答环节，将党史学习教育与海洋湖沼科普知识融入青少年学习教育，开创“党建＋科普”的新模式。

会员服务 学会每周向理事会员发送涵盖国外同行最新研究进展的情报资料《海洋科学快报》和《海洋科学消息》，发送学会潮汐与海平面专业委员会内部刊物《气候变化与海平面上升研究动态》月刊，定期向理事会员提供《海洋湖沼学报》（英文版）、《海洋与湖沼》、《水生生物学报》、《湖泊科学》4种科技期刊目录。2021年，为会员提供养殖、浮游生物监测、基准潮位核定、计量认证知识等方面的培训活动10余次。

【2021年度中国海洋与湖沼十大科技成果评选】 学会组织评选2021年度中国海洋与湖沼十大科技成果，评选范围为2021年度在国际或国内产生重大影响的海洋湖沼领域的科技成果。经过海洋与湖沼领域相关单位、专家、学者推荐，以投票方式评选出2021年度中国海洋与湖沼十大科技成果，分别为海洋极端环境微生物独特生命特征及环境生态效应机制、海洋古菌新类群的发掘及其功能演化、印－太交汇区海龙科物种多样性形成与适应进化机制、研究发现全球变暖增强北太平洋对ENSO的影响、海洋贝类适应与生物地理分布研究取得重要进展、我国主持制定的首项海洋调查国际标准正式发布、“奋斗者”载人潜水器实现常态化科考、俯冲带大洋软流圈低速不均一性影响大地震的发震位置及破裂范围、“活化石”鹦鹉螺基因组及演化策略研究取得重要进展、湖泊透明度遥感反演及对气候暖湿过程的响应。

（撰稿人：潘文静）

中国海洋学会

服务创新型国家和社会建设 学会承接中国科协重大课题“深海深地探测技术优先发展课题研究”，课题成果得到中央领导批示。

根据中国工程院项目协同研究的函，学会推荐有关研究单位共同参与“南极保护和利用战略研究”项目。学会理事长担任项目顾问，并推荐专家承担研究工作，共同提交的专家咨询建议得到中央领导的认可和批示，该项目已经得到有关国家部委的立项并参与研究推进。

学会围绕构建海洋经济高质量发展新格局的战略需要，承担相关课题研究任务。由学会海洋经济分会秘书长韩立民牵头的研究团队提交的《认真贯彻党的十九届五中全会精神　努力构建海洋经济高质量发展新格局》研究成果得到自然资源部机关的高度认可，并报送中国科协，通过科技工作者建议渠道向中央、国务院相关部门报送，学会党委将此报告作为党委活动的专题报告。

学会承担“科创中国”项目任务，组织科技服务团开展海洋科学技术难题征集，并为科技成果落地提供咨询服务。其中，征集海洋重大科技领域“卡脖子”技术的制约因素分析和政策建议10项、海洋重点产业发展的制约因素分析和政策建议5项、海洋科技风险预判和对策建议5项、海洋经济高质量发展的难点热点问题分析及对策建议7项。

学会承办2021年度国家专业技术人才知识更新工程专项“水处理领域专业技术转移转化能力提升高级研修班”。

为确保申报推荐项目提前得到专家指导，学会采取线上方式开展海洋科技成果评价工作，对10项科技项目成果给予成果评价。学会海洋标准化分会以学会名义发布团体标准共4项。

学会建设 2021年，学会组织召开第八届六次理事会，审核通过关于延迟召开学会第九次全国会员代表大会的请示等重大议题，组织召开第八届七次常务理事会，审核通过《学会第九次全国会员代表大会换届方案（修改草案）》等重大议题。

4—11月，学会通过委托专业公司对学会内控制度进行完善和修订，学会秘书处配合制订各项办法共20项。接受自然资源部财务审计检查，完成学会5年财务审计报告。

5月，在北京组织召开2021年度工作会议暨学会九届二次理事会议。会议通过视频形式召开，学会理事长、常务副理事长、副理事长兼秘书长、常务理事、理事、党委成员共15人参加北京主会场会议，学会各分支机构、团体会员单位主要负责人及秘书长、联系人共300人在线参加，审核通过学会内控制度等一系列学会制度。

按照学会章程和《学会分支机构管理办法》规定，秘书处指导各分支机构按计划组织完成学会有关分支机构成立、组织管理及换届工作，海洋经济分会、赤潮专业委员会等7家分支机构完成换届，新批准成立海水资源利用分会和深海分会。

6月18日，在北京召开第九次全国会员代表大会。大会审议并表决通过中国海洋学会第八届理事会工作报告和财务工作报告；投票表决通过《中国海洋学会章程（修改草案）》及《中国海洋学会会费标准（修改草案）》；投票选举产生学会第九届理事会理事、党委会成员、常务理事和学会负责人，第九届理事会由157人组成（含常务理事会47人、学会负责人12人），陈连增当选理事长、党委书记，蒋兴伟当选常务副理事长，于志刚、王凡、邓运华、许森、李家彪、张偲、苏振东、林明森、窦希萍、戴民汉当选副理事长。选举产生学会第一届监事会（由6人组成），孙松当选监事长，张海生当选副监事长，王宗灵、王淑莲、张卫国、梁旭当选监事。党委会成员分别是孙松、于志刚、张偲、戴民汉、林明森、曲探宙、高建东。大会聘任第八届理事、中国科学院院士苏纪兰，第八届理事、中国工程院院士丁德文、徐芑南为第九届理事会资深顾问。

经投票表决，通过修改后的学会章程、学会会费标准。审核通过学会第八届理事会工作报告及财务报告。组织召开学会第九届一次理事会。选举产生学会第九届常务理事会，聘任新一届学会秘书长、顾问，学会理事党员大会选举产生学会新一届党委会，审核通过学会内控管理制度等事项。

主办期刊 学会主办《海洋学报》中英文期刊。《海洋学报》（中文版）、《中国海洋工程》（英文版）继续获得中国科技期刊卓越行动计划的支持。

学会共同参与主办的学术期刊有《海洋技术学报》、《海洋环境科学》、《海洋学研究》、《应用海洋学学报》、《海洋科学进展》、《海洋通报》、《极地研究》（中文版）、*Advances in Polar Science*。

学科发展工程 学会组织开展2021年度海洋领域重大科学问题和工程技术难题评选工作，并向中国科协推荐。参加推荐中国科协全国科普教育基地工作，继续联合涉海学会开展2021年度中国十大海洋科技进展评选。

国际学术会议 11月20日，学会与集美大学、中国海洋大学联合举办2021中国海洋经济（国际）论坛，主题是“海洋经济高质量发展与现代海洋产业体系构建”。论坛共邀请10名国际专家线上作报告，针对现代海洋产业体系构建与海洋新旧动能转换对策、区域海洋产业协同创新体系与平台载体建设、新基建与海洋产业智慧化、国家海洋经济发展示范区建设、海洋产业绿色发展与海洋生态文明建设、区域海洋公共服务体系构建与共享机制设计、全球海洋中心城市与“一带一路”发展以及海洋环境保护法律法规等相关议题进行深入探讨，提出对策建议和政策主张，为各级政府提供决策参考。自然资源部海洋规划与经济司有关领导，学会理事长陈连增，厦门市海洋发展局副局长吴国梁，集美大学副校长曹敏杰等出席论坛开幕式并致辞。中国海洋大学海洋发展研究院副院长韩立民、集美大学工商管理学院院长邱吉福主持主论坛。学会海洋经济分会主任委员、中国海洋大学原副校长董双林，中国海洋大学管理学院纪建悦，北京大学海洋研究中心沈体雁，厦门市蓝海天信息技术有限公司总经理刘双印，烟台市海洋发展和渔业局局长李传强分别在主论坛上作主题发言。论坛共设4个平行论坛、5个学术分论坛，邀请相关学者以及行业一线技术专家进行交流分享。论坛开幕式上举办2020年海洋科学技术奖的颁奖仪式。

国内主要学术会议 1月16日，由中国科学技术协会主办，学会和中国科协培训和人才服务中心、新华网共同承办的第六期中国科技会堂论坛在北京召开。论坛以“海洋强国与海洋科技”为主题，邀请学会荣誉副理事长、中国工程院院士周守为担任主讲专家。学会特聘专家、中国人民大学教授金灿荣，学会常务理事、国家海洋技术中心原主任罗续业，学会副理事长兼秘书长、国家海洋卫星应用中心主任林明森和学会特聘专家、中国船舶集团有限公司第七〇二所副所长叶聪作为互动专家，就如何利用海洋科技维护海洋国土、建成海洋强国展开探讨。

4月27日，学会举办“全球气候变化与冰上丝绸之路”学术研讨会。

6月18日，学会在北京主办以“众心向党——加速推进我国海洋装备技术国产化”为主题的学术论坛活动。

学会海洋经济分会、海洋物理分会、赤潮与防治专业委员会、海水资源综合与利用分会、深海分会、海洋装备技术分会、海洋生物资源专业委员会、军事海洋学专业委员会等采取线上线下相结合的形式分别召开学术年会。

科普活动 2021年，学会在全国38个市成立全国海洋科普教育基地133家，类型包含教育科研、科技场馆、企业设施等。新增海洋科普教育基地发展对象12家。

学会被中国科协评为“2021年度全国科普日活动优秀组织单位”“2021年度全国学会科普工作优秀单位”，连续8年获此2项表彰。

在全国科普日活动期间，学会主办的“百年再出发，迈向高水平科技自立自强”——2021年全国科普日海洋科普进校园活动被评为“2021年度全国科普日优秀活动”。学会推荐的洛阳龙门海洋馆有限责任公司、广西壮族自治区合浦儒艮国家级自然保护区管理中心、上海长江河口科技馆、上海海洋水族馆有限公司、中国地质大学（北京）海洋学院5家单位获得“2021年度全国科普日活动优秀组织单位”表彰；洛阳龙门海洋馆全国科普日活动——洛阳市主会场活动、“沧海横渡　赤子征程”——中国地质大学（北京）大洋与极地科考展活动、共享“我的绿色”——海洋生态文明知识线上有奖竞答等9项活动被评为“2021年度全国科普日优秀活动”。

为配合做好“6·8”世界海洋日活动，学会协调12所涉海高校组织召开线上科普研讨会。

分别在“4·22”世界地球日、“6·8”世界海洋日暨全国海洋宣传日、全国科普日期间组织开展海洋科普进校园活动，活动共选取12家学校类海洋科普教育基地作为活动对象，在了解活动对象的科普需求等基础上，组织学会科研类海洋科普教育基地和学会理事单位推荐的海洋领域中青年科技工作者参与开展海洋科普讲座等活动，共举办线下海洋科普讲座23场，讲座内容涵盖海洋调查、海洋经济、海洋生态、海洋碳汇等海洋科技热点和前沿领域。

举办“6·8”世界海洋日“众心向党——三亚崖州湾科技城海洋科普大讲堂”活动。

组织和指导海洋科普教育基地、分支机构在世界地球日、2021年全国科技周、“6·8”世界海洋日、全国科普日期间围绕活动主题开展海洋科普活动。

组织编制海洋科普产品。继续与海洋科普教育基地广东海洋大学水生生物博物馆合作，编辑海洋生物主题科普图文，已完成《海参——身怀绝技的“海洋活化石”》等海洋科普图文12篇，相关图文已在广东海洋大学水生生物博物馆微信公众号发布；与广东海洋大学水生生物博物馆、中国大洋样品馆等学会科研类海洋科普教育基地合作，从2020—2021年在微信公众号中合作发布的海洋生物主题科普图文中选取9篇编印成海洋科普读本；开展捐赠科普图书活动，并将3500册海洋科普读本捐赠给青海省化隆县扎巴镇知海买村小学等内陆学校以及16家学校类全国海洋科普教育基地。与此同时，为做好海洋碳汇科普宣传活动，专门联合分支机构印制海洋生态展板2套，赠送给20家海洋科普基地。

“6·8”世界海洋日期间，学会联合哈尔滨工程大学等12家涉海院校以及11家涉海高校大学生海洋社团举办第七届“奔向大海，跑向未来”大学生慢跑暨全国海洋科普志愿者招募活动。慢跑活动继续以“奔向大海，跑向未来”为主题，鼓励大学生“走下网络、走出宿舍、走向操场”，呼吁大学生“关心海洋、热爱海洋、保护海洋”。各学校策划组织“慢跑中国地图”“泡沫跑”“彩虹跑”“问答跑”“定向慢跑打卡”等形式多样的慢跑活动。

表彰举荐优秀科技工作者 学会参与推荐陈嘉庚科学奖候选项目及陈嘉庚青年奖候选项目、第十四届光华工程科技奖候选人，完成“青年人才托举工程”项目、最美科技工作者候选人推荐等。

4月8日，海洋科学技术奖奖励委员会在吉林省长春市召开第二届四次会议，组织相关项目作汇报和答疑，审核确认2020年获奖项目和获优科技图书，审核通过2021年奖励组织工作和重点事项。会后，面向社会发布2020年获奖项目公告。举办2021年度海洋科学技术奖工作部署会暨项目申报单位及推荐资格单位业务指导教学会。

8月24日，在北京召开海洋科学技术奖形式审查会议，对2021年申报推荐的海洋科学技术奖项目书和项目汇报录制光盘、海洋优秀科技图书进行形式审查。

10—11月，海洋科学技术奖奖励办公室组织2021年度海洋科学技术奖初评工作，每个项目有3名同行专家给予独立评价意见和奖励等级分数，确保初评成果保质保量、流程规范。12月，在海南省三亚市召开评审委员会议及终评会议，完成本年度的奖励评审工作。

党建强会 为庆祝中国共产党成立100周年，学会制订系统开展党史学习教育工作方案，组织开展庆祝建党百年“百名科学家讲党史党课”活动。组织开展党建强会特色活动，学会党委全年组织召开党委会议共6次，学会党委书记陈连增、党委副书记蒋兴伟带头组织参加党建强会特色活动。

6月8日，学会与三亚崖州湾科技城管理局和三亚市科协共同主办的“众心向党——三亚崖州湾科技城海洋科普大讲堂”活动在海南省三亚市举办。海南省人民政府副省长王斌，学会理事长陈连增，三亚市委常委、副市长刘钊军出席活动并致辞。中国工程院院士周守为、蒋兴伟、何友等10名专家，海南省科技厅副厅长韦勇，三亚市科协、三亚崖州湾科技城等领导及200名与会海洋科技工作者应邀出席，开幕式由蒋兴伟主持。学会党委配合换届大会，主办“众心向党、自立自强、加速推进海洋技术与装备国产化”学术活动，配合海洋强国战略论坛设置专题报告《众心向党——科技创新，构建海洋经济高质量发展新格局》。

学会秘书处党支部发挥作用，党支部和秘书处综合能力得到较大提升，参与挂靠单位——卫星海洋应用中心工作积极主动。卫星海洋应用中心党委召开专门会议，出台专门管理政策，促进学会秘书处各项工作的发展。

会员服务 2021年，学会新增团体会员单位5家，理事会员单位157家。

【第十届海洋强国战略论坛】 4月8—10日，由学会、中国太平洋学会、吉林省社会科学院共同主办的第十届海洋强国战略论坛在吉林省长春市召开，论坛主题为“陆海统筹、科学至实，构建海洋经济高质量发展新格局”。

开幕式上，吉林省副省长阿东、自然资源部总工程师张占海、学会理事长陈连增分别致辞。中国工程院院士、中国科协副主席周守为，中国工程院院士潘德炉，吉林省社会科学院副院长史守林，中国工程院院士、清华大学海洋工程研究院张建民等出席论坛。10名海洋领域专家、学者从中国海洋事业发展的政治、经济、科技、产业等方面作大会报告，中国太平洋学会常务副会长丁磊主持论坛开幕式，近400人参加。学会常务副理事长、中国工程院院士蒋兴伟代表学会党委作题为《贯彻党的十九届五中全会精神，构建海洋经济高质量发展新格局》的专题报告，吉林大学国家发展与安全研究院副院长郭锐作题为《“双循环”理念下构建吉林省海洋区域发展新格局》的专题报告，中国工程院院士何友作题为《海洋感知大数据——现状、技术与展望》的专题报告，中国科学院院士陈大可作题为《海洋与台风的相互作用》的专题报告，中国科学院院士戴民汉作题为《科学至实、海洋可期：海洋研究新范式与新型产业展望》的专题报告，自然资源部国家海洋技术中心主任、党委副书记韩家新作题为《推动海洋观测技术装备与海洋能产业发展》的专题报告，中国工程院院士林君作题为《海洋油气及矿产资源智能探测装备技术》的专题报告，青岛海洋地质研究所海洋地质发展战略规划委员会主任张训华作题为《中国海－西太平洋地质地球物理特征综合研究与系列图编制》的专题报告，海藻活性物质国家重点实验室主任秦益民作题为《海藻生物资源及其研究、开发和应用》的专题报告，中国科学院院士焦念志以视频形式作题为《研发海洋“负排放”技术支撑国家“碳中和”战略》的专题报告，中国工程院院士吴有生以视频形式作分会场发言。学会副理事长兼秘书长林明森，清华大学海洋工程研究院副院长宋士吉分别主持大会专家报告。论坛的4个分会场共31名专家及企业家分别围绕生态文明建设、海水资源利用、海岛海岸带保护与管理、深海资源探测技术与智能装备、海洋观测技术、深海深地探测技术等为主题深入进行学术交流。会议前后，分别召开学会党委第五次会议和海洋科学技术奖奖励委员会第二届四次会议。学会海岸带开发与管理分会、海洋观测技术分会以及新成立的深海技术分会、海水资源利用专业委员会分别召开成立大会和学术研讨会。

（撰稿人：王东亚）

中国地震学会

服务创新型国家和社会建设 2021年，学会作为第三方技术审查机构，承接并完成百余项地震安全性评价报告的技术审查工作；开展社会团体标准编制工作，完成1项团体标准的审查发布工作。

服务国家重大工程建设项目，如川藏铁路、大型能源项目、涉核项目，为其提供地震风险与地震参数的技术支持。

学会专家撰写的《当前我国地震科技发展现状、存在的问题短板及对策》被中国科协办公厅采用。

5月23—26日，为提升区域性地震安全性评价技术工作的规范性及技术报告的编制水平，提高相关部门的管理能力，学会举办区域性地震安全性评价培训班，来自全国的100余名相关科技人员和管理人员参加。

学会开展“最美科技工作者”学习宣传活动，在官网和微信平台宣传科技工作者的先进事迹。

学会建设 学会全年召开理事会议1次、常务理事会议（含通讯会议）4次。截至12月底，新增个人会员410人、单位会员14个；个人会员总数达到3130人，单位会员总数30个。

学会开展中国地震学会分支机构质量提升计划，对于活动不积极、不适应发展的分支机构进行撤销改组。经常务理事会决议，撤销科技管理专业委员会，将科技情报专业委员会和编辑工作委员会合并重组为地震科技信息专业委员会，增设地震灾害链专业委员会和地球科学竞赛工作委员会。

主办期刊 《地震学报》2021年出刊6期，共发表文章63篇。完成编委会换届工作，召开2次编委会工作会议，明确稿件的送审流程，提高稿件送审效率。

《地震学报》（英文版）出版3期专刊，分别是《震源与深部结构的复杂特征》《中国地震科学试验场》和《漾濞玛多地震》。8月，作为承办单位，联合北京大学和中国地震局地球物理研究所共同组织召开地震监测与资料分析新技术和发展战略研讨会。

《地震科学进展》共出版杂志12期，载文78篇。印数为每期400册，累计印数4800册；发行量约每期250册，累计发行3000册。

国内主要学术会议 2021年，学会及分支机构共举办国内学术交流活动13次，参加会议人数3800余人；举办线上学术讲座12场。

7月29—31日，由学会岩土工程防震减灾专业委员会主办的岩土工程防震减灾高端学术论坛在甘肃省张掖市召开，主题为“重大工程的岩土工程防震减灾新进展”。来自中国地震局工程力学研究所、中国地震局地球物理研究所、甘肃省地震局、中国科学院武汉岩土力学研究所、清华大学、同济大学和北京工业大学等单位的120余名学者参加会议，共交流学术报告27个。

8月21—22日，由学会地震灾害链专业委员会主办的地震灾害链专业委员会第一次学术会议在北京举办。会议以“地震灾害链的防灾减灾救灾”为主题，以线下线上相结合的方式召开，共交流报告61个，其中13个邀请报告。线上线下超过200人参加学术交流，直播浏览量超1.3万人次。

9月13—17日，学会地震预报专业委员会和云南省地震局联合在云南省大理市举办中国地震预报论坛2021年度学术交流暨第十届中国地震学会地震预报专业委员会委员换届大会。会议设置8个专题，来自全国27个中国地震局直属研究所、省地震局、中国科学院直属研究所、大学、企业等的82名学者参加会议。会议共交流40篇论文、报告，其中口头报告21篇（含1篇大会特邀报告）、张贴报告19篇。

9月25—27日，由学会和中国地震局地球物理研究所联合主办、桂林理工大学土木与建筑工程学院承办的中国地震学会第十七次学术大会暨中国地震科学实验场第三届学术年会在广西壮族自治区桂林市召开。来自全国地震系统、科研院所、高等院校、科技期刊、仪器设备厂家的专家、学者600余人参加现场会议，近400人通过网络参会。大会特别邀请5名院士和专家作特邀报告；设置23个专题分会场，交流330篇学术报告。在展览交流会上，展出18项地震科技领域的学术成果及13家仪器设备厂商和科技期刊的产品。

学会地震观测技术专业委员会、地震流体专业委员会、地震电磁专业委员会、青年工作委员会、地壳形变测量专业委员会分别召开2021年度学术研讨会。

国际交往 学会与美国地震学会开展学术交流活动，在美国地震学会2021年度的学术会议中设置4个独立专题。

科普活动 经申报，学会主办的全国中学生地球科学竞赛进入教育部2020—2021学年面向中小学生的全国性竞赛活动名单。4月24日举办“海亮杯”第二届全国中学生地球科学竞赛预赛，全国2万余名中学生报名参与，覆盖28个省、自治区、直辖市的400余所中学；5月29—30日举办决赛，200余名选手参与，决出金牌59块、银牌61块、铜牌87块；8名学生通过国内预赛、决赛和集训队面试选拔，组成中国代表队参加第十四届国际地球科学奥林匹克竞赛。竞赛期间，举办全国中学生地球科学竞赛工作研讨会，交流讨论竞赛未来的工作和发展规划以及提升竞赛影响力的举措和活动；举办首届中学地球科学教育改革与创新论坛暨“地球科学科普教育”课题研讨会，邀请中学教师交流地球科学教育的工作思路、经验与设想；组织中学教师地球科学实地科考——“地球大咖”主题沙龙科普活动，让参加决赛的学生和带队教师进一步领略地球科学的奥秘与魅力。

为创新科普理念和服务模式，学会打造科普视频品牌“地问”。地问科普账号在哔哩哔哩、抖音等平台开通，截至12月底共发布14个长视频和2条短视频。哔哩哔哩平台发布的14期视频共收获250万次点击量，抖音的单期视频获赞量达40万次，获得中国科协网络平台宣传评价2021年第四季度排行榜抖音平台排行榜第一名的成绩。

地问运营团队从地球科学科普知识和时事热点两个方面制作和发布科普视频。在科普知识方面，设立《火山事知多少》《防震减灾避险说》《地球科学奇妙游》3个专栏，邀请相关学科的专家讲述火山、防震减灾和地质等方面的知识。同时，营运团队设专人与用户交流互动，针对用户感兴趣的问题策划后续视频，有效提高视频的普适性，如在发布《中国没有活火山》视频后，为评论谈及较多的长白山火山话题制作《从千年古树看长白山火山喷发》和《长白山火山还会喷发吗》两期视频，播放量分别为4.8万人次和11.8万人次。在时事热点方面，跟踪热点新闻，针对公众热议的突发事件第一时间策划制作科普视频，邀请专家解读热点事件相关的科学问题，如12月22日江苏省常州市地震后发布《有人说江苏地震世界就完了》视频，解答“常州地震背景”“历史上常州的地震频率”“未来可能发生更大的地震吗”等问题，该视频播放量超过150万人次。

学会策划并出版地震与减灾科普系列丛书《趣味地震学》，该书知识点多、可读性强，通过翔实的材料对地震科学的基本概念作通俗易懂的讲解。

学会各分支机构在全国防灾减灾日开展科普宣传活动。学会地壳深部探测专业委员会联合中国地震局地球物理勘探中心和河南省地球物理学会等单位开展以“防范化解灾害风险，筑牢安全发展基础”为主题的科普宣传活动。由学会青年科技工作委员会等单位主办、东华理工大学等单位承办的“防灾减灾，科普先行”实践活动在江西省南昌市举办，30余名防震减灾领域的专家及5000余名学生参与。

表彰举荐优秀科技工作者 学会推荐中国科协第十次全国代表大会代表和第十届全国委员会委员、国家层面科技报道专家库入库专家、2021年度最美科技工作者候选人。根据《广西科学技术奖励办法》（桂政发〔2020〕27号）文件要求，学会推荐“地震监测预测关键技术及在广西地区的应用”申报广西科学技术进步奖社会公益类奖项。

学会设立并举办的第十二届李善邦青年优秀地震科技论文奖共收到29份申请书，经奖励专家委员会评审，评出一等奖1人、二等奖3人、三等奖7人。

党建强会 1月，学会审议制订中国地震学会理事会党委工作规则，建立健全学会党委的会议制度、活动制度、组织制度、管理制度、责任制度和监督制度。

学会党委组织召开2次党委会议，前置审议学会年度工作计划、重大财务事项、新一届分支机构主任委员名单以及学术年会组织情况等重大事项。

4月，办事机构联合党支部组织部分会员党员到香山革命纪念馆开展党史学习教育专题活动。7月，党委副书记丁志峰同志以《坚持伟大建党精神，实现科技自强自立》为题、党委委员欧阳飚同志以《百年党史中汲取智慧和力量，奋力推进地震科技高质量发展》为题讲授党史。

会员服务 学会改进完善会员管理系统，会员入会与报名学术会议等工作已经实现线上管理。

学会授予16家单位“2021年度中国地震学会系统优秀学会（会员单位）”称号，同时授予16名个人“2021年度中国地震学会系统先进工作者”称号。

【中国地震学会第十七次学术大会暨中国地震科学实验场第三届学术年会】 9月25—27日，中国地震学会第十七次学术大会暨中国地震科学实验场第三届学术年会在广西壮族自治区桂林市召开。大会由学会和中国地震局地球物理研究所联合主办、桂林理工大学土木与建筑工程学院承办。来自全国地震系统、科研院所、高等院校、科技期刊、仪器设备厂家的专家、学者等600余人参加现场会议，近400人通过网络参与。

大会特邀5名院士和专家作报告。其中，中国科学院院士、南方科技大学教授陈晓非作题为《地震破裂动力学的前沿进展》的报告；新疆金风科技股份有限公司总工程师翟恩地作题为《中国海上风电抗震设计存在的问题及解决方案》的报告；中国地震局地质研究所研究员何昌荣作题为《断层亚失稳阶段地震成核过程与前兆：物理基础与观测实例》的报告；中国科学技术大学教授张海江作题为《高精度地震成像揭示断层结构异常对地震破裂行为的控制作用》的报告；

中国地震局地球物理研究所研究员吴建平作题为《青藏高原东缘壳幔速度结构及其构造意义》的报告。会议期间进行第十二届李善邦青年优秀地震科技论文奖报告及颁奖仪式。

大会设置23个专题分会场，交流330篇学术报告，涵盖地震科学领域的各个学科专业。同时组织展览交流会，展出18项地震科技领域的学术成果以及13家仪器设备厂商和科技期刊产品。

中国地震科学实验场第三届学术年会共邀请来自中国、美国、日本、瑞士、欧洲等国家和地区的近80名专家、学者作学术报告，800余人以现场或网络视频方式参加研讨，交流和讨论实验场工作未来发展规划及实验场科研成果进展、地震科考及相关研究。

【中国地震预报论坛2021年度学术交流暨中国地震学会地震预报专业委员会第十届委员换届大会】 9月13—17日，中国地震预报论坛2021年度学术交流暨中国地震学会地震预报专业委员会第十届委员换届大会在云南省大理市召开。会议主办单位为学会地震预报专业委员会，承办单位为云南省地震局。会议设置8个专题，分别为大地震孕震理论、预测方法与技术，数字地震观测与预报方法及技术应用，地震数值预测理论、方法及技术，地震、火山、气象及滑坡等自然灾害过程中流体与固体的相互作用：现象、机理、观测新方法与数值模拟，跨学科交叉与地震预测/预报研究相关领域，人工智能在地震预测/预报中的应用，地震监测预报科普技术与方法，漾濞、玛多等近期地震特别专题。

会议共征集110篇论文、交流40篇，其中口头报告交流21篇、张贴报告交流19篇。鉴于当前对地震过程与地震前兆关联中存在的有关问题，特别邀请中山大学教授刘洁作题为《微观尺度岩石破坏、多尺度物理场分析与地震过程研究》的大会特邀报告，旨在通过该报告阐明地震前兆空间分布不均匀、匹配形态有差异、地震过程与前兆时空演化过程在时间阶段上存在统一性的观点，有助于根据地震前兆时空演化分析地震孕育的阶段与过程。同时，聚焦地震的临震预报问题，并针对临震预报的瓶颈问题展开Panel讨论和跨学科跨行业的融通式讨论。

来自全国27个中国地震局直属研究所、省地震局、中国科学院直属研究所、大学、企业单位等的82名专家、学者参加大会。

（撰稿人：李亚琦）

中国动物学会

服务创新型国家和社会建设 4月9日，学会召开第二批中国动物学会濒危动物保育示范基地专家评审会议，7名专家听取关于南京长江江豚种群监测与就地保护基地、浙江大学德清朱鹮人工繁育基地、成都大熊猫人工繁育基地、故道长江江豚迁地保护基地、武汉白鱀豚馆长江江豚人工繁育基地的汇报。经过评议并投票，一致通过5家基地作为学会野生动物繁育和保护示范基地。

7月14日，学会召开中国南方喀斯特脊椎动物多样性研究科技成果评价专家评审会，9名专家听取成果汇报，经过评议形成鉴定意见。

10月20日—11月7日，学会组织2021—2025年度全国科普教育基地的申报工作。组织7名专家对14家申报单位的材料进行评审，通过无记名投票确定向中国科协推荐10家单位，最终有5家单位入选。

学会建设 1月11—14日，学会召开第十八届第十次常务理事通讯会议，审议通过全国中学生生物学联赛、竞赛章程和实施细则。

4月25—28日，学会召开第十八届第十一次常务理事通讯会议，通过濒危动物保育与复壮示范基地评审结果，同意12家基地为中国动物学会濒危动物保育与复壮示范基地；审议通过学会与广东长隆集团有限公司联合开展公益科普课程活动，并联合颁发实践证书和志愿者证书。

5月24—26日，学会召开第十八届理事会第二次扩大会议，130名代表参加，会议讨论通过3项决议，学会理事长孟安明作总结发言。会上进行首届中国动物学会长隆奖颁奖仪式。

9月26日—10月14日，学会召开第十八届第十二次常务理事通讯会议，审批通过6个分会换届请示和换届结果请示；审批通过“成立中国动物学会保护生物学分会”请示。

青年人才托举工程 1月11—14日，学会召开第十八届第十次常务理事通讯会议，评选出2名青年科技工作者并报中国科协生命科学学会联合体作为推荐的第六届中国科协“青年人才托举工程”项目候选人，最终入选。

12月17日，学会召开第二届中国动物学会长隆奖及第七届青年人才托举工程项目候选人专家评审会议，共有13名专家参加，评选出2名项目候选人并报中国科协生命科学学会联合体。

主办期刊 学会主办9种科技期刊，其中英文期刊4种，3种英文期刊被SCI收录。

据2021年公布的2020年ISI JCR,《动物学报》两年影响因子为2.624，位于Top 14%（25/175）；五年影响因子为3.062，位于Top 10%（18/175）。全年出版6期，收文346篇。

《动物学研究》影响因子为4.56，在175种动物学学科SCI中排第5位，位于Q1区（5/175），2篇论文入选第六届中国科协优秀科技论文遴选计划，2篇论文入选F5000项目。《动物学研究》入选“2021中国最具国际影响力学术期刊”，被中国西部科技期刊联盟评为“十佳精品英文期刊”。全年出版6期，发文94篇。

《鸟类学研究》影响因子为1.774，位于Q2区。截至12月7日，总被引频次为483次。全年出版4期，发表论文75篇。

《兽类学报》全年出版6期，发表论文74篇。在生物学科期刊中影响因子为1.642，在93种期刊中位居第20。根据Scopus数据库,《兽类学报》的CiteScore数据为0.8。

《动物学杂志》全年出版6期，发表论文121篇，比2020年增加7篇，其中综述9篇、研究论文93篇、简讯19篇。入选中国科学技术信息研究所“2020年中国百种杰出学术期刊”。

《生物学通报》共收稿件1164篇，发稿233篇，占来稿的20%。其中约稿23篇，占发稿量的10%。

《动物分类学报》全年出版4期，发表论文27篇，其中研究论文16篇、信函9篇、快报2篇。

《寄生虫与医学昆虫学报》全年出版4期，发行2000册。收稿72篇，发表文章42篇，其中著述34篇、综述8篇。影响因子为0.531，总被引频次为201次。

《蛛形学报》全年出版2期，共刊发论文25篇。

学科发展工程 11月11—30日，学会开展2021年度“中国生命科学十大进展”的征集、评选和推荐工作。

11月24日，学会召开第十八届第十三次常务理事通讯会议，经过评议和无记名投票，向中国科协生命科学学会联合体推荐4项科学进展为2021年度“中国生命科学十大进展”。

学会和中国环境科学学会共同推荐的“如何通过重要生态系统修复工程构建精准高效的生态保护网络和恢复生物多样性”入选中国科协十个重大工程技术难题，并撰写科普文章。

国际学术会议 11月2—5日，由学会两栖爬行动物学分会、俄罗斯两栖爬行动物学会等主办的亚欧两栖爬行动物多样性与保护国际学术大会暨中国动物学会两栖爬行学分会2021年度学术大会在四川省成都市召开。全国58家单位的270名专家、学者参加线下会议，337人在线参会，其中外国专家40人。会议设置13个专题，邀请13名专家作大会报告、136人作专题报告，墙报展示26个，收到论文摘要125篇。

11月10日，在亚洲鸟类学发展讨论会上，来自中国、哈萨克斯坦、印度、印度尼西亚、日本、韩国、马来西亚、蒙古、俄罗斯、新加坡、泰国、越南等国家的专家、学者一致同意建立“亚洲鸟类学联盟”，并提名由中国科学院动物研究所研究员雷富民和新加坡国立大学教授Frank E. Rheindt作为联盟的主席和副主席候选人，推进联盟构架、章程起草、会员发展、网站建设等各项事宜。联盟秘书处将设在北京，同时在中国广州和中亚、东南亚、南亚、西亚等地区设立地区协调办公室，以推动亚洲各国之间鸟类学学术交流与协调。会议同意将亚洲鸟类学大会作为亚洲鸟类学联盟的周期性会议，每两年举办一次。

国内主要学术会议 2021年，学会组织或参与举办9次国内学术会议，参与人数37840人次，交流学术论文1123篇，编辑印刷摘要集6本。

6月23日，由中国科学院动物研究所主办，学会和中华人民共和国濒危物种科学委员会、中国昆虫学会、中国科学院《中国动物志》编辑委员会、国际动物学会和中国科学院文献情报中心联合承办的第二期“动物科学大家谈”在北京举办。中国工程院院士吴孔明、中国科学院院士陈晔光作科学报告。3.3万人次通过中国科讯的直播平台观看。

7月20—23日，由学会主办、学会斑马鱼分会和贵州医科大学承办的第七届全国斑马鱼研究大会在贵州省贵阳市召开。

10月18—21日，由学会细胞与分子显微技术学分会主办的中国动物学会细胞与分子显微技术学分会第二十次学术研讨会在山西省大同市召开。200余名专家、学者参加会议。研讨会分为大会报告、技术讲座、研究生/博士后论坛、墙报和卫星会5个部分。摘要集共收录论文摘要91篇。

10月20—24日，由学会原生动物学分会主办、中国海洋大学承办的中国动物学会原生动物学分会第十一次换届会暨第二十一次学术讨论会在山东省青岛市召开。共有406名专家、学者参加，收到论文摘要241篇。6名专家作大会报告，58名学者作专题学术报告，82名研究生作专场报告，39人作墙报展示。会议期间召开中国动物学会原生动物学分会第十一次换届会。

10月22—24日，由学会、中国海洋湖沼学会鱼类学分会主办的中国动物学会、中国海洋湖沼学会鱼类学分会2021年学术研讨会在重庆市召开。400余名专家、学者和研究生参加会议。4名专家作大会报告，共计33名学者作主题报告。会议设置鱼类学青年研究生学术论坛，104名研究生围绕鱼类发育与遗传、鱼类分类与生态、鱼类基因组与进化、鱼类多样性、鱼类生理等专题作报告。会议期间，学会鱼类学分会进行委员会换届。

10月28—31日，由学会动物行为学分会主办，中国水产科学研究院东海水产研究所、上海海洋大学联合承办的中国动物学会动物行为学分会第四届学术年会（2021）暨全国动物行为学第八次研讨会在上海市召开。210名学者、研究生参加。会议以线上线下相结合的形式进行。

11月11—12日，由学会鸟类学分会与北京师范大学生物多样性和生态工程教育部重点实验室共同主办的中国青年鸟类学家研讨会暨第十七届翠鸟论坛在线召开。来自60余所全国高校、科研机构和保护区的320余名研究生、教师参加。

国际组织任职 11月23日，国际动物学代表大会选举产生国际动物学会执委会，共有7个国家的专家当选。学会常务副理事长张知彬当选执委并任执行主任（秘书长），任期2021—2025年。

科普活动 3月3日，学会与国家动物博物馆联合主办世界野生动植物日线上绘画作品征集活动，共收到来自全国的300余幅绘画作品，最终在展厅内实际展出200余幅获奖绘画作品。

4月，学会与国家动物博物馆联合主办4期爱鸟周“观鸟PLUS”活动，帮助了解鸟类形态和独特的行为，拓展学生自然、科学、人文、历史等博物学知识。

7月18日，由学会、中国植物学会共同主办的2021年全国中学生生物学联赛在全国29个省（自治区、直辖市）同时举办，共有43463名学生报名参加，有成绩的考生为38557名。在全国生物学联赛举办前有20个省、自治区、直辖市举办初赛，参加初赛的学生有437577名。按照成绩共评出全国生物学联赛一等奖1528名、二等奖5521名、三等奖8281名。

10月1—5日，由学会、中国植物学会、全国中学生生物学竞赛委员会主办的第三十届全国中学生生物学竞赛在浙江省杭州市举办。399名高中学生及领队、教练等200余人参加。竞赛活动分理论考试和实验考试两个环节，实验分宏观和微观4门实验。按照成绩分别产生金牌100枚、银牌140枚、铜牌157枚。

表彰举荐优秀科技工作者 1月13日—2月14日，学会组织中国科学院院士、中国工程院院士候选人推选工作，经过审核、评审，学会向中国科协推荐中国科学院院士候选人1名。

3月15—18日，学会组织推荐中国科协第十次全国代表大会代表和第十届委员会委员候选人，选举产生代表2名、推选委员候选人2名。学会推荐的中国科学院院士魏辅文、研究员詹祥江当选中国科学技术协会第十届全国委员会委员。

12月17日，学会组织第二届中国动物学会长隆奖专家评审会议，13名专家通过无记名投票方式评选出20名获奖者，其中功勋奖1名、成就奖3名、新星奖5名、启航奖10名、国际学者奖1名。

党建强会 5月26日，学会党委书记张知彬在理事扩大会议暨学术报告会上作题为《回顾中国共产党百年辉煌发展史》的报告，带领参会人员学习、回顾中国共产党走过的发展历程。

会员服务 通过学会及分会、专业委员会网站为会员提供更多的国内、国际学术会议信息、学科发展前沿性进展、科普信息等。实行会员学术会议注册费优惠政策，鼓励会员参加学会和专业分会组织的学术讨论会。学会重要活动信息通过各个会员微信群发布，组织的专家学术报告进行网上在线直播。编辑1期学会会员通讯，介绍学会工作动态。

【第一届亚洲鸟类学大会】 11月9—11日，由广东省动物学会、学会鸟类学分会以及国际鸟类学家联合会亚洲工作组发起和筹办的第一届亚洲鸟类学大会在北京、上海市和广州市同时召开线下会议。大会主题为“亚洲鸟类共享同一片蓝天”，来自29个国家的91所大学和科研机构的300余名专家、学者参加，其中146名从事鸟类学研究的专家正式注册参会，其余参会人员采取线上听会或参与圆桌讨论会的形式参加交流，79名外国学者参加线下和线上学术交流。

大会邀请美国科学院院士、哈佛大学教授Scott V. Edwards，新加坡国立大学教授Frank E. Rheindt，瑞典乌普萨拉大学教授Per Alström，法国巴黎第十一大学教授Anders P. Møller，韩国庆熙大学教授Jin-Won Lee，中国科学院动物研究所研究员雷富民以及广东省科学院动物研究所研究员胡慧建作大会学术报告。68名来自亚洲、欧洲等不同地区的鸟类学工作者作分会场报告。30篇论文以墙报形式进行展示，报告研究对象涵盖鸣禽、游禽、涉禽以及猛禽等多个类群，研究内容包括鸟类行为、迁徙、生态、保护、生物地理、系统发育以及基因组进化等全球最新研究热点。大会还设立期刊*Molecular Ecology*、*Molecular Ecology Resource*投稿交流、黄胸鹀保护、水鸟迁徙保护3个圆桌讨论会。

【第七届全国斑马鱼研究大会】 7月20—23日，由学会主办、学会斑马鱼分会和贵州医科大学承办的第七届全国斑马鱼研究大会在贵州省贵阳市召开。来自生殖、发育、疾病与健康、毒理药理等科研领域及斑马鱼研究领域的专家、学者等700余人参加。会议以“生殖、发育、疾病与健康”为主题，设置13个会议专题。

会议邀请中国科学院院士孟安明作题为《tRNA代谢片段在胚胎发育中的作用和机制》的开场主旨报告。香港科技大学教授温子龙、中国科学院脑科与智能技术卓越创新中心研究员杜久林、同济大学生命科学与技术学院教授高绍荣、清华大学生命科学学院教授俞立分别作大会特邀报告。

【中国动物学会保护生物学分会成立大会暨第七届中国保护生物学论坛】 12月21日，由学会主办、学会保护生物学分会成立筹备工作组承办的中国动物学会保护生物学分会成立大会暨第七届中国保护生物学论坛在北京举办。会议采用线上线下相结合的形式召开，来自全国40余家单位的500余人参加会议。会上选举产生学会保护生物学分会第一届委员会成员，中国科学院院士、中国科学院动物研究所魏辅文当选主任委员，北京大学教授吕植、清华大学副教授刘雪华、北京师范大学教授张立、中国科学院南海海洋研究所研究员林强、长隆慈善基金会高级工程师曹良工当选副主任委员，中国科学院动物研究所研究员聂永刚被提名为秘书长。

中国科学院院士、国家自然科学基金委员会陈宜瑜，国际保护生物学会中国委员会主席魏辅文，学会常务副理事长张知彬等10余名专家、学者出席大会。会上，8名保护生物学领域的青年科学家作学术报告。

（撰稿人：张永文　张　欢）

中国植物学会

服务创新型国家和社会建设 2021年，学会组织专家撰写《转化植物科学研究成果，全面助力乡村振兴》报告，为助力乡村振兴发展提出建议。7月，学会理事长、中国科学院院士种康参加“种业现代化与数字技术前瞻”研讨会，以《分子设计育种与数字技术》为题作报告，研讨交流数字技术助力乡村振兴和种业现代化发展的作用。

学会理事长种康与中国科学院院士李家洋共同向中央广播电视总台建言献策，号召持续推出农业生物育种、农业分子生物学前沿等与人民健康和食品营养息息相关的科普节目，推动权威媒体关注科学普及。

学会积极响应全面推进乡村振兴国家战略，动员各专业委员会、分会征求意见和建议，通过发表文章和开展研讨等形式，为推动乡村振兴高质量发展提出建议。学会在《科技导报》“巩固脱贫攻坚成果　全面推进乡村振兴”专题中发表《转化植物科学研究成果　全面助力乡村振兴》文章，就巩固扶贫成果服务、推广生物技术使用、设立专项资金、培养农业专业技术人才队伍四个方面提出建议，为中国农业现代化发展和乡村振兴提供理论支撑。7月，学会理事长种康参加在腾讯北京总部举办的“种业现代化与数字技术前瞻”研讨会，与腾讯集团副总裁陈发奋等专业技术人员共同研讨数字技术对于助力乡村振兴和种业现代化发展的作用，促进双方对大数据、互联网等新技术融入农业农村发展的理解和认识。

学会建设 2021年，学会会员总数7982人，新增628人，与2020年同比增长近3倍。其中，高级会员546人、普通会员82人。

2月，学会召开全体理事团拜会，回顾2020年工作进展并介绍2021年重点工作。5月，学会3名代表参加中国科协第十次全国代表大会，1人当选中国科协第十届全国委员会委员。学会于6月和12月在北京分别召开第十六届理事会第五次、第六次理事长联席会，讨论研究“2021年最美科技工作者”推荐人选，决定奖励表彰学会主办期刊，讨论第七届中国科协“青年人才托举工程”推荐候选人，并研究部署2022年学会重点工作。

学会进一步加强分支机构管理，修订《中国植物学会专业委员会（分会）设立及管理办法》，就成立基层党组织、组成人员调整、重大事项报备等方面进行调整和补充；出台《中国植物学会关于各分支机构因疫情影响延期举办学术会议产生的注册费退费说明》，完善组织活动、财务报账等方面工作。

学会进一步优化信息化工作，对公众服务号进行梳理和改版，整体内容和栏目得到扩充和细化；完成学会网站服务器迁移工作，网站稳定性和数据安全性得到大幅提升。

青年人才托举工程 牵头中国科协生命科学学会联合体开展第七届中国科协“青年人才托举工程”项目推荐评选工作。共有22个学会参与，邀请中国科学院院士种康、邓子新、王以政，中国工程院院士陈香美等23名专家组建评审委员会，55名候选人参与评选，最终评选出42名候选人。其中，学会推荐2名候选人且均通过评选。中国科学院西双版纳热带植物园博士丁文娜和河北大学博士杜会龙获得2021—2023年度中国科协“青年人才托举工程”项目资助。

主办期刊 学会继续加强对主办期刊的支持力度，对英文期刊*Journal of Integrative Plant Biology*（JIPB，《植物学报》）、*Journal of Systematics and Evolution*（JSE，《植物分类学报》）、*Plant Diversity*（PD，原《植物分类与资源学报》）及中文期刊《植物学报》《生命世界》5种期刊给予表彰奖励。

JIPB、JSE、*Journal of Plant Ecology*（JPE，《植物生态学报》）及中文期刊《植物生态学报》和《生物多样性》5刊连续获得中国科技期刊卓越行动计划项目支持；JIPB入选世界期刊影响力指数报告；《植物生态学报》和《生物多样性》连续获得“百种中国杰出学术期刊”称号。

JIPB、JSE、JPE获得“2021中国最具国际影响力学术期刊”称号；《植物生态学报》《生物多样性》和PD获得“2021中国国际影响力优秀学术期刊”称号。

JIPB最新两年影响因子为7.061，位于国际植物学领域前5%，在植物科学专业领域排名第12，连续9年位于Q1区，并连续两次受到学会期刊奖励；JIPB主编巩志忠、JES主编葛颂、《植物生态学报》常务副主编刘玲莉和编委储诚进分别获得中国科技期刊卓越行动计划“2021年度优秀编辑”和“优秀审稿人”称号。

学科发展工程 学会组织常务理事、分支机构药用植物及植物药专业委员会和水生植物资源与环境专业委员会向中国科协推荐2个工程技术难题和1个前沿科学问题。

国际学术会议 6月9—11日，由学会民族植物学分会主办的第十届中国民族植物学大会暨第九届亚太民族植物学论坛在浙江省丽水市召开。会议展示近年来中国和亚太地区民族植物学与乡村振兴领域的研究进展和成果，来自中国、韩国、缅甸、印度、肯尼亚等国内外的专家、学者200余人参加会议。

国内主要学术会议 4月23—25日，由学会种子科学与技术专业委员会、广东省农业科学院农业生物基因研究中心、广东省农作物种质资源保存与利用重点实验室共同主办的第七届全国种子科学与技术学术研讨会在广东省广州市召开。大会以“种子芯片与粮食安全”为主题，35名专家作邀请报告，围绕种子发育与优质种子生产、种子休眠与萌发、种子活力与种质资源长期保存、种子生态与生态修复以及种子生物技术等专题展开研讨。

5月31日—6月2日，由上海植物逆境生物学研究中心（中国科学院）、植物生理学与生物化学国家重点实验室（中国农业大学）、省部共建作物逆境适应与改良国家重点实验室（河南大学）、旱区作物逆境生物学国家重点实验室（西北农林科技大学）、中国植物生理与植物分子生物学学会环境生理和营养生理专业委员会、学会植物生理与分子生物学专业委员会、中国植物生理与植物分子生物学学会植物修复生物学专业委员会等7个单位主办的第四届全国植物逆境生物学研讨会在上海市召开。大会设置专题报告、期刊论坛和墙报交流三个环节，以“从逆境感应到应用技术”为主题，针对植物逆境感应与信号转导、植物细胞器与逆境应答、植物营养逆境等专题进行交流。来自全国230多家高校和科研单位的1200名专家、学者参加会议。

6月26—28日，由中国花卉协会蕨类植物分会、学会蕨类植物专业委员会、中国野生植物保护协会蕨类植物专业委员会主办的2021年中国蕨类植物学术研讨会在上海市召开。与会专家展示近年来蕨类植物方面的研究成果，探讨蕨类科学问题和未来发展方向，并就蕨类植物的分类和进化、天然产物开发和利用、生态保护与修复等方面的应用和发展进行交流。

7 月 19—21 日，由学会女植物学家分会和中国植物生理与植物分子生物学学会女科学家分会主办的第七届植物生物学女科学家学术交流会在青海省西宁市召开。会议特邀中国科学院院士赵进东、朱玉贤、曹晓风等 20 名专家作学术报告，200 多名女科学家和科技工作者参加会议，收到论文摘要 105 篇。

10 月 8—11 日，由学会植物园分会、中国植物园联盟、中国环境科学学会植物环境与多样性专业委员会等主办的 2021 年中国植物园学术年会在山西省太原市举办。大会主题为“植物园的高质量发展”，通过大会报告、主旨报告和专题报告等方式共同探讨植物迁地保护、科普教育、活植物管理等方面的理论和实践。会上还发布中国履行《全球植物保护战略》进展（2010—2020 年）。

11 月 22 日，由学会水生植物资源与环境专业委员会、中国野生植物保护协会、中国湿地保护协会、湖北省植物学会、江苏省植物学会、武汉植物学会共同主办的第三届全国水生植物资源与环境学术研讨会在湖北省武汉市召开。大会以“关注水生植物研究和水环境治理的学科前沿和最新技术”为主题，50 余名专家、学者围绕水生植物资源与开发利用、水生植物保护与适应性进化等专题展开讨论。

科普活动 7 月 18—23 日，第 32 届国际生物学奥林匹克竞赛通过线上方式举办。4 名中国参赛选手全部获得金牌。

8 月 31 日，学会理事长种康做客北京市兴华中学，以《基因、驯化与盘中餐》为题为 350 余名高一学生和生物教师作科普报告。

学会联合各省级植物学会继续开展“万人进校园”科普宣讲活动，共在全国 10 个省、直辖市开展 51 场线上线下宣讲，累计受众超过 22 万人次。

学会下属分支机构组织开展科普校园行活动 5 次；举办科普艺术展和湿地生态保护与景观修复技术展各 1 次，累计接待中小学学生 3000 余人次；举办科技扶贫科普培训和研学教育各 1 次，累计受众 700 余人次。

表彰举荐优秀科技工作者 2021 年，学会组织开展院士推荐工作，向中国科协推荐中国科学院院士候选人 4 人，其中 3 人获得中国科协向中国科学院推荐资格；学会与吴征镒科学基金会共同评选出第三届吴征镒植物学奖杰出贡献奖 1 人和青年创新奖 2 人。

党建强会 学会党委发挥政治引领作用，召开党委通讯会议，前置审议奖项评选、人才举荐等重大事项。

制订《中国植物学会党史学习教育工作方案》，就“2035 年远景目标规划的战略构想和历史渊源”“中国共产党党史的几个核心问题解析”和“从生物学史谈科技兴国离不开党的领导”等方面组织 4 次专题报告，宣传科学家精神。

动员学会理事会成员、各分支机构及省级植物学会等专家线上参会，深入学习党的十九届六中全会精神，不断强化创新理论武装。

会员服务 加强对会员的服务，通过更新网站和微信公众号为会员提供学会活动、科研进展、科普等资讯。组织学术会议、各类评奖、项目申报和人才举荐等工作，广泛加强与会员联系和服务，提升学会凝聚力。

学会重视会员发展与加强会员服务工作，2021 年新增会员 628 人。

修改和完善《中国植物学会个人会员管理条例》，探索以普通会员、高级会员、荣誉会员、外籍会员为主体的多元结构会员制度。制订会员吸纳方案，动员学会理事、分支机构、省级学会等各类人才推荐渠道，通过加强宣传、积极举办各类活动、大力提升会员服务、加强系统联动及设置奖励机制等措施吸引新会员入会。学会分支机构委员的会员比例由 13% 上升至 32%。

（撰稿人：姜　晔）

中国昆虫学会

服务创新型国家和社会建设 针对制约稻田综合种养殖生产的化肥农药应用技术瓶颈问题，学会盘锦工作站组织有关技术专家成立专家服务组，在稻蟹种养关键时间节点组织 54 人次赴辽宁省盘锦市进行技术培训、现场技术指导等。重点推广应用对河蟹养殖安全的水稻“有机 – 无机稻蟹专用肥”及“稳定性肥料与速效性肥料科学配比”的一次性减量深施肥技术。推广应用稻蟹种养生态系统利用生物多样性结构优化生态防控水稻主要病虫草害的农药生态减施关键技术、水稻秧苗带药移栽防控本田前期主要害虫技术、河蟹生物除草协同坝埂种豆生态控草关键技术、生物农药防治水稻病虫害技术，提出绿僵菌防治稻水象甲技术、补骨脂提取物苯丙烯菌酮防治稻瘟病技术、申嗪霉素防治纹枯病技术以及稻螟赤眼蜂投放、性诱捕器设置防控二化螟技术。在盘山县、大洼区等水稻主产区重点推广应用适于水稻全程机械化作业的“稻蟹综合种养化肥农药生态减施模式”，并在生产上大面积示范推广应用。该模式不但适应水稻全程机械化生产要求，与当地常规水稻生产相比，氮肥减施 36.7%，农药减施 6 次，化学农药减施 91%，氮肥利用率平均提高 10.3%，农药利用率提高 12.3% ~ 17.5%，水稻增产 3.7% ~ 5.3%，平均每亩增加纯经济效益 1140.3 元，2021 年共推广 22 万亩。通过举办技术培训班、组织现场观摩、进行田间技术指导、开展网络培训活动和发放技术资料等多种形式，培训农技人员 254 名、新型职业农民 1034 名。

5 月 20 日，学会科技咨询开发工作委员会主任刘玉升组织专家团队前往山东省泰安市岱岳区祝阳镇，与岱岳区农广校合作，利用田间课堂给参加活动的当地涉农合作社及企业进行培训。专家们现场把脉问诊生态循环农业，破解生态农业发展瓶颈。

10 月 11 日，针对玉米秸秆无害化处理问题，学会科技咨询开发工作委员会主任刘玉升组织专家团队在山东省新泰市翟镇实地观摩、现场交流，了解白星花金龟转化处理玉米秸秆项目的进展情况。

在建设美丽乡村和振兴乡村经济过程中，学会组织城市昆虫专业委员会专家赴浙江省丽水市松阳县三都乡西田村进行害虫防治工作，对当地的蚋危害情况进行实地调查，组织病虫害防控专业队伍对当地的蚋危害进行免费治理。该项蚋危害治理工作由城市昆虫专业委员会负责组织实施、浙江丰华虫害防治有限公司具体执行。

学会建设 2021 年，学会个人会员 13598 名，团体会员 5 个。会员由学会秘书处统一管理，由学会各分支机构、各级昆虫学会发展会员。学会设分支机构 31 个，其中 5 个工作委员会、26 个专业委员会。2021 年度各分支机构完成预定工作任务，向学会提交工作总结和 2022 年工作计划。各分支机构管理规范，以分支机构名义主办的会议、展览、培训等各类活动所发生的经费往来全部纳入学会账户管理，符合学会章程。

青年人才托举工程 11 月，学会启动第七届（2021—2023 年度）中国科协“青年人才托举工程”项目人选推荐工作，有 9 名青年学者参选。学会通过常委会审阅材料，评选出 2 名候选人进入联合体层面参加评审，最终清华大学医学院基础医学系助理研究员朱毅斌入选。截至 2021 年年底，学会已有 11 名青年学者获得该项目资助。

主办期刊 学会主办有《昆虫科学》（英文版）、《昆虫学报》、《应用昆虫学报》、《昆虫分类学报》（英文版）、《动物分类学报》（英文版）（合办）、《寄生虫与医学昆虫学报》（合办）和《环境昆虫学报》（合办）7 种期刊，2021 年共收稿 1761 篇，发表文章 720 篇，发行 23840 册，完成全年出版任务。

《昆虫科学》（英文版）影响因子为 3.262，在国际昆虫学领域期刊中排名 15/102。为有效提高送审稿件的质量，编辑部组建专家团队，邀请具有研究背景的学者作为稿件初审专家，加强学术初审。初审专家一般在 48 小时内反馈初审意见，对稿件学术创新性做出评价，初审通过率达 30%，未通过初审的稿件将被快速返回给作者，以减少作者等待时间。

《昆虫科学》（英文版）跟踪昆虫学研究前沿热点出版专栏，提高期刊学术影响力，关注科学家群体研究动态，了解研究热点。编辑出版“昆虫微生物组——健康与疾病”“草地贪夜蛾在中国”专栏。根据学术专栏文章研究领域集中的特点，针对目标研究团体开展专题推广。通过“昆虫科学”微信公众号加强科学传播，推送“昆虫微生物组——健康与疾病”专题文章 11 篇、“草地贪夜蛾”专题文章 14 篇，期刊微信公众号关注用户超过 7000 人，固定阅读用户超过 1200 人，平均每篇文章阅读量超过 1000 人次。

国际学术会议 8 月 15—18 日，由学会和病原微生物生物安全国家重点实验室联合主办的第七届国际蚊虫及虫媒病监测和防治学术研讨会暨第十三届全国医学昆虫学学术讨论会在线召开，主题是“蚊虫及蚊媒病控制新技术的研究”。来自中国、美国、印度、希腊、意大利、埃及、葡萄牙等国家和地区的 395 名学者在线参加会议。会议邀请国内外 49 名虫媒病研究领域的专家围绕虫媒病毒，遗传学与生物学，监测、控制新技术和新方法，虫媒病防控和杀虫剂及抗性等议题作专题报告，依据时差设立夜间分会场并特邀 WHO 全球疟疾项目首席执行官进行专题报告。

国内主要学术会议 学会组织召开中国昆虫学会 2021 年学术年会、第十七届全国昆虫区系分类学术研讨会暨第五届传粉昆虫学术研讨会、第四届甲虫进化分类与多样性学术研讨会、2021 年全国害虫生物防治学术研讨会、第十三届全国蜱螨学学术讨论会、“生态昆虫　绿色发展”珠海高峰论坛和 2021 中国昆虫学会青年论坛 7 个学术会议，其中线上 2 次、线下 5 次；

2405 人次参加，交流报告 497 个。

6 月 11—14 日，由学会昆虫分类区系专业委员会和传粉昆虫专业委员会共同主办的第十七届全国昆虫区系分类学术研讨会暨第五届传粉昆虫学术研讨会在天津市召开。会议采用线下参会和线上参会相结合的方式进行，注册人数 293 人。学会副理事长陈学新代表学会党委作题为《学习中国共产党党史——热烈庆祝中国共产党成立 100 周年》的专题报告。会议设置 5 个分会场，共交流大会报告 13 个、分组报告 57 个、墙报 22 个、会议摘要 71 篇。

10 月 13—15 日，由学会、中国科学院动物研究所、中国科协生命科学学会联合体主办的中国昆虫学会 2021 年学术年会在陕西省西安市召开。

10 月 22—24 日，由学会蜱螨学专业委员会、中国农业科学院植物保护研究所联合主办的第十三届全国蜱螨学学术讨论会在北京召开，来自全国 20 余个省份、近 70 家单位的蜱螨学研究工作者参加会议。现场参会人数近 170 人，线上参会人数近 100 人。

科普活动　2021 年，上海昆虫馆共组织 4 场线上活动，单场最高 8.2 万人次收看。先后主办“昆虫与化学冬令营”“生物多样性调研”“显微镜下看昆虫”“探秘芳香植物与蚊虫”“与蝶共舞”“蝴蝶贺卡 DIY”等专题科普活动 15 场，参与人数达 4000 余人次。

学会组织科技馆系列科普活动，西北农林科技大学博览园和科普中心、中国科学院上海昆虫博物馆参与全国科技周、世界文化遗产日、国际博物馆日等活动，免费对社会开放。组织昆虫知识竞赛、昆虫科普报告、昆虫小实验、第八届蝴蝶文化季、第十届昆虫音乐季、观摩昆虫影片等活动。

学会各分支机构及会员单位组织科普进校园活动 21 次。中国科学院上海昆虫博物馆共走进学校（社区）13 所，受众约 2 万人次。学会蝴蝶分会利用科普大篷车开展科普进校园活动 9 次、作科普报告 8 次。学会科普工作委员会副主任殷海生领衔的科普团队开展科普进校园活动 12 次、作各类校园讲座 8 场，受众约 1.3 万人次。学会科普工作委员会副主任曹成全开展校园科普活动 5 次。

7 月，学会科普委员会委员曹成全接受 CCTV-17 频道专访，为小学生作萤火虫方面的科普报告；主编《昆虫创意产业》《萤光探秘——萤火虫主题研学手册》《追光者笔记——萤火虫科普读物》3 册昆虫科普书籍。

学会蝴蝶分会专家组织科普类临展、外展共计 21 次。

党建强会　学会党委制订学会及分支机构全面开展党史学习的总体规划。明确党委成员的工作职责，充分发挥学会党员的先锋模范作用，切实把学会党史学习落到实处。积极引导学会党委、分支机构分阶段地总结分析学习成效，形成良好的学习经验和成果，并进一步修正和推广。学会党委在中国昆虫学会全国常委会议、2021 年中国昆虫学会学术年会和第十七届全国昆虫分类区系学术研讨会暨第五届传粉昆虫学术研讨会上组织学习中国共产党党史，1400 余人次参加学习。

【中国昆虫学会 2021 年学术年会】 10 月 13—15 日，由学会、中国科学院动物研究所、中国科协生命科学学会联合体主办的中国昆虫学会 2021 年学术年会在陕西省西安市召开。来自全国 31 个省、自治区、直辖市的从事科研、教育和应用推广工作的 1000 余名专家、学者、在读研究生参加会议。大会作特邀大会报告 9 个、分会场报告 248 个；设置墙报展示区和相关企业展览，共展出 67 个学术报告，11 个企业参与展览。

中国农业大学教授张龙作题为《驰援巴基斯坦防治蝗灾》的邀请报告。首都师范大学教授张爱兵、南开大学研究员薛怀君、西南大学教授王宗庆、河北大学教授任国栋、四川农业大学教授李庆、中国科学院动物研究所研究员朱朝东、中国农业大学教授郑浩和西华师范大学教授李秀山分别主持学术报告和讨论环节。来自全国 20 余所高校及科研院所的 31 名研究人员作小组报告，报告内容围绕经典分类、组学数据应用、古昆虫学发展、直翅目昆虫研究与防控、传粉昆虫 - 植物互作等主题，探讨交流国内最新的研究成果和未来发展方向。

（撰稿人：孟晓星）

中国微生物学会

服务创新型国家和社会建设　2021 年，学会申报的“攻坚卡脖子生物技术，助力我国生态文明，如期实现碳中和”被遴选为中国科协“十大”代表调研课题。结合生态文明建设实际及实现碳中和目标所面临的技术瓶颈问题，在全国范围内开展专题调研，听取生物技术领域科研同行、相关产业和政府相关部门的建议，就如何攻坚卡脖子生物技术、发挥已有生物技术优势、助力中国生态文明建设形成决策咨询报告上报中国科协。

申请全国学会期刊出版能力提升计划的产业发展服务项目，围绕工程技术难题组织“病毒检测与诊断技术方法”专栏、“结核专题”专栏、“益生菌”专刊和“食用菌”专栏，刊发行业趋势，建立产学研合作机制，引导科技工作者把成果应用在产业一线。

学会组织专家相继举办15次生物安全相关培训，包括理论培训、专项培训和模拟培训，主要聚焦新冠肺炎疫情下实验室生物安全监管和风险防控。累计培训学员1200余人次，为疫情期间新冠肺炎病毒相关基础研究和产品研发提供生物安全知识和技能保障。

学会建设 2021年，学会新增会员1000余人，现有个人会员21000余人。

10月，学会组织召开中国微生物学会第十二次会员代表大会，完成换届选举工作，产生第十二届理事会、常务理事会、党委会和第一届监事会，通过中国微生物学会第十一届理事会工作报告、财务报告；以无记名投票方式表决通过会费调整报告和《中国微生物学会章程》。

青年人才托举工程 2021年，学会推荐的2名青年学者入选第七届中国科协“青年人才托举工程”项目，分别是中国科学院微生物研究所的龚路遥和中国科学院深圳先进技术研究院的刘然。

主办期刊 学会主办期刊共有《病毒学报》《中国人兽共患病学报》《微生物学报》《生物工程学报》《微生物学通报》《微生物学杂志》和*Virologica Sinica* 7种。

2021年，英文刊*Virologica Sinica*影响因子为4.327，在SCI收录的全球36种病毒学期刊中排名第13位，位于病毒学领域Q2区，获“中国最具国际影响力学术期刊”称号。

学会作为合作单位支持创办的微生物学综合性英文期刊*mLife*入选“中国科技期刊卓越行动计划高起点新刊项目”。

国内主要学术会议 2021年，学会及所属专业委员会共组织国内学术会议11次，其中线下会议8次、线上线下相结合会议3次；线下参会人数约4150人，线上参会人数约30万人。

7月2—4日，由学会地质微生物学专业委员会等主办的第九届地质微生物学学术研讨会在安徽省合肥市举办，全国167个单位的600余名来自地质学、微生物学、矿物学、环境工程与科学以及生态学等多个领域的专家、学者参加会议。会议对地质微生物学领域前沿热点进行交流，共设立8个专题，作147场口头报告，包括14场大会报告、31场专题邀请报告、8场青年才俊论坛报告、31场研究生专场报告等，并展出墙报104份。中国科学院院士、中国科学院分子植物科学卓越创新中心赵国屏，北京大学教授鲁安怀，上海交通大学教授王风平，中国海洋大学教授张玉忠等32名专家、学者作大会报告和特邀报告。

7月30日—8月2日，由学会普通微生物学专业委员会、农业微生物学专业委员会、微生物教学工作委员会、教育部大学生物学课程教学指导委员会主办的第十八届全国微生物学教学和科研及成果产业化研讨会在贵州省贵阳市召开。200余名专家、学者参加，共收到会议论文、摘要72篇，并编印论文摘要集。研讨会就学科交叉融合如何促进研究生微生物教学、微生物学教学与科研如何相互促进、微生物学（双语）课程创新教育探索与实践、环境工程微生物学全英文线下一流课程的设计及教学实践、微生物学混合式课程建设、医学微生物学线上线下混合式金课建设与实践、智慧课堂环境下微生物学线上线下混合式教学的设计与实践、微生物学全英文教学的体会和思考、国家级线上一流课程微生物学模块化实验的建设与实践成果等进行交流，探讨“教学质量的革命——什么样的课程才是一流课程”。研讨会还设立青年论坛，专家、学者、研究生集中展示各自在微生物学教学改革、教材建设、科学研究以及成果产业化等方面取得的成果。

9月26—28日，由学会病毒学专业委员会主办的第十四届全国病毒学学术研讨会暨第九届武汉现代病毒学国际研讨会在湖北省武汉市举办，1000余人参加会议。中国科学院院士饶子和、舒红兵、高福、陈化兰，中国科学院武汉病毒研究所研究员石正丽等受邀作大会报告，特邀Micheal Diamond、Stanley Perlman、荣立军、郑志明、陆蒙吉等专家、学者作专题报告。

科普活动 学会与北京航天恒丰科技股份有限公司共建的中国农业微生物科普馆接待社会公众1000余人，普及农业微生物知识及微生物菌剂的应用和环境保护。

学会科普工作委员会专家在内蒙古自治区、广东省、北京等地为中小学生作26场线下科普讲座，听众6000

余人，帮助师生认识微生物、了解微生物科学知识。

中国科学院院士、学会名誉理事长邓子新在湖北省十堰市房县成立“邓子新院士乡村振兴农村科普工作室暨房县青少年科普教育中心”，为房县的科学普及、经济发展、科技进步和人才引进提供支持。

党建强会 10月30日，学会召开中国微生物学会第十二届常务理事会党员大会，选举产生新一届学会党委，并报中国科协社团党委管理处备案。

【2021年中国微生物学会学术年会暨中国微生物学会第十二次全国会员代表大会】 10月29日—11月2日，由学会和云南省微生物学会主办，云南农业大学、中国医学科学院医学生物学研究所和昆明理工大学共同承办的2021年中国微生物学会学术年会暨中国微生物学会第十二次全国会员代表大会在云南省昆明市举办。年会以“微生物与人类健康”为主题，邀请云南农业大学原校长盛军讲述中国工程院院士侯云德为病毒学研究作出的贡献；大会特别邀请学会秘书长向华、中国科学院天津工业生物技术研究所研究员张学礼、天津大学教授张雁和北京大学教授李猛4名专家分别作题为《Ⅰ型CRISPR-Cas系统及其RNA护卫系统》《微生物细胞工厂的合成代谢调控机制与工业应用》《Z基因组合成关键酶的拓展研究为合成异种核酸提供工具》《阿斯加德古菌与真核生物起源》的大会报告，交流学科领域的最新研究进展、前沿技术。年会设置4个分会场，主题分别为微生物资源与微生物组学、病原微生物与健康、环境微生物与环境生物技术、微生物生理代谢与合成生物技术学，共有100余名专家、学者作主旨报告和分会报告。

【第二届粤港澳大湾区微生物资源调查暨未/难培养微生物分离与培养技术研讨会】 12月13日，由国家微生物种业产业技术创新战略联盟和学会微生物资源专业委员会等主办的第二届粤港澳大湾区微生物资源调查暨未/难培养微生物分离与培养技术研讨会在广东省深圳市召开。会议聚焦未/难培养微生物资源发掘技术、微生物资源保护与共享利用机制、微生物组学技术及其应用等研究领域，邀请院士、专家、学者作专题报告，并为粤港澳大湾区微生物资源发掘保护建言献策，以推动微生物资源的高效共享和利用。

会议邀请中国科学院院士、学会名誉理事长邓子新，中国工程院院士、学会常务理事吴清平，以及中国科学院院士赵国屏、中国工程院院士陈卫等14名专家作大会专题报告。会议采用线上线下相结合的形式召开，现场参会人数145人，线上参会人数达28.6万人次。

吴清平重点介绍联盟在产学研深度融合、科技协同创新、平台建设、成果转移转化、产业发展、规范行业标准等多个方面取得的进展，强调未来将着重推进微生物科学大数据的共建共享。邓子新以抗生素生物合成与代谢工程研究为例，系统地阐述从自然生物筛选、自然生物改造以及利用合成生物学驱动生物药物进行结构性改造的创新理念、成功案例和创新生产潜力，并展望合成生物学在大健康产业中的应用前景。赵国屏以SARS分子流行病学和SARS冠状病毒分子进化机制研究为例，系统地阐述在生命科学研究中如何进行科研项目的选题、立题、解题和结题。陈卫分享其在益生菌优良菌株分离筛选、益生菌系统信息数据库建设、益生菌生理特性和功能机制解析、菌种高效制备、功能食品和日化产品开发等方面的工作进展。

会议有利于加强国内外合作与交流，推动大湾区微生物资源的发掘与保护，构建高效共享利用体系，支撑中国的微生物种业自主创新。

（撰稿人：王　旭）

中国生物化学与分子生物学会

学会建设 2021年，学会新增个人会员2034人，会员总数18266人。

学会召开常务理事会议2次、理事会议1次、分支机构负责人会议1次、理事长（正副理事长、秘书长、副秘书长）会议1次。审议中国科学院院士、中国工程院院士候选人推选事宜；审议学会分支机构换届、更名、增选等变更方案；审议全国学术年会筹备、国际会议进展、青年人才托举工程、中国科协十大代表推选等事宜，以及学会相关项目进展、奖项候选人、分支机构会议管理办法等事项。

完成学会核糖核酸专业分会、蛋白质组学专业分会、分子系统生物学专业分会的换届工作。

召开监事会2021年工作会议，听取年度工作报告、财务报告、学会分支机构管理办法修订等，履行民主监督职能。

修订《监事会工作办法》《分支机构管理办法》《会员管理办法》，加强对分支机构会议、换届工作的管理。不定期召开理事长办公会议，就重大议题、重点工作进行部署，进一步规范学会内部管理。

编撰《中国生物化学与分子生物学会 2021 年工作年报》，同时发布纸质及电子版材料。

青年人才托举工程 学会推荐的中国科学院大学杭州高等研究院王鑫、上海科技大学张兵入选 2021—2023 年度“青年人才托举工程”项目。

主办期刊 学会主办期刊《中国生物化学与分子生物学报》《生命的化学》，两刊按计划各自编辑出版 12 期，共刊登文章 582 篇。

学科发展工程 学会组织分支机构编写《2020—2021 生物化学与分子生物学学科发展报告》，总结学科发展最新进展、展望发展趋势、引领学科发展。

完成由学会牵头的联合体品牌建设项目“智能细胞制造科技创新与产业发展战略研究”。

国际学术会议 全年举办国际会议 2 次，共有 350 余人参加，其中外宾约 25 人，均为在线参加会议。

10 月 22—24 日，第十二届 DNA 损伤应答与人类疾病国际研讨会在上海市举办。会议由学会和深圳大学医学部、中国科学院分子细胞科学卓越创新中心、上海交通大学医学院附属上海儿童医学中心共同主办，分子生物学国家重点实验室、上海市分子男科学重点实验室、上海交通大学医学院儿科转化医学研究所、上海交通大学医学院药理学与化学生物学系共同承办，约 250 人参加会议，15 名海外专家、学者通过在线方式作报告并参与讨论。

国内主要学术会议 2021 年，学会共组织召开 17 次国内学术会议，参会专家、学者逾 5 万人次。

4 月 6 日，由学会主办的科创中国·数字健康产业融合发展研讨会在上海市举办。研讨会由中国科协、上海市徐汇区科协指导，上海科文信息咨询有限公司、上海枫林生命健康产业发展（集团）有限公司、中国科学院上海营养与健康研究所生命科学信息中心、上海市生物化学与分子生物学学会协办。活动旨在探讨针对数字健康科技创新及产业转型升级，以及新兴、重点产业发展面临的行业共性技术和卡脖子、关键技术等问题。学会副理事长兼秘书长、中国科学院分子细胞科学卓越创新中心主任刘小龙，上海市徐汇区科协副主席杨蓉出席会议并致辞。

7 月 2—4 日，第十一届全国核糖核酸学术讨论会在辽宁省大连市召开。会议由学会核糖核酸专业分会主办、大连医科大学承办、大连市医学会协办。中国科学院院士、学会理事长李林，中国科学院院士施蕴渝、王恩多、孟安明、张启发应邀参加会议。学会核糖核酸专业分会成员及 700 多名核糖核酸研究领域的专家和青年学者参加大会。大会围绕 RNA 领域最新发展趋势和中国 RNA 学科的研究动态，就 RNA 信息学与结构生物学、RNA 代谢与调控、ncRNA 与医学和农学、RNA 研究前沿技术设立 4 个专题，包括 4 个特邀报告和 43 场学术报告。

7 月 29—31 日，由学会主办，学会教学专业分会、南昌大学基础医学院、江西省生物化学与分子生物学会承办的第七届全国生物化学与分子生物学教学研讨会在江西省南昌市召开。会议主题为“从精品到金课”，主要研讨生物化学与分子生物学金课建设、混合式教学、教学资源、虚拟仿真和教学示范。会议采取线上线下相结合的方式召开，现场参会人数约 350 人，线上观看人数达 1.43 万人次，总浏览量达 80.9 万人次。

10 月 5—9 日，中国生物化学与分子生物学会基础医学专业分会 2021 年度学术研讨会在湖北省宜昌市顺利召开。会议由学会基础医学专业分会主办，三峡大学医学院、三峡大学人民医院（宜昌市第一人民医院）承办。会议主题为“表观遗传调控与疾病”，邀请 6 名专家作特邀报告，15 名专家、学者作大会报告，6 名青年科学家分享最新的科研成果。来自全国各地 60 余家单位的 260 余名师生参加会议。

10 月 13—15 日，第十一届中国蛋白质组学大会在湖北省武汉市举办。大会聚焦“蛋白质组学驱动的精准医学”，吸引 150 余名国内外院士、专家和来自全国各地 300 余家单位的 1100 余名学者参加，共同分享和研讨蛋白质组学的最新科研成果。大会由学会蛋白质组学专业分会主办，中国人民解放军军事科学院军事医学研究院生命组学研究所、湖北大学生命科学学院、国家蛋白质科学中心（北京）、蛋白质组学国家重点实验室、北京蛋白质组研究中心共同承办。中国科学院院士、国家蛋白质科学中心（北京）理事长贺福初担任大会名誉主席，学会蛋白质组学专业委员会主任委员秦钧和湖北大学生命科学学院院长马立新担任大会共同主席。大会内容共涵盖微生物、植物、动物和人类健康研究涉及的蛋白质鉴定、定量、功能以及结构蛋白质组学、修饰蛋白质组学、计算蛋白质组学、生物大数据等各个领域，同期举办蛋白质组学新技术培训、学会蛋白质组学专业委员会青年学者研讨会，以及与生物化学与分子生物学、蛋白质组学和转化医学等研究领域相关的仪器、设备、试剂和新技术的展览、展示会。中国科学院院士贺福初、李林、饶子和、张玉奎、唐本忠，美国科学院院士 Tony Hunter，加拿大皇家学会院士李明，法国科学院院士 Bernard Malissen，荷兰皇家学会院士 Albert Heck，国家蛋白质科学中心（北京）研究员秦钧，中国科学院生物物理所研究员张先恩，美国芝加哥大学教授 Yingming Zhao，美国圣犹达儿童研究医院教授 Junmin Peng，德国慕尼黑工业大学教授 Bernhard Küster 等专家应邀出席大会，分别就蛋白质组学领域的前沿创新与最新突破作论坛主旨报告。

11 月 25—28 日，中国生物化学与分子生物学会 2021 年全国学术会议在云南省昆明市召开。会议由学会主办，云南省生物化学与分子生物学会、云南大学、中国科学院昆明动物研究所、云南理工大学、中国科学院生物化学与细胞生物学研究所、上海市王应睐生物化学与分子生物学发展基金会共同承办。会议主题为“生物化学新时代”，参会人数约 800 人次。

国际组织任职 学会常务理事兼副秘书长丁建平、副理事长蒋澄宇担任 *IUBMB Life* 副主编；学会常务理事兼副秘书长杨运桂担任 *IUBMB Life* 编委会委员。

国际交往 学会监事长昌增益分别于 4 月 6 日、5 月 5 日、7 月 16 日、9 月 17 日在线参加国际生物化学与分子生物学联盟执委会议；分别于 6 月 10 日、7 月 30 日在线参加亚洲大洋洲生物化学家与分子生物理事会议。

科普活动 1 月 18 日，学会教育专业分会主办第四届“金斯瑞杯”全国大学生生化歌曲大赛，全国 19 所高校的 37 首歌曲进入决赛。

4 月 17—23 日，学会开展西部科普活动，组织科普志愿者服务团 20 余名专家分别深入西藏自治区林芝市、拉萨市、山南市 6 所学校以及社区开展科普宣传活动。

5 月，学会开展科普月活动，共有 23 个省（自治区、直辖市）的 50 余所高校、科研院所结合自身特色举办相关科普活动。线下参与人数近 3000 人，线上受众达 1000 余人次，参与的科普志愿者近 1000 人。此外，学会广泛征集科普文章、显微摄影作品等，其中优秀作品通过学会官方微信公众号进行不定期推送，累计阅读量达 2000 余人次。为优秀科普作品的作者颁发优秀科普工作者证书，为优秀组织单位颁发证书。

5 月，学会举办实验室开放月活动，共有 23 个省（自治区、直辖市）的 50 余所高校、科研院所等参与活动，惠及人数 5000 余人次。

学会常务理事解军牵头在学习强国平台推出生物化学与分子生物学慕课。该课程从微观分子角度探讨生命的本质，研究生物体的分子结构与功能、物质代谢与调节、遗传信息传递等；同时联系临床实践，介绍如何在分子水平认识、诊断和治疗疾病，体现临床与基础医学的衔接。

表彰举荐优秀科技工作者 2021 年，学会推荐国内外各级奖项候选人等 20 人，奖励各级人才 70 余人。其中，推荐的中国科学院上海药物研究所研究员许叶春获得第十七届中国青年女科学家奖；中国医学科学院基础医学研究所副所（院）长蒋澄宇当选中国科协第十次全国代表大会委员，中国科学院生物化学与细胞生物学研究所研究员许琛琦任中国科协第十次全国代表大会代表。

奖励人才及单位 100 余人 / 个。在 2021 年度全国学术会议中，4 人获得郑集 – 张昌颖青年优秀论文奖，5 人获得青年学生参会奖，15 人获得青年论坛奖，20 人获得优秀墙报奖。2021 年度罗氏大学研究基金资助项目 40 项。评选出优秀科普组织单位 11 个、会员工作先进集体 6 个。

党建强会 3 月 19 日，学会办事机构联合党支部召开党员大会，开展 2020 年度党员民主评议及支委会换届选举。

4 月 9 日，学会召开党委扩大会议暨第十二届常务理事会四次全体会议。会议讨论学会 2021 年工作报告，并对 2021 年理事会党委与学会重点工作进行部署。

4 月，由西藏自治区科协发起，学会党委、陕西省遗传学会联合西藏民族大学科协、西藏自治区高原病分子遗传机制与干预研究重点实验室共同组建西部科普志愿者服务团，深入藏区开展系列科普宣讲活动。

6 月，学会办事机构党支部开展党史学习教育专题活动暨“传承老科学家精神，弘扬新时代科学家精神在行动专项工作”活动。

11 月 25 日，学会召开党委会会议，对学会第十二届理事会四次全体会议内容进行审议。

会员服务 学会继续通过分会、网页、公众号、微信群为会员提供国内外学术会议、培训、人才奖项推荐、科普文章等信息。大部分线上学术报告会都对会员免费开放。学会编辑制作简报、年报，定期推送给会员，方便会员及时了解学会工作动态及活动信息。提供会议注册费优惠、赠送学会刊物、免费课件推送、赠送 CNKI 论文数据库检索卡等服务。

【中国生物化学与分子生物学会 2021 年全国学术会议】 11 月 25—28 日，由学会主办，云南省生物化学与分子生物学会、云南大学、中国科学院昆明动物研究所、云南理工大学、中国科学院生物化学与细胞生物学研究所、上海市王应睐生物化学与分子生物学发展基金会共同承办的中国生物化学与分子生物学会 2021 年全国学术会议在云南省昆明市召开，会议主题为“生物化学新时代”。

大会开幕式由学会第十二届副理事长兼秘书长刘小龙主持。学会理事长、中国科学院院士李林，学会第九届和第十届理事长、中国科学院院士王志新，学会第十二届副理事长、中国科学院院士隋森芳、邵峰、林圣彩、郝小江、李蓬，学会第十二届副理事长许瑞明，学会第十一届副理事长吴家睿，中国科学院外籍院士谢晓亮，美国国家科学院院士袁钧瑛，中国科学院深圳先进技术研究院副院长刘陈立等来自全国科研院所、高等院校的800余名专家、学者参加会议。

会议除了分设基因表达与调控、核糖核酸功能与调控、蛋白质修饰与功能、代谢稳态与网络、前沿技术与应用、教学与人才培养 6 个传统专题以外，还增加病原与宿主互作机制、肿瘤发生机制与诊疗、智能细胞制造与健康 3 个新的专题，作 120 多个专题报告以及 15 个青年论坛报告，展示生物化学与分子生物学领域新方向、新进展。同时，会议期间还组织召开学会理事会议、分支机构 / 省市学会负责人联席会议、期刊面对面、企业招聘专场以及罗氏基金论坛等相关活动。

（撰稿人：孙晓丽）

中国细胞生物学学会

服务创新型国家和社会建设 学会标准工作委员会联合领域、行业专家研制干细胞系列标准，于 3 月 20 日正式发布《人间充质干细胞》《人视网膜色素上皮细胞》《人诱导多能干细胞》《人心肌细胞》《人造血干 / 祖细胞》《原代人肝细胞》6 项团体标准，推进国家标准《多能干细胞通用要求》立项，主导参与推进干细胞国际标准提案，有力促进干细胞产业的规范发展。

学会组织干细胞生物学分会和标准工作委员会有关专家对国家药品监督管理局药品审评中心发布的《人源性干细胞产品药学研究与评价技术指导原则（征求意见稿）》进行意见征询，汇总形成修改建议反馈，为国家专业法规制定贡献智慧力量。

6 月 3 日，学会细胞治疗研究与应用分会在中国细胞治疗第二届年会上发布《细胞 – 基因治疗上海宣言》，并组织“细胞与基因治疗项目路演”活动，推进上海市及全国的细胞与基因技术研发与应用。分会参与组织专家就治疗性细胞的质量控制要点进行研讨，发布《治疗性细胞评估要点及标准共识》，为细胞治疗产品的研发和产业化、临床研究及应用提供参考依据。

7 月 11 日，学会与国家生物药技术创新中心签署战略合作协议，在关键核心技术攻关、公共技术平台建设、重大科技成果转化、学术交流与产业化等方面加强战略合作，推进科技成果转化落地。

举办专业技术创新培训活动10次，2447人次参与，涵盖团队管理、理论与技术应用和标准宣传贯彻。

学会建设 截至 2021 年年底，学会现有个人会员 2 万人、单位会员 37 家，新晋升荣誉会员 6 人。学会医学细胞生物学分会第五届分会委员会进行重组选举。探索在条件成熟的 6 个二级分支机构成立党的工作小组，进一步完善学会组织架构。

学会连续 3 次入选中国科协学会能力提升专项“中国特色一流学会建设项目”，获二类项目支持；再次入选 2021 年世界一流科技社团评价四星级社团。

围绕 2021 年工作计划的开展，学会共召开 1 次全体理事会议、2 次监事会议、3 次常务理事会议、2 次理事会党委工作会议，讨论部署学会各项工作落实与推进情况。

4 月 13 日，学会第十二届理事会第三次全体会议在重庆市召开，93 名理事出席。会议审议通过学会“十四五”工作规划，修订完成《员工手册》《分支机构党的工作小组管理条例》《党委意识形态工作责任制实施细则》《网络信息平台管理办法》等。

青年人才托举工程 2021 年，学会推荐周志伟、卞舒惠 2 名候选人参选第六届（2020—2022 年度）中国科协“青年人才托举工程”项目，完成第四届中国科协“青年人才托举工程”项目结题工作会议，开展第七届（2021—2023 年度）中国科协“青年人才托举工程”项目人才选拔推荐工作，从 34 名候选人中评选出马帅、吴微 2 名候选人，并向中国科协生命科学学会联合体推荐。

2021年，受该项目支持的青年人才共发表第一作者、通讯作者研究论文7篇，获得国家级项目资助计划3项。

4月13日，学会2021年“青年人才托举工程”汇报会在重庆市召开。7名项目入选者汇报项目执行情况，学会学术工作委员会组织专家与其学术导师共7人听取汇报，对课题研究提出指导性建议意见。

主办期刊 学会主办有《细胞再生》(*Cell Regeneration*)，共同主办《细胞研究》(*Cell Research*)、《细胞发现》(*Cell Discovery*)、《分子细胞生物学报》(*Journal of Molecular Cell Biology*)、《中国细胞生物学学报》5本期刊，被中国科协评为“2021年全国学会期刊出版管理规范单位”。

Cell Research 最新影响因子为25.617，继续领跑亚太地区生命科学领域学术期刊，其子刊 *Cell Discovery* 最新影响因子达10.849；*Journal of Molecular Cell Biology* 最新影响因子为6.216，5年影响因子为6.688，较2020年度有明显提升。《细胞研究》《分子细胞生物学报》入选第七届华东地区优秀期刊上海名单。《细胞研究》编辑部主任程磊入选2021年度中国科技期刊卓越行动计划选育高水平办刊人才子项目——优秀编辑。《分子细胞生物学报》编辑秦宇获第六届“上海市期刊优秀工作者”称号。*Cell Research* 1篇文章入选中国科协第六届优秀科技论文遴选计划。

11月29—30日，*Cell Discovery* 联合上海市细胞生物学学会首次推出SSCB-CD Symposia，旨在推动细胞生物学领域的科学发现和交流合作。第一期以“类器官与疾病”为主题在上海市举办，*Cell Regeneration* 参与协办，120余名科研和企业代表参加会议，14名专家作专题交流。

学科发展工程 访谈召集和主持学会学术会议的资深专家，邀请他们对所在领域的学术交流内容进行回顾性总结，展望该领域未来发展趋势。访谈内容整理成专题网页报道，为细胞生物学科发展研究提供参考。

学会衰老细胞生物学分会在微信公众号“老顽童说”推出“*Nature* 重磅综述”专栏，全年共发布4篇原创文章，梳理交叉研究热点，分析衰老相关领域前沿研究态势，阅读量累计达1.7万余次。

学会组织专家连续4年参与中国科协重大科学问题、工程技术难题征集活动，其中由管吉松、徐楠杰和中国科学院院士马兰等共同推荐的“大脑中的记忆是如何产生和重现的”入选2021年中国科协十大重大科学问题。学会获“2018—2021年度优秀组织单位”“2021年度优秀推荐单位”称号。围绕入选问题，8月17日，学会召开2021年重大科学问题座谈会，神经生物学领域的20名专家受邀出席，凝练提交决策建议报告1份、前沿领域国际态势分析报告1份、科普解读报告1份。

国际学术会议 2021年，学会及所属各专业分会采用线上线下相结合的方式举办境内国际学术会议8次，共计21929人次在线观看，其中境外参加者570人次，交流论文、报告215篇。

7月15—19日，第五届亚洲时间生物学论坛在河南省开封市召开，来自13个国家的360名专家、学者注册参加会议。围绕论坛主题“时间生物学：近日节律与环境适应性”，101名国内外专家、学者作报告。会议采用线上线下相结合的形式进行。

11月1—3日，第四届世界顶尖科学家论坛在上海市举办。学会参与承办其中的世界顶尖科学家细胞与基因治疗创新论坛、世界顶尖科学家免疫与微生物组论坛，协助邀请演讲嘉宾，组织学会会员和领域专家线上线下参会交流。共有100人参加会议，13人作演讲。学会理事、干细胞生物学分会会长、中国科学院院士季维智受邀担任细胞与基因治疗创新论坛科学嘉宾，并出席莫比乌斯论坛线下场；学会理事、中国科学院院士董晨受邀担任科学嘉宾并主持免疫与微生物组论坛。

国内主要学术会议 2021年，学会及所属专业分会共举办不同规模的国内学术会议21次，其中近30%的会议结合线上参会方式，参会人数共计27776人次，交流论文、报告1365篇。

4月23—25日，由学会衰老细胞生物学分会、中国老年学和老年医学学会抗衰老分会、中国生物物理学会衰老生物学分会、中国生理学会衰老与健康专业委员会、中国老年医学学会基础与转化医学分会、中国老年医学研究机构联盟共同主办的2021中国衰老科学大会在北京召开。大会围绕衰老领域的重要科学问题设立4个会场，83名报告人就各自的研究成果与参会者进行交流，800人到会交流。

6月2—5日，中国细胞生物学学会细胞死亡研究分会2021年第一届学术年会在浙江省桐庐市召开。大会邀请5名专家作大会特邀报告，共交流口头报告35个、收录摘要53篇、展示墙报25篇，320余人参加会议。

7 月 28—31 日，由学会细胞结构与细胞行为分会主办的第二届中国细胞骨架前沿学术会议在山东省青岛市召开，280 人参加会议。会议共邀请 55 名专家作主题报告、13 名专家作短报告，展示交流墙报 53 篇，内容覆盖细胞骨架的各个领域。

7 月 30 日—8 月 1 日，由学会医学细胞生物学分会主办的 2021 年全国医学细胞生物学学术大会在浙江省义乌市召开。大会特邀 15 名专家作报告，收录摘要 63 篇，150 人参加会议。

10 月 26—30 日，由学会神经细胞生物学分会等主办的第十届神经细胞生物学前沿研讨会在湖北省武汉市召开，36 名专家、学者报告交流神经科学领域的前沿进展，76 人参加会议。

12 月 12—15 日，由学会干细胞生物学分会主办的中国干细胞第十一届年会在广东省广州市召开，线上线下共计 1000 人参会。会议邀请 8 名国内干细胞领域专家作大会特邀报告，62 名专家作分会场报告。年会收到墙报 44 篇，并首次以线上直播的形式进行墙报讲解，传递干细胞领域的最新研究进展。

国际交往 学会邀请亚洲太平洋细胞生物学组织回函，支持在第三届世界科技与发展论坛上发布“开放·信任·合作”的倡议。

学会与韩国分子细胞学会建立长期学术交流机制，双方决定从 2021 年起在各自举办的学术年会上互相推荐专家报告。学会为会员争取到 9 个免注册费名额，在线参加于 11 月 3—5 日召开的韩国分子细胞学会 2021 年国际会议，学会副理事长、中国科学院院士宋保亮受邀作报告。

科普活动 学会联合理事、专业分会、地区单位会员和学会科普基地举办线下线上科普活动 177 次，受众人数达 300.65 万人次，被中国科协评为“2021 年全国科普日活动优秀组织单位”“2021 年度全国学会科普工作优秀单位”。学会时效应急科普项目入选 2021 年度科技志愿服务先进典型名单。

5 月，以线上线下相结合的形式举办 2021 年全国联动“实验室开放日”活动，共有 108 家实验室参与，包括 79 家线下开放实验室和 29 家线上活动实验室，累计阅览次数达 55.9 万余人次。

9 月，全国科普日期间共举办 6 场科普活动，其中“童心协力，守护白血病患儿”“多能干细胞与再生医学”“从生物信息识别到遗传资源保护”3 项活动入选 2021 年全国科普日优秀活动名单。

10 月 21 日，第十届显微摄影美图秀活动评选结果公布。历时 5 个月的网络征集，学会共收到投稿作品 47 幅，经学会青年工作委员会评审，共评选出 10 幅优秀作品、7 幅入围作品。学会首次与上海少年儿童出版社合作，将历年活动入选优秀作品 52 幅进行编排整理，配上科普注解，制作成“十万个为什么”联名款细胞周历。

10—12 月，举办全国联动诺贝尔奖解读活动 21 场，23 余名专家参与讲解，34 万人次线上观看。

学会积极组织专家开展科普图书和影视作品创作。全年共推出《生命的时钟》《你的生物钟是几点？》《基因狂想曲》《药物的体内奇幻漫游》《细菌密码》《病毒密码》《醉醺醺的脑科学》7 部科普图书。学会生物节律分会徐璎、徐小冬和张珞颖共同草拟剧本并拍摄科普影片《拆解生物钟》，在上海科学会堂首映，并在上海东方电影频道及上海纪实频道播出，网络平台累计播放 4450 次。

表彰举荐优秀科技工作者 继续开展中国细胞生物学学会创新奖评选工作，共表彰奖励科技工作者 7 人，同济大学教授高绍荣、清华大学教授俞立获杰出成就奖；北京大学研究员白凡、中山大学孙逸仙纪念医院研究员苏士成获青年科学家奖；东南大学教授柴人杰等 3 人入围青年科学家奖。

组织省（部）级以上奖项和人才计划选拔推荐共计 13 人次，其中中国科学院院士陈晔光被推选为中国科协第十届全国委员会委员；研究员刘光慧被推选为中国科协第十届全国会员代表大会代表，获 2020 年度北京市科学技术奖人物；刘颖、郭国骥获第十四届谈家桢生命科学创新奖。

组织推荐国家层面科技报道专家库专家 37 人次，举荐第六届中国科协优秀科技论文遴选计划推荐专家 5 人次、评审专家 1 人次，推荐 2021 年度“最美科技工作者”2 人次。推荐 4 项活动入选《重要学术会议指南（2021）》，组织 2021 年度“中国生命科学十大进展”项目遴选并推荐 8 个项目。

党建强会 学会理事会党委围绕庆祝建党百年，通过开展党史学习教育、落实“我为群众办实事”的要求、宣传百名优秀党员科技工作者等方式深入实施“党建强会”计划，被评为中国科协“党建工作先进学会”。

4—6 月，通过学会微信公众号和官网开展“百年党史每周读”活动。

开展学会百名优秀党员宣传活动，发放宣传手册

300份，展板观看人数约2500人次。结合全国科技工作者日、“七一”建党百年两个重要时间节点，通过微信公众号、网站宣传优秀党员科技工作者先进事迹，浏览量达6123人次。

在学会面向青年科学家开设的管理培训课程细胞黄浦研修班上增设“国际形势与国际视野”的课程，增强青年科学家的爱国情怀。

会员服务 通过学会网站、自媒体平台、Newsletter为会员提供全方位的生命科学资讯推送服务。学会微信号“细胞世界”全年发布图文信息达1056条，阅读次数达77.5万次；新开设微信号“细胞云谈”，发布5部视频，专注于发布细胞生物学前沿进展解读视频，浏览量达7926人次；学会微博发布68条图文信息，阅读量达212万次；学会BiliBili和抖音账号发布视频25条，浏览量达1.11万人次。每月定期发布1期Newsletter，向会员赠阅2021年度工作手册2000份。

在全国科技工作者日期间，围绕“众心向党　自立自强”主题推出“红色印迹创意打卡照征集”“CSCB一年期会员免费体验”和“CSCB个人会员注册有礼”活动，共有203名会员参加。

学会网站会员中心新增设个人会员积分系统，通过推出积分兑换活动，激励会员积极参与学会活动。学会青年工作委员会新策划推出细胞黄浦（WLLA）沙龙，每期聚焦一个热点科学问题，邀请资深科学家参与现场交流。

【中国细胞生物学学会2021年全国学术大会】 4月12—16日，中国细胞生物学学会2021年全国学术大会在重庆市召开，2500余人参加会议。大会邀请中国科学院院士、中国疾病预防控制中心主任高福等8名国内细胞生物学家作大会特邀报告。共设立17个专题学术分会场，包含10个Mini卫星会、3个暖场活动、5个特色活动，221名来自各大高校和科研院所的专家作分会场报告，6名院士和1名2014年诺贝尔化学奖得主受邀参会。会议收录摘要311篇，交流展示墙报136篇，86家展商参展。

大会开闭幕式颁发中国细胞生物学学会创新奖及大会设立的青年优秀论文遴选等6个活动奖项，共有41名科技工作者入选。

围绕新冠肺炎疫情致病机制和疫苗研发，大会邀请中国科学院院士、重庆西南医院卞修武，中国科学院院士、中国疾病预防控制中心主任高福分享最新研究进展。高福还带来他的新作《流感病毒　躲也躲不过的敌人》，并现场签名赠书。

大会聚焦多个细胞生物学学科热点，组织17个学术分会场交流研讨细胞生物学最新前沿进展和技术成果，面向青年科技工作者设立细胞黄浦论坛“细胞器”、青年教师讲课比赛及创意课堂作品展评，为从事细胞生物学教学的青年教师提供交流切磋的机会。

根据参会专家、学者的实际需求，在召开学术分会场的同时，穿插举办就业宣讲会、期刊编辑面对面、基金委基金申请、院校企业创新创业论坛、新产品新技术小型卫星会议等多个主题特色活动。

大会新设立研究生论坛，锻炼研究生和博士后讲好科研故事的能力。在女性科学家论坛上，决定从2021年起通过上海市创新细胞生物学发展基金会每年遴选资助2名女性科学家，以鼓励女性树立从事科学研究的信念。

大会期间举办“科普大师校园行”活动，邀请学会名誉理事长、中国科学院院士裴钢等3名专家在重庆当地学校开展科普讲座，约2000名老师和学生参与。活动讲座视频累计阅览6.27万次。

（撰稿人：林晓静）

中国植物生理与植物分子生物学学会

服务创新型国家和社会建设 学会积极参与中国科协“十大”代表2021年调研课题组织和撰写工作，形成《我国农业科技成果转化的瓶颈与生物种业发展》和《可持续高效农业系统下保障生物多样性的挑战与建议》两项调研专报，上报至中国科协。

推动开展乡村振兴公益活动。在学会科普专家团队首席科普专家、中国科学院院士许智宏带领下，走进贵州省开展院士专家进村进企业座谈会以及乡村振兴实践调研等活动。许智宏、山东大学教授夏光敏、北京大学教授顾红雅等专家先后在贵州省贵阳市、凯里市、镇远县、从江县、黎平县等地开展服务基层活动，与青年学子、村干部、企业负责人、合作社领头人进行充分交流，帮助青年学子在未来职业规划中树立正确的人生观和价值观，帮助村干部、合作社和企业工作者在乡村振兴工作中厘清工作思路和突出工作重点，为地方经济社会发展建言献策。

学会建设 2021年，学会召开理事会现场会议1次、常务理事会现场会议1次、常务理事会视频会议1次。7月和12月分别召开学会第十二届理事会第四次、第五次常务理事（扩大）会议，讨论和规划学会学术年会、人才奖励及吸纳外籍会员等事宜；7月，召开学会第十二届理事会第三次理事会议（扩大）会议，对上半年工作进行总结汇报，同时规划下半年发展计划和2022年学术年会筹备事宜。

鼓励和帮扶地方学会发展。协助湖南省、湖北省、河南省、江西省、广东省植物生理学会举办第二届中南5省植物生理学会联合学术年会；协助天津市植物生理与植物分子生物学学会举办第八届京津冀植物生理与分子生物学研究生论坛；协助上海市植物生理与植物分子生物学学会举办第十四届上海市植物生物学青年学术研讨会；促进地区性植物生物学交流与发展。

青年人才托举工程 2021年，学会共推荐2名会员申报第七届中国科协“青年人才托举工程”项目，中国科学院分子植物科学卓越创新中心石进彩和北京大学王继纵获得资助。

主办期刊 学会主办英文期刊《分子植物》（*Molecular Plant*），根据《中国科技期刊引证报告》，《分子植物》SCI影响因子再创新高，为13.164；最新的5年影响因子上升至16.357，在植物科学领域235本SCI期刊中位列前2%，在同领域研究类期刊中稳居第2。《分子植物》的姊妹刊《植物通讯》（*Plant Communications*）被PubMed Central/Medline、Scopus及ESCI等数据库收录，正式发表的文章已全部被Web of Science核心集收录。

8月5—7日，《分子植物》通过网络平台举办2021年分子植物科学国际会议线上会议，会议主题为“从基础研究到农业应用”，展现全球植物领域最新研究进展，吸引国内外众多科研人员关注、上万人次在线观看。

学会主办的中文期刊《植物生理学报》是植物科学领域领先的中文学术期刊、中文核心期刊、中国科技核心期刊、CSCD核心期刊、Scopus来源出版物。2021年，《植物生理学报》入选2020年版（第9版）中文核心期刊，获得2021—2022年度“CSCD核心期刊”称号。

学科发展工程 学会承接并开展重大科学问题和工程技术难题征集和推荐工作，2021年向中国科协提交重大科学问题和工程技术难题项目3项；承接中国科协生命科学联合体2021年度“中国生命科学领域十大进展”推荐工作，推荐5项重大进展，其中推荐的“异源四倍体野生稻快速从头驯化”项目入选2021年度“中国生命科学领域十大进展”。

国际学术会议 8月5—7日，由中国科学院分子植物科学卓越创新中心和学会主办的2021年分子植物科学国际会议通过线上平台举办，主题为“从基础研究到农业应用”，吸引上万人次在线观看。

10月8—11日，由西北农林科技大学主办、学会协办的第六届植物－生物互作国际会议在线召开。会议以“植物－生物互作和绿色农业”为主题，国内外8万余人次观看，交流研讨国际植物－生物互作领域的研究热点和前沿进展。

10月30—31日，由学会主办的第五届药食同源与植物代谢国际学术研讨会在上海市召开。会议采取线上线下相结合的方式，共吸引来自39家科研机构的130余名专家、学者参与。与会人员从药食同源植物的保护和开发、植物组学和合成生物学、功能性食品与药用植物、人类营养与健康等多个层面展开讨论与交流，促进国内外相关研究机构之间的合作，推动相关学科的发展。

国内主要学术会议 2021年，学会共召开国内学术会议8次，参会人数超过3450人次，交流论文402篇。

5月31日—6月2日，由学会环境生理和营养生理专业委员会、学会植物生理与分子生物学专业委员会等联合主办的第四届全国植物逆境生物学研讨会在上海市召开。会议主题为“从逆境感应到应用技术”，来自230余家高校和科研单位的1200余名师生参加。会议邀请42名专家、学者围绕植物逆境感应与信号转导、植物细胞器与逆境应答、植物发育可塑性与逆境适应、植物营养逆境、逆境生物技术5个专题交流最新的研究进展，并结合全球植物（作物）逆境生物学的发展趋势和国内外研究现状，就中国植物逆境生物学的深度发展进行交流和探讨。

7月19—21日，由学会女科学家分会等主办的第七届植物生物学女科学家学术交流会在青海省西宁市召开。来自全国各地的200余名女科学家、科技工作者参加会议。27名优秀的中青年女科学家分享最新的科学研究进展，报告内容涉及植物生长发育调控、植物种质资源创新、植物基因组学、植物生物技术、生态进化等多个领域，充分展现中国植物生物学领域女科技工作者的学术水平与精神风貌。会上还颁发第二届优秀女青年奖。

7月26—29日，中国植物生理与植物分子生物学学会2021年全国学术年会在云南省昆明市召开。

两岸交流 9月28日—10月1日，由学会主办的2021年海峡两岸植物生物学青年科学家论坛在甘肃省张掖市召开。来自全国各地的150余名专家现场参加，100余名专家线上参加论坛。论坛得到中国科协海峡两岸暨港澳青年科学家学术活动月项目资助。

论坛报告分为特邀报告、植物生物人才培养和植物生物学研究前沿进展等，特别邀请北京大学教授焦雨铃、山东大学教授夏光敏、台湾大学教授洪传扬、中国农业大学宋任涛等29人作报告。

国际交往 9月11日，2021年中日韩三边生物技术国际研讨会在日本召开，学会组织会员代表线上参会并作大会主题报告；同时，学会取得2023年在中国举办中日韩三边生物技术国际研讨会的主办权。

科普活动 5月，全国科技活动周期间，组织“国际植物日”系列科普活动。联合全国10个省、直辖市的21所高校、科研院所开展以“热爱植物 健康生活”为主题的大型科普活动。活动期间线上线下共举办科普讲座14场、科普展览10次、植物认知活动19次、科学互动探索活动15次、科普视频展播8场，开放实验室15家，举办征文、演讲、知识竞赛等活动6场，开放科普场馆、植物园5家，参与人数超过5万人次。针对民众对新冠疫苗安全性存在一定程度顾虑的问题，积极组织以“启动机体硬核精准打击——浅谈疫苗，体会生命的精巧”为主题作科普报告，引导民众正确认识疫苗。

开展面向青少年的科普活动。学会植物生物学女科学家分会组织“植物生物学女科学家科普校园行”活动，全年共举办科普校园行活动7次，分享科普报告47场。30余名国内外女科学家走进复旦大学、上海交通大学、江西农业大学、青海大学、凯里学院等高校，向学子普及植物科学知识；活动期间还举办多场“女科学家面对面”交流活动。

加强科普信息化建设。加强科普信息化建设与传统科普深度融合，在学会网站、微信公众号推送科普图文消息132篇；在学会网站链接“科普中国”优质资源，满足公众个性化科普需求。

表彰举荐优秀科技工作者 2021年，学会共举荐中国科学院院士候选人2人，开展卫志明青年创新奖、优秀女青年奖、先正达齐尔顿研究生奖学金等奖项评选工作，共32人获得相关奖项。

党建强会 2021年，学会党委召开现场会议1次，组织参观学习活动1次，以党建工作引领学会发展。

6月，学会党委成员前往贵州省黎平会议会址参观学习，参观黎平会议纪念馆内的红军长征路线图、黎平会议办公旧址、红军长征遗物展示厅等革命传统教育场所，瞻仰毛泽东、周恩来、朱德等老一辈无产阶级革命家的雕像，重温红色记忆，传承红色精神。

开展建党百年科普宣传活动。为献礼建党一百周年，学会在全国范围内举办“百年复兴路，科学正当时”植物生物学显微摄影大赛，介绍红军两万五千里长征路上的野菜，通过对这些野菜背后故事的了解，在红色故事中缅怀革命英烈。

会员服务 2021年，学会加强会员联系与服务工作，与学会学术年会相结合，鼓励吸纳新会员入会、老会员更新完善个人信息，有356人完成个人信息更新，新增会员209人。

面向会员开展卫志明青年创新奖、优秀女青年奖、先正达齐尔顿研究生奖学金等奖项评选工作，举荐会员参评各类省部级奖项；共有34名会员获得学会奖励和省部级奖项。

加强会员思想政治引领，开展中国科协党史学习教育，激发会员“学党史，强信念，跟党走”的信心与决心；激励会员不忘初心，以百年党史为思想引领，为植物生物学学科发展贡献力量。

【中国植物生理与植物分子生物学学会2021年全国学术年会】 7月26—29日，中国植物生理与植物分子生物学学会2021年全国学术年会在云南省昆明市召开。中国科学院院士许智宏、方荣祥、陈晓亚、郝小江、韩斌、曹晓风、种康、谢道昕，以及来自国内200余家高校和科研机构的共800余名科研人员参加会议。

大会以“现代农业与生物多样性”为主题，邀请国内在植物生物学领域取得突出成果并具有重要学术影响的专家、学者以及优秀青年科学家进行学术交流，展示植物生物学基础研究的前沿成果，促进植物生物学领域研究人员的交流与合作，推动中国植物生物学学科的发展。80余名专家、学者围绕植物天然产物与营养健康、现代生物育种技术及其应用、植物细胞与发育的分子基础、生物质资源与循环农业、植物免疫与病虫抗性、植物逆境和植物营养等主题作学术报告；10余名青年研究人员在青年学者论坛上作报告，分享最新研究成果；会议期间还举办青年PI交流会，邀请研究员周俭民、《分子植物》主编崔晓峰等针对青年学者关心的科研规划、个人发展等问题进行研讨。大会期间，还为卫志明青年创新奖、先正达齐尔顿研究生奖学金和优秀墙报奖的获奖者颁奖。

（撰稿人：郑亚洁）

中国生物物理学会

服务创新型国家和社会建设 学会组建由医学专家、运动康复专家、生物学家等组成的体医融合健康产业科技服务团，发挥各专业优势，为保障群众科学运动的安全性和有效性服务。已完成北京市朝阳区来广营乡全民健身大数据平台的搭建及24处服务站点的建设，并通过引进“针对老年人肌少症所致失能开展预防干预”“老年骨骼系统退变慢病管理新模式”等国家级老年人关爱项目的落地服务，初步形成“国民体质健康化、体育运动全民化”的全民健身公共服务体系。作为北京市海淀区2021年重点工作之一，与北京市海淀区体育局、卫生局、海淀医院、社区卫生服务中心等机构联合，邀请高新技术企业加入并提供智能化运动器材、体成分测试仪、心肺功能评估仪、智能体质监测仪等设备，按照“合作发展、协作共赢”的原则，共建共享政产学研金服用一体化的体医融合健康产业实施示范区。

连续4年参与重大科学问题和工程技术难题推选活动，被中国科协评为“2018—2021年度优秀组织单位”。

由学会代谢生物学分会主办的“代谢鸿论”系列学术报告，以直播的方式于每周六定时邀请代谢领域的国内外专家在线进行讨论和答疑，共举办讲座48场，参会者累计3万余人次。

学会建设 2021年，学会个人会员达到25389名，较2020年增加53%。会费缴纳率提升至41%，较2020年增幅达217%。

7月24日，学会在安徽省合肥市召开第十二次全国会员代表大会，选举产生第十二届理事会和第二届监事会。

新增单细胞多组学分会、感染与免疫分会、亚细胞结构与功能分会、中学生物学教学分会；生物信息学与理论生物物理专业委员会更名为生物医学信息分会，分子影像学专业委员会更名为分子影像学分会。

学会分支机构共计35个，5年间增幅达到94%，加强分支机构管理被列为学会2021年重点工作之一。在补充修订《中国生物物理学会分支机构管理办法》的基础上，制订《中国生物物理学会学术活动组织管理实施细则》和《中国生物物理学会分支机构年度工作量化考评计分体系》。《中国生物物理学会学术活动组织管理实施细则》分为“总则”“名称、标识与证书使用”“会议主办、承办、协办和申办”“财务管理”4个章节共计19个条目，全面规范分支机构在学术活动中的各种行为。分别于7月24日和11月20日组织召开两次分支机构秘书长会议，解读分支机构管理办法和行为规范，并依据《中国生物物理学会分支机构年度工作量化考评计分体系》，采取自评、互评、学会综合打分的方式，从组织管理与建设、学术交流、财务管理、会员发展、科普及社会公益活动5方面，利用12组量化数据对学会下属分支机构工作进行逐一打分和综合评估，完成学会自成立以来对下属分支机构的首次全面考评。

青年人才托举工程 在继续实施第四届、第五届中国科协“青年人才托举工程”项目的同时，开展第六届中国科协“青年人才托举工程”项目推荐。通过单位推荐、资格审查、专家评审，从38份申请中推荐2人参与中国科协生命科学学会联合体评审，均获得中国科协“青年人才托举工程”项目资助。截至2021年，学会已连续六届成功申请中国科协“青年人才托举工程”项目，扶持青年人才共计13名。

经学会推荐，深圳湾实验室龙海珍、复旦大学陈曦子获得第七届中国科协“青年人才托举工程”项目资助。

主办期刊 *Protein & Cell*（《蛋白质与细胞》）作为中国科协等七部委联合主办的中国科技期刊卓越行动计划梯队期刊，在2021年发布的《SCI期刊引证报告》中，影响因子为14.87，较2020年度提高46.3%；在SCI收录的全球细胞生物学学科195种期刊中排名第17，较2020年度上升2名，在中国大陆全部学科SCI期刊中位列第7。

Biophysics Reports（《生物物理学报》）由外商平台出版变更为自有出版，围绕纳米机器人、单分子技术、相分离等热点学科领域组织出版专刊。

《生物化学与生物物理进展》完成第八届编委会换届改选。出版《纳米生物学与纳米酶》《阿尔茨海默病研究》《抑郁症研究》等专刊。

7月24日，学会参与主办的*Protein & Cell*、*Biophysics Reports*、《生物化学与生物物理进展》3种

学术期刊在安徽省合肥市联合主办第三届期刊专题论坛。论坛邀请专家、学者、期刊编辑分享在顶级科技期刊投稿和审稿的过程，探讨科技论文的投稿技巧以及期刊出版过程中面临的问题，通过线上线下互动形式为科技工作者提供学术出版服务。

学科发展工程　学会参与国家自然科学基金委员会“糖脂代谢的时空网络调控”重大研究计划的组织工作。完成国家自然科学基金委组织的调研和咨询任务，在其“十三五”发展规划中参与15个生命科学优先发展领域的确定。

学会冷冻电子显微学分会参与编撰的《生命科学中的电子显微镜技术》由高等教育出版社出版发行。来自北京大学、浙江大学、山东大学、中国科学院生物物理研究所等20余家高等院校、科研院所的40余名专家组成编写团队，围绕常规生物电镜样品制备技术，电镜原位成分分析技术，电镜三维重构技术，光电关联显微成像技术，植物组织的透射电镜样品制备技术，医学电镜超微病理诊断，电子显微镜的结构、原理及操作要点等8个电子显微镜技术核心，从电子显微镜发展史、基本原理、操作程序、操作要点等方面进行深度解读和应用实例解析。

经学会推荐，“新型冠状病毒逃逸宿主天然免疫和抗病毒药物的机制研究”“转录起始超级复合物组装机制”“干涉单分子定位显微镜”3个项目入选2021年度“中国生命科学十大进展”。

国际学术会议　2021年，学会主办国际学术会议4次，参会人数共计32035人次，交流论文754篇，举办学术报告287场。44名国外专家以视频方式参加会议。

国内主要学术会议　2021年，学会及其所属分会共计举办国内学术会议30次，参会人数75068人次，交流学术论文2407篇。

9月24—26日，学会冷冻电子显微学分会在广东省深圳市主办第七届全国冷冻电子显微学与结构生物学专题研讨会。会议围绕高分辨率结构解析方法与应用、细胞器与亚细胞结构、原位结构生物学研究进展、冷冻电子显微学新技术方法学、AI技术在结构生物学的进展及应用5个主题，组织大会特邀报告7场、专题报告55场，邀请到2017年诺贝尔化学奖获得者、美国国家科学院院士、美国哥伦比亚大学教授Joachim Frank，2017年诺贝尔化学奖获得者、英国剑桥大学教授Richard Henderson，中国科学院院士、清华大学教授饶子和，中国科学院院士、中国疾病预防控制中心主任高福等国内外学者作学术报告，吸引400余名冷冻电镜领域的专家、青年学者和在读研究生参加会议。会议推动国内学者研究成果的国际推广。

国际交往　10月4—8日，由国际纯粹与应用生物物理联合会主办的第20届学术年会以线上会议形式召开。学会理事长、中国科学院院士徐涛受邀出席会议并作题为《处于亚细胞成像前沿的冷冻超分辨光电融合成像技术》的大会特邀报告。学会副理事长兼秘书长张宏、总干事长刘平生出席同期召开的国际纯粹与应用生物物理联合会会员代表大会，听取上一届执委会工作报告，参与新一届执委会投票选举。

清华大学教授李赛受邀出席10月31日—11月5日在美国举办的2021年度三维电子显微镜学术研讨会，并作大会特邀报告。李赛结合冷冻电镜断层成像技术及子断层图像平均法，汇报新冠肺炎病毒的一系列原位结构的发现和研究。这一研究结果为新冠肺炎疫苗及中和抗体研发提供参照，并相继收到哈佛大学医学院、耶鲁大学、加州州立大学、贝勒大学等美国高校的报告邀请。

科普活动　学会通过开辟“物中生有·公开课”“物中生有·3分钟问答”“物中生有·科普小剧场”“物中生有·科学创造营”“物中生有·科普训练营”等活动板块，逐步形成具有学会特色的线上品牌科普栏目——《物中生有》。栏目经过近两年的运营，在学会自有平台累计播放量超过45万次，并被科普中国、央视频、科学院网站等线上平台采用及播放。

4月，学会在抖音、头条、知乎等新媒体平台开设科普官方账号作为专门的科普传播渠道。截至12月31日，线上科普平台累计关注量达到5.12万人次；投放原创科普类视频122条，累计播放77.33万次；发布图文形式的科普宣传稿件103篇，累计阅读量349.91万次。

新增北京市大兴中学、遵义医科大学生命科学馆、遵义市余庆中学3家科普教育基地，并联合遵义医科大学、遵义市科协共同建立遵义科创中心。

表彰举荐优秀科技工作者　经学会推荐，清华大学教授李海涛获第十四届谈家桢生命科学创新奖。

开展第七届贝时璋奖评选。中国科学院院士、中国科学技术大学教授施蕴渝获得第七届贝时璋杰出贡献奖；北京大学黄小帅、上海科技大学王权获得贝时璋青年生物物理学家奖。

党建强会 完成学会理事会党委换届，选举产生中国生物物理学会第十二届理事会党委。新一届党委由 7 名委员组成，党委书记由清华大学教授王宏伟担任，中国科学院生物物理研究所研究员陈畅担任党委副书记，南京医科大学教授韩晓担任纪检委员，清华大学教授李蓬、国家纳米科学中心研究员梁兴杰、武汉大学教授宋保亮、东南大学教授顾宁担任委员。10 月 9 日，学会组织党员干部在贵州省遵义市开展“铭记党史、感怀党恩、永跟党走”主题党日活动。学会利用新媒体平台设立党建专题栏目，在学会官网推出“党史百年天天读”线上学习栏目，每日更新学习内容，坚持学史明理、学史增信、学史崇德、学史力行，持续加强面向全体会员的党史学习和教育。全年共计发布 305 期，在线累计阅读量超过 7 万次。在微信公众号和官网推出“党建强会”和“党史百年天天读”专栏，弘扬科学精神，强化党史学习，全年共计推出贝时璋、邹承鲁、杨福愉、郭可信等老一辈科技工作者的科学奋斗故事 11 篇。通过各类党建强会活动，坚持以“服务会员、服务政府、服务社会”为己任，不断增强科技工作者对党领导的中国特色社会主义的思想认同和价值认同。

会员服务 通过优化学会微信公众号菜单，实现手机端微信申请入会、定制邮件推送、开辟“会员专刊”和“月度资讯”专栏等服务，提升会员服务的认可度和满意度。

推出中国生物物理学会线上课程平台，为会员提供冷冻电子显微学、体育医学、纳米酶等学科的专业课程。截至 2021 年 12 月 31 日，课程平台累计用户 2686 人，累计访问量 10576 次，热门课程学习人数达 3676 人次。

【中国生物物理学会第十二次全国会员代表大会】 7 月 24 日，中国生物物理学会第十二次全国会员代表大会在安徽省合肥市召开，共计 168 名来自全国的会员代表参加会议。大会审议并通过《中国生物物理学会第十一届理事会工作报告》《中国生物物理学会第十一届理事会财务报告》和《中国生物物理学会第一届监事会工作报告》，表决通过《〈中国生物物理学会章程〉修改草案》。与会会员代表现场以无记名投票的方式选举产生学会第十二届理事会理事 119 名、第二届监事会监事 7 名。

随后召开第十二届一次理事会议，按照民主选举流程选举产生理事长、副理事长、常务理事、监事长、副监事长、监事，并投票通过秘书长、总干事长的聘任。中国科学院院士、广州生物岛实验室主任徐涛当选为学会第十二届理事会理事长；中国科学院院士、清华大学教授李蓬，上海科技大学教授刘志杰，清华大学教授王宏伟，中国科学院生物物理研究所研究员张宏被推选为副理事长；中国科学院分子细胞科学卓越创新中心研究员丁建平担任第二届监事会监事长；聘任中国科学院生物物理研究所研究员张宏为秘书长；聘任中国科学院生物物理研究所研究员刘平生为总干事长。讨论并审议通过学会下属 32 个学术类分支机构负责人的任免。

（撰稿人：王　悦）

中国遗传学会

服务创新型国家和社会建设 为有效推动“一带一路”、长江经济带、长三角区域发展一体化，加快推进江苏创新型省份建设，学会与江苏省科协签署服务创新驱动发展战略合作协议。合作目标以习近平新时代中国特色社会主义思想为指导，围绕江苏省种质资源领域，聚焦种源“卡脖子”问题，打造“苏”字号农业品种、技术和装备，在推动产业高质量发展、加强科技创新与成果转化、加强人才队伍与智库建设、打造高端学术交流品牌、提升公民科学素质等方面进一步提升学会及地方科协组织凝聚力和影响力。

3 月 16—18 日，学会进化遗传学分会与中国科学院昆明动物研究所遗传资源与进化国家重点实验室共同举办群体遗传学培训班。来自中国科学院昆明动物研究所和中国科学院昆明植物研究所的近百名师生参加培训和交流。

7 月 26—31 日，第十八届进化生物学暑期班在云南省昆明市举办，来自全国各大高校的 48 名学员参与活动。

学会建设 2021 年，学会召开 1 次理事会议、2 次常务理事会议，总结交流工作情况，谋划部署学会改革发展和重点工作。

学会调整分支机构设置，学会原表观遗传学专业委员会更名为表观遗传学分会，新成立再生医学分会。通过《再生医学分会名单》《进化遗传学分会名单》和《动物遗传学专业委员会换届名单》。

学会全面梳理现行规章制度，制订《中国遗传学会文书档案管理办法》《中国遗传学会网络和信息系统安全管理办法》等规章制度。通知下设分支机构与相关省市级学会按照制度规范工作内容。

为扩大学会影响力，学会向省市级遗传学会及下设分支机构征集新闻稿，并要求各分支机构指定1名副主任负责该项工作。

青年人才托举工程 经学会推荐，西北农林科技大学李停栋、华中农业大学李健英、北京大学第三医院齐新宇入选第七届（2021—2023年度）中国科协“青年人才托举工程”项目。

主办期刊 学会主办期刊《激光生物学报》，严格按照规定对编校细节及出版形式进行把关，进一步完善制度建设。《激光生物学报》全年出版发行杂志6期，刊文量73篇，完成本年度的出版发行任务。同时完成主管、主办、承办单位及湖南省新闻出版局等各上级管理部门布置的各项工作任务，主要包括杂志年检、中期审核、三审三校执行情况、社会效益考核、质量检查、年报、半年报、数据调查统计等。根据《中国学术期刊（光盘版）》电子杂志社有限公司和中国科学文献计量评价中心的影响力统计分析数据库，期刊已发表文章无学术不端现象。继续入选2021年度“中国科技核心期刊”和2020—2021年度《中国学术期刊影响因子年报》统计源期刊。

中国科学院遗传与发育生物学研究所与学会共同主办的期刊《遗传》全年出版2期专刊，即《江苏省遗传学研究》（第5期）和《中国人类遗传资源与大数据研究》（第10期）。

8月，中国科学院遗传与发育生物学研究所与学会共同主办的期刊 *Journal of Genetics and Genomics*（JGG）首次入选“2021第二季度中国学术期刊微信传播力榜”。12月，JGG入选2021年度“中国最具国际影响力学术期刊”。

中国科学院北京基因组研究所（国家生物信息中心）与学会共同主办的期刊《基因组蛋白质组与生物信息学报》（*Genomics*，*Proteomics & Bioinformatics*，GPB），5年影响因子为11.12，2年影响因子为7.691，位居WOS遗传学科前10%。期刊通过完善编委会、加强队伍建设、调整APC收费保障稳健可持续发展，通过组织专辑、开辟绿色通道、组织评选“中国生物信息学十大进展”、加大媒体宣传等树立期刊形象，提升影响力。

国际学术会议 11月10—12日，2021国际暨中国第六届果蝇生物学大会在广东省广州市召开。会议由广州医科大学、学会共同主办，广州医科大学广州霍夫曼免疫研究所、生命科学学院及基础医学院承办。会议包括青年论坛、主旨演讲、主题报告、墙报展示4个部分，邀请92名专家及青年学者作学术报告，超过500名学者参加会议。10日，来自中国和美国的10名青年科学家在青年论坛上分享各自的最新科研成果。果蝇在线数据库FlyBase第一次参与大会并与中国同行分享果蝇研究相关资源。

国内主要学术会议 10月18—21日，由学会表观遗传专业委员会和中国细胞生物学学会染色质生物学分会联合主办的2021年度表观遗传与染色质生物学大会在吉林省长春市召开。学会副理事长、中国科学院院士曹晓风和吉林大学副校长赵国庆致开幕辞，学会表观遗传专业委员会主任李国红主持。来自全国的560名专家、学者参加会议。会议特设墙报交流环节，为青年科研学者搭建交流平台，为研究生提供与领域专家面对面交流的机会。

11月13—14日，由学会行为遗传学分会、湖南省遗传学会主办，南华大学、中南大学生命科学学院承办的中国遗传学会行为遗传学分会2021年学术年会暨湖南省遗传学会2021年学术年会在湖南省衡阳市召开。

科普活动 7月29日，学会科普委员会与北京金准基因科技有限责任公司共同组织《中国医生》观影活动。

表彰举荐优秀科技工作者 2021年，学会完成中国科协第十次全国代表大会代表及委员会委员、谈家桢生命科学奖、光华工程科技奖等候选人推荐工作。

中国科学院遗传与发育生物学研究所研究员田志喜获第十三届谈家桢生命科学奖创新奖。学会推荐的“异源四倍体野生稻快速从头驯化”成果入选“十大生命科学进展”。

11月18日，中国科学院、中国工程院公布2021年院士增选情况，分别选举产生65名中国科学院院士、84名中国工程院院士。学会副理事长杨维才、理事张克勤当选为2021年中国科学院院士。

党建强会 2021年，学会党委开展党史学习教育，认真学习党的“七一”重要讲话、十九届六中全会精神，开展“弘扬科学家精神”寄语活动，积极推动分支机构成立党组织。

在学会、湖南省科协、中南大学的领导下，学会行为遗传学分会、湖南省遗传学会、中南大学生命科学学院第三支部成立联合党支部。

为庆祝中国共产党成立100周年，学会特别策划开展“重温党史，点亮星火”学习活动。活动以中国共产党党史为主要内容，融入具有仪式感的互动体验。活动面向学会全体会员开展，模块有党史学习、知识竞答、榜单激励机制，通过省市级遗传学会、个人会员排行的方式开展。

围绕《论中国共产党历史》《毛泽东邓小平江泽民胡锦涛关于中国共产党历史论述摘编》《习近平新时代中国特色社会主义思想学习问答》《中国共产党简史》、科学家精神、中国遗传学会等内容设200道试题，形式为单选和多选。通过开展党史知识竞赛活动，使会员在活动中学习党史、提升党性修养。

会员服务 学会编写2021年年报，反映学会年度工作的综合信息；建立微信平台，介绍学会工作动态，传播学会工作信息。

学会为提升会员服务工作，进行多方调研，采用竞争性磋商方式产生供应商。

【2021全国植物生物学大会】 12月19—22日，由学会、中国细胞生物学学会、中国作物学会、中国植物学会、中国植物生理与植物分子生物学学会主办的2021全国植物生物学大会在四川省成都市召开。学会副理事长、中国科学院院士、中国科学院遗传与发育生物学研究所所长杨维才致开幕辞，中国工程院院士、西北农林大学康振生主持。来自全国的700名专家、学者参加会议。会议主题为“植物科学与种子创新”，大会邀请国内植物生物学相关领域取得突出成果的专家、学者与青年科学家作学术报告。

（撰稿人：李文静）

中国心理学会

服务创新型国家和社会建设 学会多名专家通过各种方式发挥智库作用，向国家建言献策。推动分支机构积极开展智库工作，多个工作委员会和专业委员会围绕社会心理服务体系建设等主题开展论坛、调研，撰写咨询建议，推动智库调研成果为中央和地方政府决策提供支持；积极参与立法咨询，筹建心理学行业立法推进工作委员会，从专业角度提出立法咨询建议，服务法治中国建设，推动社会心理服务体系建设的规范化和法治化；通过支撑单位、内参等多种渠道上报智库研究报告，研究主题涉及社会心理服务体系建设、基层社会治理和乡村振兴、生态文明建设等多个领域；打造有影响的智库成果，通过支撑单位推出《心理健康蓝皮书》等智库成果，引起社会广泛关注，推动有关部委和地方政府在心理健康领域出台具体部署和举措。

学会委托相关机构及学会分支机构全年举办各类培训班37场次，累计培训1991人次。

学会向中国科协调研宣传部推荐国家层面科技报道专家库入库专家33名。

学会建设 2021年，新发展普通会员1907名、学生会员8007名、单位会员27个。

全年召开全国会员代表大会1次、理事会全体会议1次、常务理事会议4次。

新设立康复心理学专业委员会、校园欺凌与暴力防治专业委员会、行为与健康心理学专业委员会、时间心理学专业委员会4个分支机构，分支机构总数达49个，包含专业委员会37个、工作委员会12个。完成学会第十三届理事会换届，选举产生理事会理事111人、常务理事33人、候任理事长1人、副理事长4人，聘任秘书长、司库。完成学会第四届监事会换届，选举监事会监事9人、监事长1人、副监事长2人。启动分支机构、期刊编委会换届工作。

青年人才托举工程 组织第四届中国科协“青年人才托举工程”项目结题会暨被托举人成果汇报专场；同时配合科协组织第四届中国科协“青年人才托举工程”项目学术论坛。此外，学会申请到第七届（2022—2024年）中国科协“青年人才托举工程”项目，并组织全国范围内的遴选工作。最终推选华东师范大学研究员高晓雪及北京大学研究员彭玉佳作为学会第七届“青年人才托举工程”被托举人。

主办期刊 学会主办学术期刊《心理学报》和《心理科学》。根据2021年《中国学术期刊国际引证年报》，两刊入选“2021中国最具国际影响力学术期刊”。《心理学报》在人文社科类期刊中排名第4，与2020年相比上升1个名次，在国内12种心理学学术期刊中排名第1。《心理科学》在人文社科类期刊中排名第11，较2020年提升1个名次，在国内12种心理学学术期刊中排名第3，较2020年下降1个名次。

《心理学报》全年发行纸质期刊4.2万册，发表文章102篇;《心理科学》全年发行纸质期刊1.8万册，发表文章204篇。

学科发展工程 学会组织编撰《中国心理学学科

史》，集全国百余名心理学专家之力梳理百年来四代中国心理学人的努力与成果。

组织完成并发布《中国大百科全书》第三版心理学卷，由学会原理事长张侃担任主编，全国各科研院所及高校的心理学带头人组成学科编委会，全国400名心理学专家撰稿，历经6年共同努力完成。《中国大百科全书》第三版心理学卷按照学科体系分层级、有重点地设计框架，以条目的形式编写，共收录1343个成熟、稳定的知识条目，总字数166万字，附有图表600余幅，对心理学的起源与发展做介绍，是一部全面反映心理学概况的专业工具书。对于交叉重复性质的条目，全书设有参见系统，同时提供笔画、英文及内容索引等多种检索渠道，全方位、立体式地为读者呈现心理学的知识体系。

国际学术会议 学会所属分支机构主办境内国际学术会议3个，共计5181人次参会，包含来自美国、芬兰、英国、加拿大、荷兰、澳大利亚、日本、新加坡、菲律宾、马来西亚等境外14人次专家、学者，交流论文及报告67篇。

4月24—25日，由学会体育运动心理专业委员会、中国体育科学学会运动心理学分会、亚洲及南太平洋地区运动心理学会和北京体育大学联合举办的2021年国际心理训练与心理咨询研讨会在北京举办。

10月15—18日，由学会网络心理专业委员会、青少年网络心理与行为教育部重点实验室、教育大数据应用技术国家工程实验室联合主办，华中师范大学心理学院承办的第八届网络时代的心理与行为研究前沿暨第五届“网络时代的儿童与媒体”会议以线上形式举办。

12月30日，由学会校园欺凌与暴力防治专业委员会主办，山东省学生心理健康发展中心、山东师范大学心理学院和山东师范大学校园欺凌研究中心承办的第三届校园欺凌与暴力防治国际学术会议以线上形式举办。会议邀请校园欺凌与暴力领域的研究与预防干预的专家作主旨报告，同时交流国内校园欺凌领域的学术研究与实践成果。

国内主要学术会议 学会及所属分支机构主办、承办各类国内学术会议31个，其中学术年会24个，累计参会957196人次，交流论文及报告4401篇。会议主要包括第二十三届全国心理学学术会议，中国心理学会理论心理与心理学史专业委员会2021年学术会议，第十五届中国生理心理学学术研讨会，中国运动员备战参赛东京奥运会、残奥会及北京冬奥会、冬残奥会心理训练论坛，第八届全国脑电与脑成像研究与应用研讨会等。

10月30—31日，由学会主办的第二十三届全国心理学学术会议在线上召开，主题为“回眸百年心理梦，开启时代新征程”。大会网上缴费注册人数1957人，线上实际参会7.8万人次，大会网站展贴报告浏览数19484次，网络访问量超过30万人次。共收到有效论文摘要2718篇，经大会学术委员会按比例审核，会上共交流学术论文1870篇。大会组织多种学术交流形式，共有2场6个大会重点报告、69场372个专题探讨报告、18场190个硕博研究生论坛报告、95场共480个口头报告、828个在线展贴报告。各位重点报告专家立足社会经济发展主战场，关注理论研究与实践应用相结合的前沿研究。

两岸交流 11月21日，由学会主办的海峡两岸暨港澳青年心理学家学术研讨会在安徽省合肥市召开。

国际交往 9月4日，由日本心理学会主办的第八届中日韩三方研讨会在线上召开。研讨会的主题是Crisis and Resilience，时任学会理事长韩布新、临床与咨询心理学专业委员会副主任任志洪代表学会参加。研讨会为学会、日本心理学会、韩国心理学会三方共同发起、轮流主办的学会交流与合作会议，自2011年至今已举办8届。

科普活动 2021年，学会共举办科普宣讲活动110次，参加活动的科技人员、专家人数达1600人次，科普活动受众9万人次。编著科技图书4种，总印5000册；制作科普挂图6种，总印200份；制作科技广播、影视节目20套。主办科普微信公众号“心理应急志愿队”及“全国心理服务基层协作网”，截至2021年年底，两个公众号的关注数分别为1231人及7599人。两个公众号年度发文共计284篇，年度总阅读数51897人次，原创文章年度单篇最高点击量分别为2617次和4115次。

举办“心上的中国”全国大学生“5·25”心理知识大赛活动，来自100所高校的超过2万名大学生参与，普及心理科学核心知识200条、关键技术要点100个。受中国科协宣传文化部指导，联合官方媒体启动全国“青少年数字素养月”主题活动，首场直播观看量42.7万人次。举办中国科协重要学术会议第三届中国心理行业发展智库论坛，线上参与直播的心理学从业者总计 1.3 万人次。

学会承担中国科协“科普中国共建基地项目——心理服务科普基地建设”，扩大建立 100 人基层心理科学传播与服务的核心骨干队伍，线上线下结合开展近百场进基层品牌活动和公益沙龙讲座。

学会被中国科协科普部评为“2021 年度全国学会科普工作优秀单位”。

表彰举荐优秀科技工作者 向中国科协推荐 2021 年度“最美科技工作者”候选人 2 名（陈红、韩布新）；推荐中国正能量 2021“五个一百”网络精品两个（刘晓虹、张建新）；推荐 2021 年度科技志愿服务典型事迹，其中科技志愿者 1 名（苏延恒）、科技志愿服务队 1 个（科普中国心理应急志愿服务队）。

党建强会 2021 年，学会共召开 6 次党委工作会议、1 次常务理事党员会议。按照中共中央《关于在全党开展党史学习教育的通知》的统一部署，围绕中国科协《科协系统开展党史学习教育工作方案》要点，面向学会党委委员、理事会和监事会党员、分支机构负责人党员等重点开展党史学习教育工作。

会员服务 学会“荆其诚国际心理学大会青年学者资助计划”资助内蒙古师范大学博士杨晓峰参加 2021 年 7 月 18—23 日在线上召开的第 32 届国际心理学大会。

发布《中国心理学会年报 2020》。组织评定毕重增等 10 人为新一批“中国心理学认定心理学家”。

【中国心理学会成立 100 周年大会暨新时代中国心理学发展研讨会】 为庆祝中国共产党成立 100 周年，回顾学会世纪发展历程、总结学会百年发展成就和经验，筹划服务于国家“十四五”规划的重大战略任务，10 月 27 日，中国心理学会成立 100 周年大会暨新时代中国心理学发展研讨会在江苏省南京市召开，主题为“百年心路映芳华”。

中国科协党组书记、分管日常工作副主席、书记处第一书记张玉卓，国家民政部社会组织管理局巡视员张军视频致辞。南京师范大学党委书记胡敏强等领导、老一辈心理学科学家代表、兄弟单位代表分别作现场发言。会议中，观看学会百年回顾短片，中国科协常委、书记处书记殷皓，学会原理事长沈模卫、白学军，以及创作人代表南京师范大学美术学院郭志峰共同为纪念油画揭幕。《中国大百科全书》第三版心理学卷、《中国心理学会发展史》《中国心理学学科史》3 种出版物在大会上举办发布仪式。此外，大会还发布 4 项活动，分别是“潘菽图书馆”揭牌仪式、曹日昌纪念馆揭牌仪式、“儿童与家庭心理健康万里行”活动、“心上的中国”全国巡回主题科普活动。

在研讨会中，学会理事长李红、原理事长周晓林和阎书昌教授分别作主题报告，讲述学会百年简史，介绍教育部高等学校心理学类专业教学指导委员会在推进创新人才培养方面已经开展和计划推进的工作。学会最早成立的 10 个分支机构分别进行报告，就分支建设、学科发展等多方面内容进行交流与讨论。

在大会进行的同时，还安排中国心理学会成立 100 周年纪念展览，以图片和实物等形式生动展现中国心理学会的百年历程。

【中国心理学会第十三届一次全国会员代表大会】 12 月 4 日，中国心理学会第十三届一次全国会员代表大会以线上会议形式召开，主会场设在北京。会议期间进行学会第十三届理事会、第四届监事会换届选举，审议通过学会章程等，听取一系列工作报告。

学会第十三届全国会员代表大会代表 303 人，由全体理事候选人和各省级心理学会推选的会员代表组成。出席会议的会员代表共 293 人，其中 36 人现场参加，符合学会章程的有关规定。经学会监事会授权同意，5 名会员代表担任监票人。

会员代表大会由秘书长罗劲主持。理事长李红致辞并通过大会议程。科协函创字〔2021〕150 号《中国科协关于同意中国心理学会召开第十三届一次全国会员代表大会的批复》同意学会理事长、候任理事长、副理事长候选人，民政部、中国科协均同意学会以线上形式召开第十三届一次全国会员代表大会。

按照会议议程，全体代表听取理事长李红作的《中国心理学会第十二届理事会任期内工作报告》、司库刘勋作的《中国心理学会第十二届理事会任期内财务报告》、监事长聂衍刚作的《中国心理学会第三届监事会工作报告》，以及秘书长罗劲汇报的《中国心理学会章程》修改说明、《中国心理学会监事会条例》修改说明、“中国心理学会第十三届理事会任期内会费标准”说明。3 名候任理事长候选人分别为北京师范大学教授罗跃嘉、北京大学教授苏彦捷、中国科学院心理研究所研究员张建新，3 人分别作竞选演说。计票期间，学会国际学术交流工作委员会、心理学普及工作委员会、心理危机干预工作委员会、临床心理学注册工作委员会、心理咨询师工作委员会和心理服务机构工作委员会等分别作工作汇报。

大会审议并通过《中国心理学会第十二届理事会任期内工作报告》《中国心理学会第十二届理事会任期内财务报告》《中国心理学会章程》《中国心理学会监事会条例》和第十三届理事会任期内会费标准。大会选举产生学会第十三届理事会理事111人、常务理事33人、第四届监事会监事9人，赵国祥当选理事长，苏彦捷当选候任理事长，方平、方晓义、张建新、周宗奎4人当选副理事长。新当选的第四届监事会同期选举孙时进为监事长，苗丹民和赵俊峰2人为副监事长。会员代表大会后召开中国心理学会第十三届理事会第一次全体会议，表决通过秘书长和司库人选，聘任孙向红为秘书长、陈雪峰为司库。

学会新任理事长赵国祥发表讲话，号召全体会员把深入学习领会中国共产党十九届六中全会精神作为首要任务，并在人才培养、科学研究、社会服务等方面认真贯彻落实。新任监事长孙时进作任职讲话，他表示新一届监事会成员将紧密团结起来，与学会党委、理事会一起把学会工作推进到新水平。

（撰稿人：王　希）

中国生态学学会

服务创新型国家和社会建设　学会作为中国科协生态环境产学联合学术交流工作委员会牵头单位，组织开展2020年度中国生态环境十大科技进展遴选的具体实施工作，于6月5日世界环境日在北京举办发布会。学会推荐的“生态系统生产总值（GEP）核算方法与应用”入选。

学会组织专家参与联合体与浙江省安吉县调研对接服务，为“两山理论”实践与生态产品价值实现机制、山水林田湖系统治理等提供专家咨询服务。

学会牵头的联合体智库课题“黄河上游生态产品价值实现机制地方实践和典型模式”通过联合体向中国科协提交调研报告1份。

学会组织专家参与联合体2021年度重大调研项目“碳达峰碳中和目标下生态系统碳汇发展战略路径研究”。

学会组织专家针对《中华人民共和国专利法实施细则（修改草案送审稿）》《中华人民共和国湿地保护法（草案）》《中华人民共和国科学技术进步法（修正草案）》向中国科协回复意见建议。

为深入传播生态理念、提高基层科普服务能力，学会在全国范围开展生态科普教育基地的申报、评选工作，批准授牌10家单位，学会生态科普教育基地总数上升到22家。学会开展申报和评估工作，向中国科协推荐9家全国科普教育基地。

学会建设　2021年，学会个人会员总数达11598人，较2020年增加248人。青年工作委员会完成换届，确定第十一届青年工作委员会的机构组成。

学会召开中国生态学学会十届四次理事会议、十届六次和七次常务理事会议，监事受邀参会。选举产生中国科协第十次全国代表大会代表欧阳竹、钟林生、周伟奇和第十届全国委员会委员候选人钟林生、周伟奇；修订《中国生态学学会专业委员会管理条例》。

5月，上线学会英文官方网站（http：//www.esc.org.cn/tindex.html）。

9月25—26日，由学会主办、汕尾市气象局承办的全国生态学会秘书长会议暨区域绿色发展研讨会在广东省汕尾市召开。会上学习党和国家、民政部以及中国科协关于学会的有关精神，分享交流学会创新发展经验，研讨新时代学会工作思路与策略。

青年人才托举工程　开展2021—2023年度学会“青年人才托举工程”项目申报遴选等工作。将学会和中国科协“青年人才托举工程”项目有机结合，申报人数进一步增长，共54人申报。经学会遴选推荐，2人入选第六届中国科协“青年人才托举工程”项目，5人入选2022—2024年度北京市科协“青年人才托举工程”项目。10月，学会在上海市举办首届中国生态学学会青年托举人才论坛。

主办期刊　学会主办科技期刊共9种，其中中文期刊《生态学报》继续居全国核心科技期刊第一名，《生态学报》《应用生态学报》《生态学杂志》的总被引频次和影响因子在生态学期刊中位列第一；两个英文期刊影响因子和领域内排名均有所提高，*Ecosystem Health and Sustainability*（EHS）影响因子为3.116，*Ecological Processes* 影响因子为2.849，两本期刊均位于SCI数据库Q2区。

《生态学报》和 *Ecosystem Health and Sustainability* 均获得中国科技期刊卓越行动计划资助。*Ecological Processes* 获得中国科技期刊卓越行动计划高起点新刊项目资助并获得CN号。

学科发展工程　2021年，学会开展《农业生态学》和《化学生态学》“生态学透视丛书”编撰工作。

国际学术会议 2021 年，学会及其下属专业委员会全年举办国际会议 6 个，共计参会人数 1030 人次，邀请国外专家、学者 214 人次作学术报告 289 个。

4 月，学会和厦门大学主办的海岸带生态系统与全球变化国际研讨会在福建省厦门市召开。会议共有 114 个口头学术报告和 35 个成果海报展示，接收 169 篇摘要。来自阿根廷、澳大利亚、巴拿马、德国、加拿大、马来西亚、美国等 15 个国家的 50 名外国专家线上参加会议，近 250 名专家、学者现场交流。

6 月，学会海洋生态专业委员会参与主办中澳蓝色海洋双边线上研讨会。会议安排 14 个专题口头报告，来自澳大利亚的 14 名专家、学者以及中方相关研究人员共 35 人参加会议交流，双方对中澳共同面对的气候、人类活动等压力下的近海生态环境问题等进行交流和探讨。

7 月，由东亚生态学会联盟主办，学会、内蒙古自治区农牧业科学院承办的东亚生态学会联盟第九次国际学术大会在内蒙古自治区呼和浩特市召开。

10 月，学会生态遥感专业委员会组织召开中国－尼日利亚 NASRDA/AIRCAS 生态系统系列网络研讨会，设置特邀报告 8 个，来自中国和尼日利亚的 100 名专家、学者通过线上进行交流。

10 月，学会高寒生态专业委员会组织的 COP 15 生态文明论坛“青藏高原生态文明与生态安全”主题分论坛在云南省昆明市召开。120 余名国内外专家、学者围绕全球变化与亚洲水塔安全、碳中和与应对气候变化、生态格局与生态系统演化、人类适应与高寒文明、青藏高原可持续发展等内容，多层面、多角度地深入研讨青藏高原生态文明与生态安全。

国内主要学术会议 2021 年，学会及分支机构共举办年会、研讨会、报告会、论坛等学术活动 35 次，参与人数 9740 人次，收到学术交流论文 1336 篇。

5 月，由学会流域生态专业委员会、长安大学主办的第三届流域生态论坛在陕西省西安市召开。会议以“流域生态学发展和黄河大保护”为主题，设置大会报告 12 个和分会场 43 个，来自复旦大学、上海交通大学、中国科学院大学、四川大学等 80 余所大学和研究院所的 200 余名专家、学者和研究生参加会议。

7 月，由学会生态水文专业委员会承办的第二届中国生态水文论坛暨中国生态学会生态水文专业委员会 2021 年会在湖南省长沙市召开。会议设置 9 个生态水文学分会场，安排 104 个学术报告，大会特别邀请中国科学院院士傅伯杰和夏军及 10 名学者作大会特邀报告。共有来自全国 149 家高等院校、研究所等单位的 450 余名专家、学者参加现场会议。

10 月，由学会稳定同位素生态专业委员会、东北师范大学和吉林省科学技术协会主办的第七届全国稳定同位素生态学学术研讨会暨中国生态学学会稳定同位素生态专业委员会 2021 年学术年会在吉林省长春市召开。来自清华大学、北京大学以及美国佛罗里达大学、北亚利桑那大学和日本东京工业大学等单位的 500 余名专家、学者和企业代表通过现场或线上方式参加会议。大会设置 10 个大会报告，共有 8 个分会场，作 72 个专题报告。

10 月，由学会旅游生态专业委员会与九江学院联合主办的 2021 年全国旅游生态与生态旅游学术研讨会暨首届山·江·湖·村旅游发展高峰论坛在江西省九江市召开。来自中国科学院、北京大学、同济大学、江南大学、南昌大学等 50 余家单位的 150 余名专家、学者参加会议。

11 月，由学会微生物生态专业委员会主办、哈尔滨工业大学承办的 2021 年微生物生态学线上会议召开。会议特邀国际微生物生态学会期刊主编及微生物生态学学者周集中、Josh Neufeld 、Lisa Stein 及 Jim Elser 作学术报告。来自全国各地的 1500 余名师生在网上参加学术交流。

11 月 24—27 日，由学会主办、上海师范大学承办、上海市生态学学会协办的第二十届中国生态学大会在上海市召开。大会围绕“生态科学新使命：促进生态安全与绿色发展”的主题展开讨论，从宏观到微观、从理论到应用、从基础研究到国家需求，围绕生态学学科发展、生态文明建设与可持续发展、生态系统功能与服务、生物多样性与生态系统保护等议题，作 10 个大会特邀报告，设置 45 个专题分会场和 1 个专题论坛——中国生态学学会青年托举人才论坛，共安排 560 个口头报告（其中线下报告 410 个、线上报告 150 个）、学术墙报 94 个，收录电子摘要 855 篇。大会还设立全国生态学研究生论坛，300 余名研究生作口头报告。

国际组织任职 学会理事长欧阳志云担任东亚生态学会联盟主席（2021—2022 年）。学会秘书长钟林生担任东亚生态学会联盟执委（2021—2022 年）。学会副秘书长周伟奇担任国际景观生态学会副主席

（2021—2025年）。

国际交往　学会与英国生态学会建立良好的沟通合作关系，英国生态学会向学会会员开放全新免费在线生态学系列研究讲座，促进和加强国际学术交流。

科普活动　2021年，学会共计举办主题科普活动289次，其中举办科普讲座151次、科普展览31次、其他科普宣传活动107次；参加活动的科技工作者1023人次，主题科普活动受众人数达317万人次。

中国生态科普行活动走进北京、重庆市、广东省、贵州省、江西省、广西壮族自治区、宁夏回族自治区、吉林省、浙江省等地的校园、乡村、社区，开展“多彩植物、趣味生活”“走进奇妙的昆虫世界，探索生命的奥秘”“走进微世界，了解微生活”“黄河流域生态保护和高质量发展”等10余场科普活动，受众人数达5万人次。

9月18日，由学会主办的第四届中国生态文明大讲坛围绕社会热点碳达峰、碳中和主题，在主会场中国杭州低碳科技馆举办开幕式及特邀报告会，现场邀请学会科普专家为公众作《植物生态科学与碳中和》《减碳的海陆一体化》《我们为什么要低碳生产和低碳生活？》等科普报告，同时在多个网络平台进行直播和回放；9—11月，在浙江省、重庆市、广西壮族自治区、江西省、云南省、福建省等多地联动举办分会场，对公众进行集中性的科普宣讲，共开展52场次的科普活动，线上线下受众达18.5万人次。

学会以《生物多样性公约》缔约方大会第十五次会议在云南省昆明市召开为契机，组织编写出版“新时代中国生物多样性与保护”丛书7册。

在中国科协全国学会科普品牌专项的支持下，学会发动科普工作委员会、专业委员会和科普教育基地开展“新时代生态科普耀中华”新品牌科普活动，包括“建设生态文明家园”主题生态科普展和生态科普讲座、“绿色中国自然大课堂”生态教育研学、青少年五色劳动课等内容，共组织线下活动92次，参与人数达9.26万人次；开展线上活动23次，参与人数达285.78万人次；通过线下活动、主流媒体、新媒体发布科普短视频125个、科普图文42个，线下线上总覆盖人数达877.14万人次。

表彰举荐优秀科技工作者　学会组织开展2021年中国科学院院士和中国工程院院士提名、第十四届光华工程科技奖提名工作。

学会推荐副秘书长刘世梁担任联合体“科创中国－美团青山环保科技创新示范”项目管委会副秘书长，代表学会审议项目管理办法、申报指南、评审指标体系和初评工作方案等。

党建强会　为更好促进学会理事会党委规范开展工作，学会党委制订《中国生态学学会理事会党委工作规则》和《中国生态学学会党史学习教育工作安排》。学会打造全新“党建强会”党建品牌活动，以重温红色记忆为主题，组织全国生态学会秘书长开展海丰红色革命根据地实地参观调研活动，接受红色文化再教育。学会基层党组织多次参加中国科协组织的线上党史学习教育和“百年党史　百家学会”北斗自然乐跑党史知识竞赛。学会理事长欧阳志云受邀在中国科协党校举办的科协系统领导干部学习贯彻习近平总书记“七一”重要讲话精神专题研修班上，以《突出生态学科特色　服务生态文明建设》为题介绍习近平生态文明思想指导学会工作的成功经验。

会员服务　学会坚持“会员线上线下同服务”，通过官网和官方微信公众号等多渠道、多手段地及时发布学会学术会议、科普活动、人才举荐、智库咨询等资讯，为会员提供了解学会近况的途径。2021年，学会官方微信公众号共发布各类资讯60条，关注用户增幅达37%；学会生态科普微信公众号推送科普信息75条；学会电子通讯累计发布信息1221条。新开通新媒体会员服务渠道BiliBili平台账号，全年共发布动态138个，其中视频51个、专栏信息11个、直播11场，视频播放量达1.2万人次。

学会承担人力资源社会保障部专业技术人才知识更新工程2021年高级研修项目，主办湿地生态领域专业技术转移转化能力提升班，80人受训。

【东亚生态学会联盟第九次国际学术大会】　7月10—12日，由东亚生态学会联盟主办，学会、内蒙古自治区农牧业科学院承办的东亚生态学会联盟第九次国际学术大会在内蒙古自治区呼和浩特市召开。来自中国、日本、韩国、泰国、俄罗斯、蒙古国、法国、巴基斯坦、斯里兰卡共9个国家的450名学者参加会议，其中国外专家、学者100余人线上参与。会议围绕“人与自然和谐，亚洲更美好”的主题，邀请来自中国、日本、韩国的8名生态学家分别就内蒙古自治区生态功能与中国北方生态安全屏障建设、韩国植物区系雌雄异株植物作用效应、应对野生动物的新发传染病的生态学方法、全球变化对中国生物种群的影响等内容进行大会报告。

会议围绕生物多样性保护与保护区，森林退化与生态恢复，本土文化和自然保护：未来的遗产，最新遥测技术在东亚水鸟和湿地保护方面的应用，水生生态研究进展，植物传粉网络：过程和影响，外来入侵物种的生态影响，全球变化下欧亚大陆草地生态系统结构与功能组织 8 个专题研讨会，共 136 个口头报告（其中现场报告 84 个、线上报告 52 个）、82 个墙报，大会编印论文摘要集，收录论文摘要 249 篇。

会议期间召开东亚生态学会联盟第九届执委会会议，学会理事长欧阳志云当选东亚生态学会联盟第十任主席。

（撰稿人：罗春燕）

中国环境科学学会

服务创新型国家和社会建设 学会开展中国科协第十次全国代表大会代表课题调研，持续提升履行“四服务”职责的专业素养。

贯彻落实《中国科协系统深化改革方案》，编制建设中国特色一流学会三年实施方案并获得中国科协支持，持续开展学会组织凝聚力、学术引领力、社会公信力、国际影响力建设。

组织完成“山地河湖水环境综合整治理论技术与应用”等 46 项科技成果的评价工作。开展细分技术领域 ETV 规范编制工作，拓展 ETV 试点领域范围，完成“医疗废物摩擦热处理技术”等 3 项技术验证评价，为技术示范应用提供支撑。为新疆维吾尔自治区、广西壮族自治区、江苏省等地的地下水污染防治和海南生态农业园园区建设提供咨询服务。

开展团体标准研制和发布工作，年内立项开展 33 项团体标准的研究编制，发布 29 项团体标准，积极推动 3 项团体标准向国家标准和国际标准转化。

学会继续面向会员开展继续教育培训和做好项目管理与实施。全年开设管理类、技术类和政策宣贯类培训 20 种，共培训 7203 人次。

学会建设 2021 年，学会现有个人会员 8 万余人，较 2020 年增加 8000 人；新增单位会员 320 个，单位会员总数 1944 个。

4 月，黄润秋被任命为生态环境部部长。因政务繁忙，不宜再担任学会理事长职务。为保持本届理事会工作的连续性，经请示生态环境部并召开第八届理事会第十四次常务理事会审议，同意推荐第八届理事会副理事长王金南为第八届理事会理事长人选，经中国科协同意学会届中变更理事长并同意王金南为第八届理事会理事长人选。9 月 13 日，学会在北京召开第八届理事会第六次全体会议。会议采取线上线下相结合的方式召开，同意关于第八届理事会届中变更理事长的提议，并就王金南任学会第八届理事会理事长进行投票选举。现场到会理事 160 人，超过理事会理事人数的 2/3，符合章程规定的法定人数。理事依照程序进行无记名投票，同意票数超过到会人员的 4/5，符合章程要求，王金南当选第八届理事会理事长。

编制印发《学会事业发展“十四五”规划》，完善学会大学术、大传播、人才智库业务体系，打造科学技术年会、美丽中国百人论坛等品牌活动，主动服务深入打好污染防治攻坚战。

组织召开理事长办公会议 2 次、全体理事会议 1 次、常务理事会议 6 次，审议学会章程修订、理事会领导和理事变更、分支机构变更、团体标准发布等重要事项。修订《分支机构管理办法》，向分支机构转发民政部、中国科协坚决抵制非法社会组织、规范活动组织、未经报备不得开展评比表彰活动等通知，完成分支机构 2020 年度工作考评，加强机构日常管理和动态考核，引导分支机构融入学会工作体系建设并发挥重要作用。组织召开 2021 全国环境学会秘书长工作交流会，加强与地方学会的联系与合作，与地方学会形成有效合力，将学会事业扎根基层，推动形成学会“全国一盘棋”的事业发展格局。

青年人才托举工程 制订《学会“青年人才托举工程”项目实施与管理细则》。推荐的上海交通大学罗金明、清华大学深圳国际研究生院郑博获第六届中国科协“青年人才托举工程”项目支持。

主办期刊 《中国环境科学》全年发刊 12 期，发表论文 640 余篇。根据《2021 年版中国科技期刊引证报告（核心版）》,《中国环境科学》引证指标继续位居环境科学技术及资源科学技术类科技期刊前列，核心影响因子为 1.832。继续获“中国国际影响力优秀期刊”称号，入选“中国精品科技期刊顶尖学术论文（F5000）”项目来源期刊。

英文期刊《环境科学与生态技术》（*Environmental Science & Ecotechnology*，ESE）先后被 Scopus、DOAJ、ESCI 等数据库收录，期刊论文总被引 447 次，实时影响因子为 6.98。截至 11 月底，共接收来自 42 个国家的投稿，国际投稿占 58.1%。《环境生态学》围绕生物多样性等热点开展征文，影响力逐步提升。联合创办英文期刊《可持续视野》（*Sustainable Horizons*，SH），生态环境部部长黄润秋亲自撰写创刊词。开展中国科协 2021 年度分领域发布高质量科技期刊分级目录试点工作，深入推进一流期刊建设。

学科发展工程 学会承担中国科协“2021 年工程师资格国际互认研究”项目，并顺利通过验收。编制完成《环境工程类工程能力评价规范》。开展“基于产教融合的环境工程专业改造升级策略探索与实践研究”“面向新工科的应用型创新工程人才培养体系研究”。

组织开展生态环境领域 2020 年十大科技进展、2021 重大工程技术难题等遴选发布活动，推荐“如何构建我国生态系统碳汇扩增的技术体系”和“如何通过重要生态系统修复工程构建精准高效的生态保护网络和恢复生物多样性”入选中国科协 2021 重大工程技术难题。

国际学术会议 2021 年，学会举办境内国际会议 8 个，共计参会人数 32000 人次（含线上），交流论文 110 余篇。

3 月 27 日，由学会气候投融资专业委员会与美国环保协会主办的 2021 中国甲烷论坛在北京举办。会议设有甲烷减排利用技术与监管和甲烷减排利用投融资对话与企业减排行动两个分论坛。来自国际能源署、世界银行等国际机构，美国、加拿大、欧洲、墨西哥等国家和地区及跨国企业和中国能源行业、金融机构等的 60 余名专家参加会议。

6 月 26—28 日，由学会和清华大学、联合国环境规划署等机构主办的第十六届固体废物管理与技术国际会议在北京举办。会议主题是“无废城市建设次第推进”。参会专家、学者共计 800 余人，在线观看人数总计 242.4 万人次。

9 月 23—26 日，由学会和中国农业大学生物质能科学与技术国家级国际联合研究中心共同主办的 2021 大循环：农业农村碳中和——沼气工程的贡献国际研讨会在线召开。会议主题是“农业农村有机废弃物资源化利用与碳减排”。会议设立 6 个议题，作 24 个学术报告。来自德国、瑞典、爱尔兰、意大利等 10 个国家的专家以及高校师生、企业人员约 2500 人在线参加会议。

国内主要学术会议 围绕生态环境领域重点工作，学会秘书处和分支机构主办或参与举办学术会议 69 次，参会专家、学者超过 2 万人次，交流论文 3000 余篇，出版《中国环境科学学会学术年会论文集》等 15 本学术出版物。

4 月 10—11 日，由学会主办的第二十五届大气污染防治技术研讨会在陕西省西安市召开，共计 1600 余人出席会议。

5 月 15—16 日，由学会、同济大学、清华大学、湖南农业大学主办，学会固体废物分会等单位联合举办的 2021 年全国有机固废处理与资源化利用高峰论坛在四川省成都市召开，来自全国各大高校和科研院所的专家、学者、行业企业代表 1500 人参加并进行交流和研讨。

7 月 27 日，由中国科协和北京市人民政府联合主办、学会和北京市科协承办的第 23 届中国科协年会碳中和与绿色发展国际论坛在北京召开，来自科研院所、高等院校的专家、学者 160 人参加现场会议，近 5000 人参加线上视频会议。

9 月 26—27 日，由学会主办的第一届全国碳中和与绿色发展大会在广东省深圳市举办，共安排 15 个分会场 30 个学术议题以及墙报交流和创新科技成果展示活动。

科普活动 编制《“十四五”生态环境科普实施方案》，系统谋划“十四五”生态环境科普工作目标和任务。统筹推进 103 家国家生态环境科普基地建设和管理工作，制订《国家生态环境科普基地综合评估方案》。

编写出版《生物多样性公约》缔约方大会第十五次会议系列图书（10 本）、《绿色今朝，回望百年——庆祝建党 100 周年献礼丛书》（4 本）、《臭氧污染防治知识问答》等图书，并通过“生态环境教育 VR 图书馆”和“科学文库”平台供参会代表在线阅读。联合《中国日报》策划制作碳中和主题科普漫画，微信累计阅读量超 10 万人次。推进中国环保科普资源网建设，在“环保科普 365”等平台开设“臭氧污染防治”“多样之美”“大自然巡礼”等专栏，2021 年累计发布图文信息 500 余期。

创新科普工作方式，开展云征集、云展播、云竞答、云课堂等“云科普”系列活动。组织开展“最美生态环境科技工作者”“生态文明进校园”“垃圾分类进社区”等科普活动。

2021 年“我是生态环境讲解员”活动得到全国各

省（自治区、直辖市）的40个机关部门、直属单位、国家生态环境科普基地等单位的响应，各地共推荐讲解员和选题/剧本176个。7月30日，在云南省昆明市云南卫视演播厅举办活动总决赛，评出特等奖1名、一等奖3名、二等奖5名。

表彰举荐优秀科技工作者 完成2021年度环境保护科学技术奖评选工作，获奖项目共47项，其中一等奖7项、二等奖37项、科普类奖3项。

组织完成2021年两院院士推选工作，推荐7人通过中国科协评审成为正式候选人。提名清华大学教授余刚、中国科学院过程工程研究所研究员朱廷钰参评第十四届光华工程科技奖。开展世界杰出女科学家成就奖生态环境领域优秀科学家征集。完成第三届中国环境科学学会青年科学家奖评选工作，产生30名获奖者。推荐成都理工大学蒲生彦等4人参加中国科协青年科技领军人才国情研修活动。

组织开展国家科学技术奖提名工作，经学会推荐，中国科学院过程工程研究所牵头完成的“钢铁行业多工序多污染物超低排放控制技术与应用”获国家科学技术进步奖二等奖。

党建强会 制订印发《学会党总支、党总支书记和领导班子其他成员落实全面从严治党责任清单》《学会党总支2021年落实全面从严治党主体责任工作计划》《学会2021年党建工作要点》等，召开全面从严治党形势分析会，推动落实一岗双责。

2021年，共召开党总支（扩大）会议18次、全体党员大会12次，两个支部按时按要求组织召开支委会议、支部党员大会、主题党日活动，召开党史学习教育专题组织生活会，班子成员和支部书记讲党课6次，上报党建活动信息40余篇。

会员服务 2021年，学会深入研究科技社团会员制度内涵和新形势下会员需求，提高会员服务质量。利用网站、微信公众号等新媒体手段向会员提供生态环境领域重大决策部署、政策信息和学术信息，累计推送3.2万余条；联合中国知网共同举办“生态环境知识服务月”，定期为理事单位以上会员寄送学会科技和科普期刊，免费为会员提供科技知识；编制发送数字版《2021年会员服务指南》和网络版“会员动态”供会员浏览；深入开展会员走访与调研，2021年先后走访国家能源集团、上海康恒环境股份有限公司、百沃星联（上海）环保科技有限公司等会员单位，重点了解企业技术创新和成果转化、激发人才创新活力以及完善科技创新体制机制等方面的需求。

组织2021年全国环境科学学会交流会，分享学会工作经验；依托中国国际环境保护博览会、中国环境技术大会暨全国单位会员交流年会，为会员搭建服务平台。举办会员创新技术分享会，采用专家现场点评的形式对技术前景和应用进行现场分析，为技术成果转化落地提供建议；创新会员服务产品，编辑完成第一期《学会通讯》，收录科研成果、热点关注、学术交流等11个专题51篇文章。

【中国环境科学学会2021年科学技术年会】 10月20—21日，中国环境科学学会2021年科学技术年会在天津市召开。年会以“开局‘十四五’，助力深入打好污染防治攻坚战”为主题，共设置130多个学术专题。生态环境部副部长赵英民出席年会开幕式并作重要讲话。来自全国各地生态环境系统科研机构、产业界的专家、学者约3500人出席开幕式。开幕式由学会副理事长兼秘书长李春红主持，天津市人民政府副市长孙文魁等相关领导出席会议并致辞。中国工程院院士王金南等9名院士、专家就生态文明建设、碳达峰碳中和、环境监测技术、土壤污染防治等议题作大会发言。开幕式上，颁发2020年度环境保护科学技术奖和第四届中国环境科学学会青年科学家奖金奖。

会议指出，“十三五”期间，中国生态环境质量快速改善，科技支撑发挥重要作用。当前，中国正处在结构调整的攻坚克难时期、生态环境质量改善的爬坡过坎阶段，生态环境压力仍将处于高位。新旧污染问题交织，生物多样性保护任务繁重，生态环境持续改善的难度依然较大，迫切需要依靠科技创新来推动取得新的突破。随着污染防治攻坚战的深入推进，触及的矛盾和问题层次更深、领域更宽、程度更大。尤其是在落实减污降碳总要求、实现碳达峰碳中和目标愿景下，对传统环境治理技术、方法、路径和格局提出新挑战和新要求。

会议强调，要按照减污降碳协同增效的总要求，以改善生态环境质量为核心，以支撑深入打好污染防治攻坚战、服务经济高质量发展为目标，突出精准、科学、依法治污。要围绕污染防治攻坚战和落实“双碳”目标等国家重大需求，推动实施一批重大科研项目；围绕科技自立自强的战略要求，加强重大科技创新基础能力建设；围绕科技成果转化效率提升的现实需要，实施生态环境科技帮扶行动。年会共交流学术报告676场、展示墙报83个，79家企业参与科技成果展，收录论文 387 篇。

年会期间召开的第五届环保科技创新发展高端论坛围绕“美丽中国建设战略与实施路径”主题，组织专家、学者就其中长期战略路线、重点领域主要内容及推进途径、模式、机制与评估等开展交流和讨论，形成的《关于加快制定美丽中国建设纲要的建议》报送生态环境部，获得重要批示。

【第一届全国碳中和与绿色发展大会】 9 月 26—27 日，由学会主办的第一届全国碳中和与绿色发展大会在广东省深圳市召开。中国工程院院士王金南代表中国气候变化事务特使解振华作开幕式致辞，学会第六届和第七届理事长王玉庆、广东省生态环境厅总工程师蒋宏奇在开幕式上致辞。

中国工程院院士、生态环境部环境规划院院长王金南作题为《攻克十大关键技术，实现碳达峰碳中和》的主旨报告。报告提出实现碳达峰碳中和的十大关键技术：一是下一代气候模式和碳循环模拟预测技术，二是清洁能源和智慧储能关键技术，三是碳捕集和封存规模化关键技术，四是近零排放建筑关键技术，五是绿色低碳交通关键技术，六是现代农业与粮食减碳关键技术，七是工业行业零碳工艺变革关键技术，八是气候观测与温室气体排放监测核算关键技术，九是生态固碳增汇关键工程技术，十是气候弹性和适应机制关键技术。

中国工程院院士、清华大学环境学院贺克斌，中国气象局国家气候中心副主任巢清尘，南方科技大学环境学院教授刘俊国，中国清洁发展机制基金管理中心副主任夏颖哲等就碳中和碳达峰的战略规划、气候变化、监测技术以及统筹政府和市场资源、低碳可持续发展等议题作主旨报告。

论坛期间，与会专家围绕“碳中和目标下的中国碳达峰”“碳中和目标下重点行业碳减排对策路径及治理技术”“低碳路径与碳达峰管理政策创新”“碳中和目标下中国可持续发展路径与环境影响”“碳中和路径和碳市场”“污染控制减排与微藻资源化”“碳中和技术创新”“挥发性有机物防治和减排策略”“煤基碳减排与资源化利用”等 30 个议题进行交流探讨。

论坛共收录论文 145 篇，设置报告 260 个（包括大会报告 7 个、分会报告 253 个），墙报展示 32 个。

【2021 绿色能源转型国际研讨会】 11 月 17 日，由学会与自然资源保护协会主办、生态环境部环境规划院与国家应对气候变化战略研究和国际合作中心协办的 2021 绿色能源转型国际研讨会在线上召开。会议主题为“双碳目标指引绿色能源转型”，生态环境部应对气候变化司副司长蒋兆理、英国驻华使馆公使衔参赞戴丹霓以视频方式出席会议。会议邀请 30 余名中外专家分享和交流加快能源转型的经验和建议，支持深入打好污染防治攻坚战以及“双碳”目标实现。来自生态环境领域、金融领域、相关驻华使馆、国际组织的代表及相关科研院所、行业协会和公益组织的代表约 3500 人在线参加会议。会后，《中国工业报》《中国煤炭报》等刊登头版专题报道。

【2021 年“大学生在行动”】 2021 年“大学生在行动”以“加强生物多样性保护，助力碳达峰”为主题，共组织全国 18 个省、直辖市的环境科学学会以及 112 所高校的共 717 支小分队 8000 多名大学生志愿者走进社区、农村、校园等地，开展形式多样、内容丰富的主题科普活动，取得良好成效。其中，线下活动包括组织河北省、山东省、广东省、浙江省等百所高校大学生志愿者在六五环境日、科技活动周、全国科普日、野生动植物日、世界海洋日等与生物多样性相关的多个节日，围绕禁食野生动物、合理放生野生动物、保护动植物生境、垃圾分类及利用等主题，在社区街道、自然保护地、科技馆等开展生态文明宣讲活动 200 余场，受益人数超过 2 万人次；在校园教学楼、图书馆、食堂等地组织环境学院大学生志愿者结合社团活动，围绕垃圾分类、节约粮食、节水节电等主题，针对全校师生开展生态文明科普宣传活动，发动参与校园活动近百场，影响人数超过 100 万人次；在广大农村地区，组织大学生在暑假期间针对基层领导干部、农村妇女儿童老人等组织问卷调查、答题赢奖品、知识科普等活动，引导推进形成环保、健康的生产生活方式，活动覆盖江苏省、四川省、青海省等 20 个省、直辖市上千个村庄，直接受益人数超过 200 万人次。

线上开通微信视频号，活动开展过程中产生的视频、照片上传至视频号“大学生在行动”主题下进行展示，为开展活动提供交流的平台。活动获得中青网、科技工作者之家、腾讯网等的宣传报道，另外，在地方生态环境厅（局）、地方学会、高校、媒体等官网、微博、微信等平台发布活动相关新闻报道、美篇、海报、H5、直播、资源展示上千次，收集活动照片上万张，传播量超过 500 万次。

（撰稿人：张宏亮）

中国自然资源学会

服务创新型国家和社会建设 2月，学会响应全国人大法制工作委员会建议，组织4个相关专业委员会召开专题研讨会，对《中华人民共和国湿地保护法（草案）》提出39项修改意见，部分建议被采纳。

6月，学会向自然资源部提交《关于增设“自然资源科学”一级交叉学科的建议》。

将中国科协十大代表撰写的《建议调整白洋淀鸭禽养殖治理思路 保留雄安新区“鸭水共融”乡愁元素》《关于加强黄河三角洲地区农村生活垃圾治理及资源化利用建议》上报中国科协。

学会智库型内部咨询报告《中国自然资源观察》推出4份政策咨询报告，其中1份报告获得自然资源部副部级领导的批示。

8月，学会与多家单位协办首届国产地理分析模型培训班。

10月15日，由学会与中国青藏高原研究会和中国生态系统研究网络科学委员会联合主办的孙鸿烈先生科研工作70年座谈会在北京召开。包括中国科学院院士徐冠华、陈宜瑜、朱日祥等17名院士在内的共计80人参加线下会议，2000人次观看视频直播。

依托各专业委员会，相关专家参加国务院第一次全国自然灾害综合风险普查、全国资源枯竭城市转型年度绩效考核、全国城市体检等工作。

学会建设 2021年，学会新增会员410人，个人会员总数8860人。召开理事会议1次、常务理事会议2次。

学会新成立资源环境承载力研究分会，分支机构共计37个。资源工程、矿产资源、湿地资源保护、热带亚热带地区资源研究等4个专业委员会完成换届选举。

3月27—28日，学会在福建省福州市组织召开“区域资源与生态文明”学术研讨会暨省级自然资源学会工作交流研讨会。7个省级自然资源学会的理事长、秘书长共计50余人交流分享经验。

8月28日，学会资源环境承载力研究分会成立大会暨首届资源环境承载力学术研讨会（视频会议）在北京召开。40余所高校、企事业单位和政府部门的50余名分会委员和100余名专家、学者参加会议。

12月，天津市自然资源学会成立。现有省级自然资源学会8个。

青年人才托举工程 学会参加第七届（2021—2023年度）中国科协“青年人才托举工程”项目申报。

主办期刊 2021年，学会主办的《自然资源学报》复合影响因子为6.098，较2020年增长20.5%，复合影响因子、期刊综合影响因子和技术研究类影响因子以及期刊影响力指数四项指标均位列学科排名第1。据《中国科技期刊引证报告》,《自然资源学报》影响因子为3.982，较2019年增长40.46%，在地理资源领域高质量科技期刊分级目录中，在自然地理学领域、人文地理学领域和自然资源领域均位列T1区。

《自然资源学报》连续五届被评为“中国精品科技期刊”，获得“百种中国杰出学术期刊”“中国国际影响力优秀学术期刊”称号，入选2021年度全国学会期刊出版能力提升计划。学报推荐的2篇文章入选自然资源部编制、供各级干部学习的《国土空间规划探索集》；2篇文章入选2021年文化和旅游优秀研究成果。

学会获得中国科协“全国学会期刊出版管理规范单位”称号。

国际学术会议 3月27—28日，由学会和国际生态景观协会等单位主办的2021健康人居与未来城市国际论坛暨第十一届园冶高峰论坛在陕西省西安市召开。学会秦巴研究分会承办自然资源与生态文明建设论坛和国土空间规划与生态文明建设论坛，邀请28名专家作主题报告，120名专家、学者参加会议。

国内主要学术会议 2021年，学会及分支机构共组织各类学术会议38场次，共3600人参加线下会议、8.2万人次参加网络视频会议，交流论文691篇。

3月29—31日，由学会国土空间规划研究专业委员会、资源工程专业委员会、《自然资源学报》编辑部及安徽师范大学地理与旅游学院主办的长三角一体化高质量发展与国土空间治理专题学术论坛在安徽省芜湖市召开。论坛聚焦资源保护与生态环境优化等议题，30名学者作报告，100余人参加会议。

4月16—17日，由学会水资源专业委员会与郑州大学水科学研究中心等单位主办的第十五届水科学发展论坛在山西省太原市召开。论坛以“区域水资源高效利用与矿区生态环境保护”为主题，16名学者作报告，近600名专家、学者参加会议。

5月9—10日、5月22日、7月12日，学会资源经济研究专业委员会等单位在浙江省杭州市联合主办4期资源环境管理卓越青年学者论坛，并进行全程网络直播。

5月22—24日，由学会和苏州科技大学主办，学会国土空间规划研究专业委员会、学会青年工作委员会和苏州科技大学建筑与城市规划学院共同承办的中国自然资源学会首届国土空间规划青年论坛在江苏省苏州市召开。论坛主题为“传承与创新——国土空间规划关键问题”。与会专家、学者围绕国土空间规划领域编制方法、管制手段、资源保护、新技术应用等方面的诸多理论缺陷和技术难题及国土空间规划领域的人才培养体系等议题展开研讨，49名学者作报告，线下参会人数近300人、线上参会人数约1.5万人次。

6月17—18日，由学会与成都理工大学联合主办、成都理工大学管理科学学院承办的第三届全国资源流动与管理研究学术论坛在四川省成都市召开。40余所高校及科研院所的150余名学者围绕“推动绿色发展，促进人与自然和谐共生”的主题，共同探讨国家“双碳”目标下的资源环境问题。

6月18日，由学会编辑工作委员会主办的第11届资源期刊论坛在四川省成都市召开。围绕“学术规范与出版伦理”主题，南京师范大学教授汤茂林作题为《学术规范与地理资源期刊发展》的报告。会议提出学界应从学术规范素质培养、学术不端从严惩治、学术评价导向机制等着手，多措并举，打造良好的学术氛围。

6月25—26日，学会资源经济研究专业委员会2021年学术年会在江西省南昌市召开。会议由江西财经大学生态文明研究院等承办，200余名专家、学者共同探讨农业资源利用与环境、气候变化与社会经济、绿色发展与生态保护等议题。

6月25—27日，由学会土地资源专业委员会参与主办的新时代乡村振兴与土地科技创新论坛在陕西省西安市召开。50余所高校和科研机构的200余名专家、学者参加会议。

7月19—21日，由学会湿地资源保护专业委员会和鲁东大学联合主办的全国湿地生态保护、修复科学创新与实践暨湿地资源保护专业委员会2021年学术年会在山东省烟台市召开。240余人参加会议，90名学者作报告。会后在烟台山公园举办湿地保护专题的科普宣传活动。

7月23—25日，由学会国土空间规划研究专业委员会、资源工程专业委员会、《自然资源学报》编辑部共同主办的面向生态文明的国土空间规划理论与技术方法创新专题学术论坛在广西壮族自治区柳州市召开。33名学者作报告，线下参会人数约300人，线上参会人数约1万人次。

8月21日，由学会旅游资源研究专业委员会等联合主办的新时代海洋旅游研究的理论前沿与学术创新研讨会在福建省福州市召开。会议围绕海洋旅游资源与旅游目的地开发、海洋旅游市场与旅游者消费行为、国际比较研究与海洋旅游可持续发展等议题展开交流讨论，720人参加会议。

8月28日，由学会资源工程专业委员会、《自然资源学报》编辑部联合主办的黑土资源合理利用和开发专题学术论坛在吉林省长春市召开，论坛由长春师范大学地理科学学院等承办。5名专家、学者从保护黑土地、秸秆还田、土壤微生物等方面作主旨报告。分会场论坛围绕黑土资源调查与评价、黑土退化与修复、黑土地生态系统研究3个专题进行交流，30余名专家、学者对研究成果进行全面介绍，评议人对研究成果进行点评并提出可行性的改进意见。论坛采用线上线下相结合的方式开展，线上参会人数约300人。

10月24—25日，由学会和中国海洋湖沼学会主办、唐山海洋牧场实业有限公司承办的“陆海统筹共建牧场”学术研讨会在河北省唐山市召开。研讨会主题为“传承塞罕坝精神 陆海统筹共建牧场”，首次从贯通草原、林场和海洋三大生态系统的层面进行科学研讨，首次现场宣讲塞罕坝精神。20余名学者参加会议。

10月30日，由学会和辽宁大学联合主办、学会资源法学专业委员会和辽宁大学法学院联合承办的第三届中国自然资源法治论坛在辽宁省沈阳市召开。论坛以“绿色发展理念下自然资源法治创新”为主题，对国家生态文明政策和制度体系进行宏观探讨及理论分析；紧密跟进改革实践的动态，挖掘实践中的真实问题；重视跨学科的分析方法和互动交流。30所高校、科研院所的180余名专家、学者参加会议。

11月6日，由学会世界资源研究分会等单位联合主办的新时代资源型城市绿色转型与高质量发展论坛在北京召开。会议围绕中国绿色低碳循环高质量发展、“双碳”目标和资源型城市转型的模式与路径等议题进行研讨。7名专家作主旨报告，16名专家作专题报告。中国科学院院士孙鸿烈、中国工程院院士孙九林，以及数十个资源型城市的代表和20余家科研院校的专家、学者共计300余人参加线下和线上会议。

12月4—5日，由学会国土空间规划研究专业委员会主办、湖南大学建筑与规划学院等承办的2021年国土空间规划学术年会在湖南省长沙市召开。会议围绕“规划机制转型与发展效率提升”主题，针对近几年国土空间规划研究与编制过程中的一些关键问题进行交流，98名学者作报告，在线参会人数约2万人次。

12月25日，由学会国家公园与自然保护地体系研究分会主办的生态文明视域下自然保护地高质量发展专题论坛在贵州省铜仁市召开，论坛由铜仁学院等承办。8名学者作大会报告，设有3个分论坛，120余人参加会议。

国际组织任职　学会常务理事、南京大学教授甄峰担任国际学术组织空间规划与可持续发展轮值主席（2022—2024年）。

科普活动　2021年，学会共举办科普活动31场次，参加活动的科技人员约109人，科普受众20万余人次。获中国科协“2021年度全国学会科普工作优秀单位”称号。

组织主题日科普活动10余场次。学会及分支机构在各类世界主题日活动期间先后在北京、四川省成都市、江苏省南京市、陕西省西安市、山东省烟台市等地举办展览、讲座等活动；全国科技活动周期间，在北京举办户外科普活动，近百名中小学生和家长参加；全国科普日期间开展“科普动线　传递真知”线上科普讲座，3名学者作地图学、丹顶鹤保护和食品安全领域的科普报告，200人次收看视频直播。

组织科普进校园活动4次。学会科普工作委员会组织专家分别走进四川省成都市、江苏省南京市、北京的部分中小学，开展资源科普讲座活动。承办第十六届江西省大学生绿色营分营活动。

组织科普走基层活动4次，为河北省邯郸市曲周县农技人员和农业种植户进行业务培训，受众1100余人次。

组建3个科技志愿服务团队；推荐1家单位入选《2021—2025年全国科普教育基地第一批认定名单》；在上海市青浦区设立的长三角自然资源与国土科普基地正式挂牌，并举办中小学研学活动。

党建强会　开展“众心向党、自立自强”主题实践活动。3月27日，学会在福建省福州市组织参观习近平总书记视察地点——严复故居。

开展“百名科学家讲党史”活动。6月19日，在学术年会的主旨报告中特别安排党史教育环节。学会理事长兼党委书记成升魁、副理事长高峻、四川大学教授刘俊分别作党史学习、红色旅游资源、弘扬长征精神等主题报告。6月21—22日，学会党委组织近百人到中国工农红军强渡大渡河纪念馆参观学习。

会员服务　学会继续执行对学生会员减免会费的优惠措施，实行会员参加学会主办的学术会议注册费优惠政策。

【中国自然资源学会2020—2021年学术年会】 6月18—20日，由学会、四川师范大学主办，四川师范大学地理与资源科学学院、西南土地资源评价与监测教育部重点实验室承办的中国自然资源学会2020—2021年学术年会在四川省成都市召开。年会主题为“着力资源科学创新与实践，助推西部生态文明与发展”，1300余名专家、学者参加会议。

中国科学院院士崔鹏、刘丛强，中国工程院院士张福锁应邀作大会报告，中国科学院院士孙鸿烈参加开幕式。大会围绕资源科学创新、资源开发利用保护、资源持续性与高质量发展、资源理论与实践探索，以及如何发挥四川的资源和文化优势、促进西南部地区可持续发展等27个议题进行探讨。年会期间还举办第14届全国资源学院院长论坛、第15届全国资源科学研究生论坛、第11届资源科技期刊论坛及第3届资源科普论坛。18日，召开学会八届三次理事会议。

【中国自然资源学会第三届大学生自然资源科技作品大赛】 12月12日，由学会主办，学会教育工作委员会、南京大学地理与海洋科学学院、福建师范大学地理科学学院、广东国地规划科技股份有限公司承办的第三届大学生自然资源科技作品大赛在江苏省南京市召开。

大赛以“生态优先、绿色低碳”为主题，共收到81所高校105个学院的有效作品196份。经遴选，共有50项作品晋级决赛。决赛首次采用选手线上、评委线下的新形式，并全程直播。专家评委围绕作品选题的背景、技术方法应用、团队成员分工、成果潜在问题与应用前景等进行提问，全方位考察参赛队员的理论基础、技能水平、学术素养、团队协作等方面的综合能力。来自西南大学、南京师范大学、南京大学、同济大学、福建师范大学、淮阴师范学院的6支代表队获特等奖。

（撰稿人：刘丽娜）

中国感光学会

服务创新型国家和社会建设 学会推荐的“极紫外光刻胶”入选中国科协“科创中国”50项先导技术榜单，成为先进材料领域10项先导技术之一。

学会组织专业委员会及科技专家与企业开展科技联合攻关合作，促进专家、企业、地方政府、科研单位、社会组织等沟通互动，使产学研用等方面融合形成联动。

学会组建科学家－企业家科创社。科创社的宗旨是为感光与影像领域相关企业提供发展咨询、技术服务咨询和人才培养咨询，并促进相关领域科学家与企业、企业与企业合作。

学会数字成像技术专业委员会组织科技专家服务企业；影像保护专业委员会开展影像保护技术交流活动；辐射固化专业委员会开展产业经济统计调查工作；生物与医学成像专业委员会参与河北省医用影像材料及应用技术创新中心的筹建工作。

学会建设 2021年，学会召开理事会议1次、常务理事会议5次、监事会议2次、理事长办公会议4次。

学会个人会员累计4780人，新增个人会员234人；单位会员75个，新增单位会员3个。

主办期刊 《影像科学与光化学》和《影像技术》是学会的主要刊物。2021年，两种刊物按计划编辑出版12期，刊登主要文章278篇。

学科发展工程 学会组织国内主要相关高校、科研院所及企业成立光刻胶研发平台。光刻胶研发平台的主要任务是开展光刻胶及配套产品的基础科学与应用工程研究以及相关技术转移转化工作。

国内主要学术会议 学会及各专业委员会共举办国内学术会议10余次，线下参会人数1600余人次，线上4000余人次。会议主要包括2021光催化中青年学者论坛暨中国感光学会光催化专委会学术年会、第一届全国非线性光学技术及应用学术会议、第二十二届辐射固化年会、第12届中国印刷与包装学术年会等。

科普活动 5月22日，学会联合中国科学院理化技术研究所举办以“走进理化　拥抱科学”为主题的公众科学日活动，为广大社会公众放映35毫米老胶片电影《闪闪的红星》，2000余名社会公众参加活动。

12月11日，学会联合中国艺术研究院摄影与数字艺术研究所、《中国摄影家》杂志社等单位在汕头公元厂举办林希之诞辰100周年纪念会，为林希之塑像揭幕，并展出林希之和公元历史影像、公元黑白摄影作品。

学会光电技术科学传播专家团队首席科学传播专家刘晨带队创作科普图书《通信科技》，发表《来自星星的声音——“天眼”捕捉的原来是“她”》《闪光灯的瞬时能量究竟有多大？能让展品“见光死”》等科普文章。2月14日，刘晨在中国科技馆“中科馆大讲堂”举办主题为“自然界中神奇光现象”的科普讲座。7月24日，刘晨在安徽省合肥市南门小学雏鹰科普讲堂开展主题为“趣谈光”的科普讲座。

表彰举荐优秀科技工作者 2021年，学会开展中国科学院院士和中国工程院院士候选人推选工作，推荐1名专家为中国科学院院士候选人。

学会开展中国感光学会科学技术奖的评选。经奖励评审委员会审定，评选特等奖1项、一等奖3项、二等奖4项。

党建强会 学会理事会功能型党委按期召开会议，前置审议学会“三重一大”事项，定期开展学习，宣传贯彻党的路线方针政策，贯彻执行中央和上级党组织的决议，举办党的十九届五中全会精神宣讲活动。

学会办事机构联合党支部按期开展“三会一课”，组织“实验室安全培训”“使命与职责”“缅怀先烈，学习党史”等主题党日活动。

学会开展主题为“保护修复党史影像文献　传承弘扬红色革命基因”的党建强会计划活动。通过组织专家开展研讨、交流，利用感光影像修复保护技术助力延安革命历史资料的保护与修复，传承红色基因。

会员服务 学会使用中国科协学会管理服务平台的会员系统，实现会员管理信息化。学会通过网站、微信公众号、微信群等信息交流平台增强活动的及时性、互动性和参与性，加强学会与会员、会员与会员之间的联系。

【2021第六届光催化中青年学者论坛暨中国感光学会光催化专委会学术年会】 4月6—8日，学会光催化专业委员会在江苏省无锡市举办2021第六届光催化中青年学者论坛暨中国感光学会光催化专委会学术年会。会议主题为“交流、发展、创新”，来自全国100余家单位的近700名专家、学者出席会议。

会上，中国科学院院士孙立成作题为《人工和自然界光合成中的水分解》的报告；欧洲科学院院士余家国作题为《无机有机复合 S-scheme 异质结光催化剂》的报告；学会副理事长朱永法作题为《有机聚合物可见光催化及环境能源和肿瘤治疗研究》的报告。

会议录用论文 321 篇，涉及光催化各方面的最新研究成果与进展。会议设立环境光催化、能源光催化Ⅰ、能源光催化Ⅱ及研究生报告专场 4 个分会场，共交流 186 个分会报告。

会议还进行墙报展示，安排墙报 135 篇。会议期间进行催化研究最新仪器设备的展示。

【2021 第二十二届辐射固化年会】 9 月 27—29 日，由学会辐射固化专业委员会主办的 2021 第二十二届辐射固化年会在天津市举办。会议主题为“勠力同心，共赢未来”，来自辐射固化领域及相关行业企业和院校的近 500 名专家、学者出席会议。

会议通过邀请报告、主题报告、技术研讨、企业产品信息发布等形式交流研讨辐射固化及相关行业政策、发展前沿和动态、应用进展及市场状况和发展趋势，推动辐射固化技术更广泛应用，展示辐射固化新产品、新工艺、新技术，促进 UV/EB 技术进步。

会上，工业和信息化部赛迪研究院材料工业研究所所长肖劲松作题为《“十四五”新材料产业政策及光固化行业的机遇》的报告；学会名誉理事长蒲嘉陵作题为《从印刷技术发展看辐射固化》的报告；学会副理事长杨建文作题为《2020 全球辐射固化技术概览和产业动态》的报告；中国涂料工业协会副会长赵君作题为《中国涂料行业现状及环保升级转型状况》的报告。

会议同期举办企业展示、辐射固化技术基础培训班、辐射固化行业动态论坛等活动。

（撰稿人：周云霞）

中国优选法统筹法与经济数学研究会

服务创新型国家和社会建设 研究会承担中国科协全国学会开放合作示范专项（2021—2022 年），具体工作由副监事长刘思峰牵头、研究会灰色系统专业委员会实施。

研究会承担中国科协“分领域发布高质量科技期刊分级目录”项目。由研究会牵头，根据项目需要建立管理学高质量期刊基础数据库，确定管理学子领域划分标准，给出管理学高质量期刊初始评价结果，组建专家评审委员会，建立完成评价工作。

研究会对创始人华罗庚开展学术思想研究工作。12 月 31 日，召开华罗庚学术思想研究工作座谈会，华罗庚教授的学生、生前主要助手及研究会骨干 20 余人参加。

举办应急管理领域针对企业安全层面的危害辨识与风险评估培训（初级）课程，为企业选拔具备相应培训能力的培训师。

学会建设 2021 年，研究会个人会员 7555 人，单位会员 48 个；新发展个人会员 1803 人，单位会员 1 个；分支机构换届 2 个，新成立 4 个；修订《分支机构管理办法》《分支机构测评办法》，完善财务管理制度等；规范召开理事会议、常务理事会议、监事会议。

主办期刊 研究会主办学术期刊 1 种、科普期刊 2 种，承办英文学术期刊 2 种。

研究会主办的学术期刊《中国管理科学》版面从 230 页扩版至 248 页，论文刊载量提升 5%，总被引频次 3268，影响因子 1.61。4 月，编委会进行换届，李建平担任新一届主编，许保光、梁昌勇、吴登生任副主编。被中国知网评为“中国最具国际影响力学术期刊”。

由研究会主办，研究会数学教育委员会编辑、发行的科普期刊《数理天地（初中版）》《数理天地（高中版）》共出版 24 期，发表文章 468 篇，印刷 73760 册。

由研究会灰色系统专业委员会承办的 *Grey System: Theory and Application* 国际科技期刊组稿 4 期，发表学术论文 40 篇，进入 SCI 检索，被 SCIE 数据库收录，进入 SCI 检索 JCR 1 区。

The Journal of Grey System（SCI 源刊）国际科技期刊组稿 4 期，共发表论文 40 篇。

国际学术会议 2021 年，研究会举办国际学术会议 5 次，其中高端前沿会议 3 次，参会人数 1150 人次，国外专家、学者 147 人次，交流论文 414 篇。

4 月 24—25 日，由学会和中国能源金融联盟牵头主办、厦门大学承办、研究会气候金融研究分会协办的 2021 气候与能源金融国际会议在福建省厦门市召开。会议主题为“碳中和目标下全球能源治理和气候金融带来的机遇与挑战”，来自 10 余个国家 70 余所高校及科研院所的 300 余名国内外专家、学者和期刊编辑参加会议。在主编论坛环节，8 名境外国际期刊主编、专家出席会议并与参会专家、学者进行研讨。

7 月 9—11 日，由研究会船海经济管理专业委员会主办、南京信息工程大学管理工程学院承办的双循环新发展格局下 2021 大数据时代智慧交通与物流国际会议暨第九届国际决策科学高峰论坛暨第三届大数据决策与优化暑期学校在江苏省南京市召开。内容涵盖不确定统计与大数据、物流系统优化与管理、预测决策理论与方法等。来自国内外 30 余所高校和企业的 300 余名专家、学者参加会议。会议期间，研究会船海经济管理专业委员会召开理事会工作会议。

11 月 20—21 日，经灰色系统与不确定性分析国际联合会批准，由研究会灰色系统专业委员会、南京航空航天大学主办，南京航空航天大学灰色系统研究所、经济与管理学院承办的 2021 GSUA 国际会议暨第 35 届全国灰色系统学术年会以线上线下相结合的方式在江苏省南京市举办。来自 10 余个国家的 400 余名专家、学者参加会议。会议得到中国科协全国学会开放合作示范专项的资助。

12 月 25—26 日，由研究会应急管理专业委员会牵头主办、中国科学院大学应急管理科学与工程学院承办的第十六届国际应急管理论坛暨第十七届中国优选法统筹法与经济数学研究会应急管理专业委员会年会在北京以线上线下相结合的方式召开。会议以“数字化技术支撑的应急管理：应急管理 2.0”为主题，来自国内外高校、科研院所的 200 余名专家、学者参加会议。

国内主要学术会议 2021 年，研究会举办国内学术会议 31 次，其中高端前沿会议 21 次，参加会议人数 29623 人次，交流论文 1263 篇。

4 月 17—18 日，由研究会评价方法与应用分会主办、山东财经大学数学与数量经济学院牵头承办的第四届评价方法与应用分会年会在山东省济南市召开。会议以“面向可持续发展的评价方法与应用”为主题，来自国内 30 余所高校、科研院所的 130 余名专家、学者出席会议。

5 月 8—9 日，由研究会低碳发展管理专业委员会等单位联合主办、太原理工大学承办的第九届全国低碳发展管理学术年会暨第四届中国（太原）管理科学与工程国际学术年会在山西省太原市召开。会议以“助绿色转型、促能源革命、推高质量发展”为主题，107 所高校的 500 余名专家、学者参加会议。

5 月 14—16 日，由研究会智能决策与博弈分会主办、安徽大学承办的第二届学术会议暨数字经济的管理决策与博弈论坛在安徽省合肥市召开。会议以“数字经济的智能制造、智能计算、智能博弈与决策”为主题，邀请国内外智能决策与博弈相关领域的院士、专家作报告。70 余所高校、科研院所的 278 名专家、学者参加会议。

12 月 4 日，由徐州工程学院、研究会风险管理分会主办，徐州工程学院管理工程学院承办的第二届中国优选法统筹法与经济数学研究会风险管理分会学术年会在江苏省徐州市以线上线下相结合的方式召开。会议以“后疫情时代的风险管理创新”为主题，分为大会主题报告、平行分论坛报告、风险管理分会筹备会 3 个部分进行，来自全国高校、科研院所的专家、学者 700 余人参加会议。

12 月 22—23 日，由研究会网络科学分会主办、国防科技大学系统工程学院等承办的中国优选法统筹法与经济数学研究会网络科学分会第二届学术年会以线上线下相结合的方式召开，主会场设在北京。会议以“大数据、复杂系统与网络科学”为主题，设大会报告和分论坛研讨两个环节进行。来自国内外 50 余所高校、科研院所的 1000 余名专家、学者参加会议。

12 月 25—26 日，由研究会服务科学与运作管理分会牵头主办、广东外语外贸大学商学院承办的中国优选法统筹法与经济数学研究会服务科学与运作管理分会第三届学术年会在广东省广州市召开。会议以“创新驱动的智慧服务管理”为主题，特邀国家自然科学基金委员会管理科学部领导、国家杰出青年科学基金获得者、教育部“长江学者”特聘教授、国内权威期刊主编（副主编）等专家与来自全国高校、科研院所的 2000 余名专家、学者在线参加会议。

科普活动 2021 年，研究会举办大学生科普竞赛活动 4 个，提交的《开展大学生科普竞赛活动，为国家科学事业储备青年科技人才》入选《中国科协第十次全国代表大会交流材料》。

1 月，研究会主办 MathorCup 高校数学建模挑战赛——2021 大数据竞赛，共吸引来自 363 所高校的 1548 支队伍参赛，包括 1164 支本科生队伍、363 支研究生队伍、21 支专科生队伍。经初赛、复赛，最终 8 支队伍取得金、银、铜奖，42 支队伍取得一等奖，124 支队伍取得二等奖，252 支队伍取得三等奖，404 支队伍取得成功参与奖。

3 月，研究会低碳发展管理分会承办 INE 杯第七届全国大学生能源经济学术创意大赛。全国 139 所高校的 1013 支队伍报名参赛，773 份有效作品进入评审环节。大赛分为初赛和决赛两个环节，40 余名能源经济领域的专家参与评审。在总决赛中，各组选手陈述各自作品，评委线上提问并打分，最终评审出 282 件获奖作品，其中本科生组和研究生组特等奖作品 6 件、一等奖作品 17 件、二等奖作品 87 件、三等奖作品 162 件；最佳能源大数据奖和最佳碳定价研究奖 4 件；二等奖以上作品的指导教师获优秀指导教师荣誉，30 个单位获优秀组织奖。

4 月，研究会主办第十一届 MathorCup 高校数学建模挑战赛，共有 574 所高校的 7175 支队伍近 2.1 万名学生报名。参赛高校覆盖 39 所 985 高校和 98 所 211 高校，以及北京师范大学 – 香港浸会大学联合国际学院、厦门大学马来西亚分校、香港中文大学和爱丁堡大学、悉尼大学、圣彼得堡国立大学等境外高校。经初选、初评、复评、专家会审，最终评出一等奖队伍 309 支、二等奖队伍 919 支、三等奖队伍 1845 支。比赛还设置 Gurobi 创新应用奖、杉数运筹优化应用奖、Apollo 高校数学建模创新奖，来自南京大学、北京理工大学、西安交通大学等高校的 11 支队伍获奖。

7 月 10 日，由研究会项目管理研究委员会、国际项目管理研究协会主办，河北工业大学、北方工业大学承办的 2021（第六届）高等院校项目管理大赛暨国际项目管理锦标赛中国区选拔赛在天津市举办。来自全国 56 所高校 116 个团队的 500 名选手参加大赛。研究生组、本科生组 2 个组别的 97 名选手分别获得个人特等奖等 8 个类别的奖项。

党建强会 2021 年，研究会党委、秘书处参加中国科协召开的党史学习教育动员大会，并连续 4 次集中参加中国科协理论学习中心组的集体学习扩大会议。承接中国科协党建强会项目，通过党的建设带动研究会建设。

12 月 11 日，召开第十届理事会四次会议暨研究会功能型党委会议，学习贯彻党的十九届六中全会精神、习近平总书记重要讲话精神。

会员服务 利用网络和微信平台、公众号等做好会员服务，及时推送学术报告等信息；每月向理事、单位会员、资深会员推送《中国管理科学》电子版和寄送纸质期刊。

【第二十三届中国管理科学学术年会】 12 月 11—12 日，由中国优选法统筹法与经济数学研究会、中国科学院科技战略咨询研究院、四川大学、《中国管理科学》编辑部主办，四川大学商学院承办的第二十三届中国管理科学学术年会在四川省成都市召开。会议以“双循环格局下的管理科学”为主题，分别在四川省成都市和北京设主会场，以线上线下相结合的方式举办。来自全国高校、科研院所和企业的专家、学者 2 万余人参加会议，直播平台累计观看人数超过 10 万人次。

会议设大会主题报告和分专题报告交流。中国工程院院士、合肥工业大学杨善林，中国工程院院士、东北大学副校长唐立新，国家自然科学基金委员会管理科学部副主任刘作仪等 8 名专家作大会主题报告。杨善林的主旨报告以《数据科学与数字经济》为题，阐述数字产业化的发展历程和关键技术、产业数字化的内在逻辑等内容。唐立新以 *Data analytics and optimization for smart industry* 为题，以钢铁行业为例，强调引入智能工业重要性，并对求解智能工业关键问题中使用的优化决策技术方法做系统性归纳，结合当前机械行业特征阐述数据分析与优化在智能工业中发挥的重要作用。

会议设优选学与优化管理、统筹学与项目管理、经济数学与金融风险管理、供应链与运作管理、决策优化与企业经营管理、能源与复杂系统管理 6 个专题，共有 18 个分会场，交流论文 231 篇，18 篇获得优秀论文报告奖。

会议同期举办 2021 年第十一届 MathorCup 高校数学建模挑战赛颁奖典礼、第六届数学建模在企业中的应用研讨会，召开研究会第十届四次理事会议暨党委扩大工作会议。

【第三届（2021）中国优选法统筹法与经济数学研究会量化金融与保险分会学术年会】 7 月 16—18 日，由研究会量化金融与保险分会主办、河南科技大学承办、国家自然科学基金创新研究群体协办的第三届（2021）中国优选法统筹法与经济数学研究会量化金融与保险分会学术年会在河南省洛阳市召开。会议以“疫情冲击与‘双循环’驱动背景下的量化金融与保险”为主题，得到管理科学领域 5 个国内一流期刊的支持。来自国内外 40 余所高校、科研院所的近 500 余名专家、学者出席会议。

会议设大会主题报告、杰出学者报告专场和期刊主编与作者面对面专场。发展中国家科学院院士、中国科学院研究员汪寿阳，天津大学讲席教授张维，中国科学院系统科学研究所副所长杨晓光，美国哥伦比亚大学商学院金融学终身讲席教授、上海财经大学金融学院名誉院长王能作大会主题报告。张维作题为《技术影响金融运行的逻辑：数字金融学》的主旨报告，指出基于由金融资产 / 产品、市场和中介机构组成的金融体系的基本运行逻辑，应以全新的视角看待金融科技及其影响；王能作题为 *Stochastic Earnings Growth and Equilibrium Wealth Distributions* 的大会主旨报告，针对随机收益增长与均衡财富分布问题提供 Bewley–Aiyagari–Huggett 模型的两个修改。

在杰出报告专场中，特邀 15 名国家杰出青年科学基金获得者、教育部“长江学者”特聘教授分别就新冠肺炎疫情与金融风险管理、家庭与养老金融、资本市场、数字金融与金融科技、绿色金融与供应链金融、投资者行为与投资组合优化等专题作报告。期刊主编与作者面对面专场针对论文选题、学术创新的表达和学术规范重要性进行分析。会议同期召开分会理事工作会议，增选分会理事会成员。

【第十一届中国优选法统筹法与经济数学研究会青年论坛】 9 月 28—30 日，由研究会青年工作委员会、贵州大学、复旦管理学奖励基金会主办，贵州大学管理学院等单位承办的第十一届中国优选法统筹法与经济数学研究会青年论坛在贵州省贵阳市举办。论坛以“后疫情时代的大数据管理创新”为主题，以线上线下相结合的方式召开。会议邀请国家杰出青年科学基金获得者、国家优秀青年科学基金获得者、教育部“长江学者”以及国内外顶级期刊的主编和负责人出席。来自全国高校、科研机构的青年学者共 200 余人参加，线上参会人数达 2 万余人次。

论坛分为大会主题报告、青年学者成长沙龙、分会场专题研讨 3 个部分。香港中文大学（深圳）经管学院教授贾建民、中国科学院大学教授李建平、贵州大学教授王红蕾等 8 名专家作大会主题报告。

在青年学者成长沙龙阶段，北京交通大学经济管理学院教授曹志刚以“要做专家，而不是杂家”为中心分享自身科研经历；南开大学商学院教授古志辉通过讲述自身动态优化转型经历，指出研究应契合中国管理实践；北京化工大学经济管理学院教授李想结合具体案例，指出当前部分学术研究存在的问题；合肥工业大学管理学院教授王刚指出青年学者应抓住未来五年窗口期的机遇，在大数据研究上引领国际；上海大学管理学院院长镇璐认为青年学者应以学术为核心，再延伸综合素质；山东大学管理学院副院长张江华结合自身学术经历，指出学术研究应自信、注重积累、坚持“走出去”，展现出坚忍不拔的“逆境商”；天津大学管理与经济学部教授张兮就如何深入研究“知识管理”展开进一步讨论；中国科学院科技战略咨询研究院副研究员吴登生认为经济管理学科在企业实际管理中需要聚焦课题，切实提高学科、人才的科研实力。

会议设重大疫情与管理科学、决策与风险管理、供应链与运作管理、低碳发展与环境治理 4 个专题进行论文交流。会议收到论文 110 篇，其中 50 篇论文进入会议交流，专家组评审出 12 篇大会推荐论文，在管理科学领域一流期刊上发表。

会议同期进行青年工作委员会换届工作，汤铃当选为新一届主任。

（撰稿人：张　玲）

中国岩石力学与工程学会

服务创新型国家和社会建设　2021 年，学会新晋 4 名中国工程院院士；新建院士专家、标志性人才和青年专家 3 个子库；智库专家总人数达到 827 人，新增 221 人，同比增长 26.7%。

获批中国科协“科创中国”科技服务团项目，承接“科创中国”煤炭地质科技服务团工作，为国家重大工程项目提供科技支撑，促进科技经济深度融合。针对陕西省延安市、山西省吕梁市革命老区在煤炭产业及地质灾害预警方面对技术创新的需求，借助“科创中国”平台，通过加强与地方科协、学会、企业联系，共同推动试点城市科技创新与经济深度融合。对当前煤炭行业和地质灾害监测领域高科技成果和试点城市的 50 项技术需求进行系统凝练发掘，完善“国家重大工程 – 国家重点实验室”科技创新联合体、中国矿业科学协同创新联盟 2 个长效机制，遴选 2 个服务产学融合的典型案例，提供 100 人专家名单和 50 项技术成果信息。在“科创中国 · 智惠延安”活动期间，科技服务团分别对延安市科协、延安能源化工集团有限责任公司、延川县新泰煤矿开展服务对接会，加快 3G N00 工法科学试验基地的建设。

开展国家重大工程和自然灾害防治科技咨询，先后组织针对川藏铁路建设和白鹤滩水电站等国家重大工程建设的多项咨询与论证。依托高端智库，发挥科技评价品牌效益，完成陕西省引汉济渭工程建设有限公司“引汉济渭隧洞施工岩爆预警与防范”和中国长江三峡集团公司乌东德工程建设部“乌东德复杂特困地质巨型地下厂房围岩稳定性控制关键技术”等37项科技成果的评价工作。

开展团体标准工作，先后组织开展评审会36次，编制立项15项，发布并实施《露天矿山岩质边坡工程设计规范》《城市网络化地下空间规划设计技术规范》等10项标准。

5月12日，学会举办“岩土工程中国仪器”学术讲座，来自全国各地高校及企业的200余名专家、学者现场参加会议，1.6万余人线上参加会议，12个国产测试仪器研发团队交流岩土工程国产仪器的最新成果和前沿进展。

针对川藏铁路工程，成立“国家重大工程–国家重点实验室”科技创新联合体，形成问题清单、技术清单和攻关清单。4月13日在西藏自治区林芝市、11月16日在北京举办两届雅林论坛。首届论坛有59人参加会议，第二届共386名专家、学者参加会议，其中包括16名两院院士。通过两届雅林论坛，组织软岩TBM和岩爆TBM两支专家组团队总结出4个科学问题和工程技术难题。

首次承担并获批人力资源社会保障部专业技术人才知识更新工程2021年高级研修项目。10月，举办岩土工程中国软件领域专业技术转移转化能力提升高级研修班，来自全国各地高校、科研院所及企业的200余名专家、学者现场参加会议，线上线下共500余人参加会议，11家国产软件研发团队开展5场技术培训。

10月22日，组织开展第六届“专岩杯”全国青年岩石力学与岩土工程创新创业大赛，共有10个项目入围决赛。参赛项目涵盖软件开发、装备研制和技术应用等，可为岩石工程瓶颈难题提供软硬件支持，促进科学技术与经济深度融合。

12月19日，开展第五届高校城市地下空间工程专业青年教师讲课大赛和大学生模型设计竞赛。在第五届高校城市地下空间工程专业青年教师讲课大赛上，来自36所高校的41名城市地下空间工程专业的青年教师参加比赛，4人获特等奖、8人获一等奖、12人获二等奖。在大学生模型设计竞赛上，来自全国47所城市地下空间工程专业的大学生参加比赛，34所高校的136人参加决赛，最终2个项目获特等奖、4个项目获一等奖、7个项目获二等奖、12个项目获三等奖。

学会建设　学会修订完善并审议通过22项规章制度，发文87篇，制订《档案管理办法》，梳理近6年来纸质档案50余盒。

截至2021年年底，学会个人会员25319人，团体会员单位68个，分支机构45个，理事179人。根据工作需求，按照中国科协和民政部及学会章程的相关规定，召开理事会议2次、常务理事会议2次、党委会议9次、党工委会15次、理事长办公会议6次、秘书处工作例会27次；分支机构批准成立6个、撤销1个、换届1个；学会届中理事新增11人、减少1人，监事会监事变更1人。筹备建立科普工作委员会。

获批全国学会财务信息化项目，成为首批试点单位。通过站群系统为分支机构和地方学会建立11个网站。

青年人才托举工程　学会遴选第六届中国科协“青年人才托举工程”项目优秀青年10名，其中中国科协资助名额2个、自筹名额8个；学术类7名、工程类3名。

获批中国科协青年科学家沙龙活动项目。10月23日，在第十一届亚洲岩石力学大会期间举办岩土工程智能监测原创性研究及核心技术青年科学家沙龙活动。

主办期刊　2021年,《岩石力学与工程学报》核心总被引频次和核心影响因子分别达到11056和2.422，在土木工程和力学学科中文刊均排名第1；据2021年科技部中国科学技术信息研究所发布的《中国卓越科技论文产出状况报告》，2篇论文入选“中国百篇最具影响国内学术论文”；获“百种中国杰出学术期刊”和“中国最具国际影响力学术期刊”称号。

《地下空间与工程学报》复合影响因子1.485、综合影响因子1.065。

《岩石力学与岩土工程学报》（英文版）（*Journal of Rock Mechanics and Geotechnical Engineering*，JRMGE）来稿量显著增加，提升至1400篇，全年发表论文117篇，退稿率88%，海外论文占比65.8%，发达国家论文比例为47%且保持相对稳定，国内发文量保持在40篇。JRMGE获评湖北省科协2021年度“科技创新源泉工程”之“优秀科技期刊”。

学会获批中国科协高质量科技期刊分级目录试点项目，编制岩石力学与岩土工程领域高质量科技期刊分级目录。继续落实中国科协中国科技期刊卓越行动计划项目第三年工作，打造领军期刊*Journal of Rock Mechanics and Geotechnical Engineering*；培育优秀梯队期刊《岩石力学与工程学报》。举办岩土及工程地质一流英文期刊建设论坛，着力构建学会在英文期刊领域中的领导力，促进英文期刊发展。多名编辑获"2021年度中国科技期刊卓越行动计划选育高水平办刊人"称号。

学科发展工程 学会组织撰写《2020—2021岩石力学与工程学科发展报告》，引领学科发展方向，梳理本学科近年的最新研究进展，进行国内外研究进展比较。按照中国科协要求，完成综合报告1份和专题报告20个并通过项目验收。

学会专家团队自主研发的NPR锚索材料和滑坡灾害牛顿力远程监测预警关键技术获2021年度国际岩石力学与岩石工程学会技术发明奖。

国际学术会议 10月22—24日，由国际岩石力学与岩石工程学会主办，学会、国际岩石力学与岩石工程学会中国国家小组承办的第十一届亚洲岩石力学大会在北京召开。会议主题为"岩石力学与工程中的机遇与挑战"，与会专家共同探讨碳中和背景下岩石力学和岩石工程领域中的问题与矛盾、机遇与挑战、思路与对策等。大会总规模5160人；交流论文663篇；组织31个分会场，作545个学术报告；组织技术培训6场；设有4000平方米线下展厅，参展单位163家；线上累计观会286.29万人次、线上观展2.59万人次。

国内主要学术会议 2021年，学会和各分支机构共组织各类学术交流活动40余次，其中岩土锚杆与锚固结构系列讲座、雅林论坛、深地能源金石高峰论坛和陈宗基讲座等主要活动10次，参会人数约7.6万人次。

5月15日，学会在湖北省武汉市举办岩土工程与地质力学高峰论坛，中国工程院院士、学会名誉理事长顾金才，中国工程院院士、学会党委委员、副理事长康红普，中国工程院院士、学会副理事长杨春和和中国工程院院士、西安科技大学教授王双明等作报告。

10月19—21日，学会在山西省太原市举办"陈宗基讲座"暨岩体力学的发展与若干未解之百年问题高端论坛。论坛邀请中国科学院院士、学会监事长赵阳升为主讲人，作题为《岩体力学的发展的一些回顾与若干未解之百年问题》的报告。论坛全程在线直播，获得国内外岩石力学领域研究人员的广泛关注。

国际交往 学会开展国际科技人文交流活动，发起以我为主的国际大科学工程计划，切实服务国际重大工程，组织编制国际岩石力学标准，推动中国标准和技术走出去。推进与越南和阿根廷合作项目，联系越南方面，邀请越南代表参加第十一届亚洲岩石力学大会，并与越南方面签署相关技术服务合同，向其提供相关技术装备与技术支持，进行现场调研与室内模型试验研究工作。派遣技术人员确定支护技术和施工工艺，提供哈龙煤矿现场试验工程技术指导。组织国际岩爆专业委员会专家学术研讨会，开展岩爆防控技术学术交流与合作研讨。学会专家在越南VietRock 2021大会上作特邀报告。

推进2027年第十六届国际岩石力学大会的申办工作。

首次开通中美岩石力学学会主席热线，双方学会针对复杂疑难问题进行技术攻关与合作。

科普活动 学会在世界地球日、防灾减灾日等重要节点开展群众性示范科普活动10次；学会专委会组织开展大学生夏令营、"页岩油气"的前世今生、"地质精神代代传"等5次科普实践活动。

学会专家编制绘画版《地球大龟裂》，发布《2021中国城市地下空间发展蓝皮书》。

学会官网下设科学普及专栏和组织宣传专栏，设立中国岩石力学与工程学会、科普岩石力学与工程2个微信公众号，入驻中国科协"科普中国"宣传号；入选中国科协系统科学传播榜。

学会获评中国科协"全国学会科普工作优秀单位"。

表彰举荐优秀科技工作者 修订完善学会科学技术奖奖励条例和实施细则，组织开展第十二届科学技术奖评审活动，评选产生自然科学奖特等奖1项、一等奖3项、二等奖1项，技术发明奖特等奖1项、一等奖1项、二等奖2项，科技进步奖特等奖2项、一等奖10项、二等奖17项，优秀博士学位论文奖10篇，推荐赵骏、安孟可为罗哈奖候选人。

学会组织两院院士提名遴选工作，提名中国科学院院士候选人3名、中国工程院院士候选人2名；向科协推荐中国青年科技奖候选人2名、第十八届中国青年女科学家奖候选人1名；推荐第十四届光华工程科技奖候选人1名；组织征集专家46人，向中国科协推荐科技报道专家30人。向国际岩石力学与岩石工程学会推荐6名青年岩石工程师奖候选人。开展2021年"最美科技工作者"推荐工作。

组织开展2021年城市地下空间工程专业百名优

秀毕业生评选活动。44所院校的100名学生被评为“2021年中国岩石力学与工程学会城市地下空间工程专业百名优秀毕业生”。

党建强会 学会创新治理结构和工作机制，成立学会党委统领下的由学会理事会、监事会和国际岩石力学与工程学会中国国家小组组成的“3+1”领导机构。成立学会党的工作委员会，在党委会休会期间处理学会“三重一大”事项。

开展“众心向党、自立自强”党史学习教育吕梁行、白鹤滩行、武汉行、红船行、延安行等系列活动10次。组织科学家讲授专题党课34场，其中院士讲授党课14场，受众1.4万余人次；组织弘扬科学家精神宣讲会2次、展览4次，发布倡议书3次；开展“我为群众办实事”实践活动52次。学会党史学习教育典型案例被《中国科协党史学习教育简报》刊登并选送党中央。

承担中国科协党建示范工作联合体项目，担任联合体第二届轮值主席，召开5次工作研讨会；担任党史学习教育第三巡回指导组第一小组组长。

实施创建学会党建宣传教育基地项目，在白鹤滩水电站建立首个党建宣传教育基地，开展“国之重器-白鹤滩”工程考察科普行等3项庆祝建党百年科普宣传教育活动。组织党校特色活动，精准实施高科技精准帮扶，助力延安、吕梁等革命老区科技创新与实体经济深度融合。

中国工程院院士、学会名誉理事长钱七虎任中国科协学会党建工作指导委员会主任；中国科学院院士，学会党委书记、理事长何满潮任中国科协学会党建工作指导委员会委员及中国科协学会党建研究会特邀顾问；学会党委副书记、秘书长杨晓杰出任中国科协学会党建研究会副会长。此外，学会办事机构党支部5月转为正式党支部，获“2019—2021年度先进临时党支部”称号。学会获“2018—2020年度中国科协党建工作先进集体”、“党建强会计划”十佳品牌活动、“全国学会智慧党建建设优秀学会党组织”等荣誉。

会员服务 学会探索建立结构分布合理、层级体系完备、高端人才资源丰厚的会员体系。搭建职业发展、学术成长、志愿服务、国际合作等分级分类服务平台，力争提供优质、精准、具有多元化和个性化特征的会员服务。

组织举办“5·30”全国科技者工作日系列活动和“百题、百问、百人答”党史竞答线上会员活动，献礼中国共产党成立100周年。

编纂发布学会动态4期、党建通讯6期、工作简报13期、Newsletter12期。开展2021年“优秀共产党员”宣传活动和学会会士推选工作。在官网制作专栏，网站和微信公众号同步开展典型事迹宣传。

【第十一届亚洲岩石力学大会】 10月22—24日，第十一届亚洲岩石力学大会在北京召开。大会由国际岩石力学与岩石工程学会主办，中国岩石力学与工程学会、国际岩石力学与岩石工程学会中国国家小组承办，属于ISRM区域性会议，主题为“岩石力学与工程中的机遇与挑战”。

中国科协党组成员、书记处书记吕昭平，学会党委书记、理事长、中国科学院院士何满潮，学会前任理事长、中国工程院院士冯夏庭，学会副理事长、中国工程院院士康红普，学会监事长、中国科学院院士赵阳升，学会党委副书记、中国工程院院士李术才，俄罗斯自然科学院外籍院士伍法权，日本工程院外籍院士汪发武，中国科协学会服务中心学术活动处处长魏丹，ISRM副主席杨强，ISRM中国国家小组副主席李夕兵、宋胜武，学会副理事长周创兵、邬爱清、殷跃平等来自全国水利水电、煤炭石油、能源矿山、交通铁路、地质灾害、生态环境、安全防护、市政建设、大专院校等单位的专家、学者近800人出席线下大会。大会总规模5160人，线上累计参与286.29万余人次，共收到摘要1084篇，最终收录663篇。来自亚洲、欧洲等26个国家的202名海外专家、学者线上参会，大会收到82篇海外专家投稿，作13个海外特邀报告，组织14个国际分会场，11家国际展商参展。

20名国际岩石力学领域的专家作大会特邀报告。线下16个分会场、线上15个分会场共作525个分会场报告。同期举办科技创新工业展览会，设有4000平方米线下展厅和线上VR展厅，共163家展商参展，线上观展2.59万人次。

【“众心向党、自立自强”党史学习教育（延安行）】 “众心向党、自立自强”党史学习教育（延安行）活动包括“科创中国·智惠延安”能源化工高质量发展高端论坛、“我和代表一起学”座谈会，以及枣园革命旧址、杨家岭革命旧址和梁家河知青旧址实地党史学习教育。该活动获中国科协优秀组织奖。

7月20日，由中国科协学会党建办公室、延安市人民政府、陕西省科学技术协会、中国岩石力学与工程学会主办的“追寻红色足迹，科技为民服务”党史学习教育延安示范活动暨“科创中国·智惠延安”能源化工高质量发展高端论坛在陕西省延安市召开。中国科协学会党建工作指导委员会委员、中国科协党组成员王守东，中共延安市委常委、组织部部长杜金根，中国科学院院士宋振骐、何满潮、赵阳升、吴宜灿，中国工程院院士李术才，俄罗斯自然科学院外籍院士伍法权，煤炭工业规划设计研究院战略规划院院长吴立新等领导、专家出席会议。来自中国科协、中国科协科技社团党委、中国科协党史学习教育第三巡回指导组等有关单位的近200人参加会议。

会后，由李术才带队，吴宜灿、赵阳升等40余人前往延安高新技术产业开发区参观规划展览馆，调研中电星原科技有限公司和嘉盛石油机械有限责任公司，召开入区企业服务对接座谈会。参加座谈的14名企业代表通过情况介绍，提出企业发展问题、技术需求和服务项目。

（撰稿人：韩晓红）

中国野生动物保护协会

服务创新型国家和社会建设 截至11月，协会野生动物云博馆共有12个国家级自然保护区及数十名志愿者参与，经《动物世界》栏目组审核并发布短视频102条，播放量为19348次。

组织2020—2021年全国越冬鹤类种群数量的同步调查，来自全国71家单位的800余名调查人员对全国23个省（自治区、直辖市）的134处鹤类越冬分布区进行同步调查，根据调查结果编写《中国鹤》图册并开展鹤类保护宣传活动。

由协会牵头组建的麝类保护繁育与利用国家创新联盟申报的“林麝人工繁育种群的优质种质资源评价体系研究项目”列入115项2021年度林草国家创新联盟自筹研发项目名单；联盟理事单位参与的“天然麝香产业化项目”分别获第三届“赢在昭通”创新创业大赛金奖、第八届“创青春”中国青年创新创业大赛全国总决赛银奖、第四届“中国创翼”创业创新大赛三等奖。

3月23日，协会联合世界旅游联盟、国际野生物贸易研究组织在北京举办旅游行业抵制野生动植物非法贸易自律公约倡议活动。协会和世界旅游联盟联合发布《旅游行业抵制野生动植物非法交易自律公约》，携程旅行网、众信旅游、中青旅等8家旅游行业领军企业签署自律公约。

3月25日，协会联合国际野生物贸易研究组织在北京举办野生动物保护科普宣传培训班。邀请专家对野生动物保护的政策和网络宣传技巧策略进行讲解，40余人到场参会，2000余人通过线上直播收看。

7月19—22日，协会与东北林业大学野生动物与保护地学院在吉林省珲春市联合主办野生动物保护管理知识培训班，来自全国17个省（自治区、直辖市）的60名学员参加培训，就《国家公园为主体的自然保护地体系》《国家公园行政规制》《野生动物保护与人兽冲突》等展开学习讨论。

7月30日—8月2日，在黑龙江省伊春市举办第六期志愿者候鸟保护“护飞行动”培训班，来自全国的近百名志愿者参加培训。协会会长陈凤学、秘书长武明录、国家林业和草原局动植物司副司长万自明等出席。

9月23日，协会联合国际野生物贸易研究组织、国际爱护动物基金会、世界自然基金会在北京举办打击网络野生动物非法贸易互联网企业联盟2021交流活动，吸纳5家新成员单位，联盟成员增至47家。活动邀请专家和企业代表作报告，共同探讨中国网络野生动植物非法贸易综合治理的相关问题，促进生物多样性保护。

联合武汉大学环境法研究所、自然资源保护协会举办6期“野生动物保护良法善治”系列研讨活动，邀请国家林业和草原局、农业农村部、中国科学院动物研究所等单位对野生动物保护形势、政策及法律法规进行解读。活动采取线上直播的形式，每期观看量达上万人次。

9—10月，实施麋鹿、野马种群扩散与扩大放归专项，在内蒙古大青山国家级自然保护区放归27头麋鹿和12匹野马。放归活动被中央电视台财经频道、新闻频道、《人民日报》、新华社、央视网等近百家媒体或网站转载报道，各平台关注阅读量近亿次。

实施勐海—澜沧亚洲象隔离种群转移安置专项，对象群持续监测预警，运用脉冲电围栏和食物引导的方式将4头肇事突出、安全风险高的成年雄象引入临时管控区（现临时管控区内有5头亚洲象，其中1头为勐腊肇事雄象），之后象群再也未进村入寨，缓解了人象冲突，保障当地人民群众的生命财产安全。据不完全统计，1—10月，该象群采食农作物造成的损失为2020年同期的2.61%，肇事造成农作物损失补偿金额同比下降97.4%。脉冲电围栏经过测试和使用后，应用到云南省北移象群的临时管控中。

完成赛加羚羊栖息地恢复及重引入前期准备项目。为恢复国内赛加羚羊种群数量、提升种源繁育技术，联合北京林业大学启动赛加羚羊重引入区域的动物生态地理学途径调查和分析、重引入区域的自然和社会因子综合调查和可行性分析等工作。

学会建设 4月19日，协会组织召开2021年分支机构工作会议，会上观看党史教育纪录片，传达贯彻中国科协、国家林业和草原局、民政部有关会议文件精神，对《中国野生动物保护协会分支机构管理办法》《中国野生动物保护协会关于加强分支机构管理的通知》进行解读，并探讨相关议题。

协会完善修订日常管理规章制度汇编，规范召开各项会议，进一步加强分支机构管理。

国际学术会议 11月2—5日，由协会科学技术委员会承办的亚欧两栖爬行动物多样性与保护国际学术大会暨中国动物学会两栖爬行动物学分会2021年度学术大会在四川省成都市召开。会上就两栖爬行动物多样性调查研究、保护理论和方法等方面取得的成果、未来工作方向和重点展开探讨交流。

国际交往 5月31日，在中国与马来西亚建交47周年之际，参与协会和马来西亚能源及自然资源部野生动物和国家公园司开展的大熊猫保护研究合作的旅马雌性大熊猫“凤仪”喜诞第三胎幼崽，被命名为“升谊”，是中国2021年海外出生的首只大熊猫幼崽，也是继2015年幼崽“暖暖”、2018年幼崽“谊谊”之后，第三只在马来西亚出生的雌性大熊猫幼崽。

7月20日，参与协会和日本东京开展的大熊猫保护研究合作的旅日雌性大熊猫“仙女”再次顺利生产一雄一雌双胞胎幼崽，被命名为“晓晓”（雄）、“蕾蕾”（雌），这是时隔4年在日本东京恩赐上野动物园出生的熊猫幼崽。

8月14日，参与协会和新加坡保育集团开展的大熊猫保护研究合作的旅新雌性大熊猫“嘉嘉”首次诞下幼崽，这是中新双方经过9年合作首次成功繁育幼崽。新加坡总理李显龙通过社交媒体发文祝贺。12月29日，国务院副总理韩正与新加坡副总理王瑞杰共同视频出席大熊猫幼崽命名仪式，并共同揭晓熊猫幼崽名字“叻叻”。

继续保持与国际狩猎和野生动物保护理事会、野生动物保护联盟特别工作组的交流合作，及时掌握国际相关信息，为主管部门提供相关建议。

9月3—11日，参加世界自然保护联盟世界自然保护大会，参与世界自然保护联盟主席、司库、科学委员会主席和区域理事等重要职位的选举投票工作，审议大会128个动议。

12月3日，经批准，协会与英国苏格兰皇家动物学会签署为期2年的大熊猫保护研究合作的延期协议。

科普活动 协会围绕联合国《生物多样性公约》缔约方大会第十五次会议（COP 15）开展系列宣传活动，出版《中国鹤》图书，该书经国家林业和草原局推荐作为COP 15大会用书；指导支持有关单位出版发行儿童书籍《大象的旅程》、科普图书《观象》，入选COP 15推荐读物；联合中国林业出版社等单位拍摄制作《云南北移象群处置工作纪实》《象往之路》等科普宣传片，其中《象往之路》在COP 15会议期间播放；发布《我们的未来在于此刻的行动》《拒绝走私，保护全球生物多样性》系列公益海报。

协会共发表15篇《科学家论保护》系列科普文章，介绍中国的东黑冠长臂猿、穿山甲、扬子鳄、鲸等野生动物保护情况，在科学传播专家团队网站、协会微信公众号和中国绿色时报等平台发布。

3月3日，开展第8个世界野生动植物日科普宣传活动，主题为“推动绿色发展　促进人与自然和谐共生”。主题宣传视频累计播放80余万次，设计印制主题海报，邮寄各地专员办和协会开展宣传活动；同时开展野生动物保护知识线上有奖问答活动，共计5000余人次参与；联合腾讯“企鹅爱地球”、野生救援通过公益广告和H5互动，宣传禁止滥食野生动物和拒绝非法野生动物交易，曝光量超1亿次。

4月13日，由协会和国家林业和草原局联合主办，北京市园林绿化局、北京市公园管理中心协办，北京植物园、北京市野生动物保护协会承办的全国“爱鸟周”40周年暨北京市2021年“爱鸟周”活动启动仪式在北京举办。启动仪式上，协会向表演艺术家六小龄童、主持人敬一丹颁发协会公益形象大使荣誉证书，六小龄童宣读爱鸟护鸟倡议书；北京市园林绿化局发布《北京陆生野生动物名录——鸟类》；为2021年协会春季保护候鸟“护飞行动”志愿者队伍授旗。在北京植物园举办为期1个月的“爱鸟周”展览，内容包括“爱鸟周”来历、全国鸟类保护情况、北京市常见鸟类、观鸟方法等。

5月22日，在国际生物多样性日，协会与中央电视台《动物世界》共同策划制作的30集大熊猫保护科普知识短视频《你好！大熊猫》正式播出，每周播放1集，央视累计观看量超千万次。国家林业和草原局、大熊猫国家公园、中国大熊猫保护研究中心、中国科协、学习强国、澎湃新闻等平台均转载播出。

5月24—28日，在湖北省神农架国家公园举办2021年全国林业和草原科技活动周分会场活动暨全国未成年人生态道德教育交流活动，来自全国17个省（自治区、直辖市）的90余人参加，就保护区自然资源和专业知识与自然教育相结合的途径及方法展开探讨。

9月21日，在北京市开展“播绿行动”野生动物保护知识进社区活动，发放科普折页、图书、资料等，向社区公众介绍野生动物保护知识；10月20日和25日分别在北京市第一师范学校附属小学和北京市分司厅小学举办“播绿行动”野生动物保护知识进校园活动，活动期间举办野生动物图片展、发放野生动物保护科普图书和组织野生动物知识讲座，累计3100余名学生参与。

10月23日，协会主办第九届国际雪豹日公益宣传活动。通过主题分享互动、共同倡议、布设摄影展等，向社会宣传普及中国雪豹保护的成果及研究的最新动态。中国林业网、腾讯网、《中国绿色时报》等网站和媒体进行报道。

11月20日，开展“保护野生动物宣传月”线上系列科普宣传活动，发布《在野外，遇见大型猛兽怎么办？》和5部野生动物生物安全科普系列动画，并开展线上有奖知识问答活动。《在野外，遇见大型猛兽怎么办？》以动画的形式讲述如何在野外应对可能发生的人兽冲突情况，保障人身和财产安全。野生动物生物安全科普系列动画的大天鹅篇、麋鹿篇、浣熊篇、豹猫篇、岩羊篇讲述5个物种的基本知识、保护级别、携带的病原体及防控知识。

在全国28个省（自治区、直辖市）的178个单位开展生物安全科普活动，张贴海报和挂图、播放野生动物生物安全科普系列动画、发放宣传折页等，向公众普及野生动物疫源疫病和生物安全科普知识。

联合野生救援、中国环境报发布《我们的未来在于此刻的行动》系列公益海报，邀请郎朗、黄轩、杨紫和王一博为COP 15大会发声，呼吁公众积极参与保护生物多样性。该公益广告在北京、云南省昆明市、上海市等10个城市的机场、高铁站、公交站等热点地区投放，浏览量超7亿人次；联合中国海关及多家NGO组织联合发布《拒绝走私，保护全球生物多样性》系列公益海报，在交通枢纽和边境口岸投放，防止出入境旅客及快递物流、互联网商家等走私濒危物种及其制品。4月6日，在北京举办“春暖玉渊　万物生辉”玉渊潭公园第二届生态科普摄影展，共展出200余幅作品，涉及公园冬春景观环境、动植物栖息状态、野生动物保护和科普教育等内容。

协会参与制作纪录片《看春天》《看夏天》《看秋天》《看冬天》第二季，纪录片在CCTV 9、央视频等播放。

协会官网累计发布各类信息357条，新增设野生动物影像欣赏板块，其中《看四季》栏目视频共计发布40集，《你好！大熊猫》栏目视频共计发布24集，《科普动画》栏目视频共发布12集；增设《动物世界》《人与自然》《秘境之眼》等野生动物栏目链接；微信公众平台共发布214期内容、文章734篇，累计阅读次数160万余次，累计阅读人数110万余人次，关注量达9.4万人次。9月20日，协会微信公众号平台推出《中国野鸟日历》，每日更新1篇，以日历形式科普野生鸟类的保护级别、种群特征和生活习性。

协会与野生救援合作邀请演员成龙、杨紫分别以《不做大自然的反派》和《让旅行只留美好，不留遗憾》为主题拍摄野生动物保护公益宣传片和平面海报，在北京、上海市等20余个城市投放，浏览量超12亿人次。

联合武汉大学环境法研究所、自然资源保护协会举办6期“野生动物保护良法善治”系列研讨活动，邀请国家林业和草原局、农业农村部、中国科学院动物研究所等单位对野生动物保护形势、政策及法律法规进行解读。活动采取线上直播的形式，每期观看量达上万人次。

党建强会　2021年，协会共开展党史学习教育主题理论学习中心组学习6次、主题党日活动3次、党史学习教育集体研讨交流18次，组织观看云课堂视频和各类讲座8次，参观党史学习教育主题展览7次，协会监事长、秘书长和邀请相关专家讲党史课程6次，在中国科协科技社团党建微信公众号、国家林业和草原局绿色党建、《协会党建动态》等发稿40余次。

组织党员干部参与国家林业和草原局开展的党史知识竞赛、建党100周年快闪、“我想对党说”视频征集等党史学习教育。在中国科协组织的“百年党史·百家学会”党史知识竞赛中获得优秀组织奖。

为全体干部职工配发4本党史学习教育指定必读书籍以及《中华人民共和国简史》《社会主义发展简史》《改革开放简史》。

会员服务 12月24—27日，协会组织野生动物安全管理线上培训，31家会员单位超2500人次在线观看。

【云南北移亚洲象群处置】 5—8月，协会领导带队参与国家林业和草原局北移大象处置工作，蹲守云南省一线近3个月，指导地方有关部门开展转移安置方案和舆情应对方案编制、象群监测预警、活动轨迹分析研判、沿线群众疏导管控等工作。同时协调专家多次在中央广播电视总台《新闻1+1》栏目就象群结构、象群为何向北移动、如何开展安全防范等热点话题进行科学论证分析，并向社会公众做科普解答。8月8日晚8时8分，云南北移象群跨过元江大桥顺利返回传统栖息地。9月10日凌晨，北移的14头亚洲象安全通过把边江大桥，进入普洱市宁洱县，北移象群安全防范与处置工作取得成功。

协会联合中国林业出版社等单位拍摄制作《云南北移象群处置工作纪实》《象往之路》等科普宣传片，《象往之路》于10月11—15日在COP 15大会期间播放。

根据云南亚洲象北移南返的故事原型，指导支持贵州人民出版社、北京蒲公英童书馆、中国林业出版社等单位出版发行儿童书籍《大象的旅程》、科普图书《观象》，并入选COP 15大会推荐读物。《大象的旅程》获得2021年第四届大鹏自然童书奖年度传播奖、当当网2021年度最具创新力奖等奖项，入选《中国教育报》2021年度教师推荐的十大童书。

同时，调研评估云南其他亚洲象群扩散情况，指导地方有关部门对向南移动并滞留中国科学院西双版纳热带植物园的象群进行监测和人为干预，并对亚洲象活动区域内的玉磨铁路安全运行风险进行评估、开展亚洲象适宜栖息地改造论证等，撰写专项调研报告转呈主管部门阅研。

【2021年保护候鸟志愿者“护飞行动”】 经过组织和选拔，在全国各地招募100支护飞队伍，联合执法部门，根据鸟类迁徙情况，深入乡间开展候鸟栖息地巡查、救助受伤鸟类、发放爱鸟护鸟宣传资料。截至11月14日，护飞队伍累计开展活动2000余次，直接参加护飞行动的志愿者超过1.3万人次。志愿者救助野鸟1万余只，协助执法部门拆除鸟网、鸟笼等捕鸟工具6000多件，开展科普、普法讲座及展览163场，向执法部门提供举报线索744条，发放宣传册、宣传单等各种形式的护飞资料8万余份。新华网、央广网、《人民日报》等100多家各级各地媒体累计报道转发护飞行动消息300余条。1—8月，新发展注册志愿者862人，2017年至今累计发展注册志愿者5991人。

国家林业和草原局把志愿者“护飞行动”作为加强野生动物保护的一项重要内容写入《“十四五”林业草原保护发展规划纲要》。

（撰稿人：于永福　李雅迪）

中国系统工程学会

服务创新型国家和社会建设 学会承接中国科协十大代表调研课题，选题方向是加快可再生资源产业发展政策建议。中国科协十大委员、学会理事长杨晓光牵头，中国科协十大代表、学会理事周鹏带队深入研究，撰写4份政策咨询专报《关于推进我国储能产业高质量、大规模发展的对策建议》《双碳目标下促进绿氢发展的政策建议》《关于推进我国农村户用光伏高质量、大规模发展的对策建议》《推进微电网规模化发展的对策建议》报送中国科协。

学会建设 学会按期组织2次常务理事会议、2次理事长办公会议、1次秘书长工作会议、1次理事会议。每月月底定期制订秘书处工作动态，将学会工作总结通过微信公众号对外发布，体现开放办会原则。对分支机构的组织更替采用（常务）理事会讨论并发布正式批文的形式，加强分支机构组织的规范性，对分支机构的学术活动实行报备制度，并通过学会微信公众号及时发布报备活动的信息。对上级科协等各类下发文件采用秘书长、常务副秘书长阅览批审，及时传发理事会、分支机构乃至全体会员，并委派专门主管强化对分支机构的服务与管理。

4月18日，学会在江苏省南京市召开学会十届五次常务理事会议，听取分支机构主要工作汇报，审议通过草业系统工程专业委员会和系统动力学专业委员会换届申请，讨论《学会分支机构管理条例》修订稿。7月1日和12月2日，分别召开两次线上理事长办公会议，讨论分支机构工作、学会自身发展（创建世界一流学会）、响应中国科协各类活动等方面的工作情况。7月21日，在北京召开秘书处工作会议，明确工作委员会不同于专业委员会的工作性质，就学会在科普、期刊建设、国际学术交流、奖励工作、青年工作等方面做剖析，对工作委员会以及学会办公室的工作加以改进。9月10日，线上举办十届六次常务理事会议，听取农业系统工程专业委员会、应急管理系统工程专业委员会换届申请；听取人–机–环境系统工程专业委员会延期换届申请；讨论《学会“十四五”规划纲要》和《分支机构管理条例修订稿》中的增补意见，决定对两个文件继续征求意见后，提交十届四次理事会议讨论通过。12月25日，线上召开十届四次理事会议，表决通过《学会“十四五”规划纲要》《学会分支机构管理条例》；7个专业委员会/分会换届，分别为船海系统工程专业委员会、服务系统工程分会、过程系统工程专业委员会、系统理论专业委员会、可持续运营与管理系统分会、农业系统工程专业委员会和应急管理系统工程专业委员会。

8月20日，学会秘书处上线新的会员系统，提前完成学会活跃会员年底达到2500名的目标。新增、续费团体会员单位7个，分别是中国航天科技集团第十二研究院、中国民用航空飞行学院、北京师范大学、上海交通大学、北京理工大学、北京邮电大学和中国科技出版传媒股份有限公司。

学会通过获得中国科协“中国特色一流学会建设项目”，启动发展创新计划，重要举措之一是通过发展新时代系统观为目标的新时代系统工程大讲堂，结合国家“十四五”规划和2035年远景目标，面向世界科技前沿、面向经济主战场、面向国家重大需求、面向人民生命健康，从系统工程视角解读当前国家发展中的复杂问题，贯彻系统工程落地的实践原则。截至2021年12月31日，大讲堂已举办2期。

青年人才托举工程 学会完成第五届中国科协“青年人才托举工程”项目第三年合同签订，并召开秘书长工作会议通报执行情况、准备结题验收事宜。完成第六届中国科协“青年人才托举工程”项目申请答辩和遴选公示工作，推荐的2名候选人（中国科学院数学与系统科学研究院孙玉莹和中国人民大学潘禹辰）获得资助。完成第七届中国科协“青年人才托举工程”项目的申报工作。

主办期刊 学会主办5种学术期刊，包括3种中文期刊《系统工程理论与实践》《系统工程学报》《交通运输系统工程与信息》，以及2种英文期刊*Journal of Systems Science and Systems Engineering*（《系统科学与系统工程学报》）和*Journal of Systems Science and Information*（《系统科学与信息学报》）。5刊均完成社会效益情况评价考核工作，通过期刊年检；完成对学会年会投稿论文的遴选工作；完成2021年度全国学会期刊出版能力提升计划国际学术交流和产业发展服务项目的申报工作并获批；完成中国科协主管期刊滥发论文问题专项检查。同时，进一步落实“三审三校”制度，严格保证期刊刊载内容的学术质量。

《系统工程理论与实践》通过中国科技期刊卓越行动计划总结验收，签署新一期项目任务书；全年发表文章257篇，发行纸质期刊2.4万册。《系统工程学报》完成国家新闻出版广电总局要求的在岗人员72学时继续教育培训，全年发表文章63篇，发行纸质期刊4370册。《交通运输系统工程与信息》通过中国科技期刊卓越行动计划总结验收，签署新一期项目任务书；全年发表文章195篇，发行纸质期刊1.8万册。*Journal of Systems Science and Systems Engineering*全年发表6期期刊，发表文章40篇，发行纸质期刊180册。*Journal of Systems Science and Information*被Scopus数据库收录，发表文章38篇，发行纸质期刊1200册。

国内主要学术会议 2021年，学会及分支机构共举办国内主要学术会议13次，参会人数5447人次，交流论文、报告368余篇。

4月16—18日，学会水利系统工程专业委员会作为联合主办机构，在山西省太原市举办第十五届水科学发展论坛。论坛以“区域水资源高效利用与矿区生态环境保护”为主题，来自全国各地的近600名专家、学者参加，共有16人作学术报告，100余人次参与讨论发言。

5月14—16日，由学会能源资源系统工程分会主办、太原理工大学经济管理学院承办的第六届能源资源系统工程学术年会在山西省太原市举办，会议主题为“助绿色转型、促能源革命、推高质量发展”。会议设置1个主会场、2个平行报告及13个分组报告。来自北京大学等107所高校的500余名专家、学者参加会议。

7月2—4日，由学会可持续运营与管理系统分会和上海财经大学、新疆财经大学主办的中国系统工程学会可持续运营与管理年会暨第4届中国可持续运营与管理学术年会在上海市召开。会议吸引80余所高校的200余名专家、学者参加；选举产生学会可持续运营与管理系统分会第二届委员会主要成员，其中上海交通大学教授朱庆华担任分会第二届主任委员，西安交通大学教授王能民担任第二届秘书长。

7 月 31 日—8 月 1 日，由学会数据科学与知识系统工程专业委员会主办、大连理工大学经济管理学院承办、大连市大数据产业发展研究院和大连理工大学大数据与智能决策研究中心协办的中国系统工程学会数据科学与知识系统工程专业委员会第一届学术年会在辽宁省大连市召开。会议主题为“面向复杂社会经济系统的数据科学与知识系统工程”，超过 300 人参与研讨和交流，作 7 个学术邀请报告，组织 16 场学术报告分会，126 名学者在分会场分享最新的研究成果。

8 月 11 日，由学会物流系统工程专业委员会和中国管理科学与工程学会管理系统工程研究会主办、哈尔滨商业大学承办的第十七届物流系统工程暨第五届管理系统工程学术研讨会召开。大会以“双循环与物流系统工程”为主题，探讨新发展格局下物流系统工程理论与应用的新发展，线上参会人数达到 2000 人。

10月 8 日，由学会智能制造系统工程专业委员会、辽宁省科协和东北大学主办，东北大学工商管理学院承办的第四届智能制造系统工程学术会议在辽宁省沈阳市召开。会议以“数字生态・智造未来”为主题，中国工程院院士、东北大学校长冯夏庭，中国工程院院士、国家自然科学基金委员会管理科学部主任丁烈云，学会理事长杨晓光，学会智能制造系统工程委员会主任刘心报，辽宁省科协党组书记、副主席张春英致辞。中国工程院院士柴天佑、杨善林、陈晓红，国家自然科学基金委员会管理科学部霍红作大会特邀报告。会议采取线下模式，同时开通线上直播，来自全国各地高等院校和科研机构的 300 余名专家、学者及华为数通、沈阳机床、华晨宝马等 6 家企业代表现场参加会议。会议除 4 个特邀报告外，还开设 7 个分论坛，共邀请包括国家杰出青年科学基金获得者、教育部“长江学者”、“青年拔尖人才支持计划”入选者、国家优秀青年科学基金获得者、教育部“青年长江学者”等作 60 余场分组报告。

10 月 15—17 日，以“VUCA 时代信息系统创新与智慧管理”为主题的中国系统工程学会信息系统工程专业委员会年会在湖南省长沙市举办。会议由学会信息系统工程专业委员会主办、中南大学商学院承办。中国工程院院士、中南大学商学院名誉院长、湖南工商大学党委书记陈晓红，中国人民大学教授毛基业等来自国内 70 余所高校的 700 余名信息系统领域的专家、学者参加。

10 月 15—17 日，第二届港航经济系统工程年会在浙江省宁波市召开。年会由学会港航经济系统工程专业委员会、中国优选法统筹法与经济数学研究会多式联运分会（筹）主办，宁波大学海运学院、大连海事大学综合交通运输协同创新中心承办。来自国内外的 100 余名专家、学者采用线上连线和线下汇报相结合的方式，共同探讨“三港两航一联”的发展状况。大会交流 38 篇论文，经专家组评审，3 篇论文被评为大会推荐论文。

10 月 15—17 日，由学会决策科学专业委员会主办，中国地质大学（武汉）经济管理学院、公共管理学院、地质调查研究院、工程学院、科学技术发展院和《湖北应急管理》期刊承办的中国系统工程学会决策科学专业委员会第十一届学术年会暨“决策科学与应急管理”学术论坛在湖北省武汉市召开，来自国家行政学院、中国科学院大学等全国 50 余所高校、政府机构、企业的 200 余名决策科学和应急管理领域专家、学者及企业领导参加会议。

11 月 26—28 日，由学会模糊数学与模糊系统专业委员会主办、苏州科技大学承办的中国系统工程学会模糊数学与模糊系统专业委员会第二十届学术会议在线上召开，300 余名参会者参加学术交流活动。会议邀请包括国家杰出青年科学基金获得者在内的 11 名专家、学者作大会报告，邀请 60 余名青年学者作分组报告。

12 月 17—18 日，由学会水利系统工程专业委员会和天津市系统工程学会主办、天津大学管理与经济学部和水利工程仿真与安全国家重点实验室承办的中国系统工程学会水利系统工程专业委员会 2021 年学术年会在线上召开，主题为“双碳目标下的资源安全与公共治理”。来自全国多所高校及研究机构的近 131 名水利系统工程相关领域专家、学者及学生参加会议。

12 月 19 日，由学会社会经济系统工程专业委员会主办，宁波大学商学院、宁波大学龙元建筑金融研究院承办，中国社会科学院经济社会综合集成与预测中心协办的中国系统工程学会社会经济系统工程专业委员会 2021 年学术年会暨国际学术研讨会召开。会议采取线上方式举办，学会社会经济系统工程专业委员会成员及社会经济系统工程领域的 50 余名专家、学者参加会议。会务组从投稿的论文中选出 19 篇高质量经济学论文，分3个分会场作论文报告。

12月25日，中国系统工程学会教育系统工程专业委员会第19次学术和工作年会暨“破五唯与教育评价改革”学术研讨会在线上召开。会议由学会教育系统工程专业委员会主办、上海理工大学管理学院承办。来自华中科技大学、大连理工大学等30余所高校及科研院所的近60名专家、学者参加会议。

科普活动 学会秘书处策划推出2021年度“漫谈系统”科普广播节目（第二季）6期，阐释国家“十四五”规划中涉及的系统科学与系统工程的概念，阅览量达5251人次。

学会以国内外青年联合的科普工作站，面向工业系统工程集聚国内各装备制造、数字转型、体系建设等领域人才，并与先进建模及仿真技术相关的系统工程海外学者及研究人员开展技术交流及科普活动。

党建强会 学会党委对“三重一大”事项进行前置审议，在各项工作文件出台前均进行审读，提高议事和决策的科学水平。推进分支机构党的工作小组建设，将分支机构换届与党的工作小组成立紧密结合，使得“两个全覆盖”向学会末梢延伸。

4月6日，学会党委开展党史学习教育，并根据学会实际情况制订党史学习教育工作方案，组织发动本领域科学家讲党史党课，把学习宣讲活动与学术会议、工作会议、学会理事会议、常务理事会议等重大活动有机融合。

9月10日，学会党委书记狄增如带头为广大会员作题为《加强系统观念，应对时代挑战》的线上党课。

11月12日，学会积极响应中国科协党史学习教育简报组面向全国学会征集领域内中高端科技工作者或者科技领军人才学习六中全会精神的感悟或心得体会的号召，学会理事长杨晓光和党委委员、副理事长李仲飞分别撰写题为《领会落实弘扬系统观念》和《继续奋进，在新的赶考路上再创辉煌》的心得体会并提交中国科协。

学会党委组织相关人员参加中国科协党史学习教育动员大会、传达两会精神干部大会、科技社团党委党史学习教育动员会、学会党建工作指导委员会成立大会暨学会党建工作先进表彰大会、科协系统领导干部学习贯彻习近平总书记“七一”重要讲话精神专题研修班等一系列活动。

在常务理事会议期间，学会党委组织参观南京航空抗日烈士纪念馆和雨花台烈士纪念馆。学会分支机构也相应开展一系列各具特色的党史学习教育，如港航经济系统工程专业委员会与大连市政府部门党支部的共建座谈活动、“重温入党誓词”活动等。学会办事机构党支部组织开展参观北京香山革命纪念馆和双清别墅、录制“中国故事”朗诵视频、“我为祖国祝生日”摄影、党史知识问答、弘扬老一辈科学家精神讲座等一系列党史学习教育活动。

会员服务 学会采取会员信息网络化、会费支付多元化、票据管理电子化的新措施，建立高效有序的会员沟通机制。

全年通过学会微信公众号推文167篇，传递学会工作信息，关注人数新增1296人。由学会主办的学术会议，会员注册费给予优惠。

【“新时代的系统观”纪念钱学森院士诞辰110周年高端论坛】 12月10日，学会以线上会议和网站直播的形式举办“新时代的系统观”纪念钱学森院士诞辰110周年高端论坛，学会秘书长唐锡晋主持会议。

学会理事长杨晓光致辞，并播放学会前理事长、国际系统研究联合会前主席顾基发和学会前副理事长于景元分别录制的回顾钱学森创建中国系统工程事业、发展系统科学体系两段视频。

学会3位副理事长和理事长作4个主题报告，分别为《探索复杂性、创建系统学》《新时代的网络观》《人机融合的复杂社会系统研究》《复杂社会系统管理的博弈思维》。

报告结束后，进行问答互动环节，回答听众在留言区的有关问题。线上报名并进入会场的听众超过240人次，直播后学会直播网站账号人气指数超过3300。昆明理工大学教授刘文奇组织分会场的互动交流活动。

（撰稿人：李星润）

中国实验动物学会

服务创新型国家和社会建设 4月26—30日，受学会委托，重庆医科大学继续教育基地在重庆市主办实验动物从业人员技术等级培训班。8名专家授课，就实验动物管理法规等7个方面的问题进行讲解，50余名学员参加培训。

4月26—30日、10月28日和10月29日，由学会主办的实验动物技术人员专业水平评价考试分别在重庆医科大学继续教育基地、中国医学科学院医学实验动物研究所继续教育基地、苏州大学继续教育基地举办，对实验动物初、中、高三个等级进行评价考试，100余名学员参加考试。

5月29日，由学会实验动物资源鉴定与评价工作委员会主办的资源评价工作会议在河北省石家庄市举办。会议对长爪沙鼠脑缺血近交系等4种模型进行鉴定与评价。

7月9日，学会实验动物模型鉴定与评价工作委员会对急性心肌梗死小型猪胸腔镜微创冠脉结扎模型等3种模型进行鉴定与评价。

9月8—12日，由学会动物实验生物安全专业委员会主办的动物模型与生物安全研讨会暨国家继续教育线上培训班在上海市举办。29名专家授课，围绕《生物安全法》立法与实施等方面进行讲解，180余名学员参与线上培训。

10月24—28日，受学会委托，中国医学科学院医学实验动物研究所继续教育基地在北京主办实验动物从业人员技术等级培训班。专家就实验动物科学进展与基本理论等6个方面进行讲解，学员自选大动物、小动物进行实操。30余名学员参加培训。

10月25—30日，受学会委托，由苏州大学实验动物继续教育基地主办的实验动物从业人员技术等级培训班在江苏省苏州市举办，培训包括理论和实操两部分，对实验动物初、中、高三个等级进行培训，25名学员参加培训。

10月29日，由学会主办的动物实验基础操作技术系列培训一期培训班在北京召开，专家就实验动物和动物实验的规范操作方法进行讲解，20余名学员参加培训。

11月20—21日，由学会神经科学技术专业委员会主办的第五届动物实验技术讲习班在山东省泰安市召开。10名专家授课，就疾病模型的制作及其在医学研究的应用等问题进行讲解，培训采用线上线下相结合的方式，80余名学员参加培训。

12月20日，由学会主办的首次实验动物医师专业水平评价考试在北京举办，对实验动物助理医师（初级）和实验动物医师（中级）进行水平评价，20余名学员参加考试。

学会针对北京实验动物从业人员举办6期上岗证培训班，累计600人参加培训。

学会完成2项推荐性国家标准，报批3项强制性国家标准修订稿和1项国家标准制定稿，审查通过1项强制性国家标准、2项国家标准立项。完成第六批团体标准的编制和第七批团体标准的立项工作。

学会出版实验动物科学丛书实验动物管理系列图书《中国实验动物学会团体标准汇编（第五卷）》。

学会建设 2021年，学会个人会员总数3120人，团体会员29个。学会新成立分支机构1个，下设分支机构36个。

3月，学会召开第七届理事会常务理事会第九次通讯会议，推选中国科协第十次全国代表大会代表及第十届全国委员会委员候选人。

4月13日，学会实验动物机构认证工作委员会成立大会在北京召开。会议宣布第一届委员会组成人员名单，选举产生负责人等，并就工作重点、评审专家培训、组织架构、职责等内容进行讨论和部署。50余名委员、代表参加会议。

6月16日，学会实验动物检测技术专业委员会成立大会在福建省厦门市召开，会议宣布第一届委员会组成人员名单，选举产生负责人等，并讨论本届委员会工作规划，32名委员参加会议。

8月，学会召开第七届理事会第五次通讯会议，根据科技部来函，审议《中华人民共和国实验动物管理条例（修订草案征求意见稿）》。会后将专家建议反馈给科技部。

10月22日，学会注册成立北京科莱斯认证有限公司，主要从事实验动物机构认证工作。

12月，学会召开第七届理事会常务理事会第十次通讯会议，审议学会2021年工作报告、财务报告及2022年工作计划，讨论修改《中国实验动物学会科学技术奖奖励办法》及实施细则，批准发布第六批团体标准。

青年人才托举工程 学会推荐的3人获得第七届中国科协“青年人才托举工程”项目资助。

主办期刊 学会主办的季刊*Animal Models and Experimental Medicine*（AMEM,《动物模型与实验医学》）出版4期，相继被ESCI、MEDLINE、PMC、CSCD、DOAJ、中国知网、万方等多个国内外重要数据库收录。

《中国实验动物学报》继续被《中国科技论文统计源期刊》《中文核心期刊要目总览》《中国科学引文数据库》来源期刊等数据库收录。

《中国比较医学杂志》继续被《中国科技论文统计源期刊》《中文核心期刊要目总览》等数据库收录。

12月16日，由学会主办的*Animal Models and Experimental Medicine*期刊编委会暨发展研讨会在北京召开。会议采用线上线下相结合的形式举办，就期刊品牌建设、编委会建设、期刊宣传等内容进行研讨，70余名编委参加会议。

学科发展工程 4月19日，由中国科协生命科学学会联合体牵头组织、学会等多家单位联合编制的生命科学领域技术研究成果蓝皮书在北京发布。书中阐述中国生命科学创新研究和医药产业化的重要作用和面临的挑战，并提出相关建议。

学会通过国家动物模型资源共享信息平台，整合国内的动物模型资源，更新完善动物模型信息，引导模型构建的技术水平提高，为科技攻关、生物医药产业提供支撑。

国内主要学术会议 4月24日，由学会医药研发外包服务机构实验动物管理工作委员会与百奥赛图江苏基因生物技术有限公司共同主办的“创新模型，助力生物医药”论坛在广东省汕尾市举办。会上，13名专家作报告，分别从强化临床前药效评价试验结果与临床研究关联性的策略分析等问题进行阐述，并组织参观实验动物应用设施设备的研制和加工生产、啮齿类实验动物繁育与实验设施等场所。150余名学者参加会议。

5月29—31日，由学会实验动物模型鉴定与评价工作委员会、实验动物资源鉴定与评价工作委员会共同主办的实验动物模型/资源鉴定与评价工作委员会年会暨学术研讨会在河北省石家庄市举办。会上汇报模型鉴定评价、国家动物模型资源共享信息平台等工作情况，8名专家作报告。会议采用线上线下相结合的形式同步进行，100余人参加现场会议，8500余人次参加线上会议。

6月15—18日，由学会主办的动物实验科学性与实验动物质量控制技术研讨会暨中国实验动物学会实验动物检测技术专业委员会成立会议在福建省厦门市举办。

11月19—20日，由学会屏障医学专业委员会主办的中国实验动物学会屏障医学专业委员会年会暨第四届跨屏障活性分子递送及临床诊疗研讨会在天津市召开。会议采用线上线下相结合的方式，设立3个主题，作31个报告，收到投稿84篇，观看量5457人次。

科普活动 5月25日，由学会主办的全国科技活动周“科学传播校园行”活动在北京举办。2名专家从实验动物、空间探测两方面向学生普及科学知识，并发放科普图书100余本。

5月29日—6月1日、6月9—15日、6月23日—7月15日，由学会实验动物模型鉴定与评价工作委员会主办的科普展览在河北省石家庄市举办。展览共3次，展出展板34块，从常见的实验动物种类等方面进行讲解，赠送科普图书1000余本。500余名师生参加科普展览。

9月14—15日，由学会和中国医学科学院医学实验动物研究所共同主办的全国科普日“实验动物科普进校园”活动在北京举办。活动由科普知识展览、实验动物实物观察、显微镜使用观察三个区域组成，其中科普知识展览区域展示“常用实验动物”“实验动物对生命科学的重大贡献”等系列科普展板34块；实验动物观察区域展示大小鼠、裸鼠、斑马鱼等常用的实验动物；显微镜使用观察区域提供可以实际操作的显微镜，并引导观察螨虫小鼠肺组织等标本切片。活动邀请10名专家现场讲解实验动物知识并指导填写知识问卷，赠送科普图书1000余本，1000余名师生参加活动。

10月，学会组建学会科技志愿者服务总队，面向社会招募科技志愿者，现有科技志愿者30余名。

学会在“科界”和“绿平台”开设学会专栏并开通抖音号和视频号，不定期发布学会活动及科普视频。

学会通过微信公众号、视频号、抖音号、官网发布科普文章、视频48篇，制作科普挂图24幅。

表彰举荐优秀科技工作者 学会向中国科协“中国生命科学十大进展”推荐3个项目，推荐中国科协第十次全国代表大会代表和委员候选人1人。

党建强会 学会党委、党支部组织党员参加《读讲一本书》学习交流等6项活动。接收2名入党积极分子。

党委、党支部利用党建专栏、党建公众微信号传达中央精神、中国科协党建活动，提供学习材料，供党员学习交流。

会员服务 学会通过邮件和官网，每2个月为会员推送一次电子通讯，涵盖学会近期活动、会议、通知等动态内容。

【动物实验科学性与实验动物质量控制技术研讨会暨中国实验动物学会实验动物检测技术专业委员会成立会议】 6月15—18日，由学会主办、厦门大学实验动物中心承办、苏州西山生物技术有限公司协办的动物实验科学性与实验动物质量控制技术研讨会暨中国实验动物学会实验动物检测技术专业委员会成立会议在福建省厦门市召开。

会议邀请13名专家作报告，分别从实验动物设施环境、运行管理和兽医责任、实验动物与科学研究及实验动物微生物寄生虫质量和遗传质量、实验动物病原微生物流行情况、病原对于动物实验的危害、实验动物设施的样品抽样计划、检测报告与实验动物质量相关性等问题进行解读。在沙龙环节，专家与参会者进行交流，会后组织参观厦门大学实验动物中心。230余名专家、学者参加会议。

（撰稿人：陈　蕾）

中国青藏高原研究会

服务创新型国家和社会建设　2021年，研究会在北京市组织专家完成“藏东南森林对气候变化的响应与适应”“青藏高原湖泊变化与影响研究”及“气候变化和人类活动对西藏高寒草地的影响及生态系统适应性管理”三项评估工作。

10月15日，研究会、中国自然资源学会和中国生态系统研究网络科学委员会在北京联合召开孙鸿烈先生科研工作70年座谈会。中国科学院院士孙鸿烈、徐冠华、陈宜瑜和朱日祥等17位参加青藏高原和其他地区综合科学考察、中国生态系统研究网络创建的老同志，以及研究会、中国自然资源学会和中国科学院及相关研究所的代表参加座谈会。

学会建设　2021年，研究会新发展个人会员88人，个人会员总数为1732人。

研究会和第二次青藏高原综合科学考察研究队共同主办建立科普微信公众号“第三极大本营”，经过2年多的运营，已逐步形成自己的风格和特点。

研究会官网进行改版工作，在完成网页备案手续、内容修订审核后，已于3月正式上线。

科普活动　研究会利用青藏高原研究的科研和观测平台积极开展科普宣传，通过举办讲座、创作科普作品、组织科普活动等形式不断向社会公众介绍青藏高原的自然环境特点。

为向中国共产党建党100周年、西藏和平解放70周年献礼，由研究会、第二次青藏高原综合科学考察研究队和西藏广播电视台联合制作的共16名院士以及10名研究员参与的50多集大型系列节目《珠峰讲堂——青藏科考故事》于3月推出。《珠峰讲堂——青藏科考故事》全面展示青藏高原生态保护取得的成就，生动讲述青藏科考过程中发生的感人故事，呈现青藏高原的自然风貌，努力推动形成讲科学、爱科学、学科学、用科学的氛围。

“第三极大本营”由研究会和第二次青藏高原综合科学考察研究队共同主办。2021年，“第三极大本营”微信公众号推出《让我们也去看看，青藏高原的雪》《三江源科考：让野生动物更野》《让我们一起去看看“一错再错”的“高极”湖泊带》等原创文章作品，以及《中国从哪里来？》《三江源国家公园之黄河源》《第三极的冰湖》等原创中英文科普视频。

中国科学院青藏高原研究所、第二次青藏高原综合科学考察研究队、研究会、中国地图出版集团、青藏高原地球科学科普教育基地等10家专业机构共同完成《走近地球之巅》的出版工作。《走近地球之巅》是国内首部全景式详解珠峰的典藏级百科图书，该书聚合科考、测绘、登山等各领域专家，运用珠峰相关最新科学研究成果全面反映珠峰地区生态环境保护和生态文明建设成果。《走近地球之巅》首度系统展示第二次青藏科考和历次珠峰地区大型专题科考，重点讲述珠峰的形成过程，系统阐释第三极地球系统变化，提出保护地球第三极生态环境的科学方案，服务山水林田湖草沙冰一体化保护和系统治理国家战略；详细解读从北坡登珠峰的路线及营地，沉浸式呈现攀登珠峰全过程；讲述珠峰最新高程数字背后的故事，解读“中国制造”首次登顶珠峰，带读者了解珠峰科考和测量。10月，《走近地球之巅》入选学习强国“强国主题书单”。

表彰举荐优秀科技工作者　2021年，研究会先后组织第13届青藏高原青年科技奖的评奖工作，来自中国科学院青藏高原研究所、中国科学院地理科学与资源研究所、西藏大学、兰州大学等单位的10名青年科技人员获奖。

党建强会　研究会党委坚决贯彻落实中共中央办公厅《关于加强社会组织党的建设工作的意见（试行）》、中国科协《关于加强科技社团党建工作的若干意见》和《关于进一步加强中国科协所属学会党委建设的指导意见（试行）》等有关文件精神，积极组织理事和学会工作人员学习习近平总书记系列重要指示精神，学习宣传贯彻党的十九届五中全会精神，围绕党中央的重大决策部署，在开展学会各项工作中坚持党的全面领导、突出党的政治引领作用。

理事会党委将党建与科考工作、科普宣传相结合，在以下几个方面稳步推进相关工作：通过与国家正在实施的青藏高原二次科考结合，理事会党委成员和学会成员在青藏高原偏远地区开展向当地小学生捐赠书籍和学习用品、讲授科普知识等活动；通过西藏卫视，理事会党委成员和学会成员开展珠峰大讲堂的科普活动，让更多人了解青藏高原、了解中国科学家在青藏高原取得的研究成果；通过学会微信公众号发布多期有关青藏高原自然地理等方面的科普视频。

会员服务 从服务质量入手，夯实会员基础、服务会员专业学术需求，着力提升服务科技工作者的能力。通过各种活动让更多从事青藏高原研究的青年学者了解研究会。

（撰稿人：吴 娟 戴玉凤）

中国环境诱变剂学会

服务创新型国家和社会建设 学会充分利用各专业特点组织专业培训5次，共380人次参加。7月，学会毒性测试与替代方法专业委员会在辽宁省沈阳市举办计算毒理学继续教育培训、OECD测试指南492体外眼刺激测试方法及SkinEthic™ HCE角膜模型的应用继续教育培训。8月，学会青年委员会在线上举办“暑期环太平洋大学联盟（APRU）全球气候变化模拟课程”，并向学员颁发APRU全球气候变化模拟课程结课证书。9月，学会膳食与疾病专业委员会在北京举办临床疾病的营养诊疗培训班，并向学员颁发临床疾病的营养诊疗培训班培训证书；在北京举办东城区校园营养师培训，并向学员颁发北京市营养学会营养师培训结业证书。

学会组织一批从事公共卫生、环境与健康、健康教育等方面的专家到所在单位、所在地区助力推进新冠肺炎疫情防控。参加国家和地方新冠肺炎疫情防控督导检查、编写新冠肺炎防疫指南、开展科技攻关援助和倡议建言、开展应急科普、申报“新冠肺炎科技防治”研发项目，积极助力新冠肺炎疫情防控。

为贯彻落实国务院深化标准化工作改革要求，充分发挥学会功能，按照国家质量监督检验检疫总局、国家标准化管理委员会、民政部《团体标准管理规定（试行）》等有关规定，完成学会团体标准登记平台的注册和公示，于2021年年初正式向社会征集团体标准的立项申请，第一期共收到8项团体标准立项申请。根据《中国环境诱变剂学会团体标准管理办法（试行）》规定，7项团体标准申请符合要求，准予立项。

学会建设 4月10日、11月20日，学会通过视频会议形式分别召开第七届理事会第八次、第九次常务理事会议和第七届理事会第五次理事会议。会议确定并通报新专业委员会成立、部分专业委员会换届改选以及近2年专业委员会发展建设事宜；商榷学会第八次全国会员代表大会、第十九次全国学术大会、亚洲环境诱变剂学会学术年会联合筹办事宜，并确定2022年11月在山东省青岛市以线上线下相结合的形式召开，确定会议主题、学术委员会、组织委员会。研究学会团体标准工作以及成立工作委员会、专家委员会等事宜。对2022年度各项工作进行研究部署，逐步优化学会治理、规范运行。

7月8日，学会毒性测试与替代方法专业委员会在辽宁省沈阳市召开换届大会、第二届第一次专委会委员会议，大会选举产生第二届专委会委员及主任委员、常务委员等。11月17日，生物标志物专业委员会在线上召开第一届第四次专委会委员会议，讨论并明确2022年生物标志物专业委员会会议与亚洲环境诱变剂大会同步召开，同时举办第二届委员会换届大会。11月24日，致癌专业委员会在线上召开第六届第五次委员会议，总结专委会本年度工作、讨论下年度计划。12月20日，环境与神经退行性疾病专业委员会在山西省太原市召开第一届第二次委员会议，讨论专委会未来发展的重点方向和工作任务，规划2022年专委会学术交流会议召开的各项事宜。

主办期刊 学会主办的学术期刊《癌变·畸变·突变》2021年发表论文89篇，总被引频次554次，影响因子为0.567，他引率为0.94，基金论文比为0.93。

杂志社严格按照《出版管理条例》《出版物市场管理规定》等法律法规编辑、出版、发行刊物，顺利完成中国科协和广东省新闻出版局（广东省版权局）的年度检验。根据中国知网发布的影响因子年报（2008—2020年），杂志的复合影响因子和综合影响因子等指标近年稳中有升。

第七届编委会共108人（含外籍编委7人），均为肿瘤学、环境毒理学及相关领域的专家。

国际学术会议 2021年，学会举办境内国际学术会议2次，其中学术年会1次、高端前沿会议1次；

参会人数为432人次，其中企业代表78人，境外专家、学者7人次（均为线上），交流论文150篇。

7月7—10日，学会毒性测试与替代方法专业委员会、活性氧生物学效应专业委员会联合在辽宁省沈阳市举办2021（第五届）毒性测试替代方法与转化毒理学（国际）学术研讨会。此次会议旨在促进中国毒性测试替代方法与转化毒理学的发展和应用推广，增进科技工作者、企业和管理人员之间的沟通以及国内外学术交流。会议邀请国内外毒性测试替代方法与转化毒理学领域的专家就毒理测试新技术方法、替代方法的应用与风险评估及毒性机制与预测毒理学技术等作主题报告。

12月10—11日，学会环境应激与健康损害专业委员会在线上举办第二届现代毒理国际云端论坛。此次大会邀请国内外生物医学和毒理药理学领域的专家、学者参会，由韩国科学技术翰林院执行副院长Jin-Ho Chung、汉阳大学药学院教授Hye Hyun Yoo、中国医科大学公共卫生学院院长皮静波担任大会主席并共同主持会议。来自韩国、日本、美国、法国、荷兰和中国6个国家的特邀报告人作19场报告。

国内主要学术会议 2021年度，学会共举办国内学术会议8次，其中学术年会2次、高端前沿会议3次、小型论坛1次、学术沙龙2次；参会人数达1150人次，其中企业代表50人次、国外专家6人次，交流论文57篇。

5月24日，学会环境与生育健康专业委员会在线上举办第三届中国生育健康论坛——暴露组学专场。

7月15日，学会环境与生育健康专业委员会在线上举办第三届中国生育健康论坛——环境流行病学专场。

9月23日，学会毒性测试与替代方法专业委员会在北京举办毒理学非动物测试方法研究进展及应用专家研讨会。

10月18日，学会青年委员会在北京举办关于世界卫生组织全球空气质量指南更新工作报告。

11月17—18日，学会生物标志物专业委员会、暴露组学与暴露科学专业委员会在内蒙古自治区包头市及线上同时举办中国环境诱变剂学会暴露组学与暴露科学专业委员会、生物标志物专业委员会2021联合年会。年会主题报告聚焦卫生毒理学、生物标志物和暴露组学与暴露科学专业领域的核心发展动态、技术进步和潜在热点。

12月29—30日，学会风险评价专业委员会在线上举办首届环境中毒物综合效应与控制学术高端交流会议。

12月31日，风险评价专业委员会在线上举办环境中毒物综合效应与控制青年学术交流会议。

国际交往 学会积极筹办2022年亚洲环境诱变剂学术大会。2021年，学会多位专家线上参加世界卫生组织等重要国际组织的相关学术会议，与世界著名大学开展相关领域学术合作，为科技工作者融入国际科技创新网络建立联系。

科普活动 2021年，学会通过线上线下举办科普活动13次，其中专家科普报告会3次、属于全国科普日/科普周活动1次，共173人次科技工作者（其中71人次专家）参加科普活动，受众约118.2万人次，其中属于全国科普日/科普周活动受众人数约5万人次，覆盖20个社区，发放科普宣传册约100本，设计挂图5张。

2月3日，学会环境应激与健康损害专业委员会在微信公众号“医悦汇”上推送“Nrf2与非酒精性脂肪肝及慢性肝损伤”科普宣传。3月，致癌专业委员会在河南省郑州市举办“世界水日，健康饮水”科普宣传活动。4月30日，致突变专业委员会在浙江省杭州市举办“认识肿瘤”科普讲座。5月，致癌专业委员会在河南省举办“职业病防治法宣传”科普宣传活动；膳食与疾病专业委员会在线上举办“第七届全民营养周”科普宣传活动。6月25日，抗诱变剂和抗癌剂专业委员会在黑龙江省哈尔滨市举办“环境与健康”科普讲座。6—12月，膳食与疾病专业委员会在中央人民广播电台播出系列科普广播“减肥那些事”。8月，环境与神经退行性疾病专业委员会在山西省举办“环境因素与神经退行性疾病”科普宣传活动。9月12日，致畸专业委员会在线上举办“中国出生缺陷防控日”科普宣传活动。10月16日，致畸专业委员会在湖南省长沙市举办“国家食品安全城市创建宣传日”科普宣传活动。11月，膳食与疾病专业委员会在北京顺义区疾病预防控制中心官方融媒体上发布“顺义区儿童肥胖管理”科普视频。膳食与疾病专业委员会全年在抖音、微博、视频号等多种融媒体平台上发布“健康那些事”系列科普视频。

党建强会 学会党委发挥政治引领、思想引领和组织保障作用，事关学会发展的重大事项都先经党委讨论决定。根据《中共中央关于在全党开展党史学习教育的通知》及中国科协党组《科协系统开展党史学习教育工作方案》制订党史学习教育实施方案，要求学会党员、干部以自学为主，广大会员结合各所在单位实际，立足做好本职工作，推动解决群众最关心、最直接、最现实的利益问题。

学会党委为学会秘书处支部准备相关学习材料。学会秘书处支部采取“三会一课”和主题党日等形式，围绕党史重要事件、活动和重要遗址旧址等，结合实际开展活动，如参观党史馆、北京大学校史馆、革命遗址等。学会党委书记面向会员讲授党课3次。

学会秘书处党支部召开专题组织生活会。理事会处级领导参加所在单位围绕党史学习教育召开的专题民主生活会。

通过在线会议方式召开党委会议，讨论学会发展问题，对学会举办全国学术研讨会、承办2022年亚洲环境诱变剂学术大会、学会开展团体标准立项工作、专业委员会换届等事宜进行前置研究讨论，进行政治把关。

学会党委引导学会在各类学术交流活动中努力营造科技创新的学术环境和尊重知识、尊重人才的学术氛围，强调严守学术规范和学术道德；学术交流的主题和内容要切合党和国家发展战略，反映社会发展需求。

（撰稿人：高苏堤）

中国运筹学会

服务创新型国家和社会建设 2021年，学会承接中国科协青年科学家沙龙项目“应对突发状况的供应链优化和公共资源分配”，系统讨论在突发情况下面对不确定供给和需求的供应链优化问题，如何产生能直接应用于企业运营的策略以及政府如何有效分配公共资源。11月，召开线上沙龙活动，邀请优化供应链方向的科研、企业专家撰写17份文件，为结题验收做准备。

学会秉持服务国家工业发展的信念，持续开展广泛的工业合作交流，分会下设智慧矿山 & 智慧物流论坛、智慧能源 & 智能电网论坛、智能钢铁论坛、智能石化 & 有色论坛，组织线上和线下的工业交流共计30余次，邀请国内工业企业专家来实验室交流10余次，参加总人数超过400人次。

4月30日，学会创建在线学术交流平台“运筹千里纵横论坛”，基于在线软件和网络平台邀请国内外学者开展学术交流。“运筹千里纵横论坛”全年共进行31期，作47个报告，其中有26场国际学者报告，报告内容涉及运筹优化、人工智能、运筹与其他学科交叉等。论坛邀请到美国斯坦福大学、香港理工大学、加拿大新布瑞克大学、英国南安普顿大学、美国佐治亚理工大学、美国佐治亚州立大学、美国加利福尼亚大学圣地亚哥分校、美国普林斯顿大学、香港中文大学、美国明尼苏达大学、意大利布雷西亚大学，以及国内各大高校的运筹专家作学术报告。其中第七期为纪念华罗庚先生逝世35周年暨诞辰110周年的特别活动。

在中国共产党建党100周年和西藏自治区和平解放70周年之际，西藏自治区运筹学会的筹备工作取得重要进展。西藏多所高校联合发起成立西藏自治区运筹学会已获得西藏科协的同意，将上报西藏民政厅审批。6月25日，学会办公室和西藏自治区运筹学会筹委会协商筹划3天的“走进西藏”活动，在林芝市举办西藏自治区运筹学会筹备暨中国运筹学会西藏运筹学发展专题研讨会。学会专门组建近20名成员的代表团，其中包括学会党委书记、理事长、副理事长、秘书长、副秘书长。代表团成员胡旭东和闫桂英分别到林芝一中和西藏农牧学院作运筹学普及讲座。与会代表共赴国家爱国主义教育示范基地——林芝全国援藏展览馆开展党建活动，并赴林芝鲁朗小镇进行藏族家访。

学会建设 2021年，学会个人会员2001人，其中学生会员273人；学会下设分支机构16个、工作委员会10个。学会召开理事会议1次、常务理事会议3次，召开两刊编辑部工作会议1次。

学会推进分会管理改革，制订并于6月11日在第11届常务理事会第3次会议上通过《分会换届与考核管理办法（试行）》，规范分会及会员管理，促进各分会的建设与发展，提升会员服务水平。学会6个分会通过线上和线下不同方式完成换届工作。

9月25—26日，学会决策科学分会第六届会员代表大会暨2021年学术年会在山东省济南市举办。其间召开决策科学分会第5届理事会全体会议。到会代表245人，通过民主选举确定决策科学分会第6届理事会成员，新一届理事长为李建平、秘书长为房勇。

11月15日，学会博弈论分会换届会议在线上召开，分会322名代表通过线上进行无记名投票，民主选举产生第4届理事会成员，新一届理事长为孙宁、秘书长为高红伟。

11月27日，学会企业运筹学分会线上召开理事会换届选举会议。总投票人数73人，通过民主选举产生第5届理事会成员，新一届理事长为陈爱清、秘书长为姚黎明。

12月5日，学会可靠性分会理事换届选举通过线上举办。总投票人数313人，通过民主选举产生第11届理事会成员，新一届理事长为王金亭、秘书长为赵先。

12月12日，学会医疗运作管理分会理事会会议通过线上举办，选举产生第2届理事会成员。参加会议的人员涵盖高校、研究机构、医疗机构等从事医疗运作管理的学术研究人员和实践工作者，总投票人数为258人，新一届理事长为万国华、秘书长为荣鹰。

12月30日，学会排序分会换届选举通过线上举办，选举产生第十届理事会成员。分会代表近500人参加会议。会议由学会排序分会副秘书长、大连海事大学白丹宇主持。新一届理事长为张玉忠、秘书长为马冉。

青年人才托举工程 1月27日，学会举办第四届、第五届中国科协“青年人才托举工程”项目2020年度工作汇报会，中国科学院院士、中国科协副主席袁亚湘，学会名誉理事长胡旭东，学会理事长戴彧虹，5名托举导师，以及相关运筹专家等参加汇报会。4名被托举人王长军、王晓、郦旭东和罗志兴分别报告2020年的工作、业绩以及经费使用情况。每名托举导师对被托举人的工作进行点评，学会理事长戴彧虹对汇报会进行总结。

主办期刊 学会主办英文期刊《中国运筹学会会刊》（英文）和两个中文期刊《运筹与管理》《运筹学学报》。3种刊物均被CSCD-C核心数据库收录。

10月15日，学会在山东省青岛市召开《中国运筹学会会刊》（英文）和《运筹学学报》两刊编委会议。会议讨论如何提高数字化、国际化办刊水平，提升科学知识传播服务能力，吸引高水平成果在国内期刊发表。会上为两刊分别制订“十四五”规划和具体的改进措施。

《中国运筹学会会刊》（英文）进入中国数学会期刊分类的T1类，获上海市高校科技期刊精品奖。2021年收稿117篇，发稿4期共48篇，发行1600册。

《运筹学学报》进入中国数学会期刊分类的T3类，被美国EBSCO学术数据库收录，获“第四届上海市高校优秀科技期刊”称号。2021年收稿162篇，发稿4期总计50篇，发行3200册。

《运筹与管理》进入中国数学会期刊分类的T3类、世界期刊影响力指数WJCI报告数据库、中国精品科技期刊（2020）数据库。2021年影响因子为1.932，比2020年提升0.377；收稿2462篇，比2020年增加48篇；发稿12期共375篇，发行11550册。

国际学术会议 2021年，学会和学会分支机构共组织境内国际学术会议3次，交流论文700余篇，与会专家、学者800余人。

4月24—25日，由学会博弈论分会、北京运筹学会和东亚博弈论分会联合主办的第四届东亚博弈论会议暨第九届中国博弈论国际会议在线上召开。

10月27—30日，由学会可靠性分会、IEEE Reliability Society等机构共同主办的第十一届质量、可靠性、风险、维修性及安全性工程国际学术会议与第四届可靠性系统工程国际会议在四川省成都市召开。会议采取线上线下相结合的方式，共包括7个专题讨论会和16个分会场，邀请到新加坡国立大学、美国罗格斯大学、国防科技大学、清华大学、韩国可靠性协会等国际可靠性领域的学者作大会特邀报告，共有209名专家、学者线下参加会议，350余人通过观看现场直播的方式参与会议。会议涵盖可靠性建模和风险分析，可靠性、维修性和保障性，系统分析、仿真与优化，状态监测、故障诊断和PHM，稳健性、可靠性及全寿命周期设计，维修和保修管理及失效物理分析等7个主题，共收到投稿800余篇，经会议专家委员会遴选最终收录363篇。

国内主要学术会议 2021年，学会及分支机构共举办国内学术会议17次，较2020年增加6次；提交学术论文787篇，较2020年增加311篇；参加会议人数21629人次。学会7个分会召开学术年会。

5月14—17日，由学会智能计算分会主办、中国海洋大学经济学院承办的学会智能计算分会第十五届年会在山东省青岛市召开。参加会议的专家共137人，17人以“不确定统计”等为主题作大会报告，62人作分组报告展示交通运输、供应链管理等领域的最新研究成果。大会期间召开学会智能计算分会理事会议，通过民主投票选举的方式确定增补理事名单。

7月23—25日，学会金融工程与金融风险管理分会第十届学术年会在四川省成都市召开。来自80

多所院校的 260 多名学者与研究生线下或线上参加会议，作 100 多场报告。来自新加坡国立大学、西南财经大学、上海交通大学、山东大学的 4 名专家作大会特邀报告，另有 12 场专题邀请报告、84 场分组报告。报告涉及计算金融与经济、衍生品定价、衍生品风险测度与风险管理、养老基金投资与风险管理、保险精算与资产、金融风险管理、COVID-19 与实证分析 Ⅰ、非线性期望在优化和风险管理中的应用、交易策略与投资组合、金融科技与公司金融等多个主题。

7 月 24—31 日，由学会不确定系统分会主办、信阳师范学院承办的学会不确定系统分会 2021 年年会在河南省信阳市召开。来自清华大学等全国 40 余所高校的 150 多名专家、学者现场参会。其间举办《不确定理论》高级研修班，共 70 余名学员参加。年会围绕不确定分析、不确定规划、不确定过程、不确定可靠性分析、不确定金融、不确定控制列、不确定统计、不确定图及不确定微分方程等方面开展学术研讨。19 名专家作大会报告，42 名专家作分组报告，37 场报告进行网络同步直播。28 日，召开不确定系统分会第五届理事会第三次工作会议。

9 月 25—26 日，由学会主办、山东大学管理学院承办的"后疫情时代的不确定决策"学会决策科学分会第六届会员代表大会暨 2021 年学术年会在山东省济南市举办。发展中国家科学院院士、国际系统与控制科学院院士、中国科学院特聘研究员汪寿阳，国家自然科学基金委管理科学部副主任刘作仪，山东大学党委常委、常务副校长王琪珑出席并致辞。年会开设 1 个主会场与 4 个分会场，共进行 29 场特邀报告。全国 80 余所高校及科研院所的近 300 名专家参加年会。会议围绕后疫情时代决策科学面临的问题和挑战作专题报告，从物流与供应链决策、决策系统工程、风险型决策、大数据决策等角度以 4 组分论坛形式开展专题邀请报告与论文报告。会议期间还举办决策科学分会理事会换届会议。

10 月 15—18 日，由学会和青岛大学联合主办的中国运筹学会数学规划分会第十三届数学优化大会在山东省青岛市召开。900 名（线下 300 名、线上 600 名）专家、学生参加会议，安排 171 篇学术报告。大会以"交流最优化理论、算法及其应用的最新成果"为主题，围绕线性与非线性规划、变分不等式与互补等议题作学术报告和短期课程。

12 月 12 日，学会医疗运作管理分会召开学术年会暨理事会会议。会议邀请清华大学教授李京山和同济大学教授童春阳作主题报告。其间举办分会理事会换届选举会议。

12 月 17—19 日，由学会随机服务与运作管理分会主办、广东工业大学管理学院承办的 2021 年学术年会在广东省广州市举办。会议的主题为"数字化转型与智慧运营管理"，设 8 个大会特邀主题报告和 52 个分会场专题报告，共计 2000 余人次参加。其间召开随机服务与运营管理分会理事会议，讨论分会工作。

科普活动 学会开展线下与线上的运筹科普讲座，同时通过传统方式和新媒体方式传播运筹科普知识。学会及分支机构全年举办科普讲座 86 次，受益人数 5400 人次。学会通过制作科普小视频、开通微信公众号等方式拓展新的科普渠道。

3 月 20 日，学会名誉理事长、中国科学院院士、中国科协副主席袁亚湘在央视"开讲啦"讲台作科普报告。

5 月 22 日，学会在科技活动周期间联合北京市科协，组织线上线下相结合的广受关注学术成果国际学术沙龙 / 非凸优化前沿进展研讨会。北京市科协副主席田文参加研讨会并致辞。

学会组织多名运筹学专家先后到北京一〇一中学、北京四中、北京五中、北京八中、大兴一中、北京市海淀区城管执法局、兰州大学附中、兰州一中、林芝一中作科普报告。

学会科普工作委员会制作科普小视频。已完成的视频涉及背包问题、证券投资学中的多目标优化、旅行商、囚徒困境 4 个方面。学会青年工作委员会开设"柚子优化"微信公众号。学会宣传工作委员会于 2 月在微信公众号"运筹通讯"下推出"运筹动态"栏目，每周推送最新科技、研究成果等科普信息和动态。

学会各分支机构开展各类运筹学科相关科普报告、公益讲座、经验交流会等共计 75 场，受益人数共计 4500 人次；分会新建立微信公众号"运筹与交通（OR_Transportation）"，分享交通与运筹优化相关经典问题案例、经典理论方法、前沿科研成果和前沿资讯。

表彰举荐优秀科技工作者 学会推荐 2021 年度中国科学院院士候选人、第十七届中国青年科技奖、第十八届中国青年女科学家奖、2021 年度未来女科学家计划候选人共计 5 名。

党建强会 2021 年，学会把党建工作纳入全年工作布局。3 月 15 日，学会党委成员线上参加中国科协党史学习教育动员大会暨科协系统党校学校 2021 年开学典礼。

5 月 26 日，组织以“传承八一精神，坚定理想信念”为主题的党史学习教育，学会党委副书记胡旭东讲授《运筹帷幄，决胜南昌》党课。

7 月 19—22 日，参加中国科协社团党委在陕西省延安市开展的“追寻红色足迹，科技为民服务”党史学习教育示范活动，学会党委副书记胡旭东参加会议并作典型发言。

10 月 14 日，学会召开理事会党员会议，学习习近平总书记在庆祝中国共产党成立 100 周年大会、纪念辛亥革命 110 周年大会和中央人才工作会议上的讲话精神。

11 月 14 日，学会召开常务理事会党员会议，传达中国科协党组中心组第九次学习精神，学习国家科技奖励大会上李克强讲话精神，并开展中共十九届六中全会精神学习动员。

会员服务 学会加强人才队伍建设，完善运筹人才库。11 月 14 日，学会召开第 11 届常务理事会第四次会议，审议并以无记名投票的方式通过《中国运筹学会会士条例（试行）》，表彰在运筹学领域有卓越成就和为学会作出重大贡献的会员。

学会完善会员管理系统，新建官网 PC 端和手机端全面上线使用。建立会员互动机制，协助各分会积极发展个人会员，大力发展青年会员、女性会员。

由学会主办的学术会议，会员注册费给予优惠；由学会主办的期刊，会员免费下载。学会通过“运筹通讯”公众号推送学会动态，提升学会凝聚力，拓展会员服务新途径。

（撰稿人：续莺莺）

中国菌物学会

服务创新型国家和社会建设 12 月 30 日，学会科技服务站落户山东省泰安市。该服务站充分发挥学会技术引领优势，通过组建具备解决需求能力和水平的专家团队，依托平台开展咨询服务和技术培训指导、技术攻关和协同创新、科技成果转化和人才培养等服务，为泰安市食药用菌产业发展出谋划策，为企业提供技术创新和产品研发等服务，解决关键技术难题，同时提供技术咨询、人员培训、技术创新成果推广普及等服务，示范带动泰安市及其周边地区食药用菌产业转型升级和提质增效，加速产业智慧化、高端化进程。

学会继续产业技术论坛的组织工作，共举办 3 个产业技术论坛，分别是 2021 第六届全国羊肚菌大会、第七届全国天麻会议暨中国（丹凤）天麻产业发展高峰论坛、第三届中国桑黄产业发展大会暨中国（临清）桑黄全产业链发展大会，在羊肚菌、天麻、桑黄等领域为产业技术创新服务。

学会及各分支机构组织系列培训班 4 个：2021 年全国菌物多样性与系统学讲习班、第七届中国－荷兰医学真菌学习班、2021 第七期全国羊肚菌栽培技术高级研修班、2021 第一期全国大球盖菇（红松茸）栽培技术高级研修班。

由学会牵头组织的助力乡村振兴大型纪录片《蘑菇的荣耀》于 9 月 16 日在安惠生物科技园举办开机仪式。

学会建设 2021年，学会新增登记个人会员168名。

12 月 11 日，中国菌物学会第八次全国会员代表大会召开。依照中国科协、民政部和《中国菌物学会章程》相关规定，大会通过第七届理事会工作报告和财务报告及《中国菌物学会章程（修订草案）》；大会选举产生第八届理事会 135 人、常务理事会 43 人、第二届监事会 4 人、第八届理事会党委 11 人。

主办期刊 学会主办学术期刊 3 种。

英文期刊 *Mycology* 已经被 CABI、CSA、PubMed、Scopus、DOAJ、Biosis Preview 等数据库收录，8 月通过科睿唯安综合评估，进入 ESCI。

中文期刊《菌物学报》为中国自然科学核心期刊，被 AM、CA、CABI、Ulrich IPD、CSA、CSCD、CNKI、IC 等国内外检索数据库收录。入选第六届中国科协优秀科技论文遴选计划。

中文期刊《菌物研究》为中国科技核心期刊，被评为“RCCSE 中国核心学术期刊（A）”。复合影响因子为 2.574，在国内 93 种生物学期刊中排名第 5。获评“中国高校优秀科技期刊”“吉林省高校精品期刊”和“中国农业最具传播力期刊”。开设“学人论坛”专栏和出版特约专辑。

国内主要学术会议 6 月 5 日，由学会食用真菌专业委员会主办、上海市农业科学院食用菌研究所和福建农林大学菌物研究中心共同承办的 2021 年度食用菌基因编辑技术专题研讨会在福建省福州市召开。来自全国20余个科研单位的30余名科研人员以及20余名博士研究生、硕士研究生参加会议。

12月11日，中国菌物学会2021年学术交流会以线上方式召开。会议邀请4名大会报告人，约有3000人次在线观看。

12月11—13日，由学会、武汉易菇网络股份有限公司主办，中共丹凤县委、丹凤县人民政府、中国菌物学会菌物产业分会、中国菌物学会天麻产业分会承办的2021第七届全国天麻会议暨中国（丹凤）天麻产业发展高峰论坛在陕西省商洛市丹凤县举办。活动期间组织天麻美食烹饪大赛、天麻基地现场观摩、天麻产业发展高峰论坛等系列活动。

科普活动 学会针对全国各级科普工作基地，分别利用自身优势开展系列长效性科普活动。

学会会员参加各种形式的科普工作。中国科学院院士、中国科学院微生物研究所庄文颖等参加首都科学讲堂，上海市农业科学院团队参加“科学家面对面”科普活动。

党建强会 学会理事会党委组织多次党课学习，包括学习党史、习近平总书记在科学家座谈会上的讲话精神、党的十九大六中全会精神等。学会秘书处参加中国科协党史学习教育动员大会。

【中国菌物学会第八次全国会员代表大会】 12月11日，中国菌物学会第八次全国会员代表大会以线上线下相结合的形式在北京召开。

出席大会的有中国科学院院士、中国科学院微生物研究所研究员魏江春，中国科学院院士、中国科学院微生物研究所研究员庄文颖，中国工程院院士、吉林农业大学教授李玉，中国工程院院士、海军军医大学第二附属医院教授廖万清，中国科学院院士、云南大学教授张克勤，中国科学院微生物研究所副所长向华，中国食品土畜进出口商会副会长戎卫东，以及来自全国的近400名会员代表。大会由学会第七届理事会副理事长戴玉成主持。

魏江春、李玉、廖万清先后致辞。大会依照中国科协和民政部对大会的批复要求以及《中国菌物学会章程》的相关规定，完成各项议程：通过第七届理事会的工作报告、财务报告以及《中国菌物学会章程（修订草案）》；选举产生第八届理事会和第二届监事会。

在第八届理事会第一次会议上，与会理事选举产生学会负责人和常务理事会。郭良栋当选第八届理事会理事长，白逢彦当选秘书长，赵遵田当选第二届监事会监事长，冉玉平、白逢彦、边银丙、朱平、张正光、张克勤、张劲松、陈惠、图力古尔、姜子德、康冀川和戴玉成当选副理事长。秘书长白逢彦提名并提请理事会通过各分支机构负责人及学会秘书处人员，《菌物学报》主编戴玉成宣读第十届编委名单。

在随后召开的第八届理事会监事会第一次党员大会上，与会党员理事选举产生第八届理事会党委，郭良栋当选党委书记，戴玉成当选党委副书记，赵遵田当选纪检委员，边银丙、姜子德、张劲松、张克勤、朱平、冉玉平、陈惠和张正光当选党委委员。郭良栋书记带领全体与会党员进行十九届六中全会精神学习。

【2021第六届全国羊肚菌大会】 4月1日，由学会、武汉易菇网络股份有限公司主办的以“促交流、研态势、稳发展、谱新篇”为主题的2021第六届全国羊肚菌大会在甘肃省甘南藏族自治州舟曲县召开。学会理事长、中国科学院微生物研究所研究员郭良栋，甘肃省农业农村厅副厅长谢双红等出席开幕式。开幕式上推介甘南州食用菌产业发展情况和舟曲县羊肚菌产业；甘肃省科学院生物研究所与甘南州农业技术推广站签订食用菌科研与推广合作项目，四川省农科院土壤肥料研究所与舟曲县农业农村局签订舟曲县食用菌产业发展战略，诸城市良工机械有限公司与甘南州合作市慧洋合作社签订羊肚菌节能环保杀菌锅项目。

开幕式后，来自全国各地的食用菌专家、学者以及食用菌企业、合作社、种植户代表等观摩舟曲县羊肚菌种植基地和企业，共同交流研发成果、探讨市场趋势，促进羊肚菌产业健康发展。

（撰稿人：蒋　娜）

中国神经科学学会

服务创新型国家和社会建设 学会联合中国科学院上海营养与健康研究所情报部门调研近两年中国各地“脑计划”出台后所取得的神经科学进展，完成《神经科学和类脑人工智能发展——新进展新趋势》，先后几期成果都发表在《生命科学》杂志。

推荐5项学术会议入选生命科学领域《重要学术会议指南（2021）》，分别为：第十四届中国神经科学学会全国学术会议、2021年中国神经科学学会胶质细胞全国学术年会、中国神经科学学会神经科学研究技术分会2021年学术年会、2021中国情感障碍大会、2021南京“脑–智”国际研讨会。

10月，学会组织的课题“构建可信类脑人工智能的政策建议”被纳入中国科协十大代表2021年调研课题，项目形成两个专报《类脑人工智能跨领域伦理安全挑战与对策》《脑机融合智能可信发展》，聚焦脑机接口领域的伦理安全问题。

学会联合中国科学院深圳先进技术研究院完成“科创中国”脑科学与生命健康科技服务团项目，建立3个服务产学融合新模式、新成果、新亮点：举办全国首届脑与健康科技产业大会，创立光明脑科学技术产业创新中心，共建保定市医工交叉研究院。

开展青年科技人才培养工作，组织包括各类技术和前沿进展培训班合计17次，总计培训人员6600人次，相较2020年增加1427人次，培训工作涵盖上海交通大学计算神经科学冬季班、神经感染与免疫短期进修培训班、第六届意识障碍诊疗技术基础培训班、神经毒素分会痉挛肌张力障碍论坛暨肉毒毒素治疗进展学习班、“醒”之有效——意识障碍病例青年大赛、暑期学校：AI and Communication、赛过阳光——心境障碍学术能力提升项目8场、神经毒素分会学术会议暨第七届《肉毒毒素临床应用及研究进展》学习班。

学会建设 2021年，学会会员总数18533人，单位会员总数18个；新发展普通会员3174人，新增单位会员3个。其中，高级会员23人、外籍会员191人、港澳台会员50人、学生会员6674人。

学会完善会议制度、改革会议模式，规范召开理事会议、常务理事会议和监事会议。2021年，召开会员代表大会1次、监事会议3次、理事会议1次、常务理事会议2次，新增下属专业分会1个。为进一步加强分支机构管理，开展第一次中国神经科学学会专业分会2020—2021年度交流评估会，修订《中国神经科学学会分会评估管理办法》。

青年人才托举工程 2021年，学会推荐的1名青年人才获得第七届中国科协“青年人才托举工程”项目资助。截至2021年年底，学会共有9位入选者。

主办期刊 2021年，由中国科学院脑科学与智能技术卓越创新中心与学会共同主办的英文学术月刊*Neuroscience Bulletin*（《神经科学通报》）出版至第37卷，共12期，发表文章183篇，其中研究论文71篇、综述22篇、方法学4篇、其他86篇。根据科睿维安公布的2020年度JCR，*Neuroscience Bulletin*影响因子升至5.203。6月，获第五届中国出版政府奖期刊奖提名奖。

学科发展工程 学会完成《我国类脑智能产业与技术发展路线图研究》和《科技经济融合发展——智能细胞制造科技创新与产业发展战略研究》。

2021年，联合科技部高技术研究发展中心和科技日报社共同主办的《前沿科学》杂志推出《神经科学》专辑，由学会理事长、中国科学院院士张旭带领45名专家从研究基础、临床诊治、技术革新等层面编写21篇专题，并特邀中国科学院院士骆清铭作前沿对话，分享对神经科学发展的观点。

11月，2020年度国家科学技术奖励大会在北京举办，由学会理事长、中国科学院院士张旭负责的上海脑–智工程中心“高场磁共振医学影像设备自主研制与产业化”项目与“深度学习处理器体系结构新范式”项目获国家科学技术奖。

评选2021年度“中国神经科学重大进展”，共计十项进展入选：皮层星型胶质细胞尼古丁受体介导记忆维持、发现LTP的维持机制、发作性运动诱发性运动障碍的遗传与发病机制、构建慢性痛的感觉神经元图谱和转录组蓝图、恐惧记忆总是重复出现的关键神经机制、抑郁伴疼痛的神经环路机制、神经退行性病变的代谢免疫调控全新机制、快速抗抑郁氯胺酮作用的分子机制及NMDA受体的门控原理、新型全脑基因编辑系统治疗阿尔茨海默病、神经网络功能新型快速三维光场成像技术。

国际学术会议 5月27日，2021年日本群马大学医学部与大连医科大学生理教研室学术交流会在线召开。会议由学会神经内稳态和内分泌分会主办，中日双方共计20余名专家、学者就神经领域新进展进行科研交流。

7月28—31日，学会与日本神经科学学会和韩国脑与神经科学学会首次共同主办的The 1st CJK International Meeting（CJK-1）在日本神户召开。

8月7—8日，由学会离子通道与受体分会主办的第八届国际离子通道会议在线召开，来自美国、加拿大、英国、日本和中国的共计900余名专家参加会议。

9月22—24日，由北京师范大学认知神经科学与学习国家重点实验室、中国科协、学会认知神经生物学分会共同主办的发展群体神经科学高层次研讨会暨第五届人类脑智发展国际会议在线召开。会议围绕队列、测量、理论三大核心内容，以专题演讲的形式对最新研究成果进行深入交流。会议面向神经科学、心理学、影像学、生物学、计算机科学、物理学等多学科研究者与学生开放，国内外近400人参加。

11月1—3日，学会参与承办第四届世界顶尖科学家论坛——世界顶尖科学家脑科学与退行性疾病论坛Ⅱ。论坛邀请中国科学院院士、暨南大学粤港澳中枢神经再生研究院院长苏国辉主持，组织学会会员和领域专家进行线上线下交流。同时，学会理事、上海交通大学心理与行为科学研究院执行院长、世界顶尖科学家青年论坛秘书长李卫东主持智库报告发布会。

国内主要学术会议 2021年，学会及所属分支机构共举办国内学术会议22次，较2020年度增加10次；共计参会人数16144人次，较2020年度增加9744人次；交流论文约1820篇，较2020年度增加1536篇。会议主要包括第十四届全国学术会议暨第七届第二次全国会员代表大会、2021世界人工智能大会——长三角产业智能论坛等。

国际组织任职 2021年，学会理事雷鹏任职亚太神经化学学会理事；学会理事谭国鹤任职国际老化与疾病协会委员。

国际交往 学会与欧洲神经科学联盟合作，推荐FENS Travel Awards，并推荐3名青年科学家参加2022年欧洲神经科学论坛；与日本神经科学学会合作，推荐JNS Travel Awards，并推荐6名青年科学家参加2022年日本神经科学学会学术会议；与国际脑研究组织合作，在其简报上刊发学会重要通知，学会同时在官网发布国际脑研究组织的相关新闻。

3月17日，学会常务理事、国际交流工作委员会委员胡海岚出席第一次欧洲神经科学联盟议程委员会会议，推荐中国候选人时松海为研讨会大会报告人。

科普活动 2021年，学会组织“智惠行动·百会百县乡村行”系列科普活动10次，举办科普讲堂10次。

《科创中国·院士开讲》栏目邀请国内院士讲授各种科技知识，并在头条、抖音、西瓜等平台传播，分别邀请学会理事长、中国科学院院士张旭作题为《人工智能不会超越人脑》的报告，中国科学院院士陆林作题为《新冠肺炎疫情对人类心理健康的影响至少持续20年》的报告。

1月13日，“脑胶质瘤多学科联合诊疗”科普互动问答在人民日报健康客户端播出，总观看量145万次，点赞量6万次。

1月30日，联合长三角医学教育联盟发起“与你谈科学”系列课程，邀请学会前任理事长、现任监事长、中国科学院院士段树民作报告。

3月27日和4月2日，组织两场“点亮星光，伴星成长”——关注自闭症，我们在路上活动。

4—5月，与北京师范大学联合举办“种下脑科学的种子”系列脑科学科普活动。

5月22日，在江苏省徐州市组织“科普宣传暨送医进社区”活动；在广东省深圳市组织中国科学院2021年公众开放日科普活动，通过线上+线下的形式对30余所中小学校学生进行神经生物科学发展史的讲解。

6月9日，在江苏省苏州市开展2021年全国科普活动：脑洞大开——提高注意力和记忆力的诀窍。

6月25—27日，学会举办“西部行”（南宁）公益活动，100余名专家参与，线上参加人数2800余人、线下接待患者50余人。

10月20日，在上海市开展“励行讲堂”——解读2021诺贝尔生理学或医药学奖报告活动，300余名学生到场参加。

11月4日，线上组织举办“聊聊糖尿病”科普讲座。

2021年，学会科普微信公众平台根据每个月的主题，征集发布原创神经科学科普文章21篇（较2020年增加10篇）、原创科普视频5次、科普展板3幅。

表彰举荐优秀科技工作者 由学会推荐的1名中国科学院院士候选人入选；学会与Cell Signaling Technology（CST）设立CNS-CST杰出神经科学家奖，获奖者2人；组织评选张香桐神经科学青年科学家奖，获奖者2人；组织评选张香桐神经科学优秀研究生论文奖，获奖者8人；设立优秀墙报奖，获奖者15人；举办首届神经科学艺术大赛，获奖者6人。

推荐第十七届中国青年科技奖候选人2名、第十八届中国青年女科学家奖候选人3名、2021年度未来女科学家计划候选人1名。

党建强会 2021年，学会召开第七届理事会功能型党委会议2次，组织“大手拉小手”党史学习活动，观看“七一”直播，参观“前行之歌”纪念馆，观看《革命者》和国歌起源纪录片。组织党史学习教育宣讲会并参与中国科协党史学习教育第三巡回组汇报学习，进行党委党史学习汇报。编撰《拾光记》手册，方便会员参与重庆寻访历史活动。开展“寻印记，送温暖”活动，鼓励会员寻找党史印记。

会员服务 2021年，学会共发布4期简报。12月向全体会员发布2021工作年报和2022工作计划。为会员组织暑期夏令营活动，编制发布“入世宝典”招聘手册，修订《会员手册2021版》。学会被评为2021年全国科技者工作日“全国学会积极贡献单位”。

【“科创中国”脑科学与生命健康产业科技服务团】 2021年，学会联合中国科学院深圳先进技术研究院成立“科创中国”脑科学与生命健康科技服务团，开展一系列活动。

10月26—27日，全国首届脑与健康科技产业大会（“B30”大会）在广东省深圳市召开。大会结合“科技＋资本＋产业”，针对脑科学、脑技术、脑健康、脑智能、脑疾病与脑康复科技领域的前沿技术与产业发展现状、未来趋势及产业生态建设进行研讨。

10月26日，光明脑科学产业技术创新中心正式揭牌成立。创新中心成为衔接脑设施、解决脑科学产业化实际需求的脑科学新技术产业创新载体，推动形成“创新创业—孵化—加速—产业化”的完整产业培育链条，打造完整的创业创新生态和可持续良性循环的发展模式。

共建保定市医工交叉研究院。本项目有利于加强研究创新与科技创新，突出医学和工科结合的交叉学科优势，取得一批高水平的科研突破。整合高校、医院、研究院所和企业资源，完成研发成果的快速应用转化，形成产品和系统，实现市场化推广。研究院拟针对“AI+精准诊疗”、脑科学与脑机智能以及医学智能检测与医疗仪器三大平台开展建设。

【中国神经科学学会第十四届全国学术会议暨第七届第二次全国会员代表大会】 9月16—19日，由学会主办的第十四届全国学术会议暨第七届第二次全国会员代表大会在重庆市召开。会议基于神经生物、神经临床医学、类脑智能等专题设7个大会报告、50个专题研讨会，分享302篇口头报告、800篇海报，组织7个卫星会议，共12个会场同时召开。会议首次采用线上和线下相结合的方式，线下参会专家、学者达3900余人。

（撰稿人：王娜娜　韩　雪）

中国认知科学学会

服务创新型国家和社会建设 承担中国科协第十次全国代表大会2021年调研课题专项2项。脑科学是21世纪具有挑战性的重大科学问题之一。学会在充分调研的基础上，梳理中国脑科学包括脑认知和脑疾病两个主要领域的研究和技术最新进展和主要问题，在学科发展、人才布局、技术突破等方面建言献策。

学会神经教育学分会与国务院发展研究中心、中国发展研究基金会等单位合作开展国家儿童综合发展示范区（贵州省毕节市）的论证和建设方案，为国家和相关部委了解中国贫困地区儿童发展现状以及国家“十四五”相关政策的建议提供依据。

学会分子影像分会科学家领衔制订首个儿童癫痫影像国际共识指南。该成果以《儿童癫痫的[^{18}F]-FDG PET/CT应用国际共识》（*International consensus on the use of [^{18}F]-FDG PET/CT in pediatric patients affected by epilepsy*）为题发表在欧洲核医学与分子影像学会官方期刊上。

推动科研成果走向企业，“大范围首先”理论走进华为。3月23日，学会在广东省深圳市华为技术有限公司总部举办罗马广场报告会；4月27—28日，在广东省东莞市举办领袖论道之院士论坛。华为2012首席科学家、数据中心技术实验室主任、EI创新孵化实验室主任等有关人员，以及来自44个高等院校和中国科学院4个研究院所的认知和类脑计算领域的专家、学者参加会议。

学会建设 2021年，学会拥有个人会员1560人、单位会员25个。成立理事会功能型党委，通过党建工作引领学会能力提升。设立社会认知科学分会、神经教育学分会、分子影像分会3个分会，神经环路与信息处理专业委员会、神经与精神影像专业委员会、认知建模专业委员会3个专业委员会，以及认知科学和脑疾病转化医学工作委员会、认知计算与人工智能工作委员会2个工作委员会。在学会二级机构建设过程中，不断调研、讨论，促进学科发展。同时，在四川省、辽宁省、广东省、重庆市地方分会的组织成立过程中保持合作联系，探索与分支机构、地方分会共同发展和服务会员的联动机制。

积极推动探索吸纳港澳台及海外知华友华科学家在学会任职，提出香港特别行政区、澳门特别行政区及外国国籍科学家任职条件的建议及候选人。同时，推动在国际重要学术组织任职的科学家在学会担任领导职务，2人获中国科协批准为学会副理事长人选。

青年人才托举工程 学会推荐的马文姬、徐凌志入选第六届中国科协“青年人才托举工程”项目名单。

主办期刊 2021 年，学会神经与精神影像专业委员会创办的英文期刊 *Psychoradiology*（《精神影像学》）由英国牛津出版社出版发行，为神经与精神影像专业研究领域提供一个国际学术交流的期刊平台，便于在世界范围内分享该专业领域方向的科学和学术进步。内容涵盖神经精神疾病的遗传和分子基础，以及影响这些疾病的发病、进展和行为症状的社会因素和文化因素。

国内主要学术会议 11 月 2 日，学会协办的第四届世界顶尖科学家论坛在线上召开。论坛围绕老龄社会的基础科学问题进行顶尖国际对话，共同探索建立老龄科学的新兴学科群，在重大科学问题上形成共识，共商科学应对老龄社会的方案与策略以及肌体老化、老年病学等基础科学问题研究。

国际交往 学会理事蒋田仔获国际脑电图与临床神经科学学会的最高奖项 Turan Itil Career Contribution Award。

2021 年，世界分子影像学会主席、复旦大学人类表型组研究院教授田梅在瑞士放射学会大会上作《基于分子影像的精准医学》特邀报告，与参会的专家、学者进行学术交流。

科普活动 学会利用官方微信公众号持续向普通公众和相关研究领域的专业人员进行神经认知和精神影像学的科普知识宣传。组织由院士、教授、博士生等近百人组成的志愿者队伍和科普小组在学会的学术活动、科普活动中发挥作用。

表彰举荐优秀科技工作者 2021 年，学会开展谈家桢生命科学奖、2021 年度生命科学十大进展、中国青年女科学家奖等候选人推荐工作。

党建强会 根据习近平总书记在党史学习教育动员大会上的重要讲话精神，学会研究制订党史学习教育工作方案。除理事会党委层面的学习，2021 年度重点加强学会办事机构工作人员参与各项学习活动，如收看庆祝中国共产党成立 100 周年大会现场直播、组织到河北省保定市白洋淀参观考察、举办弘扬科学家精神报告会等。联合脑与认知科学国家重点实验室党支部开展以“我为群众办实事——科技助力教育，书香润泽校园”为主题的图书捐赠主题党日活动。

会员服务 学会强调理事的会员服务责任，调动理事参与会员发展、会员学术交流、人才培养等精准服务。通过学术交流会议及官方微信公众号等方式联系服务会员群体。神经精神影像专业委员会通过华西神经精神影像川黔联盟，在组织内开展精神影像数据采集方案以及数据处理培训、科研合作、学术交流和技术服务等。

【第四届认知科学和脑疾病转化医学大会总结会】 4 月 24—25 日，由学会认知科学和脑疾病转化医学工作委员会主办的第四届认知科学和脑疾病转化医学大会总结会在浙江省杭州市召开。线上线下、主会场（杭州市）和分会场（重庆市）同时进行，线下参会人员 250 人次、线上参会人员 14608 人次。来自医疗卫生系统、中国科学院、高校等 63 个单位的研讨会组织者 115 人共组织 52 个认知科学和脑疾病的专题研讨会，这 52 个研讨会将知觉、注意、记忆、学习、情感、意识等多个认知层次的基础研究以及脑成像和脑影像学的研究结合到脑血管病变、脑卒中、脑肿瘤等临床和临床基础的研究中。

（撰稿人：周　馨）

国际数字地球学会

学会建设 协会召开 2 次线上理事会议、6 次执行局会议。经理事会批准，组建 6 个研究领域工作组，内容涵盖数字地球科学技术、数字地球企业活动、数字地球管理与伦理、公民参与及权利、数字地球教育、数字地球与可持续发展目标。各工作组由 2 ~ 3 名联合主席与若干成员组成。通过制订工作组的总体目标、长短期工作计划以及具体实施方案，组织开展学术交流活动，发挥工作组的智库作用。

主办期刊 2021 年，《国际数字地球学报》（*International Journal of Digital Earth*，IJDE）共收到来自全球 35 个国家的投稿 260 篇，发表文章近 100 篇。影响因子为 3.538，在全球 50 个地理类期刊中排名第 18，在 32 个遥感类期刊中排名第 17 位。爱思唯尔 2020 年 Scopus CiteScore 为 6.6，在地球与行星科学类 186 个期刊中排名第 17。全年完成 12 期文章的出版工作，并与 Taylor & Francis 达成 2022 年度期刊开放获取出版协议。

《地球大数据》（英文）遵循季刊周期，每季末月出版，共发表 4 期 28 篇论文，包括编者按 3 篇、综述 3 篇、数据论文 2 篇、研究论文 15 篇、观点论文 5 篇。其中 3 期为策划的热点专刊，分别为加拿大 Ryerson 大学教授李松年等组织的 *Analytics of Big Geosocial*

Media and Crowdsourced Data 及中国科学院院士郭华东联合国际科学理事会首席执行官 Heide Hackmann、世界工程组织联合会主席龚克共同组织的 *Big Data in Support of the Sustainable Development Goals*（*Part A & B*）。该刊 2021 年度被 Ei Compendex、GEOBASE 和 Web of Science ESCI 收录。

为庆祝可持续发展大数据国际研究中心成立，《地球大数据》（英文）分别组织在 9 月和 12 月出版由协会名誉主席郭华东、国际科学理事会执行官 Heide Hackmann、世界工程组织联合会主席龚克任主编的 2 期《大数据支持可持续发展》专辑，并在国际科学理事会官网上做特别宣传报道。

国际学术会议 7 月 6—8 日，由协会主办、奥地利萨尔茨堡大学地理信息研究中心承办的第十二届国际数字地球会议在奥地利萨尔茨堡以线上线下相结合的形式举办。大会主题为“数字地球促进社会可持续发展”，会议围绕联合国 17 个可持续发展目标讨论如何通过数字地球技术实现相关目标与案例。7 月 6 日，奥地利萨尔茨堡大学教授约瑟夫·斯特罗布和托马斯·布拉施克为大会开幕式拉开序幕。博士海因茨·法斯曼、奥地利科学和教育部部长发表大会欢迎词。协会主席 Alessandro Annoni 介绍协会的发展历程和近期工作开展情况。协会名誉主席、中国科学院院士郭华东发表关于数字技术促进 SDGs 的特别演讲《大数据促进可持续发展目标（CBAS）国际研究中心的介绍》。

会议设有地理学人道主义应用论坛，聚焦研讨卫星地球观测和地理信息学交界处的地理空间技术在支持人道主义行动中的广泛应用，如从危机干预的任务规划和行动到食品分配或疫苗接种的人口估算等；设有数字孪生 - 可持续发展地球论坛，作为支撑科学决策的主要技术手段，数字地球将在平衡自然资源用于社会经济发展与保护生态系统之间起到不可替代的作用，论坛以《联合国 2030 年可持续发展议程》为核心，促进了解数字地球对 SDG 可持续发展目标的贡献；设有青年论坛，致力于改善科技创新生态、激发创新创造活力，为广大青年科技工作者搭建跨代际开放合作与交流平台。此外，与欧洲航天局联合举办目的地地球论坛，“目的地地球计划”重点工作在于开发高精度地球数字模型以观测和模拟自然和人类活动，它是数字地球在欧洲的具体实践，也是欧洲数据战略的关键组成部分。

闭幕式上宣布第九届数字地球峰会计划于 2022 年在印度钦奈举办，第十三届国际数字地球研讨会计划于 2023 年在希腊雅典举办，第十届数字地球峰会计划于 2024 年在卢旺达举办。

国内主要学术会议 9 月 6—8 日，由协会和中国科学院主办、中国科学院空天信息创新研究院和协会中国国家委员会承办的第二届中国数字地球大会在北京以线上线下相结合的方式召开，来自国内外的专家、学者约 600 人参加会议。大会以“地球大数据促进可持续发展”为主题，旨在聚焦数字地球应用和技术，为科学家与决策者搭建地球大数据背景下的交流新平台，共同探讨梳理大数据时代数字地球发展脉络，理清数字地球的科学和技术瓶颈问题，探讨如何基于数字地球技术服务国家战略及人类社会可持续发展。大会为期 3 天，围绕数字遗产与可持续发展、空间地球大数据、成像光谱对地观测、微波对地观测前沿技术、高光谱成像激光雷达技术和应用、虚拟地理场景与数字孪生、对地观测前沿方法与技术、数字极地与可持续发展、空间信息技术行业应用、地球大数据支撑等多个主题开展研讨，共设置 9 场大会报告、63 场主题分会、3 场专题会议。

与会专家一致认为，建设数字中国是“十四五”规划和 2035 年远景目标纲要明确的重大任务，也是百行千业创新发展的重要突破方向。专家们同时表示，作为研究地球系统科学的重要手段，数字地球理念有助于全球可持续发展目标的实现，能够为缩减全球可持续发展的不平衡提供帮助，进而为缩小区域间的数字鸿沟作出重要贡献。

大会分别向 5 名作者颁发最佳论文奖，向 20 名与会青年颁发最佳青年报告奖，并向参展商颁发荣誉证书。9 月 8 日，大会正式闭幕，同时宣布下一届会议计划于 2023 年举办。

第二届中国数字地球大会是 2021 年可持续发展大数据国际论坛的重要组成部分。可持续发展大数据国际研究中心成立大会暨 2021 年可持续发展大数据国际论坛开幕式于 9 月 6 日举办，宣告可持续发展大数据国际研究中心正式成立，这是全球首个以大数据服务联合国 2030 年可持续发展议程的国际科研机构。

国家主席习近平向大会和论坛致贺信，联合国秘书长安东尼奥·古特雷斯等国际组织发表视频致辞。国家有关部门负责同志，有关国家驻华使馆、联合国有关组织机构代表及在北京的院士、专家现场参会，来自全球10余个国家的400余名科研机构、大学、国际组织专家、学者通过视频参会。地球大数据促进可持续发展目标监测和评估成果展在北京国际会议中心同步举办。

国际交往 协会组织参加国际科学数据委员会会员代表大会、地球观测组织大会。派员出席在俄罗斯举办的第31届GraphiCon-2021大会，并组织数字地球和大数据分会。协会代表出席于10月20—22日在荷兰阿姆斯特丹举办的2021地理空间世界论坛。

协会作为联合国全球地理空间信息管理专家委员会地理空间学会联盟、地球观测组织、国际科学理事会的成员，积极组织履行相关权利和义务，为中国科学家发声，为参与全球科技治理贡献力量。

表彰举荐优秀科技工作者 10月13日，在第二届国际科学理事会全体大会上，国际科学理事会向全球3名科学家和1个团队颁授首届国际科学理事会科学奖，并颁授6名青年科学家奖。协会名誉主席、中国科学院院士郭华东获首届国际科学理事会科学奖，他获颁的奖项名称为“可持续发展科学奖”，该奖项旨在表彰利用跨学科方法对实现可持续发展目标作出杰出贡献的科学家。郭华东因其在开拓地球大数据科学、发展大数据驱动的科学发现方法，在全球、区域、国家和地区尺度为实现可持续发展目标作出的贡献而被授予此奖项。

（撰稿人：王长林　刘婧娜）

国际动物学会

学会建设 截至2021年年底，学会共有个人会员1585名，分布在79个国家和地区；团体会员124个，覆盖各类科技人员3万余人，分布在37个国家。8月，挪威动物学会正式成为学会团体会员。学会共有11个工作组，促进热点方向的学术交流。学会变更理事长和1名副理事长。

青年人才托举工程 在第六届（2020—2022年度）“青年人才托举工程”项目中，万辛如、王静、徐乐天、李军获得资助，万辛如、王静为中国科协资助，徐乐天、李军为学会自筹经费支持。万辛如和王静各发表2篇论文，并获得中国动物学会“长隆奖”启航奖。徐乐天发表7篇论文。第七届（2021—2023年度）中国科协“青年人才托举工程”项目获得2个资助名额。

主办期刊 学会期刊《整合动物学》（*Integrative Zoology*）影响因子为2.654，在全球JCR收录的175种动物学期刊中排名第24，保持在Q1区，入选中国科学院1区期刊。2021年共发表73篇文章，全文下载量近8万篇次，较2020年增加约27.1%。下载量前5名的国家分别为美国（23%）、中国（19%）、英国（9%）、加拿大（4%）、澳大利亚（4%）。

国际学术会议 学会组织线上学术交流活动2次，参加人员约500人次。

4月26日，国际动物学会与国际生物科学联合会合作举办第12届整合动物学国际研讨会。会议通过线上方式进行，旨在促进不同分支学科的科学家对人畜共患疾病的综合研究，揭示对人类构成高度威胁的主要人畜共患疾病的传播规律和动态。美国圣母大学教授Jason Rohr，美国科学院院士、斯坦福大学教授Rodolfo Dirzo，法国蒙彼利埃大学教授Serge Morand和中国农业科学院哈尔滨兽医研究所研究员李呈军分别作报告。来自27个国家和地区的共96人参加会议。

11月22—25日，第23届国际动物学大会召开。此次会议为网络会议，来自30余个国家的约400位动物学家、科研人员和学生参加会议。大会主题为“人类世界中的动物学——整体与整合的保护策略”，包含1个特别嘉宾报告、10个大会报告、25个专题研讨会、3个小组讨论会。

国内主要学术会议 学会组织学术交流活动2次，参加人员94人次。

1月13—15日，国际动物学会2021动物监测技术研讨会在上海市召开。会议由学会及国际自然保护地联盟主办、上海大学和中国仪器仪表学会精密机械分会承办。49名专家、学者参加会议。大会共作9个学术报告，内容包括微光夜视，AI和红外线等监测技术，偏振高光谱、水下成像、无人机成像和卷积神经网络等识别技术，反盗猎系统，准确估计野生动物数量的新方法。报告结束后，上海大学教授王驰实地展示微光夜视监测系统，在几乎完全黑暗的条件下，该系统可清晰观察到靶目标的细节。与会者还从新技术应用和已有技术改进两方面讨论动物监测技术在自然保护区中的实际应用，特别是在中蒙俄跨界保护项目中的应用。

6月25—27日，由学会主办、中国科学院西双版纳热带植物园承办的全球变化背景下动物与植物互作专题研讨会在云南省傣族自治州召开，45名专家、学者参加。会议包括5个大会报告和9个专题报告。大会报告探讨西藏自治区植物对低温、高紫外线以及传粉昆虫的适应性；种子散布这一动植物互作重要研究领域中已解决和尚存在的问题；榕树－榕小蜂互惠合作体系中的非对称性因素；不同种植物避免种间花粉干扰的精巧策略；亚洲象的北迁问题。会议还特别设立专题讨论环节，分别就“动植物关系研究：进展与展望”和“全球变化背景下动植物关系研究：新视角、新方法、新发现”2个领域内的重要话题展开探讨。

科普活动 6月23日，中国科学院动物研究所主办，学会和中华人民共和国濒危物种科学委员会、中国动物学会、中国昆虫学会、中国科学院中国动物志编辑委员会、中国科学院文献情报中心联合承办第二期“动物科学大家谈”活动。中国工程院院士、中国农业科学院吴孔明以《草地贪叶蛾的监测预警与控制策略》为题，介绍草地贪叶蛾入侵中国的时间、潜在危害和应对措施，雷达监测防控系统、开放的数据库系统、新型农药抗药性和转基因玉米抗性研究等以及国际合作情况，为全球粮食安全贡献中国智慧。中国科学院院士、清华大学陈晔光以《类器官技术及其应用》为题，介绍类器官的关键特性及其在疾病模型、药物研发、药敏测试和精准医疗上的巨大优势，同时提及目前尚缺少国际国内标准以及可能的商业和伦理等问题。3.3万人次通过中国科讯直播平台观看。

表彰举荐优秀科技工作者 11月24日，在第23届国际动物学大会的闭幕式上，日本东京大学教授武田洋幸和德国恩斯特－莫里茨－阿恩特大学教授Michael Schmitt获得国际动物学会杰出贡献奖；墨西哥Eric Ameca、中国周友兵、美国Kevin Kohl获得国际动物学会青年科学家奖。

党建强会 学会认真学习贯彻习近平总书记系列重要讲话精神，总结凝练在构建人类命运共同体等方面探索积累的经验、做法、机制和成效。为庆祝中国共产党成立100周年，9月18日，组织参观中国共产党历史展览馆。11月30日，中国科协国际合作部党支部、中国科学院动物研究所管理支撑第一党支部和学会开展联学联建暨主题党日活动，党员干部代表共30人参加活动。

会员服务 编写2期通讯。通过电子邮件方式定期向会员发送杂志出版和会议信息。

【第23届国际动物学大会】 11月22—25日，由学会主办、南非动物学会承办的第23届国际动物学大会在线上召开。来自30余个国家的约400名动物学家、科研人员和学生参加会议。赞助及支持单位包括南非国家研究基金、国际生物科学联合会、中国科协国际部和学术部、中国科学院国际合作局及“一带一路”国际科学组织联盟、中国科学院动物研究所等。大会主题为“人类世界中的动物学——整体与整合的保护策略”，包含气候变化、城市生态学、生物多样性保护：科学、政策和经济学的桥梁、人类世界的威胁、水：缺水和水污染对人类和动物生活的影响5个部分。大会邀请国际保护专家Jane Goodall做特别嘉宾报告。25个专题研讨会分别为：生态连通性对生物多样性保护的重要性，城市化类型及影响，全球化与物种入侵，缺水和水污染对人类和动物生活的影响，生物多样性与保护，生态保护，生物多样性与保护中的其他问题，气候变化的影响，城市化对于栖息地的破坏，人类与野生动物的矛盾与共存，环境污染，人畜共患病，鸟类保护，鼠类不育控制，气候变化与应答，动物多样性保护与进化，动物生理学，动物行为与进化，动植物互作，陆生哺乳动物对全球变化的响应，无脊椎动物保护，人类活动对野生动物的不良影响，栖息地碎片化的影响，生命系统的一般规律，全球危机的合作与应对。其中，人畜共患疾病专题由国际生物科学联合会与学会共同成立的动物疫病工作组主持。专题研讨会包括205个口头报告。3个小组讨论会分别为南非海洋保护区网络中的受威胁物种、非洲哺乳动物遗传管理、非洲物种和生态系统保护及狩猎管理。大会设置近40个电子学术海报参加展示。

11月23日，学会召开网络会员代表大会。学会秘书处及《整合动物学》编辑部做过去5年工作的汇报。会上进行下一届执行委员会的选举，中国科学院院士陈宜瑜担任名誉主席，挪威奥斯陆大学教授Nils Chr. Stenseth担任主席，中国科学院动物研究所张知彬研究员任执行主任。

（撰稿人：张 薇）

中国机械工程学会

服务创新型国家和社会建设 2021年，学会承担“科创中国”区域高端装备制造产业科技服务团、智能制造装备产业科技服务团、先进制造专业科技服务团项目，在天津市，浙江省宁波市、杭州市、温州市、乐清市、台州市，江苏省徐州市、常州市、苏州市，山东省泰安市、潍坊市，广东省佛山市等地举办一系列“科创中国”科技服务活动，促进成立5个协同创新组织，设立3个科技服务站，服务企业200余家、科技工作者1万余人次，解决关键技术问题40余个，编写《天津市智能装备产业发展现状调研报告》《企业首台首套产品支持政策研究调研报告》，完成工业互联网领域、信息技术领域2项“科创中国”技术应用案例库建设项目课题研究。“科创中国”高端装备制造产业科技服务团被中国科协评为“2021年度优秀科技服务团”。

承担工业和信息化部“重大短板装备专项工程支撑”“智能制造领域人才需求预测研究”“工业母机产业人才需求预测研究”“高端工业母机重大工程方案框架研究”课题，科技部“高端数控机床领域战略研究”课题，中国科协“装备制造关键核心技术发展路线图”“2021智能制造科技进展研究”“我国技术创新体系现状及对策研究”“重大制造装备‘卡脖子’问题研究”课题。

学会标准化工作平台上线试运行。2021年先后立项32项团体标准，发布31项团体标准，推荐4项标准申报2021年度工业和信息化部“全国百项团标应用示范项目”，参与起草《团体标准版权管理指南》（T/CAS 3—2021）团体标准。

6月，主办第25届北京·埃森焊接与切割展览会，展览总面积8万余平方米，参展企业800余家，观众3万余人。10月，主办2021亚洲国际物流技术与运输系统展览会，展览面积8万余平方米，参展企业近800家，观众7万余人次。

学会获批成为国家级专业技术人员继续教育基地，2021年培训总人数超过6000人次。完成5册《全国专业技术人员新职业培训教程——智能制造工程技术人员（初级）》的编写和出版。承担“人工智能工程技术人员”国家职业技术技能标准中的“人工智能应用产品集成实现”职业方向的标准制订及培训教材编写任务。10月15—19日，承办人力资源社会保障部“智能制造工程技术人员能力提升”高级研修班，200余名学员参加，中国工程院院士、学会荣誉理事长周济作题为《智能制造导论》的主旨报告。

作为机械类专业认证委员会秘书处，承接机械类专业认证相关工作。全年共受理66所高校的72个专业认证申请，进校考查32个专业，审议形成32个专业的认证报告和结论建议。完成44个专业的中期审核，进校核实5个专业，审议形成44个专业的中期审核报告和结论建议。

继续开展工程师水平评价工作，全年共计4800余人参加评价。完成81项科技成果鉴定，比2020年增加24项。组织开展中国机械遗产认定工作，首批认定7项中国机械遗产。

11月，牵头组织第三届世界科技与发展论坛的分会场——青年前沿科技论坛之先进制造分论坛。

学会建设　2021年，学会新增个人会员4438人、单位会员27个，共有个人会员84263人、单位会员1552个。

12月26日，学会召开第十二次全国会员代表大会，完成换届工作。大会以无记名投票的方式表决通过《中国机械工程学会章程（修改草案）》，选举产生第十二届理事180人、第三届监事会监事5人。在十二届一次理事会议上，中国工程院院士林忠钦当选理事长，王德成等12人当选副理事长。在三届一次监事会议上，中国工程院院士郭东明当选监事长，中国工程院院士涂善东当选副监事长。

以通讯方式召开常务理事会议2次，以现场方式召开常务理事会议1次。召开全国总干事秘书长工作会议1次。完成5个分会的换届和1个分会的更名工作。

上线会议系统，完成会员管理系统的改版，启动数字图书馆建设工作。

学会被中国科协评为“全国学会科普工作优秀单位”。

青年人才托举工程　2021年，学会完成第七届中国科协“青年人才托举工程”项目推荐工作，共有10人入选，其中6人由学会自筹资金资助。截至第七届，学会共推荐41人获得资助。

主办期刊　2021年，学会获“2021年全国学会期刊出版工作优秀单位”称号。《中国机械工程》《中国表面工程》《塑性工程学报》《焊接学报》《中国机械工程学报：增材制造前沿》（英文版）入选中国科协“2021年度全国学会期刊出版能力提升计划”国际学术交流项目。《中国机械工程》《润滑与密封》《机械设计》《特种铸造及有色合金》《流体机械》入选中国科协“2021年度全国学会期刊出版能力提升计划”产业发展服务项目。

中国科学技术信息研究所发布的《中国科技期刊

引证报告》统计结果显示，在机械工程设计学科 25 种核心期刊中，《机械工程学报》的核心影响因子为 1.383，综合评价得分 86.2 分，位列首位；《中国机械工程》核心影响因子为 1.029，综合评价得分 64.4 分，位列第 3；《中国机械工程学报》（英文版）核心影响因子为 0.696，综合评价得分 51.9 分，位列第 4。据中国知网发布的 2021 版《科技期刊世界影响力指数（WJCI）报告》，在国内外机械工程学科 204 种学术期刊中，《机械工程学报》世界学术影响力指数排名第 17 位。《中国机械工程学报》（英文版）入选“2021 中国最具国际影响力学术期刊”，《机械工程学报》入选“中国国际影响力优秀学术期刊”。

探索“期刊 + 服务”模式，学会会刊《中国机械工程》设立“机械人学堂”，并举办 2 期线上交流活动。

学科发展工程　2021 年，学会组织编写《中国机械工程技术路线图（2021 版）》《中国物料搬运装备产业发展研究报告（2020—2021）》。

组织开展重大科学问题、工程技术难题和产业技术问题的征集，推荐的“铝合金超低温变形双增效应的物理机制是什么？”入选中国科协 2021 重大科学问题。学会获重大科技问题难题征集发布“2018—2021 年度优秀组织单位”和“2021 年度优秀推荐单位”称号。

国际学术会议　2021 年，学会组织 IFWT 2021 焊接国际论坛、2021 丝绸之路创新设计论坛、国际热处理产业高质量发展论坛、第十九届国际制造会议、2021 中日韩机械工程技术交流会等国际学术会议共 10 次，线上线下参会人数 29570 人次，交流论文约 236 篇。

国内主要学术会议　2021 年，学会和各分支机构共组织各类学术交流活动 72 次，线上线下参加人员 359273 人次，交流论文 2300 篇。

3 月，学会举办 2021 年机械工程青年精英论坛，150 余名青年学者参加。

5 月 14—16 日，由学会表面工程分会主办的第十三届全国青年表面工程学术会议在江苏省扬州市举办，来自企业、高校、科研院所的共 600 人参加会议。中国工程院院士薛群基作题为《把握时代机遇，扎实做好科研》的报告。会议收到论文 386 篇，录用 182 篇。大会安排主题报告 7 个，设分会场 8 个。

10 月 21—25 日，由学会铸造分会主办的 2021 铸造活动周在辽宁省沈阳市举办，来自企业、高校、科研院所的 511 人参加会议。活动收到论文 50 篇，录用 45 篇；安排主题报告 3 个，设分会场 2 个，作分会场报告 18 个。

国际组织任职　2021 年，学会 8 名专家在国际学术组织担任执委以上职务，其中，副主席 2 人、执委 6 人。学会铸造分会主任委员娄延春新当选世界铸造组织副主席，学会常务理事葛世荣连任国际摩擦学理事会副主席。

国际交往　2021 年，作为国际组织的中国代表机构，组织专家参加第 74 届国际焊接学会年会、第六届国际机构学与机器科学联合会会议、国际热处理及表面工程联合会第 50 次理事会议、2021 世界铸造组织造型材料及工艺国际论坛。

科普活动　2021 年，学会新成立 2 个“中国好设计”区域中心，总数达 25 个。4—6 月，举办 4 期科普大讲堂活动，线上线下观众累计 24 万人次。组织开展“云说新科技”科普新星秀活动试点，共有 34 所高校和科研院所的 285 个团队参与活动，创作科普作品 285 个。

新编“我是工程师”科普丛书 5 本。加强中国机械工程数字博物馆建设，新增各类信息资源共 589 项。

继续举办中国大学生机械工程创新创意大赛，下设 7 个专业赛项，共吸引 618 所高校的 3023 支团队参赛，大赛继续入选“全国普通高校大学生竞赛排行榜”。作为中国机械行业卓越工程师教育联盟理事长单位，举办第四届“恒星杯”毕业设计大赛，共有 52 所高校的 607 项项目参赛。

表彰举荐优秀科技工作者　2021 年，学会共推荐中国科学院院士、中国工程院院士候选人 6 名，第十四届光华工程科技奖候选人 3 名，最美科技工作者候选人 2 名。

2021 年，组织开展中国机械工程学会科技奖推荐评审工作。授予天津大学刘海涛、中国科学院兰州化学物理研究所张斌、中铁工程装备集团有限公司贾连辉、哈尔滨工业大学先进焊接与连接国家重点实验室曹健 4 人中国机械工程学会青年科技成就奖。

学会与中国机械工业联合会共同设立的中国机械工业科学技术奖共受理申报项目 879 项，有 365 项获奖。其中，特等奖 3 项、一等奖 36 项、二等奖 125 项、三等奖 201 项。

牵头开展中国科协第六届科技期刊优秀论文遴选活动（制造业与材料集群），推荐参评论文 628 篇，共10篇优秀论文入选。

党建强会 2021年，学会理事会党委组织召开4次党委会议，工作总部党总支召开12次党总支委员会议。新成立5个分会党的工作小组，总数达到39个。

深入开展党史学习教育。3月，在全国总干事秘书长工作会议期间举办全学会系统的党史学习教育专题培训，邀请中央党校教授作题为《学习百年大党历史、坚定理想信念》的报告。4月，组织工作总部全体党员干部赴西柏坡、正定县进行为期2天的“弘扬西柏坡精神，学党史、悟思想、开新局”专题培训。全年工作总部党总支共组织开展4次党史学习教育党课。

推动党建强会。5月，与中国科协科技社团党委在甘肃省张掖市共同主办党建强会“众心向党，科技伴我成长”2021甘肃机械科普行系列活动，开展活动6场，受益群众3500余人，参加活动的党员300余人、科技工作志愿者100余人。

会员服务 3月8日，在国际妇女节期间通过会员公众号宣传20名女科技工作者的先进事迹。5—7月，组织专业分会、地方机械工程学会开展主题为“庆建党百年 展机械担当”的2021年中国机械工程学会会员日活动，共举办活动26场，参加人数超过2万人次。全年向会员赠阅6期《机械工程导报》，推送《先进制造业信息参考》《制造业简报》《制造业技术动态》等电子刊共计88期。首次推出《单位会员动态》，共编发3期。

【中国机械工程学会第十二次全国会员代表大会】 12月26日，中国机械工程学会第十二次全国会员代表大会在上海市召开。会议采取线上线下相结合的形式，来自全国各地的会员代表，第十一届理事会、第二届监事会，以及各专业分会和省、自治区、直辖市机械工程学会的相关人员共计600余人参加会议。

学会理事长李培根代表第十一届理事会作《中国机械工程学会第十一届理事会工作报告》，报告从“加强学术交流、促进科技创新”“服务制造强国、促进转型升级”“加强会员服务、促进人才成长”“坚持开放合作、服务创新发展”“坚持改革创新、夯实发展基础”五个方面全面回顾第十一次会员代表大会以来学会取得的工作成绩，指出当前学会工作的缺点和不足，分析学会在“十四五”期间的形势与挑战，建议新一届理事会要坚持党建强会、强化政治引领，要坚持创新发展、实现转型升级，要坚持自身建设、提升治理能力。监事长宋天虎代表第二届监事会作《中国机械工程学会第二届监事会工作报告》，汇报第二届监事会的履职情况、监事会对理事会及学会工作的基本评价及对下一届监事会工作的建议。常务副理事长张彦敏代表第十一届理事会作《关于修改〈中国机械工程学会章程〉的报告》。副理事长兼秘书长陆大明代表第十一届理事会作《中国机械工程学会财务报告》《关于中国机械工程学会会费标准及管理办法的修改说明》和《关于会员管理条例的修改说明》。

大会以无记名投票方式审议通过第十一届理事会工作报告、第二届监事会工作报告、《中国机械工程学会章程（修改草案）》、会费标准及管理办法、会员管理条例，选举产生第十二届理事会180名理事、第三届监事会5名监事。

大会期间，召开第三届监事会第一次会议，选举郭东明担任监事长、涂善东担任副监事长。召开第十二届理事会第一次会议，选举产生理事长、副理事长、常务理事，表决通过授予荣誉理事长、授予荣誉理事、聘任秘书长、委托法定代表人、聘任副秘书长等相关议案。林忠钦当选第十二届理事长，王德成、毛明、邓宗全、杨华勇、陆大明、陈学东、单忠德、项昌乐、贾振元、黄庆学、蒋庄德、谭旭光当选副理事长，秘书长由毛明兼任。授予中国工程院院士李培根“中国机械工程学会荣誉理事长”称号。召开第十二届常务理事、第三届监事党员大会，确定第十二届理事会党委委员推荐人选及分工建议。

（撰稿人：刘永华 郭 刚）

中国汽车工程学会

服务创新型国家和社会建设 学会2021年共开展“面向中国场景的汽车智能化系统测试评价关键技术及装备”“高压氢气供氢系统关键技术研究及产业化”“车用柴油机排气后处理系统”等18项科技成果评价工作。

面向“十四五”，学会围绕新能源汽车、智能网联汽车、智能共享出行等新兴领域开展团体标准研究工作，全年累计发布团体标准88项、立项启动74项标准研制，发布《智能网联汽车团体标准体系建设指南（2021版）》，启动CSAE标准自愿性认证试点工作，启动4项智能网联汽车英文版标准制订工作，开发完成CSAE标准信息平台。参与3GPP、ITU等国际标准组织交流，多次在 CITS 等国际标准论坛上作专题报告，并与 5GAA 深化在智能网联汽车领域的标准合作。结合水平评价工作，对《汽车工程类工程师能力评价规范》进行修订。

学会组织撰写《关于 2021 世界新能源汽车大会及加快我国新能源汽车发展建议的报告》，经中国科协上报国务院，副总理韩正于 10 月 9 日作出批示回复。该报告介绍 2021 世界新能源汽车大会在搭平台、汇共识、促发展方面取得的积极成效；提出对当前新能源汽车发展形势的判断，包括全面市场化发展，与能源、交通及信息通信融合发展，“双碳”战略成为汽车产业低碳转型的主要驱动力，碳中和愿景目标倒逼氢能源体系建设等；提出加快新能源汽车发展的建议，包括政策工具、财政支持方式，协同创新、核心技术突破，电力市场改革、车能融合生态构建，智能网联技术落地应用等建议。

聚焦“双碳”目标、智能网联汽车、人才培养等领域，形成以《汽车产业碳中和路线图》《智能网联汽车导论》《新能源汽车产业人才需求预测报告》《中国汽车职业教育发展报告（2021）》《中国汽车产业发展报告（2021）》等为代表的 10 余篇研究报告。

深耕品牌学术活动，联合举办第十九届上海国际汽车工业展览会，共组织 6 场同期活动，约 1000 家企业参与，展出总面积 36 万平方米，共设置 12 个室内展馆。

2021 年，学会共举办节能与新能源汽车技术路线图 2.0 解读培训会、智能网联测试装调师资培训课程、电动汽车消防安全系统知识交流研讨会、智能网联全领域关键技术交流培训会、“新产业、新人才、新城市”汽车及零部件制造产业专题培训班、乘用车多材料轻量化车身设计、汽车工程领域专业技术转移转化能力提升班等 20 期培训，参加培训人数达 2800 余人次。

学会举办中国汽车工程学会年会暨展览会、世界新能源汽车大会、第八届国际智能网联汽车技术年会、第六届国际氢能与燃料电池汽车大会、第十三届国际汽车变速器及驱动技术研讨会、FISITA 第三届世界汽车智能安全大会、首届汽车行业人才培养院长论坛、第三届国际汽车智能共享出行大会等品牌学术活动。

6 月 8—10 日，学会在上海市召开第六届国际氢能与燃料电池汽车大会。大会共设置 1 天全体大会、8 场专业分论坛、1 场试乘试驾，同期举办 3 天专业技术和设备展览展示。整体展出面积 14000 平方米，参展企业 228 家，同比增长 79%，其中新展商比例超过 55%、外资企业占比 47%。

12 月 15—16 日，学会在广东省广州市召开第三届国际汽车智能共享出行大会。大会共设 1 场闭门会议、2 场主论坛、6 场主题峰会，线下共计 580 余人参加，近 35 家媒体进行线上直播，观看总流量约 600 万人次。线上会议有 17 家媒体进行直播，观看总流量约 300 万人次。共有 11 家企业参与展览，展示共享出行和智慧交通领域最新的技术及解决方案。

学会建设 10 月，学会九届六次理事会暨十一次常务理事会议在上海市召开，会议审议并通过《中国汽车工程学会 2021 年工作报告》《关于专业分会、工作委员会换届的议案》《关于理事会人员增补及变动情况的议案》《关于变更“中国汽车工业科学技术奖”名称的议案》等议案。

学会共有分支机构 50 个，其中专业分会 42 个、工作委员会 7 个、办事处 1 个。新成立专业分会 3 个。各分支机构严格按照民政部、中国科协等相关规定有序开展工作。学会共有单位会员 1860 个、个人会员 68766 人，单位会员同比增加 9%，个人会员同比增加 11%。

2021 年，授予高级会员称号 29 名、会士 7 名。学会信息化建设实现出勤在线、合同在线、报销在线的高效、绿色、安全的网络办公环境，优化流程制度。大力推进知识中心建设，知识中心浏览 IP 超过 13 万人次，收录会议演讲报告 1969 篇、行业报告 132 篇、团体标准 83 篇、视频 269 个、学术期刊 2 本；协同中心收录教授团队超过 3000 人、科研成果 30 万项。

青年人才托举工程 2021 年，学会制订《中国汽车工程学会汽车青年人才托举工程项目遴选方案（2021 试行版）》，推举 8 名候选人作为第七届（2021—2023 年）中国科协“青年人才托举工程”项目候选人。在托举期的入选者共承担国家自然科学基金以及其他项目基金 6 项，取得论文、专利及软件著作权 45 项，获得荣誉 4 项。

主办期刊 学会主办科技类中文期刊《汽车工程》实现总被引频次和影响因子双增长，其中影响因子同比增长 23%，在交通与运输工程领域综合排名第 2（ISTIC 报告 2020 版），在汽车工程领域中影响力排名第 1，并获得中国机械工业科学技术奖科技进步奖二等奖，获得中国科协“全国学会期刊出版能力提升计划”产业发展服务项目资助。

英文期刊 *Automotive Innovation* 被 ESCI 与美国工程索引数据库收录，期刊国际影响力显著提升。2021 年稿件来自 31 个国家，数量增长近 10%，引用量增长 134%。获得中国科协“全国学会期刊出版能力提升计划”国际交流服务项目资助。

Automotive Innovation 国际化的编委队伍由 75 名全球学者与专家组成，包括汽车行业的 8 名院士，国际编委占比 50% 以上；投稿作者涵盖 30 多个国家，读者遍布近百个国家，全年下载量约 10 万次。

学会主办的科普类期刊《汽车之友》已出版超过 600 期（纸质刊），在新媒体平台年点击量突破 1000 万次，获“2021 年易车号百强创作者”称号。

学科发展工程 受工业和信息化部委托，学会完成《汽车产业碳中和路线图》研究，提出科学的汽车产业碳排放核算方法与边界，开展汽车产业碳排放现状分析与愿景预见，明晰汽车产业实现碳达峰碳中和的时间表和推进路径，提出面向“双碳”的汽车产业碳排放管理措施与政策建议，为政府部门研究制订产业政策、企业制订低碳发展规划提供重要参考。

1 月 20 日，节能与新能源汽车技术路线图系列年度研究成果发布会通过线上直播的形式召开，会上正式发布“节能与新能源汽车技术路线图 2021 年度评估”系列报告，包括 1 本《节能与新能源汽车技术路线图 2021 年度评估总报告》、2 本专题报告《汽车技术趋势研究报告（2022）》《节能与新能源汽车技术年度评估报告（2021）》。报告构建“总报告全面洞察、专题评估报告深刻聚焦、技术发展趋势权威展望”三位一体的体系，围绕产业动向、技术进展、战略措施等内容进行评估。

6 月，学会受中国科协委托完成新一代信息技术系列丛书《智能网联汽车导论》的编写。本书是行业内第一本从汽车基础理论、设计、架构、智能网联关键技术及应用等全方位阐述智能网联汽车知识的教材，填补了智能网联高等教育领域的空白。

学会受工业和信息化部委托，完成《新能源汽车产业人才需求预测报告》，通过调研现状以及三维立体模型对人才需求、缺口进行科学预测，指出当前新能源汽车产业人才发展存在人才缺口大、高校课程设置不能完全满足产业需求变化等问题，并针对问题提出对策建议。

学会承担和完成“新能源汽车技术标准体系研究”“动力电池回收利用商业模式案例研究”“‘中国电动汽车充电基础设施发展战略与路线图（2021—2035）’项目”“中国新能源汽车和可再生能源综合应用商业化推广——新能源汽车与可再生能源融合扩大示范研究”“‘双碳’目标下中国新能源汽车与能源融合的发展目标与推进路径研究”等多项课题任务。

10 月 19 日，学会在上海市发布“2022 年度中国汽车十大技术趋势”，本次发布的汽车十大技术趋势是节能与新能源汽车技术路线图 2021 年度评估工作的一项重要研究成果之一。本研究重点围绕节能与新能源汽车技术路线图九大领域，聚焦 2022 年度实现重大突破的技术、实现新量产的技术、应用规模显著提升的技术三类技术趋势，面向企业 CTO（首席技术官）、专家、学者、技术骨干等开展多轮调查与研究，形成行业共识的年度十大技术趋势报告。

国际学术会议 2021 年，学会举办第十三届国际汽车变速器及驱动技术研讨会、2021 中国汽车工程学会年会暨展览会等 10 余项国际学术交流活动，累计参加交流人数近万人。

7 月 16 日，学会在长春举办 FISITA 第三届世界汽车智能安全大会，邀请宝马、雷诺、一汽、长城等国内外整车企业的技术专家以及德国亚琛工业大学、清华大学等的学者进行现场交流演讲。会议吸引超过 600 人现场参会，在线观看量超过 4 万人次。

国内主要学术会议 2021 年，学会共举办线下学术活动 50 余次，其中由专业分会主办的中国汽车防腐蚀与老化技术论坛、2021 年 APC 联合学术年会、中国汽车工程学会涂装技术分会学术年会等会议入选中国科协《重要学术会议指南》。

5 月 25—27 日，学会在北京召开第八届国际智能网联汽车技术年会。年会围绕智能网联汽车关键技术共设 1 场主旨报告、2 场主题峰会、11 场专题分会，107 名专家、学者发表演讲，1074 人参加会议。年会期间发布北京市高级别自动驾驶示范区建设进展与无人配送车管理政策以及北京市高级别自动驾驶示范区应用场景，颁发国内首批无人配送车道路测试牌照，组织自动驾驶车辆的应用场景展示和体验。

7 月 8—9 日，学会在上海市举办第十三届国际汽车变速器及驱动技术研讨会。会议共设置 1 场全体大会，作 60 场技术演讲，近 80 家国内外企业参与产品与服务展示。参会专家、学者 857 人，共有 27 家展商的 37 项技术参加最深印象创新技术活动；合作媒体34家，首次开启全体大会线上直播形式，6家媒体平台进行直播及渠道推广，在线观看人数超过20万人次。

9月28日，学会在吉林省长春市举办首届汽车行业人才培养院长论坛，来自全国90余所院校、企业的200余名专家、学者参与交流。论坛以“新时代　新模式　新工科”为主题，设22场主旨报告、3场专题分会场、2场同期会议，围绕汽车产业变革和人才发展战略、智能网联汽车产业人才需求预测分析、车辆工程课程体系建议等内容展开交流。

10月19日，由学会、上海市国际展览有限公司主办的2021中国汽车技术首脑闭门峰会在上海市召开。峰会以“科技创新助力产业发展”为主题，30余家企业的44名专家参加，共同探讨全球汽车行业新一轮科技革命未来趋势。

10月19—21日，学会在上海市召开中国汽车工程学会年会暨展览会。会议以“汽车+X，双碳背景下汽车科技创新”为主题，共设1场全体大会、46场专题分会，设置1万平方米技术展览馆及4场以论文交流为主的技术分会场，150余名作者作分享，400余人发表演讲。共3000余名企业代表、技术人员、科技工作者等参会交流，报名观展人数约2万人次。

国际组织任职　学会会士、*Automotive Innovation* 执行主编、吉林大学教授马芳武当选世界汽车工程师学会联合会技术领导力会士。

国际交往　学会参与世界汽车工程学会联合会，承担电动汽车倡议中方秘书处、国际能源署先进燃料电池技术合作项目中方秘书处、全球环境基金项目办公室工作。搭建中国汽车技术战略国际咨询委员会，筹备国际氢能燃料电池协会和世界新能源汽车大会等国际交流平台。

学会牵头筹建国际氢能燃料电池协会，已完成相关材料的上报，正在按计划推进相关审批工作。

学会参与筹办中德碳中和目标下的新能源汽车及新出行论坛。在2021世界新能源汽车大会期间筹办中英交通领域碳中和协同发展论坛、中德汽车产业发展合作论坛、全球城市交通电动化论坛；在第12届清洁能源部长级会议期间筹办“缩小差距”——EVI行动号召会议、中重型车零排放会议；在《联合国气候变化框架公约》第二十六次缔约方大会期间协助筹办中重型车零排放会议及全球示范城市论坛等活动。

科普活动　2021年，学会举办2021中国汽车工程学会巴哈大赛（襄阳站），组织2021赛季电车电气系统安全员培训、2021赛季第五届中国大学生方程式系列赛事队长交流会、中国大学生方程式系列赛事整车试验人才培养计划、2021中国汽车工程学会巴哈大赛车手培训、中国汽车工程学会巴哈大赛等系列活动，累计2700余人次参加。

举办首次2021中国青少年汽车无限创意征集活动，全国30余个省（自治区、直辖市）的3000余名16岁以下青少年参与，征集作品数超过3000幅，累计4683648人次参与投票；组织5场线下宣传活动，覆盖人数2000余人次，并编写出版科普读物《2021中国青少年汽车无限创意征集活动作品集》。被中国科协评为“2021全国科普日优秀活动”。

9月28日，学会在湖北省襄阳市举办2021中国汽车工程学会巴哈大赛（襄阳站）。大赛共有74支参赛队1700余名学生队员参加，哈尔滨工业大学（威海）获得年度本科组总决赛总冠军，四川交通职业技术学院获得职校组总冠军，武汉理工大学获得电车组冠军。

表彰举荐优秀科技工作者　学会召开2021年度中国汽车工业科学技术奖终评会，决定授予科技进步奖特等奖1项，技术发明奖一等奖2项、科技进步奖一等奖7项，技术发明奖二等奖2项、科技进步奖二等奖7项，科技进步奖三等奖22项，累计授奖项目41项；评选中国汽车工业优秀科技人才奖4人、中国汽车工业优秀青年科技人才奖4人。

开展中国科学院和中国工程院院士候选人、何梁何利基金科学与技术奖候选人、“最美科技工作者”、中国汽车工程学会会士、中国青年科技奖候选人、中国青年女科学家奖候选人等一系列人才举荐工作。

党建强会　学会组织全体党员、入党积极分子学习习近平总书记在广西壮族自治区、福建省、西藏自治区、陕西省等地考察时的重要讲话精神和庆祝中国共产党成立100周年大会上的讲话精神。通过“三会一课”，组织专题党课讲座，召开“光荣在党50年”座谈会，组织青年党员代表、入党积极分子举办“青春向党”谈心会等。通过每日推送、建设党建宣传园地、组织党建知识答题活动以及撰写心得体会等形式不断巩固党史学习教育成果。与中国科协科技社团党委机关党支部、中国热带作物学会党支部开展“以党建为引领，奋进新时代”为主题的联学联建活动等。获中国科协“智慧党建建设优秀学会党组织”称号。

会员服务 学会建立100余个汽车技术交流群，共为个人会员组织线上知识分享会30场，策划科技工作者日、科普日等会员活动，与中国知网共同开展“2021年汽车科技创新知识服务季”系列活动，联合华为云共同主办会员活动“走进溪村”——智慧出行CXO创新思享会。

学会为单位会员搭建云展示、云直播等在线数字化平台，并通过多种媒体渠道传播。为一汽解放、奥迪中国、蔚来汽车、地平线等单位会员提供科技秀直播共计15场次。邀请相关会员单位参与2021首届汽车产业专项人才对接会，开展线上及线下招聘活动。

【第三届世界新能源汽车大会】 9月，由中国科协、海南省人民政府、科技部、工业和信息化部、生态环境部、住房城乡建设部、交通运输部、国家市场监督管理总局、国家能源局联合主办，学会、中国电动汽车百人会、海南省工业和信息化厅、海南省科协和海口市人民政府承办的第三届世界新能源汽车大会在海南省海口市召开。中共中央政治局常委、国务院副总理韩正发表视频致辞，全国政协副主席、中国科协主席、世界新能源汽车大会主席万钢作主旨报告。大会共设置3场主论坛、16场主题峰会及专题论坛、1场闭门会、1场央视对话会，组织1万平方米技术展示区域及6场技术及品牌发布会。共15个国家和地区的1000余名专家、学者参加会议，620余万人次线上参加，发布257篇致辞及报告。

“全球新能源汽车前沿及创新技术”评选是世界新能源汽车大会的重要同期活动，旨在准确把握全球新能源汽车在前沿技术研究及创新技术应用方面的最新进展，促进国内外关键技术的合作与交流，引导新能源汽车核心技术的加速突破。在2021年的评选活动中，共收到国内外60余项前沿及创新技术申报材料，最终有10项创新技术、5项前沿技术被评为2021“全球新能源汽车前沿及创新技术”。

（撰稿人：张　静）

中国农业机械学会

服务创新型国家和社会建设 2021年，学会组织成立由院士牵头、产学研管推用领域专家134人组成的“科创中国”巴彦淖尔设施农业技术与装备科技服务团，开展多种形式的科技服务。服务团专家赴当地设施农业园区、企业及农业合作社等进行调研，了解实际需求，提供技术咨询；在“科创中国”平台需求库、人才库、成果库等发布51项技术需求、113名常态服务专家信息及59项成果信息；建立2个巴彦淖尔设施农业产学协同组织；制订发布2项团体标准；收集整理一批成果并制作成果宣传材料1册，举办线上“巴彦淖尔设施农业技术与装备产业科技服务团”系列技术培训与推广活动8次；围绕当地设施农业产业发展，完成智库建言报告1个。

学会依托“科创中国”国家农机装备科技服务团，针对浙江省、山东省和重庆市等重点地区的产业需求，开展科技成果宣传转化对接、成果展示路演、团体标准制订工作，派遣专家赴企业开展技术调研咨询、举办高端技术研讨活动等“科创中国”系列科技服务活动。

5月，学会联合浙江省农业机械学会举办全国农林装备智能化专题技术论坛暨专家助企赋能永康行活动；11月，在浙江省金华市举办智能农机装备成果展示路演等“科创中国”科技服务活动，推动行业产学研融合和农机装备产业升级。

学会与学会标准化分会联合全国农业机械标准化技术委员会、全国拖拉机标准化技术委员会等，围绕农业装备、拖拉机、排灌机械、植保机械和农业电子等，先后在江苏省盐城市、泰州市，江西省南昌市，上海市，辽宁省海城市等地召开6次技术标准研讨、审查会。

学会与中国农业机械工业协会继续联合开展农机装备团体标准制订工作，面向行业征集并联合发布团体标准计划4批共66项，批准发布农机装备团体标准32项，组织征求意见、审查、报批公示37项团体标准，编辑出版团体标准53项，另有61项团体标准在组织制订中。

8月29日，学会在北京组织召开科技成果评价会，对中国农业大学、金色大田科技有限公司委托的“丘陵山区主要粮食作物适度规模生产全程机械化关键技术集成与示范”“丘陵山区小麦、玉米适度规模生产全程机械化技术体系与产业化应用”和“基于全程机械化数字化的水稻智慧生产关键技术集成创新与应用”3个项目的科技成果进行评价。专家组由7名专家组成，中国工程院院士赵春江担任组长，中国农业机械化协会会长刘宪担任副组长。

10月13—18日，学会承办人社部2021年高级研修项目，组织举办农机装备领域专业技术转移转化能力提升高级研修班，来自全国农机领域的高校、科研院所、农机管理部门及企业的75名专业人员参加研修。高研班聚焦农机装备技术转移转化能力提升，邀请来自相关领域的10名专家、学者通过专家授课、主题报告、专题研讨、学员沙龙、企业参观、现场教学、论文撰写培训等方式开展研修。

学会建设 截至2021年12月31日，学会有个人会员13008人、团体会员175个。学会召开常务理事会议2次、秘书长联席会1次。

学会筹备成立粮油机械分会、工业设计分会；完成1个分会的换届工作；推动学会市场分会变更秘书处支撑单位。

青年人才托举工程 学会继续执行2019—2021年度中国科协“青年人才托举工程”项目，托举青年科技人才2名。

主办期刊 2021年，学会主办的《农业机械学报》共收到有效来稿2000余篇，完成正刊12期、增刊1期的出版任务，全年共刊出论文620篇，其中基金类论文达100%、国家级项目资助论文约占90%。6篇论文获2021年中国科技期刊农林学科年度优秀论文一、二、三等奖；被评为“中国国际影响力优秀学术期刊”。根据中国科学院文献情报中心2020版《中国科学引文数据库期刊引证报告》，在农业科学学科109种期刊中，《农业机械学报》总被引频次为7524，学科排名第2；影响因子为2.0176，学科排名第3（农业工程学科排名第1）；研究热点指数为12，学科排名第5。

《国际农业与生物系统工程学会期刊》（*CIGR Journal*）共出版4期，发表学术论文119篇；亚洲农业工程学会学术期刊《国际农业工程》共出版2期，发表论文23篇。

学科发展工程 学会和江苏大学共同实施中国科协2020—2021年度学科发展“农业装备产业与技术发展路线图研究”项目。来自高等院校和科研院所、龙头企业的院士及专家组成研究团队，以拖拉机、灌溉设备及收获机等为重点，研究并完成“农业装备产业与技术发展路线图研究”项目，研究成果由中国科协公开编辑出版。

国际学术会议 学会及所属分支机构全年共举办国际会议1个，参会人数200余人次，邀请国外专家交流报告4篇。

4月29日，由学会、中国农机工业协会等五大行业社团主办，江苏大学等承办的以“巩固脱贫攻坚成果，助力乡村振兴战略”为主题的2021耒耜国际会议在江苏省镇江市召开。农机行业院士、国内外专家、企业家等共计200余人通过线上或线下的方式参会，中国工程院院士康绍忠、罗锡文、赵春江和陈学庚等分别作学术报告。在农机产业国际学术会议上，中外专家、学者围绕乡村振兴、农机工业发展、智能农机装备等主题展开研讨。

国内主要学术会议 2021年，学会及所属各分支机构共举办国内各类学术活动18次，交流论文、报告223篇，参会人数9045人次。

5月21日，学会丘陵山区农林机械分会在四川省成都市召开西南地区马铃薯机械化生产现场会。参会人员现场观看马铃薯机械化生产新技术、新装备，观摩马铃薯机械化杀秧和收获作业演示。会议就推进西南地区马铃薯机械化展开交流研讨，80余名专家参加会议。

7月16—19日，全国高等学校农业工程类专业“大数据赋能一流专业与一流课程建设”研讨会在黑龙江省佳木斯市召开。研讨会由学会教育工作委员会、学会地面机器系统分会、中国农业工程学会教育工作委员会主办。同时举办第二届全国农业工程类专业青年教师教学竞赛，来自34所全国高校的60名选手参加比赛，比赛涉及农业机械化及其自动化等43门课程。

10月12—13日，学会现代物理农业工程分会在辽宁省大连市召开第十二届全国现代物理农业工程技术发展研讨会，8名专家围绕物理农业生产方式、标准制订、技术创新、产品研发、示范基地建设等内容作学术报告。

10月26日，由学会农业机械化分会等联合承办的丘陵山地生产机械化论坛在山东省青岛市举办。会议探讨丘陵山区农业机械化发展对策和技术选择，创新丘陵山区农业机械化发展路径，交流代表性丘陵山区农业机械化发展现状及取得的成果，行业专家共计150余人参加会议。

10月29日，由学会养猪工程分会主办的2021“冬季防非　降本增效”学术研讨会在广东省广州市召开。会议邀请国内专家、学者分享非瘟流行趋势及防控策略，以及猪场管理、生物安全、养猪育种等领域的最新资讯和研究成果，共同探讨冬季非瘟防控技术，交流猪场稳产降本增效的技术途径、管理模式及综合解决方案，200余人参会。

科普活动 学会普及工作委员会通过直播节目“农机TV”搭建农机新技术推广、农机技能比拼、农机新品推介等信息传播的平台。2021年，“农机TV”组织11场大型直播活动，录制节目40余条，累计观看量超过100万人次。农机主管部门、农机推广部门通过节目向全国展现地方农机化发展状况；农机企业借助直播进行新产品宣讲，组织运营活动，让农机使用者更直观地了解企业最新产品、技术；直播内容也涉及农机科研、生产单位，带观众走进农机生产一线，让更多人深入了解农机，以达到农机科普的目的。

表彰举荐优秀科技工作者 2021年，学会向中国科协组织推荐中国工程院院士候选人1名。

党建强会 2021年，学会党委会召开5次工作会议，前置审议学会理事、常务理事及负责人调整，分支机构换届，分支机构委员调整及学会重大活动方案等主要业务事项。

8月1日，学会十一届五次常务理事会议暨常务理事会全体党员会议在内蒙古自治区巴彦淖尔市召开。会议传达习近平总书记在庆祝建党100周年大会重要讲话精神、中国科协第十次全国代表大会主要精神、中国科协2021年工作要点及民政部加强社会组织管理等文件精神；审议2021年学会重点工作，对学会各方面重要工作提出明确要求；对学会理事、常务理事、负责人调整等重大人事事项进行审议。

学会党组织获第一届中国科协学会党建研究会理论研究工作优秀组织奖。

【第三届中国乡村振兴战略推进大会】 8月1—3日，第三届中国乡村振兴战略推进大会在内蒙古自治区巴彦淖尔市召开，来自全国农机行业的专家、学者80余人参加。会议由巴彦淖尔市科协、学会主办，中国农业机械化科学研究院、河套学院承办。为破解设施农业产业发展方面存在的技术瓶颈问题，大会围绕“聚焦设施农业　助力乡村振兴”的主题，邀请中国工程院院士罗锡文、吉林大学教授于海业、华中农业大学教授廖庆喜、南京农业大学教授汪小旵、农业农村部规划设计研究院研究员丁小明、内蒙古农业大学教授崔世茂、中国农机院研究员赵博、河套学院副教授郝水源8名专家就设施农业、智慧农业和智能装备等重点内容作学术报告。

【第五届中国农机青年科学家论坛】 10月23—24日，由学会、中国农业机械化科学研究院、金华市人民政府和土壤植物机器系统技术国家重点实验室主办的以“‘双强行动’科技赋能乡村振兴共同富裕”为主题的第五届中国农机青年科学家论坛在浙江省金华市召开，来自全国的80余名青年学者参加学术交流活动。围绕科技创新、制造创新、应用创新、人工智能、乡村振兴等领域，15名专家、学者分享研究成果。论坛组织专家对浙江农机院试制试验中心、金华农科院基地、浙江星莱和农机装备有限公司等进行考察。

（撰稿人：高　璇）

中国农业工程学会

服务创新型国家和社会建设 学会继续承接中国科协创新驱动助力工程示范项目，组建的“科创中国”农业工程科技服务团深入宁夏回族自治区、山东省等地调研，针对宁夏回族自治区葡萄与葡萄酒产业高质量发展和现代农业发展先后举办高端论坛3场，线上参加会议人数5万人次，凝练120项技术需求清单，推荐4个新锐企业、9项产业先导技术、4个产学融通组织，促进产学研融合发展。

为促进农业工程领域科技成果转移、转化，学会先后完成“甘薯快速愈伤处理技术及设备”“基于机器视觉的果菜种苗分级移栽机研发”“基于温室番茄需水和生长模型的控制策略研究”等13项成果评价工作。

5月17—20日，由学会特种水产工程分会与工业化水产养殖与装备产业技术创新战略联盟联合主办的第四届工业化循环水养殖技术培训班在上海市召开。相关专家围绕工业化循环水养殖技术开展科普培训。

5月20—22日，学会与中国农业机械学会、国家农业智能装备工程技术研究中心等在天津市联合主办首届中国农业机器人创新大赛。竞赛以“创新驱动发展，智能引领未来”为主题，共征集参赛作品195件。

5月22—24日，学会与中国农业国际合作促进会在北京联合主办第十一届中国国际现代农业博览会。

7月7日，学会与中国人工智能学会在北京联合主办第一届中国农业人工智能创新创业大赛暨第三届中国AI+创新创业大赛。来自全国55所高校的123支参赛队共214名选手参加比赛。

7 月 9—10 日，学会在北京主办 2021 全国大学生人工智能与农业机器人竞赛决赛。来自 10 余所高校的 10 余件作品被遴选推荐参加决赛。

8 月 25 日，学会与中国地质大学（北京）在山东省联合主办第一届全国大学生土地整治与生态修复工程创新设计大赛。竞赛以“全域土地整治与乡村振兴”为主题，来自全国 31 所高校及企业的 65 件作品参赛。

8 月 28 日，学会与中国农业节水与农村供水技术协会、中国农业大学、西北农林科技大学等在陕西省杨凌市联合主办“华维杯”第二届全国大学生农业水利工程及相关专业创新设计大赛。竞赛以“智慧·绿色·现代农业水利支撑乡村振兴”为主题，来自全国 40 所高校、科研单位及 9 家企业的 400 多人参加。

10 月 26—28 日，学会与全国农业科技创业创新联盟等在四川省成都市联合主办第九届全国大学生农业建筑环境与能源工程相关专业创新创业竞赛。竞赛以“乡村振兴与现代农业工程”为主题，来自 46 所高校的 190 支代表队参赛，累计在线观看人数达到 10800 多人次。

学会建设 2021 年，学会新发展个人会员 128 名，其中党员会员 32 名；完成 8 个分支机构更名，1 个分支机构换届。

学会召开党委会议 7 次、常务理事党员会议 2 次、常务理事会议 3 次、理事会议 3 次、监事会议 2 次、理事长办公会 7 次、秘书长办公会 12 次。

学会秘书处完成“十四五”发展规划（2021—2025 年）编制，系统谋划学会发展。

学会促成支持海南省农业工程学会成立，推动宁夏回族自治区、广东省等地筹备建立或恢复地方农业工程学会。

12 月 18 日，学会在北京召开十一届一次理事会议，张辉当选十一届理事会理事长。

学会网站月均浏览量 6000 人次；微信公众号发布文章 92 篇，关注者 2727 人。

青年人才托举工程 学会组织申报第七届中国科协“青年人才托举工程”项目。

主办期刊 学会主办期刊《农业工程学报》出刊 24 期，刊发论文 890 篇，官方网站文章下载量近 50 万次。继续入选中国科技期刊卓越行动计划项目，入选中国农林领域高质量科技期刊分级目录第一区（T1）。连续 13 年被 EI（工程索引）收录，影响因子为 2.162，总被引频次在国内农业工程类期刊中排名第 1。连续 12 年被评为“百种中国杰出学术期刊”，连续 9 年入选“中国最具国际影响力学术期刊”。学报微信公众号年发文 1000 余篇，总阅读量近 40 万次，累计关注人数 18380 余人。

International Journal of Agricultural and Biological Engineering（《国际农业与生物工程学报》，IJABE）出刊 6 期，刊发论文 183 篇。被 SCI 等收录，影响因子为 2.032，居全球农业工程学科第 6，进入 Q2 区，再次入选中国科学院高质量期刊目录二区（Top 20%）。新开通 IJABE 微信公众号，当年发文 260 篇，阅读量 60000 多次，关注者 2000 余人。

学科发展工程 学会持续多方位开展学科发展研究，2021 年继续开展中国科协学科发展“农业传感器产业与技术发展路线图研究”项目并完成项目任务，通过中国科协验收。

国际学术会议 2021 年，学会举办境内国际会议 7 个，共计参会人数 2000 余人次，交流论文 200 余篇。

4 月 29 日，学会与中国农业机械学会等联合主办的 2021 耒耜国际会议在江苏省镇江市召开。会议以“巩固脱贫攻坚成果，助力乡村振兴战略”为主题，来自国内外的 200 多名专家、学者和企业负责人围绕智能农机装备发展前沿问题展开研讨，为进一步推动中国农业机械化、智能化高质量发展建言献策。

5 月 20—22 日，学会与中国工程院、天津市人民政府联合主办的农业传感器国际工程科技战略高端论坛在天津市召开。中国工程院院士罗锡文、李德毅、戴琼海、陈学庚、赵春江分别围绕农业传感器、农业人工智能、农业机器人、精准农业与智慧农场 4 个专题作主旨报告，邀请专家作学术报告 80 余个，开展技术成果展示交流 60 余项。来自中国、美国、加拿大、澳大利亚等 11 个国家的 1000 多名专家、学者通过线上和线下方式参加会议。

7 月 10 日，学会与中国农业大学等联合主办的 2021 智慧农业创新发展国际研讨会在北京以线上线下相结合的方式召开。专家、学者、企业家围绕农业传感器与植物表型、农业大数据与物联网、农业人工智能、乡村零碳能源发展、智能农业装备等议题作报告，分享最新的科技成果，进行交流探讨。

9 月 26 日，学会与宁夏大学等联合主办的第二届贺兰山东麓葡萄酒国际学术会议在银川市以线上线下相结合的方式召开。与会专家围绕葡萄栽培、葡萄酒酿造等领域的最新研究进展及热点问题，为宁夏回族自治区国家葡萄与葡萄酒产业开放发展综合试验区建设及贺兰山东麓葡萄酒产业可持续、高质量发展建言献策。来自中国、美国、法国等国家的20余名专家、学者作专题报告并进行交流。

10月15—17日，学会与中国学位与研究生教育学会、华中农业大学联合主办的第七届水产工业化养殖技术国际学术研讨会在湖北省武汉市召开。会议以“创新水产工程科技　支撑渔业绿色发展”为主题，来自湖北省、浙江省、山东省等15个省、直辖市的250余名专家、学者围绕水产工业化养殖技术前沿和产业发展趋势进行交流和研讨。

10月21—23日，学会与动物环境与福利养殖化国际研究中心等联合主办的2021年动物环境与福利化养殖国际研讨会在重庆市以线上线下相结合的方式召开。会议围绕养殖环境监测与调控、生产系统与设备、动物福利监测与评估、数字化与智能化技术、废弃物资源化利用等主题进行研讨和交流。来自中国、美国、意大利、荷兰、比利时等10个国家和地区58家单位的专家、学者和企业负责人共300余人参加，直播间总浏览量达9500余人次。

12月27—28日，学会与中国农业大学等联合主办的2021年高附加值植物高效生产国际研讨会在线召开。会议以“高效·低碳·创新·共享”为主题，来自日本、荷兰、美国、新加坡、韩国、法国、加拿大等7个国家的70名专家、学者和企业代表作77场报告交流，500名国内专家和100名国际专家在线参加会议，直播间总浏览量达12000余人次。

国内主要学术会议　2021年，学会及学会分支机构举办国内学术会议10余次，交流论文400余篇，参加会议人数2.3万余人次。

7月16—19日，学会教育专业委员会与中国农业机械学会教育工作委员会等联合主办的大数据赋能一流专业与一流课程建设研讨会在黑龙江省佳木斯市召开。会议旨在谋划教育教学改革，推动一流专业和课程建设，宣传推广教学改革新成果、新理念、新方法和地面机器系统研究的新理念、新技术。来自不同领域的专家、学者进行学术交流和研讨。

8月18—19日，由学会农业水土工程专业委员会主办的中国农业工程学会农业水土工程专业委员会第十一届学术研讨会在陕西省咸阳市以线上线下相结合的方式召开。会议以“现代农业水利与绿色发展”为主题，设置9个分会场、160余场学术报告，内容涉及农业绿色高效用水机理与调控、现代灌溉技术与装备、农业水文过程及其调控、农田节水减排控盐与水土环境保育、智慧灌排与信息化技术、变化环境下农业水土资源管理等6个主题，来自全国110余所高校、科研院所及企业的1500余名专家、学者参加会议。

9月18日，由学会农产品加工及贮藏工程专业委员会主办的2021年中国农业工程学会农产品加工及贮藏工程学术年会在黑龙江省大庆市召开，来自全国60余家单位的近400名专家、学者参加会议。

10月13—16日，由学会设施园艺工程专业委员会与中国园艺学会设施园艺分会联合主办的2021中国设施园艺学术年会在海南省海口市以线上线下相结合的方式召开。会议安排7个大会报告、45个分组报告，设有产品展示以及现场观摩环节。来自全国各地的300余名专家、学者参加会议，6000余人次观看线上直播。

10月17日，在“科创中国”项目支持下，由中国科协主办、学会与宁夏大学等承办的2021中国（银川）葡萄酒产学融合高质量发展论坛在宁夏回族自治区银川市以线上线下相结合的方式召开。论坛围绕葡萄与葡萄酒产业发展现状、问题、技术进展及高质量发展对策等，为葡萄酒产业可持续发展献力、献策、献技术。150余名专家、学者、企业家参加会议，线上播放量超1500人次。

11月13日，由学会主办的2021中美双边精准农业高端论坛暨中国（潍坊）现代农业高端论坛通过中国知网在线教学平台全程直播，最大直播观看人数为4141人次，浏览总量超过5万人次。会议围绕“现代农业”“精准农业”主题展开，40多家高校、研究院所的3000余名青年学者和研究生集中收看。

国际交往　作为国际农业与生物系统工程学会的国家会员，学会积极参加相关活动，完成国际农业与生物系统工程学会主席选举投票等工作。

学会支持并参与全球260家科技共同体联合发布的“开放、信任、合作”倡议。

3月18日，学会应邀参加2021年世界工程日中国庆祝活动暨中国工程师联合体成立仪式。

科普活动　学会通过14个科普传播专家及团队、科普示范基地、科普杂志和网站科普专栏以线上线下相结合的方式组织开展科普活动20余次，有效受众万余人次。

学会科普杂志《农业工程技术》出版 12 期，刊出科普文章 711 篇。科普微信公众号“农业信息化”全年发布文章近 300 篇，关注量 3000 余人次。

以中国科协“科创中国”农业工程科技服务团为依托，新建 1 个科普示范基地、1 个学会服务站。

5 月，组织开展以“众心向党，自立自强”为主题的系列科普活动，共同庆祝第 5 个全国科技工作者日。学会农业信息与电气工程分会主办“众心向党　开放发展　乡村振兴”农业科技工作者奋勇争先特色亮点系列活动。农业科技工作者、涉农科研教育机构及企业围绕乡村振兴绿色发展，聚焦现代农业产前产中产后的实际需要，通过系列活动宣讲展示新技术、新产品、新模式、新进展，普及推广创新成果。

学会组织开展全国科普日活动，在官方网站宣传推荐科普图书“农村人居环境整治系列丛书”、科普画册《秸秆清洁供暖技术》。组织开展“典赞 · 2021 科普中国”活动，推荐年度科普人物 1 人、年度科普作品 2 项。

9 月 14—15 日，学会农业生物环境与能源工程学科普传播专家团队以实地考察、现场指导的方式，在河南省西峡县丁河镇生态建设试点园区围绕沼肥调配及施用、农业面源污染综合治理、生物有机肥种植猕猴桃等方面进行科普指导，发放科普宣传资料。

表彰举荐优秀科技工作者　学会组织推荐第十二届大北农科技奖科技项目 3 个，1 个项目荣获创新奖；推荐 10 名中国青年科技奖候选人；与中国农业机械学会等单位组织开展 2021“最美农机教师”评选，10 名教师获奖。

党建强会　2021 年，学会制订学会党委 2021 年工作计划和党史教育实施方案，召开理事会党委工作会议 6 次、常务理事党员会议 1 次。成立实体性学会秘书处党支部，组织支部党员开展 10 余场主题教育活动。组织走访慰问活动并看望学会老党员、老领导、老专家。

制订《中国农业工程学会学习宣传贯彻党的十九届六中全会精神工作方案》，发布《关于学习贯彻党的十九届六中全会精神的通知》，号召理事、分支机构、地方学会、会员学习全会精神。

组织学会党委、秘书处党支部参加党史学习教育、两院院士大会和中国科协“十大”精神学习 12 次，线下党建知识问答 3 次；组织学会分支机构、地方学会梳理第十届理事会期间“党建强会”活动成果，并在官方网站设置专栏全年展示。

12 月 18 日，学会召开十一届一次常务理事会党员会议，选举产生第十一届理事会党委。

会员服务　学会完善会员管理系统。组织会员参加全国宪法日“宪法知识网上竞答”活动。在春节、世界工程日和全国科技工作者日等重大节日期间，为学会会员送上节日祝福。

学会公开发布会讯 4 期，公布学会发展现状、内部建设、主要业务活动、会员发展服务及财务状况等。

【中国农业工程学会第十一次全国会员代表大会】 12 月 18 日，中国农业工程学会第十一次全国会员代表大会在北京以视频会议形式召开。来自全国 28 个省（自治区、直辖市）的 270 名会员代表通过线上线下参加会议。

会议以无记名投票方式审议通过《中国农业工程学会第十届理事会工作报告》《中国农业工程学会第十届理事会财务报告》《关于中国农业工程学会会费标准的提议》《中国农业工程学会第一届监事会工作报告》和《中国农业工程学会章程》（修订草案）。选举产生学会第十一届理事会理事 135 名、第二届监事会监事 9 名，崔明当选监事长。

经学会第十一届一次理事会议审议投票，选举产生 45 名常务理事和新一届学会负责人，张辉当选理事长，方宪法、付强、朱明、杜太生、李天来、李培武、扬洲、吴普特、应义斌、易维明、赵立欣、韩鲁佳当选副理事长，朱明当选常务副理事长并担任学会法定代表人，聘任韩鲁佳任学会秘书长。会议授予中国工程院院士汪懋华为第十一届理事会荣誉理事长，中国工程院院士罗锡文、康绍忠、陈学庚、赵春江为名誉理事长。

大会期间召开第十一届常务理事会党员会议，选举产生 11 名党委委员。张辉任党委书记，朱明任党委副书记，崔明任纪检委员，王应宽、付强、杜太生、吴普特、应义斌、赵春江、康绍忠、管小冬任党委委员。

【第十一届中国国际现代农业博览会】 5 月 22—24 日，由学会和中国农业国际合作促进会等联合主办的第十一届中国国际现代农业博览会在北京举办。来自农业主管部门的 50 余名领导及专家、学者出席开幕式。

博览会展示中国现代农业在智慧农业、精准农业、设施农业、乡村建设、农业农村环保、优质农产品等现代农业领域的新产品、新技术、新成果。展示面积3万平方米，来自29个省、直辖市的展团合计1012家企业参展，包括科技专家团队在内共有2万余人次观展洽谈。

为满足参展企业、专业观众的多元化需求，组织并策划2021农业农村高质量发展高峰论坛、第七届北京国际优质农产品展示交易会、第六届中国北京国际渔业博览会等13场活动。同期开展智慧农业绿色技术成果展演等科普展示，分享植物工厂、数字农业、农业物联网、精准灌溉等方面的研究成果。

博览会以“科技创新驱动农业现代化”为主题，搭建科技与经济社会融合发展的平台，是学会一直致力于促进科技成果转化应用、助力农业农村现代化和高质量发展的品牌活动。

（撰稿人：安梦迪　管小冬）

中国电机工程学会

服务创新型国家和社会建设　学会组织2021年度中国电力科学技术奖推荐与评审工作，评选出获奖项目145项，其中一等奖20项、二等奖37项、三等奖88项。完成2020年度国家科学技术奖提名工作，其中1项获得国家技术发明奖二等奖、2项获得国家科学技术进步奖二等奖。

承担中国工程院、国家能源局等委托的重大咨询项目10余项，组织编制《电力行业碳达峰、碳中和实施路径研究》《新能源电力系统发展及其技术与装备创新支撑研究》等报告，开展《防止电力生产事故的二十五项重点要求》修编，参与《中华人民共和国专利法实施细则》修订并提出咨询意见，配合中国科协组织召开新能源高层次研讨会并完成“新能源高质量发展”科技工作者建议。

全年发布学会标准80项，启动学会团体标准管理办法和实施细则修订，开展团体标准培训、宣传贯彻等工作。作为国际电工委员会（IEC）主席工作秘书处单位，组织编制零碳电力系统、多源固废耦合发电、多能智慧耦合系统等多本国际电工委员会白皮书，为全球相关行业提供标准化建议；推动中国在国际电工委员会发起成立首个人工智能相关的国际技术机构IEC TC129电力机器人技术委员会，组织编写3项电力机器人国际标准草案；在国际电工委员会发起成立极端环境下电气设备标准化评估组，组建国内专家工作组，评估电力设施极端自然环境及灾害防控技术的应用价值和市场潜力，并对后续在国际电工委员会成立技术机构开展相关标准化工作提出建议。

完成科技成果评价273项，累计组织专家2615人次（其中院士155人次）参与评价活动；积极服务行业科技成果转化，完成科技成果登记478项；认真履行电力行业科技查新管理服务职能，确认电力科技查新资质机构43家。

学会承担能源动力类专业认证委员会秘书处职责，开展认证工作，组织审核47个专业申请材料、6个专业自评报告，开展3个专业现场考查，3所高校通过认证。学会联合发起成立中国工程师联合体，助力中国科协工程师资格国际互认，积极开展工程会员能力评价工作。2021年注册成为工程会员150人，完成10门精品继续教育课件的研发。

组建能源互联网和工业互联网融合发展产业科技服务团，以浙江省杭州市、温州市和青海省西宁市等“科创中国”试点城市（园区）为核心，开展产业科技咨询服务。推荐100余名专家、挖掘凝练50余条产业服务需求、遴选50余项技术成果信息，发布在“科创中国”平台。组织召开服务宁东能源产业发展研讨会，邀请专家研讨提出绿氨零碳制备及应用和燃料电池等5项服务技术方向。举办电力行业知识产权应用专题讲座。

学会建设　学会个人会员累计121413人，新晋高级会员301人，增选会士8人、外籍会士8人。

定期召开理事会议、常务理事会议、监事会议、理事会党委会议等，审议和决策学会重大事项。完善工作委员会、专业委员会、省级学会管理体制和运行机制，根据能源电力发展需要对专业委员会布局进行调整，正式组建海上风电技术专业委员会和电力机器人专业委员会，完成6个专业委员会换届改选，完成16个专业委员会的委员调整工作。推动国际电工委员会在江苏省南京市成立国际标准促进中心，联合南京市人民政府完成国际电工委员会国际标准促进中心（南京）的注册登记。

加强学会员工队伍建设，优化人员结构，充实员工队伍，完善薪酬和绩效考核制度。加强资金运营管理，深化业财融合，提升服务水平。持续完善信息化平台建设，新建会费电子收据系统、科技成果评价鉴定系统，优化团体标准评审系统等。编印《中国电机工程学会 2021 年年报》。

青年人才托举工程 通过中国科协项目资助、学会资金支持，依托单位配套支撑、导师培养指导相结合的方式开展第七届“青年人才托举工程”项目，共支持青年人才 30 人，其中中国科协资助 2 人、学会自筹资金资助 6 人、与依托单位联合培养资助 22 人。持续关注历届托举人科研进展，助力青年科技工作者成长成才。

主办期刊 学会及各专业委员会主办、联合主办期刊共 16 种。《中国电机工程学报》获“2021 中国最具国际影响力学术期刊”称号，连续 19 年被评为“百种中国杰出期刊”，获评中国科技期刊卓越行动计划“2021 年度优秀期刊”。*Journal of Power and Energy Systems*（《中国电机工程学会电力与能源系统学报》，CSEE JPES）SCI 影响因子为 3.938，较 2020 年增长 26.4%，学科排名提升 22 位，跻身该领域 Q1 分区。《中国电机工程学报》《中国电机工程学会电力与能源系统学报（英文）》《高电压技术》3 刊完成中国科技期刊卓越行动计划项目。《中国电力》《热力发电》《农村电气化》《农电管理》《动力与电气工程师》和《电信息》等办刊质量持续提高，为会员搭建交流平台。

学科发展工程 完善学术报告编撰体系和学术研究成果发布制度，出版《CSEE 专业发展报告（2020—2021）》和《CSEE 专题技术报告（2021）》等 2 套共 24 篇报告，并在 2021 年学术报告发布会上发布。开展 2021 年度电力领域重大科学问题、工程技术难题征集工作，向中国科协推荐 4 项重大科学问题和 4 项工程技术难题，其中重大科学问题“以新能源为主体的新型电力系统路径优化和稳定机理是什么？”入选中国科协 2021 年度十大科学问题，学会获得中国科协重大科技问题难题征集发布“2021 年度优秀推荐单位”和重大科技问题难题征集发布“2018—2021 年度优秀组织单位”。

国际学术会议 学会采用线上线下相结合的方式，围绕碳达峰和碳中和、构建新型电力系统等主题，在国内组织召开第九届中国国际供电会议、第二十七届电机工程国际会议、CSEE & IET 联合线上学术活动月、第五届能源互联网与能源系统集成国际会议、第十三届电力系统技术国际会议、第三届可持续电力与能源国际会议以及第 13 届中美绿色能源论坛，为国内外电力科技工作者提供良好的交流和展示平台。支撑国际电工委员会主席主持召开第 85 届国际电工委员会大会。

国内主要学术会议 学会举办以“开放 合作 共享·构建新型电力系统”为主题的 2021 年学术年会，同期举办院士专家论坛、学术报告发布会、新型电力系统论坛等 3 场专题活动，院士、专家、科技工作者及高校师生等超过 10 万人次通过线下或线上方式参加会议。

举办 2021 年电气工程学院院（校）长论坛、2021 年清洁高效发电技术协作网专题会议、第七届中国太阳能热发电大会等专题学术交流活动。举办 5 期“CSEE 网络学术报告厅——能源创新青年论坛”。各专业委员会围绕各自专业领域举办第四届清洁能源发展与消纳高端论坛、电力低碳技术研讨会等 70 余场学术交流活动。

两岸交流 学会以“绿色低碳 智慧用能 数字转型”为主题，与国网福建省电力有限公司、台湾科技产业协会、福建省电机工程学会等在福建省厦门市联合主办 2021 年海峡两岸能源电力发展论坛。通过搭建海峡两岸能源领域民间技术交流的平台，促进两岸能源电力融合发展。

国际组织任职 学会理事长舒印彪任国际电工委员会主席。学会副秘书长范建斌任国际大电网委员会理事会成员和指导委员会委员。学会陈小良任国际供电会议组织指导委员会委员。推荐 16 名专家担任国际大电网委员会专业委员会委员及增选委员，推荐 51 名专家加入国际大电网委员会工作组，推荐 3 名专家加入国际供电会议组织工作组。

国际交往 学会与国际电工委员会、电气与电子工程师协会电力与能源分会、国际大电网委员会、国际供电会议组织、英国工程技术学会等国际组织加强交流合作，创新形式，服务科技外交大局。

组织国内专家和论文作者以线上方式参加国际大电网委员会指导委员会会议、国际供电会议组织指导委员会会议、电气与电子工程师协会电力与能源分会年会、国际大电网委员会 2021 百年庆典大会、国际供电会议组织 2021 年会议等。与国际电工委员会开展工程师资质国际认证，2021 年组织两批次共 100 余人参加认证，76 人通过认证，其中 66 人获得最高级别特许工程师资质。继续推进与巴基斯坦、新加坡等国家的双边互认工作，协助 29 名学会工程会员完成中国工程师与缅甸工程师的等效互认。

科普活动 学会作为2021年中国科协“科普中国”共建基地，按期超额完成合同目标并通过项目验收。联合国家电网有限公司共同组织出版“绿电与冬奥”科普丛书，宣传绿色冬奥，倡导低碳理念。丛书共有5个分册：《低碳冬奥》展现绿色电能如何用低碳、可靠、高效的方式点亮冬奥之光；《绿色电能》介绍奥运史上实现场馆绿电供应的全过程；《技术创新》展示为冬奥提供安全、可靠、清洁电力保障的多项创新技术；《智慧用电》介绍冬奥会中无处不在的用电及电力赋能5G、云转播等各种应用；《可靠供电》介绍冬奥供电保障体系等内容。

完成“电力之光”商标注册并发布品牌标识。联合12家理事长/副理事长单位共同开展2021年第四届“电力之光”中国电力科普日活动，打造“1+N+云”的全国联动电力科普活动，被中国科协评为“2021年全国科普日优秀活动”，学会被评为“2021年全国科普日活动优秀组织单位”。

命名授牌2021年电力科普教育基地29家。以“科普扶智+产业振兴+党建活动”模式在湖南省韶山市、邵阳市举办“电力之光”湖南科普下乡暨乡村振兴活动。开展科普团队建设，聘任“电力之光”科学传播专家98名，共计557名。组织开展“电力之光大讲堂”线上系列科普讲座共9期。评选“科普中国　电力之光”优秀电力科普短视频37个，评选2019—2020年度优秀电力科普作品25项，面向社会推荐传播。学会推荐的国网苏州供电公司志愿服务队获评中国科协2021年度科技志愿服务先进典型。学会获得中国科协“2021年度全国学会科普工作优秀单位”称号。

表彰举荐优秀科技工作者 学会完成中国电力科学技术人物奖推荐与评审工作，最终110人获奖，其中中国电力科学技术杰出贡献奖10人、中国电力优秀科技工作者奖50人、中国电力优秀青年科技人才奖50人。完成顾毓琇电机工程奖评审工作，华北电力大学教授贺仁睦获奖。积极开展中国科学院院士、中国工程院院士以及中国青年科技奖、中国青年女科学家和未来女科学家计划候选人提名推荐工作。

党建强会 深入学习贯彻党的十九届五中、六中全会精神和“七一”重要讲话精神，扎实开展党史学习教育。认真落实党委“第一议题”和中心组学习制度，办事机构党委组织召开7次党委扩大会议和9次党委理论学习中心组扩大会议，组织全体党员参加线上线下专题党课和宣讲报告会6次，完成党史四个专题的学习研讨。召开理事会党委扩大会议，学习贯彻习近平总书记在两院院士大会、中国科协第十次全国代表大会上的重要讲话精神。高质量召开党史学习教育专题民主生活会和专题组织生活会。利用红色资源组织党员干部参观党史展览馆、“党领导下的科学家”主题展览、毛泽东故居等红色教育基地，开展“七一”主题党日系列活动。组织开展“党建+科技服务”、“党建+科普”、建家办实事、编著主题图书等“我为群众办实事”实践活动。强化党的组织建设，及时履行理事会党委委员调整程序，在专业委员会层面成立党建工作小组，进一步明晰学会理事会、办事机构、分支机构三级党组织建设。学会获2018—2020年度“中国科协党建工作先进学会”称号，组织的活动被评为中国科协“党建强会计划”十佳品牌活动。在中国科协举办的“百年风华　青春向党”青年演讲大赛和“百年党史　百家学会”党史知识竞赛中分别获优秀组织奖。

会员服务 学会加强会员管理，利用会员系统推进会员规范登记工作。

密切与会员的联系，定期发送学会电子会刊、《电信息》以及各项活动等信息，开展全国科技工作者日系列主题活动，举办老科技工作者座谈会等，不断提升学会服务会员能力。优化完善数字化图书馆建设并推广应用，为会员提供包括期刊、论文、专著、技术报告、科技成果等23万余条数字信息。

【第13届中美绿色能源论坛】 1月5—6日，由学会与美中绿色能源促进会共同主办的中美绿色能源论坛以“线上+线下”的形式召开，分别在北京和福建省福州市设立会场。论坛以“碳中和背景下的清洁能源发展之路”为主题，邀请诺贝尔奖获得者朱棣文、J.Fraser Stoddart、Charles Kolstad以及中国工程院院士舒印彪、郭剑波、刘吉臻作主旨报告，组织碳中和与能源转型、构建新型电力系统、海上风电、储能系统与控制、综合能源5场专题论坛。

中美专家指出要加强能源科技合作，发挥各自优势，共同开展重大课题研究，加快突破关键核心技术，依靠科技进步和国际合作推进碳中和目标的实现。论坛得到中国新闻社、《人民日报》官方微信、新华社官方微信、人民网、中国新闻网、《福建日报》、凤凰卫视新闻、新福建头条、新浪、腾讯、网易、搜狐、今日头条等媒体的转载报道。

【2021年中国电机工程学会年会】 12月15日，由学会主办，中国南方电网有限责任公司、国家能源投资集团有限责任公司、中国能源建设股份有限公司联合主办的2021年中国电机工程学会年会召开。年会分别在北京和广东省广州市设立会场，在全国25个省、直辖市设立45个视频直播分会场，通过“两地集中、多地延展辐射”的方式共同搭建能源电力科技交流平台。年会围绕“开放 合作 共享·构建新型电力系统”主题，紧扣国家重大战略需求和行业未来发展趋势，安排院士专家论坛、学术报告发布会、新型电力系统论坛3场主题活动。23位院士出席，来自企业、高校、省级电机工程学会等的专家、学者通过现场或线上方式参加会议。

（撰稿人：李洛安）

中国电工技术学会

服务创新型国家和社会建设 2月，学会完成中国科协第三期学会能力提升专项验收；12月，再次成功申请“中国特色一流学会建设项目”支持。

2021年，学会按照中国科协“科创中国”工作要求，重点服务浙江省宁波市、河北省保定市和安徽省芜湖市三个试点城市产业的科技创新和高质量发展。承接并完成“科创中国”产业服务团三个项目；完成“科创中国”新能源领域技术应用案例库项目；成功申报中国科协公共服务能力提升项目——科技成果评价、科技奖励管理两个方面的专题项目。

学会完成成果鉴定93项。与中国电力科学研究院、广东电网有限责任公司电力科学研究院等单位签订鉴定框架协议，与国家电网公司、南方电网公司部分省市公司签订多个《科技成果综合提升服务》项目，为三峡集团、江苏宜兴工业和信息化局等单位完成技术方案论证6项。

2021年，学会电子信息与电气工程类专业认证委员会共收到认证申请专业354个，受理153个，综合受理比例为43.2%。全年共入校专业64个。制修订《电子信息与电气工程类专业认证委员会〈工程教育认证申请书〉审核规范》《电子信息与电气工程类专业认证委员会纪律要求》《电子信息与电气工程类专业认证委员会延长认证周期试点工作程序》等。

开展学会团体标准工作，发布《电力系统用接地特性异频测量装置技术规范》等团体标准38项；批准《绝缘子试验方法第1—3部分》等75项标准提案立项；批准设立电磁发射技术工作组等4个中国电工技术学会标准工作委员会。

9月25日，2021年中国电磁兼容大会暨展览会在北京召开，大会设10场报告，参展展商15家。

10月19—21日，2021中国国际核电工业及装备展览会（烟台）在山东省烟台市召开。展会面积达15000平方米，参展企业230余家，专业观众近3万人次。展会同期举办2021碳达峰碳中和烟台论坛以及2021中国（烟台）核能安全暨核电产业链高峰论坛。

学会建设 2021年，学会召开理事会党委扩大会议2次、常务理事会议2次、理事会议1次，召开中国电工技术学会成立40周年纪念大会。学会总部共审核批复12个专业委员会的换届方案、6个专业委员会委员的调整方案、2个专业委员会的更名申请。批准成立5个专业委员会和第九届理事会标准工作委员会，批准青年工作委员会的换届方案。第九届理事会标准工作委员会聘任委员13人，改组后的专家组成员增补至25人。

2021年新增个人会员1400余人，其中首批会士10名、高级会员1100多人、普通会员160多人、学生会员100多人，团体会员4家。

青年人才托举工程 组织开展中国科协第六届“青年人才托举工程”答辩评审会，学会推荐的2名青年人才获得中国科协资助、3人获得自筹资金资助。

主办期刊 学会主办4本期刊，分别是《电工技术学报》、《中国电工技术学会电机与系统学报》、《电气技术》、*CES Transactions on Electrical Machines and Systems*（《中国电工技术学会电机与系统学报》，CES TEMS）。《电工技术学报》、CES TEMS入选2021年度全国学会期刊出版能力提升计划国际学术交流项目；《电气技术》入选“全国学会出版能力提升计划”产业发展服务项目。学会被中国科协评为2021年全国学会期刊出版工作优秀单位。

国际学术会议 5月28—30日，由学会、电气与电子工程师协会（IEEE）北京分会、华中科技大学共同主办的2021 IEEE第四届国际电气与能源大会在湖北省武汉市举办。学会副理事长、学术工作委员会主任委员、清华大学教授梁曦东，华中科技大学副校长许晓东，IEEE工业应用学会主席、得克萨斯大学阿灵顿分校教授Wei-Jen Lee在开幕式上分别致辞。中国工程院院士、华中科技大学教授潘垣，学会副理事长张文亮，华中科技大学电气与电子工程学院院长文劲宇等专家、学者出席会议。来自国内外高校、科研机构、电气与能源装备制造企业的1050名专家、学者参加会议。大会设有15个学术与技术研讨主题、70个口头报告分会场和5个海报交流活动；共征集论文1122篇，录用845篇论文，评选出20篇优秀论文并颁发证书。

6月25日，由学会主办、北京理工大学电动车辆国家工程实验室和学会储能系统与装备专业委员会共同承办的电动智能载运工具国际学术会议在江苏省南京市举办。中国工程院院士、北京理工大学教授孙逢春致辞。来自国内外高校、科研机构等的100余名专家、学者参加会议。会议设17场邀请报告、17场分论坛、85篇论文报告交流以及92篇海报展示。

6月25—28日，由学会发起、联合亚太电动车协会共同举办的首届国际无线电能传输技术会议在江苏省南京市召开。来自国内外90余家高校、科研院所以及企业界的270余名专家、学者参加会议。会议包含专题讲座、主旨报告、圆桌论坛和10个分会场。

10月27日，由学会主办、柬埔寨达岱水电有限公司承办的中柬电力与能源双边研讨会在北京举办，会议设置北京主会场和柬埔寨达岱水电站分会场。来自中柬两国政府部门、企业、高校、研究机构的百余位专家、学者通过线上、线下方式参加会议。新华社、中柬友谊台、中国青年报等多家媒体对会议进行报道。

11月21—25日，由学会、西安交通大学、中国电机工程学会等单位共同主办的第22届高电压工程国际会议以线上线下相结合的方式举办。会议研讨的主题包括电磁场、暂态过电压、高电压与大电流测试技术、先进材料与绝缘系统、监测与检测、特高压直流输电技术与系统、未来电网中的高电压工程问题、高电压工业应用等，共收到来自全球24个国家和地区的学者投稿466篇。

12月18—19日，由学会、中国科学院电工研究所等联合主办的第三届等离子体和能源转化前沿论坛暨第二届中俄脉冲放电与等离子体双边交流会在湖北省武汉市举办。来自全国30余所高校、科研机构的250余名专家、学者、学生参加会议。论坛设4个分会场，邀请98位等离子体科学和能源转化相关领域的研究人员作报告。同期举办第二届中俄脉冲放电与等离子体双边交流会，双方共安排13场报告。美国普林斯顿大学教授Yiguang Ju、澳大利亚悉尼大学教授Patrick J. Cullen和日本东京工业大学教授Tomohiro Nozaki以线上视频的方式分别分享等离子体燃烧与低碳化工制造、等离子体合成氨和等离子体催化CO_2转化的前沿进展。

国内主要学术会议 5月14日，由学会主办的2021年配电网安全可持续供电技术研讨会在安徽省合肥市举办。会议邀请陕西电力科学研究院、国网重庆市电力公司等112家企业的相关技术人员200多人参加会议。

6月26日，中国电工技术学会第一期青年技术研讨会在江苏省南京市举办。会议聚焦电动汽车动力电池低温加热技术，研讨该领域最新研究进展以及目前面临的技术瓶颈与挑战。会议邀请电动汽车及储能领域的5位优秀学者分享最新研究成果，并邀请3位行业资深专家介绍当下动力电池低温加热研究热点，展望行业未来。

8月1日，由学会和中国电机工程学会主办的2021年电气工程学院院（校）长论坛以线上线下相结合的方式在黑龙江省哈尔滨市举办。论坛以报告会与研讨会相结合的形式围绕新工科改革、学科发展、研究生培养、科教融合、国际化教育主题展开研讨，来自全国59所高校电气工程学科的院（校）长、专家140余人参加线下会议，100余人参加线上会议。

9月23—25日，由学会和国家自然科学基金委员会电气科学与工程学科主办、中国科学院电工研究所和北京交通大学承办的国家自然科学基金委员会电气科学与工程学科电力电子及高电压与放电领域2021年度项目交流会在北京举办。国家自然科学基金委员会电气科学与工程学科项目主任郑雁军，学会理事长杨庆新，北京交通大学副书记、副校长孙守光，中国科学院电工研究所副所长宋涛，以及来自全国90余所高校、科研院所的300余名专家、学者参加会议。96个依托单位的292个项目分别在电力电子建模控制与优化、新能源电网接入等8个主题分会场进行项目汇报与交流研讨。

10月22—23日，由学会与北京交通大学轨道交通控制与安全国家重点实验室联合主办的2021第五届轨道交通电气与信息技术国际学术会议在山东省青岛市举办。来自国内外轨道交通领域的有关高等院校、科研院所的专家和师生共300余人参加会议，共收到400多篇中英文论文。

12月18—19日，由华中科技大学主办、学会和华中科技大学电气与电子工程学院承办的国家自然科学基金委员会电气科学与工程学科2021年度项目交流会在湖北省武汉市举办。国家自然科学基金委员会电气科学与工程学科主任郑雁军、学会秘书长韩毅、华中科技大学电气与电子工程学院院长文劲宇为开幕式致辞，来自全国151所高校、科研院所等单位的近400名专家、学者参加会议。会议汇集电机及其系统、电磁场与电路等相关领域的276项基金项目参与交流，其中，优青项目3项、面上项目136项、青年基金130项、地区基金7项。

国际组织任职 2021年，学会推荐第九届理事会理事温旭辉出任亚太电动车协会执行委员、秘书长；理事郑军奇任国际电工委员会国际无线电干扰特别委员会副主席；理事李军任国际电磁发射常务委员会常设委员会执行委员；学会电力电子专业委员会秘书长刘进军任电气与电子工程师协会电力电子协会副主席。

科普活动 学会全面贯彻落实《全民科学素质行动规划纲要（2021—2035年）》，按照中国科协“科普中国”工作要求，围绕能源互联网等“双碳”战略核心领域，开发能源互联网领域科普慕课102节，研究编撰11万字、36学时的《能源互联网科普系列课程》。

3月3—30日，学会打造中国电工技术学会“云讲堂”线上科普培训活动品牌，举办电力“点亮”世界——认识电气工程学科、认识电力系统 了解电网调度那些事儿等9场技术培训和科普报告会，在线累计10万余人次观看。

12月12日，学会主办，河海大学、南京工业大学共同承办首届全国大学生等离子体科技创新竞赛颁奖会暨2021年度等离子体学科交叉论坛，共1600余人参加竞赛。首届竞赛以“学科交叉融合，创新驱动发展”为办赛理念，设置综合创新、低碳能源、绿色环保、生命健康、科技前沿5个赛道。竞赛共评出优秀组织奖31个、特等奖15件、一等奖45件、二等奖78件、优秀支持单位奖9个。

学会成功申报2021年度推动实施全民科学素质行动“双碳发展、电力先行”科普品牌专项项目。被中国科协评为“2021年度全国学会科普工作优秀单位”。

表彰举荐优秀科技工作者 完成修订《中国电工技术学会科学技术奖励办法》。全年学会科学技术奖励工作办公室收到项目推荐书209项，受理203项，评选出一等奖12项、二等奖24项、三等奖12项。

党建强会 在庆祝建党100周年之际，为深入贯彻落实中国科协关于党史学习教育的要求，在学会理事会党委的带领下，坚持每周组织全体党员开展半天时间的党史学习专题活动。组织召开学习贯彻党的十九届六中全会精神宣讲报告会。

参加并完成中国科协科技社团党委《全国学会党委职责任务清单和“负面”清单（试行）推广工作实施项目》工作。学会党委牵头承担中国科协党史学习教育第三督导组第三小组督导工作，指导29家全国学会开展党史学习教育。

学会党支部围绕中国科协“众心向党、自立自强”主题实践活动，追寻习近平总书记的“红色足迹”，组织工作总部全体党员及员工深入河北省保定市开展党史学习教育，并与河北省保定市阜平县教育和体育局举行助力群众科学素质提升合作签约仪式，全额资助阜平县30位中学生和教师参观交流。

学会党支部分别获得中国机械工业联合会党委“先进基层党组织”奖、中国科协科技社团党委“百年党史 百家学会”党史知识竞赛优秀组织奖。

会员服务 2021年，学会利用新媒体平台编发图文稿件和视频1800余篇，为会员提供科技新进展、新动态信息服务。

4月，《中国电工技术学会会士条例（试行）》于第九届理事会第二次会议审议通过，8月启动面向学会系统的首批会士候选人推荐工作。依据《中国电工技术学会会士条例（试行）》相关规定，经过对上报推荐材料的汇总、整理，并经由7位中国科学院院士、中国工程院院士等专家组成的会士评选委员会评选，最终确定中国工程院院士马伟明等10名国内电气工程领域的顶级专家当选。

【中国电工技术学会成立40周年纪念大会暨第十六届学术年会】 9月25—26日，中国电工技术学会成立40周年纪念大会暨第十六届学术年会在北京召开。中国科协党组成员、机关党委书记王守东，中国机械工业联合会执行副会长薛一平，学会历任理事长，学会第九届理事会党委书记、理事长、天津理工大学校长杨庆新，学会特聘顾问、中国工程院院士顾国彪，学会常务理事、中国科学院院士周孝信，中国科学院院士卢强，中国科学院院士王秋良，第九届理事会领导，以及来自高等院校、科研院所和企业的

2000余位专家、学者参加会议。15个全国学会和10个国际（地区）组织发来贺信并委派代表到会。

学会常务理事、中国工程院院士马伟明作题为《关于电工学科前沿技术发展的思考》的报告。华北电力大学原校长、中国工程院院士刘吉臻等4位专家围绕“双碳”目标下新型电力系统面临的挑战及关键技术、智能装备制造、电力电子关键设备、高速和超高速电磁悬浮与推进技术、新型电力系统发展及保护与控制以及学科建设等议题作主旨报告。会议颁发“中国电工技术学会特殊贡献荣誉”奖章、“中国电工技术学会会士”“优秀学会工作者”证书，设立“中国电工技术学会高景德科技成就奖”。

会议共收到中英文投稿1253篇，录用922篇，其中中文稿件622篇、英文稿件300篇。组织环保绝缘气体及装备前沿科学技术发展、新型电力系统与能源互联网、新能源电力系统及装备等18场专题会议，邀请专题报告120余个，进行800余篇优秀论文的宣讲和张贴交流。20余家企业进行科技成果、新产品、新技术展示交流。

【第三十四届世界电动车大会暨展览会】 6月26—28日，第三十四届世界电动车大会暨展览会在江苏省南京市召开，会议以“奔向智慧电动出行”为主题。第十三届全国政协副主席、中国科协主席万钢，全国政协经济委员会副主任、工业和信息化部原部长苗圩致辞。中国科协原党组成员、书记处书记宋南平，大会主席、世界电动车协会主席、中国工程院院士陈清泉，大会主席、学会理事长、天津理工大学校长杨庆新，中共南京市委常委王华参加会议并致辞。欧洲电动车协会主席艾斯彭·海于格、电驱动运输协会主席吉纳维芙·卡伦视频参加会议并致辞。中国工程院院士陈清泉、丁荣军，中国科学院院士欧阳明高，学会理事长杨庆新，欧盟委员会交通运输总局主任埃朗·路特斯作大会主题报告。

大会共征集前沿学术论文1061篇，来自19个国家和地区的222位专家对论文进行评审，录用853篇。其中253篇文章进行现场宣讲，367篇论文参与海报张贴，并评选出115篇优秀论文及5篇最佳论文。

会议特邀新能源汽车领域的院士和专家300余人作主题报告，来自国内外相关领域的科学家、工程师、企业家等近3000人（境外参会人数共70人）参加86场学术会议和产业论坛，线上同步参会人数达29.56万人次。

大会展览规模超3万平方米，吸引一汽、比亚迪、特斯拉、广汽等国内外300余家整车和零部件企业参展，观展人数总计83658人次。中央电视台、央视网、新华网、人民网等百余家主流媒体相继报道。

（撰稿人：马佳佳）

中国水力发电工程学会

服务创新型国家和社会建设 学会完成《关于加快风光水互补研究和实践 助力实现“双碳”目标的建议》的科技工作者建议，相关建言写入《中华人民共和国国民经济和社会发展第十四个五年规划和2035年远景目标纲要》。

学会组织开展“可再生能源与负（零）碳技术融合打造低碳经济核心的碳中和大型智慧城市群规划建设研究”“我国利用风光水互补实现碳中和的体制机制及新型电力系统建设调研”“南水北调西线调水对西南水电基地的影响研究”“珠三角水资源配置工程供水安全与应急处理技术研究”等课题项目。

学会积极开展团体标准制订工作，设立团体标准管理委员会和制订相关管理办法，组织编制或立项《水生态区划分技术导则》《水利水电工程斜式轴流泵安装规程》《北斗卫星导航定位系统的水利水电工程安全监测技术规范》《河湖生态修复工程运行与维护技术导则》等团体标准10余项。

11月2—5日，连续第3年承办人力资源社会保障部专业技术人才知识更新工程——清洁能源协同开发与生态环保技术转移转化能力提升高级研修班，90余名行业技术和管理人员参加并结业。

全年组织院士、专家完成来自各会员单位不同专业领域的科技成果鉴定74项。

学会工业控制系统安全专业委员会依托公安部信息安全等级保护关键技术国家工程实验室，成立水电和新能源工业控制系统安全与可靠性保障技术分实验室，大力建设行业工控安全技术平台和服务中心。

学会水能规划及动能经济专业委员会开展“抽水蓄能中长期发展规划研究”“水电助力碳达峰路线图”“西藏自治区可再生能源资源复查”等课题研究，为行业主管部门提供决策支撑。

学会及有关分支机构组织参与《水电站水库调度自动化系统运行维护规程》《大中型水电站水库调度规范》《水情自动测报系统技术条件》《梯级水库群安全

风险防控导则》等一批行业标准的编制或修订工作。

发挥各分支机构专业特色，举办大坝安全监测技术、水库调度自动化系统的应用与发展、运行管理专业技术等10余次培训班。学会继电保护与励磁专业委员会全年举办16期“云课堂”系列精品专家讲座。

学会建设 12月16日，学会召开第九次全国会员代表大会暨九届一次理事会议。大会经民主选举产生由173名理事组成的第九届理事会，张野继续担任理事长。

2021年，学会有单位会员179家、个人会员36900人、分支机构37家，其中，新成立智能与智慧化专业委员会、海外分会。水库、水工金属结构、水电与新能源运行管理、信息化、水力机械、大坝安全、地质及勘探、小水电、继电保护与励磁、电气、施工、风险管理12个专业委员会完成换届，工程造价专业委员会名称变更为水电与新能源工程造价专业委员会。

3月16日，学会分支机构和省级学会秘书长工作会议以线下线上相结合的形式在北京召开，来自37家分支机构和21家省级学会的110余名秘书长和管理人员参加会议，总结经验，共谋发展。

4月28日，学会与国家能源投资集团有限责任公司共同举办中国水电发展论坛暨水力发电科学技术奖颁奖典礼，240余名新老水电工作者代表参加。

学会组织编制发布学会事业发展“十四五”规划，更好指导学会未来5年发展。

进一步强化内控体系建设，制订《学会干部、招聘、薪酬管理办法》《团体标准管理办法》《全国水电科普教育基地认定与管理办法》，修订《监事会工作办法（试行）》等制度，不断提升规范化管理水平。

监事会积极发挥监督作用，组织第三方审计事务所开展日常监督检查，助推学会健康发展。

主办期刊 学会会刊《水力发电学报》全年出版12期，共收到论文稿件657篇，录用刊登164篇，印发6000册。连续6年有学报论文入选“中国科协优秀科技论文遴选计划”。根据《中国科技期刊引证报告（核心版）》,《水力发电学报》核心影响因子为1.03，在23种水利工程类刊物中排名第3。完成2020年度《水力发电学报》优秀论文奖评定。

学会联合主办《水电站机电技术》《水电能源科学》《大坝与安全》《岩土工程学报》《小水电》5种学术期刊。

学科发展工程 学会推荐的“如何利用风光水加快实现碳中和目标”入选2021年中国科协十大产业问题，学会获评重大科技问题难题征集发布2021年度优秀推荐单位、2020—2021年度优秀组织单位。

学会组织编写完成《中国电力工业史·水力发电卷》。负责组织编著中国科协“双碳”系列丛书《风光水电力互补技术导论》一书。编撰出版《中国水力发电年鉴》（第25卷）。

学会水库专业委员会参与世界银行、水电水利规划设计总院组织的《中国水电移民实践经验》专著编写，于4月召开成果发布。这是中国首次全方位、多角度向国际展示70年来中国水电移民实践经验。

学会水能规划及动能经济专业委员会参与《中国可再生能源发展报告（2020）》编制工作，6月28日在江苏省苏州市举办发布会。

国际学术会议 10月21日，学会海外分会成立大会暨第一届委员会工作会议以线下线上相结合的形式召开。大会邀请4名境外专家（线上）以及国内相关单位的多位专家作主旨报告。海外分会吸纳国际水电协会前首席执行官理查德·泰勒担任副主任委员。

11月26日，在第五届东亚峰会清洁能源论坛召开期间，学会国际河流水电开发生态环境研究工作委员会组织召开东盟国家水电可持续发展专题论坛。会议由国际河流水电开发生态环境研究工作委员会主任委员顾洪宾主持，来自湄公河委员会秘书处、老挝能源与矿产部、印度尼西亚能源与矿产资源部等的12名国内外专家作会议主旨发言。

12月9日，学会海外分会联合中欧可持续水电利用与整合项目、国家级水科学与水工程国际联合研究中心等共同主办中欧政策对话研讨会。会议主题为“灵活的水力发电助力实现净零排放目标”，来自中国和欧盟等国家和地区的129家行业内相关单位的210余名专家、学者线上参加会议。

国内主要学术会议 2021年，学会及各分支机构共举办国内学术交流活动28场次，参加人数5200余人次，出版论文集8部共3000余册、论文800余篇，会议交流论文290余篇。

3月12日，学会风险管理专业委员会换届会暨学术交流会在北京召开，80余名委员和专家、学者通过线下或线上参加会议。会议邀请中国电力建设集团有限公司总工程师周建平、中国核电工程有限公司研究员赵博等专家就梯级水库群风险防控设计、核电行业风险管理等方面作主题报告。

4月22—23日，学会水库专业委员会联合中国水利水电工程勘测设计协会、浙江省民政厅等单位在浙江省杭州市召开2021年水库移民政策技术管理论坛暨水利水电工程征地移民规划设计技术交流会。会议以“十四五移民安置创新与后续发展”为主题，来自有关部门和80余家行业单位的共200余人参加会议。

5月26—28日，学会水电与新能源运行管理专业委员会、校级调度控制专业委员会联合在云南省昆明市召开2021年学术交流会，来自行业近70家单位的185名专家、学者参加会议。

6月16—17日，学会联合西藏水力发电工程学会在四川省成都市召开西部水电科技论坛，邀请中国工程院院士多吉作主旨报告，来自全国70余家行业单位的260余名专家、学者参加会议。

7月12日，学会清洁能源装备冷却技术专业委员会联合中国科学院电工所在北京召开“碳中和——从能源革命到生态文明　探索中国的碳中和之道”学术交流会，邀请德国国家工程院院士雷宪章作主题学术讲座。

7月23日，学会联合公安部安全等级保护评估中心在四川省成都市主办2021年水电和新能源工业控制系统安全技术交流会。中国工程院院士沈昌祥等相关领域的专家、学者作大会专题报告。来自有关部门、国内水电和新能源行业企业及安全防控服务供应商的共200余名专家、学者参加会议。

8月1—2日，学会电气专业委员会换届会暨2021年电气学术交流会在山东省泰安市召开，83名委员和专家、学者参加会议。

9月8—10日，学会施工专业委员会、碾压混凝土筑坝专业委员会在江西省南昌市联合举办2021年年会暨学术交流会，来自全国有关行业单位的共190余人参加。大会邀请中国工程院院士马洪琪、王复明、任南琪分别作主旨学术报告。

9月27—28日，由学会电力系统自动化专业委员会、继电保护与励磁专业委员会联合主办的DL/T 294.2《发电机灭磁及转子过电压保护装置技术条件　第2部分　非线性电阻》修改稿审查会暨发电机灭磁及转子过电压保护非线性电阻技术研讨会在广东省深圳市召开，80余名专家、学者参加会议。

10月17日，学会主办的2021年中国水电青年科技论坛暨贵州省高层次创新型人才论坛在贵州省贵阳市召开，来自水电行业各专业领域的130余名青年科技工作者参与，11名青年人才作学术报告。

11月25日，学会贯流式水电站专业委员会以线上形式召开第十六次年会暨技术交流会，专委会委员和有关专家、学者近110人参加会议。

11月27日，学会继电保护与励磁专业委员会线上学术交流会暨专委会换届年会召开，160余名委员及有关专家、学者参会。

12月21日，学会清洁能源装备冷却技术专业委员会2021年年会以线上形式召开，专委会顾问、中国工程院院士顾国彪，主任委员、中国工程院院士罗安，以及委员、专家共30余人参与。

国际组织任职　截至2021年年底，学会会员在国际科技组织任职人员共计22人，其中执委以上3人。涉及国际组织共6个，分别是国际航运协会、国际水电协会、国际电工委员会、世界疏浚协会、国际水文科学协会、国际水利与环境工程学会。

国际交往　6月9日，学会高坝通航工程专业委员会委员赵根生线上主持召开国际航运协会升船机工作组第五次工作会议并作工作组年度报告，来自中国、英国、法国、比利时和德国等成员国的近20名专家参加会议。

9月16日，国际水电协会在线召开国际抽水蓄能论坛成果高级别在线发布会，学会国际河流水电开发生态环境研究工作委员会秘书长周世春参加会议并作题为《抽蓄政策与市场框架研究》的主旨报告。

11月29日，学会国际河流水电开发生态环境研究工作委员会主任委员顾洪宾代表中方参加第十一届湄公河区域利益攸关方论坛并作主旨发言。

组织翻译国际水电协会《2021水电现状报告——行业趋势及思考》，每月编辑一期《国际电力能源简讯》，发送会员参阅使用。

科普活动　位于湖北省宜昌市三峡工程坝区的中国水电科技博物馆基本建成。制订《全国水电科普教育基地认定与管理办法》，认定挂牌2个科教基地。

7月28日—8月6日，学会开展2021大学生暑期水电社会实践教育活动，组织来自14所高校的25名优秀大学生赴浙江省天荒坪、长龙山2座抽水蓄能电站现场学习实践。

7月29日，学会联合中国水利学会在浙江省杭州市召开“3060双碳”水电科普论坛。中国科学院院士陈祖煜、陆大道，中国工程院院士马洪琪、张建云，联合国工业发展组织能源司首席科学顾问刘恒，国务院发展研究中心研究员王亦楠，清华大学教授王兆印等40余名专家、学者参与。

9月13日，在全国科普日期间，学会组织专家到清华大学土木水利学院为70多名师生作《中国碳中和之路》的科普讲座。

9月17日，学会联合水电水利规划设计总院在北京召开全国科普日活动——抽水蓄能产业发展座谈会，围绕国家能源局发布的《抽水蓄能中长期发展规划（2021—2035年）》科普抽水蓄能的重要性，线下线上共10万余人次参会及观看。

依托中国科协平台继续推进网上会史馆建设，在“2021科界年度评选”活动中获“最佳网上会史馆组织”第三名。评选2021年中国水电十件大事并制作视频宣传片。

表彰举荐优秀科技工作者 2021年度水力发电科学技术奖共收到行业单位申报的科技成果135项，奖励53项，获奖科技人员400余人。

评定第三届水电英才奖，表彰奖励在水利水电工程建设和运行管理等基层一线工作的中青年科技人员共10人。

学会高坝通航工程专业委员会副主任委员胡亚安当选中国工程院院士，专业委员会顾问委员钮新强获首届湖北省杰出人才奖。

经进一步扩资，截至2021年年底，潘家铮水电科技基金规模达5004万元，捐资单位67家、个人11名。召开基金四届二次理事会议；开展2021年度潘家铮水电奖学金评定，奖励来自19所高校和科研院所的优秀学生63名。

党建强会 学会深入开展党史学习教育。学会党委书记、理事长张野应中央党校邀请为学员开展党史学习教育专题讲座《在党的光辉照耀下砥砺前行的中国水电》。支部书记杨永江为秘书处党员和会员单位党员代表做《坚守初心　奋进中国碳中和之路》专题党课。

健全三级党组织体系，37家分支机构全部成立党的工作小组。务实推进党委对“三重一大”事项前置审议职责，全年召开党委会议10次，审议议题60多项。

学会三级党组织代表赴一大会址、南湖红船等地开展“众心向党、自立自强”主题实践活动，同时赴学会成立大会召开地新安江水电站开展“寻根之旅”，激励全体学会人不忘初心使命、砥砺新征程。

组织中国工程院院士张宗亮、全国工程勘察设计大师杨泽艳、研究员黄桂云等科技工作者参与中国科协和新华网“科技前沿大师谈”视频录制和网络宣传，大力弘扬科学家精神。

会员服务 通过办好水电科技奖培养科技创新人才；通过评定潘家铮奖、水电英才奖、张光斗优秀青年科技奖、潘家铮水电奖金学和学报优秀论文奖等，打造全方位阶梯式人才培养机制。

学会和37个分支机构积极构筑学术交流平台，样式多元的学术交流和研讨活动为广大水电科技工作者提供交流分享的机会，同时广泛组织论文征集并结集出版，为科技工作者学术成长和技术进步搭建舞台。

结合会员企业诉求，组织开展岗位技术技能培训和有关专业取证人员继续教育培训等。

推荐优秀水电专家在有关国际组织机构任职。

【中国水力发电工程学会第九次全国会员代表大会】 12月16日，中国水力发电工程学会第九次全国会员代表大会以线上形式召开。大会主会场设在北京，来自全国水电和新能源领域的253名会员代表参加会议。中国科协党组成员、机关党委书记王守东到会祝贺并讲话。

理事长张野作题为《贯彻新发展理念　服务新发展格局　为实现碳达峰碳中和目标　建设中国特色一流科技社团而努力奋斗》的工作报告；常务副秘书长吴义航作第八届理事会财务报告；监事长邓孟元作第一届监事会工作报告；副理事长郑声安作关于修改学会章程的说明报告。与会代表以投票表决方式通过上述报告。

会议经民主选举产生第九届理事会，张野继续出任理事长，袁柏松担任第二届监事会监事长。大会聘任汪恕诚、陆佑楣、张基尧、周大兵为第九届理事会名誉理事长，聘任郑声安为第九届秘书长。大会同时表彰第八届理事会的20家学会先进集体和39名优秀学会工作者。

【2021年中国水电发展论坛暨水电科技奖颁奖典礼】 4月28日，由学会与国家能源投资集团有限责任公司联合主办的2021年中国水电发展论坛暨水力发电科学技术奖颁奖典礼在北京举办。中国工程院院士陈厚群、顾国彪、王浩、张建民，以及来自全国水利水电行业80多家单位的240余名水利水电工作者代表出席会议。

学会理事长张野、国家能源集团副总经理冯树臣分别代表主办单位致辞。大会安排4个主题报告：国家发展改革委能源研究所原所长周大地作题为《“碳达峰、碳中和”要加快低碳转型》的报告，国家电网调度控制中心原副总工裴哲义作题为《清洁能源发展与挑战》的报告，国能大渡河流域水电开发有限公司董事长涂扬举作题为《大渡河流域智慧化运行与管理》的报告，中电建生态环境集团有限公司副总经理陶明作题为《水环境治理技术与管理创新实践——以茅洲河流域水环境治理为案例》的报告。会上还发布和播放《2020年水电十大新闻事件》宣传片。

大会为2020年评定的水力发电科学技术奖、潘家铮奖、水电英才奖、《水力发电学报》优秀论文奖进行颁奖。论坛最后举办“中国水电会旗”交接仪式，象征着水电事业承前启后、继往开来、逐梦前行，广大水电工作者凝心聚力，为着共同的事业砥砺新作为、再谱新篇章。

（撰稿人：雷定演）

中国水利学会

服务创新型国家和社会建设　在支撑政府标准工作方面，按照水利部标准化工作管理要求，配合水利部国际合作与科技司完成《水利技术标准复审细则》《水利技术标准体系表》修订工作；承担水利技术标准日常管理，共完成140项在编标准过程管理和40项标准报批稿审定等工作，发布5项国家标准和29项水利行业标准，报批8项国家标准。在团体标准工作方面，首次开展集中征集工作，征集110项团体标准，经论证批准60项立项；发布12项团体标准，审定通过5项，待修改完善后发布；开发完成团体标准管理系统；采用制作宣传片、免费公开等方式推动团体标准在更大范围推广应用。为两家会员单位提供标准化咨询服务。

围绕社会关注的热点、焦点问题，申报相关项目，组织专家调研，将调研成果与专家建议凝练总结，形成《引汉济渭工程秦岭输水隧洞关键技术》《水资源刚性约束下协同推进黄河流域“生态优先”战略建议》等4篇参阅信息报送中国科协、水利部及相关单位参阅。组织水利、林业、农业、环保、气象、海洋等多领域院士、专家、学者撰写“黄河生态保护行”上中下游3份调研报告和《水资源刚性约束下协同推进黄河流域“生态优先”战略建议》，通过中国科协生态环境产学联合体上报中国科协。通过中国科协向中央提交《科技工作者建议——“十四五”开局之年话水旱灾害防治》《关于提升城市应对极端雨洪灾害能力的建议》等咨询报告。

3—4月，面向分支机构、省级学会征集学术活动和科普活动百余项，其中9项活动入选中国科协《重要学术会议指南（2021）》。编制印发《中国水利学会2021年度重要学术、科普活动指南》。

修订《中国水利学会科技成果评价试点办法》，共完成33项水利科技成果的评价工作。

完成14个水利类工程教育专业点的进校考查及结论审议。完成16个专业的中期报告和6个专业的持续改进报备材料审核。遴选64名认证专家组织参加培训。5月28—29日，学会与水利类专业认证委员会联合在云南省昆明市组织水利类专业认证工作交流研讨会。

学会建设　2021年，学会向个人会员、单位会员和有关单位的院士专家、广大水利科技工作者开展庆祝学会成立90周年主题征文活动，共征集优秀文章40篇；制作90周年纪念册；拍摄学会宣传片。

按分支机构集中换届部署，印发《关于分支机构集中换届有关情况的通报》《关于督促分支机构按期完成换届的函》，已有45个分支机构完成集中换届，还有8家目前尚在换届程序中。发展单位会员49家。

根据学会章程，起草《会员服务与管理工作方案》并不断完善。起草《会士工作办法》，探索建立会士制度。

组织召开6次常务理事会通讯会议，审议《中国水利学会事业发展“十四五”规划》等重大事项。

认真开展学会年检工作，2020年度年检合格。

学会获“2021年开放合作品牌创建学会”称号。

7月7—9日，在陕西省西安市组织召开分支机构和地方学会省级秘书长工作座谈会。陕西省水利学会理事长、省水利厅原一级巡视员管黎宏出席会议并致辞。学会党委副书记、副理事长兼秘书长汤鑫华作题为《努力为新阶段水利高质量发展提供可靠科技支撑》的专题党课，传达习近平总书记关于科技创新的重要论述和在两院院士大会、中国科协第十次全国代表大会上的重要讲话精神，以及水利部部长李国英在水利部“三对标、一规划”专项行动总结大会上的重要讲话精神。学会副秘书长吴剑重点介绍学会近年来的工作情况、“十四五”中国水利学会事业发展思路以及2021年的主要任务。学会副秘书长鲁胜力重点介绍民政部、中国科协、水利部对学会分支机构组织建设的新政策、新要求，并梳理分支机构管理存在的问题和需改进的方向。岩土力学等6家分支机构及河北省等6家地方学会作典型发言。学会各分支机构主任委员、秘书长，地方学会理事长、秘书长、有关代表，以及水利学会部分职工共120人参加会议。

青年人才托举工程 1月，学会组织开展第六届“青年人才托举工程”项目候选人推选工作，制订遴选工作方案，从61名申报人中选出8名推荐至中国科协并获得批准，其中2人为中国科协经费资助候选人，其他6人为学会自筹资金资助候选人。

申报第七届中国科协“青年人才托举工程”项目，获得2个培养名额。11月，以“线上＋线下”方式组织青托人才开展学术交流会，32名青托人才参加会议。

主办期刊 学会主办6种科技期刊。10月，组织召开中国水利学会2021学术年会暨第六届水利期刊发展研讨会，同期举办中国水利期刊馆展览，共展出30多家会员期刊最新出版的纸质样刊和50家会员期刊的宣传展板。建设水利期刊集群平台并上线。9月，《世界期刊影响力指数（WJCI）报告》（2020科技版）发布，学会主办的多家期刊名列前茅，《水利学报》《水科学进展》《岩土工程学报》《灌溉排水学报》位列Q1区。学会获“2021年全国学会期刊出版管理规范单位”称号。

学科发展工程 学会征集水利领域2021重大前沿科学问题与工程技术难题42项，推荐10项至中国科协。获中国科协“重大科技问题难题征集发布优秀学会”称号。

国际学术会议 10月26日，由学会主办、中国水利水电科学研究院水资源研究所和国际水利与环境工程学会协办的2021水安全论坛通过“线上＋线下”结合的方式召开。论坛主题为“变化环境下的水安全”，并设置“洪涝灾害与韧性管理”和“水生态保护与修复”两个分议题。来自中国、美国、加拿大、荷兰和新加坡等国的专家围绕会议主题展开研讨，全球五大洲共计300余人通过直播观看会议并与专家交流讨论。

国内主要学术会议 全年采用“线上＋线下”结合方式共举办国内会议70余场。

3月26日，学会淮河分会召开淮河洪水预报调度演示技术咨询会，就淮河数字流域和智慧防汛体系建设进行深入探讨与交流。

6月8—10日，由学会联合中国水利工程协会、长江水利委员会共同主办的2021中国水博览会暨第十六届中国（国际）水务高峰论坛在湖北省武汉市召开。学会理事长魏山忠出席。会议以“践行新发展理念 推动高质量发展”为主题，邀请中国工程院院士钮新强、中国科学院院士夏军等100余名专家、学者、企业代表参加会议。会议发布100余份学术报告，共有180家院所与企业参展。同期举办的第十六届中国水务高峰论坛共设1个主论坛和7个分论坛，就水利工程建设、智慧水利、河湖健康与水环境治理等议题展开深入交流。

12月16日，由学会主办的河湖长制与河湖保护高峰论坛在湖南省长沙市召开。论坛以“强化河湖长制，建设幸福河湖”为主题，学会理事长、全面推行河湖长制工作部际联席会议办公室主任、水利部副部长魏山忠出席论坛并作题为《努力建设造福人民的幸福河湖》的主旨报告。

国际组织任职 作为世界水理事会董事会成员，学会参加3次世界水理事会董事会线上会议，积极参与第九届世界水论坛的筹备工作。

国际交往 学会与国际水利与环境工程学会中国分会联合筹办中国水利学会2021学术年会国际分会场，全球多个国家或地区同步参加会议。在中国水利学会2021学术年会期间，以“线上＋线下”结合方式举办第四届水利青年科技论文（英文）竞赛，邀请多名国内外专家担任线上评委。在中国水利学会2021学术年会暨90周年纪念会上，邀请世界水理事会主席Fauchon、加拿大韦仕敦大学教授Slobodan P. Simonovic、代尔伏特大学教授Chris Zevenbergen、美国马里兰大学环境科学研究中心校长Peter Goodwin以及新加坡有关专家为中国水利学会2021学术年会以及2021水安全论坛作线上报告或致辞，邀请韩国和日本相关代表、国际水利与环境工程学会、世界水理事会以及亚洲水理事会等专家、学者为学会90周年题词。与国际小水电中心和亚洲小水电中心等相关国际组织讨论学习“一带一路”国际水联盟的建设与发展。学会秘书处负责人在今日水电论坛上作题为《中国小水电生态问题的应对：实践与启示》的学术报告。承接联合国工业发展组织的全球环境基金“中国小水电增效扩容改造增值”项目。

科普活动 注重顶层设计，创新科普手段，打造特色品牌和培训科普队伍相结合，组织开展一系列丰富多彩的科普活动。获得“全民科学素质工作先进集体”称号。

《威水超人》澳门节水系列科普作品获大禹水利科学技术奖科学普及奖。

学会以“党建引领、科技志愿、服务基层”为主题，在河南省林州市举办“护好大水、喝好小水”科普讲座、基层河湖长培训以及乡村振兴调研座谈等活动，并捐赠科技科普图书、河长手册、学生课外读物和挂图等。

大力推广“护好大水，喝好小水”主题科普活动，进校园、公园、社区、广场宣讲、展示，共计在全国24个省、直辖市进行科普宣传，受益人数达百万余人次。该科普活动品牌被水利部、共青团中央、中国科协联合发布的《关于加强水利科普工作的指导意见》采纳。

组织第二届“节水在身边”短视频大赛活动，共征集作品1.2万部，累计播放量达2.4亿次。

10月26日，学会在北京组织召开水利科普工作交流研讨会。围绕“新阶段水利科普工作创新与实践”“全民科学素质行动实施”“水利科普工作进展”等方面进行研讨。

11月25—26日，学会水利管理专业委员会举办首届中国–东盟大坝安全科普宣讲大赛，28名国内外选手线上线下参赛。

科技志愿服务团队新注册志愿者1300余人。在中国科协公布的“科技志愿服务信息平台2021年度榜单”中，学会科技志愿者数量、科技志愿服务组织数量、科技志愿服务活动数量和品牌项目数量4项考核指标均位列Top 10。

表彰举荐优秀科技工作者 1—3月，学会对《大禹奖奖励办法》《大禹奖评审细则》进行修订。4月，发布大禹奖提名通知，共收到108项提名成果，其中87项成果和团队名单通过形式审查，最终评选出37项获奖成果并公示。

7月，向中国科协推荐江恩慧、卢金友2名专家参与中国科协“最美科技工作者”评选；与河海大学共同完成2020年度刘光文水文科技教育基金有关奖项的评审和授奖工作；9月，在调水专业委员会的配合下，推荐马吉刚成果参与河海大学主办的严恺工程技术奖的评选并获奖；11月，组织单位会员申报光华工程科技奖，推荐杨启贵、蔡正银和江恩慧为候选人。

党建强会 2021年，学会在水利部党组和中国科协党组领导下扎实开展党建工作。一是高度重视党建强会。以政治建设为统领，认真组织开展党史学习教育，积极开展“我为群众办实事”实践活动11项，组织全体党员在线聆听“红旗渠精神”专题辅导报告；组织党员干部赴“三·一八烈士墓”开展党史现场学习教育；组织部分党员职工赴国家博物馆参观“让党中央放心、让人民群众满意——新时代中央和国家机关党的建设成就巡礼展”，开展会史专题研讨等特色活动。狠抓中央巡视发现问题整改，认真开展“三对标、一规划”专项行动，科学编制《中国水利学会事业发展“十四五”规划》。严格落实党内规章制度，坚持以党建促业务，把党建强会思想和全面从严治党要求落实到学会改革发展的各方面、全过程。领导干部以身作则、带头讲党课，党支部充分发挥战斗堡垒作用和党员先锋模范作用，为学会事业健康发展提供强有力的政治保障。二是扎实开展乡村振兴。牵头开展重庆市巫溪县消费帮扶调查，了解成员单位采购品类需求、消费体验情况，撰写《重庆市巫溪县农副产品消费帮扶调研报告》。派出1名正处级干部赴重庆市城口县挂职锻炼。三是加强党风廉政建设。紧盯重点节日，在春节、“五一”等问题易发多发重要节点提前向干部职工发提醒信息。及时传达警示教育案例和相关文件。开展干部职工非职务违法犯罪自查自评。制订落实领导班子主体责任清单，及时修订廉政风险防控手册，切实将党风廉政建设责任措施落实到岗到人。

会员服务 7月，与单位会员中水北方勘测设计研究有限责任公司签署战略合作协议；协助单位会员建华建材（中国）有限公司组织开展交流会议，并为其编写《装配式技术在水利工程上应用案例集》。筹备第三届装配式技术设计大赛。调研中电建生态环境集团有限公司、澜湄次区域研究中心、大藤峡生态旅游区等多家单位会员，了解需求。

6月，在湖北省武汉市组织召开单位会员座谈会，70余家单位会员参加会议并交流经验，理事长魏山忠到会并讲话。结合业务工作，分两批开展进校园、公园、社区科普节水爱水知识讲座；免费公开学会团体标准等11项，推进“我为群众办实事”活动。

【中国水利学会2021学术年会】 10月25日，中国水利学会2021学术年会在北京召开。水利部党组书记、部长李国英出席开幕式并讲话。学会理事长、水利部党组成员、副部长魏山忠主持开幕式。

学会监事长、中国水利学会12名副理事长，水利部机关司局和直属单位负责人等特邀嘉宾，部分学会理事，学会分支机构、省级水利学会、个人会员和单位会员代表，部分水利科技工作者代表，第二届“节水在身边”全国短视频大赛和第二届水科学数值模拟大赛的获奖代表，以及年会论文作者代表等400余人出席。

李国英指出，学会是党和政府联系广大水利科技工作者的桥梁纽带。在推动水利科技进步、当好治水参谋助手、提升公众水利科学素养、做好会员服务、加强自身建设等方面开展了大量卓有成效的工作，为中国治水事业发展提供重要的科技支撑。

李国英要求，学会要准确把握水利发展形势和任务，进一步深化学术交流、推进智库建设、做好水利科普、强化服务支持、拓展对外合作、加强自身建设，不断提升学术引领力、战略支撑力、科技传播力、人才组织力、国际影响力、学会凝聚力，为推动新阶段水利高质量发展提供更加有力的支撑。

年会的主题为“谋篇布局‘十四五’，助推新阶段水利高质量发展”。围绕会议主题，大会邀请9名院士、专家围绕新阶段水利高质量发展的六条实施路径、水利前沿技术和社会关注的热点问题作学术报告。

学术年会以破解新老水问题为导向，将会、展、赛、服相结合，突出多学科、多领域的交叉融合，注重学术引领，设大会主会场和山洪灾害防御、水资源、流域发展战略、水生态、智慧水利·数字孪生、水利政策、水利科普、期刊、检验检测、水利工程教育专业认证、地下水、水力学与水利信息学、粤港澳大湾区、流域生态系统保护修复与综合治理、水平定向钻探、国际等16个分会场，邀请数百名专家、学者对国家重大发展战略、水利改革发展中的热点重点难点问题作学术报告。年会同步举办第四届水利青年科技论文（英文）竞赛，13名优秀水利青年科技工作者参与角逐。

（撰稿人：李志平）

中国内燃机学会

服务创新型国家和社会建设 2021年度，学会设计与智能制造分会主任冯慧华代表总会参与组织全国能源与动力工程专业中国工程教育认证工作。11月15—16日，对西安交通大学能源与动力工程专业和车辆工程专业进行工程教育认证考查，参与组织全国百篇论文推荐工作。

学会创新成果转化工作委员会承担工业和信息化部2021年度“甲醇汽车应用推广工作支撑”项目，研究甲醇燃料在动力燃烧领域推广应用的新问题，为实现“双碳”目标提供政策措施建议，为政府管理提供参考借鉴。根据工业和信息化部装备二司船舶处的建议，在组织完成船舶动力应用甲醇燃料技术交流会基础上编制船舶动力选用不同替代燃料对比表，并分别从《在用船舶动力替代燃料应用方案主要内容对比》《建造船舶动力采用不同替代燃料方案对比》《船舶动力选用不同替代燃料供应及保障主要内容对比》《不同船型选用替代燃料航运区域适应性对比》进行说明。

根据《中国内燃机学会科学技术成果评价管理办法》，组织并完成潍柴动力股份有限公司“高效低排放柴油机热管理关键技术开发及应用”等11项科技成果以及一汽解放大连柴油机有限公司“大柴BFM（4L–7L）非道路国三柴油机开发”科技成果的评价工作。

3月，创新科技成果转化工作委员会推荐江苏大学“基于绿色甲醇燃料高效发动机–燃料电池混合动力系统”项目参加江苏省“挑战杯”大学生课外学术科技作品竞赛。联合机械工业科技成果评估中心组织召开由深圳正和能源有限公司完成的“醇基燃料空心玻璃微珠焙烧炉”项目科技成果评价会，为后续成果转化工作开拓应用领域、奠定转化基础。上半年，先后两次组织部分相关企业拜访大连化学物理研究所，交流甲醇燃料电池技术，对接合作项目，推动产研合作签约。6月，与中国汽车工业协会标准法规工作委员会甲醇汽车专业委员会合作，组织甲醇汽车和内燃机零部件企业提出《甲醇燃油喷射器总成技术条件及测试方法》等16项甲醇汽车及甲醇燃料关联团体标准立项编制计划。

学会建设 学会召开第九次会员代表大会，完成理事会换届。10月15—17日，在上海市召开中国内燃机学会第九次会员代表大会。中国科协党组成员、书记处书记吕昭平，学会第八届理事会理事长、中国工程院院士、国际内燃机学会主席、天津大学校长金东寒出席大会并讲话。大会审议通过《第八届理事会工作报告》等，经无记名投票表决，选举产生由150

名理事组成的第九届理事会。同期召开第九届理事会第一次会议，选举产生由49名常务理事组成的常务理事会。金东寒当选学会第九届理事会理事长。通过《中国内燃机学会章程（修改草案）》等议案。为促进学会依法依章程开展工作，推进学会完善民主决策机制、权力制衡机制和信息公开机制，经无记名投票选举产生由7名监事组成的第一届监事会。

召开5次秘书长工作会议，推进落实学会年度工作计划及理事会决议。召开3次常务理事会及1次理事会议，审议学会重要工作安排。讨论并落实第二届世界内燃机大会筹备工作、召开第九次会员代表大会、推荐会员代表和理事候选人、世界内燃机大会优秀论文评选工作、国内外学术交流安排、中国科协关于社会组织评比达标表彰活动的有关通知事宜、分支机构规范管理、学会“十四五”规划讨论及2022年分支机构换届等有关工作。

持续建立健全内部管理制度，加强规范管理。3月，成立中国工程师联合体，更好地服务工程技术人才的职业成长，促进中国科技经济融合发展。7月，申请加入科创中国联合体，聚焦促进科技经济融合，构建灵活高效的协同机制，促进各类创新主体的融通协作。

主办期刊 学会主办的3本刊物分别为《内燃机学报》《内燃机工程》《内燃机》。

《内燃机学报》位于《中国学术期刊影响因子年报》能源动力工程学科期刊Q1区，同时被美国工程索引（EI）、美国化学文摘（CA）和英国剑桥科学文摘（CSA）等多个国外检索和数据库收录，其中EI摘要检索率每期保持100%。发表在《内燃机学报》的《喷氢时刻对缸内直喷掺氢汽油机燃烧及排放的影响》入选2021年“第六届中国科协优秀科技论文遴选计划”。

《内燃机工程》被Scopus、CA、CSA等国际数据库收录，位于2020年CNKI能源与动力工程学科期刊Q1区，CiteScore截至11月4日数据为0.7，逼平CiteScore 2020统计至2021年5月的数值。《内燃机工程》编辑部全部全职编辑完成责任编辑注册，持证上岗。

《内燃机》年度复合影响因子为0.394，在本行业科技期刊位次提升明显。收稿量相较2020年提升显著，文章质量和影响力大幅提升。编辑部基本构建完成采用知网审稿平台的信息化工作模式，质量和效率得到有效提升。

学科发展工程 学会后处理技术分会、汽油机气体机分会参加《内燃机全生命周期碳排放核算技术规范》编制工作，推荐申请国家标准。5月15日、6月25日，航空与内燃机分会以线上和线下相结合的方式主持召开生物燃料航空重油发动机技术研讨会、航空内燃机与混合动力技术研讨会等3个学术研讨会，积极开展航空内燃机方向的课题研究、科研合作，组织专家参与适航排放法规中国标准的研讨并计划制订。

国际学术会议 4月22—24日，学会在山东省济南市主办第二届世界内燃机大会。大会以“绿色、高效、智能、可靠”为主题，提出“不忘碳达峰碳中和目标 牢记动力技术发展使命”的口号，力求通过国际内燃机行业学术和技术交流，促进内燃机更清洁、更高效、更智能、更可靠发展。

学会大功率柴油机分会邀请国内外部分专家针对低碳/零碳燃料、碳排放监测与管理等热点问题进行圆桌访谈。邀请Wartsila的专家Grant Gassner和MAN的Mikael Adler以“能源转型，共谱未来”为主题进行访谈。4月16—17日，燃料与润滑油分会依托清华大学主办国际会议International Symposium（Online）Optical Diagnostics of Combustion Systems，邀请10余名国际专家和10余名国内专家围绕发动机燃料与燃烧的光学诊断作邀请报告，参会人数达150人。

11月29—30日，依托清华大学主办国际会议International Symposium of Life-Cycle Emissions of Future Vehicles and Mobility（未来车辆和出行全生命周期排放国际研讨会），邀请国内外专家作内燃机和燃料相关全生命周期排放研究的报告，参会人数100余人。

学会航空内燃机分会组织航空动力工程及工程热物理国际学术会议。

国内主要学术会议 10月17日，学会在上海市召开2021年度学术年会，特邀中国工程院院士、上海交通大学讲席教授黄震，日本九州大学名誉教授、日本内燃机联合会高级顾问Koji Takasaki等8名国内外行业专家围绕当前业内共同关注的技术热点作前瞻性的学术报告。会议采用现场和线上直播的方式进行，200余名来自全国内燃机界的专家、学者、工程技术人员参加现场会议并进行交流互动，6000余人次在线观看学术报告。

1月，学会新材料与表面技术分会在上海市协办上海材料前沿论坛2021春季会议。3月，在浙江省嘉善县协办2021高端紧固件与材料高峰论坛。6月，在上海大学“入海口”师生创新创业交流中心和上海大学材料学院共同策划《百年轨迹》展览暨沪上材料发展研讨会。9月，在浙江省嘉善县协办基础件材料创新发展论坛。

4月，学会大功率柴油机分会在山东省济南市召开智能低碳船舶动力分会场暨第六届大功率发动机国际技术交流研讨会。研讨会以“智能　低碳”为主题，开展12场学术报告，130余名行业专家共同探讨适合大功率柴油机持续健康发展的技术途径和应对措施。7月22日，在上海市联合上海市船舶与海洋工程学会、船舶与海洋工程动力系统国家工程实验室主办“双碳”目标背景下船舶动力技术的自主创新与发展论坛。

4月，学会设计与智能制造分会在北京举办北京理工大学能源与动力工程领域研究生论坛。9月，联合大连海事大学、北京理工大学共同主办第九届国际涡轮增压论坛。12月，召开中国内燃机学会2021设计与智能制造青年学术论坛，旨在创造中国内燃机设计与制造领域工业界和学术界交流平台，加强青年工程师和学者的交流与合作。

7月，学会汽油机气体机分会在湖北省武汉市协办中国发动机碳中和创新联盟理事会筹备会及汽油机未来润滑需求技术研讨会。会议围绕碳中和和汽油机润滑需求的主题，系统梳理关键技术难题，组织全产业链优势力量探讨实现自主创新技术突破、创建绿色动力规范标准、促进构建产业发展体系、支撑政府科学决策、共同创造中国低碳动力产业链的技术路线。

10月，学会基础件分会在江苏省宿迁市联合全国内燃机标准化技术委员会、中国内燃机工业协会滤清器分会举办2021年中国滤清器创新发展与标准化高峰论坛。会议以“功核芯、坚技创、战先机”为主题，共邀请特邀报告12个，重点讨论新排放法规下对滤清技术的新要求。

学会后处理技术分会联合国家环境保护机动车污染控制与模拟重点实验室主办移动源排放控制技术讲坛。讲坛采用在线讲座方式，每月1期，第一讲于5月26日举办。5—11月，共邀请5名国内外专家、学者围绕碳中和目标下的内燃机技术、内燃机产业发展、未来法规、氢燃料内燃机等行业和企业关心的热点问题进行专题讲座。6月，联合北京交通大学机械与电子控制工程学院举办“能源催化转化、环境催化转化、催化剂设计”主题学术论坛。

创新科技成果转化工作委员会配合工业和信息化部甲醇汽车推广应用专家指导委员会工作总体安排，于6月在北京组织举办甲醇燃料输配送体系建设及关键技术交流会议，产业链相关企业代表等100余人参加会议，交流学习甲醇汽车和甲醇燃料应用的有关规定、甲醇燃料输配送体系建设的规范要求以及示范项目成功的运行、管理、安监经验，并提出推广甲醇汽车和甲醇燃料应用、燃料输配送和加注必须先行的推广应用思路。结合内燃机产业实现“双碳”目标的任务要求，从应用新能源、开创可持续创新发展的角度出发，联合汽油机气体机分会、燃料与润滑油分会和北京内燃机学会于12月在北京共同举办氢内燃机体系技术讨论会，探索氢燃料在内燃机上应用的技术、开发重点、控制以及关键部件等应用研究问题，探讨氢能在道路车辆和水面船舶应用的保障供应方案。

10月，学会混合动力分会在大连市召开中国内燃机学会混合动力技术分会成立大会暨第一届学术会议。内容涵盖混合动力系统集成、电机、锂离子电池、燃料电池、混动用专用变速箱等前沿技术，行业覆盖道路车辆、机车、轮船等。

10月29—31日，学会内燃动力智能技术分会采用线上形式召开2021中国车辆控制与智能化大会暨中国内燃机学会内燃动力智能技术分会第二届学术年会。大会共计邀请来自中国、美国、英国、瑞典、新西兰和日本6个国家的37名行业专家作特邀报告。

12月，学会高原内燃机分会在云南省昆明市召开中国内燃机学会高原内燃机分会第二届学术交流会暨高原机动车排放控制技术研讨会。

国际交往　学会理事长金东寒主持召开线上举办的2021年度国际内燃机学会董事会及理事会。来自中国、德国、日本、美国、意大利、奥地利、英国、瑞士、芬兰、瑞典等成员国的国际内燃机学会董事会成员、理事会成员参加会议。会议对国际内燃机学会近期主要工作开展情况、2022—2025新董事会的提案、2022年国际内燃机学会釜山大会筹备情况、国际内燃机学会战略委员会和工作组运行情况、国际内燃机学会沟通战略及国际内燃机学会未来发展等工作进行讨论。

学会推荐参加国际内燃机学会工作组及委员会的专家积极履职，参与标准制订及技术路线研发工作，并作技术交流报告。

学会创新科技成果转化工作委员会在参与工信部

甲醇汽车推广应用专家指导委员会与全球甲醇行业协会和阿曼国家研究院开展甲醇燃料应用技术交流和信息共享的基础上，结合阿曼（包括中东）内燃发电机组使用市场的需求，组织国内发电机组企业联合分工开发甲醇燃料发电机组与阿曼大学合作，正式启动中阿双边甲醇燃料发电机组合作项目。9月，组织中－阿双边通用甲醇燃料发电机组技术交流及产品负载运行演示会视频会议，交流产品开发技术方案，各研发单位简要介绍产品的主要技术参数，现场演示甲醇发电机组启动、负载运行，并就下一步工作达成共识。

学会航空内燃机分会先后参加多次航空内燃机相关的线上国际会议。3月17日，参与国际冰核学术研讨会；9月27日，参与国际民航组织SAE E31工作组航空排放标准研讨会；10月14日，参与欧盟PMP发动机排放技术研讨会；11月21日，参与海外华人汽车工程师全球连线等；开展与美国明尼苏达大学、德国Catalyst Instruments公司、德国大陆航空发动机、奥地利Rotax发动机等国外单位的科研交流。

科普活动 5月，学会燃烧与节能净化分会在天津市举办线上及线下内燃机学术科普活动，组织学术报告交流并参观天津大学动力试验间。本次科普活动共邀请天津中德应用技术大学和天津机电职业技术学院的90余名师生参加。

5月26日，学会新材料与表面技术分会协办由上海大学、中国科学院自然科学史研究所和中国铁道博物馆主办，上海大学材料科学与工程学院承办的“百年轨迹”展览。该展览在上海大学“入海口”师生创新创业交流中心展出。7月25日，组织主题讲座，上海大学材料科学与工程学院院长董瀚通过线上直播为军训的上海大学材料学子带来《百年钢轨复兴路》主题讲座。

6月，学会汽油机气体机分会协办由东风商用车与康明斯零部件公司共同举办的“商用车面向后国六的技术日”活动，就“双碳”目标下发动机如何应对挑战、密切主机厂与零部件的协同进行交流。双方高层及燃烧、空气管理、燃油系统、后处理等领域的50余名专家参加会议。

10月，学会航空内燃机分会在浙江省杭州市开展面向北航校友及在杭科技公司等的“航空内燃机排放微纳颗粒物检测与表征研究”科普活动，科普航空内燃机分会部分团队研发的“宽温纳米颗粒检测系统”“多燃料航空活塞发动机”等相关技术。

由昆明市科协主办、学会高原内燃机分会与昆明内燃机学会承办的“众心向党、自立自强——回望高原内燃机研究与建设的发展历程”交流会暨2021年全国科技工作者日活动在云南省内燃机重点实验室举办。昆明市科协领导以及昆明市科协所属学会、协会、研究会科技工作者代表50余人参加活动，普及高原内燃机先进技术以及清洁智能车辆科学技术知识，传播科学思想。

12月，学会设计与智能制造分会依托北京理工大学地面装备实验教学中心举办“澎湃动力·大国装甲”小学生科普活动。

表彰举荐优秀科技工作者 根据《中国内燃机学会科学技术奖励办法》规定，经学会科学技术奖评审专家小组评审，共评出自然科学奖一等奖2项、科技进步奖二等奖1项、科技进步奖三等奖2项，累计拟授奖项目5项。10月，在第九次会员代表大会闭幕式上对中国内燃机学会科学技术奖5个获奖项目和史绍熙人才奖5名获奖者进行颁奖表彰。

根据中国科协《关于开展第六届中国科协优秀科技论文遴选计划的通知》，按照《第六届中国科协优秀科技论文遴选计划实施方案》，学会组织期刊优秀论文的推荐工作。经中国科协遴选，学会推选的牛仁旭等撰写的《喷氢时刻对缸内直喷掺氢汽油机燃烧及排放的影响》入选第六届中国科协优秀科技论文遴选计划百篇优秀论文。

党建强会 10月16日，在上海市举办中国内燃机学会第九届理事会常务理事党员大会，进行学会理事会功能型党委换届选举。会议采用无记名投票方式对学会党委委员拟推荐人选进行选举，表决学会党委委员人选及分工。第九届理事会党委委员会当选人员组成为：党委书记金东寒，纪检委员张树勇，党委委员董建福、李树生、舒歌群、李继凯、刘志刚。

学会党委坚持常务理事会期间召开党委会议，对“三重一大”事项进行党委会前置研究，形成会议纪要并发文，有效落实学会党委的政治功能。组织科技工作者开展科技创新，促进科技创新与经济社会发展深度融合。

4月，办事机构秘书处成立党支部，共有党员5名。加强政治理论学习，落实“三会一课”制度，以服务会员为己任，增强自身业务能力和思想意识。根据年初制订的《中国内燃机学会关于开展党史学习教育的实施方案》，学会党史学习教育通过学、写、讲、评、做5个环节相互衔接、接续递进、逐步深化，始终立足高标准、严要求。

会员服务 全新升级学会官方网站，着力打造学会信息融合平台。打造线上会员系统，共计新发展注册个人会员1559人、团体会员136个。实现会员证电子信息化，进一步提升会员服务质量。

开发“学术会议管理系统”，具备会议注册、论文征集与评审、会议日程排布、现场报到等功能，会议系统与会员系统数据对接，确保会员参加学术会议注册费优惠。通过推广使用学术会议系统，不断积累学会学术资源。自系统上线以来，累计通过会议系统召开会议20余次。

开发学会云图书馆资源数据库系统，集学会数字资源于一体，收录会议论文、科技讲座视频、电子图书、会议图片集等。以全新云图书馆为桥梁，会员可免费获取，增强对会员的电子信息化服务能力。搭建云展厅，为单位会员和企业提供线上成果展示服务，对内燃机行业产业链进行梳理分类、建立产业链目录，分类展示企业最新的技术创新成果。

学会充分利用“互联网+”模式，由专人管理学会微信公众号和视频号等宣传平台，不定期发布相关信息，利用会员邮件系统及时向广大会员推送，加强与会员间的联系。在上直播和哔哩哔哩平台入驻，开通学会专属账号，打造学会特色直播平台，并在第二届世界内燃机大会期间首次进行在线直播。直播后的视频资源上传至学会“云图书馆”，向学会会员免费开放。

【第二届世界内燃机大会】 4月22—24日，由学会主办的第二届世界内燃机大会在山东省济南市召开。全国政协副主席、中国科协主席万钢通过视频祝贺。全国政协经济委员会副主任、工业和信息化部前部长苗圩发来贺信。中国工程院院士、山东省副省长凌文，大会主席、国际内燃机学会主席、学会理事长金东寒，山东大学校长樊丽明分别致辞。大会以“绿色、高效、智能、可靠”为主题，提出“不忘碳达峰碳中和目标 牢记动力技术发展使命”的口号，力求通过国际内燃机行业学术和技术交流，促进内燃机更清洁、更高效、更智能、更可靠发展，稳定内燃机长久以来陆上交通、船舶运输、工程机械的主动力地位，并焕发出新的生命力。

大会设立1个主会场、8个分会场，邀请行业专家作10余场主旨和主题报告以及90余场行业特邀报告，与会专家、学者、论文作者累计演讲174人次，墙报交流论文344篇，近600篇论文在现场交流发表，大会组委会从中评选出58篇优秀论文授予“优秀论文奖”。学术交流围绕内燃机可靠性技术、高效清洁燃烧、后处理技术、燃料与润滑油、控制与测试、大功率发动机、燃料电池发动机、甲醇燃料等专题进行。大会同期举办第二届世界内燃机展览会，参展商220余家、展商代表1400余人、展览观众1.2万余人次。

（撰稿人：刘　芳）

中国工程热物理学会

服务创新型国家和社会建设 6月25日，学会副秘书长、中国科学院工程热物理研究所研究员刘启斌，学会监事长、中国科学院工程热物理研究所研究员韩巍率专家服务团一行12人到江苏华能智慧能源供应链科技有限公司走访调研，与企业负责人、技术专家进行交流，建立联络工作机制，为企业和专家搭建技术支持服务平台。

10月23日，为推动“科创中国”建设，学会组织青年科技工作者前往青岛国际经济合作区（中德生态园）开展现场交流研讨，调研山东省青岛市在倡导低碳环保、能源结构调整和促进能源产业转型等方面的举措，参观新奥集团建设的泛能网和智慧能源系统，并就泛能网设计、系统运行及政策激励等问题与工程技术人员进行交流探讨。

学会建设 2021年，学会新发展个人会员1132人、外籍会员2人，学会会员总数达3985人，单位会员总数13个。加强分支机构管理，制订《中国工程热物理学会分支机构管理办法（试行）》，修订《中国工程热物理学会财务结算办法》，5个分支机构完成换届。

学会积极探索完善治理体系建设，严格执行理事会议事制度，召开常务理事会议（通讯方式）2次、理事长会议（线上线下相结合）1次、秘书处处务会6次，新增副理事长1人。

青年人才托举工程 10月22—24日，学会在山东省青岛市举办2021年青托学术沙龙活动。来自清华大学、浙江大学、西安交通大学、中国科学院工程热物理研究所等高校和科研机构的15名专家、学者参加会议并作主旨汇报。第五届（2019—2021年度）、第六届（2020—2022年度）“青年人才托举工程”入选者——中国石油大学（华东）副教授白章、大连理工大学副教授杨磊和上海交通大学副教授徐震原参加沙龙并进行主题汇报发言。

主办期刊 《工程热物理学报》全年出版12期，共发表文章439篇，继续被EI、CA、CSCD、CNKI等收录。首次开展专题建设，开设“生物质预处理与热解高值化利用”专栏。在知网2021年中国期刊评价体系能源与动力工程领域56种期刊中，综合排名第5，被中国科学技术信息研究所评为“百种中国杰出学术期刊”。年度审读结果为优秀，期刊社会效益评价为优秀。

学科发展工程 在中国科协学科发展战略研究项目的支持下，学会于2007年、2009年、2012年、2020年四次承担工程热物理学科发展研究项目。学会于1月8日、6月18日、10月22日分别召开课题启动会、中期汇报会、结题总结会，组织来自工程热力学、热机气动热力学、传热传质学、燃烧学、多相流、流体机械6个分会的编写组专家对研究报告的撰写和修改进行研讨。此次报告系统梳理近年来工程热物理与能源利用领域学科的发展脉络，改变以往按学科分类的方式，从研究前沿热点和国家重大需求的战略层面出发，重点回顾、总结和科学评价近年来工程热物理与能源利用学科的新发展、新成果、新见解、新观点、新方法、新技术；研究分析工程热物理学科发展现状、动态趋势、战略需求并进行国际比较，展望工程热物理与能源利用学科发展目标和前景；针对国家碳达峰碳中和战略目标和生态文明建设重大需求，明确能源领域卡脖子、反卡脖子的关键技术，提出工程热物理与能源利用学科发展的对策意见和建议。《2020—2021工程热物理学科发展报告》已交付出版。

国际学术会议 2021年，学会共主办或联合主办5个国际会议，其中2个入选中国科协2021年度重要学术会议指南。

3月4—5日，由学会、日本航空航天科学学会和韩国推进工程学会共同主办的第十届亚洲联合推进会议以线上方式举办。会议围绕航空发动机（压气机/涡轮/燃烧技术）、火箭发动机、冲压发动机、计算流体力学以及推进装置和技术等领域展开讨论。会议增设电推进特别论坛，参会人数共计274人。

6月25日，由学会、中科南京未来能源系统研究院、国际储能技术与产业联盟和中国科学院工程热物理研究所共同主办的世界储能技术大会在江苏省南京市举办。大会以“聚焦储能发展，助推双碳达标”为主题，以推进储能技术与产业高质量发展为宗旨，共吸引国内外专家、学者300余人参加会议，涵盖国内外30余所高校、科研院所。除嘉宾特邀报告、大会主题报告、青年学者沙龙外，还设置储能技术与标准、储能应用2个分论坛。

8月13—16日，由学会、国际传热传质中心和哈尔滨工程大学共同主办的第六届节能与污染物控制传热传质进展国际研讨会在黑龙江省哈尔滨市举办。会议以线上线下相结合的方式邀请北美、欧洲、俄罗斯、日本及中国的8位著名学者进行大会报告，围绕节能与污染物控制领域传热传质最新进展共发布49个主旨报告。参加会议的专家、学者共涉及16个国家和地区、60多个科研机构，投稿论文和特邀报告234篇，集中在节能与污染物控制、新能源利用、储能、动力系统、传热传质新技术发展等领域进行学术交流。

8月17—20日，由学会、日本燃气轮机学会、韩国流体机械学会、印度孟买理工学院共同主办的亚洲燃气轮机会议第2次在山东省青岛市举办。大会以“燃气轮机与能源转换系统”为主题，共有4个大会特邀报告、10个邀请报告、11个分论坛讨论，涵盖燃气轮机基础科学问题、实际控制理论、应用技术等学科方向。会议共收到摘要118篇、论文75篇，主要来自中国、日本和韩国，研究方向主要集中在压气机/透平气动设计与优化、燃烧室与燃烧、透平冷却与传热、建模与控制、结构与动力学、材料与涂层、非定常流动与控制等方面。

12月11日，由学会主办的第一届低碳热转化国际研讨会在北京举办。会议以“能源低碳高效利用过程的热转化技术”为主题，聚焦煤炭与固体废弃物、合成化学、可再生能源、二氧化碳捕集利用等领域，强调学科交叉、产学研融合，邀请来自清华大学、浙江大学、西安交通大学、哈尔滨工业大学、中国科学院山西煤炭化学研究所、东南大学、瓦特大学、新南威尔士大学、中国节能环保集团有限公司、国能生物发电集团有限公司等国内外本领域有影响力的15位青年科学家和行业企业专家作学术报告。会议采取线上线下相结合的方式，共吸引150余位年轻学者参加会议。

国内主要学术会议 学会和各分支机构全年共组织15次国内学术交流活动，参加人员12417人次，交流论文2643篇。

3 月 25—28 日，由学会热机气动热力学分会主办的第七届爆震与新型推进学术研讨会在福建省漳州市举办。来自国内 10 余所科研机构、20 余所高校的航空航天领域的 260 余位专家、学者参加会议。

5 月 15—16 日，由学会主办的第七届热力学与能源利用青年学术论坛暨高效热力循环及能量综合利用研讨会在天津市举办。来自国内 110 家单位的 380 余名热力学与能源利用领域的青年科研工作者参加会议。会议邀请 4 位知名专家作特邀报告，同时设置可再生能源与储能技术、新型热力循环理论与技术、热力学新理论与工质热物性以及热力系统与智能控制 4 个分会场，每个分会场安排 9 位青年学者进行学术报告并邀请 5 位知名专家进行指导点评。

5 月 21—23 日，由学会燃烧分会主办的第六届全国青年燃烧学术会议在浙江省杭州市举办。会议秉承“提出新挑战、畅谈新问题、汇聚新想法、构建新合作”的传统，展示近年来中国青年燃烧学者在燃烧科学和技术研究方面的最新进展和成果，分为学术沙龙、大会特邀报告、专题研讨会和实验基地参观等环节。来自全国 124 所高校及科研单位的 600 余名青年教师和科研人员参加会议，共组织 11 个专题、104 个专题报告，集中探讨相关问题的前沿进展与亟须解决的挑战性问题。

9 月 19—21 日，由学会多相流分会主办的 2021 年多相流与新能源青年学者论坛在江苏省徐州市举办。来自全国近 60 所高校的 200 余名多相流与新能源领域的专家、学者参加会议。会议由特邀报告、学术沙龙和青年学者报告三部分组成。中国科学院院士、西安交通大学教授郭烈锦，华北电力大学教授徐进良，华中科技大学教授罗小兵，浙江大学教授罗坤作大会报告。重庆大学教授朱恂、华南理工大学教授汪双凤、哈尔滨工业大学教授何玉荣围绕“女性科学家的不忘初心与坚守”等主题进行分享与交流。50 余位青年学者分别在气固多相流、气液多相流、多相流数值模拟和新能源 4 个分会场作学术报告，30 余位资深专家进行点评。

国际组织任职 学会原副理事长、中国科学院工程热物理研究所所长朱俊强当选国际吸气式发动机学会新一任执委会委员，任期为 2021 年 9 月—2026 年 9 月。

科普活动 5 月 30 日，为迎接第五个全国科技工作者日，学会“生活中的工程热物理 · 科普大讲堂”开讲。学会理事、中国科学技术大学研究员刘乃安作题为《城市韧性——火灾研究前沿与挑战》的报告。报告视频在新华网、人民号、网易、科普中国、学会公众号等平台发布，累计观看近 200 万人次。

6 月 24 日，“科普大讲堂”第二期在上海市举办。学会理事、上海交通大学讲席教授赵长颖作题为《碳中和愿景下的能源转型：机遇与挑战》的主题报告。报告会以线上线下两种方式同步展开，共吸引 4 万余名观众观看。

借助科普中国“科普融合创作与传播”项目及“科普融创培植计划”，在中国科普博览、网易、人民号、今日头条等平台发布《流浪地球？别闹了！ 科学利用太阳能才是关键》《同样是太阳能发电，为什么光热发电一直“默默无闻”？》《想不到吧，科学家用这种方式照亮鸟巢》《油滴一定是圆形的吗？答案来了》等科普作品，阅读及转载量达 3 万余次。

表彰举荐优秀科技工作者 2021 年，学会常务理事、清华大学教授姜培学当选中国科学院院士。工程热物理科技战线共 5 个项目获 2020 年度国家科学技术奖。学会副理事长兼秘书长陈海生获第三届科学探索奖。学会理事、清华大学教授史琳获 2021 年“清华大学新百年教学成就奖”。学会常务理事、西安交通大学教授席光获亚洲流体机械学会杰出工程师成就奖。哈尔滨工业大学教授常军涛、清华大学教授陈群等 5 人获国家杰出青年科学基金资助。北京航空航天大学教授朱剑琴、中国科学院工程热物理研究所研究员杜强等 9 人获国家优秀青年基金资助。天津大学教授田华、上海交通大学教授李玉阳等 5 人获吴仲华优秀青年学者奖。中国工程热物理学会推荐的 2 名青年科技工作者成功入选第六届中国科协“青年人才托举工程”。

党建强会 3 月，学会党委认真研读《科协系统开展党史学习教育工作方案》，并制订包括读党史、上党课、悟思想和办实事等内容的党史学习教育工作方案。在学会官网及微信公众号上连载“党史上的今天”栏目，累计点击量近万人次。全文刊登《习近平在两院院士大会中国科协第十次全国代表大会上的讲话》《中共中央关于党的百年奋斗重大成就和历史经验的决议》。6 月 19 日，学会组织 6 个分会 25 位党员参观上海交通大学校史馆，学习上海交通大学历史上党的活动和组织建设工作。11 月，学会党委书记、中国科学院院士何雅玲召集理事层面的党员召开专题党会，认真贯彻落实十九届六中全会精神。

会员服务 学会编写2021年年报，反映学会年度工作的综合信息；编辑整理5册学术年会会议论文集，收录论文2817篇；会员收录于论文集的优秀稿件被优先推荐至《工程热物理学报》发表。建立学会微信公众号，介绍学会工作动态，传播学会工作信息。

【第七届热力学与能源利用青年学术论坛暨高效热力循环及能量综合利用研讨会】 5月15—16日，由学会主办，天津大学、学会工程热力学与能源利用分会青年委员会承办，国家自然科学基金委工程与材料科学部大力支持的第七届热力学与能源利用青年学术论坛暨高效热力循环及能量综合利用研讨会在天津市举办。来自国内110家单位的近380余名热力学与能源利用领域的青年科研工作者参加会议。

学会理事长、中国科学院院士金红光，中国科学技术大学党委书记舒歌群，中国科学技术大学常务副校长、中国科学院院士潘建伟，香港科技大学教授、中国科学院院士赵天寿，华北电力大学校长杨勇平，大连理工大学副校长宋永臣，中国科学院工程热物理研究所所长朱俊强等近40位知名专家、学者出席开幕式。潘建伟、赵天寿、中国科学院工程热物理研究所研究员刘启斌和上海交通大学研究员李廷贤4位知名专家作开幕式特邀报告。大会设可再生能源与储能技术、新型热力循环理论与技术、热力学新理论与工质热物性以及热力系统与智能控制4个分会场，分别由上海交通大学研究员李廷贤、中国科学院工程热物理研究所研究员刘启斌、清华大学教授陈群及哈尔滨工业大学教授秦江担任会场主席。每个分会场安排9位青年学者进行相关报告，并邀请5位指导专家进行点评。大会期间还举办青年学者沙龙，邀请中国科学院工程热物理研究所研究员陈海生分享《碳中和目标下能源技术研究的思考》。

【2021年青托学术沙龙】 10月22—24日，由学会、中国科协培训和人才服务中心共同主办，中国石油大学（华东）承办的2021年青托学术沙龙在山东省青岛市举办。来自清华大学、中国科学院工程热物理研究所、哈尔滨工业大学、华北电力大学、南京航空航天大学、华中科技大学、大连理工大学、上海交通大学、山东能源集团等高校、科研院所和相关企业的30余名专家、学者参加会议。沙龙以“聚焦能源清洁转化、助力3060双碳发展”为主题，分享在能源高效转化和可再生能源开发利用等领域的研究成果。中国科学院工程热物理研究所研究员张明明、清华大学教授陈群、山东能源集团高级工程师褚宏春、上海交通大学副教授徐震原分别作题为《大型海上风电“智能”叶片及其流固耦合控制机理研究》《促进可再生能源消纳的热力—电力系统整体分析、规划与协调调控》《在碳中和背景下煤化工专家学者企业的应对策略及需求》《面向低温余热高效利用的吸收式热泵循环创新》的报告。会议专门设立青年人才成长经历分享环节，针对青年学者的困惑和问题，结合国家科技战略和自身成长经历，就学术科研、工作生活等问题给予指导，助力青年学者取得更多更好的成果。

（撰稿人：陈　琳）

中国空气动力学会

服务创新型国家和社会建设 2021年，学会和各专委会聚焦空气动力学发展重大问题，坚持协同发展和学科交叉融合，参与航空发动机产学联合体工作，助力构建开放共享的产学融合平台，充分发挥学会技术评价职能和行业引领作用，开展技术咨询等服务。

学会坚持面向国家重大战略需求，积极提供咨询服务。积极参与航空发动机产学联合体的各项工作，代表联合体申报中国空天动力创新创业大赛和航空发动机领域创新智库建设。学会将测控学术研究与国内市场上的测控产能相结合，推进测控技术产学融合。学会参与编制《风力发电机组叶片气动组件规范》“风电场建设与管理创新研究丛书”等标准和书籍。

学会组织空气动力学科科普基础建设申报工作。西北工业大学翼型、叶栅空气动力学国家级重点实验室充分利用实验室的实验设备和科技成果，致力打造以飞行器空气动力学为特色主题的全国科普基地。中南大学轨道交通科普基地完成中国科协全国科普基地申请，并得到教育部科技司推荐。12月，学会推荐北航陆士嘉实验室和西北工业大学翼型、叶栅空气动力学国家级重点实验室申报2021—2025全国科普教育基地（第一批）。

学会建设 学会坚持定期召开理事长会议、常务理事会议、理事会议，及时讨论和部署日常工作，通报学会发展建设情况，始终坚守共商、共治、共享的民主办会理念。学会陆续修订《中国空气动力学会章程》《中国空气动力学奖章程》等规章制度。争取中国空气动力研究与发展中心的支持，增配人员组建学会办公室，完成学会办公场地搬迁，改善办公条件。围绕提升会员服务质量，加快网络建设，进一步升级学会官方网站，及时宣传学会工作动态。召开中国空气动力学会网站管理系统培训会，进一步推广学会网站管理系统。

9 月 11 日，学会第八次全国会员代表大会在四川省绵阳市召开。

主办期刊 《空气动力学学报》作为学会主办的国家一级刊物、核心期刊，全年编辑出版 6 期，刊登论文 113 篇，按计划完成年度编辑出版任务，全年印刷发行 6000 册。《实验流体力学》作为学会主办的国家一级公开发行刊物，涵盖流体力学研究的主要领域，全年编辑出版 6 期，刊登论文 83 篇，印刷发行 6000 册。*Advances in Aerodynamics*（《空气动力学进展》）作为新创办的英文期刊，发表论文近 40 篇，文章下载量近 14 万次，平均单篇下载量逾 1700 次；该刊于 6 月被 ESCI 数据库收录，9 月被 Scopus 数据库收录。来稿量同比增长 64%；发文数量和质量稳中有升，截至 11 月中旬发表的文章已被 PoF、AIAA J、JFM、JCP 等逾 30 种 SCI 期刊和国内外 60 余种期刊、图书、会议或学位论文等引用。

学科发展工程 学会广泛征集对空气动力学未来发展具有引领作用的前沿科学问题和工程技术难题。6 月 27 日，学会组织深入开展“国家 CFD 2035 远景论证”工作，进一步凝练 CFD 2035 关键技术，完善 2035 目标图像，优化技术路线图。6 月 23 日，学会为促进行业技术交流与发展，组织开展风洞设备自主可控研讨。

国际学术会议 11 月 18—19 日，由学会主办，中车长春轨道客车股份有限公司、中南大学、学会风工程与工业空气动力学专业委员会共同承办的第三届国际工业空气动力学会议召开。

国内主要学术会议 2021 年，学会先后召开各类学术交流和研讨会议 14 次，线下参会人数 2000 余人次，线上参会人数 1 万余人次。

9月12日，学会组织召开空气动力学发展研讨会。中国空气动力研究与发展中心研究员陈坚强、中国航天空气动力技术研究院研究员艾邦成分别围绕重大科学问题作专题报告。学会各专委会围绕空气动力学相关专业技术领域的发展现状及未来趋势等内容进行研讨交流。

12 月 4 日，第十三次钱学森学术讲座采取线上线下相结合的方式在北京召开。会议由学会主办、清华大学航天航空学院承办，邀请美国克拉克森大学教授梁春蕾、中国科学院力学研究所研究员崔凯、清华大学教授陈海昕 3 名专家作大会报告，围绕风力机湍流流动的大涡模拟、高压捕获翼新型气动布局、流畅结构 - 性能指标共同导向的气动优化设计等内容进行交流。

科普活动 学会各会员单位充分利用公众科学日、公众开放日等活动加强科普宣传。

中国科学院大气物理研究所在铁塔分部举办第十七届公众科学日科普活动，主题为“零碳排放　气象一新”。活动采取“嘉年华”形式向公众开放大气研究所铁塔园区，在园区内通过展示前沿设备、体验 VR、手绘天气图和回答答题卡等多种形式向公众普及科学知识、传播科学思想、倡导科学方法、弘扬科学精神、提升公民科学素养。

空气动力学国家重点实验室举办科普开放活动日活动，通过开展空气动力研究等科普知识讲座、观看 3D 演示算例和参观各类风洞、水洞等活动培养青少年科学意识。

南京航空航天大学举办江苏省风力机设计高技术研究重点实验室开放日活动，并组织相关人员参观风场、专用试验设备，还举办知识讲座，普及新能源知识。

中国航空工业空气动力研究院 FL-5 风洞气动研究与试验培训中心对内开展新员工风洞实习和技术培训；对外为院校提供培训和实习平台，为从事空气动力学的航空企事业单位提供员工培训环境，为社会广大航空爱好者提供科普展示活动。

中国空气动力研究与发展中心开展科普活动和高校学生的见习实习工作，接收并组织西北工业大学、上海交通大学、中国科学技术大学、浙江大学、四川大学、中国人民解放军国防大学、中国人民解放军国防科技大学等高校的约 500 名师生进行参观见学和实习培训。

西北工业大学教授张伟伟团队针对“虎门大桥的异常振动”事件，撰写公众号推文《桥梁若干流致振动与卡门涡街》，为大家普及和解释气动弹性力学相关概念。张伟伟团队于 5 月 8 日在课题组公众号——“气动弹性力学与流动控制”上发表《冯卡门也犯错？大桥振动和卡门涡街到底什么关系》，阅读量超过 5 万次，并得到《空气动力学报》《风云之声》等多家媒体的转发。

受深圳市住房和建设局委托，与同济大学风工程团队实施计算流体力学数值模拟、结构有限元计算、现场实测数据整理挖掘和结构风效应理论分析，探明赛格广场大厦大幅振动原因，进一步澄清有关社会舆论误区。

学会物理气体动力学专业委员会副主任、中国科学院力学研究所研究员李新亮发布科普视频《话说超级计算》。

南京航空航天大学、河海大学团队与江苏金风科技有限公司朱鑫联合打造儿童科普读物《种风机的爸爸》，由中国水利水电出版社正式出版。

中南大学轨道交通科普基地积极拓展科普设施，在原有的蒸汽机车、内燃机车、电力机车的基础上引入“复兴号”高速列车，拓建“铁路园”范围。科普基地全年接待国内外参观3000余人次，人员涵盖大中小学生群体、企事业单位团队及国外专家、学者等。轨道交通科普基地举办第二届轨道交通科普讲解大赛、全国科技工作者日活动、轨道交通科普作品大赛及全国铁路科普日的科普展览活动。

表彰举荐优秀科技工作者　2月，学会组织开展院士候选人推选工作，向中国科协推荐5名院士候选人，其中4名被提名为有效候选人，分别为中国空气动力研究与发展中心研究员廖达雄、陈坚强，中国航天空气动力技术研究院研究员沈清，国防科技大学教授易仕和。

11月18日，学会理事长唐志共当选中国科学院院士。

学会逐步构建奖励体系，按照国家科学技术奖励办公室的要求，对空气动力学奖章程和相关备案材料进行修改完善，并正式提交国家科学技术奖励办公室进行备案。

11月，学会组织开展第十四届光华工程科技奖提名人选推荐工作，向中国科协推荐中国商用飞机有限责任公司研究员陈迎春为第十四届光华工程科技奖提名人选。

党建强会　9月11日，学会结合第八次全国会员代表大会，传达学习中国科学院第二十次院士大会、中国工程院第十五次院士大会和中国科协第十次全国代表大会精神，深入学习领会习近平总书记系列重要讲话精神。

6月23—24日，学会结合测控专业委员会审稿会，邀请西北工业大学教授高超进行党史教育授课，并组织与会专家到贵州平塘国家重大科技基础设施“中国天眼”进行调研，学习科学家精神。

9月9—10日，学会结合流动显示专业委员会工作会议，组织与会专家共同学习习近平总书记在两院院士大会、中国科协第十次全国代表大会上的讲话，并到遵义会址和娄山关战役遗址开展现场党史学习活动。

学会物理气体动力学专业委员会组织开展追寻历史脉络、收集珍贵资料活动，通过查阅历史资料、采访老同志等进行历史资料的收集、整理、归档工作，收集大量会议资料和照片，撰写物理气体动力学专业委员会历史资料1.6万余字。

学会积极发挥政治引领作用，不断强化党委集体领导。在七届和八届党委换届过渡期成立临时党委，参与学会“三重一大”事项前置审议，推动学会有序参与社会治理、提供公共服务。学会将党委会议和理事长办公会议同期举行，开展学会重大事项的前置审议，多次召开学会党委扩大会议，学习中央有关会议精神和科协上级党委的要求，发挥好政治引领和工作促进作用。学会党委发挥组织保障作用，建立符合学会工作实际的党委工作试行制度，优化学会党委组织架构。

会员服务　围绕提升会员服务质量，学会加快网络建设，进一步升级学会官方网站，及时宣传学会工作动态。换届之后，学会新建立理事长、常务理事、理事工作群，学会下设各专业委员会分别建立微信交流群，通过线上线下开展学术研讨，有效提高会员信息传播的质量和实效。

【中国空气动力学会第八次全国会员代表大会】
9月11—12日，中国空气动力学会第八次全国会员代表大会在四川省绵阳市召开。来自中国空气动力学及相关领域的8名院士，以及来自航空、航天、航海、国防、民用工业和军队、科研院所、高校等单位的200余名领导、专家、学者和科技工作者代表参加大会。

会议传达学习中国科协“十大”会议精神，听取并审议通过第七届理事会工作报告、财务工作报告、章程修改草案和会费标准，表彰突出贡献理事和学会工作先进个人。大会选举产生新一届理事会，唐志共当选学会第八届理事会理事长，王晋军、吕宏强、许春晓、李存标、吴文华、张伟伟、陈坚强、赵伟、黄育群、崔晓春当选副理事长，徐翔当选秘书长，任玉新当选第一届监事会监事长，桂业伟当选副监事长。理事会由48名常务理事、146名理事组成，监事会由5名监事组成。

【第三届国际工业空气动力学会议】 11月18—19日，由学会主办，中车长春轨道客车股份有限公司、中南大学、学会风工程与工业空气动力学专业委员会共同承办的第三届国际工业空气动力学会议采取线上线下相结合的方式召开，分别在吉林省长春市、湖南省长沙市、四川省绵阳市设立线下分会场，来自中国、美国、英国、澳大利亚、德国等12个国家和地区的研究人员共提交论文104篇，在线参会人数达3000余人次。大会共进行16个特邀报告，系统回顾和展示近四年风工程和工业空气动力学领域的最新研究成果。

中国工程院院士、中南大学校长田红旗，中车长春轨道客车股份有限公司董事长王锋，学会风工程与工业空气动力学专业委员会主任王勋年共同担任大会执行主席。美国圣母大学教授、国际风工程协会主席、中国工程院外籍院士 Ahsan Kareem，中国工程院院士乐嘉陵，中国工程院院士李椿萱，美国辛辛那提大学教授、亚太平洋计算力学协会主席、国际计算力学协会执行理事 Guirong Liu 担任大会名誉主席。

（撰稿人：吴德松）

中国制冷学会

服务创新型国家和社会建设 学会完成两项自有研究课题“北方地区实施‘煤改电’技术路线调研总结及发展建议”及“关于冷库工程采用注氮控氧技术的建议”，承接12项科技评估项目，修订和完善相关制度文件。

学会组织专家配合学会常务理事、全国政协委员唐俊杰撰写政协提案《关于摸清行业底数，推动农产品冷链物流行业高质量发展，助力乡村振兴和消费升级的提案》。组织专家撰写《关于碳中和背景下推动氨制冷剂在冷链产业安全应用的提案》，并通过中国科协上报中央书记处。

4月7—9日，学会与中国制冷空调工业协会、北京市贸易促进委员会、上海市制冷学会、上海冷冻空调行业协会在上海市共同主办第32届中国制冷展。展览总面积109400平方米，净面积52970平方米，来自全球10个国家和地区的1225家企业和机构参展，专业观众超过62866人次。

8月，成立制冷剂减排和替代工作组，并组织召开两次工作会议，部署基础调研及制冷剂替代技术路线和制冷剂回收管理体系研究等方面的工作。

基于“中国制冷学会—海尔联合创新中心”，学会与青岛海尔签订产学融合技术服务合作协议，海尔通过线上平台发布28项技术需求。启动平台专家入库工作，已有超过78所高校的198名专家加入平台专家库。

学会开展专业技术人员专业水平评价工作。17个省（自治区、直辖市）和2个专业委员会的433人申报制冷系统、制冷空调设备和空调系统3个方向的见习工程师、助理工程师、工程师、高级工程师和资深工程师。经考试和线上面试，见习工程师通过71人，助理工程师通过55人，工程师通过167人，高级工程师通过76人。学会组织举办首届工程师论坛和5次技术讲座，积极打造学会工程师品牌，并作为首批发起单位和理事单位加入中国工程师联合体。

学会组织2021年CAR-ASHRAE学生设计竞赛，有来自61所院校的61支团队报名参赛，最终52支团队提交有效作品。通过初审、复审和竞赛答辩，最终评出竞赛各奖项。组织第三届建筑环境与能源应用工程专业青年教师讲课技能竞赛，共有来自45所院校的68名教师参加，经评审，专业课决出特等奖1人、一等奖1人、二等奖3人、三等奖5人；专业基础课决出特等奖1人、一等奖2人、二等奖5人、三等奖3人。

学会按照《国家标准化发展纲要》等最新要求，完善新一届全国制冷标准化技术委员会章程和秘书处工作细则，并修改完成标准化体系框架；完成国家标准《绿色产品评价　商用制冷器具》《冷库管理规范》《易腐食品冷藏链温度检测方法》的送审工作；协助中国标准化研究院完成冷库、商用冷柜类标准的研制、数据核验和相关技术报告的研讨工作；完成全国制冷标准化技术委员会冷藏柜分技术委员会、术语和定义分技术委员会复审标准12项；全年完成审查团体标准8项，新立项团体标准10项。

2021年，分别举办广西地区良好操作项目培训3次共计100名学员、冷冻冷藏设备制冷剂替代和良好操作行为培训2次共计60名学员、人力资源社会保障部出具培训证书的云南农产品烘干领域专业技术转移转化能力提升高级研修班培训1次共计70名学员，并组织专家编写《冷冻冷藏系统及装备操作指南》教材。

学会节能环保技术与信息化工作委员会面向全行业征集节能与生态环境产品和技术，专家从77项节能与生态环境产品和29项技术中评选出19项产品和8项技术，并向申报单位颁发证书。

学会推荐的格力公司的“高效动压气悬浮制冷离心压缩机技术”入选2020年“科创中国”先导技术榜单，成为装备制造领域10项先导技术成果之一。

学会建设 学会召开1次理事会议、3次常务理事会议、2次监事会议，讨论决定学会重大事项。全年发展资深会员9人、高级会员26人、普通会员386人、学生会员787人。截至2021年年底，学会共有在籍单位会员577家、个人会员24852人。

10月14日，由学会主办、山西省制冷学会承办的第35次各省、自治区、直辖市制冷学会秘书长会议在山西省太原市召开，共75人参加会议。会上对业绩突出的地方学会给予表彰，并介绍工作经验。

学会6个专业委员会、13个工作委员会共举办线下活动12场，参会人员超4500人，收录论文500篇；线上活动共吸引10万余人次专业人员参与学习和交流。

学会加强秘书处的团队建设，进一步建立完善各项制度，加强工作交流，强化团队意识。积极推进学会数字化建设，建立并完善会议系统，搭建全新会员管理系统、工程师微信小程序、专家库信息管理系统及OA办公系统。

青年人才托举工程 学会成功申报第五届（2019—2021年度）中国科协“青年人才托举工程”项目，西安交通大学副教授钱苏昕和华商国际工程有限公司助理工程师孙建军两名青年学者入选。

钱苏昕在青年人才托举项目开展期间，新增主持科研项目4项，以第一作者和通讯作者在*Nature Reviews Materials*、*The Innovation*等期刊发表论文9篇，授权发明专利9项。构建热驱动弹热制冷原型机，拓展弹热制冷的理论范畴；构建全球首台弹热制冷冰箱原型机，实现制冷系统紧凑性提升90%的效果。孙建军在“青年人才托举工程”项目的支持下，积极投身多个冬奥场馆制冷系统设计及运营调试工作，发表论文6篇，取得专利3项，并获得2021年度第十六届北京青年优秀科技论文奖。

主办期刊 2021年，《制冷学报》出版6期，刊登论文122篇，全年发行1.88万册。与2020年相比，在中国知网CNKI数据库综合影响因子增加11.26%，在中国科学院CSCD数据库影响因子增加11.25%，在《科技期刊世界影响力指数报告》WJCI中影响因子增加23.77%。微信公众号全年发文44篇，阅读次数同比增加570%；订阅人数增长1025人，同比增长63.27 %。首次通过网站和微信公众号发布《新能源汽车热泵空调技术》虚拟专刊，带动已发表文章的摘要月平均浏览量增长27.66%，全文月平均下载量增加100.26%。

《中国制冷简报》出版正刊5期、专刊2期、20周年庆特刊1期，全年发行3.18万册。针对新冠肺炎疫情及国家政策，出版《疫苗冷链》《碳中和》两期专刊，正刊增设“科技前沿”版块，提升刊物质量。通过更换纸张、设计杂志Logo和内文版式，全面提升杂志的外在水平和阅读体验。

《制冷技术》由学会与上海制冷学会合办，全年发行5期，共发行7.4万册。CNKI数据库统计2020年复合影响因子为0.943，学科排序18/53；综合影响因子为0.739，学科排序17/53。

学科发展工程 学会组织国内有关高校、科研院所、相关省市级制冷学会和企业专家通过调研撰写《冷链产业与技术发展报告》。本书分为市场篇、技术篇和应用篇3部分，共计30万字。其中，市场篇结合京津冀、珠三角、长三角地区的冷库和全国冷链运输环节的冷藏车、冷链销售环节的商用冷柜的最新调研数据，并引用国家统计局、工业和信息化部等相关数据，对市场进行需求分析和发展预测。

依托中国科协“科创中国”系列项目，由学会理事长、中国工程院院士江亿牵头，208名行业专家参与，共同编写《“碳中和”制冷技术发展路线》报告。报告涉及制冷剂替代、关键部件、空调系统和运行调节、热泵、冷链、数据中心冷却、电动汽车热管理7个方面，已形成最终稿。

学会与西安交通大学、国家商用制冷设备质量检验检测中心和产业在线等单位合作组织编写《中国轻型商用制冷产业和技术发展蓝皮书（2021）》，旨在记录和总结中国轻型商用制冷产业和技术的年度发展情况，指引产业和技术发展方向。

学会组织50名专家撰写《2020中国数据中心冷却技术年度发展研究报告》及《数据中心用磁悬浮压缩机及制冷机组白皮书》，并于4月8日在上海市召开新书发布会。白皮书从磁悬浮压缩机的基本原理与性能特点出发，介绍基于磁悬浮压缩机的适用于数据中心冷却的高效制冷机组及冷却系统构建方式等。

学会与英国建筑服务研究与信息协会合作每年共同出版《2020年度中国制冷行业发展分析报告》，并于7月以《制冷技术》增刊形式正式出版，发行1万册。

国际学术会议 4月7日，学会以线上形式举办冷链碳中和技术发展国际论坛，邀请中国、丹麦、德国、意大利、日本、印度等国家的企业和行业学会的技术专家介绍碳中和技术和发展模式在全球冷链行业中的应用现状、存在问题、技术进展和发展展望。会议在线直播总观众数949人，总访问量3802人次。

4月8日，学会以线上形式举办供热空调的低碳方案国际论坛。该论坛联合国际制冷学会和日本冷冻空调学会，邀请中国、英国、意大利、日本的专家研讨各种低碳解决方案的应用潜力，重点聚焦低温供热、高温供冷、自然能源利用、可再生能源应用和非化石能源应用等内容。会议在线直播总观众数158人，总访问量620人次。

国内主要学术会议 6月22日，学会在线召开中国制冷学会青年工作委员会成立大会暨首期青年职业拓展论坛。36名青年工作委员会委员及35名行业青年科技工作者参加会议。

6月29日，学会举办“中国数据中心技术发展现状与未来趋势”线上直播活动，邀请8名国内专家、学者对中国数据中心发展现状和未来趋势作详细介绍，累计观看人次达到4358人，最高同时观看人数达到600人次。

9月24—26日，学会与中国汽车工业协会汽车空调委员会共同在武汉主办车用CO_2热泵空调及热管理系统技术研讨会。来自相关机构、高校、研究院所、企业的专家、学者350余人出席。大会组织会议报告16个，围绕CO_2系统架构设计及优化、CO_2系统典型应用及技术瓶颈、CO_2压缩机及其他零部件、CO_2系统产业链配套等问题展开研讨，并就CO_2系统产业化亟待解决的问题进行深入交流。

9月25日，学会青年工作委员会主办2021年结霜结冰研究专题研讨会线上会议。会议邀请日本福井大学、美国伊利诺伊大学香槟分校、香港科技大学、西安交通大学、北京航空航天大学、哈尔滨工业大学等10家国内外院校的专家、学者作主题报告，参加会议人数峰值超过500人次。

12月12—14日，学会与华商国际工程有限公司在福建省厦门市联合举办第十六届全国冷藏链大会。来自国内高等院校、科研院所、知名冷链制冷装备制造商、工程商、应用企业的500余名专家、学者参加会议。大会组织9个主题报告、1场嘉宾对话及4个分会场。

国际组织任职 学会推荐香港城市大学能源及环境学院助理教授吴伟担任国际制冷学会E2专业委员会青年委员。

国际交往 学会执行联合国环境规划署冷冻冷藏行业装备制冷剂替代及维修良好操作培训项目，已完成2期共计培训60人。

为庆祝6月26日世界制冷日，响应国际制冷学会号召，学会在6月组织3场系列线上直播活动，累计参与人数8841人。

科普活动 5月22—28日，在全国科技周期间，学会与湖北省制冷学会及学会华中科技大学科普教育基地联合组织科普助力乡村经济活动。累计发布17个科普抖音视频，累计播放量11000次。

9月，在全国科普日活动期间，学会在全国范围内举办“制冷在你身边”大型科普进社区、进校园活动，举办各类线上线下活动68场次，参与活动专家275人次、志愿者938人次，线下参与活动受众约2万人次，免费发放《制冷与健康》科普读物5000余套。

表彰举荐优秀科技工作者 经学会科学技术奖奖励委员会评审，评选出第十届中国制冷学会科学技术进步奖特等奖1项、一等奖2项、二等奖6项、优秀奖1项；第十届中国制冷学会技术发明奖一等奖1项；第十届中国制冷学会科学技术青年奖3人。

6月26日，学会举办全球制冷技术创新大奖赛获奖项目分享线上直播活动，累计观看人数达到4283人次，最高同时观看人数达到900人次。获得全球制冷技术创新大奖的是由珠海格力电器股份有限公司和清华大学共同完成的“集成蒸发冷却和太阳能光伏的复合空调器”项目。

党建强会 4月10日，学会秘书处党支部及部分群众共17人赴嘉兴南湖开展以“探寻红色足迹、深入学习党史”为主题的党史学习教育。通过瞻仰红船、重温入党誓词领会“红船精神”。

5月29日，学会秘书处党支部走进江西省南昌市参观南昌八一起义纪念馆，深入学习八一起义前后历史，了解“军旗升起的地方”。

7月30日，学会秘书处党支部联合京津冀地方制冷学会党支部共计30人开展联合党日活动，赴河北省储能供热技术创新中心和张家口市东源热力有限责任公司，结合专业特长指导企业解决技术问题，并参观张家口苏蒙烈士陵园和国家国防教育示范基地张北野狐岭要塞，重温历史，缅怀先烈。

会员服务 学会继续为会员提供赠送学会出版物、提供行业信息、参加学会活动费用减免等标准化服务。

5月26—28日，以“团结协作共赢未来”为主题的2021中国制冷学会（单位）会员大会在江西省南昌市召开。400多名专家、学者、会员代表和高校师生参加本次大会。会议期间组织江西省冷链物流建设高端论坛，邀请冷链行业15家装备制造单位为江西省冷链物流网络建设建言献策。

学会与中国设备管理协会合作，面向会员单位和行业企业开展制冷空调设备维修安装企业能力等级认证。学会作为技术审核单位，完成2020年下半年和2021年上半年初审、年度审核、换证审核815家，2021年下半年初审、年度审核、换证审核312家。

【第三十二届国际制冷、空调、供暖、通风及食品冷冻加工展览会】 4月7—9日，由学会和中国国际贸易促进委员会北京市分会、中国制冷空调工业协会、上海市制冷学会、上海冷冻空调行业协会共同主办，北京国际展览中心有限公司承办的第三十二届国际制冷、空调、供暖、通风及食品冷冻加工展览会在上海市举办。

展会以“强基固本，质量优先，内外协同，低碳发展”为主题，面积约11万平方米，来自10个国家和地区的1225家企业和机构参展，设有1场主题论坛、41场专题研讨会（其中2场为国际论坛）、38场技术交流活动，并组织创新产品评选活动，邀请冷冻冷藏业观摩团、全国设计院总工团、暖通空调行业用户观摩团和全国省级制冷学会观摩团共4个观摩团进行参观。

组委会加大展会宣传力度。由学会牵头创建中国制冷展的官方抖音账号，累计关注用户超过10万人次，播放总量4371万次。通过央视频等线上平台对制冷展开幕式暨主题论坛和部分专题研讨会进行在线直播，中央电视台国际频道、新闻频道对展会进行报道。邀请来自9家高校及科研院所的31名老师和同学撰写《中国制冷展技术报告》，报告全文7.2万余字，共分为9期连载，文章点击量近万次。此外，还联合多家行业媒体、杂志进行全文转发或节选转载，更大范围扩大阅读群体，如《暖通空调》《暖通制冷空调》《物流技术与应用》、V客暖通网等也都进行发表。

【第十六届全国冷链大会暨第十三届全国冷冻冷藏产业创新发展年会】 12月12—14日，学会与华商国际工程有限公司在福建省厦门市主办主题为“守正创新　低碳发展”的第十六届全国冷链大会（原全国食品冷藏链大会）暨第十三届全国冷冻冷藏产业创新发展年会。来自国内高等院校、科研院所、冷链制冷装备制造商、工程商、应用企业的500余名代表参加会议。

会议主题报告由来自国内外的9名行业专家针对“双碳”目标下制冷技术发展趋势、自然工质制冷系统在欧洲的发展及应用、冷链物流项目的投资决策研究、安全冷链体系构建探讨等内容作主题报告。会议特设嘉宾对话环节，6名嘉宾就疫情防控压力给冷链行业带来的影响、“3060”双碳目标下冷链行业将发生的长远变化以及冷链各方企业如何提前布局等话题进行讨论。

会议还分设冷冻冷藏装备技术专题研讨会、冷链企业家论坛、冷链物流技术发展论坛、冷藏工艺及商用制冷专题研讨会共4个分会场，27名专家分别就各分会场议题作报告。

【2021中国制冷学会（单位）会员大会】 5月26—28日，以“团结协作共赢未来”为主题的2021中国制冷学会（单位）会员大会在江西省南昌市召开。学会特邀副理事长孟庆国、监事长金嘉玮等400多名专家、学者、会员代表和高校师生参加本次大会。江西省科协副主席蔡震峰和江西省供销合作社联合社党组成员、理事会副主任卢忠到会致辞。

会议特邀国务院参事、全国政协委员、北京市农林科学院研究员李武和中国井冈山干部学院教授匡小明解读农业领域中国冷链物流发展的政策和技术，介绍如何科学认识“双循环”下的新发展格局。此外，还邀请清华大学教授王灿介绍碳中和的发展趋势与实现路径，江西财经大学教授王小平介绍中国经济的新发展格局和新发展机遇，邀请来自碳中和、双循环、乡村振兴等方面的国内学术界、产业界的专家进行相关领域的深入解读。

会议期间还组织江西省冷链物流建设高端论坛，邀请冷链行业15家装备制造单位同江西省供销冷链科技有限公司班子成员等50多名专家为江西省冷链物流网络建设建言献策。

（撰稿人：范　薇）

中国真空学会

服务创新型国家和社会建设　学会质谱分析和检漏专业委员会于4月、7月分别在四川省成都市、北京举办泄漏检测资格取证培训及考试。来自国内航天、军工、电力、科研院所、航空、企事业单位的100多名学员完成Ⅰ级、Ⅱ级资格的复证和取证工作。

7月12—16日，学会表面与纳米科学专业委员会联合中国科学院物理研究所举办微纳米加工技术讲习班。讲习班主要将微纳米加工技术基础知识的讲授和前沿专题报告相结合，并安排先进微纳加工设备专题介绍和学员超净实验室见习。专业老师负责讲授微纳米尺度加工技术的基础和应用知识，邀请国内外微纳加工领域专家作微纳领域前沿学术报告。来自全国高校、科研院所及仪器科技公司等近70家单位的240余名研究生和科研人员报名参加，其中硕士研究生、博士研究生学员占80%。

8月，学会真空工程专业委员会联合真空冶金专业委员会、真空咨询工作委员会在辽宁省沈阳市举办第十七期《真空技术》论坛，开展真空技术的继续教育工作。论坛的主要内容包括真空技术新发展、真空设备与工艺新应用、真空产业高端瞭望等。共有100余名学员参加培训。

学会显示技术专业委员会依托福州大学出台《福州大学研究生导师资格认定办法》，作为评优评先的重要依据。承办福建省研究生导师培训班，并与研究生院联合开展“我和我的导师”主题征文活动，征文超过百篇。研究生院官方微信还开设“和谐导学”“导师风采”“小研风采”专栏，选树先进典型、加强正面宣传，促进师生交流、增进师生感情，构建新型导学关系、和谐导学团队。

5月29日，学会质谱分析和检漏专业委员会会员单位中国航天科技集团公司第五研究院第五一一研究所研发产品在轨堵漏胶、在轨超声检漏技术转化成果——空间站舱内超声检漏仪随“天舟二号”货运飞船发射升空，开始服务中国空间站。学会质谱分析与检漏专业委员会发挥平台协同作用，服务科学决策，集智攻关“卡脖子”技术与工程技术难题，中国航天科技集团公司第五研究院第五一一研究所（以下简称“航天511所”）、中国航天科技集团公司第五研究院五一〇研究所（以下简称“航天510所”）等会员单位承研或参加的气体质谱仪、便携式超声检漏仪等项目进展顺利，并在质谱仪小型化、宇宙空间真空环境参数测量、空间粒子测量等技术研究方向取得成果。此外，会员单位在核电安全运行泄漏检测，半导体生产设备配套装置和工艺参数测量，EAST、SSRF等重大科学设施运行和技术攻关中发挥重要作用。

全年发布3项检漏技术国家标准，送审2项国家标准，1项ISO标准草案进入国际审查修改阶段，1项国家标准进入立项申请阶段。

3月、9月，航天511所、东北大学、航天510所等会员单位开展《真空技术 真空计 用于分压力测量的四极质谱计特性》等2项质谱和检漏国家送审稿和ISO标准草案《真空技术　真空泵性能测量标准方法 第6部分：低温泵》的标准审查工作。5月21日，由航天511所等会员单位编制的《无损检测　术语　泄漏检测》《无损检测　泄漏检测　示踪气体方法》《无损检测　泄漏检测　气体参考漏孔的校准》3项国家标准发布。

围绕“智汇中国”品牌，服务国家战略发展和科学决策，会员单位之间已经在单纯学术和技术交流的基础上建立装置研制、技术研究、协同发展的实质合作关系。

学会咨询工作委员会围绕半导体等战略新兴产业利好政策，学习解读国家政策，结合真空产业在半导体领域应用实际，组织行业单位、联合相关协会推进将关键零部件企业纳入政策覆盖范围。根据学会整体工作部署，学会咨询工作委员会对接国家“十四五”规划，系统分析新形势新要求下中国真空产业发展的机遇与挑战，发挥咨询学术带头作用，组织行业专家、重点企业研讨交流，厘清“十四五”时期中国真空产业发展的思路、目标与路径，为中国真空产业“十四五”规划做好咨询服务保障。

学会建设　2021年度，学会共组织召开2次理事会议、2次常务理事会议、6次办公会议，讨论和决定学会的各项重大事务。

3月，学会按民政部发出的《社会团体年度检查改进建议书》要求，对存在的“常务理事人数超过理事人数1/3”这个问题进行整改：3月12日，召开第九届理事会第五次办公会议，提出整改方案，按照《中国真空学会章程》和《中国真空学会第九届理事会换届方案》和理事推荐程序的内容，经第九届五次常务理事会议通讯会议表决通过增补方案，决定增补6名理事，建议由学会专业委员会各推荐1名理事候选人。推荐名单经第九届三次理事会议投票表决通过，现有理事150名。

学会质谱分析和检漏专业委员会增补11名委员，现有107名委员。通过会议进行增补选举推荐，并形成会议纪要上报学会进行更新备案。

为全面贯彻落实中国科协和民政部关于进一步加强社会团体管理的文件精神，规范学会内部治理，制订、修订涵盖学会业务和运行管理等方面的规章制度，规范学会运行和工作开展。

2021年，学会科学与技术奖学金评审委员会修订奖学金评审办法，并对奖学金的名称及参评内容进行修改。强调评审过程和评审结果的公开性，初评结果在学会官网进行公示，由监事会负责对科技奖实施工作监督。另外，向国家科学技术奖励工作办公室申报增设科学奖项——中国真空学会真空科技杰出贡献奖。

主办期刊 《真空科学与技术学报》发行创刊40周年纪念专刊，刊载真空领域最新研究成果与学术信息。1月起，对期刊封面进行改进，以每期优质论文的插图和学报Logo搭配来构成学报的封面，每期更换封面主图，向现代化期刊看齐。

从源头入手，从严把关学术质量，自5月之后，学会收到的投稿质量明显提高。积极向本领域专家、学者组稿、约稿，挖掘能够反映学术前沿、符合学术发展趋势的优质稿件。加快网络在线优先发表进度，提升论文传播速度，缩短论文出版周期，基本满足国内学术交流的在线检索和引用功能。

学科发展工程 2月，为响应中国科协《关于征集2021重大科学问题和工程技术难题的通知》，经学会理事长、中国科学院院士高鸿钧带队的专家推荐委员会向中国科协推荐工程技术难题1个“如何开发满足极端超高真空系统用的全金属阀门？”。

5月，学会质谱分析和检漏专业委员会报送未来五年专业委员会工作计划，从“创建学术交流品牌，打造具有一定知名度的专委会年度学术交流平台”等3个方面、14条举措开展工作；并报送“积极推动专业创新　促进技术应用”等3个过去五年专业委员会特色工作案例。

3月、4月、10月，学会真空工程专业委员会成立调研小组，参与由中国集成电路零部件创新联盟开展的对中国集成电路装备、零部件领域重点企业的调研工作，共计调研国内集成电路领域20余家骨干企业。通过此次调研，进一步了解装备企业对零部件的需求，为未来中国零部件产业技术创新布局提供依据参考，最终促进中国零部件研发创新能力与制造能力的提升，优化产业布局，加速产业升级发展。

2021年，出版《电子器件和集成电路单粒子效应》专著1部。

国际学术会议 7月14日，由学会电子材料与器件专业委员会承办的2021年电子信息国际青年学者论坛在线上、线下两个会场同时举办。来自海内外高校、科研机构和有关企业的学者以及学院各学科方向和研究团队的专家参加论坛，开展学术交流。部分青年学者应邀作学术报告，内容包括应用人工智能设计5G通讯器件、硅上三五族探测器集成芯片的制备和研究、硅光子学与二维材料的混合集成等学术前沿领域。

国内主要学术会议 4月22—24日，中国真空学会第九届真空冶金专业委员会、真空工程专业委员会第一次全体委员会议暨学术交流会在浙江省台州市召开。会议由中国真空学会真空冶金专业委员会、真空工程专业委员会联合主办，东北大学、中国科学院沈阳科学仪器股份有限公司、浙江真空设备集团有限公司、台州学院、中国真空学会浙真服务站和浙江省真空学会联合承办。来自全国各地多所高等学校、科研院所、专业委员会委员以及各地方学会、媒体等单位的100余名专家、学者参加。会上，学会监事巴德纯首先回顾上届专业委员会的工作。此外，学会真空冶金专业委员会主任王晓冬作《第九届真空冶金/真空工程专业委员会工作报告》。此次会议还邀请学会副理事长蒋友荣等专家进行学术报告。会议最后为第九届真空冶金、真空工程专业委员会委员颁发聘书。

10月11—14日，由学会真空冶金专业委员会、真空工程专业委员会、真空咨询工作委员会主办的第十五届国际真空科学与工程应用学术会议在上海市召开。来自中国科学院合肥物质科学研究院、东北大学、中国空间技术研究院（航天五院）等单位的近120名专家、学者参加会议。与会专家、学者围绕大科学装置、经典真空技术、航天科学三大板块进行学术报告与学术交流。其中，邀请报告11个（线上报告2人）、口头报告29人。会议期间，线上、线下参会人数逾6000人次。

11月9日，学会质谱分析和检漏专业委员会围绕质谱分析、检漏技术两个主题，在航天511所、航天510所开展质谱分析研究与应用方向技术交流；一季度，东北大学、合肥工业大学、航天511所、航天514所等会员单位开展高真空环境粒子检测技术、分子泵测试装置交流；三季度，中国科学院微电子研究所等会员单位开展高真空环境材料放气率和参与气体分析技术交流；上半年，航天510所、航天511所以及其他一些企业就未来商业卫星、地轨通信卫星批产检漏生产线建设问题开展多次技术交流和洽谈。

两岸交流 12月10日，第十四届海峡两岸科普论坛在河南省郑州市举办，来自海峡两岸的近百位科普专家参加线下活动，8万余人次参加线上直播。此次论坛由中国科协指导，河南省科协、甘肃省科协、中国科普作家协会、海峡两岸学术文化交流协会等17家机构共同主办，设置1个综合论坛和5个平行论坛。开幕式上，中国科协党组成员、书记处书记王进展和台湾科技产业协会常务副会长王春源分别通过视频致辞。

学会科普专业委员会秘书长雷占许在综合论坛上作题为《讲好航天故事　铸造科普品牌》的报告，就航天精神和航天事业发展进行交流，分享做好科普工作的经验体会。

国际交往 学会代表国际真空科学技术与应用联合会（IUVSTA）向获得2021年度IUVSTA–Elseviser优秀学生奖的获奖者颁发证书。

科普活动 2021年，学会围绕建党百年和党史学习教育成立由50位专家、学者组成的航天精神宣讲团，宣扬航天精神、科学家精神，使红色精神深入人心。

5月22日，学会表面与纳米科学专业委员会在北京参与举办中国科学院物理研究所第18届公众科学日活动。数百万公众通过线上、线下的形式共同参与。在本届公众科学日，中国科学院物理研究所怀柔园区“一装置两平台”首次对公众开放，包括综合极端条件实验装置、材料基因组研究平台和清洁能源材料测试诊断与研发平台，助力北京怀柔区青少年的科普工作，向社会公众传播怀柔科学城建设的内涵及研究所大科学装置及科研平台设施的建设意义，是全面提升社会公众科学素养的重要体现。

中国科协“智惠行动”项目验收结题。8月，“飞天故里在行动、真空航天不落空”科技志愿活动入选全国学会科技志愿服务资源名录，被纳入中国科协“我为群众办实事”实践案例。

10月，学会科普专业委员会依托兰州空间技术物理研究所（航天510所）申报并挂牌成立“兰州市爱国主义教育基地”“兰州市国防教育基地”。11月，申报全国科普教育基地。

2021年，采用线上线下开展科普活动30余场，受众7万余人次。1月，开展“智惠行动”网上竞答活动，吸引3000多人次参加竞答；3月，撰写《加强科普工作、弘扬科学精神》科普论文；10月，获得中国航天科技集团支持，开展航天科普绘本编撰工作；暑假期间，邀请清华大学、东南大学、兰州大学等高校的百余名学生开展实践研学。

表彰举荐优秀科技工作者 学会理事长、中国科学院院士高鸿钧当选为中国科协第十届全国委员会副主席。学会副理事长李得天当选为中国工程院院士。学会副秘书长顾宁、常务理事刘益春当选为中国科学院院士。

学会第九届理事会理事李得天、韩高荣、孙洪波领衔的三项成果获2020年度国家科学技术奖。

开展中国科协“科普中国2020年度科研科普人物”评选和推荐工作，学会科普专业委员会副主任雷占许入选“2020年度科研科普人物”。

2月，经方案审查、专家遴选和公示，推荐2位专家为中国科学院院士候选人。11月，学会推荐第十四届光华工程科技奖候选人1名。2021年，颁发中国真空学会优秀博士学位论文奖（5名）、中国真空学会真空优秀硕士生奖学金（5名）、中国真空学会2021学术年会“最佳张贴报告”（20名）。

党建强会 学会党委结合学会实际制订开展党史学习教育工作方案，落实《科协系统开展党史学习教育工作方案》，组织学会理事会党委委员参加中国科协党史学习教育动员大会。组织学习贯彻习近平总书记在党史学习教育动员大会上的重要讲话精神，提高思想认识和政治站位，切实把开展党史学习教育作为重大政治任务。结合学会的各类会议活动，理事会党委委员讲党史党课，引导学会党员干部学党史、群众学“四史”。发挥资源优势，组织科技力量开展“我为群众办实事”实践活动。组织学会党员参加中国科协科技社团党委开展的党史学习教育活动，包括科学家讲党史党课、专题培训、学会党建理论研讨、创作专题思想教育作品、主题展演活动、“党建强会计划”等重点活动。

会员服务 截至2021年12月底，学会有个人会员3515人、团体会员275家。

依托中国科协会员管理系统，建立会员数据资源库，完成现有会员的注册入库工作。拓展服务功能，整合资源实现共享，提升学会系统会员工作的整体水平。

为会员提供简报，发送中国科协相关领域资讯，免费提供线上参加会议链接，通过建立两个地方服务站，组织会员参观企业交流活动等多种形式的服务。

【第十届亚洲和澳大利亚真空与表面科学会议暨中国真空学会2021学术年会】 10月12—14日，第十届亚洲和澳大利亚真空与表面科学会议暨中国真空学会2021学术年会在上海市召开。大会分别邀请日本理化学研究所教授Tetsuo Hanaguri、美国加利福尼亚州立大学洛杉矶分校教授Paul S. Weiss、澳大利亚蒙纳士大学教授Michael Fuhrer、韩国成均馆大学教授Young Hee Lee、中国科学院院士赵红卫作大会特邀报告，向与会学者们介绍相关课题组的研究进展，并就真空科技领域的最新研究成果和发展趋势进行交流和研讨。

此次大会采用主、分会场两大板块相结合的学术交流形式，来自中国科学院、中国工程院的院士，科研、生产、教学一线科技工作者，以及海外专家、学者300余人参加线下会议。线上线下累计受众达1万人次以上。会议设特邀报告5篇，分会邀请报告和口头报告209篇、张贴报告125篇，共收录论文摘要339篇。

为促进产学研发展，为科技工作者和企业搭建沟通桥梁，会议设立参展展台，吸引近30家相关真空科技、设备企业前来参展。

【第十六届国际真空展览会】 5月26—28日，由学会与中国真空设备行业协会主办的第十六届国际真空展览会在北京举办。中国科协和学会相关领导、参展商、采购商、新闻媒体等200余人出席开幕式。此届展览会展出规模近1万平方米，设置展位260余个，参展商分别来自中国、德国、法国、波兰、瑞士、日本、韩国等国家。新参展单位占比达到30%，“量子科技专区”首次亮相。

展览会同期举办学术论坛、技术交流会、真空行业校友会等活动，为企业代表与专家、学者近距离交流、洽商搭建平台，真正做到产学研相结合。同时，还举办第七届真空行业摄影展。

展会首次使用中国科协学会服务中心“微会议”平台进行参观人员签到注册登记，结果显示，观众达1万人次，其中专业观众近3000人。

【第八届中国二次离子质谱会议】 11月13日，由学会主办，中山大学和香港科技大学联合承办，广东省分析测试协会、材料学习网协办的第八届中国二次离子质谱会议在广东省珠海市开幕。会议采用线上线下相结合的方式举办，线上线下参会人数共300余人。来自国内外的多位专家、学者就二次离子质谱学术领域展开学术交流。大会共有6个大会报告、12个邀请报告、8个口头报告、10篇墙报。报告内容聚焦二次离子质谱技术在各领域的研究与应用。会议还邀请二次离子质谱设备厂家作技术交流报告。中国科学院院士、中国科学院地质与地球物理研究所研究员李献华，日本北海道大学教授Hisayoshi Yurimoto，国际二次离子质谱组委会主席、日本京都大学教授Jiro Matsuo，清华大学化学系教授张新荣，高德英特（北京）科技有限公司执行总监Wensly Yip等进行大会报告，从月球土壤研究、同位素分析、材料领域、生物领域以及二次离子质谱技术发展等方面阐述二次离子质谱的应用领域和未来发展前景。大会还邀请中国科学院化学研究所研究员汪福意、香港大学副教授蒋海波、中国科学院地质与地球物理研究所研究员李秋立就飞行时间二次离子质谱技术在生命科学、月球样品研究中的应用进行会前讲座，吸引60余名学生及相关技术人员参加。

（撰稿人：张黎云）

中国自动化学会

服务创新型国家和社会建设 学会牵头成立“智能产业科技服务团”和“智能机电产业科技服务团”，开展“百名专家进百企”系列活动，深入江苏省苏州市、广东省深圳市、广西壮族自治区柳州市、湖北省咸宁市、浙江省台州市、湖北省襄阳市等10余个城市，走访50余家企业，深入挖掘23项技术需求，成立2个学会服务站（苏州市、咸宁市），签订1个框架协议（与“科创中国”宁波综合服务体），撰写3份调研报告，编制地方发展建议报告2份，发布《温州市制鞋产业智能制造实施指南》和《百名专家进百企汇编手册》，有效助推国产自动化成套设备自主研发和替代。

面向企业创新和区域发展需求，组建学科专家组和高端智库，2021 年共组织 240 余名领域专家开展 27 项科技成果鉴定。

围绕长三角、京津冀、大湾区等国家重要战略区域，学会根据不同城市的不同区域特点，分别从机器人产业、智能制造、人工智能等技术角度，在江苏省苏州市（2020 年度 CAA 颁奖盛典）、广东省深圳市（2021 国家机器人发展论坛）、湖北省咸宁市（2021 科创中国智能机电数字化转型升级研讨会）等地组织学术交流活动，培育地方产业化集群。

创设青年菁英系列活动。面向京津冀、东北地区、长三角、西北地区等开展 5 次学术活动，包括京津冀地区自动化与人工智能青年菁英论坛、中国自动化学会西北地区青年菁英论坛、中国自动化学会青年菁英系列活动（长三角地区）等，团结引领广大青年人才深入服务经济建设第一线。

学会承担中国科协中国特色一流学会建设项目、第 3 期全国学会理事长沙龙、电子信息领域技术应用案例库建设项目、开源自动化创新发展论坛项目、科技期刊主编（社长）沙龙项目、中国自动化与人工智能教育创新创业项目、青年科学家沙龙活动项目、2021 重要学术会议指南项目、全国学会“四服务”优秀案例汇编项目、“科创中国”科技服务团系列示范项目等 10 余项。其中,《重要学术会议指南》项目已连续承接 4 年，广泛发动 200 余家全国学会，收录 123 家单位推荐的 707 个重要学术会议，遴选 5 个试点宣传会议；线上开通《重要学术会议指南》服务号，定期发布全国学会会议新闻、会议预告、专家观点等系列文章，打造重要学术会议权威官方平台。

学会承接中国科协建设开放合作示范学会专项，开展开放合作专项研究，举办中国科协开源创新合作发展论坛，被中国科协授予“2021 年开放合作创建学会”。

学会建设 2021 年，学会发展个人会员 18104 名，其中学生会员 13000 余人，个人会员总数达到 75912 名；发展团体会员 48 家，团体会员总数达到 254 个。

新成立分支机构 2 个，筹备成立 8 个，现有 58 个专业委员会、9 个工作委员会、30 个省级自动化学会。

学会每两个月召开 1 次正副秘书长工作会议，每季度召开 1 次正副理事长工作会议。全年学会召开 1 次理事会议、2 次常务理事会议，共形成重要决议 30 余项。

继续推进办事机构实体化建设，编制《中国自动化学会员工手册》，优化薪酬体系，加强办事机构人事体系改革。学会秘书处现有专职工作人员近 30 名，平均年龄 32 岁，其中硕士学位人员比例为 28%、博士学位人员比例为 24%。

为庆祝学会成立 60 周年，以“弘扬老一辈科学家精神、奋力推进自动化高水平自立自强”为主题开展系列庆祝活动，发布专题纪录片、纪念画册、专题网页、音乐短片等，收到贺信、题词和视频达 500 余份；分支机构、理事单位以不同形式开展会庆活动；走访与学科建设、学会发展息息相关的 10 余名老一辈科学家，追忆学会峥嵘岁月。

学会获评“2021 年世界一流科技社团评价五星级社团”、民政部“全国先进社会组织”称号，获批中国科协中国特色一流学会建设项目“一类项目建设学会”。

按照集体领导、民主集中、会议决定的原则，学会理事会建立集体领导与个人分工相结合的工作机制，制订中国自动化学会工作例会议事规则。

不断加强分支机构的管理与评估工作，升级改版分支机构管理系统，完善年度考核和评优机制，严格按照“秘书长工作会议—常务理事（学术组）—常务理事会”三级创建审核流程，加强对新申请成立分支机构考核工作。

不断完善以会员库为基础的会员服务与管理系统、奖励系统、学术会议管理系统、分支机构管理系统、期刊采编系统、学科前沿动态监测系统。依托学会官网、微信及微博等新媒体平台，在运营抖音、BiliBili、西瓜等视频平台账号的基础上入驻爱奇艺并开通视频号。

探索建设数字化 OA 系统，开发中国自动化学会学习平台，开展 60 周年会庆答题活动；完善中国自动化学会学术会议小程序，开发会议直播功能，线上召开 16 场中国自动化大会 2021 会前会和 9 场综合论坛等；为龙芯中科、百度等 30 余家企业打造“云端展台”，提升优质企业曝光度，展示自动化领域前沿创新成果，积极打造智慧学会。

依托学会全媒体平台提供全流程服务，实现学会信息平台与学会业务工作同频共振，全年学会粉丝数量增加近 2 万人，总粉丝量近 10 万人。

青年人才托举工程 经学会推荐，共有 10 名青年学者获得 2021—2023 年度“青年人才托举工程”项目资助，其中 2 名获中国科协资助、8 名获自筹资金资助，实现自筹名额翻番。

主办期刊 《自动化学报》获得中国科技期刊卓越行动计划梯队期刊资助。最新综合影响因子为 3.163，核心影响因子、总被引频次、核心权威因子三项主要指标全部排名第 1。获“中国最具国际影响力学术期刊”称号（Top 5%）。

Journal of Automatica Sinica（JAS）被 SCIE、EI、Inspec、Scopus 等数据库收录，入选中国科技期刊卓越行动计划重点项目资助；最新 SCI 影响因子为 6.171，在自动化与控制系统领域排名前 11%（7/63），成为该领域唯一的中国主办 Q1 区 SCI 期刊；在谷歌学术计量自动化学科 Top 20 出版物中排名第 8，是该学科全球最年轻的英文刊、唯一中国主办期刊；最新 CiteScore 为 11.2，首次突破 10，稳居所属各领域 Q1 区前列。JAS 国际影响力指数和国际他引影响因子连续四年第 1，获“中国最具国际影响力学术期刊”称号（Top 5%）。

学科发展工程 2021 年，学会在战略层面深入参与学科规划，继续开展“控制科学与工程学科发展研究”，编制《中国控制科学与工程学科史》，出版《自动化学科发展路线图》《智能控制：方法与应用》等教材，启动《智能控制导论》的编写工作，助推自动化学科快速发展。

国际学术会议 5 月 14—16 日，由学会数据驱动控制、学习与优化专业委员会和青岛大学共同主办的 IEEE 第十届数据驱动控制与学习系统会议在江苏省苏州市召开，470 名专家、学者参加会议，录用包括长摘要在内的论文 305 篇。

7 月 15 日—8 月 15 日，由 IEEE 射频识别专业委员会、学会联合主办的 2021 IEEE 数字孪生和平行智能国际会议以混合分布的会议形式在北京召开。会议包括 1 个线下主会场和多个线上特别分会场，共设置社会交通、平行能源、平行城市、平行海洋系统、平行影像、区块链与知识自动化、智能数据分析与应用、平行艺术等 20 余场线上会议。

国内主要学术会议 2021 年，学会以会庆为主题通过线上线下相结合方式开展学术交流活动及会庆宣讲工作。学会及所属分支机构举办 1000 余场国内学术交流活动，线下覆盖人数达 5000 余人次，线上观看人数达 100 万人次，交流论文 5000 余篇。

5 月 28—30 日，学会在江西省南昌市召开第 36 届中国自动化学会青年学术年会。会议采用线上线下相结合的形式举办，设有 7 个大会报告、140 个特邀报告以及 207 篇会议论文口头报告和张贴报告，共 500 余名专家、学者线下参与，2000 余人次线上参与。

7 月 26—28 日，学会在上海市召开第 40 届中国控制会议。会议采用线上线下相结合的形式举办，收录论文 1662 篇，安排口头报告 150 组（包括 54 个邀请组）共 877 篇论文，分 25 个会议室进行交流。会议安排张贴报告 6 组共 785 篇论文，邀请 7 名国际学者作大会报告，2000 余人参加会议。

7 月 30 日—8 月 1 日，学会在山西省太原市召开第 32 届中国过程控制会议。会议采用线上线下相结合的形式举办，设 4 个大会特邀报告、6 个主旨报告、2 个专题论坛、28 个分会场口头报告及 2 组张贴论文；接收会议论文 351 篇，收录论文 317 篇，近 400 名专家、学者参与。

9 月 24—25 日，学会在广东省深圳市召开 2021 国家机器人发展论坛。论坛围绕“创新湾区智造，跨界融合发展”为主题，通过线上线下相结合的形式召开，共计 400 余人现场参与，5000 余人次线上参与。

11 月 27 日，学会在湖北省咸宁市召开智能机电产业数字化转型升级研讨会。研讨会以“聚焦数字化，助力机电产业转型升级”为主题，采用线上线下相结合的形式召开。中国工程院院士吴澄、桂卫华等 13 名院士、专家及咸宁市相关单位、高校、科研院所、企业代表等近 80 人参加活动，同步直播在线观看人数高达 11 万人次。

两岸交流 学会成立 60 周年之际，收到来自营运工程师学会（香港分会）、香港工程师学会、英国皇家特许计量及控制学会等中国香港、中国澳门各协会同胞的会庆祝福。

国际交往 学会与国际自动控制联合会（IFAC）、国际模式识别协会（IAPR）等相关国际学术组织保持密切沟通与联系，并在 60 周年会庆之际收到 IFAC、IAPR、IEEE SMCS、ACA 等国际组织的会庆祝福。积极承接国际会议，举办 IEEE 数字孪生和平行智能国际会议、IEEE 第十届数据驱动控制与学习系统会议等；邀请英国诺丁汉大学计算机科学学院院长 Jon Garibaldi 等国外专家进行报告分享，加强国际学术交流，提升学会国际影响力。

科普活动 搭建多主体参与的科普工作平台。完成普及工作委员会换届工作，重组以科研院所、媒体及企业为主体的普及工作委员会，组建“智向未来”科普百人专家团，推动科普人才和队伍建设。依托《中国自动化学会科普教育基地管理办法》，开展2021年度科普教育基地组织评选工作，新建13家科普教育基地。

面向未来的青年科技英才队伍实施“青少年人工智能核心素养模型及测评”项目、全国高校青年“自动化与人工智能”知识普及志愿活动、“Kids In Control”等系列青少年科技创新教育活动。组织开展4期“AI直播专家说”，广泛征集2021年度“青少年人工智能后备人才工程”课题。

面向大学生，学会组织开展2021 RoboCup机器人世界杯中国赛（大学组）、“三菱电机杯”全国大学生电气与自动化大赛、ABB杯智能技术创新大赛、菲尼克斯智能技术创新与应用大赛、台达杯高校自动化设计大赛、全国大学生智能汽车竞赛室外专项赛、世界青少年创客奥林匹克竞赛中国区活动、全国大学生智能汽车竞赛、3E国际青少年智能与创意设计大赛等多项赛事。

表彰举荐优秀科技工作者　开展中国自动化学会先进集体和优秀学会工作者评选工作，共8个集体、8名学会工作者获奖。

组织评选2021年度杨嘉墀科技奖、CAA科学技术奖、CAA青年科学家奖、CAA高等教育教学成果奖、CAA优秀博士学位论文奖、CAA自动化与人工智能创新团队奖等奖项评选工作，奖励申报总数量增长60%，共评选出成果奖56项、人物奖21项、团队奖3项。

4月9—10日，学会在江苏省苏州市召开2020年度CAA颁奖盛典，以庆祝中国共产党成立100周年、中国自动化学会成立60周年，弘扬老一辈科学家精神，表彰自动化、信息与智能领域作出杰出贡献的优秀科技工作者。盛典由8名院士领衔，来自政府、科研机构、学术界及企业界的300余名行业专家、学者参与。同时设有杨嘉墀科技奖2021启动仪式、圆桌论坛、学会服务站揭牌仪式及2020年度CAA科技成果项目路演等多个板块内容。

党建强会　2021年，学会以党史学习教育为主线，坚持“三会一课”，组织召开中国自动化学会党史教育动员会等以党史学习为主题的工作会议，特邀中央党校中共党史教研部主任等专家讲党课、作报告；开展“阅读红色书籍，传承革命精神”读书交流会等；开展“不忘初心、牢记使命”“铭记历史、赓续奋斗”等党建主题活动，走访双清别墅、卢沟桥、中国共产党历史展览馆等红色教育基地；制作建党百年专题片，学会党委集体朗诵钱学森先生入党申请书，学会办事机构党支部集体诵读李大钊《青春》节选；面向学会会员和分支机构组织开展“学党史续会史线上答题活动”。

会员服务　根据《中国自动化学会会士实施细则》，开展2021年学会会士评选工作，授予9名自动化、信息与智能科学领域的学者中国自动化学会会士称号。

通过融媒体宣传矩阵定期发布学会周报、月度要闻通报、学会年报，实时发布学会日常各项业务活动，每年发布各项信息达4000余条；定期发布《中国自动化学会通讯》电子刊，配合系列活动定向发放3000余册；开展1次会员月活动、3次CAA六十周年会庆日活动、新版会员系统测试、“CAA 60周年会庆·学党史、续会史”等5次主题会员活动；持续建设“CAA云讲座”特色品牌活动，邀请40余名专家、学者开展32期线上报告，约32万人次观看。

开展“企业领袖访谈录”系列活动，深入对话龙芯中科、和利时、百度等龙头企业，挖掘企业发展背后的故事，助力领域内科学技术发展。

【2021国家机器人发展论坛】　9月24—25日，学会在广东省深圳市召开2021国家机器人发展论坛。论坛以“创新湾区智造，跨界融合发展”为主题，通过线上线下相结合的形式召开。大会同期举办机器人领域最新研发成果、应用实践展览。

学会会士、学会副理事长、中国工程院院士、中南大学教授桂卫华，以及深圳市科协党组成员、副巡视员孙楠，中国工程院院士、浙江大学教授谭建荣，宝安区工业和信息化局副局长杨辉等出席。来自相关部门的领导，各高校、科研院所、企业等的专家、学者共计400余人现场参与，5000余人次线上观看。

（撰稿人：陶则宇）

中国仪器仪表学会

服务创新型国家和社会建设　2021年，学会成立由百位专家组成的青岛高端医疗设备产业科技服务团，通过线上沟通会、现场调研、专题研讨会等方式收集50项服务需求及50项科技成果。推进产学研用协同创新赋能组织的建设，成立中国仪器仪表学会青岛学会服务工作站，与山东省青岛市科学技术协会签订合作协议；成立中国仪器仪表学会青岛高端医疗设备产业产学研联合体；推动中国仪器仪表学会触觉传感联合实验室建设，与北京他山科技有限公司签署合作协议。与广东省佛山市科学技术协会、黑龙江省哈尔滨市深圳（哈尔滨）产业园、怀柔科学城、河北省沧州市渤海新区、江苏省常熟市苏州·中国声学创新谷、上海市环上大科技园等建立联系，多次组织企业技术对接和实地交流考察。

学会承接“科创中国”智能制造领域技术应用案例库建设工作，征集300个智能制造领域技术应用案例及2个学会成果转化成果案例，覆盖仪器仪表等20多个行业，涉及27个省（自治区、直辖市），有32%的项目获得工业和信息化部“智能制造综合标准化和新模式应用”专项支持。

学会对“任务驱动的遥感卫星成像链路闭环测试技术”等36项科技成果和新产品开展鉴定工作；承接“全国学会科技评价服务引导专项”，入驻“科创中国”平台；收集科研院所、高校、企业需求信息12项；开展石化、制药和食品行业供需对接调研活动8场。

征集中国科协2021重大科学问题和工程技术难题6项、2021年世界智能制造技术进展2项、2021年中国智能制造技术进展1项、2021年“科创中国”先导技术榜单1个技术项目。

参与国家咨询决策活动及相关会议30余次，针对高质量产业基础、高端科学仪器、智能传感器、智能检测装备等领域，为科技部、国家发展改革委、工业和信息化部等技术方向布局、产业扶持政策、专项方案提供决策咨询意见。

学会编撰《船舶总装建造互联互通标准现状及适用性研究》报告及“船舶总装建造互联互通标准体系框架”，提交工业和信息化部；代表国家智能制造标准化专家咨询组，为覆盖机械等20个行业、近20家单位承担的智能制造标准化专项进行技术审查；为涉及20个省（自治区、直辖市），覆盖近30个行业的38个智能制造新模式和智能制造综合标准化专项进行验收。

承担中国工程院“前沿显微仪器国际工程科技研究”“面向2035的国家测量体系与高端仪器发展战略”以及国家自然科学基金委员会“面向2035的信息产品制造生产线数字化测量技术发展战略研究”等咨询项目；完成《仪器科学与技术学科方向预测与技术路线图研究》。

组织编写《热分析仪器发展研究报告》等6份与分析仪器相关的调研报告，部分数据被《科技日报》等媒体引用报道。

受人力资源社会保障部委托，完成《阀门装配调试工国家职业技能标准》初审，该标准将填补阀门装配调试技能标准空白；完成《服务机器人应用技术员国家职业技能标准》初审。

作为仪器类专业认证委员会秘书处，组织完成10个专业进行认证考查；首次使用中国工程教育专业认证管理信息系统在线审阅32个专业点认证申请材料并提出受理建议，其中11个专业点通过申请获得受理；完成17个专业的中期改进报告审核和现场考查；升级扩容专家库，完成28位认证新专家的遴选与培训；对40多个专业、3000余名应届毕业生开展见习工程师的认定。

出版发布抗击疫情、食品安全、生产安全和节能增效等6项团体标准；将1项学会团体标准立项为国际标准化组织标准；启动1项美国材料与试验协会的标准立项申请；为帮助行业在应用学会先进标准时解决技术上的操作问题，组织编译出版美国Kenexis咨询公司的《安全仪表系统工程手册》和《火灾气体系统工程手册》。

2021世界传感器大会科技成果展汇聚170多家国内外企业参展，包括华为技术有限公司、德国西门子股份公司等多家世界500强企业以及百度等国内外行业知名企业等。

举办专业水平评价资格认证培训班9期，培训学员566人次；主办测量控制与仪器仪表领域专业技术转移转化能力提升高级研修班；承办新材料与智能传感器先进技术高级研修班，90余名学员参加，邀请欧洲科学院院士李长明等授课；以网络视频方式开展四次系列地学仪器使用与维护培训，350余名学员参加培训；学会通过线上授课的形式开展女科技工作者全球领导力培训，来自国内外高校、企业的300余人参加培训。

学会建设 2021年，学会个人会员总数53017人，单位会员1491家；新发展高级会员215人、普通会员797人、学生会员3303人、单位会员31家；分支机构换届1家、撤销7家、变更名称1家、变更挂靠单位3家；变更常务理事4人、理事2人。

加强会员管理信息化建设，完成数字化一站式会员服务系统的改进开发与优化升级。

规范召开理事会议、常务理事会议和监事会议；进一步加强制度规范化建设，修订《中国仪器仪表学会分支机构管理条例》，制订《中国仪器仪表学会仪器仪表验证评价中心工作条例》（试行版）。

青年人才托举工程 学会完成第四届（2018—2020年度）“青年人才托举工程”项目终期验收、第五届（2019—2021年度）“青年人才托举工程”项目中期验收以及第六届（2020—2022年度）“青年人才托举工程”项目评选工作，学会推荐的7名青年人才入选。

11月16日，第四届“青年人才托举工程”项目入选者、哈尔滨工业大学副教授李浩宇作为通讯作者在《自然-生物技术》（*Nature Biotechnology*，2020年影响因子54.908）上以长文形式发表《稀疏解卷积增强活细胞超分辨荧光显微镜的分辨率》。

主办期刊 学会主办8种仪器仪表及测量控制学术、技术类期刊，《仪器仪表学报》和《光学精密工程》影响因子分别为1.903和1.618，为国际高水平期刊。

学会编制《仪器仪表领域高质量期刊分级目录》，通过线下专家意见征集、线上期刊风评预警查询、线下风评与学科认可度调研，保障分级目录期刊质量，推进中外期刊同质等效。

学科发展工程 学会组织编撰仪器仪表领域《产业基础创新发展目录》，提交中国工程院“五基”（基础零部件/基础元器件、基础材料、基础工艺和装备、基础软件和产业技术基础）发展重点；由学会副理事长、中国工程院院士谭久彬牵头组织编写中国工程院蓝皮书《中国电子信息工程科技发展研究综合篇2020—2021（测量计量与仪器专题）》，献礼建党100周年；编撰《仪器科学与技术学科（自动化仪表）发展史》，学会理事长尤政担任首席科学家，中国工程院院士庄松林担任主审专家；编撰《中国大百科全书》第三版中的仪器科学与技术学科，由庄松林担任主编、尤政和中国工程院院士李天初等担任副主编。

国际学术会议 2021年，学会组织召开各类国际学术会议12场，参与国家30余个、国外专家70余位，2021世界传感器大会等7个学会品牌会议入选中国科协《重要学术会议指南（2021）》。

6月17日，第五届未来网络发展大会——未来移动通信技术论坛采用“云上+线下”双线同步模式召开，英国爱丁堡大学教授Harald Haas和瑞典林雪平大学教授Erik Larsson分别作主题报告，100余名专家、学者参加会议。

7月2日，由学会发起的“一带一路”智能传感与物联网合作联盟筹备委员会组织的女科技工作者全球领导力提升计划正式启动。为期一个月的系列培训共设五个主题，邀请美国自动化学会前主席Peggie W. Koon，通用电气研究院执行董事、能源转型技术领军者蔡巍，英国皇家科学院院士Jan Peters，美国机械师工程学会工程教育部部长Ashley Huderson，美国伊利诺伊大学芝加哥学院文化战略专家、社会心理学家Eliane Karsaklian作为系列培训讲师。本期培训共吸引来自中外高校、企业的300余人次参与。

7月16日，学会主办的“数字之路，助力全球协作”论坛在北京召开，来自西班牙加泰罗尼亚自治区投资贸易局、德国联邦外贸与投资署等单位的7名专家围绕数字经济服务中小企业的国际合作作主题报告。

10月7—9日，学会主办的第五届下一代功能材料表面与界面特性国际研讨会在线举办，来自日本、英国、新加坡等4个国家的80余名专家、学者参加会议，其中外国专家20余名。

10月18日，由学会、国际近红外光谱学会主办的第20届国际近红外光谱学术会议在线召开，来自全球近30个国家的300余位专家、学者参加。

10月30日—11月1日，2021年第六届生命系统建模与仿真国际会议暨可持续能源与环境智能计算国际会议在浙江省杭州市召开，来自国内外的450余位专家、学者线上线下参加会议。英国利兹大学教授Kang Li在大会上致辞。中国工程院院士、东北大学教授柴天佑，中国工程院院士、国网电力科学研究院有限公司薛禹胜，英国皇家工程院院士Sheng Chen，日本早稻田大学教授Umezu Mitsuo，加拿大皇家科学院院士Witold Pedrycz，美国北卡罗来纳州立大学教授Mo-Yuen Chow作大会特邀报告。大会共收到来自11个国家和地区的595篇论文。

11月2日，由学会主办的“一带一路”国际工程能力互认专题研讨会以线上线下相结合的方式在河南省郑州市召开，来自英国、日本、爱尔兰、巴基斯坦、意大利等14个国家和地区的230余名专家、学者参加线上会议。

11月2—4日，第15届IEEE国际电子测量与仪器学术会议在江苏省南京市召开。会议由学会和电气与电子工程师协会北京分会主办，来自英国、澳大利亚、加拿大等5个国家的380余人通过线上线下交流。澳大利亚墨尔本大学教授Saman K. Halgamuge、加拿大阿尔伯塔大学教授Witold Pedrycz、英国赫瑞－瓦特大学教授Marc Desmulliez以及爱尔兰国立梅努斯大学教授Gerry Lacey等8位专家作主题报告；英国思克莱德大学教授Robert Stewart等81名专家分别在3个分会场作不同研究方向的报告。

11月13—15日，由学会主办的第二届显微仪器技术国际高层论坛在线举办。学会副理事长、中国工程院院士谭久彬，中国工程院院士金国藩，英国皇家工程院院士Tony Wilson等致辞，来自以色列、意大利等11个国家和地区的350余名专家、学者参加会议，近4000人次观看会议直播。中国科协副主席、中国科学院副院长高鸿钧，德国马克斯·普朗克研究所生物化学研究所所长Wolfgang Baumeister，美国艺术与科学院院士、美国加利福尼亚州立大学洛杉矶分校教授Paul Weiss等专家作大会报告。

国内主要学术会议 2021年，学会主办、承办各类学术会议、学术论坛、研讨会、沙龙50余场，线上线下参会人数达5万余人次。

3月30日，“一带一路”智能传感与物联网合作联盟专题研讨会在北京举办。研讨会邀请学会理事长尤政、国家发展改革委区域开放司王超等出席会议，来自部委、科研院所、高校和相关企业的近80位专家、学者参加。研讨会特邀王超以及北京科技大学教授王志良分别作专题报告《扎实推进“一带一路”建设高质量发展》和《物联技术与“一带一路”》。

4月10—12日，由学会主办的精密测试技术与仪器高层论坛在江西省景德镇市举办。论坛邀请中国科学院院士王立鼎、国家自然科学基金委员会原主任雷源忠、仪器测量界12位“长江学者”和“国家杰青”等120余位专家参加。

4月22—23日，由学会微纳器件与系统技术分会承办的第四届中国MEMS智能传感器产业发展大会在安徽省蚌埠市召开。会议主题为“凝‘芯’聚力、创‘智’未来”，600余名专家、学者参加会议。

4月25日，由沈阳市仪器仪表与自动化学会主办，沈阳仪表科学研究院、传感器国家工程研究中心承办的第十一届全国信息获取与处理学术会议传感器技术专题论坛在线召开，共收录论文21篇。

7月10日，由学会主办的高端装备先进感知与智能控制会议在安徽省芜湖市召开，来自清华大学、重庆大学、中国科学院合肥物质科学研究院等33家高校、科研院所和企业的160余位专家、学者参加会议。

10月8日，由学会实验室仪器分会与兰溪市人民政府共同举办的地方仪器产业发展研讨会在浙江省兰溪市召开。学会理事长尤政、中国工程院院士叶声华等参加会议，并与兰溪市地方政府对接，对地方仪器仪表行业的发展进行研讨。

10月15—17日，由学会等联合主办的2021年浙黑苏鲁沪渝四省二市声学技术学术会议在浙江省金华市召开，来自浙江省、黑龙江省、江苏省、山东省、上海市和重庆市的75名专家、学者参加。会议共收到论文63篇，其中24篇进行现场报告交流，内容涉及物理声学、水声学、建筑声学、医学超声、声学换能器等领域。

10月19日，由学会、佛山市科学技术协会支持，学会智能制造推进工作委员会主办的数字化转型助力制造业高质量发展论坛在广东省佛山市召开，来自佛山市企业的80余名专家、学者参加会议。其间，组织专家与佛山市蓝箭电子股份有限公司进行现场技术交流对接。

12月17—18日，由学会主办的2021中国仪器仪表学会学科前沿沙龙——自动驾驶及车路协同测试技术研讨会以线上线下相结合的方式在山东省济南市召开。研讨会主题为“计量赋能·成就未来”，50余名专家、学者就智能辅助驾驶、车路协同等前沿问题展开讨论。

国际交往 2021年，学会与英国测量控制学会、英国工程技术学会、美国仪表学会、美国工程技术评审委员会、日本技术者教育认定机构就工程教育认证、国际工程师资格互认等工作建立良好沟通和初步合作；与西班牙投资贸易局签署“2022世界物联网解决方案大会”协议；经过多次与巴基斯坦专家沟通以及与国内物联网专业专家的探讨，对巴基斯坦提交的《巴基斯坦物联网行业报告》进行两次改版。

科普活动 2021年，学会增设2家科普基地，举办科普交流、参观体验、开放科普基地、科普讲座等科普活动38场次、科普展览5次，受众人数568300人次，发放科普宣传材料15000份，组织科普工作志愿者千余人次参加活动。

响应党和国家有关乡村振兴战略及“双减”“双碳”政策，学会增设科学仪器制作与应用知识进课堂、农技讲堂、科技报春晖（留守农村妇女培训）、仪器仪表科技服务农业生产及农产品品质检测、科学仪器服务农村居民饮水水质安全、光学科普大篷车——流动的光学科技馆、智能制造技术科学营、“科普＋产业赋能”（农、林、畜牧业）、绿色低碳科普讲坛9个科技志愿品牌活动，其中6个入选全国学会科技志愿服务资源清单。

原创制作10期“智慧水务　服务公众　健康饮水”主题科普视频，通过多个科普宣传平台联合发布，并配合中国杭州低碳科技馆举办线下活动，受众人数500万余人次。

承办的仪器仪表制造工（仪器仪表与智能传感应用技术）赛项2021年升级为国家级一类赛，人力资源社会保障部副部长汤涛、四川省政协副主席祝春秀等出席决赛开幕式并致辞，来自全国26个省、直辖市的81支代表队（其中职工组45队、学生组36队）的162名选手参加总决赛。经人力资源社会保障部核准，获得职工组前3名的6名选手将被授予“全国技术能手”称号，获得职工组第1名的选手可按程序推荐申报“全国五一劳动奖章”。

承办2021第二届全国机械工业设计创新大赛——仪器仪表赛项，共收到来自全国企业及院校作品140多件。

承办2021中国（国际）传感器创新大赛，中国工程院院士谭建荣等专家组成评审委员会，河南省工业和信息化厅副厅长田海涛等出席颁奖典礼。

学会主办2021中国传感器创新创业大赛，全国共分为八个赛区，来自全国92所高校、17家科研院所和企业组成的421支队伍参加大赛，共收到392件作品，最终61件作品获奖。

表彰举荐优秀科技工作者　2021年，学会收到中国仪器仪表学会科学技术奖申报材料198份，最终评出科技进步奖一等奖12项、技术发明奖一等奖5项；科技进步奖二等奖46项、技术发明奖二等奖6项；科技进步奖三等奖29项；青年科技人才奖6人。向国家科学技术奖励工作办公室推荐的“超精密三维显微测量技术与仪器”项目获国家技术发明奖二等奖。

评选出2021年度中国仪器仪表学会奖学金获奖者53人，其中特等奖2人、一等奖12人、二等奖39人；评选出金国藩青年学子奖学金获得者11人；评选出测量控制与仪器仪表领域全国优秀博士论文5篇、优秀博士论文提名5篇；向中国科协推荐中国科学院院士、中国工程院院士候选人2名，第十四届光华工程科技奖候选人3名，2021年“最美科技工作者”候选人2名。

党建强会　2021年，学会推动党的工作小组建设，累计建成党的工作小组13个。召开理事会党委委员会议3次，召开秘书处全体党员大会、支部委员会议10余次。

党委和办事机构党支部深入推进党史学习教育，学会秘书处全体党员分两组开展党史集中学习研讨20余次，党支部书记讲授2次党课。采取专家讲座、参观革命旧址、参观中国共产党成立100周年特展、学唱红歌、党史知识竞赛、观看爱国主义影片、赴革命老区重走长征路等多种形式开展党建活动7次。

会员服务　学会编写2021年年报，反映学会年度工作的综合信息；开通官方抖音号，通过新渠道宣传学会工作信息；开通学会科普中国科普平台，启动和运营CIS科普号；在官网开设“科学家精神”“会员风采”专栏，弘扬科学家精神、宣传优秀会员事迹；在全国科技工作者日、教师节、妇女节等节日为会员开展主题活动。

【2021雁栖湖科学仪器和传感器论坛】 7月22日，由学会主办的2021雁栖湖科学仪器和传感器论坛在北京召开。论坛为中关村论坛走进十六区的活动之一，以“探究未知，引领未来”为主题，由主论坛和两场分论坛组成，共有500余人参加会议。北京怀柔区委书记、怀柔科学城党工委书记戴彬彬，学会副理事长谭久彬，中国科学院科技促进发展局副局长张鸿翔等出席开幕式并致辞。

中国电子科技集团有限公司测试仪器首席科学家年夫顺、学会理事长尤政在主论坛上分别作题为《仪器产业发展现状及问题思考》和《智能微系统技术及其应用》的主旨报告。

科学仪器技术分论坛由长春理工大学副校长、北京理工大学光电学院院长郝群主持。中国工程院院士李天初、英国皇家工程院院士Jonathan Cooper、中国工程院院士姜会林、美国约翰斯·霍普金斯大学教授Jin Kang、日本和歌山大学教授Takanori Nomura等一起探讨科学仪器和传感器新趋势，推动智能制造关键技术装备发展。

在网络化传感测试技术分论坛上，清华大学教授王雪、意大利米兰理工大学教授 Alessandro Ferrero、英国利兹大学教授 Robert Richardson 等就网络化传感测试产业政策、行业现状和产业趋势等进行交流。

【2021 世界传感器大会】 11 月 1—5 日，由中国科协和河南省人民政府主办，学会、郑州市人民政府等承办的 2021 世界传感器大会在河南省郑州市召开，来自美国、日本、德国、英国、意大利等 17 个国家和地区的 5000 余名专家、学者参加会议，其中 55 名国外专家通过线下和线上的形式参加会议。

美国医学与生物工程院院士张学记、加拿大国家工程院院士沈卫明等分别作题为《从智能生物传感、数字人类到永生——事实还是科幻？》《工业互联网与智能制造》等的主论坛报告，讲解传感器技术、相关热点难点问题及解决方案、未来发展趋势及国内外传感器技术应用等问题。

分论坛共计 10 场，涉及传感器技术、材料、芯片、标准以及传感器在流程工业、物联网、智慧农业等不同领域内的应用，国际商会、电气与电子工程师协会等多家国际组织及机构参加会议。加拿大国家工程院院士杨军、中国工程院院士周立伟分别在分论坛上致辞。中国科学院院士李景虹、张玉奎、管晓宏，国际欧亚科学院院士邓中亮，中国工程院院士倪光南、方家熊等分别在分论坛上分享与传感器相关的主题报告。另外，14 家企业携 14 项传感器相关新产品、新技术集中亮相发布会。

【王大珩先生学术思想研讨会】 7 月 21 日，为纪念“两弹一星功勋奖章”获得者、中国科学院院士和中国工程院院士、中国近代光学仪器事业的奠基人王大珩逝世十周年，学会联合中国光学学会、中国科学院长春光学精密机械与物理研究所在北京举办王大珩先生学术思想研讨会。会议由学会理事长尤政主持，中国工程院院士叶声华，学会名誉理事长李天初、金国藩，中国工程院院士周立伟，中国科学院院士侯洵，以及来自中国科学院长春光学精密机械与物理研究所等 25 名专家参加会议，共同缅怀王大珩先生的丰功伟绩和崇高风范。

（撰稿人：韩媛媛）

中国计量测试学会

服务创新型国家和社会建设 2021 年，学会举办纪念“5·20 世界计量日”学术交流大会。大会以“测量守护健康”为主题举办院士专题讲座，以推动各领域计量测试技术进步与创新为重点举办 26 场学术报告会。

开展计量测试科技成果鉴定。对北京航空航天大学、中国计量科学研究院等单位的 8 项科技成果组织开展鉴定工作，有力促进计量测试科技创新。

制订并发布学会团体标准。学会批准发布《计量实验室能（水）耗定额标准》《诚信计量体系认证规范》《诚信计量体系通用要求》3 项团体标准。通过制订团体标准，有效整合社会技术资源，促进产品质量提升和企业转型发展。

开展测量管理体系认证，服务企业高质量发展。参与《测量管理体系认证管理办法》修订工作，依据新修订的管理办法和国家高质量发展要求，帮助企业建立完善的测量管理体系，促进企业质量提升、节能降耗、安全防护、转型发展等。发布《审核员工作规范》，规范审核员参与企业认证行为，起草《国家有证标准物质研制（生产）机构测量管理体系认证要求》，推进标准物质产品质量提升。2021 年，共认证企业 928 家，监督企业 2120 家。

学会共完成 345 种国家一级标准物质、1548 种二级标准物质的评审和批准工作，为完善国家量传溯源体系、保障企业发展发挥重要作用。加强注册计量师管理，积极开展注册计量师资格考试、命题、阅卷等工作。做好注册计量师职业资格审查及注册等相关工作，完善注册计量师资格审查相关制度。全年完成注册一级注册计量师 752 人次。

加强社会公用计量标准建标考核，服务国家量传溯源体系建设。共受理计量标准考核 1325 项；完成计量标准考核 1264 项；社会公用计量标准证书发放 609 项；完成计量标准更换审核工作 225 项；完成国家市场监督管理总局计量司布置的计量标准一级考评员数据信息核对任务 593 人；完成受理计量检定人员专业项目考试 528 人。对中国计量科学研究院等 15 个单位进行计量标准专项现场监督检查，为保证全国计量测试量值的准确、可靠提供技术保障。

开展先进制造企业需求调研，举办先进测试技术讲座，推进企业创新发展。5 月 17—18 日，学会举办全国计量测试学术优秀论文宣读活动、企业计量工作经验交流会等 26 场计量测试相关技术交流活动。

学会建设 2021 年，学会新发展个人会员 152 人，会员总数超过 800 人，团体会员 168 家，下设分支机构共 39 个。成立学会光伏计量测试专业委员会、计算基准专业委员会和仪表评价专业委员会。

5 月 19 日，第八次全国会员代表大会暨换届大会在北京召开。大会听取并审议通过《中国计量测试学会第七届理事会工作报告》《中国计量测试学会第七届理事会财务工作报告》以及新修订的《中国计量测试学会章程》《中国计量测试学会会费收取标准》等。选举产生第八届理事会、第一届监事会。蒲长城任第八届理事会理事长。同时，成立学会战略咨询委员会，邀请 30 多名院士、专家加入，为计量测试事业发展提供决策咨询。

学会建立并完善会员管理系统，加强学会网站建设，提升服务会员的能力。修订分支机构管理制度，提升分支机构服务各专业领域的能力。

按照学会深化改革的要求和思路，对学会秘书处进行调整，整合部门职能，加强各部门协作，有力促进学会发展。调整学会专业委员会发展思路，以促进科技成果转化、服务企业高质量发展作为分支机构的学术交流重点方向。同时根据学科交叉特点，成立符合社会发展方向的分支机构和专业委员会。

青年人才托举工程 2021 年，开展第六届学会“青年人才托举工程”项目人才选拔工作，柳渊、王赫岩、邓晓、周琨荔 4 人入选。同时，继续对往届青托人才进行培养，支持他们开展科学研究，为他们聘请专家指导，给予科研经费支持。

主办期刊 2021 年，《计量学报》共发表文章 254 篇。根据中国知网发布的期刊指标，影响因子为 1.890，比 2020 年的 1.264 有大幅提升；根据 Scopus 数据库，学报的 CiteScore 指标为 1.5，2020 年同期该项指标为 1.1。

学科发展工程 学会开展中国科协“2021 年度重大科学问题和工程技术难题征集”活动。推荐的“地球以外有统一的时间规则吗？”入选十大重大科学问题，“如何解决三维半导体芯片中纳米结构测量难题？”入选十大工程技术难题。同时，学会还被评为“2021 年度优秀推荐单位”。学会组织专家就难题研究开展战略咨询，研讨难题前沿进展，并对未来趋势进行研判，凝练形成系列政策建议报告；组织专家解读该难题并出版科普读物，服务国家科学决策，促进公众理解科学难题。

开展“2021 年度科创中国榜单征集”工作，共有 7 家单位、7 个项目和 1 家企业向学会申请，经学会组织专家评审，共向中国科协推荐 5 家单位、5 个项目和 1 家企业参与评审。其中，中国科学院长春光学精密机械与物理研究所的“高精度光栅制造技术”、中国计量科学研究院的“核酸与蛋白质生物计量基标准技术体系”、福建省计量科学研究院的“高精度衡器载荷测量仪”入选，成为 2021 年科创中国电子信息技术领域十大先导技术。青岛盛瀚色谱技术有限公司登上 2021“科创中国”新锐企业榜。

国内主要学术会议 5 月 19 日，学会在北京举办院士对话会，邀请中国工程院院士、清华大学金国藩，中国科学院院士、大连理工大学王立鼎，中国工程院院士、哈尔滨工业大学谭久彬，中国科学院院士、中国科学院地质与地球物理研究所李献华以对话访谈形式与计量测试青年学者分享自身的求学成长经历和科研创新经验。对话会由学会的历届青托人才主持，分别为中国计量科学研究院冯晓娟、同济大学邓晓、北京信息科技大学李红、哈尔滨工业大学孙传智、中国计量科学研究院龚晓云。

国际组织任职 2021 年，学会秘书长马爱文任国际计量测试联合会下一年度的监督委员会委员，代表理事会监督并管理下一年度的经费使用和开支情况。

学会推荐中国计量科学研究院研究员李红梅进入 IMEKO TC24（化学计量技术委员会）并担任 TC 的副主席（学术主席）。截至 2021 年年底，国际测量技术联合会 25 个专业委员会中共有 18 名中国专家加入并承担主要职务。

8 月 30 日—9 月 3 日，国际测量技术联合会第 23 届世界大会及 TC11、TC12 会议在线召开。第二届、第三届学会“青年人才托举工程”项目入选者何巍和蒋佳佳参加会议，经学会推荐，成为 TC22- 振动测量专业委员会和 TC11- 测试、检验和认证中的测量专业委员会委员。

国际交往 8 月，学会秘书长马爱文在线参加第 65 届国际测量技术联合会总理事会。共有来自 24 个国家的近 50 名专家、学者在线出席会议，研究国际测量技术联合会的未来发展战略，讨论通过 2021 年有关工作情况，听取 2022 年在克罗地亚杜布罗夫尼克举办第 66 届总理事会的筹备报告。学会代表中国在国际测量技术联合会战略规划、关键事务决策等方面行使投票权力。

经学会申请，IMEKO TC24 将于 2024 年在北京举办学术交流会议。

科普活动 根据中国科协科普部“典赞·2021科普中国”活动安排和《中国科协科普部关于开展2021年度科普事件和科学辟谣榜补充征集的通知》要求，开展2021年度计量测试科普事件和计量测试科学辟谣榜征集工作，选出极具影响力的谣言并组织专家辟谣。

编辑制作《百位专家谈计量》视频，加大计量科普宣传力度；制作《计量在线教育资源开发和试点推广》项目视频43个用于在线教育，免费供计量人员学习。

5月，学会在北京举办中国计量测试学会成立六十周年暨纪念“5·20世界计量日”系列活动。来自全国各地计量技术机构、高等院校、企事业单位的专家和学者近3000余人次到现场参加系列活动。国际测量技术联合会主席弗兰克·哈提格以视频形式致辞，他讲到学会与国际测量技术联合会作用相似，应重点关注科学、技术和工业测量的各个技术发展，希望双方在合作中共创辉煌。

5月17—20日，学会举办计量测试书法、绘画及摄影艺术作品展，共展出作品110余幅，并编制艺术作品集。

5月18日，学会以“测量守护健康”为主题，邀请中国科学院院士、深圳华大生命科学研究院杨焕明作题为《人类基因组计划和大数据组学》的报告；中国工程院院士、中国检验检疫科学研究院庞国芳作题为《30年农药残留检测技术的学习与实践》的报告。

5月18日、5月20日，学会邀请中国计量大学学生表演大型原创音乐舞蹈史诗《千秋计量》。

表彰举荐优秀科技工作者 学会组织中国计量测试学会科技进步奖评选与表彰工作，共有25个项目获中国计量测试学会科学技术进步奖，分别是一等奖10个、二等奖9个、三等奖6个，其中6项获国家奖。为获得中国计量测试学会科技进步奖的项目制作视频宣传片，并编辑出版《2020年中国计量测试学会科学技术进步奖获奖项目汇编》。

党建强会 坚持以党的政治建设为统领，坚决贯彻落实党中央决策部署和习近平总书记重要指示精神。认真组织全体党员干部职工深入学习领会习近平总书记在中央和国家机关党建工作会议上的重要讲话精神和《关于加强和改进中央和国家机关党的建设的意见》，不断增强“四个意识”、坚定“四个自信”、带头做到“两个维护”、当好“三个表率”。

加强党史学习，重点学习党的十九届六中全会精神，感悟“两个确立”的决定性意见。全年共开展党课讲座7次。通过上党课、看展览、学党史，充分认识党“为民族解放而诞生，为民族复兴而发展”的重要意义。

挖掘红色革命根据地中的计量文化。在全国范围内开展红色计量研究，全年共收集整理20余篇红色计量专著或文章。

为迎接中国共产党建党100周年，庆祝学会成立60周年，学会征集、设计制作《中国计量测试学会60周年纪念活动艺术作品集》并举办作品展。

会员服务 加强学会会员服务系统建设，为会员提供便利的入会服务；加强学会网站建设和微信公众号建设，让会员能够及时查到学会动态和有关信息。

结合学会资源，加强与会员联系，为会员提供优质服务，会员可免费参加学会科技奖评奖活动以及第十七届中国青年女科学家奖、未来女科学家计划候选人推荐等工作。

（撰稿人：崔　翼）

中国标准化协会

服务创新型国家和社会建设 搭好标准化技术交流平台。举办第18届中国标准化论坛、2021年中国国际服务贸易交易会——第五届中国服务贸易标准化论坛。联合举办2021上海国际城市家具高峰论坛。

支撑团体标准改革创新。按照国家标准化管理委员会团体标准培优计划，编印《团体标准制定工作手册》，在制订《团体标准涉及专利处置指南》基础上制订发布《团体标准版权管理指南》，引导团体标准组织围绕创新技术转化规范知识产权保护。发出《团体标准组织积极实施标准化纲要、推动高质量发展倡议书》，倡导团体标准化联盟成员响应国家战略部署。在线举办《团体标准涉及专利处置指南》《团体标准版权管理指南》标准解读暨团体标准知识产权研讨会。

研制疫情防控急需标准。2021年，全国洁净室及相关受控环境标准化技术委员会立项并牵头制订《应急医用模块化隔离单元通用技术要求》国际标准，同时组织《应急医用模块化集成系统技术要求》《应急传染病患者转运设备技术要求》2个重大专项国家标准研制。共参与23项国家标准的研制及制修订项目。

服务标准样品创新发展。支撑出台《国家标准样品管理办法》《国家标准样品管理工作手册》新版法规文件；编印首部《标准样品概论》技术专著；完成“国家标准样品分类原则和命名方法研究”等3项研究课题；新成立生物检测校准、动物防疫等4个专业工作组；批准发布146项新标准样品。

推进企业标准化良好行为评价。持续推进企业标准化良好行为创建及第三方评估，围绕可持续发展、知识产权管理、社会责任管理等新标准，编制企业5A级评价工作指引，培训企业标准化良好行为专业管理人员1000人，重点推进民营企业、专精特新企业的标准化良好行为创建。全年共颁发标准化良好行为评价证书280多张。

推进创新技术转化团体标准发布。发挥协会团体标准发布平台作用，凭借专业团队和专家资源，指导海尔、美的、京东等生产型和服务型企业将重点创新技术研究项目及成果转化为团体标准，协同全产业链推广应用。全年发布协会标准100余项，涉及10多个领域。其中，《适用于老年人的智能家用电器评价技术规范》系列团体标准顺应国家发展和社会需求，已启动适老化标准体系研究。

参与地方高质量转型建设。按照习近平总书记对山西省优势农业高质量发展的指示，协会会同山西省市场监督管理局以山西杂粮产业为切入点，探索“双编号团体标准＋评价认证”品牌培育机制，提升优、特农产品走高质量种植加工，促进可持续发展和区域品牌建设。投身广东省佛山市顺德区政府推动建设智能制造科技创新公共服务平台以及国家质量基础设施一站式服务国家级示范区，组织“院士行服务地方经济”专题活动，深入地方政府、龙头企业调研并出谋划策，参与举办标准化新思维专题讲座，筹建协会大湾区办事处。参与国家标准化管理委员会与浙江省省部共建工作，与全国工商业联合会共促民营经济标准化创新活动。

协同新型服务平台标准化。与中国石化工业品电商平台易派客有限公司签署战略合作协议，协同打造国家技术标准创新基地（工业品电子商务），推进工业品电子商务标准化建设。参与“科创中国”科技与经济融合服务试点，支撑上海杨浦试点城市及上海技术交易所，指导发布《科技创新企业核心技术评价指南》团体标准，规范企业科技成果转移交易服务。

学会建设 推进组织机构建设。依据协会章程，筹备召开全国会员代表大会进行理事会换届选举，有序推进理事人选征集、资质审核以及章程修改、工作总结和审计等一系列工作，计划2022年完成换届。2021年，协会新批复筹建现代物流、绿色低碳、老龄产业和检测技术4个新领域分支机构，分支机构总数（含筹建）达34个，会员总数比2020年增加16%。

储备人才和提升人员能力。通过绩效管理、提供锻炼机会、鼓励职业成长、倡行创新奉献等举措，提升工作人员技术水平和运营能力。继续派出1人赴国际标准组织总部任项目经理，派出2人挂职锻炼。由青年骨干牵头完成“地理标志保护标准一致性比对分析”“科普生态标准化体系研究”课题，编著《国际标准化教程》《科技民生系列丛书（2021）——智慧低“C”生活》图书等。在内部营造团结奋斗文化，加强信息共享机制，丰富知识学习载体。

主办期刊 协会主办《中国标准化》、*China Standardization*、《标准科学》《标准生活》《产品安全与召回》5本期刊，以打造主流、专业、精品为目标，服务标准深化改革和实施标准化战略，提高杂志质量和传播力，发挥标准化宣传报道和知识科普的主流媒体作用。

国内主要学术会议 3月11日，组织召开“标准样品分类原则和命名方法的研究”研讨会。

5月25日，组织召开全国标准样品技术委员会第五届五次年会。

6月3日，举办中国智能适老家电发展趋势研讨会。

7月21日，第三届全国雷电防护标准化技术委员会换届大会暨2021年年会在北京举办。会议宣读《第三届全国雷电防护标准化技术委员会组成方案》，并对上一届雷电防护标准化技术委员会的工作给予肯定，对新一届雷电防护标准化技术委员会的工作提出具体要求。涉及气象、电力、通信、建筑、铁路等领域的70余位委员、观察员和代表参加会议。

10月15日，参与举办第十六届蓝色浦江学术年会暨标准化支撑科技创新发展论坛。年会聚焦“标准化支撑科技创新发展”这一前瞻性、战略性和交叉性选题，邀请国际电工委员会主席、中国工程院院士、中国电机工程学会理事长舒印彪，中国标准化协会理事长、中国标准化专家委员会副主任委员兼秘书长于欣丽，中国标准化协会常务理事、中国标准化专家委员会委员、中国家用电器研究院副院长马德军担任主讲嘉宾。3位专家分别以《国际标准化推动科技创新与高质量发展》《标准与知识产权的融合促进科技创新》和《标准化与科技创新》为题作报告，并与现场的科技工作者、科技企业代表进行互动交流。

10月21—22日，由协会主办的第18届中国标准化论坛在广东省佛山市举办。论坛以“实施标准化纲要，推动高质量发展”为主题，以线下线上两种方式同步进行。

10月28—29日，举办国家标准样品研制技术交流会。

12月29日，由国家市场监督管理总局标准技术司主办，协会、冶金工业信息标准研究院协办的国家标准样品体系建设研讨会在北京举办。会议采用线上与线下相结合的形式召开，国家市场监督管理总局标准技术司副司长（正司级）陈洪俊，协会副理事长兼秘书长高建忠，冶金工业信息标准研究院党委书记、院长张龙强等出席会议。来自中国检验检疫科学研究院、有色金属技术经济研究院有限责任公司、生态环境部环境发展中心环境标准样品研究所、中国建材检验认证集团股份有限公司、中国皮革制鞋研究院有限公司、中国石油和化学工业联合会、北京市科学技术研究院分析测试研究所、中标能效科技（北京）有限公司、中国纺织工业联合会、西南铝业（集团）有限责任公司等单位的相关人员参加会议。

国际组织任职 2021年，协会秘书长高建忠担任国际标准用户者联盟理事会成员。

国际交往 协会与国际标准化组织、国际电工委员会、国际电信联盟等主要国际标准化组织保持密切联系。承担东北亚标准合作会议和太平洋地区标准大会中方秘书处工作，承担自愿性可持续标准中国国家平台的建设维护工作等，促进国际区域标准合作。

2021年，在第十九届东北亚标准合作会议上，共征集国内21个项目，推荐12个项目与日本、韩国合作，成功立项2项标准提案，成立WG42（机床）和WG43（纺织品）工作组，助推中国优势技术开展区域标准合作。派出1名骨干赴国际标准化组织工作。

科普活动 构建“塔型”人才培训体系。坚持建设从高级人才培育至青少年科普多层次“塔型”人才培养体系。2021年，围绕基础通用、重要技术、新型管理等标准宣贯、企业标准化工作体系建设、国际标准化技能、前沿标准化知识等举办63期培训，会员受众4235人次。丰富“远程教育服务平台”课程，全年统计点播学习2000余人次。

2021年，在国家标准化管理委员会的指导下，举办第三届全国青少年标准化奥林匹克竞赛暨第16届国际标准奥林匹克竞赛国内选拔活动。联合举办首届全国大学生标准化奥林匹克竞赛，来自25个省、直辖市的48所院校的680多名学生参赛。

党建强会 始终加强党的全面领导和党的建设，坚决与党中央的思想路线方针政策保持高度一致。2021年正值迎接建党百年，协会严格落实上级党组织的要求和部署，认真开展党史学习教育。认真学习贯彻习近平新时代中国特色社会主义思想和党的十九届六中全会精神，开展党史学习教育，严格落实全面从严治党，不断推动党建工作高质量发展。面向全体会员丰富学习载体及形式，举办“学党史，悟思想，开创标准化工作新局面”公益大讲堂暨《国家标准化发展纲要》宣讲活动，协会理事、分支机构、会员单位等3000人通过线上线下参加学习，增强全员对党的基本理论、基本路线、基本方略的政治认同、思想认同、情感认同，坚定不移听党话跟党走。

会员服务 以协会专项技术资源和交流活动为抓手，协作提供多层面、定向化联络和标准化研讨、培训、咨询和标准制订等方面服务，让会员参与到标准化工作中来。全年为会员代购标准3500余份、查询标准11200余条、邮寄各类期刊7000余册。为专业会员分别举办国际标准化趋势洞察分享会、生活电器的新技术方向研讨会、汽车行业标准法规信息交流会、项目管理标准化公益讲座、中国标准化协会电线电缆专业委员会电线电缆技术论坛等。组织2021年度标准化论文征选活动，颁发“美的”杯优秀论文奖。

【第18届中国标准化论坛】 10月21—22日，由协会主办的第18届中国标准化论坛在广东省佛山市举办。论坛以“实施标准化纲要，推动高质量发展”为主题，采用线下线上两种方式同步进行。国内外标准化领域的知名专家、学者，研究机构的领军人物，各行业标准技术管理负责人以及全国20多个省（自治区、直辖市）的300名标准化工作者参加现场活动，1万多人收看线上直播。

论坛包括1个主论坛、5个分论坛（绿色低碳标准化、标准数字化、家用电器标准化、标准化教育、区域产业高质量发展）和系列专题活动。内容紧扣当前国家全面深化改革的形势和标准化体制机制的改革，邀请多位标准化专家、学者深度讲解国家标准化事业发展的战略布局和政策导向；分享涉及绿色低碳、数字经济、知识产权、团体标准发展等的新成果和新实践；探讨在不断完善中国特色社会主义市场经济体制中，如何全面发挥标准化支撑经济社会发展的基础性、战略性和引领性作用，以高标准助推中国经济社会全面高质量发展。

【中国代表队勇夺第16届国际标准奥林匹克竞赛三枚金牌】 在国家标准化管理委员会的指导下，协会举办第三届全国青少年标准化奥林匹克竞赛暨第16届国际标准奥林匹克竞赛国内选拔活动，共10个省、直辖市的46支队伍参加选拔。7月25日—8月4日举办的第一阶段活动全面考核各支队伍的标准编写、图形符号设计、英文答辩能力；8月7日举办的第二阶段活动完成中国队选拔和组建，最终确认北京中学、杭州外国语学校、福州市第三中学代表中国参加第16届国际标准奥林匹克竞赛。

8月24—26日，第16届国际标准奥林匹克竞赛举办，来自中国、韩国、肯尼亚、卢旺达、印度尼西亚、新加坡6个国家的40组初、高中队伍共120名学生参赛。中国的三支代表队在40支国际竞赛队伍中获得3项金奖。

（撰稿人：田　欣）

中国图学学会

服务创新型国家和社会建设 2021年，学会不断拓宽服务领域，持续提升品牌质量和规模，为国家培养高技能人才。于6月、12月分别举办全国CAD技能等级考试2期，举办全国BIM技能等级（一、二级）考试2期，举办全国BIM技能等级（三级）考试1期，满足在校生的毕业需求和建筑业BIM技术从业人员的就业和工作需求，全年为社会培养高技能CAD/BIM技能等级人才约7.8万人次。4月，在北京召开第十四期全国BIM技能等级考试考评员培训班。

申报2021年学会公共服务能力提升项目，旨在通过开展《机械产品三维建模通用要求》团体标准宣贯推广，跟踪标准应用和国际认可情况，分析团体标准取得的经济社会效益并将其上升为国际标准。在此基础上，总结凝练出团体标准应用与国际化的工作模式和经验，更加规范、有序、高质量地推进学会团体标准化工作。

11月22日，以线上线下相结合的形式召开团体标准宣贯会，现场参加会议13人、线上参加会议49人、参加直播2671人，合计2733人参与团体标准宣贯活动。

召开2021年度团体标准研制启动会。会议介绍《内窥镜荧光摄像系统　影像质量评价规范》等9项立项团体标准的立项过程、研制必要性及下一步计划，并分享《机械产品三维建模通用要求》（T/SCGS 303003—2019）团体标准国际化路径的探索经验。

学会建设 2021年，新发展个人会员3184人，累计达到121865人，同比增长2.7%；团体会员新增25个，累计达到105个，同比增长31.25%。学会换届期间，修订并重新审定《中国图学学会会员条例》，更新个人会员类型，对会费标准做出调整。

学会定期召开常务理事会议、理事会议，根据工作需要随时召开理事长办公会议、秘书长工作会议，做到参会有纪律、过程有记录、结果有纪要、决议有落实。

7月4日，学会在北京组织召开中国图学学会第八次会员代表大会，232名会员代表参加。学会所有分支机构同期进行换届。专业委员会由15个增至19个，新增数字孪生、智能工厂、物联网图形学、可视化与认知计算4个专业委员会；工作委员会保持9个不变，分会保持1个不变。28个分支机构全部换届完毕，新一届的分支机构委员累计人数达到1642人，比第七届的865人增长90%。第八届理事会增设指导委员会和学术咨询委员会，分别由学会名誉理事长、中国工程院院士孙家广和谭建荣担任主席。图学标准化技术专家委员会随学会换届而换届，新一届委员会专家覆盖领域更广，委员规模由25人增至42人。根据本轮次换届过程中的实际经验，修订《分支机构工作条例（试行）》。推进“互联网+”提升信息化建设水平。推进学会OA系统构建。

青年人才托举工程 组织开展“青年人才托举工程”项目，遴选出3名青年科技工作者为中国科协“青年人才托举工程”项目储备人才。通过举办第四届“奋发图强”青年科学家论坛和总第七、第八期“奋发图强”青年人才学术沙龙，为往届“青年人才托举工程”项目入选者创造展示自我、科研探讨、实现成长的平台。

主办期刊 学会主办3本期刊，持续努力开拓新局面。

《图学学报》全年收稿739篇，录用116篇，录用率17%；出刊6期，刊发论文131篇。继续被北大图书馆“中文核心期刊要目总览”、科技部信息研究所“中国科技核心期刊”和中国科学院“中国科技引文数据库”三大国内数据库收录，并入选知网“中国学术期刊影响因子年报”统计源期刊、万方“中国核心期刊（遴选）数据库”“中国学术期刊文摘”源期刊；被《世界期刊影响力指数（WJCI）报告（2020 科技版）》收录；被中国知网工程与技术科学和自动化与计算机技术两个学科同时收录，前者的学科排序为 9/53（同比上升 1 位），后者的排序为 45/142（同比提升 8 位）。为庆祝学会建会 40 周年暨学报创刊 40 周年，组稿出版纪念专刊。

《工医艺的可视计算》（英文刊）（*Visual Computing for Industry*，*Biomedicine*，*and Art*，VCIBA）全年收稿 85 篇，同比提升 100%，稿件来源广泛，除印度外，德国、日本、澳大利亚等国家均有自由投稿；发稿 27 篇，国际 / 境外稿件占比 70%。期刊收录取得显著成效：5 月被 ESCI 数据库收录、11 月被 EI 收录、12 月被中国科学院文献情报中心期刊分区表收录，Elsevier 统计的 CiteScore 为 3.3。

《土木建筑工程信息技术》出版 6 期，刊登文章 130 余篇，录用文章在中国知网《中国学术期刊（网络版）》出版传播平台上进行网络首发正式出版。中国学术期刊影响因子年报（自然科学与工程技术 2021 版）计量指标统计数据显示，本刊学科类目归属土木建筑工程，研究层次属于技术开发，CI 值为 331.459，影响力指数学科排序 14/174，2020 年载文量 136，近三年总被引频次 2185；基金论文比 0.36，WEB 下载量 6.52/ 万次；影响因子 2.280，他引影响因子 1.653，5 年影响因子 1.774，他引 5 年影响因子 1.398，影响因子学科排序为 10/174。

国际学术会议 11 月 10—11 日，为积极推进建筑业的数字化转型，学会土木工程图学分会以“工程项目全生命期协同应用创新发展”为主题在广东省深圳市召开第八届 BIM 技术国际交流会。业内专家、高校教师以及来自勘察设计、施工、房地产企业、软件厂商等的共计 300 余人参加，对自主可控 BIM 平台软件、BIM（正向）设计、智能建造、智慧运维、政府监管与 CIM 等前沿及热点技术以及“十四五”期间 BIM 应用和数字化转型工作进行交流及探讨。会议开通在线直播，吸引超 27 万人次在线参与。

12 月 6—7 日，第十三届亚太地区图学论坛以视频方式召开。会议由香港理工大学主办，中国图学学会、国际几何与图学学会和日本图学会协办。会议邀请来自塞尔维亚、波兰、日本、韩国和中国的专家、学者作特邀报告，共发表学术论文约 60 篇。中国内地参加会议专家 57 人，其中学会会员 33 人。

国内主要学术会议 3 月 30—31 日，由学会应用图学专业委员会主办的城市群及区域综合科技服务发展模式及解决方案研究与推广行动总结交流会在四川省成都市召开，130 余名专家出席会议。国家重点研发计划“现代服务业共性关键技术研发及应用示范重点专项”设立京津冀协同创新区、长三角、成渝、哈长、珠三角、长江中游、北部湾、中原城市群以及中国（海南）自由贸易试验区等九大城市群综合科技服务平台。为支撑上述平台的研发与建设，开启“区域综合科技服务发展模式及解决方案研究与推广行动”，该行动由学会应用图学专业委员会与西南交通大学、电子科技大学、昆明理工大学以及科技云服务产业技术创新战略联盟等单位组织实施。行动旨在为进一步推进城市群及区域综合科技服务发展模式及解决方案的研究与推广，加强城市群综合科技服务平台研发与应用示范的技术交流。

6 月 19 日，由学会图学教育专业委员会主办、高等教育出版社承办的第二届全国高等职业院校图学教育研讨会在线上召开。来自全国各地的近 500 名图学教育工作者参加会议。

12 月 18 日，由学会主办的第四届“奋发图强”青年科学家论坛在线召开，合计 1185 人次参会。

12 月 23 日，为响应中国科协“科创中国”品牌建设号召和泰安市科协需求，双方协商以线上线下相结合的方式举办全国一级学会对接“科创中国”泰安试点市产业建设高端学术交流大会。会议由泰安市科协主办，学会作为支持单位参与。学会成员汪国平、胡事民与泰安市当地的高新科技企业进行沟通交流，助力当地经济及智能制造业产业发展。

12 月 25—26 日，由学会指导、重庆市住房和城乡建设委员会支持、学会建筑信息模型专业委员会主办的第七届全国 BIM 学术会议在重庆市召开。会议主题为“创新引领　数字赋能”，重点探讨 BIM 技术及其相关技术在智能建造、全生命期项目管理等方面的研究应用。会议采取线下线上相结合的形式举办，线下及线上参加会议与观看人数共计超过 1 万人次。

12 月 28 日，由学会主办的 2021 年“龙图杯”全国BIM高峰论坛在北京以线上线下相结合的方式召开，

130余名专家、学者参与。

科普活动 学会举办第十届“龙图杯”全国BIM大赛，分为设计、施工、综合和院校四个组，共有参赛单位1806家，收到参赛作品2052项，参赛人数达28367人次。经专家委员会初审、复审、现场答辩及终审、评审结果公示等环节，从BIM技术应用功能、应用创新、应用水平和综合效益等方面严格评审，最终4个组别共评选出778项获奖成果。

表彰举荐优秀科技工作者 推荐2021年度中国工程院院士候选人和第十四届光华工程科技奖候选人，2名被推荐人均从中国科协的评选中脱颖而出。

2021年，启动学会科技进步奖、优秀博士学位论文奖、优秀科技工作者奖4个奖项的征集和评审工作。12月18日，学会以线上线下方式召开科技奖励评审会，最终评出科技进步奖一等奖2项、二等奖5项；优秀科技工作者奖2人；优秀博士学位论文奖3篇。

党建强会 在学会换届同期完成第八届理事会党委换届工作。编制《中国图学学会党委工作规则（试行）》。通过把方向、谋大局、促改革，把党的理论和路线方针政策落实到学会治理结构和治理方式改革的各个方面。

组织开展形式多样的党建活动。5月，开展党史学习教育并赴中国国家博物馆观看党史主题展览；7月，收看习近平总书记在庆祝中国共产党成立100周年大会上的重要讲话；10月，开展《长津湖》红色教育观影活动。

会员服务 为会员提供更多权益和更大优惠，面向会员免费举办“龙图杯”全国BIM大赛，覆盖近3万人次的会员群体；各分支机构组织召开学术会议对会员的注册费减免普遍达到20%或以上；参加全国BIM技能等级考试的会员可在学会官网提前查分并可查询具体的单项分数；首次开展给会员送小礼物的年终答谢活动。

【中国图学学会第八次会员代表大会】 7月4日，学会在北京组织召开中国图学学会第八次会员代表大会，并同期举办建会四十周年庆典。中国科协党组书记、常务副主席、书记处第一书记怀进鹏，北京航空航天大学党委书记曹淑敏，工业和信息化部信息技术发展司司长谢少锋，住房城乡建设部建筑节能与科技司副司长汪科，中国航空学会理事长林左鸣等出席会议。全国130家学会、协会和研究会发来贺信、贺电，学会232名会员代表参加会议。会议选举产生第八届理事会（141人）和第一届监事会（5人）。在同期召开的第八届第一次理事会会议上，选举产生第八届常务理事会（47人）和第八届理事会党委（7人）。学会建会四十周年庆典同期举办，除按照换届要求组织好“八大”主席团会议、会员代表大会、第一届监事会议、第八届第一次理事会议、第八届第一次常务理事会议等5个工作会议外，学会制作《砥砺四十载 谱写新华章》建会四十周年纪念册、纪念片，“薪火永传承”采访视频，建会四十周年大事记展板，《图学学报》纪念专刊，并对名誉理事长、名誉理事、杰出贡献奖、先进团体、优秀学会工作者等进行表彰。

按照民政部和中国科协要求，除成立第八届理事会、常务理事会，新成立第一届监事会，换届学会理事会党委；建立指导委员会、学术咨询委员会等新机构，学会的组织构架更加健全。

【2021年全国BIM高峰论坛暨第十一届“龙图杯”启动会】 12月28日，2021年全国BIM高峰论坛暨第十一届“龙图杯”启动会及第十届“龙图杯”颁奖会在北京召开。130余名专家、学者围绕主题“推动智能建造数字赋能新时代的建筑业发展”进行探讨，清华大学教授马智亮、北京城建集团有限责任公司总工程师李久林、中国建筑科学研究院有限公司研究员王静等8名专家分别作特邀报告或产业报告，并共同参与对话沙龙建言献策。会议在网络平台进行全程直播，全天累计同时在线人气峰值合计达3.63万人次。

中国图学学会名誉理事长、中国工程院院士、清华大学教授孙家广，中国科协科学技术创新部部长刘兴平出席会议并致辞，对学会举办的大赛给予充分肯定。

大会还组织十届优秀获奖作品轮流播放，现场展示大事记，记录大赛和高峰论坛走过的历程。学会为参加会议的专家、学者准备《2021第十届“龙图杯”全国BIM大赛获奖工程应用文集》。该文集是由学会组织一等奖获奖单位撰文介绍获奖成果的重要资料，从工程概况、BIM组织与应用环境、BIM应用及应用效果、经验及创新等方面展示各获奖成果在BIM应用上的亮点及最新技术。学会会员可在学会官网免费下载《第十届“龙图杯”全国BIM大赛获奖工程应用文集》电子版。

论坛入选中国科协《重要学术会议指南（2021）》，得到新华网、人民网、《科技日报》等新闻媒体的支持。

（撰稿人：杨 洁 王 玉）

中国电子学会

服务创新型国家和社会建设 围绕核心技术“卡脖子”等问题建言献策。组织开展“集成电路产业关键核心领域技术路线图”“面向2035的机器人技术预见”等多项研究课题，发布《2021年全球人工智能发展报告》《2021年全球脑科学发展报告》《5G+工业互联网赋能制造业数字化转型白皮书》等20项智库产品。向中国科协、工业和信息化部报送政务信息20余篇。完成科技成果鉴定103项。

学会建设 学会全年组织召开1次理事会议、2次常务理事会议，审议学会重大事项。变更副理事长1人、秘书长1人、常务理事1人、理事1人。召开2次监事会议，审议学会工作报告、财务报告、年检报告等。修订《中国电子学会分会年度工作评估考核办法》。进一步完善分会换届流程，通过常务理事、会士等渠道征集委员候选人，2个分会进行换届，新成立1个分会。开发中国电子学会组织管理系统，实现分会换届管理、考核评优的信息化流程管理。

加强学会秘书处建设。研究制订《中国电子学会主要职责和主要业务》《中国电子学会总部组织机构改革方案》，进一步明晰学会发展方向和目标。修订规章制度15项，规范工作标准和办事流程，提高学会内部管理的科学化、制度化、规范化建设水平。

青年人才托举工程 2月，学会组织“青年人才托举工程”项目评审，按照《中国科协青年人才托举工程实施管理细则》和《中国电子学会青年人才托举工程管理办法》有关要求，经推荐及评选流程，共有18名青年科技工作者入选第六届中国科协“青年人才托举工程”项目。举办3期中国电子学会青年人才托举沙龙。

主办期刊 2021年，学会主办科技期刊13种，其中，学术期刊12种（含英文学术期刊2种）、技术期刊1种，科技期刊总印数25万册。根据《2021年版中国科技期刊引证报告》显示，学会主办期刊《电子学报》《电子测量与仪器学报》《半导体学报》《信号处理》《数据采集与处理》《电波科学学报》《微波学报》等均长期在各自学科分组中综合评价总分名列前茅。其中，《电子测量与仪器学报》《电子学报》在电子技术学科中分别排名第一、第二。《电子测量与仪器学报》《半导体学报》在2021年继续获得“中国科技期刊卓越行动计划”梯队项目资助。

学科发展工程 学会积极推进中国科协2021重大科学问题、工程技术难题征集工作，开展学会、信息科技联合体征集、评审和上报工作，最终学会向科协报送5项科学问题和5项工程难题。学会推荐的“如何利用人工智能实现医疗影像多病种识别并进行辅助诊疗？”入选工程技术难题，同时学会获得“2018—2021年度优秀组织单位”“2021年度优秀推荐单位”称号。2021年，学会还组织集成电路业内知名专家、学者对集成电路产业的发展趋势、国内现状、面临问题和发展方向等作出研判，编制中国集成电路产业技术路线图，为推动中国集成电路技术产业创新发展提供参考依据。

国内主要学术会议 4月17—18日，由学会、重庆两江新区管理委员会主办的第十五届中国电子信息技术年会在重庆市举办。会议以“智慧+”为主题，包含IT主论坛和21个专题论坛，共有2500余人注册、近5000人参加会议。

6月26—27日，由学会主办的全国复杂电磁环境效应学术交流大会在四川省成都市举办。

9月10日，2021世界机器人大会在北京开幕。大会以“共享新成果、共注新动能”为主题，包括论坛、博览会、机器人大赛等活动。大会得到世界工程组织联合会等20家国际机构的支持，图灵奖得主、中国科学院院士、中国工程院院士等300多位业界专家参加会议，汇聚108家企业的513件创新产品参展，汇集近2000名选手现场参赛。

9月24日，由学会量子信息分会主办、学会学术交流中心和中国电子科学研究院承办的2021量子信息技术学术交流大会在江苏省苏州市举办。中国科学院院士俞大鹏，中国工程院院士陆军、张平，学会副秘书长刘明亮出席会议并讲话，中国科学院院士潘建伟以视频方式致辞。陆军、中国科学技术大学教授陆朝阳、中国科学技术大学研究员彭承、张平分别作大会报告。

10月15日，由学会、中国通信学会共同主办的2021中国物联网大会暨全国通信理论与技术学术会议在江苏省无锡市举办。会议设有20余场专题论坛活动，覆盖物联网与通信各个领域，邀请产学研用各界200余位专家、学者围绕物联网技术与应用等话题交流研讨。

10月21日，由学会联合江苏省科协、无锡市人民政府等单位举办的中国数据智能创新发展高峰论坛在江苏省无锡市召开。来自大数据、人工智能领域的国内外院士、专家以线上或线下的方式参加会议，共同探讨和推动大数据、物联网、云计算与智能计算的深入融合，探寻大数据时代的发展新机遇。中国工程院院士倪光南、谭建荣分别以《基于数据网络技术赋能数字经济发展》《工业互联与数据挖掘：关键技术与发展趋势》为题作主旨演讲。

10月22日，由学会主办、华东师范大学通信与电子工程学院承办的对流层电波传播与应用研讨会在上海市举办。会议设特邀报告8场，参会人数60余人，涉及18个单位，其中10所高校、3个研究院所和5个行业部门，采用线上与线下相结合的方式进行。中国海洋大学教授高山红、西北工业大学教授杨坤德和西安电子科技大学教授弓树宏分别作题为《海上大气波导的数值模拟与预报》《蒸发波导特性与应用的研究进展》和《对流层超视距电波传播及应用探索》的报告。报告专家围绕对流层大气波导现象，重点讨论大气波导成因和数值模拟与预报方向的创新研究工作，探讨电波传播技术在对流层超视距通信中的前沿发展。

国际组织任职 组建国际信息处理联合会中国委员会，推荐华中科技大学电子信息与通信学院副院长葛晓虎担任国际信息处理联合会中国代表。

国际交往 策划举办第二届世界工程日庆祝活动、“工程助力减贫”线上研讨会及“创新技术促进可持续发展”线上公开课。在线参加联合国互联网治理论坛，并举办大数据与环境可持续发展分论坛及线上展览。在线参加信息社会世界峰会，推荐的“新冠肺炎病毒知识与数据信息系统”获峰会项目冠军奖。

科普活动 2021年，学会构建以“一赛四考”、创客教育论坛、年度调研报告、六个工作专家组、四套系列教材、五套标准、三个在线服务平台为特色内容的青少年科普综合服务体系。

推动开源、开放、公益科普项目进入中小学，走出一条科技社团组织联结政产学研用各方，将科普事业做大、做强、做实的特色之路。发布“青少年机器人技术”“青少年软件编程”等五类等级评价标准；开发线上线下相结合（OMO）的课程资源；编写出版等级考试相关教材，累计销售30万册；面向全国开展针对一线科技教师的专题培训120余场，累计培养青少年科技教师超过2万名，有效缓解中小学和教育机构的科技师资短缺问题；开展青少年系列等级考试，全年累计报名考试人数达30万人次。

连续开展科普进校园活动，组织“烛光义教”公益项目，赴河南省、吉林省、四川省等地开展科普课堂、捐献教材和器材等公益活动10余次；面向教育欠发达地区开设教学示范课堂，助力科技教师培养和学生科技启蒙，惠及民众超过3万人次。

开展志愿者队伍建设。组织学术活动和科普活动志愿者培训及服务，建立志愿者招募制度及志愿者档案，并对工作效果进行审核。2021年，注册科技志愿者276人，累计志愿服务时长17594小时；组织捐献科普教学物资超过120万元。

表彰举荐优秀科技工作者 2021年，中国电子学会科学技术奖共评出创新团队奖2项、一等奖36项、二等奖66项、三等奖46项。学会推荐参评的国家奖项中有3项获奖，分别是国家技术发明奖一等奖、二等奖和国家科学技术进步奖一等奖。评选出“十佳中国电子学会优秀科技工作者”10人、“中国电子学会优秀科技工作者”87人。设立中国电子学会集成电路奖学金，评出特等奖学金6人、一等奖学金44人。

党建强会 2021年，学会全面加强党的建设，推动学会党建与业务融合发展，探索通过党建促进学会创新发展的新路径、新方法。深入学习贯彻习近平新时代中国特色社会主义思想。学会始终将学习贯彻习近平新时代中国特色社会主义思想及习近平总书记重要讲话精神作为首要政治任务，认真学习党的十九大以及十九届历次全会精神。建立党委理论学习中心组示范带动学、党支部集中学、党员自主学三级联学机制，切实将学习成效转化为推动学会事业蓬勃发展的强大动力。高质量开展党史学习教育工作。成立党史学习教育领导小组，制订《中共中国电子学会总部委员会关于开展党史学习教育实施方案》，有计划、有步骤地开展党史学习教育。充分运用党委理论学习中心组学习和支部“三会一课”开展党史专题学习，上下联动，确保学习效果。精心组织建党100周年系列学术活动。制订《中国电子学会庆祝中国共产党成立100周年活动方案》，通过举办“献礼建党百年·弘扬科学家精神”签名活动、开展“献礼建党百年·不忘初心使命”科学家讲党课系列活动、“献礼建党百年·致力科技创新”科技大讲堂活动，团结动员科技工作者重温光辉岁月、共贺建党百年。开展党建+科普的“烛光义教”公益科普工作，深入广西壮族自治区、河南省、吉林省、河北省等省、自治区乡村中小学30余所，惠及学生2000多人次，捐献科普物资100余万元，开展科普公益讲座30余场，培训科技志愿者超过150人次。

会员服务 2021年，学会持续优化会员服务内容，与地方电子学会开展合作开展共同发展会员工作，通过开展优秀博士学位论文和优秀硕士学位论文评选、"青年人才托举工程"等工作服务会员；通过举办全国电子信息青年科学家论坛、青托沙龙等青年科学家俱乐部的系列学术活动吸引更多的青年科技工作者加入学会。编辑《中国电子学会会员通讯》《中国电子学会青年科学家通讯》，为广大会员提供宣传平台。

【第十五届中国电子信息技术年会】 4月17—18日，由学会、重庆两江新区管理委员会主办的第十五届中国电子信息技术年会在重庆市举办。会议以"智慧+"为主题，学会理事长张峰，重庆市委常委、两江新区党工委书记段成刚，工业和信息化部电子信息司司长乔跃山等领导分别致辞。世界工程组织联合会主席、学会副理事长龚克，大会主席、学会副理事长、中国工程院院士、北京理工大学校长张军，大会学术委员会主席、中国科学院院士郝跃，中国科学院院士刘明、李德仁，中国工程院院士刘经南等34位院士，以及重庆市有关部门的领导出席主论坛。年会包含1个主论坛和21个专题论坛，共有2500余人注册、近5000人参加会议。主论坛通过央视频道和新浪科技进行在线直播，共有8.5万余人次在线收看。

会前，重庆市委副书记、市长唐良智，市委常委、组织部部长彭金辉，市委常委、两江新区党工委书记段成刚，与部分参加会议的学会领导、院士进行座谈。

【2021世界机器人大会】 9月10日，2021世界机器人大会在北京开幕。中共中央政治局委员、北京市委书记蔡奇，全国政协副主席、中国科协主席万钢出席开幕式并参加启动仪式。中国科协党组书记、分管日常工作副主席、书记处第一书记张玉卓，北京市市长陈吉宁，工业和信息化部副部长辛国斌出席开幕式并致辞。北京市委常委、副市长殷勇主持开幕式。

大会以"共享新成果、共注新动能"为主题，包括论坛、博览会、机器人大赛等活动。论坛由主论坛、20余场专题论坛及开闭幕式组成。博览会按照"3+C"体系布局："3"是工业机器人、服务机器人、特种机器人三大展区，"C"是创新展区。重点展示机器人本体、关键零部件、产业链上下游及关联领域尖端成果和首发新品，110余家企业和科研机构携500多款产品参展。机器人大赛设共融机器人挑战赛、BCI脑控机器人大赛、机器人应用大赛、青少年机器人设计大赛4大赛事，近千名参赛者现场展开竞技。

中国科协党组成员、书记处书记吕昭平，北京市委常委、市委秘书长张家明，北京市副市长、市政府秘书长靳伟，中国科学院院士、国家自然科学基金委员会副主任陆建华，中国工程院院士、中国科学院沈阳自动化研究所机器人技术国家工程研究中心主任王天然，中国科学院院士黄维，学会理事长张峰，中国职业技术教育学会会长鲁昕，全国政协文化文史和学习委员会副主任阎晓宏等出席开幕式。国际支持机构和中外专家、学者等分别通过线上线下的方式参加大会。

【2021中国物联网大会暨全国通信理论与技术学术会议】 10月15日，由学会、中国通信学会共同主办的2021中国物联网大会暨全国通信理论与技术学术会议在江苏省无锡市举办。学会理事长、工业和信息化部原总工程师张峰出席开幕式。无锡市委副书记、代市长赵建军，学会副理事长兼秘书长陈英，中国通信学会副理事长兼秘书长张延川，中国科学院院士尹浩致辞。中国工程院院士许居衍、柴天佑、于全、何友、苏东林，中国科学院院士吴培亨、尹浩、王怀民，中国工程院外籍院士沈学民等专家参加会议。大会组委会主席、学会通信分会主任委员、中国通信学会物联网委员会主任委员朱洪波主持开幕式。

柴天佑、于全、王怀民、沈学民、苏东林分别围绕工业智能、类脑计算、软件生态、6G和电磁兼容技术等科学前沿问题作报告。会议还设有20余场专题论坛活动，覆盖物联网与通信各个领域，邀请产学研用各界200余位专家、学者围绕物联网技术与应用等话题交流研讨。

【第四届中国国际进口博览会虹桥国际经济论坛——智启新时代：智能科技与产业合作分论坛】 11月5日，由商务部、工业和信息化部、上海市人民政府主办，中国国际进口博览局、国家会展中心（上海）、学会承办的第四届中国国际进口博览会虹桥国际经济论坛——智启新时代：智能科技与产业合作分论坛在上海市举办。论坛以"新动能、新优势、新生态"为主题，工业和信息化部党组成员、副部长王志军，上海市委常委、副市长吴清，联合国工业和发展组织总干事李勇出席论坛并致辞。2010年诺贝尔经济学奖获得者、伦敦政治经济学院教授克里斯托弗·皮萨里德斯，中国科学院院士、复旦大学副校长张人禾，中国科学院科技战略咨询研究院院长潘教峰等专家、学者参加会议，共同探讨智能科技如何与实体经济深入融合，成为未来中国经济增长的新动能，并通过将产业竞争力转化为国家实力新优势，助推构建智能价值链的全球新生态。

（撰稿人：段　续）

中国计算机学会

服务创新型国家和社会建设　2021年，学会共举办3次内容安全策略（CSP）认证，参加人数24800人次，来自400余所高校。在全国169所高校建立认证点，清华大学等80所高校的计算机专业以多种方式认同CSP认证成绩，如将CSP认证成绩作为考研复试成绩、计入创新学分、评定奖学金、纳入教学计划等。已举办24次CSP认证，累计169026人次参加认证。根据各认证点全年参与情况，评选出2021年度中国计算机学会CSP“组织优秀单位”和“成绩优秀单位”。

2021年，学科前沿讲习班完成前沿培训10期，以线上线下相结合的方式进行，主题涉及机器学习、预训练模型、人工智能、软件自动化、推荐系统、深度学习、图神经网络、芯片设计开发、知识图谱等，1256人次参加培训。

企业合作基金持续发展，搭建学企合作桥梁。腾讯、华为、阿里、蚂蚁金服、百度、海康威视、滴滴、绿盟等9个合作企业参与，基金规模超过5000万元，共计500余名学者及其团队的160个项目获得资助。

在35个城市建立会员活动中心、65所高校建立学生分会。2021年度组织各类学术活动300余场，活动结合当地的社会、经济发展需求，派遣专家支持地方活动并提供部分活动经费。2021年共组织近60场走进高校社会公益讲座，提供在线学术视频200余小时。

开展智库研究，主动在科技创新和社会治理中发声。发起成立数字经济50人论坛，服务中国数字经济建设；强化对本领域机构专业能力、专业办学水平、专业人员能力的专业评价能力，为相关的政策制定和专业发展提供基础评价依据和参考标准。

学会建设　2021年，学会召开1次会员代表大会、2次常务理事会议、1次理事大会和若干次工作机构会议。

继续开展常务理事参加专业委员会学术年会活动，对专业委员会活动进行调研、数据采集和评价考核；组织专业委员会秘书长培训和主任研讨会；按照专业委员会服务的会员人数拨付工作经费。

2021年，经学会常务理事会决议，批准创建量子计算专业组；通过“计算＋行业分会”的形式创建计算艺术分会、计算法学分会以及智能汽车分会；集成电路设计专业组、智能机器人专业组升级为专业委员会。完成1个专业委员会的换届选举工作。

2021年度，继续获得中国科协“世界一流学会建设项目”支持，围绕项目主要任务和考核指标开展学会工作。培育CNCC、ADL、YOCSEF、TF、CTO CLUB等品牌学术活动，持续提升品牌含金量。发现和扶持若干有一定基础的专业委员会的学术活动，提升品牌影响力。与机械工业出版社合资成立出版公司，持续提升《中国计算机学会通讯》的质量和水平，组建新一届编委会；提升学科发展报告质量，努力打造领域的权威指南。

设立CCF王选奖、CCF青年科学家奖和CCF优秀博士学位论文奖，提升国际影响力。建设并发布学会的学术道德和行为规范，建立学术诚信档案，建设具备长期可持续健康发展的学术生态环境。完善和扩大产学合作，构建开放共享的产学融合服务平台。

持续改革、完善与优化学会治理结构，强化学会党委对业务工作的指导。完善学会规章制度。深化专业委员会规范化管理，加强专业委员会和总部之间的互动。

青年人才托举工程　根据中国科协《“青年人才托举工程”项目实施方案》及有关要求，2021年度学会继续申请中国科协“青年人才托举工程”项目，并获得2个被托举名额。

主办期刊　2021年，学会获得中国科协“2021年度分领域发布高质量科技期刊分级目录试点”及“2021年度全国学会期刊出版能力提升计划”项目资助。学会出版工作委员会组织相关领域专家参与第六届优秀科技论文遴选计划，共有2篇CCF会刊论文入选。

经学会出版工作委员会批准，《大数据》《网络与信息安全学报》《软件导刊》《信息安全学报》4本学术期刊于2021年度进入CCF会刊序列，会刊增加至21本。截至12月31日，*Data Science and Engineering*（《数据科学与工程》）、*CCF Transactions on Pervasive Computing and Interaction*（《CCF普适计算与交互会刊》）、*CCF Transactions on High Performance Computing*（《CCF高性能计算会刊》）3本英文刊进入Scopus和ESCI等国际数据库，为下一步进入EI和SCI数据库做好准备工作。与此同时，为更好地开展国际合作和提升出版物质量，学会出版工作委员会牵头组织或举办Springer Nature交流会、调研Chinaxiv、AJE等合作项目，开展CCF会刊评估会、牵头成立CCF丛书编委会、制订CCF出版工委出版基金、审查并出版一批英文图书及会议论文集等工作。

学科发展工程 2021年度，学会继续组织专业委员会开展学科研究和发布学科发展报告，共收到23份反映不同方向进展的报告申请。学会学术工作委员会组织评审，遴选出具有代表性的高水平报告共14篇，汇编成《CCF 2020—2021中国计算机科学技术发展报告》，已正式出版。14篇报告分别是《涉及碳中和体系结构关键技术与系统研究发展报告》《智能感知的边缘计算芯片的研究进展与发展趋势》《众测理论与方法的研究进展与趋势》《安全攸关系统的领域建模与形式化验证方法的研究进展与趋势》《视觉－语言交互技术的研究进展与发展趋势》《中国计算机教育发展报告》《Sketch驱动的网络被动测量研究进展与趋势》《新一代知识图谱信息系统的研究进展与趋势》《虚拟形象合成的研究进展与趋势》《卫星互联网的研究进展与趋势》《边缘计算的研究进展与发展趋势》《跨媒体智能关联分析与语义理解理论与技术研究进展》《群智建模仿真与演化计算研究进展与趋势》《生物信息学组合问题算法及其计算复杂性》。

国内主要学术会议 2021年，学会及其专业委员会共举办学术年会、研讨会等88个，线下17689人次参加。

7月22日，YOCSEF（中国计算机学会青年计算机科技论坛）举办特别论坛“如何构建促进计算机学科创新发展的科技评价体系”，来自学术界、政界、产业界、媒体界等各界的专家参加讨论。YOCSEF总部和27个城市分论坛全年共举办逾160次活动，参加会议人数8000余人次。

国际交往 由于疫情原因，2021年度学会未对外互访，但与美国计算机协会、IEEE计算机协会、日本信息处理学会和韩国信息科学家与工程师协会保持良好合作交往。在2021中国计算机大会开幕式上，上述四家国际学会代表通过视频远程致辞。

科普活动 2021年度，学会组织国际信息学奥赛（IOI）中国队选拔、计算机非专业组别能力认证（CSP-J/S）、全国青少年信息学奥林匹克联赛（NOIP）、全国青少年信息学奥林匹克竞赛能力测试及培训（NOI Online）、全国青少年信息学奥林匹克竞赛（NOI）教师培训。来自全国31个省（自治区、直辖市）（含香港特别行政区、澳门特别行政区）的300余名师生参加NOI 2021。在NOI 2021同期举办网上同步赛，共有2195名选手报名参加。

由新加坡主办的第33届国际信息学奥林匹克竞赛（IOI 2021）在世界各地以线上比赛形式同步举办，共有来自88个国家和地区的355名选手参赛。中国队4位选手全部获得金牌并包揽前四名，以绝对优势取得团体第一。

举办第5届“NOI与中小学计算机教育”论坛，来自全国各地的26位教师就当下正热的“紧箍咒还是助推剂？——NOI大纲的解读和讨论”和“一线是否真正在线？——如何真正发挥教师的指导作用”两大主题进行探讨。

NOI教师培训本年度为线上培训，共有617人报名参加。

计算机博物馆落户浙江省金华市东阳市横店镇。开展“科普视频大赛”等多种科普活动。

表彰举荐优秀科技工作者 2021年度中国计算机学会终身成就奖授予中国人民解放军国防科技大学教授胡守仁、广州大学教授张景中；夏培肃奖授予北京大学教授金芝、清华大学教授史元春；杰出贡献奖授予腾讯公司副总裁王巨宏；卓越服务奖授予中国科学院计算技术研究所研究员陈熙霖、北京赛博英杰科技有限公司创始人谭晓生、南京大学教授袁春风、北京大学教授张铭；杰出工程师奖授予华为有限公司ICT操作系统架构师胡欣蔚、360集团副总裁兼首席科学家潘剑锋；优秀博士学位论文奖授予清华大学陈游旻、南开大学范登平、南京大学凤维明、上海交通大学牛超越、清华大学孙佶、东南大学徐宁、南京大学叶翰嘉、清华大学矣晓沅、中国科学院计算技术研究所赵永威、中国人民大学牛玉磊10位博士；王选奖授予清华大学教授杨广文、飞腾信息技术有限公司总经理兼首席科学家窦强；海外杰出贡献奖授予美国马里兰大学计算机系杰出教授林明洁、加拿大滑铁卢大学计算机科学系讲座教授李明；CCF-IEEE CS 青年科学家奖由学会与 IEEE CS 联合评审与颁发，授予中国科学院信息工程研究所研究员陈恺、北京大学副教授孙广宇、上海交通大学教授吴帆、北京大学副教授熊英飞、中国人民大学教授赵鑫；CCF-ACM 人工智能奖授予中国科学院信息工程研究所研究员陈恺、北京大学副教授孙广宇、上海交通大学教授吴帆、北京大学副教授熊英飞、中国人民大学教授赵鑫。

在科学技术奖方面，上海交通大学、清华大学、中国科学院软件研究所（与中国人民大学合作）完成的 3 个项目获得 2021 年中国计算机学会科学技术奖自然科学奖一等奖；武汉大学、中南大学、中国科学院数学与系统科学研究院、复旦大学、华南理工大学等机构牵头完成的 5 个项目获得 2021 年中国计算机学会科学技术奖自然科学奖二等奖；阿里云、华东师范大学、中国科学院计算技术研究所等机构牵头完成的 3 个项目获得 2021 年中国计算机学会科学技术奖技术发明奖一等奖；湖南大学、联想研究院、复旦大学等机构牵头完成的 3 个项目获得 2021 年中国计算机学会科学技术奖技术发明奖二等奖；中国人民解放军国防科技大学、蚂蚁集团、北京海致星图科技有限公司等机构牵头完成的 3 个项目获得 2021 年中国计算机学会科学技术奖科技进步卓越奖；阿里云、中国石油大学（华东）、京东城市（北京）数字科技有限公司、北京爱奇艺科技有限公司、浙江大学、福州大学等机构牵头完成的 6 个项目获得 2021 年中国计算机学会科学技术奖科技进步杰出奖；杭州安恒信息技术股份有限公司、联想研究院、蚂蚁区块链科技（上海）有限公司、浙江大学等机构完成的 4 个项目获得 2021 年中国计算机学会科学技术奖科技进步优秀奖。

党建强会 为庆祝中国共产党成立 100 周年，学会结合党史学习教育，围绕“众心向党、自立自强”主题落实“我为群众办实事”，结合实际情况开展“追寻红色足迹，开展党建强会”特色活动，获得“党建强会特色活动”优秀组织奖。通过开展技术前沿研讨会，依托政产学研用的跨界合作，做实“科创中国”，服务当地经济转型、产业转型升级和产业振兴；通过“走进大别山”等老区和边疆地区开展科普公益、科技服务活动，为这些地区的发展问题献计献策；结合建党百年和弘扬科学家精神，采访科技界的老科学家，尤其是采访在党 50 年的老党员们，并制作专题片《难以计算的贡献》来突出展现科学家精神，该专题片入选“党建强会计划”十佳品牌案例集。

会员服务 完善和创立精准多元的会员服务产品，增加会员权益的含金量，提升学会对国内外优秀科技人员的凝聚力，保持会员人数持续稳定增长。

2021 年度，学会继续以提升会员价值为出发点，以数字化转型拉动和提升会员服务能力，除向会员赠送学会通讯、确保会员享受各种专享优惠福利、开展满意度调查和会员关怀外，增加会议信息系统、会员系统等信息化设施。7 月，新版数字图书馆上线，优化视频及文档资料的浏览体验，增加人物及关键词的资料关联集合，融入个性化资料推荐、视频打点标注、文档在线预览等新功能；并专门成立数字图书馆编审委员会，每周编选一期《CCF 数图焦点》专辑。数字图书馆收录学会旗舰刊物《中国计算机学会通讯》、21 个会刊、学科发展报告等出版物，以及各种会议及重要学术活动的音视频资料、PPT、会议图集等资料，并通过分析用户的浏览数据方式，定期筛选出优质文章、报告视频等热门资源通过邮件、微信公众号等渠道推荐给会员。

2021 年度，学会新成立会员活动中心 2 个、学生分会 8 个。活动中心和学生分会组织各类学术活动共计 300 余场。截至 2021 年年底，付费会员总数达 97105 人，年度新增会员人数 17184 人，新增专业会员 5721 余人，会员人数净增长近 21%。

【2021 中国计算机大会】 12 月 16—18 日，2021 中国计算机大会在广东省深圳市及北京同时举办。大会共设 17 个特邀报告、3 场大会主题论坛、113 场技术论坛，并举办科技成果展、CTO 峰会、CCSP 2021 竞赛、颁奖晚宴等多场特色活动。大会邀请 39 位国内外院士级科学家及 600 余位计算机领域的顶级专家、企业家共同探讨计算产业与数字经济的前沿发展趋势。线下参会人数 2000 多人次，线上参会人数 100 万余人次。大会开幕式由学会秘书长唐卫清主持。

特邀讲者阵容包括 ACM 图灵奖获得者、中国科学院外籍院士、美国国家科学院院士、美国康奈尔大学教授 John Hopcroft，ACM 图灵奖获得者、美国国家工程院院士、美国艺术与科学院院士 Barbara Liskov，美国南加利福尼亚大学计算机科学系和空间研究所教授 Yolanda Gil，中国科学院院士、国家电网有限公司顾问陈维江，中国科学院院士、中国科学院软件研究所研究员冯登国，中国科学院院士、中国科学技术大学教授郭光灿，学会常务理事、中国工程院院士、中国科学院计算技术研究所研究员孙凝晖，中国科学院院士、中国人民解放军国防科技大学教授王怀民，中央音乐学院教授、音乐人工智能系主任李小兵，加拿大滑铁卢大学计算机科学系讲座教授李明，学会常务理事、浙江大学教授卜佳俊，学会理事、中国科学院计算技术研究所研究员王元卓等专家以及著名科学家及企业界人士等。

三场大会论坛分别以“新基建的机遇与挑战”“第三代人工智能的演进路径：‘统计’还是‘类脑’？”“市域社会治理现代化”为主题。

在技术论坛和活动环节，国内外知名院士、专家、产业界代表共同就数据库、新基建、知识图谱、智慧城市、5G、医疗健康等众多焦点话题进行讨论与交流。

在 2021 中国计算机大会颁奖典礼上，颁发 CCF 王选奖、CCF 海外杰出贡献奖、CCF-IEEE CS 青年科学家奖、CCF 科学技术奖、CCF-ACM 人工智能奖。

【2021 CCF 青年精英大会】 5 月 13—15 日，由学会主办的 2021 CCF 青年精英大会在辽宁省沈阳市举办。大会主题为“数字赋能・智造未来”，邀请 150 余位国内外专家、学者和企业精英到会演讲。大会安排 5 场特邀报告、2 场大会论坛、6 场思想秀报告、4 场科技创业秀路演、18 场专题论坛以及各种促进交流的活动。

学会秘书长唐卫清主持开幕式，共 1000 余人次参加。大会特邀报告讲者包括学会理事长、中国科学院院士梅宏，学会高级会员、欧洲科学院院士、IEEE 会士、挪威奥斯陆大学教授张彦，学会常务理事、中国人民大学教授文继荣，学会理事、中国科学院计算技术研究所研究员韩银和，学会理事、清华大学教授、王选杰出青年学者奖获得者唐杰。

本届大会共有 18 场技术及观点主题论坛，分别就科技适老、高校国际化建设、国产芯片、工业大数据、芯片智造、算法治理、智慧城市、一体化网络技术、量子计算等热门话题进行交流探讨，并对未来技术热点和发展前景等展开热议。

（撰稿人：陈玉辉）

中国通信学会

服务创新型国家和社会建设 学会积极助力“智汇中国”“科创中国”建设，加强咨政建言能力和研究支撑水平，推动创新驱动发展步伐。

开展科技咨询服务科学决策，组织专家对《科学技术进步法（修改征求意见稿）》《数据安全法》《统计法》等提出意见建议。向中国科协、工业和信息化部报送数字经济、电磁辐射、数据中心、算力网络、信息网络安全等领域的专报，其中电磁辐射专报经中国科协报送中央委员会办公厅并被采纳。承担中国科协等上级部门委托的项目和课题研究 20 余项。

推进智库网络建设，联合中国行为法学会、宁波理工大学成立“网络空间治理与数字经济法治（长三角）研究基地”，为网络空间治理与数字经济法律体系构建提供智库支撑。组建粤港澳大湾区电信产业发展研究院，打造推动大湾区电信产业创新的发展平台和智库。成立“乾坤”车联网高端智库（嘉善），推动地方车联网产业发展。

组织科技创新引领活动，在“科创中国”榜单征集中支撑中国科协开展先导技术榜单 2 项、产学研融通组织 1 项、新锐企业 1 项、开源社区 2 项及开源产品 4 项；支撑工业和信息化部开展人工智能产业创新任务揭榜挂帅征集 14 项。

加强科技创新服务，与四川省、福建省、北京深入开展 5G 通信与应用、数据智能、开源技术科技服务团活动，组建包含 324 名常态化专家的服务团队，采集试点城市产业科技服务 192 项需求，发布 207 项创新成果，获评工业和信息化部“2021 年度国家中小企业公共服务示范平台”。

加强区域战略合作，制订“车联网产业与技术发展路线图”，推进车联网（四川）创新助力中心、杭州萧山创新助力中心工作。与河南省新乡市人民政府签署战略合作协议，参与发起“京津冀数字经济联盟”“中国技术创业协会科技成果转化联盟”，推进科技创新服务经济发展。

开展科技成果转移转化服务，组织开展网络 5.0、工业互联网、未来网络领先创新、金融科技与数字化转型创新、“科创中国”信息技术领域、工业互联网领域技术应用科技成果和案例共 853 项科技创新项目的征集和推介工作。完成 243 项专利评估和 35 项科技成果评价，开展 74 项团体标准立项，发布《基站用柜式一体化能源设备应用技术要求》等 13 项团体标准，积极推进与 IEEE 等国际组织标准的衔接以及与国内相关机构在跨界融合领域标准的合作。

举办专业展览展示。5 月 17 日，学会主办 2021

年世界电信和信息社会日系列活动，设置1500平方米的实体展区，展示信息通信产业的最新成果；布置20平方米的“建党百年红色通信剪影展”，回顾建党百年来中国信息通信业的发展历程，展现信息通信业对经济社会发展的巨大推动作用。9月8—11日，举办2021中国国际工业互联网创新发展展览会，展览面积7000平方米，包含航天航空、工业互联网平台、大数据云计算及信息安全、工业互联网创新应用、工业互联网科技成果五大展区，特设产品推介展位，为科技成果、企业量身定制新产品发布会、专场对接会。

开展“双创”系列活动，举办3S杯大学生物联网技术与应用“三创”大赛、移动互联网创新大赛、全国大学生现代通信网络部署与优化设计大赛等活动，来自全国637所高校的7956个团队报名参加，共有创新类项目2319个、优秀项目231个，有力推动“双创”发展，激发全社会创新创业创造活力。

推动产教融合，面向大国工匠人才培养，承担全国工业和信息化职业教育教学指导委员会通信分委会工作，成立职业教育工作委员会，实施人力资源社会保障部专业技术人才知识更新工程项目——“量子信息技术领域专业技术转移转化能力提升高级研修班”，举办5G安全高级研修班、开展第十一届DCNE“双师型”教师培养计划暨5G工程实践人才培养高级研修班，开设10余项工程能力建设系列精品在线直播课程。

学会建设 学会以章程为遵循，加强内部建设，不断推进治理体系和治理能力现代化。

学会召开第九次全国会员代表大会，选举产生第九届理事会、常务理事会、监事会成员，时任工业和信息化部党组成员、副部长刘烈宏当选理事长。选举产生理事会党委委员，修订学会章程。

强化依章依规治会，召开理事会议1次、常务理事会议3次，制订印发《中国通信学会事业发展“十四五”规划（2021—2025年）》，为学会事业发展明确方向、目标和路径。建设高效专业的办事机构，加强人才队伍建设，推进智慧学会建设。获评民政部4A级社会组织。

2021年，新发展个人会员1万余人、单位会员58家，开展个人会员摸底清查。新组建6个分支机构，召开分支机构工作座谈会。加强与省级通信学会的上下联动，联合举办学术、科普等活动，努力推进形成全国“一盘棋”。

受工业和信息化部委托，完成《中国通信年鉴》（2021年卷）的编辑出版和发行工作，为行业发展服务。编撰并印发《中国通信学会2020年年报》《中国通信学会廉政风险防控机制建设工作手册（2021年）》等内部资料。

青年人才托举工程 学会高度重视青年人才培养，努力培养高素质青年科技人才，推进实施“青年人才托举工程”项目和青年英才培养计划。

组织实施“青年人才托举工程”项目，制订《中国通信学会青托计划经费管理办法》，获得第六届中国科协“青年人才托举工程”项目12个名额支持。开展青年英才计划，制订《中国通信学会青年英才计划经费管理办法》《中国通信学会英才计划管理办法》，遴选4名青年英才着力培养，与“青年人才托举工程”项目相衔接，建立青年人才培养梯队。

主办期刊 学会主办《中国通信》（英文刊）、《通信学报》《电信科学》《爱上机器人》《中国电信业》5本科技期刊，2021年刊登文章近700篇，发行量9万余册，着力推动一流期刊建设。

期刊影响力不断提升，《中国通信》（英文刊）、《通信学报》继续推进中国科协科技期刊卓越行动计划，超额完成年度指标任务。《中国通信》（英文刊）SCI影响因子再创新高达到2.688，被评为“2021中国最具国际影响力学术期刊”。作为中国科协分领域发布高质量科技期刊分级目录项目的15家试点单位之一，发布信息通信领域高质量科技期刊分级目录，积极推动中国信息通信领域科技期刊高质量可持续发展。

学科发展工程 学会建立系列学术报告编撰体系和研究成果发布机制，引领通信学科发展方向。

组织专家撰写前沿报告和白皮书14篇，涉及通信理论与信号、6G和5G网络、信息安全、边缘计算、电力体系、数字孪生和网络开源等领域。《算力网络前沿报告》获评工业和信息化优秀研究成果二等奖。完成《第五代移动通信技术导论》书籍的组织撰写和出版，邀请中国工程院院士张平录制“院士第一课”视频，参加“中国科协新一代信息技术系列丛书”发布会。完成2021重大科学问题、工程技术难题以及产业与技术问题征集，向中国科协推荐前沿科学问题2个、工程技术难题2个、产业与技术问题3个。

国际学术会议 学会举办国际学术会议11场，线上线下参会人数达110万余人次，收录论文663篇。

学会承办世界数字经济论坛、世界智能网络汽车大会等，主办中国国际通信大会、亚太通信大会、中国国际工业互联网创新发展大会、环球科学家蓝海论坛等高端国际学术会议。

7月28—30日，学会与IEEE、IEEE ComSoc共同主办第十届中国国际通信大会，主题为“通信技术助力数字经济”，300多名专家、学者参加会议。大会共收到学术论文投稿674篇，最终录用291篇，全部被IEEE Xplore检索。

国内主要学术会议 学会举办国内学术会议40余场，参会人数1200万余人次，收录论文700余篇。

10月13—16日，由学会与中国电子学会共同主办的2021中国物联网大会暨2021全国通信理论与技术学术会议在江苏省无锡市召开。会议邀请中国科学院院士吴培亨、尹浩、王怀民，中国工程院院士许居衍、柴天佑、于全、何友、苏东林，中国工程院外籍院士沈学民等17名院士和多位政府部门领导莅临现场，200余名专家分享报告。会议组织2场主论坛、21场专题论坛，吸引超过1000人现场参会、8万余人次线上参会，为物联网行业搭建跨领域、跨专业的交流共享平台。

两岸交流 12月1日，由学会与福建省通信管理局共同主办的2021海峡两岸信息通信发展研讨会在福建省福州市举办。此次研讨会是2021海峡科技专家论坛分会场之一，以“5G引领新基建　赋能新应用”为主题，线上线下近150名两岸科技专家、企业代表和社团领袖参与，旨在积极搭建两岸民间交流合作的新平台，促进两岸信息产业交流、合作对接。

国际组织任职 学会成功推举区块链委员会副主任委员袁煜博士当选IEEE标准协会2023年候任会长和IEEE最高董事会董事。

国际交往 学会与国际同行深化互信交流与合作，加快建设开放组织、开放平台和开放机制，不断提升开放合作能力，获中国科协“2021年开放合作品牌创建学会”称号。

深化国际合作关系，与英国工程技术学会签署合作谅解备忘录，在工程能力评价、国际注册工程师以及工程技术人员培养等领域开展深度合作，推进工程师资格国际互认。与韩国通信学会续签战略合作协议，进一步巩固和深化合作伙伴关系。与IEEE通信学会加强《中国通信》期刊建设的合作力度，与IEEE标准协会合作开展团体标准与IEEE标准的协同与衔接。筹建英国工作委员会。

科普活动 学会积极开展信息通信领域“科普中国”行动，获评中国科协“全国学会科普工作优秀单位”。

高质量举办科普品牌活动，主办2021世界电信和信息社会日大会，联动各地开展系列纪念宣传及科学传播活动，覆盖20余省、直辖市，受众601万人次，为5G行业应用示范创造良好社会环境。举办第二十六届电信新技术新业务高级报告会，以“6G智联天下”为主题，重点面向中央国家机关、大型国企、专网单位加强科普。

加强科普专家团队和科技志愿者队伍建设，举办5G科普行陕西站、雄安站进社区、进校园，以及郑州、西安“建党百年红色通信”图片展，面向青少年的信息技术科普教育直通车等系列活动。开设40期5G科普公益直播课，学会科普微平台及官网科普教育栏目文章总阅读量超14万人次。

表彰举荐优秀科技工作者 学会加大人才举荐力度，不断提升中国通信学会科学技术奖的社会影响力和公信力。开展社会科技奖励评选，中国通信学会科学技术奖评选产生特等奖1项、一等奖12项、二等奖11项、三等奖16项，共计40项成果。

积极举荐人才，开展中国科学院院士和中国工程院院士候选人、“最美科技工作者”、中国科协第十次代表大会代表、中国青年女科学家奖和2021年度未来女科学家计划候选人举荐工作。受工业和信息化部委托，承担并完成工程系列科技管理专业高级职称评审组织工作。

党建强会 学会坚持和加强党的全面领导，不断提升党组织的政治领导力、思想引领力、群众组织力和社会号召力，获评“中国科协党建工作先进学会”，获得第一届中国科协学会党建研究会理论研究工作优秀组织奖。

以庆祝中国共产党成立100周年为契机，扎实开展党史学习教育，组织“我学党史100天”主题党日活动、“青年学习汇”、系列百秒视频“对党说说心里话”、“我为群众办实事”、建党百年红色通信图片展等系列活动。

巩固深化“两个全覆盖”，完成理事会党委换届工作，充分发挥党支部战斗堡垒作用，分支机构党的工作小组覆盖率达100%，全面加强理事会党委、秘书处党支部、分支机构党的工作小组三级党组织工作体系建设。

会员服务 学会坚持以科技工作者为中心，努力发展会员，做好会员服务。

开展会士遴选工作，包含中国科学院院士尹浩、毛军发、王金龙，中国工程院院士于全、吴建平、苏东林6名院士在内的35名信息通信领域专家当选学会会士。

强化会员服务，组织会员参加学会举办的各类活动，优化会员管理系统，编制发布个人会员服务手册和单位会员服务手册，修订《全国通信学会通讯录》（2021版），编辑《会员通讯》12期，向会员寄送期刊1万余册。成立重庆邮电大学、厦门大学2个学生会员服务中心。

宣传科技工作者事迹，开展2021全国科技工作者日活动，宣传报道中国科协第十次全国代表大会代表陈山枝、彭木根、刘英的典型事迹。

【中国通信学会第九次全国会员代表大会】 3月26—27日，中国通信学会第九次全国会员代表大会在四川省成都市召开。

会议听取第八届理事会副理事长兼秘书长张延川所作的第八届理事会工作报告，听取副秘书长宋彤所作的第八届理事会财务报告，听取监事艾渤所作的第一届监事会工作报告，听取副秘书长滕伟所作的关于修订《中国通信学会章程》的说明，听取副秘书长文剑所作的关于《中国通信学会事业发展“十四五”规划（2021—2025年）》的说明。

会议审议通过《中国通信学会章程》（修订）；通过关于第八届理事会工作报告的决议、关于第八届理事会财务报告的决议、关于第一届监事会工作报告的决议、关于《中国通信学会事业发展“十四五”规划（2021—2025年）》的决议；会议通过民主选举产生由143名理事组成的中国通信学会第九届理事会和由5名监事组成的第二届监事会。

会议期间召开中国通信学会第九届理事会第一次会议。会议选举产生由45人组成的第九届常务理事会。刘烈宏当选理事长，郑志明、余少华、张延川、乔建永、刘桂清、高同庆、张权、宋起柱、宋灵恩、徐文伟、汤锦淮当选副理事长。会议聘任张延川为秘书长（兼），聘任滕伟、宋彤、文剑为副秘书长。会议通过理事长关于学会法定代表人的授权，决定由副理事长张延川担任本会法定代表人。

在随后召开的第二届监事会第一次会议上，选举季仲华为学会第二届监事会监事长。

【2021年世界电信和社会信息日大会】 5月17日，由学会主办的2021年世界电信和社会信息日大会在河南省郑州市举办。活动主题为“在充满挑战的时代加速数字化转型”，现场参会人数达3000人次，线上观众达601万人次，同时联动全国20家省级学会开展相关活动，CCTV、新华网等30多家国内媒体对大会进行全方位报道。

河南省委副书记、代省长王凯出席并致辞。工业和信息化部党组成员、副部长，学会理事长刘烈宏出席并作主旨演讲。中国工程院院士邬江兴作大会专题报告。国际电信联盟秘书长赵厚麟发表视频致辞。河南省副省长费东斌出席开幕式并全程参与大会活动。

大会宣布自5月17日起，新进网5G终端将默认开启5G独立组网功能，成为5G建设、发展和应用一体化推进的里程碑。启动“5G赋能产业数字化”共同行动，发布“5G＋工业互联网”融合创新5个产业创新平台、10大行业和20个典型场景，1500平方米的实体展区展示23家信息通信企业的最新成果。

大会聚焦5G应用赋能千行百业的堵点和难点，组织信息通信领域的技术权威和企业高管召开8场涵盖5G承载、行业垂直应用、工业互联网等内容的高水平论坛，针对实践案例进行政策解读、方案研讨和合作签约，促进5G应用领域的技术推广和产业合作。

河南省委副书记、代省长王凯宣布河南建设数字大省的重大布局；河南通信管理局解读《2020年河南省互联网发展报告》，启动“河南省十大5G建设应用案例”发布仪式，完成多项基础电信运营企业的合作签约，助力当地经济社会可持续发展。

（撰稿人：张焕焕）

中国中文信息学会

学会建设 12月18日，中国中文信息学会第九次全国会员代表大会暨学会成立40周年学术年会在北京举办，会议选举产生第九届理事会和第一届监事会。

截至2021年年底，学会有个人会员5200人、单位会员63个；现有分支机构20个，其中工作委员会8个、专业委员会12个。拟筹建情感计算专委会、自然语言生成与智能写作专委会、开源情报技术专委会3个新专业委员会。

2021 年，学会召开理事会会议 1 次、常务理事会议 3 次，完成 1 个专业委员会的换届工作。

青年人才托举工程 经专家推荐、资格审查、线上答辩及评审等环节，遴选复旦大学桂韬和清华大学马为之 2 人入选第七届中国科协“青年人才托举工程”项目。

主办期刊 2021 年，学会会刊《中文信息学报》（月刊）共刊出 12 期。根据《中国科技期刊引证报告》，核心影响因子为 1.080，核心总被引频次为 1217，在信息与系统科学相关工程与技术领域分类中，核心影响因子和核心总被引频次排名分别为第 5 和第 8。

根据《中国学术期刊影响因子年报》,《中文信息学报》在自动化与计算机领域 141 本期刊中位列 22，影响力指数 CI 值为 393.688，影响力指数为 Q1 区。

学科发展工程 学会组织本领域专家对学科方向和前沿技术进行梳理，于 12 月发布《中文信息处理发展报告》（2021 卷）。报告定位深度科普，旨在向政府、企业、媒体等对中文信息处理感兴趣的人士简要介绍相关领域的基本概念和应用方向，向高校、科研院所和高技术企业中从事相关工作的专业人士介绍相关领域的前沿技术和发展趋势。

国际学术会议 10 月 9—11 日，由电气与电子工程师协会、中国工程院、学会主办，鹏城实验室承办，信息系统安全技术重点实验室协办的第六届国际网络空间数据科学大会在广东省深圳市举办，来自中国、美国、意大利、澳大利亚等国家和地区的近 300 名网络空间数据科学领域的专家、学者通过线上与线下的形式参加会议。

中国工程院院士赵沁平、墨尔本大学教授 James Bailey、英苏布里亚大学教授 Elena Ferrari、香港理工大学教授李青、埃默里大学教授 Li Xiong、得克萨斯大学达拉斯分校教授 Murat Kantarcioglu、西北工业大学教授郭斌、中国科学技术大学教授谢希科分别作主题报告和特邀报告。专家、学者就多维数据关联与智能分析、大数据与商业分析等多个主题进行分享和讨论。会议共收到 203 篇论文投稿，筛选出 41 篇论文，内容涵盖社交网络、态势感知、网络空间安全、深度学习算法与应用等多个主题。

国内主要学术会议 2021 年，学会及分支机构共举办系列研讨会、学术讲座、论坛年会、评测竞赛等学术活动约 30 次，参会人数超过 10 万人次（含线上）。

5 月 15—17 日，由学会青年工作委员会主办、山东大学计算机科学与技术学院承办的第十八届全国自然语言处理青年学者研讨会在山东省青岛市举办。会议以“聚焦科技前沿，勇担社会责任”为主题，旨在增进自然语言处理领域的青年学者学术交流，促进青年成长，推动中国自然语言处理领域的健康发展。会议邀请中国科学院计算技术研究所副所长程学旗、清华大学教授刘洋、复旦大学教授黄萱菁分别作题为《数据科学与计算智能的再思考》《迈向通用连续型知识库》《自然语言处理的可理解性分析》的特邀报告。研讨会设置语义表示与计算、信息抽取与检索、人机交互、机器翻译四大主题论坛，参会的青年学者围绕自然语言处理领域的前沿技术、应用场景以及目前所面临的机遇与挑战等问题展开讨论。

7 月 10—11 日，由学会情感计算专业委员会（筹）主办、清华大学承办的第一届中国情感计算大会在北京举办。会议邀请中国科学院心理研究所研究员傅小兰、伊利诺伊大学芝加哥分校教授刘兵、中国科学院自动化研究所研究员陶建华作特邀报告。青年科学家论坛环节邀请清华大学副教授黄民烈、中国人民大学教授金琴、中国科学院心理研究所研究员朱廷劭、南京理工大学教授夏睿、南开大学教授杨巨峰和清华大学深圳国际研究生院副研究员吴志勇作学术报告。

8 月 28 日，由学会和中国计算机学会联合主办的第六届语言与智能高峰论坛以线上方式举办。论坛特邀国内外资深学者担任特邀讲者，哔哩哔哩高峰时期观看人数近 2 万人次，线上线下互动热烈。论坛邀请香港科技大学教授 Pascale Fung 等 4 位专家作特邀报告，复旦大学教授张奇等 3 位专家作青年科学家报告。圆桌论坛还邀请 6 位专家就“大而强 VS 小而美：自然语言处理模型该如何演进？”主题展开讨论。

9 月 9—10 日，由中国工程院、学会、未来数据论坛指导委员会主办的第十届网络空间智慧搜索暨未来数据高峰论坛在广东省东莞市以线上线下相结合的方式举办。中国工程院院士李国杰、高文、方滨兴，美国伊利诺伊大学芝加哥分校教授 Philip S. Yu 等 90 多位国内外大数据及相关领域的科学家和学术新秀以线上和线下的形式参加大会。

10 月 8—10 日，由学会机器翻译专业委员会主办的第十七届全国机器翻译大会在青海省西宁市举办。会议邀请多位著名专家作大会主题报告，工业界和学术界多个领域的知名学者进行专题论坛报告。来自高校、科研院所和企业界的专家、学者300余人到现场或通过线上参加会议。大会邀请清华大学副教授黄民烈、美国加州大学圣芭芭拉分校教授李磊作特邀报告，科研院所和企业单位的专家作专题讨论。会议报告机器翻译领域的最新研究成果，讨论机器翻译评测相关的任务和系统建设，探讨研究发展、技术应用和博士生培养等问题。

11月20日，由学会大数据安全与隐私计算专业委员会主办的第四届大数据安全与隐私计算学术会议以线上方式举办。会议以“万物智慧互联、信息受控共享”为主题，共吸引400余名专家、学者参加。会议邀请西安电子科技大学教授李晖、南京大学教授仲盛、英国肯特大学教授李树钧作3场特邀报告。会议还进行论文报告和企业论坛。7个论文报告涵盖位置隐私保护、图像隐私保护、差分隐私、智能家居隐私等多个方面，从不同视角介绍隐私保护最新理论研究进展。在企业论坛中，来自美亚柏科、字节跳动安全与风控团队的专家从企业视角提出数据使用和隐私保护的需求和相关解决方案。

11月26—28日，由学会信息检索专业委员会主办的第二十七届全国信息检索学术会议以线上方式举办。会议以“智能、可信、泛在的新搜索”为主题，设置特邀报告、优秀青年学者报告、前沿技术讲习班、顶会论文报告、大会论文报告、技术评测等一系列学术活动。邀请马萨诸塞大学阿默斯特分校教授James Allan等4位国内外专家作特邀报告，青年论坛环节邀请哈尔滨工业大学教授车万翔等作报告。会议共收到投稿124篇，录用70篇（中文55篇、英文15篇）。

11月27—28日，由学会少数民族语言文字信息处理专业委员会主办的第十八届中国少数民族语言文字信息处理学术研讨会以线上方式举办，共有1190人注册会议。大会邀请中国工程院院士、新疆大学教授吾守尔·斯拉木等6位学者作特邀报告。面向青年学者举办7场27篇学术论文专题报告和交流。参加会议的专家还对第二届少数民族语言分词技术评测工作进行学术交流和专题讨论。

12月3—5日，由学会计算语言学专业委员会主办、内蒙古大学承办的第二十届中国计算语言学大会以线上方式举办。会议聚焦中国境内各类语言的智能计算和信息处理，为研讨和传播计算语言学最新学术和技术成果提供高层次的交流平台。大会邀请中国科学院院士、西安交通大学教授徐宗本等5位专家作特邀报告。大会共收到投稿301篇，遴选出108篇论文，在智源社区张贴报告91个；共遴选出17篇口头报告论文，分4组进行线上讨论。线上实名参会人数3482人，累计观看人数达1.3万人次。

12月4日，由学会开源情报技术专业委员会（筹）主办、清华大学承办的第一届全国开源情报技术大会以线上方式举办。会议邀请公安部第一研究所副所长于锐等6位专家、学者作特邀报告，围绕开源情报技术展开学术报告与探讨。同时在线参会人数达2541人，累计参会人数超7300人次。

12月4—5日，由学会医疗健康与生物信息处理专业委员会主办、西南医科大学和哈尔滨工业大学（深圳）承办的第七届中国健康信息处理大会以线上方式举办。会议以“真实世界研究和数字疗法”为主题，聚集国内外顶尖医疗信息处理学者与医疗专家，共同探讨智慧医疗发展的趋势与挑战、医学研究新方法和人工智能医疗应用落地新路径。西南医科大学校长张春祥、中国科学院深圳理工大学教授唐金陵、美国梅奥诊所教授Hongfang Liu、医渡科技旗下开心生活科技副总裁曹海俊四位专家分别以《人工智能与医学的几点思考》《真实世界大数据研究：传统与新锐之辩》《医学领域的人工智能和伦理道德》《真实世界研究的发展与应用》为题作特邀报告。会议还设置青年科学家论坛、论文报告、工业论坛、评测论坛和资源发布会，共有6500多人次参加会议。

12月25—26日，由学会语言与知识计算专业委员会主办的第十五届全国知识图谱与语义计算大会以线上方式举办。会议以“知识图谱赋能新基建”为主题，就复杂推理的进展与挑战、知识图谱相关顶级会议回顾及研究进展、知识图谱在工业的应用等内容进行探讨。主会包括特邀报告、知识图谱相关顶级会议回顾及研究进展报告、学术论文报告、知识图谱评测、青年学者论坛、海报及演示系统展示、工业界论坛等主要环节，吸引4300多名专家、学者在线参会。

国际组织任职 2021年，学会副理事长、百度高级副总裁王海峰任国际计算语言学协会亚太地区分会创始主席。

科普活动 全年学会共举办系列学术科普活动《前沿技术讲习班》6期，吸引超过3万人次参加学习，主题包括预训练语言模型、知识图谱、信息检索等。

表彰举荐优秀科技工作者 5月，2021年度“中国中文信息学会优秀博士学位论文”评选工作正式启动，每年评选一次。经材料申报、格式审查、专家初审、初审公示及专家终审会，共评出学会优秀博士学位论文奖6篇、优秀博士学位论文提名奖3篇。

党建强会 12月19日，学会第九届常务理事会第一次党员大会在北京召开。会上以无记名投票方式对学会第九届理事会功能型党委委员进行投票选举，选举产生新一届党委领导班子，方滨兴任党委书记，孙乐任党委副书记。

会员服务 2021年，在向会员赠阅《中文信息学报》期刊的基础上，学会继续改革会员资讯类服务手段。借助社交媒体平台加强对学会的宣传，各专业委员会继续建设微信公众号、发布相关学术领域的新闻、宣传学会的学术活动，加强与科技工作者互动。

【中国中文信息学会第九次全国会员代表大会暨学会成立40周年学术年会】 12月18—19日，中国中文信息学会第九次全国会员代表大会暨学会成立40周年学术年会在北京举办。学会理事长、中国工程院院士方滨兴致欢迎辞。中国科协科学技术创新部副部长杨书宣、教育部语言文字信息管理司司长刘宏副、中国科学院软件研究所副所长操云甫出席大会并讲话。学会前理事长李生教授参加开幕式并致辞。学会前理事长倪光南院士通过视频方式向大会发来贺词。

会议审议学会第八届理事会工作报告，讨论通过学会财务报告、学会章程草案、学会《监事会条例》草案、学会《会费收取办法》等规章条例，选举产生学会第九届理事会、第一届监事会。方滨兴当选为新一届理事长，北京理工大学教授黄河燕当选监事长。

会议公布学会会士增选名单，共有16位领域专家获得学会最高荣誉。颁发2021年度优秀博士学位论文奖。邀请中国科学院自动化研究所研究员徐波、百度首席技术官王海峰、清华大学教授孙茂松、中国科学院信息工程研究所研究员李凤华、中国科学院计算技术研究所研究员程学旗5位国内著名专家作特邀报告。大会还进行主题为“预训练语言模型是自然语言处理的未来吗”的专题讨论，6位国内学者围绕议题探讨预训练语言模型相关的态势观点，对该领域未来发展趋势展开讨论。

会议采用线下线上相结合的形式举办，来自中文信息处理领域的专家、学者等近万人线上参会，哔哩哔哩平台对大会进行现场直播。

【第十六届中国中文信息学会暑期学校暨《前沿技术讲习班》】 7月22—25日，由学会主办的第十六届中国中文信息学会暑期学校暨《前沿技术讲习班》在北京举办。本届讲习班以“预训练语言模型的基础理论与方法及其典型应用”为主题，来自全国各高校及科研院所的专家、学者、学生、产业界研发人员等近400人参加会议。

讲习班邀请哈尔滨工业大学教授车万翔、清华大学副教授刘知远、复旦大学教授邱锡鹏、上海交通大学教授赵海、清华大学副教授黄民烈、中国人民大学副教授赵鑫、中国科学院计算技术研究所研究员郭嘉丰、清华大学教授兰艳艳、中国科学院自动化研究所研究员刘康和中国科学院软件研究所研究员韩先培等专家、学者在不同方向作系统讲解，并对预训练模型及其在各领域的应用提出未来的研究方向。

（撰稿人：肖千慧）

中国测绘学会

服务创新型国家和社会建设 学会组织完成30余项科技成果评价工作以及2020年测绘地理信息创新产品认定工作。共收到测绘地理信息自主创新产品98项，经组织专家评审及公示，认定中科北纬（北京）科技有限公司“天枢遥感智能视觉平台”等73项产品为2021年测绘地理信息自主创新产品，并编辑出版《测绘地理信息自主创新产品推荐目录（2021年）》。

完成测绘地理信息类工程教育专业认证工作。2021年，学会新申请认证专业点19个，受理14个；完成23个专业点自评报告审核（含2020年延期进校9个专业点）、14个专业点的认证现场考查、10个专业点的中期审核、6个专业点的年度报备材料抽查审核工作。

按要求完成甲级测绘资质技术审查工作。2021年7月1日新标准发布后，完成导航电子地图制作甲级测绘资质初审新申请单位3家、复审换证单位18家；完成5家导航电子地图甲级测绘资质存量单位的复审换证现场调研座谈和15家导航电子地图甲级测绘资质存量单位的复审换证视频调研座谈。

与徐州市人民政府签订战略合作协议，共同打造以遥感卫星运营和应用为主要特色的政产学研用“空天地”产业。

做好继续教育工作。举办互联网地图安全审校人员培训班和地图编制及地图审查人员培训班，举办2期奖励申报培训班。联合地方测绘主管部门举办5期新测绘资质管理政策培训班，总计培训人员2500余人。

开展团体标准研制。根据《中国测绘学会团体标准管理办法》，开展两批团体标准申报工作征集，共征集到团体标准申请63项。主要项目团体标准18项，并已开展技术研制审查，待发布4项。

联合中国知网开展“测绘行业知识服务季”活动，旨在为广大测绘科技工作者提供测绘地理信息知识资源与知识服务，为高水平科技自立自强提供有力支撑。

10月17—19日，由学会主办的第11届中国测绘地理信息技术装备博览会在山东省青岛市召开。展厅面积达2.5万余平方米，吸引国内外200多家企事业单位、科研院所参加展览。此次博览会全面展示测绘地理信息的最新成果以及传统技术与互联网、大数据、物联网、云计算、人工智能等新技术相结合的成果应用等。

学会建设 2021年，学会团体会员单位达1000余家。全年共召开理事会议1次、常务理事会议2次，坚持“三重一大”决策事项集体讨论研究决定。

学会在稳定学会秘书处专职工作人员队伍的基础上，依托挂靠单位和会员单位借调专业人员来充实工作队伍，为学会长远发展筹划人才引进工作。

完成14个省级学会的年度考评工作，评出8个省级学会为优秀、良好。积极支持和帮助省级学会开展活动，探索实践与省级学会上下联动、协同工作的可持续发展机制。

完成分支机构2020年工作考评（3家综合优秀和12家单项优秀），引导分支机构积极打造高质量的亮点活动，激励分支机构争先创优。

主办期刊 《中国测绘》每月按时策划出版，月发行量10787份。2021年，策划“北斗+5G，创造新动能”“测绘资质改革——新时代的测绘变革”等系列主题报道，成功举办首场线下考察交流活动——“5G+北斗”测绘科技思享汇，其中一篇题为《北斗服务全球的新时空时代到来了》的文章获2020年度自然资源好新闻奖。

学科发展工程 推动测绘学科、科技及产业发展研究工作。编制印发《中国测绘地理信息科技创新与产业发展研究报告（2021）》，稳步推进《测绘学科发展研究报告（白皮书）》编写工作。

国际学术会议 6月28日—7月2日，国际大地测量协会2021年科学大会在北京召开。大会由国际大地测量协会主办，学会承办，中国测绘科学研究院、武汉大学等国内19家科研院所和大学共同协办。来自50多个国家的1200余人通过线上线下相结合的方式参加会议并进行学术报告交流，共5万余人次观看会议的线上直播。

国内主要学术会议 10月18—19日，中国测绘学会2021学术年会在山东省青岛市召开。会议主题为“新突破　新动能　新发展——高水平测绘地理信息科技自立自强”。来自自然资源部、中国科协等部门的相关领导，全国测绘地理信息及相关领域教育、科研、生产等企事业单位的有关专家、学者，以及来自自然资源、规划、环保、水利、交通、农业、气象等相关行业的代表参加会议。会上表彰2021年度学会测绘科学技术奖、优秀测绘工程奖、青年测绘地理信息科技创新人才奖、科技创新型优秀单位奖、夏坚白院士测绘事业创业奖并向获奖者颁奖。

科普活动 学会组织全国科普日活动，邀请中国科学院相关研究所专家做科普讲座，传播生态文明知识，倡导“绿水青山就是金山银山”的生态文明理念。

与多家单位联合邀请中国空间技术研究院（航天五院）专家作报告，介绍中国载人航天事业的发展进步，宣讲航天科普知识及中国航天精神。

联合中科宇图科技股份有限公司等单位开展自然资源、生态环保知识宣传和讲解，进行科学家精神、百科图书《走近地球之巅》展示宣传，并赠送科普图书、地图、学习资料和学习用品等。与北京航天宏图信息技术股份有限公司、中地数码集团、ESRI公司、北京苍穹数码测绘有限公司等企业联合举办技能大赛。

组织测绘地理信息领域“典赞·2021科普中国”年度科普人物、科普作品征集推选活动。组织测绘地理信息领域项目的推选工作，经推荐，由星球研究所制作的《100年，“重塑”山河！》网络科普作品入围中国科协“典赞·2021科普中国”活动年度科普作品。

从全国测绘地理信息科普教育基地中遴选并推荐

10家基地参加中国科协2021—2025年度全国科普教育基地认定。完成中国科协项目“国家版图知识普及教育”并通过验收，组织会员单位参加中国科协科普项目申报。

线上开展《测绘大讲堂》，全年开展10期，共邀请包括院士、专家、企业家和一线技术骨干等40余人跟踪时事热点、解读政策法规、推送前沿技术、展示最新成果、传播测绘文化、弘扬科学家精神，关注人数达45万人次。

表彰举荐优秀科技工作者 扎实开展科技奖励及推荐工作。完成学会测绘科学技术奖、全国优秀测绘工程奖、科技创新型优秀单位奖、青年测绘地理信息科技创新人才奖4个奖项的评选工作，共收到项目申报材料767份。最终评选出测绘科学技术奖81项、全国优秀测绘工程奖209项、青年测绘地理信息科技创新人才奖38项、科技创新型优秀单位奖31项。

学会推荐的测绘科学技术奖特等奖“天空地遥感数据高精度智能处理关键技术及应用”项目获2020年度国家科学技术进步奖一等奖。推荐的中国科学院院士、中国工程院院士李德仁获2021年“最美科技工作者”称号。

党建强会 学会不断提高支部标准化、规范化建设，持续落实巡视整改工作各项措施，扎实推进党史学习教育，坚持意识形态工作常态化，持续改进工作作风和开展警示教育，提升党员队伍的凝聚力、战斗力。

会员服务 学会会员入会、奖项申报、分支机构考评等均实现通过综合服务平台提交，辅以团体会员、正副理事长、常务理事、理事单位、省级学会、分支机构等建立QQ群和微信群，基本实现会员工作的信息化管理。

【中国测绘学会2021学术年会】 10月18—19日，以“新突破　新动能　新发展——高水平测绘地理信息科技自立自强”为主题的中国测绘学会2021学术年会在山东省青岛市召开。来自自然资源部、中国科协、山东省自然资源厅的有关领导参加会议。10余位院士和来自政府、学界、业界的专家、学者从自然资源等领域治理体系和治理能力现代化的需求，测绘地理信息技术与物联网、大数据、云计算、人工智能等新技术的融合发展等视角作报告。同时，大会还通过线上线下举办17场分论坛，围绕实景三维建设、智慧城市新应用、智能互联、位置服务、测绘装备、人工智能、无人机、卫星遥感等技术实现跨界交流碰撞，提供一系列学术交流平台，展现测绘地理信息技术创新应用的新成就、新发展。

第11届中国测绘地理信息技术装备博览会同期举办，汇聚全国行业的顶尖测绘硬件装备、软件技术、数据服务、系统集成和解决方案，特别是美团、阿里巴巴、腾讯、丰图等一批互联网企业也跨界参加。博览会还增设面向科研院所和高校的测绘地理信息科技自主创新成就展。

（撰稿人：王　莹）

中国造船工程学会

服务创新型国家和社会建设 2021年，学会组织专家对船舶与海洋工程领域“多能源船舶综合电力系统关键技术研究与应用”等86项科技成果进行评价。

受地方政府部门委托，组织开展专业技术能力水平评价工作，为来自安徽省、浙江省、辽宁省、江西省等地的224名技术人员进行评价。

开展团体标准编制工作。2021年，发布《修船行业绿色船舶修理企业规范条件》等团体标准13项。在国际标准方面，依托成员单位承担的ISO/TC8和ISO/TC8/SC4等平台，围绕潜水器、拆船管理、挖泥船等中国优势技术领域，组织国内龙头企业提出4项国际标准新工作项目提案并获得立项，其中主导2项、参与2项。同时，积极推进船舶计划维护系统、压载水管理系统、船用舾装与甲板机械等领域在研国际标准编制，推动8项国际标准正式发布。

承担工业和信息化部高技术船舶专项课题5项，主要是“内河绿色智能船舶技术体系总体构架研究”“绿色生态环保技术应用经济研究”“半潜式养殖装备工程开发”“翼型风帆助推系统工程化应用研究”“浮式平台二期”等项目中的子专题。承担中国科协委托课题3项，分别为“科技社团开展评估的标准与规范研究”“碳达峰碳中和科普内容指南研究科普服务标准”“中国科协十大代表调研”。承担中国科协委托专项4项，分别为“团体标准示范学会建设专项”“团体标准国际化和国际化引导专项”“科技奖励示范学会建设专项”“科技评价服务引导专项”。

承担中国科协“科创中国”科技服务团示范项目“无锡市高端装备产业科技服务团”。成立“深海装备产学研用创新平台”与“海洋装备产学研用创新平台”。2021 年，举办学术交流活动 9 次，参与人数超过 1 万人次；形成《海洋科技创新与深海发展研究报告》智库报告 1 份；产业落地项目 2 项。

建立船舶与海洋领域“科技项目银行”，共储备科技项目 300 余项，2021 年新增入行项目 82 项、落地项目 1 项。

9 月 10 日—12 月 29 日，联合国际船舶与海洋工程创新与合作组织共同举办 2021 年全国船舶工业 CAE 软件数值水池应用大赛。此次大赛采用线上方式举办，共有来自 28 所大学的 169 支队伍 845 人参加比赛。

学会建设 2021 年，学会以线上线下相结合的方式召开 1 次理事会议、2 次常务理事会议以及 16 次办公会议，审议学会工作报告、理事变更、分支机构调整、秘书处建设等有关重点工作。同时，为不断提升学会治理体系和治理能力水平，修订、新建各项制度 24 项。

2021 年，发展个人会员 480 人、单位会员 8 个；截至 12 月底，学会个人会员为 32270 人，单位会员为 1035 个。

加强分支机构管理，开展 2021 年度分支机构考核工作。新成立深海装备学术委员会，取消学术、咨询、科学 3 个工作委员会，其职责分别由学会秘书处学术部、科普部、项目部承担。根据考核结果，暂停军船、游艇、管理 3 个学术委员会活动。

编译出版完成图书 3 部，分别为《海洋深水油气田开发工程技术丛书》（6 册）、《船舶设计整体方法》《船舶防腐蚀手册》；正在编纂图书 3 部，分别为《中国船型汇编（2017—2021）》、《深蓝装备理论与创新技术丛书》（11 册）、《美国航母设计简史》。

参与编写《中国船舶工业年鉴》，重点介绍科技成果评价、科技奖项及学术交流等情况。

青年人才托举工程 截至 2021 年，学会已托举 29 名船舶与海洋工程领域青年人才。2021 年，10 名青年人才获得中国科协资助，其中 5 名自筹。按照“青年人才托举工程”实施计划，学会组织 5 场青年人才沙龙、论坛等交流活动，并组织青年人才编译图书，培养和托举青年人才成长，同时为青年人才的研究成果进行评价，为申报奖项进行技术指导。

第四届青年托举人才刘淞佐获得“国家级青年人才”称号。

主办期刊 2021 年，学会及学术委员会主办有 15 种科技期刊。其中，《中国造船》2021 年收到稿件 275 篇，录用稿件 104 篇，录用率为 38%；综合影响因子为 0.582。全年 4 期发表的 99 篇论文均被 EI 收录。

《船舶工程》全年发表正刊 12 期，发文 317 篇；增刊 2 期，发文 133 篇；影响因子为 0.554。入选《世界期刊影响力指数（WJCI）报告（2020 科技版）》，其中“海洋工程”栏目入选 2020 年华东地区期刊“优秀栏目”。

《水下无人系统学报》全年发刊 6 期，发文 104 篇，影响因子为 0.821，入选中国知网《世界期刊影响力指数（WJCI）报告》工程通用技术学科 Q3 分区。

《船舶与海洋工程学报》（英文版）全年发刊 4 期，发文 58 篇，入选《世界期刊影响力指数（WJCI）报告》船舶、舰船工程学科 Q1 区，连续五年蝉联“中国国际影响力优秀学术期刊”。

学科发展工程 学会完成《海洋科技创新与深海发展研究报告》。为促进无锡深海装备行业发展，发挥“科创中国”高端装备科技服务团智库作用，学会组织专家围绕深海装备技术与产业发展、国内外深海装备发展现状、中国深海领域发展需求等方面进行分析与论证，探讨中国在深海安全保障、资源开发和科学研究三大方向存在的潜在需求，并结合国家有关任务部署，形成深海装备科技发展的有关建议和智库研究报告。

作为中国科协智能制造联合体成员单位之一，连续五年组织评选中国智能制造十大科技进展。经过初评、终评两轮评审，学会推荐的“‘奋斗者’号全海深载人潜水器智能制造技术”项目名列第一。

推荐中船海洋动力部件有限公司“SLM 3D 打印钴基合金燃油器喷涂”项目入围 2021“科创中国”突破短板关键技术榜。

国内主要学术会议 2021 年，学会采用线上线下相结合的方式举办各类学术活动 56 场，参加人数 1.4 万人次，共征集论文（含交流报告）949 篇。

4 月 10 日，学会联合中国船舶集团有限公司、中国船舶工业行业协会共同主办的第一届中国船舶科技论坛在北京召开。论坛主题为“聚焦主责主业 创新跨越发展”。论坛邀请知名院士、专家围绕国家重大战略需求，瞄准海洋、制造、信息、能源、空间等领域技术展开研讨交流。本届论坛线上线下联动举办，近 1500 人次参加会议。

6 月 17 日，由学会船舶轮机学术委员会和中国船舶集团有限公司第七一二研究所共同主办的第五届中国船电技术峰会在湖北省武汉市召开，主题为“内河纯电动船舶技术发展与应用”。来自相关单位的专家、学者共350余人参加。会议从前沿动态、行业发展、产业政策等维度展开讨论，为中国绿色船舶智能化技术革新、产业化发展方向建言献策。

12月4日，学会联合西北工业大学、中国船舶集团有限公司第七〇五研究所举办的第四届水下无人系统技术高峰论坛在陕西省西安市召开，主题为“有人/无人协同技术”。论坛邀请中国工程院院士邱志明等12位专家作主题报告。会议征文63篇，线上参会人数达8800余人次。此活动入选中国科协《重要学术会议指南（2021）》。

12月13—14日，学会联合中国航空学会等单位共同主办的第四届全球无人系统大会在广东省珠海市召开。会议围绕“创新无人系统，赋能中国湾区”主题，邀请多位国内外院士、数十位业界专家及企业代表发表主题演讲，共同助力粤港澳大湾区打造智能无人系统产业新高地与创新策源地。

12月18日，学会联合中国船舶工业行业协会共同主办的绿色修船装备技术论坛在线上举办。论坛以“绿色修船”为主题，来自行业内99家单位的200余人参加。此次论坛为船厂提供绿色装备技术的选型，为设备厂商提供推介交流的机会。

12月19日，学会联合中国海洋装备工程科技发展战略研究院共同主办的第五届高新船舶与深海开发装备创新论坛在上海市召开。论坛以“绿色　智能　创新”为主题，聚焦船海领域前沿理论、关键技术与发展趋势，并在华中科技大学、天津大学、大连理工大学、武汉理工大学设立分会场，吸引2000余人次参加。

12月26日，学会与中国船舶集团有限公司第七一九研究所联合主办2021年中国造船工程学会船舶动力论坛，邀请13名专家作主题演讲，共300余人参加。论坛交流动力及控制相关技术领域前沿技术、方法、理论等观点，为推进船舶动力系统技术创新建言献策。

两岸交流　7月21—22日，2021海峡科技专家论坛·海峡两岸航海技术与海洋工程研讨会在福建省厦门市召开。会议由学会、中国航海学会等单位主办，采取线上线下相结合的形式，聚焦“传承中华海丝文化，助力两岸海洋发展”主题，围绕海洋发展和互联互通等课题展开交流研讨。来自海峡两岸的140多位航海技术与海洋工程领域的专家、学者、科技工作者代表和企业高管参加会议。会议征集到交流论文64篇，其中台湾地区专家提交论文20篇。

国际组织任职　2021年，学会首席专家陈映秋连续担任国际船模试验水池会议常委和技术委员会委员、国际船舶与海洋工程结构大会常委。

国际交往　2021年，学会联合哈尔滨工程大学、俄罗斯马林内特海洋行业中心、俄罗斯克雷洛夫造船科技协会开展商洽，拟签订合作协议；与德国造船技术学会沟通，讨论共同开展交流活动。

学会组织并参加国际会议6次，与会专家300余人。主要有组织专家参加2021年国际船舶与海洋工程结构大会常委会；组织青年专家参加中比青年说论坛，学会青年托举人才倪宝玉作演讲；组织参加第12届ISO/TC8/SC4全会（线上）、第19届ISO/TC8/SC8全会（线上）、IMO海洋环境保护委员会第76次会议（线上）、第40届ISO/TC8全会（线上）、第29届国际拖曳水池大会（线上）等国际活动。

科普活动　8月27—29日，学会联合中国船舶集团有限公司、教育部海洋工程类专业教学指导委员会、国际船舶与海洋工程创新与合作组织共同主办第十届全国海洋航行器设计与制作大赛暨“海上争锋”中国智能船艇挑战赛。大赛分为校赛、区域赛和决赛三个阶段，共收到389所院校的1985件作品，其中128所高校的666件作品入围决赛，最终评选出121所学校的360件作品获奖。

学会与中央电视台、今日头条、光明网等大众媒体合作宣传科学家精神。在中央电视台《兵器科技》频道对中国工程院院士、中国首艘核潜艇通讯总师陆建勋进行专访并录制12期节目。在今日头条《科普中国》专栏中讲述中国工程院院士、“共和国勋章”获得者黄旭华，以及徐玉如、张炳炎等科学家的故事，向公众普及舰船知识和弘扬科学家精神。

组建船舶与海洋工程领域科学传播团队，开展科普专家和讲解员培训。为社会公众和青少年开展科普知识讲座，传播国防科普知识。同时，捐赠近1000本科普读物，促进青少年了解船舶行业知识。

联合中国航海学会以及《中国船检》等多家媒体举办2021年全国舰船及航海知识竞赛，来自全国20多个省（自治区、直辖市）的3000余人参加比赛，共75人获奖。

通过中国科协批准的“科普中国共建基地项目”，评选首批5家全国舰船科普教育基地和首批6家全国舰船科普特色学校，并向中国科协推荐9个国家级舰船科普基地。

组织专家参与编撰完成《国防科普概论》，为国防科普工作提供理论研究与实践参考。编辑出版“国外航母装备技术运维保障系列”丛书。

表彰举荐优秀科技工作者 2021年，学会开展2021年度国防科学技术奖提名工作，共评出一等奖1项、二等奖1项。向中国科协推荐2021年“最美科技工作者”候选人。开展第十四届光华工程科技奖提名人选推荐工作，经评审，学会推荐的2名候选人获得推荐资格。

开展中国造船工程学会科学技术奖评审工作。2021年度共收到推荐成果155项，共评选出获奖项目96项，其中技术发明奖二等奖3项，科技进步奖一等奖15项、二等奖35项、三等奖43项。

与教育部海洋工程类专业教学指导委员会联合开展2021年度全国船舶与海洋工程学科高等教育教学成果奖的推荐与评选工作，共收到教学成果34项。与国务院学位委员会第八届船舶与海洋工程学科评议组联合开展优秀博士学位论文的评选工作，评出优秀博士学位论文10篇。

组织专家参加中国科协创新融合学会联合体“慧眼行动”评审会议，共征集90余项民营企业的项目进入评审，有11项入选。

党建强会 学会始终坚持党的全面领导，建立健全三级党组织，履行重大问题前置决策程序。开展学会秘书处党支部书记讲党课和集中学习6次，召开学会秘书处党支部会议6次，组织支部党员和员工观看建党100周年庆祝活动，开展学习党史活动2次，参加全国学会青年党务干部沙龙活动1次。

5月23—29日，举办中国科协“党建强会特色活动”，组织来自部队、国防工业、高校的代表及科普专业机构的70余名专家、志愿者先后深入广西壮族自治区桂林市龙胜各族自治县、贵港市平南县的8所中小学校及两县党政机关，举办国防形势、民族团结进步报告会，开展国防科普知识讲座40余场次；开展模型制作教学近百课时、航模表演8场（次），近千名党员干部及1万余名师生参加活动。

会员服务 学会建立线上服务平台，为会员提供登记注册、会务报名、缴费等便捷服务。通过学会官网、微信公众号宣传会员动态、会员活动等信息。持续为会员单位赠送学会主办会刊2900余册。

“船舶设计大师”已成为船舶与海洋工程领域极具影响力的称号，每两年采用递补的方式进行评选。2021年共递补名额3个，各单位推荐高级会员27人为候选人，经形式审核，符合条件的候选人有24人。

举办2021年中国造船工程学会智慧海洋与智能海洋装备技术研修班、企业标准化工作等4次线上线下培训活动，参会人数为163人。

【第一届中国船舶科技论坛】 4月10日，由学会、中国船舶集团有限公司、中国船舶工业行业协会联合主办的第一届中国船舶科技论坛在北京召开。论坛通过视频方式举办，包括16名院士在内的1500余人次参加论坛。论坛邀请行业相关领导和资深院士、专家围绕国家重大战略需求，瞄准海洋、制造、信息、能源、空间等领域的原创突破及前沿技术、颠覆性技术开展研讨交流，并分别就海上无人装备、载人深潜技术、舰炮技术、水声声呐技术、舰船动力、海上风电等领域的发展情况作专题报告。此次论坛旨在搭建一个聚焦前瞻性战略性领域、促进行业内外学术交流的平台，为中国船舶工业实现高质量发展提供有力支撑。

【第四届水下无人系统技术高峰论坛】 12月4日，由学会、西北工业大学、中国船舶重工集团公司第七〇五研究所主办的第四届水下无人系统技术高峰论坛在陕西省西安市举办。论坛以线上线下相结合的方式举办，8800余人次参加，共邀请国内无人系统及相关技术领域的院士5人、知名专家7人出席并作专题报告12个，就该领域的科技前沿技术和研究热点进行交流，共同研讨水下无人系统领域前沿科技发展。会议征文63篇。

在论坛学术交流环节，来自西安交通大学、海军工程大学，哈尔滨工业大学、中国航天科技集团有限公司第五研究院第513研究所、中国船舶重工集团公司第七〇五研究所和第七六〇研究所、海装风电股份有限公司等的13位青年学者围绕无人系统相关领域取得的最新研究进展进行汇报与交流。

（撰稿人：梁冠军）

中国航海学会

服务创新型国家和社会建设 学会通过开展学术交流、科技评价等活动，汇聚航海科技创新人才，充实学会智库。面向船舶工程、水运工程、航海保障、海事法律、技术经济、安全应急、绿色环保、航海文化八个主要方向遴选首批31名特约研究员并承担研究任务。

在中国科协2021重大科学问题和工程技术难题征选工作中，推荐4项选题。最终，“如何突破深远海航行装备制造与安全保障工程技术难点”入选中国科协2021十大工程技术难题，学会被授予中国科协重大科技问题难题征集发布“2021年度优秀推荐单位”和“2018—2021年度优秀组织单位”称号。

通过多种形式研究新时代航海精神，形成《大力弘扬新时代航海精神》的中国航海智库建言，已报送中共中央办公厅、国务院办公厅、中央外事工作领导小组办公室、中国科协、交通运输部、工业和信息化部、教育部、农业农村部、外交部、文化和旅游部、中共中央宣传部、自然资源部等部委。

各分支机构在依托单位的支持下，依托区域特点和学科优势开展多项课题研究。航海遥感专业委员会会同上海海事大学参与科技部重大科技专项海上搜救需求论证专题研究，为“十四五”时期研发计划和内容提供技术咨询和服务。水运管理专业委员会发布《全球港航信息化发展报告》等一系列港航发展研究成果。

围绕促进内河航运高质量发展，学会理事长何建中组织专家研究提出“强化财政资金基础保障，发行长江航运建设中央债券，加大科研创新投入，建设内河新一代航运系统创新工程”的建议，该建议作为提案提交2021年全国两会。参与司法部和全国人大关于《海上交通安全》修订的历次重大活动，所提建议获得采纳。参与交通运输部、司法部及全国人大财政经济委员会关于交通运输立法修法工作调研并发挥作用。

采用线上线下相结合的方式，组织专家对《智能集装箱全球应用关键技术及标准化》等104项科技成果进行科技评价，评价数量创历史新高。拓展科技评价服务范围，尝试为科技企业开展水平与能力评价、为重大项目技术方案开展评价，受到业界欢迎。

2021年，学会立项团体标准13项，《电子航海图编绘规范》的发布填补了学会团体标准的空白。

学会建设 学会逐步形成党委政治把关、理事会决策、监事会监督、秘书处执行、分支机构办事机构协同的治理结构。

修订更新《中国航海学会规章制度汇编》，使制度体系更加完善、内容更加全面。

在秘书长、副秘书长分领域定向联络分支机构的基础上，进一步明确秘书处各部门对分支机构的分管职责。组织召开2021年度分支机构管理工作会，全面部署和交流分支机构工作。2021年，救助打捞专业委员会等4个专业委员会完成换届，航运环保与生态专业委员会等5个专业委员会完成换届和新机构组建。

加强学会信息化建设，优化会员服务系统、编辑审稿系统等。搭建以官网、官微为主，以“科普中国”客户端为补充的信息发布和宣传平台，信息发布量和浏览量大幅提升。2021年，共开展线上大型学术交流活动直播2次、线上展览2次，全年发布信息1300余篇，浏览量33.28万次，较2020年分别增长31%和270%。

青年人才托举工程 2021年，学会推荐4名航海青年科技工作者入选第六届中国科协“青年人才托举工程”。

主办期刊 学会承担中国科协水路运输领域高质量科技期刊分级目录评审项目，已按计划实施项目并组建评审委员会，在择优遴选国内外相关学术期刊的基础上，力争形成水运领域高质量科技期刊分级目录，引导水路运输领域高质量科技期刊发展。

学会拥有近300人的两刊审稿专家队伍。为全面提升期刊编审质量，派员参加编审质量培训和编辑资质技术资格学习考试。

制订《中国航海》《航海技术》编辑出版管理办法，明确“编辑部+编辑分部”的编审流程。严格落实科技期刊三审三校制度。专家审稿实行“双盲审”制度，保证来稿评审的公平性和公正性。

建立在线投稿和编审系统。实现投稿、编审、修订、组稿等全流程可视化操作，提升工作效率和投审稿用户体验。

高质量通过社会效益评价考核和期刊核验审读；在深化与中国知网、中国科学引文数据库等权威机构建立学术数据合作的同时，先后与航海领域企事业单位和行业用户代表召开期刊编辑发行座谈会，就稿源合作、专家推荐、成果传播等工作进行交流并达成共识。2021年，《中国航海》发行量较2020年增长40%。

学科发展工程 2021年，学会以重大项目为纽带，广泛凝聚科技、产业和政府专家资源，成功申报中国科协海上安全应急产业科技服务团、中国智能航运产业发展路线图等7个重大项目。其中，海上安全应急产业科技服务团主要针对辽宁省大连市、山东省青岛市等“科创中国”试点城市的水运产业开展具有安全应急通信、船岸协同能力的多船载终端与多岸基基站互联互通的甚高频通信系统应用科技服务。中国智能航运产业发展路线图项目建立由学会总牵头、交通运输部水运科学研究院负责全面技术支撑的项目组，中国船舶工业协会、山东港口集团有限公司、交通运输部北海航海保障中心、山东海事局、上海船舶运输科学研究所分别牵头船舶智能化、港口智能化、监管智能化、航海保障智能化、航运服务智能化5个子领域，建立上百人规模的咨询专家组。

国际学术会议 10月19—20日，由学会轮值主办、交通运输部天津水运工程科学研究院承办的2021年亚洲航海学术年会在天津市召开。此次年会以“安全、绿色、智能、合作”为主题，来自中国、日本、韩国、新加坡、泰国、缅甸、马来西亚、印度尼西亚、越南等国家的专家、学者和一线科技工作者2600余人通过线下和线上的方式参加会议。

国内主要学术会议 4月17日，大连市人民政府联合学会、大连海事大学共同主办的航运金融助力东北亚国际航运中心高质量发展论坛在辽宁省大连市召开。大连市委有关领导，学会常务副理事长张宝晨，以及来自交通运输、金融、保险等领域的专家、学者参加论坛。与会专家、学者就“深耕航运金融，服务大连东北亚国际航运中心高质量发展”“保险在现代金融与服务民生中站位和作用新征程展望”“航运国际租赁资产交易的分享”等主题作主旨演讲，分享航运金融领域的前沿成果，为推动大连东北亚国际航运中心建设提供学术参考。

6月28—29日，由学会、交通运输部水运科学研究院主办，青岛航运发展研究院、智慧航海（青岛）科技有限公司承办的智能航运产业化与高质量发展论坛在山东省青岛市召开。论坛邀请包括院士以及政府部门、科研单位、高校、企业等单位的50余位专家、学者和领导参加，就智能航运产业与技术的发展态势与需求、发展路线及相关政策建议进行交流探讨。

7月11日，学会主办的2021年中国航海日论坛在线上举办，受到交通运输部和航海日论坛组委会各成员单位的支持。论坛以“开启航海新征程，共创航运新未来”为主题。与会人员围绕航运高质量发展、后疫情时代航运发展、智能船舶、海员队伍建设、航运物流体系、服务构建新发展格局等话题发表主题演讲。

9月8日，由学会、福建省人民政府主办，厦门市人民政府、福建省发展改革委等部门联合承办的2021“丝路海运”国际合作论坛在福建省厦门市召开。来自国家部委，国内外港口、航运物流和贸易服务企业，以及高校、智库、相关行业协会等机构的多位专家、学者参加会议。会上发布《2021“丝路海运”蓝皮书》、“丝路海运”通关服务标准、第八批“丝路海运”命名航线，举办“丝路海运”信息化平台上线仪式及“丝路海运”联盟新成员授牌仪式，得到新华社等50多家中央及地方主流媒体的报道。

11月1日，由学会、大连市人民政府、大连海事大学共同主办的构建“一带一路”绿色航运：2021年北极航运安全与可持续发展国际论坛在辽宁省大连市召开。来自国内外的200多名专家、学者参加论坛，围绕2035北极航运愿景、北极事务与国际合作、北极治理等内容展开交流与研讨，为中国参与北极可持续发展建言。

12月12—13日，由学会主办的2021年中国航海学会学术年会于线上举办。年会主题为“平安·绿色·智能”，设置开幕式、学术论文分组交流会、科技成果展三个环节。

除此之外，各专业委员会围绕各自专业领域开展多场学术交流活动。其中，船舶机电专业委员会举办的第四届宁波新能源技术国际研讨会、航海历史与文化研究专业委员会举办的“丝路连通的中国与世界”学术研讨会、极地航行与装备专业委员会举办的“雪龙2”号设计建造技术交流会等活动反响极大。

两岸交流 7月21—22日，由学会与中国航海技术研究会（台湾）等七家单位共同主办的海峡两岸航海技术与海洋工程研讨会在福建省厦门市召开，140多位来自海峡两岸的专家、学者、科技工作者和业界代表参加会议。研讨会聚焦“传承中华海丝文化，助力两岸海洋发展”主题，围绕海洋发展和互联互通等课题展开交流研讨，进一步促进海峡两岸航海技术与海洋工程的融合发展。

国际组织任职 经国际航空运动联合会全会选举，学会常务副理事长张宝晨当选为国际航空运动联合会高级副主席，负责2024年国际航空运动联合会世界大会筹备工作并将在2024年接任主席。

国际交往 国际港航科技联盟组建工作已进入实质性推进阶段，完成起草章程与议事规则等核心文件，召开国内相关机构参加的筹建座谈会，各有关科研机构、港航企业积极支持国际港航科技联盟的建立。在亚洲航海学会学术年会期间，学会正式向参加会议人员介绍国际港航科技联盟相关情况，并邀请日本航海学会和韩国航海港湾学会作为联合发起方加入国际港航科技联盟。

学会两度派员出席国际航空运动联合会执委会和国际航海全委会，支持国际航空运动联合会奖励委员会主席黄有方开展国际航空运动联合会两大奖项和荣誉会员的评审。

科普活动 结合全国科技活动周、全国科普日、全国防灾减灾日，学会分支机构及科普教育基地面向社会公众组织开展多种形式的科普活动。船舶设计与检验技术专业委员会承担《中国船谱·第二卷》编纂和纪录片《中国船谱》的录制工作；航海历史与文化研究专业委员会举办线上2021年全国航海科普知识竞赛；大连海事大学“育鲲”轮基地举办航海科普活动；武汉理工大学开放数字天象馆向广大师生讲解天文航海知识；中国人民解放军海军诞生地纪念馆在泰州广播电视台、泰州交通广播频道开设“蓝色梦想”云课堂。学会还联合中国国际文化交流中心、中国太平洋学会和环球航海（北京）体育文化有限公司主办2021人类首次不停靠环航北冰洋公益活动。

首评中国航海学会科学技术奖（航海科学技术普及奖），2021年共有20个作品入围，最终“小小航海家博物馆系列丛书”等14个作品获奖，是近年来中国航海领域科普优秀成果的集中展示。

2021年度，开展科普基地复核工作。其中，上海中国航海博物馆等25个基地通过复核；“大洋一号”科学考察船等6家基地限期整改；温岭航标展馆等3家基地取消命名。

为贯彻落实《全民科学素质行动规划纲要（2021—2035年）》，成立航海科普工作委员会。作为以航海特色为主要界别的科技社团组织，航海科普工作委员会将按照“依托学科、立足实际、创新形式、拓展渠道”的原则，支撑学会依托资源优势推进中国现代航海科普体系建设。

表彰举荐优秀科技工作者 2021年，学会评定并发布航海科学技术奖99项，其中特等奖2项、一等奖15项、二等奖61项、三等奖21项。首次开展最高航海科技奖评选，上海国际港务（集团）股份有限公司包起帆、中国船舶集团有限公司第七〇一研究所徐青获得最高航海科技奖。开展中国科学院院士、中国工程院院士和2021年“最美科技工作者”推选工作。

2021年，学会向80名优秀学生发放中国航海学会－中国船级社奖学金；向275名学生发放中国航海学会－张荣发基金会助学金。

党建强会 学会开展“学党史、悟思想、办实事、开新局”党史学习教育，深刻领会习近平总书记“七一”和“科技三会”重要讲话精神。组织集体观看庆祝中国共产党成立100周年大会，第一时间举办线上线下相结合的学会党委中心组扩大学习会议，传达学习习近平总书记“七一”重要讲话精神。学会党委书记和副书记亲自上党课，学会各级组织积极参加。学会党委认真学习中央人才工作会议精神，与交通运输部水运科学研究院党委开展“推进水运科技实现高水平自立自强”联学主题党日活动，引导航海科技工作者听党话、跟党走，为推进实现高水平的水运科技自立自强凝心聚力。

学会党委书记主持制订《中国航海学会2021年党建工作方案》，推动与学会年度重点工作任务同部署、同推进、同落实。认真组织学会党委职责任务清单和“负面”清单的内容梳理，形成履职履责体系。制订实施《中国航海学会党史学习教育工作方案》，结合中国科协“2021年党建强会计划——追寻红色足迹，开展党建强会特色活动项目”，开展“众心向党、自立自强——从红船走向航运强国”主题实践活动，共同回顾航海领域在党的领导下走过的红色印迹，共绘庆祝建党百年宣传教育“航海篇”。

贯彻落实全面从严治党要求，确保党组织在重大决策事项中发挥前置把关作用。2021年，召开党委会议5次、中心组学习4次，党委决策把关“三重一大”事项18项。此外，探索建立分支机构党建联系人制度，加强在空间维度上党组织全覆盖的工作落实。学会办事机构党支部引导全体党员炼党性、做示范、强担当。2021年度，组织召开支部大会、组织生活会、党史学习教育会等活动共计15次，办事机构党支部党史学习教育专题组织生活会受到中国科协科技社团党委、党史学习教育中央第二十五指导组赞扬。学会支部书记闫晓波获得“中国科协优秀共产党员”“科技社团党委优秀共产党员”称号。

按照中国科协关于开展廉政风险排查的要求，学会从业务流程、重要岗位、重点项目、重大事项等关键环节入手，全面排查分析存在或可能发生的廉政风险和高危环节，分析廉政风险防控重点环节，强化岗位风险警示提醒，制订廉政风险防范清单。

会员服务 学会在落实《中国航海学会关于进一步做好会员服务工作的意见》和2021年会员服务六件实事的过程中，会员主体地位得到提升。成立会员工作委员会。启动会员单位个人集体入会工作，并实行集体入会个人会员会费优惠政策。加大会员订阅期刊、参加学术活动优先、优惠力度。此外，与会员单位共同建设航海科技工作者之家的工作已在中国船级社质量认证有限公司等多家单位实施。

秘书处及分支机构围绕中国航海学会科学技术奖申报及成果评价、高级职称申报、团体标准制订等内容，为会员举办9期培训班，年度培训总人数近千人。学会首次承接中国科协“专业技术人才知识更新工程”项目，通过线上线下相结合的方式对180名海事调查官和救助打捞工程师开展专业技术转移转化能力提升培训，获得交通运输部海事局、交通运输部救助打捞局的支持和好评。

2021年，学会单位会员519家，较2020年同比增长36%；个人会员4909人，较2020年同比增长16%。

【2021年中国航海日论坛】 7月11日，2021年中国航海日论坛采用线上方式举办。此次论坛由学会、昆明市人民政府、交通运输部水运科学研究院和中国交通建设集团有限公司共同主办，主题为“开启航海新征程，共创航运新未来”。交通运输部副部长兼中国海上搜救中心主任赵冲久、学会理事长何建中、云南省副省长邱江、昆明市副市长孙杰发表视频致辞。国际海事组织秘书长林基泽、国际航空运动联合会主席约翰·波特尔通过视频致辞。中国交通建设集团有限公司董事长王彤宙、中国工程院院士严新平、中国远洋海运集团有限公司董事长许立荣等7位专家、学者通过视频发表主题演讲。《中国水运史》《中国水运工程建设实录》系列史书、《中国船谱·第二卷》和纪录片等同时在线上发布。据不完全统计，仅交通运输部网站和学会网站的“2021年中国航海日论坛”专题页面当日总访问量就超过7.7万次。

会议同期发布2021年中国航海日公告，获中国新闻社、人民网摘发，《中国交通报》《中国船舶报》《中国自然资源报》《中国水运报》以及今日头条、中国海事服务网等媒体全文转发。

【2021年亚洲航海学术年会】 10月19—20日，2021年亚洲航海学术年会在天津市召开。会议采取线上线下相结合的形式召开，现场参会人数为80人，线上参会的境外专家、学者约100人。会议包含开幕式、8场学术论文交流、2场组委会会议、1场论文评审会及闭幕式，并组织线下参会人员参观交通运输部天津水运工程科学研究院大型水动力实验中心（国家交通运输科普基地）。

学会理事长何建中、天津市人民政府副市长孙文魁、交通运输部安全总监兼中国海上搜救中心常务副主任李国平、日本航海学会理事长庄司、韩国航海港湾学会理事长鞠承淇在开幕式上致辞。学会常务副理事长张宝晨、中国海上搜救中心副主任卓立、日本航海学会常务董事逸见真、韩国航海港湾学会教授田旼樹、交通运输部天津水运工程科学研究院海洋水动力研究中心主任陈汉宝、国际航空运动联合会副主席希拉姆·希拉勒分别作主旨报告，内容涉及亚洲区水面自主航行船舶测试与示范、海上搜救区域合作、国际航标协会智能基础设施等。越南河内交通大学土木工程学院副院长阮清越、交通运输部天津水运工程科学研究院院长张华勤分别致闭幕词。

【2021年中国国际海员论坛】 12月21日，由学会、昆明市人民政府、交通运输部水运科学研究院和中国交通建设集团有限公司主办，交通运输部海事局、中国海员建设工会指导，中国海事服务中心承办的2021年中国国际海员论坛以全开放、在线直播的方式举办。国际海事组织亲善大使、交通运输部原副部长徐祖远，学会秘书长闫晓波，交通运输部海事局副局长寿涛，国际航运公会秘书长Guy Platten，新加坡海事和港口局局长柯丽芬，大连海事大学校长孙玉清等领导、专家围绕“优化海员发展环境，打造航运核心力量”主题，针对疫情当下和着眼未来的海员发展发表观点、建言献策，全网4.6万余人全程收看。

论坛期间举办中国船员发展的主要矛盾和最美海员面对面访谈节目及交通运输部“我为群众办实事——船员幸福提升工程”载体“i船员”公共服务平台线上发布仪式等活动。11位行业专家发表演讲，并卫星连线在航远洋船舶上的一线海员发表意见建议。

（撰稿人：殷艳杰）

中国铁道学会

服务创新型国家和社会建设 推进学会标准研制工作，发布《铁路工程纤维混凝土技术规程》《铁路云计算平台总体技术要求》等8项四新技术标准，完成《市域铁路工程动态检测技术规范》《市域铁路电气化工程施工及质量验收标准》等18项技术标准的报批稿编制工作，与铁路国家标准和企业标准融合发展、互为补充。

组织行业专家承担国家发展改革委、科技部、中国工程院、中国科协和中国国家铁路集团有限公司委托的一系列重点课题研究，完成万钢主席主持的国家重大战略咨询报告《关于加快建设时速600公里高速磁浮试验线和示范运营线的建议》和相关技术调研及专家评审工作。

完成《工程能力评价通用规范》全面修订和标准宣贯，配合中国科协开展中国工程师联合体活动。

发布《中国铁道学会标准编写规则（试行）》；完成《中国铁道学会标准知识产权政策》征求意见稿编制工作，对专利融入团体标准的路径和规则开展全新探索。

完成《铁路领域专业工程能力评价规范》和《铁路领域专业工程能力评价实施细则》报批稿编制，组织铁路领域工程能力评价考官开展线下集中培训和线上面试观摩。

有序推进中国国家铁路集团有限公司科技研发重点项目“我国铁路专业工程师能力评价与认证体系研究”。

联合10家全国学会共同主办第二届全国基础设施智慧建造与运维学术论坛，促进中国基础设施智慧建造与运维方向的学科发展、关键技术突破以及产业发展。

完成“高速铁路微米级轨道短波不平顺机理及控制关键技术研究”“高速铁路接触网智能建造系统与关键装备技术及应用”等项目科研成果的技术评审工作。

学会建设 2021年，学会新增单位会员22家，单位会员达到250家；个人会员67912人。

推动数字学会建设，学会综合信息管理平台进入试运营，完成“中国铁道学会”公众号平台建设。

完成分支机构2021年度考评，车辆委员会等10个分支机构被授予“2021年度优秀分支机构”称号，徐宗奇等39名个人获“2021年度分支机构先进工作者”称号。

全年召开理事会议3次、常务理事会议2次，分别审议分支机构换届及人员调整、新增单位会员、理事变更等事项。

不断强化政治机关建设水平，制订并实施《中国铁道学会网络媒体平台管理办法》《中国铁道学会网站管理办法》《中国铁道学会微信公众号管理办法》《中国铁道学会网络媒体平台管理办法》等规章制度。

编制完成《中国铁道学会技术咨询管理办法（试行）》《中国铁道学会科技成果评价管理办法（试行）》，规范学会成果评价和技术咨询等科技服务标准与流程。

青年人才托举工程 组织开展铁道行业第四届“青年人才托举工程”项目遴选。2021年，获得16个中国科协支持名额。截至12月，四届中国科协“青年人才托举工程”项目共50人入选，在培养期间，共计发表SCI/EI论文291篇、专著4本；获得授权专利254项、软件著作权81项；参编国内外标准31项；获得国际奖2项、国家级奖励5项、省部级奖励79项；33人职称得到晋升。

主办期刊 2021年，《铁道学报》全年完成12期的编辑、出版、发行工作，刊发科技论文258篇。重点策划以国家重大工程为支撑的“川藏铁路”项目专刊主题，向国内隧道专业领域知名专家征集稿件，完成定稿。

完成《铁道学报》稿件采编系统升级和迁移，首度实现网络首发，初步实现编辑部采编审无纸化办公，为期刊出版资源集约运营和向数字化、国际化办刊方向发展迈出新的一步。

发挥《铁道学报》期刊龙头作用，加大对铁路科技发展前沿技术、铁路重大科技需求相关研究文章的约稿、组稿和出版力度。《铁道学报》位列《中文核心期刊要目总览》铁道运输类核心期刊第1，被北京交通大学、西南交通大学等院校视同为SCI期刊。

《铁道知识》作为学会主办出版的唯一全国发行的铁路科普期刊，2021年被列入中国国家铁路集团有限公司“宣传教育类铁路期刊”，全年刊发6期。

在建党100周年之际，期刊连续刊登建党初期铁路党组织的有关文章，对标科技创新主战场，宣传京沪高铁开通运营十周年、川藏铁路拉林段建成通车、中老铁路开通等内容。

学科发展工程 学会完成中国科协“2021 年度重大科学问题和工程技术难题”推荐工作，共征集科技问题 35 项，经专家评审向科协报送 7 项，其中重大科学问题 2 项、工程技术难题 5 项。

完成中国科协学会公共服务能力提升项目“轨道交通技术交易平台建设”课题研究和中国科协专业技术人才知识更新工程“高铁安全科学与工程专题研讨班”。

组织编辑出版《中国铁道学会重要学术报告集·2020》《京沪高铁运营 10 周年学术论文集》《解码沪苏通长江公铁大桥》《第三届全路计算机联锁技术交流会论文集》等专业学术论文集。

完成“铁路运输领域高质量科技期刊分级目录”遴选发布工作，建立以《铁道学报》为龙头的全面、客观反映铁路科技期刊水平的评价标准体系。从国内外铁路运输专业领域的 394 本中英文科技期刊中遴选出 T1 级别（已经接近或具备国际顶级水平的期刊）26 本、T2 级别（国际上知名和非常重要的较高水平权威期刊）36 本、T3 级别（国内外重要且被学术界所认可的期刊）28 本，加快铁路行业科技期刊集群化发展步伐。

国际学术会议 11 月 3—6 日，由国际铁路运营管理协会主办，学会运输委员会、北京交通大学共同承办的第九届国际铁路运营管理会议暨 Rail Beijing 2021 会议在北京召开。

国内主要学术会议 2021 年，学会及分支机构运用“两级学术交流平台”品牌，通过线上线下结合方式主办学术会议、技术交流论坛 30 场次，征集论文 575 篇，其中 136 篇论文获评年度学术活动优秀论文。

7 月 7 日，由学会和中国工程院、北京茅以升科技教育基金会联合主办的北京茅以升科技教育基金会第 27 届颁奖大会暨第八届桥梁与隧道工程技术论坛在北京举办。

7 月 22 日，学会车辆委员会联合轨道交通装备分会在湖北省武汉市召开中国铁路冷链和深冷运输新技术应用暨多样化运输学术研讨会，各界专家、学者共计 120 余人参加。

10 月 15—17 日，由学会和中国土木工程学会、中国公路学会、中国建筑学会、中国城市规划学会、中国人工智能学会、中国电子学会、中国仪器仪表学会、中国测绘学会、中国电机工程学会等主办的第二届全国基础设施智慧建造与运维学术论坛在江苏省南京市召开。中国科协科学技术创新部部长刘兴平，东南大学学术委员会主任缪昌文，中国工程院院士丁烈云、卢春房、张喜刚、陈湘生，东南大学副校长钟文琪，学会和中国土木工程学会、中国测绘学会、中国电机工程学会等有关负责人及企业相关领导，以及来自全国各地土木、交通、建筑、城市规划、测绘、人工智能、电子信息等领域的 500 余名专家、学者现场参加论坛。

国际交往 2021 年，学会多次同国际重载协会首席执行官斯科特邮件联系，汇报第十二届国际重载运输大会筹备工作进展情况，研究讨论第十二届国际重载运输大会的组织方案和流程。

科普活动 学会与各分支机构、各省级铁道学会及全国铁路科普教育基地协同联动，采取科普知识进博物馆、进站上车、进校园以及组织编创科普图书等多种形式开展科普活动，共举办科普讲座 150 余场，受众达 3 万余人次。其中，铁路科技活动周获科技部颁发的荣誉证书，铁路科普日暨“铁道大讲堂”获中国科协“2021 年全国科普日优秀活动”称号，收到中国科协“典赞·2021 科普中国”活动感谢信。

推进科普走到基层、走向社会。开展以“众心向党，自立自强”为主题的全国科技工作者日活动，以“中国铁路自立自强”为主题的铁路科普日活动，以“百年回望——中国共产党领导铁路科技发展”为主题的铁路科技活动周活动。与铁道博物馆、铁科院、铁道党校等单位合作，在铁道博物馆开设“中国铁路发展史”基本陈列及“党旗映红百年路”专题展览。

组织科普系列“铁道大讲堂”活动。特邀中国工程院院士傅志寰、孙永福分别以《中国铁路百年发展与创新》《弘扬青藏铁路精神，勇当交通强国先行》为题作专题报告。

抓好学术资源科普化，出版“复兴号给小朋友的话”动漫画本《复兴号高高与我的“秘密”》《我与高铁的零距离接触》。

组织铁道博物馆、北京交通大学、桥梁博物馆等科普基地参加 2021 年交通运输科普讲解大赛暨全国科普讲解大赛，4 人分获一等奖、二等奖和优秀奖。北京交通大学运输设备教学馆科普服务团被北京市科协推荐为“典赞·2021 科普中国”科普人物。西南交通大学牵引动力实验室科普人员分获 2021 年四川省科普讲解大赛一等奖、三等奖，并被授予“2021 年四川省十佳优秀科普使者”称号。

扩大科普基地影响力和辐射力。北京交通大学运输设备教学馆以“普及科学知识，助力交通强国”为主题，联合多家单位开展百年交通发展回顾展、交通运输科技展、优秀学生作品科技展、交通运输原创科普作品大赛、交通运输科普系列讲座与展览等活动；铁道博物馆正阳门展馆组织科技志愿者30余人，志愿者服务累计时长30天，开展“火车雕版印刷”“高铁讲座进校园：京张高铁——梳理中国高铁新标杆”等科普社教活动。

学会推荐的全国科普教育基地中国铁道博物馆、桥梁博物馆入选年度交通运输部、科技部联合认定的首批10家国家交通运输科普基地。

表彰举荐优秀科技工作者 学会组织开展2021年度“最美铁道科技工作者”遴选表彰宣传活动。在《人民铁道》、微信公众号、学会网站上对获得表彰的10名科技工作者进行深度报道宣传。

联合茅以升科技教育基金会共同开展茅以升工程师奖的组织评审工作；与全国铁道团委合作开展第七届全国铁路青年科技创新奖评审工作；完成2021年度铁路系统中国科学院和中国工程院院士推荐。

初次成为中国土木工程詹天佑奖推荐渠道，所推荐的“石家庄至济南铁路客运专线济南黄河公铁两用桥”“新建向莆铁路青云山隧道”2项工程获奖。组织中国土木工程詹天佑奖铁路项目的初评工作，推荐入围工程“新建北京至沈阳铁路客运专线辽宁段”“山西中南部铁路通道工程”2项获奖。

组织推荐申报2020年度北京市科学技术奖项目评审答辩，所推荐项目获得科学技术进步奖一等奖；开展中国科协企业创新服务中心“党旗下的东方红”——新中国企业创新自立自强经典故事遴选活动，参与中共中央网络安全和信息化委员会办公室中国正能量2021“五个一百”网络精品征集评选展播。

党建强会 根据基层党组织建设质量提升三年行动计划，贯彻落实中央八项规定精神，强化政治机关建设，抓实“灯下黑”问题专项整治，压实全面从严治党责任；深入开展党史学习教育，坚持“第一议题”要求，坚持以“我为群众办实事”为落脚点，认真组织学习习近平总书记在重要场合、重要节点的一系列重要讲话精神，开展内容丰富、形式多样的学习活动。全年共召开支部大会16次、支委会15次，开展主题党日活动12次。

把全面从严治党要求贯穿到学会的一切工作中。自2021年起，学会开展的各种评奖遴选活动明确要求入围人选必须经推荐单位的纪委部门审核把关。

结合党史学习教育，开展“智惠行动——乡村科普赠书”主题党日活动，向河北省新乐市邯邰镇东岳村小学赠送图书。

会员服务 认真贯彻中国科协关于“活动建家、组织强家、服务暖家、精神润家”的指示要求，广泛开展线上线下融合互动的建家活动，通过科技奖励、评先争优、舆论宣传等手段弘扬科学家精神，进一步增强广大铁路科技工作者的认同感、归属感和获得感。

向理事单位、会员免费发放学会期刊及各种论文集，全年免费提供视频、音像及文字材料共计2万余册。邀请单位会员代表和个人会员参加铁道学会组织的学术研讨会，为会员单位提供决策咨询。

【青藏铁路运营十五周年学术研讨会】 10月9日，由学会联合中国铁路青藏集团有限公司、中国铁道科学研究院集团有限公司、中国中铁股份有限公司、中国铁建股份有限公司等单位共同举办的青藏铁路运营十五周年学术研讨会在北京召开。中国国家铁路集团有限公司副总经理、党组成员王同军出席会议并致辞，中国工程院院士孙永福作主题报告。

研讨会上，专家、学者总结交流青藏铁路开通以来在高原运输组织与运营维护、高原铁路安全与风险防控、工程建设技术创新与管理、设备维护集成及关键技术、高原环境保护和卫生保障等技术领域的成果和经验。

西藏自治区发展改革委、青海省科协、国家铁路局、中国国家铁路集团有限公司相关部门负责人以及有关科技工作者、原青藏铁路参建单位代表等150余人参加。

【第九届国际铁路运营管理会议暨RailBeijing 2021会议】 11月3—6日，由国际铁路运营管理协会主办，学会运输委员会、北京交通大学共同承办的第九届国际铁路运营管理会议采用线上线下相结合的方式在北京召开。会议首次在中国举办，并入选中国科协《重要学术会议指南（2021）》。

会议主题为“智慧与绿色铁路运营管理”，按学术研究与专业技术两个系列设立多个分论坛。会议致力于铁路运营管理效能与服务水平的提升，分别对铁路科学规划、运输组织优化、基础设施维养、节能环保等热点前沿问题进行研讨。共收到稿件论文160余篇，来自17个国家56所高校和业界相关单位的200余名专家、学者参加会议。学会理事长、中国工程院院士卢春房，中国工程院副院长何华武在会上分别作题为《如何发展综合立体交通》《持续推进铁路技术创新，支撑交通低碳高效发展》的主旨演讲。

【2021年全国铁路科普日启动仪式暨“铁道大讲堂”活动】 9月13日，全国铁路科普日启动仪式暨“铁道大讲堂”在北京举办。活动以“中国铁路科技自立自强”为主题，由学会、中国铁道博物馆、中国铁道科学研究院集团有限公司、詹天佑科学技术发展基金会和北京交通大学联合主办。

活动由学会副秘书长田京芬主持。学会副理事长兼秘书长曾鸣凯、国家铁路局科技与法制司副司长刘燕、中国国家铁路集团有限公司科信部副主任钱征宇分别致辞。中国工程院院士傅志寰、孙永福、卢春房分别为中华全国铁路总工会、国家铁路局等10家单位赠书。中国工程院院士傅志寰、孙永福分别作主题报告。

来自国家铁路局科技与法制司，中国国家铁路集团有限公司科信部、建设部、宣传部、铁路总工会、直属机关党委，工管中心，中国铁道科学研究院集团有限公司，中国铁路经济规划研究院有限公司，中国铁道出版社有限公司，《人民铁道》报业有限公司，铁道博物馆，北京交通大学，詹天佑科学技术发展基金会，中国铁道学会分支机构及全国铁路科普教育基地等单位的领导和代表150余人参加活动。

（撰稿人：贾建坤）

中国公路学会

服务创新型国家和社会建设 2021年，学会受交通运输部委托，相继开展“绿色金融支持交通运输碳达峰碳中和”“边境口岸汽车出入境运输财政事权改革投资政策体系”课题研究，编撰《公路安全生命防护工程、危桥改造工程和干线公路灾害防治工程三项工程典型案例》，起草编写《公路网出行保障存在问题与措施建议报告》《2021年全国公路网运行服务保障工作要点及服务区专项提升工作方案》《高速公路服务区分类管理实施方案》等，启动“国省干线公路提升服务能力与服务品质”课题研究等；参与多项国家地方法律法规制修订工作，包括《中华人民共和国专利法实施细则（修订草案送审稿）》《中华人民共和国科学技术进步法（修订草案）》《交通运输部　公安部关于进一步加强治理公路车辆超限超载联合执法常态化制度化工作的通知（征求意见稿）》等相关法规政策的意见征集，共提交21条反馈意见，多项被采纳。

编制完成《江苏省“十四五”交通运输综合行政执法监督规划》《海南省现代物流业发展调研报告》，安徽省、宁夏回族自治区“十四五”交通运输综合行政执法监督规划编制工作即将收尾；立项启动“基于北斗＋5G＋区块链技术的新一代公路自由流智能收费系统研究”，编制完成《基于“三网融合”的高速公路绿色能源网政策体系研究》；“智慧公路发展战略研究”重大咨询项目入选2022年中国工程院战略研究与咨询项目选题建议目录。

2021年，围绕“向研究服务型学会”转型目标，各部门紧盯行业及会员需求，在课题研究、难点热点及行业法律咨询等方面取得突破。

根据会员单位诉求，2021年组织行业内外专家团队先后开展辽宁高速公路货车失火案件、广西事故调查报告责任认定的法律分析、高速公路收费标准听证方案解读论证等工作，提供专业法律意见，得到行业广泛认同；全年共开展50余项课题研究，涉及高速公路运营管理规范、行业BIM（建筑信息模型）标准体系建设、高速公路建管、文化品牌建设、收费技术指南、法务机制建设、内训师评价、救援服务评价、文博场馆建设咨询等多个领域和业务板块，为业内企事业单位解决实际问题。

10月，组织成立公路运输领域高质量科技期刊分级目录评审委员会。学会副理事长、中国工程院院士、中国交通建设集团有限公司首席科学家张喜刚任评审委员会主任。

举办2021世界大学生桥梁设计大赛，共收到参赛作品203件，来自中国、美国、英国、法国、孟加拉国等国内外的57所大学910名选手参赛。

6月18日，2021世界人行桥奖颁奖典礼在陕西省西安市举办。共收到来自中国、美国、德国、意大利等国家的29件作品。经评审，7个项目获得金奖、银奖、铜奖。

学会建设 10月，学会完成换届，形成由理事会、监事会、办事机构、分支机构共同组成的组织体系，以及由党委、办事机构党总支、学会工会、共青团构成的党群工作体系。

学会第九届理事会进一步完善学会会议制度，明确理事会议、常务理事会议、理事长工作会议、理事长办公会议的议事规则。进一步强调学会党委对学会重大事项前置审议的制度。

在健全完善学会规章制度、深化用人制度改革的基础上，2021 年进一步完善学会职业化建设，完成《员工手册》制订，为强化管理奠定基础。

青年人才托举工程 在中国科协的领导下，学会通过中国科协 3 个年度项目的答辩，分别获得第四届、第五届和第六届“青年人才托举工程”项目支持。线上组织托举人才遴选会，最终确定朱尧于、丁璠、郑健作为第六届青年托举人才。11 月，申报中国科协第七届“青年人才托举工程”项目，按照要求准备答辩材料。

在托举人才培养上，学会为青年人才配备学会托举专家；在学会承办的青年前沿科技论坛——先进制造与智能交通前沿科技分论坛期间，设立专区展示部分第四届“青年人才托举工程”入选者的最新学术成果。

此外，申报北京市科协青年人才托举工程项目并成功入选。经过推荐和遴选，共有 5 名青年人才获得托举资格。

主办期刊 2021 年，学会主办的《中国公路》《中国交通信息化》的质量和效益得到提高，完成“沿着高速看中国”、“十三五”国评、“四好农村路”、“建党百年”、“十三五”成就宣传、“联合国可持续交通大会”等重大主题宣传工作。此外，通过模式创新，完成新疆维吾尔自治区 S21 的整体打包宣传工作。

完成“最美公路人”“我家门口那条路”“十大最美农村路”等部级推选活动平台的服务和搭建工作。同时在视频制作方面打造“记路”新平台，自 11 月 18 日开通以来，共计发布视频作品 12 个、直播 1 场，总观看量达 22.90 万人次，被新疆维吾尔自治区交通运输厅、贵州公路等 17 家官方公众号转发。

学科发展工程 2021 年，学会独立或与相关单位联合完成《中国交通运输 2021》《中国绿色公路发展研究报告（2020）》《中国交通信息化发展报告（2020）》《中国公路交通 BIM 产业发展研究报告（2010—2020）》的编制与发布，启动《交通运输区块链白皮书（2021）》《交通智慧执法调研报告》编制，发布《车路协同自动驾驶系统版本建设指南》《车路协同自动驾驶技术路线图研究报告（2021—2045）》等。

编辑的《中国交通运输年鉴（2021）》《交通运输大事记（1949—2019）》《中国桥谱（第二卷）》正式出版发行。

国际学术会议 2021 年，学会召开中俄智慧物流研讨会及陆海联运走廊建设筹备会、中俄陆海联运交通走廊建设国际研讨会，以及 4 次智慧出行服务系列国际研讨会；协办国际路联年会。

依托“一带一路”国际交通联盟，学会与联合国教科文组织、联盟俄罗斯办公室联合举办气候变化影响评估国际研讨会，举办联盟与美国可持续基础设施研究会第一次专家交流会，协办“国际多式联运会地联合创新中心”成立大会暨国际多式联运创新发展交流研讨会，召开“一带一路”国际交通研讨会等。

国内主要学术会议 2021 年，利用疫情窗口期，学会适时举办第四届全国公路平安百年品质工程论坛、第四届大数据与公路智能养护管理技术论坛、2021 全国智慧高速公路技术研讨会、第七届全国绿色公路技术交流会、2021 数字化转型及应用技术论坛、第三届全国美丽农村路建设与产业融合发展研讨会、第 23 届中国高速公路信息化大会、2021 全国公路治理车辆超限超载研讨会暨第十届全国公路法律与综合执法管理研讨会、第六届全国沥青路面建设与养护技术研讨会、第二届全国公路安全运营与养护管理技术研讨会、2021 中国公路学会智慧交通年会、第三届未来交通创新大赛决赛等学术活动，在学术交流、思路创新、融合发展等方面取得突出成效。

4 月 22—23 日，第二十三届中国高速公路信息化大会暨技术产品展示会在江苏省苏州市举办。大会以“转型 · 优化 · 提升”为主题，来自交通运输主管部门，高速公路建设、运营管理单位和部门，高速公路信息化及机电工程设计、施工、监理、科研、产品研发、系统集成等单位的万余人次参会参展。开幕式上举办中国公路学会 2021 中国高速公路信息化奖颁奖典礼。大会设立综合技术、公路 AI 分析技术、高速公路智能网联技术、“一张网”背景下智慧养护等 21 个主题分论坛，共 130 余场报告。同期举办高速公路信息化技术产品展示会，展览规模超过 3 万平方米，参展厂商逾 300 家。

10 月 20—21 日，第四届全国公路平安百年品质工程论坛暨大广高速南康至龙南段扩容工程现场观摩会在江西省赣州市召开，来自全国各地的800余位专家、学者参加会议。在开幕式上，教育部长江学者、同济大学特聘教授朱合华等专家、学者围绕《高速公路隧道数字化快速运维技术现状与发展》《超级工程整体把控与管理》《江西高速公路品质工程实践及展望》《进藏通道建设面临的挑战》等主题作学术报告。会议共包括4个分论坛、26场专题报告会，30位专家就“品质工程设计与实践”“安全与管理”“新材料与新技术”“微创新与大工程”4个主题内容展开学术交流。会议还举办第二届全国公路微创新大赛表彰活动。

国际交往 2021年，学会组织评审推荐国际道路联合会杰出工程奖、国际桥梁大会奖，共有5项中国路桥工程分别获得国际道路联合会杰出工程奖和国际桥梁大会奖；同年，推荐3位中国专家加入国际道路联合会杰出工程奖评审委员会。

继续开展工程师资格国际互认工作，完成29位中国工程师的资格遴选面试并上报中国科协，同时完成2020年第一批通过认证的5位工程师的满意度测评调查。

科普活动 2021年，学会被中国科协认定为“科学传播专家工作室建设试点”；被中国科协评为“2021年度全国学会科普工作优秀单位”；学会副秘书长梅君获“全民科学素质工作先进个人”称号。

新认定基地15家，累计授牌全国公路科普教育基地80家；组建第二批由68位专家组成的中国公路学会科学传播专家团队。

5月22—28日，组织开展“创新引领科技支撑 加快建设交通强国”2021年全国公路科技活动周，累计开展公路科技普及活动78场次；在9月11—17日全国科普日期间，组织开展主题为“百年再出发，迈向高水平科技自立自强”的公路知识普及宣传活动，累计开展138场次。

11月，由学会负责组织和编撰的《中国大百科全书》第三版交通运输工程学科网络版正式上线。共组织综合交通各领域参编专家620余位，收录词条约2700个，实际编纂约2400条，体现国家战略和行业科技前沿的新理论、新技术。

表彰举荐优秀科技工作者 2021年，学会开展优秀博士学位论文奖和优秀硕士学位论文奖以及第十一届中国公路学会百名优秀工程师评选工作。

完成第十六届中国公路青年科技奖的推荐和遴选活动，并吸纳10名获奖青年科技人才进入学会青年专家委员会。

学会副理事长兼秘书长刘文杰获中央和国家机关“五一劳动奖章”，学会副秘书长乔云、王大鹏被评为中国科协优秀共产党员。

党建强会 在学会党委领导下，2021年学会党建工作形成党建与业务融合发展的工作机制和“以党建促会建，以会建强党建”的工作模式，在实际工作中取得突出成绩，被中国科协授予“党建工作先进学会”“智慧党建优秀学会”称号。

2021年，学会党总支完成换届。党总支及各党支部开展党史、党的十九届六中全会精神以及中国科协“十大”精神等学习活动，结合学会工作需要开展党建活动。通过参观中国共产党历史展览馆、赴西柏坡参观等活动，凝聚学会力量、明确工作目标。

会员服务 2021年，学会继续落实2020年7月召开的全国学会会员工作会议要求，结合学会换届及相关学术交流等工作，着力推动会员发展、丰富产品服务。同时，继续优化会员信息系统，创新会员服务内容。

【中国公路学会第九次全国会员代表大会】 10月24日，中国公路学会第九次全国会员代表大会在北京召开。来自全国各省（自治区、直辖市）和新疆生产建设兵团的近300名会员代表参加大会。交通运输部党组成员、副部长王志清，中国科协党组成员、书记处书记、中国科技馆馆长殷皓出席大会并讲话。大会选举产生由178人组成的中国公路学会第九届理事会、由3人组成的第一届监事会，审议通过《中国公路学会第八届理事会工作报告》《中国公路学会第八届理事会财务报告》《中国公路学会章程（修订草案）》《中国公路学会关于修改会费标准的说明》等文件。

会议同期召开第九届理事会第一次会议，选举产生由60人组成的中国公路学会第九届常务理事会和由15位领导组成的第九届理事会领导机构。翁孟勇当选为中国公路学会第九届理事会理事长。

在第九届常务理事党员大会上，表决通过由7位同志组成的第九届理事会党委。翁孟勇当选为第九届理事会党委书记。

在第一届监事会第一次工作会议上通过《中国公路学会监事条例》，明确监事会2021年工作重点、监事工作原则及分工。

【世界交通运输工程技术论坛】 因新冠肺炎疫情形势严峻复杂，2021年世界交通运输大会落户陕西省西安市，以“世界交通运输工程技术论坛”的名称举办。

6月16日，由中国科协、交通运输部、中国工程院和陕西省人民政府指导，学会、世界交通运输大会执委会、西安市人民政府、陕西省科学技术协会主办的世界交通运输工程技术论坛在陕西省西安市召开。此次论坛主题为“新技术·新模式·新交通”。开幕式由十三届全国人大常委会委员、世界交通运输大会执委会主席、学会理事长翁孟勇主持。来自交通运输行业的8000多位专家、学者参加会议。

论坛期间举办258项活动，包括主旨报告、学术论坛、墙报区论坛和世界大学生桥梁设计大赛及系列成果发布活动。共有23位中国科学院院士、中国工程院院士以及1300多位国内外知名专家进行演讲交流，线上参会人数达160万余人次。会议围绕百年交通发展成就、交通强国、智慧交通、交通新基建、未来交通与可持续发展、车联网与无人驾驶、交通环境与节能减排、航运全球化发展、航空管制与安全、城市创新型交通与后疫情时代交通等热点问题，探讨当前世界交通运输领域的最新科技成果、水平及发展动向。

同期举办世界交通运输科技博览会，来自国内外的150多家交通科技企业参加展览。展览内容涵盖综合交通领域的最新技术与工程实例，特别是有代表性的人工智能、智慧工程、新型系统/装备/材料等技术成果，展现出一条政产学研用相衔接的，完整、高效、务实的产业技术创新生态链。

【《中国公路学会“十四五”发展规划纲要》】 经过一年多的调研，同时对标交通强国、中国特色一流学会建设目标以及综合交通运输发展规划和《中国科学技术协会事业发展“十四五”规划（2021—2025年）》,《中国公路学会“十四五”发展规划纲要》于10月21日正式印发。

《中国公路学会“十四五”发展规划纲要》梳理总结学会“十三五”期间取得的经验，分析“十四五”时期面临的形势和环境，提出未来5年的指导思想、基本原则和发展目标。

《中国公路学会“十四五”发展规划纲要》对“十四五”期间持续推进世界一流学会建设的目标进行细化、明确。特别明确提出，要提升学术交流质量，强化学术会议的分类管理，提升学术交流活动在理念、技术、模式方面的引领性、创新性和实用性，要在契合国家和行业实际需求的基础上不断开拓国际视野，同时结合数字化学会建设，大力推进数字产品生产与供给；在统筹学会专家资源的基础上建立智库运行机构，围绕当好政府主管部门参谋助手、做好行业技术政策咨询、引领行业学科发展等目标，以生产高质量的智库产品为手段，服务行业发展，引领行业科技创新；在服务会员、提升人员素质、强化服务意识方面取得实质性进展，个人会员数量同比增长50%，即达到10万人以上。同时,《中国公路学会“十四五”发展规划纲要》提出强化科普和教育培训、提升国际化水平、促进全国公路学会协同发展等方面的重点任务。

（撰稿人：徐德谦）

中国航空学会

服务创新型国家和社会建设 4月11—12日，为贯彻落实中国科协科技经济融合服务战略、发挥专家资源优势，学会科技经济融合服务专家团在湖南省郴州市组织通航产业创新发展调研活动。学会理事长、科技经济融合服务专家团团长林左鸣，学会名誉理事长刘高倬，中国快递协会会长高宏峰等领导和专家就湖南通航产业发展把脉问诊、建言献策。

4月28—30日，由学会主办的2021航空特色校工作能力提升研讨会在海南省文昌市召开。来自全国各地的60多所航空特色学校的近130位校长参加会议，围绕航空特色学校发展需求、航空特色学校痛点难点和解决方案、航空航天课程建设、航空人才培养方式4个议题进行研讨。

10月29—30日，由学会、江西省人民政府共同主办的第三届中国航空产业大会在江西省南昌市召开。会议主题为“新开端、新视角、新服务”，共有来自全国各地的350余名代表参加会议。大会共分7个部分，包含1个主旨报告会、1个院士专家共话江西航空产业发展研讨会、1个产业对接会、4个平行论坛，共与4家单位签约。

截止到10月底，第六届中国航空创新创业大赛共收到300多项参赛作品。10月17日，经专家初评，创新组、创业组分别有30个项目进入复赛。各组别的复赛于12月20—21日在北京举办。

参与“科创中国”平台建设，先后承担“嘉兴航空产业科技服务团”“南昌高新区航空制造业科技服务团”“电动飞机专业服务团”三个科技服务团项目，为地方和产业经济发展积极建言献策。

学会提名的“彩虹四无人机系统”获得国家科技进步奖二等奖，协同推荐中国工程院院士顾诵芬获得国家最高科学技术奖。学会组织专家先后对49项科技成果进行鉴定，中国科学院院士李应红，中国工程院院士刘大响、李明、杜善义、唐长红、孙聪、向锦武、宫声凯等11名院士、专家参加本年度成果鉴定工作。

通过中国科协上报3份科技工作者建议，在江西省南昌市组织院士专家共话江西航空产业发展研讨会，学会名誉理事长刘高倬等十几名专家对江西省航空产业发展建言献策。

设立中国航空学会国际科学技术合作奖，用于奖励全球范围内为国际合作做出突出贡献的个人。2021年，来自俄罗斯的谢里约奥兹诺夫·阿列克塞获奖。

学会建设 学会组织召开九届九次理事会议，九届十四次、九届十五次及九届十六次常务理事会议，2021年工作会及各工作委员会会议等工作性会议，完成2020年民政部年检等。加强对专业分会、会员工作站和地方航空学会的指导与支持。

梳理编制《中国航空学会事业发展“十四五”规划》，在4月28日学会工作会期间向全会各级组织进行宣贯布置。按照中国科协“中国特色一流学会建设项目”要求，系统梳理学会发展，获得一等资助。

青年人才托举工程 学会托举青年人才总数达到48人，完成2021—2023年度学会“青年人才托举工程”项目评审工作，新托举人才12人。

主办期刊 2021年，学会主办的5本学术期刊、2本科普期刊全部完成预定编辑出版及发行工作。航空知识杂志社获评第五届中国出版政府奖“先进出版单位”。根据美国SCI数据库发布的期刊引证报告，《中国航空学报》（英文版）最新影响因子为2.769，与2020年相比（2.215）增幅达25%，排名全球第5；总被引频次为4293，与2020年相比（3468）增幅达23.8%。《航空材料学报》《航空动力学报》《航空工程进展》《航空模型》等杂志按计划完成出版发行任务，在各自的专业领域继续保持领先优势。学会制导、导航与控制分会联合国外有关机构创办国际上制导、导航领域的首本学术期刊*Guidance Navigation and Control Journal*，已出版3期。

《航空学报》《航空工程进展》编辑部持续开展“科技创新与科学普及双翼齐飞”活动；结合会员单位需求，走访黎阳航空发动机（集团）有限公司等航空航天相关科研单位，追踪行业热点，了解最新科研动态，并策划专栏、专刊，满足会员需求。《航空知识》编辑部继续加强新媒体传播，针对社会热点问题开展科普宣传30余次，出版科普图书4册。

学科发展工程 组织有关单位完成《2020—2021中国航空科学技术学科发展报告》编写工作，形成由1个综合报告、8个专题报告组成的12万字研究报告。围绕民机短舱产业化发展、商用大飞机关键核心技术等科技产业问题展开多轮次的研究工作，形成相关报告与技术路线图。

国际学术会议 4月12—13日，由学会和CESAMES系思迈系统架构协会联合主办的第四届国际复杂系统设计与管理亚洲会议暨INCOSE北京年会在北京召开。该系列会议首次在中国举办。学会副理事长张新国、大会学术委员会主任李乐飞等领导出席会议。来自科研机构、高校、国有企业、民营企业等的共150余名科技工作者线下参与，另有数十名外国专家通过线上方式参加。来自航空、航天、兵器、船舶、电子、汽车、交通、建筑、通讯、医疗、信息和城市规划等各领域的专家围绕复杂系统工程和基于模型的系统工程进行深入探讨。

9月6—9日，由国际航空科学理事会主办、学会承办的第32届国际航空科学大会通过线上线下在上海市召开。来自近40个国家和地区的近千人参与大会。习近平主席在大会贺信中指出，“航空科技是20世纪以来发展最为迅速、对人类生产生活影响最大的科技领域之一。当今世界正经历深刻的科技革命和产业变革，航空科技面临前所未有的发展机遇，开展全球航空科技合作十分必要、大有前途。希望本届大会为促进全球航空科技合作发挥积极作用，给世界各国人民带来更多福祉。”全球约2万人次收看开幕式。大会共征文1200篇，作大会报告8场，交流论文约600篇，邀请近170人次专家主持分会场交流，颁布近10个奖项。

11月15—16日，由学会与韩国航空宇航学会、英国皇家航空学会澳大利亚分会、日本航空宇航学会联合主办的2021亚太航空航天技术学术会议在韩国济州岛召开，400余名专家、学者参加。

11月18日，学会与中国宇航学会等单位联合举办2021空间技术和平利用（健康）国际研讨会，全球约63.55万人次在线观看研讨会开幕式。

12月，由学会等主办的第四届全球无人系统大会在广东省珠海市召开。

国内主要学术会议 2021年，学会在国内举办多个专业性品牌学术活动，如2021中国电动航空论坛、飞机综合保障技术论坛、第十一届民用飞机工业论坛、第四届民用飞机机电系统论坛等20余项专业品牌活动。

10月10—11日，由学会与中国科协培训和人才服务中心、成都流体动力创新中心共同主办的面向2050的空天创新技术青年科学家论坛在四川省成都市举办。中国工程院院士乐嘉陵，中国科学院院士、飞机寿命与结构可靠性专家闫楚良，中国科学院院士、航空推进理论与工程专家李应红，中国工程院院士、空空导弹专家樊会涛，中国工程院院士、航空发动机高温金属结构与防护涂层专家宫声凯出席大会并作报告，来自国内航空航天界的专家、学者500余人参加论坛。

国际交往 学会组织国际航空科学理事会程序委员会尽责履职，全年参加各类程序性会议超过8人次。

学会与日本、韩国、澳大利亚专家以亚太航空航天技术学术会议为平台，探索加强合作，为成立亚太区域联盟进行铺垫。与航空航天协会国际协调理事会进行接触与沟通，探索代表中国航空科技界加入该国际组织，参与航空制造领域规则制订。

科普活动 7月15—18日，由学会主办的第五届全国青少年无人机大赛总决赛在上海市举办。经过层层选拔，共有来自全国27个省（自治区、直辖市）共33个赛区的751支代表队的2700余名选手参加比赛。其中，旋翼赛和固定翼赛两类赛项10个项目的小学、初中、高中组共产生105名冠军、亚军、季军。

举办“中国梦　航空梦”百场航空科普进校园系列活动、“华模杯”航空创意大赛、首届“彩虹杯”全国无人飞行器设计大赛等大型科普竞赛，为航空知识普及和科技创新搭建展示平台。

组织军民科技协同创新高级研学班、无人机科技教师培训、“蒲公英”青少年无人机科技探索研学活动、全国青少年科技教师培训班、全国青少年模拟飞行等级考试等系列活动。

表彰举荐优秀科技工作者 学会完成第六届中国航空学会冯如航空科技精英奖评选、第十六届中国航空学会青年科技奖评选暨第十七届中国青年科技奖候选人推荐与评选、第一届中国航空学会李明英才奖评选等人才奖项和项目的评审工作。高标准完成中国科学院、中国工程院院士候选人推荐和提名工作，推荐的王海峰、王彬文、包幼林、陈勇、张新国5人成为院士有效候选人。高效率完成第十四届光华工程科技奖推荐和2021年“最美科技工作者”推荐工作。

重新梳理学会科技奖励体系，对照国家科学技术奖奖励类别全面调整科技奖成果奖设置，增设中国航空学会国际科学技术合作奖。经评审、公示、常务理事会批准等程序，授予55个项目2021年度中国航空学会科学技术奖成果奖，评选出1个中国航空学会科学技术奖（创新团队）、1个中国航空学会国际科学技术合作奖。增设中国航空学会优秀研究生学位论文奖，30篇论文获奖。

积极遴选推荐合适的项目或个人参评国际航空科学理事会的一系列国际奖项。学会副理事长张新国获国际航空科学理事会丹尼尔和佛罗伦萨·古根海姆奖。

党建强会 注重党建与业务的深度结合，广泛发动学会各级组织及中国科协创新融合学会联合体各成员学会党组织全年在广西壮族自治区、四川省、山西省等地主办3次大规模的党建强会科普行活动，动员组织专家100余人次，服务广西壮族自治区桂林市、贵港市，四川省犍为县，山西省太原市，走进11所中小学及2所大学、3家地方政府，为30000余名师生和地方政府工作人员带去航空科普及民族团结进步知识科普报告近50场、国防形势及科技前沿报告3场、科技咨询服务1次、航模表演8场，捐赠模型5600余架、图书2800册（本）。

继续担任中国科协学会党建示范工作联合体轮值学会。承接中国科协党建项目3项，开展全国学会党委职责任务清单和“负面”清单（试行）推广工作。全面加强对学会第十次全国会员代表大会筹备工作的领导，完成代表大会换届的各项筹备工作。完成分支机构党的工作小组换届。在陕西省延安市组织召开中国航空学会党史学习教育培训班，在贵州省贵阳市举办航空青年领军人才培训班。

会员服务 2021年，新发展个人会员3000余名、单位会员32家，会员队伍进一步壮大。学会及时调整服务方式，以会员需求为导向，加速会员服务的信息化，会员服务体系进一步完善，线上服务内容持续增加。

不断加强会员优先、优惠或免费参加学会主办活动力度。承办中国科协“青年人才托举工程”入选者庆祝建党百年主题活动、中国科协空中智能空天创新技术发展青托沙龙，举办张福泽院士全机日历寿命和腐蚀容限确定方法培训班、第二届中国航空学会研究生论坛等。

（撰稿人：杨　亮）

中国宇航学会

服务创新型国家和社会建设　7月，学会提交的《关于构建空间守时系统的建议专报》获批示，全年形成《国内航天产业发展专报》等专报10篇。向中宣部国家层面科技报道专家库推荐航天专家46名，贡献航天智力资源，服务国家和政府的决策需求。

完成《航天前沿科技成果转化利用研究》等6项课题研究成果的出版工作，出版6期《航天政策研究》杂志，支撑军方开展航天国防创新领域内相关研究合作5项，服务贵州省贵阳市、山东省潍坊市等8个城市开展产业规划咨询与合作，服务中国航天科技集团有限公司、中国航天科工集团有限公司等单位会员开展9项课题研究。

学会组建航天科技大数据产业科技服务团，挂牌成立浙江成果转化服务工作站，发挥（沧州）科技成果转化中心、航天产业化工作委员会和四川、福建工作站作用，举办南京市江宁区航空航天产业发展交流推介会、中国航天科技成果转化产业对接会等5场系列推广活动，吸引全国近百家企业参与，达成30项签约，实现11项成果落地。

学会全年发布7项团体标准，累计发布34项，已在民用航天“天格计划”得到应用。

4月23日—5月5日，“航天放飞中国梦”科普巡展在江苏省南京市开展，展出重大航天工程航天器模型、实物展品等，其中月球样品实物及嫦娥五号返回舱、降落伞等实物首次在京外展出，近5万人次参观。

10月10—11日，学会与国际宇航联合会联合主办世界大学生立方星挑战赛，吸引10余个国家的近百个团队参与，中国赛区收到国内25所高校和单位的60件参赛作品。

11月，学会承担人力资源和社会保障部项目并举办大数据领域专业技术转移转化能力提升班，培训人数达100余人。

学会建设　截至2021年年底，学会拥有个人会员44712名，新增8266名；单位会员179个，分支机构44个，新增空间科学与试验、航天政策与法律2个专业委员会。9个分支机构完成换届，实行分支机构负责人换届审核备案制度，采取分支机构自评与学会考核相结合的方式开展考核工作。

全年共召开理事会议1次、常务理事会议2次、理事会党委会议2次、监事会议2次、会员专项工作小组会议2次，增聘3名业务副秘书长；与澳门科学技术协进会签署战略合作协议；审议通过《中国宇航学会服务工作站管理办法（试行）》《全国航天特色学校认定与管理办法》；发布分支机构财务收支指南。

7月，学会在浙江省杭州市召开2021年度工作会议，总结学会近年来工作，发布分支机构服务目录，研讨分析存在的主要问题，安排部署下一阶段计划。

学会全面投入使用OA智能办公系统、会员系统、会议系统等内部管理信息化平台，形成中国航天科学技术知识库、中国航天期刊平台、中国航天科普网等外部数字化服务产品，推动学会信息化、数字化改革。

青年人才托举工程　2021年，学会成功推荐13名航天青年入选第六届中国科协“青年人才托举工程”项目，累计已有39人入选。继续发挥青年科学家俱乐部作用，全年举办“青聚秦淮”青年科学家论坛、“创融·青年说”等以青年科学家为主体的特色活动10余场。

5月21日，第三届中国科协“青年人才托举工程”项目被托举人冯韶伟被授予“中国青年五四奖章”。学会推荐2名青年科学家参加中国科协“自立自强　青春向党”青年演讲大赛，并获一、二等奖。

主办期刊　2021年，学会主办的《宇航学报》继续成为中文核心期刊、中国科技核心期刊、EI源期刊。根据《2021版中国科技期刊引证报告》，《宇航学报》核心影响因子为1.063，较2020年（1.003）提高6%，综合评价总分继续保持航天科技期刊第1；全年共发行14400册，收稿740篇，发表论文168篇，入选中国科技期刊卓越行动计划，获“百种中国杰出学术期刊”称号。

英文刊《航天科技前沿》继续承担国际宇航大会会刊职责，全年共约稿25篇，发表20篇，下载11817次。

学会主办8种期刊，新增《气体物理》为主办期刊，全年均正常出版。继续推进中国航天期刊平台建设，新增4种期刊，全年发行169期、2908篇文章；中国航天科学技术知识库新增收录航天领域图书58种。

学科发展工程 学会牵头编制《航天产业与技术发展路线图》，涵盖航天运输、航天器制造、卫星应用、载人航天及深空探测产业及技术发展等内容。

学会报送的“小卫星智能生产线”成果入选2021年中国智能制造十大科技进展，牵头完成中国信息科技领域前沿热点问题推荐评选工作。发布2021年宇航领域十大科学问题和技术难题，其中前沿科学问题“地球以外有统一的时间规则吗？”与产业技术问题“如何发展与5G/6G融合的卫星互联网络通信技术？”入选中国科协2021重大科学问题和工程技术难题。

国际学术会议 2021年，学会举办境内国际会议8次，参会人数共计64万余人次（含线上），其中国外参会人数140人；交流论文373篇，收录论文450篇，出版论文集2本。

10月10日，学会与亚太空间合作组织在上海市举办“女性与太空——女性让航天工业多姿多彩”国际研讨会，来自中国、德国、日本等国的12名优秀女政府官员、女科学家、女教育家、女企业家参与，分享女科学家在航天领域的成就。

10月13—16日，学会联合国际宇航科学院在上海市举办第九届航天技术创新国际会议。会议主题为“探索浩瀚宇宙，共筑人类太空命运共同体”，来自中国、美国、俄罗斯、意大利、加拿大、乌克兰等国的近300名专家、学者参加会议。大会同期举办“太空探索与突破性技术”“航天运输与商业航天发展”“卫星的平台、载荷与应用”3个学术分论坛，并首次举办以“航天创新路·青年新视野”为主题的青年学术论坛。

10月16日，学会与凯莱斯基金会、安全世界基金会联合举办“2021航天高端系列对话：商业航天载人飞行——人类蔚蓝梦想”，来自中国和美国的100余名专家、学者通过线下和线上方式参加会议，围绕商业航天载人飞行任务、太空旅游市场分析、亚轨道飞行法律规制、民营商业航天发展、未来国际合作方向等话题开展交流。

为庆祝中国和比利时建交50周年，10月20日，学会承办中比航天科技合作研讨会，来自两国科研机构和高校的70余名航天专家、学者参加会议。双方围绕共同关注的航天科技议题开展深入的交流研讨，为两国航天领域创新主体开展技术交流、分享科技合作经验、探讨未来合作模式搭建平台。

11月18—20日，学会参与主办2021年空间技术和平利用（健康）国际研讨会，来自中国、美国、俄罗斯、欧盟等主要航天国家及地区的近800名专家、学者线上参加会议，围绕空间技术应对全球气候变化、“双碳”、绿色空间等议题展开研讨。

11月30日，国际宇航科学院院士日活动在北京举办，60余名中外国际宇航科学院院士和航天专家出席活动。国际宇航科学院前主席扬科维奇、国际宇航科学院院士刘纪原和中国科学院院士包为民分别为大会致辞，共同探讨载人火星探测航天运输系统，中国海洋卫星的发展与应用，小行星防御相关的策略、技术与设想，空间信息技术在地震应急反应中的应用，微小卫星的任务后处置与空间碎片减缓等话题。

12月7日，学会主办2021世界智能制造大会“智能制造在航天领域的应用”分论坛，从航天智能核心关键技术突破与创新、信息化与航天装备制造深度融合、航天智能系统与工业互联三个角度展开研讨。

12月13日，学会参与主办的第四届全球无人系统大会在广东省珠海市召开。大会围绕“创新无人系统，赋能中国湾区”主题，助力粤港澳大湾区打造智能无人系统产业新高地与重要创新策源地。

国内主要学术会议 2021年，学会及分支机构共举办国内学术会议近百场，参会人数约121万人次（含线上），交流论文1000余篇，形成论文集26本。

4月23—26日，学会举办2021年中国航天大会。大会以“新起点　新征程　新愿景”为主题，涵盖学术、产业、科普、文创四大活动体系，逐步打造为宇航领域学术“风向标”。大会入选中国科协《重要学术会议指南2021》和品牌学术会议项目。

9月22日，学会举办首届航天科幻高峰论坛，主题为“科技赋能　航天科幻融合发展”。论坛围绕产业与科技、文化与场景、国际交流与科幻影视文学等内容展开深入探讨与近距离体验。

9月，学会协办的2021年文昌国际航空航天论坛在海南省海口市召开。论坛以“加快卫星应用产业发展　打造空间科技创新战略高地”为主题，旨在塑造国际化、专业化论坛品牌，推动文昌国际航天城建设发展。

11月22日，学会召开2021年空天技术助力国家新经济产业发展研讨会，致力于推动航天研究院所及所属企业与国家重点新经济产业区域的合作与落地，助力新经济产业的建设、关键核心技术研发和成果转化，构建国家新经济产业创新生态链，5000余名业内专家参加会议。

学会继续推进分支机构细分学科品牌会议建设，指导并支持举办第十七届中国电推进学术年会、第十五届空间热物理会议、2021年中国飞行力学学术年会、2021年卫星应用学术交流与研讨会等60余场会议。

国际交往 11月，学会积极响应国家碳中和战略，联合国际宇航联合会、国际宇航科学院发起碳中和、绿色空间等国际关切议题，发布《空间技术应对全球气候变化挑战的倡议书》。

4月，学会组织专家参加全球载人航天探索专题会议，作题为《充满希望与挑战的载人航天未来六十年》的报告；6月，参加2021年全球航天探索大会，作题为《载人火星探测航天运输系统》的报告；10月，参加第72届国际宇航大会，作题为《疫情下的中国航天及后疫情时代全球航天发展建议》的视频报告。

5月，学会成功推荐中国科学院院士、中国工程院院士、中国空间技术研究院研究员闵桂荣获得2021年国际宇航联“名人堂”奖。

科普活动 2021年，学会新增认定15所全国航天特色学校，累计认定85所，为1000余名科技辅导员开展航天科普教育在线培训，组建由800多名航天科技工作者组成的科普专家和志愿者队伍。

全年举办7项青少年科普活动。主办“我的太空梦”主题征文活动，收到2450篇投稿作品；开展第十届“我的太空梦”太空画创作征集活动，收到有效投稿2494件；开展“少年问天”全国青少年航天科普系列活动，全国1387所学校参加并提交作品85482项；开展“大手拉小手科普报告汇”航天科普报告大讲堂13场，直接参与师生约1.2万人次；在海南省文昌市和甘肃省酒泉市举办2期“少年宇航技师训练营”；7月，举办青少年高校科学营航天专题营参观体验活动；9月，在全国科普日活动期间举办主题为“学习航天精神，追求科学梦想”的青少年志愿科普活动。

科普读物《太空探索》连续多年被中共中央办公厅列入期刊采编目录，全年共发行12万册，策划航天科普专题20多个，编发稿件300多篇。

学会举办“院士专家讲科学”航天航空主题季活动，通过公交移动电视联播网、地铁电视联播网等媒介直接播放航天科普讲座、科普展览和主题实践活动，有效覆盖905万人次，直接受众29万人次。

受国家航天局委托，围绕“女性与太空”主题，学会与搜狐网合作开展世界空间周宣传活动，专题网页总浏览量超516万次，共印制2000多份中国版世界空间周宣传海报，分发到近200家航天、部队和学校等单位。

表彰举荐优秀科技工作者 全年共推荐2021年度中国科学院院士和中国工程院院士、2021年度国防科技奖、第十四届光华工程科技奖、“最美科技工作者”、中国科协求是杰出青年成果转化奖、钱学森杰出贡献奖等候选人12名；推荐6名学会专家成为中国科协第十次全国代表大会代表并获2项调研课题支持。

党建强会 2021年，学会党委加强党员政治理论学习及思想教育，成立党员先锋突击队，发布《党史百年天天读》、党建要闻等专栏专题文章97篇，开展党支委集体学习7次、全体党员集体学习6次、党员领学20人次。全年召开理事会党委会议2次、党员大会5次、支部委员会议20次，组织党课6次。

4月，学会开展“众心向党、自立自强——航天精神在南京”党建强会活动，举办航天精神高端论坛，发布“恪守科研诚信准则　推动良好学风建设”倡议，推荐2名学会专家入选献礼建党百年系列主题图书《弘扬科学家精神——走近100位科技工作者》，推动党建工作和业务工作深度融合。

会员服务 2021年，学会面向全体会员开展线上线下会员管理与服务问卷调查5000余份，发布77项会员服务目录和18项宇航领域重要会议指南，免费向高级会员和资深会员赠送期刊、论文集等，持续开展“科技创新知识服务月”“会员风采”“精准扶贫”等特色会员活动，建立起联系会员的常态互动反馈机制。

学会探索创新数字化、网络化的会员服务方式，开发分级分类会员服务模块，向会员开放基于数字化流程和网格化管理的学术会议系统，进一步完善会员管理与服务系统建设。

【2021年中国航天大会】 4月23—26日，由学会和中国航天基金会共同主办的2021年中国航天大会

在江苏省南京市召开。大会以“新起点 新征程 新愿景”为主题，设置主论坛、学术论坛、国际论坛、文化论坛、青年论坛、教育论坛、科普论坛和活动、展览展示等32场活动，吸引来自国内外航天领域的近2000名专家、学者参与。

江苏省省长吴政隆，工业和信息化部副部长、国家航天局局长张克俭，江苏省委常委、南京市委书记韩立明出席大会开幕式并致辞。国家航天局副局长吴艳华公布中国第一辆火星车名称。联合国外空司司长迪皮蓬、俄罗斯国家航天集团公司总经理罗戈津、巴基斯坦外层空间与大气研究委员会主席纳迪姆等国际航天界代表发来祝贺视频。开幕式上宣布2021年“中国航天公益形象大使”，举办江苏省与中国航天科技集团、中国航天科工集团等央企的战略合作协议签署仪式。

中国科学院院士王巍发布2021年宇航领域十大科学问题与工程技术难题。大会推出“地月空间生态圈”愿景规划，拓展航天全球对话平台和空间。中国工程院院士叶培建，中国航天科工集团副总经理魏毅寅，中国科学院国家空间科学中心主任王赤等中外航天领军人物作12场特邀报告，共同研讨新时代航天战略愿景与布局、前沿与关键技术领域发展、高水平开放与合作等重大课题，探讨从地球空间到地月空间再到太阳系边界探测活动等重大热点话题，研究和实践航天助力高质量发展的新命题，提出以构建“地月空间生态圈”为契机践行人类命运共同体理念的新设想等。

（撰稿人：姜 军 曹亚君 陈文婷）

中国兵工学会

服务创新型国家和社会建设 学会依托中国科协“科创中国”平台建立政产学研金服用七位一体1+N模式的国防科技服务团，重点服务广东省深圳市、河南省濮阳市、浙江省宁波市、江苏省常州市、江苏省徐州市、山西省太原市、广西壮族自治区河池市7个城市。与浙江巴顿焊接技术研究院、深圳市北极星技术创新研究院、徐州市人民政府、国研科教工程技术研究院（北京）有限公司签订战略合作协议。在山西省太原市、河南省濮阳市、浙江省杭州市、浙江省宁波市、江苏省常州市、广东省深圳市6个城市成立国家级学会服务站。成立“科创中国”对应的国研科教－中国兵工学会科技创新院。

5月，中国科协批准学会成立“科创中国”深圳国防科技产业科技服务团和濮阳国防产业科技服务团。深圳国防科技产业科技服务团组建111人的常态化联络专家团队，在深圳市挖掘凝练室内外定位导航技术落地等56项技术产业发展需求以及激光定点清除技术等55项技术成果信息，并发布在“科创中国”平台。学会与深圳市北极星技术创新研究院共同组建国防先进技术创新中心。组织开展“如何申请保密资质”线上培训和“行业标准和团体标准立项制订工作程序及编制要求”技术培训。濮阳国防产业科技服务团组建110人的常态化联络专家团队，在濮阳市挖掘凝练发泡聚乳酸材料制备及工艺开发等50项技术产业发展需求以及高功率光纤激光技术等55项技术成果信息，并发布在“科创中国”平台。根据濮阳市精细化工产业需求，打造包括科技需求发布、授牌“国家级学会服务站”和院士专家作报告等“六个一”系列活动，参加活动人数300余人次，活动在“科创中国”、科技工作者之家平台现场直播，近6.6万人次在线观看。

学会与“科创中国”宁波综合服务体运营单位宁波启迪科技园发展有限公司、宁海县模具行业协会等建立合作关系，举办“质优宁波”企业标准化业务专项培训活动。

学会副理事长兼秘书长于小虎申报中国科协“十大”代表调研课题“弹药销毁场地环境污染现状和修复对策研究”，并组织学会及有关单位开展研究。学会完成宁波融合需求量化模型研究，为河池市开展有色金属材料领域特色示范区研究工作，配合中国科协举办中俄工程科技论坛。

学会开展军工安防与应急企业设计制造施工维护能力评价工作，发放军工安防与应急企业设计制造施工维护检测能力证书一级8家、二级2家、复评一级2家；对138人进行军工安防与应急从业人员水平评价，通过110人。

学会完成《重型车辆挤压铸造铝合金负重轮毛坯》《泄气保用车轮用金属基支撑》《多链路安全通信技术》《数据粒子化安全保护方法》《智能灭火功能盒》《炮用森林灭火弹制造验收规范标准》《二氧化硅基（气凝胶）灭火剂》《原煤破碎活性炭生产专用炭化炉技术条件》《军工安防与应急企业设计制造施工维护检测能力评价标准》9项团体标准的立项工作。

学会组织开展兵器类工程教育专业认证工作，审核专业申请报告15份、自评报告8份，入校考查5个专业。开展机械类工程教育专业认证工作，审核专业申请报告200份、自评报告77份、中期报告44份，抽查专业持续改进材料18份。

学会以兵器大学的继续教育为基础，开设兵器大学云课堂，开展线上学习、函授学习和面授等各种形式的培训。线上学习开设素养提升、精益生产等4个模块、38个学习专栏；线下函授学习开设信息技术、工程技术等4类37门课程；线上学习1703人次，函授学习14898人次。组织开展兵工行业从业人员继续教育、管理、人工智能等方面培训50期，3225人次参加培训。

学会建设 全年新增普通会员355人，普通会员总数达32351人；单位会员总数235个；分支机构换届7个，新成立2个。召开2次常务理事会议、3次理事会议（通讯会议）、1次监事会议、1次工作会议、1次分支机构培训会。常务理事增补3人，变更1人；理事增补3人，变更6人。

学会举办第三十四期中国科协全国学会秘书长沙龙，讨论开展有效监督工作提高学会治理能力，学习借鉴国有企业和科技组织在监事会制度建设方面的具体做法，总结并凝练监事会的定位和职责，形成建议报告提交中国科协。制订《中国兵工学会监事会工作办法（试行）》，完成7个网站域名的备案变更登记工作。

青年人才托举工程 学会推荐的11名青年专家入选第六届中国科协“青年人才托举工程”。组织召开第七届中国科协“青年人才托举工程”评审会，推荐的14名青年专家通过中国科协创新融合学会联合体评审并上报中国科协。

2021年，由往届被托举人才担任执行主席举办2次青年科学家沙龙并起草学术建议，其中2条被国务院国有资产监督管理委员会采纳、1条被上报至中共中央办公厅。

主办期刊 学会现主办12种学术期刊。其中，中国科协主管期刊9种，包括《兵工学报》、*Defence Technology*（《防务技术》英文版）、《火炸药学报》《弹道学报》《车辆与动力技术》《火炮发射与控制学报》《弹箭与制导学报》《兵器材料科学与工程》和《爆破器材》。

据2021年《中国科技期刊引证报告》统计结果显示，《兵工学报》扩展影响因子为1.115，同比2020年增长10.3%；核心影响因子为0.983，同比2020年增长18.8%；综合评价得分79.4分，位于2084种核心期刊中第62位，位列兵器学科20种核心期刊首位。据中国知网发布的2021年《中国学术期刊影响因子年报》显示，《兵工学报》在武器工业与军事技术工程28种科技期刊中继续保持学术影响力指数首位。《兵工学报》全年共收稿819篇，正刊出版12期，共发表论文288篇。

学会主办的*Defence Technology*全年共收稿1240篇，发表176篇，下载71.2万次，最新SCI数据库影响因子为3.172，同比2020年增长20%；Scopus数据库影响因子为4.5，同比2020年增长50%，位于《期刊引用报告》和中国科学院分区2区。2021年出版复合材料数值模拟专刊，稿件数量24篇，国际稿件占比80%，作者包含美国加利福尼亚大学、美国休斯敦大学、北京航空航天大学等知名高校的专家、学者。全年共开展论文写作培训4场。

学科发展工程 学会组织开展2020—2021年兵器科学技术发展报告（身管兵器技术）研究工作，组织召开3次工作评审与协调会议，共78名相关领域专家参加。本次学科发展报告首席专家由中国兵器工业集团有限公司首席专家、著名火炮专家钱林方担任，中国科学院院士毛明、中国工程院院士李魁武担任顾问，80名来自高校、研究所、企业的专家担任撰稿和审稿人。11月，完成《2020—2021兵器科学技术发展报告（身管兵器技术）》稿件的提交；12月，通过中国科协终审。同期还完成《年度身管兵器学科的重大研究进展、研究成果》《关于加速身管兵器学科交叉融合推动装备原始创新发展的建议》《关于推动身管兵器科学研究装置建设支撑技术、装备与人才全面发展的建议》等决策建议和科技工作者建议。

国际学术会议 10月13—15日，由学会和山东非金属材料研究所（国防科技工业应用化学一级计量站）、济南高层次人才发展促进会共同主办的2021枪炮弹箭新材料技术高峰论坛暨国际技术研讨会在山东省济南市举办。大会主席由中国工程院院士杨树兴和英国帝国理工学院首席科学家克莱夫·伍德利担任，共同主席由学会副理事长兼秘书长于小虎、山东非金属材料研究所党委书记齐晓亮和波兰有色金属研究院首席科学家巴特洛米耶·普隆卡担任，执行主席由中国兵器首席科学家、山东非金属材料研究所总工程师魏化震担任。来自中国、英国、俄罗斯、波兰4个国家的12名科学家作大会报告，内容涉及结构复合材料、防隔热复合材料、涂层材料、工程塑料、轻合金等多个热点方向。会议收到论文67篇，并全部进行海报展示，近200名国内外专家、学者参加会议。

国内主要学术会议 2021年，学会共组织各类学术交流活动33场，参会人数6066人次，其中国外学者25人次；交流论文1062篇、大会报告434篇。

“智汇兵器”系列高端论坛举办两期，分别是中国科协青年科学家沙龙（第一期）——未来战争与智能+兵器、中国科协青年科学家沙龙（第二期）——中国兵工学会智能毁伤技术青年科学家论坛。

7月9日，由中国科协主办，学会、北京理工大学兵器科学与技术学科特区、中国兵器工业第二〇三所、北京理工大学科协承办的“未来战争与智能+兵器”青年科学家沙龙在北京举办。80余名青年科学家参加论坛，8名青年专家作主题报告。论坛设4个主题沙龙分会场，分别围绕智能无人平台、智能集群协同、智能感知与评估、智能毁伤与评估进行讨论。

11月20日，由中国科协主办、学会承办的中国科协青年科学家沙龙暨中国兵工学会智能毁伤技术青年科学家论坛以线上方式举办。会议主题为“颠覆未来的智能装备技术”，12名青年学者作主旨发言，并邀请北京理工大学教授娄文忠在线点评。沙龙采取邀请制，累计134人在线观看直播。

“智汇兵器”系列高端论坛共形成2份学术建议《未来战场环境下的智能兵器技术发展建议》《智能毁伤与评估技术发展前沿分析与建议》，并报送国务院国有资产监督管理委员会。其中,《未来战场环境下的智能兵器技术发展建议》已被采纳。

11月19—20日，由学会主办的第三届兵器工程大会在线上举办。会议以“智能无人集群与先进制造技术”为主题，围绕多域智能无人平台与控制、体系作战智能指控、智能发射技术、复杂战场自主感知与决策、智能制导控制、集群智能协同控制、智能毁伤与评估7个专题展开研讨。会议邀请国内相关领域的专家、学者作专题报告，22名专家线上进行学术报告，700余人在线观看会议。会议期间，还直播展示第二届全国特种装备创新设计大赛20个获奖作品的电子海报和展示视频。

国际组织任职 在第32届国际弹道学会工作会议中，学会爆炸与安全技术专业委员会委员、北京理工大学教授陈鹏万担任国际弹道学会董事。

国际交往 学会为企业和科研院所搭建学术交流平台，促成企业与德国魏玛大学、俄罗斯西高加索研究中心和以色列理工大学顺利开展3个研究项目工作。

科普活动 2021年，学会共举办科普讲座15次，其中，线上举办13次，受众超10000人次；线下举办2次，受众达500人次。

学会举办科普活动2次。其中，承办“云上科学营·中国兵器专题营”线上科普活动1次，共有来自天津市、重庆市、西藏自治区、宁夏回族自治区、内蒙古自治区、云南省、贵州省、青海省、河北省、山西省等省（自治区、直辖市）的100名营员及10名带队老师参加，网上参加人数达1万人次；开展党建引领科普下基层活动1次，走进浙江省宁波市余姚市第一实验小学开展科普进校园活动，受众人数200余人次。

参加全国科普日活动和全国科技活动周活动。学会在内蒙古自治区参加2021年全国科普日内蒙古分会场包头市主场活动，吸引近2000名市民现场参加体验、100万余名市民线上体验。学会科普基地沈阳理工大学兵器博物馆承办“喜迎建党百年，学兵工史”大学生国防知识竞赛，近2000名学生参加。

学会主办的《兵器知识》杂志全年发行量超过70万册，发表科普作品200多篇，微博及微信公众号发表原创科普文章及视频数百篇，微博、微信公众号、头条号总粉丝量达98.23万人，总访问量1782万人次。会员单位主办的科普杂志，如《坦克装甲车辆》《轻兵器》《兵器》《现代兵器》等，年均发行量都超过30万册。

学会推出“兵工科普汇”品牌科普活动，制作小视频20个，每个时长3 ~ 5分钟，在学会官网首发。设计挂图1套15幅，分别发往宁夏回族自治区、河北省、湖北省、陕西省等省（自治区）的学校。

学会推荐成立的6个首席科学传播专家团队在2021年录制100多集短视频、发表科普作品200余篇、接受媒体采访1000余场，各大网站和自媒体阅读观看受众超百万人次。

党建强会 学会组织实施“红色足迹”教育系列活动——创新助力“红色足迹”，党建引领“科创中国”“科普中国”下基层。分别于6月9日和8月2—4日两次开展党建引领“科创中国”“科普中国”下基层活动，共邀请10名专家赴9家企业开展技术对接与服务，并在一所小学举办国防科普大讲堂。连续三年开展党建强会宁波专家行活动，促成学会与“科创中国·宁波”综合服务体签署合作协议。

学会根据2021年党建工作要点制订《中国兵工学会党委关于开展党史学习教育的工作方案》《中国兵工学会党史学习教育工作计划》《中国兵工学会党委关于开展“我为群众办实事”实践活动实施方案》。

学会开展党史学习教育，向全体党员发放党史学习教育指定学习书目，组织学习习近平总书记系列讲话精神、“七一”重要讲话精神以及十九届六中全会精神。学会党委组织召开党史学习教育专题读书班1次、党委理论学习中心组学习会议11次，开展专题学习研讨10次。开展“我为群众办实事”实践活动，建立重点事项39项，其中党委层面6项、支部层面33项。

学会开展“党旗在基层一线高高飘扬——以实际行动庆祝建党100周年”主题活动，设立党员示范岗7个。扎实开展党员承诺践诺活动，为学会全体党员设计发放标签，亮身份、树形象。开展“党员创新工程”7项，让党员带领身边的干部职工在推动学会高质量发展、创建中国特色一流学会中发挥示范带头作用。

学会支持中国科协党办举办的科技社团党委云课堂——大视野讲堂，学会副秘书长瞿雁冰作《党领导下的人民军队及其武器装备》专题报告，当天在线观看人数达58万人次。

会员服务 学会协助会员申报“装备科技译著出版基金”2项，完成《自行火炮试验技术》《火炮武器技术与生产制造》的初译工作。为科研工作者开展《材料科学冲击波失效多尺度建模与仿真》《冲击与材料》《制导炮弹使用理论的基本原理》《弹道学和空气动力学》和《现代弹药引信创造史和发展趋势》5本著作的翻译工作。启动撰写学术专著《远程火炮发射理论》等2本。

2021年，学会秘书处创建“科技工作者之家”专区，设立会议区、洽谈区、沙龙区、网络办公区、休息区等，为学会会员提供便利的交流场所。

【中国兵工学会“科创中国”国防服务团院士专家濮阳行系列活动】 6月7—8日，由学会、河南省濮阳市科协主办，濮阳市科技成果转化中心协办的“科创中国”国防服务团院士专家濮阳行系列活动在河南省濮阳市举办。活动以提升科技成果技术转化人才能力、弘扬爱国精神为主题，吸引濮阳市政府和相关企业的200余人参加活动。同期采取线上直播的方式在“科创中国”平台直播，观看人数达6.6万余人次。

中国工程院院士臧克茂，南京理工大学教授、江苏省高校联合会副理事长、江苏省发明协会理事王小绪等分别作《坦克的发展》《不忘初心，科技经济融合 科创中国，振兴中原经济》等主题报告。学会副秘书长安玉德代表学会向濮阳市委介绍学会近年来开展的工作和取得的成果。

濮阳市天合科技成果转化促进中心代表濮阳市发布企业技术、人才、服务需求14项，学会为其授牌“国家级学会服务站”。

（撰稿人：殷宏斌）

中国金属学会

服务创新型国家和社会建设 2021年，学会承接“科创中国”科技服务团工作，完成天津滨海新区钢铁新材料产业发展服务团项目，推动天津市新天钢钢铁集团有限公司成立技术研究院、建立学会服务站、组织院士专家报告会；支持黑龙江七台河科技服务团工作，关注北京光合新能科技有限公司2CO制烃新技术，并组织院士专家进行研讨。开展先进材料制造产业科技服务团项目，重点围绕湖南省衡阳市，广西壮族自治区贵港市、柳州市，河北省保定市，天津市滨海新区，宁夏回族自治区银川市等“科创中国”试点城市先进材料制造产业开展科技服务工作。

开展冶金材料领域“科创中国”先导技术榜的征集、推荐工作，学会推荐的2项技术“二氧化碳循环用于炼钢清洁生产”“冷轧热镀锌线锌锅电磁驱渣技术”上榜。围绕“科创中国”试点城市（园区）智能制造技术领域的产业发展需求，开展“智能制造技术应用案例库建设”项目，征集案例310个。

学会构建冶金与新材料产学研协同创新服务平台，及时发布行业科技发展新信息，全年发布90余项科技成果与研发动态；围绕行业技术热点、难点问题，组织筛选前沿的、有应用基础的关键共性技术进行推广；承接中国工程院《国家产业基础创新发展目录》（2021版）钢铁领域目录编纂工作；开展中国科协“十大”代表调研课题“面向碳中和愿景的中国钢铁产业低碳发展路径”研究，形成中国钢铁产业低碳发展路线图建议调研报告。与工业互联网产业联盟、中国钢铁工业协会联合研究编制《工业互联网与钢铁行业融合应用参考指南（2021年）》，为钢铁行业工业互联网建设过程中的需求场景识别、应用模式打造、关键系统构建和组织实施方法提供参考借鉴。

学会发布团体标准22项。与中国钢铁工业协会联合组织《钢铁高质量发展标准引领行动》团体标准制订工作，发布《全工艺冷轧高性能取向电工钢带》等10项团体标准。

对“数字化绿色化新型钢厂建造方法及工程实践”等39项行业科技成果项目开展评价工作；组织编写《钢铁工业科技新进展报告（2020—2021）》，包括高性能钢铁材料，智能高效生产新工艺、新技术，绿色低碳循环发展新技术，先进技术装备4方面160项科技新进展，为会员单位科技决策提供参考与借鉴。

举办专业技术人才培训班7次，培训450余人次。10月，举办人力资源社会保障部“专业技术人才知识更新工程2021年高级研修项目计划”——“碳减排、碳中和”领域专业技术转移转化能力提升高级研修班。

作为材料类专业认证委员会秘书处，承接材料类专业认证工作。组织完成91个专业认证申请评审，对受理的73个专业开展自评审核，完成32个专业入校考查及31个专业的中期报告审核；组织100余名专家参加认证培训和研讨。

牵头先进材料学会联合体完成中国工程院“2035我国基础材料绿色制造和智能制造技术路线图研究”，对钢铁、有色、石化、建材、纺织、轻工六大基础材料产业绿色制造和智能制造技术的现状、存在问题、发展愿景和关键技术等进行研究，提出2021—2035年可推广关键技术602项。学会联合中国硅酸盐学会、中国化工学会和中国纺织工程学会共同开展“重点基础材料行业‘双碳’技术路径研究”课题，面向碳减排重大需求，助力钢铁、建材、化工、纺织4个重点基础材料行业实现“双碳”目标。组织开展氢冶金前沿技术跟踪研究，探索适合中国国情的氢冶金技术发展路线。

学会建设 2021年，学会会员总数达93216人，单位会员总数达209个；新发展高级会员1人、普通会员1003人、外籍会员1人；变更副理事长（常务）1人、理事3人。

学会规范召开理事会议2次、常务理事会议2次、监事会议2次；进一步加强分支机构管理，引导分会规范、有序、健康发展，落实民主办会原则，分支机构换届37个、新成立1个。

青年人才托举工程 12月25日，学会牵头先进材料学会联合体在湖南省长沙市举办第七届（2021—2023年度）“青年人才托举工程”项目答辩评审会，学会推荐的3人获中国科协资助、7人获自筹资金资助。承接中国科协青年前沿科技论坛先进材料分论坛，开展中国科协2021年青托沙龙项目，组织“传统冶金学科转型发展路径研究”课题。

主办期刊 2021年，《材料科学技术》《金属学报》（英文版）、《金属学报》3种期刊的SCI影响因子分别达到8.067、2.755和1.251，其中《材料科学技术》影响因子突破8，位居全球冶金类期刊第3（共80种期刊）和材料综合类第57（共335种期刊），位居中国材料和冶金综合性学术期刊榜首。

《材料科学技术》《金属学报》《钢铁》获“中国科协期刊卓越行动计划”项目支持。其中，《材料科学技术》被评为“中国科技期刊卓越行动计划”2021年度优秀期刊；《金属学报》获第五届中国出版政府奖（期刊奖）。

完成中国科协“冶金工程与金属材料领域科技期刊分级目录的评价分级与发布”项目；组织开展2021年期刊社会效益评价工作，学会主办的5种期刊被评为“优秀”、2种期刊被评为“良好”。

学科发展工程 学会组织专业分会开展采矿、选矿、炼铁、轧钢、环保、固废资源利用、冶金能源、特殊钢、高温合金、非晶合金、耐火材料、金属涂镀、技术经济等领域的科技发展研究。

国际学术会议 7月26—28日，由学会主办、东北大学和英国莱斯特大学承办的2021年中英国际冶金过程青年学者研讨会在辽宁省沈阳市召开。会议采取线上线下相结合的方式召开，10余个国家和地区的近200名冶金行业青年学者参加。会议宣讲报告64个，内容涵盖钢铁冶炼、有价金属回收、增材制造、焊接与连接、结构完整性等多个研究方向。

10月15—16日，由学会、国际钒技术委员会、钒应用技术推广中心联合主办的2021年（第一届）钒钢研发与应用技术国际研讨会暨钒微合金化技术培训会在四川省成都市召开。来自政府部门、行业学（协）会、高校、科研院所、钢铁企业等单位的180余名专家、学者参加会议。

10月19—21日，由学会、中国有色金属学会和东北大学联合主办，东北大学轧制技术及连轧自动化国家重点实验室承办的2021年材料加工国际研讨会在辽宁省沈阳市召开。来自国内外的院士、专家、学者近400人参加论坛，超750余人参加线上论坛，探讨钢铁和有色金属热机械加工领域中新材料的成分设计、加工工艺的前沿科学技术等热点问题。

11月9日，由学会和上海大学共同主办的第十二届中韩双边先进钢铁技术研讨会在湖南省长沙市召开。会议以线上＋线下的方式举办，来自中国和韩国的专家、学者分别于长沙、北京、首尔线下集聚，通过直播平台对接。

国内主要学术会议 2021年，学会和各分支机构共组织各类学术交流活动55次，参加人员30000余人次（含线上交流），交流论文1800余篇。

5月13—14日，由学会主办的2021年全国冶金焦化节能减排关键技术研讨会在安徽省马鞍山市召开。会议主题为“提高焦化节能减排水平、促进冶金焦化绿色高效发展”。来自60余家单位的180余名专家、学者参加会议，共同交流探讨冶金焦化领域有关节能减排生产及应用等方面的技术进步、研究成果及发展趋势。

5月26—27日，由学会、学会连铸分会主办的2021年全国炼钢连铸生产技术会暨连铸学术年会在广西壮族自治区柳州市召开。会议主题为“炼钢流程工艺优化与智能化升级，建立与完善精准稳定、高效低成本高品质钢生产技术体系”，80余家单位的300余名专家、学者及科技人员围绕炼钢连铸领域技术进步、技术成果、发展趋势、热点难点问题及解决方案等进行交流和研讨。

6月18日，由学会和世界钢铁发展研究院联合举办的钢铁行业低碳发展及氢冶金应用技术高峰论坛在北京召开。会议以“低碳、绿色——钢铁行业可持续的未来”为主题，探讨钢铁行业低碳发展路线及氢冶金技术在低碳发展中的重要意义、技术方向等关键问题。中国工程院院士殷瑞钰、毛新平受邀作大会主题报告，世界钢铁协会总干事埃德温·巴松作视频报告。100多名专家、学者出席现场会议，线上参会人数3万余人次。

7月5—7日，由学会与中国水利学会脱盐分会共同主办的2021年全国冶金用水节水与废水综合利用技术研讨会在山东省青岛市召开。会议主题为“强化污水资源化利用，发展智慧水务，努力实现污水近零排放”。与会专家、学者围绕焦化废水处理技术、工业浓盐水处理及资源化技术、冷轧废水处理技术及节水、用水企业案例分析等进行交流。

7月26日，由中国科协、北京市人民政府主办，学会及河北省金属学会、北京金属学会、天津市金属学会联合承办的第二十三届中国科协年会京津冀绿色经济发展峰会在北京召开。中国工程院院士殷瑞钰，中华环保联合会副主席、原环境保护部总工程师杨朝飞，学会常务副理事长赵沛，中国钢铁工业协会副会长、俄罗斯自然科学院外籍院士李新创，河钢集团有限公司副总经理、首席技术官王新东等作特邀报告，100多名科技人员参加会议，超过10万人次收看线上直播。峰会聚焦京津冀钢铁产业，探讨绿色低碳循环发展技术，为京津冀地区钢铁产业的绿色低碳发展提供思路和建议。

9月26—29日，由学会、学会特殊钢分会主办的2021年全国高品质特殊钢生产技术会暨中国金属学会特殊钢分会学术年会在山东省济南市召开。会议主题为“完善洁净钢生产，发展高品质特殊钢全流程组织、性能与质量管控技术，实现差异化与定制化”，90余家单位的280余名专家、学者及科技人员共同研讨特殊钢行业的转型升级、高质量发展等问题。

12月11—12日，由中国科协主办、学会承办、武汉科技大学协办的绿色冶金关键技术青年科学家沙龙在湖北省武汉市召开，30余名青年科学家以线上线下相结合的形式，围绕绿色产品、绿色制造和绿色回收3个主题探讨相关前沿技术。

国际组织任职 学会常务副理事长田志凌担任国际冶金秘书长联席会议执委、世界钢铁协会成员；常务理事王海舟担任国际钢铁工业分析委员会主席。

国际交往 11月10日，学会在线参加国际冶金学会秘书长联席会议，与国外同行交流中国钢铁工业的技术进步和发展现状。

科普活动 2021年，学会举办科普展览2次，受众4万余人次，发放科普宣传材料1000份，组织青少年科普活动5次，100余人次参加科普志愿者活动。

5—6月，学会联合全国钢铁行业共青团工作指导和推进委员会举办中国冶金材料青年人才大讲坛在线讲座，邀请中国钢铁工业协会党委副书记姜维、中国宝武中央研究院院长吴军等6名行业优秀青年人才作报告，介绍中国钢铁工业近年来取得的科技创新成就，并结合个人成长经历分享学习和工作感悟。

学会与上海大学联合开设教育部第二批“新工

科”课程——《钢铁科学与技术前沿》系列讲座，邀请中国工程院院士殷瑞钰、干勇、毛新平、王运敏、王国栋及杨天钧、尚成嘉等10余名专家作报告，为冶金与金属材料专业本科生、研究生、青年教师讲授钢铁科学与技术领域的最新发展前沿。

学会依托“金属材料学科”科学传播专家团队，举办2021年全国模拟炼钢－轧钢大赛。预赛和全国总决赛以在线形式举办，来自49家企业和院校的1456名选手参加预赛，263名选手参加全国总决赛。

在全国科普日期间，学会与学会科普教育基地钢铁研究总院中心实验室联合举办“钢研杯”第一届扫描电镜技能大赛。

学会回应社会关注热点问题，开展科学辟谣工作。针对中央电视台“3·15”晚会曝光的“瘦身钢筋”黑幕，组织行业内钢筋专家撰文介绍钢筋性能指标、使用要求和钢筋新标准的文章，剖析“瘦身钢筋”的危害性。

表彰举荐优秀科技工作者　学会与中国钢铁工业协会共同开展冶金科学技术奖评选工作，共113个项目获奖，其中特等奖3项、一等奖21项、二等奖32项、三等奖57项。

中国金属学会冶金医学奖获奖项目31项，其中二等奖9项、三等奖22项。第十一届中国金属学会冶金青年科技奖评选产生尹立孟等20名获奖者。

党建强会　2021年，完成办事机构党总支换届工作；把党史学习教育与建设一流学会相结合，贯穿学会工作各个方面。开展集体学习5次、学会理论学习中心组扩大学习4次、书记讲党课和其他领导专题报告各1次；开展“追寻红色足迹，党建强会”党史学习教育以及“清明祭英烈”党史学习教育主题党日活动，深入会员企业河钢石钢公司开展专家报告会和咨询服务等，把为群众和会员办实事落到实处。

会员服务　学会编写2021年年报，反映学会年度工作的综合信息；通过微信平台介绍学会工作动态、传播学会工作信息。推动安阳钢铁集团有限责任公司与中国钢研科技集团有限公司在特殊钢产品规划等方面的合作，协调双方开展对接交流。围绕民营会员企业需求，组织行业专家开展培训和咨询服务。为安徽力鑫特钢有限公司组织电冶金行业专家开展专业技术培训；在六安钢铁控股集团有限公司建立学会服务站，组织专家报告会和咨询服务。与江苏飞达控股集团有限公司签署“电炉城市钢厂碳中和先锋行动方案”合作协议，联合钢铁研究总院等多家单位，提出基于电炉城市钢厂定位和功能的电炉炼钢碳减排技术方案，编制电炉城市钢厂“双碳”工作方案，推进电炉短流程碳中和示范城市钢厂建设。

学会面向企业和会员提供公共服务，建有炼铁生产技术服务平台、电炉炼钢生产技术服务平台，指导企业解决生产技术难题。依托炼铁生产技术服务平台，与中天钢铁集团有限公司联合举办“碳达峰、碳减排与低碳炼铁”专题研讨会，围绕当前“双碳”形势下炼铁低碳冶炼技术、碳达峰行动方案、碳减排实施路径等进行研讨。

组织专家为钢铁研究总院等单位承担的“十三五”国家重点研发计划项目“钢铁流程关键要素的协同优化和集成应用”中所涉及的关键量化指标进行第三方评估，为苏州翔楼新材料股份有限公司深加工精冲新材料提供技术咨询服务，为湖南镭目科技有限公司开发的废钢智能判级系统进行推广等。

【2021（第二届）可持续发展钢铁冶金技术国际学术会议】　12月15—17日，由学会主办、中南大学承办的2021（第二届）可持续发展钢铁冶金技术国际学术会议在湖南省长沙市举办。来自中国、日本、韩国、德国、奥地利、澳大利亚、瑞典、英国、荷兰、西班牙、美国11个国家及地区的专家、学者和科研人员通过线上或线下的形式进行学术交流。大会共收到国内外摘要190余篇，参会人数4109人次。

学会炼钢分会主任委员王新华、日本东北大学教授Tetsuya Nagasaka、韩国延世大学教授Dong Joon Min、德国钢铁学会管理委员会执行委员Hans Bodo Luengen、韩国浦项制铁Dongyeop Shin、学会炼铁分会主任委员张建良以及宝钢股份炼铁厂炼铁工艺首席工程师华建明作大会特邀报告。日本东北大学教授Tetsuya Nagasaka以《利用废钢精炼新工艺新技术解决基础金属材料面临的危机》为题介绍日本在废钢分类利用领域的研究现状及未来发展方向，并以铝废料回收为例展示熔融盐电解法去除固态铝废料中杂质元素的新方法，提出由铝废料制备高端铝产品的创新工艺。韩国延世大学教授Dong Joon Min以《韩国钢铁工业碳中和路径》为题，总结现行冶炼工艺各环节中降碳的方法及效果，指出当前技术的瓶颈。德国钢铁学会管理委员会执行委员Hans Bodo Luengen以《钢铁生产向气候中和转型中的挑战》为题，介绍当前欧洲在氢气冶金领域积极研发的IGAR工艺和短流程高速还原冶炼的 HIsarna 工艺等，并对未来工艺选择做出分析。

除大会报告外，会议还围绕铁前及炼铁、炼钢及精炼、连铸及凝固过程、资源循环与污染防控 4 个技术方向进行线上线下的学术交流。

（撰稿人：曹莉霞）

中国有色金属学会

服务创新型国家和社会建设 2021 年，学会获批开展第二届学会创新发展论坛、"科创中国"高端铝加工产业科技服务团、"科创中国"先进结构材料产业科技服务团、"科创中国"有色金属新材料产业科技服务团、中国（铜陵）先进结构材料产业高质量发展与城市创新资源配置高峰论坛、重点基础材料行业"双碳"技术路径等 17 个项目。作为 210 家全国学会中获批 2021 中国科协"中国特色一流学会建设项目"的 50 家学会之一，学会将继续全面增强组织凝聚力、学术引领力、社会公信力、国际影响力，向中国科协中国特色一流学会目标迈进。

自 2020 年以来，学会先后成立有色金属全产业链绿色发展科技服务团、先进结构材料产业科技服务团和有色金属新材料产业科技服务团，由中国工程院黄伯云、王国栋、谢建新、黄小卫、潘复生、聂祚仁、张平祥、柴立元 8 位院士牵头，有研科技集团有限公司、中南大学等单位的 300 余位专家组成。2021 年，学会组织科技服务团与各省（自治区、直辖市）政府、科协、园区、企业对接，先后到湖南省长沙市、贵州省贵阳市、安徽省铜陵市、广西壮族自治区南宁市、辽宁省沈阳市、江西省鹰潭市等地深入企业调研，精准对接，深度挖掘凝练企业高质量技术需求 200 余项，通过"科创中国"平台及时发布、更新、维护，服务企业 100 余家，成立 2 个学会服务站，为地方撰写行业发展建议、调研报告等 6 篇。

学会申报的新型航空发动机热端结构材料及涂层技术领域专业技术转移转化能力提升高级研修班和资源清洁生产与装备领域专业技术转移转化能力提升高级研修班入选 2021 年度高级研修班项目计划《关于实施人力资源社会保障部专业技术人才知识更新工程 2021 年高级研修项目的通知》，共培养技术人员近 200 人。组织科技服务团专家开展"有色金属云课堂"线上系列服务，助力有色金属行业健康可持续发展。2021 年，共举办 25 期"云课堂"讲座，邀请行业专家、学者在线分享前沿学术热点、最新研究成果、行业应用等，累计近 30 万人次观看直播并参与讨论。

2021 年，学会与中国有色金属工业协会共同开展中国有色金属工业科学技术奖评选工作，其中一等奖 106 项、二等奖 77 项、三等奖 60 项。

开展科技成果评价工作，2021 年共开展科技成果评价 23 项，其中 18 项参评 2021 年中国有色金属工业科学技术奖评比，最终评出一等奖 12 项、二等奖 2 项、三等奖 2 项，对推动行业科技进步、科技成果转化、专利技术创新成果推广起到积极作用。

5 月 27 日，第七届中国（北京）国际矿业展览会在北京举办。工业和信息化部经济运行监测协调局原局长、中国爆破器材行业协会理事长肖春泉等领导出席开幕式并致辞。同期召开第二届中外矿山产业链发展论坛。本届矿业展企业参展近 400 家，展览面积达 2 万平方米。

学会建设 学会进一步加强分支机构管理，修订《中国有色金属学会分支机构管理暂行办法》，18 个分支机构完成换届，成立先进焊接与连接专业委员会。

12 月 22 日，完成学会理事会换届工作，选举产生学会第八届理事会和理事会党委会，成立监事会，审议并通过相关报告和决议。

主办期刊 学会共主办行业期刊和出版物 16 种。其中，英文期刊 5 种，核心期刊 13 种。与有科期刊出版（北京）有限公司、中南大学出版社联合打造的优质学术期刊集群汇集 68 本期刊，达到行业技术类期刊总数的 95% 以上，形成了以有色金属选矿、冶金、材料、检测为核心，以金属材料、大金属材料选矿、冶金、材料加工为外延的刊群布局。

2021 年，《中国有色金属学报》完成 2 个特刊，特刊由周国治、戴永年、邱冠周、丁文江、蔡美峰、潘复生 6 位院士领衔数十位行业人才和众多青年人才撰写，两刊主编黄伯云以《办一流期刊　育一流人才》为题为特刊作序。《中国有色金属学报》在全国 88 个冶金工程技术类期刊中位列第 2，在 88 个金属学与金属工艺类期刊中位列第 3，入选中国科协金属材料领域高质量科技期刊分级目录 T1 级，并再次入选中国国际影响力优秀学术期刊。《稀有金属》（英文版）影响因子达 4.003，连续 5 年刷新历史新高，在《期刊引用报告》冶金工程学科中排名 13/80，继续保持 Q1 区。《分析试验室》被美国工程索引正式收录。《稀有金属材料与工程》获2021中国最具国际影响力学术期刊（连续10年）及陕西省首届三秦卓越科技期刊领军期刊。学会主办期刊持续获得中国科技期刊国际影响力提升计划项目、中国科协精品科技期刊工程项目资助、中国科技期刊卓越行动计划重点期刊类项目资助。

国际学术会议 10月19—20日，2021年材料加工国际研讨会在辽宁省沈阳市召开。会议由学会、中国金属学会和东北大学联合主办，干勇等7位中外院士出席论坛并作报告，134位专家、学者作分会场报告并进行墙报交流，1000余人次以线上线下相结合的方式参加会议。

国内主要学术会议 2021年，学会和各分支机构共组织各类学术交流活动34次，参加人数20695人次，交流论文摘要1493篇。

4月23—25日，由工业和信息化部、中国科协指导，学会、全国有色金属智能制造联盟、山东省科协共同主办的2021智能矿冶加工技术和装备高端论坛在山东省泰安市召开。中国工程院院士孙传尧、桂卫华、钱锋、唐立新等出席会议。此次论坛以“科技创新 协同发展”为主题，设立5个分会场，交流学术报告79个。在论坛开幕式上，力博重工科技股份有限公司与矿冶科技集团有限公司、力博重工科技股份有限公司与中南大学、力博工业技术研究院（山东）有限公司与中南大学分别签订企业战略合作协议。

6月25—27日，中国有色金属学会第十三届学术年会在甘肃省兰州市召开，1500余人次参加会议。

7月30日—8月1日，由学会主办，有研科技集团有限公司、北京工业大学、广西科技大学承办的2021有色金属新材料大会在广西壮族自治区南宁市召开。何季麟等8位院士出席大会。广西壮族自治区政协副主席、自治区科协主席黄日波，南宁市人民政府副市长张自英，学会理事长、中国有色金属工业协会副会长兼秘书长贾明星等领导出席开幕式并致辞。大会以“有色金属新材料协同发展”为主题，设立27个分会场，交流会议报告586个，共收集到论文及摘要180篇，编辑印刷论文摘要集1册、专家报告集1册，会议规模1000余人。

10月24—25日，2021中国铝加工技术高峰论坛在广东省佛山市召开。学会理事长贾明星出席会议并致辞。中国工程院院士金涌作“双碳”技术报告，500余人参加会议。

12月28—30日，第十八届全国钛及钛合金学术交流会在辽宁省沈阳市举办。学会理事长贾明星，中国科学院院士曹春晓，中国工程院院士王华明，中国工程院院士、东北大学副校长唐立新，东北大学副校长孙雷等专家、学者出席开幕式，500余人以线上线下相结合的方式参加会议。

科普活动 学会先后组织开展云南省大学生和昆明市中小学生的科普工作，年接待人数800人次，增强当地大学生和中学生对有色金属冶金及节能减排领域的认识和了解。

表彰举荐优秀科技工作者 学会推选中国工程院院士候选人8名，5名成为有效候选人。学会推荐的张小锋在中国科协科技工作者之家平台2021年度系列评选活动中获“最美组织志愿者”称号。学会推荐的中南大学“有色冶炼砷碱渣高精度矿化分离及减污降碳资源化利用关键技术”入选“科创中国”榜单“先导技术榜”。

学会组织第七届“青年人才托举工程”项目候选人遴选会，共有46位候选人参与遴选答辩。学会推荐的3名青年人才获得第七届“青年人才托举工程”项目经费资助，10名青年科技工作者获得自筹经费青托项目。

党建强会 2021年，学会开展党史学习教育，积极开展党建活动，共组织集中学习12次、召开党员大会7次、举办党日活动6次、讲党课8次，参加竞赛2次，参加征文1次，开展“我为群众办实事”实践活动3次，开展组织生活会1次，参加培训1次。同时，在微信公众号开展“党史小故事”“党史上的今天”系列栏目，不断创新和丰富学习教育载体、形式，并积极组织申报中国科协党建项目，2020年、2021年学会连续获批中国科协“党建强会计划”项目，获得中国科协“全国学会优秀党建通讯员”等称号。

在中国科协科技工作者之家平台2021年度系列评选活动中，学会获“最具影响力组织”第一名。

会员服务 增强学会网站和微信公众号信息推送的时效性，完善单位会员、个人会员入会申请审批程序，推进单位会员特别是个人会员的发展工作。学会通过电子邮件发送《中国有色金属学会会刊》，便于会员了解行业相关信息。同时，会员可优先参与学会活动和在学会期刊上发表论文，优先受聘参加学会组织的论证、评议、鉴定和技术咨询等各项活动，并以优惠价格参与学会会议。

【中国有色金属学会第八次全国会员代表大会】

12 月 22 日，中国有色金属学会第八次全国会员代表大会在北京召开。中国科协党组书记、分管日常工作副主席、书记处第一书记张玉卓，全国政协常委、中国有色金属工业协会党委书记、会长葛红林出席会议并讲话。中国科协办公厅主任周文标、科学技术创新部部长刘兴平，中国工程院院士古德生、汪旭光、邱定蕃、何季麟、孙传尧、屠海令、邱冠周、桂卫华、丁文江、谢建新、黄小卫、潘复生、聂祚仁、冯夏庭、张平祥、柴立元、沈政昌、姜涛等院士、专家，理事单位代表，相关领域科研院所、高校及企业代表，专业委员会、学术委员会、工作委员会、地方学会代表，学会个人会员，共计 600 余人线上线下参加会议。

会议选举产生中国有色金属学会第八届理事会，审议并通过相关报告和决议。贾明星当选为第八届理事会理事长，聂祚仁、张平祥、柴立元、冯贵权、谢康德、刘国平、张英杰、杨斌、赵晓晨、韩龙、陆志方、高焕芝当选为副理事长。贾明星当选为理事会党委书记，张英杰当选为党委副书记，张洪国当选为纪检委员，刘诚、高焕芝当选为党委委员。张洪国当选为第一届监事会监事长，夏晓鸥、胡岳华当选为副监事长，易健宏、邱廷省当选为监事。高焕芝当选为第八届理事会秘书长。

【中国有色金属学会第十三届学术年会】 6 月 25—27 日，由学会主办，甘肃省科技厅、甘肃省科学技术协会、甘肃省金属学会、有研科技集团有限公司联合承办的中国有色金属学会第十三届学术年会在甘肃省兰州市召开。甘肃省副省长张世珍，中国科协党组成员、书记处书记吕昭平，学会理事长贾明星出席开幕式并致辞。中国工程院院士邬贺铨、邱定蕃、王国栋、段宁、陈祥宝、蔡美峰、桂卫华、张联盟，中国科学院院士严纯华、刘维民出席大会。活动当天，千余名行业人士聚焦行业科技前沿，共话有色产业高质量发展。本届年会以“科技经济融合创新，绿色低碳智能发展”为主题，设立 25 个分会场，1500 余人参加会议，共交流会议报告 534 个，收到论文及摘要 337 篇，编辑印刷论文摘要集 1 册、专家报告集 1 册。

【《中国有色金属学报》创刊 30 周年】 2021 年是《中国有色金属学报》创刊 30 周年。学报是由中国科协主管、学会主办、中南大学承办的学术期刊。《中国有色金属学报》中、英文版创刊 30 年来，共发表 1.8 万余篇高水平论文。

《中国有色金属学报》中、英文版专业特色鲜明，学术水平高、编辑和出版质量一流，已被众多国际检索系统和 10 多种国内著名全文数据库及文摘刊物列为来源期刊，曾多次获得国家级、省部级奖励和专项经费资助。

《中国有色金属学报》中、英文版先后获得国家新闻出版总署“全国优秀科技期刊”“双百期刊”，中国科协“优秀科技期刊”，中国期刊协会“新中国 60 年有影响力的期刊”“全国百强科技期刊”“期刊数字影响力 100 强”，中国有色金属工业协会“全国有色金属行业优秀科技期刊”，中国有色金属学会“中国有色金属行业优秀科技期刊一等奖”，中国科技信息研究所“百种中国杰出学术期刊”“中国精品科技期刊”“中国国际影响力优秀学术期刊”“中国百篇最具影响国内学术论文”，中国知网“中国最具国际影响力学术期刊”，教育部“中国科技论文在线优秀科技期刊”一等奖，湖南省“十佳科技期刊”“首届最有影响力科技期刊”等多种荣誉，已成为中国材料科学和冶金工程领域的精品学术期刊，是中国有色金属研究领域科技期刊的龙头。

《中国有色金属学报》获得中国科协 2006—2008 年、2009—2011 年、2012—2014 年、2015—2017 年第一期至第四期“中国精品科技期刊资助项目”A 类资助。《中国有色金属学报》（英文版）获得中国科协等六部委联合发起的“中国科技期刊国际影响力提升计划”2013—2015 年第一期、2016—2018 年第二期 A 类资助。2019—2021 年，《中国有色金属学报》中、英文版均获得“中国科技期刊卓越行动计划”资助。

《中国有色金属学报》中、英文版发表的科研论文不仅阐明最新基础理论研究成果，而且结合生产实际提出新的工艺技术，对开展进一步技术开发，特别是在技术集成创新方面发挥了推动作用。许多科研院所和高等院校将《中国有色金属学报》发表的论文作为申报国家级和省部级奖励、评价科研成果和准予论文答辩的重要依据。

（撰稿人：尹　普）

中国稀土学会

服务创新型国家和社会建设　4 月 13 日，包头市科学技术协会主席彭晓东、副主席李伟、科普部部长辛剑南一行到学会交流研讨。双方就包头“科创中国”实施方案的进一步修改完善等工作进行探讨，一致同意在学术交流、项目申报、技术对接、人才引进等方面开展合作，共同推进包头“科创中国”试点工作开展。

12 月 4 日，由中国工程科技发展战略天津研究院主办，钢铁研究总院、天津大学承办的中国工程科技发展战略天津研究院重大咨询研究项目“天津市稀土汽车催化产业发展战略研究”结题评审会在山东省东营市举办。学会理事长李春龙，学会秘书长牛京考，学会副秘书长张安文、石杰，中国稀土行业协会副秘书长陈占恒出席会议。会议由李春龙主持。此次评审会旨在分析国内外汽车领域稀土催化产业发展现状，结合天津市稀土催化产业发展特点，提出汽车领域稀土催化产业总体战略和天津市发展战略，采用跨地区、跨行业的建设形式建设面向全球的环渤海稀土催化产业集群，支撑汽车产业快速、健康发展和天津市地方经济发展。

12 月 20 日，中国稀土学会“包头稀土科技服务站”授牌仪式在内蒙古自治区包头市举办。学会秘书长牛京考、副秘书长张安文向中国稀土学会“包头稀土科技服务站”包头稀土研究院站和内蒙古包钢稀土磁性材料有限责任公司站授牌。包头市科技局局长袁宏志，中国稀土行业协会秘书长杨文浩，中国稀土行业协会常务副秘书长王晓铁，包头钢铁（集团）有限责任公司董事、党委副书记孟繁英，包头钢铁（集团）有限责任公司总经理助理、中国北方稀土（集团）高科技股份有限公司党委书记章智强等相关领导参加仪式。包头稀土研究院党委书记、常务副院长陈建利主持授牌仪式。

2021 年，学会领导赴多个稀土企业调研“双碳”战略下企业的需求、原材料和政策情况、面临的问题机遇和解决之策，整理汇总 50 项稀土选冶、稀土永磁、稀土抛光、稀土电机等方面的技术难题，组织撰写专题报告，分析“双碳”战略给稀土产业带来的重大发展机遇，分别在四川省成都市、内蒙古自治区包头市、内蒙古自治区白云鄂博矿区参加 3 次论坛、报告会，向国内有关企业、高校、科研单位做介绍。

为司法部和自然资源部的矿产资源法和绿色开采方案指南等提出意见建议。为工业和信息化部稀土大事记编写 2008—2020 年稀土市场和稀土进出口情况及分析。应中国地质科学院中国地质调查局邀请，做稀土产业与市场透视分析，为自然资源部制定稀土产业政策提供参考。承接完成《广东省稀土十年规划》《包头稀土产业“十四五”规划》，为广东省和内蒙古自治区包头市发展稀土科技产业建言献策。应中工国际工程股份有限公司邀请，对福建省稀土等新材料项目进行评审。

组织业内专家编写美日印澳稀土联盟相关影响报告，向工业和信息化部、国务院发展研究中心提交国际贸易中涉及稀土的相关问题的建议和“双碳”战略给稀土发展提供巨大发展机会的三篇报告。

针对行业热点，为投资机构、券商、公私募基金提供行业咨询，供投资参考。

为促进中国稀土科技事业发展，组织完成 2021 年度稀土科学技术奖评审工作，搭建稀土科技成果展示与人才发现平台。

为广东省广晟控股集团有限公司提供稀土永磁产业现状与趋势资料，供企业投资决策参考。为湖南稀土金属材料研究院有限责任公司提供稀土新材料消费与产业结构资料。参加赛迪研究院承担的赣州稀土集团有限公司“十四五”规划评审工作，为规划的完善与赣州稀土产业发展建言献策。为包头稀土博物馆和白云鄂博矿产资源开发利用纪实策展设计和完善内容提出建议。

学会建设 按照章程规定，学会全年召开六届七次理事会议和六届十二、十三、十四次常务理事会议。会议总结前一阶段工作、提出下一步主要工作计划，审议通过增补调整部分理事、常务理事、吸收新会员单位、增加修改学会规章制度等多项议案。

为适应稀土科学技术学科专业发展趋势，推动中国稀土科技进步和技术创新工作，经相关专业专家提出申请，学会依据学会章程规定和工作流程，成立稀土热防护材料专业委员会，专业委员会数量已达 22 个。

为保障学会换届工作，学会成立换届工作领导小组，开展催缴会费、确定理事会负责人单位、修改学会章程、推荐学会第七届理事会负责人候选人、确定新一届专业委员会负责人和委员等工作。

青年人才托举工程 学会完成 2021 年度青年人才托举工作，获得中国科协资助 4 人、5 人自筹。

主办期刊 2021 年，《中国稀土学报》入选中国科协“全国学会期刊出版能力提升计划”之“国际学术交流项目”和“产业发展服务项目”。4月，被美国工程索引收录。

2021年，学会和包头稀土研究院主办的《稀土》期刊分别入围“入选有色金属领域”“冶金工程”领域材料科学综合类高质量科技期刊分级目录T2级别。

国际学术会议 7月28日，由学会承办的第二十三届中国科协年会分论坛——中韩新能源与环境材料研讨会在北京召开。此次会议得到中国科协、中国科协先进材料学会联合体、韩国材料研究学会的指导和支持，来自中国和韩国高校、科研院所、企业等20多个单位的100余名专家、学者通过线上或线下的方式参加。会议以“材料与社会可持续发展”为宗旨，围绕能源材料与环境材料的开发与应用主题展开研讨。

国内主要学术会议 4月8—11日，由学会光电材料与器件专业委员会、中国计量大学主办，武汉理工大学、华中科技大学、武汉大学、硅酸盐建筑材料国家重点实验室、湖北省特种玻璃工程技术研究中心联合承办的第二届全国光电材料与器件学术研讨会在湖北省武汉市召开。来自高校、科研院所、企业的专家、学者、学生代表、企业代表等共600余人参加会议，围绕发光材料与器件、光纤材料与器件、微纳光电器件、钙钛矿材料与器件、光电薄膜材料与器件、先进光功能陶瓷材料与器件六大主题，共同探讨光电材料与器件的最新成果与发展动态。此次研讨会共安排13场大会（特邀）报告、170场邀请报告，展示54张墙报。同时为培养光电材料与器件领域的青年人才，研讨会特设70场研究生专场报告。

4月9日，稀土元素与生命健康研讨会在江西省赣州市召开。学会理事长李春龙出席会议并讲话。此次研讨会由中国科学院赣江创新研究院主办、中科国际协同创新中心（厦门）有限公司承办、中国科学院海西研究院厦门稀土材料研究中心等8家单位协办，来自高校、科研院所、企业等36家单位的近50名专家、学者参加会议。

6月10日，2021国际产学研用合作会议在江西省南昌市开幕。其中，“稀土新材料先进制造与高值化应用”分论坛由南昌大学承办、学会和江西理工大学协办，学会理事长李春龙致辞。

10月15—18日，由学会理化检验专业委员会和中国稀土行业协会检测与标准分会主办、中国地质大学（武汉）承办的第十八届全国稀土分析测试学术研讨会在湖北省宜昌市秭归县召开，来自全国各相关科研单位、高等院校、与稀土相关领域的150余位科研人员、测试工作者以及国内外分析仪器厂商代表参加会议。大会特邀各相关科研单位、高等院校的10余位专家、学者围绕稀土及稀土产品的分离分析技术、稀土行业标准化、稀土标准物质、稀土分析仪器研发及应用、稀土产品制备和应用的新理论等热点问题交流学术报告。

10月23—24日，学会在四川省成都市举办中国稀土学会2021学术年会，来自全国稀土行业各领域及重点科研院所、重点企业和高校的专家、学者共计820人现场参会。年会设立17个分会场，有471位专家作报告。报告内容主要围绕稀土资源绿色开发利用、稀土生物医学、稀土功能材料等领域的研究展开。

国际组织任职 学会副秘书长陈占恒参加欧盟EIT原材料组织成立全球稀土行业协会可行性研究圆桌会议，并担任该协会的国际顾问，在学术交流会议上作题为《中国稀土产业可持续发展》的报告。这是学会参与国际稀土科技与产业交流的重要形式，有利于提高中国在欧洲稀土行业的话语权、加深彼此了解，对于促进中国与欧洲稀土科技产业交流具有重要意义。

国际交往 学会每3年召开一次国际稀土开发与应用研讨会，截至2021年年底，已举办九次国际稀土研讨会议。学会长期与欧洲稀土学会、日本稀土学会、美国稀土组织等稀土行业专家保持联系，并邀请世界各国稀土领域的专家参加学会举办的国际会议。

学会各分支机构积极开展稀土国际学术交流活动，并积极组织举办独立的专业学术国际稀土会议。

《中国稀土学报》国际编委积极参与学报审稿工作，为期刊发展献计献策，同时在期刊组稿和宣传推广上给予支持。

科普活动 2021年，学会出版印刷《走进稀土世界》科普图书2000册。

3月2日，学会副秘书长张安文面向航天某厂管理人员作稀土各领域的应用介绍。

4月26日，为学会全体工作人员做稀土科技和产业发展历史讲座。

6月8日，为四川各稀土企业、高校做《“双碳”战略与稀土发展》讲座，50人参加。

9月23日，上海有色网相关人员在安徽省合肥市召开的稀土发展论坛上作《稀土在战略新兴产业应用》综述报告，300人参加。

12月18日，学会副秘书长张安文在内蒙古自治区人民政府主办的稀土产业论坛上作《稀土应用与“双碳”战略》专题报告，200人参加。

表彰举荐优秀科技工作者 学会完成2021年度稀土科学技术奖评选工作，最终评出2021年度稀土科学技术奖一等奖7项、二等奖12项。

组织开展第十八届中国青年女科学家奖、第十七届中国青年科技奖候选人推荐工作；开展第十四届光华工程科技奖提名人选推荐工作，最终推荐中国钢研科技集团有限公司董事长张少明入围初选阶段。

党建强会 学会党支部共有在职党员9名、退休党员5名。2021年，面向全体党员干部开展党史学习教育。根据上级党委要求，购买专题学习资料，组织全体党员同志通过自学或研讨方式学习《论中国共产党历史》《中国共产党简史》《毛泽东邓小平江泽民胡锦涛关于中国共产党历史论述摘编》《习近平新时代中国特色社会主义思想学习问答》《社会主义发展史纲》《中华人民共和国简史》《中国共产党组织建设一百年》《中国共产党第十九届中央委员会第六次全体会议文件汇编》。

6月18日，学会党支部书记、秘书长牛京考代表学会看望慰问刘爱生同志，为他佩戴上“光荣在党50年”纪念章，并送去慰问金和学会成立四十周年文集。

组织集中收看“七一勋章”颁授仪式现场实况转播以及庆祝中国共产党成立100周年大会，学习贯彻习近平总书记重要讲话精神。

11月15日，学会党支部召开支部（扩大）会议，专题学习党的十九届六中全会精神，安排学习贯彻落实工作。牛京考主持并导学，全体党员同志和职工参加学习。

会员服务 2021年，学会新增个人会员620人；团体会员新增3家，总数达102家。

（撰稿人：王　勇）

中国腐蚀与防护学会

服务创新型国家和社会建设 参与组织中国科协“科创中国”项目第二届中国（铜陵）先进结构材料产业高质量发展与城市创新资源配置高峰论坛。推介先进防腐蚀成果4项，分别是高镍耐蚀钢研发及其在马尔代夫适用性评估关键技术研究、微合金耐蚀耐候钢产品开发及关键控制技术、航空发动机典型高温合金叶片材料热带海洋环境适应性研究、双金属复合管产品研发及工业化应用。

全年共举办5期防腐蚀工程师技术资格培训班，共培训结业157人。组织业内专家进行防腐蚀工程师系列水平评价工作2批次，其中5人通过研究员级高级工程师评审、12人通过高级工程师评审、61人通过工程师评审、6人通过助理工程师评审。开展6期NACE阴极保护课程，共计119人参加学习。组织18次科技成果鉴定会，对18项科技成果进行鉴定。

青年人才托举工程 学会参加中国科协先进材料联合体组织的活动，成功托举6名青年人才。

主办期刊 《中国腐蚀与防护学报》全年来稿量400多篇，年发表论文120篇。最新CJCR影响因子为0.87，被引频次达到874次，在收录的腐蚀与防护领域4本期刊中位列第一。

《材料保护》全年刊出文稿378篇，与2020年出刊量持平。

国际学术会议 11月18日，学会常务副理事长李晓刚受美国俄亥俄州立大学Fontana腐蚀中心主任Gerald Frankel的邀请，在CorroZoom线上平台向全球1万余名腐蚀与防护从业人员作题为*Data-driven design and application of corrosion-resistant low-alloy steels*的报告。

12月10—11日，由学会、国家材料腐蚀与防护科学数据中心、北京科技大学顺德研究生院、澳门发展及质量研究所联合主办的第三届装备健康智能化诊断与安全学术年会暨“一带一路”材料腐蚀与防护国际研讨会以在线视频会议的形式举办，近600名专家、学者参加会议。捷克布拉格化工大学教授、欧洲腐蚀联合会副主席Tomáš Prošek，澳门大学教授Chi-Tat Kwok，越南科学与技术院热带技术研究所教授、所长Tran Dai Lam，泰国农业大学海洋工程学院副教授、副院长Thee Chowwanothapunya等26位专家作在线技术报告。大会围绕装备健康智能化诊断与安全以及材料性能保护、“一带一路”材料腐蚀与防护领域的标准建设等方面进行深入交流。

国内主要学术会议 7月3日，由学会主办的第十一届全国腐蚀与防护大会在辽宁省沈阳市举办。共有1200多位来自国内外腐蚀科学与防护及材料科学与工程领域的科学家、工程技术人员、企事业单位领导参加会议。

9 月 17 日，学会常务副理事长李晓刚、副秘书长程学群、张达威访问澳门发展及质量研究所，并联合举办主题为“腐蚀防护助力国家发展及城市建设”的学术研讨会，交流材料腐蚀与防护领域的最新科技成果，探讨腐蚀大数据前沿技术研发与重点领域工程应用等问题，共商深化“一带一路”创新合作新举措。

10 月 15—17 日，由学会主办的 2021 第八届海洋材料与腐蚀防护大会暨 2021 第二届钢筋混凝土耐久性与设施服役安全大会在贵州省贵阳市举办。会议以“创新・延寿・突破・发展”为主题，共有近 600 名来自国内外腐蚀防护领域及材料领域的院士、专家等参加会议。

2021 年，学会专业委员会共组织专题会议 21 个，线上线下参加人数 1149 人次。

两岸交流 7 月 3 日，由学会主办、学会青年工作委员会承办的海峡两岸腐蚀与防护青年科学家论坛在辽宁省沈阳市举办。200 多名海峡两岸的青年腐蚀科技工作者参加会议，18 名杰出青年科学家作邀请报告，56 位青年学者作口头报告，另有 72 篇报告进行墙报展示交流。

国际组织任职 学会常务副理事长李晓刚担任国际腐蚀协会理事，学会国际交流合作办公室主任张达威担任国际腐蚀工程师协会技术委员会国际联络员。

科普活动 开展 2021 年世界腐蚀日科普宣传活动。4 月 24 日，“文物腐蚀的结与解”世界腐蚀日专题宣传活动在中国腐蚀与防护网上线，向公众科普文物腐蚀的原因、各类文物的腐蚀因素及防护措施以及文物保护存在的问题。中国腐蚀与防护网微信公众号对本专题进行宣传，转发次数达 1200 次。

开展科技周科普宣传活动。5 月 17 日，“令嫦娥头疼的太空腐蚀”2021 科技活动周专题宣传活动在中国腐蚀与防护网上线。专题围绕当今探索太空奥秘的热点问题，结合本专业知识介绍太空腐蚀的含义、引起腐蚀的原因及防护措施，并总结太空防腐科技的最新进展。中国腐蚀与防护网微信公众号对本专题进行宣传，转发次数达 1300 次。

开展 2021 年全国科普日宣传活动。9 月 15 日，“论腐蚀在线监测技术的巨大变革”全国科普日专题宣传活动在中国腐蚀与防护网上线。本次活动围绕“百年再出发，迈向高水平科技自立自强”主题，展示数据驱动腐蚀在线监测与智能诊断系统。中国腐蚀与防护学会微信公众号和中国腐蚀与防护网微信公众号均对本专题进行宣传，转发次数累计达 3000 次。

表彰举荐优秀科技工作者 天津大学教授宋诗哲和中国科学院金属研究所研究员吴维叏分获中国腐蚀与防护学会最高学术成就奖和最高工程技术成就奖。王福会、甘复兴、乔利杰、李劲、李晓刚、刘建华、林安、郭兴蓬、宫声凯、萧以德、董俊华 11 位会员获得中国腐蚀与防护学会会士称号，Frank Cheng、Gerald Frankel、Jing-li Luo、Philippe Marcus 4 位国外专家获得中国腐蚀与防护学会会士（外籍）称号。王永欣、卢小鹏、朱敏、孙立东、孙晓光、李向红、张博威、杨延格、钟显康、崔中雨、常雪婷、程玉贤 12 位青年专家获得中国腐蚀与防护学会杰出青年学术成就奖。

经专家函评、会议评审，共评审出中国腐蚀与防护学会科学技术奖 56 项，其中一等奖 20 项、二等奖 31 项、三等奖 5 项。

4 月 28 日，经欧洲腐蚀联合会评奖委员会评审通过，批准授予中国腐蚀与防护学会常务副理事长、北京科技大学新材料技术研究院教授李晓刚 2021 年欧洲腐蚀联合会会士称号。

党建强会 7 月 2 日，学会党委书记、常务副理事长李晓刚在第十届四次理事会议上讲党课，领学习近平总书记“七一”重要讲话精神，共有 135 名理事参加。

11 月 17 日，中国科协对学会开展的党建工作调研座谈会议以线上形式召开。此次会议由中国科协科技社团党委副书记刘桂荣，科技社团党委组织处干部刘玉、冯慧敏，学会党委书记、常务副理事长李晓刚，学会党委委员、秘书长杜翠薇，学会党委委员、理事李金许，学会秘书处工作人员参加。

根据《中国科学技术协会事业发展“十四五”规划（2021—2025 年）》和《“十四五”时期推进科协系统深化改革重点任务工作方案》的精神，由常务副理事长李晓刚起草《中国腐蚀与防护学会“十四五”规划》。

为加强学会对分支机构的领导和管理，经学会党委研究决定，要求学会分支机构成立党小组。

会员服务 2021 年，学会发展个人会员 744 人，现有个人会员 6287 人；发展团体会员 15 个，现有团体会员 271 个。

【第十一届全国腐蚀与防护大会】 7月3日，由学会主办，东北大学、中国科学院金属研究所、沈阳理工大学、海洋装备用金属材料及其应用国家重点实验室、国家材料腐蚀与防护科学数据中心承办的第十一届全国腐蚀与防护大会在辽宁省沈阳市举办。共有1200多位来自国内外腐蚀科学与防护及材料科学与工程领域的科学家、工程技术人员参加会议。中国工程院院士、东北大学校长冯夏庭，中国工程院院士侯保荣，中国科学院院士张统一，中国工程院院士宫声凯，学会理事长王福会等出席会议。会议针对业内热点问题，以促进相关学科建设发展、推动科技发展创新为目的，全面展示近年来国内外本学科研究领域的重要成果。

学会23个专业委员会针对腐蚀热门领域、能够形成产业聚集的方向，形成16个专业分会场，确定68位会场召集人。张统一、宫声凯等6位专家分别就《金属单晶固液界面电化学腐蚀/沉积的跨尺度模拟》《单晶高温合金/涂层界面基础问题研究进展》《海洋防腐防污领域的技术挑战与思考》《油船耐腐蚀钢板的研制及工程应用》《管线钢中非金属夹杂物与H作用机制及应用基础研究》《医用镁合金研究进展》作大会主旨报告。

会议还设立腐蚀电化学与腐蚀监检测、耐蚀材料发展与耐蚀机理研究、轻合金腐蚀机理与表面处理、高温腐蚀与防护、自然环境腐蚀与防护、力学化学腐蚀与防护、缓蚀剂与应用、先进涂层及表面处理、电化学保护与应用、海洋新材料及防护技术、多相流腐蚀与防护、航空航天领域腐蚀与防护、微生物腐蚀与防护、医用金属材料腐蚀控制、智能腐蚀控制、青年腐蚀与防护科技论文讲评会暨海峡两岸腐蚀与防护青年科学家论坛16个专题分会场，组织国内外腐蚀与防护领域的科技工作者作483个线上和线下学术报告，并首次增加墙报交流环节。

会议期间，学会与沈阳防锈包装材料有限责任公司签订合作协议，同时成立学会工作站，已组织10批次专家对接，与6位专家形成技术合作。

（撰稿人：张小红　杨　帆）

中国化工学会

服务创新型国家和社会建设　2021年，学会继续开展团体标准工作，批准发布10项标准，批准立项50项标准，在研64项标准，填补相关领域的标准空白，对促进科技成果转化、规范行业高质量发展起到积极作用。

完成化工领域“基于结构描述符的绿色化工催化剂设计与应用”等10余项科技成果评价以及“6万吨/年高等级子午胎专用氧化锌生产工艺”等多项评估项目，为下一步开展工业化应用提供指导，促进化工领域科技成果转化。

参与本科教育认证工作，全年共参加全国高等院校化工类、材料类专业认证10余次。

作为中国科协科技人才评价试点单位，继续开展化工工程师能力水平评价工作，并首次开展正高级工程师评价。

作为76家发起单位之一，成为中国科协“中国工程师联合体”首批理事单位，构建工程师事业共同体、价值共同体、命运共同体。学会理事长戴厚良受邀成为联合体副理事长。

承接的中国工程院“2035我国基础材料绿色制造技术路线图”石化化工子课题结题，并编撰出版《基础材料强国制造技术路线——石化化工材料卷》。

组织开展“限塑令下合成树脂产业保持健康发展的应对之策”课题调研，科学、客观地分析生物可降解塑料的作用和聚烯烃产业所受的影响，寻求限塑令下合成树脂产业健康发展的解决方案。

牵头组织开展先进材料联合体品牌建设项目“科技经济融合”低温脱硝催化技术研究等3个子课题研究，完成相关调研报告，提交科技工作者建议。

积极融入科创中国网络，申报立项“生物基材料产业（濮阳）科技服务团”“绿色化工产业服务团”“高端化工服务团”等项目，服务区域覆盖河南省濮阳市、甘肃省兰州新区和天水市、新疆维吾尔自治区巴音郭楞蒙古自治州、山东省菏泽市和泰安市等。生物基材料产业（濮阳）科技服务团积极探索产业技术研究院模式，起草完成《南乐生物基材料产业技术研究院建设方案》。

组织600余名会员专家参与科技服务团，服务地方科技经济融合；吸纳200多名会员加入科技志愿服务总队，服务全民科学素质提升；遴选300名优秀会员入驻中国科协科技人才数据平台，助力科技智库建设。

组织中国石油、中国石化和中国中化等单位会员参加中国科协“服务企业海外研发和人才引进”调研，听取企业开展国际科技交流所面临的难题，积极整合中国科协和学会资源，助力企业进一步融入全球创新网络。

学会建设 2021 年，学会新发展个人会员约 10000 人、外籍会员 5 人，现有个人会员约 40000 人、单位会员约 300 个；完成分支机构换届 2 个，新成立 4 个；调整副理事长 4 人、常务理事 1 人、理事 3 人。规范召开理事会党委会议 4 次、理事会议 1 次、常务理事会议 4 次，并邀请监事参加会议，监督理事会履职情况和秘书处工作，确保学会工作合法合规。召开分支机构工作会议，进一步加强分支机构管理。

青年人才托举工程 学会通过中国科协先进材料学会联合体推荐的 5 名科技工作者入选中国科协“青年人才托举工程”项目。

主办期刊 学会推进一流科技期刊建设，《化工学报》《化工进展》《中国化学工程学报》（英文版）顺利实施中国科协中国科技期刊卓越行动计划，入选 2021 年度精品期刊顶尖论文平台领跑者项目。《化工学报》《储能科学与技术》《化工进展》和《中国化学工程学报》（英文版）均获“十三五”时期“全国石油和化工行业先进信息单位”“全国石油和化工行业优秀期刊”称号。学会分支机构主办《石油化工》等 30 种科技期刊，不断提升学术组织力和创新引领力，激发化工科技工作者的创新活力。

《化工学报》影响因子、总被引频次及综合评价、总分在化学工程学科领域均位列第 1，继续入选“百种中国杰出学术期刊”。

《化工进展》在中国学术期刊影响因子年报影响力指数学科排序中位列第 1，成为 2020 年版《中文核心期刊要目总览》化学工业类期刊第 1 名、中国科技期刊引证报告（核心版）化学工程综合类综合评价总分和核心影响因子第 2 名，入选“中国精品科技期刊”。

《中国化学工程学报》（英文版）SCI 影响因子为 3.171，入选“2021 中国最具国际影响力学术期刊”。

《储能科学与技术》综合影响因子增幅达 38%，入选北京大学中文核心期刊目录、中国科协 2021 年度全国学会期刊出版能力提升计划产业发展服务项目。

学科发展工程 学会继续开展《化工名词》（定义版）审定工作和《中国大百科全书》第三版化工学科编纂工作，出版《生物化工》《化工装备》分册，完成大百科 12 个分支共计 3108 条词条的编撰和修订工作。

研判化工领域科技发展趋势，组织征集化工领域重大科学与产业技术问题难题，推荐的“纳米尺度下高效催化反应的作用机制”入选 2021 年度中国科协十大前沿科学问题并提交科技工作者建议，被评为中国科协“2021 年度优秀推荐单位”。

服务国家“双碳”战略，组织“化工碳中和关键技术进展丛书”编纂工作，由 18 名院士在内的 34 名专家组成编委会，从原料低碳化、过程低碳化、末端低碳化、二氧化碳捕集利用等不同层面论述化工技术为实现“双碳”目标做出的重要贡献。

学会各分支机构组织编制《中国粉末涂料与涂装行业“十四五”科技发展指导意见》《精细化工行业的现状及“十四五”发展建议》《电子信息化学品关键技术及对策研究报告》《磷矿产资源及其材料全产业链分析》《氟矿产资源及其材料全产业链分析》等发展建议或咨询报告，为行业产业发展和政府决策提供强有力的技术支撑。

国际学术会议 2021 年，学会举办境内国际会议 3 个，参会人数 1050 人次。

4 月 23—25 日，由学会离子液体专业委员会主办的第七届亚太离子液体与绿色过程会议在江苏省苏州市召开。会议以“离子创造——绿色世界，未来已来”为主题，设 17 个大会报告、34 个分会主题报告、79 个口头报告和 185 个墙报，500 余名专家、学者参加会议。会议为学术界、工业界搭建交流合作的平台，促进离子液体与其他学科的高度交叉融合，推动离子液体前沿科学理论发展和绿色技术重大变革。

5 月 26—27 日，学会与宁波市科协、Lee Plastics Consulting 联合主办的 2021 国际烯烃及聚烯烃大会在浙江省宁波市召开，250 余名专家、学者参加会议，交流报告近 40 篇。大会展示领先技术和创新产品，有利于推动国际创新、促进学术繁荣。

11 月 28—29 日，由学会与日本化学工学会共同主办的 2021 第十届中日化工学术研讨会在广东省广州市召开，近 300 名专家、学者参加会议。会议以“低碳化工科学与技术”为主题，重点关注绿色化工与化工新材料、可持续能源环境技术和绿色生物制造，旨在促进学科建设发展与科技创新，为地方产业发展建言、献策、引智。

国内主要学术会议 2021 年，学会和各分支机构共组织各类学术交流活动 100 余次，参与人员超过 10

万人次，包括中国化工学会年会、全国化工过程强化大会、全国离子液体与绿色过程学术会议、中国工业水大会、全国储能科学与技术大会、中国化工学会精细化工年会等，共有10项优秀学术会议入选中国科协《重要学术会议指南2021》。

4月15—16日，由学会主办的首届2021绿色工程教育暨未来工程师论坛在上海市召开。论坛以“绿色引领创新 · 使命驱动未来”为主题，400余名专家、学者参加。论坛致力于推动化工学科与新兴学科产业的交叉和创新，引领绿色化工体系发展，更好地服务于基础研究、新型科技和产业创新。

5月30日，由学会工业水处理专业委员会与江苏省连云港徐圩新区管委会联合主办的2021中国工业污水处理及回用大会在江苏省连云港市召开，500余名专家、学者参加会议，直播平台累计观看人数达到10.6万人次。会议对加强行业技术交流与合作、加快推进污水资源化利用、赋能地方产业绿色高质量发展具有积极的和深远的作用。

6月8—10日，由学会化工机械专业委员会主办的高端化工装备高效可靠智能化论坛暨中国化工学会化工机械专业委员会会议在北京召开。中国工程院院士高金吉、王玉明、谭天伟、陈学东、涂善东出席，近200名专家、学者参加会议。会议旨在加强领域内的学术交流与合作，推动化工装备的高效、可靠、智能化发展进程。

10月21—22日，由学会主办的第三届中国智慧炼化高峰论坛在上海市召开，300余名专家、学者参加会议，围绕数字转型、智造未来、促“十四五”时期炼化产业高质量发展等热点问题展开深入探讨。

国际交往 学会紧密联系世界化学工程联合会、亚太化工联盟等国际组织，发布和传播《中国化工学会2020年报》英文版，拓宽对外民间交流合作渠道，促进与国际化工科技界的交流和合作。

启动构建国际工程师互认体系，起草《化学化工类工程能力评价规范》，发展和培养国际工程会员和考官，开发继续教育基地和相关课程；与英国皇家化学会探索开展“特许化学家”的互认工作，持续提高工程教育质量和工程技术人才的职业化、国际化水平。

参加世界工程联合会工程伦理导则修订咨询会，参与世界工程组织联合会的工程伦理建设工作。

科普活动 2021年，学会共举办科普宣传活动35次，受众135000人次，包括组织科普讲座、“化工第一课”科普系列活动、“化学化工科普嘉年华”活动等。

开展“党建引领科普志愿服务”系列活动，制作《中国共产党领导的我国石油和化学工业发展历程》科普作品并开展多场讲座；各分支机构开展粉末学堂、工业水处理大讲堂、固态电池系列讲座等线上科普活动。

组织编写《神奇的稳定同位素》《膜技术》《新能源汽车的动力电池与化学工业》《碳达峰、碳中和》等科普作品。拓展新媒体科普传播渠道，入驻哔哩哔哩、爱奇艺等平台，发布化工科普视频50余个。广泛发动社会力量参与化工科普，为12家单位授牌“中国化工学会科普基地”，在多个领域丰富化工优质科普资源和内容，提高科普覆盖面和服务能力。推荐3家单位入选中国科协“2021—2025年度全国科普教育基地”。

以加拿大皇家科学院院士朱世平为主导，学会联合20余家重点高校举办“化工第一课”科普系列活动，设240多个分会场，120余所院校的近万名师生参加。活动有利于提高大学生对化工专业的理解和认识，宣传化工在国民经济建设中的重要作用，引导青年学生投身化工事业。

7月9—11日，由学会主办的第五届中国大学生Chem-E-Car竞赛在辽宁省大连市举办。共有25所高校的300余名选手参赛，选出的3支优秀队伍参加美国化学工程师学会举办的2021年度Chem-E-Car总决赛。

8月21—22日，学会与中国化工教育协会联合主办的第十五届全国大学生化工设计竞赛全国总决赛在福建省厦门市举办，共有401所高校的2767支队伍报名，参赛学生近1.4万人。

9月23日，学会与英国皇家化学会、辽宁省科协共同主办的“化学化工科普嘉年华”活动在北京举办。100多名小学生参与活动，线上13所中小学学生同步收看直播，另有8万余人次通过网络参与直播活动。

12月17日，学会与中国石油和化学工业联合会、上海化学工业区、华东理工大学联合主办的以碳中和为主题的2021“SCIP+”绿色化学化工创新创业大赛决赛在上海市举办。来自中国、美国、法国、英国、德国、荷兰、巴西、印度和越南等国家的195支团队报名参赛。

表彰举荐优秀科技工作者 2021年，学会完成第十三届侯德榜化工科学技术奖评选工作，5人获成就奖、14人获创新奖、29人获青年奖；完成中国化工学会科学技术奖评选工作，49项优秀科技成果获奖；与全球华人化工学者学会联合开展第二届国际杰出青年化学工程师奖推选，2人获奖。

完成2021年度两院院士候选人、第十四届光华工程科技奖、“最美科技工作者”、第二十四届求是杰出青年成果转化奖、俄罗斯国家科学院院士等推选工作，推荐优秀候选人21名。

经学会推荐，纪红兵入选“典赞·2021科普中国”科研科普人物，徐建鸿获2021亚洲杰出科研工作者和工程师奖。

党建强会 学会以庆祝中国共产党成立100周年为契机，组织党史学习教育系列活动，开展“党建+科普”“党建+科技服务”“党建+学术交流”等特色活动，得到中国科协“党建强会计划”表彰，获2018—2020年度“中国科协党建工作先进学会”称号。

会员服务 学会编写2020年报，反映学会年度工作的综合信息；发布12期会员通讯，介绍学会动态，并为会员提供科技新进展、新动态的信息服务；开展24期侯德榜公益大讲堂活动，听众超过2万人次。

开展2021年度中国化工学会会士评选工作，评选出16名会士，激励和引导化工科技工作者争做重大科研成果的创造者、建设科技强国的奉献者。

举办青年学者论坛、女科技工作者论坛，为青年和女性会员搭建能力提升平台。

发布《中国化工学会工程伦理守则》，倡导广大化工行业从业者承担社会责任、维护职业声誉、提升专业能力、培养职业道德情操和工程伦理素养。

【2021中国化工学会年会暨辽宁高端化工产业发展峰会】 9月25—26日，由学会与辽宁省科协主办、辽宁省化工学会和中国石油天然气股份有限公司抚顺石化分公司承办的2021中国化工学会年会暨辽宁高端化工产业发展峰会在辽宁省沈阳市召开。大会以“科技赋能·创新引领·绿色发展”为主题，学会理事长、中国工程院院士戴厚良和曹湘洪，中国工程院院士胡永康、郭东明、蹇锡高、郑裕国、任其龙、孙丽丽，中国科学院院士李灿、张锁江、彭孝军、谢在库，加拿大皇家科学院院士朱世平共13位院士出席会议，2000余名专家、学者参加会议。

中国科协专职副主席、书记处书记孟庆海致辞，充分肯定学会年会发挥的巨大作用，希望学会把构建高质量科普服务体系作为一流学会建设的重要任务，带领广大化工科技工作者勇担服务高质量发展的战略新使命。

曹湘洪、彭孝军、李灿、张锁江、朱世平、郑裕国、任其龙7名院士分别以《炼油及化工行业碳达峰碳中和的技术路径》《精细化工2.0》《绿色氢能及液态阳光甲醇发展战略》《碳中和绿色变革性技术》《聚合反应工程新时代：聚合物产品高端化》《医药化学品的生物制造》《分子辨识分离工程》为题作高端学术特邀报告。

会议围绕石油化工、煤化工、精细化工、新型材料、氢能源、碳中和、智能工程等领域设立27个分论坛，特别设立中国化工学会青年学者论坛和女科技工作者论坛两个特色分论坛，交流400余篇学术报告、1400余篇论文；设置2021中国化工科技创新展览会暨化工仪器、实验室设备展。

会议期间，举办中国化工学会会士授予仪式、2021年度侯德榜化工科学技术奖和2021年度中国化工学会科学技术奖颁奖仪式、科普基地授牌仪式。

（撰稿人：王 燕）

中国核学会

服务创新型国家和社会建设 2021年，学会完成3所高校的认证工作，分别为西安交通大学核工程与核技术专业、南京航空航天大学核工程与核技术专业、南华大学辐射防护与核安全专业。收到6个专业点的认证申请，受理2个。召开上半年及下半年共计2次结论审议会议。完成2022年核工程类专业认证申请审核工作，完成自评报告审核。

推荐12名新任专家进行线上培训、2名专家进校见习。积极组织专家参与认证协会培训，结合认证结论审议会或专题研讨会等进行专题培训，培养认证骨干专家、核心专家和组长。完善专家库，优化专家队伍。

学会加入中国工程师联合体，获得中国科协工程能力建设联盟工程能力评价工作资格授权。5—8月，相继赴中核中原建设有限公司、北京广利核系统工程有限公司、巴基斯坦驻中国大使馆科技公使等单位开展关于国际工程师资格互认相关需求的调研、组织交流研讨会等。开发继续教育在线课程资源11门，完成中国工程院院士李建刚、中国工程院院士叶奇蓁、中国工程院院士于俊崇等24课时的课程录制。

学会是团标联盟副主席单位，也是国际工作委员会的牵头单位。2021年，学会召开三次标准工作委员会，经审议同意发布《核电厂金属材料高温高压水中金属离子溶出速率试验方法》等11项团体标准。学会累计发布团体标准69项，《压水堆核电厂金属材料环境疲劳影响模型》等4项标准获国家标准创新贡献奖二等奖。修改团体标准的相关制度，标准工作委员会讨论并通过第九届第四次理事会审议，实施修订后的《中国核学会标准化管理办法》《中国核学会标准制定管理细则》《中国核学会标准工作委员会工作制度》。

学会以“科创中国”品牌为引领，为促进科技与经济深度融合发展，成立中国核学会应用技术研究院。6月，研究院与苏州市科协、常熟市科协共同建成中国核学会苏州科技经济融合工作站；7月，与浙江省杭州市及山东省烟台市20余家企业签署合作框架协议。

3月18日，中国工程院“中国核科学技术若干重大问题研究”项目组来访调研。中国工程院院士邓建军、中国工程院流体物理研究所项目总师石金水、中核战略规划研究院副院长康椰熙以及来自核学会、核电子学与核探测技术分会等8个分会的共计28名专家参与。

12月9日，学会在海南省昌江黎族自治县举办的海南自由贸易港与核技术应用高峰论坛上正式发布第一期核燃料价格指数（试运行）。

学会推荐的3个学术会议编入中国科协《重要学术会议指南（2021）》，分别是2021年学术年会、第六届中国（国际）核电仪控技术大会、第十四届中国核学会“核科技、核应用、核经济”论坛。

由学会协助推荐的“华龙一号全球首堆并网发电成功”入选中国科协、人民日报社、中央广播电视总台评选的“2020年十大科学传播事件”。

学会核安保分会积极组织项目建设推介会，大力促成2个核安保技术联合实验室建立。

学会建设 2021年，学会新增个人会员约2000人，累计达14000余人；新增单位会员8家，累计达192家。新增标记与检验医学分会、核电运行及应用技术分会、核心理研究与培训分会、核质量保证分会、医学物理分会、高温堆分会6家专业分会，累计达48家。

2月14日，学会召开第九届理事会党委2021年第一次会议暨理事长办公会。9月23日，学会召开第九届理事会党委2021年第二次会议、理事会第四次会议。召开第九届六次、七次、八次常务理事会议，审议中国科协第十次全国代表大会代表候选人、分会成立及挂靠单位变更、单位会员入会申请等事项。

3月，学会在北京组织召开中国核学会专业分会2021年管理工作会及专业分会2020年度工作总结会，42家分会的150余人参加。5月，学会在广东省江门市通过线上线下形式召开第四届全国核学会秘书长联议会，与20个省级学会进行经验总结及交流分享。

青年人才托举工程 学会开展第四届、第五届、第六届中国科协“青年人才托举工程”项目人才培养工作，启动第七届中国科协“青年人才托举工程”项目申报工作。10月，启动第七届中国科协“青年人才托举工程”项目申报工作，共收到申报材料50份。同时，组织召开第一届“受控核聚变与人工智能技术”学术会议暨中国核学会青年人才托举工程学术论坛以及“百年丰碑，核你共筑”青年交流论坛，组织第四届中国科协“青年人才托举工程”项目入选者参加中国科协青年前沿科技论坛。截至2021年年底，学会已开展六届中国科协“青年人才托举工程”，共托举青年人才40名。

主办期刊 2021年，学会主办的《核科学与工程》（英文刊）、《计算物理》（英文刊），以及与中国核能动力研究设计院共同主办的英文刊*Advanced Nuclear Power*（《先进核动力》）均通过初评，且《计算物理》成功获得英文刊号；完成核领域期刊分级。

学科发展工程 2021年，学会完成《2018—2020核技术应用学科发展报告》的编写与发布，包括综合报告1项和专题报告10项。重点展现近三年国内外核技术应用学科及产业的发展现状、动态和趋势。完成《中国核科学技术进展报告（第七卷）》论文征集及组织评审工作。

学会脉冲功率技术及其应用分会组织开展中国工程院“中国核科学技术若干重大问题研究”项目组调研活动。

学会推荐的“如何制造桌面级微小型反应堆电池？”入选中国科协“重大科学问题与工程技术难题”征集评选，并获中国科协“优秀推荐单位”称号和“2018—2021 优秀组织单位”奖牌。

学会牵头组织中国科协创新融合学会联合体推进“慧眼行动”项目征集、评审与推荐等工作。组织两轮评审，共征集 95 项，向中国科协推荐 60 项。

学会组建一支由 60 多家单位的 130 余名专家组成的团队，采取定性评价与定量评价相结合的方式制订《核领域高质量科技期刊分级目录发布工作的评价实施细则（试行）》和《核领域高质量科技期刊分级目录期刊评价详细指标（试行）》。

国际学术会议 8 月 4—6 日，学会组织召开线上第 28 届国际核工程大会。该会议由学会、美国机械工程师学会和日本机械工程师学会共同主办，至今已轮流在美国、日本、欧洲和中国连续举办 27 届。

国内主要学术会议 2021 年，学会主办学术年会、第十四届“三核”论坛。10 月，学会分支机构核医学分会举办“一县一科·核医学项目建设大会”；辐射物理分会联合主办第四届全国辐射物理学术交流会，中国工程院院士邱爱慈、欧阳晓平，中国科学院院士吴宜灿作报告。

两岸交流 为保持并加强海峡两岸核科技界的合作和交流，3 月 25 日，学会与台湾核能科技协进会共同召开线上视频会议。中国核学会理事长王寿君、台湾核能科技协进会董事长陈布灿出席并主持会议。

国际组织任职 2021 年，学会副秘书长王志继续担任太平洋核理事会主席。

国际交往 2021 年，学会加强与巴基斯坦核学会的交流与联系，规划在教育、公众沟通和政策建议等领域开展双边合作，并倡导核技术的和平应用。截至 2021 年年底，学会已经与国际原子能机构、世界核协会、美国核学会、法国核学会、俄罗斯核学会等 40 余个国际涉核组织建立联系。

开展 2022 年太平洋地区核能大会整体筹备工作，拟设技术专题 12 个。大会将采用线上线下相结合的方式举办，邀请太平洋核理事会成员国家和地区（美国、澳大利亚、加拿大、韩国、日本、俄罗斯、墨西哥等）及非成员国（法国、英国、德国等）的专家、学者参加会议。

学会与 100 多个社会团体和非政府组织联合签署《净零需要核能》倡议。该倡议呼吁参加第二十六届联合国气候变化大会的所有谈判代表和决策者在能源政策和融资方面采取科学主导和技术中立的方式，促进核能和可再生能源之间的可持续合作。

科普活动 2021 年，学会组织开展第九届“魅力之光”全国核科普知识竞赛暨首届全国核科普讲解大赛。全国 32 个省（自治区、直辖市）共有 25 个单位、68 万人次参与答题。

学会与中核集团宣传文化中心，联合高校科幻平台、各高校科幻协会等，启动“N 宇宙·源启”第二届核科幻小说征集大赛，超过 10 万人次关注，收到报名作品 92 篇，经过专家组评审，15 篇作品获奖。

在全国科普日活动期间，学会组织各专业分会、理事单位、团体会员单位以及全国核科普教育基地开展科普活动。在中国核工业科技馆开展“线下 + 线上”“核力科普你我他”活动，弘扬“两弹一星”精神，积极宣传核能安全、经济、高效的优势以及在碳达峰碳中和中的作用。福建福清核电有限公司、山东核电有限公司、哈尔滨工程大学核科学与技术学院、安徽省核工业勘查技术总院、中核陕西铀浓缩有限公司、苏州大学放射医学与辐射防护国家重点实验室均开展主题鲜明、内容丰富的活动。

学会及时回应社会热点舆论问题，做好政策解读、知识普及和舆情引导工作。与新华社合作在“全球连线”栏目独家采访华龙一号总设计师邢继，中英文视频和文字稿在新华社和海内外近百家媒体播出时采用。协助中央电视台科教频道制作播出《认识核能》《核电厂》两集专题片。

出版 6 册《中国核学会科学家画册》，展示中国科学院院士王淦昌、姜圣阶、汪德熙、王乃彦，中国工程院院士钱皋韵、李冠兴的学术人生。编辑出版核聚变科普图书《托起明天的太阳》，介绍中国环流器系列、东方超环 EAST、国际热核聚变实验堆等具有里程碑意义的核聚变研究装置以及国内外磁约束核聚变研究的历史进程和发展现状，并于 10 月 21 日在年会期间首次发布。拍摄制作纪念王淦昌诞辰 115 周年人物纪录片，学会联合王淦昌先生故乡和生前工作过的单位江苏省常熟市科协、江苏省苏州市科协、中国科协、中国工程物理研究院、中国原子能科学研究院、浙江大学，拍摄制作王淦昌先生的大型人物纪录片《以身许国　后人楷模》。

5 月 1 日，策划实施中国科技馆清洁能源常设展区，展出内容聚焦社会关注和核能科技的前沿热点，集中体现核能领域科技创新在保障能源供应、减少温室气体排放上取得的新进展、新成就，并就群众关切的问题解疑释惑。

为6家核科普基地授牌并组织经验交流。其中，大亚湾核电展厅、田湾核电会展中心、三门核电公众展厅、桃花江核电科技馆、秦山核电科技馆、中核辽宁核电科普展厅、福建宁德核电核能会展中心7家单位获“全国科普教育基地”称号。

学会建设院士队、科普咨询教育工作委员会、科普专家库三级智库。科普咨询教育工作委员会由全国涉核企事业单位、高校院所及媒体等单位的院士专家约40人组成。学会科普专家参加“2020年度核与辐射安全十大新闻评选”活动专家评审；出席由中国科协、北京市人民政府主办的2021中国科幻大会开幕式，受聘担任科幻电影科学顾问库专家；参加中国科协主办的“典赞·2021科普中国”活动分类评审会，担任科普视频评委。

学会核材料分会举办以“核乡少年梦　携手你我他”为主题的核科普宣传活动。

表彰举荐优秀科技工作者　2021年，学会组织开展11名专家的院士候选人材料申报工作，并推选9名院士候选人。

设立具有影响力的科技奖项。设立中国核学会科学技术奖，包括中国核学会杰出成就奖、中国核学会青年奖、中国核学会女性奖、中国核学会核科技成果奖。2人获得中国核学会杰出成就奖，8家单位获得2021年中国核学会科技成果奖，8人获得2021年中国核学会青年奖，5人获得2021年中国核学会女性奖。

做好其他奖项的申报工作。2021年度，获得2020年国防科学技术进步奖二等奖2项，申报国防科学技术进步奖一等奖3项；3人成为第十四届光华工程科技奖提名人选；完成2022年度陈嘉庚科学奖候选人组织评审。

学会开展“优秀分会”和“分会优秀工作者”评选表彰和学习宣传活动，评选优秀分会10家、优秀分会提名12家，分会优秀工作者10人、分会优秀工作者提名10人，并于2021年学术年会期间颁发奖项。

党建强会　7月12—15日，学会理事会党委在浙江省嘉兴市组织开展“众心向党、自立自强”党史学习教育系列活动，邀请兄弟学会及相关单位的领导、专家70余人参加，回顾党的百年征程、百年事业，弘扬“两弹一星”精神和红船精神。

学会党委在中国核动力的发源地“中国第一代核潜艇研发实验基地（九〇九基地）”设立党员教育基地，丰富中国科协党校教育基地资源，深刻挖掘九〇九基地历史文化价值，形成集军工文化、三线文化、核工业文化为一体的特色化党建教育基地。

申报2021年中国科协党校示范项目，完成王淦昌纪录片脚本撰写。为贯彻落实《关于进一步弘扬科学家精神加强作风和学风建设的意见》，发掘核科技工作者以身报国、弘扬科学家精神等优秀教育资源，学会党委将在出版和宣传《中国核学会科学家画册·理事长系列》的基础上拍摄制作一部王淦昌先生的大型人物纪录片。

组织实施中国科协2021年“全国学会党史学习教育巡回指导”项目；完成中国科协2021年关于申报承担“学会理事会党委职责任务清单和‘负面’清单（试行）推广工作”项目。

会员服务　1月8—12日，学会举办线上2021年核领域专业技术转移转化能力提升高级研修班（第一期），涉核单位100余名学员参加培训，会议直播观看人数累计超过1600余人次。

【中国核学会学术年会（2021）】　10月19—22日，中国核学会学术年会（2021）在山东省烟台市召开，主题为“庆贺党百年华诞，勇攀核科技高峰”。同时举办核医学科普讲座、妇女论坛、青年论坛等。共邀请到中国工程院院士叶奇蓁、于俊崇，中国科学院院士陈和生等16位院士，以及1000余名来自政府部门、科研院所、核相关企事业单位的专家和核科技工作者参加，线上直播观看人数超过80000人次。年会共设置11个大会报告、31个分会场，收集论文1200余篇。大会举办青年论坛、妇女论坛、核医学科普讲座，安排高温气冷堆、“国和一号”示范工程、郭永怀事迹陈列馆等技术参观，发布《2018—2020核技术应用学科发展报告》等重要报告，颁发中国核学会科学技术奖等系列奖项。

【第九届“魅力之光”全国核科普知识竞赛暨首届全国核科普讲解大赛】　4月12日—6月12日，学会组织进行第九届“魅力之光”全国核科普知识竞赛，全国32个省（自治区、直辖市）的25个单位68万名公众参与答题。7月12—15日，首届全国核科普讲解大赛期间，20名选手围绕“魅力核电、美丽中国”主题进行演讲，最终评选出一等奖、二等奖、三等奖、优秀奖以及“全国核科普十佳使者”。活动通过微博、快手、微信视频号等多渠道直播，相关话题阅读数超过4900万次，直播收看人数超过30万人次。新华社、新华网、人民网等主流媒体都对赛事进行报道，相关阅读量超过200万次。

【第十四届“三核”论坛】 5月19—22日，由学会、广东核学会共同主办的核科技、核应用、核经济——“三核”论坛在广东省江门市召开，主题为“核你同行，共筑中国梦”。来自全国核电、辐射技术应用、各省核学会及众多科研院所、高校和企事业单位的400名专家、学者参加。论坛共设8个邀请报告、3个分会场交流报告，收录论文110篇、优秀论文17篇。其间组织赴台山核电站、江门中微子实验基地参观交流学习活动。

（撰稿人：陶　芸）

中国石油学会

服务创新型国家和社会建设 2021年，学会落实与教育部全国工程专业学位研究生教育指导委员会签订的《石油工程硕士研究生教育认证合作框架协议》，召开石油工程硕士研究生教育认证专家委员会会议，审议决定受理东北石油大学、西安石油大学和长江大学认证申请。

接受国家科学技术奖励工作办公室委托，召集院士、专家对2021年国家科技奖初评通过项目提出行业咨询意见。完成自然资源部油气资源战略研究中心《油气矿产资源储量分类》英文译本修改及意见反馈。承接中国地质调查局油气资源调查中心“油公司勘查进展跟踪调查”研究项目并通过验收，获得优秀评价。

8月26日，上线运行中国石油学会智库，制订《中国石油学会智库管理办法（试行）》，完成第一批14个专业158名院士专家入库，组织专家参与重大学术研讨、科技咨询、技术培训及科学普及等活动。

举办第十届中国石油工程设计大赛、第六届全国大学生测井技能大赛、第六届全国大学生油气储运工程设计大赛，开展全国石油管材螺纹检测人员资格鉴定与认证、油气管道完整性管理技术、科研论文写作技巧在线讲座等专业培训4场，培训人数1193人次。

学会建设 全年发展个人会员1144人。组织召开理事会议1次、常务理事会议2次、监事会议1次、秘书处办公会议9次、月度工作会议7次。4月8日，标准化工作委员会成立。7月17日，石油环保专业委员会成立。10月20日，召开第十次全国会员代表大会，选举产生第十届理事会和第一届监事会。制订《中国石油学会监事会工作办法（试行）》《中国石油学会团体标准制修订管理办法（试行）》，完善办事机构岗位设置与职责，组织国家安全教育日宣传与保密教育，开展公文处理、石油商旅应用等业务培训，编制执行年度收支预算，实现人事、财务共享上线运行。入选中国科协中国特色一流学会（特色创新学会）建设项目，被评为中国科协“年度财务数据汇总工作优秀单位”“综合统计调查工作优秀单位”。

青年人才托举工程 按照同行推荐、专家评议、导师培育的模式，开展中国科协“青年人才托举工程”项目候选人遴选并注重人才的长期培养。2021年，遴选中国石油大学（华东）讲师宋文辉为第六届中国科协“青年人才托举工程”项目被托举人，中国石油大学（北京）副教授杨睿月（女）、中国石油化工股份有限公司石油化工科学研究院高级工程师王辉为第七届中国科协“青年人才托举工程”项目被托举人推荐人选。

主办期刊 2021年，《石油学报》影响因子为3.964，总被引频次为5707，在石油天然气工程类科学技术期刊中总被引频次名列第1。再次获得“中国科技期刊卓越行动计划”项目（梯队期刊）资助，入选“百种中国杰出学术期刊”，刊发的《庆城油田成藏条件及勘探开发关键技术》入选2021年度中国百篇优秀论文。制订执行《出版伦理规范（试行）》和审稿工作流程，完成《石油学报》编辑委员会换届，第九届委员会79人，聘任青年编委38人。

《石油学报（石油加工）》作为石油化工领域唯一Ei核心期刊，入选《中文核心期刊要目总览》石油天然气工业类核心期刊、《世界期刊影响力指数（WJCI）报告（2020科技版）》、“高质量科技期刊分级目录总汇”地学领域高质量科技期刊分级目录T1级。出版《绿色炼油化工与氢能》专刊，发表绿色炼油化工工艺催化剂及氢能相关文章29篇。

Petroleum Research（《石油研究》）与国际知名数据公司Clarivate合作，推送国外读者27900余人次。在Scopus数据库中CiteScore为3.2，比2020年提高1.3，位列全球地质期刊分类第119（共251种）。

《石油知识》增设“院士课堂笔记”栏目，联合石油工业出版社有限公司《加油争气》创作组编写“器壮山河”“关注”等栏目稿件，完成中国科学院院士郭尚平《我的留苏生涯》文章采访编撰。

国际学术会议 11月11日，由学会与日本石油能源技术中心和韩国石油管理院联合主办的第十三届中日韩炼油技术研讨会采取线上形式召开，共94名（外方87名）代表参加会议。会议主题为“石油加工新技术、油品质量与环境保护”，交流报告12篇（中方、日方、韩方各4篇），内容涉及炼油工业发展趋势、石油加工与环境保护新技术等。

国内主要学术会议 学会及分支机构全年组织召开各类重点学术会议67次，参加人数26988人次，交流论文3454篇，出版论文集12部。中国石油石化企业信息技术交流大会暨数字化转型智能化发展高峰论坛、中国油气开发技术大会、中国石油地质年会、全国石油经济学术年会、中国国际管道会议、全国天然气学术年会6个学术会议被中国科协《重要学术会议指南（2021）》收录。

10月13日，学会联合自然资源部中国地质调查局油气资源调查中心在北京举办油气资源调查进展论坛。中国工程院院士郭旭升，中国地质调查局资源评价部副主任韩志军，中国地质调查局油气资源调查中心主任张君峰、副主任后立胜等150余名专家、学者参加论坛。论坛设立北方油气资源调查进展分论坛和南方油气资源调查进展分论坛，交流分享油气资源调查最新进展主题报告28篇。

10月21日，由中国世界石油理事会国家委员会主办的碳达峰、碳中和背景下的能源转型主题交流会在浙江省杭州市举办。学会名誉理事长、全国政协经济委员会副主任、中国石油天然气集团有限公司原董事长、中国世界石油理事会国家委员会主任王宜林到会致辞。外交部政策规划司参赞刘威，国家应对气候变化战略研究和国际合作中心首任主任、高级顾问李俊峰，中国科学院院士邹才能等领导、专家作大会报告。大会围绕全球气候治理下油气行业面临的机遇与挑战、油气行业清洁低碳发展之道、天然气与新能源融合发展、能源转型与国际合作等议题开展研讨。中国石油天然气集团有限公司党组成员、副总经理兼中国石油天然气股份有限公司总裁黄永章，中国石油化工集团有限公司党组成员、副总经理、中国世界石油理事会国家委员会副主任刘宏斌，中国海洋石油集团有限公司党组成员、副总经理霍健，中国工程院院士、中国石油大学（北京）副校长、中国世界石油理事会国家委员会副主任李根生，以及来自政府部门、能源企业、科研院所、高等院校等的120余名专家、学者参加会议。

国际交往 5月27日，学会名誉理事长、中国世界石油理事会国家委员会主任王宜林与世界石油理事会主席图尔·福贾伦视频交流，就能源转型和世界石油理事会未来发展交换意见。

科普活动 学会各级组织全年开展科普活动34次，线上受众约25.5万人次，线下参与者约1.2万人次。围绕全国科普日、全国科技工作者日、科技活动周，组织石油地质、工程、管材3个分支机构和7个地方学会、2个科普教育基地开展“科学家精神进校园”“喜迎建党100周年、校企合作引领科技”“科普知识进校园”和石油工业低碳排放与绿色制造报告会等科普活动。招募科技服务志愿者220人，推荐2项年度科普人物、6项年度科普作品支持“典赞·2021科普中国”活动，被评为“全国学会科普工作优秀单位”“全国科普日活动优秀组织单位”。

表彰举荐优秀科技工作者 组织推荐中国科协第十次全国代表大会代表5名、第十届全国委员会委员1名、“最美科技工作者”候选人2名、年度科学传播人物2名，遴选推荐中国科学院院士候选人3人、中国工程院院士候选人8人。学会第九届理事会常务理事、中国海洋石油集团有限公司首席科学家谢玉洪当选中国工程院院士。

党建强会 学会党组织深入开展党史学习教育和学习习近平总书记“七一”重要讲话精神以及党的十九届六中全会精神，组织“重走长征路”主题党日活动，赴陕西省延安市开展党史学习教育实践活动，参观中国共产党早期北京革命活动旧址和中国共产党历史展览馆，推动党史学习教育走深走实。完成第十届理事会学会党委换届调整，修订完善党委工作规则，党建工作高质量稳健推进。秘书处党支部贯彻落实党的基层组织工作条例，履行主体责任，制订年度工作和学习计划，召开专题组织生活会，严格执行“三会一课”制度，逐级签订党风廉政建设责任书，定期开展警示教育宣传，支部建设日趋规范。以通讯形式召开党建联络人工作会议，保障分支机构党的组织和党的工作全覆盖。全年组织召开党委会议4次，支委会议10次，党员大会10次，专题党课、党员学习讨论会7次，党史学习教育实践活动4次。连续多年举办的“石油院士走基层，科技传播进厂矿”活动被评为中国科协“党建强会计划”十佳品牌活动。

会员服务 组织“院士专家进管网”会员服务活动，探讨解决单位会员陕西延长石油（集团）有限责任公司管道运输公司管道内检测、清管作业、管道防腐等问题。

【中国石油学会第十次全国会员代表大会】 10月20日，学会在北京召开第十次全国会员代表大会。中国科协专职副主席、书记处书记孟庆海，全国政协经济委员会副主任、中国石油天然气集团有限公司原董事长、学会第九届理事会名誉理事长王宜林出席会议。180名正式代表和第九届理事会理事长赵政璋等列席代表200余人参加大会。中国化工学会等60多个全国学（协）会发来贺电贺信。大会审议通过第九届理事会工作报告、财务报告、章程修订说明及修订草案和监事会工作办法（试行）草案，选举产生第十届理事会理事119名、常务理事38名和第一届监事会监事6名。选举焦方正为第十届理事会理事长，李鹭光、郭旭升、孙福街、刘中云、高振东、于晟、张君峰、于明祥为副理事长。聘任王宜林为第十届理事会名誉理事长，于明祥为秘书长，张建军、何治亮、黄鑫、万永平、刘晖、张对红为副秘书长，聂红等23人为各分会、专业委员会、工作委员会等分支机构主任。选举祝传林为第一届监事会监事长。

【2021年中国石油石化企业信息技术交流大会暨油气产业数字化转型高峰论坛】 5月13—14日，学会与中国天然气集团有限公司信息管理部、中国石油化工集团有限公司信息和数字化管理部、中国海洋石油集团有限公司科技信息部、国家石油天然气管网集团有限公司科技数字本部、陕西延长石油（集团）有限责任公司科技与信息化管理部、国家能源投资集团有限责任公司信息化管理部、中国中化集团有限公司信息技术中心在北京联合召开2021年中国石油石化企业信息技术交流大会暨油气产业数字化转型高峰论坛。学会名誉理事长、全国政协经济委员会副主任、中国石油天然气集团有限公司原董事长王宜林，中国科协党组副书记、副主席、书记处书记徐延豪，中国工业经济联合会会长、工业和信息化部原部长李毅中到会致辞。公安部网络安全保卫局副局长、一级巡视员郭启全，中国科学院院士、中国工程院院士李德仁，中国工程院院士刘合、方滨兴、孙丽丽、李宁等专家作主旨报告。中国能源研究会理事长史玉波、工业和信息化部产业政策与法规司二级巡视员舒朝晖、中国工程院院士康玉柱应邀出席开幕式。大会围绕“以新发展理念推动数字化转型，助力油气产业高质量发展”主题，设1个主论坛、能源企业CIO等10个专题论坛、4个技术解决方案分享会和信息化新技术及新成果展览，分享智能油气田、智能炼化、智能管道、智慧销售、智能工程、智慧研究院等创新成果和经验做法，研讨5G、人工智能、大数据、区块链、数字孪生等数字化新技术与石油石化产业融合创新途径和解决方案。大会征集论文300余篇，收录170篇出版论文集，同时采用网络直播形式，得到中央电视台、北京电视台、《人民日报》《中国石油报》《中国石化报》《中国能源报》、人民网、新华网、腾讯网、央视网、今日头条等多家新闻媒体的采访报道。

（撰稿人：邹　刚）

中国煤炭学会

服务创新型国家和社会建设 学会发挥学术团体科技评价作用，与中国煤炭工业协会共同组织煤炭工业科学技术奖评审工作，共收到来自煤炭企事业单位申报的861个项目，评选出获奖项目329个，其中特等奖3项、一等奖42项、二等奖133项、三等奖145项、创新团队6个。

履行鉴定评议程序，组织完成“特厚煤层开采强动压巷道围岩综合监控技术”等17项科技成果的评价鉴定。开采损害技术鉴定委员会完成地方政府和法院委托的房屋开采损害技术鉴定8项。开展山西潞安矿业（集团）有限责任公司“适用于煤化工行业的制氢技术开发与分析”等10余项课题和咨询服务项目。

向有关部委、中国科协提交《关于加快推进我国碳达峰、碳中和的建议》《实现双碳目标要关注现代煤化工产业发展》等政策建议。服务煤矿智能化建设，组织2021年中国煤炭学会团体标准立项论证会，立项51个智能化团体标准，征集第二批团体标准立项申请61项。

聚焦东北地区煤炭资源枯竭型城市转型，助力地方产业低碳创新发展。学会联合8家全国学会组成

"科创中国"七台河联合专家服务团，建立协同工作机制和精准服务机制。围绕现代煤化工、石墨烯新材料、生物和医药3个产业方向组织2次调研，形成50项以上高质量技术需求清单，在"科创中国"平台发布，促成产学研银企与当地政府及企业签约合作。7月22日，举办科创中国 · 七台河创新发展论坛；11月13日，召开2021中国七台河石墨烯和现代煤化工产业技术成果应用对接交流会。

针对煤炭生产一线对新技术的需求，学会及时接单，深入山西省塔山煤矿、陕西省黄陵煤矿等4个矿区，组织4场煤矿智能化建设现场实训班。48处煤矿和11家观摩单位派出420人参训。

弘扬科学家精神。联合《当代矿工》期刊宣传12名"最美煤炭科技工作者"和优秀科技专家事迹，宣传煤炭行业辉煌发展历程。被评为中国科协"庆祝建党100周年"征文影像作品征集活动优秀组织单位。

学会建设 2021年，学会全年发展单位会员29家，单位会员总数达156个；发展个人会员926人，个人会员总数达23916人。

提出《中国煤炭学会建设中国特色一流学会战略规划》和《中国煤炭学会"十四五"事业发展规划》，形成以煤矿智能化技术创新联盟、黄河流域煤炭产业生态治理技术研究院和煤炭清洁高效利用产业协同创新共同体为支撑的新发展格局，提出"1431"发展目标和10项重点工作方向。入选中国科协"中国特色一流学会建设项目"。

修订办事机构部门职责、有关财务管理制度。召开年度理事会议、常务理事会议、监事会议、秘书长工作座谈会、理事长办公会议等。加强分支机构管理，4月23日专门举办分支机构秘书长工作座谈会，传达民政部对社团组织分支机构工作的规定，提出落实要求，履行监管责任。指导煤化工、煤炭地质等4个专业委员会完成换届，指导煤矿安全等6个专业委员会完成届中调整变更工作。

学会被中国科协评为"2021年度科技公共服务优秀单位""2021年度全国学会期刊出版工作优秀单位""2021年度学术成果凝练优秀学会""2021年开放合作品牌创建学会"。

青年人才托举工程 学会申报第七届中国科协"青年人才托举工程"项目并获得立项，评选出朱思陶等10名来自高校、科研院所的被托举人，研究方向涵盖煤炭行业相关的生产、安全、环境等技术前沿学科。

承办中国科协青年前沿科技论坛清洁能源分论坛，组织来自8个学会的35名被托举人以线上线下相结合的方式参加主论坛和分论坛，邀请专家对青年人才学术研究和个人成长给予点评指导。

主办期刊 2021年，学会主办期刊《煤炭学报》《国际煤炭科学技术学报》（英文刊）在围绕国家重大战略需求、快速响应学科动态、敏锐捕捉学科前沿、聚焦关键科学问题等方面策划"黄河流域矿区生态保护""深部岩体力学"等11个专题，并创新性开展"煤炭学报大讲堂""重大专题发布会""海外校园行"等学术交流活动。

《煤炭学报》期刊引证指标蝉联学科首位，获第五届中国出版政府奖期刊奖、"2021中国最具国际影响力学术期刊"称号。《国际煤炭科学技术学报》（英文刊）入选"2021中国国际影响力优秀学术期刊"，联合美国高校召开第一届粉尘与职业卫生健康国际学术研讨会。两篇科技论文入选第六届中国科协优秀科技论文。

学会主办的《当代矿工》科普期刊围绕建党百年，介绍有关煤炭企业创业史和辉煌发展历程，刊登"最美煤炭科技工作者"的先进事迹。

学科发展工程 学会组织编写《七台河市新型煤化工总体发展框架》研究报告。与中国煤炭工业协会、煤矿智能化技术创新联盟组织发布《5G+煤矿智能化白皮书（2021版）》，加快新一代信息技术和煤矿开发利用的深度融合。组织"双碳"丛书——《煤炭清洁低碳转型导论》的编写工作。

国际学术会议 2021年，学会举办国际会议4次，参加会议人数400430人次，其中线下参会650人，交流学术报告238篇。

10月15—17日，2021中美采矿岩层控制会议在山东省青岛市举办。来自美国西弗吉尼亚大学、科罗拉多矿业大学以及北京科技大学等国内8家高等院校，中国煤炭科工集团有限公司、山东能源集团有限公司等单位的200余名专家、学者参加会议。中国科学院院士宋振骐，中国工程院院士蔡美峰、王国法等12名专家围绕采矿岩层控制、冲击地压、采空区治理等主题作特邀报告。78名国内外学者进行交流发言。

10月17—20日，由学会主办的第三届国际土地复垦与生态修复学术研讨会在江苏省徐州市召开。来自中国、美国、英国、俄罗斯、加拿大、澳大利亚、日本、德国、印度、波兰等10余个国家和地区的400名专家、学者参加会议。会议以“线上＋线下”的形式进行，中国工程院院士彭苏萍、袁亮、王双明、王运敏、武强作大会主题报告；美国教授Robert G. Darmody、Jeff Skousen等13名外籍专家应邀作线上报告。研讨会共设5个分会场，分别以矿山生态系统与生物多样性、矿区土地生态环境监测与评价、开采沉陷与露天矿的生态修复、复垦土地质量监管与评估、矿山土地复垦与生态修复案例为主题交流49篇学术报告。大会期间举办“矿区土地复垦与生态修复成果成就展”。

11月15—16日，由学会主办的《国际煤炭科学技术学报》（英文刊）联合美国宾州州立大学、山东科技大学共同举办第一届粉尘与职业卫生健康国际学术研讨会，会议以线上形式召开。中国工程院院士袁亮等19名国内专家和21名国外专家作学术报告。会议设置8个主旨报告、7个分论坛以及圆桌论坛，共计420人次参加会议。

国内主要学术会议　2021年，学会和各专业（工作）委员会共组织国内学术会议20个，线下出席人数4190人次，超过40万人次在线观看，交流学术论文574篇，编辑出版论文集3本。

4月10日，由《煤炭学报》主办，深圳大学深地科学与绿色能源研究院、广东省深地科学与地热能开发利用重点实验室、深圳市深部工程科学与绿色能源实验室承办的深部岩体力学与开采理论专题发布和学术研讨会在广东省深圳市举办。学会理事长刘峰到会致辞。中国科学院院士何满潮，中国工程院院士谢和平、袁亮、康红普、王国法分别作主旨报告。中国矿业大学（北京）校长葛世荣等7名专家就煤矿开采的智能化导航、冲击地压灾害防治、深部岩石开采力学技术等方面进行大会交流，全面展现中国深部岩体力学与开采理论方面的新理论、新方法、新技术。115人现场参加会议，15000余人次在线观看。

6月5日，学会与中国煤炭工业协会组织召开煤矿总工程师论坛。论坛设煤炭清洁利用与碳中和发展前沿、煤矿智能化升级与技术装备研发新进展、煤炭科学开采与安全保障创新技术3个分论坛，来自煤炭行业的院士、专家和企业代表作30场专题演讲。900余名科研生产一线总工程师和科技人员到会交流。

7月22日，由学会和七台河市人民政府承办的科创中国＠黑龙江煤炭资源型城市（七台河）转型发展高峰论坛在黑龙江省七台河市召开。中国科协党组成员、书记处书记吕昭平，黑龙江省副省长徐建国，学会理事长刘峰到会致辞。中国工程院院士孙传尧、中国科学院院士陈凯先、俄罗斯自然科学院院士王继仁以及来自8家全国学会的专家、学者、相关科技企业代表围绕“科创、转型、绿色、振兴”的主题展开研讨，同时进行实地调研考察。论坛主旨报告环节设置资源型城市转型、“双碳”目标与能源清洁化、生物医药工程3个议题。其间，召开院士专家座谈会以及两个分论坛，针对七台河市转型发展进行对话、建言献策。

9月28—29日，由学会主办的煤矿智能化采掘工程技术装备与标准研制研讨会在山东省威海市召开。学会理事长刘峰就中国智能化煤矿建设现状与发展前景作专题报告，中国工程院院士王国法就《智能化煤矿建设指南（2021）》做出解读，18名专家就煤矿智能化建设的各项技术作专题报告。会议分组对52项智能化标准进行评议和技术指导。共有来自160个煤炭企业、科研单位的400余人参加会议。

10月10—12日，由学会煤层气专业委员会、中国石油学会石油地质专业委员会、煤层气产业技术创新战略联盟联合主办的全国煤层气学术研讨会在湖北省宜昌市召开。会议围绕煤层气资源评价、勘探开发、增产改造及产业发展战略作大会报告37个，交流学术论文40篇并出版论文集。来自煤炭、地质勘探、石油石化等行业的300余名专家、学者、技术人员参加会议。

国际交往　学会联合中国矿业大学、奥地利雷欧本矿冶大学共同申报2021年科技部“政府间合作项目”，旨在探索国内外资源枯竭城市的空间特征与低碳发展路径。学会与北京市科学技术研究院、美国能源与交通创新中心签署合作备忘录；学会与能源基金会、世界经济论坛和Agora等国际组织进行接洽，讨论在会议、论坛、咨询等方面的合作；开展系列双边、多边对话活动。

科普活动　召开煤炭行业第二届科普大会。持续开展多种形式的科普教育，举办全国科普日主题系列讲座3期，宣传应急管理和安全生产知识，受众人员超过5万人次；邀请美国伯克利大学教授作题为《碳中和目标下的煤炭转型》的线上报告，使科技人员了解国际主流观点。学会主办的《当代矿工》杂志设有安全知识科普专栏和科普网站，针对煤矿新兴热点技术进行科普宣传。

学会科普人才队伍和阵地建设取得新进展，成立新一届科学传播专家团队，由中国工程院院士袁亮等20名首席科学传播专家和94名各领域专家组成；新认定山东科技大学等5家高校科普社团。组织开展2021—2025年度全国科普教育基地申报工作。

收录35岁以下煤炭青年科技人员优质论文，公益性出版《第十二届煤炭工业生产一线青年技术创新文集》，编撰科普图书《神奇的充填采煤》。

表彰举荐优秀科技工作者 2021年，学会开展煤炭青年科技奖评审奖励工作，从基层推荐的179位候选人中选出60名获奖者。向中国科协推荐中国科学院、中国工程院院士候选人9名，“最美科技工作者”候选人2名，光华工程奖候选人3名，求是杰出青年成果转化奖1名；推荐中国科协“国家层面专家库”50人。

党建强会 党委分层次组织常务理事会、分支机构、秘书处等学习教育。党委书记、党委委员带头讲党课党史，学会负责人和专家在重要学术会议上结合专业宣讲党和国家关于科技创新、绿色低碳、生态建设等重大战略决策报告十余场。

开展党史学习教育。提出《中国煤炭学会党委关于党史学习教育的安排意见》《中国煤炭学会党委2021年党建工作要点》，召开党史学习教育动员大会，开展“百年煤矿话百年”典型资料征集活动，征集煤矿革命史料125份、图片300余幅，广泛进行宣传，以矿山红色经典献礼建党百年。

组织召开党委会议及通讯会议3次，对学会党委工作、“十四五”事业发展规划、人事事项进行前置审议。构建完善学会理事会党委、学会办事机构党组织和分支机构党的工作小组三层党建工作体系。

会员服务 注重改进服务会员的手段和方法。完成学会官方网站的更新工作，启用新的会员系统和会议系统。学会学术期刊工作委员会建立中国煤炭行业知识服务平台品牌，月点击量近5万人次，上线刊物62种，为行业科技工作者提供便捷服务。

【中美煤炭地区能源转型二轨对话】 12月2日，由学会、能源基金会、杰克逊全球事务研究所联合主办的中美煤炭地区能源转型二轨对话第一次对话召开，来自中国和美国的70余名专家、学者参加会议。学会理事长刘峰出席会议并致辞。能源基金会首席执行官兼中国区总裁邹骥、杰克逊全球事务研究所总裁Nathan Wendt出席会议并致辞。

会上，煤炭和电厂社区与经济振兴跨机构工作组总干事Brian Anderson、国务院发展研究中心研究员周宏春作引导性发言。美国能源部部长高级顾问Kate Gordon、中国工程院院士袁亮分别就《能源转型，化石资产再利用和经济多元化的机会》《双碳背景下煤炭行业绿色发展战略思考》等内容作主题发言。同时，与会专家就煤炭退出对工人和社区的影响以及对公共财政的影响进行交流。会议对满足能源需求的政策制定、减少碳排放、创造就业进行深入讨论。

【第二届全国煤炭行业科普大会】 5月13日，由学会主办的第二届煤炭行业科普大会在山东省青岛市召开。学会党委书记、理事长刘峰，中国科学院院士宋振骐，中国工程院院士武强、王双明，山东省科协副主席陈爱国，山东科技大学副校长周东华到会。来自煤炭行业高等院校、科研院所、企事业单位的260名专家、学者共同交流煤炭行业在科学普及工作方面的经验，探讨煤炭行业科学普及工作的新问题、新要求和新举措。

刘峰、武强、王双明围绕煤矿绿色低碳发展作特邀报告；中国科普研究所、山东科技大学、中国矿业大学、河北工程大学、中国循环经济协会、应急总医院的专家和学者作专题报告。

大会宣布中国煤炭学会第二批科普教育社团名单，公布科学传播专家团队组成人员。举办“汇聚科普力量　服务创新发展”的展览，展示煤炭行业在普及科学知识、倡导科学方法、传播科学思想、弘扬科学精神、推广科技成果等方面开展的主要工作。

【科创中国·七台河创新发展论坛暨2021中国七台河石墨烯和现代煤化工产业技术成果应用对接交流会】 11月13日，由中国科协指导，学会联合中国材料研究学会、石墨烯产业技术创新战略联盟、七台河市科协共同主办的科创中国·七台河创新发展论坛暨2021中国七台河石墨烯和现代煤化工产业技术成果应用对接交流会召开。会议采用线上线下相结合的方式举办，北京、上海、哈尔滨、七台河4地联动。来自中国科协的有关领导、地方政府相关部门领导、高校及科研院所的代表、国内外企业代表等100余人线下参加会议，线上观看人数近5万人次。

会议邀请诺贝尔奖获得者、中国科学院外籍院士Andre Geim、复旦大学教授卢红斌、天津大学教授陈明鸣、清华大学深圳国际研究生院教授杜鸿达、中国科学院上海微系统与信息技术研究所研究员丁古巧、Nuonano公司CEO阿里布里、七台河宝泰隆石墨烯新材料公司总经理冯帆作大会专题报告。

会议期间，举办七台河市联合创新中心四方签约仪式暨七台河科技专家服务团成立仪式。学会和石墨烯联盟产业研究院、中国材料学会、七台河市科协4家单位代表在各自会场进行线上签约。在产业技术成果对接交流环节，来自美国的Graphene Labs公司，英国的Nuonano、Paragraf公司，以色列的LIGC Application、Grafenika公司，西班牙的Graphene Foundry公司，印度的Hexorp公司与国内多家有影响力的石墨烯企业进行互动交流。

（撰稿人：岳燕京）

中国可再生能源学会

服务创新型国家和社会建设 学会承担国家能源局能源领域首台（套）重大技术装备（可再生能源）评定工作。根据相关要求及学会《能源领域首台（套）重大技术装备可再生能源项目评定工作细则》，对可再生能源领域的风电、太阳能共49个项目进行评定，经初筛和专家评定两个环节，遴选推荐9个项目上报国家能源局。

学会收到团体标准立项申请53项，累计批准立项团体标准37项。完成编制并通过审查后，在全国团体标准信息平台发布团体标准8项。

受国家能源局和自然资源部委托，开展风电产业发展的数据统计及报送工作。完成《2021年度中国可再生能源工作总结报告》《关于完善能源绿色低碳转型体制机制和政策措施的意见（征求意见稿）》《中华人民共和国能源法（征求意见稿）》等10项意见报告的报送工作。

学会完成国网吉林省电力有限公司“吉林省风能、太阳能资源和开发潜力精细化评估研究”、中国电建集团西北勘测设计研究院有限公司“生活垃圾热解气化关键工艺及装备技术研究”“陆上风电机组地基－基础－塔架成套支撑系统设计体系研究与工程应用”等14项科技成果的评价工作。

在中国科协“科创中国”项目的指导支持下，学会牵头组建“科创中国”现代能源产业科技服务团，并承担“双碳”主题产学融合会议以及新能源技术应用案例的组织编写工作。项目带动百余名专家、科技人员参与相关科技服务工作，完成征集、整理科技成果、技术服务需求约200项，完成入库案例300余条；推动形成包括技术改造、专利转让、标准编制等成果交易额超3000万元；组织新技术、新产品标准研制5项；与2个试点城市开展专业服务站共建，推动成立创新联盟2个；经过筛选，向“科创中国”榜单评选工作推荐3项产业先导技术、3个新锐企业、2个产学研融通组织。

为实现国家“2030年碳达峰，2060年碳中和”目标，推动湖北省武汉市疫后重振和经济社会高质量发展，服务“科创中国”试点园区武汉东湖高新区“双碳”产业需求，9月25—26日，学会会同中国能源研究会、湖北省科协、武汉市科协、武汉东湖新技术开发区管理委员会共同主办以“低碳驱动·绿色发展”为主题的“科创中国”产学融合会议·2021中国“双碳”高峰论坛。政府部门领导、研究机构代表、技术专家、龙头企业与金融投资代表近40人通过线上线下相结合的方式作专题报告，现场参会人数约300人，19家媒体（平台）对论坛进行报道，线上触达超过20万人次。论坛从“双碳”的政策规划、关键技术研发与重点产业布局、人才与国际合作、绿色金融产品和工具等热点内容进行深入交流，交流成果对武汉东湖高新区产业低碳化、绿色化发展起到积极作用。

6月3日，由学会等主办的第十五届（2021）国际太阳能光伏与智慧能源（上海）展览会暨论坛在上海市召开，共约200名专家、学者到会交流，吸引线上线下10万余人次参加会议；1688家企业参展，展出面积超过20万平方米，参观人数达25万余人次。

10月17—20日，由学会风能专业委员会主办的2021北京国际风能大会暨展览会在北京召开。展会面积6万平方米，600余家国内外企业参展，接待国内外专业观众82000人次。

学会建设 2021年，学会有个人会员5179人，较2020年新增47.72%；单位会员236个，较2020年新增63.89%。

学会共召开各级工作会议14次，其中理事会党委会议5次、常务理事会会议3次、理事长工作会扩大会议3次、秘书长工作会议1次、换届领导小组会议2次，全年形成、传达、落实有关重要决议20余项。

学会修订《学会科学技术奖奖励办法》《学会会

员管理办法》和《学会分支机构和办事机构管理办法》；制订《学会学术道德规范（试行）》《学会会士管理办法（试行）》等6项。

新批准筹建分支机构1个，完成14个分支机构的换届工作。

青年人才托举工程 2021年，通过申报、形式审查、初评和答辩评审，中国科学院广州能源研究所研究员廖玉河、上海交通大学变革性分子前沿科学中心副教授梁正入选第六届中国科协“青年人才托举工程”项目。

积极筹措和落实资助资金，开展第七届中国科协“青年人才托举工程”项目申报，并获得4个资助名额，其中2个为中国科协资金资助名额、2个为自筹资金资助名额。同时开展人才征集工作，共有来自生物质、风能、光伏、储能、氢能等领域的29名青年学者参与申报。

主办期刊 2021年，学会主办的《太阳能学报》收稿1600篇，发表论文840篇。根据中国知网《中国学术期刊影响因子年报》(自然科学与工程技术·2021版),《太阳能学报》在能源与动力工程学科类目技术研究层次，影响力指数学科排序为2/55；复合影响因子为1.069，近5年提高97%。《太阳能学报》正式被《世界期刊影响力指数（WJCI）报告（2020科技版）》收录。

2021年,《太阳能》接收投稿250篇，发文146篇。根据中国知网《中国学术期刊影响因子年报》(自然科学与工程技术·2021版),《太阳能》在能源与动力工程学科类目技术研究层次，影响力指数学科排序为31/55；复合影响因子为0.495，近5年提高93%。《太阳能》杂志继续入选2021《中国学术期刊影响因子年报》、万方数据、中国科技期刊数据库等统计源期刊。

学科发展工程 学会完成《中国可再生能源学科史》项目研究。项目以可再生能源发展的主要部分为基础背景，充分借鉴国际可再生能源学科发展经验，面向社会发展要求，以事件为依据，对可再生能源学科在中国的生成、发展、演化历史进行梳理和研究。包括学科发展的科技和社会环境，学科的认识结构、知识结构、学术建制的发展，学科的特征，学科的科技和社会功能，学科演化的判据、进程、特点、规律，以及学科发展的里程碑事件、主要奠基者和杰出贡献者，学科发展大事记等内容。书稿已提交中国科学技术出版社编辑出版。

试点开展《可再生能源技术报告集》编制工作。报告集以1篇综合报告与N篇专业分报告的“1+N”形式呈现。一方面总结和梳理可再生能源领域的各专业年度技术创新进展与成果，另一方面研判各专业产业链关键技术趋势。

学会光伏专业委员会主持编制《2021中国光伏技术发展报告》。报告分6个章节，从硅料和硅片、晶硅电池、薄膜电池、新型电池、系统到效率全面阐述年度光伏技术的进展。

学会风能专业委员会编制《中国风电产业地图2020》。该书采用数据和图表的形式分析2020年度中国风电发展情况，包括市场格局及风电装机情况，为政府、企业和科研机构等提供参考。

学会发电并网专业委员会编辑出版《中国新能源发电并网分析报告（2021）》，系统梳理风光发电并网相关政策及政策影响、“十四五”及中长期可再生能源并网消纳重点问题及建议措施等内容，增加山东、安徽、冀北与蒙西四地新能源发展案例。

学会太阳能热发电专业委员会编制《中国太阳能热发电及采暖行业蓝皮书2020》。该书对中国太阳能热发电和采暖行业发展现状进行梳理，总结2020年太阳能热发电在科技发展、示范项目进展、从业企业数量和规模的情况，指出行业发展存在的主要问题；对2025年面临的形势进行判断，包括国内外经济发展趋势对太阳能热发电技术的影响、面临的机遇和挑战以及市场需求等。同时提出2025年行业发展指导思想、发展目标及任务、对策措施。

国际学术会议 2021年，学会举办境内国际会议2个，参加会议人数8800余人次，交流论文172篇。

7月8—10日，由学会风能专业委员会联合多家单位共同主办的第六届全球海上风电大会在广西壮族自治区南宁市召开。大会以“深化创新，多能融合——海上风电助力碳中和目标实现”为主题，重点围绕海上风电助力碳中和目标的实现路径，平价之下如何进行战略开发布局、如何进行技术创新与行业间合作，政策规划如何推进产业健康发展，如何降低海上风电生命周期风险管理等行业热点进行深度探讨。

10月17—20日，学会风能专业委员会在北京举办2021北京国际风能大会暨展览会。大会以“碳中和——风电发展的新机遇”为主题，集中探讨实现绿色复苏、碳中和的重大意义与路径，分析产业发展走势、技术动态和市场资讯。会上发布《风电回顾与展望 2021》报告。

国内主要学术会议 2021 年，学会及各分支机构共举办国内学术会议 23 次，参与人数共计 30 万余人次，交流论文 1221 篇。

学会光伏专业委员会围绕绿色能源社区技术、光伏行业现状和未来展望等话题举办 2 期“光伏约”，邀请 18 名国内外行业专家作专题报告，吸引多家企业、高校和科研院所的近 200 人参与交流讨论。

5 月 8—9 日，由学会光化学专业委员会主办的第八届新型太阳能电池材料科学与技术学术研讨会通过线上线下相结合的方式召开。来自海内外的专家、学者针对钙钛矿太阳能电池、薄膜太阳能电池、纳晶敏化太阳电池、有机太阳能电池、量子点太阳能电池、新型光化学材料和技术、新材料及新原理 7 个方面的最新前沿研究进展进行分享与交流。

9 月 11 日，由学会发电并网专业委员会主办的第五届可再生能源并网技术与政策论坛在北京召开。论坛以“构建新型电力系统的探索”为主题，来自政府部门、电力企业、行业协会、科研院所以及媒体、杂志的专家、学者等 220 余人参加。

10 月 19—20 日，由学会氢能专业委员会参与主办的 SNEC 第四届（2021）国际氢能与燃料电池（大连）技术大会在辽宁省大连市召开。会议以“赋能‘绿氢’，助力碳中和”为主题，旨在推进太阳能、储能与氢能的产业融合。大会围绕氢能全产业链，包括制氢、储氢、运氢、加氢以及燃料电池系统的研发制造和应用等议题，探讨由“绿电”转为“绿氢”的技术路线与最佳解决方案，推动氢能及燃料电池在交通运输、便携式电源、储能发电以及分布式系统中更广泛地应用。来自国内高校、科研院所和企业的 300 余人参加会议。

10 月 22—23 日，由氢能专委会主办的第 19 届全国氢能会议暨第 11 届海峡两岸暨香港特别行政区、澳门特别行政区氢能研讨会在四川省成都市举办。会议采取线上线下相结合的方式召开，近 3 万人参加会议。国家能源局原监管总监李冶，中国工程院院士、中国科学院大连化学物理研究所研究员衣宝廉，中国科学院院士、中国科学院大连化学物理研究所研究员李灿，中国科学院院士、西安交通大学教授郭烈锦，武汉理工大学教授潘牧等专家、领导受邀参加会议并作报告。此次会议设立可再生能源制氢及其他制氢技术，氢的储存、输运技术和加氢站，燃料电池与电催化，氢能应用，氢安全与标准规范，以及氢能政策与产业 6 个专题分会场。共收到 300 余篇论文，其中，分会邀请报告 73 篇、口头报告 58 篇、墙报 231 篇。为鼓励优秀的青年学生，大会还评选优秀墙报论文 21 篇。

国际组织任职 学会常务理事、太阳能热发电专委会主任委员、中国科学院电工研究所研究员王志峰任国际太阳能学会理事会成员。

学会常务理事、风能专委会副主任兼秘书长秦海岩任世界风能协会副主席、国际电工委员会可再生能源符合性评价体系副主席。

学会常务理事、热利用专业委员会副主任委员兼秘书长何涛任国际能源署太阳能供热制冷委员会副主席和国际标准化组织太阳能技术委员会第四分委会主席。

国际交往 学会理事、风能专业委员会委员、IEA Wind 中国工作组副组长、研究员杜广平于 5 月 17—20 日、11 月 9—12 日在线上参加国际能源署第 87、第 88 次执委会会议，并向大会作中国风能发展情况报告。

学会常务理事、热利用专业委员会秘书长何涛作为国际能源署太阳能供热制冷委员会副主席，于 9 月 23—24 日通过线上参加国际能源署太阳能供热制冷委员会“面向 2030 的智能太阳能热水系统”最新研究任务研讨会。

学会氢能专业委员会有关人员分别于 3 月 24 日、6 月 25 日在线参加联合国欧洲经济委员会主办的“实现碳中和：氢的作用”研讨会和国际能源署氢能技术合作委员会执委会第 86 次执委会委员工作会议。会议就氢能实现碳中和承诺的进展等进行讨论。

科普活动 学会与各分支机构、学会科普教育基地共举办线上线下科普活动 4 次，受众约 5 万人次；组织申报并开展评审认定学会科普基地 7 家；推荐共建“全国科普教育基地” 1 家；参与制作并发布科普视频 3 个。

推荐 2 位专家参与中国科技馆“中科大讲堂”活动。其中，学会光伏专业委员会委员、国家发展和改革委员会能源研究所原研究员王斯成作题为《中国的碳达峰与碳中和》的科普讲座，从二氧化碳与人类生存环境的关系切入，解析什么是“碳达峰”与“碳中和”、实现“碳中和”的主要途径以及光伏发电及其对碳达峰碳中和目标落实的重要意义；学会青年工作委员会执行秘书长、北京化工大学化学工程学院向中华教授作题为《氢能——“双碳”时代的零碳能源》的科普讲座，主要从能源转型发展角度介绍氢能燃料电池技术对碳中和目标实现的重要作用。

“科创中国”现代能源产业科技服务团走进内蒙古博奥职业技术学校，为机电工程专业的学生们带去《风力发电与防雷》科普讲座。学会特邀理事、全国风力发电标准化技术委员会委员、防雷专家庄严通过图文展示、视频展示以及互动性提问等方式，为学生们普及风力发电的基础知识、雷电的形成以及风电防雷重要性等。

学会主办第四届大学生优秀科技作品竞赛。竞赛共收到来自全国70所高校申报的作品516件，最终评选出获奖作品232项。

表彰举荐优秀科技工作者 由学会设立的中国可再生能源学会科学技术奖共受理申报项目61项，获奖27项，其中一等奖6项、二等奖7项、三等奖14项；受理人物奖申报材料29项，获奖16项，其中优秀科技工作者7名、优秀青年科技人才8名、杰出贡献奖1名。

党建强会 学会将党建工作纳入学会全年工作整体布局，结合各级工作会议、学术会议等，全年共开展十九届五中全会精神学习、党史学习教育学习15次；组织学会党委委员、秘书处全体党员等参加中国科协党史学习教育动员大会及相关学习会议共7次；累计受训人员约500人次。

深入开展党史学习教育，在学会微信公众号开设“党史学习周课堂”，全年共编发22期；利用技术交流、服务等工作契机，先后赴浙江省安吉县、内蒙古自治区包头市、湖北省武汉市开展党史学习教育，依次参观“两山理论”发源地纪念馆、革命烈士王若飞纪念馆。

获中国科协“2021年度全国学会智慧党建建设优秀学会党组织”，“庆祝建党100周年”全国学会征文、影像作品及节目征集活动优秀组织单位等称号。

会员服务 全年通过网站、微信公众平台向会员发布各类通知、新闻等70余条。

学会筹资开发的“会员之家”服务系统进入试运行阶段，试运行期间针对会议发布与管理的相关功能进行升级与完善，并进一步完善会员库的分级管理功能等，加速推进会员服务电子化进程。

学会向国际太阳能学会推荐40名中国专家、学者，以团体会员身份加入国际太阳能学会。

学会风能专业委员会举办年度中国风能新春茶话会，来自政府部门、行业组织、风电企业、科研院所等机构的500余人参加。

学会光伏专业委员会举办年度光伏重阳敬老活动，共计30余名光伏前辈及行业人才参与，传承科学精神，探讨光伏发展未来。

（撰稿人：邢　迎）

中国能源研究会

服务创新型国家和社会建设 研究会承担课题32项，结题完成12项，包括中央财经委员会办公室、国家发展改革委和国家能源局委托的“关于碳达峰碳中和重大问题研究”等课题4项；中国科协委托的中国科协“十大”代表调研课题——“面向碳达峰碳中和的我国能源革命路径研究”等5项；地方政府、企业等其他机构委托的“北海市加快能源产业集群创新发展的对策研究”等课题3项。

研究会组织专家考察、调研、评估湖北省荆门市“百万千瓦级水风光一体化重大基地项目”，认为该项目符合国家与湖北省能源低碳发展建议。该基地建设项目已报备国家能源局，并由湖北省能源局牵头推进；完成“园区级综合能源系统规划运行关键技术及示范应用”“面向源网荷储协同互动的清洁供暖市场化交易关键技术研究与应用”“面向构建新型电力系统的能源区块链公共服务平台关键技术与应用”等10项科技成果的评价鉴定。

研究会推进团体标准制订工作，调整和充实标准工作委员会，任命新一届理事会标准工作委员会主任委员，修订完善《中国能源研究会标准管理办法》。完成《工业用改性甲醇燃料团体标准》《民用改性甲醇燃料团体标准》《汽车用改性甲醇燃料团体标准》《柴油车用改性甲醇燃料团体标准》4项团体标准的审查立项。

研究会完成中国科协、司法部、国家能源局等部委的《中华人民共和国科学技术进步法》修正案（草案）、《中国科学技术协会事业发展“十四五”规划（2021—2025年）（征求意见稿）》《中华人民共和国能源法（草案送审稿）》《关于完善能源绿色低碳转型体制机制和政策措施的意见（征求意见稿）》《适应新型电力系统的电力体制机制（征求意见稿）》的征询回复工作。

组织专家参加国家能源局召开的2021年一季度和上半年能源形势分析会商会议；向国家能源局提交2021年上半年能源供需形势分析报告、2021年前三季度能源供需形势分析报告、2022年能源工作思路会商会议材料、《能源安全保供制度和机制有关问题书面调研》等相关政策措施建议。

协助国家能源局电力安全监管司编制《电力安全生产“十四五”行动计划》，修订《关于加强电力行业地质灾害防范工作的指导意见》《电力安全事故隐患监督管理暂行规定》等规范性文件，修编《电力突发事件应急演练导则（试行）》等4个行业导则。

4月14日，第十届储能国际峰会在北京开幕。峰会由研究会、中关村储能产业技术联盟和中国科学院工程热物理研究所联合主办。政府有关主管部门、科研院所、储能企业、电网公司、发电集团、系统集成商、能源服务商代表等1000余人参加。峰会主题为“支撑国家‘双碳’新战略、共谋储能跨越式发展”，设置13场专题分论坛，涵盖碳中和目标下储能与新能源融合发展路径、储能与电力辅助服务市场、储能安全与标准等内容。

研究会新授牌7家能源科普教育基地，并推荐磨豆山新能源科普教育基地、台山能源科普教育基地、阳江科普能源教育基地3家单位申报全国科普基地。

学会建设 2021年，研究会会员总数4952人、单位会员总数410个；新发展个人会员1767人、单位会员82个；按程序组织召开第八次会员代表大会，选举产生新一届理事会、常务理事会和学会负责人，选举产生第一届监事会、监事长；进一步优化完善秘书处各项职能，调整机构设置，增设人力资源部、党建工作部和科普工作部3个办事机构；新制订《中国能源研究会监事会工作办法（试行）》《中国能源研究会研究员制度（试行）》，完成修订《中国能源研究会章程》《中国能源研究会会费收支管理办法》《中国能源研究会党委会会议制度（修改稿）》等8项规章制度；分支机构换届7个，新成立7个专业委员会和1个中心；变更常务理事4人（含副理事长2人）。

研究会进一步完善内部治理结构，认真执行理事会、常务理事会、理事长办公会、秘书长办公会等议事规则和各项会议制度，对会议决议实行跟踪督办制度。严格履行秘书长、秘书处的日常运行管理主体责任，严格落实各分支机构的依法依规依章规范运行主体责任。

研究会被评为“2021年度重大科技问题难题优秀推荐单位”“全国学会科普工作优秀单位”“《中国科学技术协会年鉴》优秀组织单位和优秀撰稿人”“2020年度科协系统统计调查工作优秀单位”。

主办期刊 研究会编辑、出版《中外能源》杂志，印发《能源研究参考》《能源研究通讯》等内刊。

学科发展工程 2021年，研究会重点编发《中国能源年鉴2021》《中国能源研究会2020年报》。发布《能效2020》中文版报告、《储能产业研究白皮书2021》《中国能源产业发展季度分析报告》《中国分布式能源发展研究报告2021》《2021年中国综合智慧能源优秀项目案例集》《2021年度增量配电发展研究白皮书》《2021年度增量配电发展大数据》等专业报告。

向中国科协推荐的“如何开发大规模低能耗液氢技术和长距离绿氢储运技术”和“如何攻克漂浮式海上风电关键技术研发与工程示范难题”入选中国科协十大产业技术问题；与中国电机工程学会联合推荐的“以新能源为主体的新型电力系统路径优化和稳定机理是什么”入选中国科协十大前沿科学问题；与中国核学会联合推荐的“如何制造桌面级微小型反应堆电池”入选中国科协十大工程技术难题。

国内主要学术会议 7月10日，由研究会、中关村储能产业技术联盟主办的“中国能源高端论坛——储能安全”专题研讨会在北京召开。

12月16日，由研究会指导，研究会储能专业委员会、中关村储能产业技术联盟主办，国家电网有限公司西北分部联合主办的第六届中国储能西部论坛召开。论坛特设北京、西安两个分会场，同时采用线上参加会议、平台直播模式。来自政府机构、电网公司、发电集团以及储能产业界的专家、学者及企业代表共同探讨西部储能发展问题。会议期间，3家直播平台观看人数超过10万余人次。

国际交往 11月1—5日，学会燃料电池专业委员会常务副主任兼秘书长韩敏芳受邀参加美国能源部、国家能源技术实验室主办的The 6th Low Emission Advanced Power（LEAP）Workshop线上会议并作主题报告，就“双碳”目标下固体氧化物燃料电池技术发展面临的挑战和机遇与各国专家交流探讨。

11月9—10日，学会燃料电池专业委员会常务副主任兼秘书长韩敏芳受邀参加第六届亚洲SOFC会议，并组织在国内平台进行全程直播，中国燃料电池和氢能领域的专家、学者等300多人同时在线学习探讨。韩敏芳作邀请报告，分享近20年来科研团队在固体氧化物燃料电池（SOFC）领域从电池材料制备、单电池测试表征、电堆组装到系统集成等全产业链条上所取得的科研成果和产业化进展，并针对燃料电池的未来发展趋势作愿景分析。

科普活动 9月17日，在2021年全国科普日期间，围绕“百年再出发，迈向高水平科技自立自强”主题，研究会与企业会员走进华北电力大学，开展“党建强会、能源科普入校园”活动。9月22日，在习近平总书记提出“双碳”战略一周年之际，走进西安交通大学举办“我与‘双碳’”系列活动、2021“我与‘双碳’”主题创意大赛。研究会组织企业会员代表举办“全国节能宣传周”活动，提升节能意识和节能能力。

研究会加大科普原创精品创作支持力度，组织动员科技工作者面向重大题材开展科普创作，推介宣传《煤炭科普手册》《电力科普手册》《话说低碳生活》《储能》等能源知识科普读本。

表彰举荐优秀科技工作者 2021年，研究会积极举荐科技人才，开展“最美科技工作者”遴选以及中国科学院院士、中国工程院院士、光华工程科技奖候选人提名等工作，开展青年女科学家奖和未来女科学家计划提名工作。

中国能源研究会能源创新奖的评选累计收到能源学术、管理、技术创新奖申报项目365项，优秀青年能源科技工作者奖申报候选人145人，最终评选出能源学术创新奖、管理创新奖和技术创新奖105项，包括一等奖14项，含管理创新6项、技术创新8项；二等奖38项，含管理创新13项、技术创新25项；三等奖53项，含学术创新1项、管理创新14项、技术创新38项；评选出优秀青年能源科技工作者45人。

党建强会 2021年，研究会召开5次党委会议，对重要业务活动、大额经费开支等进行审议把关。3月，完成党委换届，成立中国能源研究会第八届党委，并设立党建专责部门。修订完成《中国能源研究会党委工作规则》，成立中国能源研究会党史学习教育领导小组，制订《中国能源研究会党史学习教育工作方案》，结合业务活动推动党史学习教育走深走实。4月14日，组织召开党史学习教育专题辅导报告会。6月16日，赴西柏坡实地开展党史学习教育，党委书记围绕“学史明理，奋力开创能源研究会工作新局面”主题讲授专题党课。组织研究会各分支机构和直属机构在线收看庆祝建党100周年大会直播；在全国科普日和“双碳”战略一周年之际，举办庆祝建党百年科普教育活动。

会员服务 研究会积极做好会员管理和服务工作，实现会员信息管理数字化；优化服务会员单位的内容及方式，向会员定期提供《中国能源研究会年报》、会刊《能源研究通讯》《中外能源》《能源研究参考》等资料。在官网增设“服务”板块，打造包括会议视频、直播回放、专家观点、研究报告在内的“能源云学院”；增设“会员风采”专区，对外进行企业、产品及案例展示介绍，增强会员的凝聚力和吸引力。

2021年，研究会官网和微信公众号推送经济能源信息和各类活动消息共1260条，其中党政要闻206条、能源要闻120条、学会动态74条、通知公告169条、数据报告40条、政策解读81条、专家观点115条、科普图文207条。总浏览量达245308次，阅读人数173792人次，分享次数17065次，分享人数12893人次，收藏次数1903次，收藏人数1743人次。

【中国能源研究会第八次会员代表大会】 3月26日，中国能源研究会第八次会员代表大会在北京召开。中国科协党组副书记、副主席、书记处书记徐延豪，国家能源局总经济师郭智出席会议并致辞。大会代表、研究会主管部门有关负责人以及来自能源企业、研究机构、高等院校的专家、学者共计303人出席大会。

徐延豪在致辞中充分肯定研究会的工作。他指出，在第七届理事会坚强领导下，研究会紧扣学科发展和国民经济发展需要，团结组织广大能源科技工作者砥砺创新，充分发挥专家荟萃、智力密集的优势，组织开展一系列具有开拓性和创新性的特色活动，为中国能源事业高质量发展作出重要贡献。他强调，研究会要在新一届理事会的带领下，进一步拓展新发展阶段“四服务”职责使命，把服务科技工作者建功立业、实现自身价值摆在重要位置，找准科技共同体服务构建新发展格局的结合点、发力点，引领科技工作者聚焦“四个面向”，为能源科技创新、能源事业改革发展提供有力支撑；突出团结引领科技工作者的主责主业，强化能源科技自立自强的创新支撑，构建开放信任合作的国际交流平台，深化规范高效的现代化治理结构。

郭智在致辞中希望研究会继续准确把握新时代能源发展的战略方向，围绕中央关于碳达峰碳中和一系列重大决策部署，开展更多前瞻性、针对性、储备性政策研究，提出更多原创性、专业化、建设性、切实管用的政策建议。

大会审议并通过《中国能源研究会第七届理事会工作报告》《中国能源研究会第七届理事会财务报告》《中国能源研究会章程（修订稿）》和《中国能源研究会会费收支管理办法（修改稿）》。

大会选举产生第八届理事会和第一届监事会。第八届理事会第一次会议选举产生常务理事和学会负责人，聘任秘书长、研究会顾问和专家。史玉波当选第八届理事会理事长，孙正运被聘为秘书长。第一届监事会第一次会议选举韩水为监事长。

研究会理事长史玉波发表讲话指出，面对能源科技创新的新形势、新挑战、新要求，研究会新一届理事会更要凝心聚力、把握关键，发挥好行业智囊团作用，当好政府与企业的战略链接器，要抓住能源转型发展的关键，以组织赋能、政策研究为核心，把握团结引领学者专家这条主线，坚持依法依规依章办会的原则，瞄准构建现代化、专业化、国际化学会的目标，助力能源高质量发展，构建清洁低碳、安全高效的能源体系。

【首届中国核能高质量发展大会】 3月30日，由研究会、中国广核集团主办的首届中国核能高质量发展大会在广东省深圳市、北京两地联动举办，并同步全程线上直播。论坛开幕式由研究会副理事长王禹民主持。国家原子能机构副主任张建华，国家核安全局副局长郭承站，国家能源局总经济师郭智，广东省能源局副局长刘文胜，中国核能行业协会副理事长、秘书长张廷克，研究会理事长史玉波，中国广核集团有限公司党委书记、董事长、总经理杨长利致辞。

来自政府部门、核电集团、装备及服务企业、科研院所、高校、社团组织、金融、贸易、媒体机构等的400余人参加会议，探讨中国核能高质量发展之路。会议通过央视频、搜狐、BiliBili、优酷、斗鱼、现场云、易直播、直播吧等平台直播，最多同时在线观看人数合计达15万余人次，播放总量合计达110万余次。大会发布《中国核能高质量发展倡议》《清洁能源产业协同创新倡议》和蓝皮书《粤港澳大湾区绿色发展报告（2020）》。

【第三届未来能源大会】 7月8日，以“碳中和与未来能源”为主题的第三届未来能源大会在北京召开。大会由研究会、中国能源网联合主办，中国科学院科技战略咨询研究院、商务部投资促进事务局、国际能源署作为支持单位，中国企业投资协会、清华大学创新发展研究院、西南石油大学等单位协办。研究会理事长史玉波出席大会并致辞。

中国工程院院士、国家气候变化专家委员会名誉主任杜祥琬，中国科学院院士、中国电力科学研究院名誉院长周孝信，中国科学院院士、清华大学车辆与运载学院教授欧阳明高分别就未来能源与“双碳”目标、“双碳”目标下电力系统发展前景、新能源汽车与新能源革命议题作主旨演讲。

杜祥琬强调，“双碳”目标是有机联系的，碳达峰不是冲高峰，也不是攀高峰，而是碳中和的基础和条件，要通过逐步降低碳强度来实现碳达峰，而在能源转型的大势下，能源核心资产也将由煤矿和油气资源转变成新能源技术的创新开发能力以及新材料的科学创新能力。

周孝信认为，“双碳”目标的实施路径核心在于两个构建：一是构建清洁低碳安全高效的能源体系；二是构建以新能源为主体的新型电力系统。具体来讲，中国未来要重点控制化石能源总量，着力提高能源利用效能，实施可再生能源替代以及深化电力体制改革。

欧阳明高指出，新能源汽车引领电动车革命、新能源革命、智能化革命。这三大革命将会引发产业格局百年未有之大变局，正如100年前从马车到汽车的变革以及石油行业的大繁荣一样，今后二三十年，交通装备与能源化工相关产业将发生百年未有之大变局。

【“科创中国”综合（智慧）能源产业科技服务团】 2021年，研究会与荆门市委市政府围绕荆门市能源经济高质量发展进行多轮沟通与交流，确定以综合（智慧）能源为能源产业培育的新切入点，向中国科协申请并承接“科创中国”综合（智慧）能源产业科技服务团工作。

服务团在开展综合（智慧）能源产业培育时，支撑荆门市综合（智慧）能源产业研究院和荆门市中荆综合能源有限公司建设，开展综合（智慧）能源产业净值调查方式和产业技术方向研判，提出荆门市综合（智慧）能源产业发展与科技创新的方向，把科协组织人才势能转化为高质量发展动能，为服务国家大局、服务荆门市委市政府中心工作做出探索。

服务团在荆门市开展企业节能减排、降本增效工作时，针对湖北亿纬动力有限公司能源利用效率低、能源使用成本高等堵点问题提供能效诊断服务，确定率先开展空压系统综合能源服务示范工程，旨在通过示范工程的实施，使空压系统能源利用效率提高15%以上。该方案今后可作为指导锂电池制造企业提升空压系统能源利用效率和新厂区建设的典型解决方案。

服务团深入地方走访调研，向荆门市派出专家团队10余次，派遣专家50余人，服务企业37家，汇聚能源领域专家100余名，综合（智慧）能源创新成果50余项，梳理出高质量服务需求50项，构建荆门市综合（智慧）能源产业培育的实施主体。

（撰稿人：刘淑琴）

中国硅酸盐学会

服务创新型国家和社会建设 学会开展“科创中国”新材料技术成果案例库项目征集工作以及重点基础材料行业“双碳”技术路径研究项目课题研究工作。参与“引领世界科学的前沿科学问题、建设世界科技强国的工程技术难题”征集与发布，开展“科创中国”先导技术榜单征集工作。发挥学会专家工作站服务地方经济的作用，与广东省佛山市人民政府等地方政府开展创新驱动助力项目。

学会建设 2021年，学会以通讯方式召开第九届理事会第三、第四次会议，第九届理事会第五、第六、第七、第八次常务理事会议及学会第一届监事会第四、第五、第七、第八次会议。举办中国硅酸盐学会第三十、第三十一届工作会议暨建党百年主题教育。学会理事长高瑞平和理事胡永胜作为学会代表参加中国科协第十次全国代表大会。学会副理事长周玉、彭寿，常务理事李红霞，理事曾惠丹被推荐为中国科协第十次全国代表大会代表出席会议，高瑞平、彭寿、李红霞当选为中国科协第十届全国委员会委员。

为贯彻落实中共中央办公厅、国务院办公厅《关于进一步弘扬科学家精神加强作风和学风建设的意见》，经第九届理事会第五次常务理事会议批准，拟成立学术道德委员会。学会固废与生态材料分会、玻璃钢分会等完成换届工作。

截至2021年年底，学会新发展个人会员98人，个人会员总数达21172人，团体会员总数达50个。

学会依法依章程开展活动，接受民政部社团年度检查，年检结论为“合格”。

青年人才托举工程 开展第七届（2021—2023年度）中国科协“青年人才托举工程”项目候选人推荐工作，经专业分会和学会常务理事推荐，共产生31名候选人。经初评，12人参加学会遴选答辩，遴选出4人进入中国科协先进材料学会联合体资助答辩，5人进入自筹资金答辩。最终，2人获中国科协资金资助，6人获自筹资金资助。

主办期刊 学会主办的《硅酸盐学报》全年刊发文章303篇，比2020年增加22%，影响因子由0.752上升到0.789；*Journal of Materiomics*［《无机材料学学报》（英文版），JMAT］全年刊发文章128篇，比2020年增加51%，影响因子从5.797上升至6.425；《硅酸盐通报》全年刊发文章500篇，影响因子学科排名由21/174上升到17/177。

《硅酸盐学报》和JMAT继续入选“中国科技期刊卓越行动计划”，两刊在稿源质量、伦理道德和科研诚信、办刊机制、人才队伍、传播力等方面有较大进步，JMAT在中国科协验收中被评为优秀。《硅酸盐学报》入选“中国科协精品科技期刊工程”（2016—2021年），获得“2021中国国际影响力优秀学术期刊”称号，1篇文章入选2020年度“中国百篇最具影响国内学术论文”，4篇论文入选“领跑者5000——中国精品科技期刊顶尖学术论文”。

JMAT被评为“2021中国最具国际影响力学术期刊”，刊发的1篇文章入选“第六届中国科协优秀科技论文”，2021年发表的文章中有3篇在科学引文索引上获得高被引论文称号。

以“双碳”目标为抓手，《硅酸盐学报》组织固体氧化物燃料电池、能源材料等专题，发表清洁能源技术及关键材料论文和综述文章21篇。

学科发展工程 学会历时10年完成《硅酸盐辞典》修编工作。

国际学术会议 10月16—17日，由学会、中国金属学会联合主办的第八届国际耐火材料学术会议在湖北省武汉市召开。会议以“创新 绿色 发展”为主题，围绕耐火材料及其相关学科领域的发展前沿共举办150场学术报告。来自海内外的500余名专家、学者和优秀企业管理者参加会议。大会安排7个特邀报告，设有4个分会场，分别就“钢铁工业用耐火材料”“水泥玻璃工业用耐火材料”“有色、化工和其他新兴工业用耐火材料”“先进耐火原料”“耐火材料工业的绿色发展”“安全、环境友好、回收利用解决方案”“生产、测试、评价和施工等用先进技术和装备”“基础研究、教育、创新和标准化”“陶瓷及其他”9个议题进行143个专题报告。

国内主要学术会议 2021年，学会举办国内学术会议等活动38个，34120人次参加，交流论文1388篇。

5月14—16日，学会玻璃钢分会在江苏省扬州市举办第五届复合材料拉挤型材技术交流会暨结构技术规程宣贯会议，交流会议报告15个，参加会议人数240余人。

5月18—20日，由学会指导，学会防水材料专业委员会、房屋建筑材料分会等单位举办的全国第二十三届防水材料技术交流大会在江苏省苏州市召开。本届大会以“新征程，创辉煌”为主题，秉承学习、探索、服务的理念，聚集专家、学者、企业家共同探讨建筑防水行业发展新方向、新技术，分享建筑防水领域的成功经验，促进中国建筑防水行业实现高质量发展。来自全国各地的建筑防水保温材料及其原材料生产、防水保温施工、相关社团组织、科研质检、媒体机构等相关单位的共1000余人参加大会，发表论文21篇。大会报告内容涉及产品研发、生产、应用以及企业管理等，相关企业展出自己的新产品、新技术、新成果，丰富会议的交流内容。会议期间，大会组委会组织部分专家、学者参观苏州市月星建筑防水材料有限公司。

7月30日—8月1日，由学会固废与生态材料分会主办的第五届全国建筑固废学术交流会暨第九届全国再生混凝土学术交流会在内蒙古自治区呼和浩特市召开。来自全国高校、科研院所的200多位专家、学者参加会议。会议报告主要采用特邀报告和分组报告的形式进行，湖南大学教授史才军、北京工业大学教授曹万林等12位行业专家、学者分别作特邀报告。会议还设置4个分会场，共举办56场分组报告。编辑会议论文集1册，收录学术论文39篇。

9月27—29日，由学会固态离子学分会主办的第六届全国固态离子学青年学术交流会在湖南省韶山市召开，包括40余位分会理事在内的487位专家、学者参加会议。会议围绕固态离子学基础理论、固态离子导体、基于固态离子导体的电化学器件、固态离子学分析与表征技术、固态离子变色器件等主题开展学术交流，共收到投稿302篇。会议设立两个大会报告环节，以及固态电解质及固态电池设计与制备关键技术、锂基二次电池构筑及其关键材料、燃料电池与电催化关键技术、钠电/锌电等新型离子电池体系开发、固态离子变色原理与器件、固态离子学基础及新技术6个分会场，共有邀请报告80个、口头报告83个、墙报60份。

10月16—17日，由学会主办、学会固废与生态材料分会承办的第四届中国固废处理与生态材料学术与技术交流会在湖北省武汉市召开。会议主题为“固废高效利用，减碳绿色发展”。来自全国100余所高校研究院、200余家企业的800多名专家、学者、企业家参加会议，同时大会还开启在线直播，国内外共有5000余人次在线收看大会开幕式及主旨报告。大会设置10个分会场和2个论坛，包括155个专题学术报告。编辑会议论文集1册，收录学术论文和摘要70篇。

10月23—26日，由学会测试技术分会主办的第十二届无机材料结构、性能及测试表征技术研讨会在广西壮族自治区南宁市召开，160余人参加。此次研讨会共设置1个主会场、4个分会场、7个专题会场，安排9个大会报告、80多个分会报告；收录90余篇论文摘要。7个专题会场分别是“混凝土结构与耐久性表征技术”“耐火材料的结构与性能表征”“先进陶瓷材料结构与性能及其他无机非金属材料检测与表征技术”“陶瓷材料高温性能测试新技术及陶瓷涂层结构、性能测试与表征”“高熵陶瓷结构、性能测试与表征”“水泥基材料性能与测试技术”“玻璃的结构与性能表征技术”。

11月18—20日，由学会固态离子学分会和国际固态离子学会主办的第一届中国质子导电陶瓷清洁能源应用学术会议暨2021年国际固态离子学会地区专题研讨会在广东省佛山市召开。来自海内外从事质子陶瓷导体相关研究的学者、科研人员等100余人参加现场会议，近2000人次在线观看会议实况。

表彰举荐优秀科技工作者 学会组织推选2021年中国科学院院士、中国工程院院士候选人，共收到专业分会和团体会员单位推荐的5位候选人材料。经形式审查、专家评议、投票，5人均获得向中国科协推选的资格。经科协评审，韩高荣、胡丽丽进入中国科学院评选环节，李青进入中国工程院第一轮有效候选人、李叶青进入中国工程院第二轮有效候选人。

开展第十四届中国硅酸盐学会青年科技奖评选工

作，共收到分支机构、地方学会推荐的27名候选人参评材料。经过形式审查、专家评议、投票等环节，10人获第十四届中国硅酸盐学会青年科技奖，5人获第十四届中国硅酸盐学会青年科技奖提名奖。

开展第五届中国硅酸盐学会优秀博士学位论文评选工作，共收到候选论文30篇，9人获得优秀博士学位论文奖，5人获得优秀博士学位论文提名奖。

会员服务 开发“中国硅酸盐学会会员之家”微信小程序，主要功能包括会议查询、报名、缴费、日程查询等。

【2022年联合国国际玻璃年】 5月18日，由国际玻璃协会牵头，中国、美国、日本和欧盟等国家和地区主要学术组织共同推进，全球玻璃学术界和产业界共同支持的2022年国际玻璃年倡议获得第75届联合国大会第66次全会的正式批准，2022年成为联合国国际玻璃年。

学会作为国际玻璃协会的重要成员国，牵头组织高校、科研院所、行业协会、博物馆、企业等近200家单位向国际玻璃协会递交书面支持函，学会主办的“中国玻璃展”被列为国际玻璃年全球重要活动之一。

中国是国际玻璃年项目独立地区委员会之一（其余两个地区委员会为德国和巴西），学会作为国际玻璃年在中国活动的主办方，组织成立国际玻璃年中国组委会并于10月23日组织召开第一次工作会议。同时，设立学术工作组，科普工作组，博物馆、企业活动组和媒体宣传组4个工作小组，制订2022年国际玻璃年在中国的全年活动方案，包括第32届中国国际玻璃工业技术展览会、玻璃新材料高峰论坛、玻璃学术论坛、科普讲座、玻璃博物馆系列活动、冬令营等各类活动。2021年度，学会作为中国组委会的联络人，每个月参加国际组委会的工作会议并提交月度工作报告，联络中国组委会相关委员商讨国际玻璃年在中国的各项工作，起草向中国科协报送的关于国际玻璃年的各种材料等。

【第31届中国国际玻璃工业技术展览会】 5月6—9日，第31届中国国际玻璃工业技术展览会在上海市举办。本届展会展示规模达9万平方米，共7个展厅，来自全球23个国家和地区的近千家厂商参展，超4万人次专业观众到场参观。展会期间举办10场技术讲座和厂商推广活动。20余家国内外玻璃行业专业媒体对本届展会和论坛活动进行报道。

（撰稿人：孙睿哲）

中国建筑学会

服务创新型国家和社会建设 承担中国科协党校示范项目——建设专家资源库项目，对全国84家学会提交的410份党史党课报送材料进行梳理，筛选出100名科学家讲党史党课，内容整理成汇编集册，建立专家资源库，并从中选取10节精品党课课程。

完成中国科协工程师资格国际互认项目中10门课20个课时的专业课程。完成2021年度全国学会期刊出版能力提升计划申报并获批立项。制订并发布团体标准9项。完成冬奥、绿色、城市更新及数字技术方向的5项科技成果鉴定。

开展“百名科学家讲党史党课”系列活动。通过与理事单位党委，团体会员单位党委，地方学会、地方政府、地方科协、全国高校党委，设计院党委，学会分支机构及学会科普基地联合组织的形式，以讲座、交流、展览、参观等多种方式展现中国共产党的红色印记及伟大党史。活动足迹遍布北京、上海市、重庆市、四川省、湖北省武汉市、江苏省南京市、广东省广州市等10余个省份。邀请专家、学者50余位（包括3位院士）进行专题报告，大力弘扬科学家精神，展现大国工匠的坚守传承。线上线下累计230万人次参加。

7月，为落实《国务院办公厅关于全面推进城镇老旧小区改造工作的指导意见》以及住房城乡建设部“我为群众办实事”实践活动部署安排，学会通过发出倡议书、组织专题研讨、开展优秀案例征集与先进事迹、代表人物宣传等多种形式，推动开展设计师、工程师与社区结对子。

在由重庆市规划和自然资源局、重庆市地产集团有限公司主办，学会承办的重庆音乐厅、长江音乐学院概念性建筑设计方案全球征集活动中，学会受邀担任技术咨询。此次征集活动采用全球邀请和公开报名的方式，来自15个国家及地区的29家设计单位（联合体）参与报名，最终选定7家（联合体）单位入围。

在由重庆经济技术开发区管理委员会、重庆市规划和自然资源局主办，学会组织的重庆市广阳岛智创生态城城市设计征询中，共收到有效报名26家，最终选定5家设计团队（联合体）入围。设计团队（联合体）对广阳岛智创生态城城市设计的总体思路、目标愿景、总体结构、生态本底分析、景观系统和节点规划、生态城市设计等方面进行解读，为广阳岛智创生态城建设探索新模式、贡献新思路。

作为咨询单位举办的重庆寸滩邮轮母港站 TOD 概念性建筑方案设计国际征集采用“意向邀请 + 公开征集”的方式，面向国际征集具有前瞻性与创新性的策划理念和设计方案。公开征集环节共收到来自法国、英国、德国、丹麦、澳大利亚、中国内地及香港特别行政区等国家和地区的 14 份国内外知名设计单位（联合体）报名文件，涉及 27 家设计单位，遴选出 5 家设计单位（联合体）入围。经评审，最终 MAD 建筑事务所与中国建筑科学研究院有限公司（联合体）中选。

与苏州市人民政府共同举办第三期苏州古城复兴建筑设计工作营，选择苏州原工艺品公司旧址及海红坊潘宅两个项目点作为设计课题。

在杭州未来科技文化中心国际体育中心概念性建筑方案国际征集中，学会接受浙江杭州未来科技城（浙江海外高层次人才创新园）管理委员会委托，就该项目征集工作开展前期策划研究、编制设计任务书。10 月 21 日，在邀请悉地国际设计顾问（深圳）有限公司、英国扎哈 · 哈迪德建筑事务所、德国 GMP 建筑事务所 3 家国内外知名设计院的基础上发布征集公告。来自英国、美国、德国、西班牙、澳大利亚、日本、中国内地和香港特别行政区等国家和地区的 31 家知名设计团队报名参赛，最终选定 6 家单位入围。

分别与清华大学建筑学院、东南大学建筑学院联合主办纪念梁思成先生、杨廷宝先生诞辰 120 周年学术活动和大型展览。

学会建设 12 月 28 日，召开中国建筑学会第十四次全国会员代表大会，选举产生以修龙为理事长的中国建筑学会第十四届理事会，副理事长 11 人，理事 180 人。

学会完善会议制度、改革会议方式，规范调整负责人、常务理事、理事，规范召开理事会议、常务理事会议和监事会议。加强二级组织管理，修订《中国建筑学会章程》。

截至 2021 年年底，二级组织共有 58 家，新成立 1 家；共有个人会员 71404 人、团体会员 2323 家。

建立包括网站、微信公众号、微博、今日头条等多样化的信息宣传平台，并整合上级单位、二级组织、合作媒体等多家资源，形成中国建筑学会宣传媒体矩阵。2021 年，学会官方网站、今日头条、微博基本做到日日更新，网站全年发文 765 篇，单篇最高阅读量突破 20 万人次，总阅读量突破 1000 万人次，全媒体访问突破 3000 万人次。全年举办 96 场学术活动，共 180 多小时的直播，观看人数突破 300 万人次。在中国科协发布的网络平台宣传评价 2021 年第三季度排行榜中排名前十，其中网站和今日头条排名第三。

主办期刊 2021 年，学会及二级组织公开出版和内部发行的刊物共 16 种，全年累计发行 40 万册。

其中，《建筑学报》全年出版正刊 11 期，7+8 期为冬奥合刊《北京 2022 冬奥会建设的时代与地理决定性》。在 CSSCI 源刊微信公众号传播力指数（人文学科类，2020 年度）排名中名列前十；8 月，入选《世界期刊影响力指数（WJCI）报告（2020 科技版）》。《建筑学报》杂志社获由中共中央组织部、中共中央宣传部、人力资源社会保障部、科技部四部委联合评定的“第六届全国杰出专业技术人才先进集体”称号。

《建筑结构学报》全年出版正刊 12 期、增刊 2 期，获“百种中国杰出学术期刊”“2021 中国国际影响力优秀学术期刊”等称号，入选《世界期刊影响力指数（WJCI）报告（2020 科技版）》，位列 Q1 区。同时，有 4 篇优秀论文入选“领跑者 5000——中国精品科技期刊顶尖论文”。

《建筑实践》全年总计发表建筑评论 23 篇、案例介绍 94 篇、文章 101 篇。

学科发展工程 配合中国工程师联合体关于工程能力评价有关工作，参与《工程能力评价通用规范》《土木工程类工程能力评价规范》《建筑工程类工程能力评价规范》的编制以及工程能力评价候任考官培训、工程技术人员在线学习课程建设等工作。

学会教育评估办公室承担住房城乡建设部人事司全国高校建筑学专业评估委员会秘书处日常运作工作，截至 11 月，通过建筑学专业评估学校共 74 所。

承担全国注册建筑师管理委员会办公室工作，于 11 月 12 日发布《发布〈全国一级注册建筑师资格考试大纲（2021 年版）〉的公告》和《关于印发〈全国一级注册建筑师资格考试大纲新旧考试科目成绩认定衔接办法〉的通知》。

国际学术会议 7 月 12 日，由国际建筑师协会、巴西里约世界建筑师大会组委会、北京市人民政府及学会联合举办的第 27 届世界建筑师大会中巴合作论坛在北京召开。北京市委副书记、市长陈吉宁视频致辞，学会理事长修龙出席会议并讲话。此次论坛主要包含建筑展览、学术沙龙和主题论坛三个板块。

10月29日—11月2日，由学会联合同济大学、亚洲建筑师协会共同主办的第十九届亚洲建筑师大会在上海市召开。此届大会以“共享　更新”为主题，开设主旨报告会和五大专题论坛，同期还举办亚洲建筑师协会执行局会议、专业委员会会议、理事会议，以及亚洲建筑师协会建筑奖颁奖典礼、建筑学生联谊会等活动。住房城乡建设部副部长黄艳、学会理事长修龙以视频方式出席会议并致辞。大会以线上直播的形式进行，来自海内外的专家、学者和学生共近6万人次参加会议，共同探讨亚洲建筑和城市面临的挑战和机遇，共商亚洲各国、各地区之间建筑设计理念共享与更新的途径。

国内主要学术会议　2021年，学会及其二级组织共举办系列学术活动200多场，线上线下参会人数500万余人次。

10月17日，由威海市人民政府、山东省住房城乡建设厅和学会联合主办的第十一届中国威海国际建筑设计大奖赛暨2021国际大学生建筑设计方案竞赛评审会议在山东省威海市举办，共评出获奖作品87项。

10月25日，由住房城乡建设部和青海省人民政府共同主办、学会承办的新时代高原美丽城镇建设省部论坛的分论坛——智慧韧性安全城镇论坛在青海省西宁市召开。论坛邀请5位专家就城市体检、城市安全、韧性城市、BIM及CIM应用、城市智慧治理等方面的研究成果展开交流和探讨，以期促进学术知识、地方经验、智能技术等有效结合，增强宜居城市的韧性，提高城市建设及生活质量。

两岸交流　4月16—17日，香港建筑师学会“一带一路”论坛2021在香港特别行政区召开，此次论坛以现场及网上同步直播的形式举办。学会理事长修龙、秘书长李存东应邀参加并作报告和发言。香港特别行政区行政长官林郑月娥应邀出席论坛开幕式并讲话。

国际组织任职　7月，国际建筑师协会进行换届选举，学会常务理事张利当选为理事，张维当选为副理事。学会共有11人在国际建筑师协会4个委员会任职，分别是李翔宁、张彤、唐孝祥为建筑教育委员会委员；董卫、刘刊为国际竞赛委员会委员；庄惟敏为职业实践委员会联席主任，张维、袁锋为职业实践委员会委员；张利、穆钧、王静为可持续发展目标委员会委员。27人在国际建筑师协会10个工作组任职，分别是王兴田、邵磊、黄向明任“所有人的建筑”工作组成员；袁野、徐桑任“建筑与儿童”工作组成员；刘小虎、潘曦、肖伟任“遗产与文化认同”工作组成员；韩洁任“社会人居”工作组成员；鲍莉、张蔚任“社区建筑”工作组成员；韩林飞任“中等城市：城市化与建筑师”工作组成员；刘玉龙、张远平、齐奕、龙灏任“公共卫生”工作组成员；钱锋、张军英、宗轩任“运动与休闲”工作组成员；褚冬竹、刘宇波、曹雨佳任“教育文化场所”工作组成员；张俊杰、张利、唐文胜、杨震、李华任“公共空间”工作组成员。

国际交往　2月27日，学会理事长修龙出席亚洲建筑师协会中期理事会线上特别会议。此次中期理事会议听取各成员学会理事长的年度汇报和亚洲建筑师协会专业委员会2021年的活动规划，并就亚洲建筑师协会官方事务进行通报。

6月24—25日，中国工程院院士、全国高等学校建筑学专业教育评估委员会主任庄惟敏，学会副理事长赵琦组成中方代表团参加《堪培拉协议》第八次代表大会线上会议。此次会议听取各成员对协议实施情况的汇报，讨论2021年的周期性考察工作，宣布协议新任秘书处及秘书。

7月18日、22日、26日、28日，学会理事长修龙率领中方代表团出席国际建筑师协会第28届会员代表线上大会。此次会议听取主席、司库和秘书长工作报告，进行国际建筑师协会理事会换届选举和2026年国际建筑师协会世界建筑师大会主办城市选举等活动。

8月26日，学会理事长修龙、副理事长赵琦、常务理事张利参加国际建筑师协会四区线上会议。

10月27—28日，学会副理事长赵琦、执业资格注册中心副主任于洋参加第九届APEC（亚太经济合作组织）建筑师项目中央理事会。会议内容主要包括审议和通过第八次中央理事会以来的会议纪要，听取各经济体的工作汇报并对APEC建筑师项目的未来发展进行讨论，审议和通过秘书处工作报告，审议和修订APEC建筑师项目操作手册，修改和确定秘书处轮值时间表等。

科普活动　截至2021年年底，学会共有科普教育基地93家。2021年度举办的科普活动受众10万余人次。2021年，学会支持17项科普公益项目，项目涵盖国际建筑文化交流、建筑遗产科普、乡建科普与技能培训、儿童建筑科普教育等领域。其中，由同济大学建筑学院策划组织的科普专项中学生建造节获得2021年度上海科普成果奖。

与机械工业出版社合作出版建筑科普系列丛书《中国建筑图解词典》，版权输出韩国、俄罗斯、越南、阿拉伯等国家及我国台湾地区。

表彰举荐优秀科技工作者 亚洲建筑师协会2021年度建筑奖由学会承办，共收到14个国家和地区的224份参赛作品，其中中国提交144份。最终评出5个金奖、17个荣誉提名奖以及4个特别奖，共计25个项目获奖。本次中国建筑师共斩获3个金奖、7个荣誉提名奖和4个特别奖。

完成2019—2020年度中国建筑学会建筑设计奖评审工作，共授奖924项，其中人物类23项、项目类901项；完成2019—2020年度中国建筑学会科技进步奖的全部评审工作，共授奖69项。

党建强会 学会组织全体党员同志赴香山革命纪念馆瞻仰学习，从党的光辉历史中汲取奋进力量。组织“庆祝建党100周年·发现春天的美”摄影比赛活动，报住房城乡建设部《关于举办庆祝中国共产党成立100周年书画摄影诗词手工作品展》。组织全体党员参加“追忆百年红色历史　传承新时代长城精神”活动，通过实地、实景、实物学习党史、重温党史。

会员服务 修订《中国建筑学会通讯（外籍）会员管理办法》等文件，规范二级组织发展会员流程。

利用学会网站、微信公众号、今日头条、短信平台、邮件平台、各种会议及活动资料以及面对面宣讲等形式，向广大会员推介学会服务、活动通知，宣传会员权益，服务会员需求。

完善会员系统、会议系统。

【中国建筑学会第十四次全国会员代表大会】 12月28日，中国建筑学会第十四次全国会员代表大会采取线上线下相结合的方式在北京召开。

中国科协常委、党组成员、书记处书记王进展，住房城乡建设部总经济师杨保军出席现场会议并致辞。学会第十三届理事会理事长修龙等30余人出席现场会议，副理事长崔愷、丁烈云、刘加平、孟建民、王建国、梅洪元以及学会理事、会员代表等200多人在线上参加大会。会议由学会副理事长、中国工程院院士庄惟敏主持。

会议审议通过《中国建筑学会第十三届理事会工作报告》《中国建筑学会第十三届理事会财务工作报告》《中国建筑学会第十三届监事会工作报告》《中国建筑学会章程修订案》；大会选举产生以修龙为理事长的中国建筑学会第十四届理事会以及中国建筑学会第十四届监事会。

（撰稿人：冷　亮）

中国土木工程学会

服务创新型国家和社会建设 学会桥梁及结构工程分会继续承担中国科协学科发展项目“2020—2021桥梁工程学科发展研究”，已完成课题研究任务，于11月12日召开项目验收会。

开展团体标准编制工作。印发《关于做好2021年中国土木工程学会重点领域标准化工作的通知》，累计立项标准100余项，正式批准发布32项学会标准，其中2021年发布14项，累计出版20余本；为加强学会标准顶层设计，组织开展“中国土木工程学会标准体系编制”工作，目标是培育和打造能够代表国内土木工程行业最高水平、最权威、最具影响力的团体标准，该工作现已完成征求意见稿。

开展科技成果鉴定工作。委托学会学术工作委员会、标准与出版工作委员会组织开展“吹沙填海软土地区大面积架空刚性停机坪关键技术研究”课题成果评价工作，并由学会发放评价证书。

学会建设 7月28日，学会在北京召开第十届理事会第四次理事会议，审议通过《关于中国土木工程学会变动理事长、副理事长的报告》等七项议案；选举第十届理事会理事长、副理事长；投票表决变更中国土木工程学会法定代表人。此外，学会召开常务理事会通讯会议4次、监事会视频会议2次。

组织召开分支机构2020年度工作总结会。此外，有2家分支机构完成换届工作，1家分支机构完成名称变更。

组织召开2021年度地方学会工作会议。会上，各地方学会结合自身特点，介绍各自工作开展情况，分享过去取得的经验和成效，指出面临的困境和问题，并对加强学会间合作发展提出想法和意见建议。

主办期刊 《土木工程学报》是由学会主办并直接管理的土木工程综合性中文学术期刊。2021年，接收论文 1121 篇，发表论文 144 篇，出版增刊 1 期。为进一步提升学报学术质量，拓展专家库建设；完成编委会换届工作；组织审稿专家对优秀论文进行评选表彰；推进《土木工程学报》英文版期刊建设。

学科发展工程 2021 年，学会编制完成《中国土木工程建设发展报告（2020）》。报告内容主要包括工程建设总体状况、工程建设企业竞争力分析、工程建设企业国际影响力分析、工程建设领域的科技创新、工程建设热点问题研究、工程建设相关政策、文件汇编与发展大事记等相关内容。此外，报告根据当年数据，综合得出年度工程建设相关企业排行分析，为中国工程建设企业实现高质量发展提供标杆，发挥示范和引领作用。

学会城市轨道交通技术工作委员会组织修编《城市轨道交通技术发展纲要建议（2021—2025）》。该纲要在总结中国城市轨道交通发展历程中的经验与教训的基础上，分析城市轨道交通存在的问题与未来发展趋势，并提出未来 5—10 年中国城市轨道交通的技术发展方向及重点研究的前沿理论和核心技术，是今后一个时期指导各城市轨道交通技术发展的纲领性文件。学会已批准发布。

国际学术会议 4 月 18—19 日，由学会市政工程分会、隧道及地下工程分会及中国岩石力学与工程学会隧道掘进机工程应用分会、上海市土木工程学会共同主办的 2021 中国（上海）国际隧道工程研讨会在上海市召开。来自中国、日本、意大利、奥地利、巴西等 7 个国家的 6 位中外院士和 600 多位行业人士通过线上线下的模式参加会议，在线观看直播人数超过 200 万人次。此次研讨会以“城市复杂环境下隧道工程的挑战与创新”为主题，设置 1 个主旨论坛、6 个主题论坛，来自多个国家的行业专家、学者通过约 100 场学术报告共同探讨，为城市地下空间建设发展汇聚创新力量与智慧方案。

10 月 15—17 日，由学会指导，学会工程风险与保险研究分会、隧道及地下工程分会主办的第三届隧道及地下工程检测与监测国际研讨会暨第七届中国土木工程学会隧道及地下工程分会建设管理与青年工作科技论坛在湖南省长沙市召开。此次会议采取线上线下相结合的方式举办，现场 350 余名专家、学者、研究生参加会议，线上直播观看人数达 1.2 万人次。

12 月 9—10 日，2021（第五届）城市防洪排涝国际论坛在上海市召开。本届论坛是在中国工程院土木、水利与建筑工程学部和学会指导下，由学会市政工程分会、水工业分会共同主办的。来自中国、美国、加拿大、英国、荷兰等国家的 7 位海内外院士、40 多位专家、学者通过“线上＋线下”的方式，围绕论坛主题“科学防洪排涝，提升城市品质”，结合各地城市防洪排涝建设发展中的实践经验、理论技术和成果创新作报告。线上线下参会人数达 300 人。

国内主要学术会议 2021 年，学会及其所属分支机构共召开学术会议 47 次，会议大多采取“线上＋线下”方式召开，线下参会人数约 1.4 万人次，线上参会人数及浏览量约 294 万人次，交流学术报告 1706 个，出版论文集 15 本，收录论文 972 篇。

学会主办和重点支持的学术会议有中国土木工程学会 2021 年学术年会，联合主办有 2021 年土木工程院士知名专家系列讲座暨第十二届全国研究生暑期学校、第二届全国基础设施智慧建造与运维学术论坛。

学会各分支机构组织开展各专业领域的学术交流活动，主要有 2021 中国隧道与地下工程大会暨中国土木工程学会隧道及地下工程分会第二十二届年会、第 29 届全国土工测试学术研讨会、第十一届全国特种混凝土技术交流会、第五届“水业大讲堂”、2021 公共交通学术年会、中国燃气运营与安全研讨会（第十一届）暨中国土木工程学会燃气分会 2021 年学术年会、第八届全国新型建筑工业化创新技术交流会、第十一届全国防震减灾工程学术研讨会、第 30 届地铁学术交流会暨 2021 城市轨道交通关键技术论坛、第六届全国工程风险与保险研究学术研讨会等。

7 月 26 日，由学会和东南大学联合主办的 2021 年土木工程院士知名专家系列讲座暨第十二届全国研究生暑期学校开学典礼在线上召开。中国工程院院士、日本工程院外籍院士、重庆大学教授周绪红，日本工程院外籍院士、东南大学教授吴智深，学会秘书长李明安，以及东南大学研究生院和土木工程学院的有关领导、土木工程学院师生等参加典礼。暑期学校自 7 月 26 日开学至 7 月 30 日毕业，分为结构与防灾、桥梁、岩土、工程管理、力学、市政以及智能建造七个专题，邀请周绪红、卢春房等 60 余位知名专家作报告。

10 月 15—17 日，第二届全国基础设施智慧建造与运维学术论坛在江苏省南京市召开。此次论坛由学会、中国铁道学会、中国公路学会、中国建筑学会等 10 个一级学会和东南大学主办。来自全国各地的土木、交通、建筑、城市规划、测绘、人工智能、电子信息等领域的500余名专家、学者现场参加论坛。此次论坛包括9场大会报告、64场特邀报告，分论坛主题涉及智能物联网、人工智能与大数据、智慧城市（智慧机场）、区块链与智慧工程管理、BIM/CIM和工程信息管理系统、建造机器人与智能化装备、数字孪生与智慧运维、新基建与传统基建融合创新等领域。

国际组织任职 学会现有3名专家担任国际组织主要负责人，分别是学会桥梁及结构工程分会理事长葛耀君担任国际桥梁与结构工程协会主席（任期2019—2022）、学会隧道及地下工程分会副理事长严金秀担任国际隧道与地下空间协会主席（任期2019—2022）、学会燃气分会推荐的李雅兰担任国际煤气联盟主席（任期2021—2024）。

国际交往 学会持续加强与国际组织和国别组织的联系与合作。经住房城乡建设部外事司报国务院批准，学会正式申办2024世界隧道大会并获得举办权；按时缴纳2021年的国际组织会费；申报3项中国科协2021年度国际组织专项；续签与英国土木工程师学会的合作协议。

科普活动 举办服务类科普活动。由学会城市公共交通分会主办的“5·20全国公交驾驶员关爱日”活动在江苏省镇江市举办；学会市政工程分会搭建“打开城市梦想的盒子”科技展厅，围绕隧道、路桥、环境能源、市政材料、城市运营五大板块梳理展品200余项，推广企业在市政工程领域的成果。

举办竞赛类科普活动。学会城市公共交通分会组织开展全国公交驾驶员节能技术大赛，大赛以“创建绿色公交、树立节能标兵”为主题，来自全国各地的82家公交企业和168位驾驶员参加比赛；学会总工程师工作委员会举办首届“建优杯”工程建设短视频大赛，共收到198个作品；学会隧道及地下工程分会举办“隧道印象　地下风采”——纪念《隧道建设（中英文）》创刊四十周年科普摄影大赛，24幅产品最终入围。

开展科普培训讲座类活动。学会隧道及地下工程分会举办第二期隧道及地下工程科技创新讲坛，现场有150人参加，线上9000余人次参与；学会城市公共交通分会举办7次公共交通领域类讲堂，1450余人参加；学会总工程师工作委员会举办2次在线视频公益课堂，在线学习、受益人数约23万人次；燃气分会开发“燃气 & 供热大讲堂”在线学习平台，已上线4项与燃气、供热行业相关国家标准和行业标准的宣贯课程，主讲人均为规范起草人，课程采用录播方式，注册用户超过6500人。

表彰举荐优秀科技工作者 受中国科协委托，学会组织开展2021年中国科学院院士、中国工程院院士候选人推选工作，向中国科协推荐2名中国科学院院士候选人、4名中国工程院院士候选人，其中2名候选人通过中国科协评审并推荐至中国工程院参评；组织推荐2021年“最美科技工作者”候选人2名；组织推荐第十四届光华工程科技奖候选人3名；受科技部委托，组织推荐2020年创新人才推进计划候选人3名，均已进入会评阶段，按照科技部通知要求，已申报2020年创新人才推荐计划的人选（参加会评的）视同已申报国家高层次人才特殊支持计划。

党建强会 学会党委和党支部认真贯彻落实上级党组织的部署要求，开展党建工作，全面推进党员队伍思想建设、组织建设、作风建设、反腐倡廉建设和制度建设。

党史学习教育贯穿全年，学会党支部结合学会工作实际和学会百年发展历史，创新学习形式和内容。组织党员干部职工学习《中国共产党简史》《中国土木工程学会史》，学习詹天佑、茅以升等近代杰出工程师的爱国精神和伟大事迹；适时组织开展革命传统教育、重大工程技术学习参观等主题党日活动，不断提高理论知识和业务工作水平。

开展“我为群众办实事”实践活动。围绕学会职能和学会健康发展目标，结合实际制订“我为群众办实事”项目清单，并制订具体目标、任务、措施，确保实践活动取得一定效果。

学会党支部采取多种形式组织开展党章党规党纪宣传教育，使党员干部从思想上筑牢拒腐防变的防线。

学会党支部于2021年获得“住房和城乡建设部直属机关先进基层党组织”表彰。

会员服务 2021年，学会新增个人会员274人，新增单位会员266家。通过加强学会网站建设、会员管理系统建设、微信公众号管理等信息化手段，为会员提供信息服务，方便会员了解学会动态、参加学会活动，加强学会与会员之间的联系。

为会员单位赠阅12期《土木工程学报》；对会员参加学会组织的学术活动给予优惠政策；对会员参加学会开展的评选表彰、标准编制、科技成果鉴定等工作不收取任何费用。

【中国土木工程学会2021年学术年会暨第十八届中国土木工程詹天佑奖颁奖大会】 9月27—29日，由学会和长沙市人民政府主办，中国建筑集团有限公司、中国建筑第五工程局有限公司、北京詹天佑土木工程科学技术发展基金会承办的中国土木工程学会2021年学术年会暨第十八届中国土木工程詹天佑奖颁奖大会在湖南省长沙市召开。来自住房城乡建设部、交通运输部、水利部、中国工程院、中国国家铁路集团有限公司（原铁道部）等单位的领导以及全国建筑、交通、铁路、道桥、隧道、市政等土木工程各个领域的院士、专家、学者、学会会员参加会议，现场参会人数限定为1200余人，通过视频直播在线观看的浏览量为150多万。

住房城乡建设部原副部长、学会理事长易军作报告。湖南省副省长陈文浩、住房城乡建设部总工程师李如生、湖南省长沙市副市长周志凯及学会副理事长马泽平致辞。学会副理事长尚春明主持开幕式。

住房城乡建设部工程质量安全监管司副司长陈波宣读第十八届中国土木工程詹天佑奖颁奖决定及获奖工程名单，与会领导向30项获奖工程及获奖单位颁发中国土木工程詹天佑奖奖杯。

会议同期举办以“城市更新与土木工程高质量发展”为主题的中国土木工程学会2021年学术年会。出席年会的院士有13位，其中9位院士作大会学术报告。会议聚焦绿色低碳建设、“后疫情时代”城市更新、碳达峰碳中和健康建筑、绿色建造、数字建造、韧性城市、智慧城市、智能交通、数字市政、现代桥隧、地下空间高效开发与利用、城市防灾减灾、土木工程高质量发展等难点热点问题。与会专家、学者除交流新的研究成果与研究进展外，还提出与城市更新与土木工程高质量发展相关的技术及政策建议。

此次会议首次采取“1+N”模式，设置科技赋能助力城市更新与发展、工程建设数字化转型、城市更新下建筑设计创新、“双碳”目标与绿色建造、市政基础设施城市更新、结构健康监测6个分论坛，邀请50余位相关领域的专家作分论坛学术报告；会议还组织观摩2个工程。中央电视台、人民网、新华网等多家媒体对大会进行报道。

会议共收到论文投稿300余篇，经评审从中选出185篇在理论上或技术上具有一定创新和工程应用价值的论文汇编成2021年学术年会论文集。另外，经专家审核，录用6篇论文发表在《土木工程学报》（增刊）。

（撰稿人：张　君　刘　渊）

中国生物工程学会

服务创新型国家和社会建设 2021年，学会申请“科创中国：山东济南医疗康养产业科技服务团项目”。根据项目要求，与山东省济南市建立对接工作机制，组织科技服务团赴济南市开展调研工作；完成收集54条需求并上传至平台；收集103位专家并录入“人才库”；完成65项专利成果，全部上传“成果库”；建立2个产学协同组织，分别是济南服务站和科创中国－济南医疗康养产业创新中心；提交《济南医疗康养产业创新中心建设方案》和《济南医疗康养产业共性关键技术识别》；围绕医疗康养产业开展服务，包括学术交流、技术路演、智库建言、科普传播和济南重点产业领域动态跟踪报告；提交服务产学融合典型案例。

申请“科创中国重庆永川项目”。该项目主要包括组建“生物医药产业专利池”，搭建知识产权运营平台、产业技术咨询平台、专利成果信息平台和高端产业资源平台，开展技术服务与交易系列活动，落地转化中国科学院院所生物医药领域高质量、高价值专利成果，引进孵化生物医药供应链项目，建立知识产权保护体系，形成技术壁垒，提高重庆生物医药产业的市场占有率，快速打造生物医药产业集群。按照合同任务和项目计划，项目7项检查指标全部完成，其中2项业务指标（专家名单和成果信息）全部超额完成，超额完成率分别为20%和100%。

学会连续第三年承担“第六届中国科协优秀科技论文遴选计划”生命科学与基础医学集群牵头单位的项目实施工作。经评审会评审，遴选出本集群的10篇优秀论文，并最终通过中国科协正式确认。

学会建设 截至2021年年底，学会理事会有146人，其中常务理事46人。按章程规定，召开2次常务理事会议和1次理事会议。2021年，新增个人会员512人、新增团体会员7个；截至2021年年底，个人会员总数为3613人，团体会员总数为143个，分支机构总数为31个。

全国生物技术职业教育教学指导委员会挂靠中国生物工程学会进行日常管理。

在第七届理事会的领导下，日常工作实行秘书长负责制，每月召开一次秘书长办公会议，讨论和解决日常工作中遇到的问题。重大事项通过常务理事会或理事会进行表决。

青年人才托举工程 2021年，学会完成中国科协生命科学联合体第七届“青年人才托举工程”项目的候选人推荐工作。中国科学院微生物研究所助理研究员刘科芳和南京师范大学副教授孙小曼入选第七届（2021—2023年度）“青年人才托举工程”项目名单。截至2021年年底，学会共有14人入选“青年人才托举工程”。

主办期刊 学会会刊《中国生物工程杂志》由学会与中国科学院、中国生物技术发展中心共同主办，被《中文核心期刊要目总览》、中国科技论文统计源（中国科技核心期刊）、中国科学引文索引以及美国化学文摘、英国《国际农业与生物科学研究中心》等国内外著名检索系统和相关领域文摘类期刊收录。2021年出版12期，载文154篇。现有编辑人员3名，其中高级职称1名、副编审2名。

2021年,《合成生物学》出版12期纸刊，在线出版近200篇优秀科技论文。全年出版《半导体合成生物学——DNA存储》《天然产物》《化学品合成》《纪念王义翘教授》4个专辑。4月,《合成生物学》被中国科学引文数据库收录；9月，登上领研网等组织的“2021第二季度全球学术期刊微信传播力榜Top 500”和“2021第三季度中国期刊微信传播力Top 100”，在中国期刊Top 100中排名第41；并入选中国期刊协会组织的“首届中国期刊设计艺术周活动推荐期刊”，同时入选“封面设计类”和“版式设计类”。

国际学术会议 11月1—3日，冠状病毒国际前沿研究与创新论坛在北京召开，会议采取线上线下相结合的方式举办。此次论坛由中国科学院微生物研究所和“一带一路”国际科学组织联盟联合主办，学会为承办单位之一。会议以“战胜新冠病毒：向科学要答案”为主题，以学科领域带头人为讨论主导，以一线学者为主体，邀请包括中国科学院院士、美国国家科学院院士、巴西科学院院士等在内的60余位国内外冠状病毒研究领域的专家作大会报告，围绕病毒感染与致病机制、疫苗及抗体和药物研发、免疫应答机制及临床诊疗方案、公共卫生与全球健康策略四大主题进行交流探讨，线上参会人数累计600余人。

论坛呼吁全球科学家团结起来，共同践行社会责任，以科学为武器，携手助力新发突发传染病的防控与疾病救治。

国内主要学术会议 7月9—11日，2021年全国糖科学与糖工程学术会议暨产业论坛在重庆市举办。论坛由学会糖生物工程专业委员会、中国生物物理学会糖生物学分会、重庆医科大学和北京阳光健康公益基金会联合主办，重庆医科大学药学院、中国科学院过程工程研究所生化工程国家重点实验室、南方科技大学和上海科技大学承办。论坛围绕“糖科学与糖工程产业”共同研讨糖链结构功能、制备技术、检测分析方法以及糖类药物、营养食品、生物医用材料研究开发等相关领域的最新研究进展和成果，并就中国糖生物工程产业的现状及产业结构升级展开多视角、跨学科交流。论坛强调在生物技术、生命科学等领域攻克一批“卡脖子”的技术，为推进中国创新发展、高质量发展提供智力支撑。

7月15—18日，由学会等共同主办的第七届全国计算生物学与生物信息学学术会议暨人工智能与生物医学信息学学术会议在山东省烟台市召开。大会主席、中国科学院院士陈润生，学会秘书长张宏翔分别在开幕式上致辞。大会以“人工智能与生物医疗大数据的有机融合”为主题，设置主旨报告、特邀专题报告、口头报告等学术报告100余场，为相关领域专家、学者跨界交流搭建沟通平台。

9月22—25日，第十四届全国医学生物技术研讨会在青海省西宁市召开。研讨会由学会医学生物技术专业委员会主办、军事科学院军事医学研究院生物工程研究所承办、青海大学医学院协办。邀请30多位国家杰出青年、“长江学者奖励计划”、国家优秀青年、“青年千人计划”等荣誉获得者到会报告或主持，展示基因编辑技术、单细胞基因组学和转录组学技术、高通量测序、超高分辨分子成像技术、大数据挖掘与可视化技术等生物医学新技术在疫苗研制、免疫治疗、肿瘤防诊治、基因治疗、干细胞与再生医学等领域的研究成果。

11月28—29日，中国生物工程学会细胞分析专业委员会年会通过线上网络直播。会议由学会细胞分析专业委员会主任委员刘艳荣主持，邀请国内外共10名专家在线讲座，聚焦免疫、形态、病理、分子等细胞分析技术在临床及科研不同领域中的应用。现场直播平台人数达1864人次。

12月4—5日，2021中国（南昌）生物资源大会暨全国生物资源产业创新大会在江西省南昌市召开。会议由学会生物资源专业委员会主办，江西农业大学、九江学院和江西省生物工程学会承办。大会采取线上线下、主会场和分会场结合的办会模式，分别设立江西农业大学主会场、九江分会场、南京分会场和遵义分会场。来自中国内地和香港特别行政区生物资源领域的100多位优秀科研人员交流最新研究开发进展，27位专家和研究生做大会发言。会议还举办“中国生物工程学会江西科技服务站”揭牌仪式。会上，学会生物资源专业委员会对2022年生物资源学术活动安排、《生物资源学导论》教材改版、职教版《生物资源技术》编写以及 *Introduction to Bioresources* 英文版教材出版等工作进行部署。

12月9—10日，由学会生物传感、生物芯片与纳米生物技术分会主办，中国科学院大连化学物理研究所和中国科学院生物物理研究所等共同承办的第三届中国生物传感、生物芯片与纳米生物技术高端论坛在辽宁省大连市召开。论坛采用线上线下相结合的方式举办。论坛执行主席、中国科学院大连化学物理研究所研究员秦建华主持论坛。来自全国各高等院校、科研院所以及相关企业等的8000余人次线上参加会议。

科普活动 7月，在学会主办的全国植物育种与生物技术研讨会上，中国科学院院士张启发为参会人员作报告《新时期的稻之道》。

9月，学会科普工作委员会联合北京理工大学开展“给00后讲讲生物化工”的科普活动。活动围绕基于合成生物学的生物化工领域的前沿进展、产业发展现状、学科前景等主题进行海报展示，同时针对科普对象的特性设计科研实物与科普作品进行联合展示，到场大学生超百人。

10月，在中国生物工程学会第十四届学术年会上，学会理事长、中国科学院院士高福以《新冠疫情：疫情出现、病毒发现、溯源、疫苗》为题向参加会议的400多名科技工作者概述中国新冠疫情防控措施及成就，介绍中国在抗体药物研发、疫苗开发等干预措施方面的进展。

表彰举荐优秀科技工作者 2021年，学会向中国科协生命科学学会联合体推荐2项“中国生命科学十大进展”候选项目并全部入选，分别是中国科学院院士高福为主要负责人的“冠状病毒的跨种识别和分子机制”和中国科学院天津工业生物技术研究所所长、研究员马延和为主要负责人的“从二氧化碳到淀粉的人工合成”。中国科协“十大”代表调研课题入选5项。

开展中国科协“十大”代表、第十三届谈家桢生命科学奖、第十四届光华工程科技奖、中国科协2021年度“高端科技创新智库青年项目”候选人人选的推荐工作。

党建强会 2021年，学会秘书处部分同志参加党建基本知识线上答题活动。组织学习党的十九届六中全会精神，立足做好本职工作。按中国科协科技社团党委的有关要求，进一步增强“四个意识”、坚定“四个自信”、做到“两个维护”，引领广大生物工程科技工作者建功新时代。

会员服务 2021年，学会开始用中国科协学会服务中心的科界会议管理系统发展会员，会员管理逐步走向信息化。建立精准推送会员服务的信息系统，实现会员在线注册、网上缴费、自主生成电子会员卡等功能。同时，强化群发功能，通过短信提醒、电子邮件发送等形式加强与会员的联系与沟通。

【中国生物工程学会第七次全国会员代表大会】 4月18日，中国生物工程学会第七次全国会员代表大会在北京召开。中国科协党组成员、书记处书记吕昭平，中国科协生命科学学会联合体秘书长王小宁，中国科学院微生物研究所所长钱韦出席会议并致辞。300余位会员代表参加大会，学会第六届理事会理事长高福主持会议。

大会通过第六届理事会所作的工作报告和财务报告以及《中国生物工程学会章程》(修订草案)，以无记名投票方式选举产生由148位理事组成的第七届理事会和由5位监事组成的第一届监事会。

会议同期召开第七届理事会第一次会议，经无记名投票选举，高福当选为第七届理事会理事长，陈惠鹏、陈坚、李校堃、马树恒、马延和、杨晓明、岳国君、张福锁、张先恩、张新民当选为副理事长；选举产生由48位常务理事组成的常务理事会，聘任张宏翔为秘书长。

第七届常务理事会第一次会议聘请莽克强、陈竺、杨胜利、欧阳平凯4人为第七届理事会名誉理事长；聘请许智宏、侯云德、赵国屏、陈润生、季维智、强伯勤、沈倍奋、杨焕明、马清钧、孟广震、卢圣栋、翁延年、张树庸、曹竹安为第七届理事会顾问；会议决定学会各分支机构主任（委员）；决定杜昱光、叶棋浓、马俊才、仝舟、陈禹保为副秘书长。

第七届常务理事会党员大会选举产生新一届学会党委，高福任学会党委书记，曹诚任纪检委员，马树恒、杜昱光为委员。第一届监事会第一次监事会议经无记名投票选举，朱祯当选为第一届监事会监事长，曹诚当选为副监事长。

【中国生物工程学会第十四届学术年会 / 第三届生物经济助力山西全方位高质量发展大会 / 2021 年全国生物技术大会】 10 月 16—17 日，由学会、山西省科学技术协会等主办的中国生物工程学会第十四届学术年会 / 第三届生物经济助力山西全方位高质量发展大会 /2021 年全国生物技术大会在山西省晋中市召开，400 余人参加会议。

大会主旨报告分别邀请学会理事长、中国疾病预防控制中心主任高福作报告《病毒的发现、流行病学与疫苗》，中国科学院院士、中国科学院植物研究所研究员匡廷云作报告《应对“双碳”目标——光合作用与清洁能源的研发和生物固碳（Bio-ccus）》，中国科学院生物物理研究所研究员张先恩作报告《合成生物学路线图概略》，中国科学院微生物研究所研究员、山西农业大学副校长孔照胜作报告《环境氮素感知与共生固氮分子开关》，中国科学院天津工业生物技术研究所副研究员蔡韬作报告《从 0 到 1：淀粉分子的全合成》。

会议还组织 9 个专题论坛，分别是精准医学学术论坛、第四届三晋干细胞论坛、植物基因组学与分子育种学术研讨会、环境生物工程与绿色低碳发展论坛、生物医学健康大数据与 AI 药物研发论坛、生命科学支撑技术研讨会、糖科学与山西中药产业发展论坛、饲用高蛋白植物资源开发利用研讨会和 2021 年全国生物技术职业教育年会。

会议还组织生物医学知识产权专题活动。征集和筛选高价值生物医学专利技术成果，由学科专家和知识产权专家对专利成果进行筛选和评估，由大会推荐高价值专利技术并颁发证书。

（撰稿人：蒋玉清）

中国纺织工程学会

服务创新型国家和社会建设 2021 年，学会完成中国工程院 2019—2021 重点咨询项目“2035 我国基础材料绿色制造和智能制造技术路线图研究”的子课题。作为第一承担单位主持的“基于人工智能的纺织纤维成分分析技术研究及应用”项目获得中国纺织工业联合会科学技术进步奖二等奖。

发布团体标准 18 项，推荐的《纺织定形机废气治理技术规范》（T/CTES 1033—2021）入选工业和信息化部“2021 年百项团体标准应用示范项目”。

作为中国工程教育专业认证协会纺织类专业认证委员会秘书处，共完成 14 个专业点的工程教育认证申请、8 个专业的自评报告审核和 3 个专业的中期报告审核；进校考查 3 个专业，线上考查 1 个专业。

举办 2021 纺织领域印染技术系列工程师培训班，30 余人参加培训。

开展纺织领域工程系列技术人员专业技术水平高级工程师、工程师和助理工程师三个级别的评审工作，共 160 余人通过评审。

6 月 19 日，中国纺织工程学会常州工作站揭牌。

2021 年，学会下属的两家产业研究院共申请“一种天然耐久抗菌散纤维及其制备方法”等 7 项专利；参与标准起草和制订 4 项，其中团体标准 2 项、企业标准 2 项。服务企业 500 余家，开展技术服务活动 60 余次。与森宝（福建）纺织科技发展有限公司联合研发一种亲肤性功能面料评价技术，为其提供技术支持，并对接品牌企业——特步（中国）有限公司，实现产品转化。学会下属的石狮市中纺学服装及配饰产业研究院被认定为福建省科技馆纺织科学分馆，入选福建省第七批引才“百人计划”团队名单、泉州市人才“港湾计划”第五批引进高层次人才团队名单。

2021 年，学会以高技术纤维与现代纺织科技服务团为抓手，加入“科创中国”联合体，重点对接 20 余个省、市、区（县）级科协，调研江西省九江市、浙江省平湖市、浙江省海宁市、江苏省常州市、浙江省苍南县等地纺织企业与产业集群。分别与“科创中国・宁波”综合服务体——启迪科技园、温州市人民政府签订“科创中国”战略合作协议 2 项，与永嘉县人民政府签订研发中心合作协议 1 项。在试点城市山东省泰安市加强一对一专家服务企业机制建设。共上传试点城市福建省泉州市、浙江省嘉兴市两地的企业需求 100 余项，建立包括 100 余人的专家库，发布成果 50 余项。开展 2021“科创中国”榜单推荐工作，向中国科协推荐先导技术榜单 5 项、新锐企业 4 家、产学研融通组织 3 家、突破短板关键技术 1 项。

由学会牵头组建的高技术纤维与现代纺织科技服务团被中国科协评为“科创中国”优秀科技服务团；由学会推荐的广州冠图视觉科技有限公司、常州宏大科技（集团）有限公司入选2021“科创中国”新锐企业榜；常州宏大科技（集团）有限公司研发的“基于人工智能技术的织物图像整花整纬技术产业化应用及推广技术”入选2021“科创中国”先导技术榜。

学会建设 2021年，学会第二十六届理事会召开常务理事会议4次、理事会议1次。新增个人会员1051人，其中学生会员124人、普通会员503人、高级会员424人；增补副理事长2人、常务理事1人、理事3人，变更理事2人。发布《中国纺织工程学会事业发展“十四五”规划（2021—2025年）》。

2021年，获批中国科协“中国特色一流学会建设项目”支持学会三类项目建设学会。

青年人才托举工程 2021年，学会征集第七届青年人才，经过资料审核、初审、专家函评，遴选出10名候选人答辩，最终推荐3人入选第七届（2021—2023年度）中国科协“青年人才托举工程”项目候选人并获得项目资助。

组织召开青年人才托举座谈会，邀请被托举人参加中国科协、学会的相关学术交流活动，共同探讨纺织青年科技人才的培养模式等。从第一届至第七届，学会共推荐15位“青年人才托举工程”项目候选人。

主办期刊 2021年，《纺织学报》和《毛纺科技》继续入选全国中文核心期刊目录（2020年版），分别获评首届“方正电子”杯中国期刊设计艺术周优秀版式设计。

《纺织学报》全年出版345篇文章，面向国家重大需求，围绕重大热点问题组织8期专栏；新开设视频号，共发布8个视频，累计观看人数超过2.2万。成立《纺织学报》第一届青年编辑委员会和第十届编辑委员会，并于12月10日在江苏省无锡市召开成立大会。入选“百种中国杰出学术期刊”和“中国科技期刊卓越行动计划”梯队期刊项目，1篇文章入选中国百篇最具影响国内学术论文，4篇文章入选“领跑者5000——中国精品科技期刊顶尖学术论文”。

《毛纺科技》全年出版237篇文章，成立第二届《毛纺科技》编辑委员会，并于7月28日在内蒙古自治区巴彦淖尔市召开成立会议。在青岛大学举办走进高校系列活动，与师生进行座谈，并围绕投稿及常见退稿原因分析等作报告。

学科发展工程 2021年，学会配合中国纺织工业联合会完成“关于‘十四五’期间逐步建立分层次、分区域的国家纺织制造业创新服务体系，充分发挥行业创新平台作用，全面推进行业自主创新能力建设”提案。实施纺织基础材料行业“双碳”技术路径研究。

向中国科协推荐纺织领域2021重大科学问题2项、工程技术难题5项，被授予中国科协“重大科技问题难题征集发布2018—2021年度优秀组织单位”。

国际学术会议 2021年，学会组织召开境内国际会议2次，包括第一届亚洲先进材料高峰论坛“生物医用纤维及复合材料”分论坛、智能纤维材料国际论坛。3月8—10日，由学会主办、东华大学和《纺织学报》编辑委员会承办的第一届亚洲先进材料高峰论坛“生物医用纤维及复合材料”分论坛在上海市举办，来自材料领域的200多位科学家和研究生出席论坛，同时邀请来自19个国家的72位材料科学家作报告。会议采取线下录播及直播相结合的方式进行，就未来生物医用纤维材料和制品的技术革新和发展趋势进行交流与展望。

国内主要学术会议 2021年，学会及其所属分支机构共举办国内学术会议28次、展览1次，参加人数1万余人次，出版论文集2本，交流论文495篇。会议主要包括中国化纤科技大会（南通2021）、2021全国纺织服装标准创新大会暨中国纺织工程学会标准化技术委员会年会、“科创中国”产学融合会议——长三角现代纺织产业创新发展高峰论坛、第五届全国纺织机器人应用高峰论坛暨服装产业智能化推进大会、2021苏锡常高校产学研合作创新平台启动仪式暨创新赋能纺织高质量发展大会、2021年“绿色纤维及制品认证”产业链推广交流会、第39届全国毛纺年会暨巴彦淖尔绒毛产业高峰论坛、2021全国纺织科技成果转化与合作大会、2021针织科技创新发展大会以及“国风西南　艺术重庆”中国西南时尚设计（非遗、国潮）纹样艺术作品展等。

4月18—19日，由学会主办的以“小辅料　大精彩”为主题的2021中国服装辅料大会在福建省泉州市石狮市举办。大会与第二十四届海峡两岸纺织服装博览会联动召开。会上，举办“中纺学产业研究院&爱色丽联合色彩实验室”揭牌仪式，为福建省纺织工程学会等5家单位颁发2021中国服装辅料大会特别贡献奖，为福建省第七批引才“百人计划”专家颁发证书。会议同期举办“小辅料 大精彩”辅料上下游对接会，定向邀请30余家辅料企业、专业市场、品牌采购商与辅料企业开展一对一沟通与精准对接，来自企业、产业集群以及高校的350余名专家、学者参加。

4月24日，由学会主办的第十八期纺织科技新见解学术沙龙在江苏省无锡市召开，主题为“纤维原液着色关键技术及其产品”。会议邀请中国工程院院士、东华大学校长俞建勇，东华大学研究员王华平，中国通用技术（集团）控股有限责任公司研究员李鑫，江南大学教授付少海担任领衔科学家。来自高校、科研院所以及企业的60余名专家、学者参加活动。

12月11日，由学会主办的第二届纺织科学技术学科未来发展论坛在江苏省无锡市召开，主题为“碳达峰碳中和目标下的纺织科技创新”。论坛邀请中国工程院院士、东华大学校长俞建勇，中国工程院院士、武汉纺织大学校长徐卫林等，以及来自高校、科研院所及企业的100余名纺织领域及其交叉领域的专家、学者参加研讨。

两岸交流 9月，由学会联合发起成立的海峡两岸纺织服装产学研联合体受邀作为Fashion Summit 2021香港时尚高峰活动的支持机构，在学会网站等媒介宣传报道活动动态，并组织学会会员及企业参加活动。

国际交往 学会与中国国际纺织机械展览会暨ITMA亚洲展览会签署合作协议，在双方官方网站等平台开展双方机构的宣传推广，并组织相关企业参加ITMA 2023意大利纺织机械展览会。

科普活动 2021年，学会微信公众号共编辑发布科普类新闻48篇、视频25个；组织纺织科普大讲堂进校园活动8场，举办科普大讲堂8场、科普讲座2次，活动受众1000余人，线上点击量13万次，收到有效满意度问卷1893份；新建科普教育基地9个，聘任科学传播专家6名。制订《中国纺织工程学会科普工作“十四五”规划》《中国纺织工程学会品牌科普活动实施办法》。

学会获评中国科协办公厅“2021年度科技志愿服务队先进典型”、中国科协科学技术普及部“2021年度全国学会科普工作优秀单位”“2021年全国科普日活动优秀组织单位”“全国科普日优秀活动”称号。

表彰举荐优秀科技工作者 2021年，学会共推荐中国科学院院士、中国工程院院士、2021年“最美科技工作者”、“桑麻学者”、第十四届光华工程科技奖提名人选、第二十四届中国科协求是杰出青年成果转化奖、中国纺织工程学会学术奖候选人等30名；推荐第22届陈维稷优秀论文和2021年度纺织优秀博士、硕士学位论文36篇；向中国科协推荐国家层面科技报道专家库入库专家57名，向第六届中国科协优秀科技论文遴选计划推荐专家2名，向中国纺织工业联合会推荐“‘十四五’中国纺织行业科技专家”20名。

学会推荐东华大学教授程隆棣等5人入选2021年中国纺织工程学会会士。

东华大学教授覃小红获得第二十四届中国科协求是杰出青年成果转化奖，东华大学研究员丁彬获得中国纺织工程学会学术奖2021纺织学术大奖，东华大学教授蒋金华等5人荣获2021纺织学术带头人奖，厦门当盛新材料有限公司总经理罗章生等5人获“百草纤维”2021纺织科技成果转化贡献奖。

发布《条混工艺参数对混合效果的影响》等15篇第22届陈维稷优秀论文、《3D打印连续纤维增强格栅结构及其力学和形状记忆性能研究》等14篇2021年度纺织优秀硕士学位论文、《柔性纺织基材表面结构生色光子晶体的稳定性及快速大面积组装研究》等7篇2021年度纺织优秀博士学位论文。

党建强会 2021年，学会推动党建工作与业务工作深度融合，理事会党委共召开11次党委会议，研究学会重点工作，部署学会系统的主题教育。

经理事会党委会议审议通过，学会23个分支机构（19个专业委员会、4个工作委员会）全部成立党的工作小组。

9月17日，前往河北省西柏坡希望小学开展“薪火相传，情暖童心”捐赠助学进校园活动，为学校师生捐赠校服800套，并捐助两名品学兼优的学生。

中国科协机关党委（学会党建办公室）常务副书记、直属机关工会主席李志刚等一行到学会调研，并向学会赠送“科技志愿服务基层”锦旗。

组织全体党员参加国务院国有资产监督管理委员会网络红歌录制，制作《奔跑吧，党旗下的纺织人》视频并在全网发布；录制中国科协建党百年朗诵音频《百年奋斗路　启航新征程》并在中国科协相关媒体对外发布；开展“众心向党，自立自强——我身边的科技工作者”微视频宣传活动，展现党员科技工作者的精神风貌。学会获评中国纺织工业联合会党委标准化、规范化建设优秀党支部（第一批），中国科协科技社团党委“庆祝建党100周年”征文、影像作品及节目征集活动优秀组织单位。

会员服务 学会探索会员服务新模式，面向企业、高校和个人会员开展针对性服务。一是开展理事高端培训，举办会员单位高端研习班，主题为“对标工业制造，创新驱动发展”，组织学会副理事长、常务理事和理事等30余人走进格力电器集团总部开展精品培训；二是服务会员高校，举办“会员服务万里行——走进河北科技大学”活动，促进产学研合作，推动学科高效快速发展；三是服务会员企业，举办“专家走进会员企业——江浙行”活动，学会定向组织小规模专家团队深入企业开展对接咨询，赴浙江天圣化纤有限公司、浙江台华新材料股份有限公司和盛虹控股集团有限公司等化纤企业开展实地考察与生产指导，对技术难题提出可行性方案；四是服务个人会员，举办“会员月”系列活动，宣传优秀个人会员，增强其荣誉感，并将活动海报在学会官方微信、中国科协官网、《中国纺织报》《纺织服装周刊》等多家媒体宣传推广，观看量突破1万人次；学会每月向理事、会员等发送《纺织动态信息》，定期传递学会通知和纺织学科信息。

【第十一届中国纺织学术年会】 10月22—24日，第十一届中国纺织学术年会在山东省青岛市召开。年会以“聚焦前沿技术　服务纺织经济”为主题，由学会主办、青岛大学承办。年会邀请国际纺织业联合会主席、中国纺织工业联合会会长孙瑞哲，中国纺织工业联合会副会长李陵申，学会理事长伏广伟，中国科学院院士刘嘉麒，中国工程院院士蒋士成、俞建勇、王玉忠等4位院士，以及来自全国120余家高等院校、科研机构、企事业单位的650余名专家、学者参加大会。

年会设置1个主会场，并特邀3个主题报告，孙瑞哲、刘嘉麒、北京服装学院教授王锐分别就《聚焦前沿技术　服务纺织经济》《玄武岩纤维及其在纺织领域的应用》《多元素复合阻燃体系的构建及其在聚酯中的应用》议题作主旨报告。

年会还组织105个专题报告，设置10个主题分会场，分别是生物可降解纤维分会场、高性能纤维及复合材料分会场、功能纤维材料论坛、强材料循环利用技术分会场、现代纺织技术论坛、健康与产业用纺织品分会场、纺织生态染整技术分会场、纺织品时尚设计与绿色制造分会场、智能纤维材料国际论坛、第一届纺织研究生论坛。

年会对中国纺织工程学会学术奖和第22届陈维稷优秀论文的获得者进行表彰，并发布中国纺织学术年会优秀墙报和第一届纺织研究生论坛优秀口头报告。

（撰稿人：刘凤坤）

中国造纸学会

服务创新型国家和社会建设　11月25—26日，学会组织专家团队赴河北省邢台市柏乡县进行科技服务，在柏乡县召开造纸及包装产业转型升级技术研讨会，并赴企业现场进行技术指导，引导柏乡县造纸产业向产能合理规划、产品创新设计、绿色可循环发展、智慧工厂建设方向转型升级。

组织学会专业委员会开展《绿色纸质外卖包装通用要求》《优质生活用纸》《优质卫生用品》团体标准的制订工作，完成《造纸毛毯用单丝》《造纸毛毯用短纤维》行业标准的修订工作。《FZ/T 25005—2021 底网造纸毛毯》行业标准正式颁布实施。

学会建设　2021年，学会召开理事会议1次、常务理事会议2次，按章程审议通过学会2021年度内的重大决策，与会员进一步加强沟通与交流。学会副理事长兼秘书长曹春昱当选为中国科协第十次全国代表大会代表及第十届全国委员会委员。学会根据行业科技发展方向和技术领域重点的变化，成立中国造纸学会纸基绿色包装材料及制品专业委员会，致力于推动纸基绿色包装材料、纸浆模塑材料及制品的发展、应用和普及，助力绿色低碳循环发展经济体系建设。

青年人才托举工程　根据中国科协相关要求，学会于9月底开展第七届（2021—2023年度）中国科协“青年人才托举工程”推荐工作，推荐4名制浆造纸领域候选人参与中国科协遴选。

主办期刊　《中国造纸学报》、《纸和造纸》、《中国造纸》、《造纸信息》、《造纸与生物质材料》（英文刊）期刊严格把控学术水平和出版物质量，打造精品学术期刊，影响因子有所提升。

学科发展工程　2021年，学会再生纤维利用技术专业委员会通过对废纸利用造纸企业和废纸制浆装备企业调研，收集整理以废纸为原料的造纸企业在废纸利用和废纸浆进口情况、国产及进口废纸制浆装备企业生产和为造纸企业提供相关设备的情况，结合公开信息和数据编制《2020—2021年度我国再生纤维利用及装备发展报告》。

《2021中国造纸年鉴》按计划完成编纂工作。

国际学术会议　2021年，学会举办国际学术会议

3场，线上线下参会人数1500余人次，交流学术论文130篇。

6月1—14日，学会与美国制浆造纸技术协会、巴西纤维素和制浆造纸技术协会等学术团体联合在线上举办2021年世界纳米纤维素展览会。展会以推动纳米纤维素及其复合材料、甲壳素和壳聚糖衍生的纳米材料的发展为目标。共有来自10个国家的21家单位参加展览，来自42个国家或地区的访客浏览展会。

11月10日，由学会、中国制浆造纸研究院有限公司和日本造纸学会共同主办的2021国际造纸技术报告会在上海市召开。此次技术报告会采用“现场＋线上”的方式召开。来自中国、美国、日本的13位专家、学者分别围绕“如何在‘双碳’背景下促进造纸企业节能减排技术迭代”“如何在禁塑、限塑背景下实现‘以纸代塑’目标”“如何促进造纸行业的绿色低碳发展”等主题进行交流，为拓展纸基包装材料的应用领域和开发功能化纸基包装材料的创新技术及产业化提供研究方向和思路。

11月20—21日，由学会和华南理工大学主办的第三届纳米纤维素材料国际会议在广东省广州市召开。会议采用“线上＋线下”方式进行，共有来自9个国家的363名专家、学者参加会议。会议共设立9个大会报告、39个邀请报告、28个口头报告和41个墙报。来自国内外的科技工作者展示纳米纤维素材料的制备、表征、改性与应用等领域的创新成果，为造纸行业及相关领域的科技工作者提供学习国内外先进技术及相互交流的机会。

国内主要学术会议 2021年，学会举办国内学术会议4场，线上线下参会人数达1900余人次。

4月19日，由学会主办、学会特种纸专业委员会承办的2021特种纸产业信息及市场形势研讨会在安徽省黄山市召开。来自56个单位的92位专家、学者现场参加会议。与会专家、学者从纸浆的生产、运输、贸易及期货等方面分析纸浆市场的现状及发展趋势，共同探讨产业的发展前景。会议期间还召开我国特种纸产业信息及市场形势座谈会，与会专家、学者探讨中国特种纸产业的现状和发展方向，并对中国特种纸产业的发展未来提出建议。

5月21日，由学会主办、学会纸基绿色包装材料及制品专业委员会承办的纸基绿色包装研讨会在北京召开。来自企业、物流、外卖餐饮等终端用户以及科研院所和高等院校等单位的100多位专家、学者现场参加会议。7位专家就《“禁塑”下的环保政策》《纸基包装材料及制品标准概况及发展趋势》《发挥平台连接优势　推动外卖行业绿色转型》《践行绿色物流包装，让世界多点“绿”》《我国造纸原料及非木纤维纸浆概况与分析》《纸基包装概述与痛点》《可持续阻隔包装材料和技术的发展》等内容进行交流讨论。

9月23—24日，由学会主办的2021再生纤维利用技术创新发展论坛在河南省郑州市召开。此次论坛以“纤维利用技术创新与市场重构”为主题，探讨新形势下如何高效利用国内外纤维资源，分析再生纤维资源市场供求，分享创新装备、技术及成果，探讨废纸回收中税收等相关金融领域问题。共有250位专家、学者参加会议。会议期间还发布《2020—2021年度我国再生纤维利用及装备发展报告》。

11月9日，由学会、中国造纸协会、中国制浆造纸研究院有限公司共同主办的2021中国国际造纸创新发展论坛在上海市召开。会议采用“现场＋线上”的方式举办。此次论坛以“顺应创新国势　瞻谋时代新局”为主题，聚集“双碳”目标、原料转型和绿色发展，共同探讨中国造纸行业的可持续发展之路和高质量发展之途。论坛期间还发布《2021中国造纸产业竞争力报告》和废纸价格指数。

科普活动 8—9月，学会联合中国制浆造纸研究院有限公司开展线上科普交流活动，策划开展“启阳讲堂”精品课堂（第一期）在线学习项目。课程面向造纸科技工作者及对造纸领域感兴趣的社会人士，围绕造纸工业发展的前沿热点与先进技术进行讲解与交流，受众2000余人次。部分造纸企业还组织员工进行集中学习。

表彰举荐优秀科技工作者 学会开展2021年中国科学院院士、中国工程院院士候选人推选工作，向中国科协推荐1名中国工程院院士候选人。开展推荐2021年“最美科技工作者”工作，向中国科协推荐制浆造纸领域候选人2名。开展“十三五”轻工行业科技创新先进集体和先进个人推选工作，向中国轻工业联合会推荐先进集体3个、先进个人3名。其中，郑州运达造纸设备有限公司、山东太阳纸业股份有限公司获“‘十三五’轻工业科技创新先进集体”称号，山东太阳纸业股份有限公司高管应广东获“‘十三五’轻工业科技创新先进个人”称号。

党建强会 学会理事会党委、学会党支部认真学习贯彻党的十九大和十九届历次全会精神；扎实抓好党史学习教育工作，成立党史学习教育领导小组，制订《中国造纸学会开展党史学习教育工作方案》，将党史学习教育与庆祝建党百年活动紧密结合，同时与学会年度重点工作相融合。

学会党支部开展庆祝建党百年专题党课、学习贯彻党的十九届六中全会精神主题党日等活动。组织集中学习习近平总书记在党史学习教育动员大会上的重要讲话精神、集体收看庆祝中国共产党成立100周年大会现场直播、赴中国人民革命军事博物馆参观“铭记伟大胜利 捍卫和平正义——纪念中国人民志愿军抗美援朝出国作战70周年主题展览”等学习教育。党支部全体党员参加国务院国有资产监督管理委员会行业协会党史学习教育专题网络培训班，按时完成学习任务。党支部参加中国轻工业联合会党委开展的基层党组织标准化规范化建设评价，取得良好成绩。参加中国轻工业联合会党委“创先争优”评比表彰活动，支部的一名同志被评为优秀共产党员。学会理事会党委积极参加中国科协科技社团党委“庆祝建党100周年”全国学会征文、影像作品及节目征集活动，推荐的作品获摄影类作品二等奖，被中国科协科技社团党委授予“庆祝建党100周年”全国学会征文、影像作品及节目征集活动优秀组织单位。

11月9—11日，联合有关单位在2021造纸科技创新与技术交流会期间举办“不忘初心 牢记使命——庆祝中国共产党成立100周年”主题摄影展，展出摄影作品100幅，展览面积100平方米。

学会党委书记、理事长曹振雷在11月8日召开的学会第八届常务理事会党员大会第二次会议上主讲党课《坚守初心使命，再创纸业辉煌》。学会副理事长兼秘书长曹春昱、常务理事房桂干等在各自所在会员单位讲授党课。

会员服务 学会面向企业和会员提供公共服务，充分发挥学会学术资源优势，指导企业解决生产中的技术难题，会同中国轻工业联合会为企业的技术成果及产品进行评价和鉴定。

深入会员单位调研，了解生产经营情况和重大科技需求，助力会员单位技术产品创新和绿色可持续发展。为会员单位定期寄赠《中国造纸年鉴》和主办的其他刊物，为会员提供最新的科技信息，传播科学家精神。

【第三届纳米纤维素材料国际会议】 11月20—21日，第三届纳米纤维素材料国际会议在广东省广州市召开。此次会议由学会和华南理工大学主办，制浆造纸工程国家重点实验室承办，中国制浆造纸研究院有限公司、国家纳米科学中心、华南理工大学植物纤维材料科学研究中心和广东省造纸学会协办。

华南理工大学轻工科学与工程学院教授付时雨任会议执行主席。华南理工大学副校长朱敏、学会理事长曹振雷、学会纳米纤维素及材料专业委员会主任委员蒋兴宇分别致欢迎词。

此次大会共有9个大会报告、39个邀请报告、28个口头报告和41个墙报展示。中国科学院院士、制浆造纸工程国家重点实验室学术委员俞书宏作题为《生物基可持续结构材料》的大会报告，美国马里兰大学教授胡良兵、加拿大英属哥伦比亚大学教授Orlando Rojas、日本东京大学教授Akira Isogai、奥地利维也纳自然资源与生命科学大学教授Thomas Rosenau、瑞典皇家理工学院教授Lars Berglund、美国东北大学教授祝红丽、中国科学院理化技术研究所教授吴敏、制浆造纸工程国家重点实验室副主任王小慧等知名专家、学者展示纳米纤维素新材料的制备、测定、改性与应用等领域的创新成果，供参会人员交流和学习。

【2021国际造纸技术报告会】 11月10日，由学会、中国制浆造纸研究院有限公司和日本造纸学会共同主办的2021国际造纸技术报告会在上海市召开。会议邀请中国、美国、日本等国家的专家、学者进行交流与分享。清华大学能源环境经济研究所副研究员顾阿伦作题为《碳中和目标导向下的能源和经济的低碳转型》的报告；日本造纸协会国际事务部总经理Akihiro Aikawa作题为《日本制浆造纸实现可持续发展目标的作为》的报告；芬欧汇川特种纸纸业利益相关方关系总监马源源作题为《芬欧汇川的碳减排策略》的报告；美国农业部林产品实验室博士朱俊勇作题为《木质纤维纳米材料的经济、可持续性生产》的报告；中国制浆造纸研究院有限公司正高级工程师张红杰作题为《纸基包装材料不同阻隔性能的研究进展》的报告；北京林业大学教授许凤作题为《纤维素的绿色溶解与功能材料构筑》的报告；中国科学院化学研究所研究员张军作题为《基于离子液体溶剂体系的纤维素溶解与加工研究进展》的报告；日本东京大学教授Akira Isogai作题为《TEMPO氧化浆：生产高性能纸张的新种类》的报告；南京林业大学教授戴红旗作

题为《以纸替代塑料膜需要攻克的关键技术》的报告；国家造纸化学品工程技术研究中心正高级工程师朱超宇作题为《绿色生物基材料开发及高值化应用》的报告；制浆造纸工程国家重点实验室教授王小慧作题为《纸基和生物质基绿色包装材料：进展和展望》的报告；陕西科技大学副教授聂景怡作题为《高分子科学视角下“以纸代塑”的挑战与策略》的报告；齐鲁工业大学（山东省科学院）教授吉兴香作题为《以纸代塑研究方向及进展》的报告。

与会人员与报告专家围绕造纸行业低碳绿色发展的相关理念、政策法规、技术路线，以及在“双碳”背景下“以纸代塑”的研究现状、发展趋势以及相关理论基础进行交流研讨，为造纸行业的技术研究、工厂应用提供技术参考，对造纸行业的资源高效利用及高质量发展起到引领作用。

（撰稿人：王　斌）

中国文物保护技术协会

服务创新型国家和社会建设　2021 年，协会承接并完成国家文物局“2021 年可移动文物保护修复项目组织管理服务项目”，组织数十名专家利用网报网审系统，采取函审和会审结合的形式，对 50 个一级文物保护修复、复制项目和 11 个重点项目立项材料进行评审。

实施国家文物局委托的“《历史文化遗产领域科技成果指南（2000—2020）》汇编项目”。

协会工业遗产保护专业委员会承担实施工业和信息化部工业文化发展中心 2021 年度委托的课题“工业遗产保护修复理论、方法和实践研究”。

协会文物建筑安全检测鉴定与抗震评估专业委员会组织修订《文物建筑安全检测鉴定机构能力等级评定办法 2020 年版（试行）》。

10 月 16—20 日，协会近现代建筑保护专业委员会联合上海交通大学建筑文化遗产保护国际研究中心在上海市长宁区愚园路的故事商店举办愚园路“微文献”互动展。

促进行业发展和加强人员队伍建设。7 月 29 日—8 月 4 日，由上海交通大学主办、协会近现代建筑保护专业委员会联合上海交通大学建筑文化遗产保护国际研究中心承办的“全球挑战计划——2021 拯救传统村落”工作营在山西省晋城市高平市良户村举办。11 月 15—20 日，协会近现代建筑保护专业委员会举办近现代建筑保护与开发利用专业知识线上培训班。

学会建设　2021 年，协会会员总数 1640 人，较 2020 年增加 39 人。

全年召开第七届理事会常务理事会议 2 次、常务理事会扩大会议 1 次，对重大事项、重要人员变更、重要工作安排等进行审议决策，保证协会工作正确、有效开展。

国际学术会议　6 月 19—20 日，由协会近现代建筑保护专业委员会、上海市土木工程学会木竹结构专业委员会等主办，上海市建筑科学研究院有限公司等承办的木结构历史建筑检测鉴定和维修加固国际研讨会在上海市召开。研讨会主要围绕国内外木结构历史建筑保护更新中存在的技术瓶颈展开交流与研讨，共同促进木结构历史建筑保护技术的发展和创新。来自土建领域各高校、科研院所的近百名专家、学者参加研讨会。

10 月 29 日，由协会文物保护教育专业委员会、西北大学文化遗产学院承办的 2021 丝绸之路国际产学研用合作会议传统文化保护开发利用分论坛在陕西省西安市举办。来自西北大学、北京大学、中国社会科学院、敦煌研究院以及英国、意大利、巴基斯坦等国的相关专家、学者参加论坛。

国内主要学术会议　2021 年，协会和各专业委员会共举办各类学术交流活动 8 次，参加人数 700 余人次，交流论文 60 余篇。

5 月 21—23 日，由协会文物分析检测技术专业委员会、中国地理学会地理测年技术工作组联合主办，南京大学承办，上海博物馆协办的 2021 年文物分析检测技术专业委员会年会暨第十七届中国释光与电子自旋共振测年学术讨论会在江苏省南京市召开。会议采用线下和线上直播相结合的形式举办，来自北京大学、南京大学、中国地震局、中国科学院等高校、科研院所以及上海博物馆等机构的近 200 名专家、学者参加线下会议，香港大学、澳大利亚卧龙岗大学和部分国内外专家、学者共 110 余人参加线上会议。会议围绕释光与电子自旋共振测年的最新进展，新技术探索及其在地貌过程、环境演变、考古等领域的新应用等主题进行学术交流，与会专家、学者集中展示近年来中国在释光与电子自旋共振测年领域所取得的最新成果。

6月9—10日，由协会石窟与土遗址保护技术专业委员会协办的2021莫高窟-兵马俑“携手共进 多维创新”文化遗产保护利用青年论坛在陕西省西安市召开。来自多个文博、科研单位的近百人参加论坛。

6月19日，中国文物保护技术协会工业遗产保护专业委员会2021年度学术交流会在北京召开。会议的上半程由8场学术报告组成，报告内容主要聚焦技术史视角下的工业遗产保护理论与实践研究、工业遗产本体保护的实践层面；下半程由学术研讨会与专业委员会工作会议组成。

7月25—26日，由协会近现代建筑保护专业委员会、黑龙江省文化和旅游厅（黑龙江省文物管理局）、哈尔滨工业大学建筑学院主办，哈尔滨工业大学城市规划设计研究院有限公司承办的首届中东铁路建筑遗产保护与利用研讨会在黑龙江省哈尔滨市召开。研讨会主题为“聚焦遗产传承、携手共话发展”，与会专家、学者围绕中东铁路建筑遗产保护利用工作展开交流对话，共同致力于中国东北地区近现代建筑保护和近现代城市文化传承的研究。百余名专家、学者参加研讨会。

12月3日，由协会文物保护教育专业委员会、西北大学文化遗产学院主办的文物修复课程建设座谈会在陕西省西安市举办。会议邀请来自秦始皇帝陵博物院、陕西历史博物馆、陕西省考古研究院等机构的文物保护修复专家就文物修复类课程建设及发展方向进行座谈交流。

科普活动 5月18日—8月17日，协会与首都博物馆、中国丝绸博物馆联合承办的“万年永宝——中国馆藏文物保护成果展”在首都博物馆展出。7月，线上展览上线。展览突出学术性和科普性并重的策展理念，向公众呈现中国文物保护领域的相关研究成果。展览入选中国科协主办的“典赞·2021科普中国”十大科普作品。

党建强会 2021年，协会召开理事会党委委员会议1次、常务理事会党员扩大会议1次、党史学习教育专题会议2次，党支部书记带头讲党课4次，学习贯彻党的十九届六中全会精神、“七一”重要讲话精神、中国科协第十次全国代表大会会议精神以及习近平总书记在中国科学院第二十次院士大会、中国工程院第十五次院士大会和中国科协第十次全国代表大会上的重要讲话精神等，持续深入开展党史学习教育，认真落实党建强会工作。

会员服务 2021年，协会编写2020年工作纪要，主要反映协会2020年度工作综合信息并向会员发布。

拓展官方网站功能，为会员提供线上会员申请、会议报名、论文提交等服务，进一步提升会员服务质量。

官方微信公众号2021年发布信息37条，阅读量达40350次。

【万年永宝——中国馆藏文物保护成果展】 5月18日，在2021年“国际博物馆日”中国主会场活动上，由国家文物局、北京市人民政府主办，首都博物馆、中国丝绸博物馆、协会承办的万年永宝——中国馆藏文物保护成果展在首都博物馆开幕。展览时间为5月18日至8月17日。

展览基于馆藏文物保护学术成果交流、科学技术手段揭示、文物艺术价值呈现的定位，分为“万年”“慧眼”“巧手”“芳华”“永宝”五个章节。在全国范围内选择重要科研成果与代表性展品，全面梳理中国馆藏文物保护的发展历程，展示馆藏文物科学认知、保护修复、工艺复原、预防性保护的最新成果。

展览汇集10个省（自治区、直辖市）23家文博单位的50余件（套）文物及相关辅助展品，其中不乏国之重器，也有近年来重要的考古发现，还有通过科学研究复原的精美复原件。在展示方式上，力求强化科研学术资源、展示技术手段与艺术表达形式的深度融合，通过全方位、立体化的展示方式着力打造一个专家认可、公众喜欢的新型展览。展览还引入增强现实技术，实现展厅现场中虚拟与现实的交互展示。

展览期间推出系列讲座，由10位知名文物保护专家分领域宣讲，将中国文物保护领域的相关研究成果呈现在公众面前。

（撰稿人：张 瑜）

中国印刷技术协会

服务创新型国家和社会建设 2021年，协会根据国家“十四五”规划建议，与国家文化改革发展规划、出版业发展规划衔接，在中共中央宣传部印刷发行局领导下，完成印刷业“十四五”专项规划编制任务，在规划编制中广泛征求行业协会、骨干企业、高等院校和研究机构的建议，充分吸纳各方面意见，对规划进行修改完善。该专项规划经中共中央宣传部部务会审定，于2021年年底正式发布。

受中共中央宣传部印刷发行局委托，承担第五届中国出版政府奖印刷复制奖评奖事务性工作。结合第五届评奖工作实际，起草评奖办法实施细则，对参评产品和相关申报材料进行资格审核，建立完善参评产品全流程数据库，利用技术检测手段对参评产品质量进行客观评价，完成评审工作相关各项任务。此项工作充分展示中国印刷业高质量发展成就，对推动全行业贯彻新发展理念、构建新发展格局、切实加强阵地建设具有重要作用。

在中共中央宣传部印刷发行局领导下，组织开展中国儿童读物印制创新产业联盟工作。组织召开中国儿童读物印制创新产业联盟2021年工作会，确定联盟章程、首届理事会组成方案、会员发展计划、中国儿童读物印制创新研究中心认定办法等，并选举协会常务副理事长褚庭亮为联盟理事长。

完成2020年度工程系列印刷工程专业初、中级职称评审工作，99人通过初级职称评审，27人通过中级职称评审；承担工程系列印刷工程专业高级职称的组织申报工作，2021年度共有17名申报人员通过国家新闻出版署印刷工程专业高级职称评委会的评审。

2021年，进一步加强标准的编制、修订、复审工作。共有在研国家标准制修订项目14项，其中2项正在制订中，其他已颁布或完成上报；共有在研行业标准制修订项目30项，其中申请待批的8项，其他项目已批准颁布或处于报批稿阶段；此外，还开展5项团体标准的预研工作。完成6项标准的宣贯视频录制工作，并于9月召开行业标准宣贯会议，线上线下参加会议人数为3500余人。

10月，依据人力资源社会保障部颁布的最新版《国家职业技能标准》，历经三年完成《印前处理和制作员职业技能培训教程》的出版工作，并修订《平版印刷工职业技能鉴定培训教程》。

协会创意设计专业委员会联合北京印刷学院，为北京冬奥会提供开幕式多媒体视效、水墨动画、运动图案设计、开闭幕式手册设计、五个冬奥场馆景观设计、志愿者视觉形象设计等创意和制作。

学会建设 截至12月底，协会发展个人会员705人、单位会员2305家、理事415人、常务理事138人，下设9个分支机构、5个工作部门。

全年召开理事会议1次、常务理事会议2次，完成1个工作委员会的撤销工作。

主办期刊 协会印刷文化研究委员会与中国印刷博物馆合作，于2020年创办学术期刊《印刷文化》（中英文），在海内外公开发行。创刊一年来，刊物坚持高起点，推动学术期刊高质量发展，在学界和行业内取得一定影响，已被中国人民大学书报资料中心、《新华文摘》转载、索引、摘编14篇。

学科发展工程 协会联合教育部高等学校轻工类教学指导委员会及印刷工程专业指导工作组，推进新工科建设、深化产教融合，培养高质量复合型印刷人才。

国际学术会议 4月，世界印刷与传播论坛以网络视频会议形式召开，来自欧洲印刷产业联盟、美国印刷工业协会、拉丁美洲印刷业联合会、中国印刷技术协会、日本印刷产业联合会、印度印刷商业联合会、尼泊尔印刷商业联合会、斯里兰卡印刷行业协会、南非印刷工业协会的专家、学者参加会议。与会人员就新冠肺炎疫情以来各国各地区印刷行业情况作介绍。协会负责人介绍在各国印刷业普遍较大幅度下滑的情况下，中国印刷业从疫情冲击中平稳恢复的现状。

国内主要学术会议 5月，由中国印刷博物馆主办，协会印刷文化研究委员会、中国美术家协会版画艺术委员会协办的第13届印刷文化学术研讨会在北京召开，来自北京大学、清华大学、中国科学院大学、中央美术学院、北京印刷学院、中国美术馆和相关印刷出版文化单位的200余位印刷文化领域研究人员以线上或线下的方式参加此次研讨会。研讨会围绕“印刷艺术研究与实践”主题，研讨印刷艺术的历史意义和现实启示，探索印刷艺术如何更好地服务文化强国建设、服务人民对美好生活的向往。

国际交往 协会积极承担ISO/TC 130主席和秘书处工作，协调组织4—5月陆续召开的春季工作组会议和9—11月陆续召开的秋季工作组会议和全会，完成ISO/TC 130已到投票截止日期的各类投票65项，投票率达到100%。完成ISO/TC 130 WG12（印后工作组）秘书支持工作，切实履行中国作为ISO/TC 130秘书处所在国的职责与义务。

科普活动 2021年，协会通过官网、微信公众号、视频号等网络媒体发挥各会员单位、科普专家团队示范带动作用，积极开拓科普新融合媒体渠道。定期推出印刷相关科普内容，制作24个相关视频，累计播放量超过2万次。2021年，网站累计点击量71万，公众号点击量37.8万，视频号点击量12.1万，直播间实时在线人数近万人。被中国科协科学技术普及部授予“全国科普优秀单位”称号。

在全国科技工作者日和全国科普日期间，积极组织会员单位、分支机构，充分发挥首席专家和团队成员在全民科学素质提升方面的作用，开展科普活动。中国印刷博物馆主办的“印本传思想　红色耀中华——庆祝中国共产党成立100周年出版印刷专题展”开幕，同期开启光明网馆长导览直播活动，全国政协委员、中国科协印刷文化首席传播专家孙宝林为线上线下200万余观众讲解此次展览。上海印刷博物馆开展“3D漫游看千年印刷文化”“印刷技术虚拟仿真演示视频”等全国科普日线上科普活动。北京盛通印刷股份有限公司主办的2021青少年科技教育创新发展峰会在北京举办，峰会上，北京盛通知行教育科技集团有限公司与中国科普产学研协同创新平台举办战略合作签约仪式，共同推动青少年科技教育创新发展。北京大学王选计算机研究所组织新生和新员工开展聆听王选事迹、参观北京大学王选纪念陈列室以及师生座谈等系列活动，学习并弘扬科学家精神。北京印刷学院开展“为时代而设计”主题展、“创新设计与区域发展”论坛、“创意市集”“手作体验”等系列科普日活动。中国科学院化学研究所绿色印刷重点实验室基于纳米绿色印刷制造的研究理念，利用光子晶体材料创作《光晶异彩》作品，受邀在中央美术学院美术馆参展，作为科技和艺术融合的作品引起反响。

表彰举荐优秀科技工作者　2021年，协会开展第十六届毕昇印刷技术奖评选活动，经评审，最终选出毕昇印刷优秀新人奖12名、毕昇印刷科技进步奖7项。其中，“单/双色书刊喷墨印刷设备关键技术研发与产业化”“基于物联网和人工智能技术的文物保护箱关键技术及系统研发应用”“FR300ELS系列至睿3.0型机组式电子轴凹版印刷机”等距离国家科学技术进步奖项目非常接近，体现出获奖成果的高质量。

2021年，按照《国家知识产权局关于评选第二十三届中国专利奖的通知》要求，推荐乐凯华光印刷科技有限公司、北京圣德科技发展有限责任公司、中煤地西安地图制印有限公司三家单位报送的专利参评第二十三届中国专利奖。2020年度由协会推荐的“一种基于书写风格建模的中文字库自动生成方法”（北京大学）和“一种酯溶塑料表印油墨及其制备方法”（洋紫荆油墨股份有限公司）两项发明专利获得第二十二届中国专利优秀奖。

党建强会　2021年，协会开展党史专题学习、专题党课、专题培训、宣讲宣传和专题组织生活会，举办“百年光辉照我前行”青年演讲比赛、“百年红色印刷”主题系列活动、“感悟革命精神　传承红色基因”主题党日活动，组织协会青年理论学习小组成员参加中国科协“青春心向党　奋进新时代”全国学会青年干部学习沙龙，实施减免会员单位会费等举措，开展“我为群众办实事”实践活动等，引导协会、行业党员干部系统学习党的历史和党的创新理论，使学习教育成果转化为立足岗位干事创业的热情和干劲。2021年被民政部评为“全国先进社会组织”。

协会党支部调整支委会委员配置。扎实推进入党积极分子培养和发展党员工作，2021年，协会党支部接收预备党员1名。

会员服务　受新冠肺炎疫情影响，2021年度继续调减会费20%，全年减免会费共计34万元。

5月，召开各省（自治区、直辖市）印协负责人联席会议。会议以“举旗定向谋发展　凝心聚力开好局”为主题，分享各地区印刷行业贯彻新发展理念、开拓新思路、创新开展工作的经验与心得，并就发掘自身特色、强化协会建设、谋求共同发展、完善合作机制等进行探讨，为进一步加强协会与各省（自治区、直辖市）印协之间的信息共享、交流合作，立足行业、协同发展凝聚共识。

7月，河南省、湖北省等地连续遭遇强降雨，造成重大人员伤亡和财产损失。协会第一时间与当地会员单位取得联系，向灾区会员单位发出慰问信、免收和退还灾区会员单位会费；积极协调行业力量，给予受灾单位支持和帮助，并将有关情况反映到相关主管部门，协助受灾单位尽快恢复生产生活秩序；开通“抗洪救灾通讯”专栏，对支持和参与河南省、湖北省等地抗洪救灾工作的典型人物和先进事迹进行宣传报道。

【“百年红色印刷”主题系列活动】　在中共中央宣传部印刷发行局、湖南省委宣传部、中国科协科技社团党委的指导下，协会联合湖南省印刷技术协会、长沙市委宣传部于7月在长沙博物馆组织开展“百年红色印刷”主题展、主题报告会、印刷业“十四五”发展论坛等活动。活动由“百年奋斗　红色印记”主题展、“百年红色印刷”主题报告会、印刷业“十四五”高峰论坛三部分组成。主题展以历史时间为轴线，分为“艰辛奋斗”“发愤图强”“锐意进取”“守正创新”四个篇章，深入挖掘“红色印刷”内涵，把党史学习与印刷文化相结合，为广大群众讲授党史学习教育实践课。主题报告会邀请王选纪念室主任、协会顾问丛中笑作题为《科学报国的最美奋斗者——王选》的主题报告。高峰论坛以习近平总书记“七一”重要讲话精神为指引，将学习贯彻讲话精神同落实印刷业“十四五”规划重点任务、推动高质量发展结合起来，形成生动实践。星辰在线、智慧长沙、长沙新闻、湖南经视、芒果TV等媒体对活动进行全程直播，600余人参加活动，近15万人次线上收看。

【第30届全国图书交易博览会——“绿色创意印刷展”】 7月15—19日，第30届全国图书交易博览会在山东省济南市举办，其中由国家新闻出版署主办、协会承办的“绿色创意印刷展”已是连续第五次举办。此次“绿色创意印刷展”以“新时代、新印刷、助力出版新征程”为主题，展区面积达1500平方米，特别开辟“献礼建党100周年新华印刷主题展”和“儿童读物印制创新专题展”两个展示板块，37家业内龙头企业携旗下精品力作参加展览，展示最新技术工艺和创意产品。展会现场开展“多一本书给孩子”公益赠书、“寻毕昇‘印’迹　赶印刷大集”、“喜庆百年，书香情深，庆祝建党100周年有奖知识问答活动”、机器人教育体验等科普活动，有效传播绿色印刷理念，使到展观众特别是青少年近距离接触印刷领域的最新技术及应用成果。

（撰稿人：沈　翔）

中国材料研究学会

服务创新型国家和社会建设　学会承担“科创中国”重点项目4项：举办“科创中国”产学融合成都新材料创新技术应用大会，成立成都材料学会；建立宁夏银川市新材料产业科技服务团，成立中国（银川）新材料产业协同创新联盟；建立黑龙江七台河市石墨烯材料产业科技服务团，与七台河市科协等共同成立七台河科技创新会地联合创新中心；承担2021“科创中国”技术应用案例库建设项目，征集1000位材料特长专家推介、1000项材料领域最新成果和应用技术案例、1000项企业需求发布与对接活动，并正式发布技术应用案例库300多项。

承担中国工程院重点咨询项目，发布4本战略研究报告:《中国新材料研究前沿报告2021》《中国新材料产业发展报告2021》《中国新材料技术应用报告2021》和《走近前沿新材料3》。

承担中国工程院重大战略课题4项:“新材料前沿技术与科普发展战略研究”“新材料创新能力提升战略研究”“化工冶金与先进材料工程科技未来20年发展战略研究”“材料研发与制造应用智能化”，预期取得的研究成果为《化工、冶金与材料工程科技未来20年发展战略研究综合报告》《先进材料工程科技未来20年发展战略研究报告》和向党的“二十大”提交《新材料战略咨询报告》。

1月，向党中央提交的《当前我国新材料产业发展现状、面临的制约及政策建议》得到中共中央办公厅、中国科协的肯定；3月，向国务院提交的《关于制定“国家材料基因工程研究计划”的建议》得到李克强总理的重要批示。

学会建设　2021年，学会个人会员新增24300余人，学会个人会员达到30522余人，团体会员单位达到246个。

青年人才托举工程　按照中国科协先进材料学会联合体的工作安排和有关要求，学会于10月开展第七届（2021—2023年度）“青年人才托举工程”项目，共收到申报书76份。12月，召开评审会，共评选出9位候选人（4位申报中国科协资助、5位申报自筹资金资助），并于12月底参加中国先进材料学会联合体的答辩评审会，最终3位候选人入选中国科协资助名单、5位候选人入选自筹资金资助名单。

主办期刊　2021年，根据科睿唯安发布的2020年度期刊引证报告，学会的英文期刊*Progress in Natural Science: Materials International*（《自然科学进展·国际材料》，PROG NAT SCI-MATER）影响因子达3.6，继续位于Q2区前部。该期刊入选中国科技期刊卓越行动计划梯队期刊，资助为期5年。

国内主要学术会议　7月9日，由学会主办的中国材料大会2021在福建省厦门市开幕。大会设置有51个分会、3个分论坛。开幕式及大会报告直播吸引科研云-B站、科研云-百度、科研云-视频号、科研云-YouTube、科研云-抖音、科研云-快手等直播平台相关领域专业观众累计41万人次，实时在线参与观看人数达到4万人。来自新材料前沿领域的专家、学者参加大会开幕式，并分享各自研究方向的最新成果。学会理事长魏炳波，中国科协党组书记、书记处书记吕昭平分别在开幕式上致辞。

10月21—24日，由中国工程院、中国科协以及学会共同主办的第三届中国新材料产业发展大会暨2021“科创中国”新材料专家、技术、需求推介会于湖北省武汉市召开。大会由学会、中国工程院化工冶金与材料工程学部和华中科技大学联合承办，武汉市科学技术局共同承办。“科创中国”新材料专家、技术、需求推介会汇集1000位材料特长专家推介、1000项材料领域最新成果和应用技术案例、1000项企业需求发布与对接活动，30多个项目签订合作。

国际组织任职 学会党委委员、党支部书记韩雅芳担任国际材料研究学会联盟前任主席（2021—2022）；学会副秘书长、江苏集萃安泰创明先进能源材料研究院有限公司研究员武英担任国际材料研究学会联盟出版委员会主任（2019—2022）。

科普活动 学会组织材料科研一线的知名科学家、优秀教育家编撰“新材料科普丛书”，向社会公众普及有关前沿新材料的基本知识。2021年，组织开展《走近前沿新材料3》的编纂工作。

11月，学会推荐中国科学院北京纳米能源与系统研究所科普基地申报中国科协“2021—2025年全国科普教育基地”（教育科研与重大工程类），已进入第一批认定名单。该科普基地受众人数高达数千万，长期通过微信公众号、抖音等平台开展媒体宣传。

表彰举荐优秀科技工作者 2021年6月，召开中国材料研究学会科学技术奖评审会，经组织专家严格评审，评选出获奖项目13项，其中“低维半导体材料及其复合结构的电子性能调控”等6个项目被授予一等奖、“大晶格失配度下的非外延生长方法及应用”等7个项目被授予二等奖，奖励人数合计122人。

根据《中国科协办公厅关于组织推选2021年中国科学院和中国工程院院士候选人的通知》要求，组织开展2021年中国科学院和中国工程院院士候选人推选工作。2月，召开评审会，共推荐5名院士候选人，其中4名为中国科学院院士候选人、1名为中国工程院院士候选人。

根据《中国科协培训和人才服务中心关于提名第二十四届求是杰出青年成果转化奖人选的函》，组织开展第二十四届求是杰出青年成果转化奖候选人推荐工作，推荐候选人1名。

党建强会 学会党委认真贯彻《中共中央关于加强党的政治建设的意见》，推动党中央决策部署和习近平总书记重要指示批示精神有效落实。认真组织学习贯彻十九届五中、六中全会精神，谋划好学会“十四五”发展规划，引导科技工作者立足新发展阶段、贯彻新发展理念、构建新发展格局，坚持“四个面向”国家创新体系和科技强国建设。

以政治建设为统领，围绕中国科协“开放发展年”主题，发挥学会理事会党委政治引领和秘书处党支部战斗堡垒作用。学会理事会党委团结、凝聚、教育、引导党员干部和广大科技工作者增强“四个意识”、坚定“四个自信”、做到“两个维护”，严肃党的政治纪律和政治规矩，落实意识形态责任制，着力防范化解重大风险，为学会健康发展提供坚强保证。

为贯彻落实中共中央《关于在全党开展党史学习教育的通知》要求和习近平总书记在党史学习教育动员大会上的重要讲话精神，学会理事会党委负责学会党史学习教育工作安排，秘书处党支部按照中国科协科技社团党委的统一部署和要求，以党员领导干部为重点，面向全体党员开展党史学习教育。通过开展专题学习和研讨，制订学会开展党史学习教育工作方案。

党委书记、理事长、党委委员带头讲党史党课。学会理事长、中国工程院院士李元元以《学好百年党史、汲取奋进力量》为题讲党课；学会理事长、党委书记，中国科学院院士魏炳波以《认真学习领会党史、努力建设一流学会》为题讲党课；学会党委委员、党支部书记韩雅芳以《发扬老科学家优良传统，为学会发展不改初心》为题讲党史党课。

集体收看庆祝中国共产党成立100周年大会直播，领会和把握习近平总书记“七一”讲话的重大意义、丰富内涵、核心要义和实践要求，把学习贯彻“七一”重要讲话精神贯穿于党史学习教育全过程，深入学习研讨，广泛开展宣讲教育。

积极参加中国科协党组和科技社团党委举办的学会党组织负责人等各种学习培训班，创新宣传思想教育方式和方法，将党建内容转化为“看得懂、用得上”的宣传内容。

发挥学会理事会党委作用，从把握意识形态、防范政治风险、加强党风廉政建设等方面推进学会治理工作，为学会事业健康有序发展提供政治保障。

坚持“三会一课”制度，发挥党支部战斗堡垒作用和党员先锋模范作用。

会员服务　2021 年，学会将年度开展的学术交流活动、科技奖项评审、“青年人才托举工程”项目、科技评估评价等各项活动信息及时通知给会员群体，动员会员单位积极参与；将学会编写出版的《中国新材料产业发展报告 2021》《走近前沿新材料 3》科普图书以及制作的工作月历寄送给会员，促进学会与会员之间的相互了解和联系。

【中国材料大会 2021】 7 月 8—12 日，由学会主办的中国材料大会 2021 在福建省厦门市召开。大会设置有 51 个分会、3 个分论坛。主题涵盖能源材料、环境材料、半导体材料、超导材料、高分子材料、高性能纤维及其复合材料、高温合金、超硬材料、生物医用材料、智能材料等材料前沿研究领域。来自全国的 1.2 万名新材料科技工作者和青年学者参加会议，共同探讨学术发展前沿。大会开幕式由学会理事长、中国工程院院士、华中科技大学校长李元元主持。中国工程院院士、国家新材料产业发展专家咨询委员会主任干勇，国家自然科学基金委员会副主任、党组成员、中国硅酸盐学会理事长、学会监事高瑞平，中国科协党组成员、书记处书记吕昭平出席大会并作特邀报告。中国科学院院士成会明、郭万林、江雷、刘云圻、蒙大桥、田中群、魏炳波、魏悦广、于吉红、俞书宏、张锦、朱美芳、张统一、邹志刚，中国工程院院士丁文江、干勇、蹇锡高、蒋士成、李元元、聂祚仁、王琪、王迎军、王玉忠、谢建新、张平祥，中国科学院外籍院士王中林等 26 位院士，以及学会监事长李光宪，学会副理事长韩高荣、姚燕、周科朝、周少雄等出席开幕式。

【第三届中国新材料产业发展大会暨 2021“科创中国”新材料专家、技术、需求推介会】 10 月 21—24 日，由中国工程院、中国科协以及学会共同主办的第三届中国新材料产业发展大会暨 2021“科创中国”新材料专家、技术、需求推介会在湖北省武汉市召开。大会以“创新、发展、应用”为主题，旨在助力支撑中国高新技术、高端制造和重大工程达到世界一流水平。大会设置首届“材料强国”论坛、38 个关键战略材料领域高端分论坛和近 500 场高端特邀报告。来自全国各地的 2500 余名专家、学者、企业负责人参加大会。湖北省副省长肖菊华、学会理事长李元元、武汉市副市长分别在开幕式上致辞。开幕式及大会报告进行现场直播，吸引科研云 –B 站、科研云 – 百度、科研云 – 视频号、科研云 –YouTube、科研云 – 抖音、科研云 – 快手、科研云 – 知乎等直播平台相关领域专业观众累计 41 万人次观看。

（撰稿人：张艳红）

中国食品科学技术学会

服务创新型国家和社会建设　2021 年，学会持续（第八年）与国家市场监督管理总局合作开展“食品安全风险解析”“食品安全消费提示”以及“食品安全消费提示科普动漫”等项目。全年共邀请 200 余人次专家完成 40 余篇食品安全风险解析和消费提示；创作 8 部食品安全消费提示科普动漫，以符合新媒体时代特征的形式促进食品安全风险交流常规化。

4 月，邀请孙宝国、吴清平、谢明勇等院士、专家走进福建省三明市沙县，参观考察沙县小吃科技馆、民俗馆、夏茂镇俞邦村，并召开研讨会，为进一步推动沙县小吃特色富民产业发展出谋划策，赋能乡村振兴。

4 月，邀请任发政、谢明勇等院士、专家、企业负责人一行赴陕西省榆林市子洲县调研当地黄芪加工产业，实地考察黄芪种植、加工情况，并对黄芪加工和多元化创新发展提出意见和建议。

5—11 月，承担“科创中国”山西吕梁功能性食品产业科技服务团示范项目，组织专家开展科企对接与技术服务工作，入驻专家 100 余位，实现业务对接 50 余项，探索形成集地方特色功能性农产品资源的筛选、培育、研发、加工、推广为一体的“全产业链服务模式”。

6 月，承办“服务苏区 · 科技振兴营养健康食品产业行”活动，朱蓓薇、陈卫等院士、专家与近 100 名青年志愿者服务队走进社区、商超、乡镇，进行食品营养健康知识讲座，以实际行动提升苏区百姓的科学素养。

组织专家对“基于多种纳米材料的食品安全快速检测关键技术与应用”等 16 个项目开展科技成果评价工作。

开展《食品安全国家标准　运动营养食品通则》等 21 项食品安全国家标准的制修订工作，推进《食品用益生菌通则》等 9 项团体标准制订。连续 3 年承接国家卫生健康委“三新”（新食品原料、食品相关产品新品种、食品添加剂新品种）食品相关研究项目。

持续开展食品专业技术人员专业水平评价工作。

2021年共有56家单位、167人参与申报，截至2021年年底，已有1185人通过专业技术水平评价，获得相应技术级别。

继续推进食品类专业工程教育认证工作。2021年，食品类专业认证委员会受理21个专业点的认证申请，完成31个专业的自评报告审核，对20个专业进行现场/线上考查，并完成2022年75个专业的认证申请审核工作。

承接国家市场监督管理总局“保健食品行业专项清理整治行动科普宣传与消费引导”项目，并将成果进行多种形式的科普转化；承接国家市场监督管理总局“构建基于备案管理的益生菌菌株数据库的调研”项目，为政府监管部门科学监管提供参照依据。

举办7项学生创新活动，全国160余所高校的1.4万余人次师生参与其中，1300余支队伍中有103支队伍获奖。

举办专业技术人才培训班3次，其中线上培训1次、线下培训2次，累计参加培训人数达3.9万余人次。

学会建设　2021年，学会召开理事长办公会议2次、理事会议1次、常务理事会议3次、监事会议3次。完成8个分支机构的换届工作，新成立分支机构1个，新成立委员会1个，撤销分支机构2个。

10月26日，在北京召开中国食品科学技术学会第七次全国会员代表大会，选举产生第七届理事会及负责人，并选举产生由5名监事组成的第二届监事会。

青年人才托举工程　2月，学会组织召开第六届（2020—2022年度）中国科协“青年人才托举工程”项目遴选评议会，对通过资格审查和函评的拟推荐候选人进行答辩评审。四川大学的邓锐杰和昆明理工大学的易俊洁成为第六届被托举人推荐人选。

主办期刊　学会主办的《中国食品学报》连续十年被《工程索引》收录，连续4届入选《中国精品科技期刊目录》；6篇论文被评为2020年度“领跑者5000——中国精品科技期刊顶尖学术论文”。与中国食品工业（集团）有限公司共同主办技术类期刊《中外食品》，指导行业变革与未来发展。

学科发展工程　学会在工业和信息化部消费品工业司的支持下，第八年作为牵头单位编写《食品工业发展报告》（2020年度），并于9月完成印刷、发行。该报告对食品工业的3个大类、18个中类和61个小类进行分析阐述，呈现说清行业、权威数据、拼图完整和公益特征四大特点。

针对益生菌、休闲食品、乳品、方便食品行业发展现状和未来趋势，组织行业专家基于调研结果和科学分析发布《2019—2021年益生菌行业创新六大趋势》《2021年我国益生菌产业发展十大焦点》《中国休闲食品产业六大科学技术问题》《乳品与儿童营养共识》《2020—2021年度中国方便食品行业九大创新趋势》，助力行业健康、高质量发展。

国际学术会议　2021年，学会及学会分支机构组织召开境内国际会议1次，线下参会人数400余人，线上全媒体累计观看量达106万余人次。

9月27—29日，由学会和国际食品科学技术联盟共同主办的2021年国际食品安全与健康大会在北京召开。来自科技界、产业界、政府监管部门等领域的400余位专家、学者参加会议。由中国工程院院士陈君石、孙宝国和中国科学院院士朱永官领衔的国内专家团队与13位国际权威专家以线上或线下的形式出席此次大会的系列活动，用国际视角和创新实践共话安全与健康新时代的变革与创新。

国内主要学术会议　2021年，学会主办国内学术会议5场，线下参会人员2000余人，线上全媒体累计观看量达33万余人次。

5月13—14日，由学会主办的植物基食品创新发展论坛在上海市召开。论坛以“科技塑造未来”为主题，集聚科技界与产业界优势，剖析植物基食品行业科技发展现状，夯实植物基食品行业科学基础。来自植物基食品行业相关科研院所和国内外企业的专家、学者共计200余人参加论坛。

5月25—27日，由学会主办的第十六届益生菌与健康国际研讨会在江苏省苏州市召开。大会以“构建基于科学的益生菌健康发展新生态”为主题。来自国内外80余家科研院所、100余家企业的600余位专家、学者参加会议。此次大会聚焦益生菌科技与产业化中的瓶颈问题，以务实的科学态度探求益生菌行业的未来发展之路。

7月14—16日，由学会主办的第九届中国休闲食品科技创新与产业发展大会在浙江省杭州市召开。本届大会以“夯实基础　融合创新”为主题，来自科技界和产业界的300多名专家、学者共同探讨休闲食品产业发展的现在和未来，破解产业在高质量发展过程中面临的瓶颈与挑战。

9月25日，由学会青年工作委员会联合《中国食品学报》杂志社共同主办的第五届中国食品科学青年论坛在重庆市召开。来自全国150余所高校、科研单位的青年学者、企业相关青年技术人员参加此次论坛。论坛以“集聚青年才俊，坚持四个面向；探讨学科热点，把握行业动态”为主题，开展5个主题学术报告以及7个专题学术报告，凝练出引领未来食品科技领域发展的七大科研新趋势。

10月10—11日，由学会主办的第二十一届中国方便食品大会在北京召开。大会围绕“从趋势到优势”主题，设置2场权威报告会、2场行业论坛、5个专题报告会，召开4个分会成立会，发布《2020—2021年度中国方便食品行业九大创新趋势》，开展“方便美食节”等活动。

科普活动 2021年，学会举办科普宣讲活动89场，线上线下受众4000万余人次。

1月8日，在北京举办2020年食品安全与健康热点科学解读媒体沟通会，邀请陈君石、孙宝国、吴清平3位中国工程院院士以及10余位权威专家针对2020年食品安全与健康十大热点进行科学解读，表达学术界观点。同时，与中国科协科学辟谣平台共同发布“2020年食品安全与健康流言榜”。

6月18日，承办2021年全国食品安全宣传周工业和信息化部主题日活动，邀请业界专家和企业代表共同召开乳制品行业高质量发展座谈会，围绕奶源基地建设及完善相关标准法规体系等进行研讨，为推动乳品产业高质量发展建言献策。

6月24日，承办以“倡导科学饮食，保障安全健康”为主题的2021全国食品安全宣传周中国科协主题日活动暨食品安全进万家活动启动仪式。来自高校、科研院所及企业的专家、学者分别以食品安全“进农村、进口岸、进校园、进企业、进社区”为重点，分享2021年学会“食品安全进万家”活动实践经验，精准对接基层需求，实现科普品牌的有效延伸。

12月1日，召开《食品安全科普宣传大纲》修订工作启动会，中国工程院院士陈君石、单扬、谢明勇以及项目组成员共计20余位专家出席会议。项目预期通过优化食品安全科普工作的顶层设计，夯实食品安全科普工作的根基。

12月7日，《科创中国·院士开讲》第四期在抖音、西瓜视频和今日头条同步上线。学会理事长、中国工程院院士孙宝国以《未来食品的发展趋势》为主题，分享有关食品安全、食品添加剂、食品未来发展趋势等方面的科学知识。截至12月底，累计播放量超过800万次。

1—12月，继续强化“食品安全进万家”科普品牌活动建设，着力打造以需求为导向的场景化科普。在以聚焦校园场景的“食品安全与健康科普——百名专家百校行”活动中，开展科普活动63场；在全国食品安全周期间开展“进工厂”活动，组织参观食品科普教育基地等活动15场；在“进餐饮”活动中，以餐盘纸为科普传播媒介，传播“食品科技，护佑舌尖美味”的理念，从8月30日到9月19日，科普餐盘纸累计发放1550万余张。

表彰举荐优秀科技工作者 学会推荐2021年中国工程院院士候选人3名，推荐第十四届光华工程科技奖提名人选1名。

开展2021年度中国食品科学技术学会科技创新奖评审工作，评选出突出贡献奖12名、杰出青年奖15名、《中国食品学报》优秀论文奖10篇。

经学会推荐，学会青年工作委员会副秘书长张娜获得“全民科学素质工作先进个人”称号。

党建强会 2021年，学会以党史学习教育为契机加强政治思想建设。全年组织召开学会党委会议3次，组织集中学习习近平总书记系列重要讲话精神、观看党史学习教育视频共23次。

在学会官网设立“学会党建”栏目，刊登党中央及上级党组织的指示精神，转载党建材料。加强党的政治引领，向学会理事、广大会员、会员单位宣传党的方针、政策。

在中国食品科学技术学会第七次全国会员代表大会期间召开常务理事会党员大会，选举产生第七届理事会党委委员。

【中国食品科学技术学会第七次全国会员代表大会】 10月26日，中国食品科学技术学会第七次全国会员代表大会在北京召开。来自中国轻工业联合会、中国科协、科技部、工业和信息化部、国家卫生健康委等相关部门的领导以及科技界、企业界近300位会员代表出席会议。

中国轻工业联合会党委书记、会长张崇和，中国科协专职副主席、书记处书记孟庆海出席会议并致辞。

大会审议通过《中国食品科学技术学会第六届理事会工作报告》《中国食品科学技术学会第六届理事会财务报告》《第一届监事会工作报告》《第七次全国会员代表大会选举办法》，并通过《中国食品科学技术学会章程》《会员会费标准规定》的修改。大会选举产生学会第七届理事会理事及负责人、第二届监事会。中国工程院院士、北京工商大学校长孙宝国当选为学会第七届理事会理事长，邵薇、朱蓓薇、吴清平、陈坚、任发政、丁钢强、李宁、金征宇、石维忱、谢明勇、路福平当选为学会副理事长，表决同意聘任陈铮为秘书长。

【2021 年国际食品安全与健康大会】 9 月 27—29 日，由学会和国际食品科学技术联盟共同主办的 2021 年国际食品安全与健康大会在北京召开。大会以“安全与健康新时代的变革与创新”为主题，得到国家市场监督管理总局、科技部、农业农村部、国家卫生健康委、海关总署、中国科协、国家食品安全风险评估中心等部门，以及世界卫生组织、联合国粮农组织、国际食品微生物标准委员会等国际组织的支持。来自国内外的 400 余位专家、学者和企业负责人参加会议。

大会从不同角度分享如何更好地保障食品安全和营养健康的观点。邀请中国工程院院士陈君石、孙宝国，中国科学院院士朱永官以及来自国际科学理事会、海关总署、美国食品药品监督管理局、国家食品安全风险评估中心、意大利经济发展部（前工业部）、意大利食品技术学会、北京大学公共卫生学院、国际食品科学技术联盟、日本筑波大学等单位的 10 余位国内外专家、学者作大会报告。

除大会主题报告外，本届大会还设置 8 个专题论坛、1 场企业家高峰对话、2 个专业培训班，通过 60 余场各具专业优势和特色的交流活动，解析中国食品安全与健康发展面临的新挑战与新机遇，为食品产业高质量发展提供新思路，为健康中国建设贡献智慧与力量。

【2020 年食品安全与健康热点科学解读媒体沟通会】 1 月 8 日，由中国科协指导、学会主办、多家媒体支持的 2020 年食品安全与健康热点科学解读媒体沟通会在北京召开。陈君石、孙宝国、吴清平 3 位中国工程院院士，以及来自国家食品安全风险评估中心、中国疾病预防控制中心营养与健康所、中国检验检疫科学研究院等单位的多名专家分别对“毒蘑菇”“米酵菌酸”等 2020 年食品安全与健康十大热点进行科学解读，表达学术界观点。中国科协专职副主席、书记处书记孟庆海，国家市场监督管理总局食品安全抽检监测司二级巡视员郝明虹出席会议并致辞。

学会时任理事长孟素荷在会上回顾 2020 年新冠肺炎疫情之下的中国食品工业与中国食品安全时表示，食品工业成为中国工业经济在突变环境中持续发展的稳定器。新冠肺炎疫情防控期间中国食品工业的出色表现是全行业从 2008 年食品安全低谷，历经 12 年爬坡，走向成熟、成功的厚积薄发。由此说明，中国对食品安全的监管体系、治理模式是成功的、有效的。她同时呼吁，当前疫情再次趋紧，疫情的新常态是必须面对的现实。守住中国食品安全的净土是食品人一生的职责。

会上，中国科协科学辟谣平台与学会共同发布“2020 年食品安全与健康流言榜”，通过科技界共识肃清食品安全谣言，用科学的声音营造清朗的网络空间。

【第二十一届中国方便食品大会】 10 月 10—11 日，由学会主办的第二十一届中国方便食品大会在北京召开。大会以“从趋势到优势”为主题，来自科技界与产业界的院士、专家、学者以及国内外企业负责人等近 500 人参加会议，共同探讨方便食品行业的创新风向和未来发展。大会设置 2 场权威报告会、2 场行业论坛、5 个专题报告会，召开 4 个分会成立会，发布年度行业创新趋势，开展“方便美食节”等活动，从多角度剖析与总结中国方便食品行业在后疫情时代的创新及发展趋势。

学会时任理事长孟素荷作题为《从趋势到优势——方便食品产业发展报告（2020—2021 年度）》的大会报告。学会副理事长、中国工程院院士、大连工业大学国家海洋食品工程技术研究中心主任朱蓓薇在报告中指出，5 年来，中国方便食品行业发展步入高速迭代阶段。未来，要聚焦营养与健康，依靠科技创新推动方便食品行业走向“新食代”。

为助力行业健康可持续发展，学会组织行业专家对方便食品行业创新成果进行分析，以专家共识的方式形成《2020—2021 年度中国方便食品行业九大创新趋势》。

【第十六届益生菌与健康国际研讨会】 5 月 25—27 日，由学会主办的第十六届益生菌与健康国际研讨会在江苏省苏州市召开。中国工程院院士陈卫以及来自北京友谊医院消化分中心、爱尔兰 APC 微生物组研究所、内蒙古农业大学等单位的国内外益生菌领域的权威专家分享最具前瞻性的近 50 个报告，集中展示中国乃至世界益生菌科技与产业发展的最新动态，为探索维护行业可持续健康发展之道聚集起强大的科技力量。

会上，首次发布《2021 年我国益生菌产业发展十大焦点》和《2019—2021 年益生菌行业创新趋势》，为行业未来创新发展提供借鉴。大会另设置 3 个专题，重点就国内外益生菌领域发展现状和未来趋势进行交流探讨。大会共收录论文摘要 132 篇、张贴论文 67 篇，并评选出优秀论文摘要 7 篇。

（撰稿人：陶金亚）

中国粮油学会

服务创新型国家和社会建设 为国家“十三五”科技项目验收提供技术支撑。2021 年，学会组织完成 39 项粮油科技成果评价；学会会员单位主持研发的 2 项科技成果入选科技部主办的国家“十三五”科技创新成就展。

参与国家粮食和物资储备局 2021 年全国粮食和物资储备科技活动周组织工作，完成科技“三对接”活动。作为工程系列高级职称评审办事机构，配合国家粮食和物资储备局人事司制修订《职称评审管理办法》、2021 年高级职称评审程序和评价指标等，完成国家粮食和物资储备局机构改革以来首次工程系列高级职称评审工作。作为“中国好粮油”产品遴选实施主体，参加 2020 年度“中国好粮油”产品发布会，介绍 2020 年度“中国好粮油”产品遴选情况，并会同国家粮食和物资储备局科学研究院制修订《“中国好粮油”产品遴选管理办法》，组织开展 2021 年“中国好粮油”产品遴选相关工作，最终遴选出“中国好粮油”产品 220 个。

2021 年度，根据国家粮食和物资储备局推进节粮减损工作实施意见相关要求，围绕绿色低温储粮、适度加工、综合利用及农户科学储粮等开展团体标准征集、立项评审和报批审定，共立项 58 项；发布 12 项关于适度加工、绿色储藏、综合利用类等节粮减损方面的团体标准，其中《花生油质量安全生产技术规范》等两项团体标准入选粮食领域团体标准培优计划。作为第三方评估机构，开展“菜籽油、葵花籽油、芝麻油”三类食用植物油企业标准“领跑者”的评估工作，学会评估的 5 家企业 9 项标准入选 2021 年粮油产品企业标准“领跑者”名单。

聚焦粮食行业发展前沿科技，组织专家研判粮食行业未来科技发展趋势和创新突破口，向中国科协推荐重大科学问题 1 项、工程技术难题 5 项、“科创中国”先导技术榜单 2 项。被中国科协评为“重大科技问题难题征集发布 2018—2021 年度优秀组织单位”。

学会建设 截至 12 月 31 日，学会个人会员 24814 人，单位会员 2188 个，与 2020 年同期相比分别提升 4.1% 和 10.4%。学会官网、微信公众号影响力持续提升，其中微信公众号关注人数达到 2327 人，相比 2020 年增长 24.6%。

依章办事，民主决策，按期组织召开理事会议、常务理事会议，审议变更分支机构负责人、分支机构换届方案等事项，变更副理事长 3 人、常务理事 2 人、理事 1 人；变更分会负责人 3 人；新成立粮油食品智能装备分会和薯类分会。召开分支机构秘书长会议，贯彻落实民政部关于社会组织分支机构管理的最新指示精神，并结合学会工作实际，提出对分支机构举办会议、财务、用印等方面的具体要求，有效提升内部治理能力。

推荐监事长胡承淼参加中国科协第十次全国代表大会，并当选为中国科协第十届全国委员会委员。

参与撰写《中国科学技术协会年鉴》《中国粮食年鉴》《中国粮食发展报告》等年鉴类材料。被中国科协信息中心评为“中国科学技术协会年鉴优秀组织单位”，2 名同志被评为“优秀撰稿人”。

青年人才托举工程 学会已承担实施四届（第三至第六届）“青年人才托举工程”，选拔培养 13 名青年科技人才，壮大行业人才队伍。成功申请第七届（2021—2023 年度）“青年人才托举工程”项目，获批 4 个资助名额，其中科协资助 2 名、自筹资助 2 名。学会依托青年工作委员会搭建学术交流、科技创新、国际合作、职业发展和跟踪服务 5 个支撑平台，根据青年个性化成长需求给予平台支持，及时跟踪被托举青年人才的科研动态，促进被托举青年人才成长成才。

主办期刊 《中国粮油学报》引证指标稳步提升，在国内食品科技类期刊中名列前茅，在扩大版面、加快发稿速度、强化网络首发等方面成效显著。3 月，《中国粮油学报》录用的稿件通过中国知网直接进行发布，有效缩短稿件网络首发时间、加快稿件传播速度。严格执行三审三校制度，开展《中国粮油学报》突出贡献审稿人遴选活动，严抓出版质量，打造粮油领域卓越科技期刊。组织出版《全国粮食和物资储备科技活动周专刊》，重点报道粮食产后节粮减损科技成果；组织遴选《中国粮油学报》2014 年以来刊载的粮食产后节粮减损研究论文，排版汇编成册，作为世界粮食减损大会会议材料。

学科发展工程 2021 年，教育部在新增本科专业目录中增列“饲料工程”本科专业，是中国首次开办“饲料工程”本科专业。3 月 31 日，学会饲料分会联合河南工业大学、武汉轻工大学召开新增“饲料工程”本科专业培养方案研讨会，邀请国内有关高校、科研院所、企业的专家、学者就“饲料工程”本科专业培养方案进行研究和探讨，为学科发展出谋划策。

国际学术会议 学会通过线上形式参加国际谷物科技协会谷物与面包大会、国际谷物科技协会第七届全谷物峰会、美国油脂化学家协会年会等活动。6 月 25 日，学会首次与国际谷物科技协会共同举办第一期在线学术研讨会，聚焦“后疫情时代粮食产业发展和健康升级”主题，展示中国粮食领域科技工作者的最新研究成果，分享粮食产业发展与健康升级的前沿理念，贡献中国智慧和中国方案。

9 月 23—24 日，由学会花生食品分会承办的 2021 中国国际豌豆大会暨植物基食品论坛在山东省青岛市召开。来自美国、俄罗斯、加拿大、澳大利亚、荷兰等政府部门、科研院校、企业界的专家、学者、企业负责人等共计 1000 余人通过线上线下形式参加会议。中国食品土畜进出口商会副会长戎卫东，加拿大豆类协会主席 Greg Cherewyk，中国工程院院士、国家食品安全风险评估中心总顾问陈君石，中国工程院院士、江南大学教授陈坚等专家、学者出席论坛并致辞。论坛邀请 6 位国际知名专家、学者介绍植物基食品的全球发展现状、趋势及前沿热点技术，并就植物基食品的加工技术、装备、标准及产业创新等议题作专题报告，对进一步推动该领域国际交流与合作具有重要意义。

国内主要学术会议 根据《国家粮食和物资储备局关于推进粮食产后节粮减损工作的实施意见》，学会认真筹划粮食全产业链节粮减损研讨会，依托各专业分会，围绕食品、油脂、储藏、饲料等专业方向开展专题性学术会议，为保障粮食安全、助力节粮减损提供精准咨询和技术服务。

5 月 8—11 日，学会营销技术分会与山东省泰安市人民政府合作举办第四届中国粮油泰山论坛，针对行业广泛关注的工艺技术、品质控制、粮油市场及行业发展趋势、营销管理等问题进行讨论，得到业内肯定。

7 月 22—24 日，学会食品分会、粮油营养分会和玉米深加工分会在内蒙古自治区巴彦淖尔市联合召开 2021 年粮食精准营养适度加工与健康谷物食品开发研讨会，围绕“粮食精准营养适度加工与健康谷物食品开发”主题开展学术交流活动，展示粮食精准营养、适度加工和健康谷物食品开发的新技术、新成果。来自全国粮食领域的各大高校、科研院所、粮食科技企业、社会团体及媒体等的 21 家参展企业、80 多家单位的 200 余位专家、学者和企业领导参加会议。

10 月 25—27 日，由学会油脂分会主办的中国粮油学会油脂分会第三十届学术年会在黑龙江省哈尔滨市召开，来自全国粮油食品领域的高校、科研院所、工程技术和装备公司、大型油脂生产企业等的 200 余人参加。与会专家、学者就油脂制取、精炼、储藏等新工艺、新设备、新技术，专用油脂和功能性油脂的开发和油脂精细化工产品的研究，特种油料新油源的开发利用及油脂副产品的综合利用，油厂节能减排及安全生产，油脂标准的制修订及油料、油脂检测技术，油脂企业的现代管理与油脂科技信息等多个方面进行学术交流，对推动中国油脂产业的健康发展起到积极作用。

国际组织任职 学会与国际谷物科技协会保持联系与沟通，推荐中国粮食领域三位专家加入国际谷物科技协会导师计划；推荐学会副理事长卞科作为候选人参与国际谷物科技协会下届主席竞选，为中国科学家参与国际组织事务奠定基础，深化国际合作和提升话语权。

科普活动 学会深挖社会科普资源，授予 11 家单位为“中国粮油学会科普教育基地”，并从中推荐 7 家单位参加中国科协全国科普教育基地遴选。结合《中华人民共和国反食品浪费法》《粮食流通管理条例》有关内容，牵头制作完成 23 幅科普宣传图，在全国科普日、世界粮食日期间，通过学会各分会及 11 家科普教育基地开展爱粮节粮科普宣传活动。通过学会微信公众号发布节粮减损科普文章、海报和微视频，引导公众树立正确的消费理念。制作《做好粮库夏季粮食储藏和害虫防治》《农户科学储粮节粮减损技术服务宣传片》等宣传短视频，组织培训宣传服务 1.3 万余次，覆盖种粮农民 30 万余人次；免费发放科普图书《粮油食品安全与营养健康知识问答》27500 册，进一步倡导文明、健康的消费方式，营造爱粮节粮的良好社会氛围。学会“米制主食营养与安全”科学传播专家团队在广东省广州市开展“味道新升级，烘焙有营养”科普活动，向公众传播主食营养知识及烘焙DIY制作体验，增加科普活动的趣味性和传播性，取得良好效果。

表彰举荐优秀科技工作者 完成高层次人才发掘和举荐，2021年，学会先后向中国科协推荐1名中国工程院院士有效候选人、2名2021年“最美科技工作者”候选人、2名2021年度中国政府友谊奖候选人。学会评选出4名2021年“最美粮油科技工作者”，通过虚拟展厅进行广泛宣传。

完成2021年度中国粮油学会科学技术奖评选工作，评选出获奖项目39项，其中一等奖8项、二等奖20项、三等奖11项；2项获2019年度中国粮油学会科学技术奖一等奖的获奖项目分别获2020年度国家科学技术进步奖二等奖，粮油科技奖励的影响力和权威性明显提升。

党建强会 学会把握建党百年契机，认真贯彻落实中国科协关于党史学习教育有关要求，推进“我为群众办事”实践活动，开展特色党建活动。学会功能型党委利用各类学术会议、交流活动，引导会员单位党员干部群众掀起学习党史的热潮。邀请科学家（专家）讲党课5次。8月25日，学会邀请首席专家王瑞元讲授专题党课，近300名党员通过线上线下参与，要闻信息在中国科协官网和《一周要情》内刊转载和刊发。秘书处党支部组织全体党员、工作人员学习习近平总书记在中国科学院第二十次院士大会、中国工程院第十五次院士大会和中国科协第十次全国代表大会，以及庆祝中国共产党成立100周年大会上的重要讲话精神，持续提升全体党员、工作人员的理论水平和政治素养，坚定初心使命。

学会秘书处党支部规范开展“三会一课”等政治理论学习，全年累计组织开展主题党日活动12次，党支部书记、副书记带头讲党课，支部委员讲微党课，青年党员结合家乡特点讲述红色地标故事，形成学会党史学习教育全覆盖。持续开展“党员示范岗”活动，选树先进典型发挥示范引领。在国家粮食和物资储备局开展的“两优一先”活动中，魏然被评为“优秀党务工作者”，杨晓静被评为“优秀共产党员”。立项实施“党建强会计划”项目，开展“爱粮节粮从我做起——科技为民，学会在行动”品牌党建活动，该活动入选中国科协“党建强会计划”通报表扬活动名单。扎实开展调研工作，完成全国学会党建研究会2021年度调研课题“‘党建强会’品牌案例及其推广模式研究”。由学会青年工作委员会委员创作、秘书处党支部4位青年同志录制的诗朗诵《党师赋》入选中国科协“科技工作者心向党”系列音频活动，用声音传递粮油科技工作者对党的感情。派员参与“与党同心，百年同行”全国学会访谈录活动；参加国家粮食和物资储备局“党在我心中”青年党史知识竞赛，获得二等奖。获得“2018—2020年度中国科协党建工作先进学会”“第一届中国科协学会党建研究会理论研究工作优秀组织奖”等表彰。

在全国科技工作者日期间开展“团结引领”等系列活动，弘扬科学家精神，增强粮油科技工作者的认同感、归属感、获得感，吸引全行业与社会的广泛关注。受学会党委委派，学会副理事长兼秘书长王莉蓉、食品分会朱小兵、油脂分会毕艳兰分别带队走访慰问四位中国粮油学会终身成就奖获得者，感谢老专家们为中国粮油科技事业做出的突出贡献。学会微信公众号对此发布专题报道。

会员服务 学会结合“我为群众办实事”实践活动，持续推进新版学会管理服务平台的使用，加强学会对会员的日常管理，提升会员体验感。为方便会员收取会费发票，推动电子发票开具，降低运营成本，提高服务效率。利用网络平台、微信公众号等渠道拓宽会员服务渠道，为会员及时提供行业信息及服务内容。

【追忆党史爱家国　砥砺初心担使命——中国粮油学会山东青岛行】 4月11日，中国粮油学会党委、秘书处党支部为贯彻落实中国科协、国家粮食和物资储备局党史学习方案，与学会会员单位青岛宝佳自动化设备有限公司党支部在山东省青岛市共同开展“追忆党史爱家国，砥砺初心担使命”主题党日共建活动。一是两个党支部共同前往中共青岛党史纪念馆参观，追忆辉煌党史，缅怀革命先烈。二是召开党史学习教育暨“我为会员单位办实事、解难题”座谈会，围绕企业青年科技工作者的诉求和想法、建强党支部战斗堡垒等话题与企业开展交流和讨论，促进党建与业务互促共融，解决企业与学会高质量发展难题。三是学会一行参观青岛宝佳自动化设备有限公司的智能机器人展厅，了解智能装备机械在中国粮油食品领域中的应用及发展，并就创新粮油智能装备对于贯彻落实国家粮食安全战略和乡村振兴战略、加快建设粮食产业强国等方面的意义进行探讨交流。

【中国粮油学会与国际谷物科技协会第一期在线学术研讨会】 6月25日，学会与国际谷物科技协会共同举办第一期在线学术研讨会。会议以“后疫情时代粮食产业发展与健康升级”为主题，来自9个国家和地区的约30名专家、学者参加研讨会。会议由学会副理事长、河南工业大学教授卞科主持，邀请陕西师范大学食品工程与营养科学学院教授胡新中、国粮武汉科学研究设计院有限公司教授级高级工程师谢健、益海嘉里研发中心总监姜元荣三位专家分别围绕《杂粮加工技术创新与血糖生成评价》《后疫情时代中国稻米产业健康发展》《植物蛋白产业的升级与创新》等议题作报告。此次会议展示中国粮食领域科技工作者的最新研究成果，分享粮食产业发展与健康升级的前沿理念，促进后疫情时代粮食领域的国际学术交流与合作。

（撰稿人：魏　然　左　巍）

中国职业安全健康协会

服务创新型国家和社会建设 2021年，协会高质量完成“紫金‘奇迹’由来”课题研究，该项目成果已报中央领导和国务院国有资产监督管理委员会，并报送福建省委省政府，引起有关方面的高度重视。受吉林省长春市人民政府和有关部门委托，组织地质、采矿、通风等各专业专家对龙家堡煤矿、营城矿业公司进行安全体检，并提出在整改条件下可以保障安全生产的建议，受到地方政府部门好评。应烟台应急管理局及山东黄金集团有限公司等邀请，组织专家为相关金矿提供助产复工的技术服务。开展江苏省宿迁市泗洪县城市安全风险评估及泗阳县安全发展示范城市模拟评审项目，实现由社区安全向城市安全服务拓展延伸。受内蒙古自治区鄂尔多斯市达拉特旗人民政府的委托，组织专家赴现场针对危险化学品生产企业进行隐患排查和风险评估，保证达拉特旗危险化学品生产企业的安全生产。

完成13个集团（公司）的咨询服务项目。完成“河钢集团承钢公司安全咨询服务”等项目。完成《大理石地下机械开采（平硐）安全技术标准》深度研究项目。完成铁法煤业（集团）有限责任公司的安全咨询服务项目。完成西藏甲玛等一批非煤矿山安全审计项目。指导完成辽河油田特种油开发公司和中国石油天然气股份有限公司华北石化分公司健康企业创建，并获国家卫生健康委“健康企业建设优秀案例”称号；启动中国石油天然气股份有限公司长庆油田分公司第五采油厂、中国石油大连石油化工有限公司、大庆油田有限责任公司等6家健康企业创建指导服务。策划并开展“铁法能源公司职业危害风险评估项目”和“中国石油化工集团职业危害风险评估与治理研究项目”。策划并开展中粮集团有限公司旗下酒鬼酒股份有限公司安全生产三年专项整治项目、中粮粮谷（面粉部）安全生产双重预防机制建设等。启动广东宏川集团有限公司化工仓储基地安健标杆创建项目。

团体标准覆盖面和影响力持续扩大和提升。加大宣传力度，严格规范工作流程，共收到35项团体标准立项审查，发布标准4项。积极推进团体标准项目化服务，为立项申请单位提供技术审查意见、标准编制指导服务等。

教育培训工作的整体水平不断提升。采取线上线下、现场实训等方式，举办8期职业卫生师培训班、1期注册安全工程师继续教育培训班、1期班组管理及素质提升培训班和1期职业卫生三类人员培训班，2000余人参加培训。通过战略合作形式推进专题培训，与应急管理部紧急救援促进中心合作，在中国建筑第八工程局有限公司开展500人的应急救援员培训。完成中粮集团有限公司“晨曦计划－久安工程”安全人才培养计划培训班（第二期）理论课程学习。围绕国家政策要求、市场需求，策划开展职业心理疏导师等培训项目，启动职业卫生师培训教材《实用职业卫生学》的修订和职业心理健康教材的编写工作。

学会建设 推进组织建设。按照创新会员发展思路，大力推动会员发展。2021年，新发展会员3000余户（个），同比增长20%以上。积极稳步发展分支机构建设。2021年，新成立9家分支机构，同比增长24.3%。截至2021年年底，共有分支机构46家，另有2家正在筹备中。对理事会、常务理事会成员进行调整优化，使理事会、常务理事会组织上得到加强、作用上更加突出、成效上更加明显。

加强凝聚力建设。吸纳有影响力的企业和人员加入理事会；以“共创一流”为目标，增强凝聚力和向心力；提供精准化、及时性、高质量服务。通过院士推荐、人才举荐、科技奖励评审表彰；协会领导到会员单位调研，为他们“把脉”并了解需求，开展量身定做式服务；充分发挥协会服务品牌作用，助推会员企业职业安全健康水平提升，使会员在会爱会、在会为会、在会帮会的积极性越来越高，建言献策、支持活动、助会发展正在成为常态，整体凝聚力建设得到进一步加强。

强化班子和队伍建设。通过强化理论武装、加强政治历练、强化业务学习、注重实践锻炼和加强人才引进等方式，全面提升秘书处领导班子的政治素质、专业素质、工作作风和履职能力。在此基础上，通过政治训练、招聘引进、项目锻炼、培训教育等方式，提升员工队伍尤其是中层管理干部队伍的综合素质和服务能力等。

主办期刊 《中国安全科学学报》是由协会主办的安全科学与工程一级学科领域的国家级学术性刊物。2021 年,《中国安全科学学报》在 2020 年入选中国科技期刊卓越行动计划基础上，入选《世界期刊影响力指数（WJCI）报告（2020 科技版）》Q2 区；复合影响因子为 1.775，影响力指数学科排序为 2/17。

在中国科协的统一部署下，协会面向国内外出版的中英文安全科学类科技期刊开展 2021 年度《安全科学领域高质量科技期刊分级目录》的认定与发布工作。《中国安全科学学报》在“安全科学领域高质量科技期刊分级目录项目”中被评为 T1 级。

学科发展工程 开展安全工程（本科）教育国际实质等效认证相关工作，完成 22 家高校安全工程专业认证申请、11 个专业点自评报告审核，通过线上线下相结合的方式完成 6 家高校安全工程专业进校考察。开展 2021 年度创新创业项目征集和立项评审工作。作为发起单位之一，申请加入中国工程师联合体，成为首届中国工程师联合体理事单位之一，并派员参加中国工程师联合体成立大会暨第一届理事会第一次会议。

国内主要学术会议 2021 年，协会共举办 200 人以上的线下学术交流会 5 次。举办线上专题论坛和学术交流会共计 45 次，参加人数 1 万余人次，其中分支机构举办 38 次。

4 月 16 日，由协会主办、湖南省职业安全健康协会和 3M 中国有限公司协办的第八届工作场所噪声危害和听力防护论坛在湖南省长沙市举办，共计 300 人参加会议。会议由协会常务副秘书长毕强主持，协会副理事长王铃丁、湖南省职业安全健康协会理事长杨国庆、广东省职业病防治院主任医师杨爱初、3M 高级技术专家刘玉飞、中国疾病预防控制中心职业卫生与中毒控制所研究员胡伟江共同参与。论坛旨在说明工业噪声的危害、噪声个人防护的科学与实践、听力保护的新动向以及推动社会各界关注工业生产、建筑施工、交通运输等过程中的噪声危害，动员全社会进一步加强噪声治理和听力保护，更好推广听力防护事业。

6 月 26 日，由协会与中国建筑业协会联合举办的 2021 年建筑企业安全生产管理现场观摩交流会在上海市召开，来自上海市应急管理局、上海应用技术大学、地方建筑业协会及建筑企业的 300 余人参加会议，7000 余人线上参加会议。

7 月 27—28 日，由协会、中国平安财产保险股份有限公司、华阳新材料科技集团有限公司联合主办的第四届中国职业安全健康高峰论坛暨第三届安全生产责任保险交流会在吉林省长春市召开。论坛邀请 5 位中国工程院院士出席并作报告。来自全国各地各行业的专家、学者，协会各分支机构及会员单位相关负责人，高校及科研院所代表，相关政府部门和吉林省、长春市行业企业负责人，新闻媒体记者等 600 多人参加会议。

国际交往 2021 年，协会与发起部门联合举办线上第三十五届亚太地区职业安全健康组织年会和中日韩职业安全健康学术研讨会。

科普活动 协会及其职业安全健康教育专业委员会共同开展线上职业安全健康应急知识大赛，有 30 家院校参加。开展线上安全教育知识普及，共有 200 多个院校 50 万余人次参加。启动科普读物的编写工作。举办安全生产法宣贯 186 场（含分支机构举办），受众 23900 余人次。

表彰举荐优秀科技工作者 协会做好科技人才举荐与科技成果推广工作。积极推荐新颖、效益显著的发明专利参与第二十三届中国专利奖评选活动，其中 2 件发明获第二十三届中国专利奖。向中国科协推荐第十四届光华工程科技奖候选人 2 名。推荐北京市科学技术奖科技进步奖 1 项，分别为辽宁省科技进步奖和四川省科技进步奖鉴定科技成果各 1 项。推荐第十七届中国青年科技奖候选人 2 名。

组织完成 2021 年度中国职业安全健康协会科学技术奖评审工作，153 个项目获奖。其中，授予“城镇燃气管道完整性管理关键技术及应用”等 43 项成果一等奖，授予“高原高寒地区灾害现场生存保障装备体系研究”等60项成果二等奖，授予“核电大修作业‘五化’安全管理模式创新与实践”等50项成果三等奖。

党建强会 开展党史学习教育。组织学习党史理论，举办党史专题讲座，开展以党委书记带头讲党课的“四级联动”讲党课行动，举办党史知识竞赛、党史读书班和民主生活会等活动。

开展“我为群众办实事”主题实践活动，解决员工医疗报销等难题。

下发《关于加强协会宣传工作的意见》，推出党史学习教育《简报》46期，通过协会官网、微信公众号及《中职安健报》宣传。

受邀参加在中国科协科技社团举办的“追寻红色足迹，科技为民服务”党史学习教育延安示范活动暨“科创中国·智惠延安”能源化工高质量发展高端论坛并作发言。

开展建党百年系列活动。

在成立协会理事会层面党委的基础上，经中央和国家工委及其机关行业协会商会党委批准，5月9日，在井冈山召开党的关系转到中央和国家机关工委后第一次党员大会，选举产生协会党委（协会机关和会办企业层面）。

健全基层党组织，完成党支部的调整工作，秘书处和会办企业共设7个党支部。加强党支部领导班子建设，开展全体支委全员业务培训。

加强党员发展工作，吸收预备党员1名，确定发展对象3名。截至2021年年底，协会机关和会办企业共有党员73名（含1名预备党员，已上报工委进行审批）、入党积极分子15名。

持续加强分支机构党的工作，分支机构建立党的工作小组正逐步实现全覆盖。

会员服务 在会员集中的吉林省吉林市建立会员服务站，2021年正在商谈与吉林省长春市、江苏省宿迁市、江西省吉安市等地的政府合作，成片成批发展会员并建立会员服务站。同时区分目标群体，提高精准服务的实效性。服务会员单位以展示形象、搭建平台、推广技术和专家咨询服务为主；服务个人会员以政策解答、提升能力、专项参训、科技成果交流与应用推广为主。

加快“三位一体”信息平台建设，打通信息沟通渠道，提高工作效率，提升服务能力，通过实地调研、召开座谈会、调查统计、会员提案等形式了解会员困难和服务需求，提供及时、优质、精准的服务。

按层级分类，设置副理事长单位（联络群）、常务理事单位（联络群）、理事单位（工作群）、委员单位（工作群）和个人会员（交流群），按层级分类管理并提升服务质量。

建立考评制度，以评促建，表彰先进，以先进带后进，推动分支机构整体协调发展，促进分支机构服务会员质量的全面提升。

【第四届中国职业安全健康高峰论坛暨第三届安全生产责任保险交流会】 7月27—28日，由协会、中国平安财产保险股份有限公司、华阳新材料科技集团有限公司联合主办的第四届中国职业安全健康高峰论坛暨第三届安全生产责任保险交流会在吉林省长春市召开。此次高峰论坛主题为“法制、科技、平安、健康”。协会党委书记、理事长王德学，协会专家咨询委员会主任王宜林，中国能源研究会理事长史玉波，以及5位中国工程院院士和一些行业领域的领军人物、专家、学者出席会议并作主旨演讲。吉林省委书记景俊海与协会领导和有关专家进行座谈，吉林省委常委、常务副省长吴靖平和省委常委、长春市委书记张志军出席会议并致辞。本届论坛深入学习贯彻习近平总书记关于安全生产、职业健康和应急管理工作的一系列重要论述及党中央、国务院的重大决策部署，大力宣传新修订的《中华人民共和国安全生产法》，探讨和交流安全生产、职业健康和应急管理方面的新思想、新理念、新观点、新方法、新路径，共商和分享中国在安全生产及职业健康领域的新对策、新举措、新实践、新成效、新经验以及新时代商业保险参与应急管理的新模式。

主论坛上，邀请中国工程院院士范维澄、周守为、袁亮、彭苏萍、王运敏分别作题为《火灾科学与韧性城市》《“深海一号”大气田的创新实践与安全设计》《我国矿山职业健康面临的挑战与对策》《我国煤矿智能安全开采地质保障系统》《金属非金属矿山职业健康及危害控制》的报告。

会议同时设立5个分论坛，分别为“铁路行业安全与职业健康”分论坛、“煤矿重大灾害防控”分论坛、“城市风险防控与安全发展”分论坛、工业防毒与职业健康学术研讨会、中国化学品安全协会会员单位安全生产工作座谈会。共有50多位专家、学者和来自政府部门、企业的单位负责人作演讲和发言。

【2021 年建筑企业安全生产管理现场观摩交流会】6 月 26 日，由协会、中国建筑业协会联合举办，中国建筑第八工程局有限公司、同济大学城市风险管理研究院、上海应用技术大学城市建设与安全工程学院协办的 2021 年建筑企业安全生产管理现场观摩交流会在上海市召开。来自协会、中国建筑业协会、上海市应急管理局、同济大学城市风险管理研究院、上海应用技术大学城市建设与安全工程学院、地方建筑业协会及建筑企业的代表及中国建筑第八工程局有限公司等 300 余人参加，7000 余人线上观看。

与会领导、专家、学者一同参观中国建筑第八工程局有限公司临江商业商务中心项目安全管理亮点展区、安全信息展厅、智慧中心、党建工作站，实地体验工地智能检测、智慧建造数据中心、沉浸式 VR 功能模拟等智慧建造。此次活动展现出中国建筑第八工程局有限公司在安全管理理念创新、安全管理体系建设、安全生产文化建设、安全信息化探索等方面存在许多亮点。

（撰稿人：吴　松）

中国烟草学会

学会建设　2021 年，学会会员总数 12369 人，变更副理事长 1 人、常务理事 3 人、理事 10 人。学会依照章程全年组织召开理事会议 1 次、常务理事会议 2 次、学会理事会党委会议 2 次。

3 月，召开八届四次常务理事会议，选举学会副理事长、郑州烟草研究院院长、党组副书记谢剑平为中国科协第十次全国代表大会代表和第十届全国委员会委员候选人。

8 月，召开八届五次常务理事会议，审议八届二次理事会议议题及八届理事、常务理事调整提议。

9 月 2 日，以电视电话会议形式召开中国烟草学会第八届理事会第二次会议。会上审议通过调整 10 名理事、3 名常务理事的决议，总结 2020 年换届以来学会工作，安排部署下一阶段工作任务；传达学习中国科学院第二十次院士大会、中国工程院第十五次院士大会、中国科协第十次全国代表大会精神；研究副理事长调整事项。中国烟草学会第八届理事会理事、监事会监事，各专业委员会主任委员、秘书，省级烟草学会理事长、秘书长等共计 160 余人参加会议。

主办期刊　2021 年，《中国烟草学报》依托专家力量和大数据平台聚焦行业重点课题和重大专项，坚持三审制度，严把用稿质量，继续入选北京大学中文核心期刊目录。影响因子较 2020 年提升 1.8%，在 29 个轻工业学科期刊中（除纺织食品类）排名第三。

2021 年，《中国烟草学报》围绕国家烟草专卖局“三高”重点工作，聚焦科技发展重点需求，与国家烟草专卖局科技司合作，利用“烟草学术期刊”微信公众号，配合纸媒，发布行业科技重点工作及国外期刊科技创新重点成果。在微信公众平台采取创新式鼓励方式，通过纸媒配合、线下赠阅等方式增加用户黏性与活跃度。截至 2021 年年底，《中国烟草学报》微信公众号用户数近 9000 人，发文 182 条，阅读 4.5 万人次，实现学术成果多维度展示和立体化传播。

学科发展工程　2021 年，学会完成《中国烟草科学与技术（1982—2021）》出版工作。该书首次从技术发展史角度记录中国烟草总公司成立近四十年中国烟草科技的发展历程与成就，是由学会组织行业内外百余位专家、学者历时 5 年编撰完成的烟草科学技术史类著作。

国内主要学术会议　2021 年，学会以“专业委员点题，科技人员解题，推动成果转化”为主线，以优秀论文遴选为抓手，引导行业科技人员围绕“卡脖子”问题进行研究，聚焦企业关注难题积极思考，不断提升国内学术交流质量。全年共征集参评论文 1238 篇，经专家评审评选出优秀论文 446 篇，其中一类 90 篇、二类 129 篇、三类 227 篇。5 月 18 日，在河南省郑州市中国烟草总公司职工进修学院举办学术论文管理系统暨论文写作规范培训班。基于数字化转型和行业基层科技工作者对科研论文写作的需求精心设计课程，邀请专家讲授学术论文管理系统操作流程和科研论文写作要点，持续推动论文遴选规范化、程序化和标准化，提高遴选效率。在《东方烟草报》开辟专栏，选登年度优秀学术论文，切实为论文作者办实事、服务好。

国际交往　2021 年，学会组织国际学术会议参会工作。完成国际烟草科学研究合作中心参会论文遴选工作，共收到 126 篇论文，经行业内外专家评审，推荐 21 篇（工业 11 篇、农业 10 篇）论文代表中国烟草入选国际烟草科学研究合作中心会议论文。组织国际烟草科学研究合作中心线上会议参会工作，协助参加会议代表熟悉会议软件操作流程，安排预演练习。10 月，国际烟草科学研究合作中心农学与植病及遗传学组联席会议、烟气科学与产品工艺学组联席会议以在线会议形式召开，学会组织23人参加线上视频会议。其中，玉溪中烟种子有限责任公司研究员张立猛作为国际烟草科学研究合作中心科学委员会委员，参加农学组并主持其中“遗传和生产措施对烟叶TSNAs的影响”分专题讨论；郑州烟草研究院正高级工程师胡斌作为国际烟草科学研究合作中心科学委员会委员及产品工艺学组副主席，全程参加会议；另有21名参加会议代表高质量完成入选论文宣读交流工作。

科普活动 2021年，学会开展各类科普活动。9月，紧抓党史学习教育“我为群众办实事”着力点，以“百年再出发，迈向高水平科技自立自强”为主题，组织各省烟草学会和专业委员会开展“感党恩、迎国庆、庆丰收”“红色百年路·科普万里行”“党旗引领下的中国烟草”“百年再出发，迈向高水平科技自立自强”等系列活动，累计举办210余项全国科普日活动。其中，推荐的湖南省烟草专卖局、学会专卖管理专业委员会两家单位的活动被中国科协科学技术普及部评为“2021年全国科普日优秀活动”。

3—10月，开展“面对面、点对点”科普进基层活动。组织各省烟草学会和专业委员会采取“个人自荐、组织推荐、同行评议”方式，成立工业、农业、专卖管理和卷烟流通四个方向总计885人的专家团队。开展科普需求调研，征集需求建议2.3万余条，根据实际制订活动计划。各单位按照“基层出题、专家答题、学会搭台”的科普工作模式，从科普知识进企业、进队所、进农户、进终端和进社区五个层面累计开展科普活动5200余项，线上线下参与群众98.8万余人次。

5月25—29日，与中国烟草总公司青州烟草研究所联合在青岛试验基地和宣城实验基地举办以“助推乡村振兴　走进试验基地　解密农业科技　感受农业魅力”为主题的科普开放日活动，吸引150余名社会公众参加。此次科普活动涵盖田间展示、室内参观、科学小实验、科普讲座、科普视频等多个环节，充分发挥学会与青州烟草研究所的科普资源优势，通过公众开放、现场指导和面对面答疑的科普形式，让公众走近科学、了解农业、畅享绿色农业发展、近距离感受烟草和特种作物的农业科技创新工作。

党建强会 2021年，学会学习贯彻习近平新时代中国特色社会主义思想和党的十九届历次全会精神，认真落实“三会一课”制度，强化“一岗双责”，开展党史学习教育。学懂弄通党史学习教育指定书目，制作宣传展板，编写知识题库，夯实理论基础。参加中央国家机关“四史天天学”读书活动、党史知识竞赛和学习接力赛，取得小组第一的成绩。参加中国烟草网络学院党史学习教育专题培训班，推动党史学习向纵深开展。组织学会办事机构党支部开展支部内共读共学、支部间联建联学活动，增强支部活力，实现资源共享。参观北京大学红楼、首都博物馆和北京鲁迅博物馆等爱国主义教育基地。观看党史纪录片和庆祝中国共产党成立100周年大会。

学习贯彻党的十九届六中全会精神，组织观看新闻发布会，召开学习贯彻全会精神动员会，把学习贯彻全会精神作为当前和今后一个时期的重大政治任务。领学促学《中共中央关于党的百年奋斗重大成就和历史经验的决议》精神，从党的百年历程中汲取精神力量、强化使命担当。深刻理解“两个确立”的决定性意义，坚定不移把“两个维护”牢记于心、践之于行。

编制《学会党支部标准化规范化建设工作手册》，推动党建与业务工作融合。扎实推进“我为群众办实事”实践活动，以科学普及和学术交流为切入点，切实解决群众身边各类急难愁盼问题。

会员服务 学会定期在微信公众号上发布消息，便于会员了解相关信息，通过有奖问答等形式加强与会员的互动交流。学会会员可优先参与学会活动和在学会期刊上发表论文。

【中国烟草学会开展“面对面、点对点”科普进基层活动】 学会深入贯彻习近平新时代中国特色社会主义思想，开展党史学习教育，扎实推进“我为群众办实事”实践活动，以科学普及和成果转化助推行业高质量发展，依托科学传播专家团队，从科普知识进企业、进队所、进农户、进终端和进社区等各方面开展系列科普活动。

学会工业专业委员会组织郑州烟草研究院10名专家到河南中烟工业有限责任公司进行培训和讲座，向企业技术人员宣传标准化政策法规、普及标准化基础知识，讲授从技术思维到专利思维的方法。

学会农业专业委员会结合烟叶生产实际，开展“科学普及进基层”活动，编印烟叶生产实用技术指南3200册，免费发放至各烟叶产区公司、工业企业和有关科研单位，同时在中国烟草网络学院提供网络版在线查阅；组织中国农业科学院烟草研究所和湖北省烟草科学研究院植保专家团队深入对口帮扶村湖北省十堰市竹溪县兰池村开展科学普及和技术指导，专家团队深入田间调查病害发生情况并进行技术指导和培训，向村里赠送《烟草病虫害图鉴》和《中国烟叶生产实用技术指南》等图书，提高兰池村烟农和当地技术人员对烟草病虫害的认识和防控水平。

学会专卖管理专业委员会落实新修订的《中华人民共和国未成年人保护法》中关于保护未成年人免受烟侵害的规定，开展保护未成年人免受烟侵害“守护成长”专项行动。拍摄3部涵盖专项行动主要内容的短视频，通过播放宣传视频、设置咨询台、发放宣传手册、布置展板横幅等形式，向市民宣传假烟危害、真假烟识别技巧、未成年人保护法等内容。同时，通过“新华社快看”B站号、《东方烟草报》抖音号、微信视频号等13个主要社会平台发布，线上播放量超千万次。

学会安全生产专业委员会举办行业安全大讲堂和“一把手”讲安全专题活动5期，邀请企业负责人、安全管理专家交流经验、分享成果，参与学习近11万人次；组织安全专题网络培训班8期，培训835人次；网络平台上架突发公共事件应急管理专题学习、安全生产优秀论文集锦、落实安全责任推动安全发展3个专题、37门课程、209篇资讯；开设线上问诊，邀请行业143名专家轮流坐诊、答疑释惑。

此次活动从干部员工、零售客户和基层烟农等群体着手，形成“多点带动，深度融合”的科普方式，为推动党史学习教育与业务工作结合开拓新思路，为“我为群众办实事”实践活动落地落实注入新动能，为学习贯彻党的十九届六中全会精神提供新途径。

（撰稿人：王文静）

中国仿真学会

服务创新型国家和社会建设 学会继续参与中国科协2021前沿科学问题和工程技术难题推荐工作，分别向29个分支机构和102个会员单位征集，经专家遴选向中国科协提交2个前沿科学问题、3个工程技术难题和2个重大产业与技术问题。获中国科协重大科技问题难题征集发布“2018—2021年度优秀组织单位”。

为加快学科建设，推动仿真领域高质量科技期刊与国外高水平期刊的等效使用，申报并承接中国科协“仿真领域发布高质量科技期刊分级目录项目”。截至2021年年底，已经完成组建评审委员会、制订并公示评价体系及工作方案和流程、期刊遴选三个部分。在专家评审阶段，已完成期刊在仿真领域的学术影响力排序、期刊定性评价和期刊代表性论文评价三个阶段工作。

2021年，为落实中国科协“科创中国”总体部署，针对首批试点城市积极响应，组建由学会荣誉理事长、中国工程院院士赵沁平、李伯虎领衔，常务理事沈旭昆负责，104名跨学科跨领域专家组成的产业科技服务团——“科创中国”虚拟现实与仿真技术产业科技服务团。产业科技服务团先后组织多项全国活动，主要有第二十一届中国虚拟现实大会、2021年第四届中国虚拟现实大赛、第四届江西公共安全创新创业大赛、江西省虚拟现实产业技术创新战略联盟第四期主题沙龙、虚拟现实技术专业建设方案专家论证会、虚拟现实领域专业技术转移转化能力提升2021年高级研修班。

构建2个赋能组织，一是成立虚拟现实与仿真技术服务站，通过与南昌国家高新技术产业开发区、北航江西研究院签署三方协议，建立全国首个政府、学会、属地研究院三位一体的“虚拟现实和仿真技术联合体”；二是面向江西省航空产业重点创新企业，成立“中国仿真学会—江西瑞谷航空仿真技术学会企业联合体”，为当地航空中小企业开展仿真技术研发提供支持。根据地方产业情况和需求，征集、挖掘、凝练以南昌为主、包括国内其他地区从事虚拟现实与仿真的企业、研究机构等共计52项高质量产业服务需求，发布在“科创中国”平台“问题库”并进行常态化跟踪服务；同时通过征集、审核等方式收集51项技术成果信息，发布在“科创中国”平台“成果库”。完成2个服务产学融合新模式、新成果、新亮点的典型案例和5.4万余字的中国仿真产业发展研究报告建议稿。

学会建设 截至2021年年底，学会新增个人会员1084人，总数达2.4万余人；单位会员新增7家，总数达111家。2021年，增补9位理事和2位常务理事，先后成立2个专业委员会和筹建2个专业委员会。

青年人才托举工程 “综合能源系统多尺度联合建模与仿真”中国科协青年托举沙龙于10月23日在江苏省南京市召开。会议由中国科协主办、学会和东南大学电气工程学院联合承办，以“综合能源系统多尺度联合建模与仿真”为主题，邀请7名国内学术界和工业界的青年专家作学术报告，进行学术交流，共同探讨最新的研究前沿，推动相关领域的学科创新与发展。会议采用“线上 + 线下”的形式，邀请各大高校、科研院所以及相关企事业单位的专家、学者进行报告及交流。会议由学会第五届青托人才、东南大学电气工程学院副教授吴志主持。

学会通过微信公众号、各类工作群等平台发布信息，对青托人才进行宣传，扩大“青年人才托举工程”的影响力和认知度。在官网设立“青年人才托举”专栏，用于宣传青托人才的研究成果以及个人事迹等，同时也为后续的青年优秀人才树立榜样。

主办期刊 根据《中国学术期刊影响因子年报》（2021 版）数据，学会会刊《系统仿真学报》在 141 种自动化技术、计算机技术类期刊中，影响力指数值为 497.553，排名第 16；期刊综合影响因子为 0.862，同比增长 32.21%，排名第 52；总被引频次为 7666。入选中国科学引文数据库核心库、《世界期刊影响力指数（WJCI）报告》Q2 区。

2021 年，国际杂志 *International Journal of Modeling, Simulation, and Scientific Computing*（IJMSSC）投稿 700 篇，接收 108 篇。

学科发展工程 学会参加中国科协信息科技学会联合体组织的《信息技术领域前沿跟踪研究》讨论会。会上，与会专家就项目大纲各部分内容进行讨论，学会作为参与单位，负责撰写信息物理网络领域报告。

国际学术会议 10 月 30 日—11 月 1 日，2021 年生命系统建模与仿真国际会议暨可持续能源与环境智能计算国际会议在浙江省杭州市举办。来自国内外生命系统建模、智能计算及能源工程、环境科学应用等领域的 450 余位专家、学者和与会人员通过线上线下形式参加开幕式暨大会报告以及分组专题会。会议主要围绕国内外生命系统建模与仿真研究、受生命启发的智能生物信号处理、智能计算方法及其在能源和环境中的应用等相关领域的热点技术、挑战和未来发展趋势等研究领域和热点问题展开。大会共收到 430 余篇论文，录用 168 篇。

国内主要学术会议 10 月 16—17 日，第三十三届中国仿真大会在北京召开，共有 600 余位专家、学者及仿真科技工作者参加，旨在为仿真领域的专家和企业提供一个展示创新成果、展望未来发展的高端学术平台。

会议以“仿真与工业互联网”为主题，采用“1+10+1”的模式，即 1 个学术主会场 +10 个学术分会场 +1 个仿真产业展会。其中，学术主会场大会报告采用线上同步直播方式，邀请国防科技大学教授胡晓峰等 6 位学术界专家和京东物流智能驾驶部技术总监周清等 4 位产业界专家作大会报告；10 个学术分会场邀请 60 位专家作主题报告；邀请 23 家参展单位参加仿真产业展会。

国际组织任职 学会荣誉副理事长、常务理事、北京航空航天大学教授张霖被国际建模仿真学会授予 2021 年度“SCS 杰出成就奖”；学会荣誉副理事长康凤举，学会荣誉副理事长、第八届常务理事费敏锐当选为亚洲仿真联盟会士。

学会理事、电力系统仿真专业委员会主任盛万兴担任 IEEE 智能配电和公用事业工作组主席、IEEE 电力能源学会输配电技术委员会 – 中国区副主席；电力系统仿真专业委员会副主任孟晓丽担任 IEEE 电力能源学会输配电技术委员会 – 中国区秘书。

科普活动 由学会和教育部高等学校自动化类专业教学指导委员会、西门子（中国）有限公司联合主办的教育部 2021 年第十五届 CIMC“西门子杯”中国智能制造挑战赛于 11 月 15 日闭幕。此次大赛采取线上线下相结合的形式，36 个赛区共吸引近 700 所学校的 1.7 万余名学生参加。学会副理事长纪志成代表学会在闭幕式上做视频讲话。

12 月 4 日，由学会主办、学会机器人系统仿真专业委员会承办的第十四届国际水中机器人大赛于线上开幕。国际水中机器人联盟主席、学会机器人系统仿真专业委员会主任、北京大学教授谢广明致开幕词。此次大赛共有 462 支队伍报名参赛，线上赛分为在线评审和视频评审两种形式。水面垃圾清理、2D 仿真、自主视觉、创新创业和前沿探索 5 个组分别在 4 日、5 日进行在线评审比赛。

2021 年，学会组织开发科普原创作品 28 件，开展科普活动 23 场次。如北京航空航天大学教授张霖在中国科学技术馆举办两场“中科馆大讲堂”，线下线上听众超过 3 万余人次。2021 年度，中国科协聘任的学会首席科学传播专家吴建平科学传播专家团队和潘志庚科学传播专家团队共做 8 次科普讲座。

产业科技服务团在江西省、云南省、北京等地开展“科创中国”虚拟现实技术、仿真技术走进老少边穷地区、大中小学校、社区等科普活动。

表彰举荐优秀科技工作者 根据《中国仿真学会科学技术奖评选办法》，2021年度学会启动中国仿真学会科学技术奖评审工作，共收到48个参评项目，经学会专家评审，14个项目获奖，其中一等奖7项、二等奖7项，相关获奖名单已在学会网站及微信公众号对外公示。

完成2021年中国科学院院士、中国工程院院士候选人，中国科协第十届全国委员会委员候选人，第二十四届中国科协求是杰出青年成果转化奖人选以及第十四届光华工程科技奖提名人选的推荐工作。

5月30日，经中国科协第十次全国代表大会选举，学会理事、中国工程物理研究院副院长莫则尧当选为中国科协副主席；学会常务副理事长、清华大学教授范文慧和学会常务理事、清华大学教授吴建平当选为中国科协第十届全国委员会委员。

党建强会 2021年，组织线上学习习近平总书记在中国科学院第二十次院士大会、中国工程院第十五次院士大会、中国科协第十次全国代表大会上的讲话以及在庆祝中国共产党成立100周年大会上的重要讲话；组织学习党的十九届六中全会精神专题会议；组织参与中国科协党校（科技人才学院）的线上学习教育。

面向全会开展学习党史100天活动，通过学会微信公众号发送学习党史100天材料并同步到学会功能型党委群，引导广大会员和仿真科技工作者坚定“四个自信”，自觉团结在以习近平同志为核心的党中央周围，为建设科技强国创新争先、勇攀科技高峰。

推进分支机构党的工作小组建设，学会35个分支机构全部成立党的工作小组，全面推进学会党建向纵深发展。

持续开展党建强会活动，学会及其分支机构全年联动开展12场次党建特色活动。

会员服务 截至2021年年底，学会会士共有34人。

2021年，学会加大对会员数据库的更新力度，根据会员反馈建议，学会电子会员证上增加电子公章等有关信息。去除无效会员信息，为会员服务邮件的精准推送提供完整的大数据。截至12月31日，学会共精准推送信息473114条次，包括学会活动通知、学会会刊《系统仿真学报》中英文期刊目录等信息。

2021年，学会通过新媒体平台和学会官网推出4期《中国仿真学会通讯》，供广大仿真科技工作者查询和浏览。

【2021中国仿真技术应用与数字经济高峰论坛】 11月27日，由学会主办，佛山市顺德区大良街道工业互联网协会、佛山市中科农业机器人与智慧农业创新研究院承办的2021中国仿真技术应用与数字经济高峰论坛在广东省佛山市顺德区召开。大会采用线上直播方式，线上参会人数达1400余人次。大会设置学术交流、成果展示、技术发布、项目对接等环节，聚焦国内外仿真技术研究热点、前沿和趋势，解读新时代仿真技术面临的机遇和挑战，探讨仿真领域关键技术，分享行业优秀解决方案。

中国工程院院士李伯虎以及系统仿真及制造业信息化专家围绕“面向智能制造系统工程的建模与仿真技术研究与实践”作学术报告。高峰论坛环节邀请华南农业大学教授邹湘军等多位专家进行主题演讲。在圆桌会议环节，与会专家、学者探索研讨智能制造与仿真技术的未来发展之路。

【2021仿真技术学术交流会暨第七届中国目标与环境建模仿真技术大会】 11月26日，由学会航空航天仿真系统专业委员会、仿真方法与建模专业委员会等联合主办的2021仿真技术学术交流会暨第七届中国目标与环境建模仿真技术大会在北京召开。会议采取线上线下相结合的方式，为来自多学科、多应用领域的专家、学者提供交流平台。线下参会人数控制在一定范围内，线上参会人数达900多人。大会邀请仿真领域的30多位领导、专家、学者针对射频、光学目标/环境/干扰建模与仿真技术、先进射频制导与光学制导仿真技术、高效能实时/并行仿真平台技术、仿真精度与置信度评估技术等展开讨论。

【数字体育+可穿戴计算学术会议】 12月12日，数字体育+可穿戴计算学术会议在广东省东莞市举办。会议通过线上线下相结合的方式，呈现《主动健康的概念、实践与国家“十四五”战略》《可穿戴设备与中医未病测评》《基于可穿戴技术的健康水平定量研究》《可穿戴健康设备的标准化》《可穿戴运动健康的数据支持技术》等多个学术报告，线上线下参会人数达2000余人次。大会旨在探讨智慧体育、智能穿戴+体育、建模仿真+体育、运动健康等方面的科技前沿技术。

（撰稿人：赵　罡）

中国电影电视技术学会

服务创新型国家和社会建设 学会承接政府转

移职能，2021年在全国团体标准信息平台上发布《网络视听节目内容审核系统技术要求》和《无障碍影视节目制作技术规范》团体标准2项；完成《面向影视制作的虚拟预演参考框架》等9个标准的立项；《8K AVS3超高清编码器技术要求和测量方法》《8K AVS3超高清解码器技术要求和测量方法》等4项标准处于征求意见稿阶段，均已完成审查，待征求专家组意见后发布。

6月，聚合行业专家资源，发挥会员单位资源优势，以网络直播的形式举办电视节目技术质量控制培训班。培训内容包括电视节目技术质量的主客观评测办法及在评审过程中发现的问题，实例分析图像、声音从前期拍摄录制到后期编辑制作过程中应注意的环节，以及通过对技术指标的把握提高节目整体质量等。培训班邀请行业内主客观评审专家在线答疑，千余名一线技术骨干参加培训。

学会建设 截至2021年年底，学会有个人会员3983人、会员单位138个。学会全年召开全国会员代表大会1次、理事会议1次、常务理事会议3次，完成8个分支机构的换届工作。

8月23日，召开中国电影电视技术学会第九次全国会员代表大会，完成新一届理事会换届工作。大会选举产生学会第九届理事会和学会负责人。会议通过网络直播形式召开，共231名代表参加。大会审议通过《中国电影电视技术学会章程》，并于年内完成章程的核准和备案工作。

学会办事机构开展工作与业务建设。学会秘书处以原有部门分工为基础，加强沟通协作，定期召开工作会议，制订工作目标、明确部门职责、设定绩效指标、紧抓执行落实，并定期向学会主要负责人汇报工作进度和事项，建立工作事项通报制度。根据学会工作要求，新增学会管理月报，每月收集编写学会各部门工作业务情况，报送学会主要负责人；新增会员通讯，通报学会各部门及专业委员会的活动预报、工作情况、技术信息等，可向理事单位联络员和各专业委员会征稿，分送和发布至全部学会会员；新增工作事项通报，根据需要向广大会员通报学会决策信息和重要工作；新增专委会信息专报，汇集专委会工作、活动、业务开展情况，主要在专委会范围内交流通报。上述四种信息材料按照不同管理要求和工作对象进行报送。

学科发展工程 完成《广电5G＋智慧城市发展研究报告》撰写工作。报告包括智慧城市发展概况、智慧城市产业链现状、全国广电网络发展现状、中国广电5G发展现状及规划、中国广电5G＋智慧城市战略、中国广电5G＋智慧城市实践、中国广电5G＋智慧城市发展问题及趋势七个章节。该项目已通过验收。

继续推进“数字短波广播研究”及“Ka高通量卫星应用研究”两个研究课题进行阶段性总结，在专委会视频会议上进行通报，形成阶段性研究成果。

国际学术会议 12月，2021年国际先进影像大会以线上形式召开。大会由学会与北京电影学院主办，学会先进影像专业委员会、中国电影学院影视技术系、中国电影高新技术研究院承办。大会邀请数十位国际国内影像专家就先进影像发展趋势、沉浸式影像技术手段与制作方式以及先进影像在元宇宙中的技术应用等问题，与行业从业者和广大师生进行分享。来自业界专家、技术同行、院校师生共8000余人次在线收看。

国内主要学术会议 5月，在中国国际广播电视信息网络展览会（CCBN）期间，由学会摄影摄像专业委员会承办的CCBN创新视频制作论坛——云时代下的视音频轻量化制作影像技术论坛在北京召开。来自中央广播电视总台及行业的专家、学者围绕总台大型活动与海外报道中的轻量化制作、国际云制作的趋势与创新、手机混合切换与轻量化制作以及从传统转播到云转播的实践等话题进行探讨。

6月，由学会图像专业委员会主办的“科普向未来”新技术应用专题研讨会在北京召开。会议围绕全球首个AI数字航天员的成功打造以及原创混合现实超高清电视制作进行研讨。

7月，学会图像专业委员会组织召开8K工艺研究研讨会。会议展示8K工艺研究小组在调研国内外8K超高清电视技术标准、应用情况及8K市场状况的基础上，对8K制作系统和设备开展测试工作，经过归纳、分析、验证得到研究成果和数据。

10月20日，学会城市电视台技术分会第32届年会在广东省广州市召开。年会以“超清视界，智慧广电”为主题，来自全国95家电视台及50家广电行业的技术研发企业、媒体单位等的有关人员共350余人参加会议。

10月21—22日，学会电影高新技术专业委员会第四届会员大会在上海市召开。会议以“奋进电影科技新征程，推动高水平自立自强”为主题举办系列活动。面向会员单位征集电影科技创新成果，举办电影高新技术研讨交流会，会上围绕中国电影产业大数据可视化系统、电影视觉特效技术、LED 显示屏在虚拟拍摄中的应用等内容发表主题演讲，并对 12 项电影科技创新成果进行交流和研讨。

科普活动 9 月，举办 2021 年全国科普日“影视技术科普活动”。活动以直播讲座与访谈互动的形式，邀请专家讲解什么是“4K”“HDR”等一些常用的影视技术术语，并对超高清技术在科普影片制作中存在的问题进行交流分享。9000 余人次在线收看直播，活动同时被央视网、央视频、中国电影科技网等新媒体网站转发。

学会摄影摄像专业委员会通过线上和线下相结合的方式，在超高清影像技术、手机短视频直播等领域完成系列技术推广和科普培训工作。全年参与中央广播电视总台、科技日报社等企事业单位的影像技术与手机短视频技巧培训科普工作，线下线上受益人数达千余人次。该专业委员会相关专家立足公益，为院校本科生和研究生开设超高清体验课程，现场体验课及网络授课受众千余人次。

学会转播技术专业委员会在重庆空港工业园的重视传媒总部基地面向中小学生开展研学科普活动，为其提供 650 平方米演播室、6 讯道转播车等电视制作系统和设备，让学生亲自参与电视节目制作，共 5000 余人参加活动。

表彰举荐优秀科技工作者 2021 年，学会举办第十四届中国电影电视技术学会科技进步奖评选活动，全国共有 38 个单位申报，参评项目共计 149 个。经评审，评选出一等奖 10 个、二等奖 29 个、三等奖 37 个。

在 2021 年广播影视科技优秀论文奖评选活动中，全国共报送参评论文 647 篇，经评审，评选出一等奖 38 篇、二等奖 92 篇、三等奖 132 篇。在 2021 年度“全国杰出和优秀广播影视科技工作者”评选活动中，全国共有 33 个单位和 4 个专业委员会推荐的 51 名候选人参评，经评审，评选出“全国杰出广播影视科技工作者”9 人、“全国优秀广播影视科技工作者”21 人。

大力宣传科技工作者先进事迹，学会为第十四届中国电影电视技术学会科技进步奖一等奖获奖项目和获得“全国杰出广播影视科技工作者”称号的个人拍摄宣传短片，并在学会网站、微信公众号和微信群广泛宣传。

党建强会 9 月，学会党委与中国科协科学技术创新部党支部联合举办以“学会工作创新与发展”为主题的联学活动。在座谈过程中，中国科协科技创新部领导对学会工作提出期望，希望学会在学会治理、科学普及、科技期刊、学术交流等方面发挥作用，团结广播影视和网络视听领域的科技工作者，为广大会员、行业发展和科技创新服务。与会的中国科协领导还参观指导学会支撑单位中央广播电视总台节目播总控、CGTN（中国国际电视台）演播室、新闻新媒体、央视频等节目制播工作区和技术核心区等，实地考察了解总台技术创新应用的具体情况与实际面貌。

9 月，学会党委组织秘书处赴首都博物馆参观伟大征程——庆祝中国共产党成立 100 周年特展活动。强化党建引领，全面推进学会党建工作，激励继承和发扬党的光荣传统、优良作风，增强学会党委号召力、凝聚力，提高学会党员党性修养、坚定理想信念。

10 月，学会党委与央视网第三联合党支部举办党委联学爱国主义教育学习，邀请军事科学院军队政治工作研究院解放军党史军史研究中心研究员为全体党员讲述长津湖战役的历史，百余人参加联学活动。

会员服务 加强学会信息化建设，为会员提供便捷服务。学会对原有网站进行改版和升级，改版后的网站在网站安全、系统维护、逻辑架构、设计风格、会员服务以及拓展延伸等方面有很大提升。

提供“线上 + 线下”相互联动融合服务，为学会主办的学术活动、论坛、沙龙等提供云直播、云连线等互动直播产品，促进交流互动模式多元化，提升活动传播影响力。

完善会员系统，实现基于会员系统的全平台服务体系。简化操作流程、步骤，提升会员使用体验感。在官网开放影视技术成果库，及时更新行业标准、发展动态，方便会员浏览以开展学术交流。维护专家和杰出影视科技工作者信息库。利用学会微信公众号向会员发布会议通知、介绍影视科技发展动态、传播学会工作信息。通过学会科学奖励管理系统，为申报奖项的广大会员提供公平、专业的服务。

【中国电影电视技术学会第九次全国会员代表大会】 8 月 23 日，中国电影电视技术学会第九次全国会员代表大会以线上形式召开。由全国各级广播影视机构、网络媒体、科研院校、广电企业等会员单位推荐产生的 231 名会员代表参加大会。

学会第八届理事长谢锦辉做学会第八届理事会工

作报告。会议总结并通过学会第八届理事会的财务工作报告、监事会工作报告、章程修改报告和修改会费标准的提案。

大会通过无记名投票方式选举产生由150人组成的学会第九届理事会；经会议推荐并选举，产生新一届学会负责人，徐进当选为学会理事长、党委书记，钱岳林等11人当选为学会副理事长，韩强当选为学会秘书长、党委副书记，丁汶平当选为学会监事长。

（撰稿人：蒋　芳）

中国振动工程学会

服务创新型国家和社会建设　9月6日，全国人大常务委员会法制工作委员会发函至学会，征求《中华人民共和国环境噪声污染防治法（草案）》意见。学会办公室在学会常务理事会、分支机构及会员单位中广泛征求意见，共整理修改意见、建议10条。9月18日复函全国人大常务委员会法制工作委员会，为法制建设建言献策。

开展中国科协2021重大科学问题和工程技术难题征集活动。经专家组评审，共遴选出“多连接柔性组合结构界面特性如何模化，其非线性振动与协调控制难题如何解决”“复杂月貌月壤对月基装备着陆和行走安全性与稳定性的影响机理”2个前沿科学问题。

学会建设　6月5日，学会九届五次常务理事（扩大）会议在浙江省宁波市召开。浙大宁波理工学院党委书记胡征宇、宁波市科协学会学术部部长宁冰应邀出席开幕式。会议修订《中国振动工程学会分支机构/编委会管理办法》，审议通过成立航天器动力学振动与控制专业委员会的决议。

6月16日，中国科协学会学术部部长刘兴平及企业工作处副处长张博、学会管理处副处长徐腾一行三人到学会秘书处调研座谈。江苏省科协副主席冯少东、江苏省科协学会学术部部长李政陪同调研。学会副理事长许希武、学会副理事长兼秘书长张方、学会常务副秘书长刘红等参加座谈会。

9月11日，学会航天器振动与控制专业委员会成立大会暨第一届委员会第一次会议在陕西省西安市召开，专业委员会委员共68人参加会议。会议选举宋燕平为航天器振动与控制专业委员会主任委员、王辉为秘书长，会议决定该专业委员会挂靠单位为中国空间技术研究院西安分院。

10月22日，学会九届六次常务理事会议在天津市召开。会议审议通过2021年度中国振动工程学会科学技术奖评审结果，审议部分专业委员会换届工作。

10月23日，学会九届三次理事会议在天津市召开。会议重点讨论振动工程领域高质量科技期刊分级目录发布和青年人才托举工作，强调学会要进一步重视人才培养，尤其要重视青年人才的培养，加大对青年人才的托举力度；要坚持质量、绩效、贡献为核心的评价导向，“破四唯”与“立新标”并举，做好振动工程领域高质量科技期刊分级目录发布工作，引导振动工程领域高水平论文在国内期刊发表，推进学会一流期刊建设。

学会成功申报2021年度分领域发布高质量科技期刊分级目录工作和2021年度全国学会期刊出版能力提升计划。

截至12月31日，学会个人会员4303人，新增1956人，比2020年增加83.3%；单位会员31家，新增5家。

青年人才托举工程　根据中国科协统一安排及学会理事会要求，学会开展“青年人才托举工程”项目申报工作，同时开展青年人才库推荐与遴选工作。12月31日，中国科协办公厅公布第七届中国科协“青年人才托举工程”项目立项结果，学会获批1个自筹资助名额。

主办期刊　10月22日，《振动工程学报》九届二次编委会议在天津市召开。常务副主编陈国平主持会议。中国科学院院士、主编胡海岩，中国科学院院士、副主编翟婉明，哈尔滨工业大学教授李惠，华中科技大学教授史铁林，以及各位编委、编辑部工作人员共70余人出席会议。

2021年，《振动工程学报》共收稿688篇，出版6期，发表论文144篇。入选《科技期刊世界影响力指数（WJCI）报告（2021版）》来源期刊。根据《中国学术期刊影响因子年报》（2021版），《振动工程学报》2020年复合影响因子为1.096，在工程与技术科学基础学科类53种期刊中排名第13，在机械工程87种期刊中排名第17。学报获得第三届江苏省新闻出版政府奖期刊奖提名奖。

2021年，《振动与冲击》出版24期，全年收到稿件3089篇，发表论文919篇。根据《中国学术期刊影响因子年报》（2021版），2021年他引总被引频次为7981，他引影响因子为1.261，影响力指数在工程与技术科学基础学科类 53 种期刊中排名第 1，在土木建筑工程 174 种期刊中排名第 7。

国际学术会议 7 月 23—26 日，由学会和国家自然科学基金委员会、中国力学学会联合主办的第八届振动工程国际学术会议在上海市召开。会议由上海交通大学、机械系统与振动国家重点实验室、上海航天技术研究院和上海宇航系统工程研究所联合承办，入选中国科协《重要学术会议指南（2021）》。

国内主要学术会议 2021 年，学会及其所属分支机构共举办各类国内学术会议 8 次，参加人数 4610 人次，交流报告、论文 1578 篇。

4 月 9—11 日，由学会振动与噪声控制专业委员会主办的第二十九届全国振动与噪声高技术应用学术会议在重庆市举办，近 400 名专家、学者、研究生以及企业技术人员参加学术交流。会议共邀请 7 位振动噪声领域的知名专家、学者作大会主题报告，设立振动噪声理论及应用（振动方向）、振动噪声理论及应用（噪声方向）、振动噪声控制、分析方法与试验技术、测试与诊断 5 个专题，在 12 个分会场宣读论文 124 篇。会议入选中国科协《重要学术会议指南（2021）》。

5 月 7—9 日，由学会非线性振动专业委员会、中国力学学会动力学与控制专业委员会联合主办的第十八届全国非线性振动会议暨第十五届全国非线性动力学和运动稳定性学术会议在广东省广州市召开。会议主席、副主席分别由北京工业大学教授张伟、上海交通大学教授孟光担任。来自全国各地 187 家高校、科研院所、企业的 1200 余位专家、学者参加会议。会议设置大会主会场和 20 个分会场，共安排 17 个专题、10 个大会特邀报告、23 个分会场邀请报告、603 个口头报告、26 篇墙报。

5 月 8—12 日，由学会转子动力学专业委员会主办的高端装备动力学与健康维护创新论坛暨中国振动工程学会转子动力学专业委员会十届二次委员会议在广东省东莞市召开。来自全国各高校、研究所和企业单位的专家、学者近 300 人参加会议。论坛邀请石家庄铁道大学教授杨绍普、上海交通大学教授彭志科、天津大学教授丁千、浙江大学教授冯毅雄、东北大学教授韩清凯、天津大学教授王太勇、暨南大学教授袁鸿、重庆大学教授邵毅敏等先后作《高速列车走行部动力学与故障诊断》《海上浮式风机动力学研究》等 8 个大会报告。论坛设置 3 个分会场共 100 多个主题报告，与会专家、学者围绕高端装备的高质量设计和高品质维护展开学术讨论与交流。

7 月 2 日，学会主办的中国振动工程学会青年学者论坛——航天结构动力学、振动与控制云会议召开。会议围绕“航天结构动力学、振动与控制”主题进行研讨，200 余位从事本领域研究的学者参加。会议特邀北京理工大学教授张景瑞、北京航空航天大学教授龚胜平、南京航空航天大学教授陈提分别作题为《高精高稳航天器的振动控制问题研究》《人工智能助力飞行器动力学与控制》和《柔性航天器协同动力学与控制》的学术报告。

7 月 17—21 日，由学会非线性振动专业委员会主办的第六届海峡两岸动力学振动与控制学术会议在内蒙古自治区呼和浩特市召开。北京工业大学教授张伟和香港城市大学教授林志华共同担任会议主席。来自全国 80 多所高校、科研院所的近 260 名专家、学者参加会议。会议邀请 8 位知名学者作大会特邀报告，安排 4 个分会场共计 114 个分组报告。报告主题涉及航空、航天、航海、机械、车辆、动力、能源、土木等众多工程领域。

7 月 26—28 日，学会动态测试专业委员会 2021 年代表大会暨学术年会在河北省保定市召开。此次会议由华北电力大学承办、河北省振动工程学会协办。会议旨在加强学会动态测试专业委员会的学术交流，提高动态测试技术领域的科研教学水平。会议期间完成第八届动态测试专业委员会换届选举工作。来自全国 80 余所高校、科研院所及企业的 300 余名专家、学者参加会议。交流环节包括 11 个主会场学术报告和 76 个分会场学术报告。

10 月 23—24 日，由学会主办、河北工业大学承办的第十四届全国振动理论及应用学术会议在天津市召开。全国振动理论及应用学术会议是中国振动工程学会两年一次的学术年会，入选中国科协《重要学术会议指南（2021）》。

11 月 22 日，由学会青年工作委员会、科普工作委员会联合承办的中国振动工程学会青年学者论坛——振动工程类课程创新实践云会议召开。会议邀请上海交通大学教授蔡国平、西南石油大学教授朱红钧、南京航空航天大学副教授唐静静分别作题为《振动力学课程的改革与实践》《工科特色专业课程思政协同育人模式的构建与实践》和《“互联网 +”信息化时代下的基础力学课程教学模式改革与实践》的报告。会议过程中，多位青年学者针对振动力学课程教学改革、课程思政方法、课程创新实践等进行讨论，共1150多人在线参加会议。

科普活动 2021年，学会主办、学会科普工作委员会承办网上学术课堂，邀请振动界专家、学者针对国家经济建设需求和社会关心的科技热点问题开展系列网上学术讲座。1月30日，邀请学会理事、上海交通大学教授彭志科以《基于微波感知的振动测量理论与技术研究》为主题开展网上学术讲座，共2800余人点击观看讲座。5月25日，学会科普和竞赛工作委员会主办题为"'四两拨千斤'——深圳赛格大厦风致振动解读"的线上科普论坛。针对社会热点问题，邀请华南理工大学亚热带建筑科学国家重点实验室教授谢壮宁撰写科普文章，共有1.6万人在线阅读此文。5月28日，邀请学会结构动力学专业委员会副主任委员、华中科技大学教授王琳以《输流管大变形动力学》为主题开展网上学术讲座，共100余人在线观看。

表彰举荐优秀科技工作者 1月，学会启动推选2021年中国科学院院士、中国工程院院士候选人工作，经多方评审，推荐北京工业大学教授张伟为中国科学院数学物理学部院士候选人。

5月，开展中国振动工程学会"2021年最美科技工作者"学习宣传活动。遴选同济大学教授李杰和中国飞机强度研究所首席科学家、研究员刘小川为中国振动工程学会2021年"最美科技工作者"，并推荐他们为振动工程领域2021年全国"最美科技工作者"候选人。

5月，开展2021年度中国振动工程学会科学技术奖推荐与评选工作，经专家和有关单位推荐，共收到科学技术奖参评项目46项，共评出2021年度中国振动工程学会科学技术奖获奖项目9项，其中一等奖2项、二等奖7项。

党建强会 2021年，学会理事会党委召开党委会议2次，随机振动专业委员会、振动与噪声控制专业委员会、结构动力学专业委员会、模态分析与试验专业委员会、结构抗振控制与健康监测专业委员会、动态测试专业委员会和航天器振动与控制专业委员会分别成立党的工作小组。学会理事会党委深入贯彻落实《中共中央关于在全党开展党史学习教育的通知》要求，结合《中国科协科技社团党委2021年学会党建工作要点》，制订《中国振动工程学会理事会党委党史学习教育工作方案》。在学会微信公众号开辟"党史学习"专栏，每月推送3~4期党史红色档案；以"学习伟大建党精神、助力大飞机事业"为主题，制订党史学习实践活动方案；组织在京学会副秘书长和会员参加中国科协科技社团党委组织的"百年党史　百家学会"北斗自然乐跑党史知识竞赛；组织学会名誉理事、浙江大学教授庄表中，学会理事长、中国科学院院士、北京理工大学教授胡海岩，学会常务理事、上海交通大学教授孟光，学会常务理事、上海交通大学教授饶柱石开展四场"百名科学家讲党史党课"活动。9月23—25日，学会副理事长褚福磊参加科协系统领导干部学习贯彻习近平总书记"七一"重要讲话精神专题研修班，并在10月召开的学会理事会议上传达有关精神。

【第十四届全国振动理论及应用学术会议】 10月23—24日，由学会主办、河北工业大学承办的第十四届全国振动理论及应用学术会议在天津市召开。此次大会首次打造"学术报告—振动工程专业课程论坛—工业展览"三位一体学术平台，采取"线下＋线上"的模式举办，来自全国各地100余家高等院校、科研院所、企业单位从事振动工程研究和应用的800余位科技人员报名参加会议。会议共收录论文摘要486篇、论文全文99篇，安排10个大会报告和16个专题分会场，重点围绕振动理论与技术在智能系统与智能制造中的应用、前沿振动工程问题、国际合作交流和科研成果产业化进行交流和探讨。内容涉及非线性振动、随机振动、动态测试与故障诊断、航空与航天器振动与控制、车辆与机器人振动与控制、船舶与海洋结构物的振动与控制、振动与噪声控制、微纳结构和智能结构、交叉学科振动等。大会特邀中国工业工程振动控制领域专家、中国工程院院士徐建作《工程振动控制前沿技术》学术报告，还特别邀请 *Journal of Sound and Vibration*（《振动与噪声控制》）的主编 Andrei Metrikine 和香港理工大学教授成利分别作学术报告。同时特邀北京航空航天大学教授林京、河北工业大学教授胡宁、同济大学教授陈建兵、上海交通大学教授张文明、清华大学教授李亮、西北工业大学教授周生喜、南京航空航天大学教授何欢7位青年人才分别作题为《机器信息学——机械产品智能化的学科支撑》《基于线性与非线性波的材料损伤检测技术的最新进展》《复杂工程结构的不确定性量化与非线性随机动力响应》《抗磁悬浮检测原理、动力学设计方法及其调控技术》《智能汽车全矢量线控与动力学域控》《非线性振动能量俘获机理及其应用研究》《基于压电分流技术的轴系横向振动抑制》的学术报告。

会议首次设立振动工程课程论坛，共有30余人参加论坛，进行交流和研讨。此次会议聚焦振动工程学科前沿，加强国际学术交流和合作，推动振动工程学科原始创新，展示振动工程学科近年来的国内外最新科研成果，为广大振动工程科技工作者提供高水平学术交流平台。

【第八届振动工程国际学术会议】 7月23—26日，由学会和国家自然科学基金委员会、中国力学学会联合主办的第八届振动工程国际学术会议在上海市召开。会议主席为学会理事长、中国科学院院士、北京理工大学教授胡海岩，执行主席为上海交通大学讲席教授、上海航天技术研究院高级技术顾问孟光。此次大会以线下为主、线上为辅的方式举办，设置大会主会场和8个分会场，共24个专题，涵盖动力学、振动与控制主要研究领域，包括结构动力学、非线性动力学、多体动力学、航天动力学与控制、转子动力学、随机动力学与控制、神经动力学、超材料及其应用等。特邀美国国家工程院院士、美国杜克大学教授Earl Dowell作首场大会报告；邀请国际结构安全性与可靠性协会主席、学会副理事长、同济大学教授李杰，美国艺术与科学院院士、美国国家工程院院士、美国莱斯大学机械工程系教授Pol D. Spanos，加拿大皇家科学院院士、加拿大工程院院士、欧洲科学与艺术院院士、汕头大学执行校长王泉，美国马里兰大学教授B.Balachandran，中国科学院院士、南方科技大学原校长陈十一，南京航空航天大学教授裘进浩，韩国工程院院士、韩国先进科学技术学院教授Hoon Sohn作大会报告。会议共收录论文529篇，安排464个分会场报告（其中70余个来自美国、英国、法国、加拿大、德国、澳大利亚、意大利、韩国和日本等国家的海外学者报告）和65个墙报。来自国内外的500余名振动工程领域专家、学者到场参会，分享振动控制基础理论研究以及工程应用方面的新思想、新技术和新方法。

（撰稿人：刘　红　张利明）

中国颗粒学会

服务创新型国家和社会建设　承接中国科协“科创中国”科技服务团示范项目。7月，学会和中国复合材料学会提出以碳材料发展为切入点，围绕甘河工业园区的碳材料发展，共同联合实施“科创中国”碳材料产业科技服务团，对青海省西宁市及周边省份的碳纤维发展进行技术支撑和智力支持。

通过多方接触，建立以中国科协为指导、由学会和中国复合材料学会牵头、粤港澳大湾区省市科协及企事业单位为支撑的构建模式，梳理技术需求库、专家库、问题库，进行常态化跟踪服务。据不完全统计，本次服务团覆盖粤港澳大湾区3个试点城市或园区，梳理需求70余项，征集60余项技术成果，编写1项共性技术报告和1项行业发展报告。

7月28—30日，第19届中国国际粉体加工/散料输送展览会在上海市举办。本届展会展示颗粒领域的创新产品及技术成果，展览规模达9000平方米，展商数量130家，参观人数9642人次。

9月14日，组织召开“iPore 400全自动比表面积及孔径分析仪”科技成果鉴定会。鉴定委员会委员一致认为，iPore 400全自动比表面及孔径分析仪综合性能达到国际先进水平，在氮气静态物理吸附低比表面积的测量上达到国际领先水平。

10月15日，组织召开“等离子体清洁生产纳米硅–石墨烯锂离子电池负极材料”科技成果鉴定会。鉴定专家通过讨论，一致认为该项目整体技术和产品性能达到国际先进水平，其中交流引发直流放电及负压操作的组合等离子体结合流态化技术达到国际领先水平。

学会建设　2021年，学会按照章程规定召开2次常务理事会议和1次理事会议。为促进学会重点业务的开展和逐步打造全国一流学会，加强对秘书处工作人员的培训，积极组织工作人员参加中国科协组织的全国学会秘书长沙龙、财务培训及党务干部培训等。

主办期刊　*PARTICUOLOGY*（《颗粒学报》）由学会和中国科学院过程工程研究所主办，中国科学院院士李静海为主编。2020年最新影响因子为3.067，2021年来稿约400篇，发表119篇，其中国际稿源占比约50%。

《中国粉体技术》由学会和济南大学主办，是国内唯一集中讨论粉体工程学的技术性期刊，是海内外人士了解中国粉体技术的窗口和中国粉体技术走向世界的桥梁和纽带。2021年，《中国粉体技术》期刊入选《世界期刊影响力指数（WJCI）报告（2020科技版）》。

国际学术会议 7月10—12日，由学会、英国化学工程师协会颗粒技术专业委员会、学会能源颗粒材料专业委员会等联合主办的第八届中英国际颗粒技术论坛在云南省大理市召开，来自海内外高校、科研院所以及企事业单位的400余位专家、学者参加。会议共邀请到8位大会报告人，安排240多个邀请报告，收到投稿近400篇，其中墙报展示140多篇。

国内主要学术会议 4月7—9日，学会联合仪器信息网组织召开第二届“颗粒研究应用与检测分析”主题网络会议。会议分设能源颗粒和电池材料、药物制剂与粒子设计、气溶胶与新冠病毒、超微及纳米颗粒、颗粒测试与表征5个主题会场，邀请业内颗粒学学者、检测分析专家及企业代表针对颗粒学研究应用及检测分析的前沿热点和难点进行探讨，为颗粒学的研发应用端与检测分析端搭建交流平台。参加会议人数近千人次。

5月14—16日，由学会能源颗粒材料专业委员会主办的第七届全国碳催化学术会议在湖南省长沙市召开，来自全国各高校、科研院所、企事业单位的专家、学者及企业代表400余人参加。会议共设置大会报告6个、主题报告32个、邀请报告75个、口头报告26个、青年论坛26个及墙报67个，收到投稿近210余篇。本届会议以“碳催化与能源化学”为主题，以学术交流为重点，针对碳催化与能源化学领域的关键科学问题，探讨国内外该领域的最新研究进展和未来发展方向，探索研究碳催化在能源化学领域的应用。

6月25—27日，由学会吸入颗粒专业委员会主办、中国医药工业信息中心承办的中国颗粒学会吸入颗粒专业委员会2021年学术研讨会（暨吸入给药联盟学术会议）在四川省成都市举办。此次会议共吸引产学研医等领域的国内外500余名专家、学者共同交流吸入药物的研究进展、拓宽制剂研发思路，为加速推动中国吸入给药高质量发展建言献策。

9月24—26日，由学会颗粒测试专业委员会主办的第十三届全国颗粒测试学术会议暨2021全国粉体测试技术应用研讨会在天津市召开。此次大会共有124名学会会员和专家、学者参加，包括特邀报告、大会报告等共38项报告。会议报告涉及的领域包括颗粒测试理论与方法、激光散射技术、数字全息技术、彩虹折射法、大气颗粒物采样与质控技术、雾化燃烧颗粒测量、粒径与粒形测量、动态光散射技术、标准颗粒制备、衍射与动态光散射测量仪器标准、颗粒测量仪器性能提升技术、颗粒测量技术在诸多行业的应用等。大会共收到38篇论文，并针对研究生论文进行优秀论文评选，共评选出5篇优秀论文。

10月17—19日，由学会流态化专业委员会主办、浙江大学承办的第十一届（2021年）全国流态化会议暨颗粒技术会议在浙江省杭州市召开，来自全国高校、科研院所以及企事业单位的200余位专家、学者参加会议。会议共有6个大会特邀报告、13个主题报告、86个分会口头报告以及23个墙报。大会围绕“‘双碳’目标战略下流态化技术发展及应用”主题，开展流态化技术基础研究、新工艺新技术研发及应用等方面的技术交流与探讨，促进流态化技术在能源、化工、环境、冶金及医药等领域的研发和应用。大会还评选出优秀口头报告15个、优秀墙报2个，并为获奖人员颁发奖励证书。

10月22—25日，中国颗粒学会微纳气泡专业委员会2021年年会（第三届年会）在江苏省常州市召开。会议主题为“上善如水，海纳百川”，来自全国高校、科研院所和公司的261位专家、学者、企业代表参加会议，其中包括来自55家公司的77位企业代表。年会日程包括5个特邀报告、8个邀请报告、30个口头报告和17个海报展示。根据微纳米气泡研究和应用具有跨专业、跨领域的特点，设置微纳米气泡基础研究、微纳米气泡的检测、微纳米气泡的应用、示范性基地汇报和企业家论坛5个板块。

11月4日，由学会青年理事会和江苏省颗粒学会联合主办、江苏省学会服务中心协办的全国颗粒学与粉体技术青年科学家论坛在江苏省淮安市举办。本届论坛采用“线上＋线下”的形式召开，分别在淮安、淮阴、盐城和南京组织4个线下分会场，共148人参加。

科普活动 依托网络与新媒体的影响力，学会全年举办六期“小颗粒，大健康”新冠肺炎主题系列线上科普活动，邀请17位不同研究领域的专家、学者围绕新冠肺炎的溯源、传播、防控、治疗、疫苗、心理健康等话题展开讨论，联合多个平台同步直播，收看总人数达23万人次。

开展多次线下科普活动。12月18日，北京市第二十中学130多名师生走进中国科学院过程工程研究所聆听科普主题报告《小颗粒，大健康——新冠病毒检测和追踪》，并参观多个重点实验室。

表彰举荐优秀科技工作者 2021年，学会推荐中国科学院山西煤炭化学研究所研究员陈成猛为第十四届光华工程科技奖提名人。

党建强会 为做好科技工作者的思想政治引领工作，学会积极培育党课品牌。学会党委书记、副书记和秘书长等带头讲党课，已形成党课常态化效应。此外，还与学术会议融合弘扬科学家精神，参观科学家事迹主题展览，走访慰问老科学家以及评选学会“最美科技工作者”。

就浙江省湖州市长兴县相关产业存在的实际问题与需求进行调研，突出“我为群众办实事”实践活动的要求。与长兴县人民政府签订战略合作框架协议，共建“中国颗粒学会创新驱动助力工程长兴服务站”。通过长兴服务站，积极探索国家级学会助力新材料、新能源产业创新发展的新思路和新模式，促进新材料、新能源产业的科技成果转化和转型升级。

【第八届中英国际颗粒技术论坛】 7月9—12日，第八届中英国际颗粒技术论坛在云南省大理市召开。来自海内外高校、科研院所以及企事业单位的超过400位专家、学者参加论坛。论坛以“颗粒技术造福人类，低碳制造塑造未来”为主题，以探讨、交流颗粒技术的前瞻性思想、创新性方法、革命性技术、全新解决方案和基础理论为宗旨，致力于解决能源、环境、医疗健康和可持续发展存在的诸多问题。会议还分别围绕碳基能源化学与工程、能量转换材料与工程、电化学与物理储能、气溶胶与环境、颗粒在医疗保健中的应用、纳米材料与技术、多尺度与多相流和颗粒设计、表征与测量开设8个学术议题分会场。同时，为鼓励更多青年科学家展示自己的科研成果，设置对应专题青年科学家论坛。

（撰稿人：韩秀芝）

中国照明学会

服务创新型国家和社会建设 按照中国科协“科创中国”部署，应宁海县商务局和宁海县科协的邀请，学会与宁海县电子商务促进会共建中国照明学会宁波（宁海）服务站，通过技术指导、科研合作、培训等方式服务宁海县照明产业转型升级和高质量发展。11月29日，宁波市委组织部和宁波市科协对服务站进行授牌。

与同方股份有限公司在推动照明行业高质量发展上达成战略合作。9月6日，双方在北京举办战略合作签约仪式，将按照平等互信、优势互补、互惠互利、合作共赢、共同发展的原则，在成果评价、课题研究、标准编制和人才培养等方面开展合作。

首次承接人力资源社会保障部专业技术人才知识更新工程，举办照明领域专业技术转移转化能力提升高级研修班。11月10—14日，在山东省青岛市以线上线下相结合的方式举办研修班，近百名专家、技术经理人和企业管理人员参加培训。邀请14名业界专家、学者围绕照明领域科技成果转移转化与产业化主题进行授课。

学会全年举办照明设计师培训52次，参加培训人数达2145人，其中初级照明设计师1192人、中级照明设计师953人。

学会开展首期高级照明工程施工员培训，87人参加学习。

首次联合国际照明委员会（CIE）举办CIE S 026标准线上培训。这是该标准颁布以来的首次培训，国内外47人注册参加，其中中国20人。学会计量测试专业委员会承办此次培训。

学会建设 5月8日，学会舞台电影电视照明专业委员会换届大会在广东省广州市召开。6月17日，学会灯具专业委员会换届大会通过线上视频会议的方式召开。7月30日，学会视觉与颜色专业委员会换届大会通过线上视频会议的方式召开。8月4日，学会半导体照明技术与应用专业委员会换届大会在广东省广州市召开。9月26日，学会编辑工作委员会换届大会在浙江省杭州市召开。9月27日，学会智能控制专业委员会换届大会通过线上线下相结合的方式在上海市召开。10月20日，学会咨询工作委员会换届大会在北京召开。10月30日，学会教育与培训工作委员会换届大会在北京召开。12月6日，学会智能交通照明专业委员会换届大会在广东省深圳市召开。12月14日，学会学术工作委员会换届大会通过线上视频会议的方式召开。12月21日，学会组织工作委员会换届会议、照明工程技术专业委员会成立大会在山东省济南市召开。12月22日，室内照明专业委员会换届大会、室外照明专业委员会换届大会通过线上线下相结合的方式在山东省济南市召开。

12月23日，召开中国照明学会第八届二次理事会议，会议以无记名投票的方式选举同方股份有限公司刘刚为学会第八届理事会副理事长。会议表决通过《中国照明学会分支机构管理办法》和《中照照明奖奖励办法》。

首次推出会员管理系统。截至2021年年底，收到入会申请300份，其中单位会员77份、个人会员223份。学会现有团体会员1170家，个人会员4100多人，其中高级会员682人。

主办期刊 2021年，学会主办的学术期刊《照明工程学报》共出版6期，发行1.2万册，涵盖半导体照明、城市夜景照明和教室照明等主题。复合影响因子为1.096；综合影响因子为0.834，增加幅度为11.95%。被中国知网、万方数据库、《俄罗斯文摘》杂志等收录，连续七年入选中国科技核心期刊目录。

学科发展工程 学会翻译两本国际照明委员会的出版物，分别是《内在光敏视网膜神经节细胞受光响应的光辐射计量系统》和《适合老年人与视觉障碍人群的建筑光环境》。两本出版物的中文版由学会组织专家完成翻译、审稿等工作，并向学会会员免费提供第二本图书，以供中国照明科技工作者参考使用。

国际学术会议 8月26日，由学会、日本照明学会及韩国照明电气设备学会共同组织的ALC 2021亚洲照明论坛以线上方式召开。论坛设有1个特邀报告和5个主题口头报告环节，来自中国、日本、韩国、美国和新加坡等国家的150余名专家、学者及企业代表参加，共交流24篇专题报告。

国内主要学术会议 2021年，学会及其所属分支机构共举办国内学术交流活动11次，参会人数共计2793人次，交流论文169篇。

8月1—2日，学会在广东省广州市主办首届杰出青年照明设计师论坛。经专家团审定，12位优秀青年照明设计师作主旨演讲，近200人参加现场活动，1.2万余人次在线观看论坛直播。

12月6日，由学会、复旦大学电光源研究所、上海机动车检测认证技术研究中心有限公司和中国国际汽车照明论坛（IFAL）国际委员会联合主办的IFAL中期战略会议在广东省深圳市召开。学会名誉理事长、中国科学院院士江风益，驻会副理事长高飞，学会智能交通照明专业委员会主任林燕丹，国际照明委员会第四分部秘书长刘腾海，华为光应用领域副总裁马飞，华域视觉科技（上海）有限公司总经理邱学军，广东省光电技术协会会长文尚胜出席大会并致辞。来自学会智能交通照明专业委员会的委员及特邀专家、学者60余人参加大会。

12月22日，学会室内照明专业委员会换届会议暨2021年中国室内照明论坛、学会室外照明专业委员会换届会议暨2021年中国室外照明论坛以线上线下相结合的方式在山东省济南市举办。学会理事长刘正雷出席并致辞。来自学会室内照明专业委员会的委员、室外照明专业委员会的委员及有关单位代表200多人参加会议。

12月22—23日，由学会和山东清华康利城市照明研究设计院有限公司共同主办的中国照明学会2021年学术年会暨中国照明论坛在山东省济南市召开，来自照明领域的专家、学者、设计师和企业代表共300多人参加论坛，2000多人在线观看论坛现场直播。

两岸交流 11月26日，由学会与台湾区照明灯具输出业同业公会共同主办的海峡两岸第二十八届照明科技与营销研讨会以线上线下相结合的方式举办。来自海峡两岸的近100名专家、学者和企业代表参加会议。学会理事长刘正雷委托驻会副理事长高飞，台湾区照明灯具输出业同业公会理事长冯松阳先后致辞。研讨会以“后疫情时代照明产业的发展机遇与挑战”为主题，8名专家围绕智慧照明、健康照明和紫外线杀菌灯等作专题报告。中科院建筑设计研究院有限公司光环境设计研究所所长许楠作题为《青少年近视防控与教室照明》的报告。台湾“中央大学”教授陈奇夆作题为《一种智慧照明系统的设计与验证》的报告。此外，还有6位专家、学者围绕会议主题作报告。

国际交往 学会组织专家、学者参加国际照明委员会执委会会议、国际照明委员会2021中期会议、国际照明委员会光和辐射测量分部年会等国际学术交流活动，持续扩大国际学术影响力。

2月，学会与国际照明委员会召开视频会议。国际照明委员会主席Peter Blattner、秘书长Kathryn Nield，学会理事长、国际照明委员会执委刘正雷，学会特邀副理事长、国际照明委员会副主席、同济大学教授郝洛西，学会秘书长华树明和外事秘书宫寅慧参加会议。双方进行交谈并回顾历年的交流与合作，对7月在中国举办的CIE S 026标准培训进行商讨。Peter Blattner介绍国际照明委员会的国际定位、研究领域、会员及主要活动，充分肯定学会对国际照明委员会的发展做出的贡献。

6—7月，由国际照明委员会主办、学会支持协办、学会计量测试专业委员会承办的CIE S 026：2018 "System for Metrology of Optical Radiation for ipRGC-Influenced Responses to Light"（《光敏视网膜神经节细胞受光响应的光辐射评价系统》）在线培训班开班。此次培训旨在帮助学员提高对CIE S 026：2018标准在光辐射计量、照明设计、照明产品研发等方面具体应用的理解。

科普活动 学会通过微信公众号、官方网站宣传推广第16届中照照明奖科技创新奖和工程设计奖的获奖项目，通过《照明工程学报》微信公众号平台宣传紫外消毒杀菌灯、教室照明、植物照明、健康照明和智能照明的研究成果，普及照明学科知识。

表彰举荐优秀科技工作者 学会开展第十六届中照照明奖评选工作，评选出获奖项目161项：科技创新奖15项，其中一等奖2项、二等奖5项、三等奖8项；工程设计奖146项，其中一等奖26项、二等奖52项、三等奖68项。

9月25日，经学会推荐，国际照明委员会副主席、学会特邀副理事长、《照明工程学报》主编、同济大学郝洛西获得中国轻工业联合会评选的"'十三五'轻工行业科技创新先进个人"称号。

党建强会 3—6月，学会党支部组织党员学习《论中国共产党历史》《习近平新时代中国特色社会主义思想学习问答》和《中国共产党简史》等党史学习教育读本。支部协助中央广播电视总台组织《全国大学生党史知识竞答大会》"点亮红色地标"活动，动员学会会员、全国各地方学会和有关单位征集红色地标夜景照明项目50项，同时协助央视节目组完成遵义会议会址、延安革命纪念馆和延安宝塔山等红色夜景的现场拍摄。

5—8月，组织党员参加国资委行业协会党史学习教育专题网络培训班的学习。5月28日，组织党员学习习近平总书记在中国科学院第二十次院士大会、中国工程院第十五次院士大会和中国科协第十次全国代表大会，以及在福建省、广西壮族自治区等地考察期间的重要讲话。组织党员和秘书处工作人员集中收看中共中央关于党的十九届六中全会精神新闻发布会，集中学习中央宣讲团成员、中央政策研究室主任江金权在国务院国有资产监督管理委员会国企系统所作的十九届六中全会精神宣讲报告，认真领会党的十九届六中全会精神。7月1日，组织党员观看庆祝中国共产党成立100周年大会，认真学习习近平总书记重要讲话。8月12日，召开党史学习教育专题组织生活会，会议主题为"学党史、悟思想、办实事、开新局"，中国轻工业联合会党委委员、中国家用电器研究院党委书记宫滨出席会议并指导。8月24日，支部赴会员单位北京博龙阳光新能源高科技开发有限公司调研党建工作，根据企业需求提供技术咨询。

2021年，学会接收1名发展对象为预备党员，发展1名积极分子。

会员服务 2021年，学会为会员免费寄送《照明工程学报》8000余份。会员可优先参与学会活动，在学会官方网站上展示会员单位风采，在《照明工程学报》发表论文，通过学会微信公众号和官网等渠道了解学会活动。

7月，以线上方式举办国际照明委员会CIE S 026标准培训，满足会员单位对国际标准解读的需求。

11月，组织会员参加照明领域专业技术转移转化能力提升高级研修班。

【中国照明学会2021年学术年会暨中国照明论坛】 12月22—23日，中国照明学会2021年学术年会暨中国照明论坛在山东省济南市召开。学会党委书记、理事长刘正雷和山东照明学会理事长张钊先后在论坛开幕式上致辞。此次论坛以"创新引领、融合发展"为主题，来自照明领域的专家、学者、设计师和企业代表共300多人参加论坛，2000多人在线观看论坛现场直播。

论坛上，厦门市LED促进中心主任、教授级高工何开钧作题为《系统认知光与健康的关系》的报告；学会常务理事、照明工程技术专业委员会主任，中央美术学院视觉艺术高精尖创新中心常务副主任常志刚作题为《未来照明实验室与行业愿景》的报告；学会特邀副理事长、昕诺飞（中国）投资有限公司设计和应用部总经理姚梦明作题为《"双碳"驱动照明科技赋能与发展》的报告；学会常务理事、室外照明专业委员会主任，北京清控人居光电研究院有限公司院长荣浩磊作题为《守正出新　久久为功——新形势下的城市照明》的报告；学会理事、室内照明专业委员会主任，清华大学建筑学院副教授张昕作题为《2022冬奥会照明实践——首钢、延庆、张家口赛区》的报告。此外，还有8位专家、学者围绕"双碳"政策、健康照明、智慧照明、文旅照明等热点话题作学术报告。大会共进行13篇主题学术报告，同时还设立室内照明分论坛、室外照明分论坛和“科技赋能 引领光明未来”主题交流会。同期举办第十六届中照照明奖颁奖活动以及照明新产品新技术展览展示。

【中国照明学会第八届二次理事会议】 12月23日，中国照明学会第八届二次理事会议在山东省济南市召开。中国轻工业联合会副会长何烨出席会议并讲话。学会理事长刘正雷主持会议并作理事会工作报告。学会理事和代表110多人参加会议。

大会对学会2020年度检查中存在的问题进行通报。表决通过同意学会不作为“金手指奖”指导单位，赞成收回《中国照明学会第七届理事会关于表彰先进个人和优秀会员单位的决定》。大会同期召开第八届理事会第二次党员大会，48名理事党员参加。学会党委书记刘正雷作党委工作报告，大会传达学习党的十九届六中全会精神以及中国轻工业联合会和中国科协有关文件精神。

（撰稿人：徐欣欣　王成瑞　毕小曼）

中国动力工程学会

服务创新型国家和社会建设 学会利用和发挥自身技术和人才资源优势，加强与有关单位合作，通过组织考察和调研、科技成果鉴定会、行业性技术展览和行业成果总结编纂等形式为企业和行业提供服务。同时，学会认真落实中国科协防疫要求，结合多媒体平台做好防疫宣传工作。

2021年，受东方锅炉（集团）股份有限公司、西安交通大学、浙江大学等相关单位委托，组织专家开展“1000MW级高效超超临界循环流化床燃用高硫无烟煤锅炉”“煤粉自预热－低氮燃烧关键技术及应用”“600MW亚临界机组高效智慧跨代升级综合改造技术研究及工程示范”等20多个项目的技术成果鉴定会和技术评审会。

学会建设 2021年，学会根据《中国动力工程学会章程》和有关条例规定，结合实际情况，以线下会议或者通讯会议方式召开理事长办公会议2次、监事会议2次、理事会议1次、常务理事会议2次、党委会工作会议1次。截至2021年年底，学会理事会成员共123名，其中常务理事39名；设立6个工作委员会、12个专业委员会，学会工作人员6名，其中挂靠单位在职职工6名。

学会对个人会员和团体会员资料重新进行梳理、统计，并颁发新版团体会员证书。现有团体会员单位88个、个人会员1502名。

主办期刊 2021年，学会主办期刊《动力工程学报》向中国科协推荐能源、化工与环境学科集群优秀论文评审和推荐专家，并组织专家进行优秀论文的推荐和评审工作，其中1篇论文入选第六届中国科协优秀科技论文遴选计划。

《动力工程学报》是中文工程类核心期刊，截至12月底，共收到投稿近662篇，发表论文153篇，录用率为23.11%。在已发表的论文中，由国家自然科学基金重点项目资助的论文为88篇，占发表论文总数的57.52%；由国家其他基金项目和省、市级重要基金项目资助的论文总数为30篇，占发表论文总数的19.61%。

学科发展工程 为总结改革开放四十年来中国电力装备技术创新与发展，学会与多家相关单位共同组织编撰《电力强国崛起：中国电力技术创新与发展》一书。2021年，学会秘书处多次组织线上会议对本书内容进行审读修改和调整编委会成员，并通过视频会议召开编委会主任工作会议。本书已于8月出版，全书约123万字。

国际学术会议 9月11日，由上海电力大学主办、学会环保技术与装备专业委员会协办的第六届能源与环境研究进展国际学术会议通过线上在上海市召开，约150人参加。会议邀请6名专家作主旨报告和大会报告，内容涉及“零碳燃料NH_3高效低氮燃烧”“二氧化碳捕集与资源化利用（CCUS）”“新型储能技术”等能源与环境相关的前沿研究领域。会议共征集能源动力与环境保护领域相关主题的学术论文50余篇。

9月26—28日，由学会环保技术与装备专业委员会、上海电力大学等协办的第八届亚洲废弃物转能源周2021在广东省广州市召开。此次大会聚集政府、企业、行业协会相关人员和业内专家等共同探讨固体废弃物资源化处置。大会围绕固体废弃物的资源化再生利用、高温脱碳及其回收创新技术、废旧轮胎资源化利用、垃圾焚烧和餐厨垃圾协同处理等技术进行研讨和交流，为相关企业废弃物转能源搭建平台。

国内主要学术会议 2021年，学会和各专业（工作）委员会共组织各类学术、技术交流活动7次，参加人员1121人次，发表论文74篇。

6月2—5日，中国动力工程学会材料专委会2021年工作会议暨清洁高效发电设备材料学术论坛在陕西省西安市召开。此次大会由学会材料专业委员会和西安交通大学能源与动力工程学院共同主办。材料专委会委员及代表，发电设备行业内的专家、学者及论文作者等60余人参加会议。此次学术论坛共安排17个学术报告，内容涉及燃气轮机高温材料、超超临界二氧化碳腐蚀、新能源发电材料以及数字化转型等多个方向。

9月3日，学会热力与燃气专业委员会与中国中元国际工程有限公司通过线上线下联合举办主题为“基于数字孪生的智慧供热系统：从决策支持到自主优化运行”的专题技术讲座。

9月26—29日，中国动力工程学会锅炉专委会学术交流会暨锅炉行业总工程师研讨会在浙江省杭州市召开。来自电站锅炉行业各企业的总工程师，行业内的专家、学者及论文作者等70余人参加会议。共征集学术论文37篇，内容涵盖先进发电、节能减排、CCUS（碳捕获、利用与封存）研发等主要技术领域及光热、氢能和储能等新的技术方向。

10月22日，中国动力工程学会辅机专委会2021年工作会暨学术研讨会通过线上线下相结合的方式在上海市召开，共有19人参加会议。会议安排党史学习专题，以《从党的非凡历程中汲取奋进的智慧和力量》为主题，从认识党史学习教育新要求、把握党史学习教育新视点、学党史必须树立正确的党史观等方面阐述党史学习教育的内涵与意义。会议共收到15篇征文，与会人员围绕辅机行业发展进行交流讨论。

12月5—7日，由中国科协主办、学会和西安交通大学等联合承办的以“双碳目标下能源动力行业发展机遇与挑战”为主题的青年科学家沙龙在陕西省西安市召开。此次沙龙采用线下会议和线上直播的方式进行，现场30余人参加会议，线上参会人员900余人。

12月10日，由学会核电专业委员会和上海电气集团科技管理部联合承办的2021上海电气科技活动月“高端装备先进检测技术专场”在上海市举办，并同步进行线上直播。会议聚焦高端装备的先进检测技术，安排4个涉及不同检测技术领域的技术专家报告，来自10余家单位的40余名专家及专业技术人员参加。

12月29—30日，由学会自控专业委员会和国家电投清洁高效火电产业创新中心共同主办、上海发电设备成套设计研究院有限责任公司承办的2021年电站自动化及智能化学术交流会暨自控专业委员会全体会议在上海市召开。此次会议通过线上线下相结合的方式召开，共征集论文25篇，50余人参加会议，共邀请行业内7位专家进行线上主题分享，就数字孪生、热电联供、储能、煤质检测等电站自动化及智能化领域相关主题进行交流。

科普活动 学会环保技术与装备专业委员会结合第六届能源与环境研究进展国际学术会议和第八届亚洲废弃物转能源周2021，在会上进行节能环保知识与技术的科普工作。

表彰举荐优秀科技工作者 2021年，学会向中国科协推荐中国科学院院士、中国工程院院士候选人1名。

经评审，确定郑成航、刘明、李传常、巩秀芳、倪建军、陶丽、曹克美7人为第二届中国动力工程学会青年科技奖候选人。

党建强会 2021年，学会党委积极贯彻中国科协科技社团党委2021年学会党建工作要点要求，围绕中国科协“开放发展年”主题，坚持以党的政治建设为统领，抓好发挥学会理事会党委和办事机构基层党组织作用两条线，提升学会党建工作质量，加强党对学会的全面领导。

根据中国科协科技社团党委关于《开展全国学会党史学习教育工作安排》的通知要求，结合学会党建工作实际，学会党支部制订中国动力工程学会开展党史学习教育工作方案并积极落实。由学会理事会党委牵头负责组织本学会党史学习教育工作安排，结合学会各类会议和活动进行党史学习教育并作专题党课，组织秘书处工作人员观看建党100周年庆典活动，学会办事机构基层党组织按照挂靠单位党委要求开展党史学习教育。

学会参与中国科协科技社团党委组织的庆祝建党百年系列活动，组织办事机构党员参加“千秋伟业 百年风华——科技工作者心向党”朗诵活动，朗诵学会选送中国科协科技社团党委“庆祝建党100周年”作品征集活动中获得诗歌类一等奖的作品《百年辉煌》。

会员服务 2021年，学会通过微信平台向会员发布会议通知、介绍学会工作动态、做好科学防疫和党建强会宣传。学会官网完成中国科协在线会员注册系统的更新，基本实现会员电子化管理。

学会定期向会员、会员单位赠送主办期刊《动力工程学报》，学会会员可优先参与学会活动、在学会期刊发表论文。

【2021 国际动力工程会议】 10 月 17—20 日，由中国、日本、美国三方轮流主办的 2021 国际动力工程会议通过线上会议形式召开。此次会议由日本机械工程师学会主办，来自中国、美国、日本、荷兰和澳大利亚等国家或地区的专家、学者和企业家约 150 人参加会议，会议共宣读论文 168 篇。学会副理事长、浙江大学副校长严建华担任会议共同主席。浙江大学教授王飞作大会特邀报告，中国多名教授受邀担任分会主席。会议期间还召开关于氢能发展的专题研讨会，浙江大学教授王智化和来自荷兰、澳大利亚和日本等国家的学者就氢能技术的发展现状和未来趋势进行讨论。

【“双碳目标下能源动力行业发展机遇与挑战”青年科学家沙龙】 12 月 5—7 日，由中国科协主办、学会和西安交通大学等联合承办的“双碳目标下能源动力行业发展机遇与挑战”青年科学家沙龙在陕西省西安市召开。会上，西安交通大学教授张大林、美国圣母大学教授罗腾飞、河北工业大学教授饶中浩、东方电气（成都）工程设计咨询有限公司高级工程师雷宇、上海发电设备成套设计研究院有限责任公司高级工程师汪勇 5 位青年学者分别就各自领域的前沿技术、最新研究成果等作主题发言。中国科学院院士何雅玲、东方电气集团教授级高级工程师王建录、上海电气电站集团副总工程师周一工、浙江大学教授周昊、华北电力大学教授房方分别对主题报告进行点评，并聚焦行业热点问题提出建议。

此次沙龙就新能源与储能技术发展和火力发电低碳高效清洁智慧转型两个议题进行交流和讨论。通过青年科学家主题报告、行业资深专家点评和学术专题交流等多种方式，邀请行业专家和青年科学家对传统能源动力行业转型以及新能源动力行业可持续性发展的关键问题进行研讨，交流“双碳”目标给能源动力行业带来的学术新问题、新方向、新观点、新思想，为行业技术发展指明方向，为攻克行业“卡脖子”技术建言献策，推动整个动力工程行业科技进步。

（撰稿人：施亦龙）

中国惯性技术学会

服务创新型国家和社会建设 2021 年，学会围绕惯性技术发展进行战略研究、提供技术决策参考。从惯性技术全局发展的高度出发，以前沿创新课题研究、专家学术高端论坛等形式开展惯性技术发展战略研究、趋势研究工作，科学分析惯性技术发展现状，跟踪惯性技术行业发展动态，把握未来发展方向，为惯性技术发展战略和重大决策提供咨询建议。

形成以《广域跨介质高精度激光导航技术研究》《光学陀螺发展方向及动态研究》等为代表的多篇综合技术研究报告，对比分析、评估中国与世界先进国家的优势和不足，为中国惯性技术未来发展提供发展思路和建议。

跟踪国际先进技术发展动态，结合未来新兴技术发展方向举办 2021 年高端学术论坛，探索空天飞行技术、无人系统自主导航技术、卫星导航定位技术等技术发展方向，研究、解决惯性技术行业的前瞻性、综合性、基础性技术问题，以专家建议、战略研究和发展规划等形式对国内惯性技术领域中长期发展提供启发和参考。

7 月 16—31 日，学会邀请北京航空航天大学、中国人民解放军国防科技大学、西北工业大学等从事惯性技术专业硕士课程教学的教授、副教授在重庆市举办 2021 年惯性技术培训班，来自中国船舶重工集团公司第 707 研究所、中国航天科技集团公司第九研究院第十六研究所、中国电子科技集团公司第五十四研究所、武汉长盈通光电技术股份有限公司、贵州航天控制技术有限公司、重庆天箭惯性科技有限公司等单位的 36 名技术人员参加培训。

学会建设 2021 年，学会有个人会员 4636 人，相较 2020 年增加 200 人；团体会员 159 个，相较 2020 年增加 2 个。

2021 年度召开常务理事会议、理事会议、监事会议等共 5 次，传达落实中国科协部署的相关工作，根据学会发展现状进行研究，对分支机构、工作机构进行评估；召开秘书长工作会议、联络员工作会议，落实学会常务理事会要求。

学会完成微视频、网站改版和会员系统建设，实现学会微信公众号与网站、会员系统链接。截至 12 月底，学会科普公众号“海陆空天惯性世界”已拥有订阅用户 7100 余人，发布文章 1200 余篇，其中原创文章 40 余篇。

利用企业微信提升学会办公效率。全年实现 335 份文件的线上审批，减少线下公文流转损耗。

青年人才托举工程 2月，学会组织第六届（2020—

2022 年度）“青年人才托举工程”答辩评审会，学会推荐的 2 名青年人才获得中国科协资助。

11 月，学会在北京组织开展第五届（2019—2021 年度）、第六届（2020—2022 年度）中国科协青年托举人才中期检查和开题工作。专家组认真听取第五届青年托举人才的中期汇报，就研究内容展开探讨和交流，对课题取得的成果和研究进展给予肯定，对存在的不足和后续的研究计划给予指导。随后，专家组听取第六届青年托举人才的开题汇报，就文献调研的充分性、研究内容的明确性、研究方案和技术路线的合理性给予评价和指导。

主办期刊 2021 年，学会主办期刊《中国惯性技术学报》按照计划出版发行 6 期，共刊登学术论文 120 余篇。同时，学报编辑部完成 2 部论文集的编纂，共收录论文 85 篇。

《中国惯性技术学报》入选中国科协科学技术创新部于 11 月发布的《高质量科技期刊分级目录总汇》，在航空航天领域高质量科技期刊分级目录中被评为 T3 级。被美国《工程索引》、北京大学图书馆《中文核心期刊要目总览》、中国科学技术信息研究所《中国科技期刊引证报告》、中国科学院《中国科学引文数据库》等国内外多家核心数据库收录。2021 年《中国学术期刊影响因子年报》结果显示，《中国惯性技术学报》复合影响因子为 1.500，在航空、航天科学技术类 60 种期刊中排名第 4。入编《世界期刊影响力指数（WJCI）报告》科技版，其中在航空、航天科学技术类世界范围入编的 86 种期刊中排名第 11。

2021 年，学会科普杂志《海陆空天惯性世界》出版发行 12 期，共刊登各类文章 134 篇。

6 月初，学会杂志社向北京市朝阳区、河北省唐县和丰宁满族自治县、甘肃省古浪县、湖北省天门市等 9 所中小学捐赠约 500 本期刊和生活学习用品，为中小学生了解和学习惯性技术领域科普知识增加兴趣和动力。

学科发展工程 2021 年，学会分支机构出版学术专著 2 本，其中《深空探测卫星重力反演理论及应用》由中国工程院院士魏子卿作序，全书共 11 章约 50 万字，获国家出版基金全额资助；《GNSS-R 卫星测高方法及水下导航应用》由中国科学院院士房建成作序，全书共 18 章约 50 万字，获国防科技图书出版基金全额资助。

国内主要学术会议 4 月 10—11 日，由学会赞助、南京惯性技术学会主办的第一届磁 – 光传感与探测学术论坛在浙江省杭州市召开，来自全国各地的从事惯性传感、磁 – 光传感与探测领域的相关人员共 40 余人参加。论坛邀请多位国内从事惯性传感、磁 – 光传感与探测领域的科学家、学术专家出席并作报告。

9 月 9—11 日，学会测试专业委员会在北京市通州区召开第十七次学术交流会。会议就人工智能、5G、大数据等背景下的惯性测试设备发展趋势，新材料、新结构、新工艺应用技术，惯性测试设备核心元器件自主可控技术，惯性器件及系统测试技术、方法、标准深化等方面进行探讨。共有 40 多位专家、学者参加会议，收录论文 53 篇，会上交流宣讲论文 16 篇。

12 月 9 日，学会作为赞助单位，支持上海市惯性技术学会、南京惯性技术学会、洛阳惯性技术学会联合举办上海 / 南京 / 洛阳惯性技术学会 2021 年度学术交流会，学会秘书长致辞并参加会议。会议采取线上线下相结合的形式召开，在上海市、江苏省南京市、河南省洛阳市设有三个线下分会场，各会场分别就“器件及应用”“图像导航及其他”“组合导航及系统”三个主题进行会议论文交流。

国际交往 2021 年，由学会副理事长、中国科学院院士王巍牵头主编的英文国际期刊《先进仪器与器件》获批国际连续出版物号，同时被天体物理学数据库收录。2 月，此期刊由学会联合英国剑桥大学和国际知名系列期刊 *Science* 的出版商，以及非营利性国际科技组织——美国科学促进会合作创办，是 *Science* 合作伙伴期刊计划的第五本期刊。

2021 年，学会继续与俄罗斯导航与运动控制学会保持联络，举办线上会议 1 次。会上对双方联合举办国际会议事宜进行商讨，对双方学会会员人数、会员管理、推介专家成为会员等情况进行沟通，并与俄罗斯导航与运动控制学会签署联合办会协议。双方协定第 30 届圣彼得堡组合导航国际学术会议于 2023 年在北京召开。

学会通过与英国剑桥大学建立起的合作关系，为会员单位在“通过材料筛选及工程实现高性能电阻转换”“增强显示与人际界面的半导体传感器和执行器技术”“医疗保健和可持续发展的 3D 打印机生物制造技术”等方面提供技术培训，为会员单位提供一个与国际接轨的平台。

5 月 31 日—6 月 2 日，第 28 届圣彼得堡组合导航国际学术会议在俄罗斯圣彼得堡召开。学会理事长包为民担任会议程序委员会第一委员。学会共参与投稿 18 篇，录用 17 篇，其中 3 篇作会议报告、14 篇为张贴报告。大会推荐学会常务理事宣讲大会特邀报告 1 篇。

9 月 29—30 日，第 58 届德国惯性传感器与系统会议在德国布伦瑞克召开。学会组织 10 人线上参会。

科普活动 2021 年，学会举办科普夏令营 1 次、讲座及展览活动 7 次以及以“百年回望　崇尚科学　自立自强”为主题的科技开放日活动等，覆盖逾万人次。组织科普志愿者 10 余人次参加活动。学会依托陆海空天惯性技术科普展厅，邀请本领域的行业专家组织 5 场科普讲座，共 800 余人参与。

6 月 5 日，学会联合相关实践中心共同开展科普 DIY 活动，活动现场共有 15 组亲子家庭参加。

6 月 22 日，哈尔滨工程大学教授张勇刚依托先进导航与海洋智能装备技术国家地方联合工程研究中心、导航仪器教育部工程研究中心，面向黑龙江省牡丹江一中 60 余名高三学生开展科普活动，介绍实验室最新科研成果及进展，并通过现场讲解和互动问答的方式向同学们科普惯性技术及其在海洋运载器领域的应用。

7 月，学会科普部组织为期 5 天的封闭式中国惯性技术学会青少年“惯性 - 军事夏令营”活动。该活动在黑龙江省齐齐哈尔市碾子山区开展，旨在强化青少年爱国意识，科普国防知识、惯性技术知识，培养独立生活能力，让营员们在训练中蜕变成长。该活动受到家长、营员的一致好评。

2021 年中国航天日主题是“扬帆起航，逐梦九天”。学会理事长、中国科学院院士、中国航天科技集团有限公司科技委主任包为民致力中国航天四十载，在“科普中国”上发布《教火箭“自学”飞行》科普视频，同时发布短视频，讲述航天故事。

学会科普专家团队首席科学家、科普部主任、中国工程院院士付梦印带领专家团队开展惯性技术科普走进校园活动，他以《自主导航——神奇的指路魔杖》为题，结合实例和中学生知识点、兴趣点，为江苏省如东高级中学的学生带来一场关于惯性技术的科普讲座。科普专家、北京理工大学教授邓志红、余远金分别走进重庆育才中学、重庆市第十八中学，累计受众中学生逾千人次。

2021 年，学会科普部志愿者指导的大学生在第七届中国国际“互联网 +”大学生创新创业大赛总决赛中获得金奖、银奖各 1 项，其中，“机器人漫游者：赋能自主机器人系统”获大赛金奖，“摩尔斯——火星自主协同探测与智享服务开拓者”获大赛银奖。同时，对中国人民大学附属小学、花家地实验小学、北京第二实验小学、北京西城区黄城根小学等校学生进行科研实践能力的培养和训练，获得 RoboMaster 机甲大师青少年对抗赛·联盟赛华北赛区比赛小学组冠军。

6 月 2 日，学会组织团体会员单位中电科技集团重庆声光电有限公司专家到重庆大学航空学院为本科生进行“导航、制导与控制”科普讲座，讲解惯性系统的基本知识，介绍惯性技术在航空、航天、舰船、兵器等国防军事领域及无人机、自动驾驶、轨道交通等民用领域的应用，30 余名学生参加讲座。

11 月 17 日，学会邀请中电科技集团重庆声光电有限公司研究员雷霆讲授《半球谐振陀螺技术》，讲述半球谐振陀螺技术的国内外发展现状、基本原理、主要工艺技术及应用，40 余位技术人员参加培训。

表彰举荐优秀科技工作者 学会开展 2021 年度科技创新奖评选工作，在通过初评的 21 个项目中评选出技术发明奖二等奖 1 项，科学技术进步奖一等奖 3 项、二等奖 3 项。

开展第二届优秀博士 / 硕士论文评选工作，最终遴选出优秀博士论文 2 篇、博士论文提名 1 篇；优秀硕士论文 2 篇。

学会副理事长刘付成获得第十四届光华工程科技奖推荐资格；学会向中国科协推荐 2 名惯性技术“最美科技工作者”。

党建强会 5 月 7 日，学会召开第三次党委会议，审议并通过学会党委工作制度、党史学习教育工作方案，成立党史学习教育组织领导小组，党委办公室负责落实相关工作。会上明确工作任务和责任、周密安排部署、细化工作举措，抓好贯彻落实，为学会党史学习教育开好局、起好步提供组织保障。

召开七届六次常务理事会议。学会理事长、副理事长（含委托代表）、秘书长、副监事长、常务理事（含委托代表）、监事、工作机构代表等共 44 人参加会议。会议由学会理事长包为民主持。会议传达《中国科协科技社团党委 2021 年学会党建工作要点》《中国科协 2021 年工作要点》《中国科协党组书记、党史学习教育领导小组组长怀进鹏：把广大科技工作者更好凝聚到党的伟大事业中来》等中国科协5份文件。会议审议并通过2020年财务决算及2021年财务预算；通过2021年度科技创新奖评审结果，同时为学会下一步工作提出筹备建议。

5月26日，为喜迎中国共产党成立100周年，深入推进党史学习教育，进一步锤炼党员党性修养和爱国情怀，组织党员和积极分子23人在江西省上饶集中营革命烈士纪念馆开展走进红色教育基地——学史明智党日活动。

学会建立党史学习工作群，深入贯彻落实党建、党史学习教育，传达《关于印发〈开展全国学会党史学习教育工作安排〉的通知》《关于召开中国科协学会党建工作指导委员会成立大会暨学会党建工作先进表彰大会的通知》《中国科协党史学习教育工作简报》（截至2021年年底共59期）等共61份文件。

会员服务 2021年，学会优化会员系统，改版网站。在网站及微信公众号上发布学会最新信息并推送给会员，从学会发展、学术会议、青年人才举荐、会员服务等方面提升学会精准服务会员的能力。

【中国惯性技术学会2021年科技工作者研讨会】 10月19日，由学会主办、大连市科协协办的中国惯性技术学会2021年科技工作者研讨会在辽宁省大连市召开。来自航空、航天、航海、兵器、部队、高校等领域90余家单位的200余名惯性技术科技工作者参加会议。

此次研讨会主题为“前沿技术与惯性技术的融合与应用”，围绕陆海空天各类应用对惯导系统的需求，惯性传感器系统、导航、定位与授时技术，惯性基组合与匹配导航技术，惯性测量与运动控制技术等的创新研究成果进行探讨；针对现行惯导系统的技术研发及工艺改进，原子、光子晶体光纤、半球谐振等新型陀螺的发展现状等方面展开交流。

中国工程院院士肖龙旭、冯培德，中国航天科技集团有限公司、中国航天科工集团有限公司、中国船舶集团有限公司等单位的多名副理事长，大连市委有关领导，大连市科协党委书记、副主席杨代刚等领导出席会议。会议邀请中国工程院院士肖龙旭、冯培德、中国航天科工集团有限公司研究员郑辛以及邱志明院士团队、王巍院士团队为大会作特邀报告，剖析国内惯性技术的发展现状并指出发展趋势。会议交流研讨环节为广大科技工作者突破关键技术、实现技术创新提供技术参考。

会议共收录69篇论文，20余篇被推荐到《中国惯性技术学报》。

同时，此次会议被列入中国科协《重要学术会议指南（2021）》，成为中国科协首批授权使用“重要学术会议指南”标识的学术会议。

（撰稿人：张楷奕）

中国风景园林学会

服务创新型国家和社会建设 巩固湖北省麻城市扶贫成果，做好麻城市菊花技术人员培训和职业竞赛。学会菊花分会协助麻城市菊花专业技术人员赴江苏省盐城市射阳县学习交流，继续委派教师赴麻城市现场考察并组织技术培训。为弘扬菊花文化、提升菊艺水平，学会申报国家级职业技能竞赛——中国花卉园艺工职业技能竞赛，竞赛由中国就业培训技术指导中心、学会主办，麻城市人民政府承办。菊花分会承担组织专家考试出题、评委培训、实操对接、现场考试等多项筹备工作。湖北省麻城市菊花扶贫工作已列入国家扶贫典型案例。

协助住房城乡建设部开展涉及园林绿化行业职业人员和工种的修订工作，针对《中华人民共和国职业分类大典（2015年版）》中涉及风景园林工程技术人员和园林绿化工在定义、工作性质、主要工作任务和工种设置方面存在的问题，开展调研并提出修订意见。

依托学会专家库开展中国·昆明立体花坛大赛等咨询服务。启动与咸宁市风景园林学会的合作，共建咸宁科技协作站，指导和服务当地行业建设。与青海省住房城乡建设厅签署合作协议，为美丽高原城镇建设提供重大建设项目咨询、学术交流、课题研究、技术培训等方面的理论与实践支撑。

深入推进标准化工作。配合住房城乡建设部完成《重大疫情期间城市公园运行管理指南（试行）》编制，参与《城市公园和绿地体育健身设施建设指南》编制。立项《历史名园石质假山无损检测、监测技术标准》等10个团体标准编制，新发布《公园城市评价标准》《重金属污染土壤甜高粱栽培技术规程》2个团体标准。7月，在江苏省苏州市召开中国风景园林学会第二期团体标准编制研修班，进一步提高学会团体标准编制水平，提升团体标准编制能力，规范团体标准工作开展程序。为强化团体标准的推介和宣传，在学会公众号上设立固定板块对团体标准进行介绍和解读，建立销售渠道。

探索科技评价工作。7月，在北京组织“城市更新区高效园林绿化关键技术及工程应用”和“多目标多要素协同的城市生态修复关键技术研究与应用”两个项目的成果鉴定会。两个项目均获得2021年度华夏建设科学技术奖一等奖。拟定科技成果评价认定管理办法，为持续推进相关工作奠定基础。

学会建设 截至2021年年底，学会完成登记注册的个人会员数量达12100人，较2020年增加420人；单位会员数量达1541家，较2020年增加121家。

加强理事会建设，做好学会换届筹备工作。4月，在湖北省宜昌市召开第六届常务理事会第七次会议，审议通过学会2020年工作总结及2021年工作计划。12月，第六届第五次理事会议采取通讯会议形式召开，完成审议总结计划、换届方案等工作。

按照国务院国有资产监督管理委员会、住房城乡建设部要求，推进学会下属企业改制工作。2021年，北京中国风景园林规划设计研究中心已经完成改制，《中国园林》杂志社也基本完成改制。

加强分支机构活动报备管理，开展活动更加规范合规。明确学会分支机构应围绕学会工作计划开展工作，确实起到服务会员、服务行业的作用。严格指导和监督分支机构按年度工作计划开展工作。完成学会国土景观专业委员会成立筹备工作；先后完成城市绿化专业委员会、园林生态保护专业委员会和植物保护专业委员会副主任委员调整等工作。

加大微信公众号的宣传力度，截至2021年年底，微信公众号共推送259篇文章，点击量超42万人次，同比增长97%；阅读量超117万人次，公众号分享7.7万余次，收藏1.2万余人次，粉丝数超4万人。

主办期刊 2021年，《中国园林》共编发论文370余篇，其中正刊12期、增刊2期，配合女风景园林师分会2021年会出版论文集。举办《中国园林》2020年度优秀论文评选，评选出一等奖5篇、二等奖10篇、三等奖15篇。继续入选“中文核心期刊”“中国科技核心期刊”“中国核心学术期刊RCCSE”“建筑科学领域高质量科技期刊分级目录（2020年）T1级期刊”“中国农林核心期刊”和“中国人文社会科学核心期刊”，新进中国科学引文数据库来源期刊。

《园林》转型为学术期刊，并首次组建青年编委会。

学科发展工程 2021年是新中国风景园林专业教育建立70周年，也是风景园林学一级学科批准设立10周年。学会年度工作定位为“学科发展年”，围绕学科创立70年纪念和学科建设发展，举办系列研究、研讨和总结活动，推动中国特色风景园林学科体系的建设和完善。

延续深化学科发展研究项目。学会承担并完成中国科协立项的2020—2021年度风景园林学科发展研究工作。3月24日，在北京召开风景园林学科发展研究大纲修订会。8月24日，在北京召开《2020—2021风景园林学学科发展报告》编制研讨会。9月末，研究报告如期完成并提交。同时，加紧筹备“学科发展路线图课题研究”项目，展望学科未来发展方向，规划发展思路。

12月，召开中国风景园林学科发展大会暨风景园林学科创立七十年纪念会。会议主题为“面向未来的风景园林学”，分为主会场和北方、华东、华中、华南、西部五个区域会场。中国科学院院士、中国工程院院士吴良镛，中国工程院院士孟兆祯，国际风景园林师联合会主席James Hayter以及中国工程院院士吴志强等学科专家作主旨报告发言。同期组织学科发展论文征集、风景园林学科发展大事记征集、未来学科建设十大重点任务征集，以及风景园林学学科路线图研究及《风景园林学科七十年》系列图书编撰工作。在学会微信公众号上开辟“学科七十年”专栏，连续刊载有影响力的研究成果和学术论文，促进行业学习交流。系统梳理近20年来学科发展研究的工作情况，提出未来工作思路。

开展并推进一系列学科基础性工作。加快推进风景园林学名词审定工作，先后组织5次专家审查会，确定全部词条和目录。继续推进《风景园林设计资料集（第二版）》《中国风景园林史》《中国近代园林史（续篇）》等学科基础性图书的编写。

开展中国风景园林申报世界非物质文化遗产相关工作。弘扬中国风景园林文化，树立文化自信，深化落实相关研究和申报筹备工作，多方征询专家意见，完成申报论证工作，并编制研究方案和工作方案。

国际学术会议 10月23日，由学会、日本造园学会和韩国造景学会共同主办，《中国园林》杂志社和《风景园林》杂志社协办的第十七届中日韩风景园林学术研讨会在北京召开，会议主题为“自然文化遗产与美好生活”。会议采用线上线下相结合的形式举办。同期，联合举办三国大学生风景园林设计竞赛，主题为“生活在遗产之中——城市河流自然与文化的风景价值”。会议共收到325份参赛作品，评选出18份获奖作品。

国内主要学术会议 5月20日，聚焦全面提升城市发展质量和城市聚居环境品质的新发展要求，学会在北京举办城市小微绿地与城市更新研讨会，组织风景园林、建筑和规划不同领域的专家、学者跨学科研讨。5月16日，与江苏省住房城乡建设厅等单位联合举办江苏名园传承与发展高峰论坛。10月15日，配合住房城乡建设部“部省共建高原美丽城镇示范省工作”，承办新时代高原美丽城镇建设省部论坛（西宁）第二分论坛。10月15日，与首都绿化委员会办公室、北京市延庆区人民政府共同举办的以“绿色生活、美丽家园”为主题的第二届北京国际花园节颁奖典礼暨“绿色生活　美丽家园”专业论坛在北京召开。

支持分支机构召开学术年会、专题研讨会和论坛等，丰富学术活动内容。

3月7日，学会女风景园林师分会首次以纯云端的形式召开主题为“风景园林与生活的艺术”的论坛，在线观看人数达1000余人。9月23—26日，学会女风景园林师分会2021年会在广西壮族自治区桂林市召开，会议主题为“诗意的风景园林——山水之间”。会议由学会女风景园林师分会和《中国园林》杂志社主办、桂林理工大学旅游与风景园林学院和广西艺术学院建筑艺术学院承办，共计180余人参加会议。

4月28日，学会经济与管理研究专业委员会在上海市组织召开2020—2021风景园林经济与管理专题研究中期推进会。学会副理事长、经济与管理研究专业委员会主任委员夏颖彪，学会副理事长、经济与管理研究专业委员会主任委员及秘书长周如雯，学会副秘书长杜雪凌、付彦荣，以及专题研究各子课题负责人、组员、专家共计23人参加会议，夏颖彪主持会议。

5月7—8日，学会园林植物与古树名木专业委员会2021年园林植物多样性（威海）专题学术研讨会在山东省威海市举办。研讨会围绕园林植物多样性，以学术交流、专家论证为依据，从多个视角对园林植物多样性展开讨论，交流内容涉及园林植物分类、引种驯化、选育繁殖、园林应用等领域的最新研究成果和前沿学术问题。

5月15日，由学会城市绿化专业委员会主办，江苏省风景园林协会、南京市园林工程管理协会协办的中国风景园林学会城市绿化专业委员会2021年会在江苏省南京市举办。此次年会主题为“国土空间规划背景下的城市园林绿化探索与实践”，来自全国26个省（自治区、直辖市）以及130余家单位的300余名专家、学者参加。9月25日，由学会城市绿化专业委员会等联合主办的首届“风景园林与前沿交叉领域”青年论坛暨天津大学博士生学术论坛在天津市召开。论坛采取线上线下相结合的形式举办，参会人员近万人次，其中线上达9000余人次。

5月29—30日，由学会教育工作委员会与其他单位联合主办、北京林业大学承办的2021年中国风景园林教育大会在北京召开。大会以“守正创新，继往开来”为主题，来自全国200余所高校的400余名专家、学者参加大会。

6月8—11日，由学会菊花分会主办的菊花产业研讨会在山西省太原市举办。会议主题是“推动中国菊花产业发展，传承中国菊花文化”。100人参加会议，进行研讨交流。

10月13—15日，学会园林生态保护专业委员会2021学术年会在湖北省武汉市召开。大会主题为“城市湿地与生态园林”，共有来自全国30余个城市70余家单位的200余名专家、学者参加会议。

学会花卉盆景分会先后承办和支持第二届全国中青年盆景创意展暨现当代书画作品展、第九届江苏沭阳花木节精品盆景邀请展、第十二届王恒亮盆景艺术公益大讲堂、2021年第六届中国滁州（来安）华东苗木花卉交易博览会暨第一届（来安）安徽省精品盆景邀请展、贵州省盆景艺术协会盆景奇石根艺展等，协办中国花卉协会盆景分会主办的2021全国精品盆景展暨盆景创作大赛。

支持指导行业专题论坛。先后主办、指导、支持栋梁——梁思成诞辰120周年文献展、昭昭文心——孟兆祯学术成就展、杨廷宝先生诞辰120周年学术论坛、孙筱祥百年诞辰纪念会的举办。支持举办“2021世界风景园林师高峰讲坛”青年论坛、第三届长江经济带景观与生态国际青年论坛、2021中国风景园林行业发展论坛等活动。

国际交往 学会继续做好与国际风景园林师联合会的交流与合作工作。完成中文版的国际风景园林师联合会发布的风景园林师全球职业道德准则、修订的风景园林师职业标准定义的翻译。签署同意支持并参与国际风景园林师联合会气候行动承诺。与国际风景园林师联合会合作开展对风景园林教育课程项目的认证试点工作进入实质性阶段。组织参加线上国际风景园林师联合会世界理事会议及亚太区理事会议。

继续获批中国科协对学会在国际风景园林师联合会国际组织会费的全额资助。组织专家申报多项双边交流项目课题经费。推荐华中农业大学教授邵继中、深圳大学副教授张柔然参加中国科协组织的国际组织任职及后备人员培训。

科普活动 学会继续举办“风景园林月”系列学术科普活动。4月，举办2021城乡人居生态环境系列青年论坛暨“风景园林月”说园沙龙活动，主题为“风景园林与城市生态服务”。邀请三位科学传播专家以“风景园林与高品质生活”为题，组织三场线上科普主题报告会。响应全国科普日活动安排，依托各科普教育基地，以“风景园林科技引领绿色高品质生活”为主题，结合各基地单位工作特色举办风景园林相关方向80余场科普活动。中国风景园林学会科普日活动被中国科协科学技术普及部评为“2021年全国科普日优秀活动”。

6月9日，学会第二届科普工作座谈会在四川省成都市召开。会上发布《加强学会科普工作的通知》等文件，进一步加强科学传播专家团队和科普教育基地的建设工作；启动新一轮科普教育基地和科学传播专家认定。

继续加强官方微信公众号科普板块的建设，开设“公园城市建设”“城市生物多样”“城市微更新”等专题板块，将科普工作常态化，累计推送科普文章60余篇，访问量累计46600余次。

表彰举荐优秀科技工作者 学会推荐清华大学副教授郑晓笛竞选国际风景园林师联合会教育与学术委员会下设的教育能力建设工作组主任一职，并成功当选。

推荐中国工程院院士孟兆祯参加第十四届光华工程科技奖评选，已列为中国科协推荐候选人。

与光华龙腾设计创新奖建立合作，推荐学会规划设计专业委员会副主任委员何昉参加2021年度评选。

开展中国风景园林学会科学技术奖评选。积极争取“优秀人物子奖项”增项，继续完善评奖组织、优化评奖细则，并建成网上申报和评审平台。2021年度共收到有效申报材料971份，经过初评、终评，评出获奖项目483项，其中科技进步奖18项、规划设计奖166项、园林工程奖291项。2021年度获奖比例为49.7%，比2020年度上升2.8%。

在学会科学技术奖评选基础上，择优推荐7个项目参评2021年度华夏建设科学技术奖，其中2项获得二等奖、1项获得三等奖。推荐3个项目参评住房城乡建设部城市更新示范项目。

党建强会 2021年，学会理事会党委和学会党支部认真落实上级党组织各项部署，制订学习方案，召开党史学习动员会，组织领导班子及全体党员开展党史学习教育和“党史学习教育知识答题”活动。召开专题民主生活会，理事会党委书记兼党支部书记陈重总结党史学习教育工作开展情况，结合学会工作实际总结经验、查找不足，推进学会工作。学会相关领导在“七一”前夕，代表学会理事会党委、学会党支部向杨赉丽、刘金声两位同志颁发“光荣在党50年”纪念章，对老前辈为风景园林行业作出的贡献表示感谢。

7月6日，组织召开主题为“风景园林中的红色故事”的“说园林、学党史”专题研讨会。中国科协科技社团党委副书记刘桂荣、部党史学习指导组成员及学会全体党员干部参加。会议围绕庆祝中国共产党成立100周年、党史学习教育和2021年全国科技工作者日活动等精神，组织园林专家代表，梳理风景园林中的红色记忆和党的辉煌历程。会议被列为2021年度全国科技工作者日重点活动。

会员服务 学会继续加强会员发展、管理和服务工作。截至2021年12月底，个人会员12100人，单位会员1541家。探索新的会员发展和服务方式，继续以会员需求为导向，以年会为契机，推进会员参加活动优惠制度和机制建设，提高服务能力和服务水平。

【服务园林绿化市场管理改革 推进行业技能人才建设】 学会启动全国园林绿化企业信用信息系统，推动建设和维护健康有序、公平竞争的园林绿化工程市场环境，促进全国园林绿化行业高质量发展。已有240余家企业完成企业基本信息的填写。7月19日，在吉林省长春市举办新时期园林企业发展论坛。来自全国各省（自治区、直辖市）的风景园林行业的相关园林专家、学者和企业代表参加，共同探讨研究园林企业的规划方向、发展模式以及园林行业、企业如何实现市场精准定位等课题。

举办江苏省和湖北省两场项目负责人考试，新拓展吉林省为开展项目负责人考试的省份。新版《项目负责人培训教材》完成出版，持续完善项目负责人考试题库。开发建设“中国风景园林行业网络培训资源库”，完成园林绿化工职业技能培训课程的视频、课件以及相关章节考题的初审并上线。12 月 21—22 日，2021 年度全国行业职业技能竞赛——“新盛杯”首届全国园林绿化职业技能竞赛在江苏省徐州市举办。此次竞赛以“新时代 · 新技能 · 新梦想”为主题，由学会、中国就业培训技术指导中心、中国农林水利气象工会全国委员会主办。来自全国的 81 名参赛选手参加比赛。开发“中国风景园林行业人才评价考核平台”，已在园林绿化职业技能竞赛中应用。

【推进“送设计下乡” 助力乡村地区发展】 学会响应国家乡村振兴、科技下乡、精准扶贫等政策精神，按照住房城乡建设部指示要求，针对乡村地区生态建设、环境提升、文化振兴等需求，发挥风景园林专业特点，持续推进“送设计下乡”工作，助力乡村地区发展。

召开“送设计下乡”科技志愿服务工作座谈会，总结 2020 年度工作情况，交流进一步提升工作成效的建议，并对 2021 年工作进行讨论和统筹安排。

2020 年启动的新疆维吾尔自治区阿克苏地区“送设计下乡”项目圆满完成。“乌什县阿合雅镇托万克库曲麦村乡村环境品质提升规划设计”和“温宿县托乎拉乡思源村乡村旅游发展与景观提升规划”项目成果通过会议审查，托万克库曲麦村党史纪念馆前广场环境工程已建设完成。

2021 年，新启动“重庆市石柱县西沱镇长江沿线乡村聚落区域（逍遥半岛）环境提升规划项目”。该项目在地域和工作思路上具有特殊性，是“送设计下乡”工作模式的新探索。学会规划设计分会组织中国城市规划设计研究院、重庆市风景园林规划研究院、西南大学三家单位共同承担，针对地方“提供发展思路、引领示范”的需求，以宏观和中观层面的规划为主，对逍遥半岛的未来发展提供战略性引领。

学会“送设计下乡”工作受到住房城乡建设部的关注和肯定，中国风景园林学会“送设计下乡”科技志愿服务队获得中国科协办公厅 2021 年度科技志愿服务队先进典型。

（撰稿人：付彦荣　刘艳梅）

中国电源学会

服务创新型国家和社会建设　8 月，学会发布第四批 14 项团体标准并于 9 月 1 日起实施。截至 2021 年年底，学会已发布并实施团体标准 41 项。年内完成第五批共计 15 项团体标准的立项工作，同时启动 2022 年第六批团体标准征集工作，共收到标准提案申请 28 项。

5—8 月，为持续助力会员单位和行业企业创新发展，举办 6 期电源云讲坛活动。活动采用“网络会议研讨 + 直播”的形式，主题涉及数据中心高压直流供电技术发展与应用专题、宽禁带器件高频变换应用技术专题、电力电子高频电磁技术专题、电力电子变换器共模噪声建模与抑制专题、新能源车充电技术专题、新型器件与模块应用技术专题，来自电源领域高校、科研院所、相关行业企业的专家和科技工作者 3500 余人参加。

2021 年，组织举办培训 7 场，参训人员近 400 人次。培训主题涉及功率变换器磁技术分析、测试与应用，高品质电源电磁兼容性，光伏 · 风电 · 储能电源设计与应用，新能源车充电与驱动技术，第三代功率半导体器件技术与应用，新一代功率半导体器件、驱动技术、系统集成及应用，高效率高功率密度电源技术与设计。

4—8 月，学会科普工作委员会和学会共同主办第七届高校电力电子应用设计大赛。本届大赛由重庆大学承办，GaN Systems 公司冠名合作，宁波希磁电子科技有限公司联合参与。竞赛以“高效高功率密度宽输出电源设计”为主题，来自全国 36 所高校的共计 41 支队伍报名参赛，经过预审和初赛，19 支队伍进入决赛。11 月 11—12 日，第七届高校电力电子应用设计大赛决赛在上海市举办，最终评选出特等奖 1 支、一等奖 2 支、二等奖 3 支、三等奖 5 支。

学会建设　11 月 13 日，中国电源学会第九次全国会员代表大会在上海市召开。大会审议通过中国电源学会第八届理事会工作报告、财务报告、第一届监事会工作报告、学会章程修订草案、学会监事会工作条例修订草案等，选举产生新一届理事会和监事会。秘书长实施聘任制。

加强制度建设，根据中国科协部署和民政部的审核意见，对《中国电源学会章程》进行修订。同时参照《中国科协全国学会监事会工作办法（试行）》的有关规定，对《中国电源学会监事会工作条例》进行修订。

2021 年，召开学会八届八次、九次常务理事会议，九届一次常务理事会议、九届一次全体理事会议，讨论审议学会各重大事项和规划。

根据民政部和中国科协相关文件要求，开展分支机构规范管理情况自查工作，进一步加强分支机构行为自律、表彰管理、收费管理、会议管理等方面工作。

主办期刊 2021年，《电源学报》再次入选中文核心期刊。全年出版6期，发表论文151篇，纸刊发行1.2万册，电子刊发行14万余份。共收到投稿895篇，录用论文194篇。全年共组织3期专辑："轨道交通电气化"专辑、"电力电子化电力系统及装备"专辑和"2021中国新能源车充电与驱动技术大会"专刊。

英文期刊*CPSS Transactions on Power Electronics and Applications*（《电力电子技术与应用英文学报》，CPSS TPEA）入选EI核心期刊检索。全年共出版4期，发表论文32篇。截至2021年年底，该期刊论文在IEEE Xplore数据库总下载次数超过17万次。

学科发展工程 完成《中国电源行业年鉴（2021）》的编写工作，9月由机械工业出版社出版发行。

12月，学会承担的电源产业与技术发展路线图研究项目经验收专家组综合评议通过验收。

国内主要学术会议 11月12—15日，中国电源学会第二十四届学术年会在上海市举办。会议共录用中英文论文602篇，设置8场特邀大会报告、12场专题讲座、52个主题267场技术报告、12个主题39场工业报告、2个墙报交流时段。参展企业88家，展位超过150个。会议同时设立电源青年论坛、电源科研成果交流会、电源高端人才对接会、专题卫星会议等环节。第七届中国电源学会科学技术奖颁奖仪式、第七届高校电力电子应用设计大赛决赛同期举办，线上线下参会总人数超过5000人次。

为促进技术交流、推动行业创新发展，各分支机构全年组织专题交流活动8场，专题内容涉及特种电源、交通电气化、新能源电能变换、新能源车充电与驱动，共计4000余人次参加会议。同时面向青年科技工作者、女科技工作者举办专门交流活动，主要有特种电源学术专题研讨交流会暨特种电源发展路线图讨论会、第六届高校电力电子学科青年学者论坛、电力电子化电力系统及装备产学研沙龙、第五届电气化交通前沿技术论坛、2021年新能源电能变换技术年会暨第二届青年学术论坛、2021中国新能源车充电与驱动技术大会、第三届"教学育人与科研实践经验交流会——知名专家与青年教师面对面"主题沙龙、第七届全国脉冲功率会议暨第八届全国特种电源学术交流会、中国电源学会"电气女科学家论坛"系列活动——"中国心，PE情"知名专家谈科技创新活动等。

国际交往 为满足中国电源领域国际交流需求，2021年学会创办国际电力电子技术与应用学术会议。首届会议由学会与IEEE电力电子学会共同主办，于11月12—15日在上海市召开，共录用论文204篇，全部进入EI检索。大会设置大会特邀报告4场、墙报交流时段2个。此次会议是学会主导的第二个电力电子领域的国际会议，不仅进一步完善学会的国际会议体系，同时首次尝试国际会议与学术年会协同举办的新模式，有效提升总体活动质量，为行业提供新的国际交流平台。

科普活动 学会科普工作委员会与英飞凌科技（中国）有限公司联合举办电力电子科普征文大赛，最终收到投稿69篇，内容涉及交通、家电、新能源、机器人等多种生活场景。除图文外，还有漫画、音频等多种表现形式，有效促进电源领域的科普创作。

6月26日，举办《科普创意与创作技巧——兼谈写作题材的发掘与提炼》在线讲座，提高科普创作质量。讲座通过中国科协直播平台进行直播，播放次数超过4000次。

表彰举荐优秀科技工作者 学会开展第七届中国电源学会科学技术奖评选工作。共收到各类推荐48项，经过函审初评和会评，最终评选出14个获奖项目和5位获奖人，其中一等奖3项、二等奖5项、优秀产品创新奖6项，杰出青年奖1人，优秀青年奖3人。上海大学教授陈伯时获得杰出贡献奖。颁奖仪式于11月13日在上海市以线上线下相结合的形式举办。

党建强会 组织开展党史专题学习。学会为秘书处全体员工采购《论中国共产党历史》《毛泽东 邓小平 江泽民 胡锦涛关于中国共产党历史论述摘编》《中国共产党简史》等相关书籍；组织全体员工观看庆祝中国共产党成立100周年大会并进行学习讨论；开展专题学习讨论，由学会党委书记为全体员工讲党课，学习习近平总书记"七一"重要讲话精神。

开展党史参观实践主题教育。组织秘书处全体党员、职工参观红色教育基地——张园、红色记忆——天津革命文物展，观看纪录片《奠基岁月》，并邀请相关党史专家讲授主题党课《和平区革命旧址与党史纵深的关系》。

梳理学会发展历史。指导学会秘书处收集整理学会相关历史资料，编写《中国电源学会发展史》，内容涉及自学会筹备成立以来的相关重要事件和活动310项、相关资料图片490余张。相关文稿已整理完毕，待最终审核后定稿发布。

开展“我为群众办实事”主题实践活动。指导开展线上交流、技术培训、青年交流等活动，满足广大科技工作者需求，解决科技工作者问题。

年内召开4次学会党委会议，全程参与学会换届工作，对相关方案、文件和人员名单进行审议把关，同时就学会年度工作报告、财务报告、工作计划、财务预算进行审核并提出意见，就学会年度重点项目和相关重大事项进行前置讨论，充分发挥学会党委政治引领和把关作用。

组织学会秘书处开展党的十九届六中全会精神、中国科协第十次全国代表大会精神宣传学习活动。

会员服务 根据中国科协统一部署，制订《中国电源学会2021年“全国科技工作者日”活动实施方案》，围绕“众心向党，自立自强”主题组织开展系列活动，包括组织全国科技工作者日专题活动——2021年新能源电能变换技术年会暨第二届青年学术论坛；举办科普写作在线讲座；组织第六届中国电源学会科学技术奖表彰发布暨优秀科技人员与成果专题宣传活动等。

2021年，学会遴选发布5位电源领域“最美科技工作者”（朱淼、杨树、吴红飞、梁琳、和巍巍），在电源领域开展集中学习宣传，引导和激励广大电源科技工作者学习最美、争当最美，为行业发展提升和服务国家需求贡献智慧力量。

【中国电源学会第九次全国会员代表大会】 11月13日，中国电源学会第九次全国会员代表大会在上海市召开。学会第九届理事会候选人、第二届监事会候选人以及各地区、各专业会员代表共201人出席会议。学会第八届理事会理事长徐德鸿主持会议。

会议选举产生学会新一届理事会、监事会。西安交通大学教授刘进军当选为学会新一届理事长，浙江大学教授徐德鸿当选为新一届监事会监事长并被授予学会名誉理事长。聘任张磊为秘书长。

会议同期召开常务理事党员大会和党委全体会议，选举产生第九届理事会党委，选举刘进军为党委书记，章进法为副书记，徐德鸿为纪检委员，邓建军、杜雄为委员。

【中国电源学会第二十四届学术年会暨展览会】 11月12—15日，中国电源学会第二十四届学术年会暨展览会以线上线下相结合的形式在上海市召开。来自电源学术界、产业界及政府部门的科研技术人员和领导参加大会，线上线下参会人数超过5000人次。

年会开幕前，组委会邀请国内外相关领域的知名专家开设12场专题讲座，内容涉及氮化镓功率器件、新型功率变换技术、新型电力系统和新型直流系统、光伏系统、无线电能传输技术、电力电子系统可靠性、多相组交流永磁电机系统控制等。

学会党委书记兼副理事长韩家新主持开幕式。大会主席、学会第八届理事会理事长、浙江大学教授徐德鸿致开幕词。会议技术程序委员会主席、浙江大学教授马皓介绍会议主要情况。

在大会报告环节，邀请美国国家工程院院士、中国工程院外籍院士、美国弗吉尼亚理工大学教授李泽元，清华大学教授赵争鸣等专家、学者进行大会报告。

会议期间，由学会与IEEE电力电子学会联合主办的2021首届International Power Electronics and Application Symposium（IEEE PEAS 2021）正式启幕，IEEE电力电子学会前主席、丹麦奥尔堡大学教授Frede Blaabjerg，瑞士苏黎世联邦理工学院教授Johann W.Kolar，华中科技大学教授袁小明，三菱电机集团博士Harufusa Kondo作大会报告。

大会同期举办展览会，共有88家电源及相关配套产品企业参加展览，为业界搭建交流平台。

（撰稿人：杨乃芬）

中国复合材料学会

服务创新型国家和社会建设 作为中国科协“科创中国”36家试点学会之一，学会持续推动促进泰安中研复合材料产业技术研究院科研成果转化，已开展工程化项目7项，并引进多家产业化公司，形成产业链优势互补。聚焦粤港澳大湾区等国家战略布局区域，举办中国（佛山）智能装备及复合材料学术与产业论坛暨展览会；聚焦长三角经济带，举办复合材料与绿色航空论坛暨中国复合材料学会复合材料结构力学学术沙龙，助推航空产业发展；助力西部发展，举办中国西宁碳纤维产业发展论坛，开办碳纤维复合材料高级研修班。“科创中国”系列活动有效链接产学研金用多方力量，加速科技成果转化应用，促进地方经济发展。

与安徽省铜陵市人民政府、青海省西宁市人民政府等单位合作，开展复合材料产业发展咨询建议及服务。组织哈尔滨工业大学、北京航空航天大学、东华大学、江南大学等高校以及中国航天科工集团第六研究院等科研院所的专家共商共研，先后赴安徽省铜陵市、江苏省盐城市和青海省西宁市实地调研对接，完成《西宁市碳纤维及其复合材料产业发展规划》《推动长三角地区航空航天用先进编织复合材料产业发展政策建议报告》等行业决策咨询报告，对培育地方经济新增长点、促进科技经济融合发展起到重要作用。同时对江苏省、广东省的复合材料产业进行调研并提出发展建议，通过参与全国复合材料产业领先地区的发展规划，辐射并带动全行业转型升级。

4月，学会“科创中国”专家服务团赴山东省威海市威海光威复合材料股份有限公司考察调研国产碳纤维及复合材料发展情况，并就碳纤维这一国家战略性新兴产业的重要核心材料的产学研用合作进行交流，对推动碳纤维复合材料的高质量发展起到积极作用。10月，学会“科创中国”专家服务团赴中复神鹰碳纤维西宁有限公司参观万吨碳纤维基地，并对国产碳纤维的发展进行交流与探讨，强化碳纤维复合材料行业产学研创新融合，促进资源协同下沉。12月13日，在广东省东莞市举办2021国际复合材料科技峰会暨第五届国际复合材料产业创新成果技术展览会，同期举办复合材料产业应用创新高峰论坛，召开2021年度中国复合材料行业趋势发展发布会，组织开展院士专家与广东省地方企业对接，发挥学会作为产学研用交流平台和桥梁纽带的作用，促进复合材料领域人才、技术、成果、资金等资源与地方需求的有效整合与对接。

举办第十五期全国复合材料工程技术继续教育培训班、碳纤维复合材料领域专业技术转化能力提升班，共培训复合材料应用型人才100余名。

2021年度，受理团体标准申请8项，立项7项，发布3项，在研5项。举办“团标小课堂”活动，对团体标准的定位、工作原则等进行培训讲解。

完成一批次职称评定工作，共评审出复合材料正高级工程师2人、高级工程师6人、工程师17人、助理工程师7人。

完成工程教育认证年度工作，审核2020年自评报告11份，通过5个专业；审核2021年材料类专业申请材料47份，通过22份；2021年共计安排13个专业进校考查，为复合材料学科的教育质量提供保障。

开展第六届“光威杯”中国复合材料学会大学生科技创新竞赛，来自91所高校的302支队伍参赛，参与人员1500余人。经评选，31支参赛队伍晋级，参加12月在广东省东莞市举办的总决赛。最终评选出特等奖1名、一等奖2名、二等奖7名、三等奖21名。

学会建设 学会召开中国复合材料学会第七届第十次、第十一次常务理事会。在第七届第十一次常务理事会上审议通过《中国复合材料学会换届方案》。

截至2021年年底，学会个人会员总数达15251人，其中高端人才数量较2020年同比增长8.2%。

2021年，学会电网工程复合材料专业委员会正式成立。

学会建成包括会员管理、分支机构管理、会议管理、展会管理、赛事管理、承能工作管理在内的一体化信息服务平台，实现会员需求即时处理、会议注册简洁高效、项目申报方便省时等功能。

办事机构实体“会员之家”规模扩大至300平方米，提供200册复合材料类专业图书供阅览，30余种复合材料结构、产品模型供参观、交流、研讨。

学会成为美国复合材料制造商协会全球复合材料联盟成员，将在复合材料回收、标准分享、教育培训方面开展活动。

学会秘书处进一步推进实体化、规范化、职业化建设，2021年开展职业技能培训5次，修订完善《数据库管理制度》《档案管理制度》《财务实施细则》等制度。

青年人才托举工程 学会完成2018—2020年度“青年人才托举工程”相关工作。截至2021年年底，推荐入选“青年人才托举工程”的青年人才数量达40人，其中推荐14名候选人入选第七届“青年人才托举工程”，并已通过中国科协公示。

主办期刊 2021年，《复合材料学报》（*Acta Materiae Compositae Sinica*）收稿量达1500篇，年刊载量同比提高近30%。中国科学信息技术研究所2021年发布的《2020年版中国科技期刊引证报告（核心版）自然科学卷》的期刊引证报告数据显示：《复合材料学报》2020年核心影响因子为1.209，比2019年增长23.1%；核心总被引频次为2982，位居材料学科期刊第二。

与Elsevier出版社合作开办的*Composites Communications*（《复合材料通信》）2020年影响因子为6.617，

比2019年增长34.6%。在SCI收录的复合材料类全球学术期刊中排名第五，比2020年上升两位。

学科发展工程 2021年，学会组织编写的“十三五”国家重点出版物“先进复合材料丛书”出版发行，由学会荣誉理事长、中国工程院院士杜善义担任丛书主编。系列丛书涵盖各类复合材料的最新技术、核心技术、发展态势，预测复合材料在产学研中的发展前景，建立技术研究与应用需求之间的发展路径，为广大企业和科研、教育等专业机构提供核心技术理论指导并确定发展方向与重点。该丛书获得学科专家和学者的高度认可。

面向行业细分及应用领域，发布《芳纶纤维行业发展报告》《新能源汽车、轨道交通用IGBT封装底板复合材料研究共性技术调研报告》等行业报告，支持、引导地方政府与行业企业科学规划产业发展。

国际学术会议 12月13日，由学会、广东省科协、东莞市人民政府联合主办的2021国际复合材料科技峰会在广东省东莞市举办。大会邀请中国工程院院士岳清瑞、俄罗斯自然科学院外籍院士陈光明、巴西科学院院士袁锦昀及近800名中外复合材料界的专家、学者与企业代表出席会议。会议同期召开复合材料产业应用创新高峰论坛暨2021年度中国复合材料行业趋势发布会，有效促进复合材料领域人才、技术、成果、资金等资源的深度整合与对接。

国内主要学术会议 2021年度，学会举办国内学术会议30余场次，参会人数2700余人次，交流论文、报告400余篇。会议主要包括第二届先进编织复合材料与航空航天论坛、2021陶瓷基复合材料应用技术峰会、第七届中国国际风电复合材料高峰论坛、空天动力复合材料及应用专业委员会2021年度学术会议、第八届全国交通运输领域复合材料科技会议、复合材料与绿色航空论坛暨中国复合材料学会复合材料结构力学学术沙龙、新材料企业科技联合体“融合创新 开放发展”品牌活动暨新型陶瓷技术研讨会等学术会议及青年沙龙活动。

6月4—5日，学会与江南大学在江苏省无锡市联合举办先进编织复合材料与航空航天论坛，来自长三角地区复合材料、纺织领域的专家、学者、企业高管、高校教师以及科技工作者代表共197人参加。学会专家与地方相关单位领导出席活动，江南大学党委常委、副校长顾正彪，学会常务副秘书长叶金蕊，无锡市科协党组书记、主席陈晓华致开幕词。来自北京航空航天大学、中国航空制造技术研究院、中国航天科工运载技术研究院等主要科研机构的10位专家围绕先进编织复合材料在航空航天领域的应用进行主题报告。论坛同期开设青年论坛、先进编织复合材料成型与检测论坛两个学术交流分论坛。

12月11日，学会与中国颗粒学会联合主办2021陶瓷基复合材料应用技术峰会暨中国复合材料学会陶瓷基复合材料分会2021年度学术交流会。峰会采取线上线下相结合的形式召开，线下设有1个主会场和4个分会场。中国工程院院士、武汉理工大学教授张联盟，中国工程院院士、西北工业大学学术委员会副主任李贺军，世界陶瓷科学院院士、中国科学院金属研究所高性能陶瓷材料研究部副主任王京阳领衔报告。来自国内主要高校和科研院所的16位陶瓷基领域专家围绕陶瓷基复合材料原材料研究、结构设计、成型工艺、性能测试等方面进行专题交流，各地专家、学者通过线上线下积极参与研讨。

国际组织任职 推荐学会通讯理事、国际合作委员会副主任委员、美国西弗吉尼亚大学教授梁瑞凤担任 *Sustainable Structures* 期刊的美洲区主编。

国际交往 学会与哈尔滨工业大学航天学院复合材料与结构研究所共同举办力学及复合材料国际暑期学校，开展超材料、热塑性复合材料专题讲座。香港青年科学院院士王钻开、欧洲科学院院士李保文、欧洲科学与艺术院院士Gilles Lubineau等18位科学家为来自美国、英国、法国、德国、意大利、西班牙、澳大利亚、新西兰、俄罗斯、日本、新加坡、中国香港特别行政区和澳门特别行政区的5000余名学者举办18场讲座。

2021年，组织会员参加美国普渡大学复合材料设计与制造中心主办的全球“复合材料过去、现在与未来”世界著名专家高端网络讲坛8次。

科普活动 5月，学会与中国科普研究所共同主办“前沿新材・料定未来”科普讲座活动。以热点新闻“天问一号”成功执行任务为契机，讲述防热复合材料、结构复合材料、形状记忆复合材料等复合材料家族成员的主要特点。此次活动采用线下线上相结合的方式，线下参加人数近100人，在线观看人数近1000人。

针对“双碳”目标和新冠肺炎疫情常态化的新形势，开展科普、科学辟谣。3月，组织开展“复合材料行业如何助力我国‘碳达峰碳中和’的实现”主题活动，倡议广大科技工作者从清洁能源开发、航空航天轻量化技术攻克、轨道交通及运输领域减重降耗、使用绿色复合材料以及日常生活中低碳出行五个方面着手，助力“双碳”目标的实现。发布“新冠肺炎疫情常态化防控从我做起”倡议书，组织动员复合材料及相关各方人士贯彻落实中央重大决策部署，打赢防疫攻坚战。在应急科普方面，倡导会员结合自身专业知识提供文稿，在信息平台发布疫情防控及科学应对相关文章5篇。

9月，全国科普日期间，在学会官网、微信公众号等信息平台发布科普文章20篇，介绍最新复合材料学科与产业进展。

12月，在广东省东莞市举办的第五届国际复合材料产业创新成果技术展览会上设置科普展区，展示最新应用于航空航天、体育器材、交通运输等领域的复合材料样品，并发放科普书籍与宣传品1000余册。

2021年度编辑发布《复材新动向》季刊4期，从政策动态、产学研资讯、最新发布实施的标准、国内外新技术新装备新动向等方面向会员展示行业动态，收录《天然纤维复合材料》《复材材料的回收与再利用》等科普文章14篇，以及《杜善义院士谈复合材料行业的“双碳”之路》等以我国“双碳”目标为话题的科普文章2篇，共赠阅近2万册。

学会获科技工作者之家2021年度科技志愿服务积极组织科普活动及科技内容传播最具影响力组织称号。

表彰举荐优秀科技工作者 2021年度，共评出中国复合材料学会科学技术奖一等奖1项、二等奖7项，优秀博士学位论文5篇，优秀博士学位论文提名奖5篇。

完成第十四届光华工程科技奖提名人选推荐工作。

党建强会 学会理事会党委前置审议学会换届工作方案，统筹规划建党百年“学思践悟”系列特色活动。开设“党史连连看”专栏，发布学习内容40余篇；组织学会理事长、中国工程院院士陈祥宝等专家讲党课，获中国科协连续两月上榜学会；观红色电影《八子》，重访红色革命基地嘉兴南湖景区，集中学习习近平总书记重要讲话精神等共10余次。

会员服务 学会不断扩大科技工作者的联系面和服务面，初步建立会员职业生涯跟踪服务体系，针对会员不同成长阶段的需求，开展表彰奖励、人才举荐、学术交流、期刊订阅、科研成果孵化等服务。

实体会员之家软硬件同步升级，年度共举办耐高温结构树脂基复合材料及应用高端青年沙龙、青托沙龙等活动40余场，参与会员600余人次。

建成学会数字一体化系统，提高会员服务水平。在微信群建立“行业简讯”“招贤聚材”栏目，收集简讯动态与人才需求，每日在行业微信群发送。

【2021国际复合材料科技峰会】 12月13日，由学会主办的2021国际复合材料科技峰会在广东省东莞市召开。学会理事长、中国工程院院士陈祥宝视频致辞。广东省科协党组书记、专职副主席郑庆顺，东莞市人民政府有关领导出席开幕式并致辞。学会常务副秘书长叶金蕊主持开幕式。

峰会采取线上线下相结合的方式，参加线下开幕式、大会报告及产业论坛的专家、学者与企业代表约800人。大会围绕“新理念、新态势、新动向”设置1个主会场、10个主题学术特邀分会场、2个特色论坛。邀请学会副理事长、中国科学院院士冷劲松，学会副理事长、西北工业大学教授成来飞，北京大学教授段慧玲，南方科技大学教授陈建飞等行业专家作大会特邀报告。

12月17—18日，10个主题学术特邀分会场采用线上方式召开，共设置100余场专题报告，参与人数达3000余人次，共论复合材料技术、产业、研究前沿以及未来发展方向。

同期举办第五届国际复合材料产业创新成果技术展览会，40余家企事业单位展示创新成果与技术。会议期间还召开2021年中国复合材料学会青年科学家论坛暨青年工作委员会委员调整会议、复合材料产业应用创新高峰论坛暨2021年度中国复合材料行业趋势发布会。

【第八届全国交通运输领域复合材料科技会议】 5月8—10日，由学会与桐乡市人民政府联合主办的第八届全国交通运输领域复合材料科技会议在浙江省桐乡市召开。俄罗斯工程院外籍院士、浙江清华长三角军民协同创新研究院（嘉兴）院长荣毅超，以及学会专家与地方相关单位领导出席活动。桐乡市委有关领导同志在开幕式上致辞，大会开幕式由学会常务副秘书长叶金蕊主持。

大会设置1个主会场、4个分会场，分别就复合材料在航空航天、轨道交通、汽车、海洋船舶四个领域的前沿技术研究及创新技术应用进行交流探讨。来自全国各地复合材料领域的行业专家以及科研机构、行业龙头企业相关人员近400人参加会议。会议同时设置创新企业展示、企业参观考察活动，加强科技创新、深化交流合作。其间，学会与桐乡市人民政府签订战略合作意向书，持续增强双方合作。

（撰稿人：叶金蕊　赵　峥　张志皓　刘会平）

中国消防协会

服务创新型国家和社会建设　协会推进团体标准建设工作，2021年收到申请立项材料42部，已经审查和批准立项25部；12部已经通过送审稿审查，进入报批阶段；6部标准已公开发布，并在全国团体标准信息平台完成备案，其中2部标准已经正式出版印刷。

8月17日，协会组织召开《消防救援队伍洗衣房管理及洗消技术规程》等4部团体标准立项审查会，来自消防救援机构、科研院所、行业协会及相关企业的11名专家组成审查专家组，应急管理部天津消防研究所研究员刘连喜任组长。专家组审阅4部标准立项申请材料，同意《消防救援模拟演练系统技术要求　第1部分　总则》立项，《消防救援队伍洗衣房管理及洗消技术规程》与《消防救援队伍个人防护装备用洗涤试剂及三防整理剂》整合并修改名称后立项，《旋转自动喷水灭火装置》暂缓立项。

推动行业信用建设，开展2021年度第十二批消防行业信用等级评价工作。获信企业可以在企业宣传材料、媒体、产品销售、工程投标、产品铭牌、产品包装、产品说明书、产品合格证等方面使用企业信用等级评价标识，部分地区及有关机构在招投标等工作中已采用协会消防企业信用等级评价结果。

2月26日，召开“锂离子电池火灾防控关键技术及应用”项目科技成果鉴定会。项目成果由中国科学技术大学、南方电网调峰调频发电有限公司、合肥国轩高科动力能源有限公司、中国计量大学、安徽中科中涣防务装备技术有限公司五家单位合作完成。会议推荐中国工程院院士、清华大学教授范维澄担任主任委员，中国科学院院士、南京航天航空大学教授宣益民担任副主任委员。项目提出“本体安全、过程安全、消防安全”的三道防线创新思路，在锂离子电池阻燃电解液与磷酸铁锂正极材料本质安全、多信息融合的多级预警技术、模组热失控阻隔及灭火抗复燃技术等方面处于国际领先水平。

2021年，协会开办两期“单位消防安全评估”标准宣贯培训班。7月24—25日，在北京举办第一期“单位消防安全评估”标准宣贯培训会。来自全国各消防协会、消防技术服务机构的100余人参加宣贯会。会议结束后，对培训合格的人员颁发培训证书。7月31日—8月1日举办第二期“单位消防安全评估”标准宣贯培训会。来自全国各地的消防技术服务机构技术负责人、项目负责人以及有关省、市消防协会的技术人员共计110余人参加培训。特邀专家宣讲《单位消防安全评估》（XF/T 3005—2020）、《人员密集场所消防安全评估导则》（XF/T 1369—2016）、《火灾高危单位消防安全评估导则》等标准。

全年帮助消防行业进行职业化培训万余人次，组织开展各类科普宣传活动，受众200万余人次；举办中国消防员沙龙，为参观展会的各类消防救援人员提供面对面交流的机会，累计注册和到场的专业观众达300余人。

学会建设　加强协会建设。2021年累计报送要闻信息46篇，接收各级文件502份；11月2日，召开协会第七次全国会员代表大会，完成理事会换届工作；修订《中国消防协会章程》《中国消防协会会员管理办法》等文件，调整内设机构，健全制度，规范管理；筹建中国消防协会专家委员会，制订专家征集方案，拟定《中国消防协会专家委员会管理办法》；指导3个专业委员会完成换届工作；指导各分支机构召开工作会议和学术研讨会51次、编辑出版书籍论文集6部，参与、协助制订行业标准、管理规定26项，参与消防技术性工作122次。

青年人才托举工程　协会完成《中国科协青年人才托举工程项目申报书》网上申报工作。推荐的两名青年科技工作者张晓磊、高威入选第六届中国科协“青年人才托举工程”项目资助名单。

学科发展工程　汇集应急消防队伍、科研院所、高等院校等优秀消防科技工作者和项目。在学科方向预测和消防科技前沿热点追踪方面，联合相关科研院所、高等院校及企业单位组织开展相关研讨交流及实践应用。

国内主要学术会议　6月4日，由协会主办、上海市消防协会协办、上海凯泉泵业（集团）有限公司承办的2021年中国消防水系统与物联网技术高峰论坛在上海市召开。论坛邀请10位行业专家作主题演讲，30多位省级消防协会领导、近百名消防水系统设计师、300 多名行业人才参加。

10 月 13 日，以“智领消防，惠普社会”为主题的 2021 中国国际消防设备技术交流展览会暨智慧消防生态建设高峰论坛在北京开幕。大会邀请消防应急救援相关政府职能机构、消防领域的专家、学者及互联网、云计算、大数据服务提供商近 500 人参会，围绕智慧消防生态建设解决方案提出建设性意见和建议。华为技术有限公司应急系统部消防领域高级解决方案架构师梁旭、清华大学公共安全研究院副教授疏学明等 13 位国内权威专家展开深度探讨和前景展望。论坛期间还举办智慧消防生态建设高峰论坛——技术圆桌多方对话，邀请 8 名国内消防专家参与现场交流。

国际组织任职　协会会长陈伟明在国际消防协会联盟任执委，并在国际消防协会联盟亚洲分会任副主席，带领中国消防协会积极参与国际消防协会联盟开展的各项工作，扩大中国消防的国际影响力。

国际交往　2021 年，协会会长陈伟明作为国际消防协会联盟执委及其亚洲分会副主席，参加 3 次国际消防协会联盟大会及亚洲分会执委会线上视频会议，重点讨论并确定联盟今后的发展规划及转型方向。

科普活动　2021 年，协会开展全国性“科技活动周”消防科普教育活动。举办线上线下活动 500 余场，受众约 10 万人次；在中央电视台 CCTV-1 综合频道《生活圈》播放消防科普作品《疫情防控时期居家生活消防安全提示》；举办 2021 年全国优秀消防科普宣传教育作品评选大赛，收到投稿作品 805 份；举办 6 期全国消防安全知识网络大赛，参与人数近 50 万人次，获奖人数超过 6700 人次；开展“消防科学云讲堂”，通过 B 站平台以直播方式播出 9 期节目，在线人数最高时达 1.4 万人次。

表彰举荐优秀科技工作者　协会开展 2021 年中国消防协会优秀博士学位论文评选工作，组织专家评选出 15 篇优秀博士论文；推荐胡源为 2021 年中国科学院院士、中国工程院院士候选人；按照中国科协要求，完成第十四届光华工程科技奖候选人提名工作；完成第十一届中国消防协会科学技术创新奖评审工作，对 150 篇获奖论文予以表彰，并编入《中国消防协会科学技术年会论文集》。

党建强会　协会加强党的政治建设，保持正确方向不动摇。12 月，改选新一届理事会党委，严格落实协会“三重一大”制度，全年组织召开党委会议 6 次，审议重大事项 16 件。结合党史学习教育，全年组织集中学习、自主学习 20 余次；组织赴石家庄平山县西柏坡景区、中国共产党历史展览馆及观看爱国影片等参观见学活动 6 次，报送总结报告 10 余份。加强廉政教育，抓好党风廉政建设，完善协会章程及相关制度，严守政治纪律和政治规矩，严格遵守中央关于退休领导干部在协会兼职的有关要求，按规矩办事，保证风清气正。

参加由中国科协举办的“百年党史　百家学会”党史知识竞赛，获得优秀组织奖。

会员服务　2021 年，协会新增单位会员 187 家，新增个人会员 526 人。建立会员信息数据库，设立“会员之家”网站，免费为会员宣传和发布企业新闻、产品介绍、学术成果；组织单位会员参加两年一届的国际消防设备技术交流展览会，为参展会员单位减免费用；开展 2021 年度第十二批消防行业信用等级评价工作，加强行业自律；强化会员服务管理，加强与广大会员和消防科技工作者的密切联系，倾听消防科技工作者的意见、呼声，维护消防科技工作者的合法权益，努力为会员搭平台、解难题。

【中国消防协会第七次全国会员代表大会】 11 月 2 日，中国消防协会第七次全国会员代表大会在北京召开。应急管理部消防救援局总工程师周天，协会会长陈伟明、副会长李引擎、秘书长曹忙根，公安部原消防局副局长牛跃光、马维光等领导在主会场出席会议，其余 170 余名专家、学者通过视频参加会议。会上，周天致辞，陈伟明代表协会作第六届理事会工作报告，马维光作第六届理事会财务报告，李引擎作《中国消防协会章程》修改说明，曹忙根作《会费标准及缴纳办法》说明并宣读中央和国家机关工委《关于中国消防协会第七届理事会负责人候选人的通知》。会议选举产生中国消防协会第七届理事会和第一届监事会，陈伟明当选为第七届理事会会长，李引擎、牛跃光、马维光、曹忙根当选为副会长，曹忙根兼任秘书长，吴礼龙为第一届监事会监事长。会议通过《中国消防协会第六届理事会工作报告》《中国消防协会章程》及《中国消防协会会费标准及缴纳办法》三项决议。

【2021 中国国际消防设备技术交流展览会】 经商务部批准，10 月 12—15 日，由中国消防协会主办的 2021 中国国际消防设备技术交流展览会在北京召开，同期还举办智慧消防生态建设高峰论坛、大型石油化工储罐灭火及救援技术高峰论坛两场公益性学术交流

活动，组织开展创新产品技术评审、新型消防技术装备现场演示、蓝天救援队训练演练表演等活动。此届展会共有 867 家展商参加，各类展位近 7000 个，展览总面积 13 万平方米，观众达 12 万人次。国家综合性消防救援队伍、森林消防队伍、消防科研机构、省市级消防协会、相关学会协会和科研院所、消防企业以及与消防行业有关的单位都派出专业人士参观展览。部分地方政府、应急管理、住房城乡建设等部门以及美国、法国等驻华使馆也派员参观展会。

（撰稿人：刘春利　曲　毅）

中国图象图形学学会

服务创新型国家和社会建设　9 月 27—29 日，学会与汉诺威米兰展览（上海）有限公司共同主办的华南国际机器视觉及工业应用展览会在广东省深圳市举办，展位面积约 1100 平方米，参展企业 70 余家，近 1 万人次参观。随展举办 CSIG（中国图象图形学学会）视觉前沿技术与应用研讨会，为学术界和产业界搭建交流平台，为推动图象图形领域产学研用融合互通提供助力。

学会开展科技成果评价和国家标准研究工作。完成科技成果评价 8 项，有力推动图象图形领域科技成果转化应用。制订《虚拟现实工程技术人员》国家职业技术技能标准。

举办 2021 年 CSIG 图象图形技术挑战赛，充分发挥专家优势和组织优势，搭建学术界与产业界之间的沟通桥梁，助推企业创新发展，来自国内外高校、科研机构、企业的 1820 支队伍参赛。开展 CSIG 电子信息产业岗位骨干人才培训班 1 场，培训人数 120 人次。

在百度、海康威视、中车株洲电力机车研究所举办 4 场“CSIG 企业行”系列活动，依托学会专家专业技术优势，为企业与高校搭建合作桥梁，促进知识流动与技术转移。

学会建设　2021 年，学会第八届理事会召开理事会议 1 次、监事会议 2 次、常务理事会议 7 次、理事长会议 4 次。

坚持以制度建设为依托，推动内部治理规范化，2021 年修订《中国图象图形学学会会员条例》《中国图象图形学学会专业委员会条例》《中国图象图形学学会专业委员会评估办法》等条例。

新增情感计算与理解专业委员会、类脑视觉专业委员会、图像智能边缘计算专业委员会和竞赛与培训工作委员会，学会下属分支机构增至 42 个，其中专业委员会 29 个、工作委员会 13 个。

青年人才托举工程　通过多渠道推荐、同行专家评议的方式开展人才遴选和培养。2021 年，学会推荐 2 人入选第七届中国科协“青年人才托举工程”项目。截至 2021 年年底，共有 13 名优秀青年入选中国科协“青年人才托举工程”项目。

2021 年，学会推荐 5 人入选北京市科学技术协会 2022—2024 年度“青年人才托举工程”项目。

学会举办青托沙龙、青托座谈会等系列活动，推动青年人才工作的开展。

主办期刊　《中国图象图形学报》入选首届“方正电子”杯中国期刊设计艺术周“优秀封面设计”，策划“自动驾驶技术与应用”“图象图形学发展年度报告”“高光谱图像处理与应用”“深度学习和智慧医疗”“电力视觉前沿技术”等重大选题。

学科发展工程　2021 年，学会完成 16 篇图象图形学发展年度报告的编写工作，详细梳理学科发展脉络，全面展示学科最新进展及热点趋势。

国际学术会议　2021 年，学会组织国际会议 10 次，主要包括第十一届国际图象图形学学术会议、7 期可视化与可视分析国际学术报告和 2 期 CSIG 图象图形技术国际在线研讨会。

10 月 23 日、12 月 20 日，由中国图象图形学学会主办、学会国际合作与交流工作委员会承办 CSIG 图象图形技术国际在线研讨会系列活动 2 期，旨在进一步推动计算机图象图形技术的发展，加强国际本领域内青年科学家之间的交流。

国内主要学术会议　2021 年，学会及分支机构共举办国内学术会议 150 余次，交流论文 475 篇。

6 月 11—13 日，由中国图象图形学学会主办、学会三维视觉专业委员会和厦门大学联合承办的第一届中国三维视觉大会在福建省厦门市召开。会议围绕三维计算机视觉展开，来自全国 170 所高校、科研院所和企业的 500 余名专家、学者参加会议。大会设置 4 场主旨报告，19 场特邀报告、大会报告和企业报告，24 场 3DV 面对面活动，展示 58 个学术海报。会议旨在推动三维视觉理论、技术与应用的发展，助力三维视觉人才的成长，促进三维视觉技术的产业化落地。

7 月 24—27 日，由中国图象图形学学会主办，学会可视化与可视分析专业委员会、中国地质大学（武汉）、武汉大学、华中科技大学等联合承办的第八届中国可视化与可视分析大会在湖北省武汉市召开，来自全国140余所高校、科研院所和企业的730余名专家、学者参加会议。会议主题为“探寻真谛、可视创新”，设置2个大会特邀报告、2个圆桌论坛、2个课程、中日国际论坛、博士生论坛、15场专题报告。会议探讨可视化前沿技术及其应用，促进中国可视化与可视分析领域产学研用协同发展新生态的形成，不断提升国际影响力、思想创造力、战略支撑力，广泛服务国家战略和社会发展。

10月17—20日，由中国图象图形学学会、中国仿真学会和中国计算机学会联合主办的第二十一届中国虚拟现实大会在江西省南昌市召开。会议主题为“产学融合共促虚拟现实发展”，设置6场特邀报告、8场主题论坛、1场年度进展报告、4场学术论文交流报告、4场会前课程以及VR之夜、博士生论坛、大咖面对面、墙报与演示等学术交流活动。同期举办2021年中国虚拟现实大赛。

12月4日，由中国图象图形学学会主办、学会多媒体专业委员会和成像探测与感知专业委员会承办、安徽省人工智能学会等协办的CSIG多媒体计算学术会议在安徽省合肥市召开。会议采取线上线下相结合的方式进行，共590余人在线观看直播。会议主题为“生理心理多模态计算”，探讨生理心理多模态信息处理及其与多媒体交叉方向的学术动态、发展趋势、热点问题，共享研究成果，推动相关研究与应用的发展与进步，促进人才培养质量提升。

12月19—21日，由中国图象图形学学会、中国人工智能学会、中国计算机学会和中国自动化学会联合主办的第四届中国模式识别与计算机视觉大会在广东省珠海市召开。会议采取线上线下相结合的方式进行，来自国内外高校、科研院所和企业的代表400余人参加现场会议，近2万人次在线观看。会议设置5场主旨报告、6场特邀报告、12场专题论坛、4场讲习班、4个竞赛报告会、6个企业讲坛。收录论文201篇，其中，口头报告论文30篇、墙报论文171篇。会议探讨模式识别与计算机视觉领域的最新理论和技术成果，共享发展经验，践行发展战略，着力打造国际化交流与合作的平台，推动领域迈向“创新、融合”的发展之道。

国际交往 学会积极搭建国际交流桥梁，深入推进“一带一路”沿线国家科技人文交流合作，已与哥伦比亚计算机学会、哥伦比亚系统工程师协会、巴西计算机学会等组织达成战略合作，搭建国际合作平台。同时，学会创办CSIG图象图形技术国际在线系列研讨会、可视化国际学术系列报告等国际学术交流活动，从而畅通中外科技工作者交流交往渠道，推动建立开放信任团结的科技共同体。

科普活动 2021年，学会积极参与中国科协主办的全国科技活动周、全国科普日系列科普活动，通过“科普中国”平台推进科普新闻传播。在全国科普日期间，围绕“百年再出发，迈向高水平科技自立自强”主题开展“云上科普”讲座、多模态医学影像知多少科普活动走进社区等多项活动，均被评为“全国科普日优秀活动”。

以专业委员会为依托，从动画、图像视频等领域开展数十场科普系列讲座，向全国广大青少年普及科学知识、传播科学思想、弘扬科学精神，累计受众近万人次。

表彰举荐优秀科技工作者 学会组织推荐2021年“最美科技工作者”候选人1名；组织推荐第十四届光华工程科技奖候选人1名。

党建强会 学会党委发挥政治引领作用，召开党委会议4次，落实学会“三重一大”事项前置审议制度。开展党的十九届五中、六中全会精神，习近平总书记“七一”重要讲话精神，党史学习教育等专题学习8次。建立完善的工作机制，成立分支机构党的工作小组6个。

会员服务 学会组织全国科技工作者日和“CSIG会员日”等活动，大力宣传科技工作者先进事迹，展现科技工作者风采。2021年，学会吸纳多家图象图形领域机构成为会员，为实现全国范围内会员服务升级打好基础，并在湖南省株洲市成立第一家区域性会员服务中心，为学会会员服务、产学研融合提供新的平台和新的渠道。

进一步健全会员体系，开展高级会员和会士评选工作，授予学会高级会员称号49名、会士17名。

【第十一届国际图象图形学学术会议】 12月26—28日，由中国图象图形学学会主办、海南大学承办、南京理工大学协办的第十一届国际图象图形学学术会议在海南省海口市召开，来自国内外的500余名专家、学者参加会议。会议设置4个特邀报告、2个讲习班、7个专题论坛；收录论文198篇，其中口头报告论文31篇、墙报论文167篇。

会议邀请北京大学教授林宙辰、电子科技大学教授申恒涛、伦敦大学教授 Niloy J. Mitra、美国卡内基·梅隆大学教授朱俊彦分别作大会报告。

【CSIG 图象图形高峰论坛】 3 月 27 日，由中国图象图形学学会主办，广西大学承办，学会脑图谱专业委员会、视频图像与安全专业委员会、动画与数字娱乐专业委员会协办的第一届 CSIG 图象图形高峰论坛在广西壮族自治区南宁市召开，来自高校、科研院所和企业的 60 余名专家、学者参加会议。论坛主题为“脑科学与图象图形”，设置 1 个主论坛、2 个分论坛。

5 月 22 日，由学会主办，湖南大学承办，湖南大学电气与信息工程学院、机器人视觉感知与控制技术国家工程实验室协办的第二届 CSIG 图象图形高峰论坛在湖南省长沙市召开，来自高校、科研院所和企业的 60 余名专家、学者参加会议。论坛主题为“智能机器视觉信息处理与理解”。

论坛旨在围绕图象图形领域的国家重大需求和规划，邀请专家作引导性发言并展开探讨，为领域专家搭建交流平台，推动学科发展。

【2021 中国图象图形学学会青年科学家会议】 12 月 11—13 日，由学会主办、学会青年工作委员会承办的 2021 中国图象图形学学会青年科学家会议在线上召开，会议期间举办 CSIG 菁英青云论坛和 CSIG 青托沙龙。

会议安排 26 个学术报告，介绍图象图形领域发展的现状、存在的问题、未来的方向，展示最新研究成果。

（撰稿人：骆岩峰　黄英英　洪　淼）

中国人工智能学会

服务创新型国家和社会建设　2021 年，学会承接“科技冬奥”专项“严寒条件下临时设施智能物联监测及预警关键技术”，用可视化智能物联运维平台来提供安全保障；承担“冬奥多语种语言服务关键支撑技术及设备”项目，实现跨国籍无障碍交流；搭建“数字沉浸时空仓”，用数字技术讲述冬奥“中国故事”。

学会对“5G 网络智能化系统研发与产业规模化应用”“城市污水处理出水水质智能特征检测技术及应用”等 22 项行业科技成果开展鉴定评价工作。

举办专业技术人才培训班 5 次，培训人数 400 余人次，完成“2021 年工程师资格国际互认项目”。

11 月 10—14 日，学会承接并完成人力资源社会保障部高级研修项目——人工智能领域专业技术转移转化能力提升班，13 名专家作报告，140 余名学员参加研修学习。

学会组建人工智能产业科技专家服务团，由清华大学、北京邮电大学牵头，服务团共有 20 名院士在内的 80 名专家深入“科创中国”试点城市四川省成都市、陕西省西安市等地开展企业走访调研和对接服务活动，成立科创中国·人工智能会地联合创新中心，举办系列产学研学术交流活动。

学会建设　2021 年是学会成立 40 周年，本年度新发展会士 14 人、高级会员 9 人、普通会员 11518 人，会员总数达 53270 人，单位会员总数 531 个；分支机构换届 10 个，新成立 2 个。学会完善会议制度，规范召开理事会议、常务理事会议和监事会议。加强专业委员会工作规范化和标准化，组织工作委员会实行委员和专业委员会一对一服务机制。编写《中国人工智能学会专委会换届工作常见问题及解答》文件。

经学会组织工作委员会考核评估，9 个专业委员会被评定为 2021 年度中国人工智能学会优秀专业委员会。

青年人才托举工程　9 月 3 日，学会在北京举办中国人工智能学会 AI 基础研究青托学术沙龙。10 月 12—13 日，在四川省成都市举办人工智能核心技术攻坚青年科学家沙龙。12 月 16 日，在北京举办第七届（2021—2023 年度）青年人才托举工程答辩评审会，学会推荐的 2 名青年人才获得中国科协资助，6 人获得自筹资金资助。

主办期刊　10 月 7 日，《智能技术学报》（*CAAI Transactions on Intelligence Technology*）被 SCIE 收录。《智能系统学报》影响因子为 2.542，在 141 种同类期刊中排名第 12。学会新创刊的 *CAAI Transactions on Artificial Intelligence* 获得“中国科技期刊卓越行动计划”支持。

学科发展工程　6 月 6 日，第六届全国高校人工智能学院院长 / 系主任论坛在浙江省杭州市举办，16 名高校专家、企业管理者对多学科建设、发展、交叉、融合进行讨论，180 名与会人员进行交流。

12 月，学会组织 50 名专家与中国电子学会联合完成中国科协学科发展系列报告《智能科学与技术学科发展报告》。

学会承接中国科协“人工智能顶尖科技人才培养

高层次研讨会项目”，针对研讨的核心内容形成报告，并提交中国科协科学技术创新部，被中国科协科学技术创新部授予“2021年度学术成果凝练优秀学会”称号。

国际学术会议 2021年，学会主办国际会议21次，线下参加人员12276人，来自中国、美国、加拿大、英国等国的专家、学者交流论文和报告1975篇，会议主题报告进行网络直播，线上观看人数累计119万人次。

6月5—6日，由中国人工智能学会、杭州市人民政府共同主办的2021全球人工智能技术大会在浙江省杭州市召开，会议主题为“交叉、融合、相生、共赢”。包括31位中外院士在内的260位海内外专家、学者参加会议，1306万人次于线上参会。会议同期举办首届全球人工智能技术创新大赛及全球人工智能技术博览会以及CAAI国际人工智能会议，聚焦机器学习、计算机视觉、人工智能交叉应用进行交流。

11月7—8日，由学会联合IEEE北京分会主办的第七届IEEE云计算与智能系统国际会议以线上会议形式召开，会议交流论文和报告99篇。

国内主要学术会议 2021年，学会主办学术交流活动128次，线下参会人数50273人次，交流论文和学术报告2864篇，会议报告进行网络直播，线上观看人数累计30892万人次。

6月6日，由学会主办的第六届全国高校人工智能学院院长/系主任论坛在浙江省杭州市召开，16名高校专家、企业管理者分享报告，对多学科交叉、科教融合和产教融合进行讨论。

7月20—21日，由学会主办的2021全国中小学人工智能教育大会在北京召开。来自人工智能领域的专家、教授、中小学校校长和教师分享中小学在人工智能普及教育上的经验和举措。大会设置“前沿论坛”“校长论坛”“院长论坛”“人工智能教育教研先锋论坛”四个论坛以及三个圆桌对话。

10月8—10日，由学会和中国图象图形学学会主办的2021年度视觉与学习青年学者研讨会在浙江省杭州市召开。来自计算机视觉领域的5000余名专家、高校青年学者、人工智能企业代表等参加会议。大会邀请100多位视觉领域的专家和企业代表进行视觉领域的前沿技术分享，吸引包括华为、百度、腾讯、海康、OPPO、商汤等多家业内领先的科技企业到场参展。

10月12—13日，由学会主办的2021中国人工智能大会在四川省成都市召开，会议主题为“智启非凡”。110名人工智能领域的专家、学者分享研究成果和产业思考。

科普活动 2021年，学会主办科普论坛、科普讲座、科普竞赛140场，制作科普视频22个，受众136.4万人次，组织科普工作志愿者2086人次参加活动。

1—6月，学会开展首届全球人工智能技术创新大赛，来自528所中国高校和136所海外高校的15065名选手报名参赛，13923支参赛队伍进行比赛。经评审，最终评选出一等奖3名、二等奖7名、三等奖10名，颁奖仪式在2021全球人工智能技术大会上举办。

11月13—20日，学会联合城乡统筹发展研究中心主办2021全国中小学信息技术创新与实践大赛。经地方赛评选推荐，5488支队伍的7986名选手参加全国比赛，最终评选出一等奖647名。

学会在官方微信推出“AI科普微视频”栏目，以每期3分钟短视频形式普及人工智能知识，首期共100集，已推出22集，在科普中国云、学会官方网站、微博、抖音、视频号、今日头条等多个媒体平台传播，点击量超14万人次。同时，对CAAI云课堂、CAAI云论坛等科普活动进行精简提炼、剪辑整合，通过以上多媒体平台进行宣传。

12月28日，学会被中国科协科学技术普及部评为“2021年度全国学会科普工作优秀单位”。

表彰举荐优秀科技工作者 2021年，学会向中国科协推荐3名中国科学院院士、中国工程院院士候选人，其中1人入围中国科协推荐名单。

4月27日，启动学会第二届优秀科技工作者风采及成果评选。13名科技工作者被评为“2021年度中国人工智能学会优秀科技工作者”，6项科技成果被评为“2021年度中国人工智能学会优秀科技成果”。

2021年度吴文俊人工智能科学技术奖共评选出人物奖19名，成果奖34项，优秀博士学位论文奖9篇，优秀博士学位论文提名奖4篇。

党建强会 2021年，学会贯彻落实《科协系统开展党史学习教育工作方案》，在学会官网、官方微信、头条号、网易号平台设立“党建强会”“党史学习专栏”，累计发布相关文章100篇，总阅读数突破7.2万人次。组织党员、会员在线观看“七一勋章”颁授仪式、庆祝中国共产党成立100周年大会、两院院士大会以及系列党史学习等20余次直播会议。学会党委委员孙富春朗诵的诗歌《百年征程》在中国科协“千秋伟业　百年风华——科技工作者心向党”系列音频制作活动中播放；学会党委委员、研究员刘成林做客CAAI云党课，展现学会党建强会工作价值。学会分支机构新成立功能型党建工作小组18个，累计32个。组织功能型党建小组参观毛泽东同志故居、渡江战役纪念馆等，走过延安、韶山、合肥、厦门等红色革命基地。

会员服务　2021年，学会会员服务工作委员会编制《中国人工智能学会会员手册》，完善会员管理办法，保障会员权益。修订《中国人工智能学会会士评定工作办法》，保证评审程序规范、公平公正。

全年向会员推送电子样刊19万份，进行学会期刊精准化传播。学会数字图书馆面向会员免费下载、观看。

【2021全球人工智能技术大会】　6月5—6日，由中国科协、中国科学院、中国工程院、浙江省人民政府指导，学会、杭州市人民政府主办的2021全球人工智能技术大会在浙江省杭州市召开。中国科学院院士吴朝晖、管晓宏、姚建铨，中国工程院院士戴琼海、李德毅、赵春江，浙江省政协副主席周国辉、杭州市市长刘忻等出席会议。大会共组织8场主旨报告、1场尖峰对话、22场专题论坛、4场同期活动。来自人工智能各领域的260名专家、学者分享最新成果和趋势观点，展开探讨交流，1306万人次通过云端参会。

美国国家科学院院士Michael I. Jordan、英国皇家学会院士Wendy Hall，中国科学院院士徐宗本、吴朝晖，中国工程院院士戴琼海、赵春江分别作题为《融合机器学习与微观经济学》、*AI: a view from the UK*《如何突破机器学习的先验假设?》、《从AI到CI：脑机智能的发展》、《脑认知启发的智能决策》《智慧农业展望》的大会报告；两位人工智能企业代表分别作题为《人工智能技术最新进展和应用实践》《人工智能与风险：从创新到落地和治理》的大会报告。

7位来自学术界和工业界的代表围绕“新一代AI如何赋能产业跨界创新”主题，探讨企业利用数字化技术获得再发展、再生长的创想和可能。

【中国人工智能大会】　10月12—13日，由中国科协、中国科学院指导，学会主办的2021中国人工智能大会在四川省成都市召开。中国工程院院士戴琼海、柴天佑、邓中翰、钱锋、罗先刚，成都市委市政府有关领导，四川大学校长李言荣，电子科技大学校长曾勇出席会议。大会共设置8场主题报告、1场院士尖峰对话、9场专题论坛、6个同期活动，558万人次在线观看。

中国工程院院士柴天佑、中国工程院院士邓中翰、2007年图灵奖获得者Joseph Sifakis、比利时皇家科学院院士Luc De Raedt、美国国家工程院院士Alex Pentland分别作题为《工业智能发展方向》、《后摩尔时代AI技术展望》、*Autonomy-A Bold Step Toward Strong AI*、《从统计关系到神经符号人工智能》、*Idea Flow and Economic Growth*的报告。南京大学教授周志华、中国科学院自动化研究所研究员刘成林、国际欧亚科学院院士田奇分别作报告《演化学习：理论与算法进展》《模式识别：从初级感知到高级认知》《共筑智能新高地，共赢智能新未来》。

中国工程院院士柴天佑、戴琼海、邓中翰、王恩东围绕“人工智能在科技和产业的交叉作用与挑战”主题，从学科建设与发展、技术创新与变革、产业融合与协同等维度展开对话，呈现人工智能学术研究、技术创新与行业应用的最新成果，探讨智能科技在进步中与多领域融合发展。

（撰稿人：邹亚茹）

中国体视学学会

服务创新型国家和社会建设　2021年，学会完成3个团体标准预研工作，分别是《工业用计算机断层成像——第1部分：术语》《工业用计算机断层成像方法——第2部分：性能参数》《工业用计算机断层成像方法——第3部分：测试模体》。

学会建设　3月26日，学会召开理事长、秘书长办公会议暨党委会议。会议就提名学会第八届理事会拟任负责人、监事会拟任负责人，成立换届工作领导小组等会议内容进行讨论和工作部署。

4月16—30日，中国体视学学会第七届理事会第五次会议以通讯会议方式（邮件）召开，审议通过《中国体视学学会第八届理事会换届方案》。

9月，第七届理事会工作报告、财务报告及监事会工作报告、会议议程等各项会议文件经理事会党委讨论修改、监事会监督，通过学会理事会审议。向中国科协提交《关于召开第八次全国会员代表大会的请示》及相关文件。

10月9日，中国体视学学会换届工作领导小组在北京召开工作会议。会议讨论并原则同意第八届理事会拟任理事名单和拟任常务理事名单、第二届监事会拟任监事名单、监选人员名单，并确定疫情应对会议预案。

10月26日，学会启动疫情应对备选方案。截至11月2日，先后向中国科协、民政部提交《中国体视学学会关于线上召开第八次全国会员代表大会的申请》，均得到同意批复。

11月12日，中国体视学学会第八次全国会员代表大会以视频会议形式召开。中国科学院院士张跃当选为学会第八届理事会理事长。

学会党委调整与学会换届同步进行。11月12日，学会第八届常务理事党员会议以视频会议形式召开，会议选举张跃为学会党委书记，陈志强为副书记，赵忠明为纪检委员，姜志国、李亮为党委委员。

11月12日，召开八届一次理事会议，审议通过《中国体视学学会科学技术成果评价管理办法》；修订《中国体视学学会科学技术奖奖励条例》《中国体视学学会科学技术奖奖励条例实施细则》。审议通过《中国体视学学会青年工作委员会工作条例》，确定以学会秘书长李亮为组长的青年工作委员会筹备组名单，中国体视学学会青年工作委员会筹备工作正式启动。审议通过《中国体视学学会财务管理条例（修订）》，废止《中国体视学学会分支机构财务管理规定》，已实现全部收支纳入学会财务统一核算、管理。

主办期刊 2021年，《中国体视学与图像分析》收录论文47篇，其中获得国家自然科学基金、国家重点研发计划项目、后勤科研重大项目、省市自然科学基金等各类基金项目资助的论文37篇，占全年刊登论文的79%。

国内主要学术会议 2021年，学会和各专业分会共组织各类学术、技术交流线上、线下活动16次，参加人员近8000人次，交流论文、报告90多篇。

11月13日，由学会智能成像分会主办的第一届有方青年学术论坛在线上举办，近200人参加会议。此次会议由来自西安交通大学、华中科技大学、中国科学院深圳先进技术研究院、苏州大学的四位博士、硕士研究生作学术报告，分享其所在团队最新的研究方向和成果，并与参会代表进行在线答疑交流。每场报告后还安排专家点评环节，由点评专家对研究者的报告提出意见和建议。

国际交往 6月，在第十三届欧洲体视学与图像分析学术线上会议上，学会监事长、清华大学教授李亮作大会报告。12月，向国际体视学与图像分析学会提交申办2023年第十六届国际体视学与图像分析学术会议的申请。

科普活动 2021年，中国体视学学会及各专业分会开展科普讲座、专题展览、青少年科普活动等11次，受众人数约5000人次。开展电磁辐射健康危害、噪声性聋防治、图像与航天、科学发现论坛等科普报告、讲座活动，举办苏州市儿童视力保健科普展览、儿童视力科普进校园活动，并通过科普中国、微信公众号等平台发布科普作品。

表彰举荐优秀科技工作者 1月，学会奖励委员会颁布2020年度中国体视学学会科学技术奖、青年科学技术奖评选结果，经2020年度中国体视学学会科学技术奖评审委员会函评、会评、公示，经中国体视学学会奖励委员会审定，共评选出科学技术奖5项，其中一等奖1项、二等奖4项；青年科学技术奖获奖者4人。

组织开展2021年中国科学院院士和中国工程院院士候选人推选工作、第十四届光华工程科技奖提名人选推荐工作。

党建强会 2021年，学会党委组织党委委员和办事处党支部定期开展理论学习，学习领会习近平新时代中国特色社会主义思想、党的十九大和十九届二中、三中、四中、五中全会精神和习近平在庆祝中国共产党成立100周年大会上的重要讲话精神。经学会理事会审议和学会第八次全国会员代表大会审议通过，将坚持党的全面领导等相关内容纳入学会章程。在学会重点工作中贯彻执行党的路线方针政策，引领广大科技工作者肩负起时代赋予的重任，努力实现国家高水平科技自立自强。

学会党委召开2次党委会议，对学会章程修订、学会换届方案、党委换届方案、学术年会、科技奖励工作、人才举荐、分支机构成立和换届、参与国际组织事务等重要事项进行讨论，形成集体决议，并提交理事会、常务理事会审议，在学会各项重要工作和活动中把好政治关。

【中国体视学学会第八次全国会员代表大会】 11月12日，中国体视学学会第八次全国会员代表大会以视频会议形式召开。学会第七届理事长陈志强，名誉理事长康克军，副理事长张跃、彭瑞云、张艳宁、田捷、姜志国、秦高梧、王忠、宋晓艳，监事长李亮及216名会员代表参加会议。会议由副理事长宋晓艳主持。

大会以无记名投票方式审议通过《中国体视学学会第七届理事会工作报告》《中国体视学学会章程修改报告》《中国体视学学会第一届监事会工作报告》《中国体视学学会第七届理事会财务报告》和《理事长、副理事长会费调整提案》，通过选举产生100名第八届理事会理事和3名第二届监事会监事。在随后召开的中国体视学学会八届一次理事会议上，以无记名投票方式选举产生33名常务理事，中国科学院院士张跃当选为第八届理事会理事长，选举陈志强、彭瑞云、张艳宁、田捷、姜志国、秦高梧、宋晓艳、牟轩沁8人为第八届理事会副理事长，一致同意聘任李亮为第八届理事会秘书长。经监事会选举，赵忠明当选为第二届监事会监事长。

（撰稿人：胡　蓓　王　锂　刘克音）

中国工程机械学会

服务创新型国家和社会建设　5月19—22日，由学会与中国机械工业联合会和长沙市人民政府共同主办的2021第二届长沙国际工程机械展览会在湖南省长沙市举办，展览面积达30万平方米，32家全球工业机械50强企业参加。

学会桩工机械分会受中国机械工业联合会标准部委托，组织专家审查中国机械工业联合会团体标准《建筑施工机械与设备　旋挖钻机动力头》《建筑施工机械与设备　侧夹式液压振动桩锤》《建筑施工机械与设备　地下连续墙铣槽机安全操作规程》《建筑施工机械与设备　旋挖钻机再制造通用技术条件》。

学会建设　12月26日，中国工程机械学会第六次全国会员代表大会在上海市召开。大会选举产生新一届理事会，121名工程机械行业的科技人员当选为理事，39名专家当选为常务理事。同济大学教授卞永明再次当选为理事长，中国工程院院士杨华勇等11人当选为副理事长，周贤彪被聘为秘书长，吴玉厚当选为监事长，徐格宁等6人为监事。

主办期刊　2021年，学会主办期刊《中国工程机械学报》按期出版，经评审列入中国高质量科技期刊分级目录。

学科发展工程　2021年，学会组织行业专家、学者编写《工程机械手册》第二期，以及《工程机械维修与再制造》《市政、园林机械及城市游乐设施》《桥梁施工机械》《铁路建设和维修机械》《钢筋和混凝土预应力机械》《混凝土制品成型机械》《电梯和扶梯》《叉车及工业运输车辆》《矿山机械》《农、林、牧、渔业机械》《工程机械信息化技术》《高空作业及装修机械》12卷书稿，大部分已经完稿。

国内主要学术会议　4月16日，由学会港口机械分会、中国机械工程学会物流工程分会、湖南省机械工程学会联合主办的第二十二届全国大型起重运输设备安全技术研讨会在湖南省长沙市召开。来自全国各地的港口生产企业、港口设备制造企业、科研院所和高等院校等134家单位的230位专家、学者参加会议。

5月15日，中国工程机械学会特大型工程运输车辆分会年会暨“自主智能·可靠运载”高峰论坛在河北省秦皇岛市召开。会议听取第一届理事会工作总结报告，选举产生第二届理事会成员，并就中国特大型工程运输车辆和运载施工装备在智能化、绿色化方面的新理论、新技术、新装备展开学术交流。

5月21日，中国工程机械学会在湖南省长沙市举办2021年中国工程机械技术发展高峰论坛，来自国内外的院士、专家、学者共200多人参加会议。

学会工程起重机分会于6月在浙江省宁波市召开第23届年会。会议以“聚焦前沿科技，群策产业方向”为主题，围绕工程机械行业发展形势、工程起重机核心关键技术、产业链相关企业发展模式等内容展开讨论。

10月18—20日，学会桩工机械分会与中国建筑业协会深基础与地下空间工程分会、中国土木工程学会土力学及岩土工程分会联合在山西省太原市举办第十一届深基础工程发展论坛，参会人数1200多人次。

党建强会　5月，学会党委组织党委成员和部分会员党员到韶山和花明楼参观伟人故居。在建党100周年前后，学会党委书记石来德多次接受媒体采访，畅谈中国工程机械行业在党的领导下所取得的丰硕成果。学会党委副书记应邀多次到山东建筑大学等高校作报告，向广大师生介绍新中国成立以来尤其是改革开放后，中国工程机械行业从无到有、由弱到强的发展过程。

【2021年中国工程机械技术发展高峰论坛】　5月21日，2021年中国工程机械技术发展高峰论坛在湖

南省长沙市举办，来自同济大学、浙江大学、长安大学、武汉理工大学、三一重工股份有限公司、中联重科股份有限公司、广西柳工机械股份有限公司等100多家高校、研究院所和企业的近200位专家、学者参加。论坛以“创新、协调、绿色、开放、共享”为主题，邀请国内外工程机械产业链上的领导、专家和国际工程机械50强的CTO（首席技术官）在论坛上作报告。中国机械工业联合会执行副会长陈斌作题为《〈机械工业“十四五”发展纲要〉主要内容解读》的报告；中国工程院院士杨华勇作题为《电静液传动液压系统关键技术的一些探索》的报告；德国国家科学与工程院院士葛兴福（Omer Sahin）作题为《制造业可持续发展的目标——共同的责任与义务》的报告；学会理事长卞永明作题为《智能建造与智能制造》的报告；三一重工股份有限公司执行总裁易小刚作题为《智能制造的实践与意义》的报告；中联重科股份有限公司副总裁付玲作题为《智能装备智造智慧工地》的报告；广西柳工机械股份有限公司总工程师林明智作题为《电动工程机械》的报告。这些报告的内容代表当今国际工程机械发展的水平与方向。论坛环节由学会党委副书记兼常务副秘书长周贤彪主持。

论坛最后为一场题为“科研机构与工程机械技术进步”的国际对话。参加对话的专家有德国弗劳恩霍夫协会中国首席代表马小龙、美国天宝公司中国首席代表陈朝辉、美国设备制造商协会中国首席代表孙红宇、天津工程机械研究院有限公司总工程师张国胜等行业著名机构的代表。对话环节由英国工程机械咨询有限公司高级咨询师刘玉山主持。

【2021第二届长沙国际工程机械展览会】 5月19—22日，由工业和信息化部、中国科协和湖南省政府指导，学会、中国机械工业联合会、长沙市人民政府等共同主办的2021第二届长沙国际工程机械展览会在湖南省长沙市举办。超过30万人次参观展会。湖南省委书记许达哲、省长毛伟明、工业和信息化部总工程师韩夏等政府领导出席开幕式。

此届展览会的展览面积达30万平方米，国内外展商数量达到1450余家，包括卡特彼勒、三一重工股份有限公司、中联重科股份有限公司、日立建机、利勃海尔集团、广西柳工机械股份有限公司等世界工程机械50强中的32家企业参展参会。参展产品充分体现“新一代智能工程机械”的主题，主要有中联重科股份有限公司的101米碳纤维复合材料的世界最长臂架混凝土泵车、三一重工股份有限公司的成套智能路面施工装备、广西柳工机械股份有限公司的最新一代电动装载机、利勃海尔的5G技术挖掘机和中国铁建重工集团股份有限公司的全电脑四臂凿岩台车等一大批高新技术产品。

来自铁路建设、公路建设、智能制造、新型材料等领域的10多名院士在相应的会议上报告各自领域的最新研究成果，其中包括德国和日本等国家工程院的院士。

本届展会得到展商、观众和相关合作机构的广泛关注。中央电视台等国内外媒体进行报道。

【中国工程机械学会第六次全国会员代表大会】 12月26日，中国工程机械学会第六次全国会员代表大会以线上线下相结合的方式在上海市召开，会上选举产生学会第六届理事会。35名会员代表参加线下会议，149名会员代表通过线上参加会议。

会议由学会党委副书记、第五届理事会常务副秘书长周贤彪主持。学会理事长卞永明作第五届理事会工作报告，报告指出：五年来学会成立党的组织，加强党在学会建设中的引领和保障作用；加强分支机构的建设；开展广泛的学术交流活动；与长沙市人民政府共同主办2017、2019和2021长沙国际工程机械展览会；参与举办各种职业技能培训；编辑出版近1000万字的《工程机械手册》；主办期刊《中国工程机械学报》的学术地位和水平得到大幅提高。周贤彪作学会财务报告、学会章程修改说明和会费收取标准及说明。大会以表决的方式通过理事会工作报告、学会财务报告和修改后的学会章程，以无记名投票方式一致通过会费收取标准。

学会第五届常务理事吴玉厚、徐格宁主持第六届理事会理事、常务理事的选举。周贤彪作第六届理事会换届方案说明，并宣读中国科协和民政部有关批复文件。会议采用微信无记名投票方式，选举包伟华等121人为第六届理事会理事、卞永明等39人为第六届常务理事会常务理事。

学会党委委员高顺德、宓为建共同主持学会第一届监事会监事选举。周贤彪作监事会监事候选人组成和资格说明。会议采用微信无记名投票方式进行，选举邓元龙、胡永彪、孙兆宏、王国彪、吴玉厚、徐格宁、赵克利7人为第一届监事会监事，吴玉厚为第一届监事会监事长，徐格宁为第一届监事会副监事长。

党委书记石来德和新当选的第一届监事长吴玉厚在常务理事会议上主持选举学会第六届理事会理事长、副理事长和秘书长。选举采用微信无记名投票方式，最终卞永明当选为学会第六届理事会理事长，杨华勇、赵丁选、付玲、李锁云、宓为建、肖汉斌、叶敏、俞宏福、朱建新、朱真才、卓普周 11 人当选为学会第六届理事会副理事长，周贤彪当选为学会第六届理事会秘书长。

（撰稿人：周贤彪）

中国遥感应用协会

服务创新型国家和社会建设 围绕国家和地方“十四五”规划与重大战略，在国家国防科技工业局、中国科协等指导下，协会与北京、河北省、黑龙江省、江苏省、安徽省、江西省、山东省、河南省、湖南省、海南省、重庆市、四川省、贵州省、陕西省等 10 多个省（直辖市）；以及湖南省长沙市（天心区）、邵阳市、怀化市、湘西土家族苗族自治州、张家界市、衡阳市、永州市，江苏省南京市、无锡市、常州市，安徽省合肥市、亳州市、芜湖市，江西省赣州市、九江市（瑞昌市）、吉安市（吉水县），广东省深圳市，山西省运城市、吕梁市，四川省成都市、阿坝藏族羌族自治州，湖北省襄阳市，吉林省长春市等 20 多个地市，中国航天科技集团有限公司、中国航天科工集团有限公司、中国电子科技集团有限公司、中国卫星网络集团有限公司、国家电网有限公司、中国华录集团有限公司、中国国际工程咨询有限公司等央企加强衔接、交流与合作，着力推进遥感成果转化、数据应用与产业发展。

参加先进科技成果转化政策宣贯会及首批成果转化对接会（江苏省苏州市）、2021 年无锡军地协同创新发展大会暨重点产业项目洽谈会、2021 年大数据科技传播与应用高峰论坛暨“科创中国”试点城市推进式活动（湖南省衡阳市）、第十届中国（芜湖）科普产品博览交易会——科普产业发展高峰论坛等，举办空间信息助力黑土地资源保护治理与有效开发调研衔接活动（黑龙江省哈尔滨市）、空间信息助力山西新时代数字化转型暨运城市第二届卫星遥感技术应用研讨会等。

推进北京国际空间信息创新科技园（暂定名）筹备工作，与北京市委军民融合发展委员会办公室、昌平区人民政府、未来城管理委员会等进行多轮沟通衔接。

结合“十三五”以来的湖南空间信息产业发展论证与促进工作，协会提出湖南国际空间信息服贸产融城项目策划方案，并与中国航天科工集团有限公司（空间部和一、二、三院、湖南航天有限责任公司）、中国华录集团有限公司和长沙市天心区等进行多轮沟通衔接。

调研拜访湖南省和长沙市、邵阳市、怀化市、湘西土家族苗族自治州、张家界市、永州市、衡阳市等科协及相关政府部门，多次调研拜访江西省赣州市人民政府、科协及相关单位，形成《湘赣科普工作新时代高质量发展研究报告》。

受国家国防科技工业局、财政部等委托，协会作为卫星应用与服务专题组组长单位，于 1 月 28 日启动《航天强国战略纲要》编制论证。经过 4 次专题组工作会，30 多次集同工作，与中国科学院院士童庆禧等 10 多位院士专家沟通交流，对中国航天科工集团有限公司、中国航天科技集团公司五院、武汉大学等 20 多家单位调研考察，与总体组和其他专题组沟通协调 10 多次，及时形成论证报告及辅助材料，为总体论证工作提供重要支撑。

在中国科协 2021 年海智计划资助项目支持下，协会积极推进 2021 年海外归国人才（项目）空间信息创新创业大赛，初赛评选出海外归国人才优秀奖项目 20 项；11 月 27 日在北京举办决赛，评选出海外归国人才创新创业奖项目 10 项，其中一等奖 1 项、二等奖 3 项、三等奖 6 项。

学会建设 2021 年，协会个人会员新增 751 人，总数达 3704 人；会员单位新增 16 家，总数达 436 家；分支机构新增 6 个（遥感卫星数据处理专业委员会、定量遥感专业委员会、农业农村遥感分会、遥感自主工程软件专业委员会、黄土高原遥感分会、遥感智能计算与开源应用分会），总数达 28 个。

协会秘书处 2021 年增设党办 / 监事会办部门；采用返聘、挂职、借调、实习、联合管理等多种灵活方式，使常态化工作人员（不含监事会）增长到 18 人，保障各业务部门的工作人员达到 3~5 名。

4 月 15 日，中国遥感应用协会六届一次理事长会和常务理事会暨六届二次常务理事和监事党员会在北京召开。协会理事长、国际宇航科学院院士罗格，中国四维测绘技术有限公司董事长、中国资源卫星应用中心主任岳涛，国网信息通信产业集团有限公司副总经理赖征田，湖南航天有限责任公司副总经理杨运斌，二十一世纪空间技术应用股份有限公司董事长吴双 4 名副理事长和 5 名副理事长代表，协会监事长赵启发，15 名常务理事和 18 名常务理事代表（占协会第六届常务理事会的 76.8%），1 名监事出席会议。

首先举办六届一次理事长会，报告并审定《2020 年度中国遥感十大事件》，并对《中国遥感事业发展报告（2000—2020 年）》（讨论稿）等材料进行研讨。随后举办六届一次常务理事会暨六届二次常务理事和监事党员会，与会人员审议并通过《中国遥感应用协会第六届理事会部分成员调整和新增会员建议》《中国科协第十次全国代表大会代表暨第十届全国委员会委员候选人建议》《中国遥感应用协会分支机构管理办法》；听取《中国遥感应用协会“十四五”规划和 2021 年工作计划》报告并进行研讨；听取《中国遥感应用协会党史学习教育活动方案和 2021 年党建工作计划》和 2020 年度中国遥感十大事件评选结果通报。

结合习近平总书记关于完整、准确、全面贯彻新发展理念等要求和指示精神，与国家、国防科技工业和航天事业、中国科协等“十四五”规划和相关文件紧密衔接，结合协会自身战略定位、发展方向、主要目标、重点任务和具体举措等，组织论证和编制《中国遥感应用协会“十四五”规划和 2035 年远景目标纲要》。

学科发展工程 协会会同武汉大学组织协调全国 20 多所高校联合推进遥感科学与技术一级学科建设，4 月 15 日向教育部提交申请材料并取得重大突破。国务院学位委员会已将其纳入《博士、硕士学位授予和人才培养学科专业目录》（作为交叉学科），并于 12 月 10 日正式征求有关高校意见。

国内主要学术会议 5 月 15 日，协会会同四川省委军民融合发展委员会办公室在四川省成都市举办空间信息助力四川林草防灭火暨深化应用研讨会。四川省委副书记、省长黄强，副省长曹立军等领导会见协会专家团队主要人员。黄强表示，四川省高度重视空间信息应用，强调要围绕“整合、共享、机制”做好四川省空间信息深化应用工作，整合省内外空间信息数据、科技与应用资源；推进空间信息数据及其相关科技成果共享；通过机制创新突破体制障碍，推进党政同责等措施，打破“等靠要”心态，在政府治理和成渝地区双城经济圈建设等方面深化空间信息应用。协会将以此为契机更好发挥高端智库作用，组织权威专家、优势单位及相关社会力量结合四川省“十四五”规划和 2035 年远景目标，加强顶层设计与系统谋划，以林草防灭火为切入点，以成渝地区智慧城市群建设和数字经济核心产业创新发展为抓手，加强自主空间信息数据资源应用推广和重大成果落地转化，深化四川省空间信息应用并服务相关机制体制创新，更好支持四川省全面落实党中央、国务院和省委省政府决策部署，奋力谱写全面建设社会主义现代化四川新篇章，为中国航天强国建设贡献应有的力量。

2021 年，在中国科协“海智计划”助力“科创中国”试点城市（园区）建设资助项目支持下，围绕乡村振兴战略和联合国 2030 年可持续发展议程实施，协会会同北华航天工业学院于 7 月 30 日在北京举办第七届农业遥感应用暨助力中关村软件园新时代高质量发展国际高峰论坛。中国科学院院士童庆禧，联合国粮食及农业组织原副总干事、国际欧亚科学院院士何昌垂，中国社会科学院学部委员汪同三，财政部金融司普惠金融处调研员张宝海，北华航天工业学院副校长李国洪，中国四维测绘技术有限公司副总经理陆书宁，Maxar 公司中国区首席代表宋常青，国家农业信贷担保联盟有限责任公司副总经理杨春光，中国林业与环境促进会主席孟繁志，中国科学院空天信息创新研究院研究员吴炳方等专家、学者及领导出席论坛。来自全国遥感暨航天各界、农业各领域、金融各方面的专家、学者、企业家、投资者等近 200 人现场参加，并通过科创中国、腾讯会议等平台面向全球进行线上网络直播。

两岸交流 在国务院台湾事务办公室指导下，协会会同中华全国台湾同胞联谊会、中国电视艺术家协会和中华文化发展促进会在广东省深圳市举办 2021 第四届海峡两岸暨港澳无人机航拍创作大赛，并于 12 月 9 日举办颁奖典礼。本届大赛以“融”为主题，有效加强海峡两岸暨香港特别行政区、澳门特别行政区的高技术产业文化创意交流与合作。

科普活动 积极推进科普展馆建设，依托浏阳市艺术科技馆加强宣传、建设和探索乡镇级科普新模式，形成网络全景展馆并启动二期建设，邀请中国科学院院士王赤等 10 多名各界专家讲学，吸引数千名各界人士和中小学生参观。

在中国科协“科普中国”品牌支持下，兼顾国家关于义务教育的“双减”政策，经组织酝酿、专家研讨和沟通协调，会同湖南省科协（含长沙市科协）形成2021年湖南省中小学空间畅想科普大赛总体方案。

党建强会 2021年，围绕党史学习教育、“我为群众办实事”实践活动、庆祝建党100周年大会、纪念人民军工创建90周年等重大活动，协会秘书处党支部和协会党委于3月15日组织举办党史学习教育动员会；8月16日举办党史学习教育专题组织生活会，组织学习习近平总书记在庆祝中国共产党成立100周年大会上的重要讲话精神；11月17日举办十九届六中全会精神传达与学习专题会议，组织学习《中国共产党第十九届中央委员会第六次全体会议公报》和《中共中央关于党的百年奋斗重大成就和历史经验的决议》文件，并在秘书处和分支机构党小组配置党史教材，加强学习研讨。2月20日组织赴中国人民革命军事博物馆参观学习抗美援朝70周年主题展，4月24日组织赴南京雨花台风景名胜区拜祭先烈，5月8日组织赴首都博物馆参观学习庆祝建党100周年特展，9月18日组织赴中国国家博物馆参观学习“两弹一星”精神展，10月27日组织赴北京展览馆参观学习“十三五”科技创新成就展。

在中国科协“党建强会计划”项目的资助下，制作协会党建宣传片（时长5分钟）；完善协会网站“党的建设”栏目和微信公众号，及时宣传习近平总书记重要讲话、重要指/批示和中央大政方针、国家战略等。

会员服务 协会指导和支持相关会员单位与赣州市人民政府筹建高分辨率对地观测系统革命老区数据与应用中心，围绕乡村振兴、创新驱动、全民素质提升等国家战略，面向中央苏区暨革命老区和长征沿线地区谋划推进遥感下乡行动。

监事会对相关分支机构和会员单位进行系列调研对接活动，并形成相应的调研报告，及时反馈基层需求、困难、问题和建议意见，更好建立业务改进机制、提高工作质量。

【空间信息智慧应用助力新时代高质量发展峰会】 4月23日，由协会智慧城市遥感应用专业委员会、中国高科技产业化研究会空间信息智慧产业专业委员会、中电莱斯信息系统有限公司和大有数字资源有限责任公司共同承办的空间信息智慧应用助力新时代高质量发展峰会在江苏省南京市召开，来自全国遥感及航天各界的专家、学者、企业家、投资者等400多人参加。峰会以“空间信息应用与航天强国”为主题，围绕空间信息应用与航天强国建设、智慧城市（群）建设、长江经济带建设/长江三角洲地区一体化发展、数字经济创新发展等议题，以主旨/专题报告、信息/产品/解决方案发布、圆桌论坛等方式进行交流。

【2021空间技术和平利用（健康）国际研讨会】 11月18—20日，在中国科协和国家航天局的指导和支持下，中国宇航学会、中国高科技产业化研究会、中国遥感应用协会、中国航空学会、中国电子商会、国际和平联盟（太空）有限公司联合国际宇航科学院等国际机构面向全球举办2021空间技术和平利用（健康）国际研讨会。研讨会以“同一个太空，同一个家园”为宗旨，围绕空间技术与健康主题，就如何加强空间科技发展与应用、如何合理开发和利用空间资源更好服务气候变化应对、环境保护治理、自然灾害防治、绿色减碳等重大议题，通过线下北京主会场1个主论坛和7个平行分论坛，中国海南省和欧洲斯特拉斯堡、英国伦敦等分会场，以及线上主平台和20个网络分会场，邀请全球业界领导和权威专家进行交流与研讨。全球近100位业界领导和权威专家通过开幕式、主论坛和分论坛致辞、作报告或进行对话；全球共有63.55万人次在线观看开幕式，总体超过110万人次在线观看，覆盖世界五大洲、涉及100多个国家和地区。此次大会有助于更好地加强全球，尤其是中国、美国、俄罗斯和欧洲等主要国家与地区间的航天交流与合作。

（撰稿人：张圆圆　阴慧洁　卫　征）

中国指挥与控制学会

服务创新型国家和社会建设 7月5—7日，2021第七届中国（北京）军事智能技术装备博览会在北京举办，有500多家企业参展，新华社、北京电视台等超过100家媒体、自媒体进行报道，接待观众逾4万人次。

承接中国科协“科创中国”大健康与人工智能科技服务团和“科创中国”吕梁大数据产业科技服务团项目，并通过中国科协验收。

举办高端专业技术培训班3个，分别为5月20—22日举办的第一期任务规划与筹划决策高级研修班、6月3—5日举办的第二期任务规划与筹划决策高级研修班、9月14—17日举办的赛博空间与网络安全高级研修班。来自全国各科研院所、国防科工企业以及军队院校等120家单位的主管领导、业务骨干近300人接受现场授课、实践操作、研讨交流、实战考核等多种方式的培训，受训人数比2020年增加3倍。

制订《智力共享与警务协同　模型设计方法论》《智力共享与警务协同　模型分类规范》《智力共享与警务协同　模型元数据规范》《智力共享与警务协同　模型生存周期活动规范》《智力共享与警务协同　平台通用技术要求》《智能指挥调度　北斗全球卫星定位导航设备现场批量检测要求》《智能指挥调度　现代数字城市应急指挥系统通用要求　第1部分：地质灾害智能监测预警与应急指挥系统》7项团体标准并发布。

学会建设　学会全年召开全体理事会议1次、常务理事会议2次。截至2021年年底，新增个人会员300人，个人会员达6010人，拥有单位会员141家；新增分支机构3个，拥有分支机构42个，其中包括工作委员会7个和专业委员会35个；学会第二届理事会拥有理事单位128家、理事150人，与2020年相比，增补常务理事单位2家、理事单位9家、常务理事3人、理事7人。

7月28日，学会被中国科协授予“重大科技问题难题征集发布2018—2021年度优秀组织单位”称号。学会副理事长、北京航空航天大学自动化科学与电气工程学院院长吕金虎参加颁奖仪式。

12月13日，学会推荐的“全国集群智能与协同控制大会志愿服务”项目入选2021年中国科协科技志愿服务项目先进典型。

加强分支机构管理，完成分支机构2021年度工作评价。根据学会章程和分支机构管理办法，成立分支机构换届工作组，统筹安排组织换届工作，实行分支机构主任委员公开竞聘制，在全国范围内公开招聘主任委员。

青年人才托举工程　为加强指挥与控制领域科技人才队伍建设，根据《中国科协青年人才托举工程实施管理细则》相关要求，学会组织开展2021年度“青年人才托举工程”申报及选拔工作，遴选出4位被托举人才，获得第六届、第七届“青年人才托举工程”项目资助。

主办期刊　《指挥与控制学报》的论文质量、影响力呈显著增长趋势，入选中国科学技术信息研究所发布的《2020年版中国科技期刊引证报告（核心版）》“中国科技核心期刊”；被RCCSE《中国学术期刊评价研究报告》（第6版）评为“RCCSE中国权威学术期刊（A+）”，并位列军事学学科榜首；获2018年度、2019年度、2020年度国家哲学社会科学文献中心学术期刊数据库军事学学科最受欢迎期刊。

国际学术会议　10月15—17日，由IEEE北京分会、学会主办，同济大学、北京理工大学及学会无人系统专业委员会、集群智能与协同控制专业委员会、空中多智能体协同控制专业委员会承办的第四届IEEE国际无人系统大会在北京召开。大会以“智能时代的无人系统创新发展”为主题，来自全球无人系统科学、技术与工程领域的专家、学者和产业界人士等500余人参加会议，共谋创新发展。大会被录用的稿件已被EI（工程索引）收录。此次会议入选中国科协《重要学术会议指南（2021）》。

国内主要学术会议　2021年，学会举办国内学术会议21次，组织学术报告198场，线上线下累计1万人次参加，交流论文689篇。

1月15日，CICC第一届前沿科技创新发展论坛在北京召开。论坛邀请华中科技大学人工智能与自动化学院副院长钟胜、中南大学粉末冶金研究院难熔金属与硬质合金研究所所长范景莲、北京大学先进技术研究院副院长程承旗分别围绕《对抗环境智能感知与协同识别技术》《新材料前沿科技及应用》《北斗网格剖分技术及创新应用》等主题作学术报告。

4月8—9日，由学会主办的2021 CICC数字化转型创新发展论坛在江苏省扬州市召开。论坛以“智能驱动转型，科技创新未来”为主题，围绕蓝海信息网络、先进制造数智转型、智能化作战、空天大数据、数字孪生、智能可穿戴、智慧城市、智能博弈和智能指挥调度等主题展开交流。学会监事长、中国工程院院士戴浩致开幕词。学会副理事长兼秘书长秦继荣主持论坛开幕式。学会常务理事、江苏曙光光电有限公司总经理赵爱军代表承办单位致欢迎词。学会副秘书长宋荣、刘玉超主持论坛报告。学会常务理事、中国工程院院士姚富强，以及来自军地院校、科研院所和企业的200多名专家、学者参加论坛。

7月5—7日，由中国科协指导、学会主办的第九届中国指挥控制大会在北京召开。来自国内指挥与控制领域相关的政府、军队、科研机构、高等院校、大型国企、高新技术企业及社会科技团体等单位的

2000余名专家、学者参加大会。会议同期举办1个主题报告会和9个领域高端论坛，开展报告近90场。内容涵盖军事智能装备技术发展领域的诸多方面，涉及新算法博弈战、人因工程与智能化、AI作战仿真、柔性网络等新内容。

9月29日，第三届中国空天安全会议在广东省珠海市召开。此次会议由中国指挥与控制学会主办、学会空天安全平行系统专业委员会和中山大学承办。会议以“智能空天安全”为主题，全面探讨智能化时代空天安全的重要议题。来自国内高等院校、科研院所和商业航空航天企业的130余位专家、学者参与交流研讨。与会专家、学者就空天技术融合发展、空间碎片监视与管控、小天体监测与防御、空间安全法律法规等议题展开研讨，提出有关理论研究、技术发展和产业推进的建议。

10月23日，2021年度全国数据链技术学术会议在北京召开。大会由学会主办，学会数据链技术专业委员会、中国电子科技集团公司电子科学研究院、军事科学院系统工程研究院网络信息研究所承办。大会主题为“智能创新、体系融合”，来自军地的领导、专家、学者和高校、科研院所及企事业单位的代表共90余人参加。

12月15日，由中国指挥与控制学会和共青团航空工业集团委员会联合主办的2021首届全国空中智能博弈大赛颁奖典礼暨第二届空中多智能体协同对抗技术论坛在辽宁省沈阳市召开。此次会议采取“线上会议+线下活动”相结合的形式举办，来自空中智能博弈领域的有关专家、大赛部分优胜选手约40人通过线上会议形式参加。

12月26日，由学会主办，学会青年工作委员会、学会医工结合专业委员会承办的2021第九届CICC学会青年科学家论坛通过在线直播形式召开。此次论坛以“特种环境下的医工融合发展”为主题，累计1400余人次在线观看。

国际组织任职 中国工程院院士、学会副理事长、同济大学校长陈杰当选为国际自动控制联合会会士。

中国工程院院士、学会副理事长、北京理工大学常务副校长龙腾当选为俄罗斯工程科学院外籍院士。

中国工程院院士、学会常务理事姚富强担任国际电信联盟ITU-RWP5C研究组国内对口组副组长。

学会安全防护与应急管理专业委员会主任委员余乐安入选国际系统与控制科学院院士。

科普活动 2021年，学会举办的2021第五届全国兵棋推演大赛于5月启动，此次大赛设人人对抗主体赛和智能体对抗专项赛两个赛项。其中，人人对抗主体赛在北京、上海市、重庆市、吉林省、河南省、山东省、山西省、陕西省、湖北省、湖南省、安徽省、江苏省12个省（直辖市）设立分赛区，约200所军地高等院校师生和高技术企业人员参加比赛，线上报名规模近万人；智能体对抗专项赛吸引来自40多个单位的200多名选手报名，比赛设置高度逼真的联合作战推演背景想定，鼓励创新开发基于强化学习的军事智能算法，为推动人工智能在联合作战推演领域的深化运用和实战化发展贡献力量。

学会微信公众号保持每天1期资讯推送频率，具备平台直播、书籍购买、会议报名、在线缴费、学会微站等功能，截至2021年年底，关注量与点击量达12万。

表彰举荐优秀科技工作者 2021年，学会评选出2021年度CICC科技进步奖12项、CICC创新奖2名、CICC青年科学家奖5名、CICC优秀博士学位论文12篇和CICC终身成就奖1名。沈昌祥获得2021年度CICC终身成就奖。

党建强会 学会开展党史学习教育工作。与中关村军民融合创新创业基地企业联合党总支共同开展党史学习教育专题党课活动。学会党委在北京举办未来军事智能化展望——建党100周年院士专家座谈会等建党百年系列活动。承担科技社团党委“2021年‘党建强会计划’——追寻红色足迹，开展党建强会特色活动”项目并通过验收。

会员服务 学会建立会员服务部，搭建信息化工作平台，配备会员工作专职队伍。通过学术会议、继续教育、人才表彰和推荐、科技奖励等平台为会员提供服务。编制《中国指挥与控制学会通讯》，免费向会员发送。

【第九届中国指挥控制大会暨第七届中国（北京）军事智能技术装备博览会】 7月5—7日，由中国科协指导、中国指挥与控制学会主办、北京洞见未来会展有限公司承办的第九届中国指挥控制大会暨第七届中国（北京）军事智能技术装备博览会在北京召开。此届大会的主题是“聚焦联合全域指挥控制，引领军事智能体系创新”，来自军队和国防科技工业部门、企业、高等院校、科研院所的领导、专家等2000余人参加专题论坛和主题报告会，同时展览会吸引4万余人次参观。

大会开幕式由学会副理事长兼秘书长秦继荣主持。学会理事长、中国工程院院士费爱国代表学会致欢迎词。中国科协学会学术部相关领导出席并致辞，中国科学技术发展战略研究院相关领导参加会议。学会监事长、中国工程院院士戴浩，学会副理事长、中国科学院空天信息创新研究院副院长、中科星图股份有限公司董事长付琨，学会副秘书长刘玉超等专家主持主题报告会的学术交流活动。

大会主论坛特邀全国政协常委、提案委员会副主任戚建国，中国工程院院士、军事科学院研究员李德毅，中国工程院院士、军委科技委顾问卢锡城，中国工程院院士、军事科学院研究员戴浩，中国科学院院士、军事科学院副院长梅宏，中国工程院院士、军事科学院系统工程研究院研究员王沙飞，中国科学院院士、国防科技大学教授王怀民，中国科学院院士、军事科学院系统工程研究院研究员尹浩等专家、学者作报告。

大会同期召开9个领域的高端论坛，分别是智能指挥与控制论坛、C4ISR理论与技术高峰论坛、富媒体指挥信息系统论坛、指挥控制网络技术论坛、消防物联网技术与应用论坛、无人化指挥控制论坛、空天防务体系工程论坛、应急管理信息化与智能指挥调度论坛、网络空间安全论坛。9个专题论坛邀请领域权威专家分别作70余场专题报告。

大会同期举办第七届中国（北京）军事智能技术装备博览会，500多家企业参展，展示上千款新锐技术装备产品。

（撰稿人：杜　颖　闫　妍）

中国微米纳米技术学会

服务创新型国家和社会建设　3月，学会参与中国科协“2021重大科学问题和工程技术难题”征集工作，推荐工程技术难题1项。

参与“科创中国”先导技术推荐工作，经征集、评审共推荐6项技术，其中“装备制造领域——微创手术机器人关键技术及应用”1项入选。

10月27—29日，由学会联合主办的第十二届中国国际纳米技术产业博览会在江苏省苏州市举办，展区面积20000平方米，展位总数560余个，展出创新产品2000多件，参展企业2200余家，参展规模20796人次。

学会建设　2021年，学会个人会员2570人、团体会员109个，较2020年新增个人会员320人、团体会员2个。经征集、提名、初审、评定、公示等程序，评选3名学会会士。

学会召开会员代表大会1次，完成第四次换届，产生理事长1名、副理事长9名、理事176名，成立第一届监事会。召开理事会议1次、常务理事会议13次。2个专业分会完成换届。

青年人才托举工程　学会根据中国科协文件要求制订《中国微米纳米技术学会青年人才托举工程管理办法》《中国微米纳米技术学会青年人才托举工程经费管理办法》，学会按照同行专家推荐、专家评议、导师引导、青年伙伴结对成长的模式开展被托举人培养工作，2名青年学者获第七届中国科协“青年人才托举工程”项目支持。

主办期刊　学会联合主办期刊《传感技术学报》全年总印数9000册，发表论文265篇；*Nanotechnology and Precision Engineering*总印数432册，发表论文25篇。

学科发展工程　学会“微纳机器人科学与技术学科发展综合研究”获中国科协学科发展项目立项支持。项目共两期，2021年度二期项目进行报告正式编写，完成综合报告1篇、专题报告5篇、政策建议报告1篇。

国际学术会议　3月8—10日，学会参与承办的亚洲先进材料高峰论坛分会场E：微纳传感器系统与敏感材料在上海市召开。峰会设主会场1个、分会场6个，邀请来自19个国家的72名海内外材料专家作报告，与会专家就微纳传感器系统与敏感材料的技术现状与发展趋势进行深入探讨。

国内主要学术会议　2021年，学会举办国内学术会议5个，其中线下会议3个、线上会议1个、线上线下相结合会议1个，共计43167人次参会，交流论文645篇。

4月24—25日，由中国微米纳米技术学会主办、南京师范大学和江苏省化学化工学会联合承办的中国微米纳米技术学会第六届青年科学家论坛（南京）在江苏省南京市举办。论坛主题为“微纳米药物递送：新技术和新策略”，面向国际科学前沿和国家重大技术需求，重点研讨中国微纳米药物递送领域的研究现状、热点问题和面对的国际挑战。论坛邀请大会报告人 13 名、分会场专题报告人 36 名，78 名专家参会交流。

5 月 28—30 日，由学会主办、上海交通大学及纳米技术及应用国家工程研究中心联合承办的微纳米技术与医疗健康创新大会（2021）暨中国微米纳米技术学会第五届微米纳米技术应用创新大会在上海市举办。大会以“推动微纳米技术与医疗健康的融合发展”为主题，围绕微纳米机器人在医学上的应用、微纳创新诊疗方法、微纳生物医学传感与检测技术、纳米分子医学成像、纳米生物材料、微纳生物医疗器械设计与制造、创新纳米药物、药物递送系统、公共卫生与生物安全、纳米肿瘤学等议题展开深入交流。论坛邀请大会报告 11 个、分会场报告 500 个，参会人数 1500 人次。

7 月 17—18 日，由中国微米纳米技术学会及学会青年工作委员会主办，重庆大学光电工程学院、重庆大学新型微纳器件与系统技术国防重点学科实验室、光电技术及系统教育部重点实验室联合承办，重庆理工大学、中国科学院重庆绿色智能技术研究院协办的中国微米纳米技术学会第六届青年科学家论坛（重庆）在重庆市召开。论坛主题为“微纳能源与自驱动传感”，探讨国内外在微纳能源、微纳传感、微纳光机电器件与系统、微纳加工与表征等领域的最新研究成果与发展趋势。论坛邀请到 20 名领域专家作邀请报告，参会人数 68 人。

7 月 31 日—8 月 1 日，由中国微米纳米技术学会主办、中国科学院力学研究所承办、电子科技大学和湘潭大学联合协办的中国微米纳米技术学会首届微纳米表征与测量技术研讨会在线举办。会议聚焦“微纳米表征与测量技术”这一核心主题，围绕纳米材料常用分析和表征技术，从微尺度软物质材料及器件、纳米制造与界面科学、跨尺度接触摩擦、微纳变形实验表征方法、固液界面及纳微流动、微纳米结构力学及材料、纳米药物输运及纳米催化、低维材料的表界面力学等方面开展研讨。会议邀请大会报告人 3 名、分会场专题报告人 110 名，线上 41000 人次参会交流。

10 月 30 日—11 月 1 日，由学会、深圳市微米纳米技术学会联合主办，中国科学院苏州纳米技术与纳米仿生研究所、材料科学姑苏实验室联合承办的 2021 海峡两岸暨港澳青年科学家智能可穿戴技术创新论坛在江苏省苏州市召开。论坛以“智能可穿戴技术”为主题，设面向智能可穿戴的材料、面向智能可穿戴的微纳传感器、可穿戴计算及大数据应用、智能可穿戴技术与医疗、智能传感与人机协同、面向智能可穿戴的智能织物、可植入电子器件、面向智能可穿戴的柔性电子及系统集成、可穿戴机器人关键技术及应用等 9 个专题分论坛，8 名专家作大会报告，260 名专家作分会场专题报告，线上线下共计 521 人参加会议。

科普活动　学会通过官网、微博、微信公众号、电子期刊等自媒体开展科普活动，发布科普资讯 30 余篇，受众人数万余人。

学会响应中国科协号召，组织开展“典赞 · 2021 科普中国”活动，并在学会官方平台推广宣传活动相关报道。

表彰举荐优秀科技工作者　学会参与 2021 年中国科学院院士和中国工程院院士候选人、第十四届光华工程科技奖、“最美科技工作者”等推荐工作，共推荐候选人 7 名。

党建强会　学会将党建强会的理念纳入学会全年工作整体布局，开展各类党建活动 9 次，发展预备党员 1 名，培养入党积极分子 1 名，接收员工党组织关系 1 份。

3 月，学会党支部联合中国科学院空天信息创新研究院等 4 个党支部共同开展“传承 · 筑梦”主题活动。4 月，学会党支部参加“清华大学校史展参观”主题实践活动。5 月，学会党支部参加清华大学精密仪器系党委组织的井冈山“学党史、感悟初心宗旨，悟思想、传承伟大精神”党史学习教育培训班暨主题实践活动。6 月，学会党支部召开上半年工作总结会，总结上半年情况，制订下半年计划。7 月，党支部开展“党恩永难忘　一心跟党走”主题学习活动。8 月，学会党支部开展“党员涉法占地违法建设行为报告自查”活动。10 月，学会党支部开展“全面从严治党活动月”线上学习活动。11 月，学会党支部召开党员发展会。12 月，学会党支部开展党的十九届六中全会精神线上学习活动。

会员服务　学会编纂《新科技快讯》12 期、《中国微米纳米技术学会会讯》2 期，每期发送电子版达 13 万次，成为广大会员了解最新技术进展、行业咨询、学会动态的重要窗口。

学会会员服务系统进行优化升级，与学会官网、会议系统进行对接适配，会员入会、服务更加便捷、高效。

学会通过会员服务系统、QQ 群、微信群、微信公众号、网站、技术论坛、微博、视频号等推送学会信息、展示会员风采，初步形成全方位会员服务信息网络。

【中国微米纳米技术学会第二十三届学术年会暨第十二届国际会议】 12月5—23日，由学会主办、哈尔滨工业大学和黑龙江大学联合承办的中国微米纳米技术学会第二十三届学术年会暨第十二届国际会议在线上举办。

大会以“芯系微纳·智创未来”为主题，聚焦微纳传感器、智能微系统、高端芯片、智能制造、人工智能、航空航天、智能信息、新材料、生物医疗等重点领域及关键前沿领域，线上30000人次参会。

大会交流形式包括大会特邀报告、专题分会场报告等。大会特邀报告邀请到4名院士、1名教授作报告，分别是中国科学院院士、清华大学教授段文晖作题为《低维量子材料的计算设计》的报告；中国科学院院士、俄罗斯科学院外籍院士、亚太材料科学院院士、东盟工程与技术科学院外籍院士、巴基斯坦科学院外籍院士、西北工业大学教授黄维团队作题为《“柔性电子+”智慧未来》的报告；中国科学院院士、中国科学技术大学教授杜江峰作题为《量子传感与精密测量仪器》的报告；日本工程院外籍院士、深圳大学教授刁东风作题为《富石墨烯边缘结构的量子制造与传感》的报告；清华大学教授张一慧作题为《力学引导的微尺度三维结构组装及其应用》的报告。

大会设微纳传感器与执行器、纳米精度制造技术、微纳机电系统、微纳生物医药、微纳器件设计与制造技术、微纳结构工程化制造与表征、微纳能源技术、微纳米马达与智能机器人、微纳机器人技术及应用、微纳测量与仪器技术、微纳材料与器件、光电转化材料的微纳结构与器件、微纳米结构薄膜和涂层及应用、微纳结构与信号、微纳仿生制造、微纳流控技术与应用、微纳细胞生物芯片、微纳技术应用、柔性微纳材料与器件、细胞微纳操作检测与表征技术等20个专题分会场，250名专家作专题邀请报告，56篇优秀论文进行口头报告。

（撰稿人：刘　颖　李　娟）

中国密码学会

服务创新型国家和社会建设　1月，学会向司法部、中国科协有关部门反馈对《商用密码管理条例（修订草案征求意见稿）》的研究意见。

1月8日，学会商用密码应用安全性评估联合委员会在北京主办商用密码应用安全性评估工作研讨会。会议以“落实最新标准、共享密评经验、推进密评工作”为主题，线上线下专家、学者约600人参加。

举办密码学高端系列培训之九——密码算法设计与分析高端培训、商用密码应用安全性评估工作培训各1次，来自全国各省（自治区、直辖市）及网信、工信、公安、能源、交通、教育等行业的线上线下专家、学者和研究生约2500人次参加。

12月，学会商用密码应用安全性评估联合委员会修订《信息系统密码应用高风险判定指引》《商用密码应用安全性评估量化评估规则》《商用密码应用安全性评估报告模板（2021版）》3项密码应用与安全性评估指导性文件，替代2020年12月发布的版本。废止《信息系统密码应用测评要求》《信息系统密码应用测评过程指南》2项文件，分别由GM/T 0115—2021、GM/T 0116—2021密码行业标准替代。同时发布《商用密码应用安全性评估FAQ》（常见问题解答）。

学会建设　学会召开常务理事会议6次、理事会议1次。

学会理事会理事新增1人，青年工作委员会完成换届，成立中国密码学会年会指导委员会。

5月，经民政部审批，完成学会法人变更行政许可。截至2021年年底，学会共有个人会员4400人、单位会员277家，较2020年分别增加9.6%、3.7%。

青年人才托举工程　学会遴选推荐2人获得中国科协第六届“青年人才托举工程”项目资助。从第二届到第六届，学会共有10人入选。

修订《中国密码学会青年人才托举工程项目管理办法（试行）》。学会网站增设“人才托举”一级栏目。

主办期刊　2021年，出版《密码学报》6期，共发表论文85篇，增设“国产商用公钥密码”和“量子计算与密码分析”2个专栏。评选2021年度优秀审稿专家14名、优秀论文4篇。入选中国计算机学会发布的《计算领域高质量科技期刊分级目录》T2类非常优秀期刊。完成《密码学报》期刊数字出版平台升级。

学科发展工程　学会组织编撰出版《中国密码学发展报告2021》。开展2021年密码领域重大科学问题和工程技术难题征集。

国内主要学术会议　2021年，学会及其分支机构共主办国内学术会议 14 次，交流论文 210 篇，线上线下共有专家、学者和研究生约 6 万人次参加会议。会议主要有 2021 第十四届中国密码学会年会、中国密码学会 2021 区块链密码学术会议、中国密码学会 2021 年密码算法学术会议、中国密码学会 2021 年密码数学理论学术年会、安全协议进展国际会议、中国密码学会 2021 年密码芯片学术会议、中国密码学会 2021 年混沌保密通信线上学术会议、2021 年全国电子认证技术交流大会，以及中国密码学会 2021 年青年论坛、中国密码学会密码测评理论与关键技术前沿论坛、第十二届全国密码学与信息安全教学研讨会等。

11 月 13 日，学会安全协议专业委员会在北京召开安全协议进展国际会议，线上线下专家、学者和研究生 400 余人次参加会议。学会理事长、中国科学院院士王小云出席开幕式并致辞。会议围绕个体化安全性归约、协议代码漏洞挖掘方法探索、更快的异步拜占庭共识协议、对 TLS（安全传输层协议）密态网络流的检测、口令分布及其对口令安全协议的启示、基于格的高效公钥算法设计和群集智能与信息安全等内容安排 7 个专题报告。

12 月 25 日，学会电子认证专业委员会在北京召开 2021 年全国电子认证技术交流大会，线上线下专家、学者和研究生 4000 余人次参加会议。大会以“电子认证 2.0 启航信任互联”为主题，旨在促进电子认证 2.0 发展，形成以“构建信任、传递信任”为核心的发展模式，为数字时代下网络安全体系保驾护航。会议安排 10 个特邀报告，评选出 2 篇优秀会议论文。

12 月 28 日，学会密码芯片专业委员会在北京召开中国密码学会 2021 年密码芯片学术会议，线上线下专家、学者和研究生约 4 万人次参加会议。大会安排特邀报告 4 个:《面向应用、深度融合——引领密码芯片技术创新发展》《新型电力系统中工业芯片的安全技术和应用》《密码系统侧信道分析的若干新进展》、My other car is your car：compromising the Tesla Model X keyless entry system；安排专题报告 9 个。

科普活动 举办 2021 第六届全国密码技术竞赛。竞赛分初赛、复赛和决赛，历时 3 个月。全国 60 所高校、企业的 333 支代表队参加比赛，121 个团队进入决赛。最终评出特等奖 2 名、一等、二等和三等共 119 名。11 月 25—27 日，第六届全国密码技术竞赛决赛和颁奖典礼在北京举办，来自线上线下的专家、学者和在校学生等约 1.1 万人次参加。

表彰举荐优秀科技工作者 2021 年，学会开展 2019—2020 年度中国密码学会奖评选活动，通过申报推荐、评选公示，4 人获中国密码学会优秀青年奖、2 人获中国密码学会先进工作者奖、2 家单位获中国密码学会先进集体奖。

党建强会 2021 年，召开学会党委会工作会议 3 次，审议通过中国密码学会党史学习教育方案、分支机构成立党的工作小组等重大事项。6 家分支机构成立党的工作小组，实现学会所有分支机构成立党的工作小组。办公室党支部开展党史学习教育、庆祝建党 100 周年等活动。全年组织政治理论学习、党员大会、组织生活会、主题党日及讲党课等活动 40 多次。

会员服务 在全国科技工作者日期间，学会面向全国科技工作者以“后疫情时代的密码应用”为主题举办学术报告和沙龙，特邀中国科学院院士王小云、冯登国等 5 位专家、学者作主旨报告，邀请 6 位政产学界专家围绕主题进行研讨。该项活动吸引线下 100 多人、线上 7000 多人次参加。

学会通过网站、微信公众号、微信群及会议等形式服务会员，向会员赠送《密码学报》《中国密码学发展报告 2021》等期刊、图书，惠及会员约 6000 人；为会员参会提供免费或优惠，提供《密码学报》电子版免费下载服务。

【2021 第十四届中国密码学会年会】 12 月 4—5 日，由国家密码管理局指导、学会主办的 2021 第十四届中国密码学会年会分别在北京、贵州省贵阳市设立分会场。国家密码管理局正局长级督察专员于传斌，中国工程院院士、贵州大学校长宋宝安，学会理事长、中国科学院院士王小云等出席开幕式并致辞。线上线下专家、学者和研究生约 8500 人次参加会议。

开幕式上，向 2020 年密码创新奖（一等奖 1 名、二等奖 5 名）、2019—2020 年度中国密码学会奖（8 名 / 家）、2021 年中国密码学会优秀博士学位论文（4 篇）和《密码学报》2018 年度最佳论文（4 篇）获得者颁发证书或奖金。

年会设 1 个主论坛和 3 个分论坛，安排 7 个特邀报告，包括 Algorand 基金会研究员 Craig Gentry 的 *A Decade（or So）of Fully Homomorphic Encryption*、以色列魏茨曼科学研究所教授 Adi Shamir 的 *A New Theory of Adversarial Examples in Machine Learning*；荷兰内梅亨大学教授 Joan Daemen 的 *On Deck Functions*；王小云的《密码技术与区块链》；中国科学院院士、

北京信息科学技术研究院研究员冯登国的《安全协议：理论与实践》；暨南大学教授翁健的《选择打开安全的公钥密码》和上海交通大学教授郁昱的《用噪声学习奇偶校验：构造、简化和分析》。

3 个分论坛分别是优秀青年学者论坛、密码学前沿交叉和应用论坛、论文报告论坛等，共安排专题报告 29 场。

（撰稿人：陈　灏）

中国大坝工程学会

服务创新型国家和社会建设　2021 年，学会理事长矫勇带队开展某江下游水电开发调研，形成科技工作者建议一份，通过中国科协向中共中央办公厅、国务院办公厅、中央组织部、中央宣传部、全国人大、全国政协、水利部、国家发展改革委等呈递报送。11 月，中国科协党组成员、书记处书记王进展带队到学会进行专题调研。

学会承担并完成《水库堤防水闸失事典型案例》（国外篇）的编撰，水利部副部长刘伟平指导该项目的工作。参与并完成水利部运行管理司会同有关单位开展的“水库工程防洪能力提升专项研究”，并提交专项研究报告。受水利部水利工程建设司委托，学会承担水利部 2021 年督办事项之一——水利建设市场主体信用评价机构的第三方评估工作，提交评估报告，并提出进一步完善水利建设市场信用评价工作的建议，为相关工作提供支撑。

10 月，为水利涉外干部“一带一路”专题培训班提供“互联网 + 大坝工程医院”云平台建设课件资料作为培训教材，学会副秘书长郑璀莹受邀在培训班授课。

联系并促成国际大坝委员会来函支持第三届世界科技与发展论坛发布的“开放、信任、合作”倡议。征集水库大坝领域重大科学问题与工程技术难题向中国科协报送。推进工程师能力标准国际互认，协助中国科协调研中国、巴基斯坦（中巴）工程师互认有关情况。

围绕《中华人民共和国能源法（征求意见稿）》（送审稿）、《中华人民共和国科学技术进步法（修订草案）》（征求意见稿）、《中华人民共和国专利法实施细则（修订草案）》（送审稿）等法律条文，分别组织有关单位的专家研讨，征集修改意见，并向全国人大常委会报送咨询建议。

学会建设　中国科协专职副主席、书记处书记孟庆海，中国科协学会学术部部长、企业工作办公室主任刘兴平等先后带队到学会调研指导，并重点就学会科普工作、行业科技发展存在的“卡脖子”问题等进行调研。

3 月，学会通过中国科协 2020 年度世界一流学会建设项目验收，在中国科协所属全国学会中排名第 32，居于前 15%，申报的中国科协“中国特色一流学会建设项目”（2021—2023 年）获得支持。

学会在水利部“2020—2021 年国际组织及国际组织对口机构考核”评估中获得总分第一；被民政部评定为 4A 级全国性社会团体；被评为中国科协“2021 年度全国学会科普工作优秀单位”“2020 年度科协系统财务数据汇总工作优秀单位”。

截至 12 月底，学会年度新增个人会员 3785 人，共计 24918 人；新增单位会员 45 家，总数达到 339 家。学会新增设土石坝安全管理技术专业委员会，共有 15 个分支机构。

学会全年召开全体理事会议 1 次、常务理事会议 2 次。审议并修订《中国大坝工程学会科技进步奖奖励办法》《中国大坝工程学会技术发明奖奖励办法》《大坝杰出工程师奖奖励办法》等；新增《中国大坝工程学会推荐院士候选人工作细则》《中国大坝工程学会会议管理办法》等。

学会组织专家参与完成 4 项技术公报，并已在国际大坝委员会第 89 届执行会议上通过。

学会依托“互联网 + 水库大坝工程医院”云平台（英文版）构建“慕课”培训中心，邀请“一带一路”国家代表免费参加在线交流培训，以提升发展中国家水利水电技术领域的工程师能力建设水平，此次培训获得国际大坝委员会主席、秘书长等国际专家的赞扬。此外，还依托该平台建立中国水利水电技术标准共享板块，上传 67 部英文版水利技术标准，截至 12 月底，1.6 万人次访问。

青年人才托举工程　学会推动的“2+2 方案”（即科协资助 2 名、学会自筹资助 2 名）获得第七届（2021—2023 年度）中国科协“青年人才托举工程”项目立项。

主办期刊　2021 年，学会联合主办的期刊《水利学报》获得“百种中国杰出学术期刊（2020）”“中国国际影响力优秀学术期刊（2021）”等称号，被《世界期刊影响力指数报告》（2020 科技版）收录。

国际学术会议 12 月 17—23 日，由学会主办的第 14 届水库大坝与水电可持续发展及能力建设圆桌论坛在线上召开。此次论坛采用“视频报告 + 在线研讨”的模式，依托“互联网 + 水库大坝工程”云平台（英文版）开发互动版块，邀请来自美国、瑞士、法国、加拿大等国家的 12 位坝工专家围绕论坛主题共享主旨视频报告。

国内主要学术会议 5 月 26—27 日，由学会与水利部大坝安全管理中心联合主办的全国病险水库安全评估及除险加固技术前沿研讨会在浙江省杭州市召开。380 余名专家、学者线下参加会议，2 位院士及 27 位专家作大会报告。此次会议为助力病险水库除险加固工作提供科技支撑。此外，会议的主承办单位还组织编写并正式出版《大坝病险评估及除险加固技术》一书，从 6 个部分对大坝病险评估及除险加固技术进行介绍。

12 月 16 日，由学会参与联合主办的“强化河湖长制，建设幸福河湖”——河湖长制与河湖保护高峰论坛在湖南省长沙市举办。260 余人参加讨论，3 位院士作特邀报告。论坛设置 3 个主题论坛，推动河湖长制工作再上新台阶。

12 月 30 日，由学会和水利部防洪抗旱减灾工程技术研究中心联合主办的“北斗水利水电综合应用示范项目”推进会以视频会议方式召开，来自全国各地的近 1200 名专家、学者、从业人员参加会议。会议邀请 5 位专家分别针对北斗技术在水利水电行业的应用示范及情况作报告。会议对推进北斗水利综合应用示范落地、助力智慧水利发展发挥促进作用。

国际组织任职 学会推荐的中国坝工专家在国际大坝委员会 25 个专委会任职。其中，中国长江电力股份有限公司副总经理陈辉担任国际大坝委员会水电站与水库联合运行专委会主席；中国电建集团昆明勘测设计研究院有限公司副总工彭富平担任国际大坝委员会残积土专委会委员。

国际交往 学会联合美国大坝协会组织评选第三届高混凝土坝国际里程碑工程奖，共有 6 个国家委员会推荐的 9 座工程参与评选。

2 月，学会组织 20 多名专家在线参加由国际大坝委员会主办的“大坝与流域的可持续发展”国际研讨会。来自 104 个国家的 1794 名专家、学者参加会议。国际大坝委员会荣誉主席、学会秘书长贾金生在大会上作特邀报告；4 位专家在碾压混凝土坝技术研讨会上作交流报告。

4 月，由巴西大坝委员会主办、学会参与协办的第二届大坝安全与风险管理研讨会以视频会议形式召开。国际大坝委员会荣誉主席、学会秘书长贾金生在会上作特邀报告，推广中国筑坝新技术，促进国际交流与合作。

7 月，应国际水媒体集团邀请，学会组织专家在线参加由国际大坝委员会和国际水媒体集团联合主办的 Solar-Hydro 2021 国际研讨会。国际大坝委员会荣誉主席、学会秘书长贾金生在会上作报告，学会副秘书长郑璀莹主持分会。

9 月，由学会联合主办的第三届大坝安全国际研讨会在西班牙召开。会议采取线上、线下相结合的方式举办，来自国内外的近 450 名专家、学者参加会议。其中，中国 8 位专家在线参加会议，共同探讨大坝安全相关问题。国际大坝委员会荣誉主席、学会秘书长贾金生主持“大坝安全技术进展”分会。

11 月，学会组织中国专家参加国际大坝委员会第 89 届年会、执行会议和亚太地区分会在线会议。在执行会议期间，国际大坝委员会荣誉主席、学会秘书长贾金生介绍国际大坝委员会第 28 届大会的筹备情况；会上围绕如何修订章程以进一步激励青年工程师参与国际大坝委员会活动提出成立专门工作委员会的建议被采纳，学会副秘书长郑璀莹担任该专门工作委员会委员。在亚太地区分会期间，中国专家参加会议并作主旨报告。

科普活动 学会共推荐 7 家单位作为 2021—2025 年度全国科普教育基地第一批候选单位向中国科协报送。新增设立“峡江水利枢纽工程展示馆”为学会科普基地，推动水库大坝科普工作。

主办的“水库大坝之声”微信公众号继续保持每周 2 期资讯推送频率。截至 12 月底，累计发布资讯 745 期，单篇阅读量峰值达 2.93 万人，稳定关注受众近 1.5 万人。

承担并完成由中国水利水电科学研究院委托的水利科普丛书分册《大坝工程》知识读本的编写工作；承担并完成由中国科学院院长侯建国担任编委会主任的《中国科技之路 · 水利卷 · 水利民生》中“第二部分　第二章 大国重器——高坝大库绿色水利枢纽”的组稿工作，该丛书于 6 月出版。

围绕社会热点，以专家力量科学引导舆论。积极转发相关会员单位及专家撰写的《印度北阿坎德邦查莫利冰川崩裂引发山洪冲垮两座水电站大坝》和《郑州暴雨引发沉重思考：如何更好应对城市型水灾害？》等多篇文章，对公众关注的热点问题进行解答。联合制作《新中国最严重溃坝事故：河南“75·8”特大水灾是如何发生的？》专题视频，获得2.2万人次点击率。

学会综合部主任周虹作为第二届全国水利科普讲解大赛一等奖获奖选手，在全国科普日水利主场活动上作题为《大块头有大智慧》的科普讲解展演。

组织参与中国科协办公厅开展的“典赞·2021科普中国”推选活动，推选优秀科普人物和科普作品报送中国科协。

联合中国水利博物馆举办百年百项水利印记——建党100周年治水成就专题展。截至12月底，共有8万人次到馆参观。

组织开展“大坝印象”摄影绘画作品征集和展示活动，并择优选出22幅绘画和摄影作品进行展示。与中国水利水电出版传媒集团联合举办“了不起的水工程”科普活动，并录制和制作相关视频，让更多学生了解水利、走进水利。

表彰举荐优秀科技工作者 学会推荐的中国工程院院士、中国长江三峡集团有限公司原总工程师、学会常务理事张超然获国际大坝委员会终身成就奖，推荐的中国工程院院士张宗亮获国际大坝杰出工程师奖。

组织开展中国大坝工程学会科技进步奖和技术发明奖的评选。推荐的广东清远抽水蓄能电站、江西省峡江水利枢纽工程获第十九届中国土木工程詹天佑奖。推荐的4名会员分别获得产学研合作创新奖、产学研合作促进奖、产学研工匠精神奖；1家会员单位获得产学研合作促进奖；3项科技成果分别获得产学研合作创新成果奖一等奖、二等奖、优秀奖。

推荐南昌大学教授周创兵参评第十四届光华工程科技奖；推荐中国工程院院士、中国水利水电科学研究院教授级高工王浩和水利部长江水利委员会长江科学院副院长汪在芹参评2021年全国“最美科技工作者”；推荐报送6个动漫、短视频、专题活动、平台、文字类作品参加中国正能量2021“五个一百”网络精品征集评选展播活动；推荐报送1个微信公众号参评“走好网上群众路线百个成绩突出账号评选活动”。

党建强会 学会打造理事会、办事机构、分支机构党小组三级党组织体系，在分支机构中成立党的工作小组，实现学会党建工作全覆盖。学会理事会党委组织开展“牢记革命历史，传承红色基因”主题党日活动。

学会秘书处党支部先后开展10次“红色故事大家讲”系列专题学习研讨。先后与水电水利规划设计总院党支部等联合开展“学辉煌党史，庆百年华诞”“忆峥嵘岁月，话崭新征程”等主题党日活动，并召开组织生活会和民主生活会。学会秘书处党支部全体党员参加并完成中国科协党校2020年全国学会干部能力提升网上专题培训。

学会网站设立“传承前辈　树立楷模”专栏，微信公众号开设“学史力行　致敬楷模”专栏，组织开展张光斗、潘家铮等水利水电领域的院士典型事迹主题宣传教育，激励和引领坝工科技工作者传承科学家精神。

学会撰写的党建论文《以党建为抓手　强化一流学会建设》在中国科协科技社团党委开展的2021年学会党建专题征文活动评选中获二等奖；申报完成的党建课题“中国共产党领导人民开展水库大坝建设的历史经验”在水利部庆祝建党100周年暨2021年度党建课题研究成果评比中获三等奖。此外，还参与录制《建党百年　大坝赞歌》主题音频作品。

会员服务 学会持续建设“互联网+水库大坝工程医院”云平台，开展会员服务。截至12月底，云平台已上传1.2万余份技术资料，构建来自111个国家的2.5万人的专家库。2021年，云平台访问次数达到6.1万次。

【第14届水库大坝与水电可持续发展及能力建设圆桌论坛】 12月17—23日，学会主办的第14届水库大坝与水电可持续发展及能力建设圆桌论坛在线上召开。论坛主题为“土石坝事故启示与安全保障新要求”。来自22个国家的41名专家、学者参加在线研讨，论坛报告观看量达835人次。

来自美国、瑞士、法国、加拿大等国家的12位坝工专家围绕论坛主题作视频报告。论坛组织特邀专家和发展中国家专家代表进行在线交流研讨，就土石坝失事教训、考虑气候变化的防洪标准，以及大坝安全领域的先进理念、技术和管理经验进行探讨。

学会理事长矫勇、国际大坝委员会主席Michael Rogers、国际水媒体集团总裁Alison Bartle分别致辞。国际大坝委员会荣誉主席Anton J. Schleiss，原副主席

Micheal Lino 等知名专家参加论坛并进行交流讨论。研讨会由国际大坝委员会荣誉主席、学会秘书长贾金生主持。

【组织编写出版《中国大坝 70 年》专著】 5 月，学会组织编写的《中国大坝 70 年》一书出版。全书按照大坝建设发展概述与典型工程案例相结合的编写思路，以年代为主线，以工程为主体，通过图文并茂的形式凸显中国共产党成立 100 周年，尤其是新中国成立 70 余年来中国大坝在不同年代建设运行的轨迹，为读者呈现中国现代坝工事业从无到有、从弱到强的历史进程。全书编撰工作得到水利部、国家能源局等有关政府部门领导和行业权威专家的认可和支持。

全书分上、下两册，共 10 章 227 万字，收录 123 座典型工程案例和 691 幅工程图片。6 月初，新书通过“中国水利”官方公众号正式发布出版，在行业内外引起反响，并得到《人民政协报》《中国水利报》《中国电力报》及中国科技网等中央和行业多家媒体报道。

（撰稿人：陈丹妮）

中国卫星导航定位协会

服务创新型国家和社会建设 2021 年，协会共完成 28 项科学技术成果评价。按照《中国卫星导航定位协会团体标准管理办法》有关规定，“室内混合智能定位与室内 GIS 技术”等 20 项团体标准立项。开展卫星导航行业信用体系建设工作，两家会员单位获得 2021 年度卫星导航行业信用评价 AAA 级企业。

2021 年度协会承接中国科协项目 9 个，分别是第六届（2020—2022 年度）中国科协“青年人才托举工程”项目、北斗应用产业与技术发展路线图研究项目、“一带一路”精准农业国际合作联盟项目、党建强会特色活动项目、党建调研课题项目、中蒙双边精准农业科技合作学术交流活动项目、中国北斗应用大会——海峡两岸暨港澳北斗论坛项目、“科创中国”产学融合会议——北斗“百城百联百用”应用技术推广高端论坛项目、“科创中国”——北斗产业科技服务团项目。

协会参与商务部、自然资源部组织的《地理信息产业服务贸易发展》工作调研，协助自然资源部做好关于优化地理信息产业运行监测工作。承担自然资源部、国家保密局在 2020 年 7 月 1 日发布实施的《测绘地理信息管理工作国家秘密范围的规定》（自然资发 2020〔95〕号）文件培训工作，分别在海南省海口市、湖南省长沙市、四川省成都市举办 3 次培训班，来自全国测绘资质单位的 500 余人参加培训。

10 月 10—12 日，北斗融合应用成果博览会在河南省郑州市举办，展出规模 1.2 万平方米，来自全国的高等院校、科研机构、企事业单位等 183 家单位参展，共接待观众 4200 人次（省内 2400 人次，省外 1800 人次）。展品主要包括北斗芯片、板卡、各种终端、天线、软件，北斗融合通信、互联网，“北斗 +”或“+ 北斗”在各领域的应用方案和应用场景，以及在“十三五”期间取得的科研成果。

10 月 12 日，协会在河南省郑州市举办 2021 第四届“北斗之星”创新创业大赛郑州全国总决赛。各城市赛区共推荐 18 个北斗创新应用项目进行最终决赛，评选出特等奖 1 名、一等奖 2 名、二等奖 3 名。

学会建设 2021 年，协会新增单位会员 66 个，新增个人会员 65 人；无新增专业委员会，分支机构共 34 个。

召开会长办公会议 5 次、理事会议 1 次、常务理事会议 2 次。

10 月 9 日，中国卫星导航定位协会在河南省郑州市召开第七届会员代表大会暨第七届理事会第一次理事会议，300 余名会员代表出席会议。大会选举产生第七届学会理事会负责人（会长、副会长、秘书长）23 人、常务理事 28 人。

中国卫星导航定位协会科学技术委员会由中国卫星导航定位协会第七届会员代表大会通过设立，主任由中国工程院院士刘经南担任，中国科学院院士杨元喜担任副主任，委员由来自全国卫星导航领域的院士、专家、企事业单位学者、北斗导航领域领军企业专家共计 24 人组成。中国卫星导航定位协会科学技术委员会是由国内具有丰富实践经验和较强社会影响力的高层次人才专家、学者组成的智囊机构，旨在促进北斗卫星导航的技术引领，推动中国卫星导航与位置服务技术应用水平和产业发展能力，提升北斗产业发展学术影响力和全球话语权。中国卫星导航定位协会科学技术委员会的成立使协会能更好地肩负起党和政府联系科技工作者桥梁和纽带的职责，更高质量地完成以组织开展全球导航卫星系统（GNSS）为核心的导航定位与位置服务的科学研究、学术交流和产业发展及应用。

协会网站共编发产业要闻、协会动态、通知公告、党建专栏、会员天地、北斗应用、政策法规、科普大观、专家视点、会员产品推介等方面的内容总计1000余篇。微信公众号发布文章总计400余篇。

青年人才托举工程 2月，协会开展第六届（2020—2022年度）中国科协“青年人才托举工程”项目推荐申报工作，北京理工大学岳裕丰获得中国科协资助名额，武汉大学任晓东、北京航空航天大学郑福、清华大学王腾飞、北京北斗星通导航技术股份有限公司陈良获得中国卫星导航定位协会自筹资助名额。

主办期刊 2021年度，《导航定位学报》复合影响因子名列第8位，较2020年提升2名；影响力指数名列第13位，较2020年提升3名。全年共刊发论文121篇。

学科发展工程 5月18日，协会发布《2021中国卫星导航与位置服务产业发展白皮书》。白皮书汇集研究2020年度产业发展综合情况和统计数据，梳理2020年全年行业发展重大动态，从区域发展、市场发展、产业链发展、知识产权发展等多个方面介绍产业综合现状，并就年度产业发展的新特点、新形势、新焦点进行归纳总结，记录了中国卫星导航特别是北斗应用与产业化快速发展的全过程。每年白皮书的发布已成为行业内外共同期待的一件大事，是行业内最具影响力的产业研究报告，是政府部门决策的重要参考，是业内企业制定发展战略的重要依据，也是社会各界了解产业发展的重要窗口。仅2021年度，在百度搜索词条就达836万条。

2020年中国卫星导航与位置服务产业总体产值达4033亿元，较2019年增长约16.9%。其中，包括与卫星导航技术研发和应用直接相关的芯片、器件、算法、软件、导航数据、终端设备、基础设施等在内的产业核心产值同比增长约11%，达1295亿元，在总体产值中占比为32.11%，增速略高于2020年。由卫星导航应用和服务所衍生带动形成的关联产值同比增长约19.9%，达到2738亿元，在总体产值中占比为67.89%。

5月8日，协会指导南通市卫星应用协会承办“北斗+5G赋能高质量发展”峰会。会议聚焦“北斗与5G的融合应用助力经济社会高质量发展”进行研讨。南通市人民政府副市长王晓斌、协会会长于贤成、中国科学院院士夏军，以及来自全国各地卫星导航定位及移动通信产业的相关机构、企业代表及专家、学者200余人参加会议。

7月17日，第四届中国大地测量和地球物理学学术大会在山东省青岛市召开。大会由中国科协国际大地测量和地球物理学联合会中国委员会主办、中国石油大学（华东）承办、协会协办。

9月14日，由中国科协主办，协会、上海市科学技术协会、上海市杨浦区人民政府承办的“科创中国”产学融合会议——北斗“百城百联百用”应用技术推广高端论坛在上海市举办。论坛围绕上海市杨浦区在“科创中国”平台提出的“数字文化，位置服务”需求，对收集的65项产业服务需求和68项技术成果进行研讨交流，并邀请来自全国及上海市相关科研院所、高校及创新机构的院士、专家就北斗卫星导航与位置服务领域的科技创新与产业发展作报告。

国内主要学术会议 10月10—12日，协会与郑州市人民政府、河南省发展改革委、河南省自然资源厅、河南省工业和信息化厅、河南省科技厅、河南省商务厅、河南省科学技术协会、郑州市人民政府在河南省郑州市举办中国北斗应用大会暨中国卫星导航与位置服务第十届年会。

10月11日，由协会国际时空信息综合服务专业委员会主办、北京建筑大学承办、“科创中国”平台支持的“北斗+智慧”赋能数字经济产业国际化论坛在河南省郑州市举办。论坛邀请来自中国铁道科学研究院、航天宏图信息技术股份有限公司等科研院所和企业的专家从中欧班列、智慧救援、城市治理、全球监测、智能装备以及北斗推广中所涉及的国际法等多个角度分享经验，展示“北斗+智慧”在数字经济产业走向国际化进程中的作用。

12月12日，由协会主办、中国农业工程学会协办的“一带一路”精准农业国际合作高端论坛在北京主会场、四川省德阳市等分会场以线上线下相结合的形式召开。此次论坛邀请包括中国工程院院士、法国欧洲科学院院士2位院士在内的8位学术界和产业界的专家、学者作特邀报告。

科普活动 1月，中国卫星导航定位协会湖南浏阳科普基地在浏阳市第五中学正式挂牌。

5月24日，协会与江西师范大学共同组建的北斗遨翔学院在江西师范大学地理与环境学院挂牌成立。

10月12日，由协会和郑州高新技术产业开发区管理委员会联合主办的2021年郑州高新区“北斗乐跑 · 科普中国”活动在中国北斗应用大会暨中国卫星导航与位置服务第十届年会期间举办。活动以中国自主北斗时空应用为技术架构和特色，构建数字化、智慧化应用场景，创新融合科技、体育、文化、旅游、娱乐等为一体，旨在大力推动北斗卫星导航系统时空智慧应用事业与高新区产业融合发展。

表彰举荐优秀科技工作者 2021 年，卫星导航定位科技进步奖共评选出 26 个获奖项目，其中“北斗广域亚纳秒时间同步技术与装备”等 5 个项目获 2021 年度卫星导航定位科技进步奖特等奖；“北斗与地磁联合的低轨通信小卫星时空基准技术”等 7 个项目获 2021 年度卫星导航定位科技进步奖一等奖；“多源无线电信号融合高精度测量及其位姿感知应用”等 14 个项目获 2021 年度卫星导航定位科技进步奖二等奖。

卫星导航定位创新应用奖共评选出 39 个获奖项目，其中“北斗天通信息终端”等 5 个项目获 2021 年度卫星导航定位创新应用奖金奖；“北斗在交通隧道内持续定位系统关键技术及应用推广”等 8 个项目获卫星导航定位创新应用奖银奖；“青岛地铁 8 号线超长过海隧道第三方测量服务项目”等 26 个项目获卫星导航定位创新应用奖铜奖。

2021 年卫星导航定位终身成就奖授予中国科学院院士、中国科学院精密测量科学与技术创新研究院研究员许厚泽。

党建强会 6 月 9 日，协会党委书记于贤成带领秘书处全体成员赴西柏坡开展主题党建活动。6 月 25 日，协会党支部全体成员特邀中国工程院院士刘经南朗诵《赞百年华诞，颂北斗之歌》。7 月 1 日，协会理事会党委集中组织聆听习近平总书记在庆祝中国共产党成立 100 周年大会上的讲话。

8 月 16 日，协会党支部书记于贤成主持召开以“学党史、悟思想、办实事、开新局”为主题的党史学习教育工作总结和专题组织生活会。

11 月 25 日，协会党支部、理事会党委召开“党的十九届六中全会精神宣讲”专题会议，组织在京部分党委成员和协会党员及群众代表学习党的十九届六中全会精神。

会员服务 2021 年，协会发展会员分布遍及全国除香港特别行政区、澳门特别行政区、台湾地区之外的全部省、自治区、直辖市，经济社会的重点行业、主要领域均有协会会员从事北斗应用工作，协会已经形成覆盖全国、辐射“一带一路”、以企业为主的产学研结合、以北斗研发制造为核心向各个行业应用深度渗透的产业发展格局。一大批新产业、新业态和新商业模式的“三新”企业加入协会，其中不乏人工智能、新型测绘地理信息、新基建、新型电子商务等领域的骨干和领军企业。

2021 年，协会组织会员企业在上海市、河南省郑州市、江苏省南通市等地参加地方政府组织的招商引资活动 10 余场，100 余家会员企业参加活动。10 月 10 日，在河南省郑州市举办的中国北斗应用大会暨中国卫星导航与位置服务第十届年会开幕式上，郑州高新技术产业开发区管理委员会与 14 家企业举办合作签约仪式。

协会建立与会员沟通走访机制，面向服务行业发展，创建协会品牌，深化企业服务，助力中小微科创型企业申请中央和地方政府“专精特新”“小巨人”“隐形冠军”等政策性扶持事项，为会员企业出具市场占有率、排名等佐证材料。

2021 年，协会评选出 9 个先进专业委员会，分别是北斗资源环境应用专业委员会、北斗产教融合创新专业委员会、电力行业应用专业委员会、室内导航定位专业委员会、青年工作委员会、科技普及专业委员会、北斗物联网专业委员会、北斗产业孵化专业委员会、国际时空信息综合服务专业委员会。

【中国卫星导航定位协会第七届会员代表大会暨第七届理事会第一次理事会议】 10 月 9 日，中国卫星导航定位协会第七届会员代表大会暨第七届理事会第一次理事会议在河南省郑州市召开，300 余名会员代表出席会议。在第七届会员代表大会上，第六届理事会会长作工作报告、第六届理事会秘书长作财务报告、第六届监事会监事长作监事会工作报告。在第七届理事会第一次理事会议上，理事会党委书记代表第六届理事会党委作《中国卫星导航定位协会第六届理事会党委工作报告》。

大会审议通过新修订的《中国卫星导航定位协会章程》《中国卫星导航定位协会会费收取与管理办法》以及《中国卫星导航定位协会第七届理事会换届方案》《中国卫星导航定位协会第七届会员代表大会代表产生办法》《中国卫星导航定位协会理事候选人产生办法》《中国卫星导航定位协会监事候选人产生办法》等文件。

经投票表决，于贤成当选为协会会长，赵继成当选为副会长，刘大可当选为副会长兼秘书长。特邀孙家栋、徐德明、刘经南 3 人为名誉会长。选举王久辉为第七届监事会监事长，鲁鸣、魏爱辉为副监事长，周彬、刘建为监事。

由第七届理事会常务理事会中的党员代表选举产生第七届理事会党委，完成理事会党委换届工作。于贤成当选为理事会党委书记，赵继成当选为理事会党委副书记，王久辉当选为理事会党委纪检委员，刘大可、严刚、刘忠华、赵军当选为理事会党委委员。

【中国北斗应用大会暨中国卫星导航与位置服务第十届年会】 10月10—12日，由中国卫星导航定位协会等共同主办的中国北斗应用大会暨中国卫星导航与位置服务第十届年会在河南省郑州市召开。大会以“创新北斗应用　促进智能产业”为主题，中国科协、自然资源部、河南省及郑州市有关领导，以及来自卫星导航与位置服务领域的1000余名企事业单位代表、科技工作者，包括院士、行业知名专家和企业家出席大会。大会分为开幕式、企业家座谈、高端论坛、分论坛、“郑州北斗夜”、“北斗乐跑·科普中国”活动、第四届“北斗之星”创新创业大赛、北斗应用成果博览会等板块。

在大会开幕式上，协会会长于贤成，郑州市委副书记、市长侯红，中国科学院院士、国际大地测量和地球物理学联合会中国委员会主席夏军分别致辞。中国科协党组成员、书记处书记吕昭平，自然资源部党组成员、副部长王广华，河南省人民政府副省长、民盟中央常委、河南省委主委霍金花分别讲话。开幕式上颁发2021年度卫星导航定位科技进步奖、卫星导航定位创新应用奖、卫星导航定位终身成就奖。刘经南作《BD-3时空位置服务优势及其多领域规模应用》主旨报告。中国科学院院士张钹作《人工智能的现状与未来展望——迈向第三代人工智能》主题报告；中国科学院院士杨元喜作《智能PNT需求与发展》主题报告；中国科学院院士、中国工程院院士李德仁作《浅论无所不在的PNT服务》主题报告；中国科学院微小卫星创新研究院副院长、北斗三号卫星总师林宝军作《北斗三号卫星系统研制与创新》主题报告。900余人聆听报告。

年会还编辑出版《卫星导航定位技术文集》(2021年)，30篇论文入选。

【第四届中国大地测量和地球物理学学术大会】 7月17日，第四届中国大地测量和地球物理学学术大会在山东省青岛市举办。来自高校、科研单位的3300余名专家、学者参加会议。大会开幕式由国际大地测量和地球物理学联合会（IUGG）中国委员会秘书长、研究员党亚民主持，IUGG中国委员会主席夏军、中国科协国际联络部处长尹霖等分别致辞。围绕“地球科学与碳循环”主题，中国科学院院士吴国雄、夏军、焦念志、郑永飞，中国工程院院士张小曳，第三世界科学院院士吕永龙分别陈述自己的观点并进行交流互动。大会还通过300多个展板以及多场分会报告等方式，加强对大地测量与地球物理学的理解，总结两者在理论、技术与应用方面的最新进展与成果，促进技术交流。

（撰稿人：马　钰　梁聪伟）

中国生物材料学会

服务创新型国家和社会建设　4月26日，学会发布《脊柱植入物　增材制造钛合金椎间融合器》等18项团体标准，于10月1日起正式实施。10月，开展2021年生物材料团体标准项目技术审查评审工作，《生物活性玻璃体外矿化测试方法》等9项团体标准通过技术审查。10月11日，学会标准工作委员会同意《动物源性心包瓣叶材料评价方法》等3项团体标准项目立项。

学会继续承接创新医疗器械特别审查项目，2021年协助国家药品监督管理局医疗器械技术审评中心组织审查70件无源类创新医疗器械申报，组织68次创新、优先专家审查会。

加入“科创中国”品牌建设，助力科技经济融合与区域创新发展。为加快推进“科创中国”试点城市及成渝地区双城经济圈建设，依托“科创中国试点城市（园区）联合科技服务团”“科创中国试点城市（园区）系列产学融合会议项目”，举办高端学术研讨会、技术交流座谈会、宣讲培训、招商路演、科普宣传等活动，为产学研监投等全产业链搭建高效沟通平台；并通过实地走访调研，深度剖析产业发展情况，组织专家撰写《重庆医疗器械产业发展调查研究报告》。

依托“中国科协十大代表调研课题”，联合会员单位上海纽脉医疗科技股份有限公司，组织心血管器械原材料相关专家对行业十余家代表公司、检验机构进行调研采访，撰写报告《关于加快突破国内高端医疗器械原材料依赖进口困境的政策建议》《我国心血管植介入器械原材料面临的问题及挑战》。

学会建设 2021年，学会共召开常务理事会议3次、理事会议1次、监事会议2次。根据学会分支机构管理办法，学会骨修复材料与器械分会、生物陶瓷分会、神经修复材料分会3个分会完成换届工作；生物材料临床试验研究分会、康复器械与生物材料分会、眼科生物材料及器械分会召开成立大会。10月11日，经学会常务理事会批准，新设科技成果评价工作委员会。截至2021年12月31日，学会共新增个人会员404人、企业会员11个，学会现有个人会员4620人、企业会员42个。

2021年，学会被民政部评为2020年度5A等级全国性社会组织，"医疗器械/生物材料安全性评价科普视频展播"科普活动被中国科协评为全国科普日优秀活动。

2021年，制订《中国生物材料学会科技成果评价工作实施办法》《中国生物材料学会科普工作制度》《中国生物材料学会关于届中调整、增补理事（常务理事）监事的办法》《中国生物材料学会团体标准收费管理办法》，修订《中国生物材料学会分支机构管理办法》，加强学会分支机构和理事会的管理。

青年人才托举工程 10月，学会完成第四届"青年人才托举工程"项目结题工作。2021年开展第七届中国科协"青年人才托举工程"项目的推荐遴选工作，最终向中国科协先进材料学会联合体推荐杨立等4位候选人。

自2017年起，学会每年有2～4人入选中国科协先进材料学会联合体"青年人才托举工程"项目资助，截至2021年年底，共获得14个托举资助名额。

主办期刊 学会英文会刊*Regenerative Biomaterials*〔《再生生物材料》（英文版）〕是学会与牛津大学出版社合作出版的在线开源期刊，2021年取得国内刊号和出版许可证。编委会完成换届，第三届期刊编委由18个国家和地区的74位专家、学者组成，中国工程院院士张兴栋、美国国家工程院院士Nicholas Peppas担任主编，丁建东担任执行副主编，Cato Laurencin、James Anderson、顾臻担任副主编。2020年，*Regenerative Biomaterials*影响因子为6.353，在科学引文索引同领域期刊中排名前26%，位于JCR Q2区。爱思唯尔的Scopus数据库数据显示，2020年*Regenerative Biomaterials*引用分数（CiteScore）为7.6，在100余种生物材料类期刊中排名前20，位于Q1区。

国际学术会议 9月27日，学会作为支持单位，协助四川大学和意大利国家研究委员会在四川省成都市联合主办2021中意生物材料学术论坛。此次论坛采用线上线下相结合的方式召开，主题为"新形势下生物材料创新与国际合作"，探讨当下生物材料科学技术领域的热点、难点问题，研讨生物材料前沿研究进展及发展趋势以及如何促进成果转化及中意合作。

10月12日，在2021中国生物材料大会期间，学会主办2021中－韩青年科学家交流论坛。论坛邀请中国、韩国各4名报告人作线下线上交流报告，现场50余人参加论坛。此次论坛是中国、韩国青年科学家交流计划的延续，为两国生物材料领域专家、学者提供交流平台。

国内主要学术会议 2021年，学会及其分支机构开展学术交流活动13次，线上线下参与人数1091763人次。

6月15—17日，重庆医疗器械创新发展·竹溪智谷论坛暨2021年第二期科创中国@重庆双月论坛在重庆市召开。此次论坛由中国科协学会服务中心指导，学会、重庆市科学技术协会、重庆两江新区管理委员会、重庆市北碚区人民政府主办。论坛以"医疗器械科技创新与经济融合发展"为主题，旨在为企业搭建沟通交流平台，促进重庆市医疗器械产业健康快速发展。

10月25日，由中国科协主办、中国生物材料学会和西部（重庆）科学城管理委员会联合承办的"科创中国"产学融合会议——中国西部医疗器械产学融合研讨会在重庆市召开。会议以"产学融合·'医'同创新"为主题，来自医疗器械行业的科技工作者、临床医生和企业代表参加会议。会议设主题论坛、企业技术需求发布、专家科技成果展示、产学对接等环节。同时，还设置体外诊断、植介入医疗器械、康复医疗器械分会场。此次研讨会为相关专家、学者、临床医生及医械企业有关人员提供交流平台，对探讨产学融合、医工结合创新模式有推动作用。

11月30日，"科创中国"成都市双流区大健康产业发展论坛暨四川大学侨联专家工作站（双流站）发布仪式在四川省成都市召开。此次论坛邀请从事生物医药监管、研发、审评、检验和动物试验等领域的专家作线上报告，聚焦生物医药企业关注的产品审评、检验、动物试验等问题，为企业搭建沟通交流平台，促进成都市生物医药产业发展。

科普活动 2021年，为进一步优化科普体系建设，学会制订《中国生物材料学会科普工作制度》，学会日常科普活动实行备案制管理，精品科普活动实行项目制管理。

4月，学会材料生物力学分会举办向贫困山区捐赠图书活动。此次科普图书捐赠活动面向甘肃省贫困山区中小学生展开，向甘肃省渭源县会川镇文峰中心小学、渭源县上湾镇东沟小学、临洮县衙下集镇刘家河小学、碌曲县拉仁关中心小学、临洮县窑店镇窑店小学捐赠图书近500册。

5月，学会生物材料生物学评价分会开展科普宣传进课堂活动以及实验室开放日活动，为广大青少年普及医疗器械/生物材料安全性评价的相关知识，增加其对科学研究的兴趣以及对未知领域学习探索的热情；与此同时，生物材料生物学评价分会也面向全国医疗器械生产企业、监管部门和检验机构人员，就医疗器械/材料生物学评价新标准进行科普宣贯。

6月2日，学会将四川大学华西口腔医学院专家资源汇入"科创中国"试点城市——重庆市永川区，举办口腔科普进校园——"正畸+防龋"趣味讲座及专家义诊活动。此次活动是在中国科协学会服务中心的指导下，由学会、重庆市永川区科学技术协会等联合主办的。学会科普教育基地重庆登康口腔护理用品股份有限公司作为支持单位参与此次活动。

9月，学会生物材料生物学评价分会"医疗器械/生物材料安全性评价科普视频"精品科普项目予以立项，已制作完成5集医疗器械安全性评价系列科普视频并结题。在全国科普日活动期间，通过学会微信公众平台进行展播。

2021年，学会材料生物力学科学传播团队负责人王丽珍主编的科普图书"和院士一起做科普"系列——《啄木鸟为什么不得脑震荡》在科学普及出版社（暨中国科学技术出版社）完成出版；科普绘本系列——《脊柱的烦恼》在人民卫生出版社完成出版。学会邀请四川大学华西口腔医学院相关专家撰写《面部骨折打了"板子"，一定要取出吗？》等原创科普文章，广受关注。

为进一步做好医疗器械审评资讯的宣传推广，立足会员需求，提升服务能力，从6月起，在官方微信公众号设置"器审"专栏，分享器审资讯，转载权威声音。其中，设置的"器审科普"专栏广受好评。2021年度共编辑28篇器审科普推文，内容涵盖器械审评科普、器械产品科普、动物试验科普等，阅读量达7000人次以上。

表彰举荐优秀科技工作者 学会组织开展2021"最美科技工作者"、第十四届光华工程科技奖、第十七届中国优秀青年女科学家奖和未来女科学家计划等推荐工作，共推荐优秀科技工作者9人次。

5月，学会组织召开2021年度中国生物材料学会科学技术奖评审会，评选出一等奖2项、二等奖2项、三等奖2项，共奖励项目完成人59名。

党建强会 在中国科协科技社团党委的指导下，根据《科协系统开展党史学习教育工作方案》要求，制订《中国生物材料学会党委关于开展党史学习教育工作方案》，每月按时整理编辑党史学习资料并发送常务理事党员；开展"学党史 庆百年"系列学习活动，在微信公众号上定期推送大型党史纪录片《百炼成钢：中国共产党的100年》，共推送8期60集节目，关注度达300余人次；召开第三届理事会党员大会，学会党委书记王迎军向全体理事会党员作题为《众心向党，自立自强》党课报告；为做好学会秘书处党支部党建工作，学会党委制订活动计划，按时参与学院党委中心组学习会议，组织秘书处党员同志集中观看全国两会报道、"七一勋章"颁授仪式、庆祝中国共产党成立100周年大会等活动，开展清明节缅怀先烈主题党日活动。

会员服务 为发挥学会专业科技信息和人才活动聚集优势，深化会员服务，解决疫情期间高校毕业生就业难、企事业单位专业人才招聘难的问题，开展助力会员单位招聘活动，2021年面向生物材料领域企业、科研院所、高校征集相关招聘需求，共征集10余家单位招聘信息800余个招聘岗位，通过学会官网和邮件形式发布招聘信息。

为发挥学会专家优势，协助解决企业技术需求、技术难点，促进科技与产业融合，助推医疗器械产业发展，开展医疗器械企业的技术对接服务。2021年，学会官网和微信公众号共发布企业需求19条，其中15条需求找到合作意向专家。

【2021中国生物材料大会】 10月11—14日，由学会主办、上海大学和华东理工大学承办、上海张江（集团）有限公司协办的2021中国生物材料大会在上海市举办。此次大会主题为"生物材料：创新发展、服务健康"。

会议由学会副理事长张胜民主持。国家药品监督管理局局长焦红，上海市人民政府副秘书长黄永平，学会党委书记、中国工程院院士王迎军，学会名誉理事长、中国工程院院士、美国国家工程院外籍院士张兴栋，上海大学党委书记成旦红出席开幕式并致辞。

中国工程院院士付小兵，中国科学院院士刘昌胜、赵宇亮、陈学思、葛均波、朱美芳，以及来自科研院校、医疗机构、企业及监管部门等从事生物材料及医疗器械研发、生产、检测、监管和临床的科技工作者、医生及企业家共2000余人参加会议。线上线下近80万人次参与。

大会设置开幕式、闭幕式、6场大会报告会、11个大会论坛、101场专题报告会，同时还设有企业卫星会、招聘宣讲会等环节。大会共收集论文摘要1944篇，其中安排口头报告789个、海报展示1158篇。

【第三十五期中国科协全国学会秘书长沙龙】 5月10日，学会以“科技社团促进科技经济融合的创新模式”为主题，在四川省成都市举办第三十五期中国科协全国学会秘书长沙龙。中国科协党组成员、书记处书记吕昭平出席沙龙并致辞。来自全国43个学会的50余位秘书处有关人员、8个省（自治区、直辖市）的5名科协副主席和8名学会负责人，以及科技融合方面的有关专家、成都市有关部门的负责人和有关区县的代表共150余人参加会议。此次沙龙活动旨在加强全国学会和成都市深化交流合作，共同谋划学会服务科技经济融合的新思路、新抓手、新路径，切实提升学会促进科技经济融合的服务能力，特别是为广大科技工作者提供服务产品，为科创中国建设作出贡献。

（撰稿人：许秀娟　刘　静）

国际粉体检测与控制联合会

服务创新型国家和社会建设　为提高企业技术及管理人员的专业水平，2021年，联合会组织分支机构举办多场技术讲座、开展多次培训活动：4—8月，开展粉体技术应用线上培训28期，共有400人参加；4—10月，在贵州省、山东省共开展5期粉尘爆炸与安全防护技术培训，共有370人参加；5—7月，中国石墨技术公益讲堂第1—8期于线上举办，累计300人参加；5月15日，关于团体标准与国标、行标的区别及意义的讲座在北京举办，共有76人参加；6月11日，GB/T29526、GB/T29527标准宣贯在北京举办，共有55人参加；7月20日，青少年工业文化科普交流座谈会在北京举办，共有50人参加。

学会建设　截至2021年年底，联合会个人会员达1433人，其中外籍会员52人，会员分布在美国、日本、韩国、澳大利亚、德国、英国、意大利、荷兰、中国等国家。联合会共有理事会理事31人，常务理事会成员7人。2021年，联合会秘书处克服新冠肺炎疫情的影响，坚持定期举办常务理事会网络会议，保持与常务理事会成员的联系，保证联合会工作正常运行。全年秘书处举办2次常务理事会议，决定联合会的重要事项。

6月20日，第一次常务理事会网络会议在辽宁省沈阳市举办，常务理事成员共7人参加会议。会议通报2021年筹备第五届国际粉体检测与控制联合会会员代表大会和理事会换届工作的情况、国内分支机构的活动内容，以及各国理事在新冠肺炎疫情期间的健康情况。会议由秘书处常务副秘书长金智贤主持。

10月15日，第二次常务理事会网络会议在辽宁省沈阳市举办。会议审议通过2021年12月召开第五届国际粉体检测与控制联合会会员代表大会暨换届大会（因疫情未举办）以及举办第十四届国际粉体检测与控制联合会会议计划的决议。会议由秘书处常务副秘书长金智贤主持，共有7名常务理事参加。

国内主要学术会议　4月16日，由联合会标准化委员会和工业应用委员会主办的行标《可燃物料粉碎过程粉尘防爆安全规范》征求意见会在北京召开。中国安全生产科学研究院博士毕雅静，联合会秘书长李新光，联合会工业应用委员会理事长、清华大学教授盖国胜，联合会粉尘防爆联盟主任、东北大学教授钟圣俊，联合会标准化委员会秘书长赵娣芳，应急管理部天津消防研究所副主任任常兴，南阳防爆电气研究所有限公司教授级高工常镇江，以及部分参编单位代表和行业代表近40人参加会议。会议由赵娣芳主持。会议分别邀请毕雅静作题为《深刻认识安全生产标准对新时代应急管理的重要意义》的报告，讲解标准的重要性和必要性；钟圣俊作题为《粉碎系统粉尘爆炸防护》的报告，用实际案例说明粉尘防爆的重要性和必要性。

7月14—16日，由苏州市应急管理局指导，苏州安全生产管理协会主办，东北大学工业爆炸及防护技术研究所、苏州市涉爆粉尘专家委员会、上海化工研究院、苏州市压铸协会、中国工业防爆技术创新联盟协办，苏州广电影视娱乐投资有限公司承办的2021

第六届苏州应急安全及粉尘防爆技术研讨会暨展览会在江苏省苏州市举办。本届研讨会以“安全生产、应急先锋”为主题，重点研讨防范化解重大风险挑战、推进安全发展城市建设以及粉尘爆炸风险评估方法与实践。来自全国各地安监部门、科研院校、行业企业、新闻媒体的1500余人参加大会。

7月31日，联合会标准化委员会组织的《太阳能光伏玻璃用氧化铝粉体材料》团体标准专家审查会在河南省郑州市召开。专家审议组由河南工业大学教授孙亚光、彩虹集团新能源股份有限公司教授级高工蔡步军、中铝郑州有色金属研究院有限公司教授级高工王建立、中铝矿业有限公司教授级高工赵东亮、洛阳玻璃股份有限公司高工杨旗风共5名专家组成。来自标准牵头制订单位、参编单位的20余名代表参加会议。

国际交往 7月27日，联合会副理事长盖国胜邀请日本粉体界知名学者吴宏伟在线上作题为《AI优化对企业转型升级的作用》的报告，结合企业生产的实际案例讲解AI技术在粉体行业中的实际应用。

联合会不定期与德国、日本、韩国、澳大利亚、英国和美国的理事成员进行沟通联系，了解新冠肺炎疫情期间各位理事的需求并提供帮助；商议会员代表大会及国际学术交流事宜。

党建强会 联合会秘书处发挥功能型党支部作用，组织学习贯彻党的十九大精神、党的十九届六中全会精神，发挥党员带头作用，努力办好联合会各项工作。通过各种渠道向国内外会员宣传加强党的建设的重要意义，力求让各国理事和会员了解中国加强党的建设和领导的重要意义。加强各国学者之间的学术联系，推动联合会各项活动顺利开展。

加强党的建设是国际学术组织在新形势下健康发展的新课题。联合会认真总结境内国际学术组织的党建工作经验，加强党组织在国内分支机构的领导作用，为在中国办好国际学术组织努力工作。

【2021中国（宜昌）石墨新材料发展论坛】 5月11—12日，由中国石墨产业发展联盟、联合会工业应用委员会联合主办的2021中国（宜昌）石墨新材料发展论坛在湖北省宜昌市召开。来自国务院发展研究中心资源与环境政策研究所、自然资源部、工业和信息化部、高等院校、行业相关企业的专家、学者共计100余人参加论坛。论坛以“新征程、新起点、新机遇、新挑战”为主题，从技术、产业、市场等环节多方面对接，聚集国内外优势资源，提升中国石墨市场的影响力。

（撰稿人：金智贤）

中国农学会

服务创新型国家和社会建设 学会实施创新驱动助力工程，组建乡村振兴科技服务团、农业高质量发展科技服务团，开展“科创中国”试点建设工作，赴内蒙古自治区巴彦淖尔市、广西壮族自治区百色市、山东省滨州市等地开展科技精准服务。组织农业科研杰出人才及其创新团队与地方主导产业、农业龙头企业开展深入合作。组织院士、专家深入山西省吕梁市、江西省赣州市等地，为革命老区农业企业和农民群众提供技术指导和咨询服务，助力当地特色产业转型升级。

学会助力巩固拓展脱贫攻坚成果，接续推动脱贫地区发展和乡村全面振兴。组织全国乡村振兴高素质农民培训，开展乡村振兴农村科普联合行动和乡村振兴科技支撑公益行动，向农民群众传授农村电子商务、创新创业等知识，推动农民树立科学生产、健康生活和协调发展的理念。深化河北省承德市承德县定点帮扶工作，多种渠道推介承德国光苹果等当地特色农产品，搭建产销平台，带动当地农业产业发展。

学会组织遴选中国农业农村科技发展最新成果，在2021中国农业农村科技发展高峰论坛暨中国现代农业发展论坛上发布年度10项新技术、11项新产品和10项新装备，同时组织遴选2021年农业主推技术114项。

学会围绕农业农村经济发展中的基础性、战略性问题，组织院士、专家起草《关于加快推进生物质能产业健康发展　促进农业农村减排固碳的建议》等建议。聚焦种业发展关键核心技术难点和需求，形成《主粮作物种业关键核心技术发展路线图》，联合种业头部企业编制《主粮作物种业攻关方案》，为有关部门制定相关政策提供参考。

学会探索开展网络视频成果评价，全年组织院士、专家500余人次对50项农业科技成果进行咨询评议。获评“国家科技成果登记（二级）机构”，由学会评价和登记的成果可直接进入国家科技成果库。

学会推动建设100家“一带一路”农业科技创新院，吸引4000多名国内外农业科技人才及企业家进行学术合作，范围基本覆盖“一带一路”沿线国家和重要农产品保供产业领域。

学会围绕农业专业技术人员能力提升和继续教育需求，举办2期财务、农技推广等业务能力提升培训班和6期乡村振兴人才培训班。探索定制教育培训模式，举办2期针对基层的定制培训班，为当地农业农村部门、新型经营主体和农户讲解农业新技术及管理营销等相关知识，累计培训2000余人次。

学会建设 学会先后组织召开十一届七次、八次常务理事会议及六次理事会议，审定《中国农学会换届方案》，审议中国科协第十次全国代表大会代表拟推荐人选，调整部分理事及常务理事，总结交流年度工作。

学会印发《分支机构年度活动计划》《2021年考核工作方案》，指导农产品质量安全分会开展换届工作，组织开展分支机构年度工作交流与考核评估，激励各分支机构良性发展。

5月25日，组织召开学会分支机构工作座谈会暨省级农学会负责人座谈会，交流发展经验，增进资源整合和优势互补，北京、江苏省、山东省等地农学会代表及学会棉花分会、植物遗传资源分会、农业文化遗产分会等分支机构代表作典型发言。

学会各处围绕贯彻落实中央关于科技、人才和社会组织工作的新部署新要求开展内部课题研究，形成《农业科技领军人才成长的影响因素研究》等14篇研究报告，推动解决新形势下业务工作的理论和实践问题。

学会印发《中国农学会党委会工作规则》《中国农学会事业发展“十四五”规划（2021—2025年）》，为学会发展提供重要遵循。

青年人才托举工程 学会推荐的4名青年科学家获第六届中国科协“青年人才托举工程”项目资助。

9月29日，学会在北京市召开2021年度青年人才托举工程项目座谈会，第4届至第6届青托人才代表汇报各自的最新研究进展及成果、交流项目实施成效，相关分支机构负责同志介绍青年人才培养的主要做法和配套措施，中国科协培训与人才服务中心给予线上指导。

11月7日，学会承办的第三届世界科技与发展论坛——青年前沿科技论坛（农业分论坛）以视频方式召开，10余家涉农学会推荐的第四届31名青托人才参与，分享在育种、农产品加工、动植物营养等领域取得的成果。

主办期刊 学会拓展稿源渠道、强化编辑能力，主办的9种期刊影响力均有提升，其中《中国农学通报》首次入选《世界期刊影响力指数（WJCI）报告（2020科技版）》，学科排名第16位（16/134）。

学科发展工程 学会组织完成2021农业农村科技重大科学问题和工程技术难题征集推荐和发布工作，耕地重金属靶向治理等3项分别入选中国科协十大前沿科学问题、十大工程技术难题、十大产业技术问题。学会围绕问题难题研究进展形成3份科技工作者建议，有关微生物种质资源的建议得到中央领导同志批示。

国际学术会议 2021年，学会举办境内国际会议3个，参会人数达6万人次。

12月3日，学会承办的2021世界公众科学素质促进大会“公众科学素质提升与科技创新论坛”在北京举办，会上，国内外院士、专家探讨公众科学素质与科技创新的动态关系。论坛通过云上智农App、中国知网等网络平台线上直播，中文频道观看总量达5.04万人次，英文频道观看总量达6853人次，交流论文30余篇。

国内主要学术会议 2021年，学会共举办国内学术会议52场，参会人数达100万余人次。会议主要聚焦种子和耕地两个领域，围绕农业食物系统转型、智慧农业、绿色防控等科技发展前沿，杂粮、食用菌、葡萄等产业发展，以及黄河流域传统文化、蚕桑特色文化等农业文化遗产保护与开发等主题展开。

11月25—26日，由学会与中国农业科学院共同主办的第二十一届中国农业园区研讨会在线上召开。会议主题为“智慧农业与园区规划”，院士、专家共同探讨智慧农业、园区规划、生态农场、电商销售和田园综合体等领域的应用案例和发展前景。

国际组织任职 学会常务理事韩贵清任全球土壤伙伴关系国际黑土研究院主席。农业文化遗产分会副主任委员李先德任联合国粮农组织全球重要农业文化遗产科学委员会委员。棉花分会副理事长张献龙任国际棉花基因组委员会联合主席。

国际交往 11月24日，学会与联合国可持续农业机械化中心主任李宇彤、副主任Anshuman Varma等会谈，双方就共同举办国际学术研讨会、亚太地区农业机械化技术培训等合作达成初步意向。

科普活动 学会认真落实《全民科学素质行动计

划纲要（2021—2035）》，在陕西省杨凌示范区和线上主办 2 期乡村振兴高素质农民暨基层科技志愿者培训班，来自 25 个省份的 400 余名高素质农民及基层科技志愿者参加培训，线上学习人数达 20.1 万人次。承办第十一届全国农民科学素质网络知识竞赛，参赛规模达到 2.5 亿人次。

学会主办转基因科普线上巡讲系列活动 10 场，全国近 1700 余名公务员及科研工作者参加。学会组建 105 支科技志愿服务队，发展志愿者 2200 余人，广泛开展“乡村振兴　志愿有我”科技志愿服务基层行活动 80 余场，直接受益群众达 2.5 万人次。编创农业农村减排固碳、农村人居环境整治等系列科普微动漫，编创《健康生活油中来》《香菇的一生》等科普图书。加强“三农科学传播”新媒体建设，推送优质科普作品 282 篇，阅读、转发 9.1 万人次。

9 月 13 日，在全国科普日期间，学会在河南省平舆县开展特色科普活动，中央政治局委员、中宣部部长黄坤明在全国科普日活动北京主会场与学会科技志愿者进行视频连线，并高度赞扬学会科技志愿者所做的志愿服务工作。

学会开展“我听农业科学家讲故事”活动，邀请植物保护、动植物育种、智慧农业等领域的 5 名院士、专家制作科普视频，分享农业现代化取得的巨大成就以及科学家背后的动人故事，弘扬新时代科学家精神，累计浏览量达 860 万次。

表彰举荐优秀科技工作者　学会组织开展神农中华农业科技奖评审工作，围绕种质资源、耕地保育、节本增效等国家重大需求，精心组织遴选产生科学研究类成果 149 项、优秀创新团队类成果 26 项、科学普及类成果 14 项。组织“互联网 + 农技推广”服务之星、全国星级基层农技推广机构和星级农业科技社会化服务组织遴选工作，100 名农技人员和 250 个推广服务机构入选。

学会组织开展中国政府友谊奖推荐工作，1 名外国专家经学会推荐获奖。组织开展国家科技奖提名工作，推荐的成果有 2 项获国家科技进步奖二等奖。组织开展青年拔尖人才、“四个一批”人才、科技创新领军人才、第六届全国杰出专业技术人才以及陈嘉庚青年科学奖、光华工程科技奖等项目候选人遴选评审工作，114 名优秀科技工作者和 1 个工作集体获得举荐。

学会牵头举办第六届农林集群优秀科技论文遴选活动，遴选产生 100 篇优秀论文。

党建强会　认真学习习近平新时代中国特色社会主义思想和习近平总书记在庆祝中国共产党成立 100 周年大会上的重要讲话精神，深入学习党的十九届六中全会精神，跟进学习习近平总书记关于“三农”工作的重要论述和重要指示批示精神。印发《中国农学会 2021 年党的建设工作要点》，推动全面从严治党各项举措落地见效。深入开展党史学习教育，开展 6 次理论学习中心组学习，组织系列主题党日、讲党课等活动，按要求召开班子民主生活会和支部组织生活会。强化干部教育培训，全年共选派 31 人次参加中国科协和农业农村部组织主办的宣讲会、辅导会和培训班。

会员服务　学会印发《关于发展中国农学会普通单位会员的函》，完善会员发展机制，落实普通单位会员发展规范，壮大单位会员队伍，提升单位会员质量，完成新注册单位会员审批手续 50 余家。认真做好个人会员审批和系统管理，全年共办理个人会员申请近 1000 人次。

11 月 9 日，中国科协学会服务中心在北京举办全国学会会员服务能力提升交流活动，学会以《提升全国学会会员服务能力》为题作典型发言。

【2021 中国农业农村科技发展高峰论坛暨中国现代农业发展论坛】　11 月 19 日，学会在北京主办 2021 中国农业农村科技发展高峰论坛暨中国现代农业发展论坛，学会会长、农业农村部副部长张桃林出席并讲话。论坛采用线上直播方式进行，累计近 300 万人次在线观看。论坛发布《“十三五”中国农业农村科技发展报告》《2021 中国农业农村重大新技术新产品新装备》及《2021 中国农业科学重大进展》等 8 个报告。新华社、央视、《光明日报》等 20 余家官方媒体进行报道。

（撰稿人：毕　坤）

中国林学会

服务创新型国家和社会建设　召开中国林草智库建设暨 2021 重大调研选题专家咨询会，牵头中国科协生态环境联合体 10 余家单位围绕“双碳”战略联合开展重大调研，参与国家公园科普宣教和特许经营专题调研，充分发挥智库专家在重大调研、决策建议、政策设计等方面的核心引领作用，服务国家重大战略决策。

发布《粤港澳大湾区生态保护与生态系统治理智库报告》《中国县域矿业绿色高质量发展百人论坛榆林宣言》等，服务区域重大发展战略。

围绕碳达峰碳中和、国家公园建设、黄河流域生态保护、林草防灭火队伍建设、林草智能化等重大国家战略和林草重大问题刊发 8 篇专家建议，其中关于森林草原防火队伍建设的建议得到有关国家领导人批示。

充分利用学会学科齐全、专家广泛的优势，利用现有平台并积极打造新平台，推进“科创中国”产学融合工程，为林草高质量发展贡献智慧和力量。举办中国（三门峡）林下经济暨羊肚菌产业高质量发展大会、中国榛子产业发展大会、中国（长白）林下经济暨灵芝产业高质量发展大会、中国（东阳）竹工艺产业发展大会、中国林下生态黄精产业发展研讨会、宁波市竹产业高质量发展高峰论坛等系列活动，破解产业发展难题，推动科技经济深度融合。

搭建优质政产学研金服用综合交流平台。举办中国遵义第二届方竹农民丰收节，建立浙江金华服务站、河北任丘院士（专家）工作站，探索科技资源优化配置服务基层的新模式。

打造“科创中国”林草科技服务团。挖掘凝练 50 项草原草业服务需求，创建由 105 个单位 138 名专家组成的草原草业专家库。聚焦林草生态建设和新兴产业，积极助力地方经济发展和生态文明建设，先后到贵州省黔西南、湖北省咸宁市、浙江省宁波市、广西壮族自治区贵港市、山西省吕梁山区、安徽省大别山区等地，围绕竹产业、木材加工、桂花、红枣、沙棘、食用菌、林下经济等助力地方“科创中国”试点城市建设。

促进优秀林草科技成果转移转化。面向“科创中国”试点城市（园区）需求，征集 315 条技术应用案例，并通过“科创中国”平台推介。充分利用各类研讨会、展会等平台，推广学术价值较好的创新成果。

助力乡村振兴，组织开展中国科协决战决胜科技助力精准扶贫宣传项目总结验收，开展文冠果新品种高效栽培绿色脱贫示范现场培训，助力乡村振兴。

按照中国林学会科技成果评价管理办法和团体标准管理办法，全年评价 100 余项科技成果。全年制定发布 23 项团体标准，助力构建高质量发展的林草行业团体标准体系。受全国绿化委员会办公室委托，承担并继续完善《古树名木保护条例》立法起草工作。受国家林业和草原局林业和草原改革发展司委托，编制《林下经济发展技术指南》，巩固拓展脱贫攻坚成果，促进与乡村振兴有效衔接。受河北省三河市委托，制定三河市林下经济发展规划。

开展专业技术人才知识更新与职业技能培训，举办人力资源社会保障部专业技术人才知识更新工程 2021 年高级研修项目（木材加工领域、草原领域）。

开展自然教育调查研究，发布《中国自然教育发展报告 2020》，启动 2021 年度报告的编制工作，展示自然教育行业动态。启动全国自然教育中长期发展规划及自然教育丛书编撰工作。

联合有关单位组织开展主题为“千园千校，一起向自然”的自然教育嘉年华活动，受到全国各地 28 个省（自治区、直辖市）76 个地级市共 305 家单位的响应，彰显各地自然教育活动风采，推进全国自然教育从业者的互动。

开展自然教育行业标准、指南、规范等指导性策略的研制和发布，发布《湿地类自然教育基地建设导则》《自然教育志愿者规范》《自然教育师规范》等团体标准。编撰江西九连山国家级自然保护区自然教育手册。

开通运营自然教育师线上培训平台，录制线上培训课程 11 门，开展 18 期线上线下培训，线上全年累计 5000 多人参加学习培训，考核通过 2030 人，线下实操培训考核通过 600 余人。

组织专家赴北京、上海市、广东省、浙江省、福建省、云南省、贵州省等地开展自然教育调研，推动自然教育发展。公布推荐一批优秀自然教育课程和教材。充分发挥“中国自然教育”微信公众号平台作用，推文 200 余篇，高效推介各地自然教育典型案例。

学会建设　2021 年，学会认真落实国家林业和草原局和中国科协全面战略合作协议，贯彻落实局领导和中国科协领导调研时提出的有关要求，积极创建中国特色世界一流学会，推动学会事业发展。

科学编制学会“十四五”规划，加强改革发展的顶层设计和长远谋划。围绕新时代科技社团规范治理的机制和路径，承办中国科协 2021 年学会能力建设论坛，促进全国学会创新发展。以线上线下相结合的方式召开理事会议、监事会议及全国林学会秘书长工作会议。制订修订《合同管理办法》《财务管理办法》等规范性文件，强化内控监督执行。

学会再次入选世界一流学会建设项目，连续 10

年获“全国学会科普工作优秀单位”称号，获国家林业和草原局“林草科普工作优秀集体”和“全国林草科普讲解大赛优秀组织单位”等称号。

青年人才托举工程 学会完成第五届中国科协“青年人才托举工程”项目年度任务，遴选出2名第六届中国科协“青年人才托举工程”项目对象，完成第七届中国科协“青年人才托举工程”项目申报，持续跟踪服务被托举人。

主办期刊 学会完成主办期刊《林业科学》全年出版工作，刊发封面文章6篇；年收稿996篇，发稿230篇；影响因子为1.167，总被引频次为4470，综合评价总分列全国2084种核心期刊第42位、林学期刊第1位。1篇论文入选中国科协优秀科技论文遴选计划，1篇论文获得中国科技期刊农林学科年度优秀论文一等奖，5篇论文入选2020年度“F5000”论文。《林业科学》继续被EI收录，连续10年入选年度“中国国际影响力优秀学术期刊”，第19次被评为“百种中国杰出学术期刊”。

完成北京冬奥会科技支撑项目《林火无人机监测》专刊组稿，筹办森林碳汇、重大林业灾害防控专栏或虚拟专题。召开《林业科学》专家咨询座谈会，推出一流期刊建设新举措。举办《结构化森林经营——创新之旅》学术讲座。承担国家林业和草原局“提升林草科技期刊整体实力的对策研究”项目，完成《中国林草科技期刊概况及论文分析报告》。持续开展生态公益活动，向中国绿化基金会捐款，支持“幸福家园（网络植树）”公益项目，建立中国网络植树《林业科学》主题林，发挥期刊在生态文明建设中的引领和示范作用。

学科发展工程 发布2020年林草科技十件大事。召开学术工作座谈会，征集出版《中国林业优秀学术报告2020》，启动《林学名词术语》团体标准制定，开展新时代林草科技管理体系及能力研究，加强自然教育、科普传播、林下经济、古树名木和栎类创新团队建设，提升学术工作能力和水平。

组织编写《汉英－英汉林草常用词汇和用语》，收录词汇3万余条，规范和统一林草对外交流常用词汇和用语。

国际学术会议 10月26—27日，学会在湖南省长沙市举办第一届中巴热带干旱经济林科技交流活动，并以视频连线方式在湖南省长沙市和巴基斯坦俾路支省瓜达尔港同时举办，推动中巴经济走廊和“一带一路”建设向绿色高质量发展迈进。会上，学会、中南林业科技大学、中国海外港口控股有限公司、育林控股有限公司、巴基斯坦卡拉奇大学、巴基斯坦费萨拉巴德农业大学、印度河大学共同为“一带一路”热带干旱经济林工程技术研究中心揭牌。

国内主要学术会议 2021年，学会及分支机构通过线上、线下以及线上线下相结合的方式开展学术交流活动，推动林草科技创新，促进产学融合。

4月7日，学会在河南省三门峡市组织召开中国（三门峡）林下经济暨羊肚菌产业高质量发展大会。大会主题为“推介特色产业、打造区域品牌、提高质量水平”，300余人参加会议。

5月7—8日，学会在江西省宜春市铜鼓县召开第二届中国黄精产业发展研讨会，500余人参加会议。会议选举产生林下生态种植产业国家创新联盟第一届理事会，中国工程院院士李文华、蒋剑春当选为顾问，学会副理事长兼秘书长陈幸良为联盟理事长，学会学术部主任曾祥谓为副理事长兼秘书长。

7月7日，学会在上海市举办第十八届长三角科技论坛·经济林产业发展分论坛。论坛以“发展经济林产业，助推乡村振兴”为主题，旨在加强沪苏浙皖经济林产业相关领域专家与企业之间的沟通交流，80余人参加。

7月10日，学会在吉林省长白朝鲜族自治县组织召开中国（长白）林下经济暨灵芝产业高质量发展大会，推动林下经济与食用菌产业的融合发展。中国工程院院士李玉出席开幕式并致辞，500人参加开幕式。

7月11日，学会在浙江省东阳市举办2021中国（东阳）竹工艺产业发展大会。会议主题为“发扬原生态产业优势　促进竹工艺全面复兴”，学会理事长赵树丛出席大会并为“全国自然教育总校竹工艺自然教育学校”授牌。

7月20—21日，学会在山东省诸城市举办中国榛子产业发展大会暨2021年度诸城榛子丰收采摘活动，350余人参加。学会理事长赵树丛出席大会并为“山东省榛子产业技术创新战略联盟十佳联盟单位”授牌。

7月27日，学会在黑龙江省加格达奇区举办中药源头在行动——走进大兴安岭·2021中国寒地中药产业高质量发展论坛，推动林草产业和中医药产业融合发展。国家林业和草原局总经济师兼林业和草原改革发展司司长杨超出席论坛并致辞，500余人参加论坛。

9 月 22—24 日，学会在山东省聊城市举办中国“南竹北移”与黄河流域生态保护和高质量发展学术经验交流会。会议主题为“碳达峰碳中和背景下北方竹产业创新与黄河流域生态保护发展”，70 余人参加会议。学会理事长赵树丛出席会议并讲话，从 10 个方面论述习近平生态文明思想。

9 月 24—26 日，学会在湖南省娄底市新化县举办首届中国林下生态黄精产业发展研讨会暨第二届九九黄精节文化活动，推动解决黄精产业发展中的科技难题，促进产业健康可持续发展。

9 月 28 日，学会在北京召开粤港澳大湾区生态文明建设高层次专家研讨会，中国科学院院士刘嘉麒、中国工程院院士侯立安等院士、专家在会上作报告，助力粤港澳大湾区生态文明建设。新华网刊发专题报道，150 万人次浏览关注。

12 月 4 日，学会以线上线下相结合的方式在北京举办第二届中国林草计算机应用大会。中国科学院院士龚健雅、中国工程院院士赵春江作主旨报告。大会设置 7 个分会场，组织 76 个报告，围绕智慧林业建设，就物联网、遥感、大数据、人工智能、虚拟现实、云计算、元宇宙等技术的林草应用展开探讨，线上线下近 2 万人次参与交流互动。

12 月 15 日，由学会、中国林业科学研究院热带林业研究所主办的中国林学会热带雨林分会成立大会暨海南热带雨林保护发展研讨会在海南省海口市召开。联合国教科文组织理事会原主席、世界自然保护联盟原总裁、海南国家公园研究院理事长章新胜，中国科学院院士、海南大学校长骆清铭，海南省林业局（海南热带雨林国家公园管理局）党组书记、局长黄金城等出席大会。会议围绕热带雨林生物多样性保护、生态修复以及热带雨林科普教育等开展研讨交流，线上线下近 300 人参加。

12 月 18 日，学会以线上线下相结合的方式举办全国枣产业创新发展与乡村振兴研讨会，2600 余名专家、学者参加会议。会议邀请来自北京、山西省、河北省、新疆维吾尔自治区、陕西省等地科研院所和高校的 18 名专家，就枣产业形势与对策、枣产业与乡村振兴、新品种、标准化和设施化栽培技术、重大病害综合防控技术、林下一体化经营、机械化技术与装备、精深加工等进行研讨交流。

国际交往 学会应邀线上参加第 132 届日本林学会年会。组织通过线上参加 2021 年世界自然保护大会。组织专家参加第 26 届国际杨树委员会大会，推荐学会杨树专业委员会副主任委员兼秘书长卢孟柱当选为新一届国际杨树委员会执委。

科普活动 学会认真落实《全民科学素质行动计划纲要（2021—2035 年）》，倡导尊重自然、顺应自然、保护自然的生态文明理念，积极谋划推进“十四五”科普工作。

举办“科普中国”林草科学家精神活动。联合林木遗传育种国家重点实验室、北京市第八中学开展“科普中国”林草科学家精神系列活动，推进落实“科普中国”林业和草原科学家精神系列宣讲活动和“翱翔计划”，线上线下 6 万余人次参与活动。

举办“科普中国”全国林业和草原科普微视频大赛。汇集森林、草原、湿地、荒漠和陆生野生动植物保护等领域的典型风采、故事和科普知识，大力倡导生态文明理念，评选优秀作品 152 部。

推进第五批“全国林草科普基地”的评选命名工作，全国林草科普基地达到 171 家，分布在全国 26 个省（自治区、直辖市）。

开展 2021 全国林业和草原科普讲解大赛。大赛以“回望百年奋进路　共筑美丽中国梦”为主题，来自全国 25 个省（自治区、直辖市）的 37 个代表团共 100 余名选手参赛，关注和参与人数超过 10 万人次。

推进林草科普信息化建设。“林业科学传播公众服务平台”新增近 1500 篇科普文章，“林业科学传播”微信公众号累计刊登 500 余篇科普文章，《预防沙尘暴》《国家公园》《林竹百科》受到广泛关注。

表彰举荐优秀科技工作者 学会组织开展两院院士候选人推选工作，向中国科协推选费本华等 7 名两院院士候选人。

完成第十二届梁希林业科学技术奖评选，评出获奖项目 138 项；完成第十届梁希科普奖评选，评选出获奖项目（人物）21 项（人）；完成第十届梁希优秀学子奖评选，评出获奖者 51 名。

党建强会 扎实开展党史学习教育。2021 年是建党 100 周年，也是学会建会 104 周年，学会将党史学习教育与会史学习教育紧密结合，按照“1-2-3-4”学习模式，奏响“百年学会、与党同心、牢记宗旨、奋斗终生”的学习主旋律。聚焦“一个目标”，围绕学史明理、学史增信、学史崇德、学史力行的目标，以讲党课、读经典、看红色遗址等形式深刻教育党员守初心、担使命，弘扬伟大建党精神。突出“两条主线”，围绕“百年学会与党同行”“科技服务为民办实事”两个系列活动主线，落实3个方面、12项活动、35件具体实事，展示“学党史、悟思想、办实事、开新局”的新面貌。坚持“三维学习”，即层次化学习、模块化学习、常态化学习，推动党史学习教育走深走实。抓好“四个融入”，把党史学习教育融入学会主体业务、融入全面从严治党、融入干部队伍建设、融入长远发展，推动党史学习教育落地生根。

突出政治建设首要地位，落实全面从严治党主体责任。始终把政治建设放在首位，坚决贯彻落实习近平总书记关于林草工作重要讲话指示批示精神和党中央决策部署，增强“四个意识”、坚定“四个自信”、做到“两个维护”，把旗帜鲜明讲政治融入学会工作全过程和各方面。按照“讲政治、守纪律、负责任、有效率”要求，坚持把创建模范机关、走好第一方阵融入学会全面工作。制订《中国林学会2021年全面从严治党工作要点》《中国林学会关于加强和改进党的建设的意见》《中国林学会关于加强对“一把手”和领导班子监督　进一步加强集体领导下分工负责制的意见》《中国林学会2021年纪检工作要点》等多项制度文件，组织党员干部签订《杜绝违规“吃喝”违规收送礼品礼金承诺书》，严肃党内政治生活，从严从实开展“灯下黑”问题专项整治。成立青年理论学习小组。制订党总支理论学习中心组2021年学习计划，开展13次集中学习，组织各类学习活动20余次，学会党总支书记、副书记及三个党支部书记分别讲党课。认真配合国家林业和草原局党组对学会的巡视、审计，制订行动方案，立行立改。制订《党政一把手监督管理办法》，严格执行民主集中制，以党建带会建。

会员服务　学会制订《加快会员发展强化会员服务的暂行规定》，大力发展个人会员，落实会员主体的权利与义务，优化升级会员系统，完善会员系统开发，增强会员信息化精准服务。

【粤港澳大湾区生态保护与生态系统治理高端学术研讨会】　11月7—8日，中国林学会在广东省广州市召开粤港澳大湾区生态保护与生态系统治理高端学术研讨会。学会理事长赵树丛，副理事长兼秘书长陈幸良，副理事长、中国林业科学研究院院长刘世荣，广东省林业局党组书记、局长陈俊光，香港渔农自然护理署助理署长叶彦，澳门市政署市政管理委员会关诗敏出席会议并致辞。会议由7个分会场组成，来自全国林草相关单位的600余名专家、学者参加会议。

开幕式上，中国科学院于贵瑞，中国工程院罗锡文、金涌、王浩、蒋剑春作大会主旨报告，23名专家作专题报告。报告聚焦粤港澳大湾区建设中面临的生态环境问题、生态文明建设的新思路等提出相关解决措施和前瞻性对策建议，为推动粤港澳大湾区绿色生态高质量发展集智献策。开幕式结束后，举办专家对话会，5名专家分别就粤港澳大湾区生态保护与生态系统治理科研进展或前沿问题进行详细阐述和深度互动。

大会还发布由中国科协生态环境联合体、学会撰写的《粤港澳大湾区生态环境保护与生态系统治理智库报告》。报告指出粤港澳大湾区生态环境保护与生态系统治理面临六大问题和挑战，并提出推进粤港澳大湾区生态环境保护与生态系统治理的8条政策建议。

（撰稿人：林昆仑）

中国土壤学会

服务创新型国家和社会建设　2021年，学会组织专家对《中华人民共和国湿地保护法（草案）》提出部分修改意见，内容突出湿地生态保护以及保护环境和生物多样性的重要意义。

6月26—27日，由学会土壤修复专业委员会主办的第九届污染场地土壤与地下水风险评估技术（HERA++）讲座在江苏省南京市举办。讲座的召开对提升中国土壤与地下水污染风险管控的理论与应用能力，支撑场地污染管控与治理及安全开发利用的科学施策，促进环境修复行业的健康发展，加强土壤污染防治专业人才队伍的建设有积极作用。

7月16—20日，学会土壤侵蚀与水土保持专业委员会联合江西省水利科学院、江西省水土保持学会、湖南师范大学、湖南省水土保持监测总站等单位开展“水土保持与乡村振兴”调研活动。

学会建设　2021年，学会召开理事会议1次、常务理事会议2次；第十四届理事会完成备案工作，24个分支机构成员完成换届工作。

7月，学会召开第十四届常务理事会议，审议通过并成立碳中和与全球变化工作组的申请。此工作组的成立旨在从大气—作物—土壤角度系统深入地研究中国土壤固碳减排与农业生产适应气候变化的能力，从而提高农业可持续发展能力，实现碳中和。同时，学会定期召开党委会议、理事会议、常务理事会议，协同谋划学会工作，编制“十四五”事业发展规划和改革工作方案。

为进一步加强和规范学会组织举办学术交流活动的会费管理，提升业务能力，保障学会工作正常开展，制订《中国土壤学会会议费管理办法（试行）》，同时完善《中国土壤学会财务管理办法》和《中国土壤学会分支机构管理条例》。

青年人才托举工程 经申请，学会获得第七届（2021—2023年度）中国科协“青年人才托举工程”项目资助2人，完成青年人才遴选工作，进一步完善《中国土壤学会青年人才托举工程项目实施与管理办法》；继续做好第四、第五、第六届中国科协“青年人才托举工程”项目相关托举工作。同时开展青年学者专场交流会，培养并扶持青年人才快速成长。

主办期刊 学会主办或合办《土壤通报》《土壤学报》《水土保持学报》《干旱区研究》和《土壤圈》（英文版）5种期刊，秉承“唯质是视，量质录用”的办刊原则，提升期刊学术价值和编辑出版质量，着力打造国内一流的土壤科学研究学术期刊，扩大期刊国内外影响力。

根据《中国学术期刊影响因子年报》,《土壤学报》复合影响因子为4.180，在农业基础科学类期刊中排名第1。入选《世界期刊影响力指数（WJCI）报告（2020 STM）》Q1区，在入选的55种土壤科学期刊中排名第13；“新视角与前沿”栏目入选华东地区期刊优秀栏目；获得“中国国际影响力优秀学术期刊”称号。

Pedosphere（《土壤圈》英文版）最新SCI影响因子已达3.911，进入Q1区；SCOPUS影响因子达7.6，位于Q1区。获得“中国最具国际影响力学术期刊”称号。

《水土保持学报》15篇文章入选“领跑者5000——中国精品科技期刊顶尖学术论文”（F5000）。

《干旱区研究》影响因子达到1.6611，在天文学、地理科学与农业科学领域均进入Q1区。

学科发展工程 学会推荐的“发现食用蔬菜和作物吸收微塑料的通道与机制”入选“中国生态环境十大科技进展”。学会常务理事骆永明团队的成果首次被报道并证实蔬菜与作物对亚微米级甚至微米级塑料颗粒的吸收、传输及分布，发现植物吸收微塑料的侧根缝隙通道与机制，为研究高等植物对微塑料吸收和积累机制、食物链传递和人体健康风险提供科学依据。

国际学术会议 7月30日—8月2日，由国际土壤学联合会盐碱土委员会、联合国粮农组织和学会盐碱土专业委员会主办，中国科学院东北地理与农业生态研究所和中国科学院遗传与发育生物学研究所农业资源研究中心联合承办的第一届国际土壤学联合会盐碱土改良会议暨中国土壤学会盐碱土专业委员会2021年度学术年会在吉林省长春市召开，来自世界20多个国家和地区的260余名专家、学者参加会议。大会围绕“创新盐碱地改良利用理论与技术，推动农业高质量绿色发展”的主题安排8个专题学术报告，59名专家、9名研究生和10余个团队作学术报告并进行海报展示。

国内主要学术会议 5月18—22日，由学会党委、学会青年工作委员会主办的第十九届中国青年土壤科学工作者暨第十四届中国青年植物营养与肥料科学工作者学术会议在江西省井冈山市召开。

6月20—23日，由学会土壤生物和生化专业委员会主办的土壤生物多样性与生物化学过程研讨会在安徽省合肥市召开。会议邀请到16名国内专家作大会特邀报告，62名专家、学者在分会场作学术报告。会议期间展示78份墙报，介绍与会者近期的研究进展和成果；编辑会议论文摘要集，收录论文摘要86篇。

7月20—22日，学会主办的土壤健康与农业绿色发展学术研讨会在山西省太原市召开 。

10月24—27日，由中国科学院南京土壤研究所、学会、农业农村部农业生态与资源保护总站主办的第二届全国土壤修复大会在江苏省南京市召开。大会以“减污净土、洁食居安”为主题，来自全国26个省（自治区、直辖市）的400多家科研院所、高校及相关企业的1300余名专家、学者参加会议，40余家土壤修复领域龙头企业参展。大会的召开有利于推动新时期中国土壤污染防治及土壤修复领域的学科交叉、深度交流与合作，为破解土壤污染防治技术难题和薄弱短板提供政产学研用联合攻关及系统性解决方案，推进中国土壤修复产业科技创新与健康可持续发展。

国际交往 3月，学会与美国土壤学会签署《中美合作交流协议》，旨在与美国土壤学会开展常态化交流合作活动，推广和分享两国在土壤科学领域的研究成果；12月，召开线上会议，成立中美双边合作工作组，确定工作组首届成员，将就人才交流、双边互访、项目合作、出版物共享等具体问题进一步探讨合作模式。

为提高《联合国气候变化框架公约》第二十六次缔约方会议中土壤科学的影响力，国际土壤学联合会提出“关于土壤与气候变化相互联系”的立场文件，学会组织会员积极参与并提交签名支持文件。

为更好地开展国际合作与交流，扩大学会国际影响力，促进和加强与其他国家土壤科学家的联系和交流，12 月发布双月刊 *Newsletter of Soil Science Society of China*（英文版），主要内容包括政策解读、研究进展、科研成果、新产品 / 数据库推荐等。

科普活动　9 月 17 日，学会举办以“倡导低碳生活、创建美好家园”为主题的科普日专家讲座，倡导广大群众积极践行低碳生活方式，为创建绿色环保的家园贡献自己的一分力量。

12 月 1 日，学会开展线上专题讲座活动，专家分享盐渍土治理、利用和防控等内容，结合新时期粮食安全、生态文明建设和乡村振兴的重大需求，进一步探索盐碱地高效利用途径和方向。

为充分了解农田土壤中生物状态和土壤健康状况，为制订田间管理措施提供服务，学会科普工作委员会、学会土壤健康工作组联合中国农业大学资源环境学院、国家农业绿色发展研究院、欧陆分析技术服务（苏州）有限公司在全国范围内开展“文化衫探究土壤健康”活动，以线上线下方式对 200 余名参与者进行试验培训，提高参与者对土壤保护的认知程度和积极性，活动阶段性成果已被《中国科学报》、中国生物技术网等约 30 家媒体平台宣传报道，累积阅读次数达 3000 余次。

学会科普工作委员会举办 30 余场科普活动，受众近万人，涉及土壤健康、粮食安全、黑土地保护、土壤与邮文化、土壤与核污染等，同时借助新媒体平台开展科普课堂、科普实验、云讲座等活动。

表彰举荐优秀科技工作者　学会向国际土壤科学联合会推荐 17 名中国科学家作为 2022—2026 年学部和专业委员会正副主席候选人；推荐韦中为国际科学联合会 Early Career Scientist 亚洲候选人；推荐中国科学院院士朱永官作为土壤科学应用研究领域李比希奖候选人。

学会开展第十六届中国土壤学会科技奖的评选工作，评选一等奖 2 个、二等奖 3 个，表彰奖励 47 人次、单位 14 家。

党建强会　2021 年，学会第十四届理事会党委召开 3 次会议，讨论全年党委工作安排和部署，并强调党委要充分发挥政治思想引领和组织保障作用，助推学会工作开创新局面；审议理事扩大会议议程，审核第十六届中国土壤学会科技奖候选获奖名单、中国土壤学会首批会士候选名单，学习党史相关内容；总结 2021 年党委工作，并部署 2022 年工作。

5 月 18—22 日，学会理事会党委联合学会青年工作委员会组织青年土壤科技工作者走进革命教育基地井冈山开展红色教育，组织青年土壤科技工作者听党史讲座，再上井冈山，重走长征路，重温革命历史，传承红色基因；并通过开展土壤科学领域的学术交流，弘扬土壤青年科学家精神，为服务革命老区地方经济发展、助力乡村振兴发挥科技引领作用。

会员服务　一年两期的学会会讯集中反映学会工作的计划与进展，包括学会动态、通知公告、学术交流、规章制度等，于 5 月、12 月定期发送给会员。

为积极探索会员管理和发展，提高会员服务质量，年初开通微信公众号，发布文章 130 余篇，关注量约 4000 人，阅读量约 10 万次；借助新媒体平台加快信息传播，多途径为会员提供学术交流、科学普及、通知公告、培训讲座等资讯。

【“土壤健康与农业绿色发展”学术研讨会】　7 月 20—22 日，由学会主办的“土壤健康与农业绿色发展”学术研讨会在山西省太原市召开，来自全国各地科研、教学、管理和生产单位的 600 余名专家、学者参加会议。中国科学院院士、中国科学院地理科学与资源研究所于贵瑞，中国工程院院士、中国农业大学张福锁，中国科学院南京土壤研究所研究员彭新华，中国农业大学教授黄元仿，山西农业大学教授徐明岗分别作题为《陆地生态系统碳循环及碳汇功能》《植根土壤　绿色发展》《淮北平原砂姜黑土结构障碍消减的原理与技术》《湟水河流域面源污染特征与模拟分析》和《农田有机物料利用效率的时空特征及机制》的报告。会议设置 9 个大会报告和 4 场 58 个专题报告，重点围绕土壤资源与土壤健康、土壤生物多样性与碳中和、土壤环境微塑料及新污染物、植物—土壤互作与绿色发展等内容展开研讨。此外，会议还安排 44 个研究生报告，征集到会议论文（摘要）66 篇并汇编论文（摘要）集。

【第十九届中国青年土壤科学工作者暨第十四届中国青年植物营养与肥料科学工作者学术会议】　5 月

18—22 日，在中国科协科技社团党委支持下，由学会理事会党委、学会青年工作委员会、中国植物营养与肥料学会青年工作委员会、江苏省土壤学会联合主办的第十九届中国青年土壤科学工作者暨第十四届中国青年植物营养与肥料科学工作者学术会议在江西省井冈山市召开，来自全国各地高校、科研院所及企业界的专家、学者和研究生等 650 余人参加会议。会议以“助力乡村振兴，建设美丽中国”为主题，共设置 18 个主题分会场以及 4 个研究生专题会场和 1 个期刊专题会场，展示近年来中国青年土肥科技工作者在土壤资源、土壤环境、土壤肥力、植物营养与绿色农业等方面取得的新成果、新进展，旨在为土壤、肥料、植物营养等农业资源利用领域的青年工作者提供交流、合作平台，激发青年科技工作者的活力和智力，促进大农学各研究领域的贯通、交叉与融合。

为庆祝中国共产党成立 100 周年，紧追十八大以来习近平总书记的“红色足迹”，深入推动党史学习教育，结合中国科协“众心向党、自立自强”主题实践活动，会议期间还开展“井冈山斗争和井冈山精神”国情教育课，特邀中国井冈山干部学院张泰城、匡胜分别作题为《深入学习百年党史，传承和弘扬井冈山精神》与《亲近井冈山，弘扬苏区精神》的报告。在学会党委的带领下，部分参会人员身着红军装到井冈山革命历史博物馆、井冈山革命烈士陵园、茨坪旧居、王佐故里参加现场教学，系统学习“坚定信念、求实创新、艰苦奋斗、依靠群众”的井冈山精神，并在井冈山革命烈士陵园向革命烈士敬献花圈。

（撰稿人：周凌波）

中国水产学会

服务创新型国家和社会建设 学会组织各分支机构的专家为渔业科技事业发展建言献策，参与“十四五”渔业发展规划的编制和“十四五”渔业科技创新驱动产业发展相关重点领域研究。组织专家对《中华人民共和国专利法实施细则》《中华人民共和国科学技术进步法》等 4 部法律草案研提意见建议。

持续推进渔业统计信息化建设，加强渔业经济形势、水产品贸易与流通运行态势分析，编辑出版《2021 年中国渔业统计年鉴》《2020 年各省、自治区、直辖市主要渔业统计指标情况》《2021 年中国水产品进出口贸易统计年鉴》等图书资料，为渔业行业主管部门科学决策提供支撑服务。

正式印发《中国水产学会团体标准管理办法》。组织制订《人工鱼礁建设地质勘探技术规范》《海洋牧场牡蛎礁建设技术规范》《人工鱼礁声学勘测评估技术规范》3 项标准，并完成征求意见稿。完成《海洋牧场珊瑚礁建设技术规范》《海洋牧场建设规划设计技术指南》《人工鱼礁建设选址技术规程》等 8 项团体标准发布工作。

围绕内陆盐碱水域绿洲渔业、水产种业振兴等重大科技问题开展研究，提出对策建议或咨询意见。组织编写《中国休闲渔业发展监测报告（2021）》《中国小龙虾产业发展报告（2021）》等 4 篇行业报告。

总结凝练“环渤海区域渔业生产科技服务团”项目成效和典型做法，被中国科协评为全国学会“四服务”优秀案例，学会副秘书长胡红浪受邀在“智汇”平台上授课。

制订印发《中国水产学会渔业科技成果评价管理办法》，组织开展“海洋生物牡蛎胶原蛋白肽关键技术创制”等 6 项科技成果评价。

组织实施“科创中国”技术应用案例库建设项目，共遴选出 339 项技术应用案例、2 项成果转化服务案例，拓展渔业科技成果的实用价值，促进渔业科技成果转化，创新学会服务科技工作者内容与形式。

学会建设 2021 年，学会新增个人会员 119 人，达到 21229 人；新增单位会员 26 个，达到 443 个。学会现有理事 150 人，常务理事 48 人。

学会以视频形式组织召开理事会议 1 次，以通讯形式组织召开常务理事会议 3 次，线下召开分支机构工作会议 1 次。其中：4 月 1 日，在北京召开分支机构工作会议，商议学会分支机构设置调整事宜；5 月 18 日，在线召开十届八次常务理事会议，审议通过“2020 年度中国水产学会科普教育基地候选名单”；6 月 1 日，在线召开十届九次常务理事会议，审议通过《中国水产学会“十四五”工作规划》和《中国水产学会年度优秀科技论文遴选办法》；7 月 5 日，在线召开十届十次常务理事会会议，审议通过《中国水产学会渔业科技成果评价管理办法》《中国水产学会团体标准管理办法（修订版）》和《渔业新技术新产品新装备年度优秀科技成果遴选办法》；12 月 21 日，在线召开十届五次理事会扩大会议，传达学习宣传贯彻党的十九届六中全会精神，审议通过《中国水产学会近年重点工作情况报告》和《调整设置中国水产学会分支机构方案建议》。

青年人才托举工程 学会完成第四届中国科协“青年人才托举工程”项目，按照托举项目规划，对2名被托举人进行年度考核，并根据工作实际，与被托举人所在单位、导师进一步明确目标任务，细化项目执行进度、年度考核指标，力争达到申报国家级人才计划的要求。学会申报第七届中国科协“青年人才托举工程”项目，集美大学博士王文磊、中国农业大学博士谭雨青、中国科学院海洋研究所博士黎奥入选。

主办期刊 学会现主办7种期刊，分别是《水产学报》《海洋渔业》《科学养鱼》《中国水产科学》《中国渔业经济》《渔业科学进展》和《渔业学报》（英文版）（*Aquaculture and Fisheries*）。按照《推动学术期刊繁荣发展的意见》，学会制订《中国水产学会年度优秀科技论文遴选办法》，经形式审查、学科同行评审、评审委员会终审、学会常务理事会审定，共遴选出中国水产学会2021年度十佳优秀科技论文10篇，其中研究型论文9篇、综述型论文1篇。7月，组织召开2021年期刊分会学术年会，举办期刊编辑培训班，加强编辑队伍建设。学会获“2021年全国学会期刊出版工作优秀单位”称号。

在2021年中国水产学会青年学术年会等学术会议期间组织各水产期刊举办水产期刊展，开展赠阅、作者与读者交流、现场约稿和组稿等活动。

学会组织实施2021年度全国学会期刊出版能力提升计划项目有关工作，正式启动*Aquaculture and Fisheries*的国际学术交流项目以及《水产学报》《海洋渔业》《科学养鱼》的产业发展服务项目。

学科发展工程 学会组织分支机构开展重大科学问题和工程技术难题征集工作，被中国科协评为“重大科技问题难题征集发布2018—2021年度优秀组织单位”。

国际学术会议 2021年，学会及分支机构共举办3次国际学术交流活动。

3月26日，学会在山东省青岛市与大自然保护协会联合主办修复性水产养殖研讨会。围绕包括贝类、藻类在内的水产养殖生态系统修复功能等内容，邀请来自国内海洋与水产院校、科研院所的专家、学者，以及沿海各省、直辖市水产（渔业）技术推广站负责人和关注水产健康养殖的国内外公益机构人员在内的近60人进行学术与技术研讨。会上，大自然保护协会全球水产养殖负责人罗伯特·琼斯（Robert Jones）等人在线分享《修复性水产养殖国际通用原则》，与会专家对该通则草案进行充分的交流讨论，提出意见建议。在专题研讨环节，中国海洋大学教授董双林、慕永通，中国水产科学研究院黄海水产研究所研究员蒋增杰、南海水产研究所研究员朱长波，中国科学院海洋研究所研究员李莉等分别围绕水产养殖业可持续发展与绿色养殖模式、牡蛎养殖产业发展、滤食性贝类生态系统服务功能、海水增养殖承载力研究进展、黄河三角洲牡蛎礁重构等专题作学术报告与交流。同时，与会专家就下一步如何做好修复性水产养殖工作进行展望与探讨。

7月29—30日，学会海洋牧场专业委员会在新疆维吾尔自治区博尔塔拉蒙古自治州主办第四届现代海洋牧场国际学术研讨会，来自全国各省市涉渔、涉海高校、研究所、企事业单位的130余名专家、学者参加会议。会议采用线下加线上同步的方式召开。大连海洋大学副校长张国琛、新疆维吾尔自治区水产科学研究所总工程师蔡林钢、学会海洋牧场专业委员会主任委员陈勇分别在开幕式上致辞。会议邀请冰岛海洋和淡水研究中心教授Jonas Pall Jonasson在线上作特邀报告。专家、学者围绕当前海洋牧场在渔业资源和渔业环境保护与修复领域的前沿和热点问题，探讨交流国内外在海洋牧场建设过程中形成的新技术、新方法和新成果。

10月24—25日，学会在山东省青岛市与中国水产科学研究院黄海水产研究所联合举办蓝色食物与营养健康国际论坛。论坛设置蓝色食物的物质基础、蓝色食物与精准营养、蓝色食物与同一健康、蓝色食物与先进制造、蓝色食物与智能储运、蓝色食物与未来食品六大专题，来自7个国家、40多家单位的280余名专家、学者通过线上和线下方式参加论坛，共作64个报告，共同探讨该领域发展趋势，推动蓝色食物高质量开发利用，更好地服务于人类健康。论坛同时通过网络平台进行直播，3000余人次在线观看。

国内主要学术会议 2021年，学会及分支机构共举办学术活动10次，主要有2021年中国水产学会青年学术年会，以及由学会渔业资源与环境分会、水产品加工和综合利用分会、渔药专业委员会、水产动物行为学专业委员会、淡水养殖分会、海洋牧场专业委员会等分支机构举办的专题学术活动，累计2300多人次参加。

10月11—12日，学会渔药专业委员会在上海市举办首届渔药科技创新与产业发展大会。大会以“绿色发展、质量安全、技术创新、产业升级”为主题，来自水产科研教学单位、技术推广机构、渔药生产企业、水产养殖企业等单位的专家以及大专院校在读研究生等近300人参与。大会聚焦渔药科研、生产、应用、检测和监管等环节，进行广泛交流研讨。大会期间举办启明星论坛，组织研究生就渔药相关领域研究进展进行交流。

10月18日，由中国科协主办、学会和上海海洋大学承办的水产种业创新青年科学家沙龙在上海市召开。沙龙以“引领”带“青年”模式，以“实践”加“建议”方式，组织40余名青年专家探讨水产种业前沿问题。学会副秘书长胡红浪作引导报告，4名专家作特邀主旨报告，4名青年水产种业科学家作特邀报告，沙龙形成《关于推进水产种业基础研究与应用创新的建议》和《水产种业发展调研报告》等青年智库报告并上报中国科协。

国际交往　7月7日，学会理事长王清印在线参加第54届英国水产学会年会并致辞。8月12日，学会理事长王清印在线参加美洲水产学会2021年会并致辞。学会与美国大自然保护协会分别于3月和9月联合开展山东省牡蛎养殖产业调研活动和浙江省绿色水产养殖业发展学习调研活动。

科普活动　2021年，学会组织分支机构、地方水产学会、学生会员工作站、科学传播专家团队、科普教育基地等开展科普活动达30多次。学会新认定24个科普教育基地，向中国科协推荐8家中国水产学会科普教育基地作为全国科普教育基地候选单位；组织专家编辑出版多个系列、10多种实用技术指导丛书。

5月25日，学会在湖南省湘潭市启动2021年全国水产科技活动周活动，为6家2020年度中国水产学会基层科技服务工作站、24家2021年度中国水产学会科普教育基地代表授牌，为2名全国五一劳动奖获得者、第二届“最美渔技员”获奖人员颁发奖章与证书。中国工程院院士刘少军以《中国鱼类育种及健康养殖》为主题作主旨报告。学会各分支机构、科学传播专家团队、学生会员工作站、科普教育基地、基层科技服务工作站代表，相关省（自治区、直辖市）的水产学会、水产技术推广部门代表等200余人参加。

9月17日，学会在浙江省台州市举办2021年全国科普日中国水产学会主会场活动，为中国水产学会浙江三门基层科技服务工作站授牌，为水产科普志愿者佩绶带，为渔民提供绿色健康养殖技术培训并进行现场指导及答疑。其间，开展“水产品与健康生活”“百种小海鲜”等科普展，并现场答疑解惑。学会科学传播专家团队、科普教育基地、基层科技服务工作站，相关省（自治区、直辖市）渔业行政主管部门、水产学会、水产技术推广部门的领导与代表，以及渔民群众等近200人参加。

表彰举荐优秀科技工作者　学会推荐的刘家富获2021年全国“最美科技工作者”称号。推荐崔利锋、谢潮添2人为中国科协第十次全国代表大会代表和第十届全国委员会委员候选人。组织遴选推荐中国工程院院士候选人2人，推荐国家层面科技报道专家库成员117人。

遴选出15项“十三五”优秀渔业科技成果、19项渔业新技术新产品新装备2021年度优秀科技成果。

党建强会　2021年，学会理事会党委先后召开3次党委会议，传达学习《关于中国科协所属全国学会党委认真学习宣传贯彻党的十九届六中全会精神的通知》有关要求，研究制订《中国水产学会2021年党建工作要点》《中国水产学会党史学习教育工作方案》，前置审议国际合作、人才举荐、制度修订方面的重要事项。

学会理事会党委完成题为《学会治理中发挥纪检监察职能作用研究》的党建调研报告。学会秘书处党支部围绕“庆祝中国共产党成立100周年”主题开展或参与“庆祝建党100周年”征文、青年演讲大赛、“科技工作者心向党”音频录制等6次党建活动。4月，学会理事会党委副书记、副理事长兼秘书长崔利锋以《践行“授人以渔”理念，让党旗在塘边地头高高飘扬》为主题，在“智汇”平台上授课。12月，学会秘书处党支部书记赵文武以《党领导下的中国渔业发展历程》为主题，在“科技社团党委云课堂”视频平台上作专题讲座。

6月25日，在中国科协学会党建工作指导委员会成立大会暨学会党建工作先进表彰大会上，学会获“中国科协党建工作先进学会”称号；学会组织的“开展渔业科技扶贫，让党旗在塘边地头高高飘扬”活动获中国科协“党建强会计划”十佳品牌活动称号。

9月18日，学会联合湖南省水产学会在湖南省长沙市共同举办以“加强学会党建　服务种业振兴”为主题的“党建强会”特色活动。学会党委书记、理事长王清印，湖南省农业农村厅党组成员、副厅长唐建初出席活动并致辞。学会党委副书记、副理事长兼秘书长，全国水产技术推广总站站长崔利锋主持活动。中国科学院院士桂建芳、华中农业大学教授梅洁受邀出席活动并授课。湖南省水产科技工作者和渔民代表100余人参加活动。活动中，学会向湖南水产科技工作者和渔民代表赠送《水产新品种推广指南》《渔药使用风险管控疑难问题精解》《水生动物防疫系列宣传图册》《水产养殖用药明白纸》《〈中华人民共和国动物防疫法〉相关知识问答》等水产科技图书（挂图）500册（套）。该项活动被中国科协科技社团党委授予优秀组织奖。

【2021年中国水产学会青年学术年会】 10月18—19日，2021年中国水产学会青年学术年会在上海市举办。年会由学会主办、学会青年工作委员会和上海海洋大学联合承办。学会副理事长兼秘书长崔利锋、上海海洋大学副校长江敏、江苏海洋大学副校长许兴友出席年会开幕式并致辞，学会副秘书长胡红浪等领导专家参加开幕式。开幕式由学会青年工作委员会主任委员、集美大学副校长谢潮添主持。

活动中，来自中国水产科学研究院、上海海洋大学、华中农业大学、山东大学、四川农业大学、华东师范大学等科研院所、水产高校、渔业企业的12名青年专家作年会特邀报告，12名青年学者作学术报告，18名博士和硕士研究生作研究生报告。年会共发布电子墙报71篇、视频报告18个，共有300余名国内青年专家、学者参加学术年会。

年会交流研讨内容包括水产绿色健康养殖新技术新模式，水产生物技术与遗传育种，水产养殖动物营养与饲料，水产病害防治与水产品质量安全，可持续捕捞，水生生物资源养护与水域生态修复，水产品加工与综合利用，休闲渔业与渔文化，现代渔业设施装备与信息化，渔业经济、政策与管理10个方面。

（撰稿人：李利冬）

中国园艺学会

服务创新型国家和社会建设 学会发挥智囊团和思想库作用，围绕园艺产业发展重大问题、现实问题开展决策咨询研究，满足政府、行业、企业等的决策需求。番茄分会完成农业农村部下达的《关于我国番茄当前生产供应情况和原因分析报告》。安徽省农业科学院参与撰写以主要园艺作物高品质品种选育为主攻点的《提升园艺作物种业竞争力，打造种业强省》决策报告，并参与编制《安徽省千亿级绿色食品产业发展指引——蔬菜产业》；干果分会副理事长史彦江率领的枣团队为新疆维吾尔自治区制订多项规划方案及决策咨询报告，包括《“十四五”期间促进产业链创新链深度融合——新疆红枣产业技术创新清单》《新疆维吾尔自治区红枣产业发展现状及技术创新对策的报告》《新疆维吾尔自治区红枣产业链实施方案》《新疆维吾尔自治区乡村产业发展规划（2021—2025年）》等。猕猴桃分会副理事长徐小彪团队在江西省进行猕猴桃产业调研，为江西省猕猴桃产业布局撰写《江西省猕猴桃产业发展报告（2021）》。辣椒分会根据重庆市石柱县加工型辣椒危害种类及现状，提出以农业防治为主，综合物理防治、生物防治及化学药剂统防统治的方案，为四川省泸州市叙永县撰写“十四五”辣椒产业发展规划方案。张竹青团队为湖南省蔬菜千亿产业“湖南辣椒”公用品牌建设和省重点农产品农兽药残留超标整治方案等提供决策咨询。水生蔬菜分会专家团队根据湖北省农业农村厅要求，积极开展产区调研，形成《湖北省园艺产业水生蔬菜领域产业与技术发展情况年度报告》，为湖北省园艺产业发展决策部署提供智力支撑。

12月15日，学会葱姜蒜分会和中国蔬菜流通协会共同主办中国济南（莱芜）生姜文化节暨第八届国际姜产业云博览会，来自全国各地的合作客商前来展示产品、对接洽谈，还有来自美国、俄罗斯、法国、智利、墨西哥等国家的外商通过线上参与活动。

学会建设 10月，学会召开第十四届全国会员代表大会，全体会员代表表决通过学会章程修订案，进行理事会换届选举，选出新一届理事会、常务理事会、监事会及其负责人。第十四届理事会有150名理事、50名常务理事，监事会有5名监事。截至2021年年底，学会有38个分支机构、个人会员9923名、团体会员46家。

主办期刊 根据中国学术期刊影响年报2021年数据，《园艺学报》最新总被引频次为5153次，核心影响因子为1.394，影响力指数为1155.836，位列学科第1。蝉联“百种中国杰出学术期刊”，连续5届入选“中国精品科技期刊”，获评“中国权威学术期刊”。期刊长期被多个国内外重要检索机构收录。

Horticultural Plant Journal（HPJ） 被SCIE、

Scopus、BIOSIS Previews（BP）& Biological Abstracts（BA）、DOAJ、CAB Abstract、Food Science and Technology Abstract、中国科技论文与引文数据库等多个国内外权威数据库收录，已逐步进入国际主流期刊行列。根据2021年Web of Science平台JCR数据，HPJ的影响因子（IF）达到3.032，位于SCIE园艺学科（37种）Q1区。根据中国科学院科技期刊分区表，HPJ位于园艺学类、农林科学类Q1区被评为“中国国际影响力优秀学术期刊”，1篇论文获得第六届中国科协优秀科技论文遴选计划优秀论文奖。获得“全国学会期刊出版能力提升计划”资助。所有论文在ScienceDirect平台免费开放获取，全年下载量达到25万篇/次，国际影响力逐步增强。

学科发展工程 结合中国科协项目开展园艺产业与技术发展路线图研究，主要包括园艺产业和技术发展现状研究、发展态势研究、顶层设计、政策支撑、行动方案等几个维度。研究总结园艺产业和技术的发展现状和存在问题，总结园艺产业和技术发展的经验教训，参考发达国家园艺产业和技术的发展轨迹，提出园艺产业发展的顶层设计构想，具体包括发展的目标、原则、方向、路径等，制订园艺产业与技术发展路线图。同时参考发达国家促进园艺产业技术发展的具体做法，从组织保障、人才队伍建设、资金保障、制度创新等方面提出促进产业发展的战略举措。从中短期和长期两个层面分别提出园艺产业和技术发展的行动方案，包括重点科研项目、产业和技术布局调整、产业科技成果转化等，为决策部门推进产业发展提供参考。

国际学术会议 5月1—5日，由国际园艺学会和学会主办、学会草莓分会和盐城市盐都区政府承办的第九届世界草莓大会（中国·盐城）分会场在江苏省盐城市召开。分会场学术交流活动与意大利主会场同步并开展互动、学会草莓分会理事长张运涛在意大利大会主会场作题为《第七次世界草莓大会对中国草莓产业的深远影响》的主题报告，并主持“全球草莓生产”专题研讨。中国工程院院士、湖南农业大学邹学校，中国农业大学教授韩振海，日本千叶大学教授丸尾达作特邀报告，来自多家草莓研究单位的科研人员进行学术交流。参会人数近900人，其中中国分会场参会人数400余人。在大会闭幕式之后举办的国际园艺学会商务会议中，盐城市获得2025年第十届世界草莓大会主办权。

9月6—7日，由国际园艺学会和学会主办、学会干果分会和河北农业大学承办的第五届国际枣属植物研讨会采取线上线下相结合的形式召开。学会副理事长、国际园艺学会理事韩振海，河北农业大学校长申书兴出席会议并致辞，国际园艺学会代表Bhimanagouda Patil线上讲话并致贺词。副理事长韩振海代表国际园艺学会为刘孟军颁发国际园艺学会奖章。河北农业大学教授刘孟军、罗马尼亚布加勒斯特农业与兽医药大学教授Florin Stanica、西北农林科技大学教授黄建、北京林业大学教授庞晓明、中南林业科技大学教授王森、河北农业大学研究员刘平等26名国内外专家、学者及研究生围绕世界枣产业发展现状、最新科技进展及发展方向作线上或线下专题报告。来自枣科学研究领域的100多名专家、学者和研究生进行线上线下学术交流和研讨，在线观看人数达8300余人次。

国内主要学术会议 2021年，学会及各分支机构共举办国内学术会议23次，共有5329人次参加会议。

10月24—27日，中国园艺学会学术年会暨第十四届会员代表大会在湖北省武汉市召开。

国际组织任职 9月，在国际园艺学会第五届国际枣属植物研讨会上，赵智慧当选国际园艺学会枣属工作组主席，张开春任国际园艺学会樱桃工作组主席。张运涛在第九届世界草莓大会上当选国际园艺学会草莓工作组主席。

国际交往 6月25日，国际著名学术期刊《自然-通讯》（*Nature Communications*）在线发表来自辽宁省果树科学研究所刘威生团队与法国国家农业科学院Véronique Decroocq团队、法国波尔多大学等合作完成的题为*Population genomics of apricots unravels domestication history and adaptive events*的研究论文。该研究对近600份欧亚大陆的栽培和野生杏种质试材进行基因组重测序，结合二代和三代测序技术组装4个高质量杏基因组序列。

9月20—26日，学会柿分会在第七届国际柿学术研讨会上获得第八届国际柿学术研讨会2024年10月在中国的主办权。

科普活动 学会辣椒分会组织送科技下乡、创建科普基地、线上宣传等科技志愿服务活动，组织对中小学校的科普指导和服务。据不完全统计，服务次数100余次，服务期间接待咨询人数20000余人次，发放技术资料30000余份。多省设有开放的蔬菜科普教育基地。

学会草莓分会在北京、江苏省、辽宁省、浙江省等草莓主产区积极参加各地的草莓科技服务，开展线上科普宣传，为技术员和农民进行多次培训和科技指导服务；11月29日，在江苏省举办早熟优质草莓新品种展示推介会，学会副理事长赵密珍发布“紫金硕艳”“紫金香雪”草莓新品种，线上线下超过500人参与。9月23日，在江苏省举办2021年中国农民丰收节科普活动，100余名群众走进草莓资源圃，了解草莓的生长历程。

学会李杏分会分发实物资源300份次，开展信息服务500份次、技术与成果推广服务20次、成果展示服务5次、科普服务10次，培训服务1000人次，建立示范园3个，为“三区三州”开展专项科技服务3次。

武汉市农业科学院国家水生蔬菜种质资源圃收集保存国内外莲藕、茭白、芋、荸荠、水芹、慈姑、莼菜等12类水生蔬菜种质资源3000余份，成为世界上最大的水生蔬菜资源圃。资源圃已成为广大农户及大专院校学生的科普宣传基地。全年累计接待500余人次，接待湖北生物科技职业学院学生48人次。

学会球宿根花卉分会设在辽宁省农业科学院的国家郁金香种质资源库全年接待省市领导参观12次、荷兰参赞交流1次、企事业单位及个人参观20余次。设在上海市农业科学院的“国家郁金香种质资源库”举办2021年朱顶红新优品种品鉴会，接待企业、技术推广单位人员15批次，举办“蜡球”新模式服务市民宣传2次，发放科普资料360份，提高民众对郁金香等花卉的鉴赏水平。

中国工程院院士、沈阳农业大学李天来及其团队于10月16日在沈阳农业大学北山实验基地为沈阳市沈河区六一学校的同学现场讲解蔬菜立体栽培技术，带领参观甜瓜、黄瓜、番茄日光温室以及苹果园、山楂园基地等。

表彰举荐优秀科技工作者　学会积极举荐会员参与评奖、评优，向省部级（含）以上科技奖项、人才计划（工程）举荐9人次。组织推荐中国工程院院士候选人4名、第十四届光华工程科技奖1名。5月，学会干果分会理事长、河北农业大学园林学院院长刘孟军当选为国际欧亚科学院院士。

党建强会　7月19—20日，学会党委联合安徽省园艺学会和安徽省农业科学院园艺所，结合党史学习教育，举办“中国园艺学会科技服务金寨行”活动，探寻习近平总书记在金寨的足迹，参观安徽省金寨县红军纪念馆，重温党史，缅怀革命先烈，感悟大别山精神。发挥学会专家资源优势，围绕金寨县园艺产业发展需求，与花石乡大湾村、梅山镇百禄桥村、金寨瓦大现代农业科技有限公司等相关农业公司、合作社等经营主体进行座谈交流、有效对接，针对蔬菜企业生产上存在的关键技术问题与技术需求，为金寨县农业经营主体推荐蔬菜新品种10个，提供土壤改良基质配方、病虫害绿色防控、秸秆肥料化利用、机械化采收、信息化管控等产业技术15项，促进金寨县园艺产业转型升级。

会员服务　学会为会员单位义务举办科技成果评价会议8场次，在学会的各项学术活动中为会员提供相应的优惠政策，学术期刊也向单位会员提供相关的优惠政策。学会积极探索“互联网+”会员工作新模式，在中科科界（北京）科技有限公司的支持下，建成集会员、会议系统统一管理的全新系统，提高工作效率。

【中国园艺学会第十四次全国会员代表大会暨2021年学术年会】 10月24—27日，中国园艺学会第十四次全国会员代表大会暨2021年学术年会在湖北省武汉市召开。学会第十三届理事会理事长杜永臣，副理事长韩振海、张启翔分别作第十三届理事会工作报告、关于修改章程的报告、财务报告。杜永臣的工作报告总结第十三届理事会四年来在国内学术交流、国际交往、两岸交流、脱贫攻坚、政策决策咨询、科学普及、党建强会、科技成果评价、学术期刊办刊、增选院士候选人、评选华耐园艺科技奖等方面取得的成就及工作亮点。韩振海关于修改章程的报告阐述经中国科协审议、民政部核准的《中国园艺学会章程》新的条款表述及说明。张启翔的财务报告汇报学会四年来的财务收入、支出情况。以上报告经会员代表大会审议表决通过。

会员代表大会进行换届选举和会员会费标准的投票表决。按照中国科协的批复文件精神，以无记名投票的方式选出第十四届理事会理事150名、第二届监事会监事5名，投票表决通过新的会员会费标准。中国工程院院士邓秀新当选新一届学会理事长。

大会邀请北京大学现代农业研究院院长、美国科学院邓兴旺，南京农业大学校长陈发栋，中国农业大学园艺学院副院长张小兰，广东省农业科学院副院长易干军，华中农业大学园林学院副院长徐强，湖北省农业农村厅副厅长肖长惜研究员作大会报告。

会议期间，与会代表按照果树、蔬菜、西甜瓜、观赏园艺4个专业学科进行分组交流，50多名代表作交流报告，其中有11名专家作为4个专业委员会的特邀代表分别作分会场主题报告。大会共收到会议交流论文200余篇，编辑出版会议论文摘要集。

（撰稿人：朱路芳　张　祎）

中国畜牧兽医学会

服务创新型国家和社会建设　学会养猪学分会创办“养猪科技大讲堂”系列在线直播课堂活动，以“聚焦养猪热点、科技服务产业、搭建沟通平台”为宗旨，邀请行业相关领域专家开展主题讲座，在线与观众开展互动讨论。大讲堂活动每月一期，自3月首次开播以来，已邀请9位专家做客大讲堂，内容涉及遗传育种、疫病防控、经营管理、消毒防疫等，共播出9期，总计收看人数达29万人次，受众面覆盖全国。

7月5日，学会动物福利与健康养殖分会联合中国质量认证中心发布通用要求、育肥猪、肉鸡和奶牛4个农场动物福利认证规范，有助于全面提升中国福利养殖水平。

2021年，学会继续为农业农村部生猪等畜禽产品信息统计监测预警系统、生鲜乳质量安全监管提供信息决策服务，承担乳制品法律法规修订调研任务；为农业农村部提供专项的饲料原料市场研究及风险评估研究、生猪和家禽价格日报数据采集和处理分析服务；承担农业农村部畜牧兽医局屠宰布局调查研究、现代畜牧业转型升级调研任务。承担河南省畜牧局畜牧业生产形势信息咨询服务研究、山东省饲料行业协会生产形势分析等工作。

学会信息与市场研究部为农业农村部畜牧兽医局提交《关于当前国际贸易相关政策对我国添加剂生产和出口的影响》《房地产企业投资生猪养殖动向及趋势判断》等相关报告，为政府部门决策提供依据。为中粮、安迪苏、嘉吉、帝斯曼、诺维信等多家公司提供定向的专业培训、专业策划、专向市场调研及企业顾问服务。

学会建设　5月14—16日，学会在浙江省宁波市召开十四届五次理事会暨2021年全国秘书长会议，传达学习中国科协、民政部有关文件精神，研究召开学会第十五次全国会员代表大会及理事会换届事宜，总结学会各项工作，审批年度活动计划和分会换届申请。

12月26日，学会以视频会议的形式召开第十五次全国会员代表大会，听取并审议十四届理事会工作报告、财务报告、修改《中国畜牧兽医学会章程》的报告，选举产生第十五届理事会、第一届监事会。

调整学科分会的组织机构，家畜环境卫生学、动物毒物学、动物药品学、养兔学、家禽学、兽医产科学、犬学、动物微生态学、动物遗传育种学、动物繁殖学10个学科分会完成理事会换届工作。

青年人才托举工程　3月17—19日，学会在北京召开中国畜牧兽医学会第五届“青年拔尖人才”学术论坛，为青年人才成长成材铺路搭桥。学会推荐的“青年人才托举工程”项目人才及储备人才参加会议并进行交流。

学会按照同行推荐、专家评议、导师培育的模式，开展中国科协“青年人才托举工程”项目候选人遴选并注重人才的长期培养。2021年，通过单位推荐、形式审查和评审，遴选出华南农业大学代曼曼、中国科学院亚热带农业生态研究所段叶辉、扬州大学刘源为第六届中国科协“青年人才托举工程”项目候选人并获项目资助。

12月，学会开展第七届中国科协“青年人才托举工程”项目人选遴选工作。

主办期刊　学会主办6本期刊，其中4本中文期刊、2本英文SCI（科学引文索引）收录期刊。全年共发行22470册，发表文章2359篇。

Animal Nutrition（《动物营养》）SCI影响因子（IF 2020）为6.383，较IF 2019提升2.3分，继续位列全球63个农业、奶业与动物科学类期刊第2名，Q1区；据Scopus数据库，2021年度CiteScore为7.7，继续居全球32种Food Animal类期刊第1名；在中国科学院期刊表中，位列农林大类1区，为Top期刊。

Journal of Animal Science and Biotechnology（《畜牧与生物技术杂志》）SCI影响因子（IF 2020）为5.032，较2020年有显著提升，且在63种同学科类别期刊中排名第4，国际显示度和影响力进一步提升。

国内主要学术会议　2021年，学会及所属各分支机构举办各类学术年会、研讨会、交流会、报告会和学术论坛等共31次，征集交流论文、报告4168篇，

18304人次参加交流活动。

5月20—22日，由学会、中华预防医学会、中国工作犬管理协会共同举办的2021年（第十届）中国狂犬病年会在江西省南昌市召开。来自卫生、畜牧兽医、公安以及高等院校的专家、学者1300余人参加会议，以“消除人间狂犬病，动物免疫先行”为主题开展研讨。

6月8日，由学会举办的第三届中国白鹅产业技术高峰论坛在浙江省宁波市召开。会议以“振兴种业、共同富裕”为主题，来自全国鹅业、畜牧兽医等行业的技术人员共计120余人参加论坛。

7月21—24日，由学会主办的2021中国草食动物科技大会在吉林省长春市举办，羊、牛、兔、马四大草食畜牧产业及相关领域的专家、学者、企业管理人员等1200余人参加会议。

2021年，学会还举办第十三届中国氨基酸与饲料原料应用研讨会、第六届动物早期营养与健康应用技术研讨会、2021年重大动物疫病防控策略研讨会、“同一健康”研讨会以及两次中兽药研发与应用研讨会等学术交流活动。

两岸交流 10月23—24日，由学会马学分会主办的首届海峡两岸暨港澳现代马产业发展青年学术论坛在北京举办。论坛由中国科协“2021年海峡两岸暨港澳青年科学家学术活动月项目”资助，聚合150余位马产业青年人才以线上线下相结合的形式就马文化、马产业业态、运营模式、疾病防治、饲养管理、生物制品生产等多个议题展开交流。

国际组织任职 在第十二届世界家兔科学大会上，学会养兔学分会理事长、中国农业大学教授秦应和再度当选为世界家兔科学学会副主席。在2021年国际山羊学会理事会上，学会养羊学分会理事长、河北农业大学教授张英杰当选为国际山羊学会副主席。

国际交往 10月5日，学会副秘书长兼国际交流部主任马闯参加世界畜牧学会举办的线上全体大会，并介绍新冠肺炎疫情下学会的活动计划。

11月3—5日，第十二届世界家兔科学大会在法国南特市召开，学会养兔学分会理事长、中国农业大学教授、大会科学委员会委员秦应和，养兔学分会常务理事、江苏省农业科学院兽医研究所研究员、大会“病理和卫生”领域论文评审负责人王芳，以及大会特邀报告人武拉平等50多人线上参加会议。中国学者作8个口头报告和16个壁报展示，其中1个口头报告荣获“营养和饲料”领域最佳口头报告论文奖。

学会马学分会与英国国家种马场开展两次线上交流活动，双方就马产业职业人才联合教学进行研讨及探索，并拟订线上教学计划。

科普活动 2021年，学会组织专家参与科技下乡、科技服务等活动，举办科普宣讲活动50次，宣讲受众12520人次；举办实用技术培训48次，参加培训人数351880人次。

5月21日，学会联合中华预防医学会在江西省南昌市启动“狂犬病科普宣传中国行”活动。其中，浙江站、江苏站启动仪式分别于11月25日、12月21日在浙江省杭州市、江苏省南京市举办。

9月28日是第15个“世界狂犬病日”，学会联合中华预防医学会、中国工作犬管理协会在北京召开狂犬病科普宣传研讨会。会议同步启动“全国万家动物诊疗机构狂犬病科普宣传”公益活动，旨在发动广大兽医全面参与狂犬病科普宣传活动，为保障兽医公共卫生安全作出贡献。

学会犬学、马学、养猪学、养羊学、养牛学、养兔学、口蹄疫学、兽医产科学、家畜生态学、动物药品学、动物生理生化学、生物技术学、兽医食品卫生学、动物微生态学、兽医产科学等分会紧密结合学科、产业发展特点，多次举办技术培训、科技下乡、科技服务等活动；学会科普部和兽医食品卫生学、马学、动物药品学、小动物医学、信息技术等分会通过微信公众号、微博、抖音、知乎等平台发布科普文章和视频，传播科普知识。

表彰举荐优秀科技工作者 3月18日，在第五届“青年拔尖人才”学术论坛上，学会为在第四届“青年拔尖人才”学术论坛推动下入选2020年国家级人才的11位“井冈新秀”进行表彰奖励。开展中国科学院院士、中国工程院院士候选人和世界杰出女科学家成就奖候选人等推荐工作。

党建强会 结合庆祝建党百年华诞，学会组织开展系列党史学习教育。一是党史学习教育全员覆盖。学会各职能部门、各杂志编辑部、各学科分会采取多种形式组织党员干部学党史、专（兼）职工作人员学习“四史”，推动党史学习教育深入群众、深入基层、深入人心。二是组织多位院士、知名科学家和学会负责人采取线下或线上线下相结合等形式带头讲党史党课。学会理事长、中国科学院院士黄路生，学会名誉理事长、中国工程院院士陈焕春，学会学术顾问、中国工程院院士张涌等分别为会员和所在院校教职员工、畜牧兽医科技工作者讲授党课。学会党委宣传委员、副理事长乔玉锋以《必须走科技强国之路》为题，结合党和国家的发展壮大历程、科技创新发展战略的实施以及自己的成长、工作经历等，为学会职能部门、杂志编辑部和学科分会的党员、员工讲授党课。三是组织参观红色教育基地。学会利用在浙江省宁波市召开理事会和全国秘书长会议的机会，组织专家、学者和学会（分会）工作人员参观瞻仰四明山革命烈士陵园；兽医药理毒理学分会、犬学分会利用召开工作会议的机会，分别组织专家、学者、会员参观瞻仰韶山毛主席故居、南昌起义纪念馆等，感受红色教育，传承红色基因；马学分会与新疆阿勒泰地区政府联合开展“献礼建党百年　百名骑手骑行”活动，分会多名党员参加活动，体验革命道路的曲折艰难；动物解剖及组织胚胎学分会在理事长会议期间，组织参加会议的专家、学者实地参观考察安徽省凤阳县小岗村，重温“小岗精神”，再忆改革历程，激励改革创新斗志；兽医内科与临床诊疗学分会组织编写《老一辈兽医内科与临床诊疗学专家传略》，收录 64 个单位、97 名 80 岁以上老专家的事迹，让年轻专家、学者更好了解老一辈科学家为畜牧兽医事业发展作出的杰出贡献，激励后人奋进。四是举办线上党史教育答题竞赛。学会各学科分会、省级学会组织员工和科技工作者 3800 余人次参加答题竞赛，14 个单位获学会党史学习教育知识竞赛优秀组织奖。组织会员、青年干部、畜牧兽医科技工作者参加中国科协组织的党史学习教育培训、主题演讲、“我为群众办实事”等活动。

会员服务　学会编辑的《会讯》全年编辑印刷 8000 余册，免费发放给学会高级会员和相关单位，做到及时贯彻业务主管部门指示精神、通报学会（分会）工作动态、关注学界业界热点、宣传会员和科技工作者。

2021 年，学会召开两次高级会员评审会，评审通过 480 名新的高级会员。继续在学会网站上为会员、高级会员提供不同权限的会议论文集电子版、《会讯》电子版等资料的下载推送服务。

【中国畜牧兽医学会第十五次全国会员代表大会】 12 月 26 日，中国畜牧兽医学会第十五次全国会员代表大会以视频会议的形式召开。来自全国农业高等院校、科研院所、畜牧兽医主管部门、相关企事业单位、团体会员单位的代表 280 余人在线参加会议（大会直播间设在北京）。

大会听取并审议十四届理事会工作报告、十四届理事会财务报告、关于修改《中国畜牧兽医学会章程》说明的报告，选举十五届理事会理事、常务理事、副理事长、理事长，聘任十五届理事会秘书长、副秘书长，授予名誉理事长、资深顾问、学术顾问，选举成立第一届监事会，选举十五届理事会党委委员，批准十五届理事（常务理事、副理事长）团体会员。

大会采取等额、无记名投票的方式，民主选举产生 183 名理事、60 名常务理事和 13 人组成的理事会领导班子。黄路生当选为理事长，乔玉锋、李明、杨汉春、步志高、吴德、呙于明、张许科、邵根伙、秦玉昌、焦新安、廖明、薛廷伍当选为副理事长，杨汉春兼任秘书长。大会还选举产生由 5 人组成的第一届监事会，王金洛当选监事长，丁铲当选副监事长。

【2021 中国草食动物科技大会】 7 月 21—24 日，在养羊、养牛、养兔、马学等分会及吉林省农业科学院、中国科学院东北地理与农业生态研究所等单位的配合参与下，由学会主办的 2021 中国草食动物科技大会在吉林省长春市举办。会议首次汇聚羊、牛、兔、马（马属动物）四大草食畜牧产业及相关领域的专家资源，吸引来自农业院校、科研院所、相关企业的专家、学者、企业管理者等 1200 余人参加会议。农业农村部副部长马有祥、吉林省副省长韩福春等领导出席会议并讲话。

大会围绕当前中国草食畜牧业发展面临的产业困境和技术难点，以“环境 · 效率 · 健康”为主题，聚合四大产业和六大学科，除大会主题报告外，特邀 35 位国内外专家、学者在 5 个不同类型分会场作演讲，82 位专家、企业家、青年科技工作者进行专题交流，96 位青年学者进行壁报展示。大会共征集论文 579 篇，其中羊业科学 278 篇、牛业科学 128 篇、兔业科学 126 篇、马及马属动物科学 47 篇。

【狂犬病科普宣传中国行】 5 月 21 日，在江西省南昌市举办的 2021 年中国狂犬病年会开幕式上，学会和中华预防医学会举办“狂犬病科普宣传中国行”启动仪式。活动为期 3 年，在中国动物疫病预防控制中心和中国疾病预防控制中心的指导下，由学会与中华预防医学会联合开展。活动在江西省南昌市启动后，将在广西壮族自治区、云南省、广东省、湖南省等地举办，2023年覆盖中国大多数地区。

科普活动将秉承“同一世界，同一健康”，全面落实健康中国战略，大力宣贯《动物防疫法》，制作优质科普内容，引导群众文明养宠，履行动物防疫义务，提高动物狂犬病疫苗接种率，利用信息化手段开展精准宣传和管理服务，广泛动员社会力量参与宣传工作，为筑牢中国公共卫生安全体系、实现2030年消除犬传人狂犬病全球目标作出贡献。

（撰稿人：申　凌）

中国植物病理学会

服务创新型国家和社会建设　9月15—16日，学会理事、江西省植物病理学会副理事长蒋军喜、常务理事刘冰赴江西省赣州市兴国县开展对接兴国县帮扶活动，现场指导兴国县脐橙和蔬菜病虫害绿色防控，助力兴国县农业生产。分别在兴国县高兴镇高湖村果园、东村乡小洞村布口脐橙园、兴国县高兴沃垚生态农业开发有限公司蔬菜基地开展病虫害发生及防治技术的座谈和现场指导，并向参加座谈和培训的学员分发《脐橙高产栽培及黄龙病防控》《大棚蔬菜病虫害防治技术》手册。

学会建设　根据中国海关规定、学会理事陈红运申请，8月18日学会理事会审议通过陈红运从即日起辞去中国植物病理学会理事。

青年人才托举工程　推荐第七届中国科协“青年人才托举工程”项目人选3人。

国内主要学术会议　7月16—18日，由学会植病生防专业委员会、首都生物农药科技创新联盟主办的以“解决连作障碍　助力乡村振兴”为主题的第三届农作物连作障碍绿色解决方案技术与经验交流会在河北省石家庄市召开。

7月25—28日，由学会教学专业委员会主办、黑龙江八一农垦大学农学院承办的第四届全国植物病理学教学研讨会在黑龙江省大庆市召开，大会主题为“新农科建设背景下创新植物病理学教学”。来自全国32所农业院校的植物病理学学科带头人、主讲教师及出版社和教育服务企业相关人员共115人参加会议。黑龙江八一农垦大学党委书记董广芝、副校长武瑞出席开幕式并致辞。教育部高等学校农艺类教学指导分委会副主任委员潘洪玉，学会副理事长兼秘书长韩成贵，学会副理事长李健强，学会教学专业委员会主任吴学宏分别致辞。会议组织教学示范、专题报告、教学基本功交流等多种形式的教学交流，首次设置教学示范环节，以课堂授课的方式进行深入交流，促进思政元素有机融入植物病理学教学内容，达到互相学习借鉴的良好效果。

12月11—12日，由学会主办、贵州大学承办的中国植物病理学会2021年学术年会召开。

科普活动　2021年，学会各专业委员会共参与实用技术培训25次，参加活动人员350人次，受众1.5万余人次。

表彰举荐优秀科技工作者　学会推荐院士候选人3人，其中2人通过中国科协评审推荐；学会推荐中国青年科技奖候选人2人、中国青年女科学家奖候选人2人、2021年度未来女科学家计划候选人1人。

根据中国科协要求，学会理事会完成中国科协第十次代表大会代表人选推荐工作。

党建强会　4月，学会党委制订通过《中国植物病理学会党委党史学习教育工作方案》并认真落实。

【中国植物病理学会2021年学术年会】　12月11—12日，由学会主办，贵州大学承办，贵州省农业科学院植保所、贵州省烟草科学研究院等单位协办的中国植物病理学会2021年学术年会（线上会议）召开。会议的主题为“植物病理科技创新与绿色防控”。注册参加会议专家、学者1936人，编辑出版年会论文集1部，收录论文及摘要605篇，大会特邀报告13个，分组报告175个。会议以线上形式举办，并设置贵州大学线下主会场和中国农业大学、中国农业科学院植物保护研究所、沈阳农业大学、北京林业大学等多个线下分会场。

大会开幕式上，学会理事长彭友良教授致开幕辞，分享学会主办的中国植物病理学科首个英文期刊 *Phytopathology Research* 被SCIE正式收录的消息。中国工程院院士、贵州大学校长宋宝安致欢迎辞。大会开幕式由学会副理事长兼秘书长韩成贵主持。

围绕本次大会主题，先后有13名专家应邀作大会特邀报告。大会报告共分四个单元，其中第一单元由宋宝安主持，中国工程院院士朱有勇作题为《把论文写在大地上》的报告，陈剑平院士作题为《土传小麦病毒：从田间病害调查到实验室研究，再到田间防控》的报告，中国工程院院士康振生作题为《我国小麦条锈病发生现状与防控对策》的报告。理事长彭友良教授，副理事长吴祖建、王源超和吴元华分别主持第二单元至第四单元，马忠华、刘俊、李博、陈珊珊、陈卓、赵杰、李方方、张海峰、王从丽和王勇10名专家作大会特邀报告。据不完全统计，有超过4430名师生参加大会开幕式和大会特邀报告学术交流活动。

12月12日，共设置10个分会场，包括植物病原真菌Ⅰ、植物病原真菌Ⅱ、植物病原细菌、植物病毒、植物病原线虫、植物抗病性、化学防治和综合防治、生物防治、产后病理学和丝核菌；共计175场分组报告，其中教师95人、博士后12人、研究生68人作报告。共有41名专家参与各分会场会议主持工作。贵州大学植物病理学科10名教师担任各线上分会场的联络负责人。

【第三届农作物连作障碍绿色解决方案技术与经验交流会】 7月16—18日，第三届农作物连作障碍绿色解决方案技术与经验交流会在河北省石家庄市召开。会议由学会植病生防专业委员会、首都生物农药科技创新联盟主办，河北省农林科学院植物保护研究所、遗传生理研究所、河北省植保植检站、河北农业大学植保学院、石家庄市农林科学院等单位承办。来自全国农业科研单位、高校、农资企业、农技推广站的人员和农业种植大户等500余人参加此次会议。

大会以“解决连作障碍　助力乡村振兴”为主题，旨在针对解决生产中农作物连作障碍问题，交流新思路、新成果、新技术、新产品和新经验，为助力乡村振兴提供有力的技术支撑。

会议开幕式由河北省农林科学院植保所所长马平主持，河北省农林科学院副院长孙世刚、学会植病生防专业委员会主任王琦等出席开幕式并致辞。

大会围绕“农作物连作障碍发生机理及防治措施”“植物内生真菌缓解农作物连作障碍的机理研究”“生防芽孢资源发掘与创新利用”“连作障碍及其生物－化学协同管理技术”“土壤绿色修复技术”等方面开展学术讨论。会议优秀报告专家评审组从39个青年学者报告中评选出3个优秀报告，并颁发荣誉证书及奖金。

（撰稿人：邹菊华）

中国植物保护学会

服务创新型国家和社会建设 学会注重发挥智库在服务创新型国家和社会建设上的作用，建设的专家库为开展成果推荐、评审、表彰、人才举荐、决策咨询等活动提供有力支撑。

为防范重大病虫害问题，学会组织撰写《关于农业生物风险预警》的稿件，得到中央有关单位采编。

在农业农村部科技教育司支持下，开展“十四五”重大专项布局策略与发展路径研究、外来植物疫病适生性分析，构建外来植物疫病物种清单和普查图库，为管理决策提供支撑。

4月25日，学会参与制订的《中国科学技术协会全国学会监事会工作办法（试行）》颁布实施。

学会建设 2021，学会有个人会员22490人（其中女性会员4735人，党员会员9971人）、团体会员162个。

学会修订的《中国植物保护学会章程》已得到民政部的备案批复；修订的《中国植物保护学会科学技术奖奖励办法》报国家科技奖励工作办公室备案。同时，学会坚持重大问题由理事会或常务理事会讨论决定，有效推动民主办会进程。

按照学会章程，学会组织召开理事会议、常务理事会议（通讯会议），召开全国省级植物保护学会理事长、秘书长工作会议。在每年召开的学会年度工作会议上，遴选优秀分支机构和省级植物保护学会介绍先进工作经验。

12月28日，组织召开学会第十三次全国会员代表大会，选举产生第十三届理事会、第二届监事会，开展学会第十二届理事会学会工作先进集体和先进个人评选活动。

7月，在第二十三届中国科协年会上，学会被授予中国科协重大科技问题难题征集发布“2020年度优秀成果单位”，系全国3个获奖学会之一。

青年人才托举工程 学会根据中国科协有关工作通知和要求，经组织动员、提名申报、资格审查、专家遴选、公开公示和审核审定，组织完成学会第七届（2021—2023年度）中国科协“青年人才托举工程”项目推荐工作，推荐的宁波大学副教授黄海剑、湖南农业大学教授潘浪入选。

在北京市科协的支持和北京昆虫学会的积极配合下，进一步探索与北京市科协共建全国学会学术交流主平台，获得2021—2023年度北京市科协“青年人才托举工程”项目支持，组织推荐的候选人全部入选。

主办期刊 学会作为第一主办单位主办《植物保

护学报》(双月刊)和《植物保护》(双月刊)两种期刊。学会理事会高度重视期刊出版工作和期刊出版规范管理工作,注重充分发挥学术期刊学术导向作用,通过聚焦社会热点、跟踪学科前沿,加强办刊队伍建设、组约高水平稿件,拓展稿源渠道、举办学术交流活动、开展论文写作培训等措施,提升期刊学术质量,增强期刊学术服务能力和会员服务能力。两刊编辑部严格按照国家出版相关法律法规、学会期刊出版计划规划和制订的《科学技术期刊管理办法》开展编辑出版、新闻采编和发行经营等活动。学会获"2021年全国学会期刊出版管理规范单位"称号。

两刊编委会与学会理事会同步换届,新增国际编委5名。2021年,两刊共发表论文487篇,同比增加9篇,总印刷发行12200册,与2020年基本持平。

《植物保护学报》继续获得中国科技期刊卓越行动计划梯队期刊项目资助,获2021年度中国农业期刊领军期刊奖,连续3年入选《世界期刊影响力指数(WJCI)报告(2020科技版)》。

《植物保护》得到全国学会期刊出版能力提升计划的支持。根据《中国学术期刊影响因子年报(自然科学与工程技术·2021版)》统计数据,《植物保护》2020年影响力指数、复合影响因子均在21种植保类期刊中排名第1。入选第五届"中国精品科技期刊"(2020—2023年),被评为农业科技书刊协作网2021年度影响力期刊。

学科发展工程 学会承接外来植物疫病清单和图库构建、外来入侵物种分省参考清单和布点方案编制及验证等项目。在前期调研工作基础上,组织召开中国外来入侵物种及其风险评估研讨与评估会、外来入侵物种防控工作阶段总结会等会议,初步形成《中国重要入侵物种词典与图库》《国家重点管理外来入侵物种》等反映学科发展的典型材料,为"一种一策、精准治理"提供指导。

组织开展农业生物安全(农作物病虫疫情)分类管理调研。围绕《生物安全法》的实施,邀请专家开展普法解读、宣贯和调研活动,组织召开专家座谈会,全面了解国内外农业生物安全(农作物病虫疫情)和实验室管理现状,分析分类管理特点,提出分类管理调研报告,为《生物安全法》的宣贯和实施提供技术支撑。

学会组织推荐的"如何实现农业重大入侵生物的前瞻性风险预警和实时控制?"入选中国科协10个对科学发展具有导向作用的科学问题和10个对技术和产业具有关键作用的工程难题,是农业科技领域入选的唯一一个工程技术难题。在此工作基础上,学会开展大量卓有成效的工作,取得显著效果。

国际学术会议 9月26—27日,学会与贵州大学、美国《农业与食品化学杂志》、农业农村部农药检定所等单位共同主办的第三届绿色植保技术创新国际高端论坛在山西省太原市召开。围绕"免疫诱抗、绿色发展"的主题,组织13场大会报告,为农业高质量绿色发展提供借鉴。来自6个国家的6名院士、10余个国家的200余名国内外专家、学者参加。

国内主要学术会议 2021年学会组织召开学术交流活动9次,参加会议人数1572人次,交流报告179篇。按计划编辑出版《病虫防控与生物安全》论文集,收录论文及摘要142篇。

7月24—28日,第三届全国玉米有害生物控制技术学术研讨会在河北省保定市召开。会议由国家玉米产业技术体系病虫草害防控研究室、学会、中国农科院植保所共同主办,河北农大植保学院、河北省农林科学院植保所承办。来自全国21个省(自治区、直辖市)的61个科研院校从事玉米病虫草害科研、教学、技术推广单位的232名专家、学者和研究生参加研讨会。

7月29日—8月1日,由全国博士后管委会办公室、中国博士后科学基金会、中国农业科学院、中国农业科学院植物保护研究所、学会青年工作委员会、植物病虫害生物学国家重点实验室主办,中国农业科学院草原研究所、内蒙古农业大学园艺与植物保护学院、内蒙古植物保护科技创新联合体承办的全国植物保护博士后论坛暨第十五届全国青年植保科技创新学术研讨会在内蒙古自治区呼和浩特市召开,来自全国28个省(自治区、直辖市)的50多家科研院所、高校、技术推广部门的200多名专家、学者参加会议。

10月16—19日,由学会杂草学分会和中国农业科学院植物保护所主办的第十五届全国杂草科学大会在广东省珠海市召开,主题为"杂草科学与生物技术"。来自全国90多家科研院所、大专院校、农技推广及企业的300多名专家、学者参加会议。

科普活动 学会扎实推进全民科学素质和科普工作,组织开展各类科普宣讲活动8次,受众1780人次。举办实用技术培训24次,培训人数6477人次。

学会充分利用新媒体开展知识传播工作。结合中国农作物病虫害发生动态，加大科普宣传力度，及时发布有关病虫害识别和绿色防控的科普文章，组织编写有关科普读物，指导基层植保工作部门积极应对农业重大病虫草鼠害为害，为保障国家粮食安全和农产品质量安全保驾护航。截至2021年年底，学会微信公众号关注人数达23000人，全年发布文章206篇，年度总阅读量141728人次。

表彰举荐优秀科技工作者 根据修订的《中国植物保护学会科学技术奖奖励办法》，在开展2020年中国植物保护学会科学技术奖的推荐评审活动基础上，经征得所有拟授奖对象（完成单位、完成人）的同意、中国植物保护科学技术奖第四届奖励委员会（2020—2022年）审定，决定授予2020年中国植物保护学会科学技术奖一等奖5项、二等奖10项、三等奖20项、科普奖1项（不分等级），涉及296名植物保护科技工作者（其中女性108名，45岁以下81名）。

党建强会 学会党委主要负责人领学党的十九届五中、六中全会精神，习近平总书记“七一”重要讲话精神等，结合学会中心工作深入思考领悟，切实把思想和行动统一到以习近平同志为核心的党中央重大决策部署上来。

根据中国科协党组、科技社团党委等文件精神，研究制订《开展党史学习教育工作方案》，积极组织参加中国科协党史学习教育系列会议以及“众心向党、自立自强”党史学习教育系列活动。充分用好学会官方网站、微信公众号等，广泛宣传学习好做法、好经验、好成果。

9月25日，学会应邀参加“与党同心　百年同行”全国学会访谈录活动，学会党委委员、秘书长郑传临现场作题为《紧急建议：开创中国科技团体建言献策先河》的报告，激励全国学会更好地发挥科技共同体作用。

12月，学会党委与学会理事会同步换届，严格按照有关规定开展学会党委调整工作，得到中国科协学会党建办公室的批复，完成学会党委组成及分工。

【中国植物保护学会第十三次全国会员代表大会】 12月28日，中国植物保护学会第十三次全国会员代表大会以线上直播方式召开。学会第十二届理事会理事长陈万权，副理事长陈剑平、宋宝安、康振生、柏连阳、周雪平、魏启文、刘学、张友军、沈杰，秘书长郑传临，中国昆虫学会副理事长兼秘书长戈峰，以及来自全国31个省级植物保护学会、团体会员单位、学会分支机构等的198名代表出席会议。学会第一届监事会监事长喻大昭及全体监事列席会议。魏启文主持会议。

学会办事机构支撑单位中国农业科学院植物保护研究所所长周雪平致辞，戈峰代表130家中国科协所属全国学会（协会、研究会）致辞。

陈万权在工作报告中指出，学会第十二届理事会坚持党的全面领导，在党的建设、组织建设、智库、学术、科普等方面作出大量富有成效的工作，取得较好成绩，多次获得中国科协等上级部门的表彰和奖励。

大会以无记名投票方式审议通过学会第十二届理事会工作报告、章程修改报告、第一届监事会工作报告、第十二届理事会财务工作报告、会费标准以及第十三次全国会员代表大会选举办法。选举产生由148名理事组成的第十三届理事会和第二届监事会。选举陈万权为第二届监事会监事长，张杰为副监事长，马占鸿、王友平、王振营为监事。

学会第十三届理事会第一次全体会议选举产生由48名常务理事组成的第十三届常务理事会，选举陈剑平为理事长，戈峰、刘学、何霞红、沈杰、宋宝安、张友军、周雪平、柏连阳、康振生、魏启文为副理事长，聘任郑传临为秘书长。学会第二届监事会监事全程列席会议。

学会第十三届常务理事党员大会选举产生学会党委（功能型），选举陈剑平为党委书记，周雪平、魏启文为党委副书记，陈万权为党委纪检委员，刘学、张友军、郑传临为党委委员。学会第二届监事会监事党员参加会议。

学会第十三届理事会理事长、党委书记陈剑平在总结讲话中指出，要求以习近平新时代中国特色社会主义思想为指导，肩负起全体会员和全国广大植物保护科技工作者的信任与重托，继续深化组织创新，推进会员服务建设，进一步加强为党、国家和社会服务的能力、学术影响力和生存发展力，为保障国家粮食安全、生物安全、生态安全和农产品质量安全提供科技支撑，在努力实现高水平农业科技自立自强和农业农村现代化中发挥更加积极的作用，为建成世界科技强国、实现中华民族伟大复兴不断作出新的更大贡献。

（撰稿人：郑传临　冯凌云）

中国作物学会

服务创新型国家和社会建设 2021年，“科创中国”沁农作物科技服务团在2020年基础上进一步扩大专家队伍，已入驻常态化联络专家128人。服务团依托四川省成都市邛崃天府现代种业园，聚焦现代种业开展多种形式的科技服务，助力邛崃天府现代种业园建设成为“中国西南种业中心”、国家种业高地和国际种业创新示范区，促进区域科技经济融合发展，打好种业翻身仗。建立完善2个“科创中国”邛崃天府现代种业园产学协同组织，调研10家企业，凝练完成50项高质量产业服务需求，主办首届“科创中国”邛崃天府农技培训班，为邛崃培训专业种业人才87名，协办首届天府国际种业博览会，协助对接洽谈和引进种业企业10家。

学会大豆专业委员会与国家大豆产业技术体系合作，对接黑龙江省黑河市、安徽省宿州市，建立科技成果转移转化中心，推动成果落地和主产区大豆产业发展。

学会粟类作物专业委员会专家向农业农村部科技教育司提交的《我国粮食安全战略中尚需关注西北地区杂粮产业发展》获得科技教育司司长周云龙的肯定批示。

学会水稻专业委员会专家向浙江省委、省政府提交《当前我国农作物种业发展现状及对浙江省的启示建议》《当前世界粮价大幅上涨及对浙江省的启示建议》等4个专题研究报告并获批示。

学会大豆专业委员会提交的《科技支撑大豆增产研究报告》是农业农村部科技教育司《科技支撑粮食产量登上1.4万亿台阶研究报告》的分报告，得到农业农村部部长唐仁健的重视，给予肯定性批示。

学会麻类专业委员会制订《大竹苎麻产业发展规划》《湛江剑麻产业发展规划》，起草《麻类产业战略投资研究系列报告》等，助力企业明确战略定位，强化品牌建设理念与思路。

学会油料作物专业委员会组织各会员单位开展协同攻关、集成创新，在全国范围内以油料生产大县为主战场开展油料生产技术观摩、科技培训、示范推广、信息交流等工作，支撑地方油料产业科技发展。

学会食用豆专业委员会通过科企合作、企业带动与意向种植，开展新成果新技术的展示示范及推广利用，建设食用豆新品种原种繁育基地并广泛布点示范，促进食用豆产业发展。

学会建设 2021年，学会个人会员总数8665人，团体会员总数154个，分别较2020年增长16 %和4 %。

学会召开常务理事会议4次，集中商议学会重要学术会议筹备、学会科技奖励评审以及重要决策等事项。

学会进一步加强对分支机构的管理与考评，对2020年度取得突出成就的分支机构进行表彰。

学会制订并印发《中国作物学会分支机构科研和学术活动项目管理办法（试行）》《中国作物学会分支机构年度综合考评管理办法（试行）》《中国作物学会团体标准管理办法（试行）》《中国作物学会分支机构党建工作小组工作规则（试行）》。

学会获得中国科协“中国特色一流学会建设项目”支持，项目周期为3年（2021—2023年）。

青年人才托举工程 学会完成第六届中国科协“青年人才托举工程”项目候选人的遴选工作，推荐的2名青年人才获得中国科协资助。获得第七届中国科协“青年人才托举工程”项目立项资格。

主办期刊 2021年，*The Crop Journal*（《作物学报》）出版6期，刊登文章141篇，比2020年增加44篇，完成70余篇文章的在线预出版。出版专辑1期，出版专题1个。SCI影响因子达到4.407（农学排名为13/91），期刊总被引频次从2020年的1255次提高到2021年的2168次。第6次入选“中国最具国际影响力学术期刊”；2篇论文获2021年中国科技期刊农林学科年度优秀论文奖，其中特等奖1篇；在中国科技期刊卓越行动计划项目2020年度验收中获得的评审结果为优秀。

《作物学报》出版12期，刊出文章224篇，比2020年增加20.4%。第20次被中国科技信息研究所授予“百种中国杰出学术期刊”称号，获2021年“中国国际影响力优秀学术期刊”称号，8篇论文入选2021年中国科技期刊农林学科年度优秀论文，1篇论文入选“中国百篇最具影响国内学术论文”。继续得到中国科技期刊卓越行动计划梯队项目资助。

《作物杂志》刊出论文195篇，比2020年增加14篇，录用率26.0%。综合影响因子为1.620，复合影响因子为2.079，分别较2020年提高15.3%和13.4%，在49种农艺学期刊中分别排名第11和第9。

《麦类作物学报》刊出稿件219篇，期刊复合影响因子为1.979，较2020年增长20.89%，入选2021

年度中国农业期刊领军期刊。

国际学术会议 7月27日，由学会承办的第二十三届中国科协年会·世界种子与粮食安全发展论坛在北京召开。

7月31日，由学会麻类专业委员会协办的国际麻类多用途利用产业大会在云南省昆明市召开，300余人参加会议。会议围绕世界麻类作物研发与市场形势、麻类多用途产业应用瓶颈破解与前景等主题，探讨麻类产业发展趋势和应用前景，发布重要科技成果，筹备建立国家麻类产业科技创新联盟，为麻类产学研各界搭建相互交流的平台。

9月23日，由学会粟类作物专业委员会主办的第八届世界小米起源与发展会议在内蒙古自治区赤峰市敖汉旗举办，主题为“文化传承，健康赋能，品牌驱动，产业升级”。来自国内科研院所、政府部门、国内小米产业行业协会及企业的200余人参加会议，另有来自英国、韩国、日本的多名国际专家、学者以视频方式参加会议。

12月16—18日，由学会主办的2021国际种业科学家大会在海南省三亚市召开。大会以“聚焦种业科技创新 牢筑现代农业根基”为主题，25名国内外院士及700余名政府领导、相关国际组织专家、种业科学家、种业领域跨国公司与国内领军企业负责人等参加会议。

国内主要学术会议 学会及分支机构围绕学科发展的基础性问题和学科前沿热点举办国内学术会议31次，现场参加会议人数6703人次，线上交流人数50847人次，交流论文155篇。

3月27日，由学会承办的第七期中国科技会堂论坛在北京举办。论坛以“种业资源与粮食安全”为主题，理事长万建民担任主讲嘉宾，与会专家共同探讨中国种业的现状、挑战以及如何打好种业翻身仗等问题。来自有关部委及中央企业等相关单位的负责人百余人参与活动。

4月22—25日，由学会玉米专业委员会主办的第五届全国玉米生物学学术研讨会在四川省成都市召开，来自全国多个高校、科研院所及种业企业的800余人参加会议。会议围绕“玉米复杂农艺性状遗传与发育”“应答生物与非生物胁迫”“基因组与表观遗传”“分子育种理论与方法技术”4个主题进行交流。

7月24—27日，学会马铃薯专业委员会在陕西省榆林市召开第二十三届中国马铃薯大会，来自国内30个省（自治区、直辖市）相关部门的专家、学者及企业人员近1500人参加会议。大会主题为“马铃薯产业与绿色发展”。

12月5日，由学会大豆专业委员会主办的第29届全国大豆科研生产研讨会在线召开。围绕主题“强化科技自主创新，推动大豆产业发展”，来自全国科研院所、高等院校、管理部门、推广机构及企业等单位的2.8万人次在线参加。

12月11日，由学会栽培专业委员会主办的第十九次全国小麦栽培科学学术研讨会线上召开，来自全国高等院校、科研院所、农业技术推广部门、面粉企业以及从事小麦栽培耕作、生理生化、生产加工的科研、教学、技术推广人员和博士、硕士研究生共420余人参与。

国际交往 学会参与发起国际种业科学家联盟，联盟成立后将努力建设成为具备国际影响力的种业科学家交流与合作平台，为优秀育种家和育种团队的研发、创新提供孵化平台。

学会理事长万建民以国际作物学会主席身份受邀视频参加2021中关村论坛开幕式。学会协助中国科协邀请国际玉米小麦改良中心、非洲农业技术基金会、国际热带半干旱地区作物研究所等国际组织的负责人4人视频参加2021中关村论坛开幕式。

学会联络国际水稻研究所、国际玉米小麦改良中心、非洲农业技术基金会、国际作物学会支持“开放 信任 合作”倡议的发布。学会协助中国科协邀请国际组织负责人参加第三届世界科技与发展论坛，并收到国际水稻所和非洲农业技术基金会发来的视频致辞。

国际马铃薯中心亚太中心（中国）国家联络科学家Philip Kear一行4人访问学会甘薯专业委员会，就共同申报项目、人才培养和建立合作基地进行交流。

学会油料作物专业委员会与德国联邦食品研究所、意大利国家研究院食品产品研究所等国外科研机构建立战略合作伙伴关系。

学会大麦专业委员会与联合国粮农组织、国际植物遗传资源委员会以及国外的大学和科研机构开展大麦科研国际合作。

学会栽培专业委员会委员参与“澜湄国家稻渔种养技术合作及水产养殖减贫”网上培训项目。

学会水稻专业委员会会长、中国工程院院士胡培松接待来自欧盟驻华使团以及丹麦、德国、法国等国驻华使馆的农业和科技参赞并举办多边会谈。

学会玉米专业委员会邀请英国爱丁堡大学、美国康奈尔大学的专家开展学术报告、学术合作研讨等学术交流。

学会麻类专业委员会加强巩固与联合国粮农组织、国际天然纤维组织等国际组织的合作。

科普活动 2021年，学会及分支机构和科学传播专家团队共举办科普活动88次，开展技术培训45次，创制科普视频、科普图文、科普图解、科普H5等原创科普作品39个，科普网络作品被光明网、搜狐网、中国日报等主流媒体转载44次。全年科普及培训工作共惠及农业科技工作者、农民等公众8898万人次。学会获评“2021年度全国学会科普工作优秀单位”。

5月28日，学会主办“探秘种子方舟，感受生命力量”科普活动，向中学生普及种质资源的概念和作用，阐明中国大力建设种质资源库的战略意义。

9月11日，学会主办“彰显百年风华，开启作物科技新征程”主题全国科普日云游活动，向公众普及作物科普基地种植的32种作物、84个品种，以及玉米密植高产全程机械化绿色生产技术和吨田宝高产稳产化控技术，光明网“一直播”平台、科普中国、科技工作者之家等平台同步直播，当日累计观看达174.4万人次。

学会组织科技志愿者、专家走进中学、高校、科研院所开展科普进校园活动8次，普及作物科学知识，宣传科学家精神，受众1.5万余人次。

组织开展“彰显百年风华，开启作物科技新征程”中国作物学会“云上科普日”活动、2021全国科普日活动“感受科技创新，领略棉花魅力”、作物科学学科传播专家团赤峰元宝山田间课堂活动、中国作物学会大豆专业委员会科普讲座活动4个活动，并被中国科协评为“2021年全国科普日优秀活动”。

表彰举荐优秀科技工作者 学会开展2021年度中国作物学会科学技术成就奖的评奖工作，沈阳农业大学北方粳稻核心理论与关键技术创新团队获得创新团队奖，华中农业大学教授王茂军、南京农业大学教授李姗获得青年奖。

开展2021年度中国作物学会优秀博士论文奖的评奖工作，《水稻中胚轴伸长基因*qME1*的克隆与功能分析》（吕育松）等5篇博士论文获优秀博士论文奖。

党建强会 学会召开3次党委会议，党委直接参与学会重大工作事项的讨论与决策，确保学会各项重大决策的正确性和科学性。

学会三级党组织积极开展党史学习教育，组织集中学习、个人自学，书记、委员讲党史党课，开展主题党日活动等。在微信公众平台发布（转载）党史学习教育专题内容29篇，动员广大会员学习党史。

学会开展“服务乡村振兴、我为群众办实事”实践活动17次，开展“党建+科普”进校园活动3次；分支机构党建小组开展党建活动10余次。

在中国科协科技社团党委开展的“庆祝建党100周年”征文、摄像作品及节目征集活动中，学会党委获得“优秀组织单位”称号。

会员服务 学会为会员提供信息服务，完成会员管理平台全新改版升级，通过10个微信公众号实时推送信息1600余条，在网站发布新闻动态、通知公告、学术交流、科技奖励、科普活动等信息279条。

5月25日、5月30日，学会主办2期作物科学云沙龙，邀请4名科学家围绕作物科普热点话题进行线上学术和科普报告，2.44万人次在线观看。

【第二十三届中国科协年会——世界种子与粮食安全发展论坛】 7月27日，由学会承办的第二十三届中国科协年会——世界种子与粮食安全发展论坛在北京召开。论坛采取线上线下相结合的形式进行，80余名来自国内高校、科研院所、企业的人员参加现场会议，另有近23万人次通过中国科协、中国知网、科创中国在线平台观看直播。论坛由*The Crop Journal*执行副主编、中国农业科学院作物科学研究所研究员徐云碧主持。学会副理事长、北京市农林科学院玉米研究中心主任赵久然出席论坛并致辞。围绕主题“粮食安全与农业可持续发展”，中国工程院院士、沈阳农业大学教授陈温福，国际玉米小麦改良中心荣誉退休首席科学家、全球小麦计划前主任Hans-Joachim Braun，发展中国家科学院院士、北京大学新农村发展研究院院长黄季焜，非洲农业技术基金会项目开发和商业化总监Emmanuel Okogbenin，国际半干旱地区热带作物研究所全球研究计划主任Rajeev K.Varshney，联合国粮农组织植物生产和保存部农业干事Arshiya Noorani，中国农业科学院作物科学研究所研究员李立会作特邀主旨报告，就创新种质资源、保障粮食安全方面的政策和措施进行深度探讨，为粮食安全与农业发展建言献策。

【作物分子育种领域专业技术转移转化能力提升班】 11月21—23日，由中国科协科学技术创新部主办，中国作物学会、中国农业科学院作物科学研究所、三亚中国农业科学院国家南繁研究院、中国作物学会分子育种专业委员会联合承办，三亚崖州湾科技城管理局协办的作物分子育种领域专业技术转移转化能力提升班在线上举办。提升班是中国科协科学技术创新部承接的“人社部专业技术人才知识更新工程2021高级研修班项目”系列之一，“科创中国”沁农作物科技服务团的11名授课专家从理论研究、技术创新、实践应用等多元角度分享基因定位方法，基因定位软件，分子育种领域技术、应用及发展趋势，育种成果、知识转移转化等内容。90名来自全国各地分子育种领域的学员进行线上学习，5.8万人次通过中国知网、科创中国平台在线观看。

（撰稿人：徐　莉）

中国热带作物学会

服务创新型国家和社会建设　学会开展西藏墨脱地区热带作物种质资源调查与抢救性收集工作。9月22日—10月10日，贯彻落实国务院副总理胡春华“西藏墨脱也是热区，要加快资源的抢救性收集”、农业农村部“关于加强西藏墨脱地区种质资源保护与利用工作”指示精神，学会理事长刘国道带领由学会专业委员会专家组建的考察队深入墨脱地区开展“西藏墨脱地区热带作物种质资源调查与抢救性收集”工作，采集热带作物389种（包含墨脱特有植物32种、国家级珍稀濒危保护植物12种和墨脱乡土特色作物14种）共1446份资源样本，大型真菌资源112种317份样本，总体包括活体材料390份、种子137份、腊叶标本715份、DNA分子样本365份以及养分分析材料160份。

1月6日，中国科协党组书记、常务副主席、书记处第一书记怀进鹏一行到中国热带作物学会，就深入贯彻落实习近平总书记关于粮食安全和种业发展等重要讲话精神、发挥特色优势、谋划绿色生态与种业可持续发展格局等进行调研并座谈。

2月24—26日，学会理事长刘国道和南药专业委员会研究员王祝年带队赴海南省三沙市执行“南草调”和“南锋专项”科考任务，于永兴岛发现陆地棉半野生种，将其暂命名为“永兴168964棉花”并列入“全国十大优异农作物种质资源”。经初步研究发现，其染色体构成与美洲地方种、现代栽培种均有较大的遗传分化，对深入了解陆地棉的驯化历史和拓展遗传多样性具有重要意义。

9月16日，中国科协党组书记、分管日常工作副主席、书记处第一书记张玉卓到中国热带作物学会调研，看望学会干部职工和一线科技工作者，并听取中国热带作物学会学术交流、决策咨询、专题调研、优秀人才培养举荐、学术期刊以及学会理事会党建等工作情况的汇报。

服务地方经济和巩固脱贫攻坚战成果。针对海南省橡胶树、椰子树、槟榔树发展的技术难点与行业瓶颈，组织开展新品种种业发展研讨会、产业园区布局研讨会、重大项目技术培训和成果展示会，在基础研究领域为地方政府提供参考和建议。组织专家赴云南省怒江傈僳族自治州热带香料饮料作物咖啡、草果主产区进行调研4次，了解作物分布、种植规模、生产加工及贸易等现状，分析产业技术需求。牵头起草《关于打造我国优质黑胡椒生产基地　丰富云南热区边疆固边特色产业的建议书》提交云南省人民政府。

学会建设　学会组织与能力建设持续完善。强化建章立制，修订《中国热带作物学会章程（修订）》等制度7个，明确学会宗旨及业务范围，完善学会办公室岗位设置、薪酬以及理事、会费、财务、会议、会员等管理办法。

学会理事会领导职能充分发挥。组织召开常务理事会议6次、理事会议2次、党委会议2次、监事会议2次、理事长办公会议7次、工作会议2次，每月召开1次秘书长会议，全年共召开31次学会常规会议，充分发挥学会理事会的领导职能，确保学会健康有序发展。

学会行政综合工作顺利开展。完成学会法人变更办理手续及学会理事会负责人备案工作，完成届中增补3名副理事长、辞去2名理事事宜，完成中国科协第十次全国代表大会代表的推选工作；印发学会“十四五”发展规划，印发各类文件86种。

学会分支机构管理逐步加强。成立热带作物种质资源保护与利用专业委员会，撤销天然橡胶生产者工作委员会，期刊工作委员会更名为图刊工作委员会，6个专业（工作）委员会完成换届等。建立分支机构年度考核、挂靠单位动态调整机制，形成支撑单位与学会共同进步发展的良好局面。

青年人才托举工程　学会推荐中国科学院华南植物园曾兰亭和海南大学热带作物学院蒋凌雁2人为第

六届中国科协“青年人才托举工程”项目人选。开展学会“青年人才托举工程”项目，李婷玉、孙彬妹、李如一、廖格、陈秋惠、李彤彤、仲天娇7人入选。

主办期刊 学会召开《热带作物学报》第五届编委会第三次工作会议，表彰30名突出贡献编委和优秀编委及29名优秀审稿专家。策划出版“热带作物品种选育与遗传多样性专题”“橡胶、槟榔、椰子的保护专题”“生物安全专题”。《热带作物学报》入选北京大学《中文核心期刊要目总览》（2020版）和《中国科学引文数据库（CSCD）》核心库（2021—2022）；根据《中国学术期刊影响因子年报》，最新影响因子达到1.480，影响力指数在全国所有同类期刊中排名上升至第3。

学科发展工程 学会剑麻专业委员会开展剑麻的技术发展路线研究。向中国科协推荐“储藏根是如何形成的？”和“如何突破天然橡胶高性能化质量形成机制及关键调控技术”等重大科学问题；推荐中国热带农业科学院香料饮料研究所申报国家食物营养教育示范基地并通过评审；组织报送全国学会开放合作示范专项2项，其中“与联合国粮农组织和世界粮食计划署签署合作协议促进热带农业南南合作”项目中标；组织报送8个中国科协“一带一路”国际科技组织合作平台建设项目、6个中国科协国际联络部双边学术会议及科技交流活动项目；联合支撑单位和崖州湾科技城申报“科创中国”科技服务团示范项目。

国内主要学术会议 2021年，学会主办国内学术会议13次。

11月2—5日，学会举办2021年全国热带作物学术年会，年会以“热带作物种业高质量发展”为主题，邀请领域资深专家围绕该领域种业高质量发展作报告，113名专家、学者在7个专题论坛作主旨和专题报告，500余人注册参加会议，2.23万余人次收看在线直播。

11月30日—12月1日，中国热带作物学会剑麻专业委员会2021年委员年会暨剑麻行业工作会议召开，为推动中国剑麻全产业链高质量发展搭建平台。

12月2—4日，中国热带作物学会园艺专业委员会第六次会员代表大会暨2021年学术研讨会召开，会议有利于促进中国热带园艺学术交流及发展。

国际交往 学会会员单位与10多个外国驻华使馆保持密切联系；与全球40多个国家的100多家科研机构、大学、政府机构和国际组织有合作协议和交流项目。配合依托单位申报推荐的合作单位国际热带农业中心获“2020年度中华人民共和国国际科学技术合作奖”。学会理事长和3个专业委员会依托团队获得国际生物多样性中心与国际热带农业中心联盟特别贡献奖。

科普活动 学会举办2021年全国科技工作者日、2021年全国科技活动周和2021年全国科普日活动。举办橡胶、木薯、胡椒等培训班500余次，培训农户4.08万人次；组织科普活动44场次，受益青少年40.42万人次；利用科技110、科技特派员等在线解答农民问题170余次；开展槟榔、椰子、胡椒等栽培技术咨询和成果展示及食品安全宣传16场次，发放小册子0.8万余册，受益群众3万余人次。免费开放全国热带作物科普基地及支撑单位平台的20多个种质资源圃，接待群众30多万人次，发放科普小册子1万余册。新增海口热带农业科技博览园等5家基地为第二批全国热带作物科普基地。引领10个科普基地加强建设，常年开展热带农业科学知识普及活动384次，发布科普短视频59个，接待参观者70多万人次；学会官网与中国科协相关网站发布活动新闻，浏览量超过75万次。

扎实开展“我为群众办实事”实践活动。壮大科技志愿服务队伍，开展“党旗领航——千名学会专家走基层”活动，引领科技工作者4235人开展科技下乡322次，受益群众2.17万人次；科技培训595次，受益群众3.87万人次；其他科技志愿活动1223次，受益群众4.4万人次；通过热作12316服务平台向“三区三州”云南省怒江傈僳族自治州农户推送农业资讯10万余条。

10月28日，学会举办第四届全国农业行业职业技能大赛橡胶割胶工技能竞赛。

倡导科学防治，组织热带作物研究专家编写橡胶、可可、咖啡等作物防寒技术文章39篇。

表彰举荐优秀科技工作者 学会参与中国科协学术和人才举荐工作，推荐王庆煌入围中国工程院院士增选有效候选人名单，推荐10人为国家层面科技报道专家库入库专家，推荐学会戴好富和刘立云参与2021年中国科协“最美科技工作者”评选。

组织会员参加比赛和推优工作，4人获得“百年党史 百家学会”党史知识竞赛活动前十名，3人获得“党在我心中”征文个人优胜奖，1人获得第十届科普摄影大赛和建党100周年征文摄影大赛“散文类一等奖”、1人获得“摄影类”三等奖；推荐5人参加“典赞·2021科普中国”活动；推荐2人参与全国科普日科技工作者典型；推荐5人参与“科技志愿者典型事迹”，其中1人入选先进个人典型。

党建强会 围绕庆祝建党百年思想政治引领，深入学习习近平总书记关于党史的重要论述、在中国科协第十次全国代表大会上的重要讲话精神，积极开展党史学习教育，制订《中国热带作物学会党史学习教育方案》，召开专题会议进行贯彻落实，将党史学习作为学会学习重要内容。党委书记带头讲党课，分支机构党组织书记及老一辈科学家讲专题党课。响应中国科协“百家学会老区行”活动号召，组织到中国热带作物研究起源地重温老一辈科技工作者艰苦奋斗历程，到云南省、四川省、贵州省等革命老区开展“牢记革命历程，传承红色基因”“追寻红色足迹，众心向党，自立自强”活动。组织编写《中国热带作物学会发展史》，激励广大科技工作者不忘初心、牢记使命。

围绕融合发展，实现党建业务同谋共进。实现党建与业务同部署、同落实、同推进、同考核，把党建工作纳入学会年度工作计划。获批1项“党建强会计划”项目——追寻红色足迹，开展党建特色活动，探索“党建+业务”深度融合新模式。学会秘书处党支部结合业务需要与分支机构、全国热带作物科普基地和兄弟学会开展系列“党建+业务”主题党日活动；学会党委引领分支机构、会员单位、全国热带作物科普基地积极开展“我为群众办实事”实践活动及科技志愿服务活动，服务国家科普供给侧结构性改革及“一带一路”倡议，助力巩固脱贫攻坚成果，以党建带群建拓展服务新空间。

学会获2021年中国科协“党在我心中”党史知识竞赛优秀组织奖、中国科协“百年党史、百家学会”党史知识竞赛优秀组织奖、全国科技工作者日全国学会“十佳优秀组织单位”等。

会员服务 做实科技工作者之家，完善学会官网、微信公众号，强化信息推送、人才举荐，丰富学会服务会员、会员服务学会的渠道和内涵。

壮大中国热带作物学会科技志愿者总队到169人，成立农产品专业委员会科技志愿服务队和高原特色农业科技志愿者服务队；组织召开科技工作者座谈会2次，走访慰问18名离退休人员和一批青年科技工作者，倾听他们的建议并送上温暖。

【2021年全国热带作物学术年会】 11月2—5日，2021年全国热带作物学术年会在海南省澄迈县召开。大会聚焦热带作物种业高质量发展，邀请领域内的资深专家对本领域种业高质量发展作报告，多位专家进行点评研讨。来自全国的400余名专家、学着参加会议。

学会理事长刘国道在开幕式上致辞，他指出，党中央、国务院高度重视种业振兴，会议围绕“热带作物种业高质量发展”主题开展学术交流，是中国热带作物种业和相关学科领域最新科技创新成果的一次集中展示，会议的召开必将促进中国热带作物科技工作者之间的交流与合作。开幕式上举办中国科协和学会“青年人才托举工程”项目授证书仪式，曾兰亭和蒋凌雁获得中国科协入选证书，李婷玉、孙彬妹、李如一、廖格、陈秋惠、李彤彤、仲天娇7人获得学会项目入选证书。

12名专家围绕甘蔗、枇杷、荔枝、芒果、火龙果、热带牧草、香蕉、木薯、南方瓜类蔬菜、特色南药资源等热带作物种质资源的开发与利用作主旨报告。分支机构举办种质资源与遗传育种、病虫害防控与绿色农业、农产品储藏加工与质量安全、民族特色药用植物资源挖掘与创新利用、热带农业国际合作管理研讨会、香料饮料作物年会、数字热作与热区乡村振兴专题研讨及学术交流活动。

【第二届国际热带产业博览会】 11月8—10日，以“健康与科学消费”为主题的第二届国际热带产业博览会在广东省广州市举办。学会理事长刘国道出席开幕式并致辞，杨礼富书记参加有关活动。

博览会展览面积2万多平方米，收到贺函250余件，吸引150多家国内外热带产业领域的科研单位和龙头企业参展，5万多人次参观。

正式成立中非热带农业科技创新联盟，国内成员单位代表参加授牌仪式，通过联盟章程、行动计划，宣布联盟成员单位，国内12家农业科教机构和非洲10个国家的13家国家级农业科教机构自愿申请加入。博览会组委会与广州空港管委会产业链项目、国药集团健康产业项目等5项项目签署合作协议。

开幕式上，刘国道致辞。农业农村部南亚办原主任、农垦局原常务副局长胡建锋宣读农业农村部原副部长陈晓华的讲话。广东省科技厅副厅长周木堂致辞。联合国粮农组织、国际应用生物科学中心等国际组织代表，巴基斯坦农业与粮食安全部部长，巴布亚新几内亚卫生部部长和刚果共和国农牧渔业部农业局局长向大会发来视频贺词。

（撰稿人：刘 倩）

中国蚕学会

服务创新型国家和社会建设 开展行业咨询和产业服务工作。学会理事长廖森泰，副理事长李龙、李标、代方银、吴海平以及秘书长沈兴家等带队组织专家到重点蚕区四川省广安市武胜县、重庆市黔江区、云南省大理白族自治州祥云县、广西壮族自治区河池市宜州区、广西壮族自治区百色市凌云县、浙江省湖州市南浔区等地指导疫情下的产业生产活动，特别是针对各地产业发展规划、产业定位、技术措施提出建设性意见，推动当地蚕桑产业高质量发展，在推进乡村振兴中发挥蚕桑产业的作用和贡献。针对蚕业生产中的各类技术问题，学会各专业委员会和各地会员积极开展技术咨询与科技服务工作，在主产区广西壮族自治区、四川省、云南省、重庆市、辽宁省、广东省、山东省、安徽省、江苏省、浙江省等省（自治区、直辖市）开展相关服务工作50余次，参加活动的专家达300人次。

4月14—16日，学会蚕种分会在四川省南充市举办全国蚕种新品种新技术新器械新成果培训班，来自全国13个蚕种生产省（自治区、直辖市）的116位学员参加培训，邀请国内知名专家为学员专题授课，并到位于南充市的国家蚕桑产业技术体系研发中心设施与机械研究室现场学习。

组织开展蚕桑专业领域成果评价工作。受江西省蚕桑茶叶研究所和江苏科技大学委托，3月7日和4月25日，学会分别在江西省南昌市和江苏省镇江市以现场会议形式对委托单位的科研成果进行评价。

学会建设 全年学会召开常务理事会议1次、理事长办公会议2次；以通讯方式召开理事会议1次、常务理事会议1次。

4月17日，学会在四川省成都市召开理事长办公会议和十届六次常务理事会议，会议通过学会换届方案，研究部署学会2021年主要工作。

6月20—25日，学会以通讯方式召开常务理事会议、理事会议，研究确定学会与广西蚕业技术推广站、河池市农业农村局、河池市宜州区人民政府共建宜州蚕桑产业研究院，建立浙江省湖州市南浔服务站。

10月17日，学会在广东省佛山市顺德区召开理事长办公会议，研究学会负责人候选人选和监事会监事候选人选的推荐工作。

主办期刊 2021年，学会主办的学术期刊《蚕业科学》共出版6期，刊登研究论文70余篇，版面约600面，比2020年有所减少。发表获国家级、省部级重点科研计划项目资助并代表学科前沿的论文达到期刊载文总数的75%以上，继续被收录为中国科技核心期刊、中文核心期刊。

国内主要学术会议 全年举办1次综合性学术交流活动，参加会议人数185人，编印论文集1册，共收录论文158篇。

4月17日，中国蚕学会学术年会（2021）在四川省成都市举办。四川省农业农村厅副厅长杨波出席开幕式并致辞。学会理事长廖森泰，常务副理事长李龙，副理事长钱永华、代方银、李标、吴海平、杨彪，秘书长沈兴家出席会议。来自全国60多家科研院所、生产管理单位和企业的专家、学者共180余人参加会议。会议收到学术论文158篇，编印会议论文集1册。

会议邀请西北农林科技大学教授钱永华、西南大学教授赵爱春、广东省农业科学院蚕业与农产品加工研究所研究员邹宇晓、苏州大学教授贡成良、华南农业大学教授田铃、沈阳农业大学教授刘彦群、农业农村部蚕桑产业产品质量监督检验测试中心（镇江）副主任陈涛作专题报告，另有13名专家、学者作大会交流报告。报告内容涵盖蚕桑的病虫害防治、蚕桑资源多元化利用、蚕桑标准与质量安全、智慧蚕桑、蚕茧信息化建设等。会议还发布全国蚕桑领域的最新研究成果，促进学术交流与科技进步，展示现代农业理念和蚕桑融合发展的趋势，为蚕桑产业的高质量发展提供理论支撑和创新动力。

科普活动 6月，启动第四届全国大学生蚕桑生物技术创新大赛，来自11所高校的109个作品参赛，网评工作已完成。

党建强会 4月17日，学会党委在四川省成都市召开党委会议，研究学会换届方案和2021年度工作计划。

10月17日，学会在广东省佛山市顺德区召开党委会议，研究学会负责人候选人选和监事会监事候选人选的推荐工作。

（撰稿人：刘 挺）

中国水土保持学会

服务创新型国家和社会建设 2021年，学会修订生产建设项目水土保持技术服务单位水平评价管理办法，规范和优化生产建设项目水土保持技术服务单位水平评价程序，加强事中事后监督管理。完成生产建设项目水土保持方案编制单位和监测单位水平评价证书变更工作。

召开继续教育培训工作研讨会，优化各类培训班培养方案和课程设置。举办生产建设项目水土保持方案编制技术人员、生产建设项目水土保持监测技术人员、生产建设项目水土保持设施验收报告编制技术人员、水土保持规划设计等培训班6期，培训学员3300余人次。

依托现有的国家水土保持科技示范园，评选第五批全国水土保持科普教育基地。

学会建设 2021年，学会新增个人会员1453人、单位会员99家；个人会员达到12223人，单位会员达到809家。

学会共召开1次理事会议、2次常务理事会议、2次理事长办公会议，审议学会重大事项和重要事宜。召开全国水土保持学会2021年秘书长会议，传达有关文件精神，交流部署相关工作，加强对省级水土保持学会的业务指导。

完善分支机构动态调整机制，成立科技产业工作委员会，搭建产学研交流平台，促进水土保持科技成果转化和推广。加强分支机构管理，分支机构负责人向理事长办公会述职，指导预防监督专业委员会、小流域综合治理专业委员会、泥石流滑坡防治专业委员会、城市水土保持生态建设专业委员会按时换届。

落实各工作委员会工作职责。召开学术交流、期刊与科技奖励工作委员会、组织宣传工作委员会、科普工作委员会、咨询与评价工作委员会会议，研讨各专项工作思路，审议相关工作事项。

围绕中国科协和学会改革重点工作梳理已有制度，修订《中国水土保持学会科学技术奖奖励办法》《中国水土保持学会科学技术奖实施细则》《中国水土保持学会青年科技奖实施细则》《中国水土保持学会优秀设计奖实施细则》；制订《中国水土保持学会技术发明奖实施细则》。

学会网站及时公开相关信息；定期编写《工作简报》，报送主管部门和理事会，印发各工作委员会、专业委员会和省级学会。按照中国科协要求，公开发布学会2020年年报。

获批中国科协“学会公共服务能力提升项目——科技奖励示范学会建设专项”，获得专项资助。

青年人才托举工程 推荐北京林业大学吴旭东、中国科学院西北生态环境资源研究院杨林山入选第六届中国科协“青年人才托举工程”项目。

主办期刊 进一步落实编委责任制，遴选优质稿源，提高“水保黄河”专栏的发文比例，高质量完成《中国水土保持科学》组稿出版。1—6期共发表文章105篇，其中水保黄河专栏9篇、基础研究38篇、应用研究35篇、开发研究4篇、工程技术2篇、学术论坛9篇、研究综述8篇。期刊推荐的论文《东北和内蒙古重点国有林区天然林保护工程生态效益分析》被评为第六届中国科协优秀科技论文农林集群三等奖。

国内主要学术会议 5月29日，学会在北京举办科技产业工作委员会成立大会暨科技产业交流会，来自水土保持科技产业相关工作的高校、科研机构、企事业单位的近200余人参加会议。会议设置水土保持企业产品、设备展览，开展科技产业技术交流，设3个分会场，特邀39名专家就智慧水土保持、水土保持与水生态、矿山生态修复技术、边坡生态修复新产品新技术等11个专题作专题报告。

指导分支机构围绕国家水土保持中心工作和水土保持领域前沿问题，举办主题鲜明的高水平专业性学术研讨会：4月17日，学会工程绿化专业委员会在北京举办第八届全国生态修复研究生论坛；7月31日，学会土壤侵蚀专业委员会、风蚀防治专业委员会在内蒙古自治区呼和浩特市联合举办2021年草地水土保持与黄河流域生态修复研讨会；8月，学会城市水土保持生态建设专业委员会在水利云讲堂网络平台联合主办四期2021全国水土保持生态建设专家论坛；10月22—25日，学会林草生态修复工程专业委员会在山东省临沂市举办2021生态修复与水土保持高峰论坛暨生态保护修复产业高质量发展大会；11月5日，学会水土保持植物专业委员会在北京联合举办2021年高效水土保持植物学术交流视频会议；12月11日，学会科技协作工作委员会在线上举办2021年年会暨学术交流会。指导省级学会举办富有区域特色、服务地方发展的高水平区域性学术研讨会。

两岸交流 7月7—8日，学会联合举办海峡两岸水土保持学术研讨会，研讨会主题为“水土保持与幸福家园”，来自海峡两岸水土保持领域的50余家管理机构、高等院校、科研院所以及地方水土保持学会的近180名专家参加研讨会。研讨会以线上+线下的方式召开，开设主会场和“水土保持与幸福家园”“水土保持与长汀实践”两个分会场。主会场特邀5名专家作主旨报告，分会场组织27名专家、学者围绕水土保持科技创新、水土保持高质量发展、水土保持与长汀实践等议题作专题报告，并展开深入的研讨和交流。

科普活动 3月，在《中华人民共和国水土保持法》修订实施10周年之际开展《中华人民共和国水土保持法》宣贯知识竞赛活动，深入宣传贯彻《中华人民共和国水土保持法》，提高民众遵法守法意识。

继续推广学会主编的《水土保持读本（小学版）》，广泛应用于全国各地的水土保持科普教育活动中。

5月12日，学会联合山东水土保持学会在山东省济南市举办2021年全国防灾减灾日科普宣传活动，活动主题为“防范化解灾害风险，筑牢安全发展基础”，活动设立2处会场，影响受众2000余人次。组织科学传播专家团队和科普教育基地依托各自的科普资源优势，通过线上线下等形式开展形式多样的科普活动，科普受众达到100万余人次。

以小流域综合治理规划和设计技术、水土保持工程的设计和综合管理技能为主要内容，开展第一届全国大学生“山水林田湖草沙”生态保护与修复创新设计大赛。

表彰举荐优秀科技工作者 2021年，学会评选出第十三届中国水土保持学会科学技术奖15项，其中一等奖4项、二等奖5项、三等奖6项；第三届中国水土保持学会优秀设计奖34项，其中一等奖6项、二等奖9项、三等奖19项。

推荐中国科学院水利部成都山地灾害与环境研究所刘威参加中国科协主办的“自立自强　青春向党”青年演讲大赛，获得三等奖。

党建强会 2021年，学会指导科技产业工作委员会成立党的工作小组。

5月21日，组织党委、秘书处党支部、分支机构党的工作小组和省级学会50余名党员赴遵义会议会址开展“众心向党、自立自强”主题实践活动，庆祝中国共产党成立100周年。

会员服务 学会扩大学会工作对会员的覆盖面，会员优先或优惠参加学会举办的学术交流、培训等活动，为单位会员订阅《中国水土保持》，切实加强与会员的实际联系。

建设网上“科技工作者之家”。学会网站和微信公众号及时发布相关宏观信息资源和行业动态，完善会员、科技奖励、水平评价和培训系统。期刊继续与中国知网合作，推出整期“优先出版”，期刊网站和微信公众号及时更新和推送当期目录和精选论文。

（撰稿人：宋如华　丁立建）

中国茶叶学会

服务创新型国家和社会建设 2021年，学会成立的“科创中国”茶产业科技服务团服务湖北省咸宁市，与咸宁市挂点工作组、科协、茶叶学会建立对接，先后组织4名专家对8家企业开展调研座谈，形成工作协同。建成中国茶叶学会·咸宁市“科创中国”试点城市建设专家咨询委员会，遴选科技服务团成员50名，挖掘凝练51项高质量产业服务需求、115名常态化联络专家、54项技术成果，建立2个“科创中国”试点城市（园区）产学协同组织，开设“科创中国”茶产业科技服务团“科普云课堂”，组织“科创中国”咸宁乡村振兴茶业人才线上培训会，邀请专家就适宜湖北省咸宁市的茶树新品种、砖茶质量安全、青砖茶消费特征与营销策略等内容作专题讲授，共400余人参加培训。

开展科技助力乡村振兴。学会13位专家分赴云南省普洱市澜沧县、湖北省恩施土家族苗族自治州等地开展活动160余次。通过走访调研，了解当地茶叶生产状况，举办科技讲座或技术培训90次，来自当地茶叶主管部门、茶叶企业的7500余人参加活动。发放生产技术资料5949份，推广新品种20个（种植面积达14.6万亩）、新技术25个，取得经济效益1.54亿元。提供决策咨询报告4份，其中被采纳2份。

新建学会工作站（服务站）4家，现有19家。组织学会科技服务团20名专家赴浙江省临海市、山东省泰安市等6地开展科技咨询、技术培训等服务活动，举办培训活动3场，就茶树品种、红茶绿茶加工技术、茶产品开发及营销策略等内容开展讲座，受众人数近500人次。

学会提供公共服务，完成茶叶科技成果评价3项、茶叶品质评价茶样883个、茶叶冲泡参数研究茶样20

款，发布团体标准 21 项。

学会举办专业人才知识更新研修与技能人才培训班，全年共培训 25 期 2980 人次。其中，茶饮创新设计、六堡茶评鉴等知识更新研修 15 期，培训人数 825 人次；茶艺、茶叶审评水平培训 4 期，培训人数 427 人次；专业技能评价员、督查员培训 2 期，培训人数 544 人次；茶艺、审评、少儿茶艺师资培训 4 期，培训人数 1184 人次。

学会建设 2021 年，学会第十届理事会召开理事长办公会议 8 次、常务理事会议 2 次、理事会议 1 次，被中国科协授予“党建工作先进学会（2018—2020 年度）”“2021 年度智慧党建建设优秀学会党组织”“2021 年度全国学会科普工作优秀单位”等称号。

学会 App 投入使用，微信公众平台发送信息 378 条，点击量 155 万人次；现有粉丝 10.9 万人，2021 年新增 1.9 万人。抖音发布 100 余个视频，粉丝量 1.7 万人。

学会新发展个人会员 1872 人、单位会员 139 家，调整常务理事 1 名。截至 2021 年年底，共有个人会员 6380 人、单位会员 623 家、理事 111 名、常务理事 35 名、分支机构 15 个。

主办期刊 学会与中国农业科学院茶叶研究所联合创办 *Beverage Plant Research*。编委会由国内外 26 位专家、学者组成，包括 2 位院士。3 月底上线，已刊发论文 15 篇，被美国农业部数据库列入信任列表。

2021 年，《茶叶科学》编辑出版 6 期，刊文 77 篇。根据中国知网《中国学术期刊影响因子年报（自然科学与工程技术·2021 版）》数据，期刊综合影响因子为 1.782，复合影响因子为 2.156，影响力指数达 506.961，较 2020 年分别增长 18.80%、17.74%、21.84%。入选《世界期刊影响力指数（WJCI）报告（2021 科技版）》，已被美国 EBSCO 数据库、Scopus 数据库等收录。

学科发展工程 学会开展 2021 茶学重大科学问题和工程技术难题征集，共征集重大科学问题和工程技术难题 21 个。通过专家评审，遴选出“茶树的起源中心在哪”等 3 个前沿科学问题和“茶叶如何实现无人采摘”等 3 个工程技术难题，6 个问题、难题均进入中国科协投票范围。

国际学术会议 11 月 25—26 日，学会与中国农业科学院茶叶研究所联合主办的 2021 年国际茶叶大会暨第三届国际茶学院所长会议在浙江省杭州市以线上线下相结合的形式举办。会议邀请印度、斯里兰卡、坦桑尼亚、德国、美国、日本、韩国及国内专家、学者介绍茶产业发展、茶叶科技创新情况等。浙江省内 100 多名专家、学者及学生参加线下会议，来自 18 个国家的近千位专家、学者和国内其他省份专家、学者线上参加会议，线上累计参加会议人数 31 万人次。

国内主要学术会议 4 月 12 日，学会在浙江省绍兴市举办 2021 中国茶叶精深加工技术创新与高质量发展研讨会。会议设置特邀主题报告、专题报告、技术成果展示等环节，展示茶叶精深加工及相关领域的新技术、新产品 51 项。中国工程院院士陈宗懋、刘仲华作特邀报告，参加会议的专家就茶叶精深加工技术基础研究新进展、产业背景、行业动态等进行探讨交流。来自全国近 20 所涉茶高校、科研院所、博物馆以及国内知名茶叶深加工企业的 70 余名专家、学者参加会议。

6 月 5—6 日，由学会、中国农业科学院茶叶研究所主办的茶文化、茶产业、茶科技统筹发展暨“十四五”发展战略研讨会在浙江省台州市举办。中国工程院院士陈宗懋、王汉中、张福锁、赵春江、刘仲华作特邀报告，近 300 名专家、学者参加会议，谋划“十四五”茶业科技发展蓝图，依靠科技创新驱动茶业高质量发展，使茶业成为乡村振兴的支柱产业。

6 月 15—16 日，由学会主办的第十届茶学青年科学家论坛在重庆市举办。来自全国 16 个省（自治区、直辖市）的 30 所高校、科研院所等单位的 230 余名专家和青年学者参加会议，中国工程院院士刘仲华出席开幕式。安徽农业大学茶树生物学与资源利用国家重点实验室主任宛晓春、西南大学教授夏庆友、华中农业大学教授闻玮玮、安徽农业大学教授宋传奎、中国农业科学院茶叶研究所研究员叶萌以及西南大学食品科学学院副院长曾亮依次作题为《黄茶功效化学与加工研究》《蚕丝：基础研究与应用技术》《基因组学助力园艺作物代谢研究》《茶树香气物质糖苷化机制及其生理功能研究》《挥发物调控植物抗虫反应的机理研究》和《茶功效中的宿主 - 微生物组互作》的特邀报告；另有 45 个分会场报告，收录论文摘要 135 篇，开设 *Food Chemistry* 专刊——*Advances in Tea Chemistry*、*Flavor*、*Safety and Health*；制作墙报 76 份。

9 月 23 日，由学会和台湾茶协会联合主办的第十一届海峡两岸暨港澳茶业学术研讨会召开。会议分别在浙江省杭州市和台湾地区彰化县设会场，包括 8 个特邀报告和 7 个专题报告，分享海峡两岸茶叶科研的成果，线上线下累计逾千人次参加会议，编制论文集收录长摘要 139 篇。

国际交往 2021 年，学会新建海外联络点 10 个，与 20 个国际组织建立联系，覆盖 15 个“一带一路”沿线国家。

编写出版中英双语《茶知识 100 问》，组织编写 *My tea*，*my life* 英文科普书籍，同时根据新版《茶艺培训教材》编译英文版《中国茶艺入门》及题库。

举办 4 期线上国际茶文化讲座，累计近万人参加。联合义乌工商职业技术学院国际教育学院等开展线下对外茶艺教学培训，60 余名来自“一带一路”国家的学员参加培训。

科普活动 针对消费者和生产者关心的话题和热点事件，由院士专家领衔举办 20 期“科普云课堂”。通过学会自建平台、合作媒体平台进行直播，线上观看人数达 80 余万人次。

学会分别与浙江省杭州市滨江区律师工作委员会、浙江省知识界人士联谊会等 5 家单位举办“茶让生活更美好”线上线下科普活动 5 场，250 余人参加线下讲座，线上观看人数达 4 万余人次，赠送科普书籍 200 余册。

3—6 月，学会组织发动北京、上海市、天津市等近 80 个城市的 200 家天福门店举办形式多样的国际茶日全民饮茶活动，参与人数近 500 万人次，共赠送科普小册子 50000 册。与“奈雪的茶”联合设计冷泡茶国际茶日瓶贴，在全国奈雪茶门店进行发放，受众人数达 100 万人次；厦门航空机组在航班上设置“中国茶　云上品”“诗中茶　云中对”“梦中茶　云中赏”三个活动环节，向旅客推广中华茶文化。

5 月 20 日，由学会主办的第二届“美美与共”云茶会以线上线下相结合的方式在浙江省杭州市举办。茶会以“茶和世界、共品共享”为主题，共设六大板块，全球 26 个国家、280 万茶友在线观看。

学会联合中国茶产业联盟举办国际茶日“我为中国茶代言”微视频大赛，共收到全国 17 个省份提交的作品 92 份，经评审，39 个作品分获特等奖、一等奖、二等奖、三等奖。

5 月 21—25 日，学会在微信公众号举办“挑战 100 问”茶知识有奖竞答，近 20 万人参加答题，累计赠送品鉴茶、科普书籍 2500 余册。

学会与浙江省老龄文艺大学签署合作协议，建立中国茶叶学会茶叶科普教育基地，协助浙江省老龄文艺大学成立茶文化系，开展培训 30 期。

9 月 11—17 日，学会组织开展全国科普日活动，在浙江省、上海市、天津市等 10 省市举办科普活动近 300 次，受众 50000 余人次，发放科普资料 1000 余册。

表彰举荐优秀科技工作者 学会开展第七届中国茶叶学会科技创新奖、青年科技奖评选，共收到来自 12 个省（自治区、直辖市）的高校、科研院所、农业部门推荐的茶叶青年科技工作者 29 名、茶叶相关科技成果 30 项。经专家评审，安徽农业大学“茶树香气糖苷合成及参与抗逆的分子机制”等 7 个项目获科技创新奖，广西壮族自治区茶叶科学研究所陈佳等 9 位同志获青年科技奖。开展首届中国茶叶学会陆羽奖评选，共收到美国、韩国等 6 国 10 名候选人的提名材料，评选出来自中国、日本和美国的 5 位获奖者。

学会与中国就业培训技术指导中心、农业农村部人力资源开发中心联合举办第五届全国茶业职业技能竞赛——茶叶加工（绿茶）竞赛。全国 20 个省份设立分赛区，经选拔推荐，来自云南省、四川省等 19 个省（自治区、直辖市）的 60 名制茶能手参加决赛，产生 3 名金奖、9 名银奖、18 名铜奖，30 名选手获“优秀选手”称号。

党建强会 学会党委委员和支部党务干部全年共 16 人次参加中国科协组织的党务学习，参加党课学习 4 次。秘书处支部召开支委会议 18 次、党员大会 12 次、民主生活会 2 次。

结合科协“党建强会”计划，组织由党委书记带队、院士领衔的科技服务队 16 人次赴四川省乐山市马边彝族自治县、陕西省商洛市和安康市，通过咨询交流、品质评价、专题报告、现场指导等多种形式开展系列科技帮扶，评价茶样 99 个，举办研讨会 2 场，300 余人次参加活动，助力当地茶业高质量发展与乡村振兴。

会员服务 学会全年为个人会员和单位会员提供《中国茶叶》12 期、《茶叶科学》6 期，通过发送电子贺卡的形式为茶叶科技工作者送上节日祝福。学会信息化平台提供最新茶叶资讯、茶叶科技与研究进展、茶叶科普知识等。

在全国科技工作者日期间，围绕科技工作者学术成长、价值实现等需求，学会开展“众心向党，自立自强”主题报告会，邀请 4 名专家作报告，线下 50 余人次参加报告会，线上观看人数达 6 万余人次；看望慰问 88 位老一辈茶叶科技工作者；通过学会官网、

App 及微信平台宣传优秀茶叶科技工作者 20 人次。

【“茶文化、茶产业、茶科技”统筹发展暨“十四五”发展战略研讨会】 6 月 5—6 日，由学会与中国农业科学院茶叶研究所联合主办的“茶文化、茶产业、茶科技”统筹发展暨“十四五”发展战略研讨会在浙江省台州市召开。中国工程院院士陈宗懋、王汉中、张福锁、赵春江、刘仲华作特邀报告。针对当前茶产业劳动力短缺、人工成本偏高问题，赵春江提出智慧农业是未来农业发展方向，要通过信息技术促进“三茶”融合发展，利用智慧农业技术与设备促进传统茶业转变，实现高效发展。针对科技创新思维固化问题，王汉中提出要坚持“四个面向”，通过突破“小白鼠现象”、冲破人类认知周期律来开展科技创新。针对新阶段新发展理念，张福锁提出绿色发展是重要的新发展理念，要从理念到行动树立好绿色发展理念，通过“政—产—学—研—用”五位一体方式推动绿色产业在县域落地。针对茶质量安全，陈宗懋提出要高度重视茶叶质量安全与绿色防控，在产前—产中—产后建立茶叶全产业链质量安全管控体系，提升中国茶叶质量安全。针对茶与健康，刘仲华提出要充分利用好茶叶的功能成分，用不同茶类的健康属性驱动消费，研发茶的功能性终端产品，推动茶业真正成为健康富民产业。

此外，研讨会还设置三个分会场，茶叶相关领域的专家、学者和重点产茶省市县、重点茶叶龙头企业的相关人员围绕“四个面向”，分析国内外茶叶科技发展趋势，探讨中国“十四五”茶发展方向、目标和重点任务，为茶文化、茶产业、茶科技统筹发展绘制蓝图。

科技部、中国农业科学院、浙江省科协等相关单位，全国 18 个省（自治区、直辖市）的 30 余所高校、科研院所和 20 余家茶叶主管部门、龙头企业等的近 300 人参加会议。

【第十一届海峡两岸暨港澳茶业学术研讨会】 9 月 23 日，学会与台湾茶协会联合主办的第十一届海峡两岸暨港澳茶业学术研讨会在浙江省杭州市和台湾地区彰化县设立会场，以连线形式召开。大会由台湾茶协会秘书长许文光宣布开幕，学会理事长江用文、台湾茶协会理事长李世杰致开幕词，并进行海峡两岸云端合影。会议包括 8 个特邀报告和 7 个专题报告，分享海峡两岸及港澳茶叶科研的成果，线上线下累计逾千人参加会议，编制论文集收录长摘要 139 篇。在茶歇环节，台湾茶协会与学会分别进行台湾茶文化展演及大陆名茶制作、茶俗展演。

【2021 年国际茶叶大会暨第三届国际茶学院所长会议】 11 月 25—26 日，由学会和中国农业科学院茶叶研究所联合主办的 2021 年国际茶叶大会暨第三届国际茶学院所长会议在浙江省杭州市以线上线下相结合的形式举办。浙江省涉茶高校、科研院所的相关专家、学者、留学生和研究生等 100 多人参加线下会议，美国、澳大利亚、加拿大等 18 个国家涉茶高校、科研院所的近千名专家、学者和国内其他省份的专家、学者线上参加会议，累计 31 万人次通过网络直播参加会议。

会议共设 34 个报告，收录论文长摘要 59 篇，邀请录制视频报告 15 份。会议重点围绕茶文化、茶产业和茶科技统筹发展进行研讨，来自印度、斯里兰卡、坦桑尼亚等亚洲和非洲多个主要产茶国的科研机构负责人介绍本国茶产业发展及科技创新情况；来自德国、美国、日本、韩国及国内的知名专家发布茶叶科技和文化研究的最新成果。会议专门为中国科协青托人才以及青年博士提供展示机会，汇报最新研究进展。

【第二届“美美与共”云茶会】 5 月 20 日，由学会主办的第二届“美美与共”云茶会以线上线下相结合的方式举办。茶会以“茶和世界、共品共享”为主题，分云茶启航、院士说茶、匠心制茶、多彩茶俗、传承创新、继往开来六大板块，通过名家、名匠、名技、名茶的分享展示，将茶文化以可视化、具象化、感性化的形式呈现给全球茶友，以此弘扬茶文化、彰显匠人匠心、提振产业信心。中国科协党组成员、书记处书记宋军发来视频祝贺。农业农村部国际合作司司长隋鹏飞、中国农业科学院国际合作局副局长柯小华现场讲话。4 位院士围绕“饮茶有益健康”进行院士说茶。茶会通过学会 App、说茶传媒、科创中国、湖南卫视茶频道、zoom 等 11 个平台同步直播，得到学习强国、农民日报、科技工作者之家、科技金融报、新民周刊等 19 家媒体支持。全球 26 个国家、280 万茶友在线观看。

（撰稿人：马秀芬）

中国草学会

服务创新型国家和社会建设 7 月，学会组织人员前往青海省、西藏自治区等地进行牧民补奖信息核查，为国家补奖政策的顺利实施助力。8月，学会承接农业农村部畜牧兽医局下达的草原补奖调研工作，与甘肃农业大学、石河子大学、西南民族大学和中国农业科学院农业环境与可持续发展研究所共同开展农牧民补奖政策效益调查评价，并向农业农村部提交农牧民补助奖励政策效益评价报告1份，为“十四五”时期草原补奖政策的制定提供可靠的数据支撑。

7月10—14日，学会草地植保专业委员会在内蒙古自治区锡林浩特市组织召开全国草地植保领域专业技术转移转化能力提升班，来自各高校的11位培训教师和62名学员参加技术培训。通过理论探索、技术培训和田间防治实践，形成一批蝗虫监测预警、生物防治、生态治理、综合防控等实用性强、操作简便的技术，培养一支理论性强、实战经验丰富的防治队伍。

10月，学会工作人员前往新疆维吾尔自治区、内蒙古自治区、甘肃省进行《〈草原法〉修订重大疑难问题及案例分析》调研工作。最终形成《〈草原法〉修改基层贯彻落实问题研究》报告1份，并提交国家林业和草原局草原管理司。

学会运动场专业委员会副主任委员马晖玲作为第十三届全国人大代表提交的《关于提升甘肃省草种业高质量发展水平的建议》得到财政部、国家发展改革委、教育部、自然资源部、农业农村部、国家林业和草原局等部门的答复。

学会运动场专业委员会主任委员韩烈保受聘亚洲杯组委会草坪专家，从专家角度为亚洲杯场地建设提供建议和技术支持，为亚洲杯高质量建设提供科学指导。

学会草地资源与利用专业委员会主任委员樊江文主编的《林草水湿海资源综合调查监测机制研究》得到自然资源部自然资源调查监测司采纳，为今后开展草原资源调查监测奠定良好的分类基础。

学会建设　2021年，学会第十届理事会召开理事会负责人工作会议1次、常务理事会现场会议1次、通讯会议1次、理事会现场会议1次、通讯会议2次。

学会细化《中国草学会薪酬管理制度》。经第十届会员代表大会无记名投票，学会审议通过《中国草学会章程》。

主办期刊　学会和兰州大学主办的*Grassland Research*（《草地研究》英文版）已于6月得到国家新闻出版署审批，同意创办。

2021年，《中国草地学报》和《草地学报》由双月刊改为单月刊，扩展稿源，为草业工作者提供更多的交流机会。

据《中国科技期刊引证报告（核心版）》统计，《草业学报》影响因子为1.787，综合评价总分96.67，在全国2070种科技期刊中位列第1；核心影响因子为1.406，较2020年提升24.69%，在核心库的草学类期刊综合评价总分排名第2；综合影响因子为1.828，较2020年提高28.01%；复合影响因子为2.238，比2020年提升23.85%。《中国草地学报》复合影响因子为2.355，较2020年提升11.14%，在畜牧、兽医科学学科的70本期刊中排名第2；综合影响因子为1.874。

学科发展工程　学会理事长南志标组织全国草业力量组建编委会，总结草学学科“十三五”以来工作情况，编写的《一级学科发展报告——草学》（2016—2020）已上报国务院学位委员会办公室。

国际学术会议　2021年，学会及其分支机构组织各类国际学术交流活动4次，参加会议人数150余人次。

4月2日，由学会草地生态专业委员会主办的中国－哈萨克斯坦－蒙古国草原生态修复研讨会以线上线下相结合的方式举办，32人参加会议。研讨会深化中国与哈萨克斯坦、蒙古国在流沙固定、植被恢复、动物疫病防控等方面开展合作，推动甘肃省草资源挖掘与利用、草原生态修复与健康管理、灌草优化耦合等先进适用技术在境外示范转化。

7月17—19日，由学会和中国农业大学草业科学与技术学院共同主办的“一带一路”草业研究生国际化及产学研培养讨论会在新疆维吾尔自治区阿勒泰市举办。来自中国农业大学、中国环境科学院、中国农业科学院、新疆农业大学、兰州大学、甘肃农业大学、内蒙古农业大学、北京林业大学、塔里木大学、国际生物多样性中心东亚办事处等科研院所的30余名师生参加会议。会议还特邀美国林务局洛基山研究站、美国土地管理局、国际生物多样性中心尼泊尔办事处、国际生物多样性中心的专家作视频报告。

9月10日，学会草业生物技术专业委员会以线上视频会议的方式组织召开森林草原火灾风险预警与信息共享学术论坛，来自东北师范大学、内蒙古师范大学、蒙古国国立大学等国内外高校的20名专家、学者参加会议。

10月14日，由学会主办的中美双边学术交流——微生物－植物间信息交流会议在北京举办。会议旨在探讨国内外关于微生物诱导植物防御机制研究的最新进展，推动国内外在微生物－植物领域的合作交流。会议采取线上＋线下模式，邀请国外专家、学者3位和国内专家、学者6位分别作会议报告。美国内布拉斯加大学林肯分校教授Chi Zhang、美国康奈尔大学教授Janice Thies、德国马丁路德·哈雷－维腾贝格大学博士Carlos A.Guerra、中国科学院大学研究员武建双、中国农业大学副教授贾善刚、北京市农林科学院副研究员郭强、中国科学院大学副教授薛凯、中国科学院地理科学与资源研究所副研究员付刚、内蒙古农业大学博士侯东杰分别作学术报告，从草原发展、草地生态和动植物关系等方面分享各自的研究成果。来自10余所高校、科研院所的专家、学者参加会议，45名师生参加现场会议，20余名师生线上观看报告。

国内主要学术会议 2021年，学会及其分支机构共组织各类学术交流活动23次，参加会议人数2500余人次。

4月24—26日，由学会主办的中国草学会2020年会暨第十届会员代表大会在安徽省合肥市召开。会议以“草业科学与决胜全面建成小康社会”为主题，国家林业和草原局、农业农村部的相关领导，草学界专家教授，会员代表及产业人士1300余人参加会议。

9月5—7日，由学会草产品加工委员会主办的鄂尔多斯市乌审旗黑麦草基地现场观摩暨专家座谈会在内蒙古自治区鄂尔多斯市举办。来自草业界的领导、专家、学者、企业家代表30余人参加会议。会议研讨北方地区种植黑麦草的优越性及可行性，为北方地区畜牧业提供新的发展途经。

9月26日，由学会主办的祝廷成先生诞辰九十五周年纪念活动暨草地生态与管理利用学术研讨会在吉林省长春市举办。会议邀请7名专家作学术报告，参加会议的专家、学者达300余人。

10月14日，由学会主办的草业期刊论坛在北京举办。会议邀请中国知网评价研究中心副主任张义川和Thieme publisher的黄佳从期刊的运营、文章引用指标和提高稿源质量等方面作讲解。来自各期刊的青年编委就如何办好期刊各抒己见，为草业期刊发展提出建设性意见。

10月26—28日，由学会草业机械专业委员会、中国农业机械化协会、中国农业机械工业协会共同举办的2021中国国际农业机械展览会在山东省青岛市开幕，来自种业、经济和装备等研究领域的专家作报告，论坛解答畜牧与草业领域生产者、经营者和使用者等存在的技术疑惑，介绍国内外相关领域的发展动态，交流生产环节的注意事项，300余人参加论坛。

国际组织任职 2021年，学会常务理事白永飞当选为国际草原大会新一届连续委员会委员。

国际交往 10月25—29日，第二十四届国际草地大会与第十一届国际草原大会联合会议在肯尼亚首都内罗毕召开，学会副理事长韩国栋带领草业科技工作者及学生100余人参加线上会议，进行海报展示与口头报告各9项。

科普活动 在6·18草原保护日来临和中国共产党百年华诞之际，学会开展第十届草原保护日活动，推出以“保护草原，保卫蓝天、碧水、净土，我们在行动”为主题的科普宣传视频展示活动。共征集视频、摄影、贴画、诗歌、散文等各种形式作品44份，并将优秀作品在学会官网上进行宣传。学会各二级分支机构组织学生参加生态实习活动、举办森林草原防火知识讲座、制作草原防灾减灾科普视频、录制生态草牧业和林草复合模式的宣传片、组织科普进校园等多种形式的科普活动。学会倡议各大草业院校成立草业科普小分队，充分利用新媒体平台加强草原保护宣传力度。

学会遴选71名专家、学者作为咨询和科普培训专家，对草学领域产生的各种问题给予指导和答疑解惑。自9月开始，学会开展科普系列讲座，主讲人为草学或相关学科的科研专家，2021年共邀请7位专家作报告，吸引1000余人次学习草业知识。

学会开发运营“教授说草”小程序，旨在向社会公众科普草学知识 、解答生产生活中遇到的与草业相关问题。该平台面向全国、服务社会、立足专业、科学迅即，设置牧草加工、牧草育种、草原植保、草地资源与生态、草原政策与法律、人工草地与草牧业、草坪与城镇绿化和南方草业8个领域。

学会与中国农业大学草业学院合作举办草业文化节，吸引全校师生约300人参加。

党建强会 学会党委组织党员探访革命老区西柏坡、参观董存瑞纪念馆，继承和学习革命英烈不畏艰难、勇于献身的革命精神。组织专家前往2个试验站，动员专家8人，带领学生45名，为当地民众科普草业知识、解答农牧民草地畜牧业相关问题。

2021年，学会召开3次党委会议，组织党员进行理论学习。学会官网及时更新党建动态，传达党的思想。

会员服务 学会每季度编写简报，内容包括科协要闻、学会要闻及学术进展，方便广大会员了解中国科协及学会动态；通过学会官网、微信公众号发布国际国内会议信息、草业研究最新动态与咨询等内容，方便会员更快了解草业领域前沿态势。

【中国草学会2020年会暨第十次会员代表大会】 4月24—26日，中国草学会2020年会暨第十次会员代表大会在安徽省合肥市召开。来自全国各地的草业界专家、学者、企业负责人、学会会员等1300余人参加会议。

会议选举产生学会第十届理事会，由150人组成。理事会第一次会议选举产生常务理事会，由50人组成；产生第一届监事会，由5人组成。南志标当选理事长，白史且、白小明、董世魁、郭振飞、韩国栋、贺金生、金轲、孙伟、王堃、杨青川、张博、张英俊当选副理事长，张英俊当选秘书长。

大会开幕式由学会副理事长兼秘书长张英俊主持。宁夏回族自治区原主席、全国人大民族委员会原主任委员、学会名誉理事长马启智，国家林业和草原局草原司司长唐芳林，中国工程院院士尹伟伦、南志标，中国科学院院士种康，全国畜牧总站副站长贠旭江，学会理事长何新天，安徽科技学院党委书记蒋德勤，南京农业大学副校长董维春，安徽农业大学副校长操海群，中国农业大学副校长钱学军等出席大会并致辞。中国科协党组成员、书记处书记吕昭平以视频形式发来祝贺。

本次大会立足绿色发展、美丽中国、草原生态保护和农业结构优化的需求，为国家精准扶贫和决胜实现全面小康战略献计献策。会议以“草业科学与决胜全面建成小康社会”为主题，旨在展示中国草学研究的最新成果和进展，促进草学相关领域科研人员及草业相关人士之间的交流与合作，支持国家精准扶贫和决胜实现全面小康战略。会议安排9个大会报告、10场分会报告共197场报告，约200人参加汇报交流，收集论文123篇、墙报80余篇。

（撰稿人：靳小莲）

中国植物营养与肥料学会

服务创新型国家和社会建设 2021年，学会农化服务工作委员会围绕土壤肥料行业发展需求，致力于肥料和土壤调理剂标准技术体系的建设，为农化服务提供技术支撑。参与制订的《有机水溶肥料通用要求》（NY/T 3831—2021）标准已实施；参与制订的《土壤调理剂及使用规程　牡蛎壳原料》（NY/T 3937—2021）、《土壤调理剂及使用规程　烟气脱硫石膏原料》（NY/T 3936—2021）和《土壤调理剂及使用规程　餐厨废物原料》（NY/T 3935—2021）3项标准已颁布并于2022年5月1日起实施。

学会建设 2021年，学会会员总数达6000余人，团体会员共150余个；新增个人会员100余人、企业团体会员2个。学会积极推进制度建设，促进学会改革发展。坚持制度治会，规范学会治理。完善会议制度，改革会议方式，规范召开理事会议、常务理事会议和监事会议。进一步加强分支机构管理。同时，为加强与地方学会的协同发展，在学会平台上宣传和推荐地方学会活动，鼓励地方学会参与全国学会的学术活动。

4月8日，中国植物营养与肥料学会2021年工作会议以线上和线下相结合的方式召开，主会场设在北京。学会理事长、监事长、副理事长、副秘书长、分支机构负责人及地方学会秘书长、秘书处人员等50余人参加会议。会议围绕2021年学术年会筹备、第九届理事会换届改选、企业会员服务、优秀博士/硕士学位论文的评选、庆祝中国共产党成立100周年5个方面展开，研究和部署学会2021年工作，并就学会2021年工作重点进行讨论。

根据中国科协有关思想库建设精神，为传承和发展植物营养与肥料学科，学会完成《辉煌十年》《中国植物营养与肥料学会百名科学家人物选》编撰工作。

青年人才托举工程 学会按照多渠道推荐、同行专家评议、“三对一”指导的模式开展人才遴选和培养。4月，根据《中国植物营养与肥料学会青年人才托举工程项目实施与管理细则》及《关于推荐中国植物营养与肥料学会2020—2022年青年人才托举工程项目的通知》等文件的要求和部署，经推荐、初审和终审视频答辩会评议，最终确定2名青年人才入选2020—2022年度学会“青年人才托举工程”项目，分别为中国农业大学副教授罗文海、北京市农林科学院副研究员郭璇。自“青年人才托举工程”项目开展以来，学会已有10人获得经费资助。

学会邀请同行专家定期对被托举人才进行考核指导，为国家高层次领军人才和高水平创新团队培养后备力量。

主办期刊 学会主办《植物营养与肥料学报》和《中国土壤与肥料》两种期刊。

据中国科学技术信息研究所统计结果,《植物营养与肥料学报》2020年度核心影响因子为2.488，核心总被引频次为6413。据中国科学文献计量评价研究中心等编制的《中国学术期刊影响因子年报（自然科学与工程技术2021版）》统计结果,《植物营养与肥料学报》2020年度复合影响因子为3.610，复合总被引频次为11824，5年影响因子为4.461。影响力指数在农业基础科学期刊（共21种）和农艺类期刊（49种）中分别排名第2和第1，均处于Q1区。根据中国科学文献计量评价中心发布的《世界学术期刊学术影响力指数（WAJCI）年报》,《植物营养与肥料学报》在世界103种农艺学期刊中排名第23，被评为“世界学术影响力Q1期刊”。

《植物营养与肥料学报》获中国农业期刊网“年度中国农业期刊领军期刊”和农业科技图书期刊出版协作网“年度影响力期刊”“年度数字转型先锋期刊”称号。

2021年,《中国土壤与肥料》出刊6期，刊发论文284篇，共印刷4760册。根据《中国科技期刊引证报告（核心版）》，2020年《中国土壤与肥料》统计影响因子为1.719，在土壤学类期刊中排名第4；根据2020年《中国学术期刊影响因子年报》，期刊复合影响因子为2.617，在农业基础科学期刊中排名第9。

10月22—25日,《植物营养与肥料学报》虚拟专刊组织研讨会在广西壮族自治区南宁市召开，线上线下参与的专家、学者约30人。会议由学报副主编李春花主持，邀请SCI期刊*Agricultural Ecosystem and Environment*主编、广西大学教授李勇介绍SCI期刊组织虚拟专刊的经验，申请的7个专刊逐一进行汇报，包括专刊名称、专刊主要学术范围、专刊的新颖性创新性以及专刊的客座编辑成员、起止时间等。为提升研讨会质量，编辑部为每个报告指定专家进行点评，对每个期刊都提出针对性的修改建议。

国内主要学术会议 5月18—22日，由学会青年工作委员会、学会理事会党委、江苏省土壤学会联合主办，井冈山大学等5家单位承办的第十九届中国青年土壤科学工作者暨第十四届中国青年植物营养与肥料科学工作者学术会议在江西省井冈山市召开。来自全国各地高校、科研院所及企业界的专家、学者和研究生等650余人参加。会议以“助力乡村振兴，建设美丽中国”为主题，旨在为土壤、植物营养与肥料等农业资源利用领域的青年工作者提供交流、合作平台，激发青年科技工作者的活力和智力，促进农业各研究领域的贯通、交叉与融合。会议共设置包括“黑土地保护与农业可持续发展”“微生物生态与土壤健康”“土壤物质循环与水土环境保护”“山地土壤与环境”“镁营养专题研讨会”“植物营养与绿色农业”“土壤氮素循环、过程、机制、调控技术”“氮素环境、健康与气候效应”“土壤物理与水文学研究进展”“土壤水文与碳氮循环及其环境效应”“地球关键带水土过程与环境功能演变”“土壤时空演变与资源利用”“碳中和目标下的土壤生物过程与温室气体减排”“土壤重金属污染修复”“同步辐射技术与环境土壤科学”“土壤酸化与地方提升”“场地污染土壤”“土壤生态与环境”在内的18个主题分会场以及4个研究生专题会场和1个期刊专题会场，展示近年来中国青年土肥科技工作者在土壤资源、土壤环境、土壤肥力、植物营养与绿色农业等方面取得的新成果、新进展。南京师范大学教授蔡祖聪、中国科学院植物研究所研究员冯晓娟、南京农业大学教授邹建文、福建农林大学教授周顺桂以及（旭月）北京科技有限公司秘书长刘蕴琦5名专家分别作题为Soil diversity creates biodiversity、《泥炭藓酸对湿地有机碳的保护作用》《碳中和与农业固碳减排》《水土界面微生物光电化学新体系：理论与技术》及《活体N/K/重金属的吸收转运分布》的大会特邀报告。

表彰举荐优秀科技工作者 7月，学会开展第五届优秀博士、硕士学位论文的评选工作，授予5名博士、7名硕士中国植物营养与肥料学会大北农优秀论文奖。

9月，根据《关于开展首届植物营养与肥料科学技术奖申报推荐工作的通知》要求，经省级学会和团体会员单位推荐、形式审查、网评和评审委员会会评等程序，确定首届植物营养与肥料科学技术奖获奖项目3项，其中特等奖1项、一等奖1项、二等奖1项。

党建强会 为弘扬井冈山精神、传承红色基因、庆祝中国共产党成立100周年，5月18—22日，学会理事会党委联合青年工作委员会组织来自全国各地的土壤及植物营养与肥料青年科技工作者和研究生等650余人走进革命教育基地——井冈山，开展红色教育，挖掘“红色足迹”中的科技资源，聚焦农业发展中的科技问题；并通过开展土壤科学领域的学术交流，弘扬土壤青年科学家精神，为服务革命老区地方经济发展、助力乡村振兴发挥科技引领作用。

会员服务 学会编纂《中国植物营养与肥料学会会讯》，每2个月出刊一期，便于会员及时了解学会工作的综合信息。此外，学会编纂工作年报，反映学会年度工作的综合信息，利用学会网站、微信公众号平台及网络电子刊等渠道向学会会员公开发布，使会员能够及时了解学会的发展现状、内部建设、主要业务活动、会员发展服务及财务状况等。

采取会员信息网络化、会费支付多元化、票据管理电子化的新措施，建立高效有序的会员沟通机制。

学会坚持四个服务的职责定位，以信息化建设和网络化建设为基础，以新媒体建设为抓手，全面打造开放型、枢纽型、平台型的现代化学会。为全方位服务会员、展示学会新面貌，学会对网站进行升级改造。

（撰稿人：宋震震）

中国农业历史学会

服务创新型国家和社会建设 创新学术研究联合方式，协助农史领域的重要学术力量中国农业博物馆、南京农业大学、华南农业大学、西北农林科技大学和中国科学院自然科学史研究所实现强强联合，申报国家社科基金重大项目“中国古农书的搜集、整理与研究”。

组织业内农业文化遗产专家参与农业农村部第六批中国重要农业文化遗产的申报评选工作，赴遗产地实地调研遗产保护现状，提出保护建议，开展评估评选，最终确定20个新增遗产项目、1个扩展项目；对广东地区洞冠梨、荔枝、古劳茶、麻竹笋等农业文化遗产资源开展调研考察，推动“广东岭南荔枝种植系统（茂名）”和“广东海珠高畦深沟传统农业系统”入选第六批中国重要农业文化遗产项目。

组织业内农史专家参与北京市文物局组织开展的先农坛保护利用规划方案讨论会和先农坛地区文物保护利用研讨会，对先农坛及其相关文物的保护利用建言献策。

作为支持单位，组织相关领域专家协助中国农业博物馆于7月1日策划举办“百年伟业　三农华章”——农业农村部庆祝中国共产党成立100周年主题展。展览包括“开篇”和“新民主主义革命时期”“社会主义革命和建设时期”“改革开放和社会主义现代化建设新时期”“推进中国特色社会主义进入新时代”四大部分，通过展现100年来党在农业、农村和农民问题上的立场、观点和方法，各个历史时期出台的一系列方针政策以及取得的辉煌成就，揭示中国共产党依靠农民、维护农民利益、与农民休戚与共的深厚情怀。展览文字约6.5万字，展品600余件、图片870余幅，用史料和文物还原100年中具有重大历史意义的“三农”政策和事件。在展览现场还特别设置重温入党誓词专区，方便参观团体开展主题党日活动。展览期间累计接待观众3万余人次。国务院副总理胡春华参观展览并充分肯定。农业农村部部长唐仁健指出，展览“是一部党领导三农工作的历史画卷”。展览被中央宣传部和国家文物局确定为向全国推介的“庆祝中国共产党成立100周年精品展览”之一，成为党史学习教育的重要课堂。

作为支持单位，配合学会理事长单位中国农业博物馆举办二十四节气传承保护年会，开展第二届二十四节气文创作品设计大赛，编撰《二十四节气经典谚语释义》，并与农业农村部社会事业促进司联合发布二十四节气研究开放课题，对人类非物质文化遗产二十四节气的保护传承、发展提升起到重要作用。

学会畜牧兽医史专业委员会支持四川省筠连县养牛协会策划建设中国筠黄博物馆，主要展示以“筠连黄牛”（中国地理标志产品）为主的中国南方肉牛的发展现状及在脱贫攻坚、乡村振兴中的作用，推动地方农产品品牌建设和乡村产业振兴。

学会农学思想与《齐民要术》专业委员会围绕乡村文化振兴，组织专家团队协助山东省寿光市人民政府开展新时代乡村文化和乡村记忆展馆建设工作，就如何进一步收集和提炼标志性乡村历史文化资料、将党员干部群众谋发展奔幸福的创新实践成果融入村史馆、让村史馆成为社区群众幸福记忆载体等系列问题开展考察研究。

学会建设 积极落实学会内部组织建设与管理工作，组织开好学会理事会议与常务理事会议，充分发挥党委前置审议“三重一大”事项的重要功能，采取民主集中的方式科学决策。加强对各专业委员会的管理和指导，重点围绕会议筹办、备案事项报批及年度总结等工作强化审核把关力度，完成畜牧兽医史专业委员会的换届备案和当代农史专业委员会的部分负责人调整工作。

主办期刊 《中国农史》期刊是由学会、南京农业大学和中国农业博物馆联合主办的社科类双月刊，是中文社会科学引文索引来源期刊、全国中文核心期刊、中国人文社会科学核心期刊和美国《史学文摘》杂志摘录期刊。刊物以反映代表中国农业历史研究最高水平的新成果为己任，提倡用马克思主义理论和方法研究历史，坚持“百花齐放、百家争鸣”的办刊宗旨，常设“农业科技史”“农业经济史”“农村社会史”“农业文化遗产保护”等栏目，2021 年累计发文 77 篇。

学科发展工程 学会充分发挥农业史、农业文化研究领域的专业优势，引领学会专家、学者继续做好农业农村部重点项目《中国农业通史》后续编撰年度工作，开展“中国农业百科全书·农业历史卷”“中国大百科全书·农业文化遗产卷”“农业文化遗产保护与乡村可持续发展研究”“宋元以来珠江三角洲海岸带环境史料的收集、整理与研究”“明清闽粤海洋动植物史料的收集、整理与研究”“清末民国广东农业调查文献的收集、整理与综合研究”“民国时期黄土高原水土流失治理研究”“岭南荔枝文化遗产研究——以广东为中心”等重大国家级、省部级课题项目的研究工作。

国际学术会议 5 月 14—16 日，中国农业历史学会农学思想与《齐民要术》专业委员会和潍坊科技学院共同主办的第十一届中华农圣文化国际研讨会暨中国农业历史学会农学思想与《齐民要术》专业委员会学术年会（2021）在山东省潍坊市召开。

国内主要学术会议 5 月 16 日，由学会和南京农业大学共同主办的农业文化遗产与乡村振兴高端论坛暨南京农业大学文化遗产专业建设研讨会在江苏省南京市举办。

12 月 18 日，由中国农业博物馆主办、学会协办的 2021 年二十四节气保护传承工作年会暨二十四节气保护传承联盟理事会在北京以线上线下相结合的形式召开。来自农业农村部、文化和旅游部相关司局单位的负责人，二十四节气代表性社区和保护传承联盟成员单位负责人等共计约 200 人参加会议。

科普活动 学会围绕乡村振兴和农耕文化，联合中国农业博物馆，邀请业内专家举办“乡村文化振兴的现实解释与路径选择”“文明的底色——从农业看中国历史”学术讲座；围绕元宵节、端午节、中秋节等传统节庆，组织传统文化科普体验活动，通过启发式、引导式、探究式的活动项目引导青少年理解体验中华优秀传统文化，累计参与近 1700 人次。

学会当代农史专业委员会启动漫画“三农”专题研究工作，重点围绕建党 100 年来在各个不同历史时期三农发展的“历史上第一”撰写科普故事，宣传中国共产党领导下的百年“三农”发展历程和成就。

学会畜牧兽医史专业委员会积极探索新的科普传播模式，在慕课推出塔里木大学动物科学学院教授贺建忠的《兽医之道》和江苏农牧科技职业学院动物医学院副院长孟婷的《兽医文化》，传播传统畜牧兽医文化。

学会农学思想与《齐民要术》专业委员会创新利用直播课堂模式，于 7 月 21 日与中国华文基金会共同开播实景课堂“农学家——贾思勰”，带领来自 39 个国家 54529 个登录点的师生线上参观潍坊科技学院农圣文化展馆，了解古代农学家贾思勰，探究中国农耕文明；与潍坊科技学院农圣文化研究中心紧密合作，编排话剧《农圣贾思勰》，部分排练剧目成功初演，对《齐民要术》和农圣文化的推广普及产生积极作用。

表彰举荐优秀科技工作者 学会严格履行推选程序，推选学会副理事长兼秘书长陈军作为代表参加中国科学技术协会第十次全国代表大会，履行代表职责。

为中国科协国家层面科技报道专家库、第六届中国科协优秀科技论文农林集群遴选活动推荐学会相关领域专家共计 83 人次，为中国科协相关工作开展提供智力支撑。

党建强会 充分发挥学会党委功能型党组织政治核心、思想引领作用，要求学会会员中的全体党员按照隶属关系所在基层党委要求认真开展党史学习教育，深入学习“四史”和习近平新时代中国特色社会主义思想，积极参加所在单位党组织的各项活动，严格执行“三会一课”，将党建学习、主题党日活动与党史学习教育紧密结合起来，充分利用学会理事群随时推送优质学习内容。

学会秘书处与支撑单位党组织组成联合党支部，重点学习《论中国共产党历史》《习近平新时代中国特色社会主义思想学习问答》《摆脱贫困》《之江新语》《中国共产党简史》《中华人民共和国简史》《改革开放简史》《社会主义发展简史》等论著，以及习近平总书记在党史学习教育动员大会、庆祝中国共产党成立100周年大会上的重要讲话精神和党的十九届六中全会精神。坚持自学、集中学习、支部书记导读和微信群辅学相结合，充分利用支部工作App和学习强国等新媒体软件提升学习效果，积极参与“党在我心中”中央和国家机关青年党史知识大赛、“百年辉煌话三农”主题研学活动、“学党史·强素质·作表率”党史学习接力赛等学习活动。

会员服务 学会加强与会员的联系，通过微信群、电子邮件等方式与会员进行交流，及时通报中国科协及学会相关文件精神、学会重大事项等，认真做好会员服务工作，全面提升履职服务能力。

【第十一届中华农圣文化国际研讨会暨中国农业历史学会农学思想与《齐民要术》专业委员会学术年会（2021）】 5月14—16日，中国农业历史学会农学思想与《齐民要术》专业委员会和潍坊科技学院共同主办的第十一届中华农圣文化国际研讨会暨中国农业历史学会农学思想与《齐民要术》专业委员会学术年会（2021）在山东省潍坊市召开。来自中国工程院、中国农业历史学会、中国农业博物馆、南京农业大学、中国社会科学院、山东省农业历史学会等60多所高校和科研院所的100余名专家、学者到现场参会，国外专家、学者通过线上参会。

学会监事长、全国农业展览馆（中国农业博物馆）副馆长王一民，学会副理事长、寿光市人大常委会副主任、山东潍坊科技学院校长李昌武，山东省农业历史学会秘书长、山东农业大学教授孙金荣，日本东京农业大学教授黑泷秀久出席会议并致辞。

会议举办“农圣文化教育基金”成立仪式，以奖励在农圣文化研究、传承创新和科学研究等方面取得优秀成果的学者以及作出重大贡献的个人或集体，支持重大项目研究、重大成果的出版，开展相关的学术交流活动和社会服务。

樊志民、尹伟伦、王思明、全云圣等专家分别作题为《黄河与中华农业文明》《传承农耕文明　服务现代农业——我国古代生态农业范例与现代生态农业思考》《中国传统村落：为何保护与如何保护》《韩国的新农村运动与国际开发合作》（视频报告）的大会主题报告。日本东京农业大学教授范为仁、韩国釜山大学教授崔德卿分别在专题会场作题为《关于日本的〈齐民要术〉等中国古农书的研究——目的与方法》《明代救荒认识与〈野菜谱〉编纂：平民知识分子的苦恼》的视频报告。

研讨会共收到中外优秀学术论文89篇，围绕“传承创新农耕文明、服务全面乡村振兴”主题，从中外农耕文化与现代农业经济、农学思想与乡村振兴、《齐民要术》与农业历史文化遗产、农业历史文化等角度展开探讨，讨论如何更好地传承农圣文化优秀基因、丰富提升“寿光模式”文化内涵。

【农业文化遗产与乡村振兴高端论坛暨南京农业大学文化遗产专业建设研讨会】 5月16日，由学会和南京农业大学共同主办的农业文化遗产与乡村振兴高端论坛暨南京农业大学文化遗产专业建设研讨会在江苏省南京市举办。来自学会、中国农业博物馆、中国科学院地理研究所、复旦大学、浙江大学、南京大学、中国农业大学、西北农林科技大学等20多家研究机构和高校的领导及专家参加会议。

学会副秘书长、常务理事胡泽学，江苏省地方志办公室党组书记左健伟，南京农业大学党委书记、金善宝农业现代化发展研究院院长陈利根出席会议并致辞。

王思明、曹幸穗、闵庆文、李先德等专家分别围绕农业文化遗产的学科发展、专业建设、研究背景以及研究价值等方面作主题报告。与会学者重点围绕“农业文化遗产与乡村振兴”“文化遗产专业建设与人才培养”等专题开展研讨，会议对有力推动农业文化遗产保护传承及人才培养和乡村振兴具有积极意义。

【2021年二十四节气保护传承工作年会暨二十四节气保护传承联盟理事会】 12月18日，由中国农业博物馆主办、学会协办的2021年二十四节气保护传承工作年会暨二十四节气保护传承联盟理事会在北京召开，来自农业农村部、文化和旅游部相关司局单位的负责人，二十四节气代表性社区和保护传承联盟成员单位负责人共计约200人参加会议。会议以“不忘来时路　再启新征程——构建二十四节气传承发展新格局”为主题，总结成为人类非物质文化遗产5年来的二十四节气保护传承工作成效，谋划未来5年工作思路和举措；座谈交流二十四节气保护传承联盟2021年工作进展；公布2021—2022年度二十四节气保护传承研究课题立项名单和第二届二十四节气文化作品设计大赛获奖作品名单，对推动二十四节气保护传承具有重要意义。

二十四节气保护传承联盟荣誉理事长、中国社会科学院荣誉学部委员刘魁立，农业农村部农村社会事业促进司副司长侯曜禹，文化和旅游部非物质文化遗产司副司长李晓松出席会议并致辞。

（撰稿人：付　娟）

中华医学会

服务创新型国家和社会建设　提供智力支持，服务党和政府科学决策。落实党中央、国务院决策部署，组织专家围绕如何因地制宜推广三明经验开展实地调研及交流座谈，对尚需改革的问题进行研究，并探索提出相关建议上报，为国务院深化医药卫生体制改革领导小组颁布《关于深入推广福建省三明市经验深化医药卫生体制改革的实施意见》提供科学的决策依据。组织专家开展“构建国家基本公共卫生服务项目储备库”“学术共同体科技监督评估和诚信管理改革试点建设”“医保基金支付争议处理机制”“非因公伤残或因病劳动能力鉴定标准”等59项学术评价体系研究、政策咨询和技术论证发布等工作。组织57个专科分会116位专家参与疾病和手术分级细化相关工作等，利用智力资源优势推动诊疗行为进一步规范，保障医疗质量与安全。

助力国家继续医学教育发展，服务卫生人才建设。公布国家级继续教育项目18799项和国家级继续医学教育基地项目560项。在各省有关单位推广应用电子学分证书，受益学员达152.9万人次。开展国家级继续教育基地现状调查及发展战略研究，落实“项目管理为主”向“项目与基地双重管理”转变的发展规划。鼓励新冠肺炎等重大传染病防控或突发公共卫生事件的项目申报，推动继续医学教育创新发展。贯彻落实国家关心关爱疫情防控一线专业技术人员的政策，将因受疫情影响未能举办的国家级继续教育项目作为下一年度的备案项目，提高继续医学教育管理与服务水平。制订《国家级继续医学教育项目申办要求》，进一步明确国家级继续教育项目的定位，规范国家级继续教育项目名称，防范化解相关风险，推动申报项目的质量提升。

推进继续医学教育专科培训。全年共举办继续医学教育项目250期次，覆盖学员7.81万人次。推动继续教育信息管理系统与国家级CME项目网上申报及信息反馈系统数据对接，提升信息化管理与服务水平。开通杂志社远程继续医学教育申报账号，逐步推动学会远程继续医学教育发挥资源和品牌优势。专门举办2021年中华医学会感染科医师培训项目张家口班，对2022年冬奥会张家口赛区的医疗保障工作起到积极作用。开展重症专科5C项目的线上课程，精心策划新的在线培训模式，丰富在线课程内容。

依法组织医学鉴定，服务医疗安全法制建设。起草《中华医学会医疗损害鉴定规则（试行）》，完成鉴定专业组名录、鉴定书书写格式及要求等4个配套文件，经国家卫生健康委同意后印发实施。

学会建设　5月18日，中华医学会第二十六次全国会员代表大会在北京召开。赵玉沛当选为学会第二十六届理事会会长，王伟等15人为副会长。张伯礼当选为第一届监事会监事长，刘雁飞为副监事长。王健担任学会第二十六届理事会秘书长。大会以无记名投票方式表决通过修改后的《中华医学会章程》《中华医学会第二十五届理事会工作报告》和《中华医学会第二十六次全国会员代表大会关于提案审理工作情况的汇报》。

学会开展“庆祝党的百年华诞，共谋学会持续发展”专题活动。面向办事机构及所属二级法人单位、专科分会、地方医学会持续全年开展系列交流研讨活动。在主题活动中，由学会领导带队先后赴山东省、浙江省、江苏省、湖北省、四川省、云南省、陕西省、贵州省、上海市等多地开展实地调研11次，征集办事机构、各专科分会、地方医学会意见建议91条，优选236篇征文汇聚成册，编制活动简报28期。

根据第二十六届理事会常务理事会第一次会议的有关要求，开展学会事业发展“十四五”规划与第二十六届理事会五年规划的编制工作，经第二十六届理事会常务理事会第二次会议审议通过后予以印发。

主办期刊　积极推进“精品期刊”战略，加强世界一流期刊建设。学会已形成“中华”“中国”“国际”“电子”“英文”五大系列共193种纸质、电子系列医学期刊。英文刊数量达到22种，期刊布局更趋合理，国际化程度逐步提高。学会系列期刊共有7篇论文入围“第六届中国科协优秀科技论文”，3种英文期刊入选“中国科技期刊卓越行动计划高起点新刊项目”，获国家新闻出版署中国出版政府奖先进出版单位奖、国家期刊奖和出版融合特色单位。

不断推进精品化、集约化、系列化出版战略，加快电子期刊数字资源库建设。完成图书策划选题100余种，出版新书70种。完成200余种电子音像制品的策划与出版工作，电子期刊多媒体视频约200部。不断提高图书策划出版水平，获得委管出版单位主题宣传优秀成果 4 项，其中“中国医学发展系列研究报告”丛书获“主题宣传优秀图书”等称号，《中华重症医学电子杂志》获国家新闻出版署中国出版政府奖音像电子网络出版物奖提名奖。正式上线电子期刊资源库，数据库囊括 900 余部视频、2 万余篇传统论文、1479 个经典病例、500 个指南共识，实现集医学视频、学术文献、在线专科教育等医师服务于一体的多媒体期刊数据服务模式。

推进数字出版服务平台建设。搭建数字出版基础平台，中华医学期刊网影响力快速提升，论文总量超过 109.7 万篇，比 2020 年同期增加 9 万多篇，中华医学期刊全文数据库入选国家新闻出版署“数字出版精品遴选推荐计划 2021 年度提名项目”。打造独立运营的医学英文期刊平台（MedCentral.net），建设中国独立知识产权的数字出版平台。获批成立国家新闻出版署“医学期刊知识挖掘与服务重点实验室”。继续做好中国科协《中国临床案例成果数据库》运行工作，收录病例报告 8 万余篇，病例库的建设运行受到上级部门及领导的关注与肯定。进一步推进“新冠肺炎科研成果学术交流平台”的运营工作，该平台已上线 164 种期刊的学术论文 1944 篇，英文平台上线 79 种期刊的论文 784 篇，累计阅读量 460.85 万次，入选中共中央宣传部“百佳数字出版精品项目献礼建党百年专栏”。

国内主要学术会议 2021 年，学会多措并举开展学术交流活动，鼓励推进国家急需急缺专业人才的培养和多中心、跨学科研究，在围产医学分会与新生儿科和产科之间开展学术合作交流，在糖尿病与心血管、肾脏病、围产、眼科等开展学术探讨，促进全科医学、精神科、病理科、儿科等专科的学术交流与学科发展。制修订完善 7 个会议管理规章制度，依法合规开展学术交流活动。组织召开 157 个会议，参加会议总人数（线上＋线下）284344 人次，共收到论文 132059 篇。

率领代表团执行组织参与澳门特别行政区 BEYOND 国际科技创新博览会——智慧医疗论坛任务，并就学术会议落地澳门特别行政区进行实地考察。

国际交往 推进学会健康丝绸之路建设和人类卫生健康共同体建设。学会承担中俄友好、和平与发展委员会中方医学理事会主席单位工作，9 月 30 日，由学会与俄罗斯国家医学会共同主办的中俄新冠肺炎防治经验高级别研讨会以线上线下相结合的方式举办，近 330 名中国专家、学者和 900 多名俄国专家、学者通过线上线下参加会议，会上续签发展全面战略协作伙伴关系合作备忘录。7 月 13 日，由学会主办的医学期刊网络研讨会暨亚欧医学期刊发展研讨会在北京召开，来自巴基斯坦等 5 个国家的医学领域办刊专家共同分享办刊经验。推进“中国－瑞典抗击新冠肺炎联合行动计划项目”的实施，组织学会急诊医学分会和重症医学分会召开急诊新“丝路”——新冠肺炎疫情中急诊医学作用和重症新冠患者救治面临的挑战和经验网络研讨会，线上、线下近 2000 人参加会议。

发挥专家资源优势，积极参与全球卫生治理。组织 20 多位专科分会专家以及国际法等跨专业专家参加世界医学会全体大会和理事会活动，提出专业性建议，参与专题工作组，加大参与力度。组建“涉我敏感问题”专家工作组，制订应对预案、国际会议风险防控方案等，不断提升在国际会议与线上外事活动中应对突发敏感性问题的水平和能力。

积极开展对外交流与合作。协调中华慈善总会与巴基斯坦医学会签订捐赠“健康爱心包”项目合作协议，向巴基斯坦捐赠“健康爱心包”2000 个。协助邀请巴基斯坦等多个国家的医学会陆续参加中共中央对外联络部组织召开的新疆人权宣介会、联合国人权理事会边会、中国共产党与世界政党领导人峰会等活动，在巴基斯坦官方媒体陆续发表 3 篇英文文章。协调俄罗斯医学协会发来祝贺中国共产党建党百年的贺信、邀请世界医学会会长为学会医学伦理年会致辞、签署中坦合作伙伴合作备忘录、邀请世界家庭医生组织会长参加 2021 中关村论坛，发挥学术组织民间外交作用。

科普活动 开展“健康中国医者先行”“科技支撑乡村振兴公益行动”“医疗卫生人员专业技术系列培训”“基层医疗卫生适宜技术推广”等系列活动，为提高全民科学素质提供技术支撑。启动“健康中国——学会在行动”系列公益活动，组织心血管病学分会、呼吸病学分会专家采用线上线下结合的形式开展大型健康咨询活动和科普讲座。启动健康传播专家工作室建设工作，搭建健康知识传播平台，打造科普专家队伍。搭建科普工作基地，推荐广州医科大学等四家单位作为 2021—2025 年度中国科协全国科普教育基地。

表彰举荐优秀科技工作者 科技奖品牌含金量进

一步提升。科技奖申报项目实现学科全覆盖，评审过程做到透明、规范。2021 年首次设立评审专家组长库制度，评审组长的产生程序更加明确和科学，保障了评审效果。经评审专家对 123 个项目的评审，评选出 2021 年科学技术奖、卫生管理奖、医学科普奖和青年科技奖获奖项目共 90 个。提名“钟南山呼吸系统疾病防控创新团队”荣获 2020 年度国家科技进步奖创新团队殊荣。

服务国家科技创新和科技自立自强大局。推荐“如何创建 5G+ 三早全周期健康管理系统？”成功入选中国科协 2021 重大科学问题和工程技术难题，推荐 2021“科创中国”先导技术榜候选技术成果 2 项。向科技部推荐国家高层次人才特殊支持计划科技创新领军人才 1 人。不断加强规范临床医学科研专项资金项目的监督和规范管理，促进提高课题的研究质量。

制订《中华医学会推选院士候选人工作实施细则》和《2021 年中华医学会推选院士候选人工作方案》，组建推选专家委员会、材料审核小组和推选院士候选人工作小组，组织召开院士候选人评审工作会议，确定推选 10 名院士候选人名单。学会专科分会中另有 7 名副主任委员以上专家通过其他提名途径增选为两院院士。向国务院医改领导小组秘书处推荐 89 个专科分会副主任委员以上及专业学组副组长以上专家，助力深化医改各专业学科咨询专家队伍建设。应国家医疗保障局要求，学会报送 56 个专科分会委员会及青年学组副组长，发挥专家、学者在医保支付范围管理、支付方式改革等工作中的技术指导作用。

党建强会　精心组织开展党史学习教育。引导广大党员干部学党史、悟思想、办实事、开新局，努力把学习成效转化为工作成效。组织召开动员部署会，通过开展学会党委理论学习中心组专题学习、支部“三会一课”、学会主题党日等多种形式学习，紧密结合工作实际开展“我为群众办实事”实践活动，将党史学习教育推向深入。“七一”前，组织召开庆祝建党 100 周年暨迎“七一”表彰大会，向 35 位老党员颁发“光荣在党 50 年”纪念章，表彰 2020—2021 年度“两优一先”。通过党委理论学习中心组结合学会实际交流学习体会，支部通过召开专题组织生活会、举办专题辅导讲座和组织参观等多种方式，统筹抓好“七一”重要讲话精神宣传和党员干部学习。

加强意识形态阵地管理。制订落实意识形态工作责任制正面清单和负面清单，结合学会实际工作修订学术会议、期刊、网站等相关管理办法。召开研究部署意识形态工作会议 6 次，部署全面自查、重点环节意识形态自查 4 次，专题研究分析、研判意识形态工作情况。

贯彻落实理事会党委工作部署。完成学会理事会党委换届工作。进一步推进专科分会党建工作，按程序进行党的工作小组换届的审核与报批，完善组织建设。印发学会理事会党委党史学习教育工作方案，部署学会党史学习教育工作。参加中国科协组织的党建联合体项目，持续开展“走基层、树党旗、医疗服务为老区”项目。获评中国科协“党建工作先进学会”、“党建强会计划”十佳品牌和优秀组织奖。

助力乡村振兴，巩固拓展脱贫攻坚成果。推动基层卫生人才培养，提升基层医生医疗水平。开展“基层卫生人才培养项目”，组织“送教下基层”活动 4 场次。启动“乡村振兴公益行动——中华医学会名医进基层”活动和继续开展“西部行（基层行）公益活动”。利用学术会议平台提升基层医务工作学术水平。鼓励支持专科分会为 1810 名基层、西部参会人员提供参会费用减免，为 32558 人免除注册费，提供免费线上学习机会。

会员服务　做好专科分会组织建设工作。加强专科分会内部管理及制度建设，制订并印发《关于规范专科分会及专业学组活动的有关通知》《关于加强专科分会专业学组管理的通知》，规范学组管理，维护专科分会良好发展秩序。坚持专科分会组织建设联席会议制度，全年召开 5 次联席会议，推动树立风清气正的换届风气，促进专科分会有序健康发展。筹建医学鉴定分会，为专科分会开展各项工作奠定组织基础。

【中华医学会第二十六次全国会员代表大会】　5 月 18 日，中华医学会第二十六次全国会员代表大会在北京召开。中共中央政治局委员、国务院副总理孙春兰出席大会开幕式并讲话。全国人大常委会副委员长陈竺，第十届和第十一届全国人大常委会副委员长、第十二届全国政协副主席韩启德，国家卫生健康委、中国科协、民政部等上级有关部门领导出席开幕式。学会会员代表近 500 人参加会议。

大会选举产生第二十六届理事会理事、常务理事、会长、副会长及第一届监事会监事、监事长、副监事长。召开第二十六届理事会常务理事会党员大会，在新一届理事会中产生理事会党委。中国科学院院士赵玉沛当选为第二十六届理事会会长、理事会党委书记，中国工程院院士张伯礼当选为第一届监事会监事长。会议表决通过《中华医学会章程》《中华医学会第二十五届理事会工作及财务报告》等文件。在第二十六届理事会常务理事会第一次会议上，王辰、乔杰等代表就学习贯彻落实孙春兰副总理的讲话精神、推动学会蓬勃发展发言，并对传达落实讲话精神进行部署。

【中国临床案例成果数据库】 作为大型临床案例发布平台，中国临床案例成果数据库集病例征集、同行评议、编辑加工、存储发布、科研评价和知识服务于一体，为临床医生提供直接的临床诊疗辅助资料，为临床医学领域尤其是基层人才多元评价提供有效参考。截至2021年年底，共收录病例报告8万余篇，全部面向社会免费开放。

自上线运行以来，中国临床案例成果数据库通过公开征集和定向邀请专家投稿以及向各系列杂志编辑部、专科分会、地方医学会等开展优秀临床案例成果征集遴选活动，持续收集常见病、多发病、慢性病等典型病例和新疗法，设立手术视频专区、罕见病专区等，持续补充入库资源。组建中国临床案例成果数据库学术委员会，成立罕见病学组，建设拥有近千名人员的评审专家库，形成完整有效的专家组织结构，发挥学术委员会作用。

中国临床案例成果数据库结合医学领域各类学术会议，面向临床医生开展病例报告撰写和平台使用培训；利用各种疑难病例报告会和学术巡讲等会议宣传中国临床案例成果数据库政策；开通中国临床案例成果数据库微信公众平台，每日遴选典型病例报告不间断推送。已成为中国科协“科创中国”平台的重要组成部分，并在中国科协所属其他专业学会进行应用推广。

【“小腿神经离断瘦腿手术”技术论证】 为切实维护人民群众生命健康权益，加强医疗技术临床应用管理，根据《医疗技术临床应用管理办法》规定，学会受国家卫生健康委医政医管局委托，对“小腿神经离断瘦腿手术”的安全性、有效性以及有关伦理等问题进行技术论证。学会与该技术涉及的整形外科学分会、医学美学与美容学分会、骨科学分会、神经内科学分会、医学伦理学分会、运动医疗分会、物理医学与康复学分会7个相关专科分会取得联系，经专题讨论后形成对该技术安全性、有效性以及有关伦理等问题的论证意见建议。专家们认为该项技术用于“瘦腿”缺乏科学依据和循证医学证据，直接导致神经不可逆损伤和下肢功能障碍，存在严重的安全性问题，有悖于医学伦理原则，建议应将“小腿神经离断瘦腿手术”列入医疗技术负面清单禁止类技术。7月，国家卫生健康委采纳此建议并出台文件，向全国各省（自治区、直辖市）及新疆生产建设兵团卫生健康委发布《关于禁止开展“小腿神经离断瘦腿手术”的通知》，通知要求禁止“小腿神经离断瘦腿手术”应用于临床以及立即组织开展对该手术项目的专项清理整顿，此举对保障医疗安全、维护人民群众健康意义重大。

【感染科医师培训项目张家口班助力张家口赛区医疗保障】 7月22—25日，学会感染科医师培训项目张家口班在河北省张家口市举办。学会组织感染病学分会主任委员李太生、副主任委员张文宏等20余名全国知名专家组成项目讲师团，助力张家口赛区医疗保障工作。

授课内容围绕新发传染病、细菌和真菌等感染性疾病的诊断和治疗，以发热为主要表现的各类感染和非感染性疾病的鉴别诊断，医院院内感染及其相关疾病诊治和技术支持，抗菌药物合理应用及技术指导等专题进行讲授，聚焦冬奥会医疗保障工作，涉及感染学科内的热点、难点问题，并且加入各种感染性疾病暴发流行的相关病例讨论。培训班受到当地和周边地区广大感染病学专业医生的关注和积极参与，报名学员达170人。

【多措并举做好新冠病毒疫苗接种工作】 成立新冠疫苗预防接种异常反应应急处置工作小组。为落实国家卫生健康委党组统一部署、做好新冠病毒疫苗接种异常反应应急处置相关工作，学会成立新冠病毒疫苗接种异常反应应急处置工作领导小组，学会秘书长王健、党委书记李国勤为组长，带领领导小组调动全学会资源为异常反应鉴定工作提供支持。

组建预防接种鉴定专家指导委员会。针对新冠疫苗接种异常反应特点，快速组建由34个专业、336名国内权威专家构成的专家指导委员会，并为国务院疫情联防联控机制运行过程中的疫苗接种不良反应事件处理推荐57名临床专家，参与制订《新冠病毒疫苗疑似预防接种异常反应监测和处置方案》。

为各地调查诊断和鉴定提供技术指导和支持。与地方医学会和疾控部门建立联系，对45例疑难、复杂并在全国有重大影响的案件开展研究，组织专家赴现场或在线上开展技术指导和支持，保证调查诊断和鉴定的科学性、客观性、统一性。

组织开展培训及调研。在国家卫生健康委疾病预防控制局培训班授课 2 次，举办涉及新冠疫苗异常反应鉴定的全国性培训活动 5 次（含线上授课 3 次）。深入基层开展调研 5 次，实地考察疫苗接种后不良反应发生情况，了解基层工作存在的实际困难，对地方医学会开展鉴定工作起到积极作用。

【中俄新冠肺炎防治经验高级别研讨会】 9 月 30 日，学会与俄罗斯国家医学会共同承办的中俄新冠肺炎防治经验高级别研讨会以线上线下相结合的形式召开。近 330 名中国专家、学者和 900 多名俄罗斯专家、学者参加会议。

会议由学会副会长、中国疾病预防控制中心主任高福和俄罗斯国家医学会副会长利夫希茨共同主持。国家卫生健康委疾病预防控制局副局长周宇辉、俄罗斯联邦消费者权益保护和公益监督局副局长斯莫良斯基等 12 位来自中国和俄罗斯的专家就抗疫举措、疫苗特性、病理研究、治疗康复经验等议题进行交流探讨。会上，学会副会长王健宣读备忘录内容，并与利夫希茨共同签署两会合作备忘录，就进一步加强医学学术交流与卫生合作相关内容进行约定。

（撰稿人：办公室）

中华中医药学会

服务创新型国家和社会建设　联合人民网录制《中医药“说清楚，讲明白”》系列讲座，邀请专家分别从生理学、生物学和药物分析的角度对中医证候和中药复方进行分析解读。

编制《中医药抗击新冠肺炎蓝皮书》，系统总结中医药抗疫的学术成果；开展新冠肺炎疫情中医药防治视频免费培训，来自全国 3280 家中医医疗机构的 11 万余人次参与培训；召开中华中医药学会第二届中医药抗疫与传承创新发展研讨会，进一步总结中医药在新冠肺炎防治方面的有效经验；组织会员向河南省红十字会捐赠药品。

有序推进中医药团体标准立项工作，审查立项 164 项，发布 279 项；加强中成药临床应用专家共识制订推广工作，审查立项 41 项，发布 9 项。自主开展中医骨伤、脾胃病和风湿等专科技术标准体系建设等中医药关键问题研究；探索开展专家共识意见形成方法学、《中成药临床应用说明》编写技术规范等工作规范研究；完成全国中医标准化技术委员会换届工作和《中医病证分类与代码》《中医四诊操作规范》等 19 项推荐性国家标准报批、发布工作。开展异常子宫出血等 10 个中医妇科常见病的前瞻性临床流行病学调查；完成 12 项儿科疾病、7 项妇科疾病、15 项心脑血管疾病、5 项肿瘤、8 项呼吸病和 9 项糖尿病的中医药防治标准的立项工作。

受国家中医药管理局委托，管理 2021 年国家级中医药继续教育项目 1407 项，完成 1261 项；管理学会级中医药继续教育项目 126 项，完成 96 项；探索中医师承继教数字化管理与活态传承相结合的新模式，平台注册学员约 15 万人，1 万余人次通过在线学习获得继续教育学分。

启动西学中临床人才培训工作；继续开展第六批老中医药专家学术经验传承人培养（四川省、广西壮族自治区）、第四批优秀中医临床人才培养（吉林省）等学术传承活动；开展“基层中医疼痛诊疗技术公益大课堂”等基层中医药适宜技术培训 500 余场，12 万人次参与；承建中国中医药临床案例成果数据库，推动中医领域临床人才职称评定改革。

组织专家为甘肃省天水市、黑龙江省哈尔滨市、浙江省丽水市等地中医药产业和地方医药企业发展建言献策；针对中药企业诉求，组织 3 期专题论证，提出解决方案和具体措施，助力中药产业高质量发展。开展 7 期中医药高质量发展线上公益讲座活动，解读中药行业热点政策和话题，50 余家企业、1 万余人次参与活动。

受海南省卫生健康委、海南省中医药管理局委托，承担《海南省中医药发展“十四五”规划》编制工作；受国家卫生健康委委托，牵头组织国家基本公共卫生服务项目储备库（中医药部分）建设工作；受国家中医药管理局委托，承担“林下中药材现状调研”课题并形成相关研究报告，对《中医适宜技术耳穴压丸防控儿童青少年近视诊疗方案（试点试用）》进行论证；联合中药产业发展与科学监管高端智库共同编制《中药产业发展与科学监管报告（2020）》，并开展线上解读；与上海中医药大学等单位联合成立“上海浦东新区高水平改革开放中医专家库”，为浦东新区全面提升中医药治理体系和治理能力提供智力支持；启动“中国‘互联网＋中医医疗’调研与评估”

项目，为综合医院中医科室建设以及“互联网＋中医医疗”的科学、规范、高质量发展提供借鉴。

对接国家中医药管理局定点帮扶县——山西省忻州市五寨县开展党建帮扶工作，10月26—30日开展定点帮扶五寨县中医药适宜技术提高班，邀请多名北京三甲医院中医专家进行授课，共培训山西省五寨县基层医务工作者37名，投入帮扶资金14万余元。

学会建设 2021年，学会新发展个人会员5589人，会员总数达27230人；新发展单位会员28家，单位会员总数达84家。

编制《中华中医药学会发展“十四五”规划（讨论稿）》；完成第七届理事会备案工作，召开第七届常务理事会议，审议学会重要事项和文件，落实民主决策程序；制修订《中华中医药学会会议管理办法》《中华中医药学会分支机构学术活动管理细则》等18个制度，强化内部风险控制；启动秘书处办公楼加固改造项目。

修订《中华中医药学会分支机构管理办法》，明确93个分支机构英文名称，进一步规范对外交流宣传口径；开展分支机构年度考核评估，引导、激励分支机构规范发展；开展任期届满分支机构主委考核评估，引导、督促分支机构主委履职尽责，激发分支机构活力。

完成学会官网迭代升级，提高“智慧杏林”微会议系统运营能力，建立单位发票数据库和常见问题库，提升服务的实用性、可及性。

学会秘书处获中国科协“2021年度学术成果凝练优秀学会”称号，负责的“科创中国”生物医药产业科技服务团入选中国科协2021年度“科创中国”优秀科技服务团。

青年人才托举工程 开展2021—2023年度中华中医药学会“青年人才托举工程”项目申报工作，学会培养被托举人已达104人；发展分支机构青年委员，增补和发展青年委员1600余人，专设青年论坛，展示优秀青年中医药科技工作者风采；学会青年委员会举办10期针对中医、中西医结合治疗的临床优势病种的系列沙龙研讨，200位中西医青年专家初步遴选出9个疾病领域100个中医优势病种，在核心期刊发表学术论文7篇。

10月29—31日，学会主办的粤港澳中医药科技高峰论坛暨首届粤港澳青年中医药传承创新研讨会在广东省广州市召开。会上，中国工程院院士、“人民英雄”国家荣誉称号获得者张伯礼视频致辞，中国工程院院士姚新生、刘良，中国科学院院士、国医大师陈可冀等专家作主题报告。来自广东省、香港特别行政区、澳门特别行政区的120余名专家、学者参加线下会议，其中包括澳门特别行政区的23名专家、学者；线上设置香港中文大学、香港浸会大学、澳门大学、澳门科技大学四个分会场，来自香港特别行政区、澳门特别行政区的50名中医药专家、学者参加线上会议。

主办期刊 持续推动期刊集群化建设，学会系列期刊已达81种；全面升级中医药科技期刊集群网站，进一步提升期刊影响力；召开全国中医药英文期刊国际发展学术沙龙，为中医药英文期刊在新阶段的发展提供方向和借鉴。

《中华中医药杂志》获中国科技期刊卓越行动计划2021年度优秀期刊称号，《中医杂志》获第五届中国出版政府奖期刊奖；《中国实验方剂学杂志》获中国精品科技期刊；《中国实验方剂学杂志》22篇文章和《中华中医药学刊》10篇文章入选“领跑者5000——中国精品科技期刊顶尖学术论文”（F5000）。

学科发展工程 学会发布2020年度中医药十大学术进展，遴选2021年中医药重大科学问题，获中国科协“重大科技问题难题征集发布2020年度优秀成果单位”；开展21个学科（专科）的中医药学术影响力评价工作，初步建立和健全中医药学术影响力评价长效机制；完成中医疫病学学科发展研究项目。

国际学术会议 3月20日，由学会、中国老年医学学会、世界中医药学联合会、中国农村卫生协会共同主办的第十七届国际络病学大会在上海市召开。国家中医药管理局副局长孙达，国家中医药管理局国际合作司副司长朱海东等领导参加大会。钟南山、陈凯先、吴以岭等近20位中国科学院院士、中国工程院院士以及来自海内外的知名专家、学者通过线上线下相结合的方式参加大会。此次会议在全国28个省（自治区、直辖市）设立3000多个视频直播分会场，在国外设立1000多个分会场，近10万名专家、学者在线收看大会。

5月22—23日，由学会主办的第五届国际扶阳医学大会在山东省泰安市举办，共有300余位业界专家、学者共享扶阳医学最新学术成果。会后，中华中医药学会扶阳医学传承基地分别于7—11月在浙江省杭州市、广西壮族自治区防城港市、湖北省武汉市等地开展一系列扶阳医学骨干人才公益培训活动，推广中医适宜技术，将扶阳学术人才培养工作下沉基层。

6月24—26日，由学会、北京中医药学会、胡希恕名家研究室、冯世纶名医传承工作站共同主办的第十一届国际经方学术会议、第十二届全国经方论坛暨经方应用研修班以线上形式举办，来自国内外的经方同人共计1000余人观看。此次论坛开展特邀演讲、明医论坛等活动，共邀请24位专家围绕“麻黄类方”专题从学术理论到临床应用多个方面进行研讨。

国内主要学术会议 2021年，学会组织国内学术会议92次，参加会议人数13378817人次（其中线下参会21813人次、线上参会13357004人次），交流论文4899篇。

7月16—17日，由学会、中国康复医学会、海峡两岸医药卫生交流协会联合主办的中华中医药学会介入心脏病学分会第七次全国中西医介入心脏病学论坛在北京召开。中国科学院院士、复旦大学附属中山医院心内科主任葛均波，学会副会长兼秘书长王国辰，中国康复医学会党委书记牛恩喜，海峡两岸医药卫生交流协会会长王立基等分别致辞。共有百余人参加现场会议，在线观看人数累计125万人次。

10月21日，由中国科协主办、学会承办的长三角中医药高质量发展高层次专家研讨会在上海市召开。国家中医药管理局科技司司长李昱、学会第六届理事会会长王国强、上海市人民政府副秘书长顾洪辉出席会议现场。学会副会长兼秘书长王国辰主持会议。中国科学院院士陈凯先、国医大师孙光荣、国医大师刘嘉湘等40余位高层次专家、学者参加会议，围绕推动长三角中医药高质量发展工作等主题进行研讨，并于会后凝练形成专家建议报告上报中国科协，针对如何实现长三角区域中医药高质量一体化发展建言献策。

10月23—24日，中华中医药学会感染病分会2021年学术年会在线上举办，来自全国温病学、中医疫病学、感染病及传染病学、临床相关学科、科研方法学、药学等多学科的近千名专家、学者参加会议，12万余人次观看线上直播。

11月20—21日，中华中医药学会内科分会2021年学术年会在线上召开。大会以“传承精华、协同创新、推进转化”为主题，邀请中国工程院院士王永炎、中国工程院院士张伯礼、上海中医药大学原校长严世芸、国医大师晁恩祥、国医大师李佃贵、北京中医医院院长刘清泉作大会主旨报告。大会组织主旨报告论坛、重大疾病论坛一、重大疾病论坛二、传承经验论坛、临床研究方法学论坛、青年学者论坛六大论坛，共邀请60余位业界专家、学者围绕中医内科学最新研究成果、学术进展和热点问题作学术报告。此次大会线上直播观看超过3万人次。

两岸交流 12月20—21日，由学会、台湾“中华海峡两岸中医药合作发展交流协会”共同主办，北京中医药大学厦门医院、厦门海峡中医药合作发展中心协办的第三届海峡两岸青年中医药传承创新论坛暨道地药材临床应用论坛在福建省厦门市召开。论坛以线上线下相结合的形式举办，来自海峡两岸的青年医师及相关专业从业人员共200余人参加线下会议，近500人通过线上分享学术成果。国家中医药管理局国际合作司司长吴振斗、学会监事长曹正逵、台湾“中华海峡两岸中医药合作发展交流协会”会长梁克玮等出席。论坛邀请海峡两岸专家、学者作专题演讲，围绕道地中药材研究和青年医师的能力培养展开研讨。其间，海峡两岸专家组成代表团围绕道地药材及地方特色中医药文化进行考察。

国际交往 6月8日，作为中国科协“中国—瑞典抗击新冠肺炎疫情联合行动计划”项目内容之一，中瑞新冠肺炎专题研讨会以线上线下相结合的形式召开。会议邀请中国、瑞典知名院士、专家围绕新冠肺炎防治经验进行交流，线上观看人数达2000余人次。会后，学会邀请瑞典针灸中医药研究院院长杨春贵撰写题为《自然药草——来自大自然的治愈能力》的科普文章，并翻译成英文向瑞典民众展示中医药防治新冠肺炎的显著疗效。

11月10日，学会与韩国大韩韩医学会以线上形式举办第二十三届中韩传统医药学术研讨会。首都医科大学附属北京地坛医院中西医结合中心主任王宪波、上海中医药大学附属龙华医院主任医师陈伟同韩国传统医药领域专家展开交流，分享中医药防治新冠肺炎的智慧，着重展示中医药在疫情防控中发挥的积极作用，旨在共同促进传统医学发展。

科普活动 学会编制发布全国首个中医药科普报告《中国中医药科普报告（2020）》；试点建设中国中医药科普知识标准库，收录标准知识条目约1000条；开展中医药2021年度科普人物和科普作品遴选活动，最终产生以中国工程院院士张伯礼为代表的8名中医药年度科普人物和6部中医药年度科普作品，在中国中医药健康科普与文化传播大会上予以公布；与人民健康合作的“养生图说”专栏累计阅读量超过500万；与光明网联合推出的“书说中医”栏目累计阅读量超54万，抖音平台累计播放量达5420万，粉丝数达34.2万，快手平台累计播放量达2450万，粉丝数12万；开展中医药动漫（精品）遴选活动，对中医药动漫形象中标作品进行二次开发；中医药动画短片《手指的魔法》初片通过国家广播电视总局制作备案，并获得2021年“金熊猫天府创意设计奖”铜奖；启动“三分钟讲透经典”项目，引导广大群众正确认识、深入理解、正确选用中医药。

学会秘书处被中国科协科学技术普及部授予“2021年度全国学会科普工作优秀单位”称号。

表彰举荐优秀科技工作者 2021年，学会开展中华中医药学会科学技术奖、李时珍医药创新奖推荐评审工作，共评选出中华中医药学会科学技术奖131项、李时珍医药创新奖4人。向中国科协推荐4位中国科学院院士、中国工程院院士候选人，向科技部推荐1位国家高层次人才特殊支持计划候选人，向中国科协推荐的中国中医科学院研究员袁媛领衔团队入选第十七届中国青年女科学家奖团队奖拟获奖团队；开展2015—2019年度中华中医药学会科学技术奖获奖项目跟踪服务工作，助力破解中医药科技成果转化应用难题。

党建强会 在学会党委会、秘书处党支部会议上召开动员部署会，组织党员干部认真学习指定书目以及习近平总书记重要讲话精神，做到及时学、跟进学。组织党委委员线上聆听中国科协党史学习教育动员部署会和专家讲座，组织秘书处党员干部通过参与网络培训、在线自测等方式提高学习成效。集中收看庆祝中国共产党成立100周年大会并邀请延安干部学院专家解读习近平总书记在大会上的讲话精神；集中学习党的十九届六中全会公报并开展系列研讨交流，切实把思想和行动统一到党中央决策部署上来。

在学会官网和官方微信开设“党史学习教育专栏”，推送信息375条，向中国科协《学会党建动态》《中国中医药报》“中医药党建”报送7篇稿件。开展“我为群众办实事”实践活动，学会肺系病、脾胃病分会等临床类分支机构党的工作小组组织专家赴贵州省遵义市、重庆市彭水苗族土家族自治县、广西壮族自治区百色市、西藏自治区林芝市等地开展义诊带教、科普宣传等党建活动。

严肃党内政治生活，严格执行第一议题制度，召开秘书处党支部民主生活会和组织生活会，开展好主题党日活动。认真落实全面从严治党“两个责任”，学会秘书处扎实开展“灯下黑”专项整治工作，继续深入推进利用特殊资源谋取私利专项整治工作，开展领导干部个人有关事项专项整治工作。

学会秘书处获国家中医药管理局模范单位称号，秘书处党支部获“国家卫生健康委2020—2021年度先进基层党组织”和“国家中医药管理局直属机关2020—2021年度先进基层党组织”称号。

会员服务 2021年，学会进一步完善会员微信综合服务平台功能，对会员管理、青年托举申报等功能进行系统升级和维护，并启动地方学会总结与计划申报系统的建设；完善并形成《中华中医药学会个人会员服务内容》和《中华中医药学会单位会员服务内容》，进一步丰富会员服务的内容和形式，优化“中医药会员之家”微信平台栏目，增强会员的归属感、获得感和荣誉感。制订实施《会员联动发展与服务实施方案（试行）》，广泛吸纳发展会员。

【《2021年度中医医院学科（专科）学术影响力评价研究报告》发布】 12月31日，中华中医药学会联合中国中医科学院在北京发布《2021年度中医医院学科（专科）学术影响力评价研究报告》。学会副会长兼秘书长王国辰，中国中医科学院副院长、学会脾胃病分会主任委员唐旭东等相关领导，以及学会相关分支机构主任委员、秘书长等出席发布会。该研究报告采用5年数据（2016—2020年），对610家公立三级中医医院的21个学科（专科）的综合学术影响力进行评价。以科学性、客观性、可行性为评价原则，既符合现代科技评价体系改革和相关制度的要求，又凸显中医药特色。通过广泛调研、文献研究以及问卷分析、专家咨询建立评价指标体系。主要包括学术平台、专家团队、学术论文、科研项目、科技奖励、成果产出6个一级指标及21个二级指标，旨在建立和健全中医药学术影响力评价长效机制，客观了解各医疗机构中医药相关学科（专科）学术发展现状，以评价促发展，更好地发挥中医药学术引领在中医医院建设中的导向作用，进一步提升中医医院的服务能力和水平。

（撰稿人：余珍珍）

中国中西医结合学会

服务创新型国家和社会建设 为贯彻落实习近平总书记关于全面实施乡村振兴战略思想，按照国家乡村振兴局、中国科协等相关部署，2021 年学会各专业委员会积极开展乡村振兴活动，42 个专业委员会开展相关活动，其中义诊达 156 余次，基层医生培训 7180 余人，发放物资及药品约 55.5 万元，受益人数达 9 万余人次。

受国家中医药管理局医政司委托，承担国家中医药管理局“重大疑难疾病中西医临床协作试点项目”成果编制工作，4 月 18 日在北京召开全国中西医结合标准化技术委员会工作会议，会议对《重大疑难疾病中西医临床协作试点项目成果编制——专家共识》进行审查，并对通过审查的项目予以立项。

全年举办国家级继续教育项目 18 项、学会级继续教育项目 7 项，会议培训人数高达 223482 人次，其中线上参会 222693 人次、线下参会 789 人次；线上点击量达 683577 人次。

学会建设 学会全年共召开 4 次会长办公会扩大会议，有序推进学会工作。

组织任期届满的皮肤性病、时间生物医学、医学美容 3 个专业委员会完成改选换届工作。围手术期、医学影像、泌尿外科、妇产科、皮肤性病 5 个专业委员会完成委员增补工作。

10月9日，在北京召开第八届三次常务理事会议，会议审议并通过《中国中西医结合学会 2021 年上半年工作总结及下半年工作计划》，听取学会成立 40 周年学术研讨会筹备情况汇报、学会成立 40 周年学术研讨会开幕式议程汇报、第九次世界中西医结合大会筹备情况汇报。

12 月 2—5 日，第九次世界中西医结合大会在海南省海口市召开。会议同期召开中国中西医结合学会第八届四次常务理事会议和 2021 年度工作会议暨第八届二次理事扩大会议，审议并通过《中国中西医结合学会 2021 年工作总结及 2022 年工作计划》以及 2021 年中国中西医结合学会科学技术奖获奖项目名单，审议通过 2022 年学术会议计划及继续教育项目。

2021 年，完成中国科协会员系统换新升级改造工作，依托“中国科协全国性学会个人会员管理系统”进行会员登记管理，有详细资料且登记在册的会员达 122600 余人。

主办期刊 2021 年度学会主办的 10 种学术期刊共出版 98 期，刊发文章 2000 余篇。10 月 10 日，中国中西医结合杂志社举办创刊 40 周年全国编委座谈会。《中国结合医学杂志》引领中医药英文期刊开展中医药英文期刊编校团体标准。自 2012 年至今，*Chinese Journal of Integrative Medicine*（《中国结合医学杂志》英文版）连续被评为“中国最具国际影响力学术期刊”。入选中国科协“2021 年全国学会期刊出版管理规范单位”。

国际学术会议 12 月 2—5 日，学会主办的第九次世界中西医结合大会在海南省海口市召开。线下参会人数 600 余人，线上注册人数 2200 余人，3—4 日线上观看总人数达 182660 人次。大会主题为“推进多学科交叉融合，创建中国医学新范式”，设立主会场、临床医学专场、药学专场以及骨伤、肝病、脑心同治、消化内镜、血液病、临床药理与毒理、教育 7 个分会场，主要从疾病的流行病学、研究进展、综合诊治与学科发展等方面进行探讨。内容横跨基础、临床、药学等多个专业领域，就中西医结合医学的历史、前沿技术、不同专科领域内的临床和基础研究进展展开充分的交流和研讨。

国内主要学术会议 2021 年，学会共召开学术会议 57 项，其中线下会议 18 项、线上会议 25 项、线上线下 14 项；参会人数 353392 人，其中线上参会 345323 人次、线下参会 8069 人次；共收到会议论文 5049 篇，线上点击量 1553103 人次；编写论文集 23 册，交流论文和报告 6383 篇。

科普活动 2021 年，学会各专业委员会开展健康知识讲座、发放健康宣教手册、进行媒体宣传等科普宣教活动，并通过新闻媒体、报刊、网站、微信公众号等途径进行宣传。学会所属检验医学、慢病防治与管理、泌尿外科、神经外科、耳鼻咽喉科等 55 个专业委员会和教育、科研院所、基层、青年 4 个工作委员会全年开展活动 900 余场，普及 31 万余人次，其中义诊 9000 余人，发放宣传册 2020 余册，线上点击量 86599 次。

学会各专业委员会在世界肾脏病日、世界精神卫生日、全国爱眼日、全国男性健康日、全国护发日、中国痤疮周等节日开展健康科普讲座和义诊咨询活动，为广大百姓提供咨询、诊疗和指导服务。同时，各专业委员会结合专业组织开展一系列科普活动，如“人人享有肾脏健康”“爱腿日——中国行”、“全民预防烧烫伤教育工程，‘温暖心·爱无痕’预防儿童烧烫伤安全教育行动”、“急救白金十分钟　全国自救互救日”公益科普活动、“健康中国行，战‘痘’致青春”、“心理健康社会和谐，我行动！”主题志愿活动、“名医健康大讲堂”等集讲座、健康咨询、义诊为一体的健康教育活动。此外，还有妇产科专业委员会、脑心同治专业委员会联合开展的妇女健康科普宣传教育；眼科专业委员会牵头举办的第26个全国爱眼日主题活动。

2021年受新冠肺炎疫情影响，科普线上传播的形式较多，其中肾脏疾病专业委员会主任委员陈香美做客人民日报社旗下新媒体“人民好医生”演播室，进行肾脏疾病并发症相关健康科普，呼吁进行全面健康覆盖、预防和早期治疗肾脏疾病。

表彰举荐优秀科技工作者　学会组织完成2021年中国科学院院士、中国工程院院士候选人推选工作，按照推选工作实施办法，最终向中国科协推选3名候选人。

开展2021年度中国中西医结合学会科学技术奖评选活动，收到全国各省（自治区、直辖市）学会、专业委员会及相关单位申报的科学技术奖项目共计182项，受理105项，形式审查不合格5项，进入初审候评项目100项。专家最终确定基础15项、临床30项、药学5项，共计50个候选项目参加终评；其间，三等奖临床类候选项目有1项申请退出，合计49项进入终评。11月24日，在北京组织30名专家开展终评，共评选出一等奖7项、二等奖15项、三等奖20项、科普奖4项，合计46项项目获奖。其中，公示前三等奖获奖项目有2项申请退出，公示期间一等奖、二等奖及三等奖获奖项目各申请退出1项。最终评出一等奖6项、二等奖14项、三等奖17项、科普奖4项，合计41项项目最终获奖。

党建强会　为庆祝中国共产党成立100周年，学会党委组织各专业委员会开展“百名科学家讲党史党课”等系列党史学习教育及“我为群众办实事”实践活动。2021年共组织各专业委员会开展10次“百名科学家讲党史党课”活动。6月，学会党委获得中国科协“追寻红色足迹，开展党建强会特色活动”类项目经费资助。

积极开展乡村振兴、医疗帮扶活动，推动党建与业务工作相融合。4月24日，学会党委委员、副会长兼秘书长吕文良带领中西医结合医疗专家团30余人赴江西省井冈山地区针对当地群众和基层医务工作者进行医疗义诊、科普讲座、查房带教、基层医师培训等健康关爱和帮扶活动。5月13—16日，学会党委副书记、常务副会长唐旭东和副会长姚树坤带领消化系统疾病专业医疗专家赴江西省井冈山地区开展党史学习教育、医疗义诊、基层医师培训、专家查房、科普讲座、公益捐赠等系列党建公益活动。

10月9日，在北京召开第八届理事会党委会议，集中学习习近平总书记“七一”重要讲话精神，习近平总书记2021年度有关疫情防控、中医药和教育等重要讲话指示精神。12月2日，在海南省海口市召开第八届理事会党员大会，传达学习党的十九届六中全会精神。

【中国中西医结合学会成立四十周年学术研讨会】 10月10日，中国中西医结合学会成立四十周年学术研讨会在北京召开。大会以“大力发展中西医结合，启航中国医学新征程”为主题，邀请第十三届全国人大常委会副委员长、中国科学院院士陈竺，国家卫生健康委副主任李斌，中国科协党组副书记徐延豪，国家中医药管理局党组书记余艳红，国家自然科学基金委员会副主任、中国科学院院士高福，国家中医药管理局副局长、中国中医科学院院长、中国工程院院士黄璐琦，中国中医科学院党委书记查德忠，中国科学院院士陈可冀等出席开幕式并致辞，来自中西医结合学界的专家、学者共计430余人参加大会。

大会特邀中国工程院院士张伯礼、高福、陈薇以及中国科学院院士张学敏就中西医结合医学的历史、临床优势、研究进展、前沿技术、创新人才培养等专题作主旨报告。

大会设置院士圆桌论坛，研讨如何创建中西医结合诊疗学基础研究新范式，以破解中医药和西医药相互补充、协同发展的难题，走出一条适合新时代、新形势的中西医结合特色道路。陈可冀、陈香美、丛斌、张伯礼、高福、陈薇、吴以岭、杨宝峰、黄荷凤以循证医学为基础，就中西医结合医学现状、发展趋势、重大理论认识研究，建立中西医结合疗效及以后评估体系及推广模式研究展开充分讨论。论坛同时设置中青年论坛，突出“多学科交叉、多知识融合，中西医结合系统创新”，加强多学科前沿技术与中医药的深度交叉融合，实现传承与创新互动发展，让中医药走向世界。王伟、施建蓉、张友根、王喜军、毕宏生、果德安、魏玮、苏帆、陈远旭、牟姗、刘刚等知名中青年专家发言，围绕如何做好中西医结合医学传承与创新进行讨论和交流。

【第九次世界中西医结合大会】 12月2—5日，第九次世界中西医结合大会在海南省海口市召开。此次大会由中国中西医结合学会主办，海南省卫生健康委、海南省中西医结合学会、海南省中医院承办。

国家中医药管理局党组书记余艳红，海南省人民政府副秘书长赖泳文，海南省卫生健康委党委书记、主任周长强，学会会长、中国工程院院士陈香美等出席开幕式并致辞。海南省委省政府、海南省卫生健康委、海南省科学技术协会、海南省中医药管理局及海南省中医院等部门负责人，中国中西医结合领域的10名院士、专家，部分中西医高等院校、科研院所和大型医疗机构负责人，以及来自美国、俄罗斯、瑞士、希腊、荷兰及巴基斯坦等国家的专家、学者，通过线上线下相结合的方式参加会议，聚焦世界结合医学前沿发展动态与科研成果，就中西医结合理论、实践进行专题交流与分享，为构建人类卫生健康共同体贡献智慧和力量。

在大会主旨报告环节，中国工程院院士张伯礼、韩德民、杨宝峰及丛斌4人分别就新时代中医药高质量发展、健康中国、中药成药性研究及科学研究新范式等内容作特邀主旨报告。

在院士圆桌论坛环节，围绕“推进多学科交叉、多知识融合，创建中西医结合研究新范式”，中国工程院院士陈香美、杨宝峰、丛斌、韩德民及中国科学院院士陈凯先、仝小林从数学算法、物理、化学、哲学、人类发展及中医学等多学科多视角探讨中西医结合发展之路。

大会设立主会场、临床医学专场、药学专场及7个分会场，来自中国、美国、俄罗斯、瑞士、希腊、荷兰及巴基斯坦7个国家的23位专家（包括10名中国科学院院士、中国工程院院士）通过线上线下方式在大会主会场及专场作学术交流报告。大会共有181个专题报告，收到投稿论文669篇，展示优秀壁报168份。

大会上颁发2021年度“步长杯”中国中西医结合学会科学技术奖，总计获奖项目41项，其中一等奖6项、二等奖14项、三等奖17项、科普奖4项。

【2021全国中西医结合皮肤性病学术年会】 4月24—28日，由学会主办、学会皮肤性病专业委员会承办的2021全国中西医结合皮肤性病学术年会在线上召开。大会邀请学会副会长兼秘书长吕文良、昆明医科大学第一附属医院教授何黎、北京大学人民医院教授张建中、中国医学科学院皮肤病研究所教授刘维达、同济大学附属第十人民医院教授顾军等专家分别就皮肤科医师感兴趣的中西医结合的机遇与挑战、黄褐斑、特应性皮炎、真菌感染、银屑病等最新研究进展进行演讲。

此次会议按照痤疮、斑秃、大疱性疾病、跖疣、头癣等专病专题来设置，同时注重中西医结合的特色，设立湿疹的中西医结合治疗、带状疱疹的中西医结合治疗等多个中西合璧专场。会议共邀请37位主持人，发言专家174人次。9993人注册学习，覆盖33个省316个城市。

【中国中西医结合学会肾脏疾病专业委员会2021年学术会议】 10月21—24日，中国中西医结合学会肾脏疾病专业委员会2021年学术会议在重庆市召开。学会会长、学会肾脏疾病专业委员会主任委员、中国工程院院士陈香美主持。来自全国各地的全体专业委员会委员和青年委员以及从事肾脏病的专家、学者、学术精英参加会议。

此次大会以中西医结合促进肾脏健康为主旨，以“一带一路”建设为纽带，邀请国内外知名肾脏病专家作大会报告。大会设有多个专题讲座，特设中青年学者论坛、《中国心肾综合征临床实践指南》和《中国IgA肾病临床实践指南》讨论会、血液净化SOP培训以及大数据人工智能与CKD疾病管理等交叉学科专场。

大会设主题报告9场、分会场5个、专题16个、分论坛报告95个，共收到论文1421篇，经过审核评选出300篇优秀摘要进行壁报展示。

【第二十八届中国中西医结合骨伤科学术年会】 12月4日，由学会主办、学会骨伤科专业委员会承办的第二十八届中国中西医结合骨伤科学术年会在海南省海口市以线上线下相结合的形式召开。来自北京、福建省、甘肃省、广东省、广西壮族自治区等22个省、（自治区、直辖市）的130余位专家参加会议，进行交流学习。大会邀请6位知名骨伤专家在专家论坛时段进行演讲，29位专家在专家讲座时段授课，39位专家在大会发言时段进行交流。讨论内容涉及创伤、关节、脊柱、足踝、骨坏死、运动损伤、小儿骨科、椎间盘退变与修复等骨伤科疾病相关疾病的诊疗经验与诊疗技术规范研究，微创、外固定支架、运动损伤与关节镜、数字骨科、医工结合、保膝、肢体矫形功能重建与康复等技术的临床及基础研究，中医、西医、中西医结合治疗骨伤科疾病的临床及基础研究，骨伤科疾病中西医药物治疗的临床及基础研究，骨伤科疾病康复与护理的中医、西医、中西医结合临床及基础研究，具有地方与民族特色的治疗骨伤科疾病的临床及基础研究，新技术在骨伤科疾病诊疗与防治中的应用与研究，中医、西医、中西医结合治疗骨伤科疾病的科普教育等。

【中国中西医结合学会耳鼻咽喉科专业委员会第十八次全国年会】 12 月 11—12 日，由学会主办、学会耳鼻咽喉科专业委员会承办、复旦大学附属眼耳鼻喉科医院协办的中国中西医结合学会耳鼻咽喉科专业委员会第十八次全国年会以线下线上相结合的方式召开。会议邀请多位国内专家、学者作报告，并设有 16 个专家委员会的线上分论坛，同期在线进行鼻颅底、耳内经、耳神经颅底解剖演示；举办青年视频辩论赛，展示中西医结合医学在耳鼻咽喉科的最新研究成果和研究进展。会议注册人数 6718 人，观看人数 50038 人次，分布于 32 个省（自治区、直辖市）实现国内同道的学术交流。

（撰稿人：史冬云）

中国药学会

服务创新型国家和社会建设 立足技术发展趋势和产业整体态势，充分发挥智库和平台作用。学会组织产学研各领域专家科学编制《生物医药健康产业关键核心技术路线图》，推动产学研联合攻关，合理预见产业未来 5~10 年技术发展轨迹，为贯彻落实中央关于打赢关键核心技术攻坚战重大部署、提升产业链供应链自主可控能力提供支撑。组织专家撰写《治疗新冠肺炎药物国内外研发进展》，并通过中国科协提交科技工作者建议。

承担国家药品监督管理局“药品监管能力建设情况跟踪调研项目”“仿制药质量和疗效一致性评价相关药品统计分析”“基本医疗保险目录品种可替代性研究”“药学类医疗服务价格项目研究”“国家突发公共事件药品应急储备监测平台建设研究”“限制互联网销售的药品清单研究”等委托项目。

受国家药品监督管理局科技和国际合作司委托，完成《相关国家（地区）药品监管机构情况汇编》，涉及 49 个国家和地区，为推进药品监管国际交流合作提供助力。

建立 CMEI 药品信息标准库，发挥医药信息资源对政府决策、行业发展、医疗服务的基础支撑作用。参与工业和信息化部国家医药储备管理信息系统运维、储备数据标准库建设，以及省级储备管理信息系统运维及储备数据标准库建设。参与国家卫生健康委专家咨询管理信息系统开发及主题遴选专家库建设，协助国家卫生健康委起草发布国家卫生行业标准《药品采购使用管理分类代码与标识码》（WS/T 778—2021）。

组织《“十四五”国家药品安全及促进高质量发展规划》专家论证。组织专家对《中华人民共和国医师法（草案）》《中华人民共和国药师法（草案第三次征求意见稿）》《中华人民共和国专利法实施细则（修改草案送审稿）》《关于促进科技领域学术会议繁荣发展和规范管理的指导意见（征求意见稿）》研提意见。

面向中国科协“科创中国”试点城市开展医药专业科技服务，在山东省菏泽市举办泰山科技论坛——生物医药产业发展高峰论坛，组织开展天津高新区“科创中国行动”“中国 · 黑龙江煤炭资源型城市科技经济融合发展高峰论坛”等活动，将药学科技资源引向基层和企业，重点开展“科技服务团”科技支撑对接，助力地方科技经济融合发展。

连续 4 年参与重大科学问题和工程技术难题推选活动，被中国科协授予“2018—2021 年度优秀组织单位”。

开展继续教育项目 61 个，其中 41 个以学术会议方式开展、20 个以培训方式开展。现场参加人数 9805 人次，线上参加人数 167.33 万人次。

5—11 月，以线上线下相结合的形式召开 8 场青年医院药学人才发展研讨会，覆盖全国 30 多个省（自治区、直辖市），260 余名医生、药师现场参会，7665 名药学专业人员在线收看视频直播；积极申获并实施中国科协“中国科技期刊卓越行动计划选育高水平办刊人才子项目——青年人才支持项目”；新设立“中国药学会——施维雅青年医院药学创新研究资助项目”，助力青年药学人才成长发展。

学会建设 2021 年，学会发展个人会员 793 人、单位会员 7 家。截至 2021 年年底，学会有普通会员 110596 人、高级会员 4820 人、单位会员 96 家。

全年召开理事会议 1 次、常务理事会议 4 次、理事长办公会议 7 次、秘书长办公会议 4 次、秘书处办公会议12次。

组织完成学会应急与保障专业委员会换届选举工作。组织开展学会药物警戒、临床中药学2个专业委员会换届改选工作。组织开展学会儿童药物、民族药学、微循环药学、药用辅料、静脉用药调配与治疗管理研究、药品与生物统计6个专业委员会组建工作。

组织筹备中国药学会第二十五次全国会员代表大会，进一步强化学会组织建设。提高服务会员和药学科技工作者的能力和水平，不断增强凝聚力和发展活力。

青年人才托举工程 2021年，学会继续实施第四、第五、第六届中国科协“青年人才托举工程”项目，成功申获第七届“青年人才托举工程”项目，完成项目候选人遴选工作。

主办期刊 组织12种学会作为第一主办单位的期刊完成2020年度有关社会效益评估自评。引导并帮助主办期刊加快数字化建设与转型。协助《药学学报》英文刊、《中国中药杂志》完成中国科技期刊卓越行动计划项目年度工作。开展中国科协主管期刊滥发论文问题专项检查。

组织召开中国药学会主办期刊第二十七次审读会暨科技期刊卓越行动计划经验分享交流会，举办中国药学会第二十一届中国药师周总结与呈现——药学科研论文的选题与投稿论坛等活动。

学会主办的25种期刊中有11种入选《中文核心期刊要目总览》（2020版），3种获2020“中国最具国际影响力学术期刊”称号，2种获2020“中国国际影响力优秀学术期刊”称号。《药学学报》（英文刊）2020年影响因子为11.413，处于Q1区，居全球275本Pharmacology & Pharmacy学科类期刊第9位。《中国中药杂志》连续7年获“中国最具国际影响力学术期刊”称号。

2021年，学会获“全国学会期刊出版工作优秀单位”称号。

学科发展工程 学会药物临床评价研究专业委员会承接中国科协2021年“科创中国”技术应用案例库建设项目，组织专家研讨，形成临床研究案例库。

编辑出版《药学科技前沿》（内刊），为药品监管及科技人员提供参考。

组织举办3场ICH培训，内容涉及M7（遗传毒性杂质）及Q3（杂质）、临床试验药物警戒及风险管理、长期治疗药物临床安全性评价等，共培训660余人次，为提升中国药品注册的科学性与规范性、促进新药安全性研究等发挥作用。

继续开展“中国药学会－以岭生物医药创新基金项目”，新设立“中国药学会医院药学专业委员会医院药学科研专项资助项目”及“人才专项资助项目”“中国药学会药物临床评价研究课题项目”等，支持在药学相关领域符合学科发展且有较好基础的创新性研究，促进学科发展。

国际学术会议 学会组织召开第七届国际用药安全学术论坛、2021中国药物化学学术会议暨中欧药物化学学术研讨会、2021第四届国际纳米药物大会、2021医药创新与发展国际会议等国际会议，搭建国际化交流平台。

9月24—25日，由学会主办，学会医院药学专业委员会、北京大学第三医院药剂科承办的第七届国际用药安全学术论坛在线举办。此次论坛共组织17场学术报告，参加会议的专家、学者共有2600余人。会议还邀请到国际知名用药安全专家，如美国医疗安全协会运营副主任Rita Jew、新加坡中央医院药师林晶慧、英国曼特斯顿大学副教授陈立佳以及来自加拿大的几位学者。专家们分别从用药错误、药物警戒、药品上市后安全性评价等不同切入点探讨促进用药安全的相关研究与经验、分享用药安全的热点议题。

国内主要学术会议 全年举办2021年中国药学大会、第二十一届中国药师周、第八届中国药学会药物检测质量管理学术研讨会、第九届中国药学会生物技术药物质量分析研讨会、第十四届中国药物制剂大会等52个学术活动，现场参加会议人数合计约15760人次，线上参加会议人次合计43万余人次，会议专家报告总数约1909人，交流论文约2843篇。

国际组织任职 截至2021年年底，学会共有10名专家在国际学术组织任职，其中副主席1人、秘书长1人、委员及执委会委员5人、理事会成员1人、理事国成员代表2人。

国际交往 深化与国际药学联合会（FIP）等国际组织以及国外相关药学组织的交流合作。与FIP召开线上工作交流会、参加FIP理事会网络会议、提供《中国药品零售企业和医疗机构药事管理相关情况报告》、推荐专家参与FIP 2021年电子健康和数字健康政策声明制定、组织翻译《FIP发展目标：全球药学转型》、推动学会药物化学专业委员会与欧洲药物化学联盟续签5年合作框架协议。

科普活动 开展药品科技活动周、全国安全用药月等10项科普活动，开发“探秘”系列图书、《中国家庭用药手册》等科普资源4项，进行药学科普研究4项，宣传安全用药知识，促进公众健康。

充分利用“药葫芦娃”两微九端科普传播矩阵，发布图文、视频、音频等医药健康传播作品。“药葫芦娃”入选“学习强国”学习平台，成为立足全党、面向全社会的科学理论学习阵地。

做好疫情防控科普工作，相继推出21篇新冠疫苗相关科普作品，解读新冠疫苗相关前沿技术、审批政策、使用细节等，为群众答疑解惑。

2021年药品科技活动周期间，在北京开展“我为群众办实事”——药品安全宣传进社区活动，以“药品安全　红色领航”为主题，以“党建+科普”形式，组织学会党支部科普志愿者团队深入社区，面向安全用药重点人群传播药品安全相关知识。

出版《探秘薄荷》《探秘枸杞》《探秘金银花》3部科普图书。

表彰举荐优秀科技工作者 2021年，学会组织推选中国科学院院士候选人4名、中国工程院院士候选人7名。开展2021年“最美科技工作者”学习宣传活动，推评中国药学会2021年“最美科技工作者”10名，被评为2021年全国科技工作者日积极贡献单位。组织评选第十六届中国药学会科学技术奖12项，其中一等奖3项、二等奖4项、三等奖5项。确定8名吴杨奖药学专业候选人，并上报吴杨奖管理委员会参加终评。

党建强会 2021年，学会召开理事会党委会议7次、党支部委员会会议22次、党员大会7次、党员干部讲党课6次。

加强党建引领。学会党委书记、理事长孙咸泽在中国科协科技社团党委云课堂上以《重温百年同行史　扬帆启航新征程》为题，结合百年党史讲会史。学会与中国科协共同举办“与党同心　百年同行”活动，展示学会百年来的风貌。

扎实开展党史学习教育。组织党员干部学习习近平总书记在党史学习教育动员大会、在中国共产党成立100周年大会等会议上的重要讲话精神，组织参加学习贯彻党的十九届五中、六中全会专题网络培训班，将十九届六中全会精神同党史学习教育结合起来，营造书记带着党员学、党员带着群众学的氛围。青年理论学习小组召开十九届六中全会精神学习心得专题交流会，引导青年同志弘扬伟大建党精神。

党建与业务融合。学会党支部与中国食品药品检定研究院包装材料与药用辅料检定所党支部、国家药品监督管理局信息中心三个党支部开展党建纪检工作交流。

巩固拓展脱贫攻坚成果同乡村振兴有效衔接。积极参与卫生“三下乡”活动，组织捐赠常用药品和先进医疗器械。通过直接购买及组织企业购买贫困地区农产品的方式，帮助安徽省阜阳市临泉县、宿州市砀山县销售农产品；投入农田水利工程帮扶建设资金用于乡村振兴。举办“科学用药　乡村振兴”活动，培训技术人员百余名。对41位临泉县、砀山县贫困地区技术人员免费开展ICH培训。免费向新疆维吾尔自治区、西藏自治区及安徽省宿州市砀山县、阜阳市临泉县等贫困地区基层医院药学人员赠送700个药学网络大讲堂网络节点，提升基层一线药学人员专业能力和合理用药水平。

集合会员和专家资源组织编纂《百篇药学故事，献礼建党百年》，该合集以中国共产党成立以来各个历史时期红色药学事业发展的重大历史事件、重要历史人物、重大成就、关键教学和科研机构等为主线。学会先后向92个机构或个人发出约稿公函，向37个专业委员会及36个地方药学会发出征稿启事，6月底汇编成资料合集，向中国共产党成立100周年献礼。

学会专业委员会党的工作小组充分利用学会学术会议、论坛等平台，结合工作实际开展党史学习教育。学会医院药学专业委员会党的工作小组在甘肃省会宁市开展“建党百年访会宁，科技帮扶走基层”系列活动，组织全国40多名医药专家走进革命老区会宁，开展专家义诊、安全用药咨询、基层调研、一线药师技能培训等系列活动，在会宁县会师楼开展主题党日活动。学会药物检测质量管理专业委员会和药物临床评价研究专业委员会党的工作小组分别在浙江省绍兴市、嘉兴市开展主题党日活动，重温中国共产党百年历程，更加坚定作为新时代医药人的初心使命。

会员服务 组织开展62个课件共18场药学网络大讲堂培训活动，受益人数达50万余人次。利用中国药学会药学网络大讲堂举办庆祝第五个全国科技工作者日专场，主题为“团结引领　共创科技未来”。学会理事长孙咸泽作题为《不断提高卫生健康供给和服务水平，推动医药卫生事业高质量发展》的报告，共计5万余人次在线收看。

向会员推送学会工作年报、会讯等。

【2021 年中国药学大会】 9 月 18—19 日，2021 年中国药学大会在浙江省杭州市召开，主题为“远程　数字　智能　协作——新时代的中国药学”。全国政协副主席、农工党中央常务副主席何维以视频形式致辞。学会理事长、全国政协教科卫体委员会副主任孙咸泽致开幕词。浙江省副省长朱从玖，国家药品监督管理局副局长陈时飞，中国科协党组成员、书记处书记吕昭平，杭州市人民政府副市长柯吉欣等领导出席大会开幕式并讲话。“人民英雄”国家荣誉称号获得者、中国工程院院士、天津中医药大学名誉校长张伯礼作视频讲话。陈时飞作题为《中国新药研发与科学监管》的主旨报告，6 位院士分别作题为《后 Alphafold 2 时代——结构生物学更显重要》《跨尺度介观活体成像》《洞见未来：思考医药发展的科学技术问题》《腺病毒载体疫苗的抗疫贡献与中国创新》《抗肿瘤药物研究与进展》《疫苗研发及中药抗病毒活性机制启示与思考》的大会报告。123 位专家在 8 个分会场作专题报告，1000 余人现场参加会议。大会收到论文 236 篇，共评选出优秀论文 21 篇。

【第二十一届中国药师周】 11 月 25—28 日，第二十一届中国药师周以线上线下相结合的方式在北京召开，主题为“赋能药学发展　护卫全民健康”。学会理事长、全国政协教科卫体委员会副主任孙咸泽致开幕词。中国科协党组成员、书记处书记吕昭平出席会议并致辞。国家药品监督管理局党组成员、副局长赵军宁通过视频致辞。大会发布 2021 年度《中国药学会医院用药监测报告》，线上同步举办 6 个分论坛。同期开展“科海扬帆　梦想启航”校园科普公益活动和“安全用药　战疫同行——药师您好”科普文艺作品展演活动。

（撰稿人：张　梦　王筱婧）

中华护理学会

服务创新型国家和社会建设　受国家卫生健康委医疗管理服务指导中心委托，学会承担《护理分级》和《静脉治疗操作规范》两项卫生行业标准实施现状的调研工作，对全国 30 家医院进行调研，形成总结报告。

受教育部高等教育教学评估中心委托，完成 12 项健康领域相关的职业技能等级证书专业水平和适用性的综合性评估。

发布团体标准 3 项，分别是《成人鼻肠管的留置与维护》《胰岛素皮下注射》《血管活性药物静脉输注护理》。

学会新增传染病护理、骨科护理、糖尿病护理、消毒供应 4 个专科护士培训领域。举办专科护士培训 27 个班次，培训人数 7880 人次。举办各类专项培训、专题培训 11 班次，培训人数 10147 人次。

学会建设　截至 11 月，学会个人会员数量达到 226118 人，其中学生会员 5682 人、资深会员 7290 人。会员人数较 2020 年增加 22.56%。学会全年召开理事会议 1 次、常务理事会议 2 次、理事长办公会议 4 次。

学会数字化平台通过信息系统安全等级保护二级测评。微信公众号关注人数超过 65 万。

主办期刊　2021 年，学会主办的《中华护理杂志》获中国出版政府奖期刊奖提名奖，并作为护理学类唯一期刊再度获评“百种中国杰出学术期刊”。全年共收到稿件 6571 篇，发表论文 337 篇，其中 10 篇入选中国科学技术信息研究所“领跑者 5000——中国科技期刊顶尖学术论文平台（F5000）”。

学会主办的《国际护理科学》（英文刊）入编《中国科技核心期刊目录（自然科学卷）》，入选《中国学术期刊国际引证年报》“2021 中国国际影响力优秀学术期刊”。全年收稿 443 篇，发表 72 篇。截至 12 月底，下载阅读 1170057 篇次。参加学术会议 4 次（包括线上），召开编委会议和小型编委会议共 2 次，热点研究方向约稿 7 篇（4 篇来自境外）。

学会主办的《中华护理教育》入编北大中文核心期刊要目及 Scopus 数据库。

2021 年，学会获中国科协支持，开展护理领域学术期刊分级目录编制发布工作。获中国科协“全国学会期刊出版工作优秀单位”称号。学会的实体机构《中华护理杂志》社有限责任公司获第五届中国出版政府奖先进出版单位奖。

国内主要学术会议　2021 年，学会及其分支机构共举办线上线下年会、研讨会、论坛等学术活动 36 次。其中，3000 人以上规模的会议 3 个，2000 人以上规模的会议 3 个。参加会议人数 52013 人次，较 2020 年减少 19337 人次；会议投稿 53874 篇，较 2020 年增加 24235 篇。

5 月 20 日，以“凝心聚力 · 基地共育 · 品质共铸”为主题的中华护理学会第三届全国护理继续教育管理论坛以线上形式召开。来自全国各专科护士培训基地的相关负责人、基地带教老师、专科护士及各医院护理骨干共计4401名参加会议。会议围绕专科护士培养、临床教学基地培育、临床带教能力提升等专科护士培养热点问题进行交流与探讨。会上举办《专科护士培训大纲》新书发布仪式。

12月25—26日，中华护理学会第25届全国手术室护理学术交流会议以线上会议形式召开。大会主题为“传承践初心　奋斗启征程”，参加会议人数近5000人次。会议邀请美国围手术期注册护士协会主席、亚太围手术期护理学会主席、新加坡围手术期护理学会前任主席，以及各地手术室护理专家、医院感染控制专家、医学专家等作学术分享。会议围绕当前手术室护理领域的热点问题展开交流和研讨，并发布《CORN术中获得性压力性损伤风险评估量表》。

国际组织任职　学会儿科护理专业委员会主任陈建军担任亚太儿科护理学会轮值主席。学会手术室护理专业委员会主任委员郭莉与副主任委员陈肖敏分别担任亚洲围手术期护理学会副主席与理事。学会灾害护理专业委员会李秀华担任世界灾害护理学会理事。学会安宁疗护专业委员会主任委员谌永毅担任国际肿瘤护理学会理事兼沟通委员会主席。

国际交往　学会与国际护士会合作，推动落实“国际护士会领导力变革”培训项目。在全国12个试点省、直辖市完成500名护理领军人才的第一阶段培养。

11月2—4日，国际护士会2021年国际护理大会以线上形式召开。来自全球132个国家和地区的5500余名专家、学者参与会议。国家卫生健康委医政医管局监察专员郭燕红，学会理事长吴欣娟，学会副理事长李峥、吴瑛应邀发表主题演讲。

科普活动　学会在5·12国际护士节启动“科技促民生，科普惠健康——护卫健康，未病先防”主题科普活动周。活动期间，参与医护人员51334人次，服务人群8656080人次。其中开展科普讲座1636次，开展科普义诊、咨询1429场次，开展技术推广、演练556场次，发放宣教材料63684份。

2021年，学会获批中国科协“科普中国”共建基地项目。举办科学传播专题高级研修班2期和社区护理科普骨干培训班3期，培训人数2064人次。

表彰举荐优秀科技工作者　2021年中华护理学会“杰出护理工作者”在全国范围内完成评选工作。5月11日，中华护理学会国际护士节庆祝大会在北京召开，向60名“杰出护理工作者”获得者颁发证书及奖杯。

评选出第七届中华护理学会科技奖一等奖5项、二等奖15项、三等奖26项。12月10日，中华护理学会第十一届学术年会通过网络直播形式举办，大会宣读获奖项目名单。

党建强会　学会全年召开理事会党委委员会议4次。办事机构党支部组织召开全体党员大会8次。8月，学会党委组织办事机构全体党员和职工赴中国共产党历史展览馆参观“不忘初心、牢记使命”中国共产党历史展览。组织开展党史学习教育，获评“中国科协党建工作先进学会”。

会员服务　学会面向基层和偏远地区会员启动专科护士培训资助项目，提供20个免费培训名额。举办会员能力提升培训班——西藏行，组织专家赴西藏自治区对当地会员进行授课指导。

【“国际护士会领导力变革”培训项目】　5—10月，中华护理学会推动与国际护士会合作的“国际护士会领导力变革”培训项目落地，在北京、浙江省、江苏省、湖南省、湖北省、广东省、四川省、山东省、辽宁省、山西省、青海省、河南省12个试点省、直辖市开展培训，完成500名护理领军人才的第一阶段培养。国际护士会首席执行官霍华德·卡顿、学会理事长吴欣娟以视频形式出席开班仪式。

该项目获国际护士会约600万元资金支持，旨在为中国培训一批具有国际视野及卓越领导力的护理管理者，强化中国护理管理人才队伍建设。

中华护理学会自2013年加入国际护士会后，与其保持紧密联系并建立良好合作关系。2016年8月，学会与国际护士会签署“国际护士会领导力变革”培训合作项目备忘录。2017—2018年，学会召开两期“国际护士会领导力变革”项目师资培训，培养23名合格的“领导力变革”项目培训师。

（撰稿人：余　馨）

中国生理学会

服务创新型国家和社会建设　在后疫情时代，随着信息技术与实验教学的深度融合，生理实验从以传统的动物实验模式为主向“动物实验+人体机能实验+虚拟仿真实验”等多位一体医学实验教学新体系过渡。新的实验模式既保留动物实验的核心内容，又增加学生的体验感，用生理数据驱动的虚拟仿真实验解释人体内部运行的具体过程。学会继续教育工作委员会组织专家、学者在江苏省、山东省举办两场生理学会技能教学实验，提升生理学教学水平。

7月9—12日，在南京医科大学举办中国生理学会“三位一体”生理实验教学培训班，重点讨论如何基于三位一体的创新形式来开展生理学实验课程，实现基础与临床融合、教学与科研结合的最新医学生理学实验方案。

7月13—16日，在山东省烟台市举办“四位一体”智慧化实验室建设发展论坛暨机能实验教学培训班，聘请业内专家、学者聚焦“四位一体”智慧化实验室建设进行前沿性学术探讨，围绕提升机能实验教学开展系统培训。来自全国33所高校的80余名生理机能学科教师参加论坛和培训。

学会建设 学会不断推进治理结构和治理方式的改革，探索建立科学合理、位阶有序的工作制度，确保理事会、常务理事会和监事会等依法依规开展工作。推进学会办公制度化、系统信息化，加强学会可持续发展。

在搭建科学的组织框架和健全分支机构管理方面，学会各工作委员会负责推动学会系统规划的制订和实施，学会常务理事会负责指导和监督规划实施工作的落实。在专业学术队伍领域，学会积极吸纳教学等领域的优秀科技工作者成立专业委员会，扩大学会工作的覆盖面。经学会常务理事投票表决，中国生理学会教育信息化研究专业委员会成立。在第二十五届理事会第六次常务理事会议上，审阅通过《中国生理学会分支机构考核评估办法（修订稿）》，为学会的规范化管理和分支机构的健康发展提供制度保障。

青年人才托举工程 2021年，学会组织开展第七届“青年人才托举工程”的人才选拔工作，收到多所高校的13位候选人的申报材料。经学会常务理事投票表决、中国科协生命科学学会联合体评审，最终确定东南大学闻毅、复旦大学上海医学院魏香香两位候选人获得第七届“青年人才托举工程”项目资助。

主办期刊 2021年，为推进生理教学的发展，《生理学报》期刊设立“教学”专辑，刊登生理学教育教学文章，助力生理教学和研究的发展。同时，入编2020年版《中文核心期刊要目总览》基础医学类的核心期刊，入选《2020年中国科技核心期刊目录》和2020《中国精品科技期刊目录》。2021年联合相关专业委员会委员为《生理学报》组织“花生四烯酸代谢与健康和疾病”专辑和“糖脂代谢稳态调节与代谢性疾病”专辑。

国际学术会议 5月7—11日，第39届国际生理科学联合会大会以线上形式召开。学会作为主办方，定期通过在线视频会议与国际生理科学联合会核心成员及大会国际学术委员会成员沟通协作，完成大会报告、主旨报告及专题报告等遴选工作，相关信息已上传至会议网站。

国内主要学术会议 4月9—11日，学会呼吸生理专业委员会主办的第九届全国呼吸系统重大疾病转化医学学术论坛在四川省成都市召开。此次会议旨在将基础研究的最新成果转化为临床医学实践，并推动相关研究单位间的交流合作，逐步建立呼吸系统转化医学平台与培养呼吸系统重大疾病转化医学人才；同时为呼吸领域的科技工作者、研究机构搭建学术、技术交流平台。

5月21—23日，由学会血液生理专业委员会主办，暨南大学附属第一医院、暨南大学血液病研究所和广东省抗癌协会血液肿瘤专业委员会承办的第四届中国血液生理学大会在广东省广州市召开。此次会议内容涵盖基础和临床两大板块，聚焦血液学领域基础理论和临床应用的创新性成果，邀请国际及国内血液学领域的专家、学者进行专题研究。

10月22—25日，中国生理学会肾脏生理专业委员会第七届学术年会在山东省青岛市召开。会议由学会肾脏生理专业委员会主办、青岛大学附属医院和青岛市医学会承办。大会邀请众多从事肾脏基础及临床研究领域的专家、学者作学术报告。会议设立特邀报告、专题报告、青年工作者报告和壁报等多个环节。围绕医学科学发展的前沿问题，复旦大学教授林金钟结合2021年拉斯克奖——新冠mRNA疫苗的研发，分享mRNA药物平台技术开发的相关内容。除此之外，会议着眼于基础与临床的结合，就当前肾病治疗的最新进展展开讨论。

此外，学会中医药与脑稳态调控、基质生物学、转化神经科学等专业委员会也都按计划组织各类学术会议。

科普活动 学会通过科普平台宣传新冠肺炎疫情防控知识。同时，利用全国科技活动周、全国科普日、学会会员日等重要活动，组织科普工作委员会和各个专业委员会开展不同层次、不同领域、不同区域的科普工作，向公众普及科学知识、弘扬科学精神、传播科学思想、倡导科学方法，在全社会推动形成讲科学、爱科学、学科学、用科学的氛围。

通过科普平台，定期为广大生理学爱好者播放宣传片，如《高山景行神智清，究脑穷源不止步——记中科院院士陈宜张先生》《中国生理学家——朱恒璧教授传略》《惟愿世间再无疼痛》《细胞的倍体与减数分裂》等，宣传老一辈科学家的服务精神，宣传学习、继承和发扬老一辈科学家的优秀品质。

表彰举荐优秀科技工作者 发挥专家人才优势，积极举荐优秀人才和项目。按照《中国科协办公厅关于征集2021重大科学问题和工程技术难题的通知》要求，经学会全体常务理事、理事、监事和分支机构负责人推荐以及学会常务理事投票表决，推荐“大脑衰老之谜”“疼痛感知的生物学机制是什么”“如何通过动员催产素分泌提高后疫情时代群体免疫力”报送中国科协。

党建强会 学会始终坚持党的全面领导，深入学习贯彻习近平新时代中国特色社会主义思想等重要指示精神。开展党史学习教育工作，提高党建工作的针对性与实效性，推动学会党建工作制度化、规范化、科学化，结合学会业务工作探索开展形式多样的党组织活动，把党委工作作为提升学会服务能力的动力保障，努力把党的工作贯穿到学会的各个方面。

依据《中国科学技术协会事业发展“十四五”规划（2021—2025年）》和《中国生理学会章程》等，编制《中国生理学会事业发展“十四五”规划（2021—2025）（征求意见稿）》，并在第二十五届理事会第六次常务理事会议上通过征求意见稿。

建立健全学会党组织的工作制度，组织理论学习；团结引领科技工作者跟党走，坚持“四个面向”战略方向，服务构建新发展格局，服务科教兴国、人才强国、创新驱动发展战略；围绕建党百年和党史学习教育，开展特色亮点学习活动；引导广大科技工作者在各自工作岗位上创先争优。

完善制度，构建学会党建长效机制。贯彻落实《中国科协党建工作方案》精神，总结学会党建工作经验，制订《中国生理学会党建工作方案》，明确学会党建工作的目标任务和工作原则，明确学会理事会党委的成立审批和换届程序、功能定位、职责任务、工作机制，明确学会办事机构党组织的党建主体责任和管理模式，促进党建工作与业务融合。

会员服务 积极吸纳会员，完善企业团体会员条例，加强会员管理，提升会员服务能力。截至2021年年底，学会会员注册人数7405人，其中永久会员560人。在第二十五届理事会第六次常务理事会议上，新加入并通过2个团体会员；通过关于修改和完善《中国生理学会章程》的说明，组织讨论《中国生理学会企业团体会员条例》文件，明确申请条件、申请方式、会员单位权利和义务等具体条例介绍。

学会全年编纂印刷会员刊物《生理通讯》（双月刊）6期，向全体会员免费邮寄近3000册，同时上线电子版，方便广大会员阅读。

【中国生理学会2021年学术年会和中国生理学会成立95周年庆典暨张锡钧基金第16届全国青年优秀生理学学术论文交流会及第14届全国青年生理学工作者学术会议】 10月9—10日，中国生理学会2021年学术年会和中国生理学会成立95周年庆典暨张锡钧基金第16届全国青年优秀生理学学术论文交流会及第14届全国青年生理学工作者学术会议在线上举办。

会议共有7个直播间，其中中国生理学会成立95周年庆典安排在主会场，年会安排3场大会报告、30场专题报告研讨会（包括1场IUPS国际专场）以及1场张锡钧基金第16届全国青年优秀生理学学术论文交流会和1场第14届全国青年生理学工作者学术会议报告，共计211个报告。大会收到投稿259篇，其中提交墙报211篇、张锡钧基金学术论文口头交流21篇、青年生理学工作者报告27篇。直播间点击率两天合计为25842次，其中主会场1号直播间累计点击率高达8588人次，其他分会场2—7号直播间的点击率也均高于3691次。会议正式注册参会人员1020人，包括企业与会人员。

（撰稿人：杨敬修）

中国解剖学会

服务创新型国家和社会建设 学会举办1次继续教育学习班，培训人员10人。

7月21日—8月3日，人体解剖学与数字解剖学分会主办的新时代第二届全国局部解剖学与临床手术解剖学高级师资进修班（南宁班）在广西医科大学举办。来自全国6所医药院校的10名学员参加进修。

学会建设 2021年，学会召开第十六届理事会议1次、党委会议2次、常务理事会议2次、监事会议2次。

学会在民政部社会管理局开展的全国性社会组织评估工作中获得3A评价。

申报中国科协信息中心“一体两翼”官网运营建设项目，由中国科协提供学会官网改版建设服务。

青年人才托举工程 11月5—7日，学会协办的中国科协前沿科技论坛——生命科学前沿科技分论坛在北京召开。此次分论坛是中国科协举办的第三届世界科技与发展论坛的组成部分，参会人员以第四届（2018—2020年度）中国科协“青年人才托举工程”入选者为主，主题为“前沿·交叉·融合”。论坛由中国科协科学技术创新部主办、中国科协培训和人才服务中心承办、学会等10个学会协办。

2021年，组织并推荐周文娟入选第六届（2020—2022年度）中国科协“青年人才托举工程”。从第一届至第六届，学会共有6位入选者。

学科发展工程 学会编写的《中国解剖学科史》于10月由中国科学技术出版社正式出版，全书共86.8万字。本书是一部集大体解剖学、组织学与胚胎学和（体质）人类学于一体的史学研究报告，是解剖学、医学史、教育学史、文化史学专业师生的参考用书。

《百年历程1920—2020：纪念中国解剖学会成立100周年》纪念册于7月由北京大学医学出版社正式出版，全书64万字，共分成三个部分：第一部分记录百年学会历史变迁；第二部分反映百年学会的成就；第三部分是展望未来。

《以澄净的心灵与远古对话：吴新智传》由中国科学技术出版社出版。吴新智是著名古人类学家、解剖学家，中国科学院院士，中国科学院古脊椎动物与古人类研究所研究员、博士生导师。他毕生致力于古人类学研究，创立了“多地区进化假说”。

国际学术会议 2021年国际解剖学工作者协会联合会执行委员会会议通过线上视频会议的形式先后召开3次，学会副理事长李云庆和副秘书长周长满参加会议，第三次执行委员会会议在学会主办的“一带一路”国际解剖学联盟学术会议期间线上召开。

10月13日，学会组织参加国际解剖学工作者协会联合会举办的第二次FIPAR网络研讨会。

10月13—15日，学会会员陈涛、王广应邀参加在韩国济州岛召开的第71届韩国解剖学家协会年会的中韩日解剖学者线上会议。

国内主要学术会议 2021年，学会及其分支机构组织召开国内学术会议13次、承办1次。参与人数约5000人次（含线上），交流论文约1200篇。

4月9日，学会耳鼻咽喉头颈外科解剖学分会成立大会暨第一届学术年会在北京召开。

4月27—29日，学会运动解剖学分会在广西壮族自治区桂林市召开运动人体科学学科建设与研究生培养研讨会，会议主题为“牢记使命，卓越育人，合作创新”。来自空军军医大学、复旦大学、中山大学、北京体育大学等单位的30余位教授，国家体育总局体育科学研究所的专家及120余名高校教师和硕士研究生、博士研究生参加会议。

6月18—21日，中国解剖学会第三届运动解剖学学术会议暨首届运动解剖学绘图大赛在陕西省西安市召开。来自全国各地体育学、医学等相关学科领域的学者、教师、学生及相关企业界人士200余人参加会议。此次会议的主题为“科教并举，合作创新，加快发展”，共举办4场主题报告、23场专家分会场报告和墙报交流等学术活动。

7月11—12日，由学会中医形态学分会主办、甘肃中医药大学承办的中国解剖学会中医形态学分会第二届学术年会暨首届中医形态学青年教师教学创新大赛在甘肃省兰州市召开。此次大赛共分为线上初赛和现场决赛两个阶段，由大赛专家评委会对选手提交的课堂实录视频和选手现场授课表现分别进行评审打分，根据综合评分评选出一等奖1名、二等奖3名、三等奖6名。

7月24—27日，由学会护理解剖学分会主办，许昌学院承办，河南省解剖学会、广东省解剖学会、《解剖学研究》杂志社等共同协办的中国解剖学会护理解剖学分会第十六届学术年会在河南省许昌市召开。来自全国近30所高校的150余名专家、学者及许昌学院医学院的负责人参加开幕式。开幕式由河南省解剖学会常务理事贺生主持。年会分为专家论坛、解剖绘图、微课比赛三大部分。

7月27—30日，由学会科技开发和咨询工作委员会主办的中国解剖学会第八届全国解剖学技术学术会议暨标本制作大赛在湖南省衡阳市召开。来自全国20余个省（自治区、直辖市）的58所医学院校的解剖技术人员、解剖专家和学生200余人参加会议。

7月29—31日，由学会科普工作委员会主办、上海健康医学院承办的2021年中国解剖学会科普工作委员会工作会议暨第四届“日升恒隆”杯医学生解剖绘图大赛会议在上海市召开。来自全国24个省（自治区、直辖市）的近40所医学院校的科普工作委员会委员及一线科普专家和学生共80余人参加会议。

10月5—8日，由学会主办、北京解剖学会承办的中国解剖学会百年庆典暨中国解剖学会第36届学术年会在北京举办。会议主要议题包括学会百年庆典（百年历程展）、院士论坛、专题报告、分会场报告以及墙报展示等活动。来自全国解剖学界的500余人参加。中国科协党组副书记徐延豪到会祝贺并致辞。

10月21—24日，中国解剖学会组胚分会2021年学术年会在湖北省十堰市举办。大会涵盖第十七届组织学与胚胎学青年学术研讨会、第十四届组织学与胚胎学教学与科研技术研讨会暨第六届“易创杯”组织胚胎学教学微课大赛、第十届组织胚胎学分会委员会议暨全国医药院校组织学与胚胎学教研室主任会议三个会议主题，来自60多所医学院校的共计150余人参加会议。

11月19—21日，由学会主办的粤港澳生物医学前沿成果交流与转化论坛在广东省珠海市举办。此次论坛得到珠海市科学技术协会的大力支持，邀请德国、英国、香港特别行政区、澳门特别行政区以及国内生物医学等领域的知名专家、企业相关负责人以线上线下相结合的方式进行专题报告。

两岸交流 10月15—17日，由中国科协和学会主办的第三届海峡两岸暨港澳解剖学青年科学家论坛以线上线下相结合的方式同步召开。论坛在山东省青岛市设主会场，在香港特别行政区、澳门特别行政区及台北市设3个分会场。来自海峡两岸和香港特别行政区、澳门特别行政区的28位青年解剖科学家进行线上学术报告和交流，其中香港特别行政区4人、澳门特别行政区3人、台湾地区5人；各地线下参与交流的青年学者达200余人，其中香港特别行政区8人、澳门特别行政区5人、台湾地区34人，线上交流人次达到1500人次以上。

国际交往 学会组织国内的医科院校于10月15日前后在全国各地组织近百场活动，纪念第3个世界解剖学日。

12月11—13日，由中国科协指导、学会主办的2021年“一带一路”国际解剖学联盟学术会议以线上线下相结合的方式在广西壮族自治区南宁市召开。来自泰国、哈萨克斯坦、印度尼西亚、新加坡、俄罗斯、南非、斯洛伐克、韩国、新西兰等10个“一带一路”沿线国家及美国、德国、英国等的境外知名专家、学者共同探讨交流。线上线下参会人数共3900人次。此次会议扩大了学会的国际知名度，推动国家“一带一路”建设发展，为促进“健康丝绸之路”建设做出积极贡献。

科普活动 2021年，学会在全国科普日、全国科技活动周期间举办多次科普活动，倡导人人科普、服务大众。生命奥秘博物馆不定期组织“小小讲解员”活动，活动期间有100余名青少年参加。

打造《生命奥秘博物馆研学》品牌，2021年累计参加活动人员4000余人次。5月1日—10月25日，举办“生命奥秘博物馆奇妙夜”活动，让孩子们在夜幕降临后进驻博物馆，开始一场奇妙的探索旅程。7—10月，举办“生命奥秘科创营”，通过生命奥秘博物馆开展的系列活动，如研学探索、小小标本维护师、小小标本制作师、小小讲解员、探索内在美等，让学生了解生物、爱上科学、爱上医学。

“探究人体奥秘，关注生命健康”入选2021年湖南省科技活动周35个项目。在全国科普日活动期间，围绕“探究人体奥秘，关注生命健康”与“遗体捐献缅怀纪念”主题，以陈列展览、科普小站、在线直播和公众号推送等形式举办系列科普活动，受众超过4367万人次，引起社会广泛关注。

表彰举荐优秀科技工作者 7月，在2021全国人体解剖学课程思政建设研讨会暨全国人体解剖学主任与解剖学老师论坛会议上，从投稿中遴选出31篇优秀稿件。

6月，在中国解剖学会第三届运动解剖学学术会议暨首届运动解剖学绘图大赛中评选出一、二、三等奖共50幅优秀作品。

7月，在中国解剖学会中医形态学分会第二届学术年会暨首届中医形态学青年教师教学创新大赛中，最终产生一等奖1名、二等奖3名、三等奖6名。

7月，在中国解剖学会第八届全国解剖学技术学术会议暨标本制作大赛中，评选出一等奖3名、二等奖6名、三等奖10名、最佳人气奖3名。

10月，在中国解剖学会教学工作年会暨第五届“日升恒隆”杯微课大赛中，评选出微课大赛一等奖4名、二等奖8名、三等奖19名。

在第四届全国医学生解剖学绘图大赛中，推选出81幅入围作品，其中30幅作品被评为三等奖。

党建强会 1—2月，学会开展学习党的十九届五中全会精神活动，在学会党委的组织和带领下，组织全体会员观看学习学会党委书记刘学政主讲的《擘画新蓝图　开启新征程》专题党课。

3月26日，召开党史学习教育动员大会，宣读《中国解剖学会开展党史学习教育的工作方案》和《党史学习教育领导小组成员名单》，刘学政和张绍祥做动员讲话。

3月底，刘学政以中国共产党百年历史为基本事件线索录制专题党课，带领学会全面系统学习党的百年奋斗史。

4月，中国科协在筹备"百年学会　与党同行"党史学习专题活动期间，为庆祝中国共产党成立100周年设立专题栏目，邀请学会撰写《中国解剖学会百年历程》，协助中国科协信息中心撰写《中国解剖学会：千锤百炼与党同行　一往无前沥血披心》。学会学习委员、副理事长丁文龙参加与该项目相关的2021年度宣传思想工作会议暨宣传干部培训班，并汇报学会党史学习工作开展情况。

5月2—3日，在海南省三亚市开展"永远跟党走"群众性主题宣传教育活动。组织参观"深海勇士"号载人潜水器及"遥感天眼"，学会党委组织70名会员在中国科学院三亚深海科学与工程研究所进行参观学习。

7月，学会组织学习习近平总书记在庆祝中国共产党成立100周年大会上的重要讲话精神，听取由刘学政录制的专题党课《百年征程波澜壮阔，使命光荣重任在肩》。

7月16—19日，在浙江省绍兴市举办解剖学界首次全国人体解剖学课程思政建设研讨会。

9月25日，中国科协联合中华医学会、中国解剖学会等9家百年学会共同举办"与党同心　百年同行"全国学会访谈录活动，学会党委副书记、副理事长兼秘书长周德山为参会领导现场讲解。

10月29日，在年会期间开展"以党建引领解剖学教学提升"为主题的党建活动，丁文龙作《"健康中国行动"国家战略中解剖学课程思政的思考与探索》示范教学报告。

会员服务　学会通过官网、微信公众号、会员群及时向会员推送最新动态信息。编撰《中国解剖学会2021年工作年报》《会讯》，发放给会员。

年会期间发放《中国解剖学科史》《百年历程1920—2020：纪念中国解剖学会成立100周年》纪念册，向会员展现系统的解剖学史和学会史。

【中国解剖学会百年庆典暨中国解剖学会第36届学术年会】　10月5—8日，中国解剖学会百年庆典暨中国解剖学会第36届学术年会在北京召开。此次会议由学会主办、北京解剖学会承办，来自国内医学院校、科研院所等机构的近600名专家、学者参加，收到投稿论文800余篇。此次大会的院士论坛邀请5位院士作报告，安排"杰青、优青、长青、名师"等27个专题报告，来自各分会的216位学者在27个分会场进行报告交流。

百年庆典大会期间，组织学会新、老理事成员在北京协和医学院进行参观考察以及座谈交流活动。

（撰稿人：祁　栋）

中国生物医学工程学会

服务创新型国家和社会建设　学会受国家药品监督管理局委托，承接《医疗器械科技前沿》杂志4期主要内容的编写，为国家药品监督管理局监管层提供决策的学术信息支撑，得到相关部门的一致好评。

全年完成国家药品监督管理局创新医疗器械特别审批审评专家审查会166次，审评创新产品164项，比2020年增加33%。

医学人工智能名词术语规范化工作组开展"医学人工智能技术学名词"的收集、整理和编辑工作，完成部分词条的收集编写。

组织各类团体标准化活动33场次，举办知识产权安全宣传周系列活动1场，发布团体标准20项。团体标准项目类型涵盖医疗设备可靠性、医学影像、体外诊断试剂、医用原材料等领域，以及产品类标准项目与评价类标准项目，填补相关国家行业标准空白，对现行标准体系进行有效补充。

按照中国科协《"科创中国"三年行动计划（2021—2023）》工作部署，学会发挥智库及组织优势，以区域产业需求为目标，解难题、促转化、助创业，以组织赋能促进国内外创新资源下沉，营造良好创新生态，引领组建"医药健康""智能医疗器械"科技服务团，为地方科技经济融合高质量发展建言献策。

产业聚焦天津，服务辐射全国。科技服务团发挥国家级学会和地方科协组织在团结引领科技工作者、服务地方科技经济深度融合和产业转型升级等方面的作用，联合天津市创新主体，找准工作结合点和着力点，推动创新资源向医药健康领域集聚，有效助推天津医药健康产业科技创新发展、产业转型升级、经济提质增效，为天津市实现“一基地三区”定位、打造京津冀自主创新重要源头和原始创新主要策源地提供智慧力量。

学会建设 2021年，学会拥有34个专业分会；个人会员25251人，比2020年（24616人）新增635人；单位会员53个。全年召开理事会议1次、常务理事会议2次。新增理事3人。

修订和完善秘书处各岗位工作制度，规范学会各项工作，运行机制取得较大提升。加强信息化建设，更新会员系统，开发应用劳务信息系统。

为提升学会基础保障能力、创新发展，加强对所属各分支机构的试行评估管理，推动学会组织建设改革和发展。12月，依据《中国生物医学工程学会分支机构评估管理办法》，对分支机构进行全面评估。评估内容主要从基础保障、工作开展（包括学术交流、科普、咨询等）、创新发展、完成学会交办的有关工作四个方面考量。根据评估结果，对优秀的分支机构进行表扬，以此促进分支机构自查自勉，更好地围绕会员做好服务工作。6月，在山东省日照市召开组织建设改革与发展沙龙暨党建联席会议，有效增进学会与分支机构、各地方分会的密切联系和沟通，促进交流和学习。

青年人才托举工程 为发挥学会集体领导及专家优势，成立导师小组，制订托举方案，指导被托举人才学术研究及人才成长鉴定。11月，学会推荐的电子科技大学副研究员李发礼获得第七届中国科协“青年人才托举工程”项目资助。

主办期刊 2021年,《中国生物医学工程学报》刊载的清华大学王广志团队发表的论文《基于卷积神经网络和多信息融合的三维乳腺超声分类方法》获“第六届中国科协优秀科技论文”称号。

学会对国内外相关学术期刊进行择优遴选，以刊物内容质量、出版规范、学术声誉为评价标准，形成生物医学工程学科内具有高度共识的高质量科技期刊分级目录，以推动国内优秀期刊与国外期刊同质等效。

学科发展工程 2021年，学会完成《生物医学工程学科发展报告（2020—2021）》的书稿，包括综合卷（中英文）、综合报告1份和专题报告9份（医学成像技术和影像分析、医学神经工程前沿热点和研究进展、医用机器人研究进展及发展趋势、康复工程与辅具技术、纳米医学工程、组织工程与再生医学发展、穿戴主动健康、现代技术在中医装备中的应用）。

国际学术会议 11月13—14日，学会医学物理分会主办的2021 IEEE国际医学影像物理和工程大会在安徽省合肥市召开。大会以线上方式进行，参加会议的专家、学者共215人。论坛邀请国内外41位专家作大会报告，包括国际顶级医学影像及引导治疗技术专家9名。出版1本EI收录论文集。

国内主要学术会议 2021年，学会积极参与中国科协《重要学术会议指南（2021）》相关工作，推动学会学术会议品牌效应迅速提升，本年度推荐的5个会议被中国科协收录到《重要学术会议指南（2021）》。全年组办包括大型综合、前沿高端、新学说新观点学术沙龙等各类型学术会议29次。

5月20—23日，由学会医学物理分会主办的第17届中国医学物理学术年会在湖北省武汉市举办。大会共邀请到54名国内外专家、学者作特邀报告，收到投稿298篇，安排96个口头报告。此次大会采用线上线下相结合的方式举办，来自全国各地的667名专家、学者参加线下会议，120名专家、学者参加线上会议。

5月23日，由学会与河北省生物医学工程学会联合主办的医学人工智能高峰会议在河北省石家庄市召开。此次会议采用线上线下相结合的形式召开，线下150余人参加，线上3700余人参加。

6月4—6日，由学会指导、上海大学机电工程与自动化学院等单位主办的2021“智能康复与人机工程”学术会议在上海市举办，来自全国的300余位专家、学者和师生参加会议。此次大会主题为“智领医工、能享健康”，旨在推进人工智能技术在医疗康复和人机工程领域的应用。

8月14—15日，由学会体外循环分会主办的2021全国体外循环学术年会在线上召开。来自全国各地的2000余人参加大会。

9月4—10日，由学会主办、学会心律分会承办的第二十一届中国心律学大会以线上网络直播形式举办。大会开设近50个论坛、400多个讲题，600多位专家参与，线上参会人数达6万余人次。

10月5—9日，由学会生物力学专业委员会、中国力学学会共同主办，贵州医科大学承办的第十三届全国生物力学学术会议在贵州省贵阳市召开。来自全国各地的专家、学者和研究生1000余人参加会议。

10月23日，由学会肿瘤靶向治疗技术分会主办、苏州大学附属第一医院和苏州大学附属独墅湖医院承办的第十一届中国肿瘤分子靶向治疗大会在江苏省苏州市召开。来自全国各地的1000余名专家、学者通过线下或线上参会。

国际交往 学会邀请国际医学物理与医学工程联合会主席参加中关村论坛开幕式，并做好网络调试等保障工作。

扩大与国际医学与生物工程联合会的合作范围。10月16日，学会理事长、中国工程院院士曹雪涛于线上出席国际医学与生物工程联合会全球理事会议，并向全球代表介绍2023年国际医学与生物工程联合会亚太区学术会议的筹备情况。

积极搭建国际学术交流平台。联系国内外专家参与2022年世界医学物理和生物医学工程大会筹备专题研讨会，学会申报的“中医工程的创新与发展”和“多功能生物医学超声技术前沿”两个研讨会均已被组委会采纳。两个研讨会均邀请各自领域的国内外顶级专家进行报告，得到相关国际组织和新加坡生物医学工程学会的高度重视。这是学会首次在境外世界医学物理和生物医学工程大会上申办国际研讨会。

科普活动 4月10—11日，2021年首期ECMO理论与模拟培训班在江西省瑞金市举办。此次培训由国内知名ECMO（体外膜肺氧合）专家及学会体外循环分会、中国医师协会体外生命支持年会培训讲师参与授课，来自江西省、福建省、湖北省等地的40名学员参加培训。培训班采用理论讲解与实景模拟的授课形式。

6月26日，学会授予中国医疗器械博物馆为中国生物医学工程学会科普教育基地，学会副理事长万遂人、王国胜和办公室主任王金新共同揭牌。

为促进体外循环技术在基层的普及和推广，开展“团结引领助力经济发展——中国生物医学工程学会科普健康行”系列活动，3月在辽宁省沈阳站、6月在江西省南昌站分别举办全国体外循环意外场景模拟科普活动。

开发《啄木鸟为什么不得脑震荡》和《脊柱的烦恼》两个系列漫画科普绘本，同时配合绘本制作《脊柱的烦恼》科普动画8集。继续打造学会精品科普活动——健康科普行活动，组织线上学术科普讲座、科普视频，深入探索与各媒体和专业传播团队合作，开发优质科普视频或图文材料进行线上线下互动宣传。2021年，学会组织科普云讲堂活动，共举办8个讲座。

积极开展5月30日全国科技工作者日系列活动，获得2021年全国科技工作者日十佳优秀组织单位。

表彰举荐优秀科技工作者 2021年，学会推荐谈家桢生命科学奖、第十四届光华工程科技奖、中国科协求是杰出青年奖、国际医学与生物工程联合会奖项等候选人9名。

开展2020—2021年度黄家驷生物医学工程奖的评选工作。截至4月30日，共收到申报推荐书17份，其中基础研究类1份、技术发明类10份、科技进步类6份，参与人数达105人。9月26日，2020—2021年度“黄家驷生物医学工程奖”终评答辩会在北京召开。经专家评审，最终评选出一等奖2项、二等奖3项，共计36人获奖。其中：骆清铭团队“荧光显微光学切片断层成像关键技术及应用”项目获得黄家驷生物医学工程奖（技术发明类）一等奖；李路明团队“迷走神经刺激关键技术、系统与临床应用”项目获得黄家驷生物医学工程奖（科技进步类）一等奖；常津团队“基于微纳生物检测技术的智能诊断产品创新与应用”项目获得黄家驷生物医学工程奖（科技进步类）二等奖；罗建文团队“基于超声瞬时弹性成像的无创肝纤维化诊断系统”项目获得黄家驷生物医学工程奖（技术发明类）二等奖；樊瑜波团队“近红外脑功能成像系统开发及临床应用”项目获得黄家驷生物医学工程奖（技术发明类）二等奖。

党建强会 学会加强党史学习教育，在官方微信公众号上设立“党史百年天天读”专栏，组织广大会员开展阅读学习活动。

进一步做好党建强会活动。组织专家及生物医学工程科技工作者积极参与专家服务团工作。4月，结合党史学习教育，将2021年首期ECMO理论与模拟培训班安排在江西省瑞金市举办。

会员服务 完善会员服务机构及制度，拓宽联系学科领域科技工作者渠道；会员来源广泛、构成完整、活跃度高，具有创新性的会员服务产品；完善会员信息库，做好会员通讯工作，全年出版《中国生物医学工程学会通讯》4期；充分利用微信公众号平台定期发布学会主办的各类活动信息，收集发布重要业内信息。

学会官网累计发布信息116条，总访问量超过97万人次。微信公众号发布信息117条，阅读次数为224234次，阅读人数为167733人；分享次数为10902次，分享人数为9142人，公众号关注粉丝为16016人。

【2021 IEEE 国际医学影像物理和工程大会暨第十届中国医学影像物理学术年会】 11月13—14日，学会医学物理分会主办的2021 IEEE 国际医学影像物理和工程大会暨第十届中国医学影像物理学术年会在安徽省合肥市召开。此次大会的主题是“图像引导精准治疗”，旨在促进国内外学术交流，提高医学影像物理研究、工程技术应用和教育水准，为世界各地的广大医学影像物理和工程技术专家、学者及相关领域的企业提供展示成果的平台和机会。大会以线上线下的方式进行，近百位研究人员在大会上进行汇报，报告主题涉及磁共振成像、核医学成像、超声医学与工程、分子成像技术、多模态成像、图像引导的介入手术、放疗和消融、人工智能和医学图像处理和计算机辅助诊断等领域。

（撰稿人：范俊芳）

中国病理生理学会

服务创新型国家和社会建设 8月，学会心血管专业委员会青年委员龚开政带领扬州大学附属医院“援扬重症救治组”赴江苏省扬州市新冠肺炎定点医院进行支援。学会危重病医学专业委员会的会员坚持在抗疫一线，转战全国各地救治重症患者。

10月，学会办公室组织专家到山西省吕梁市岚县人民医院开展新冠肺炎疫情防控能力提升回访座谈暨培训会议，扩大扶贫成效。血管医学专业委员会副主任委员、上海交通大学医学院教授刘俊岭团队联合上海交联药物研发有限公司以及上海生物医药基金、上海二医投资管理有限公司共同出资成立上海循曜生物科技有限公司，构建“产—学—研—资—企”新链条。

学会建设 学会肿瘤专业委员会、血管医学专业委员会、动物病理生理专业委员会完成换届。筹建教学研究专业委员会和耳鼻咽喉头颈疾病专业委员会。进一步制订完善《中国病理生理学会关于专业委员会管理补充规定》《中国病理生理学会分支机构党的工作小组改选产生方式及审核办法》《中国病理生理学会学术会议管理条例》《中国病理生理学会分支机构年度考核评价管理办法》（2021试行版）等制度。聘请专职常务副秘书长主持工作，学会各项机制协同运行，保障学会工作正常有序进行。通过学会官网及微信公众号向社会及时公布学会信息，做到信息公开。

2021年，学会获得中国科协特色学会项目资助。在2021年民政部的年检考核中被评定为“合格”。

青年人才托举工程 2021年，第五届青托入选者梁会由讲师晋升为北京大学副研究员、博士研究生导师，并组建独立科研团队，在PTEN抑癌机制研究方向取得突破。PTEN是人类肿瘤重要的抑癌基因之一，梁会首次鉴定抑癌基因PTEN家族的重要新亚型蛋白PTENε，与团队成员发现PTEN可编码一种环状RNA，命名为circPTEN1。研究成果发表于权威期刊*EMBO Journal*、*Molecular Cancer*，并提交申请两项国家发明专利。

主办期刊 2021年，学会被中国科协评为2021年全国学会期刊出版管理规范单位。

《中国病理生理杂志》连续9次入编《中文核心期刊要目总览》；获批“广东省科学技术厅2021—2022年度平台基地及科技基础条件建设（高水平科技期刊）项目”资助；获得第七届“广东省精品科技期刊”称号；编辑部编辑罗森获“中国科技期刊卓越行动计划优秀编辑”称号。

《中国实验血液学杂志》被MEDLINE/PubMed、EBSCO、*CA*、ELSEVIER、《中文核心期刊》、中国科学引文数据库、中国科技核心期刊等文献数据库或期刊收录；入选RCCSE中国核心学术期刊、中国知网统计源期刊等。《中国动脉硬化杂志》2021年最新影响力指数为312.534，学科排序16/116，2021年获湖南省科技厅杰出中青年期刊人才项目资助。

国际学术会议 6月25—27日，由学会实验血液学专业委员会等主办的第六届上海国际淋巴瘤高峰论坛暨第二届血液转化和创新论坛在上海市召开。会议邀请3位院士及来自中国、加拿大、美国、瑞士、澳大利亚、西班牙、法国等国的专家、学者共600余人通过线上线下参加会议。大会设置10个分会场，有白血病前沿时刻、基础研究论坛、青年论坛、TTT中青年能力建设、X档案等。大会报告60多个。

国内主要学术会议 2021年，学会共召开16场次国内学术交流会议，学术交流活动品牌影响力以及科技工作者参与度、认可度均有所提高。

7月28—31日，由学会中医专业委员会和炎症发热感染低温专业委员会联合主办、山东中医药大学中医学院承办的中国病理生理学会中医和炎症发热感染低温专业委员会第十二届明湖论坛在山东省威海市召开。来自全国数十所高校及科研院所的40余名专家和青年学者参加会议。10余位专家、学者作学术报告，报告内容涉及心功能障碍、骨肉瘤发病机制，纳米光学探针的医学应用，中医药对动脉粥样硬化、糖尿病、肾病、血管性痴呆、创面修复、炎症、心力衰竭等的干预机制，针灸对缺血性脑卒中、失眠、糖尿病、抑郁症的作用机理。会议共同探讨中西医交融、多学科联合以及学术未来发展方向。

10月29—31日，中国病理生理学会蛋白质修饰与疾病专业委员会第二次学术会议在广东省珠海市召开。来自国内外的150余名专家、学者与青年科学家等参加会议。大会邀请8位专家分别作题为《Tau蛋白异常修饰和聚集在阿尔茨海默病神经退变中的作用及其靶向策略》《靶向泛素－蛋白酶体通路》《错误折叠膜蛋白跨内质网膜移位和降解的机制研究》《去甲基化酶PHF8在癌症中的功能、分子机制和靶向干预研究》等的专题报告，围绕蛋白质修饰与疾病领域的最新研究开展学术研讨。

国际组织任职 学会副理事长王建枝任国际病理生理学会副理事长，学会理事长张幼怡和学会第十一届理事徐明任国际病理生理学会理事，学会第十一届理事朱毅、徐明任国际心脏研究会理事，学会危重病医学专业委员会第五届主任委员马朋林、副主任委员周建新、秘书长兼司库姜利担任亚洲太平洋危重病医学协会理事。

国际交往 中国重症医学在国际期刊上发表的文献数量逐年稳步增长，2021年（10个月）发表1586篇，内容涵盖临床研究、基础研究、教育教学、质量控制、政策管理等。尤其是北京协和医院教授杜斌参与国际上最具影响力的《2021版国际脓毒症和脓毒性休克管理指南》的制订，表明中国重症医学的建设和中国重症人的工作在国际重症领域得到广泛认可。

科普活动 学会依托科普基地——泰山氢生物医学研究院科技展厅组织开展系列主题科普活动。3月11日，肾脏病专业委员会组织各地委员开展世界肾脏病日主题科普和义诊活动；3月15日—4月15日，机能实验教学工作委员会向全国各院校在读本/专科学生发起“我与实验动物的故事”征文活动；4月24日，机能实验教学工作委员会以“医路同行、感恩有你——致敬献身人类健康事业的实验动物”为主题，在河西学院等高校举办纪念活动；中医专业委员会开展“中医科普进校园——校园中医药文化节”活动。

4—9月，学会危重病专业委员会“重症技术规范中国行”先后在贵州省毕节市、湖南省常德市、云南省迪庆藏族自治州、浙江省杭州市举办。

2021年通过学会推荐申报的温州医科大学眼健康科普馆、安徽医科大学人体结构与功能医学科普教育基地（实验教学中心）被认定为“全国科普教育基地”。

表彰举荐优秀科技工作者 2021年，学会危重病医学专业委员会会员邱海波、于湘友、丁仁彧获得“全国优秀共产党员”称号；王胤佳、许红阳获得2021年全国“五一劳动奖章”；黄英姿被评为全国五一巾帼标兵；米洁被评为“中国好医生、中国好护士”2021年9月月度人物，并获得重庆五一劳动奖章；詹庆元获得“全国杰出专业技术人才”称号。

万献尧获辽宁省“最美医务工作者”称号；王雪被评为云南省脱贫攻坚先进个人；陈晓梅获得“抗击新冠肺炎疫情山东省三八红旗手”称号；陈纯波被评为广东省优秀共产党员、广东省抗击新冠肺炎疫情先进个人；王瑞兰被评为上海市三八红旗标兵、上海领军人才。

党建强会 2021年，学会共组织参加3场中国科协开展的党史学习活动，举办1场党史征文活动，开展2次百名科学家讲党史课。学会党支部组织到北京香山公园开展党史学习活动。在中国科协“党在我心中”党史知识竞赛决赛中，学会获得优秀组织奖及个人优胜奖。学会所属23个分支机构组织开展形式多样的党建活动。学会党委获得“2021年度智慧党建建设优秀学会党组织”称号。

会员服务 截至2021年年底，学会个人会员由2019年的8493人发展到12082人，学会分支机构23个。通过开展学术交流年会以及各种线上线下专题学术论坛，为会员提供多种交流渠道。量身定制差异化服务，会员可免费参加学术会议及继续教育项目等。

【中国病理生理学会第十七届肿瘤专业委员会暨第十八届免疫专业委员会联合学术会议】 3月25—28日，中国病理生理学会第十七届肿瘤专业委员会暨第十八届免疫专业委员会联合学术会议在上海市召开。此次会议由学会肿瘤专业委员会和免疫专业委员会联合主办，癌基因及相关基因国家重点实验室（上海市肿瘤研究所）、上海交通大学医学院附属仁济医院和上海交通大学医学院承办。来自全国22个省（自治区、直辖市）的50余家高校和科研院所的近200位专家、学者到现场参会，并同步进行网络直播。会上，中国工程院院士、中国医学科学院肿瘤医院教授林东昕，中国科学院院士、上海交通大学副校长陈国强和19位知名专家、学者及9位青年人才分别作报告。

【第四届中国危重病医学研究论坛＆中国重症治疗技术大会】 4月22—25日，第四届中国危重病医学研究论坛＆中国重症治疗技术大会在湖北省武汉市召开。此次会议由学会、学会危重病医学专业委员会主办，中国医师协会重症医学医师分会协办，华中科技大学同济医学院附属同济医院、湖北省病理生理学会危重病医学专业委员会承办。大会设置主会场1个、分会场22场、Workshop 8场、大会报告8个、学术报告共计338个。邀请全国知名授课专家300余人，线上线下注册参会人数达3000余人，会议直播累计点击量达12.5万余次。

大会主要报告有：首都医科大学附属复兴医院教授席修明作《重症医学领导力：助力学科发展》报告，贵黔国际总医院教授马朋林作《影响中国重症研究的因素》报告，北京协和医院教授杜斌作《改进重症医学临床医疗质量：借鉴先进经验》报告，中山大学附属第一医院教授管向东线上作《国内多中心研究开展：优势和劣势》报告，英国伦敦大学学院教授Mervyn Singer线上作报告Advances in sepsis，加拿大多伦多大学附属圣迈克医院教授Laurent Brochard线上作报告Respiratory effort in mechanically ventilated ARDS patients：monitoring and management，意大利米兰比可卡大学麻醉与重症医学系教授Giuseppe Citerio线上作报告Advance in knowledge on TBI management：highlights from the center TBI collaboration，荷兰阿姆斯特丹乌得勒支大学教授Leo Heunks线上作报告Lung-and diaphragm-protective ventilation：current evidences。

【第七届全国机能实验教学研讨会暨中国病理生理学会第二届机能实验教学工作委员会第四次会议】7月19—23日，第七届全国机能实验教学研讨会暨中国病理生理学会第二届机能实验教学工作委员会第四次会议在辽宁省锦州市召开。此次会议由学会机能实验教学工作委员会主办、锦州医科大学承办。来自全国82所本/专科医学院校的行政及业务领导、实验教学中心及机能实验室主任、骨干教师和技术人员等共计350余人参会。大会围绕实验教学的优势、课程整合、虚拟仿真实验建设、机能学实验课程思政、一流实验教材建设、人体机能创新人才培养体系、信息化与实验教学、机能实验中心建设等主题探讨医学实验教学的作用、优势、变革与发展，从不同角度分享各方面改革和探索的成果和进展，分析现存问题，并对实验教学的发展趋势进行展望。会议期间，在锦州医科大学基础医学实验教学中心举办全国青年教师机能学实验技能交流活动。

【第十一次全国缺氧和呼吸病理生理学术会议】 11月12—14日，第十一次全国缺氧和呼吸病理生理学术会议在浙江省金华市义乌市召开。此次会议由浙江大学“一带一路”国际医学院、浙江大学医学院附属第四医院、浙江大学国际健康医学研究院等联合承办。学会缺氧和呼吸专业委员会全体委员及其团队的优秀青年学者50余人参加会议，300余人在线观看。中国医学科学院基础医学研究所研究员徐成丽、同济大学附属上海市肺科医院教授徐金富、西北大学教授李志超、上海科技大学生命科学与技术学院教授席莹、大连医科大学肿瘤干细胞研究院实验室主任袁予辉、安徽医科大学第一附属医院呼吸与危重症医学科教授王苒、广东医科大学呼吸内科教授陈敏分别围绕极地医学、高原、缺氧、支气管扩张、肺动脉高压、慢性气道炎症等肺部疾病的基础和临床研究作专题报告。会议还邀请北京生命科学研究所研究员汤楠、美国佐治亚医学院药理学和毒理学系教授苏运超等专家围绕肺发育再生与肺纤维化、肺动脉高压、自噬与新冠病毒、脓毒血症等议题作特邀报告。

【中国病理生理学会第十八届全国实验血液学学术会议】 9月24—26日，中国病理生理学会第十八届全国实验血液学学术会议在重庆市召开。此次大会由学会实验血液学专业委员会主办，北京大学人民医院血液病研究所、上海交通大学医学院附属瑞金医院上海血液学研究所、陆军军医大学新桥医院血液病医学中心承办。中国科学院院士陈竺出席会议并围绕《对新发展阶段中国医学科技创新的若干思考》作主旨报告，重庆市人大常委会副主任杜黎明出席会议并致辞。中国工程院院士陈赛娟、北京大学人民医院血液病研究所教授黄晓军担任大会主席。会议共开展100余场学术讲座，5万余人次参与线上学术交流。

学术会议邀请中国工程院院士、山东省肿瘤医院教授于金明，中国科学院院士、北京生命科学研究所所长王晓东，北京大学人民医院血液病研究所教授黄晓军，中国医学科学院血液学研究所血液病医院教授程涛，华中科技大学附属协和医院教授胡豫进行专题讲座。特邀苏州大学附属第一医院教授吴德沛、中国医学科学院血液学研究所血液病医院教授王建祥、南方医科大学南方医院教授刘启发、北京大学人民医院教授刘开彦、暨南大学血液病研究所教授李扬秋、中国医学科学院血液学研究所血液病医院教授肖志坚、华中科技大学同济医学院附属同济医院教授周剑峰、山东大学齐鲁医院教授彭军等主持大会学术交流。

（撰稿人：张幼怡　许　红　农小花）

中国营养学会

服务创新型国家和社会建设　学会承担“十三五”国家重点专项“主动健康和老龄化科技应对”中“差异化地域膳食模式对健康与疾病影响的研究”课题任务，拟依据典型地域膳食模式特点及特定健康状况人群的营养需求特点，形成不同膳食模式下适宜个体健康维持的膳食营养指导意见。

承接科技部科技冬奥重点专项“冬季项目运动员科学营养智能系统与伤病防控体系的研究与应用”子任务《冬季项目运动员膳食营养推荐标准》研制工作。该标准作为2022年北京冬奥会《冬季项目运动员合理营养指南》的依据。6月，完成并提交研究报告1份、发布体育行业标准，为冬奥会运动员合理膳食营养提供科学保障。

继续承接国家卫生健康委、中国疾病预防控制中心的法规标准制定工作，为政策出台提供科学依据。其中，《控制体重用食品》在代餐食品团体标准研究基础上更新并完成；《预包装食品正面标识使用规范》对中国预包装食品基线数据进行调查分析，形成适合中国的10大类28小类预包装食品使用正面营养标识；关于卫生行业标准《中国居民膳食营养素参考摄入量　第1部分：宏量营养素》评估工作，形成卫生行业标准追踪评估报告，发表文章1篇。

新立项《预包装食品嘌呤含量分级》《中国高龄老年人适宜体重参考范围》《限能量膳食营养实施规范》等10项团体标准，发布《全谷物及全谷物食品定义及标识通用规范》《易食食品》《中国妇女妊娠期体重管理技术规范》等5项团体标准。

建立中国营养学会营养科技专家服务团台州服务站，同时启动全国营养科技服务团“双百”专家的组织推荐工作。

推动营养师人才队伍建设。受人力资源社会保障部委托，编写《中华人民共和国职业分类大典》中的“营养师专业能力标准”和“公共营养师国家职业技能标准”。组织2021年度中国营养学会注册营养师/注册营养技师水平评价工作。建立公共营养师等级考试体系、职业技能等级培训教材和四级考试题库。

举办临床营养、老年营养、运动营养、公共营养等专业方向的国家级继续教育培训班8场，培训营养专业人员1250人次。

开展联合国儿童基金会合作项目，2021年建立首批省级婴幼儿喂养咨询培训示范基地，培训婴幼儿喂养领域师资队伍，完成国家级培训2场及省级培训6场。

学会建设　2021年，学会召开理事会议1次、常务理事会议2次、理事长办公会议4次。成立肥胖防控分会、饮水与健康分会、营养与神经科学分会3个专业分会，完成5个分会换届工作。

继续推进学会秘书处规范化、职业化建设，启动秘书处OA（办公自动化）系统，提高签字流转和文件传达效率。同时加强统筹管理分会，搭建线上办公平台，优化办事程序。

截至2021年年底，有职能部门6个，工作人员18人，包含1名专职秘书长和3名专职副秘书长。全年召开全体会议、中层会议、秘书长会议10次。

2021年，会员总数从2020年年底的42553人增至45473人，单位会员从92家增至97家。

青年人才托举工程　学会开展第七届中国科协“青年人才托举工程”项目申报工作，获批4人，其中中国科协资助2人、自筹经费2人。

主办期刊　学会主办的《营养学报》全年收稿650篇，发稿117篇，稿件采用率为38.2%；国内总发行量1万册，国外发行和交换90册。被国内9个数据库和380种期刊选作数据源。入选《中文核心期刊要目总览》《中国科技论文统计源期刊》《中国科学引文数据库》和《中国学术期刊文摘（中英文版）》源期刊等。

《亚太临床营养杂志》（*Asia Pacific Journal of Clinical Nutrition*，APJCN）全年出版4期，收到投稿310篇，接收论文84篇，稿件采用率为27%，SCI影响因子为1.66。

学科发展工程　学会继续组织开展《中国居民膳食指南（2016）》修订工作，2月25日发布《中国居民膳食指南科学研究报告（2021）》。

继续组织开展《中国居民膳食营养素参考摄入量》（DRIs）修订工作。已编制《DRIs修订工作手册》《各国/地区DRIs数值参考》等系列技术参考资料和工作手册，举办2次修订专家委员会全体会议。

全年完成2项专项基金项目招标和4项科研专项基金评审，共收到标书近400份，26个项目获得资助。

国内主要学术会议 2021年，学会召开学术会议30次，参加会议人数共880130人次（含线上参会人数），交流论文530篇。

4月11日，由学会、中国疾病预防控制中心营养与健康所、西安交通大学全球健康研究院和公共卫生学院共同主办，丝绸之路大学联盟健康子联盟协办的2021中国肥胖防控研讨会在陕西省西安市召开，389名专家、学者线下参会。大会设置专家报告10个、圆桌论坛讨论2个、辩论演讲2轮。发布中国肥胖防控倡议书。

5月20日，由学会、中国疾病预防控制中心营养与健康所、中国学生营养与健康促进会联合主办的第一届中国母乳科学研究大会在北京召开，650余名专家、学者参加会议。会议分为母乳成分研究、乳基配料和配方食品创新、母乳喂养、特殊情况下的喂养四个板块。

5月24日，由学会主办、安琪酵母股份有限公司承办的2021年《中国食品工业减盐指南》实践研讨会在北京召开。来自营养和食品领域的专家、学者以及60家食品企业相关负责人等200余人参加会议。

6月25—27日，由学会、学会健康管理分会、湖北省健康管理学会、湖北省健康体检质量控制中心主办的中国营养学会健康管理分会第二次学术会议暨湖北省健康管理学会第十次学术年会在湖北省襄阳市召开，来自全国医疗卫生及大健康领域的800余名专家、学者参加会议。会议主题为“共襄健康，共创未来”，设1场主报告、2场会前会及5场线下分论坛。

11月5—6日，第五届北京大学运动医学论坛运动营养分论坛暨中国营养学会运动营养分会学术年会以线上线下相结合的形式在北京召开，主题是“营养科技助力北京冬奥”。会议内容涵盖运动营养与健康研究进展、冬季项目运动营养以及运动营养食品三个专题，线上2800人次参会。

12月10日，学会于线上举办2021肿瘤营养管理学术年会暨肿瘤营养规范化管理研讨会。会上发布《恶性肿瘤患者康复期营养管理专家共识》（2021更新版），在线人数1万余人次。

12月10日，由学会、中国学生营养与健康促进会指导，学会妇幼营养分会联合中国学生营养与健康促进会学龄前儿童分会共同主办的2021年妇幼营养学术年会在江西省南昌市召开。会议主题为“学术支撑，科普前行，妇幼营养促进人民健康”，620名专家、学者、妇幼保健工作者现场参加会议，线上参会人数达1.3万余人次。

12月25日，由学会营养与保健食品分会、南京营养学会联合主办的中国营养学会营养与保健食品分会第十五次学术会议采用线上线下相结合的方式举办。会议围绕“食品新功能因子与功效”主题展开，来自学术团体、高校、研究机构及企业的共计7500余人次线上参会。

国际交往 学会启动2023年第十四届亚洲营养大会筹备工作。

5月25日，学会理事长杨月欣作为中国科协生命科学学会联合体副主席和北京市科学技术协会副主席，受邀主持中俄脑科学与人工智能交叉学术研讨会。

9月7日，杨月欣受邀出席第36届马来西亚营养学会年会线上会议，并作题为《中国居民营养状况及营养抗击非传染性疾病经验》的报告。

与联合国儿童基金会合作梳理国际上常见的营养分析及正面标签模型，建立一套符合中国消费者和健康现状的模型，已初步建立营养分析项目小组和时间安排表。

科普活动 5月15日，学会组织开展2021年全民营养周和第三届全国营养科普大会活动，以“合理膳食　营养惠万家”为传播主题，开发全民营养周核心传播工具包。来自31个省（自治区、直辖市）的15万名营养健康志愿者代表以“云连线”方式启动“合理膳食百千万志愿者行动”，活动通过新华网、人民网、腾讯健康等平台播出，500万余人次在线观看，累计浏览、传播量达7亿人次，学会官网访问量达20万。全国各地活动场次达20万余次（含线上活动），参与活动科技人员数量达15万人次，其中营养科技工作者近9万人次。

开展“百年再出发”全国科普日活动，组织营养专家、营养师以“白领健康”“蔬果营养”等话题为主题开展线上科普直播4场，观看人数达1万余人次。在官方微博和微信上发布“儿童青少年营养”专题科普文章8篇，累计阅读量超过1.7万人次，分享2000

余次。

参与“绿色朝阳·创森有我”2021年全国科普日朝阳区主场活动，发放营养科普材料500余份，并以《中国居民膳食指南（2016）》核心推荐六：“杜绝浪费，兴新食尚”为主题开展科普直播。

9月17日，启动2021全民健康方式宣传月暨全国科普日主题活动“合理膳食　营养惠万家”，人民健康、腾讯视频、咪咕视频等多个网络平台同步直播，在线观看人数超250万人次。

开展营养科普与传播研究基金工作，2021年研究方向为建立营养健康知识图谱，来自全国8个省的11个项目团队获得资助。

以《中国居民膳食指南》及核心图形为基础，开发出科普版、动画版、教具模型、折页等一系列科普工具。发布《2021中国白领女性健康膳食白皮书》《中国肿瘤患者膳食营养白皮书》等科普资料。

党建强会　学会围绕“以党建促会建　以会建强党建”主题制订并实施理事会党委2021年工作要点，学习党史和习近平总书记在庆祝中国共产党成立100周年大会上的重要讲话精神以及学习贯彻中国科协第十次全国代表大会精神。

学会理事会党委成员和秘书处党支部组织党员通过赏邮票方式学习党史；在“建党百年志愿情，不忘初心我践行”庆祝大会上发出倡议，利用专长普及知识。在国家博物馆参观“众心向党　自立自强——党领导下的科学家”主题展览。

6月19日，组织全体党员赴河北省石家庄市西柏坡景区开展“众心向党、自立自强”党史学习教育主题党日活动。同时来到河北省石家庄市正定县正定镇塔元庄村，组织营养科技服务团就塔元庄村营养相关产业的科技创新与发展进行交流和探讨，引导和挖掘其营养健康科技创新需求，为下一步精准化科技指导与深度合作奠定基础。

6月29日，特邀党员代表、首都医科大学公共卫生学院教师富奇讲授《美术经典中的党史》示范党课，通过经典美术作品，激励党员站在新的历史起点上勇担时代重任、助力健康中国建设。同时通过参观中国人民抗日战争纪念馆等方式推动党史学习教育。

全年开展“合理膳食　营养惠万家”公益活动，践行科技工作者“我为群众办实事”，把学党史、守初心与营养惠民有机结合，献礼建党百年。

会员服务　拓展会员发展渠道，探索会员服务的新方式、新方法，进一步凝聚营养科技工作者力量。通过开展“青年人才托举工程”项目、推荐全国营养科技服务团“双百”专家、组织中国营养学会科学技术奖申报评选、开展营养科研基金招标等方式，畅通人才举荐渠道，选拔优秀人才。

组织科技服务团开展会地、会企服务，启动营养师赋能计划，提升会员科技服务参与度，推动学科和职业深度发展；在各项学术交流与培训、科技科普服务活动中体现会员权益、会员优先、会员优惠原则。

完善会员分类管理，健全会员结构体系，为会员职业发展提供支撑。出台会士工作条例，挖掘优秀学科带头人，启动首届会士推选工作；进一步优化会员入会流程，建立完善网络信息平台，推动以会员需求为导向的精准化服务。

面向会员主办第二届中国营养青年科学家论坛，论坛以“传承和创新驱动营养学科发展”为主题，邀请行业专家、青年学者作报告交流，200名会员参加论坛。

【《中国居民膳食指南科学研究报告（2021）》发布会】　2月25日，学会组织编写的《中国居民膳食指南科学研究报告（2021）》正式发布。来自国家卫生健康委疾病预防控制局食品安全标准与监测评估司、中国疾病预防控制中心、中国健康教育中心、农业农村部食物与营养发展研究所、国家体育总局体育科学研究所的领导和专家、报告工作组主要成员以及近20家媒体参加会议。

《中国居民膳食指南科学研究报告（2021）》聚焦中国居民营养与健康状况的主要关键问题，以膳食营养和生活方式与健康的科学研究结果为证据，为膳食指南修订提供参考和科学依据。正本分为“我国营养健康现状”“食物与健康证据”“各国膳食指南分析”等五个部分，由人民卫生出版社出版。

【2021年《中国食品工业减盐指南》实践研讨会】　5月24日，2021年《中国食品工业减盐指南》实践研讨会在北京召开。《中国食品工业减盐指南》提出中国食品工业减盐原则、目标、方针、技术路线和措施，成为食品工业减盐的指导依据和实践参照。减少食盐摄入是预防高血压最具成本效益的公共卫生策略。多位营养专家分别从国家营养标准体系建设、中国居民盐摄入状况及减盐科学证据、国际减盐实践、公众对油盐糖知识水平及其对营养标签相关内容关注现状、产业减盐技术创新和产品创新等方面作专题报

告。中国工程院院士、北京工商大学校长孙宝国作题为《“十四五”食品科技发展战略》的报告。国家卫生健康委食品安全标准与监测评估司营养处处长徐娇报告《落实健康中国行动 2019—2030 年——营养健康系列标准之三减》。

会上，营养专家与食品企业还共同启动食品工业减盐行动。60 家食品企业、媒体参加此次实践研讨会。

【“合理膳食　营养惠万家”公益活动】“合理膳食　营养惠万家”公益活动以贯彻落实国务院《“健康中国 2030”规划纲要》《全民科学素质行动规划纲要（2021—2035 年）》为指导思想，以居民需求为导向，推广“合理膳食行动”和“健康知识普及行动”，以提高社区居民营养素质，帮助其养成健康生活方式。

项目于 2020 年 12 月 5 日国际志愿者日在北京启动，由国民营养健康指导委员会办公室指导。项目组分为领导小组、专家技术组、执行实施组。领导小组由学会理事会党委、理事会领导组成，主要负责活动设计和监督。工作小组由秘书处、社区营养分会、健康管理分会主要成员组成，主要负责资金筹措和推广、验收以及活动推广材料的设计制作。专家技术组由营养专家和责任营养师组成，营养专家负责宣教内容的设计、效果评估的设计，为活动提供技术支持和学术支撑；责任营养师进行活动的专业指导、社区讲座、科普活动以及培养居民营养志愿者等。执行实施组由志愿者机构或社区负责人组成，主要负责具体活动的执行和宣传、志愿者的招募和管理以及活动的总结汇报。

学会提供传播的学术内容和线上课程，搭建线上、线下教育平台，同时进行营养宣传海报、科普图书、示范工具、短视频以及资料的设计、制作和发放。提供固定区域的责任营养师，让其对所属居民以讲座、厨艺大赛、歌舞表演等形式进行营养教育和实践指导。

2021 年活动已在北京、山东省、湖南省、四川省、河北省、福建省等地开展。截至 12 月底，已在北京区域建设营养小屋 10 个，组织 60 场活动，各类媒体报道转载 200 余次，服务覆盖 60 个街道 186 个社区，累计发展社区营养志愿者 1846 名，入户宣传 4963 户，服务覆盖总计 67987 人次，发放宣传资料近 10 万份。

（撰稿人：李耕华）

中国药理学会

服务创新型国家和社会建设　为配合国家“重大新药创制”科技重大专项进行全面总结，国家卫生健康委科技教育司以政府购买服务的方式，委托学会承担“国产药物国际化”和“国家药物创新能力评估”两项研究课题。

2021 年，学会入选中国科协开放合作品牌创建学会。申报主题为“中药与天然药物药理学国际合作发展平台与机制建设”，拟与国际基础与临床药理学联合会（IUPHAR）签署战略合作协议，通过国际智库、学术会议、教学与科普、共享数据库建设等内容，建立起在国际基础与临床药理学联合会和学会双重领导下、由学会具体负责的国际天然药物与传统药物药理学学术交流与合作活动的新平台和机制，为学会承担该领域国际学术交流与合作等国际事务奠定结构性基础。

配合中国科协征集 2021 重大科学问题和工程技术难题，遴选出“重大慢病老年人安全用药问题”“现有抗抑郁药治疗‘瓶颈’问题”“中药复方的药效物质基础及作用机理”等 6 项上报中国科协。

4 月，学会理事长张永祥、党委书记杜冠华应邀参加中国科协生命科学学会联合体战略研讨会，聚焦生命科学和医药领域“卡脖子”技术，结合产业需求，探讨中国生命健康科技和生物医药产业的发展战略。

7 月，学会党委书记杜冠华应邀赴河北省保定市涞源县参加第二十三届中国科协年会服务京津冀协同发展论坛暨第四届创新驱动发展大会。开幕式上举办“科创中国”保定试点城市揭牌仪式和保定市特聘专家证书颁发仪式，杜冠华被聘为保定市特聘专家，为河北省保定市建设国际医疗基地和国家区域医疗中心提供科技支撑。

10 月，与《药学进展》编委会、南京市江北新区生命健康产业发展管理办公室、中国化学制药工业协会等 10 个国家级学 / 协会和产学研创新联合体共同发起成立中国生物医药产业链创新与转化联盟，旨在整合科技与产业资源，发挥龙头企业支撑引领及创新型企业创新策源作用，共建高层次政产学研医金一体化产业生态圈。

2021 年，学会举办各类专业培训 9 场次，参加人数总计 17910 人次。

学会建设 2021年，学会新发展会员5439人，个人会员总数达11541人。

学会召开理事会议1次、常务理事会议2次、监事会议2次，完成4个专业委员会的换届工作。

12月26日，中国药理学会第十二次全国会员代表大会以线上线下相结合的方式在北京召开。大会总结第十一届理事会工作，修订学会章程，审议工作报告、财务报告，选举产生新一届理事会、常务理事会、理事长、副理事长、监事会、监事长、副监事长，聘任秘书长。

12月29日，中国科协党组副书记徐延豪一行对中国药理学会、中华预防医学会、中国医学救援协会三个学会进行调研。学会理事长张永祥从学会党建、抗击疫情、科技帮扶、科研诚信、学术交流、国际合作、区域创新、科普活动、战略智库九个方面系统汇报学会近年工作的重点和亮点。徐延豪对学会的成绩、经验给予肯定，并指出学会作为科技共同体的重要组成部分，是实现高水平自立自强的重要抓手，要在涵养学术生态、传播科学理念、完善科研评价体系方面主动作为。

青年人才托举工程 学会依托中国科协生命科学学会联合体组织申报，中国医学科学院药物研究所博士宋俊科入选2020—2022年度“青年人才托举工程”项目。

学会组织2021—2023年度“青年人才托举工程”项目申报工作，经组织常务理事和监事评审，向中国科协生命科学学会联合体推荐2名候选人。

主办期刊 学会主办期刊8种，其中学术期刊7种、内部通讯1种。2021年发行量总计4.16万余册。

2021年，学会与爱思唯尔出版集团联合创办新科技期刊*Pharmacological Research: Modern Chinese Medicine*（《药理学研究：现代中药》）。学会党委书记杜冠华和意大利米兰大学教授Emilio Clementi担任共同主编。本刊为开放获取期刊，6月起开始接收投稿。与本领域已有期刊相比，该刊的特点是可以接收中药复方药理学研究的论文，成为加强中药药理学现代研究和国际交流、促进中医药国际发展的重要途径。

2021年，根据科睿唯安发布的2021版《期刊引证报告》,《中国药理学报》(*Acta Pharmacologica Sinica*，APS）影响因子为6.15，在国际药理学与药学领域275个期刊中名列前30位。

《中国药理学与毒理学杂志》和《医药导报》入选《世界期刊影响力指数（WJCI）报告（2020 STM）》，分别位于药理学和毒理学类Q4区和药学综合类Q2区。

《中国药理学通报》和《中国临床药理学与治疗学》分别获得中国科协2021年度全国学会期刊出版能力提升计划“产业发展服务项目”和“国际学术交流项目”支持。

国际学术会议 2021年，受新冠肺炎疫情影响，国际学术会议主要以线上或线上线下相结合的形式举办。全年共举办4场，参加会议人数34450人次，交流论文532篇。

3月10日，由学会和日本药理学会、日本临床药理学与治疗学学会共同主办的第八届中日双边药理学术会议以线上形式召开。来自中国和日本的近300位专家、学者参加会议，围绕“早期临床试验相关的药理学研究”和“心血管疾病的分子药理学”两个主题进行报告和探讨。

10月26日，由学会和美国药理学和实验治疗学会联合主办的第四届中美双边药理学术会议以线上形式召开。此次会议采用美国药理学和实验治疗学会已有的“聚焦药理学”平台，主题为“药物代谢与处置”，在线参会人数300余人。

11月25—28日，由学会表观遗传学专业委员会主办的第六届表观遗传与生物医药研发学术大会在广东省广州市召开，线下参会350人，线上参会超过2万人次。会议组织国内外报告138个。中国工程院院士、“共和国勋章”获得者钟南山担任大会名誉主席。

12月5—8日，由学会定量药理学专业委员会主办的第八届定量药理学与新药评价国际会议在北京和上海市召开，1.3万人参加会议。会议设1个主会场、3个分会场以及12个分会主题，共邀请来自国内外监管界、学术界和工业界的42位专家、学者针对模型引导的新药开发与精准给药、新技术与新疗法的应用和公共卫生事件等进行报告。

国内主要学术会议 2021年，学会及其所属分支机构举办各类学术年会、研讨会、论坛等共计26次，参加会议人数291030人次（含线上参会人数），交流论文2643篇。

5月28—30日，由学会药源性疾病学专业委员会等联合主办的第十三届药源性疾病与安全用药中国论坛在线上召开。论坛采用线上线下相结合的方式举办，来自全国各地的140余名优秀讲者分享交流最新学术成果与临床经验，近万人次参加会议。

9月24—26日，由学会治疗药物监测研究专业委员会、浙江大学医学院附属第二医院、苏州大学附属第一医院共同主办的第十一届全国治疗药物监测学术年会在浙江省杭州市召开。会议设有16个分会场、32场报告，1400余人参加会议。会议主题聚焦治疗药物监测学术交流，促进临床药物个体化治疗的新理念、新方法和新技术推广，助力药学服务高质量发展。

12月11—12日，由学会麻醉药理学专业委员会、《中国临床药理学与治疗学》杂志社主办的中国药理学会麻醉药理学专业委员会第十一次全国学术会议暨第二届临床药理学与治疗学高峰论坛在线上召开。此次会议设1个主会场、6个分会场，共29场报告，直播观看人数总计11.07万人次。

12月16—18日，由学会、上海市药理学会联合主办的第四届东方药理论坛在上海市召开，近3000人次参加会议。大会共安排57个学术报告，以中青年药理学工作者为主。会议展示药理学与药学最新研究成果，促进跨学科、跨地区的交流与合作。

国际交往 5月，学会邀请国际基础与临床药理学联合会主席Ingolf Cascorbi和秘书长Michael Spedding为中国科协第十次全国代表大会和全国科技工作者日录制视频贺词。

9月，应中国科协要求，邀请国际基础与临床药理学联合会主席Ingolf Cascorbi在线参加2021中关村论坛开幕式。

11月26—29日，第14届亚洲太平洋地区药理学家联盟学术大会以线上线下相结合的方式召开。学会推荐的4位报告人在线作学术报告。

2021年，经与中国科协和IUPHAR沟通，学会正式设立“中国药理学会IUPHAR工作委员会”，起草合作协议并已完成两轮双边讨论和修改。根据合作协议内容，IUPHAR将依托学会举办一系列以天然产物和传统药物药理学为主的教育与培训活动，并实现数据库共享，为中国药理学研究人员提供科研教育资源。

第十九届世界药理学大会将于2023年在英国格拉斯哥召开。学会提交、建议或参与的15个论坛计划中有10个获得通过。

科普活动 受IUPHAR委托，学会组织5月6日首个世界智慧用药日宣传及中国区公益海报征集活动，目的是唤起社会对于安全用药、合理用药的重视，促进临床药理学发展。活动共征集到作品252份，从中遴选出3份提交IUPHAR，其中2份入选全球十佳海报。学会受到IUPHAR表扬，并被列入联合组织方名单。

学会药物临床试验专业委员会组织拍摄《还有我们》临床试验公益宣传片，引导社会关注临床试验和新药研发。通过学会微信公众号转载，收看量达45780人次，转载引用61次。

表彰举荐优秀科技工作者 学会推荐2021年度中国科学院院士候选人1名。推选中国科协第十次全国代表大会代表2人，其中第十届全国委员会委员候选人1人。在5月28—30日召开的中国科协第十次全国代表大会上，学会副理事长魏伟当选为中国科协第十届全国委员会委员。

党建强会 2021年，学会召开2次党委（扩大）会议，15个专业委员会成立党的工作小组。学会换届工作完成后，召开常务理事会党员大会，选举产生学会第十二届理事会党委。中国医学科学院药物研究所杜冠华当选为第十二届理事会党委书记。

2021年，学会获得中国科协科技社团党委“党建强会计划”资助，围绕学会“特色自然药用资源及相关产业开发”和“临床药师培训”两个品牌帮扶项目，服务革命老区和中西部乡村振兴。同时在合作共建过程中，通过专题党课、实地教育等活动将“红色足迹”党史教育与区域医药科技创新发展调研活动有机结合，进一步弘扬爱党敬业精神。

学会党委按照中国科协党组发布的《科协系统开展党史学习教育工作方案》要求，研究制订《中国药理学会党史学习教育工作方案》，开展多层次多角度的党史学习教育主题活动。

4—6月，学会组织党委委员录制主题为“学党史、守初心、强担当——党领导下的医药科技及药理学创新发展”的党史教育系列专题党课。总共录制11课时，理论方面以时间轴为主线，纵观1921年以来党的百年发展历程；实践方面横向覆盖在党的全面领导下，中国药理学事业起源，基础药理学、临床药理学、中药药理学发展，以及现代科技社团的发展历史。该系列党课被纳入中国科协“百名科学家讲党史党课”活动范围，并在学会网站“党建专栏”公开发布。

面向学会会员，组织党史学习教育征文活动，共收到投稿112篇，经学会党委委员评审，遴选出91篇于2021年第4期《中国药理通讯》专刊出版。

会员服务 2021年，学会启用新的会员管理系统，提供一体化会员管理解决方案，帮助学会解决会员管理、分会管理、证书打印、会员统计等工作，优化会员管理流程，提升学会会员管理效率，实现学会一站式编辑管理。

10月，国家“十三五”科技创新成就展在北京举办。学会组织在北京的理事、监事、主任委员和会员共26人参观展览。学会理事长张永祥带领会员重点参观“重大新药创制”国家科技重大专项展区，目睹科技创新推动高质量发展的成就。

在春节和中秋节前，学会安排走访看望老科学家和老学会领导，向老专家表示慰问和祝福，了解老专家的健康生活情况，同时汇报学会近期工作，听取他们对学会建设的意见和建议。

【中国药理学会第十二次全国会员代表大会】 12月26日，中国药理学会第十二次全国会员代表大会在北京召开。会议采取线上线下相结合的方式举办，京内代表线下参加会议，京外代表线上参加会议。由全国各省（自治区、直辖市）推选产生的336名会员代表参加会议。

大会审议通过《中国药理学会第十一届理事会工作报告》《中国药理学会第一届监事会工作报告》《中国药理学会第十一届理事会财务报告》《〈中国药理学会章程〉修改报告》。会员代表通过无记名投票方式选举产生148名第十二届理事会理事、7名第二届监事会监事，投票通过学会章程和会费标准（不变）。张永祥当选为学会第十二届理事会理事长，杜冠华、胡刚、李林、缪朝玉、石京山、余细勇当选为副理事长，李学军当选为学会第二届监事会监事长。聘任张永鹤为学会秘书长。

会议期间还召开学会第二届监事会第一次会议、第十二届理事会第一次会议、第十二届常务理事会第一次会议、第十二届常务理事会党员大会，依次选举产生2名副监事长、46名常务理事、11名党委委员，任命4名工作部部长、6名副秘书长，聘请19名学会顾问。

大会邀请学会北美分会第二届常务副主任委员、青岛大学药学院院长张汉霆和北美分会第一届常务副主任委员、西南医科大学校长张春祥分别作题为《靶向磷酸二酯酶抗阿尔兹海默病：西地那非及其他》与《非编码RNA与心血管疾病的基础与临床研究》的学术报告。

（撰稿人：赵　颖）

中国针灸学会

服务创新型国家和社会建设　2021年，学会修订《中国针灸学会标准管理办法实施细则》，出版针灸团体标准《针灸标准体系表》，对《真实世界针灸临床研究数据质量评估规范》等4项针灸团体标准项目完成意见征求，对《火针》等3项针灸团体标准项目开展技术审查，对针灸团体标准项目提案《假针刺对照设置与报告规范》开展立项评审，完成针灸团体标准制修订管理系统建设工作。协助推进国际标准化组织标准《中医药－罐安全控制》和《清艾条的质量控制》发布，协助推进世界卫生组织标准《针灸临床实践指南　偏头痛》发布。

举办2021年度国家中医药管理局继续教育项目培训班6期，培训学员1500人次。举办中医针灸领域专业技术转移转化能力提升高级研修班1期，培训学员60余人次。

申报中国科协“中国特色一流学会建设项目”“2021年海峡两岸暨港澳青年科学家学术活动月项目”“2021年国际组织事务青年项目”“2021年党建强会计划项目”。设立中国针灸学会泰安专家工作站。继续与世界针灸学会联合会联合举办“名老中医百家讲坛”系列视频讲座。

学会建设　2021年，学会新发展个人会员6013人，会员总数达到47965人，团体会员单位26个。全年召开理事会议1次、常务理事会议2次、学会全国工作会议1次。

成立手法量学专业委员会、结构针灸专业委员会、妇科生殖专业委员会3个分支机构，完成穴位贴敷专业委员会、针灸穴位埋线专业委员会2个分支机构的换届工作。

组织2021年中国针灸学会秘书处工作人员的招录工作，经过形式审查、笔试、面试、心理测试，招录4名聘用制工作人员。

对学会下属分支机构、科普教育基地、科学传播专家以及科普工作委员会委员主办的科普类网站、平台、栏目、新媒体账号等相关科普内容是否存在错误言论、虚假有害信息、科学性错误等问题开展自查，全面摸排并及时整改。

青年人才托举工程　学会组织申报第七届（2021—2022年度）中国科协“青年人才托举工程”项目。

主办期刊 根据《中国学术期刊影响因子年报(自然科学与工程技术·2021版)》,《中国针灸》复合影响因子为2.435，被收入Scopus索引数据库与Embase数据库。《针刺研究》复合影响因子为3.579，继续保持在127本中医药学期刊首位。《世界针灸杂志》复合影响因子为0.885。

学科发展工程 召开针灸推拿一级学科论证会，提交的《将针灸推拿学科提升为一级学科的建议》论证报告得到中央领导、教育部、国家中医药管理局的重视，并列入国务院学位委员会办公室工作进程。

组织编撰中国科协资助项目《中国针灸学科史》，由中国科学技术出版社出版。组织编撰《针灸学科发展报告》(2013—2020)，召集全国60余位针灸专家、学者在山东省济南市召开学科发展报告审稿会，完成修订统稿工作。

国际学术会议 12月14日，世界针灸学会联合会2021国际针灸学术研讨会在广东省珠海市举办。此次会议由世界针灸学会联合会、中国中医科学院、中华中医药学会共同主办，中国针灸学会、美国纽约州执照针灸医师联合公会承办。

国家中医药管理局国际合作司司长吴振斗线上出席开幕式并致辞。世界针灸学会联合会主席、学会会长刘保延，中国中医科学院党委副书记杨龙会，中国医药保健品进出口商会会长周惠等出席大会。世界针灸学会联合会秘书长麻颖主持大会开幕式。

此次会议以“中医针灸助力构建人类卫生健康共同体”为主题，汇集中国科学院院士、中国工程院院士、中医药针灸及中西医结合领域专家，设4场线下分论坛、5场线上分论坛，包括美国分会场、中国–非洲国家传统医学论坛、中国–中东欧国家传统医学论坛、中国–菲律宾教育专场、北京国际针灸学术论坛等。收集学术论文100余篇，59位专家现场交流学术报告，总计40万余人次通过线上线下参加会议。会议同期还举办中医针灸文化国际传播展，展示中医针灸传承历史和国际发展。

国内主要学术会议 6月2日，第四届“泰山论灸”高端论坛暨中国针灸学会全国科技工作者日活动在山东省泰安市召开。本届论坛主题为“推动中医艾灸传承创新，助力康养产业高质量发展”，旨在推进艾灸技术研究，推动艾灸技术创造性转化及发展，推广艾灸疗法在防病保健中的应用，助力中医药传承创新发展和健康中国建设，推动中国中医药全面走向世界。与会专家、学者围绕针灸学科发展、针灸人才培养与队伍建设、针灸临床应用、针灸基础研究、针灸科学普及和针灸国际传播与交流等方面开展学术交流。国际欧亚科学院院士、世界针灸学会联合会主席、学会会长刘保延作题为《中医针灸助推“科创中国”的思考》的学术报告，世界针灸学会联合会义诊工作委员会副主任委员Martin Haase和日本国际传统医学理论研究所副所长王晓明分别围绕《针灸疗法的临床适应证及个人临床心得》《日本灸法教育及灸师资格认定》作学术报告。学会副会长、山东针灸学会会长、山东中医药大学校长高树中，学会副会长、上海市针灸经络研究所所长、国家“973”计划灸法项目首席科学家吴焕淦等10名专家围绕艾灸作用机制、临床应用、特色灸疗技术等分别作学术报告。在全国科技工作者日活动期间还举办大型义诊活动和灸疗器具产品展示。

科普活动 11月，学会在第八个世界针灸周期间号召全球针灸工作者开展携手抗疫、学术交流、公益活动、科普讲座、义诊服务、出版书籍或期刊、文创产品、快闪视频和新媒体宣传等活动。

开展“典赞·2021科普中国”中国针灸学会科普作品遴选与推荐工作，组织2021—2025年度全国科普教育基地推荐工作，申报“助力健康中国，服务基层民众——中医针灸乡村行项目”。

表彰举荐优秀科技工作者 学会组织推荐刘保延、刘存志为中国科协第十次全国代表大会代表人选，最终刘保延当选为中国科协第十届全国委员会委员。

党建强会 2021年，在学会党委的领导下，学会所属5个分支机构通过选举正式成立党的工作小组。

制订《中国针灸学会开展党史学习教育工作方案》，开展中国科协“2021年度党建强会计划”项目，分别在山东省泰安市、陕西省延安市、内蒙古自治区巴彦淖尔市磴口县、江苏省常熟市、北京房山区开展党史学习教育“我为群众办实事”系列主题党日活动。

在庆祝中国共产党成立100周年之际，创办“党史学习教育”党史党课系列讲座栏目，学会党委委员和会长、副会长为主讲人，共计播讲18期，累计观看人数达7万余人次。

会员服务 收集整理并完善会员档案，提供会员查询服务，开展网上办理会员审核、电子会员证及电子发票服务。利用短信平台推送各类学会信息，开通学会微信视频号。

【2021’华佗杯全国中医药院校针灸推拿临床技能大赛】 10月16—17日，由学会、全国中医药高等教育学会主办，成都中医药大学承办，学会针灸教育专业委员会、循证针灸专业委员会、皮内针专业委员会及四川省针灸学会、四川省针灸临床医学研究中心、《中国针灸》编辑部、成都市温江区人民政府、成都中医药大学国医馆协办的2021’华佗杯全国中医药院校针灸推拿临床技能大赛在四川省成都市举办。

学会会长刘保延、副会长朱兵，国家中医药管理局人事教育司副处长曾兴水，成都中医药大学书记刘毅、校长余曙光等领导、专家出席大赛。来自全国33个中医药院校的代表队同台竞技、相互交流。

此次大赛分为学生组、临床教师组个人单项比赛和个人全能比赛，竞赛内容包括刺法、温针灸、推拿手法、推拿操作、腧穴定位及经典背诵等内容。大赛设个人单项奖学生组、教师组一等奖各2名、二等奖各4名、三等奖各6名；个人全能奖学生组、教师组一等奖各1名、二等奖各3名、三等奖各5名。大赛还设立团体奖、优秀组织奖和特别贡献奖，其中团体奖一等奖6名、二等奖11名、三等奖16名。

经过半决赛和决赛的竞技比拼，成都中医药大学黄丹获得学生组个人全能奖一等奖，叶俊澜等获得学生组个人单项一等奖；上海中医药大学郑卫丛获得教师组个人全能奖一等奖，邓剑平等获得教师组个人单项一等奖。陕西中医药大学、上海中医药大学、河北中医学院、成都中医药大学、山东中医药大学、辽宁中医药大学6所学校获得团体一等奖。安徽中医药大学、北京中医药大学、长春中医药大学、成都中医药大学等学校获优秀组织奖。成都中医药大学、苏州医疗用品厂（华佗）有限公司获特别贡献奖。

【“学党史、悟思想、办实事、开新局”党建活动】 5月16—17日，由学会党委、学会秘书处、世界针灸学会联合会秘书处、陕西中医药管理局主办，陕西中医药大学附属医院承办的“学党史、悟思想、办实事、开新局”党建活动在陕西省延安市举办。中国中医科学院学会党支部、国家中医药管理局业务主管社会组织党委世界针灸学会联合会党支部全体党员，学会秘书处、世界针灸学会联合会秘书处全体人员参加此次活动。此次活动旨在通过追寻红色足迹、重温革命历史、接受红色精神洗礼、推广中医针灸适宜技术，组织医务工作者为当地老区居民开展义诊和健康咨询活动，感悟传承延安精神、梁家河精神，进一步加强思想理论武装，用党史学习教育指导传承、创新、发展中医药实践。

学党史、践初心“我为群众办实事”——“名医基层义诊、服务老区百姓”活动在陕西省延安市延川县启动。学会党委书记兼会长、世界针灸学会联合会主席刘保延，陕西省中医药管理局副局长孔群，延川县中医院院长邓小勇，陕西中医药大学附属医院院长赵晓平，延川县委县政府有关领导等出席启动仪式并致辞。其间，分别举办中医针灸适宜技术培训会和中医专家义诊活动。培训会上，来自中国中医科学院针灸医院、首都医科大学附属北京中医医院针灸中心、陕西中医药大学附属医院的多名专家为当地基层医务人员作培训报告。在义诊活动现场，前来咨询和诊疗的患者达上百人，各位专家为就诊群众把脉问诊、细心查体、开具处方，制订个性化诊疗方案，指导合理用药，对疾病预防、日常保健等方面的困惑进行耐心解答。

学会、世界针灸学会联合会秘书处全体人员及义诊专家团一行赴梁家河参观学习，先后参观枣园革命旧址、王家坪革命旧址、延安杨家岭革命旧址、凤凰山革命旧址、延安宝塔山遗址，聆听讲解员讲述党中央在延安的13年光辉历程，追寻革命足迹、感悟初心使命。

（撰稿人：吴　远　贾晓健）

中国防痨协会

服务创新型国家和社会建设　2021年，协会先后发布并实施9项团体标准，包括《利福平耐药肺结核诊断流程》（T/CHATA 010—2021）、《肺结核监测基本数据集》（T/CHATA 011—2021）、《电子药盒辅助结核病患者规范服药的管理指南》（T/CHATA 012—2021）等。

协会通过线上线下相结合等多种形式共举办7场国家继续教育培训班，分别为结核病影像诊断及放射介入高峰论坛、中国防痨协会2021年第33届全国学术大会、全国结核病中西医结合治疗的基础与临床新进展研讨会、结核病感染控制新进展研讨会、基层结核病防治新技术应用与患者管理培训班、耐药结核病防控与诊治新进展研讨会、抗结核药物肝损伤诊治技术培训班，覆盖全国结核病防治科技工作者3670余人，有效提高培训人员结核病防治理论水平、临床诊治能力、科研能力等。

8 月 20—22 日，在“好医生”线上平台举办协会品牌培训班——全国现代结核病控制理论与实践骨干研讨班。来自 28 个省（自治区、直辖市）的 3.6 万余名学员在线参加培训，累计 30 万余人次在线观看直播。培训班邀请国内 20 余名结核病防治领域的专家就结核病防治策略、耐多药结核病治疗、学校与儿童结核病治疗、实验室诊断新技术研究与应用等内容进行讲授。同时设置 4 个专题论坛交流互动。

5 月 25 日，中国防痨公益基金·苏泊尔南洋爱心基金在贵州省安顺市关岭县苏泊尔小学开展结核病防治宣传暨爱心捐赠活动，举办结核病防治知识健康讲座，并向学校捐赠 186 套课桌椅、200 本结核防治书籍。协会副理事长钟球、贵州省疾病预防控制中心副主任雷世光、浙江南洋药业有限公司总裁黄清安及学校师生 200 余人参加活动。

5 月 26—27 日，中国防痨公益基金·苏泊尔南洋爱心基金第二期“关爱生命　关注健康”项目总结会暨 2021 年全国科技工作者日活动在贵州省紫云苗族布依族自治县召开，该项目三年来共帮助 60 名贫困结核病患者完成治疗。6月 29 日，中国防痨公益基金·苏泊尔南洋爱心基金第五期“关爱生命 关注健康”扶贫项目总结会暨 2021 年全国科技工作者日活动在甘肃省临夏回族自治州永靖县召开，该项目自 2019 年 6 月以来共救助 55 名贫困结核病患者。

协会主办 2021“结核医声”中青年医护人才演讲大赛，来自 29 个省（自治区、直辖市）的 174 家医疗卫生机构的 248 位初赛选手晋级初赛，在线上经过东赛区、中赛区、西赛区、南赛区、北赛区 5 场角逐，62 位选手晋级复赛、21 位选手晋级总决赛。9 月 27 日，在山东省青岛市举办大赛决赛，评选出一等奖 1 名、二等奖 2 名、三等奖 3 名。9 月 28 日，在中国防痨协会第 33 届全国学术大会开幕式上为获奖者颁奖。

学会建设　2021 年，协会发展个人会员 628 人，个人会员总数达 22164 人。学会规范调整负责人、常务理事、理事，规范召开 2 次理事会议、常务理事会议和监事会议。9 月 27 日，协会在山东省青岛市召开第十二届理事会和常务理事会第二次扩大会议，来自协会的理事会领导、常务理事、理事、监事、分支机构主任委员和秘书长、《中国防痨杂志》期刊社负责人等 120 余人参加会议，会议由协会理事长刘剑君主持。会议审议协会近期工作进展和中国防痨协会第 33 届全国学术大会暨科技成果奖颁奖大会筹备工作情况，审议并通过山东省、云南省和四川省理事、常务理事人员的调整。第一届监事会列席参加会议。

2021 年，新成立多学科诊疗专业分会和营养专业分会。完成协会标准化专业分会、老年结核病防治专业分会、结核病互联网技术专业分会、结核病感染控制专业分会和非结核分枝杆菌病专业分会换届工作。

2021 年，协会获批中国科协“一带一路”国际科技组织合作平台建设项目——“一带一路”结核病防治联合培训中心。按照中国科协的定位与要求，通过与多边国家社会团体（机构）的联系，在“一带一路”沿线国家和地区建立“一带一路”结核病防治联合培训中心，开展结核病防治交流与合作。协会入选中国特色创新学会名单。

青年人才托举工程　协会秘书处组织专家举行“全国结核病防治青年领军人才”候选人预审和终审专家讨论会，2021 年 10 名全国结核病防治青年领军人才获得协会自筹资金资助。

主办期刊　《中国防痨杂志》《结核病与肺部健康杂志》均按期完成出版任务。2021 年，《中国防痨杂志》出版 12 期，载文 235 篇;《结核病与肺部健康杂志》出版 4 期，载文 74 篇。中国科学技术信息研究所《2020 年版中国科技期刊引证报告（核心版）》显示，《中国防痨杂志》核心影响因子为 1.065，总被引频次为 1636;《结核病与肺部健康杂志》扩展总被引频次为 444。

《中国防痨杂志》2020 年第 8 期，文章《重组结核杆菌融合蛋白（EC）的稳定性与有效性研究》获得 2020 年中华医学百篇优秀论文。

学科发展工程　协会编纂、出版《结核病研究进展报告（2020）》《监管场所结核病防治技术指南》《结核潜伏感染人群预防性治疗手册》。

国内主要学术会议　协会及其所属分支机构全年开展学术会议 2 次、论坛 3 次，线下参会人数 600 人次，线上参会人数 32500 余人，收到论文 208 篇。

3 月 27 日，由协会主办，江苏省防痨协会、扬州市疾病预防控制中心承办的四季论坛——2021 春季科研主题论坛在江苏省扬州市召开，来自全国的 40 多位结核病临床领域专家、学者参加会议，7000 余人次线上观看直播。

6 月 12 日，由协会影像专业分会主办的中国防痨协会影像专业分会年会以线上线下相结合的方式召开。协会理事长、中国疾病预防控制中心副主任刘剑君，首都医科大学附属北京胸科医院院长李晓北，协会影像专业分会主任委员、首都医科大学附属北京胸科医院影像科主任吕平欣，协会影像专业分会秘书长、首都医科大学附属北京胸科医院影像科副主任侯代伦出席线下开幕式。协会副理事长、沈阳胸科医院院长刘永煜以及协会影像专业分会有关领导及专家、会员参加线上开幕式。大会开幕式由侯代伦主持。2万余人次线上参加会议。

6月18日，由协会主办、海南省疾病预防控制中心等协办的2021年全国学校结核病防治学术研讨会在海南省海口市举办，来自全国近30个省（自治区、直辖市）的270余位领导和专家参加会议。会议由协会副理事长钟球主持，中国疾病预防控制中心副主任兼协会理事长刘剑君讲话，海南省疾病预防控制中心副主任王璐致辞。

7月10日，由协会主办、贵州省疾病预防控制中心承办的四季论坛——夏季管理主题论坛在贵州省黔西南布依族苗族自治州兴义市召开，30余位专家交流分享结核病防治经验。

12月18日，由协会主办的四季论坛——冬季诊疗及发展主题论坛在北京及新疆维吾尔自治区乌鲁木齐市同步召开并在线联动直播，累计5576人次线上观看。

两岸交流 12月19日，中国科协2021年海峡两岸暨港澳科技交流合作项目资助的海峡两岸暨港澳重大呼吸道传染病防控合作论坛通过线上线下相结合的方式召开。此次论坛由中国科协国际合作部指导，协会及上海市防痨协会、广东省防痨协会、福建省防痨协会、香港防痨心脏及胸病协会、澳门胸肺病暨防痨协会等联合主办，在北京、上海市、广东省广州市、福建省福州市、广东省珠海市、香港特别行政区、澳门特别行政区设置现场会，150余人出席线下会议。来自海峡两岸暨香港特别行政区、澳门特别行政区的结核病防治行业专家、学者与企业家分享结核病防控和新冠肺炎防控的经验，展示创新成果。论坛在科技工作者之家、新浪新闻、一直播平台及协会官网、微信公众号等媒体直播，在线收看人数达117.3万余人次。

国际交往 2月14日，协会与巴基斯坦国家结核病控制中心在线签署3年合作备忘录，继续开展结核病防治实践与研究合作，加强人才培养，促进结核病防治技术转化与成果应用。

7月13日，由协会与巴基斯坦国家结核病控制中心主办、中国科学院生物物理研究所承办的丝绸之路友邻：中巴双方结核病防控研讨会在线上召开，来自中国、巴基斯坦的专家、学者近100人在线交流。会议通过中国科协“科创中国”和“科技工作者之家”平台播出。

10月19日，在第52届世界肺部健康大会期间，由协会主办、协会国际交流工作委员会承办的第52届世界肺部健康大会中国云上边会同步召开，国际防痨与肺部疾病联合会副主席魏晓林等专家分享参与国际学术交流的经验，推动中国结核病防治经验、新技术走向国际舞台。

10月21日，协会与巴基斯坦国家结核病控制中心主办2021年度第二期丝绸之路友邻：中巴双方结核病防控在线研讨会。来自中国、巴基斯坦的专家近100人在线交流。会议通过中国科协“科创中国”和“科技工作者之家”平台播出。

11月6—7日，由中国科协、中国科学院、中国工程院共同主办的第三届世界科技与发展论坛在北京举办。论坛发布“开放·信任·合作”的倡议，协会邀请亚太区国际防痨与肺部疾病联合会共同签发“开放·信任·合作”倡议并通过线上参加会议。

科普活动 3月23日，由国家卫生健康委主办，中国健康教育中心、中国疾病预防控制中心、中国防痨协会和中国性病艾滋病防治协会承办的第26个世界防治结核病日主题宣传活动在北京召开，启动2021“结核医声”中青年医护人才演讲大赛、第三届全国结核病防治知识网络竞赛以及“3·24”世界防治结核病日“分秒必争　终结结核”科普短视频挑战赛等系列宣传活动。其中，第三届全国结核病防治知识网络竞赛总参赛答题次数487626次，参赛人数达214395人，其中满分人数41684人；“分秒必争　终结结核”科普短视频挑战赛抖音平台话题播放量达6179.4万余次，收到109篇优秀短视频作品。

2020年7月—2021年6月，举办为期一年的中国科协－科创中国“科技服务团”系列宣讲活动——中国防痨协会抗疫防痨云讲坛，每周五下午2:00—3:30直播，连续举办41期，共邀请114名专家作报告，直播累计收看人数3453204人。除在科界、科创中国、腾讯、新浪等平台同步直播外，还在协会官网线上培训平台进行播放和测试等。

3月24日，由中国疾病预防控制中心和协会主办、中华医学会呼吸病学分会和感染病学分会协办的为期一年的结核病防治综合质量控制云讲堂首播。第1期由协会理事长刘剑君和中国工程院院士王辰主讲，每两周播出一期。截至12月31日已播出20期，报告专家40人，累计收看647599人次。

表彰举荐优秀科技工作者 协会开展2021年中国防痨协会科学技术奖评审工作，中国医学科学院病原生物学研究所“结核潜伏感染的流行特征与适宜干预技术”项目获得一等奖；首都医科大学附属北京胸科医院“非结核分枝杆菌病诊断技术的建立与推广应用”等2个项目获得二等奖；苏州市第五人民医院“结核抗原特异性T细胞在肺结核诊疗中的应用”等2个项目获得三等奖。

协会共推荐20121年度中国科学院院士、中国工程院院士候选人和2021年“最美科技工作者”候选人等4人，其中由协会推荐的全国结核病防治专家马玙获2021年“最美科技工作者”称号。

党建强会 5月，组织召开“众心向党，自立自强”全国科技工作者日主题活动。11月，在中国科协科技社团党委指导下，协会联合中国科协信息中心、中国疾病预防控制中心结核病预防控制中心党支部赴中国共产党历史展览馆、香山革命纪念馆开展党建强会特色活动，协会理事会党委、秘书处党支部、分支机构党组织负责人等30余人参加。

会员服务 协会为单位会员免费提供《中国防痨杂志》和《结核病与肺部健康杂志》纸质版和实时电子版。定期通过官方网站、官方微信、会员管理系统推送等方式向会员发送会议通知、科普知识、学术动态信息等，传播学会工作信息，提高会员服务体验。向单位会员分发特制的中国防痨协会年历，反映学会年度工作的综合信息。为企业单位会员提供技术咨询、评估和论证会、创新成果推广等服务。

4月11日，由协会、中国疾病预防控制中心结核病预防控制中心联合组织的抗结核固定剂量复合制剂在结核病专科医院推广使用可行性试点项目启动会在四川省成都市召开，山东省、四川省、江西省、江苏省项目试点单位负责人等60余人参加会议，项目为期一年。5月8日，协会、中国疾病预防控制中心结核病预防控制中心在贵州省贵阳市通过线上线下相结合的形式召开贵州省抗结核固定剂量复合制剂在结核病专科医院推广使用可行性试点项目启动暨培训会，贵州省项目实施单位的有关领导和专家参加会议。

【中国防痨协会第33届全国学术大会暨中国防痨科技奖颁奖大会】 9月28—29日，由协会、重庆智飞生物制品股份有限公司主办，山东省防痨协会、青岛市疾病预防控制中心承办的中国防痨协会第33届全国学术大会暨中国防痨科技奖颁奖大会在山东省青岛市召开。来自全国结核病防治领域的专家、学者、创新企业和光明网、百度健康、科技工作者之家、《健康报》、《中国家庭报》等媒体共2000余人参加大会。

会议包括全体大会和分会场交流。分会场包括4个全国结核病防治创新技术高峰论坛、17个结核病防治及相关学科专题学术会议；设立中国防痨科技成就、30余家企业单位会员新技术和新产品展示，16项中国防痨协会团体标准展讲等。大会共收到200余篇学术论文，有178篇被收录到《中国防痨协会第33届全国学术大会论文汇编》中。

协会理事长、中国疾病预防控制中心副主任刘剑君致辞。中国科协科技创新部副部长林润华，国家卫生健康委疾病预防控制局副局长周宇辉，山东省卫生健康委党组成员、副主任、一级巡视员秦成勇，青岛市人民政府副秘书长于冬泉分别致辞。

开幕式上，举办中国防痨协会科学技术奖第二届、第三届颁奖仪式，中国防痨公益基金全国结核病防控促进计划——人才培训项目启动仪式和中国防痨公益基金——双健项目的启动仪式，以及2021“结核医声”中青年医护人才演讲大赛决赛颁奖仪式。

中国科学院院士、生物信息学家陈润生，中国科学院院士、分子微生物学家赵国屏，以及来自世界卫生组织总部等的国内外专家、学者围绕结核病防治及相关学科发展前沿和实践经验分别作题为《中国结核病防治策略沿革》《全球结核病控制策略与进展》《健康大数据与临床疾病防控》《基础研究助力结核病防控》《全球终结结核病流行策略2.0版及耐药菌的特征分析》《结核潜伏感染新技术与免疫预防》《儿童结核病精准诊断与治疗》《健康医疗大数据的开发与利用》《耐多药结核短程化疗方案治疗进展》《学校结核病筛查与公共卫生应急处置》《多学科医疗模式，缩短与真实世界的距离》的大会主旨报告。

【“一带一路”结核病防治联合培训中心启动会暨结核病控制策略研讨会】 11月26日，由协会主办、中国科学院生物物理研究所佛山分所（广东体必康集团）协办的“一带一路”结核病防治联合培训中心启动会暨结核病控制策略研讨会通过线上线下相结合的方式召开，主场设在北京，参加会议人数达200余人。中国科协国际合作部副部长王庆林，协会副理事长兼秘书长成诗明，协会结核病转化医学专业分会主任委员、中国科学院生物物理研究所佛山分所所长毕利军，协会副秘书长樊海英，中国科学院生物物理研究所副研究员 Joy Fleming 等到主场参加会议。协会副理事长钟球、张宗德和哈萨克斯坦、巴基斯坦、塔吉克斯坦和乌兹别克斯坦等各国专家，以及来自“一带一路”结核病防治联合培训中心中国首批建设的3个培训基地［包括新疆医科大学第八附属医院、中国科学院生物物理研究所佛山分所（广东体必康集团）和深圳市慢性病防治中心］的领导和专家参加会议。

Joy Fleming 主持开幕式。成诗明，哈萨克斯坦卫生部结核病防治中心副主任 Lyazzat Yeraliyeva，巴基斯坦国家公共管理部结核病 / 艾滋病 / 疟疾首席科学家 Razia Fatima，塔吉克斯坦国家结核病、肺部疾病和胸部外科中心主任 Rajabzoda Aslidin Saidburhon 和乌兹别克斯坦卫生部结核病临床中心教授 Nargiza Parpieva 分别在开幕式上致辞。

会议期间，举办“一带一路”结核病防治联合培训中心合作协议签字仪式。樊海英介绍合作协议的主要内容，各国代表在合作协议上签字并通过视频展示。

毕利军主持学术研讨会。张宗德、Lyazzat Yeraliyeva、Razia Fatima、Rajabzoda Aslidin Saidburhon 和 Nargiza Parpieva 分别报告各国结核病防治策略与进展、分享结核病防治工作经验与成果，提出实现全球终止结核病目标面临的问题与挑战，并对有关问题进行大会讨论。

（撰稿人：成诗明　樊海英）

中国麻风防治协会

服务创新型国家和社会建设　6月3—6日，协会举办全国麻风皮肤病学术年会暨全国皮肤性病检验与诊断培训班，授课专家11人，1032名学员获得国家级继续医学教育证书。

6月5日，协会主办的“众心向党，自立自强——我为麻防献青春”演讲比赛决赛在山东省青岛市举办，全国各省（自治区、直辖市）麻风防治协会及省级团体会员单位在各自组织的初赛中遴选出31个参赛作品，经专业人士评审，16位选手进入决赛。其中，李峥获得一等奖；周欢欢、张虹获得二等奖；李建军、段婧、王乐获得三等奖。腾讯、优麦医生平台对决赛进行全程直播，收视率达数十万人。

9月25日，由中国科协主办的“与党同心　百年同行”全国学会访谈录活动在北京举办，协会副会长潘春枝现场朗诵由她创作的《盛世华章，我们感恩有你——伟大的国际主义战士、大医马海德》，协会会长张福仁应邀到会。活动通过新华网、人民网、“科技工作者之家”、“科创中国”等平台播出，收视率达数十万人。

9月26日，《大医马海德》新书发布会在北京举办。《大医马海德》共收录15篇文章近180幅图片，记录了马海德的人生轨迹。全国人大常委会副委员长、中国红十字会会长陈竺以视频方式参加会议。科技部副部长李萌、国家卫生健康委副主任曾益新等有关部门负责人，马海德夫人苏菲及家人、朋友、同事，以及来自医卫界、出版界和相关协会的代表等80余人参加发布会。协会会长张福仁、副会长潘春枝应邀参加发布会，顾问申鹏章讲述他在马海德教导下成长的感人故事。

学会建设　4月，协会党委在“庆祝建党100周年”征文、影像作品等征集活动中被中国科协科技社团党委评为优秀组织党委；8月，获中国科协“自立自强　青春向党”青年演讲大赛优秀组织奖；12月获2021年度全国学会科普工作优秀单位。

2021年，协会共召开3次常务理事会议、1次理事会议。6月3日，召开学会八届理事会第二次理事会议，审议并通过成立皮肤病专科医院规范化建设与发展专业委员会暨正副主委、常委人选及该分会党组织成员候选人的决议。10月8日，在山东省泰安市召开第二十次常务理事会议，审议通过换届大会主席团成员、会议日程等决议。

国内主要学术会议　2021年，协会召开国内学术会议4次，线上线下共计1.5万余人次参加，征集论文216篇，其中18篇论文获优秀论文奖。

4月16—18日，由协会皮肤病与性病检验与诊断分会主办的第二届皮肤性病检验与诊断学术大会在上海市举办。线下参会232人，线上参会12503人。

10月28—30日，由协会与中国医学科学院北京协和医学院皮肤病医院共同主办的第二届全国皮肤外科大会在江苏省南京市召开，线下参会100人，线上参会1200人。

科普活动 山东省麻风防治协会开展的“百年再出发，健康科普行”、协会与北京热带医学研究所共同开展的“全国科普日科普义诊活动”以及“认识麻风康复老人，共建关爱通讯联盟”3个活动被中国科协科学技术普及部评为优秀活动。

1月28日，与北京热带医学研究所在北京开展麻风防治知识科普宣传活动。

1月31日是第68届世界防治麻风日暨第34届中国麻风节，主题是“全面消除麻风危害，共同走向文明进步”。协会所属会员单位在全国范围组织开展各项活动200余次，服务慰问麻风受累者达2万人次，参与群众逾100万人次。

在第34届中国麻风节期间，协会常务理事、广东省汉达康福协会秘书长陈志强率协会麻风心理康复学科普专家团队发起“全国麻风康复村地图共建计划”，把麻风康复村在电子地图上标注出来。这样不仅能通过导航找到他们，更重要的是以尊重的形式承认他们的存在。同时进行网络宣传，呼吁更多的人参与全国593个麻风康复村地图的标注，让更多人认识了解这个群体。

在全国科技活动周期间，麻风心理康复学科学普及专家团队推出摄影师黄焱红所著的《阳光照进来》《最后的孤岛》《不一样的人生》《逆境中的爱》。黄焱红用十余年时间记录全国160多个麻风村的所见所闻。该团队还特邀4位眼科专家前往广东省湛江市4个麻风康复村，为165名康复者宣讲白内障科普知识，介绍白内障的起因、症状及相应的处理方式，同时讲解如何正确做好预防及就医普及。

5月15日，皮肤病学科学普及专家团队首席专家、山东省第一医科大学副校长张福仁率团队成员，联合山东省皮肤病性病防治研究所在山东省济南市开展“学好百年党史　服务百姓健康”义诊活动。服务患者300余人次，发放宣传折页800余份。5月25日，该团队走进山东省第一医科大学，为大学生带来公益护肤知识讲座，近100人参加。激光美容科主任刘华绪作《皮肤科医师眼里的护肤》讲座，从健康皮肤的特点入手介绍皮肤的常见问题，从清洁、防晒、保湿等方面讲解科学护肤的方法。医学美容中心副主任医师付希安分享《得了痘痘怎么办：多拳出击，联合抗痘》的讲座，以青少年普遍关心的痤疮问题为中心，介绍痤疮的发病机理、临床表现、治疗方法和日常护理等。

5月15日，中国麻风防治协会科技志愿服务队在陕西省卫生健康委、陕西省工业和信息化厅、陕西省地方病防治研究所（省皮肤性病防治研究所）有关领导带领下，前往陕西省宝鸡市眉县参加第28个“防治碘缺乏病宣传日”科普宣传活动。现场向群众发放宣传资料和合格的碘盐，由专业技术人员讲解正确的碘盐储存和食用方法，活动累计参与群众1000余人，志愿服务人员出动30余人，累计志愿服务时长3小时。

在全国科普日期间，中国麻风防治协会科技志愿服务队与陕西省西安市、渭南市疾病预防控制中心志愿者通过微信公众号、网站等线上渠道开展科普知识宣传，累计参与人数达5万余人次，发布科普文章共20余篇。同时组织相关专家进村入户开展科普志愿服务活动，现场宣传麻风、皮肤性病、地方病等相关防治知识和生活的健康知识，累计出动15人次，服务时长8小时。还组织志愿服务人员分别在西安市高铁站、汉滨区竹园小区广场、禹甸园广场、部分中小学及渭南市的3个社区开展健康教育宣传及科技志愿服务活动，累计参与志愿服务50余人，时长12小时。

皮肤病学科学普及专家团队持续开展“百年再出发，健康科普行”及“健康素养大提升——全省健康科普专家下基层活动”。在微信开展白癜风的科普宣传，制作“什么样的白斑需要警惕白癜风？”“如何确诊白癜风？”“白癜风怎样治疗？”“白癜风的注意事项”等栏目。9月23日，根据党中央关于开展党史学习教育的部署，该团队组织2021年“我为群众办实事·服务百姓健康行动”线上义诊。四位皮肤科主任医师为群众提供两天的在线义诊，服务320余人次；为慢病复诊患者开具线上处方60余人次，借助互联网医院平台将药品邮寄到患者手中；为群众科普皮肤病防治和皮肤保健知识。

10月29日，在第18个世界银屑病日来临之际，中国科协银屑病学首席科学传播专家、协会副会长、大连市皮肤病医院院长吕成志分别在大连电视台《新闻锋线》《大连新闻》栏目作专题访谈，宣传银屑病科普知识，题目是《这病不可怕，请你正视它》《对抗“不死癌症”，国家银屑病学首席科学传播专家解读“大连模式”》。

表彰举荐优秀科技工作者 协会推荐第七届理事会理事李桂科和女青年专家委员会委员刘红为2021年“最美科技工作者”候选人。李桂科和协会会员董淑猛获“优秀共产党员”称号。协会名誉副会长李桓英被中共中央宣传部评为“时代楷模”。

5 月 27 日，中国科协主办的“自立自强　青春向党”青年演讲大赛启动。协会上报的 23 名选手中有 4 名选手到北京参加复赛，广西壮族自治区皮肤病防治研究所李峥获得一等奖，贵州省安龙县疗养院张丽娇、浙江省皮肤病医院陶亦帆获得二等奖，河北省皮肤病防治院张蓓获三等奖。协会获优秀组织奖。活动通过新华网、人民网、“科技工作者之家”、“科普中国”等平台进行在线直播。

由协会理事长、山东省第一医科大学附属皮肤病医院教授张福仁作为第一完成人主持完成的“麻风危害发生的免疫遗传学机制”项目获得 2020 年度国家自然科学奖二等奖。张福仁带领团队发现麻风发病系列风险因子，揭示麻风免疫遗传学机制，成功构建麻风发病风险预测模型，实现麻风精准化学预防并开启传染病遗传易感性研究的新视角；同时发现麻风与自身免疫性疾病共有的多效性基因。这些发现提示，随着麻风等慢性传染病的控制，炎症性肠病、银屑病、特应性皮炎等免疫相关皮肤病的发病率逐年上升，这些疾病正在成为新的公共卫生问题。张福仁团队还发现导致麻风患者发生致死性药物不良反应的“真凶”——氨苯砜综合征的风险位点 HLA-B*13 ∶ 01，系统揭示氨苯砜综合征发病机制，并成功研发出氨苯砜综合征风险位点检测试剂盒。自 2015 年至今，已为全国 3000 余例患者进行疗前检测，为预防氨苯砜综合征的发生、保障患者用药安全、实现麻风精准治疗提供技术保障，同时开辟药物基因组研究新路径。

党建强会　7 月，协会党委成员在党委书记、会长张福仁带领下，以“星光耀征程——从改进苏区医疗，到全面推进健康中国建设”为主题开展系列党建活动，同时结合“我为群众办实事”开展“学党史，见行动——送医下乡助力乡村振兴”活动。

7 月 8 日，参观习仲勋故居，到习仲勋陵园敬献花圈，到黄帝陵拜谒。

7 月 9 日，到南泥湾参观学习，回溯协会首届理事长马海德在陕西省延安市投身革命、投身医疗卫生事业的历程；在延安革命纪念馆前，全体人员现场朗诵并重温入党誓词。

7 月 10 日，到黄龙县中医医院开展麻风病、皮肤病和地方病科技帮扶、科普宣传、义诊等活动，并结对共建长效帮扶机制。此次活动共接诊患者 152 人次、临床医疗处置 146 人次，并为病情较重的患者提出转诊建议；向群众讲解疾病的预防和治疗知识，提供治疗意见和指导用药。张福仁代表协会与黄龙县中医医院签订对口帮扶协议，拟通过远程诊疗或面诊提升黄龙县中医医院皮肤病防治水平，在皮肤病医学美容、麻风等疾病诊疗方面为其提供医疗技术资源、协助制订建设计划、提出建设性意见；在培训、继续教育、学术活动等方面给予支持。

7 月 11 日，党委成员到陕西省汉中疗养院慰问麻风患者，为他们捐款，为该院护士和中级领导上党课。

协会党委通过微信公众号、微信群和网站“党建强会”专栏发布党的政策方针、习近平总书记重要讲话精神，报道党建活动、抗疫动态；宣传“全国优秀共产党员”、协会理事会成员李桂科、董淑猛以及“时代楷模”李桓英的先进事迹，号召全国麻风病、皮肤病医务工作者向他们学习。

会员服务　截至 2021 年年底，协会登记会员增至 10129 人，其中女会员 4066 人。

【2021 年性病学科学普及专家团队系列科普活动】　根据新冠肺炎疫情防控工作实际，杨斌率性病学科学普及专家团队组织广东省 21 个地市制作本地性病、艾滋病防治系列健康科普作品。活动重点关注生殖道沙眼衣原体感染，团队成员曾前往江苏省南京市参加国家性病中心举办的健康促进研讨会，探讨衣原体创新宣教模式。该团队已开发出 1 部动画视频、4 份不同层次的海报与 1 份宣传折页。

针对网络人群受众广、知识传递迅速的特点，性病学科学普及专家团队将互联网作为性病防治宣传的主战场。充分利用南方医科大学皮肤病医院微信公众号和官方网站等平台进行梅毒、艾滋病等性病防治知识的健康教育宣传。发布性病防治相关宣传稿件 10 篇，其中关于尖锐湿疣的科普文章阅读量高达 1.3 万人次。

为巩固既往科普效果，性病学科学普及专家团队持续开展高危人群科普。一是依托重点人群主动监测网络，在广东省云浮市、江门市和湛江市等 19 个地市对女性性工作者（FSW）、男男性行为者（MSM）和男性性病门诊就诊者（MSP）人群开展主动监测、外展干预和科普活动，发放健康宣传手册和安全套等。其中，FSW、MSM、MSP 分别干预 1283 人、1017 人和 2504 人。二是在医院开设性病咨询门诊，提供咨询、检测、心理干预、政策宣传服务，为有需求的就诊者提供性健康和安全性行为宣教。

性病学科学普及专家团队立足中国大学生人群的性健康现状。每学期面向南方医科大学在校生开设《大学生性健康促进》通识教育课程。选修课的内容涵盖性道德与法律、性病防治相关知识和性保护与安全套使用等内容，计划采用理论教学、案例分析和实践操作等多种方式进行。选修课分别从5月和11月开始，约200名大学生选修该课程。同时，该团队与学生社团合作，在南方医科大学在校学生中开展“是否应该反对婚前性行为”等热点问题的辩论赛，辩论赛中除了辩手辩论，还增设观众提问、专家答疑等环节，加深学生群体对性、性健康、性文化、性疾病以及社会问题的认识和理解，从源头上营造良好的性健康社会氛围。

（撰稿人：潘春枝）

中国心理卫生协会

服务创新型国家和社会建设 7月30日，协会发布《中国心理卫生心理咨询师能力提升工程首批注册心理咨询师推荐工作通知》，启动注册心理咨询师的注册工作。首批注册心理咨询师采用推荐制，由协会首批认证督导师推荐，本批共有923名心理咨询师参选。经过五轮专家评审及常务理事会审议，进行社会公示后，评定首批763名注册心理咨询师。12月16日，协会理事长马辛签署心卫协字〔2021〕11号文件，发布《中国心理卫生协会关于认证首批注册心理咨询师的决定》。

积极参与社会心理卫生服务体系建设。由协会、国际双相障碍学会中国分会、北京尚善公益基金会共同主办的为期一个月的“首届抗郁联合行动·百城万人健心接力跑”活动在北京、贵州省贵阳市、广东省深圳市、浙江省杭州市四地举办，线上线下报名人数达31340人，完成接力跑1384262千米，相当于110个“心理健康的两万五千里”，5674名参跑者获得不同称号的奖牌。

11月23日，与北京市委教育工作委员会、北京市教育委员会正式签署《北京市学校心理健康教育工作提升计划合作协议》，成为北京学校心理教师访学研修基地。经过前期沟通，双方就心理健康教育工作建立正式合作关系，协会将作为社会的专业力量进入，利用协会的平台优势和专家资源等在组建心理卫生专家库、开展科普宣传和培训督导、参与危机个案指导支持、完善学生就医“绿色通道”、推进医校联防联动机制、建立教师访学研修基地、设立心理咨询师督导点、开展心理工作研究探索八个方面与北京市委教育工作委员会、北京市教育委员会充分合作，协助做好北京学校师生的心理健康教育工作，促进青少年理性平和心态的培育。

学会建设 为做好换届筹备工作，协会于3月31日成立换届工作领导小组，制订换届工作方案，并按照民政部《行业协会商会章程（范本）》和中央和国家机关工委《中央和国家机关行业协会商会负责人人选审核工作有关要求》的要求逐项落实换届筹备工作，会议筹备期间共召开换届筹备工作领导小组会议10余次、功能型党委会议5次、常务理事会议5次、理事会议1次。

青年人才托举工程 2021年，协会推荐重庆医科大学附属第一医院国家卫生健康委功能性脑疾病诊治重点实验室博士后蒲俊材申报中国科协第七届“青年人才托举工程”项目并成功入选。

国内主要学术会议 9月16—19日，中国心理卫生协会第十四次全国心理卫生学术大会以线上会议的形式召开，来自医疗、教育、科研等多个系统的1800多名专家、学者参加会议。

科普活动 2021年，协会携手小红书推出“心理成长计划”，邀请一批心理学专家针对青少年普遍关注、关心的问题开展心理科普宣传。截至2021年年底，共有9位专家入驻小红书，发布50余条科普视频，视频内容从不同角度对青少年的健康成长给予指导；在年底疫情突发阶段，协会紧急召集专家录制20余条抗疫心理援助科普视频，以缓解大众的恐慌、焦虑心理。协会小红书官方账号总粉丝量达4.2万，专家个人账号突破万人粉丝量，以点带面带动心理学科普。

党建强会 2021年，协会严格按照中央和国家机关工委的相关要求制订党史学习教育实施方案，成立党史学习教育工作小组，落实好全年的学习教育工作。

3月，召开常务理事会议，传达并学习《中央和国家机关行业协会商会党史学习教育工作方案》，统一认识。在7月召开的常务理事会议上，协会理事长、党委书记马辛讲专题党课1次，重点学习习近平总书记在庆祝中国共产党成立100周年大会上的重要讲话精神，号召广大心理卫生工作者团结在党的周围，学习党史、增强党性，践行初心、坚守使命，立足本职工作。会后，向与会成员和七届理事会成员下发资料，要求在自学的基础上结合单位集中学习、深化认识。

协会秘书处尚未成立党的组织，但仍组织多次专题学习，学习习近平总书记的各项会议重要讲话精神，组织工作人员收看建党百年的各项直播，多次参观党建主题展览。

【中国心理卫生协会第十四次全国心理卫生学术大会】 9月16—19日，中国心理卫生协会第十四次全国心理卫生学术大会以线上会议的形式召开，来自医疗、教育、科研等多个系统的1800多名专家、学者参加会议。国家心理健康和精神卫生防治中心主任、党委书记姚宏文在开幕式上致辞。会议共安排大会报告6个、主题论坛7个、分会场交流报告14个、中宾工作坊5个、外宾工作坊5个，来自国内外的200余名专家、学者作报告。

在协会学术年会的会前会上，协会与波科国际医疗贸易（上海）有限公司和博福－益普生（天津）制药有限公司联合举办“聚焦精神心理健康和多学科融合”的启动仪式。

截至9月19日下午，大会累计观看量近7万人次，累计观看时长270万分钟。

（撰稿人：姜婧怡）

中国抗癌协会

服务创新型国家和社会建设 2021年，协会举办早筛科普基地系列活动，聚焦“如何科学防癌和早筛”等公众关心的热点健康话题，拍摄成短视频并通过网络传播，同时进行线上科普讲座、义诊咨询直播。6—9月，组织开展《早筛公开课》直播活动，根据常见病种，邀请专家撰写脚本、录制《爱筛大家谈》短视频，并进行后期剪辑加工制作成品。10—12月，组织开展5期线上《早筛公开课》及科普义诊活动，邀请专家就“癌症高险人群该如何检查、如何做好预防、诊断后如何治疗”等常见问题进行讲解。讲座后，专家与在线用户实时互动、解答网友的提问。

2021年度协会各机构申报获批国家级继续医学教育项目65项，完成55项，授予学分合计234分，培训学员10700余人。

学会建设 协会现有分支机构86个，团体会员单位103个，地方抗癌协会31个，个人会员310255人。2021年吸纳首都医科大学附属北京佑安医院、长春肿瘤医院、辽宁省健康产业集团抚矿总医院、内蒙古医科大学附属医院、西安交通大学附属第一医院为事业单位会员，吸纳博尔诚（北京）科技有限公司为企业单位会员。届中调整4位理事（常务理事）职务。筹建10个新的专业委员会。采取线上线下相结合的方式完成18家专业委员会换届。对开展工作不佳的2个专业委员会进行整改重组。

11月，协会入选中国科协第四期学会能力提升专项“中国特色一流学会建设项目”一类学会，获得连续三年的经费支持。这是继2012年、2015年、2018年连续三期获得中国科协学会能力提升专项优秀学会项目、世界一流学会建设项目后，第四次获此项目支持。

由协会推荐的10场品牌会议入选中国科协《重要学术会议指南（2021）》。

青年人才托举工程 协会继续通过中国科协生命科学学会联合体参与“青年人才托举工程”项目。2021年，经过各单位推荐共收到106份申请，最终2位青年人才获得资助。

主办期刊 2021年，协会举办4期系列期刊编辑培训云课堂，助力打造青年编辑团队，提升办刊水平和质量。2021年，*Endoscopic Ultrasound*（《内镜超声杂志》）和*Journal of Translational Internal Medicine*（《转化内科学杂志》）2本英文期刊加盟协会系列期刊，刊群规模扩大至34种。5本被SCI收录的英文期刊国际影响力不断扩大，*Cancer Biology & Medicine*（《癌症生物学与医学》）影响因子为4.248，*Chinese Journal of Cancer Research*（《中国癌症研究》）影响因子为5.087，*Cancer Communications*（《癌症通讯》）影响因子为10.392，*Endoscopic Ultrasound*影响因子为5.628，*Journal of Translational Internal Medicine*影响因子为3.451。

学科发展工程 完成《整合肿瘤学》出版。为推动肿瘤整合医学的发展，历经2年时间编写的《整合肿瘤学》丛书正式出版。丛书由协会理事长、中国工程院院士樊代明担任总主编，来自协会86个专业委员会的672位全国知名专家共同参与编写。全书分为《基础卷》和《临床卷》，共6个分册3650余页620

万字。该书是迄今规模最大、最系统全面的整合肿瘤学学术专著，对推动肿瘤学科建设和肿瘤临床诊治水平的提升具有重要价值。

发布学科发展报告，制订诊疗规范指南。2021年，继续组织编写发布《中国恶性肿瘤学科发展报告（2020）》，本年度报告共有来自43个专业委员会的510位专家参与编写，包括基础研究、诊疗手段、常见癌种三大部分。在学会官网、App、微信公众号等平台上建立指南发布专题，与专业媒体合作，邀请各学科专家做系列解读视频，实现融媒体推广宣传，发布310篇专家解读视频，获得全国肿瘤医学领域专业技术人员的广泛关注。

组织编写《中国肿瘤整合诊治指南》。2021年，正式启动《中国肿瘤整合诊治指南》的编写工作，分别在1月30日和2月6日组织召开两次《中国肿瘤整合诊治指南》编写主编沟通会议，组织各个领域的专家投入编写工作。6月16日，在天津组织召开初稿论证会，遴选出《乳腺癌》和《前列腺癌》两篇高质量稿件作为编写范例；并审定完成《中国肿瘤整合诊治指南编写要求》，就指南编写的理念、思路、体例、证据级别等问题进行规定，为各个团队的编写工作提供指导，保证《中国肿瘤整合诊治指南》整体风格的统一。《中国肿瘤整合诊治指南》已编写完成。

国际学术会议 7月3日，协会、中国科协“一带一路”国际肿瘤防治专业人员联合培训中心与世界针灸学会联合会、乌兹别克斯坦国家癌症中心及乌兹别克斯坦肿瘤学家协会联合主办中国－乌兹别克斯坦癌症防控双边学术研讨会。会议由乌兹别克斯坦共和国驻上海总领事馆、乌兹别克斯坦中国企业商会共同协办。会议以线上线下相结合的方式举办，共计4.1万余人次在线观看，其中乌兹别克斯坦、法国、英国、德国、俄罗斯等国家的观看人数占比超过20%。

12月18日，由中国科协“一带一路”国际肿瘤专业人员联合培训中心、中国抗癌协会、国际抗癌联盟联合主办，河南省肿瘤医院、河南省癌症基金会共同承办的全球女性肿瘤防控区域性研讨会在线召开。共计5.3万余人次在线观看直播，其中瑞士、法国、美国等国家的收看人数占比近30%。

12月19日，由中国科协“一带一路”国际肿瘤防治专业人员联合培训中心、中国抗癌协会、澳大利亚ICON医疗集团联合主办的2021年中澳肿瘤护理双边学术会议在线召开。会议进行现场直播，中国、澳大利亚有近3.7万人次在线观看。

12月21日，协会与美中抗癌协会联合主办中美肿瘤诊治双边学术研讨会，会议全程直播，中国、美国共计3.9万余人次在线观看。

国内主要学术会议 2021年，协会及其分支机构组织开展各类学术交流活动420场，参加会议人数超过37万人次，交流论文2.4万篇。

9月25—26日，由协会主办，青海省抗癌协会、甘肃省抗癌协会、宁夏抗癌协会、中国科学院近代物理研究所等联合承办的2021中国肿瘤学大会主旨报告遴选暨中国肿瘤新进展研讨会在青海省西宁市召开。作为2021中国肿瘤学大会的会前会，此次会议要遴选出中国肿瘤学大会的主旨报告。遴选会在西部地区召开，目的是通过大手牵小手，让青海省、甘肃省、宁夏回族自治区的肿瘤医务工作与全国顶级专家“零距离”面对面，提高西部地区肿瘤诊断治疗水平。

国际组织任职 3月，协会理事长、中国工程院院士樊代明当选为法国医学科学院外籍院士。8月，亚太消化联合学会换届会召开，樊代明当选为理事长。9月，国际微生物学命名委员会权威杂志《国际系统与进化微生物杂志》发布以协会理事长樊代明名字命名的细菌新种——樊代明微杆菌。11月，协会名誉理事长、监事长、中国工程院院士郝希山当选为国际乳腺疾病学会常务理事会主席。

国际交往 6月5日，协会与澳中抗癌协会联合举办国际对话之中国—澳大利亚结直肠癌防治科普讲座。活动特别邀请中国、澳大利亚大肠癌肿瘤医师从结直肠癌的预防、筛查、诊断及治疗四个方面进行知识普及，深受海内外华人的肯定与支持。据统计，线上共计1.2万余人次观看，其中中国在线人数占59.2%、澳大利亚占39.1%、其他国家和地区占1.7%，收到社会各界反馈超过百条。

10月，在“粉红丝带”乳腺癌防治月活动期间，协会与澳中抗癌协会线上主办中澳乳腺癌防治科普讲座。中国、澳大利亚乳腺医生分别就如何预防、检诊、治疗、整形等当下大家关注的乳腺癌话题进行介绍。全球超过2.4万人次观看直播，澳大利亚4家中文广播电台转播。

科普活动 协会积极响应国家健康中国战略，在全国范围内举办第27届全国肿瘤防治宣传周暨中国抗癌日品牌科普活动。本届宣传周全国启动仪式首次采用“线下启动＋全网直播”的方式，新华网客户端等

38 家媒体同步直播，全网累计观看直播人数达 3147.6 万人次。协会在宣传周期间组织各类活动 7135 场，累计发放科普资料 240 万份，直接受益公众和患者 7210 万人次，媒体阅读总量超过 8.2 亿人次。

1 月 30 日，线上举办 2021 年世界癌症日全国启动仪式。活动由重庆医科大学附属第一医院、协会乳腺癌专业委员会共同承办。活动期间，全国各地参与活动组织 1304 家，参与活动的医护人员、志愿者、媒体人员总数 16.9 万人，举办各类活动 3112 场，直接受益公众和患者 2908 人，媒体阅读总量 3.63 亿人次。

建立科普教育基地，出版科普图书。协会各科学传播专家团队牵头发起创立全国性肿瘤防治科普教育基地，定期组织科普宣教及科普能力培训等活动，使肿瘤科普和患者教育工作常态化。2021 年，征集抗癌故事，出版《逢生（第四辑）》,《癌症知多少》科普系列丛书（20 分册）全新改版发行。此外，发挥主流媒体力量，继续打造世界无烟日、乳腺癌关注月、肺癌关注月等科普品牌活动，与专业媒体共建早筛科普平台、用药科普平台等一系列品牌专题，推动精准科普内容生产和传播。

协会被评为 2021 百度健康“致敬医者”年度影响力机构，樊代明获 2021 百度健康年度科普传播奖，支修益获 2021 百度健康“致敬医者”年度权威贡献专家称号，田艳涛获 2021 百度健康“致敬医者”年度突出贡献专家称号。

表彰举荐优秀科技工作者　开展 2021 年度中国抗癌协会科技奖评选工作。为鼓励科普创作，自 2021 年开始，中国抗癌协会科技奖增设科普奖。2021 年度共收到推荐项目 101 项（其中申报科普奖 20 项），最终评审出获奖项目 18 项，其中一等奖 6 项、二等奖 10 项、科普奖 2 项。

开展 2021 年度中国抗癌协会青年科学家奖评选工作。2021 年度共有 84 名青年科技工作者进入评审程序，经同行专家初评（网评）和终评现场答辩评审，产生 10 名获奖者。

2021 年共推选中国科学院院士、中国工程院院士候选人 5 人，其中中国科学院院士 4 人、中国工程院院士 1 人。

根据中国科协第十次全国代表大会选举办法，协会推荐樊代明、王瑛、胡志斌、李文庆为代表人选，推荐樊代明为中国科协第十届全国委员会委员候选人。

樊代明被聘为中国科协第一届学会党建委员会委员，获“全民科学素质工作先进个人”称号。协会推荐的研究成果“提高中晚期鼻咽癌疗效的高效低毒治疗新模式”入围 2021 年度“中国生命科学十大进展”。

党建强会　4 月，协会党委书记陆伟、秘书长王瑛等带领党员、专家赴江西省瑞金市开展中国抗癌协会健康扶贫公益活动，为当地数百位患者进行科普讲座、义诊咨询、早筛检查、公益赠书等服务，获得当地群众和患者的欢迎。2021 年，“癌症救助，科技为民”党建强会特色活动入围中国科协“党建强会计划”通报表扬活动名单，在年底中国科协组织的表彰评选活动中获得“党建强会计划”优秀组织奖。协会开展《学会党组织在中国科协提出的“科普中国、科创中国、智汇中国”中发挥作用》的调研报告获得中国科协“党建理论研究工作优秀组织奖”。

在建党百年之际，协会获得中国科协“百年党史　百家学会”党史知识竞赛优秀组织奖。协会推荐的李文庆教授获得中国科协“自立自强　青春向党”青年演讲大赛二等奖。7 月 1 日，协会入驻“学习强国”，成为协会党建宣传的名片。

会员服务　2021 年，协会编发《会员管理和服务信息专刊》12 期，及时报道会员管理和服务动态及经验。协会开发专业委员会委员推荐系统、科技奖评审专家推荐系统，升级改造会员管理系统、科技奖励工作平台、中国抗癌协会 App 等信息系统，进一步推进信息化建设，服务会员。

协会网站全年发布稿件 512 篇，访问量 300 万次。向中国科协网站投稿，共发布稿件 15 篇，其中要闻 1 篇，网站工作在全国学会中排名前 10。积极推进协会及各分支机构微信公众号宣传工作，2021 年月平均发布信息近 600 条，累计关注 326421 人。协会 App 新闻板块建设栏目 10 个，发布信息 2500 余条。淋巴瘤、血液肿瘤、肿瘤重症医学、肿瘤消融治疗等 13 个专业委员会开设云课堂，参与授课专家 613 人，发布课程 602 次，观看直播 1153647 人次。科技奖励、会员管理等系统配合协会业务工作，成为协会工作重要抓手。

【2021 中国肿瘤学大会主旨报告遴选暨中国肿瘤新进展研讨会】 9 月 25—26 日，由协会主办，青海省抗癌协会、青海大学附属医院、甘肃省抗癌协会、宁夏抗癌协会、中国科学院近代物理研究所联合承办的 2021 中国肿瘤学大会主旨报告遴选暨中国肿瘤新进

展研讨会在青海省西宁市召开。协会理事长樊代明在会上作题为《医学发展的整合与转向》的报告。

主旨报告遴选会由分会场报告和大会报告两部分组成。分会场报告设肿瘤内科治疗、外科及放疗、综合治疗、基础研究及诊断4个会场。经过协会所属各专业委员会、省市抗癌协会、团体会员单位、青年理事会的积极推荐以及专家初评，65位专家聚焦前沿，就肿瘤基础、内科、外科、影像、病理、病因及流行病学等各个领域的新观点、新技术、新方法为大会作系列学术报告。经过专家互评，最终7名教授入选2021年中国肿瘤学大会主旨报告专家名单。

【第27届全国肿瘤防治宣传周】 4月11日，第27届全国肿瘤防治宣传周暨中国抗癌日全国启动仪式在北京举办，此次宣传周主题为“点亮抗癌之路　助力健康中国”。启动仪式上，来自全国31个省（自治区、直辖市）抗癌协会的代表通过视频宣布所在省（自治区、直辖市）第27届全国肿瘤防治宣传周正式启动，并组织在线收看全国启动仪式。协会理事长、中国工程院院士樊代明和中国科学院院士王俊分别作《抗癌之路》医者故事分享，抗癌明星以亲身经历介绍在癌症康复过程中秉持信念战胜癌症的破解之道。

全国启动仪式上发布《中国肿瘤核心科普知识（2021）》，经CCTV新闻频道12分钟专题报道，并得到央视及10余家省级电视媒体权威播出，累计报道395次，受益公众达1.58亿人次。4月12—21日，协会在北京组织预防、早筛、临床、护理、药学、康复等十大专场活动，直接参与及直播收看人数达4622万人次。

宣传周期间，全国各地参与活动的各类机构达3410家，参与活动的医务人员、科技工作者、志愿者、媒体人员及幕后工作者35.8万人，组织各类活动7135场，累计发放科普资料240万份，直接受益公众和患者达7210万人次。通过中央及地方电视台、电台、报纸、杂志、门户网站、自媒体、微博、微信公众号、抖音等平台传播，媒体阅读总量超过8.2亿人次，创历年宣传周媒体传播之最。

（撰稿人：刘　齐）

中国体育科学学会

服务创新型国家和社会建设 学会开展国家队营养食品集中采购工作，加强采购工作的疫情防控和反兴奋剂管理，构筑营养食品安全屏障，助力国家队备战东京奥运会。协助国家体育总局30个采购委托单位所属的70支国家队采购营养食品。

学会及其分支机构助力东京奥运会和北京冬奥会。运动医学分会为东京奥运会中国体育代表团在新冠肺炎疫情防控中作出贡献，协助制订国家队疫情防控制度，建立风险评估体系；体育信息分会全力做好东京奥运会和北京冬奥会备战情报研究，保证国家体育总局领导和相关司局准确掌握各国竞技实力总体情况、把握奥运格局；运动生理与生物化学分会骨干积极参与东京奥运会中国体育代表团参赛北京保障营，先后为跳水、举重、乒乓球、射击等25个运动大项提供保障，覆盖中国奥运代表团83%的参赛大项。

承接国家体育总局科教司委托的体育统计工作，组织国家体育总局直属科教单位及有关单位完成科技部综合统计调查、国家科技基础条件资源调查、全国科普统计调查、2020年全国优秀体育科普作品推选、国际科技合作与交流（港澳台科技合作与交流）统计调查和国际科技合作重点工作年度监测等工作。

学会体能训练分会承接中国奥林匹克委员会奥运会备战办公室委托，组织打造中国体能人才库，已收集中国体能人才库信息调查表1600多份，包括全国体育院系相关专业的学生。

组织开展2021“高校体育与健康教育课程建设专项课题”申报工作，共收到课题申报70项，经评审选出立项课题43项。

学会及其分支机构组织继续教育培训活动近20次，累计培训近4000人次。学会线下举办2期运动处方师培训班，205名学员参加；通过线上线下举办3期高校《运动处方》课程授课教师培训班，180名学员参加。与深圳市文化广电旅游体育局合作举办体医融合复合型人才技能提升活动——运动处方师培训，30名学员参加。

开展心肺复苏急救培训活动，全年共开展培训30余期，受益人群达2000余人次。

学会体能训练分会陆续推出体能训练师继续教育课程，主要针对体能爱好者、体育相关人士以及通过分会认证的380多名体能训练师进行专业知识传播，提供知识更新平台。邀请国内体育专家进行理论讲座专题分享，同时针对体能训练理论热点及实践应用相关知识进行探讨，在知识服务平台共计开展8次线上课程，系列课程学习人数达到5万人次。

学会建设 根据工作计划安排，学会启动第八届理事会换届工作，组建换届工作领导小组。按照中国科协最新要求，制订及报批《中国体育科学学会换届方案》。根据学会实际情况，向中国科协和民政部申请延期换届并获批准。依据学会换届方案要求，同步有序推进各项换届筹备工作。

学会规范日常管理，强化安全风险预防。安排专人负责，梳理制订秘书处及分支机构的用印、合同、网络、信息发布报批流程，建立用印和合同管理台账，加强用印及合同管理培训，规范用印及合同日常管理。

学会全年组织召开2次理事会议和12次常务理事会议，对学会换届方案、延期换届、负责人调整、财务报告、年度工作报告、院士推选、科技奖工作方案等法定事项及重大事项进行民主决策。

学会持续提高运营管理能力。根据业务需求，由学会党委会研究批准，通过公开招标形式采购外部运营服务团队，为学会秘书处提供专业全面的运营支持与服务保障，进一步提高秘书处运营管理能力。

主办期刊 2021年，学会参与中国科协体育领域高质量科技期刊分级目录遴选工作，并入选中国科协"2021年度全国学会期刊出版能力提升计划"产业发展服务项目和国际学术交流项目。《运动医学与健康科学》（英文刊）获得北京科爱森蓝文化传播有限公司颁发的2021年度Best Author Service Award（最佳作者服务奖）和"月度推送十佳期刊"奖励。

2021年，《体育科学》在中国知网发布的《中国学术期刊影响因子年报（人文社会科学·2021版）》中的影响力指数为1414.214，影响因子为6.468，仍保持中文类体育学术期刊第一，入选"世界学术影响力指数WAJCI-Q1社科期刊（中国）"。《体育科学》网站浏览量达到815014次，与2020年相比增加30万余次，网站访客数达到193922个。《体育科学》微信公众号订阅者超过3.7万名，单篇文章最高阅读量达2.2万次，平均阅读量约为4000次/篇，在2021年"CSSCI源刊公众号传播力指数排行榜"（体育类）排名第一。

2021年，《中国运动医学杂志》被遴选为中国科学院中国科学引文数据库源刊核心库（2021—2022）、北京大学《中文核心期刊要目总览》（2021版），组稿1543篇，发表144篇，纸刊每期发行1600册。该杂志在中国知网发布的2021版《中国学术期刊影响因子年报（自然科学与工程技术）》中的影响力指数为864.614，在国内临床医学/特种医学类学术期刊中排名第三；影响因子为1.410，排名第二。第11期推出"冬、夏季项目精英运动员补液、排尿知信行分析专题"，集中报道备战东京奥运会与北京冬奥会的国家队精英运动员补液排尿相关知信行特征基础调查数据。

2021年，《运动医学与健康科学》（英文刊）是SCI、SSCI、Science Direct、Embase、PubMed Central（PMC）、DOAJ、Scopus等数据库和全球424所高校图书馆收录期刊。微信公众号订阅者超过2.5万人。

国际学术会议 2021年，学会举办国际学术会议次数较少，但相较2020年有所提高。

8月，由学会继续教育工作委员会主办、沈阳体育学院社会体育学院承办的运动休闲产业发展国际论坛在辽宁省沈阳市召开。此次论坛的主题为"疫情叠加冬奥背景下运动休闲产业的机遇与挑战"，共有来自国内外近30所高校、40家企业的800余名专家、学者参加。

11月，学会运动医学分会、运动生理与生物化学分会与成都体育学院、中华中医药学会运动医学分会联合举办第三届国际运动医学与健康学术会议。此次会议以"体卫融合下的运动医学发展"为主题，来自全国各地以及美国、瑞典、匈牙利、德国等国家相关领域的30余名专家、学者参加会议。会议共收到稿件近1000篇，录用618篇，其中222篇入选专题报告、396篇入选墙报展示。

国内主要学术会议 2021年，学会及其分支机构以线上线下相结合的形式举办国内学术会议、论坛和研讨会共计30余次，参会人数1.6万余人次。

7月，由学会体育社会科学分会主办，中国奥林匹克高等研究院、北京体育大学国家体育总局体育社会科学重点研究基地承办的全国体育社会科学年会以线上视频会议的形式举办，来自全国各地的500余名专家、学者参加会议。会议主题是"新时代中国特色体育学基本理论问题"，共收稿614篇，录取540余篇。

7月，由学会体育史分会主办、成都体育学院承办的2021中国体育史年会暨国家社科基金重大项目"中华人民共和国体育史研究（1949—2019）"学术研讨会在四川省成都市举办。大会共收稿451篇，录用209篇。

11月，由学会体育史分会主办，陕西省体育改革发展研究会、陕西师范大学体育学院承办的 2021 年“一带一路”体育文化学术大会在线上举办，来自全国高校的 450 余名专家、学者参加，在线观看人数近 2000 人次。大会主题为“一带一路：体育文化的交流和发展”，共收稿近 500 篇，录用 345 篇。

11 月，由学会武术与民族传统体育分会主办的 2021 年全国武术教育与健康大会暨民族传统体育进校园研讨会在黑龙江省哈尔滨市召开，来自国内外 210 所高校、科研机构等单位的 1200 余名专家、学者和学生参加。大会以线上线下相结合的方式举办，共收稿 1225 篇，录取 1106 篇。

12 月，由学会体能训练分会和全国学校体育联盟（游泳项目）主办，武汉体育学院运动训练学院、健康科学学院和竞赛场馆中心承办，武汉体育学院体能中心、武汉体育学院水中康复与健身研究中心协办的第三届国际水中运动论坛暨全国学校体育联盟（游泳项目）教学改革研讨会在线上举办。论坛主题为“体教融合——一体化的突破与变革”，共收到来自 100 多所体育院校（系）、体育科学研究所、医院、军体武警等单位的稿件 1204 篇，录取 720 篇，征文数量相较 2020 年增加 4 倍。

12 月，由学会体能训练分会主办的第八届中国体能高峰论坛暨第二届中国体能训练年会在线上举办。论坛主题为“建立科技与体能训练实践的桥梁”，共收稿 500 篇，录取 400 篇。邀请 10 余位国内外专家、学者分享体能领域的热点研究和前沿科技，线上阅读量达 5 万人次。

国际组织任职 9 月 30 日—10 月 4 日，国际运动心理学会第 15 届世界运动心理学大会在台湾地区以线上形式举办。其间，在会员选举大会上，学会理事、运动心理学分会委员、湖北大学体育学院教授黄志剑当选为新一届（2021—2025）国际运动心理学会理事。

国际交往 学会组织专家、学者参加 2020 横滨体育大会线上会议。学会体育信息分会副主任委员、北京体育大学教授田慧就《北京 2022 年冬奥会筹备工作中的语言服务》作口头报告；学会会员、国家体育总局体育信息中心汪颖就《中国支持运动员职业发展的举措分析》作口头报告。

针对疫情防控，国际奥林匹克委员会医学委员会特邀学会常务理事、运动医学分会主任委员、研究员李国平作为专家加入“运动员急性呼吸性疾病专家共识组新冠肺炎小组”，进行国际化讨论。

科普活动 6 月，为做好全国科技活动周的科学传播工作，学会共组织 4 场“体育专家面对面”系列科普讲座，邀请北京体育大学矫玮、北京大学第三医院艾华、北京体育大学王正珍和成都体育学院廖远朋 4 位专家分别从运动损伤风险控制、运动营养与减肥、身体活动与久坐少动行为指南以及戒毒、运动损伤的防治与康复四方面进行座谈。

拓宽科普渠道，创新科普形式，开展科普活动。联动央视社会部科技组在全民健身日推出“科普公开课”，直播总观看量达 165.9 万，直播微博话题“科学运动避坑指南”的阅读量高达 4923 万。

通过微信公众号开展科学健身指导和科普宣传工作，以提升国民健身与健康素养，2021 年度日均推送 1~2 篇科普文章，累计推送科普文章 400 余篇。

在第五个全国科技工作者日开展系列活动，包括中国体育科技趣味简史视频展播、“体育专家面对面”直播科普答疑、体育科普进社区等。在全民健身日开展系列活动，在武汉体育学院组织开展国民体质监测知识与实测活动，约 100 人参加。

表彰举荐优秀科技工作者 根据《中国体育科学学会科学技术奖奖励章程》及实施细则的有关规定，组织开展第九届中国体育科学学会科学技术奖评选工作。共收到申报项目 87 项，其中体育行政管理系统及科研机构的申报数量为 26 项，占 29%；体育院校的申报数量为 52 项，占 59%；普通高校的申报数量为 8 项，占 11%；其他单位的申报数量为 1 项，占 1%。经评审委员会和专业评审组评审，评选出各获奖推荐项目 30 项，其中一等奖 2 项、二等奖 10 项、三等奖 18 项。一等奖获奖项目分别是上海体育学院推荐的“青少年运动技能评价方法的创新与实践”和国家体育总局体育科学研究所推荐的“构建国家队运动员伤病防治和疫情防控体系的理论研究与技术应用”。

党建强会 学会开展党史学习教育，制订并实施《中国体育科学学会开展党史学习教育工作方案》。充分利用学会官网和微信公众号作为党建宣传的重要阵地，开设“党史学习”专栏，面向学会会员和广大体育科技工作者开展“党史百年天天读”活动，微信平台共发布 353 条相关图文消息。

学会办事机构联合党支部党员同志参加全国党史知识竞赛活动、支撑单位党委组织的党史知识小竞赛和网络歌咏比赛。

按照中国科协科技社团党委要求，做好学会理事会党委换届筹备工作。按期召开3次党委会议，就常务理事会审议事项、党史学习教育实施方案、公开招标采购运营服务等重大事项进行前置把关。组织学会党务干部参加2021年全国学会党务干部培训班，提升学会党务干部队伍建设水平。学会办事机构联合党支部成立青年理论学习小组和3个党小组，有序开展“三会一课”、组织生活会、民主评议、党费缴纳等工作事项，组织瞻仰烈士墓、观影学习和专题研讨等党建活动。

会员服务 学会把信息化平台建设作为服务会员的抓手，充分利用互联网连接和共享的功能，挖掘学会自身的资源和价值。通过举办学术会议、论坛的形式向会员提供服务。

与中科科界（北京）科技有限公司对接，引入中国科协全国学会会员管理系统，调整完善中国科协会员系统PC端，升级学会自由会员系统移动端，提升会员服务的便利性。

【中国体育科学学会成立40周年纪念会】 1月14日，中国体育科学学会成立40周年纪念会在北京召开。国家体育总局副局长、学会第八届理事会理事长李颖川出席纪念会并讲话。国家体育总局相关司局领导、直属单位领导，学会历任领导，学会第八届常务理事、理事，以及全国相关领域的专家、学者，地方学会和会员代表约300人在线上和线下参加纪念会。

李颖川理事长在讲话中回顾学会四十年不平凡的历程，号召广大体育科技工作者聚焦创新发展大势和国家战略需求，加强对体育科技创新的引领，在服务体育改革发展、服务人民群众、服务体育科技工作者中建功立业；在提高全民体育科学素养中担当有为；在建设开放型、枢纽型、平台型的现代体育科技社团中创新创造，全面开创学会工作新局面。

学会第四届理事会副理事长兼秘书长谢琼桓、体育社会科学分会秘书长黄亚玲、青年工作委员会副秘书长徐建方代表老、中、青体育科技工作者先后作主题发言。谢琼桓以学会发展的见证者，回顾学会发展中的历届领导对学会工作的重视和关心支持，为学会健康、可持续发展奠定坚实的基础；黄亚玲以学会发展的相伴者，与大家分享自己从一个汲取学会学术养分的参与者成长为学会中坚力量的心路历程；徐建方表达在学会搭建的平台上、在老一辈体育科技工作者的带领下，由一名体育爱好者成长为致力于体育科技创新的体育科技工作者的自豪与自信。

会上发布纪念中国体育科学学会成立四十周年专题片、《中国体育科学学会（1980—2020）纪念画册》。

【2021年中国体育非物质文化遗产国际会议】 12月10日，由学会武术与民族传统体育分会、全国普通高校中华优秀传统文化传承基地（武术）、全国学校体育联盟（中华武术）主办，集美大学、福建省体育社会发展研究会承办，上海体育学院中国体育非物质文化遗产研究院、中国武术博物馆协办的2021年中国体育非物质文化遗产国际会议在福建省厦门市召开。来自国内外的93名专家、学者以及全国226所高校的3218名师生参加会议，近7万人次通过直播收看。大会共收到稿件1406篇，录用1233篇，其中专题报告205篇、墙报交流404篇、书面交流614篇。

大会由开幕式、大会主报告、专题报告3个环节组成。新华社报道文章《国内外专家“云聚”厦门 共话体育非物质文化遗产保护与传承》一天内浏览量达110万余人次。

大会主报告环节由集美大学海洋文化与法律学院院长郑亮主持。上海体育学院中国体育非物质文化遗产研究院名誉院长、中国非物质文化遗产保护中心原主任连辑以《关注新时代文化的新特征：文化的层级结构趋于扁平化》为题，阐释文化层级结构的六大要素，并提出体育非物质文化遗产作为一种精神生活方式，应顺应文化扁平化大趋势。美国俄勒冈研究院首席研究员李甫中以《太极拳与公共卫生：从传统应用到现代临床实践》为题，立足传统与现代，对太极拳的功用进行多角度论证。

分会场主报告由湖北省“楚天学者”特聘教授王岗、日本爱知县立大学教育福祉学科主任汤海鹏、爱尔兰国立梅努斯大学中国研究中心主任吕洲翔、韩国培材大学教授金琪卓分别作题为《文明的中国武术论绎》《日本的民族传统非物质文化遗产的传承与保护》《中国武术：传统与现代之辩》《韩国体育文化的发展与课题》的报告，从不同文化背景对体育非物质文化遗产的文化属性、历史脉络、民族特色、发展状况等进行分析，融历史性与前瞻性于一体。

专题汇报环节聚焦“中国体育非物质文化遗产的新时代发展”主题，来自国内外的专家、学者进行205篇专题报告，在14个线上分会场同步展开研讨。

【第二十一届全国运动生物力学学术交流大会】 7月26—28日，由学会运动生物力学分会主办、中北大学体育学院承办的第二十一届全国运动生物力学学术交流大会在山西省太原市举办。来自美国北卡罗来纳大学、英国拉夫堡大学、台湾师范大学、国家体育总局体育科学研究所、北京体育大学、上海体育学院等50余所国内外高校及科研院所的300余名专家、学者参加会议。

大会开幕式由大会主席、中北大学体育学院院长曹电康主持。中北大学副校长曾建潮出席开幕式并致欢迎词。学会运动生物力学分会主任委员王清代表分会致辞。中北大学科学技术研究院常务副院长桂志国、山西省体育局科技教育处处长侯冰出席开幕式。开幕式结束后，美国北卡罗来纳大学教授于冰等10位专家作大会主题报告。

大会共收录论文420余篇，举办大会主报告10场、专题分会场报告133场，墙报交流论文298篇。大会聚焦奥运冠军运动模型、足踝扭伤的损伤机制及预防方法、惯性动作捕捉技术、特殊环境下人体运动、大数据与人工智能在运动生物力学中的应用、可穿戴设备在人体运动测量中的应用、运动生物力学对竞技运动水平的提升、运动生物力学在运动损伤和大众健身中的应用等热点问题进行交流讨论。会议期间，参展企业还对运动生物力学领域的先进仪器设备进行展示。

（撰稿人：高利君　王仙荣）

中国毒理学会

服务创新型国家和社会建设　学会积极建设毒理学科技创新智库。为配合中国药品监管科学行动计划的实施，学会临床毒理专业委员会组织实施中国毒理学会临床毒理专项课题研究，2019—2020年已立项支持相关课题47项。截至11月18日，共发表学术论文53篇，出版担任主编、副主编专著3部，获得各类学术奖励8项，发表学术会议论文及报告11项。

继续承接科学决策咨询并开展技术标准研制等政府转移职能。按照《中国毒理学会团体标准管理办法（试行）》《中国毒理学会团体标准工作细则》，共立项4个团体标准。

学会举办继续教育培训班4次，参加培训人员共计2000余人次。

学会建设　截至12月31日，学会新发展个人会员1685人，会员总数达18635人，同比增加9%；新增单位会员9个，单位会员总数达200个。学会下设分支机构共30个。

学会按《中国毒理学会章程》办会，2021年召开常务理事会议2次。

根据《中国毒理学会所属专业委员会组织管理细则》规定，食品毒理专业委员会、计算毒理专业委员会、毒理研究质量保证专业委员会、环境与生态毒理学专业委员会、兽医毒理专业委员会、生化与分子毒理专业委员会、工业毒理专业委员会、纳米毒理学专业委员会、放射毒理专业委员会共9个专业委员会完成换届。拟新成立特种医学毒理专业委员会。

根据理事长办公会议事规则，2021年召开理事长办公会议4次、秘书长办公会议4次。2021年度，19个专业委员会成立功能型党小组，学会党组织覆盖率达到100%。

青年人才托举工程　2021年，学会依据《中国毒理学会青年人才托举工程实施细则》，第四届（2018—2020年度）“青年人才托举工程”被托举人刘晶、王迪雅、陈石磊在中国毒理学会第八次中青年科技论坛上进行结题工作汇报。同时，获得第七届（2021—2023年度）“青年人才托举工程”项目资助2个名额。

主办期刊　学会与牛津大学出版社合作创办的*Toxicology Research*（《毒理研究》英文版）2021年共出版6期，共刊登来自中国学者的49篇论文。

国际学术会议　5月17日，学会临床毒理专业委员会在线主办2021紫禁城国际药师大会药物警戒与药品风险管理国际分会场。专业委员会主任委员宋海波担任分会场共同主席。分会场邀请来自国内外的专家从临床、科研和监管等不同角度分享实践经验与研究前沿，共同探讨药物警戒热点问题，以积极推进合理用药，保障公众用药安全。收看分会场课程的人数近7000人次。

10月20—23日，由学会主办，浙江省毒理学会、浙江大学药学院联合承办的第九届亚洲毒理学大会暨中国毒理学会第八次中青年科技论坛在浙江省杭州市以线上线下相结合的方式召开。大会主题为“大数据时代的亚洲毒理学：从公共健康到环境安全”。大会学术交流包括大会报告、专题报告、壁报交流等，内容涵盖当今毒理学研究的最新进展。

11月13—15日，中国纳米医药2020/2021在线上举办。学会纳米毒理学专业委员会负责组织第五分会场：纳米毒理与纳米安全分会场暨第九届全国纳米生物效应与毒理学会议。共有24位学者通过网络分享他们在纳米材料毒理研究、安全性评价及纳米药物转化等领域所取得的成绩。收看分会场课程的人数近2000人。

国内主要学术会议 2021年，学会及其分支机构共举办年会、研讨会、报告会、论坛等学术活动13次，参加现场学术交流的人数达3000余人次，通过线上参与交流的人数达3.7万余人次。提交学术交流论文1000多篇。

4月24日，由学会毒理学教育专业委员会主办的第一届“春之声”毒理学研究生论坛以线上方式召开，共有400余人参加。论坛分为四个分会场，来自全国25所院校的17位博士研究生和23位硕士研究生参加演讲，来自全国各高校的14位博士生导师评委和16位硕士生导师评委为毒理学研究生演讲进行点评、提出建议和评分。

5月21—23日，学会临床毒理专业委员会在广东省广州市举办第三届上市药品风险评价及风险管理会议，来自国内从事药品安全相关工作的临床、科研、教育机构及产业界的专家、学者共300余人线下参加会议。会议邀请医学、药学、流行病及药物警戒等领域的60余名国内外专家、学者作大会报告或专题报告。

5月21—24日，2021年（第十届）药物毒理学年会在浙江省绍兴市召开，学会药物毒理与安全性评价专业委员会作为联合主办单位之一。年会以“聚焦毒理前沿，促进创新转化”为主题，900余人参加会议。除了主会场，年会还设置药物研究指导原则分会场、安全药理研究分会场、新药安评政策法规分会场、药物毒性评价分会场、中药与天然药物分会场、青年论文交流分会场6个分会场。大会共收录563篇会议论文、14项大会报告、113项分会场报告。

6月19—21日，由学会神经毒理专业委员会、表观遗传毒理专业委员会主办的中国毒理学会神经毒理与表观遗传毒理专业委员会2021年联合学术年会在江西省南昌市召开，来自全国神经毒理和表观遗传毒理学及其相关学科研究的近300名专家、学者参加会议。会议特邀国内知名专家、学者作大会报告，交流研讨神经毒理和表观遗传毒理领域的前沿知识和最新成果，并分别安排一系列专题学术报告。此外，年会还同步进行课题设计创新大赛、墙报展示评选以及科学家讲党课等环节。

7月7—9日，学会食品毒理学专业委员会联合毒理学替代法与转化毒理学专业委员会在辽宁省沈阳市举办（第五届）毒性测试替代方法与转化毒理学（国际）学术研讨会，来自国内外众多技术领域和管理领域的专家、学者约400人参加。17位国内外专家作大会主旨报告。大会设置三个分会场，共计47个学术报告。

7月21—23日，由学会计算毒理专业委员会主办的第四次全国计算毒理学学术会议暨第二届会员代表大会在陕西省延安市召开，约90个单位的220余位专家和学者参加会议。此次大会的中心议题为“人工智能与人类健康”。

10月8—10日，由学会分析毒理学专业委员会主办的全国分析毒理第二届青年论坛在江苏省无锡市召开，来自全国相关领域的300余名专家、学者参加会议。会议主题为“环境分析化学与毒理健康”，安排40多个学术报告。会议内容涉及典型污染物的毒理分析与评价、环境安全性及生物效应等技术领域的发展趋势和前沿动态。

两岸交流 11月27日，由学会和台湾毒物学学会联合主办的第十届海峡两岸毒理学研讨会以线上方式举办。来自中国毒理学会和台湾毒物学学会的8名专家应邀作口头发言，180余名获授权人士参加在线研讨会。会议围绕“毒理学对健康和福祉的影响”主题，就计算毒理学和靶器官毒理学开展专题交流。学会理事长周平坤和台湾毒物学学会理事长李志恒致辞并全程参与交流。

国际组织任职 学会常务理事付立杰任国际毒理学联合会执行委员（2019—2022），任期三年。

学会常务理事付立杰任亚洲毒理学会执行委员（2021—2023），学会理事长周平坤、理事陈春英、常务理事蒋义国、理事黄瑞雪担任亚洲毒理学会理事。

国际交往 受疫情影响，学会常务理事付立杰通过视频方式参加国际毒理学会理事会议、美国毒理学会理事会议等。

科普活动 2021年，学会以“健康安全与科技创新”为主题，组织第四届中国毒理学会校园科普作品大赛，面向全国高校在校学生征集毒理学相关的科普作品。3月，通过官网、官方微信及专业委员会联络人邮箱发布通知，截至6月底征集文字、漫画、视频等各类科普作品70个。经学会科普工作委员会评审，最终评选出一等奖1名、二等奖2名、三等奖3名、优秀奖8名、组织奖4名。此次活动的获奖作品通过学会官网和微信公众号广泛传播。

学会自筹专项基金设立科普活动专项基金，2021年度资助2个项目。继续以学会科普园地为宣传阵地，举办全国科技工作者日主题活动，发布毒理学相关科普知识。

工业毒理专业委员会在河北省青少年科普知识竞答网站发表科普文章，组织实验动物的伦理科普宣传讲座等。

食品毒理专业委员会多位委员参与重大活动的疫情防控保障工作，参与疫情咨询和科普工作，解答群众提出的关于疫苗接种注意事项、异地往返的核酸检测政策等问题。5月，在福建省疾病预防控制中心举办2021年福建省全民营养周暨“5·20中国学生营养日”主题宣传活动。5月19日，通过杭州医学院、农夫山泉股份有限公司、杭州赛能医药科技有限公司共同举办的全民营养周活动向公众传播营养健康理念，指导合理膳食。9月，在西南大学通过“第1眼－重庆广电”向市民介绍食品的保质期、保存期、临期食品等概念以及食品储存条件、食品类型与储存时间和条件的关系等。9月，在江山实验小学开展“均衡营养、健康成长”小学生饮食与健康知识讲座。

临床毒理专业委员会组织各类科普活动34场（期），其中科普咨询活动1场、科普宣讲活动5场，播出线上科普节目28期，发放相关材料5000余册。申报“基于疫情防控需求的合理用药宣教‘云说科普，听出健康’模式的探索与搭建”项目，获学会立项支持。已制作“基于疫情防控需求的合理用药宣教”云说科普系列节目28期，受众8.2万余人次。

环境与生态毒理学专业委员会积极参加生态环境部门开展的有关“一带一路”生态环保能力建设科普活动。

生物毒素毒理学专业委员会举办科普宣讲活动10次，其中专家科普报告会3次、青少年科普活动1次，受众人数23154人次。

毒理学史专业委员会为配合全国科普日和世界无烟日，制作《吸烟有害健康》专题邮票展，为600多名中小学生进行“烟雾中已知的化学物质”的科普，在全国科普日活动陕西省临潼主会场进行《请掐灭你手中的烟》专题邮票展介绍。

2月22日，纳米毒理专业委员会名誉主任委员、中国科学院院士赵宇亮在为广东省广州市黄埔区中小学生开讲的新学期第一课上介绍纳米科技，全区100多所中小学校的近12万师生通过网络收视收听。

6月5日，赵宇亮登上央视《开讲啦》节目，向全国电视观众和网友介绍纳米技术给人类社会和生活带来的各种改变及纳米产业发展的前景。

毒性病理学专业委员会主任委员彭瑞云团队受邀赴某部队等进行“电磁辐射与健康”相关内容科普知识授课，普及辐射毒性病理学相关知识。

表观遗传毒理专业委员会主任委员蒋义国团队指导的学生获2021年全国大学生健康科普大赛优秀奖，并获优秀组织单位奖。

截至2021年年底，学会新招募20余名科普工作志愿者。

表彰举荐优秀科技工作者 依据《中国毒理学会科技奖励章程》的规定，学会开展2021年中国毒理学杰出贡献奖评选活动，共评选出3名获奖者，分别是刘征涛、孙志伟、杨杏芬；根据《中国毒理学替代法发展奖奖励实施细则》的规定，开展2021年中国毒理学替代法发展奖评选活动，共评选出2名获奖者，分别是王慧、王韫芳。10月23日，在中国毒理学会科技奖颁奖典礼上为5位获奖者颁奖。

党建强会 2021年，学会党委充分发挥党在学会工作中的政治核心、思想引领和组织保障作用，全面实现党的组织和党的工作两个全覆盖。经学会党委批准，30个分支机构全部建成功能型党小组。

按照中国科协党组的统一部署，以深入学习和贯彻习近平总书记“七一”重要讲话精神为重点，围绕建党百年开展“学党史、践初心、做贡献”系列活动。学会理事会党委组织多种形式，听取周平坤传达大会精神，学习习近平总书记在中国科学院第二十次院士大会、中国工程院第十五次院士大会和中国科学技术协会第十次全国代表大会上的重要讲话。

以学术交流平台结合学会官网“党建强会”专栏促党建，在平台上宣传学会党委与分支机构党组织开展的党建联学活动，继续完善分支机构与学会党委之间的党建学习宣传联动模式。

学会秘书处党支部和各专业委员会党小组通过集中学习、参观见习和召开民主生活会等不同形式开展党史学习教育。

会员服务 学会积极参与网上科协建设工作。2021年，围绕科协以“智慧学术”精准服务学会和科技工作者，全面提升实体化、规范化、职业化建设水平，实现学术资源共享、科技工作者网上社交、学会管理服务线上知识分享的社交新生态。

【第九届亚洲毒理学大会暨中国毒理学会第八次中青年科技论坛】 10月20—23日，第九届亚洲毒理学大会暨中国毒理学会第八次中青年科技论坛在浙江省杭州市以线上线下相结合的方式举办，大会主题为“大数据时代的亚洲毒理学：从公共健康到环境安全”。大会由学会主办，浙江省毒理学会、浙江大学药学院联合承办。重庆威斯腾生物医药科技有限责任公司、北京慧荣和科技有限公司、湖北天勤生物科技有限公司、北京宝洁技术有限公司等给予赞助和支持。来自亚洲毒理学会各成员组织的专家、学者近百人以线上方式参加，来自全国各地的毒理学界及相关领域的专家、学者、科技和教育工作者、管理人员、研究生以及相关企业的专业技术研发人员共600余人以线下方式参加会议，在线观看人数最多时近9000人。

大会同时开设6个分会场，来自日本毒理学会的7位毒理学领域专家、泰国毒理学会的3位专家、印度毒理学会的2位专家、马来西亚毒理学会的2位专家，以及澳大利亚、伊朗、爱沙尼亚、美国、德国、法国等国家的毒理学专家参加国际分会场12个主题的口头报告。会议共收到国内外交流论文400余篇，展出壁报140余份，分别从口头报告和壁报中评选12篇优秀论文报告和15篇优秀壁报。

会议邀请亚洲毒理学会主席付立杰、日本毒理学会前任理事长Tetsuo Satoh以及Hoonjeong Kwon、Yoshito Kumagai、Lalit Kumar Verma、Meei-Ling Sheu、朱凤才、顾忠泽等国内外知名毒理学专家作大会报告。这些大会报告就毒理学领域的最新研究进展，为阐述环境暴露与人类疾病发生病因提供新思路和新的方法手段；同时，从不同角度解读毒理学的发展与展望，并就国际动态与发展趋势、学科前沿和高新技术以及各自的学术研究成果进行交流。大会还邀请青年托举人才刘晶、陈石磊、王迪雅作结题工作报告。

会议期间举办中国毒理学会科技奖颁奖仪式，向获得中国毒理学杰出贡献奖的刘征涛、孙志伟、杨杏芬颁发奖励证书和奖杯；同时，对2020年度、2021年度获得中国毒理学替代法发展奖的贾旭东、李国君和王慧、王韫芳颁发奖励证书和奖杯；表彰中国毒理学会2021年校园科普大赛的9个获奖作品、5个获奖单位以及6个优秀作品；并颁发优秀口头报告和壁报证书及中国毒理学家资格认证证书。

（撰稿人：铁　轶　关　华）

中国康复医学会

服务创新型国家和社会建设 学会组织制订《2021—2023年中国康复医学会科技发展项目立项方案》。组织首批团体标准立项申报和专家评审，召开3期标准编制培训班，批准实施“脊柱损伤康复团体标准”等17个计划项目。

推进康复培训基地评审建设，基地由160个增加到300个，覆盖全国各省（自治区、直辖市），为更好满足康复科技工作者培训需求创造条件。

与上海市崇明区人民政府、江西省吉安市科协、山东省菏泽市科协、河南省南阳市科协、福建省平潭示范区等地方政府（部门）签订战略协议，进行深入合作，驱动科技事业和康复产业创新发展。严密组织学会年度科学技术奖评审，强化导向作用，激励自主创新，共有57个项目获奖。

积极组织研究申报重大科学问题、工程技术难题和产业技术问题，获中国科协重大科技问题难题征集发布“2018—2021年度优秀组织单位”。

学会建设 截至12月31日，学会正式注册个人会员65000人、单位会员500个。建立专科会员和荣誉会员制度，共发展专科会员9000余人，两批次授予34人荣誉会员。

积极申报中国科协实施的学会能力提升专项“中国特色一流学会建设项目”，获得“中国特色一流学会建设项目（特色创新学会）”资助。

落实民主治会要求，召开理事会议2次、常务理事会议4次。

根据康复事业发展需要，新成立5个工作委员会、11个专业委员会，学会所属分支机构达89个。3个专业委员会按期换届，12个分支机构调整优化结构。

办事机构加大人才引进力度，专职工作人员增加到29人。

推进信息化建设，网络平台宣传综合评价稳居全国学会前列，网上会史馆建设在中国科协系统排名第三。

青年人才托举工程 学会制订《中国康复医学会“青年人才托举工程”管理办法》，积极向中国科协推荐各类高层次人才。

主办期刊 4月12日，召开2021年度期刊工作会议，严格落实主办责任，制订《中国康复医学会主办期刊管理暂行办法》，开展期刊社会效益评价，组织出版单位签订《意识形态工作责任书》并进行自查，全面提高办刊质量和管理水平。积极争取上级支持，与中国科协学会服务中心签署《卓越期刊行动计划书》，获得专项经费资助。《中国神经再生研究（英文版）》影响因子首次破 5，进入细胞生物学类别 Q2 分区。

12 月 27 日，中国科学技术信息研究所在北京发布《2021 年中国科技论文统计报告》。结果显示，学会主办的《中国康复医学杂志》《中国组织工程研究》获 2020 年“百种中国杰出学术期刊”称号。

学科发展工程 学会持续推进“康复医学指南”系列丛书编著，继 2020 年度出版 12 部指南后，《呼吸疾病康复指南》《中西医结合康复指南》《肿瘤康复指南》《脑血管病康复指南》相继出版。

国际学术会议 8 月 13—15 日，第二届上海国际老年康复论坛以全球网络直播形式在上海市举办。大会以“与世界话老年”为主题，邀请全国老年医学临床及康复领域专家以及美国、日本、澳大利亚及欧洲等国家和地区的专家、学者 220 余人线上交流老年康复实践经验、研究成果及学术思想。大会设“老年神经系统疾病康复”等 12 个分论坛，同时设置英国、美国、日本、澳大利亚 4 个国际专场，开设 229 节线上课程，论坛总观看量达到 87154 人次。

国内主要学术会议 2021 年，学会共举办全国性学术交流活动 51 次，线上线下参加会议人数达 46 万余人次，交流论文、报告 2547 篇。

4 月 9 日，由学会康复辅具应用专业委员会主办的首届中国·成都康复辅具论坛在四川省成都市举办。来自国内康复辅具应用领域的专家、学者分别从康复辅具分类及适配应用、现代假肢在康复中的应用、智能康复辅具在康复中的应用、听障儿童早干预早治疗的重要、体位垫在良肢位摆放中的应用等角度进行学术专题讲座。论坛主要面向中国西南区域，来自各级各类康复机构、康复中心、康复辅具生产企业的相关人员、康复辅具研发技术人员以及残联相关负责人员等近 200 人参加。

5 月 28—30 日，由学会、崇明区人民政府联合主办的第四届上海崇明健康康复大会在上海市举办，来自全国近 200 家医疗机构、高等学校、科研院所等单位的 500 余名专家、学者参加。大会聚焦“大健康与大康复管理”主题，邀请中国工程院院士杨胜利，上海嘉会国际医院、欧洲肿瘤外科学会前任主席 Tibor Kovacs 等国内外健康康复医学领域的专家、学者在主论坛作主旨演讲。大会组织儿童血压健康管理分论坛、口腔康复分论坛、乳腺疾病康复分论坛、康复护理分论坛等多场主题论坛，围绕儿童青少年高血压、口腔疾病康复、乳腺肿瘤、老年人康复护理、慢病护理等议题研讨交流新研究、新理念、新技术、新方法。

6 月 5—6 日，由学会科技管理与评估委员会主办的中国康复医学会科技管理与评估委员会第二届年会在河南省安阳市召开。会议采取线上线下相结合的方式举办，来自全国各地康复医学等相关专业的医务工作者约 1000 人参加会议。会议以“提高科技管理水平，助力康复学科发展”为主题，围绕肌骨康复、神经康复、康复技术、中医康复、科研能力提升等内容设置 1 个主论坛、4 个分论坛、1 个科研能力提升培训班。年会从不同专业角度出发，介绍来自康复医院、综合医院康复科室、基层康复机构等不同层级机构的康复实践经验和康复医学最新前沿发展；结合实际案例，指出康复临床科研的相关要点，为康复医疗机构科研发展提供建设性意见，强调科技力量在康复发展中的重大作用。

7 月 3—4 日，由学会主办的第四届海峡康复产业高峰论坛暨“一带一路”东部康复医学论坛在福建省福州市举办。论坛以“守正创新，融合发展，共建康复未来”为主题，设 1 个主论坛、6 个分论坛、3 个工作坊，邀请众多康复医学界及相关领域的专家围绕认知康复、言语康复、心肺康复、重症康复、盆底康复等作专题报告。会议分享康复医学发展的经验和技术，展示康复医学领域的最新学术成果，探索康复产业创新与转化的发展趋势，来自国内多所高校、各级医疗机构的 500 余名康复专家参加论坛。

7 月 8—11 日，由学会吞咽障碍康复专业委员会主办的中国康复医学会吞咽障碍康复专业委员会第三届学术年会在浙江省宁波市举办。会议以“吞咽有道，甬攀高峰”为主题，设 1 个主论坛、7 个分论坛、1 个优秀论文交流活动、1 个会前全国吞咽障碍康复病例大赛决赛、1 个喉镜吞咽功能评估继续教育培训班。会议邀请吞咽障碍康复领域专家、学者围绕评估、基础研究、治疗、护理、重症、神经性吞咽、吞咽障碍的营养、吞咽障碍的最新处理手段等方面进行专题讲座，来自全国各地各级科研院所的1000余名学者参加会议。

10月22—25日，由学会智能康复专业委员会主办的首届中国智能康复学术与产业年会在四川省成都市举办。大会“院士论坛和前沿技术论坛”邀请多位国内外知名专家和学者就智能康复政策链、产业链、价值链、学术链等方面进行交流。同期举办智能骨科康复分论坛等8个不同领域的分论坛，海内外诸多专家、学者就各个分论坛的核心主题进行最新研究、临床案例、最新技术的分享。大会采用线上线下同步进行的模式，线下参会人数超600人次，线上浏览量达40万人次。

11月27日，由学会骨与关节康复专业委员会主办的第十三届全国脊柱非融合学术会议暨全国第四届脊柱三合联盟大会采用网络直播形式举办。此次会议特邀全国骨科、神经外科、工程技术等领域的30余位专家参加，通过主旨演讲、学术讨论、经验分享等形式，对颈椎人工间盘、棘突间及椎板间固定、腰椎弹性固定等展开多专题交流与讨论，对比分析脊柱融合、非融合及杂合技术存在的相关问题。会议吸引超过1.6万人次的骨科专家、学者参与线上交流。

两岸交流　11月27—28日，由学会主办的2021年海峡两岸暨港澳智慧康复医疗创新学术交流会在线上召开。此次会议是中国科协2021年海峡两岸暨港澳科技交流合作重点资助项目，会议总结交流近年来海峡两岸暨香港特别行政区、澳门特别行政区康复医学科学领域的最新研究成果，研究探讨康复医学科学现状及发展趋势。在主论坛环节，瑞士卢塞恩大学Gerold Stucki教授分享主旨报告《国际功能、残疾和健康分类（ICF）的临床应用研究进展》；学会常务理事、南京医科大学第一附属医院医学中心主任励建安，台湾大学医学院教授林克忠，国际物理医学与康复医学学会主席、香港大学医学院教授李常威，澳门物理治疗师公会会长陈畅坚等专家进行学术演讲。此次大会在线参与人数达1.63万人次。

国际组织任职　6月，国际欧亚科学院院士增选结果揭晓，学会副会长、国际物理医学与康复医学学会执行委员会委员、福建中医药大学教授陈立典当选为国际欧亚科学院院士。11月10日，学会儿童康复专业委员会名誉主委、佳木斯大学康复医学院名誉院长李晓捷担任国际残疾儿童学术联盟执行委员会理事。

国际交往　12月10—12日，第二届中澳康复联盟暨华福康复高峰论坛暨神经重症患者的呼吸与吞咽康复新进展学习班以线上线下相结合的形式在上海市举办。学会党委书记兼常务副会长牛恩喜线上致开幕词。澳大利亚墨尔本大学健康学院院长Linda Denehy，墨尔本大学健康学院物理治疗系主任Jennifer Mcginley，美国医学科学院国际院士、南京医科大学第一附属医院康复医学中心主任励建安分别在现场和线上向大会致辞。大会围绕国内外神经重症呼吸与吞咽康复技术临床应用的研究现状及最新进展，邀请国内外康复领域的多位知名专家进行专题讲座。大会线上直播浏览量超200万人次。

科普活动　学会继续践行“科技为民，科普惠民”宗旨，持续推动“智惠行动——中国康复医学会科普列车基层行”走向深入，组织学会科技志愿服务者在全国各地开展一系列科普与志愿服务活动。5月，开展2021全国科技工作者日康复科普系列活动，组织160位专家进行线上科普讲座，在36个城市开展72场科技志愿活动，直接受益群众200万余人次。举办第三届康复科普创新作品大赛，表彰百名年度康复科普工作先进个人，激发科普创新创造活力。9月，举办2021全国科普日康复联合行动暨第三届中国康复医学会科普年会，开设32场线上科普讲堂，在全国范围组织多场次线下科技志愿服务和培训讲座，受众人数300万余人次。

表彰举荐优秀科技工作者　3月30日，开展2021年度中国康复医学会科学技术奖申报推荐工作，经专家评审，共评选出57项获奖项目，其中一等奖13项、二等奖19项、三等奖25项。

7月21日，开展2021年度中国康复医学会“优秀三师”“优秀青年三师”评选工作，经专家评审，共评选出115名“优秀三师”（包括优秀康复医师55人、优秀康复治疗师23人、优秀康复护师37人）和157名“优秀青年三师”（包括优秀青年康复医师52人、优秀青年康复治疗师69人、优秀青年康复护师36人）。

11月9日，学会向王崇一、史永明、刘道矩、杜宝琮、杨达宽、周天健、赵玉金、赵正全、袁家齐、顾玉东、高楚荣、唐天驷、梁兵、屠丹云14位康复医学科技工作者授予“中国康复医学会第四届终身成就奖”。

党建强会　学会制订并严格落实《中国康复医学会党委中心组理论学习实施细则》，编制《中国康复医学会事业发展“十四五”规划》，开展党史学习教育，突出抓好“我为群众办实事”实践活动，有关经验做法先后被民政部“中国社会组织动态”政务号、《中国科协党史学习教育简报》摘转。学会在中西部贫困地区和革命老区开展的3项活动被中国科协列为“百件实事下基层”实践活动项目。积极参加中国科协“党在我心中”党史知识竞赛、“百年党史　百家学会”大赛。

开展“庆祝建党百年，百项康复服务下基层”活动，组织学会各分支机构采取线上线下相结合的方式，以老区、边区和基层社区为重点，组织专家志愿服务队深入新疆维吾尔自治区、西藏自治区、内蒙古自治区等地开展“党建强会”特色品牌康复服务行活动150余场，为上万群众送去义诊、健康指导等康复服务。

会员服务　学会出台《中国康复医学会会员建设方案》，将会员“十条”服务承诺拓展为“十五条”，改版升级会员信息管理系统，建立“会员之家”公众号，打造手机版会员信息服务管理系统，简化注册流程，动态更新信息，适时反馈意见，设置自动服务提醒，为会员提供智能化服务平台。学会官网和微信公众号设立“会员之窗”，有计划宣传会员先进事迹和个人风采。编辑发送《康复快讯》会员内刊，授予49位专家荣誉会员。积极动员学会会员和康复科技工作者参加中国科协“庆祝建党百年征文”“自立自强、青春向党”演讲大赛活动，获得多个项目一等奖。

【2021全国科普日康复联合行动暨第三届中国康复医学会科普年会】 9月17日，由学会主办，学会科学普及工作委员会、同济大学附属养志康复医院（上海市阳光康复中心）承办的2021全国科普日康复联合行动暨第三届中国康复医学会科普年会在上海市举办。会议以“建党百年路 · 科普新征程”为主题，结合2021年全国科普日活动要求，弘扬科学精神、普及科学知识，聚焦健康文明生活方式、科学防疫、妇幼健康、老年健康等主题，在上海市设主会场，在全国21个省（自治区、直辖市）28个城市设分会场。与会专家、学者围绕婴幼儿感官发育、智力发育障碍、阿尔茨海默病防治、脑卒中、脊柱健康、孤独症康复等进行学术分享，呼吁公众关注全生命周期的健康，提升全民健康素养。

会议期间，向遴选评审出的25个2021年度中国康复医学会科普示范基地进行授牌，对获得第三届优秀康复科普创新作品的个人进行表彰。

会议开展线上线下科普活动和科普宣传系列活动。127位专家共开设32场线上科普讲堂；线下则开展多场面向基层、服务发展、惠及群众的科技志愿服务、培训、讲座等科普活动，受益人数300万余人次。

【中国康复医学会“传承红色基因，砥砺初心使命”主题党日暨康复服务“走进井冈山”活动】 6月18—20日，学会在江西省井冈山市开展中国康复医学会“传承红色基因，砥砺初心使命”主题党日暨康复服务“走进井冈山”活动。活动得到中国科协机关党委二级巡视员徐斌、科技社团党委副书记刘桂荣等领导的指导。学会党委成员、分支机构党支部书记和部分专家以及驻会机构全体党员共110余人参加活动。

全体同志向革命先烈敬献花圈、重温入党誓词、聆听专题党课、参观革命纪念地，深化党史学习教育，打牢听党话、跟党走的思想根基；举办井冈山康复医学论坛，开展“重视康复治疗的外周机制”等专题学术报告，线上线下听课人数超5万人次。向基层医疗机构捐赠康复医疗设备，签署技术帮扶协议，为井冈山市及周边地区上千名人民群众开展公益义诊和健康咨询活动，将党的温暖和医者仁心传递给老区人民。

（撰稿人：全　华）

中国免疫学会

服务创新型国家和社会建设　中国免疫学会“一带一路”动物疫病防治联合研究中心在中国科协专项资助下，利用国内外资源，联合学会、研究所、企业三方力量，继续与“一带一路”沿线国家深化合作，着力推动中国动物用生物制品的产业链、动物疫病防控标准、海外人才基地建设在沿线国家落地生根。2021年度与国际组织签署合作协议4份。

9月24日，由中国科协科学技术创新部主办、学会承办的生命科学前沿——免疫学高层次专家研讨会在北京召开。会议，院士、专家充分研讨，向中国科协提交《实施免疫力解码计划　占领生命科学高地》科技工作者建议报告。

9—12月，学会临床免疫分会开展免疫性疾病诊疗规范与进展系列巡讲。巡讲采用线上线下相结合的方式开展，邀请全国相关科室主任医师及分会委员就自身免疫性相关疾病的诊治规范与进展展开分析讲解，助力大众健康。

学会建设 2021 年，学会第八届理事会召开理事会议 1 次、常务理事会议 2 次、全国秘书长工作会议 1 次。完成届中理事增补工作，选举产生理事 11 名。

血液免疫分会完成换届工作，选举产生第五届委员会；中医药免疫分会完成换届工作，选举产生第五届委员会；女科学家工作委员会完成换届工作，选举产生第二届委员会。

参与中国科协生命科学学会联合体工作，完成各项年度工作。

2021 年，学会选派 3 位代表参加中国科协第十次全国代表大会，学会理事长吴玉章当选为中国科协第十届全国委员会委员。

青年人才托举工程 2021 年，学会推荐 2 人获得第七届中国科协"青年人才托举工程"项目资助。从第一届至第七届，学会共有 18 位青年免疫学人才入选。

主办期刊 *Cellular & Molecular Immunology*（《中国免疫学杂志（英文版）》，CMI）2020 年 SCI 影响因子达 11.530，在全球 162 种免疫学 SCI 期刊中排名第 12，在全国学会期刊中排名第 1。

学会中文会刊《中国免疫学杂志》双核心期刊地位持续稳固。根据《世界期刊影响力指数（WJCI）报告（2020 科技版）》，《中国免疫学杂志》在仅入选的 8 种中文期刊中位居榜首。

国际学术会议 2021 年，学会及分支机构召开境内国际学术会议 3 次，参与人数 9.6 万人次。3 次会议分别是 2021 年美国免疫学会年会中国免疫学会分会场、第八届 CMI 国际免疫学研讨会、第 13 届类风湿关节炎国际论坛。

5 月 12 日，学会受美国免疫学会邀请，以网上视频会议的形式，围绕主题 the long noncoding RNA and cGAS regulation in immune response，举办 2021 年美国免疫学会年会中国免疫学会分会场。此次交流活动由学会副理事长、中国科学院上海生化与细胞生物学研究所教授孙兵和马瑜婷共同组织，共邀请 5 位报告人。与会专家围绕肿瘤免疫学、自身免疫病和炎症性疾病，并结合 lncRNA 和 cGAS 等热点问题，系统性地介绍各自工作进展，并与参加美国免疫学会年会的国外免疫学专家就相关问题进行讨论。

7 月 2—4 日，由中国科学技术大学和 CMI 期刊共同主办、学会和合肥综合性国家科学中心大健康研究院共同协办的第八届 CMI 国际免疫学研讨会在安徽省合肥市举办。会议采取"云报告 + 线上、线下云交流"模式，现场 1000 余名专家、学者参加会议，近 6 万人次通过腾讯视频和网页直播平台参加线上会议。大会邀请中国工程院院士田志刚等 8 位院士到现场作大会报告与学术交流，另邀请学会理事长、陆军军医大学教授吴玉章等专家及来自中国科学技术大学、清华大学等高校的 27 位科学家及 4 位海外专家（线上报告）参加会议并作学术报告和交流。

9 月 17—19 日，第 13 届类风湿关节炎国际论坛在北京召开。本届会议采用线下与线上相结合的方式，由中国医药教育协会等协办。本届大会继续秉承"聚焦进展、注重临床、共享规范"的主题，来自中国、美国、澳大利亚、英国、德国、日本、印度、意大利、瑞典等国家和地区的风湿病学及免疫学专家、学者参加论坛。论坛官网直播间观看人数达 3.6 万人次，其中海外参会人数 4280 人次，其余大众媒体平台在线浏览人数达 211 万人次。

国内主要学术会议 2021 年，学会及其分支机构以线上线下相结合的方式共举办国内学术会议及培训班 16 次，交流论文 1062 篇，参加人数 7.4 万人次。会议主要包括第十四届全国免疫学学术大会、第三届全国细胞分析学术年会、第九届全国感染免疫峰会、第九届全国生殖免疫高峰论坛、中国免疫学会临床免疫分会 2021 年会等。

国际组织任职 2021 年，学会 7 名专家在国际学术组织担任执委及分会委员职务，其中秘书长 1 人、执委（理事）2 人。

学会理事长吴玉章当选为亚洲 - 大洋洲免疫学联盟执委（理事），学会副理事长兼秘书长当选为亚洲 - 大洋洲免疫学联盟秘书长，任期三年。学会继续负责执行亚洲 - 大洋洲免疫学联盟秘书处工作。

国际交往 3 月，学会向国际免疫学联合会提交的《中国免疫学青年人才培养工作》新闻稿发布在国际组织官网上，向全球免疫学界展示学会多举措培养后备力量的努力和决心。

11 月 1 日，学会组织召开 2021 年度亚洲 - 大洋洲免疫学联盟线上会议暨换届选举会议，执行国际组织秘书处工作。

11 月 20 日，学会监事长、中国工程院院士田志刚作为国际免疫学联合会执委，在线参加第 71 届国际免疫学联合会执委会会议，讨论、参与国际组织领导工作。

科普活动 学会通过官方网站、微信公众号等平台定期发布原创科普文章，解读新冠病毒原理、阐述人体免疫防御机制，帮助大众树立正确的健康观。

学会科普工作委员会组织参与类型多样的科普活动：设展参加2021年全国科普日内蒙古主场活动、在腾讯开放内容平台发布系列免疫学科普视频、开设线上《健康免疫学》科普课程、编写《活出健康：免疫力就是好医生》科普书籍等。

表彰举荐优秀科技工作者 学会共推荐2021年度中国科学院院士候选人、中国工程院院士候选人，第十七届中国青年科技奖、第十四届光华工程科技奖、第十八届中国青年女科学家奖候选人等8名。

学会设立的第十届中国免疫学会学术奖评选出终身成就奖1名、杰出学者奖2名、青年学者奖10名。

党建强会 2021年，学会理事会党委共召开3次党委会议，研究学会重点工作，部署党建强会特色工作和主题教育工作。

10月22日，2021年度中国免疫学会常务理事党员会议在四川省成都市召开，选举产生以吴玉章为书记，黄波为副书记，田志刚为纪检委员，姚智、储以微为委员的新一届中国免疫学会理事会党委。

会员服务 学会首次将个人会员系统与会议注册系统直接关联，方便会员参会并享受会员福利。通过官方网站、微信公众号定期推送重点学术会议通知、招聘信息、中国免疫学最新科研成果。编写《中国免疫学会通讯》电子版发送给全体会员。

2021年累计发展个人会员1077人，截至2021年年底，个人会员总数达10051人，会员缴费率达100%。

【第十四届全国免疫学学术大会】 10月21—24日，由学会主办的第十四届全国免疫学学术大会在四川省成都市召开。来自全国的2087位专家、学者参加研讨，其中主要包含医学院校的基础科研人员、临床医生和企业研发人员。大会邀请中国工程院院士、南开大学教授曹雪涛，中国工程院院士、中国科学技术大学教授田志刚，中国科学院院士、上海交通大学医学院教授董晨，中国科学院院士、北京生命科学研究所学术副所长邵峰，中国科学院院士、四川大学教授魏于全，中国科学院院士、中国人民解放军总医院第五医学中心主任医师王福生等30位专家作特邀报告。

会议共收到889篇论文摘要投稿，学术委员会从中选出208篇在16个分会场作发言交流。会议还设置壁报区，交流论文155篇。在会议特设的“编辑面对面”分会场，相关专家与国际期刊资深编辑进行交流。

（撰稿人：姚　婕）

中华预防医学会

服务创新型国家和社会建设 2021年，学会开展技术预见研究、建言献策等智库相关工作。制订《预防接种知情告知专家共识》《中国百日咳行动计划专家共识》。编辑并上报《新冠疫苗研发及使用策略简报》7期。组织学科专家对《医疗机构传染病预检分诊管理办法（修订草案）》进行研讨并提出建议。

开展社会公共服务。发布团体标准《预防接种车基本功能标准》。完成国家国际发展合作署委托项目“援塞拉利昂固定生物安全实验室第三期技术援助项目”可行性研究。

稳步推进社会组织参与艾滋病防治基金工作。2021年，社会组织参与艾滋病防治基金资助31个省（自治区、直辖市）的社会组织开展897个干预、关怀及母婴阻断项目。社会组织参与艾滋病防治基金为5.9万名重点人群提供HIV检测，新发现阳性近8400人，为6.5万名感染者提供随访关怀服务；动员7500多名孕妇接受HIV检测，发现HIV阳性孕早期孕妇27人，并动员其接受抗病毒治疗。7—12月，以专家报告、知识竞答、桌面演练等形式为全国31个省（自治区、直辖市）提供5期线下能力建设。

积极投身抗击新冠肺炎疫情。5月，按照国家卫生健康委要求，派出2队5人参加为期两周的四川省和青海省疫苗接种驻点工作组工作。9—11月，学会秘书长冯子健作为专家先后赴内蒙古自治区额济纳旗、黑龙江省哈尔滨市和四川省成都市指导新冠肺炎疫情防控工作。11月中旬，学会副秘书长刘霞作为国务院联防联控机制派驻专家赴云南省瑞丽市参加疫情评估，指导云南省优化完善疫情防控方案。

创新设立“预防接种信息化与服务能力提升项目”，从全国遴选出16位预防接种信息化相关工作青年业务骨干人才，对其进行集中培训、重点培养和扶持，在导师带领下开展课题研究，促进其业务水平和科研能力的提高，助力打造免疫规划信息化领域领军人才后备队伍。

学会建设 制订并实施《中华预防医学会临时聘用人员管理办法（试行）》，制订《中华预防医学会主办报刊意识形态工作管理制度》。

严格执行常务理事会及功能型党委会召开工作机制。全年召开理事会议 1 次、常务理事会议 2 次、功能型党委会议 3 次。

强化监事会对学会工作的日常监督。召开监事会议 3 次，修订学会监事会工作规则。

加强分支机构建设和管理。2021 年，学会批复成立分支机构 90 个，新成立 7 个分支机构，完成 13 个分支机构的换届。

9—12 月，开展社会组织参与艾滋病防治基金五年阶段性评估，通过数据分析、问卷调查、多方访谈等发现社会组织参与艾滋病防治基金在艾滋病防治领域政府购买社会组织服务中进行有益创新和探索，带动各省（自治区、直辖市）支持社会组织参与艾滋病防治工作，建立的社会组织参与机制在基层社会治理方面发挥较好的示范作用，让社会组织成为受艾滋病影响群体与政府部门之间的稳定剂和黏合剂。

主办期刊 学会现有学术类期刊 71 种，全年总计出版 792 期，增刊 2 期。2021 年共有 47 种系列报刊入选“中国科技核心期刊”，18 种期刊被《中文核心期刊要目总览》收录，6 种期刊被 Scopus 数据库收录。设立每年 100 万元的期刊发展基金，支持精品期刊和潜力期刊进入国际知名数据库和国内重要数据库。52 种期刊与相关机构合作开展网络首发。系列期刊出版系统建设持续推进。承担《2021 年度分领域发布高质量科技期刊分级目录》预防医学、卫生学学科试点工作，初步建立标准科学、分类合理、规则公平、共识广泛的预防医学、卫生学领域科技期刊评价规则和指标体系，为推动同等级中外期刊在科技评价中等效使用、促进中国科技期刊高质量发展奠定基础。

国际学术会议 2021 年，学会举办 3 场国际会议，为中外专家提供学术交流平台。

4 月 8 日，学会与世界卫生组织联合主办的新冠大流行背景下医务人员的职业健康与安全网络研讨会召开。世界卫生组织助理总干事任明辉、学会副会长兼秘书长梁晓峰、世界卫生组织职业与工作场所健康司高级官员 Ivan Ivanov 和北京协和医学院群医学与公共卫生学院环境和职业卫生系副主任张敏出席网络研讨会。另外，666 位职业健康领域的专家、学者通过视频会议系统参加会议。

4 月 24 日，学会与世界卫生组织联合主办的新冠大流行背景下医院感染防控网络研讨会召开。香港大学公共卫生学院李嘉诚医学院教授司徒永康，学会医院感染控制分会主任委员、湘雅医院感染控制中心主任医师吴安华，以及世界卫生组织驻华代表处官员张拓红出席会议。另外，近 300 位医院感染防控领域的专家、学者通过视频会议系统参加会议。

11 月 12 日，由世界公共卫生联盟亚太区联络办公室、新西兰公共卫生学会和学会联合组织的“一带一路”国家预防接种策略研讨会暨第七届世界公共卫生联盟亚太区公共卫生大会预备会在线上召开。此次大会的主题为“推进新冠疫苗接种　维护‘一带一路’国家公共卫生安全”，旨在团结“一带一路”公共卫生学会、推动构建人类卫生健康共同体。

国内主要学术会议 学会及其分支机构全年举办继续教育培训活动 110 余场，线上线下参加会议人数超 100 万人次。学会举办的综合性学术会议和分支机构举办的专业性学术会议相辅相成。重要会议主要包括 2021 年全国疫苗与健康大会、第三届中国环境与健康大会、2021 年中国狂犬病年会、中华预防医学会第 30 次全国医院感染学术年会、中华预防医学会公共卫生眼科学分会第四次全国公共卫生眼科学术大会、第二届全国生物资源管理与利用学术研讨会等。

10 月 15—16 日，以“建设健康环境，确保美好未来”为主题的第三届中国环境与健康大会在四川省成都市举办。此次大会由学会主办，学会环境卫生分会、中国疾病预防控制中心环境与健康相关产品安全所和四川省疾病预防控制中心联合承办。大会由主会场、15 个专题会场和青年论坛组成，邀请来自 100 多家高校、科研院所和疾病控制机构等单位的 180 余位环境与健康领域的专家、学者参加大会，进行交流研讨。

两岸交流 11 月 14 日，学会通过视频连线方式与台湾妇幼卫生协会联合举办第二届中国妇幼健康学术大会两岸妇幼健康分会场。海峡两岸致力于妇幼健康事业发展的专家们围绕“疫情之下，携手共促两岸妇女儿童全生命周期健康”的主题展开交流讨论。

国际组织任职 学会及分支机构加入对口国际组织 116 个，共有 5 位专家担任国际院士，20 名专家担任国际组织主席职位，48 位专家担任国际组织执委以上职务。7—12 月，学会秘书长冯子健作为世界卫生组织传染病危害战略和技术咨询组和世界卫生组织公共卫生措施技术工作组成员，受邀定期通过线上参加工作组活动，发表中国公共卫生热点问题的立场和观点。

国际交往 5—10月，学会副会长梁晓峰作为世界公共卫生联盟执委，10余次参加联盟执委会议，2次参加联盟全体大会，参与联盟关于新冠肺炎免疫接种和减少疫苗犹豫的倡议声明等重大事项决策；3月26日，与联盟签订新一期谅解备忘录，继续承担2021—2023年亚太区联络办公室工作。

7—8月，受中国科协委托，学会副会长梁晓峰应邀出席由国际科学理事会组织的新冠病毒可能带来的中长期结果、影响西太地区新冠大流行结果关键政策2场在线专家访谈。

撰写《“一带一路”国家传染病防控（英文版）》，由Springer出版社与人民卫生出版社联合出版。

9月24日和11月6日，协助邀请世界公共卫生联盟主席及对口国际组织负责人出席由中国科协举办的2021中关村论坛和第三届世界科技与发展论坛。

科普活动 2021年，学会联合快手、微博、百度等30余家新媒体平台开展中华预防医学会健康科普云讲堂直播10余场，观看人次550万。联动保健时报社，在各新媒体账号发布健康科普视频、图文等素材400余部，总观看量达4500万。5月，举办第一届全国预防接种科普大赛，通过现场决赛评选出视频类和表演类一、二、三等奖。5—10月，举办2021年全国大学生健康科普大赛，征集全国百余所高等院校推荐的244267部作品，评选出短视频类和图文类作品一、二、三奖以及优秀奖、优秀组织单位。

编辑出版科普图书《孕产妇心身健康指导手册》《子宫颈癌防控早知道》《轻松读懂新冠疫苗》；启动疫苗聚信行动项目和荷苗计划疫苗科普项目。

进一步推动中华预防医学会健康科普基地群建设，新建深圳三代人科技有限公司、深圳赛诺菲巴斯德生物制品有限公司、中国疾病预防控制中心病媒生物博物馆3家科普基地，学会科普基地总数达18家。

继续推广“爱你爱我艾检测”公益品牌，通过2021年99公益日活动，动员4万多人次捐赠80万余元。8—12月，开展社会组织艾防海报及视频大赛，启动“一亿流量扶持计划”，通过互联网新媒体对优秀作品进行二次传播，提高公众艾滋病防治正确认识及主动检测意识。发挥“互联网+”作用，结合微信小程序、手机移动端App、数据大屏等增加服务对象和社会组织黏性，实时了解项目进展，加强项目过程管理。

表彰举荐优秀科技工作者 学会完成2021年度中华预防医学会科学技术奖评选工作，本年度共有29项科技成果获得奖项，其中一等奖5项。

积极参与2021年度院士推选工作，推荐1名中国工程院院士候选人；推荐中国疾病预防控制中心流行病学首席专家吴尊友当选2021年“最美科技工作者”。

成功推荐学会社会组织参与艾滋病防治基金办公室综合部负责人王芃获得对台工作荣誉纪念章。

党建强会 加强党的组织建设。学会现有党员47名，其中在职党员26名、退休党员21名。7月，成立党员大会筹备工作领导小组；10—11月，增设独立的党委办公室、纪检监察室。

加强党的政治建设，开展党史学习教育。全年组织主题党日活动12次；领导班子成员讲授专题党课4人次，普通党员同志以“我来讲党史”活动为平台讲授微党课13人次；多次组织人民网、北京市易和律师事务所等单位业务骨干、律师就业务工作和党建理论相融合开展专题讲座、专业培训等。

加强党的思想建设。组织广大党员干部特别是领导干部深入学习《习近平新时代中国特色社会主义思想学习问答》《论中国共产党历史》《百年卫生 红色传承》等书籍，重点学习习近平总书记“七一”重要讲话精神、党的十九届六中全会精神等，并专门制订学会学习贯彻党的十九届六中全会精神工作方案。

加强党内监督。针对国家卫生健康委党组巡视工作领导小组对学会巡视工作中发现的4个方面12项问题40个具体问题，推动学会事业发展“十四五”规划制订、内设机构调整、中层干部轮岗等巡视整改重点工作任务的落实，已基本完成巡视整改清零目标。

会员服务 会员发展和管理情况。2021年，学会会员总数11万余人，逐年推进会员信息登记，已做好1万余名专科会员登记。

会员联系和服务情况。强化信息系统建设，提升会员服务水平，完成学会会员、会议、协同办公、学术资源共享等系统的升级改造，全面启动网络信息系统安全专项工作。8月，为受暴雨洪涝灾害影响的河南省部分地市和县区疾控机构工作人员发放慰问品，让抗洪一线会员感受到温暖。

【2021年全国疫苗与健康大会】 4月10—11日，

由学会和中国疾病预防控制中心共同主办的2021年全国疫苗与健康大会在四川省成都市召开。大会旨在通过加强学术交流，促进多学科、多领域的合作与交流，推进中国新冠疫苗接种工作，为筑牢全民免疫屏障、促进经济社会发展、构建人类卫生健康共同体做贡献。此次大会由学会疫苗与免疫分会、生物制品分会、疫苗临床研究专业委员会承办，四川省预防医学会和四川省疾病预防控制中心协办。

学会会长、国家卫生健康委副主任李斌，国家卫生健康委疾病预防控制局局长常继乐，四川省卫生健康委党组书记敬静，中国科学院院士、中国疾病预防控制中心主任高福，以及来自世界卫生组织、国家卫生健康委、各级疾病预防控制和医疗卫生机构、科研院所、高等院校、相关学会的领导、专家、学者、专业技术人员等参加会议。

大会设主旨学术报告、圆桌访谈和分会场及交流会三个部分。在大会主旨学术报告环节，高福作题为《新冠疫苗免疫策略与实践》的报告，世界卫生组织免疫、疫苗与生物制品司司长 Katherine O' Brien 从全球新冠防控视角解读2030全球疫苗行动策略，以色列卫生部原副总干事 Itamar Grotto 分享以色列开展新冠病毒疫苗接种及监测的经验。大会以“推进新冠疫苗接种，维护国家公共安全”为主题开展圆桌访谈，100余位专家分别在6个分会场及9个专题交流会上进行学术报告，共同分享学术研究进展和免疫预防服务管理新实践。

【2021年中国狂犬病年会】 5月21日，由学会、中国畜牧兽医学会和中国工作犬管理协会共同主办的2021年中国狂犬病年会在江西省南昌市召开。本届年会以“消除人间狂犬病，动物免疫先行”为主题，围绕国内外狂犬病防控进展、基础研究与检测、监测与防控实践、暴露后处置等议题开展学术报告、圆桌访谈等活动。会上正式启动“狂犬病科普宣传中国行”，并举办中国狂犬病年会10周年庆祝活动。

【第二届大湾区（深圳）疫苗峰会】 12月4—5日，由学会和深圳市坪山区人民政府共同主办的第二届大湾区（深圳）疫苗峰会以线上线下相结合的形式分别在深圳市坪山区、北京举办。此次峰会的主题为“创新·融合，共享健康”。

学会会长、国家卫生健康委副主任李斌，中国疾病预防控制中心党委书记卢江，法国驻广州总领事福希玮，学会副会长兼秘书长冯子健等相关单位领导出席开幕式。中国工程院院士钟南山、中国科学院院士董晨、中国科学院院士顾东风、英国剑桥大学三一学院院长 Dame Sally Davies 等近30位国内外知名专家作大会报告和参加圆桌论坛。

会议期间，专家、学者共同探讨在“十四五”开局之年如何在全球层面加强合作，进一步提升疾病预防和控制水平，助力实现“健康中国2030”。钟南山、董晨、顾东风、冯子健就加强全球合作、增强疫苗信心、助力全球健康话题进行讨论。学会副会长梁晓峰、北京大学医学人文学院副院长王岳、中国医学科学院北京协和医学院群医学及公共卫生学院执行副院长冯录召、首都医科大学附属北京儿童医院原副院长申昆玲、香港卫生署卫生防护中心疫苗可预防疾病科学委员会委员赵长成、澳门特别行政区卫生局疾病预防及控制中心梁亦好就大湾区公共卫生发展与展望话题进行讨论。

首部聚焦粤港澳大湾区疫苗发展差异与建议的《粤港澳大湾区疫苗创新发展研究报告（2021）》在峰会主论坛上正式发布。冯子健强调，研究报告突出粤港澳大湾区疫苗创新发展对国家公共卫生安全、产业发展以及全球化带来的价值，对塑造“健康湾区”提出战略性建议，同时将对内地疫苗政策、疫苗产业发展产生深远影响。

（撰稿人：牛霏霏　夏建国）

中国法医学会

服务创新型国家和社会建设　1月，中国科协学会服务中心组织对《中华人民共和国科学技术进步法（修订草案）（征求意见稿）》征求意见，学会组织相关专家进行研究讨论并进行函复。

2月，中国科协学会服务中心组织对《中华人民共和国医师法（草案）》征询意见，学会组织相关专家进行研究讨论，对医师法草案中的相关内容提出21条修改意见。

学会建设　2021年，学会完成理事会换届工作，产生新一届（第六届）理事会、监事会、理事会党委成员。

2021年，个人会员7153人，单位会员1个。

学会全资控股企业《中国法医学杂志》社被列为公司制改革的对象。学会成立改制工作小组，将《中国法医学杂志》社由全民所有制改为有限责任公司。

《中国法医学杂志》社正拟定改制工作方案。

制订《中国法医学会党委意识形态工作责任制实施细则》和《中国法医学会监事会工作办法（试行）》。在学会官网公开2021年学会收费情况和会费缴纳情况。

2021年，民政部、公安部对学会进行离任审计，学会秘书处对发现的问题及时进行整改。

主办期刊 2021年，《中国法医学杂志》收到稿件519篇，出版正刊6期，刊发稿件164篇。从第四期开始开辟“主编”专栏，新任主编闵建雄为每期撰写“法医从业心得”系列文章。

《中国法医学杂志》是武汉大学中国科学评价研究中心中国核心学术期刊，中国科技论文统计源期刊，荷兰国际科学文献数据库收录期刊，荷兰医学文摘收录期刊、《中国学术期刊综合评价数据库》统计源期刊，中国期刊网、《中国学术期刊（光盘版）》收录期刊，《中国期刊全文数据库》全文收录期刊，《中文科技期刊数据库》收录期刊，《CAJ-CD规范》执行优秀期刊。

党建强会 新一届理事会中有党员126人，常务理事会中有党员41人，负责人中有党员6人。

5月25日，中国法医学会第六届常务理事会第一次全体党员大会在天津市召开，全票通过理事会党委委员组成人选。党委书记由闵建雄担任，党委副书记由于忠山担任，纪检委员由贾雪峰担任，委员由路宏利、王朝虹、李永良、赵丽娜担任。

根据中共中央办公厅《党委（党组）意识形态工作责任制实施办法》等相关规定，结合学会实际制订《中国法医学会党委意识形态工作责任制实施细则》。

根据中国科协党组《科协系统开展党史学习教育工作方案》，制订《中国法医学会党史学习教育工作方案》。按照工作方案中的指导思想、学习内容和工作安排开展党史学习教育工作，重点学习习近平总书记在党史学习教育动员大会上的重要讲话精神以及在庆祝中国共产党成立100周年大会上的重要讲话精神。11月12日，学会秘书处办公室组织集中观看党的十九届六中全会精神新闻发布会。12月3日，学会秘书长于忠山在秘书处全体大会上讲授《学党史 弘扬工匠精神 践行责任担当》专题党课。

【中国法医学会第六次全国会员代表大会】 5月25日，中国法医学会第六次全国会员代表大会在天津市召开，来自全国公安、检察、法院、司法、教育、解放军的159名代表参加会议。会议由于忠山主持，公安部刑事侦查局二级巡视员王永明应邀出席会议并代表公安部刑事侦查局党委讲话。

会议审议并通过《中国法医学会第五届理事会工作报告》《中国法医学会章程（草案）》，选举产生学会第六届理事会（130人）、监事会（5人）。同期召开中国法医学会第六届理事会第一次会议、中国法医学会第六届常务理事会第一次会议、中国法医学会第六届常务理事会第一次全体党员大会。选举产生第六届理事会会长、副会长（5人）、常务理事（42人）、副秘书长（4人）、分支机构成员、党委委员（7人），聘任秘书长、《中国法医学杂志》社社长，通过关于裁撤法医鉴定委员会的决议。闵建雄当选为新一届理事会会长，马春玲、沈敏、聂绍禄、韩业兴、路宏利当选为新一届理事会副会长，于忠山被聘为新一届理事会秘书长，贾雪峰当选为监事长。

（撰稿人：赵丽娜）

中华口腔医学会

服务创新型国家和社会建设 由中央财政重大公共卫生专项资金持续支持开展的“全国儿童口腔疾病综合干预项目”在学会设立国家项目办，由学会负责项目的管理工作。项目覆盖面达到1252个县（市、区），累计培训口腔卫生服务人员3.4万余人次，参与的医疗机构4404家，健康教育累计覆盖1532万余人次。

2021年接受国家卫生健康委委托，就《关于请提供减少牙汞使用相关材料的函》《牙体缺失、牙列缺损及缺失修复诊疗规范》，关于口腔种植、正畸有关问题和9个病种的临床路径及4个病种的诊疗规范制订修改提供决策咨询。

根据国家卫生健康委科技教育司工作部署，全面推开全国住院医师规范化培训年度工作。在山西省太原市、山东省烟台市举办两期师资培训班，加强住院医师规范化培训基地建设。

受全国科学技术名词审定委员会委托，开展《口腔医学名词》编写与审定工作。2021年完成15个口腔分支学科词条的除重工作并开始释义。

受中国医师协会委托，对住院医师口腔7个专业的《住院医师规范化培训内容与标准（2020修订）》与《住院医师规范化培训基地认定标准（2020修订）》等14个细则进行修订。

持续开展学会团体标准制订工作，先后发布并实施《老年口腔修复指南》《牙齿漂白治疗技术操作指南》《口腔正畸无托槽隐形矫治技术指南》等5项团体标准。

7月，第五届理事会会长俞光岩、秘书长岳林亲自带队赴西藏自治区拉萨市和日喀则市开展继续教育授课、公益检查咨询和口腔健康科普教学活动，走进西藏自治区人民医院、西藏自治区第二人民医院、西藏自治区藏医院和日喀则市人民医院等单位进行教学查房和临床指导，为雪域高原口腔医学发展做贡献。

8月，学会发布《关于坚决抵制口腔医疗美容乱象的声明》，坚决支持国家发布的《打击非法医疗美容服务专项整治工作方案》，严厉谴责任何非医疗单位和个人借“美牙”之名开展属于口腔医疗范畴的治疗操作及相关培训。强烈呼吁全国口腔医疗机构和全体口腔医务人员坚决反对并抵制“美牙”乱象，拒绝参与非法“美牙”组织和任何非法医疗美容活动，鼓励向当地卫生部门举报和投诉非法医疗美容乱象。

2021年，举办各类继续教育培训班63次，培训人数2万余人次。继续开展线上继续教育，免费向广大会员提供规范化的口腔临床理论和技能课程，全年共举办“云课堂”16场线上继续教育论坛和培训课程，共计23.4万人次在线观看学习。

6月，学会、国家卫生健康委国际交流与合作中心、北京大学口腔医学院共同主办第二十六届中国国际口腔设备材料展览会暨技术交流会。学会邀请100名口腔医学专家开展“一堂好课”“名师讲堂”“面对面”“技能提升”和“一步一步”等精品学术项目的150余场次学术演讲及操作。

2021年，学会自筹经费设立临床应用科技研究项目。其中，青年临床科研基金牙科粘接技术研究项目、树脂材料研究项目及全瓷材料研究项目共计30项项目完成结题评审。青年临床科研基金中西部口腔正畸研究项目完成立项15项，口腔麻醉研究项目完成立项10项。

学会建设　截至12月31日，学会个人会员129564人，比2020年新增13361人；专科会员119798人次；学生会员6542人；团体会员396个。

学会依照章程制订不同层级的会议议事规则，2021年召开理事会议2次、常务理事会议10次、会长办公会议11次，累计审议学会相关工作151项，通报重要事项10项；召开监事会议3次，审议相关工作5项，完成监事报告12份。

4月，线上召开第十三次专业委员会（分会）工作会议。38个专业委员会（分会）的74位主委以及50位秘书出席。会上进行2020年的工作总结，并对2021年重要工作进行部署。特邀中国科协项目驻学会律师张永华对学会工作中的知识产权问题作专题报告。

7月，学会召开第十次省级口腔医学会会长、秘书长联席工作会议，会议就“信息化时代学会面对舆情危机和突发事件的应对”主题开展交流。

10月18日，中华口腔医学会第六届全国会员代表大会在上海市召开，全国近千名会员代表参加会议。中国科协党组书记、分管日常工作副主席、书记处第一书记张玉卓发来视频致辞。第五届理事会会长俞光岩作五年工作报告，大会投票选举产生学会第六届理事会及第二届监事会。在同期召开的第六届理事会第一次理事会议上，选举产生学会第六届理事会会长、副会长、秘书长、常务理事，会上还通过聘任名誉会长、顾问的决定。

2021年，完成8个二级分支机构的换届改选工作。对38个分支机构的2020年度工作进行综合考评，其中9个获得综合优秀奖、5个获得专项优秀奖、7位秘书获得优秀秘书奖。

2021年，继续与中央电视台合作拍摄3集纪录片，分别从科技引领口腔医学发展、口腔医学与大众健康、口腔医学公益方面介绍中国口腔医学行业。

强化电子周报的影响力，及时使用新媒体传播业内资讯和行业动态。2020年发布42期，共发布消息352条。

青年人才托举工程　学会申报第七届中国科协“青年人才托举工程”项目，4人获批；并完成第五届“青年人才托举工程”项目总结。

主办期刊　学会主办中文学术期刊3本，刊出论文252篇；英文学术期刊1本，刊出论文30篇。

2021年，出资开创设立事业型实体机构——精诚口腔医学期刊传媒有限责任公司，负责《中国口腔医学继续教育杂志》《中国口腔颌面外科杂志》《中国口腔种植学杂志》的编辑、出版、印刷、发行和宣传工作，并完成期刊官网、投审稿系统和微信平台系统开发工作。

英文期刊 *Chinese Journal of Dental Research*（《中国牙科研究杂志》）被 ESCI、MedLine 和 Scopus 数据

库收录，连续3年入选“中国国际影响力优秀学术期刊”。

学科发展工程 2021年，学会组织全国口腔医学专家参与的国家自然科学基金委员会重大项目“牙周稳态维持与重塑机制”进展顺利，按期开展相关研究。

2021年，深入“嚼食槟榔与罹患口腔癌”的流调研究，联合学会发文向政府主管部门建议制定政策，控制槟榔的生产和销售，并向中国科协提交决策咨询重点选题建议。

国内主要学术会议 2021年，学会共举办学术年会、专题研讨会等各类学术活动36次，参加会议总人数超7万人次。举办学术报告1000余场，交流学术论文、病例、壁报等4700余篇。为保证疫情防控，各专业委员会加强形式创新，积极尝试线上会议，14个线上会议总浏览量超100万。

7月15—18日，由学会口腔种植专业委员会主办、福建医科大学附属口腔医学院承办的第十二次全国口腔种植学术大会在福建省厦门市举办。大会以“口腔种植学最新进展”为主题，注册人数6351人，共设55场专题研讨，收到学术投稿560篇，国内外百余名演讲专家和6000名业界人士参加会议，研讨口腔种植领域最新研究成果和临床进展，并就一些热点问题取得共识。

12月25—27日，由学会口腔正畸专业委员会主办，山东大学口腔医院、国药励展展览有限责任公司承办的第二十次全国口腔正畸学术会议以线上直播形式举办。大会特邀国内口腔正畸领域20余位专家授课，同时设国际专场并邀请8位国际专家在线直播，并首创护理专场。全国口腔正畸领域近2万人次线上参加会议，累计在线观看量达30万余人次。

两岸交流 1月，北京大学口腔医学院教授刘云松作为学会推荐的世界牙科联盟继续教育讲师，在香港牙医学会举办的2020年香港国际口腔展暨学术研讨会上通过线上形式授课，介绍数字化技术在前牙美学修复中的应用。

国际交往 3月5—9日，马来西亚口腔医学会通过线上形式举办2021年学术会议暨展览。北京大学口腔医学院教授王宇光作为学会推荐的世界牙科联盟继续教育讲师，在会议期间通过线上形式就激光在口腔治疗中的应用主题授课。

5月18—22日，第42届亚太齿科大会通过线上形式召开。上海交通大学医学院附属第九人民医院教授潘晓岗作为学会推荐的世界牙科联盟继续教育讲师，在会上就隐形矫治主题授课。

8月8日，通过线上形式参加2021年马来西亚国际口腔展暨学术会议，学会国际交流部部长刘怡代表学会参加2021年马来西亚高峰论坛。

9月26—29日，线上参加2021年世界牙科联盟大会，参与世界牙科联盟会员大会及相关工作会议，并行使7名投票权。刘怡代表学会参加世界牙科联盟国家联络官论坛，分享学会抗疫经验。推荐学会科普部部长、主任医师司燕竞聘世界牙科联盟公共卫生委员会委员职务。

科普活动 2021年，学会举办主题科普活动31项、科普展览1场，参加活动的科普工作者达1700余人，受众达830万余人次。举办青少年科普宣讲活动5次，受众18万余人次。

3月，组织世界牙科联盟世界口腔健康日活动，一方面翻译制作世界牙科联盟宣传资料30份，通过学会官方渠道宣传推广，浏览总量约8.8万次；另一方面在《生命时报》、腾讯视频、科普中国等平台宣传口腔健康科普知识，覆盖群众约166万人次。同时号召全国各省口腔医学会积极参与，通过免费口腔健康检查、发放口腔健康宣传册、现场宣教、线上宣传等方式进行科普，活动覆盖全国社区、学校、幼儿园等群体约1000万人次。

5月，为贯彻落实习近平总书记在科学家座谈会上的重要讲话精神，积极参与中国科协科学技术普及部开展的“大国学者&点亮科学好奇心”公益宣传活动，组织推荐知名口腔专家围绕口腔健康与全身健康关系，从口腔癌、龋病、黏膜病、正畸、美学等方面录制公益科普视频，向公众传播新时代科学家乐观积极的精神，拉近科学家与公众的距离，宣传口腔保健知识。相关科普视频已通过科普中国、今日头条、西瓜视频进行传播。

9月，响应国家广播电视总局《关于停止利用广播电视和网络视听节目宣传推销槟榔及其制品的通知》，与中华医学会、中国药学会联合发文向国家卫生健康委建议，加强嚼食槟榔可致口腔癌的宣传教育，让民众了解嚼食槟榔可致口腔癌的健康知识，进而让民众远离槟榔、形成有益口腔健康的生活方式。

9月20日是第33个全国爱牙日，主题为“口腔健康　全身健康——从小养成刷牙习惯　一生乐享健康生活”。结合全国科普日活动，学会与人民好医生、光明网、新浪微博开展系列直播活动共 12 场次，浏览量约 532 万次。推出中国科协“大国学者”系列公益科普视频 9 期、光明网“健康情报局”系列科普视频 10 期、“健康口腔　助我成长”系列科普短视频 4 期、科普图文 12 篇，浏览量约 1060 万次。在学会号召下，全国各地口腔医疗机构开展形式多样的主题宣传活动，万余名口腔医务工作者参与爱牙日活动，受众约 2 亿人次。

繁荣科普创作，丰富线上科普资源，利用网络“云课堂”和线下开展四次流调科普解读，累计参加会议人数 3000 人次，观看人数 42.9 万，访问次数 49.3 万，点赞人数 54.6 万。10 月，与光明网联合制作科普知识海报 8 张，撰写并发布科普文章 8 篇，制作 14 期短视频。科普文章《家长该如何帮助孩子正确刷牙？》被评选为“人民日报健康百家榜”优秀科普作品。

学会品牌科普活动“大学生口腔科普作品创作与传播活动”在 3 个月内收到 70 家院校的 706 份投稿作品。10 月，在中华口腔医学会第 23 次全国口腔医学学术会议期间，30 余位创作者进行现场展示，汇报科普作品的创作历程并分享经验，91 份优秀作品在科普壁报区进行展览展示。学会微信公众号、光明网卫生频道、科普中国科普号、人民日报健康号进行报道宣传。

10 月，由学会主办、学会口腔预防医学专业委员会协办的 2021 年口腔健康科普演讲交流活动接近尾声。活动从来自全国七个大区的 146 位口腔医务工作者中筛选出 32 位口腔医务工作者，经专家现场指导，最终选出 19 位优秀演讲者。

10 月 19 日，学会携手士卓曼集团在上海市举办“千人携手　共植未来”口腔种植外科模型操作活动。口腔种植专业委员会主委宿玉成、副主委吴轶群分别讲授软组织水平、骨水平种植体标准植入流程，248 名专家、学者指导，906 位医生进行操作。

表彰举荐优秀科技工作者　2021 年，学会提名中国科学院院士、中国工程院院士候选人 1 名；推荐国家层面科技报道专家库入库专家 43 名；推荐 2021 科创榜单 12 个，入围 3 个；参与中国科协开展的第六届优秀科技论文遴选计划，评审科技论文 6 篇，推荐 2 篇。累计表彰奖励科技工作者 300 人次。

学会口腔颌面外科专业委员会候任主任委员、上海交通大学医学院附属第九人民医院杨驰教授领衔团队完成的项目“颞下颌关节外科技术创新与推广应用”获国家科学技术进步奖二等奖。

党建强会　2021 年，学会共召开 13 次党委会议，实现党委全面领导学会业务工作，为学会健康发展把关引航。

10 月 18 日，中华口腔医学会第六届理事会全体党员大会在上海市召开，大会通过无记名投票的形式选举产生中华口腔医学会第六届理事会党委委员并明确分工。学会党委书记郭传瑸代表新一届党委讲话。

2021 年，学会党委在专业委员会（分会）和秘书处组织传达学习《中国科协党组关于加强意识形态阵地管理的意见》和《中国科协党组落实意识形态责任制实施细则》，把意识形态工作纳入党委及党的工作小组重要工作内容。

2021 年，学会结合党建工作实际制订党史学习教育工作方案，成立党史学习教育领导小组，组织专家讲党史党课，开展“建党百年知识问答”活动，在学会官网开辟建党百年宣传教育专栏，并在专业委员会（分会）党的工作小组全面开展党史学习教育工作。

2021 年，在中国科协科技社团党委的领导下落实“党建强会计划”，将党建与学会工作深度融合，全年开展 3 次活动。

会员服务　2021 年，学会坚持多渠道大力发展会员，实行与省级口腔医学会协同发展会员，一次入会，双重身份、双重服务；积极吸引民营口腔医师加入学会，2021 年发展民营专科会员 12483 人，个人会员达 129564 名；同时发展学生会员，引导口腔医学生积极参加学会活动，2021 年学生会员达 6542 名。

通过赠送学会期刊、免费参加学术年会、减费优先参加继续教育班、赠送各种学习卡等多种形式，持续精心服务会员；连续 6 年在学术年会设立会员服务区，形成精品会员服务产品，2021 年现场服务会员近 1900 人次；结合科协“百年党史・百题竞答”开展第四季会员感恩回馈活动，参与会员人数近 1100 人次。通过各种活动，全年共计赠送会员 2000 余份口腔护理产品、2200 余套杂志书籍以及 300 余张各种学习卡。

【中华口腔医学会第六届全国会员代表大会】　10 月 18 日，中华口腔医学会第六届全国会员代表大会在上海市召开。第五届理事会会长俞光岩作题为《开拓创新　砥砺前进　为建设口腔医学强国而奋斗》的工作报告，全面总结第五届理事会的工作及取得的成就。大会还审议通过《中华口腔医学会章程》修改报告及财务工作报告等文件，并通过无记名投票选举出学会第六届理事会理事及第二届监事会成员。第六届理事会由192名理事组成，第二届监事会由5名监事组成。

会议期间召开新一届理事会的第一次理事会议，选举产生由62名常务理事组成的常务理事会；选举郭传瑸担任第六届理事会会长，王林、王佐林等13人担任副会长，岳林兼任秘书长。

第六届理事会全体党员大会同期召开，表决产生学会第六届理事会党委委员并明确分工。郭传瑸担任第六届理事会党委书记，边专担任党委副书记，路振富担任党委纪检委员，王林、王佐林、牛春华等12人担任党委委员。

【中华口腔医学会第23次全国口腔医学学术会议（2021年会）暨中国国际口腔设备器材博览会】 10月19—22日，由学会和国药励展展览有限责任公司主办的中华口腔医学会第23次全国口腔医学学术会议（2021年会）暨中国国际口腔设备器材博览会在上海市召开。2021年学会学术年会是"健康口腔　守护天然牙"新主题的开局之年，学会邀请中国工程院院士邱蔚六、张志愿，中国科学院院士王松灵、刘昌胜及全国300余位知名口腔医学专家设计特别演讲、院士面对面等300余场学术活动。通过学会品牌项目"一堂好课""名师讲堂""面对面"等初步阐述"守护天然牙"的意义与作用，号召口腔医生积极参与，增强天然牙的守护意识。

（撰稿人：王　靓）

中国医学救援协会

服务创新型国家和社会建设　5月，青海省果洛藏族自治州玛多县和云南省大理白族自治州漾濞彝族自治县相继发生地震，协会和中国灾害防御协会第一时间启动应急响应机制和应急服务平台，积极协调多方社会力量，有序向灾区提供援助。

7·20河南暴雨后，协会作为最早援助行动的社会组织之一，号召会员单位及相关企业筹措救灾物资，前后向受灾群众捐赠10000箱饮用水、3000箱方便食品等生活物资。中国医学救援协会志愿者救援队——"蓝豹救援队"携带应急日用物资（食品、饮用水、消毒液、电池等）和救援装备（冲锋艇、救生衣）等急救物资奔赴一线，驰援河南省郑州市。同时，组织有能力的会员单位和中国灾害防御协会地震应急救援专业委员会及社会救援力量深入一线灾区，开展现场救援工作，及时掌握灾区的受灾情况和需求，累计转移被困人员2300余人。

10月，山西遭遇强降雨侵袭，协会启动应急预案，结合灾区的实际情况，先后通过协会媒体矩阵发布10多篇防汛救灾应急科普图文，指导当地群众自救互救。

2021年，围绕心脏猝死、食道异物梗阻、溺水等群众比较关心、焦虑的突发疾病，完成《心肺复苏急救四部曲》微视频的编导和摄制工作。

根据《"健康中国2030"规划纲要》精神，推动大学生应急救护知识技能的提升，在教育部体育卫生与艺术司指导下，按照活动整体部署安排，应急管理部国家减灾中心、协会和中国灾害防御协会于11月10日联合开展大学生应急救护知识技能大演练展演活动集中培训。培训采取线上直播的形式，在线累计观看人数67.6万人次。

学会建设　6月4日、19日，中国医药生物技术协会和协会分别召开会议，专题学习习近平总书记在中国科学院第二十次院士大会、中国工程院第十五次院士大会、中国科协第十次全国代表大会上的重要讲话，贯彻中国科协第十次全国代表大会精神，按照《中国科学技术协会事业发展"十四五"规划（2021—2025年）》《"十四五"时期推进科协系统深化改革重点任务工作方案》要求，结合自身实际，利用各种新兴技术和理念开展各项行业服务。

主办期刊　2021年，由协会主办的《中国急救复苏与灾害医学杂志》收到稿件954篇，录用631篇。7—12月开设"党为人民谋健康的100年"专栏，每期刊登1篇文章。同时为配合"新型冠状病毒肺炎"专栏刊登公益广告版11次。被《2020年版中国科技期刊引证报告（核心版）自然科学卷》收录，影响因子为0.82。

科普活动　新冠肺炎疫情以来，协会认真落实《科普中国—灾害医学救援及公众自救互救科普基地实施方案》《打造全国学会科普品牌专项——中国急救科普资源建设和自救互救科普培训项目实施方案》，紧扣"关爱生命、科普同行"的主题，截至11月底，先后对上海健康医学院双加应急医学救援技术研究院、厦门大学附属翔安医院、清河县中心医院、武汉大学中南医院、天津市胸科医院、鱼跃普美康、国药器械医疗器材（天津）有限公司申报的科普基地进行考核评审，共建成协会科普基地13个，科学传播专家团队队员总数128名。2021年，开展线上急救、医疗健康科普直播活动9场次，参与人数33万余人次；制作并通过主流媒体、新媒体发布急救、心血管疾病健康科普短视频23个、科普图文53个，点击量500万人次以上；编写、修订、印刷科普培训教材（成人版、小学生版）各1本。

2021年中国心肺复苏周（6月1—7日）期间，协会联合光明网卫生频道、中国胸痛中心联盟、苏州工业园区心血管健康研究院共同举办“心肺复苏急救知识与技能”系列科普活动，在全国各地胸痛中心、街道社区等地大范围开展心肺复苏急救科普活动，全国近千家医院（胸痛中心）、乡镇卫生院（胸痛救治单元）积极响应。通过线上科普直播、抖音、视频号宣传和公众号文章科普传播、社群宣教，线下的院内示教、漫画海报巡展、义诊，联动企事业单位、学校、公安、消防、社区等方式，走近公众，现场进行心肺复苏公共急救知识宣教和培训。累计开展各类科普宣传活动30多场次，开展各类线上科普直播百余场次，制作科普宣传片2部，征集心肺复苏科普视频72部。

党建强会 3月15日，协会党委组织联合党支部党员及全体员工收看中国科协党史学习教育动员大会直播。观看直播后，组织学习习近平总书记在党史学习教育动员大会上的重要讲话精神及协会党史学习教育实施方案。至此，协会党史学习教育全面启动。

4月29日，协会联合党支部组织党员及工作人员前往中共中央北京香山革命纪念地，参观双清别墅、来青轩等革命旧址。

5月15日，协会党委组织协会党员干部到北京门头沟区妙峰山镇炭厂村红色教育基地开展活动。

按照中国科协科技社团党委2021年“党建强会计划”——追寻红色足迹，开展党建强会特色活动的部署，协会党委于5月29日—6月1日在延安革命老区开展以“传承红色基因　助力科学普及”为主题的系列党建活动。活动期间，协会联合陕西国家紧急医学救援队、洛川县医院在洛川会议纪念馆广场及洛川县中学举办“传承红色基因　助力科学普及”——中国医学救援协会急救科普、义诊系列活动，为600余名当地群众及中学生进行急救知识普及、义诊，并为当地捐赠急救仪器及书籍，把“我为群众办实事”实践活动的理念真正落到实处，提升当地公众在日常生活和突发事件中的自救互救意识和能力。

6月15日，协会联合党支部组织党员及工作人员参观由中央和国家机关主办的“永远跟党走”中央和国家机关庆祝中国共产党成立100周年书画摄影展。

6月17日，为创新党史学习形式、提升学史活动体验感，将党史学习、自然体验、体育运动进行融合创新，协会派出6人组队参加由中国科协科技社团党委主办、中国林学会和爱自然公益基金会承办的“百年党史　百家学会”北斗自然乐跑党史知识竞赛活动（朝阳公园站）。

协会及中国医药生物技术协会联合支部分别组织全体工作人员观看庆祝中国共产党成立100周年“七一勋章”颁授仪式直播，认真聆听习近平总书记在庆祝中国共产党成立100周年大会上的重要讲话。

为学习贯彻习近平总书记“七一”重要讲话精神，推进党史学习教育走深走实，中国医药生物技术协会和协会分别于7月23日、8月4日组织全体党员及各部门工作人员参观“让党中央放心、让人民群众满意——新时代中央和国家机关党的建设成就巡礼展”。

（撰稿人：吴　慧）

中国女医师协会

服务创新型国家和社会建设 协会牵头提出妇幼新冠相关诊疗建议，并被收录进国家卫生健康委第七版新冠肺炎诊疗方案；先后在《柳叶刀》《新英格兰》等国际顶尖杂志上发表新冠病毒相关的研究进展。

5月，《柳叶刀》在线发表《柳叶刀中国女性生殖、孕产妇、新生儿、儿童和青少年健康特邀重大报告》。该报告由协会会长、中国工程院院士、北京大学第三医院院长乔杰，国家卫生健康委妇幼健康司司长宋莉，四川大学全国妇幼卫生监测办公室教授朱军作为共同主席，来自国内外知名院校及科研院所的31位专家、学者（3位共同主席、8位国际委员、13位国内委员、7位其他共同作者）以及整个工作团队历时三年共同完成。报告提出在未来十年促进中国妇幼健康高质量发展的行动策略和具体建议。

作为中国科协团体会员，参与“科技民生大讲堂”视频拍摄工作。2021年度“科技民生大讲堂”分为12集视频内容进行制作，协会糖尿病专业委员会主任委员、中国工程院院士贾伟平，协会呼吸专业委员会主任委员孙铁英参与拍摄。

联合中国妇女发展基金会持续开展“母亲健康快车·爱心巡诊周”等活动，将健康送到基层。同时组织专家进行义诊、科普讲座，对基层群众的身心健康要求进行问卷调查。

5月7—9日，由协会眼科专业委员会主办的2021年第五届中国眼科教育论坛在广东省汕头市举办。大会共设置19个论坛专题，开办122场培训，参与培训人数达861人次。

协会举办各类学术线上、线下会议、讲座457场，参加会议人数近600万人次，彰显行业特色，为医疗工作者提供交流平台。同时，多次支援西部边远地区，举办百余次义诊和百余场的健康科普宣讲。

协会糖尿病专业委员会持续开展“春苗计划”“育霖行动”等多项培训活动，共开设18个课程，开展线上培训21场，受众医生达6万余人次。

协会超声专业委员会立足自身优势组织开展竞赛。6月，组织开展“超声创新金点子大赛”并设6个参赛项目，参赛人数达2000余人次。

学会建设 2021年，协会召开协会理事会议3次、常务理事会议3次、会长会议1次、协会二级机构工作协调会议1次。

2021年，协会新成立1个专业委员会（超声专业委员会），主委由王淑敏担任。共有8个专业委员会完成换届改选，分别是肛肠专业委员会、眼科专业委员会、中医专业委员会、糖尿病专业委员会、医学影像专业委员会、整形美容专业委员会、妇产科专业委员会、心脏与血管专业委员会。2021年，新成立内蒙古女医师协会，各地方协会团体会员共16个；发展个人会员1120人，截至12月31日，个人会员总数达50550人，专业委员会总计50个。

9月，在北京召开2021年中国女医师大会暨中国女医师协会第七届五洲女子科技奖表彰活动。大会总结协会近年来的工作，表扬先进，分析协会发展中存在的主要问题，安排部署下阶段的工作及今后发展的方向。

为贯彻科技创新重大战略部署，切实推进全国妇联等7部门“科技创新巾帼行动”落实落地，激发女医务工作者在医学科学研究中的作用，制订“女医务工作者科技创新行动计划”，并于9月举办的第七届中国女医师大会上正式启动“女医务工作者成长计划”。为切实推进此计划落地，在宝洁（中国）有限公司护舒宝品牌支持下，协会、中国妇女发展基金会联合发起“护益天使”女医务工作者成长计划，以建设基层青年医学人才成长孵化器。

青年人才托举工程 协会根据《中国科协青年人才托举工程管理办法》和《中国科协青年人才托举工程实施细则》，制订中国女医师协会青年人才培养计划，旨在选拔一批优秀青年医务人员，通过重点资助扶持，促进青年学术骨干的快速成长，培养一批在本领域有一定影响的优秀青年人才，并为国家、各省等各类人才计划储备力量。

国内主要学术会议 2021年，协会及各专业委员会召开学术会议45次，参加人数20500人次，发表各类学术论文1020篇。

6月16—20日，北京消化肿瘤国际高峰论坛暨中国胃肠肿瘤临床研究协作组年会在线上线下同步进行。大会由协会临床肿瘤专业委员会、北京癌症防治学会等共同主办，中国胃肠肿瘤临床研究协作组协办，北京大学肿瘤医院、北京肿瘤医院、北京市肿瘤防治研究所承办。大会以“创新、传承、协作”为主题，立足消化系统肿瘤精准诊疗与转化研究，聚焦最新进展、临床实践难点与精准治疗探索方向。

7月17—18日，由协会靶向专业委员会等主办的高博医学论坛——第三届淋巴瘤 & 骨髓瘤免疫与靶向治疗国际高峰论坛在北京召开。此次会议采用线上线下相结合的方式举办，主题是“精准、整合、创新”，来自国内外的专家、学者就淋巴瘤和骨髓瘤的诊疗进展进行探讨。

9月11—12日，由协会临床呼吸专业委员会主办的第五届慢性呼吸疾病管理与药物治疗论坛以线上形式召开。大会邀请全国资深专家、学者参加论坛，围绕呼吸系统疾病管理、慢性气道疾病及肺部感染等话题展开研讨。

科普活动 配合全国妇联持续开展科普教育项目。3月，协会健康教育专业委员会在广西壮族自治区百色市乐业县、那坡县、隆林各族自治县，云南省昭通市镇雄县，四川省凉山彝族自治州美姑县开展“巾帼健康大讲堂”系列活动；7月，协会医院建设与管理专业委员会承担甘肃省定西市漳县、陇西县“两癌”筛查活动。

开展服务“健康中国”有关活动，配合全国妇联家庭和儿童工作部完成健康儿童行动计划；与中国妇女发展基金会共同主办“2020年健康快车巡诊周”活动，走进贵州省毕节地区4个贫困县乡医疗单位；积极参与中国妇女发展基金会“母亲健康快车·爱心巡诊周”等活动，为农村妇女送去健康。

协会疼痛专业委员会开展“云讲堂”科普教育活动，每月开展一次科普讲座。糖尿病专业委员会持续开展“秀霖解密”“春苗计划”，为基层医生统一规范诊断标准、病案书写。皮肤专业委员会开展“损容性皮肤病诊后管理全国公益活动”“大咖云开讲”12期。

4月，协会眼科专业委员会主委、副主委带队到西藏自治区拉萨市义诊，还建立视频号“走进科普”，每天发布新的科普知识。5月22日，眼科专业委员会“振兴西部眼科发展行动”在甘肃省陇南市启动，活动足迹遍布中国大西北，包括西藏自治区林芝市、拉萨市；河南省新乡市；内蒙古自治区呼和浩特市；新疆维吾尔自治区乌鲁木齐市，阿克苏地区库车市、沙雅县；湖北省；四川省甘孜藏族自治州等地区。9月，在全国科普日期间，协会眼科专业委员会发挥各专业学组特点和优势，开展多样化科普宣传，通过线上线下、传统媒体与新兴媒体相结合的形式开设“护眼电台”“眼防动态”“eye·科普”“小eye课堂”等科普栏目，制作科普视频、科普文章、漫画、故事、歌曲、书籍等，为群众输送优秀的科普作品。在微信公众号上开设“走进眼科普”系列专题，共推出优秀眼健康科普作品24篇次；开通视频号，精选7个科普短视频进行推送。

7月，协会超声专业委员会实施开展“多学科疑难病例讨论云查房项目”，云查房直播上线第一期就吸引近10万人次观看。超声专业委员会积极服务“老少边穷”地区，为基层卫生工作者和患者送去关怀和温暖。

9月，协会参加中国医师协会医学遗传医师分会主办，湖南省妇幼保健院、衡阳市卫生健康委、衡阳市妇幼保健院、南岳区妇幼保健院共同承办的“健康孕育，护佑新生”湖南省“9·12预防出生缺陷日”主题科普宣传系列活动，近3万人次在线观看。

在儿童节前夕，协会与全国妇联在儿童活动中心开展义诊和咨询活动。

表彰举荐优秀科技工作者 2021年，协会共推荐中国科学院院士候选人、中国工程院院士候选人、第十八届中国青年女科学家奖和2022年度未来女科学家计划候选人、第十七届中国青年科技奖、“最美科技工作者”候选人等18名。表彰中国女医师协会五洲女子科技奖25名。

2021年，协会消化病学专业委员会副主任委员、香港中文大学教授于君及其团队完成的项目“非酒精性脂肪性肝病及相关肝癌自然史、发病机制、诊断和防治研究”获国家自然科学奖二等奖。

11月18日，2021年中国工程院院士增选结果揭晓，协会糖尿病专业委员会教授贾伟平当选。

党建强会 2021年，协会召开支部会议14次，审查和决策“三重一大”事项5次，有效发挥把方向、管大局、促落实的领导作用。通过“第一议题”、集体学习等载体组织学习18次，重点集中学习习近平总书记“七一”重要讲话和党的十九届六中全会精神。

开展党史学习教育，制订党史学习计划，督导各专业委员会组织党史学习。党支部书记以各专业委员会学术讲座、科普教育为契机进行线上、线下讲党课7场次，各专业委员会还邀请当地党校教授进行专题授课。

协会党支部专题学习习近平总书记“七一”重要讲话精神、习近平《论中国共产党历史》等原文原著，开展四个历史时期、习近平总书记的重要讲话精神等交流研讨8次。协会各专业委员会认真开展“我为群众办实事”实践活动，共完成21项。

深化党的十九届六中全会学习宣贯，编制横跨两个年度的学习计划，开展研讨4次，党员撰写学习心得46篇。

协会支部认真巩固“不忘初心、牢记使命”主题教育成果，坚持党建工作和业务工作同部署、同落实，确保党内生活制度化、经常化、规范化。年内，认真落实党工委安排的各项党建工作任务，按时上报党建工作计划、总结及各类工作。

认真做好党员队伍“进、出、管、育、爱”工作，不断鼓励引导更多优秀人员加入党组织。抓好阵地建设，积极开展“最强党支部”创建，党务工作做到及时、有效、公开。

组织党员学习《中华人民共和国刑法》《中华人民共和国民法典》等法律法规、中央八项规定精神及实施细则、《中国共产党章程》以及党工委加强作风建设的有关规定，先后召开党风廉政建设会议2次。

定期开展学习教育。围绕落实党风廉政建设“两个责任”等内容，坚持集中培训、集体学习、个人自学和组织生活、实践锻炼有机结合，充分发挥党建微信群、“学习强国”、教育信息化平台作用，开展党员线上学习教育。

扎实开展警示教育。定期通报违纪典型案例，同时通过微信群等形式做好重要节假日廉政警示提醒，引导党员严守纪律规矩、做到自警自律。

（撰稿人：韩宇书）

中国研究型医院学会

服务创新型国家和社会建设 承担国家部委下达的指令性任务和咨询工作，组织起草国家《生物医学新技术临床研究与应用管理条例》，已上报国家卫生健康委，经有关部门论证已上报国务院领导审批；参与北京市卫生健康委组织的关于研究型医院建设专题讨论，提交《关于助力北京研究型医院示范建设的建议》；指导上海市成立研究型医院学会，省（市）级研究型医院学会已扩大至8家。

完成《健康照护师国家职业技能标准》编写并通过人力资源社会保障部官网公示，联合清华大学人工智能研究院开发完善互联网+健康照护服务管理系统。起草的《新职业——健康照护师就业景气现状分析报告》《健康照护师：新职业　新业态　新产业》研究报告成功发布，完成健康照护师社会组织评价资质申请答辩工作。学会领导、副秘书长带队分赴全国31个省（自治区、直辖市）进行工作对接，主办北京首期健康照护师培训班，筹备全国首届健康照护行业职业技能竞赛。与河南省人力资源社会保障厅就合作推进健康照护师新职业进行座谈交流，达成“全面合作、全力推进、形成模式、造福河南、辐射全国”的合作意向。

共发布团体标准14项，涉及2个分支机构，分别是学会细胞外囊泡研究与应用专业委员会的《人多能干细胞来源的小细胞外囊泡》《人间充质干细胞来源的小细胞外囊泡》，以及学会临床数据与样本资源库专业委员会的《实验室人源性干细胞检测通用要求》《经血源子宫内膜干细胞资源储存规范》系列标准和《健康献血者的单个核细胞资源储存规范》系列标准。

学会建设 制订学会《2021—2024年工作规划》《监事会制度》《分支机构管理办法》《分支机构换届管理规定》和《分支机构年度学术活动计划安排》等10余项制度规定。组织对分支机构进行年度述职考核，对分支机构成立以来的学术活动开展情况和财务账目全面自查。指导调整整合专业委员会5个，新成立专业委员会9个，完成换届专业委员会33个，新增医院、科研院所和企业类会员单位107家，增加专家个人会员2417人。整理完成会员单位和分支机构基本信息资料，丰富完善数据分析、信息维护等多功能的“分支机构和会员信息库”。组织编印《新冠肺炎防治指南共识汇编》。完成学会宣传画册、宣传片脚本制作。基本完成拟录入“学会管理服务平台”的会员资料整理、导入和测试工作。

完成换届分支机构33个。申请发放学分项目38个，已经发放学分项目38个，占已经申请学分发放总量的100%。经各分支机构申请，2021年新增继续教育账号6个，学会继续教育项目申请账号增至121个。2020年继续教育项目新增72个，备案项目11个。

依据国家标准化管理委员会对团体标准的相关规定，研究出台《中国研究型医院学会团体标准管理办法》，明确团体标准工作组织架构、人员组成、岗位职责和评审专家团队，提升起草立项门槛，完善审核发布流程，为学会发布高水平医疗卫生行业尤其是研究型医院建设领域的相关标准打下基础。

主办期刊 12月24日，召开《中国研究型医院》杂志第一届青年编委会成立会议，吸纳放射、肿瘤、内分泌、医学影像人工智能等多个领域的青年才俊，为编委会培养大批新生力量和后备人才。进一步完善网上审稿系统，持续加大组稿、邀稿和征订力度，学会征订杂志数提高至461册/月，2021年收稿147篇。

学科发展工程 依托上海交通大学医院管理研究院制订研究型医院建设指南和研究型医院、学科、人才的评价指标体系。

各分支机构组织编写专家共识、指南、学术著作等230余篇，承接国家卫生健康委、国家发展改革委、科技部等课题共80余项。

国内主要学术会议 1月15日，由学会血栓与止血专业委员会主办、积水医疗科技（中国）有限公司承办的凝血新发展·新技术·新应用研讨班在北京举办。会议主要分享检验新技术发展及其应用，研讨新老项目在临床中的价值及其指导意义。

3—12月，由学会血液净化专业委员会主办、北京大学人民医院承办的慢性肾脏病规范诊疗与示范项目会议在全国范围内举办16场。会议以慢性肾脏病规范诊疗与示范为主要内容，为临床工作的主要参与者提供临床实践规范化培训，讲授以循证医学为依据的正确管理，并提供诊疗示范。

4月10日，由中国医疗传媒集团、《中国医疗设备》杂志社主办，中国药品监督管理研究会医疗器械监管研究专业委员会、中国技术交易所、首都医科大学生物医学工程学院、北京智慧医疗技术创新联盟及学会临床工程专业委员会联合承办的第十一届中国医疗设备行业数据发布大会暨医疗设备售后服务体系提升及持续发展高峰论坛在北京举办。会议发布“2020年度中国医疗设备行业数据及售后服务调研”各类产品线不同维度的调研结果；聚焦单类产品线和行业热点内容，开设六大专业分论坛，全面融合“医”和“工”，共聚“医工”与“临床”，真正发掘医疗设备使用、管理痛点，解决实际问题。

4月10日，由学会血管外科专业委员会主办、中国人民解放军总医院血管外科承办的第六届血管创新论坛在北京举办。会议以专题演讲、成功案例分析、产品路演创新培训与辅导等形式，就血管疾病医工结合、大数据医疗、新技术与新材料、临床需求、数据管理与统计分析、创新示范、国家政策与绿色通道评审规程、专利与知识产权保护、动物实验设计与实施等方面进行交流。

5月22日，由学会神经眼科专业委员会主办、中国人民解放军总医院眼科医学部承办的视神经炎高峰论坛在北京举办。此次会议设有视神经炎最新进展、神经康复 / 视觉康复专题、神经眼科继续教育、多中心临床研究项目进展等多个板块，主要探讨近年来视神经炎临床诊治研究的最新进展和前沿技术发展状况。

6月18日，由学会妇产科学专业委员会、北京大学妇产科学系、北京大学人民医院妇产科联合主办的2021中国妇产科研究与发展论坛暨第六届北大医学妇科肿瘤高峰论坛在北京举办。会议以“追踪前沿、聚焦热点、精准诊疗、人文关怀”为主题，聚焦妇科恶性肿瘤手术争议问题、化疗新理念、肿瘤耐药研究新进展、免疫与靶向治疗、妇产科重症感染、盆底疾病诊疗、母乳喂养研究与指导等热点问题进行专题研讨。

8—12月，由学会糖尿病学专业委员会独立主办的研医论道系列学术交流会在线上举办8场。该项目秉承“以疾病为中心，提升医生科研技能水平，促进信息交流与人才培养”宗旨，以“临床科研及互联网慢病诊治”为主题，通过学术互动、系统的理论学习和实践演练，帮助医生提高糖尿病和心血管等慢性疾病的诊疗水平。

科普活动 由学会医学科普专业委员会主办的“健康科普　公益行动”在线大讲堂于7月开始举办，2021年已举办9期，邀请20余位科普专家以直播形式与大众互动，讲解科普知识，受众3.5万余人次，观看直播及回放视频累计达10万余次。

表彰举荐优秀科技工作者 学会向中国科协推荐2021年中国科学院院士、中国工程院院士候选人4人，其中3人成为中国工程院院士有效候选人、1人进入第二轮候选人名单；推荐第十四届光华工程科技奖候选人人选3人，其中1人进入中国科协拟推荐人选名单予以公示；推荐2021年度“最美科技工作者”候选人2名；推荐第17届中国青年女科学家候选人2名、候选团队1个；推荐中国未来女科学家计划候选人2名；推荐中国科协第十次全国代表大会代表和第十届全国委员会委员候选人2名，并代表学会出席5月召开的中国科学院第二十次院士大会、中国工程院第十五次院士大会、中国科协第十次全国代表大会。

党建强会 学会党支部获“民政部部管社会组织先进基层党组织”称号。

10月23日，与中国社会科学院习近平新时代中国特色社会主义思想研究中心卫生与健康重要论述研究分中心共同举办“学百年党史　话使命担当”专家学习交流会。学会会长何振喜围绕《坚持党建引领　推动学会高质量发展》作主旨发言，来自军地卫生与健康领域的10多位领导和专家出席会议并作交流发言。民政部部管社会组织综合党委书记、社会组织管理局局长柳拯围绕学会理事会党委要深刻把握“九个必须”的根本方略作交流发言。

学会专门成立党史学习教育领导小组，结合实际研究制订《中国研究型医院学会党史学习教育实施方案》，及时传达上级部署要求、组织集体学习讨论、收听收看庆祝中国共产党成立100周年大会及党史学习教育辅导报告，上好支部书记专题党课，邀请党史专家邵维正作专题辅导报告，赴西柏坡红色教育基地重温入党誓词，派人参加综合党委组织的党史知识竞赛并获得一等奖。组织部分专家赴河北省唐县晋察冀军区司令部旧址参观学习、为老区群众送医送药。指导学会肝胆胰专业委员会和危重医学专业委员会在青海省和江西省瑞金市开展“学党史　感党恩　送温

暖 百名医学专家健康服务行”活动。学会“发挥优势办实事”的经验做法在民政部综合党委《简报》专刊编发。

会员服务 面对新冠肺炎疫情的冲击，线下学术交流活动受到影响，学会会务服务部及时调整业务发展策略和方向，通过多方调研沟通，与第三方合作开通线上会议保障模式，先后为40余个专业委员会承办各类学术交流会议60余场，完成服务保障任务。

【2021中国研究型医院高峰论坛】 9月19日，2021中国研究型医院高峰论坛在北京召开。会议主题为“医院新模式、发展新动能”。现场参加会议人数240余人次，会议期间点击量为22万。会上发布《中国研究型医院建设指南》《研究型医院评价指标体系》《研究型学科评价指标体系》和《研究型医师评价指标体系》。

学会会长何振喜作论坛主旨报告，回顾研究型医院探索历程，总结研究型医院经验启示，剖析研究型医院矛盾桎梏，提出新阶段研究型医院创新发展的模式路径。中国科学院院士、国家知识产权局局长申长雨，中国科学院院士、西湖大学校长施一公，中国工程院院士、解放军总医院医学创新研究部创伤修复与组织再生研究中心主任、全军烧伤修复与组织再生重点研究室主任付小兵，中国工程院院士、上海交通大学附属瑞金医院院长宁光，上海申康医院发展中心党委书记王兴鹏，首都医科大学宣武医院院长赵国光，北京市卫生健康委科教处处长宋玫分别以《知识产权制度促进医药领域创新》《前沿基础研究推动医药创新发展》《中国特色创面修复（治疗）学科体系建设的回顾与展望》《智慧医院实践与未来》《构建临床研究体系 推动医院高质量发展》《研究型医院建设的工作实践与思考》《北京市研究型医院示范建设》为题所作的报告以及17个分论坛的交流，聚焦“医研融合、创新转化”的主旨要义，从不同层面、不同角度、不同领域探讨推进研究型医院建设发展的相关问题。

（撰稿人：王雅捷）

中国睡眠研究会

服务创新型国家和社会建设 2021年，研究会承接中国科协“学会能力提升与改革工程——睡眠技师认证体系建设和应用”项目，已完成20万字的专著初稿；完成中国睡眠技师认证体系建设，已在13家医院抽样调研；项目启动至今，通过该技术认证培训教程，已有8名医技人员通过国际注册睡眠监测技术认证考试。

举办专业技术培训班10次，共计培训500余人次。

9月27—29日，中国家用呼吸支持产品行业培训班在北京举办，60余名呼吸机、制氧机生产企业相关负责人参加培训。

2021年，携手中国人类工效学学会、中国标准化研究院制定团体标准——《睡眠工效学实验室通用要求》。该团体标准由中国人类工效学学会归口管理。标准起草小组由中国标准化研究院、研究会等单位的专家组成。经多方论证分析，结合标准文献和市场用户调研结果，已初步形成《睡眠工效学实验室通用要求》团体标准草案稿及征求意见稿。发送征求意见单位39个，回函提出修改意见41条，采纳40条，采纳率达97.6%。标准起草小组对标准的技术内容进一步修改和完善，形成《睡眠工效学实验室通用要求》团体标准送审稿，上报有关部门待批。

学会建设 2021年，研究会召开常务理事会议3次、理事会议1次；重大问题均由理事会（常务理事会）决定。审议并通过中国睡眠研究会麻醉与疼痛专业委员会、中国睡眠研究会睡眠产业与转化工作委员会科技创新智库、湖南省睡眠研究会成立申请。3月20日，中国睡眠研究会睡眠产业与转化工作委员会科技创新智库成立。5月16日，中国睡眠研究会麻醉与疼痛专业委员会成立。12月3—4日，湖南省睡眠研究会成立。

5月15日，中国睡眠研究会教育工作委员会第二届委员会完成换届工作。

2021年，新增单位会员39家，个人会员260人，其中女性会员124人。

青年人才托举工程 研究会开展中国科协“青年人才托举工程”项目候选人遴选并注重人才的长期培养，已有12位青年学者成为中国科协“青年人才托举工程”项目被托举人。其中，2016—2018年度中国科协“青年人才托举工程”被托举人李韵，近5年发表SCI论文24篇，包括以第一作者/共同第一作者发表SCI论文12篇；2017—2019年度中国科协“青年人才托举工程”被托举人丁宁先后以第一作者发表SCI论文10篇，第一主编专著2部，先后参加国内学术交流5次、国际学术交流/长期学习3次，先后主持校级、省级、国家级项目5项，获得市级、省部级奖项4项。2017—2019年度中国科协“青年人才托举工程”被托举人何超担任睡眠研究课题小组组长，先后获批国家自然科学基金项目、军委科技委国防科技创新项目等国家级项目6项，先后10次应邀在中国睡眠研究会学术年会、中国生理学会全国青年学术交流会等会议作大会报告，多次获得优秀论文奖。

学科发展工程 7月21日，《睡眠医学术语》终审会在北京举办，来自全国多个专业学科的12位专家参加《睡眠医学术语》终审评定。

《睡眠医学术语》编纂是国家“十四五”规划的重要组成部分。自2018年组织全国专家进行《睡眠医学术语》编纂工作期间，研究会组织各阶段线上审定3次、线下审定3次、各种小规模评议多次。《睡眠医学术语》编撰词条1125条，框架包括睡眠总论、睡眠生理与心理基础、睡眠疾病分类、睡眠疾病诊断学、睡眠疾病治疗学。

国际学术会议 5月14日，由亚洲睡眠学会主办、研究会承办的第三届亚洲睡眠学会学术大会在北京召开。此次大会注册参加会议人数达1954人，分别来自39个国家和地区；线下参加会议1255人，线上参加会议4.2万人次。大会设立开幕式、闭幕式2个主会场，组织142个学术板块，共有484位国内外专家、学者进行学术交流。大会邀请261位学者（包括来自境外的136人）在57个专题研讨会上发言，收集展示学术壁报267篇。此次大会面向国内外青年学者设置优秀青年学者学术报告会，共有177位青年学者展示其最新科研成果。

国内主要学术会议 2021年，研究会及所属各专业委员会线上线下共举办学术年会、研讨会、高峰论坛等学术活动8次，参加会议人数2437人次，提交学术交流论文676篇。

4月16—17日，由研究会睡眠障碍专业委员会主办、河南省医师协会神经病学分会睡眠障碍学组及河南科技大学第一附属医院协办的第九届中国睡眠医学论坛暨中国睡眠研究会睡眠障碍专业委员会学术年会在河南省洛阳市召开。300多人参加会议。

5月14日，第十三届中国睡眠研究会学术年会在北京召开。此次年会采用线上线下相结合的方式进行，大会组织关于失眠的多学科诊治、夜间发作性睡病的诊断、睡眠健康论坛等工作坊，组织人－机对抗睡眠分期大赛、睡眠技能大赛、睡眠中心建设运营实践讨论等多项活动。参与人数达1255人次。

6月5日，由研究会睡眠障碍专业委员会联合河北省精神卫生中心、河北省睡眠医学学会、中国中药控股有限公司等共同主办的失眠障碍多学科论坛在河北省雄安新区召开。会议采用线上线下的方式同步进行，并设立贵州省、山东省互动分会场及上海市非互动分会场。论坛邀请包含睡眠、精神、中医、神经等多学科的国内外知名睡眠专家针对失眠疾病诊治、失眠障碍最新研究及失眠相关疾病最新进展进行专题报告、病例讨论、专家点评等，探讨失眠诊疗的发展与应用。

7月31日，由研究会与湖北省睡眠研究会共同主办，华中科技大学同济医学院附属协和医院、武汉市红十字会医院和恩施州中心医院共同承办的华中睡眠高峰论坛暨湖北省睡眠研究会年会暨睡眠障碍诊断与治疗新进展培训班在湖北省恩施土家族苗族自治州举办。200余名医务人员参加。

10月23日，中国睡眠研究会极端环境与睡眠专业委员会首届学术会议在黑龙江省哈尔滨市举办。200多人参加会议。

12月11—12日，由研究会睡眠生理和药理专业委员会主办、复旦大学基础医学院承办的2021东方国际睡眠科学高峰论坛在上海市举办。论坛采用线上会议形式举办，在线参加会议人数30万余人次。

12月18—19日，第二届中国睡眠研究会社区与基础工作委员会年会及中西医结合睡眠与心理专科建设论坛及睡眠障碍、规范诊疗继续教育巡讲学习班在北京以线上形式召开。

国际组织任职 5月16日，在第三届亚洲睡眠学会学术大会闭幕式上，第二届亚洲睡眠学会主席Seung Bong Hong宣布研究会前理事长、北京大学人民医院主任医师韩芳正式当选为亚洲睡眠学会主席。

科普活动 在第5个全国科技工作者日，研究会分三个阶段组织策划科普活动方案。5月14—17日，开展人机对抗睡眠分期大赛，参加人员为睡眠医学科技工作者。来自全国17个省份的共33个团队参赛，最终来自复旦大学信息科学与工程学院的科研人员获得冠军。6月3日，以网上直播形式开展“众心向党、自立自强——我为睡眠医学献青春”主题演讲活动。演讲比赛现场聘请研究会理事长黄志力，常务理事陈贵海、赵忠新、高雪梅、胡志安、左和鸣、张斌、唐吉有、王菡侨、詹淑琴担任评委。经过初评、复赛，来自上海市、湖北省、吉林省、重庆市、江苏省、广东省等地的16位选手进入决赛。最终，复旦大学丁凤菲获得第一名；武汉市第一医院李佳、吉林省人民医院赵燕获得第二名；重庆大学附属三峡医院段海水、江苏省人民医院丁宁、福建医科大学附属第二医院黄丽媚、中山市第三人民医院胡媛媛、南方医科大学南方医院张陈茜并列第三名。在第一、第二阶段活动基础上，开展众心向党——优秀科技工作者短视频征集活动，用镜头记录身边科技工作者的感人事迹和时代风采，呈现庆祝建党百年的科技篇章。

3月16日，举办世界睡眠日中国主题发布会，发布《2021年运动与睡眠白皮书》，世界睡眠日·健康中国·睡眠行大型科普活动。中国科协科学技术普及部副部长钱岩参加活动并致辞。此次活动通过多家新媒体平台同步直播，其中微博热搜排名第2，阅读量突破3.3亿，实时在线观看直播总量超过200万人次。

3月21日，“健康中国·睡眠行”暨世界睡眠日·第三届中国睡眠产业峰会在北京开幕。“健康中国·睡眠行”科普宣传活动自2019年启动以来，已连续两年贯穿于研究会全年的科普宣传活动中，吸引上海妙宅科技发展有限公司、慕思健康睡眠股份有限公司等企业积极响应和参与，起到引领作用。

9月14日，联合中国麻风防治协会、北京热带医学研究所、北京友谊医院在北京共同组织开展以“百年再出发，迈向高水平科技自立自强”为主题的2021年全国科普日活动，为建党100周年献礼。

表彰举荐优秀科技工作者 7月19日，由中国科协主办，中国科协组织人事部、中国科协培训和人才服务中心承办的“自立自强　青春向党”青年演讲大赛复赛在北京举办。研究会推荐的南方医科大学南方医院张陈茜入围复赛，最终获得三等奖。

会员服务 研究会为会员企业提供全方位服务，连续3次派科普专家参加顾家集团有限公司科普活动；派科普专家参加海尔集团科普活动；携手慕思健康睡眠股份有限公司、喜临门家具股份有限公司等企业开展疫情后人们睡眠状况调查。

组织会员企业主办、协办、参与科普宣传活动。11—12月，研究会秘书长左和鸣、睡眠产业与转化工作委员会总干事蔡畅等领导连续走访顾家集团有限公司等20多家会员单位，了解企业需求，为企业提供多种便利措施。

编写内部通讯，反映研究会年度工作的综合信息，介绍研究会工作动态，传播研究会工作信息，为会员提供科技新进展、新动态信息服务。

【第三届亚洲睡眠学会学术大会暨第十三届中国睡眠研究会学术年会】 5月14—17日，由亚洲睡眠学会主办、研究会承办的第三届亚洲睡眠学会学术大会暨第十三届中国睡眠研究会学术年会在北京召开。中国科协学会学术部副部长程伟、亚洲睡眠学会主席Seung Bong Hong分别致辞。

大会邀请中国科学院院士陆林，中国工程院院士韩德民，美国国家科学院院士、日本筑波大学教授Masashi Yanagisawa，世界睡眠学会前任主席Charles M. Morin，世界睡眠学会候任主席、美国西北大学教授Phyllis C. Zee，美国宾夕法尼亚大学教授Allan Pack，研究会理事长黄志力，韩国加图立大学教授Seung Chul Hong及Seung Bong Hong等12位专家作大会主旨报告。

（撰稿人：潘继红）

中国卒中学会

服务创新型国家和社会建设 中国卒中中心联盟已在全国范围内发展2871家成员单位，其中综合卒中中心441家、卒中中心2430家，成员单位数量占全国二级及以上级别医院数量的22%。中国卒中中心联盟拥有卒中中心信息化平台，为成员单位提供卒中数据管理、反馈、质量控制、数据库使用等多种服务，截至10月，总数据量达168万；7月，表彰2020—2021年度百家优秀数据管理卒中中心111家、2021年卓越数据管理卒中中心36家。2021年，开展“中国卒中中心联盟基层医院训练营（4C）项目”“百城千县质控行项目”等多个项目，累计开展线上、线下培训会315场次，覆盖全国1506家医院，参与讲者467人次，培训医生3470人次、患者1861人次，有力促进中国卒中诊疗水平的整体提升。

截至12月底，“基层血管健康管理中心项目”已在29个省份召开启动会。2021年度评审通过189家医院成为基层血管健康管理中心单位（累计1018家），开展125场医生培训会、3458场患者教育会及2987场风险评估活动，参与医生16311人次，教育患者122840人次，有力提高全国基层医疗机构卒中防控工作水平。

由学会发起并主办的“中国脑血管病血脂管理新

瑞计划——第二届卒中血脂新瑞基金项目”“急性缺血性卒中管理专项基金——启航基金项目”进入第二个项目年度，2021年度共遴选并资助谭泽锋等137名优秀青年学者开展临床研究（累计180人），持续推进卒中医学领域的青年人才培养工作和促进中国临床科研事业进步。

学会建设 学会秘书处共有33名工作人员，其中27名专职人员、6名兼职人员，以上人员均属于社会招聘性质。秘书长为专职。秘书处共设立办公室、学术会务部、组织部、会员服务部、财务部、国际合作部、期刊部、临床研究部、科技奖励办公室、科普部（红手环办公室）、卒中中心联盟办公室、项目部12个职能部门，各部室明确职能，不断完善工作流程和制度，制订年度和阶段工作目标。

2021年，学会制修订《三重一大制度》《薪酬制度》《学术会议参会人员行为规范》《外籍会员管理办法》《财务事项签批工作制度》《宣传、意识形态工作管理办法》《秘书处职能部门和全日制工作人员年度工作评议方案（试行草案）》《青年理事会管理办法（修订）》《分支机构管理办法（修订）》9项管理制度。

学会理事会现有理事158名、常务理事50名，2021年度召开理事会议2次、常务理事会议2次；第一届监事会现有监事3名，2021年度召开监事会议3次。

截至2021年年底，学会个人会员56834人，比2020年增加1679人，其中缴费会员10279人。理事会审议同意吸收施炯、施福东、王正3位外籍专家为外籍会员。

4月11日，中国卒中学会第二届常务理事会第二次会议在北京召开。会议审议同意筹备成立中国卒中学会睡眠医学分会、高血压管理与控制分会和神经调控分会。学会睡眠医学分会于2021年召开成立大会，成为学会第26个分会。截至2021年年底，学会共有26个分会2122名委员，其中有5个分会设立青年委员会，共有271名青年委员。学会青年理事会于10月召开换届会议，第二届青年理事会共有216名青年理事。

7月9日，中国卒中学会第二届理事会第二次会议在北京召开。会议决定增补常务理事王拥军为第二届理事会常务副会长，决定增补陈康宁、陈涛、丁晶、刘春风、聂志余、宋波、王佳伟、夏健、张蓁慧9人为第二届理事会理事。

11月18日，中国卒中学会第二届理事会第二次会议在北京以视频会议形式召开。会议决定解聘白宇飞秘书长职务，聘任秘书处党支部书记、副秘书长王枫为秘书长，同意第二届理事会理事刘红梅辞去理事职务。会议审议同意筹备成立中国卒中学会超声分会。

主办期刊 2021年度，由中国科协主管、学会主办的官方英文期刊*Stroke and Vascular Neurology*（SVN）共收到来稿562篇，稿件来源国涉及49个国家。审稿专家和参与同行评议的编审委专家积极履职，按时、保质完成审稿任务，稿件接收率为13%。4月24日，中国科学院文献情报中心发布《2021—2022年度中国科学引文数据库（CSCD）来源期刊遴选报告》，SVN入选CSCD核心库。10月，蝉联入选由中国知网和清华大学图书馆联合研制发布的“2021年度中国最具国际影响力学术期刊”（TOP 5%）榜单。11月4日，中国科协高质量科技期刊分级目录公布SVN在临床医学领域高质量科技期刊《神经病学科技期刊分级目录》中位于T2阵营。

学科发展工程 截至2021年年底，由学会发起和管理的临床研究项目共计23项，各项目按计划有序进展。协同国家神经系统疾病临床医学研究中心共同构建网络成员单位近2000家，覆盖全国各省（自治区、直辖市）建立网络成员基地绩效考核激励机制。

10月28日，王拥军教授团队基于“氯吡格雷用于急性非致残性脑血管事件高危人群的疗效研究Ⅱ（CHANCE-2）”的成果在国际权威医学期刊《新英格兰医学杂志》全文发表，这是继2013年《新英格兰医学杂志》发表CHANCE研究之后的又一重磅系列研究成果，意味着脑血管病治疗进入新的精准双抗时代。

国内主要学术会议 7月9—11日，中国卒中学会第七届学术年会在北京召开。会议征文500余篇，共设31个论坛，300余位国内外讲者通过线上、线下作报告，线上参加会议总浏览量达667664人次。大会被中国科协收录到《重要学术会议指南（2021）》。

11月，学会作为中国科协“青年人才托举工程”参与单位之一，承办中国科协青年前沿科技论坛——医药健康分论坛。全年共有20个分会召开年度学术会议，共申报继续教育项目25项，发放学分证书18482份。

国际交往 8月，由中国科协资助的双边交流项目“CSA-AHA/ASA脑血管病双边学术研讨会”采用线上线下相结合的形式召开。大会在9个国内城市和3个国外城市连线同步举办，来自美国、澳大利亚以及中国的10位专家参与实时连线，作大会主题发言并参与讨论，在线参加会议及会后视频观看的人数近5000人次，覆盖医院1800多家。

科普活动 12月，学会获得中国科协“中国特色一流学会建设项目（特色创新学会）”资助。未来三年，学会将围绕新时代科技社团的使命和职责，聚焦中国特色一流学会建设的“四大能力”，发起“中国卒中基层红手环星火工程”，遴选科普组织动员体系完善且有丰富健康科普志愿活动经验的基层县/区域红手环志愿者服务团队开展卒中健康科普志愿活动，利用社区科普馆、社区书苑、文化中心、活动中心、公园科普长廊等城镇基层阵地和设施为当地百姓提供健康科普服务，提高公众健康素养水平。

学会红手环志愿者服务团已发展1703家志愿单位、41432名志愿者，同比2020年新增志愿单位101家、志愿者1321名。3—4月，开展新春关爱——关注“医体融合大健康”科普志愿活动；5—6月，开展全国科技工作者日暨重视胆固醇管理科普志愿活动；10月，开展世界卒中日全国健康科普志愿活动；宣传主题为“警惕卒中症状，尽早识别救治”，口号为“分秒‘B’争，救治大脑”。学会在北京举办主场宣传活动，在国家卫生健康委百姓健康频道录制播放专题访谈节目。7—11月，配合急性脑梗死再灌注治疗质量改进国家行动，开展“爱脑行动”科普材料的创作和征集活动。全国红手环志愿者全年累计开展志愿服务近1万场次，参与志愿者达10.2万人次。为弘扬红手环精神，2021年度评选表彰290个“优秀红手环志愿单位”、331名“优秀红手环志愿者”、11个“优秀省级红手环办公室”。

10月29日，由学会、全国脑血管病防治研究办公室、北京市脑血管病防治指导办公室联合主办的2021年世界卒中日全国健康科普志愿活动在北京举办，活动内容包括科普讲座、健康咨询、发放宣传资料、健步走等。国家卫生健康委疾病预防控制局副局长吴良有，学会会长、北京神经外科研究所教授王文志及现场游园公众200余人参加活动。

表彰举荐优秀科技工作者 为鼓励广大卒中医学科技工作者奋发进取、创新争先和服务社会，根据《中国卒中学会科技奖励章程》《中国卒中学会优秀科技工作者评选工作细则》的规定，经过推荐、评审，学会于5月30日决定授予程敬亮、胡波、韩丽媛、纪建松、冷昕祎、刘爱华、罗本燕、彭丹涛、王丽琨、王涛、徐隋意、赵珊珊12人“2020年度中国卒中学会优秀科技工作者”称号。

党建强会 秘书处党支部积极参加上级党委组织开展的各项主题学习和党建活动，按支部工作的规范和要求落实各项党务工作。8月，承担的“中国科协业务主管全国学会办事机构基层党建调查研究”项目结题，共形成1.7万字的调研报告，总结并提出1个“全国学会党建联系和管理‘三环’模型理论”、2条“全国学会基层党建工作的分类指导对策”和1套“上级党组织管理指导评价体系的核心指标体系”。11月，完成“中国科协党建强会计划——中国卒中学会党组织走进于都健康公益行动”，资助江西省赣州市于都县、兴国县两个革命地区成立红手环志愿者服务团，围绕世界卒中日宣传主题开展科普教育、义诊和参观党史教育基地等活动。2021年，学会办事机构党支部及部分党员获“十九届五中全会精神知识竞赛优秀组织单位”“建党100周年征文活动优秀组织单位”“优秀党务工作者”“优秀党员”等表彰。10月25日，秘书处党支部书记王枫被中国科协学会党建研究会聘为特邀理论研究员。

【第七届中国卒中学会学术年会】 7月9—11日，中国卒中学会第七届学术年会在北京召开。会议共设6个直播间，安排31个论坛，300余位专家作学术报告，报告内容涵盖科学研究、临床实践、适宜性技术推广、前沿探索等。专家们从卒中患者入院急诊评估、分诊到影像诊断、临床治疗及卒中后康复、护理等方面，向全国卒中医学领域的学者、医生传播最新的卒中防治理念、防治手段和最实用的临床操作技术，展示脑血管病领域的阶段性研究成果，解读卒中领域最新的临床防治指南。线上参加会议总浏览量达到667664人次。

【中国脑血管病圆桌会议第八次全国会议】 5月9日，学会主办的中国脑血管病圆桌会议第八次全国会议召开，会议设北京、广东省广州市、黑龙江省哈尔滨市、重庆市、江苏省南京市5个分会场。全国知名专家共80余人参加会议，围绕《关于无症状性颈动脉狭窄筛查的科学声明》《中国神经重症临床研究优先发展战略规划》两份文件草案进行专题报告和集中研讨。

【《大健康》节目启动播出】 2月4日，中国卒中学会联合北京市体育局和北京广播电视台制作的国内首档医体融合健康教育系列短视频《大健康》（第一季）在北京冬奥纪实频道和多个新媒体平台播出，短视频共20集，总时长达100余分钟。《大健康》节目聚焦热门医疗话题，邀请来自首都医科大学附属北京天坛医院的知名医学专家以及各路运动健身达人，在每集约7分钟的时间里，针对公众关心的常见病、慢性病和健康问题，分别从医学专业和运动角度讲解健康知识和科学运动技巧等，全方位满足受众需求，实现医体多维度、深层次的融合。

【基层血管健康管理中心——乡村振兴项目启动】 6月22日，“基层血管健康管理中心——乡村振兴”项目在北京启动。该项目聚焦在乡镇卫生院等基层医疗卫生机构开展心脑血管疾病管理的标准化培训、公众宣传、患者筛查等活动，促进基层心脑血管疾病防治体系建设，助力提升基层医疗卫生机构的服务能力，缩小城乡诊疗差距，惠及广大乡村居民。项目计划在全国175个城市约550个乡镇卫生院开展血压、血糖、血脂、颈动脉斑块超声等与心脑血管健康相关的筛查工作，提升乡镇居民早筛早诊和自我健康管理意识。

（撰稿人：王　枫）

中国自然辩证法研究会

服务创新型国家和社会建设　针对近年出现的基因编辑等科技伦理和科学道德重大事件，研究会生命伦理学专业委员会组织研讨基因编辑的伦理问题，从伦理学视角提出“伦理治理”和“伦理先行”的建议，已被政府相关部门接受并写入文件。

10月17日，研究会理事长何鸣鸿在东北大学作题为《区域性创新发展与地缘经济的若干探讨》的专题学术报告，报告从地缘经济角度入手，对区域性创新发展与地缘经济的时代需求进行剖析。全校300余名师生参加报告会。

研究会农业哲学专业委员会组织召开黑龙江“三农”发展智库论坛。会议围绕现代农业“十二项工程”展开研讨，聚焦粮食安全、黑土地保护利用、现代畜牧业发展、数字农业建设与科技创新、农业对外开放与合作、新型经营主体培育等问题。

研究会人力资源专业委员会配合中国保险行业协会举办以“农业保险高质量发展助力乡村振兴”为主题的公益大讲堂，开展反洗钱专题培训，组织举办“民法典的特点及其对我国保险业的影响”专题讲座。

学会建设　2021年，研究会新增会员176人，会员总数达2063人。按章程等规定召开理事会议、常务理事会议、监事会议、党委会议、理事长会议、秘书长会议，贯彻落实上级有关文件和指示精神，严格执行党和国家政策法规、研究会章程、会员代表大会决议，有序稳步推进学会各项工作。

加强对分支机构的规范管理。2021年，研究会农业高校系统专业委员会、数学哲学专业委员会分别完成换届工作。近年来处于停滞状态的企业发展专业委员会、产业哲学专业委员会在研究会指导下进行机构整顿，恢复组织活力。

4月，研究会八届五次理事会议通过王善超、邢怀滨辞去理事职务，河北省自然辩证法研究会推荐全国理事由辛彦怀更换为王青原，增补赵月刚为研究会理事、常务理事，聘任赵月刚为研究会八届理事会秘书长，推荐何鸣鸿为中国科协第十次全国代表大会代表及第十届全国委员会委员候选人，保卫科学精神工作委员会更名为科学精神与科技伦理工作委员会等事项。

10月，研究会八届七次常务理事会议、八届六次理事会议通过《理事会制度》《常务理事会制度》等13项新增和修订的制度；通过对分支机构的2021年度考核结果和有关决议；通过成立科技风险治理与人类安全专业委员会、工程与社会发展专业委员会；通过增选韩来平为第八届理事、增选吴国盛为学术工作委员会主任；通过颁发研究会成立40周年荣誉证书名单；通过授予东北大学教授陈凡中国自然辩证法研究会2021年“最美科技工作者”称号等事项。

主办期刊　研究会主办的《自然辩证法研究》《医学与哲学》两种学术期刊的编辑效率与质量稳中有升，在文章转载率和引用率等方面具有较强的学术竞争力。

2021年，《自然辩证法研究》纸质版每期印刷2000份，复合影响因子为0.976，综合影响因子为0.572，并继续入选中文社会科学引文索引（CSSCI）来源期刊目录（2021—2022）、2020—2021年版北京大学核心期刊目录，被评为“中国人文社会科学综合评价AMI”核心期刊、《中国学术期刊影响因子年报》统计源期刊、复印报刊资料重要转载来源期刊等。

《自然辩证法研究》期刊实行主编负责制和阳光办刊，坚持把体现和促进社会效益放在首位，实现社会效益和经济效益相统一，不断健全完善内部管理和流程，重大问题（如组稿原则和年度计划等）由主编召集会议研究决定。在办刊过程中坚持并严格执行三审三校制度，定期召开《自然辩证法研究》编委会会议，主编、副主编均具有高级职称，期刊编辑均获得出版专业技术人员职业资格证书和责任编辑证，每年参加出版专业继续教育学习。在内容策划方面,《自然辩证法研究》组织和引领学术热点讨论，每期在“科学哲学”“技术与工程哲学”“科技与社会”“科技思想史”栏目中刊登本学科领域有新思想、新观点的学术论文，并及时追踪当前学术热点。

学科发展工程 2021 年是教育部正式发文确定自然辩证法类课程作为全国理工农医科研究生的必修政治课 40 周年。自然辩证法学科已形成自己的鲜明风格和特色，并与时俱进，不断呈现出新的面貌。

研究会农业哲学专业委员会在严火其主任的主持下，推动在南京农业大学本科生开设通识教育核心课程“农业伦理学概论”课程并录制慕课。

由研究会理事易显飞作为首席专家领衔申报的“科技哲学与科技伦理治理创新研究中心”获批为湖南省普通高等学校哲学社会科学重点研究基地。

在研究会多位理事的推动下，北京自然辩证法研究会联合多家单位举办北京高校自然辩证法教学研讨会，会议以“自然辩证法教学改革实践中的问题与对策”为主题。

为迎接建党 100 周年，重庆自然辩证法研究会举办 2021 年“自然辩证法概论”课程教学与学科建设研讨会，以持续推进研究生思想政治理论课“自然辩证法概论”的教育教学改革与学科建设。

研究会理事张明国联合北京多所高校教师主持建设“自然辩证法概论”慕课和博士生“中国马克思主义与当代”慕课，并由此衍生出“线上 + 线下”相融合的教学新模式，推动自然辩证法教学改革走向深入。

国内主要学术会议 2021 年，研究会及其各分支机构共组织各类学术交流活动 13 次，参加人员 1476 人次，交流论文 459 篇。

5 月 2—3 日，由研究会环境哲学专业委员会、中国伦理学会环境伦理学分会等机构主办的 2021 年中国环境哲学环境伦理学学术年会暨首届儒释道文化与环境哲学、环境伦理学北岳恒山高峰论坛在山西省大同市浑源县召开。来自清华大学、北京大学、北京航空航天大学等 30 多家高校、科研院所、民间协会的 100 余名专家、学者共同探究中华传统儒释道文化与马克思主义、环境哲学的融合之路。

5 月 22—23 日，由中国工程院主办，中国工程院工程管理学部、研究会工程哲学专业委员会、西北工业大学、中国国际工程咨询有限公司和中国科学院大学跨学科工程研究中心联合承办的第 329 场中国工程科技论坛——“工程哲学与工程创新”在陕西省西安市召开。论坛以“工程哲学与工程创新”为主题，与第十次全国工程哲学学术会议联合举办。中国工程院院士胡文瑞、殷瑞钰等 17 位专家出席论坛，来自全国高等院校、科研院所、企业单位的专家、学者与师生 200 余人参会。

6 月 26—27 日，全国首届“科研诚信与科技伦理”学术研讨会在辽宁省大连市举办。此次会议由研究会主办，采取线上线下相结合的方式召开，来自中国科学院、北京大学、清华大学、中国人民大学等 50 余所高校和研究机构的 110 余名专家、学者参加，就科研伦理原则与科研活动的行为规范、科研诚信的监督与治理、高科技对伦理法律和人的基本权益的影响、工程风险治理的伦理对策、工程伦理与负责任创新、科技伦理教育的模式与方法等当代科研诚信与科技伦理前沿问题进行交流讨论。

10 月 22—24 日，由中国科学技术大学和中国自然辩证法研究会主办的第五届全国物理学哲学学术研讨会在北京召开。来自中国社会科学院哲学研究所、中国科学院哲学研究所、上海社会科学院、中国科学院大学、北京大学等院校机构的专家、学者和师生 60 余人参加研讨交流。

10 月 30—31 日，中国逻辑学会第四届全国学术大会暨中国自然辩证法研究会问题哲学第二届全国会议在福建省厦门市召开。大会由中国逻辑学会和研究会问题哲学专业委员会联合主办，以“逻辑与科技创新”为主题，采用线上线下相结合的方式进行，共有 149 名专家、学者参加大会。会议收录论文 78 篇。

11 月 14 日，研究会化学化工专业委员会和中国科学技术史学会化学史专业委员会共同举办第十届全国化学史与化学哲学联合学术会议。会议以视频形式召开，来自中国科学院大学、清华大学、北京大学、北京师范大学等多所高校、研究院所和期刊编辑部的近 40 位专家、学者参加会议。

国际交往 4 月 26 日，中国自然辩证法研究会技术哲学专业委员会与国际技术哲学学会的首次高层对话于线上举办。此次论坛邀请国际技术哲学学会主席、荷兰特温特大学哲学系教授 Pieter Vermaas，国际技术哲学学会继任主席、美国康奈尔大学威尔·康奈尔医学院教授 Inmaculada Melo-Martin，研究会副理事长陈凡，东北大学教授陈红兵、王健等参加，就中外技术哲学与国际技术哲学学会的研究与合作展开交流。

10 月 1—2 日，研究会未来哲学与发展战略专业委员会联合亚洲自然哲学委员会举办第四届亚洲自然哲学学术年会。

科普活动 研究会理事长何鸣鸿结合全国科技工作日活动，在西北工业大学开展科学道德与科学家精神宣讲报告会，作题为《创新、责任与担当——科学道德建设与科学家精神》的专题讲座，受众 50 余人。

研究会化学化工专业委员会推进公众理解科学的研究项目，由专业委员会主任任定成主编、副主任周雁翎编审策划的“科学元典丛书”被收入教育部《中小学生阅读指导目录》。

表彰举荐优秀科技工作者 研究会开展 2021 年中国自然辩证法研究会“最美科技工作者”推荐评选工作，授予东北大学教授陈凡为 2021 年中国自然辩证法研究会“最美科技工作者”称号。

党建强会 研究会以“中国共产党百年与自然辩证法”为主题开展学术征文活动，在《自然辩证法研究》杂志开设专栏。

4 月 2 日，研究会党委组织召开党史学习教育动员大会，传达学习中央有关文件精神，部署中国自然辩证法研究会党史学习教育工作方案和 2021 年工作要点。6 月 27 日，研究会党委在北京召开庆祝建党百年座谈会暨党史学习教育第二次会议。7 月 10 日，在延安召开中国共产党与中国科技百年变迁与发展论坛。12 月 10 日，举办中国自然辩证法研究会庆祝建党 100 周年、研究会成立 40 周年大会暨 2021 年学术年会。

研究会副理事长陈凡在全国多个高校开展主题为《建党百年：中国马克思主义科技观与习近平关于科技创新的重要论述》《中国共产党与科技自立自强的中国道路》的学术讲座。

会员服务 根据中国科协、民政部关于科技社团管理的新举措，依法依规开展会员发展服务工作。2021 年研究会新增会员 176 人。全年向会员赠阅《自然辩证法研究》14100 余册、内部刊物《工作通讯》9800 余册。

【中国自然辩证法研究会庆祝建党 100 周年、研究会成立 40 周年大会暨 2021 年学术年会】 12 月 10 日，中国自然辩证法研究会庆祝建党 100 周年、研究会成立 40 周年大会暨 2021 年学术年会以线上会议方式召开。自然辩证法界老前辈、广大会员以及来自全国各高校和科研院所的专家、学者 300 余人出席会议。

大会开幕式由研究会副理事长刘孝廷主持。研究会原理事长、教育部原副部长吴启迪，中国科协党组成员、书记处书记吕昭平，研究会原副理事长、中国科学院院士何祚庥，研究会理事长何鸣鸿，中国科学技术史学会秘书长罗兴波分别在大会开幕式上致辞。中国科协学会服务中心党委书记刘亚东列席会议。研究会秘书长赵月刚宣读中国自然辩证法研究会成立 40 周年荣誉证书名单、研究会 2021 年“最美科技工作者”名单。对北京市自然辩证法研究会等 67 个先进单位、于祺明等 237 个先进个人颁发 40 周年荣誉证书。

大会设四个分会场，分别由陈红兵教授、吴永忠教授、徐治立教授、张云飞教授担任分会场主席。在大会学术报告环节，东北大学教授陈凡、中国人民大学教授刘晓力和广州航海学院 / 广州交通大学（筹）教授张劲文围绕大会主题，分别作题为《建党百年：中国自然辩证法的发展与创新》《适度谈论人工智能的情感和道德落地问题》《跨越伶仃洋——超级工程的建设管理策划及实践》的大会报告。大会报告由研究会副理事长张大庆主持。

年会以“中国共产党百年与自然辩证法”为主题征文，评选出 80 余篇论文收录到大会论文集。

（撰稿人：丁予聆）

中国管理现代化研究会

服务创新型国家和社会建设 1 月 7—11 日，研究会廉政建设与治理研究专业委员会在四川省攀枝花市举办一期廉洁教育课程师资培训班，共有 30 人参加培训，其中 26 人通过考核并获得培训结业证书。

研究会知识产权管理专业委员会面向高校开办四期知识产权微课堂，内容涉及“开源知识产权风险”“高价值专利”“专利导航”“知识产权侵权应对实务”等，邀请知识产权领域专家、学者围绕热点、前沿问题，通过线上线下相结合的方式集中宣传讲授有关知识产权知识，促进知识产权知识的普及，增强广大师生知识产权保护意识，帮助广大师生走近知识产权、了解知识产权、善用知识产权，将其手中的科研成果点石成金，致力于精准对接师生知识产权实务需求，助力学校通识教育发展与应用型人才输出。2月1日，研究会数字经济与商业模式专业委员会与高等教育出版社有限公司联合发起“新文科 · 数字经济”与“新文科 · 数字管理”系列教材编著工作，邀请各高校和科研机构在数字经济与管理领域的专家、学者共同参与。

7月22—23日，研究会管理案例研究专业委员会主任委员苏敬勤一行到海尔开放创新平台HOPE进行专题调研。调研期间，项目组通过访谈对话、现场考察等形式了解海尔HOPE平台的成立背景、运营模式和远期规划，并就中国科协“科创中国”与HOPE平台的现有合作、未来模式进行探讨。

7月，研究会组织行为与人力资源管理专业委员会捐款支援河南灾后重建，并于7月28日将37名常务理事的捐款转交给河南省慈善总会。

11月，研究会公司治理专业委员会主任委员李维安率领公司治理评价课题组，联合深圳市公司治理研究会在广东省深圳市发布《大湾区上市公司治理评价报告（2021）》，首次将评价样本扩展到大湾区上市公司。

研究会商务智能专业委员会与中国金融期货交易所股份有限公司进行合作，服务国家金融风险防控，将大数据和超算技术应用于金融期货高频数据的分析。研究会商务智能专业委员会主任委员石勇作为国务院参事，其多篇政策建议受到国家领导人批示。

研究会政府战略与公共政策专业委员会主任委员赵景华承担的国家社会科学基金重大项目“基于总量与强度双控的水资源治理转型与市场化机制研究”已完成总报告，《水资源税改革关键节点及问题的政策建议》获得山东省政协副主席批示；《关于充分发挥“政府—市场—社会”三大机制作用，全面高效推进大同河长制实施》的建议获得山西省大同市委领导批示。

主办期刊 2021年，研究会管理案例研究专业委员会主办的《管理案例研究与评论》共出版6期，发表文章48篇，其中案例研究方法论2篇、案例研究论文46篇。

学科发展工程 研究会国际商务谈判专业委员会与人力资源社会保障部教材办公室合作编写《商务谈判技术》，并由中国劳动社会保障出版社有限公司出版发行。

1—6月，完成研究会廉政建设与治理研究专业委员会拟议设立的廉政学为国家正式一级学科的论证工作。根据论证方案，学科名称为纪检监察学，学科归属法学门类下一级学科。

10月8—10日，首届全国MBA培养院校《公司治理》核心课程师资研讨会在云南省昆明市召开，来自全国67所MBA培养院校的80余位教师参加会议。南开大学讲席教授、中国公司治理研究院院长李维安出席研讨会并致辞、作主题报告。

国际学术会议 9月25—26日，由南开大学中国公司治理研究院、南开大学商学院主办，研究会公司治理专业委员会等协办，《上海证券报》作为特别媒体支持单位的第十一届公司治理国际研讨会在天津市召开。来自国务院国有资产监督管理委员会、中国银行保险监督管理委员会、中国上市公司协会、深圳证券交易所等政府及监管部门，中国社会科学院、清华大学、澳门大学、美国亚利桑那州立大学、加拿大曼尼托巴大学、澳大利亚阿德莱德大学、日本名古屋市立大学、世界银行集团等国内外高校及研究机构的专家、学者以及企业界人士通过线上或线下参加会议。研究会公司治理专业委员会主任委员李维安在会上发布2021年中国上市公司治理指数以及2021年中国上市公司绿色治理指数。此次研讨会以“后疫情时代的应对：绿色治理”为主题，对企业社会资本与绿色治理，绿色金融与金融机构治理有效性，数字时代的行为公司治理，应急治理、网络治理与绿色发展，疫情下的企业社会责任与公司财务、可持续供应链治理等话题进行研讨。

国内主要学术会议 5月8—9日，由研究会技术与创新管理专业委员会和创新创业30人论坛组委会主办、东南大学经济管理学院承办的“创新创业与经济高质量发展”南京主题论坛在江苏省南京市召开。来自各大院校的30余名专家、学者参加论坛，围绕创新创业与经济高质量发展的相关问题进行研讨和交流。

5月14—15日，由南京大学商学院联合研究会组织行为与人力资源管理专业委员会、华中科技大学管理学院、安徽大学商学院主办的第九届中国人力资源管理论坛在安徽省合肥市召开。此次论坛以“应变局 · 迎挑战 · 促发展：后疫情时期中国人力资源管理的转型与变革”为主题，采用线上线下相结合的方式召开。来自全国各地130余所高校和有关单位的350多名专家、学者、企业代表、博士研究生、硕士研究生和各界人士参加线下会议。《今日头条》同步进行线上直播，数十万人在线参加会议或收看会议回播。

5月20—23日，第五届世界智能大会在天津市召开，研究会知识产权管理专业委员会受邀参展。大会期间现场展示“行为金融与大数据”“人工智能人才评价”“智慧供应链”“虚拟仿真课堂”“区域创新与经济发展”“高校成果转化”等亮点成果，并于现场发布《5G标准必要专利国际竞争态势分析报告》。

5月25日，由全国工商管理专业学位研究生教育指导委员会、研究会管理案例研究专业委员会、中国管理案例共享中心主办的第十二届中国管理案例学术年会在北京召开。来自全国百余所高校的400余名专家、学者和博士研究生参加会议。

6月19日，由哈尔滨工业大学主办、研究会风险管理专业委员会和复旦大学管理学院协办的第五届仿真方法和应用研讨会在黑龙江省哈尔滨市召开。此次研讨会旨在加强国内相关领域学者的交流，建立学界与业界的交流平台，为中国复杂系统和风险管理等领域的理论研究和实践应用的发展贡献力量。研讨会通过线上线下相结合的方式举办，来自全国多所高校的50余名专家、学者和研究生参加会议。

8月21日，由研究会电子商务与网络空间管理专业委员会和管理科学与工程学会信息系统与数字化创新分会联合主办，新疆农业大学经济与贸易学院、合肥工业大学管理学院和复旦大学管理学院承办的第三届（2021）电子商务与数字创新年会在线上召开。此次会议以“丝路电商与数字创新”为主题，聚焦电子商务与数字创新中的热点和难点问题，探究电子商务与数字创新最新发展趋势和前沿理论方法成果，为中国“一带一路”倡议添砖加瓦。来自全国各地相关领域的专家、学者参加会议，主会场线上会议和直播同时在线人数超过1000人，分论坛线上会议和直播在线人数超过900人。

10月15日，由研究会平行管理专业委员会主办的2021平行智能大会在北京召开，专业委员会主任王飞跃担任大会共同主席。此次大会围绕平行交通、数字孪生、智能系统、平行控制、平行驾驶进行主旨报告。来自国内外高校与科研院所的200余位专家、学者和行业头部企业家参加会议，共谋创新发展。

10月23日，由研究会廉政建设与治理研究专业委员会主办的中国廉政研究2021年学术年会在四川省广安市召开，295人参会。提交论文158篇，共评选出26篇优秀论文，其中一等奖3篇、二等奖7篇、三等奖16篇。

11月6—7日，由研究会技术与创新管理专业委员会、创业与中小企业管理专业委员会、山东大学管理学院、山东大学国际创新转化学院联合主办，山东大学承办的2021中国技术创新与创业学术年会在山东省济南市召开，500人参会。年会主题是“新发展格局下的创新创业研究”。大会邀请中国技术创新与创业领域的专家、学者通过线上共同交流经验，探讨在新发展阶段和新发展格局下中国企业如何科学地开展技术创新与创业活动，促进领域前沿研究与创新发展。

12月3—5日，由研究会管理思想与商业伦理专业委员会和复旦大学东方管理研究院主办、江苏大学管理学院承办的第三届中国管理思想与商业伦理高端论坛暨2021年全国高等院校管理学与商业伦理课程师资研讨会以线上线下相结合的方式在江苏省镇江市召开。来自全国数十所高校及机构的专家、学者参加会议。此次会议从不确定性环境下的中国管理现实与热点问题出发，邀请国内外管理学界专家、学者、企业家和社会各界有识之士直面新时代中国管理实践中的新问题，发掘新管理思想，承担新管理责任，共同推动“新管理·新思想·新责任”情景下的中国管理思想与商业伦理的研究与实践进步。

12月24—26日，由研究会公共管理专业委员会、青年工作委员会主办，北京师范大学珠海校区、北京师范大学政府管理学院和政府治理研究中心承办的中国公共管理学术年会（2021）暨第七届公共管理青年学者论坛在广东省珠海市召开。会议主题为“面向‘十四五’：中国公共管理学科的转型与重构”。来自全国80多家高校、科研机构和期刊行业的150余名专家、学者通过现场会议和线上会议参会。

科普活动 3—5月，研究会国际商务谈判专业委员会联合中央财经大学国际经济与贸易学院、智联迅捷（北京）科技发展有限公司组成赛事组委会，举办“中财杯”2021未来国际商务谈判精英全国赛。此次大赛采取线上线下相结合的方式进行，共有16支参赛队伍参加。赛事由中央电视台新闻频道进行专题报道，获得国内外同行高校一致好评。

11月初至12月9日，12·9全国大学生廉洁教育月活动继续举办。从2020年情况来看，全国共有80所大学参加，总人数超过12万人次。首次安排线上讲座3场，其中学会专家讲座1场、廉政建设优秀民营企业案例讲座2场，约50所大学组织学生参加，总人数1.2万人次。此外，还组织大学生廉洁教育走进企业活动。

党建强会 5月，研究会党委会召开2021年度会议，讨论部署年度工作，继续完善分支机构党的工作小组，参加中国科协党委组织的活动和培训。7月，召开分支机构负责人会议暨党建工作会议，开展党史学习教育系列活动。

【第十六届（2021）中国管理学年会】 11月5—7日，第十六届（2021）中国管理学年会在广东省深圳市召开。年会以“新管理－新责任”为主题，由研究会与复旦管理学奖励基金会联合主办，南方科技大学商学院承办，清华大学经济管理学院－清华大学经济管理深圳研究院、西安交通大学管理学院、哈尔滨工业大学（深圳）大数据会计与决策研究中心和四川大学商学院共同协办。会议采用线上形式举办，来自国内外众多管理学界的专家、学者、企业家参加会议。研究会秘书长赵景华主持开幕式，中国科学院院士、南方科技大学校长薛其坤致开幕词。

在主旨报告环节，南京大学教授赵曙明，国际信息系统协会原主席和会士、美国佐治亚大学Regent讲席教授Richard Watson，天津大学讲席教授张维，招商银行股份有限公司原行长马蔚华，南方科技大学商学院创院院长、国际信息系统协会会士黄伟分别围绕大会主题和学科发展前沿问题作主旨演讲。

会议期间，举办校长—院士学者专家论坛、优秀青年学者论坛、女管理学家论坛、期刊工作委员会闭门会议/期刊论坛4个平行论坛。

此次年会收到学术论文398篇，经专家评审，最终录取288篇。论文内容涵盖组织与战略管理、商务智能、技术与创新管理、公共管理等26个主题领域。会议共设立49场平行专题论文报告论坛，交流讨论论文350篇，其中15篇论文获得年会优秀论文奖。

【第十届高等学校信息管理与信息系统专业人才培养高峰论坛】 11月27—28日，由中国系统工程学会信息系统工程专业委员会、清华大学出版社主办，研究会信息管理专业委员会、中国人民大学、清华大学出版社承办的第十届高等学校信息管理与信息系统专业人才培养高峰论坛在线上召开。

此次论坛主题为“数智化时代的信管专业建设与人才培养”。论坛邀请清华大学经济管理学院教授陈国青、中国人民大学商学院教授毛基业、复旦大学管理学院教授黄丽华、哈尔滨工业大学经济与管理学院教授叶强、南京大学人工智能学院教授黎铭、得克萨斯大学达拉斯分校信息系统及金融学教授Eric Zheng、清华大学经济管理学院教授徐心、中央财经大学信息学院教授章宁、北京信息科技大学信息管理学院教授王磊等作主题报告。大会主题创新、与时俱进，学科建设内容务实，校企融合亮点纷呈。

（撰稿人：黄晓蕾）

中国技术经济学会

服务创新型国家和社会建设 学会响应《中国科学技术协会事业发展“十四五”规划（2021—2025年）》要求，建设学会专家库，整合和协同智库战略研究资源，构建跨界集智、开放融合的柔性智库服务平台，学会会员管理系统数据已经和专家库数据链接。

受中国科协企业创新服务中心委托，完成撰写《中国创新创业发展研究》报告，为中国科技创业及人才发展战略的制定提供参考。

受中国科协创新战略研究院委托，组织开展科技共同体促进作风学风建设的现状与经验研究项目。

受中国科协委托，开展2021年度分领域发布高质量科技期刊分级目录试点工作，完成团体标准应用和国际化引导专项项目、中青年科技工作者作风学风建设状况调查项目。

受广东氢云星萃数据有限公司委托，完成调查发布《全球氢能企业发展报告2021》。

参与中国科协国际联络部“海智计划”活动，完成2021年海智四川科创新经济项目路演暨投资对接峰会、建设“智荟江城，海创筑梦”两个项目。

在由学会牵头组织申报的中国科协“高端科技创新智库青年项目”中，学会会员金佳、王爱莲入选并获得资助，分别开展“数字经济平台监管及平台责任机制研究”项目、“科技工作者时间分配和身心状况调查研究”项目。

2021年，配合中国石油和化学工业联合会完成《化工园区开发建设导则》（规划分册）和《节水型化工园区评价技术规范》的编写工作。

受住房城乡建设部委托，2021年承接《成都市建筑业发展“十四五”规划》编制工作，同时承担《关于进一步加强工程质量监督管理工作的指导意见》评估报告编制工作。

受国家发展改革委委托，组织编写《工程建设标准编制和管理规定》和《无障碍设施工程建设管理规定》，参加《建设项目经济评价方法与参数》实施情况调查、全国《工程造价改革工作方案》研究以及咨询工程师（投资）职业资格考试教材的编写工作。

由学会组织完成的《2021年全国农业科技进步贡献率测算说明及分析》被农业农村部采用并发布。向国务院研究室提交的《关于加快推进全生物降解地膜应用试点进程的建议》获国务院研究室主任批示。

2021年，向四川省科技厅提供政策咨询和产业发展战略研究报告《四川省“十四五”以企业为主体的产学研协同创新体系建设政策建议》《四川省“十四五”及中长期以企业为主体的产学研协同创新体系发展战略研究报告》。

1月4日，中国技术经济学会产业数字金融技术应用实验室第一届理事会第一次会议在北京召开，学会理事长李平担任实验室理事长。5月，中国技术经济学会产业数字金融技术应用实验室的“产业数字金融模式研究与应用”项目获2021数博会领先科技成果奖——优秀项目奖。5月28日，中国技术经济学会产业数字金融技术应用实验室日照基地正式启用，并为日照银行举办“数字经济与银行业数字化转型”系列培训。

2021年制定并发布团体标准共计153项，其中“领跑者”团体标准132项。

学会建设 2021年，学会共召开3次理事长办公会议、3次常务理事会议、1次理事会议。截至12月底，共有31个分支机构，其中专业委员会14个、分会17个。新增单位会员14家、个人会员597人（其中学生会员82人）。

3月20日，召开第六届常务理事会第十二次会议，对《中国技术经济学会优秀成果奖奖励办法》《中国技术经济学会优秀博士学位论文奖奖励办法》和《中国技术经济学会博士生优秀论文奖奖励办法》进行修订；审议并批准设立中国技术经济学会决策智能分会。

3月20日，召开第十五次理事长办公会议，审议通过《中国技术经济学会保密管理办法》《中国技术经济学会档案管理办法》《中国技术经济学会法人证书管理办法》《中国技术经济学会秘书处部门职责及工作制度》《中国技术经济学会秘书处人员培训管理办法》《中国技术经济学会秘书处员工休假管理办法》《中国技术经济学会期刊管理制度》《中国技术经济学会咨询研究项目管理办法》8项工作制度。

8月30日，召开第十六次理事长办公会议，审议通过《中国技术经济学会工作餐、加班工作餐及公务接待用餐管理办法》。

12月17日，召开第六届常务理事会第十四次会议，决定设立中国技术经济学会数字体育专业委员会和文化科技分会。

主办期刊 《技术经济》继续入选中文社会科学引文索引来源期刊扩展版目录（2021—2022），入编《中文核心期刊要目总览（2020年版）》（第9版）经济学/中国经济/经济管理（除会计、企业经济）类的核心期刊。2021年，入选由中国科学院科技战略咨询研究院、爱思唯尔出版集团、《中国学术期刊（光盘版）》电子杂志社有限公司联合主办的《智库期刊群1.0版》。

11月，《科学技术与工程》入选《中国学术期刊影响因子年报（自然科学与工程技术·2020版）》，排名第8，进入Q1区。

2021年，《科技和产业》来稿量比2020年增加26%。

学会入选且在2021年全国学会30个期刊出版管理规范单位中排名第18。

学科发展工程 6月，《中国创新50人笔谈（第3辑）》由中国科学技术大学出版社出版。该书是学会智库文丛之一，至今已经连续出版3辑。

受中国科协创新战略研究院委托，组织开展“李京文学术成长资料采集”项目工作。

学会组织申报的“技术经济与创新丛书”入选“十四五”时期国家重点图书、音像、电子出版物出版专项规划的“社会科学与人文科学出版规划”。

学会金融科技专业委员会组织编写“区块链+应用”系列丛书。

国际学术会议 11月22日，由学会运输技术经济专业委员会、中国铁道学会、重庆交通大学、爱斯维尔出版集团、香港大学工业及制造系统工程系联合承办的第九届“运输与时空经济论坛”国际会议在北京召开。会议的主题是“与世界相交，与时代相通”。论坛以线上会议的形式举办，700多名专家、学者参加。论坛分上、下两个半场，分别聚焦交通碳达峰碳排放理论与政策研讨、运输经济学理论创新与发展研讨，先后由北京交通大学国家经济安全研究院副院长华国伟和北京交通大学经济管理学院冯华主持。重庆交通大学副校长黄承峰在会议下半场作《运输经济学的西部实践与创新》主题演讲，并与参会人员进行现场互动。

国内主要学术会议 2021年，学会18个分支机构共组织18次学术会议，线上线下参会人数达38510人次。

4月25日，学会中小企业分会联合哈尔滨工业大学举办线上中小企业与创新创业发展论坛。论坛的主题是学习“十四五”规划精神，开创中小企业创新创业发展新格局，共计2481名专家、学者参加会议。

5月21日，学会知识产权专业委员会联合暨南大学主办2021年中国技术经济学会知识产权专业委员会学术研讨会。研讨会主题为“促进知识产权与科技创新高质量融合发展”，共计30位专家、学者参加会议。

7月17—18日，由学会科技创新政策与评价专业委员会联合中国社会科学院数量经济与技术经济研究所、清华大学经济管理学院等单位主办的中国技术经济论坛2021·呼和浩特在内蒙古自治区呼和浩特市召开。论坛主题为“新发展格局中的创新与高质量发展”，400位专家、学者参加会议。

7月31日—8月1日，由学会技术管理专业委员会联合哈尔滨理工大学主办的第十八届中国技术管理学术年会以线上线下相结合的形式在黑龙江省哈尔滨市召开。年会主题为“面向高质量发展的技术与管理创新”，来自全国100多所高校和研究院所的300位专家、学者、企业家和学生参加现场会议。

8月15日，由学会复杂科学管理分会联合武汉系统工程学会、武汉大学经济与管理学院、武汉大学复杂科学管理研究中心、吉林大学管理学院等院校举办的第十二届复杂科学管理国际研讨会暨中国技术经济学会复杂科学管理分会第二届理事会成立大会在吉林省长春市召开。会议的主题是“复杂系统管理与‘稳’发展”，200名专家、学者参加会议。

10月15日，由学会金融科技专业委员会联合河北金融学院、保定金融谷主办的中国技术经济学会金融科技专业委员会2021年年会暨金融科技“联动·创新·转化”高峰论坛在河北省保定市召开。会议主题是“金融科技‘联动·创新·转化’”，100位专家、学者参加线下会议，6000人在线观看。

10月16日，由学会产品创新管理专业委员会主办的数字经济与产品创新研究前沿论坛在湖北省武汉市召开。论坛主题是“新时代下产品创新的理论、方法和应用”，共计32名专家、学者参加会议。

10月22日，学会标准化研究分会作为联合主办单位在广东省佛山市召开绿色低碳转型标准化技术研讨会。会议主题为“标准助力双碳，绿色引领未来”，来自全国各地的200多位专家、学者参加会议。

10月29日，由学会技术创新与创业分会联合清华大学中国企业成长与经济安全研究中心等主办、苏州科技大学商学院承办的中国创新与企业成长年度学术会议在江苏省苏州市召开。会议主题是“数字经济背景下的中国创新创业跨界融合”，共计4317名专家、学者参加线上会议。

10月29日，学会神经经济管理专业委员会主办主题为“人工智能和机器行为”的线上研讨会，共计50名专家、学者参加会议。

11月6日，由学会体育经济与价值管理分会联合北京体育大学举办的第七届中国体育产业价值创新论坛暨第五届全国体育经济与价值管理学术会议在北京召开。论坛以“线下+线上”的形式举办，主题为“体育价值评估的新理念、新模式、新格局”，200多名专家、学者参加。

11月6—7日，由学会环境技术经济分会联合中国社会科学院环境与发展研究中心举办的第五届中国环境技术经济前沿论坛在湖南省长沙市召开。论坛主题为“绿色创新　转型发展”，来自全国50多所国内高校的300余名专家、学者通过线上共同探讨中国绿色创新与转型发展新路径，2000余人参加线上会议。

11月10日，学会通信技术经济专业委员会以线上会议的形式组织召开主题为“绿色创新与转型发展”的青年学者学术论坛，300余人参加会议。

11月13日，由学会技术孵化与创新生态分会与浙江工业大学联合主办的第四届中国技术孵化与创新生态学术年会于线上召开。会议主题为“数字创新生态系统与技术孵化”，300余名专家、学者参加会议。

科普活动 受中国科普研究所委托，学会完成《科普服务分类与代码》国家标准制修订项目并通过验收。

学会电力技术经济分会开通微信公众平台，围绕能源电力行业，每周进行一篇科普知识详解。

学会化工技术经济专业委员会开展多种形式的健康宣教，普及新冠肺炎防治知识，与社区建立“零报告”联系机制，及时报送疫情防控信息。

学会价值工程专业委员会运营的“城启”和“南通供需链管理”等公众号已成为重要的科普宣传平台，在城市发展、供应链管理及价值管理方面发布大量文章。

学会神经经济管理专业委员会获批天津市1项科普项目“面向不同受众群体需求的工业机器人科普成果开发及推广”。

学会知识产权专业委员会组织参加中兴通讯校园行（七）等知识产权普及活动，在活动中作题为《数据驱动的知识产权管理理论与实践》的报告。

表彰举荐优秀科技工作者 学会推荐的单位会员武汉理工大学艺术馆入选2021—2025年全国首批科普教育基地、单位会员四川大学国家大学科技园入选2021年“科创中国”产学研融通组织榜。

党建强会 2021年，学会召开3次党委会议。

3月20日，第一次党委会议审议并通过《中国技术经济学会党委关于加强学会意识形态管理的意见》，讨论中国科协学会服务中心《关于做好中央巡视有关整改落实工作的通知》及学会的整改落实工作。

8月30日，第二次党委会议审议拟报送中国科协学会服务中心的《关于中央巡视反馈问题整改落实情况的报告》和《中国技术经济学会党委“三重一大”决策制度实施办法》。

12月17日，第三次党委会议学习中国共产党第十九届六中全会精神，前置审议其他重大事项。

学会秘书处党员和中国未来研究会秘书处党员联合组建中国科协学会服务中心第三联合党支部。

会员服务 学会秘书处加强会员入会工作，各分支机构均有专人负责新发展会员的登记和资格预审工作，会员管理系统正式完成并应用。

【中国技术经济学会第二十八届学术年会】 12月18—19日，中国技术经济学会第二十八届学术年会在北京召开，主题为“双碳目标与高质量发展——如何打赢转型之战”。来自全国各地的高等院校师生及研究机构、企业和政府部门的专家、学者、企业管理人员、领导参加会议，线上线下超过10万人次。

年会开幕式由学会常务副理事长、管理世界杂志社社长李志军主持。学会理事长、中国社会科学院数量经济与技术经济研究所研究员李平致开幕词，他指出“双碳”目标及实现路径、方法的研究和政策选择都属于技术经济学的研究范围，也是学会未来研究的领域。会议邀请11位专家作主旨报告。

会议设有13个平行论坛和1个研讨会，分别是边疆地区生态资源保护与高质量发展的技术经济问题论坛，碳中和背景下交通碳减排影响与路径论坛，质量创新与效率论坛，面向壮大新动能的创新链效率提升:《管理科学》专栏稿件研讨会，知识产权强国战略与高质量发展论坛，融合、转型与共赢论坛，复杂社会信息网络下的风险感知与智能决策论坛，创新与高质量发展论坛和5个征文交流分论坛，以及投资项目可行性研究理论方法创新研讨会。

（撰稿人：何　冰　关　晓）

中国现场统计研究会

学会建设 2021年，研究会会员总数7055人，其中高级会员119人。完成理事会换届，选举产生第十一届理事会、常务理事会和第二届监事会。

研究会现有分支机构21个，新成立分会1个，注销分会1个；完成4个分会的换届工作。2021年规范召开理事会议、常务理事会议和监事会议。

主办期刊 《数理统计与管理》（*Application of Statistics and Management*）是中国科协主管、研究会主办的学术期刊，2021年出版6期，发行约10800册，共发表89篇文章。

国内主要学术会议 3月27日，由研究会经济与金融统计分会与中南财经政法大学统计与数学学院共同承办的第四届全国MAS案例大赛颁奖典礼暨应用统计硕士专业学位授权点建设研讨会在湖北省武汉市召开。MAS（应用统计硕士）教指委委员，国内学界、业界专家，案例大赛获奖者300余人到现场参加会议，同时5.3万余人次在线观看同步直播。会上，MAS案例大赛中的14支代表队分别展示优秀案例作品。与会专家、学者就应用统计专业硕士研究生教育改革、应用统计硕士授权点专项评估、教材建设和案例库建设等内容展开讨论。

4月24—25日，中国现场统计研究会可靠性工程分会2021年学术年会暨理事会换届选举会议在北京举办。会议围绕可靠性、维修性、测试性、安全性、保障性、PHM与生存分析等领域的最新理论研究成果和工程应用实际问题展开讨论。来自北京航空航天大学、国防工业出版社等多家高校和科研机构的130余位专家、学者参加会议。大会设立邀请报告、青年邀请报告、投稿作者报告与工程应用论坛等专题分会场，为高校、科研机构的教师、科研人员和工程型号单位、民营企业的技术人员搭建学术活动交流平台。会议期间，研究会可靠性工程分会进行换届选举。

4月28—30日，由研究会试验设计分会主办、北京理工大学数学与统计学院承办的中国现场统计研究会试验设计分会2021常务理事会议暨北京理工大学统计学科建设研讨会在北京举办。会议围绕试验设计及其理论在工业、农业、医疗、信息科学等相关领域的应用，试验设计分会的发展，以及北京理工大学的统计学科建设等问题展开讨论和交流。

7月2—4日，由研究会高维数据统计分会主办、兰州财经大学统计学院承办、甘肃农业大学理学院协办的中国现场统计研究会高维数据统计分会第六届学术研讨会在甘肃省兰州市召开。来自北京大学、清华大学等近百所高校、科研院所的260余名专家、学者参加会议。会议设3个主题报告，举办40场分组报告，来自全国各地的专家、学者围绕高维数据统计理论最新研究成果及其在生物医学、经济金融等领域中的应用进行研讨。

7月26—29日，研究会旅游大数据分会在云南省蒙自市召开大数据与区块链理论与应用科学研讨会暨中国现场统计研究会旅游大数据分会2021年学术年会。此次大会共收到国内41所高校及科研机构的138位学者的注册。共有来自中国科学院大学、南开大学、中山大学以及中国科学技术大学的4位学者为大会作特邀报告；来自中国科学院大学、北京大学、南开大学、复旦大学、中山大学、云南大学等41所高校的15位学者为大会带来分组报告。特邀报告和分组报告主要围绕统计学与旅游大数据理论、方法和最新进展，资源环境统计学方法的最新发展，统计科学在数字经济与区块链技术的深度交叉与融合的最新进展展开。

10月15—17日，中国现场统计研究会资源与环境统计分会第四届会员代表大会暨2021学术年会在重庆市召开。来自中国科学院、清华大学等60余所院校的180余名专家、学者参加学术交流。此次学术年会由研究会资源与环境统计分会主办，重庆工商大学数学与统计学院、经济社会应用统计重庆市重点实验室承办。与会专家、学者就国内外统计科学及数据科学理论、方法及其在资源与环境、金融、生物医药与工业工程等领域中的最新研究成果进行学术交流。会议期间，研究会资源与环境统计分会理事会进行换届选举。

10月22—24日，中国现场统计学研究会生存分析分会第十四次全国生存分析和应用统计研讨会在北京举办。此次会议由研究会生存分析分会主办、北京师范大学统计学院及北京师范大学自然科学高等研究院统计与数据科学研究中心联合承办，采用线上线下融合办会的模式。来自北京大学、中国科学院等国内高校和科研院所的90余名专家、学者线下参会，另有200余位高校师生在线参会。会议设立大会特邀报告及4个分会场报告，就统计学与数据科学交叉领域的前沿问题分享最新研究成果。

10月22—24日，由中国现场统计研究会试验设计分会主办、曲阜师范大学统计学院承办的2021全国试验设计与统计科学研讨会在山东省济宁市曲阜市召开。此次研讨会围绕试验设计与统计科学的理论和应用展开讨论和交流，来自全国高校、科研院所的140余名专家、学者参加会议，探讨试验设计与统计科学的最新动态和前沿信息。会议邀请31位学者作分会报告，交流最新的研究成果、应用进展以及业界需求，加强各高校和科研院所间的学术交流合作，推进试验设计与统计科学的发展。

12月11—12日，由研究会风险管理与精算分会、中央财经大学保险学院、中国精算研究院和中国精算师协会联合主办的第十二届中国风险管理与精算论坛采取线上线下相结合的方式召开。来自国内外的400多名风险管理与精算界的专家、学者及高校学生参加，围绕新时代背景下风险管理与精算的前沿理论、方法与应用展开交流。

12月11—12日，由研究会大数据统计分会协办的2021统计理论及应用国际研讨会在上海市召开。此次会议采用线上报告与线下开幕式相结合的方式进行，共有400多名海内外知名统计学家、数据科学家和研究学者参加。会议邀请中国科学院院士、北京大学教授陈松蹊，COPSS（考普斯会长奖）获得者、哈佛大学教授林希虹和刘军，统计学领域国家杰出青年科学基金获得者、西南财经大学教授林华珍等19位专家分4个会场分享各自的最新研究成果。此外，会议还设 5 个平行分会场，共有 31 位青年学者分享他们的研究进展。此次会议还增设优秀会议论文奖，共评选出 7 篇优秀会议论文。

12 月 19 日，中国现场统计研究会空间统计学分会第二届换届大会在广东省佛山市举办。研究会秘书长张忠占致辞，介绍中国现场统计研究会的历程，并宣读关于同意中国现场统计研究会空间统计学分会换届的批复文件。会上进行中国现场统计研究会空间统计学分会换届选举，并组织学术报告，中国科学院深圳先进技术研究院研究员尹凌作《数据智能支持下的传染病时空传播模型构建及其应用》学术报告，北京东方至远科技股份有限公司高级工程师周海兵作《空间地理信息技术最新发展及在医疗卫生行业的应用》报告等。

12 月 19 日，中国现场统计研究会医药与食品优化专业委员会换届大会在广东省佛山市举办。研究会秘书长张忠占致辞，宣读关于同意中国现场统计研究会医药与食品优化专业委员会换届的批复文件。会上进行中国现场统计研究会医药与食品优化专业委员会换届选举，并组织学术报告，国家卫生健康委医院管理研究所研究员肖革新作《主动健康与产业发展》学术报告，中国科学院西安微生物研究所教授柳勇作《饮食说健康——抑制糖化　预防衰老》学术报告。会议采取线上线下同时进行的方式，借助线上直播平台面向全国范围直播，吸引 2 万余人次线上观看。

党建强会　研究会党委和办事机构党支部按照制订的《党史学习教育工作安排》进行党史学习，以习近平总书记在党史学习教育动员大会上的重要讲话精神等为指导，学习习近平总书记在庆祝中国共产党成立 100 周年大会上的重要讲话精神，不断深化对党的历史的系统把握，继承传统、立足实际、锐意创新，推动研究会工作开展。

7 月，在大数据与区块链理论与应用科学研讨会暨中国现场统计研究会旅游大数据分会 2021 年学术年会期间，组织 1 场红色教育，在红色基地蒙自县的碧色寨景区进行重温入党誓词活动，传承红色经典，弘扬爱国精神，针对参加会议的博士研究生与青年教师展开学党史、明初心、知使命的活动。

会员服务　加强研究会信息化建设，重新搭建官方网站，并逐步启用新的会员管理系统，开通研究会微信公众号，及时发布中国科协精神及研究会动态，提升服务会员能力。

【中国现场统计研究会第十一次全国会员代表大会】 11 月 27 日，中国现场统计研究会第十一次全国会员代表大会以线下主会场与线上视频会议相结合的形式召开。线下主会场设在北京，共 200 余名专家、学者出席，其中第十届理事长房祥忠，副理事长崔恒建、石坚、张宝学，常务理事兼秘书长程维虎，常务理事童行伟、张忠占，第一届监事会监事尹建鑫等参加线下会议。副理事长郭建华、孙六全、唐年胜、王兆军、汪荣明、吴耀华等会员代表参加线上会议。会议由张宝学主持。

会议表决通过《中国现场统计研究会第十届理事会工作报告》《财务工作报告》及《中国现场统计研究会章程》修订草案，充分肯定第十届理事会对研究会、学科发展所作出的贡献。

经与会代表无记名在线投票，选举产生第十一届理事会理事 119 人、常务理事 39 人，第二届监事会监事 3 人。郭建华当选为第十一届理事会理事长，艾明要、崔恒建、林华珍、石坚、孙六全、唐年胜、汪荣明、王学钦、张宝学、张忠占、邹长亮当选为副理事长；提名张忠占兼任研究会秘书长。

随后，召开第十一届常务理事会党员会议，选举产生研究会党委委员，郭建华当选为党委书记，张忠占为党委副书记，唐年胜为党委纪检委员，崔恒建、张宝学为党委委员。

（撰稿人：陈巍璐）

中国未来研究会

服务创新型国家和社会建设　研究会编写完成《关于制定出台国务院社会稳定风险评估条例的建议》等 9 项调研报告，并将调研成果转化为人大代表建议和政协提案，委托全国人大代表杨德芹推荐到 2021 年全国两会立案办理，推动促进一些涉及评估与预测民生法律法规及地方全局性战略问题纳入各级党委政府重要议事日程并得到应有重视。撰写《智能无人船艇产业发展趋势及上海对策》等 8 篇研究专报，其中《推进长三角新机制》的决策咨询专报获上海市委宣传部采纳。研究会健康治理分会向上海政协提交《依托大数据，提升上海公共卫生体系科学化水平——完善基于症状的新发传染病监测预警机制》《深度剖析我国 34 个省级行政区的新发传染病预防控制能力》等提案。研究会总体安全研究分会教授颜烨调查研撰的《关于加强广东城市地下管道燃气安全治理的对策建议》获中央政治局委员、广东省委书记李希同志批示，促成广东省政府成立“广东省加强城市地下市政基础设施建设工作领导小组”。

研究会组织编写的《地方党委制定“十四五”规划规范性文件涉嫌违宪紧急专报》受中央领导批示。为浙江省桐乡市科学技术局编制《桐乡市科学技术发展“十四五”规划》。

2021 年，研究会立项中国教育科学研究院的“中国 STEM 教育 2029 行动计划”课题，探索 STEM 教育与地方改革融合的创新与实践。

组建科研团队，打造工程全流程数字管理平台。该科研实践项目以“虚拟企业”理论为依托，基于 5G、大数据、物联网等信息科技打造“3+1”结构应用层：政府监管辅助平台、数字工程管理平台、智慧工地管理平台及智慧建造云平台，助力建筑业构建政府—企业—项目协同管理新模式。

承接上海市海洋管理事务中心的“智能无人船艇产业发展现状与趋势分析”项目；作为核心成员参与国家自然科学基金科技项目“特殊钢的高品质化技术基础发展战略研究”；参与浙江省嘉兴市“嘉善县财政局数字化财政改革研究调研项目”；利用产学研方式与天津科技大学合作研究利用酶种植大米及其他农产品治疗糖尿病。

开展培训工作。6—11 月，研究会职业技能人才工作委员会在陕西省西安市、河北省廊坊市、湖北省武汉市等地举办职业技能人才认定考试、考评技术与方法指导、咨询与服务培训。7 月 19—23 日，研究会教育分会举办精英园长暑期特训营；8 月 16—20 日，举办高效能教师的心力训练——骨干教师成长型思维研修营，5 万名幼儿园骨干教师参加培训。10 月 6—19 日，研究会大数据与数学模型专业委员会主任汪晓银在云直播网络平台进行学术交流，内容包括大数据学习与意义、计算机视觉基础、大数据类项目常见的解决思路、特征匹配算法简介等。11 月 19 日，研究会人工智能研究与发展分会在广东省珠海市举办区教育系统采购工作人员培训会，60 人参加培训。研究会青年分会为中国儿童中心 2021 年全国校外教育教研教学管理研修班提供师资培训支持，落实新时代国家关于推进素质教育的新政策、新要求。研究会系统医学专业委员会对已经建立业务指导关系的单位进行 3 期慢病系统调理集中培训。研究会乡村振兴工作委员会举办线上乡村振兴大讲堂系列活动。大讲堂开通腾讯会议室，邀请中国农业科学院、清华大学、中国人民大学、新华社、北京市农林科学院、江苏省农业科学院、辽宁省农业科学院等单位的多位博士作为主讲人。

学会建设 2021 年，研究会召开理事会议 1 次、常务理事会议 3 次、理事长办公会议 3 次、秘书长办公会议 3 次。增补 2 名副秘书长、17 名理事。

新增设中国未来研究会企业家分会、中国未来研究会青年分会、中国未来研究会产业创新工作委员会、中国未来研究会人工智能研究与发展分会、中国未来研究会优秀传统文化与现代决策研究分会、中国未来研究会系统医学专业委员会、中国未来研究会老龄工作委员会、中国未来研究会高质量发展工作委员会、中国未来研究会文化和旅游研究分会、中国未来研究会总体安全研究分会、中国未来研究会乡村振兴工作委员会、中国未来研究会中医药康养产业发展研究工作委员会、中国未来研究会托育分会、中国未来研究会国学文化研究分会、中国未来研究会艺术与科学专业委员会、中国未来研究会营商环境与企业法治工作委员会、中国未来研究会中医药一体化发展分会 17 个分支机构。

变更中国未来研究会企业未来研究分会负责人，恢复中国未来研究会企业分会工作。

继续加强对分支机构的管理，完善分支机构管理办法、入会流程、实地考察、成立审核、公章管理等规定，对所属分支机构进行年检，使分支机构管理逐步规范化。同时秘书处拟定“分支机构年度工作会议”工作机制，通过对分支机构主要成员集中进行业务培训，了解和掌握分支机构的人员情况和业务活动情况，促进分支机构间的相互交流，形成分支机构与总会间的良性互动。

根据《中国未来研究会分支机构管理办法》，研究会秘书处对 2020 年正常运行的分支机构进行年检。完善研究会各项制度，制作《中国未来研究会制度汇编》，加强研究会制度化建设，拟定副秘书长职务聘任办法，确保学会秘书处工作有章可循。刻制“中国未来研究会秘书处”公章。秘书处增设学术发展部、会员服务部和财务部等职能部门。

为庆祝中国共产党成立 100 周年，研究会组织编撰《走近大国崛起的开拓者》特辑，12 月出版发行。特辑分别展现全国 300 多位专家、学者的风采及创新成果。

主办期刊 研究会主办的《未来与发展》在国内外公开发行，2021 年出版 12 期，发表学术论文 239 篇，其中基金项目占发表文章的 71%。2021 年，期刊综合影响因子提高 45.4%，期刊综合即年指标学科平均值提高 49.36%，统计年基金论文（省部级以上）提高 26.92%，Web 下载量 14.57 万次 / 年。现为中国科学评价研究中心准核心期刊、中国人文社会科学期刊 AMI 综合评价（A 刊）扩展期刊、《中国学术期刊影响因子年报》统计源期刊。被日本科学技术振兴机构数据库、国家哲学社会科学学术期刊数据库、中国核心期刊（遴选）数据库、中国期刊全文数据库、中文科技期刊数据库、万方数据——数字化期刊群收录。

国内主要学术会议 4 月 10 日，研究会旅游未来研究分会在江西省景德镇市召开以“全面建设社会主义现代化国家大格局下的旅游业高质量发展”为主题的 2021 年中国未来研究会旅游分会学术年会暨常务理事会议，网络收视率达 109.8 万。

4 月 17 日，研究会举办“2021 新幼教环境下民办园破局之道”主题沙龙。

4 月 18 日，研究会举办创新驱动经济和文化高质量发展高端论坛。人民日报网、中国财经新闻网、今日头条、北京在线、东方财经、网易新闻、搜狐、腾讯等门户网站进行报道。

5 月 11 日，研究会举办庆祝中国共产党建党 100 周年——优秀传统文化与毛泽东决策思想学术报告会。网易、今日头条等多家媒体进行报道。

5 月 22—24 日，研究会企业家分会举办第十八届中国科学家论坛，会议主题为“‘十四五’科技赋能与企业创新转型，国家创新与科技发展战略”。专题论坛围绕乡村振兴与生态文明、碳达峰碳中和与绿色转型、成果转化中介服务与产学研协同机制等 10 个议题进行交流探讨。

6 月 12 日，研究会举办“应对国际大变局挑战　提升我国灵活就业质量”专题研讨会，围绕中国灵活用工现状、驱动因素及未来发展趋势、存在的突出问题展开讨论。

6 月 19 日，由研究会“一带一路”专业委员会等主办的 2021 中国（郑州）数字化转型高峰论坛暨数字赋能现代易货贸易发展大会在河南省郑州市召开，200 余位各界专家、企业家参加大会。人民日报社民生网、中国新闻网、凤凰网、搜狐网、腾讯网等媒体进行报道。

7 月 11 日，由研究会长三角研究分会等主办的中国未来研究会长三角研究分会 2021 年会暨大数据赋能长三角论坛在上海市召开，主题为“大数据赋能长三角”。论坛包括“长三角数字化转型”“长三角区域创新体系”“高校服务长三角的评价体系”3 个专题。

7 月 18 日，由研究会健康治理分会、中华预防医学会卫生事业管理分会主办的 2021 年“健康中国与公众健康”论坛暨公共健康体系适宜程度研讨会在上海市举办。来自政府相关部门、公共卫生专业机构以及高等院校、科研机构、新闻媒体等的 130 余人参加论坛。

9 月 2—7 日，研究会参与承办 2021 年中国国际服务贸易交易会。此次交易会以“数字开启未来，服务促进发展”为主题，举办全球服务贸易峰会、论坛会议、展览展示、推介洽谈、成果发布和边会 6 类活动。联合国秘书长沙祖康，中共中央对外联络部部长于洪君，荷兰驻中国大使，格鲁吉亚驻中国大使，商务部、北京商务局等领导出席论坛。

10 月 30 日，由研究会人工智能研究与发展分会等主办的大湾区智能制造实战营销高峰论坛在广东省深圳市举办，就智能制造发展趋势及行业风口、智能装备行业市场营销、帮助企业智能制造转型和快速提升业绩进行交流和探讨。

11 月 16—18 日，由研究会教育分会等主办的 2021 TOWER 教育创新大会暨第十七届全球教育产业博览会在上海市召开。大会设置主论坛、K12 教培转型升级论坛、中国智慧校长论坛、中国美育教育论坛、中国职业教育论坛、中国体育教育论坛、中国托育论坛、中国私域流量增长论坛、中国精英校长管理论坛等，旨在将行业稀缺的精品好课带到校长面前，为教育产业转型和升级发展带来新的思路。

国际交往 10 月 26—29 日，研究会组织会员参加在德国柏林举办的世界未来研究联合会第二十四届世界大会。研究会理事长金灿荣代表研究会在全体会议上作主旨发言。

科普活动 研究会积极筹备“未来大讲堂”，通过这个窗口，从未来学理念、方法和应用方面向受众开展学术科普活动，发挥研究会智库作用，向大众介绍中国未来研究会、普及未来学。

1 月 2 日，研究会在河南省郑州市举办民法典学习会，就《中华人民共和国民法典》出台的有关背景、新知识点等问题进行讲解。6月13日，研究会法律维权专业委员会举办庆祝建党100周年暨学党史学民法典座谈会。10月1日，举办普法进企业座谈会。

6月6日、6月26日、8月27日分别开展主题为“优秀传统文化与现代决策”的公益科普宣讲会。

7月16日，研究会旅游未来研究分会会长曾宜富应邀在甘肃省张掖市作题为《传承红色基因，铸造旅游经典——来自革命老区江西的红色旅游报告》的专题讲座，230余人听课。8月21日，该分会副会长钟林生参加云上文旅学院“大咖开小会”网络直播第二期讲座，累计观看人数达2万余人次。

研究会“一带一路”专业委员会主任程萍接受中国国际电视台庆祝中国共产党成立100周年专题栏目的“中国是如何运作的”系列节目专访，12月8日在中国国际电视台播出，专访视频在海外YouTube网站播放。

党建强会　2021年，研究会党委组织全体党员学习习近平总书记在庆祝中国共产党成立100周年大会，在中国科学院第二十次院士大会、中国工程院第十五次院士大会和中国科协第十次全国代表大会上的重要讲话精神，深入贯彻落实党的十九大和十九届二中、三中、四中、五中、六中全会精神，发挥学会党委的思想引领作用。派出研究会秘书处党员参加中国科协和中国科协学会服务中心组织的学习教育活动。研究会党支部贯彻执行“三会一课”制度。

应中国科协科技社团党委邀请，党委委托副理事长刘益东代表研究会录制题为《以“尖”识才，力破“五唯”——实施人才强国战略的关键》的讲座。

【中国科学家教育家企业家论坛第十届大会】　9月19—20日，研究会产学研分会在北京举办中国科学家教育家企业家论坛第十届大会。600多名专家、学者围绕“肩负时代重任，推进协同创新，建设科技强国”这一主题，就建设世界科技强国、深化科技体制改革、赋能科技创新型企业高质量发展等热点问题交流探讨。

（撰稿人：白兆钦）

中国科学技术史学会

服务创新型国家和社会建设　2021年，学会在中国科协学会服务中心的支持下，启动中国科技社团史研究系列项目，包括中国科技社团全史研究、中国科技社团发展简史读本撰写、中国科技社团史料采集预研究等工作，目标是对中国科技社团发展的历程进行系统梳理，并为中国科协管理的科技社团的资料采集提供学术和技术支持。截至2021年年底，中国科技社团发展简史读本编撰及视频制作和中国科技社团史料采集预研究已完成既定工作。

学会继续承担“老科学家学术成长资料采集工程”的学术组织和学术支撑工作。学会副理事长张藜担任采集工程首席专家，多位学会理事、监事参与工作。2021年，采集工程启动16个采集小组，共有80余个在研采集小组在学会的学术指导下逐步推进中国现当代科技史研究的资料收集、整理和数据库等基础建设工作。2021年，学会基于采集工程的成果开展科学家精神宣传工作，并组织出版科学家传记、丛书10余册。

学会参与《中国现代科学家（九）》邮票的发行筹备工作，学会秘书长罗兴波参与邮票制作的前期工作。

学会多位学者参与的由中国大百科全书电子音像出版社组织实施的重点音像出版项目《赤子初心——科学家精神与中国现代科技史》出版发行，并于7月入选中国出版集团有限公司“中版好书榜”特榜。

学会建设　2021年，学会新增个人会员120余人，个人会员总数为1297人。为完善会员管理，学会建立会员系统专人管理制度。

学会召开理事会议1次、常务理事会议1次、理事长办公会议1次、理事会党委会议2次。11月20日，学会召开理事会、监事会领导专题工作会议，讨论学会的分支机构发展和管理问题，并审议通过《中国科学技术史学会分支机构管理办法》。受新冠肺炎疫情影响，部分学会会议延期至2022年召开。

学会注册地址变更。因业务支撑单位中国科学院大学办公地点调整，学会注册地址变更为中国科学院大学雁栖湖校区，已完成民政部相关备案工作。

主办期刊　学会主办的《中国科技史杂志》再次入选中文社会科学引文索引来源期刊扩展版目录（2021—2022）。学会为第二主办单位的期刊《自然科学史研究》再次入选《中文核心期刊要目总览》和中文社会科学引文索引（2021—2022）来源期刊。

《中国科技史杂志》2021年度共收到投稿264篇，期刊版面由原来的128页扩充至160页。增设“科学史家”栏目和专题约稿，其中第2期和第3期分别组织专题约稿，主题分别为“中古时期中外天文学交流与传播研究”和“东西方医学知识和技术的交流与传播研究”。

学科发展工程 2021年《学术学位研究生核心课程指南》由高等教育出版社出版，该书正式颁布由袁江洋、潜伟、吴国盛、孙小淳等人撰写的《科学技术史一级学科研究生核心课指南》，进一步完善科学技术史研究生课程体系，推动科学技术史学科建设。

在学会农学史专业委员会的协助、策划下，山东农业大学于2021年获批科学技术史一级学科硕士点，并规划作物学农业史方向博士点建设工作。

7月16—18日，学会应邀参加在广西壮族自治区南宁市举办的第三届全国科技史学科点联席会议，与全国科学技术史学科点负责人共商学科发展大计。会议期间，学会列席科学技术史学科评议组关于学科规划的讨论会。

2021年，由学会科技史教学工作委员会主任吴国盛牵头组织的科学通史课程联盟读书会第二季继续进行，本年度共开展读书会24次，每次约有150名师生参加，阅读30余本科技史名著，所读书目覆盖近代、现代科学史各领域。来自国内30多个单位的相关人员以及众多国外科技史学者及自然科学领域的学者参与活动。科学通史读书会已经成为科学史领域有一定影响力的读书活动，部分学科点已经效仿开展专业领域的小型读书会。

国内主要学术会议 3月20日，学会化学史专业委员会联合中国自然辩证法研究会化学化工专业委员会和北京化工大学科学技术与社会研究所于线上举办廖正衡先生学术思想研讨会，以纪念学会化学史专业委员会原副主任、辽宁师范大学教授廖正衡。

6月26日，由学会科技考古专业委员会主办、安徽大学承办的2021年科技考古专委会年会暨全国第十五届科技考古学术讨论会在安徽省合肥市召开，来自全国40余所高校、30多家考古文博机构的260余名专家、学者参加。

7月17—18日，由学会物理学史专业委员会主办、西藏大学承办的第二十一届物理学史学术年会在西藏自治区拉萨召市开，来自全国11个单位的37名专家、学者参加会议。

10月16—17日，由学会科学文化专业委员会与中国自然辩证法研究会科学思想史专业委员会联合主办、中国科学院大学人文学院承办的第五届西方科学史与科学文化学术论坛于北京召开。会上，来自全国数十所高校、研究机构以及出版机构的专家、学者和研究生围绕“由真鉴善：科学价值与科学精神”“断裂与连续：长时段视角下重审科学革命”和“后发国家科技进步与现代化进程”三个议题进行学术交流。

10月23—24日，由学会少数民族科技史专业委员会、传统工艺研究专业委员会和技术史专业委员会共同主办的第十五届中国少数民族科技史学术研讨会暨第八届传统工艺论坛在线上召开，来自国内数十所高校、科研机构、政府机关和出版机构的近100位领导、专家、学者和研究生参加论坛。

11月14日，由学会化学史专业委员会与中国自然辩证法研究会化学化工专业委员会联合主办的第十届全国化学史与化学哲学联合学术会议在线上召开，来自高校、科研院所和学术期刊编辑部的近40位学者参加会议。会议主题是“化学实践中的认知、模型与知识传播”。

国际组织任职 7月31日，在捷克布拉格举办的第26届国际科技史大会期间，国际科学技术史学会理事会召开全体大会，选举新的理事会成员。经过59个会员代表国（地区、组织）和委员会投票选举，学会秘书长罗兴波当选为国际科学技术史学会理事会执行委员，为期四年。

国际交往 11月，学会秘书长罗兴波应国际期刊 *Revista História、Ciências、Saúde - Manguinhos* 主编之约，进行主题为《中国、新冠肺炎与科学史》的采访，谈论新冠肺炎疫情对中国科学技术史研究的影响，访谈稿于11月16日通过期刊网站头条在线发表。

11月18日，联合国教科文组织为庆祝世界哲学日，组织“世界哲学：哲学环球接力论坛”线上学术研讨会。学会理事长孙小淳应邀参加会议，并发表题为《我们从历史能学到什么？北宋儒家哲学与疫病应对》的线上演讲。

11月20—21日，学会科技与社会发展史专业委员会于线上组织召开第十届传统知识历史学国际研讨会，中日双方近40位学者参加。

科普活动 为弘扬科学家精神，学会参与中国国家博物馆与国家国防科技工业局共同主办的“协同创新，自立自强——‘两弹一星’精神展”，为展览提供资料并为展览脚本把关。展览于9月2日正式开展，系统展示和阐释“热爱祖国、无私奉献，自力更生、艰苦奋斗，大力协同、勇于登攀”的“两弹一星”精神。

9月13日，学会科技人物研究专业委员会承办第十一届北京科学嘉年华主场活动“信仰的高光——科学家精神主题展”。

9月28日，中国国家博物馆以中国近现代科技史为主题的常设展览“科技的力量”正式向公众开放，获得广泛好评。展览筹备期间，学会副理事长张藜、秘书长罗兴波、科技史教学工作委员会主任吴国盛等多名专家对展览的脚本撰写、内容设计等工作提供学术支持。

在科普图书和音像作品出版方面，学会化学史专业委员会主任任定成主编的“科学元典丛书”被收入教育部《中小学生阅读指导目录》，并于9月推出为中学生量身定制的新版，在传播科学思想和科学方法等方面产生广泛影响；由学会副理事长张藜主编、多名会员参与写作的《共和国脊梁》中国科学家故事绘本8册获中国科普作家协会优秀科普作品奖（图书类）金奖；中国科学院大学人文学院教授汪前进参与新华社《习近平讲述的故事》系列节目《被密藏的〈皇舆全览图〉》一集的录制；学会理事杨乙丹协助中央电视台拍摄三集纪录片《探索·发现：咸阳姜家村汉墓》，在中央电视台科教频道播出；学会理事黎耕多次参加中央电视台《国家宝藏》节目录制，为公众讲授中国古代天文学史知识。

在科普讲座方面，学会常务理事王扬宗为中国科协党校科协系统青年骨干党史学习教育及能力提升专题培训班讲授中国共产党与中国现代科学技术事业的历史脉络；汪前进为科技部机关党委党支部作关于“两弹一星”精神形成过程及深刻影响的专题报告。学会还参与中国科学院大学“春分工程”的组织工作，组织中国科学院大学人文学院科学技术史专业的博士生为双榆树小学学生举办多次科普讲座。

党建强会 2021年，学会落实中国科协社团党委的工作安排，以党史学习教育、基层组织建设和师风师德建设为中心，发挥基层党组织战斗堡垒作用和党员先锋模范作用。学会与中国科学院大学人文学院联合党委及学会－教工联合支部开展工作，落实“三会一课”制度。

6月11日，学会理事会党委书记孙小淳以《坚定文化自信》为主题为支部党员讲党课。

学会党委委员和理事会理事响应习近平总书记的号召，结合学科特点，参与中国科学家精神的研究与宣传工作。

8月，学会与中国科学院大学人文学院合作，组织“回望百年中国科技事业”专题讨论会，邀请清华大学、中国科学技术大学和中国科协等单位的专家，聚焦科学家、科学家精神与中国科技人才问题进行讨论，相关文章已汇成专题发表。

9月6日，学会党支部联合中国科学院大学人文学院科技史教工党支部召开党史学习教育专题组织生活会。党支部成员围绕“学党史、悟思想、办实事、开新局”的主题，贯彻“学史明理、学史增信、学史崇德、学史力行”的要求，学习习近平总书记在庆祝中国共产党成立100周年大会上的重要讲话精神和《论中国共产党历史》《毛泽东　邓小平　江泽民　胡锦涛关于中国共产党历史论述摘编》《习近平新时代中国特色社会主义思想学习问答》《中国共产党简史》四本重要著作，开展批评和自我批评。

在建党百年之际，学会多位专家参与中共中央宣传部委托中央党史和文献研究院、中国科协牵头承担的“党的革命精神系列谱系研究”丛书之《科学家精神》一书的编写工作，为该书撰写初稿并提供学术支持。该书已进入出版阶段。学会常务理事王扬宗参与《百位著名科学家入党志愿书》的编撰工作，该书选取100位共产党员科学家的入党志愿材料及其先进事迹，展现以钱学森、严济慈等为代表的共产党员科学家的感人事迹。

【《中国科学技术史学会分支机构管理办法》讨论通过】 11月20日，中国科学技术史学会2021年第一次理事监事会领导会议于线上举办。学会理事长孙小淳，副理事长曲安京、王思明、张藜、郭世荣、潜伟，监事长关增建，副监事长张增一，秘书长罗兴波及秘书处工作人员佟艺辰参加会议。

为进一步加强学会分支机构管理、服务学会组织发展，经理事会领导审议、监事会领导监督，根据《中国科学技术史学会章程》《中国科学技术协会全国学会组织通则》等相关规定，会议讨论并通过《中国科学技术史学会分支机构管理办法》。本办法对分支机构的类别、命名、设立条件、设立流程、业务活动范围和理事会选举等方面作出规定，并将建立分支机构的退出机制和年度工作汇报制度。

【第三届全国科技史学科点联席会议】 7月16—18日，第三届全国科技史学科点联席会议在广西壮族自治区南宁市召开。来自北京大学、清华大学、中国科学院大学、中国科学技术大学、北京科技大学等全国25家高校和科研机构的科学技术史学科点负责人和专家、学者参加会议。

联席会议主题为“面向未来的科学技术史学科发展”，目的是促进中国科技史学科在“十四五”期间高质量发展，加深成员单位间教学、科研及其发展经验的交流与合作。

十二届全国政协副主席、北京大学科学技术与医学史系主任、中国科学院院士、中国科协名誉主席韩启德全程参加联席会议。与会的25个学科点负责人或专家、学者依次围绕科技史学科的归属、科技史专业核心课程建设、科技史学科社会服务、青年教师成长机制和科技史期刊建设五个主题展开讨论。

（撰稿人：郑锌煌）

中国科学技术情报学会

服务创新型国家和社会建设 2021年，学会新获团体标准研制资格并开展第一期团体标准研制工作。为促进情报科学的理论与应用研究，满足情报学与情报工作的发展需求，推动情报学理论与应用研究技术相关标准的研制，编制起草《中国科学技术情报学会团体标准管理办法》，设立标准化技术委员会，形成“2021年中国科学技术情报学会团体标准项目”选题并立项，经学会常务理事会审议通过并在全国团体标准信息平台完成审查及公示，现已正式实施。2021年，学会团体标准项目共立项3项，分别是《技术监测信息资源分类与代码 第1部分：生物技术》《技术监测信息资源分类与代码 第2部分：智能制造》和《技术监测信息资源分类与代码 第3部分：人工智能》。

学会企业信息管理及情报工作专业委员会在“名企巡研2020”10场线上调研活动的基础上，继续组织召开“名企巡研2021”企业信息管理与情报工作学术交流会线下活动。来自科研院所及知名企业的200余位专家、学者在活动中进行交流和调研，实地考察信息管理及情报工作有突出成果的地方企业，发掘优秀的研究成果和实践应用经验。“名企巡研2021”为不同行业情报从业者提供沟通交流平台，促进产学研用各个环节的机构进行研究和需求的对接落地。

11—12月，学会企业信息管理及情报工作专业委员会等机构联合组织召开重点行业领域专业讲堂——“名企讲堂2021”“十四五”规划与企业创新实践交流会全国系列线上活动。该活动贴合行业特点，就企业信息管理、情报工作的业务展开深度交流与调研，发掘优秀的研究成果和实践应用经验；引导机构通过沟通合作促进资源优化配合，在“十四五”时期抓住机遇与应对挑战，提升技术创新能力，加速发展，提供交流学习平台。

学会创新方法专业委员会采取“线上普及＋线下培育”的形式推广普及创新方法，以项目化形式开设线上培训班，近3800名一线科技工作者、管理人员参加培训，点击量近5万人次。开设4个“线上＋线下”培训班，有1100余名企业科技工作者参加培训，培育62支创新团队，结合生产实际形成多个技术革新课题并提出多个解决方案。

学会企业信息管理及情报工作专业委员会联合地方情报机构，举办检索培训、实战操作、答题竞赛三个环节的活动，旨在培养企业与科研院所提高科技信息素养的意识，提升企业与科研院所的情报检索能力与核心竞争力，促进中国企业信息管理与情报工作事业发展。

5月12—16日，学会竞争情报分会在北京举办“大数据情报分析技术实践与竞争情报体系建设”研修班。来自全国各地的企事业单位、科研院所的100余位学员参加培训。此次培训班注重学习大数据环境下的新技术、新方法，分别就情报转化理论与方法体系、信息搜索与采集方法、Python（计算机编程语言）数据分析、大数据技术与文本挖掘、企业竞争情报体系的搭建和企业竞争情报工作案例详解等内容进行授课与互动研讨。

5月17—21日，学会科技查新专业委员会在北京举办2021年首期全国科技查新员培训班。来自全国27个省（自治区、直辖市）的机构组织、大型企业、高校、地方情报院所的80余家相关单位的150名学员参加培训。

青年人才托举工程 2021年，学会通过第三届中国科协“青年人才托举工程”项目验收，并获得第七届“青年人才托举工程”项目立项名额2个。学会制订相应的青年人才托举思路和目标：在维护国家发展与安全思想主导下，以支撑科技强国建设为目标，遴选和培养适应开放科学和大数据环境下的新型青年情报人才，建立由高水平领域专家组成的导师队伍，组织情报学理论方法培训、推举参与重大项目、开展高层次国际国内交流，以传帮带的方式使青年科技情报人才快速提高学术水平、积累实践经验、提升在本领域的知名度，成长为本领域的领军精英人才。

主办期刊 学会主办期刊有《情报学报》和《情报工程》。

《情报学报》全年共收到稿件1400多篇，正刊出版12期，发表论文120篇。持续在各种评价体系中入选成为领域内的重要期刊，根据《2021年版中国科技期刊引证报告（核心版）》统计结果，核心影响因子为2.719，同比增长23.3%，综合评价得分65.4，位列情报学科13种核心期刊首位。据中国知网发布的2021版《中国学术期刊影响因子年报（人文社会科学）》，《情报学报》影响力指数在本学科47本期刊中排名第4，2021年入围“中国国际影响力优秀学术期刊”，入选中国科学院科技战略咨询研究院与中国知网共同评选的“智库期刊群”。全年参与学界10多个重要学术会议和论坛，并进行专题研讨。

《情报工程》全年共收到稿件200余篇，正刊出版6期，发表论文60篇。2021年度新增“科技创新”“知识工程”“计量与评价”“专利研究”“文本挖掘”等主题专栏，全年下载量为22874次。影响因子为0.672，同比增长11.3%；期刊总被引频次为200次。

学科发展工程 学会组织完成《新时代情报学与情报工作论丛》共11本专著的撰写出版工作，该论丛从理论、技术、教育、趋势、智库等多个角度梳理和阐述新时代情报学和情报工作的最新成果，获得国家科学技术学术著作出版基金的支持。

学会科技查新专业委员会组织撰写《科技查新审核实务》。该书立足情报学基础学科建设，从科技查新工作实践中总结而来，理论与实践结合、案例与分析并举，具有实操性，可作为行业内从业人员的工作指南和审核员专业培训教材。

国际学术会议 9月29日，学会情报研究与咨询专业委员会与美国北得克萨斯大学信息学院、孟加拉国达卡大学信息科学与图书馆学理系、美国圣何塞州立大学信息学院共同主办ASIS&T SIG-KM国际研讨会（在线会议）。来自中国、美国、澳大利亚、马来西亚、孟加拉国、印度、巴基斯坦等国家的数十位专家、学者与研究生就知识管理领域的研究进展与前沿进行学术交流。

国内主要学术会议 5月13—16日，由学会创新方法专业委员会、黑龙江省科学技术情报研究院联合河南《创新科技》杂志社共同承办的2021年中国科技情报学会创新方法专业委员会年会在河南省郑州市召开。来自黑龙江省、吉林省、宁夏回族自治区、河北省、湖北省、河南省等地的专家、学者以及中原工学院的部分教师共80余人参加会议。年会邀请专家分别作我国《“十四五”科技发展与创新方法工作》《创新方法，希冀未来——河北省创新方法研究与推广应用工作介绍》《湖北省创新方法经验分享》《创新方法（TRIZ）在高等教育人才培养中的理论基础与实施路径》等主题报告。

6月5日，由学会健康信息学专业委员会主办的首届健康信息学论坛在江苏省南京市召开。论坛邀请来自学界、业界、媒体界的20余位专家、学者以及40余位研究生参加论坛，共同探讨健康信息学领域的前沿与学术热点问题。

7月9—11日，由学会信息行为研究专业委员会主办，南开大学商学院信息资源管理系、南开大学信息行为科学研究中心承办的中国科学技术情报学会信息行为研究专业委员会成立大会暨信息行为研究2021年年会在天津市召开。会议设置主旨报告、专家报告、分会场报告、学术海报展示、论文写作座谈会与闭幕式等多个部分，以“多元环境下的信息行为研究”为主题，进一步加强信息行为相关领域的学术研究、交流与合作，推进信息行为研究相关领域的纵深发展，为信息行为研究提供规划和交流平台。

7月14—16日，第十届技术竞争情报助力科技创新研讨会在浙江省嘉兴市举办。此次研讨会由学会竞争情报分会、北京科技情报学会知识管理与竞争情报专业委员会、北方科技信息研究所联合举办，来自国内情报研究机构、高等院校、咨询公司、相关企业的120余人参加研讨。会议围绕当前技术竞争情报研究与服务的热点和难点，邀请来自科研院所、企业和高等院校的6位专家为研讨会作专题报告。

7月16—17日，学会情报研究与咨询专业委员会与武汉大学信息资源研究中心共同举办数据分析与应急情报系列学术活动。此次活动邀请13位国内外应急情报领域的专家作学术报告，吸引5000人次在线参加观看，被《中国社会科学报》《信息资源管理学报》、国际信息科学与技术学会ASIS&T Newsletter、中国社会科学网等国内外知名媒体和CSSCI期刊报道。

10月14日，学会健康信息学专业委员会与中国人民大学信息资源管理学院、中国人民大学公共健康与疾病预防控制交叉学科重大创新平台联合主办健康信息学学科建设与发展学术论坛。来自全国高等院校、研究机构、学术期刊、企事业单位的40余位专家、学者参加会议。

11月9—12日，学会健康信息学专业委员会与复旦大学图书馆、美国密西根州立大学图书馆共同举办2021年中美医学图书馆论坛。此次论坛采取线上线下同步进行的方式，共有40余人参加。论坛围绕“疫情常态化下的健康信息学研究”主题，邀请来自中国、美国及其他国家和地区的健康信息学专家共同探讨在新冠肺炎这一重大公共卫生事件背景下，如何发挥图情学界的抗疫力量，促进中美图书馆及图情学界之间的学术交流，推动中美图情事业的共同发展。会议研讨内容主要包括健康领域的量化自我研究和新技术应用、在线信息服务的创新、大健康数据的管理与利用等。

11月13日，由学会情报理论方法与教育培训专业委员会主办的2021中国信息分析论坛在北京举办。论坛主题为“新时期的信息分析变革与发展”。4位专家为大会致辞，6位专家作主旨演讲，围绕新时期信息分析和情报学的变革与发展展开讨论，近100名师生参加线下论坛，超过7700人次线上收看论坛直播。

11月19日，由学会竞争情报分会和北方科技信息研究所共同主办的第二十七届中国竞争情报年会以线上形式举办，在线观看人数总计1500余人。此次年会以“融合发展创新——‘十四五’规划与竞争情报”为主题，共有14位专家为大会作报告。收录论文42篇，论文内容从不同层面反映中国竞争情报技术和应用所取得的进展。

12月2—3日，学会知识组织专业委员会以线上形式举办第六届知识服务与情报工程学术交流会。会议以“数智赋能与知识服务”为主题，邀请20余位专家作报告。与会专家就知识组织与知识工程、知识融合与服务系统、大数据理解、数据伦理与主权、数据生态治理、数智赋能科技创新与管理、数字人文、智慧健康、融合出版、情报智能、科技情报分析、科技智库等内容开展学术交流。

国际交往 学会健康信息学专业委员会在国际情报学领域顶级期刊*Information Processing & Management*上组织一期关于健康信息学的专刊Health informatics in China：Local practices with global implications。该专刊围绕与中国相关的健康信息学研究议题进行探索，共收录11篇论文，内容涉及疫情期间健康信息规避行为、在线健康社区的合作、中国医院信息系统的采纳、中国医疗众筹项目的实施、健康信息搜寻及利用、医疗健康咨询的付费模式、老年人健康信息需求、AI（人工智能）助力特殊疾病诊断等，在国际健康信息学领域获得广泛关注。

表彰举荐优秀科技工作者 4月，学会启动2021年情报科学奖评奖工作。按照《中国科学技术情报学会情报科学奖管理办法》，最终评选出“优秀情报工程项目奖”3项、“情报科学创新团队奖”2项、“杰出情报科学家奖”2人、“青年情报科学家奖”10人。

【2021年中国情报学年会暨情报学与情报工作发展论坛 & 第十一届全国情报学博士生学术论坛】 9月28—29日，2021年中国情报学年会暨情报学与情报工作发展论坛 & 第十一届全国情报学博士生学术论坛在吉林省长春市召开。论坛主题为“面向国家战略与重大需求的情报学与情报工作创新发展”。论坛由中国科学技术情报学会、中国国防科技情报学会、全国图书情报专业学位研究生教育指导委员会、吉林大学共同主办。全国情报学专家、学者，情报科研院所主要负责人和工作人员，相关学术期刊负责人，以及来自高等院校情报学教育的一线师生等1800余人通过线上线下相结合的方式参加会议。学会理事长戴国强在开幕式上致辞。

大会邀请8位专家作主旨报告。会议围绕“面向国家战略情报学研究”“数智时代的情报学创新发展”“数据分析与文本挖掘”“实体识别与知识图谱构建”“用户信息行为与服务创新”“政府大数据与数据治理”等主题设38个专家分论坛报告，安排39名博士生交流报告和4个优秀教学案例交流。

开幕式上举办2021年中国科学技术情报学会情报科学奖颁奖仪式。

（撰稿人：李　静）

中国图书馆学会

服务创新型国家和社会建设 组织各分支机构围绕图书领域热点、重点问题设立分主题20项，面向全国各系统、各地区图书馆开展学术论文和业务案例征集活动，推动图书馆学理论研究和图书馆管理实践探索。

学会关注和参与国家立法决策咨询，重点参与

《中华人民共和国专利法实施细则(修订草案送审稿)》《中华人民共和国科学技术进步法(修订草案)》等有关法律法规征求意见。

承接文化和旅游部公共服务司第七次公共图书馆评估定级标准研制工作。充分发挥学会的专业优势，立足全国公共图书馆事业发展的阶段性特点，统筹基础建设和改革创新，从评价公共图书馆事业发展水平、引领公共图书馆改革创新的角度精选指标，突出数据统计的可操作性。经专家组研究起草、多次组织会议研讨，几易其稿，形成省级、市级、县级公共图书馆及少年儿童图书馆评估标准共4套，提交文化和旅游部公共服务司。

承接文化和旅游部公共服务司"城乡新型公共文化空间建设——以公共图书馆为研究对象"课题研究项目，总结各地创新发展新型公共文化空间的做法和经验，提出构建新型公共文化空间的对策建议，促进文旅融合。

承接文化和旅游部科技教育司行业标准《公共图书馆志愿服务管理指南》的制定工作，对公共图书馆志愿服务与管理的术语和定义、服务原则、组织保障、志愿者招募、服务内容和管理规范等予以规范，提出适用于中国公共图书馆开展的志愿服务以及与图书馆志愿服务有关活动的原则性指导要求。

承接文化和旅游部公共服务司"全国基层文化和旅游公共服务队伍示范性培训——第十三期全国县级图书馆馆长培训班"项目。7月12—17日，来自全国的50名县级图书馆馆长参加培训。

6月8—10日，"阅读推广人"培育行动(第十七期)在陕西省宝鸡市举办，主题为"红色文献阅读推广"，来自全国各地的260余名"阅读推广人"参加培训。12月6—17日，"阅读推广人"培育行动(第十八期)以线上方式举办，主题为"中华传统文化典籍阅读推广"，培训人数300余人。

举办全民信息素养教育公益大讲堂活动，学会邀请公共图书馆和高校图书馆从事信息素养教育的专家、学者围绕"从工具书使用法到信息素养""信息素养课程教学，图书馆该怎么搞"等主题开展12期线上讲座，3万余人次参加。

发挥学会继续教育职能，紧跟时代热点和业界需求。1月18日—2月6日，以线上方式举办图书馆古籍鉴定研修班，2186人报名参加。举办"中华传统文化经典"系列线上研修班，其中，"古书版本鉴定"专题1558人报名参加；"中华传统文化经典解读"专题2091人报名参加。7月12—16日，在山东省青岛市举办2021年信息组织与资源建设研讨班，来自全国各地的公共图书馆采编部主任及业务骨干共100人参加研讨。7月12—17日，在云南省昆明市举办全国基层图书馆创新服务与高质量发展研讨班，来自全国各级各类图书馆的馆长及业务骨干150余人参加研讨。7月28—29日，在江西省赣州市举办"革命文献与民国时期文献保护计划"专题培训班——赣州站活动。民国文献整理与保护领域专家、学者和全国各地的110余名从业人员参加活动。

学会建设 加强组织建设，推动学会内部治理体系和治理能力现代化。4月8日，中国图书馆学会2021年工作研讨会在北京召开。学会理事会、监事会负责人及分支机构负责人等12人参加会议。会议围绕2021年工作要点、《中国图书馆学会"十四五"发展规划纲要(2021—2025年)》和2021年中国图书馆年会主题等内容进行研讨并原则通过。

以通讯方式召开5次学会负责人工作会议、3次常务理事会议、2次监事会议和1次理事会议，审议通过《中国图书馆学会"十四五"发展规划纲要(2021—2025年)》、中国图书馆学会专项资助管理办法、分支机构管理办法及活动管理办法、第十届理事会分支机构组成办法和组成情况等。完成16个分支机构组建工作，推动分支机构发展。

3月18—19日，中国图书馆学会2021年秘书长联席会议暨《中国图书馆年鉴》编纂工作会议在广东省深圳市召开。会议以"科学谋划，推动社会组织高质量发展"为主题，专题研讨"十四五"期间图书馆界社会组织该如何更好谋划、推动事业高质量发展，总结和部署学会重点工作及《中国图书馆年鉴》编纂工作。来自全国各省(自治区、直辖市)图书馆学(协)会的秘书长和业界人士等70余人参加会议。

开展学会年检工作和中国科协交办的改革发展、综合统计、学术交流、科学普及、决策咨询和调研宣传等工作。入选中国科协"中国特色一流学会建设项目"。

主办期刊 推进世界一流期刊建设，发挥学会学术引领作用，提高数字化、国际化办刊水平。2021年，学会编辑、出版、发行《中国图书馆学报》6期，发文50篇。完成2020年英文年刊编辑；推进2021年英文年刊的组稿、翻译工作。出版《学龄前儿童视角下的公共图书馆儿童服务》《公共文化国际合作与交流的中国实践》等。

国内主要学术会议 2021年，学会相继举办中国图书馆学会第八届青年学术论坛、第三十三届全国十五城市公共图书馆工作研讨会、2021年图书馆红色空间与红色专藏论坛、面向智慧时代的图书馆空间服务创新学术研讨会、第三届城市图书馆学术论坛、中国图书馆学会专业图书馆分会2021年学术年会、高职院校图书馆空间建设与智慧图书馆建设研讨会等学术会议12场次。

5月18—21日，由中国图书馆学会主办、广东图书馆学会和广东省立中山图书馆承办的中国图书馆学会第八届青年学术论坛在广东省广州市召开。本届论坛的主题是"探索与引领：中国图书馆事业的'青年故事'与'青年责任'"。来自图书馆界和相关业界的专家、学者，全国各级各类图书馆的青年代表以及新闻媒体代表280余人参加论坛。

10月31日，由学会主办，中国图书馆学会阅读推广委员会、宁波图书馆承办的2021年"书香社区"论坛通过线上方式举办，主题为"全民阅读与书香城市建设"，与会专家、学者通过主旨报告、案例分享等形式进行交流探讨。

11月4—6日，由中国图书馆学会主办、广州图书馆和广州市图书馆学会承办的第三十三届全国十五城市公共图书馆工作研讨会在广东省市广州市召开，会议主题为"城市图书馆服务体系的高质量发展"。会议采取线上线下相结合的形式举办，学术报告环节以直播方式面向全国公共图书馆从业人员开放。学会副理事长、公共图书馆分会主任刘小琴致开幕词。

国际交往 积极参与国际图书馆协会联合会事务，完善交流合作体系，向国际图书馆界讲好"中国故事"。组织国际图书馆协会联合会机构会员单位投票支持中国图书馆代表参加国际图书馆协会联合会任职人员竞选。2021年是国际图书馆协会联合会各下设机构任职人员换届选举年。此次国际图书馆协会联合会选举有数十位中国代表当选或连任，共有超过40位中国代表在国际图书馆协会联合会各下设机构担任委员等职务，对提升中国图书馆界的国际影响力起到重要作用。

组织中国图书馆代表参加第八十六届国际图书馆协会联合会大会。8月17—19日，第八十六届国际图书馆协会联合会大会在线举办。大会期间，组织动员近百位中国图书馆界专家、学者出席由国际图书馆协会联合会书馆协会管理专业组主办的"宣传——网络的力量"会议中文分会场。与会专家、学者围绕会议主题相继发言，对中国图书馆如何做好宣传等问题进行交流和探讨。

在2021年国际图书馆协会联合会全体会员特别大会和2021年国际图书馆协会联合会全体会员大会期间，先后向国际图书馆协会联合会提交2021年国际图书馆协会联合会全体会员特别大会和2021年国际图书馆协会联合会全体会员大会代理委托书文件，委托大会主席就相关动议代为行使投票权。

应俄罗斯图书馆协会邀请，学会理事长饶权通过视频方式参加俄罗斯图书馆大会——俄罗斯图书馆协会二十五周年年会系列活动之"世界图书馆协会"国际研讨会，以《后疫情时代的图书馆事业发展》为题发言。应韩国图书馆协会邀请，学会副理事长、国家图书馆副馆长陈樱为第五十八届韩国图书馆大会暨展览会录制视频贺词。

联合中国国家图书馆、英国国家图书馆举办2021中英图书馆论坛线上培训活动，中国、英国图书馆古籍保护与修复专家围绕中英文古籍修复技艺及保护措施等主题制作发布6集培训视频，组织国内17家成员图书馆馆员观看学习，点击量超过2.5万次。

科普活动 推动优质科普资源共享，开展全民阅读，发布2021年全民阅读工作通知，围绕"阅百年历程，传精神力量"主题策划5大类40项活动，号召协调全国各级各类图书馆学习贯彻习近平总书记给国家图书馆老专家回信精神，结合党史学习教育，推进习近平新时代中国特色社会主义思想读物的学习阅读，推动习近平新时代中国特色社会主义思想深入人心，立足"十四五"规划新起点，推动阅读推广事业高质量发展。发布2021年全国少年儿童阅读年系列活动通知，通过形式多样的活动吸引少年儿童读好书，激发青少年科学兴趣，培养青少年科学思想和科学精神。

学会联合国家图书馆开展2021年"赏春意　品书香　暖万家"春节主题活动。据统计，活动覆盖全国31个省（自治区、直辖市）的1500余家图书馆及有关单位，受众超过1000万人次。

与中国科学技术馆联合实施中国流动科技馆"跨界流动·助力基层"巡展项目，依托全国县级公共图书馆和县级科协面向广大社会公众免费开展科普教育文化活动，提供优质科普文化资源。3月11日，学会与中国科学技术馆在国家图书馆举办战略合作框架协议签约仪式，正式建立战略合作伙伴关系，全面深化交流与合作。

4月23日世界读书日期间，联合国家图书馆开展行走在阅读的时空里——北京公园阅读文化节启动暨第十六届文津图书奖发布仪式。联合各省级图书馆学（协）会在全国范围内推荐53个由图书馆在馆区以外探索建设的特色阅读空间，并进行集中展示。

依托第十六届文津图书奖获奖图书，通过展览、讲座等形式向公众推介优质图书资源，全国共计450余所图书馆参与活动。

开展2021年“激活经典　熔古铸今”——《中华传统文化百部经典》宣传推广活动。活动围绕《中华传统文化百部经典》及中华传统文化主题，由图文展览、专家访谈、青少年研学活动等系列内容组成。

开展“中国阅读”2020年度图书推荐榜系列活动。活动依托全国各级公共图书馆各类图书借阅基础数据，经专家研议，共产生7个子榜单70种图书。

党建强会　按照党中央、中国科协党组统一部署和要求，学会组织学习贯彻习近平新时代中国特色社会主义思想和党的十九届六中全会精神，组织开展党史学习教育。学会秘书处党支部作为学会办事机构党组织，组织召开党史学习教育专题组织生活会和支部书记专题党课，组织党员开展志愿服务，拍摄制作“回望建党百年，重读经典文献”微视频党课。

学会全年召开5次党委会议，主动参与前置审议学会分支机构换届重要文件和人选等“三重一大”事项；参与《中国图书馆学会“十四五”发展规划纲要》等相关文件的审议，发挥党委政治引领、思想引领和组织保障的作用。

坚持党建与业务相结合，结合图书馆行业的特点和优势，开展形式多样的活动，为群众办实事。申报并获准开展中国科协科技社团党委2021年“党建强会计划”项目，在河北省保定市阜平县、山西省吕梁市兴县、陕西省延安市、山东省临沂市、福建省宁德市古田县等习近平总书记“红色足迹”所在地图书馆，开展《中华传统文化百部经典》出版成果展等科普阅读活动，并赠送相关图书，为当地群众送文化、办实事。联合国家图书馆积极组织参加中国科协信息中心“科技工作者心向党”系列音频的录制并受到好评。

会员服务　截至2021年年底，学会有单位会员967家、个人会员29396人。

继续开展“助力图书馆工作者线上学习行动”。2021年度，会员学习中心继续为广大会员免费提供图书馆学基础理论、民国时期文献保护、“阅读推广人”培育行动等在线学习课程资源。用户已达6450余个。

开展个人会员、单位会员的组织发展以及会费收缴和证书发放等工作。回复会员咨询电话2444余件次，发送及回复邮件1308件次，制作并邮寄单位会员证书635个。

【中国科协“科创中国”科技服务团示范项目】 2021年，学会组织申报并获批中国科协“科创中国”科技服务团示范项目。联合国家图书馆组成图书馆科技情报服务团，聚焦“科创中国”试点城市（园区）重点产业需求，依托馆藏资源，发挥图书馆科技情报服务优势，从文献情报和学科专业双重视角，通过调研沟通、文献挖掘、跟踪服务等过程，从学术文献中发现并获取科学技术文献和公开的统计数据等商业信息，为试点城市（园区）重点产业发展中遇到的难点问题提供科学依据和学术参考。

服务团充分发挥行业优势，服务国家科技战略和地方经济发展，开展面向市场的品牌化专业咨询服务，主动挖掘企业发展信息需求，对地方产业及企业未来发展提供个性化信息支持服务，通过信息的有效传递，让企业领先一步掌握信息动态，为企业战略布局、技术研发、抢占市场份额提供有力支撑，节约企业研发人员自主搜索的时间，提升企业获取科技文献信息的效率，提高科研成果利用率和转换率。“服务团＋地方科协＋企业”三方联动的科技情报服务模式有效促进资源供给、对接、落地，为未来服务团与其他省市、地方合作建立可复制可推广的样本，推动形成服务科技与经济深度融合的长效机制。

【全国智慧图书馆建设联席会议第一次会议】 12月2日，全国智慧图书馆建设联席会议第一次会议以线下与线上相结合的方式在北京召开。此次会议由国家图书馆承办，主题为“智慧图书馆建设实践与思考”。文化和旅游部公共服务司副司长朱渤、国家图书馆馆长熊远明先后致辞。国家图书馆党委书记、副馆长魏大威，学会副理事长、国家图书馆副馆长陈樱先后主持会议。中国图书馆学会、全国智慧图书馆建设联席会议各成员单位相关负责人及代表参加会议，共同交流讨论智慧图书馆建设合作与发展。与会成员单位代表介绍各自在智慧图书馆建设方面的研究和思考，分享各单位在资源、服务、设施、管理等领域开展智慧化转型探索的成果与经验。在交流讨论环节，与会成员单位代表围绕智慧图书馆建设的目标愿景、方法路径及困难问题等进行交流，同时就如何进一步健全完善联席会议机制、更好发挥各成员单位的引领示范作用、以智慧化转型推动中国图书馆事业高质量发展进行研讨。

（撰稿人：周华琼）

中国城市科学研究会

服务创新型国家和社会建设　2021 年度，研究会发挥智库优势，积极建言献策，为党和政府科学决策服务取得新进展。组织专家参与决策咨询活动百余人次，举办决策咨询活动数十场，研究会理事长仇保兴针对城市、能源、重大灾害防治等重大问题积极建言献策，形成高质量决策支撑研究报告 12 篇，均获国务院总理等党和国家领导人批示和决策采纳。

为贯彻落实国务院深化标准化工作改革的部署，研究会以城市科学相关领域市场需求和技术创新为重点，面向社会公众组织开展标准化服务工作。2021 年度完成《绿色生态城区评价标准》《绿色校园评价标准》《健康建筑评价标准》三项国家行业标准编制工作；主编发布《既有住区健康改造技术规程》《超低能耗建筑评价标准》《智慧办公建筑评价标准》等 18 项团体标准；与国际标准组织智慧城市基础设施计量分技术委员会合作编制发布关于智慧城市方面的国际标准 3 项。

研究会始终以国家战略和城市发展重大需求为导向，致力于多学科协同开展城市发展基本规律研究和城市问题解决方案研发。2021 年，承担 50 多项科技研究课题，承担包括国家社会科学基金、国家自然科学基金、国家科技重大专项、国家科技支撑计划、国家高分辨率卫星对地观测重大科技专项等在内的多个国家级重大研究项目。此外，还承担各级政府委托的项目课题研究，2021 年度共承担包括来自北京、上海市、天津市、江苏省南京市、浙江省杭州市、河南省郑州市等 30 多个城市的委托项目课题研究。

积极探索为京津冀、长三角、粤港澳等城市绿色低碳发展服务的新型智库模式。通过专家深度参与、创新“总师”负责制工作方式、共建咨询机构等创新举措，为北京城市副中心、天津市中新天津生态城、河北省雄安新区和张家口市、江苏省苏州市和无锡市、浙江省杭州市和嘉兴市、广东省珠海市和深圳市等持续提供决策咨询服务。

重点服务北京副中心国家绿色发展示范区建设。结合北京副中心实际，系统进行指标、标准、政策、管控设计，构建横向到边、纵向到底的全方位保障体系，支撑国家绿色发展示范区建设。构建一套目标明确、国际一流的绿色发展指标体系，制订系统综合、重点突出的多层次政策体系，优化提升专项规划与标准体系，建立政府、企业、社会联动，全面系统的管控体系。形成贯穿规划、建设、运营全过程的管理体系，建立面向结果绩效的考评管理机制、绿色发展激励机制，推行居民绿色积分方案，引导市民向绿色生活消费方式转变。

推动雄安新区绿色低碳发展。发挥技术优势，建立绿色城市建设全过程技术服务体系。开展雄安新区绿色城市全过程管控技术服务和专项咨询技术服务，量身定制专业智库，形成权威专家领衔、资深专家深度参与、组织运作协同高效的技术服务团。

推动“科创中国”工作。2021 年，研究会承担中国科协第一批、第二批两个“科创中国”科技服务团，分别组建嘉兴低碳生态城市科技服务团、福建低碳生态城市科技服务团，围绕浙江省嘉兴市和福建省绿色生态转型高质量发展中存在的现实问题和发展需求，在低碳生态城市建设的建筑、交通、环境、产业、水资源等重点领域开展科技服务，并开展规划建设总师服务模式试点探索，推动解决绿色低碳生态先进技术缺乏与应用示范不足等问题。

承担并完成第二十二届中国科协年会的重要活动——山东省党政领导与院士专家座谈会暨 2020 年山东省创新驱动发展院士恳谈会的十大战略选题之一“黄河流域重点节点济南都市圈发展战略研究”，形成调研报告 1 份、成果交流报告 1 份，提出八大决策咨询建议，得到山东省委省政府主要领导表扬及各地市领导的肯定和积极反馈。与此同时，受邀成为山东省济南市新旧动能转换起步区主要规划咨询单位，将深度参与新旧动能转换起步区的规划建设，为起步区的高质量发展提供先进的实践经验和规划指导。

学会建设　2021 年，研究会拥有 27 个专业委员会，其中新成立 4 个专业委员会——可再生能源与碳中和建筑专业委员会、数字孪生与未来城市研究专业委员会、城市雨洪管理与海绵城市专业委员会、城乡融合专业委员会。

青年人才托举工程 2021年，研究会成功申报第七届“青年人才托举工程”项目，并获得两个资助名额。截至2021年年底，研究会已获得四届“青年人才托举工程”项目的实施资格，共托举7位优秀青年人才，逐步形成具有研究会特色的“遴选—培养—托举—评价”托举模式。

壮大青年会员队伍，扩大研究会青年人才储备库，组织历届被托举青年座谈会，加强前沿学术信息互享，同时帮扶带动更多优秀青年人才，助力中国城市工作的建设与发展。

主办期刊 2021年度，研究会主办的月刊《城市发展研究》出刊12期，刊发学术论文近300篇，发行纸质期刊58500册。2021年度在对城市规划、城市更新、城市经济等传统研究内容继续保持高度关注的同时，抓住城市科学研究的重点和热点问题，特别关注“疫情下的时空行为”“信息技术与城市”“城市文化与村镇特色”等问题。连续八年获得2021年“中国最具国际影响力学术期刊”，继续保持中文社会科学引文索引来源期刊目录、中文核心期刊、中国科协精品科技期刊、中国人文社会科学综合评价AMI核心期刊、RCCSE中国核心学术期刊A刊、中国人民大学书报资料中心《复印报刊资料重要转载来源期刊》，影响因子有所提高。

2021年度，研究会主办的月刊《城建档案》出刊12期，刊发学术论文596篇，发行纸质期刊1.2万册。《城建档案》聚焦信息化建设、声像档案、编研与利用、地下管线、档案管理等板块，交流行业动态。

增设《未来城市设计与运营》杂志，瞄准城市领域未来发展理论与技术前沿，推动新形势下未来城市发展规律的研究，提升城市规划建设和管理的科学性。

学科发展工程 2021年，研究会共编写出版12本学术年度报告，覆盖城乡规划、低碳城市、智慧城市、城市更新、绿色建筑以及交通等重点领域，成为城市科学领域的重要文献，有力彰显研究会的学术影响力和服务能力。

国际学术会议 研究会继续为科技工作者搭建学术交流平台，主办第十七届国际绿色建筑与建筑节能大会，于5月18—19日在四川省成都市召开。此次会议在国内外、行业内外已形成较大影响力，成为深受业内人士欢迎的新技术、新观念、新案例交流学习平台。

国内主要学术会议 研究会及其分支结构共举办年会、研讨会、论坛等学术活动12次，参会人数近5000人次。

9月28日，由研究会水环境与水生态分会主办的2021（第三届）中国城市水环境与水生态发展大会在吉林省长春市召开。此次大会以“城市水循环与碳中和”为主题，旨在围绕习近平总书记在第七十五届联合国大会上提出的中国力争于2030年前实现碳峰值、努力争取2060年前实现碳中和目标，在水环境与水生态领域积极践行零碳绿色的发展理念，开启“十四五”水环境与水生态领域发展新征程。

12月9—10日，由研究会绿色建筑与节能专业委员会主办的第十一届热带、亚热带（夏热冬暖）地区绿色建筑技术论坛在广东省惠州市召开。此次论坛主题为“品质城市·低碳生活”，分为1个主论坛和2个分论坛，超过上万人次通过线上观看直播。论坛结合行业前沿热点问题进行解析，聚焦当下碳达峰碳中和目标，对夏热冬暖气候区的适用绿色建筑技术进行研究及探讨。

国际组织任职 研究会牵头成立国际标准组织装配式建筑分委员会，经国际标准组织批准，于7月正式成立。研究会推荐的分委员会主席以及秘书处秘书得到国家标准化管理委员会以及国际标准组织批准和任命。分委会的主要工作范围包括：装配式建筑领域的一般术语；装配式建筑设计的基本原则，包括一体化设计、工业化生产和一体化装饰；制订建筑构件和连接件的几何形状和性能的一般要求；装配式建筑施工安装的一般要求，包括吊装技术和施工工艺。装配式建筑分委员会的成立标志着中国装配式建筑登上世界舞台，为中国装配式建筑行业优秀企业提供国际平台。

国际交往 拓宽国际交流渠道，建设开放型科技社团取得新成就。研究会同欧盟驻华代表团、德国能源署、法国建筑科学技术中心、日本都市再生机构合作开展“中欧”“中德”“中法”和“中日”低碳生态城项目，已在全国十几个城市完成低碳生态城区设计和建设工作。

强化与世界绿色建筑委员会、国际水协会的交流，派遣专家通过线上、线下参与学术研究和论坛20余场次；开展同世界自然基金会的合作，完成《中国城市和城镇地区的实况与数据研究》报告的研究工作；与国际标准组织智慧城市基础设施计量分技术委员会合作，编制发布关于智慧城市方面的国际标准 3 项。

科普活动 加强与主流媒体的合作。2021 年度，研究会同央视、人民网、新华网、《新京报》《北京日报》《经济日报》《经济观察报》、网易财经、中国新闻网、财经网等主流媒体合作。4 月，研究会理事长仇保兴在中央电视台财经频道的《中国经济大讲堂》栏目中作题为《“放管服”改革提升市场主体活力》的讲座；8 月，继续在中央电视台财经频道的《对话》栏目中作题为《新型电力系统进行时》的讲座。

开展科普教育活动。举办与城市规划和绿色建筑、绿色校园有关的科普公益活动 4 次，受众近 5000 人次，包括第三届全国高等院校绿色建筑设计技能大赛、第三届全国大学生绿色校园概念设计大赛、第三届城市水环境与水生态科普创意大赛和第一届全国小学生绿色建筑公益科普绘画主题活动——我们的绿色家园等青少年科普活动。

研究会和各分支机构共建立 11 个网站和 11 个微信公众号，定期推送相关科普知识、学术动态、学术观点等。微信公众平台总关注人数近 2 万人，年度总阅读数近 20 万次。专职、兼职科普志愿者总数近千人次。

党建强会 2021 年，研究会积极主动对标党中央决策部署、国家重大战略需求，在研究会重点工作中贯彻执行党的路线方针政策，践行引领广大科技工作者努力实现城市科学领域高水平科技自立自强的使命。研究会党建工作获“三星级党组织”称号以及第一届中国科协学会党建研究会理论研究工作优秀组织奖，为研究会工作的开展提供党建基础和引领保障作用。

坚持党建与业务深度融合，开展“我为群众办实事”实践活动。组织的嘉兴低碳生态城市科技服务团被中国科协评为 2021 年度第一批“科创中国”科技服务团示范项目。5 月 20—21 日，研究会党员技术团队前往广西壮族自治区防城港市开展城镇老旧小区改造综合整治规划调研，与当地住房城乡建设局、部分区政府及有关部门座谈交流，扎实开展“我为群众办实事”实践活动，推动党史学习教育见实效。6 月，研究会党支部书记带领团队赴四川省德阳市开展德阳城市更新和老旧小区改造工作，支部同志积极将党建与业务相结合，把老旧小区改造作为重点，进一步完善小区配套和市政基础设施建设、优化美化环境，努力提升民生福祉，让老旧小区换新颜，大幅提升居民的获得感、幸福感和安全感。

会员服务 拓宽服务渠道，为会员提供参加研究会举办的国际学术交流会议优惠渠道；为会员提供发表论文的便捷通道，同时为会员免费寄送研究会期刊等学术资料；为会员提供优先参与申报人才推荐项目的机会。

2021 年，研究会更新会员服务平台，界面和功能更加便捷化，方便研究会与会员间的信息互通，满足精准服务会员需求。

【第十七届国际绿色建筑与建筑节能大会】 5 月 18—19 日，由研究会主办的第十七届国际绿色建筑与建筑节能大会在四川省成都市召开。大会邀请 20 多位院士、400 多位国内外知名专家担任演讲嘉宾，数千名全国绿色建筑领域顶尖研究院所的负责人、绿色建筑领先企业及先锋实践企业的代表参加大会，并就当前绿色建筑发展趋势进行前沿技术分享和讨论。

本届大会为做好碳达峰碳中和工作，认真践行“十四五”规划中提出的“发展绿色建筑”和“开展绿色生活创建活动”行动部署，以“聚焦建筑碳中和，构建绿色生产生活新体系”为主题，设有 2 个综合论坛、49 个分论坛。开幕式上，国务院参事、住房城乡建设部原副部长、研究会理事长仇保兴以《城市碳中和与绿色建筑》为题作报告，中国工程院院士江亿、吴志强等 19 位院士、专家和绿色建筑领域先进企业负责人分别致辞。分论坛上，国内外专家重点交流绿色、健康建筑的最新科技成果、发展趋势、实践成功案例，研讨设计理论与技术实践、绿色城市低碳解决方案，加速推进绿色低碳城区建设，分享碳中和背景下建筑行业的新经验、新技术。

【“科创中国”生态城市建设和产业创新专业科技服务团试点城市福州、泉州线上交流与技术路演会议】 9 月 29 日，“科创中国”生态城市建设和产业创新专业科技服务团试点城市福州、泉州线上交流与技术路演会议以线上线下相结合的形式召开。会议邀请多位权威专家和企业代表作报告。来自中国科协福建挂点组、福建省科学技术协会、福州市科学技术协会、福州市所属区县各级科技局与市直单位、福州高新技术开发区管理委员会、泉州市科学技术协会等单位的百余人参加会议。

与会专家、学者分别就“生态城市技术、科技、产业的融合”“污水处理技术”“农业的附加值”等主题发表演讲。专家指出，福建省福州市、泉州市应以融合为发展理念，应考虑融合价值与功能，即共享、创新、开拓、效益提升；同时，针对福建省福州市、泉州市东南沿海特有的水质问题，推介 NSAD 反硝化专利技术，该技术可有效解决福建省福州市、泉州市的污水处理问题。此外，专家还指出，区域农业的附加值应增加地域资源的附加价值，促进第三产业之间形成一个复合的整体，按照“满足消费者的需求→提高当地农民的收入→增加农山渔村的活力”呈阶梯式发展。在产业资源方面，结合福建省福州市、泉州市现有需求，与会专家、学者与各企业代表分别就高新电子、网络安全、信息服务、碳评估、绿色建材认证、环保技术、能源技术等业务板块进行交流。

“科创中国”生态城市建设和产业创新专业科技服务团被评选为 2021 年度“优秀科技服务团”，总结撰写的典型案例《以城兴产—以产促城—产城融合，探索“科创中国”城科会服务模式》，作为首批 13 个精选案例之一，入选服务团典型案例。

（撰稿人：叶蒙宇　姬朕宇）

中国科学学与科技政策研究会

服务创新型国家和社会建设　围绕国家发展战略，服务政府科学决策化建设。研究会聚焦国家重大战略规划与工作布局，组织动员专家资源，发挥决策咨询职能。在服务中央重大战略部署方面，承接科技部、中国科协、国家自然科学基金委员会等部委的多个决策咨询研究项目，提供多份决策咨询报告，反映科技工作者的建议，为国家及部委重大决策建言。在服务立法咨询方面，组织并参与立法咨询和政策解读。2021 年，组织 30 余家学会对《中华人民共和国反食品浪费法（草案）》《中华人民共和国科学技术进步法（修改征求意见稿）》《中华人民共和国审计法（修正草案）》《中华人民共和国专利法实施细则（修改草案送审稿）》等法案开展立法咨询，服务国家治理现代化与依法治国；在服务地方发展方面，与地方政府、有关部门合作，先后承接北京、福建省、广东省等多个有关地方和区域发展战略研究项目，为地方经济转型、科技创新发展提供战略支撑及决策咨询服务。在支撑中国科协决策咨询研究方面，作为中国科协领导下的全国一级学会，始终把支撑中国科协决策咨询列为重点工作。2021 年，围绕科协重点工作，承担组织人事部、宣传文化部、科学技术创新部、科学技术传播中心、学会服务中心、创新战略研究院等部门研究支撑和决策咨询任务，为中国科协服务党和政府科学决策、促进科学技术繁荣发展、促进科学技术普及推广、驱动创新发展、推进世界一流科技社团建设发展、打造开放型枢纽型平台型科协组织提供支撑。

学会建设　2021 年，研究会个人会员总数达 5621 人、单位会员总数达 44 个；新发展普通会员 138 人、学生会员 42 人、外籍会员 1 人；分支机构换届 5 个，新成立 2 个；变更副理事长 8 人、常务理事 3 人、理事 4 人。

完善会议制度，规范调整负责人、常务理事、理事，按时召开理事会议、常务理事会议和监事会议。研究会加强对分支机构的管理，修订《中国科学学与科技政策研究会常务理事、理事届中增补管理办法》《中国科学学与科技政策研究会分支机构管理办法》《中国科学学与科技政策研究会分支机构考核办法》《中国科学学与科技政策研究会团体会员管理办法》《中国科学学与科技政策研究会项目及经费管理办法》等多项规章制度。

主办期刊　2021 年，《科研管理》共发表文章 278 篇，复合影响因子为 4.523，综合影响因子为 2.701。其中，基金资助文献量达到 254 篇，占本年文献量的 91%。2021 年，《科研管理》被《中文核心期刊要目总览》、中国科学引文数据库、中国科技核心期刊收录，入选《复印报刊资料重要转载来源期刊（2020 年版）》《智库期刊群（1.0 版）》“2021 中国最具国际影响力学术期刊”。

《科学学研究》共发表文章 240 篇，复合影响因子为 4.752，综合影响因子为 2.998。其中，基金资助文献量达到 237 篇，占本年文献量的 94%。纸质期刊平均每期发行量 648 册，期刊数据库下载次数达 545 万次。10 月，入选“2021 中国最具国际影响力学术期刊”。

《科学学与科学技术管理》共发表文章 121 篇，复合影响因子为 4.114，综合影响因子为 2.435。其中，基金资助文献量达到 113 篇，占本年文献量的 84.96%。12 月，入选“2021 中国最具国际影响力学术期刊”。

在中国科技期刊国际影响力提升计划的资助下，《创新与发展政策》（*Innovation and Development Policy*，IDP）已发行 3 卷 5 期。编辑委员会聘请国际知名的创新发展政策与管理领域专家，如英国牛津大学教授 Xiaolan Fu 以及丹麦哥本哈根商学院教授 Alan Irwin 等。截至 2021 年年底，纸质期刊发行 1200 册，期刊数据库下载次数和期刊自建网站下载次数均为 2430 次。

国际学术会议 10 月 13—14 日，由研究会指导、上海科技管理干部学院主办、研究会区域创新专业委员会和中欧科技创新与发展研究中心等协办的国际科技创新合作研讨会（2021）暨中国民间科技外交 50 人峰会在上海市召开。此次会议的主题是“自立自强与开放创新：中国与世界的关系”。来自科技部、中国科学院以及中国科协系统的智库，中国和美国高校，国务院研究中心，国际关系领域研究机构，长三角科技智库的专家、学者等就后疫情时代国际科技合作形势与展望、长三角国际科技合作协同创新等话题展开研讨。

10 月 16—17 日，由协会主办的中欧科技创新与发展研究中心成立暨新时代国际科技合作面临的机遇与挑战研讨会在广东省深圳市召开。揭牌仪式由研究会秘书长陈光主持，研究会理事长穆荣平、卢森堡大学国际关系处处长 Sylvain ST-AMAND 和芬兰坦佩雷大学教授蔡瑜琢分别致开幕词。来自全国各高校、科研院所、产业界的 600 余位专家、学者参加。

10 月 29 日，由中国科协学会服务中心主办、研究会承办的中外科技社团交流沙龙在北京举办。此次沙龙的主题为“世界一流科技社团建设及学术出版经验”，来自美国科学促进会、美国化学会、中国电子学会、中国物理学会、中国地理学会等科技社团以及清华大学等高校和研究机构的 40 余位专家、学者出席现场会议。中国科协学会服务中心党委书记刘亚东、研究会理事长穆荣平分别致开幕词。国内科技社团领导人、国外科技社团驻华机构负责人及科技界专家围绕世界一流科技社团建设、科技社团开展学术出版工作的问题经验、突破方向及政策建议等展开研讨。

国内主要学术会议 2021 年，研究会采取线上线下相结合的形式举办各类学术会议 37 场，较 2020 年增长两倍有余，参会人数达 2.6 万余人次。其中，线上参会人数达 2.1 万余人次，交流论文及报告 984 篇。

2021 年，研究会及其各专业委员会围绕全球疫情下科学技术发展、产业创新发展、社会服务创新发展面临的机遇与挑战，“十四五”科技创新规划及新一轮中长期科技发展规划编制，国家战略科技力量培育与新型研发机构发展等科技政策领域热点，紧扣时代主题，先后以“面向自立自强的国家创新体系建设”“新发展格局下的技术预见理论与实践”“科技人才评价与高质量发展”“数字赋能　创新驱动　引领未来”“科学社会学理论与科技治理”等主题举办包括第十七届中国科技政策与管理学术年会、第十六届全国技术预见学术研讨会、第二十一届全国科技评价学术研讨会、第十二届全国科学计量学与科教评价研讨会、中国数字创新与管理高峰论坛暨数字创新与管理学术年会（2021）、第八届全国科学社会学学术会议等在内的多项学术交流活动，为加强学科发展建设、促进科技政策服务国家创新体系建设与产业发展、推动科技经济深度融合贡献智慧。12 月 18 日，由研究会承办的第二十一届全国科技评价学术研讨会在北京召开。此次会议以线上线下相结合的方式召开。会议以“科技人才评价与高质量发展”为主题，涵盖主题报告、青年科学家热点对话与交流、期刊主编面对面、分论坛等多种形式。来自科技部、中国科学院、军事科学院、高校、企业的 200 余位专家、学者共同研讨科技评价最新研究成果。

6 月 17—19 日，由研究会计量学与信息计量学专业委员会等主办的第十二届全国科学计量学与科教评价研讨会在浙江省杭州市召开。会议主题是“在《深化新时代教育评价改革总体方案》的指引下，促进‘五计学’与科教评价的新发展：大数据、云计算与人工智能的应用”。来自全国 20 多个省（自治区、直辖市）的 380 多位专家、学者和研究生参加会议。

11 月 27 日，由研究会、研究会数字创新与管理专业委员会主办的中国数字创新与管理高峰论坛暨数字创新与管理学术年会（2021）在江苏省江阴市召开。会议采用线上线下相结合的形式举办。研究会理事长、中国科学院大学公共政策与管理学院院长穆荣平，研究会副理事长、清华大学技术创新中心主任陈劲，南京理工大学党委书记张骏等 9 位专家分别作《创新驱动数字转型发展新机遇、新挑战、新思路》《数字科技与创新绩效》《面向高质量发展的传统制造业地区数字经济实践：长三角（江阴）数字创新港经验与启示》等主旨报告。

科普活动 2021 年，研究会结合各方需求开展应急科普，对社会热点问题给出科学准确、实事求是的解读，并通过微信公众号发布文章 52 篇，累计阅读人数 15 万人次，阅读次数超过 24 万次；转发人数约 1.1

万人，转发次数 1.4 万次。

党建强会 学会加强思想政治引领，坚持党的建设与业务工作紧密结合。学会党委组织学习贯彻党的十九届五中、六中全会精神和习近平总书记重要讲话精神，持续开展党史学习教育等专题学习，及时传达党中央精神，强化政治引领。

为庆祝中国共产党成立 100 周年，贯彻落实中国科协科技社团党委对全国学会党建工作安排部署，面向广大会员举办中国科学学与科技政策研究会“庆祝建党百年、学习党史会史”有奖竞答活动，研究会各分支机构及广大会员积极参与，共有 56 人获得奖励。

会员服务 研究会加强智慧学会建设，通过微信公众号、网站等形式联系服务广大会员。截至 2021 年年底，会员人数达 5621 人，较 2020 年增长 1.4%；微信公众平台关注人数达 6936 人，较 2020 年增长 19.7%。

【第十七届中国科技政策与管理学术年会暨中国科学学与科技政策研究会理事会议】 10 月 16—17 日，由研究会主办，深圳大学承办，深圳大学管理学院、《科学学研究》编辑部、《科研管理》编辑部、《科学学与科学技术管理》编辑部和 *Innovation and Development Policy* 编辑部协办的第十七届中国科技政策与管理学术年会暨中国科学学与科技政策研究会理事会在广东省深圳市召开。来自全国各高校、科研院所、产业界的 600 余位专家、学者参加线下会议。年会同时开通在线直播，观看人数达 2.1 万余人次。

年会邀请 10 位专家、学者以“面向自立自强的国家创新体系建设”主题，围绕城市、企业、新型研发机构等不同主体如何实现创新发展作大会报告，包括研究会理事长穆荣平的《强化城市创新引擎功能，塑造高质量发展新优势》；研究会副理事长、中国科学技术发展战略研究院院长胡志坚的《可持续发展下科技范式悖论》；深圳市原副市长、香港中文大学（深圳）理事会成员唐杰的《转型与创新增长的公共政策思考》；研究会副理事长、军事科学院首席专家游光荣的《完善国家战略体系，提高国家战略能力》；研究会副理事长、上海交通大学文科建设处处长吴建南的《此“海”非彼“海”：数字时代对“科层制”的反思》；研究会副理事长、吉林大学教授蔡莉的《创新驱动创业何以持续——基于能力视角》；研究会监事长、无锡太湖大学执行校长李廉水的《新型研发机构治理创新态势分析》；研究会副理事长、同济大学特聘教授李垣的《企业如何有效整合自身和供应链网络能力提升运营韧性》；研究会副理事长、清华大学技术创新研究中心主任陈劲的《共同富裕视野下的科技创新》以及研究会副理事长、浙江大学管理学院院长魏江的《平台经济的反垄断与治理》。

年会同期召开第八届第三次理事会议，穆荣平主持会议。会议听取组织工作委员会关于会员和分支机构工作的汇报，审议通过理事增补事项，会议原则通过《中国科学学与科技政策研究会团体会员管理办法》《中国科学学与科技政策研究会项目及经费管理办法》《中国科学学与科技政策研究会常务理事、理事届中增补管理办法》等制度的修订。

此次年会共设立 29 个分会场及“面向自立自强的国家创新体系建设”和“科学学与科技政策研究热点与前沿”两场专题对话，孙冬柏、张士运、李正风、樊春良、刘云、王巨宏以及优秀青年奖获得者和部分优秀论文获得者与现场听众互动研讨。

本次学术年会共收到论文近 500 篇，遴选 10 篇优秀论文并推荐到《科学学研究》《科研管理》《科学学与科学技术管理》发表。

【第十六届全国技术预见学术研讨会】 10 月 22 日，第十六届全国技术预见学术研讨会在湖北省襄阳市召开。此次研讨会在中国科学学与科技政策研究会、湖北省科技厅的支持下，由中国科学技术发展战略研究院、中国科学院科技战略咨询研究院、上海市科学学研究所、研究会技术预见专业委员会共同主办，湖北省科技信息研究院等三家单位承办。来自全国 66 家科研机构、知名企业和科技管理部门的近百名专家、学者参加会议。

会上，中国科学技术发展战略研究院副院长孙福全从百年未有之大变局、新一轮科技革命和产业变革、中美关系三个维度分析国际环境对科技创新的影响，并在此基础上提出“十四五”期间建设科技强国的重点工作。中国科学技术发展战略研究院研究员袁立科、上海市科学学研究所副所长吴寿仁、湖北省科技信息研究院党委书记肖松、中国科学技术发展战略研究院前沿科学与先进技术发展研究所所长许晔、武汉市科技发展促进中心主任胡远、重庆科技发展战略研究院成渝双城中心主任陈艳丽、首都科技发展战略研究院总监刘杨等专家、学者分别就技术预见应用实践、区域科技创新中心建设、技术预见新理论与新方法等前沿热点问题作主旨报告。

【“优化青年科技人才评价体系”中国科协青年科学家沙龙暨第二十一届全国科技评价学术研讨会】 12月18日，“优化青年科技人才评价体系”中国科协青年科学家沙龙暨第二十一届全国科技评价学术研讨会在北京召开。会议以“科技人才评价与高质量发展”为主题，涵盖主题报告、青年科学家热点对话与交流、期刊主编面对面、分论坛等多种形式。来自科技部、中国科学院、军事科学院以及全国各地高校、企业的200余位专家、学者通过线上、线下共同研讨科技评价最新研究成果。

浙江工商大学工商管理学院院长俞荣建主持大会开幕式。浙江工商大学副校长金杨华和研究会理事长穆荣平致开幕词。研究会秘书长陈光和浙江工商大学工商管理学院副院长孙元联合主持特邀报告。中国科学院管理创新与评估研究中心主任、研究员李晓轩作题为《关于科技人才评价的一些思考》的报告；科技部评估中心副主任、研究员霍竹作题为《关于新形势下我国科技评价改革的思考》的报告；中国教育发展战略学会副会长李志民作题为《科技三评改革的出发点与落脚点》的报告；北京师范大学－香港浸会大学联合国际学院院长刘文斌作题为《大学评价技术综述》的报告；浙江工商大学工商管理学院院长俞荣建作题为《中国深度参与全球创新链治理的战略路径思考》的报告。国家纳米科学中心研究员戴庆和中国科学院科技战略咨询研究院副研究员徐芳两位青年科学家代表分别以《研究所科技人才评价体系思考》和《从国际视角看科技人才评价》为题作报告。东南大学教授段伦博、复旦大学教授方方、北京工业大学教授韩红桂、安徽中科光电色选机械有限公司高级工程师刘宝莹、清华大学教授娄智勇、中国科学院心理研究所研究员涂毅恒、中国电子科技南湖研究院博士徐臻、中国科学院数学与系统科学研究院副研究员周涛等青年科学家分别围绕人才评价相关主题分享好的实践案例、实践过程中遇到的问题和挑战以及对人才评价提出相关意见和建议。

（撰稿人：迟　浩）

中国农村专业技术协会

服务创新型国家和社会建设　协会党委强化政治担当，把学习贯彻习近平新时代中国特色社会主义思想贯穿协会工作始终，统领协会全部工作，积极推进党史学习教育，将科技小院服务乡村振兴作为“我为群众办实事”实践活动的具体实践，并与平谷区科学技术协会结对形成长效机制。

推动中国农技协科技小院联盟多层次建设，汇聚全国涉农高校、科研院所人才资源，打造政产学研用联合体，探索“新时期上山下乡”服务新模式，搭建“科创中国”在乡村落地生根新平台，让科技走进田间地头，服务科技经济深度融合。2021年，“科技小院”被写入中共中央办公厅、国务院办公厅印发的《关于加快推进乡村人才振兴的意见》。《国务院关于印发全民科学素质行动规划纲要（2021—2035年）的通知》中也鼓励高校和科研院所开展乡村振兴智力服务，推广科技小院等农业科技社会化服务模式。

截至2021年年底，在四川省、河北省、福建省、江西省、广西壮族自治区、内蒙古自治区、浙江省、河南省、吉林省、重庆市、云南省、广东省、山西省、江苏省、贵州省、新疆维吾尔自治区、宁夏回族自治区、湖南省、海南省、黑龙江省、辽宁省、湖北省等22个省（自治区、直辖市）成立258个科技小院，开展乡村振兴智力服务，推广农业科技社会化服务模式。

总结“科创中国”试点巴彦淖尔市科技小院建设经验，筛选优秀典型，为《焦点访谈》拍摄工作提供采访元素。

承接“科创中国”中国农技协现代农业产业科技服务团项目，组织专家服务团参加首届寿光国际智慧农业装备展览会，并深入基层调研对接需求，联合地方科协共同探索创建农业科普教育基地，助力寿光现代农业发展，促进科技经济融合。承担中国农技协科技小院科技志愿服务项目，组织专家成立科技志愿服务队，赴福建省福州市闽侯县、山西省吕梁市岚县开展科技志愿服务活动，推动产学研进一步落地融合，助力乡村振兴。

协会支持中国农技协科技小院研究生和指导教师开展农业科技培训、现场指导等服务。组织科技服务团下沉一线，对接产业科技需求，让科技小院因地因时因势落地农村。2021年，各科技小院开展技术培训和现场指导活动1000余场，受益群众20万余人次，与中国农业大学联合举办21期线上科技小院大讲堂，共邀请专家27位、研究生16位开展在线讲座，涉及20余个农业领域，在线观看人数超过2万人次。

学会建设 2021年，协会召开多次农技协组织建设研讨会（视频），调查了解各地农技协组织建设基本情况和意见建议。印发《中国农村专业技术协会2021年工作要点》，系统谋划协会年度重点工作。深入基层调研，引导各省推动当地农技协组织建设发展，不断完善基层组织体系建设。

支持各专业委员会发挥专业优势，在业务范围内开展各项活动。支持茶叶专业委员会举办中国农村专业技术协会茶叶专业委员会第三次代表大会暨2021赤壁青砖茶产业高质量发展研讨会；根据各地产业发展需求，筹建农业品牌专业委员会和柑橘专业委员会，为当地产业提供技术支撑。

按照民政部社团管理相关规定开展协会年检、信息备案等组织工作。

科普活动 动员各地农技协、专业委员会以全国科技工作者日、全国科普日等活动为契机开展相关工作。协会号召各省农技协、专业委员会、科技小院积极参与2021年全国科普日乡村振兴科普联合行动，充分发挥组织和专家优势，通过农技培训、现场指导、展览展示、特优农产品展销、网络直播等多种活动方式开展科普宣传活动。其中，协会水果专业委员会、玉林市农技协被评选为2021年全国科普日优秀组织单位。

动员各级农技协组织会员参加全国农民科学素质网络知识竞赛。如联合山西省吕梁市临县小马坊村村委会开展小马坊村农民科学素质网络知识竞赛，共有400余名村民参加科学素质答题活动，基本覆盖全村常驻农户，对小马坊村科学文化素质的提升起到促进作用。

引导、鼓励各地农技协组建科技志愿服务分队，主动对接党群服务中心和新时代文明实践中心，开展科技志愿服务活动，服务党委政府中心工作及基层百姓所需。各地农技协组织纷纷行动，在5月30日全国科技工作者日前后形成农技协科技志愿服务热潮。截至2021年年底，协会科技志愿者累计服务时长超过5000小时。

开展中国农技协2021—2025年度科普教育基地创建工作，制订《中国农村专业技术协会科普教育基地创建与认定管理办法》，推进全国农技协科普教育基地发展并加强规范管理，提升科普公共服务质量。

表彰举荐优秀科技工作者 协会组织开展2021年中国农技协“最美科技工作者”评选活动。经宣传发动、逐级推荐、组织评审、社会公示等环节，授予中国农业科学院棉花研究所副所长马雄风等16人中国农技协“最美科技工作者”称号。

组织开展“2021年选树农技协十佳行动”，遴选各地在助力乡村振兴中成绩突出的农技协和乡土科技人才，并广泛宣传和推广，形成基层农技协优秀典型材料。

CCTV-17频道《三农群英汇》对协会副监事长卢怀玉和中国农技协“最美科技工作者”王西瑶、吴良泉进行专题报道。

党建强会 12月，协会开展学习贯彻党的十九届六中全会精神宣讲活动，协会理事长柯炳生作《学习贯彻六中全会精神　科技服务乡村产业振兴》专题报告。

以服务基层农技协党建工作需求为着力点，在协会官网、微信公众号设置党史学习专栏，发布党史学习等相关文章171篇。收集整理各地党建工作典型，在微信公众号制作“党领导下的农技协”和“农技协会长风采”专栏，宣传农技协优秀党建活动和会长事迹，突出基层农技协先锋引领作用，打造农技协特色的“互联网+党建”。组织参加“百年党史　百家学会”党史知识线上线下竞赛，营造良好氛围，确保党史学习教育取得扎实成效。

会员服务 协会围绕智慧科协工程的总体要求，结合新时代农技协组织能力提升的现实需要，以“连接赋能”为着力点，构建网上农技协服务新格局。参与智慧科协工作调度会，研讨智慧农技协与“科普中国”“科创中国”等平台的信息资源互通工作，推动智慧农技协平台建设。研究中国农技协科技小院研究生日志信息化填报方式，设计相关功能和框架，为入驻科技小院研究生提供信息化技术支持。截至2021年年底，全国共有11146家组织入驻智慧农技协平台。

【中国农村专业技术协会第五届理事会第四次会议】 11月10日，中国农村专业技术协会第五届理事会第四次会议在线上召开。协会理事长柯炳生，协会党委书记、常务副理事长、中国科协农村专业技术服务中心主任师铎，协会副理事长、中国农业科学院纪检组组长、党组成员李杰人，协会副理事长、广西科协党组书记、副主席纳翔，协会副理事长、中国农业大学原副校长张建华，以及农业农村部科技教育司、中国科协科学技术普及部有关领导出席会议。来自全国 30 个省（自治区、直辖市）的协会理事，地方科协、农技协、农业院校等部门的有关负责人及基层农技协代表等共计 200 余人参加会议。

会上安排专题党课，柯炳生作《落实总书记“三农”思想　推动新时代乡村振兴》报告，阐释习近平总书记“三农”思想的重要意义、主要任务和推进措施。他强调，各地要结合实际推动农技协组织发展、建立中国农技协科技小院、加强智慧农技协建设，利用好科技志愿服务平台，建立网上农技协大家庭，整合各方资源，切实增强农技协组织发展活力和服务效能。

会议审议通过中国农村专业技术协会第五届理事会年度工作报告、财务报告，变更、增补部分理事、常务理事的报告，设立农业品牌专业委员会、柑橘专业委员会的报告，变更组织发展工作委员会名称、信息工作委员会主任委员、增补专业委员会副主任委员的报告，审议《中国农村专业技术协会科普教育基地创建与认定管理办法》，宣读中国农技协“最美科技工作者”名单，公布获得中国农技协十佳选树结果、农技协科技小院联盟研究生联合会组织评选的年度科技小院联盟优秀研究生、科技小院联盟工作日志优秀代表。

【中国农技协科技小院联盟科技志愿服务交流观摩活动】 6 月 24—27 日，中国农技协科技小院联盟科技志愿服务交流观摩活动在重庆市举办。协会理事长、中国农业大学原校长柯炳生，协会秘书长、中国科协农村专业技术服务中心副主任王诚，协会副理事长、中国农技协科技小院联盟理事长、中国农业大学原副校长张建华等出席活动。此次活动采取线上线下相结合的方式进行。来自全国 16 个省（自治区、直辖市）科协、农技协、农业院校的有关负责人、专家、研究生等 100 余人参加观摩交流活动，11357 人次在线观看直播。

王诚指出，中国农技协科技小院联盟通过组织创新和机制创新，开展精准农业科技推广和科普服务，带动区域主导产业、特色产业发展，促进乡村产业振兴和人才振兴。他强调，要推动科技小院依托单位牵头成立农技协，形成农技协组织与农业生产经营主体融合发展新格局；要组织科技小院、各级农技协及各类农业生产经营主体单位开展科技服务，助力科技经济深度融合；要大力开展农村科普工作，把科技小院打造成农村科普工作阵地；要聚焦县域特色产业，打造中国农技协科技小院精品。

与会专家、学者赴中国农技协重庆铜梁叶菜科技小院现场学习，调研铜梁区乡村振兴工作并进行经验交流。

（撰稿人：任俐竹）

中国工业设计协会

服务创新型国家和社会建设　2021 年，协会完成工业和信息化部委托的“面向智能互联时代的工业设计产业发展战略和路径研究”“加强国际合作壮大工业设计园区政策路径研究”“深入推动设计扶贫典型经验和路径研究”专项课题，承接工业和信息化部委托的“制造业设计培训基地创建工作”“工业设计定点帮扶工作”专项研究课题。

贯彻落实《制造业设计能力提升专项行动计划（2019—2022 年）》，2021 年，协会分别在山东省、重庆市等地组织举办制造业设计能力提升专题宣贯行动培训会议。来自东北、华北、西南、华南地区 13 个省（自治区、直辖市）的工业和信息化主管部门代表以及设计机构、制造业企业、设计产业园区、行业协会及创新平台代表解读产业政策、分享创新实践，以工业设计赋能制造业设计创新能力提升，促进产业创新升级。

开展工业设计促进乡村振兴工作。帮助县乡区域培育区域特色品牌、丰富产品品种、提升产业质量，邀请品牌设计、产品研发设计、产业互联网、文创旅游等多个领域的专家赴西藏自治区日喀则市聂拉木县和四川省南充市，从产业规划培育、产品品牌包装、创业人才培训等方面开展合作，通过设计带动产业升级、推动当地产业发展。2021 年，先后为西藏神猴药业有限责任公司、南充晚熟柑橘产业提供设计支持，并组织各地设计师与当地企业建立对接合作关系。

根据工业和信息化部《国家工业设计研究院创建工作指南》的工作部署，支持各省（自治区、直辖市）开展工业设计研究院的创建工作。10 月 20 日，工业和信息化部公布首批 5 家国家工业设计研究院名单。

在中国轻工业联合会的支持下，组建全国工业设计标准化技术委员会，开展工业设计领域的标准化工作，为工业设计产业发展提供标准化指导和支持。

2021年，协会设计标准分会完成并发布《家用电子产品人机交互元素及组件设计指南》《云计算管控平台界面设计指南》《云计算软件产品易用性度量方法》《云计算软件产品使用体验度量模型及方法》等团体标准。

继续承办工业和信息化部组织的2020—2021年度中小企业经营管理领军人才工业设计高级研修班。来自全国20多个地区30多个产业行业领域的领军企业家以及来自专业设计机构、产业设计园区、平台等的相关人员参加培训。研修班邀请行业专家、学术导师等从宏观经济形势和产业创新角度进行顶层指导与实践培训，持续培养一批领军企业家和行业推动者。

为响应人力资源社会保障部《关于征集对〈中华人民共和国职业分类大典（2015年版）〉修订意见建议的通告》，组织开展申报"工业设计师"职业分类工作，同时联合协会专家库成员对2015年版职业分类大典的"工业（产品）设计工程技术人员"这一职业相关信息内容进行修订。

10月，面向非重庆籍工业设计专业技术人员，与重庆市经济和信息化委员会联合开展工业设计专业职称评审工作，打造更加规范化、科学化、专业化的工业设计人才评价体系。

学会建设 5月22日，中国工业设计协会第六次会员代表大会在北京召开。会议选举产生第六届理事会，刘宁当选为第六届理事会会长，应放天当选为专职副会长兼秘书长，孟琪、李培松当选为专职副会长。

2021年，协会新成立船舶与海工工业设计分会和文化办公用品产业分会，并推进部分拟成立分支机构的筹备工作。

夯实协会自身建设，打造规范化运作的行业组织。认真学习和贯彻落实有关社会组织改革的方针政策，坚持科学民主办会，完善民主决策机制，强化协会各职能部门、推动分支机构和所属单位的内部管理和规范运作。在完善一系列规章制度的基础上，着重加强分支机构、《设计》杂志部门的规范运作水平。贯彻落实有关规定，严格管理程序和审批制度，杜绝违规行为，为分支机构开展工作创造有利条件。

国际学术会议 10月22—24日，由工业和信息化部、山东省人民政府主办，山东省工业和信息化厅、烟台市人民政府及协会共同承办的2021世界工业设计大会在山东省烟台市召开。大会以线上线下相结合的方式举办，来自全球40多个国家和地区的政府机构、行业组织的专家、学者、企业家、设计师等围绕数智时代下工业设计的创新发展交流讨论。大会围绕民机工业设计、区块链技术与应用、船舶与海工创新设计、泛家居时代设计协同创新等领域举办15场专业论坛，与会人员共同探讨工业设计在各个行业的机遇挑战、发展方向与广阔前景。大会同期举办国内外优秀工业设计成果展，展出产品覆盖航空航天、智能机器人、智能汽车、电子信息、文化创意等多个领域。

国际交往 7月29日，协会与意大利米兰理工大学POLI.Design设计学院举办线上签约仪式。双方在创新设计领域的人才培养、学术研究、课程分享、联合建立设计创新中心等方面达成共识，共同促进中国和意大利的设计交流与合作。

10月22日，世界设计产业组织智能设计共享云平台启动。该平台将联合全球范围内数字设计、人工智能、产业互联网等领域的领先企业和平台，共同构建数智时代创新生态，打造智能设计共享引擎，推动全球设计产业互联，以"智能设计大脑"开启创新设计新时代。协会联合杭州太火鸟科技有限公司、深圳市水母智能科技有限公司、海尔卡奥斯工业互联网平台共同创办的定制设计创新平台已成为首批全球合作伙伴。

科普活动 2021年，协会与各地政府主管部门和行业协会、高校院所、会员单位等进行合作，通过主办、协办、支持等多种方式参与全国各地论坛、峰会、大赛等活动，签署战略合作协议，共建工业设计中心和工业设计研究院等创新平台，提升区域工业设计产业发展水平。支持江苏省、上海市、山东省、浙江省、广东省、重庆市、四川省、海南省等全国多个地区开展工业设计大赛、展览、论坛、设计周、设计师大会等工业设计推广普及活动，共同促进设计产业发展。

党建强会 推动党建工作和业务工作深度融合。开展党史学习教育，深入学习习近平总书记在建党100周年大会上的重要讲话、党的十九届六中全会精神，筹备协会第六届理事会功能型党委换届工作，以高质量党建推进协会持续健康发展。

会员服务 协会向政府有关部门及时反映行业发展中的问题及会员反馈的诉求，提出政策建议，推动行业继续保持平稳发展。持续加强对各省市工业设计的支持和服务，提高会员服务水平，升级服务内容，创新服务体系，组织协同会员间的合作、共创、培训、国际交流、课题研究等。不断加强为行业服务的工作平台建设，提升为行业发展的支撑能力和服务能力。通过组织会员及行业活动，促进全行业树牢新发展理念、把握发展方向，推进行业“十四五”发展规划落地实施。

【中国工业设计协会第六次会员代表大会】 5月22日，中国工业设计协会第六次会员代表大会在北京召开。中国轻工业联合会会长张崇和出席并讲话。协会战略咨询委员会主任朱焘、工业和信息化部产业政策与法规司一级巡视员于晓东、中国轻工业联合会党委副书记徐祥楠出席会议。大会由协会副会长、秘书长应放天主持，协会理事及会员代表近250人参加。

大会听取并审议通过第五届理事会工作报告、《中国工业设计协会章程》草案、第五届理事会财务报告等。选举产生中国工业设计协会第六届理事会，刘宁当选为新一届理事会专职会长，应放天当选为专职副会长兼秘书长，孟琪、李培松当选为专职副会长，联想集团等21家单位当选为副会长单位，美的集团等26家单位当选为常务理事单位。协会自第六届理事会开始设立监事会，新秀集团有限公司董事会主席施纪红当选为监事长。

【2021世界工业设计大会】 10月22—24日，2021世界工业设计大会在山东省烟台市召开。大会以“设计·数智时代”为主题，来自全球40多个国家和地区的政府机构、行业组织的专家、学者、企业家、设计师等创新代表参加大会。大会发布首批国家工业设计研究院、世界设计公园，启动世界设计产业组织“智能设计共享云平台”。

大会集中展出200余家国际知名设计公司、制造企业、高校院所的近千件创新作品，共吸引线上1000万人次、线下5万人次参观展览。大会举办15场专业论坛及近百场次主题演讲。

大会期间举办2021年度中国设计产业100强发布盛典，来自全国30多个省（自治区、直辖市）的数百位行业代表出席。盛典揭晓2021年度中国设计产业100强十佳榜单，榜单以本年度最具创新性、价值力、活跃度为重要切入点，聚焦设计创新方面的领先探索者、发展推动者以及在新模式、新理念、新品牌、新业态等方向做出突出表现、取得良好成绩的单位及个人。

（撰稿人：王艳峰）

中国工艺美术学会

服务创新型国家和社会建设 学会主办全国工艺品制作（漆器彩绘雕填工、漆器镶嵌装饰工、竹木雕刻工）职业技能竞赛，漆器行业设有华北（北京）、华南（广西壮族自治区）、华中（山西省）三个预赛区，竹木雕刻行业设有华南（江西省抚州市资溪县）、华中（浙江省金华市东阳市）、西南（四川省宜宾市）三个预赛区。2021年完成漆器行业华北预赛，共选拔出职工组和学生组共40人参加总决赛。其他预赛和决赛延期至2022年举办。

2021年，学会共主办五项全国工艺美术创新设计作品大赛。其中，4月，在第十五届中国（莆田）海峡工艺品博览会期间举办“中匠杯”工艺美术优秀作品大赛；4月，在2021首届中国（莆田）香文化产业大会期间举办“中香杯”香器、香具设计大赛；10月，在第三届中国（大连）国际文化旅游产业交易博览会期间举办“中艺杯”工艺美术优秀作品大赛；11月，在第十四届中国义乌国际森林产品博览会期间举办木（竹）雕艺术“中工杯”创新设计大赛；11月，在河北省廊坊市大厂回族自治县举办2021中国·大厂景泰蓝家居产品创新设计大赛。

1月16日，由学会与清华大学美术学院联合主办的共生共存——“从洛桑到北京”第十一届国际纤维艺术双年展在线上开幕。活动共收到54个国家的1000余件作品，美国学者琼·舒尔茨担任评委会主席，与20位全球艺术家、学者共同评审出中国艺术家作品119件、外国艺术家作品194件，入围作品通过线上进行展示。

5月，由《雕塑》杂志社与圣马力诺共和国国家馆共同主办的第17届威尼斯建筑双年展“雕塑与建筑艺术展”通过线上在意大利威尼斯开幕。此次展览呈现当代中国雕塑艺术的多元现状与整体面貌。同期，还举办线上交流论坛、中国艺术家在京交流会等配套活动。

5月，由学会书画专业委员会举办的“远坡无尽——邓远坡大写意花鸟画展”在北京举办。此次展览是书画专业委员会推出的当代写意花鸟画系列展之一。画展旨在以正能量的作品陶冶大众情操，通过品味大写意花鸟画艺术传承中华优秀传统文化，向中国共产党成立100周年献礼。展览在爱奇艺、今日头条、抖音等线上平台同步直播。

10月25日，由学会等支持的以“文化润疆　以美育人”为主题的中央美术学院非遗传承人高级研修班开班。来自全国玉雕行业的20位学员参加。

参与“‘壮美锦艺’壮锦艺术创新设计人才培养”“当代工艺美术评论人才培养”“中国核雕艺术人才培养”3个艺术人才培训资助项目，助力工艺美术人才培养。

学会建设　截至2021年年底，学会个人会员总数达7604人、单位会员达56个，学会下设23个分支机构和1个直属机构《雕塑》杂志社。

召开理事会议1次、常务理事会议2次、监事会议2次，先后通过《中国工艺美术学会分支机构管理办法（修订）》《中国工艺美术学会会员管理办法》《中国工艺美术学会履职资格管理规定》《关于分支机构设置及办事机构设置的议案》《2021年度学会分支机构和业务办事机构工作任务》《中国工艺美术学会监事会章程（试行）》《中国工艺美术学会大师工作站认定和管理办法（试行）》《中国工艺美术学会研学基地认定和管理办法（试行）》《中国工艺美术学会游学基地认定和管理办法（试行）》，修订《中国工艺美术学会科普基地认定和管理办法（试行）》等管理制度。

推进机构设置合理化建设，梳理分支机构设置，表决通过重组、恢复、新建的19个分支机构和业务办事机构主要负责人名单。健全会员管理与服务机制，搭建会员登记注册系统，实现电子化管理、数据共享，精准服务会员。加大学会信息管理力度，升级微信公众号管理平台，公众号关注人数从年初的3500人增加至年底的近2万人。完成学会网站升级工作，增加服务内容，实现网站和微信公众号信息同步，建立健全信息报送体系，推动信息公开化，自觉接受社会监督。

青年人才托举工程　学会成立中国工艺美术学会青年人才工作委员会，启动对青年人才的培养工程，打造中国工艺美术行业青年人才挖掘、培养和评价的平台，探讨建立创新青年人才的发掘机制、培养模式和评价标准。

主办期刊　2021年，学会主办的双月刊《雕塑》共出刊7期，包含正刊6本、增刊1本，发表各类文章200余篇。栏目包括特别报道、封面艺术家、艺海掇英、公共艺术、国之大匠、泛雕塑、非遗英粹、雕塑教育、理论纵横。根据宣传需要开设临时栏目，丰富杂志内容，报道行业发展情况。

2021年，《雕塑》杂志社举办多次学术交流活动，包括红色基石——庆祝建党百年数字雕塑创作网展；重构 · 超逸——第四届中国当代抽象雕塑艺术展及学术研讨会；庆祝中国共产党成立100周年赵军安美术作品展；2021（第十六届）全国高校毕业生优秀雕塑作品展及学术研讨会；2021中国工艺美术博览会 · 泛雕塑时尚艺术展；2021第五届深圳“琵鹭杯”公共艺术精英赛暨深圳市城市轨道交通12、13号线文化艺术方案征集。同时，通过“雕塑在线”网站、《雕塑》杂志微信公众平台和微信群及其他数字媒介进行学术交流沟通。

学科发展工程　学会组织《中国工艺美术学会2021年度工艺美术科研课题研究项目》征集工作，开展课题研究。该项目旨在调动广大工艺美术从业者、研究者的积极性，研究本领域改革和发展中的重大理论与实际问题，为繁荣工艺美术艺术发展服务。此次征集活动评定立项课题21项，其中重点项目5项、一般项目8项、青年专项8项，并为其中两个课题找到资金支持。

国内主要学术会议　2021年，学会和各分支机构共组织学术会议17场，参加人员5260人次，交流论文135篇。

5月22日，由学会和清华大学美术学院、上海工艺美术职业学院主办的“赓续传统　工艺日新”——2021当代工艺美术批评论坛在上海市召开。论坛旨在面向工艺美术行业发展需求，为当代工艺美术理论研究、学术探讨搭建交流平台，建设工艺美术批评学科，推进工艺美术学术批评和展览、策划实践，助力新时代工艺美术繁荣发展。

6月15日，由学会主办的“红船精神”2021长三角（嘉兴）工艺美术发展论坛在浙江省嘉兴市召开，来自全国的10位专家分别针对中国工艺美术产业中的品牌建设、设计赋能、传统文化创新和工艺美术人才发展路径等进行研讨。

6月25日，由学会主办的“刺绣当随时代”中国刺绣艺术保护传承与创新发展论坛在湖南省长沙市举办，参加会议人员300余名。来自全国各地的专家、学者等共同交流探讨刺绣艺术在新时代的传承与发展。

6月28日，由学会主办的2021全国工艺美术产业发展交流会和江西文化创意产业高质量发展专题座谈会在江西省南昌市举办。来自全国的20位专家，江西省委宣传部、省科协、省文化和旅游厅、省文联、省工业和信息化厅负责人，以及省工艺美术界人士、省院校艺术设计类师生共计200余人参加。

7月12日，由学会和国际竹藤组织、中国林学会、中国竹产业协会、浙江省林业产业联合会、东阳市人民政府联合主办的2021中国（东阳）竹工艺产业发展大会在浙江省金华市东阳市召开，近300人参加。会议以“发扬原生态产业优势、促进竹工艺全面复兴”为主题，旨在为促进中国竹工艺传承、创新和发展搭建交流平台，推动竹艺所蕴含的优秀民族文化在现代社会中发挥作用。

9月23日，由学会和中国工艺美术协会、中国文化产业协会主办的2021第十三届中国刺绣文化艺术节暨首届苏州工艺双年展在江苏省苏州市召开，300余人参加。此次刺绣文化艺术节以“智绣新篇数字非遗”为主题，揭牌启动国家级非遗（苏绣）传承和创新发展实验室等一系列文化创新载体平台。展览范围涵盖刺绣、编织、雕刻印、构造以及生活美学空间，通过工艺美术大师与当代艺术家合作创作项目、国际艺术家和青年艺术家苏州驻地创作项目，共邀请来自国际和国内11个国家114位艺术家的近300件艺术作品参展。

10月8日，由学会支持的“溯源图新——第二届清华大学年画日新创作营成果展”开幕仪式在北京举办，200余人参加。此次创作营以“溯源图新”为主旨，以“年画传承人＋艺术设计创作者”的形式组成以年画产地为核心的创作团队，挖掘年画所蕴含的文化内涵与精神力量，开展新年画创作和春节礼物的研发，通过创造性转化实践，呈现新时代、新生活的美好图景。

11月11—14日，由学会参与主办的第七届中国（惠安）国际雕刻艺术品博览会在福建省泉州市惠安县召开，来自东南亚及中国香港特别行政区、澳门特别行政区、台湾地区等数十个国家和地区的代表、展商和买家通过线上线下互动交流。首届惠安公共艺术节活动同期举办，展出20组大型公共艺术作品。同时举办“石刻营造——营建国际公共艺术城市的策略与方法”主旨论坛、“‘人类世’视角下的惠安石——技艺、性别与遗产”分论坛等，为未来惠安县的世界石雕公园规划和文化与产业融合发展提供学术支撑。

12月5日，由学会民间工艺美术专业委员会主办的中国工艺美术学会民间工艺美术专业委员会第三十五届年会在北京召开。此次年会以“民间美术的当代作为与途径”为主题。会上举办学术论坛，18位第六届“乡土奖”论文参评作者进行论文宣讲，从各自的研究领域对民间美术和民间传统工艺的现状、理论研究及田野考察等作论述。同期举办民间工艺美术作品交流展和民间工艺美术出版物交流展。会议和展览采用线上直播方式举办，参与人数达7300余人次，整场直播获点赞次数达2.5万余次。

学会还参与并支持其他活动，主要包括2021中国·成都传统工艺高端论坛、“美宿中国”城市更新、乡村振兴与民宿美学论坛、“大国工匠　海晏河清”——庆祝暨南大学成立115周年中国景泰蓝工艺作品大展等。

学会开展“助力中国工艺美术大师”项目并举办各项专业活动，参与并支持江西省景德镇市举办何炳钦、邱含“水火交融”艺术作品展，继往开来，与时俱进——“新平瓷”传承陶瓷艺术作品展；支持江苏省无锡市宜兴市举办“大匠不器——李遊宇创新艺术作品展”，支持北京举办丝路云裳传统衣韵文化论坛暨《云裳华仪》新书发布会等活动。

科普活动　2021年，学会举办科普活动29场，受众10万余人次，网络受众超百万人次，组织工艺美术科普工作志愿者3000余人次参加活动。

推动工艺美术美育教育。学会微缩艺术专业委员会先后举办庆祝中国共产党建党100周年——我是小红军艺术体验活动、微缩艺术进校园（上海）、2021年云南静态模型公开赛、第五届青岛模型交流会、2021上海夏季比例模型公开赛、2021第二届兰州模型交流赛等活动，为工艺美术进校园起到示范作用。

推动网络工艺美术科普教育活动的开展。11月，举办百名教授公益讲堂活动，邀请工艺美术专家、教授走进公益讲堂，为工艺美术技艺人员、爱好者提供交流平台。

6月18—22日，“2021手艺·守艺——众心向党、自立自强”中国工艺美术学会科普教育周活动通过线上线下开展。此次活动以建党百年为主线，以中国共产党成立100周年来的大事件、大变化为题材进行创作，用艺术的形式展现党在百年发展历程中的领导作用。主会场是在浙江省嘉兴市举办的“红船精神——中国工艺美术大师红色主题作品展”，分会场活动包括在湖南省长沙市举办的“回眸百年——中国刺绣艺术红色主题作品展”、江西省南昌市举办的“红星照耀中国——全国工艺美术红色主题作品展”和福建省泉州市惠安县举办的“红色记忆——中国石雕艺术红色主题作品展”（网络展览）。多地同时举办20余场科普教育活动，共吸引3000余名工艺美术从业人员参与，其中中国工艺美术大师200余名。10万余人次参观。

党建强会 学会坚持党对学会的全面领导，把政治建设摆在首位，发挥政治引领作用，确保政治方向，落实学会党委会前置程序，审议理事会重大决策事项。贯彻落实习近平总书记关于科技事业和文化事业发展的重要论述和重要指示精神，团结广大工艺美术工作者，引导广大会员牢固树立“四个意识”、坚定“四个自信”、坚决做到“两个维护”，持续推进学会各项工作。

学会党委加强对学会网站、微信公众号的建设与管理，确保正确政治站位。微信公众号上增设“党史学习教育”专栏，刊发党建专题报道。

4月，通过《中国工艺美术学会关于开展党史学习教育的实施方案》，学习习近平总书记在党史学习教育动员大会上的重要讲话精神和《中国共产党百年辉煌》，并开展导学、联学活动。

6月，在苏州工艺美术职业技术学院成立中国工艺美术学会党校，围绕党性建设、业务培训、人才培养等开展教学工作。7月，举办党校第一期培训班，来自全国各地方学会的22位秘书长参加培训。

6月，组织会员代表前往浙江省嘉兴市南湖旅游区开展“访红船·悟初心·百年扬帆再起航”主题活动。

会员服务 搭建会员登记注册系统，实现会员管理电子化，提高会员服务效率。通过微信公众号、学会网站发布行业动态、学会相关活动、国家政策等信息。建立健全地方学会、专业委员会、科普基地等各相关机构的信息报送体系，实现咨询沟通互享。通过建立大师工作站、研学基地、游学基地和科普基地，推动学会工作体系化建设，制订管理制度，实现会员精准化服务。

【中国工艺美术学会五届二次理事会议暨五届二次常务理事会议】 4月10日，中国工艺美术学会五届二次理事会议暨五届二次常务理事会议在山西省太原市召开。学会理事会成员、监事会成员、各分支机构主要负责人、会员代表等近170人参加会议。同期召开中国工艺美术学会二届二次党委会和五届二次理事长工作会议。大会审议通过《中国工艺美术学会关于开展党史学习教育的实施方案》《关于筹备成立中国工艺美术学会党校的议案》《关于中国工艺美术学会党校人事安排的议案》《中国工艺美术学会会员管理办法》《中国工艺美术学会分支机构管理办法（修订）》《关于分支机构设置及办事机构设置的议案》《2021年度学会分支机构和业务办事机构工作任务》以及其他相关人事事项。

学会理事长才大颖在会上作题为《打造韧性的铠甲，在不确定的当下寻找确定的未来》的讲话，从时代与使命、定位与任务、守正与创新、机遇与挑战四个方面分析工艺美术行业发展的现状和对未来行业发展的思考。他指出，国家经济内循环将成为国家未来发展的主要动力，工艺美术应利用自身优势对行业起到引领作用。

会后，组织参加会议的全体代表观看由山西艺术职业学院为庆祝建党100周年而创排的话剧《太行》。

（撰稿人：陈　敬）

中国科普作家协会

服务创新型国家和社会建设 2021年，协会参与《中国科幻发展年鉴2021》《中国科幻发展报告（2015—2020）》《北京科幻产业发展研究》的组织编写与成果发布，这些研究成果记录特定时段内中国科幻发展基本风貌，阐述科幻成果亮点与活力、现存问题与未来展望等，为领域学科积累史料，为政府相关决策部门制定科幻产业发展战略提供借鉴，为科幻企业的市场决策提供参考，为下一步科幻产业的布局提供经验。

围绕中国水利水电科学研究院的迫切需求，完成中共中央宣传部主题出版物《水利民生》科普化写作任务。

启动第七届中国科普作家协会优秀科普作品奖评选活动，承担国家科技奖励改革试点工作。

学会建设 协会坚持党对协会学术工作的全面领导，按照协会“三重一大”议事规则，严格执行理事会党委前置审议工作程序，2021年共召开理事会党委会议20次。在10月17日召开的八届二次理事会议上，审议并通过《中国科普作家协会2021年工作总结及

2022 年工作重点》。

2021 年，完成协会下辖分支机构体系的重构优化工作，在秘书处协助下完成协会换届后 29 个分支机构的更新注册。

鼓励各专业委员会参与服务协会建设发展，创新协会工作载体。各专业委员会搭建交流平台，开展线上线下交流以及扶贫演讲、捐赠图书、知识扶贫等工作，在服务科普创作大局方面逐步形成互联互通联动的工作格局。

主办期刊 《科普创作评论》由《科普创作》变更后正式开始出刊，全年共出版 4 期，收录稿件 54 篇。重新组建编委会并召开编委会第一次会议，探讨期刊发展方向。举办 3 期学术沙龙并约稿，此外，编辑部还策划有关科学家精神、机器人人文等方面的热点选题。

学科发展工程 协会参与创办中国科幻研究中心《世界科幻动态》（内刊）。此刊旨在促进科幻国际交流，关注世界科幻历史和发展现状，为中国科幻行业发展提供参照与借鉴。引进《翻译出版科学传播指南》等部分图书。

国内主要学术会议 10 月 16—17 日，由协会主办、中科大数据研究院承办的 2021 中国科普创作大会暨中国科普作家协会年会在河南省郑州市召开。此次大会得到中国科协科学技术普及部、河南省科协等单位的支持。大会主题为“打造科普精品，赋能创新发展”。线下近 500 人参加会议，70 万余人次通过线上直播方式观看会议。中国科协专职副主席、书记处书记孟庆海，全国政协委员、河南省政协副主席高体健出席开幕式并致辞。中国科学院院士周忠和、潘永信、陈孝平、管晓宏出席大会并作报告。会议设置大会主旨报告、10 个线下专题分论坛。同期举办第八届全国中学生科普科幻作文大赛河南站启动仪式。年会期间，中国科普作家协会召开理事会党委扩大会暨八届二次理事会议，展出优秀科普图书、科普期刊、科学写作书籍等。

科普活动 构筑多层次、高品质学术交流平台，提升服务科技工作者能力。

举办“繁荣科普创作　助力创新发展”系列沙龙活动。2021 年度系列沙龙通过线上线下相结合的方式举办 17 期共计 25 场，活动参与人员逾 5000 人次，线上传播量近 5 万余次；主题涵盖元科普、科普科幻创作、科学教育、编辑出版、科学文化与科普创作交融等，围绕当前社会关注的科技科普热点汇聚智力、提供对策，为激发不同领域科普作者的创作灵感提供新动能。

举办中国科幻研究中心系列沙龙。2021 年，协会联合中国科幻研究中心分别在北京、上海市、四川省成都市等地以线上线下相结合的方式举办沙龙活动 15 场。沙龙围绕“中国科幻的海外传播力”“科影融合发展规律和模式”“国内高校科幻影视人才培养体系建设”“区域科幻产业特色化发展”“中国科幻 IP 开发模式”“青少年想象力的开拓”“科幻作品创作传播”等主题开展跨地域、跨学科的研讨交流，为繁荣科幻创作、孵化科幻产业周边、服务科幻读者作出积极尝试。

2021 年，协会联合中国科普研究所、上海市科学技术协会继续主办“加强作品评论　繁荣科普原创——科普名家名作研讨会”。来自北京和上海市两地的科普界专家、权威人士 50 余人到现场参加会议，会议就“元科普”和科学文化、科学精神展开讨论，同时形成专题研究报告。

2021 年，协会举办科学阅读活动 10 期，为科普科幻创作者分享创作经验、和读者近距离交流搭建平台。活动邀请 12 位科普科幻专家主讲，全平台累计观看直播人次超过 400 万。该活动得到北京大学、清华大学等高校学生科幻协会，中国科学技术出版社（暨科学普及出版社）、中信出版社等出版机构，以及成都八光分文化传播有限公司等企业单位的大力支持，《中国青年报》《科技日报》《中国科学报》《中国教育报》、光明网、新华网、中国日报网等 30 余家媒体平台宣传推广。

协会开展“科普科幻青年之星计划”，扶持助力科普创作新生力量。从所征集到的近 400 部作品中遴选出 30 部优秀作品。经推荐，3 篇文章在《中国青年报》《科学故事会》上发表，《科普时报》2022 年开设专栏陆续发表。4 部科幻短视频在新华网等主流平台传播，累计浏览量近 400 万，其中 1 部作品入围第三届蓝星球科幻电影周主竞赛单元 12 强，并摘得最佳科幻动画、最佳科幻编剧两项大奖。

2021 年，协会以《科学故事会》为抓手，打造面向小学高年级和初中学生的科学阅读、写作、培训和活动的青少年科学阅读与写作平台。特邀科普科幻教育领域教师组成讲师团，开设 8 期科学阅读系列云讲座，累计获得 220 万点赞量；开展科普科幻作家进基层校园活动，以开办讲座、赠送《科学故事会》、基层党组织结对共建等方式推进优质科普资源进校园、沉基层，服务农村重点人群科学素养提升，助力乡村文化振兴国家战略。

表彰举荐优秀科技工作者 协会组织推荐会员及其作品参与全国优秀科普作品、茅盾文学新人奖、全国优秀儿童文学奖、2021 年“最美科技工作者”、“典赞·2021 科普中国”年度科普人物，以及中国作协 2021 年度定点深入生活、2021 年中国作家协会重点作品扶持项目等申报。

党建强会 推进党史学习教育，为科普创作事业提供政治保障。开展“学党史、知党情、跟党走——博物馆里悟初心”专题学习，全年共开展活动 10 场，形成学习心得 30 余篇。组织党史百年·中央苏区科普史调研暨党史学习教育专题活动，依托中国科协科技社团党委“2021 党建强会”项目，开展中央苏区科普史专题研讨、现场调研等系列活动，形成《中国科普作家协会秘书处党支部党史学习教育专题活动成果报告》。通过活动，与江西省科协、瑞金市科协等建立密切联系。该项工作总结作为典型案例，被中国科协科技社团党委收集入库。全国科普日期间，在由中国科协主办、中国科普研究所承办的“百年韶华　科普为民——中国共产党领导下的百年科普展”组织实施过程中提供素材、人员等方面的协助与服务。

积极响应“我为群众办实事”，助力优质科普资源向基层延伸。采用多种形式推进优质科普资源进校园、沉基层，服务农村重点人群，提升其科学素养，助力乡村文化振兴国家战略。6 月，在新疆维吾尔自治区喀什地区莎车县开展的活动中，1500 余名乡村师生、文学爱好者、村民等聆听作家们的演讲。该活动受到当地民众积极评价，有效补充和缓解了农村科普科幻教育资源的短缺，引导农村青少年培养科学思维。“七一”前，中国科普作家协会党支部与瑞金市金都小学基层党组织在瑞金市金都小学举办结对共建活动，协会党支部与瑞金市金都小学党支部代表签署党组织结对共建协议书，发挥科技社团组织在乡村振兴统筹推进工作中的重要作用。为更好服务红色故土瑞金市的公民科学素养提升，协会向结对共建单位瑞金市金都小学党支部捐赠科普图书、期刊共计 400 余册。

会员服务 2021 年，协会发展以中青年科技人员为主的全国会员 180 人，会员总数达 4850 余人。共推荐 11 名会员申请进入中国作家协会，其中 4 人获批。

依托信息化手段提高服务会员水平。2021 年，协会官方网站共发布文章 357 篇，访问量 20 万余人次；官方微博共推送文章 389 篇，浏览量 180 万；官方微信公众号共发文 283 篇，总阅读量 31 万人次。新增设新华网公众号平台，累计发文 115 篇，总阅读量 1547.9 万人次。科普中国平台推文 38 篇，累计阅读量 7.6 万人次。

【2021 中国科普创作大会暨中国科普作家协会年会】 10 月 16—17 日，2021 中国科普创作大会暨中国科普作家协会年会在河南省郑州市召开。会议设置开幕式、主旨报告、专题分论坛、对谈、展览展示等多项学术交流和活动。共有来自全国各地科普作协、高等院校、科研院所、教育机构、出版单位的专家、学者、作家代表等近 500 人参加现场会议。协会理事长、中国科学院院士、中国科学院古脊椎动物与古人类研究所研究员周忠和主持开幕式。中国科学院院士、华中科技大学同济医学院附属同济医院教授陈孝平，中国科学院院士、中国科学院地质与地球物理研究所研究员潘永信，中国科学院院士、西安交通大学教授管晓宏，中国科普研究所所长、协会党委书记、常务副理事长王挺分别以《让医学归于大众，用科普护佑民生》《火星宜居性：科学问题与研究进展》《艺术与科学的交汇促进科技创新和科学普及》《新纲要、新素质、新科普》为题作主旨报告。

【2021 年度科学传播专家团队高级研修班】 7 月 15 日，由中国科协科学技术普及部主办、协会承办的 2021 年度科学传播专家团队高级研修班在北京举办。研修班以“面向‘十四五’的科学传播能力提升”为主题，强调科普理论与实践相结合，邀请协会党委书记、中国科普研究所所长王挺，《航空知识》主编、中国航空学会科普工作委员会委员王亚男，星球研究所创始人耿华军，妈咪说科普创作人周哲，哔哩哔哩知识运营组高级运营金庄维作主题报告。来自全国的近 70 位首席科学传播专家、团队成员和协会科普工作者参加现场活动，线上点击量超过 80 万人次。研修班由中国科普研究所副研究员王大鹏主持。

【百年韶华　科普为民——中国共产党领导下的百年科普展】 9 月 10 日，由中国科协主办、中国科普研究所承办、协会协办的百年韶华　科普为民——中国共产党领导下的百年科普展主题展览启动仪式在北京举办。中国科协党组书记、分管日常工作副主席、书记处第一书记张玉卓，中国科协专职副主席、书记处书记孟庆海，中国科协党组成员、书记处书记、中国科技馆馆长殷皓及相关单位负责人出席活动。中国科普研究所所长、研究员，协会党委书记王挺对展览作讲解。

（撰稿人：李姗姗）

中国自然科学博物馆学会

服务创新型国家和社会建设 2021 年，学会受中国科协科学技术普及部委托，组织开展 2020 年度全国科技馆免费开放工作总结，共收集 267 家科技馆上报的有关数据和材料，经整理分析，撰写完成《2020 年度全国科技馆免费开放工作统计报告》；对实施免费开放的科技馆基本情况、运行情况、财政经费使用情况以及问题与困难四个方面做指标性分析，不仅涉及场馆运行、教育活动开展等宏观指标，也囊括服务质量、管理体制等个性化细节，为此项工作的研究和政策制定提供支撑。

7 月，在山西省举办科普场馆教育人员职业能力提升与发展培训班，来自全国各地的 70 余家科技馆、博物馆以及会员单位的 300 余名场馆管理层代表、一线骨干教育人员参加。培训紧扣主题，设置理论授课、经验交流、案例分析、现场观摩等多种形式的教学内容。

学会建设 2021 年，学会在支持各会员单位持续做好新冠肺炎疫情防控的同时，继续推进会员结构、办事机构、治理机构和管理方式的改革并取得良好成效。全年组织召开理事长办公（扩大）会议 8 次、常务理事会议 2 次；完成新会员入会单位 50 家，发展个人会员 74 人；完成学会年检工作；完成税费缴纳、汇算清缴、财税审计等财务工作。

主办期刊 2021 年，《自然科学博物馆研究》按期完成 6 期的编辑出版发行，刊登论文 63 篇。微信公众号全年共发布 48 期，完成图文稿编辑 128 篇。关注用户数量累计达 9181 人（相比 2020 年的 6661 人增加 38%）。

2021 年，《大自然》收稿 133 篇，刊发 96 篇。按时完成 6 期出版发行；全年共印刷 6 万册，发行 58844 册，销售 43542 册。

国际学术会议 12 月 3 日，由学会主办的 2021“一带一路”科普场馆发展国际研讨会在北京召开。会议围绕“迈向韧性与包容的复苏：共建科普场馆的美好未来”主题，设置 2 个主旨报告和 5 个专题论坛，共同探讨在当前全球疫情的大背景下，“一带一路”科普场馆如何发挥自身独特优势，通过彼此之间资源共享与合作互鉴，共同实现更高质量的复苏。来自 20 个国家的 113 家科普场馆或机构组织的 261 名专家、学者分别以线上和线下的形式参加会议。开幕式直播观众达 23.3 万人次，会议召开期间直播观众累计约 41 万人次，中央电视台、新华网、光明网等媒体进行持续报道。首次推出云上展览，面向“一带一路”国家征集到 31 所场馆的 94 件作品，相关科普资源于 12 月 1—31 日在 BRISMIS 网站进行展示和分享。

国内主要学术会议 9 月 27—28 日，中国自然科学博物馆学会 2021 年年会在天津市召开。年会聚焦“创新与融合——建设中国特色的科普场馆”主题，重点围绕科技与文化融合、创新精神、生态文明建设设置 3 个分主题，开展多场学术交流，包括 2 场主旨报告、1 场高端对话、3 场平行会议、4 场学术沙龙、7 个分支机构工作会议以及参观调研国家海洋博物馆。来自全国自然科学博物馆领域的馆长、专家、学者、一线代表、企业代表等 400 余人参加会议，在学术分享、工作交流、合作发展等方面进行探讨。

国际组织任职 学会会员、中国科学技术馆副馆长庞晓东，学会会员、中国科学技术馆科研管理部主任赵洋担任亚太科技中心协会执委；学会会员、北京天文馆研究员朱进担任国际天文馆学会董事会董事、学会常务理事；北京天文馆馆长王晓峰担任 IPS 中国区代表；学会会员、北京天文馆副馆长齐锐担任国际天文学联合会天文教育办公室中国中心主任等。

国际交往 学会通过邮件与联合国教科文组织以及多个“一带一路”沿线国家科普场馆保持联络：活跃网络平台，分享国内优质科普资源；巩固前两届 BRISMIS 会议成果，依托 BRISMIS 官网采编最新“一带一路”合作政策和场馆动态；汇集会员场馆科普力量，发挥中国科学技术馆资源优势，将数字科技馆中的多个优质视频资源进行内容整理和语言编译后进行分享，打造科普资源互惠共享平台。

应联合国教科文组织邀请，学会积极参与《多功能科学中心和科学博物馆建设指南》编制指导委员会工作。学会理事长程东红作为唯一一个国别组织代表，受邀为顾问指导委员会成员；学会外事工作委员会（中国科学技术馆）牵头组建专项工作团队，对

《多功能科学中心和科学博物馆建设指南》大纲进行研究，并对各章节提出 13 条修改意见和建议；上海科技馆受邀作为编写组成员之一。

科普活动 12 月 9 日，由中国载人航天工程办公室联合中国科协、教育部、科技部、中央广播电视总台共同开展的中国空间站的首个太空科教品牌——“天宫课堂”地面主课堂在中国科学技术馆举办。神舟十三号航天员翟志刚、王亚平、叶光富在中国空间站进行太空授课。此次活动采取天地互动方式进行，在中国科学技术馆（中国空间站科创体验基地）设置地面主课堂，在广西科技馆、汶川第一小学（科普大篷车进校园）、香港培侨书院、澳门科学馆分别设置 4 个分会场，共有 1420 名中小学生参加。活动通过中央电视台、中央人民广播电台、中国国际广播电台、央视新闻新媒体等平台向全球直播。现场有《人民日报》《光明日报》《中国日报》《北京日报》、新华社、学习强国等 18 家主流媒体参与报道。为充分发挥科技馆体系联动效应和科学家精神教育基地的平台优势，学会科技馆专业委员会主任单位中国科学技术馆动员全国科技馆体系的 28 个省（自治区、直辖市）和新疆生产建设兵团的近 200 所实体科技馆、193 个流动科技馆站点、124 辆科普大篷车、850 所农村中学科技馆收看直播并开展航天特色科普活动，受众超过 57 万人次。

党建强会 1 月 18 日，召开中国自然科学博物馆学会党委（扩大）会议暨七届十六次理事长办公（扩大）会议。学会党委书记程东红就党的十九届五中全会精神学习体会发言，党委委员欧建成、李春冀、王小明、黄克力分别作专题发言。会议通过并发布《中国自然科学博物馆学会党委学习贯彻落实党的十九届五中全会精神的决议》。

6 月 2 日，组织召开学会党委会议，专题学习习近平总书记在中国科学院第二十次院士大会、中国工程院第十五次院士大会、中国科协第十次全国代表大会上的重要讲话精神和中国科协第十次全国代表大会精神，并于会后起草、下发《中国自然科学博物馆学会党委、常务理事会关于学习贯彻中国科协第十次全国代表大会精神的通知》。

9 月 26 日，召开学会党委扩大会议，专题学习习近平总书记“七一”重要讲话精神；10 月 22 日，组织开展“探寻铁路百年发展　砥砺初心奋进前行”庆祝建党百年主题党日活动，学会党委领导及秘书处全体人员赴青龙桥站、八达岭长城站以及詹天佑纪念馆追寻先辈足迹、回望峥嵘历史，推动党史学习教育走深走实。

会员服务 针对学会入会流程较复杂、周期较长等问题，在前期调研的基础上研讨确定会员入会改革方案，通过采取多元化入会申请提交方式、优化审批形式、开辟单位会员入会绿色通道等措施，简化会员入会工作流程，提升服务会员能力。

【2021“一带一路”科普场馆发展国际研讨会暨 2021 世界公众科学素质促进大会专题论坛】 12 月 1 日，2021“一带一路”科普场馆发展国际研讨会暨 2021 世界公众科学素质促进大会专题论坛在北京开幕。此次会议由学会主办，中国科学技术馆承办，国际博物馆协会科技博物馆专业委员会支持，中国科协创新战略研究院、北京自然博物馆、北京天文馆、上海科技馆、中国科普研究所协办。

学会理事长程东红，中国科协党组成员、书记处书记兼中国科学技术馆馆长殷皓，国际博物馆协会副主席、中国博物馆协会副理事长安来顺，国际博物馆协会科技博物馆专业委员会主席、摩洛哥电信博物馆馆长艾奇·切尔基·达马利（Ech-Cherki Dahmali）出席开幕式。开幕式由学会副理事长兼秘书长、中国科学技术馆副馆长欧建成主持。

程东红代表会议主办方致开幕词。她表示，此次会议围绕在疫情大流行下如何提高应对和复原能力，邀请科普场馆共同面对和研讨。新冠肺炎疫情加剧科普服务可及性在全球范围内的不均衡状态，呼吁科普场馆工作者为消除数字鸿沟、促进所有人平等地享受科学文化公共服务而努力。

艾奇·切尔基·达马利在线上致辞。他指出，全球疫情肆虐使我们看到：人类是休戚与共的命运共同体，必须团结合作、共同应对。国际博物馆协会科技博物馆专业委员会作为博物馆和科学中心的国际学术组织，致力于促进博物馆和科学中心创新和可持续发展。

殷皓在致辞中强调，BRISMIS 平台推动科普场馆间国际化、综合型、高层次的务实合作。面对新冠肺炎疫情，中国科学技术馆积极开展国际交流合作，向国外科普场馆和国际组织介绍中国科学技术馆抗击疫情和应急科普的经验和实践。中国科学技术馆将秉持开放协同理念，携手“一带一路”科普场馆共创美好未来。

安来顺作题为《COVID-19 影响背景下博物馆的数字化服务——ICOM 的三次全球性调查与分析》的主旨报告，围绕数字化服务水平对博物馆克服疫情影响的重要性，提出两年来博物馆数字技术应用呈现阶段性的特征，从参与公众精神慰藉行动到成熟度和可持续性的关注，再到“新常态”的各种探索，阐述博物馆业界在数字技术方面更趋理性和务实的创新实践。泰国国家科技馆馆长拉温·拉维翁斯作题为《科学合作是人类繁荣的引擎》的主旨报告，指出环境和技术的快速变化扰动人们当今的生活方式，为了使青年人能够适应这些挑战，需要社会各界合作建立一个联盟网络。

12 月 3—15 日，大会设置 5 场线上专题论坛，专题论坛由各协办单位组织并主持召开。

（撰稿人：陈　春）

中国可持续发展研究会

服务创新型国家和社会建设　研究会积极响应中国碳达峰碳中和重大决策部署，增设碳中和专业委员会，旨在围绕国家需求，发挥创新研究力量和高层次专家作用，研究新形势下实现碳达峰目标和碳中和愿景的路径和策略，为相关决策提供新观察、新思路和新方法；开展技术服务和能力建设，为中国实现碳达峰目标以及碳中和愿景贡献力量。积极响应中国“海洋强国”战略，增设海洋资源技术与装备专业委员会，旨在围绕国家需求，与业内相关单位密切合作，开展海洋科普与专业培训、国际项目合作与人才交流等，为中国海洋资源开发技术创新发展提供智力支撑和国际化平台。

研究会安排理事和专家支持主管部门和委托管理单位组织的创新示范区年度报告、评估报告以及《碳中和技术发展路线图》等研究工作；支持地方政府编制可持续发展规划和建设方案，积极参与山西省太原市、广西壮族自治区桂林市、广东省深圳市、湖南省郴州市、河北省承德市、云南省临沧市等创新示范区的建设工作，为各地依靠科技创新破解生态破坏、水体和大气污染等可持续发展问题和培育生态旅游、文化康养等绿色产业提供咨询服务和智力支持。

研究会秘书处和分支机构参与多项课题研究，支持地方可持续发展案例研究和范式总结，编撰专著和专题报告，传播可持续发展理念；组织分支机构开展调研、科考、访谈和培训，总结、宣传可持续发展好经验。

10 月 9 日，落实《2030 年可持续发展议程》中国行动之 2021“发现承德之美”探访活动启动仪式在北京举办。此次活动旨在践行国家可持续发展战略，以“全球视野、中国故事、地方实践（经验）”为核心，发掘地方在践行可持续发展中的实践经验。活动通过实地调研系统总结承德成就经验，为全球可持续发展贡献承德力量。活动由承德市建设国家可持续发展议程创新示范区工作领导小组办公室、经济参考报社 、国家住宅与居住环境工程技术研究中心主办，承德市科技局以及中国可持续发展研究会创新与绿色发展专业委员会、人居环境专业委员会、水问题专业委员会共同承办。

研究会绿色经典读书会联合中国二十一世纪议程管理中心开展系列读书活动。10 月 31 日，在第二十六届联合国气候变化大会（COP26）开幕前举办以“中国国家自主贡献情况介绍及分析”为主题的第六十二期读书活动。此次读书活动正式开启绿色经典读书会“COP 26 模式”。11 月 14 日，举办第六十四期读书活动，围绕《联合国气候变化框架公约》第二十六次缔约方大会达成的决议文件等系列成果展开研讨。

学会建设　2021 年，研究会在民政部第四次全国先进社会组织评选表彰活动中获得“全国先进社会组织”称号。

召开理事会议，讨论通过《中国可持续发展研究会工作人员奖励实施办法》和《中国可持续发展研究会职称评审办法》；增设碳中和专业委员会和海洋资源技术与装备专业委员会。

主办期刊　根据中国知网统计，研究会会刊《中国人口·资源与环境》（中文版）影响因子从 2019 年的 6.010 上升到 2020 年的 7.085，增加 18%，在环境科学技术、经济计划与管理两个学科继续排名第一；《中国人口·资源与环境》（英文版）国际影响力上一个新台阶，在 Scopus 数据库中，2020 年引用分数为 2.7，比 2019 年的 1.9 提高 47%。

国内主要学术会议　12 月 16 日，由世界自然基金会（瑞士）北京代表处支持、中国可持续发展研究会主办、北京师范大学中国绿色发展协同创新中心协办的 2060 碳中和背景下的中国低碳城市创新发展论坛在北京召开。论坛由研究会气候变化工作委员会主任委员张九天、可持续发展实验示范工作委员会主任委员孙新章、气候变化工作委员会副主任委员张贤以及世界自然基金会（瑞士）北京代表处能源转型项目主任王伟康分别主持。50余人参加论坛。此次论坛促进政府界、学术界、企业界、国际组织以及国家可持续发展议程创新示范区多方对话和交流，从地方行动、气候投融资、政策形势、科技需求等多个角度，在工业、能源、交通及建筑等多个领域，对推动碳中和目标下城市低碳绿色发展提出新理念、新认识、新路径和新举措，为加强各方面合作奠定基础。

国际组织任职 研究会常务理事吕永龙被联合国秘书长任命为“可持续发展目标技术促进机制10人组”成员，10人专家组的使命是与联合国科学技术创新促进可持续发展目标跨机构任务组、科学技术创新促进可持续发展目标多利益攸关方协作论坛以及网上平台密切合作，服务技术促进机制，支持可持续发展目标的实现。

国际交往 研究会支持在英国格拉斯哥举办的第二十六届联合国气候变化大会、联合国技术机制相关会议等国际活动，积极开展可持续发展相关领域的国际交流与合作。

党建强会 研究会坚持党建引领，2021年先后组织召开两次党建工作会议，理事会领导班子分别对研究会党建工作进行部署和总结。在科技部机关党委部署下，研究会参加科技部党史学习教育动员大会、党史学习教育工作推进会等系列建党百年学习活动；参加中国科学技术发展战略研究院党委组织的中国人民革命军事博物馆“铭记伟大胜利　捍卫和平正义——纪念中国人民志愿军抗美援朝出国作战70周年主题展览”、中国21世纪议程管理中心组织的中国共产党早期北京革命活动旧址——陶然亭慈悲庵红色教育基地等党建活动；积极收看收听中国科协组织的党史学习教育动员会等系列党建活动；专门组织收看庆祝中国共产党成立100周年大会直播，参观香山革命纪念馆、中国共产党历史展览馆等红色教育活动；研究会秘书处党员及全体员工自觉开展研读党建书籍，践行建党百年党史学习教育，主动购买《论中国共产党历史》《习近平的七年知青岁月》《习近平讲故事》等学习材料，交流心得体会；组织观看《觉醒时代》《八佰》《革命者》等爱国主义教育影片。

（撰稿人：张　阳）

中国青少年科技辅导员协会

服务创新型国家和社会建设 2021年，协会面向基层及农村地区组织开展8场科技辅导员示范性线下培训，共培训基层骨干科技辅导员1625人。针对新疆维吾尔自治区的需求，把新疆科技辅导员专项培训地点设在上海市，组织上海科技教育专家和一线教师通过专家讲座、互动座谈、科技工作坊及实地参观等形式对新疆科技辅导员进行指导。协会主办的“科技辅导员在线学习中心”新增9期慕课、21门微课，全年64526人次报名参加在线学习，取得线上培训证书13791张。

协会理事长武向平在全国政协会议上提出《关于加强中小学科学教师队伍建设的提案》，并在《人民日报》发表文章《提升科学教育水平》，呼吁重视科学教育，加强科技教师培训工作。协会常务副理事长辛兵结合工作深入江苏省、江西省、四川省、湖北省等地开展调研，召开科技辅导员座谈会，了解科技辅导员需求，积极推动科技教师培训工作。

7月27—31日，协会主办的“众心向党　匠心育人”中小学校长科技教育研修活动在“中国天眼”科普基地举办。来自全国22个省（自治区、直辖市）的近50名中小学校长参加研修活动。

12月9日，由协会主办的2021高级科技辅导员交流研修活动在新华网直播间举办，活动全程共有62.6万人次观看直播。此次活动为2020—2021年度高级辅导员代表颁发荣誉证书。6位高级科技辅导员代表围绕师德修养与专业情感、理论水平与科技素养、业务水平与实践能力等方面进行发言，130多名高级科技辅导员参加活动并进行在线交流和研讨。

学会建设 2021年，协会召开理事会党委会议3次、理事会议1次、常务理事会议2次。全年新增个人会员1451人、单位会员37家；截至2021年年底，协会会员管理系统登记在册的个人会员10403人、单位会员627家。新成立物理教育与普及专业委员会，已成立分支机构10个，其中工作委员会4个、专业委员会6个。

制订《中国青少年科技辅导员协会议事决策规则》，修订完善《财务管理办法》《分支机构管理办法》《差旅费管理办法》《培训组织管理办法》《聘用人员管理办法》。进一步加强协会网络信息安全管理和防护，开展网站等级保护工作。

2021 年，协会在全国范围内开展高级科技辅导员认证工作，修订完善认证评审规则。新增吉林省、浙江省、宁夏回族自治区、新疆维吾尔自治区、山东省、贵州省、云南省等省级协会为初中级认证机构，组织开展本地区初中级认证工作。委托华中师范大学、天津师范大学等培训基地开展跨省认证，首次实现初中级认证的组织工作在全国范围内全覆盖。2021 年度，全国共有 2816 名科技辅导员报名参加初、中、高级专业水平认证，其中，1471 名科技辅导员取得初级资格、578 名科技辅导员取得中级资格、23 名科技辅导员取得高级资格。

主办期刊 协会主办的《中国科技教育》杂志为科技辅导员、科技教师、科技教育工作者提供前沿科技教育理论和优质科技教育资源，与美国科学教育协会主办的《科学与儿童》《科学视野》《科学教师》杂志共享内容。该杂志固定设置“全民科学素质行动”和与“一带一路”相关的科技教育栏目，得到业界和科技辅导员的好评。2021 年，发行 57600 册，共发表文章 378 篇。《中国科技教育》杂志社微信公众号每周 5 天按时推送，订阅人数 24744 人，全年发表原创文章 466 篇。重新组建编委会，规范编辑和出版流程，修订完善《稿酬支付办法》《期刊出版工作流程》《杂志社规章制度汇编》；制订《稿件三审三校制度》。

国际学术会议 12 月 1 日，由中国科协主办，中国科协青少年科技中心、协会共同承办的 2021 世界公众科学素质促进大会——青少年科技创新后备人才培养国际论坛在北京以线上线下相结合的方式举办。来自 7 个国家的专家、学者围绕“青少年科技创新后备人才培养”作主旨报告与经验分享，共同探讨交流青少年科技创新后备人才培养的经验和做法，促进培养经验交流互鉴，推动建立国际青少年科技创新后备人才合作培养机制和平台，300 余人通过线上参加会议。

国内主要学术会议 7 月 26 日，由中国科协青少年科技中心、中国青少年科技辅导员协会和山东省科学技术协会共同主办的 2021 年中国人工智能普及教育发展论坛在山东省烟台市举办。论坛主题为“智能时代 智创未来”，近万名教师通过线上线下观看。与会专家围绕提升人工智能科普工作者的信息素养、专业化水平和创新能力，搭建跨界融合、共商共建、共创共享的青少年人工智能科普资源开放平台，促进人工智能科普活动在全社会的普及推广等话题进行分享交流。

12 月 9—11 日，2021 中国青少年科技辅导员协会年会在北京召开，主题为“科创有我　筑梦未来”。年会以线上线下相结合，分别以北京、江苏省南京市作为主分会场联动的方式开展。在开幕式上面向全国青少年科技教育工作者正式发出“科创筑梦”科普行动倡议书。会议分为主旨报告、专题论坛、科技教师工作坊等 16 场活动，通过新华网直播吸引 873.5 人次在线观看。

12 月 18—19 日，由西京学院联合协会科学传播工作委员会、科普研学专业委员会主办的 2021 首届文化遗产与科学、艺术高峰论坛在陕西省西安市以线上线下相结合的方式举办。论坛通过新华网和蔻享学术全程直播。此次论坛共收到 50 多篇论文，组委会遴选 4 个议题的 15 篇论文作大会报告。

12 月 25—26 日，由中国青少年科技辅导员协会、中国科技新闻学会、河南省科学技术协会、安阳市人民政府共同主办的第四届中国科普研学大会在线上召开。大会邀请近百名来自科技、科普、文化、教育领域的专家、学者参加。大会包括开幕式、主论坛、4 个分论坛和 1 个圆桌峰会。会议开幕式和主论坛通过主流新媒体平台同步直播，近百万人次在线观看。

科普活动 3 月 18 日，“红心向党　匠心育人”——庆祝建党百年红色主题系列模型教育竞赛启动仪式在浙江省嘉兴市南湖举办。此次竞赛由国家体育总局航空无线电模型运动管理中心、中国航海模型运动协会、中国车辆模型运动协会及协会联合主办。

4 月 23 日，由协会与中国科协青少年科技中心、中国宇航学会和南京航空航天大学联合主办的全国青少年航天科普教育论坛暨校长论坛在江苏省南京市召开。此次论坛是 2021 年中国航天大会的教育专题论坛，以“新起点、新征程、新愿景”为主题，来自各省科协及教育主管部门、高等院校、各地中小学的代表 300 余人参加活动。

6 月 10 日，由中国科协青少年科技中心、中国青少年科技辅导员协会主办的“沿着奋斗百年路　激发科学好奇心”科技教育活动乡村行首发式在江西省瑞金市举办。来自瑞金第一中学、瑞金红井小学的 300 多名师生参加首发式活动。此次活动携手中国公众素质促进联合体成员单位，以线上线下相结合的方式深入触达红军长征沿线 11 个省、自治区，把科教资源送进“百县千校”。此次活动通过多个平台同步直播，共有2万余人次参与。

6月18—19日，由协会主办的“科教活动闽南行”在福建省漳州市东山县举办。活动围绕中国科协“众心向党、自立自强”主题实践活动要求，组织科技教育专家走进闽南地区开展科技教育志愿服务活动。活动期间，举办漳州市青少年科技辅导员培训班，来自漳州市各区县的90名骨干科技教师参加培训。

6月19日，由中国科协青少年科技中心、高通公司、协会共同主办，中国女科技工作者协会支持的“她·未来”西部女童科技教育活动走进甘肃省陇南市礼县第一中学，通过科普讲座、红色诵读、学生与女科学家面对面交流、互动科学课等形式，带领在校女生体验一场传承红色基因、弘扬科学精神的科普互动体验之旅。除线下活动外，活动还邀请6位女科技工作者录制聆听“她说”系列视频，启迪女童科学梦想；面向52个贫困县的女童广泛征集“我最敬爱的女科学家”短视频，鼓励学生表达自己的科学志向。

10月22—24日，中国科协青少年科技中心、中国青少年科技辅导员协会共同举办第十届中国（芜湖）科博会“青少年科学教育发展论坛”，200多名专家、学者、中小学校长、科技教师和科技辅导员参加论坛活动。

党建强会　协会将党建和业务相融合，利用协会官网、微信公众号推送党和国家、中国科协的政策文件，开设“学习党的历史、践行初心使命”专栏。协会党委书记辛兵多次线上线下为协会党员干部、离退休老党员、广大科技辅导员讲党课，围绕党的方针政策和党史学习教育进行领学。协会监事长李晓亮深入湖南省、福建省、四川省、山西省、贵州省等地，为当地辅导员作党史学习教育专题报告。《中国科技教育》杂志以“红心向党、匠心育人”为主题设置专栏，深入报道一线优秀科技辅导员和校长事迹。

2021年，协会审议通过《中国青少年科技辅导员协会党委工作规则》，明确党委工作的职责和机制。严格履行党委前置审议理事会决定重大事项程序，对各项重要决策和重大事项进行前置审议。推动协会党组织三层体系建设，起草制订《中国青少年科技辅导员协会分支机构党小组工作规则》，加强对办事机构党组织的工作指导。指导推动机器人普及教育、科普研学、科学教师教育等专业委员会成立党小组，积极探索分支机构党小组开展党建活动的形式和内容。

会员服务　搭建会员发展平台，丰富会员服务内容。为会员赠阅《中国科技教育》杂志3326册，为个人会员赠送1671本优质科教图书，组织会员优先参加各类主题培训和学术交流活动。

【2021中国青少年科技辅导员协会年会】　12月9—11日，由协会主办、江苏省青少年科技教育协会和江苏省青少年科技中心承办、新华网和《中国科技教育》杂志社协办的2021中国青少年科技辅导员协会年会在北京召开。年会采取线上线下相结合的方式举办，以“科创有我　筑梦未来”为主题，围绕“科创筑梦”平台发展，结合“双减”政策下教育发展新要求，举办16场活动。

开幕式上，协会理事长、中国科学院院士武向平分别为2020年和2021年获得高级科技辅导员专业认证的代表颁发证书。中国科协青少年科技中心副主任张振威为第一届全国科创项目式学习方案征集活动的一等奖获得者代表颁奖。中国科协青少年科技中心、协会共同向全国青少年科技教育工作者正式发出“科创筑梦”科普行动倡议。为响应倡议，双方根据先行先试原则，为首批“科创筑梦”示范推广单位——江苏省青少年科技中心、江苏省青少年科技教育协会和首个“科创筑梦”示范城市江苏省无锡市揭牌。

教育部教师工作司司长任友群和协会理事长、中国科学院院士武向平分别作《培育高素质专业化创新型的大国强师》和《一个科技工作者眼中的科普和科技教育》的主旨报告。29位专家在5个专题论坛上以报告和对话的形式探讨理论问题和实践层面上的挑战。在江苏省南京市为当地科技辅导员举办5场科技教师工作坊，200多位科技教育界的专家、中小学校长参加活动。为献礼建会40周年，年会特别举办线上中国青少年科技辅导员协会40周年展览。

【“众心向党　匠心育人”中小学校长科技教育研修活动】　7月27—31日，协会主办的“众心向党　匠心育人”中小学校长科技教育研修活动在“中国天眼”科普基地举办。来自全国22个省（自治区、直辖市）的近50名中小学校长参加研修活动。研修活动重点围绕大师讲座、科学家精神报告、基地实践、校长论坛、研讨交流等内容进行。校长论坛以主旨报告、经验分享、实践交流的形式组织开展。活动期间，近距离探访500米口径球面射电望远镜。此次活动是结合中国共产党成立100周年及中国科协加强“三长制”建设的总体部署和相关要求，首次组织开展的中小学校长科技教育研修活动，也是“为基层学校办实事、为科技教育工作者办实事”的积极探索和生动实践。

【2021 空间教育论坛】 11 月 20 日，由协会、国际和平联盟（太空）有限公司主办，北京师范大学附属实验中学承办的 2021 空间教育论坛在北京召开。此次论坛以线上线下相结合的方式举办，围绕“空间教育”主题，就深化空间科学与技术科普教育的路径和方法进行探讨。中央党校（国家行政学院）教授、中国西部人才开发基金会理事长丁文峰，中华少年儿童慈善救助基金会理事长兼秘书长王林，协会副理事长兼秘书长林利琴，协会副理事长、北京师范大学附属实验中学校长李晓辉，国际和平联盟（太空）有限公司执行主席、国际宇航科学院院士王天怡，国际和平联盟（太空）有限公司执行秘书长韩国华，北京翎客航天科技有限公司创始人兼首席执行官胡振宇出席论坛相关活动。

来自中国、美国、俄罗斯、法国等国的专家、学者围绕《受太空启发的教育——倡导创新，改善地球生活》《动手做自己的航天气球》《从兴趣到事业——一个火箭爱好者的成长》《新教育政策下的航天 STEAM 教育探索》《图卢兹太空城（Cité de l’espace）创新教育项目》《俄罗斯国家航天教育规划——对比分析》《灵感空间——吸引下一代》等主题发言。北京师范大学附属实验中学航模团队的学生展示无人机设计，并分享从无人机设计走向科研的成长故事。

论坛期间举办“写给航天人的一封信”征集活动。活动得到 23 个省（自治区、直辖市）的众多中小学生的积极响应，累计收到参赛作品 13040 件。丁文锋和林利琴分别为获得特等奖的学生代表和“科技特色学校”代表颁发杨利伟亲笔签名照片、证书及奖牌。

【第九届全国科学教育专业师范生教学技能创新大赛】 12 月 4 日，由协会主办，武汉城市职业学院、协会科学教师教育专业委员会承办的第九届全国科学教育专业师范生教学技能创新大赛决赛在湖北省武汉市举办。大赛以“寻找未来科学教育家”为主题，设小学组和初中组两个组别，共吸引全国 64 所高校的 645 名选手参加。经资格审查和初评，共评选出 245 名选手入围线上决赛。参加决赛的选手通过即兴演讲、模拟授课和答辩等多种方式展示自身专业水平和教学创新能力，经过多轮评审，共评选出一等奖 73 名、二等奖 88 名、三等奖 84 名、创新奖 4 名。

（撰稿人：于　波）

中国科教电影电视协会

服务创新型国家和社会建设　协会积极参与中国科协“科普中国”重大科普传播工程的有关影视类题材的科普工作。协会科普工作委员会主任受聘担任“科普中国”工程的审读专家，参与并把关有关栏目的审读工作，如中国科学院的“科普融创中国”、人民网的“乐享健康”、隆平高科信息技术（北京）有限公司的“智慧农民”、果壳网的“我是科学家”、腾讯公司的“全民爱科学”等，协会多名常务理事直接承担“科普中国”的内容创作工作。

2021 年，协会参加《中华人民共和国科普法》修订研讨工作，向人大提交提案，提案内容包括：加大科普经费投入、加大科普产业投资力度；坚持从娃娃抓起，设立青少年科教影视专项基金；服务乡村振兴，加强农村科普；搭建科普影视作品评奖平台，呼吁恢复“华表奖”“金鸡奖”的科教片评奖，“中国龙奖”“科蕾杯”要合法合规；发展科普队伍，每个单位设立科普岗位；对科学家、科技工作者开展科普与艺术培训等建议。在 2021 年全国两会期间，全国政协委员朱定真和全国人大代表郭建华、张全收、马豹子等对“关于恢复‘华表奖’科教片专业奖项”“关于把科教影视工作列入‘十四五’发展战略”“建立青少年科教影视专项基金”“建议国家有关部门认可‘科蕾杯’‘中国龙奖’”“科教片是乡村振兴的好帮手”等建议提出提案议案。

学会建设　截至 2021 年年底，协会有个人会员 1199 人、会员单位 236 个。

2021 年，学会召开理事会议 1 次、常务理事会议 2 次；新增设 2 个分支机构，成立教育委员会和组织工作委员会。

加强“三网一微”建设，搭建协会工作的平台与载体。2021 年，协会官网栏目进行升级调整，以提升用户浏览体验，年度点击率已突破 130 万次，累计发布各类报道 187 篇。

首次出品科普影视、科幻电影等重大题材作品，打造协会核心竞争力。一是与星际之城影业有限公司签署院线级科幻电影《星际之城：驻月》联合出品协议；二是与中国农业电影电视中心签署大型科普系列片《中国芯——芯片那些事儿》联合出品协议；三是与中国农业电影电视中心联合制作拍摄大型水利影像史诗电影《南水北调——蓝色飘带》。

主办期刊 协会主办的《摄影与摄像》从7月开始由万方网收录，进一步开发该杂志的经营和发展模式。《科技尚品》瞄准科技前沿和科学普及，重点为大学生和技术产业岗位的从业人员服务，提供学术交流平台。

《摄影与摄像》杂志社开设“故宫文物修复”专栏和“中国古建筑文化影像”板块。开拓文博系列宣传活动，以清华大学艺术博物馆推广美育的公益性宣传活动为案例，做到收纳优质资源、创立杂志品牌、推广品牌影响力的联动效果。利用已有资源开发新资源，专访多个行业有影响力的代表人物，通过收录、拍摄制作相应的短视频补充“摄像”内容。与《人民日报》达成战略合作模式。

国内主要学术会议 6月20日，由协会和中央音乐学院、首都文明工程基金会等联合主办的2021百年音乐发展主题论坛在北京开幕。此次会议分为三个专题，分别是“党史中的音乐经典”“党史中的中央音乐学院”“百年奋斗、百年发展——唱英雄”。开幕式上，协会党委书记兼秘书长季林致辞。中央音乐学院党委书记赵旻致辞并作《红色音乐的时代价值》主旨演讲。

9月27日，由协会和中国电影家协会农村工作委员会联合主办的“推广科教影视　助力乡村振兴”座谈会在河南省南阳市举办。座谈会邀请协会科教影视专家、中国科协科普专家、南阳市领导、河南地方科协领导、南阳农村基层干部和农民群众代表40余人参加座谈，共同探索如何创造出更多优秀的科教影视作品，深入实施乡村振兴战略，提升农民科学素质。

科普活动 2021年，协会举办科普活动11次，受众55万余人次。

6—9月，由中国科协青少年科技中心和中国青少年科技辅导员协会主办的第十二届全国青少年科学影像节是协会组织举办的第六届深圳（国际）科技影视周暨第十二届中国国际科教影视制作人年会的组成部分，协会积极参与第十二届全国青少年科学影像节的各项工作。本届活动共收到来自全国31个省（自治区、直辖市）及新疆生产建设兵团、香港特别行政区、澳门特别行政区的青少年作品3695部。参与活动的专家评委60余位，经过初审、复审、终评，评审产生入围作品约900项，其中优秀作品占入围作品的30%，约270项；最佳作品占优秀作品的10%，约30项。

6—11月，贯彻落实教育部、中共中央宣传部联合印发的《关于加强中小学影视教育的指导意见》，把青少年的科普教育和科教影视创作活动纳入协会工作的议事日程。聘请业内专家组成“茅庐书院”大师班，通过线上线下科普影视教育强化青少年思想道德建设，为科教影视行业培养后备力量。

9月，在全国科普日期间，作为2021中国农民丰收节第四届中国农民电影节的主办单位之一，积极落实乡村振兴战略实施，以科教和科普影视为支撑和抓手，遴选和推介一批适宜农民观看的科教影视作品，让科教片重回农村、助力乡村振兴。“科蕾杯”最新征集来自79家单位的285部作品，经过初审和终审，从征集作品中遴选出10部适宜农民观看的科教、科普影视作品，这10部作品来自中央广播电视总台科教频道、中央新闻纪录电影制片厂（集团）、中国农业电影电视中心、山东农业电影电视中心等7家单位，涉及农业技术、医疗健康、自然环境、科学探索等多种题材，获得社会广泛好评。

9月11日，在全国科普日到来之际，协会团体会员单位——天津静海区电影乐苑文化大院在天津市静海区组织开展“百年红色光影　奋进崭新征程”百场红色电影放映活动的首场电影放映。

作为协同单位，与中国雷锋精神研究会共同为几所“雷锋学校”授名挂牌，弘扬社会主义核心价值观，探索科教影视进校园的发展模式。

党建强会 2021年，协会召开党员大会20次、党课10次，组织主题党日17次、集中学习16次、组织生活会2次、谈心谈话9次、民主评议党员1次。

讲政治、讲学习、讲实效。严格落实“三会一课”制度，突出党史学习，结合协会工作特点开展全员学党史、讲党课活动，探索和创新具有科教影视协会特色的党建活动。

抗疫情、建制度、抓落实。按照上级单位部署和要求先后制订并出台疫情工作管理条例，探索出一条疫情突发状况下确保安全并保障协会工作正常开展的工作制度。

承接2021年“党建强会”计划，开展党建强会特色活动。组织录制“中国共产党的三大法宝”党建慕课，并在优秀科普影视作品共享平台、协会官网、抖音、快手等平台开展公益展播，累计点击量突破10万次。

会员服务 加强协会组织建设，发展新会员和合作单位。协会教育委员会牵头百余家高校加入协会团体会员。2021 年度，新发展个人会员 107 人；团体会员 161 个，其中院校 152 个、公司 9 个。

【科教影视·科幻产业·科普教育高峰论坛】 11 月 26 日，以“守正与创新，大势与顺应”为主题的科教影视·科幻产业·科普教育高峰论坛在北京召开。该论坛是第六届深圳（国际）科技影视周暨第十二届中国国际科教影视制作人年会活动之一。全国政协十三届常务委员、民族和宗教委员会主任王伟光，中国电影基金会理事长张丕民和中国科协相关单位的领导出席并致辞。深圳市科协党组书记、驻会副主席林祥，科幻作家刘慈欣等通过视频致辞。来自清华大学、中国传媒大学、中国科学技术大学等高校的学者，中国农业电影电视中心、北京大陆桥文化传媒股份有限公司、果壳网等科教科普影视作品制作传播机构的专家和多位跨界科幻电影编剧的科幻作家参加论坛，聚焦探讨智媒时代科教影视的创作与传播、科教影视美育、从科幻文学到影视产业等话题。

（撰稿人：刘 畅）

中国科学技术期刊编辑学会

服务创新型国家和社会建设 抓好继续教育，培训编辑人员，促进科技期刊编辑人才成长。2021 年，学会举办全国科技期刊编辑业务培训班和全国科技期刊数字出版业务培训班，采用线上授课的模式，每期培训 6 天，2 期培训学员共计 780 人。参加培训的人员均取得继续教育证书，并计入出版专业技术人员继续教育 48 学时。

学会建设 6 月 22 日，中国科学技术期刊编辑学会第七次全国会员代表大会在北京召开。大会审议并表决通过中国科学技术期刊编辑学会第六届理事会工作报告和财务报告；无记名投票表决通过《中国科学技术期刊编辑学会章程（修订稿）》和《会员管理办法（修订稿）》；无记名投票选举产生学会第七届理事会理事（141 人）、常务理事（41 人）和学会负责人（11 人）。中国工程院院士田伟当选为第七届理事会理事长，方梅、任延刚、任胜利、杨亚政、汪新红、武文、柳建乔、俞敏、栗延文、魏均民当选为副理事长。投票选举产生学会第一届监事会，由 5 人组成，郝梓国当选为监事长，刘国正为副监事长，叶龙、闫志安、陈树勇为监事。理事会聘任魏均民为秘书长。

6 月 22 日，中国科学技术期刊编辑学会第七届理事会常务理事党员大会在北京召开。大会由第七届理事会副理事长任胜利主持，参加会议人数为 30 人。根据《中国科学技术期刊编辑学会党委委员推荐及产生办法》要求，会议以无记名投票的方式对第七届理事会党委委员拟推荐建议人选进行投票表决。田伟当选为第七届理事会党委书记，魏均民当选为第七届理事会党委副书记，郝梓国当选为第七届理事会党委纪委委员。

按照学会章程规定，6 月 22 日、8 月 14 日、11 月 26 日分别召开中国科学技术期刊编辑学会七届一次、二次、三次常务理事会议。会议由学会理事长田伟主持。会议的主要内容有集中学习习近平总书记“七一”重要讲话要点、学习十九届六中全会主要精神、传达意识形态工作的有关要求，汇报换届以来开展的工作、关于副秘书长的任命，关于各专业委员会设置、汇报第六届理事会法人离任审计情况以及中国科协十大代表课题——科技期刊视域下的科技界学风建设状况调查进展等内容。

主办期刊 2021 年,《编辑学报》投审稿系统收到投稿 1100 余篇，录用 120 余篇。全年共出版正刊 6 期，发表文章 190 余篇（含补白），纸刊的期均发行量近 2300 册。

2021 年,《编辑学报》入选北京大学《中文核心期刊要目总览》(第 9 版)、CSSCI 来源期刊、《中国科技期刊引证报告（扩刊版）》《中国学术期刊影响因子年报（社会科学版）》《中国科技期刊引证报告（核心版）：社会科学卷》《中国人文社会科学期刊 AMI 综合评价报告（2018）》核心期刊、《国内高校权威期刊认定参考目录》、“世界学术影响力 Q2 期刊”等。2020 年度社会效益评价考核等级为优秀。

2021 年,《编辑学报》增加优秀文章提前在学会公众号发布的渠道，如《略论现行评价机制的历史作用及其危害》《强化安全意识，守住科技安全底线——以科技期刊注册 ORCID 为例》《新时代科技期刊编辑的核心素养要求是又红又专》等多篇文章的发布获得大量阅读和转发，并引发科技期刊从业人员的热议及共鸣。

国内主要学术会议 9 月 23 日，由学会青年工作委员会、《北京大学学报（医学版）》编辑部联合承办的国际同行评议周中国论坛在线会议召开，主题为

"STM 期刊中同行评议的身份"。科研人员、STM 期刊编辑、图书情报人员等 1300 余人在线参加会议。

12 月 6 日，以"高品质、高水平、高质量——推动学术期刊繁荣发展"为主题的 2021 中国学术期刊未来论坛在线上开幕。此次论坛由中国科学技术期刊编辑学会、中国期刊协会、中国高校科技期刊研究会等联合举办，共 1.15 万人次在线观看开幕式。中国科协党组书记、分管日常工作副主席、书记处第一书记张玉卓在开幕式上致辞并提出建议。

在开幕式的大会报告环节，中国出版协会理事长邬书林、中国科协科学技术创新部部长刘兴平、《文史哲》杂志主编王学典分别就《提升学术出版水平，服务国家科技创新战略》《优化科技期刊布局，推动高质量发展》和《弘扬中华文明，繁荣学术研究》作大会报告。会上还发布 2021"科技期刊世界影响力指数 WJCI""中国最具国际影响力学术期刊"。

党建强会 5 月 25 日，学会组织学会党委成员、秘书处专职人员、理事代表及会员代表，同时联合中国科协学会服务中心第三理论学习小组，组织踏寻进京"赶考"足迹——赴北京香山革命纪念馆开展党史学习教育活动。通过开展"参观红色主题展览，学习辉煌革命历史"主题教育活动，回顾中国共产党领导人民走向胜利的光辉历史，缅怀老一辈革命家的丰功伟绩，传承红色精神。

7 月 8 日，学会党委副书记魏均民与中国科协学会服务中心第三党支部、中国激光杂志社党支部、有科期刊出版（北京）有限公司党支部等 13 位党员共赴安徽省六安市金寨县开展联学联做党建活动，参观刘邓大军千里跃进大别山前方指挥部和金寨县革命博物馆，通过刘邓大军的英雄事迹领略千里跃进大别山背后所蕴藏的革命精神。

8 月 14 日，学会召开七届二次常务理事会议，共有 36 位常务理事通过线上参加会议。会议由学会党委书记、理事长田伟主持。学会党委副书记、副理事长兼秘书长魏均民以《以史为鉴　开创未来》为题，带领常务理事重温习近平总书记"七一"重要讲话精神。

在 2021 年学会组织的编辑业务培训中，邀请中央党校党史部社会主义新时期教研室主任、教授陈述以《新时代中国共产党人的政治宣言和行动指南》为题，为学员讲授党课，宣传党的理论和路线方针政策，不断提高科技期刊编辑的政治判断力、政治领悟力、政治执行力，进一步增强"四个意识"、坚定"四个自信"、做到"两个维护"。

会员服务 学会通过业务咨询、学术交流、编辑培训、项目研究、期刊赠送等会员服务途径发展会员。截至 2021 年年底，学会团体会员总数为 1411 个，个人会员总数为 10055 人。

加强团体会员会费的收缴工作，拓宽学会的收入来源，进而提高会员服务质量。截至 2021 年年底，共有 609 个团体会员完成缴费。

学会组织会员单位申请中国科协青年科学家参与国际组织及相关活动项目申报活动，资助学会青年工作委员会主任任延刚、青年工作委员会委员王晓峰参加国际组织学术交流活动。

提升会员服务水平，提高办理入会效率，实时更新会员信息。利用网络信息手段建立会员服务微信群，针对会员提供期刊推送、会议信息、活动介绍等电子化信息服务。

【中国科学技术期刊编辑学会第七次全国会员代表大会】 6 月 22 日，中国科学技术期刊编辑学会第七次全国会员代表大会在北京召开。中共中央宣传部出版局调研员杨震林，中国科协党组成员、书记处书记吕昭平，中国科协学会服务中心主任申金升等领导出席开幕式。学会理事及会员代表共 204 人参加会议。学会第六届理事会副理事长兼秘书长任胜利主持大会开幕式。中国科学院院士、学会第六届理事会理事长朱邦芬致开幕词，杨震林、吕昭平在开幕式上发表讲话。

吕昭平在讲话中肯定学会近年来在学术交流、出版规范、人才培养、科普宣传、智库建设、会员规模扩大等方面取得的成绩，肯定学会对促进中国科技期刊发展做出的积极贡献。他指出，当前中国科技期刊建设受到高度重视，"十四五"国家科技创新的新规划新部署可以为科技期刊发展提供机遇和舞台。吕昭平代表中国科协对学会今后的工作提出三点要求：一是坚持和加强党的全面领导，以紧紧围绕团结凝聚人才第一资源这个核心为主线；二是积极助力世界一流期刊建设；三是持续增强现代化治理能力，强化章程意识。

大会审议并表决通过中国科学技术期刊编辑学会第六届理事会工作报告和财务报告以及《中国科学技术期刊编辑学会章程（修订稿）》和《会员管理办法（修订稿）》。大会通过无记名投票选举产生学会第七届理事会理事（141 人）、常务理事（41 人）和学会负责人（11 人）。中国工程院院士田伟当选为第七届理事会理事长，魏均民当选为学会副理事长兼秘书长。投票选举产生学会第一届监事会（5 人），郝梓国当选为监事长。

学会第七届理事会理事长田伟致闭幕词，对学会今后的工作提出要求：一是要树立大局观念，助力科技期刊的繁荣发展；二是用微观思维，全面加强自身能力建设；三是以服务理念全面推进各项工作，力争使学会工作更进一步。

【国际同行评议周中国论坛】 9 月 23 日，由学会及国际同行评议周学术指导委员会、理文编辑公司主办，中国知网、德古意特出版公司（De Gruyter）、《中国科学院院刊》协办，学会青年工作委员会、《北京大学学报（医学版）》编辑部承办的国际同行评议周中国论坛在线召开。中国科协科学技术创新部部长刘兴平为论坛致辞。

美国博林格林州立大学教授、《新闻与大众传播季刊》主编哈筱盈以《如何管理同行评议专家，维护其个人与社会身份》为主题，分享自己 13 年来作为编辑、主编在《新闻与大众传播季刊》中参与或主持同行评议工作的经验。清华大学免疫学研究所执行所长胡小玉就《进行同行评议的经验之职业生涯中身份的变化》主题，分享自己职业生涯发展中从作者到同行评议审稿人，再到学科领域期刊编委、副主编的角色扮演经验以及角色转换体验。中国科学院大气物理研究所副研究员魏科、北京大学第一医院主治医师李昱熙共同分享《进行同行评议的基本经验之个人身份》话题。泰勒－弗朗西斯出版集团（Taylor & Francis Group）杂志《历史生物学》主编 Gareth Dyke 以《如何在同行评议中提升身份——基于历史生物学中 17 年经验》为题，从编辑部的角度介绍自己对同行评议、身份认同和同行评议审稿人的认识和经验。

（撰稿人：张　霞）

中国流行色协会

服务创新型国家和社会建设　协会开展色彩搭配师职业技能培训及考评工作，全年累计开展 59 期（含线上和线下）色彩搭配师职业能力四级、三级和二级培训与考评，来自服装、家具、建筑设计、室内装饰、形象设计、纺织品设计、环境艺术、机械制造、化妆品制造、互联网、工业设计、涂料等行业的相关人员参加培训与考评。其中，举办色彩搭配师四级培训 32 期，累计 220 人次通过色彩搭配师职业技能四级培训；举办色彩搭配师三级培训 18 期，累计 92 人次通过色彩搭配师职业技能三级培训；举办色彩搭配师二级培训 9 期，累计 74 人次通过色彩搭配师职业技能二级培训。

协会组织专家通过线上调研、讨论等形式，与 16 个成员国共同确定 2022 年春夏、2022/2023 年秋冬国际色彩流行趋势定案。

2021 年，协会继续为青岛海尔集团开展全面色彩战略合作的咨询服务，为企业进行色彩规划和色彩管理，为新产品开发提供技术支持与指导，帮助企业进行产品规划和市场调研及产品色彩应用，提高企业产品线管理的时效性，帮助企业进行产品分类、细化和销售。

继续为爱慕股份有限公司进行色彩咨询服务，2021 年与企业确立新项目合作的创新点及开发方向。

与劲霸旗下的福建劲心劲意健康科技有限公司合作，协会趋势研究中心根据中国传统二十四节气，策划以"东方印象"为主题的中国二十四节气口罩。口罩的设计以每个节气特有的寓意和颜色为导线，并结合当下国际流行色，以中国农耕文化视角，从西方艺术绘画中汲取经验，形成 24 个独具东方气质的流动画卷。

学会建设　2021 年，协会新发展团体会员 41 个，团体会员总数达到 887 个；新发展个人会员 372 人，个人会员总数达到 10343 人。

召开常务理事会议 2 次、理事会议 1 次。协会十届三次理事会议于 12 月 27 日以视频会议形式召开，大会审议通过《中国流行色协会 2021 年工作报告》，修订《中国流行色协会会员服务条例》。

协会通过优化会员服务流程，扩大会员服务的内容和形式，搭建《流行色》、专业报告、色彩研究、学术交流、色彩培训等多元化服务体系，为会员提供更好服务。

主办期刊　2021 年，《流行色》出版 12 期，发表科普文章 650 余篇。

国际学术会议　12 月 16 日，由协会主办、佛山市工业设计学会承办的第十三届亚洲色彩论坛在广东省佛山市开幕。论坛围绕"色彩 · 传承 · 跨越"主题，邀请来自中国、日本、韩国、法国等国的 9 位专家、学者一同分享各自领域的研究。本次论坛以线上线下相结合的形式召开，线下参加会议人数达60余名，观看线上直播的人数约1.2万人次。与会人员共同探究家居色彩设计产品创新，探讨色彩的重要作用与影响以及色彩对各个领域的未来趋势。

国内主要学术会议 2021年，协会共举办学术会议4次。

6月23日，由协会和绍兴市柯桥区人民政府主办的2021长三角绿色设计·柯桥峰会在浙江省绍兴市开幕。此次峰会聚焦“低碳科技”“绿色设计”等相关议题，邀请6位来自国内纺织、染整、绿色设计等领域的知名专家与300余位观众围绕“绿色、时尚、产业”探讨绿色经济时代时尚产业的融合发展。

10月16日，由协会主办、北京服装学院材料设计与工程学院和协会色彩教育专业委员会承办的第一届全国色彩教育教学研讨会在北京召开。此次会议是国内自20世纪初期引进国外色彩教育理念以来首次举办的全国性色彩教学研讨会。会议集中探讨在中国创新驱动性社会发展目标进入增效阶段，艺术、文化、教育、科学等多领域交融以及国家各项事业高质量发展的大时代背景下，作为业态转型升级的关键支撑力量的高校教育如何在新形势下面对已有的色彩教育理念、色彩课程内容、色彩教学手段等进行迭代升级。

12月17日，由协会主办，佛山市陶瓷学会、佛山市工业设计协会协办的泛家居色彩产业创新创意高峰论坛在广东省佛山市召开。论坛主要目的是将国际的流行色引入家居空间环境，将色彩搭配技术应用到泛家居中，解决泛家居行业色彩研发与应用的难点与困惑，推动时尚色彩设计与工艺技术、科技、文化的深度融合，提升企业发展的内生动力。本次论坛约有1.2万人次在线观看直播。

12月21日，由中国科协主办，中国流行色协会、泉州市科协承办的中国国际时尚创意论坛暨泉州纺织鞋服产业时尚发展论坛在福建省石狮市开幕。此次论坛采取线上线下相结合的方式举办，来自福建省泉州市的企业家、设计师200余人参加线下会议，在线观看直播人数达1万人次。

国际交往 受2021年疫情影响，国际流行色委员会董事会经商议于5月、11月召开线上色彩定案会，实际材料以快递形式发往各国。协会组织专家通过线上调研、讨论等形式制订2023年春夏及2023/2024年秋冬中国色彩提案，并于5月、11月国际流行色委员会线上会议期间发布，得到各国专家认可。同期参加国际流行色委员会线上会议的还有日本、韩国、泰国、英国、法国、美国、意大利、德国、瑞士、芬兰、西班牙、匈牙利、土耳其、葡萄牙、丹麦等16个成员国的代表，通过一周的时间最终确定最新两季国际色彩定案，并于6月、12月分别出版《国际色彩趋势报告》，将最新的色彩信息传达给协会会员。

科普活动 2021年，协会充分利用线上平台，通过色彩空中课堂投放色彩科普知识文字内容、色彩科普演讲、色彩科普课堂等系列主题内容，开展《传统民间服饰纹样及色彩》《传统二十四节气色彩研究与应用》《色彩转基因》等线上科普讲座及《色彩与职业形象》《未来流行色趋势和消费洞察》《空间色彩搭配与色彩趋势》等线下科普讲座共计50余场，受众10万余人次。

利用“流行色”和“色彩搭配师”微信公众号及微博等新媒体渠道，传播时尚流行趋势、色彩科学常识、色彩设计理念、色彩时尚、色彩趋势、色彩营销、色彩培训等方面的色彩知识。4个官微粉丝达13.5万，全年发布党建类、通知类、科普类、资讯类等文章800余篇（条）。

表彰举荐优秀科技工作者 协会推荐的深圳东方逸尚服饰有限公司董事长兼艺术总监罗峥获得第十七届（2021）光华龙腾奖·中国设计贡献奖金质奖章·公益特别奖，推荐第十四届光华工程科技奖1人。

党建强会 充分发挥党委在政治引领、思想引领和组织保障方面的作用，促进协会治理结构和治理方式改革。把学习贯彻习近平新时代中国特色社会主义思想作为首要政治任务，学习党的十九大和十九届二中、三中、四中、五中和六中全会精神，开展党史学习教育，并参与协会“三重一大”事项前置审议工作。召开关于征求2021年中国科协党组民主生活会意见建议工作会议并研究协会党委2022年工作计划。

协会党支部落实党史学习教育内容，全年组织支部全体党员观看《榜样5》、学习贯彻习近平总书记在福建省考察调研的重要讲话精神并进行交流等12次观看、学习活动；开展支部书记讲党课。支部党员组织科技工作者为企业提供咨询服务，为企业解决生产过程中遇到的困难；为群众解决工作生活中遇到的难题问题。

会员服务 2021年，协会为会员企业提供12期

《流行色》期刊，提供《2022 春夏国际色彩趋势报告》《2022/23 秋冬国际色彩趋势报告》《纺织服装流行趋势展望》等专业研究报告，传递业内最新资讯。

充分结合协会各项业务工作的开展和专业委员会的活动，做好会员宣传和发展工作。同时配合学术论文征集以及专业活动的组织工作，制订优惠各类会员的多种举措，积极宣传协会会员服务，吸纳企业和个人加入协会会员队伍，促进会员发展。

（撰稿人：蔡　飞）

中国档案学会

服务创新型国家和社会建设　2021 年，学会响应中央号召，按照国家档案局关于巩固脱贫攻坚和乡村振兴有效衔接定点帮扶的统一部署，合理安排经费使用，利用自有资金支持四川省凉山彝族自治州喜德县巩固脱贫攻坚成果，加大智力帮扶，发展村集体经济，拓展电商销售农产品。

服务国家档案局重点工作。学会配合国家档案局政策法规司，组织专家对《中华人民共和国档案法实施办法》条例 1—4 章（总则、档案机构及其职责、档案的管理、档案的利用和公布）的修订起草工作进行研讨，专家们以新修订的《中华人民共和国档案法》条文为依据，深入贯彻党中央、国务院对档案工作提出的新要求，理解《中华人民共和国档案法》修订原则和精神，紧密结合档案工作实践中亟待解决的突出问题，修订完善《中华人民共和国档案法实施办法》。

学会建设　2021 年，学会个人会员总数达 9122 人，单位会员总数达 388 个；分支机构换届 5 个，新成立 1 个；变更副理事长 1 人、常务理事 3 人、理事 2 人。

召开理事会议 1 次、常务理事会议 2 次、监事会议 1 次。完成 5 个分支机构的换届工作，新成立 1 个分支机构。

4 月 23 日，在湖南省长沙市召开全国档案学会秘书长会议，会上介绍有关专业委员会、地方档案学会以及其他行业学会在委员会建设、学术活动组织等方面的经验，安排部署下一阶段工作。

为推动档案事业发展、促进档案文化建设，经中国档案学会九届二次常务理事会议审议通过并报国家档案局同意，12 月 24 日成立中国档案学会档案文化专业委员会，北京联合大学应用文理学院为支撑单位。

主办期刊　《档案学研究》（双月刊）入选中文社会科学引文索引来源期刊目录（2021—2022）、北京大学《中文核心期刊要目总览》（2020 版）。2021 年 SCI 影响因子为 1.833，在 16 种档案学类核心期刊中排名第二。全年共刊发论文 125 篇，论文围绕档案学理论的发展趋势以及档案工作的重点、热点问题开展研究。基础理论研究方面聚焦档案理论和档案话语的自主性建设、档案治理、大数据时代下档案理论新挑战、计算档案学等主题刊发文章。档案资源建设研究方面聚焦数字档案馆建设、数字时代档案管理办法、电子档案管理等主题刊发文章。档案资源开发研究方面聚焦公共卫生应急管理档案知识服务、社群档案开发、文化遗产数字化开发等主题刊发文章。档案信息化研究方面聚焦区块链、政务云、卫生防疫档案信息服务能力建设、智能化档案信息服务等主题刊发文章。档案法规标准研究方面聚焦《档案法》的研究、电子文件证据立法研究等主题刊发文章。

学科发展工程　出版学术著作《云计算环境下电子文件凭证性保障方法研究》《中国档案学会大事记》《中国档案服务业企业蓝皮书（2020 年卷）》。

国内主要学术会议　2021 年，学会及其所属专业委员会采取线上线下相结合的会议形式共举办国内学术会议 8 次，参加会议人数累计达 2600 人次。

7 月 15 日，由学会和马鞍山市委市政府共同主办的“区块链技术应用与档案信息化转型升级”学术论坛在安徽省马鞍山市召开。论坛邀请浙江大学区块链研究中心常务副主任、浙江省区块链技术研究院院长蔡亮，国家档案局经济科技档案业务指导司企业档案业务指导处处长蔡盈芳，安徽宝葫芦信息科技集团股份有限公司产品总监王国才分别以《联盟区块链的核心技术及区块链赋能监管》《区块链在电子档案管理中的应用进展及问题》《区块链技术在档案信息化工作中的应用实践》为题作主旨演讲。武汉大学档案与政务信息学系主任王平、苏州大学档案数据保全研究所所长张照余、国家档案局科研所研究二室副主任徐亮、福建省档案馆信息技术处副处长袁平分享区块链技术在档案信息化中的应用研究和实践。

两岸交流　12 月 19 日，由中国档案学会、中国文献影像技术协会主办的 2021 海峡两岸档案暨缩微学术交流会采取视频会议形式召开，主题为“档案文献与社会经济文化发展"。国家档案局副局长付华、学会理事长杨冬权、台湾地区中华档案暨资讯微缩管理学会理事长许芳铭、中国文献影像技术协会理事长杨成斌出席会议并致辞。学会副理事长兼秘书长邓小军主持开幕式。

付华指出，在过去的30年中，两岸档案工作者得以顺利进行学术交流，其原因可以归结为三个字：通、情、融。两岸档案工作者要保护好、利用好档案资源，维护好中华民族共同的记忆，促进两岸同胞的文化认同、情感认同。同时为巩固两岸档案学术交流平台，付华提出要吸收新生代力量、创新交流形式、丰富交流内容三项建议。

此次学术交流会共分四场进行，80余人线上参加会议，交流学术论文13篇，其中学会交流5篇、中国文献影像技术协会交流3篇、台湾地区中华档案暨资讯微缩管理学会交流5篇。

国际组织任职 学会理事王红敏担任国际档案理事会专业协会论坛指导委员会委员（2020—2024年）。

科普活动 作为国际档案日系列宣传活动的重要组成部分，为配合党史学习教育，由国家档案局主办、中国档案学会承办的2021年"6·9"国际档案日线上主题讲座于6月9日在北京举办。国家档案局副局长付华主持讲座，邀请中国浦东干部学院教授刘哲昕作题为《从资本与政治的关系看中国特色社会主义发展史》的专题讲座。刘哲昕从社会主义的历史渊源、为什么要坚持社会主义道路、政治应该如何正确对待资本等方面进行阐述。讲座采取线上线下相结合的方式进行，来自全国各地档案局、档案馆，中央和国家机关部委以及人民团体档案部门，中央企业及所属单位档案部门，中国人民大学档案学院、军队档案部门等机构的上万人次线上收看直播。

学会整理鉴定委员会配合中国第二历史档案馆通过展板宣传、现场讲解、业务咨询、发放宣传材料等方式开展档案日宣传活动。展板宣传主体部分的精品展从馆藏档案中甄选而来，内容涵盖民国时期政治、经济、文化、军事等多方面，同时展出的还有馆藏中华人民共和国开国大典档案，展现中国近代历史变迁，其中的民国时期三峡工程设计模型照片等10余件展品堪为馆藏珍品。

党建强会 2021年，召开理事会党委委员会议3次；办事机构党支部组织召开党员大会、支部委员会议、集体学习42次；党支部书记带头、领导班子共讲授党课4次。

加强学会功能型党委建设，坚持党对学会工作的全面领导，突出党的政治建设统领作用，彰显政治属性，增强政治能力，让党建工作在学会建设中发挥政治核心、思想引领和组织保障作用，统筹抓好党建和各项业务工作。加强学会办事机构党支部建设，认真履行"一岗双责"责任、落实"三会一课"制度，增强支部活力，充分发挥党建向心力凝聚力作用，把支部建设成推进疫情防控和各项工作开展的战斗堡垒。

开展党史学习教育工作，学会党委和办事机构党支部部署制订党史学习教育工作方案。通过组织参观展览进行"四史教育"。在湖南省长沙市召开全国档案学会秘书长会议和常务理事会议、监事会议期间，组织参加会议人员参观中国共产党长沙历史馆；学会办事机构组织干部职工参观中国共产党历史展览馆的"不忘初心 牢记使命——中国共产党历史展览"，以及中央档案馆、中国第一历史档案馆举办的"百年恰是风华正茂"主题档案文献展；与会员单位国家电网有限公司共同举办党日活动，参观国家电网有限公司"旗帜领航创伟业，抚今追昔感党恩"主题文献展。

会员服务 学会向缴纳会费的会员全年提供《档案学研究》杂志。在官网、微信公众号刊登、转载学会、国家档案局、中国科协、全国各地档案学会的相关政策、行业标准、学术活动等信息，供会员浏览。

【"档案见证历史巨变——庆祝建党100周年"学术论坛】 6月17日，由中国档案学会、中国人民大学档案学院、上海市档案馆联合举办的"档案见证历史巨变——庆祝建党100周年"学术论坛在上海市召开。学会理事长杨冬权作题为《从档案看一大的历史传奇》的主题演讲，中国人民大学原常务副校长、一级教授冯惠玲作《百年档案正青春——为党管档、为国守史、为国记忆的伟大历程》主题演讲，上海市档案局副局长、档案馆副馆长郑泽青作《档案助力"党的诞生地发掘宣传工程"》主题演讲，河南省档案馆馆长李修建作《用档案讲好红色故事的实践与思考——以河南省档案馆为例》主题演讲，航天档案馆主任、研究员崔宗胜作《党领导下的中国航天——档案见证航天工业发展》主题演讲，辽宁大学历史学院教授赵彦昌作《回顾与前瞻：红色档案开发与利用研究》主题演讲，山东大学历史文化学院副研究员闫静作《档案与记忆：中共党史研究的两个维度》演讲。

【中国档案学会成立40周年学术研讨会】 12月16日，学会以视频会议形式召开中国档案学会成立40周年学术研讨会。国家档案局及部分学会理事在主会场参加会议，各省（自治区、直辖市）和副省级城市档案部门、档案学会及高校、企业等单位的2000余人次在线上参加会议。

国家档案局副局长付华、学会理事长杨冬权出席会议并致辞。学会秘书长邓小军主持会议。研讨会围绕学习贯彻习近平总书记对档案工作的重要批示和《“十四五”全国档案事业发展规划》，探讨档案工作未来发展，邀请4位档案专家、学者作学术报告，进行研讨交流。

中国人民大学信息资源管理学院教授徐拥军作题为《三个走向：“十四五”时期我国档案事业发展趋势》的学术报告。他基于对《“十四五”全国档案事业发展规划》的解读和阐释，指出“十四五”时期中国档案事业的三个走向：走向依法治理，提升档案治理效能；走向开放，推进档案利用服务；走向现代化，实现档案工作数字转型。

国家档案局经济科技档案业务指导司副司长蔡盈芳作题为《数字经济时代档案工作和档案工作者的定位和转型——以科学数据和科研档案管理为例》的学术报告。他分析数据管理产生的主客观原因以及当前数据管理形势，介绍数据管理与档案工作现状，提出数据和档案协同管理的思路，并指出未来要从七大方面实现协同到融合的提升。

武汉大学信息管理学院副教授王玉珏作题为《融合与边界：国家数据治理视域下的档案立法发展》的学术报告。她认为，从立法层面理顺《中华人民共和国档案法》和数据法律体系的关系是促进数据管理和档案管理工作协调发展最基础、最重要的环节。

浙江大学教授傅荣校作题为《改革开放以来我国档案学理论发展简述》的学术报告。

（撰稿人：李　威）

中国国土经济学会

服务创新型国家和社会建设　整合各方资源，合力推进乡村振兴战略。3月20日，由中国国土经济学会等14家学（协）会共同发起的科创中国·乡村振兴联合体成立，随后，学会领导及专家先后到全国各地调研考察，通过搭建服务平台提供“菜单式”服务，把科技赋能乡村振兴贯穿于整个工作过程，通过先行先试为全国的乡村振兴战略实施和“双碳”建设树品牌、做样板、创模式。9月18日，科创中国·乡村振兴联合体培训基地在乡村振兴（太谷）论坛会址正式揭牌。12月8日，学会理事长兼党委书记柳忠勤率队考察北京密云区金叵罗村，并出席全国首个科创中国·乡村振兴实践基地揭牌仪式。

学会作为产城融合助力试点市学会，服务河南省濮阳市、湖北省荆门市、山东省泰安市和黑龙江省七台河市等地经济社会发展。7月22日，推荐学会常务理事、科技部中国生物中心原主任王宏广在科创中国·黑龙江煤炭资源型城市（七台河）转型发展高峰论坛举办的院士专家座谈会上作主旨发言。7月19日，组织相关专家到山东省泰安市矿山恢复治理乡村振兴调研。11月，线上组织河南省濮阳市产城融合首届乡村振兴博览会。11月10日，组织农业专家团队到湖北省荆门市考察现代农业。

通过开展深度合作，促进科技与经济融合发展。6月2日，学会与北京牡丹电子集团有限责任公司在牡丹C-POP爱乐实验剧场签署战略合作协议。6月16日，学会和安捷中科（北京）数据科技有限公司签署战略合作协议。9月28日，学会与中化学生态环境有限公司签署战略合作协议。

学会建设　加强理事会建设和分支机构管理。学会全年召开2次常务理事会议、1次线上理事会议、1次监事会议和2次分支机构工作会议。

梳理和整合学会规章制度。对部分规章制度进行修订，制订新的规章制度，最终形成14项规章制度，于2021年第六次理事会议上审议通过并编印成册。规章制度特别对会议管理、秘书处工作、宣传工作、廉政建设等作出明确规定，基本形成学会的制度体系。

主办期刊　2021年，学会修订完善三审三校制度，并坚持落实执行。《今日国土》每期推出一位权威访谈人物，全年共宣传12位科技人物。同时，新媒体宣传工作继续发力，通过后台数据分析，学会官网、中国科协官网和融媒体平台以上阅读量达“10万+”。

学科发展工程　学会组织编写《中国国土经济高质量发展报告》，关注国家经济社会发展、科学发展大局，以绿色发展为理念，以产业优化布局推动效率变革，优化资源配置，促进资源在城乡之间合理布局，实现城乡统筹发展，最终实现绿色低碳、空间优化的国土空间布局，满足人民对美好生活的需要。同时，结合“一城三区”高质量发展的实践经验，尤其是成功的典型案例，回顾历史走势，展示发展成就，总结经验教训，找出问题对策。

国内主要学术会议　2021年，学会结合自身学科特点，围绕绿色发展、空间规划、旅游发展等主题，通过线上线下等方式组织一系列学术活动。2月3日，学会和中国人民大学共同主办“碳中和”2060与中国绿色金融论坛（2021）暨《“碳中和”中国城市进展报告2021》成果发布会。会议由学会副理事长、中国人民大学国家发展研究院执行院长严金明主持。中国科协党组成员、书记处书记吕昭平出席会议并致辞。中国人民大学副校长刘元春、学会理事长兼党委书记柳忠勤分别致辞。

3月13日，由学会联合北京大学中国战略研究中心、北京大学国家治理研究院、莫干山研究院共同主办的2020中国经济质量差距高峰论坛在北京召开。论坛由中共中央政策研究室原副主任、中国战略研究中心名誉理事长方立主持。会上，中国战略研究中心执行主任、中国经济质量差距课题组组长王宏广介绍《2020中国经济质量差距报告》及《差距经济学》的主要研究结果。

5月22日，由学会主办、中国科学院植物研究所承办、四川川桐生物科技开发有限公司协办的科技赋能乡村振兴：山桐子及其林下种植研讨会在北京召开。来自国家发展改革委、自然资源部、农业农村部、文化和旅游部、国家林业和草原局、国家乡村振兴局等相关部委的司局领导，中国科学院植物研究所、中国林业科学院的专家，以及地方政府代表和相关企业代表近60人参加研讨。研讨会由学会专家委员会副主任、国家发展改革委国土开发与地区经济研究所原所长肖金成主持。中国科学院植物研究所副所长杨秀红、学会理事长兼党委书记柳忠勤分别致辞。

12月19日，中国国土经济学会青年工作委员会成立仪式暨首届国土经济“青年30人”论坛在北京举办。成立仪式由学会秘书长、北京市农村经济研究中心副主任刘军萍主持。学会理事长兼党委书记柳忠勤和学会青年工作委员会主任委员、浙江大学公共管理学院教授谭荣分别致辞。学会青年工作委员会秘书长、中国人民大学公共管理学院副教授夏方舟介绍青年工作委员会工作条例，并宣读第一届中国国土经济学会青年工作委员会名单。首届国土经济“青年30人”论坛主题为“国土、经济与发展”，分为上、下两个半场。上半场的分主题是“城市发展、人口流动与土地合理利用”；下半场的分主题是“乡村治理、粮食安全与土地利用转型”。

12月25日，中国国土经济学会区域战略专业委员会成立大会暨“新时期区域发展新格局与新要求”研讨会在北京召开。学会理事长兼党委书记柳忠勤，学会秘书长、北京市农村经济研究中心副主任刘军萍等20余位专家、学者参加线下会议；厦门大学王亚南经济研究院教授傅十和、澳门科技大学可持续发展研究所所长刘成昆、南开大学经济与社会发展研究院副院长李兰冰以及来自内地和澳门特别行政区的40多名专家、学者通过线上参加会议。研讨会分为主旨报告、专题报告和青年论坛三个环节。

科普活动　学会开展2期国土大讲堂。5月16日，第五期“中国国土大讲堂”在北京举办，邀请国务院发展研究中心社会发展研究部室研究员周宏春以《碳中和背景下的发展战略抉择》为主题作主旨报告，40余位专家、学者现场交流，140余人线上参加会议。9月17日，第六期“中国国土大讲堂”邀请中国科协第八、第九、第十届全委会委员，学会秘书长，北京市农村经济研究中心副主任刘军萍以《中国共产党百年乡村情怀——从乡村革命到乡村振兴》为题作主旨报告，现场30人及线上150余人参加会议。

举办2期会员日沙龙。11月20日，以“土地要素市场化改革的思考”为主题的会员日沙龙在北京通过线上线下举办。12月30日，以“乡村振兴背景下建设乡村的思考”为主题的第二期会员日沙龙在北京举办。两期沙龙线上线下共约11.7万人次参加。

组织3期生态文学采风和征文活动。7月29日、8月21日、10月21日分别在云南省普洱市、北京海淀区、河北省邯郸市魏县，从生态文学角度宣传绿色发展理念和生态文明思想。

在中国科协科学技术普及部的支持下，组织全国绿色国土行信息化专项宣传活动。利用图文或视频形式对“绿色国土守护者”优秀人物或团体实施巡回报道。据统计，报道优秀人物及团体约30人，其中图文报道20人、视频报道约10人，共生产原创图文20篇、原创视频10个。此外，院士专家云端课堂开展10场，每场30分钟，共计10个视频约300分钟。

党建强会　6月25日，在中国科协学会党建工作指导委员会成立大会暨学会党建工作先进表彰大会上，学会开展的“党支部共建，搭建服务新平台”获得中国科协“党建强会”计划十佳品牌奖并受到表彰，获得证书和奖牌。

8月16日，学会秘书处党支部召开党史学习教育专题组织生活会。

11月27日，学会在北京通州区潞城镇组织“我为群众办实事——科技助力乡村振兴党建强会”调研活动。

会员服务 学会组织科技志愿者服务团先后与河南省濮阳市清丰县、鹤壁市淇县开展关于灾后重建的科技志愿、现代农业以及城乡建设方面的咨询研究和投融资服务。通过中国科协科技工作者之家、科界、《今日国土》等平台开展多次线上线下活动，直播受众10万余人次。

【科创中国·乡村振兴联合体成立大会】 3月20日，由学会牵头，中国农学会、中国林学会、中国农村专业技术协会、中国农业工程学会等14家全国学会、协会共同发起的科创中国·乡村振兴联合体成立大会在北京举办。

学会学术指导委员会主任、中国林业科学院院长、科创中国·乡村振兴联合体主席团主席江泽慧，科创中国·乡村振兴联合体主席团副主席周建、刘燕华、胡存智、范恒山，中国科协学会学术部部长刘兴平以及国家发展改革委、农业农村部、科技部、自然资源部有关单位负责人，河南省濮阳市、内蒙古自治区巴彦淖尔市、河北省邯郸市魏县、北京密云区太师屯镇、山西省长治市振兴村等地方党委政府有关领导，以及来自23家科研教学单位和企业的代表，《人民日报》、新华社等主流媒体代表150余人参加成立大会。

科创中国·乡村振兴联合体是中国科协在学会组织模式和学会工作制度上的重大创新，是整合学会资源、围绕主题共同作为的强力平台。2001年以来，学会面向全国中小城市先后创建并组织实施生态环境建设实验区、低碳国土实验区、国土空间优化发展实验区和深呼吸小城四个共建工程（以下简称“一城三区”）。“一城三区”涵盖全国168个城市或地区，其中95%以上的广大区域是乡村。20年来，学会通过为“一城三区”量身打造的“十大服务平台”提供相关服务，受到地方党委政府的肯定和赞扬。

【科创中国·高质量发展实验区暨梨乡之美与乡村振兴座谈会】 3月26—28日，学会组织专家到河北省邯郸市魏县调研并召开科创中国·高质量发展实验区暨梨乡之美与乡村振兴座谈会。原环境保护部副部长周建，学会理事长兼党委书记柳忠勤，以及来自国家发展改革委、自然资源部、生态环境部、国家林业和草原局、国家乡村振兴局有关业务部门的负责人和魏县县委书记，以及来自北京、江苏省、河南省、河北省等地的生态文学作家等参加座谈。

3月27日，周建、柳忠勤等先后到魏县经济开发区、贺祥社区、金龟湖、魏祠公园等地现场查看项目和企业建设运行情况，听取有关情况汇报，实地调研魏县生态环境、产业发展、城市建设等工作，并针对提出的有关问题进行分析并给出建议。

学会与魏县人民政府现场签约《科创中国·高质量发展实验区共建协议》。在专家发言阶段，与会部分专家、学者围绕推动魏县经济社会发展发言并提出意见建议。

【“我为群众办实事——科技助力乡村振兴党建强会”调研活动】 11月27日，由学会主办的“我为群众办实事——科技助力乡村振兴党建强会”调研活动在北京通州区潞城镇举办。中国科协科技社团党委副书记、党建研究会副会长刘桂荣，中国科协党建研究会常务副秘书长、学会服务中心原主任兼党委书记李桐海，学会理事长兼党委书记柳忠勤，以及学会部分常务理事、理事和分支机构负责人、企业界会员代表30余人参加调研活动。调研组在参观潞城印象展馆后召开座谈会，会议由通州区科协主席金文岭主持。

活动最后，学会常务副秘书长王京涛和科创星球（北京）教育科技有限公司副总经理何彦玲向潞城镇人民政府捐赠幼儿园和中小学生科学教育信息化课程资源库，助力青少年提高科学素质。

（撰稿人：杨巧英）

中国土地学会

服务创新型国家和社会建设 受自然资源部国土空间规划局委托，学会起草《国土空间规划资质审查标准（征求意见稿）》《国土空间规划行业管理办法（草案）》和《关于加强国土空间规划行业管理的通知（草案）》；向全国191家具有甲级土地规划资质的会员单位发出专函，点对点征求《国土空间规划资质审查标准（征求意见稿）》意见，共收集整理意见、建议574条。配合相关部门完善并印发《省级国土空间生态修复规划编制技术规程（试行）》；完成“双重”规划 9 个专项建设规划意见反馈。围绕《国土空间开发保护法》《中华人民共和国土地管理法实施条例》《中华人民共和国湿地保护法》等立法工作开展理论与实务研究，多项研究成果被立法部门采纳。

经学会遴选推荐、中国科协组织专家评审，由自然资源部首席科学传播专家郧文聚领衔的“中国科协耕地红线科学传播专家工作室建设试点项目”获批，为获批建的六家试点项目之一。

6 月 27 日，会同中国人民大学公共管理学院和林增杰土地科学发展基金，在线上开展林增杰土地科学发展基金第四届优秀学术论文奖征集评选活动。

11 月 19—23 日，学会承办由中国科协科学技术创新部主办的国土空间规划领域专业技术转移转化能力提升高级研修班，主会场设在“科创中国”试点城市广西壮族自治区南宁市，80 多位专家、学者参加线上线下研修。

学会建设 加强党的建设，坚持民主集中制原则，严格施行“三重一大”事项集体研究决策制度。

纪念中国土地学会成立 40 周年。学会通过收集整理大量史料、采访数十位亲历者，精选 40 篇优秀论文编印出版画册《情衷土地 笃实信学》，并制作时长 20 分钟的专题视频，全面反映学会成立 40 年的历程、实践经验和丰硕成果以及学会未来高质量发展的新思路。

强化学会上下联动机制，包括按程序适时调整分支机构成员；利用学会官网和微信公众号等平台大力宣传分支机构、地方学会组织的各类活动；参与、指导地方学会换届、学术交流等重大事务；依托分支机构和地方学会组织各类活动；对学会宁波服务站实施年度考评。

根据《中国土地学会章程》，理事会应于 2021 年换届。鉴于部分理事单位及分支机构负责人单位机构改革等缘故，有关工作无法进行。为此，学会以通讯方式召开专题理事会议，经参会理事 150 人（占学会理事总数的 98.7%）投票表决，一致同意延期一年换届。延期换届申请得到中国科协、民政部的审查批准。

青年人才托举工程 按照中国科协部署要求，组织申报第七届“青年人才托举工程”项目并获批准。

主办期刊 持续打造高水平的《中国土地科学》编研团队。2021 年，学会期刊编辑队伍承担多项国家级重大课题，持续在国际知名 SSCI 期刊、国内 CSSCI、CSCD 期刊上发表学术成果并获多种奖项。其中，由王庆日领衔，陈美景、仲济香参与的“存量建设用地再开发政策监测评估的理论与应用”研究成果获 2021 年国土资源科学技术奖二等奖；另有两项研究成果获中国国土勘测规划院 2020 年度研究类优秀成果奖。

重新修订编辑部的三审三校制度。继续在期刊上设立“专论”栏目，加大向国内行业领域知名专家、学者的约稿力度。主动跟踪国家社会科学基金重大项目、教育部重大项目、国家自然科学基金重大项目的最新研究成果。作为首批成员单位，参加中国案例研究期刊联盟建设活动，发掘、引导并推出土地科学领域具有高学理价值的案例研究成果。完善和丰富微信公众号发布功能，及时推出更多优秀文章。针对期刊数字化编辑出版系统和数字化平台运行中存在的问题，制订优化和调整方案。结合重大选题开展学术交流，全年参加研讨的专家、学者达 400 余人次，期刊外审专家团队扩充到 300 余人，越来越多的高校和科研单位希望与学会期刊编辑部合作，共同打造高水平的学术交流平台。

《中国土地科学》期刊全年完成 12 期编辑出版发行工作，共发布学术论文 152 篇；设置“建党一百年专栏”，共推出专栏文章 6 篇。根据《中国学术期刊影响因子年报（人文社会科学 · 2021 版）》,《中国土地科学》影响力各项指标再创新高。其中，影响力指数为 570.430，在农业经济学科 50 本刊物中排名第 5；复合影响因子为 5.760，比 2020 年提高 28.31%；期刊综合影响因子为 4.220，比 2020 年提高 29.49%。根据《中国学术期刊国际引证年报（2021 版）》,《中国土地科学》国际影响力指数在遴选出的 80 种人文社科类学术期刊中排名第 26，比 2020 年提升 4 个位次，再次获评“中国最具国际影响力学术期刊”。

2021 年,《土地科学动态》按期完成 6 期编辑出版工作，围绕“百年土地制度变迁与经验”“自然资源资产价值核算”等重点议题共推出 80 余篇观点性文章，多篇被相关媒体转载。

学科发展工程 开展相关土地科学研究项目，包括持续第 15 年组织“国内土地科学研究重点进展评述及展望”项目；“2021 年土地科学前沿问题研究”项目共完成 6 项专题研究；开展国家社科基金资助项目“善治理念下农村建设用地市场化改革研究”，已发布部分阶段性成果；参与大百科全书“中国城市土地制度”词条编写工作，分阶段梳理新中国成立以来我国城市土地制度的演进脉络；参与国家社科基金重大项目“基于国土空间规划的土地发展权配置与转移政策工具研究”，重点围绕国土空间规划中的土地发展权宏观调控与均衡区域发展的政策工具组合问题开展研究。

继续组织编写年度《土地科学学科发展蓝皮书》。依托“土地学科进展和土地科学前沿问题研究”项目，将2020年《土地科学动态》相关文章及报告整理汇编成书《治理体系现代化下的中国土地法制建设——土地科学前沿问题研究（2020）》。

11月，由学会理事长王世元主编的《改革记忆——当代中国城镇国有土地使用制度构架历程》一书由中国大地出版社正式出版。本书被列选为国家重大选题，得到权威部门和业内权威专家的高度评价。

国内主要学术会议 2月14日，学会联合中国国土勘测规划院等多家单位共同举办土地科学前沿问题研究新春报告会。报告会主题为“聚焦现代土地科学前沿，提升基金项目研究质量”，1700余名专家、学者参加会议。

3月27日，学会联合浙江大学科斯经济研究中心等单位在线上共同举办“自然资源产权制度和治理机制”学术研讨会，来自香港科技大学、浙江大学、华南农业大学、中国政法大学等高校的12位专家围绕自然资源产权制度和治理机制展开研讨，共有1700余人参加会议。

4月24日，由国务院学位委员会公共管理学科评议组、全国高校土地资源管理院长（系主任）联席会和《中国土地科学》编辑部主办，四川大学公共管理学院承办的全国高校土地资源管理高端峰会暨第七届全国土地资源管理博士生论坛在四川省成都市召开，主题为“国土空间治理现代化与土地制度改革”。

5月16日，由《中国土地科学》编辑部联合浙江财经大学土地与城乡发展研究院共同举办的“耕地资源资产价值核算与耕地保护转型”学术研讨会在浙江省杭州市召开。来自中国农业大学、南京大学、中国国土勘测规划院、中国自然资源经济研究院等国内知名高校与研究机构的专家、学者以及浙江财经大学土地与城乡发展研究院与公共管理学院的师生50余人参加学术研讨会。

5月21—24日，由学会青年工作委员会、南宁师范大学和《中国土地科学》编辑部主办的现代土地科学前沿与创新发展论坛在广西壮族自治区南宁市召开，150多位专家、学者参加会议。

6月26日，由南京农业大学中国资源环境与发展研究院、金善宝农业现代化发展研究院、南京农业大学公共管理学院和《中国土地科学》编辑部联合主办的中国共产党百年土地政策思想与实践在江苏省南京市举办。6位专家、学者共同回顾党的百年土地政策发展历程，总结中国土地制度改革历史经验，探索国土资源管理新实践、新未来。

7月6日，由学会规划分会主办的2021年第三期UP论坛“完善和落实主体功能区战略和制度”在北京举办，全国8万多名观众和近400家机构在线参与。

8月7日，学会以“回眸土地革命，继承光荣传统”为主题在网上组织召开中国共产党建党百年土地制度变革研讨会，400余名专家、学者参加会议。学会常务副秘书长、研究员张晓玲在会上呼吁，首席土地科学传播专家要共同致力于向社会大众宣传中国共产党百年土地历程和探索经验，让专家的理论研究成果照进现实、服务社会，为中国土地科学的蓬勃发展助力。

10月16日，学会土地经济分会与江苏省土地学会等联合主办碳达峰、碳中和与国土空间治理研讨会暨2021年中国土地经济学年会，100余名专家、学者参加会议。

10月31日，学会联合南京农业大学共同举办深化宅基地制度改革暨案例研究学术研讨会，100余名专家、学者参加会议。

12月18日，与有关单位在北京联合举办第二届全国自然资源资产核算研究生论坛。此次论坛共征集论文55篇，经评议专家评审，共有18篇优秀论文获奖。

12月25日，中国土地学会2021年学术年会在北京开幕，主题为“推进土地制度创新，助力乡村振兴”，大会主会场线上直播观看人数超过2万人次。

两岸交流 在自然资源部国际合作司的指导下，学会完成国台办（国务院台湾事务办公室）2021年对中国台湾地区交流重点项目申报，稳妥推进下一届海峡两岸土地学术研讨会相关筹备工作。

国际交往 联合相关部门承办联合国《生物多样性公约》缔约方大会第十五次会议“基于自然解决方案的生态保护修复”主题论坛。中国政府代表团集中在线参加第七届世界自然保护大会、世界自然保护联盟中国会员网络成立大会、基于自然的解决方案全球标准中文版及中国实践典型案例发布会，组织参加“NbS 与绿色复苏”高级别线上交流会、第九届世界生态修复大会，为借鉴国际经验推动中国生态文明建设提供有效途径。

科普活动 组织全国土地科技活动周系列科普活动。以“百年回望：中国共产党领导科技发展——自然资源利用与可持续发展”为主题，在线组织 11 位学界知名专家围绕土壤与土地质量、土地生态等议题作科普报告，2000 多人在线观看。

组织“国土空间优化与碳中和”全国科普日活动，线上线下 900 多人参加。组织第 31 个全国土地日青年学者座谈会，邀请 11 名青年学者围绕“节约集约用地　严守耕地红线”做主题演讲，500 多人在线参加座谈。

组织开展第三届全国大学生土地国情调查大赛。全国 74 所高校、156 支队伍参赛，评选出特等奖 2 项、一等奖 10 项、二等奖 18 项、三等奖 18 项。

全年在线举办 7 期“土地大讲堂”系列讲座，约 8000 人（次）参与。

表彰举荐优秀科技工作者 学会推荐鞠正山、孔祥斌为 2021 年“最美科技工作者”候选人；推荐刘彦随为第十四届光华工程科技奖提名人选等。

完成中国科协第十次全国代表大会代表和委员推荐工作，推荐张晓玲、陈志刚为代表，张晓玲为委员。

根据《国土资源科学技术奖励办法》等规定，对照评奖标准和分配名额，从 76 项申报成果中评选出一等奖 3 项、二等奖 16 项。

【中国土地学会 2021 年学术年会】 12 月 25—31 日，中国土地学会 2021 年学术年会以学术周方式召开，主题为“推进土地制度创新，助力乡村振兴”。

会议指出，回顾改革开放中国土地制度改革的初心，就是始终坚持自上而下的顶层设计与自下而上的基层创新有机结合，坚持理论研究、科技探索与实践创新有机结合，土地制度不断在艰难中取得新的突破，为国民经济社会持续快速发展作出贡献。近年来，一些地区将“顶层设计与基层实践相结合”，探索形成增减挂钩指标跨省域流转助力脱贫攻坚模式、集体土地入市模式、全域土地综合整治与生态修复等模式，为新时期的深入改革奠定基础。

学会理事长王世元表示，当下的土地制度创新既有原有改革的坚实基础，又有党中央、国务院的明确部署要求，还有不同地区的实践创新需求。但面对新时期、新任务、新要求，还有许多新的课题亟待持续探索解决。在围绕乡村振兴的土地制度创新上，城乡建设用地增减挂钩作为聚焦补短板、强弱项、优化土地利用的一大政策工具，需要在已有经验和成绩的基础上，在制度规范、完善和执行上下更多功夫，在乡村振兴、城乡融合发展上发挥长效作用；全域土地综合整治与生态保护修复是新时期乡村空间重构、产业重整、环境重生的重要方式和抓手，基于碳达峰碳中和目标，需要多领域、多专业的人才出谋划策，不断总结创新路径和策略；耕地保护政策面临耕地不同形态利用的新压力，需要耕地保护监管政策和机制更加精准地与乡村振兴对接，以实现耕地数量、质量、生态“三位一体”保护的多重平衡；加快建立城乡统一建设用地市场是乡村振兴增强生机活力的源泉，加速推进制度性改革需要广大土地科技工作者以及基层工作者继续坚持上下结合、加大创新探索力度，提供更多的实践创新、学术支撑和智力支持。

年会采取线上与线下相结合、会议与直播互通的模式进行。江苏省人大常委会副主任曲福田、中国社会科学院学部委员孙宪忠、中国社会科学院农村发展研究所所长魏后凯、中国科学院地理科学与资源研究所研究员刘彦随、中国人民大学教授严金明、自然资源部国土空间规划局副局长李枫、中国农业大学教授朱道林在主会场与大家分享最新研究成果。据不完全统计，大会主会场线上直播观看人数达 2.2 万人次。

年会根据主题设置 14 个分会场，分期围绕耕地保护、调查监测、空间规划、城乡融合、土地市场、全域整治等议题开展线上线下交流。中国工程院院士郭仁忠、陈军等专家在分会场作报告点评，约 1.2 万人次线上参与。

（撰稿人：许　坚）

中国科技新闻学会

服务创新型国家和社会建设 受中国科协委托，学会参与重大活动宣传策划与报道，共参与新闻发布会 6 场、宣传策划会 14 场、重大活动 35 场，共组织 787 名记者参与报道、发稿 1737 篇、总结提炼宣传建议98条。在中国科协第十次全国代表大会主题宣传片工作中，学会常务理事金振蓉带队组织6家媒体记者赴浙江省杭州市、广东省广州市、陕西省西安市等地实地调研组稿；在大会期间，组织35家媒体对会议进行采访报道，会后整理新闻报道合集，编辑出版《中国科协“十大”媒体宣传汇编》。

3月，围绕“学会党组织落实意识形态责任制研究”项目，成立以青少年工作委员会成员为主体的课题组，经过多次座谈研讨逐步明确研究方向、确定研究框架，通过发放调查问卷开展调研工作，于10月完成8000余字的《学会党组织落实意识形态责任制研究报告》。在中国科协学会党建研究会组织的“2021年度学会党建调研报告评选”活动中，该报告被评为“年度优秀论文奖”。

6月19日，由学会与中国科协科技传播中心、上海科技馆、科普研学联盟、中国科学院合肥物质科学研究院共同组建的现代科技传播与研学教育中心在安徽省合肥市举办成立仪式。该中心将利用五家共建单位的优势资源，以新理念、新模式开展科普教育，狠抓科普课程研发，重视创新人才培养，宣传国家创新战略。学会副理事长周建强代表学会签署五方共建合作协议。

6月21—25日，学会科普文化产业专业委员会与上海科技管理干部学院、国家开放大学培训中心、北京市科普文化促进会在上海市共同举办第四期科普研学人才（导师）培训班。来自全国各地的30余名科普研学工作者参加培训。学员修完规定课程且通过考核后，获得由教育部直属国家开放大学颁发的研学导师岗位技能培训证书和由上海科技管理干部学院颁发的培训结业证书。

为推动国家科技新闻与科技传播事业发展，规范学会团体标准的管理，依据《中华人民共和国标准化法》《团体标准管理规定》《中国科技新闻学会章程》等文件制订并印发《中国科技新闻学会标准管理办法》，于10月在全国团体标准信息平台完成注册公示。11月4日，《科技传播标准体系建设指南》团体标准正式立项。11月30日，《科技传播标准体系建设指南》（征求意见稿）通过学会官网公开发布，向社会征求意见。

学会科技创新传播工作委员会承接中国科协“政产学研金服用协同发展信息平台”项目。在学会指导下，“政产学研金服用协同发展信息平台”线上系统1.0版搭建完毕，上传数据3000余条；对接科创中国试点城市（园区）政府、招商局、商务局、科技局或科协共21家；组织城市（园区）管理层考察项目27次；组织项目负责人到城市（园区）对接9场次；举办线上主题论坛7场次。与包头市人民政府、菏泽市人民政府、北京亦庄国标投资发展有限公司、天津市西青区人民政府等单位达成合作模式与长效互动机制。

学会建设 2021年，学会新增个人会员20人，新增团体会员6个。新增区块链传播及应用专业委员会、科技传播力促进工作委员会、电子竞技传播专业委员会、妇女科技传播工作委员会，下属分支机构由20个增至24个。

学科发展工程 学会科技传播理论研究专业委员会主任周荣庭组织有关专家编译《公众理解科学》（*Public Understanding of Science*，PUS）和《科学传播》（*Science Communication*，SC）前沿学术简报12期，以提升科技传播理论研究水平。

国际学术会议 10月16日，由上海交通大学媒体与传播学院、学会智能传播专业委员会与国际传播学会共同主办的2021新媒体国际论坛在上海市召开，主题为“新兴媒介、智能传播与人类福祉”。国际传播学会现任主席、美国宾夕法尼亚州立大学教授Mary Beth Oliver，国际传播学会候任主席、美国西北大学教授Noshir Contractor，国际传播学会前主席、新加坡南洋理工大学教授Ang Peng Hwa，国际传播学会前主席、美国南佛罗里达大学教授Patrice Marie Buzzanell，上海交通大学党委常务副书记顾锋，上海报业集团副社长季颖，以及来自国内外的专家、学者和学子1500余人分别通过线上或线下方式参加会议。学会智能传播专业委员会主任李本乾主持开幕式。

国内主要学术会议 1月30日，由中国科技新闻学会、《科幻画报》杂志社主办的中国未来科幻传播发展研讨会在线上召开。活动主题为“点燃梦想，创新未来”，来自动漫、电竞、科幻文学、科幻电影、科普教育、人工智能、新一代信息技术、高端制造、新材料等相关领域的50余位专家、学者参与研讨。学会理事长宋南平在会上指出，要发挥学会和《科幻画报》的传播优势，搭建未来科幻传播发展平台，让未来科幻产业成为体现科技创新硬实力与文化软实力、提升国家科技创新发展能力与新时代文化影响力的重要载体。

7月9日，学会科技传播理论研究专业委员会在江苏省苏州市举办首届“赛先生”科学传播苏州论坛。中国科学院院士韩启德为论坛提出口号——“科学传播关乎人类未来”，国际科技传播学会主席Jenni Metcalfe致开幕词。与会专家、学者就公众理解科学、科学传播的争议、如何更好地弘扬科学精神和科学家精神进行交流，尤其从科学传播的伦理维度进行探讨，提出应尽快建设中国特色科学传播理论体系的共识。来自全国20多个地区的260余名专家、学者参加论坛，共提出50多项科技传播理论研究成果。会议综述登上《科学传播杂志》(*Journal of Science Communication*，JCOM)。

12月25—26日，由中国科技新闻学会、中国青少年科技辅导员协会、河南省科协、安阳市人民政府共同主办的第四届中国科普研学大会在线上召开。学会理事长宋南平，中国科协青少年科技中心主任、中国青少年科技辅导员协会常务副理事长辛兵，河南省科协副主席房卫平，安阳市委副书记、市长高永分别致辞。中国科学院院士崔向群发表视频讲话。此次会议还举办“新形势下馆校合作研学的机遇与挑战”“馆校合作模式创新与发展”“研学课程设计分论坛”“基地/营地建设分论坛”4个分论坛以及现代科技传播研学教育圆桌峰会。大会在新华网、哔哩哔哩等多个平台同步直播，近百万人次在线观看。学会副理事长周建强主持开幕式。

科普活动 1月21日，由学会健康传播专业委员会主办的2021年健康传播跨界专家汇——医药创新前沿媒体沙龙在广东省广州市举办。来自健康领域的专家、学者50余人参加活动，就医疗前沿研究、健康传播的应用前景、医疗创新的未来发展等话题进行探讨。

3月24日，由学会农业科技传播专业委员会协办、北京科技记者编辑协会承办的科学传播沙龙活动在北京举办，活动以“科技创新引领农产品加工业高质量发展”为主题。中国农业科学院副院长孙坦、中国工程院院士姚斌出席活动。来自26家中央媒体的记者参与活动，共发布新闻稿件30余篇；活动还在光明网进行直播，共有53.5万人次观看。

6月22—26日，由中共中央宣传部、中国科协等单位组织的“时代精神耀香江”活动在香港特别行政区举办。中国科技新闻学会牵头组织《人民日报》、新华社、中央广播电视总台、《光明日报》等8家媒体赴香港特别行政区进行报道，围绕“时代精神耀香江”之百年中国科学家主题展暨月壤展览、百年伟业——庆祝中国共产党成立100周年大型主题展览共发布新闻报道389篇。

7月15日，中国航天文创CASCI官方艺术展“漫无边界”在广东省深圳市开幕。展览由学会太空文化传播青少年工作委员会联合中国航天建设集团有限公司航天设计院文创中心、华润置地（北京）股份有限公司等单位主办。此次展览打造9大展览区域，展厅面积为2200平方米，使用18台复古电视机播放世界近百年的航天历程，利用20多件航天模型和展品，结合裸眼3D技术展现中国航天成就。据统计，观展超过6万人次，30余家主流媒体对展览进行集中报道，传播人次达3000万。

学会区块链传播及应用专业委员会于9月11日、10月30日分别举办两期“前沿·应用——区块链系列沙龙”活动，主题分别为“‘一带一路’上的‘新基建’”“走进华为”。活动本着探索趋势、立足应用、推动潮流、共同发展的精神，邀请国内外区块链领域的专家、学者、企业界人士、媒体代表、管理部门和投资机构人士进行交流，研究区块链的理论与实践应用，探讨区块链构筑数据的安全风控等，利用区块链技术助力数字经济发展。

2021年，学会新媒体专业委员会共举办4期科技新媒体沙龙。其中，2月23日、4月23日、12月10日在北京举办的三场线下沙龙分别以“文化科技融合背景下的国际影视协作”“媒体融合创新发展的国际化视野”“AR及VR技术的新业态”为主题；10月24日在线上举办的沙龙以“科普短视频与直播的创作与运营”为主题。学会新媒体专业委员会主任、中国传媒大学协同创新中心副主任曹三省，中国传媒大学教授齐勇锋，巴基斯坦传媒文化学者、中国经济网特聘专家Malik，北京大学哲学系副教授朱效民，北京邮电大学电子工程学院副院长桑新柱等50余位专家、学者参与活动。200余名观众参加线下活动，直播访问量达60万余人次。12月，科技新媒体沙龙系列活动被中国科协办公厅评为2021年全国科普日优秀活动。

学会科技影视专业委员会组织有关会员单位开发科普资源，共制作3部科普动画片：《北斗领航梦想》（11集）、《天眼之父南仁东》（10集）、《“碳”索未来》；录制2部院士访谈视频：李兰娟院士谈新冠防治（7

集）、龙乐豪院士的演讲系列（20集）；出版3本科普图书：《低碳生活手册》《神奇的疫苗》《生命至上》。其中，《北斗领航梦想》入选“理想照耀中国——第四届社会主义核心价值观动画短片扶持创作活动”优秀创意作品；《神奇的疫苗》入选第17届中国国际动漫节“金猴奖”潜力漫画；《天眼之父南仁东》入选浙江省“十四五”重点文艺作品选题规划与浙江文化艺术发展基金资助项目。

表彰举荐优秀科技工作者 根据科协要求，学会按照相关程序推选副理事长陈鹏为中国科协第十次全国代表大会第十届全委会委员候选人。5月30日，在中国科协第十次全国代表大会上，陈鹏当选为第十届全委会委员。

党建强会 充分发挥资源优势，落实党史学习教育。学会在全国科技报系统推动开展“学史力行跟党走 服务创新谱新章”活动。5月16—17日，学会理事长、党委书记宋南平，学会副理事长、科技报分会会长郝建新，副理事长兼秘书长许英，一起赴湖南省韶山市参观韶山毛泽东同志纪念馆、毛泽东同志故居以及刘少奇故居等革命红色教育基地。来自全国30余家科技报（期刊）社的社长、总编辑等60余人参加活动。

6月29日，由中国科协宣传文化部指导、中国科技新闻学会制作的科技工作者庆祝建党百年歌曲MV《风雨随行》正式发布。歌曲MV展现中国现代科技工作者所取得的成就，旨在激励更多科技工作者为实现中华民族伟大复兴的中国梦不懈奋斗。《科技日报》《中国青年报》《工人日报》《中国科学报》等26家媒体及学习强国客户端进行报道。

会员服务 3月2日，学会面向全体会员组织开展“党在我心中”主题征文活动。征集作品涉及不同题材、不同文体，经专家评审，共评出一等奖1篇、二等奖2篇、三等奖2篇。

【2021年大数据科技传播与应用高峰论坛暨“科创中国”试点城市推进会】 10月10—11日，2021年大数据科技传播与应用高峰论坛暨“科创中国”试点城市推进会在湖南省衡阳市举办。论坛由学会、湖南省科协、衡阳市人民政府共同主办，学会大数据与科技传播专业委员会、衡阳市科协等单位承办。

学会理事长宋南平在论坛致辞中指出，要充分利用大数据、云计算、人工智能、5G、区块链、量子科技等信息技术革命成果，加速重构科技传播生态，不断增强公共科技意识，提高公众科学素养，推动科技创新和社会进步。

在主旨报告环节，中国科学院院士、中国科学院植物研究所研究员匡廷云，中国工程院院士、火箭军后勤科学技术研究所所长侯立安，欧洲科学院院士、南京信息工程大学遥感与测绘工程学院院长金双根，中国人民公安大学教授陈智敏等专家分别作题为《全智能化的植物工厂——颠覆传统农业的新兴战略产业》《疫情常态化视阈下空气中病原微生物消杀及风险防控》《智能时代大数据机遇与挑战》《构筑数据安全防护网》的主旨报告。

在高端对话环节，中国科学院院士匡廷云、黄维、朱位秋以及中国工程院院士侯立安、张伯礼、谭建荣、倪光南等11位院士、专家共话数字科技和产业发展，推动科创要素在产业生态圈集聚。

论坛发布《中国企业科技创新指数之大数据产业白皮书》。在“科创中国”试点城市推进会上，湖南省长沙市和衡阳市被授牌成为“科创中国”试点城市。

【区块链专家与媒体面对面专题活动】 5月19日，由学会主办的区块链专家与媒体面对面专题活动在北京召开，主题为“区块链让数据产生价值”。北京大学软件与微电子学院院长陈钟、国家开发银行创新中心办公室主任吴志峰等专家围绕区块链的发展现状、核心技术自主创新、安全监管和产业应用等话题与媒体记者交流，通过分享区块链行业鲜活案例，传播区块链相关知识。来自新华社、中央广播电视总台、《光明日报》等30家媒体的记者与专家参加活动。

会议同期举办中国科技新闻学会区块链传播及应用专业委员会成立仪式。学会理事长宋南平出席活动并致辞，他指出区块链传播及应用专业委员会应发挥作用，以务实性服务和创新型理念做好各项工作，为科技新闻传播事业做贡献。学会区块链传播及应用专业委员会主任李正辉表示要发挥区块链传播及应用平台作用，整合区块链专家库、区块链实验室方阵、媒体方阵、企业资源优势，助力中国科技传播、科学普及事业和区块链产业的发展。

（撰稿人：杜　梦）

中国老科学技术工作者协会

服务创新型国家和社会建设 凝聚特聘专家智慧，开展调查研究。2021年，协会共开展9项课题研究，上报8篇决策咨询专报，其中5篇获得党和国家领导人批示，2篇5条具体建议被全国人大采纳，1篇被中共中央办公厅采纳。

上报“关于《中华人民共和国科学技术进步法》修订的有关建议”，获得党和国家领导人批示，4项主要建议在12月修订的《中华人民共和国科学技术进步法》中被采纳。新修订的《中华人民共和国科学技术进步法》中提出“鼓励老年科学技术人员在科学技术进步中发挥积极作用”“每年5月30日为全国科技工作者日”；修订总则，并增加“基础研究”“区域科技创新”“国际科学技术合作”专章。

上报“关于修订《中华人民共和国科学技术普及法》的建议”专报，获得党和国家领导人批示，推动《中华人民共和国科学技术普及法》列入2022年修法计划。

助力《全民科学素质行动规划纲要（2021—2035年）》的研究编制。国务院发布的“新纲要”充分采纳协会顾问组意见，首次把老年人列为重点人群，科学素质提升行动面向青少年、农民、产业工人、老年人、领导干部和公务员五类群体开展，并提出依托老年科技大学普及智能技术知识和技能，大力发展老科协等组织。

基于研究课题上报的“关于保障科研人员的科研时间、保护创新能力的建议”和“关于提升科研人员心理心脏健康水平的建议”在获得多位党和国家领导人批示后，由中国科协组织传达学习批示内容、部署落实有关工作。提出“关于安全处置居民废弃口罩的建议”，为助力疫情防控提供有实践指导意义的建议。其中，“加快农民工高技能人才开发的建议”中的部分观点被中共中央办公厅采纳。

2021年，新聘请19位科学技术和政策研究前沿领域院士、专家担任协会智库特聘专家，形成覆盖科技、国际合作、财税、农业、社会保障、工业和教育等领域的特聘专家队伍，带领和指导研究团队参与课题研究、评议研究成果，带动决策咨询工作高质量发展。协会创新发展研究中心联合来自高校、科研院所、涉老组织等机构的优秀研究团队开展9项课题研究，依托15家地方协会调查站点开展调查研究。

决策咨询工作注重对重点问题进行持续性研究与跟踪，并打造有协会特色的标志性研究成果，出版《中国老科技工作者智库研究报告（一）》《老科技工作者人力资源开发报告》。

持续举办中国老科协智库圆桌会，打造学术交流平台，基于专家观点形成2篇专报报送国家有关部门。

召开决策咨询专委会工作会议，特聘专家聚焦国家重大战略、民生工程和关键政策，结合协会自身特点和优势提出研究选题，逐步提升智库研究的战略性、前瞻性和专业性。

大力弘扬科学家精神。会同有关单位举办以“弘扬科学精神　提升健康素养”为主题的第三十三届科学健康圆桌会议，来自生命科学、医学领域的中国工程院院士陈薇、乔杰、王俊、付小兵和中国科学院院士仝小林、曹晓风、阎锡蕴，以及陈韵岱、江涛等知名专家参加。会议通过深度对话和探讨，为普及医疗卫生知识、提升老年群体健康素养、推进健康中国建设的伟大事业贡献智慧。会上特别回顾为中国生命科学、医学领域作出贡献的老一辈科学家的风采并向他们致敬。探索传播科学家精神的新模式，与B站等开展合作，向青少年和大学生等群体传播科学家精神。

面向基层开展医疗义诊。2021年，组织北京多家三甲医院10余个专业的医疗专家39人次分别前往河南省洛阳市宜阳县及焦作市温县、宁夏回族自治区固原市西吉县、新疆维吾尔自治区喀什地区疏勒县和疏附县开展医疗义诊服务，受益患者2535人次、专业技术人员1940人次，组织教学查房和疑难病例会诊108人次，开展专业技术讲座和研讨培训35次。

学会建设　按期召开会长办公会议。2021年，协会会长陈至立主持召开5次会长办公会议，审议秘书处提出的工作方案，讨论研究近期工作。中国科协党组成员、书记处书记吕昭平、王进展曾先后出席会议。

按章程召开常务理事会议、理事会议，研究部署重要工作，有序推进各项工作，确保协会高效运转、稳健发展。顺利通过2020年度全国学会年检。调整充实组织建设与服务专门委员会、企业技术创新专门委员会、“三农”与扶贫专门委员会力量，同时根据工作需要选聘中国科协9名处级以上干部担任副秘书长，对口服务相应专门委员会。

开展分会组织建设调研。按照《民政部社会组织管理局关于进一步加强全国性社会团体分支机构、代表机构规范管理的通知》要求，对各分会组织建设和业务开展情况进行调研，研究分支机构规范管理工作，为修订《中国老科学技术工作者协会分支机构管理办法》进行准备。

研究推动社区老科协组织建设，提升对基层老科技工作者的服务能力。与湖南省老科学技术工作者协会联合举办2021年老科协工作人员研讨班，不断加强基层组织建设。

加强网站建设，改版微信公众号。微信公众号新增“急救常识”专栏，引导老年人提高健康素养。截至2021年11月底，协会网站年度发布274条信息，浏览量达399.7万次，同比增加32.1%；微信公众号共发布326条信息，阅读量达15.4万次，订阅用户6120人，同比增加26.3%。

主办期刊 2021年，《今日科苑》共出版12期，出版增刊1期（《老科协奖》专刊）。稿源逐渐覆盖清华大学、大连理工大学等知名高校以及中国科学院科技战略咨询研究院等智库机构。

加强期刊建设理论研究。编辑部开展“提升中国科协科技创新智库期刊发展水平的行动研究——以《今日科苑》为例”课题研究，形成总报告及《我国智库期刊发展现状及质量提升路径浅析》论文，获第五届科协发展理论研讨会三等奖。开展的“智库类期刊发展水平的影响因素及提升路径研究”课题顺利结题。

国内主要学术会议 7月27日，协会组织召开中国老科协助力企业技术创新工作视频会议，交流工作经验，探讨创新举措，来自各地的老科协代表328人在线参加会议。会议由协会常务副会长齐让主持。会议听取王鲁宁代表企业技术创新专门委员会对协会助力企业技术创新行动开展情况的总结汇报。王俊华、顾裕岳、杜永光和尹肖彤分别代表江西省老科学技术工作者协会、江苏省南通市老科学技术工作者协会、山东省枣庄市老科学技术工作者协会和东风汽车集团老科学技术工作者协会，就各自在助力企业技术创新方面的工作经验进行交流发言。李健作关于《中国老科协助力企业技术创新行动计划（2021—2023）》的说明。

科普活动 2021年，协会创新科普报告形式，建立和完善科学报告团管理系统，利用直播、微信公众号等新媒体手段在线上举办科普报告会。截至2021年11月底，共邀请30余位院士、专家在全国10多个省（自治区、直辖市）开展科普报告245场，听众近15万人次。

开展“智慧助老”行动。协会会同中国科协科学技术普及部开展“智慧助老”行动，在辽宁省、山东省、安徽省等地开展老年人智能手机培训，免费发放《智能手机使用教程（入门版）》《智能手机使用速成手册》图书，并组织科技志愿者对学员进行辅导帮助。编印出版《中国老科协智慧助老行动科普丛书》，向各会员单位、理事和社区老年人发放，并提供开源电子资源。鼓励和支持各地协会开展智能手机培训、数字科技体验学习等活动。

助力农村中学科技馆建设。赴湖南省、黑龙江省等地开展农村中学科技馆项目调研，召开项目研讨座谈会，助力中西部老少边穷地区农村中学科技馆建设。召开农村中学科技馆项目工作研讨及交流培训会，组织78个农村中学科技馆属地老科协参加学习研讨。组织老科技工作者到所在地农村中学科技馆开展爱科学、爱祖国、爱家乡科普讲座，就青少年关心的热点问题以线上线下相结合的方式举办《北斗卫星导航》《强国必须强芯》《仰望星空　航天强国》等科普知识与科学家精神主题报告，反响极大。关心培养农村青少年，引领农村青少年树立报效祖国、振兴乡村的伟大志向。

表彰举荐优秀科技工作者 协会开展2021年度中国老科协奖评选表彰活动。评选出获奖者175人，其中突出贡献奖10人、中国老科协奖165人；评选出先进集体奖27个。获奖情况经协会常务理事会审议通过，在全国科技工作者日期间进行公示，并在微信公众号上持续宣传获奖个人及集体的先进事迹。

为庆祝中国共产党建党100周年，重点宣传百名老科技工作者优秀党员的先进事迹，编写出版《中国老科协百名优秀共产党员事迹汇编》。

党建强会 加强政治理论学习，组织收听收看习近平总书记重要讲话，协会会长和党委书记主持召开专题学习会议，学习领会党的十九届六中全会精神和习近平总书记重要讲话精神，拥护“两个确立”、践行“两个维护”，切实把思想和行动统一到全会精神上来。各级协会也纷纷组织专题会议，交流学习体会，领会决议精神。组织收听收看庆祝中国共产党成立100周年大会实况。

认真学习习近平总书记对老龄工作的重要指示精神，在全国老龄工作会议上，常务副会长齐让代表协会作题为《充分发挥老科技工作者积极作用　推动科技为民服务》的发言，全面介绍协会在充分发挥老科技工作者积极作用、推动科技为民服务方面的工作成果和经验，得到中央领导的高度肯定。

开展党史学习教育，强化组织政治建设。贯彻落实习近平总书记在党史学习教育动员大会上的重要讲话精神，结合自身特点和优势，研究制订《中国老科协开展党史学习教育实施方案》，突出学党史、悟思想、强党性，办实事、开新局、永奋斗。成立中国老科协党校，举办党史学习班。会长办公会议、党委会议制订学习制度、带头学习，把“办实事”作为学习教育落脚点，围绕老科技工作者所思所想所盼加强调查研究、提升服务能力。

组织开展系列活动，庆祝建党百年。举办“难忘百年路　奋斗新征程”老科技工作者庆祝中国共产党建党100周年线上书画展，各地协会积极参与，遴选展出328幅作品。同时，各级协会组织书画展、文艺演出、义诊、科普报告等多种形式的专题庆祝活动，礼赞党的百年华诞。

会员服务　10月14日，协会以线上线下相结合的形式开展以“百年颂”为主题的第六届全国老科技工作者日活动，北京老科学技术工作者总会承办主场活动。原国务委员、十一届全国人大常委会副委员长、协会会长陈至立宣布活动启动。中国科协党组成员、书记处书记束为出席活动。400余位院士、专家和老科技工作者参加，各级协会组织线上观看。全国各省（自治区、直辖市）老科协、协会各分会以及部分直属企事业单位老科协都分别开展形式多样的“百年颂”活动。

【推动老年科技大学建设】 2021年，协会印发《中国老科协、中国科协科普部关于创建老年科技大学的指导意见》，指导各级协会发挥组织和智力优势，会同有条件的科技馆或其他有条件的涉老组织共建老年科技大学。陕西省老科学技术工作者协会于3月成立老年科技大学建设指导委员会；新疆老科学技术工作者协会于4月开办新疆老年科技大学并在有条件的地州市建立分校，第一学年开课38课，学员达10657人次；黑龙江省老科学技术工作者协会在哈尔滨市道里区创建乡村老年科技大学，探索为农村老年人服务的新模式；陕西省、江苏省、重庆市、海南省等地老年科技大学陆续开班授课。在北京召开的开源生态体系建设与老科技工作者服务研讨会上，提出以开源理念推动老年科技大学建设。协会联合社会科普资源共建老年科技大学，与中国银行总行养老金融部探讨在其老年大学下设科技学院。

【中国老科协党校揭牌仪式】 4月26日，中国老科协党校揭牌仪式在北京举办，同时举办第一期党史学习。协会常务副会长、党委书记齐让主持仪式。中国科协党组成员、书记处书记宋军出席并致辞。协会副会长、党委副书记杨继平，协会副会长、党委副书记、党校校长王延祜出席仪式。

协会认真筹备党校成立，专门召开党委会研究推进筹建工作，在课程设置、师资配备、教学模式等方面立足实际、有所创新，制订建校方案、学校章程，推进党校规范化建设。第一期学员主要来自协会有关分会和团体会员党组织，约40人，学习取得预期效果。

（撰稿人：刘　艳）

中国科学探险协会

服务创新型国家和社会建设　7—8月，协会极地专业委员会与北京延庆区国家高山滑雪中心反复沟通，总结并构建高山滑雪场山地救援培训体系。该体系由红十字国际委员会、美国心脏协会、国际绳索技术学校共同认证，具有完善的理论体系和较高的实操性，为2022年北京冬季奥运会的举办做准备。

7月19日，由协会海洋科学考察专业委员会科普基地广东海启星海洋科技有限公司牵头，联合国家海洋技术中心、国家海洋局南海预报中心共同开发的风暴潮信息共享公众服务小程序上线。该小程序是面向公众创建的开放风暴潮监测预警信息共享平台，为用户提供智能格点化风暴潮监测预警信息服务。通过小程序，公众可查询包含观测站、观测点数据、风暴潮预警预报、台风预报和区域水位变化等公共信息，并支持用户评价与反馈。

为促进社会对极地的关注和了解，增强公众及青少年应对气候变化的使命感，助力“双碳”目标，协会联合团体会员单位天津市极致应对气候变化促进中心（极地未来）等多家机构策划的“冰川记忆”公益展于12月在北京举办。面向社会公开征集有关“冰川记忆”的影像作品和实物。

协会准噶尔基地专家团队发挥技术优势，从春季四月开始到秋季十月，采取交流座谈、实地考察、现场指导、技能培训等多种形式，在新疆维吾尔自治区库尔勒市、阿克苏市、阿勒泰地区、吐鲁番市、昌吉回族自治州和且末县等地（州、县）与新疆生产建设兵团就防沙治沙、梭梭造林、发展肉苁蓉荒漠生态产业进行技术指导，为当地生态与经济可持续发展提供支持。

学会建设 协会主席崔鹏作为协会推选的中国科协第十次全国代表大会代表和第十届全国委员会委员候选人，于5月30日当选为中国科协第十届全国委员会委员。

6月底，完成法人离任审计工作；7月26日，民政部以民社登〔2021〕3196号文《民政部准予中国科学探险协会法定代表人变更的行政许可决定书》宣告法人变更完成。

根据协会发展需要，由理事和团体会员单位发起并经3月30日—4月2日召开的常务理事会审议，批准同意设立中国科学探险协会科普部和中国科学探险协会极地科学探险专业委员会。协会科普工作和极地科学研究得到加强。

经考察审核，批准中国科学院北京森林生态系统定位研究站、江苏南极岛旅游文化发展有限公司为协会科普教育基地，广东海启星海洋科技有限公司和中山大学海洋科学学院为协会海洋科学考察专业委员会科普基地。挂牌仪式分别于4月28日和8月25日在北京和广东省广州市举办，国内各大主流媒体进行报道，提升协会社会影响力。

5月20—24日，协会常务副主席兼秘书长李杰率科普部、特殊地区探险专业委员会和办公室一行5人赴重庆市四面山基地进行考察调研。其间，冒雨徒步30余千米穿越十里峡谷、大洪海茶马古道，实地踏勘响水湖、文家寨、会龙庄、四屏镇、中山古镇，对当地生态、人文资源和接待设施等进行考察调研。通过与当地相关机构负责人交流座谈，认为四面山基地能够成为协会在西南地区重点打造以科研与科普为重心的科学探险基地，并提出基地发展要变融资为“融智”，科学地讲好中国四面山故事。

协会准噶尔基地建设成绩显著。严管核心区偷牧盗猎、滥采滥挖中药材行为。2021年，在基地核心区种植榆树1200株、梭梭12万株。杜绝使用农药，保护土壤健康，沙漠生物多样性保护取得巨大进展，近20只鹅喉羚入住基地，基地逐渐成为鹰隼、狐狸等野生动物的乐园。

3月，协会副秘书长梁红斌带队在西双版纳国家级自然保护区科考，其间，对中草药种植基地进行实地考察，与保护区领导商议筹办西双版纳珍稀昆虫摄影展和基地硬件建设等事宜。中草药种植基地已邀请中国科学院西双版纳热带植物园博士潘勃作为科学顾问，以加强科技支撑，力争尽早满足协会科普教育基地的基本条件。

4月，协会青少年科学考察工作委员会秘书长程理勋带队走访武夷山基地、锡林郭勒基地及科普教育基地中国科学院北京森林生态系统定位研究站等，就青少年研学、科普与生物多样性挑战赛等进行交流，为进一步交流合作奠定基础。

10月，协会与福建省三明市第二中学相关领导座谈商议中国科学探险协会科普定点学校有关事宜。三明市第二中学是福建省重点中学、三明市首批“省普通中学一级达标学校”，同时也是福建省示范性高中建设学校，非常重视科普定点学校的设立，表示积极申请并希望在协会的指导下加强本校科普工作。

青年人才托举工程 2021年，协会完成第七届中国科协“青年人才托举工程”项目申报，已通过立项评审，共支持青年人才1人。

主办期刊 2021年,《中国科学探险》在选题方面策划“科学探险”“生物生命”“能源材料”“环境工程”“地质资源”等方面的文章，得到读者好评。

学科发展工程 由协会名誉主席、中国科学院院士秦大河主编，协会副主席康世昌、效存德和10余位理事参与编写的《冰冻圈科学概论（修订版）》获全国优秀教材（高等教育类）特等奖。

协会组织编写出版与科学探险和科学考察有关的科普类教材和图书，自行出版《户外遇险“说”生存》。在此基础上，与中国经济出版社和中国石化（易捷）初步达成合作意向，将跟随探索“中国地理金丝带（110°E）”的脚步，先期出版系列科学探险书籍、探险手册并在易捷发放。协会副主席张百平翻译的《当代地理学方法》入选“地理科学十大经典读本”。

《世界陨石》自2016年11月10日在北京国际珠宝展上发行第一期以来，先后在中国香港特别行政区、德国、法国获批取得刊物发行书号，2021年出版第10期。

科普活动 秘书长带头制作系列科普专题，在协会官网和微信公众号开辟专门科普窗口进行传播。现已发布《腾格里沙漠》《森林健康档案》《南极观测员的一天》《昆虫与人类的关系》和《中国地貌丨黄河寺沟峡发现壶穴群》5部/篇科普短视频和科普文章。

3月25日，协会副秘书长梁红斌等3人在云南金平分水岭国家级自然保护区作题为《昆虫识别、多样性和保护》的科普报告，来自各地管理局的职工和护林员50余人参加。随后，指导新入职人员进行昆虫调查和采集，手把手教授采集和标本制作方法，为保护区鉴定一批昆虫标本，得到保护区的好评。

4月22日，协会在福建省厦门市陨石博物馆举办主题为“探索·星际”的科普活动，受到陨石爱好者特别是小学生及家长的欢迎。

5月15日—7月5日，协会副秘书长梁红斌带队赴云南省独龙江、丙察察和西藏墨脱、陈塘沟开展野外综合科学探险考察。来自中国科学院动物研究所、中南民族大学、宁夏大学的专家和研究生参与考察。协会常务副主席兼秘书长李杰参加前半程的考察活动。

7月5日，协会海洋科学考察专业委员会、中山大学海洋科学学院在鸡啼门出海口海域成功布放海洋气象浮标。本套浮标可以对风速、风向、气温、气压、湿度等气象参数，海流流速、温度、盐度等水文物理参数，以及营养盐、叶绿素、溶解氧、pH值等生物地球化学参数进行自动化观测和实时数据传输。同时在浮标上安装自容式水听器，用来监测海豚的声音信号。

7月，协会国家公园专业委员会组队实施长江正源当曲科学考察活动。考察队乘坐橡皮艇由当曲源头附近出发，通过漂流的方式完成当曲及其附近区域的综合考察，获取大量观测数据及影像资料。

7月，由协会极地科学探险专业委员会等协办的联合国《生物多样性公约》第十五次缔约方大会青年生物多样性科学探索活动启动仪式在云南省昆明市举办。活动由生态环境部宣传教育中心、协会团体会员单位天津市极致应对气候变化促进中心共同发起，旨在助力《生物多样性公约》第十五次缔约方大会，打造青年生物多样性保护品牌项目，让世界倾听中国青年的声音。

8月8日，“向阳红3”号海洋科学考察船从海南省三亚市凤凰岛码头启航，执行为期20天的南海西部综合观测任务。此航次分为两个航段，协会常务理事、海洋科学考察专业委员会主任、中山大学海洋科学学院院长、深海远洋创新团队首席科学家王东晓担任第一航段共同首席科学家；海洋科学考察专业委员会副秘书长、中山大学海洋科学学院副教授、深海远洋创新团队核心成员邱春华担任首席助理。来自中山大学、中国地质大学（武汉）、广西大学、广东海洋大学、南京信息工程大学、自然资源部第二海洋研究所、南方海洋科学与工程广东省实验室（珠海）等单位的共38名师生以及工程师参加。协会常务副主席兼秘书长李杰与中国科学院院士、中国科学院大气物理研究所研究员吴国雄，中国科学院院士、南方海洋科学与工程广东省实验室（珠海）主任陈大可，中山大学副校长郃忠智等专家、领导一起参加启航仪式，并慰问科考队员和工作人员。

9月15日—10月10日，协会组织大别山科学考察，包括鹞落坪国家级自然保护区、安徽金寨天马国家级自然保护区、鸡公山国家级自然保护区和金刚台国家地质公园等保护区。这些保护区位于秦岭—淮河南北过渡带上，属亚热带气候，森林覆盖率高，动植物资源相对丰富。近年来，地方政府和保护区就生态保护结合旅游开发进行摸索和尝试，茶业和旅游业发展初显成效，这与完全封闭管理保护区的做法有所不同。

党建强会 6月23日，协会理事、协会珠穆朗玛基地负责人马伟强组织基地科研工作人员在海拔4276米的珠穆朗玛基地同当地政府、派出所联合举办庆祝中国共产党成立100周年座谈会。此次座谈以“不忘初心、牢记使命”为主题，回顾中国共产党百年奋斗历程，总结珠峰站建站以来所取得的成绩、科普野外科研观测台站的重要性，传播科学探险精神。

7月27日，为推进党史学习教育，按照中央和国家机关行业协会商会党委的统一部署要求，并结合协会党史学习教育计划安排，协会组织秘书处和各分支机构党员、骨干参观“让党中央放心、让人民群众满意——2021新时代中央和国家机关党的建设成就巡礼展。”

（撰稿人：霍翠萍）

中国城市规划学会

服务创新型国家和社会建设 3月26日，学会与四川天府新区管委会签署战略合作协议，公园城市指数研究中心揭牌成立。

参与《国土空间规划法（草案）》修订，完成《市县国土空间总体规划编制指南修改建议》《关于乡村振兴促进法（草案）的有关建议》《关于在洪灾频发地区建立乡村应急避难场所的建议》等科技工作者建议。

编制并发布《应急传染病医院的选址、设计、建设和运行管理导则（2021 版）》《Guidelines for Site Selection, Design, Construction, and Operation Management of Emergency Infectious Diseases Hospitals》《城市轨道交通站点周边地区设施空间规划设计导则》《特色田园乡村建设指南》《城市防疫专项规划编制导则》《电动汽车充电设施布局规划导则》《老工业区工业遗产保护利用规划编制指南》7 项团体标准；组织立项《中国特色村镇空间基因传承与规划设计方法指南》《大运河国家文化公园建设保护规划编制导则》《城市建筑能耗及运行碳排放计算方法导则》《高密度城市中心区规划设计指南》《户外信息设施分类导则》5 项团体标准。

通过组织专家调研、梳理创新实践项目、现场咨询、提炼翻译形成英文申请报告等环节，助力陕西省宝鸡市获 2021 年联合国人居奖。

组织衢山双龙湾地区概念规划、侠客湾科学城战略规划与概念性城市设计等 7 项国际方案的征集与评估，组织开展《无锡长安创新未来城战略规划与城市设计》国际咨询、《无锡洗砚湖生态科技城战略规划与概念性城市设计》国际咨询等活动。

学会建设 2021 年，学会新增个人会员 1432 人，新增单位会员 14 个；个人会员总数达 11062 人，单位会员总数达 124 个。

学会召开理事会议 2 次、常务理事会议 2 次，完成城市更新学术委员会、城乡治理与政策研究学术委员会、住房与社区规划学术委员会、工程规划学术委员会换届工作；完成住房与社区规划学术委员会领导班子调整工作；严格落实二级组织年度考评制度。

5 月 22 日，学会在北京组织召开 2021 全国城市规划学会工作会议。会议聚焦党建强会、推动规划学科创新与转型、发挥分支机构和科学家的主体作用，重点落实 2021 年度学会工作计划。

2021 年，学会在全球科技社团研究报告《世界一流科技社团评价（2021）——机遇与挑战》中被评为四星级社团，同时位居“2021 年世界一流科技社团社科交叉 50 强”榜单，是该榜单上的 3 家中国社团之一。

学会积极推动信息化、数字化、智慧化建设。通过网站、微信、微博、手机 WAP 端、App、微信小程序、抖音短视频等信息化手段打造全方位、立体化的知识传播体系。学会官方微信、微博等新媒体关注用户于年内超过 55 万，官方网站浏览量超过 1500 万，学会直播平台 2021 年共直播 294 场学术活动。

5 月 30 日，学会英文官网正式上线。

主办期刊 学会全年共发行期刊 128632 册。其中，学会会刊《城市规划》出版 12 期，发行 79932 册；《城市规划（英文版）》（*China City Planning Review*）出版 4 期，发行 1000 册；《人类居住》出版 3 期，发行 12000 册；《城市交通》出版 6 期，发行 3300 册；《小城镇建设》出版 12 期，发行 32400 册。

2021 年，学会会刊《城市规划》入选中国科技核心期刊、RCCSE 中国权威学术期刊（A+）、中国最具国际影响力学术期刊、建筑科学领域高质量科技期刊分级目录 T1 级、学科领域期刊 Q1 区、世界期刊影响力指数 Q2 区等。

学会编辑出版工作委员会发挥引领作用，协同提高全行业 40 多家期刊的总体水平，营造规划出版领域的良好学术生态。组织召开编辑出版工作委员会年会，倡导弘扬科学家精神，加强学术诚信建设。

学科发展工程 学会出版《城乡规划学科技术路线图》，与之前出版的《中国城乡规划学学科史》《城乡规划学名词》共同组成“城乡规划学学科研究三部曲”，构建城乡规划学学科知识体系分析结构。

5 月，举办第七届“早期聚落与城市”学术研讨会，促进学科理论发展。6 月，举办第四届东西部规划教学研讨会，助力优质教育理念在西部教师队伍中传播，提高西部规划教学水平。

出版《治理・规划》《治理・规划 Ⅱ》系列书籍，聚焦年会主题，阐述治理、空间治理与规划之间的关系，体现对规划的反思和前瞻。

国际学术会议 2021 年，学会共举办境内国际会议 4 个，参加会议人数 800 人次，交流报告 126 篇。

10 月 16 日，由学会主办、华中科技大学承办的第九届“21 世纪城市发展”国际会议在湖北省武汉市召开，会议主题为“新型城镇化与城市区域空间规划”。大会采取线上线下相结合的方式举办，线上观看人数达 5.7 万余人。主旨报告环节邀请 11 位专业及行业专家作报告。中国科学院院士段进阐述如何充分发挥城市设计在提升人居环境品质中的作用。国际欧亚科学院院士、中国科学院地理科学与资源研究所研究员方创琳系统阐述新发展格局下中国城市群发展方向与综合效应。其他9位国内外专家在城市更新模式、经济地理空间重塑、西部都市圈、区域治理等多个议题上交流各自的学术观点。

国内主要学术会议 2021年，学会共举办国内学术会议40次，较2020年度减少20次；参加会议人数82987人次，较2020年度减少297731人次；交流论文4146篇，较2020年度增加2881篇。出版《面向高质量发展的空间治理——2021中国城市规划年会论文集》等8本学术出版物，共发行20900册。

6月5—6日，2021年中国城市规划学会小城镇规划学术委员会年会在浙江省绍兴市召开，会议主题为“双循环战略下的小城镇发展与规划”。会议采用线下参加会议、线上直播并行模式，参加会议人数近万人次。

6月18—20日，2021年中国城市规划学会山地城乡规划学术委员会年会在北京召开。会议由中国城市规划学会山地城乡规划学术委员会主办、北京清华同衡规划设计研究院等单位共同承办。会议采取线上线下相结合的方式进行，来自高校和科研院所的200多位专家、学者、规划管理人员以及山地城乡建设的各方代表参加现场会议，就山地城乡智慧发展问题展开研讨，同时会议吸引相关行业千余人次在线上同步观看。会议贯彻落实生态文明理念和“两山”理论，聚焦“智慧山地城乡规划理论与实践”主题，探讨利用智能技术、数字技术、大数据分析、5G互联、物联网等智慧技术给山区、山地人居环境带来的影响。

8月6日，由学会与中国建筑学会、中国岩石力学与工程学会联合主办的城市地下空间防灾研讨会在线上召开，共有2万余人次参加会议。会议邀请来自国内外高校、研究机构及企业的专家、学者近30余人，针对城市地下空间防灾中遇到的现状问题共同交流经验，探讨相关理论和实践的未来发展方向。会议以河南多地暴雨洪涝灾害事件为出发点，聚焦地下空间防灾议题，融合城乡规划、建筑学、土木工程、岩石力学等多学科交叉领域的思维和视角。

9月16日，由中国城市规划学会历史文化名城规划学术委员会主办、中国城市规划设计研究院承办的贯彻落实《关于在城乡建设中加强历史文化保护传承的意见》专题座谈会召开。座谈会以“如何在城乡建设中加强历史文化保护传承工作”为主题，60余位专家、学者以线上线下方式参加会议，新华社、建筑杂志社等媒体列席参加会议。

10月22—24日，2021年中国城市规划学会城市更新学术委员会年会在山东省青岛市举办，会议主题为“高质量发展视角下的城市更新”。年会设置4场主题报告和风险防控、品质提升、价值再现、地方营造4个平行分会场及其22个分会场报告。通过“线上直播+线下参加会议”的互动模式累计吸引6000余名观众参与。会议同期进行学术委员会换届。

10月23—24日，2021年中国城市规划学会城乡治理与政策研究学术委员会年会在辽宁省沈阳市召开，会议主题为“可持续城市更新的治理创新”。本次年会由学会城乡治理与政策研究学术委员会主办、辽宁省城乡建设规划设计院有限责任公司承办、辽宁省城市规划协会协办。会议采取线上线下同步直播的方式进行。会议聚焦城市更新，由7位专家、学者作主题报告并举办学术对话，分享面向可持续城市更新的治理创新思考。

11月6日，由学会区域规划与城市经济学术委员会主办，辽宁省城乡建设规划设计院有限责任公司、东北大学承办的2021年中国城市规划学会区域规划与城市经济学术委员会年会在北京、辽宁省沈阳市两地通过在线方式召开。会议主题为“工矿业城市的转型与创新发展”。

国际交往 2021年，学会常务副理事长兼秘书长石楠受邀参加线上国际学术会议3次，分别是于1月13日由国际城市与区域规划师学会、全球规划援助机构和苏格兰规划援助机构共同举办的包容性场所营造论坛，于2月4日举办的第五十六届世界规划大会闭幕式，于5月13日在意大利举办的国际公共空间双年展开幕式。此外，参加国际城市与区域规划师学会主席团会议5次。

学会邀请英国伦敦大学学院荣誉教授格雷格·克拉克（Greg Clark）参加学会举办的“规划尤里卡”线上活动。

科普活动 学会科普类杂志《人类居住》面向社会公众推广可持续人居环境理念，普及世界范围的人居环境知识。通过学会官网、微博、微信、学习强国、官方视频号、抖音号等信息平台协同普及规划知识，开辟“学会声音”“规划周刊”等栏目，为公众梳理城乡规划行业热点。

学会参与组织“国匠：吴良镛学术成就展”，联合主办“栋梁——梁思成诞辰一百二十周年文献展”，主办“儿童友好城市建设实践”，联合主办“922绿色出行活动”，学会城市影像学术委员会主办“地域文化　双城视角：京沪城市文化影像展”等科普活动。

学会加强科普读物的出版发行工作，出版《风雨华章路：四十年区域规划的探索》《遗珠拾粹：中国古城古镇古村踏察（四）》等书籍。

学会开展方圆阁鉴书、方圆阁悦读会、科普学堂、“规划青年说”学术沙龙、2021 年度中国城市规划学会青年规划师年会、2021 城乡规划学本科六校联合毕业设计、中国城市规划学会第九届青年规划师演讲比赛、第八届“西部之光”大学生暑期规划设计交流活动、2021 年度全国高等院校大学生乡村规划方案竞赛等活动，为青年学者提供学习交流和展示的平台。

表彰举荐优秀科技工作者　学会颁发 2020 年度中国城市规划学会科技进步奖、2019—2020 年度杰出学会工作者奖；开展 2021 年度中国城市规划学会领军人才奖、青年人才奖推荐及 2020—2021 年度优秀党员科技工作者评选。学会向中国科协推荐院士候选人人选 1 名、“最美科技工作者”2 名、“科创中国”榜单 5 项。

党建强会　学会理事会党委发挥党建引领作用，完成中国科协学会理事会党委职责任务分类试点工作，参与制订中国科协理事会党委职责任务清单和“负面”清单。

坚持党建信息化管理和党建宣传教育两手抓，建设“学党史，建人民城市”等专题网页，学会公众号特别策划“学党史”专栏，组织“致敬革命先烈、争当时代先锋”支部党建活动等。

2021 年，学会获“中国科协党建工作学会”称号。

会员服务　学会全年编印《学会简讯》纸质版及电子杂志 12 期，面向全体会员传递学会及所属二级组织的最新工作动态。

学会适时修订《会员管理办法》；简化入会手续，实行全面电子化服务；开展全国科技工作者日会员优惠活动，增强会员归属感；创新青年人才培育机制，为会员提供特色化服务。

【2020/2021 中国城市规划年会暨 2021 中国城市规划学术季】　9 月 25—30 日，由中国城市规划学会和成都市人民政府共同主办、成都市规划和自然资源局承办的 2020/2021 中国城市规划年会暨 2021 中国城市规划学术季以线下线上相结合的方式举办，其中线下会议于 9 月 25—27 日在四川省成都市召开。受新冠肺炎疫情影响，2020 中国城市规划年会延期与 2021 中国城市规划年会合并举办，此次会议以“面向高质量发展的空间治理”为主题，强调以科学规划保障高水平空间治理、推动高质量发展和高品质生活。

年会强调学术性、科学性，强调科技创新、兼容并蓄，以应对新时代的转型发展和规划挑战。会上邀请多位院士作特邀报告，发布进一步加强规划学术诚信的倡议；颁发各类科技奖项。来自国内外的有关专家、学者、各级党政负责人、各级政府规划行政主管部门、规划编制单位、规划一线的科技工作者参加会议，交流探讨当前规划工作中面临的一系列热点和难点问题。

年会包括 28 场专题会议、80 场学术对话和特别对话，集中展示规划领域最新研究成果。其中，27 场会议采用网络视频直播的方式。会议交流内容涵盖城市更新、“双碳”背景下的城镇发展与挑战、历史文化名城保护、韧性城市、学科发展等前瞻性话题。学会面向青年学者、规划师设置多个平行会场。

年会共征集 6875 篇学术论文，经过学会专家团队匿名审查，最终有 3567 篇文章收录到论文集中。会议择优遴选 436 篇优秀论文在专题会场进行宣讲，还有 596 篇论文以墙报形式在年会期间集中展示交流。

年会开幕式上表彰第二届全国创新争先奖获得者中国工程院院士吴志强、入选“科创中国”先导技术榜单的段进院士团队、2020 年度中国城市规划学会科技进步奖获奖项目、第八届“西部之光”大学生暑期规划设计交流活动获奖作品、学会“最美科技工作者”获得者王树声和杨贵庆、2020—2021 年度优秀党员科技工作者获得者杨明等 6 人、年会优秀组织奖获奖单位以及 24 位学会杰出工作者。

（撰稿人：刘静静　曲长虹）

中国产学研合作促进会

服务创新型国家和社会建设　促进会领导深入基层调研，先后到上海市、广东省等数十个地方调查研究，通过多种模式研究产学研融合发展的新情况、新问题、新模式；促进会领导先后到中国船舶重工集团环境工程有限公司、北京首创高科技发展有限公司、重庆交通大学等企业、高校、园区开展座谈交流，总结发现产学研合作好案例。

围绕“科创中国”行动计划，认定重庆大学、宝鸡高新技术产业开发区、江苏膜科技产业园等 20 余家产学研合作创新示范基地以及中国建材集团有限公司、美的集团股份有限公司等80余家产学研合作创新示范企业，做好区域和企业科技创新的试点工作。

4月10日，中国电子材料与元器件产学研协同创新平台启动仪式在陕西省西安市举办。该平台是在促进会支持下，由西安交通大学联合国内100多家企业、大学、科研院所和行业协会共同组建的。西安交通大学校长王树国、促进会执行副会长兼秘书长王建华等出席大会。来自全国百余所高校、科研院所以及企业的千余人参加大会。

7月15日，在促进会支持下，全国首家产学研学院苏州市产学研学院在苏州大学揭牌成立。促进会执行副会长、秘书长王建华，苏州大学党委常委、副校长张晓宏，苏州市政府副秘书长蒋华出席并致辞。

参与承接“2021年佛山市深入推进创新驱动助力工程——绿色储能应用系统研发成果产业化”课题。

发布产学研高质量协同创新团体标准，根据行业创新和社会需求先后发布《“海水稻”良好产业规范》系列标准、《聚乙烯（PE）类生态降解塑料》系列标准，以及《电冰箱保鲜肉类口感等级要求和实验方法》《家用和类似用途微蒸烤一体机烹调性能评价》《人工环境舒适性产品　第8部分　卧室睡眠场景的房间空气调节器》《大风量房间空气调节器》《合同起草审查指南》等50余项团体标准。

9月25日，由中国科协主办、人力资源社会保障部支持、促进会承办的首届虚拟现实领域专业技术转移转化能力提升高级研修班在北京开班。中国工程院院士赵沁平、丁文华作开班主旨报告，来自业界的有关领导及全国虚拟现实产业链龙头企业、研究机构、行业平台的100名产学研界人才参加研修班，就虚拟现实产业创新发展进行培训和交流，推动虚拟现实领域技术创新和健康发展。

学会建设　1月10日，中国产学研合作促进会会长扩大会在北京召开。促进会常务副会长陈小娅主持会议。曹健林、齐让、张勤、赵长禄、李健、石军、高瑞平、朱宏任、马之庚、王建华、雷朝滋、李普、占剑、敖英芳、张木等产学研界领导和专家出席会议。会议听取并审议中国产学研合作促进会2020年工作总结和2021年工作计划，审议2020年产学研合作创新与促进奖、示范企业、示范基地申报和评审工作。会议结合当前形势和促进会工作特点，提出新的要求和新的任务，要求促进会工作要坚持问题导向、需求导向和目标导向，为“十四五”开局之年推进产学研深度融合做好各项工作，为建党100周年献礼。

搭建创新平台，促进成果转化。2021年，促进会围绕“四个面向”，支持搭建干细胞与再生医学、消化内镜学、康养医学、光伏工程产教融合、电子材料与元器件、中央汽车企业数字化转型、现代产业学院、数字文化产业、中央企业经贸促进、数字文化产业、有机废弃物资源化、国际可可全产业链等10余个全国性协同创新平台或联合体，加强创新链产业链融合，推进产学研用一体化，为着力构建以企业为主体、市场为导向、产学研深度融合的创新体系开辟新途径，取得一定成效。

不断提升服务能力，加强建章立制工作。健全工作管理制度，促进管理规范化、制度化、标准化。加强人才队伍建设，确保工作水平稳步提升。成立产学研促进会换届工作领导小组，听取产学研界意见，组织开展理事、常务理事、副会长等人选的推荐工作，按照换届工作方案有序推进换届工作，做好中国产学研合作促进会第三届会员代表大会各项筹备工作。

不断健全完善信息网络和平台服务环境建设。建立信息化专用平台，按照国家科学技术奖励工作办公室的要求，通过线上线下申报系统，组织2021年中国产学研合作促进会产学研合作创新与促进奖的申报评审工作。会刊《中国科技产业》作为科技部主管的全国性重点期刊，在中共中央宣传部和科技部组织专家对科技部系统刊物进行的审读中获得“在政治把关、内容质量、编辑水平等方面优秀”的评价。

国际学术会议　1月15日，在促进会支持下，以“金融、产业、十百千，拓荒人精神薪火相传”为主题的第五届国际海水稻论坛在海南省三亚市召开。袁隆平青岛海水稻团队宣布：在中国科协相关部门指导下成立的“智慧农业创新联合体”和在促进会指导下成立的“中国海水稻产业协同创新平台”正式启动。

9月28日，在促进会支持下，中国国际可可产业创新平台成立大会暨首届中国可可全产业链发展研讨会在湖南省长沙市召开。马里、马达加斯加使领馆官员通过现场视频连线发言。会议现场举办中非农业产学研战略合作签约仪式，推进以可可产业链为切入口的中非农业合作在产业研发、人才交流、成果转化方面更深更优。

11月13—15日，由促进会与华南师范大学等单位联合主办的“东南亚论坛”2021国际会议暨粤港澳大湾区产教融合协同创新论坛通过线下线上相结合的方式在广东省广州市召开。来自柬埔寨、泰国等东南亚国家及香港特别行政区、澳门特别行政区的专家、学者、业界人士等出席会议，就粤港澳大湾区和东南亚跨区域经贸、教育文化交流、产学研等领域合作带来的挑战与机遇进行讨论，为构建“更为紧密的中国－东盟命运共同体”献智献策。广东省、教育部、中国科协有关部门领导出席会议并致辞。

国内主要学术会议 1月16日，促进会在北京组织召开生态塑料产业发展专题研讨会。促进会副会长石军根据安徽省宿州市生态塑料产业评估的课题任务要求，牵头组建以中国科学院院士黄维为组长的评估专家组，形成《关于宿州市生态塑料产业的评估报告》。会议认为，宿州生态塑料的发展模式有利于国家当前禁塑限塑的各项政策落地，值得被推广和应用，并且对中国乃至世界环境保护具有意义。

6月5日，由促进会等主办的首届中国康养医学发展论坛暨中国康养医学协同创新联合体成立大会在北京举办。十一届全国人大常委会副委员长陈至立，全国政协常委、促进会常务副会长吴晓青，科技部原副部长、促进会常务副会长陈小娅，中国工程院院士、北京大学人民医院胸外科主任王俊，原北京市卫生局局长、康养医学联合体主席金大鹏等产学研医界领导出席会议。大会为中国康养医学协同创新联合体和中国产学研合作创新示范基地香河大爱城进行揭牌。

7月18日，在促进会支持下，由中国光伏工程产教融合协同创新平台主办的中国光伏工程产教融合协同创新平台第二届高峰论坛在内蒙古自治区呼和浩特市召开。此次论坛将协同产业界、学界光伏工程研究领域的骨干力量，发挥高校与龙头企业的引领作用，加强技术创新、机制创新、模式创新，带动产业链、供应链上下游，共同推动光伏产业高质量发展，助力实现国家碳达峰碳中和目标。

7月27日，由促进会与中国校企协同产学研创新平台主办的“建设现代产业学院、推进产教融合发展”高峰论坛暨2021年校企协同创新大会在北京召开。教育部高等教育司司长吴岩就如何建立现代产业学院作专题报告，上海交通大学原党委书记、促进会副会长、中国校企协同产学研创新联盟理事长马德秀等领导出席大会并致辞。会议致力深化产教融合，建好高水平现代产业学院，培养现代化创新型和应用型人才，促进教育链、人才链和产业链、创新链有机衔接。

8月20日，在促进会参与下，由山东省委省政府主办的对话商协会·齐鲁之约活动在山东省济南市举办。山东省委书记刘家义作主旨报告，省委副书记、省长李干杰主持会议。促进会执行副会长、秘书长王建华应邀在大会上作视频发言，重点介绍产学研推动山东高质量发展的经验和典型案例。

9月16日，在促进会支持下，由中央企业区块链合作创新平台与重庆市大数据应用发展管理局、重庆市渝中区人民政府共同主办的2021中国国际智能产业博览会区块链高峰论坛——中央企业区块链创新发展论坛在重庆市召开。与会专家、学者和企业代表围绕区块链技术创新作演讲，为工业和信息化部2021年大数据产业发展试点示范项目入选企业颁奖。会议围绕区块链赋能产业发展作场景发布，并启动2021中国国际智能产业博览会全国区块链大赛暨首届“星火杯”区块链应用大赛。

9月23日，由促进会与鹏城实验室、中国网络空间新兴技术安全创新论坛联合主办的中国网络空间新兴技术安全创新论坛第一次成员大会在广东省深圳市举办。中国工程院院士、中国网络空间新兴技术安全创新论坛理事长方滨兴，中国工程院院士邬江兴、于全，国际欧亚科学院院士姜标，促进会执行副会长、秘书长王建华等领导及论坛成员单位代表出席大会。大会以“积极推动网络安全新技术应用，携手构建网络安全新发展格局”为主题进行交流合作，共同探讨下一步发展规划。

9月29日，由促进会与海南国际文化艺术品交易中心等单位共同主办的2021南海数字文化产业创新峰会在海南省海口市举办。与会领导和专家、学者围绕“一带一路”区块链基础设施及产业生态构建与发展等议题，探讨推动构建国际化的文化艺术品区块链和大数据平台、数字资产交易平台等新型信息基础设施，推动数字资产交易，推动海南数字文化产业高质量发展，助力“数字中国”建设。

10月16日，由促进会与上海国创科技产业创新发展中心联合主办的长三角科技产业创新论坛在上海市召开。来自长三角地区产业园区、高校、科研院所、金融机构等各界的企业家及企业代表参加论坛，共话区域协同创新，围绕科技企业创新、技术升级、产业打造等方面进行交流，分享科技实践路径研究经验。

12月5日，由促进会指导，中国虚拟现实技术与产业创新平台、北京市石景山区人民政府联合主办的第七届中国虚拟现实产学研大会以元宇宙会展形式举办。大会旨在推动元宇宙概念落地，推动虚拟现实技术创新和产业创新，提高虚拟现实产业人才培养质量，助力虚拟现实技术与产业生态建设。促进会常务副会长陈小娅、中国工程院院士赵沁平担任大会主席。

两岸交流　在中国科协交流部支持下，促进会作为海峡两岸暨港澳协同创新联盟轮值理事长单位，2021年组织海峡两岸暨港澳创新学科与人才培养大会、粤港澳大湾区产教融合协同创新论坛、海峡两岸暨港澳协同创新联盟理事会暨“科创中国”科技自立自强研讨会等活动，支持参与2021中国海峡两岸暨港澳智慧建筑与BIM技术峰会等活动，为促进海峡两岸暨港澳协同创新发展注入创新活力。

5月8日，在中国科协交流部和促进会支持下，首届海峡两岸暨港澳海洋水产养殖技术高峰会在广东省佛山市召开。来自产学研界的领导和水产养殖专家就如何促进区域海洋渔业资源养护与可持续发展等议题进行探讨，探索新型海洋水产养殖业发展方向，推广成功经验和先进模式，为政府和企业提供借鉴和参考。

12月18—22日，在中国科协交流部和促进会支持下，由海峡两岸暨港澳协同创新联盟参与主办的第十四届“创显杯”全国大学生影视作品大赛在广东省广州市举办，助力“科创中国”行动计划实施。

科普活动　促进会联合科普企业，依托科研院所和高校，用好科学家资源，通过产学研协同创新服务社会特别是广大青少年，为促进中国科普事业产业化、大众化做出许多工作；与中国科普产学研创新平台合作，组织面向青少年学生的“院士大讲堂”系列公益品牌活动，现场听众达2000余人次，网络直播受益人数达3000万人次。

表彰举荐优秀科技工作者　经国家科学技术奖励工作办公室批准，设立中国产学研合作促进会产学研创新与促进奖，2021年共评出产学研创新与促进奖833项，其中，产学研合作突出贡献奖10项、产学研合作创新奖309项、产学研合作促进奖135项、产学研工匠精神奖31项、产学研合作创新成果奖348项。敖英芳、陈群、寇伟、黎维彬、刘山国、沈金强、王永炎、谢明勇、昝林森、赵华林共10人获得中国产学研合作突出贡献奖，该奖项是产学研界的最高荣誉奖。

促进会推荐的北京第三代半导体产业技术创新战略联盟通过中国科协2021年“科创中国”产学研融通组织评选；推荐6位产学研界优秀科学家、企业家作为国家创新人才推进计划候选人；推荐产学研界优秀科研项目申报中国专利奖；向中国科协推荐第十八届中国青年女科学家奖、2021年度未来女科学家计划及“最美科技工作者”等候选人，重庆交通大学副校长易志坚获2021年度“最美科技工作者”称号。

党建强会　5月28日，参加中国科学院第二十次院士大会、中国工程院第十五次院士大会、中国科协第十次全国代表大会，认真学习贯彻习近平总书记在大会上的重要讲话精神；5月27日，参加中国科协第九届全国委员会第八次会议；出席在四川省成都市举办的第三十五期中国科协所属全国学会秘书长沙龙活动，并在会上作交流发言。

党建强会，创新赋能。促进会参加建党100周年系列活动，编写《创新　使命　担当——中国产学研合作百佳示范企业》一书，向中国共产党建党百年献礼。该书通过100个企业的科技创新和产学研合作实践，以讲故事、讲案例的形式讲述在中国共产党领导下企业如何发挥创新主体的作用。促进会以党建促会建，坚持“三会一课”制度，开展“学党史、悟思想、办实事、开新局”活动，发挥党组织战斗堡垒作用。

6月29—30日，中国产学研合作促进会党建强会院士行走进铜陵有色。由促进会党委、矿产资源与材料应用协同创新平台、铜陵有色金属集团控股有限公司联合主办的党建院士行活动在安徽省铜陵市举办。中国工程院院士陈毓川、促进会党委书记王建华等出席活动。铜陵有色金属集团控股有限公司70余位党员和技术骨干参加活动并进行座谈交流。会议就铜陵有色及矿山资源开发利用痛点、热点和可持续发展等问题进行交流探讨和建言献策。

会员服务　促进会以“发现和培养万名专兼职技术经理人”为目标，举办虚拟现实领域专业技术转移转化能力提升高级研修班，包括3名院士在内的18名授课专家、3名辅导员参与教学。

促进会支持参与第三届河北省产学研合作创新大

会、西安交通大学“产教融合　协同育人”创新工程启动大会、2021 中国·阳泉项目投资恳谈会、山东省委省政府举办的对话商协会·齐鲁之约等活动，与山东省科学技术厅、山东省人才发展集团有限公司、阳泉市经济技术开发区等签订战略合作协议，促进产学研资源流动与对接。

【“担当新时代新使命　迈出产学研新步伐”企业家科学家座谈会】 7 月 25 日，由促进会主办的“担当新时代新使命　迈出产学研新步伐”企业家科学家座谈会在北京召开。全国政协常委、全国政协农业和农村委员会副主任吴晓青，科技部原副部长陈小娅，中国工程院原副院长、中国工程院院士干勇，国家知识产权局原局长、中国知识产权研究会理事长田力普，十二届全国政协经济委员会副主任石军，上海交通大学原党委书记马德秀等政产学研金介的有关领导和专家，以及入选《创新　使命　担当——中国产学研合作百家示范企业》一书的企业代表、产学研协同创新平台的企业家、科学家等 200 余人出席座谈会。促进会副会长、秘书长王建华主持会议。来自产学研界的领导、企业家、科学家围绕“党建引领，赋能企业创新发展”“打通创新链产业链融合通道，真正发挥企业创新主体作用”“加强协同创新平台建设，优化平台的法规政策环境”等话题进行交流互动。

（撰稿人：蒋向利）

中国知识产权研究会

服务创新型国家和社会建设　2021 年，研究会作为国家知识产权专业职称考试评审办事机构，继续承担经济专业技术资格考试知识产权专业科目相关工作，组织专家完成知识产权师职称（初、中、高级）考试大纲、教材的修订工作，完成 600 道试题的初审和终审以及 1500 份高级职称考试试卷出题和阅卷工作。组织建设全国知识产权师高级职称评审系统，该系统已正式投入使用，打通知识产权师高级职称评审渠道。围绕知识产权师考评工作，赴 4 地开展实地调研和政策宣讲活动，组织培训 11 场，录制精讲课程 57 课时、冲刺课程 23 课时，以线上线下形式培训 4000 余人次。

2021 年，研究会组织开展课题研究 40 余项，形成课题研究报告 60 余篇，组织编写 11 本书籍，完成专利、商标、商业秘密等委托鉴定 40 余项，出具鉴定意见书 50 余份。

承担多项国家及有关地方知识产权“十四五”规划类研究项目，完成“十四五”知识产权规划及公共服务分项规划的编制工作、宁夏回族自治区和江苏省苏州市张家港市“十四五”知识产权规划的编制工作；组织编写《〈知识产权强国建设纲要（2021—2035 年）〉辅导读本》《“十四五”国家知识产权保护和运用规划辅导读本》等 11 本书籍；组织专家围绕“十四五”知识产权规划中社会关切的重点问题在多家报刊上发表专题文章 11 篇；围绕“十四五”知识产权规划相关内容，以沙龙、调研、座谈等形式组织多场宣讲解读活动。

受国家知识产权局委托，研究会继续开展“城市知识产权运营服务体系建设绩效评价项目”，完成第三批 10 个城市知识产权运营服务体系建设的中期绩效评价和第一批 8 个城市的验收工作；完成 14 家知识产权运营机构、20 个运营基金、4 个质押融资风险补偿基金的绩效评价和总结工作；完成“健全大数据、人工智能、基因技术新领域新业态知识产权保护制度论证”，对新领域新业态知识产权保护模式、保护制度特别是专利审查政策及标准提出修改完善建议，相关成果应用于《专利审查指南》第二部分第 9 章的修改；组织开展《中华人民共和国商标法实施条例》完善问题论证，形成修改意见和论证建议，为《中华人民共和国商标法实施条例》的修改提供论据和支撑；组织开展高价值核心专利布局研究，编制重点领域产业链专利布局指数，进一步丰富专利导航的方法论。

承接并完成中国科协委托的“粤港澳大湾区先进制造业和现代服务业融合发展研究——知识产权服务业与新一代信息技术产业实证研究”和“科创中国”专利大数据技术竞争情报专业科技服务团、科技评价服务引导等项目。

研究会针对抗肿瘤药生物药、工业机器人、先进存储技术、动力电池等地方特色优势产业，完成 5 项专利导航课题研究，形成产业导航项目报告 5 份、重点企业专利布局报告 9 份，建成线上专题数据库 5 个。

聚焦知识产权前沿热点问题，推进自主立项课题研究工作。研究会完成“基于职业能力的知识产权人才职称评价体系研究”和“‘双循环’新发展格局下中国商标品牌保护与国际化推进政策研究”2 个自主立项课题的研究工作。“习近平知识产权保护重要论述基础理论与实现路径”“与知识产权相关的财税政策”“区域知识产权实力评价”“新领域新业态知识产权保护制度”“数字经济与知识产权保护”等7个自主立项课题已完成中期评审。

推进知识产权鉴定标准制订工作，编写知识产权鉴定规范（总则、专利、商标），完成国家标准的立项准备工作，相关标准已报送全国知识管理标准化技术委员会。

继续承担国家海外知识产权纠纷应对指导中心相关工作。2021年，国家海外知识产权纠纷应对指导中心发布中国企业海外纠纷信息243份，组织构建188人的专家队伍为486家国内企业提供指导和咨询。参加18次国际展览会，提供现场咨询指导60余次。开展65期专题培训，培训人数达3万余人次。编写发布《中国企业涉美知识产权纠纷报告》《海外知识产权纠纷应对指导服务手册》等13份知识产权风险防范以及应对指南。面向11家企业提供海外知识产权侵权责任保险。协助国家知识产权局知识产权保护司新设地方分中心12家，并对其进行业务能力培训，规范和提升地方分中心指导水平。

学会建设 2021年，研究会召开理事会议1次、常务理事会议2次，规范调整负责人、常务理事、理事。完成《中国知识产权研究会议事决策规则》《中国知识产权研究会专业技术岗位聘用管理办法》等28项规章制度的制修订工作。截至2021年年底，共有单位会员314家、个人会员392人。

加强分支机构管理，开展打击非法社会组织、违规评选评奖活动等专项清理检查工作，建立年度工作量化考评机制。各分支机构健康有序运行，在提高互联网领域知识产权保护水平、推进知识产权学科建设、加强知识产权鉴定行业管理等方面发挥重要作用。研究会网络知识产权委员会完成眼球控制领域海外维权案例编写工作，组织开展消费电子领域专利实施许可谈判的程序规则设计和研究工作，积极参与集成电路、云计算领域高价值专利培育和专利导航产业发展等项目；举办2场人工智能领域技术创新与专利保护研讨会，并围绕局部外观设计和《工业品外观设计国际注册海牙协定》举办培训活动。研究会高校知识产权专业委员会完成《高校科研人员创新创业与知识产权调查报告》编写工作，编制《高校专委会信息快报》9期；举办第十届（2021）中国高校知识产权人才培养研讨会等学术研讨活动3场，举办“高校知识产权管理规范”等专题培训班2场；完成《高校专委会工作细则》《高校专委会活动管理办法》等内部规范的制修订工作。研究会知识产权鉴定专业委员会在加强行业管理、组织制订鉴定行业标准等方面取得突出成效，正式设立鉴定机构名录库，编制发布鉴定机构及鉴定人名录库管理办法、入库鉴定人教育培训工作管理办法等制度规范；组织举办2期知识产权鉴定专业能力培训班，加强鉴定人员专业能力保障，800余人次参加培训。

7月21日，由研究会主办的2021年全国知识产权研究会工作交流会在浙江省嘉兴市召开。来自国家知识产权局有关部门、地方知识产权局、地方政府部门的有关负责人，以及来自全国20多个省（自治区、直辖市）知识产权研究会的相关负责人及专家、学者参加会议。与会人员通过领悟红船精神的时代内涵，学习习近平总书记对知识产权工作的重要指示精神，立足知识产权工作新的历史方位，围绕会议主题“赓续红船精神，构建全国知识产权研究会发展新格局”展开研讨，积极为全国知识产权研究会创新发展建言献策。

2021年，进一步加强网站信息化建设，完成外网网站升级改版和内网网站建设工作。

主办期刊 2021年，《知识产权》杂志出刊12期，发表论文82篇。围绕习近平法治思想、习近平有关知识产权重要论述、《知识产权强国建设纲要（2021—2035年）》等知识产权事业发展中的重大议题、战略性和前瞻性问题组织策划专题12个。

组织召开《知识产权》杂志编委会会议暨知识产权强国建设学术研讨会，围绕杂志发展定位、发展举措和知识产权强国建设背景下的选题方向等问题展开研讨与交流，为杂志高质量发展提供工作思路和有益借鉴。

组织4次专题调研活动，就杂志在新时代背景下的学术定位和高品质发展等问题向编委会专家、期刊评价机构、社会团体等求计问策，收集汇总30余条改革建议，进一步开阔办刊视野，为提高期刊建设水平打下基础。

大力推进期刊信息化建设，《知识产权》杂志引入在线投稿和审稿系统，规范工作流程，加快稿件流转，缩短审稿周期，为提高办刊效率和质量提供信息化保障。

国内主要学术会议 2021年，研究会围绕店铺招牌及门头广告商标侵权行政执法、电商领域知识产权行政执法、数据知识产权保护、数字经济中的知识产权保护等主题举办 7 场专题学术研讨会，为研究解决相关领域知识产权问题提供理论参考。

国际交往 10 月 26 日，研究会与日本知财学会和韩国知识产权学会以线上形式共同主办 2021 年度中日韩知识产权国际学术研讨会。

科普活动 研究会完成“科普中国”共建基地项目，制作宣传知识产权科普作品 150 余件，以多种形式组织开展知识产权科普教育活动 16 次，参加人数达 3000 余人次。

研究会面向会员开展“聚焦知识产权 点亮智慧生活”科普作品征集活动，在全国知识产权宣传周期间以在线形式对征集的漫画、图文、歌曲等知识产权科普作品进行集中展播。组织会员参加国家知识产权局开展的知识产权类视频作品征集活动，由研究会推荐、单位会员报送的漫画短视频作品获二等奖。

由于在知识产权科普工作中表现突出，研究会被中国科协评为“2021 年度全国学会科普工作优秀单位”。

表彰举荐优秀科技工作者 研究会开展中国专利奖、第十四届光华工程科技奖、中国青年科技奖、中国青年女科学家奖和未来女科学家计划等奖项的推荐工作。其中，推荐的专利项目获第二十二届中国外观设计金奖 1 项、中国专利优秀奖 2 项。由于在中国专利奖组织推荐工作中表现突出，研究会获得第二十二届中国专利奖优秀组织奖。

党建强会 2021 年，研究会党支部坚持以党中央决策部署和习近平总书记重要指示批示精神作为政治建设的依据，不断加强党对研究会的全面领导。完成党支部换届选举工作，选举产生新一届支部委员会成员，配齐配强党支部班子。不断强化政治理论学习，全年共召开党员大会 21 次、支委会议 19 次、党小组会议 22 次，班子成员讲党课 5 次，举办主题党日活动 13 次，党员的政治素质得到全面提高。

开展党史学习教育、“我为群众办实事”及“党建强会”活动，第一时间学习贯彻习近平总书记关于党史学习教育的重要论述。组织开展支部书记讲党课、青年党员讲党课，赴红色教育基地开展党史学习教育、专题组织生活会等活动，激励和引导广大党员干部坚定理想信念、加强党性锤炼。党史学习教育期间，累计设计 18 期集中学习主题，组织党史集中学习 12 次、专题学习 14 次；建立全员每天微信打卡自学机制。践行“三服务”工作理念，切实为群众办实事，构建中国企业“走出去”知识产权海外风险防控体系，积极推进知识产权职称考试工作服务知识产权人才建设，推动党史学习教育成果不断走深走实。以“发扬红色革命精神 加强知识产权保护”为主题开展“党建强会”主题系列活动 4 次，为广大会员及创新主体投身知识产权强国建设注入精神动力。

会员服务 2021 年，研究会以线上、线下形式举办高价值专利培育及运营、商标注册申请及保护、海外专利申请及保护等 12 期知识产权实务培训，培训人数 2000 余人次。继续向会员提供知识产权信息服务，赠阅《知识产权》杂志 12 期、《知识产权竞争动态》《中国知识产权研究会通讯》16 期。

组织会员参加知识产权研讨交流活动，包括 2021 年度中日韩知识产权国际学术研讨会等。

进一步提升会员服务信息化水平，建立会员线上管理系统，有效提升会员管理水平；借助“会员风采”专栏和会员微信群搭建会员宣传展示平台。

【2021 年度中日韩知识产权国际学术研讨会】 10 月 26 日，由研究会、日本知财学会和韩国知识产权学会共同主办的 2021 年度中日韩知识产权国际学术研讨会在线上召开。来自中国、日本、韩国司法机构、企事业单位、高校、科研单位及知识产权服务机构的专家、学者及企业代表 300 余人参加研讨会。

研究会副秘书长谢小勇、日本特许厅厅长森清、日本知财学会会长渡部俊也、韩国知识产权学会会长金元五出席会议并致辞。世界知识产权组织驻日办事处主任泽井智毅主持开幕式。研究会副秘书长马宁出席会议。

会上，来自中国、日本、韩国的知识产权专家以“ESG（环境、社会和公司治理）与知识产权”为共同主题，围绕中国企业战略、AI 数据签约的实务问题和韩国外观设计保护法中对图像设计的法律处理等议题发表演讲，与会专家、学者还围绕主题发言内容展开研讨交流。通过此次研讨会，中国、日本、韩国的知识产权民间社团组织相互交流借鉴，共同探寻各自国家未来的知识产权发展之路，对中国、日本、韩国的技术创新、产业升级、经济发展具有推动作用。

【2021 年全国知识产权研究会工作交流会】 7 月 21 日，由研究会主办的以“赓续红船精神，构建全国

知识产权研究会发展新格局”为主题的2021年全国知识产权研究会工作交流会在浙江省嘉兴市召开。国家知识产权局党组成员、副局长周晖国出席会议并讲话。研究会理事长田力普出席并主持会议。

会议邀请北京大学教授易继明进行专题辅导，为与会专家、学者、领导领会和把握习近平总书记重要讲话精神、抓好贯彻落实提供思路和指引。研究会副秘书长谢小勇围绕“新时代下知识产权研究会的使命与担当”主题作大会交流发言。浙江省、广东省、河南省及湖北省武汉市等地方知识产权研究会的有关人员分别作经验分享，各地代表围绕会议主题展开研讨，共同为赓续红船精神、构建全国知识产权研究会发展新格局、开创新时代知识产权研究会工作新局面建言献策。

来自国家知识产权局办公室、保护司、运用促进司、公共服务司、人事司等有关部门负责人，地方知识产权局、地方政府有关负责人，以及全国20多个省（自治区、直辖市）知识产权研究会的相关负责人参加会议。

（撰稿人：杨　丹）

中国发明协会

服务创新型国家和社会建设　12月10—12日，第二十五届全国发明展览会——“一带一路”暨金砖国家技能发展与技术创新大赛在广东省佛山市举办，展览面积4万平方米。来自全国各地的超过2300个发明创新项目、800多家企业、4700多人参加展会活动。共有1550个项目获“发明创业奖 · 项目奖”，其中金奖401个、银奖543个、铜奖606个，金奖中评出专项奖61个；248个项目获得“发明创业奖 · 创新奖”，其中一等奖113个、二等奖135个。大赛活动从10个赛项、175名国内选手和29名国际选手线上线下竞赛成绩中评选出一等奖24个、二等奖41个、三等奖94个。央广网3天3场直播，光明网3天9场直播，两家直播浏览量超过600万人次。9家中央媒体的传播曝光量超过800万人次。

7月25—27日，受人力资源社会保障部委托，协会在山东省菏泽市举办“新产品研发高级专业人才能力提升”高级研修班。来自全国22个省（自治区、直辖市）的企业、高校、科研机构的百余名学员参加培训班。协会党委书记余华荣、菏泽市人民政府副市长曹升灵、菏泽市政府办公室副主任杜昌修、山东省市场监督管理局副局长杨晓峰等参加开班式。中国科学院院士宋振骐作主旨报告和专题报告。

8月26日，由中国发明协会、中山市归国华侨联合会、国际菁英会等共同主办，并得到“一带一路”国际科学组织联盟、中国友谊促进会、广东省归国华侨联合会等单位支持的“菁英杯”2021年国际侨界青年创新创业大赛启动仪式在广东中山市小榄镇启动。此次大赛持续至11月12日，分为报名提案、入围赛、专家“一对一”方案优化、总决赛四个阶段，当年11月及以后一年时间为项目孵化成长期。

完成“知识产权双向转化需求库技术建设、信息筛选及对接活动”课题。截至2021年9月底，发明创业促进中心向国防知识产权局提供项目需求信息200多项，提供转让项目100多项，全部被国防知识产权局吸纳进入“双向转化数据库”；向佛山市科学技术协会推荐化工材料、机械运载和电子信息项目80项，80项目包含专利400项。

10月25—27日，由中国发明协会和中国商业联合会、中国轻工业联合会、中国科技金融促进会、中国五金制品协会共同主办，永康市人民政府等承办的第二十六届中国五金博览会在浙江省金华市永康市举办。本届博览会共有申报企业1672家，1469家企业获得参展资格；永武缙地区以外的参展企业达817家，占所有参展企业数量的55.7%。本届博览会首次开设世界五金精品展区，集中展出11个国际品牌的600余种产品。

10月25—27日，受国家知识产权局委托，协会在江苏省南京市举办“一带一路”背景下企业“走出去”知识产权战略研修班。包括协会会员、江苏省发明协会会员以及部分外向型企业代表在内的共60余人参加。江苏省知识产权局副局长赵旗、南京市人民政府副秘书长陶磊、江苏省发明协会会长施伟参加开班仪式。

学会建设　9月27日，召开中国发明协会第八次全国会员代表大会，选举产生新一届理事会、党委会、监事会。其中，第八届理事会理事共207人，第一届监事会监事5人。

在2020年度中国科协系统财务数据汇总工作中被评为优秀单位，这是协会连续第九年被评为优秀单位。

成功申报中国科协国际组织会费资助、“一带一路”国际科技组织合作平台建设项目。

国际交往 2021 年，协会共组织 1 个线下展、17 个线上展，共计 18 个展团。推荐 210 个项目参加 14 个国家和地区国际展。

世界知识产权组织继续作为第二十五届全国发明展览会支持单位并设立世界知识产权组织专项奖。协会党委书记余华荣应邀出席博鳌亚洲论坛，同期出席世界知识产权组织的“知识产权和中小企业：将创意推向市场”分论坛等专题活动。参加发明者协会国际联合会第三十六届全会，再次取得执委国连任资格。

表彰举荐优秀科技工作者 2021 年，开展中国发明协会第十二届发明创业奖人物奖评选工作，共有 292 个项目参评，评出 102 位获奖者，其中评出当代发明家 18 人。

9 月 27 日，第二届发明创业奖成果奖颁奖典礼在北京举办，活动为 59 个一等奖项目、67 个二等奖项目代表人颁奖。

经民主推荐、专家评议，推荐唐佩福、冯仲科、郑小平为第十四届光华工程科技奖候选人，推荐胡方、李吉参选 2021 年“最美科技工作者”。

党建强会 开展党史学习教育，围绕“学史明理、学史增信、学史崇德、学史力行”的目标要求，组织协会全体党员和全体员工收看庆祝中国共产党成立 100 周年大会，学习贯彻习近平总书记重要讲话精神；组织传达学习党的十九届六中全会精神，领会中共中央第三次历史决议重要精神。成功申报中国科协“党建强会”计划，在庆祝建党百年华诞前夕，协会党委、党支部组织全体党员、入党积极分子和协会工作人员赴香山革命纪念馆、延安、南泥湾、梁家河等地开展“追寻红色足迹”系列主题党日活动。协会党委书记余华荣带头讲党课《百年奋进，使命担当！》。妇女节期间举办新时代巾帼发明家科学家座谈会，畅谈新时代在党的领导下进行发明创造创新创业的故事；在全国科技工作者日到来前夕，举办“众心向党、自立自强”高校科研攻关多学科协同和多领域发明创新经验交流座谈会，来自北京大学、清华大学、北京航空航天大学、南方科技大学、北京交通大学等 10 余所知名高校、研究院所的院士、专家及博士生导师围绕核心技术、关键领域创新攻关分享心得，为建设国家战略科技力量献计献策。

会员服务 2021 年，协会新入个人会员 569 人，新入单位会员 42 家。

9 月 28 日，举办 2021 年新会员座谈会，新领导班子成员与在京的副理事长、常务理事、党委委员、理事及现场的 100 余名新会员进行座谈交流。来自清华大学、西藏天虹科技股份有限责任公司、上海优必杰教育科技有限公司等各领域的会员代表交流发明创新体会，对协会发展建言献策。

【中国发明协会第八次全国会员代表大会暨第十五届中国发明家论坛暨第二届发明创业奖成果奖颁奖典礼】 9 月 27—28 日，由协会、科技日报社等联合主办的中国发明协会第八次全国会员代表大会暨第十五届中国发明家论坛暨第二届发明创业奖成果奖颁奖典礼在北京召开。全国政协副主席、中国科协主席万钢到会发表讲话。中央和国家机关工作委员会、科技部、中华全国总工会、国家知识产权局、中国科协等部委领导出席会议。协会理事、会员、专家和各界代表 400 余人出席大会和论坛活动。

第七届理事会理事长、中国工程院院士潘云鹤主持大会。协会党委书记、常务副理事长兼秘书长余华荣代表协会第七届常务理事会和协会党委会向大会作工作报告。大会选举产生第八届理事会、党委会、监事会。中国科学院院士吴朝晖当选为理事长，余华荣当选为党委书记、常务副理事长兼秘书长，中国科学院院士房建成当选为监事长。大会还审议通过第七届理事会工作报告、党委会工作报告、财务工作报告，以及关于《中国发明协会章程》修改的说明、设立名誉职务和会员会费缴纳标准与办法的说明等事项。

吴朝晖以《以高质量发明创新创造支撑高水平科技自立自强》为主题作主旨演讲，提出要站在新一轮技术革命背景下解读国家创新驱动发展战略、知识产权强国战略、科技强国战略。第十五届中国发明家论坛聚焦大健康与专业医疗服务创新发展，邀请北京天坛医院副院长、欧洲科学院外籍院士、脑肿瘤研究北京市重点实验室主任张力伟，国家体育总局体育科学研究所特聘研究员、德国科隆体育大学体育科学博士、北京体育大学教授陈小平，北京大学公共政策研究中心副主任、北京大学医学技术发展与研究中心常务副主任江滨等专家分别作题为《脑健康与脑疾病：我们未来的思考与挑战》《奥运精英训练的创新与全民健身》《健康中国战略下医药产业突破路径》的报告，分享行业最新研究成果。

与会领导和专家为第二届发明创业奖成果奖获奖者颁奖，为新一批协会会士和院士专家咨询工作委员会专家颁发证书。

【第二十五届全国发明展览会——“一带一路”暨金砖国家技能发展与技术创新大赛】 12月10—12日，第二十五届全国发明展览会——“一带一路”暨金砖国家技能发展与技术创新大赛在广东省佛山市举办。活动由协会和金砖国家工商理事会、广东省科学技术厅、广东省科学技术协会共同主办，佛山市人民政府承办，得到科技部、中国科协等单位的支持和指导，佛山市科学技术协会、佛山国家高新技术产业开发区管理委员会、佛山中国发明成果转化研究院为执行单位。来自全国的超过2300个发明创新项目、800余家企业、4700余人参加展会活动。

协会党委书记、常务副理事长兼秘书长余华荣主持开幕式。十二届全国政协副主席齐续春、十三届全国政协教科卫体委员会副主任曹健林、广东省副省长王曦及协会理事长、中国科学院院士、浙江大学校长吴朝晖等200余位领导、专家、学者参加开幕式和闭幕式等活动。开幕式上举办“一带一路”暨金砖国家技能发展与技术创新培训中心揭牌仪式以及7个落地佛山的项目签约仪式。

本届展会以“发明创新、自立自强”为主题，展览面积4万平方米，特设国家高新技术创新成果、高等院校发明创新成果、国防知识产权、节能环保、全国职工发明创新成果、青少年发明创新、大健康及非遗创新成果、粤港澳大湾区、“一带一路”暨金砖国家技能发展与技术创新大赛、综合等专题展区。清华大学、浙江大学等高校参加展览，高等院校发明创新成果展区展出各地区选送的代表性科技项目近100项；全国职工发明创新成果展区展出1000余项；粤港澳大湾区展区共有11个展团，226家单位参展，参展项目415项，其中实物展示项目274项。

大赛共有175名国内选手和29名国际选手通过线上线下参与比赛，其中24名国内外选手获得一等奖。同期举办“一带一路”暨金砖国家技能发展与技术创新国际研讨会，为国际国内发明人和发明创新创业创造打造交流合作和转化应用的平台。

展会同期举办知识产权双向转化路演对接会，浙江大学的可穿戴式高时空分辨脑信息分析仪等10个创新项目与来自广东省佛山市和全国其他地区的投资人、企业家进行合作对接。佛山中国发明成果转化研究院共签约5个产业化项目和2个研发中心，项目累计投资近10亿元。

【第十六届全国高职院校“发明杯”大学生创新创业大赛总决赛】 12月19日，第十六届全国高职院校“发明杯”大学生创新创业大赛总决赛在山东省济宁市召开。由于疫情原因，大赛采用网上参赛、二次网评形式。大赛由协会、山东省教育厅、山东省人力资源保障厅、山东省科技厅、山东省市场监督管理局（山东省知识产权局）、山东省科学技术协会共同主办。来自全国多个省（自治区、直辖市）的12030所院校参加比赛。经评审，评选出专利创新类一等奖72项、二等奖128项、三等奖200项，发明制作类一等奖63项、二等奖107项、三等奖180项。

【中国发明协会学前创新教育分会第三届年会】 8月8日，中国发明协会学前创新教育分会第三届年会于线上举办，会上首次在线播放《2049计划——童创圆梦工程》宣传片。协会党委书记余华荣视频致辞，学前创新教育分会会长程淮作工作报告。首都师范大学研究生工作部副部长兼研究生院副院长、博士生导师师保国，学前创新教育分会副会长、温州大学教育学院教授宋占美，湖北省职业教育学前教育专业技能名师、武汉城市职业学院学前教育学院教授夏宇虹等专家作主题分享，千余人次线上参会。

（撰稿人：朱汉夫　王清梅）

中国工程教育专业认证协会

服务创新型国家和社会建设 2月3日，协会发布《关于受理2021年工程教育认证申请的通知》，公布2021年度工程教育认证申请受理的643个专业名单，并对各专业自评提出相关要求。

4月，为做好工程教育认证专业评建指导工作，切实提高评建工作质量，线上对2021年受理专业开展慕课培训活动。

5月8日，召开2021年培训集体备课会，拟作为讲师的80余位参与后期培训的核心专家参加。备课会议分为集中备课和分组研讨两个阶段。通过备课与研讨，与会专家对如何把握当前阶段工作重点、明晰面向产出教学体系设计的基本要求、坚持面向产出评价机制的底线要求进一步达成共识，为后续做好各类培训打下基础。

6月10日，公布浙江大学机械工程等305个通过

2020 年工程教育认证的专业名单和北京科技大学机械工程等 291 个通过工程教育认证中期审核的专业名单。

6 月 15 日，组织候选专家（秘书）开展工程教育认证候选专家（秘书）慕课培训工作。培训内容主要包括工程教育改革与发展、专业认证基本理念、认证通用标准解读、现场考查程序与要求以及认证工作重难点解析。

9 月 11 日，协会发布《关于开展 2022 年工程教育认证申请工作的通告》，对 2022 年工程认证申请工作进行说明，就申请材料的撰写要求及提交方式进行解释。

10 月 13 日，修订并正式发布《工程教育认证线上线下相结合考查工作指南（2021 版）》和《工程教育认证现场考查专家组工作指南（2021 版）》。新发布的指南更加适应现阶段认证工作重点，注重引导学校和专家聚焦建立并实施面向产出的内部评价机制，同时对专家工作纪律提出明确要求。

12 月 4 日，发布提交 2021 年工程教育认证持续改进情况报告和年度报备材料的通知，对有效期中期到期专业以及所有在有效期内的专业提出明确要求，推动通过工程教育认证的专业持续改进工作。

12 月 10 日，组织开展工程教育认证申请审核工作培训，针对工程教育认证工作形势、工程教育申请审核专家工作要点以及工程教育认证专家工作纪律进行重点培训并提出相关要求。

12 月 20 日，发布《关于印发〈中国工程教育专业认证协会团体标准管理办法〉的通知》。

2021 年，共接受 1976 个认证申请，完成约 400 个专业的认证考查工作，其中 114 个专业采用线上方式和线上线下相结合的方式考查，派出专家（秘书）1122（342）人次、见习专家（秘书）69（23）人次。

2021 年，首次完成状态保持与持续改进相关工作。完成 292 个中期到期专业的持续改进报告审阅、43 个“需要进校核实”专业的中期审核现场考查核实、7 个接受现场考查观摩专业的观察员遴选及现场考查观摩，以及 292 个专业中期审核报告的撰写、结论审议及名单发布工作。对 2020 年有效期内的 1155 个专业开展年度持续改进报备材料抽查，督促专业及时改进，指导专业逐步建立面向产出的评价机制。

持续助力脱贫攻坚，为“三区三州”和 52 个未摘帽贫困县所在地市高等学校开放专业认证在线培训课程资源，并在 2021 年工程教育专业认证申请受理过程中加大对高等教育欠发达地区高校或条件相对较弱院校的倾斜支持力度。在 2021 年受理的 643 个专业认证中，西部省份的高校专业约 132 个，条件相对较弱的院校专业约 55 个，合计占认证总数量的 29% 左右。

学会建设　3 月，在由中国科协、中国工程院、中国联合国教科文组织全国委员会共同主办的 2021 年世界工程日中国庆祝活动暨中国工程师联合体成立仪式上，中国工程教育专业认证协会理事长王树国当选为中国工程师联合体副理事长，协会当选为中国工程师联合体常务理事单位。

10 月底，与协会秘书处支撑单位教育部高等教育教学评估中心续签工程教育认证合作框架协议，进一步完善双方合作的工作内容以及分别承担的责任、义务，理顺双方在认证组织实施中的关系，进一步保障工程教育认证工作持续健康发展。

2021 年先后承担中国科协“2021 年中国科协‘一带一路’国际科技组织合作平台建设项目”和中国科协“2021 年国际组织事务综合项目”两个资助项目，以及教育部高等教育教学评估中心“提升认证能力”委托业务，部分项目如期完成结题。协会以推进项目研究为契机，持续提升认证协会的学术研究能力和战线影响力。

国际学术会议　12 月 15 日，协会联合新加坡工程师学会和天津大学举办的 2021 年工程教育国际研讨会以线上方式召开。会议得到国际工程联盟、世界工程组织联合会和亚太工程组织联合会的支持，来自美国、俄罗斯、英国、澳大利亚等 36 个国家和地区的国际工程组织的 200 余位专家、学者参加会议。来自国内外的 1 万余名工程教育认证领域的专家、学者、高校师生通过直播平台观看会议。

国内主要学术会议　1 月 26—29 日，协会召开三期在线认证总结研讨会，分别由参与在线认证试点的 50 余位秘书、80 余位专业负责人和 150 余位专家对开展在线认证的成效、经验和问题进行总结。会议就在线认证如何抓住毕业要求主线、坚守产出评价机制底线展开讨论，对线上线下相结合的工作模式提出改进建议，分享优化材料抽调和视频访谈等重点环节经验，对下一步如何推进线上线下结合认证达成共识。

3 月 30 日，协会组织召开 2020 年工程教育专业认证结论审议会。结论审议委员会全体委员对 2020 年认证的18个专业领域的305个专业认证结论进行审议，并对各专业类认证委员会的结论审议工作进行综合评议。

5月7日，协会召开2021年学术委员会扩大会议。会议就如何进一步落实产出要求主线和评价机制底线进行研讨，并对培训指导材料编制、认证标准（毕业要求）修订预研、交叉类专业认证、认证培训课程与培训机制建设、延长认证周期试点、认证工具表格优化、认证规划编制等议题进行研讨，达成有关共识。

5月20日，协会组织召开认证结论审议委员会2020年中期审核结论审议会议。结论审议委员会全体委员对2020年292个专业的中期审核报告和结论进行审议，并对中期审核结论审议工作的程序、重点和要求等达成共识。

7月9日、15日、30日，协会组织召开3场中期审核工作意见征求研讨会，面向2020年中期审核进校核实专业60余位专业负责人（学院教学院长）、100余位中期审核专家（结论审议委员会委员）和30余位专业委员会工作人员征求意见。会议就修订完善中期审核制度文件、审阅材料、进校核实、撰写审核报告等环节展开讨论，再次强调认证报告中提出的问题及关注项整改措施和改进情况以及产出评价机制的完善和运行情况的重要性。

9月22日，召开2022年工程教育认证申请工作说明会。此次说明会以在线方式召开，2022年工程教育认证拟申请专业及所在学校相关人员通过6300余个视频端口收看会议。会后，根据专业提出的问题梳理形成申请工作注意事项并发布，做细做实工程认证各项服务工作。

9月29日，召开中国工程教育专业认证协会持续改进情况报备材料抽查专题研讨会。会议对2020年有效期内的1155个专业开展年度报备材料抽查工作；通知抽查发现改进不力的专业及时改进，改进情况将作为中期审核或下一轮认证申请审核的重要参考。

10月20—21日，召开工程教育认证核心专家研讨会，对工程教育认证的形势及工作重点以及近期在认证过程中出现的有关分歧问题进行研讨。

10月22日，协会组织开展2021年工程教育专业认证秘书工作研讨活动，解析认证工作的关键环节以及重点难点，分享秘书工作经验并强化认证工作纪律要求。

国际交往 中国科协为《华盛顿协议》的正式成员，协会负责对内开展中国工程教育认证工作的组织实施，按照相关要求完成《华盛顿协议》日常工作并提交2021年度报告，报告内容包括专业领域、近期活动、认证标准、认证程序、组织架构等。

3月31日，协会派代表全程参与由国际工程联盟主办的国际工程联盟成员吸纳指导工作专题研讨会。会议以在线形式召开，就如何对拟吸纳成员进行业务指导展开研讨。研讨会由《华盛顿协议》副主席陆继生（Lock Kai Sang）主持，来自全球26个国家和地区的46位专家、学者参加会议。

6月21—26日，协会以正式成员身份参加2021年国际工程联盟大会在线视频会议。根据国际工程联盟大会有关决议，中国将在2022年接受周期性检查，2023年国际工程联盟大会进行投票表决。协会坚持“以我为主”原则，以接受检查为契机，进一步完善工程认证体系，建立持续改进工作机制，推动工程教育改革，提升中国工程教育的全球影响力。

10月，协会派出两位专家作为国际工程联盟大会执委会派遣的检查专家参与《华盛顿协议》成员组织的转正或周期性检查，分别参与2021年下半年墨西哥工程教育认证委员会的转正检查以及2021年下半年印度尼西亚工程教育认证委员会的转正检查。

11月，协会支持并参与由全球260家科技共同体联合发布的“开放、信任、合作”倡议。

党建强会 按照协会秘书处将党建工作纳入教育部高等教育教学评估中心党支部的统一安排，2021年度协会共先后参加教育部高等教育教学评估中心党支部组织召开的党员大会1次，党支部书记带头讲党课3次，支委成员、党小组组长讲微党课6次，青年干部理论学习小组谈心得体会1次。参加教育部高等教育教学评估中心党支部组织开展的党史专题集中研学5次、集中专题研讨2次、讲授专题党课11次等。先后参加“长征精神”“北大红楼精神”“香山精神”“抗战精神”以及党史博物馆等现场学习活动，聆听多场党史文献和重要讲话研讨报告。

9月22日，根据协会和秘书处支撑单位党史学习有关安排，首次召开2022年工程教育认证申请工作说明会。

会员服务 6月，协会开通微信视频号，并与微信公众号绑定。截至2021年年底，学会公众号关注用户总数达1.3万余人，共发布文章147篇，总阅读量达33.6万人次，用户分享3万余人次，日阅读高峰1.4万余人次，成为协会开展宣传工作的重要平台和载体。

【《关于发布已通过工程教育认证专业名单的通告》】 6月16日，教育部高等教育教学评估中心和协会联合发布《关于发布已通过工程教育认证专业名单的通告》。截至2020年年底，全国共有257所普通高等学校的1600个专业通过工程教育认证，涉及机械、仪器等22个工科专业类。名单发布后，教育部高教司予以转发，"学习强国"学习平台、《中国青年报》等媒体集中报道转发。

（撰稿人：李　涛）

中国检验检测学会

服务创新型国家和社会建设　学会组织完成中国科协组织的人力资源社会保障部"检验检测科技成果转移转化高级研修班"项目；承担中国科协"新一代信息技术系列丛书"《智能传感器导论》的组织编写工作。

组织完成科技部重大专项中"NQI一站式集成服务典型行业应用示范"的课题任务。

支持推进科技部"新兴产业集成化检验检测服务平台研发与应用"项目研究工作。

组织开展2021年度中国检验检测学会团体标准制修订工作，2021年发布《产品质量提升服务机构指南》等12项标准，《无源疫苗箱－便携式疫苗箱技术要求与检测方法》等19项标准正在制订中。

积极参与"科创中国"公益项目，学会组织会员为产业经济提供技术服务。落实《"科创中国"三年行动计划（2021—2023）》和《2021年"科创中国"工作要点》工作部署，发挥组织、团结、引领广大科技工作者参与现代产业经济实践的组织载体与桥梁纽带作用，组织会员参与中国科协组织的科技服务团工作。

科技服务团是学会在项目实施过程中创造的"一个平台、两个清单、三个服务、四个成果"的工作模式，即以国家质量基础设施（NQI）一站式公共服务平台（信息与智能化工作委员会提供）为基础，实现需求清单和供给清单的两个清单对碰，提供产业技术路线图、检测标准培育工具、技术成果鉴定三个特色服务，在试点城市显现机制常态化、输入新资源、产出有增长、素质全提升的四个成果，切实推动"科创中国"科技服务团各项工作落在实处。

2021年，组织完成中国科协"NQI科技服务电子电器产业发展服务团""农药、农产品质量安全检测科技服务团""先进碳材料产业NQI专业服务团"3个全国性科技服务团项目。支持完成"佛山市科协2021深入推进创新驱动助力工程"区域科技服务项目。

学会挖掘凝练101项"科创中国"试点城市（园区）高质量产业服务需求，提供205名常态化联络的专家名单和104项技术成果信息，发布在"科创中国"平台"人才库"与"成果库"；建立22个科技服务站。

学会建设　学会聚焦主责主业，发挥智库、学术、科普、服务四大功能，积极参与中国科协"科创中国""科普中国"等活动。

按照中国科协第十次全国代表大会选举办法，经过学会理事会推选，国家市场监督管理总局人事司、机关党委纪委审核，经中国科协第十次全国代表大会第四次全体会议选举通过，夏扬当选为中国科协第十届全国委员会委员。

2021年，召开理事会议1次、常务理事会议2次，增选金震、张平、万峰、秦殊涵、王立宇5人为学会第二届理事会副会长。

2021年，学会先后成立电子电器分会、信息与智能化工作委员会、科普工作委员会3个分支机构。学会医学检测分会、食品农产品检测分会、测试装备分会、智能制造与重大装备检测分会4个分支机构正在筹建中；另有环境检测分会等4个分支机构通过理事会、常务理事会决议，正在启动筹备工作。

截至2021年年底，学会共有单位会员269家、个人会员289人。单位会员大多是科研实力强、技术进步快的单位和机构，个人会员集中检验检测产业技术领域的高级优秀人才，会员质量有明显提升。

2021年，学会的学术工作得到中国科协支持，获得"中国科协2021年度学术成果凝练优秀学会"称号。单位会员北京三维天地科技股份有限公司在深圳科创板上市。

学科发展工程　为落实国家市场监督管理总局党组"认真研究业务"的具体要求，学会组织开展科技赋能长三角地区检验检测发展研讨会以及科技赋能大湾区检验检测发展广州、深圳研讨会，围绕检验检测产业与技术发展路线图研究，关注民营企业、中小型检验检测企业，了解地方政府对检验检测技术和产业发展的想法，了解西部地区对检验检测发展的需求，收集机制改革、人才激励、园区策划、科技服务、成果转化、信息化建设等建议，按国家市场监督管理总局综合规划司的要求撰写提交《检验检测最新市场形势分析报告》。

学会会长李怀林联合中国科学院院士姚建年等 14 位业界专家、学者和企业家共同提出《关于推动高端检验检测科学仪器设备国产化进程的建议》，编发到中国科协 2021 年第 34 期《科技工作者建议》，报中共中央办公厅、国务院办公厅、中共中央组织部、中共中央宣传部、全国人大、全国政协以及国家卫生健康委、国家发展改革委、教育部、科技部、工业和信息化部、财政部、中国科学院、中国工程院和国家自然科学基金委员会等部门。

学会副会长兼秘书长夏扬承担中国科协第十次全国代表大会代表调研课题“国产高精尖测试仪器产业与技术的研究”项目，在诸多会员单位和专家的支持下，撰写并提交《我国分析测试仪器产业和技术发展路径初探》和《关于战略新兴产业集群规划配置第三方测试服务的建议》两份建议书。

组织完成国家市场监督管理总局“区块链技术在市场监管领域的应用研究”；完成中国科协“卡脖子”技术研判工作机制研究；2020 年《中国检验检测人才发展规划》及《土壤中铅、铬的检测能力考核报告》被收录于《中国科协智库报告汇编》。组织专家完成“检验检测产业与技术发展线路图”项目研究工作。

国际学术会议 7 月 26 日，学会举办第二十三届中国科协年会分论坛——国际检验检测互认助力贸易便利化研讨会，就检验检测认证行业的现状和展望、技术要求、标准、国际间互认、助力贸易便利化等热点问题进行讨论，形成第二十三届论坛两集论坛观点汇集。论坛邀请国家市场监督管理总局认可与检验检测监督管理司和发展研究中心、中国科协学会服务中心等单位的相关负责人，以及国内外大专院校、科研院所、检验检测机构、企业、学 / 协会和市场监管领域的专家、学者约 200 人参会。

国内主要学术会议 6 月 7 日，由中国检验检测学会和中国检验检疫科学研究院共同主办的食品农产品技术交流会在北京召开。作为全国食品安全宣传周系列活动之一，此次交流会邀请清华大学、中国计量科学研究院和国家食品安全风险评估中心等单位的专家就食品农产品检测技术、食品污染物监测及应用等问题进行研讨。

10 月 20 日，在中国科协指导下，由中国检验检测学会、中国计量测试学会、中国标准化协会、山东省科学技术协会、泰安市人民政府主办的全国食品、农产品高质量发展高峰论坛在山东省泰安市召开。此次论坛作为学会承担中国科协“智能检测与营养健康科普共建基地”项目的重要活动内容，以“科技赋能引领高质量发展”为主旨，邀请国内外专家、学者围绕食品、农产品检验检测技术发展趋势和食品、农产品高质量发展方向进行学术交流与讨论。

12 月 4 日，由中国检验检测学会、常州市科学技术协会主办的 2021 长三角碳纤维新材料产业发展高端研讨会在江苏省常州市召开。会议主题为“构建长三角绿色碳纤维技术产业链”，邀请全国知名的行业及企业专家从碳纤维的生产加工关键技术、碳纤维的研究现状和发展趋势等方面进行学术研讨交流，搭建碳纤维及复合材料领域交流与合作的平台。

科普活动 2021 年，学会开展“科普中国”公益活动，动员会员为全社会素质提高做贡献。通过线上线下分别在北京、辽宁省、安徽省、山西省、山东省等地相继开展科普讲座 82 场，其中线下公益科普讲座 40 场，听课人数达 3042 人；线上 42 场，听课人数达 29572 人次。

录制科普视频 27 集，上传至“科普中国”App 及中国网食品中国，浏览量达 14972 次；发表科普原创文章 48 篇，阅读量达 64890 次，完成学会预期设定的工作传播量。

制作并印制 2 万份科普图文手册，向机关企事业单位、学校、社区等发放 5000 册。

青岛海尔集团、山东安谱检测科技有限公司、常州工程职业技术学院完成科普基地建设，正式开展科普基地活动。

北京普析通用仪器有限责任公司、浙江九安检测科技有限公司、农夫山泉股份有限公司、青岛啤酒博物馆 4 个基地按照《中国检验检测学会科普基地管理办法》要求正在筹建中。

加强与关键重点机构和企业合作，着力为中小检验检测企业提供科技服务，向检验检测领域及社会公众普及检验检测相关科学知识、倡导科学方法、传播科学思想、弘扬科学精神。

在全国科普日期间，组织青岛海尔家电博物馆开展活动，邀请当地 30 名小学生到博物馆参观，由工作人员讲解科普知识。

在2021年全国“质量月”活动期间，组织北京丰台区马家堡街道时代风帆楼宇党委开展“高质量家电构建美好生活”活动，受到社区居民欢迎。

11月30日，学会在江苏省常州市开展食品安全与营养健康科普活动，通过线上线下在常州社区、高校、小学等机构举办4场科普讲座，受众达600余人。

表彰举荐优秀科技工作者 学会推荐2021年中国工程院院士候选人、第十八届中国青年女科学家奖、第十七届中国青年科技奖、2021年“最美科技工作者”候选人等共计4名。学会副会长吴尊友获2021年“最美科技工作者”称号。

组织开展中国检验检测学会科学技术奖评审工作，最终评出40个获奖项目，其中特等奖6项、一等奖15项、二等奖19项。

党建强会 按照《中国科协所属全国学会理事会党委委员产生方式及审核办法（试行）》的要求成立功能型党委，李怀林任书记，夏扬任副书记，生飞任组织委员，王虹任纪检委员，滕俊恒任宣传委员，已在中国科协科技社团党委备案。学会理事会层面建立功能型党委，注重强化学会政治引领、思想引领和组织保障作用，实现党的工作全覆盖。

2021年，学会秘书处党支部进行改选，组成以夏扬为党支部书记、刘华琳为组织委员、乔瑞环为纪检委员兼宣传委员的新一届支部委员会。按照国家市场监督管理总局机关党委各项要求，带领秘书处全体党员落实“一岗双责”以及政治机关建设各项要求。

学习贯彻党的十九届二中、三中、四中、五中全会精神，拥护“两个确立”、做到“两个维护”，严格贯彻落实党史学习教育要求，制订《中国检验检测学会党史学习教育方案》，开展总局网络学院党史专题的学习活动。推进“我为群众办实事”实践活动，制订《中国检验检测学会“我为群众办实事”实践活动方案》，切实为群众办实事，解决群众急难愁盼问题。

学会党支部组织赴江苏省常州市、山东省泰安市学习交流，开展联合党建活动，共同学习贯彻习近平总书记在中国科学院第二十次院士大会、中国工程院第十五次院士大会和中国科协第十次全国代表大会上的讲话，认识中国科协系统坚持“四个面向”、做好“四个服务”的新任务。组织有关人员与湖南省检验检测学会党支部部分党员及入党积极分子赴湖南省韶山市学习交流。组织学会党支部与医学检测分会筹备联合开展党建、团建活动。到中国农业机械科学研究院北京农机试验站进行农事体验活动，并参观阳早寒春生平事迹展等。

组织党员干部职工赴北京西山无名英雄纪念广场祭奠革命英雄；赴北京植物园樱桃沟“一二·九”运动纪念亭重温入党誓词，交流学习党史感悟；参观《铭记战争历史　传承爱国情怀》主题展。6月，参加国家市场监督管理总局机关党委组织的“永远跟党走　启航新征程”健步走活动，在总局直属事业单位集群中连续6个月保持第一名的好成绩。

在2021年国家市场监督管理总局基层党组织书记评议中获评“好”，同时获得“直属单位领导班子成员年度考核优秀”。

会员服务 学会搭建检验检测综合技术服务平台（http://www.cits.net.cn），培训、仪器耗材采购服务功能模块于2021年已经测试上线。根据会员和其他检验检测科技工作者的意见进行三期改造完善，完善后的服务平台将注重对会员信息的管理和服务。制作中国检验检测学会服务手册，让会员了解更多的服务内容，做好定向服务工作。

（撰稿人：李怀林　夏　扬　赵南南）

中国女科技工作者协会

服务创新型国家和社会建设 2021年，协会联合相关科研院所及高校专家、学者多次面向广大女科技工作者发放调查问卷。召开专题调研会进行面对面访谈，开展与科技工作者相关的调查研究项目。7月，完成增设“中国科协联合国咨商科技女性专业委员会”调研工作，形成《立足新发展阶段提升交流合作水平构建新发展格局激活巾帼智慧力量》报告，分析和论述增设此专业委员会的必要性、紧迫性、可行性和目标与计划，并于同年12月向中国科协国际合作部提交《申请成立中国科协联合国咨商科技与女性专业委员会》报批请示。

9月，完成“‘十三五’期间女科学家贡献研究”项目，提出四条政策建议：分析中国女性科技人力资源的总体情况；基于获奖、高层次人才和国际任职情况，梳理“十三五”期间活跃在科研一线女科技工作者取得的科技成就；以案例的方式记录女科学家创新创业的奋斗故事及先进典型；通过问卷调查了解近年来党和国家在支持和促进女科技工作者成长成才方面出台政策的影响和推动作用。

9月，完成“女性科技工作者‘孕哺’两期保障问题专题研究”工作。协会组织对747名女性科研人员开展问卷调查，调查内容包括她们在工作学习中遭遇的性别歧视、家庭负担情况、所在单位支持女性的政策、对各项促进女性发展政策的态度、对科研工作的性别意识以及思想状况等。课题梳理国内外为女性科研人员职业发展创造更公平环境、支持女性孕哺期职业发展、更好实现工作—家庭平衡的相关措施和经验。在此基础上，提出支持女性科研人员发展的对策建议。

10月，启动“女科技工作者组织建设状况调查与推动”调研工作，通过向中国科协所属的210家全国学会和31家地方科协在线发放机构调查问卷，了解各级女科技工作者组织的建设情况，共回收132份全国学会问卷、15份地方科协问卷。同时通过在线座谈交流、网络信息采集等方法对问卷调查数据进行分析，形成问卷数据分析报告。对调研访谈座谈速记进行整理，从中发现典型案例，在此基础上形成研究总报告。

12月，启动“青年科技人才组织化交流机制”研究工作。利用协会平台向青年科技奖专家库，青托支持计划人选，科研院所、高校及企业青年科研人员发放调查问卷，共回收373份。抽取12位青年女科学家进行访谈，同时组织经验交流会，最终形成两份专报和包含“四位一体”组织化交流机制设想的研究总报告。

4月25日，协会常务副会长高瑞平参加由全国妇联、科技部、国务院国有资产监督管理委员会、全国总工会、中国科协、中国科学院、中国工程院7部门共同发起的科技创新巾帼行动启动仪式，并代表协会发言。

5月10—11日，协会副秘书长娄晶参加第三十五期中国科协所属全国学会秘书长沙龙，围绕提升学会服务科技经济融合能力、打通组织动员科技工作者服务产业一线渠道、推进科技成果转移转化服务模式、建设新型产学协同组织、与地方政府和地方科协合作联动等方面进行研讨交流。

6月9—11日，协会副会长秦川前往陕西省延安市参加为期5天的第三期全国妇联第十二届执委培训班，代表协会向全国妇联汇报重点工作并提出相关工作建议。

6月18日，协会副会长向巧、常务理事付巧妹参加全国妇联召开的深入推进“科技创新巾帼行动”工作座谈会，代表协会、广大女科技工作者发言。

7月2日，协会秘书长解欣参加全国妇联召开的座谈会并作发言。

为进一步提升女科技工作者在议事决策等方面的参与度，协会建议提高中国科协第十届全国委员会中女常委、女性副主席的比例，得到中央及中国科协各级领导的肯定和支持。第十届全国委员会女性副主席的占比由第九届的1/9提升到1/6。

学会建设　2021年，中国女科技工作者协会于3月21日召开理事会议1次，分别于3月8日、11月6日召开常务理事会议2次；个人会员达2.3万人，单位会员达48个；完成民政部全国性社会团体2020年度检查工作，线上线下提交2021年工作报告书。

组织参加全国妇联网络及新媒体工作专题培训班，进一步提高网上传播工作本领。通过全国妇联、中国科协、民政部等上级部门组织的各类培训班开展交流探讨，有效强化自身建设、补足短板。按照上级单位要求落实各项工作，切实规范内部管理，有效提升治理水平。

国际学术会议　11月2日，协会在上海市举办第四届世界顶尖科学家论坛——“她”论坛。此次论坛以“携手共进，绽放‘她力量’”为主题，旨在探索为女性科技工作者提供更包容的职场环境，达成“让国际科研环境更有温度、更开放、更信任”的核心目标，创造更为开放包容的美好未来。论坛邀请协会副会长、中国科学院院士曹晓风，自然资源部第二海洋研究所研究员韩喜球，中国科学院院士叶叔华在论坛上发言。

11月7日，协会在北京举办第三届世界科技与发展论坛——女科学家论坛。此次主题论坛由中国科协联合中国科学院、中国工程院共同主办。在论坛上，“构建人类卫生健康共同体需要贡献更多女性智慧和力量”是200余名国内外女科学家代表形成的广泛共识。此次主题论坛围绕人类生命健康与人工智能信息技术带来的挑战与对策、女科学家的社会责任、科技治理与评估评价的经验做法与思考等议题展开讨论。与会专家、学者一致呼吁，当下全球正在经历百年未有之大变局，科技创新比过去任何时候都更加凸显其重要性。作为论坛承办方，协会在11月6日专门召开专题座谈会，围绕如何更好贯彻落实中央人才工作会议精神、进一步支持服务女科技工作者展开讨论。

国内主要学术会议 12月22日，协会在海南省三亚市举办“完善评价体系·激发科技巾帼创新活力”青年科学家沙龙。此次沙龙旨在落实中央人才工作会议精神，聚焦新的评价理念、方法和标准，广泛听取跨领域基层女科技工作者的意见建议，围绕如何更好地完善科技人才培养使用机制、推进科技评价改革攻坚等核心问题，为探索更为实用有效的执行办法、解决落地难问题提出解决路径。共有来自全国各高校及科研机构的院士、专家、学者近200人通过线上线下参加沙龙，进行交流讨论。与会人员对充分释放科技人才潜能等话题引发共鸣，一致认为要切实深化人才发展体制改革，为科技人才松绑，创新人才评价机制，强化价值导向，分类精准评价，从而激发青年女性科技工作者的积极性与创造性。

两岸交流 10月15—18日，协会在广东省深圳市举办2021年海峡两岸暨港澳青年女科学家论坛，来自中国科学院海洋研究所、自然资源部第二海洋研究所、北京大学、复旦大学、厦门大学、香港大学、香港中文大学、香港城市大学、香港理工大学、澳门大学、台湾大学等高校院所的百余位海洋领域青年女科学家和学者通过线上线下方式参加，围绕海洋资源、环境与生态领域中的前沿交叉科学问题展开交流研讨，有效促进民族认同、文化认同。

此外，论坛还组织参观深圳龙头高科技企业，就海洋塑料垃圾问题及治理展开调研及讨论，促进社会各界通力合作，保障深圳海洋生态环境健康，助力大鹏新区实现建设世界级滨海生态旅游度假区的“十四五”规划战略目标。香港《文汇报》、香港新闻网、《香港商报》等媒体均对此次论坛表示关注。

科普活动 3月30日，协会参与联合举办首届“巾帼之美——女性科技论坛”公益科普活动。此次活动在中国工程院的指导下，由腾讯院士专家工作站发起，设立主题报告、圆桌对话、互动问答三个环节。十一届全国政协副主席、中国科学院院士王志珍，中国工程院副院长、中国工程院院士陈左宁，协会副秘书长娄晶为活动致辞。中国工程院院士、传染病学专家李兰娟，中国科学院院士、密码学家王小云，协会常务理事、中国科学院古脊椎动物与古人类研究所研究员付巧妹，北京大学未来技术学院副院长刘颖分享各自在科技领域的成长故事和励志经历。论坛围绕科技创新、关爱女性展开话题讨论，激励全国广大女科技工作者不断为科技自立自强贡献力量、在全面建设社会主义现代化强国新征程上作出新的更大贡献。

5月27—29日，组织参与开展腾讯青少年科学小会，作为科普合作伙伴单位之一，协会组织邀请20余位女科学家和女科技工作者为孩子们写下寄语。同时，协会会长、中国工程院院士王红阳和协会会员、中国工程院院士苏东林参与腾讯青少周科学家直播间活动，与四川省凉山彝族自治州昭觉县四开乡中心小学校的学生、北京清华大学附属中学永丰学校的学生开展对话，解答学生们关于科学的奇思妙想，让他们感受科学的魅力。

6月19日，协会走进甘肃省陇南市礼县第一中学，开展“她·未来”——西部女童科技教育活动，通过科普讲座、红色诵读、学生与女科学家面对面交流、互动科学课等形式，与在校女学生交流互动。协会邀请空军军医大学第二附属医院副院长、实验外科主任杨倩为学生作一场认知神经科学的科普讲座。除线下活动外，组织邀请协会副会长秦川、韩喜球和协会理事金奎娟等6位女科技工作者录制聆听“她说”系列视频。

表彰举荐优秀科技工作者 2021年，协会向中国科协推荐第十八届中国青年女科学家奖候选人10名、候选团队2个、未来女科学家计划2名，第十七届中国青年科技奖候选人2名，2021年全国“最美科技工作者”候选人2名；向全国妇联推荐全国三八红旗手候选人1名。

党建强会 协会相继围绕习近平总书记在看望参加全国政协十三届四次会议的医药卫生界、教育界委员时发表的重要讲话，在党史学习教育动员大会上的讲话，在中国科学院第二十次院士大会、中国工程院第十五次院士大会和中国科协第十次全国代表大会上的讲话，在庆祝中国共产党成立100周年大会及“七一勋章”颁授仪式上的讲话，进一步统一思想认识、凝聚共识，将“感党恩、听党话、跟党走”的思想内涵落实到协会各项工作中。

3月22日，在浙江省宁波市举办中共中国女科技工作者协会党校——首场女科技领军人才培训班。开班式上同时举办中共中国女科技工作者协会党校揭牌仪式。此次研修班为期6天，培训期间，60余名女科技领军人才学员除接受理论授课外，还深入宁波市的高校、企业和新型研发机构等单位进行实地考察对接。

11月6日，在北京召开中国女科技工作者协会第四届理事会协会党委成立大会。此次成立大会由全国妇联、中国科协学会党建办公室批准召开。按照《中国科协所属学会党委及其委员产生方式和审核管理办法（试行）》，与会人员审议通过《中国女科技工作者协会第四届理事会协会党委委员推荐人选产生办法》，以现场无记名投票方式对推荐建议人选进行表决并一致通过。会后，将推荐人选正式上报中国科协学会党建办公室报批。

（撰稿人：孙明杉）

中国创造学会

服务创新型国家和社会建设 2月9日，学会联合同济大学科学技术协会面向教师及广大科技工作者征集“2021引领世界科学的前沿科学问题、建设世界科技强国的工程技术难题”，并组建专家委员会对所征集的难题进行遴选推荐，最终推荐上报2021建设世界科技强国的工程技术难题2个（“如何高效制备低碳高性能胶凝材料？”“如何突破高盐有机废水高效处理及资源化的技术瓶颈？”）及2021引领世界科学的前沿科学问题1个（“如何使用区块链实现食品安全领域数字化、系统化治理？”）。

6月6日，第四届全国大学生创新体验竞赛颁奖典礼在江苏省南京市举办。此次竞赛由学会主办，东南大学和安徽工业大学联合承办，东南大学国家大学科技园、安徽工业大学创新教育学院、东南大学机械工程学院组织实施。学会常务副理事长兼秘书长张亚雷、东南大学副校长黄大卫、澳门中西文化创意产业促进会理事长李嘉曾出席并致辞。来自学会、东南大学、安徽工业大学、竞赛组委会及支持单位的代表以及部分参赛师生参加典礼。

11月19日，学会完成中关村雍和航星科技园的挂牌。

学会建设 7月28日，学会获“2018—2021年度优秀组织单位”称号。

表彰举荐优秀科技工作者 3月23日，学会在第三十六届上海市青少年科技创新大赛上设立中国创造学会“智慧创造奖”10个。

在中国科协科技社团党委开展的“庆祝建党100周年”征文、影像作品及节目征集活动中，学会党委推荐的张斌荣的《体育路的与时创新与轶事情缘》获散文类作品三等奖；周诠的《沁园春·中共创新发展》《沁园春·航天创新发展》获诗歌类作品三等奖。

【中国创造学会2021学术年会暨创造创新与高质量发展论坛】 12月25日，由学会主办的中国创造学会2021学术年会暨创造创新与高质量发展论坛在线上召开。学会相关人员及创造学相关领域的专家、学者和管理技术人员等148人参加会议。

本次会议由主论坛和四个分论坛组成。主论坛由学会常务副秘书长殷俊锋主持，学会理事长徐建平致辞，学会常务副理事长兼秘书长张亚雷作《中国创造学会2021年度工作总结和2022年度工作计划》报告。会议邀请中国矿业大学教授庄寿强作《创造学学科内涵与建设》报告发言；东南大学教授张志胜作《第四届全国大学生创新体验竞赛工作汇报》；中国科学技术大学教授刘仲林作《中华文化中的“创造基因”探索与弘扬》报告；安徽工业大学教授冷护基作《2021年创新创业创造教育“精彩一课”比赛工作汇报》；浙江大学教授魏江作《数字创新》报告。

【全国第二届中小学创新创业创造教育论坛】 10月16日，由学会创新创业创造专业委员会主办，云阳县教委、县科协等单位指导，重庆市发明协会、云阳职业教育中心承办的全国第二届中小学创新创业创造教育论坛在重庆市召开。来自全国各地的创新教育专家、创新教育工作者通过线上和线下共同探讨中小学“三创”教育人才培养的发展方向和基本路径。论坛上，学会副理事长冷护基、江苏南通大学教授王灿明、清华大学副教授张文增、沈阳建筑大学副教授武青艳等专家围绕《中小学生创新创造意识培养途径探索——基于“每日一设想”活动》《情境教育影响小学生创造性思维发展的实验研究》《如何开展学生课外科创训练项目》《播撒创意的种子——基于中小学创造力开发教学的思考》等主题举办专题讲座。

（撰稿人：李　芹）

中国高科技产业化研究会

服务创新型国家和社会建设 整合资源，建立长效协同合作机制。研究会与紫金山实验室签署战略合作协议，双方将在空间卫星、空间卫星网络、未来网络等领域开展前沿技术、试验验证、应用示范和产业推进等方面的交流与合作，共同促进双方共赢发展、产业延伸和技术升级。现已促成中国航天科技集团与紫金山实验室的卫星实验项目合作。

在贵州省人民政府支持下，研究会与贵州省投资促进局签署战略框架合作协议，双方将围绕产业规划咨询、先进装备制造等优质项目引进以及前沿领域关键技术应用研究开展合作。

研究会与珠海万山海洋开发试验区授权企业签署协议，合作共建中国高科技产业化研究会珠海高新技术成果转化孵化基地；就“幽门螺旋杆菌的培养、鉴定、分型及药敏试验诊断课题”落地内蒙古自治区呼和浩特市第一医院开展合作。

2021 年，研究会首次开展团体标准编制和发布工作。在全国团体标准信息平台开通账号，9 月发布研究会第一部团体标准《科技成果评价标准 T/CHTIA 001—2021》，该标准于 2022 年 1 月 1 日正式施行。

2021 年，研究会承担实施并完成空间站“天和号”核心舱、天舟二号货运飞船、神舟十二号载人飞船、天舟三号货运飞船、神舟十三号载人飞船的搭载实验项目的征集、评审、立项批复和搭载装舱、回收开舱交付、协助办理公证等各项实操工作；结合载人航天和空间站后续任务的空间搭载实验资源，组织农业、林草花卉、生物等不同领域专家规划搭载实验项目安排，为后续搭载实验与国家战略需求和各相关领域的种质资源创制、技术创新提供持续支持和服务，初步转变航天搭载的无序和乱象。

研究会组织编写完成并向社会公开发布第三年版《中国智能制造产业发展报告》，报告主要包括智能制造概况、全球智能制造态势、中国智能制造原则任务、态势分析、产业分析、趋势分析、困境分析、转型分析、十大科技进展等共 11 篇，共计 6.7 万字。

与科技部科技人才交流开发服务中心合作，对内蒙古自治区呼和浩特市、湖北省宜昌市、河南省洛阳市开展产业诊断工作，为地方政府提交 2 份专家调研考察报告。

根据企业发展需求，研究会协助开展 4 项国家发展改革委、工业和信息化部、科技部相关项目的申报工作；依据《国家发展改革委关于加快美丽特色小（城）镇建设的指导意见》，受地方政府及投资运营企业委托，共开展 7 项相关规划编制及申报工作。

服务广大企业，开展科技咨询服务。2021 年，研究会以企业为主要服务对象，共完成 77 项科技成果评价工作。其中，重点推广的“新型竹基复合材料（竹缠绕）”项目在广西壮族自治区百色市、四川省泸州市等地落地投建生产线。

全年举办各主题系列线下专业技术培训班 64 次，培训人数累计约 1651 人次；开展科技咨询 33 次，参与人数 441 人次；组织政策解读活动 8 场，受众 4885 人次。

学会建设　3 月 10 日，研究会采取通讯会议方式召开第四届常务理事会第九次会议，向常务理事征求代表人选意见，同意推选梁小虹为中国科协第十次全国代表大会代表。

5 月 30 日，中国科学技术协会第十次全国代表大会在北京闭幕，研究会理事长包为民当选中国科协第十届全国委员会副主席。

7 月 8 日，研究会召开第四届理事会第十三次理事长会议，审议同意开展团体标准编制工作的内容。

依据民政部、中国科协最新文件要求，启动中国高科技产业化研究会第五次全国会员代表大会召开和理事会、监事会、党委换届工作，成立研究会换届工作领导小组、制订换届工作计划、梳理工作流程。按照规定流程，10 月 31 日召开研究会换届工作领导小组第一次会议，11 月 12 日召开研究会第四届常务理事会第十次会议，审议通过换届方案及会员代表大会代表产生办法，并于 11 月向中国科协报送。

研究会副理事长张寿全因工作变动提出辞职，8 月 9 日，研究会召开第十五次理事长会议，审议同意张寿全的申请，并同意报研究会理事会履行审议程序。2022 年 1 月 19 日，召开第四届理事会第六次理事会议，审议通过研究会 2021 年工作总结、财务决算及 2022 年上半年经费支出预算；同意研究会申请加入中国科协团体会员；同意理事会人员变更：张寿全辞去副理事长职务、白改玲辞去常务理事职务、柳萌辞去理事职务。

学科发展工程　研究会组织专家历经两年编写完成中国首部汇编中国航天育种事业三十余年发展情况的工具书——《中国航天育种发展报告蓝皮书》，书稿已交付社会科学文献出版社。

研究会航天精神研究分会编撰完成《中国航天精神辞典》，字数 60 万余字，由中共中央党校出版社出版发行，献礼第六个“中国航天日”。

国际学术会议 11月18—19日，研究会与中国宇航学会、中国遥感应用协会、中国航空学会、中国电子商会、国际和平联盟（太空）有限公司共同主办2021空间技术和平利用（健康）国际研讨会，会议以线上线下相结合的形式在北京召开。来自中国、美国、俄罗斯、英国、法国、德国、意大利等多个国家的科学家、宇航员、企业家、教育家、金融家等围绕空间领域面临的全球性问题展开在线交流，共同探讨空间技术和平利用。

国内主要学术会议 2021年，研究会及其分支机构主办、联合主办学术会议6场，参与人数15万余人次，交流论文67篇。

国际交往 研究会与欧盟中小企业中心建立协调与合作关系，通过组织欧盟驻华使团代表赴河北省张家口市张北县参观国家电网新能源示范工程、举办交流座谈等活动，增进双边交流合作，为中国高科技产业化高峰会议走向国际化作出积极探索；与新西兰奥克兰理工大学战略合作取得新进展，牵线并促成大有数字资源有限责任公司与奥克兰理工大学在共同开发推广生物医药等项目上达成合作意向；促成法国达索集团与青岛西海岸新区融合控股集团有限公司在山东省青岛西海岸新区的落地合作，促进国际智库、产业创新和金融资本的有效嫁接和协同联动；通过与爱尔兰驻华大使安黛文（Ann Derwin）沟通，在关注工程教育、职业教育为中小企业提供人才资源上达成共识，双方同意在相关教育培训上开展合作。

科普活动 2021年，研究会举办科普展览1次，参观人数达1.25万人次；举办科普宣讲活动39次，受众人数6041人次，参与科技活动的科技人员、专家196人；制作科普挂图230份。

联合浙江省嘉兴市平湖市独山港镇人民政府合作建设的平湖独山港“丰碑——‘两弹一星’元勋塑像馆暨中国航天科普馆”项目于6月建成启动。该展馆共4层，约1200平方米，以科普展览的形式展示新中国在国防尖端领域的科技成就。“两弹一星”元勋孙家栋、航天员杨利伟等20余位院士、专家为丰碑馆题词、留影。截至2021年年底，已累计接待参观4万人次。

表彰举荐优秀科技工作者 研究会举荐院士候选人2位，分别为中国航天科工集团有限公司湖北航天技术研究院总体设计所研究员梁纪秋和中国科学院上海有机化学研究所研究员姜标。推荐13位专家进入工业和信息化部中小企业中心的“专精特新”专家库。向中国科协推荐第十四届光华工程科技奖2位候选人，分别是北京空间飞行器总体设计部副部长、研究员何宇，中国航天科工集团第三研究院三〇六研究所科技委主任、研究员裴雨辰。推荐中国航天科工集团第三研究院科技委副主任朱坤、中国运载火箭技术研究院长征二号丙型号总设计师杨建民为2021年全国“最美科技工作者”候选人。

党建强会 研究会党委始终坚持履行从严治党主体责任和党委书记第一责任人职责，围绕高科技产业化发展大局，从严从实抓好党组织建设，解决党建工作中的重点、难点问题，打造战斗堡垒，将党委的政治、思想引领作用融入研究会日常工作。

研究会通过举办多种活动增强使命担当意识。组织专题党课《航天何以强，源于共产党》的学习，开展“知史爱党，知史爱国”集中学习，感悟习近平总书记关于学习党史的一系列论述，参观“铭记伟大胜利 捍卫和平正义——纪念中国人民志愿军抗美援朝出国作战70周年主题展览”“众心向党，自立自强——党领导下的科学家”主题展，参与党史知识竞赛，组织传达习近平总书记在两院院士大会上的重要讲话精神及中国科协十大会议精神学习会，组织弘扬科学家精神宣讲会、学习贯彻习近平总书记“七一”重要讲话精神、党的十九届六中全会精神等活动。

【2021空间技术和平利用（健康）国际研讨会】 11月18—19日，由研究会与中国宇航学会、中国遥感应用协会、中国航空学会、中国电子商会、国际和平联盟（太空）有限公司共同主办的2021空间技术和平利用（健康）国际研讨会以线下线上相结合的形式在北京召开。国际宇航联合会、国际宇航科学院、国际空间法学会、美国航天基金会、太空探索者协会、国际空间大学、美国莱斯大学、乔治·布什美中关系基金会等国际机构作为大会特别支持单位。来自中国、美国、俄罗斯、英国、法国、德国、意大利等多个国家的科学家、宇航员、企业家、教育家、金融家等围绕空间领域面临的全球性问题，以“绿色空间”为核心议题在线展开交流对话，共同探讨空间技术和平利用，中外科学家共同发布《空间技术应对全球气候变化挑战的倡议书》。开幕当天，全球63.55万人次在线观看。

大会期间，研究会举办航天育种与空间生物学研究分论坛，线上观看约6万人次；主办的中欧中小企业圆桌对话也获得一致赞誉。

【献给共和国的科学家们——庆祝中国共产党成立 100 周年专场音乐会】 5 月 31 日，献给共和国的科学家们——庆祝中国共产党成立 100 周年专场音乐会在北京举办，数百位中国工程院院士参加活动。此次音乐会由研究会、中国交响乐团、中国青年网主办，中国高科技产业化研究会国际交流合作中心承办，青岛西海岸新区融合控股集团有限公司协办。

此次音乐会由《我的祖国》《我的中国心》《黄河大合唱》《茉莉花》等十首经典乐曲组成。活动现场展现科学家对人民的深切情谊以及对党和国家的热爱。研究会通过组织这场活动，赞美科技工作者胸怀祖国、服务人民的家国情怀，表达人民对科学家以国家民族命运为己任的爱国主义精神和以爱国主义为底色的科学家精神的敬意。

（撰稿人：凌　芸）

中国基本建设优化研究会

学会建设　研究会把内部治理制度建设与研究会领导机构改革结合起来，在加强理事会队伍建设的同时，依托秘书处建强建好四大平台。一是建强国家智库平台，为各级政府出谋划策，为区域经济发展提供咨询、规划、设计、产业调整服务；二是打造政商学研服务平台，发挥桥梁和纽带作用，促进政商学研对接，打造全领域、全产业链式的政商学研综合服务平台；三是搭建金融运作服务平台，为企业提供信贷、基金、证券、保险等多方位的现代金融创新服务；四是做实科技文创服务平台，充分整合科技文化智力资源，促进科技文化创意产业发展。

国内主要学术会议　2021 年，研究会举办被动式超低能耗与绿色建筑新政应对思路技术交流会、绿色建筑技术选用与既有建筑外墙修复解决方案技术分享会、“共建共治共享人类健康医疗新基建”物联网医疗国际峰会、第十四届总工之家学术年会暨 2021 中国房地产绿色建造技术创新发展论坛等会议。

4 月 10 日，由总工之家和研究会房地产与物业分会联合主办的被动式超低能耗与绿色建筑新政应对思路技术交流会以线上方式召开。会议流程分为三个环节：第一环节由总工之家绿色建筑研究中心主任苏玉斌作题为《设计单位绿色建筑综合解决方案》的报告，主要探讨设计单位在绿色建筑设计咨询过程中遇到的问题及解决方案；第二环节由永得宁国际贸易（上海）有限公司产品总监张广印作题为《光伏瓦屋面一体化系统设计及施工要点》的报告，主要从屋面光伏电站、光伏瓦技术线路、光伏建筑一体化屋面系统及设计 / 施工 / 验收 / 运维等方面进行交流；第三环节由北京中汇能宜居建筑设计咨询有限公司总经理钱文森作题为《被动式超低能耗建筑全过程咨询及管控服务》的报告，主要围绕技术阶段的施工服务、施工阶段的管控服务及施工过程中常见问题进行交流。

5 月 15 日，研究会通过线上召开绿色建筑技术选用与既有建筑外墙修复解决方案技术分享会。会议共分四部分：第一部分由上海天补材料科技有限公司副总工程师吴磊作题为《外墙瓷砖空鼓脱落免铲除解决方案》的报告，主要从建筑外墙瓷砖脱落的检测方法、外墙瓷砖空鼓脱落免铲除解决方案及后期的质量管理与保障等方面进行技术交流；第二部分由江阴海达橡塑股份有限公司总工程师赵本军作题为《密封胶条产品稳定的重要性》的报告，主要从多元化改善解决方案以及细节配合、设计要素等方面进行交流；第三部分由总工之家绿色建筑研究中心主任苏玉斌作题为《开发企业绿色建筑综合解决方案》的报告，主要对开发企业绿色建筑全过程管控、十个阶段的工作内容及绿色建筑全过程咨询服务内容进行讲解；第四部分由北京中汇能宜居建筑设计咨询有限公司总经理钱文森作题为《PHD 软件在被动式超低能耗建筑设计过程中的应用》的报告，主要围绕 PHD 软件的设计、特点以及住宅建筑的模拟分析等方面进行交流。观看人数达 4800 多人次。

11 月 8 日，在第四届中国国际进口博览会期间，由国家发展改革委、国务院发展研究中心支持，研究会主办，研究会数字健康分会等承办的“共建共治共享人类健康医疗新基建”物联网医疗国际峰会在上海市召开。与会专家、学者围绕人类医疗健康领域的前沿理论与创新实践进行交流，展示推进医疗新基建、构建物联网医疗生态的强大活力。峰会达成行业共识，发布《关于共建物联网医疗生态平台的倡议书》。

12 月 14 日，由研究会房地产与物业分会、总工之家主办的第十四届总工之家学术年会暨 2021 中国房地产绿色建造技术创新发展论坛在线上召开。其间，当代置业（中国）有限公司执行董事兼首席技术官陈音作题为《碳中和愿景下的建筑新范式——建筑设计演进的三个猜想》的报告，分享当代置业（中国）有限公司在碳中和方面的工作。会议还从《设计优化的价值、工作方法及案例》《数字化转型驱动设计行业高质量发展》《基于顺丰物流数据的 CIM 助力房地产企业数字化转型》等主题展开分享。

党建强会 研究会党委组织学习贯彻党的十九届六中全会精神。一是以贯彻落实《中共中央关于党的百年奋斗重大成就和历史经验的决议》精神为抓手，进一步加强党史学习教育，将党史学习教育和研究会实际工作相结合，从党的百年奋斗历程中汲取本研究会事业发展的智慧和动力。坚持"三会一课"制度，推进党史学习教育常态化制度化。二是加强思想政治建设。突出政治建设在党的建设中的重要地位，教育党员严格遵守政治纪律和政治规矩，在政治立场、政治方向、政治原则、政治道路上同党中央保持高度一致，带头践行"两个维护"。三是履行党委主体责任。党委积极宣传贯彻执行党的路线、方针、政策，组织开展"党建强会"特色活动和课题研究，围绕业务抓党建，以党建促业务，推动研究会各项工作健康发展。

会员服务 2021 年，研究会个人会员达 2933 人，单位会员达 85 家。依据《中国基本建设优化研究会章程》和《中国基本建设优化研究会分支机构管理细则（试行）》等相关要求管理会员。会员及分支机构的日常管理由副秘书长分管，日常联络工作由会员管理部归口负责。通过研究会官网、微信公众号平台、会员服务群等便捷手段和形式直接管理与服务会员。

【2021 首届碳中和中国法治论坛】 6 月 18 日，由研究会和中华环保联合会联合主办的 2021 首届碳中和中国法治论坛在北京召开，主题为"实现双碳，法治护航"。会议由全球碳中和行动指导委员会联席主席、联合国项目事务署前中国首席代表罗晌主持。第十二届全国政协副主席马培华、研究会副会长兼秘书长孙晓洲、中华环保联合会副主席杜少中等领导出席并致辞。可持续发展专家、联合国前副秘书长简·麦守信远程视频致辞。论坛上，与会人员共同发起"碳中和北京倡议"启动仪式。倡议主要内容为：首先在律师行业率先实现全行业碳中和，然后在各行各业（首先是服务业）实现碳中和。启动仪式后，论坛还专门成立顾问委员会，以保障在未来具体的碳中和实践中提供指导和举措。

【海南数字医疗发展战略专题研讨会】 6 月 24 日，由海南省卫生健康委员会、中国社会科学院"一带一路"国际智库、蓝迪国际智库主办，研究会承办的海南数字医疗发展战略专题研讨会在海南省海口市召开。来自国家卫生健康委、中国疾病预防控制中心、人民网等部门的专家以及海南省领导及机构代表等 80 余人参加会议。

作为中国（海南）自由贸易港双循环与对外开放新格局高层咨询会的平行论坛之一，研讨会的主题是以习近平新时代中国特色社会主义思想为指导，围绕"全面推进健康中国建设"重大任务、"'十四五'加快数字化发展，建设数字中国"发展蓝图，聚焦海南数字医疗发展的战略引领、目标任务、基础优化、技术支撑、机制创新等内容开展研讨。

研讨会首先由第十二届全国人民代表大会外事委员会副主任委员、中国社会科学院"一带一路"国际智库专家委员会主席、蓝迪国际智库专家委员会主席赵白鸽发表致辞。

在主旨报告环节，分别由研究会副会长兼秘书长孙晓洲、人民网·人民数据总编辑刘畅、北京陆道培医院执行院长李定纲以《通过新型数字医疗基本建设驱动智慧城市创新发展》《数字医疗助力健康中国》《疫情后时代的国际旅游产业》为题作报告。

在数字健康项目报告环节，研究会国际医疗协作项目负责人王继军，国家卫生健康委百姓健康电视频道总顾问、研究会数字健康分会秘书长方俊，中国疾病预防控制中心妇幼中心项目官员王彦然分别以《国际医协体及电子数据交换项目》《健康科普电视融媒体助力健康中国的应用与实践》《电子出生证明研究相关情况及展望》为题作专题报告。

【中国基本建设优化研究会数字健康分会成立暨首届新型医疗卫生基本建设优化发展论坛】 10 月 15 日，研究会以线上线下相结合的方式在北京举办中国基本建设优化研究会数字健康分会成立暨首届新型医疗卫生基本建设优化发展论坛。中共十五届中央委员、十六届中央委员、第十届全国政协委员、原卫生部部长、党组书记张文康，第十二届全国人民代表大会外事委员会副主任、中国社会科学院"一带一路"国际智库专家委员会主席、蓝迪国际智库专家委员会主席赵白鸽，国有重点大型企业监事会主席、全国政协第十三届全国委员会提案委员会委员孙来燕，第十三届全国政协委员、国务院参事室高级研究员王一莉等领导及社会各界人士参加会议。研究会副会长兼秘书长孙晓洲在大会上宣读关于成立中国基本建设优化研究会数字健康分会的决定，并宣布研究会第一届数字健康分会领导班子的任命决定，为数字健康分会揭牌。

在大会现场，研究会数字健康分会开展新型医疗卫生基本建设优化项目路演，向现场及网络平台的与会人员介绍“中基会—创盟公益性智慧医药共享服务平台项目”，通过模式创新推动医药信息化建设，开展药品处方流转平台建设，为医院高质量发展提供支持。

（撰稿人：张已芹）

中国科技馆发展基金会

服务创新型国家和社会建设 2021年，基金会坚持以习近平新时代中国特色社会主义思想为指导，全面贯彻落实习近平总书记关于科普工作的重要论述和中国科协“十大”精神，以建党百年和党史学习教育为契机，突出“党建引领、换届改选、项目提升、强化治理”，推动各项工作有序落实，实现事业稳步发展。

基金会创新流动科普展览资源模式，推进展览资源开发，加强基层科技教师培训，促进科技馆体系不断完善，农村中学科技馆项目累计直接服务基层公众1097万人次以上。

基金会为第七届全国青年科普创新实验暨作品大赛提供公益合作支持，6.5万余名大学生、中学生参与赛事活动，推动青少年科学求索、创新创造，助力人才培养。

2021年，联合22家中国企业发出“科学素质赋能　科技自立自强”中国企业公益科普联合倡议。

学会建设 3月22日，基金会召开换届大会。大会选举卞凤鸣、史维学、乔健、李玉田、李鸿森、张龙、顾斌、殷皓、谢依诺、熊群力、黎青山、魏峰为第六届理事会理事。同日召开的中国科技馆发展基金会第六届理事会第一次会议上，选举熊群力为理事长，殷皓为副理事长，李鸿森为秘书长；聘请中国老科学技术工作者协会常务副会长齐让，中国工程院院士、北京有色金属研究总院名誉院长屠海令和国务院参事室特约研究员鲍红为基金会第六届理事会顾问。成立中国科技馆发展基金会第一届监事会，并于3月22日召开第一次会议，选举中国科协学会学术部副部长林润华为第一届监事会监事长。

7月13日，召开中国科技馆发展基金会第六届理事会第二次会议。选举产生基金会第六届理事会功能型党委，殷皓同志当选为党委书记，张龙同志当选为党委副书记，祝伟同志当选为纪检委员，李鸿森同志当选为组织委员，魏峰同志当选为宣传委员。

10月25日，召开中国科技馆发展基金会第六届理事会第三次会议。会议同意北京天辰时代文化艺术发展有限公司替代正大环球投资股份有限公司作为基金会理事单位，仍由谢依诺担任第六届理事会理事；同意中国科学技术出版社有限公司原党委副书记、总经理顾斌辞去基金会第六届理事会理事职务。投票选举宋军为基金会第六届理事会理事、副理事长。

科普活动 2021年，基金会以科技馆发展奖、农村中学科技馆、全国青年科普创新实验暨作品大赛、中国科协求是杰出青年奖、公众科学素质促进专项基金等项目作为核心科普工作，继续面向科技馆行业和全国青少年开展公益科普活动。通过评选表彰、捐赠资助、赛事活动、培训教育等手段发挥示范引领作用，弘扬科学家精神，推动科普事业创新发展。被中国科协评为2021年度全国学会科普工作优秀单位。

在普惠共享·你我同行——中国特色现代科技馆体系“科普之星”宣传推介活动中，获中国科协科学技术普及部颁发的“普惠之星·卓越”奖，10所农村中学科技馆获“普惠之星·优秀”奖。

9月6日，组织338所农村中学科技馆的20万余名师生观看“奇迹天宫，荣耀见证——中国空间站科创体验基地首场直播活动”；12月9日，组织全国农村中学科技馆观看“天宫课堂”第一课。共有28个省（自治区、直辖市）的850余所学校参与活动，43万余名师生观看直播。

2—9月，基金会联合中国科普研究所开展五期科学思维训练营活动，累计组织近百所农村中学科技馆师生线上观摩互动交流，分享前沿科学知识，启发科学思维。

组织实施出版展品课程融媒体图书《青青园中葵》，以期为农村中学科技馆已建校提供课程资源，实现展品的科普效用。完成《春晖——农村中学科技馆师生作品集》（第二册）征集初选入围作品、2019年“中学科技馆在行动”活动积累优秀作品（包括征文、科幻画、科学课）以及科技馆发展奖部分创意奖获奖作品的复审与出版工作；完成《潺源——千所农村中学科技馆成长之路》宣传画册的排版印刷工作。

表彰举荐优秀科技工作者 2021年，基金会奖励科技馆行业和青年科技工作者64人次，评选优秀国内外科普作品128件。

6月15日，在社会科技奖励信息公开平台完成2020年度社会科技奖励工作报告报送，通过科技馆发展奖年检。

7月13日，第六届理事会第二次会议审议通过《中国科技馆发展基金会科技馆发展奖奖励办法》的修订议案拟将科技馆发展奖更名为“公众科学素质促进奖”，在其下增加“科普终身成就奖”“科普杰出人物奖”。

9月，推荐的湖南省郴州市宜章县第一中学农村中学科技馆馆长张永强入选“典赞·2021科普中国”十大年度基层科普人物。

12月27日，在北京举办的第五届科技馆发展奖颁奖典礼上，对获得“创意奖”的20项优秀作品和获得“贡献奖”的3位优秀个人共39位获奖者进行表彰。

为中国科协求是杰出青年奖的评审表彰奖励提供资金支持，推动国家创新驱动发展战略实施，促进科技人才队伍建设，为中国国防现代化建设和创新型国家建设提供有力支撑。

党建强会 筑牢支部政治建设基础，强化党建全面引领，通过支部大会、支委会、党小组会等会议机制学习贯彻中央精神。2021年，支部以12次主题党日活动、24次党小组活动、2次党课为抓手，赴党史馆、中国国家博物馆、北京大学红楼等北京红色教育基地实地学习，通过支部工作、中国科协党校等网络平台共享资源、购置图书学习，交流心得体会，以多种方式强化思想建设。

落实党史学习教育，增强服务意识。通过研读《论中国共产党历史》《习近平新时代中国特色社会主义思想学习问答》《中国共产党简史》等指定学习材料，熟悉党走过的百年之路；通过“三会一课”和主题党日开展各种学习活动；鼓励引导广大青年参加中国科协青年党史学习小组党史学习接力赛。1月18日，基金会功能型党委联合中国科技馆党委第二党支部为山西省吕梁市临县程家塔村村民捐赠口罩4390只。

围绕庆祝建党百年活动，激发基层组织活力。积极参加庆祝建党100周年主题征文、“七一”入党宣誓、线上党史知识竞赛、故事讲述会、文艺汇演、摄影书画展、党务干部培训、参观红色基地等系列特色活动，引导党员干部回望历史、感悟初心，当好红色基因的传承者、宣传者、践行者。第八党支部在参加“淬炼过硬本领 书写时代华章”——中国科技馆庆祝中国共产党成立100周年线上党史知识竞赛活动中，成绩排名第一，获团队优秀奖。

【“科学素质赋能 科技自立自强”——中国企业公益科普联合倡议仪式暨颁奖典礼】 12月27日，由基金会发起并主办的“科学素质赋能 科技自立自强”——中国企业公益科普联合倡议仪式暨颁奖典礼在北京举办。中国科协党组书记、分管日常工作副主席、书记处第一书记张玉卓，国务院国有资产监督管理委员会党委委员、副主任任洪斌，中华全国工商业联合会专职副主席、中国民间商会副会长黄荣，第十三届全国人大常委会委员、财经委员会副主任委员、基金会理事长熊群力，中国电子科技集团有限公司董事、总经理、党组副书记吴曼青，中国科协专职副主席、书记处书记孟庆海，中国航空发动机集团有限公司副总经理、党组成员、中国科协副主席向巧，中国老科学技术工作者协会常务副会长、基金会顾问齐让，中国自然科学博物馆学会理事长程东红，北京有色金属研究总院名誉院长、基金会顾问屠海令，中国航天科技集团有限公司科技委副主任、中国探月工程副总设计师于登云，国务院参事室特约研究员、基金会顾问鲍红，中国农业发展集团有限公司副总经理曹恒真，中国科协党组成员、书记处书记兼中国科技馆馆长、基金会副理事长殷皓等出席活动。

张玉卓指出，公益是利国利民的善举，科普助力全民科学素质提升是最普惠的公益。未来在基金会科普公益平台上，中国企业将大有可为。熊群力代表基金会致欢迎词。他表示，基金会愿作为桥梁纽带，携手中国企业，为科普事业注入更多能量，搭建场馆共建平台、科普资源共享平台。黄荣表示，希望广大民营企业高度重视科普和科学素质建设，抓好企业内部的科普工作，积极参与公益科普工作。任洪斌表示，国务院国有资产监督管理委员会始终坚持创新在全局工作中的核心位置，坚持把开展公益科普活动作为中央企业义不容辞的社会责任，推动中央企业积极投身科普事业。

中国航天科技集团有限公司、中国电子科技集团有限公司、中国航空发动机集团有限公司、中国石油化工集团有限公司、中国机械工业集团有限公司、哈尔滨电气集团有限公司、有研科技集团有限公司、中国农业发展集团有限公司、小米集团、荣民控股集团有限公司、新奥集团股份有限公司、联想集团、内蒙古伊利实业集团股份有限公司、河南济源钢铁（集团）有限公司、复星集团、均瑶集团、科大讯飞股份有限公司、国维财富投资集团有限公司、北京天辰时代文化艺术发展有限公司、阿里巴巴集团、北京三快在线科技有限公司（美团）和中国科学技术出版社有限公司共 22 家企业共同发布“科学素质赋能　科技自立自强”中国企业公益科普联合倡议，共同探索公益科普新合作，助力科学素质赋能，推动高水平科技自立自强。

【农村中学科技馆项目】 截至 2021 年年底，全国已有 29 个省（自治区、直辖市）和新疆生产建设兵团建立 1112 所农村中学科技馆，累计直接服务公众 1097 万人次以上。

创新流动科普展览资源模式，推进展览资源开发项目。完成农村中学科技馆创新展览资源开发项目 12 个主题展览的展品方案及相关展品技术设计；推进项目主题展品方案深化设计、制作和调试工作，于 12 月进行全面验收，达到项目预期效果。

加强基层科技教师培训，壮大基层科普服务队伍。12 月 7—9 日，由基金会联合中国老科学技术工作者协会主办的 2021 年度农村中学科技馆项目工作研讨及交流培训会召开。来自农村中学科技馆的教师和各地区科协、科技馆的项目负责人以及中国老科学技术工作者协会代表累计 1634 人参加会议。此次大会采取线上模式，为广大基层科技教师参与培训学习提供便利。基金会特邀西昌卫星发射中心原党委书记孙保卫作题为《仰望星空　航天强国》的主旨报告。

12 月 20—23 日，基金会协同宁夏科协举办宁夏农村中学科技馆骨干科技辅导员线上培训班，700 多名基层科技教师接受培训。

【第七届全国青年科普创新实验暨作品大赛】 第七届全国青年科普创新实验暨作品大赛由中国科协主办，中国科学技术馆、中国科协青少年科技中心承办，三星（中国）投资有限公司独家公益支持，中国科技馆发展基金会和中国青少年发展基金会为公益合作组织。大赛设置“创意作品”和“科普实验”两个单元，下设“智能控制”“未来教育”“生物环境”“风能利用”4 个命题，鼓励学生以身边生活为切入点，注重培养学生发现和解决问题的能力。设 28 个赛区，来自全国 2771 所学校的 32848 支队伍参加比赛，征集作品 29671 件。经过各分赛区角逐，150 支队伍晋级总决赛。

7 月 20—21 日，全国总决赛在北京举办。15 个团队获一等奖；黑龙江省科学技术馆、安徽省科学技术馆、江西省科学技术馆、山东省科技馆、辽宁省科学技术馆作为赛区承办单位获优秀组织单位一等奖，121 人获优秀组织个人奖。

【科技志愿服务】 截至 2021 年年底，基金会科技志愿者总队人数达到 403 人。年初，发动总队志愿者参与中国科协实施全民科学素质行动项目——“国内未成年人好奇心培养研究”调查，为项目研究提供近百份样本数据。结合“迎建党百年　守初心使命”中国科学技术馆庆祝建党 100 周年系列活动方案的总体安排，在总队及农村中学科技馆范围内开展先锋志愿智惠行动。利用科技馆开放日，科技教师志愿者开展辐射周边学校和社区居民的科普参观导览服务；结合“科技进乡村”推动乡村振兴，科普宣传入村进社区。

在广大志愿者以农村中学科技馆为主阵地开展新时代文明实践志愿服务中，2019 年“最美科技工作者”、第二届全国创新争先奖获得者、江西省寻乌中学教师黄才发将所获奖励的 10 万元捐赠基金会，助力江西省科普事业发展，推动“乡村少年圆梦计划”。

（撰稿人：范家旭）

中国生物多样性保护与绿色发展基金会

服务创新型国家和社会建设 2021 年，基金会发挥咨政建言作用，通过举办专题讨论会，围绕《中华人民共和国黄河保护法（草案）》《中华人民共和国湿地保护法（草案）》《国家重点保护野生动物名录（征求意见稿）》《一次性塑料制品使用、报告管理办法（征求意见稿）》《绿色债券支持项目目录（2021 年版）》等法律、法规的制修订工作，共形成 132 条建议，递交相关部门并获得积极反馈。

2021 年，基金会标准工作委员会开展生态环境领域相关标准的研究、开发、制修订工作，共制订发布《生态文明与健康乡镇建设标准》《企业碳评价标准》《ESG 评价标准》《绿色企业评价标准》等 15 项标准。

获人力资源社会保障部授权，基金会食品绿色标准工作委员会牵头开展9项国家职业标准修订工作。

2021年，组织召开3场生态系统生产总值研究报告会，基金会理事长谢伯阳及有关专家就“更好地推动生态系统生产总值在各地的应用，使其成为生态文明建设科学量化的重要参考指标和抓手”进行研讨。

基金会两会议/提案建议工作组连续6年召开两会建议会。2021年，通过两会议/提案建议平台收集两会建议75份。其中，经由全国人大代表提交的黄河保护法立法建议、光污染立法建议分别获水利部、生态环境部积极反馈。

2021年，由基金会主持的“西部百校水安全援助项目”解决多所乡村学校孩子的饮水安全问题，受益人数约8842人。

5月，基金会发起黄河全流域生态考察行动，赴黄河中下游地区进行考察调研。累计发布图文科普宣传报道50余篇，并提交关于黄河上游生态状况的内参材料。

7月，基金会组织开展第二次罗布泊及其周边地区科学考察。此次科考共调查137个样地、80余种野生动物（含鸟类、兽类、两栖类和爬行类），鉴定水生鱼类13种，土壤取样117个，对罗布泊及其主要的入泊河流的水文状况进行初步的时空模型预演，为中国西部干旱地区的绿色发展提供理论参考。

7月，由基金会负责组织实施并联合中国科学院空天信息创新研究院开展的“‘亚洲水塔’失衡失稳对青藏高原河流水系的影响如何”课题入选2021年度10个对中国科学发展具有导向作用的前沿科学问题。8月18日，围绕该项课题的研究和攻关召开咨询座谈会，16名专家、学者参加会议并作主旨发言。

10月，应中国技术经济学会、中国标准化协会、中国节能协会、中国标准化研究院资源与环境分院四家机构的联合申请，设立“双碳专项基金”，推进中国碳达峰碳中和领域的科研、标准研制、科普培训等工作。

为推进落实《中国科协关于深化改革创新、提高调查研究实效的意见》，12月，基金会面向社会公开发布“生物多样性与绿色发展”课题研究项目征集通知，征集课题40余个。

学会建设 2021年，基金会分别召开3次理事会议。新设立7家二级机构和7个专项基金。审议通过章程修改、规范二级机构名称等事项。

新增生态文明驿站41个、科普基地5个，开展生态科普系列活动204场；新增保护地14个，开展保护活动150次。

2021年，基金会“绿会融媒”宣传矩阵57个中外新媒体宣传平台新增粉丝100万以上，累计发布文章约62.7万篇，阅读量20亿次以上；发布短视频2632条，累计播放量5亿次以上。

基金会获评《中国新闻周刊》2021年度影响力人物；获2021第十一届公益节公益推动力大奖、公益集体奖、公益传播奖、公益项目奖等重要奖项。

主办期刊 在基金会新时代科技传播与出版研究智库指导下，截至2021年年底，国际期刊《生物多样性保护与绿色发展》（*Biodiversity Conservation and Green Development*）共收稿232篇，编撰6卷13期，发表论文131篇。

学科发展工程 2021年，基金会以生态文明思想为指导，创新性提出“邻里生物多样性保护”理念；组织开展近海及海岸湿地对“双碳”与生物多样性的影响、构建中亚干旱区生命共同体等前沿科学问题研究，助力生态文明建设。

2021年，牵头或支持编写《鄱阳湖世纪之辩》《“国网绿色工程·护线爱鸟行动——候鸟生命线”项目第一期调研报告》《广东高等植物红色名录》等调研报告及专著论述。其中，《“国网绿色工程·护线爱鸟行动——候鸟生命线”项目第一期调研报告》系统调研天津市、河北省、山东省、江苏省、江西省、安徽省等地电网沿线野生鸟类栖息生境及与输电线路间的关联关系，并针对性提出相应的改进措施，以兼顾鸟类保护和电网发展，是邻里生物多样性保护的最佳实践。

作为全球生物多样性信息平台官方认可的数据发布机构，2021年度完成26期沙漠蝗虫动态监测数据和44组动植物物种数据上传，供科研人员开放下载，为开展相关领域研究提供数据支撑。

国际学术会议 2021年，基金会主办、承办或参加联合国重要公约及组织的国际学术性会议及活动55场，参与人数40万余人次，交流论文58篇。关注议题包括生物多样性保护、乡村振兴与食物系统转型、气候变化、环境保护、可持续发展等。

2021年，基金会作为会员及观察员，参与世界自然保护联盟世界自然保护大会、第二十六届联合国气候变化大会。参与边会讨论12次，提交6项提案并成为全球重要决议。

2月，基金会倡议成立联合国粮食系统峰会转向可持续消费模式中国行动平台，通过举办10期“中国说”对话、中小企业大赛和对话、最佳实践案例征集、青年志愿行动等活动，促进中国粮食系统各界力量协同参与峰会进程、在国际舞台讲好中国故事。约400位各界专家在活动中建言献策，120万余人次通过观看直播、参与“知食”竞赛等方式在线互动。

5月22日，围绕“国际生物多样性日”2021年主题“呵护自然，你我有份”，基金会举办第十六届国际基因组学大会系列会议之“全球环境危机视角下的人与自然生命共同体构建——2021国际生物多样性日”纪念5·22学术研讨会。来自国内外学术研究领域的专家、学者共议生物多样性对于维系星球健康的重要性。在线参加会议人数达1.8万余人次。

8月12日，基金会与世界猿类联盟、非洲大象保护倡议等共同主办线上2021世界大象日会议，全球近11万人次参与。此次会议的主题为“从资源冲突到宝贵盟友：对大象重要性的新理解”，邀请20多位国内外专家通过多方对话、共同呼吁，推动全球大象的保护工作。

10月27日，在第十六届国际基因组学大会上，由基金会等主办的生物多样性与全球紧急事件论坛以“国际熊猫日”为契机在线上召开。与会专家、学者聚焦生物多样性丧失、气候变化及公共卫生健康三大危机，共商跨学科的解决方案。线上参加会议人数达113.27万人次。

10月29日，由基金会国际部与世界猿类联盟共同主办的2021猿类大会暨RCEP（区域全面经济伙伴关系协定）4C（民间、文化、交流与合作）第八次会议在线上召开。会议围绕猿类如何以其关键物种的身份帮助人们减缓气候变化等议题，邀请国内外专家、学者展开分享与讨论。全球4.6万人次参加会议。

国内主要学术会议 2021年，由基金会主办或联合主办的研讨会、论坛等学术活动共计15场，会议内容涉及落实“双碳”目标、生物多样性保护、社会热点剖析、团体标准制订、绿色转型与可持续发展等。

1月16日，基金会举办的“鄱阳湖水利枢纽（建闸）工程”讨论会在北京召开。来自生态、生物多样性保护、湿地、水利等方面的多位专家、学者以及社会组织、多利益相关方和媒体代表围绕鄱阳湖建闸工程的科学性、合理性展开讨论，约14万公众在线参加会议。会后，江西省人民政府副省长到访基金会，就鄱阳湖生态保护问题进行探讨。

4月27日，基金会牵头召开日本核废水排海问题法律应对线上讨论会。邀请海洋、环境、法律及核安全领域的10多位专家展开讨论，就核废水入海对海洋环境和人类健康的影响及法律介入应对方案进行解读与探讨，线上参会人数达2.5万余人次。

12月11日，基金会联合四姑娘山国家级自然保护区管理局、小金县人民政府在四川省成都市召开首届小金·四姑娘山沙棘学术研讨会。依托实地调研报告，与会专家探讨并完成对“四姑娘山自然保护区的中国沙棘林为世界最大且拥有最古老的中国沙棘树”的学术鉴定。

12月15日，基金会大气治理与低碳发展工作委员会组织召开2.5PM & CO_2论坛。邀请中国工程院院士侯立安、江亿等9位相关领域的专家研讨、分析2.5PM居高不下的原因，结合“双碳”目标提出大气污染综合防治解决建议。累计6.1万余人次在线观看并参与讨论。

12月31日，基金会组织召开“普洱市绿色经济考评体系优化提升方案”研讨会。基金会副理事长兼秘书长周晋峰、中国生物多样性保护与绿色发展基金会北京研究院副院长卢善龙、国家发展改革委宏观经济研究院主任杨春平等专家、学者参加会议，针对普洱市绿色经济考评体系的优化以及如何实现其与生态系统生产总值指标体系科学整合等问题进行交流和讨论。

国际组织任职 2021年，基金会副理事长周晋峰新任中美硅谷发展促进会名誉会长、国际标准化组织生物多样性技术委员会“恢复保育保护工作组”委员、内罗毕防治海洋垃圾和塑料污染之友工作组成员。基金会副秘书长王豁受邀担任地球生物基因组计划数据共享和管理最佳实践特设工作小组专家。

国际交往 2021年，基金会作为合作伙伴、成员或观察员已加入34个联合国机构、国际公约和全球倡议。获联合国政府间气候变化专门委员会授权，对《2021年气候变化：自然科学基础》报告发布会进行全程直播，14万人观看发布会实况。

5月，基金会成立生物多样性南南合作大科学计划，开展面向发展中国家的生物多样性科学研究和保护合作。现已开展东南亚红毛猩猩保护、沙漠蝗虫与草地贪夜蛾监测、马达加斯加大危机国际援助等工作。

在6月29日—7月2日举办的国际标准化组织生

物多样性技术委员会第一次年会上，基金会副秘书长就《生物多样性评估指南》进行提案汇报，该提案获54% 的高票支持。

9月，基金会代表团赴法国马赛参加第七届世界自然保护大会，并加入“主席之友”参与《马赛宣言》的起草，行使投票权和选举权。

10月，基金会加入地球生物基因组计划，成为全球第44家成员机构。

11月6—7日，中国科协、中国科学院、中国工程院共同举办第三届世界科技与发展论坛，发布“开放·信任·合作”倡议。基金会邀请全球生物多样性信息平台、世界艺术与科学院等五家机构支持并签署该倡议。

11月25日，联合国教科文组织大会第四十一届大会正式通过《人工智能伦理问题建议书》，充分采纳基金会此前就《人工智能伦理问题建议书（草案）》提出的建议。这是全球首份关于人工智能伦理的全球标准。基金会提出的“生态环境”和“生物多样性”因素在《人工智能伦理问题建议书》中均被作为单章列入。

科普活动 2021年度，基金会主办或参与、支持举办的科普项目、科普活动248场次，受众人数达3.5万余人次，包括在线直播、公益讲课、科普培训、现场活动、建设科普教育基地等。开展生态文明主题宣讲26场，累计线下触达5200人次，在线传播触达1亿多人次；推出44期“周道生态文明”系列音视频和图文宣传内容，截至2021年年底，已累计录制137期，触达人群7500万人次。

2021年，基金会大学生工作委员会与绿色少儿工作组先后举办校园科普活动129场。其中，主办的2021年第五届全国大学生环保知识竞答，吸引了约140万名大学生和全国高校的1234家社团参与，共评出一等奖418人、二等奖1242人、三等奖2421人。

5月21日，基金会联合发起“首席减碳官”挑战赛，全国45个城市超19万人参与减碳挑战，累计进行50.34万次环保行动，为地球减少1202.04万千克碳排放。

表彰举荐优秀科技工作者 基金会推荐2021年“最美科技工作者”、“典赞·2021科普中国”年度科学传播人物、2021年托尼·惠顿自然保护奖候选人等10名，其中1名候选人获托尼·惠顿自然保护奖。

党建强会 2021年，基金会党支部共计开展学习习近平总书记重要讲话精神和主题党日活动30次。组织召开碳达峰碳中和专题学习会，为中国碳达峰碳中和总体目标的实建言献策。

7月，应有关部门邀请，推荐3名具有国际影响力的人士出席中国共产党与世界政党领导人峰会并作视频致辞。在中国共产党成立100周年之际，通过提名国际专家向世界展示中国共产党对外交往史和世界政党发展史的成就。

在基金会党支部的领导下，2021年度“旧衣可循环回收项目”向偏远山区捐赠衣物1.51万余件。河南洪灾发生后，基金会党支部协调联系紧缺物资发往灾区，筹建“救灾厨房”，为受灾安置点和救援工作点提供健康餐食。

会员服务 截至2021年年底，基金会专家、学者、工作委员会、专项基金及各项目参与人员（会员）达179984人。

8月，基金会召开第五届保护地年会，为进一步推进“绿会保护地”建设，提高专业保护水平、保护与宣传能力，完善保护地管理流程提供赋能指导。在线收看人数达2.4万余人次。

【基金会搭建《区域全面经济伙伴关系协定》民间合作对话平台】 2021年度，基金会RCEP工作组先后举办7次RCEP 4C对话，旨在从民间角度促进RCEP区域的“民间、文化、交流与合作”，邀请来自几乎所有RCEP区域国家的民间代表就气候、可持续发展和生物多样性领域可持续发展议题进行主题对话，逾20万人次在线参与。

（撰稿人：王晓琼）

中国高等教育学会

服务创新型国家和社会建设 2021年，学会受教育部有关司局委托，组织专家完成“中美高等教育质量比较研究”课题，形成研究成果报告；配合做好“新时代中国高等教育理论体系总论研究”“高校教务处长能力研究”等课题管理工作，组织开展《教育部直属高校工作专报》编制工作；积极承接政府职能转移事项，承接教育部直属高校教师职称评审监管工作，进校检查中国矿业大学（北京）等10所教育部直属高校，创建职称评审监管系统平台，承接第二批“全国高校黄大年式教师团队”评选工作。

以重大课题研究为基础，着力推动政策建议转化为政策举措，累计向上级部门报送35篇研究专报，其中20篇得到教育部及有关司局领导批示。《新时代加强廉洁文化建设的创新思考》《新冠肺炎疫情对中美高等教育的影响综合比较研究》等多项研究报告服务国家相关部委、教育部多个司局的科学决策。

1月13日，组织国家社科基金社科学术社团主题学术活动资助项目“高等教育普及化与区域发展战略研究”开题报告会，其中“高等教育引领支撑长江三角洲区域一体化发展战略研究”“高等教育支撑粤港澳大湾区发展战略研究”“高等教育支撑中部地区发展战略研究”3个子课题正式开题。

2月8日，学会与中国航空工业集团有限公司在北京举办战略合作协议签约仪式。双方在深化产教融合、打造深化产教融合的新高地、推进战略合作实现高质量发展等方面开展合作。根据战略合作协议内容，双方在中国航空工业集团有限公司所属单位北京云湖培训基地共同建立中国高等教育培训中心总部基地（北京）。

3月22日，学会高校竞赛评估与管理体系研究工作组发布2020全国普通高校大学生竞赛排行榜，其中包含本科院校榜单13个、高职院校榜单10个、省份榜单3个。发布《全国普通高校教师教学竞赛分析报告（2012—2020年）》。

4月16日，学会与北京翼鸥教育科技有限公司签署战略合作协议。协议聚焦中国高等教育博览会、全国高校教师教学创新大赛、新时代教师教学指数和大数据分析、校企合作“双百计划”等品牌活动及高校教师培训等方面。

4月24日，学会与中教华影电影院线股份有限公司签署战略合作协议。协议聚焦高校数字校园建设、影视思政研究、内容创作，服务产教融合，校企合作和高校教师培训等方面，依托中国高等教育博览会等平台合作开展“高校数字校园建设”专题精品项目培育计划。

4月30日，在北京召开“一流大学内部治理结构与人才战略研究”重大课题研究成果发布会。学会各重大研究课题组成员、各分支机构负责人和媒体代表近200人参加会议。

2021年，学会联合19家分支机构设立专项课题552项，30家分支机构自设课题281项，共计投入研究经费750万余元。24项学会重大、重点研究课题通过结项鉴定。

由教育部高等教育司主办、指导，学会与中国高等教育培训中心联合举办高校教务处长业务素养与能力提升培训班3期，累计培训760人次。中国高等教育培训中心组织举办1期全国高校教师教学创新大赛成果巡讲公益直播和2期“百家讲堂”公益讲座，收听收看超过9万人次。

12月22日，学会在线发布“2021版全国普通高校教师教学发展指数”。其中，本科院校教师教学发展指数包含全国普通本科院校教师教学发展指数（2021版）等11个指数，上榜本科院校达到1223所，占全国本科院校总数的98.79%；高职院校教师教学发展指数包含全国高职院校教师教学发展指数（2021版）等8个指数，上榜高职院校达到1408所，占全国高职院校总数的92.75%。

12月25日，在江西省南昌市举办以“协同育人提质量，产教融合促就业”为主题的第五届产教融合发展大会。学会会长杜玉波，江西省人民政府副省长孙菊生，中国民办教育协会会长刘林出席大会并致辞。相关省教育厅领导、学会分支机构领导、各地高校领导和专家参加大会，约370万人次在线观看活动直播。会上，中国高等教育学会和江西省教育厅、科技厅、工业和信息化厅签署四方合作协议，并与中国国际贸易促进委员会江西省委员会签署合作协议。大会系列活动之一——航空专业大学生就业招聘活动提供近2万个就业岗位，采取线上线下相结合的招聘方式进行。

学会建设 截至2021年年底，学会有单位会员1669个、个人会员4374人。先后召开理事会议2次、常务理事会议2次。拥有分支机构68个，2个分会合并为1个分会，完成8个分会的换届工作。

1月5日，学会高校学生管理与就业创业工作研究分会成立。7月21日，学会高等农林教育分会成立。7月23日，学会劳动教育专业委员会成立。

2月5日，中国科协九届常委会第十二次会议审议并同意接纳学会加入中国科协团体会员。2021年，被中国科协评为“特色创新学会”，获得中国科协“2021年开放合作品牌创建学会”授牌，被中国科协评为2021年全国科技工作者日全国学会积极贡献单位。11月25日，中国科协党组成员、书记处书记束为一行5人到学会调研指导工作，对学会工作提出新要求。

3月28日，学会在北京召开2021年工作会议。

会议贯彻全国两会精神，总结工作、表彰先进、交流经验，部署2021年重点工作。来自67个分支机构、28个省市高等教育学会和11个行业高等教育学会的负责人以及秘书处全体中层干部等200余人通过线上线下方式参加会议。

12月28日，在北京召开学会第七届理事会第十一次会议。全体理事审议并通过年度工作报告和财务报告。全体理事审议并通过《关于修改中国高等教育学会〈章程〉部分内容的建议案》。会议正式发布《中国高等教育学会事业发展“十四五”规划（2021—2025年）》。

加强日常管理和服务，规范召开理事会议、常务理事会议和监事会议，规范调整负责人、常务理事、理事。继续实施分支机构质量提升计划，组织分支机构课题研究专项工作会议、换届工作专题会议、整改工作推进会等会议，高质量推进落实相关工作。积极推进秘书处综合改革，完善管理运行机制，推动深化人事制度改革。加强财务管理，进一步优化财务信息化平台，提高服务满意度。顺利通过2020年度全国性社会团体年检，年检结果为合格。

8月，学会申报的“中国共产党与高等教育发展的百年探索”（课题研究类）和“2021高等教育国际论坛年会”（国际学术交流类）获2021年度国家社科基金社科学术社团主题学术活动资助立项。学会品牌活动“高等教育国际论坛年会”已连续两年获得国家社科基金专项资助。

2021年，学会被民政部评为“全国先进社会组织”。

主办期刊 学会会刊《中国高教研究》影响力指数在288种教育类期刊中排名蝉联第二；复合影响因子为5.034，综合影响因子为3.814；入选《中文核心期刊要目总览》2020年版（第9版）教育类核心期刊，入选中国人民大学书报资料中心《复印报刊资料重要转载来源期刊（2020年版）》，入选CSSCI来源期刊目录（2021—2022）。2021年，获第五届中国出版政府奖期刊奖提名奖。

《中国现代教育装备》是全面反映中国高教、职教、基教、学前教育教学及装备研究工作的教育科技类期刊。《中国现代教育装备》杂志社完成改制，更名为《中国现代教育装备》杂志社有限责任公司。

学科发展工程 5月，学会启动“中国高等教育学会学术创新计划——高等教育学博士学位论文文库”入库工作。经单位推荐、专家审核认定及网上公示，最终有8篇高等教育学博士学位论文入库。

国际学术会议 2021年，学会和各分支机构组织指导国际学术会议5次，参加人员1000余人次。

8月19—20日，学会教师教育分会联合陕西师范大学在陕西省西安市共同举办第十届汉字与汉字教育国际研讨会。来自中国、韩国、美国、越南等多个国家和地区的专家、学者通过线上参加会议，共同探讨汉字研究及汉字教育等相关问题。

9月18日，由中国高等教育学会等单位指导、四川师范大学等主办的2021亚洲教育论坛年会在四川省成都市召开。论坛主题为“亚洲教育的未来”，设立高等教育论坛等多个分论坛。来自30个国家和地区的900余位专家、学者参加。

10月15日，“中巴经济走廊大学联盟”交流机制第四次会议以线上线下相结合的形式召开，中方会场设在北京，巴方会场设在巴基斯坦国立科技大学。学会领导、巴基斯坦教育部领导、两国大使、巴方高等教育委员会委员、中方教育部和外交部相关司局领导等，以及来自82所中巴联盟成员高校和北京大学巴基斯坦籍留学生代表等约300人参加。会议期间，举办“中巴高等教育研究院”成立揭牌仪式，启动中巴高等教育研究院学习平台，发布《中巴经济走廊大学联盟交流机制2019—2020年度发展报告》。此次会议被列入中国科协《重要学术会议指南（2021）》。

11月7日，学会摄影专业委员会与丽水摄影节组委会、浙江传媒学院在线共同举办2021丽水摄影教育国际研讨会。来自全球各大艺术高校、机构、画廊的专家、学者、团队在线参会。

11月26—27日，学会教育数学专业委员会与上海大学张量与矩阵理论国际研究中心等单位在线联合举办2021年中韩美矩阵论国际会议暨第六届矩阵方程与矩阵不等式及其应用国际会议。来自中国、韩国、美国等8个国家以及中国香港特别行政区的近200位专家出席大会。

国内主要学术会议 2021年，学会和各分支机构通过线上线下方式组织各类学术交流活动300余次，参加人员200万余人次。

4月20日，学会与奥鹏远程教育中心通过线上方式联合主办2021人工智能时代教师培训创新高峰论坛。4万余人次通过线上围绕人工智能时代的高素质、专业化、创新型教师队伍建设议题展开对话与交流。

5月8—9日，学会与浙江大学等单位在浙江省杭州市共同主办“加强数字化建设　助推高校治理能力现代化”研讨会。来自全国600余所高校的2000多人参加会议。会上举办学会重大研究项目“建设高质量高等教育体系”启动仪式暨公益捐赠仪式。

7月16日，在北京召开中国高等教育学会第四届学术委员会第三次工作会议、《中国高教研究》第五届编委会第二次工作会议。学会会长、学术委员会主任、《中国高教研究》编委会主任杜玉波出席会议并作报告。与会专家围绕“中国特色高等教育”等议题交流和研讨。学会和秘书处领导、学术委员会和编委会委员等49人现场参会，部分学术委员会和编委会委员、66家分支机构的理事长、分管学术工作的秘书长百余人线上参会。

10月17日，学会与太原理工大学等单位在山西省太原市共同主办“高校数字化建设创新与发展”研讨会。来自中国高等教育学会，山西省政府办公厅、工业和信息化厅、教育厅，山西省委教育工委，太原理工大学，湖州师范学院，正方软件股份有限公司等有关单位的领导，以及来自全国31个省（自治区、直辖市）的50余所高校的书记、校长和300余所高校的800多位专家、学者参加会议。

12月30日，学会与复旦大学、北京理工大学在北京联合主办首届云端教学发展大会，大会主题为“数据驱动、教学创新、技术助力、教育担当”。学会会长杜玉波、教育部高等教育司一级巡视员宋毅到会致辞。中国工程院院士、北京理工大学校长张军，复旦大学副校长徐雷作主题报告。北京航空航天大学等40余所高校的教务处长、信息化技术中心主任、本科生院院长参加线下会议。各省教育厅高教处领导与学会分支机构领导、各地高校领导和专家共计151万人次在线观看活动直播。

两岸交流　1月18日，由学会与中华中山文化交流协会、北京歌华文化发展集团有限公司共同主办的第七届两岸新锐设计竞赛·华灿奖工作会议在北京召开。11月10—11日，全国赛作品评审会议在北京召开。11月17—23日，对全国赛获奖作品、优秀指导教师、优秀组织奖名单进行公示。该奖项以发现和推介海峡两岸青年设计师、增进两岸青年文化交流、推动两岸文化创意及相关产业的合作为宗旨，每年举办一次，共举办六届，是国台办重点对台交流项目。

国际交往　学会秉持开放共享、合作共赢的理念，服务国家教育对外开放战略全局，充分发挥学术社团的独特优势，利用民间交往的有利条件推进国际交流合作创新发展，形成开放办会新格局。

8月31日，学会会长杜玉波与美国教育委员会主席泰德·米切尔举办视频会谈。双方在推进联合课题、联合出版学术系列丛书、建立定期交流机制等方面达成共识。9月9日，杜玉波与欧洲大学协会主席迈克尔·墨菲举办视频会谈，表示愿与欧洲大学协会等全球9个全国性或区域性教育组织共同发起“大学联合会全球论坛”。

11月29日，“大学联合会全球论坛”筹备会以线上方式召开。论坛由欧洲大学协会牵头，联合中国高等教育学会、美国教育委员会、加拿大大学协会、印度大学协会、国际大学协会、东盟大学协会、阿拉伯大学协会、非洲大学协会、拉丁美洲及加勒比高等教育中心等9个全国性或区域性教育组织共同发起，旨在凝聚国际高等教育组织的力量，共同促进全球高等教育领域的交流合作，携手应对全球挑战，推动经济社会发展。与会各方代表就论坛职责范围、2022年论坛议题及论坛安排等文件展开讨论，一致同意2022年第一届论坛由欧洲大学协会主办，初步定于5月中下旬在西班牙巴塞罗那举办。

科普活动　5月22—28日，在全国科技活动周期间，学会科技管理研究分会积极组织国家重点实验室接待四川大学等15所高校及济南一中等大中小学生参观学习近600余人次，开展学术讲座交流10余次。

7月，学会工程热物理专业委员会邀请西安交通大学教授何茂刚在火箭军司令部以《能源战略与新能源》为题，向120余位军官作专题科普报告；10月、邀请长沙理工大学教授赵斌和天津大学教授杨昭分别以《尊严在科技之上、未来在创新之中》和《冷链物流的安全及技术》为题作专题科普报告。

学会生态文明教育研究分会在首都生态文明宣传教育基地（双秀公园）举办两场海绵城市、无废城市等专业报告；与生态环境部科技与财务司和中国环境科学学会联合举办2021年生态环境“云科普”系列活动；分会副秘书长张勇主编的科普教材《环境问题观察》完成出版。

党建强会　学会会长办公会始终坚持把学习习近平总书记最新重要讲话精神和党中央决策部署列为第一议题，作为制度性安排。理事会及时将党建工作新要求写入学会章程，从制度层面落实党建工作对学会工作的引领。及时修订《学会风险防控清单》，从全面从严治党、落实意识形态责任制等方面提升风险防控能力。加强对学术论坛、课题研究、微信网站、刊物出版、业务培训、展览展会等方面的管理，牢牢把握意识形态的领导权、主导权。监事会通过参加学会重要决策会议、重大问题讨论、重大活动开展，强化对意识形态责任的落实和监管，发挥监督保障作用。积极探索分支机构党建工作新模式，10家分支机构探索成立功能型党组织，负责人由党员理事长担任。

深入开展党史学习教育。组织开展庆祝建党百年系列活动，及时学习宣传贯彻习近平总书记“七一”重要讲话精神。7月22日，学会会长杜玉波以《回首党的百年征程，践行教育初心使命》为题为全体党员干部讲党课。学会马克思主义研究分会等分支机构召开学习宣传党的十九届六中全会精神研讨会；宣传工作研究分会举办“党史学习教育在高校”活动；学会主办、新闻学与传播学专业委员会和宣传工作研究分会协办“建党百年·高校寻根”高校红色教育影像巡礼活动。学会设立重点课题“中国共产党与高等教育发展的百年探索”研究，获2021年度国家社科基金社科学术社团主题学术活动资助立项。组织分支机构设立“党史学习专项研究课题”。会刊《中国高教研究》以“中国共产党成立100周年高等教育发展研究”设立专栏。

充分发挥党组织战斗堡垒作用和学会学术社团优势，团结和吸引优秀党务工作者和高等教育专家、学者参与学会智库建设和重大课题研究，服务战线需求，回应教育关切。推进秘书处文化建设，通过中英文内容和图片展示，设计反映学会开拓创新发展成果的文化墙，完成读书厅建设，使文化墙和读书厅成为展示学会面貌的文化窗口；加强秘书处部门文化建设，凝练形成秘书处各部门文化精神并积极践行。

2021年，秘书处党支部被评为教育部直属机关先进基层党组织。

会员服务 2021年，学会编写7期《工作简讯》，及时传达教育部要闻讯息，反映学会年度工作的综合信息，包括亮点工作、典型经验、会员风采、会议信息、专项工作、换届工作等内容，介绍学会和分支机构动态，传播学会工作资讯和重点新闻集锦，报道围绕中心服务大局开展的各项活动等。

【开展高校教师职称评审监管工作】 2021年，受教育部委托，学会继续开展高校教师职称评审监管工作。4月，先后组织工作研讨会和专家/秘书培训会；6月，组织指标体系内涵解读研讨会，制订职称评审监管工作指南，上线高校教师职称评审监管平台；9月，组建专家调研组对陕西省等部分省份开展地方高校职称制度改革与监管情况调研。从6月下旬到10月底，陆续完成对中国矿业大学（北京）、华东理工大学、北京外国语大学、华中科技大学、上海外国语大学、西北农林科技大学、中国地质大学（武汉）、北京邮电大学、华北电力大学、中国传媒大学等10个职称评审监管进校单位的教师职称评审工作现场检查。教育部教师工作司司长任友群和副司长黄小华，学会副会长、秘书长姜恩来，副秘书长王小梅和郝清杰等参加相关活动。

【首届全国高校教师教学创新大赛】 7月27—30日，由教育部高等教育司指导、学会主办的以“推动教学创新　打造一流课程”为主题的首届全国高校教师教学创新大赛全国赛在上海市举办。

大赛自2020年10月正式启动以来，得到全国高校的广泛关注和参与。31个赛区的教育行政部门、省级高等教育学会作为大赛省赛主办单位或指导单位，与赛区牵头高校开展合作。全国共有1071所普通本科高校的50386名教师参加校赛；12625名教师参加省赛，其中主讲教师3981人，高级职称教师参赛比例接近70%。本届大赛全国赛最终评审出个人（团队）奖198项、专项奖19项。

【第56届中国高等教育博览会】 5月21—23日，由学会主办，山东省教育厅、青岛市人民政府支持，青岛市教育局、山东省高等教育学会和国药励展展览有限责任公司承办的第五十六届中国高等教育博览会在山东省青岛市举办。此届博览会的核心主题是“跨界聚合·交叉融合：高质量发展”。学会会长杜玉波，山东省副省长、省政府党组成员王心富出席开幕式并致辞。

主体活动由“展览展示”“高端论坛”“竞赛活动”“成果发布”四大板块组成，设置八大展区。同时新增“科技创新”和“创新创业”两个板块。展览展示面积超过10万平方米，参展企业1000余家、展位4300余个、展品1万余件，参加会议高校1500余所，现场观众13万人次。

此次博览会正式启动高校数字思政精品项目，并举办新时代高校数字校园·数字思政论坛。同期还举办全国高校教师教学创新大赛——第六届全国高等学校教师自制实验教学仪器设备创新大赛决赛、第三届高校教师教学发展与创新人才培养论坛暨黄河流域“两省一区”高校教师教学发展研究院成立仪式、第四届高校实验室建设与发展论坛、第二届中国城市与高校发展大会等约30场平行论坛百余场学术报告。

其间，学会与山东省教育厅、科技厅、工业和信息化厅签署四方合作协议，旨在依托“云上高博会”服务平台，整合高校科技创新资源，服务山东省经济发展、产业升级和企业技术迭代。

中国高等教育博览会被纳入“商务部引导支持展会”，连续四年获评“中国会展品牌展览会”。

（撰稿人：李　燕）

詹天佑科学技术发展基金会

服务创新型国家和社会建设　4月18日，由基金会和中国铁道博物馆共同主办的“百年京张　历史跨越——纪念詹天佑诞辰160周年”专题展览在第四届中国高速铁路健康管理技术论坛开幕式上进行首展，并相继在婺源博物馆、婺源县詹天佑科技文化会展中心、北京交通大学、华东交通大学、石家庄铁道大学、西南交通大学展出。

基金会资助江西省上饶市婺源县举办詹天佑家风巡展活动、詹天佑纪念馆举办2021年全国科普日活动，以及詹天佑班专项活动、漫画高速铁路——中国高速铁路科普展、高校纪念詹天佑诞辰160周年巡回展；在中国中车集团有限公司举办的“科技自立自强　百年薪火相传”主题活动中，赠送《詹天佑》小说等图书。

4月26日，基金会在北京召开“百年京张铁路发展，弘扬詹天佑精神——纪念詹天佑先生诞辰160周年座谈会”。基金会理事长、中国国家铁路集团有限公司副总经理、党组成员钱铭出席座谈会并讲话，来自有关部门的50余人参加座谈。纪念会上举办詹天佑奖颁奖仪式和《詹天佑历史文献汇编》首发式。原铁道部副部长、基金会原理事长、《詹天佑历史文献汇编》编纂工作委员会主任蔡庆华介绍编纂工作情况，并开展赠书活动。会后，参会人员前往京张铁路青龙桥车站，向詹天佑墓和詹天佑铜像敬献花篮。

6月5日，詹天佑班工作指导委员会名誉主任蔡庆华出席石家庄铁道大学2020级詹天佑班开班仪式。蔡庆华勉励同学们并提出要求，同时为2020级詹天佑班授班旗、为2020年度詹天佑优秀班集体及优秀学生颁奖。基金会赠送学习用品和书籍。

6月19日，基金会副理事长兼秘书长陈建东出席西南交通大学举办的“百年京张　历史跨越——纪念詹天佑诞辰160周年”活动并致辞。活动中举办纪念詹天佑诞辰160周年巡展开展仪式和詹天佑班宣誓仪式，陈建东为詹天佑班毕业生代表颁发詹天佑班荣誉证书。

学会建设　基金会与中国科协、中国国家铁路集团有限公司多次协商，于12月3日完成中国科协作为基金会业务主管单位的手续。从此，基金会确立以中国科协为业务主管单位、中国国家铁路集团有限公司为支撑单位的新管理体制。

4月30日，中共中央组织部印发通知，同意中国国家铁路集团有限公司副总经理、党组成员钱铭兼任基金会理事长、法定代表人。6月11日，基金会理事长变更为钱铭。6月15日，民政部准予基金会法定代表人变更为钱铭。

6月22日，基金会以通信方式召开第三届理事会第六次会议。审议《詹天佑科学技术发展基金会2020年上半年工作总结（审议稿）》，传达民政部《关于进一步加强社会组织管理　严格规范社会组织行为的通知》精神等。

9月8日，基金会以通信方式召开第三届理事会第七次会议，审议第三届理事会人选变更议案，通报业务主管单位变更和编制基金会“十四五”事业发展规划情况。9月30日，基金会以通信方式召开第三届理事会第八次会议，审议《詹天佑科学技术发展基金会变更业务主管单位的决定》《〈詹天佑科学技术发展基金会章程〉修改的议案》。

修订《詹天佑铁道科学技术奖奖励办法》和《詹天佑铁道科学技术奖实施细则》。

基金会组织撰写《詹天佑历史文献汇编》，共4册，已出版3册。基金会原理事长蔡庆华担任该书编委会主任。

国内主要学术会议　4月18日，由基金会、中国铁道学会高速铁路委员会联合中南大学等5家单位举办的第四届中国高速铁路健康管理技术论坛在湖南省长沙市召开。论坛邀请10位中国科学院院士、中国工程院院士参加。现场参加人数近600人，线上观看人数近 6 万人。此次论坛聚焦高速铁路健康管理技术，涉及高速铁路线桥隧结构、轨道系统等基础设施健康状态监测的新技术、新方法，高速铁路基础设施监测先进传感器与仪表，高速铁路基础设施健康监测大数据采集与管理，基于健康监测大数据的健康评估、损伤识别与预测预警，高速铁路工务设施健康管理与科学维护技术，高速铁路基础设施相关理论与技术六大议题。

科普活动 2021 年，基金会举办科普展览 2 次，受众 5 万余人次。

5 月 24 日，在全国科技活动周之际，与中国铁道学会、中国铁道博物馆共同在北京举办漫画高速铁路——中国高速铁路科普展，并为活动提供科普读物和宣传用品。

9 月 13 日，由基金会和中国铁道学会、中国铁道博物馆等共同主办的 2021 年全国铁路科普日主场活动暨“铁道大讲堂”开讲仪式在北京举办，邀请有关专家、学者为青年学子和观众科普铁路知识。

表彰举荐优秀科技工作者 基金会推荐的由石家庄铁道大学杨绍普主持的“轨道交通大型工程机械施工安全关键技术及应用”项目获得国家科学技术进步奖二等奖。

根据基金会《詹天佑班管理办法》，经各高校推荐和基金会秘书处审定，确定 2021 年度詹天佑优秀班集体奖 7 个、詹天佑奖学金获得者 35 人。基金会负责颁发证书和奖金，并于 11 月 2 日印发《关于公布 2021 年度詹天佑优秀班集体和詹天佑奖学金获得者评审结果的通知》。

党建强会 5 月 12 日，基金会与中共中央党校中央和国家机关分校 2021 年春季干部进修班的教师和学员开展联学活动，赴京张铁路青龙桥车站、京张高铁八达岭长城站、詹天佑纪念馆参观学习，重温入党誓词。基金会理事、中国国家铁路集团有限公司川藏铁路办公室专职副主任赵国堂应邀为进修班学员作专题讲座《我国高速铁路发展成就与展望》。

7 月 20 日，基金会原理事长蔡庆华率领秘书处全体党员前往中国人民革命军事博物馆，参观在党的旗帜下前进——人民军队庆祝中国共产党成立 100 周年主题展览。

（撰稿人：张茂霞）

北京市科协

5月16日，第二十一届北京青少年机器人竞赛暨第六届北京青少年创意编程与智能设计大赛在北京开赛

天津市科协

9月13日，在2021年天津市全国科普日主场活动上为2021年天津市“最美科技工作者”颁发证书

河北省科协

12月13—14日，河北省科学技术协会第十次代表大会在河北省石家庄市召开

山西省科协

10月17日，2021年山西省科协年会主场活动在山西省太原市开幕

内蒙古自治区科协

9月11日，2021年全国科普日内蒙古主场活动启动仪式在内蒙古自治区呼和浩特市举办

辽宁省科协

9月25日，2021中国化工学会年会暨辽宁高端化工产业发展峰会在辽宁省沈阳市召开

吉林省科协

6月29—30日，吉林省科学技术协会第十次代表大会在吉林省长春市召开

黑龙江省科协

5月24日，刘永坦院士、杨士莪院士老科学家学术成长资料采集工程项目启动仪式在黑龙江省哈尔滨市举办

上海市科协

5月20日，第十八届长三角科技论坛在上海市召开

江苏省科协

1月7日，江苏省科学技术协会第十次代表大会在江苏省南京市召开

浙江省科协

4月16日，浙江生命健康学会联合体成立大会暨揭牌仪式在浙江省杭州市举办

安徽省科协

6月24日，“众心向党　自立自强”安徽省科技工作者座谈会暨省科协十届七次常委会议在安徽省合肥市召开，会上为第二届安徽省创新争先奖获奖者颁奖

福建省科协

11月11日，第二十一届福建省科协年会在福建省泉州市召开，会上举办2020年福建省示范院士专家工作站授牌仪式

江西省科协

9月12日，2021年“全国科普日”江西省主场活动暨首届好奇心科普节在江西省南昌市举办

山东省科协

5月28日，2021齐鲁最美科技工作者发布仪式在山东省济南市举办

河南省科协

11 月 1 日，2021 世界传感器大会在河南省郑州市开幕

湖北省科协

11月16日，第二十一届华侨华人创业发展洽谈会在湖北省武汉市召开，会上举办“2021 年海智专家荆楚行活动”启动仪式

湖南省科协

12 月 18 日，湖南省科学技术协会第十一次全省代表大会在湖南省长沙市召开

广东省科协

12月5日，2021大湾区工程师论坛在广东省珠海市召开

广西壮族自治区科协

9月8日，第十届中国—东盟工程论坛在广西壮族自治区南宁市召开

海南省科协

1月6日，海南省科学技术协会第六次代表大会在海南省海口市召开

重庆市科协

6月29日，重庆市科技英才庆建党百年华诞报告会暨2021年重庆市“最美科技工作者”表彰大会在重庆市召开

四川省科协

11月20日，2021川渝科技学术大会在重庆市召开

贵州省科协

9月11日，2021年全国科普日暨贵州科技文化月启动仪式在贵州省贵阳市举办

云南省科协

8月25日，云南省科协干部职工到云南省博物馆参观“不忘初心 牢记使命”——云南省庆祝中国共产党成立100周年成就展

西藏自治区科协

1月27日，西藏自治区科学技术协会第七次代表大会在西藏自治区拉萨市召开

陕西省科协

7月29日，“科创中国”西咸新区试点建设推进会暨“秦创原”推介系列活动在北京举办

甘肃省科协

5月13日，第二十届中国青少年机器人（甘肃赛区）竞赛暨世界青少年机器人邀请赛（甘肃赛区）选拔赛在甘肃省张掖市山丹县开幕

青海省科协

12 月 29 日，2021 年青海省全民科学素质工作会议在青海省西宁市召开

宁夏回族自治区科协

10月16—18日，2021 "科创中国" 产学融合会议——中国（银川）葡萄酒产学融合高质量发展论坛在宁夏回族自治区银川市召开

新疆维吾尔自治区科协

4 月 27 日，我和我的祖国——中国科学家精神主题展（新疆站）启动仪式在新疆维吾尔自治区乌鲁木齐市举办

新疆生产建设兵团科协

9 月 11 日，2021 年全国科普日兵团主场活动在石河子大学启动

省、自治区、直辖市科协，新疆生产建设兵团科协简况

北京市科学技术协会

服务经济社会发展 拓展形式推动首都产学研融合。服务“三城一区”主平台建设，中关村软件园、北京经济技术开发区等“科创中国”试点城市（园区）持续发力。与怀柔区政府、怀柔科学城管理委员会共同举办创新链接——雁栖人才论坛。推动全国学会与北京临空经济核心区、中关村生命科学园等5个区（园区）、联盟进行产学研深度合作。成立18家企业创新服务中心。北京工程师学会开展工程师职业再生计划，与亚太工程组织联合会以及36个国家和地区的工程师组织深化合作。

聚焦中心推动科技工作者建言献策。开展重点调研课题研究，《北京市隐形冠军企业现状和发展研究》等3个课题报告得到采纳。举办10期主题决策咨询沙龙，《关于改善北京市交通噪声影响的对策与建议》被北京市政府内刊采用。通过各渠道向各级党委政府报送决策咨询建议150余篇，50余篇被批示、采纳或答复，其中《利用数字经济和技术优势加快推进我市红色资源数字化保护利用》等9篇被北京市主要领导批示。

科技科普助力实现乡村振兴。召开科技助力乡村振兴工作座谈会，与中国科协、北京市农业农村局等12家央地机构共同研究科技资源服务北京实施乡村振兴战略。大力实施科技套餐配送工程，直接受益农民达1.1万人次。以“科技小院+学会/协会+企业+农民集体经济合作社”模式，在科技小院促成22个合作项目。开展北京市新时代文明实践基层科普行动，实施基层科普品牌活动支持计划、科技科普服务支持行动计划、科普惠农兴村计划，开展基层科普活动，受众1.2万余人次。

服务科技工作者 分层分类全方位托举人才。针对新时期科技人才成长的新需求、新特点，印发《关于加强新时代科协系统人才工作的意见》《北京市科协人才工作领导小组人员组成及职责分工》，理顺人才工作机制。坚持广泛动员与重点推荐相结合，推选北京乳腺病防治学会理事长、中国医学科学院肿瘤医院教授徐兵河当选中国工程院院士。实施青年人才托举工程，遴选231名青年托举人才。评选第24届茅以升北京青年科技奖，为科技创新积蓄青年人才力量。举荐38人参评北京学者、首都杰出人才奖等奖项。鼓励北京科技人才研究会等科技社团开展麒麟科学技术奖评选表彰，推动市科协分级分类、上下衔接的表彰举荐体系建设。与北京经济技术开发区共同探索离岸基地创新创业新模式，海外人才离岸创新创业基地建设工作被纳入《“十四五”北京国际科技创新中心建设人才支撑保障行动计划》制度改革清单。

开展科技工作者状况调查，3000多名科技工作者参与“2021北京科技工作者思想状况调查”等4次大型问卷调查。

多管齐下建设科普人才队伍。组织开展科学传播职称评审，组建近200人的评审专家团队，完善评价体系和工作流程，全年评出280余名高、中、初级职称，促进科普从业人员职业发展。

《科学素质纲要》实施和科普工作 统筹谋划推进首都公民科学素质建设。开展新一轮北京市全民科学素质行动计划纲要编制工作，联合全市12家单位成立工作专班，组织开展中长期规划等专题研究，深入16区开展调研，编制完成《北京市全民科学素质行动规划纲要（2021—2035年）》。发挥北京市公民科学素质纲要实施工作机制统筹协调作用，完善协同机制，会同各成员单位联合开展工作，推进重点工作任务的落实。举办北京市全民科学素质大赛，累计线上注册人数超过156万人，传播量近2500万人次。推动《北京市科学技术普及条例》纳入市人大常委会立法调研项目，为推动科普事业发展提供法治保障。中国科协第11次中国公民科学素质抽样调查结果显示，北京公民具备科学素质比例达到24.07%，在全国名列前茅，圆满完成“十三五”时期提出的发展目标，其中海淀区以31%在全国地市级区域位居首位。

整合资源打造首都科普新名片。举办第11届北京科学嘉年华，科技工作者广泛参与北京科学嘉年华主场活动、首都科普联合行动、北京国际科学传播交流周、北京云端嘉年华四大板块活动，900万余人次线上线下参与。举办2022科学跨年系列活动，中国工程院院士苏东林等11位院士专家讲述科技创新、自立自强故事，全网直播点击量达634万人次，微博话题阅读量达5500万余次。举办以“智行万里”为主题的2021年首都科技创新成果展，展示60余家高新技术企业、高校、科研院所推送的55项创新成果，展厅接待公众6万余人次。举办中国科幻大会北京科幻光年奖创作主题论坛与“十年乘舱　光年启航”主题科幻展，搭建北京特色科幻孵化与服务平台，助力科幻产业发展。开展市科协科普创作出版资金资助活动，举办2021年优秀科普读物推荐活动，激励更多科技工作者投身科普创作和科学普及工作。组织600余名中学生开展科学实践活动，为优秀后备人才成长提供充足的科学养分。开展科普志愿活动，朝阳、海淀、门头沟、昌平、怀柔、延庆6个全国新时代文明实践中心试点区全部建立区级科技志愿服务队，发展分队64家。打造特色科普志愿服务品牌，“志愿青春　科普同行”项目被授予“2021年首都志愿服务项目大赛创新奖”，北京天文馆刘一欣获评“首都最美志愿者”。

学术交流　承办第二十三届中国科协年会，北京市委、市政府主要领导，中国科协领导与40位院士、近5000名科技工作者同台研讨国家和首都创新发展，举办“科技共同体担当新时代使命”“迈出‘科创中国’新步伐”等4大系列25项专题活动，为科技工作者探讨实现高水平科技自立自强的机遇、策略与路径提供交流互动平台。开展第24届北京科技交流学术月活动，举办碳中和与绿色发展国际论坛、生命科学与智慧医疗高峰论坛等多项高层次、国际化学术交流，共开展学术交流活动200余场，线上线下参加活动的科技工作者超过1000万人次。围绕人工智能、新能源、物联网等关键技术领域举办27场学术成果报告会，吸引国际国内相关专家、学者开展学术交流，线上累计播放量超2000万人次，单场最高播放量达200万余人次。举办北京化学会、英国皇家化学会双边论坛，推介学术报告人及前沿成果走向国际学术舞台。开展国际科技组织合作“云上平台”系列活动，举办中俄脑科学与人工智能交叉学术研讨会，推动更多科技工作者与国际同行开展交流。

自身建设　加强谋划持续推动改革深入。研究制定《北京市科学技术协会事业发展“十四五”规划（2021—2025年）》。落实中央关于“十四五”时期群团改革的指示精神，在学会、区科协、基层组织开展专题调研，总结三年改革经验，科学谋划“十四五”时期科协系统深化改革的目标和方向。

系统联动加强组织建设。联合市民政局印发《关于促进市科协科技类社会组织创新发展的意见》，吸收和建设新型社会组织，推动成立北京女科技工作者协会。

市级学会　全市新增北京女科技工作者协会、北京交叉科学学会等5家团体会员，共有省级学会226家。

北京农学会获“全国巾帼建功先进集体”称号。北京气象学会两位常务理事入选世界气象组织国际兼职专家，学会副理事长梁丰兼任世界气象组织服务委员会综合城市服务研究组组长，学会秘书长苗世光兼任世界气象组织研究理事会世界天气研究计划指导委员会成员。5月26—27日，由中国真空学会主办、北京真空学会承办的第十六届国际真空技术学术论坛及技术交流会在北京国家会议中心举办。9月4日，第二届全球健康北京论坛由北京预防医学会和北京市疾病预防控制中心在北京首钢园举办，论坛以“协作　互利　共赢　共享，构建人类健康命运共同体”为主题，邀请十位国内外著名病原学、免疫学与流行病学等方面的学者作主旨报告。12月11日，北京物联网学会在北京科技大学举办2021年京津冀物联网与数字经济高峰论坛。

区县科协　全市有区科协16个。

区科协落实本区域改革实施方案，门头沟区科协把《全民科学素质行动规划纲要》落实纳入全区考核；平谷区科协积极参与“农业中关村”建设；顺义区科协连续开展“两聚三精”服务企业创新调研活动；延庆区科协作为中国科协第二批地方科协深化改革试点，积极探索服务科技工作者的体制机制，打造科技工作者之家“升级版”的项目得到中国科协肯定；西城区、朝阳区、房山区获评2016—2020年度全国优秀科普示范县（市、区）。

4月23日，丰台区科协联合中国航天科工集团第三研究院、云岗街道共同主办“走进云岗　逐梦九天——丰台区航天科普嘉年华”活动。5月30日，平谷区科协举办科技工作者日暨“平谷区科技工作者之家”揭牌仪式。7月21日，由西城区科协、怀柔区科协共同主办的“科协手拉手　党建促发展”科技下乡活动在怀柔区庙城镇郑重庄举办。东城区科协策划的“助力双减　科普共建”系列活动走进辖区内有需要的学校。10月18日，朝阳区科技创新联盟成立大会在北京科学中心召开，首批有37家成员单位。

科协基层组织　2021年，新建企业科协105个，企业科协总数达1212家；新增高校科协1个，高校科协总数达到29个；乡镇科协（街道科协）332个，村科协（社区科协）259个，农技协23个。建立高校科协秘书长联席会议机制，推动高校科协之间的交流合作、信息共享、经验互鉴。

5月29日—7月6日，北京交通大学科协主办以“天地交通——人类的交通·交流·交融”为主题的系列科普讲座，并上线中国科协“全国科技工作者日”云平台。来自北京交通大学不同学科领域的科技工作者参加讲座，内容涵盖交通运输、通信技术、高速铁路、高速列车、桥梁与隧道、经济、物理等。

10 月 20 日，北京长风信息技术产业联盟主办的以“开源赋能　共享生态”为主题的 2021 开发者生态峰会——开源专场在北京举办。会议联合国内开源领域的专家、学者及领军企业、科技创新企业、开源社区等生态伙伴，以活动为平台，分享开源生态建设成果、共商开源生态发展路径。

【张玉卓调研北京市科协工作】 8 月 23 日，中国科协党组书记、书记处第一书记张玉卓一行调研北京市科协工作，围绕深入贯彻落实习近平总书记在中国科学院第二十次院士大会、中国工程院第十五次院士大会和中国科协第十次全国代表大会上的重要讲话精神提出指示要求。张玉卓强调，北京市科协要牢牢把握新时代发展重任，大力推动与国际科技界的开放、信任、合作，进一步拓展丰富国际学术交流活动空间，着力打造具有国际影响力的高水平学术期刊，积极服务全国科技创新中心建设；深度挖掘首都科学教育场馆资源，积极推出优质公共科普服务产品，推动首善之区公民具备科学素质比例率先达到世界先进国家水平；着力打造具有首都特点、服务创新发展的新型科技智库体系，为服务党委政府科学决策、精准决策作出更大贡献。张玉卓表示，中国科协将进一步加强与北京有关部门的沟通联系，联合办好中关村论坛等重点活动，持续推进解决发展中遇到的困难问题，助力北京市科协新时代更好发展。

【北京市科学技术协会党校成立仪式暨首场报告会】 6 月 21 日，北京市科学技术协会党校成立仪式暨首场报告会在北京举办。中国科协组织人事部部长李坤平，中国科协创新战略研究院院长任福君，北京市科协党组书记马林、常务副主席司马红以及所属学（协）会理事长、秘书长、各区科协和基层组织领导约 300 人参加会议。任福君以《颂科学家精神　庆百年华诞》为题开讲北京市科协党校第一课。

【与北京市广电局携手打造首都科普“新视听”助力首都公民科学素质跨越提升】 12 月 18 日，北京市广播电视局与市科协签署《“新视听”+首都科普宣传合作框架协议》，同时签署 2022 年度合作备忘录。北京市广播电视局党组书记、局长杨烁，北京市科协党组书记沈洁，北京广播电视台党组成员、副总编辑艾冬云出席仪式。根据框架合作协议，北京市广播电视局与市科协将依托双方优质资源和媒体渠道，围绕弘扬新时代科学家精神、打造科学传播视听平台、建立人才孵化培育机制、共建高水平公益宣传平台、共建新视听专家资源库开展合作。2022 年，双方将就筹划举办 2023 科学跨年之夜电视跨年活动、制作北京科技创新人物展播系列节目、合力打造科学传播全媒体矩阵等七个方面展开合作。

（撰稿人：张红波）

天津市科学技术协会

服务经济社会发展　推动“科创中国”试点城市（园区）建设，制订出台《“科创中国”天津市三年行动计划（2021—2023 年）》，确定 14 项重点工作任务，形成推动科技与经济深度融合的长效机制。滨海新区被中国科协纳入“科创中国”创新枢纽城市，南开区、宝坻区入选“科创中国”试点城市（园区），确定河西区、东丽区、津南区、北辰区、武清区、静海区、宁河区为“科创中国”市级试点城市（园区），形成“1+2+7”的“科创中国”试点城市（园区）建设工作格局。

推动天津数字经济研究中心建设发展，承担 12 个研究课题，助力天津市数字经济发展。推动成立中国科协创新战略研究院天津分院暨天津大学科技人力资源研究中心，承担 3 项研究课题。

服务第五届世界智能大会，落实中国科协支持的新一代信息技术系列丛书发布等 7 项重点工作，为天津市引入一批高质量创新服务资源。对接中国科协和全国学会创新资源，开展对接服务 30 余场，服务企业近百家。发展壮大天津（滨海）海外人才离岸创新创业基地，吸引 70 余项创新创业项目落地。

紧扣经济社会发展和基层群众需求，开展科技志愿服务活动 8891 场次。超额完成社会动员东西部帮扶年度任务，圆满完成脱贫攻坚任务，市科协驻村工作组被评为天津市优秀驻村工作组，天津科学技术馆被评为天津市脱贫攻坚先进单位。

服务科技工作者　“一人一策”服务院士增选，修订《推选院士候选人人选工作实施细则》，全面掌握 35 位参与 2021 年中国科学院院士、中国工程院院士增选专家情况，实施“一对一”精准跟踪服务，助力天津市 25 名专家成为中国科学院院士、中国工程院院士增选有效候选人。最终，卜显和、元英进当选为中国科学院院士，王树新、王成山当选为中国工程院院士，3位外籍专家当选为中国科学院院士、中国工程院院士。

落实人才强市战略，对17名首批天津市杰出人才进行阶段性评估，组织开展天津市第三批杰出人才评选工作。实施天津市“青年人才托举工程”项目。做好民营企业职称评审工作，开展6次“科创企业评职称”专项服务，来自41家民营企业的576名科技工作者获得相应专业技术职称。

天津科技工作者之家挂牌“天津市院士之家”，全年累计接待院士62人次、专家280人次，服务各类科技活动125次、科技工作者5000余人次。推进科技工作者之家体系建设，建成科技工作者之家示范点99个。

《科学素质纲要》实施和科普工作 2021年，全市举办各类科普服务活动8.7万场次，受众897.2万人次，“科普星期六”“少年科学院”“银龄科普”等科普品牌深入人心，“天津科技创新大家谈”“我们爱科学”“天津科技大讲堂”等科普栏目深受群众欢迎。动员全市科技、科普工作者投身新时代全民科学素质建设，3个集体和7名个人受到中国科协表彰。中国工程院院士张伯礼获“科普中国最高荣誉奖”。

服务天津市委、市政府印发《天津市推进全域科普纵深发展　提升全民科学素质规划纲要（2021—2035年）》，完成全域科普和科学素质建设顶层设计。推动修改《天津市科学技术普及条例》，为全域科普高质量发展提供法治保障。规范各区全域科普绩效考核，全域科普与科技创新走上法制化、规范化、常态化发展轨道。

推动全域科普全面融入世界智能大会各类会、展、赛，天津市第35届科技周主场活动高水平嵌入世界智能大会主场，现场观展和线上互动超过80万人次，带动全市开展市级重点活动30项、区级示范活动25项，带动举办群众性科普活动6542场次，直接受益群众超过200万人次。举办2021年天津市全国科普日活动，举办科普服务活动1.01万场次，线上线下458万人次参加活动，人均参与度位列全国第一，科普活动数量位列全国第二，天津市79个单位、86项活动受到中国科协表彰。开展防范邪教宣传月活动，全市举办各类反邪教宣传活动3000场，直接参与活动群众50万人次。启动千名专家走进基层活动，开展针对性科普活动1000余场，受益群众超10万人次。“院士来上课”等特色科普活动贯穿全年，惠及青少年近100万人次。

学术交流 2021年，制定《天津市科协2021年重要学术会议指南》，征集273项重点学术交流活动。资助43项院士学术活动、26本自然科学学术著作。实施高校科协能力提升项目，资助8项学术活动。

市科协承办第五届世界智能大会数字经济与新发展格局国际高峰论坛，围绕数字经济发展与经济全球化、全球治理体系、碳中和、数字贸易新规则以及数字经济与京津冀协同发展等话题进行研究讨论。中国科协党组副书记、副主席、书记处书记徐延豪视频致辞，中国科学院院士、市科协主席饶子和主持开幕式。天津市政协副主席尚斌义，中国科学院院士、南开大学副校长陈军致辞。清华大学公共管理学院院长、“科创中国”咨询委员会联席主席江小涓，英国皇家工程院院士、欧洲科学院院士郭毅可，德国杜伊斯堡－埃森大学东亚研究所及其高级研究院院长马库斯·陶伯（Markus Taube），挪威工程院院士容淳铭，南开大学经济研究所所长刘刚，围绕数字经济发展与经济发展新格局、去中心化的碳经济、欧洲数字指南战略、数字化转型与知识生产、新IT中国经济发展新动力等专题发表演讲，为新一轮经济全球化和全球数字经济命运共同体的建设和发展提出意见和建议。会议还发布《中国数字经济发展研究报告（2021年）》。

市科协主办“科创中国”天津钢铁绿色“双碳”论坛暨院士专家协同创新中心揭牌仪式。论坛以“传承红色基因　推动绿色发展”为主题，来自政产学研用金等领域的专家、学者与企业家80余人参加会议，共谋新时代“双碳”战略背景下的企业责任，探讨钢铁工业绿色高质量发展之路。

市科协协办首届中国血液学科发展大会，大会以“新阶段、新理念、新格局”为主题，邀请数百位血液学及相关领域专家、学者总结分析国内外血液学发展现状和发展趋势，交流谋划中国血液学“十四五”时期发展新方向和新布局。会议设干细胞移植、血液病护理、免疫治疗、科普健康等多个专题论坛，重点就血液学发展新方向、新布局及血液病亚专科发展进行交流。

自身建设 自觉提高政治站位、强化政治责任、严明政治纪律，全力配合天津市委第八巡视组开展巡视工作。

开展党史学习教育，邀请曲青山、金灿荣、颜晓峰等5位专家作报告；成立党史学习教育宣讲团，深入基层宣讲57次；举办庆祝建党百年系列活动100余场。

增补陈军等8人为市科协第九届委员会兼职副主席，调整市科协第九届委员会委员、常务委员及专委会委员11人。

编制《天津市科学技术协会事业发展“十四五”规划（2021—2025年）》，明确“十四五”时期天津市科协事业发展的指导思想、基本原则和发展目标，为天津市各级科协组织及所属学会提供行动指南。

推动市科协所属事业单位深化改革，完成天津市对外应用技术交流促进会、天津市现代工程技术公司和天津市对外技术经济服务中心3家所属单位企业改革。

全面实施“党建强会”计划，成立5个学会党组织，完成37个学会党组织换届调整、8家学会挂牌党建整治工作。优化学会治理机构，按照“一会一策”要求，推进超期未换届和临近届满的56个学会开展换届工作。

开展优秀学会工作者评选工作，对130名优秀学会工作人员进行表彰。组织2021年度学会综合能力评估工作，评出13家星级学会、20家A级学会、41家B级学会。开展“僵尸型”学会清理、规范化治理专项清查等5个“专项工作”，推动学会规范化、制度化、科学化发展。

市级学会　截至2021年年底，全市共有市级学会157个。新成立市血液学与再生医学学会、市人工智能学会、市工程师学会、市高校校友会科技经济融合研究会、市自然资源研究会5个市级学会。

各学会发挥职能优势，广泛开展科普活动，助力全民科学素质提升。市物理学会走进蓟州一中举办中国物理学会蒲公英计划科普活动，开展两场物理科普讲座，2600多名师生参加活动；市风景园林学会主办2021年“低碳生活，花间寻趣”科普日活动，宣传解读碳达峰碳中和发展理念；市天文学会联合天津科技馆走进河西区陈塘庄街双山新苑社区，为老年朋友带去“3D打印”体验活动。

市科协引导支持各学会发挥人才荟萃、智力密集的优势，努力推动经济社会高质量发展。市精益管理创新学会引入全国学会创新资源，联合中国机械工程学会工业工程分会举办“工业工程精益管理创新行”活动，助力打造天津市“科创中国”品牌系列活动；市核学会组织开展京津冀核技术应用学术交流会暨核科普院士报告会，就加强京津冀核技术应用领域服务平台建设、促进京津冀地区核技术应用发展等多方面内容提出建议；市机械工程学会、市设计学学会联合市科协智能制造学会联合体等单位承办“科创中国”高端装备制造科技服务团2021年系列活动——高端装备领域企业工程师知识更新与能力提升培训会，促进科技与经济深度融合；市农业机械与农业工程学会组织召开小站稻智能机械化技术演示培训会，通过现场演示，让技术人员和农民更加直观地了解智能机械化技术的优势，助力乡村振兴和农业产业振兴。

区县科协　截至2021年年底，全市16个区科协全部实现机构独立、编制独立、党组独立、办公独立。

滨海新区科协推动“科创中国”创新枢纽城市建设，构建专业化服务体系和服务标准，完善科创资源供给、对接、落地长效机制，建设贯通政产学研金服用合作链条新型协同组织，打造科技经济融合发展典型示范模式。

和平区科协推进基层科技活动场馆建设，形成以和平区科技馆（和平青少年宫）为龙头，以社区、校园、企业科技场馆为骨干，以科普画廊为补充的和平区科技活动场馆体系，着力打造没有围墙的特色“科技馆”。

东丽区科协探索优化全域科普工作机制，创新利用网格管理模式，依托全区1071个社区网格打造“科普格格”，汇聚消防、环保、应急、防疫等20余种科普资源，将科普知识送到群众手中，满足群众科普需求。

津南区科协探索基层科普工作的新途径、新方法，打造“银龄科普进基层”“奇妙科技　津彩少年”等科普活动品牌，开展各项活动百余场，开创全域科普工作新局面。

武清区科协落实“双减”政策，联合区教育局组织学生走出校园，深入工厂、农业生产一线，体验科技创新成果，建立“科教融合　校企共育”的科普工作新模式。

宝坻区科协依托智慧党建系统开展线上科普惠民活动，全年按季度分主题举办“智慧科普”大讲堂，受益群众达5万人次。

科协基层组织 截至2021年年底，全市共有街道（乡镇）科协246家、市管企业科协29家、企业科协171家、园区科协41家、高校科协20家。5266个社区（村）实现科协、科普组织全覆盖。

推进高校科协组织建设，成立天津职业大学、天津城市职业学院、天津理工大学、天津滨海职业学院4个高校科协。指导天津美术学院、天津医学高等专科学校、天津商务职业学院等筹备成立科协组织。指导天津长芦汉沽盐场有限责任公司科协开展盐业科普旅游，天津食品集团有限公司科协举办食品科技创新创业大赛，受到企业和科技工作者欢迎。

举办2021年度天津市街道（乡镇）科协秘书长培训班，引导启发基层科协组织担当作为。在乡镇、社区、村党组织集中换届期间印发《关于加强乡镇（街道）科协组织建设工作的提示》，督促指导乡镇（街道）科协做好主席、副主席、常委变更，推动基层科协工作有序衔接。吸纳4名基层科协“三长”作为中国科协第十次全国代表大会代表，组织2名优秀“三长”代表参加中国科协青年科技领军人才国情研修活动，调动乡镇（街道）科协“三长”积极性。

【天津市委、市政府印发《天津市推进全域科普纵深发展　提升全民科学素质规划纲要（2021—2035年）》】 12月6日，天津市委、市政府印发《天津市推进全域科普纵深发展　提升全民科学素质规划纲要（2021—2035年）》，对“十四五”时期及未来15年天津市推进全域科普向纵深发展，提升全民科学素质的总体要求、重点任务、重要举措、保障措施作出全面规划和部署。这是天津市关于全域科普和科学素质建设相融合的第一个中长期规划，对于新时代推进科学普及工作高质量发展具有里程碑意义。

【天津市科学技术协会会史馆揭牌】 7月，天津市科学技术协会会史馆建成，成为全国科协系统首家省级科协会史馆。市委副书记、市长廖国勋，市委常委、教育工委书记王庭凯，副市长王卫东，中国科协党组成员、机关党委书记王守东，中国科协书记处书记、党组成员殷皓等领导到馆参观指导。市级学会、区科协、企事业科协、市全民科学素质纲要实施工作办公室成员单位和科技工作者等近500人到馆参观。天津市科学技术协会会史馆成为宣传天津科技创新史、弘扬科学家精神的教育阵地。

【2021年中国创新方法大赛颁奖仪式和电视擂台赛】 12月15日，2021年中国创新方法大赛颁奖仪式和电视擂台赛在天津市举办。市委书记李鸿忠，市委副书记、市长廖国勋会见中国科协党组书记、分管日常工作副主席、书记处第一书记张玉卓一行。张玉卓、廖国勋出席颁奖仪式并致辞，共同为获得一等奖的创新项目团队颁奖。科技部党组成员、副部长邵新宇视频致辞。

大赛以“激发创新活力，促进自立自强”为主题，由中国科协、科技部、天津市人民政府共同主办，聚焦培养具有突出技术创新能力的科技人才队伍，聚焦提升中国自主创新能力，聚焦实现高水平科技自立自强，以科技创新服务经济社会高质量发展。自7月启动以来，共有来自全国31个省（自治区、直辖市）和新疆生产建设兵团的1712家企业、4174个项目参赛，直接参与科技人员达1.2万余名。云南文山铝业有限公司代表队获得大赛金奖，中国移动通信集团广东有限公司惠州分公司代表队获银奖，中国石油集团渤海钻探工程有限公司代表队和江苏扬农化工集团有限公司代表队获铜奖。

【京津冀三地发起成立数字经济联盟】 5月19日，京津冀数字经济联盟揭牌仪式在天津市举办。中国科协党组书记、常务副主席、书记处第一书记怀进鹏，市委常委、市委组织部部长喻云林，世界工程组织联合会主席、京津冀数字经济联盟轮值主席龚克出席并致辞。中国工程院院士、中国科学院计算技术研究所研究员倪光南，中国科学院院士、南开大学党委委员、副校长陈军，河北省数字经济联合会会长吴显国，市科协党组书记、常务副主席陆为民等出席活动。参加会议的领导、院士、专家共同为京津冀数字经济联盟揭牌。

【天津市工程师学会第一次会员代表大会暨成立大会】 5月13日，由市科协组织发起成立的天津市工程师学会第一次会员代表大会暨成立大会在天津市召开。副市长王卫东，世界工程组织联合会主席龚克出席会议并讲话。中国工程院院士、天津理工大学教授吴以成出席并当选为天津市工程师学会首届理事长。天津市工程师学会由天津大学、天津中德应用技术大学、中国电子科技集团第十八研究所（天津电源研究所）、天津市能源投资集团有限公司、天津市金桥焊材集团股份有限公司等天津市工程技术领域高校、科研院所和有关企业以及吴以成等知名专家、学者发起成立，旨在充分利用天津工程技术领域人才资源优势，团结引领广大工程领域科技工作者，传播工程科学知识，推动工程技术创新，加强国内外交流与合作，促进工程事业发展，提升天津市在工程界的影响力和国际声誉。

（撰稿人：潘玉伟）

河北省科学技术协会

服务经济社会发展 服务党和政府科学决策。组织开展课题研究 34 项，形成调研报告和决策咨询成果 70 余篇。联合河北省科学院、河北经贸大学、河北科技大学、河北师范大学、石家庄铁道大学、河北地质大学等单位成立河北省科技创新战略研究会，组织开展科技工作者专项调查研究 2 次。在省委召开的科技企业创新发展座谈会上汇报助力科技企业创新发展情况，提出建议，得到省领导的肯定。

助力京津冀协同发展。联合北京市科协和中关村天合科技成果转化促进中心在邢台市开展京津冀复合型人才培训活动。举办“安全科普知识进雄安”系列活动，以“宣传科普安全知识　科技助力雄安建设”为主题提高雄安新区群众科学素质。实施首都科技工作者助力河北创新发展系列活动，邀请北京市科技社团、科研院所和高校专家 31 人，与秦皇岛市经济技术开发区、廊坊市大厂回族自治县、张家口市崇礼区、衡水市安平县、邢台市信都区的 63 家企业进行对接，达成合作意向 27 项。

推进省级学会基层服务站建设。在邢台市组织开展技术指导、技术培训等 20 余次现场服务活动，累计 200 余人次国内知名专家到工厂、医院、学校和田间地头开展服务。

多措并举汇聚创新资源。以第二十三届中国科协年会为契机，在保定市涞源县组织召开服务京津冀协同发展论坛暨第四届创新驱动发展大会。在 2021 年“双创”活动周河北分会场组织举办河北省协同创新融合发展高端论坛和河北省智慧城市发展高端论坛。保定市“科创中国”试点工作以建设试点城市为总揽，在院士专家引进、高端智库建设、项目技术合作等方面做工作，在全国 65 个“科创中国”试点城市（园区）排名中位居第 13。

促进乡村振兴。成立由 196 名省内知名农业专家组成的河北省现代农业专家服务团，以县为单元进行农业产业规划。在邢台市任泽区召开以“聚焦现代农业　助力乡村振兴”为主题的论坛，推动县域现代农业发展。通过为群众提供优质籽种，发展张杂谷和黏玉米种植。

驻村帮扶工作成效明显。助力开展疫情防控工作，为在村常住人口配发防疫小药箱。省科协驻村工作队在全省脱贫攻坚总结表彰大会上被评为“全省脱贫攻坚先进集体”，在 2021 年的驻村帮扶考核中，省科协被评为“优秀派出单位”，省科协驻村工作队被评为“优秀工作队”。

服务科技工作者 大力弘扬科学家精神。举办“开展党史学习教育　弘扬科学家精神”巡回宣讲报告会 14 场，现场听众 5000 余人次。先后授予李保国纪念馆、中国农大·曲周“科技小院”、秦皇岛柳江地学博物馆为河北省“中国科学家精神教育基地”，开设河北院士风采常设展览。联合省委宣传部、省科技厅、省科学院、省国防科学技术工业办公室开展河北省“最美科技工作者”学习宣传活动，推选河北省“最美科技工作者”10 名。邀请“最美科技工作者”深入企业、高校、中小学开展宣讲。在《河北科技报》《河北科协》开设“弘扬科学家精神”专栏，刊发省内外杰出科学家、优秀科技工作者的事迹报道 52 篇次；在《河北科技报》开设“老科技工作者口述历史”专栏。与电视台合作制作 9 部 2021 年度“最美科技工作者”风采短视频。通过省科协微信公众号推出建党百年献礼——“科学与中国”主题讲座视频。

推动科技工作者之家建设，基本实现县级科协应建尽建。省科协建成 3000 平方米的科技工作者之家，为广大科技工作者提供知识产权、技术合同登记、法律咨询、学术交流、健康咨询、休闲交友等多项服务。2021 年开展各项活动 32 项，服务科技工作者 800 余人次。组织 23 家省级学会科技工作者之家建设示范单位进行总结自评，并召开科技工作者之家建设工作座谈会。建设“河北院士之家”，采集整理 19 位驻河北省工作的院士、74 位河北籍院士和 85 位合作院士的简历、研究方向和科研成果。建立院士专家网络化信息管理平台，开设“两院院士”模块，入库中国科学院院士、中国工程院院士 1500 余名。建立河北省科协专家库，收录专家 1100 余名。

加强同科技工作者的直接联系。按照新修订的《河北省科协关于加强同科技工作者联系的制度》要求，对处级以上干部直接联系的科技工作者进行调整和补充。组织开展“我为群众办实事”走访慰问科技工作者活动，全年走访慰问院士专家及一线科技工作者近百名。组织学会开展人才评价工作，探索具有学会特点的学术人才评价新机制，4个试点学会共产生各层次学术人才91名。

建好用好科技工作者状况调查站点。组织14个国家站点年度培训1次，组织完成调查问卷2次，完成紧急采访任务1次，组织专题信息报送4次，累计上报信息50余篇。

《科学素质纲要》实施和科普工作 履行河北省全民科学素质工作领导小组办公室职责，组织召开2021年度全民科学素质工作会议，制定《河北省全民科学素质行动规划纲要实施方案（2021—2025年）》，开展2021年度河北省公民科学素质教育示范创建工作。

提升基层科普服务能力。组织实施国家级和省级基层科普行动计划，奖补235个基层科普典型。组织开展"冀青之星"选树推荐工作，全省107名优秀科普工作者获此称号。出台《科普资源开发创作出版资金使用管理办法（试行）》和《科普创作出版资金项目资助申报指南》，评选资助出版14种科普图书和5种科普音像电子出版物。广泛开展送科技下基层活动，举办科普创新培训班。

推进科技馆体系建设。全省符合免费开放实施范围的科技馆由8家增至9家。获得中国科技馆发展基金会支持，新增6所农村中学科技馆。全省40所农村中学科技馆2021年度举办科普活动1190项，参观人数14.6万余人次。全省19套流动科技馆年巡展48站，接待观众67万余人次，观众总体满意度达95%。全省30辆科普大篷车年巡展378站，总行程3.26万千米，展出378站，受众人数23.5万余人次，媒体宣传报道150余次。省科技馆开发网络预约软件，坚持常设展厅对外开放，组织专题临时展览2个。

组织开展全国科普日五大板块13项科普活动，列入省级重点活动的项目897个。2021年全国科普日河北省主场活动在邯郸市举办，参与公众达111万余人次。全年开展各类线上线下科普活动100余场，受众40万余人次。在北京冬奥会开幕式倒计时200天之际，张家口市崇礼区举办以"科技创新助力冬奥、数字技术赋能冬奥"为主题的科普展。制作心理健康、饮食健康、中医中药等短视频共22个，在石家庄市地铁车厢全线播放，累计播放时长约2500分钟。开通省科协官方抖音号"科普河北"，向民众普及科学知识、宣传河北科技成就，已发布62期短视频，总播放量达900万次。疫情防控科普工作精准施策，开通24小时心理咨询热线，特邀心理咨询师免费服务，受理咨询50余次。

开展科技志愿服务。成立河北省科技志愿总队，开展线上线下科普活动20场。注册科技志愿者人数32407人、志愿服务组织855个，开展活动824项，位居全国前列。推动省抗癌协会与石家庄市正定县、沧州市东光县结对。

开展青少年科学调查体验、人工智能特色单位创建等活动。组织第13届河北省青少年机器人竞赛、第十二届全国青少年科学影像节等各类科技竞赛活动。实施"英才计划"培养工作，完成全省五项学科竞赛的初复赛监管工作、2021年青少年"云上高校科学营活动"。

学术交流 在学会能力提升计划项目中设立服务区域科技经济融合发展学术活动10项，引导学会投身地方经济社会发展。支持指导省蔬菜学会、省急救医学会开展示范学会建设，省护理学会、省抗癌学会等10个学会开展品牌学术活动，省创造创新学会、省林学会等25个学会举办特色学术活动，省卒中学会、省中医药学会等采取线上与线下相结合的方式举办8场国际学术交流活动。省电子政务学会召开无人机产业论坛，并在邢台市任泽区实现无人机产业落地。2021年，全省科协组织及省级学会共邀请院士23人次、全国知名专家70余人次，到河北省出席学会学术交流活动，促进相关领域科技发展。

自身建设 召开河北省科学技术协会第十次代表大会，大会选举产生省科协第十届委员会委员105名、常务委员39名。葛会波当选为省科协第十届委员会主席，王海龙当选为常务副主席。

对全省科协基层组织进行全面摸底调研，摸清科技人员对建立企业科协、园区科协、高校科协组织的需求。协调资源，推广中国科协创新资源共享平台——绿平台，河北省已注册企业7432家；指导成立河北省创客联盟，会员单位100多家，服务科技工作者20万余人，扩大科协组织覆盖和工作覆盖。

省级学会 持续开展省级学会"秘书长职业化、秘书处实体化"工作，共评选支持10个省级学会承担秘书长职业化和秘书处实体化项目。以学会换届为契机，促使各学会理事会人员构成基本达到要求、理事会作用充分发挥，已换届学会基本实现学会理事会规范化。加强学会日常监管和组织建设，完成换届学会19家，办理变更事项、延期换届手续学会30余家。开展“僵尸”学会整治，接纳新学会6个，进一步夯实科协组织基础。

地市县科协 石家庄市科协继续与市委党校联合推进领导干部和公务员科学素质教育工作，举办各类培训班33期，培训人员4697人次。承德市科协吸纳全市知名专家、学科带头人、行业领军人才、科技致富带头人等优秀科技工作者加入科协并发展为个人会员，截至2021年年底，市科协会员总数已达8000人。沧州市科协实施兼挂职和会员机制，在市县层面实施名誉主席、兼职副主席机制，在县乡层面开展“3+1”试点工作，吸纳近千名具有良好专业知识、较强科教传播能力的各界人士加入科协；依托市民办教育协会等组织，发展会员8000余人，全市科协个人会员达2.2万余人。拓宽建言献策渠道，组织实施2021年科技创新课题调研工作，全年共立项课题162项。张家口市科协完善《关于联系服务科技工作者的工作方案》，常态化落实联系服务措施，报送的《关于坝上四县蔬菜种植的意见建议》受到张家口市委领导重视，并将建议批转至有关部门落实。秦皇岛市科协自主谋划“社会组织党群活动中心”建设项目，在促进学会业务发展的同时不断提升支部党建能力。唐山市科协组织优秀科普中国App宣传员评选活动，全市科普宣传员注册数量1.9万人，传播量累计突破48万余次。廊坊市科协组织开展“点识成金”有奖竞答线上活动，近3万人参与答题。开展“通武廊”交流合作，组织域内6家涉农企业参加第十一届北京（通州）国际都市农业科技节、通州潞城2021中国农民丰收节活动。保定市科协以“学会能力提升年”活动为总揽，实施学会提素提能工作，通过政治引领、学习提升、业务指导、专题培训等手段提升市属学会（团体会员）的组织能力、服务能力、创新能力。衡水市科协在全市科技战线开展“我为高质量发展献一策”活动，征集各方意见建议共计33条并上报衡水市委。邯郸市科技馆全面实施场馆展教服务提升行动，实现接待人数、设备无故障天数两个“翻一番”。

科协基层组织 截至2021年年底，全省建有乡镇（街道）科协1856个、园区科协149个、企业科协401个、高校科协54个、农技协1217个。提升基层科协组织力“3+1”试点全部完成，县级科协主席、副主席中兼挂职人数共207人，其中“三长”132人，占比64%；乡镇（街道）科协主席、副主席中兼挂职人数共5623人，其中“三长”3532人，占比63%。

【河北省科学技术协会第十次代表大会】 12月13—14日，河北省科学技术协会第十次代表大会在石家庄市举办。省委书记、省人大常委会主任王东峰出席开幕式并讲话，中国科协党组书记、分管日常工作副主席、书记处第一书记张玉卓视频致辞。省委副书记、代省长王正谱主持开幕式，省委副书记廉毅敏等出席大会。省委、省政府相关领导，省科协十大全体代表，部分驻河北省工作院士，省直有关部门、人民团体主要负责人，省科协退休老同志等700余人参加会议。省科协第九届常务副主席刘纪雷代表省科协第九届委员会向大会作工作报告。廉毅敏出席大会闭幕式并讲话。

大会审议并通过关于省科协第九届委员会工作报告的决议，通过《河北省科学技术协会事业发展“十四五”规划（2021—2025年）（草案）》的决议，发布省科协第十次代表大会向全省科技工作者发出的倡议。选举产生省科协新一届领导机构，葛会波当选为第十届委员会主席。

【服务京津冀协同发展论坛暨第四届创新驱动发展大会】 7月26—28日，由中国科协主办，中国科协学会服务中心、河北大学、河北省科协、保定市人民政府共同承办的服务京津冀协同发展论坛暨第四届创新驱动发展大会在保定市举办。8名院士、93位生命健康领域权威专家以及生物医药健康领域企业、产业园区和医疗机构负责人共1370人参加会议。

大会设置开幕式、科学家专题座谈会、大会报告、分会场四个板块。4名院士、21名专家对保定市创新发展提出30多条建议，3家全国学会围绕服务保定“科创中国”试点城市建设作典型发言。同期举办“科创中国”试点城市揭牌仪式、特聘专家证书颁发仪式。组织中医药与现代生命科学研讨会、智慧医疗与健康城市研讨会、再生医学与生命健康研讨会、2020年度中国生命科学十大进展交流会暨科普报告会、“科创中国”科技服务团雄安行交流考察活动、“生命科学·绿色创新百人会”——海外医养千创人才专场6个分会场。

会议完善生物医药产业高端智库，建立特聘专家服务保定的体制机制，出台《保定市特聘专家服务管理办法》，建立海外千创人才常态化对接机制，形成43个高质量报告，签署合作协议38项，营造良好的创新生态。

【首届白石山第三代半导体峰会】 9月4—5日，由保定市人民政府和北京第三代半导体产业技术创新战略联盟共同主办的首届白石山第三代半导体峰会在保定市举办。会议以“新阶段·芯机遇·新动能”为主题，设立调研座谈、开幕式、峰会报告三个板块。中国科学院院士李树深、吴福元、郭正堂，中国工程院院士陈良惠、屠海令、黄小卫及60余名半导体领域知名专家、企业家等参加相关活动，200余人参加现场会议，2000余人次线上参加会议。大会同步直播，高峰在线人数达20万人次。北京第三代半导体产业技术创新战略联盟副理事长、北京大学理学部副主任沈波，北京第三代半导体产业技术创新战略联盟国际咨询委员会共同主任、电气与电子工程师协会会士张国旗，广东芯聚能半导体有限公司总裁周晓阳分别作特邀报告；7位专家、学者和相关企业负责人作专题报告，聚焦产学研领域，分享经验和思考。

会上，保定市人民政府与北京第三代半导体产业技术创新战略联盟签署共促第三代半导体产业合作协议。

（撰稿人：姚　琳）

山西省科学技术协会

服务经济社会发展　建设“科创中国”试点城市（园区）。省科协开展“科创中国”试点城市（园区）的申报创建工作，经各市推荐、专家评审、现场调研，确定“科创中国”省级试点城市（园区）18个，吕梁市、运城市被中国科协确定为“科创中国”试点城市（园区）。

搭建科创融合服务载体。新建院士工作站11个、院士科技创新中心2个，现有院士工作站46个、院士科技创新中心2个、专家工作站13个；新建学会服务站23个（国家级学会服务站4个、省级学会服务站19个）。成立省科协服务乡村振兴学会联合体、大数据融合创新学会联合体、全域有机农业产业创新联盟等科创融合组织14个。

开展产需对接服务。建设“科创中国”山西科技经济融通平台，开展科技成果路演和技术推广活动。组建产业创新科技服务队14支，联合中国科协科技服务团开展科技供给和产业需求精准对接。对接全国学会35家，发挥全国学会专家资源和技术优势，组织开展“院士专家山西行”等活动，深入企业开展项目推介、技术服务、成果转化等，助力企业解决技术难题、增强科技创新能力。

举办大众创业万众创新系列活动。与省发展改革委等单位联合举办全国“双创”活动周山西分会场活动，举办2021年山西省科技工作者“双创”大赛、第五届“三晋新农人”创新创业竞赛、山西农谷“双创”论坛、“六新”培训会、“我行你也行”创客报告会、“创响山西”系列推选活动、企业创新达人巡回宣讲、2021年“科创中国”中小企业自主创新论坛系列活动暨第9期晋商大讲堂活动等，搭建“双创”服务平台，激发全社会创新创业创造活力。其中，“创响山西”系列推选活动共有547个个人、团队、企业和项目参与，活动总投票数达293万人次，总访问量突破1028万人次。

开展科技助力乡村振兴活动。开展“百站百项”实用技术推广活动，围绕省委、省政府关于推进农业农村现代化的战略部署，推广农村实用技术，加快农业科技成果转化。以“发展特优农业，促进乡村振兴”为主题，举办2021年晋台特优农业农谷论坛，邀请国内农业领域院士、专家和省内涉农部门、涉农企业及台商台企共同探讨农业发展的新理念、新模式、新业态和新技术。在运城市组织开展第八届山西科普惠农3·19行动、全国科技报乡村振兴科技传播行动、中国（运城）智慧农业展览会。与省总工会、团省委联合开展农业农村领域“五小”竞赛活动。

建设新型智库支撑体系。省科协被省委政策研究室挂牌命名为全省12家“省校合作智库示范基地”之一。编辑《智汇山西谋发展　助力转型蹚新路——山西省科协科技创新智库成果选编》，收录15篇优秀智库报告。开展山西省科技工作者状况第二次调查，重点围绕山西省科技工作者总量、流动态势、行业分布等展开研究。组织省科技工作者开展调研并形成系列调研报告，如《装备制造业相对优势产品调研》《新材料产业科技发展研究》《半导体产业科技发展报告》和《能源革命之煤化工清洁利用科技发展报告》等。办好《院士专家调研建议》《科学决策参考》等智库刊物，完成7篇政策创设建议，为政府有关部门科学决策提供智力支持。

服务科技工作者　强化对科技工作者的政治引领。利用所属的报刊、网站、微信公众号等平台，面向广大科技工作者开展习近平新时代中国特色社会主义思想宣传教育，宣传党的路线方针政策尤其是科技、人才方面的方针政策。建立科学家领学制度，组织全省各级科协和广大科技工作者深入学习贯彻习近平总书记在庆祝中国共产党成立100周年大会上的重要讲话精神、党的十九届六中全会精神、习近平总书记在两院院士大会和中国科协第十次全国代表大会上的重要讲话精神以及山西省第十二次党代表大会精神。

开展党史学习教育。开展“众心向党、自立自强”系列主题活动、“我为科技工作者办实事”“学史力行跟党走　服务转型蹚新路”等实践活动，重点开展“百名科技工作者重走红色路”“百名党员科技工作者宣传”“百场中国科学家精神宣讲”“百家学会入企进基层”“讲好百个山西红色科技故事”“五个一百”系列活动。组织中国科协“军工科技在山西”学风宣讲视频拍摄，展现军工一线老、中、青三代科技工作者工作、奋斗及创新的历程。完成21期党史学习教育简报，其中被中国科协采纳并刊发5期。在中国科协举办的“自立自强，青春向党”青年演讲大赛上，省科协选拔推荐的1名参赛选手获一等奖。

组织省全国科技工作者日系列活动。全国政协常委、中国科协副主席、中国科学院院士袁亚湘，全国政协常委、省科协主席周然等出席以“众心向党、自立自强”为主题的2021年全国科技工作者日山西主场活动，山西农业大学食品科学与工程学院教授常明昌代表科技工作者发言，中国科协第十次全国代表大会代表（山西）共同宣读《开展“自立自强　创新争先”行动倡议书》。

加强“科技工作者之家”建设。创办中共山西省科协党校（科技人才学院）。开展山西省“最美科技工作者”学习宣传活动，深入基层举办“学史力行跟党走、我为群众办实事”实践活动，看望慰问科技工作者代表。启动省科学家博物馆筹备工作，设立何泽慧纪念馆等山西省科学家精神教育基地4个。开展2021年中国工程院院士候选人推荐工作，对省“十四五”院士后备人选提供“一对一”服务。

《科学素质纲要》实施和科普工作　健全全民科学素质纲要实施工作机制。总结评估“十三五”全民科学素质工作，完成《山西省公民科学素质发展变化趋势分析报告》，向中国科协推荐“十三五”期间全民科学素质工作先进集体和先进个人，4个单位和4名个人分别获得表彰。牵头起草《山西省全民科学素质行动规划纲要实施方案（2021—2025年）》，11月3日经省政府常务会议审议通过。组织成员单位面向基层开展特色活动24项，指导基层科协做好全民科学素质纲要实施工作。

打造科普品牌活动。举办山西省公众科学素质网络知识竞赛，参赛人数超过40万人次，答题人数超过400万人次。开展全国科普日、科技活动周、文化科技卫生“三下乡”等系列重点活动，举办中国科普摄影大赛，与省直工委、省卫生健康委联合开展健康科普讲座进机关活动32场，“山西科学讲坛”被省直工委命名为“山西省直机关十大学习品牌”。开展在线科普直播课——“开学第一课探测火星”，吸引全省1000余所中小学的10万余名师生参加。在全省61个市县开通《科普大篷车》电视联播节目。开展科技志愿服务活动，在中国科技志愿服务平台注册科技志愿服务组织254个，开展各类科普活动316项，科技志愿服务注册人数达30057人。

建设完善中国特色现代科技馆体系。2021年，省科技馆对外开放232天，接待观众37.67万人次，开展科学表演、科学课程等769场次；“科技馆进校园”活动走进30所学校，受众1万余人次；流动科技馆深入26个站点巡展，受众21万余人次。建立省科学技术馆公路科技分馆和兵工科技分馆，推进中国科协（岚县）马铃薯全景科普展教馆建设。承担第七届全国青年科普创新实验暨作品大赛、“我心向党”庆祝建党100周年主题活动暨全国科技馆联合行动、中国自然科学博物馆学会第五期教育人员培训班等全国性活动。

构建科普示范体系。与山西农业大学合作在全省建成科技小院15个，建立省科普惠农中心服务站16个、省农村科普示范基地88个，支持建设省优秀科普示范社区12个，认定省科普教育基地206个，组织开展全省科普教育基地联动开放系列活动。

学术交流　以“科创赋能　智汇三晋”为主题举办2021年山西省科协年会，中国科学院院士、中国疾病预防控制中心主任高福，中国工程院院士、国家基础研究发展计划首席科学家刘吉臻，北京理工大学教授、英国工程技术院院士冯长根，中国工程院院士、省科协副主席金智新出席主场活动。在山西综改区设立中国科协“海智计划”工作基地，建设山西海智专家库，入库海外海归专家80余人。举办海归科学家和在晋留学生代表座谈会、“科创中国”海智沙龙等活动，为20名海外专家在企业开展项目合作提供服务。

开展“智汇中国”山西行动系列活动，在广东省珠海市、广州市举办珠港澳、大湾区科技人才座谈会，建立省科协珠港澳、大湾区科技人才工作站，省专家学者协会珠港澳、大湾区联络服务中心。承办海内外晋商晋才助力山西转型发展大会——院士专家座谈会，汇总形成《14 位两院院士关于山西高质量转型发展的几点建议》，报送省领导研阅。举办第三届生物经济助力山西高质量全方位发展大会、晋鲁科协黄河流域生态保护和高质量发展座谈会、第一届中欧清洁能源转型国际研讨会、全国棒线材“高效，低碳，智能”技术发展研讨会等十多场全国性会议、论坛活动，努力发挥新型科技创新智库作用，为山西省全方位推动高质量发展献智献策。

自身建设 稳步推进深化改革工作。着力提升所属事业单位发展能力，推动所属传媒集团构建现代企业制度，所属各单位从外部争取资源量大幅提升；根据改革推进的需要调整干部职务、职级 66 人次，提升干部队伍干事创业的热情。

深化学会治理能力建设。开展学会专项整治行动，对 144 个省科协所属团体会员、行业监管的学会进行综合评估。实施学会改革创新与服务能力提升计划，开展省科协精品学术活动择优资助项目、科技期刊能力提升项目和所属学会有序承接政府转移职能项目，促进学会组织凝聚力和服务能力进一步增强。

省级学会 截至 2021 年年底，省科协所属省级学会有 136 个，其中理科学会 17 个、工科学会 34 个、农科学会 16 个、医科学会 22 个、综合交叉学科学会 47 个。省医学会被民政部表彰为全国先进社会组织，举办 2021 山西省重症医学大会。省自然科学博物馆协会被省民政厅授予社会组织评估等级 4A 级，举办全国科学博物场馆教育人员第五期培训班。省林学会召开第十三次会员代表大会，举办以“表里山河、美丽山西”为主题的山西省林草科技活动周。省能源研究会向会员发出倡议书坚决抵制非法社会组织。省测绘学会承办 2021 年大疆测绘新技术交流会。省地球物理学会召开四届三次常务理事会议，举办中国注册地球物理工程师考前培训班，开展黄大年事迹宣讲活动。省蚕学会召开第十次会员代表大会。省科技评估学会举办智能制造与标准化创新高级研修班。省气象学会召开山西高影响天气气候事件学术研讨会暨 2021 年山西省气象学会年会。

地市县科协 截至 2021 年年底，全省有市级科协 11 个，县（市、区）科协 117 个，其中独立建制 116 个，朔州市右玉县科协与科技行政部门合署办公。

太原市科协举办“玩转科普 传承红色文化精神”网络直播活动。大同市科协举办大同市第二届产学研合作创新大会暨博士大讲堂，成立大同市无人机协会。朔州市科协协助平鲁区出台《“科创中国”山西试点城市工作方案》。忻州市科协召开二届八次全委(扩大)会暨党风廉政建设工作会议，开展科普助力乡村振兴年系列主题宣传活动。吕梁市科协召开全国科技工作者日先进事迹报告会，举办吕梁市第三届全民科学素质电视大赛，举办“庆祝建党百年 凝聚奋进力量”主题活动。阳泉市科协举办“全国道德模范故事汇”主题道德讲堂，召开专题会议安排部署“四聚焦四提升”专项活动，到帮扶村开展“我为群众办实事”实践活动。晋中市科协召开全民科学素质工作新闻发布会，举办“学党史办实事 食品安全进机关”活动，开展多种形式防灾减灾科普宣传。长治市科协开展“我为群众办实事”主题实践活动，成立长治市人工智能科普教育学会国家级学会服务站，举办第十届长治市公众科学素质知识竞赛。晋城市召开“智汇晋城”科技人才新春云端峰会。临汾市科协举办“科普惠农助力乡村振兴”中药材产业发展论坛，开展青少年科技骨干教师培训活动。运城市科协联合运城市农业银行深入基层调研推进科技金融助力乡村振兴工作，开展灾害应急演练及现场科普宣传活动，成立中铝山西新材料有限公司学会服务站，在京沪津成立“运城籍科技工作者之家”。

科协基层组织 截至 2021 年年底，全省有企业科协 236 个、高校科协 22 个、园区科协 6 个、行业科协 2 个（分别是省国防科协、省电力科协）。出台企业科协、高校科协等分类管理服务办法；举办 2021 年山西省企业科协秘书长综合能力提升培训班，提高企业科协秘书长工作能力和业务水平。全省有 1167 个乡镇(街道)实现“三长”全覆盖，共吸纳 5673 人进入市、县及乡镇（街道）科协队伍，基层科协组织力持续提升。

【2021 年全国科技工作者日山西主场活动】 6 月 3 日，以“众心向党、自立自强”为主题的 2021 年全国科技工作者日山西主场活动启动。全国政协常委、中国科协副主席、中国科学院院士袁亚湘，全国政协常委、省科协主席周然出席活动。省科协党组书记冯志君主持活动开幕仪式。主场活动中，参加会议人员

共同观看优秀科技工作者先进事迹宣传短片，山西农业大学食品科学与工程学院教授常明昌代表科技工作者发言。会议为省科技创新智库试点单位、省创业孵化示范基地、省科协首批科技工作者之家共建单位授牌。25家省级学会和5家企业响应省科协号召，开展“学史力行跟党走　我为群众办实事”实践活动。

【2021年山西省全国科普日活动】 9月11日，以“百年再出发——迈向高水平科技自立自强”为主题的2021年山西省全国科普日活动启动。副省长于英杰出席并讲话，为第三批省科协首席科学传播专家颁发聘书。全国政协常委、省科协主席周然介绍2021年山西省全国科普日活动相关情况，为水旱灾害防御、科普惠农、生态保护、健康教育等六支科技志愿服务队授旗。启动仪式后，参加会议的领导和观众共同参观百年重大科技创新成就展和山西省全国科普日主场科普展。全国科普日期间，省科普宣传重点活动有42项。

（撰稿人：吕　伟）

内蒙古自治区科学技术协会

服务经济社会发展　深入实施创新驱动助力工程。在学会、高校、企业科协组织中持续开展“加强科学研究和科学普及工作，扎实服务自治区高质量发展”和“提升科技服务能力，推动企业创新驱动发展”主题活动，命名创新先锋号、先锋岗126个，区直学会获省部级以上奖项38个，取得创新成果40项、专利132项。引导企业发挥创新主体作用，举办企业创新能力提升培训班12期，培训企业技术骨干5500多人次。召开全区创新方法工作会议，举办创新方法大赛，培育项目150个，自治区科协被中国科协、科技部、教育部评为中国创新方法大赛优秀组织奖。举办产业对接会、科技成果推介会等3次，现场签约4个项目，达成合作意向7项。

深化“科创中国”试点城市建设。继巴彦淖尔市、包头市之后，呼伦贝尔市被确定为第二批“科创中国”试点城市，全区“科创中国”试点城市达到3个，数量位居全国各省（自治区、直辖市）前列。召开2021年全区学会工作暨“科创中国”行动推进会、试点城市科技创新服务联合体工作对接会，承办“科创中国”巴彦淖尔现代农牧业发展论坛等，740多名专家、学者、科技工作者参加会议；举办“科创中国”培训班，培训学员100人。“科创中国”纳入自治区“十四五”发展规划。

主动服务乡村振兴。研究制订2021年科技助力乡村振兴工作方案，确定5个旗县为重点旗县，自治区、盟市、旗县（市、区）“三级”科协联动开展实用技术培训、现场技术指导等400多场次，10万余名农牧民受益。培训新型职业农牧民，举办乡村振兴农牧民带头人培训班2期，500多人参加培训；举办农民科学素质网络大赛，14万人参加竞赛。开展农技协十佳行动典型选树活动，评选先进典型4个。推进科技小院建设，深入5个盟市征集科技小院建设需求，与内蒙古农业大学召开协调会，研究共同推进科技小院建设事宜。中央电视台《焦点访谈》栏目组专门采访报道自治区科技小院建设经验做法。中国工程院院士、“时代楷模”朱有勇受邀作《把论文写在大地上》专题报告并进行实地指导。自治区科协被自治区政府授予“全区脱贫攻坚先进集体”称号。

开展建言献策工作。加大新型科技智库建设力度，加强科技智库“选题库”“成果库”建设，确定选题80个，录入学术交流、建言献策等成果70项。建立健全与决策部门常态化联系沟通机制，与自治区党委办公厅、发展改革委等部门对接，谋划推出更多优秀科技工作者建议。盟市科协智库作用发挥显著，兴安盟科协大力开展调研工作，形成《中药材产业发展情况调研报告》等，盟委主要领导批转相关部门研究落实；通辽市科协征集科技工作者建议30篇，报送市委、市政府，部分建议获市领导批示。

自治区科协研究制订《科技工作者建议编报办法》，向自治区党委、政府报送《科技工作者建议》32篇。利用“院士专家内蒙古行”“海智专家内蒙古行”等活动，组织院士、专家深入盟市旗县为当地经济发展把脉会诊，提出有针对性的发展对策。

服务科技工作者　开展建家交友活动。制订出台联系服务科技工作者的指导意见，健全完善科协系统干部职工直接联系服务科技工作者制度，推动联系服务工作向基层一线延伸。依托各级科协机关、科技场馆、科普专家团队等载体建设科技工作者之家，为科技工作者开展学术交流等提供活动平台和优质服务。助力科技工作者成长成才，推荐中国工程院院士候选人3人，其中1人通过中国工程院院士增选第二轮评审。开展全国科技工作者日系列活动，全区共组织开展有关活动1000多场次，自治区科协被中国科协评为积极贡献单位。

完善网上联系服务新模式。实施“互联网+科技工作者”行动，对科协系统网站群进行升级改造，完善网上科技工作者之家平台，集成信息查询、智库选题、成果发布、建言献策等功能，为科技工作者提供“一站式”服务。

《科学素质纲要》实施和科普工作 推进《全民科学素质行动规划纲要（2021—2035年）》实施。构建纲要成员单位协同合作机制，与成员单位签订合作协议，召开全区公民科学素质工作推进会、纲要成员单位工作协议落实座谈会，整合纲要成员单位优质科普资源。自治区政府印发《内蒙古自治区全民科学素质行动规划纲要实施方案（2021—2025年）》，实现优质科普资源在更广范围内精准推送。

持续抓好科普阵地建设。资助全区63个科技馆免费开放。旗县级以上实体科技馆达到85个，年参观体验者400万余人次。自治区科技馆2021年开展实验室科学课619节、特色科学课60节，参与人数1.9万人次；新签约馆校结合基地校6所，服务青少年3.3万人次。累计配备流动科技馆46套，2021年巡展70个旗县，30万人次受益；累计配备科普大篷车119辆，举办活动3000余场次、200万余人次受益；命名科普教育基地81个。鄂托克前旗被命名为2021—2025年度第一批全国科普示范县（市、区）；和林格尔县等20个旗县被确定为第二批全国科普示范县（市、区）创建单位。截至2021年年底，全区共组建科普专家团116个，吸纳各领域科普专家2600余人；组建科技志愿者队伍1390支，科技志愿者8.6万余人，人数位列全国第6；科普信息员人数达43.7万人，排在全国第5位，2021年转载推送科普信息4716万篇次，排在全国第4位。建强用好“三支队伍”，全年共开展各类科普活动1500余场次。自治区科技志愿者伊毕格乐图被评为全国科技志愿者先进典型，乌海市海勃湾区“科普智荟”进社区系列活动被评为全国科技志愿服务项目典型案例。加强“三支队伍”规范化建设，召开自治区科普专家团座谈会，举办科普专家培训班、科技志愿者培训班，共有600余人次参加会议和培训。举办全区科技辅导员讲解大赛等5项赛事，提升科技辅导员专业素养。

持续加强科普传播活动。组织“百名专家走进盟市旗县科普传播行”活动3次，举办科普讲座，开展实用技术培训、义诊等1151余场次，172.5万人次受益；在全区范围内组织开展全国科普日活动2000多场次。举办爱科学　心向党——“大手拉小手科普报告汇”庆祝建党百年巡讲活动，呼伦贝尔市32所中小学9.8万名师生听讲。开展全区青少年机器人竞赛、青少年人工智能科普、英才计划等活动，全区30万余名青少年参加活动。举办第三届内蒙古原创科普视频大赛等，30万余人提交参赛作品。举办“科普大讲堂”40期，186万余人次听讲；编写出版科普图书13部。完善应急科普联动协调机制，做好新冠肺炎疫情防控常态化下的应急科普工作，传播疫情防控知识，助力疫情防控和复工复产。

打造科技工作者服务群众的网络平台。深化与广播电视台的合作，邀请科技工作者携优质科普资源入驻4K数字电视科普内蒙古平台，为群众提供优质高效的科普服务，2021年通过该平台举办科普知识竞赛3次，参与答题人数155.6万人次，平台年点击量超过290万次；加大科普专家在线咨询服务平台推广宣传力度，录入科普知识2064条，更新数据8000条；加大全国首家蒙汉文科普资源共享平台建设力度，入库蒙古文科普资源达1100万余字。

学术交流 7月23—26日，由自治区科协主办的全国细胞与健康研讨会暨第二届中医药表型组院士高峰论坛在呼和浩特市召开。会议邀请美国医学科学院外籍院士柯杨，中国工程院院士、国家中医体质与治未病研究院院长王琦，中国科学院院士、中国细胞生物学学会理事长陈晔光，国际欧亚科学院院士、中国医学科学院药物研究所所长杜冠华及13名国内外知名专家、学者为全区300余名从事基础与临床研究的科技工作者作学术报告。

11月22日，由自治区科协主办的“科创中国”培训会暨中俄农业微生物技术发展研讨会在线上举办。俄罗斯科学院院士扎夫里耶夫·谢尔盖·基里亚科维奇、中国科学院微生物研究所研究员李少杰、中国农业科学院作物科学研究所作物栽培与耕作中心作物表型创新研究组组长金秀良分别围绕诊断植物病原体的开发及生产、微生物发掘及利用、作物表型性状鉴定技术进行专题讲座，共同研讨农业生物学发展的前沿热点和变革方向。100多家自治区直属学会及190多家区内外科技型企业同步收看直播。

12月10日，由自治区科协、内蒙古农业大学、内蒙古大学共同主办的2021中荷生态保护与绿色发展国际学术研讨会在呼和浩特市举办。会议采取视频直播形式召开，自治区科协主席赵吉，自治区科协党组成员、副主席荣昌平，内蒙古农业大学副校长塔娜出席会议。来自全国从事生态领域研究工作的科技工作者6000多人通过线上参加会议。中国工程院院士张福锁、荷兰皇家艺术与科学院院士汉斯·兰博斯、兰州大学教授李凤民、荷兰瓦赫宁根大学教授欧意玛、中国科学院植物研究所研究员白永飞、北京大学城市与环境学院党组书记彭建分别作专题报告。

自治区科协联合自治区人力资源社会保障厅等单位共同举办第十六届内蒙古自治区自然科学学术年会21个主、分会场活动，参加活动的科技工作者共400余人，征集学术论文1100余篇。举办第三届“青山集”对话——新经济下的科技创新与产业变革、第七届内蒙古“创新与发展”高峰论坛，400余名科技工作者参加。联合河南省科协等共同举办第十四届海峡两岸科普论坛，提交的15篇论文被评为大会优秀论文。

自身建设 巩固科协系统改革成果，自治区及12个盟市科协291项改革任务全部完成。深化所属事业单位改革，将5个事业单位整合为3个，优化机构职能。向各有关盟市党委、政府发函，商请推进科协机构单独设立事宜，全区103个旗县（市、区）科协已全部实现独立建制；召开盟市、旗县（市、区）科协换届工作推进会议，组成工作小组深入相关盟市、旗县协调解决困难和问题，盟市、旗县（市、区）科协换届工作全部完成，实现应换尽换目标。加大“三长”配备工作力度，截至2021年年底，全区2657名医院院长、学校校长、农技站站长进入各级科协任职，全区科协系统专兼职干部达11500多人。

全面加强基层组织建设。以科协基层组织建设为抓手，深入落实习近平总书记关于科协组织要“接长手臂、扎根基层”的重要指示精神，自上而下推进科协基层组织建设，切实做到“哪里有科技工作者，科协工作就做到哪里；哪里科技工作者集中，科协组织就建到哪里”。2018年以来，全区已建科协基层组织3915个，其中苏木乡镇（街道）科协1124个、企业科协443个、高校科协35个、中小学科协2313个，覆盖率超过99.8%。扎实推进科协基层组织规范化建设，研究制订《苏木乡镇（街道）科协工作规范》和《中小学科协工作规范》，确保科协基层组织工作有序开展，不断提升组织力、服务力、影响力。

省级学会 自治区细胞生物学会理事长苏秀兰与核医学王雪梅团队联合完成的科研项目“核素分子显像技术在心血管和肿瘤疾病中自主创新及理论突破”成果获自治区自然科学奖一等奖；自治区蒙医药学会开展的白脉调控针刺对脑卒中后遗症脑源性生长因子实验和临床研究获自治区科学技术进步奖一等奖；自治区昆虫学会开展的北方农牧交错区草地主要害虫绿色防控技术集成创新研究获自治区科学技术奖励。

地市县科协 巴彦淖尔市科协把“科创中国”试点城市建设与科技小院建设相结合，推动农业科技成果转化，作物增产17%、节约水肥38%、控药30%。包头市科协积极搭建“科创中国”服务平台，171家企事业单位、420位院士专家等高端科技人才入驻科技创新融通平台，成功对接科技需求42项。呼伦贝尔市科协举办科技成果转移转化对接会，建设绿色产业科技成果交易平台，助力企业创新发展。赤峰市、锡林郭勒盟将科技馆建设纳入当地经济社会发展总体规划。巴彦淖尔市科技馆运行案例获全国优秀奖。鄂尔多斯市鄂托克前旗入选2021—2025年度第一批全国科普示范县（市、区）；呼和浩特市和林格尔县等20个旗县被确定为第二批全国科普示范县（市、区）创建单位。通辽市科协组织科技工作者开展建议征集工作，全市共有52名各领域科技工作者提出建议，已归纳整理30项建议形成《通辽市2021年科技工作者建议汇编》，呈报市委、市政府决策参考，得到市委、市政府领导的肯定并作出批示。

科协基层组织 截至2021年年底，全区12个盟市科协全部独立建制，103个旗县（市、区）均设有科协组织。苏木乡镇（街道）科协1124个、企业科协443个、高校科协35个、中小学科协2313个，科协组织覆盖率超过99.8%。

【第十六届内蒙古自治区自然科学学术年会】 7月26日，自治区科协联合自治区教育厅、科技厅、人力资源社会保障厅举办的第十六届内蒙古自治区自然科学学术年会在呼和浩特市召开。自治区常务副主席黄志强出席开幕式并致辞。中国科学院院士陈颙、滕吉文，中国工程院院士彭苏萍分别以《城市化——地球物理学的新机遇和挑战》《近地表地球物理探测与地下空间开发和利用潜能分析》《黄河流域煤矿区生态环境修复关键技术与战略思考》为题作主旨报告。三位院士立足自身专业领域，聚焦地球物理科技发展，分享他们的科技成果，并结合自治区经济社会发展实际提出意见和建议。

本届年会以“科技创新　绿色发展”为主题，共设1个主会场和20个分会场，分会场学术交流活动围绕矿山生态修复、化学化工、信息通信、免疫健康等学科领域进行交流和研讨，助力自治区走好以生态优先、绿色发展为导向的高质量发展新路子。

【2021年全国大众创业万众创新活动周内蒙古分会场启动仪式】 10月19日，2021年全国大众创业万众创新活动周内蒙古分会场启动仪式在呼和浩特市和林格尔新区举办。自治区党委副书记、主席王莉霞，自治区党委常委、呼和浩特市委书记包钢，自治区常务副主席黄志强，呼和浩特市委副书记、市长、和林格尔新区党工委书记贺海东出席启动仪式。自治区科协党组书记麻魁参加启动仪式，并与自治区领导和相关部门负责人共同按下启动屏，以“高质量创新创造，高水平创业就业”为主题的“双创”活动周正式启动。活动周期间，自治区科协与自治区发展改革委等部门在线上线下同步开展科创成果展示、创业辅导、政策宣讲、经验分享等活动，营造创新创业的良好氛围。

（撰稿人：伊丽娜）

辽宁省科学技术协会

服务经济社会发展 促成中国科协与省人民政府签署战略合作协议。参与修改完善战略合作协议内容，协调沟通签约事宜。战略合作协议内容围绕推动创新资源和技术服务集成共享、建设“科创中国”试点城市、产学协同组织创新助力产业数字化赋能、搭建高水平科技智库、推动工业互联网创新发展、提升全民科学素质基础6个方面展开，共设11项任务。其中，省科协牵头8项、配合3项。

配合办好2021全球工业互联网大会，组织召开人工智能赋能工业互联网专题会议，邀请世界工程组织联合会主席龚克、2013年诺贝尔经济学奖获得者拉尔斯·彼得·汉森等10余位专家、学者参加会议。

与中国化工学会共同举办2021中国化工学会年会暨辽宁高端化工产业发展峰会。大会设立27个分论坛，来自学术界、科技界和产业界的700余家单位和2000余名专家、学者参加会议。主会场共邀请12位院士参加，特邀7位院士作高端学术报告；分论坛共有400多位专家、企业家进行学术交流和合作洽谈。会议期间签署合作协议9项，达成合作意向14项。

实施科技经济融合发展行动。省科协组织省级学会在创新驱动助力示范区（县）内建立全国学会服务站5个、省级学会服务站128个、海智专家工作站2个，签署合作协议118项，为358家企业（产业园区、合作社）开展科技服务1694人次，转移科技成果583项，培训科技人员4.08万人次。

加快推进“四站”建设。在高新技术企业、高新技术产业园区、经济开发区、产业集群、民营企业等实体经济中建立院士工作站或联系点36个、专家工作站434个、学会服务站600余家，提高为产业振兴服务和企业创新服务的精准性和实效性。指导沈阳市、大连市、丹东市3个市的5家民营高新技术企业创建海智专家工作站，涵盖生物医药、网络安全、医疗科技复合材料等前沿技术领域。

在沈阳飞机工业(集团)有限公司、大连理工大学等单位建立19家创新方法示范基地，全年创新方法培训覆盖企业、院所、高校200余家，培训1万余人次。省创新方法大赛参与度再创新高，覆盖39所高校、13家企业、891个项目，参与赛事人数超4000人次，获全国奖项86个，助力高校、企业自主创新能力提升。

深化创新驱动助力示范区（县）建设。充分用好100个理工农医类省级学会人才供给和科技项目资源，在优化升级现有14个创新驱动助力示范区（县）基础上，新建3个创新驱动助力示范区（县），打通人才服务“最后一公里”。

组建省级科技服务团。针对企业专项需求，组建62个省级学会科技服务团，全年服务企业370余家，解决技术难题112个。省电工学会辽宁省绿色电机技术科技服务团助力大连智鼎科技有限公司解决关键技术难题，并推进其签订专利转让协议，预计实现年销售额1.5亿元。省畜牧兽医学会辽宁省梅花鹿马鹿产业创新服务团指导提升西丰梅花鹿养殖技术，鹿茸产量、质量大幅提升。

服务科技工作者 联合省委宣传部、《辽宁日报》、网易辽宁频道，宣传扎根基层和企业一线的科技工作者近80人。选树“辽宁好人·最美科技工作者”10人，宣传中国科协“十大”辽宁代表16人，全省科协系统表彰宣传科技工作者200余人，走访慰问科技工作者200余人次。

开展全国科技工作者日活动。组织引领全省各级科协组织，围绕“众心向党，自立自强”主题开展活动。全省科协系统在全国科技工作者日期间开展线上活动308项，29万余人次参与；线下活动近600场次，14万余人次参与；在各级各类媒体广泛宣传优秀科技工作者或各类活动，浏览量达700万次。

举办辽宁科技创新成就展暨中国科学院科技创新年度巡展。精选党领导下中国科学院近年来具有代表性的重要科研突破和成就，弘扬科学家精神，接待60余家单位近10万人次参观。开展建党百年科技人物访谈、召开中国科协“十大”精神学习宣讲会等百余场次。

《科学素质纲要》实施和科普工作 完成《辽宁省全民科学素质行动规划纲要（2021—2035年）》编制工作，通过省政府常务会议审议。联合《辽宁省全民科学素质行动规划纲要（2021—2035年）》成员单位开展特色科普活动，2021年全国科普日暨辽宁省第十届科普日活动期间开展科普活动490余项、科普讲座870余场，受众达470万人次。推进科技活动周、食品安全宣传周、文化科技卫生“三下乡”、名家讲科普等《辽宁省全民科学素质行动规划纲要（2021—2035年）》成员单位特色活动，实现资源共享交流。辽宁省第34届“科普之冬”累计开展活动122场，受众90万人次。

持续做强产业科普品牌。举办第三届国际先进技术展暨2021鲲鹏计算产业生态科技展，围绕华为鲲鹏先进技术，展示新一代信息技术和典型案例，接待参观团体38家、观众4万余人次，达成合作意向5个。

实施公众科学传播计划。构建由网站、微信、微博等数字媒体与期刊、科普栏、实体科技馆等传统渠道相融合的“科普辽宁”传播矩阵。拓展品牌科普资源传播渠道，原创广播剧《奇妙科技馆》正式上线“学习强国”，播放量60万余次，获评国家新闻出版署优秀广播剧奖和优秀合成奖(最高奖)。全年推送宣传信息2661条，阅读量546万次，制播科普微视频358部。

加强科学传播阵地和队伍建设。规范科技馆免费开放工作，加强中央财政转移支付科技馆免费开放补助资金的管理和监督。开展流动科技馆全省巡展和“科普大篷车万里行”活动，加强农村中学科技馆运营考核，推动公共科普服务公平普惠。选取大连理工大学、沈阳农业大学、中国科学院沈阳分院、中国医科大学附属第一医院作为首批“科普辽宁”共建基地。实施科学传播人才“百千万”行动，优选辽宁首席科学传播专家20人，建设志愿者团队572个，发展志愿者4.4万人、科普信息员7.5万人，构建科学传播人才体系。

学术交流 与中国系统工程学会、中国航空学会、中国医科大学等共同举办产业技术大会，全年吸引全国学会在辽宁省举办学术活动30余场，引进院士50余人次、省外高层次专家700余人次，签署合作协议17个，交流论文3000篇，为2万余名科技工作者搭建交流合作平台，推动辽宁省相关行业发展。

吸引全国学会在辽宁省建立专门委员会44个、全国学会服务站28个。通过机构常态化工作，将全国学会的科技人才、学术平台、科技成果、科技智库、科技信息和科技类公共服务产品等资源引入辽宁省，在引进人才服务产业发展上取得一批创新成果。促成中国机械工程学会、大连理工大学与迈格钠磁动力科技（鞍山）有限公司共建磁动力产业技术研究院，首个3000万元合作项目签约落地。

聚焦“一圈一带两区”建设，推动沈阳经济技术开发区、大连创建“科创中国”创新枢纽城市，推动创新要素供需有效对接，打造科技经济融合发展样板间。大连市、沈阳经济技术开发区分列全国样板间综合排名第5名、试点园区第5名。推进“科创中国”国家公共技术服务与交易平台的“科创中国 辽宁中心站”建设。

引入5个中国科协科技服务团入驻试点市。其中，辽宁生态环保区域科技服务团针对中央第二生态环境保护督察组对沈阳经济技术开发区通报的典型案例开展技术咨询，帮助企业排查环境风险，助推企业复工复产的工作经验，成为向国务院汇报“双创”成果的优秀案例。

《辽宁日报》在头版发表《拓宽引才渠道　汇聚高端人才——我省“全国学会入辽计划”探索柔性引才新路径》一文，专题介绍“全国学会入辽计划”在辽宁省柔性引进人才方面的突出贡献。

自身建设 4月1日，辽宁省科协第九届委员会第四次全体会议在沈阳市召开。辽宁省科协主席郭东明代表第九届常委会作2020年度工作报告，部署2021年工作。会议审议并通过了郭东明代表辽宁省科协第九届常务委员会所作的工作报告，批准变更增补辽宁省科协第九届委员会常委，选举产生了中国科协“十大”代表和委员候选人。

中国科协第十次全国代表大会闭幕后，省科协把学习宣传贯彻习近平总书记重要讲话和中国科协“十大”精神作为首要任务，召开理论学习中心组扩大会议，谋划部署五方面具体工作举措，聚焦“数字辽宁，智造强省”建设，对接“科创中国”“科普中国”“智汇中国”资源，将学习贯彻习近平总书记重要讲话和中国科协“十大”精神转化为服务高质量发展三个“辽宁行动”的具体项目和具体行动。向省委呈报《关于中国科协“十大”主要会议精神及贯彻落实措施的报告》并获批复。

下发《关于学习贯彻中国科协第十次全国代表大会精神的通知》，要求全省科协系统引导广大科技工作者紧跟共产党、建功新时代，把思想、行动统一到习近平总书记重要讲话精神和大会精神上来，切实肩负起党和政府联系科技工作者桥梁和纽带职责。先后组织114家学会学习中国科协第十次全国代表大会精神，提升学会政治站位，指导学会围绕落实会议精神思考工作、制订规划，提升学会组织围绕中心服务大局能力。

以各市科协领导班子成员、中层干部及县区科协主席为主要培训对象，举办全省科协系统基层领导干部服务创新驱动发展专题培训班。

省级学会　省土木建筑学会协助辽宁洪海节能科技有限公司申报专利3项。省生命科学学会在铁岭市铁岭县、昌图县、开原市、西丰县引进省内知名专家22人，建立学会服务站，为县域医院重点学科发展、远程医疗、专家巡诊、人员培训等提供支撑。

地市县科协　全省共有副省级科协2个、地级市科协12个、县级科协100个。

沈阳市科协认真做好科技人才服务，提出的10余项人才政策建议被纳入新修订的沈阳人才新政。发展科技志愿组织167个，实名注册人数达1.2万余人；促成沈阳经济技术开发区入选第二批“科创中国”试点城市（园区），推动沈阳市和平区获批2021—2025年度首批全国科普示范县（市）区。大连市入选“科创中国”试点城市（园区），印发《大连市“科创中国”试点城市建设方案》，“科创中国”大连中心建成并投入使用，2021年年底位居“科创中国”榜单总排行第五名、单项排名第一名。鞍山市科协开通科技人才服务热线及邮箱，广泛征集对鞍山市科技创新和科协自身建设的意见建议167条，梳理出有针对性的意见建议28条。抚顺市科协积极引进院士、专家，全省首个院士专家联系点落户抚顺市。本溪市科协联合市中药材种植业协会通过集中培训和现场示范的方式，举办培训班20余次，培训农户1000余人次，安置劳动力就业10000余人次。丹东市科协邀请全国设施园艺领域专家、中国工程院院士李天来成立全省首家院士科普站。锦州市科协为企业搭建服务平台，制订《锦州市科协创新方法推广应用工作实施方案》并组织实施，引进高层次专家28人，开展科技服务47次，服务53个企业及专业合作社，培训科技人员300余人次。营口市科协编印2万册《接种疫苗　守护健康》科普宣传册，发送至部分机关、企业、学校、社区进行宣传。阜新市科协构建社会化科普新格局，全年举办科普讲座、科技服务等线上线下活动100余场次，受益群众达5万余人次。辽阳市科协根据疫情防控需求，指导市中医药学会进行疫情防控工作部署。铁岭市科协实施地方科协深化改革试点项目，推进创新驱动助力示范工作，全市5个县（市）获批辽宁省创新驱动助力示范县。朝阳市科协积极推动科普中国e站转型升级，开展科普中国传播推广，发展科普中国信息员8004人、科技志愿者700余人。盘锦市科协服务创新驱动发展，推进“科创中国”试点城市工作。葫芦岛市科协推动“科创中国”平台落地，535家企业已完成注册工作。

科协基层组织　加强科协基层组织建设，建立科协基层组织建设情况工作台账，实行动态管理，时时更新。组织动员全省各高校开展科协组织建设，辽宁轻工职业学院成立高校科协。

省科协在沈阳国际软件园建立首家“科技110”示范服务站，开辟服务园区企业的新途径。省科学道德和学风建设宣讲报告会在锦州医科大学举办。东北大学实施TRIZ融入计划，构建创新方法推广新模式。东北制药集团股份有限公司科协举办“碳中和及其实现途径”科普讲座，为科技人员系统讲授碳达峰、碳中和相关知识。大连船舶重工集团有限公司科协举办“云”上科学营活动，履行企业科普社会责任。

（撰稿人：梁　丹）

吉林省科学技术协会

服务经济社会发展　省科协依托20家省科协科技创新智库基地和省级学会智力资源，联合开展重大专项课题研究。全年开展决策咨询研究10项、课题研究40项，形成的《关于加快建设种业强省　助力民族种业振兴建议的报告》《关于加强深度参与共建“一带一路”建议的报告》《关于吉林省水环境治理问题建议的报告》均获省委书记景俊海批示。

建设省科协产学研协同创新服务平台，聚焦农产品加工和食品产业、装备制造产业，开展科技成果征集展示、前沿技术交流、成果转化对接等系列活动。发布创新成果45项，签订合作协议5项，推进科技成果市场化、产业化进程。开展企业“创新达人”评选及宣讲活动，评选出100名“创新达人”，组建企业“创新达人”宣讲团开展系列宣讲活动。举办创新创业论坛暨吉林省“一主六双”（“一主”即《长春经济圈规划》；“六双”即“双廊”“双带”“双线”“双通道”“双基地”“双协同”）高质量发展交流活动、创新创业大讲堂、创新方法培训和技术培训等。

吉林省科技助力乡村振兴专家服务行动、吉林省科技小院建设工作写入省委、省政府《关于全面推进乡村振兴　加快农业农村现代化的实施意见》。围绕吉林省实施“一主六双”高质量发展战略，组织专家深入中西部开展调研服务，举办科技助力构建中西部粮食安全产业带专家服务集中示范活动，省委副书记高广滨出席指导。推动建立一批专家工作站，组织近100名专家深入基层开展建言献策、产业发展、科学普及、人才培养、技术推广等活动60余场次，形成资源汇聚、服务精准、工作协同的长效机制。通过第二十届长春农博会科普大集、“科技之冬”等活动载体，把科技人才、资源引入县域、引向基层、引向乡村。按照“四个不摘”要求，巩固提升省科协包保脱贫村脱贫攻坚成果。

推进“科创中国”工作。推荐珲春市入选“科创中国”第二批试点城市（园区），成立“科创中国”珲春经济发展产业联盟、吉林港航物流及临港制造学会企业联合体，指导珲春市人民政府编写《珲春市中长期经济发展战略规划》，推动多项科技成果落地。开展“吉林省院士专家基层行”活动，组织院士、专家深入基层提供咨询论证、技术指导、产业合作、柔性引才、教育帮扶等服务，解决需求问题211个。提升学术交流集思汇智聚能功能，支持全省科协组织举办交流活动134项。

推动院士专家工作站、科技小院建设。推动白山市双成生物科技有限公司、伊通满族自治县德利农产品开发有限公司、长白朝鲜族自治县酒厂等新建专家工作站5家。新建科技小院6家，已获中国农技协科技小院联盟批复同意，于12月2日正式授牌。

服务科技工作者　实施“吉林省青年科技领英计划”；评选30人获得第五批吉林省“青年科技人才托举工程”专项扶持；资助出版优秀科技专著4部；举办第三届吉林省青年科学家年会，邀请院士、创新型企业专家、青年科技奖获得者、被托举青年新苗作报告，分享不同层次人才推动高水平科技自立自强的成果、经验、感悟；搭建青年科学家论坛、研究生论坛、科技论文演讲比赛等交流平台32项。开展中国工程院院士候选人推选工作，2人入选中国工程院2021年院士增选有效候选人。开展科技工作者状况专项调查，向中国科协报送科技工作者调查站点有效信息35件，被中国科协评为2020年度全国科技工作者状况调查优秀区域责任部门。

评选吉林省“最美科技工作者”，举办2020年、2021年吉林省“最美科技工作者”事迹展，展现优秀科技工作者风采。开展全国科技工作者日活动，集中在媒体宣传10位吉林省“最美科技工作者”和一批基层一线科技工作者践行科技为民的典型事迹，推荐3位科技工作者事迹入选中共中央党校出版社出版的《弘扬科学家精神——走近100位科技工作者》。

密切联系科技工作者。健全吉林籍院士、全省院士专家经常性联系服务制度，举办院士专家学术休假活动，邀请中国工程院院士郭孔辉和中国科学院院士杨秀荣、张洪杰等51名高层次科技人才参加活动。

《科学素质纲要》实施和科普工作　落实《全民科学素质行动规划纲要（2021—2035年）》，制定《吉林省贯彻全民科学素质行动规划纲要实施方案（2021—2025年）》，构建社会化协同的大科普格局。

举办2021年全国科普日暨吉林省第十九届科普周主场系列活动。举办生态吉林科普摄影展，征集作品1000余幅，展出200余幅，副省长安立佳，省科协主席、中国科学院院士于吉红，中国科学院院士王家骐、陈学思参观展览。举办“云”游长光卫星航天科普教育基地活动，带领公众在网上参观基地内陈列的空间站、卫星等实物模型，直播时段在线观看人数突破114万人次。举办第二十届长春农博会科普大集，宣传展示省科协科技助力乡村振兴的新方式、新手段，近百名专家在现场开展科技咨询和健康义诊服务，7家科技小院、3个优秀国家科普示范县在现场进行宣传展示，农民科学素质现场答题活动现场有2400

余人次参与，活动中免费发放科普图书资料、宣传品10万份。

发挥应急科普作用，坚持“疫情不解除、科普不下线”，“吉林省健康科普大讲堂”连续举办疫情科普直播活动3场，每期观看人数超40万人次。

组织全省596名选手参加第20届中国青少年机器人大赛吉林赛区竞赛。举办第二十八届吉林省青少年科技艺术大赛，全省共有8000余名青少年参加大赛，3069件作品获等级奖。与省财政厅沟通，争取经费保证学科竞赛工作在“零收费”后顺利开展，全年共有4200余名选手参加全国联赛，2595名选手获等级奖。完成首届全国青少年科学节暨吉林省青少年模型竞赛长春等赛区活动，共有来自50余所学校的746名青少年参加，269人获等级奖。举办2021年吉林省青少年创意编程与智能设计大赛，来自全省8个地区60余所学校的674名青少年参加，602人获等级奖。开展吉林省青少年人工智能活动特色单位评选工作，共有来自全省10个地区的85个单位提交申请，67个单位被评为省级特色单位。

省科技馆常设展厅全年接待观众43.7万人次，全省青少年科技创新“云”大赛、流动科技馆线上巡展、科普“云”课堂等线上科普阵地服务公众192万人次。线上开展10期大讲堂、10期影迷沙龙会，浏览量达8万余人次。与教育行政部门开展“馆校共建”合作，提供优质科学课程、校本课程开发等服务内容，推动“双减”政策落地见效。编写出版具有自主知识产权的课程教材《科技馆里的科学世界》，已服务5所签约示范校的近3000名学生。全省新增免费开放科技馆2家，已有12家科技馆纳入全国免费开放科技馆。在“十三五”时期科技馆体系建设“科普之星”评选中，省科技馆流动工作部获评普惠之星·优秀奖，省科技馆获评科普之星·提名奖。

推进省科协科普传播新媒体矩阵建设，做好“科普中国”电视频道，在快手、抖音、微信、头条、新浪微博、腾讯内容开放平台等新媒体开设科普专栏，提升内容质量和有效覆盖质量。

学术交流 组织学术交流、科技经济融合类项目申报遴选工作，支持省级学会、市级科协、高校科协和有关科研单位开展学术交流活动134次。支持7家省级学会开展“协同创新助力东北老工业基地振兴”系列活动。

自身建设 6月29日，吉林省科学技术协会第十次代表大会在长春市召开，对贯彻落实习近平总书记重要讲话精神、中国科协“十大”精神以及省委部署要求作出具体安排，选举产生省科协新一届领导机构，通过《吉林省科学技术协会事业发展“十四五”规划（2021—2025年）》，向全省科技工作者发出《勇做高水平科技自立自强的排头兵》倡议书。

扎实开展党史学习教育，深入学习贯彻习近平新时代中国特色社会主义思想。省科协党组发挥示范引领作用，通过读书班、专题党课、追寻习近平总书记视察吉林足迹红色教育等活动，引导党员干部深刻理解“两个确立”的决定性意义。在科技界开展“众心向党、自立自强”主题实践活动，广泛开展以党史为重点的“四史”学习教育，精心组织党的创新理论学习宣传阐释，加强顶层策划，完善“一体两翼”协同机制，引导省科协机关、省级学会和地方科协创新内容、方式、方法，系统面向科技界开展党课、宣讲会、报告会、座谈会，用足用好本地本领域红色资源，宣传回顾科技界在党领导下走过的百年历程，增强科技界对党领导的中国特色社会主义道路的思想认同、情感认同、价值认同，强化科技自立自强的使命担当。

把切实为群众办实事解难题作为学习教育的落脚点，扎实开展“我为群众办实事”实践活动，按照“为科技工作者办实事”“组织动员科技工作者为民办实事”“为身边群众办实事”三个维度开展9项重点工作，增强科技工作者和群众的获得感、幸福感、安全感。

省级学会 截至2021年年底，全省共有省级学会、协会、研究会146个，其中新成立3个。

省健康管理学会在中国吉林网开展《健康吉林》现场直播活动、在抖音平台开办《医生辟谣小分队》栏目。省科普作家协会开展原创科普作品征集，并对原创科普作品进行宣传，将科普作品结集成册出版发行，同时利用微信公众号进行推送。

地市县科协 截至2021年年底，全省共有市（州）科协9个、长白山开发区科协1个、县（市、区）科协60个。

长春市科协开展“长春市农村科技人才状况调查”专项课题研究，形成《长春市农村科技人才调研报告》。吉林市科协建设“科普走廊”全域科普融合试验区。辽源市科协建立科普示范“六共建”、科普宣传“五级”联动、科技帮扶“四走进”机制。白山市科协制订助力乡村振兴任务清单，服务农业农村现代化。

科协基层组织 截至2021年年底，全省共有企业科协312个，其中新成立3个；园区科协17个、企业科协联合会2个、企业科协联盟1个；高校科协30个，占全省高校总数的48.2%，其中新成立1个；乡镇（街道、社区）科协403个，其中新成立195个；农技协1366个。

【吉林省科学技术协会第十次代表大会】 6月29日，吉林省科学技术协会第十次代表大会在长春市召开。省委书记、省人大常委会主任景俊海，中国科协党组成员、书记处书记束为出席大会开幕式并讲话。省委常委、秘书长胡家福，省人大常委会副主任贾晓东，省政协副主席支建华，中国科学院院士王家骐、于吉红，中国工程院院士夏咸柱、姜会林、金宁一、林君，吉林省科协第十次代表大会代表等近600人参加开幕式。省委副书记高广滨出席闭幕式并讲话。

冯守华代表省科协第九届委员会向大会作工作报告。大会审议通过《吉林省科学技术协会第九届委员会工作报告》《吉林省科学技术协会事业发展“十四五”规划（2021—2025年）》。选举产生吉林省科协新一届领导机构，于吉红当选为省科协第十届委员会主席，金宁一、陈学思、林天等16人当选为副主席，马琰铭等47人当选为常委。

【第三届吉林省青年科学家年会】 11月23日，第三届吉林省青年科学家年会主场活动在长春市举办。省科协主席、中国科学院院士、吉林大学教授于吉红出席开幕式并讲话。省科协副主席、中国工程院院士金宁一出席开幕式并作特邀报告。开幕式上，举办第十六届吉林省青年科技奖颁奖仪式，授予航天先进光学成像创新团队第十六届吉林省青年科技奖创新团队奖，授予李志鹏、宋术岩、滕乐生第十六届吉林省青年科技奖特别奖，授予于永吉等30人第十六届吉林省青年科技奖。会议邀请中国工程院院士金宁一、第十六届吉林省青年科技奖获奖者戴路、第四批吉林省“青年科技人才托举工程”被托举人李穆分别作专题报告。

在生物医用材料青年科学家高端论坛上，12位青年学者分别围绕论坛主题作学术报告。在“青年科技人才托举工程”项目成果汇报会上，两批共22位被托举人汇报项目进行情况、分享项目执行经验。年会还设青年科学家论坛19项、研究生论坛12项，共邀请专家作专题报告268个，线上线下6000多人参加。

【李玉获“全国脱贫攻坚楷模”荣誉称号】 2月25日，全国脱贫攻坚总结表彰大会在北京举办。中共中央总书记、国家主席、中央军委主席习近平向“全国脱贫攻坚楷模”荣誉称号获得者颁奖并发表重要讲话。省科协名誉主席、中国老科学技术工作者协会副会长、吉林省科技助力乡村振兴专家服务团总团长、中国工程院院士、吉林农业大学教授李玉等10人，河北省塞罕坝机械林场等10个集体获得“全国脱贫攻坚楷模”荣誉称号。

作为“小木耳大产业”的领路人，李玉是中国食用菌领域唯一的中国工程院院士，长期从事菌物科学和工程产业化研究，是国际药用菌学会主席、国家食用菌产业技术创新战略联盟首席科学家、国家援助赞比亚农业技术示范中心首席科学家，2020年全国“最美科技工作者”，2021年“典赞·2021科普中国”十大科普人物，第二届全国创新争先奖状获得者，“全国农业植物保护先进个人”。他所在的食药用菌教育部工程中心团队曾获“全国高校黄大年式食用菌教师团队”“全国专业技术先进集体”等称号。

（撰稿人：苏大伟）

黑龙江省科学技术协会

服务经济社会发展 推进“科创中国”试点建设。制订《黑龙江“科创中国”三年行动计划实施方案》，重点打造“科创中国”七台河试点城市样板间，举办科创中国@黑龙江煤炭资源型城市（七台河）转型发展高峰论坛、科创中国·七台河创新发展论坛暨2021中国七台河石墨烯和现代煤化工产业技术成果应用对接交流会，引入60余名专家，签订15项技术合作协议，建立4个创新赋能组织。哈尔滨新区列入“科创中国”试点园区，建立五方联动协同对接机制，开展科企对接活动16场，技术合作签约落地10余项。组建8个科技服务团，开展科技服务20余次。依托省科学会堂，创建“科创中国”公共技术服务交易平台黑龙江中心站和线上“双创”服务平台。组织开展“双创”活动周系列活动，开展创新方法线上培训，累计培训4000余人次，点击量近5万人次。通过举办中国创新方法大赛企业创新方法专项赛黑龙江赛区竞赛，吸纳180个创新团队、600余名企业科技工作者参加竞赛，9 支团队获得国家级奖项。持续推进“我为群众办实事”实践活动，全省科协系统办实事 2255 件，其中省科协直属机关计划的 5 大类 22 件实事全部完成，满意度测评达到 100%。

探索打造升级版科技创新智库，重点建设科技创新政策库、专家库、选题库、项目成果库、科技工作者建议库、研究基地库，形成更为完备的智库体系。组织开展关于省青年科技人才成长发展的专题调研，收回有效问卷 9813 份，召开座谈会 4 次，从六个方面为省委、省政府制定政策提供对策建议。组织开展“大力发展科技服务业”等 6 个研究项目。开展以“主动融入乡村建设行动　助力龙江乡村全面振兴”为主题的第 33 届“科普之冬”活动，线上线下参与群众达 10 万余人次；组织以实用技术培训、现场技术指导、农村科普宣传为主要内容的省科协“三下乡”活动，先后走进哈尔滨市延寿县、绥化市明水县、密山市、齐齐哈尔市龙江县、北安市等 10 余个县（市），受益群众近万人次；围绕“十二项工程”“五项行动”，组织 14 期农村实用技术培训班，培训新型农民 1000 余人。举办以“践行科技为民　助力乡村振兴”为主题的农民科学素质网络知识竞赛，以 360 万人次参赛人数位列全国第 6，省科协被中国科协评为优秀组织单位。开展农技协调查统计，全面掌握各地各级农技协数量、注册登记等基本情况。

服务科技工作者　组织参加中国科协第十次全国代表大会，完成省科协代表的推选、组团、参会、履职等工作，会后召开省科协全委会会议，宣传贯彻会议精神。

开展以“弘扬科学家精神”为主题的“5·30”全国科技工作者日系列活动，被中国科协评为 2021 年全国科技工作者日积极贡献单位；开展黑龙江省“最美科技工作者”推荐、宣传工作；举办“我和我的祖国——中国科学家精神主题展”黑龙江巡展活动；举办中国科学院院士、中国工程院院士刘永坦，中国工程院院士杨士莪等老科学家学术成长资料采集工程项目启动仪式。

实施省科协优秀青年科技人才提升计划，通过建设人才库、实施托举工程、搭建举荐表彰平台，加大对青年科技人才的支持力度，实现入库人才 1282 人；开展中国工程院院士候选人推荐工作，3 位候选人成为中国工程院院士有效候选人，其中 1 人进入第二轮评选；组织开展每五年一次的全省“优秀科技工作者”评选，共评选出 50 名优秀科技工作者。

《科学素质纲要》实施和科普工作　制订《黑龙江省全民科学素质行动规划纲要实施方案（2021—2025 年）》，调整联席会议成员单位，截至 2021 年年底，省科学素质纲要实施工作联席会议成员单位共 36 家。

组织“龙江金秋科普月”系列活动 500 余场。“科普之冬”送科技下乡 300 余次。组织开展黑龙江省青少年科技创新大赛、中俄首届科普活动营、“碳达峰　碳中和”科普龙江行等赛事，在全国获奖 32 项。依托全省 11 个新时代文明实践中心，建设科普体验馆。与东北农业大学联合成立省科技小院联盟，建设五常水稻、铁力平贝、逊克大豆等 10 个科技小院试点。全省 44 辆科普大篷车年行程 20 万余千米，全年共开展各类群众性科普活动 652 场次，受众约 60 万人次。截至 2021 年年底，共成立 559 个科技志愿服务组织，注册 3 万余名志愿者，2 个集体和 1 名个人获评全国科技志愿服务先进典型。

省科技馆全年累计开放 208 天，接待公众 36.73 万人次。球幕影院放映 340 场次，4D 影院放映 518 场次，观影人数 1.7 万余人次。完成 14 个市县的中国流动科技馆巡展任务，受益公众 16 万人次。省科技馆网站和数字科技馆全年点击量达 700 万余次。

组织 2021—2025 年度第一批、第二批全国科普示范县（市、区）创建工作，21 个县（市、区）成为 2021—2025 年度全国科普示范县（市、区）创建单位；组织 2021—2025 年度全国科普教育基地推荐工作，30 个基地推荐为全国科普教育基地；组织中国农技协科普教育基地推荐工作，10 个农技协基地推荐为中国农技协科普教育基地。

联合媒体开展科普宣传，龙江广电网络累计上线科普视频 2000 余条，累计更新时长 200 小时，播放量超 8000 万次；黑龙江科普 App、人民网黑龙江频道、黑龙江省人民政府客户端和 PC 端，黑龙江政务微信公众号、“人民号”、头条号等发布科普知识 1813 条；制作《农业科技大讲堂》系列节目 10 期，点播次数超百万次。黑龙江交通广播《资讯早车》《一路有你》栏目播放科普知识，粉丝听众突破 30 万人次。

学术交流　设计青年人才培养和继续教育规范化、学术资源科普化、科技奖励品牌化、学会承接政府转移职能常态化等五类学会能力提升计划项目，共计 25 家学会申报项目 32 项。设计太阳岛科技论坛、小型高端学术研讨活动、新发展新理念学术沙龙3类品牌活动，19个省级学会、8个高校科协、1个系统科协、1个市（地）科协参与项目申报，共征集项目37项，11个项目获经费支持。省光学学会、省微生物学会、省通信学会等15个学会举办学术年会、论坛等学术活动，线上参加会议人数超过10000人次。采取项目化的方式支持省级学会开展学术交流研讨，组织实施学会能力提升计划12项、学术活动质量提升计划9项。

自身建设 深化学会改革，推进业务主管学会集中换届和业务指导学会重新登记，省光学学会、省超声医学工程学会、省科技新闻学会、省生物医学工程学会4个学会完成换届，省健康管理学会等6个学会通过换届审批。与35个非省科协业务主管自然科学类学会建立联系。完成省医学会等10个学会团体会员重新登记工作。

推动齐齐哈尔市和绥化市科协开展换届试点工作，齐齐哈尔市各县（市、区）科协均已在“三定”规定中明确科协工作职责，绥化市青冈县和北林区科协做好换届准备工作。

开展60余项制度的立改废工作。“智慧科协”建设项目纳入全省政务一张网升级计划。深化直属事业单位改革，完成调整撤并后事业单位的内部机构设置、职能配置和人员安置工作。畅通机关与事业单位干部交流渠道，选派2名机关优秀年轻干部到所属事业单位领导班子担任副职，提拔调配机关、事业单位干部31名。

省级学会 截至2021年年底，全省共有省科协业务主管省级学会118个。

6月18—20日，由省力学学会承办的太阳岛科技论坛——第五届全国复合材料力学与工程研讨会在哈尔滨市举办。省科协党组成员、副主席刘福，哈尔滨工业大学副校长刘宏，中国力学学会副秘书长汤亚南，中国复合材料学会副秘书长叶金蕊出席开幕式并致辞。会议针对先进复合材料及结构的关键力学问题与工程应用进行交流，邀请中国工程院院士杜善义、中国科学院院士程耿东及国内相关领域知名专家作报告，搭建学术与工程的桥梁，为复合材料及结构在中国重大工程装备中发挥关键作用提供智力支撑。

6月28日，省科技创新协会、省机械工程学会联合举办庆祝建党百年、纪念“5·30”特色活动项目“传承革命精神　谱写科技华章”主题活动，中国工程院院士、哈尔滨工业大学副校长邓宗全作主旨演讲，200多人参加报告会。

9月19日，由省预防医学会承办的太阳岛科技论坛——2021年黑龙江省急性脑血管病高端学术论坛在哈尔滨市举办。来自北京大学深圳医院、北京大学附属医院、华西大学附属医院等20余家三甲医院的百余名专家参加会议，12位专家作学术报告。论坛以脑卒中诊治为中心，面向学科发展前沿，促进神经病学领域深度交流和多学科合作。

地市县科协 截至2021年年底，全省共有地市科协13个、独立建制县级科协66个。

各地市科协开展庆祝全国科技工作者日系列活动。哈尔滨市科协集中开展13项主题系列活动。齐齐哈尔市科协召开庆祝全国第五个科技工作者日暨齐齐哈尔市第十二届优秀科技工作者表彰大会；在全国科技工作者日期间开展庆祝建党100周年优秀科技工作者风采展活动，采取线上线下巡展方式，展示包括中国工程院院士谭久彬在内的87名科学家和科技工作者的先进事迹。佳木斯市科协通过电视台、政务网和报纸专栏等对全市20位优秀科技工作者的先进事迹和创新精神进行宣传。鹤岗市科协挖掘典型人、典型事，在《鹤岗日报》和“鹤岗科普”微信公众号进行宣传。黑河市科协到黑河铁路集团有限责任公司走访慰问，邀请市群英艺术团为铁路职工奉献科普文艺演出；举办中俄首届科普活动营系列活动：8月30日—12月16日，召开中俄林业科普交流论坛，分别与俄罗斯远东国立农业大学等5所高校、农业研究所进行国际会议视频连线，就俄罗斯浆果资源的分布、品种构成、品种培育等进行培训、交流和研讨；9月13日，举办中俄青少年科技创新比赛，共收到来自中国、俄罗斯的科技小制作、科学小实验以及科技想象画作品385件；10月21日，与俄罗斯全俄大豆研究所共同举办中俄大豆育种及土壤研究工作交流会，对俄罗斯育种现状、产业形势、抗病育种等进行研讨交流。

科协基层组织 截至2021年年底，全省共有企业科协84个、高校科协22个、农技协707个。

哈尔滨电机厂有限责任公司科协举办庆祝中国共产党成立100周年系列活动，包括为科技工作者购房提供贴息贷款、推荐优秀科技工作者参加疗休养、依托全国科技工作者日、全国科普日举办公司内科普培训和技术创新竞赛。

3月5日，哈尔滨市党员干部科学素质提升大讲堂——“945科技助农热线”活动正式开播，哈尔滨市农技协联合会组织尚志市中药材协会会长刘德福等农技协带头人发挥自身学科优势和技术优势，针对农民迫切需求的玉米、水稻、大豆、大榛子、中草药、食用菌、西红柿、大棚蔬菜等种植技术，牛、羊、生猪养殖技术，林下经济、秸秆综合利用，农村产业结构调整相关知识和政策等课题，为农民讲授农业知识、教授种养殖技术、解答农业产业政策，助力黑龙江省农业备春耕生产。

11月，哈尔滨医科大学科协开展“全国科学道德和学风建设宣传月”宣传活动，组织学生通过线上进行相关学习；线下举办哈尔滨医科大学纪念于维汉院士诞辰100周年图片展，号召全校师生传承中国工程院院士于维汉的科学态度和创新精神。

【黑龙江省科协八届六次全委会会议】 6月24日，黑龙江省科协八届六次全委会会议在哈尔滨市召开。省委副书记陈海波出席会议并讲话。省科协主席庞达主持会议并作总结讲话，省科协党组书记、副主席张晓燕作发言。省科协副主席、中国工程院院士杨宝峰、杨德森出席会议。会议传达学习习近平总书记在中国科学院第二十次院士大会、中国工程院第十五次院士大会和中国科协第十次全国代表大会上的重要讲话精神以及中国科协第十次全国代表大会会议精神；选举省科协八届委员会副主席；向第二批“科创中国”试点园区哈尔滨新区授牌。杨宝峰作题为《推动龙江科技创新，引领高质量发展》的报告，哈尔滨工程大学副校长殷敬伟作题为《努力实现高水平科技自立自强　高等学校“大有可为　大有作为”》的报告。

【科创中国@黑龙江煤炭资源型城市（七台河）转型发展高峰论坛】 7月22日，由中国科协学会服务中心、省科协、七台河市委市政府联合主办，“科创中国”七台河科技服务团、七台河市科技局、七台河市科协承办的科创中国@黑龙江煤炭资源型城市（七台河）转型发展高峰论坛在七台河市举办。中国科协党组成员、书记处书记吕昭平，省副省长徐建国，省政协副主席、省科协主席庞达，中国煤炭学会理事长刘峰，七台河市委书记王文力出席开幕式并致辞。论坛以“科创、转型、绿色、振兴”为主题，采取线上线下相结合的方式举办，中国科协、省政府领导及有关部门负责人以及院士、专家、学者等共计120多人在线下主会场参加会议，线上累计38.3万人次观看。

中国科学院院士陈凯先、中国工程院院士孙传尧、俄罗斯自然科学院院士王继仁等专家、学者聚焦七台河市经济转型发展需求，为黑龙江省煤炭资源型城市转型发展建言献策，助力煤城经济实现多元化转型发展，围绕资源型城市转型、能源清洁化、生物医药等议题作主旨报告。陈凯先、孙传尧等6位专家分别作题为《我国生物医药发展态势和新阶段的思考》《资源枯竭城市转型对策与典型案例》《“双碳”目标背景下资源型城市转型发展路径》《在“双碳”目标指引下实现能源转型》《“碳中和”能力——大国竞争实力和责任担当的基石》《中国及黑龙江省经济发展的战略思考》的报告。

【“科普直通车”上线开播】 9月18日，省科协与黑龙江广播电视台联合开展的“科普直通车”活动在全国科普日暨龙江金秋科普月活动启动仪式上正式上线开播。“科普直通车”借助黑龙江交通广播平台，在每天早上《资讯早车》、晚上《一路有你》栏目中开展音频传播，并在微信公众号进行图文放送，面向全省出租车司机、广大车主和乘客开展科普宣传，拓宽科普传播渠道，扩大科普服务覆盖面。

【老科学家学术成长资料采集工程项目启动仪式】 5月24日，中国科学院院士、中国工程院院士刘永坦，中国工程院院士杨士莪等老科学家学术成长资料采集工程项目启动仪式在哈尔滨市举办。省政协副主席、省科协主席庞达，中国科协创新战略研究院副院长赵立新，哈尔滨工业大学党委副书记、副校长吴松全出席活动并致辞。

刘永坦、杨士莪分别作发言，寄语广大科技工作者牢记“科学无国界，科学家有祖国”，秉持国家利益和人民利益至上，传承“爱国、创新、求实、奉献、协同、育人”的科学家精神，“干惊天动地事、做隐姓埋名人”，构筑起科学道德和学风建设的高地。

（撰稿人：吴　頔）

上海市科学技术协会

服务经济社会发展　推进“科创中国”上海建设，聚焦区域产业特色和发展重点，强化组织赋能，搭建服务平台，促进科技与经济深度融合。联合江苏省、浙江省、安徽省三省科协举办长三角“科创中国”服务科技经济融合发展论坛、“科创中国·技术交易券商培育与赋能计划”全国巡回培训研讨班（长三角·上海站）、“科创中国”青年创业榜单——长三角G60科创走廊U30遴选活动。推进杨浦区、长宁区“科创中国”试点城市（园区）建设，发起成立上海长三角企业数字化转型服务联盟、长宁区“虹桥智谷”CTOU首席技术官联盟，促进产业链、价值链的共生、融合、循环、创新，形成“一区一新”“一区一特”的“科创中国”上海模式。携手联合利华、强生、德勤、佳能等世界500强企业，举办科技成果发布、行业创新峰会、科技传播等系列活动，打造开放互联的“创新生态圈”。

开展重点课题研究和软科学研究项目18项，提供决策咨询报告9篇。举办决策咨询论坛10场，130位专家参加活动。围绕上海经济社会发展和重大项目战略部署，组织所属学会和科技工作者建言献策，形成《“十四五”上海集成电路发展重点》《中国生物医药创新趋势展望及对策建议》《关于加快推进细胞治疗等创新医疗产品审批的建议》等一系列科技建言和专报，获得上海市领导、中国科协的批示肯定。协助市人大开展“强化上海科技创新策源功能”专题调研，邀请本市有关高校、科研院所、企业负责人和专家、学者座谈交流，形成资政建议。配合市政协完成“助力上海国际金融中心和科创中心建设”重点课题调研，提交《关于进一步完善上海市南部科创中心统筹建设的建议》等提案，服务党和政府科学决策。

举办全国“双创”周上海分会场活动、张江自主创新示范区十周年展览活动，在全社会营造大众创业万众创新的氛围。举办“科创中国”——上海市科协知识产权保护科技支援团成立仪式暨技术专家座谈会，首批签约34位专家，年内组织开展支援团专家企业行和辅导会等活动10场，回复咨询近300条。开展“助力科创”创新服务系列活动，服务企业2200多家，参与科技工作者2.4万余名。

聚焦科技创新与乡村振兴，市科协联合上海市对口支援新疆工作前方指挥部举办2021年巴楚县乡村振兴与招商引资能力提升培训班，联合云南省科协举办科技社团能力素质提升培训班。作为培训班的承办方，市科协所属事业单位上海市业余科技学院（上海科学会堂服务中心）获“上海市助力脱贫攻坚先进集体”称号。

新建院士（专家）工作站（服务中心）100家。其中，院士工作站9家、专家工作站89家、专家服务中心2家。新增进站工作的院士、专家415名。其中，中国科学院院士、中国工程院院士10名，首席专家92名，进站工作的团队专家313名。全市建站564家，进站院士专家3071名。评选发布院士专家工作站“引智创新成果50佳”榜单，举办成果巡回展。联合上海科技成果转化促进会举办2021年上海市产学研合作优秀项目奖评选表彰活动。

服务科技工作者 开展中国工程院院士候选人推选、第二十四届中国科协求是杰出青年成果转化奖上海地区候选人提名工作。举办第十三届上海市大众科学奖颁奖典礼暨“永远是少年”科技会客厅活动、2021年上海青年科技英才联谊会沙龙活动，推动高层次科技人才交流互动。与市委组织部等联合举办“共和国力量”科学会堂草坪音乐会，为科技工作者提供精神文化服务。

举办5·30全国科技工作者日系列活动，组织开展科技信息服务、职称申报受理、继续教育培训、法律咨询服务，发动园区、企业参与线上路演对接交流活动。编辑出版《上海科技工作者法律知识丛书》《民事法律知识问答》，普及《中华人民共和国民法典》知识，针对科技工作者日常工作、生活中较为关注的物权、合同、侵权、婚姻家庭、继承等法律问题进行法条阐释和以案释法。

开展科技工作者状况专项调查4次，反映科技工作者建议21篇，获上级领导批示9篇。现有科技工作者状况调查点49个。开展科学道德和学风建设宣讲教育活动，举办首届长三角科学道德和学风建设论坛，引导科技工作者坚守学术道德与科研诚信。举办上海市“最美科技工作者”典型选树和学习宣传活动，上海女科技工作者毛献群入选2021年全国“最美科技工作者”。通过媒体宣传科技工作者454人次。

举办2021年海外人才上海自贸区云+创业汇活动，吸引18个国家的611个项目申报，遴选60个优质项目实施对接。举办2021沪港科技合作研讨会、2021中德物理学者论坛暨留德中国物理学者学会第30届年会等活动，助力海外人才延揽和科技创新。

《科学素质纲要》实施和科普工作 开展2021年上海市基层科普行动计划，以实施《关于加强党建引领基层科协建设的意见》为抓手，推进基层科普“社区书院”建设，发挥好市、区、街镇三级科协作用，建立“科普经理人”队伍，打造项目库、专家库两库合一的“科普中央厨房”，为资源项目落地提供指导和服务，打造百姓家门口的15分钟科普生态圈。全市共建成“社区书院”127家。

举办2021年上海市全国科普日活动，市区两级组织活动2700多项。举办“天地之间、科学筑梦”专场活动、第四届上海科技电影周、“碳中和”和“生物多样性”专题互动展示、“阅见幻想·未来已来”科幻大咖跨界对谈活动暨科幻梦想启航计划启动仪式、2021“美丽城市”科普行动颁奖仪式暨环保创意秀活动、“TELL+科学”嘉年华、“答‘肺’所问 胸中有术”等科普主题活动，在全社会营造讲科学、爱科学、学科学、用科学的氛围。

联合复旦大学等高校开展“英才计划”培训，举办第36届上海市青少年科技创新大赛、2021上海市青少年机器人竞赛、2021年上海市青少年创意编程与智能设计大赛、2021年青少年高校科学营上海科学营、第十二届全国青少年科学影像节、2021年上海市青少年生态环境知识传播系列活动等，做好青少年科创人才培育和科学教育普及推广。

开展科技志愿服务，成立上海科技志愿服务总队，动员市级学会、科协基层组织开展科技志愿服务，在助力新时代文明实践、服务提高公民科学素质方面发挥积极作用。建立科普社会化动员机制，联合市科学技术委员会资助一批学会科普项目，有15家学会项目获得支持。

2021年，市科协系统举办科普活动4537次，受众1992.8万人次；举办青少年科技竞赛227项，参与人数191.2万人次；编写出版科普读物、挂画等133册（套）；注册科技志愿者1.3万人、科技志愿服务组织410个。

学术交流 联合举办第四届世界顶尖科学家论坛。与市经济和信息化委员会等联合举办2021年世界人工智能大会，开展青年优秀论文奖评选，促进人工智能领域青年人才脱颖而出，获大会优秀组织奖。

依托市科协集成电路、人工智能、生物医药、新材料四大专业委员会，围绕城市数字化转型、碳达峰碳中和、新冠肺炎疫情防控、全健康等热点问题，举办“上海科坛”系列品牌活动，邀请科学家、企业家、金融家等交流研讨，促进跨学科领域交叉和科技产业跨界融合。举办第十八届长三角科技论坛，论坛主题为“凝聚科技力量，强化国家战略——助推长三角G60科创走廊建设”，长三角G60科创走廊九个城市共同发布推进“科创中国”品牌建设的《松江宣言》，发挥好科协组织作用，服务长三角一体化发展。参与举办第二十三届中国国际工业博览会——2021第七届上海分布式能源产业技术创新论坛暨环上海电力大学碳中和生态经济圈倡议，以“双碳引领，生态重塑”为主题，邀请长三角地区节能与分布式能源领域的专家、企业代表共同探讨分布式能源和综合能源产业发展趋势和路径。

2021年，市科协系统举办学术会议活动1377场（其中境内国际学术会议46场），参与人数101.5万人次，交流论文、报告2.9万篇；主办科技期刊60种，发表文章1.6万篇。

自身建设 发布《上海市科学技术协会事业发展“十四五”规划》，持续深化科协改革，完成4家事业单位的撤销及合并，妥善做好工作对接、人员安置等工作。统筹优化整合科协事业单位功能，强化公益性服务性职能，凸显主责主业。加强干部队伍建设，完善选人用人机制。

市科协专家数据库建库，已收录专家1300余人。打造新型“科技工作者之家”和“上海科协·网上家园”，形成线上线下相融合的“智慧科协”体系，为科技工作者和科技社团提供咨询和服务。

市级学会 截至2021年年底，市科协共有市级学会205家，学会个人会员达31.5万余人、团体会员达2.2万余个。2021年，新成立上海医学装备协会、上海研究型医院学会、上海市铁道科学技术协会、上海市衰老与退行性疾病学会4家学会，上海君石生命科学研究院、上海智创交通安全工程技术研究院、上海市育思青少年计算科学发展中心、上海市国康靶向中医药研究所、上海长三角氢能科技研究院、上海中医大中医药研究院、上海市烁云血压监测与管理技术研究中心、上海众研自动化码头技术研究院、上海数智绿色包装研究所9家民办非企业单位，上海慈心医学科技发展基金会、上海建实建筑科技发展基金会2家基金会。

市科协引导支持学会承接政府转移职能，打造科技奖励、科技竞赛、科技展会、团体标准制订、科技人才评价和培养等社会化服务品牌。新增科技评价机构6家，截至2021年年底共有科技评价机构68家，全年开展科技评价761项。

上海区块链技术协会举办2021长三角（上海）区块链应用创新大赛；市医学会举办第十届东方神经病学会议；市宇航学会举办第十六届上海航天科技论坛暨上海市宇航学会2021学术年会；市药学会举办第十

届上海海洋药物学术年会暨青年论文报告会；市计算机学会举办第十六届学术年会暨第二届长三角 5G · AI 赋能农旅产业论坛；市交通工程学会举办 2021 年“交通青年说”学术沙龙；市机械工程学会举办“科创中国”企业数字化转型科技服务团平湖工作站揭牌暨“数字化转型赋能企业发展”专场服务活动；市土木工程学会举办 2021 上海土木科技表彰大会；市公路学会举办长三角绿色道路建设技术论坛；市科技翻译学会举办翻译与中共建党史学术研讨会；市服饰学会举办 2021 海派男装历史与未来发展趋势论坛；市地质学会举办浅层地热能服务于绿色建筑 / 绿色生态城区建设研讨会。

区县科协　截至 2021 年年底，全市共有区科协 16 个、区级学会 252 个。

10 月 15 日，杨浦区、徐汇区、虹口区、黄浦区四区科协联合举办第十六届蓝色浦江学术年会暨“标准化支撑科技创新发展”论坛；浦东新区科协举办“恰同学少年，风华正茂”——2021（第五届）浦东科普诗词大会；闵行区科协举办“智惠闵行”科技科普进校园活动；金山区科协举办“探秘自然　创享科技”系列科普活动；青浦区科协举办“阳光心灵”科普公益行专场活动；宝山区科协召开第七次代表大会；奉贤区科协落地 2021 年社区科普馆流动运营（上海）试点项目；嘉定区科协举办 2021 年上海嘉定科协系统领导干部培训班；静安区科协举办 2021 上海科技论坛——第五届静安区节能环保创新创业论坛；普陀区科协举办第三届长三角一体化“童心向党 · 科普动起来”家庭创新制作大赛。

科协基层组织　截至 2021 年年底，新增企业（园区）科协 10 家，新成立乡镇（街道社区）科协 27 家。全市共有企业科协 203 家、园区科协 35 家、行业科协 1 家、高校科协 12 家、乡镇（街道社区）科协 211 家。

召开企业科协工作座谈交流会，研讨交流工作经验，助推企业科协加强组织建设、提升工作水平。2021 年企业科协举办技术交流、论文比选、创新争先、科学普及等交流活动 120 余场，组织各类专业服务 30 余场次。

举办高校科协工作交流会，围绕人才培养、学术交流、一流学科建设、高水平学术期刊建设等内容开展研讨交流，依托学校特色，融合科协和高校双方资源，助力学校和地区科技创新工作。

街镇科协开展典型“三长”案例宣传，在《上海科技报》以“他们，走在科协‘强基’之路上”为主题做专版宣传，引导和激励街镇科协“三长”履职。

【第四届世界顶尖科学家论坛】　11 月 1—3 日，由中国科协与世界顶尖科学家协会共同主办，中国科学院和中国工程院共同指导，市科协、世界顶尖科学家协会上海中心、上海临港经济发展集团有限公司承办的第四届世界顶尖科学家论坛在上海市举办。论坛的年度主题为“开放科学：构建开放创新生态”。全国政协副主席、中国科协主席万钢，上海市委常委、副市长吴清，世界顶尖科学家协会主席、2006 年诺贝尔化学奖获得者罗杰 · 科恩伯格出席开幕式。中国科协党组副书记徐延豪主持开幕式。来自 23 个国家的 131 位世界顶尖科学奖项获得者、数十位院士、132 位各国顶尖青年科学家等出席论坛活动。开幕式上，万钢作题为《面向全球化的科学、技术与创新》的主旨报告。世界顶尖科学家协会副主席、2013 年诺贝尔化学奖得主迈克尔 · 莱维特代表世界顶尖科学家协会，向全球发布《开放科学：构建开放创新生态》倡议，倡导开放科学并鼓励支持开放科学的行动。会上还正式宣布创设“世界顶尖科学家协会奖”。

论坛期间，举办有 14 个板块近 100 场会议及活动，涉及多个基础学科领域，重点关注“双碳”与新能源、生命科学、量子科技、人工智能与大数据技术等前沿研究热点、交叉科学议题以及科研人才培养、国际协同合作等重大议题。

【孟庆海到上海市调研社区书院工作】　10 月 19 日，中国科协副主席、书记处书记孟庆海到上海市走访调研社区书院工作。先后参观上海市闵行区“欣虹空间”（党群中心主站）和玻璃宫艺术书局（商圈分站）社区书院，深入了解闵行区新虹街道“一站四点”15 分钟特色社区书院群落建设情况。对新虹街道“虹创园”社区书院举办的科普讲座、创客智造、科普视听、科普旅游等主题活动，探索以楼宇白领为目标人群的科普工作新模式给予肯定。

（撰稿人：刘彦岑）

江苏省科学技术协会

服务经济社会发展　研究出台“科创江苏”三年专项行动计划，3 大类 69 个项目立项并完成结项评估。在泰州市海陵区、无锡市江阴市开展“科创江苏”试点县（市、区）建设。援助新疆维吾尔自治区、西藏自治区、青海省海南藏族自治州科协项目建设，组织院士专家开展“江苏院士专家宁夏行”活动，达成合作意向14项。汇聚海外创新资源，成立江苏省海外人才创新创业联盟，为科学家、企业家、投资人搭建国际合作交流平台。加强省级离岸基地试点建设，累计引进国际高端人才团队172个，推动418个海外项目在省内孵化。新建10家省级离岸基地，新聘10位海智特聘专家。举办第七届苏台青少年科技创意创新大赛、2021苏台现代农业与生物科技论坛等，服务两岸科技经济融合发展。

凝聚专家智慧服务科学决策。结合省委、省政府重大决策部署，立项资助“江苏省农业绿色发展的生态补偿方案研究”等50个软课题。首次立项资助15个省科协“十大”代表调研课题项目，推动代表履职尽责。选聘170位科技智库专家，认定10家科技创新智库基地。围绕科技创新热点、民生发展难点、疫情防控重点等问题设置选题，组织专家开展专题研讨，上报《江苏省科技工作者建议》《江苏省科技智库专报》23篇，获得省领导批示26篇次，其中两篇建议分别被中国科协《科技工作者建议》和《调研动态》刊用。

组织开展“科创江苏”创新创业大赛，共有1002个项目入围6个领域的决赛，其中18个项目与地方达成合作意向并签署协议。与省供销合作总社签订共建农业社会化服务体系战略合作协议，共同助力乡村振兴。与省工商业联合会签署建立科技联络员制度合作协议，增强民营企业创新服务能力。围绕建设自主可控的现代产业体系，会同国家级、省级学会和相关产学研机构持续打造19个院士协同创新中心平台，着力攻克“高线速度轻量化齿轮传动系统关键技术”等33个企业“卡脖子”技术，推动“污泥热泵干燥装备及系统产业化”等56个成果转移转化，协助企业培训人才超2万人次。

服务科技工作者 组织开展2021年全国科技工作者日系列活动，全省举办线上活动225场、线下活动1800多场，超700万人次参加活动。召开科技工作者代表座谈会，相关建议得到多位省领导批示。开展中国工程院院士候选人推选工作，多名人选成为第二轮候选人。组织参加中国科协第十次全国代表大会，4人当选中国科协第十届全国委员会委员。组织院士专家疗养活动3批次。在重大节日期间走访慰问著名科学家、青年科技领军人才、海智专家、基层“四长”等。

宣传举荐科技人才。评选2021年江苏省“最美科技工作者”，推荐的中国科学院院士赵淳生获2021年全国“最美科技工作者”称号，省委书记吴政隆批示肯定。开展2021年度江苏省科学技术奖提名工作，2项提名进入综合评审公示环节，推荐的1人被评为首届江苏省科技创新发展先进个人。注重服务基层，优化实施“托举工程”，遴选资助100名青年科技人才。

《科学素质纲要》实施和科普工作 推进全民科学素质行动计划，召开省全民科学素质工作领导小组会议，回顾总结“十三五”重点工作，部署安排“十四五”重点任务。推动省政府发布实施《江苏省全民科学素质行动规划（2021—2035年）》，通过召开宣讲报告会、在主流媒体进行专题解读等形式推动全面贯彻落实。持续开展2021—2022年度江苏省全民科学素质大赛，超过65万人、428.7万人次参与网络答题。组织开展2021年全国农民科学素质网络知识竞赛江苏赛区活动，216.8万人次参赛。举办第三十三届江苏省中小学生“金钥匙”科技竞赛，140万青少年参加竞赛。4个集体、6名个人被评为全国“十三五”期间全民科学素质工作先进集体和先进个人。

加强科普服务产品供给，发挥科技活动周、全国科普日等品牌活动作用，带动全省各地开展7000余项各类科普活动。首次实施科普创作出版扶持计划，遴选25个科普（科幻）创作选题进行出版资助，编撰并出版科普图书4种。组织第十二届江苏省优秀科普作品评选活动、第七届江苏省科普公益作品大赛，分别评选获奖作品180件和849件。举办首届江苏省老年人智能手机运用大赛、2021年江苏省碳达峰碳中和科普知识竞赛、2021年江苏省青少年航天知识大赛和首届江苏科普摄影大赛。做优“科普云”信息服务系统，资源总量达8.09TB，其中自主研发2.99TB。

健全科技志愿服务体系，扩容科技志愿服务团队，全省注册科技志愿者12.9万余人，注册组织2400余个，平台发布活动7000余项，创建品牌项目347个。“江苏省科协院士专家科普乡村行志愿服务项目”被评为全国学雷锋“四个100”最佳志愿服务项目。开展科技志愿服务工作骨干线上线下培训3次，共计3000余人次参加培训。加强志愿服务激励，推选1个项目参加中国科协、中央精神文明建设指导委员会办公室联合举办的首届科技志愿服务项目征集展评交流活动，集中宣传46个先进典型。

提升科普服务能力，推动省自然科学技术馆作为重大文化设施项目列入省“十四五”规划，并开展项目选址和建设预研工作。推荐南京市江宁区等3个区县入选2021—2025年度第一批全国科普示范县（市、区），南京市鼓楼区等16个区县成为第二批全国科普示范县（市、区）创建单位。争取中央财政年度补助支持科协系统13家科技馆免费开放，资助推动15家专业科普场馆扩大开放。争取中国科协流动科技馆区域换展项目，在扬州地区实施3年期的区域换展。扩容江苏网上科普展示馆，新增“党领导下的科学家精神”等主题展览，累计总浏览量101万次。印发《江苏省科普大篷车使用管理实施意见》，规范使用科普大篷车，放大使用效果。

开展应急科普宣传。订购科学抗疫挂图1万余套、折页2000余套分发南京市、扬州市等地，更新“科普中国”防疫科普视频，在各地科普媒介滚动播放。组织384人次科技志愿者分赴各检测点、卡口点开展抗疫志愿服务，累计向社区、医院等抗疫一线单位捐赠防疫物资、生活用品价值超百万元。联合有关部门组织开展“应急科普环省行”活动，辐射苏州市、镇江市、南京市、扬州市等地。

组织“科学大师名校宣传工程”剧目《旋翼人生》赴镇江市公演，现场1000余人、线上近7万人观看演出。依托科学家故居等载体，试点建设4家江苏省科学家精神教育基地。

学术交流　举办2021年江苏科技论坛，集聚包括国家最高科学技术奖获得者钱七虎在内的一批顶级科技人才，围绕“绿色转型　率先达峰”主题建言献策。省委常委、宣传部部长张爱军全程听取报告，会后汇总形成的科技工作者建议获省委书记吴政隆批示肯定。联合地方政府主办2021绿色技术与投资（南京）国际峰会、2021国际科学家苏州峰会、第五届中国（连云港）国际医药技术大会等，主动服务区域经济社会发展。与海外团体合作举办中欧新冠疫苗及免疫保护研讨会、“碳达峰、碳中和”国际高端科普报告会等活动，增进对国际科技界的开放、信任与合作。联合主办第29届海峡两岸都市交通学术研讨会，推动两岸科技人文交流合作。

自身建设　召开江苏省科学技术协会第十次代表大会。深入开展党史学习教育。召开庆祝中国共产党成立100周年暨“七一”表彰大会，颁发“光荣在党50年”纪念章，表彰“先进基层党组织”和“优秀共产党员”。开展“百年回望：中国共产党领导科技发展”“众心向党　自立自强——党领导下的科学家”主题展览，2万余名观众现场参观展览，线上浏览量超12万人次。制作“奋斗者号”“蛟龙号”载人潜水器模型，在“中国共产党在江苏历史展”展出。向全省广大科技工作者发起《学党史　办实事　把论文写在大地上》倡议书。举办两期青年科技人才党史教育培训班。举办2021年江苏科技工作者主题征文暨演讲大赛、“科协青年说”党史学习教育专场活动等。《科学大众》杂志《说句心声给党听》栏目入选中共中央宣传部“青少年期刊讲党史”100个重点选题。实施“两在两同”建新功行动，开展“我为群众办实事”实践活动。

推动深化改革任务全面落实。将科协系统深化改革工作列入2021年省级督查检查考核计划；推动各设区市先行自查，认真组织现场督查，协调省委督查室、省纪委监委派驻纪检监察组、省科学素质纲要实施工作办公室成员单位等参与，推动督查工作取得成效。全省95个县（市、区）科协全部出台深化改革方案，新增7家实现独立建制、11家设立党组织、11家科协负责人参加同级人大、政协常委会。其中，南京市科协在市委支持下，11家区科协全部独立建制并设立党组织。持续跟踪督查问题整改，定期向省委报送《关于全省科协系统深化改革专项督查的报告》，并抄送各设区市委，推动科协改革走深走实。

省级学会　截至2021年年底，全省共有省级学会164个。

持续强化学会“两化”建设，省级学会共有职业化工作人员318人，其中42人担任学会秘书长。优化学会综合能力评价，将指标层级从三级压缩到二级。开展学会创新发展课题研讨，探索学会改革新路径。加强学会监督管理，指导批准省生物物理学会等6家新学会筹建，新吸纳省海洋学会等3家学会为省科协团体会员，撤销团体会员资格1个。推动151家省级学会在理事会层面建立党建工作领导小组，学会秘书处建立62个党支部或联合党支部，入库党员292名，覆盖71个学会。

地市县科协　南京市科协和省科协开展“共学共建”科技助力乡村振兴系列活动4场次。无锡市作为“科创中国”第一批试点城市（园区），引进国家级学会创建联合实验室、创新中心、研究院等5个创新载体。徐州市、常州市入选中国科协第二批“科创中国”试点城市（园区）。徐州市科协在“科创中国”平台发布首批“揭榜挂帅”10个项目，已有4个项目成功揭榜。常州市科协推动发布首期规模100亿元的常州龙城科创发展基金、60亿元的常州天使引导基金。苏州市科协获得由省委、省政府表彰的“全省脱贫攻坚暨对口帮扶支援合作先进集体”称号。南通市科协参与主办“金秋圆梦　爱在通城”青年科技工作者专场联谊交友活动。盐城市科协牵头成立黄海湿地科普共同体，宣传湿地生态系统知识。镇江市科协举办2021市会合作助推G312产业创新发展对接会，与8家省级学会签订战略合作协议。泰州市科协搭建服务企业科技创新工作平台，促进区域经济社会高质量发展。宿迁市科协打造“宿豫科普”官方抖音账号，关注人数超131.6万人。淮安市科协持续强化党建引领科建工作，把更多科技资源融入“两个中心”建设。

科协基层组织　截至2021年年底，全省企业科协突破5000家，数量位居全国第一；高校科协96家。

持续强化企业科协组织建设，提升示范企业科协建设质量，形成典型案例，支持龙头企业组建新型创新联合体。研究制订高校科协综合能力评价办法。培育新型农业社会化服务组织95家，新建中国农技协科技小院11家。加强农技协组织建设，市级、县级农技协联合会覆盖率分别达76.9%、50.0%。突出基层科协“四服务”能力。将吸纳“四长”进入科协组织正式写入科协章程，全省登记在册“四长”1.08万人，乡镇科协、街道社区科协组织总体实现纵向贯通、横向覆盖。“科协基层组织建设‘4+1’试点工作”成功入选省委改革办等部门联合策划的融媒体节目《黄金时间——改革政策e解读》。

【江苏省科学技术协会第十次代表大会】　1月7日，江苏省科学技术协会第十次代表大会在南京市举办，大会主题是“高举中国特色社会主义伟大旗帜，团结引领全省广大科技工作者在高质量发展中把准目标定位，在科技创新中扛起使命担当，在深化改革中积极奋发作为，坚持守正创新，凝聚科技力量，为‘强富美高’新江苏建设做出新的更大贡献。”大会系统总结省科协第九次代表大会以来的工作，谋划科协未来五年的工作。省委书记娄勤俭，中国科协党组书记、常务副主席、书记处第一书记怀进鹏出席会议并讲话。省委副书记、省长吴政隆，省政协主席黄莉新出席大会。省委、省人大常委会、省政府有关领导出席会议。在江苏省的中国科学院院士、中国工程院院士、省有关部门及各设区市有关负责人等参加会议。省科协九届委员会主席陈骏作工作报告。会议选举产生江苏省科协新一届领导机构，陈骏当选为省科协第十届委员会主席。

【2021年全国科技工作者日、全国科技活动周暨江苏省、南京市第33届科普宣传周】　5月22日，2021年全国科技工作者日、全国科技活动周暨江苏省、南京市第33届科普宣传周南京主场活动在南京市举办。活动由省科协、省委宣传部、省科技厅，中国科学院南京分院，南京市委宣传部、市科技局、市科协联合举办。副省长齐家滨出席活动并启动开幕，中国科学院院士、南京航空航天大学教授赵淳生，中国农技协理事长柯炳生，中国农技协副理事长、中国农技协科技小院联盟理事长张建华等领导出席开幕式。活动期间还举办中国农技协科技小院授牌仪式，以“学常识、知危害、懂避险”为主题的2021年江苏省危化品安全知识有奖竞赛正式启动。一批南京市科普教育示范基地、江苏省优秀科普教育基地获得授牌。在全国科技工作者日和科普宣传周期间，全省各地有关部门组织开展2890项线上线下重点科普活动，其中参与开放活动的科研机构和大学有128所。

【2021年江苏省全国科普日主场活动】　9月11日，2021年江苏省全国科普日主场活动在南京市举办。活动以“百年再出发，迈向高水平科技自立自强”为主题，由省科协、省委宣传部、省教育厅、省科技厅等部门联合主办。副省长胡广杰，省科协主席、中国科学院院士陈骏，省科协党组书记、副主席孙春雷，中国科学院南京分院分党组书记朱怀诚等出席启动仪式。

启动仪式现场，参加活动的领导为首届江苏科普摄影大赛、第七届江苏省科普公益作品大赛、第十二届江苏省优秀科普作品、江苏省青少年科技创新“培源奖”获奖代表颁奖，并为2021—2025年全国科普示范县（市、区）首批命名单位授牌。江苏省全民科学素质大赛网络竞赛、江苏省碳达峰碳中和知识竞赛和首届江苏省老年人智能手机运用科普大赛同步启动。

【江苏省全民科学素质工作领导小组会议】　10月14日，江苏省全民科学素质工作领导小组会议在南京市举办。会议系统总结“十三五”以来全省全民科学素质工作取得的成绩，研究审议《江苏省全民科学素质行动规划（2021—2035年）》，安排部署“十四五”重点工作任务。副省长、领导小组组长胡广杰主持会议并讲话。会议听取并通过领导小组副组长，省科协党组书记、副主席孙春雷汇报的江苏省全民科学素质“十三五”工作情况和下一步重点工作安排建议，审议通过《江苏省全民科学素质行动规划（2021—2035年）》。省全民科学素质工作领导小组成员单位负责人、联络员以及各设区市全民科学素质工作领导小组办公室负责人参加会议。

【2021年江苏科技论坛】 10月20日，由省科协主办的2021年江苏科技论坛在南京市举办。论坛以“绿色转型，率先达峰”为主题，500余人参加会议。省委常委、省委宣传部部长张爱军出席并讲话。省科协副主席、中国工程院院士缪昌文致欢迎词。省科协党组书记、副主席孙春雷主持论坛开幕式。会议聚焦江苏省在绿色低碳发展中遇到的产业结构变革、能源变革、金融政策引导等方面的突出问题和需求，交流展示最新学术科研成果与先进技术，研讨碳减排的可行路径及系统解决方案等，致力为江苏省率先实现碳达峰贡献科技工作者的智慧和力量。

中国工程院院士、国家最高科学技术奖获得者钱七虎，中国科学院院士、西安交通大学教授郭烈锦，中国工程院院士、中国林业科学研究院林产业化学工程研究所研究员蒋剑春，中国工程院院士、上海交通大学碳中和发展研究院院长黄震，澳大利亚国家工程院外籍院士、南方科技大学创新创业学院院长刘科分别作主旨报告。

（撰稿人：王　亮）

浙江省科学技术协会

服务经济社会发展　全域深化“科创中国”浙江试点工作，推动“科创中国”纳入浙江省“十四五”规划，嘉兴市入选“科创中国”创新枢纽城市，推动温州市、台州市入选新一批试点城市。出台《关于推进“科创中国”浙江示范区建设的实施意见》，新建各类科创平台126个，首批选取杭州市西湖区云栖小镇、绍兴市滨海新区等6个省级创新基地，宁波市海曙区、湖州市长兴县等12个省级试点县（市、区）开展省域先行试点。围绕浙江省“三大科创高地”建设和先进制造业集群体系建设，发起成立科创之江百人会，发布《科技经济融合发展趋势报告（白皮书）》。组建智能制造、数字科技、生命健康、新材料新能源、乡村振兴、资源环境6个省级学会联合体，成立生物医药产业等8个学会企业联合体，组织开展联合体服务宁波市鄞州区、丽水市系列活动。

省科协与嘉兴市委、市政府共同承办中国科协“科创中国”2021峰会，发布成立“科创中国”青年百人会，“科创中国”投资联合体入驻嘉兴创新基地。举办“科创中国”2021峰会“双招双引”对接会，国内知名科创型企业、科技创投类基金与嘉兴市签约8个科创型项目，合计意向签约金额超9亿元。

推进“全国学会智汇浙江”行动，全省新建各类产学协同组织47个、学会产业协同创新联合体18个、县级产业创新服务中心33个。累计签约全国学会和长三角地区省级学会135家，新增国家级学会服务站28个，累计达113个，开展大型科技服务活动145场。

新增院士工作站16家、专家工作站133家、博士创新站138家，截至2021年年底，全省“一家三站”创新服务体系共布局“浙江院士之家”8家、院士工作站248家、专家工作站250家、博士创新站181家。之江科技智库开展重点课题研究5项、软科学研究课题22项，举办之江智库2021年度论坛——浙江省碳中和高端科技论坛。上报省委、省政府《科技工作者建议》28期，获得省领导批示58人次，其中省委书记11次、省长13次。

启动实施“一县一业一学会”智汇山区赋能行动，推动省中医药学会、省电力学会、省预防医学会、省营养学会等与丽水市庆元县、景宁畲族自治县、青田县以及台州市天台县等县政府签署合作协议，开展科技助力山区县赋能服务。

服务科技工作者　组织开展“十名科技追梦人选树、百名院士专家新时代寄语、千名科技英才精神传承、万名科技专家驻企赋能”系列活动。组织科技工作者开展“我在红船起航地学党史”专题学习活动，开展长三角百名青年科学家重走红色路活动。组织全省50余所高校和科研院所、3万余名师生参加科学道德和学风建设宣讲教育活动。嘉兴红船学院承办中国科协党校组织的全国优秀科技工作者学习班。

举办5·30全国科技工作者日系列活动，推动钱学森、竺可桢、苏步青、严济慈、屠呦呦、谈家桢6位科学家故居（旧居）入选中国科协“科学家精神培育基地”，组织科学家精神培育基地联盟打造红色故居群落，大力弘扬以爱国主义为底色的科学家精神。《人民日报》刊发浙江省《科学家精神培育基地：可亲可感可学　培育科学情怀》专题报道。

省科协与省委人才工作领导小组办公室、省人力资源和社会保障厅、省教育厅等联合开展浙江省青年科技英才奖评选表彰，推动省委办公厅、省政府办公厅发布表彰决定，获奖者中85%以上为“80后”。开展中国工程院院士候选人、省特级专家等推荐工作，完成浙江省科学技术奖提名等工作。

《科学素质纲要》实施和科普工作　2021年，省科协系统举办科普活动7624场次，受众3218万人次；举办青少年科技竞赛524项，参与人数148万人次；全省共注册科技志愿服务组织5408个、志愿者47566名，年服务19707场。

省科协和省卫生健康委联合发文开展“破解疫苗犹豫”科普专项行动，组织开展全省接力巡讲科普报告21场，引导广大群众科学、有序、及时接种疫苗。举办2021西湖论剑·网络安全大会——防范电信网络诈骗科普分论坛，开展网络安全科普专项行动，发布《反诈宝典》，上线反诈小程序“反诈e盾”。

省科协联合省委老干部局、省文明办、省教育厅等六部门下发《关于开展“银龄跨越数字鸿沟”科普专项行动（2021—2023年）的通知》，开展老年人智能手机培训，在全省建立4196个培训点，吸纳11708名培训志愿者，累计培训老年人智能手机应用148.5万人次。

组织开展“千家基地拓研学、千名专家进校园”服务教育“双减”行动，首批免费开放120家科普教育基地，成立包括10名院士在内的133名科技专家服务团。全省科协系统组织开展专家科普进校园活动2748场次，中小学生接受科普教育120万人次。

举办浙江省2021年全国科普日主场活动，全省各地共组织开展科普讲座、科普展览、科技咨询、送科技下乡服务、科普知识竞赛、科普文艺演出等各类科普活动1334项，活动参与人数1950万余人次。

推进科普融媒体传播，2021年全省科融联科普发布新闻报道793篇，累计阅读量842.3万次；发布新媒体（含微博、微信、头条号和抖音）推文1965条，累计阅读量463.5万次；制作短视频71条、动画26集、视频63部，宣传总计覆盖人群5.3亿人次。举办15期科技成果科普发布活动，现场观众1000余人，线上观众495.6万人次，宣传覆盖1425万人次。举办“科学+”主品牌活动18场，线下参与观众2150余人，线上参与观众922.3万人次。

学术交流　2021年，省科协系统举办学术会议371场（其中境内国际学术会议活动11场），参加会议人数共15.2万人次（其中国外学者542人次），交流论文、报告4197篇；主办科技期刊44种，发表文章1.7万篇。

5月18日，由省科协、中国农学会、衢州市委市政府共同举办的中国（衢州）未来乡村大会在衢州市召开。大会以“科技赋能　未来乡村”为主题，汇聚“三农”领域高端人才，把脉中国乡村未来。中国工程院院士陈剑平作特邀报告。衢州市委副书记、市长汤飞帆，中国农学会副会长兼秘书长胡义萍，省科协党组书记、副主席谢志远参加会议并致辞。省农学会、省作物学会等各涉农学会，中国农学会青年科技奖获得者，省11个市科协，江西省、福建省、安徽省科协相关工作人员等共计300余人参加会议。

5月20日，由上海市、江苏省、浙江省、安徽省“三省一市”科协等共同主办的第十八届长三角科技论坛在上海市举办，论坛以“凝聚科技力量，强化国家战略——助推长三角G60科创走廊建设”为主题。中国科协党组成员、书记处书记吕昭平出席论坛并致辞。省科协组织省级学会参加此次论坛。

5月25日，由丽水市人民政府、省卫生健康委共同承办，省科协等单位支持的长寿之乡与高质量绿色发展高峰论坛在丽水市召开。在省科协主办、省中医药学会承办的中医药与健康长寿论坛上，省科协在丽水市中医院设立浙江省中医药学会丽水生命健康产业服务站，省中医药学会与丽水市中医院签订生命健康产业发展战略合作协议。该服务站将针对丽水生命健康产业发展需求，通过省市联动，共同搭建产学研用平台，组织专家团队提供科技和人才支持，助推丽水健康产业结构调整和转型升级。

5月25日，举办全国农林装备智能化专题技术论坛暨专家助企赋能永康行活动。中国工程院院士王兴治，中国科学院院士颜德岳、闫楚良，省科协党组成员、秘书长谢牧人，中国农机学会秘书长张咸胜，省农机学会常务副理事长何勇等专家、学者和高校院所、行业协会相关人员共200余人参加活动。活动邀请闫楚良开展以“低空通用飞机产业化发展与关注热点”为主题的院士大讲堂活动；邀请4位专家、学者作主题报告。中国人工智能学会在杭州市举办2021全球人工智能技术大会。

9 月 18—19 日，由中国药学会、省科协、杭州市人民政府主办的 2021 年中国药学大会在杭州市举办。会议以“远程　数字　智能　协作——新时代的中国药学”为主题，总结“十三五”医药事业所取得的成绩，围绕“十四五”时期中国医药事业发展的目标和任务，重点探讨新时代药物创新新理论、新方法、新技术、新进展；展望中国药学事业发展前景，对重大疾病防治进行深入研讨。全国政协副主席、农工党中央常务副主席何维以视频形式致辞，全国政协教科卫体委员会副主任、中国药学会理事长孙咸泽致开幕词。浙江省副省长朱从玖，国家药品监督管理局副局长陈时飞，中国科协党组成员、书记处书记吕昭平，杭州市副市长柯吉欣等领导出席并致辞。中国工程院院士、“人民英雄”国家荣誉称号获得者、天津中医药大学名誉校长张伯礼作视频讲话。省科协党组书记、副主席谢志远出席大会。

10 月 16—18 日，省科协联合宁波市人民政府、中国科学院宁波材料技术与工程研究所共同举办的 IFAM 2021 新材料国际发展趋势高层论坛暨 2021 中国（宁波）新材料与产业化国际论坛在宁波市召开，30 位院士以及 400 多位材料学专家分享交流 400 篇学术报告。

11 月 13—14 日，由中国科协、省人民政府主办，省科协与温州市人民政府承办的 2021 世界青年科学家峰会在温州市举办。本届峰会以“责任、创新、合作——青年为人类可持续发展行动”为议题，47 场系列活动在温州市、杭州市等地举办。

11 月 19—21 日，由省科协、杭州市人民政府主办的 2021 世界生命科技大会在杭州市举办。会议以“探索、融合、创新”为主题，聚焦未来医疗与生命科技发展趋势、医工交叉发展与临床成果转化，展示全球生命健康领域的创新性成果。大会邀请全国人大常委会副委员长、中国科学院院士陈竺作主旨报告，并启动中国标准化肝脏疾病全程管理中心等项目，推动生命健康领域 100 家优质企业入驻杭州良渚生命科技小镇。

自身建设　截至 2021 年年底，省科协共有个人会员 24.1 万余人、团体会员 1.3 万余个。

推进学会数字化转型，加强“数智学会”建设，迭代升级网上科协功能模块，构建省级学会信息化服务体系，搭建“浙里学术”“浙里科创”数字化服务平台，打造“一键找专家”“一键找组织”等应用场景，为科技工作者和科技社团提供一站式管理服务平台。

深化基层科协组织“3+1”试点，实施“三长带三会融三生促乡村振兴”，依托“三长”组建生产类、生活类、生态类科技志愿者队伍。

加强“红色群团”学会党建工作，成立省科协科技社团党委，出台《浙江省科协科技社团党委组织机构及职责》《浙江省科协省级学会理事会功能型党支部工作规则》，7 家学会秘书处成立党支部，6 个学会联合体成立功能型党总支，所有省科协业务主管的学会理事会成立功能型党支部，推动学会党组织和党的工作“两个全覆盖”。组织省级学会、学会联合体全年开展建党百年系列活动 3000 余场。

省级学会　截至 2021 年年底，省科协共有省级学会（协会、研究会、促进会）176 家。

引导支持学会承接政府转移职能，助力疫情防控，聚焦民生实事、社会热点，为高质量发展建设共同富裕示范区贡献智慧力量。

省生命健康学会联合体举办浙江省卫生健康高质量发展大会，常态化组织多期浙江省初级呼吸治疗师培训、浙江省卫生应急高层次骨干培养项目之 ECMO（体外膜肺氧合）专项人才培训等卫生应急人才培训。

省林学会连续六年举办科普大本营活动，组织中小学生开展科普体验活动，共计 4000 余人次参加。组织开展第十七届林业科技周、第二十届科技兴林奖评选活动，参与修订《浙江省“科技兴林奖”奖励办法》《浙江省林业科技成果评价管理办法》。

省数字经济学会打造原创 IP“数字新浙商”，联合浙江大学出版社正式出版《解码数字新浙商Ⅰ》《解码数字新浙商Ⅱ》，入选“崇学书院・书香政协”省政协委员推荐书单。

省植物保护学会举办浙江省植保学术交流高层论坛暨第二届浙江省青年植物保护科技创新学术研讨会；省环境科学学会组织开展浙江省环境与健康素养传播活动，在第十八届浙江省大学生环保科普行活动中发布《浙江省居民生态环境与健康素养倡议书》；省营养学会参与国家卫生健康委《人群食物消费营养状况评价标准》起草项目，牵头制订《浙江省临床营养诊断专家共识》；省纺织工程学会会刊《现代纺织技术》入选北大核心期刊。

地市县科协　截至 2021 年年底，省科协共有市、县（市、区）科协101个。

杭州市科协举办首届杭州国际科技工作者年会暨“AI+生命健康”科创论坛，开展“碳达峰、碳中和”系列科普学术活动，报送《杭州实现“双碳”目标的产业路径和发展策略》科技工作者建议专报，获得杭州市主要领导批示肯定。宁波市科协新建“科创中国”宁波创新基地5家、宁波产业创新服务中心10家、“科创中国·宁波”综合服务体1家，举办2021中国·宁波新一代人工智能学术峰会、2021中国（宁波）输配电产业创新与高质量发展论坛等学术会议。湖州市科协开展“心上阳光”青少年心理健康护航行动，科普情景剧《心上的阳光》观看人数达13.65万人次。金华市科协举办中国兵工学会火箭导弹专业委员会不敏感弹药技术发展专题研讨会、全国无机功能材料及其产业化尖峰论坛等活动。衢州市科协开展“你点我来”科普服务，精准开展科技服务助力乡村振兴。台州市科协开展2021“科创中国”智汇台州系列活动，举办2021中国创新设计大会暨第25届全国工业设计学术年会。

科协基层组织　截至2021年年底，全省共有企业（园区）科协2469家、高校科协81家、乡镇（街道）科协1340家、社区（农村）科协4194家、农技协390家。

省科协牵头组织开展“万名专家助企赋能”行动，共组织专家4366人次，服务企业3246家，实现科技成果转化45项，产生经济效益超34.8亿元。

各高校科协充分依托学科特色，导入科协资源助力区域经济发展、促进学科建设。浙江理工大学与省科协签署全面战略合作协议，成立省科技人才与政策研究院。西湖大学与世界青年科学家峰会执行委员会签约，围绕温州市“科创中国”试点建设，在技术攻关、项目合作、人才培养、基地建设等各个方面、多个领域开展长期合作。

【中国科协与省政府签署新一轮战略合作协议】11月13日，中国科协与省政府在温州市签订新一轮省会战略合作协议。中国科协党组书记、分管日常工作副主席、书记处第一书记张玉卓，省委副书记、省长王浩，省委常委、温州市委书记刘小涛出席并见证签约。中国科协党组成员、书记处书记束为和副省长卢山代表双方签署协议。

新一轮协议围绕浙江省经济、科技和社会发展的重大需求，突出浙江人才强省、创新强省首位战略，聚焦高水平科技自立自强主题，重点在提升公民科学文化素质、推进“科创中国·浙江”高质量发展、实现碳达峰碳中和与绿色转型发展、培育集聚科技领军人才等方面开展合作。

12月，中国科协出台《中国科协关于支持浙江高质量发展建设共同富裕示范区的实施意见》，聚焦提升公民科学素养、促进科技经济融合、打造高端科技智库、培育聚集创新人才、深化科协系统改革五大重点领域，支持浙江省先行先试。省委书记袁家军作出批示，要求抓好实施意见政策落实。

【张玉卓对省科协工作作出批示】2021年，省科协以“千家基地拓研学、千名专家进校园”服务教育“双减”为切入口，会同省教育厅、省科技厅印发《关于开展“双千”助力“双减”科普专项行动的通知》，组织开展“双千”助力“双减”科普专项行动，并向中国科协报送专报。

11月，中国科协党组书记、分管日常工作副主席、书记处第一书记张玉卓对专报作出批示，肯定省科协在助力“双减”方面的尝试很有借鉴意义，指出可与教育部充分交流，推出一些成功案例。报告还得到中国科协副主席、书记处书记孟庆海，省委副书记黄建发，副省长卢山等领导的批示肯定。

【袁家军对省科协工作作出批示】2021年，省科协牵头开展“银龄跨越数字鸿沟”科普专项行动，搭建数字化科普平台，对老年人使用智能手机进行培训，累计培训145.8万人次，入选省党史学习教育“三为”专题实践活动最佳案例，并被省委改革办公室《数字化改革》专题刊登为经验做法。

11月，省委书记袁家军对专报作出批示，肯定省科协的做法及思路。报告还获得省委副书记、省长王浩，中国科协副主席、书记处书记孟庆海，省委副书记黄建发，省委常委、常务副省长陈金彪，副省长卢山等领导的批示肯定。

【2021世界青年科学家峰会】11月13—14日，由中国科协、省人民政府主办，省科协、温州市人民政府承办的2021世界青年科学家峰会在温州市举办。本届峰会延续“会聚天下英才、共创美好未来”的主题，以“责任、创新、合作——青年为人类可持续发展行动”为年度议题，围绕联合国2030可持续发展目标和“一带一路”、共同富裕等国家重点战略，聚焦气候变化、生命健康、数字经济、智能计算、未来技术、碳达峰碳中和、新材料等前沿科学领域展开研

讨。中国科协党组书记、分管日常工作副主席、书记处第一书记张玉卓，省长王浩出席开幕式并致辞。国际科学理事会主席彼得·格拉克曼，中国工程院院士、“共和国勋章”获得者钟南山视频致辞。峰会以线上线下相结合、境内境外互动方式进行，包含开幕式和47场线上线下系列活动。来自全球50多个国家、地区和国际组织包括13位诺贝尔奖、图灵奖获得者等世界顶尖科学家、118名国内外院士、千余名青年科学家参加会议。

峰会期间，世界青年科学家峰会会址开工。世界青年科学家成长基金会正式成立，已获6000万元捐款，将为世界青年科学家奖项的设立、世界青年科学家联合会筹建等其他重要成果落地提供有力支撑。

【科协系统数字化改革】 2021年，省科协深化全省科协系统数字化改革，系统重塑打造变革型科协组织，构建数字科协“1（数据底座）+3（业务板块）+N（应用场景）”改革体系。编写完成《数字科协系统建设工作指南V1.0》，编制出台《省科协一体化数字资源系统（IRS）目录》。大数据底座实现110万条数据实时集成入库，浙里科普、浙里科创、浙里智荟3大业务板块聚焦民生实事以V字模型法拆解、分解应用场景数字解决方案，明确需求清单、场景清单、改革清单，推进业务流程再造构建“银龄跨越数字鸿沟”“‘双千’助力‘双减’”“千博助千企”“一键找专家”等应用场景。

省科协数字化改革工作获得中国科协党组书记、分管日常工作副主席、书记处第一书记张玉卓，省委书记袁家军等领导的批示肯定。

（撰稿人：耿　介）

安徽省科学技术协会

服务经济社会发展 指导铜陵市、芜湖市制订“科创中国”试点城市建设方案，组织114家企业入驻“科创中国”平台，征集技术需求398条，举办高端装备制造行业（铜陵）专场活动等路演活动、咨询服务45场次。中国有色金属学会、中国汽车工程学会等与试点城市开展会地协作，28个全国及省级学会的166名专家开展技术服务暨“百名专家进百企”活动。

制订“科创安徽”建设方案，确定首批7个试点城市（园区），建立挂点联系工作机制，成立6个专业科技服务团。举办海外人才创新创业项目对接活动4场、创新方法培训2场。指导成立安徽省科技成果转化促进会，举办安徽省科技成果转化创新高峰论坛。省科协联合省台湾事务办公室、台湾科技产业协会举办第十届皖台科技论坛暨2021皖台高校“云交流”活动，两地200余名专家、学者、企业家参加论坛，签约10个高科技和产学研合作项目，总投资额10亿元。

新建6家省级学会服务站。10家省级学会服务站建设试点转化科技成果15项、研发新产品8个，建立示范园区1个、种质资源保育基地2个，制订标准4项，开展培训交流22场、技术咨询258场、决策咨询5次。

建立省科协决策咨询专家库，新增3家科技创新智库研究基地，制订智库研究基地管理办法、决策咨询项目管理办法等。报送《安徽省科技工作者建议》专刊23期，其中8期获省领导批示。形成决策咨询项目研究报告25份。

成立省科协助力全面推进乡村振兴工作领导小组，整合“基层科普行动计划”项目资金，重点支持大别山革命老区等32个乡村振兴重点县。补助革命老区科技馆免费开放资金1719万元，占中央财政补助总额的42.99%。开展农村实用技术培训2743场次，培训实用人才31万人次。举办援疆、援藏科普培训班。

服务科技工作者 评选表彰第二届安徽省创新争先奖，授予5个团队奖牌、5位同志奖章、20位同志奖状。推选中国工程院院士候选人，完成第二十四届中国科协求是杰出青年成果转化奖人选、2021年度安徽省科学技术奖提名工作。开展青年科技人才托举计划试点项目评估工作，推动安徽省成为全国第五个设立科学传播专业技术职称的省（自治区、直辖市）。

举办全国科技工作者日活动，省委副书记程丽华出席“众心向党　自立自强”安徽省科技工作者座谈会并讲话，省科协开展19项省级重点活动，获评省级科协十佳优秀组织单位。建立科技工作者状况调查站点17个，综合分析有效问卷4024份，形成《安徽省科技工作者需求状况调查研究报告》，获省委、省政府分管领导批示肯定。省科协领导干部累计联系服务省级学会439人次、专家376人次。

省科协会同省委宣传部等遴选发布、学习宣传10位2021年“安徽省最美科技工作者”，全省科协系统累计推选宣传最美科技工作者717人次，参与活动单位1388家。制订落实弘扬科学家精神加强作风建设

12 条措施，开展科学道德和学风建设宣讲教育。

推进合肥国家海外人才离岸创新创业基地建设，建成离岸基地空间载体 5 个、海外人才服务站和离岸孵化器 11 个，举办第二届海外人才资本项目对接会。加强海智基地建设，举办 47 场专题性引智对接活动，签署合作协议 136 个，洽谈项目 144 项，引进人才 81 人。

《科学素质纲要》实施和科普工作 2021 年，安徽省全国科普日重点活动 1.65 万项，64 家单位、80 项活动被中国科协评为优秀组织单位、优秀活动。开展科普为民惠民乡村行 1685 场次、智爱妈妈行动 543 场次、农村少儿爱科学 800 场次，参与科技工作者 5200 人次，受众 105.6 万人次。

全省 4 个集体、6 名个人被中国科协评为全民科学素质工作先进集体、先进个人，推动省政府办公厅印发《安徽省全民科学素质行动规划纲要实施方案（2021—2025 年）》，承担省政府对各市政府全民科学素质考核工作。

省政府成立省科技馆项目推进工作领导小组。全省 18 家科技馆免费开放，较 2020 年增加 3 家，服务社会公众 387 万人次。牵头举办 2021 长三角科普场馆创新发展论坛。10 套中国流动科技馆在 30 个县（区）巡展，38 辆科普大篷车累计行驶 1.57 万千米，开展活动 522 场次，受众 30 万人次。26 座农村中学科技馆服务学生 4 万余人次。

集成 1118 个科普中国 e 站资源，获评科普中国信息员队伍建设省级科协优秀组织单位。全省新增科普信息员 29 万名，累计 72 万名，转发权威科普知识 1.58 亿次。“科普安徽”平台发布科普视频、科普图文 7020 余条，访问量 53 万余人次。

全省 3 个县（市、区）被命名为 2021—2025 年度第一批全国科普示范县（市、区）。省科协命名 2021—2025 年度首批 8 个省科普示范县（市、区），认定 92 个省示范农技协、102 个省科普示范社区、76 个省科普教育基地。

牵头成立长三角科技志愿服务联盟并召开首次轮值会议、首次年会。省科技志愿服务专家团巡讲活动覆盖各市及 75% 以上县（市、区）。全省新注册科技志愿者 13 万人，累计 26 万人；新增科技志愿服务组织 0.6 万个，累计 1.1 万个；开展科技志愿活动 3.1 万场次、品牌项目 7000 个。

全省科普信息员开展线上应急科普宣传 60 万次，联合合肥地铁广告媒体向公众宣传新冠肺炎疫情防控科普知识，举办“共襄战疫　共享未来”——中国科协抗疫主题展览池州站大型巡展、传染病防治科普展等活动。

修订青少年科技创新大赛、机器人竞赛细则。举办 2021 年安徽省青少年科技创新大赛，评选科技创新成果竞赛一等奖 30 项、二等奖 71 项、三等奖 99 项。联合省教育厅、团省委举办第十二届安徽省百所高校百万大学生科普创意创新大赛，评选优秀科普作品一等奖 14 件、二等奖 32 件、三等奖 80 件。

学术交流 2021 年，省科协系统举办学术会议 268 场，线上线下参与专家、学者共 24 万人次，交流学术论文 6174 篇。省科协主办科技期刊 6 种，2021 年新增 1 种。

牵头举办 2021 长三角一体化院士论坛暨第四届安徽院士创新发展论坛。省科协与中国科协科学技术传播中心、科大讯飞股份有限公司联合举办 2021 人工智能科技传播圆桌峰会。举办碳达峰碳中和循环经济经验交流研讨会，颁发“2021 践行碳达峰碳中和攻关奖”。联合中国科协学会服务中心等举办第二届中国（铜陵）先进结构材料产业高质量发展与城市创新资源配置高峰论坛、中国（芜湖）“双碳”能源产业创新发展论坛、第七届中欧生命科学论坛。

省科协资助省级学会举办第二届全国配子发生高峰论坛、第四届江淮信息技术发展论坛、第十二届华东三省一市真空学术交流会等 34 场学术交流会议，其中区域性学术会议 12 场。

自身建设 开展党史学习教育，举办“红色百年路·科普万里行——科普大篷车庆祝建党 100 周年联合行动”、红色经典诵读等，获评“永远跟党走”安徽省党政机关群众歌咏大会最佳表演奖和优秀组织奖、“自立自强　青春向党”全国科协系统青年演讲大赛优秀组织单位。

编制《安徽省科学技术协会事业发展规划（2021—2025 年）》《“十四五”时期推进省科协系统深化改革重点任务工作方案》。实施学会能力提升计划，认定 10 家示范省级学会、16 家特色省级学会。制订《省级学会正负面信息档案建设方案（试行）》，正负面信息建档 146 条。拓展省级学会审批事项网上办理功能，10 项具体事项网上办理百余件。实施“党建强会”计划，加强省科技社团党委建设，制订《省级学会功能型党委工作指引（试行）》。

加强基层组织建设，举办基层科协组织负责人培训班，编制《企业科协建设工作规程（试行）》《省科协直属高校科协工作手册》。持续推进提升基层科协组织力工作，实现“三长”进入县乡级科协领导机构全覆盖。

省级学会　截至 2021 年年底，省科协共有省级学会 154 个，新成立安徽省科技成果转化促进会、安徽省食品科学技术学会 2 个学会。

开展决策咨询。省老科技工作者协会形成 8 份决策咨询报告，4 篇获省领导批示；省自动化学会、省全科医学会、省现代农业与新农村建设研究会等决策咨询报告获省领导批示；省科学家企业家协会成立碳中和研究院。

服务科技经济融合发展。省科学家企业家协会开展的融合科学家“科技智慧”和企业家“经济资源”服务模式入选“科创中国”组织创新典型案例。省院士专家联谊会在安徽舜禹水务股份有限公司等企业建立院士研究院。省畜牧兽医学会、省植物学会、省园艺学会、省电子学会、省食品科学技术学会分别与天长市、池州市、六安市、安庆市太湖县、无为市开展会地合作。

开展学术交流。省通信学会举办 2021 中国（合肥）信息通信技术与应用高峰论坛，省真空学会举办第十二届华东三省一市真空学术交流会，省航空学会、省作物学会围绕空天科技、生物育种等举办前沿高端综合性学术技术交流活动，省林学会、省造船学会、省计量测试学会、省土木建筑学会等举办长三角学术技术交流合作活动。

开展科普活动。省科学家企业家协会举办“江淮科普大讲堂”，省地震学会开展学校防震减灾科普宣传活动，省全科医学会开展“医康平安”科普系列活动，省护理学会开展心理科普进校园活动以及“爱心知心、健康开心”科普视频大赛。

加强自身建设。省级学会制订和完善本领域科研活动自律公约 31 项、职业道德准则 28 项。省地质学会成立中国地质学会安徽省会员服务中心。省畜牧兽医学会通过质量管理体系 ISO9001 认证。省公路学会开展行业工程可行性研究论证、成果评价、地方标准技术审查。

省级学会党的组织和党的工作全覆盖。省畜牧兽医学会党委坚持“一月一主题”学习教育制度，省防痨学会党委在各市、分支机构建立党支部，省中西医结合学会党委在专委会建立党支部，省测绘地理信息学会党委举办党务工作暨党史学习教育专题培训班。

地市县科协　截至 2021 年年底，全省 16 个地市科协党组已全部独立建制，102 个县（市、区）成立科协。

马鞍山市科协报送社情民意、决策参考 7 篇。铜陵市科协报送《铜陵咨询决策研究》12 期，提出的《关于推进铜陵经济高质量发展的建议》被《安徽省情》采用。滁州市科协第八届皖台物联网研讨会成为 2021 年海峡两岸暨港澳青年科学家学术活动月项目之一。

合肥市、安庆市等出台《全民科学素质行动规划纲要实施方案（2021—2025 年）》。宣城市、黄山市等召开科学素质工作领导小组会议。合肥市科协配合市人大完成科普条例立法调研工作，发起成立长三角城市科普工作联盟。宿州市、阜阳市等科技馆建成开放。

亳州市科协制订《关于进一步加强对科技工作者思想政治引领的实施意见（试行）》。池州市科协开展第二届创新争先项目评选。淮北市科协推荐的 4 项科技成果获评第八届淮海科技奖。马鞍山市科协举办首届“创新工程师”培训班。蚌埠市科协建成“智慧学会云平台”，建立学会党建“六要六不要”工作法，典型经验被《中国科协调研动态》刊发。

科协基层组织　截至 2021 年年底，全省共有企业（园区）科协 712 个、高校科协 69 个、乡镇（街道）科协组织 1388 个、村（社区）科普组织 481 个、农技协 960 个。

滁州市法律援助中心科协工作站为科技工作者维权。科大讯飞股份有限公司等成立企业科协。马鞍山钢铁股份有限公司科协推荐项目获 2021 年中国创新方法大赛全国总决赛二等奖、三等奖各 1 项。江淮汽车集团科协举办公司第十二届科技创新大会，设置智能网联、节能与新能源、造型品质、平台架构 4 个专题技术论坛。

全省实现 119 家省级以上园区、43 所部属省属高校科协全覆盖。中国科技大学科协承办 2021 年全国科学实验展演会演活动。安徽大学科协举办学术交流 30 余场次、学术报告会 18 场次。安徽科技学院科协举办 5 期青年博士学术沙龙。合肥工业大学科协、滁州学院科协开展校企对接活动。

全省实现“三长”进入乡镇科协领导机构全覆

盖。黄山市黄山区仙源镇科协开展“板凳课堂”品牌科普活动。合肥市科协启动社区科普馆资源共享试点项目。安庆市社区科普大学组织各分校及教学点开展社区科普课堂。休宁县实现社区科普活动室全覆盖。

【张玉卓与郑栅洁举行工作会谈】 10月21日，中国科协党组书记、分管日常工作副主席、书记处第一书记张玉卓赴安徽省调研，与安徽省委书记郑栅洁举办工作会谈。

张玉卓在工作会谈中表示，安徽省是科技强省、人才强省，中国科协将在科学普及、学术交流、决策咨询等方面进一步加强与安徽省的紧密合作，全力支持“科创中国”芜湖、铜陵试点市建设，为建设现代化美好安徽作出更大贡献。

郑栅洁表示，安徽省将主动承接中国科协的资源布局，全力做好各项服务保障工作，期盼中国科协进一步加强指导，把安徽作为实验基地，推动更多改革创新举措落地，助力安徽高质量发展。

【第十届中国（芜湖）科普产品博览交易会】 10月22日，由中国科协和安徽省政府共同主办，安徽省科协、芜湖市政府共同承办的第十届中国（芜湖）科普产品博览交易会在芜湖市开幕。本次博览会以“科创科普两翼齐飞，创新创造决胜未来”为主题，20个省（直辖市、自治区）以及11个国家和地区的235家单位参展，展示面积36000平方米，展品4000多件（项），成交额（含协议额）16.5亿元，现场观众16.2万人次、线上观众160.2万人次。中国科协党组书记、分管日常工作副主席、书记处第一书记张玉卓出席开幕式并致辞。张玉卓指出，中国科协与安徽省政府共同举办科博会，是贯彻落实习近平总书记“科技创新、科学普及是实现创新发展的两翼”重要指示精神的生动实践，是以高质量科普供给支撑全民科学素质提升的积极探索。要不断贯彻新理念、展现新作为、拓展新空间，将科博会打造成为科普领域的人才高地、创新高地、产业高地、开放高地，为新时代科普发展育先机、开新局。同期举办科普产业发展高峰论坛、青少年科学教育发展论坛、社区科普馆建设研讨会等论坛活动。

【2021长三角一体化院士论坛暨第四届安徽院士创新发展论坛】 10月18日，安徽省科协联合上海市科协、江苏省科协、浙江省科协举办以“聚力科技自立自强　赋能长三角高质量发展”为主题的2021长三角一体化院士论坛暨第四届安徽院士创新发展论坛。26位院士通过线上线下的方式参加论坛活动，长三角地区有关高校、科研机构的专家、学者，“科创中国”试点城市、院士服务机构、企业代表1300余人参加论坛相关活动，47万余人次收看直播。论坛期间举办新一代信息技术和城市公共安全主旨论坛、新材料发展和生物医药专题论坛、院士专家企业行暨“科学与中国”院士专家巡讲活动、长三角“科创中国”建设成果展和院士科技成果展、长三角“科创中国”试点城市（园区）建设工作座谈会和项目签约，发布长三角“科创中国”建设合肥共识。

省长王清宪在省科协报送的论坛举办情况报告上作出批示，肯定论坛取得的成效，要求省科协进一步扩大论坛影响力，提升实效，为安徽省“三地一区”建设和“双招双引”贡献力量。

【省政府办公厅印发《安徽省全民科学素质行动规划纲要实施方案（2021—2025年）》】 12月28日，经省委、省政府同意，省政府办公厅印发《安徽省全民科学素质行动规划纲要实施方案（2021—2025年）》。

《安徽省全民科学素质行动规划纲要实施方案（2021—2025年）》聚焦科学素质发展不均衡和优质科普供给不足等问题，着力推动“科学普及与科技创新同等重要”在安徽省落地，提出“‘十四五’时期全省公民具备科学素质的比例稳定在全国平均水平以上，到2025年超过15%”的目标任务，细化实施5项提升行动和5项重点工程的24项个性化重点任务，明确每项重点任务的职责分工。

《安徽省全民科学素质行动规划纲要实施方案（2021—2025年）》要求市、县级政府负责领导当地《科学素质纲要》实施及《纲要实施方案》的落实工作，要把科学素质建设作为地方经济社会发展的一项重要任务，列入年度工作计划，纳入目标管理绩效考核。省有关部门要按照《科学素质纲要》《安徽省全民科学素质行动规划纲要实施方案（2021—2025年）》任务分工，将重点任务列入本部门本系统年度工作计划。强调市、县级政府和各有关部门要切实加强《科学素质纲要》《安徽省全民科学素质行动规划纲要实施方案（2021—2025年）》的学习宣传，突出弘扬科学精神和科学家精神，着力打造社会化协同、智慧化传播、规范化建设的科学素质建设生态。

（撰稿人：丁　昊）

福建省科学技术协会

服务经济社会发展 深化“院士专家八闽行”活动，全年组织院士91人次、专家76人次开展7场次院士专家区域行、产业行和人才培养活动，为交通综合规划、绿色能源和半导体产业发展等建言献策。

助力民营企业转型发展，将挂靠省科协的中国工程科技发展战略福建研究院打造成为服务民营企业科技创新的重要窗口。该院已与105家省内重点龙头骨干、“专精特新”民营企业签订战略合作协议，组织130多名院士、专家对接企业140多项技术需求，组织院士100多人次、专家700多人次为企业提供指导支持。举办院士专家服务民营企业技术攻关签约活动，促成院士团队30项技术攻关项目在福建省民营企业落地。

推动泉州市、福州市“科创中国”试点城市建设，促成全国学会科技服务团5个项目落户泉州市、7个项目落户福州市，引导100多家企业入驻“科创中国”科技经济融通平台。吸引海外科技资源为福建省服务，开展“海智专家福建行”，邀请26位海外专家举办2场项目路演推介会，企业科技工作者200多人参加对接。聘请7位海外高端人才为福建省海智基地专家，同3家海外科技组织签订合作协议。

推进“千会帮千村”行动，出台《关于进一步推进“千会帮千村”行动的通知》，组织各级学会与乡村开展结对科技帮扶171对，5000多名学会科技工作者深入乡村，助力乡村振兴。开展“福建院士专家宁夏行”活动，组织20位院士、专家赴宁夏回族自治区开展科技协作帮扶行动。

推进中国工程科技发展战略福建研究院战略咨询研究，围绕科技发展重大需求，立项咨询研究项目15项（累计39项），涉及数字创意、储能电池、纺织服装、制造强省等领域。13份院士专家建议和11篇咨询项目研究报告得到省领导36次批示，并由省政府办公厅分解到各设区市和省直有关部门吸纳落实。联合省科技厅实施25项福建省创新战略研究计划联合项目，组织开展40项省科协科技创新智库课题研究。

培育服务“创新创业创造”优秀学会15个，安排专项资金予以扶持建设，突出“一学会一特色”，开展技术指导80多次，实现成果产业化15项。新建福建省科技经济融合服务平台8个（累计13个），推动高校、科研院所、学会与130家企业开展产学研合作，已解决技术难题31个。

联合省委组织部、省财政厅等单位将新建省级院士工作站补助经费调整为10万元/个。新建省级院士专家工作站15家，遴选省级示范院士专家工作站10家；新建国家级学会服务站15家、省级学会服务站50家；新建科技小院9家（累计22家），6家获评全国“十佳科技小院”称号。

服务科技工作者 评选表彰第七届福建省优秀科技工作者30人、第十六届福建省青年科技奖30人。向中国科协推选2021年中国工程院院士候选人2名。

根据省委人才工作领导小组的工作部署，遴选出第二批省特级后备人才9名，并给予项目扶持经费。

联合浙江大学举办科技人员创新能力提升培训班，科技工作者和科协系统干部共60人参加培训。举办创新方法培训班5场，参加培训人数累计202人次。

举办中国科学家精神主题展，省委常委周联清出席，10万余人次科技工作者、高校师生等通过线上线下的方式参观。开展“百年科技路·八闽有大家”福建科学家主题宣传活动，相关话题网络阅读量突破1000万次。

联合省委宣传部等部门遴选出20名2021年福建省“最美科技工作者”并开展宣传学习；由省科协推荐的大黄鱼养殖技术专家刘家富入选2021年全国“最美科技工作者”；联合省妇联宣传福建省“最美女科技工作者”事迹。

组织全省各地举办全国科技工作者日系列活动，线上线下参与人数超百万人次，获评中国科协“全国十佳优秀组织单位”。新建第三批省级科技志愿服务队14支（累计38支）。

《科学素质纲要》实施和科普工作 2021年，省科协系统举办科普宣讲活动7235次，受众873.4万人次；举办实用技术培训925次，受训9.9万人次；推广新技术、新品种471项；举办青少年科技竞赛236次，参与人数49.9万人次。截至2021年年底，各级科协建有实体科技馆46个，建筑面积20.8万平方米，全年参观人数190万人次；建有科普画廊（宣传栏、橱窗）建筑面积6.4万平方米，全年展示面积19万平方米；主办科技传播类网站43个，浏览人数618万人次；主办科普微信公众号104个，关注人数103.7万人。

省科协牵头起草《福建省“十四五”全民科学素

质行动规划纲要实施方案》，推动科普助力人民生活品质提升。实施基层科普行动计划，支持县区科协提升基层科普服务能力，支持建设26个省级优秀科普教育基地。

遴选出第四批闽江科学传播学者12人，组织闽江科学传播学者120人次到各地开展技术传播。开展“典赞·2021福建科普”遴选宣传活动，向社会公布“十佳科学传播人物”“十佳科普教育基地”等。

开展全国科普日福建省主场活动，邀请中国工程院院士李兰娟等院士专家录制防疫科普特别节目，网络收看量突破1500万人次。开展“院士专家科普希望行”活动，邀请20位院士专家深入老区、山区作系列科普报告，受益人数35万人次。

举办福建省全民科学素质网络竞赛、农民科学素质网络知识竞赛，全省参赛人数超1000万人次。邀请77位科技专家录制播出87期《乡约科普》电视专题栏目。

举办第36届福建省青少年科技创新大赛、第18届福建省青少年机器人竞赛，承接“数字中国”创新大赛青少年AI机器人赛道。组织开展青少年科学调查体验活动、英才计划、中学生高校科学营等活动。创新推出青少年科普益智栏目《海峡少年科学苑》、特别节目《科学第一课——科技里的福建力量》，在电视、广播、学习强国等平台同步上线，累计播放总量超过900万人次。制作推出《同学，请回答！》和《对话·科普ta力量》节目，每周一期走进学校、科普场馆等，推广青少年科技活动，宣传优秀科技后备人才和科技辅导员典型。

举办2021年海峡两岸科学嘉年华活动，特邀中国台湾地区科普团队及福建省16家单位为广大青少年带来80项科普活动。

学术交流 2021年，省科协系统举办国内学术会议、国际学术会议267次，参加人数81.5万人次，交流论文、报告7557篇；主办科技期刊37种，总印数32.8万册，发表论文、文章7671篇。

举办第二十一届福建省科协年会，突出服务为本，助力举办地泉州市民营企业新发展；举办东南科技论坛3期（林产工业绿色创新高质量发展论坛、数字丝路语境下的企业数字化转型论坛、农业绿色发展与乡村振兴论坛），邀请相关领域专家、学者为区域产业发展提供决策建议，服务数字经济、乡村振兴、绿色发展等；举办2021海峡科技专家论坛、2021海峡两岸管理论坛、第十四届海峡两岸科普论坛，推动两岸学术交流合作。

举办第二十届海峡两岸大学生辩论赛，来自清华大学、台湾政治大学等两岸16所知名高校的共80多位辩手参加“云辩论”，首次推出街头调查和赛后“屏对屏”交流，促进两岸青年相互了解和交流。

自身建设 开展党史学习教育、“再学习、再调研、再落实”活动以及庆祝中国共产党成立100周年系列活动。举办省科协党史学习教育读书班，开展“我为群众办实事”实践活动项目21项。组织召开福建省科技界学习贯彻习近平总书记福建考察重要讲话精神座谈会、省科协机关党建暨全面从严治党工作会议，完成机关党委和机关纪委换届工作，持续开展支部“达标创星”活动，定期开展处级干部论坛、青年干部论坛、青年理论学习小组活动。

建立省科协科技社团党委委员与科技社团党支部联系帮带制度，党委书记和党委委员按照分片挂钩要求，深入60多个学会检查指导党建工作。

举办“委员之家”活动，组织省科协委员、中国科协“十大”代表参加全国科普日、科协年会等重大活动。依托科协系统网上党校举办县级科协主席培训班，参加培训人数共130余人次。

省级学会 2021年，全省新成立省级学会3个（省生物信息学学会、省心理健康研究会、省检验医学研究会），省科协业务主管的省级学会共有152个。

持续加强学会治理能力建设，首次组织开展省级学会综合能力评价，组织编写《评价指导手册》《网上评价系统使用指南》，开展评价业务培训。线上举办省级学会工作人员创新能力提升培训班，130人参加培训。举办“学会讲坛”，600多人次参加。

省力学学会在线上举办2021年会员代表大会暨学术年会，省土木建筑学会联合福建工程学院共同主办海峡两岸工程建设与管理论坛，省信息协会联合有关单位共同主办第十七届海峡两岸信息化论坛暨海峡两岸数字经济融合发展研讨会，省造纸学会联合省纸业协会共同主办华东七省市造纸学会第三十四届学术年会暨海西纸业论坛，省食用菌学会联合有关学会共同主办2021年中国菌业周科技论坛，省护理学会与台湾护理师护士公会全联会、台湾护理人员艾滋病防治基金会在线上联合主办第十二届海峡护理高峰论坛，省预防医学会与有关社团联合主办海峡两岸公共卫生能力建设研讨会，省科技文化创新协会主办2021农业科学南南合作论坛，省医学会举办2021年“中国医师节”活动大会，省青年科学家协会举办福建青年科技奖30周年活动。

省机械工程学会申报的“泉州制鞋产业智能制造科技服务团”项目入选“科创中国”区域科技服务团示范项目。

地市县科协 截至2021年年底，全省共有设区市科协9个、县级科协83个。

福州市科协举办以“创新引领、自立自强——迈出科创中国新步伐”为主题的第十九届福州市科协年会，福州科技馆新馆开工建设。福州市鼓楼区科协全面加强青少年科学工作室、科普标准化试点社区等132项科普阵地建设。厦门市科协开展重点调研课题10个，举办创新发展沙龙2期和农村科普服务嘉年华活动。莆田市科协实施“院士入莆”工程，开展网络科“莆”大讲坛18场。三明市科协开展“公益科教·童心同行”科普进社区等活动。泉州市科协推动市委人才工作领导小组出台《泉州市特级人才创新实验室建设管理规定（试行）》，全国首个采用PPP模式（政府和社会资本合作）建设运营的泉州市科技馆（新馆）已进入展厅布展收尾、工程验收、运营准备阶段。晋江市科协打造《科学小剧场》，摄制展播原创科普剧10期，开办公交车车载视频终端《晋江科普之窗》栏目。漳州市科协与市中级人民法院共建院士法律服务工作站，并签署《知识产权司法保护与法律服务协作框架协议》，助推营造良好科创生态环境。南平市科协联合喜马拉雅平台上线有声科普栏目，召开南平市科学技术协会第五次代表大会。龙岩市科协“科普大篷车老区行”团队获中国科协“科普之星”优秀团队表彰。宁德市科协在4个县开展流动科技馆巡展，受众2.3万余人次。福安市科协连续七年获评“全国科普日活动优秀组织单位”，持续开设《科普大篷车》等电视栏目。

科协基层组织 截至2021年年底，全省共有企业科协1636个、高校科协63个、乡镇（街道）科协1092个、村（社区）科协1372个、农技协602个，新成立三明中关村科技园科协、连城县庙前台商投资园区科协等。

将乐县企业科协组织5G散热器壳体、静涡旋盘等20多款产品在第十九届中国·海峡创新项目成果交易会上展出，对接项目55项。永春县22个乡镇科协全面完成换届选举工作，“三长”兼职副主席73名，实现乡镇科协“三长”全覆盖。建宁县黄花梨协会举办秋冬季标准化果园管理培训会。

【第二十一届福建省科协年会】 11月11日，省科协联合泉州市人民政府共同主办的第二十一届福建省科协年会在泉州市召开，年会以“点燃科创中国新动能·助力民营企业新发展”为主题。省委常委周联清，中国工程院院士、中国科协副主席陈学东出席开幕式并致辞。开幕式现场举办授牌和签约仪式，为泉州市建设中国科协“科创中国”试点城市授牌，为3个2021—2025年度第一批全国科普示范县（市、区）、5家2021年度省优秀科技小院、10家2020年省示范院士工作站授牌，3个全国学会与泉州市民营企业签约共建学会服务站，10个省级学会与泉州市5个县（市、区）政府签订战略合作协议。

中国科学院院士姚建年、焦念志，中国工程院院士陈学东分别以《中国化学的现状及其未来发展初探》《海洋碳汇与碳中和》《提升我国企业自主创新能力，促进工业强基与质量品牌建设》为题作特邀主旨报告。

年会除开幕式及特邀报告会外，还设置科创中国·泉州、数字经济、海洋经济、绿色经济、旅游经济5个主题板块12个专项活动，11位院士、20位海智专家、480家民营企业代表、近2000名科技工作者参加年会有关活动，13万余人次线上参加活动。

【2021年福建省全国科普日活动启动仪式】 9月15日，2021年福建省全国科普日活动启动仪式在福州市举办。省委常委周联清出席启动仪式。中国科学院院士谢华安，省委办公厅、省科协、省气象局等有关负责人参加活动。启动仪式上，省医学会副会长、省疾病预防控制中心副主任张山鹰围绕省内疫情防控形势进行应急科普宣传，谢华安分享科技工作者从事科普工作的心得体会。

2021年福建省全国科普日活动由省科协联合12个省直部门共同举办，围绕“助力高质量发展、助推高品质生活”主题，以新冠肺炎疫情防控科普为重点，同时在全省各地开展“碳达峰、碳中和”专题科普展、播出《科学第一课——科技里的福建力量》特别节目等系列科普活动。

【2021海峡科技专家论坛】 12月12日，由中国科协主办、省科协承办、两岸52家单位和社团共同协办的以“两岸新时代、科技新融合”为主题的2021海峡科技专家论坛主会场活动在厦门市举办，中国科

协党组成员、书记处书记王进展线上致辞。省人大常委会党组成员、副主任袁毅，台湾人工智能发展协会理事长徐冠胜出席活动并致辞。来自海峡两岸的专家、学者和企业家云端共话两岸科技融合，就网络应用、人工智能、商务智能、芯片技术、生态环保等热点话题解析前沿资讯、探讨两岸合作前景。论坛邀请中国科学院院士林惠民、厦门大学特聘教授高树基分别作题为《数字经济与自主创新》《地球、海洋与人类》的主旨报告。同期举办闽台民间科技融合发展图片展。

此次论坛聚焦两岸科技融合发展和高质量发展，设1个主会场和11个分会场。采用“线上+线下”“主会场+分会场”“分散+集中”相结合的方式，在厦门市、福州市、泉州市等地举办，来自海峡两岸的科技专家、企业家共2100余人参加会议，其中来自台湾地区的有400多人。征集两岸科技论文430余篇，签约两岸科技合作项目9项。

【院士专家服务民营企业技术攻关签约活动】 11月11日，省科协联合泉州市人民政府主办的院士专家服务民营企业技术攻关签约活动在泉州市举办，30个院士团队与30家民营企业就30项技术攻关需求达成合作意向并签订合作协议。同时举办院士专家科研成果展，遴选50项中国工程院院士团队最新科技成果，面向民营企业进行重点推介。

省委常委周联清，省科协主席、中国科学院院士郑兰荪，中国工程院院士陈学东，中国科学院院士谢华安、焦念志、孙世刚、岳建民等出席。30个院士团队、50多家企业参加活动。

（撰稿人：严建和）

江西省科学技术协会

服务经济社会发展 围绕江西省“2+6+N”产业高质量发展计划和建设七大国家重要基地的目标，省科协牵头承办2021中国航空产业大会暨南昌飞行大会，近400位院士、专家、学者、企业家以及50余家航空领域上下游企业参加会议，共签约4个项目。牵头主办2021“红谷VR精英杯”虚拟现实产业创新大赛，作为2021世界VR产业大会云峰会活动之一，200多家企业/团队参加大赛。参与主办江西省首届数字经济高峰论坛暨物联网产业发展大会，引入一批物联网重点产业落户江西省。截至2021年年底，全省共建省级院士工作站31家、市级院士工作站36家，共柔性引进院士68人、院士团队专家340余人。全年新建省级院士工作站1家，31家省级院士工作站与院士团队新签订合作项目119项，实现技术突破114项，科研成果转化58项；获专利授权281项（其中发明专利104项），专利受理284项（其中发明专利79项）；引进培养高层次人才277人，实现显著经济效益。新建省级专家工作站29家，其中省级院士工作站转省级专家工作站28家、新建1家。新建市级专家工作站52家。柔性引进院士进江西省开展学术交流、科技服务和项目合作158人次；推动3个国家级学会进江西省签约、建站，累计建立国家级学会服务站35个；引进7个国家级科技服务团进江西省开展科技服务，26个省级学会科技服务队深入园区、企业、农村开展志愿服务38次；70家海智工作站累计引进海外专家336人次，开展合作项目225项，获批中国科协“海智计划”工作基地3家。

围绕江西省构建新发展格局打造重要战略支点需求，面向社会发布重点决策咨询课题，形成《决策咨询专报》6期，其中3期获4位省领导批示。

成立江西省乡村振兴科技联盟，实施乡村振兴产业技术升级培训项目30个。与江西省委组织部联合开展农村党员创业致富带头人培训12期，培训1000余人次。19个科技小院开展农技培训25期，培训1650余人次，提供技术咨询服务317次，解决实际技术问题3项。

举办2021年中国创新方法大赛江西企业创新方法区域赛，推荐5个项目参加2021中国创新方法大赛，获二等奖1项、三等奖2项、优胜奖2项。大力开展科技信息企业应用推广，注册用户达3500余家。

推进“科创中国”南昌高新区试点建设，在全国65个试点城市（园区）建设综合排名中保持前10，“科技成果转化对接”位列第一。高新区新增各类研发机构21个，总数达371个；国家级平台新增3个，总数达31个；科技创新载体新增6个，总数达20个；新引进培育国家级人才5人，总数达44人。开展各类科技合作需求对接会10余次，参加会议人数达1000余人次。

服务科技工作者 以开展党史学习教育和庆祝建党100周年为契机，举办专题宣讲报告会、学习研修班、座谈研讨会、专题党课、“红色走读”、主题图片展、科学家精神巡展、“七一”表彰和走访慰问等活动，引领广大科技工作者感党恩、听党话、跟党走。利用节假日和全国科技工作者日走访看望中国工程院院士张文海、颜龙安、谢明勇，中国科学院院士黄路生、江风益等专家。10个设区市、48个县（市、区）科协建立直接联系科技工作者制度。

牵头承办庆祝建党100周年“红星照耀中国”——全国工艺美术红色主题作品展，共收到全国各地作品2000余件，遴选260余件优秀作品展出。

开展江西省“最美科技工作者”学习宣传活动，评选出10位“最美科技工作者”和10项提名奖。成立江西科技人才发展基金会，开展首届江西青年科技奖评选活动，评选表彰宣传对象20人。推选2人为2021年中国工程院院士候选人。开展2021年“科创中国”江西省企业创新达人评选活动，推选出“创新达人杰出代表”15人、“创新达人优秀代表”100人。

《科学素质纲要》实施和科普工作 牵头联合31个江西省全民科学素质工作领导小组成员单位和各设区市相关部门共同构建大联合、大协作工作机制，合力推动落实《全民科学素质行动规划纲要（2021—2035年）》实施，编制《江西省全民科学素质行动规划纲要实施方案（2021—2025年）》，经省政府常务会议审议印发。“科普和科学素质建设”被纳入全省高质量发展综合绩效考评体系。

打造“科普助力新时代文明实践中心建设”服务品牌，2021年科技志愿者增加近4万人，总数达10万余人。其中，基层科协“三长”1940人，志愿者组织1987个。深入各新时代文明实践中心开展志愿服务活动1130场，受益群众约60万人次。举办2021年全国科普日江西省主场活动暨首届“好奇心”科普节。开展“汲取红色精神　科普成就未来”全省科普知识网络竞赛活动，参与活动人数50万余人次。全省开展“赣鄱科普大讲堂”200余场，现场参与人数3万余人次，线上点播64万余人次。举办江西省第七届大学生科普动漫创作大赛、首届江西省科普微视频大赛、2021年江西省科普讲解大赛、第36届江西省青少年科技创新大赛、第五届全国青少年无人机大赛江西省选拔赛、第七届全国青年科普创新实验暨作品大赛（江西分赛区）等活动，在全社会营造讲科学、爱科学、学科学、用科学的氛围。

省科技馆获中国青少年科技工作五星奖、第七届全国青年科普创新实验暨作品大赛优秀组织单位一等奖。推进省科技馆新馆建设，打造国内一流的科普教育基地和江西省重要的科学传播中心。入选中国科协第一批全国科普示范县（市、区）2个、第二批创建单位18个。打造省级科普教育基地129个、“科普小镇”10个。流动科技馆累计观展35万人次，科普大篷车运行2.5万千米，受益公众25万余人次，农村中学科技馆参观人数达3.7万余人次。“红色百年路，科普万里行”特色科普教育活动深入14个县市的25所学校，累计受益学生7.8万人次。

推动“科普中国”落地应用。全省“科普中国”信息员达471385人，其中2021年新增278219人；传播量达9475307次，其中2021年新增4988242次。省科协被评为2021年科普中国信息员队伍建设优秀组织单位。“科普江西”抖音号点赞数近10万人次，“科普江西”微信粉丝数近100万人。

学术交流 省科协牵头承办“科创中国”技术路演——俄罗斯新型生产材料与制造（江西）专场活动和5G+VR（南昌）专场活动等，举办第七届中俄现代铁路创新与可持续发展国际学术研讨会。100多个省级学会主办或承办2021年江西交通科技创新大会、2021赣鄱智能制造技术国际学术论坛等，共举办（承办）高层次、重大学术活动428场，邀请院士63人次、知名专家315人次，编印论文集2万余册。组织发动3000多名专家到企业、基层开展“科创中国”产学研系列服务活动306次，开展决策咨询及专题调研活动110次。

自身建设 按照省委深化改革领导小组和中国科协改革办公室部署，完成各个专项的改革任务。10个设区市、56个县（市、区）科协通过换届提高科协领导机构中基层科技工作者比例。建立市县科协“网上科协”平台27个。指导南昌市、九江市科协完成中国科协第二批地方科协深化改革试点项目。

建立4748名专家信息库，其中包括国家杰出青年科学基金获得者和长江学者3725名、新增院士及提名人选768名、江西青年科技奖获得者20名。

按照省委统一部署，5月13日—7月14日，省委第八巡视组对省科协党组进行巡视，省科协党组已全部完成整改工作。

省科协党组坚决扛起全面从严治党、意识形态工作主体责任，切实履行“一岗双责”，推进党建与业务工作深度融合。以党史学习教育为重点，推动党的建设全面进步、全面过硬，做到规定动作全落实、自选动作有特色，完成“我为群众办实事”实践活动20

项，在中国科协党史学习教育优秀组织评选中获地方科协第5名。创新党组中心组学习模式，不定期邀请专家作辅导报告，邀请科技战线江西省第十五次党代会代表以对话形式宣讲省党代会精神，推动习近平新时代中国特色社会主义思想入脑入心。出台督查督办制度、“红黑榜”制度等，修订完善省科协年度考核方案，激励干部担当作为。举办专题培训班和每月1期“科协讲堂”，提升干部队伍专业素养和能力水平。

省级学会 截至2021年年底，省科协所属省级学会（协会、研究会）139个，其中新成立8个。推动省级学会承接政府转移职能176项，其中2021年承接政府转移职能49项。18个省级学会进入江西省公布的2批次31家科技成果第三方评价机构目录，占总数的58%。

地市县科协 省科协系统现有11个设区市科协、100个县（市、区）科协。南昌市科协推动促成中国手博物馆落户南昌市，丰富专业科普展馆。九江市科协开展“双百行动”，组织126名专家对接138家企业，结对签约112份，取得合作成果100项。景德镇市科协举办两届器与茶高级研讨会，来自全国各地的200多名茶企负责人、营销主管、茶器制作人和茶文化传播者参加会议。萍乡市科协在全国科技工作者日提请市委、市政府向科技工作者发出贺信。新余市科协对市区7处科普长廊进行升级改造，在66个红灯笼及灯箱上宣传科普知识。鹰潭市科协开展以“科技新时代　志愿添光彩”为主题的2021年科普之春暨学雷锋科普志愿者服务活动。赣州市科协推动赣州经济技术开发区获批设立中国创新创业成果交易会成果转化基地，组织企业参加2021中国创新创业成果交易会。宜春市科协组织生物医药与化学领域院士专家宜春行活动，50多位院士、专家深入企业、对接服务。上饶市科协承办第四届中国空天推进技术论坛暨2021年院士专家上饶行活动，8位院士出席论坛并作演讲。吉安市科协推进“学党史办实事　中国工程院院士走进革命老区吉安”活动，7名院士被聘为吉安市电子信息研究院顾问。抚州市科协组建全国首个以农村应急科普广播为载体的科普平台——抚州乡村振兴科普联播网。

科协基层组织 截至2021年年底，全省建立企业科协480个，2021年新建85个；园区科协100个，2021年新建3个；高校科协75个；三甲医院科协43个。企业科协、高校科协、乡镇科协、街道社区科协、农技协共2300余个。华东交通大学科协举办“交通强国”高峰论坛，18位院士出席。江西洪都航空工业集团有限责任公司科协在2021全国科技工作者日开展推优评比、寄送祝福、学术交流、创新实践、航空科普五大活动。南昌小蓝经济技术开发区科协聚焦区域产业发展趋势，与国内多个知名研究单位合作设立创新平台。南昌大学第二附属医院科协召开党史教育专题学习活动，学习贯彻中国科协第十次全国代表大会精神。

【2021中国航空产业大会暨南昌飞行大会】 10月29—30日，由省科协牵头承办的2021中国航空产业大会暨南昌飞行大会在南昌市举办。大会按照“论坛搭台、经贸唱戏、合作共赢、推动发展”的思路，组织主旨报告会、院士专家研讨会、产业对接会等系列活动，将国家级航空人才、技术、资源引入江西省，共签约4个项目，为加快实现江西省航空梦注入新动能。省委书记易炼红出席大会并宣布开幕，省委副书记、代省长叶建春致辞，副省长罗小云主持开幕式。中国航空学会名誉理事长刘高倬、中国工程院院士赵振业应邀出席。近400位院士、专家、学者、企业家，以及来自50余家航空领域上下游企业的有关人员参加会议。

【2021年全国科技工作者日江西主场活动】 6月2日，2021年全国科技工作者日江西主场活动在南昌市举办。省委副书记叶建春出席活动并讲话。会议传达学习习近平总书记在中国科学院第二十次院士大会、中国工程院第十五次院士大会和中国科协第十次全国代表大会上的重要讲话精神，为10名2021年江西省“最美科技工作者”和10名2021年江西省“最美科技工作者”提名人员颁发证书。

【庆祝建党100周年“红星照耀中国”——全国工艺美术红色主题作品展】 6月28日，省科协牵头承办的庆祝建党100周年“红星照耀中国”——全国工艺美术红色主题作品展在南昌市举办。省委常委、宣传部部长施小琳参观展览。260余件优秀作品通过工艺美术的形式展现中国共产党100周年的伟大历程和辉煌成就，展示共产党人顽强拼搏的不懈斗志和自强不息的伟大精神。

【2021“红谷VR精英杯”虚拟现实产业创新大赛颁奖仪式】 10月20日，省科协牵头主办的2021“红谷VR精英杯”虚拟现实产业创新大赛颁奖仪式在南昌市举办。副省长罗小云、省科协主席史可出席并颁

奖。大赛以“激发 VR 创新活力”为主题，旨在搭建产融对接平台、挖掘优秀项目、培养创新人才，引导优质资源落地，推动产业集聚发展。大赛分创新应用、企业 / 团队两个赛道，共有 200 多家企业 / 团队报名参赛。此次大赛是 2021 世界 VR 产业大会云峰会的体验活动之一，将对加快构建虚拟现实产业格局、突破产业技术、推进示范应用、打造 VR 产业“江西高地”起到推动作用。

【2021 年全国科普日江西省主场活动暨首届“好奇心”科普节】 9 月 12 日，由省科协、南昌市人民政府等单位联合主办的 2021 年全国科普日江西省主场活动暨首届“好奇心”科普节在南昌市启动。副省长罗小云出席活动，中国科学院院士江风益作主题报告。活动集中开展院士报告会、“赣鄱科普大讲堂”、现场科学体验、主题科普展、科普剧场表演、科普征文大赛等，线上同步举办前沿科技创新成果“云观展”和网络直播，近 3000 人参与主场活动，线上观看人数达 12 万人次。全省各地线上线下同步组织开展 500 多场科普宣教活动，受众 500 万余人次。江西省 12 个单位在中国科协 2021 年全国科普日活动评选中被评为优秀组织单位。

（撰稿人：刘　平　钟海峰）

山东省科学技术协会

服务经济社会发展　省科协推动“科创中国”试点城市建设列入省“十四五”规划，推荐潍坊市、菏泽市入选第二批“科创中国”试点城市。省政府召开“科创中国”建设调度会，推动打造“科创中国”山东样板间。省科协与山东产权交易集团中心有限公司共建技术成果交易服务平台，促进科技经济融合发展。召开推动“科创中国”建设与学会自身能力提升建设会议，支持省级学会建立创新创业共同体。举办 3 期技术经纪人培训班，建设技术交易队伍，组建 20 个省级科技服务团，服务全省科协事业高质量发展。

实施省级学会创新发展工程，评选 20 个创新争先学会，组织 20 项助力创新驱动发展行动，开展联合技术攻关，服务 20 个协同创新基地发展。指导省级学会、企业共建学会服务工作站、学会企业协同创新联盟。山东农学会等 15 个案例入选中国科协“科创中国”科技服务团服务科技经济融合典型案例。

举办“创客之家”评选、科技工作者创新大赛、交通工程创新创业大赛。举办大学生科技节系列活动，参与大学生 23 万人次，参与企业 232 家，覆盖全省 152 所高校。与省人力资源社会保障厅联合举办“技能兴鲁”职业技能大赛。开设齐鲁创业先锋班、稷下创新菁英班和金牌导师讲习团 3 个提高班，50 名“双创”导师、210 余名“双创”学生参加培训。

召开海智工作现场会，中国科协党组成员、书记处书记王进展出席会议并讲话。推进济南市、青岛市 2 个国家海外人才离岸创新创业基地和 14 个海外智力归国服务计划工作基地建设。济宁市高新技术产业开发区、潍坊市滨海经济技术开发区科技创新园获批国家级“海智计划”工作基地。

实施乡村振兴科普行动，加大科普资源供给。16 个省级学会和科普示范团队与 48 个县（市、区）开展对接服务活动，助力打造乡村振兴齐鲁样板。开展农业科技志愿服务活动，组织工作队深入农村、社区开展健康咨询、技术帮扶等科技志愿服务 100 余次，1 名个人和 1 个集体被中国科协评为 2021 年度科技志愿服务先进典型。

加强省智库高端人才队伍建设，队伍规模扩充至 400 人。举办智库高端人才研修班、新旧动能转换国家战略系列创新峰会、乡村振兴与农业绿色发展论坛等 10 余场活动，助力全省八大发展战略实施。在省社会科学规划研究专项中设立“智库高端人才培育研究专题”，开展 20 项重点课题研究，报送决策建议 21 期，17 期获省领导批示，为省委、省政府提供决策参考。

开展“我为群众办实事”实践活动，制订 21 项重点民生项目清单，举办科创融合促发展、科普服务惠民生、建言献策促发展等系列活动。

服务科技工作者　举办山东省 2021 年全国科技工作者日暨欢送住鲁中国科协“十大”代表赴京座谈会，省委副书记杨东奇出席并讲话。会议发布《致全省科技工作者倡议书》，激励广大科技工作者勇做科技自立自强排头兵。举办 5 · 30 全国科技工作者日系列活动，全省开展线上线下活动 2000 余场次，参与人数 300 万余人次。

省科协联合省委宣传部、省科技厅举办“齐鲁最美科技工作者”学习宣传活动，联合新华网、《大众日报》等开展“科技报国红旗榜”系列宣传活动，策划“喜迎中国科协十大”等主题宣传活动。

开展“红色科学路”新时代中国科学家精神主题

展览、"弘扬科学家精神 建功立业新时代"学习宣传郭永怀事迹活动，举办新时代中国科学家精神报告会、"让党旗永远飘扬"——庆祝中国共产党成立100周年科技创新成就主题展，出版《山东科学家传记》。

省科协在青岛西海岸新区开展"山东院士之家"试点建设。与北京大学马克思主义学院、省卫生健康委联合举办省青年科技领军人才国情研修班，邀请中国科学院院士金之钧、北京大学教授孙蚌珠等专家作报告。实施省"青年科技人才托举工程"项目，对20名32岁以下优秀科技人才给予重点资助和扶持。成立省科协党校（科技人才学院），打造科技工作者和科协干部教育培训新阵地。

省科协联合省人力资源社会保障厅开展第十届"山东省优秀科技工作者"评选表彰活动，向省委推荐99名"筑峰计划"青年人才培育人选，向中国科协推荐11名中国工程院院士候选人，推荐的2个项目入选中国科协2021年海峡两岸暨港澳青年科学家学术活动月资助项目。

《科学素质纲要》实施和科普工作 省科协发挥省全民科学素质工作牵头单位作用，完成省全民科学素质工作领导小组成员调整工作，牵头编制《山东省全民科学素质行动规划纲要实施方案（2021—2025年）》。组织开展全国农民科学素质网络知识竞赛，省科协获评优秀组织单位。

开展全国科普示范县（市、区）推荐工作，3个单位获评2021—2025年度第一批全国科普示范县（市、区）。全省共有5个先进集体获"全民科学素质工作先进集体"称号、7人获"全民科学素质工作先进个人"称号。

加强科普设施体系建设，新增8家科技馆列入补助范围，截至2021年年底，全省列入补助范围的免费开放科技馆达到29家。扎实推进省科技馆新馆内容建设，完成内容建设35个标包的招标。实施基层科普行动计划和科普示范工程，建设科普社区110个、农村专业技术协会（农业科技志愿服务队）65个、科普教育基地50个，培育、打造130个科普示范组织。

加强科普活动品牌化建设，全国科普日期间，省科协系统联合相关单位组织开展各类活动8700余项，53个优秀组织单位、88项优秀活动获中国科协表扬，省科协被中国科协评为"全国科普日活动优秀组织单位"。承办科协系统青少年科技教育活动工作研讨会。推进数字科普转型升级，扩大科普传播外延，打造电视、新媒体、广播、户外"四位一体"科普宣传平台。

联合省应急管理厅、省市场监督管理局、省地震局等省直部门开展全国防灾减灾日、全国食品安全宣传周、全国消防安全日等主题科普活动。联合山东交通广播设立科普节目《你知道吗》，联合山东广播电视台少儿频道制作并播出《科普总动员》栏目，不断提升青少年科普教育质量。联合省委组织部在山东干部网络学院开设"科创中国@山东"专栏，组织院士、专家录制科技讲座视频课程。响应国家"双减"政策，实施青少年科普教育330工程，开展中小学"三点半课堂"课后服务项目。

学术交流 5月21日，省科协与中国国际科技交流中心、烟台市人民政府联合主办的2021中日韩工程技术大会在烟台市举办，来自中国、日本、韩国的280多名专家、学者、企业家参加。会上集中签约13个项目。

10月25—27日，由省人民政府、中国科协主办，青岛市人民政府、省科协、中国海洋学会、中国海洋湖沼学会承办的世界海洋科技大会在青岛市举办。大会以"加快海洋科技创新，构建海洋命运共同体"为主题，来自12个国家和地区的100余名海洋领域的院士、专家参加会议。会议发布2021年十大海洋科学问题和工程技术难题、2021年海洋科技指数和中国海洋新兴产业指数，为中国－上合组织国家国际技术交易联盟现场揭牌，中国科学院海洋研究所与山东港口集团有限公司等现场签约。

12月12日，省科协联合淄博市人民政府共同主办的2021年山东省科协年会在淄博市召开。年会邀请4名国内外院士、专家作主旨报告，省大数据研究会、省物联网协会、齐鲁工业大学（山东省科学院）等单位与淄博市有关企业共签署6项合作协议。

2021年，省科协共举办泰山科技论坛76期，其中A类50期、B类26期，累计邀请47名院士、738名专家作学术报告，30万人次科技工作者参加大会。

省科协支持举办第二届世界内燃机大会、2021（第十六届）青岛国际水大会等学术会议。

自身建设 编制《山东省科学技术协会事业发展"十四五"规划（2021—2025年）》，开展改革品牌遴选工作，遴选30个改革品牌项目，发挥改革典型示范引领作用。

深化党建带群建，开展党建与业务结合暨"1+1+N"

结对共建活动，打造“1+1+N 抓党建—带群建—促创新”工作品牌，推动形成大党建工作格局。加强省级学会党建，新成立 14 个学会党建工作小组，制订学会功能型党支部职责任务清单和“负面”清单，促进学会党建和业务融合发展。

加强网上科技工作者之家建设，制订网上科技工作者之家建设方案，推动工作上网、服务上网、活动上网。

扎实推进基层科协换届工作，11 个市级科协、81 个县级科协完成换届，其他市县级科协均已实质开展换届筹备工作。推进省科协事业单位改革工作，完成涉改单位人、财、物转隶。推进基层科协组织力“3+1”工作，新增“三长”1968 人，宣传举荐“三长”工作典型，不断完善“三长”履职工作机制。

省级学会　截至 2021 年年底，省科协所属省级学会共有 155 个、会员 40 万余人。省电工技术学会新增为省科协团体会员。

深化省级学会“两化”建设，52 个省级学会的秘书长专职化工作已完成，秘书处实体化增至 66 个，20 个省级学会成立党建工作小组。

省科协支持省级学会参与社会组织评估，省医学会等 5 个学会被评为 5A 等级。推动省级学会承接政府转移职能，25 个省级学会完成社会力量设奖备案。指导省级学会建立创新创业共同体，推动学会、企业共建学会服务工作站和学会企业协同创新联盟。

省科协组织高端化工学会集群和新能源新材料学会集群开展助力泰安市、滨州市化工产业发展行动；组织现代高效农业学会集群开展产业技术培训和技术对接服务；组织有关学会开展助力产业协同创新基地发展行动，打造“科协系统 + 社团组织 + 学科专家”助力模式。

山东科技咨询协会开展“科创中国”——企业创新达人宣讲活动；省医学会实施“助力产业”工程，为企业提供技术咨询、产品论证和新技术推广服务；省护理学会利用信息化平台开展疫情防控科普线上讲座；山东电子学会承担并完成《山东省第三代半导体产业发展“十四五”规划》编制，助力全省新旧动能转换。

地市县科协　截至 2021 年年底，全省共有 16 个市科协、136 个县（市、区）科协；1 个市级科协、16 个县级科协完成换届。

济南市、青岛市、泰安市、潍坊市、菏泽市科协深入推进“科创中国”试点城市建设工作，促进科技经济深度融合；淄博市科协启动“百企千人”服务行动；枣庄市科协呈报的《关于山东鲁南高科技化工园区发展建设管理的现状和几点建议》获市领导批示；东营市科协开展“科技红娘”创新驱动服务行动；烟台市科协建立“双碳”科普馆——碳中和碳达峰烟台科普馆；济宁市科协打造“好奇心”工程青少年科技教育活动品牌；威海市科协联合 100 家单位成立青少年科创教育联盟；日照市科协深化“智爱妈妈行动”；临沂市科协联合市委组织部开展企业科技需求征集活动；德州市科协联合中国焊接协会举办 2021 中国（德州）高端焊材技术交流大会；聊城市科协打造“两会 + 两院 +N 企”对接合作模式；滨州市科协举办渤海学术沙龙系列活动。

科协基层组织　截至 2021 年年底，全省共有企业科协 1200 余个，个人会员 14 万余人；高校科协 134 个，覆盖率达 95%；16 个市和 70% 的县（市、区）建有农技协联合会。

省科协加强对企事业科协的工作指导，制订《关于做好当前企事业科协工作的意见》，召开企事业科协组织建设座谈会，组织开展企事业科协风采展示和企业“创新达人”宣讲活动。指导山东省药学科学院、山东山科控股集团有限公司、山东产业技术研究院、山东港口集团有限公司等企事业单位成立科协组织。

泰山钢铁集团有限公司科协设立激励与保障资金，用于学术交流、技术攻关、人才培养；山东新华医疗器械股份有限公司科协创新人才梯队培养体系，实施“起航工程计划”“领航工程计划”等；齐鲁工业大学科协举办“药领先锋”新型冠状病毒疫苗知识科普讲座；山东理工大学科协组织大学生参加第十届全国大学生金相技能大赛；滨州医学院科协举办“健康素养大提升　健康科普专家下基层”活动。

【省政府与中国科协签署全面战略合作协议】 12 月 20 日，省政府与中国科协在威海市签署全面战略合作协议。省委副书记、省长周乃翔，中国科协党组书记、分管日常工作副主席、书记处第一书记张玉卓出席签约仪式。副省长凌文，中国科协党组成员、书记处书记王进展分别代表双方在协议上签字。

根据协议，双方将围绕创新驱动发展、黄河流域生态保护和高质量发展等重大战略实施以及山东省经济、科技和社会发展的重大需求，聚焦高水平科技自立自强主题，重点在提升全民科学素质、推进“科创中国·山东”高质量发展、科技人才培养等方面合作，助力山东省推动科技创新和高质量发展。

【黄河国家战略研究院揭牌仪式】 12月20日，黄河国家战略研究院揭牌仪式在威海市举办。省委副书记、省长周乃翔，中国科协党组书记、分管日常工作副主席、书记处第一书记张玉卓出席并为研究院揭牌。

黄河国家战略研究院将协同沿黄省区高等院校、科研院所、科协组织等单位，整合科技界力量，推动学科交叉融合，集聚科研力量，在人才培养、体制机制、协同联动、国际合作等方面加强探索，形成协同创新载体、战略研究阵地、人才共建共享渠道、数据支撑的智库平台。重点围绕生态环境、城市格局、乡村振兴、动能转换、产业体系、交流合作、防灾减灾、黄河文化等方面，力争每年推出一批对地方经济社会发展有重要影响的研究成果。举办高层学术论坛、学术会议、成果发布会等，制订黄河流域人才产业发展路线图，建立课题库、专家库、资源库、案例库等多维全量数据平台，为形成黄河流域相关领域的重大理论创新和智库成果提供数据支撑和科学决策依据。

【青少年科普教育330工程】 结合“我为群众办实事”实践活动，响应国家“双减”政策，省科协联合省教育厅共同实施青少年科普教育330工程，以馆校合作的方式，面向济南市中小学开展“三点半课堂”课后服务项目，通过举办“与科学家同行”青少年科普报告会、搭建科教服务空中云课堂、共建馆校合作科学家园等五大活动，建立多元、立体、可持续的青少年科技教育服务体系，打造学生线上线下“校外第二课堂”。累计开展科普活动80余场，线下受众2000余人次，线上受众3万余人次。该项工作作为省科协经验入选省直属机关工作委员会“我为群众办实事”工作典型案例。

（撰稿人：郝美想）

河南省科学技术协会

服务经济社会发展 发挥科协系统专家优势和组织优势，围绕产业链部署创新链，推荐鹤壁市入选中国科协“科创中国”试点城市（园区）。濮阳市创建中国科协“海智计划”工作基地，邀请10多个全国学会科技服务团到河南省开展科技服务。联合郑州市、鹤壁市、洛阳市、漯河市、新乡市等7个省辖市围绕北斗应用及鹤壁汽车电子、洛阳工业设计、漯河食品机械、新乡高端纺织等地方主导产业，与7家全国学会共同组织召开8场产业技术发展大会，邀请数百名国内外专家、学者开展交流研讨、咨询服务、技术转让等，签订科技合作和项目投资协议29项；举办展会5场，参展企业数百家。组织省机械工程学会、省航空学会等多家省级学会组成近50人的专家团，赴地方开展产业调研16次，编写9项产业发展研究报告。组建150余名专家的科技服务团，指导全省学会成立20个科技服务分队，与相关产业或农村地区对接50余次，开展“送专家、送技术、送服务”活动86次，解决产业、企业技术难题52项。针对20家企业的关键科技难题，组建协同创新团队，共组织专家百余人赴企业开展科技活动70次，培训企业科技人员606名。

积极推进年度科技智库课题项目研究，遴选确定河南省首批5个科技智库研究基地和7个研究基地创建单位。打造省人民政府与中国工程院共建的中国工程科技发展战略河南研究院引才平台，邀请院士80余人次参与咨询研究，开展院士中原行活动；推进年度8项战略咨询研究课题项目，为河南省制订科技政策、推动科技创新提供参考依据。科技工作者调查站点工作第九次获中国科协表彰，关于高铁轴承自主化的智库建议专报获省委书记楼阳生，省委常委、洛阳市委书记江凌，副省长费东斌等省领导批示。

组织学会助力防汛救灾和疫情防控。组建应急救援科技专家服务团，多渠道公布应急救援科技服务团服务范围及联系方式。省测绘学会动员会员单位为郑州特大暴雨灾害提供应急测绘和灾后评估，省生物工程学会及省化工学会指导企业推进重灾区房屋安全隐患排查及疑似危房鉴定等工作，省金属学会动员安阳钢铁股份有限公司、沙钢集团安阳永兴特钢有限公司、中国兵器装备集团有限公司河南中原特钢股份有限公司、闽源钢铁集团有限公司捐款近5000万元，省制冷学会组织会员单位向灾区捐款捐物超2000万元，省工艺美术学会协调救援物资价值1100万元，省照明学会组织会员企业紧急调拨救灾物资驰援郑州市。开展疫情防控研讨，相关学会发挥学科优势，充分利用网络平台开展针对疫情防控的研讨活动，为政府部门科学决策提供智力支持。

服务科技工作者 出台《河南省科协驻会领导联

系地方、院士专家和省实验室工作方案》，领导班子成员带头加强联系服务。推进省院合作，做好“省院会商”成果的协调沟通、跟踪落实，争取中国工程院在科技创新、高层次人才培育等方面的支持。做好院士增选候选人推荐和跟踪服务，许为钢当选为中国工程院院士。开展2021年河南省“最美科技工作者”评选，完成2021年度“中原青年拔尖人才”遴选、第五届河南省自然科学学术奖评选，组织实施“青年人才托举工程”，举办第二期青年科技人才国情研修班，组织召开青年专家代表座谈会，助力青年科技人才成长。联合省人才工作领导小组办公室选聘第三批首席科普专家100人。

《科学素质纲要》实施和科普工作 召开全民科学素质工作专题会议，牵头编制并呈请省政府印发《河南省全民科学素质行动规划纲要实施方案（2021—2025年）》。

深化科技志愿服务活动，动员1300多个科技志愿服务组织和8.1万名科技志愿者，建立“i科普”科技志愿服务基地124个，开展科普“五进”活动近5000场次，受益群众超260万人次。联合举办“红色百年路 科普沿黄行”活动，40辆科普大篷车深入濮阳市濮阳县等6个县（市、区）118所乡镇中小学校巡展，11万余名青少年学生直接受益，省科普大篷车服务团入围中国科协“典赞·2021科普中国”年度基层科普人物。

打造常态化城乡科普阵地，联合认定83个省级科普教育基地，支持建设21个现代农业科普园、20个农村中学科技馆、50个科普示范社区。建立中国农技协科技小院联盟（河南），河南禹州小麦科技小院被评为“全国年度十佳科技小院”。“科普中国”信息员达60万人，转发优质科普资源1235万篇次。培育平顶山市舞钢市、南阳市方城县为全国科普示范县（市、区）。争取中央财政补助支持21个市县科技馆向公众免费开放。组织34站流动科技馆巡展，受益群众80万余人次，省流动科技馆团队获中国特色现代科技馆体系“普惠之星·优秀”称号。

加强科普资源创作，打造中原科普新媒体传播矩阵，开设中原科普云课堂等栏目，点击量达2亿余人次。举办全国科普日活动4863项，辐射公众超过920万人次。举办中国科普作家协会年会暨2021年中原科普高峰论坛、“典赞·2021科普中原”、2021年河南省全民科学素质网络竞赛、防范邪教宣传月、中原科普讲坛等活动。举办青少年科技创新大赛、青少年机器人竞赛、高校科学营等活动，开展2021年“英才计划”学员培养，联合开展青少年科技教育精准服务试点工作，探索“双减”政策下校外科技教育新途径、新方法。

学术交流 联合承办中国北斗应用大会暨中国卫星导航与位置服务第十届年会、中国工程院国际工程科技战略高端论坛暨第六届黄河论坛、2021年全国“双创”活动周郑州主会场等活动。联合主办第二届精确制导武器技术高端论坛暨智能精确制导武器青年领军人才创新发展论坛、黄河流域生态保护和高质量发展河长国际学术论坛、国产首台高原高寒大直径硬岩掘进机下线暨极端工况装备技术发布大会等活动。举办第十四届海峡两岸科普论坛、“高速铁路轴承自主化途径研究”专家研讨会。

2021年，各省辖市科协、全省学会和相关高校科协举办2021年动物学前沿太行山论坛、中国（许昌）能源互联网装备技术发展大会、第四届晋陕豫黄河金三角区域医院联盟年会暨医院管理高峰论坛、绿色低碳技术高端论坛、2021绿色技术科技成果对接交流会等学术活动，累计10万余人次科技工作者参加。

自身建设 健全制度机制。针对群团组织特点，构建由主席会议、常委会会议、全委会会议和党组会议、主席办公会议组成，符合章程、运转高效的议事决策机制。配合省人大常委会法制工作委员会、教育科学文化卫生委员会开展专题调研，推进《河南省科学技术协会条例》修订工作。研究制订《中国科学技术协会章程》实施细则、《河南省科学技术协会事业发展“十四五”规划（2021—2025年）》，制订出台《河南省科学技术协会评审咨询专家库管理办法（试行）》和《省级科普与学会服务能力提升项目管理办法（试行）》等20多项制度，省科协工作规范化水平进一步提升。

强化组织建设。获批增设“院士专家服务办公室”，增加行政编制和副处级干部职数。推进事业单位改革和机关内设机构职能、人员优化调整，完成省科技咨询服务中心并入省科技馆的人员安置、资产处置等相关工作。推进优秀年轻干部双向交流任职“墩苗育苗”计划实施，完成驻村第一书记和事业单位领导班子、机关处级领导干部选拔任用。

加强学会动态管理。制修订全省学会组织通则、换届工作管理办法等制度，提升学会依法依规管理水平。探索问题学会退出机制，稳妥处置省抗癌协会问题，注销、撤销多家问题学会、“僵尸”学会。

深化文明创建和平安建设。推进服务型单位建设，创建无烟党政机关、“省级节水型单位”和2个省直“青年文明号”。创建平安科协、平安学会，获省直国家安全人民防线建设工作先进单位。

省级学会 截至2021年年底，全省共有省级学会148个。

省机械工程学会举办第七届中国超硬材料产业发展大会。省药学会全年共举办学术会议近50场，交流报告250个，线下参加会议人数6000余人次，线上参加会议人数63万人次，讨论问题60余个。省制冷学会主办第四届中国（郑州）冷链物流高峰论坛。省造纸学会企业服务团为企业解决实际问题20多个。省灾害防御协会对2021年全省灾害趋势进行综合分析研究和预测，为省政府提供行业发展决策建议。省药理学会主办第二届中国（郑州）甲状腺疾病国际高峰论坛暨河南省中西医结合学会甲状腺疾病分会年会、河南省药理学会甲状腺药理专业委员会年会。

地市县科协 截至2021年年底，全省共有省辖市科协17个、济源示范区科协1个、县（市、区）科协158个。

洛阳市科协开展第九届洛阳市青年科技奖评选活动，共评选出50名青年科技工作者。平顶山市科协牵头成立平顶山市陶瓷产业协会，推动平顶山由陶瓷大市向陶瓷强市转变。焦作市科协牵头组建焦作市科普联盟，开展“科普研学游”等特色活动。许昌市科协组织科普大篷车活动27次，受益群众1.3万余人次。三门峡市科协把“三长制”实施作为强基层的重要抓手，推动市县乡科协能力建设实现新突破。南阳市科协与中国康复医学会签订战略合作协议，为南阳康复医学、医养健康及生物医药产业发展提供人才和智力支撑。周口市科协制订印发《周口市科协助力乡村振兴实施方案》，评选出993名“千名科技专家”和100名首席科普专家。

科协基层组织 截至2021年年底，全省共有企业科协466个、高校科协40个、医疗卫生机构科协13个、园区科协6个。新增企业科协77个、高校科协5个、园区科协2个。

多氟多新材料股份有限公司科协联合举办电子化学品产业发展专家研讨会。河南中原黄金冶炼厂有限责任公司科协全年累计获得专利7项，发表论文13篇，开展科技攻关课题共63项，完成各类科技培训工作20余项。河南大学科协推荐1人获“中原青年拔尖人才”项目支持、3人获河南省“青年人才托举工程”项目支持、54项成果获河南省第五届自然科学学术奖。开封大学科协完成1项横向科研项目签约。

【2021世界传感器大会】 11月1日，由中国科协、河南省人民政府共同主办，省科协联合有关单位共同承办的2021世界传感器大会在郑州市举办。中国科协党组书记、分管日常工作副主席、书记处第一书记张玉卓通过视频向大会致辞，河南省委常委、副省长费东斌出席大会并致辞。

本届大会包含1个主报告会和10个专题会议，60余位院士、学者、产业界技术专家从不同角度对智能传感器发展进行主题演讲。西门子、松下、江森、霍尼韦尔、高通、中国联通等来自全球10个国家的170家企业展示新产品新技术。大会期间还进行2021中国（国际）传感器创新创业大赛决赛评选。郑州国家高新技术产业开发区、鹤壁市人民政府等与企业共签约项目24个，其中郑州国家高新技术产业开发区签约项目19个。

【开展防汛救灾及疫情防控应急科普】 7月中下旬，河南省多地经受汛情和疫情双重考验，省科协根据中央和省委要求，坚决扛稳扛牢政治责任，抓好科协组织全线动员，抓好科学防疫应急科普，抓好抗灾重建科技支撑，凝聚科技界力量，为抗灾防疫重建提供科技支撑和智力支持。

在网络媒体平台开辟“防汛应急科普”专栏，刊发防汛救灾科普知识。加强应急科普产品创作与传播，发放科普挂图、手册等防汛救灾科普读物10万余份，全省16万余名科技志愿者和科普信息员转发防洪救灾科普文图视频信息1000万余条次，播放量、阅读量达1.2亿人次。共建共享科普资源，举办“中原科普云课堂”，邀请首席科普专家线上直播解读与汛情疫情相关的科普知识，录制适合手机端传播分享的疫情防控科普音频节目，向全省各地推送播出。

依托报刊媒体平台科学传播防灾防疫知识。《河南科技报》刊登应急科普专版16个、防汛专版20个；《农家参谋》在新媒体平台推出系列科普内容，围绕防灾和防疫两大系列发布权威科普解读；在《河南日报》客户端开设“抗灾重建　科协聚力”“科学防疫　科协聚力”专栏，传播科学抗灾防疫知识，组织院士、专家为抗灾重建提供科学决策建议。

组建首席科普专家防汛减灾科技志愿服务团，开展以灾后农业技术指导、群众心理援助为主要内容的“i 科普”科技志愿服务 300 多次。下沉一线助力疫情防控，省科协机关和事业单位 132 名党员干部报名参加疫情防控志愿服务，32 名党员下沉科技社区参与居民核酸检测点现场服务。

【《河南省全民科学素质行动规划纲要实施方案（2021—2025 年）》印发】“十三五”末，河南省公民具备科学素质的比例达到 10.17%，越过 10% 的重要标志线，完成“十三五”确定的 9.38% 的目标任务。12 月 4 日，省政府办公厅印发《河南省全民科学素质行动规划纲要实施方案（2021—2025 年）》，明确“十四五”河南省全民科学素质建设的总体要求和主要任务。根据《河南省全民科学素质行动规划纲要实施方案（2021—2025 年）》，“十四五”时期，河南省将进一步加强科学素质建设，到 2025 年，科学精神价值引领深入人心，全省科普基础设施明显改善，科普活动覆盖面和有效性进一步拓展和提高，科学传播媒体融合程度进一步提高，科普公共产品和服务供给能力显著提升，区域和城乡科学素质发展差距明显缩小，科普助力高质量发展的动能显著增强，适应创新发展需要的现代科普体系更加完善，全民科学素质建设对促进科技创新的基础性作用进一步显现。全省公民具备科学素质的比例达到 15% 以上。

【“i 科普”科技志愿服务行动“兰考模式”全国推广】 针对社会公众对科技的迫切需求和科技工作者服务社会的强烈愿望，省科协实施“i 科普”科技志愿服务行动。三年来，“i 科普”科技志愿服务活动超过 1 万场次，受益群众超过 1000 万人次。开封市兰考县科协针对本地特色农业发展战略和农民科技致富需求，成立兰考县“一懂两爱”（懂农业、爱农村、爱农民）科技服务团，常年活跃在田间地头，带领县农技专家和乡土人才开展科技惠民服务，形成科技志愿服务助力乡村振兴的“兰考模式”，受到中国科协充分肯定并在全国科协系统推广。

【推进河南省科技馆新馆建设】 推进河南省科技馆新馆建设工作，加快建筑收尾工程、展教工程、配套设施建设和运行筹备工作进度。建筑遗留问题正在逐步解决，建筑整改事项已基本整改到位。申报获批中央专项资金开展新馆灾后修复。成立新馆展教运营工作建设指挥部，组织专家论证会、评审会 30 多次。组织招标项目 20 项，分 6 批从非洲、北美引进珍稀野生动物标本 400 件。完成相关设施设备的安装调试工作。

（撰稿人：王红松　康　波　石　岩　李　阳）

湖北省科学技术协会

服务经济社会发展　实施中国科协“一揽子”计划，支持武汉市疫后重振。开展“荆楚院士行”系列活动，召开院士恳谈会。完成《中国公共卫生与健康白皮书》——新冠肺炎疫情防控与公共卫生治理现代化”年度课题报告和 27 个课题，上报采纳专报 20 多篇。发挥中国工程科技发展战略湖北研究院作用，280 余位院士领衔或参与战略研究、联合攻关与咨询服务，开展咨询研究项目 88 项，提交决策咨询建议 50 余篇。

拓展中国科协“科创中国”试点城市（园区）布局。经省政府推荐、中国科协评审，襄阳市、荆门市入选第二批中国科协“科创中国”试点城市（园区）。在襄阳市、十堰市等市开展巡回培训 22 场。在武汉市举办“科创湖北”省级联络员培训班，共培训科创联络员 920 人、认证省级联络员 195 人、培训技术经纪人 30 人。建设“科创中国·湖北中心站”网络平台，创建“科创中国”数据库，接入省内 209 种科技期刊数据，为企业和科技工作者服务。

获得 9 个中国科协对外交流与合作资助项目。形成《关于中国科协“一带一路”国际科技组织合作平台建设“一联盟三中心”项目进展情况的汇报》并上报中国科协国际合作部。资助 13 个“海智计划”项目。举办 2021 年第二十一届华侨华人创业发展洽谈会碳达峰碳中和高端峰会暨海智助力清洁能源产业发展专场会议。全省海智基地（离岸创新）站点开展海智活动 34 场，发布海外人才项目需求 275 项，洽谈项目 82 项，签署协议 47 项，接待海外专家团体 130 余人次，引进团队 7 个，引进高层次海外人才 25 人，新增国家海外人才离岸创新创业基地（武汉）襄阳工作站。

承办 2021 年中国（武汉）海外人才创新创业项目大赛活动。6 大赛区，29 个国家和地区的 577 个项目参与角逐。经海选、初赛等环节，83 个项目进入武汉决赛，最终评选出 30 个获奖项目。8 个获奖创业项目与武汉东湖新技术开发区签约落户，8 个获奖创业项目和创投资本签约。中国科协党组成员、机关党委书记王守东，副省长肖菊华出席颁奖典礼并致辞。

注销院士（专家）工作站149家，新建专家工作站116家，其中规模以上企业新建工作站76家，现有院士（专家）工作站567家。

服务科技工作者 发挥科协党校作用，举办专题培训班、研修班。组织全省科学道德和学风建设宣讲报告会。推进老科学家学术成长资料采集工程。开展“众心向党 自立自强”全国科技工作者日活动，省委常委、统战部部长尔肯江·吐拉洪等领导走访慰问科技工作者、考察科研机构、召开座谈会。各级科协组织开展科技工作者日活动508场，累计共有139.6万人次参加。联合湖北广播电视台拍摄制作《海擎巨轮诲高远：湖北省科学技术协会发展成果纪实》，在湖北经视频道播出；联合《湖北日报》推出《凝聚科技智慧 推动经济发展》七一特刊。

做好2021年中国工程院院士候选人推选工作，8名科技工作者当选为中国科学院院士、中国工程院院士，湖北省院士总数达到81人。省委书记应勇、省长王忠林专门召开新当选院士座谈会。全省评选首届“湖北省杰出人才奖”20名，12位院士当选。举办2021年中国创新方法大赛湖北赛区比赛，选拔6个项目参加全国总决赛，获一等奖2项。推荐3个单位和项目获评2021年度全国科技志愿服务先进典型。

经评选，推荐10名科技工作者为2021年“最美科技工作者”湖北省候选人。中国科学院院士、中国工程院院士、武汉大学教授李德仁获评2021年全国“最美科技工作者”。推荐李德仁、黄立2名科技工作者入选“面向国家重大需求”典型科技人物。在《湖北新闻》播出李德仁、黄立的宣传视频。在华中科技大学举办“最美科技工作者进校园”暨荆楚科学家精神大讲堂活动，2019年全国“最美科技工作者”徐恭义作报告，讲述科研报国先进事迹。

对国家级和省级站点2020年度工作开展考评，评选表彰襄阳市科协、省科技期刊编辑学会等7个优秀站点。开展站点调整轮替工作，撤销全国站点3个，新增全国站点3个，撤销8家省级站点，全省两级调查站点共36家。上报信息100余篇，中国科协刊用4篇，编印《信息要报》12期，组织全国站点完成2021年度专项调查。

《科学素质纲要》实施和科普工作 2021年湖北省公民具备科学素质的比例达到10.95%。向省政府报送《省科协关于报送2020年湖北省公民科学素质调查主要结果的报告》，汇报“十三五”全民科学素质建设成效。召开2021年湖北省全民科学素质工作领导小组会议暨全民科学素质行动推进会，副省长肖菊华出席会议并讲话。审议《湖北省全民科学素质行动规划纲要实施方案（2021—2025年）》，明确到2025年全省公民具备科学素质比例超过16%的总目标，列入《湖北省科技创新“十四五”规划》。

开展“荆楚科普大讲堂”院士名家报告会等活动100余场。资助建设91个省级特色产业科普基地项目，出版《图说病毒（第二版）》《湖北化石》等9本图书。仙桃市，武汉市洪山区、江夏区入选第一批全国科普示范县（市、区）。武汉市江岸区等18个县（市、区）入选第二批全国科普示范县（市、区）。制订实施《关于加强科技志愿服务助力新时代文明实践中心建设工作指导意见》《关于加强平战结合应急科普工作的办法》。支持黄石市创建中国科协全域科普试点城市建设。

印发实施《“科普湖北”建设总体方案》，完成“科普湖北云平台”升级改造。成立省科普融媒体联盟。举办2021湖北·武汉汉街科普之夜暨“天天科普”启动仪式。上线运行“湖北天天科普”微信公众号。做好“科普湖北云平台”运行、“江城科普快车”“智豆”手机App建设。全年科普信息化平台累计更新内容2600余篇，浏览量80万余次，访客60万余人次。

在省科技馆新馆举办2021年湖北省全国科普日活动启动式暨主场活动。承办全国科普日“中国飞天梦”科普中国万里行湖北站活动。参加科技活动周、文化科技卫生“三下乡”等活动。组织首届全国青少年科学节活动，170万人次参加活动。组织2021年青少年科学调查体验活动，8114个单位参加活动，获评1个优秀组织单位、45个优秀学生小组。开展网络科普进校园活动，举办线上讲座19场，总浏览量超60万人次。

现有科普教育学校40个，组建科技志愿服务团队1186个，动员科技专家41630人，组织开展科技志愿服务活动2417次。举办农函大培训班160次，培训农民1.5万余人次，组织科技专家编写《科技助力乡村振兴丛书》，作为培训教材向农民免费发放3500册。

学术交流 全年举办学术会议712场，其中国际学术会议41场，累计共有722503人次参加会议，交流学术论文14351篇。实施“科技创新源泉工程”项目。对省生物工程学会、省微生物学会等10个“能力提升学会”，省柑桔学会等10个“服务创新学会”，《医药导报》《华中农业大学学报》等10种“优秀科技期刊”予以立项资助。资助第四届武汉国际临床肿瘤高峰论坛暨第五届湖北省临床肿瘤学术大会、第二届中南五省植物生理学会联合学术年会等40个学术活动。印发《湖北省科技期刊楚天卓越行动计划》，培育一批国内领先的一流科技期刊。

7月8日，中国微生物学会农业微生物学专业委员会、省微生物学会主办的第三届水虻与微生物研究与应用国际研讨会在武汉市召开，200余名专家、学者参加线下研讨会，2400余名国内外专家、学者通过线上直播的方式参加会议。

11月26—28日，第三届巴东国际地质灾害学术论坛在恩施土家族苗族自治州巴东县举办。论坛以“水库地质灾害科学观测与防控”为主题，由地质灾害防治科普教育、地质灾害精细建模与分析评价新技术培训、大会学术报告、分会场研讨和会议展板竞赛五部分组成。来自美国、德国、意大利、韩国等22个国家和地区的工程地质专家、学者围绕地质灾害进行学术研讨。《光明日报》、学习强国、中国网等主流媒体线上直播，观看量超过116万人次。

12月16—17日，由中国科协“一带一路”国际科技组织合作平台建设项目支持、省微生物学会承办的2021年生物安全实验室管理与技术国际培训班在武汉市举办。来自尼日利亚、巴基斯坦、巴西、希腊等26个国家的200余名专家、学者参加会议。

自身建设　1月，省科协以通讯方式召开九届六次全委会会议、九届七次常委会会议。根据省委提名，经全委会委员表决，同意增补陈兴荣为省科协第九届委员会常委、副主席。

3月18日，省科协九届七次全委会会议、九届八次常委会会议在武汉市召开。省委常委、统战部部长尔肯江·吐拉洪出席会议并讲话。省科协主席郭生练代表省科协第九届常委会作2020年度工作报告，部署2021年工作。会议选举中国工程院院士姜德生等32人为湖北省出席中国科协第十次全国代表大会代表；推选叶贤林、姚宜斌、陈蓉为中国科协第十届全国委员会委员候选人；变更、补选方虹、甘振维为省科协第九届委员会常委。会议审查和批准《湖北省科学技术协会事业发展“十四五”规划（2021—2025）》。

8月，省科协以通讯方式召开九届八次全委会会议、九届九次常委会会议。根据省委提名，经常委会、全委会表决，同意增补朱志斌为省科协第九届委员会委员、常委、副主席；马忠星、朱瑛、刘侃不再担任省科协第九届委员会副主席。

11月18日，省科技馆揭牌运行。开展党史学习教育、庆祝建党100周年系列活动，推动“我为群众办实事”活动，党组和各党支部领办的34件实事全部完成。

省级学会　吸纳省畜牧兽医学会成为省科协团体会员，新成立省智能医学学会、省国土空间规划学会、省新能源发展促进会、省智能科教研究会4个学会，依法依规注销6家学会，省科协所属学会总数为158个。

10月，成立省科协科技社团党委。制订《关于进一步深化所属学会改革的工作措施》，指导学会制订改革方案149个。完成省科协所属学会年度检查工作，年检合格率达84.7%，指导学会办理领导干部社团兼职审批8人次，指导20个学会完成换届。支持学会参加社会组织评估，省通信学会、省风景园林学会获得5A评估等级。

制订《省科协关于进一步加强创新源泉工程等学会学术项目绩效管理的工作措施》，对116个学会重点学术活动资助项目进行绩效评价。起草《省科协所属学会承接财政项目管理办法》，对122家学会、245个项目的资金使用情况进行检查。对学会秘书长进行专门培训，安排财务人员面向学会开展工作，制订学会项目考核验收相关规则，推动学会规范使用财政拨付资金。

地市县科协　截至2021年年底，全省共有市、州、直管市、林区科协17个，县级科协103个。

武汉市成立中国工程科技发展战略湖北研究院武汉分院。成立由陈孝平、桂建芳、刘经南、邓子新4名院士领衔命名的科普工作室。14名院士、252名专家开展科普活动40余场次，惠及民众逾千万人次。普及推介疫情防控知识5000余篇次，开通防疫心理咨询热线。开通江城科普快车“武汉保卫战”疫情防控专列。“抗击新型冠状病毒”网络知识有奖竞答活动在全国推广，武汉市逾300万人次参加。79篇近5万字的《武汉科协人的战疫日记》被中国科协官网、人民网等40多个主流媒体全文转发。中国科协在中央电视台“典赞·科普中国”活动盛典上特别设置“致敬武汉科协人”视频连线环节。

襄阳市科协投资建设智慧科协信息化平台，与中国科协“科协一家”互联互通，推进基层科协组织在网上空间实现联通。104 个基层科协、36 家学会、238 家企业科协、110 家院士专家工作站、17 家科技人才之家共 2 万余人次完成数据采集和组织注册上线。襄阳市科技馆新馆于10月1日开放运行，总建筑面积3.5 万平方米，展教面积约 2 万平方米，设置有科学探秘、地球家园、公共安全、生命与健康、创新前沿、儿童科学乐园、活力襄阳七大常设展厅，科普展品 410 件，动物标本 370 件。

咸宁市作为“科创中国”首批试点城市，发布技术需求 160 余项、技术成果 10 项、专家人才 500 多人。

科协基层组织 全省共有省级企业科协 26 家，会员 90458 人；市级企业科协 493 家，会员 36607 人；县级企业科协 760 家，会员 25290 人；高校科协 51 家，会员 32900 人；街道（乡、镇）科协 1086 家，会员 60797 人；农技协 531 家，会员 85099 人。

随州市随县尚市镇科协制订尚市镇科普工作规划以及年度工作计划，指导镇内协会和科普基地“站、栏、员”建设。巡回讲课 20 多场次，发放技术资料 3 万余份、技术手册 2 万余册。健全植保队伍，改善病虫测报条件，每村配备一名查虫员，发布《病虫情报》及各项管理、栽培技术等 20 余期。

恩施土家族苗族自治州科协基层组织开展各类科普工作。微型科技馆面向市民开放试运行。恩施州护理学会科技志愿服务队开展“在一起，温暖你”公益服务活动。恩施州口腔医学会开展口腔医学科普活动。恩施州心血管学会开展心血管疾病防治科普及义诊等活动。全州 15 家科普教育基地集中对外开放。

【湖北科技强省建设院士恳谈会】 5 月 11 日，湖北科技强省建设院士恳谈会在武汉市举办。中国工程院党组书记、院长李晓红，中国工程院主席团名誉主席周济，中国科协副主席、中国工程院副院长邓秀新，中国工程院副院长陈左宁、钟志华、王辰等 18 位院士出席会议，共商推进湖北科技强省建设。会议由省委书记应勇主持。

省委副书记、代省长王忠林介绍经济社会发展和科技强省建设情况。周济、陈左宁、钟志华、邓秀新、王辰，中国工程院院士邬贺铨、贺克斌、潘垣、余少华、马丁分别围绕制造业、汽车产业、生物种业等提出意见建议。中国科学院院士、中国工程院院士李德仁以及中国工程院院士刘经南、陈焕春、李建成、钮新强、张联盟、杨春和，省领导尔肯江·吐拉洪、李乐成、肖菊华，武汉市市长程用文，省科协主席郭生练等出席恳谈会。

【中国工程院、湖北省人民政府合作委员会 2021 年度工作会议】 5 月 11 日，中国工程院、湖北省人民政府合作委员会 2021 年度工作会议在武汉市召开。中国工程院党组书记、院长李晓红，省委副书记、代省长王忠林出席会议并讲话。

会议听取副省长肖菊华介绍湖北省科技创新工作情况，省科协主席、中国工程科技发展战略湖北研究院院长郭生练介绍湖北研究院 2020 年工作情况和 2021 年工作安排；省科协党组书记、中国工程科技发展战略湖北研究院执行院长叶贤林报告咨询研究项目结题情况、2021 年咨询研究项目以及湖北研究院办公楼使用方案等情况，并进行审议。

【第十一届湖北科技论坛】 9 月 29 日，由省科协主办，以“科技赋能　谱写新篇——助力科技强省建设”为主题的第十一届湖北科技论坛在武汉市召开。省委常委、统战部部长尔肯江·吐拉洪出席论坛开幕式并致辞。中国科协党组成员、书记处书记吕昭平通过视频致辞。省科协主席郭生练主持论坛。

中国科学院院士潘建伟、龚健雅、徐红星分别作主旨报告。省科协及所属学会、市州科协、高校科协、企业科协等 6000 余人以现场和视频会议的方式参加会议。

【湖北省科技馆揭牌】 11 月 18 日，湖北省科技馆揭牌。省委常委、统战部部长尔肯江·吐拉洪出席揭牌仪式并宣布省科技馆开馆。活动由省科协主席郭生练主持，省科协党组书记、副主席叶贤林介绍省科技馆建设情况。省政府副秘书长丁辉出席揭牌仪式，省发展改革委、省财政厅、省科技厅等省科技馆新馆工程建设领导小组成员单位的领导参加活动。

省科技馆位于武汉市高新大道 779 号，全馆占地面积 19.4 万平方米，主体建筑面积 7.03 万平方米，其中室内展览教育总面积 4.4 万平方米。

（撰稿人：方茁壮　唐　华）

湖南省科学技术协会

服务经济社会发展 推进“科创中国”湖南中心建设。新入驻机构 2952 家，其中学会 223 家、企业 1790 家；入驻专家 4222 人，发布成果 500 个、需求

762项、各类资讯7460条。新建3个科技创新联盟。省企业科协联合会入选“科创中国”区域服务团示范项目。长沙市、衡阳市入选“科创中国”第二批试点城市（园区）。长沙市将“科创中国”纳入经济体制改革总体布局，市党代会报告、市政府工作报告均明确提出高水平建设“科创中国”试点城市。衡阳市举办试点城市推进会，组建试点城市投资联合体，成立核技术应用科技专家联盟服务团，签约会地合作项目19个，推动“科创中国”联合体入驻市高新技术产业开发区，“科创智谷”“科创中国”青年百人会入驻市科创港。

举办全国“双创”周湖南分会场活动。聚焦“高质量创新创造、高水平创业就业”主题，组织“智汇有色、科创未来”院士高峰论坛暨中国（湖南）有色金属行业创新挑战赛启动仪式、“赋能成长　筑梦未来”创业导师培训等五大重点活动和预热、后续活动，线上线下参与观众逾100万人次。开展群众性创新创业活动，评选“创新达人”100人，涉及全省20个工业新兴优势产业链。举办创新方法和创新“三师”培训7场，培训一线科技人员750人，培育创新方法应用成果202项，为企业解决技术难题110余项。

新建院士工作站8家，新增进站院士7人。全省共建院士工作站50家，进站院士164人。开展科技活动1013次，参与科技人员超5万人次。推广新技术、新产品282项，完成科技成果1236项，获得授权专利5000多项，获得省部级以上奖励245项。制定或参与制定国际、国家、行业标准以及发表论文1460余项。搭建多层次创新服务平台，首次建立专家站20家，引进专家78人。组织2021年度“海智计划”申报评审立项工作，新建“海智基地”6个，新增“海智基地”示范项目5个。

完成决策咨询课题“以工业互联网助推国家重要先进制造业高地建设”，在省委财经委员会《财经专报》刊发。围绕创新创业高质量发展，完成《湖南湘江新区国家大众创业万众创新示范基地建设方案（2021—2023年）》，被湖南湘江新区采纳。

实施科技助力乡村振兴工程，对口联系湘西土家族苗族自治州古丈县红石林镇铁马洲村。多次邀请专家到村指导，推动茶叶、八月瓜等品种改良；开展结对帮扶，全村27户监测户由工作队和村干部结对帮扶，落实相关政策；按要求做好巩固脱贫攻坚成果与乡村振兴有效衔接相关工作，组织“我为群众办实事”实践活动。在对古丈县103个帮扶工作队的考核中，省科协工作队排名第一。

服务科技工作者　向中国科协推选中国工程院院士增选候选人4人。组织开展第二届省优秀科技工作者和第十一届省青年科技奖评选工作，评选表彰省优秀科技工作者和省青年科技奖获得者各40人。继续支持2019年、2020年院士后备人才、中青年学者、年轻优秀科技人才托举对象共69名。开展2021年全国科技工作者日湖南系列活动。举办“我和我的祖国——中国科学家精神主题展”全国巡展（湖南站）和中国科学家精神宣传教育阵地建设展，累计参观人数2.8万人次。举办全省科学道德和学风建设宣讲教育报告会2场，来自南华大学、湖南文理学院的400余名师生参加报告会。组织开展“学习袁隆平院士”系列活动。

开展湖南省“最美科技工作者”评选和学习表彰活动，推选包幼林等10人为2021年全省“最美科技工作者”，并作为全国“最美科技工作者”候选人推荐至中国科协。在《湖南日报》开设“科技之星”专栏，宣传展示中国工程院院士王耀南等优秀科技工作者的突出贡献。在省科技馆设湖南优秀科技人物展，宣传在科技领域取得优异成绩的科技工作者。

全省共设全国科技工作者状况调查站点19个，开展科技工作者状况调查1次。湖南省获评全国优秀区域责任部门，全省15个站点获评全国优秀站点。

《科学素质纲要》实施和科普工作　推动省政府办公厅印发《湖南省全民科学素质行动规划纲要实施方案（2021—2025年）》。多次陪同省委副书记、省长毛伟明，省委副书记乌兰，副省长陈飞等省领导调研省科技创新馆改扩建工程。推动省委宣传部印发《全省科普宣传报道工作方案》，联合省科技厅编制全省科技资源名录。省人力资源社会保障厅将科学传播纳入专业职称评审序列，新增省科学传播专业高级职称评审委员会，明确省科协为评审组建单位。举办全国科普日湖南系列活动，主场活动以“碳达峰、碳中和”科普宣传为重点，组织主题科普报告、科普征文、党史及科普知识抢答赛、主题演讲赛等6项重点示范性活动，线上直播观看人数达53万人次。

推动创建科普示范县（市、区），浏阳市和常德市武陵区列入中国科协2021—2025年度第一批全国科普示范县（市、区），全省23个县（市、区）被认定为第二批创建单位。

推进全民科学素质行动。举办湖南省第五届科学素质网络大赛，参赛人数近1600万人次。举办第42届湖南省青少年科技创新大赛、第13届湖南省青少年机器人竞赛暨第三届湖南省青少年创意编程与智能设计竞赛等赛事，规范中学生学科竞赛管理。省科技馆全年接待参观团队71个、观众36万余人次。开展“中国古代科技展”“中国手工造纸的技艺”等多项主题巡展。打造“小小辅导员”特色品牌，联合省直团工委等单位开发主题式科普课程，累计开设科学课187节，接待学生3000余人次。流动科技馆湖南巡展活动由全覆盖转为精准覆盖，完成17个站点巡展，参观人数超45万人次。科普大篷车深入基层一线学校和社区，开展趣味科普活动33场次，发放科普读本8万余册，受众3.8万余人次。

推动基层科普工作。指导各市州科协针对不同人群、不同地域、不同季节开展科普工作。推广“两融合”，科普信息员突破200万人，传播量累计1.5亿次。全省建成14个县域学会服务站，引进20余家省级学会科技资源，服务地方经济社会发展，推广先进技术180余项，培训农民4.9万人次、土专家2300余人次，建设科普小镇14个，打造农业、生态、医卫科普教育基地48个。与永州市东安县人民政府签署《科技馆助力“双减”科普教育行动框架协议》。

推动科普信息化建设。与省委宣传部协调，推动“科普湖南”平台入驻学习强国，并嵌入省科学素质纲要实施工作办公室17个成员单位网络宣传平台。平台总用户超380万人，微信用户194万人。全年传播2.4亿人次，累计传播4.5亿人次。发布科普图文1.3万篇、海报400余幅、动画29部、视频162部、音频52部，直播42场，收看人数近千万人次。

学术交流 2021年，全省科协系统共举办学术交流活动600余场，线上线下参加会议人数超50万人次。

主办一批高规格学术活动。10月16日，2021（长沙）国际稻作发展论坛在长沙市举办。论坛以“传承与发扬袁隆平科技创新精神、推动稻作产业技术发展”为主题，采取线上与线下相结合的方式召开。

10月19日，博鳌亚洲论坛全球经济发展与安全论坛粮食安全分论坛在长沙市举办，论坛主题为“民以食为天：粮食安全的‘内外兼修’”。论坛邀请联合国世界粮食计划署驻华代表屈四喜、世界粮食奖基金会荣誉主席肯尼思·奎因等专家作学术讲座。

12月25日，由省科协主办的2021年湖南科技论坛在长沙市举办。论坛围绕科创科普战略，探索科研单位与地方及企业需求对接，为产业发展赋能。

参与全省重大学术活动的协办工作。负责17名出席2021世界计算大会的湖南院士的邀请和接待。完成第二届中国－非洲经贸博览会宁夏团接待工作，获省政府肯定。

自身建设 召开省科协第十一次代表大会，选举产生新一届领导机构，田红旗当选为省科协主席。

持续推进深化改革，56项改革总任务已完成53项，完成率94.64%，其他3项取得阶段性成果。多项改革工作经验在中国科协“科协改革进行时”微信公众号上发表。

截至2021年年底，全省共建立各级各类科协组织3.69万个，同比增长5.4%。省级学会全部建立党组织，其中140个学会实现理事会、秘书处、专委会3个层级党建“两个全覆盖”。

实施“学会服务能力提升计划”项目32个，其中，确定建立科协工作联盟1个；组织学会实施“乡村振兴试点项目”15个；促成学会承接政府转移职能199项。新建学会服务站19个，累计建立省级学会服务站32个、国家级学会服务站13个。

省级学会 截至2021年年底，全省共有省级学会153个，新增省级学会3个，2个民办非企组织脱离省科协主管，总数比2020年增加1个。新建省级学会联合体3家。指导学会参加社会组织评估工作，10个学会获评5A级社会组织；组织学会参加全省“十百千”示范社会组织创建工作，4个学会获评第二批“湖南省示范社会组织”。

省生态学会、省健康管理学会实施乡村人居环境技术标准化应用试点项目，建立园艺作物生产示范基地、油菜全程机械化示范片300余亩。

省数学会与京东集团、湘潭市人民政府共建京东智能城市与大数据研究院，与钱学森空间技术实验室联合共建空间智能计算与数据处理研究中心，与中铁二局集团有限公司合作开展基于北斗高精度定位智能群枕式长钢轨铺轨机组在成昆铁路的实地测试。

省计算机学会组织省内中学生参观国家超级计算长沙中心，现场讲解超级计算机在气象预测、生物医药、动画渲染等方面的应用。

省国土空间规划学会、省城乡规划学会联合开展优秀国土空间规划师评选活动，共选出20名优秀国土空间规划师。

地市县科协 全省14个市州科协全部独立建制、设立党组、完成换届；12个市州科协成立社会组织行业党委；122个县市区科协全部独立建制，其中110个设立党组、108个完成换届。

常德市、郴州市、娄底市等市科协重视青少年科普教育。常德市科协通过科学与运动相结合来培养青少年科学知识和创新精神，举办2021年青少年科普公益夏令营和家庭户外科学越野赛。郴州市科协落实“双减”政策，利用双休日、节假日打造青少年“第二课堂”。湘潭市科协重视高校科协建设，全市11个高职院校全部成立科协组织。张家界市科协新发展农技协6家，为会员免费提供种子、肥料及技术培训，会员种植水稻人均每亩增收1800元。益阳市南县科协整合资金建设“科普小镇”，打造高标准科普示范基地和科普文化广场。株洲市科协围绕聚焦优势产业、加快打造竞争新优势等选题，引导全市科技工作者献智献策，征集报告216篇，其中18篇在党刊和《株洲日报》等媒体上发表。怀化市科协新建农村中学科技馆8所，县级科技馆建设被纳入全市“十四五”规划远景目标。

科协基层组织 截至2021年年底，全省共有企业（园区）科协6583个，新增583个；高校科协89个，无新增；乡镇（街道）科协1963个，新增33个；村（社区）科协29995个，新增6892个。

中南大学科协成立17个二级学院青年科协分会，开展青年教师结对帮扶指导，形成“信息传递、集中学习、精准帮扶、申报服务”模式。湖南工程学院科协建设5个工程类全省“双一流”应用特色学科、14个工程类省部级科研平台，150余项工程类科研成果得到应用或转化；与7个地市签订校地全面合作协议，与湘电集团有限公司等252家企业开展产学研密切合作。

全省企业科协开展“揭榜挂帅”行动，实现4项企业需求的对接和落地。其中，山河智能装备股份有限公司科协“一种压力自匹配能量利用技术”入选“科创中国”装备制造领域先导技术榜单成果。举办民营企业科协负责人创新服务能力提升行动培训班，培训全省民营企业家近80人。大汉控股集团有限公司、湖南湾田集团有限公司、湖南和顺投资发展有限公司、湖南科德信息咨询集团有限公司等企业科协联合开展特色学术活动122次、科普讲座50多场、科技志愿服务活动16次，现场技术指导1000多人次，线上服务100多人次。大汉控股集团有限公司科协编写《民营经济工作简讯》17期，微信公众号发布新闻报道30余篇。

【湖南省科学技术协会第十一次全省代表大会】 12月18日，湖南省科学技术协会第十一次全省代表大会在长沙市举办。中国科协党组书记、分管日常工作副主席、书记处第一书记张玉卓视频致辞，省委书记张庆伟出席开幕式并讲话，省长毛伟明、省政协主席李微微、省委副书记朱国贤等省领导出席会议。省科协第十届委员会主席张尧学在大会上作工作报告。张玉卓对湖南省各级科协组织在提升“四服务”效能，实施科技人才托举工程，拓展学术交流、科学普及、决策咨询等方面取得的成果给予肯定，希望省科协坚持“四个面向”，增强“三性”，加强对科技领军人才、青年骨干、海外人才和基层科技工作者的联系服务，推动高水平科技自立自强。张庆伟对全省科协组织和广大科技工作者的工作表示肯定，强调全省广大科技工作者要做理想信念的坚定信仰者、科技高峰的勇敢攀登者、改革发展的开拓奋进者、人才兴省的积极推动者、科学家精神的带头践行者，各级科协组织要真正把自身打造成有温度、可信赖的科技工作者之家。

会议审议通过《关于湖南省科协事业发展“十四五”规划的决议》《关于湖南省科协第十届全省委员会工作报告的决议》《关于湖南省科学技术协会实施〈中国科学技术协会章程〉细则的决议》《关于授予湖南省科学技术协会荣誉职务的决定》。选举产生省科协新一届领导机构，中国工程院院士、中南大学校长田红旗当选为省科协第十一届委员会主席。会议还为省优秀科技工作者、省青年科技奖获得者、省“最美科技工作者”颁奖。

【2021（长沙）国际稻作发展论坛】 10月16日，由省科协、国家杂交水稻工程技术研究中心等单位联合主办的2021（长沙）国际稻作发展论坛在长沙市举办。论坛以“传承与发扬袁隆平科技创新精神、推动稻作产业技术发展”为主题，采取线上线下相结合的方式召开，来自国际国内的500余名专家、学者参加会议。世界粮食奖基金会荣誉主席肯尼思·奎因通过视频致辞。中国科学院院士谢华安，中国工程院院士罗锡文、印遇龙、胡培松等知名专家围绕“种业创新、稻作产业、粮食安全”作学术报告，通过探讨稻作前沿、分享稻作技术、展示稻作成果，促进水稻良

种、良法、良具、良品全产业链交叉融合发展。

论坛还设置稻作产业发展、稻作技术综合、种业技术发展、稻作绿色植保、期货服务乡村振兴及耐盐碱水稻发展等分论坛。其中，期货服务乡村振兴和耐盐碱水稻发展是新增议题，旨在推进产融结合，帮助粮食生产、加工和贸易企业加深对农产品期货工具的应用。来自马达加斯加、孟加拉国、尼泊尔、喀麦隆、多哥共和国、埃塞俄比亚、巴基斯坦等国在内的数十位国际学者参与报告交流。

【2021 年湖南科技论坛】 12 月 25 日，由省科协主办的 2021 年湖南科技论坛在长沙市举办，论坛以“坚持‘四个面向’战略　科创科普‘两翼齐飞’”为主题。中国工程院院士柴立元、吴义强等院士、专家参加论坛，分享科研经验、交流学术成果、碰撞思想火花。省科协党组书记王瑰曙出席活动并致辞，来自全省各行业的 400 余名科技工作者参加活动。柴立元作题为《砷的过去、现在和未来》主题报告，介绍砷的污染防治、绿色利用等知识。中国工程院院士沈昌祥作题为《打造网络空间安全可信主动免疫新生态》的远程视频报告，讲述如何防治网络诈骗等。省卫生健康委副主任祝益民、省交通规划勘察设计院工程师李峰分别以《新冠肺炎疫情防控的中国方案》《湖南省交通运输“十四五”发展规划》为题作报告。在专家面对面对话环节，邀请来自全省不同领域、不同年龄段的 6 位科技工作者，结合本职工作和经历讲述对科技创新自立自强、青年人才培养成长、弘扬科学家精神等方面的想法和建议。会议还举办中国科协青年人才托举工程、增材制造技术、检验检测智能化创新发展暨先进新材料检测技术及仪器发展、航空航天材料、先进有色金属材料、系统仿真 6 个专题分论坛。

（撰稿人：卜仲伟）

广东省科学技术协会

服务经济社会发展　推进科技经济融合发展，广州市被评为“科创中国”首批创新枢纽城市，深圳市入选“科创中国”首批试点城市，佛山市、东莞松山湖高新技术产业开发区被列为“科创中国”第二批试点城市（园区）。

新建“海智计划”工作站 16 个、院士工作站 5 个、科技专家工作站 47 个，组建 4 个学科与产业联盟。发挥“海智计划”引才引智作用，引进团队 86 个、人才 247 人，前海、横琴国家海外人才离岸创新创业基地建设有序推进，广州市黄埔高新区、南沙开发区被批准为国家海外人才离岸创新创业基地。

聚焦国家、区域重大战略需求，集聚 147 名院士、419 个单位开展 71 个项目研究，形成一批有价值的战略咨询报告。

组织 10 个科技志愿服务团、134 名中青年科学家分赴肇庆市、湛江市、韶关市的 13 个县区，对接科技服务项目 149 项。探索科技驻点兴农渠道，联合华南农业大学组建荔枝、生蚝等农业科技小院 13 家。

服务科技工作者　办理反馈科技界政协委员提案和院士专家咨询建议，做好在广东省工作院士的休养考察、医疗保障和津补贴发放等工作。

做好中国工程院院士、中国青年五四奖章、南粤突出贡献和创新奖等候选人举荐工作。3 人入选中国工程院院士有效候选人，2021 年广东省共有 7 人当选为中国科学院院士和中国工程院院士。

结合建党百年庆典，评选广东省“最美科技工作者”、丁颖科技奖、“广东十大科学传播达人”等奖项，60 名科技工作者获得相关奖励。

落实在粤院士、专家意见“直通车”制度，组织院士、专家向省委、省政府提供决策咨询报告 16 份，11 份院士建议得到省领导的批示并由有关部门办理。

《科学素质纲要》实施和科普工作　2021 年，《广东省科学技术普及条例》颁布实施，弥补 20 年来广东省科普立法空白。

《广东省全民科学素质行动规划纲要实施方案（2021—2025 年）》编制发布，建立由省政府领导担任组长的省人民政府科普联席会议制度。推进科普数字化、智慧化、普惠化转型，“粤科普”公共服务平台正式启动，广东科普集团筹建工作扎实推进。

举办科普嘉年华、文化科技卫生“三下乡”、全民科学素质大赛等品牌活动，参与人数超过 1300 万人次。举办第 36 届广东省青少年科技创新大赛、第 21 届广东省青少年机器人竞赛等，组织科普大篷车开展各类科普活动 300 余场次。

启动新一轮全国科普示范县（市、区）创建，并对粤东西北申报单位予以经费资助，广州市越秀区、深圳市宝安区、汕头市金平区入选全国首批科普示范县（市、区），江门市开平区等 8 个县（市、区）被确定为第二批创建单位。全省 5 个单位被中国科协评为“全民科学素质工作先进集体”，7 名科技工作者被评为“全民科学素质工作先进个人”。

学术交流 2021 年，省科协着眼服务粤港澳大湾区、深圳先行示范区建设，联合承办第二十届亚洲科学理事会大会、2021 年大湾区科学论坛、2021 中国（东莞）智能终端高峰论坛、2021 国际人才政策与实践远程交流研讨会等高端学术会议。

深化粤港澳科技交流合作，签订第二批粤港澳工程技术职业资格互认协议，举办 2021 大湾区工程师论坛、2021 国际复合材料科技峰会、香港工程师学会创科博览、粤港澳青少年科技创新合作考察交流、第十届粤港澳大湾区可持续发展研讨会等活动。

推动学术引领科技创新，聚焦科技产业重点关键问题，举办岭南科学论坛 10 场。

自身建设 开展“大学习、深调研、真落实”工作，向省委上报《关于推动新时代科协事业高质量发展的调研报告》，为谋划新一轮科协系统深化改革夯实基础。编制完成《广东省科学技术协会事业发展“十四五”规划（2021—2025 年）》。

省科协所属事业单位调整改革顺利推进，新组建的广东省科协事业发展中心步入正轨。修订《广东省科协科技社团综合能力评估办法》，建立省科技社团公共服务平台。

省级学会 截至 2021 年年底，省科协所属的省级学会共有 196 家。92 个省级学会完成换届工作。

省环境科学学会党支部被授予全省首批 100 家“两新”组织党建工作示范点；省能源研究会为省级政府部门提供碳排放、碳交易等一系列决策咨询建议；省机械工程学会、省真空学会等省级学会开展科技奖评选，并向省科学技术奖评审委员会办公室推荐提名科技奖项；省药学会连续 11 年推动的“规范超说明书用药”被写入新版《中华人民共和国医师法》；省昆虫学会主办的《环境昆虫学报》期刊复合影响因子连续 6 年提升；省电子学会通过会企协作，成功研制出达到国际先进水平的高品质焊膏，打破日美垄断；省食品学会组建多支科技服务专家队伍，深入江门市、汕头市、阳江市等地市为企业提供科技咨询、成果转化、人才培养等科技服务；省地质学会组织专家、学者深入台山市都斛镇开展“为百姓办实事、办好事”活动，促进土地质量调查成果服务永久基本农田划定与保护。

地市县科协 截至 2021 年年底，全省共有 21 个地市科协、119 个县级科协，3 个地市科协完成换届工作。广州市、深圳市、珠海市、肇庆市等地市相继成立工程师学会。

广州市科协举办 2021 中国创新创业成果交易会，全年促成技术成果转化交易项目 229 项。深圳市科协举办“科创中国”创新创业投资大会（2021），征集项目 7300 多个。佛山市科协连续 5 年举办全国发明展览会，累计展出发明成果 1 万余项。汕头市、潮州市、揭阳市科协结合自身实际，举荐科技人才申报第十五届潮汕星河国瑞科技奖。

广州市科普大讲坛、深圳市博士讲堂、惠州市老科学家进校园、韶关市科普游、湛江市遂溪县气象科普进村镇等为全省科普创新发展积累经验。

梅州市蕉岭县科协“3+1”工作的经验做法被“学习强国”刊载，并被中国科协《提升基层科协组织力“3+1”试点工作案例汇编》收录。

科协基层组织 2021 年，全省新建高校科协 3 个、乡镇科协 35 个。韶关市、河源市、梅州市、中山市、茂名市等 10 个地市实现乡镇科协组织全覆盖。

省科协出台《关于加强民营企业科协组织建设 助力民营企业创新发展的指导意见》，建立企业科协 1081 个。

梅州市的 112 个镇（街）科协全部完成换届（成立）工作，共吸纳 327 名“三长”进入镇（街）科协领导机构兼职挂职。

【广东省科技界学习贯彻习近平总书记“七一”重要讲话精神主题活动】 11 月 8 日，“众心向党 自立自强”广东省科技界学习贯彻习近平总书记“七一”重要讲话精神主题活动在广州市举办。活动表彰科技工作先进组织单位和优秀科技工作者，包括中国科学院院士、中国工程院院士在内的各战线科技工作者在主会场进行汇报演出，全省广大科技工作者通过线上方式观看。线上线下同步举办中国科学家精神主题展广东巡展活动，展览分为“我和我的祖国——中国科学家精神主题展”广东巡展、在粤工作院士风采展示、广东省“最美科技工作者”风采展示三部分。

【“科创中国”建设列入广东省全面深化改革重点任务】 2021 年，省科协扎实推动“科创中国”落地落实，“支持广州市、深圳市建设‘科创中国’试点城市”被省委全面深化改革委员会纳入《2021 年广东省全面深化改革重点任务》。支持广州国际技术交易服务中心和深圳国际创新创业服务平台建设，持续举办中国创新创业成果交易会、全国发明展览会，同时扩大广东省“科创中国”试点城市范围，佛山市、东莞市松山湖高新技术产业开发区入选第二批“科创中国”试点城市（园区），省真空学会入选第一批2021年度“科创中国”科技服务团示范项目。

【《广东省科学技术普及条例》出台】 5月26日，《广东省科学技术普及条例》经广东省第十三届人民代表大会常务委员会第三十二次会议审议通过并予以公布，自10月1日起施行。《广东省科学技术普及条例》共8章60条，明确科普工作的原则和要求，规范科普工作职责和权限，明确相关机构科普责任，强化科普资源开发利用与科普基础设施建设，支持科普组织发展和人才队伍建设，加强激励保障措施，明确相关法律责任。《广东省科学技术普及条例》的出台和实施是广东省贯彻落实习近平总书记关于“要把科学普及放在与科技创新同等重要的位置”的一项重要举措和制度安排，为广东省科普事业发展、实现全民科学素质全面提升提供法律保障。

【粤港澳科技交流】 2021年，省科协实施港澳科技专家志愿服务行动，组织香港特别行政区、澳门特别行政区特邀委员、科技专家及科技团体赴广东省考察互访交流。加强与中央人民政府驻香港特别行政区、澳门特别行政区联络办公室沟通，扩大所联系的港澳科技团体的覆盖面，聘请47位港澳科技界爱国爱港爱澳人士担任省科协第九届特邀委员，聘请5位港澳科技界资深专家为省工程师学会荣誉会士，吸纳港澳科技人员为省级学会会士或荣誉会士。组织广东省、香港特别行政区、澳门特别行政区三地的青少年集聚大湾区，开展科创团队竞技、科创实践交流等活动，增进三地青少年的沟通联系，强化国家意识、思想认同和情感认同。

（撰稿人：刘泽周）

广西壮族自治区科学技术协会

服务经济社会发展 以“科创中国”为引领，实施“科创中国·广西”行动。组织2021中国工程院院士广西行活动，中国工程院院长李晓红带领10多名院士、专家到自治区考察调研、建言献策，促成6家科技企事业单位与5位院士签订6项合作协议。柳州市、贵港市获批“科创中国”第二批试点城市（园区），南宁市认定4家首批高层次专家团队协同创新中心和6家首批“科创中国·南宁”科技经济融合样板间。联合自治区科技厅、工业和信息化厅实施“科技搭桥行动”，促成10位院士与10家企业达成10个项目实施、签约；推动“科技搭桥行动”写入《广西壮族自治区国民经济和社会发展第十四个五年规划和2035年远景目标纲要》《广西科技创新“十四五”规划》《广西工业和信息化高质量发展“十四五”规划》《广西科技强桂三年行动方案（2021—2023年）》和《关于加快推动广西产业链与创新链融合发展的实施方案》等系列文件；引进30余个全国学会的60余名院士、200名专家，形成“科创中国·广西”行动二级联动，为自治区高端铝加工、汽车、特色农业、螺蛳粉等产业开展科技服务。

推进会会合作、会企合作、会校合作，成立国家级学会和自治区级学会工作站20余个。组织开展16期创新方法系列培训，覆盖企业超过100家，培训一线科技人员1800余人次，助力企业解决生产实际问题500多个。举办2021年中国创新方法大赛广西赛区比赛，参赛项目268个，较2020年增长112%，并首次增设广西赛区电视擂台赛。组建企业“创新达人”宣讲团，全区开展“科创中国”企业创新达人宣讲活动21场。推进“双创”示范建设，联合自治区发展改革委共同主办2021年全国大众创业万众创新活动周广西分会场活动，220人参加现场启动仪式。

推进自治区科协科技智库建设，公开立项14个调查研究课题，开展“八桂英才建言行动计划”2期。组织申报中国科协“十大”代表2021年专项资助调研课题，2项课题获得立项。编印《科技创新智库成果专报》1期、《广西科技工作者建议》10期，有6期获自治区党委、政府领导批示，并转自治区有关职能部门研究、吸纳和落实。向自治区十二届政协四次会议报送政协提案7篇、大会发言1篇，为居住在自治区的全国政协委员提供大会发言材料1篇，其中6篇提案获立案办理，《关于规范广西城镇污水处理厂运行监督管理的建议》入选自治区政协《重要提案摘报》并获自治区主席蓝天立圈阅。

开展乡村振兴行动，举办2021年“广西科普惠农兴村计划”成果交流、农业产业高峰论坛等多场助农惠农科技活动。全区科协组织下基层开展产业振兴技术培训400多期，培训群众3.6万人次。推动定点帮扶村产业发展，巩固拓展脱贫攻坚成果，自治区科协帮扶村百色市平果市马头镇古念村在平果市率先实现村产业产值达亿元目标。广西水产学会、广西园艺学会、广西预防医学会等自治区级学会累计组织科技扶贫活动1000余场次，参加活动的专家1600多人次。新建科技小院6个，累计建成24个。

服务科技工作者 5月26日，2021年全国科技工作者日广西主场活动在南宁市举办。活动以“众心向党 自立自强”为主题，自治区党委副书记刘小明，自治区政府副主席费志荣，自治区政协副主席、科协主席黄日波等领导出席活动。活动当天举办第十六届广西青年科技奖获奖者颁奖仪式、自治区领导欢送中国科协“十大”代表赴京、科技工作者面对面座谈会、“我为党旗添光彩——广西优秀科技工作者百场宣讲报告会”启动仪式暨首场报告会、科技政策宣讲解读、第三次广西科技工作者状况调查结果发布等系列活动。

向中国科协推荐报送邓国富、杨章旗、刘力红3人作为中国工程院院士候选人，其中邓国富、杨章旗2人入选有效候选人。做好其他渠道推选自治区候选人人选服务工作，其中广西大学教授王双飞当选为中国工程院院士，为广西22年来人才举荐工作取得的重要突破。联合自治区人力资源社会保障厅、科技厅、团区委等开展第十六届广西青年科技奖评选工作，表彰奖励30名各行业领域的青年科技人才。向中国科协提名第二十四届中国科协求是杰出青年成果转化奖人选3人。推选出21名科技工作者作为中国科协“十大”代表赴北京履职。协同自治区党委宣传部等六部门共同开展2021年广西“最美科技工作者”学习宣传活动，评选出10名“最美科技工作者”；与广西广播电视台联合举办“科界榜样——2021年广西‘最美科技工作者’发布仪式”，在《广西日报》整版刊发2021年广西“最美科技工作者”先进事迹。

邀请中国科学院院士袁亚湘到广西大学作《怎样做一名研究生》的宣讲报告，动员各地举办科学道德和学风建设宣讲报告会110余场次，自治区科协在全国学风道德宣讲月活动中的组织力排行榜中位居全国第三。以“我为党旗添光彩——广西优秀科技工作者百场宣讲报告会”为主题，动员组织全区各级科协和有关单位举办各领域优秀科技工作者宣讲报告会100余场次。

开展在外广西籍科技人才信息收集工作，收录314名在外广西籍科技人才信息，其中院士6人、正高级职称181人、副高级职称23人。保有省级科技工作者状况调查站点61个、全国科技工作者状况调查站点16个，全年编辑印发站点信息摘报36期，获中国科协采用5篇，连续11年被中国科协评为全国科技工作者状况调查站点“优秀区域责任部门”。首次设置、开评科学传播行业职称，有效解决广大科普工作者职称申报难题。建设广西科技人才学术成果展示平台，帮助111名高层次科技人才向社会公开展示个人科研成果。

《科学素质纲要》实施和科普工作 2021年，全区各级科协组织开展全国科普日广西活动暨八桂科普大行动等主题科普活动1000余项，线上线下参加人数570万人次。各自治区级学会全年累计开展科普活动达1900多场，参加活动的专家达到4000余人次，线上线下参加人数约22万人次。全区科技志愿者中超过1.2万人次参加科普惠民活动近1200场次，惠及群众700万余人次。

推动自治区人大常委会开展《中华人民共和国科学技术普及法》《广西壮族自治区科学技术普及条例》执法检查。

推进科普国际交流。与自治区气象局、广西大学、九三学社广西区委共同举办中国—东盟世界气象日科普报告会。举办第19届广西青少年机器人竞赛暨东盟国家及粤港澳青少年机器人邀请赛，超过600支青少年代表队1500多名选手参加线下竞赛，东盟国家和粤港澳地区的223支队伍500多名选手参加线上邀请赛。举办第五届“一带一路”青少年创客营与教师研讨活动，来自53个国家和地区的师生通过线上线下参加。

开展青少年科技教育。广西科技馆成为神舟十三号“天宫课堂”全国4个地面分课堂之一，开展的多项配套活动获中央、自治区级主流媒体宣传报道，多项科普实验（活动）登上央视科学栏目。全区联动开展青少年科学节活动超过330场，较2020年增长50%以上。与自治区教育厅联合举办第六届广西青少年科技运动会，来自361所学校的1622名选手参加比赛。宣传弘扬科技报国精神，支持和指导话剧《少年黄大年》创作演出，全区中小学生线上观看人数超过600万人次。

广西科技馆全年参观人数约78万人次。全区40辆科普大篷车开展科普活动654场次，受众人数约47万人次。流动科技馆开展23个站点巡展工作，受益群众超60万人次。统筹实施农村中学科技馆项目，全年参观人数 86051 人次，开展活动 689 次。

学术交流 2021 年，以“八桂科技讲坛”为引领，自治区科协及所属区级学会开展 678 场学术交流活动，通过“线上＋线下”形式参加活动的总人数近百万人次。其中，全国性学术交流活动 50 余场，区域性学术交流活动近 200 场，对外（国际）学术交流活动 3 场，线上或线下邀请近 30 名院士、近百名国外专家出席活动。

举办 2021 有色金属新材料大会、第十届中国—东盟工程论坛、2021 中欧数字健康研讨会、中西南学会学研究第 39 届年会、2021 国际（南宁）汽车智能制造大会，深化中外高端学术交流。

自治区科协主管、主办的科技期刊 5 种，自治区级学会主办、协办（承办）的科技期刊 16 种。新增《广西科学》为中文核心期刊。近两年，广西科技期刊综合影响因子涨幅超过 20%，科技期刊总下载量涨幅超过 35%。

自身建设 制订印发《“十四五”时期推进自治区科协深化改革重点任务工作方案》，协同、系统推进科协改革。以建党百年为主线，以党史学习教育为主题，组织开展系列党建活动，增强科协系统干部的党性修养和对科技工作者的团结引领。持续推进完善“广西科技工作者之家”信息服务平台建设改版工作，为广大科技工作者提供便捷、多样的服务。

省级学会 截至 2021 年年底，新成立广西碳达峰碳中和研究会 1 个，自治区级学会（协会、研究会）达到 115 个。自治区级学会（协会、研究会）理事 8625 人，学会团体会员 5117 个，个人会员 13.2 万人。自治区级学会承接政府转移职能 785 项。自治区科协所属的 117 个学会（包含两个团体会员单位）中党支部总数 87 个（其中联合党支部 3 个），党组织覆盖 90 个学会。广西汽车工程学会、广西地质学会、广西农学会、广西营养学会、广西轻工协会、广西林学会、广西大数据技术学会等专家深入企业（园区）调研，为自治区地方产业开展科技服务。广西人工智能学会、广西电子学会、广西医学会、广西农学会等成立学会专家服务团。广西营养学会与广西标准化协会开展关于加快推进营养健康标准化发展战略合作。指导各级科协组建专家工作站、学会工作站 31 个，企业科协工作站 56 个。

地市县科协 截至 2021 年年底，自治区共有地级市科协 14 个，县（市、区）科协 107 个。

梧州市“党建带群建”改革经验获《中国改革报》刊登宣传推广。南宁市入围“科创中国”试点城市（园区）科技传播推介榜十强。贵港市、柳州市获批“科创中国”第二批试点城市（园区）。北海市科协引导青少年学生利用海洋科普资源开展各类科技实践活动，并培育国家海洋气象观测站等 5 个科普教育研学基地。桂林市、梧州市、贵港市、玉林市、百色市等科协开展本地“最美科技工作者”评选活动。河池市科协探索科普社会化运行试点，与广西科技馆、广西河池宇恒培训学校有限公司合作，创建河池微科技馆。

科协基层组织 截至 2021 年年底，全区共有高校科协 42 个，企业（园区）科协 2007 个（其中企业科协 760 个、园区科协 41 个、工作站 1206 个），乡镇（街道）科协 1136 个，村（社区）科协 619 个，农技协 1250 个。全区各设区市、县（市、区）、乡镇科协共有兼职副主席 3154 人，其中“三长”2931 人，占比 93%，乡镇科协“三长”覆盖率达 86%。

11 月 10 日，中国农技协召开第五届理事会第四次会议（视频会议），自治区科协党组成员、副主席何求代表自治区农技协在会上作经验交流发言。

全区高校科协组织科技工作者参加自治区科协各类人才举荐评选、科技工作者宣讲、科学道德与学风建设活动、智库建设等工作。各乡镇科协开展科普志愿服务、“科技助力乡村振兴”专业技能培训、新时代文明实践、新冠肺炎疫情防控、促进民族团结等各项工作。

【第十届中国—东盟工程论坛】 9 月 8 日，由自治区科协、中国国际科技交流中心、中国—东盟博览会秘书处和东盟工程科技院共同主办的第十届中国—东盟工程论坛在南宁市举办。论坛以“碳达峰碳中和与绿色发展”为主题，设有主题报告会（线上＋线下）、平行分论坛（线上＋线下）等环节，邀请中外相关领域院士、专家、学者开展交流探讨，为建设中国—东盟国家命运共同体贡献智慧和力量。自治区政协副主席、党组成员严朝君，中国国际科技交流中心副主任贾子文在开幕式上致辞。自治区科协党组书记、副主席纳翔主持论坛开幕式。中国工程院院士、海洋遥感专家潘德炉，中国工程院院士、环境工程专家侯立安，东盟工程科技院院士、拉曼大学教授林湧勝，东盟工程科技院院士、广西大学教授吴晖锽分别作主题报告。

【广西大学教授王双飞当选中国工程院院士】 广西科协积极服务2021年中国工程院院士推荐工作，组织专家推选出邓国富、杨章旗、刘力红作为中国工程院院士候选人，其中邓国富、杨章旗入选中国工程院2021年院士增选有效候选人名单。广西大学教授王双飞通过院士提名渠道入选中国工程院2021年新增院士名单。5月，自治区科协领导陪同自治区党委副书记刘小明带队赴中国工程院、中国科协汇报有关工作；9月6日，自治区科协领导陪同自治区副主席费志荣带队到中国工程院调研座谈，着力推动自治区院士增选有关工作。

【发布第三次广西科技工作者状况调查结果】 5月26日，在2021年全国科技工作者日广西主场活动上，自治区科协发布第三次广西科技工作者状况调查结果。此次调查从自治区经济社会发展和科技人才队伍建设的实际出发，围绕工作、科研活动、成果奖励、学习交流、生活待遇、社会参与、观念等方面进行调查。调查结果显示：博士研究生学历的科技工作者占总调查人数的9.2%，硕士研究生占比达19.2%，本科生占比达52.4%；65.4%的科技工作者认为与五年前相比，自治区整体的创新环境得到改善，科技工作者的科研和学术环境明显好转；在近三年已获得科研成果的科技工作者中，45.4%的科研成果已转化为产品或应用于生产、服务；25.8%的科技工作者表示了解科协组织情况，与2015年相比提高7.6个百分点；35.2%的科技工作者认为科协组织有影响力，其中认为非常有影响力的占6.9%、认为比较有影响力的占28.3%。

（撰稿人：陈　磊）

海南省科学技术协会

服务经济社会发展　开展科技创新智库建设工作。与中国工程科技发展战略海南研究院签署战略合作协议，依托其智力资源开展“面向海南农村基础教育的互联网教学模式推广”课题研究，为省委、省政府提供决策咨询。动员全省广大科技工作者围绕海南自贸港有关产业发展建言献策，汇编上报《科技工作者建议》8期，其中《关于加强海南自贸港禁塑和海洋垃圾处理工作的建议》等4篇建议获省领导批示。

科技助力乡村振兴。组织开展产业调研，推动科技小院在海南省落地，认定临高县、东方市、乐东黎族自治县等4个县（市）建设科技小院，为助力乡村振兴引入年轻骨干力量，推动政产学研企融合发展。制订印发《关于进一步加强全省农村专业技术协会建设和发展的意见》，指导全省农技协工作，召开省农技协工作现场交流会，加强省农技协组织建设。实施基层科普行动计划，支持创建一批科普示范基地、农技协等基层科普组织。做好定点帮扶村（琼中黎族苗族自治县握岱村）乡村振兴工作，发展林下种植产业，探索“农户＋村集体＋企业”经营模式，支持握岱村发展绿壳蛋鸡养殖、食用菌、种桑养蚕等产业，开展6期农民实用技术培训，带领握岱村村支两委及村致富带头人45人赴定安县等地调研学习食用菌种植技术。

开展“科创中国”园区试点建设。推动三亚崖州湾科技城成功申报第二批“科创中国”试点园区，在“科创中国”平台发布51项服务需求、42项人才需求，录入18位常态联络专家（院士级别专家4位），入驻组织32家。推动省知识产权协会等3家单位申报中国科协“科创中国”3项科技服务团项目并获经费资助。利用“科创中国”平台资源，举办科创中国—海智助力海南自贸港创新专场交流会暨项目路演活动。

搭建柔性引才引智平台。协调推动4名外籍院士对接海南大学等高校申报外籍院士工作站，新增设立法国、俄罗斯2家海南省海外高层次人才联络站，协助日本（东京）海南省海外高层次人才联络站成功申请海南省引才奖励，吸引集聚人才服务海南自贸港建设。制订《海南省海外创新中心实施细则（试行）》。引进4名北京医学专家分别与海南医学院附属第一医院等2家医院开展合作。

服务科技工作者　与省委宣传部、省科技厅联合开展“最美科技工作者”学习宣传活动，评选出2021年海南省“最美科技工作者”20名，向中国科协推荐全国“最美科技工作者”候选人10名，全年拍摄播出《最美科技人》电视专题节目12期。开展“十三五”全民科学素质工作先进集体和先进个人评选表彰推荐工作，3个单位获先进集体称号、5人获得先进个人表彰。

开展2021年省自然科学研究系列职称评定工作，完成45人专业技术资格认定、66人专业技术资格评审、7人自然科学研究系列资格确认。

举办2021年全国科技工作者日海南省科技工作者代表座谈会。大力弘扬科学家精神，认定海南大学校史馆等3家单位为首批省科学家精神教育基地；举办科学道德和学风建设宣讲教育活动，邀请中国科学院院士蒲慕明作《谈科研诚信与创新》宣讲报告，全省高校师生代表、科技工作者16万余人次通过线上线下方式收看。

修订印发《海南省科技工作者状况调查站点管理办法》，采编《科技工作者服务科技事业发展存在的问题和意见建议》等83篇调查站点信息，1篇被“科情调查”微信公众号采用。完成中国科协创新发展战略研究院1次专项调查任务，提交有效问卷218份。举办1期全省科技工作者状况调查站点专题业务培训，提高调查站点负责人及调查员的能力和水平。

《科学素质纲要》实施和科普工作 2021年，省科协系统举办科普活动1200场次，参加人数13万余人次。成立科技志愿服务组织90个，全省注册科技志愿者2444人。全年各级科协组织开展科技志愿服务活动307场次，服务人数8万余人次。编制《海南省全民科学素质行动规划纲要实施方案（2021—2025年）》，为“十四五”期间全省事业发展提供指导。召开2021年海南省全民科学素质工作会议，特邀中国科普研究所研究员何薇作《第十一次中国公民科学素质抽样调查结果分析》报告。采取“大协作、大联合”方式，与省委、省政府有关职能部门联合开展以“百年再出发，迈向高水平科技自立自强”为主题的2021年海南省全国科普日活动、“碳达峰、碳中和”知识竞赛、第七届青年创新实验作品大赛等活动。认定省科普教育基地30个，创建省级科普示范基地10个，投入资金支持科普示范基地、科普示范学校、科普示范社区等开展科普活动。加快推进海南科技馆建设。

开展中国流动科技馆巡展活动，培训科普讲解员共125人次，三亚市、东方市等9个市县组织参观人数近15万人次，公众满意度均达95%以上。开展科普大篷车进乡村、进社区、进学校、进企业活动108次，受益人数3.3万人次，活动时长386.5个小时，累计行程4199.82千米，媒体报道40次。

推动“科普中国”“科普一分钟”等优质科普资源入驻海南省干部在线学习中心、海南电信IPTV、椰城市民云、学习强国等13个网络平台，覆盖全省机关、社区、学校、农村等各个领域。制作播出《科普一分钟》电视栏目2194期。“科普海南”微信公众号关注量15.8万人，发布科普推文2245篇，图文阅读量最高为50.6万次，图文转发量达11.4万次。举办“科普大讲堂”20期。开展“学党史讲科学 科普科学知识”2021年省全民科学素质网络知识竞赛活动，全省19个市县访问量达17.3万人次。主办2021年海南省第一届科普短视频征集大赛，共收到参赛作品166个。

举办第33届海南省青少年科技创新大赛、第十四届海南省青少年科普小先生演讲比赛、第七届奥秘万千·海南省青少年科普知识大赛总决赛、第11届海南省青少年机器人竞赛，承办2021中国青少年汽车无限创意征集活动。

学术交流 实施创新驱动助力工程，支持建立科技服务站项目8个、企会协作创新项目3个、学术交流项目12个。承办2021世界新能源汽车大会；支持省预防医学会承办第一届全国预防接种科普大赛总决赛；联合中国种子协会等单位举办2021中国种子大会暨南繁硅谷论坛；举办第五届亚洲人工智能技术大会、第一届自由贸易港生命科学院士论坛、科创中国—2021中欧国际合作海南专场暨海南医学院欧洲院士工作站国际学术论坛、种业创新与国际合作研讨会等系列高端学术交流活动。

自身建设 召开海南省科学技术协会第六次代表大会，选举产生省科协新一届领导集体；优化领导机构人员组成，来自科协基层组织的优秀科技工作者占全委会委员比例达到71%、常委会委员比例达到75%，增加挂职驻会副主席1名；扩大代表的广泛性，基层科技工作者代表的比例达到70%。制订出台《海南省科学技术协会事业发展“十四五”规划（2021—2025年）》。

全面推进基层科协组织力“3+1”试点。汇编《科协基层组织建设手册》，推进基层组织建设工作规范化。深入实施《海南省科协系统深化改革实施方案》，推进“三长”进入市县科协、乡镇科协领导机构，229名兼职副主席中有160人为“三长”，占比达69.9%，有效提升了基层科协组织力。

加强党组织建设。推进机关党支部标准化建设，调整设置8个党支部，落实“一岗双责”。加强学会党组织建设，下拨经费支持学会党组织开展党建活动，编辑《学会党建》21期，宣传学会党史学习教育等党建工作。

开展能力提升培训。举办创新创业能力提升网络培训班，来自机关、直属事业单位、省级学会等的270名干部职工参加培训；举办湖南韶山、海南五指山党性教育（党史专题学习）培训班，80名科协系统工作人员参加培训；举办省级学会秘书长培训班，学会秘书长、优秀科技工作者共150余人参加培训。

省级学会 截至2021年年底，全省共有省级学会101个，其中省科协所属学会71个、团体会员学会30个。

各学会依托其专业和组织优势服务地方和行业发展。省发明协会联合海口市石斛协会共建“海口火山石斛”地理标志示范园；省粮油学会推动海港中国-新加坡中医农业粮油科技产业示范园区项目实施；省计算机学会实施区块链产学研联合体项目，编写《海南自由贸易港网络与数据安全条例》；省预防医学会与有关生物公司合作开展新型冠状病毒灭活疫苗（Vero细胞）临床研究安全性评价（主动监测）和新冠疫苗上市后免疫源性和安全性观察等研究项目；省标准化协会开展《道路运输液体危险货物罐式车辆金属常压罐体定期检验规范》海南省地方标准编制工作；省地质地理学会、省低碳经济发展促进会等3家单位联合举办天然电磁波在地质勘探领域的应用学术交流会；省气象学会筹资建立气象自动观测站，组建一支由70位气象信息员组成的科技志愿服务队。

地市县科协 截至2021年年底，全省共有市县（区）科协22个。

海口市科协加快推进海南科技馆建设，协调上报展教工程项目可研究报告审批，启动展教工作建设。三亚市科协联合有关部门举办第四届中国（三亚）国际水稻论坛暨“一带一路”水稻农业技术创新转移高级培训班，推动水稻南繁种业高质增效、绿色健康可持续发展。儋州市科协承办热带特色高效农业发展论坛，来自中国工程院、海南大学、中国热带农业科学院等的15名专家、学者围绕“热带特色高效农业和乡村振兴”建言献策。文昌市科协积极开展科普专题讲座、科技咨询、科技志愿服务等活动，发放科普宣传资料7000多份，受益人数达2万余人次。

科协基层组织 全省共有企业科协11个、高校科协7个、园区科协1个、乡镇（社区）科协83个、农技协108家。

各高校科协充分依托高校资源优势，助力推动高校高质量发展。海南师范大学科协积极开展海南省“最美科技工作者”推荐工作，推荐的7名科技工作者中有2人入选；三亚航空旅游职业学院科协参与该校申报的“海南省高水平职业学校和专业群建设项目”，助推学校事业发展。三亚崖州湾科技城科协推进“科创中国”试点城市（园区）建设，承办2021年三亚崖州湾科技城科协年会暨崖州湾科技人才交流年会。昌江黎族自治县加强乡镇（社区）科协组织建设，率先将全县91个村（社区、居）科协的工作经费纳入年度财政预算，成立91个村（社区、居）科普小组。

【海南省科学技术协会第六次代表大会】 1月6日，海南省科学技术协会第六次代表大会在海口市召开，中国科协党组书记、常务副主席、书记处第一书记怀进鹏出席会议并致辞，省委副书记、代省长冯飞出席会议并讲话。省委、省政府相关领导，省直有关部门、人民团体有关负责人以及来自全省的科技工作者代表近300人参加会议。省科协党组书记、第五届副主席胡月明代表省科协第五届委员会向大会作工作报告，省委副书记李军主持开幕式。

大会审议通过《海南省科协第六次代表大会关于〈海南省科协第五届委员会工作报告〉的决议》，选举产生海南省科协新一届领导集体，中国科学院院士、海南大学校长骆清铭当选为海南省科协第六届委员会主席。

【第五届亚洲人工智能技术大会】 10月29—31日，第五届亚洲人工智能技术大会在海口市召开。会议以“智能引领·创新未来”为主题，由省科协联合中国人工智能学会等5家单位主办，省人工智能学会等单位承办，中国人工智能学会青年工作委员会等11家单位共同协办。来自省科协、中国人工智能学会等单位的相关负责人，以及来自全国50余所高校、10家科研院所、5家企业相关人员，共计400人通过线上、线下的方式参加会议。大会共收到论文456篇，录用173篇，并从中评选出大会优秀论文5篇、学生优秀论文5篇。会议特邀中国工程院院士谭建荣，加拿大工程院院士、加拿大皇家科学院院士杨强，瑞士工程科学院院士、日内瓦大学教授Nadia Magnenat Thalmann等7位学界顶级专家展现人工智能学术研究的前瞻思考和实践探索。大会同期举办青年基金申请经验对话、人工智能学科建设研讨会暨人工智能学院院长/系主任论坛等7个分论坛，以及专家与企业面对面沙龙等一系列活动。

【2021年海南省全国科普日活动启动仪式暨科普主题展】 9月19日，由省科协联合省委宣传部等13家单位共同主办的2021年海南省全国科普日活动启动仪式暨科普主题展在海口市举办。活动以“百年再

出发，迈向高水平科技自立自强”为主题，动员省级学会、科研院所、企业等单位，通过“参观+游览+讲座+体验”等方式开展主场科普主题展活动35项，招募参与全国科普日活动科技志愿者和科普小达人近700名。依托新媒体开展“云上科普日”活动，采取“H5展示+‘科普海南’公众号+新媒体”平台，推出“科普直播间”“科普教育基地云游”等在线科普活动，“云上科普日”活动页面浏览量约13万人次，“科普直播间”观看人数达10万余人次。启动仪式上还举办海南省科普教育基地（2021—2025年）、海南省科普示范基地、2021—2025年度第一批全国科普示范县（市、区）授牌仪式。

【编制《海南省科学技术协会事业发展“十四五”规划（2021—2025年）》】 4月12日，省科协第六届常务委员会第一次会议审议通过《海南省科学技术协会事业发展“十四五”规划（2021—2025年）》。《海南省科学技术协会事业发展“十四五”规划（2021—2025年）》以习近平新时代中国特色社会主义思想为指导，以《中国科学技术协会章程》《中国科学技术协会事业发展“十四五”规划（2021—2025年）》《面向建设世界科技强国的中国科协规划纲要》以及《海南省国民经济和社会发展第十四个五年规划和二〇三五年远景目标纲要》为指导依据编制而成。坚持问题导向、目标导向、结果导向，全面总结省科协“十三五”时期的科协工作，从当前国际国内形势、省所处发展阶段、科协组织职责使命等方面分析“十四五”时期省科协事业面临的新形势，明确科协组织新任务、新使命，提出科协组织未来五年发展的指导思想、基本原则、发展目标和八个方面重点任务。

【开展“我为群众办实事”活动　解决科技工作者急难愁盼问题】 3月，省科协坚持以科技工作者为中心，开展“我为群众办实事”实践活动，结合全省开展“查堵点、破难题、促发展”和作风整顿建设年活动，大力开展调查研究，解决科技工作者急难愁盼和工作中的痛点、堵点、难点等问题，促进科协事业创新发展。通过调查研究、征求意见等形式，梳理科协系统深化改革、科技工作者状况调查站点建设、学会管理及创新发展、科普阵地建设、科技人才工作等方面影响科协事业创新发展的痛点、堵点和难点等40个问题事项，研究制订59条具体措施。截至2021年年底，40个问题事项已全部落实，完成率达100%。

（撰稿人：林　文）

重庆市科学技术协会

服务经济社会发展　出台《重庆市“科创中国”三年行动计划（2021—2023年）》，成立“科创中国”（重庆）咨询委员会，开展“科创中国”院士专家重庆行活动，举办重庆市科协年会、“科创中国”@重庆双月论坛4期、“科创中国”专家区县行活动6场。举办2021重庆四川技术转移转化大会，川渝38个市、区、县科协签订合作协议，助力唱好“双城记”、建好经济圈。推动璧山区成立西部（重庆）科学城智能制造领域专利池，促进中国科学院院所成果在地方落地转化，实现专利交易53项、产业化落地项目7项。推动重庆国际生物医药知识产权运营中心落户巴南区，成立中国生物工程学会（重庆）协同创新中心。

院士工作站新建1家，总数达28家；海智工作站新增10家，总数达53家；两江新区离岸基地新建合作中心5个、海外站点1个；重庆高新区获批中国科协国家海外人才离岸创新创业基地。创设海智工作站站长负责制，认定站长48名。“众创之家”举办创业活动306场，指导重庆市菁英科技经济融合发展服务中心新入驻项目30个。

印发《开展科技助力乡村振兴行动方案》《中国农村专业技术协会（重庆）科技小院建设方案》，支持36家市级学会、部分区县科协与乡村振兴重点帮扶镇村结对合作，打造30个科技强镇、30个科技小院和100个科技名村。组织“千会千人进千户”活动1100余场次、农技培训600场次，受益群众5万余人次。定点帮扶万州区恒合乡乡村振兴行动。

支持城市化与区域创新极发展研究中心组建高水平研究团队7个，申报省部级及以上科研项目15项。与市人力资源和社会保障局、沙坪坝区政府、重庆电子工程职业学院共建智库重庆高技能人才发展研究中心，新审批成立重庆启点数字经济研究院等8个民办非企单位。报送《院士专家建议》44篇，获得省部级及以上领导批示24篇；完成“成渝地区双城经济圈协同创新体系构建路径研究”等省部级课题19个；开展科技专题调研4项；5篇调研报告获评全市脱贫攻坚优秀理论成果；举办第六届科协改革研讨会；承办2021年全国科技工作者状况调查站点培训班。

联合举办市卫生健康委与法国驻华大使馆《关于促进卫生健康合作的谅解备忘录》线上签署等系列活

动。支持中国－老挝职业教育培训中心（机制）建设等国际交流项目7个。

服务科技工作者 召开科技界学习贯彻习近平总书记“七一”重要讲话精神座谈会，组织“众心向党、自立自强”主题实践活动，开展“党的旗帜在科技界高高飘扬”系列宣传活动，举办重庆市科技英才庆建党百年华诞报告会暨2021年重庆市“最美科技工作者”表彰大会，联合《重庆日报》推出“对话‘建党精神’·科学家来了”专题报道，刊发科技人才宣传报道150余篇。重庆市科协党校举办专题培训班6期，累计参加培训人数700余人次；承办重庆市领导干部科技讲堂3期、重庆英才讲堂5期；组织开展“我为群众办实事”科技志愿服务活动226场。

牵头实施院士带培计划，支持开展学术交流14场，60余名中国科学院、中国工程院院士在重庆市实地考察并与12名带培对象互动交流；陆军军医大学教授蒋建新当选中国工程院院士；召开院士专家座谈会；支持海智工作站线上引才30场次，引进海外人才400余人；指导两江新区离岸基地举办路演31场次，累计引进海外人才97名、项目68个。

开展中国科协第十次全国代表大会代表和委员候选人推选工作，推选代表26名，其中委员候选人3名、常务委员候选人1名当选。将青少年科技创新市长奖评选范围扩大为中小学生、大学生、职业青年，第十三届市长奖按照新要求评选产生拟表彰对象58名。重庆交通大学教授易志坚获评2021年全国“最美科技工作者”。开展2021十大重庆科技创新年度人物评选。

《科学素质纲要》实施和科普工作 重庆市公众科学素质促进联盟吸纳成员单位86家，科普重庆中央厨房集成科普资源48T、网站浏览量超过363万人次，提档升级全市科普文化重庆云终端1400个。组织编写《碳达峰碳中和知多少》《科技热词新词知多少》《反邪教知多少》等科普读本。

支持重庆科技馆和6个区县科技馆免费开放，新建、扩建区县科技馆4个，新建科普场馆10个。重庆科技馆举办各类科普活动1200余场次，接待观众超过177万人次；创建对台湾地区交流基地。江北区、万州区等8个区县入选或批准创建2021—2025年度全国科普示范区。高校反邪教联盟正式成立，评聘第一批市级反邪教学术研究专家。开展“三长”带“三会”试点，推动3400名“三长”发挥作用。科技志愿服务累计注册组织176个、志愿者3.5万余名，开展活动576场次。

全国科普日期间举办活动1000余场次：举办成渝双城青少年科技雏鹰夏令营，开展2021年全国科普日川渝云联动主题活动、科普列车川渝行、首批成渝双城十佳科普研学线路推荐发布等活动。第四届重庆市公民科学素质大赛累计有140万余人次参加网络竞答，网络观赛人数达100万人次。首届重庆青少年科幻征文大赛吸引中小学校1800余所、20万余名学生参加竞赛，决出一等奖30名、二等奖100名、三等奖300名。开展院士专家科普进校园160余场次，举办青少年科技创新大赛、科学素养大赛等赛事，参与青少年超过160万人次。

5月22日，由市科协、市生态环境局、英国驻重庆总领事馆主办的“同住地球、共助地球”——国际生物多样性日科普活动在重庆市举办。活动设置集中观影、沙龙讨论、现场表演、DIY制作等板块。

11月9—20日，由中国科协、科技部、重庆市人民政府和广西壮族自治区人民政府共同主办的第五届“一带一路”青少年创客营与教师研讨活动在广西壮族自治区南宁市开幕，11月20日在重庆市璧山区闭幕。活动以“开放包容·创新发展”为主题，以线上线下结合的方式吸引来自53个国家、地区和国际组织的师生参与。联合60多个国内外科技组织发布百余项学习资源，举办9场科学讨论会，汇聚近千名科学家和科教专家开展近百场科普直播和科学家报告。

组建川渝港澳台青少年科技创新联盟，联合举办2021中国智能产业博览会青少年专利孵化展。

学术交流 出台《重庆市科协支持高水平科技社团和高品质科技期刊建设资金管理办法（试行）》，支持高水平科技社团30个、高品质科技期刊20家。

8月23日，由国家发展改革委、科技部、工业和信息化部、商务部、中国科协、上合组织秘书处、重庆市政府联合主办，中国电子学会、市科协、市政府外事办公室等共同承办的中国—上海合作组织数字经济产业论坛分论坛数字经济百人会在重庆市举办。论坛以“数据要素赋能·引领数字化发展”为主题，采取线上线下结合的方式，聚焦数字经济前沿发展领域。中国工程院院士李伯虎、邬江兴，俄罗斯和欧洲自然科学院院士、俄罗斯军事科学院院士亚历山大·阿格耶夫，国际欧亚科学院院士、重庆大学自动化学院院长宋永端，IEEE计算机协会区块链委员会主席、中国科学院海外评审专家容淳铭，重庆市永川区区长张果分别作题为《云制造系统 3.0——一种适应新时代 / 新形势 / 新征程的先进智能制造系统》《数字经济亟待安全可信的新一代数字基础设施》《发展数字经济的问题》《人工智能驱动下的数字经济——现状与趋势》《全球互通的数字基础设施建设与实践》《赋能增智产城景　应用服务政商民》的报告。发布《新一代人工智能白皮书（2021 年）——数据要素新动能》等数字经济重点领域成果。

11 月 20 日，由四川省科协、重庆市科协共同主办的 2021 川渝科技学术大会在重庆市举办，会议以“汇聚科技英才助力双城发展”为主题，川渝两地科技工作者 150 人参加会议。中国科协党组书记、分管日常工作副主席、书记处第一书记张玉卓，四川省委常委、常务副省长罗文发表视频讲话。中国工程院院士何继善、陈鲸，中国科学院院士卞修武，市科协党组书记、常务副主席王合清，四川省科协党组书记、副主席毛大付，2021 年度全国“最美科技工作者”、重庆交通大学副校长易志坚等出席会议。大会发布数字经济百人会等 20 项年度川渝最具影响力学术活动、四川省地质学会等 20 家川渝一流学会、《强激光与粒子束》等 20 家川渝一流科技期刊和《经典海马体外全新的躯体感觉皮层空间导航系统》等 184 篇大会优秀论文，并现场为年度川渝最具影响力学术活动、川渝一流学会、川渝一流科技期刊以及优秀论文一等奖、特等奖颁奖。陈鲸、卞修武、王嘉图、易志坚分别作题为《大数据深化应用的新需求新机遇新挑战新思考（在数字经济发展中的贡献）》《病理大数据与智慧诊疗》《加快人才高地建设，加速创新动力源打造》《跨学科、原创性创新与科学家精神——“沙漠土壤化”的研究与实践》的主题报告。大会论文特等奖获得者张生家、钦鹏、陈厚文、苏昭铭分别作题为《大脑空间定位系统（GPS）与类脑智能》《全球气候变暖对世界粮食安全的威胁和应对策略》《科技基础设施助力科技创新和产业升级》《冷冻电镜研究 RNA 结构与功能》的报告。

2021 年，市科协主管的学（协）会共计组织学术活动 638 场，参加人数 22 万余人次。其中，国际性学术交流活动 8 场、全国或区域性学术交流 230 场，发表学术论文 1412 篇，获得全国性学会奖励 92 项。

支持举办中国（重庆）首届绿色设计助力双碳目标高峰论坛、新时代中文科技期刊改革与发展论坛暨第二届期刊运营模式培训班、“国际创意经济促进可持续发展年”创新极发展论坛暨第三届国际创意管理专委会年会等高端学术活动。

自身建设　举办专题读书班 3 期，开展处级以上干部集中学习 46 次，编印《中国科协第十次全国代表大会精神资料汇编》等学习资料，实现学习全覆盖。开展“从中国共产党领导科技创新的伟大实践中学史明理”等宣讲活动，共宣讲 920 多场次，累计受教育人数达 26 万人次。推进“我为群众办实事”实践活动，办好 5 大方面民生实事 30 项。实施市科协领导干部直接联系服务基层制度，组织机关党员到社区开展科普惠民服务。党组理论学习中心组和成员在《人民日报》《思想政治工作研究》等报刊发表理论文章 10 篇，市科协党组书记作为市委宣讲团成员宣讲 14 场次。

制订实施党组及班子成员落实全面从严治党主体责任清单，召开 2021 年科协系统党风廉政建设工作会议，召开“以案四说”“以案四改”警示教育会 2 次。科技社团实现党的组织和党的工作全覆盖。五届市委第六轮巡视整改在评估中被评价为“好”，经济责任审计指出的 19 个问题全部整改到位。开展意识形态工作专项督查，全面加强对所属期刊、网站及“两微一端”等宣传阵地管控，审批论坛备案 60 件。《重庆科技报》在重庆市报纸年度考核中获得优秀等次。坚持贯彻新时期好干部标准，举办青年干部理论学习提高班。

市科协五届八次全委会审议通过《重庆市科协事业发展第十四个五年规划和二〇三五年远景目标纲要》。调整机关内设机构职能，对应中国科协内设机构调整，按照市委编委批复，市科协宣传部更名为宣传文化部、学会学术部更名为科学技术创新部（市科协科技社团党委办公室）、企事业工作部更名为战略发展部、国际工作部（台港澳交流部）更名为国际合作部（港澳台办公室）；1 名副处级领导职数调整为科技社团党委专职副书记（正处级）。

市级学会　截至 2021 年年底，市科协主管或联系的市级学会有 163 个，其中属市科协业务主管的 133 个（理科学会 27 个、工科学会 47 个、农科学会 13 个、医科学会 15 个、交叉学科学会 31 个）；属市科协团体会员的 30 个。

2021 年，新受理重庆外科学会、重庆天文学会等 4 个筹建学会的成立申请，新成立重庆市碳达峰碳中和学会联合体，开展“僵尸型”社会组织专项清理整顿工作，完成重庆市对外科技交流促进会注销，提请登记管理机关对重庆市劳动保护科学技术学会予以撤销登记，督促指导3个“问题学会”进行限期整改，指导重庆市环境科学学会等12个学会完成换届工作。

市水利学会应水利部委托，举办援助重庆市、湖北省定点帮扶县（区）水利干部培训班；市科技青年联合会承接中国科协“科创中国”重庆智能制造及大数据区域科技服务团项目；市医学会、市法医学会、市口腔医学会、市预防医学会、市机械工程学会等受相关行政部门委托，承接本业务领域职业资格培训、技术评价和继续教育等工作；市计算机学会、市电子学会承办中国大学生计算机设计大赛重庆市市级赛、全国青少年机器人技术等级考试（重庆地区）、全国青少年软件编程等级考试（重庆地区）、全国青少年无人机技术等级考试等社会化考试；市数学学会、市物理学会、市化学化工学会、市动物学会、市植物学会分别承办全国中学生五学科竞赛（重庆赛区）数学、物理、化学、生物竞赛组织工作。

区县科协　全市38个区县（自治县）和万盛经济技术开发区、高新技术产业开发区均成立科协。

万州区科协成立工程师协会、国际税收研究会，涪陵区科协成立心理学会，沙坪坝区科协成立科技青年联合会、女科技工作者协会，九龙坡区科协成立健康宣教服务协会，北碚区科协成立生物质产业碳中和技术协会，巴南区科协成立心理健康协会，合川区科协成立网络安全学会，永川区科协成立水利学会、健康管理协会、妇幼卫生学会，潼南区科协成立工程师协会，开州区科协成立柑橘协会、心理学会，垫江县科协成立营养学会、心理学会。

重庆市高新技术产业开发区入选“科创中国”全国试点城市，增补酉阳土家族苗族自治县、云阳县为“科创中国”市级试点区县，川南渝西地区首个大数据产业联盟在永川区成立。九龙坡区科协与城口县科协、沙坪坝区科协与奉节县科协、北碚区科协与巫山县科协等推动“一区”科协与“两群”科协对口合作。沙坪坝区科协推动重庆市菁英科技经济融合发展服务中心建设，牵头成立西部（重庆）科学城公众科学素质促进联合体。

涪陵区科协承办第20届中国青少年机器人竞赛重庆赛区选拔赛。江津区科协联合多部门承办2021重庆市科协年会。南岸区科协承办川渝两地青少年科技教育交流活动。大渡口区科协承办重庆市第三期市领导干部科技讲堂。

科协基层组织　截至2021年年底，重庆市企业（园区）、高校、科研院所科协组织共计816家。中国石化销售股份有限公司重庆石油分公司、中煤科工集团重庆研究院有限公司、马上消费金融股份有限公司等新成立科协。市高新技术产业开发区成立西部（重庆）科学城科协联盟。

全市1029个乡镇（街道）均成立科协。各镇街科协依托党群服务中心、社区科普大学、科普活动室等平台，利用全国科普日、全国防灾减灾日、全国食品安全宣传周、公民科学素质大赛、科技助力乡村振兴等活动服务基层社会治理创新。

全市农技协组织共计837个，团体会员8412个，个人会员75829个。其中，县级农村专业技术协会（联合会）25个，镇级农村专业技术协会（联合会）1个，农林牧渔及其服务业等基层各类农村专业技术协会（联合会）811个。永川区农技协、江津区农技协、铜梁蔬菜科技小院等单位获中国农技协表彰。

【万钢出席中国—上海合作组织数字经济产业论坛、2021中国国际智能产业博览会并在重庆市调研】8月22—24日，全国政协副主席、中国科协主席万钢在重庆市出席中国—上海合作组织数字经济产业论坛、2021中国国际智能产业博览会相关活动，并到重庆市高新技术产业开发区、石柱县调研。

8月22日，市委书记陈敏尔，市委副书记、市长唐良智会见万钢一行。8月23日，万钢出席中国—上海合作组织数字经济产业论坛、2021中国国际智能产业博览会开幕式，并以《加快推进新一代人工智能的系统性突破》为题作主旨演讲。万钢还前往重庆市高新技术产业开发区调研西部（重庆）科学城规划建设情况，考察石柱县中益乡脱贫攻坚成果和乡村振兴进展情况，对重庆推进科技创新、加强科协基层组织建设取得的成绩给予肯定。

【市委全面深化改革委员会办公室印发《重庆市打造全国地方科协综合改革示范区实施方案（2021—2025年）》】　12月23日，市委全面深化改革委员会第十九次会议审议通过并印发《重庆市打造全国地方科协综合改革示范区实施方案（2021—2025年）》。

该实施方案明确4个方面共15项重点改革举措。在加强党的全面领导方面，将完善党建带科建机制、改进创新思想政治引领工作。在破解组织建设难题方面，将健全科协组织体系、优化高水平科技社团布局、深化科协机关和直属单位改革。在发挥科协优势方面，将建立“为科技工作者办实事、助科技工作者做贡献”长效机制，打造“近悦远来”科技人才生态，打造高品质科技期刊。在服务中心大局方面，将助推成渝地区双城经济圈建设、探索促进科技与经济融合新机制、实施科技助力乡村振兴工程、建立岗位创新争先机制、深化科普供给侧改革、提升地方科协智库建设能级、提高科技开放合作水平。

【市人民政府办公厅印发《重庆市全民科学素质行动规划纲要实施方案（2021—2025年）》】 12月7日，经市人民政府常务会议审议通过，市人民政府办公厅印发《重庆市全民科学素质行动规划纲要实施方案（2021—2025年）》，明确“十四五”期间科学素质建设工作目标、重点任务和保障措施。

《重庆市全民科学素质行动规划纲要实施方案（2021—2025年）》提出，到2025年，重庆市公民具备科学素质的比例超过15%，全市各地区、各人群科学素质发展不均衡情况明显改善。科普供给侧改革成效显著，科学素质公共服务能力显著提升，现代科技馆体系更加完善，对外交流合作取得新进展，全域科普工作新格局初步形成，“科学普及与科技创新同等重要”的制度安排基本形成，科学精神在全社会广泛弘扬，创新文化氛围日益浓厚，社会文明程度明显提升。

《重庆市全民科学素质行动规划纲要实施方案（2021—2025年）》部署2类10项重点工作任务。在提升行动方面，根据不同人群的科学素质现状及其对全民科学素质提升的影响，确定青少年、农民、产业工人、老年人、领导干部和公务员为未来五年全民科学素质建设的5类重点人群，组织实施5项科学素质提升行动，促进科普服务的公平化、普惠化、精准化。在重点工程方面，部署科技资源科普化工程、科普信息化提升工程、科普基础设施工程、基层科普能力提升工程、科学素质开放合作工程5项重点工程，着力构建主体多元、手段多样、供给优质、机制有效的全域科学素质建设体系，构建政府、社会、市场等协同推进的社会化发展大格局，为全民科学素质建设提供基础支撑。

【开展“为科技工作者办实事　助科技工作者做贡献”行动】 市科协开展“为科技工作者办实事、助科技工作者做贡献”行动，会同市级相关部门起草形成20条工作清单。其中，“为科技工作者办实事”10条，“助科技工作者做贡献”10条。

该行动实施以来，市科协会同41家市级部门推进20条工作清单落地见效。建立“科技专员＋联络员”服务模式，提档升级重庆英才“渝快办”，整合68项公共服务、政策服务、市场服务事项。筹集1万余套人才住房、6万套青年人才公租房，确定77家定点医院为科技工作者提供24小时便捷服务，落实子女入学服务1000余人次，建立“用编上编”绿色通道。出台《重庆市推进高水平科技创新平台人才队伍高质量发展的措施》等22项政策，开展英才集聚工程·青年人才“启明星”专项，实施博士后“倍增计划”和博士“直通车”科研项目。取消调整科技管理行政权力事项26项，实施科研人员减负行动。制订促进科技成果转化24条，成立重庆科技创新投资集团有限公司，落实重庆英才计划“包干制”项目438个。

【市老科协成立20周年座谈会】 2021年是市老科技工作者协会成立20周年，市委书记陈敏尔对市老科协工作作出批示。10月25日，市老科协成立20周年座谈会召开，原国务委员、第十一届全国人大常委会原副委员长、中国老科协会长陈至立出席并讲话，为重庆市兴渝科技老年大学授牌，市委副书记吴存荣主持座谈会并讲话。第十二届全国政协人口资源环境委员会副主任、中国科协原党组副书记、中国科协原副主席、中国老科协常务副会长齐让，市人大常委会副主任周旬、陈元春，重庆大学原党委书记、市老科协会长欧可平，重庆市人大常委会原副主任、市老科协名誉会长陈之惠等参加相关活动。

（撰稿人：贺　鹏　刘　露）

四川省科学技术协会

服务经济社会发展　依托“天府科技云”精准联系服务企事业单位突破17万家，累计促成科技交易6.5万单，其中发布科技成果7554项、委托科研项目1475项。吸引金融、法律、创投等392家第三方专业机构入驻云平台，为企业创新和产业技术升级精准提供多元化、专业化服务。《四川省委要情》头条刊发《“科创中国·天府科技云”助力我省科技与经济深度融合发展》。

开展技术创新方法培训，整合四川大学等高等院校和科研院所资源，累计培养创新工程师752人、一线科技工作者3200多人。2021年中国创新方法大赛中，四川省获一等奖2项、二等奖2项、三等奖3项。联合重庆市科协主办2021重庆四川技术转移转化大会，促进川渝地区创新主体融通协作、创新成果转移转化。四川省成都市、德阳市成为中国科协“科创中国”建设试点城市。

积极搭建创新创业平台，高标准打造院士专家工作站。全年新建成省级院士（专家）工作站18个，累计建成110个，共引进中国科学院院士、中国工程院院士208名，高层次专家2767名，合作开展科技项目1492个，推广转化科技成果2432项。

依托“天府科技云”汇聚科技资源和人才信息，为党和政府制定科技、人才、产业政策等提供数据支撑和决策依据。2021年，累计向中国科协和省委、省政府报送《高质量推动甘孜藏族自治州中藏药产业发展的建议》《加快“四川气大庆”建设的六点建议》《推动我省高端装备制造业高质量发展的五点建议》等决策咨询专报17篇，其中多篇获省领导批示指示。

服务科技工作者 持续完善四川省注册科技工作者（团队）制度和积分管理制度，依托“天府科技云”让每个科技工作者（团队）共享全省乃至全国科技需求市场，拓展服务空间，实现高新技术“云服务”、科技成果“云转化”和科研项目“云揭榜”。“天府科技云”精准联系服务科技工作者突破136万人次，帮助科技工作者开设科创工作室14万家，精准提供科技供需交易服务20万项，精准提供科技信息服务超过500万人次。

组织四川省范围内中国工程院院士候选人推选等工作，2021年四川省新增杨正林、邓龙江等中国科学院院士、中国工程院院士。开展天府杰出科学家初评、第十五届四川省青年科技奖表彰等活动；新增天府杰出科学家23名，表彰第十五届四川省青年科技奖获得者50人。

《科学素质纲要》实施和科普工作 依托“天府科技云”开展智慧科普、精准科普、直达科普，为广大城乡群众提供精准科普服务4.9亿人次，全省公民科学素质水平达9.45%。四川省“天府科技云”智慧科普典型经验在中国科协主办的第二十八届全国科普理论研讨会上作专题报告；乡土人才创新创业大赛被写入国务院《全民科学素质行动规划纲要（2021—2035）》。

依托“天府科技云”抓“源头”科普资源供给。建立合规性审核和科学性审核机制，汇聚权威优质科普资源超11万条，较2020年增加3.4万条。吸纳全省800家科普共享基地入驻“天府科技云”，打造“云端”体验式科普集群，促进科普资源云端开放、全民共享。

依托“天府科技云”抓“末端”基层群众参与。发挥各乡镇（街道）、村（社区）等基层组织作用，引导城乡群众“上天府科技云，向科学要答案”。坚持以需求为导向，做好疫情防控、灾害预警、农技推广、健康教育等科学知识普及。吸引城乡群众注册使用“天府科技云”，浏览“云科普共享基地”信息量达1368.8万人次。中央电视台《新闻调查》连续2期专题报道四川省依托现代科技馆体系开展科普惠民服务、提升全民科学素质情况。

学术交流 打造学术示范品牌，实施学术引领科技创新。组织开展年度川渝最具影响力学术活动评选，共评选出“四川‘智’造 ‘芯’创未来”2021电子信息新技术和新生态高峰论坛等年度川渝最具影响力学术活动10个，支持10个省级学会开展学术交流活动。

全年支持、指导省级学会开展各类学术活动共计120余场次。其中，大数据发展院士专家高峰论坛、2021华西－梅奥国际重症医学大会、第四届人工智能与大数据国际会议、杰出科学家天府论坛——先进材料创新与应用发展峰会、天府论建·46届学术年会暨智能建造与建筑工业化大会、“中公杯”第十六届四川省大学生计算机作品赛、第十届全国生物信息学与系统生物学学术大会等，推动学术水平提高。组织省级学会参加中西南学会学研究第39届年会等省级学术交流活动，加强跨区域学术交流合作。

5月26—27日，由四川省蚕业管理总站、重庆市蚕业总站、四川省蚕丝学会、重庆市蚕丝学会等8家单位联合举办的成渝地区双城经济圈现代蚕桑产业高质量发展学术交流会在广安市召开，来自四川省、重庆市的70多家蚕丝行业主管部门、科研单位、生产经营单位的共计140余人参加会议。此次会议从人文、经济、学术、技术、发展等多角度进行交流。

促进川渝地区学术繁荣。联合重庆市科协举办第二届川渝科技学术大会，评选表彰川渝两地年度优秀科技学术论文184篇，共同发布年度川渝一流学会20家、一流科技期刊20家、最具影响力学术活动20个。加强省级学会（协会、研究会）和科技期刊建设，电子科技大学与德国约翰威立国际出版集团共同创办的《信息材料》影响因子超过20，进入全球百强。四川大学主办的《可持续发展材料》入选“2021年度中国科技期刊卓越行动计划高起点新刊”。

自身建设 7月1日，省科协召开庆祝建党100周年暨“两优一先”表彰大会，表彰一批优秀共产党员、优秀党务工作者、先进党组织。省科协党组成员、副主席经戈出席会议并讲话。省科协党组成员、副主席周利平、徐勇出席会议。会上对周正彬等26名优秀共产党员、刘先让等4名优秀党务工作者和省科协调研宣传部支部等4个先进党组织进行表彰，党组领导为叶泽浦、罗太厚等17名老党员代表颁发“光荣在党50年”纪念章。

大力建设覆盖省市县三级的云服务中心体系。推动建成省市县三级天府科技云服务中心暨省科协科创服务中心165个，绵阳市、德阳市、自贡市、攀枝花市、泸州市、南充市、巴中市等14个市（州）云服务中心实现全覆盖。

深化党史学习教育。组织全省科协系统1800多名科协工作人员为广大科技工作者和企事业单位提供“一人一策”“一单一策”服务7.29万单，创新构建为科技工作者和企事业单位办实事长效机制。省科协的服务经验在中国科协党史学习教育总结会上作典型经验交流。

省级学会 截至2021年年底，省科协所属省级学会196个。

组织开展2021年度一流学会评选工作。依托“天府科技云”平台，按照《四川省学会积分管理办法（试行）》，评选出省地质学会等10个省一流学会，并由省科协、重庆市科协联合颁发“年度川渝一流学会”奖牌。

加强学会规范化建设。规范学会新成立申报工作流程，按照省科协《省级学会组织通则（试行）》，批准同意省科协作为7个拟成立社会组织业务主管单位，其中省胚胎与生殖遗传学会、省科技助力乡村振兴促进会、省青少年机器人技术实践发展促进会经省民政厅批准正式登记成立。规范学会换届工作，按照省科协《学会换届工作管理办法》规定，指导省岩石力学与工程学会、省区域科学学会、省青少年科技教育协会、省绿色发展促进会等11个省级学会完成换届工作。

地市县科协 截至2021年年底，全省21个地市科协党组全部独立建制，183个县（市、区）成立科协。

雅安市碧峰峡野生动物救护中心获批中国科协海外智力为国服务行动计划工作基地，也是雅安市首个成功申报的中国科协“海智基地”。

成都市科协在中国科协第十次全国代表大会闭幕式接受“科创中国”试点城市授牌。

德阳市科协组织二重（德阳）重型装备有限公司、德阳工程学院、伊东新（德阳）线缆设备有限公司及德阳市电工学会、德阳市机械工程学会等校企负责人参加“科创中国”智能制造科技服务团“走进佛山”系列活动。

绵阳市科学技术协会第八次代表大会召开。绵阳市委书记罗增斌，省科协党组成员、副主席经戈出席开幕式并讲话。中国工程院院士、绵阳市科协主席范国滨致开幕词，绵阳市科协党组书记王久华作工作报告。

资阳市、泸州市、宜宾市、内江市、达州市、南充市、甘孜藏族自治州、阿坝藏族羌族自治州、凉山彝族自治州等市（州）科协召开2021年全国科技工作者日座谈会，举办庆祝“七一”党建系列活动。

科协基层组织 截至2021年年底，全省共有企业科协746个、高校科协32个、乡镇（街道）科协组织2061个。

【省委书记彭清华赴省科协调研】 2月18日，省委书记彭清华赴省科协调研，走访慰问省科协机关干部职工，向全省科技工作者和科协的同志送去祝福。省委副书记邓小刚，省委常委、秘书长王一宏以及省直有关部门负责人陪同走访慰问。省科协党组书记、副主席毛大付作专题汇报。彭清华充分肯定省科协开展的“天府科技云”服务工作，就科协组织全力服务经济社会发展提出要求。

【致敬“四川百年百杰科学家”系列活动】 6月7日，省科协召开致敬“四川百年百杰科学家”座谈会，省委副书记邓小刚出席会议并讲话，省委常委、组织部部长于立军主持会议，省人大常委会副主任叶壮、副省长李刚、省政协副主席林书成等出席会议。组织参观“四川百年百杰科学家”致敬长廊。省科协主席李言荣介绍致敬“四川百年百杰科学家”活动和中国科协第十次全国代表大会四川代表团情况，翟婉明、王玉忠、郭旭升、崔鹏、邓建军、冯小明、刘盛纲7位“四川百年百杰科学家”代表分别围绕面向世界科技前沿开展科学研究、科技创新、科技体制改革创新等内容发言。

活动期间，致敬“四川百年百杰科学家”礼赞盛典在四川广播电视台举办。中国科学院院士刘盛纲、刘宝珺、翟婉明、冯小明，中国工程院院士刘大响、张锡祥、石碧、于俊崇、李言荣、王玉忠、郭旭升，中国科学院成都生物研究所研究员费梁，成都飞机工业（集团）有限责任公司副总工程师陆英育等科学家作为“四川百年百杰科学家”代表参加。

【2021 川渝科技学术大会】 11 月 20 日，由省科协、重庆市科协主办的 2021 川渝科技学术大会在重庆市举办。会议以“汇聚科技英才助力双城发展”为主题，旨在围绕成渝地区双城经济圈建设，面向川渝广大科技工作者，进一步强化学术基础、引领学术风尚、促进学术交流、打造学术品牌，搭建川渝两地综合性、跨学科、开放性的学术交流平台。中国科协党组书记、分管日常工作副主席、书记处第一书记张玉卓，四川省委常委、常务副省长罗文通过视频致辞。重庆市委常委、组织部部长彭金辉出席大会并讲话。重庆市科协主席、中国工程院院士潘复生主持大会开幕式。中国工程院院士陈鲸、中国科学院院士卞修武等 8 位川渝院士、专家围绕大数据应用、人才高地建设、类脑智能、科技基础设施助力产业发展等作专题报告。

【首届科创中国 · 天府科技云服务大会】 12 月 15—17 日，由省科协、省发展改革委、省科技厅、省教育厅等 16 家单位主办的首届科创中国 · 天府科技云服务大会在成都市举办。中国科协党组副书记徐延豪，省委常委、常务副省长罗文出席开幕式并致辞，省人大常委会副主任包惠出席开幕式，省科协主席、中国工程院院士、四川大学校长李言荣主持开幕式。

会议发布 10 个重大科技成果转化项目、10 个重大高新技术推广项目、10 个重大科技难题攻关项目，省科协分别与中国技术交易所有限公司、四川天府新区科技创业投资有限公司、成都德同西部投资管理有限公司 3 家创投机构签订战略合作协议。

会议还举办 4 场专场推介会，设置 22 个推介洽谈区（1 个省级推介洽谈区、21 个市州推介洽谈区），举办 100 场推介洽谈会，通过线上线下相结合的方式对 2350 个科创项目进行推介。会议期间，推介发布项目 1894 项，现场达成合作意向 821 项。

【徐延豪赴四川省调研】 12 月 15—17 日，中国科协党组副书记徐延豪先后赴自贡市、绵阳市、德阳市、成都市等地调研。徐延豪实地走访“科创中国 · 四川省天府科技云服务中心”以及绵阳市、德阳市、成都市等地的“科创中国 · 天府科技云服务中心”；出席由省科协、德阳市人民政府主办的“科创中国”试点城市（德阳）揭牌暨“天府科技云”精准对接签约仪式，并为德阳市授牌。

（撰稿人：余永刚）

贵州省科学技术协会

服务经济社会发展 组织开展“贵州新型工业化发展研究”“乡村振兴背景下贵州省农业现代化研究”“科技创新服务乡村振兴的有效供给路径研究”“碳达峰　碳中和目标愿景下贵州生态碳汇能力调查研究”等调研项目和课题 8 个，编发决策咨询专报 4 期，获省领导批示两次。开展“百名专家建百言”活动，共征集学科建言 104 条。

指导贵阳市、安顺经济技术开发区申报“科创中国”试点城市（园区），贵阳市入选。组织 1121 家高新企业、大数据企业、工业规模以上企业入驻贵阳市“科创中国”试点平台；新认定市级科技企业孵化器（众创空间）11 家，新建院士工作站 2 家，开展“千企面对面”科技服务 6 场，服务企业 1000 余家。

推荐省计算机学会申报的“贵阳大数据产业区域科技服务团”获中国科协立项支持。组建由 45 名有国家级大赛奖项荣誉的优秀科技工作者组成贵州省创新方法导师团，宣传“科技创新　方法先行”理念。开展 3 期创新方法培训，300 余名一线创新工程师参加培训。选拔 9 个项目及团队参加 2021 年中国创新方法大赛，获一等奖 1 项、三等奖 5 项。

开展 2021 年“助力贵州高质量发展院士行”活动，来自中国科学院、中国工程院和南京航空航天大学的 25 位院士、专家、学者深入贵阳市、黔南布依族苗族自治州和遵义市调研指导，聚焦经济社会发展战略需求开展咨询服务，助力贵州高质量发展。

申报“中国创新创业成果交易会成果转化基地”落地贵州省，搭建科技成果转化服务平台。成立贵州黎阳航空发动机有限公司先进材料应用院士工作站等专家平台 6 家，促成一批专家团队与贵州省相关企业开展合作。

实施“科技助力高质量发展引领行动”项目28个，参与人数4800余人次、企业120余家、科研院所150余家，签署协议15个。省级学会完成承接政府转移职能与科技公共服务工程项目14个，形成产业规划、调研报告3篇，发布团体标准6个，开展科技服务2项，评选行业优秀个人35人、优秀项目40个。

开展“老智助黔行动”，发挥老科技工作者特长，组织老科技工作者专家团队深入黔西南布依族苗族自治州普安县、黔南布依族苗族自治州长顺县等一线乡镇、社区、学校、医院开展科技类政策宣讲和落实情况相关工作调研。

4月15日，中国农村专业技术协会科技小院联盟(贵州)科技小院授牌仪式暨培训会在贵阳市举办，11家科技小院被中国农技协授牌。

服务科技工作者 开展“众心向党、自立自强”主题实践活动，持续做好对广大科技工作者的政治引领和政治吸纳。开展2021年贵州省“最美科技工作者”学习宣传活动，遴选马克俭等25人获评贵州省“最美科技工作者”。

宣传优秀科技工作者典型，联合举办以南仁东团队研发、建造“中国天眼”为主线的大型舞台剧《天眼之魂》展演。举办中国科学家精神主题展贵州巡展活动、贵州省2021年科学道德和学风建设集中宣讲报告会。《贵州科学家传记丛书》(第三卷)出版发行，第四卷启动编撰。举办全省科技工作者庆祝建党百年·百幅书画摄影作品展，展示新时代贵州省科技发展历程、成果及科技工作者风采。

开展全国科技工作者日活动，省科协推荐的中国飞天梦科技志愿团贵州省总队入选2021年度全国最佳志愿服务组织，推荐的“德行龙里　农技加油站”项目被评为科技志愿服务项目先进典型。省科协被中国科协评为2021年全国科技工作者日活动省级科协十佳组织单位。

开展“院智援黔行动”，构建与中国科学院、中国工程院等联系机制。以“院士科技助力高质量发展贵州行”为主题，全年开展“院智援黔行动”4次，中国科学院5个学部34位院士以及团队专家29名、中国工程院4个学部30位院士以及团队专家31名到贵州省开展活动，举办报告会5场，形成决策咨询专报4份，32位院士被省政府聘请为贵州高质量发展顾问。

开展“海智归黔行动”。组织系列活动6次，邀请海归人才50余人次参加活动，形成海归人才建言献策资料汇编4册。开展贵州省首家省级海智基地试点建设工作，为留学归国人员营造有利于创新创造的良好发展环境。开展“引智兴黔行动”，组织科技工作者参加贵州省首个“人才日”活动，通过开展“弘扬爱国奉献精神、建功立业高质量发展新征程”主题活动致敬科技工作者。印发《贵州省专家休假疗养工作实施细则(试行)》，推进2021年贵州省专家休假疗养活动。

《科学素质纲要》实施和科普工作 开展“提智富黔行动”，创新开展“全国科普日暨贵州省科技活动月”活动。2020年贵州省公民具备基本科学素质比例为7.22%，超额完成省政府与国家全民科学素质行动规划纲要办公室签订的“十三五”超过6.5%的目标任务。推进《全民科学素质行动规划纲要(2021—2035年)》实施，认真开展《贵州省全民科学素质行动规划纲要实施方案(2021—2025年)》制定实施工作。

启动2021年第十一届全国农民科学素质网络知识竞赛，动员全省各级科协和基层组织引导群众参与学习和竞赛。推荐18个县(市、区)参加全国科普示范县(市、区)评选活动，全部获中国科协命名。组织参与公民科学素质培训讲座活动15次，共培训省、市、县三级党员领导干部2800余人次。9月，联合省全民科学素质工作领导小组成员单位开展“2021年全国科普日暨贵州科技文化月”活动，集中开展150多项学术交流、科学普及与文化宣传活动，被中国科协评为2021年全国科普日活动优秀组织单位。

开展基层科普行动计划，资助实施项目126个。开展省级科普教育基地检查评估，评选省级“十佳科普教育基地”。开展第五批省级科普教育基地验收命名工作，共命名31个，推荐30个优秀基地参加2021—2025年度全国科普教育基地评选。实施科普中国百城千校万村行动项目8个。在贵阳市观山湖区世纪城爱心广场试点建设首个省级科普文化广场，打通科普服务群众“最后一公里”。推进贵州科技馆新馆建设立项。

实施“五万计划”，强化科普服务力。开展“万人队伍大培训”，实施科技致富“二传手”培训项目34个，培训农村科普带头人1700余人次，共带动8万余人次提升农村实用技术水平；开展“万位科星大表彰”，推进贵州省第七届科普工作先进集体和先进个人评选表彰，共表彰优秀集体 50 个、优秀个人 100 名；开展“万册丛书大编撰”，启动贵州省科普丛书编撰，完成《观天洞地》《贵州旅游地学大观》科普丛书编撰出版工作；开展“万名专家讲科普”，全省各级登记科普专家 5821 名，全年开展科普讲座、咨询 3564 场次，新增科普信息员 4.4 万人，累计达到 39.5 万人，共转播或使用科普中国资源 650 万余次，累计达 2043 万余次；实施“万项活动大开展”，组织开展“2021 年全国科普日暨贵州科技文化月”活动，集中开展贵州省第六届青少年 3D 打印设计创意大赛、贵州省第九届科普作品创作大赛等多项科普活动。

拓宽传播渠道，强化科普推广力。贵州科技馆举办大型科普报告讲座 11 场、科技探索活动 188 场，全年接待观众 25.3 万余人次。流动科技馆巡展 16 站，总参观人数超 31 万人次。科普大篷车开展 26 次，行驶里程 2708 千米。全省已建成农村中学科技馆 101 所，年度参观人数达 92788 人次。持续建设 IPTV《科普中国 · 贵州版》科普信息化品牌，原创科普节目《不可思议》在贵州卫视播出。

举办第六届贵州省青少年机器人竞赛，全省 9 个市州 289 支队伍共 730 余名中小学生参加竞赛，9 个比赛项目共评选出获奖队伍 199 支，25 支参赛队伍获得冠军。开展第 36 届贵州省青少年科技创新大赛，覆盖全省 20 万余名学生，完成作品评选 715 项，98 项最终进入公开展评。通过线上线下相结合的方式举办第七届全国青年科普创新实验暨作品大赛贵州赛区复赛，全省 5 所大学、80 余所中学的 1500 余名学生参加，决出一等奖 5 个、二等奖 9 个、三等奖 13 个、优秀奖 6 个。组织开展 2021 年全国青少年人工智能科普活动、第 12 届全国青少年科学影像节活动、贵州省青少年高校科学营等青少年科技活动，营造讲科学、爱科学、学科学、用科学的氛围。2021 年全国科普日第二届“中国飞天梦——科普中国万里行”主题活动走进贵阳市息烽县、遵义市。

学术交流 全年举办贵州中医药振兴发展高峰论坛、2021 中国国际大数据产业博览会“天演 · 创变 · 启新——天文论坛”、高效低风险农药高端学术论坛等，百余人次国际国内专家、学者开展学术交流、共话产业发展，助力贵州高质量发展。

自身建设 推进科协组织治理体系和治理能力现代化。1 月，经省委、省政府同意，印发《关于加强新时代贵州科协工作的措施》，为新时期推进全省科协事业发展提供政策支撑。根据中国科协机构调整情况，推动贵州省科协机关机构改革。成立中共贵州省科技社团委员会，制订《加强贵州省科协所属学会党建工作意见》，推动业务主管学会党建工作标准化。

3 月 5 日，省科协召开党史学习教育动员大会，学习贯彻习近平新时代中国特色社会主义思想、习近平总书记视察贵州重要讲话精神以及在党史学习教育动员大会上的重要讲话精神，对省科协开展党史学习教育进行动员部署。

省级学会 全年新成立省级学会 4 个，吸纳团体会员 1 个，省科协现有所属学会（协会、研究会）共 131 家。其中，理科学会 24 家、工科学会 36 家、农科学会 12 家、医科学会 28 家、综合交叉学会 31 家。省级学会共有学会会员 116312 人。

地市县科协 2021 年，贵州省共有市（州）科协 9 个、县级科协 88 个。

贵阳市科协构建国家、省、市、县科协“四级联动”服务机制，开展“科创中国”试点城市（园区）建设。推动贵阳市贵安新区 1122 家企业接入“科创中国”融通平台，新认定 11 家市级科技企业孵化器（众创空间），开展“千企面对面”科技服务 6 场，服务企业 1000 余家。支持科技成果转移转化服务平台建设项目 4 个、大数据领域技术创新平台建设项目 14 个、科技成果转化应用及其他项目 5 个。建成 27 家省级科普教育基地、122 家市级科普教育基地。

遵义市科协深入推进“3+1”科协基层组织建设，全市乡镇、高校、企业等基层组织发展到 214 个。

六盘水市科协推动科普大小院建设，截至 2021 年年底，共建成 7 个社区科普大院、10 个农村科普小院。以科普大小院为平台，开展各类科普宣传、农村实用技术培训等百余场，受益群众达 10 万余人次。

安顺市科协利用广播、楼宇广告、科普安顺、今日安顺等自媒体、融媒体平台开展科普宣传，扩大科普知识的传播面和覆盖面。

毕节市科协组织政协科协界别委员联系科技工作者 155 人，为科技工作者开展工作做好服务保障。组织委员深入基层调研 9 次，撰写调研报告 12 篇、各类提案 55 篇、社情民意 84 篇。

铜仁市科协开展科技“二传手”培训，共聘请权威专家开展“二传手”培训 16 场，培育农村科技带头人 900 余人次。探索试行“科普＋产业”模式，促进农民增收致富。

黔东南苗族侗族自治州科协推进基层科普行动计划项目实施，全年实施项目23个，为巩固拓展脱贫攻坚成果和助力乡村振兴作出积极贡献。

黔南布依族苗族自治州科协发挥学会行业优势助力“三农”，全州科协系统组织参与农技培训20余场、培训5000余人次。推动创建“德行龙里 科舟之旅”科技志愿服务品牌，提升青少年科学素质。

黔西南布依族苗族自治州科协开展“旅游+科普”创建模式，在景区中心位置植入科普元素，通过科普主题馆（示范点）、科普宣传栏、电子显示屏、扫描二维码等方式向游客传播科普知识，启动黔西南山地旅游科普读物编撰工作。

科协基层组织 截至2021年年底，全省企事业科协共计108家。其中，企业科协67家、园区科协5家、高校科协34家、科研院所科协1家、大学生科协1家。成立全省首家大学生科协——贵州民族大学大学生科协，成立省农业科学院科协。

【中国科学院院士助力高质量发展贵州行活动】 4月11—13日，中国科学院学部学术与出版工作委员会主任秦大河、中国科学院副院长高鸿钧、中国疾病预防控制中心主任高福、中国人民解放军军事科学院副院长梅宏等12位院士到毕节市调研，科技助力贵州省高质量发展。省委副书记蓝绍敏与院士、专家座谈，并向参加活动的院士们颁发“贵州省高质量发展顾问”聘书。

5月15—17日，中国科学院院士助力高质量发展贵州行活动在黔南布依族苗族自治州平塘县举办，中国科学院数学与系统科学研究院研究员马志明、西安电子科技大学原校长郑晓静、中国工程物理研究院研究生院院长孙昌璞、南开大学教授张伟平、中国科学院数学与系统科学研究院院长席南华等18位中国科学院院士参加活动，主要围绕调研中国天眼科普平台与乡村振兴建设、领导与院士见面会、院士专家科普报告会进校园等方面展开讨论。省人大常委会副主任、省科协主席何力出席并讲话，省政府党组成员郭锡文为参加活动的院士颁发“贵州省高质量发展顾问”聘书。马志明、郑晓静、孙昌璞、张伟平、席南华等7名院士参加座谈，并受聘为“贵州省高质量发展顾问”。

【贵州省科协九届四次全委（扩大）会议】 4月30日，贵州省科协九届四次全委（扩大）会议在贵阳市举办，省委常委、宣传部部长卢雍政，省人大常委会副主任、省科协主席何力等领导出席会议。省科协九届委员会副主席、省科协九届委员会委员共105人参加会议。来自省科协厅级以上领导干部，省科协机关各部门、各直属事业单位的主要负责人，各市（州）科协党组书记、主席，获表彰的优秀科技工作者等87人列席会议。会议主要任务是深入学习贯彻习近平新时代中国特色社会主义思想和习近平总书记视察贵州重要讲话精神、省委十二届九次全会精神，全面总结省科协2020年工作、安排部署2021年工作。

【2021年全国科普日贵州主场活动暨贵州科技文化月启动仪式】 9月11日，由贵州省委宣传部、省科协、省教育厅、省科技厅、贵州大学、贵州民族大学、贵阳学院联合主办的2021年全国科普日贵州主场活动暨贵州科技文化月启动仪式在贵阳市举办。省人大常委会副主任杨永英、省政协副主席陈坚等省领导出席，中国科学院院士欧阳自远受邀发表视频致辞，省直有关厅局和高校领导出席。活动在全省各市州县同时启动，集中开展150多项学术交流、科学普及与文化宣传活动。

【中国科学家精神主题展贵州巡展活动启动仪式】 11月15日，中国科学家精神主题展贵州巡展活动启动仪式在贵阳市举办。贵州省人大常委会副主任、省科协主席何力出席活动并宣布巡展活动启动。展览分为“我爱你中国”“无限风光在险峰”“协同攻关，甘为人梯”“接力精神火炬，奋进新的长征”四个部分，通过500张珍贵历史图片和55件实物再现共和国科技发展历程中钱学森、黄旭华等120余位老一辈科学家爱国奉献、勇攀高峰的丰功伟绩。

（撰稿人：马 炯）

云南省科学技术协会

服务经济社会发展 实施百名院士云南行动计划，围绕云南省打造世界一流“三张牌”中的“卡脖子”关键核心技术和重大科技需求，对接邀请中国科学院和中国工程院院士赴云南省开展科技攻关、技术推广、成果转化等活动，促进各类创新要素向重点产业、企业集聚，推动科技与经济、创新成果与重点产业深度融合。支持云南省昆明市创建全国第二批“科创中国”试点城市，将昆明市打造成具有沿边特色的“科创中国”枢纽城市。

围绕农业种质资源保护利用，与中国科协在北京联合举办种业振兴高层次研讨会，并形成《种业振兴院士专家决策咨询报告》。深化科技助力精准扶贫工作和乡村振兴，依托省级学会组建专家服务团，动员相关领域科技工作者参与脱贫攻坚和乡村振兴，发挥科技、科普在脱贫攻坚和乡村振兴中的示范引领作用。

认真按照“外防输入、内防反弹”的疫情防控部署，以沿边8个州市、25个县市为重点，持续组织科技工作者、科普工作者、科技志愿者下沉边境防控一线，开展应急科普、科学防治、志愿服务、政策宣讲、解疑释惑、科学引导等工作，确保“疫情不解除，科普不掉线、人员不撤离”。

围绕产业转型升级难点、核心技术痛点、民生关注热点，持续组织院士专家协同开展调查研究和建言献策，以省科协《专家建议》形式向省委、省政府上报10个决策咨询报告。其中，关于云南绿色食品研究、发展区块链和大数据、推动5G商业运用的3个决策咨询报告得到省委、省政府主要领导批示，并被相关部门和企业采纳。

发挥院士专家工作站在加速科技成果转化中的示范引领作用，2021年新建院士专家工作站36家，新成立企业科协32家，促进了企业科技进步、自主创新和人才培养。与省发展改革委联合制订《大众创业万众创新工作考核激励办法》，推动省“双创”工作提质增效，持续组织全省“双创周”系列活动，厚植“双创”社会基础。

持续开展企业创新工程师培训和创新方法大赛等活动，提升企业一线科技人员的创新能力和水平。参加联合国《生物多样性公约》缔约方大会第十五次会议，组织开展拍摄一部专题片、举办一次专题展览、编辑一本研究文集、组织一批主题宣讲的“四个一”行动，广泛宣传习近平生态文明思想，集中展示云南省生物多样性保护成就。

服务科技工作者 以云南省内中国科学院院士和中国工程院院士、科技领军人才、云岭学者等为重点，深化省科协干部“一对一”联系服务科技工作者制度，建设线上线下“科技工作者之家”，强化与科技工作者的思想沟通、情感融通、工作联通。按照“聚焦杰出、有序培养，一人一策、一人一队，讲求策略、精准发力”的思路，有序推进云南省院士增选工作，全年共向中国工程院、中国科学院推荐15名有效院士候选人，其中，张克勤当选为中国科学院院士，张宗亮、朱兆云当选为中国工程院院士。

实施第二轮“青年人才托举工程”项目，6名优秀青年科技人才获得项目支持，托举人才逐步成为本行业、本领域的重要科技后备力量。以高层次、高技能人才为重点，持续推进科技工作者状况调查站点建设，建成国家级站点14个、省级站点33个，报送科技工作者动态信息和意见建议300多条，为党委、政府制定科技、人才政策提供决策参考。

以表彰奖励、走访慰问、科技志愿服务等形式组织全国科技工作者日系列活动。组织开展2021年云南省“最美科技工作者”评选活动，马洪琪等10位优秀科技工作者获得表彰。推荐50多名优秀科技人才参加中国青年科技奖等国家级科技、人才奖项评选，为云南省科技人才创新创业搭建平台。

《科学素质纲要》实施和科普工作 建立健全公民科学素质监测评估体系，编制云南省《全民科学素质行动规划纲要实施方案（2021—2025年）》，着力构建品牌、平台、机制、队伍、阵地“五位一体”的科普服务体系，促进科普服务均衡、普惠、高质量发展。

组织全国科普日、全国科技活动周、文化科技卫生“三下乡”、青少年科技创新大赛、百名科技专家下乡、云南“英才”计划等科普活动。全省各级农村致富技术函授大学培训学员10万人次，招生人数居全国第一位。科普期刊《奥秘》发行50多万份，发行量居全国科普期刊前列。举办第七届昆明科普产业博览会，促进科普产业化发展。

深化各类科普示范创建，支持安宁市、曲靖市麒麟区成功创建全国科普示范县（市、区），指导、支持25个县（市、区）申报创建第二批全国科普示范县（市、区），评选命名省级科普示范基地、学校、社区、农技协各50个；紧扣基层科普服务和科普资源短板问题，与省财政厅联合创建43个科普小镇；整合涉农院校、科研院所等优势资源建设5个科技小院。

完善现代科技馆体系建设，新建成实体科技馆7家，并全部实行免费开放，年参观人数超500万人次；流动科技馆完成44个县（市、区）巡展活动，受益群众80万余人次。实施“科普中国·百城千校万村行动”，以“多屏多微多端”的方式推动“科普中国”在云南省落地应用，建成科普e站4825个。

学术交流 支持所属学会开展高水平、高质量的学术交流，其中省级学会主办的中国南北医药论坛、兰茂论坛、云南电力论坛成为全国相关学科领域的知名学术交流品牌。支持省级学会紧扣学科发展、科技前沿、自主创新中的基础性、关键性、普遍性问题举办280多场学术交流活动，促进云南省学术繁荣、学科发展、自主创新和人才成长。

自身建设 坚持党建与业务同抓互促共融，扎实推进“寻标对标达标创标”行动，抓实“智慧党建”，着力提升基层党支部规范化、信息化、智慧化水平。深化模范机关、清廉机关建设，在省科协系统持续开展“强学习、找差距、明职责、提效率、树形象”讨论活动，努力提振科协系统团结干事的精气神。实施“党建强会”计划，制订《学会党建工作指南》，启动30家省级学会党建先行试点工作，推动学会党组织和党的工作从有形覆盖向有效覆盖转变。

在全省科技界开展“弘扬爱国奋斗精神、建功立业新时代”主题活动和“众心向党自立自强”实践活动，增强科技工作者的思想自觉、政治自觉和行动自觉。

以省科协党校为依托，以科协系统“三支队伍”为重点，以党性锤炼、能力提升为主线，在福建省厦门市举办2期科技工作者和科协系统干部学习习近平新时代中国特色社会主义思想专题研修，在昆明市举办3期全省基层“三长”专题培训。

提升党史学习教育深度，开展庆祝建党100周年系列活动，举办以“百年华诞·风华正茂”为主题的全省科协系统文艺汇演，持续开展“红色百年路·科普万里行”——全省科普大篷车巡展活动，唱响全省科技界爱国团结奋斗主旋律。举办2期省科协系统学习贯彻习近平总书记“七一”重要讲话精神暨党史学习教育专题读书班、全省科技界学习贯彻习近平总书记“七一”重要讲话精神座谈会等活动，制作的《云岭铁军、初心永远》原创音频作品在新华网、学习强国、百度等主流媒体播出和转载。

省级学会 截至2021年年底，全省共有省级学会132个。

制订《云南省科学技术协会学会组织通则（试行）》《所属学会年度目标管理考核评选办法（试行）》《关于进一步规范所属学会举办研讨会、论坛等学术交流活动的通知》等规范性文件，推进学会日常管理制度化、规范化。深化“党建强会”计划，坚持以“抓好党建促发展”为主题，在105家业务主管学会中成立学会党支部74个（单独成立65个、联合成立9个），深化巩固“两个全覆盖”工作成果。

省植物保护学会开展专项研究，依托会员企业设计制造7种具有自主知识产权的防草地贪夜蛾装置，已在相关州市投放。省预防医学会举办3期州市免疫规划领导及业务骨干培训班，针对疫苗储存、运输、接种环节开展技术推广。省热带作物学会帮助企业开展橡胶加工技术服务，完成《万象省万荣县年产3万吨湿法TSR20号胶加工厂建设和项目可行性研究报告》。

2021年，组织2场省科协所属学会科技工作者“弘扬爱国奋斗精神　建功立业新时代”座谈会，以学习贯彻习近平总书记“七一”重要讲话精神为主题，围绕习近平总书记在中国科学院院士大会和中国工程院院士大会、中国科协第十次全国代表大会上的重要讲话精神，以激发广大科技工作者爱国奋斗精神为主线，开展座谈和参观学习。

地市县科协 截至2021年年底，全省16个州（市）、129个县（市、区）有独立建制科协组织。

昆明市科协做好第二批试点城市申报工作，推动构建昆明市科协、昆明市科技局、昆明市工业和信息化局、昆明市发展改革委等部门协同推进机制，入选第二批“科创中国”试点城市。昆明市安宁市成功创建为2021—2025年度第一批全国科普示范县（市、区）。昭通市科协加强科普阵地建设，创建5家省级科普示范社区、5所省级科普示范学校，科普小镇覆盖全市。曲靖市科协拓展科普宣传广度，通过科协官方微博及抖音、“问政曲靖”微访谈等媒体发布科普信息。玉溪市科协聚焦玉溪打造“云南数字经济第一城”，全面推进科普创新发展和公民科学素质提升，将“科普玉溪”精准覆盖到全市各县（区、市），全市公民具备科学素质的比例位居全省前列。玉溪市通海县科协助推花卉产业发展，建成云南省重要的鲜切花基地；澄江市科协将蓝莓产业打造成为生态农业产业。保山市科协深入贯彻落实习近平生态文明思想，聚力开展“高黎贡山生物多样性安全与保护”系列活动。楚雄市科协重点支持科技馆免费开放、基层科普行动计划、科普小镇和科普示范社区创建、专家站建设等。红河州科协抓好疫情防控应急科普，印制《德尔塔毒株防控科普知识宣传折页》《科普宣传手册》《禁毒科普知识宣传折页》，及时发送到县市及抵边村组开展科普宣传。文山市科协实施沿边科普示范带建设项目，在马关县、麻栗坡县、富宁县3个沿边村开展沿边科普惠农示范村试点建设，助力民族团结进步示范区建设、兴边富民示范区和强边固防战役。普洱市科协打响经典科普品牌，通过“云上科普”直播、进学校进社区、送科技下乡、科普剧表演等形式开展系列科普活动，连续三年被中国科协评为全国科普日活动优秀组织单位。西双版纳傣族自治州科协运用“科普西双版纳”微信公众号和西双版纳广播电视台《科普大篷车》栏目等媒体宣传科学技术知识，抓好新冠肺炎疫情和登革热防控宣传工作。大理白族自治州科协抓实《全民科学素质行动规划纲要（2021—2035年）》实施工作，形成政府主导、部门联动、社会积极参与的氛围。德宏傣族景颇族自治州科协做好疫情防控和宣传工作，通过微信、抖音、网站、微博等媒体科学普及防护知识，为疫情防控提供科学支持。丽江市科协承办人类与传染病的博弈——首都科技创新成果展暨云南抗疫先进事迹展巡展活动，组织开展科普宣传活动、应急科普宣传，推进全域科普。怒江傈僳族自治州科协落实“绿水青山就是金山银山”的发展理念，与高黎贡山保护区泸水管护分局在泸水市9个乡镇联合举办9期高黎贡山生物生态安全保护知识培训。迪庆藏族自治州科协组织“云南科普高原行”活动和寺院科普活动，多次得到中国科协和上级有关部门的肯定。临沧市科协掀起学习贯彻习近平总书记给沧源佤族自治县班洪乡、班老乡边境村老支书们的重要回信精神热潮，开展“学回信、见行动”主题实践活动暨“传承红色基因·弘扬奋斗精神”学习体验活动。

科协基层组织　截至2021年年底，全省共有企业科协285个、高校科协19个、园区科协1个，建立1115个乡镇（街道）科协组织、776个社区科普组织、3133个农技协组织等。

全省各州市进一步做好企业科协、社区科协、高校科协、乡镇科协等基层科协组织建设，不断拓宽科协组织的工作覆盖面。昆明市石林县围绕强“三性”、去“四化”、破“四缺”问题，全县7个乡镇（街道）成立科协组织，组建一支300多人的科技志愿服务队（分队），形成以县为主轴、以乡镇（街道）为支撑、覆盖村（社区）的科普组织体系。曲靖市麒麟区建有11个区属学（协）会、7个企业科协、1个学校科协、13个农技协、14个镇（街道）科协、134个村（社区）科普协会，形成区科协、镇（街道）科协、村（社区）科普协会、农技协四级科普工作网络，科普组织覆盖率达100%，被评为2016—2020年度全国科普示范县（市、区）总结评估先进区，入选2021—2025年度全国科普示范县（市、区）名单，承办第35届云南省青少年科技创新大赛机器人竞赛暨第5届全国青少年无人机大赛（云南省赛）；沾益区科协以科普示范基地、农技协及龙头企业为载体，整合资源，拓宽培训渠道，加大面向农民以农函大为主的实用技术培训力度，累计开设烤烟、大麻、蔬菜、养猪、养蜂、魔芋、当归、莲藕、中草药等农函大专业30个，组织编印《魔芋种植》《科学养猪》《当归实用技术》等乡土教材，培养一批懂技术、会经营、善管理的新型农民和农村实用技术人才。丽江市各县科协推进提升“3+1”工作，有效提升基层科协组织力，共吸纳214名基层医院院长、学校校长、农技站站长等关键人物进入县（区）、乡（镇、街道）科协机构兼职或挂职，打通科技服务乡村振兴的“最后一公里”。玉溪市易门县铜厂彝族乡养猪协会与脱贫户签约代养仔猪，巩固脱贫攻坚成果；元江县科协打造集生态、观光、科普为一体的哈尼梯田农业产业发展协会；新平县漠沙镇苦瓜协会、华宁县华溪镇柑橘产销协会等一批规范有序、活力强劲、产值过亿的基层农技协正在农村形成，并带动一批地方特色产业快速发展。临沧市双江拉祜族佤族布朗族傣族自治县科协抓住坝区气候和土地资源优势，发展冬季农业，扶持和帮助沙河乡允俸村村委会马铃薯种植户发展冬早马铃薯和大春水稻轮作，带动当地产业发展和贫困群众脱贫致富。

（撰稿人：张文华）

西藏自治区科学技术协会

服务经济社会发展　组织专家广泛调研，形成《利用碳交易巩固我区脱贫成果的建议》《关于那曲市建设牧光互补新能源产业基地的专家意见建议》；开展“加强学术交流，服务那曲草牧业高质量发展”科技学术交流会，为政府部门决策提供科学依据。推动“科创中国”与“双创”工作有机结合，拉萨市高新技术产业开发区入选中国科协第二批“科创中国”试点城市（园区）名单。委托西藏民族大学组织实施高校“双创”项目“西藏医学双创人才培养模式改革与实践”。开展“西藏自治区科技工作者建议研究与示范”“西藏农业信息发展建设对策与措施”2个调研咨询项目。助力乡村振兴，实施科技助力精准帮扶项目

9个，带动群众增产增收。实施“科普行动计划”，制订基层科普行动以奖代补考核办法，对在助力农牧业现代化发展、示范引领广大农牧民群众依靠科技增收致富、带动城乡居民提高科学素质等方面工作成效显著的6个科普示范基地、3个农技协、3个科普示范社区、10名科普带头人、50名科普信息员进行奖补。组织动员科技人员投身农牧区开展“科普进农村”“科技指导进田间”“科技培训进地头”“新品种新技术推广进现场”等活动，助力当地脱贫攻坚成果巩固与乡村振兴有效衔接。

服务科技工作者 面向全区广大科技工作者宣讲党的十九大和十九届历次全会精神，加强科学道德与学风建设，强化对广大科技工作者的政治引领。开展院士、2021年“最美科技工作者”推荐工作，举办优秀科技工作者风采展。推选10名同志为中国科协“十大”代表，其中1人当选为中国科协第十届全国委员会常务委员会委员。表彰自治区第三届优秀科技工作者20人，宣传优秀科技工作者的先进事迹。开展我和我的祖国——科学家精神主题展，赢得社会各界赞誉。开展“三大节日”、全国科技工作者日走访慰问活动。党组成员带头深入基层一线开展调查研究，了解科技工作者思想动态，解决实际问题。举办基层一线科技工作者知识更新培训班，培训93人次。

《科学素质纲要》实施和科普工作 截至“十三五”末，自治区具备科学素质的公民比例达到5.11%，超过“十三五”发展目标。在全国科普日活动期间举办各类科普活动48场次。以覆盖日喀则市、拉萨市、那曲市的8个县区、76个乡镇、68所学校的三级科协联合科普巡展活动为引擎，带动全区各级科协开展科普大篷车和流动科技馆巡展，全年行程约6.1万千米，共开展实用技术培训、疫情防控、食品安全、健康饮茶、爱国主义教育、法律知识普及等科普讲座411场次，发放各类宣传资料4.6万份，受益群众19.4万人次。

《西藏科技报》全年印发203万份。完成藏汉双语《西藏科普读物》编印工作。“科普中国·西藏”发布电子报刊200期、藏汉科普图文820篇、双语科普微视频30个、科普音频80个，制作科普挂图30幅。“科普西藏”微信公众号发布科普图文、音视频178篇，阅读量3万人次，“科普盒子”播放超过40万次。开办藏汉双语《科普西藏》广播电视专题栏目，播出电视专题节目52期、广播节目稿件780篇。

开展“红色百年路·科普万里行——全国科普大篷车庆祝建党100周年联合行动”，参与群众和青少年共计1.5万人次。组织参加全国青少年科学影像节活动线上交流、机器人大赛线上展示交流、科学调查体验活动、高校科学营线上线下活动等，开展应用物理、数学等相关学科知识竞赛。创建科普示范基地10个，实施40个中学科技馆提档升级，新建13个寺庙科普活动站，新增流动科技馆设备1套。自治区自然科学博物馆、中国科学院青藏高原研究所和藏域星球天文体验馆3家单位被认定为2021—2025年全国科普教育基地。

学术交流 2021年，西藏农牧学院科协举办西藏“三农”高质量发展学术论坛，自治区气象学会举办青藏高原山水文化与生态文明研究专题讲座，自治区园艺学会举办森林草莓花果发育调控基因挖掘和利用专题学术交流会等学术会议60余场次。

打造“围绕西藏高质量发展，开展高原学术交流特色品牌计划”活动，开展西藏科技高峰论坛、西藏高质量发展论坛系列学术研讨会、西藏生态安全论坛、第二次青藏高原综合考察成果报告会、西藏博士交流会、雪域科普大讲堂等活动。开展相关学术研讨会30场次、大讲堂10余场，形成《坚持“四个面向”构建新时代西藏特色学术交流平台》论文集，为学术交流的品牌建设起好步、开好头。

自身建设 深入开展党史学习教育，以传承红色基因为主线，推进党史学习教育入脑入心入行。召开自治区科协第七次代表大会，选举产生新一届领导班子，优化基层一线科技工作者代表、委员、常委比例。编制完成《西藏自治区科学技术协会事业发展“十四五”规划（2021—2025）》《西藏自治区全民科学素质行动规划纲要实施方案（2021—2025年）》。开展科协“制度建设年”活动，进一步规范工作程序、提升工作效能。扎实开展干部职工思想动态分析、民族团结教育、共产党员不信仰宗教落实情况排查，加强对科协网站、《西藏科技报》、“科普中国·西藏”等意识形态阵地的管理。指导那曲市完成科协换届。新组建自治区水力发电工程学会和自治区水产学会，支持4家自治区级学会开展换届。实施自治区农村科普服务能力提升、自治区科协管理平台建设、高原珍稀树种培育基地建设及示范推广、特色养殖及推广4个援藏项目。

省级学会 截至2021年年底，共有自治区级学会35个，全年共举办学术会议60余场次。

地市县科协 截至2021年年底，全区7个地市科协组建党组，74个县（市、区）成立科协。日喀则市仁布县被评为“2016—2020年度全国科普示范县”。推荐拉萨市林周县等7个县创建第二批全国科普示范县（区、市）。

科协基层组织 截至2021年年底，自治区共有高校科协5个、企业科协3个。

【西藏自治区科学技术协会第七次代表大会】 1月27日，西藏自治区科学技术协会第七次代表大会在拉萨市召开。中国科协党组书记、常务副主席、书记处第一书记怀进鹏，自治区党委书记吴英杰出席会议并讲话。自治区主席齐扎拉，自治区党委副书记、常务副主席庄严，自治区党委常委、秘书长刘江，自治区人大常委会副主任唐明英，自治区副主席孟晓林，自治区政协副主席桑杰扎巴，自治区人大常委会原副主任、中国工程院院士多吉出席会议。自治区党委副书记、拉萨市委书记严金海主持会议。

大会选举产生自治区科协第七届委员会，杨开勇当选为新一届自治区科协主席。会上表彰自治区第三届“优秀科技工作者”。

【怀进鹏赴西藏自治区农牧科学院调研】 1月27日，中国科协党组书记、常务副主席、书记处第一书记怀进鹏前往西藏自治区农牧科学院，就推进农牧业科研合作、促进农牧业科技援藏等工作进行考察调研。自治区党委副书记、拉萨市委书记严金海陪同。

怀进鹏一行看望慰问中国科协九届常委、自治区农牧科学院原党组副书记、院长尼玛扎西家属。重点考察调研自治区农牧科学院水产科学研究所雅鲁藏布江土著鱼类繁育基地，了解西藏渔业资源调查研究、重点物种人工繁育攻关、土著鱼类保护研究等工作情况。

【那曲市建设牧光互补基地咨询论证座谈会】 4月9日，自治区科协组织召开那曲市建设牧光互补基地咨询论证座谈会。会议邀请中国科学院广州能源研究所、广东龙源新能源科技有限公司和自治区太阳能、水利、气象等学会专家，以及自治区自然资源厅、林业和草原局、西藏高原草业工程技术研究中心、国家电网西藏分公司、那曲市相关单位负责人参加会议。专家及区直单位相关工作人员从项目的可行性及生态、经济和社会效益等方面进行论证，形成意见和建议。

自治区科协在此次座谈会的基础上，结合专家实地调研情况，组织相关单位形成《关于那曲市建设牧光互补新能源产业基地的专家意见建议》，向那曲市委、市政府反馈，为项目建设提供科学参考。

（撰稿人：李月桂　郑盛豪）

陕西省科学技术协会

服务经济社会发展 省科协联合商洛市委、市政府举办“智惠商洛”生态文明建设科技智库论坛；联合中国科协学会党建办公室、延安市人民政府等单位举办“科创中国·智惠延安”能源化工高质量发展高端论坛；联合咸阳市人民政府等单位举办科创咸阳——新型信息光子技术与产业发展高峰论坛，邀请200多位院士、专家围绕地方产业高质量发展建言献策。加强与省级研究机构和专业智库合作，支持重点智库课题25项。发挥科技智库作用，上报专家建议10余条，其中《汇聚创新资源、促进双链融合》《关于提升秦创原创新驱动平台法治保障水平的建议》《关于陕西省“非农化”“非粮化”耕地退出的建议》获省政府主要领导批示。

制订《陕西省科协助力秦创原创新驱动平台建设实施方案》[秦创原（国际）路演中心，简称秦创原，为陕西助力科技成果转化和资本市场发展的省级路演平台]，成立省科协助力秦创原创新驱动平台建设工作领导小组，推动成立院士之家2个、企业科协13个、园区科协6个、企业科协工作站358个，促成40个项目签约落地，托举青年人才180名，培训企业一线工程师1500名，服务企业500余家。

指导西安市西咸新区入选“科创中国”试点城市，组织8家省内高校、4家省级学会的56位专家入驻“科创中国”数字平台，发布科技需求48项。联合有关单位在北京举办3场“科创中国”西咸新区试点建设暨“秦创原”推介活动。“科创中国·西咸新区”试点工作得到省政府主要领导重视和批示，在全国65家试点城市中排名第一。

联合省发展改革委等单位举办全省科技工作者创新创业大赛，483个项目进入复赛，296个项目进入决赛。联合省科技厅等单位举办“秦创原·泾河新城杯”2021年陕西省创新方法大赛，评出65个高精尖项目。培训一线工程师1200人，强化企业创新争先人才队伍建设。

聚焦乡村振兴，举办第28届中国杨凌农高会——陕西省科协“科技助力乡村振兴专题展”，制订《陕西省农技协支持促进农业科技成果转化撮合者（技术经理人）工作办法》，实施省农技协科技小院建设项目50个，开展省科协“两联一包”驻村帮扶养殖技术培训、送医下乡等活动。

服务科技工作者 围绕“众心向党、自力自强”主题，组织开展全国科技工作者日系列活动。举办助力秦创原创新驱动平台建设暨陕西省全国科技工作者日主场活动等省级重点示范活动15项。活动期间，省科协推送信息1200余条、短视频50多条、重大直播活动7场，总阅读量达2884.64万人次。

推荐6名中国工程院院士候选人、5名第十八届中国青年女科学家奖候选人、3名2021年度未来女科学家奖候选人、10名“最美科技工作者”人选上报中国科协。实施省科协青年人才托举计划“双百工程”，支持180位青年科技工作者独立开展科研工作。组织省级学会推荐省科学技术奖75项，获奖率达50%。举办2021陕西青年科学家大会，表彰100位陕西青年科技奖获奖人员。

开展院士专访和重点科技人物宣传活动。组织《陕西日报》等媒体专访中国工程院院士蒋庄德、樊代明、卢秉恒、康振生，中国科学院院士陶文铨、郭烈锦，协助中国科协拍摄《家国科学路》专题微纪录片，组织科普工作者录制陕西广播电视台“典赞·2021科普中国”《让科技服务大众　让科普走进生活》专题系列访谈等，在各类媒体宣传科技人物60余人次。

建立机关干部联系服务科技工作者制度，每位机关领导至少直接联系10位基层一线科技工作者，推动解决科技工作者关心关注的问题。开展科技工作者状况调查，建立调查站点34个，反映科技工作者意见建议86条，完成调查问卷815份。

《科学素质纲要》实施和科普工作 履行科学素质纲要实施工作办公室职责，推动全域科普。起草编制《陕西省贯彻〈全民科学素质行动规划纲要（2021—2035年）〉实施方案》，部署实施“十四五”全民科学素质行动。通报表扬“十三五”以来全省纲要实施工作做出成绩的83个集体和93名个人。推选4个集体和4名个人分别申报全国全民科学素质工作先进单位和先进个人。举办“一带一路”公众科学素质发展论坛、全省县域公民科学素质发展研究基础平台建设推进会，陕西省所有市区及94个县区市创建公民科学素质与创新发展研究教育平台。全省注册科技志愿者45188人、科技志愿组织1484个，开展科技志愿服务活动3258场。

创新开展陕西省第29届“科技之春”宣传月和全国科普日活动2600余项，举办各类科普报告、科普讲座达710余场次，技术培训1180余期。其中，“陕西科普”“云游展馆”等省级线上活动点击量达1.5亿人次。参加2021年全国文化科技卫生“三下乡”、科技活动周、全国防震减灾等系列主题活动。联合编创聚焦防震减灾、医疗急救等主题的科普挂图5期，向全省市县科协组织配送科普挂图3万余套18万余张。出版《陕西科技报》176期，发行总量577.28万份。

围绕疫情防控、抗疫人物、科学运动、北斗导航等内容，省级学会10余位专家、学者做客《对话科学》系列访谈直播间。“陕西科普”在微信、微博、官网、今日头条、抖音等新媒体平台开设“疫情速递”专栏，推送相关科普知识及防疫内容360余篇，全平台阅读量达372.3万余人次。“陕西科普”官方微博、微信和今日头条号全网粉丝152.3万人。

举办陕西省青少年科技创新大赛，组织5类43个项目参加第35届全国青少年科技创新大赛线上展示交流活动。组织参加第20届中国青少年机器人竞赛线上展示交流活动，推荐3所学校入选“2021年人工智能活动特色单位”。实施2021年陕西省中学生科技创新后备人才培养计划，确定40名学生进入培养计划。开展青少年高校科学营陕西分营活动，陕西省350名营员参加本省线下分营活动，18个省的740名营员参加陕西省线上6个分营活动。举办第七届全国青年科普创新实验暨作品大赛陕西赛区大赛，5支队伍在全国总决赛中获奖。

起草修订《陕西省“基层科普行动计划”实施方案》，实施“基层科普行动计划”。开展科普示范县（市、区）建设，16个科普示范县（市、区）全部通过2016—2020年度全国科普示范县（市、区）评估，推选22个县（市、区）、30个科普教育基地分别创建2021—2025年度全国科普示范县和全国科普教育基地，遴选31个县（市、区）开展省级科普示范县（市、区）创建。

推动中国特色现代科技馆体系和科普阵地建设。举办建馆理论研究会议，推进陕西科学技术馆新馆立项。实施“陕西省科普场馆、科普教育基地开放共享”项目18个。制订实施《陕西省科技馆免费开放管理办法》，推动市级科技馆全部纳入2021年新增免费开放单位。推进重点帮扶县县级科技馆建设项目实施。

学术交流 组织开展“学术金秋”学术交流活动420余场次，其中高端前沿学术活动36场次、线上线下融合10场次。报告专家2560人次（院士20余人次），参与交流20万人次。

围绕碳达峰碳中和、种业发展、特色中医药等开展综合性学术交流活动170多项，第二十三届全国半导体物理学术会议、第二届全国空间微波特殊效应研讨会、2021年人工智能交叉学科前沿国际论坛等影响广泛。

开展三秦卓越科技期刊遴选工作，选出领军期刊3种、重点期刊5种、梯队期刊15种，打造陕西版“世界一流科技期刊”建设工程。

自身建设 组织筹备省科协第九次代表大会，提高科协领导机构中基层科技工作者比例，来自基层一线科技工作者的比例达到77%、委员比例达到77%、常委会委员比例达到83%。

推进省科协机关及直属单位机构改革，修订完善《中共陕西省科协党组议事规则》《陕西省科协专职主席办公会议事规则》。实行法律顾问制度。完成省科技咨询服务中心人员转入陕西科学技术馆的后续衔接和手续办理工作。持续推进陕西科技报社转企改制工作，推进申请设立科学传播相关职称序列和成立科学传播评审委员会工作。

联合省民政厅印发《关于进一步推动陕西省科协所属学会创新发展的意见》。指导12家省级学会进行年度陕西省科技进步奖推荐工作，40多家学会设立学科奖项，10多家具有引领示范效应的学会向全国一流地方学会发展。指导安康市、榆林市、咸阳市武功县科协开展中国科协市县级改革试点工作。

省级学会 截至2021年年底，全省共有省级学会142个、学会联合体3个、学会服务工作站15个；新成立学会1个（省畜牧医学学会），注销学会1个（省免疫学会）；135家学会成立党组织。

省植物保护学会、省园艺学会、省通信学会等40多家学会参加“科技之春”全国科普日活动，举办科普活动140余项。省汽车工程学会打造陕西智能网联汽车研究院、产业创新中心、产业创新联盟“三位一体”的科技成果转化平台，成为“科创中国”典型案例。省煤炭学会设立陕西省煤炭科学技术奖和专项基金，探索社会力量激励科技创新、行业高质量发展的新机制。省护理学会通过述职考核，调动各专委会工作积极性，全年举办各类线上线下培训活动60多场次，面向会员的继续教育培训已形成品牌。省老科协充分发挥组织优势，助力脱贫攻坚与乡村振兴有效衔接形成体系。省航空学会与中航工业西安飞行自动控制研究所（618所）建立学企联合体，在科技攻关、科技推广方面协同发力。

地市县科协 截至2021年年底，全省有市级科协11个、县级科协107个。

西安市科协新建科普大学教学点20所，全市教学点达到165所，共开课2250课次4880课时，听课人数达88400人次。西安市公民具备科学素质比例达到13.2%，居全省首位。

宝鸡市科协在12个县区全面推开科技经济融合试点工作，组织开展2021中国钛年会暨钛产业高峰论坛中国钛谷国际钛产业博览会等，重点对接转化活动13项。

咸阳市科协建立咸阳海智人才库、人才需求库，着力搭建服务平台、引贤纳才，打造中国科协“海智计划”工作基地。

铜川市科协开展铜川市“最美科技工作者”评选活动，联合市广播电视台开办《科技人生》栏目，展播“最美科技工作者”风采事迹。

渭南市科协坚持“群众点餐、科协配餐、上门服务”工作机制，组织市县乡村四级369个科技志愿者组织、11748名科技志愿者活跃在社区山村，开展各类科技志愿服务活动1058场次。

延安市科协推进院士专家工作站建设，出台《延安市院士专家科研平台建设激励奖励考核办法》，建成院士工作站36个，引进两院院士41名、院士团队成员342名。建站和引进院士数量居全省前列。

榆林市科协举办第二届企业家科技沙龙暨渝溪科技论坛，促成6家医院签订合作协议，助力榆林创新发展。

汉中市科协创新探索科普宣传新模式，创新开展“云上科普日”，率先在全省建成2家社区科普馆，全省首家举办“扬帆起航　逐梦九天”航天科普周活动。

安康市科协推动成立安康市茶叶学会和县区茶叶

专业技术联合会（联合体）28个、镇村级茶叶技术协会27个、重点茶叶园区和企业科协35个，巩固脱贫攻坚成果，接续乡村振兴，获市政府领导批示肯定。

商洛市科协推进公众科学素质提升，联合商洛市委组织部、南京市科协在南京大学举办公众科学素质提升培训班，推动科学素质建设工作纳入全市2021年目标责任考核体系。

杨凌示范区科协组织专家举办农业实用技术专题讲座15场次，通过阿里云、快手等平台进行全程直播，线上5天累计点击量达20万余人次。

韩城市科协开展科普大篷车巡展活动30余场次，展出科普展品1400余件，发放科普资料4万余份，受益群众10万人次。

科协基层组织 截至2021年年底，全省共有企业、园区、联合体科协312个，高校科协40个，乡镇（街道）科协685个，农技协组织726个。新成立企业科协13个、园区科协6个、高校科协4个。

组织企业参加“三新三小”（新技术、新工艺、新材料，小发明、小创新、小改造）创新竞赛活动，申报参赛项目1206个，同比增长378.57%，评出获奖项目550个。

组织高校支持韩城市经济技术开发区、商洛市山阳县高新区等8个县（市、区）工业园区产业转型升级，建立专家工作站30余个，开展专家企业调研和座谈活动20余次，解决企业技术难题120余项。

组织高校举办跨校际、跨院系、跨学科的陕西省高校科协联合会科学讲坛18场，举办学术沙龙、学术茶座、青年论坛34场102期，5000余人次参加活动。

深化开展基层科协组织力“3+1”试点工作，吸纳基层“三长”进入科协组织兼职挂职，科普服务覆盖面进一步扩大。

【“科创中国”西咸新区试点建设推进会暨“秦创原”推介系列活动】 7月29—30日，由省科协、西安市西咸新区管理委员会联合中国科普研究所、中国科协企业创新服务中心、中国国际科技交流中心等共同主办的“科创中国”西咸新区试点建设推进会暨“秦创原”推介系列活动在北京举办。活动内容包含“科创中国”西咸新区试点建设推进暨“秦创原”推介会、“秦创原”数控机床双链融合对话会及助力秦创原平台建设国际合作交流活动三部分。

来自中国科协、全国学会、高等院校、科研院所、科技企业、创投界以及省级学会的100余位相关领导、院士、专家、科创精英围绕“科创中国”和“秦创原”融合互促、打造“科创中国”的陕西样板、推进陕西秦创原创新驱动平台建设、服务陕西省追赶超越高质量发展开展系列活动。

活动促成西咸新区与2家全国学会签署合作协议，与5家全国学会达成合作意向，引入1家国际组织、1家创投机构、1家技术服务与交易平台入驻西咸新区，并为秦川机床工具集团聘请专家顾问。

【《陕西省贯彻〈全民科学素质行动规划纲要（2021—2035年）〉实施方案》发布】 12月24日，由省科协牵头完成编制工作的《陕西省贯彻〈全民科学素质行动规划纲要（2021—2035年）〉实施方案》以省政府名义正式印发。《陕西省贯彻〈全民科学素质行动规划纲要（2021—2035年）〉实施方案》对陕西省中长期全民科学素质建设目标和“十四五”时期的重点任务、保障措施等做出系统谋划。

《陕西省贯彻〈全民科学素质行动规划纲要（2021—2035年）〉实施方案》提出，到2025年，陕西省公民具备科学素质的比例达到15%，力争与全国同期平均水平持平；到2035年，陕西省公民具备科学素质的比例达到25%，力争高于全国同期平均水平。

《陕西省贯彻〈全民科学素质行动规划纲要（2021—2035年）〉实施方案》明确指出，陕西省将以青少年、农民、产业工人、老年人、领导干部和公务员为主要目标人群，开展5项科学素质提升行动。“十四五”时期，将实施5项重点工程，即科技资源科普化工程、科普信息化提升工程、科普基础设施强化工程、基层科普能力提升工程、科学素质国际交流与合作工程，构建完善的科学素质建设体系。

《陕西省贯彻〈全民科学素质行动规划纲要（2021—2035年）〉实施方案》从组织、机制、条件三个方面作出保障措施安排，强调建立完善组织协调机制、加强考核督促、完善表彰奖励体系、完善检测评估体系、完善法规政策、加强研究交流、强化标准落实、保障经费投入等，确保目标任务落地落实。

（撰稿人：田西平）

甘肃省科学技术协会

服务经济社会发展 省科协围绕区域创新发展、产业转型升级等方面的重点难点问题，组织相关领域专家开展调研和交流，形成决策咨询报告和专家建议书32份，向省委、省政府上报《科技工作者建议》7期。形成《甘肃抗击新冠肺炎安全心理调研分析报告》《甘肃打造千亿级生物医药产业集群对策研究》《发展富硒农业助推乡村振兴的对策研究》《碳达峰碳中和背景下甘肃构建生态资产定价和交易机制研究》等10篇高质量决策咨询建议。持续推进科技决策咨询专家库建设，完成543名高级职称以上专家入库工作。

推荐天水市和兰州新区列入中国科协第二批“科创中国”试点城市（园区），依托“科创中国”服务平台重点培育发展装备制造、中医药健康等产业，促成中华中医药学会与甘肃省科协签署《中医药健康发展战略合作框架协议》，完成甘肃省装备制造区域科技服务团组建及入驻“科创中国”平台工作，并组织试点城市（园区）征集发布科技成果378项、创新需求27项，促进全省科技经济深度融合发展。支持5个省级学会和企业实施创新驱动助力工程项目，助力清洁能源、高效农业等产业创新发展。

在全省实施科技助力脱贫攻坚成果巩固和乡村振兴衔接工程中实施基层科普行动计划，奖补97个基层科普组织，支持20个农技协组织实施转型升级项目，进一步增强其辐射带动和致富引领能力。组织开展各类科技培训、技术服务活动200场次，受益群众6万余人次；实施学会助力精准扶贫项目，在全省16个县区举办种植养殖技术、实用技能培训班，助推县域特色优势产业发展；持续对3个联系村开展特色产业发展、农户技能培训等项目。

省科协依托科研院所、企业园区，新建院士专家工作站1个、协同创新基地4个。截至2021年年底，规范并建成院士专家工作站19个、协同创新基地49个，柔性引进院士47名、专家21名，促进院士专家团队与进驻单位开展深度合作；新建海智工作站4个，全省共建成34个，实施“海智计划”特色示范项目25个，支持其搭建对外科技交流合作平台。

服务科技工作者 省科协围绕“众心向党、自立自强”全国科技工作者日主题，在5月30日前后组织开展走访慰问科技工作者代表、宣传优秀科技人才先进事迹、举办中国科学家精神主题展全国巡展和陇原最美科技工作者走基层主题宣讲等系列主题活动。

实施青年科技人才托举工程，对15名青年科技人才主持的项目给予立项支持；提名中国工程院院士候选人7名，1名当选；组织开展第十届甘肃青年科技奖评选工作，30名杰出青年科技人才获奖；举荐20名优秀科技工作者参评全国和省级奖项，4人获全民科学素质工作先进个人称号，1人被授予“2020年感动甘肃·陇人骄子”称号。

持续改进联系服务科技工作者方式手段，制订《全省科协系统干部联系科技工作者制度》，组织各级科协干部与科技工作者结对子，开展常态化联系服务，积极为科技工作者解难题、办实事。

《科学素质纲要》实施和科普工作 省科协深入贯彻《全民科学素质行动规划纲要（2021—2035年）》，编制《甘肃省全民科学素质行动规划纲要（2021—2025年）实施方案》。

开展全国科普日系列联合行动、科普大篷车庆祝建党百年联合行动、流动科技馆巡展和科普进校园进寺院等活动，带动各级科协组织开展科普宣传活动2000余场次，受众达53万余人次。举办4期公民科学素质知识微信答题活动，参与人数达64768人，参与人次达263001人次，推动全民科学素质水平提升；甘肃省少数民族地区公众科学素质建设经验受邀在2021世界公众科学素质促进大会专题论坛上作交流分享。

支持甘肃科技馆和12个市县科技馆免费开放，新增科技馆3座，推动5个市（州）科技馆加快建设，2个中国流动科技馆区域常态化巡展试点项目落地酒泉市和天水市，全省流动科技馆展教资源累计达48套。推荐11个县争创全国科普示范县，已认定1个；推荐30家单位申报全国科普教育基地，通过认定15家，认定省级科普教育基地81家；新建科普小院10个，农技协品牌建设9个，先后开发12种特色农产品。

发挥甘肃科技馆优势展教资源，承办《创新决胜未来》主题展等大型展览4场，开展线下线上展教活动13项，全年累计吸引60万余人次进馆参观体验，影院累计放映922场次，观影人数6.7万余人次。举办第二十届中国青少年机器人选拔赛等10项科技竞赛活动，参与青少年达1万余人次。中国流动科技馆甘肃巡展完成55个站点的巡展任务，参与人数72万余人次。截至2021年年底，全省100辆科普大篷车总行程65.75万千米，开展科普活动6046场次，参与活动总人数510.11万人次。

持续推进网上科普服务阵地建设，支持13个市县实施科普信息化建设项目，打造“智慧科普”样板间3个；加强甘肃大众科普网数字资源库建设，定制主题科普资源包2个，加快“科普甘肃”移动端和微信公众号推广使用。对9个全民科学素质行动软课题予以立项实施，对科普工作成绩突出、效果显著的20个农村专业技术协会联合会、21个农村科普示范基地、31个农村专业技术协会、20个科普示范社区及5个科普工作队给予项目支持。全省共建立科技志愿者服务组织155家，发展科技志愿者5642名，组织开展各类科技志愿服务活动217场次。

学术交流 7月20日，由环境与发展智库联盟、中国21世纪议程管理中心、省科技厅、省人民政府国有资产监督管理委员会、省科协、中国科学院兰州分院、中国科学院西北生态环境资源研究院、中国科学院青年创新促进会联合主办的第七届环境与发展智库论坛在兰州市举办。会议以“创新·为发展点燃新引擎”为主题，参加会议的专家、学者围绕南水北调西线工程、碳中和技术体系、“十四五”时期国内外发展、面向2035创新体系与能力建设、海洋环境与发展的国际合作研究等主题作大会主旨报告。论坛还举办综合性国家科学中心建设、“双碳”目标下绿色发展路径、海洋创新促进可持续发展、新一轮产业变革下的颠覆性技术创新、国家可持续发展议程创新示范区建设、学科情报研究与科技成果评议新进展、科技期刊与智库融合发展7个平行分论坛。

9月15日，由省科协、省生态环境厅、省科技厅、中国环境科学学会主办的2021年甘肃省学术年会在兰州市举办。会议以“碳中和愿景下减污降碳协同治理”为主题，邀请中国科学院院士陈发虎，中国工程院院士马军、贺克斌，国际欧亚科学院院士薛勇等学者作专题报告，来自甘肃省生态领域的多家省级科研院所、高校的专家、学者在分会场开展学术交流、技术研讨，形成2份成果报告，为全省加快构建绿色低碳循环发展经济体系提供有力的科技支撑。

12月15日，由省科协、省人民医院共同举办的第十一届兰州生命科学论坛在兰州市召开。论坛以“慢病防治与生命健康”为主题，邀请中国工程院院士樊代明、王锐，西北大学医学院院长赵钢，甘肃省人民医院院长蔡辉，甘肃省中医院院长张志明等国内医学专家，通过“线下+线上”形式开展高层次研讨交流。樊代明、赵钢分别以《整合医学：从医学知识到医学知识论》《医学人工智能进展》为题作学术报告，3000余名一线医务工作者通过网络视频观看报告。

支持省属学会、协会、研究会举办环境与发展智库论坛、生命科学前沿进展论坛、甘肃省材料与化学交叉学科论坛、2021陇原中心无抗技术高端论坛、2021甘肃睡眠医学高峰论坛等学术交流活动；组织第二十届海峡两岸大学生辩论赛，兰州大学辩论队获团体第5名。

自身建设 召开省科协第八届委员会第三次会议，编制印发《甘肃省科学技术协会事业发展“十四五”规划（2021—2025年）》，持续深化科协系统改革。

新增业务主管学会5个，推动成立甘肃加华联合信息科技有限公司科协、甘肃东方钛业有限责任公司科协、甘肃省中医院科协等5个企事业科协，调研推进“3+1”试点工作，积极吸纳医院院长、学校校长、农技站站长“三长”进入基层科协兼挂职，带动相关战线科技工作者服务创新发展和乡村振兴；推进学会治理结构和治理方式改革，指导12个学会以换届为契机，修订完善章程及各项管理制度，规范建立学会理事会、常务理事会、监事会和实体化秘书处，加快构建现代科技社团治理体系。

选树省级标准化建设示范党支部1个、先进党支部1个，1名党员被省直属机关工作委员会和省人力资源社会保障厅评为“青年学习标兵”，2名党员家庭被评为“全省最美家庭”，10名党员自愿参与所在社区新冠肺炎疫情防控工作，党支部战斗堡垒作用和党员先锋模范作用得到充分发挥。

省级学会 新成立甘肃省集成电路应用研究院、甘肃省润鑫青少年人工智能教育科技普及中心、甘肃省科学技术期刊学会3家社会团体和民办非企业单位，吸纳甘肃省创新方法研究会加入省科协业务主管社会团体。截至2021年年底，省科协所属省级学会共计106家。

组织实施创新驱动助力工程项目，对“新能源动力蓄电池高效清洁综合利用技术及产业化研究”“节能环保型轮齿式制砂碎石机研发”等5个项目进行资助。

省林学会完成国家科技支撑计划、国家自然科学基金、省财政林业专项等科研项目5项。特别是“高寒沙化土地综合治理关键技术研发与示范（2017—2021）”课题被列为国家重点研发计划项目，被正在实施的国家重大工程项目——“甘肃甘南黄河上游水源涵养区山水林田湖草沙一体化保护和修复工程项目”采纳应用。

甘肃西部凹凸棒石应用研究院以突破甘肃凹凸棒石高值化应用的工程技术瓶颈为目标，实现凹凸棒石从生态农业领域向环境修复材料、化工、日化领域的高值化应用拓展，提高凹凸棒石在生态农业材料、环境修复、化工等领域的应用价值。

地市县科协 截至2021年年底，全省14个市（州）科协党组已全部独立建制，86个县成立科协。

兰州市科协开展首批“金城首席科普专家”选聘工作并制订《金城首席科普专家选聘管理办法（试行）》，33名科技人员入选“金城首席科普专家”。全年共举办科普讲座2000余场、科普展览3000余次、科普竞赛150场；开展科普咨询4000余场；编印科普读物20种，发行量25.7万册；发放各类科普图书、资料约30万份；100个科普教育基地对外开放，参观人数达246万余人次。

金昌市科协在“金昌科普”抖音号发布“科普中国之可可小爱”“工作信息”“谣言粉碎机”“疫情防控科普知识”等短视频信息116条，点击量达500.1万人次，关注人数达4011人。

科协基层组织 截至2021年年底，全省共有企业科协45个、园区科协4个、高校科协15个、各级农技协组织2005个、省级科普教育基地81个。

各级农技协组织结合甘肃特色优质农产品，如兰州百合、定西中药材、静宁苹果、苦水玫瑰等近百种特色优质农产品，注册“甘农百萃”商标，建立“甘农百萃旗舰店”和“农创中心”示范点，以“甘农百萃”为品牌研发生产的“科普小厨”五谷王七日粥、百合咖啡、五谷王代餐粉等系列产品已上市，并入驻“832”消费扶贫平台。

庆阳市基层科协组织开展“助推乡村振兴、建设美丽乡村”暨科技助力乡村振兴志愿服务活动，推广“龙头企业＋学会＋农技协＋群众”和“公司＋协会＋科技＋群众”的乡村振兴模式，创建科技助力乡村振兴示范点16个，组织开展各类科技助力乡村振兴培训服务、现场解答活动120多场次，培训农民群众6000多人次。

武威市凉州区科协通过凉州区农技协联合会社会化运营的“菜乡亲”佰里便民服务平台，架设农产品生产者与消费者之间的直通桥梁，降低销售成本，实现生产者与消费者共赢。

【任振鹤对学习贯彻落实《全民科学素质行动规划纲要（2021—2035年）》作出批示】 6月29日，省委副书记、省长任振鹤对学习贯彻落实好《全民科学素质行动规划纲要（2021—2035年）》作出批示。省科协立即召开专题会议传达学习《全民科学素质行动规划纲要（2021—2035年）》，研究部署贯彻落实工作，对加快编制《甘肃省全民科学素质行动规划纲要实施方案（2021—2025年）》做进一步安排，列出具体时间节点。《甘肃省全民科学素质行动规划纲要实施方案（2021—2025年）》初稿已基本完成，正在对照《全民科学素质行动规划纲要（2021—2035年）》做进一步完善，将在广泛征求意见、修改完善后提请省政府审议印发实施。

【2021年甘肃省“最美科技工作者”评选揭晓】 8月14日，由省委宣传部、省科协、省科技厅、中国科学院兰州分院联合推选的2021年甘肃省“最美科技工作者”揭晓，经组织推荐、资格审查、专家评审和公示等程序，南志标、王一航、刘贤德等10人被评为2021年甘肃省“最美科技工作者”。

【2021年全国科普日甘肃主场活动】 9月14日，由省科协、省委宣传部、省教育厅、省科技厅、省自然资源厅、省生态环境厅、省水利厅、省农业农村厅、省卫生健康委、省应急管理厅、中国科学院兰州分院主办，白银市科协承办，白银区科协协办的2021年全国科普日甘肃主场活动在甘肃省白银市启动。

2021年全国科普日主题为“百年再出发　迈向高水平科技自立自强”，甘肃主场活动是集主题性、全民性、群众性为一体的系列科普活动，旨在弘扬中国科学家精神，普及前沿科技和民生领域科学知识，促进科学精神和科技成果全民共享，推动全省全民科学素质全面提升。

启动仪式上为甘肃银光化学工业集团有限公司、甘肃稀土新材料股份有限公司、白银市第一人民医院等12个省级协同创新基地进行集中授牌。

2021年全国科普日甘肃主场活动包含科普大篷车车载展品展示、应急科普设备展示、科技抗疫成果展示、机器人VR航模展示、农业科技新产品展示、科普宣传版面展示、趣味科普现场秀展示、云游科技馆展示、红色教育展展示、反邪教宣传教育、科普进社区进校园等活动，全省各市州全国科普日活动同步启动。

【2021年文化科技卫生“三下乡”暨“全国科普大篷车庆祝建党100周年联合行动”】 4月28日，省科协2021年文化科技卫生“三下乡”暨“全国科普大

篷车庆祝建党100周年联合行动”系列活动在甘肃省定西市启动。

省科协党组书记、副主席陈炳东为省农技联合会授予“甘肃省农技协科普助力乡村振兴科技志愿服务队”队旗；省农技联合会理事长侯兆乾分别为酒泉市农技协联合会、武威市农技协联合会、白银市农技协联合会、天水市农技协联合会、定西市农技协联合会授予“甘肃省农技协科普助力乡村振兴科技志愿服务队”分队队旗。

按照省委、省政府和中国科协部署要求，省科协将文化科技卫生“三下乡”和“红色百年路、科普万里行”主题科普活动进行整合，策划科普大篷车巡展、农业新技术新成果推广展示、农村新实用技术培训、科学防疫科普展览、“牢记初心使命、传承红色基因”红色教育展及应急科普等一系列宣传教育活动。

启动仪式后，参加会议的领导参观、体验、观摩科普大篷车和农技协名优特产品以及新技术、新成果展示展览活动。

（撰稿人：李晓伟　聂中民）

青海省科学技术协会

服务经济社会发展　牵头起草省人民政府和中国科协《全面战略合作协议》。承办第二届“智汇三江源·助力新青海”人才项目洽谈会——“院士专家在青海”座谈会，邀请11位院士、74位省内外专家、学者围绕“加快建设世界级盐湖产业基地、打造国家清洁能源产业高地、国际生态旅游目的地、绿色有机农畜产品输出地”建设、高质量发展建言献策。

面向全省遴选140名决策咨询能力强、具有正高级以上技术职称的专家，充实建设科技创新智库。制订实施《青海省科协科技工作者建议征集管理办法》，组织科技工作者围绕全省经济社会发展大局开展决策咨询和建言献策，编报《科技工作者建言》7期。组织开展科协自身建设类课题调研，完成“十三五”期间青海省科技工作者状况调查。

指导西宁市成功申报并开展“科创中国”试点城市建设，提升全省企业科技创新能力，增强行业核心竞争力，促进科技经济融合发展和产业转型升级。拓展2020年青海科技创新论坛成果，联合中央电视台制作播放牦牛、青稞等6集专题宣传片，助力“绿色有机农畜产品示范省”建设。

深入落实省委、省政府《关于推进青海省院士专家工作站建设发展的意见》，制订《青海省院士专家工作站管理暂行办法》《青海省院士专家工作站考核暂行办法》和《青海省院士专家工作站经费使用管理暂行办法》等配套制度，规范和提升院士专家工作站建设管理水平。全年新建互助县国家农业现代化示范园区九三学社院士工作站、青海省核工业检测试验中心赵鹏大院士创新中心和西宁市动物疫病预防控制中心张涌院士创新中心3个院士工作站（创新中心）。

持续推进科技助力乡村振兴工作。组织实施“科普惠农兴村计划”项目，示范推广40余个优良农畜品种和先进技术，带动农牧业增效、农牧民增收。依托省级专家、“乡土专家”团队开展科技服务、科学普及活动，扩大农牧区科普覆盖面。在海南藏族自治州贵德县、海东市循化撒拉族自治县、海北藏族自治州祁连县推广燕麦、玉米等新技术示范品种600亩，开展3期实用技术培训班。依托群团协同化建设，在循化撒拉族自治县查汗都斯乡新建村和赞卜乎村实施电热炕项目和太阳能庭院灯项目。通过送科技惠民、送农资助民、送图书益民，推动巩固拓展脱贫攻坚成果同乡村振兴有效衔接。

组织开展“科协组织服务企业创新”主题调研，推动企业科协组织为企业创新做贡献。举办2021年青海省企业（园区）科协工作交流会暨企业科技政策与科技计划项目解读培训会，召开“建设清洁能源示范省，企业如何发挥主体责任”技术交流会，为企业提供针对性的咨询服务。

服务科技工作者　贯彻省委“投资于人”战略，继续实施中青年科技人才托举工程，评估2020年项目成果、签订2021年项目合同，加快科技创新人才培养、激发科技创新活力。扩大托举范围，中青年科技人才托举工程纳入省“昆仑人才”行动计划，托举对象由每三年10名增加到每年50名。向中国科协举荐优秀科技人才，推选1名中国工程院院士候选人。

落实《青海省科学成果奖励办法》，完成青海省科学成果评选表彰工作，5个团队和40名个人获自然科学、工程技术类成果奖。宣传表彰2020年青海省“最美科技工作者”、推荐评选2021年青海省“最美科技工作者”。拍摄“最美科技工作者”及青海省科学成果奖、创新驱动奖获奖团队专题宣传片并广泛宣传。在青海藏文科技报社融媒体平台开设优秀科技工作者宣传专栏，弘扬青海省科技工作者的创新、奉献、开拓精神。

举办第五个全国科技工作者日青海系列活动，省领导看望慰问科技工作者代表，举办慰问科技工作者专场音乐会。省科协领导与科技工作者集中谈心、座谈交流，听取意见建议，开展“一对一”走访慰问。先后慰问32位专家人才、优秀科技工作者代表。

《科学素质纲要》实施和科普工作 超额完成“十三五”公民科学素质工作目标任务。4月6日，省政府新闻办公室召开新闻发布会，向社会发布《2020年全省公民科学素质调查主要结果》和《“十三五”青海省全民科学素质发展报告》。召开全省全民科学素质工作会议，制订印发《青海省全民科学素质行动规划纲要实施方案（2021—2025年）》。

打造“生态科普”品牌，完成省科技馆“三江源”生态展厅提升改造，建设沿黄河生态保护和高质量发展科普示范带。开展科普“六进”活动，在全省61个乡镇、社区、校园、广场、寺院、企业开展科普宣传服务。启动2021—2025年“科普进寺庙”活动，将科普宣传与民族团结进步工作有机融合，助力民族团结进步示范省建设。发挥科普大篷车“轻骑兵”作用，在海南藏族自治州贵德县、贵南县等5县开展“红色百年路·科普万里行——青海省科普大篷车庆祝建党100周年联合行动”，全年累计行程1.7万余千米。开展流动科技馆巡展活动，累计行程5250千米，接待公众10万余人次。向全省6个藏族自治州27个县的1320个行政村、845所中小学校、664座藏传佛教寺院、276个城镇和社区免费赠阅《青海藏文科技报》《青海科技报》。组织开展以“百年再出发　科普助力生态文明高地”为主题的2021年全国科普日青海系列活动，全省科协组织开展各类活动95项，吸引群众51万人次。

持续开展新冠肺炎疫情防控科普，开展应急科普、健康科普，运用“科普中国”“健康中国”等权威科普资源在青海科普、藏地科普等网络平台推送防控知识，引导公众正确对待疫情、科学防范。与省委宣传部、省科技厅、省应急管理厅协同建立平战结合的应急科普长效化协同联动机制，提升突发事件应急科普能力。第一时间启动玛多地震应急科普，开设地震应急科普专栏，推送藏汉双语地震科普知识、灾情引导、止谣辟谣等信息44条，制作发布《防震减灾火线科普》H5两期。

协同推进国家级、省级科普示范县（市、区）创建工作，海北藏族自治州祁连县获“2021—2025年第一批全国科普示范县”称号，推荐西宁市城中区等9个单位为第二批全国科普示范县（市、区）创建单位。推荐申报22个全国科普教育基地，创建12个省级科普教育基地。海东市科技馆、黄南藏族自治州科技馆、玉树藏族自治州科技馆、海南藏族自治州青少年科普活动中心建设取得积极进展；果洛藏族自治州培育增压增氧馆、气象科学展馆、科技生态园区等科普教育基地。

实施“社区科普益民计划”项目，建设科普示范社区和社区科普大学，开展新时代文明实践中心和群团协同化科普示范点试点建设，18个社区、学校实施“社区科普益民计划”项目，推动10个企业、学校建设“科普家园”。

重点打造“龙羊峡文明蔬菜水果种植科普示范基地”“贵南县高原牦牛健康养殖科普示范基地”和“乌兰县茶卡羊标准化养殖科普示范基地”3个特色科普示范基地，开展先进适用技术推广活动，编制技术指导手册，开展农牧民实用技术培训10次，辐射带动周边群众致富。

学术交流 开展高原医学人才储备和论文发表情况摸底调查，收集、整理、遴选高原医学高水平论文200余篇，编印《高原医学论文集》。

协办传承“两弹一星”精神中国青年英才论坛，组织开展“两弹一星”精神宣讲报告会和交流研讨会。

省计算机学会承办第22届中国·青海绿色发展投资贸易洽谈会数字经济发展论坛，探索构建青海省数字经济发展新业态、新模式。省地理学会承办第19届国际地质灾害与减灾研讨会暨高原减灾与综合风险防御高端学术论坛，来自省内外的500余名科技工作者参加会议。

自身建设 截至2021年年底，省科协专家数据库已收录专家521人。

7月27日，青海省科协第十届第六次常务委员会、青海省科协第十届委员会第五次全体会议先后在西宁市召开。会议通报《关于变更青海省科协第十届委员会部分委员、常务委员的决议》《省科协第十届委员会常务委员、副主席选举办法（草案）》，审议省科协第十届委员会常务委员、副主席选举相关事宜。按照《中国科学技术协会章程》严格选举程序、标准和条件，完成2名省科协副主席的选举工作。

省科协推进事业发展“十四五”规划编制工作，组成工作专班，加大编制工作力度，提升规划编制质量，邀请中国科协创新战略研究院相关专家召开座谈会听取意见建议。分别召开省级学会、地方科协负责人、科技工作者代表座谈会，充分吸收科技工作者和科协干部的意见建议。

针对科协基层组织薄弱突出问题，专题调研各市（州）科协组织建设和县（市、区）“3+1”工作状况，起草完成《关于进一步加强科协组织建设的意见（送审稿）》。

围绕党史学习教育，省科协机关和直属单位开展理论学习240余次、组织活动15次，参与党员干部3100人次，梳理形成“我为群众办实事”重点实践项目19项、支部承诺践诺事项54条、党员岗位建功立业事项343条。

开展打造“两弹一星”科学家精神青海特色品牌工作，协办“我和我的祖国——中国科学家精神主题展”全国巡展活动，开展“弘扬科学家精神　加强作风和学风建设”宣讲活动，联合实施“共和国的脊梁——科学大师名校宣传工程”。组织开展全省科学道德和学风建设宣传月活动。

全力配合省委第四巡视组开展巡视。围绕“四个落实”，查找存在的突出问题。在巡视期间，即知即改、立行立改16个方面的问题。

省级学会　截至2021年年底，全省共有省级学会63个，会员4.4万余人。省营养学会、省病理生理学会、省免疫学会、省生理学会、省微生物学会、省流行病与卫生统计学会6个省级学会成为省科协团体会员。

省科协指导省级学会围绕全省中心工作开展服务产业和学科发展、人才培养学术活动。2021年，新建省气象学会、省药学会、省土地学会、省解剖学会、省青少年科技辅导员协会5个省级学会功能型党组织，省级学会党组织覆盖率达51.5%。

认真落实省委、省政府领导关于科技社团发展的重要指示批示精神，起草完成《进一步加强科技社团建设的意见（征求意见稿）》。制订青海省科协综合示范学会考核指标，组织实施2021年学会能力提升计划项目，完成“2020—2021年度综合示范学会创建项目”绩效评价工作。省级学会注重加强分支机构建设，省藏医药学会成立藏医妇科等7个专业委员会。

地市县科协　截至2021年年底，全省8个市（州）科协有5个独立建制、3个合署办公。44个县（市、区）和1个县级行委中，6个独立建制科协。

西宁市科协牵头制订《西宁市“科创中国”试点城市建设实施方案》。组织开展“科创中国”全国青年高端智力青海西宁行活动，推进西宁市“科创中国”试点城市建设样板间。

海东市科协稳步提升公民科学素质工作，扎实开展“科技进校园”活动展览40余场次、科普主题班会课1200余节、科普主题讲座60余场。对全市4552名农民进行科学素质培训。举办科技“双创”等各类专业科学知识培训班54期，培训专业干部2700余人次。

海南藏族自治州科协不断加强科普队伍建设，截至2021年年底，全州已注册科技志愿者1100人、科普信息员1216人、科技志愿服务组织24个，开展科技志愿活动19次。

科协基层组织　截至2021年年底，全省共有企业（园区）科协14个、高校科协3个。新申请成立青海辰通气象信息科技有限公司和青海省能源发展（集团）有限责任公司2家企业科协。

青海大学科协组织召开庆祝中国共产党成立100周年理论研讨会并统一收录编制论文集。青海师范大学科协在首届青海省科学成果奖颁奖大会上获得科技创新驱动团队奖2项、创新驱动个人2名、青年科技奖3名。青海民族大学科协征集并报送科技工作者建议8项，推荐科技创新智库专家5名，开展和参加各类学术交流活动45场。

【王建军对省科协《信息情况专报》作出批示】2021年，省科协组织开展关于青海省科技社团发展现状的调查研究，形成《省科协反映科技社团发展仍存在诸多问题》的调研报告，在《信息情况专报》2021年第51期刊登。

8月5日，省委书记王建军对省科协《信息情况专报》作出批示，要求对反映的问题要重视，最好在反映问题的同时能够提出解决问题的意见和建议。

省委常委马吉孝、副省长张黎分别听取省科协主要负责人的汇报，进一步了解具体情况，并就如何贯彻落实批示精神提出具体要求。

根据王建军的批示精神和马吉孝、张黎的具体要求，省科协从开展专题调研、赴外地考察学习、发挥好服务作用、适时召开推进会、研究制订指导意见五个方面狠抓落实。

【2021年全国科技工作者日青海主场系列活动】 5月24日，由省科协主办的以“众心向党 自立自强”为主题的2021年全国科技工作者日青海主场系列活动在西宁市举办。省委常委、省总工会主席马吉孝，副省长张黎，省政协副主席王绚出席启动仪式。

启动仪式上，张黎宣读省委书记王建军、省长信长星联名《致全省广大科技工作者的一封信》，转达省委、省政府对科技工作者节日的祝福。省科协发布青海省科技工作者状况调查结果，表彰2020年青海省“最美科技工作者”。

马吉孝宣布2021年全国科技工作者日青海主场系列活动启动。举办慰问科技工作者专场音乐会。优秀科技工作者、创新团队代表以及优秀乡土专家、科普专家、科技志愿者等共700余人参加活动。

【2021年青海省全民科学素质工作会议】 12月29日，2021年青海省全民科学素质工作会议在西宁市召开，省委常委、省总工会主席马吉孝出席会议并讲话，副省长张黎对贯彻落实国家《全民科学素质行动规划纲要（2021—2035年）》和《青海省全民科学素质行动规划纲要实施方案（2021—2025年）》提出要求。

会议总结“十三五”时期青海省全民科学素质工作情况，安排部署“十四五”重点工作任务。书面传达中国科协2021年全民科学素质工作会议精神，通报2020年青海省公民科学素质评估考核结果，省全民科学素质纲要实施工作办公室报告“十三五”期间全省全民科学素质工作实施情况，向获得中国科协全民科学素质工作先进个人和先进集体的省内个人和集体分别颁发证书和奖牌；西宁市政府、省农业农村厅作大会交流发言。

省全民科学素质纲要实施工作办公室成员单位分管领导、相关处室负责人，各市、州、县（市、区）分管领导近200人参加会议。

（撰稿人：李 想）

宁夏回族自治区科学技术协会

服务经济社会发展 自2020年5月中国科协和自治区政府签署战略合作协议以来，自治区科协会同各成员单位按照大联合、大协作、共推进的方式推进战略合作协议落实工作。联合自治区党委组织部开展“院士专家宁夏行”“抓党建促脱贫富民大宣讲”等活动；联合自治区党委宣传部开展科技志愿服务“智惠行动”；联合自治区发展改革委、工业和信息化厅、科技厅、教育厅、农业农村厅等部门推广应用“科创中国”平台；联合自治区教育厅、农业农村厅、卫生健康委等部门出台“三长”人员管理办法；联合自治区党委宣传部、教育厅、科技厅、农业农村厅等部门开展全国科普日、青少年科技创新大赛等品牌科普活动；联合自治区党委组织部、人力资源社会保障厅等部门开展宁夏创新争先奖等人才评选表彰活动；围绕自治区九个重点产业发展，联合自治区发展改革委、工业和信息化厅、科技厅、宁东能源化工基地管理委员会等部门举办高端学术交流活动。

着力推进科技经济融合发展。推动银川市制订“科创中国”试点城市和创新枢纽城市建设工作方案，设立“科创中国”专项和创新创业投资基金，带动科创、科普同频高效发展。协调中国科协专家服务团31名院士专家、10家全国学会、8支宁夏科技服务团队常态化开展科技服务活动。银川市人民政府与4家全国学会签订长效服务合作协议。自治区在“科创中国”2021峰会上作典型发言。

实施创新驱动助力工程项目，支持宁夏老科学技术工作者协会等10家学会建设服务企业创新工作站。组织开展2021年中国创新方法大赛宁夏选拔赛和“科创中国”宁夏企业“创新达人”推选活动。举办一线创新工程师能力提升培训班2期，帮助企业解决生产技术难题19项。

遴选16个重点课题进行立项支持，引导科技工作者围绕自治区“九个重点产业”“四大提升行动”，为自治区区委、区政府科学决策提供服务。编辑出版《宁夏科协》6期、《科技决策咨询》5期，在自治区科协微信公众平台发布信息193期共计392篇。发挥政协科协界别委员作用，开展界别活动1次，提交提案2个，上报社情民意16条，其中被采用9条。举办以“科技实践为民，助推乡村振兴”为主题的活动，受益群众达10万余人次。与自治区党委组织部联合开展“抓党建促乡村振兴大宣讲”活动，通过“远程培训+现场授课”开展农村群众实用技术培训46场次，培训党员、群众、技术骨干和产业带头人3100余人次，解决疑难技术问题80多个，建设科技小院4个。扎实做好定点帮扶工作，选优配强驻村帮扶工作队员，助力乡村振兴。

助力新时代文明实践中心建设。组织开展科技志愿服务“五个一”（培育一批优秀科技志愿服务队、培养一批优秀科技志愿者、树立一批“三长”带头人、打造一批科技志愿服务品牌活动、建立一批科技志愿服务示范点）示范引领活动，动员市县科协、全区学会广泛开展科技志愿服务“智惠行动”，共组建各类科技志愿服务队伍850支，招募科技志愿者2万余名，开展各类科技志愿服务活动1600余场（次），联合宁夏广播电视台拍摄4部科技志愿服务专题片，向社会广泛传播科技志愿服务活动。宁夏科技志愿服务总队被评为“自治区学雷锋志愿服务先进志愿服务组织”。

服务科技工作者 经自治区科协推荐，自治区科协副主席马玉山当选为中国工程院院士，实现自治区院士评选工作20年来的历史性突破。开展第六批“自治区青年科技人才托举工程”评选工作，对130名青年科技人才进行托举培养。

强化思想政治引领。发挥科协党校（科技人才学院）的作用，先后举办习近平新时代中国特色社会主义思想培训班，党的十九届五中、六中全会精神培训班，中国科协第十次全国代表大会精神宣讲报告会，习近平总书记“七一”重要讲话精神专题讲座等专题培训。利用各类主流媒体和公众喜闻乐见的方式对科学家精神、优秀科技工作者和中国科协“十大”宁夏回族自治区代表的事迹进行宣传报道，举办“我和我的祖国——中国科学家精神”主题展和“光影科学梦”——科学家精神电影公益展映活动。加强科学道德和学风建设，举办2021年全国科学道德和学风建设宣传月活动。组织开展以“众心向党　自立自强”为主题的全国科技工作者日系列活动。

《科学素质纲要》实施和科普工作 开展“健康宁夏”、2021年科技活动周、2021年全区食品安全宣传周等活动。组织开展2021年全国科普日、宁夏全民科学素质竞赛、典赞·2021科普宁夏、青少年机器人竞赛、青少年科学节等活动。强化与宁夏广播电视台、宁夏广电传媒集团有限公司等媒体合作，开设乡村大喇叭，设置科普专栏，扩大传播渠道。“科普中国”App科普信息员注册人数达13.7万人，分享文章4143万余篇，在中国科协传播活跃榜排名第六。争取中央免费开放资金支持全区10个免费开放科技馆升级改造，进一步提升服务能力。争取自治区财政新增“宁夏农村中学科技馆可持续项目”资金，支持全区89个农村中学科技馆可持续发展。全区科普大篷车开展联合巡展活动1552场次，受益公众达94.5万余人次。

坚持“疫情不解除、科普不掉线”，开展应急科普宣传，组织动员全区12万余名科普信息员分享传播新冠肺炎疫情防控科普知识112万余次，整合调度全区23辆科普大篷车在辖区内开展巡回宣传。自治区科协抽调42名工作人员组成疫情防控志愿服务队，下沉8个社区开展疫情防控志愿服务工作，参与开展核酸检测、消毒消杀、物资配送等工作。开展反邪教宣传活动54场次，打造反邪教警示教育阵地2个。

学术交流 围绕建设黄河流域生态保护和高质量发展先行区，举办第一届宁夏博士论坛、2021宁夏化工新材料发展论坛、助力清洁能源产业高质量发展论坛、宁夏枸杞产业高质量发展论坛等高端学术活动，邀请7位院士和135位国内专家、学者开展调研对接和科技咨询服务，53.29万人次在线参加论坛。联系对接中国医师协会等5个全国学会在自治区举办高端学术会议和转化对接服务。

通过项目支持学术交流活动24项。全区学会举办各类学术交流150余场，共邀请15位院士和500余名专家、学者赴自治区参加学术交流活动和开展科技服务，3.5万余名科技工作者参加活动。组织开展第十六届宁夏自然科学优秀学术论文推选工作，推选优秀学术论文347篇，集中反映自治区科技界近两年的研究成果。

自身建设 扎实开展党史学习教育，制订出台《自治区科协开展党史学习教育实施工作方案》《自治区科协“我为群众办实事”工作方案》。自治区科协20个党支部开展专题学习讨论135场次。围绕科普服务惠民生、人才服务促发展、助力创新增实效开展“我为群众办实事”实践活动，为群众办实事20件。组织开展“红色百年路·科普万里行”科普大篷车庆祝建党100周年联合行动582场次，受益公众44.2万余人次。

加强机关党的建设。认真落实全面从严治党主体责任，深入实施“三强九严”工程，扎实开展模范机关和自治区文明单位创建工作。修订完善《自治区科协党组意识形态工作责任制实施办法》，制订《宁夏科协网站信息发布管理办法（试行）》，认真落实党风廉政建设责任制，部署开展自治区科协“严明纪律、改进作风、提升效能”教育整顿活动，整治形式主义、官僚主义。认真做好巡视反馈问题整改工作，27个问题已全部整改。

持续推进学会治理改革。制订出台《宁夏科协所属全区学会组织通则（试行）》《宁夏科协所属全区学会换届工作指引（试行）》。指导9家学会开展换届工作，全区52家学会进行年检。支持成立宁夏企业科技创新服务联合会，吸引宁夏康复医学会等科技社团加入科协团体会员。加强对学会党支部的政治引领，组织开展学会党支部述职评议和星级评定工作，基本实现学会党的组织和党的工作全覆盖。

自治区科协2021年获中国科协全民科学素质工作先进集体、全国科技工作者日省级科协积极贡献单位、2020年度宁夏效能目标考核优秀等次（连续四年获得优秀等次，连续两年位列群团第一名）、2020年度领导班子考核优秀等次（连续两年被评为优秀等次）、2021年度宁夏政协优秀参加单位（连续四年获优秀参加单位）等奖项。2021年宁夏全民科学素质网络知识竞赛被中国科协评为2021年全国科普日优秀活动。

基层科协组织力“3+1”工作向机制化、规范化方向迈进。全区22个县（市、区）241个乡（镇、街道）全部建立科协组织，吸纳“三长”805人。在全国率先实现县乡科协组织和吸纳“三长”全覆盖。探索开展“三长”带“三会”组织设置形式，支持“三长”示范引领项目11个，评选“三长”典型案例30个。全区“三长”牵头成立460支科技志愿服务队。提升基层科协组织力“3+1”工作得到自治区党委和中国科协的肯定，先后2次在中国科协有关会议上作经验交流。“提升基层科协组织力工作经验”入选中国科协地方科协改革典型案例。

省级学会 组织实施2021年创新驱动助力工程项目，支持10家学会建设服务企业科技创新工作站，有针对性地开展技术协同创新、技术咨询培训和科技成果转化等科技服务。全区有18家学会承接技术标准制订、科技评估等政府购买或委托服务类项目60余项。

支持学会开展团体标准研制等有关工作，通过科协网站发布自治区农学会、宁夏食品科技学会的《富硒肉羊生产技术规程》《玉米芯饲料加工调制技术规程》等10项团体标准。协调自治区人力资源社会保障厅将2021年全区专业技术人才知识更新工程中的5个项目交由自治区通信学会、宁夏科技成果转化研究会等4个学会承办。协调自治区科技厅将2021年科普作品创作与传播大赛等3个项目交由宁夏科普作家协会等3家学会承办。宁夏机械工程学会承接自治区人力资源社会保障厅工程技术人员职称评审工作，为2000多人提供服务。自治区农学会承接农业农村部种植业管理司“第三次全国农作物种质资源普查与征集”项目；承接枸杞全产业链标准梳理和体系构建任务；制订《苯醚甲环唑等在枸杞中最大残留限量标准》。宁夏老科学技术工作者协会提交《宁夏科学技术普及事业“十四五”规划研究》《宁夏科学技术普及事业“十四五”规划》项目研究成果。宁夏食品安全协会完成《宁夏好粮油　稻谷》等13项团体标准制订。宁夏医学会承接国家卫生健康委全国医用大型设备使用人员业务能力考评工作，审核网上报名744人。

地市县科协 银川市科协开展“科创中国”平台的推广应用工作，在“科创中国”平台入驻组织（机构）189家、入驻科技专家60人；组织有关单位发布创新需求135项、科技成果415项、新闻资讯546条、技术路演3项。举办“碳达峰、碳中和”领域专业技术转移转化能力提升高级研修班暨“双碳”领域企业家创新精神培训班、“科创中国”助力宁夏装备制造业高质量发展论坛、2021“科创中国”产学融合会议——中国（银川）葡萄酒产学融合高质量发展论坛等，获得银川市委主要领导批示3项。

石嘴山市科协举办石嘴山市“筑梦科学家”主题月系列活动，线上同步直播互动公众达10万人次。协办第八届宁夏种业博览会。开展科普助力“双减”专项活动进校园等4项活动，开展20个具体项目。石嘴山市平罗县陶乐镇庙庙湖村“田间课堂”案例入选《建设新时代文明实践中心工作方法100例》。石嘴山科技馆成为“百馆千场万人科学家精神宣讲联盟”成员单位，被评为2021年度国家防震减灾科普教育基地、2021年全国科普日活动优秀组织单位。

吴忠市科协开展吴忠市第二届科普摄影大赛，获得中国科协第十届科普摄影大赛“全国优秀组织单位”称号。开展“坚持马克思主义唯物论和无神论　弘扬科学精神　践行强国有我”主题科普展，56所中小学校参观展览，参观人数达1.8万余人次。打造“科技之火点燃梦想——流动科技馆走进乡村学校少年宫”巡展活动，覆盖全市5个县（市、区）的30所乡村学校少年宫，受益师生达2.8万余人次。开展吴忠科技馆科学嘉年华系列活动，20场系列活动累计参与群众达2万余人次。在新时代文明实践中心所（站）开展科普大篷车巡展活动，受益群众达1.5万人次。完成《关于推动黑小麦产业化发展的建设》调研报告，获得市委领导批示。

固原市科协加快科普信息化建设，实施“新媒体+固原科普”媒体矩阵项目，累计向全市公民推送各类科普信息646期，点击量超23万人次。

中卫市科协举办农村实用技术培训班88场次，累计受益农民8493人次。围绕重点特色产业选拔科技专家331人。打造“仰望星空”科普基地，建设科普公园2个，新建科普宣传栏140余延米。被中国科协评为2020年科普中国信息员队伍建设优秀单位。

科协基层组织 截至2021年年底，全区共有企业科协190个、高校科协6个、园区科协9个，建立241个乡镇（街道）科协组织。

【实施“科创中国”宁夏行动】 自治区科协争取自治区政府支持，将“科创中国”建设纳入自治区科技创新“十四五”规划。建成“科创中国·宁夏中心”和银川试点平台，建立项目库、问题库、专家库，发布科技成果616项、需求185项，组织机构入驻216家、科技专家入驻237人，发布资讯1300余条，组织进行线上线下科技转化对接服务和交易。积极推动银川市创新枢纽城市建设，推动制订建设实施方案，组建专家服务团开展科技服务活动，并举办中国（银川）葡萄酒产学融合高质量发展论坛和助力宁夏装备制造业高质量发展论坛，建设“科创中国”葡萄酒产业产学融合（宁夏）全国科普示范基地，助力银川市高质量发展。

【探索开展全域科普工作】 贯彻落实自治区党委关于完善基层治理体系的部署，引导优质科普资源向基层下沉，提请自治区党委政府将全域科普工作和促进公民科学素质大幅提升纳入自治区“十四五”规划纲要。推动自治区党委办公厅、政府办公厅印发《关于推进全域科普工作的实施意见》，提请自治区政府办公厅印发《宁夏回族自治区全民科学素质行动规划纲要实施方案（2021—2025年）》。发挥全民科学素质纲要实施工作办公室成员单位作用，努力构建全领域行动、全地域覆盖、全媒体传播、全民参与共享的自治区科普工作新格局。

【开展“院士专家宁夏行”活动】 发挥科协组织引才聚智作用，持续开展东西部人才交流合作。组织开展江苏省、福建省“院士专家宁夏行”活动，邀请8名院士、28名高层次专家赴自治区开展学术研讨10场、交流研讨30场，举办报告会19场，开展技术指导55次，达成合作意向23项。自治区党委副书记陈雍出席“院士专家宁夏行”座谈会，对院士、专家的意见建议进行回应，并要求相关部门对院士、专家所提出的意见建议给出具体落实意见。自治区党委督查室将“院士专家宁夏行”活动成果落实情况纳入督查内容，确保活动取得成效。“院士专家宁夏行”工作经验入选中国科协地方科协改革典型案例。

（撰稿人：杜　涓）

新疆维吾尔自治区科学技术协会

服务经济社会发展 自治区科协发挥“科创中国”平台成果库、问题库、开源库优势，构建会企合作、会院合作等多种形式、多种业态的科技创新服务平台，成立科创新疆投资联合体，整合各类资源，创设科学家、技术经理人、天使投资人对话平台，促进科技经济深度融合发展。推进“科创中国”试点城市（园区）建设，推进巴音郭楞蒙古自治州“科创中国”试点城市建设和喀什地区疏勒县、阿克苏地区温宿县等6个县以及和田地区民丰县安迪尔乡的延伸试点工作，征集14个产业项目，组建9个专家服务团围绕试点产业需求和技术难题开展科技帮扶。建设完善“科创中国·新疆中心”平台，已有348家企业、高校、科研院所、产业园区及333位专家登录入驻平台，发布科技成果和需求信息362条。全区共有院士专家工作站13家，9家企业院士工作站获自治区科协经费支持，支持企业产学研创新建设。新疆溢达纺织有限公司院士专家工作站陈晓亚院士团队为南疆长绒棉（海岛棉）不适宜规模化机械采摘提供建议，成功研发700英支纱线，将纱线做到全球最细；新疆天椒红安农业科技有限责任公司院士专家工作站张改平院士团队合作科研成果“红龙15号”已育成并推广。组织院士赴自治区开展科技服务，推进建立3家企业专家工作站、1家院士工作站，促进院士、专家与地方行业项目对接。在企业建立老科协科技示范园6家，不断提升助力企业创新的质量与水平。大力推广专利信息平台应用，组织专家一对一服务企业、解决技术难题。

服务党和政府科学决策。向全区发布《关于开展自治区“十大产业”“卡脖子”问题和新兴产业核心技术“揭榜挂帅”征集工作的通知》，征集问题榜单，组织院士、专家和各学会科技工作者开展“揭榜挂帅”。凝聚院士、专家智慧，开展高端咨询服务，广泛征集300多个科技咨询项目，立项58个。14项决策咨询建议被中共中央办公厅和自治区党委、政府批示，厅局部门采纳。

凝聚科技工作者力量，助力乡村振兴。印发《关于开展科技助力乡村振兴行动的通知》，聚集自治区科协系统资源，深入推进乡村振兴行动。申报人力资源社会保障部项目，“新疆乡村振兴专家服务行动”被人力资源社会保障部列为2021年专家服务基层示范团项目。组织53家学会开展专家服务基层活动25次，惠及地州县市乡村29个，服务群众8万余人次。

科技助力帮扶点产业新发展。聚集科技资源，开展对和田地区民丰县安迪尔乡3个村、洛浦县布亚乡6个村的产业帮扶。在安迪尔乡开展科技助力甜瓜提质增效示范、甘草试种、畜禽养殖产业技术服务、科普产业文化长廊创建4个项目。支持洛浦县养殖尼雅黑鸡3.52万只，帮助成立养牛合作社6个。拨付专项经费支持实施自治区科协帮扶洛浦县布亚乡“科创+科普”助力乡村特色旅游产业发展项目，共同打造以和田特色美食（手工土月饼、特色烤包子、风味系列馕、老酸奶等）生产加工销售及实训为主题的科创基地。

4月25—27日，中国科协副主席、书记处书记孟庆海在自治区调研，深入喀什地区博物馆、喀什市新时代文明实践中心、新疆天润生物科技股份有限公司等地了解基层情况，指导工作。调研期间，召开中国科协援疆工作调研座谈会，自治区党委常委、组织部部长李邑飞出席。

服务科技工作者　加强对科技工作者的政治引领。把抓政治理论学习放在首位，推进党组学、科协党校学、社团党委学、驻村工作队学。充分发挥科协党校和科技社团党委作用，以党组学习带动“两新”组织学习，切实把广大科技工作者团结在党的周围。组织“两新”组织学习170余次，开展主题党日活动6次。

建好科技工作者之家。建立学会联络员制度，由科协机关、事业单位干部“一对一”联系自治区学会（协会、研究会）。推进完善集会议、展览、培训等功能为一体的科协会堂，搭建可视化、交互式会议平台。

促进科技人才成长。开展第十届新疆青年科技奖评选工作，从134位候选人中评选出20名获奖者；经第六届新疆维吾尔自治区科普奖评审委员会推荐、评审，最终评选出10个获奖集体和20名获奖个人；开展自治区“最美科技工作者”评选工作，评选出20名“最美科技工作者”；实施“青年人才托举工程”项目，10名优秀青年人才获得托举资格。

关心关爱科技工作者。全年各级科协开展慰问院士、专家、老科技工作者等活动60余次。自治区科协班子成员带领机关各部门、各单位深入98个科技社团实地调研；面向14个地州市的6461名科技工作者发放调查问卷，了解科技工作者需求，形成专题报告。全年各级科协组织开展“我为科技工作者办实事”活动983项，解决各类问题322项。

《科学素质纲要》实施和科普工作　多元化开展新冠肺炎疫情防控应急科普宣传工作。全区各级科协组织依托智力资源优势，在疫情防控常态化下把科学防控贯穿到每个环节、每个角落。在自治区科协官网“应急科普”专栏发布疫情防控科普知识300余条，在“科普新疆”微信公众号、抖音、今日头条等平台上传权威机构发布的疫情防控应急科普资源。全区各地通过网络、广播电视、电子科普画廊、科普中国e站、科普大篷车和大喇叭等渠道传播应急科普知识5600万次。

加强农村科普工作，推选出农技协新一届理事会，完善农技协体系建设。申报10家中国农技协科技小院。推进社区文明中心建设，形成《自治区科协关于加强社区治理体系和治理能力现代化的建议》，选取乌鲁木齐市沙依巴克区6个社区作为基层科普工作示范点。

推动科普“去极端化”。邀请新疆社会科学院、新疆大学、新疆师范大学的民族、宗教领域专家开展科普“去极端化”专题调研；指导巴音郭楞蒙古自治州建成117个乡村科普馆，打造科普“去极端化”阵地；新疆老科学技术工作者协会组建110人的专家团队，举办“科学大讲堂”宣讲236场次。

开展“南疆基层科普行动”。推动科普资源下沉一线，组织相关领域专家深入南疆和田、喀什、阿克苏地区及克孜勒苏柯尔克孜自治州45个村，共开展40次技术咨询服务、200次800场技术培训，培训覆盖南疆群众21万余人次。

实施科普信息化工程，进一步推动科普中国e站转型升级，支持全区各县市开辟融媒体科普平台。自治区科协联合有关单位共同打造新疆首档科学文化访谈类节目《天山论道》，邀请专家、科技工作者从科研幕后走向科普讲台，全年发布40余期节目，其中《新疆风电光伏设备的发展历程》《坎儿井的故事》等内容在各平台的浏览量、播放量达到100万次。

弘扬科学家精神。开展“我和我的祖国——中国科学家精神主题展”新疆巡展活动，接待参观团体69个、7200余人次；在线上平台推出科学家精神专栏和微课程，浏览量达万余次；开展科学家精神进学校、进乡村、进社区、进机关、进企业、进园区活动60余场次，受益群众7000余人次。

学术交流 提高学术引领能力，支持聚焦基础前沿、关键核心技术、产业发展等领域，创新学术交流方式。围绕自治区优势产业和“卡脖子”问题，组织引导相关学会和高校科协在“双碳”、棉花产业、气象灾害预警、葡萄酒产业、电子行业、医药行业等领域，举办新型电力系统成长环境下的新疆新能源产业发展论坛、基于“双碳”目标下新能源及有机固废资源化处理技术高峰论坛等各类学术会议12场，召开各类交流、研讨会180余场。

自身建设 加强科协组织党的建设。完善科协党校体系，丰富宣讲专家库、课件资源库，面向学会科技工作者、乡村科技辅导员、科协系统干部等开展学习交流活动，举办各类培训班9期，累计454人次参加培训；充分发挥科技社团党委作用，推动学会成立党组织，业务主管单位为自治区科协的52个社会组织中已成立党组织的学会达45个。

推动自治区各科技社团党组织围绕科技事业开展300多场研讨交流活动，分3期对100多名社团骨干开展党建培训。举办“牢记使命，奋进百年”党史学习教育暨党建论文征集和论坛成果展示活动，评选出40多篇优秀论文并汇编成册。开展讲红色故事比赛和“我为新疆发展献一策”等百余场活动。2021年，自治区科协科技社团党委被自治区党委授予“先进基层党组织”称号。在自治区科协官网、“科普新疆”微信公众号开设“党史里的科学家”专栏，集成党史学习教育资源200余条，浏览量6万余次。在自治区科协办公区域常态化展出包括科学家精神在内的24种中国共产党精神谱系展板。

深化科协系统改革。推动5个地州市科协完成换届、16个县市科协成立党组织。推进乡镇吸纳“三长”兼职130多人。对自治区学会进行绩效评价，取消15家“僵尸”学会，评选42家先进学会和79名先进个人。

加强科协组织干部队伍建设。选派8名干部分别前往中央党校、自治区党校学习，推荐13名干部到自治区党委组织部、纪委监委驻党委组织部纪检监察组等单位进行锻炼。

省级学会 截至2021年年底，共有自治区级学会98个。

8月26日，自治区“双碳”学会暨新疆“科创中国”投资联合体研讨会在乌鲁木齐市举办，会议以“让科学家找到企业家，让企业家找到科学家”为主题。参加会议的专家和企业家围绕助力自治区“十大产业”高质量发展、筹建自治区“双碳”学会、筹建新疆“科创中国”投资联合体等建言献策。

9月25日，由自治区科协、新疆生产建设兵团科协主办，新疆棉花学会、新疆农业大学科协承办，国家棉花产业联盟、新疆农业机械学会、新疆气象学会、新疆农村专业技术协会等单位协办的“科创中国@新疆”——新疆棉花产业发展高峰论坛在乌鲁木齐市举办，中国工程院院士陈学庚等10位行业知名专家通过线上或线下的方式作主题报告。

地市县科协 截至2021年年底，全区14个地州市科协全部实现独立建制；县（市、区）科协96个，其中70个独立建制，16个县级科协成立科协党组；农村专业技术协会312个。

巴音郭楞蒙古自治州且末县、尉犁县、和硕县持续深化科协系统改革，配齐配强人员队伍。喀什地区叶城县26个乡镇均建立科协组织。

塔城地区乌苏市科协多项举措全力推进全国科普示范县（市）创建。将科普工作列入基层部门年终绩效考核，建立市、乡、村三级科普网络，各乡镇统一配备科技副职，全市160个村队、16个社区成立科普工作小组；完善科普基础设施，全市建有市级以上科普教育基地8处、国家级农村科普示范基地2处、国家级科普示范社区1个、国家级科普带头人2名、自治区级青少年科技活动特色示范学校3所；建立乌苏市专家讲师团，聘请专家讲师团成员43名，开办《雪莲说事》科普栏目；5月28日，与伊犁哈萨克自治州奎屯市科协、新疆生产建设兵团第七师胡杨河市科协、克拉玛依市独山子区科协（科技局）签订“三地四方”科技人才深度融合发展协议。

巴音郭楞蒙古自治州全面推进“科创中国”试点城市建设。将试点城市建设作为“一把手”工程统筹推进，成立以州县市党委书记、州县市长为双组长的领导小组。依托“科创中国”平台，每季度向平台录入技术需求、项目对接、联系专业服务团队、高端人才对接情况。推进与浙江省嘉兴市科协举办共建合作平台论坛和合作签约仪式，构建东西部试点城市建设互通有无、取长补短的合作机制。

吐鲁番市科协整合“科普中国·新疆”资源与党员干部远程教育平台资源，辐射260个基层党组织终端和30万个电视终端；喀什地区科协将“科普中国”e站资源融入党员远程教育站点，覆盖2336个村（社区）。

科协基层组织　截至2021年年底，全区共有高校科协19个；新建企业科协14家，共有企业科协130个（其中国有企业27家、非公企业103家）；国家级园区科协6家。

【2021年“科创中国”院士专家新疆行活动】7月12日，2021年“科创中国”院士专家新疆行活动启动，22名院士、专家齐聚乌鲁木齐市。活动期间，院士、专家深入乌鲁木齐市、巴音郭楞蒙古自治州等地开展考察调研，为自治区经济社会高质量发展提供优质科技资源。

7月19日，2021年“科创中国”院士专家新疆行院士专家座谈会在乌鲁木齐市召开。自治区政协主席努尔兰·阿不都满金出席会议并讲话。中国科协第十届全国委员会常务委员会委员、清华大学苏世民书院院长薛澜代表中国科协就“科创中国”工作作汇报。院士专家团将以此次考察活动为契机，在科研创新、人才培养等方面进一步加强与自治区合作。努尔兰·阿不都满金表示，要坚持以“科创中国”品牌为载体，把科技创新作为高质量发展的重要动力，为建设新时代中国特色社会主义新疆贡献力量。

【第六届新疆维吾尔自治区科普奖评审会】1月14日，第六届新疆维吾尔自治区科普奖评审会在乌鲁木齐市召开。此次评审会由自治区人大常委会党组副书记、副主任，自治区科协主席，第六届自治区科普奖评审委员会主任王永明主持。由相关厅局、有关专家组成的13名评委参与评审。第六届自治区科普奖申报工作开展以来，共收到集体申报材料128份、个人申报材料137份。自治区科协会同自治区科技厅、人力资源社会保障厅对申报集体和个人进行初评，推荐41个集体、43名个人进入终评。最终评选出10个获奖集体和20名获奖个人。

【第十届新疆青年科技奖表彰暨报告会】12月22日，第十届新疆青年科技奖表彰暨报告会在乌鲁木齐市举办。中国工程院院士尹飞虎出席会议并作报告，自治区科协党组书记王光强出席会议并讲话。

尹飞虎在报告会上分享科研实践经历、科技创新成果和农业科技愿景，对广大青年科技工作者提出希望。他希望广大科技工作者要奋勇争先，抓住新时代带来的新机遇，共同担起时代赋予的光荣使命，全力以赴，为实现高水平科技自立自强拼出一片新天地。

会议表彰20名第十届新疆青年科技奖获得者，为首批入选自治区科协“青年人才托举工程”项目的10名被托举人颁发证书。

（撰稿人：甫　壮）

新疆生产建设兵团科学技术协会

服务经济社会发展　推荐石河子国家高新技术产业开发区入选第二批“科创中国”试点城市（园区），设立专项资金支持园区发展。推荐14家企业、1家兵团级学会申报“科创中国”榜单，新疆天业智慧农业科技有限公司入选“新锐企业”榜单。“科创中国”挂点组与兵团科协、石河子市科协、石河子国家高新技术产业开发区建立联系机制，围绕石河子国家高新技术产业开发区产业需求，组织中国金属学会等科技服务团助力试点园区建设。在挂点组的指导下形成《“科创中国”试点园区石河子高新区新材料产业需求画像报告》，为试点园区新材料产业发展把脉问诊，提高精准服务能力。

支持兵团现代农业科技创新研究等智库项目12项，开展科技调研，委托新疆农垦科学院、塔里木大学、兵团有机产品协会等高校院所、相关学会开展“南疆棉区滴水出苗技术应用现状调查研究”“南疆少数民族家庭法律科普知识需求调查”“兵团有机产品发展状况调研”等10个调研课题项目，发挥科技工作者智囊团作用，助力兵团向南发展。

6—8月，兵团科技局、兵团科协联合教育局、财政局、网信办、工商联举办以“科技创新·成就大业”为主题的第十届中国创新创业大赛（兵团赛区）暨第七届兵团创新创业大赛。大赛吸引152家企业报名参赛，116家企业晋级半决赛，共评出一、二、三等奖12项，优秀企业奖20项，优秀组织奖9项，推荐12家企业入围全国赛。其中，1家企业获得全国行业赛初创企业组优秀奖。赛后，组织投资机构与参赛企业精准对接，达成签约意向企业5家，服务企业融资发展。

联合兵团发展改革委举办兵团大众创业万众创新活动周系列活动。10月19日，在第三师图木舒克经济技术开发区双创孵化基地举办兵团分会场启动仪式。活动周期间，采取线上线下相结合的形式开展创业教育讲座、退役军人典型人物线上路演、线上青年创业培训、创业竞赛颁奖及成果展等特色活动，全面展示兵团实施创新驱动发展战略取得的成果。

科技助力乡村振兴。组织实施“基层科普行动计划”，奖补科普先进集体25个，表彰科普带头人22名。实施中国科协科技援疆工程，组织100余名科技工作者赴地方相关乡镇、兵团相关团场开展科技服务。支持三师51团建设冷棚5座，辐射带动脱贫户100余人就业；支持6团开展科技示范培训，破解农技推广“最后一公里”难题，把创新赋能拓展到田间地头，助力巩固脱贫攻坚成果与乡村振兴有效衔接。

服务科技工作者 开展第五个全国科技工作者日兵团系列活动，兵团各级科协走访慰问1000余名科技工作者，举办科技工作者代表座谈会20余场次，在《兵团日报》设立专版宣传10名第六届兵团青年科技奖获得者的事迹。在兵团党委组织部的指导下做好院士增选服务工作，新疆农垦科学院研究员尹飞虎增选为2021年中国工程院院士。开展向院士专家学习宣传活动，在《兵团日报》整版宣传5名兵团战略科学家，并发出学习科学家精神倡议书。开展兵团“最美科技工作者”评选及学习宣传活动，评选出第一师农业科学研究所王献礼等10名2021年兵团“最美科技工作者”，在兵团广播电视台播出“最美科技工作者”专题宣传栏目6期，展现新时代兵团科技工作者精神风貌。兵团2个集体、3名个人被评为国家“十三五”全民科学素质工作先进集体和先进个人，石河子大学李乐的科普作品入选2020年度全国优秀科普微视频作品名单，一师农业科学研究所科技志愿服务队被评为全国先进集体、赵战胜获评先进个人，王刚、周杰获第十届新疆青年科技奖。兵团党委人才工作会议暨科技创新奖励大会对第六届兵团青年科技奖获得者进行表彰，以促进更多青年科技人才脱颖而出。

《科学素质纲要》实施和科普工作 向兵团党委专题汇报“十三五”科学素质纲要实施工作情况，兵团分管领导主持召开2次领导小组会议，印发工作要点，联合24家成员单位编制印发《兵团全民科学素质行动规划纲要实施方案（2021—2025年）》，提出实施5项提升行动和5项重点工程，在兵团媒体开展实施方案的解读和宣传工作。

新编五大人群科学素质读本，印制2万册配发各师市及兵团机关各部门。联合自治区科协举办2021年全民科学素质网络知识竞赛，兵团职工代表队取得第三名的成绩。

开展2021年全国科技活动周、全国科普日兵团系列活动，联合兵团教育局、卫生健康委等11家单位举办全国科普日兵团主场活动启动式，线上线下相结合开展“十三五”兵团科普工作成就展、科学家精神主题展、科普讲解大赛等系列活动，利用兵团媒体广泛宣传，吸引10万余名职工、群众参与。组织384名师生参加全国青少年高校科学营线上系列活动。举办2021年兵团青少年科技竞赛活动培训班，100余人参加培训。

4月16日，以线上形式举办第19届兵团青少年科技创新大赛，近2万名师生参加竞赛，评选出获奖作品875项，148项一等奖作品在兵团科技局、兵团科协政务信息网站进行线上展示。4—5月，联合自治区科协以线上形式举办第三届新疆青少年创意编程与智能设计大赛，大赛主题为“智能时代　逐梦成长”，兵团153项作品、15名教师获奖。

提升科普服务效能，石河子市入选中国科协2021—2025年度第一批全国科普示范市，阿拉尔市入选第二批创建单位。加强科普基础设施建设，支持建设社区科普活动室18个、青少年科学工作室5个、“去极端化”科普馆5个。奖补科普示范基地13个、科普示范社区12个，初步形成集实体科技馆、流动科技馆、中学科技馆、社区科普活动室、连队科普e站为一体的中国特色现代科技馆体系，获批全国科普教育基地3家，评选表彰兵团科普教育基地30家。

学术交流 聚焦兵团经济社会发展的重难点问题，搭建学术交流平台。

5月30日，第六届兵团青年科技论坛在阿拉尔市举办，论坛以“科技引领乡村振兴　智能驱动农业发展”为主题，100余名科技工作者交流分享智能化农业装备技术、农业信息技术等最新进展。

9月25日，由自治区科协、兵团科协主办的“科创中国@新疆”——新疆棉花产业发展高峰论坛在乌鲁木齐市举办。会议以“传承优势　融合创新　引领棉花产业高质量发展”为主题，旨在提升新疆地区棉花质量管理水平、推动棉花产业持续健康发展。中国工程院院士陈学庚等10位行业知名专家分别在高产光合机理、轻简化关键技术、全程机械化策略、全产业链融合政策等领域作学术报告。

举办棉花采摘及残膜回收机械化技术现场演示暨学术研讨会等高水平学术交流活动，支持学术交流、调研课题18项，产生一批高质量的学术成果，为兵团产业发展提供参考。

举办2021中巴北斗导航及精准农业技术国际交流会暨新疆兵团智慧农业无人农场发展论坛，来自巴基斯坦、巴西2个国家的90名学员在线交流，直播观看人数峰值超3000人，总浏览量超过1.8万人次。

自身建设 把党的建设贯穿科协工作的各领域、全过程，坚持兵团科协每年2次向兵团党委汇报工作情况，特别是重大事项。加强党员干部反腐倡廉教育，压紧压实管党治党责任。开展第23个党风廉政教育月活动，组织党员干部参观兵团“不忘初心 牢记使命”党风廉政教育展馆。按照兵团党委作风建设“能力提升年”要求，进一步提高五种能力，以严和实的作风确保兵团党委各项决策部署落地见效。

开展党史学习教育，组织科协系统干部学习贯彻习近平总书记“七一”重要讲话精神。组织开展“党旗映天山”等主题党日活动，邀请兵团党委党史学习教育宣讲团2名成员对兵团科协党员干部进行专题辅导；组织开展党史学习教育“十个一”系列活动，召开党史学习教育推进会；举办“红心向党、匠心育人”红色文化主题竞赛，将志愿服务与“我为科技工作者办实事”紧密结合，累计为群众办实事100余件，志愿服务受益公众20万余人次，推进党史学习教育见实效。

印发《新疆生产建设兵团“十四五”科学技术协会事业发展规划（2021—2025年）》，明确6项重点任务。与自治区科协签订《“十四五”时期自治区科协与兵团科协融合发展“结对子”协议》，推进兵地科协融合向纵深发展。

兵团科协被中国科协评为全国科技工作者日省级科协积极贡献单位，全国科技活动周、全国科普日、“点赞·科普中国”兵团系列活动得到科技部、中国科协的表彰。兵团科协系统宣传工作开创新局面，中国科协网站刊登兵团科协要闻6条、信息活动150余条。推选5名代表参加中国科协第十次全国代表大会，1人当选委员。

加强基层科协组织建设，推动师市科协换届，全年有12家师市、院校科协完成换届，5家师市科协完成换届准备工作。

兵团学会 截至2021年年底，共有兵团级学会14个。兵团老教授协会、棉花学会、青少年科技辅导员协会等10家学会、协会组织开展“科技为民服务”行动，将科技资源和服务送到基层。兵团医学会依托“胸痛三联征一站式CTA检查”技术积极申报“科创中国”先导技术榜单（生物医药类）。兵团公路学会、财政学会举办行业管理培训班，激发科协组织活力，提升学会干部业务能力。

地市县科协 截至2021年年底，共有师市（县级）科协14个。师市科协全年组织科普宣讲活动252场次，举办实用技术培训1540场，参加活动的科技人员总数达2150人次，受众超过20万余人次。

科协基层组织 截至2021年年底，共有企业科协、园区科协14个，较2020年增加6个；高校、科研院所科协3个。塔里木大学科协举办第六届兵团青年科技论坛，论坛以“科技引领乡村振兴 智能驱动农业发展”为主题，100余名科技工作者交流分享智能化农业装备技术、农业信息技术等最新进展。新疆天业（集团）有限公司科协主办《天业科协报》，普及科学知识，弘扬企业创新精神。一师中泰纺织召开科协第一次代表大会，进一步推动科协触角向企业科技工作者延伸。

【宣讲两院院士大会、中国科协“十大”会议精神】 6月10日，兵团科协以视频会议形式向兵团科技、科协系统党员干部、科技工作者400余人宣讲习近平总书记在中国科学院第二十次院士大会、中国工程院第十五次院士大会和中国科协第十次全国代表大会上的重要讲话精神。中国科协第十届全国委员会委员，兵团科技局党组成员、科协专职副主席吕学强作宣讲报告。会议提出要将习近平总书记对科协工作的157字新要求与科协职责使命和中心工作相结合，将指示精神转化为具体举措，转化为加快建设科技强国、实现高水平科技自立自强的生动实践。

【兵团科协四届四次全委会会议】 3月30日，兵团科协四届四次全委会会议在乌鲁木齐市举办。会议传达学习中央书记处关于科协工作的重要指示精神，总结兵团科协2020年工作，部署2021年重点任务。兵团科协主席徐秀芝代表常委会作题为《聚焦“四服务”职能 以能力提升促科协工作再立新功》的工作报告。

【2021 年全国科技工作者日兵团系列活动】 5 月 6 日—6 月 30 日，兵团科协以“众心向党·自立自强”为主题，组织开展 2021 年全国科技工作者日兵团系列活动。《兵团日报》对 10 名第六届兵团青年科技奖获得者的事迹进行宣传。选派 500 名科技工作者开展 1000 多场科普惠民活动，惠及群众 4000 余人次，发放科普资料 1.5 万余册。各师市、院校科协充分发挥联系服务科技工作者作用，举办 20 场科技工作者代表座谈会，500 余名科技工作者参加座谈。兵团各级科协组织看望慰问 1000 余名优秀科技工作者代表，为他们送去党和政府的祝福。

【2021 年全国科普日兵团主场活动】 9 月 11 日，由兵团科协举办的 2021 年全国科普日兵团主场活动在石河子市启动，邀请兵团教育局、卫生健康委等 10 家单位领导出席，石河子大学师生 150 余人参加启动式。线上线下举办“‘十三五’兵团科普工作成就展”“我和我的祖国——中国科学家精神”主题展以及科普讲解大赛、科普报告会、开放科普基地等系列活动，吸引 10 万余名师生、群众参与。

（撰稿人：邢 忻）

大事记

1 月

1 月 5—6 日　怀进鹏到海南省科协和中国热带作物学会进行实地调研，并与科技工作者代表开展座谈。

1 月 6 日　海南省科协第六次代表大会在海南省海口市召开。怀进鹏出席并致辞。骆清铭当选为省科协第六届委员会主席。

1 月 7 日　江苏省科协第十次代表大会在江苏省南京市召开。怀进鹏出席大会开幕式。陈骏当选为省科协第十届委员会主席。

韩启德牵头在北京召开青少年科技创新后备人才培养建议专题研讨会。中国科协荣誉委员、中国老科协常务副会长齐让，孟庆海等出席会议。

1 月 8 日　中国科协党组召开 2021 年第一次会议，传达学习中央农村工作会议、中共中央政治局民主生活会、中央全面深化改革委员会第十七次会议、中共中央政治局常务委员会会议和习近平总书记新年贺词等有关重要精神。怀进鹏主持会议。

1 月 10 日　在“科普中国——2020 年度揭晓盛典”活动中，中国科协正式宣布聘请张伯礼、李兰娟、包为民、张文宏、戴伟（David G.Evans）、姜鹏、叶盛和张译为新一批“科普中国形象大使”。怀进鹏为新任科普中国形象大使颁发聘书。

1 月 15 日　中国科协党组召开 2021 年第二次会议，传达学习习近平总书记在省部级主要领导干部学习贯彻党的十九届五中全会精神专题研讨班开班式上的重要讲话精神。怀进鹏主持会议。

中国科协召开以“以新发展理念履行创新使命、勇担科协新发展时代责任”为主题的青年干部座谈会。怀进鹏出席并讲话。

1 月 16 日　主题为“海洋强国与海洋科技”的第六期中国科技会堂论坛在北京举办。中国科协副主席、中国工程院院士周守为担任主讲嘉宾。束为、宋军出席论坛，宋军为主讲嘉宾颁发荣誉证书和纪念章。

1 月 18 日　中国科协召开 2020“科创中国”年度工作会议。万钢出席并讲话。怀进鹏出席并为第二十三届中国科协求是杰出青年成果转化奖获奖者代表颁奖。吕昭平主持会议。

1 月 20 日　中国科协培训和人才服务中心与英国工程技术学会加强工程师能力建设合作谅解备忘录签字仪式在线上举办。宋军出席签字仪式并致辞。

1 月 22 日　中国科协党组召开 2021 年第三次会议，传达学习中央书记处关于科协工作的重要指示精神，研究贯彻落实举措。怀进鹏主持会议。

1 月 25 日　中国科协国际科学理事会中国委员会全体会议在北京召开。宋军出席会议。李静海主持会议。

中国老科协智库圆桌会暨 2021 年中国老科协决策咨询专委会工作会议在北京召开。原国务委员、第十一届全国人大常委会副委员长、中国老科协会长陈至立，宋军出席并讲话。

孟庆海赴北京字节跳动科技有限公司调研。

1 月 27 日　西藏自治区科协第七次代表大会在西藏自治区拉萨市召开。怀进鹏出席并讲话。杨开勇当选为自治区科协第七届委员会主席。

怀进鹏前往西藏自治区农牧科学院，就推进农牧业科研合作、促进农牧业科技援藏等工作进行调研。

1 月 29 日　中国科协党组召开 2021 年第四次会议，传达学习习近平总书记在十九届中央纪委五次全会上的重要讲话精神，以及 1 月 28 日中共中央政治局会议和 1 月 25 日习近平主席在世界经济论坛“达沃斯议程”对话会上的特别致辞等有关重要精神。怀进鹏主持会议。

2月

2月1日 孟庆海率调研组赴华为北京展示中心开展实地调研。

世界工程组织联合会中国委员会全体会议在北京召开。宋军出席并讲话。

2月3日 “碳中和”2060与中国绿色金融论坛（2021）暨《“碳中和”中国城市进展报告2021》成果发布会在北京举办。吕昭平出席并致辞。

2月4日 “科普中国—2020年度科普推选活动揭晓盛典”特别节目在CCTV10科教频道播出，现场揭晓2020年度十大科学传播人物、十大科普作品、十大科学传播事件和十大科学辟谣榜。

2月5日 中国科协第九届全国委员会常务委员会第十二次会议以电视电话形式召开，传达学习中国共产党十九届五中全会、中央书记处有关重要指示和中央文明委第四次全体会议等重要精神。万钢主持会议。

中国科协党组召开2021年第五次会议，传达学习习近平总书记在中央政治局第二十七次集体学习时的重要讲话精神、《求是》杂志发表的总书记重要文章《全面加强知识产权保护工作　激发创新活力推动构建新发展格局》和中央文明委第四次全体会议精神。怀进鹏主持会议。

2月7日 中国科协党组理论学习中心组召开2021年第一次集体学习会议，深入学习贯彻党的十九届五中全会精神和中央书记处关于科协工作指示要求，结合学习贯彻习近平总书记在中央纪委五次全会上的重要讲话精神、在省部级主要领导干部专题研讨班上的重要讲话精神、关于厉行节约反对浪费重要指示批示精神、中央经济工作会议精神、中央农村工作会议精神、全国宣传部长会议精神，统筹谋划科协年度工作重点任务。怀进鹏主持会议并作总结发言。

中国科协党组召开2020年度民主生活会。怀进鹏主持会议。徐延豪、束为、宋军、吕昭平、王守东、殷皓出席会议，孟庆海列席会议。中央督导组和中央纪委国家监委驻科技部纪检监察组副组长玄洪云到会指导。

2月8日 中国科技文化馆联合体成立筹备会在北京召开。怀进鹏出席并讲话。孟庆海主持会议。

2月15日 怀进鹏及党组、书记处其他同志分别以电话等方式慰问中国科协名誉主席周光召、韩启德，袁隆平、钟南山、赵忠贤、栾恩杰、叶培建等科学家，李振声、赵沁平等中国科协荣誉委员，孙斌勇等青年科学家代表。

2月22日 怀进鹏在北京会见海南省副省长王路一行。双方就围绕海南科技创新开展合作进行深入交流。

2月23日 怀进鹏在北京会见中国电信党组副书记、总经理李正茂一行。双方就中国电信科技创新开展合作进行深入交流。

2月24日 孟庆海主持召开全国学会农村科普工作调研座谈会。

2月25日 中国科协召开2021年工作部署动员会，回顾2020年工作情况，部署2021年重点工作。怀进鹏主持会议并讲话。

怀进鹏主持召开科协系统脱贫攻坚代表座谈会，学习贯彻习近平总书记在全国脱贫攻坚总结表彰大会上的重要讲话精神，总结交流和宣传科协系统脱贫攻坚成绩和典型事迹，征求对科协系统巩固拓展脱贫攻坚成果同全面推进乡村振兴有效衔接工作的意见建议。宋军出席会议。

2月26日 中国科协党组召开2021年第六次会议，传达学习习近平总书记在党史学习教育动员大会、全国脱贫攻坚总结表彰大会、中央全面深化改革委员会第十八次会议、2021

年春节团拜会的精神，研究审议《科协系统开展党史学习教育工作方案》。怀进鹏主持会议。

3 月

3 月 2 日　中国科协召开 2020 年度基层党组织书记抓党建工作述职评议考核会，总结评议 2020 年基层党建工作，部署 2021 年党建工作任务。徐延豪出席并讲话。王守东主持会议。

孟庆海带队赴中华预防医学会调研。

3 月 10 日　怀进鹏主持召开改革发展重大战略研究方案研讨会，听取“科创中国”数字平台建设情况和科协改革发展重大战略研究建设方案的汇报。

3 月 12 日　中国科协党组召开 2021 年第七次会议，传达学习 2 月 26 日中共中央政治局会议和第二十八次集体学习精神，以及习近平总书记在中央党校（国家行政学院）中青年干部培训班上的讲话。怀进鹏主持会议。

中国科协党史学习教育领导小组召开第一次会议，贯彻落实习近平总书记关于党史学习教育重要指示精神和中央书记处指示要求，审议中国科协党史学习教育领导小组工作职责，研究部署党史学习教育工作。怀进鹏主持会议并讲话。

中央纪委国家监委驻科技部纪检监察组与中国科协党组召开 2021 年第 1 次全面从严治党专题会商会议。怀进鹏出席并主持会议，驻科技部纪检监察组组长龚堂华出席并讲话。徐延豪、孟庆海、束为、宋军、吕昭平、王守东、殷皓出席并作表态发言。

3 月 15 日　中国科协召开党史学习教育动员大会暨科协系统党校 2021 年开学典礼。怀进鹏出席典礼并作动员讲话。

3 月 16—17 日　宋军到上海调研，参加上海市杨浦区“科创中国”试点建设现场推进会、长宁区“科创中国”试点培育工作推进会，实地调研“科创中国”上海模式，并主持召开中国科协事业发展“十四五”规划编制座谈会，听取意见建议。

3 月 18 日　2021 年世界工程日中国庆祝活动暨中国工程师联合体成立仪式在北京举办。万钢，中国工程院党组书记、院长李晓红，教育部党组成员、副部长、中国联合国教科文组织全国委员会主任田学军出席活动并致辞。怀进鹏、束为出席活动。宋军主持活动。

万钢到国药集团中国生物北京生物制品研究所调研新冠灭活疫苗科研生产。怀进鹏参加调研。

3 月 19 日　中国科协召开传达全国两会精神干部大会暨党组理论学习中心组第二次集体学习扩大会议。怀进鹏主持会议并作总结发言。全国政协委员、天津市科协主席饶子和，袁亚湘，徐延豪，孟庆海作专题报告。

3 月 22 日　中国科技馆发展基金会换届大会在北京召开。韩启德、怀进鹏、殷皓等出席大会。熊群力当选为基金会第六届理事会理事长。

中国科协召开 2021 年党风廉政建设和反腐败工作会议。怀进鹏，中央纪委国家监委驻科技部纪检监察组组长龚堂华出席并讲话。徐延豪主持会议。

3 月 23 日　怀进鹏在北京会见广西壮族自治区人民政府副主席费志荣一行。双方围绕中国科协和广西近年来有关合作进行深入交流。

第三届“中国科普月”活动全面启动。

3 月 24 日　怀进鹏在北京会见天津市副市长王卫东一行。双方围绕第五届世界智能大会筹备工作等内容进行交流。

中国科协与澳门特别行政区政府科技交流合作委员会第二次会议在澳门特别行政区

召开。宋军率工作团出席并讲话。

3月26日　中国科协党组召开2021年第九次会议，传达学习3月15日中央财经委员会第九次会议、《求是》杂志发表的习近平总书记重要文章《努力成为世界主要科学中心和创新高地》、习近平总书记赴福建考察调研等重要精神。怀进鹏主持会议。

中国能源研究会第八次全国会员代表大会在北京召开。史玉波当选为研究会第八届理事会理事长。

3月26—27日　中国通信学会第九次全国会员代表大会在四川省成都市召开。刘烈宏当选为学会第九届理事会理事长。

3月27日　以"种业资源与粮食安全"为主题的第七期中国科技会堂论坛在北京举办。怀进鹏出席论坛并代表主办方为主讲嘉宾颁发荣誉证书。束为、宋军出席论坛。

3月30日　怀进鹏在北京会见西藏自治区政府党组成员、副主席孟晓林一行，双方就科协系统援藏工作进行深入交流。

全国学会财务管理调研座谈会在北京召开。宋军出席并作总结讲话。

3月30日—4月1日　2021年度科协系统宣传思想工作会议暨宣传干部培训班在浙江省嘉兴市举办。徐延豪出席并讲话。

4月

4月2日　中国科协党组理论学习中心组召开第三次集体学习扩大会议，围绕庆祝中国共产党成立100周年，深入开展党史学习教育，系统学习党的百年历史，深入学习领会习近平总书记关于学习党史的重要论述精神。怀进鹏主持会议。

中国科协召开深化改革领导小组会议、2021年第一次重大任务调度会暨机关"三定"调整实施工作动员部署会。怀进鹏主持会议并讲话。

4月11—17日　中国科协党校科协系统青年骨干党史教育及能力提升专题培训班集中学习阶段在北京举办。怀进鹏作开班动员，徐延豪对加强学习提出要求。

4月12—13日　中国科协2021年地方科普工作会议在湖南省长沙市召开。孟庆海出席并讲话，殷皓主持会议。期间，孟庆海到湖南省湘潭市调研基层科普组织建设、科普信息化建设及农村、社区科普工作情况。

4月14日　徐延豪率队在北京就"激发人才创新活力"开展专题调研。

4月16日　中国科协党组召开2021年第十一次会议，传达学习3月30日中共中央政治局会议精神。怀进鹏主持会议。

"科创中国"科技创新助力医学强国建设研讨会在北京召开。怀进鹏，中国工程院副院长、中国医学科学院北京协和医学院院校长王辰等出席会议。

4月17日　以"疫苗、疾控与人类健康"为主题的第八期中国科技会堂论坛在北京举办。怀进鹏出席并为主讲嘉宾颁发荣誉证书和纪念章。束为出席论坛。

4月18日　中国生物工程学会第七次全国会员代表大会在北京召开。高福当选为学会第七届理事会理事长。

4月19日　"科创中国"咨询委员会第一次全体会议在北京召开。怀进鹏出席并讲话。

4月20日　中国科技期刊卓越行动计划工作交流推进会在北京召开。怀进鹏出席并致辞。吕昭平主持会议。

4月21日　第九届中国科技政策论坛在北京召开。徐延豪出席论坛开幕式并致辞。

4月22日　2021第二届世界内燃机大会在山东省济南市召开。万钢出席并致辞。

4月23日　中国科协党组召开2021年第十二次会议，传达学习习近平总书记到清华大学考察、在博鳌亚洲论坛2021年年会开幕式上的主旨演讲、在领导人气候峰会上的讲话等重要精神。怀进鹏主持会议。

4月24日　*Research* 第二届编委会成立大会暨世界一流科技期刊建设研讨会在北京召开。吕昭平出席会议。

4月25日　2020中国草学会年会暨第十次全国会员代表大会在安徽省合肥市召开。南志标当选为学会第十届理事会理事长。

4月25—27日　孟庆海赴新疆维吾尔自治区调研。

4月30日　中国科协党组召开2021年第十三次会议，传达学习习近平总书记赴广西壮族自治区考察调研时作出的重要指示等重要精神。怀进鹏主持会议。

5月

5月7日　中国科协党组召开2021年第十四次会议，传达学习4月30日中央政治局会议、中央政治局第二十九次集体学习的精神，以及《求是》杂志发表的习近平总书记的重要文章《把握新发展阶段，贯彻新发展理念，构建新发展格局》等重要精神。怀进鹏主持会议。

5月9—11日　孟庆海到山东省调研指导基层科普、海洋科普、科技助力乡村振兴、社会力量开展科普等工作，出席在山东省泰安市召开的2021年度科协系统青少年科技教育活动工作研讨会。

5月10日　第三十五期中国科协全国学会秘书长沙龙在四川省成都市举办。吕昭平出席并致辞。

5月12—13日　宋军在广东省深圳市、广州市调研“科创中国”试点工作。

5月13日　怀进鹏在北京会见广西壮族自治区党委副书记刘小明一行。双方围绕科技经济融合、人才队伍建设等进行深入交流。

全国科普服务标准化技术委员会2021年度第一次全体会议在北京召开。孟庆海主持会议。

5月13—15日　第二十届亚洲科学理事会大会在广东省广州市召开。“一带一路”国际科学组织联盟主席、中国科学院原院长白春礼，广东省委副书记、广东省人民政府省长马兴瑞，宋军出席开幕式并致辞。

5月14日　中国科协党组召开2021年第十五次会议，传达学习习近平总书记给《文史哲》编辑部全体编辑人员回信重要精神。怀进鹏主持会议。

5月15日　以“高能量密度科学与大科学工程”为主题的第九期中国科技会堂论坛在北京举办。束为出席并为主讲嘉宾颁发荣誉证书和纪念章。

5月16日　中国共产党成立100周年“礼赞共和国”科技成就展在内蒙古自治区开幕。殷皓出席开幕式。

5月17日　怀进鹏在北京会见河南省副省长霍金花一行。双方围绕促进科技经济深度融合、推动区域经济高质量发展、加强会省合作等进行深入交流。

中国科协与山西省吕梁定点帮扶工作座谈会在北京召开。宋军主持会议并讲话。

5月18日　万钢与博世集团董事会主席沃尔克马尔·邓纳尔进行线上会谈。双方就未来汽车动力总成发展和排放标准、新能源汽车发展相关技术问题及政策趋势、中国汽车工业绿色转型等议题深入交换意见。

中华医学会第二十六次全国会员代表大会在北京召开。赵玉沛当选为学会第二十六届理事会会长。

5月19日　中德碳中和目标下的新能源汽车及新出行概念论坛以视频会议形式召开。万钢，德国联邦议院副议长、德国中国之桥协会主席汉斯–彼得·弗里德里希出席并致辞。宋军主持论坛开幕式。

天津市政府与中国科协在天津市签署新一轮全面战略合作协议。中共中央政治局委员、天津市委书记李鸿忠，怀进鹏，天津市委副书记、市长廖国勋，工业和信息化部副部长王志军出席。

中国科协新一代信息技术系列丛书发布会在天津市举办。怀进鹏，天津市委副书记、市长廖国勋出席并致辞。

“科创中国”开源创新联合体在天津市成立。怀进鹏等出席成立大会。

京津冀数字经济联盟揭牌仪式在天津市举办。怀进鹏等出席揭牌仪式。

第五届世界智能大会开源创新与信创产业发展论坛在天津市举办。怀进鹏等出席并致辞。

中国科协与上海证券交易所就共同推进资本市场更高质量服务科技创新工作达成合作意向，举办《战略合作备忘录》签约仪式。吕昭平出席仪式。

吕昭平赴中国科学院上海光学精密机械研究所调研大科学装置实验人才队伍建设和科技期刊出版工作。

中国计量测试学会第八次全国会员代表大会在北京召开。蒲长城当选为学会第八届理事会理事长。

5月20日　第五届世界智能大会在天津市召开。万钢出席并讲话。

怀进鹏在北京会见青海省委常委、省总工会主席马吉孝一行。双方围绕高端学术交流、开展会省合作、科技人才培养等进行深入交流。

中巴建交70周年青少年科学教育合作项目在北京启动。孟庆海，巴基斯坦科学基金会主席沙希德·穆罕默德·拜格等出席并致辞。

宋军在北京会见澳门科学技术发展基金代表团一行。双方围绕科技项目评审合作、拓展合作内容和领域、建立优化合作机制模式等进行交流探讨。

5月21日　中国科协党组召开2021年第十七次会议，传达学习习近平总书记赴河南南阳考察调研时的重要指示、向我国首次火星探测任务天问一号探测器成功着陆火星致贺电等重要精神。怀进鹏主持会议。

第五届世界智能大会数字经济与新发展格局国际高峰论坛在天津市举办。徐延豪出席并致辞。

5月22日　中国工业设计协会第六次会员代表大会在北京召开。刘宁当选为协会第六届理事会会长。

5月24日　“众心向党　自立自强——党领导下的科学家”主题展在北京展出。万钢出席开幕式并宣布展览开幕。怀进鹏出席开幕式并讲话。徐延豪主持开幕式。

5月25日　万钢与大众汽车集团管理董事会主席赫伯特·迪斯进行线上会谈。双方就新能源汽车产业发展现状及趋势、中德汽车工业绿色转型及实现碳目标等议题进行交流。

中国法医学会第六次全国会员代表大会在天津市召开。闵建雄当选为学会第六届理事会会长。

5月27日　中国科协第九届全国委员会常务委员会第十三次会议在北京召开。万钢主持会议。怀进鹏传达中央书记处听取中国科协汇报后中央领导同志讲话要点，以及对中国科协“十大”筹备工作的指示精神。

中国科协第九届全国委员会第八次会议在北京召开。万钢出席并讲话。怀进鹏主持会议。王曦、李华、李静海、孟庆海、施一公、袁亚湘、徐延豪、高松等出席会议。

5 月 28 日　中国科学院第二十次院士大会、中国工程院第十五次院士大会和中国科学技术协会第十次全国代表大会在北京召开。中共中央总书记、国家主席、中央军委主席习近平出席大会并发表重要讲话。中共中央政治局常委、国务院总理李克强主持大会。中共中央政治局常委栗战书、汪洋、王沪宁、赵乐际、韩正出席大会。

5 月 29 日　中国科协第十次全国代表大会第三次全体会议在北京召开。中共中央政治局常委、中央书记处书记王沪宁到会祝贺，代表党中央作题为《科技工作者要当好科技自立自强的排头兵》的致辞。万钢代表中国科协第九届全国委员会向大会作《贯彻新发展理念　服务新发展格局　团结引领广大科技工作者为全面建设社会主义现代化国家而努力奋斗》的工作报告。

中国科协第十次全国代表大会代表集体前往国家博物馆参观“众心向党　自立自强——党领导下的科学家”主题展。

5 月 30 日　中国科协第十届全国委员会常务委员会第一次会议在北京召开。会议提名并通过中国科协第十届书记处第一书记和书记人选，怀进鹏当选为中国科协第十届书记处第一书记。

中国科协第十届全国委员会第一次会议在北京召开。中央组织部副部长曾一春作中国科协第十届全国委员会主席、副主席人选和常务委员会组成的说明。怀进鹏主持会议。万钢当选为中国科协第十届全国委员会主席。

中国科协第十次全国代表大会在北京闭幕。万钢致闭幕词。怀进鹏主持闭幕式。

5 月 31 日　中国科协党组理论学习中心组召开第四次集体学习扩大会议，深入学习领会习近平总书记在两院院士大会和中国科协第十次全国代表大会上的重要讲话精神。怀进鹏主持会议并作总结发言，徐延豪、孟庆海、束为、宋军、吕昭平、王守东、殷皓、王进展作重点发言。

6 月

6 月 1 日　孟庆海率队到广西壮族自治区柳州市开展调研，为“科创中国”第二批试点城市柳州授牌。

6 月 2 日　2021 年度分领域发布高质量科技期刊分级目录试点工作启动会在北京召开。吕昭平出席并讲话。

6 月 3 日　党史学习教育中央指导组到科协开展指导工作并召开见面对接会。中央指导组组长段余应介绍有关情况并讲话。怀进鹏、徐延豪汇报科协系统党史学习教育进展情况。徐延豪主持会议。

6 月 8 日　2021 灾害风险综合研究国际会议在北京举办。联合国助理秘书长兼秘书长减灾事务特别代表水鸟真美、国际科学理事会当选主席彼得·格拉克曼和怀进鹏出席开幕式并致辞。

6 月 10 日　“沿着奋斗百年路　激发科学好奇心”科技教育活动乡村行首发式在江西省瑞金市举办。孟庆海出席首发式并为江西省“大手拉小手”科普演讲团授旗。

6 月 11 日　中国科协党组召开 2021 年第十八次会议，传达学习习近平总书记在中央全面深化改革委员会第十九次会议、5 月 31 日中央政治局会议和中央政治局第三十次集体学习时的重要讲话精神，赴青海考察调研时的重要指示精神以及《求是》杂志发表的《学好“四史”，永葆初心、永担使命》重要文章精神。怀进鹏主持会议。

6 月 16 日　中国科协举办“光荣在党 50 年”纪念章颁发仪式。怀进鹏为老党员颁发纪念章并讲话。徐延豪主持仪式。束为、王守东出席仪式。

6月16—18日　中国科协机关离退办举办离退休干部党务工作者、工作人员党史学习教育培训班。王守东出席开班式并作动员讲话。

6月18日　中国科协党组召开2021年第十九次会议，传达学习《求是》杂志发表的习近平总书记重要文章《以史为镜、以史明志，知史爱党、知史爱国》精神。怀进鹏主持会议。

中国海洋学会第九次全国会员代表大会在北京召开。陈连增当选为学会第九届理事会理事长。

6月19日　以“碳达峰与碳中和”为主题的第十期中国科技会堂论坛在北京举办。怀进鹏出席并为主讲嘉宾颁发荣誉证书和纪念章。束为、王进展出席论坛。

6月21日　吕昭平赴施普林格·自然调研国际开放获取发展状况及“转换协议”等有关情况。

6月21—22日　王进展一行深入定点帮扶县山西省吕梁市岚县、临县，就巩固脱贫攻坚成果同乡村振兴有效衔接工作情况实地调研。

6月22日　中国科学技术期刊编辑学会第七次全国会员代表大会在北京召开。田伟当选为学会第七届理事会理事长。

6月25日　国务院印发《全民科学素质行动规划纲要（2021—2035年）》。

中国科协召开贯彻落实习近平总书记在中国科协“十大”重要讲话精神干部大会，怀进鹏主持并讲话。

中国科协召开学会党建工作指导委员会成立大会暨学会党建工作先进表彰大会。怀进鹏、2018年度国家最高科学技术奖获得者钱七虎院士出席并讲话。徐延豪主持会议，党组成员束为、吕昭平、王守东、殷皓、王进展出席会议。

6月26日　百年中国科学家主题展暨月壤入港揭幕仪式在香港会展中心举行。香港特别行政区行政长官林郑月娥、香港中联办副主任谭铁牛、神舟飞船首任总设计师戚发轫院士、长征系列火箭总设计师龙乐豪院士、探月工程三期总设计师胡浩等共同为月壤揭幕。该活动由香港中联办、香港特别行政区政府、中国科学技术协会、紫荆文化集团联合中国国家博物馆、中国航天科技集团主办。

6月28日　中国科协党组理论学习中心组召开第五次集体学习扩大会议，结合学习习近平总书记关于全面从严治党重要讲话精神，全面学习领会《中共中央关于加强对“一把手”和领导班子监督的意见》精神，结合实际研究贯彻落实具体措施。怀进鹏主持并作总结发言。

中国科协职工“砥砺奋进新时代　喜迎建党100年”书画摄影作品展在北京举办。徐延豪、王守东出席开幕式。

中国科协“党在我心中”党史知识竞赛在北京举办。徐延豪出席活动。王守东出席并致辞。

6月29日　“庆建党百年，守初心使命”庆祝建党100周年文艺汇演在北京举办。徐延豪、孟庆海、吕昭平、殷皓出席活动。

6月29—30日　吉林省科协第十次代表大会在吉林省长春市召开。于吉红当选为省科协第十届委员会主席。

6月30日　在喜迎中国共产党百年华诞之际，中国科协党组、书记处领导集体朗诵诗歌《信仰领航，千秋伟业铸华章》。怀进鹏领诵，徐延豪、孟庆海、束为、吕昭平、殷皓、王进展、王守东共同朗诵。

中国科协职工“诵红色经典　庆百年华诞”红色经典诵读会决赛在北京举办。王守东出席并致辞。

7月

7月1日　中国共产党成立100周年大会在北京隆重举办，中共中央总书记、国家主席、中央军委主席习近平发表重要讲话。中国科协机关各部门、各直属单位和全国学会干部职工集中收看大会现场直播，认真聆听习近平总书记重要讲话。

7月2日　中国科协党组召开2021年第二十次会议，传达学习习近平总书记在庆祝中国共产党成立100周年大会上的重要讲话精神。怀进鹏主持会议。

7月6—7日　“科创中国”2021峰会在浙江省嘉兴市举办。万钢在峰会开幕式作视频致辞。束为、王进展等出席峰会活动。

7月7—9日　徐延豪带领挂点工作组赴重庆市调研“科创中国”试点建设工作，并出席重庆高新区科协成立大会。

7月12日　2021重大科学问题、工程技术难题和产业技术问题终选会在北京召开。韩启德主持会议。吕昭平出席会议。

第十四届国际数学教育大会在上海市召开。中共中央政治局委员、上海市委书记李强出席开幕式并致辞。怀进鹏发表视频致辞。

怀进鹏带队在青海省西宁市调研“科创中国”试点城市建设情况。青海省委常委、总工会主席马吉孝，青海省副省长张黎共同调研。

7月13—14日　传承“两弹一星”精神中国青年英才论坛在青海省西宁市、海北藏族自治州举办。怀进鹏，青海省委书记、省人大常委会主任王建军出席开幕式并致辞。青海省委副书记、省长信长星，王守东等出席开幕式。

7月14日　中国图学学会第八次全国会员代表大会在北京召开。赵罡当选为学会第八届理事会理事长。

7月15日　中国科协与科技部在北京召开工作会商会。万钢，科技部党组书记、部长王志刚出席并讲话。怀进鹏主持会议。

7月16日　中国科协党组召开2021年第二十一次会议，传达学习习近平总书记在中国共产党与世界政党领导人峰会、中央全面深化改革委员会第二十次会议上的重要讲话精神。怀进鹏主持会议。

中国科协党组理论学习中心组召开第六次集体学习扩大会议，深入学习领会习近平总书记在庆祝中国共产党成立100周年大会上的重要讲话精神，结合学习贯彻总书记在两院院士大会、中国科协“十大”上的重要讲话精神，研究贯彻落实的思路和举措。怀进鹏主持会议并作总结发言。束为、殷皓作重点发言。

7月17日　以“航天强国建设的挑战”为主题的第十一期中国科技会堂论坛在北京举办。包为民作专题报告。徐延豪出席论坛并为主讲嘉宾颁发荣誉证书和纪念章。束为、王进展出席活动。

7月19日　中国科协召开高端仪器研发生态建设专题座谈会。怀进鹏主持会议。吕昭平出席会议。

7月21日　中国科协召开2022年预算编制动员部署会。王进展出席并作动员讲话。

7月22日　“科创中国”青年创业榜单暨2021年中关村U30启动活动在北京召开。怀进鹏、王进展出席活动。

7月23日　中国科协举办庆祝中国共产党成立100周年表彰大会暨党组书记讲党课活动。怀进鹏讲党史学习教育专题党课。徐延豪主持大会。党史学习教育中央第25指导组组长段余应、中央纪委国家监委驻科技部纪检监察组副组长玄洪云到会指导。孟庆海、束为、王守东、殷皓、王进展出席大会。

中国科协党组召开2021年第二十二次会议，传达学习习近平主席在亚太经合组织领导人非正式会议上的重要讲话和习近平总书记对防汛救灾工作作出的重要指示精神。怀进鹏主持会议。

中国科协乡村振兴工作领导小组2021年第一次会议在北京召开。怀进鹏主持会议。孟庆海、王进展、王守东等出席会议。

7月24日　中国生物物理学会第十二次全国会员代表大会在安徽省合肥市召开。徐涛当选为学会第十二届理事会理事长。

7月26日　中国科协主席与北京大学生见面会在北京举办。万钢同来自北京大学、清华大学、北京航空航天大学、北京理工大学和北京科技大学的200余名青年学子进行面对面交流。

第二十三届中国科协年会世界科技社团发展与治理论坛在北京举办。怀进鹏，美国科学促进会首席执行官苏迪普·帕里赫（Sudip Parikh）、英国工程技术学会首席执行官范纳杰（Nigel Fine）等出席并致辞。

7月27日　第二十三届中国科协年会在北京开幕。中共中央政治局委员、北京市委书记蔡奇，韩启德出席开幕式。万钢致开幕词，北京市委副书记、市长陈吉宁致欢迎词。怀进鹏主持开幕式。

第二十三届中国科协年会学会创新发展论坛在北京开幕。韩启德出席并作大会报告。怀进鹏出席并致辞。

7月27—28日　中国科协召开香港、澳门特别行政区及台湾地区科技工作者代表座谈会并组织参观考察。王进展出席并讲话。

7月28日　世界顶尖科学家与青年科学家对话活动在北京举办。怀进鹏出席并致辞。王进展出席活动。

中国科协举办第四届世界科技期刊论坛。怀进鹏出席并讲话。

第二十三届中国科协年会闭幕式在北京举办。怀进鹏出席并致辞。徐延豪主持闭幕式。

在第二十三届中国科协年会闭幕式上，中国科协发布10个对科学发展具有导向作用的前沿科学问题、10个对工程技术创新具有关键作用的工程技术难题，并首次发布10个对产业发展具有引领作用的产业技术问题。

孟庆海在参加第二届全国防震减灾科普大会后，到唐山科技馆、李大钊纪念馆、唐山花海和公共安全实训基地调研。

中国土木工程学会第十届理事会第四次理事会议在北京召开。易军当选为学会第十届理事会理事长。

7月31日　中国科协召开干部大会。中央组织部副部长曾一春同志宣布中央关于中国科协党组主要负责同志调整的决定，张玉卓同志任中国科协党组书记。

8月

8月6日　徐延豪带领中国科协党建信息化团队前往中国石油化工集团有限公司调研党建信息化工作。王守东参加调研。

8月10日　中国科协党组理论学习中心组召开第七次集体学习扩大会议，围绕深入学习习近平总书记“七一”重要讲话精神和在两院院士大会、中国科协“十大”上的重要讲话精神开展集中交流研讨，谋划科协党史学习教育开新局的工作思路。张玉卓主持会议并作总结发言。

8月10—11日　张玉卓到魏公村、木樨地、陶然亭办公区走访看望直属单位干部职工，调研各单位工作并召开座谈会。

8 月 12 日　王进展带队前往北京低碳清洁能源研究院，围绕引进海外高层次人才、构建全球科技创新网络开展专题调研。

8 月 13 日　中国科协第十届全国委员会常务委员会第二次会议在北京召开。万钢出席并主持会议。会议选举张玉卓担任中国科协第十届全国委员会常务委员会书记处第一书记。

8 月 13—19 日　中国科协第十届全国委员会第二次会议以通讯方式表决《关于变更张玉卓同志为中国科协第十届全国委员会副主席、常务委员会委员的决议》，390 名全委会委员均表示同意。会议批准张玉卓同志担任中国科协第十届全国委员会副主席、常务委员会委员。怀进鹏同志不再担任中国科协第十届全国委员会副主席、常务委员会委员职务。

8 月 16 日　中国科协党组召开 2021 年第二十三次会议，传达学习习近平总书记在西藏自治区考察调研重要指示精神、7 月 30 日中共中央政治局会议重要精神和 8 月 10 日给“国际青年领袖对话”项目外籍青年代表回信等重要指示精神。张玉卓主持会议。

第二届中国－巴西创新周开幕式暨 2021 中国－巴西可持续发展论坛在北京、上海市和巴西利亚、圣保罗同步举办。世界工程组织联合会主席龚克，王进展等在北京会场出席活动。

8 月 17—20 日　张玉卓调研部分在北京的全国学会，走访看望学会干部职工和一线科技工作者。

8 月 21 日　以“核——国家安全基石”为主题的第十二期中国科技会堂论坛在北京举办。张玉卓出席并为主讲嘉宾颁发荣誉证书和纪念章。

8 月 22—24 日　万钢在重庆市出席中国—上海合作组织数字经济产业论坛、2021 中国国际智能产业博览会相关活动，并深入重庆高新区、石柱县调研。中共中央政治局委员、重庆市委书记陈敏尔，重庆市委副书记、市长唐良智会见万钢一行。

8 月 23 日　中国科协党组召开 2021 年第二十四次会议，传达学习《求是》杂志发表的习近平总书记重要文章《总结党的历史经验，加强党的政治建设》和中央财经委员会第十次会议重要精神。张玉卓主持会议。

张玉卓到北京市科协走访看望干部职工，围绕深入贯彻落实习近平总书记在两院院士大会和中国科协“十大”上的重要讲话精神、推动做好新时代科协工作进行调研。

中国电影电视技术学会第九次全国会员代表大会以线上形式召开。徐进当选为学会第十届理事会理事长。

8 月 24 日　中国科协深化改革领导小组召开 2021 年第 3 次会议，研究“十四五”时期科协系统深化改革实施方案。张玉卓主持会议。

8 月 26 日　万钢赴中华医学会专题调研临床案例成果数据库建设应用情况。张玉卓陪同调研并主持座谈会。

8 月 27 日　张玉卓在北京会见天津市委常委、滨海新区区委书记连茂君一行。双方围绕区域创新发展和公众科学素质提升等方面进行深入交流。

张玉卓在北京会见中国石化集团有限公司总经理、党组副书记马永生一行。双方围绕加强会企合作进行深入交流。

8 月 31 日　《中国科学技术协会事业发展“十四五”规划（2021—2025 年）》印发。

张玉卓在北京会见辽宁省副省长、党组成员姜有为一行。双方围绕 2021 年全球工业互联网大会筹备工作等进行深入交流。孟庆海参加会见。

9 月

9 月 1 日　中国科协与国家林业和草原局在北京签署全面战略合作协议。张玉卓，国家林草局局长、党组书记关志鸥出席活动。

9月3日　2021年“最美科技工作者”遴选会议在北京召开。万钢出席并讲话。徐延豪等出席会议。

9月5日　中关村数字经济产业联盟在北京成立。十届全国人大常委会副委员长蒋正华，中国工程院院士、中国工程院原副院长邬贺铨，袁亚湘，王守东等出席活动。

9月6日　第32届国际航空科学大会在上海市开幕。万钢出席开幕式，宣读习近平主席贺信并致辞。

“奇迹天宫，荣耀见证”——中国空间站科创体验基地首场活动在北京举办。张玉卓、孟庆海、殷皓等参加活动。

9月7日　中国科协党组召开2021年第二十五次会议，传达学习习近平总书记在河北省承德市考察重要指示精神，中共中央政治局和中央全面深化改革委员会第二十一次会议精神，以及习近平总书记在中央党校（国家行政学院）中青年干部培训班开班式上的重要讲话等重要精神。张玉卓主持会议。

张玉卓在北京会见浙江省副省长卢山一行。双方围绕加强会省合作、搭建高端学术交流平台、推动区域创新发展等方面进行深入交流。

9月8日　张玉卓在北京会见山东省副省长、中国工程院院士凌文一行。双方围绕加强会省合作、提升全民科学素质、推动区域经济发展等方面进行深入交流。

9月10日　2021世界机器人大会在北京开幕。万钢出席开幕式并参加启动仪式。张玉卓，北京市市长陈吉宁，工业和信息化部副部长辛国斌出席开幕式并致辞。

张玉卓先后赴全球能源互联网研究院和北京低碳清洁能源研究院调研，看望慰问一线科技工作者。

“百年韶华　科普为民”——中国共产党领导下的百年科普展启动仪式在北京举办。张玉卓、孟庆海、殷皓等出席活动。

王守东率“科创中国”京津冀挂点工作组及化学化工科技服务团赴天津市滨海新区南港高端新材料项目集群调研。

9月10—12日　中国空气动力学会第八次全国会员代表大会在四川省绵阳市召开。唐志共当选为学会第八届理事会理事长。

9月11—17日　以“百年再出发，迈向高水平科技自立自强”为主题的2021全国科普日在全国各地启动。

9月13日　2021年全国科普日北京主场活动举办，中共中央政治局委员、中宣部部长黄坤明，万钢参加北京主场活动。

第十一届北京科学嘉年华主场活动在北京举办。张玉卓，北京市委副书记、市长陈吉宁参加活动。

中国环境科学学会第八届理事会第六次全体会议在北京召开。王金南当选为学会第八届理事会理事长。

9月14日　张玉卓带队赴中国建设银行总行围绕信息化建设进行调研，与中国建设银行股份有限公司党委书记、董事长田国立等进行座谈交流。

9月15日　张玉卓在北京会见浙江省委常委、温州市委书记刘小涛一行。双方围绕2021世界青年科学家峰会筹备工作及推动区域经济转型发展等方面进行深入交流。

中国科协召开离退休干部学习贯彻习近平总书记“七一”重要讲话精神座谈会。徐延豪出席并讲话。

9月16日　2021世界新能源汽车大会在海南省海口市举办。中共中央政治局常委、国务院副总理韩正以视频方式出席大会。万钢出席并作报告。

张玉卓到中国热带作物学会调研，看望学会干部职工和一线科技工作者。

9月16—18日　中国空间科学学会第十次全国会员代表大会在黑龙江省哈尔滨市召开。吴季当选为学会第十届理事会理事长。

9月17日　港澳科技界人士加入全国学会座谈会在北京召开。民政部党组成员、副部长詹成付，吕昭平出席并致辞。

9月17—18日　张玉卓深入山西省吕梁市岚县、临县调研中国科协定点帮扶工作。

9月22日　中国科协与清华大学全面战略合作协议签署仪式在北京举办。张玉卓与清华大学党委书记陈旭共同见证签约仪式并进行座谈交流。徐延豪，清华大学副校长尤政等参加签约仪式。束为，清华大学副校长曾嵘代表双方签署协议。

中国科协党组召开2021年第二十六次会议，传达学习习近平总书记在陕西榆林考察重要指示精神、在金砖国家领导人第十三次会晤和第七十六届联合国大会一般性辩论上的讲话等重要精神。张玉卓主持会议。

张玉卓在北京会见新疆维吾尔自治区科协党组书记王光强，新疆生产建设兵团科技局党组成员、科协专职副主席吕学强一行，围绕援疆工作进行深入交流。

9月23日　中国科协召开“双碳目标下如何对待煤炭”专家研讨会。张玉卓主持会议。

9月23—25日　中国科协党组理论学习中心组召开第八次集体学习扩大会议，围绕学习贯彻习近平总书记“七一”重要讲话精神、在两院院士大会和中国科协“十大”上的重要讲话精神、在2021年秋季学期中央党校（国家行政学院）中青年干部培训班开班式上重要讲话精神，交流经验体会，研讨科协系统改革发展路径。张玉卓主持会议并作总结讲话。

9月24日　2021中关村论坛——开源创新发展论坛在北京举办。张玉卓出席并致辞。吕昭平主持开幕式和发布环节。

张玉卓到中国三峡集团调研，并与中国三峡集团党组书记、董事长雷鸣山，党组副书记、总经理韩君等交流座谈。

9月25日　香港科技界庆祝中华人民共和国成立七十二周年科技论坛在香港特别行政区举办。张玉卓以视频方式发表致辞。

以“世界科技前沿发展态势与高水平科技自立自强”为主题的第十三期中国科技会堂论坛在北京举办。张玉卓出席并为主讲和互动嘉宾颁发荣誉证书和纪念章。

“与党同心　百年同行”全国学会访谈录活动在北京举办。张玉卓出席并致辞。

2021中关村论坛召开全体会议。中共中央政治局委员、北京市委书记蔡奇讲话并颁发北京市科学技术奖突出贡献中关村奖。科技部部长王志刚，中国科学院院长侯建国，中国工程院院长李晓红，张玉卓，北京市委副书记、市长陈吉宁等出席会议。

9月27日　中国发明协会第八次全国会员代表大会在北京召开。万钢出席并讲话。吴朝晖当选为学会第八届理事会理事长。

9月28日　2021中国科幻大会在北京开幕。中共中央政治局委员、北京市委书记蔡奇宣布大会开幕。张玉卓，北京市委副书记、市长陈吉宁出席开幕会并致辞。

9月29日　中国科协党组召开2021年第二十七次会议，传达学习习近平总书记在中央人才工作会议上的重要讲话精神，向全国广大农民和工作在“三农”战线上的同志们致以节日祝贺和诚挚慰问，向2021中关村论坛视频致贺以及2021年世界互联网大会乌镇峰会致贺信等重要精神；传达学习韩正副总理在2021世界新能源汽车大会的视频致辞精神。张玉卓主持会议。

张玉卓在北京会见河北省保定市委书记党晓龙一行。双方围绕深化会地合作、加强科学普及和助力新能源产业发展等方面进行深入交流。

张玉卓在北京会见国家石油天然气管网集团有限公司董事长、党组书记张伟一行。双方围绕科技助力产业发展、会企合作、人才交流等方面进行探讨。

中国科协深化改革领导小组召开2021年第4次会议，传达学习中央书记处在听取“十四五”时期科协系统深化改革重点任务工作方案汇报时的指示精神，并审议《重庆打造全国地方科协综合改革示范区实施方案（2021—2025年）》。张玉卓主持会议。

张玉卓到中国科协－北京大学科学文化研究院调研，拜会韩启德并召开座谈会。北京大学校长郝平等一同调研和座谈。

10月

10月8日　中国科协党组召开2021年第二十八次会议，传达学习习近平总书记在中共中央政治局第三十三次集体学习时的重要讲话和有关重要批示精神，传达学习中央书记处会议有关精神，研究贯彻落实举措。张玉卓主持会议。

10月9日　张玉卓到中国有色金属工业协会、中国有色金属学会调研并参加座谈会。

徐延豪赴中国水产学会调研，并与中华医学会、中国生物医学工程学会、中国免疫学会、中华口腔医学会、中国睡眠研究会等相关学会负责人座谈交流。

中国卫星导航定位协会第七届会员代表大会在河南省郑州市召开。于贤成当选为协会第七届理事会会长。

10月10日　2021年中国科协国际组织任职及后备人员培训班在北京开班。王进展出席开班式并致辞。

10月11日　中国科协党组召开2021年第二十九次会议，传达学习习近平总书记在纪念辛亥革命110周年大会上的重要讲话精神。张玉卓主持会议。

中国科协与中国石油化工集团公司在线上举办全面战略合作协议签署仪式。张玉卓，中国石油化工集团公司总经理、党组副书记马永生出席仪式并代表双方签署协议。

张玉卓到中国科学院数学与系统科学研究院、中国数学会调研并座谈。袁亚湘一同调研座谈。

中国科协召开学会党建工作指导委员会2021年第一次会议，会议审议《中国科协学会党建工作指导委员会工作规则（审议稿）》，听取学会党建近期重点工作安排的汇报。张玉卓主持会议。

10月12日　党史学习教育中央第25指导组到中国科协调研指导工作。张玉卓与党史学习教育中央第25指导组组长段余应座谈。

张玉卓会见中国质量协会会长贾福兴一行。双方围绕加强战略合作、推进科学普及和建设质量强国等方面进行深入交流。

10月13—15日　孟庆海到宁夏回族自治区调研乡村振兴和基层科普工作。

10月15日　中国科协召开生物安全高层次研讨会。张玉卓主持会议。陈薇、吕昭平等参加会议。

张玉卓会见山西省吕梁市委副书记任凯一行。双方就吕梁市岚县、临县的乡村振兴工作进行深入交流。

孟庆海赴河南省科技馆新馆建设现场调研指导。

10月16日　以“病毒变异与疫苗有效性”为主题的第十四期中国科技会堂论坛在北京举办。张玉卓出席并为主讲嘉宾颁发荣誉证书和纪念章。陈薇作主题报告。

中国内燃机学会第九次会员代表大会在上海市召开。金东寒当选为学会第九届理事会理事长。

10月17日　中国测绘学会第十三次会员代表大会在山东省青岛市召开。宋超智当选为学会第十三届理事会理事长。

10月17—18日　张玉卓到辽宁省沈阳市出席2021全球工业互联网大会并开展工作调研。

10月18日　中华口腔医学会全国会员代表大会在上海市召开。张玉卓视频致辞。郭传瑸当选为学会第六届理事会会长。

10月18—20日　王守东赴山东省开展调研工作。

10月19日　孟庆海到上海市走访调研社区书院工作。

吕昭平到河南省科协调研座谈。

10月20日　中国石油学会第十次全国会员代表大会在北京召开。孟庆海出席并致辞。焦方正当选为学会第十届理事会理事长。

10月21—22日　张玉卓赴安徽省调研，与安徽省委书记郑栅洁召开工作会谈并出席第十届中国（芜湖）科普产品博览交易会开幕式。

10月22日　人工智能科技传播中心在第十届中国（芜湖）科普产品博览交易会举行揭牌仪式，张玉卓，安徽省政协副主席、省科协主席韩军等出席揭牌仪式。孟庆海与安徽省副省长、省政府党组成员张红文共同揭牌。

10月23日　北大新工科国际论坛2021在北京举办。张玉卓出席主论坛并致辞。

以“智能产业与智慧经济”为主题的第3期全国学会理事长沙龙在北京召开。张玉卓出席并致辞。

10月24日　中国公路学会第九次全国会员代表大会在北京召开。翁孟勇当选为学会第九届理事会理事长。

10月24—27日　中国园艺学会2021年学术年会暨第十四届会员代表大会在湖北省武汉市召开。邓秀新当选为学会第十四届理事会理事长。

10月25日　中国科协党组召开2021年第三十次会议，传达学习中央人大工作会议、中央政治局会议和中央政治局第三十四次集体学习重要精神，传达学习习近平总书记在《生物多样性公约》第十五次缔约方大会领导人峰会和第二届联合国全球可持续交通大会开幕式上的主旨讲话、向第130届中国进出口商品交易会致贺信、在山东考察调研时的重要讲话等重要精神。张玉卓主持会议。

中国科协深化改革领导小组召开2021年第5次会议，研究部署“十四五”时期科协系统深化改革任务细化分工。张玉卓主持会议。

中国科协学会党建研究会换届大会在北京召开。徐延豪、王守东出席大会。

10月26日　中国食品科学技术学会第七次全国会员代表大会在北京召开。孙宝国当选为学会第七届理事会理事长。

10月27日　张玉卓在北京参加国家“十三五”科技创新成就展。

中国科协召开科技经济融合工作领导小组2021年第6次专题会议。张玉卓主持会议。

徐延豪赴中国药学会调研，并与中华护理学会、中华中医药学会负责人以及医药领域专家等进行座谈交流。

10月28日　万钢在线出席第十四届中德应用型高等教育研讨会并讲话。德国前总统克里斯蒂安·武尔夫主持研讨会。安徽省省长王清宪出席开幕式并致辞。

10月29日　张玉卓到中国电子学会调研并座谈。工业和信息化部副部长、中国电子学会副理事长徐晓兰一同调研座谈。

10月29日—11月2日　中国微生物学会第十二次会员代表大会在云南省昆明市召开。徐建国当选为学会第十二届理事会理事长。

10 月 30 日　王进展带队前往上海市长宁区调研“科创中国”试点建设工作。

11 月

11 月 1 日　第四届世界顶尖科学家论坛在上海市召开。万钢出席并作主旨发言。上海市委常委、副市长吴清，世界顶尖科学家协会主席罗杰·科恩伯格出席开幕式。徐延豪主持开幕式。

2021 中小企业数字经济全球论坛在上海市举办。万钢，上海市委副书记、市长龚正出席并致辞。徐延豪主持开幕式。

中国科协党组召开 2021 年第三十一次会议，传达学习习近平总书记出席中华人民共和国恢复联合国合法席位 50 周年纪念会议、二十国集团领导人第十六次峰会第一阶段会议的重要讲话精神，以及参观国家“十三五”科技创新成就展、出席全军装备工作会议、致人民出版社成立 100 周年贺信等重要精神。张玉卓主持会议。

2021 世界传感器大会在河南省郑州市开幕。张玉卓通过视频向大会致辞。河南省委常委、副省长费东斌出席并致辞。

11 月 2 日　中国消防协会第七次全国会员代表大会在北京召开。陈伟明当选为学会第七届理事会会长。

11 月 3—5 日　2021 年中国科协系统党务干部培训班在北京举办。王守东出席开班式作动员讲话。

11 月 5 日　中国科协党组召开 2021 年第三十二次会议，传达学习习近平总书记继续出席二十国集团领导人第十六次峰会、向《联合国气候变化框架公约》第二十六次缔约方大会世界领导人峰会发表书面致辞、在第四届中国国际进口博览会开幕式上的主旨演讲等重要精神，以及国家科学技术奖励大会会议精神。张玉卓主持会议。

11 月 6 日　第三届世界科技与发展论坛在北京开幕。万钢出席开幕式并致辞。张玉卓主持开幕式。

青年前沿科技论坛在北京召开。束为出席论坛并致辞。

11 月 7 日　世界数字经济论坛在北京开幕。张玉卓出席开幕式并致辞。吕昭平主持开幕式。

第三届世界科技与发展论坛在北京闭幕。张玉卓等参加闭幕式。吕昭平主持闭幕式。

11 月 12 日　中国科协党组理论学习中心组召开第十次集体学习扩大会议，深入学习党的十九届六中全会精神，研究部署科协系统学习宣传贯彻举措。张玉卓主持会议并作总结讲话。徐延豪、王进展作重点发言。

中国体视学学会第八次全国会员代表大会以视频形式召开。张跃当选为学会第八届理事会理事长。

11 月 13 日　2021 世界青年科学家峰会在浙江省温州市开幕。张玉卓，浙江省委副书记、代省长王浩，省委常委、温州市委书记刘小涛，副省长卢山，省政协副主席蔡秀军等参加开幕式。

中国科协与浙江省政府在温州市签订新一轮省会战略合作协议。张玉卓，浙江省委副书记、代省长王浩，省委常委、温州市委书记刘小涛出席并见证签约。束为和浙江省副省长卢山代表双方签署协议。

中国电源学会第九次全国会员代表大会在上海市召开。刘进军当选为学会第九届理事会理事长。

11 月 13—14 日　张玉卓在浙江省考察调研。浙江省委书记袁家军会见张玉卓，双方就全面推进省会战略合作等事宜进行深入交流。

11月16日 张玉卓主持召开“智汇中国”建设工作专题会，听取“智汇中国”建设工作情况及下阶段工作考虑汇报，围绕“智汇中国”建设深入研讨交流，作出工作部署。

中国矿物岩石地球化学学会第十次全国会员代表大会以线下主会场（北京）与线上视频会议相结合的形式召开。冯新斌当选为学会第十届理事会理事长。

11月18日 党史学习教育中央第25指导组组长段余应带队到中国科协调研指导工作。徐延豪、殷皓陪同调研并出席座谈会。

全国人大常委会委员、全国人大教科文卫委副主任委员吴恒一行到中国科普研究所调研并座谈。张玉卓出席座谈会。徐延豪、孟庆海参加座谈会。

孟庆海一行到中国化工学会调研并座谈。

王进展一行到中国体视学学会调研并座谈。

11月20日 第五届“一带一路”青少年创客营与教师研讨活动在重庆市闭幕。张玉卓，科技部副部长张广军发表视频致辞。

11月22日 中国科协党组召开2021年第三十四次会议，传达学习习近平总书记在亚太经合组织第二十八次领导人非正式会议、第三次“一带一路”建设座谈会上的重要讲话，同美国总统拜登举行视频会晤、致首届中国网络文明大会贺信以及中共中央政治局会议等重要精神。张玉卓主持会议。

中国科技文化场馆联合体成立大会在北京举办。韩启德出席并宣布联合体成立。张玉卓出席并致辞。孟庆海主持会议。

11月23日 中国科协召开规模储能技术高层次专家研讨会。张玉卓出席会议。吕昭平主持会议。

国际动物学会召开网络会员代表大会。Nils Chr. Stenseth 当选为学会主席。

11月24日 中国科协召开学习贯彻党的十九届六中全会精神科学家座谈会。张玉卓主持会议。徐延豪、束为、吕昭平、王守东等出席座谈会。

第八届中俄工程技术论坛通过线上方式举办。王进展，俄罗斯科学工程协会联合会副主席、第一书记德鲁卡连科·谢尔盖·彼得罗维奇发表视频致辞。

孟庆海一行到中国大坝工程学会调研。

11月26日 中国科协党组理论学习中心组召开第十一次集体学习扩大会议，围绕“深入学习党的十九届六中全会精神，全面把握‘十个坚持’的深刻内涵”开展第二次专题学习研讨。张玉卓主持并作总结讲话。束为、王守东作重点发言。

科普中国智库论坛暨第二十八届全国科普理论研讨会在线上举办。张玉卓在论坛开幕式上致辞。

11月27日 中国现场统计研究会第十一次全国会员代表大会以线下主会场（北京）与线上视频会议相结合的形式召开。郭建华当选为学会第十一届理事会理事长。

11月29日 中国科协党组召开2021年第三十五次会议，传达学习习近平总书记在中国—东盟建立对话关系30周年纪念峰会上的讲话重要精神以及中央全面深化改革委员会第二十二次会议重要精神。张玉卓主持会议。

中国科协信息化工作领导小组召开2021年第一次会议。张玉卓主持会议。

11月30日 2021世界公众科学素质促进大会在北京举办。张玉卓发表视频致辞。

张玉卓与中国航空工业集团党组书记、董事长谭瑞松，党组成员、副总经理郝照平看望2020年度国家最高科学技术奖获得者、两院院士顾诵芬，并陪同顾诵芬在北京以视频形式出席“顾诵芬图书馆”启用仪式。

12 月

12 月 1 日	徐延豪一行赴中国图书馆学会调研。
12 月 1—4 日	张玉卓率代表团赴澳门特别行政区出席中国科技峰会、当代杰出华人科学家公开讲座、BEYOND 国际科技创新博览会等活动并进行工作访问。
	中国科协召开 2021 年机关事业单位新提任处级干部集体谈话会。束为出席并作任职谈话。
12 月 2 日	孟庆海一行赴中国颗粒学会调研并座谈。
12 月 3 日	孟庆海率调研组赴中国航天科工二院开展实地调研。
	孟庆海一行赴中国指挥与控制学会实地调研。
12 月 4 日	中国心理学会第十三届全国会员代表大会以线上会议形式召开。赵国祥当选为学会第十三届理事会理事长。
12 月 5 日	2021 大湾区工程师论坛在广东省珠海市举办。张玉卓，广东省副省长王曦，澳门特别行政区政府经济财政司司长、横琴粤澳深度合作区执委会主任李伟农等出席开幕式并致辞。王进展主持开幕式。
	中国微米纳米技术学会第四届会员代表大会以视频会议形式召开。段文晖当选为学会第四届理事会理事长。
12 月 6 日	中国科协党组召开 2021 年第三十六次会议，传达学习习近平总书记在中非合作论坛第八届部长级会议开幕式上的主旨演讲、向 2021 年“读懂中国”国际会议（广州）开幕式发表视频致辞重要精神。张玉卓主持会议。
12 月 7 日	2021 年全民科学素质工作会议在北京召开。张玉卓出席并讲话。徐延豪宣读《中国科协关于表彰全民科学素质工作先进集体和先进个人的决定》。孟庆海、殷皓分别主持会议第一阶段和第二阶段。
12 月 8 日	徐延豪赴中国岩石力学与工程学会调研。
12 月 9 日	中央纪委国家监委驻科技部纪检监察组组长龚堂华与中国科协新提任、调任的局级干部开展任前集体廉政谈话。徐延豪主持谈话。束为、王守东参加谈话。
12 月 10 日	2021 中国创新创业成果交易会在广东省广州市开幕。张玉卓视频致辞。王进展，九三学社中央副主席丛斌出席大会。
	第十四届海峡两岸科普论坛在河南省郑州市举办。王进展在开幕式上发表视频致辞。
12 月 11 日	中国菌物学会第八次全国会员代表大会以线下和线上视频会议相结合的方式召开。郭良栋当选为学会第八届理事会理事长。
12 月 13 日	中国科协党组召开 2021 年第三十七次会议，传达学习中央经济工作会议以及 12 月 6 日中共中央政治局会议、中共中央政治局第三十五次集体学习重要精神，传达学习习近平主席向 2021 年大湾区科学论坛致贺信重要精神。张玉卓主持会议。
12 月 13—14 日	河北省科协第十次代表大会在河北省石家庄市召开。张玉卓视频致辞。葛会波当选为河北省科协第十届委员会主席。
12 月 14 日	中国科协与国家管网集团在北京签署全面战略合作协议。张玉卓，国家管网集团董事长、党组书记张伟出席活动。
	中国科协党组理论学习中心组开展第十二次集体（扩大）学习第一阶段学习，持续深入学习党的十九届六中全会精神。中央宣讲团成员、中央政策研究室主任江金权作辅导报告。张玉卓主持并作总结讲话。中央纪委国家监委驻科技部纪检监察组组长、科技部党组成员龚堂华，徐延豪，束为，吕昭平，殷皓，王进展，王守东参加会议。

12月15日　2021年中国创新方法大赛颁奖仪式在天津市举办。中共中央政治局委员、天津市委书记李鸿忠，天津市委副书记、市长廖国勋会见张玉卓一行。张玉卓、廖国勋出席仪式并致辞，共同为获得一等奖的创新项目团队颁奖。科技部副部长邵新宇视频致辞。

12月15—17日　徐延豪先后赴四川省自贡、绵阳、德阳、成都等地调研。

12月16日　中国科协与中国银行股份有限公司在北京签署战略合作协议。张玉卓，中国银行党委书记、董事长刘连舸出席有关活动。

中国水力发电工程学会第九次全国会员代表大会以线上线下相结合的形式召开。张野当选为学会第九届理事会理事长。

12月16—18日　2021国际种业科学家大会在海南省三亚市召开。吕昭平，亚太种业协会主席Wichai Laocharoenpornkul等在大会开幕式发表视频致辞。

12月17日　中国科技文化场馆联合体在北京开展故宫博物院调研活动。应韩启德邀请，张玉卓、孟庆海、束为、吕昭平、殷皓、王进展、王守东等一同参加调研。

全国科学道德和学风建设宣讲教育十周年工作座谈会在北京召开。张玉卓主持会议并讲话。束为作十年工作总结报告。

12月18日　湖南省科协第十一次代表大会在湖南省长沙市召开。张玉卓视频致辞。田红旗当选为省科协第十一届委员会主席。

中国农业工程学会第十一次全国会员代表大会以视频会议形式召开。张辉当选为学会第十一届理事会理事长。

12月18—19日　2021年日本华侨华人博士协会年会暨博协成立二十五周年纪念活动在日本东京举办。王进展在开幕式上视频致辞。

中国中文信息学会第九次全国会员代表大会暨学会成立40周年学术年会在北京召开。方滨兴当选为学会第九届理事会理事长。

12月20日　中国科协与山东省人民政府在山东省威海市签署全面战略合作协议。张玉卓，山东省委副书记、省长周乃翔出席签约仪式。王进展，山东省副省长凌文分别代表双方在协议上签字。

12月21日　中国科协党组召开2021年第三十八次会议，传达学习习近平总书记在中国文联十一大、中国作协十大开幕式和中央全面深化改革委员会第二十三次会议上的重要讲话精神，以及12月15日同俄罗斯总统普京举行视频会晤重要精神。张玉卓主持会议。

中央纪委国家监委驻科技部纪检监察组与中国科协党组召开2021年第2次全面从严治党专题会商会。张玉卓出席并主持会议。驻科技部纪检监察组组长龚堂华出席并讲话。孟庆海、束为、吕昭平、王守东、殷皓、王进展出席会议。

12月22日　张玉卓到中国土木工程学会调研。中国土木工程学会理事长易军一同调研座谈。

中国有色金属学会第八次全国会员代表大会在北京召开。张玉卓出席并讲话。贾明星当选为学会第八届理事会理事长。

12月24日、27日　中国科协党组理论学习中心组开展第十二次集体（扩大）第二阶段学习，以“深入学习党的十九届六中全会精神和中央经济工作会议精神，在科技自立自强中不断开辟中国道路新境界”为题进行专题学习。张玉卓主持并作总结讲话。徐延豪、孟庆海、束为、吕昭平、殷皓、王进展、王守东参加会议。

12月26日　中国机械工程学会第十二次全国会员代表大会在上海市召开。林忠钦当选为学会第十二届理事会理事长。

中国工程机械学会第六次全国会员代表大会在上海市召开。卞永明当选为学会第六届理事会理事长。

中国药理学会第十二次全国会员代表大会以线上线下相结合的方式在北京召开。张永祥当选为学会第十二届理事会理事长。

12 月 27 日　“科学素质赋能　科技自立自强”中国企业公益科普联合倡议仪式在北京举办。张玉卓、孟庆海、向巧、殷皓等出席活动。

12 月 28 日　中国科协党组召开 2021 年第三十九次会议，传达学习习近平总书记会见来京述职的林郑月娥、贺一诚的重要精神，传达学习党史学习教育总结会议、中央农村工作会议重要精神等。张玉卓主持会议。

2021 年中俄数字经济高峰论坛通过云会议形式在北京、广东省深圳市、吉林省珲春市和俄罗斯莫斯科等地连线举办。王进展、俄罗斯科工联第一书记德鲁卡连科发表视频致辞。

中国植物保护学会第十三次全国会员代表大会在北京（主会场）以视频直播方式召开。陈剑平当选为学会第十三届理事会理事长。

中国建筑学会第十四次全国会员代表大会以线上线下相结合的方式召开。修龙当选为学会第十四届理事会理事长。

12 月 29 日　徐延豪赴中华预防医学会调研。

中国畜牧兽医学会第十五次全国会员代表大会以视频会议形式召开。黄路生当选为学会第十五届理事会理事长。

12 月 30 日　中国科协党组召开专题座谈会，分别征求机关部门和直属单位负责同志代表、青年干部代表对党组班子和党组成员的意见建议。张玉卓主持青年干部代表座谈会，徐延豪主持机关部门和直属单位负责同志代表座谈会。束为和党组成员、机关党委书记王守东参加座谈交流。

附 录

中国科学技术协会组织体系框图

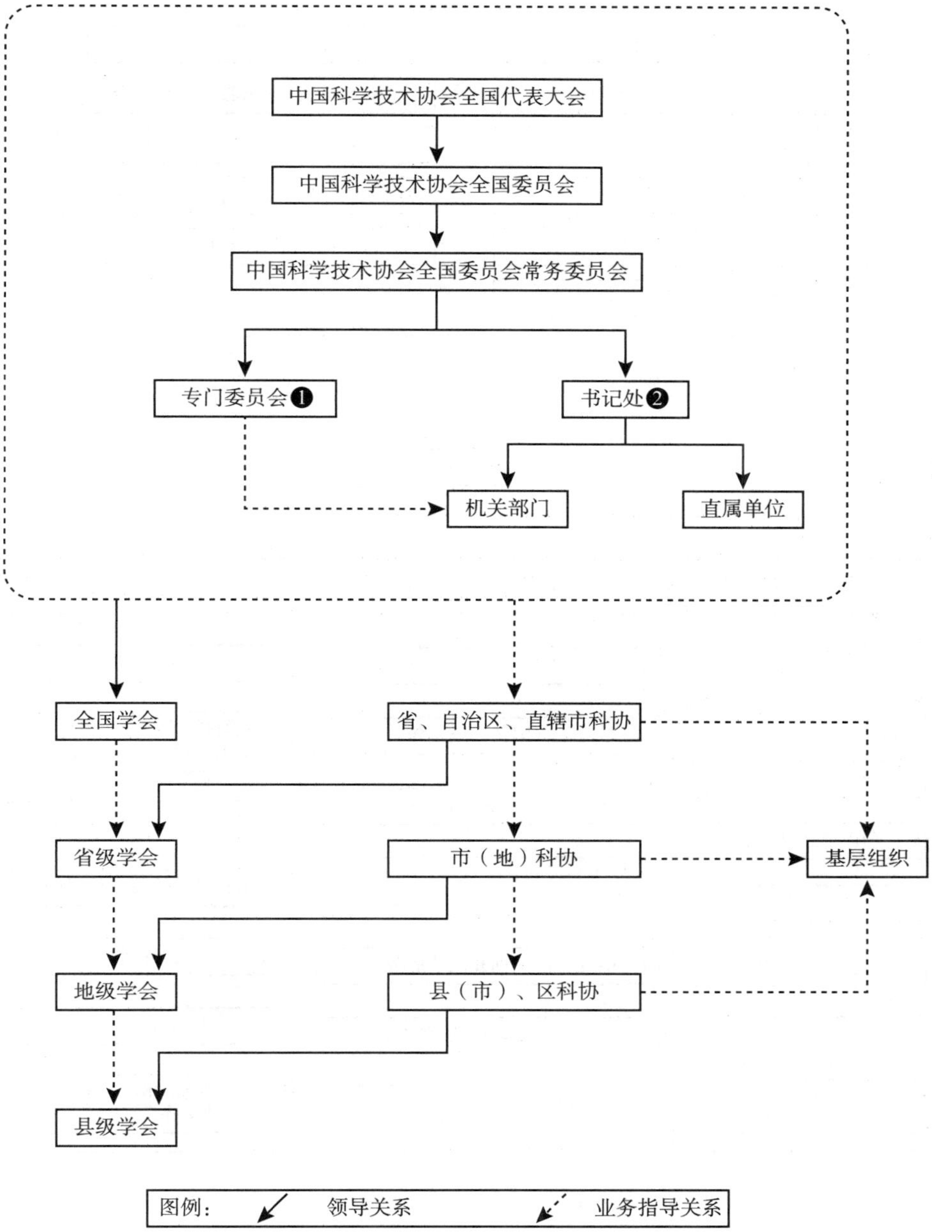

- 专门委员会
  - 组织建设专门委员会
  - 学风道德建设专门委员会
  - 科技经济融合专门委员会
  - 决策咨询专门委员会
  - 青年科技工作者专门委员会
  - 老科技工作者专门委员会
  - 人才工作专门委员会
  - 学术交流与期刊出版专门委员会
  - 科学技术普及专门委员会
  - 国际合作与对外联络专门委员会
  - 女科技工作者专门委员会

- 书记处
  - 办公厅
  - 组织人事部
  - 宣传文化部
  - 科学技术创新部
  - 科学技术普及部
  - 战略发展部
  - 国际合作部（港澳台办公室）
  - 机关党委（学会党建办公室）
  - 机关离退休干部办公室
  - 中国科协创新战略研究院
  - 中国科协学会服务中心
  - 中国科学技术馆
  - 中国科协企业创新服务中心
  - 中国科协农村专业技术服务中心（中国农村致富技术函授大学）
  - 中国科协培训和人才服务中心
  - 中国科协机关服务中心
  - 中国科协新技术开发中心
  - 中国科普研究所
  - 中国科协信息中心
  - 中国科协青少年科技中心（中国科协科普活动中心）
  - 中国国际科技交流中心
  - 中国科协科学技术传播中心
  - 科技导报社
  - 中国科技会堂
  - 中国科学技术出版社有限公司（科学普及出版社）

中国科学技术协会名誉主席、荣誉委员

1986年6月27日中国科学技术协会第三届全国委员会第一次会议通过

名誉主席 周培源 严济慈 茅以升

荣誉委员 （以姓氏笔画为序）

王顺桐 王淦昌 许 杰 苏步青 汪德昭 沈 鸿 陈世骧 杨显东 金善宝 高士其 谈家桢 黄汲清 董纯才 裴丽生

1987年3月中国科学技术协会第三届全国委员会第二次会议通过

荣誉委员 袁翰青 沈其益

1991年5月27日中国科学技术协会第四届全国委员会第一次会议通过

名誉主席 钱学森 钱三强

荣誉委员 （以姓氏笔画为序）

王大珩 卢嘉锡 刘东生 李国豪 吴仲华 沈 元 张 维 陆 达 唐敖庆 曹天钦 裘维蕃

1996年5月31日中国科学技术协会第五届全国委员会第一次会议通过

名誉主席 朱光亚 卢嘉锡 吴阶平

荣誉委员 何 康 林兰英（女） 强巴赤列（藏族） 胡亚美（女） 高景德

2001年6月24日中国科学技术协会第六届全国委员会第一次会议通过

荣誉委员 干福熹 王连铮 石元春 叶叔华（女） 母国光 朱高峰 庄逢甘 孙大涌 李振声 杨 乐 闵桂荣 张存浩 陈可冀 陈佳洱 施蕴邦 聂 力（女） 顾方舟 高 潮 龚育之

2006年5月25日中国科学技术协会第七届全国委员会第一次会议通过

名誉主席 周光召

荣誉委员 左铁镛 旭日干（蒙古族） 刘 恕（女） 江泽慧（女） 苏纪兰 李依依（女） 张玉台 国 林 胡启恒（女） 钱 易（女） 徐善衍 郭孔辉 曾庆存

2011年5月29日中国科学技术协会第八届全国委员会第一次会议通过

荣誉委员 马国馨 王永炎 王震西 韦 钰（女，壮族） 邓 楠（女） 艾国祥 白春礼（满族） 齐 让 杜祥琬 杨福家 张开逊 张启发 陆延昌 陈运泰 赵忠贤 栾恩杰（满族） 高润霖 郭桂蓉 符淙斌 管华诗

2016年6月2日中国科学技术协会第九届全国委员会第一次会议通过

名誉主席 韩启德

荣誉委员 干 勇 王 兴 王 韧 王小兰（女） 王诗宬 王恩哥 方 新（女） 邓中翰 卢锡城 冯长根 吕 植（女） 刘 玠 许振超 孙家广 杨 卫 杨 劼（女，蒙古族） 杨玉良 吴 跃 吴明江 沈爱民 张 勤 张桃林 陈惠娟（女） 陈赛娟（女） 周建平 郑南宁 赵沁平 哈木拉提·吾甫尔（维吾尔族） 饶子和 秦大河 袁家军 夏 强 唐启升 黄伯云 龚 克 屠海令 程东红（女） 谢克昌 樊明武

2021年5月30日中国科学技术协会第十届全国委员会第一次会议通过

荣誉委员 马 林 王 曦 王永志 王启民 王春法 李 华 李 洪 李静海 杨金成 吴伟仁 吴海鹰（女，回族） 何华武 沈 岩 宋 军 陈左宁（女） 欧阳竹 周守为 郑哲敏 郑晓静（女） 项昌乐 赵玉沛 钟南山 姚建年 钱七虎 徐晓兰（女） 高 福 曹淑敏（女） 曾益新 谢和平 雷增光

已去世的名誉主席（8名）

卢嘉锡 朱光亚 吴阶平 周培源 严济慈 茅以升 钱三强 钱学森

已去世的荣誉委员（41名，以姓氏笔画为序）

王大珩 王连铮 王顺桐 王淦昌 卢嘉锡 母国光 旭日干 庄逢甘 刘东生 许 杰 李国豪 杨显东 苏步青 吴仲华 何 康 闵桂荣 汪德昭 沈 元 沈 鸿 沈其益 张 维 陆 达 陈世骧 林兰英 金善宝 胡亚美 施雅邦 袁翰青 顾方舟 高 潮 高士其 高景德 唐敖庆 谈家桢 黄汲清 曹天钦 龚育之 董纯才 强巴赤列 裘维蕃 裴丽生

中国科学技术协会党组、书记处

张玉卓，1962年1月出生，山东寿光人。研究生学历，工学博士学位，研究员，中国工程院院士，中共党员。现任中国科协党组书记、副主席、书记处第一书记。1997年1月任煤炭科学研究总院副院长。1998年2月挂职任兖州矿业（集团）有限责任公司副总经理。1998年7月任煤炭科学研究总院副院长，中煤科技集团公司董事、副总经理。1999年3月任煤炭科学研究总院院长，中煤科技集团公司董事长。1999年6月任煤炭科学研究总院院长、党委副书记，中煤科技集团公司董事长、党委副书记。2002年1月任神华集团有限责任公司副总经理兼中国神华煤制油有限公司董事长、总经理。2003年8月任神华集团有限责任公司副总经理、党组成员兼中国神华煤制油化工有限公司董事长。2008年12月任神华集团有限责任公司董事、总经理、党组成员。2009年7月兼任中国侨联副主席。2014年5月任神华集团有限责任公司董事长、党组书记兼中国神华能源股份有限公司董事长。2017年3月任天津市委常委、滨海新区区委书记。2018年5月兼任中国（天津）自由贸易试验区管理委员会主任。2020年1月任中国石油化工集团有限公司董事长、党组书记。2021年7月任中国科协党组书记。2021年8月任中国科协第十届全国委员会副主席（专职，分管日常工作）、书记处第一书记。

中共十五大、十九大代表，第十九届中央候补委员。

徐延豪，1962年10月出生，辽宁辽阳人。研究生学历，医学博士学位，教授，中共党员。现任中国科协党组副书记。1985年7月参加工作，历任中国医科大学团委书记、校长办公室副主任、主任，沈阳市科委综合计划处副处长兼火炬高新技术中心主任、社会发展处处长兼可持续发展中心主任，沈阳市科协副主席兼沈阳生物技术研究所所长，沈阳医学院院长、党委副书记，中国科技馆馆长、党委副书记。2010年1月任中国科协党组成员，中国科技馆馆长、党委副书记。2011年5月任中国科协常委、党组成员、书记处书记。2016年5月任中国科协党组副书记、书记处书记。2016年6月当选中国科协第九届全国委员会副主席。

中共十七大、十八大代表，第十一届全国政协委员、教科文卫体委员会委员，第十三届全国人大常委会委员、教科文卫委员会委员、代表资格审查委员会委员。

孟庆海，1964年11月出生，辽宁新宾人，九三学社社员。研究生学历，工学博士学位，高级工程师。现任中国科协专职副主席、书记处书记。1989年7月参加工作，曾在抚顺石化公司乙烯化工厂、设备研究所工作，1997年5月任抚顺石化公司石油三厂设备研究所副所长；1998年2月任抚顺石化公司设备研究所总工程师。1998年11月任辽宁省科学技术委员会主任助理。2000年5月起，先后任辽宁省科技厅厅长助理、副厅长，辽宁省科技创新工作领导小组办公室副主任（正厅级）。2017年7月起，先后任九三学社辽宁省主委、九三学社中央常委。2018年1月任辽宁省副省长。2018年9月任中国科协书记处书记，当选中国科协第九届全国委员会副主席。2021年5月当选中国科协第十届全国委员会副主席（专职）。

第十三届全国人大代表。

束为，1967年12月出生，浙江湖州人。研究生学历，工学博士学位，中共党员。现任中国科协常委、党组成员、书记处书记。1990年8月参加工作，历任清华大学团委书记、党委学生工作部部长兼武装部长等职。1996年12月至1998年9月在香港城市大学作访问学者。2003年6月起，历任北京市朝阳区人民政府副区长兼北京市商务中心区管委会主任，北京市商务局副局长，北京市商务委副主任、党组副书记等职。2013年1月任中国科技馆馆长、党委副书记。2014年1月任中国科协党组成员。2016年6月任中国科协常委、党组成员、书记处书记。

殷皓，1965年8月出生，天津人。研究生学历，工学硕士学位，工程师，中共党员。现任中国科协常委、党组成员、书记处书记兼中国科技馆馆长、党委副书记。1988年7月参加工作，历任天津无缝钢管工程指挥部干部、中国科协普及部干部、厂矿处主任科员、中国科协办公厅秘书处秘书、党组秘书、副处长、处长，中国科协办公厅副主任、科普部副部长。2012年1月任中国科技馆党委书记、副馆长。2017年4月任中国科技馆馆长、党委副书记。2018年5月任中国科协党组成员。2021年5月任中国科协常委、书记处书记。

王进展，1972 年 4 月出生，山东栖霞人。研究生学历，管理学硕士学位，研究员，中共党员。现任中国科协常委、党组成员、书记处书记。1994 年 8 月参加工作，历任清华大学团委副书记，党委办公室副主任，美术学院党委副书记、书记，清华大学副秘书长兼校长办公室主任等职。2012 年 12 月起，历任中国科协组织人事部副部长，中国科协科学技术传播中心副主任、主任等职。2018 年 9 月任中国科协办公厅主任。2021 年 5 月任中国科协常委、党组成员、书记处书记。

张桂华，1973 年 10 月出生。研究生学历，工学博士学位，研究员级高级工程师，中共党员。现任中国科协党组成员（挂职）、书记处书记（挂职），被提名为中国科学技术协会常委候选人。曾任中国电科第四十九研究所副所长，中电网络通信集团有限公司总经理、党委副书记，第五十四研究所所长、党委副书记，网络通信研究院院长、党委书记，中电网络通信集团有限公司董事长、党委书记。2022 年 4 月任中国电科电子科学研究院院长、党委副书记。2022 年 6 月任中国科协党组成员（挂职）、书记处书记（挂职）。

罗晖，1968 年 9 月出生。研究生学历，管理学博士学位，研究员，中共党员。现任中国科协党组成员兼中国科协国际合作部（港澳台办公室）部长（主任）。曾任科技部办公厅调研一处处长、驻美国使馆一秘等职。2009 年 11 月起，历任中国科协调研宣传部副部长，中国科普研究所所长，中国科协创新战略研究院院长、党委副书记等职。2017 年 7 月挂职任四川省遂宁市委常委、副市长。2019 年 7 月任中国国际科技交流中心主任。2021 年 12 月任中国科协国际合作部（港澳台办公室）部长（主任）。2022 年 1 月任中国科协党组成员。

中国科学技术协会机关各部门及主要负责人

办公厅　**主　任**　周文标　**副主任**　周大亚　阮　草　王　蓓
内设7个处：秘书处、预算管理处、督查协办处、机要处（值班室）、信息处（档案处）、财务资产处、综合处（信访办公室）

组织人事部　**部　长**　李坤平　**副部长**　邓　芳　谭华霖
内设6个处：干部处、直属单位人事处、人才工作处、组织处、教育培训处、综合处（干部监督处）

宣传文化部　**部　长**　郭　哲　**副部长**　于小晗　宋玉荣
内设4个处：理论宣传处、文化建设处、科学文化处、综合处（学风建设处）

科学技术创新部　**部　长**　刘兴平　**副部长**　林润华　杨书宣
内设6个处：学会发展处、科技期刊处、学术交流处、创新融合处、科创平台处、综合处

科学技术普及部　**部　长**　顾　斌　**副部长**　庞晓东
内设5个处：纲要处、基层工作处、科普信息化处、基础设施处、综合处（乡村振兴工作办公室）

战略发展部　**部　长**　杨文志　**副部长**　朱文辉　赵立新
内设4个处：战略咨询处、规划发展处（改革协调处）、调查研究处、综合处（统计处）

国际合作部（港澳台办公室）　**部长、主任**　罗晖（兼）　**副部长、副主任**　王庆林　**副部长**　何　巍
内设5个处：国际组织处、双边处、港澳台处、海智处、综合处

机关党委（学会党建办公室）　**常务副书记、主任**　李志刚　**副书记**　杨绍丽
机关党委副书记、机关纪委书记　张　清　**二级巡视员**　徐　斌
内设4个处：办公室、学会党建处、巡视监督室（审计室）、纪律检查室（纪委办公室）

机关离退办　**主任、党委书记**　王江宏
内设2个处：综合处（党委办公室）、服务处

中国科学技术协会直属单位及主要负责人

中国科协创新战略研究院	**院 长** 申金升 **党委书记** 吴善超
	副院长 李 芳 毕海滨 **纪委书记** 汪宏林
中国科普研究所	**所 长** 王 挺 **副所长** 王京春 张利洁 郑 念
中国科协学会服务中心	**主 任** 刘亚东 **党委书记** 王 婷
	副主任 楼 伟 刘桂荣 **党委委员、纪委书记** 杨彩虹
中国科协信息中心	**主 任** 高 勘 **副主任** 魏时刚 杨利军 曲大成
中国科学技术馆	**馆长、党委副书记** 殷 皓 **党委书记** 钱 岩
	副馆长 隗京花 **纪委书记** 姬 刚
	副馆长、办公室（党办）主任 任海宏
	局级领导 兰 军 **副馆长** 廖 红
中国科协青少年科技中心	**主 任** 辛 兵 **副主任** 张振威 王松光 朱立达
（中国科协科普活动中心）	**秘书长** 林利琴
中国科协企业创新服务中心	**主 任** 陈 剑 **副主任** 高春波 邓 帆
中国科协农村专业技术服务中心	**主 任** 徐 强 **副主任** 王 诚 郑明杰
（中国农村致富技术函授大学）	
中国国际科技交流中心	**主 任** 苏小军 **副主任** 贾子文 顾雁峰
中国科协科学技术传播中心	**主 任** 郑浩峻 **副主任** 白元平 陈 锐
中国科协培训和人才服务中心	**主 任** 郑 凯 **副主任** 王书瑞 张 斌
科技导报社	**主 编** 包为民 **社长、副主编** 王康友
	副社长 史永超
中国科协机关服务中心	**主 任** 余建坤 **副主任** 尚高峰 刘会强 周庆云
中国科技会堂	**总经理** 余建坤 **副总经理** 梁 华
	纪委书记 胡富梅
中国科协新技术开发中心	**董事长、总经理** 秦久怡
中国科学技术出版社有限公司	**党委书记、董事长、社长** 秦德继
（科学普及出版社）	**董事、总经理、党委副书记** 宁方刚
	党委委员、副书记 林 立
	党委委员、纪委书记、监事会主席 张建国
	党委委员、副社长 郭 晶 **副总经理** 周少敏

中国科学技术协会所属全国学会、协会、研究会及受委托管理的学会

序号	编码	学会名称	理事长	秘书长
1	A-01	中国数学会	田 刚	巩馥洲
2	A-02	中国物理学会	张 杰	方 忠
3	A-03	中国力学学会	方岱宁	杨亚政
4	A-04	中国光学学会	龚旗煌	刘 旭
5	A-05	中国声学学会	张春华	张守著
6	A-06	中国化学会	姚建年	范青华
7	A-07	中国天文学会	景益鹏	周济林
8	A-08	中国气象学会	王会军	王金星
9	A-09	中国空间科学学会	吴 季	孙丽琳
10	A-10	中国地质学会	钟自然	李金发
11	A-11	中国地理学会	陈发虎	张国友
12	A-12	中国地球物理学会	陈晓非	郭 建
13	A-13	中国矿物岩石地球化学学会	冯新斌	陈敬安
14	A-14	中国古生物学会	詹仁斌	张元动
15	A-15	中国海洋湖沼学会	孙 松	杨红生
16	A-16	中国海洋学会	陈连增	林明森
17	A-17	中国地震学会	张培震	李亚琦
18	A-18	中国动物学会	孟安明	魏辅文
19	A-19	中国植物学会	种 康	汪小全
20	A-20	中国昆虫学会	康 乐	戈 峰
21	A-21	中国微生物学会	徐建国	向 华
22	A-22	中国生物化学与分子生物学会	李 林	刘小龙
23	A-23	中国细胞生物学学会	陈晔光	杨 瑾
24	A-24	中国植物生理与植物分子生物学学会	陈晓亚	唐威华
25	A-25	中国生物物理学会	徐 涛	张 宏
26	A-26	中国遗传学会	薛勇彪	杨维才
27	A-27	中国心理学会	赵国祥	孙向红
28	A-28	中国生态学学会	欧阳志云	钟林生
29	A-29	中国环境科学学会	王金南	李春红
30	A-30	中国自然资源学会	成升魁	濮励杰
31	A-31	中国感光学会	张丽萍	汪鹏飞
32	A-32	中国优选法统筹法与经济数学研究会	池 宏	林则夫

序号	编码	学会名称	理事长	秘书长
33	A–33	中国岩石力学与工程学会	何满潮	杨晓杰
34	A–34	中国野生动物保护协会	陈凤学	武明录
35	A–35	中国系统工程学会	杨晓光	唐锡晋
36	A–36	中国实验动物学会	秦　川	赵宏旭
37	A–37	中国青藏高原研究会	姚檀栋	张镱锂
38	A–38	中国环境诱变剂学会	曹　佳	郝卫东
39	A–39	中国运筹学会	戴彧虹	陈旭瑾
40	A–40	中国菌物学会	郭良栋	白逢彦
41	A–41	中国晶体学会	苏晓东	孙俊良
42	A–42	中国神经科学学会	张　旭	韩　雪
43	A–43W	中国认知科学学会	陈　霖	周　馨
44	A–44W	中国微循环学会	刘乃丰	詹启敏
45	A–45G	国际数字地球学会	Alessandro Annoni	王长林
46	A–46G	国际动物学会	Nils Chr.Stenseth	韩春绪
47	B–01	中国机械工程学会	林忠钦	毛　明
48	B–02	中国汽车工程学会	李　骏	张进华
49	B–03	中国农业机械学会	王　博	张咸胜
50	B–04	中国农业工程学会	张　辉	韩鲁佳
51	B–05	中国电机工程学会	舒印彪	王　刚
52	B–06	中国电工技术学会	杨庆新	韩　毅
53	B–07	中国水力发电工程学会	张　野	郑声安
54	B–08	中国水利学会	魏山忠	汤鑫华
55	B–09	中国内燃机学会	金东寒	李树生
56	B–10	中国工程热物理学会	金红光	陈海生
57	B–11	中国空气动力学会	唐志共	徐　翔
58	B–12	中国制冷学会	江　亿	李晓虎
59	B–13	中国真空学会	高鸿钧	顾长志
60	B–14	中国自动化学会	郑南宁	张　楠
61	B–15	中国仪器仪表学会	尤　政	张　彤
62	B–16	中国计量测试学会	蒲长城	马爱文
63	B–17T	中国标准化协会	于欣丽	高建忠
64	B–18	中国图学学会	赵　罡	田　捷
65	B–19	中国电子学会	张　峰	陈　英
66	B–20	中国计算机学会	梅　宏	唐卫清
67	B–21	中国通信学会	刘烈宏	张延川
68	B–22	中国中文信息学会	方滨兴	孙　乐
69	B–23	中国测绘学会	宋超智	彭震中

序号	编码	学会名称	理事长	秘书长
70	B–24	中国造船工程学会	李长印	王俊利
71	B–25	中国航海学会	何建中	闫晓波
72	B–26	中国铁道学会	卢春房	曾鸣凯
73	B–27	中国公路学会	翁孟勇	刘文杰
74	B–28	中国航空学会	林左鸣	姚俊臣
75	B–29	中国宇航学会	吴燕生	王一然
76	B–30	中国兵工学会	焦开河	于小虎
77	B–31	中国金属学会	干　勇	王新江
78	B–32	中国有色金属学会	贾明星	高焕芝
79	B–33	中国稀土学会	李春龙	牛京考
80	B–34	中国腐蚀与防护学会	王福会	杜翠薇
81	B–35	中国化工学会	戴厚良	华　炜
82	B–36	中国核学会	王寿君	刘建桥
83	B–37	中国石油学会	焦方正	于明祥
84	B–38	中国煤炭学会	刘　峰	王　蕾
85	B–39	中国可再生能源学会	谭天伟	祁和生
86	B–40	中国能源研究会	史玉波	孙正运
87	B–41	中国硅酸盐学会	高瑞平	谭　抚
88	B–42	中国建筑学会	修　龙	李存东
89	B–43	中国土木工程学会	易　军	李明安
90	B–44	中国生物工程学会	高　福	张宏翔
91	B–45	中国纺织工程学会	伏广伟	高惠芳
92	B–46	中国造纸学会	曹振雷	曹春昱
93	B–47	中国文物保护技术协会	王时伟	曲　亮
94	B–48T	中国印刷技术协会	刘晓凯	陈迎新
95	B–49	中国材料研究学会	魏炳波	张增志
96	B–50	中国食品科学技术学会	孙宝国	陈　铮
97	B–51	中国粮油学会	张桂凤	王莉蓉
98	B–52T	中国职业安全健康协会	王德学	马　骏
99	B–53	中国烟草学会	韩占武	刘　融
100	B–54	中国仿真学会	曹建国	李　妮
101	B–55	中国电影电视技术学会	徐　进	韩　强
102	B–56	中国振动工程学会	胡海岩	张　方
103	B–57	中国颗粒学会	朱庆山	王体壮
104	B–58	中国照明学会	刘正雷	华树明
105	B–59	中国动力工程学会	邹　磊	张树林
106	B–60	中国惯性技术学会	包为民	王　岩

序号	编码	学会名称	理事长	秘书长
107	B–61	中国风景园林学会	陈　重	贾建中
108	B–62	中国电源学会	刘进军	张　磊
109	B–63	中国复合材料学会	陈祥宝	张博明
110	B–64T	中国消防协会	陈伟明	曹忙根
111	B–65	中国图象图形学学会	王耀南	马惠敏
112	B–66	中国人工智能学会	戴琼海	王卫宁
113	B–67	中国体视学学会	张　跃	李　亮
114	B–68	中国工程机械学会	卞永明	周贤彪
115	B–69T	中国海洋工程咨询协会	周茂平	屈　强
116	B–70T	中国遥感应用协会	罗　格	卫　征
117	B–71	中国指挥与控制学会	费爱国	秦继荣
118	B–72T	中国光学工程学会	张广军	赵雪燕
119	B–73T	中国微米纳米技术学会	段文晖	柳　强
120	B–74	中国密码学会	王小云	安晓龙
121	B–75T	中国大坝工程学会	矫　勇	贾金生
122	B–76T	中国卫星导航定位协会	于贤成	刘大可
123	B–77W	中国生物材料学会	刘昌胜	艾　华
124	B–78G	国际粉体检测与控制联合会	谢　植	李新光
125	C–01	中国农学会	张桃林	胡义萍
126	C–02	中国林学会	赵树丛	陈幸良
127	C–03	中国土壤学会	张佳宝	颜晓元
128	C–04	中国水产学会	王清印	崔利锋
129	C–05	中国园艺学会	邓秀新	张友军
130	C–06	中国畜牧兽医学会	黄路生	杨汉春
131	C–07	中国植物病理学会	彭友良	韩成贵
132	C–08	中国植物保护学会	陈剑平	郑传临
133	C–09	中国作物学会	万建民	刘春明
134	C–10	中国热带作物学会	刘国道	邬华松
135	C–11	中国蚕学会	廖森泰	沈兴家
136	C–12	中国水土保持学会	陆桂华	王玉杰
137	C–13	中国茶叶学会	江用文	阮建云
138	C–14	中国草学会	南志标	张英俊
139	C–15T	中国植物营养与肥料学会	白由路	张景丽
140	C–16W	中国农业历史学会	隋　斌	陈　军
141	D–01	中华医学会	赵玉沛	王　健
142	D–02	中华中医药学会	于文明	王国辰
143	D–03	中国中西医结合学会	陈香美	吕文良

序号	编码	学会名称	理事长	秘书长
144	D–04	中国药学会	孙咸泽	王爱国
145	D–05	中华护理学会	吴欣娟	应　岚
146	D–06	中国生理学会	王　韵	李俊发
147	D–07	中国解剖学会	张绍祥	周德山
148	D–08	中国生物医学工程学会	曹雪涛	池　慧
149	D–09	中国病理生理学会	张幼怡	李　萍
150	D–10	中国营养学会	杨月欣	杜松明
151	D–11	中国药理学会	张永祥	张永鹤
152	D–12	中国针灸学会	刘保延	喻晓春
153	D–13	中国防痨协会	刘剑君	成诗明
154	D–14	中国麻风防治协会	张福仁	袁联朝
155	D–15T	中国心理卫生协会	马　辛	王　刚
156	D–16	中国抗癌协会	樊代明	王　瑛
157	D–17	中国体育科学学会	李颖川	冯连世
158	D–18	中国毒理学会	周平坤	刘　超
159	D–19	中国康复医学会	方国恩	牛恩喜
160	D–20	中国免疫学会	吴玉章	黄　波
161	D–21	中华预防医学会	李　斌	冯子健
162	D–22	中国法医学会	闵建雄	于忠山
163	D–23T	中华口腔医学会	郭传瑸	岳　林
164	D–24T	中国医学救援协会	李宗浩	李立兵
165	D–25T	中国女医师协会	乔　杰	毛　汛
166	D–26T	中国研究型医院学会	何振喜	何振喜
167	D–27W	中国睡眠研究会	黄志力	左和鸣
168	D–28W	中国卒中学会	王文志	王　枫
169	E–01	中国自然辩证法研究会	何鸣鸿	赵月刚
170	E–02	中国管理现代化研究会	石　勇	赵景华
171	E–03	中国技术经济学会	李　平	黄检良
172	E–04	中国现场统计研究会	郭建华	张忠占
173	E–05	中国未来研究会	金灿荣	张延岐
174	E–06	中国科学技术史学会	孙小淳	罗兴波
175	E–07	中国科学技术情报学会	戴国强	潘云涛
176	E–08	中国图书馆学会	饶　权	王雁行
177	E–09	中国城市科学研究会	仇保兴	余　刚
178	E–10	中国科学学与科技政策研究会	穆荣平	陈　光
179	E–11	中国农村专业技术协会	柯炳生	王　诚
180	E–12T	中国工业设计协会	刘　宁	应放天

序号	编码	学会名称	理事长	秘书长
181	E-13	中国工艺美术学会	才大颖	毛增印
182	E-14	中国科普作家协会	周忠和	陈 玲
183	E-15	中国自然科学博物馆学会	程东红	欧建成
184	E-16	中国可持续发展研究会	王 浩	周海林
185	E-17	中国青少年科技辅导员协会	武向平	林利琴
186	E-18	中国科教电影电视协会	薛继军	季 林
187	E-19	中国科学技术期刊编辑学会	田 伟	魏均民
188	E-20T	中国流行色协会	朱 莎	王 淼
189	E-21	中国档案学会	杨冬权	邓小军
190	E-22	中国国土经济学会	柳忠勤	刘军萍
191	E-23	中国土地学会	王世元	高延利
192	E-24	中国科技新闻学会	宋南平	许 英
193	E-25	中国老科学技术工作者协会	陈至立	李 芳
194	E-26T	中国科学探险协会	崔 鹏	李 杰
195	E-27T	中国城市规划学会	孙安军	石 楠
196	E-28T	中国产学研合作促进会	路甬祥	王建华
197	E-29T	中国知识产权研究会	田力普	谢小勇
198	E-30T	中国发明协会	吴朝晖	余华荣
199	E-32T	中国工程教育专业认证协会	王树国	周爱军
200	E-33T	中国检验检测学会	李怀林	夏 扬
201	E-34T	中国女科技工作者协会	王红阳	解 欣
202	E-35W	中国创造学会	徐建平	张亚雷
203	E-36W	中国经济科技开发国际交流协会	李振声	张 帆
204	E-37W	中国高科技产业化研究会	包为民	黎宇红
205	E-38W	中国微量元素科学研究会	陈祥友	陈 岳
206	E-40W	中国基本建设优化研究会	孙晓洲	宫 然
207	E-41W	中国科技馆发展基金会	熊群力	李鸿森
208	E-42W	中国生物多样性保护与绿色发展基金会	谢伯阳	周晋峰
209	E-43W	中国反邪教协会	欧阳自远	于小晗
210	E-44T	中国高等教育学会	杜玉波	姜恩来
211	E-45W	詹天佑科学技术发展基金会	钱 铭	马福海

中国科协主管科技期刊目录

截至2021年10月29日（共512种）

序号	刊名	国内出版物号	国际出版物号
1	癌变·畸变·突变	44-1063/R	1004-616X
2	癌症康复	11-3882/R	1007-8193
3	癌症生物学与医学（英文）	12-1431/R	2095-3941
4	爱上机器人	10-1564/TP	2096-580X
5	办公自动化	11-3749/TP	1007-001X
6	爆破器材	32-1163/TJ	1001-8352
7	编辑学报	11-2493/G2	1001-4314
8	兵工学报	11-2176/TJ	1000-1093
9	兵器材料科学与工程	33-1331/TJ	1004-244X
10	兵器知识	11-1470/TJ	1000-4912
11	病毒学报	11-1865/R	1000-8721
12	材料科学技术（英文）	21-1315/TG	1005-0302
13	材料热处理学报	11-4545/TG	1009-6264
14	蚕业科学	32-1115/S	0257-4799
15	草地学报	11-3362/S	1007-0435
16	草地研究（英文）	10-1777/S	2097-051X
17	草业科学	62-1069/S	1001-0629
18	草业学报	62-1105/S	1004-5759
19	测绘学报	11-2089/P	1001-1595
20	测绘学报（英文版）	10-1544/P	2096-5990
21	茶叶科学	33-1115/S	1000-369X
22	车辆与动力技术	11-4493/TH	1000-4687
23	城市发展研究	11-3504/TU	1006-3682
24	城市公共交通	11-4416/U	1009-1467
25	畜牧兽医学报	11-1985/S	0366-6964
26	畜牧与生物技术杂志（英文）	11-5967/S	1674-9782
27	大学物理	11-1910/O4	1000-0712
28	大自然	11-1385/N	0255-7800
29	弹道学报	32-1343/TJ	1004-499X
30	弹箭与制导学报	61-1234/TJ	1673-9728

续表

序号	刊名	国内出版物号	国际出版物号
31	当代矿工	11–2762/C	1002–8897
32	档案学研究	11–1226/G2	1002–1620
33	地理学报（英文）	11–4546/P	1009–637X
34	地球大数据（英文）	10–1455/P	2096–4471
35	地球与行星物理（英文）	10–1502/P	2096–3955
36	地震科学进展	10–1665/P	2096–7780
37	地震学报	11–2021/P	0253–3782
38	地震学报（英文版）	11–5695/P	1674–4519
39	地质论评	11–1952/P	0371–5736
40	地质学报	11–1951/P	0001–5717
41	地质学报（英文版）	11–2001/P	1000–9515
42	电波科学学报	41–1185/TN	1005–0388
43	电工技术学报	11–2188/TM	1000–6753
44	电化学	35–1172/O6	1006–3471
45	电气技术	11–5255/TM	1673–3800
46	电信科学	11–2103/TN	1000–0801
47	电子测量与仪器学报	11–2488/TN	1000–7105
48	电子技术与软件工程	10–1108/TP	2095–5650
49	电子竞技	11–5293/TP	1673–0771
50	电子世界	11–2086/TN	1003–0522
51	电子显微学报	11–2295/TN	1000–6281
52	电子学报	11–2087/TN	0372–2112
53	电子学报（英文版）	10–1284/TN	1022–4653
54	动物模型与实验医学（英文）	10–1546/R	2096–5451
55	动物营养（英文）	10–1360/S	2405–6545
56	动物营养学报	11–5461/S	1006–267X
57	儿科学研究（英文）	10–1593/R72	2096–3726
58	发现	11–1585/N	1004–5023
59	防务技术（英文）	10–1165/TJ	2214–9147
60	纺织学报	11–5167/TS	0253–9721
61	放射医学与防护（英文）	10–1773/R	2666–5557
62	分析检测（英文）	10–1412/06	2096–241X
63	分析试验室	11–2017/TF	1000–0720

续表

序号	刊名	国内出版物号	国际出版物号
64	分子科学学报	22–1262/O4	1000–9035
65	粉末冶金技术	11–1974/TF	1001–3784
66	风湿病与关节炎	10–1073/R	2095–4174
67	感染性疾病与免疫（英文）	10–1723/R2	2096–9511
68	钢铁	11–2118/TF	0449–749X
69	高分子科学（英文版）	11–2015/O6	0256–7679
70	高分子通报	11–2051/O6	1003–3726
71	工程力学	11–2595/O3	1000–4750
72	工医艺的可视计算(英文)	10–1521/TP	1003–4951
73	固体力学学报	42–1250/O3	0254–7805
74	固体力学学报（英文版）	42–1121/O3	0894–9166
75	管理现代化	11–1403/C	1003–1154
76	光谱学与光谱分析	11–2200/O4	1000–0593
77	光学学报	31–1252/O4	0253–2239
78	光学仪器	31–1504/TH	1005–5630
79	硅酸盐通报	11–5440/TQ	1001–1625
80	硅酸盐学报	11–2310/TQ	0454–5648
81	国际护理科学（英文）	10–1444/R	2352–0132
82	国际煤炭科学技术学报（英文）	10–1252/TD	2095–8293
83	海陆空天惯性世界	11–4491/O3	1009–5497
84	海洋工程	32–1423/P	1005–9865
85	海洋湖沼学报（英文）	37–1518/P	2096–5508
86	海洋世界	11–1261/P	1001–5043
87	海洋学报	11–2055/P	0253–4193
88	海洋学报（英文版）	11–2056/P	0253–505X
89	海洋渔业	31–1341/S	1004–2490
90	海洋与湖沼	37–1149/P	0029–814X
91	焊接学报	23–1178/TG	0253–360X
92	航海技术	10–1744/U	1006–1738
93	航空材料学报	11–3159/V	1005–5053
94	航空模型	11–1525/V	1000–6885
95	航空学报	11–1929/V	1000–6893
96	航空知识	11–1526/V	1000–0119

续表

序号	刊名	国内出版物号	国际出版物号
97	核科学与工程	11–1861/TL	0258–0918
98	化工进展	11–1954/TQ	1000–6613
99	化工学报	11–1946/TQ	0438–1157
100	化学传感器	32–1406/TP	1008–2298
101	化学教育（中英文）	10–1515/O6	1003–3807
102	化学物理学报（英文）	34–1295/O6	1674–0068
103	环境科学与生态技术（英文）	10–1631/X	2666–4984
104	环境生态学	10–1620/S	2096–6830
105	环境与生活	11–5582/X	1673–9485
106	火炮发射与控制学报	61–1280/TJ	1673–6524
107	火炸药学报	61–1310/TJ	1007–7812
108	机床与液压	44–1259/TH	1001–3881
109	机械设计	12–1120/TH	1001–2354
110	激光生物学报	43–1264/Q	1007–7146
111	计算机辅助设计与图形学学报	11–2925/TP	1003–9775
112	计算物理	11–2011/O4	1001–246X
113	技术经济	11–1444/F	10021–980X
114	建筑结构学报	11–1931/TU	1000–6869
115	建筑学报	11–1930/TU	0529–1399
116	健康世界	11–3251/R	1005–4596
117	交通运输系统工程与信息	11–4520/U	1009–6744
118	结核与肺部疾病杂志	10–1695/R	2096–8493
119	解剖科学进展	21–1347/Q	1006–2947
120	解剖学报	11–2228/R	0529–1356
121	解剖学杂志	31–1285/R	1001–1663
122	今日国土	11–4757/N	1671–9158
123	今日科苑	11–4764/N	1671–4342
124	金属世界	11–1417/TG	1000–6826
125	金属学报	21–1139/TG	0412–1961
126	金属学报（英文版）	21–1361/TG	1006–7191
127	经济地理	43–1126/K	1000–8462
128	科幻画报	11–4854/N	1671–7228
129	科技传播	11–5820/N	1674–6708

续表

序号	刊名	国内出版物号	国际出版物号
130	科技创新与品牌	11–5588/G3	1671–940X
131	科技导报	11–1421/N	1000–1857
132	科技和产业	11–4671/T	1671–1807
133	科技尚品	11–5573/Z	1674–1064
134	科普创作评论	10–1739/I	2097–0056
135	科普研究	11–5410/N	1673–8357
136	科协论坛	42–1341/G3	1007–3973
137	科学大观园	11–1607/N	1003–1871
138	科学故事会	10–1591/N4	2096–6679
139	科学技术与工程	11–4688/T	1671–1815
140	科学家	10–1135/N	2095–6363
141	科学文化（英文）	10–1524/G	2096–6083
142	科学养鱼	32–1131/S	1004–843X
143	科学中国人	11–3292/G3	1005–3573
144	颗粒学报	11–5671/O3	1674–2001
145	矿床地质	11–1965/P	0258–7106
146	矿物岩石地球化学通报	52–1102/P	1007–2802
147	昆虫科学（英文）	11–6019/Q	1672–9609
148	力学学报（英文）	11–2063/O3	0567–7718
149	连铸	11–3385/TG	1005–4006
150	林业科学	11–1908/S	1001–7488
151	流行色	10–1458/J	1005–555X
152	流体机械	34–1144/TH	1005–0329
153	慢性疾病与转化医学（英文）	10–1249/R	2095–882X
154	煤炭学报	11–2190/TD	0253–9993
155	密码学报	10–1195/TN	2095–7025
156	棉花学报	41–1163/S	1002–7807
157	模式识别与人工智能	34–1089/TP	1003–6059
158	母胎医学杂志（英文）	10–1632/R71	2096–6954
159	内燃机工程	31–1255/TK	1000–0925
160	内燃机学报	12–1086/TK	1000–0909
161	泥沙研究	11–2532/TV	0468–155X
162	农村电气化	11–2181/TM	1003–0867

续表

序号	刊名	国内出版物号	国际出版物号
163	农电管理	11-3778/D	1672-2450
164	农学学报	11-6016/S	1007-7774
165	农业工程学报	11-2047/S	1002-6819
166	农业机械学报	11-1964/S	1000-1298
167	农业科研经济管理	11-3801/S	2095-3577
168	贫困所致传染病（英文）	10-1399/R	2095-5162
169	气象水文海洋仪器	22-1135/TH	1006-009X
170	气象学报（英文）	11-2277/P	2095-6037
171	汽车创新工程（英文）	10-1501/U	2096-4250
172	汽车工程	11-2221/U	1000-680X
173	汽车知识	11-4722/TH	1671-3567
174	情报工程	10-1263/G3	2095-915X
175	情报学报	11-2257/G3	1000-0135
176	热带作物学报	46-1019/S	1000-2561
177	软件	12-1151/TP	1003-6970
178	润滑与密封	44-1260/TH	0254-0150
179	色谱	21-1185/O6	1000-8713
180	设备管理与维修	11-2503/F	1001-0599
181	设计	11-5127/TB	1003-0069
182	摄影与摄像	11-3625/TB	1006-4788
183	生理科学进展	11-2270/R	0559-7765
184	生命的化学	31-1384/Q	1000-1336
185	生态系统健康与可持续性（英文）	10-1499/X	2096-4129
186	生态学报	11-2031/Q	1000-0933
187	生态学杂志	21-1148/Q	1000-4890
188	生物安全与健康（英文）	10-1630/Q	2096-6962
189	生物技术世界	11-5672/Q	1674-2060
190	生物物理学报（英文）	10-1302/Q	2364-3439
191	生物学通报	11-2042/Q	0006-3193
192	生物组学研究杂志（英文）	10-1558/R	2096-5672
193	生殖与发育医学（英文）	10-1442/R	2096-2924
194	石油学报	11-2128/TE	0253-2697
195	石油学报（石油加工）	11-2129/TE	1001-8719

续表

序号	刊名	国内出版物号	国际出版物号
196	石油研究(英文)	10–1439/TE	2096–2495
197	石油知识	11–4725/TE	1003–4609
198	实验力学	34–1057/O3	1001–4888
199	实验流体力学	11–5266/V	1672–9897
200	世界地理研究	31–1626/P	1004–9479
201	世界耳鼻咽喉头颈外科杂志（英文）	10–1248/R	2095–8811
202	世界中西医结合杂志	11–5511/R	1673–6613
203	世界中西医结合杂志（英文）	10–1354/R	2096–0964
204	兽类学报	63–1014/Q	1000–1050
205	数据采集与处理	32–1367/TN	1004–9037
206	数理天地（初中版）	11–3091/O1	1004–6534
207	数理天地（高中版）	11–3095/O1	1004–6542
208	数理统计与管理	11–2242/O1	1002–1256
209	数码影像时代	11–5714/TN	1671–1920
210	数学进展	11–2312/O1	1000–0917
211	数学通报	11–2254/O1	0583–1458
212	数学学报（英文）	11–2039/O1	1439–8516
213	水产学报	31–1283/S	1000–0615
214	水力发电学报	11–2241/TV	1003–1243
215	水利学报	11–1882/TV	0559–9350
216	塑性工程学报	11–3449/TG	1007–2012
217	太空探索	11–4492/V	1009–6205
218	太阳能	11–1660/TK	1003–0417
219	太阳能学报	11–2082/TK	0254–0096
220	糖尿病天地	11–5210/R	1672–7851
221	特种铸造及有色合金	42–1148/TG	1001–2249
222	天文爱好者	11–1390/P	0493–2285
223	铁道工程学报	11–3567/U	1006–2106
224	铁道学报	11–2104/U	1001–8360
225	铁道知识	11–1372/U	1000–0372
226	通信学报	11–2102/TN	1000–436X
227	图学学报	10–1034/T	2095–302X
228	土木建筑工程信息技术	11–5823/TU	1674–7461

续表

序号	刊名	国内出版物号	国际出版物号
229	土壤通报	21–1172/S	0564–3945
230	微波学报	32–1493/TN	1005–6122
231	未来城市设计与运营	11–3484/TU	
232	未来与发展	11–1627/G3	1003–0166
233	无机材料学学报（英文）	10–1466/TQ	2095–7645
234	无机化学学报	32–1185/O6	1001–4861
235	无损检测	31–1335/TG	1000–6656
236	物理化学学报	11–1892/O6	1000–6818
237	物理教学	31–1033/G4	1002–0748
238	物理学进展	32–1127/O4	1000–0542
239	稀土学报（英文）	11–2788/TF	1002–0721
240	稀有金属	11–2111/TF	0258–7076
241	稀有金属（英文版）	11–2112/TF	1001–0521
242	稀有金属材料与工程	61–1154/TG	1002–185X
243	稀有金属材料与工程（英文版）	10–1190/TG	2096–0530
244	系统工程理论与实践	11–2267/N	1000–6788
245	系统工程学报	12–1141/O1	1000–5781
246	系统科学与系统工程学报（英文）	11–2983/N	1004–3756
247	系统科学与信息学报（英文）	10–1192/N	1478–9906
248	心理科学	31–1582/B	1671–6981
249	心理与健康	11–3387/R	1005–7064
250	心血管病探索（英文）	10–1724/R2	2096–952X
251	新媒体研究	10–1330/G2	2096–0360
252	新一代信息技术	10–1581/TP	2096–6091
253	信号处理	11–2406/TN	1003–0530
254	压力容器	34–1058/TH	1001–4837
255	岩矿测试	11–2131/TD	0254–5357
256	岩石矿物学杂志	11–1966/P	1000–6524
257	岩石力学与工程学报	42–1397/O3	1000–6915
258	岩土工程学报	32–1124/TU	1000–4548
259	研究（英文）	10–1541/N	2096–5274
260	药物不良反应杂志	11–4015/R	1008–5734
261	药物分析杂志	11–2224/R	0254–1793

续表

序号	刊名	国内出版物号	国际出版物号
262	药学学报	11–2163/R	0513–4870
263	药学学报（英文）	10–1171/R	2211–3835
264	医学与哲学	21–1093/R	1002–0772
265	仪器仪表学报	11–2179/TH	0254–3087
266	仪器仪表学报（英文版）	10–1206/TH	2095–7521
267	胰腺病学杂志（英文）	10–1560/R	2096–5664
268	英国医学杂志（中文版）	11–3904/R	1007–9742
269	应用地球物理（英文）	11–5212/O	1672–7975
270	应用概率统计	31–1256/O1	1001–4268
271	应用基础与工程科学学报	11–3242/TB	1005–0930
272	渔业学报（英文）	10–1397/S	2096–1758
273	宇航学报	11–2053/V	1000–1328
274	园艺学报	11–1924/S	0513–353X
275	园艺学报（英文版）	10–1305/S	2095–9885
276	运筹学学报	31–1732/O1	1007–6093
277	运筹与管理	34–1133/G3	1007–3221
278	再生生物材料（英文）	51–1798/R	2056–3418
279	噪声与振动控制	31–1346/TB	1006–1355
280	照明工程学报	11–3029/TM	1001–110X
281	真空科学与技术学报	11–5177/TB	1672–7126
282	振动工程学报	32–1349/TB	1004–4523
283	振动与冲击	31–1316/TU	1000–3835
284	知识就是力量	11–1647/N	0529–150X
285	知识就是力量（汉藏文）	10–1569/N	2096–5826
286	植物保护	11–1982/S	0529–1542
287	植物保护学报	11–1983/S	0577–7518
288	植物病理学报	11–2184/Q	0412–0914
289	植物病理学报（英文版）	10–1545/Q	2096–5362
290	植物生理学报	31–2055/Q	2095–1108
291	植物生态学报（英文）	10–1172/Q	1752–9921
292	纸和造纸	11–2709/TS	1001–6309
293	制冷学报	11–2182/TB	0253–4339
294	制造技术与机床	11–3398/TH	1005–2402

续表

序号	刊名	国内出版物号	国际出版物号
295	智慧医学（英文）	10–1714/R2	2667–1026
296	中国癌症研究（英文）	11–2591/R	1000–9604
297	中国安全科学学报	11–2865/X	1003–3033
298	中国比较医学杂志	11–4822/R	1671–7856
299	中国表面工程	11–3905/TG	1007–9289
300	中国病理生理杂志	44–1187/R	1000–4718
301	中国畜牧杂志	11–2083/S	0258–7033
302	中国电工技术学会电机与系统学报（英文）	10–1483/TM	2096–3564
303	中国电机工程学报	11–2107/TM	0258–8013
304	中国电机工程学会电力与能源系统学报（英文）	10–1328/TM	2096–0042
305	中国电信业	11–4524/TN	1671–3060
306	中国动脉硬化杂志	43–1262/R	1007–3949
307	中国动物保健	11–3994/Q	1008–4754
308	中国防痨杂志	11–2761/R	1000–6621
309	中国防汛抗旱	11–5587/TV	1673–9264
310	中国肺癌杂志	12–1395/R	1009–3419
311	中国腐蚀与防护学报	21–1474/TG	1005–4537
312	中国工程机械学报	31–1926/TH	1672–5581
313	中国公路	11–3597/F	1006–3897
314	中国公路学报	61–1313/U	1001–7372
315	中国惯性技术学报	12–1222/O3	1005–6734
316	中国海洋工程（英文版）	32–1441/P	0890–5487
317	中国海洋药物	37–1155/R	1002–3461
318	中国航海	10–1741/U	1000–4653
319	中国航空学报（英文）	11–1732/V	1000–9361
320	中国化学（英文版）	31–1547/06	1001–604X
321	中国化学工程学报（英文）	11–3270/TQ	1004–9541
322	中国化学会会刊（英文）	10–1566/06	2096–5745
323	中国化学快报（英文）	11–2710/06	1001–8417
324	中国环境科学	11–2201/X	1000–6923
325	中国机械工程	42–1294/TH	1004–132X
326	中国机械工程学报	11–2187/TH	0677–6686
327	中国机械工程学报（英文版）	11–2737/TH	1000–9345

续表

序号	刊名	国内出版物号	国际出版物号
328	中国机械工程学报：增材制造前沿（英文）	10–1752/TH	2772–6657
329	中国激光医学杂志	11–2926/R	1003–9430
330	中国健康心理学杂志	11–5257/R	1005–1252
331	中国交通信息化	11–5951/U	1672–3333
332	中国康复医学杂志	11–2540/R	
333	中国科技教育	11–4765/N	1671–4350
334	中国科技史杂志	11–5254/N	1673–1414
335	中国科技信息	11–2739/N	1001–8972
336	中国科学探险	11–5048/N	1672–6499
337	中国粮油学报	11–2864/TS	1003–0174
338	中国临床解剖学杂志	44–1153/R	1001–165X
339	中国临床药理学与治疗学	34–1206/R	1009–2501
340	中国临床药理学杂志	11–2220/R	1001–6821
341	中国临床药学杂志	31–1726/R	1007–4406
342	中国麻风皮肤病杂志	37–1348/R	1009–1157
343	中国免疫学杂志	22–1126/R	1000–484X
344	中国免疫学杂志（英文版）	11–4987/R	1672–7681
345	中国农学通报	11–1984/S	1000–6850
346	中国葡萄酒	11–5567/TS	1673–9515
347	中国人兽共患病学报	35–1284/R	1002–2694
348	中国生物化学与分子生物学报	11–3870/Q	1007–7626
349	中国生物医学工程学报	11–2057/R	0258–8021
350	中国生物医学工程学报（英文版）	11–2953/R	1004–0552
351	中国实验动物学报	11–2986/Q	1005–4847
352	中国实验血液学杂志	11–4423/R	1009–2137
353	中国实用医药	11–5547/R	
354	中国食品学报	11–4528/TS	1009–7848
355	中国兽医杂志	11–2471/S	0529–6005
356	中国水土保持科学	10–1449/S	2096–2673
357	中国体视学与图像分析	11–3739/R	1007–1482
358	中国通信（英文）	11–5439/TN	1673–5447
359	中国土地科学	11–2640/F	1001–8158
360	中国稀土学报	11–2365/TG	1000–4343

续表

序号	刊名	国内出版物号	国际出版物号
361	中国现代药物应用	11–5581/R	
362	中国现代应用药学	33–1210/R	1007–7693
363	中国心理卫生杂志	11–1873/R	1000–6729
364	中国心脏起搏与心电生理杂志	42–1421/R	1007–2659
365	中国新药与临床杂志	31–1746/R	1007–7669
366	中国学术期刊文摘	11–3501/N	1005–8923
367	中国血液流变学杂志	32–1625/R	1009–881X
368	中国牙科研究杂志（英文）	10–1194/R	1462–6446
369	中国烟草学报	11–2985/TS	1004–5708
370	中国药理学报（英文版）	31–1347/R	1671–4083
371	中国药理学通报	34–1086/R	1001–1978
372	中国药学（英文版）	11–2863/R	1003–1057
373	中国药学杂志	11–2162/R	1001–2494
374	中国冶金	11–3729/TF	1006–9356
375	中国医院药学杂志	42–1204/R	1001–5213
376	中国有色金属学报	43–1238/TG	1004–0609
377	中国有色金属学报（英文版）	43–1239/TG	1003–6326
378	中国园林	11–2165/TU	1000–6664
379	中国运筹学会会刊（英文）	10–1191/O1	2194–668X
380	中国造纸学报	11–2075/TS	1000–6842
381	中国针灸	11–2024/R	0255–2930
382	中国中西医结合耳鼻咽喉科杂志	34–1159/R	1007–4856
383	中国中西医结合急救杂志	12–1312/R	1008–9691
384	中国中西医结合皮肤性病学杂志	12–1380/R	1672–0709
385	中国中西医结合肾病杂志	14–1277/R	1009–587X
386	中国中西医结合外科杂志	12–1249/R	1007–6948
387	中国中西医结合影像学杂志	11–4894/R	1672–0512
388	中国中西医结合杂志	11–2787/R	1003–5370
389	中国中药杂志	11–2272/R	1001–5302
390	中国中医骨伤科杂志	42–1340/R	1005–0205
391	中国肿瘤临床	12–1099/R	1000–8179
392	中国肿瘤生物治疗杂志	31–1725/R	1007–385X
393	中国铸造装备与技术	37–1269/TG	1006–9658

续表

序号	刊名	国内出版物号	国际出版物号
394	中国总会计师	11–5056/F	1672–576X
395	中国组织化学与细胞化学杂志	42–1300/Q	1004–1850
396	中华病理学杂志	11–2151/R	0529–5807
397	中华超声影像学杂志	13–1148/R	1004–4477
398	中华传染病杂志	31–1365/R	1000–6680
399	中华创伤骨科杂志	11–5530/R	1671–7600
400	中华创伤杂志	50–1098/R	1001–8050
401	中华创伤杂志（英文版）	50–1115/R	1008–1275
402	中华儿科杂志	11–2140/R	0578–1310
403	中华耳鼻咽喉头颈外科杂志	11–5330/R	1673–0860
404	中华放射学杂志	11–2149/R	1005–1201
405	中华放射医学与防护杂志	11–2271/R	0254–5098
406	中华放射肿瘤学杂志	11–3030/R	1004–4221
407	中华风湿病学杂志	14–1217/R	1007–7480
408	中华妇产科杂志	11–2141/R	0529–567X
409	中华肝胆外科杂志	11–3884/R	1007–8118
410	中华肝脏病杂志	50–1113/R	1007–3418
411	中华骨科杂志	12–1113/R	0253–2352
412	中华航海医学与高气压医学杂志	31–1847/R	1009–6906
413	中华航空航天医学杂志	11–3854/R	1007–6239
414	中华核医学与分子影像杂志	32–1828/R	2095–2848
415	中华护理教育	11–5289/R	1672–9234
416	中华护理杂志	11–2234/R	0254–1769
417	中华急危重症护理杂志	10–1655/R	2096–7446
418	中华急诊医学杂志	11–4656/R	1671–0282
419	中华检验医学杂志	11–4452/R	1009–9158
420	中华健康管理学杂志	11–5624/R	1674–0815
421	中华结核和呼吸杂志	11–2147/R	1001–0939
422	中华解剖与临床杂志	10–1202/R	2095–7011
423	中华精神科杂志	11–3661/R	1006–7884
424	中华口腔医学杂志	11–2144/R	1002–0098
425	中华口腔正畸学杂志	11–5797/R	1674–5760
426	中华劳动卫生职业病杂志	12–1094/R	1001–9391

续表

序号	刊名	国内出版物号	国际出版物号
427	中华老年医学杂志	11–2225/R	0254–9026
428	中华临床感染病杂志	11–5673/R	1674–2397
429	中华临床营养杂志	11–5822/R	1674–635X
430	中华流行病学杂志	11–2338/R	0254–6450
431	中华麻醉学杂志	13–1073/R	0254–1416
432	中华泌尿外科杂志	11–2330/R	1000–6702
433	中华内分泌代谢杂志	31–1282/R	1000–6699
434	中华内分泌外科杂志	11–5807/R	1674–6090
435	中华内科杂志	11–2138/R	0578–1426
436	中华皮肤科杂志	32–1138/R	0412–4030
437	中华普通外科杂志	11–3855/R	1007–631X
438	中华器官移植杂志	42–1203/R	0254–1785
439	中华全科医师杂志	11–4798/R	1671–7368
440	中华烧伤杂志	50–1120/R	1009–2587
441	中华神经科杂志	11–3694/R	1006–7876
442	中华神经外科杂志	11–2050/R	1001–2346
443	中华神经外科杂志（英文版）	10–1275/R	2095–9370
444	中华神经医学杂志	11–5354/R	1671–8925
445	中华肾脏病杂志	44–1217/R	1001–7097
446	中华生物医学工程杂志	11–5668/R	1674–1927
447	中华生殖与避孕杂志	10–1441/R	2069–2916
448	中华实验和临床病毒学杂志	11–2866/R	1003–9279
449	中华实验外科杂志	42–1213/R	1001–9030
450	中华实验眼科杂志	11–5989/R	2095–0160
451	中华实用儿科临床杂志	10–1070/R	2095–428X
452	中华手外科杂志	31–1653/R	1005–054X
453	中华糖尿病杂志	11–5791/R	1674–5809
454	中华疼痛学杂志	10–1658/R	2096–8019
455	中华外科杂志	11–2139/R	0529–5815
456	中华微生物学和免疫学杂志	11–2309/R	0254–5101
457	中华围产医学杂志	11–3903/R	1007–9408
458	中华胃肠外科杂志	44–1530/R	1671–0274
459	中华物理医学与康复杂志	42–1666/R	0254–1424

续表

序号	刊名	国内出版物号	国际出版物号
460	中华显微外科杂志	44–1206/R	1001–2036
461	中华现代护理杂志	11–5682/R	1674–2907
462	中华消化内镜杂志	32–1463/R	1007–5232
463	中华消化外科杂志	11–5610/R	1673–9752
464	中华消化杂志	31–1367/R	0254–1432
465	中华小儿外科杂志	42–1158/R	0253–3006
466	中华心力衰竭和心肌病杂志（中英文）	10–1460/R	2096–3076
467	中华心律失常学杂志	11–3859/R	1007–6638
468	中华心血管病杂志	11–2148/R	0253–3758
469	中华心血管病杂志（网络版）	11–6031/R	2096–1588
470	中华新生儿科杂志（中英文）	10–1451/R	2096–2932
471	中华胸心血管外科杂志	11–2434/R	1001–4497
472	中华血管外科杂志	10–1411/R	2096–1863
473	中华血液学杂志	12–1090/R	0253–2727
474	中华炎性肠病杂志（中英文）	10–1480/R	2096–367X
475	中华眼底病杂志	51–1434/R	1005–1015
476	中华眼科杂志	11–2142/R	0412–4081
477	中华眼视光学与视觉科学杂志	11–5909/R	1674–845X
478	中华眼外伤职业眼病杂志	11–6022/R	2095–1477
479	中华医史杂志	11–2155/R	0255–7053
480	中华医学教育探索杂志	11–6021/R	2095–1485
481	中华医学教育杂志	11–5259/R	1637–677X
482	中华医学科研管理杂志	11–3565/R	1006–1924
483	中华医学美学美容杂志	11–4657/R	1671–0290
484	中华医学信息导报	11–5178/R	1000–8039
485	中华医学遗传学杂志	51–1374/R	1003–9406
486	中华医学杂志	11–2137/R	0376–2491
487	中华医学杂志（英文版）	11–2154/R	0366–6999
488	中华医院管理杂志	11–1325/R	1000–6672
489	中华胰腺病杂志	11–5667/R	1674–1935
490	中华预防医学杂志	11–2150/R	0253–9624
491	中华整形外科杂志	11–4453/R	1009–4598
492	中华中医药杂志	11–5334/R	1673–1727

续表

序号	刊名	国内出版物号	国际出版物号
493	中华肿瘤杂志	11–2152/R	0253–3766
494	中华转移性肿瘤杂志	10–1548/R	2096–5400
495	中外能源	11–5438/TK	1673–579X
496	中文信息	51–1269/TP	1003–9082
497	中文信息学报	11–2325/N	1003–0077
498	中学生数学	11–1531/O1	1003–1901
499	中医临床研究	11–5895/R	1674–7860
500	重症医学（英文）	10–1765/R	
501	自动化博览	11–2516/TP	1003–0492
502	自动化学报（英文）	10–1193/TP	2329–9266
503	自动化仪表	31–1501/TH	1000–0380
504	自然辩证法研究	11–1649/B	1000–8934
505	自然科学博物馆研究	10–1368/G2	2096–2800
506	自然科学进展：国际材料（英文）	10–1147/N	1002–0071
507	自然资源学报	11–1912/N	1000–3037
508	卒中与血管神经病学（英文）	10–1528/R	2059–8688
509	组合机床与自动化加工技术	21–1132/TG	1001–2265
510	作物学报	11–1809/S	0496–3490
511	作物学报（英文版）	10–1112/S	2095–5421
512	作物杂志	11–1808/S	1001–7283

全国学会、协会、研究会简介

中国数学会
Chinese Mathematical Society（CMS）

地址：北京市海淀区中关村东路 55 号
邮政编码：100190
电子信箱：cms@math.ac.cn
主页网址：http://www.cms.org.cn
电话：010-82541448/82541197
理事长：田　刚
党委书记：巩馥洲
副理事长：王小云　史宇光　巩馥洲　李万同　李　骏　肖冬梅　张伟平　张纪峰　周爱辉　席南华　黄云清　彭联刚
秘书长：巩馥洲
监事长：袁亚湘

中国物理学会
Chinese Physical Society（CPS）

地址：北京市海淀区中关村南三街 8 号
邮政编码：100190
电子信箱：cps@iphy.ac.cn
主页网址：http://www.cps-net.org.cn
电话：010-82649019
传真：010-82649019
理事长：张　杰
党委书记：张　杰
副理事长：方　忠　龚旗煌　李建刚　孙昌璞　薛其坤　赵政国
秘书长：方　忠
监事长：詹文龙

中国力学学会
The Chinese Society of Theoretical and Applied Mechanics（CSTAM）

地址：北京市海淀区北四环西路 15 号
邮政编码：100190
电子信箱：office@cstam.org.cn
主页网址：http://www.cstam.org.cn
电话：010-62559588/62559209
传真：010-62559588
理事长：方岱宁
党委书记：方岱宁
副理事长：陈十一　戴兰宏　冯西桥　郭　旭　何国威　曲绍兴　魏悦广　杨绍普　郑晓静
秘书长：杨亚政
监事长：胡海岩

中国光学学会
The Chinese Optical Society（COS）

地址：北京市海淀区学院南路 86 号中国科协综合楼东 201 室
邮政编码：100081
电子信箱：cos@cast.org.cn

主页网址：http://www.cncos.org
电话：010-62103292
传真：010-62103235
理事长：龚旗煌
副理事长：李儒新 顾 瑛 贾锁堂 刘文清
刘泽金 任晓敏 王文杰
秘书长：刘 旭

中国声学学会
The Acoustical Society of China（ASC）

地址：北京市海淀区北四环西路 21 号
邮政编码：100190
电子信箱：asc@mail.ioa.ac.cn
主页网址：http://www.aschina.org.cn
电话：010-82547904/82547909
传真：010-82547909
理事长：张春华
副理事长：李 琪 李风华 孙 超 他得安
谢菠荪 章 东
秘书长：张守著
监事长：张海澜

中国化学会
Chinese Chemical Society（CCS）

地址：北京市海淀区中关村北一街 2 号
邮政编码：100190
主页网址：http://www.chemsoc.org.cn
电话：010-82449177
传真：010-62568157
理事长：姚建年
副理事长：丁奎岭 黄 维 刘忠范 帅志刚
孙世刚 谭蔚泓 田 禾 谢在库
杨学明 于吉红
秘书长：范青华

中国天文学会
Chinese Astronomical Society (CAS)

地址：江苏省南京市栖霞区元化路 10 号
邮政编码：210023
电子信箱：cas.nj@pmo.ac.cn
主页网址：http://astronomy.pmo.cas.cn
电话：025-83332036
传真：025-83332036
理事长：景益鹏
党委书记：白金明
副理事长：王 娜 白金明 刘继峰 吴学兵
常 进
秘书长：周济林
监事长：赵长印

中国气象学会
Chinese Meteorological Society（CMS）

地址：北京市海淀区中关村南大街 46 号
邮政编码：100081
电子信箱：cms@cms1924.org
主页网址：http://www.cms1924.org
电话：010-68406821
传真：010-68406821
理事长：王会军
副理事长：宇如聪 费建芳 端义宏 杨修群
胡永云 李廉水
秘书长：王金星

中国空间科学学会
Chinese Society of Space Research（CSSR）

地址：北京市海淀区中关村南二条一号
邮政编码：100190
电子信箱：cssr@nssc.ac.cn
主页网址：http://cssr.org.cn
电话：010-62559882
传真：010-62582691

理事长：吴　季
党委书记：吴　季
副理事长：曹喜滨　常　进　高　铭　黄江川
　　　　　陆　卫　李莹辉　曹晋滨　林杨挺
秘书长：孙丽琳
监事长：黄康平

中国地质学会
Geological Society of China（GSC）

地址：北京市西城区百万庄大街 26 号
邮政编码：100037
电子信箱：dizhixuehui@sina.com
主页网址：http://www.geosociety.org.cn/
电话：010-68999018
传真：010-68995305
理事长：钟自然
副理事长：李金发　朱立新　王香增　邓　军
　　　　　任　辉　杜运斌　郝　芳　侯启军
　　　　　徐锡伟　郭正堂
秘书长：李金发
监事长：王真奉

中国地理学会
The Geographical Society of China（GSC）

地址：北京市朝阳区大屯路甲 11 号
邮政编码：100101
电子信箱：gsc@igsnrr.ac.cn
主页网址：http://www.gsc.org.cn
电话：010-64870663
传真：010-64889598
理事长：陈发虎
党委书记：陈发虎
副理事长：董治宝　葛全胜　何大明　贺灿飞
　　　　　李小娟　刘　敏　鹿化煜　宋长青
　　　　　吴正方　夏　军　薛德升　张国友
秘书长：张国友（兼）
监事长：傅伯杰

中国地球物理学会
Chinese Geophysical Society（CGS）

地址：北京市海淀区民族学院南路 5 号
邮政编码：100081
电子信箱：cgs@cgs.org.cn
主页网址：cgs.org.cn
电话：010-68729347/82998257
传真：010-82998257
理事长：陈晓非
副理事长：陈海弟　苟　量　谢玉洪　熊盛青
　　　　　张东宁　赵殿栋
秘书长：郭　建

中国矿物岩石地球化学学会
Chinese Society for Mineralogy Petrology and Geochemistry（CSMPG）

地址：贵州省贵阳市观山湖区林城西路 99 号
邮政编码：550081
电子信箱：csmpg@vip.skleg.cn
主页网址：http://csmpg.gyig.cas.cn
　　　　　http://www.csmpg.org.cn
电话：0851-85893143
传真：0851-85893143
理事长：冯新斌
党委书记：冯新斌
副理事长：何宏平　金章东 李献华　刘福来
　　　　　毛景文　魏国齐　赵志丹 郑建平
秘书长：陈敬安
监事长：徐义刚

中国古生物学会
Palaeontological Society of China（PSC）

地址：江苏省南京市北京东路 39 号
邮政编码：210008
电子信箱：psc@nigpas.ac.cn
主页网址：http://www.chinapsc.cn

电话：025-83282138
传真：025-83357026
理事长：詹仁斌
党委书记：詹仁斌
副理事长：邓　涛　王永栋　姚建新　白志强
　　　　　华　洪
秘书长：张元动
监事长：杨　群

中国海洋湖沼学会
Chinese Society for Oceanology and Limnology（CSOL）

地址：山东省青岛市南海路 7 号
邮政编码：266071
电子信箱：csol@qdio.ac.cn
主页网址：http://csol.qdio.ac.cn
电话：0532-82898636
传真：0532-82893932
理事长：孙　松
党委书记：孙　松
副理事长：王　凡（常务）　杨红生　沈　吉　麦康森
　　　　　赵进东　高　抒　焦念志　马德毅　张海生
秘书长：杨红生
监事长：丁平兴

中国海洋学会
Chinese Society for Oceanography（CSO）

地址：北京市丰台区马官营家园 3 号楼
邮政编码：100161
电子信箱：377939902@qq.com
主页网址：http://www.cso.org.cn/
电话：010-68047614
传真：010-68567980
理事长：陈连增
党委书记：陈连增
副理事长：蒋兴伟（常务）　于志刚　王　凡
　　　　　邓运华　许　森　李家彪　张　偲
　　　　　苏振东　林明森　窦希萍　戴民汉
秘书长：林明森
监事长：孙　松

中国地震学会
Seismological Society of China（SSC）

地址：北京市海淀区民族大学南路 5 号
邮政编码：100081
电子信箱：zgdzxh@sina.com
主页网址：http://www.ssoc.org.cn
电话：010-68729352
传真：010-68417858
理事长：张培震
党委书记：张培震
副理事长：陈云敏　吴忠良　孙柏涛　李小军
　　　　　马胜利　黄清华　丁志峰　姚华建
秘书长：李亚琦
监事长：王海涛

中国动物学会
China Zoological Society（CZS）

地址：北京市朝阳区北辰西路 1 号院 5 号
邮政编码：100101
电子信箱：czs@ioz.ac.cn
主页网址：czs.ioz.cas.cn
电话：010-64807051
传真：010-64807051
理事长：孟安明
党委书记：张知彬
副理事长：包振民　冯　江　李保国　张正旺
　　　　　张知彬　陈广文　杨　光　桂建芳
　　　　　董贵信　魏辅文
秘书长：魏辅文（兼）
监事长：张希武

中国植物学会

Botanical Society of China（BSC）

地址：北京市海淀区香山南辛村 20 号
邮政编码：100093
电子信箱：bsc@ibcas.ac.cn
主页网址：http://www.botany.org.cn
电话：010-62836505/62836718
传真：010-82599636
理事长：种　康
党委书记：种　康
副理事长：巩志忠　顾红雅　黄宏文　康振生
　　　　　刘　宝　孙　航　谭仁祥　汪小全
秘书长：汪小全（兼）
监事长：葛　颂

中国昆虫学会

The Entomological Society of China（ESC）

地址：北京市朝阳区北辰西路 1 号院 5 号中国科学院动物研究所内
邮政编码：100101
电子信箱：entsoc@ioz.ac.cn
主页网址：entsoc.ioz.ac.cn
电话：010-64807135
传真：010-64807098
理事长：康　乐
党委书记：戈　峰
副理事长：戈　峰　卜文俊　陈学新　高希武
　　　　　韩日畴　洪晓月　金道超　骆有庆
　　　　　王成树　魏启文　吴孔明　张雅林
秘书长：戈　峰
监事长：张永安

中国微生物学会

Chinese Society for Microbiology（CSM）

地址：北京市朝阳区北辰西路 1 号院 3 号
邮政编码：100101
电子信箱：csm@im.ac.cn
主页网址：http://www.csm1952.org.cn
电话：010-64807200
理事长：徐建国
党委书记：徐建国
副理事长：焦念志　张克勤　王　磊　钱　韦
　　　　　覃重军　李越中　肖亚中　郭德银
秘书长：向　华
监事长：李　俊

中国生物化学与分子生物学会

The Chinese Society of Biochemistry and Molecular Biology（CSBMB）

地址：上海市岳阳路 320 号
邮政编码：200031
电子信箱：csbmb@sibs.ac.cn
主页网址：http://www.csbmb.org.cn
电话：021-54921088/54922818/54921090
传真：021-54922818
理事长：李　林
副理事长：陈国强　林圣彩　刘小龙　邵　峰
　　　　　汤其群　许瑞明
秘书长：刘小龙
监事长：昌增益

中国细胞生物学学会

Chinese Society for Cell Biology（CSCB）

地址：上海市岳阳路 320 号
邮政编码：200031
电子信箱：cell@cscb.org.cn
主页网址：http://www.cscb.org.cn
电话：021-64221728
传真：021-64221828
理事长：陈晔光
党委书记：张　旭
副理事长：李朝军　李劲松　罗凌飞　任海云
　　　　　宋保亮　张　旭　周　琪
秘书长：杨　瑾
监事长：高　翔

中国植物生理与植物分子生物学学会

Chinese Society for Plant Biology（CSPB）

地址：上海市徐汇区枫林路 300 号
邮政编码：200032
电子信箱：cspb@cemps.ac.cn
主页网址：http://www.cspb.org.cn
电话：021-54922859/54920737/54922857
传真：021-54922859
理事长：陈晓亚
党委书记：陈晓亚
副理事长：曹晓风　黄三文　黄英金　夏光敏
　　　　　赵德刚　朱玉贤
秘书长：唐威华
监事长：何祖华

中国生物物理学会

The Biophysical Society of China（BSC）

地址：北京市朝阳区大屯路 15 号
邮政编码：100101
电子信箱：wangyue@ibp.ac.cn
主页网址：http://www.bsc.org.cn
电话：010-64889894/64887226/64888542
传真：010-64889892
理事长：徐　涛
党委书记：王宏伟
副理事长：李　蓬　刘志杰　王宏伟　张　宏
秘书长：张　宏
监事长：丁建平

中国遗传学会

Genetics Society of China（GSC）

地址：北京市朝阳区北辰西路 1 号院 1 号楼西楼 275 室
邮政编码：100101
电子信箱：gsc@genetics.ac.cn
主页网址：http://gsc.ac.cn
电话：010-64806529
传真：010-64806635
理事长：薛勇彪
党委书记：薛勇彪
副理事长：曹晓风　韩　斌　黄路生　金　力
　　　　　孟安明　乔　杰　沈　岩　谭华荣
　　　　　杨焕明　杨维才
秘书长：杨维才（兼）
监事长：杨　晓

中国心理学会

Chinese Psychological Society（CPS）

地址：北京市朝阳区林萃路 16 号院中国科学院心理研究所内
邮政编码：100101
电子信箱：cps@psych.ac.cn
主页网址：http://www.cpsbeijing.org/
电话：010-64888946
传真：010-64855830
理事长：赵国祥
党委书记：赵国祥
副理事长：方　平　方晓义　张建新　周宗奎
秘书长：孙向红
监事长：孙时进

中国生态学学会

Ecological Society of China（ESC）

地址：北京市海淀区双清路 18 号
邮政编码：10085
电子信箱：esc@rcees.ac.cn
主页网址：http://www.esc.org.cn/
电话：010-62849101
传真：010-62849113
理事长：欧阳志云
副理事长：安黎哲　陈利顶　吕永龙　闵庆文
　　　　　任　海　王克林　王艳芬　魏辅文
　　　　　吴文良　朱教君
秘书长：钟林生

中国环境科学学会

Chinese Society for Environmental Sciences（CSES）

地址：北京市海淀区红联南村 54 号
邮政编码：100082
电子信箱：hybcses@163.com
主页网址：http://www.chinacses.org
电话：010–62210708
传真：010–62210728
理事长：王金南
党委书记：邹首民
副理事长：丁仲礼　王灿发　曲久辉　任官平
　　　　　任南琪　刘文清　邹首民　武维华
　　　　　贺克斌　倪晋仁　高吉喜　王金南
　　　　　吴丰昌
秘书长：李春红
监事长：张远航

中国自然资源学会

China Society of Natural Resources（CSNR）

地址：北京市朝阳区大屯路甲 11 号
邮政编码：100101
电子信箱：csnr@igsnrr.ac.cn
主页网址：http://www.csnr.org
电话：010–64861455/64889806
传真：010–64861455
理事长：成升魁
党委书记：成升魁（兼）
副理事长：王仰麟　王艳芬　江　源　吴文良
　　　　　封志明　夏　军　高　峻　濮励杰
　　　　　邓　伟　谷树忠　杨红生　吴太平
秘书长：濮励杰（兼）
监事长：陈　曦

中国感光学会

Chinese Society for Imaging Science and Technology（CSIST）

地址：北京市海淀区中关村东路 29 号
邮政编码：100190
电子信箱：xh@csist.org.cn
主页网址：http://www.csist.org.cn
电话：010–82543686/82543687
传真：010–82543687
理事长：张丽萍
党委书记：张丽萍
副理事长：魏　杰　周秉锋　杨建文　张希堂
　　　　　王　剑　程灏波　陈广学　邹应全
　　　　　朱永法
秘书长：汪鹏飞
监事长：黄　勇

中国优选法统筹法与经济数学研究会

Chinese Society of Optimization, Overall Planning and Economic Mathematics（CSOOPEM）

地址：北京市海淀区中关村东路 55 号中国科学院思源楼 1206 室
邮政编码：100190
电子信箱：shuangfa@casipm.ac.cn
主页网址：http://www.scope.org.cn
电话：010–62542628
传真：010–62542628
理事长：池　宏
党委书记：池　宏
副理事长：华中生　李建平　李仲飞　梁昌勇
　　　　　刘维奇　马超群　徐泽水　周　勇
　　　　　余玉刚
秘书长：林则夫
监事长：刘祥官

中国岩石力学与工程学会

Chinese Society for Rock Mechanics and Engineering（CSRME）

地址：北京市朝阳区北土城西路 19 号 / 北京市海淀区清华东路 16 号
邮政编码：100029/100083
电子信箱：csrme@126.com
主页网址：http://www.csrme.com
电话：010-82998163/62660985
传真：010-82998163
理事长：何满潮
党委书记：何满潮
副理事长：杜时贵　何　川　康红普　李文伟　李　晓　邬爱清　徐锡伟　杨春和　殷跃平　赵　勇　周创兵
秘书长：杨晓杰
监事长：赵阳升

中国野生动物保护协会

China Wildlife Conservation Association（CWCA）

地址：北京市东城区和平里东街 18 号
邮政编码：100714
电子信箱：cwcaoffice@163.com
主页网址：www.cwca.org.cn
电话：010-84238313
传真：010-84239555
会长：陈凤学
副会长：王洪杰　李青文　张希武　陈万成　郝燕湘　葛剑平　蒋志刚　焦德发　赵　勇
秘书长：武明录
监事长：张习文

中国系统工程学会

Systems Engineering Society of China（SESC）

地址：北京市海淀区中关村东路 55 号
邮政编码：100190
电子信箱：sesc@iss.ac.cn
主页网址：http://www.sesc.org.cn
电话：010-82541431
理事长：杨晓光
党委书记：狄增如
副理事长：陈国青　狄增如　冯耕中　胡祥培　寇　纲　李仲飞　汪小帆　王红卫　薛惠锋
秘书长：唐锡晋
监事长：孙宏才

中国实验动物学会

Chinese Association for Laboratory Animal Sciences（CALAS）

地址：北京市朝阳区潘家园南里 5 号
邮政编码：100021
电子信箱：calas@calas.org.cn
主页网址：http://www.calas.org.cn
电话：010-67781534
传真：010-67781534
理事长：秦　川
党委书记：秦　川
副理事长：林东昕　卢金星　陈学进　孙岩松　黄　韧　赵德明
秘书长：赵宏旭
监事长：刘福英

中国青藏高原研究会

The China Society on Tibetan Plateau

地址：北京市朝阳区林萃路 16 号院 3 号楼
邮政编码：100101
电子信箱：cstp@itpcas.ac.cn
主页网址：http://www.cstp.org.cn/
电话：010-84097041
传真：010-64889769
理事长：姚檀栋
党委书记：姚檀栋

副理事长：陈发虎　赤来旺杰　崔　鹏　潘保田
史培军　张宪洲　曾令森
秘书长：张镱锂
监事长：侯增谦

中国环境诱变剂学会
Chinese Environmental Mutagen Society（CEMS）

地址：北京大学医学部公共卫生学院 236 室
邮政编码：100191
电子信箱：iaems_cn@163.com
主页网址：http://www.cnems.org.cn
电话：010-82335754
传真：010-82335754
理事长：曹　佳
党委书记：郝卫东
副理事长：浦跃朴　林东昕　郝卫东　陈　雯
秘书长：郝卫东
监事长：胡永华

中国运筹学会
The Operations Research Society of China（ORSC）

地址：北京市海淀区中关村东路 55 号
邮政编码：100190
电子信箱：orsc@amt.ac.cn
主页网址：http://www.orsc.org.cn
电话：010-82541190
理事长：戴彧虹
党委书记：赵晓波
副理事长：郭田德　鲁习文　唐立新　童小娇
张国川　张玉忠　赵晓波
秘书长：陈旭瑾
监事长：杨新民

中国菌物学会
Mycological Society of China（MSC）

地址：北京市朝阳区北辰西路 1 号院 3 号中国科学院微生物研究所 B410
邮政编码：100101
电子信箱：msc93@im.ac.cn
主页网址：http://www.mscfungi.org.cn
电话：010-64807455
理事长：郭良栋
党委书记：郭良栋
副理事长：冉玉平　白逢彦　边银丙　朱　平
张正光　张克勤　张劲松　陈　惠
图力古尔　姜子德　康冀川　戴玉成
秘书长：白逢彦
监事长：赵遵田

中国神经科学学会
Chinese Neuroscience Society（CNS）

地址：上海市岳阳路 320 号
邮政编码：200031
电子信箱：office@cns.org.cn
主页网址：http://www.cns.org.cn
电话：021-64081027
理事长：张　旭
党委书记：张　旭
副理事长：高天明　何　成　何士刚　罗敏敏
王以政　吴志英　谢俊霞　徐广银
张玉秋
秘书长：韩　雪
监事长：段树民

中国认知科学学会
Chinese Society for Cognitive Science（CSCS）

地址：北京市朝阳区大屯路 15 号中国科学院生物物理所 7300 房间
邮政编码：100101

电子信箱：sec@cogsci.org.cn
主页网址：http://www.cogsci.org.cn
电话：010-64861049
传真：010-64861049
理事长：陈　霖
党委书记：陈　霖
副理事长：赵继宗　段树民　陆　林　马原野
　　　　辛景民
秘书长：周　馨
监事长：卓　彦

国际数字地球学会

International Society for Digital Earth
（ISDE）

地址：北京市海淀区邓庄南路 9 号
邮政编码：100094
电子信箱：isde@radi.ac.cn
主页网址：http://www.digitalearth-isde.org
电话：010-82178912
传真：010-82178916
主席：Alessandro Annoni
副主席：Zaffar Sadiq Mohamed-Ghouse Mario Hernandez
秘书长：王长林

国际动物学会

International Society of Zoological Sciences
（ISZC）

地址：北京市朝阳区北辰西路 1 号院 5 号中国科学院动物研究所 C506 室
邮政编码：100101
电子信箱：iszs@ioz.ac.cn
主页网址：http://www.globalzoology.org.cn/
电话：010-64807295
传真：010-64807295
理事长：Nils Chr.Stenseth（挪威）
副理事长：Sarita Maree（南非）
秘书长：韩春绪

Chinese Mechanical Engineering Society
（CMES）

地址：北京市海淀区首体南路 9 号主语国际 4 号楼 11 层
邮政编码：100048
电子信箱：headquarters@cmes.org
主页网址：http://www.cmes.org
http://www.cmes.org.cn
电话：010-68799009
传真：010-68799050
理事长：林忠钦
党委书记：林忠钦
副理事长：王德成　毛　明　邓宗全　杨华勇
　　　　陆大明　陈学东　单忠德　项昌乐
　　　　贾振元　黄庆学　蒋庄德　谭旭光
秘书长：毛　明（兼）
监事长：郭东明

中国汽车工程学会

China Society of Automotive Engineers
（SAE-China）

地址：北京市大兴区亦庄经济开发区荣华南路 13 院 7 号楼 6 层、7 层 / 北京市西城区莲花池东路 102 号天莲大厦 4 层
邮政编码：100176/100055
电子信箱：office@sae-china.org
主页网址：http://www.sae-china.org
电话：010-50950000
传真：010-50950095
理事长：李　骏
副理事长：张进华　陈　龙　丁宏祥　付炳锋
　　　　高和生　管　欣　瞿国春　李开国
　　　　廖振波　刘　波　欧阳明高
　　　　王国强　吴　坚　项昌乐　尤　峥
　　　　余卓平　赵　韩　祖似杰
秘书长：张进华

中国农业机械学会

Chinese Society for Agricultural Machinery

（CSAM）

地址：北京德胜门外北沙滩 1 号
邮政编码：100083
电子信箱：csam@caams.org.cn
主页网址：http://www.agro-csam.org
电话：010-64882291/64880302
传真：010-64882291
理事长：王　博
副理事长：于海业　刘　旭　刘恒新　李安宁
杨　洲　赵春江　黎晓煜　姜文娟
袁寿其　张　辉　傅泽田
秘书长：张咸胜
监事长：方宪法

中国农业工程学会

Chinese Society of Agricultural Engineering

（CSAE）

地址：北京市朝阳区麦子店街 41 号
邮政编码：100125
电子信箱：hqcsae@agri.gov.cn
主页网址：www.csae.org.cn
电话：010-59197098
传真：010-59197100
理事长：张　辉
副理事长：朱　明（常务）　方宪法　付　强
杜太生　李天来　李培武　杨　洲
吴普特　应义斌　易维明　赵立欣
韩鲁佳
秘书长：韩鲁佳
监事长：崔　明

中国电机工程学会

Chinese Society for Electrical Engineering

（CSEE）

地址：北京市西城区白广路二条 1 号
邮政编码：100761
电子信箱：csee@csee.org.cn
主页网址：http://www.csee.org.cn
电话：010-63414320
传真：010-63414319
理事长：舒印彪
党委书记：张智刚
副理事长：张智刚　贺锡强　金耀华　王宏志
刘明胜　王良友　米树华　姚　强
吴　云　高立刚　刘吉臻　郭剑波
李　冶　林铭山
秘书长：王　刚
监事长：欧阳昌裕

中国电工技术学会

China Electrotechnical Society（CES）

地址：北京市西城区莲花池东路 102 号天莲大厦
邮政编码：100055
电子信箱：cespublic@ces.org.cn
主页网址：http://www.ces.org.cn
电话：010-63256857
传真：010-63256808
理事长：杨庆新
党委书记：杨庆新
副理事长：尹天文　孙逢春　李　秦　李耀华
宋永华　张文亮　陈干锦　荣命哲
贾利民　徐殿国　梁曦东　管瑞良
秘书长：韩　毅
监事长：郝玉成

中国水力发电工程学会

China Society for Hydropower Engineering

（CSHE）

地址：北京市海淀区车公庄西路 22 号院 A 座 11 层
邮政编码：100048
电子信箱：b07@cast.org.cn/leidy5378@126.com
主页网址：http://www.hydropower.org.cn
电话：010-58382592/58382515
传真：010-63547632

理事长：张　野

党委书记：张　野

副理事长：郑声安（常务）　王永祥　王良友　向海平　刘金焕　张　宁　李庆江　李程·丹增尼玛　周小能　侯学众　赵登峰　郝耀辉　晏志勇　黄　辉

秘书长：郑声安（兼）

监事长：袁柏松

中国水利学会

Chines Hydraulic Engineering Society（CHES）

地址：北京市西城区白广路二条 16 号

邮政编码：100053

电子信箱：ches1931@163.com

主页网址：http://www.ches.org.cn/

电话：010–63204863

传真：010–63202154

理事长：魏山忠

党委书记：魏山忠

副理事长：汪安南　胡春宏　陈生水　金兴平　周海燕　唐洪武　张建民　于合群　范夏夏　王　斌　潘海涛　汤鑫华

秘书长：汤鑫华

监事长：匡尚富

中国内燃机学会

Chinese Society for Internal Combustion Engines（CSICE）

地址：上海市华宁路 3111 号

邮政编码：201108

电子信箱：liufang@csice.org.cn

主页网址：www.csice.org.cn

电话：021–31310973

传真：021–31310973

理事长：金东寒

党委书记：金东寒

副理事长：毛　明　舒歌群　董建福　谭旭光　李树生　刘志刚　邵　煜　钟玉伟　汤仲平　李继凯

秘书长：李树生

监事长：张树勇

中国工程热物理学会

The Chinese Society of Engineering Thermophysics（CSET）

地址：北京市海淀区中关村路乙 12 号

邮政编码：100190

电子信箱：cset@iet.cn

主页网址：http://www.cset.org.cn

电话：010–82543040

理事长：金红光

党委书记：何雅玲

副理事长：李应红　宣益民　郭烈锦　杨勇平　姚　强　张　兴　陈海生

秘书长：陈海生

监事长：韩　巍

中国空气动力学会

Chinese Aerodynamics Research Society（CARS）

地址：北京市朝阳区黄寺大街甲三号院

邮政编码：100191

电子信箱：cars@cast.org.cn

主页网址：http://www.cars.org.cn

电话：010–82317341

传真：010–82317341

理事长：唐志共

党委书记：唐志共

副理事长：黄育群　崔晓春　李存标　许春晓　王晋军　吕宏强　张伟伟　赵　伟　陈坚强　吴文华

秘书长：徐　翔

监事长：任玉新

中国制冷学会
Chinese Association of Refrigeration(CAR)

地址：北京市海淀区阜成路 67 号银都大厦 10 层
邮政编码：100142
电子信箱：car@car.org.cn
主页网址：http://www.car.org.cn
电话：010–68715723
传真：010–68434679
理事长：江　亿
党委书记：江　亿
副理事长：李晓虎　何雅玲　丁　杰　王　强
罗二仓　田旭东　刘长永　温克学
徐　伟　徐　鸿　谭建明
秘书长：李晓虎
监事长：金嘉玮

中国真空学会
Chinese Vacuum Society（CVS）

地址：北京市海淀区中关村南三街 8 号 A 楼二段 304 室
邮政编码：100190
电子信箱：cvs@chinesevacuum.com
主页网址：http://www.chinesevacuum.com
电话：010–62607885/62607991
传真：010–62605869
理事长：高鸿钧
党委书记：邓少芝
副理事长：彭练矛　刘　明　赵红卫　邓少芝
董振超　李得天　张永明　蒋友荣
秘书长：顾长志
监事长：雷震霖

中国自动化学会
China Association of Automation（CAA）

地址：北京市海淀区中关村东路 95 号自动化大厦 509
邮政编码：100190
电子信箱：caa@ia.ac.cn
主页网址：http://www.caa.org.cn
电话：010–62522248
传真：010–62522248
理事长：郑南宁
党委书记：郑南宁
副理事长：陈　杰　陈俊龙　戴琼海　桂卫华
侯增广　李少远　王成红　杨孟飞
于海斌　张纪峰　张剑武　周东华
秘书长：张　楠
监事长：王飞跃

中国仪器仪表学会
China Instrument and Control Society(CIS)

地址：北京市海淀区知春路 6 号锦秋国际大厦 A 座 23 层
邮政编码：100088
电子信箱：info@cis.org.cn
主页网址：http://www.cis.org.cn
电话：010–82800755
传真：010–82800879
理事长：尤　政
党委书记：尤　政
副理事长：谭久彬　王　巍　刘文清　黄　如
钱　锋　曾周末　徐洪海　吴　朋
许大庆　马玉山　王东江　张　彤
秘书长：张　彤
监事长：李明远

中国计量测试学会
Chinese Society for Measurement（CSM）

地址：北京市朝阳区农展馆北路 2 号农业和农村部北办公区 22 号楼
邮政编码：100125
电子信箱：18612770965@163.com
主页网址：http://www.china–csm.org
电话：010–59196612
传真：010–59196613
理事长：蒲长城
副理事长：王　巍　谭久彬　孙和平　李献华

张宏建　方　向　贾　平　欧阳证
郑继贵　宋明顺　李得天　马爱文

秘书长：马爱文

中国标准化协会
China Association for Standardization（CAS）

地址：北京市海淀区增光路 33 号院
邮政编码：100048
电子信箱：cas@china-cas.org
主页网址：http://www.china-cas.org
电话：010-68482899
传真：010-68486228
理事长：于欣丽
党总支书记：于欣丽
副理事长：高建忠　冀晓东　王　晔　王中丹
王宗龄　刘泽洪　吴江徽　吴道洪
宋明顺　陈　璐　季　飞　钱建林
董若琳
秘书长：高建忠

中国图学学会
China Graphics Society（CGS）

地址：北京市海淀区知春路 1 号学院国际大厦 1006 室
邮政编码：100191
电子信箱：cgsmsc@cgn.net.cn
主页网址：http://www.cgn.net.cn
电话：010-62165986
传真：010-62165987
理事长：赵　罡
党委书记：赵　罡
副理事长：田　捷　许杰峰　孙林夫　张　强
汪国平　周志成　袁正刚　韩宝玲
强　毅
秘书长：田　捷（兼）
监事长：魏小鹏

中国电子学会
Chinese Institute of Electronics（CIE）

地址：北京市海淀区玉渊潭南路普惠南里 13 号楼
邮政编码：100036
电子信箱：dzxh@cie.org.cn
主页网址：http://www.cie.org.cn
电话：010-68600650
传真：010-68233917
理事长：张　峰
党委书记：张　峰
副理事长：王海峰　许宁生　芮晓武　李言荣
吴一戎　张　军　张建锋　陆建华
陈　英　周子学　房建成　郝　跃
徐晓兰　黄　维　龚　克　蒋亚非
潘建伟
秘书长：陈　英（兼）
监事长：樊邦奎

中国计算机学会
China Computer Federation（CCF）

地址：北京市海淀区中关村科学院南路 6 号
邮政编码：100190
电子信箱：ccf@ccf.org.cn
主页网址：http://www.ccf.org.cn
电话：010-62562503
传真：010-62527485
理事长：梅　宏
党委书记：胡事民
副理事长：胡事民　金　海　周　明
秘书长：唐卫清
监事长：李晓维

中国通信学会
China Institute of Communications（CIC）

地址：北京市海淀区万寿路 27 号院 8 号楼
邮政编码：100846
电子信箱：zhanghuanhuan@china-cic.cn
主页网址：http://www.china-cic.cn

电话：010–68209070
传真：10–68209074
理事长：刘烈宏
党委书记：张延川
副理事长：郑志明　余少华　张延川　乔建永　刘桂清　高同庆　张　权　宋起柱　宋灵恩　徐文伟　汤锦淮
秘书长：张延川
监事长：季仲华

中国中文信息学会
Chinese Information Processing Society of China（CIPSC）

地址：北京市海淀区中关村南四街 4 号中科院软件园 7 号楼 201 房间
邮政编码：100190
电子信箱：cips@iscas.ac.cn
主页网址：cipsc.org.cn
电话：010–62661047
传真：010–62562916
理事长：方滨兴
党委书记：方滨兴
副理事长：操云甫　程学旗　贾　焰　刘　群　刘　挺　马少平　那顺乌日图　王海峰　宗成庆
秘书长：孙　乐
监事长：黄河燕

中国测绘学会
Chinese Society for Geodesy Photogrammetry and Cartography（CSGPC）

地址：北京市海淀区莲花池西路 28 号院西裙楼四层
邮政编码：100830
电子信箱：9238589@qq.com
主页网址：http://www.csgpc.org/
电话：010–63881449
传真：010–63881320
理事长：宋超智
党委书记：宋超智
副理事长：彭震中　付　勇　杨元喜　李清泉　燕　琴　赖百炼　陈　平　宋关福　颜　军　张建平　陈　军　孙和平　张继贤　孟立秋
秘书长：彭震中
监事长：张文晖

中国造船工程学会
China Society of Naval Architects and Marine Engineers（CSNAME）

地址：北京市西城区月坛北街 5 号
邮政编码：100861
电子信箱：csname@csname.org.cn
主页网址：http://www.csname.org.cn
电话：010–59517930
传真：010–59517928
理事长：李长印
副理事长：李国安　孙　伟　王宇航　石　林　黄　震　刘志刚　宋保维　姜朋明　刘祖源　张宏军　周希辰
秘书长：王俊利

中国航海学会
China Institute of Navigation（CIN）

地址：北京市东城区和平里东街 10 号院
邮政编码：100013
电子信箱：cinnet@163.com
主页网址：http://www.cinnet.cn
电话：010–65299797
传真：010–65299796
理事长：何建中
党委书记：何建中
副理事长：张宝晨　黄小文　王　宏　周静波　莫鉴辉　孙玉清　陆　靖　费维军　朱卫国　郑和平　潘　伟
秘书长：闫晓波
监事长：曹　迪

中国铁道学会

China Railway Society（CRS）

地址：北京市复兴路 10 号
邮政编码：100844
电子信箱：zgtdxhbgs@126.com
主页网址：http://www.crs.org.cn
电话：010-51841691
传真：010-51876602
理事长：卢春房
党委书记：曾鸣凯
副理事长：王稼琼　叶阳升　庄尚标　孙永才　余邦利　张宗言　周志亮　周　黎　郑　健　赵国堂　耿志修　康高亮　程先东　傅选义　曾鸣凯
秘书长：曾鸣凯

中国公路学会

China Highway and Transportation Society（CHTS）

地址：北京市朝阳区安华路 17 号院 1 号楼
邮政编码：100011
电子信箱：bgs@chts.cn
主页网址：http://www.chts.cn/
电话：010-64951487
传真：010-64951487
理事长：翁孟勇
党委书记：翁孟勇
副理事长：周海涛　郑健龙　张喜刚　陈　云　游庆仲　杨育生　刘文杰　张劲泉　石宝林　沙爱民　唐伯明　邓仁杰　裴岷山　龙传华
秘书长：刘文杰（兼）
监事长：巨荣云

中国航空学会

Chinese Society of Aeronautics and Astronautics（CSAA）

地址：北京市朝阳区安外北苑 2 号院
邮政编码：100012
电子信箱：office@csaa.org.cn
主页网址：http://www.csaa.org.cn
电话：010-84924382
传真：010-84923942
理事长：林左鸣
副理事长：王　政　张新国　汪劲松　徐惠彬　聂　宏　高建设　吴　松
秘书长：姚俊臣

中国宇航学会

Chinese Society of Astronautics（CSA）

地址：北京市海淀区阜成路 8 号
邮政编码：100048
电子信箱：office_csa@163.com
主页网址：http://www.csaspace.org.cn
电话：010-68768625
传真：010-68768617
理事长：吴燕生
党委书记：王一然
副理事长：王一然　王兆耀　刘石泉　李　洪　杨长风　杨保华　张忠阳　陈国瑛　胡海岩　袁　洁　徐惠彬　潘旭东
秘书长：王一然
监事长：许世龙

中国兵工学会

China Ordnance Society（COS）

地址：北京市海淀区车道沟 10 号院
邮政编码：100089
电子信箱：suggest@cos.org.cn
主页网址：http://www.cos.org.cn
电话：010-68963154
传真：010-68962962
理事长：焦开河
党委书记：于小虎
副理事长：李春建　董春波　赵长禄　付梦印

沈兴全　周　劼　芮筱亭　邱志明
于小虎
秘书长：于小虎
监事长：张　华

中国金属学会
The Chinese Society for Metals（CSM）

地址：北京市海淀区气象路 9 号
邮政编码：100081
电子信箱：csmoffice@csm.org.cn
主页网址：http://www.csm.org.cn
电话：010-65270210
传真：010-65124122
理事长：干　勇
党委书记：田志凌（代）
副理事长：田志凌（常务）　陈德荣　戴志浩
赵民革　张少明　左　良　杨仁树
于　勇　沈　彬　曲　阳　王新江
秘书长：王新江（兼）
监事长：李克敏

中国有色金属学会
The Nonferrous Metals Society of China（NFsoc）

地址：北京市海淀区复兴路乙 12 号
邮政编码：100038
电子信箱：nfsoc@163.com
主页网址：http://www.nfsoc.org.cn
电话：010-63971451
传真：010-63965399
理事长：贾明星
党委书记：贾明星
副理事长：聂祚仁　张平祥　柴立元　冯贵权
谢康德　刘国平　张英杰　杨　斌
赵晓晨　韩　龙　陆志方　高焕芝
秘书长：高焕芝（兼）
监事长：张洪国

中国稀土学会
The Chinese Society of Rare Earths（CSRE）

地址：北京市海淀区高梁桥斜街 13 号院乙 27 号楼
邮政编码：100081
电子信箱：csre@cs-re.org.cn
主页网址：http://www.cs-re.org.cn
电话：010-62173497/62182748
传真：010-62173501
理事长：李春龙
党委书记：李春龙
副理事长：严纯华　龚　斌　李　波　杨占峰
黄松涛　胡伯平　黄长庚　张尚虎
薛冬峰　黄光惠　王　涛　李　琼
秘书长：牛京考
监事长：林东鲁

中国腐蚀与防护学会
Chinese Society for Corrosion and Protection（CSCP）

地址：北京市学院路 30 号
邮政编码：100083
电子信箱：13611354516@163.com
主页网址：http://www.cscp.org.cn
电话：010-62320080
传真：010-82372305
理事长：王福会
党委书记：李晓刚
副理事长：李晓刚（常务）　孙明先　李　劲
吴建华　张　盾　张政军　宫声凯
陆　峰　董俊华　韩　冰　汪的华
秘书长：杜翠薇
监事长：乔利杰

中国化工学会
The Chemical Industry and Engineering Society of China (CIESC)

地址：北京市朝阳区安定路 33 号化信大厦 B 座 7 层
邮政编码：100029
电子信箱：wangyan@ciesc.cn

主页网址：http://www.ciesc.cn
电话：010-64449479
传真：010-64411194
理事长：戴厚良
党委书记：华 炜
副理事长：李静海 喻宝才 华 炜 何仲文
胡徐腾 李良君 潘正安 乔 旭
任其龙 谭天伟 辛 忠 徐春明
闫国春 张 方 张锁江
秘书长：华 炜（兼）
监事长：杨元一

中国核学会
Chinese Nuclear Society（CNS）

地址：北京市西城区三里河南四巷 1 号
邮政编码：100045
电子信箱：cns_zonghebu@163.com
主页网址：http://www.ns.org.cn
电话：010-68555559
传真：010-68576150
理事长：王寿君
党委书记：王寿君
副理事长：王凤学 田东风 刘永德 庞松涛
姜胜耀 赵 军 赵永明 赵宪庚
詹文龙 雷增光
秘书长：刘建桥

中国石油学会
Chinese Petroleum Society（CPS）

地址：北京市西城区六铺炕街 6 号
邮政编码：100724
电子信箱：syxhqn@126.com
主页网址：http://www.cps.org.cn
电话：010-62067135
传真：010-62067135
理事长：焦方正
党委书记：焦方正
副理事长：李鹭光 郭旭升 孙福街 刘中云
高振东 于 晟 张君峰 于明祥
秘书长：于明祥
监事长：祝传林

中国煤炭学会
China Coal Society（CCS）

地址：北京市朝阳区青年沟路 5 号
邮政编码：100013
电子信箱：mtxh@chinacs.org.cn
主页网址：http://www.chinacs.org.cn
电话：010-84262778
传真：010-84264526
理事长：刘 峰
党委书记：刘 峰
副理事长：于 斌 马世志 宋学锋 张建国
尚建选 孟祥军 顾大钊 唐永志
彭苏萍 昌孝存 张彦禄
秘书长：王 蕾
监事长：田 会

中国可再生能源学会
China Renewable Energy Society（CRES）

地址：北京市海淀区中关村北二条 6 号
邮政编码：100190
电子信箱：cres@mail.iee.ac.cn
主页网址：http://www.cres.org.cn
电话：010-82547225
传真：010-82547225
理事长：谭天伟
党委书记：谭天伟
副理事长：蒋利军 李宝山 柳 地 吴创之
许洪华 喜文华 姚兴佳 仲继寿
赵 颖
秘书长：祁和生
监事长：赵玉文

中国能源研究会
China Energy Research Society（CERS）

地址：北京市西城区三里河路 54 号
邮政编码：100045
电子信箱：cers@cers.org.cn
主页网址：http://www.cers.org.cn
电话：010–56034652/5603465253
传真：010–68513097
理事长：史玉波
党委书记：史玉波
副理事长：王禹民　辛保安　申彦锋　焦方正
　　　　　刘宏斌　周立伟　陈允鹏　樊启祥
　　　　　彭　勇　徐树彪　王树民　庞松涛
　　　　　孙正运
秘书长：孙正运

中国硅酸盐学会
The Chinese Ceramic Society（CCS）

地址：北京市海淀区三里河路 11 号
邮政编码：100831
电子信箱：guisuanyanxuehui@ceramsoc.com
主页网址：http://www.ceramsoc.com
电话：010–57811248
传真：010–57811249
理事长：高瑞平
党委书记：高瑞平
副理事长：周　玉　南策文　缪昌文　李新华
　　　　　彭　寿　晋占平　宋力昕　陈　文
　　　　　程　新　刘建华　颜碧兰
秘书长：谭　抚
监事长：徐永模

中国建筑学会
The Architectural Society of China（ASC）

地址：北京市三里河路 9 号
邮政编码：100835
电子信箱：zhb@chinaasc.org
主页网址：http://www.chinaasc.org
电话：010–88082227
传真：010–88082224
理事长：修　龙
党委书记：修　龙
副理事长：王建国　王翠坤　龙卫国　庄惟敏
　　　　　刘加平　许杰峰　宋　源　孟建民
　　　　　梅洪元　常　青　崔　愷
秘书长：李存东
监事长：丁　建

中国土木工程学会
China Civil Engineering Society（CCES）

地址：北京市海淀区三里河路 9 号
邮政编码：100835
电子信箱：cceszhb@163.com
主页网址：http://www.cces.net.cn
电话：010–58933958
传真：010–58933953
理事长：易　军
党委书记：尚春明
副理事长：戴东昌　王同军　尚春明　马泽平
　　　　　张宗言　刘起涛　王　俊　李　宁
　　　　　顾祥林　聂建国　徐　征
秘书长：李明安
监事长：袁　驷

中国生物工程学会
Chinese Society of Biotechnology（CSBT）

地址：北京市朝阳区北辰西路 1 号院 3 号微生物研究所 B 座 411 室
邮政编码：100101
电子信箱：xh@im.ac.cn
主页网址：http://www.biotechchina.org
电话：010–64807678
传真：010–64807678
理事长：高　福
党委书记：高　福

副理事长：陈 坚 陈惠鹏 李校堃 杨晓明
岳国君 张福锁 张先恩 张新民

秘书长：张宏翔

监事长：朱 祯

中国纺织工程学会

China Textile Engineering Society（CTES）

地址：北京市朝阳区延静里中街3号主楼6楼

邮政编码：100025

电子信箱：liufengkun@ctic.org.cn

主页网址：http://www.ctes.com.cn

电话：010-65017755

传真：010-65016538

理事长：伏广伟

党委书记：李陵申

副理事长：王玉忠 尹耐冬 朱美芳 李利军
李鹏飞 张传雄 陈文兴 陈 莉
姜俊华 高卫东 龚进礼

秘书长：高惠芳

监事长：朱 超

中国造纸学会

China Technical Association of Paper Industry（CTAPI）

地址：北京市朝阳区望京启阳路4号中轻大厦B座10层

邮政编码：100102

电子信箱：123123@ctapi.org.cn

主页网址：http://www.ctapi.org.cn

电话：010-64778760/66/68

传真：010-64778769

理事长：曹振雷

党委书记：曹振雷

副理事长：曹春昱 王晓昕 陈嘉川 何北海
胡开堂 李 耀 刘 忠 孙 波
张 辉 张美云 赵 伟

秘书长：曹春昱（兼）

监事长：卢宝荣

中国文物保护技术协会

China Association for Conservation Technology of Cultural Heritage（CACTCH）

地址：北京市东城区景山前街4号故宫博物院内

邮政编码：100009

电子信箱：secretary@cactch.org.cn

主页网址：http://www.cactch.org.cn

电话：010-85007412

传真：010-85007412

理事长：王时伟

党委书记：王时伟

副理事长：杜晓帆 郭 宏 黄 滋 黄继忠
苏伯民 谭玉峰 铁付德 赵西晨

秘书长：曲 亮

监事长：李化元

中国印刷技术协会

The Printing Technology Association of China（PTAC）

地址：北京市西城区太平街6号富力摩根中心E818

邮政编码：100050

电子信箱：ptac_shenxiang@163.com

主页网址：http://www.chinaprint.org

电话：010-59361480/5936187

传真：010-59361489

理事长：刘晓凯

党委书记：陈迎新

副理事长：王关义 兰本立 朱 敏 乔鲁予
刘 杰 汤 帜 孙宝林 李 莉
吴雪勇 何曼玲 沈剑毅 张 亦
张 涛 张巍远 陈宁俊 陈邦设
陈迎新 陈 斌 赵 伟 袁亚平
栗延秋 殷卫国 郭志强 常晓霞
彭 勇 蒲嘉陵 褚庭亮

秘书长：陈迎新（兼）

监事长：许文才

中国材料研究学会
Chinese Materials Research Society（CMRS）

地址：北京市海淀区紫竹院路 62 号 4102 室
邮政编码：100048
电子信箱：chinese_mrs@163.com
主页网址：http://www.c-mrs.org.cn
电话：010-68475052
理事长：魏炳波
党委书记：魏炳波
副理事长：李元元　丁文江　韩高荣　聂祚仁
潘复生　王迎军　翁　端　谢建新
杨　锐　姚　燕　张平祥　周科朝
周少雄　朱美芳
秘书长：张增志
监事长：李光宪

中国食品科学技术学会
Chinese Institute of Food Science and Technology（CIFST）

地址：北京市海淀区阜成路北三街 8 号 9 层
邮政编码：100048
电子信箱：cifst@126.com
主页网址：http://www.cifst.org.cn/
电话：010-65265375/6
传真：010-65264731
理事长：孙宝国
党委书记：邵　薇
副理事长：邵　薇　朱蓓薇　吴清平　陈　坚
任发政　丁钢强　李　宁　金征宇
石维忱　谢明勇　路福平
秘书长：陈　铮
监事长：贾志忍

中国粮油学会
Chinese Cereals and Oils Association（CCOA）

地址：北京市西城区百万庄大街 13-6 二层
邮政编码：100037
电子信箱：zuowei@ccoaonline.com
主页网址：http://www.ccoaonline.com
电话：010-68357522
传真：010-68357522
理事长：张桂凤
党委书记：张桂凤
副理事长：马　俊　王莉蓉　王耀鹏　丹志国
卞　科　邱伟芬　佟　毅　侯永清
俞学锋　宫旭洲　顾正彪　涂长明
翟江临
秘书长：王莉蓉
监事长：胡承淼

中国职业安全健康协会
China Occupational Safety and Health Association（COSHA）

地址：北京市朝阳区惠新西街 17 号科研大厦
邮政编码：100029
电子信箱：107639000@qq.com
主页网址：http://www.cosha.org.cn
电话：010-64463210
传真：010-64463210
理事长：王德学
党委书记：王德学
驻会副理事长：王浩水　马　骏　张凤山　王铃丁
杨玉洲　李德清　魏山峰
秘书长：马　骏

中国烟草学会
China Tobacco Society（CTS）

地址：北京市西城区月坛南街 55 号
邮政编码：100045
电子信箱：xh-bgs@tobacco.gov.cn
主页网址：http://www.tobacco.gov.cn/gjyc/zjxh/ycxh_zlist.shtml
电话：010-63605829
传真：010-63606404
理事长：韩占武
党委书记：韩占武（兼）
副理事长：刘　融　谢剑平　陈江华　唐　煦

张思荣　王德平　缪明明
秘书长：刘　融（兼）
监事长：陈俊奎

中国仿真学会
China Simulation Federation（CSF）

地址：北京市海淀区学院路 37 号
邮政编码：100191
电子信箱：cassimul@vip.sina.com
主页网址：http://www.csf-sim.org.cn
电话：010-82310612
传真：010-82317098
理事长：曹建国
党委书记：范文慧
副理事长：查亚兵　范文慧　黄海军　纪志成
　　姜　兵　马　萍　马世伟　熊新平
　　张　柯　张　克　张志利
秘书长：李　妮
监事长：李国雄

中国电影电视技术学会
China Society of Motion Picture and Television Engineers（CSMPTE）

地址：北京市西城区真武庙二条真武家园 4 号楼一层西段
邮政编码：100045
电子信箱：mishuchu@csmpte.com
主页网址：http://www.csmpte.com
电话：010-63983646
传真：010-63983646
理事长：徐　进
党委书记：徐　进
副理事长：钱岳林　邓向冬　刘　刚　闫　鹏
　　李　江　李熠星　张文军　范宏军
　　范创奇　徐晓林　栾国志
秘书长：韩　强
监事长：丁汶平

中国振动工程学会
Chinese Society for Vibration Engineering（CSVE）

地址：江苏省南京市御道街 29 号
邮政编码：210016
电子信箱：csve@nuaa.edu.cn
主页网址：http://www.csve.org.cn
电话：025-84892135
传真：025-84892135
理事长：胡海岩
党委书记：华宏星
副理事长：陈　璞　褚福磊　华宏星　李　惠
　　李　杰　许希武　翟婉明　张　方
　　张建民
秘书长：张　方（兼）
监事长：陈国平

中国颗粒学会
Chinese Society of Particuology（CSP）

地址：北京市中关村北二街 1 号过程大厦 1003
邮政编码：100190
电子信箱：klxh@ipe.ac.cn
主页网址：http://www.csp.org.cn
电话：010-62647657/62647647
传真：010-82544962
理事长：朱庆山
党委书记：陈运法
副理事长：费广涛　卢春喜　李春忠　彭　峰
　　常　津
秘书长：王体壮
监事长：李　英

中国照明学会
China Illuminating Engineering Society（CIES）

地址：北京市东城区交道口南大街 16 号五层

邮政编码：100010
电子信箱：cies19870601@163.com
主页网址：http://www.cies.ac.cn
电话：010–65836525/65815905/65830997
传真：010–65812194
理事长：刘正雷
党委书记：刘正雷
副理事长：杨春宇　潘建根　苏耀康　魏　彬
　　　　　刘　刚
秘书长：华树明
监事长：张保洲

中国动力工程学会
Chinese Society of Power Engineering（CSPE）

地址：上海市闵行区剑川路 1115 号
邮政编码：200240
电子信箱：cspe@speri.com.cn
主页网址：http://cspe.cpeweb.com.cn
电话：021–54705106
传真：021–54705106
理事长：邹　磊
党委书记：邹　磊
副理事长：吕智强　严建华　何雅玲　张树林
　　　　　陈干锦　徐　鹏　魏昭峰
秘书长：张树林（兼）
监事长：严宏强

中国惯性技术学会
Chinese Society of Inertial Technology（CSIT）

地址：北京市海淀区永定路 52 号
邮政编码：100854
电子信箱：zggxjsxh@126.com
主页网址：https://www.csit.org.cn
电话：010–88527791
传真：010–68388652
理事长：包为民
党委书记：包为民
副理事长：马卫华　王　巍　王振华　刘付成
　　　　　李立新　杨　雨　尚俊云　姜福灏
　　　　　赵　坤　袁　利　雷宏杰
秘书长：王　岩
监事长：董景新

中国风景园林学会
Chinese Society of Landscape Architecture（CHSLA）

地址：北京市海淀区三里河路 9 号
邮政编码：100037
电子信箱：chsla@vip.sina.com
主页网址：http://www.chsla.org.cn/
电话：010–88084198
传真：010–88082100
理事长：陈　重
党委书记：陈　重
副理事长：王　翔　王磐岩　李　雄　朱子瑜
　　　　　张　勇　杨　锐　吴桂昌　周如雯
　　　　　郑淑玲　夏颖彪　高　翅　强　健
秘书长：贾建中
监事长：张树林

中国电源学会
China Power Supply Society（CPSS）

地址：天津市南开区黄河道 467 号大通大厦 16 层
邮政编码：300110
电子信箱：cpss@cpss.org.cn
主页网址：http://www.cpss.org.cn
电话：022–27680796
传真：022–27687886
理事长：刘进军
党委书记：刘进军
副理事长：罗　安　章进法　阮新波　邓建军
　　　　　马　皓　袁小明　周桃园　杜　雄
秘书长：张　磊
监事长：徐德鸿

中国复合材料学会
Chinese Society for Composite Materials
（CSCM）

地址：北京市海淀区花园东路 15 号旷怡大厦 3 层
邮政编码：100083
电子信箱：huiyuanbu@csfcm.org.cn
主页网址：http://www.csfcm.org.cn
电话：010–82026320/82026120
传真：010–82026120
理事长：陈祥宝
党委书记：陈祥宝
副理事长：成来飞　方岱宁　冯志海　韩克岑
侯　晓　冷劲松　马朝利　邢丽英
徐　坚　薛忠民　俞建勇
秘书长：张博明
监事长：孙晋良

中国消防协会
China Fire Protection Association（CFPA）

地址：北京市朝阳区华威西里甲 19 号
邮政编码：100021
电子信箱：bgs@cfpa.cn
主页网址：www.cfpa.cn
电话：010–87789619
传真：010–87789252
会长：陈伟明
党委书记：陈伟明
副会长：李引擎　牛跃光　马维光　曹忙根
秘书长：曹忙根（兼）
监事长：吴礼龙

中国图象图形学学会
China Society of Image and Graphics
（CSIG）

地址：北京市海淀区中关村东路 95 号东楼 307、308
邮政编码：100190
电子信箱：info@csig.org.cn
主页网址：http://www.csig.org.cn
电话：010–82544676/82544661
传真：010–82544676
理事长：王耀南
党委书记：王耀南
副理事长：邓中翰　赖剑煌　马惠敏　汪国平
王　亮　王涌天　俞能海　张艳宁
秘书长：马惠敏
监事长：查红彬

中国人工智能学会
Chinese Association for Artificial Intelligence
（CAAI）

地址：北京市海淀区西土城路 10 号北京邮电大学明光楼 606 室
邮政编码：100876
电子信箱：msc@caai.cn
主页网址：http://caai.cn
电话：010–82686683
传真：010–82686683
理事长：戴琼海
党委书记：赵春江
副理事长：陈　杰　赵春江　王恩东　刘成林
刘　宏　孙富春　周志华　王国胤
王文博
秘书长：王卫宁
监事长：蒋昌俊

中国体视学学会
Chinese Society for Stereology（CSS）

地址：北京市海淀区清华大学刘卿楼 211 室
邮政编码：100084
电子信箱：tscss@mail.tsinghua.edu.cn
主页网址：http://www.tscss.org
电话：010–62776336
传真：010–62784659
理事长：张　跃

党委书记：张　跃
副理事长：陈志强　彭瑞云　张艳宁　田　捷
　　　　　姜志国　秦高梧　宋晓艳　牟轩沁
秘书长：李　亮
监事长：赵忠明

中国工程机械学会
China Construction Machinery Society
（CCMS）

地址：上海市杨浦区四平路 1239 号同济大学机械馆
邮政编码：200092
电子信箱：ccms_office@126.com
主页网址：http://www.ccms.org.cn
电话：021-65985015
传真：021-65985015
理事长：卞永明
党委书记：石来德
副理事长：杨华勇　赵丁选　付　玲　李锁云
　　　　　宓为建　肖汉斌　叶　敏　俞宏福
　　　　　朱建新　朱真才　卓普周
秘书长：周贤彪
监事长：吴玉厚

中国遥感应用协会
China Association of Remote Sensing Application
（CARSA）

地址：北京市海淀区永丰产业基地丰贤东路 5 号中国资源卫星应用中心 A 座 3 层
邮政编码：100094
电子信箱：ygxh@carsa.org.cn
主页网址：http://www.carsa.org.cn
电话：010-57503347
传真：010-57503347
理事长：罗　格
党委书记：罗　格
副理事长：白志刚　李传荣　杨运斌　杨保华
　　　　　吴一戎　岳　涛　龚健雅　童旭东
　　　　　赖征田　吴　双　潘旭东

秘书长：卫　征
监事长：赵启发

中国指挥与控制学会
Chinese Institute of Command and Control
（CICC）

地址：北京市海淀区车道沟十号院科技 1 号楼 10 层
邮政编码：100089
电子信箱：cicc@c2.org.cn
主页网址：http://www.c2.org.cn
电话：010-68964721
传真：010-68964756
理事长：费爱国
党委书记：费爱国
副理事长：于　全　何　友　陈　杰　龙　腾
　　　　　秦继荣　李定主　王积鹏　黄　强
　　　　　庄　剑　顾　浩　朱荣刚　吕金虎
　　　　　付　琨
秘书长：秦继荣（兼）
监事长：戴　浩

中国微米纳米技术学会
Chinese Society of Micro-Nano Technology
（CSMNT）

地址：北京市海淀区清华大学精密仪器系 450 室
邮政编码：100084
电子信箱：csmnt@mail.tsinghua.edu.cn
主页网址：http://www.csmnt.org.cn
电话：010-62772108
传真：010-62796707
理事长：段文晖
党委书记：王晓浩
副理事长：蒋庄德　黄庆安　刘　冲　柳　强
　　　　　王晓浩　王　颖　王跃林　魏志祥
　　　　　张大成
秘书长：柳　强
监事长：夏善红

中国密码学会
Chinese Association for Cryptologic Research（CACR）

地址：北京市丰台区靛厂路 7 号
邮政编码：100036
电子信箱：cacr@cacrnet.org.cn
主页网址：https://www.cacrnet.org.cn/
电话：010–59703621
传真：010–59703621
理事长：王小云
党委书记：安晓龙
副理事长：陈克非　吴文玲　安晓龙　徐茂智
　　　　　戚文峰　谷大武
秘书长：安晓龙（兼）
监事长：王　杰

中国大坝工程学会
Chinese National Committee on Large Dams（CHINCOLD）

地址：北京市海淀区玉渊潭南路 1 号
邮政编码：100038
电子信箱：chincold@vip.126.com
主页网址：http://www.chincold.org.cn
电话：010–68781709
传真：010–68712208
理事长：矫　勇
党委书记：矫　勇
副理事长：刘伟平　刘金焕　李文学　李　昇
　　　　　汪小刚　汪际峰　沈凤生　张曙光
　　　　　陈云华　陈生水　陈国平　周厚贵
　　　　　胡甲均　胡春宏　钮新强　夏　忠
　　　　　景来红　樊启祥
秘书长：贾金生
监事长：吕炯涛

中国卫星导航定位协会
GNSS and LBS Association of China（GLAC）

地址：北京市丰台区万丰路金家村 288 号华信大厦
邮政编码：100036
电子信箱：glac@glac.org.cn
主页网址：http://www.glac.org.cn
电话：010–68185060
传真：010–88621089
会长：于贤成
党委书记：于贤成
副会长：赵继成　刘大可　吴　岚　赵　勇　高培刚
　　　　吴　林　姜德荣　刘忠华　姜卫平　李　澍
　　　　蔺陆洲　贾必明　李稚松　张　健　张颖芝
　　　　孙仲亮　蔚保国　严　刚　韩绍伟　付　诚
　　　　杨玉坤　赵　军
秘书长：刘大可
监事长：王久辉

中国生物材料学会
Chinese Society for Biomaterials（CSBM）

地址：四川省成都市望江路 29 号四川大学生物材料楼
邮政编码：610064
电子信箱：csbm@csbm.org.cn
主页网址：http://www.csbm.org.cn
电话：028–85417078
传真：028–85410246
理事长：刘昌胜
党委书记：王迎军
副理事长：陈晓峰　高长有　王云兵　张胜民
　　　　　赵毅武
秘书长：艾　华
监事长：沈　健

国际粉体检测与控制联合会
International Federation of Measurement and Control of Granular Materials（IFMCGM）

地址：辽宁省沈阳市和平区文化路 3 号巷 11 号
邮政编码：110004

电子信箱：mcgm2012@126.com
电话：024–23914779
传真：024–23914779
理事长：谢　植
副理事长：Mark G.Jones（澳大利亚）
Shuji Matsusaka（日本）
Siegfried Radandt（德国）
InShup Ahn（韩国）
盖国胜
秘书长：李新光

中国农学会
China Association of Agricultural Science Societies（CAASS）

地址：北京市朝阳区麦子店街 22 号楼
邮政编码：100125
电子信箱：59194203@163.com
主页网址：http://www.caass.org.cn
电话：010–59194204
传真：010–59194204
会长：张桃林
副会长：万建民　刘　旭　孙其信　吴孔明　沈　仁
陈晓亚　周光宏　胡义萍　喻树迅　廖西元
秘书长：胡义萍

中国林学会
Chinese Society of Forestry（CSF）

地址：北京市海淀区东小府 2 号
邮政编码：100091
电子信箱：zglxhbgs@126.com
主页网址：http://www.csf.org.cn
电话：010–62889815
传真：010–62889815
理事长：赵树丛
党委书记：陈幸良
副理事长：曹福亮　蒋剑春　马广仁　宋权礼
郝育军　刘世荣　安黎哲　李　斌
王　浩　陈幸良　费本华
秘书长：陈幸良

中国土壤学会
Soil Science Society of China（SSSC）

地址：江苏省南京市北京东路 71 号
邮政编码：210008
电子信箱：sssc@issas.ac.cn
主页网址：http://www.csss.org.cn
电话：025–86881532
传真：025–86881000
理事长：张佳宝
党委书记：张佳宝
副理事长：颜晓元　冯　浩　朱永官　李芳柏
邹建文　易可可　赵小敏　黄元仿
秘书长：颜晓元
监事长：邓良基

中国水产学会
China Society of Fisheries（CSF）

地址：北京市朝阳区麦子店街 18 号楼 810
邮政编码：100125
电子信箱：csfish@vip.163.com
主页网址：http://www.csfish.org.cn
电话：010–59194025/59195494/59195156
传真：010–59195028
理事长：王清印
党委书记：王清印
副理事长：崔利锋　麦康森　桂建芳　王小虎
吴嘉敏　宋林生　刘东超　丁雪燕
赵玉山　张　璐
秘书长：崔利锋
监事长：赵文武

中国园艺学会
Chinese Society for Horticultural Science（CSHS）

地址：北京市海淀区中关村南大街 12 号中国农业科学

院蔬菜花卉研究所
邮政编码：100081
电子信箱：cshs@caas.cn
主页网址：http://www.cshs.org.cn
电话：010-82109528
传真：010-82109528
理事长：邓秀新
党委书记：张友军
副理事长：张友军　李天来　申书兴　陈发棣
　　　　　马锋旺　李天红　易干军　许　勇
　　　　　王晓武　栾非时　潘会堂
秘书长：张友军
监事长：孙日飞

中国畜牧兽医学会
Chinese Association of Animal Science and Veterinary Medicine（CAAV）

地址：北京市朝阳区农展馆南路 9 号博雅园 1-106
邮政编码：100125
电子信箱：c06@cast.org.cn/caav123@163.com
主页网址：http://www.caav.org.cn
电话：010-85959009/85959006
传真：010-85959010
理事长：黄路生
党委书记：黄路生
副理事长：乔玉锋　李　明　杨汉春　步志高
　　　　　吴　德　呙于明　张许科　邵根伙
　　　　　秦玉昌　焦新安　廖　明　薛廷伍
秘书长：杨汉春
监事长：王金洛

中国植物病理学会
Chinese Society for Plant Pathology（CSPP）

地址：北京市海淀区圆明园西路二号
邮政编码：100193
电子信箱：office@cspp.org.cn
主页网址：http://www.cspp.org.cn
电话：010-62731025
传真：010-62813785
理事长：彭友良
副理事长：王源超　王福祥　刘杏忠　朱有勇
　　　　　吴元华　吴祖建　李健强　陈剑平
　　　　　周雪平　姜道宏　康振生　韩成贵
秘书长：韩成贵（兼）

中国植物保护学会
China Society of Plant Protection（CSPP）

地址：北京市海淀区圆明园西路 2 号中国农业科学院植物保护研究所行政楼
邮政编码：100193
电子信箱：cspp62@163.com
主页网址：http://ipmchina.net
电话：010-62815913
传真：010-62815913
理事长：陈剑平
党委书记：陈剑平
副理事长：戈　峰　刘　学　何霞红　沈　杰
　　　　　宋宝安　张友军　周雪平　柏连阳
　　　　　康振生　魏启文
秘书长：郑传临
监事长：陈万权

中国作物学会
The Crop Science Society of China（CSSC）

地址：北京市海淀区中关村南大街 12 号中国农科院育种南楼
邮政编码：100081
电子信箱：zwxh@caas.cn
主页网址：https://www.chinacrops.org
电话：010-82108616
传真：010-82108785
理事长：万建民
党委书记：刘春明
副理事长：钱　前　刘春明　杨维才　金危危
　　　　　赵久然　毛长青　丁艳锋　吉万全

秘书长：刘春明
监事长：李召虎

中国热带作物学会
Chinese Society for Tropical Crops（CSTC）

地址：海南省海口市龙华区学院路 4 号
邮政编码：571101
电子信箱：cstcorg@126.com
主页网址：http://www.cstcs.org.cn
电话：0898-66962982
传真：0898-66962982
理事长：刘国道
党委书记：杨礼富
副理事长：邹学校　韩沛新　戴陆园　杨礼富
　　　　　陈东奎　曾继吾　邬华松
秘书长：邬华松
监事长：刘　波

中国蚕学会
Chinese Society of Sericulture Science（CSSS）

地址：江苏省镇江市丹徒区长晖路 666 号江苏科技大学长山校区 17 号楼
邮政编码：212100
电子信箱：csss_china@126.com
主页网址：http://sss.scimall.org.cn/
电话：0511-85616661
传真：0511-85622507
理事长：廖森泰
党委书记：廖森泰
副理事长：李　龙（常务）　代方银　李　标
　　　　　钱永华　宋国柱　吴海平　杨　彪
秘书长：沈兴家

中国水土保持学会
Chinese Society of Soil and Water Conservation（CSSWC）

地址：北京市海淀区清华东路 35 号北京林业大学东配楼 2 层
邮政编码：100083
电子信箱：zgsbxhzzb@163.com
主页网址：http://www.sbxh.org
电话：010-62336252
传真：010-62336252
理事长：陆桂华
党委书记：蒲朝勇
副理事长：蒲朝勇　黄正秋　崔　鹏　吴　斌
　　　　　刘国彬　王玉杰
秘书长：王玉杰

中国茶叶学会
China Tea Science Society（CTSS）

地址：浙江省杭州市梅灵南路 9 号
邮政编码：310008
电子信箱：chinatss@tricaas.com
主页网址：http://www.chinatss.cn
电话：0571-87310353/86653176
传真：0571-87310353
理事长：江用文
党委书记：江用文
副理事长：蔡　军　黄　政　梁月荣　阮建云
　　　　　肖力争　殷建豪　余文权　张正竹
秘书长：阮建云
监事长：张　定

中国草学会
Chinese Grassland Society（CGS）

地址：北京市海淀区圆明园西路 2 号中国农业大学西校区主楼 702 室
邮政编码：100193
电子信箱：cgsoffice@163.com
主页网址：http://www.chinagrass.org.cn
电话：010-62732799/62731666
传真：010-62732799
理事长：南志标
党委书记：南志标

副理事长：白史且　白小明　董世魁　郭振飞
韩国栋　贺金生　金　轲　孙　伟
王　堃　杨青川　张　博　张英俊
秘书长：张英俊
监事长：周　禾

中国植物营养与肥料学会
Chinese Society of Plant Nutrition and Fertilizer Science（CSPNFS）

地址：北京市海淀区中关村南大街 12 号中国农业科学院资源楼
邮政编码：100081
电子信箱：zwyyxh@caas.cn
主页网址：http://www.cspnf.org.cn
电话：010-82109093
传真：010-82109093
理事长：白由路
党委书记：白由路
副理事长：王敬国　谢建华　周　卫　杨少海
孙　波　王俊忠　赵秉强
秘书长：张景丽
监事长：刘宝存

中国农业历史学会
China Agricultural History Association（CAHA）

地址：北京市朝阳区东三环北路 16 号
邮政编码：100026
电子信箱：nsxhmsc@126.com
电话：010-59199703
传真：010-65021727
理事长：隋　斌
党委书记：隋　斌
副理事长：陈　军　徐剑波　陈　洁　李昌武
惠富平　朱宏斌　曾雄生　王福昌
李　军
秘书长：陈　军
监事长：王一民

中华医学会
Chinese Medical Association（CMA）

地址：北京市东城区东四西大街 42 号
邮政编码：100710
主页网址：http://www.cma.org.cn
传真：010-21720464
会长：赵玉沛
党委书记：李国勤
副会长：王　伟　王　辰　王　健　乔　杰　李五四
李为民　李国勤　李清杰　余艳红　陈赛娟
尚　红　郑树森　封国生　高　福　赫　捷
秘书长：王　健
监事长：张伯礼

中华中医药学会
China Association of Chinese Medicine（CACM）

地址：北京市朝阳区樱花园东街甲 4 号
邮政编码：100029
电子信箱：xinxibu102@126.com
主页网址：http://www.cacm.org.cn
电话：010-84257895
传真：010-84257895
会长：于文明
副会长：王国辰　仝小林　闫树江　李灿东　杨关林
杨明会　杨殿兴　肖　伟　陈达灿　郑　进
胡鸿毅　徐安龙
秘书长：王国辰

中国中西医结合学会
Chinese Association of Integrative Medicine（CAIM）

地址：北京市东城区东直门内南小街 16 号
邮政编码：100700
电子信箱：caim@caim.org.cn
主页网址：http://www.caim.org.cn

电话：010-64010688/64025672
传真：010-64010688/84035154
会长：陈香美
党委书记：郭　姣
副会长：王　伟　王笑频　丛　斌　吕文良　刘继红
　　　　刘清泉　杨宝峰　施建蓉　姚树坤　高秀梅
　　　　郭　姣　唐旭东
秘书长：吕文良
监事长：朱广丽

中国药学会
Chinese Pharmaceutical Association（CPA）

地址：北京市东城区天坛西里2号
邮政编码：100050
电子信箱：cpa@cpa.org.cn
主页网址：http://www.cpa.org.cn
电话：010-67095470
传真：010-67095470
理事长：孙咸泽
党委书记：孙咸泽
副理事长：陈志南　黄璐琦　丁　健　李　松
　　　　　王晓良　吴春福　丁丽霞　孙飘扬
　　　　　李　波　来茂德　张晓东　蔡东晨
秘书长：王爱国
监事长：陈凯先

中华护理学会
Chinese Nursing Association（CNA）

地址：北京市西城区西直门南大街2号成铭大厦C座28层
邮政编码：100035
电子信箱：zhhlxhcna@163.com
主页网址：http://www.cna-cast.org.cn
电话：010-53779547
传真：010-53779547
理事长：吴欣娟
党委书记：吴欣娟
副理事长：皮红英　张利岩　么　莉　李　峥
　　　　　丁炎明　李春燕　吴　瑛　张素秋
　　　　　胡斌春　李映兰
秘书长：应　岚
监事长：徐　琨

中国生理学会
Chinese Association for Physiological Sciences
（CAPS）

地址：北京市东城区东四西大街42号
邮政编码：100710
电子信箱：caps1926@126.com
主页网址：https://www.caps-china.org.cn/
电话：010-85158602
传真：010-65278802
理事长：王　韵
党委书记：王　韵
副理事长：王世强　陈思锋　陈　军　罗自强
　　　　　周嘉伟　徐天乐　管又飞
秘书长：李俊发
监事长：王晓民

中国解剖学会
Chinese Society for Anatomical Sciences
（CSAS）

地址：北京市东城区东单三条东配楼8楼（临时）
邮政编码：100005
电子信箱：d07@cast.org
主页网址：http://www.csas.org.cn
电话：010-85002976
理事长：张绍祥
党委书记：刘学政
副理事长：李云庆　丁文龙　刘树伟　赵春华
　　　　　刘学政　李　和　周德山　张宏权
　　　　　崔慧先　隋鸿锦　马　超
秘书长：周德山
监事长：席焕久

中国生物医学工程学会
Chinese Society of Biomedical Engineering（CSBME）

地址：北京市东单三条 5 号
邮政编码：100005
电子信箱：swyxgch@126.com
主页网址：http://www.csbme.org
电话：010-65136537/69156448
传真：010-65265035
理事长：曹雪涛
党委书记：曹雪涛
副理事长：程 京 顾晓松 王广志 万遂人 李德玉 尧德中 池 慧 赵毅武 王国胜 韩金祥 郑海荣
秘书长：池 慧
监事长：姜宗来

中国病理生理学会
Chinese Association of Pathophysiology（CAP）

地址：北京市海淀区学院路 38 号北京大学医学部生理楼 104 室
邮政编码：100191
电子信箱：zgblslxh@163.com
主页网址：http://www.caop.ac.cn
电话：010-82801719
传真：010-82801719
理事长：张幼怡
党委书记：张幼怡
副理事长：陈国强 陆大祥 董尔丹 王建枝 李 萍
秘书长：李 萍
监事长：陈 琪

中国营养学会
Chinese Nutrition Society（CNS）

地址：北京市西城区广安门内大街 6 号枫桦豪景 A 座五单元 16 层
邮政编码：100053
电子信箱：cns@cnsoc.org
主页网址：http://www.cnsoc.org
电话：010-83554781
传真：010-83554780
理事长：杨月欣
党委书记：肖 荣
副理事长：朱蓓薇 蔡 威 丁钢强 马爱国 马冠生 孙长颢 杨晓光 常翠青
秘书长：杜松明
监事长：李晓斌

中国药理学会
Chinese Pharmacological Society（CPS）

地址：北京市西城区先农坛街 1 号
邮政编码：100050
电子信箱：ylxh@cnphars.org
主页网址：http://www.cnphars.org.cn
电话：010-63165211
传真：010-63165211
理事长：张永祥
党委书记：杜冠华
副理事长：杜冠华 胡 刚 李 林 缪朝玉 石京山 余细勇
秘书长：张永鹤
监事长：李学军

中国针灸学会
China Association of Acupuncture and Moxibustion（CAAM）

地址：北京市东城区东直门内南小街 16 号
邮政编码：100700
电子信箱：caambgs@126.com
主页网址：http://www.caam.cn
电话：010-64030959
传真：010-64030959
理事长：刘保延
党委书记：刘保延

副理事长：王　华　王　舒　王麟鹏　方剑乔
朱　兵　刘智斌　许能贵　孙忠人
杨金生　吴焕淦　余曙光　夏有兵
高树中　喻晓春
秘书长：喻晓春
监事长：王映辉

中国防痨协会
Chinese Antituberculosis Association
（CATA）

地址：北京市东城区东四西大街 42 号
邮政编码：100010
电子信箱：cata_1933@126.com
主页网址：http://www.cata1933.cn/
电话：010-65257475
理事长：刘剑君
副理事长：钟　球　袁政安　张宗德　成诗明
黄　春　刘永煜　陈效友　张　帆
秘书长：成诗明
监事长：洪　峰

中国麻风防治协会
China Leprosy Association（CLA）

地址：北京市朝阳区十里堡甲 3 号 5 号楼 1E
邮政编码：100025
电子信箱：clabj@vip.163.com
主页网址：http://www.chinalep.org
电话：010-67522205
传真：010-67522206
会长：张福仁
党委书记：张福仁
副会长：潘春枝　冯清华　严良斌　李进岚　李　伟
张连华　杨　军　郑道城
秘书长：袁联朝
监事长：潘美儿

中国心理卫生协会
Chinese Association for Mental Health（CAMH）

地址：北京市西城区德外安康胡同 5 号
邮政编码：100088
电子信箱：yyt808@sina.com.cn
主页网址：http://www.camh.org.cn
电话：010-64001762
传真：010-82029354
理事长：马　辛
党委书记：马　辛
副理事长：王　刚　谢　斌　杨甫德　刘　靖
王　力　赵旭东
秘书长：王　刚

中国抗癌协会
China Anti-Cancer Association（CACA）

地址：天津市新技术产业园区兰苑路 5 号 A 座 10 楼
邮政编码：300384
电子信箱：bgs@caca.org.cn
主页网址：http://www.caca.org.cn
电话：022-23359958
传真：022-23526512
理事长：樊代明
党委书记：陆　伟
副理事长：詹启敏　于金明　季加孚　王红阳
赫　捷　李　强　郭小毛　徐瑞华
朴浩哲　吴永忠
秘书长：王　瑛
监事长：郝希山

中国体育科学学会
China Sport Science Society（CSSS）

地址：北京市东城区体育馆路 11 号
邮政编码：100061
电子信箱：csssbgs@126.com
主页网址：http://www.csss.cn

电话：010-87182586/87182587/87182594/87182593
传真：010-87183928
理事长：李颖川
党委书记：冯连世
副理事长：冯连世 李业武 祝 莉 谢敏豪
张 剑 池 建 陈佩杰 刘 青
敖英芳 季林红
秘书长：冯连世（兼）
监事长：杜利军

中国毒理学会
Chinese Society of Toxicology（CST）

地址：北京市海淀区永定路88号
邮政编码：100039
电子信箱：cst@chntox.org
主页网址：http://www.chntox.org
电话：010-68183899
理事长：周平坤
党委书记：周平坤
副理事长：陈景元 李 桦 彭双清 浦跃朴
沈建忠 孙祖越 吴永宁 杨杏芬
周建伟
秘书长：刘 超
监事长：郑玉新

中国康复医学会
Chinese Association of Rehabilitation Medicine（CARM）

地址：北京市朝阳区北辰东路8号汇欣大厦A座307室
邮政编码：100101
电子信箱：bgs@carm.org.cn
主页网址：http://www.carm.org.cn
电话：010-64210670
传真：010-64219690
会长：方国恩
党委书记：牛恩喜
副会长：牛恩喜（常务） 彭明强（常务） 李建军
陈立典 岳寿伟 周谋望 黄晓琳 燕铁斌
秘书长：牛恩喜（代）

中国免疫学会
Chinese Society for Immunology（CSI）

地址：北京市东单三条5号
邮政编码：100005
电子信箱：office@csi.org.cn
主页网址：http://www.csi.org.cn
电话：010-69156451
传真：010-69156451
理事长：吴玉章
党委书记：吴玉章
副理事长：孙 兵 姚 智 吴 励 储以微
黄 波
秘书长：黄 波
监事长：田志刚

中华预防医学会
Chinese Preventive Medicine Association（CPMA）

地址：北京市朝阳区华威里25号5层
邮政编码：100021
电子信箱：cpma@cpma.org.cn
主页网址：http://www.cpma.org.cn
电话：010-84039879
传真：010-84039873
会长：李 斌
党委书记：冯子健
副会长：冯子健 梁晓峰 杨维中 顾东风
乔 杰 常继乐 张 学 谷晓红
李立明
秘书长：冯子健
监事长：梁东明

中国法医学会
Chinese Forensic Medicine Association（CFMA）

地址：北京市西城区木樨地南里17号楼

邮政编码：100038
电子信箱：fyxh6626@sina.com
主页网址：http://www.fyxh.org
电话：010-66269250
传真：010-63495531
会长：闵建雄
党委书记：闵建雄
副会长：马春玲　沈　敏　聂绍禄　韩业兴　路宏利
秘书长：于忠山
监事长：贾雪峰

中华口腔医学会
Chinese Stomatological Association（CSA）

地址：北京市海淀区中关村南大街甲 18 号北京国际大厦 C 座 4 层
邮政编码：100081
电子信箱：csa@cndent.com
主页网址：http://www.cndent.com
电话：010-62116665
传真：010-62110880
会长：郭传瑸
党委书记：郭传瑸
副会长：王松灵　凌均棨　王　林　白玉兴　卢海平　张思兵　岳　林　叶　玲　蒋欣泉　陈谦明　王佐林　周延民　尚政军
秘书长：岳　林
监事长：边　专

中国医学救援协会
China Association for Disaster & Emergency Rescue Medicine (CADERM)

地址：北京市海淀区永定路 69 号行政 6 层 613 室
邮政编码：100039
电子信箱：caderm@163.com;
主页网址：http://www.caderm.org
电话：010-53672301
传真：010-53672301
会长：李宗浩
党委书记：吴永平
副会长：吴永平　黎檀实　钱阳明　封志纯　李立兵　王明晓
秘书长：李立兵
监事长：张贺明

中国女医师协会
China Medical Women's Association（CMWA）

地址：北京市西城区西直门南大街 2 号成铭大厦 B2 座 12F
邮政编码：100035
电子信箱：nysh120@126.com
主页网址：http://www.cmwa.org.cn
电话：010-51209891/51209893
会长：乔　杰
党支部书记：陈晓枫
副会长：陈晓枫　毛　汛
秘书长：毛　汛
监事长：陈赛娟

中国研究型医院学会
Chinese Research Hospital Association（CRHA）

地址：北京市海淀区西三环北路甲 2 号
邮政编码：100081
电子信箱：yjxyyxh@163.com
主页网址：http://www.crha.cn
电话：010-68484810
传真：010-68484810
会长：何振喜
党委书记：何振喜
副会长：周先志　乔　杰　葛均波　雷光华　梁廷波　邵凤民　华树成　郝定均　王永晨　何昆仑　吕吉云　王明晓　王延军　刘希华　姚　军
秘书长：何振喜（兼）
监事长：姚春雨

中国睡眠研究会

Chinese Sleep Research Society（CSRS）

地址：北京市海淀区高粱桥斜街 40 号 B 座 902 室
邮政编码：100044
电子信箱：sleepcn@163.com
主页网址：http://www.zgsmyjh.org/
电话：010–65230156
传真：010–65230156
理事长：黄志力
党委书记：黄志力
副理事长：唐向东　高雪梅　赵忠新　李庆云
　　时　杰　陈贵海　胡志安　殷善开
　　宿长军
秘书长：左和鸣
监事长：刘春风

中国卒中学会

Chinese Stroke Association（CSA）

地址：北京市丰台区南四环西路 188 号总部基地三区 6 号楼
邮政编码：100070
电子信箱：csa@chinastroke.net
主页网址：http://www.chinastroke.net
电话：010–57986266
传真：010–57986256
会长：王文志
党委书记：王文志
副会长：董　强　葛均波　纪立农　卢德宏　王拥军
　　王彩云　徐安定
秘书长：王　枫
监事长：樊东升

中国自然辩证法研究会

The Chinese Society for Dialectics of Nature（CSDN）

地址：北京市西城区三里河路 54 号
邮政编码：100045
电子信箱：zrbzhf@vip.sina.com
主页网址：http://www.chinasdn.org.cn
电话：010–68598474
传真：010–62173674
理事长：何鸣鸿
党委书记：何鸣鸿
副理事长：王　安　郭贵春　陈　凡　张大庆
　　刘孝廷　尚智丛
秘书长：赵月刚
监事长：张体勤

中国管理现代化研究会

Chinese Academy of Management（CAM）

地址：北京市中关村东路 80 号青年公寓 7 号楼
邮政编码：100190
电子信箱：camchina@126.com
主页网址：http://www.camchina.org.cn
电话：010–82680396
传真：010–82680396
理事长：石　勇
党委书记：赵景华
副理事长：李维安　席西民　杨善林　张　维
　　董继昌　黄丽华　王稼琼　杨　丹
　　赵景华　赵曙明　曾　勇
秘书长：赵景华
监事长：薛　澜

中国技术经济学会

Chinese Society of Technology Economics（CSTE）

地址：北京市海淀区学院南路 86 号
邮政编码：100081
电子信箱：jishujingjixuehui@vip.163.com
主页网址：http://www.cste.org.cn
电话：010–65124716
传真：010–62174221
理事长：李　平
党委书记：李　平
副理事长：李志军（常务）　牛东晓　王宗军
　　李开孟　杨德林　黄检良
秘书长：黄检良

中国现场统计研究会
Chinese Association for Applied Statistics
（CAAS）

地址：北京市朝阳区平乐园 100 号北京工业大学理学部
邮政编码：100124
电子信箱：caasoffice@bjut.edu.cn
主页网址：http://www.caas-net.org.cn
电话：010-67392433
传真：010-67392433
理事长：郭建华
党委书记：郭建华
副理事长：艾明要　崔恒建　林华珍　石　坚
孙六全　唐年胜　汪荣明　王学钦
张宝学　张忠占　邹长亮
秘书长：张忠占
监事长：房祥忠

中国未来研究会
China Society for Futures Studies（CSFS）

地址：北京市海淀区学院南路 86 号
邮政编码：100081
电子信箱：e05@cast.org.cn
主页网址：http://www.csfs.org.cn
电话：010-62103295
传真：010-62103295
理事长：金灿荣
党委书记：金灿荣
副理事长：阎耀军　顾朝林　何传启　陈恩红
刘益东　张延岐
秘书长：张延岐
监事长：韦锡新

中国科学技术史学会
Chinese Society for the History of Science and Technology（CSHST）

地址：北京市怀柔区怀北庄 380 号中国科学院大学雁栖湖校区
邮政编码：101499
电子信箱：cshst1980ucas@163.com
主页网址：http://www.cshst.org
电话：010-69671592
传真：010-69671591
理事长：孙小淳
党委书记：孙小淳
副理事长：曲安京　王思明　石云里　张　藜
郭世荣　潜　伟
秘书长：罗兴波
监事长：关增建

中国科学技术情报学会
China Society for Scientific and Technical Information（CSSTI）

地址：北京市海淀区复兴路 15 号
邮政编码：100038
电子信箱：cssti@istic.ac.cn
主页网址：http://www.cssti.org.cn
电话：010-58882544
传真：010-58882028
理事长：戴国强
党委书记：戴国强
副理事长：揭玉斌　刘　炜　潘云涛　魏大威
夏立新　曾祥效
秘书长：潘云涛
监事长：马费成

中国图书馆学会
Library Society of China（LSC）

地址：北京市海淀区中关村南大街 33 号
邮政编码：100081
电子信箱：ztxhmsc@nlc.cn
主页网址：http://www.lsc.org.cn
电话：010-88544671
传真：010-68417815
理事长：饶　权
党委书记：饶　权
副理事长：刘小琴　孙　坦　陈　超　陈　锐

陈　樱　陈传夫　陈建龙　程焕文
秘书长：王雁行
监事长：王余光

中国城市科学研究会
Chinese Society for Urban Studies（CSUS）

地址：北京市三里河路 9 号
邮政编码：100835
电子信箱：office@chinasus.org
主页网址：http://www.chinasus.org/
电话：010–58933149
传真：010–68313149
理事长：仇保兴
党委书记：仇保兴
副理事长：杨焕明　曲久辉　江　亿　郭仁忠
王　俊　俞孔坚　吴志强　张爱林
詹纯新
秘书长：余　刚
监事长：徐　林

中国科学学与科技政策研究会
The Chinese Association for Science of Science and S&T Policy

地址：北京市海淀区中关村东路 55 号思源楼 1213 室
邮政编码：100190
电子信箱：casssp@casisd.cn
主页网址：http://casssp.org.cn
电话：010–62542615
传真：010–62542615
理事长：穆荣平
党委书记：穆荣平
副理事长：李　光　李　垣　吴建南　张卫国
陈　劲　胡志坚　柳卸林　游光荣
蔡　莉　薛　澜　魏　江
秘书长：陈　光
监事长：李廉水

中国农村专业技术协会
China Rural Special Technology Association（CRSTA）

地址：北京市朝阳区白家庄东里 13 号楼 7 层
邮政编码：100026
电子信箱：zgnjx2022@163.com
主页网址：http://www.nongjixie.org
电话：010–65032609
传真：010–65032609
理事长：柯炳生
党委书记：师　铎
副理事长：师　铎（常务）　张福锁　李杰人
张建华　纳　翔　陈豫川
秘书长：王　诚
监事长：张晓军

中国工业设计协会
China Industrial Design Association（CIDA）

地址：北京市海淀区万寿路 27 号院 8 号楼 7 层
邮政编码：100036
电子信箱：cida@vip.163.com
主页网址：http://www.chinadesign.cn
电话：010–68209323
传真：010–68209323
会长：刘　宁
功能型党委书记、党支部书记：刘　宁
副会长：应放天　孟　琪　李培松
秘书长：应放天
监事长：施继红

中国工艺美术学会
China National Arts & Crafts Society（CNACS）

地址：北京市西城区阜外大街乙 22 号 408 室
邮政编码：100833
电子信箱：xuehuiwangzhan@126.com

主页网址：http://www.cnacs.net.cn
电话：010-68396408
传真：010-68396408
理事长：才大颖
党委书记：才大颖
副理事长：王　中　王建中　吕品田　任建新
何炳钦　邹本柱　张心一　杭　间
孟繁民　黄小明　戴　智
秘书长：毛增印
监事长：王建良

中国科普作家协会
China Science Writers Association（CSWA）

地址：北京市海淀区学院南路 86 号
邮政编码：100081
电子信箱：kpcswa@163.com
主页网址：http://www.kpcswa.org.cn
电话：010-62103258
传真：010-62103258
理事长：周忠和
党委书记：王　挺
副理事长：王　挺（常务）　王元卓　王劲松
尹传红　汤书昆　吴　岩　张文宏
陈楸帆　徐　颖　崔丽娟
秘书长：陈　玲
监事长：刘泽林

中国自然科学博物馆学会
Chinese Association of Natural Science Museums（CANSM）

地址：北京市朝阳区北辰东路 5 号
邮政编码：100012
电子信箱：Cansm@vip.sina.com
主页网址：http://www.cansm.org.cn
电话：010-59041302
传真：010-59041331
理事长：程东红
党委书记：程东红
副理事长：王小明　李春冀　单　敏　欧阳辉
欧建成　贾跃明　黄克力
秘书长：欧建成
监事长：赵有利

中国可持续发展研究会
Chinese Society for Sustainable Development（CSSD）

地址：北京市海淀区玉渊潭南路 8 号
邮政编码：100038
电子信箱：cssd@acca21.org.cn
主页网址：http://www.cssd1992.org
电话：010-58884791
传真：010-58884795
理事长：王　浩
党委书记：王　浩
副理事长：黄　晶　曲久辉　郭日生　赵　清
秘书长：周海林

中国青少年科技辅导员协会
China Association of Children's Science Instructors（CACSI）

地址：北京市海淀区复兴路 3 号中国科技会堂 C 座 301
邮政编码：100863
电子信箱：cacsi@cacsi.org.cn
主页网址：http://www.cacsi.org.cn
电话：010-68518719
传真：010-68516005
理事长：武向平
党委书记：辛　兵
副理事长：辛　兵（常务）　俞书宏　苏　青
胡卫平　郑永和　徐雁龙　李晓辉
林利琴
秘书长：林利琴
监事长：李晓亮

中国科教电影电视协会

China Science Film and Video Association（CSFVA）

地址：北京市海淀区学院南路 86 号西楼 414
邮政编码：100081
电子信箱：cicsep@cast.org.cn
主页网址：http://www.csfva.org.cn
电话：010–62113038
传真：010–62113038
理事长：薛继军
党委书记：季 林
副理事长：兰 军 李海胜 何苏六 张 健 张 跃 陈 虎 季 林 蒋 涛 王晓晖
秘书长：季 林
监事长：张小林

中国科学技术期刊编辑学会

China Editology Society of Science Periodicals（CESSP）

地址：北京市海淀区学院南路 86 号
邮政编码：100081
电子信箱：cessp1987@vip.163.com
主页网址：http://www.cessp.org.cn
电话：010–62147743
理事长：田 伟
党委书记：田 伟
副理事长：方 梅 任延刚 任胜利 杨亚政 汪新红 武 文 柳建乔 俞 敏 栗延文 魏均民
秘书长：魏均民
监事长：郝梓国

中国流行色协会

China Fashion & Color Association（CFCA）

地址：北京市朝阳区朝阳门北大街 18 号 6 层 618 室
邮政编码：100027
电子信箱：fashioncolor@fashioncolor.org.cn
主页网址：http://www.fashioncolor.org.cn
电话：010–85229531
会长：朱 莎
党委书记：朱 莎
副会长：贺显伟 宋建明 徐海松 陈玲芬 吴 剑 夏国新 程慧玲
秘书长：王 淼
监事长：孔祥光

中国档案学会

The Society of Chinese Archives（SCA）

地址：北京市西城区永安路 106 号
邮政编码：100050
电子信箱：sca@saac.gov.cn
主页网址：http://www.idangan.com
电话：010–63020081
传真：010–63018703
理事长：杨冬权
党委书记：杨冬权
副理事长：邓小军 孙森林 李华强 高大岭 张 斌
秘书长：邓小军
监事长：姜延溪

中国国土经济学会

China Society of Territorial Economists（CSOTE）

地址：北京市通州区科创五街七楼
邮政编码：101100
电子信箱：bj_jrgt@126.com
主页网址：http://www.csote.org.cn
电话：010–56872003
传真：010–56872003
理事长：柳忠勤
党委书记：柳忠勤
副理事长：赵林茹 严金明 吴文良
秘书长：刘军萍

中国土地学会
China Land Science Society（CLSS）

地址：北京市西城区冠英园西区 37 号
邮政编码：100035
电子信箱：zgtdxh@vip.sina.com
主页网址：http://www.clss.org.cn
电话：010–83064931/83064669
传真：010–66562563
理事长：王世元
党委书记：王世元
副理事长：李海兵　高延利　王仰麟　冯淑怡
刘彦随　严金明　何　平　张凤荣
范树印　赵继成　郭仁忠　黄贤金
蒋文彪　谢俊奇
秘书长：高延利

中国科技新闻学会
Chinese Society for Science and Technology Journalism（CSSTJ）

地址：北京市西城区三里河路 54 号
邮政编码：100045
电子信箱：kjxw@sina.com
主页网址：http://www.csstj.org.cn
电话：010–68598031/68598032
传真：010–68598473
理事长：宋南平
党委书记：宋南平
副理事长：周建强　陈　鹏　周德进　郝建新
刘守训　田俊荣　许　英　刘志军
崔保国　赵　承　龙兵华　宋玉荣
冷文生　任福君
秘书长：许　英
监事长：秦德继

中国老科学技术工作者协会
China Association of Senior Scientists and Technologists（CASST）

地址：北京市海淀区学院南路 86 号
邮政编码：100081
电子信箱：zhglkx@cast.org.cn
主页网址：http://www.casst.org.cn
电话：010–62170582
传真：010–62170582
会长：陈至立
党委书记：齐　让
副会长：齐　让　陈小娅　冯长根　杨继平　岳明生
王延祜　徐　强　李　芳　臧胜业　张友君
罗啸天　仲跻权　申立国　刘永忠　朱张才
朱正昌　蒋笃运　蔡力峰　蒋济雄　班程农
张国梁
秘书长：李　芳

中国科学探险协会
China Association for Scientific Expeditions（CASE）

地址：北京市海淀区西小关大气所铁塔分部
邮政编码：100083
电子信箱：huocuiping@mail.iap.ac.cn
主页网址：http://www.case.org.cn/
电话：010–62378038
传真：010–62379818
主席：崔　鹏
党委书记：王　维
副主席：郭　柯　康世昌　李　杰　马耀明　王　维
效存德　张百平　朱　江
秘书长：李　杰（兼）
监事长：张文敬

中国城市规划学会
Urban Planning Society of China（UPSC）

地址：北京市海淀区三里河路 9 号

邮政编码：100037
电子信箱：planning@planning.org.cn
主页网址：http://www.planning.org.cn
电话：010-58323862/58323863/58323864/58323866
传真：010-58323850
理事长：孙安军
党委书记：孙安军
副理事长：石 楠（常务） 王建国 尹 稚
吕 斌 伍 江 杨保军 吴志强
何兴华 张 泉 张少康 赵万民
赵燕菁 周 岚 施卫良 樊 杰
秘书长：石 楠（兼）

中国产学研合作促进会
China Industry-University-Research Institute Collaboration Association（CIUR）

地址：北京市海淀区西三环北路 89 号中国外文大厦 8 层 A-03-1
邮政编码：100089
电子信箱：ciur@ciur.org.cn
主页网址：http://www.ciur.org.cn
电话：010-68988078
传真：010-68986913
会长：路甬祥
党委书记：王建华
副会长：陈小娅 石 军 赵长禄 王建华
秘书长：王建华

中国知识产权研究会
China Intellectual Property Society（CIPS）

地址：北京市海淀区知春路 1 号学院国际大厦 5 层
邮政编码：100081
电子信箱：cips1985@126.com
主页网址：http://www.cnips.org.cn
电话：010-61073468
传真：010-61073455
理事长：田力普
副理事长：马小航 王丽娟 王宏祥 王晓云
匡立春 朱雪忠 许 坚 张 平
张 勤 张雪红 张景利 李国华
李明德 杨宗仁 杨铁军 陈文彤
周中琦 林广海 俞思瑛 毕效革
袁雷峰 郭 禾 陶鑫良 高 峰
黄 峰 彭学龙 曾祥炎 谢商华
秘书长：谢小勇

中国发明协会
China Association of Inventions（CAI）

地址：北京市海淀区复兴路甲 15 号科技部专家公寓 6 层
邮政编码：100036
电子信箱：zgfmxh@cainet.org.cn
主页网址：http://www.cainet.org.cn/
电话：010-63951008/63955833
传真：010-63951008
理事长：吴朝晖
党委书记：余华荣
副理事长：余华荣（常务） 王承文 马玉山
王锡娟 刘成城 苏小军 李红建
宋永华 张红伟 张贺雷 刘 杰
林晓东 胡智荣 姚 斌 敖小强
倪晋仁 高风林 褚景春 戴琼海
秘书长：余华荣（兼）
监事长：房建成

中国工程教育专业认证协会
China Engineering Education Accreditation Association（CEEAA）

地址：北京市海淀区魏公村路 2 号
邮政编码：100081
电子信箱：ceeaa@moe.edu.cn
主页网址：http://www.ceeaa.org.cn
电话：010-66093184
理事长：王树国
党委书记：王树国
副理事长：陈十一 谢建新 范 唯 范海林
刘冬梅 王庆林
秘书长：周爱军
监事长：袁 驷

中国检验检测学会
China Inspection and Testing Society（CITS）

地址：北京市朝阳区麦子店街 22 号 3 楼
邮政编码：100125
主页网址：http://www.cits.ac.cn
电子信箱：info@cits.ac.cn
电话：010–59196550
传真：010–59196551
会长：李怀林
党委书记：李怀林
副会长：生　飞（常务）　王海舟　沈建忠　吴尊友
　　刘　挺　滕俊恒　张　峰　陈永煊　夏　扬
　　金　震　张　平　万　峰　秦殊涵　王立宇
秘书长：夏　扬

中国女科技工作者协会
China Women's Association for Science and Technology

地址：北京市海淀区复兴路 3 号
邮政编码：100083
电子信箱：nvkeji@163.com
主页网址：http://www.cwst.net
电话：010–68529985
传真：010–69529985
会长：王红阳
党委书记：曹淑敏
常务副会长：郑晓静　高瑞平　曹淑敏
副会长：吕　植　朱美芳　向　巧　秦　川　曹晓风
　　韩喜球
秘书长：解　欣
监事长：许　平

中国创造学会
China Creative Studies Institute（CCSI）

地址：上海市杨浦区 1239 号
邮政编码：200092
电子信箱：ccsis@ccsis.org
主页网址：http://www.chinaccsis.com
电话：021–65986960
传真：021–65985811
理事长：徐建平
党委书记：徐建平
副理事长：张亚雷（常务）　魏　江　刘俊利
　　毕亚雷　张志胜　冷护基　芮仁杰
　　管忠民　殷　业　冯　林　程根银
秘书长：张亚雷
监事长：余安敏

中国高科技产业化研究会
China High-Tech Industrialization Association（CHIA）

地址：北京市海淀区阜成路 8 号档案馆楼 315 室
邮政编码：100830
电子信箱：zghw10@163.com
主页网址：http://www.chia.org.cn
电话：010–68370413/68370784
传真：010–68370884
理事长：包为民
党委书记：梁小虹
副理事长：梁小虹（常务）　王宇宏　王映民
　　王晋年　刘延宁　冯记春　沈保根
　　张寿全　张宝红　康金城
秘书长：黎宇红

中国基本建设优化研究会
China Optimization Society of Capital Construction（COSOCC）

地址：北京市复兴门内大街 45 号院 2 号楼 9 层
邮政编码：100031
电子信箱：1150869320@qq.com
主页网址：http://www.cosocc.org.cn
电话：010–62809310
传真：010–62809310
会长：孙晓洲
党委书记：孙晓洲

副会长：傅泽田　石俊志　董晓庄　陈光宇　郭衍敬
欧阳惠斌　张己芹
秘书长：宫　然
监事长：刘志刚

中国科技馆发展基金会
Foundation for the Development of Science and Technology Museums in China（FDSTMC）

地址：北京市朝阳区北辰东路 5 号
邮政编码：100012
电子信箱：fdstmc@cstm.org.cn
主页网址：http://www.fdstmc.org.cn
电话：010–59041573
传真：010–59041576
理事长：熊群力
功能型党委书记：殷　皓
副理事长：殷　皓　宋　军
秘书长：李鸿森
监事长：林润华

中国生物多样性保护与绿色发展基金会
China Biodiversity Conservation and Green Development Foundation（CBCGDF）

地址：北京市西直门成铭大厦 B16E
邮政编码：100035
电子信箱：v1@cbcgdf.org
主页网址：http://www.cbcgdf.org
电话：010–68485952
传真：010–88431370
理事长：谢伯阳
副理事长：周晋峰
秘书长：周晋峰

中国高等教育学会
China Association of Higher Education（CAHE）

地址：北京市海淀区学院路 35 号世宁大厦二层
邮政编码：100191
电子信箱：gjxh@moe.edu.cn
主页网址：https://www.cahe.edu.cn
电话：010–82289759
传真：010–82289565
会长：杜玉波
副会长：林蕙青　管培俊　张大良　郝　平　邱　勇
刘　伟　姜斯宪　许宁生　李元元　王树国
陈　骏　吴朝晖　罗　俊　张　伟　刘炯天
姜恩来
秘书长：姜恩来
监事长：孙维杰

詹天佑科学技术发展基金会
Zhantianyou Development Foundation for Science and Technology（ZDFST）

地址：北京市海淀区复兴路 10 号
邮政编码：100844
电子信箱：zdfst@china–railway.com.cn
主页网址：http://zdfst.org
电话：010–51875800
传真：010–51870321
理事长：钱　铭
党支部书记：马福海
副理事长：马福海　王顺洪　孙永才　刘成军
刘　辉　陈建东
秘书长：马福海
监事长：张汉祥

省、自治区、直辖市科协，新疆生产建设兵团科协简介

北京市科学技术协会

地址：北京市朝阳区育慧里 4 号
邮政编码：100101
电子信箱：bastbgsh@126.com
主页网址：http://www.bast.net.cn/
电话：010–84635008/84635009
传真：010–84655007
主席：刘德培
党组书记：沈　洁
副主席：于德明　马　林　王恩哥　田　文　刘晓勘
孙宝国　孙晓峰　李德发　杨月欣　沈　岩
孟凡兴　徐明波　高　松　高　福　薛其坤

天津市科学技术协会

地址：天津市和平区和平路 287 号
邮政编码：300041
电子信箱：skxbgs@tj.gov.cn
主页网址：http://www.tast.org.cn
电话：022–27129898
传真：022–23434553
主席：饶子和
党组书记：陆为民（常务）
副主席：陆为民（常务）　张丽珠　卢双盈　夏秋雨
王亚群　周其林　刘丛强　陈　军　王树新
姚　智　韩金玉　卢彦昌　王东江　袁　鹰
白海力　孟凡新　韩振勇

河北省科学技术协会

地址：河北省石家庄市西大街 73 号
邮政编码：050011
电子信箱：skxbgs2015@163.com
主页网址：http://www.hbast.org.cn
电话：0311–86049311
传真：0311–86049311
主席：葛会波
党组书记：王海龙
副主席：刘　波　刘伯颖　许顺斗　杜彦良　杨晓江
汪殿龙　张铁龙　赵丁选　郭　毅　蒋　栋

山西省科学技术协会

地址：山西省太原市迎泽大街 388 号山西国际大厦
邮政编码：030001
电子信箱：sxskx@163.com
主页网址：http://www.sxast.cn
电话：0351–4068848
传真：0351–4068848
主席：周　然
党组书记：冯志君
副主席：冯志君　温万一　郝建新　王继龙　马　进
王建文　孙世新　张克军　张其光　陈明昌
金智新　段志光　黄庆学　常国华　谢　红

内蒙古自治区科学技术协会

地址：内蒙古自治区呼和浩特市回民区新华大街 70 号
邮政编码：010020
电子信箱：nmgkxbgs@126.com
主页网址：http//www.imast.org.cn
电话：0471-6936018
传真：0471-6290014
主席：赵　吉
党组书记：麻　魁
副主席：麻　魁　荣昌平　苏雅来　王小海　乌　兰　刘利强　刘振刚　刘景海　苏日娜　吴苏海　宋希文　张喜荣　林丛虎　俞海明　塔　娜　路战远

辽宁省科学技术协会

地址：辽宁省沈阳市浑南区智慧三街 159 号
邮政编码：110167
电子信箱：lnkxbgs@163.com
主页网址：http://www.lnast.net
电话：024-23227601
传真：024-23221693
主席：郭东明
党组书记：张春英
副主席：王元立　崔铁民　朱玉宏

吉林省科学技术协会

地址：吉林省长春市朝阳区人民大街 6255 号
邮政编码：130021
电子信箱：sudawei1989@126.com
主页网址：http://www.jlskx.org.cn
电话：0431-85261419
传真：0431-85682405
主席：于吉红
党组书记：林　天
副主席：张晶莹　韩宇鸿　穆晓东　杜　锐（挂职）　甘建国　冯　江　刘益春　李　冰　杨小牛　杨华民　冷向阳　陈学思　金宁一　郑伟涛　徐世利　董英山

黑龙江省科学技术协会

地址：黑龙江省哈尔滨市南岗区中山路 204 号
邮政编码：150001
电子信箱：hljkx@sina.com
主页网址：http://www.hljkx.org.cn/
电话：0451-82626403
传真：0451-82642716
主席：庞　达
党组书记：张晓燕
副主席：王希豹　王豫龙　付宏刚　包　军　刘　福　孙柏涛　李　斌　李己华　李文华　杨宝峰　杨德森　张晓燕　周　玉　郭春景　臧晓敏

上海市科学技术协会

地址：上海市南昌路 47 号
邮政编码：200020
电子信箱：zhuzhu@sast.gov.cn
主页网址：http://www.sast.gov.cn
电话：021-53822040
传真：021-53826013
主席：陈赛娟
党组书记：马兴发
副主席：丁奎岭　丁晓东　马兴发　王建宇　李　林　沈余生　陈　平　金　力　秦文波　顾祥林　徐学敏　徐建光　梁兆正　蒋昌俊　蔡友铭

江苏省科学技术协会

地址：江苏省南京市北京西路 30 号宁海大厦 1216 室
邮政编码：210024
电子信箱：jskx2412@163.com
主页网址：http://www.jskx.org.cn/
电话：025-83625555
传真：025-83625666
主席：陈　骏
党组书记：孙春雷
副主席：孙春雷　刘志红　张建云　缪昌文　王广基　朱怀诚　易中懿　胡敏强　沈洪兵　常　进　任洪强　崔铁军　徐郭平　冯少东　徐春生　陈文娟　方胜昔　李千目　王建明　卫　达　高裕弟

江云宝　王长平　兰思仁　陈晓春
李清彪　曹　荣　翁启勇　朱鹏立

浙江省科学技术协会

地址：浙江省杭州市武林广场 8 号省科协大楼
邮政编码：310003
电子信箱：gengjie0889@dingtalk.com
主页网址：http://www.zast.org.cn
电话：0571-88091326
传真：0571-85107032
主席：姚　克
党组书记：谢志远
副主席：谢志远　陆　锦　王忠民　田　梅　王　涛
李家彪　杨小牛　应义斌　陈剑平　范　渊
蔡袁强

安徽省科学技术协会

地址：安徽省合肥市花园街 4 号安徽省科技大厦 6-7 层
邮政编码：230001
电子信箱：ahskx62661726@126.com
主页网址：http://www.ahpst.net.cn
电话：0551-62661725
传真：0551-62655031
主席：韩　军
党组书记：王　洵
副主席：王　洵　魏军锋　刘　旭　王英俭　方勇华
朱长飞　伍　军　刘晓平　闫红新　陈学东
项兴初　胡以华　俞本立　袁　亮　徐义流
曹云霞　蒋育翔　靳学明

福建省科学技术协会

地址：福建省福州市鼓楼区东大路 73 号省直东湖大院 2 号楼
邮政编码：350001
电子信箱：fjafsat@163.com
主页网址：http://www.fjkx.org
电话：0591-86270609
传真：0591-86270670
主席：郑兰荪
党组书记：曾能建
副主席：曾能建　林学理　史　斌　鲁伟群　田中群
焦念志　付贤智　徐西鹏　陈立典　杨江帆

江西省科学技术协会

地址：江西省南昌市青山湖区洪都中大道 248 号
邮政编码：330002
电子信箱：357496307@qq.com
主页网址：http://www.jxkx.gov.cn/
电话：0791-86261298
传真：0791-86261298
主席：史　可
党组书记：曾　萍
副主席：梁纯平　孙卫民　李世锋　蔡震峰

山东省科学技术协会

地址：山东省济南市杆南东街 8 号
邮政编码：250001
电子信箱：skxbgsgy@shandong.cn
主页网址：http://www.sdast.org.cn/
电话：0531-82073208
传真：0531-82073209
主席：王恩东
党组书记：王春秋
副主席：王春秋　纪洪波　张　波　秦维强　陈爱国
于金明　万书波　王　涛　王英龙　包振民
李术才　郑建华　郝　芳　凌沛学　梁建英

河南省科学技术协会

地址：河南省郑州市金水区花园路 53 号
邮政编码：450008
电子信箱：hnskxbgswm@163.com
主页网址：http://www.hast.net.cn
电话：0371-66297712
传真：0371-65707512
主席：吕国范
党组书记：王新会
副主席：谈朗玉　房卫平　邓洪军　王继芬　阚云超
童孟进　张新友　张改平　刁玉华　常俊标
张建国　李红霞

湖北省科学技术协会

地址：湖北省武汉市武昌区八一路9号
邮政编码：430071
电子信箱：hubeikexie@126.com
主页网址：http://www.hbkx.org.cn
电话：027–87823704
传真：027–87823704
主席：郭生练
党组书记：叶贤林
副主席：丁烈云 王永良 王国斌 王焰新 叶贤林
朱志斌 余 军 陈兴荣 陈焕春 钮新强
秦顺全 袁志明 窦贤康

湖南省科学技术协会

地址：湖南省长沙市东风路17号
邮政编码：410005
电子信箱：hnkxbgs@163.com
主页网址：http://www.hnast.org.cn
电话：0731–84884374
传真：0731–84884348
主 席：田红旗
党组书记：王瑰曙
副主席：王瑰曙（常务） 王耀南 付 玲 刘少军
李 为 吴义强 张辉学 陈 松 陈晓红
罗 安 周后德 柏连阳 段美娟 柴立元
蒋晓云

广东省科学技术协会

地址：广东省广州市连新路171号
邮政编码：510040
电子信箱：stainfo@sta.gd.cn
主页网址：http://www.gdsta.cn/
电话：020–83550424
传真：020–83549085
主席：陈 勇
党组书记：郑庆顺
副主席：王迎军 刘建军 吴创之 吴清平 陆华忠
陈 新 罗 俊 郑庆顺 范英妍 林晓湧
徐义刚 龚国平 廖 兵 瞿金平

广西壮族自治区科学技术协会

地址：广西壮族自治区南宁市古城路31号
邮政编码：530022
电子信箱：gxkxzxb@126.com
主页网址：http://www.gxast.org.cn/
电话：0771–2630650
传真：0771–2630650
主席：黄日波
党组书记：纳 翔
副主席：纳 翔 梁 宏 刘家凯 何 求 朱其东
赵劲民 邓国富 马少健 孙国友 唐咸来
袁智军

海南省科学技术协会

地址：海南省海口市国兴大道69号海南广场9号楼7层
邮政编码：570203
电子信箱：hnkxxcb@hainan.gov.cn
主页网址：http://www.hainanast.org.cn
电话：0898–65393360
传真：0898–65332244
主席：骆清铭
党组书记：胡月明
副主席：林 强 林 峰 徐 伟 林明才 刘 丹
姜鸿彦 米立军 吴世政

重庆市科学技术协会

地址：重庆市渝中区双钢路3号科协大厦裙楼3楼
邮政编码：400013
电子信箱：cqkxbgs@yahoo.cn
主页网址：http://www.cqast.cn
电话：023–63003916
传真：023–63003788
主席：潘复生
党组书记：王合清
副主席：王生成 王合清 卞修武 石晓辉
龙 晖（挂职） 卢 涛 刘 波
刘宴兵 许洪斌 杜云贵 李 林
李祖伟 李儒冠 张卫国 陈昌明
周后康 钟 宁 唐伯明 唐洪军

蒋和全　程　伟　曾　礼　谭明星　颜朝华

四川省科学技术协会

地址：四川省成都市武侯区人民南路四段 11 号
邮政编码：610042
电子信箱：sckx@sckx.org.cn
主页网址：http://www.sckx.org.cn
电话：028–85221933
传真：028–85220824
主席：李言荣
党组书记：毛大付
副主席：经　戈　徐　勇　周利平

贵州省科学技术协会

地址：贵州省贵阳市南明区瑞金南路 40 号贵州科技馆
邮政编码：550002
电子信箱：gzkx2020@126.com
主页网址：http://www.gast.org.cn
电话：0851–85832225
传真：0851–85831965
主席：何　力
党组书记：向虹翔
副主席：向虹翔　陶文亮　雷文蓉　杨泳滨　宋宝安
赵德刚　谭　红　杨　柱　冯新斌　秦水介
周　琦　韦　维　罗　扬　董泽琴　刘志杰
潘学军　杨三可　夏峥嵘　魏　巍

云南省科学技术协会

地址：云南省昆明市护国路 26 号
邮政编码：650021
电子信箱：ynast@163.com
主页网址：http://www.yunast.cn
电话：0871–63138614
传真：0871–63155032
主席：朱有勇
党组书记：赵　刚
副主席：丁中涛　王学勤　石丽康　白　松　向　云
阮朝奇　陈世波　陈钟耕　周　杰　赵　刚
袁晓瑭　鲁　斌

西藏自治区科学技术协会

地址：西藏自治区拉萨市藏大东路岗廓路 5 号
邮政编码：850000
电子信箱：xzkx_006@163.com
主页网址：http://kjg.cdstm.cn/index.php?a=subweb&wsid=39&webname=xzkx
电话：0891–6890529
传真：0891–6828576
主席：杨开勇
党组书记：程四曲
副主席：俞宏文　方江平（挂职）

陕西省科学技术协会

地址：陕西省西安市新城大院
邮政编码：710006
主页网址：http://www.snast.org.cn
电话：029–63917170
传真：029–63917173
主席：蒋庄德
党组书记：李豫琦
副主席：李肇娥　王跃进　方光华　吕建军　孙振霖
李　跃　李延潮　李金城　杨效宏　张俊华
郑晓静　赵　卫　赵铱民　郝　跃　翁志黔
程光旭　蔡钊利　谭永华　熊中元

甘肃省科学技术协会

地址：甘肃省兰州市安宁区银安路 566 号
邮政编码：730070
电子信箱：gsskxbgs@163.com
主页网址：http://www.gsast.org.cn
电话：0931–6184302
传真：0931–6184256
主席：张世珍
党组书记：陈炳东
副主席：郭奇志　毛曼君　张　炯　冯永成

青海省科学技术协会

地址：青海省西宁市城西区文景街 32 号国投广场 A

栋 7 楼
邮政编码：810008
电子信箱：qhskxbgs@163.com
主页网址：http://www.qast.org.cn/
电话：0971-6335628
传真：0971-6302839
主席：王　彤
党组书记：尤伟利
副主席：黄俊玉　张晓蕾　朱春云　刘峰贵　吴向培　宋仁德　张超远　罗仙平　樊海宁

宁夏回族自治区科学技术协会

地址：宁夏回族自治区银川市金凤区人民广场西路宁夏科协综合楼
邮政编码：750011
电子信箱：nxkxbgsh@163.com
主页网址：http://www.nxdzkj.org.cn/
电话：0951-5085100
传真：0951-5043588
主席：陈红缨
党组书记：陈红缨
副主席：陈国顺　张晓玲　郑　明

新疆维吾尔自治区科学技术协会

地址：新疆维吾尔自治区乌鲁木齐市新医路 686 号
邮政编码：830054
电子信箱：xjqkxbgs@126.com
主页网址：http://www.xast.org.cn
电话：0991-6386011
传真：0991-6386012
主席：王永明
党组书记：王光强
副主席：王光强　陶　鹏　谢国政　海萨尔·夏班拜　米　宁　巴哈尔古丽·库尔班　姑丽娜尔·吾布力

新疆生产建设兵团科学技术协会

地址：新疆维吾尔自治区乌鲁木齐市南湖北路 516 号南湖明珠大厦
邮政编码：830018
电子信箱：xjbtkx@163.com
主页网址：http://kjj.xjbt.gov.cn
电话：0991-2896182/2896193
传真：0991-2896190
专职副主席：吕学强
副主席：吕学强　叶含春　周　平　史晨辉　杨学东　陈　伟　宋晓玲　彭　延

索 引

主题索引

编制说明

1. 本索引为主题索引，以年鉴内容述及的主题为索引对象，包括收录书名、机构名、会议名等专有名词。主题选取力求概括全面，突出重点，揭示特色内容，提供多方位检索。

2. 索引范围为全书正文及附录中的部分相关内容。

3. 索引排序按先汉语拼音音序，再阿拉伯数字、拉丁字母的次序排列。

4. 索引以“参见”的形式，揭示相关条目之间的联系，例如：建言献策　参见　决策咨询；再如：国际科技交流与合作　参见　各全国学会、省级科学技术协会。后一例指可参看年鉴中全国学会、省级科学技术协会条目下的相关内容。

5. 检索页码后的“a”为该页文献左栏，“b”为该页文献右栏。检索数字“d1.01”中“d”表示“大事记”，“1.01”表示为1月1日的记录。二级标题在主标题下以缩格方式显示，以“—”表示主标题的区分；以“，”表示主标题的补充说明。

A

B

C

D

E

F

G

H

J

L

M

N

P

Q

R

S

T

W

X

Y

Z

人名索引

本索引收录年鉴中的人名，先按汉语拼音音序排列中文人名，再按西文字母的次序排列其余人名。

A

B

C

D

G

H

J

K

L

M

N

O

T

W

X

Y

Z

国际组织机构名称索引

本索引收录国际机构组织名称，先按中文译名的拼音排列，再按西文字母的次序排列。